近代地區工業總部

《近代地區工業總部》提要

隨着晚清洋務運動的興起，地方各督撫紛紛效法，嘗試創建軍事、礦産等近代工業企業。至一八九五年中日《馬關條約》簽訂，清政府被迫允許列强在各通商口岸開設工廠，國内士紳亦懷着實業報國的理想投身近代工業，尤其是礦産、紡織等工業得以迅速發展。

本總部主要收録晚清時期除江南織造局、福州船政局、開平煤礦、上海機器織布局、湖北槍礮廠、漢冶萍公司、大生紗廠等大型工業企業之外的制造業相關文獻。本總部下設《北方地區近代工業部》和《南方地區近代工業部》。根據文獻特點、清末地域概念及編纂方便，北方地區大致包括今天的如下省市自治區：黑龍江、吉林、遼寧、内蒙古、河北、北京、天津、山東、山西、河南、陝西、寧夏、甘肅、新疆、青海、西藏；南方地區大致包括安徽、江西、浙江、江蘇、上海、湖北、湖南、廣東、廣西、福建、臺灣、四川、重慶、雲南、貴州。因近代中小型工業主要集中在軍事工業和採礦冶煉工業領域，故而在兩個地區近代工業部之下，另設三個分部，分别是《軍事工業分部》《採礦冶煉工業分部》和《其他工業分部》。緯目包括題解、綜述、論説、紀事、藝文、圖表，各分部緯目根據收録文獻的特點與内容進行設置，故而有所差異。

目録

南方地區近代工業部

軍事工業分部

綜述

中國第一歷史檔案館等《中國近代兵器工業檔案史料》第一輯《李鴻章爲轉遞薩勒哈春等在蘇州礮局學製洋器情形及移局日期稟單致總理各國事務衙門之咨呈同治五年十二月二十四日》 竊照外火器營參領薩勒哈春等各員派來江蘇學製洋器，上年曾奉貴總理衙門飭查所學之藝必有進益，令其詳細稟復。嗣據稟到，經本署部堂轉咨查覈，並批飭俟續有成效仍令申報在案。查參領薩勒哈春、崇喜前係派在蘇局，茲該局於十一月間移設金陵。據該參領等將近來學習情形稟報前來，並呈遞貴總理衙門稟單一封，請加封轉遞等情。除另呈本衙門稟單存查外，相應咨送。爲此咨呈貴總理衙門，謹請查覈施行。

《薩勒哈春等陳學製情形及移局日期致總理各國事務衙門之稟文》

竊職等前將學習洋法軍火情形縷晰稟明，諒邀鈞鑒。職等伏思戰守以火器爲最先，而進剿以開花礮子爲最利，是以欽差大臣李廑念火攻丕著成效，屢奉札示，飭職等先學鑄彈，次習鑄礮。各弁兵等日在工次，先將礮子一項用心研究，雖外洋鐵性與中國鐵性各别，其做工諸法已有把握。惟洋法工作均以靈巧爲尚，審勢窮理，變化多方。即如木信一法，始以尺寸短而眼數多者爲佳，繼則化出尺寸長而眼數少者；如礮子木盤先用平底，次旋圓底，而又有形式如碗者。至木信旋法，門藥銅管做法，礮彈形式或增或減，皆象乎礮身、礮口爲準，總期施放之時靈而且速，洞堅及遠。倘視爲粗迹，不能悉心講求，將終無所得。職等日詣工次，分頭學習，晚間在寓傳集諸人討論日間所學各項工課，勉以精專，勖以守分，並與局内各工匠心同契合，以冀深探秘傳，多收實效。但思得礮彈做法門經，則鑄礮之法講求不容稍緩。查洋礮名目現造有三式：一曰英礮；二曰法洋輕礮；三曰田鷄礮，即國初所謂天礮是也。未鑄礮先學翻做鑄礮之鐵模，所有配泥、配砂、内模、外胎等工，其中精妙實難盡述。再查礮模兩開兩合，相次而成，溶化銅斤、鐵斤澆入其中，即成礮位。熔化鋼鐵時亦須確細，倘火候遲早或配兑不匀，澆成必多蜂窩，無裨於用。果得其法，計澆成礮位尚屬礮形，仍須度量礮身長短，以爲膛眼淺深、口面大小之度。礮内無膛，賴機器旋造，務期膛浄而圓，面光而潤，是爲至要。所以施放靈準，勢必致遠者，(不)〔亦〕在乎此。再，各工所用製板矩尺、銅鐵螺螄、零星什具，亦多翻砂鑄造之件，隨工隨用，必不可少，職等亦派令弁兵勤加學習。惟此項翻砂與礮模翻砂不同，旋木盤、木信與旋礮膛、礮面亦異。蓋一藝有一藝之精微，一法有一法之妙用。製一物即兼造數十物，預儆善事利器之資，製一器即旁通千百器，冀求觸類引伸之奥。甚有運器造物而法模竟至懸絶者。如洋槍所用銅帽一項，運用機器，一二人照料其間，一日可成十數萬粒，非身歷目覩，言之似乎失實，而不知果爲確情。史有時出新奇、變化神妙，人不易揣度者。如數百斤實心銅礮，以機器掏旋外面、内膛，二三人照料其旁，每日可得礮一二尊，尤爲京外礮局所未經見者。若非悉心體驗，以心考法，以法證心，究乎西洋機輪始末之法，鮮有能探緘鑰者。現在翻砂鑄礮運用機器，以及翻做零星什具等工，職等分派弁兵次第操習，稍得門經。尚須竭力推求，以期克收全效，萬不敢畏難苟安，有負慈望。查職等在工，並有總理西洋礮局安徽即補知府劉佐禹督飭匠役以實引導，不隱秘傳。該員自江南創設西洋礮局以來，即與署兩淮鹽運使司丁日昌同手經理，久悉洋法利病。其人心性公正，操守廉明，董率籌維，深知大體，此皆欽差大臣李知人善任。該員與職等鼓舞弁兵盡心講求，同爲有備之謀，以成自强之術，以仰副我國家威運綏戎籌備軍實之至意。

暨蘇州礮局現今奉調移往金陵，職等已於十一月十一日安抵金陵局次，仍當督同弁兵習學各藝。並隨時有盡先委參領常英、盡先空花翎永强阿於學工之餘，幫同職等輪至各項工次，認真稽查各弁兵勤惰巧拙，奬勤罰惰，使其觸目警心，務兼法巧之全，借收指臂之助。是則職等報效微忱昕宵彌釋者耳。

謹將奉派學習諸工續有成效詳細情形並移局日期，除徑稟欽差大臣李查覈外，理合肅泐陳明，並請將另稟二件轉咨外火器營查照，伏乞允準施行。

「中央研究院」近代史研究所《海防檔》乙船政局《同治十一年正月二十八日總署收南洋大臣曾國藩函》 同治十一年正月二十八日南洋大臣曾國藩函稱，上年十二月初五日，接上字第二十九號賜函，敬已誦悉。輪船經費現經貴處通盤計算，欲爲變通之法，具見碩畫周詳，所籌者遠。查蘇省輪舟，有「鐵皮」「白雲」兩船，常川解餉，「白雲」即九江關入官之呃吩船，與蘇省「海生」互换，改名「白雲」。又有「横雲」一船，船身短小，但堪行江，亦資公用，此皆舊置之船也。其奏明開廠自造之船，「恬吉」運餉，「操江」、「測海」、「威靖」三船操練，均歸吴道大廷督轄，「操江」又定以每年二月至天津，十月還江南。其現造未成者，則爲第五第六兩號，悉仿兵船之式，今歲均可竣工。此外又因滬商置辦捕盗之天平船，前以公幹損壞，現擬配造鐵殻輪船補還該商，此皆自造之船也。滬局馮道焌光，於洋船究心探討，每於外國兵船到滬，必登船細看，窺其奧窔，知西人於木殼鐵殼之外，尚有鐵甲一項，最精而堅，俟補還商人鐵殼船成，尚當續造鐵甲兵船，即貨船亦尚須添造，此近日滬局已成各船及方擬續造之情形也。舊有之船，經費業經籌定，新造之船，用款時有增添。國家入數有常，豈能以豢養輪舟，耗此鉅款，自應變通辦理，以期持久。惟變通之外，不外配運漕糧、商人租賃二議。現在少荃中堂議造夾板船四五隻，以便往來津滬香港，運送物料，或竟多造，將來海運米石，亦可資用。函示運漕一節，似與少荃之意相合，惟少荃注意夾板，謂較輪船運多而費少，又輪船裝運米穀，旬日近火，未審色味能否不變，且運糧爲時頗暫，於養船之資貼補無幾，誠如來函所云，仍於輪船大局無裨。商人租賃一層，既以裕我經費，並可奪彼利權，洵爲良策，然中國商賈，每不樂與官相交涉，且新廠所造之船，載貨不如洋輪之多，行駛不如洋輪之速，欲華商前來租賃，深恐難於尋覓。近奉十二月十四日寄諭一道，因宋雪帆閣學片奏請停輪船局，飭閩蘇兩省各將應否停止情形議奏。竊思鐵廠之開刱於少荃，輪船之造始於季皋，滬局造船則由國藩推而行之，非不知需費之鉅，成事之難，特以中國欲圖自强，不得不於船隻礮械練兵演陣等處入手，初非漫然一試也。刻下祇宜自咎成船之未精，似不能謂造船之失計，祇宜因費多而籌省，似不能因費絀而中止。泰西各國輪船，多而且精，固已，日本僻在東隅，新辦輪船，聞亦不少，彼豈不惜經費，抑亦謀國者有所不得已也。鄙意兵船除現造二號外，擬再造二號，專操水戰，商船除已成四號外，擬再造四五號，平日則租與商人裝貨，有事則裝載陸兵，救援他省，民間不願租賃官輪，固由商人不樂與官交涉，然亦必就鉅商反覆籌商，令其試租一二次，使彼有利可圖，而吾但求微省豢養之費，初不重索租雇之價，則亦未必終無願租者也。果有熟悉商情，公廉明幹之員，不必處以官位，繩以官法，但令與華商交接，有言必信，有利必讓，使商人曉然知官場之不騙我也。或者願租官船，亦未可知，但此等爲商賈所深信之員，急當物色之，目前恐難驟得耳。已抄函劄飭上海馮道吳道等遵照函示事理，詳細酌議，妥籌章程，俟其覆到，再行覆候覈定，其船局不宜停止，容當恭摺覆奏，趁此内地軍務將竣之際，急謀備禦外侮，非好動也，仇不可忘，氣不可懈，必常有設備之實，而後一朝決裂，不至倉黄失措，專此先呈，敬請鈞安。

中國科學院歷史研究所《劉坤一遺集》書牘卷一七《致譚文卿光緒六年七月初四日》 五月十九之事，已筆秃脣焦，始克畧回天意；不圖外人猶爲不滿，然則必悉如所請而後已，我亦難於爲國矣。當局似應力與辨論，不可歸過朝廷，益使得以藉口。

劼剛此行當能摺衝樽俎，方爲克盡使臣之職。萬一啓釁，東三省深爲可慮。南、北洋防務粗具規模，尚可勉强支拄。但彼期在深入，據我險要，奪我精華，至於濱海荒斥之區，自難保無震動。來示以守爲戰，深愜鄙懷，此次密疏具覆，即是以此立論。唯長江一線，爲五省大局所關，江蘇實其門户，以視閩、粵及轄疆爲尤重，雖屬自占地步，要係的確情形。臺指三省互相救應，似與以守爲戰之意微有未符，並恐敵人聲東擊西，多方誤我，蓋茫茫鉅浸，固與江湖不同，輪船倏去倏來，總不若以静待動。弟摺中已畧言之，俟奉旨後鈔咨冰案。

粵省機器局紳温子紹如赴吉林，必不能獨開生面，是以有用之材，置之無用之地，業經代陳之於譯署諸公及李中堂，或可邀免。

第所造第一號蚊船，須九月方可竣工，此外則緩不濟急。前過津沽與合肥談及南、北洋現購蚊船，合肥閉目摇頭，時方議買鐵甲船，自爲抑此舉彼起見。顧蚊船之不大得力，見者皆有是言。並計各處所購，價值已二百餘萬。今又定購鐵甲船四號，未審果否合用，且來華在四五年外，曾何救於然眉。當此經費艱難，盍不暫爲挹注。業以此意商之沈中堂及王夔石，勸其即以此款極力經營黑龍江一帶，以固根本重地，未知能否見聽。

招商局所借此間庫款，與貴省事同一律，第經奉旨照準，則亦難於立異矣。

尊處需用生鐵礮，已經馳詢上海機器局，候覆到奉聞。日前劉、蔡兩君在寧正議搜尋沿江舊礮臺之土礮，未據面言該局存有生鐵礮，堪以備用耳。

中國科學院歷史研究所《劉坤一遺集》書牘卷一七《復黎召民光緒七年七月二十一日》 祇奉手教，洋洋千數百言，歷抉中國所以不能自强之弊，並籌戰守兩策，均屬至當不易之論；其所以責望於弟者，尤足以振疲立懦，令人感慙。正擬伸紙作答，續於十八日再奉臺翰，删改前函，以爲有傷時之語，不知左右何以矜慎若此？得毋疑弟不能受直言耶！弟於官場僚友，與仲良中丞及若農學士頗稱莫逆，二公皆好直言弟過，而若農爲最。前承乏珂鄉，與若農談及捕務，諷弟不堪作督撫，非若雪琴宫保有自知之明；春間書來，以弟客夏入都請緩崇獄，逕斥爲秦檜一流；而弟深佩其有古人之誼，始終不以爲忤。第有時不能不置辯者，武侯有云，「遇事不嫌於違覆」，範、韓當國，亦謂不妨共盡異同，以明公道，固非逆指文過。即弟上年與何筱帥函，力剖所以未遣吳、章兩軍，迫於時勢，並非不顧大局，亦即此意。矧弟與公廿載石交，何事不可言，何言不可受者。

夫我輩擔當大事，有時謀之於豫，有時應之以猝。謀之於豫，則廣設方畧，步步向前，庶有日就月將之美。應之以猝，則熟審機宜，著著落實，庶無左支右吾之虞。弟上年六月抵任之時，俄事已急，可謂「應之以猝」。所需船礮，豈倉卒可集。就當時情形，即經奏明南洋、浙、閩、粤防務責成本省文武，並以浙江鼇金還之本省，俾得自爲綢繆。弟則以長江鎖鑰自任，兩次奏明，節節戒嚴，決不使敵船上駛，以撼上游五省而壞東南局面。所以較得失之數，而權輕重之宜，固不敢涉於張皇，而亦非漫無把握。合肥相國，傾天下之財力、兵力，上年則祇守津沽一路，其北洋所屬之各口，如煙臺與榆關等處，委之於曾沅帥、鮑春霆、吳筱軒諸人，以爲百足之扶，一臂之助。而弟一抵南洋，便謂能兼顧沿海各省，徒以自欺，而滋貽誤。特合肥所不肯自言以損威望者，弟則不敢惜此耳。

弟抵此間，不唯未經增勇，且減去吳筱軒三營。當時梁檀甫與彭雪琴諸公均以爲言，且奏調來江之文武亦莫不欲得一軍以自効。而弟默察陸路兵力尚足以應緩急，故皆婉詞謝之，不肯虛糜經費；唯密囑署壽州鎮程文炳就地暗選槍手三千名，以期一呼而集，可備不時之需。夫長江防務，沈文肅遞次陳明不敢自信；弟別無徵調，膽敢稱據險而守，決不任敵船上駛者，豈輕以身試敵試法哉？

承示必須多製小兵輪及水雷，以輔岸上礮臺，爲守禦計，此間亦已畧具，且亦自料足以支持，即使告警，斷不至如曾文正之束手以待，引咎自責而已。另造有太張戰棑，足耐狂風鉅浪，似屬以鈍製巧之一法。

又籌防局新購有一種黃火藥，祇用布袋盛之，置於水深之處，以電綫發之，其力極猛，竟可不用木殼鐵皮水雷，更爲簡便。此等件自當隨時知會各省，究竟能否製備，以期有恃無恐，非弟所能呼應，不敢冒爲大言也。

所謂謀之於豫者，固合戰守而言。竊計各省設守，應已粗具規模。現在所亟宜講求者，即公所謂南、北洋各練外海水師一軍，製備鐵甲與快艇，以爲戰事之用。夫中國雖前代無海戰，所謂樓船、橫海、渡遼，祇是將軍之號，然本朝順治、康熙年間，攻鄭成功於金、(夏)〔廈〕兩島，及經營臺灣，未始不戰於海。嘉慶年間，提督李長庚之剿捕鉅盜蔡牽，馳逐於閩、粤、浙三省大洋，電追霆擊，水立天摇，未嘗不是惡戰，特非洋人，無輪船耳。

今外洋既以鐵甲輪船稱雄，則中國自不可少。弟上年道出天津，與合肥議購鐵船，亦謂宜得四號則南、北洋方可各成一隊。唯以彼時俄事急在眉睫，需餉孔殷，先擲此數百萬金錢於外洋，收效在數年之後，是以不免躊躇。迨議覆梅曉巖閣學條陳，亦稱鐵船爲海防必須之物，並陳明南洋得此鐵船兩號，擬即駐泊澎湖爲臺灣應援，而江、浙閩、粤亦可兼顧。用兵固有形格勢禁之道，不可株守門庭。譯署議先購兩號，則以後兩號應不難於就緒。尊處現造之快艇，先給閩省，爲將來配鐵船之用，亦無不可。弟因部議停造彭雪帥奏準之小兵輪船，原擬以南洋自有之款，改造快艇，業經函商李質堂軍門與彭雪帥。尊指以快艇與小兵輪二者孰優？

粤海關税任意延欠，殊出情理之外，昨復委倪丞前往守提，未知果否得手？俟得回信，祇合專摺奏催。

各省酌裁兵勇三成，挹注之方，莫善於此。公若入告，務請朝廷主持，不須各省議復；並應聲明已裁之省，亦須一律施行，否則此事如轉石，如摶沙，多方藉口支吾，仍恐空談無補。弟在羊城，用利燦庭之議，以輪巡各船水勇盡補綠營水師兵額，共三千人，飭令原營淘汰老弱，挪出此項缺餉，名爲補勇，實則裁兵，每歲計省俸餉八萬餘金，然已筆秃脣焦，費盡九牛二虎之力，可見變法如此之難。江蘇省清以後，餘兵無多，勇則大半爲合肥舊部，口糧仍歸淮軍糧臺，未知能否撤遣。若裁兵而不裁勇，則涓滴之微，於事無濟。

專設一局製造洋槍，誠爲當今要著。滬局造礮兼造中針林明敦後膛槍，已得六七千桿，頃經分給各軍演習試驗，如得合用，便當設法擴充。日前曾與司局談及軍械軍火，亦謂南、北洋各機器局，務須派定某局製造某項，以期專而能精，適與台指符合。務費清神，通盤籌畫，並先與合肥及筱帥、振帥商量，此間唯命是聽。

此外此間應辦事宜，以及弟之闕失，並祈賜教，弟雖不肖，無不樂受大君子之針砭也。

中國第一歷史檔案館等《中國近代兵器工業檔案史料》第一輯《廣東設立軍火局原委之呈文光緒十年前後》

謹查廣東省垣依山爲城，坐北向南，新城一帶面水，東南兩路近海。東路由獵德、黃埔通虎門，南路由大王滘至沙茭各鄉，繞四沙泛，出獅子洋，通虎門。如遇敵船由虎門闖入內河，則省城外東、南兩路實難接應。至省城正北，由觀音山通白雲山一帶，全是陸路，不能通舟楫。惟省城西路貼近民居，西路盡處幸有泮塘海口、白沙海口二河環繞，西路近則通十八鄉、九十六鄉，再遠而佛山，而西、北兩江均可通舟楫；又貼近省城西北一角，水路有澳口，陸路有彩虹橋，離西門、北門不過數里，足以載運軍火、糧食，調遣兵勇接應。闔城數十萬生靈，祇恃西北一隅爲救援要地，此同天設之險也。

伏思南粵至今數千年來，省城專恃西北路爲接濟要隘，前人築垷城，今遺址猶存。溯自道光年間，英人攻城時，經鄧、林、祁、程四院憲，微服往勘西北路垷城一帶，在南岸小樓一宿，已得形勢要領，即設重兵聯鄉勇在西北路固守，並在洋塘海口内築礮臺，遺址現存。又在離明觀請洋人壬斯雷教習製造水雷、火藥，奏明有案。此皆西北路事也。厥後英兵總麥伯果帶洋兵四百名由垷城上岸，欲攻老城，經就近西北路之三元里一帶，鄉勇盡力截殺，英兵全軍覆没，無一存者。此洋人入中土第一次受懲創者也。前因日本擾臺灣，擬辦海防，誠堅請設立軍火局在西北隅離明觀左邊空地，爲城内聲援，即同委員往勘，旋被奸細煽惑鄉人鼓噪，是日四千餘人截留誠一人，嘯聚圍毆，幸蒙英宫保震怒，乘夜飭兵勇前往救護，誠得生還，翌日英宫保嚴飭將首犯押究，局始圖成。此設立軍火局之緣起也。

凡設立軍火機器等局，萬不宜近海，防敵人開仗先占；須深藏入内河，敵人礮火不能遠到爲宜。今聞天津、閩、滬各製造機器局均犯此病；山東洛口局深藏内地，極爲合宜。今廣東軍火局地離海稍遠，若敵船在海面用礮彈轟擊難於有準，此局形勢較上海之高昌廟、龍華寺局，福建之羅星塔局，有過之無不及焉。今踢地既合宜，機器復陸續置備，不特可仿造洋火藥，他如開船澳船廠、生熟鐵廠，便可製造鐵甲戰艦、大兵輪船、大小槍礮等項。前經院憲遴選之候補守備藍開祥在局會辦。查該弁少小兩次出洋，在英、美各廠學習輪船、槍礮、火箭各機器前後二十餘年，爐錘在手，規矩從心，開中土四千餘年來未有之風氣，同治初年回中土，誠即舉開祥於郭中丞。其時粵東庫款短絀，局面未開，適丁製府前在上海關道任内，招開祥往開製造局。前後六年，所製造輪船槍礮、火箭，解往曾、李各營剿捻、剿賊均獲奇功，是明驗也。惟開祥心地誠樸，賦性愚戇，趨蹌進退均非所長，因與滬員不合，隨丁製軍歸粵。前在上海試驗大礮，至聾重聽，今見賓客則語言尤覺蹇訥，且年將六十，無志功名，在粵數年，與同事不相能，其功每爲人所掩，是非得已也。前在局月僅領薪水二十四兩，時有泥之者，欲其不自全而求退也。幸蒙劉製府廉得其情，增薪水四十五兩，始與滬局埒。今若假以事權製器，按款講求，俾盡其心力，當可爲粵局一助。

夫洋務之興，廣東籌辦海防已三十餘年矣。洋務兩案，費帑將三千萬，今無一臺、一船、一礮爲足恃者，是非無經費也，非無良策也，實未得其人耳。粵東奸細遍地，林文忠曾言：奸有數等，辦理海防似以防奸爲第一要着。如琦侯之鮑聰、僧王之沙禿子、葉相之李善輩，屈指可數，足爲前鑒。瑞相而後，亦恐不乏人，但未敗露耳。粵東積弊已深，良歹混淆，因循怠玩，幾成不可救藥，惟恃在上者洞察各弊，力除積習，毅然爲之，庶可挽既倒之狂瀾，登斯民於衽席也。誠誼關桑梓，前經出生入死，亦所弗辭，惟冀擇隘守險，按款講求製器，告厥成功，是全粵之幸。至操演一節，由軍火局挑選就近鄉勇，學習洋槍隊，聯絡近西北門内之滿漢旗兵，分期操演，試驗新式槍礮，以致遠命中、輕捷利便者爲等差。年不過費數千，金，每遇聞警，西北一帶便成勁旅，東南兩路亦可彷爲之，是固不可廢也。

再，前因日木擾臺時，誠呈張中丞一摺，請速製火藥五百萬斤。查道光時廣東虎門初仗失利，關壯烈、陳副將陣亡，均因火藥不繼。近年歐洲各國製礮日鉅，有每響需火藥二百餘斤至五六十斤者，此次廣東仿造洋火藥，應請將軍火局改爲軍火總局，虎門一帶及省河東南兩路，似應擇近臺各處設數分局，及早分儲火藥，以便就近接濟各臺要需；因思英、法、士等五國之攻俄國西巴士多卜魯城時，日發一百六十萬響礮，是日需火藥不止數百萬斤矣。現聞天津藥局設碾盤八個，滬局設碾盤四個，今粵局擬設碾盤兩個，恐出藥過少，若待臨用時始向外洋購買，查外洋各國向有禁止接濟軍火之例，此節關係甚大，還乞當軸者早爲留意焉。

是否有當，伏候鈞裁。

蕭榮爵《曾忠襄公奏議》卷二五《機器局用難減請定章疏附片光緒十一年二月二十三日》

奏爲金陵機器局月支薪糧實難刪減，請以光緒八年底支用數目作爲定章，其已用之款，仍懇天恩敕部照數覈銷，以清案牘，恭摺仰祈聖鑒事。竊臣接準户部咨，覈覆金陵機器局委員薪費等項，截至八年底止，每月用銀九百六十餘兩，今請每月不得過一千兩之數，仍難率準，應仍查照臣部前次奏案辦理。其第一、第二兩案用款，亦應一併據實刪減，再行覈辦。奉旨依議，欽此。恭録飛咨，遵照辦理等因。當經轉飭去後，兹據該局道員龔照瑗、郭道直詳請具奏前來。臣等伏查甯局與烏龍山局歸併之初，僅有機器三廠，翻沙、熟鐵、木作各二廠，火箭分局委員僅派要差十餘人。各廠監工等務皆用司事，取其薪水較少。迨後逐漸擴充，添設槍子機器廠，併鐵汽錘廠，拉銅機器木廠，事務較繁，委員、司事因之添派，原定薪費不敷，不能不覈實增給。至親兵原設三十名，往來押運料物，稽查各門出入，並因廠工日繁，原設長夫不敷驅遣，又未便以匠作代役，轉致曠工廢時，是以增雇短夫，無日不有所需，工食概由局費支發，未敢遽請增募。誠以經費有常，不敢不力求撙節，即如前案，截至八年底止，月僅支銀九百六十餘兩，已較五、六兩年減省。嗣因江海防務戒嚴，水陸各營操防，所需軍火較多，並有協濟外省之件爲數亦鉅，工作益繁，在差人等倍切辛勤，已虞日不暇給。設有急需，尤須加緊趕造，監工照料，更屬在在需人。故前奏定以每月不得逾一千兩之數，以示限製。今部臣一再議駁，原爲節省經費起見，惟製造關軍前要需，必須權衡緩急。臣固不敢任令加增，致啟虛糜之漸，亦不敢過於剋減，轉誤緊要之工。籌商至再，擬即按照八年底止月支銀九百六十餘兩之數作爲定章，嗣後如有可以裁汰，總當飭令隨時酌減，仍俟防務稍鬆，製造工緩，再行查照部議刪減，以節經費。其第一、第二兩案報銷薪糧等項，共銀四萬五千八百四十一兩有奇，業經因公支銷，委實無從追繳。合無仰懇天恩俯準仍照原册覈銷，以清塵牘。所有金陵機器局月支薪糧，請以光緒八年底止支用數目作爲定章，並已用之款仍請照數覈銷緣由，謹合詞恭摺具陳，伏乞皇太后、皇上聖鑒敕部查照。謹奏。

王樹枏《張文襄公全集》卷一一《試造淺水輪船摺光緒十一年五月二十五日》

竊惟海防之要，無論戰守，必有水師戰船以援礮臺，礮臺以護戰船，臺船相輔，其用乃宏。南北洋尚有快船衝船數艘，粵東則並此無之，僅有閩廠撥來舊製「飛雲」、「濟安」兩兵船。去年六月初旬，聞法船集於馬尾，即日派往赴援督帶官參將高騰雲戰没，兩船皆燬，此外本省中小各輪皆非戰船，僅可供捕盜緝私轉運之用。其洋製仿製(文)〔蚊〕子船兩艘，不能出海，即用之内河，而礮笨船脆，受敵則不固，運駛則不靈。亦欲購製戰艦，而時日既難猝辦，經費亦無所出。惟有經營礮臺，廣購軍火，以爲陸防陸戰之計。然而虎門廣闊，五門紛歧，西江後路時有擣虚拊背之憂，望洋興歎終非長策。且日視法艦之往來港越濟餉濟兵，竟無從稍梗凶鋒，實深憤懣。因與署水師提督臣方耀籌議，鉅艦快船，固不可期，若有淺水輪船十餘艘，縱不能縱横於大洋，亦可馳逐於六門之内外，其時海警方殷未知所届，若不反求諸已，探討經營三年之艾何由而得。適於冬間有闈姓捐餉之舉，蒙恩允準決計酌提此款，創始爲之。查黄埔向有船澳，係光緒三年前督臣劉坤一購之英商者，乃博訪水師將弁，招致香港工匠，採取香港華洋船廠圖式，令明於算理者推究斟酌，度華工之所能爲者，擬成一式。大率長英尺十一丈，廣一丈八尺，艙深八尺六寸，喫水六尺，馬力七十八匹，内用康邦臥機、冷水氣櫃、雙輪暗車，前後兩桅，桅身上半可以伸縮，下用鐵脅，旁施鋼板，船頭、後膛鉅礮一，船尾中等後膛礮一，前後桅盤懸連珠礮各一，船腰兩旁配連珠礮各一，取其身淺行速，可於六門内外貫穿往來，内可過黄埔以至省河，外可出虎門以達香港。至於沿海近岸，亦尚可行。其機器物料，分購於外洋。香港上海創辦之始，蓋造廠屋，置辦鑪具，所費較多，造成數艘以後，算校漸確，器用漸備，工役漸熟，當可較省。先於闈姓款内提洋銀二十萬元，交署提臣方耀應用，當經派委臬司沈鎔經，候補道施在鈺，會同署提鉅，督飭各員弁細心試辦。去年十二月定議，本年正月募匠購料修廠置器，二月興工，先造四艘，約八月内可成二艘，十月内可成二艘，四艘成後，如尚利用，即當籌款續造。察其機鑑馬力是否靈捷堅固，船身礮位是否量配停匀，儻有不精，隨時修改，俟有募到洋匠，更可與之商榷。船成以後，所有額設绿營水師紅單船，概行裁汰，捕盜緝私，以此代之。其船費兵餉，亦可併養此項淺輪。語云大輅始於椎輪，又云不索何獲。從此員弁工匠，身親其事，心通其法，自當益造益精，未嘗非練習人材之一道。所有用費，應俟工竣時覈實奏報要之。此船但爲守禦六門而設，若欽攻擊搴舸出没重洋，非有鐵甲穹甲快船之屬不可，體大法精，需費亦鉅，工料稍差，即成棄物。且中國學製，廠地、機器、工師、物料諸須創爲，成工亦太遲緩，此時惟有專籌鉅款，購之外洋，以應急需。及此三數年間練駕駛於中華，學製造於西國，兩者確有把握，方可舉辦。謹當另疏籌議上陳。旨：據奏試造淺水輪船，現已先造四艘，著俟造成後，詳加察看，如果合用，再行奏明辦理。該衙門知道。欽此。

中國第一歷史檔案館等《中國近代兵器工業檔案史料》第一輯《張之洞奏廣東機器局整頓局務並革員温子紹賠捐自贖摺光緒十一年十二月初一日》

兩廣總督臣張之洞跪奏，爲查明機器局員未能覈實，罰令賠捐示懲，並現籌整頓局務，以裨海防，仰祈聖鑒事。

竊臣承準軍機大臣字寄，光緒十一年五月十五日奉上諭：有人奏粵省機器局辦理有年，毫無成效，該局報銷難保無侵吞浮冒情弊等因，欽此。當經欽遵轉行確查去後。其時製造紛繁，款目膠葛，猝難查算。嗣經臣訪有端倪，於本年正月間特參不職文武各員摺内，以江蘇候補道温子紹經管機器局多年，料價既多不實，工匠亦不足額，物議繁多，據實奏參，奉旨温子紹着先行革職，澈底查辦，勒令賠繳等因，欽此。復經叠檄藩、臬、運三司澈底確查各在案。

茲據廣東布政使沈熔經會同署按察使瑞璋、代理鹽運使蔣澤春詳稱：確查該革員温子紹，自同治十二年開辦機器局起，至光緒八年十二月止，建造局房、排運濠泥暨增修改葺地價工料銀一萬四千五十三兩九分七釐，購買機器等件銀一萬五千七百六十七兩六錢七分四釐，購買煤炭等項銀二萬一百九十兩二錢四分三釐，購運船脚夫價銀七百八十二兩九錢三分一釐，製造新式槍礮鉛彈、礮架等項用過銅、鐵、鉛、錫、魚油並一應器具銀八萬九千六百八十九兩二錢八釐，雇募夫匠各項工價銀一十五萬五千六百一兩八錢一分，委員、紳役各項薪糧、工食銀八萬八百七十八兩五錢五分八釐，修製輪船經費銀九萬六千八百六十兩，以上共銀四十七萬三千八百二十三兩五錢二分一釐，業經前督臣張樹聲開單奏報在案。又自光緒九年正月起至十年十二月止，一、製造槍礮水雷礮子軍械，一、添置機器廠物料，一、夫匠工價，一、委員紳役各項薪糧工食，一、修理輪船經費，以上五宗，司局原冊開報共銀一十三萬五千三百七十五兩五錢七分，尚未咨部報銷，經臣覈刪銀一萬五千五十兩，實用銀一十二萬三百二十五兩五錢七分。該司道等督同委員按冊逐款稽覈，該革員温子紹承辦機器局十二年，前後領款五十九萬四千一百四十九兩九分一釐，其建造局房、購買機器、委員紳役薪糧工食、修造輪船各款，大致均屬相符。惟工料兩項，當仿造伊始，銅、鐵、鉛、錫購自外洋，轉手太多，不能照中國市價覈算者，有傾熔不能得法一再改傾摺耗較多者，夫匠人工有趕限製造槍彈日夜並作一工兼支兩工者，有始造不得合式一再改摺工價曠費者，雖辦理不能認真，實尚無侵吞浮冒各情。並據該革員稟稱：承辦機器局以來，所購物料均有華洋各行發貨單據，所用工匠每日懸牌局門，未敢稍存侵冒之心。惟局係創始，工係仿造，物料之轉購摺耗，工匠之兼併曠費，不能撙節請求，自問咎無可辭，自願賠繳工費，以贖前愆等情，由藩司會同臬、運兩司詳請具奏前來。

臣查已革江蘇候補道温子紹，委辦粵省機器局十有二年，動用銀五十九萬四千餘兩，現經查明尚無侵吞浮冒情弊。惟支銷鉅款，多歷年所，因採辦周摺，算造未精，以致物料多所耗費，工匠手藝不盡精良，不免兼營摺改。雖所購物料有各行單據可憑，而物質精粗未必毫無攙換，因所製造修理各件，久已散發各營、各船，且係成造之物，其原質等差無憑指實；所用工役，雖有水牌册籍，而工徒不盡得力，紳董不盡任事，以致有濫竽冗食之弊，責以虛糜，亦復何辭？且上年飭令該局趕造礮子軍械等件，又以機器太小，良匠無多，一時未能趕製，仍多購自外洋，或向香港廠內代造，其平日於局事不能認真講求，已可概見。既據該革員稟稱情願將虛糜之費賠出報效，經臣與該司道等酌覈，除九、十兩年用款已經覈刪者不計外，復將該革員應領未發之款駁扣一萬五千兩，不準發給，另行責令賠繳銀二萬兩，以充海防經費。已據繳存善後局。並將移設城西新建製造局添造屋廠之費責令捐修。如此辦法，不惟毫無浮冒，已足痛戒虛糜。伏思粵省機器局係屬創辦，該革員承管局務，學藝本屬疏淺，性情又復庸軟，不能糾覈司事、工役，所費工料尚屬有因。業經革職罰賠，從嚴懲儆，應請免其置議。

再查機器一局實爲今日海防要務，但有擴充，斷難裁撤。温子紹向於泰西機算之學本未深通，特以素與港商往來，性喜製造，略解皮毛，前督臣瑞麟派令辦理機器局，以開風氣。以經費支絀，工器未能大備，故十二年之久，止用銀五十餘萬，迥非津、滬各局規模宏闊之比。然自設局創辦以來，員弁工匠能者漸多，頻年辦理海防添補軍械、修船運礮等事，該局亦當能勉强支應，是則雖無大功，亦未必竟無微效。至城內機器局，現令歸併城西濱河之增步軍火局，拓地增屋，統名爲製造局。合爲一所，稽察較便，雜費亦省，兼取水運之便。現經派委署臬司瑞璋、代理運司蔣澤春督辦局務，户部主事趙濱彥、分部員外郎熊方柏會辦局務。將所有舊日冗濫員紳概行屏逐，重定條規，遴選員匠，參酌神機營及津、滬各局章程，立爲考課、工藝、察覈、料價之法，申嚴賞罰，實事求是，以期裨防務而節餉需。

所有查明廣東機器局礙難裁撤，革員温子紹尚無侵冒，責令賠捐自贖，及現籌整頓局務各緣由，理合恭摺具陳，伏祈皇太后、皇上聖鑒。謹奏。

光緒十一年十二月二十四日軍機大臣奉旨：温子紹賠繳銀二萬兩，即並撥充海防經費，餘依議。該部知道。欽此。

王樹枏《張文襄公全集》卷九三《札司道開設船局光緒十二年七月初九日》 照得粵省海防善後尤以造船爲第一要務，其鐵快各艦工用繁博，力不能及，應聽候海軍衙門籌度議辦。惟有製造淺水兵輪以資防護海口内河，較爲切近易辦。前經籌款撥交水師提督方，會同升東藩司沈，前臬司候補道施道，設局製造淺水四艘，尚爲合用。惟爲數過少，自應續行製造。昨據署廣州協副將鄧安邦，署大鵬協副將賴鎮邊，順德協副將利輝等，稟請捐助製辦淺輪經費，當經飭交督糧道專款存儲備用在案。本部堂統加覈計，擬就現籌之款，以一年半爲期，造成淺水兵輪十艘，配齊應用礮械。此十艘即按興造之次序編爲船名，第一艘名曰「廣甲」，第十艘名曰「廣癸」。應即就黄埔原設船局刻期舉辦。查東按察司于臬司廉正覈實，堪以督辦局務，候補道施道在鈺船務明晰，堪以會辦局務。除提調監工各員另札派委並咨行外，爲此札仰該司道等，即便督飭該提調等，訪求得力通曉員匠，詳考成法，覈計工料，就「廣元」等四輪作法斟酌損益，一律皆用縮氣冷水櫃，酌擬圖式，呈候覈定，即日開辦，務期事事覈實，堅利迅速，兼可巡駛近洋，方臻美善，尤須計日程功，不得曠時糜費。即將該局事宜詳加籌度，選定員生工役，妥議章程，隨時詳稟。應行採辦物料，迅速分別購定，所需款項隨時赴糧道庫移支應用。此因粵省海防未備，鉅款難籌，故本部堂苦心羅掘，量力經營，期於必成。此舉惟賴該司道殫心實力，廣集羣材，成此利器，以宏遠謨，有厚望焉。

中國第一歷史檔案館等《中國近代兵器工業檔案史料》第一輯《楊昌浚奏閩省鑄錢改由福建機器局籌辦摺光緒十二年七月十二月》 頭品頂戴革職留任閩浙總督兼管福建巡撫事臣楊昌浚跪奏，爲閩省試鑄製錢改由機器局籌辦情形，恭摺仰祈聖鑒事。

竊照閩省前因製錢缺乏，原設寶福局停鑄已久，驟難復設，議請在船廠設爐鼓鑄，藉資輪機以省人工，酌改銖兩以杜私毁等情。當據前福建布政使沈保靖等會詳具奏。嗣奉部復準在辦防經費内籌銀二三萬兩作爲成本，其購辦銅、鉛各價及運脚錢文，覈例無浮，亦準照辦。每文鑄重八分五釐，分兩過輕，行令查照咸豐三年京局鑄錢分兩辦理。又銅鉛摺耗、工炭、局費與例未符。鑄出新錢如何搭放搭收，妥爲籌辦等因。轉行遵照在案。

現在船廠工程緊急，廠員不及兼顧，並無餘屋可騰，原設寶福局改儲軍裝，不得不另行擇地，委員辦理。查省城機器局尚有空屋、隙地，堪以修建。該局委員候補知府張憲辦事認真，兼熟考工，當經札飭福州府張國正會同妥籌試鑄。並於辦防經費内先行提銀二萬兩飭發承領。據報將局内空屋修葺完竣，並添建房屋設爐五號，每號五爐，召匠製模，購買銅鉛，添派委員、監工巡督，於本年六月初四日開爐試鑄。【略】臣督同司道隨時考察，分別運籌，總期民用無滯，官帑無虧，於錢法稍有裨益，以仰副聖主興利除弊至意。

除咨部外，謹恭摺具陳，伏乞皇太后、皇上聖鑒。謹奏。

光緒十二年八月初四日軍機大臣奉旨：該部知道。欽此。

國家清史編纂委員會《李鴻章全集》第三四册《復襄辦金陵機器局直隸補用府徐光緒十二年八月初十日》 仲虎尊兄大人閣下：

頃奉惠書，猥承注飾。就諗考工創述，勛望秋高，慰如遠頌。月樓、薌亭兩觀察於金陵機器局務綜理有年，執事極深研幾，探討更久，委任自能和衷襄贊，相得益彰。比來西洋軍火出奇無窮，尚望宏此遠謨，心摹力追，益臻精利，是所切禱。此間秋雨過多，畿東窪下之區頗遭淹没。南漕截留有限，饑黎滿野，賑撫爲難，曷勝焦灼。所幸海疆清晏，民氣綏和，稍抒蚊負耳。專復，祇頌升祺。不具。愚弟期。

國家清史編纂委員會《李鴻章全集》第三四册《復襄辦金陵機器製造局直隸委用知府徐建寅光緒十二年十二月二十七日》 仲虎尊兄太守閣下：

頃接惠書，知前復一函已達英盼。日月不居，時序如流，歲琯將更，祥琴已御，賢勞在望，馳係良深。歐洲煉鋼至爲繁細，向有秘法，故德之克虜伯、法之葛羅松獨擅其名。滬廠造礮有年，而内膛鋼管仍須外購。今執事以徐州礦，用德廠法，竟能煉就純鋼，鑄成小礮，如果試放多次，毫無裂紋，洵開中國未有之奇，非思慮絶人，而又親見真實，積久有得，豈能致此。續鑄之兩磅過山礮，何時可就，是否可靠，亟欲樂觀其成也。專泐布復，順頌年禧。惟照不具。愚弟鴻章頓首。

王樹枏《張文襄公全集》卷二一《創設槍彈廠片光緒十三年五月初三日》 再，廣東前因籌辦海防，購運軍火，兼濟滇桂後膛槍彈一項，需用尤多，採辦維艱，必須購置機器自行製造，始可取用不盡，無庸倚藉外洋。當經飭海防善後局委員在上海泰來洋行，購運製造槍彈機器一副來粵，價銀二萬五千九百八十餘兩。正擬設廠開辦，適前廣西撫臣潘鼎新亦在泰來洋行訂購槍彈機器一副，由委員運解到粵。時西省已將撤防，準護理廣西撫臣李秉衡咨商，西省無力設局開辦，所有前購機器，請留東省備用，復經飭局籌款，將機器及造子銅片物料價值，委員、洋匠川資，暨運脚保險等費由東撥給，計共銀三萬一千三百餘兩。當即遴委江蘇補用知縣薛培榕，會同地方官，在於省城大北門外二十里，番禺縣屬之石井墟購地三十一畝有奇，創建製造槍彈廠一所，地居省城，後路較爲穩便。上年九月經始，本年五月落成。計頭門一進，公務廳兩進，機器大廠一座，鍋爐、打鐵、烘銅殼、造木箱、裝子藥房共五處，儲料、發料庫各一，另有裝蠟餅、紙餅、火藥等房，及工匠住房、廚房等二十餘間，外加甎牆一道，高一丈，周圍二百零四丈，共支工料連地價銀一萬七千三百餘兩。安設機器兩副，能造毛瑟、馬梯呢、士乃得、雲者士得四種槍彈。試辦之初，每日約造二千顆，熟習之後每日可造八千顆。目前即可試火開造。此外尚有需用鎔銅輾銅等機器，併應添蓋廠屋，容俟陸續購辦。

硃批：該部議奏。欽此。

王樹枏《張文襄公全集》卷二一《續造兵輪摺光緒十三年六月十四日》 竊查粵海爲東南首衝，不可一日無備。海戰固須鐵甲鉅艦，即爲自守計而輔助礮臺扼截内港，亦非兵輪不可。南北洋歲有各省關協撥經費或百餘萬或數十萬，用能寬裕經營船械具備。而粵省無之，歷年支持不暇，無從議及兵輪，僅有巡緝供差輪船，亦不甚大。光緒十年臣之洞到任之日，已爲海防戒嚴之時，事機緊迫，患在門庭。海戰既無從猝謀，内河自不能不備，乃先其所急，籌款集工，囑水師提督方耀、前藩司沈鎔經試造「廣元」、「廣亨」、「廣利」、「廣貞」淺水兵輪四艘，聊以資内河扼守之具。是年年底定議，次年畢工。曾經遣赴瓊州汕頭等處近洋，尚可駛行，若風浪馳逐究無把握。現在合計四淺輪併舊有中小輪船共二十九號，除分撥瓊廉應用及各營要差外縣巡緝外，省河内外止有十四號，僅資緝捕轉運之用。至光緒十二年海防大定，臣之洞欽奉懿旨籌議海軍，環顧海疆懲前毖後，乃與司道將領百計經營，苦於無從籌此鉅款，適據籍隸粵省之署廣州協副將鄧安邦、順德協副將利輝等稟請邀集文武官紳分年捐資，廣造兵輪，無事緝匪，有事應敵。自光緒十二年起至十四年秋間止，可集銀四十二萬兩，又經督飭運司勸諭鹽埠各商竭力襄助，嗣據各商稟請分三年籌捐造船經費，亦自光緒十二年起至十四年年底止可集銀三十八萬兩，兩宗捐款皆據稱保衛桑梓，肅清引地，不敢邀請奬叙。惟自造則萬萬不敷，船小則又無大益，乃於去冬姑先試造較大之淺水兵輪兩艘，并函詢署福建船政大臣裴蔭森，以歷年閩廠製撥南北洋各口輪船之長闊深淺，駛行速率若何，用資考較。適是時閩廠爲南洋代造三船，均竣器全工，暇遂商爲協造辦法。粵濟閩經費之不足，閩助粵工力所有餘，如此則就此現有之款，可造出海兵輪，與臣大澂衆計熟商，並飭司道等籌議，僉以爲便。於是定議協造鐵脇快輪一艘，穹甲快輪三艘，共四艘。擬名曰「廣甲」、「廣乙」、「廣丙」、「廣丁」。「廣甲」馬力二千六百匹，長約二百二十一英尺，寬約三十三尺有奇，喫水極深處約十三尺有奇，全船載重一千三百九十六頓，每半時約行四十七中里，鐵脅木舦製仿兵輪機器新式。「乙」、「丙」、「丁」三艘均馬力二千四百匹，長約二百三十五英尺，寬約二十七尺，喫水極深處約十三尺，全船載重一千頓，每半時約行五十五中里，鋼脅鋼舦鋼礮罩穹甲斜厚一寸，活桅兩枝能助鐵甲出洋攻擊。自本年夏初起製，約三十箇月以次完竣。其廣甲一艘，係閩廠已造之船，本年九月可成駛粵應防，共協銀三十六萬兩。又協造河海並用中號兵輪四艘擬名曰「廣庚」、「廣辛」、「廣壬」、「廣癸」。每艘馬力四百匹，長約一百四十四英尺，寬約二十尺，喫水約十尺，每半時約行三十六中里，鋼脅木舦鋼板鋼礮罩活桅兩枝，亦可行大洋抵津滬。自本年閏四月起製，約十六箇月可成兩艘，又八箇月可成兩艘，共協銀一十二萬兩。臣之洞先於上年十一月委派前臬司于蔭霖、員外郎熊方柏就黄埔設立船廠，選匠開造淺水兵輪二艘，擬名曰「廣戊」、「廣己」。每艘馬力四百匹，長一百五十英尺，寬二十尺，喫水七尺，每半時約行三十三中里，鐵脅木舦鐵礮罩活桅兩枝，足駛近洋内港，限今年九月十二月次第工竣，共需銀五萬數千兩。其各船所需礮位，甲、乙、丙、丁四艘每船頭十五生長礮一尊，船尾十二生長礮一尊，船腰荷乞開士聯珠礮二尊。「戊」、「己」、「庚」、「辛」、「壬」、「癸」六艘，船頭十二生長礮一尊，船尾十生半長礮一尊，船腰桅盤荷乞開士聯珠礮共四尊，彈各三百顆實心開花，酌配棕色藥餅，照式配足。除閩廠定購者，撥歸粵用，照付原價外，其餘向克虜伯廠訂購，粵省軍械局舊存聯珠礮十餘尊，一併儘數湊配，約計十輪礮械共需銀二十六萬兩，通計船礮兩項共需銀八十萬兩，已於三月、閏四月、六月陸續匯解福建船政衙門，船價礮價共三十二萬一千餘兩。船成以後，擬將舊有巡輪酌量裁併，大率裁去舊輪兩號可敷養新輪一號，不致另增經費。至帶船之員，總以武職曾經歷練者爲主，將來粵省兵輪擬選派明白勇敢之將弁充當管駕，以收實效。惟是此次所造十輪，僅屬中等，「戊」、「己」、「庚」、「辛」、「壬」、「癸」六艘，平日雖亦能出海，有戰事時止能守口巡洋，「甲」、「乙」、「丙」、「丁」四艘尚可在大洋助戰，較之南北洋在外洋所購鉅艦相去尚遠，實由粵力已竭，粵防難弛，衆情激發，集壤成山，然猶集資寬以三年，通工及乎隣省，始克勉成此舉。若欲禦大敵於重洋，則必如臣之洞光緒十一年九月初四日具奏籌議海軍摺内所請，水帶鐵艦三艘鐵甲雷船六艘併酌配快船方能自成一軍，翬衛瓊廉門户。然需款甚鉅，應俟朝廷裁奪，次第規畫施行。至此十船中閩製者均可駛行，南北洋將來造竣後，當令駛赴天津聽候海軍衙門閱驗。此係外籌捐辦，不動庫款，將來亦不請奬叙，應請敕部免其造册報銷。再臣等前於本年五月初旬欽遵四月二十九日懿旨，電請海軍衙門覈示，旋準五月十三日覆電開十船成後裁舊養新，尤合海署命意，且係捐辦於經費無所出入，又在奉旨以前即由粵自奏等因，合併聲明。硃批：該衙門知道。欽此。

中國第一歷史檔案館等《中國近代兵器工業檔案史料》第一輯《劉秉璋奏四川機器局製造未精擬請停鑄洋槍並在上海購辦應用摺光緒十三年十二月初五日》

頭品頂戴四川總督臣劉秉璋跪奏，爲查明川省機器局機器未全，製造未精，擬請暫行停鑄各項洋槍，並在上海購買外洋槍彈各件，以節局費而利軍械，恭摺仰祈聖鑒事。

竊查川省幅員遼闊，縱横皆三千餘里，外接番戎，西連藏衛，内多嘓匪、會匪，欲安疆宇，必先整武備，欲整武備，尤當先求利器。當此外洋各國皆以槍礮雄視一時，前督臣丁寶楨於光緒三年升任來川，揆度時宜，創立機器局，選雇工匠，仿照外洋辦法，製造槍礮、藥彈、銅帽、洋火藥等件。觀其規畫宏遠，用意深長，洵足爲整軍經武之用。惟其立志務在自强，是以仿用西法不用西人。局中所用司事、工匠，皆中國之人，不雇洋匠，以致鑄造各項究未得其真訣。又因機器不全，間用手器，所鑄之槍，其大小厚薄不能無毫釐之差。

臣查上海、天津、金陵三廠爲中國機器局之大觀，然皆未鑄後膛洋槍，而川省機器局竟公然鑄之。臣於去年冬間初到川時，詫爲神異，心竊喜之，將鑄成後膛各槍深爲珍惜，留待有事之用，不肯輕發各營。迨至夏間，統領壽字、泰安等營署提督臣錢玉興等諄求發給演試，始各酌發數十桿，以資操習。旋經各營演放多次，僉稱所發各槍，槍筒大小不能劃一，後門槍彈多有走火，又多不能合膛。臣始爲驚詫，立派署提督臣錢玉興，會同營務處候補知縣徐春榮、籌餉報銷局委員候補知府唐承烈，將局中鑄存後膛各槍日赴教場逐一試放，果是槍筒、槍彈均不一律。若以禦敵，必致誤事。臣覈計局中鑄槍工料，其用費已昂於外洋買價。如果所鑄各槍精良合用，猶可不惜小費，以圖自强；無如所鑄之槍，臣逐加考驗，其子路之及遠與準頭之取中，比較外洋所購實已遠遜。以更貴之價，鑄無用之槍，殊不合算。臣現已飭局將各項洋槍暫停鑄造，裁減局市司事、工匠。計自本年十一月起，每年約可節省局費銀二萬餘兩之譜。以所省局費，購備外洋槍彈，庶餉不虚糜，器皆利用。

當此中外多事之際，軍械不可不預爲籌備。現已電致上海地亞士洋行購定後膛毛瑟槍一千五百桿，每桿配子五百出；又購買前膛來復槍五千桿；並電購哈乞克司槍五百桿，每桿配彈八百出。以上需用槍價、彈價，約計裁減局費兩年所省即可敷用。其局中前已鑄成之槍，並由臣飭局設法修整勻配，留爲次等之用。至於現在留局司事、工匠人等，當即飭令經管局員逐加挑選，認真妥辦。至後膛礮彈一項，現始飭局試行添鑄。其原鑄後膛槍子，因雜用手器，亦頗不甚得法。幸前督臣丁寶楨去年派員赴上海添購機器，現已陸續解運到川。將來機器安置停妥，飭令該局專鑄銅帽、後門槍彈、礮彈，及趕造洋火藥，較有把握。

除現購外洋槍彈各項一俟購運到川，再將價脚專摺奏報並咨部查照外，所有現在飭令機器局暫行停鑄各項洋槍，並在上海購買槍彈各緣由，理合恭摺具奏，伏乞皇太后、皇上聖鑒訓示。謹奏。

硃批：該衙門知道。

王樹枏《張文襄公全集》卷二八《續造兵輪片光緒十五年十月十八日》 再，廣東船局製成「廣戊」兵輪一艘，業於光緒十三年十一月間附片奏明在案。十四年四月間「廣己」一艘，亦經完竣，試洋察看，船身機器即駛行速率均屬及格，與「廣戊」大畧相同，經臣先後遴員管帶分駐巡防，嗣因惠、潮、高、廉一帶海面尚在需輪，而該局歲修各船工作多暇，曠廢可惜，所有委員、工匠等必須日有所事，庶可講求精純。當飭接續起製鐵脅鋼皮鋼殼雙桅兵輪，經總辦船局分省補用道王葆辰，幫辦廣東試用知府熊方柏遴選船局差遣軍功黄福華繪具圖説，飭令承造，計船長英尺一百五十尺，寬二十三尺，喫水極深十尺，配康邦新式卧機，馬力五百匹，船前耳臺擬安十二生礮兩尊，船後擬安十一生礮一尊，中桅上擬安五管荷乞開士聯珠礮一尊，以能出大洋爲度。每半時約行三十三中里，礮價在外估計全船工料銀五萬七千餘兩，擬共造兩艘，一名「廣金」，備欽州海面常川巡防之用，一名「廣玉」，備瓊州海面常川巡防之用。廣金於本年六月間開造，兹於本月安上鐵板龍骨，限明年春間一律工竣試洋，一面添調閩廠出洋藝成學生候選知縣鄭成、候選縣丞曾宗瀛兩員，到工，常川測量較定，以臻精密。臣查粵廠船工不比他省鉅廠，所籌者零星之捐款，所用者土著之工匠，鋭意發端，冥思創造，祇如椎輪大輅小試其端。今由木殼漸製鐵殼，由淺水漸駛大海，風氣可望日開，該局總辦王葆辰、熊方柏等精勤詳實，熟習竅要，考求督察，不憚煩勞，洵屬殫心出力，有裨實用。所需經費仍係照案外籌捐辦，應請敕部查照奏準「戊」「己」兩艘成案免其造册報銷。至閩廠協造各艘節次準船政大臣裴蔭森電咨，「廣庚」一艘已於本月上旬造竣，經臣遴委都司張斌酌帶柁手人等赴閩接帶，日内即可回粵，派撥巡洋。其「廣乙」一艘業經下水，年底亦可竣工。

硃批：該衙門知道。欽此。

中國第一歷史檔案館《光緒朝硃批奏摺》第一〇二輯《光緒十五年十一月十三日兩廣總督李瀚章摺》　頭品頂戴兩廣總督臣李瀚章跪奏，爲廣東設廠自鑄槍礮，地遠費絀，察酌情形，未能經久，擬請移置要地，以收實效，恭摺仰祈聖鑒事。竊查廣東設廠自鑄槍礮一事，經前任兩廣督臣張之洞具奏奉旨，該衙門知道，欽此，等因在案。臣到任接準移交，當即督同司局，妥協籌辦。溯查原奏，内稱此項經費，係由紳商報效捐助三年，專充購器造屋之用，以足敷開廠爲度，計訂購槍機礮機各一分，又添購槍尾尖刀機器全副，合共銀三十餘萬兩，十一箇月成交。又購地設廠建屋，約需銀數萬兩，擇於城外石門地方作爲廠地。其槍管鋼料及罐煉礮鋼，俟開鑄伊邇，暫向德國名廠購用。若經費充裕，不獨廣東軍營取給不窮，並可協濟各省等語。在張之洞之意，專欲恢張風氣，力圖自强。其任事之鋭，誠不可及。惟創辦諸務，必須通盤籌畫，期諸久遠，收效方長。否則勉强於先，必將竭蹶於後。今槍礮廠所需經費，出自籌捐，僅足敷開廠之用。此外常年經費，爲數甚鉅，並無專款可指，難免脱節之虞。且此項捐款，須俟三年方能足數，而前付機器半價，業經挪款，先行墊付。現在將屆十一箇月限滿，又須續付半價，未知從何籌撥。且地基尚未購成，廠屋猶未經始。明年春夏機器運到，無從安設，即使遲之又久，勉强落成，不但廣東鐵鑛無多，難供鑄造，且僻在海隅，即欲協濟各省，亦多不便。現在海疆安謐，臣料簡軍實，計所存精械，足敷各營之用。如遇添備彈碼，以及小加修整，舊有槍彈製造等局，堪以辦理。廣東近年徵歛浩繁，疊遭水患，物力已極困敝，正宜量入爲出，不必徒事鋪張。其鑄造槍礮一事，揆諸時地，似可緩圖。惟此項機器，業經購定，將近告成，自宜妥籌開廠地方，以期盡善。臣再三審度，惟於直隸天津通州等處擇地建廠，由直隸督臣派員就近經理，將來槍礮造成，可供京師直隸各營操防之用。畿輔爲首善之地，風氣尤易開拓。且津沽四通八達，不但東南各省一水之便，隨時可以取給，即西北諸省暨東三省等處，洋式槍礮向來稀少，取用亦屬甚便，較之廣東僻在一隅，其益尤大，其利尤遠。臣既有所見，未便因奏準在先，稍涉遷就相應，據實奏陳。請旨敕下，海軍衙門會同户部，悉心籌議，妥協辦理。一俟議定，再當將外洋繪來廠圖暨合同等件，咨送覈辦。至於機器後半價值，捐款未收，無從再墊。可否由户部指款撥付，將來所收捐項銀兩，即留充廣東别用。臣爲規畫久遠，因地製宜起見，是否有當，謹會同署理廣東撫臣游智開恭摺具奏。伏祈皇上聖鑒訓示。謹奏。該衙門議奏。

國家清史編纂委員會《李鴻章全集》第三五册《致總署議安置槍礮廠光緒十六年正月初七日》　前接海署總辦恩佑等稟稱，粤督奏廣東設廠自鑄槍礮，地遠費絀，未能經久，擬請移置要地以收實效一摺。奉原批：該衙門議奏。欽此。鈞諭令即酌定何處改置。鴻章竊查原奏天津、通州等處擇地建廠，自爲水路易通起見，第張督議訂槍機百二十匹馬力，日成毛瑟連珠十響槍五十枝，並造克鹿卜式七生半至十二生過山礮，將來開工後日需煙煤甚多。現在煙煤出自唐山煤礦，由鐵路運津較便，即隨時購辦外洋器料，轉運湖北煉成鋼鐵，亦由輪船運津爲便，似建廠之地宜在天津擇定。又，奉諭建廠鑄械必須有鋼鐵供用，刻下礦尚未開，開後尚須煎煉，非咄嗟可辦，是否建廠以待，抑俟鐵有成效，煉有成數，再行舉辦建廠等因。查煉鐵、煉鋼，事物繁賾，功力艱深，非三五年間所能告成。至欲仿製克鹿卜小礮，必需極精純之罐鋼。鋼用罐煉乃克鹿卜獨創秘訣，歐洲他國名廠皆不及知，中國試辦伊始豈能仿造。是以張督前奏有槍管鋼料及罐煉礮鋼，開鑄時暫向德國購用之語。滬局仿造美國林明敦槍係由洋廠購運鋼管，日本東京創設製造後膛槍廠，聞亦向西洋購用槍管鋼料。固知此事非一蹴可幾也。今鈞意謂俟鐵有成效，煉有成數，再行開辦，洵屬自强遠圖。但所訂機器已克期來華，若存擱過久，必致潮濕銹蝕，終歸無用，似須先建廠設機，以立根基而免損壞。此項槍機礮機大小器件必多，考日本槍廠，煙囱高者至十二丈，大屋十座，小屋無數，熔鐵竈九座，地大十四萬坪。以天津機器局規模度之，當不相遠，約計購地、築土、造屋、集工、設機等項，需費不貲，必待機器件數清單，廠屋分、總圖説寄到，乃可照圖覈實估計廠工實在需銀若干。張督前奏約需銀數萬兩，殆先事臆度之詞，於此道似少閱歷，未足憑信。又，奉諭未建廠以前，一切廠料機器如何妥收之處，即派員經理，咨京備查，等因。頃接粤督函稱，洪使來函，此器須夏秋起運，因與機器局員妥商，前項器機約計本年六七月後分批可到，建廠萬趕不及，擬俟鈞處奏定，即咨明洪文卿由德徑運上海交轉運局提載，由招商局輪船運津，責成機器局先期搭蓋棚廠暫行儲存，以便開箱逐細點驗，加試油漆，分類登記，咨署備查。惟向來訂購外洋機器祇與該廠議定器價，另行雇船運華，所有運脚、保險等費照器價約加二三成不等，在合同之外由買主自給。此項機器原價將近四十萬兩，運保費約十萬以外，内有百二十匹馬力汽機之鍋爐，尤極笨重，脚險甚貴。張督原奏並未籌及，如奏令北洋驗收此器，到滬時即須照章覈給運保等費，乃能起貨。現實無款可籌，擬請鈞署在各省海防新捐内預飭指撥十萬兩備用，免致臨時貽誤。再，李督原奏此項經費原指紳商報效捐助，三年前付機器半價，已挪款墊付，後半價捐款未收，無從再墊，請由部指款撥付等語，自係實情。此後運器到津，應需設廠，工費若干，容俟估定確數，另行咨懇鈞署籌撥爲幸。

王樹枏《張文襄公全集》卷九六《札北鹽道等佈置槍礮廠興造事宜光緒十六年閏二月二十四日》 准兩廣督部堂咨開，案查廣東省奏設槍礮機器廠，經貴部堂電請出使德國大臣洪，在德國力拂廠定購仿造毛瑟連珠槍及克虜伯式小礮機器各一分，於上年准洪大臣將廠屋粗細各圖咨送前來，當經貴部堂札委試用，道閻道希范等辦理該廠事務，以資經始。本部堂抵任後，因經費不敷，奏請將槍礮廠移置要地，旋經海軍衙門奏准移鄂開辦，各在案。兹准貴部堂來電槍礮廠各圖請飭取速寄，并録案咨鄂等因。相應將廠圖合同一併抄録咨送等因。到本部堂准此，查前此承准海軍衙門電知，槍礮廠改移鄂省，業經先後檄委該道等於省城内外查勘地基，繪圖貼説稟辦在案。現又承准海軍衙門咨，原奏内稱粵省開設槍礮廠經費係由紳商報効捐助，光緒十五年正月起扣，至十七年年底止，續捐三年，指定專充購買鑄造槍礮機器，並建造廠屋，經費以足敷開廠之用爲度。又議定武營四成展捐半年，至十八年六月止，如有不敷，鹽捐尚可接辦，大約此兩款可收八十餘萬。既經通盤籌定，即應照原議以捐足八十餘萬爲度，以成是舉，至於購地造廠若待捐款繳齊舉辦，恐需時日。粵省既墊鉅款造廠，經費未便再令粵省措墊，擬由部籌造路歲撥二百萬内，劃借銀十五萬兩。

國家清史編纂委員會《李鴻章全集》第三五册《復總辦廣東水陸師學堂分省補用道吴光緒十六年五月十三日》 薇隱尊兄年大人閣下：月前泐復一緘，頃奉月杪惠函，遠勞飾序。敬審炎官炳望，大匠程功，引企升猷，式符臆祝。載誦别箋，具聆種切。閩廠事局前後遷變之迹，言之慨然。現在開辦海軍船政，更是當務之急，其實一廠尚不敷用，斷無將現成之工再加收束之理。惟目前限於經費，雖有巧匠，無可如何。而自文肅去後，規製漸改，近則植黨盤固，積弊已深。樾岑在任時，幾於措手不得，廷議不欲閩人復充是選，自是積有所聞。執事再任提調時，即爲異黨排軋，不能自容，幸以辭差而免積習之壞，如此則都中議論豈爲過甚之詞。粵堂規模方新，成效漸著，現居總辦，足以展其勤能，似不須舍此他圖，自蹈於嫌疑之地也。專泐布復，敬賀午禧，順頌升祺，附完芳版。不宣。年愚弟。

中國科學院歷史研究所《劉坤一遺集》書牘卷九《復德曉峯光緒十八年六月二十四日》 承示江西局紳擬造小火輪船行駛鄱湖，覈與譯署原議章程七條未符。此係沿海通商各口之定章，長江各口本不能援以照辦。上年弟處覆奏志詹事條陳摺内，請禁小火輪船行駛内河；似尊處亦有此疏。並聞前有中外商人請於鄱湖用小火輪拖帶茶船，咨經譯署覆令堅持禁阻有案。今以局紳開端，雖經聲明，專以救生濟渡，其爲用小火輪船則一。長江各口非沿海口岸可比，鄱湖又非長江各口可比，其應如何慎始圖終，高明必能熟思審慮。前者洞庭湖擬設小輪濟渡，曾經張香帥批禁咨會有案，一併録送台覽。

歐陽健飛與黄芍巖兩軍門亦在弟之夾袋，第目前苦無位置。我公廑懷時局，留意將才，既與共事有年，儘可專疏密薦，自是大臣以人事君之義。然不必與弟聯銜，蓋聯銜保薦近日少見，弟昧於因應，致多齟齬；而兩軍門均是同鄉，恐或以爲徇情濫舉，而加之罪，未免波累左右矣。

湖口需用後膛鋼礮，以八十磅子爲限，過則不宜，已飭上海製造局查照原議酌發。

中國第一歷史檔案館《光緒朝硃批奏摺》第一〇二輯《光緒二十一年十二月初八日浙江巡撫廖壽豐摺》 頭品頂戴浙江巡撫臣廖壽豐跪奏，爲招商承辦局廠，流弊宜防，恭摺密陳，仰祈聖鑒事。竊於光緒二十一年十二月初一日，准兩廣督臣譚鐘麟咨，奉寄諭，前因給事中褚成博奏請招商承買各省船械機器等局，當經諭令户部議奏，兹據奏稱中國製造機器等局，歷年耗費不貲，未見明效。如能仿照西例，改歸商辦，弊少利多等語，南洋各島及新舊金山等處，中國富商甚衆。著邊寶泉譚鐘麟遴派廉幹妥實之員，迅赴各該處宣佈朝廷意旨，勸諭首事紳董等，設法招徠該商人，如果情願承辦或將舊有局廠令其納貲認充，或於官廠之外，另集股本，擇地建廠，一切仿照西例，商總其事，官爲保護等因。欽此。並准電奉諭旨，著即令道員延年前往新舊金山等處，妥爲勸諭。欽此。臣查鐵路一事，業奉明諭准令民閑集股興辦，必可逐漸推廣。所有兵商各輪，自應一體，開設民廠製造，聽赴外洋貿易，以收利權，且儲戎備正。擬電商南洋大臣具奏，准咨前因，仰見廟謨宏遠，於通商惠工之中，寓整軍經武之意，誠爲因時要務。第臣愚昧之見，以爲民廠宜設也，而官廠要不可盡廢。兵商各輪及一切羽呢洋貨，皆可令民閒設廠製造也，獨鎗礮軍火魚雷水雷快碰等船，不可令民廠製造。蓋兵輪雖與軍械同爲行軍利器，而兵輪價值極貴，聽民製造，以之保護商旅，既可以資講求增閱歷，且非有公司挾重貲不能購置，尚覺易於防範。然管帶之員，猶必由官派委。鎗礮軍火，猶必向官請領，而後可以杜絶流弊。若鎗礮雷械等物，一概任令製造，漫無限制，人心貪利，將何事之不可爲。方今各省會匪伏莽遍地，盗賊肆行，無不執持洋鎗，戕役拒捕，幾於力不能制。禁防一弛，必至無從稽查。是朝廷禦侮之資，適啓奸民弄兵之計，借寇齎盗，隱患何窮。此臣區區過慮，竊以爲萬不可行者也。溯查中國局廠之設，經始於前大學士臣曾國藩、前兩江督臣沈葆楨。當創建之初，非不深謀遠慮，志存軍國，特以經理不皆得人，良法幾如虚設，種種弊混不可究詰，誠有如原奏所云者。惟是積弊固宜痛懲，大權不可旁落。如福建船廠，從前所造之平遠鋼甲等船，何嘗不堅利迅駛。一旦委之於敵，其咎固不盡在船。又聞江南制造局所造之快礮快鎗，製且巧於西洋，何嘗不可用以製勝。無如製一新式之鎗礮，並不知會各省，無從備價購買。及至臨時需用，一無所有，則軍營之冒領，局員之冒銷，均不敢謂其必無其咎，又不盡在器。大抵中華積習之深，由於情面太多，私心太重，局員工匠半由夤緣請託而來，其有實心任事，工藝出色者，反擠之使必去。此則近時之通弊，不在治法，而在治人也。目前救弊之策，衹須就各局廠酌量歸併，責成該省督撫，選派督員，覈實經理，自無前項情弊，似不宜因噎廢食，一概裁撤，以製造軍火之事，委之闤闠市井之中。擬懇皇上特發諭旨，宣示中外，除鎗礮雷械各項行軍利器不準民閒私造外，凡輪船機器，一切外洋經工貨物，悉準商民集股設廠仿造。一面電飭該督等轉行道員延年，仍遵前諭，招南洋各島華商於官廠外，另集股本擇地建廠製造兵商各輪及羽呢等項貨物。倘舊有船廠業已承充，有人即應妥定章程，不準製造軍械，以杜流弊。其餘製造各局，酌量裁併，認真整頓。如此一轉移閒，中外華商富民知朝廷意向所在，必皆鼓舞奮興，爭相仿傚，不獨軍政商務兩受其益，而弭患無形。所以溥皇仁而培國脉者，實遠且大。至於洋行所售鎗械，須憑督撫文照購買。究竟偷漏尚少，廿回之易於撲滅，梟會各匪之屏息斂迹，胥恃乎此。然不可不嚴防其漸。應請飭下總理衙門分行各直省督撫關道，並照會各國申明禁令，俾免積久玩生，此舉關係安危全局。倘蒙聖明鑒察，採擇施行天下，幸甚。臣爲預防流弊起見，不揣冒昧，具摺密陳。伏乞皇上聖鑒訓示。謹奏。該衙門議奏。

中國第一歷史檔案館《光緒朝硃批奏摺》第一〇二輯《光緒二十四年五月廿七日湖南巡撫陳寶箴摺》

頭品頂戴湖南巡撫臣陳寶箴跪奏，爲遵旨設立製造彈槍兩廠，擬就湖南本省鹽斤加價籌作常年經費，及請改撥滬局原議訂購機器税款，以資辦理，恭摺仰祈聖鑒事。竊臣承準軍機大臣字寄，光緒二十三年十二月二十五日奉上諭，近來中國戰船未備，沿海各地易啓他族覬覦，從前製造廠局多在江海要衝，亟應未雨綢繆，移設堂奥之區，庶幾緩急可恃。兹據榮禄奏稱，各省煤鐵礦産，以山西、河南、四川、湖南爲最，請飭籌款設立製造廠局，漸次擴充，從速開辦，以重軍需。至上海製造局似宜設法移赴湖南近礦之區等語，自係爲因地制宜起見。著劉坤一、裕禄、恭壽、張之洞、胡聘之、劉樹堂、陳寶箴，各就地方情形認真籌辦，總期有備無患，足以倉卒應變，是爲至要。原片均著鈔給閱看，將此各諭令知之。欽此。遵旨寄信前來等因。承準此，仰見聖主思患豫防，慎重軍需至意，莫名欽悚。臣於光緒二十一年正月，以補授直隸布政使入都，蒙恩召見，時方中日搆兵，仰蒙諭及槍礮必須自造，跪聆聖訓，銘鏤五中。迨抵湘任，適當湘軍東征以後，軍儲蕩然，即擬籌設廠局製造，衹以災賑方股，賠款復亟，未敢輕議。此次欽奉諭旨，又知滬局暫難移設，即亟與司道及各官紳籌議，莫不以爲急務，而以造槍及彈子爲尤急。第思中國機器製造，風氣尚未大開，草剏之初，工匠多非素習，無論鉅款難籌，造端不能宏大，即驟以外國值七八十萬金，按日可造槍五六十桿之大機購置，各省初時亦衹能日造槍數桿，必俟工匠次第練習，可用之人日多，循序漸進，速則二三年，遲則四五年，乃能盡此項機器之用。是製造之功效，當以款項爲衡，尤當以人力爲準。與其曠日而坐待鉅款，何如從速開辦以圖擴充，因就滬、鄂等廠及熟諳機器之人，切實攷求。並向洋行詢訪價值，約計每日造新快槍十數桿，多則二十桿，每日造彈子十數萬顆，多則二十萬顆之兩項機器，約共需價銀三十萬兩。惟購機建廠之費衹須一次，而工料所需必應籌有常年的款，方能無誤製造。湘省錢糧釐税，既無可稍事騰挪，勢非就地另籌不可。官紳再四籌商，當此公私竭蹶之時，惟有仿照鹽斤加價成案，尚屬輕而易舉。查加價向章，令銷售引鹽行店每斤加價錢二文，由督銷局陸續帶收彙繳。以每人日食鹽三錢計之，終歲所出僅十三文，於民畧不爲病。督銷局向本收銀，此次擬即覈定每斤摺收加價銀一釐四毫，以歲銷十一二萬引計之，約有銀十餘萬兩。出自本省食鹽之户既不爲病，於坐賈行商更無損豪末。或慮價昂不能敵私，恐有滯銷之患。不知官鹽之暢銷惟在緝私之得力，今以本省製造要務，有此加價之舉，地方文武官弁皆不敢稍存膜視，緝私必愈認真，決不至有滯銷之事。否則即每斤減價十數文，尚不及私鹽價賤，何能相敵。詢之諳練鹽商，亦云亦無窒礙。若萬一因之滯銷，即當奏明停止，斷不以此病商，致妨税課。經臣電商兩江鹽政總督臣劉坤一，川、粤鹽斤亦一律準由行店照加，示無軒輊。

意見亦復從同。湘省得此十餘萬常年的款，以供製造彈槍兩廠之用，即有不敷，亦自非全無憑藉可比。惟購辦兩廠機器，需銀三十萬兩，目前本省實屬無從籌措。查上海機器製造局曾經劉坤一奏准增撥每年常費銀二十萬兩，該局已議先提兩年撥款四十萬兩，在上海洋行向外國訂購專造新槍機器，期以兩年運到。嗣因滬關此款尚未解撥，僅與洋行議立草約，未付定銀。本年奉旨飭將滬廠移設湖南，此項機器遂作罷論。二月間劉坤一曾以移廠事宜電商臣處，告以此事始末。今上海舊廠雖難遽移，似必無增設新廠之理。可否仰懇聖恩飭下户部及南洋通商大臣，轉飭江海關於此項奉准增撥滬廠未解款内，迅籌銀三十萬兩，改撥湖南，儘本年内悉數兑交，以爲購製新槍及彈子機器之費。撥解祇此一次，在滬關諒不爲難。抑或應别由他款指撥，非臣所能擅擬。至常年製造之款，即由臣暫於此次本省鹽斤加價一項支用。其造廠之費，俟加價一節，奉到(俞)〔諭〕旨，即行照數加收。一面陸續支取建造廠局，計俟工竣及機器運到，爲時將近一年，即可提此一年收款，以供建造，似可無須另籌。俟試辦一二年，工匠漸多諳習，再行另議擴充，增購機器接續辦理，緣當款項奇絀之時，爲此不容或緩之事，非不欲併力兼營，以求速效，顧爲之有序，必能先程尺寸之功，而後可希尋丈之效，欲使難得之款不至虚擲，殆不得不出於此。至新槍式樣必與鄂、滬等廠考校畫一，以免參差，用副朝廷整飭武備至意。所有遵旨設立彈、槍兩廠，擬就湖南本省鹽斤加價籌作常年經費，及請改撥滬局原議訂購機器税款以資辦理緣由，謹會同湖廣總督臣張之洞恭摺具陳，是否有當，伏乞皇上聖鑒訓示。謹奏。

中國第一歷史檔案館等《中國近代兵器工業檔案史料》第一輯《崇善奏福建機器局與槍子廠並入福建製造局摺光緒二十九年閏五月十六日》

福州將軍兼署閩浙總督奴才宗室崇善跪奏，爲閩省機器、槍子兩廠歸併製造局，現辦理大概情形，恭摺仰祈聖鑒事。

竊維製造軍火爲儲備軍實要需，必須精益求精，方能有濟；若辦理不得其法，臨時焉能製勝，倘有貽誤，其害不堪設想。查閩省機器局，於光緒二十五年四月間，將前移附馬尾船廠之機器局仍復移設省城水部門内，專(治)〔製〕各臺礮子、炸釘等項。旋於二十六年九月，於機器局旁擴充地基，添建槍子廠屋一座。又於二十八年三月間，在省城西關門外另設製造局，專造無煙槍。均經前督臣許應騤奏咨辦理在案。

奴才到任以來，親歷各廠逐一考驗：其配置機器不盡如法；所用員役工匠人數過多；按照製成槍、礮、子彈之數計，工料耗費甚鉅；且機器、槍子兩廠建設在水部門内人煙稠密之地，存儲軍火大屬非宜，不如西關外製造局地面寬闊、不近居民。蓋製造槍、礮、子彈本屬一事，與其分廠而費大，莫若(何)〔合〕而費省。飭令總辦機器局參將賴望云，截至四月底止一律停工，將機器、槍子兩廠歸併製造一局。派員會同點收製成槍、礮、子彈及機件、材料，妥爲存儲配置。一面將員役、工匠大加裁減。至歸併製造局後，擬將快礮、無煙槍停製，每年祇造各臺營現有快礮各種子彈及製造毛瑟槍新子，重裝舊子，以備隨時操防領用。約需常年經費銀二萬數千兩，計可節省六七萬兩。據善後局司道詳請具奏前來。

奴才查機器、槍子兩廠，自開辦起，截至二十八年底止，共用經費銀一十七萬八千六百餘兩。製成滬式三磅子快礮二十四尊，福字一號、二號陸軍後膛礮二尊，洋式十二磅半快礮二尊，奴才親往驗試，機簧、標準均不甚靈捷合式。尚有修改船廠舊存陸路快礮四尊、福強軍後膛車礮六尊，製造新式後膛抬槍一百桿，製造短柄洋槍一百桿，製造各項後膛槍子殼三百二十餘萬顆，其餘修理各項洋槍，製造前膛礮子彈等件，爲費已覺過鉅。其製造一局，開辦將及一年，動用銀十一萬六千餘兩，除置器、設廠用銀八萬兩左右外，實需常年經費銀三萬六七千兩。現在查點所存用剩銅、鋼物料等件，及製成各項槍胚，共估值銀九千餘兩。開工一年之久，用款二萬數千兩之多，僅止造成智利無煙槍一百桿，工宂草率，不能垂久。當此整理軍火之時，應如何加意考求，精心製造，乃竟敷衍塞責。且每造一槍，比之購自外洋數已倍蓰，值此庫帑奇絀，豈能再任虚糜，是停製槍礮，洵爲正辦。閩省現在槍礮足敷備用，此後飭局常年製造子彈，以供操防之用，於經費可期撙節，而辦理亦歸覈實。惟水部門機器、槍子兩廠，現經歸併，置諸閑曠，亦殊可惜。閩省前於南臺開設銀元局兼鑄銅元，商民稱便，以該局無地擴充，不能添設鍋爐，今擬將機器、槍子兩廠，改爲銀元分局，暫將機器廠所餘鍋爐馬力一副，撥歸銀元局改配應用，隨後添置機器，以期推廣。如此一轉移間，化無用爲有用，地方亦有裨益。

抑奴才更有請者，槍礮爲行軍利器，子彈藥力分量配合適均，方能發遠命中，稍有參差，貽害實非淺鮮。前遇兵事，各營所領槍礮每有子膛不合之病，奴才此次清理軍火，冀爲將來力除此弊。當派降補通判孫道仁前往該局搜查子藥，據稟分量不一，藥粗力微。因思此省製造草率如斯，他省亦恐不免。合無仰懇天恩俯念軍火關係重要，飭下政務處暨兵、工兩部覈議，嚴定承造軍火員匠不力處分罪名，通行各省一律遵照。現奴才嚴飭製造局，嗣後製造子藥務祈如法配合。每月派員切實查驗，倘有輕減藥力及製不合法，即將監製員弁及承造工匠分别從嚴懲辦。

除咨部並飭局查造截停製槍礮、子彈工料清册另案開報外，所有機器、槍子兩廠歸併製造局現在辦理大概情形，理合恭摺具陳，伏乞皇太后、皇上聖鑒訓示。謹奏。

光緒二十九年七月初三日奉硃批：着照所請。該衙門知道。欽此。

中國第一歷史檔案館等《中國近代兵器工業檔案史料》第一輯《練兵處奏湘鄂兩省會籌添建槍彈廠應毋庸議摺光緒三十年正月》 奏爲遵旨議奏，恭摺仰祈聖鑒事。

光緒三十年正月初四日準軍機處抄交兼署湖廣總督、湖北巡撫端方等奏請鄂、湘兩省會籌添建槍彈等廠一摺，奉硃批政務處、練兵處議奏，欽此。據原奏内稱，湖北槍礮廠設在漢陽府城外，近年各省多向訂購，應接不暇；且濱臨江漢。若在堂奥深密之地，兼擅水陸轉運之利，礦産豐盈，煤鐵近便，則未有如在湘省地方添建一廠之爲美備。惟兩省經費同一支絀，非通力合作不可。查鄂省於光緒十九年創設槍礮廠，曾籌收土藥税，上年因新案賠款，復征膏捐，均經奏明在案。自土膏並征以來，商販照章完納，毫無異議，第不免繞越湘省，致抽收未能十分暢旺。因念湘省若一律開辦膏捐，則商販無從繞越，約計每年所入之款，除提還鄂、湘兩省釐金正税及鄂省新案賠款籌備之數外，餘款撥充添造新廠之用，既可不事另籌，實爲一舉兩得各等語。

臣等伏查湖北槍礮廠經本任湖廣督臣張之洞經營多年，而統計每年製出之槍械，尚(搛)[嫌]所造不多，且亦未能十分精細。推原其故，仍是款項不足，不能多聘良匠，多購新機，加意講求，以臻完備。近四川署督臣錫良有增拓川廠之請，練兵處正在覈議，而該省督撫復有是奏，如果各省紛紛設立，不獨中國無此財力，即各國亦無此辦法。假如各省設廠各造各械，匪特器械不能一律，而欲以一二省所籌之款製造槍礮能使其既精且多，甚屬不易。鄂省既已有鉅廠，湘省近與接壤，自應先行設法維持，使鄂廠款項充足，製造精進，因已有之成規，宏軍儲之製作，便熟甚焉。該署督臣等所請會籌添建槍彈等廠，應請勿庸置議。該署督臣等所籌合辦膏捐，上年練兵處開辦時業經奏明，將來以此款專充練兵處經費，自仍應遵照辦理。除提還該兩省釐金正税及鄂省新案賠款籌備之數外，其餘不得挪作他項支用。

所有遵旨議覆緣由，謹恭摺具陳，伏乞皇太后、皇上聖鑒訓示。謹奏。

中國第一歷史檔案館等《中國近代兵器工業檔案史料》第一輯《湖北鋼藥廠内設置之各廠名稱清摺約光緒三十年》 竊鋼藥廠自開辦以來，經營數載，規模大備，煉鋼、製藥成效昭然。鋼廠逐日熔煉罐鋼，足資製械之用；藥廠所出無煙火藥，歷經考驗，其力量與德國頭等火藥相等；實於軍實大有裨益。每有各國洋人來廠游觀，莫不贊美，均稱此廠非獨冠乎中國，實爲亞洲獨一無二之廠。惟冀款項充裕，大工告成，製煉日多，行諸久遠，不但敷各省局廠之用，並有以應同球採購之需，庶可收回利權而强國勢。謹將辦理情形，開具簡明清摺，恭呈鈞鑒。

計開：

鋼廠(凡十廠)：一、罐鋼廠(鋼爐一座，每次裝三十餘罐至四十罐不等，每次煉出鋼一千二三百磅不等，每日可煉二三次。現擬請添爐擴充)又附機器廠，又附翻砂廠；一、壓鋼廠；一、拉鋼廠；一、夾鋼板鋼皮廠；一、拉鋼絲廠；一、鍋爐廠；一、存儲物料廠；一、儲煤廠。

無煙藥廠(凡三十七廠)：一、撕綿廠；一、爛綿廠；一、磨綿漂綿廠；一、浸綿廠；一、蒸綿廠；一、涼水廠；一、烘生綿廠；一、烘綿粉廠三所；一、烘藥廠三所；一、拌藥廠六所；一、軋藥廠；一、切藥篩藥光藥共一廠；一、篩綿粉廠；一、儲水樓；一、化學房；一、鍋爐房五所；一、銅匠房；一、打鐵廠；一、存儲物料庫四所；一、測算試驗槍藥廠；一、測算試驗礮藥廠。

强水等廠(凡九廠)：一、磺强水廠；一、提煉最精磺强水廠；一、硝强水廠；一、醋精强水廠；一、提煉用過廢强水還原廠；一、提煉還原强水分出煉濃廠；一、磺以脱廠；一、提煉酒精廠；一、儲水樓。

附造磚廠：一、造紅磚廠；一、造洋瓦廠；一、造火磚廠。

中國第一歷史檔案館等《中國近代兵器工業檔案史料》第一輯《岑春煊奏廣東擴充製造移建新廠摺光緒三十一年二月初七日》 頭品頂戴兵部尚書銜署理兩廣總督臣岑春煊跪奏，爲擴充製造，移建新廠，以重軍儲而修武備，恭摺具陳，仰祈聖鑒事。

竊查强國首重練兵，而行軍尤資利械。近來迭奉諭旨修明武備，並飭各省軍營槍械悉用一律。聖謨廣運，欽仰同深。臣抵粵以來，料簡軍實，查得粵省製造局建於同治十三年，從前所造不過碰火、拉引及抬槍等項，至光緒二十九年始仿造單響毛瑟。因機器係陸續添購，新舊凑集，不適於用，每造一槍，半須人力，每日僅能出槍五支。槍既不精，工又甚費，是以水陸各軍需用槍彈，仍皆購自外洋。無論漏卮，萬一猝有戰事，海道不通，固不能復向外國購求，即江、鄂各廠之械亦難購運。且該局設於城外增步地方，逼近海口，亦非思患預防之意。臣當與司道再三籌議，僉以爲宜購機擴充製造，擇地移建新廠，以充軍實而備不虞；雖司局各庫支絀萬分，每年不敷至數百萬。惟查自光緒二十四年訖於本年，粤購外洋軍械已約支銀三百萬，如果早籌自造，此項鉅款何至全數外溢。況以後購用尚無窮期，縱不爲備預不虞計，亦當爲財政計。爰飭司道與德商信義、禮和兩洋行訂購德國侶佛廠每日能造六密里五口徑，一千八百九十八年式、五響毛瑟無煙快槍二十五支之新式造槍機，及每日能造無煙彈二萬五千顆之造彈機全副並汽機等，大小共計四百餘具，應用一切零件均全，機價及水脚、保險等費共約合規銀六十六萬七千餘兩。機件自本年正月起至九月止陸續運到。價銀自本年正月起至三十四年八月止分作九批付清。至無煙藥爲造彈所必需，復向該兩行訂購德國克虜伯格魯森廠每日出藥三百磅之製造棉花藥、轉造無煙藥各種機件及汽機，又造藥應用之硝强水機器，機價及水脚、保險等費共約合規銀十四萬餘兩。機器限本年十月運到。價銀俟機器運到交清。以上各項均已飭由司道與該商等訂立合同簽字。此購機擴充之大概情形也。

至於移建新廠，必以堂奥爲宜。先本擬在肇慶城外設廠，詳細相度，苦無合宜之地。繼乃勘得清遠縣屬之大有村地方，該處背山面水，高燥平坦，距省城三百餘里，春、夏、秋三季北江水滿，小輪可以直達，冬令水涸，輪船亦可至蘆苞以上。其地爲粤漢鐵路所必經，將來轉運尚爲利便。設有外侮，係在內地扼守，較易爲力。當飭購定此地，並託侶佛廠將槍彈各廠應如何搆造始能合用，繪圖寄粤，以便按圖興工。此擇地移廠之大概情形也。

其較購機、擇地兩事爲尤重要者，一爲常年之款，一爲總辦之人。無款則廢於半途，無人則悉或糜費。查有前四品卿銜廣西候補道魏瀚，才優守潔，任事實心。該員本船政第一届出洋學生，與日本之伊藤博文同時留學歐洲，於製造之學研究素精，臣知之既深，特延致來粤，委充新製造局總辦，仍照案委現任司道。並派試用道李哲浚會同辦理。至常年經費本應籌定的款，惟司局萬分艱窘，一時實難指定，祇可隨時設法挪撥，務期無誤要需。

除俟機器運到、新廠落成再行奏報外，所有擴充粤省製造，購機、移廠各緣由，謹會同廣東撫臣張人駿恭摺具奏，伏乞皇太后、皇上聖鑒。謹奏。

硃批：練兵處知道。

中國第一歷史檔案館《光緒朝硃批奏摺》第一〇二輯《光緒三十二年四月廿四日署理兩江總督山東巡撫周馥片》　再，查江南火藥庫分建於江甯、鎮江、江陰、松江等處，存儲黑色洋火藥及無煙火藥。每值酷暑，間有自焚之事，歷經將監守各員奏參在案。現派兵備處道員朱恩紱、軍械局道員張廣生等，督同日本火藥技師石藤豐太，詳加考究，其故有三：一因存儲過久，變質走性。黑藥尚能多延歲時，獨無煙火藥中含滷氣、水氣，久則生熱，積熱變酸，暑氣鬱蒸，輒致暴發。一因原造藥庫不盡合法，或因地隘廊淺，積溼生熱，或因屋小簷低，空氣不透，皆犯藥庫之忌。一因散熱風扇及避電鍼桿多未購置，夏秋雷電偶作，一觸即發。以上數端，經該道等逐細查明，亟應設法防險，估計添屋置器等項，約需銀六萬餘兩。現值款項支絀，驟難籌足。臣已另片奏明，在江甯洋火藥局費內，減造四成，省出經費銀二萬餘兩，以資應用。不敷之款，隨後再行籌撥。至江甯、鎮江、江陰、松江等處各庫所儲之四十磅子小條無煙藥，六磅子小方無煙藥，年分太久，性質已變，共有一萬八千餘磅，歷年無人領用。據技師石藤豐太言，外洋每遇此等火藥，向皆裝入木桶，棄置水中，久存無用，反貽害他庫等語。擬即照此辦理，以免誤事。除飭該道等趕緊添建藥庫，設立避電各器外，合將整頓辦法各緣由附片陳明。伏乞聖鑒。謹奏。

中國第一歷史檔案館等《中國近代兵器工業檔案史料》第一輯《陸軍部爲批準張士珩所擬金陵機器局辦法事致户部及南洋大臣之咨文光緒三十二年九月初八日》　兹據復稱：查該道就籌擬辦法兩條：一曰酌定造子大數。查該局自上年八月以後，專造老毛瑟槍子，每月約能造十七八萬顆。常年額支經費八萬四千兩，遇運年分，由江海關加撥銀一萬兩。就此額款專造槍子，尚可覈實辦理，期有成效。據江南軍械局查明，江南各營每年如就操防計算，能造解二百五十萬顆，可敷應用。察驗該局造子機器力量，分別修配完全，亦可造足此數。工料並計，每千顆約合銀二十五兩，二百五十萬顆約合銀六萬二千五百兩，連員司、工匠薪水、工資、火食、筆墨、紙燭，並修整物料、運料船隻各項經費，以及提撥節省解交藩庫銀三千六十兩，綜計常年約共支銀八萬二千餘兩。按照該局額支八萬四千兩，仍可餘銀一千九百餘兩，爲防營修配零小各件隨時添購物料之用。徐道乃光辦理局務兩年，情形熟悉，應請飭由該道認真整頓，試辦一年，將辦理情形據實報明，籌議稟辦。一曰清理款目物料。查該局開辦有年，歷係就額領經費，盡數製造，收支(潁)〔款〕項本屬相符。惟現詳查該局實在款料，準徐道乃光單開，截至三十二年五月止，計有常借預支連同應解扣平裁減各款，共銀十萬二千餘兩，均有庫廠所存料物可抵。但分別覈估，其中多有年久銹爛，不能如原册所列價值。覈實統計，可供現用各料，約值銀三萬九千五百餘兩，可備用各料，約值銀二萬六千一百餘兩，廢用各料，約值銀二萬四千一百餘兩，共值銀八萬九千餘兩。其不敷一萬數千兩。查該局裁減一成一案，本係因盡款造械無可裁減，業由該局專案詳奉南洋大臣覈準免提。應將此項剔出，計不敷無幾，由該局分年於額款内撙節彌補，便可年清年款，永無糾葛。又該局槍子廠機器、汽機及軋片廠汽鍋兩具，類多年久松損銹爛，亟應分別修理、製換，約共需工料價值銀七千兩。此項機器若不修換完全，則工作愈壞，難期成效，且恐汽鍋出險。清咨由南洋大臣飭關局分撥銀七千兩，以應製換急需各節。所擬辦法，尚屬切實周詳，均請照準，並請咨行南洋大臣暨户部查照備案，辦理等情。

中國第一歷史檔案館等《中國近代兵器工業檔案史料》第一輯《廣東製造軍械廠暫定章程約光緒三十三年》　廣東製造軍械廠暫定章程

第一章　總綱
第二章　工程
第三章　分職
第四章　權責
第五章　廠規
第六章　考成
第七章　經費

第一章　總綱

一、本廠專造槍枝、子彈，遵照陸軍部定章六米里八口徑。

二、原訂機器，每日做工十點鐘，可出槍二十五枝、彈二萬五千顆，必造足此數方爲合度。惟無緊要軍務之時，彈子多存易致銹壞，應量爲減造。

三、造成槍枝、子彈，速率、瞄準、重量刊印簡明圖説，隨槍枝、子彈解交軍械局，以便頒發各營，俾知利用。

四、造成槍枝、子彈，分批解交軍械局存儲。凡造成一批，由軍械局派員會同本廠試驗，點收存儲。如有不合度之處，當即剔退。既解之後，惟軍械局之責。

五、槍枝、子彈每枝、每顆需各項料件若干，工若干，加之一切經費若干，每槍、每彈需值若干，預算清楚，立簡明表，詳稟督憲立案。

六、廠内所需材料，分批訂購，每批期敷一年之用，以免停工待料。但不容多購，免致積存廢壞。

七、廠内所用之煤炭，預算定數，照章向由善後局給領。不準多用，以示限製而免偷漏。

八、各營、各局暨各礮臺、各輪扒修理器械及請造各件，歸西局辦理，黑藥彈亦由西局製造，經費由總廠撥給。如有別項製造之件，所需工料爲數較鉅者，則届時另案詳明請示。

第二章　工程

一、工目薪資以月計，各匠以日計，何時不到工照扣薪資。

二、兩廠工匠每項配定數目不得隨時加增，以昭劃一而示限製。

三、春分後，早六點鐘開工，晚五點半鐘放工；秋分後，早六點半鐘開工，晚五點鐘放工；每日中午，不論春、秋，俱十一點鐘放工，十二點半開工。凡開工五分鐘之前，先放汽笛，各工匠當齊集廠門，放第二次汽笛均進廠。

四、每逢朔、望放工一天，端陽、中秋、冬至、萬壽聖節，放工一天。

五、各廠設立粉牌，將工匠姓名開列。每日工匠早、午上工，各匠親到監工房領取名籌，掛於粉牌自己名下，始準入廠。俟汽笛放止，監工員即將廠門掩閉，點明名籌，在總簿上分別蓋用到、不到戳記。每日早、午放工時，各匠親到粉牌前取籌，繳回監工房。

六、各匠進廠後不準私自出入。倘有因事出廠，由監工員給簽，管門驗放，回廠將簽注銷。

七、各機所造各項工程預先算準，每匠必須造足定額方爲合度。

八、各匠需用料件，由匠目報明監工員書單，由收發員向料庫領取，每日彼此覈對一次。

九、每日共到工匠若干名，某匠所造某項，每日造出各項之件，分類記載，隨時由提、坐覈對，五日送總、會辦覈閲。

十、凡工匠來廠作工，必覓切實妥保，或由工目具保，以昭慎重。

十一、各匠到廠不及八天者，放工日不給工資。

十二、各匠奉公出差，量路遠近酌給川資。如遇機器損傷手足，分別輕重酌給醫費，病故則酌給恤銀。

十三、各匠每日出入，不準夾帶物件，在廠作工時，不準吸煙。違者議罰。

第三章　分職

總辦一員。

會辦一員。

提調一員，副提調一員。

坐辦一員。

正文案一員，副文案一員。

正支應一員，副支應一員，支應司事四名。

稽查一員。

正稽覈一員，副稽覈一員。

總監工一員，副總監工一員。

槍廠監工四員，槍廠監工司事六名。

彈廠監工四員，彈廠監工司事六名。

管料庫二員，管料司事四名。

收發一員，收發司事一名。

測繪一員，測繪司事一名。

官醫一員。

第四章　權責

一、總、會辦。統籌全廠事務。凡廠事之興革、廠員之黜陟、工匠之賞罰，皆由總、會辦主持隨時稟呈督憲辦理。凡委員以下至工匠人等，應隨時接見，以杜隔閡。

二、正、副提調。調查廠内各事，上則稟承總、會辦，下則督率各員。各員中之得力與否，隨時考察，以佐總、會辦之不及。

三、坐辦。於廠内應辦各事，隨時與提調商酌辦理。廠内挑補工匠，監工員陳明坐辦，由坐辦當面驗看合格，再令具保，始準補人。

四、文案。專管文牘、稿件及一切合同、條陳等件，列册編號，分別存儲。凡遇交替，舊者點交，新者接收，如有遺失，惟該員是問。至每日各處文件，即到即辦，不得逾兩日。必須文理清通，能自起稿，方爲合格。

五、支應。必須會計分明，凡廠中額支、額收各款，當先期預算，領款、發款均其專責。如發大宗款項，必須會同提、坐，稟承總、會辦批準，不得擅支。至平日支發勇糧、工食，不得絲毫克扣。廠内自總、會辦以下，除月支薪夫外，該員不得瞻徇情面，挪借公款。如有帳目不符，公款短少，惟該員是問。收支各册，半月送司道、總會辦覈閲過章，年終造各項經費簡明表送呈。

六、總監工員。督率全廠工目分派每日工程，考覈每日造成之件。凡各廠監工員不力，匠目以及各匠有不合格，隨時會同坐辦更换。各廠之工程匯總於總監工，詳細登册，隨時覈對。

七、各廠監工員。每日工匠聽汽筒到廠時，該員必須到廠。該員所監某廠之工，凡某廠所用工匠若干名，某匠所造何件，某件何日起工、何日完工，列册詳記，每日造報於總監工。如所用之工不合度，所造之件不合式，當據實稟陳，不得徇隱。

八、管庫員。專管庫内各種料件，分類簽明。凡舊管、新收、餘剩、提廢每日分别登册，隨時由總、會辦派員稽查。如庫内料件短少，賬目不符，惟該員是問，責令賠償，與以相當處分。

九、收發員。凡隨時購置料件，歸其驗收，交管庫員入庫。各廠隨時所需之料，由監工員開單，交收發員向料庫發給。每日所造各件，以及造成槍枝、子彈交軍械局存儲，皆歸該員收發。

十、稽覈員。凡各廠每日所到之工匠、所造之件、所用之料，一一稽覈是否相符。全廠每年能出槍枝、子彈若干，應用工料若干，經費若干，隨時由總、會辦派令稽覈。並各局所、各營請造各件，分别緩急，由稽覈覈明，飭匠製造。

十一、稽查員。查察全廠事宜，何項、何人如有不合之事，當從實舉發，不得徇隱。如稽查尚未覺察而爲總、會辦所覺察者，與稽查員以失察處分。

十二、測繪員。測量一切，並繪畫槍彈機件、材料圖樣諸事。

第五章　廠規

一、設考勤簿一本，各員司每日書到，或有事請假，並書明某刻赴某處，某刻回局。凡委員請假，如總辦不在局，告於同事；司事請假，告於委員。考勤簿五天呈總、會辦覈覽蓋章。

二、凡廠内之什物、各廠之機器、各庫之料件、支應處之賬款，各具册籍，由總、會辦隨時稽查。一遇交卸，當一一點交，接辦者亦當一一點收。如無差誤，詳報督憲，以分新舊界限；如從中有不符之處，須當即查詢明白，不得徇隱。交替以後，惟接辦者是問。

三、自總辦以暨各委員、司事，每日每位開伙食銀一錢，家人每名給伙食銀六分。總、會辦準帶家人四名，委員準帶家人二名。

四、自總辦以及各委員薪夫逢月初旬發給，工匠、雜役人等半月發給；不得預支。

五、廠內應需大宗物料，由總、會辦派員訂購，磋磨價值，議訂合同，詳明督憲立案，貨到由局給價。

六、凡購物料價值，隨時榜示：薪夫、伙食、雜項用費，按月榜示；工匠、各役工食，半月一發，發後榜示；以俾衆覽。

七、庫內提廢各料，由總、會辦派員隨時查驗，如應變價，則隨時變價。得價若干，除呈報督憲外，並移知善後局，以憑查覈。

八、報銷宜分四册：一爲開銷銀錢四柱册，一爲料件四柱册，一爲造成軍械、機器、火藥四柱册，一爲局員、各役、工匠薪夫花名四柱册，每月呈報督憲。年終匯總呈報，並移知善後局。

九、本廠募護勇一百一十二名，內分撥二十名防護增步黑藥廠，二十名防護濱港口無煙藥廠，俱歸哨弁一員兼帶。並派教習一名，隨時訓練。

十、工匠住房，隨時由總、會辦派員稽查，不準閒雜人等住宿。

第六章　考成

一、各員司有黽勉從公、克稱厥職者，年終由總、會辦考覈，分甲、乙、丙三等加給津貼。甲等當其月薪十分之三，乙等當其月薪十分之二，丙等當其月薪十分之一。

二、各員司如有深諳製造，由總辦留局辦事，以資熟手。三年以後，由總辦詳請督憲，分別保舉。

三、各員司中如有未請假長不到局，曠廢厥職，則撤差。

四、各員司如舞弊營私，不知自愛，及有違背規則等事，則撤退後詳請參辦。

第七章　經費

一、本廠每月赴善後局領經費銀二萬五千兩。

二、本廠所用材料不另請款，均在經費項下支銷。

三、本廠每月購備材料，及員司、工役、匠徒、長夫薪夫、工食銀兩，均分列四柱清册，按月呈報督憲。年終匯總呈報，並移知善後局。

四、本廠員司薪水、雜役工食，暨護勇、巡船薪糧表，附列於後。

員司原支薪水數目表

職司	委員		司事	
	員數	薪水數	員數	薪水數
總辦	一員	月支四百兩（按月由善後局支領）		
會辦	一員	月支二百兩		
提調	一員	月支一百八十兩		
副提調	一員	月支一百六十兩		
坐辦	一員	月支一百兩		
正文案	一員	月支八十兩		
副文案	一員	月支七十兩		
正支應	一員	月支八十兩	四員	月支一十八兩二員，一十四兩二員
副支應	一員	月支七十兩		
稽查	一員	月支八十兩		
正稽覈	一員	月支八十兩		
副稽覈	一員	月支七十兩		
總監工	一員	月支八十兩		
副總監工	一員	月支七十兩		

（续表）

職司	委員員數	委員薪水數	司事員數	司事薪水數
槍廠監工	四員	月支六十兩一員，五十兩一員，四十兩二員	六員	月支一十八兩二員，一十四兩二員，一十二兩二員
彈廠監工	四員	月支六十兩一員，五十兩一員，四十兩二員	六員	月支一十八兩二員，一十四兩二員，一十二兩二員
管料庫	二員	月支六十兩一員，五十兩一員	四員	月支二十四兩二員，一十二兩二員
收發	一員	月支五十兩	一員	月支一十二兩
測繪	一員	月支四十兩（兼差減半支給）	一員	月支一十二兩
官醫	一員	月支四十兩（兼差減半支給）		

以上共月支銀二千二百五十六兩。

雜役原支工食數目表

雜役	名數	工食
差弁	三名	每名月支十兩零四錢
盤查	一名	月支一十二兩二錢四分
經書	一名	月支一十六兩
幫經書	一名	月支一十二兩
清書	三名	月支八兩二錢二名，六兩九錢一名
書辦伙夫	一名	月支二兩

（续表）

雜役	名數	工食
號房	一名	月支六兩一錢二分
厨子	二名	月支共十兩零二錢
厨房打雜	三名	月支共八兩一錢
聽差	四名	每名月支三兩二錢四分
茶房	二名	每名月支四兩六錢八分
更夫	四名	每名月支五兩零四分
追雲輪船	兼車扒管帶一名	月支二十四兩
	舵工水手管車升火等十二名	月支共九十一兩九錢二分
安粤輪船	管帶一名	月支一十二兩
	舵工水手管車升火等八名	月支共五十七兩六錢
車扒	水手七名	月支共三十三兩五錢

以上共月支銀三百八十二兩六錢六分。

統計每月員司、雜役，共由本廠額支薪夫、工食銀二千六百三十八兩六錢六分。此外活支之款，如購辦物料，工匠、藝徒、長夫工食，紙筆、燈油、茶水，委員家丁飯食，雜支、零用等項，支給無定，均照按月造册具報。合併聲明。

護勇巡船原支薪糧數目表

雜役	名數	工食
管帶哨弁	一名	月支二十八兩
護勇	一百一十二名	大建月支五百零四兩一錢七分九釐，小建月支四百八十八兩八錢六分六釐
管駕巡船	二名	每名月支二十兩零九錢五分
船勇	每船十二名	大建月支一百二十三兩五錢五分，小建月支一百二十兩零一錢三分

以上護勇、巡船兩項，月支薪糧銀兩均按月專案赴善後局領給。

中國第一歷史檔案館等《中國近代兵器工業檔案史料》第一輯《端方奏金陵製造洋火藥局減造五成火藥並將該局附屬於金陵製造局片光緒三十四年正月初八日》　再，金陵製造洋火藥局，每年額造槍礮洋火藥三十六萬磅，由金陵防營支應局動撥湘平銀五萬三百四十四兩，閏年加造三萬磅，加撥湘平銀四千一百九十五兩有奇。造成之藥，均解交江南軍械局收存，以便分發各軍及各局、卡、州、縣巡防之用。惟所發之數歷年均有餘存，加以上海製造局造解之藥，以致省城各庫共積存有一百餘萬磅之多。經前署督臣周馥飭令局員查明，議復停造四成，仍製六成，即將常年經費及閏年加撥之款，自三十二年起，按六成動支，計騰出四成經費銀二萬一百三十餘兩，湊撥添建修改江陰一帶藥庫，並置備散熱風扇及避電針桿等用項，附片奏明在案。

近來各藥庫積存之藥，多因年久變性，勢極危險，一再剔除報廢。臣察覈情形，若不覈實遞減，未免虛糜可惜。復經飭據各局員確切查復，各庫所存槍藥尚有八十餘萬磅，礮藥尚有七十餘萬磅。統計每年需用三十萬磅左右，照現存之數，在無事時約可敷用四五年。擬自三十四年正月起，再行減造一成，實計照額製造五成，每年動支經費銀二萬五千一百七十二兩，照六成經費覈算，又可騰出銀五千三百餘兩。統計節省五成經費銀二萬五千一百七十二兩，均照案由財政局專款存儲，湊撥修建各路藥庫及留備改良製造、購辦無煙藥機器暨添設無煙藥廠之用，期於實濟有裨。

至該局火藥既已減造五成，事務較簡，並令酌量歸併，暫附屬於金陵製造局，即由辦理金陵製造局道員劉體乾兼管，藉以收兼籌並顧之益。仍俟數年後察看庫存火藥若干，應否添造，再行奏咨辦理。

除飭將收支五成經費按年覈實報銷，並先行咨部查照外，謹附片陳明，伏乞聖鑒。謹奏。

光緒三十四年正月初八日奉硃批：該部知道。欽此。

中國第一歷史檔案館等《中國近代兵器工業檔案史料》第一輯《趙爾豐爲四川機器局增建礮彈兩廠事致外務部之咨呈（附章程清册）光緒三十四年二月二十一日》　頭品頂戴尚書銜護理四川總督提督軍務兼理糧餉管巡撫事，駐藏辦事大臣兼川滇邊務大臣武勇巴圖魯趙爲咨呈事。

案據辦理機器總局司道等詳稱：竊維爲政首重足兵，善事必先利器。自克虜伯礮成，德、法之雄雌遂決；速射山礮出，日、俄之强弱始分。此火器競爭優勝劣敗昭著環球者也。即瑞士以歐洲小國，於千八百九十八年亦曾揀派精通軍械之員較驗各國新礮，力求仿製，以圖自强。中國幅員廣大，而造礮僅滬、鄂數廠，勢難普給各省。矧以川省地處西陲，毗連滇、藏，英人覬藏，法人窺滇，皆有着爭先之勢，故近日西南邊防，尤急於東北。欲資鎮攝，非揀較軍實，廣儲礮彈，不足爲功。本司道等言念時艱，昕夕籌畫，去歲予軍裝所領日本明治三十一年新式速射山礮一尊，口徑七生五，彈重十二磅，擊力在六里以外，督飭匠目逐件拆卸，照式繪圖，用昔年所購三磅礮鋼料搏煉作身，其製造礮架平水尺及一切零件，胥就本廠原有機件改造而成，積十餘人之心思，歷時兩月始告成功。當經賫送憲轅查驗，並於臘底在鳳凰山演放試驗，準頭、速率比較原礮尚合戰事之用。當暫就前式設立礮廠擴充製造。本司道等擬將本局銅幣監造庫另籌善地，拆卸庫房及前廠、新後廠，改建廠房作爲礮廠。但造礮而不造彈，仍未完備，又擬將前廠後面向堆廢料長廊一排概行拆卸，改造廠房作爲彈廠。礮廠機件應即舊件改良，其缺者隨時添置，而彈廠機件則須另購。覈計機價約銀五萬七八千兩，運費約萬兩，修蓋礮、彈兩廠工料約估銀一萬餘兩，二共需銀八萬兩之譜。訂購洋、土物料約銀五萬餘兩。統共約銀十三萬兩。工匠、學徒就本局選擇充當。每年約出前式山礮三十餘尊，礮彈六千餘顆。設立監造委員一人、司事二人，收支兼管物料委員一人，司事二人，其餘文案、採買、監工、稽查仍以本局原設員司兼管，不再添設，以節虛糜。此修廠、購機、置料、用人及年出礮、彈大概情形也。至常年額支員司薪工，亦經督同稽覈各員悉心鈎稽，歲約需銀五六萬兩。活支之款，臨時再覈。惟川省財政奇絀，籌撥維艱，本局爲謀公益，不得不力任其難。擬在機器局應領成綿道庫土藥釐金項下撥用銀六萬兩，又銅圓餘利撥銀四萬兩，銀圓餘利撥銀三萬兩，共十三萬兩，作開辦之用。每年常款，擬將銅圓餘利，除部提四成，其餘六成除機器學堂開支並年底紅獎外，餘銀若干全數提爲礮、彈兩廠經費；如有不敷，隨時稟請籌畫。仍分別另案報銷。又查滬、鄂礮廠工料表，每礮一尊約銀當在千金以上，若購自東洋，則購價、運費等項每尊約銀二千餘兩。今開辦一廠，合計年出礮、彈兩項，省費甚鉅。況即價值相同，我能自造，藉以挽回利權，亦爲長策。較之仰給外人，一遇戰爭，各國中立，停售軍火，欲購不能，欲製不及，坐困束手，其得失大相徑庭。開辦之後，若能多購各國新式戰守礮作爲標本，遴選有學識工匠勵志精研，必能自出新式，而出數亦必日多一日。後此果能持以毅力，則北濟關隴，西供藏衛，東南備滇黔，或者有賴於此，其於大局不無補裨。除克期購料興修廠屋並匯款電滬購訂彈機、鋼料運川，以便早日開工外，所有興修礮、彈各廠並撥款購機暨預籌常年經費各緣由，是否有當，理合擬定章程，繕造清册，詳請察覈，分別奏咨立案，批示祇遵。等情。

據此，除察覈具奏並分咨外，相應鈔録章程咨呈。爲此咨呈貴部，謹請查照立案施行。

須至咨呈者，計咨呈川省開辦礮廠、彈廠章程一紙。

右咨呈外務部。

〔附〕章程

謹將擬就開辦礮廠、彈廠章程十二條，造具清册，呈請憲鑒。

一、川省機器局向製槍彈垂三十年，未嘗造礮，實爲缺點。上年仿造七生五速射山礮一尊，演放合用，現擬組織礮、彈兩廠，以備戎儲。然局中隙地無多，擬將銅幣監造庫另移善地，就庫房及前廠、新後廠拆卸，改建廠房十間，作爲礮廠；又前廠後向有堆廢機廢料長廊一排，亦應拆卸，改造廠房五間，作爲彈廠。

一、礮彈名目繁多，並舉兼營無此財力，現以專造七生五速射山礮實心、開花彈爲起點。查此項礮彈最合陸軍之用，蜀道崎嶇，邊防足恃。

一、礮廠機器，就局中現有機器支配。彈廠各機及鋼、銅物料，均須陸續電滬訂購，以資備用。

一、礮身鋼料，現當試辦，應暫向滬廠訂買。俟著有成效，仍當研究煉鋼之法，就地鼓鑄，庶免周摺而省運費。

一、規模既具，經費宜籌。開辦之初，建造廠房估計工料，購買機器及洋、土物料等項，需銀約十三萬兩。川省財政支絀，司道各庫挹注爲艱，謹擬在機器局應領成綿道庫土藥釐金項下撥用銀六萬兩，又銅元餘利撥銀四萬兩，銀元餘利撥銀三萬兩，共銀十三萬兩，以資開辦。

一、開辦既有指撥之款，常年經費尤當先事預謀。擬將銅元餘利除部提四成及機器學堂開支並年底紅獎外，歲約餘銀若干，全數提爲礮、彈兩廠經費；如有不(數)〔敷〕，届時另籌。

一、礮、彈兩廠既附設機器局，事權應歸本司道等鈐轄。兩廠各設監造委員一人，司事二人，收支兼管物料委員一人，司事二人，餘則文案、採買、監工、稽查仍以本局原設員司兼管，不必另添，以求撙節。

一、工匠、學徒即就機器局遴選手藝嫻熟之工匠充當。至其名數應以造礮多少爲定，隨時提充，力杜浮冗。

一、製造礮、彈，機括奥窾，毫釐千里，兩廠均設正副廠頭各一人，隨時考察，以免差繆。

一、既定職守，宜嚴課程。兩廠工作責成監造員司暨頭目人等，按月列表比較，力求進步。礮彈能占多數，將來接濟鄰省，即以售出之價作爲推廣之資。

一、辦事必功過分明，始足鼓勵。委員由本司道等隨時察看，年終出具密考，呈請督憲分別勸懲。司事、工匠由提調隨時察看，禀商總、會辦分別去留。

一、礮、彈兩廠初具規模，倘有未盡事宜，隨時考求至當，請示遵行。

中國第一歷史檔案館等《中國近代兵器工業檔案史料》第一輯《朱恩紱奏考察四川製造軍械局廠情形摺宣統元年十二月初二日》 三品卿銜考查各省製造軍械局廠臣朱恩紱跪奏，爲恭報微臣考察川省製造軍械局廠情形，恭摺具陳，仰祈聖鑒事。

竊臣於十月二十日行抵成都，業經電由陸軍部代奏在案。旋即率同隨員次第赴該省所設之新舊兩製造廠，接見員司，調齊案卷，詳加覈驗，計時一月有餘。所有該兩廠歷年建廠、購機、招工、籌款各辦法，僅就考查所及，爲我皇上縷晰陳之。

查川省舊製造廠建於省城東門内下蓮池地方，名曰機器總局。光緒三年爲故督臣丁寶楨奏請創設。其時風氣未開，内地鮮諳製造，機器安裝次序不(勉)〔免〕淆亂。廠房又皆陸續增建，大小三百零五間，地基八十畝，率多因陋就簡，規模狹小，無可擴充。嗣復將銀銅幣廠附入其中，更形逼促。槍彈各種機器多係從前舊式，先後購價並運費共銀二十萬七千餘兩。所造槍枝有蜀利抬槍、哈乞開司、馬梯尼、林明敦、五響快利、士乃德、曼利夏、單響毛瑟等名目。每日出槍四枝，出子彈四千八百顆。開辦之初，每年經費(已)由(已)裁之成綿道在土貨釐金項下撥銀四五萬、七八萬不等，至二十六年起，每年增至十萬八千四百兩。歷年修蓋廠房共支用銀十萬八千餘兩。廠中總、會辦各一員，委員十二員，司事，書識四十三名，工匠、藝徒五百八十八名，兵夫役六十一名。全年薪工、雜費共支銀五萬五千餘兩，銅鐵料件雜款共支銀四萬三千餘兩。又附屬於該局者：一曰黑火藥廠。設於南城外草堂寺之北，光緒七年建立，基地三十餘畝，大小廠房八十四間。委員二員，司事二名，工匠、兵夫五十七名。現造黑藥、白藥各機共十九部，全以水力沖激，較之用鍋爐汽機所省甚鉅。按日造藥一百二十斤，惟秋冬水涸，出數間亦參差。所需經費，除每年由已裁之成綿道庫另撥採辦牙硝銀一萬零二百七十七兩，餘仍附入總局開支。一曰機器學堂。局南偏逼近城隅，垣面寬廣，光緒三十一年建設學堂於城垣之上，布置尚屬完備。學期以四年畢業，課程於中西文、圖算之外，有理化、機器二門。本年八月，甲班畢業之三十名粗有普通程度。每年經費銀四千四百兩，亦附入總局開支。綜計該廠自光緒三年起至宣統元年九月止，歷年購辦機料、修理廠房、薪工、局用及藥廠、學堂開支，共銀二百九十五萬五千餘兩。除所領經費外，亦時代各局、署、防營酌造諸種器械，藉以收回工料成本，然爲數亦復無幾。督臣趙爾巽以所造單響毛瑟槍式過舊，已令一律停造。遵照前奏開辦礮廠兼辦礮彈，籌措開辦經費十三萬兩，廠房即就該局餘基改建。造礮機器則以舊機改配，彈機則另購買。擬定每年出礮二十尊，彈六千顆，另籌常年經費六萬四千餘兩。現在購機建廠初有端倪，惟礮身需鋼甚多，既無力開廠煉，專恃運自滬、鄂，亦非完善之策。至該廠現存新舊機器共一百五十七部，其中尚有殘缺損壞不堪復用者，餘則畧加修改亦多合製新槍之用，委任明曉製造之員選擇而釐訂之。此連日考察舊廠之實在情形也。

光緒三十一年調任東三省督臣錫良督川時，以舊廠房屋畸零，機器殘缺，非補苴所能爲力，爰籌款四十萬金，派員出洋考查，即於德京柏林蜀赫廠訂購一千九百零三年新式製造槍、彈、藥各機器五百二十五部，原定合同載明各機能力，每日出槍五十枝，彈二萬五千顆，藥七十五啓羅，共合銀六十餘萬。一面於省城東門外三官堂地方，購地二百六十二畝，建廠房五百十二間，以造槍、彈；並於距三官堂三里之高根橋地方，購地八十七畝，建廠房二百三十七間，以造無煙藥。合計槍、彈、藥各廠，據該廠册報，截至本年六月止，共支用購地建廠銀三十四萬九千餘兩。預購開工物料銀三十五萬五千餘兩，各機料運費銀三十四萬餘兩，局中器具價值並員司、匠役薪工、口糧銀十九萬餘兩，派員出洋川資並留學費等銀九萬餘兩。三十三年德機先後到齊。惟因峽江水險，沉失之機須另補配，原缺之機又應添購，共又支用銀四十五萬八千餘兩。現今添補機器起運(緊)(在)途，(緊)要工程强半告竣。至辦事人員，全廠委督辦一員（以藩司兼充，不支薪水），總辦一員，會辦二員，委員十九員，翻譯、圖繪八名，司事、書識八十七名，工匠、藝徒五百二十二名，兵丁、夫役九十一名；又藥廠委員六員，化學、圖繪四名，司事、書識十四名，工匠六十一名，兵丁、夫役十九名。每月薪工、雜費共支銀八千二百餘兩。但就表面觀之，職務既經派定，部署亦漸就緒，似可及時開工，而臣察其內容，蓋有難急切從事者。以全廠機器而論，雖非一律新式，而專用種類亦尚完全，按合同原議每日本應出槍五十枝，子彈二萬五千顆。嗣因所雇洋匠機器學術甚淺，未將汽機飛輪轉數配合得法，致各廠機力減少，該匠等預計出數相差甚多。經臣督飭隨員詳加研究，就軸輪與總繩輪逐一比明白，當即繪圖指示員匠如法改換，咸知各機能力可與合同原議相符。至於槍彈各廠，所裝機器次序紊亂，非經兩月之功先行移易順其轉手次數，日後工作往返搬運則費時實多。軋銅房過窄，爐少、機小，所出銅片難供日造彈殼之用。此多彼少，則造數難齊。又以前補配各機中，有應補而未補者，亦有不必補而又補者，以臣照數覈算，計廠內必不可少之機，除自造不計外，應添購者共二十八部，需價當在七八萬兩。凡此皆爲前雇洋匠執拗所誤。督臣趙爾巽故未待其約滿，即已飭令回國。旋復聘德國大學博士巴登居厄主造槍、彈、藥三項。又雇工頭兩人，一名司必得夫司體，專造槍枝；一名葉克專造子彈。甫經到廠，尚未分別辦事。合計三人每午薪水共支銀一萬三百餘兩。他如廠房布置，亦有未盡合宜之處，如工防營近驗槍廠，兵匠混雜，則流弊難防；烘藥與光藥、碾藥、化學各房相連，來往人多，則危險可慮；提磺鏹房設於廠內，氣味熏灼，則妨礙衛生。且藥廠所關極爲緊要，原料購運不易，沿途耗失猶多。該廠近以川、滇所產之硝磺、棉花、燒酒等迭加化驗，似亦不在洋料之下。以後擬即改用土產，其價較廉，既無轉運之艱，尤免利權外溢。惟磺鏹機件過舊，提煉難精，□座亦無多，製出鏹水必不敷原定造藥之數，尚須改用新法，另造鉛室，方爲合宜。至廠中現有工匠稍有技能者，皆來自滬、鄂，本省所招半屬下駟，雖有藝徒養成所之設，亦非倉卒所能爲功。以上數端皆不能不先事熟籌者也。其尤難者，據該廠預算，開工後常年經費需銀一百零四萬兩，臣逐加覈估，至少亦需八十萬兩內外。查其現有的款，僅彩票捐，每年額撥十七萬餘兩，一經開工，尚不足三閱月支用之數。又每年預購料物存儲待用，需款亦在四十萬兩。現在所需儲洋料、土料，但能敷衍目前。況蜀江道險而遠，尤屬難於接濟。雖上海、宜昌、重慶、嘉定，共設四轉運局，而自定購以至解到，動須一年以外，運道之難，無有逾於此者。故該廠自開辦迄今，業經五載，用款皆四處挪湊。連同現該造幣廠之五萬七千餘兩，息借銀行、商號、藩司庫、糧餉局之十五萬四千餘兩，共用銀二百三十八萬八千餘兩，爲數不爲不鉅。而缺點猶多，開工有待者，非盡人謀之不善，抑亦地勢有以限之。

此連日考察新廠之實在情形也。

臣竊維川省財力已非往昔富饒，而前後三十年間用款幾六百萬金，兩建軍械鉅廠實非臨邊各省所能及。惟是創辦不易，維持更難。督臣趙爾巽極力經營，苦心籌畫，幾於羅掘皆窮。但蜀中爲邊省要區，毗連藏衛，宜固封守，又秦、隴、滇、黔皆恃此廠製造以爲接應，若能及早設法騰挪，籌定常年的款，本此已成之局，力圖進步，庶幾一二年後，成效可觀，實於軍政前途大有裨益。

所有此次考查川省製造軍械局廠情形，除將圖說、表册咨送陸軍部查考外，謹恭摺具陳，伏乞皇上聖鑒。謹奏。

宣統元年十二月二十七日奉硃批：陸軍部知道。片并發。欽此。

中國第一歷史檔案館等《中國近代兵器工業檔案史料》第一輯《朱恩紱奏考察廣東製造軍械廠情形摺宣統二年四月初四日》 奏爲恭報微臣考察粵省製造軍械局廠情形，恭摺具陳，仰祈聖鑒事。

竊臣於上年十二月初四日，將考察川省製造情形馳奏拜摺後，隨即起程，取道漢皋，經過滬上，於二月初五日駛抵廣州，業經電請陸軍部代奏在案。旋即督同隨員等馳赴該省製造軍械總廠，逐一詳查，並調齊卷宗，悉心稽覈。所有現辦情形，謹就考察所及，敬爲聖上陳之。

查粵省製造舊設東、西兩局。東局於同治十三年建設南海縣屬之增步，西局於光緒十三年建設番禺縣屬之石井，水陸距省均二三十里。石井尤地居堂奧，距海口百餘里之遥，無礙國防，又通鐵道，地勢甚爲便利。惟歷來辦法不免因陋就簡，枝枝節節而爲之，所造軍械皆從前舊式。迨光緒三十一年，前督臣岑春煊始奏準就石井西局量加擴充，力爲整頓，並裁撤東局，歸併辦理，名曰製造軍械總廠。廠地共二百十八畝零。廠房除西局原建之一百五十五間外，添建四百六十四間。其機器除東局移並一百零一部，西局舊存二百八十九部外，加購槍彈各機三百二十部。新舊裝配區爲四廠：一曰槍廠，造六密里八新式步槍，月成四百餘枝；一曰彈廠，造新式槍彈，月成二十萬顆，兼造八密里機關礮彈，月成五六萬顆；一曰老毛瑟彈廠，爲西局原建，月成子彈六萬顆，撥濟水陸各防營操演之用；一曰修理機器廠，亦西局原建，向代各營修配槍礮及本廠一切機件，光緒三十四年，就中試造機關礮，月成約二三尊。以上各械，均係按件計值，歸匠承包，另雇點工，專司修配等事。工匠、藝徒共二千一百四十五名，其中點工居十之三，包工居十之七。每日在工十小時，非趕造大批之件，夜不工作。此總廠建設情形也。

光緒三十二年，又於距石井十五里南海縣屬之濱港地方，分建無煙藥廠。廠地一百三畝，廠房七十五間，購置大小機器一百八十四號，雇匠四十七名。自去年試造一批之後，購料未齊，開工有待。其從前隸屬增步東局者，另有黑藥廠，建於東局對岸，廠地二十八畝，廠房四十二間，機器十三部，雇工三十三名，月成黑藥五六千磅，自東局裁撤後，其經費遂並入總廠開支。此分建之無煙藥廠及附屬之黑藥廠情形也。

查其歷年用款，光緒十三年以前，東局無册可稽，自是年添建西局，分別開支，截至三十三年裁併之日止，東、西兩局共支用銀二百一十七萬一千二百餘兩。擴充以來，訖於上年年底，合計總廠及無煙藥廠共支銷購地建築銀六十一萬零三百九千餘兩。添購機器銀九十五萬一千八百九十餘兩，物料銀四十七萬八千四百五十餘兩，薪工銀五十九萬七千三百七十餘兩，雜費銀二十七萬九千八百九十餘兩，共二百九十一萬八千餘兩。連前東、西局計之，自光緒十三年起至宣統元年十二月止，統共支用銀五百零八萬九千二百三十餘兩。除概由善後局籌撥外，近年亦間代他省製造軍械，雖隨時收回成本，亦即隨時抵支。

現在，全廠總辦一員，會辦二員，委員三十員，司事三十三名，弁勇、夫役一百九十一名，外雇洋工師兩人：一名格勒士哪，主造槍彈；一名摩刺，主造無煙藥。

原定常年經費，總廠歲領三十萬兩，無煙藥廠歲領六萬兩，二共三十六萬兩，隨時由善後局籌撥。每年約計開支薪工、口糧銀六萬一千二百餘兩，又匠徒工食銀一十三萬八千六百餘兩，其餘十六萬餘兩概歸物料、雜費支銷。而所用煤炭、硝磺，約銀四萬七千餘兩，尚另由善後局購備撥用，不在常年經費之內。此全廠之歷年收支大數及現在歲需出入各情形也。

臣駐廠月餘，詳加察覈，一切辦法雖有可觀，而細察内容，其未盡完善之處正復不少。查製械首重精密，而精密之度固屬機器上之作用，尤在成件後之檢查。該廠現設總監工，又設分廠監工，原期層層督察，立法未嘗不善，無如該員等於兵工一科未有專門之學，究難免於隔膜。試驗所造六密里八步槍，機件堅固，功用亦靈，打磨之工尤其能事，惟未能一律精密，以各種機件樣板逐一較驗，不免時有參差。子彈亦間有輕重大小不勻之處。又所造機關礮，原仿丹國一千九百零四年式，輕巧靈便兼而有之，較之馬克沁礮其重量約減四分之三，誠爲軍用利器；第廠中無此項專門之機，手工居其多數，且口徑八密里與步槍兩歧，子彈不能通用，似未盡善。至無煙火藥，現在雖未開工，而去年試造一批，叠經化驗，渣滓極厚，蓋由製法未善，原料亦多不合使然。均應極力研求，以防流弊。再查全廠機器，歷年經營添購，爲費實屬不貲，而按之通用、專用各機，尚不免此少彼多、此有彼無之弊。調閲光緒三十一年購機合同，原載每日出槍二十五枝，出彈二萬五千顆，益以東、西兩局移撥之機，出數應不止此。歷年以來，雖限於經費，未能從多製造，而按鐘點覈其能力，匪獨不能增益，並不符於合同。揆厥原因，蓋通用之機本屬有餘，專用之機尚形不足；以臣預計，非酌添機三十餘部不能造足前數。即就現在而論，其屬之專用爲造彈、造藥之必不可少者，如較量子彈機，提煉硝磺、鏹水及阿西多尼各機，均宜及早購備。他如試驗藥力之速率機，應於槍、藥兩廠分別購設，方能隨時考驗，今僅一部裝於槍廠，是將來濱港造成之藥，必送驗於石井，中途遠隔十餘里，不便良多。至其全廠規模，外觀尚屬齊整，然住屋多而廠房少，布置亦未盡合宜。且槍、彈兩廠空(汽)〔氣〕不甚流通，窗櫺又皆向西，夏間暑氣蒸灼，各匠之病假不到工者，恒十之四五。擇要修改尚易爲功，若長此因循，實於工作、衛生兩有妨礙。又熔銅、輾銅及剪切、碾光各廠，工作緊相接續，距離不能過遠，該廠則東西錯置，各不相聯，搬運既煩，廢工尤甚。此外，如藥廠之提煉原料及試驗藥力各房，皆緊要所關，現尚未經建築；而廠之四周，亦未修築墻垣，更非所以昭慎重也。又按製造之事，以出件多而工料省爲第一要義。該廠所造各械，現爲切實覈算，槍每枝約工料銀三十八兩五錢，彈千顆約工料銀七十七兩，礮每尊約工料銀八百八十七兩七錢，老毛瑟彈每千顆約工料銀四十一兩四錢，無煙藥每磅約工料銀三兩五錢，黑藥每磅約工料銀二錢二分九釐，成本之昂，無逾於此。推原其故，一由製械原料多係購自外洋，一由招匠包工不及通盤籌算。夫購用洋料爲中國之一大漏卮，亦各省製造之一大關係，應如何力圖挽救，尚非此時所能計議及此。至包工辦法原利其按件給資，監工者無所庸其督飭，而其弊即在惜工圖利，承包者恒不樂於精求。且當初定價稍昂，各匠習以爲常，議減既難，更張尤屬不易。

爲目前之計，惟有先其所急，注重於購料、用料與夫用人一切力求覈實，毋任浮濫。並另設檢查所，遴選明曉製造、勤慎耐勞之員，專司考驗較準之事，付以完全責任，而嚴定其考成，庶幾款不多糜，工有進步，或可稍事補苴也。以上各節，其隨時可以改良者，已經臣一一詳告廠員，當能擇要整理。除將圖說、表册咨送陸軍部存查外，所有微臣此次考察粤省製造軍械局廠情形，理合繕摺馳陳，伏乞皇上聖鑒。謹奏。

中國第一歷史檔案館等《中國近代兵器工業檔案史料》第一輯《張士珩爲覆陳金陵機器局歸併江南製造局後之機器及經費事呈兩江總督張人駿之稟文宣統二年七月十三日》

敬稟者：本年七月初九日奉憲臺札開：據寧屬清理財政局詳稱，竊查金陵機器局歸併一節，迭經司局先後詳奉憲臺批準遵照在案。其安置機器、籌濟軍火各節，尚未議定。嗣於五月十三日奉憲臺札，飭將裁併局所員薪一案續議情形，叙列匯册詳復等因。奉此，查此次裁併全案，共約節省銀二十萬兩，內以裁併該局銀八萬四千兩一款爲最鉅，且前項裁節銀數，業經憲臺電達度支部行知有案，是此局舊並之後，無論如何籌議，每年所節之款，總以不離原裁之數爲歸束，則裁節方有實際。查金陵機器局所存新舊機器，準監盤吴道開送清單，舊機值銀二十九萬三千兩有奇(本係滬局張道覈估)，其新置機價共銀七萬三千餘兩，新舊共計作價銀三十六萬七千餘兩。今既歸併滬局接收應用，所有新舊機器自應按數作價，以昭覈實。惟滬局自議建新廠以來，經費甚爲支絀，若必責令措交現款，亦屬爲難。查籌濟軍火一節，寧局既歸併滬局所有，應用軍火自應由滬局擔任。滬局所製軍火，向係供南北洋軍隊之用，刻下寧局老毛瑟槍子積存甚多，毋須再製新槍子彈，即須加造，爲數當亦無幾，應令酌估數目，每年約以銀二萬兩爲度，即在前項機價內按數扣抵。照此辦理，則機器不至廢棄，軍火復有着落，寧局獲裁節之利，可以騰出款項，滬局得添機之益，毋須亟籌成本，似爲一舉數得之計。夙知滬局張道力持大體，卓著賢勞，當能共體時艱，贊成斯舉。至江南各軍修配軍械運滬或有不便，寧局基址全行棄置，亦殊可惜，擬請將金陵機器局酌留員司、工匠若干，專爲水陸新舊各軍修理軍械之廠，仍歸滬局張道兼管。事務既簡，需款無多，每月經費至多不得過二千兩之數，即在原有款內劃撥，餘歸財政公所撥濟他項用款。如果可行，一切細則應統由江南製造局酌議，詳請憲臺覈飭遵照，實爲公便。是否有當，理合酌擬具詳，仰祈憲臺鑒覈批示。如蒙允準，並請札飭江寧財政公所、江南機器製造局，分別查照辦理。再，裁併全案，前由本局匯移藩司，遵照憲批，叙具妥詳，呈請奏咨。嗣奉憲檄飭催，又經轉移遵照等情到本部堂。據此，除批據詳已悉，所議均尚妥協，仰候札行滬製造局張道遵照酌議具復，並分行財政公所及會同接收金陵製造局之吴道學廉一並查照，繳、印發外，合行札飭。札到，該道即便遵照酌議具復等因。

奉此，伏查原詳，大旨在節省經費而又不廢寧局基址，具見綜覈名實，並顧兼籌，誠如憲批所議妥協。惟其中於滬、寧兩局情形，尚有未盡悉合之處。既奉飭酌議，謹敢縷晰陳之。原詳謂寧局所存新舊機器共值銀三十六萬七千餘兩，歸併滬局接收，按數作價，每年劃抵軍火價二萬兩一節。查滬局經費萬分支絀，常年所恃爲的款者，惟江海關二成洋税及司、關、道、局所撥三廠常費，兩款常費歲額二十萬。二成洋税衰旺無定，近年税收不旺，每年除提新廠經費七十萬外，實歸本局收用者僅十餘萬至二三十萬。告匱請款之禀，積寸盈尺，早爲憲臺及陸軍部、度支部所洞鑒。常年經費困難，何從另籌添機？職道接辦伊始，禀定整頓擴充添機各費，則恃江寧造幣分廠及歸併財政局之籌防局所欠滬局之款，分別繳還指抵應用。今該兩處欠款合計尚有八十餘萬兩無可歸還，滬局每一籌機，束手無策。欠款不還，已絶添機之費。現機撥局尚須按數作價抵撥軍火，非滬局所能承認矣。且寧局新歸各機，有爲滬局所有無須再撥者，有在寧局爲合用而在滬局爲不合用者，有久舊過甚不能應用者，有一經搬運修配得不償失者，勢難概歸滬局接收。以上就滬局論。至論寧局，現議酌留員司、工匠，專爲各軍修理軍械廠，既須修配軍械，必須有修配軍械之機，除小口徑子機可撥外，其餘大半爲修配機械所必需。如礮機四十餘部，滬局前經禀請撥用，卒未實行分撥者，則因該局迭以修配需用，未能照撥。近並切實調查，該局實須用二十餘部，可劃撥者亦祇二十部上下。若舉該局新舊各機概歸滬局，是該局修配之廠將徒手以從事矣。由後之説，寧機不能悉數撥滬；由前之説，則撥機作價及軍火抵價爲滬局所難。所謂於兩局情形未盡悉合者，一也。原詳謂寧局酌留修械廠，每月經費不得過二千兩，即在原有款内劃撥，餘歸財政公所撥濟他項用款一節。查寧局經費共八萬四千兩，現留每月約二千兩，全年約二萬四千兩，計節存銀六萬兩。該局經費内有二或洋税銀四萬兩，本係滬局製造專款，以寧局無費，先後劃撥。滬局近以經費奇困，迭次禀懇截留四個月新廠費，本年六月奉陸軍部札準。度支部咨復，新廠費已撥作學堂經費，不能挪作别用，製造關係軍需，該局困難屬實，應先由南洋大臣盡力維持，添籌款項。並奉究臺札，準咨同前因。是滬局正在請款爲難之際。如寧局實行節存六萬兩，即使軍火不由滬局擔任，該款悉數撥滬，以製造之款仍歸製造之用，挹彼注兹，亦於勢極順。況二成洋税四萬，本係滬局原款，自應提還滬局。且軍火由滬局擔任，原詳謂新槍子彈即使加造，當亦無幾，應酌估數目，每年以二萬兩爲度。夫以二萬兩之款，每年僅能造子數十萬粒。上年十一月督練公所議定，六密里五槍子一項，實子、空響每年即共須六百萬粒，飭滬、寧兩局遵照。以後寧局既停造，則凡有軍火概須取給於滬，勢未能就二萬經費以劃分造數，是軍火滬局不能諉卸，二成洋税四萬自應劃還滬局，極爲事理之平，礙難撥歸他項濟用。所謂於兩局情形未盡悉合者，二也。

職道悉心籌酌，細繹清理財政局原詳，大意自以此次裁併全案，共約節省銀二十萬兩，業已電達度支部有案，而二十萬中，又以金陵機器局八萬四千兩爲一鉅數，是以原詳謂無論如何籌議，總以不離原節之數爲歸宿。蓋亦極以寧局基址爲不可廢，而款已電部在案，自須統籌兼顧。職道愚計，竊以裁併寧局，節存鉅數，電部有案者也；而滬局經費度支部咨行謂困難屬實，應由南洋大臣盡力維持，添籌款項，亦最近奉部咨行有案者也。若必爲裁併全案計，則寧局即照議歸併，每年節存六萬，冀與原裁之數大致符合。至節存之款，另由滬局專案具詳，請將二成洋税四萬提回。雖滬局窘迫，僅此四萬無濟於用，而既擔任寧局軍火，更不能不借此聊作補苴。似此滬、寧兩案各就各案辦理，寧局之裁款、滬局之撥款，均可與度支部電咨相合，兩面可以俱顧。款項既定以後，則寧局歸併辦法，應即如原詳專作水陸新舊各軍修配機械之廠，每月開支不得逾二千兩，遇閏照加，由財政公所撥發，作爲定案。而向領二成洋税四萬，即另案由滬局收回，應由滬局擔任寧局子彈。至小口徑機器，或提運滬局，或派員即就寧局承造，若何辦法較爲合宜，俟妥爲試造，議定通禀。其礮機可以劃撥滬局者，即酌選拔運，應留修配之用者，即留寧局。並一切細則，統俟妥議具報。如此，則寧局裁存經費與原議不悖，而於安置機器、籌濟軍火、保存基址，或均較爲切實允協。

奉札前因，理合酌議具復。

是否有當，伏乞俯賜鑒覈批示，並分檄飭遵，實爲公便。

肅禀，恭叩崇綏，仰祈垂鑒。

中國第一歷史檔案館等《中國近代兵器工業檔案史料》第一輯《朱恩紱就考察製造軍械局廠情況致四川總督趙爾巽函宣統二年九月初九日》

大帥鈞鑒：敬肅者，自違塵訓，彈指經年，跋涉山川，久疏箋候。龍門在望，翹企維勞。敬惟戟署秋清，錦城日麗。辟鄂渚東通之路，鐵軌開躔；紓漢廷西顧之廑，金甌卜相。遥瞻節鉞，曷罄軒䡖。

恩紱嵬討濫竽，風塵泛梗，粵、齊、寧、滬以次經過，八月中旬至於漢上。總觀各廠軍實，互見瑕瑜。惟德州頗著成績，全廠無一外人，而諸事皆有條理。彈藥二者俱能研求合度，成本亦輕，每歲用款不過四十餘萬，而子彈可成一千二百萬枚，似爲他廠所不及。滬局開辦垂五十年，向來行政用人頗滋物議，雖張道接辦漸漸改良，槍礮鋼胚俱能製煉。此次監視拉力，其鋼中段長爲二英寸，圓爲英寸十分之五三三，其起伸點實受力一萬二千三百磅，求得每平方寸堅力二十四吨六二，其斷界實受力一萬九千三百二十磅，求得每方寸韌力三十八吨六七。按韌力三十八吨，在槍鋼尚不爲小，而堅力二十四吨，則鋼質仍嫌稍軟；然較之專購自外洋者，總屬可嘉。比年所造槍彈，亦均有進步。惟歲出之槍不及三千枝，彈僅七百餘萬，藥雖日製百餘磅而不能適用，近仍購德藥，以四六參和之，殊非持久之計。礮則歲成十餘尊。綜計各件覈價無不極昂，竟較購買者增加數倍。年用之款至百萬内外，故自開局至今已費三千二百餘萬。綜覈名實，蓋難言之也。鄂廠規模宏肆，與滬相埒。以言槍彈工作實遠弗如。自初次舂殼以至成彈，祇够六成。廢棄既多，至使成本昂貴。而尤以藥爲最劣，此次試其速率不及六百，而漲力恒至三千以外，甚且有逾四千者。該工師在廠已及十年，而成績如此，豈不可嘆。至粵廠遥峙海隅，龐然自大，腐敗浮濫至無可言，歲糜公帑五六十萬金，竟無一節可取。挈長較短，殆爲自鄶以下矣。聞成都新廠早已開工，得吾帥主持，自有蒸蒸日上之勢。惟經費支絀，籌畫維艱，藎念劬勞，蓋可想見。

恩紱漢陽考察，約月杪可以勾當。自維此次馳走年餘，艱苦備嘗，於大局究無裨益，且招嫌積怨，尤不可言，慚歉之餘，彌深凛慄。擬到京具摺後，即乞假回湘，擺脱一切，以免膺此艱鉅，掣肘堪虞。蓋知難而退，良不能不早自爲謀矣。至將來辦法如何，兹事體大，又何敢以管窺蠡測，紙上談兵。俟入都時陳商樞府暨軍諮處、陸軍部諸公，請其採擷衆長，統籌全局而已。屆時尤望吾帥不遺在遠，指示南針，庶恩紱敷陳奏章，尤有把握。想吾帥上廑國是，俯念寅僚，必無惜此諄諄之誨也。肅泐。敬請鈞安。伏乞垂鑒。

中國第一歷史檔案館等《中國近代兵器工業檔案史料》第一輯《朱恩紱奏川粵德滬鄂五廠考工情形片宣統二年十月》 再，臣於宣統元年六月二十五日，承準陸軍部照開議覆御史石長信奏請製造諸工量予實職一摺，内稱：現經奏請簡派大員，前往各省局廠考察，擬俟該員周歷完竣，考察明確，如實有工藝最優者，即商明臣部，酌覈具奏，奉旨依議，欽此，欽遵照會等因。遵於川、粵兩廠考察完竣後，謹將考察工匠分別試以問答、手工各情形，附片奏明，並請將以後各省考工事宜匯案奏報各在案。

竊臣自本年二月以來，由粵而德，而滬，而鄂考察，業已完竣，各省工匠之能應考者，計川廠二百七十八名，粵廠七十五名，德廠九十七名，滬廠三百九十五名，鄂廠二百五十五名。除經臣評定等第分别榜示外，應將各處試卷成績匯送陸軍部查考，再行擇尤加具考語，商由部臣酌議獎勵章程具奏，請旨遵行。理合附片具陳。

中國第一歷史檔案館等《中國近代兵器工業檔案史料》第一輯《朱恩紱奏考察湖北兵工、鋼藥兩廠情形摺宣統二年十月》 奏爲恭報微臣考察湖北兵工、鋼藥兩廠製造情形，繕摺具陳，仰祈聖鑒事。

竊臣考察滬局完竣，於八月初一日拜摺後，率同隨員等馳赴江寧，察閱金陵機器分局，旋即赴鄂，以是月十六日移駐兵工廠。當經電請陸軍部代奏在案。駐廠考察計閱五十餘日，所有歷年辦理情形，敬爲皇上陳之。

查該廠舊名槍礮廠，創始於光緒十六年，由總理海軍事務衙門會同户部奏請將粵省議辦之廠改移鄂省辦理。旋經前督臣張之洞悉心規畫，設廠漢陽，其地前臨襄河，後倚大别山麓，經營數載，至二十一年大致落成。越三年，又建鋼藥廠於赫山地方，亦前臨襄河，距兵工廠約六七里。由此達彼，悉爲兩廠基址，其間地勢低窪，即古月湖，沿湖修築長堤，通以鐵道，界綫之遼闊，造端之宏大，實爲各省局廠所不及。十餘年來，拓廠添機，不遺餘力，規模大具。其屬之兵工廠者，廠房、住屋八百十七間，機器一千二百二十副。區分五大部：曰槍廠，曰礮廠，曰槍子廠，曰礮彈廠，曰機器廠。而以類相從者，則有礮架、銅殼、鍋爐、翻砂、打鐵等廠焉。其屬之鋼藥廠者，廠房、住屋二百五十八間，機器三百零六副。區分三大部：一曰罐鋼廠，而拉鋼、壓鋼廠附之；一曰無煙藥廠，而磺鏹、硝鏹、酒精、以脱等廠附之；一曰造磚廠，而火磚、洋瓦廠附之。所有槍、礮、子彈、鋼、藥、磚瓦等項，曾先後開工製造。

三十一年以後，因經費支絀，分别議停。首將罐鋼廠停辦。查該廠煉鋼機爐，每日能煉生鋼一千六七百磅，開爐甫及一年，以拉鋼廠尚未成立，無從拉成鋼條，不適於用，又值款絀，遂爾停止，次則停造各礮及各種礮彈。凡礮架、銅殼、鑄彈等廠亦連類停之。查該廠造礮，前後分爲兩種：初造三生七小快礮，歲成至九十餘尊；其後仿造五生七山礮，歲成至八十餘尊。一切緊要工作尚不相背，且有一二改良之處較原式爲堅利者。其機器功用，除造十二生礮者二部外，餘以造五生七或七生五兩種爲多。其機器能力，因停工已久，祇能憑當日之收發工簿，按以鍋爐馬力逐一較覈，每月能成五生七礮八尊；若改造七生五山礮，成數亦不相上下。礮架稱是。至所造各種開花礮彈，以月計之，三生七者造至萬顆，五生七者造至七千顆；按之鑄彈廠所鑄五生七之生鐵彈，每月實出萬顆，是車造成彈僅得七成。其他銅引、底火，則按照成彈之數，亦以各造七千枚爲定額。惟銅殼造數僅及其半。然查銅殼機器能力，每月可造五生七銅殼六千枚，因熔銅不能講求，輒多夾灰、裂口等弊，能合用者祇有此數；且不能處處求其精良也。再次則停造磚瓦。查磚瓦之建窑自造，原供修建各廠之用，每日能出青、紅磚三萬六千方，大磚一千方，洋瓦六百餘片。時停時造。今以工程無多，停工又經數月矣。此已停各廠之製造情形也。

其未停造者，則爲槍枝、槍子及無煙火藥。查槍枝一項，自開辦迄今，專造七米里九口徑快槍一種。數年前曾日造五十枝，已盡機之能力。近因費絀減，定日造三十枝。又因議改新槍，業將粗胚停造，專就已造未成之件盡數造成，以日出三十枝計之，年內可以完竣。廠中機器舊式居其多數，將來改定口徑，尚須配換刀架、套頭方能適用。至其工作，如擊針、彈倉、機管、扳機等件，不能繩以精密之檢查者，每十枝中輒有四五枝。而綫牌之角槽、槍管之外徑，亦恒有偏曲之弊。此固由於工作之粗率，亦實無檢察之專司。日出大小槍件不下數千，僅派匠徒四五人經理其事，求其絲絲入扣，自不可得。槍管鋼料均係購自外洋。而鋼廠成立多年，不能自煉，雖因限於經費，亦應別籌善策塞此漏巵也。槍子一項，亦係專造七米里九一種，工作尤無程度，由春造銅盂以至成功，昔年不過五成，近始得至六成。就所置新舊各機逐部察覈，實能日出槍子五萬顆以上，以六成計之，應得三萬顆內外。現因節費減造，除工作上之廢棄四成外，每日實得二萬二千餘顆。按每月作工二十八日計算，共得六十一萬餘顆。其工作之廢棄多至四成者，一由熔銅之配合不良，一由軋機之損壞已甚，一由銅殼燒口火候失當，且未置此項專機：種種因循，遂致收口時之破裂層見迭出。再驗擊放，凡裂縫破口滋煙等弊仍占百分之二。細察形狀，有因夾灰而裂者，其弊則在熔銅；有因春痕而裂者，其弊則在工作。他如彈徑，彈量、藥量亦無在不見其粗疏。倘非力求精進，鋭意改良，實非所以備緩急。無煙藥一項，自二十七年開工，即聘洋匠主持，迄今已及十年，添廠添機幾無虚日，及考其戰績，不獨藥之速率、漲力忽小忽大，毫無把握，即所製各種原料，非不敷用，則成色不佳，而磺鏹尤不合法，仍須購用洋製。至所置新舊各機，其能力大者可日造藥五六百磅至七八百磅，小者或二百五六十磅，至不齊一，而現造之藥，每日不過二百磅，廠房機器虚置者多。是皆由管理者不諳製造，一切悉聽洋匠之指揮，遂致漫無計算，則廠之內容可概見矣。此外，又有機器、鍋爐、翻砂、打鐵四廠未停工作。該四廠爲獨立部分，無專造之品物，於修理本廠機器外，間代各處修造零件。自造礮等廠停工後，匠役裁減。查該四廠總馬力機，其能力每分鐘能開至八十餘轉，現祇開六十五轉，耗煤既甚，費工亦多，亟宜注意及之，以利工作。此未停各廠之製造情形也。

查兵工、鋼藥兩廠，昔同隸於駐省之兵工總局，督辦之外，有總辦，會辦，坐辦；今已將總局裁撤，僅設總辦、坐辦各一員，分駐兩廠。委員二十四員，司事、書識一百七名，繪圖學生十七名，工匠、藝徒、小工一千七百十八名，巡警官弁、夫役一百二十三名。外聘洋工師二名：造槍者名題來，造藥者名好賽爾。所有用款，據該廠册開，除建造工程、添購大宗機器外，按近三年勻算，每年約支薪餉工食銀二十六萬五千六百二十餘兩，歲修工程銀四萬零一百五十餘兩，購用物料銀三十五萬一千六百餘兩，雜用公費銀六萬三千二百餘兩，合共約支庫平銀七十二萬零五百幾十餘兩。查其常年經費，以江漢，宜昌兩關洋税爲大宗，先後奏準加撥銀三十五萬兩，又川、淮兩鹽局江防加價鹽釐及所收各處米谷釐金三項，按近三年收數勻算，每年約銀二十四萬八千八百餘兩，合共約收庫平銀五十九萬八千八百餘兩。是爲額定入款。以入抵出不敷之數，已在十二三萬兩内外。而宜昌關三十四年加撥之十萬兩，去年以來未曾足解。此外，惟恃收回各局廠所借款及各處解繳工料價銀，並月湖租課，以爲周轉。然建造工程、償還舊欠，無歲無之。實覈去年支出之數，共計一百一十六萬三千三百兩有奇，無非騰挪挹注。綜計自光緒十六年開辦起至宣統元年年底止，共開支庫平銀一千八百八十萬零五千五百餘兩；惟其中有本省各局廠所舊借之款，除陸續收撥外，尚欠該廠銀一百八十餘萬兩。此全廠之用人、用款及歷年收支大數情形也。

至所造各項成本，其已經停工者無從覈算，特就上年分各廠之實用薪工、物料擇要酌攤，計槍每枝約工料銀二十兩零八錢二分八釐，無煙藥每磅約工料銀二兩七錢二分五釐，槍子每千顆並藥計算共約工料銀四十五兩八錢四分七釐，成本均不過重。推原其故，蓋一則廠中作工多以藝徒派工匠之事，工資較省；

一則發用物料較別廠之漫無限製者稍有區分。惟槍枝一項，因停造粗胚，發用原料較少，除僅將鋼管、木託按數照加外，其餘各項零件均無細數可稽，此次所覈成本，尚未能作爲一定之準則。總之，工料雖省而造械不精。其故又由於全廠員司責任無所專屬，且無一明製造之事者，所有按配機器、調派工作，一切勢不能不任領工、匠目主之；而領工、匠目又各不相謀，平日既不能研究改良，遇事輒互相推諉。該廠習焉不察，相沿以至於今，工作之無進步，實坐此弊。督臣瑞澄到任未久，正在力圖整頓，適臣來鄂考察，彼此詳加商榷，意見相同，從此逐件清釐，實事求是，將來廠務當可漸有起色也。

所有微臣考察湖北兵工、鋼藥兩廠製造情形，除將圖說、表册咨送陸軍部存查外，謹恭摺具陳，伏乞皇上聖鑒。謹奏。

再，臣此次考察各省軍械局廠，業經周歷完竣，現正匯編圖表恭備進呈，並率同員司等清理各局廠案卷。一俟就緒，即行回京，再將各局廠畫一辦法，遵旨詳細籌擬，另摺具奏，合併陳明。謹奏。

中國第一歷史檔案館等《中國近代兵器工業檔案史料》第一輯《朱恩紱奏整頓製造軍械局廠辦法摺宣統二年十二月十三日》　三品卿銜考察各省製造局廠朱恩紱奏。

竊維我國製造軍械，經營垂(三)[五]十年，糜款六千餘萬，及按其成績，或則地勢不宜，或則辦理不善，或則製造不備，或則經費不敷，積弊甚深，誠不能不及早籌議。擬請由軍諮處、陸軍部組織一總機關，期以六年，製成軍械足備三十六鎮之用。謹就考察所及，酌擬辦法六端。

一曰規定全國局廠。局廠規畫，首在交通。兼權並計，擬定爲東、西、南、北、中五廠：在寧爲東廠，在川爲西廠，在粵爲南廠，在鄂爲中廠，而以德州之子藥廠設法擴充，作爲北廠。再建武庫於京師，並滬廠子金陵。從此兼營並進，亦可及時補救。

二曰畫一軍械製式。軍械製式，以合地勢之宜與戰術之用爲準。黃河以北，地勢平廣，宜用七生五之陸路礮；大江以南，路途窄狹，宜用七生五之過山礮；雲、貴、川、藏，山嶺崎嶇，則宜用五生七之小口徑礮。至步槍、機關槍口徑，均應改爲一律，以便子彈通用。其餘造械之人、造械之器、造械之原料，以及房廠處所，均宜有一定名稱，以示齊一。

三曰統一各廠財政。見時全國局廠，常年經費約共三百餘萬兩，今當由部、處設立總機關，以集合各廠之財權。集權之法：一爲補助，二爲限製。補助云者，於各廠規定之初，由部籌備基本金三百萬兩，作爲購辦材料款項，再以原有之常款三百餘萬兩，作爲薪工、局用及一切周轉之資，又令各鎮領械繳納半價，以備次年經費。限製云者，某省某年購械若干，即指定某廠照辦，某廠某年造械若干，經費若干，即照數勻給。備此二者，庶幾財力集合，造數有常。

四曰按鎮覈計械數。軍械歲成之數，須與征兵逐年入伍之數相符。茲因礙於財力，擬每届六年換三十六鎮之械。按鎮計算，每年須成六鎮之械。六鎮洋數，計步、馬、工、輜各槍共六萬枝，每枝配彈一千顆，機關槍一百四十四枝，每枝配彈三千顆，山、野礮三百二十四尊，每尊配彈二百五十顆。分年估計，約需銀六百萬兩。將來支配省分，礮則以德廠給東北，寧廠給東南，鄂廠給西南；槍則以蜀廠接濟雲、貴、川、陝、甘諸省，寧、粵兩廠接濟兩廣、閩、浙、江蘇諸省，鄂、德兩廠接濟鄂、湘、皖、贛、豫、魯、晉、直隸、東三省。如此則地勢便利，而按之各廠出數，亦能配備均勻。

五曰分撥布置經費。查滬廠歷年存款約共三百萬兩，擬即作爲布置一切之用。其分配之法，德之礮廠設廠購機費九十萬，槍廠五十萬，子藥廠五萬；鄂之礮廠二十萬，槍子廠十萬；寧廠六十萬；川廠十五萬；粵廠機關槍須添購專機，合之川、鄂兩廠共需十五萬；再以二十萬經營滬之鋼廠；尚餘十萬，即以之建設武庫。四川機器老廠經費十餘萬，各省零星小廠經費三十餘萬，應俟分途調查，再定辦法。

六曰分年籌備進行。籌備伊始，事難完備。計六年之中，要其總數衹能成槍二十九萬八千五百枝，槍彈三萬四千三百餘萬顆，山、野礮一千四百三十餘尊，礮彈四十一萬一千餘顆，機關槍九百四十餘枝。以三十六鎮而論，除機關槍、礮彈、槍彈足敷分佈；槍枝缺數約六萬餘枝，俟布置就緒，用各廠平日趕工之法，尚易補足；礮之缺數相去甚遠，勢難照造齊全，惟有一面趕工，一面分年酌購，或缺之以待新械之成，是又當斟酌情勢，量爲變通。

以上辦法，係就見有之基礎，爲權宜之計畫。惟是時局多艱，軍需孔亟，誠欲速爲準備，除山、野礮例須分購外，其槍枝一項，亦擬暫行購置。若得十餘萬枝，即可敷三十六鎮之用。倘能寬籌的款，或由國民擔任，再擇適中之地，特設兵工鉅廠，亦可分年籌措，盡力擴張，則國防隱然有長城之恃，而軍實可以備緩急之需，實於大局不無裨益。

得旨：着交軍諮處、陸軍部詳覈具奏。

中國第一歷史檔案館等《中國近代兵器工業檔案史料》第一輯《道源爲查明廣東製造軍械廠提調石懷慶任差情形事呈兩廣總督張鳴岐之稟文宣統三年三月》

敬稟者：竊奉憲札，准陸軍部函開，據南洋廣東商董陳之直等稟揭，廣東製造軍械局提調石懷慶任差以來種種弊端，請派員調查，函復到部，以憑覈辦等由，札飭前往製造軍械局，按照原稟所揭各條，嚴密調查，務得確情，詳細稟復；計抄發原稟一件等因。

奉此，知府遵即前往製造軍械局，按照原稟開列各條，逐一詳查，請爲憲臺詳晰陳之。如原稟所稱碼不合礮一節。查製造局分造無煙藥及八響毛瑟兩種子碼，無煙藥碼由新軍領用，並無不合膛之説；惟去年春間所造八響毛瑟黑藥碼，因銅殼署大一絲，以致退殼欠靈，經軍械局告知將碼領回，復經試驗改造，先後換過一十七萬顆，當由總辦魏道瀚將監工委員張錫光，匠首蔡華生、馬亮等分別撤革，匠人係屬包工，並未另給工價，以後造解碼子，詢之軍械局員云，均屬合膛，別無退换之事。又原稟僞造帳目，任意浮銷一節。查製造軍械局報銷數目，均根據各分廠支簿匯總開列，豈能改立新簿，任意僞造。所謂總册與各廠小册不符者如各廠點工之價，向分上下半日到工與不到工，由監工員司報，由提坐帳房按半個月支給工價一次，工匠幾及千人，支應司事必須預日結算，假如帳已結定半月，而十三、十四等日工匠有請假半日之事，銀仍照給，須於下半月扣回，故各廠報工之册與帳房支銀之册間有不符，然事非常有，且按之工價總數並無參差。又造槍一枝，約有機件七十餘種，分歸各工匠包造，如甲匠造成槍筒百件，送交乙匠打磨，或壞一枝，便成九十九件，而甲匠領銀以百件計，乙匠領銀以九十九件計，迨至配合成槍時，比對造坯之初，數目不免參差。現於宣統二年三月，經提調石懷慶與包工各匠磋議，各項工價均照配合成槍數目覈給，其中甲匠造成而爲乙匠損壞者，甲匠亦不領銀，則以後包工價目易於覈算，無不符之慮矣。又包工匠人須先借銀兩，如正月領銀三百兩，所交之貨衹及三分之二，則正月份開報付銀二百兩，餘款歸下月補報，前後勻扣，以故領款帳簿與開報之數亦難吻合，但點工名數有監工委員逐日報單，包工價銀有交貨、收貨各簿據層層稽考，斷非收支委員及提坐一二人所能弊混。至云包工之數復於點工數內重列，經朱京卿查駁一節。查上年朱京卿來局查帳時，廠員將點工匠人花名及包工匠人名數同列一單，當中漏未隔開聲明以上點工匠人若干字樣，眉目不清，致干朱京卿查詰，嗣經聲明更正，並無重覈混報之事。又原稟浮報銅價一節。查製造局從前需用紫銅，向由善後局訂購，自光緒三十三年二月，將東、西局歸併新廠，按月由善後局撥銀二萬五千兩作爲經費，所有局用紫銅等料，即在經費內自行訂購。案查光緒三十三年八月製造軍械局向禮和洋行訂購華洛銅一千零二擔零，每擔價洋四十九元三角；宣統元年正月購華洛銅四百二擔，每擔價洋五十九元；六月購銅六百擔，每擔價洋五十九元零五仙；二年五月購銅三百三十五擔二十五斤，每擔價洋六十元，均九五扣付銀。計四年之久，購用銅二千三百五十餘擔，並無每年用銅三千擔之多，亦無六十二元之銅價。本年正月續向禮和洋行訂購華洛銅八百四十擔，每擔價洋五十四元五毫五仙，貨尚未到。該局訂購物料，向由總辦、提坐公同商定價值，非一人所能擅主。所稱石懷慶以一成肥私，查銅價均有行市，相去不能過遠，洋行如饋送一成，自虧成本，必無此理。至云去年三井洋行願貶價售銅，並願備銀一萬兩交局押櫃，詢之三井洋行中人，並無其事。又原稟引用私人一節。查石懷慶前充製造軍械局監工委員，於任用員司不能干預，至光緒三十四年八月甫充總局副提調，而無煙藥廠坐辦姚體榮，彈廠監工委員高冠瀛、楊振東，翻譯、司事岑詩堅等，均於三十一年及三十三年到局，其非石懷慶引用可知。且姚體榮浙江人，高冠瀛、楊振東、岑詩堅、蔣仁等雖同閩籍，並非戚屬，所稱姚體榮、岑詩堅等加給薪水，因該局遵照新章編造表册，派令姚體榮督造，月加薪夫銀三十兩，岑詩堅繕造，月加辛資十兩；蔣仁兼覈表册，月加薪水二十兩；此外於裁減司事，節省經費項下，派用長於書算司事三人趕辦表册：事屬因公，並非無故加薪，亦非平空添派。又原稟貨賣保獎一節。查擴充製造軍械局告成，在事出力人員由總辦魏道瀚擇尤詳請給獎，檢查局中原案，擬請尋常、異常均由魏道手定。料庫委員張志清本已列名，嗣因年老無志上進，私意欲移獎子弟，魏道不允，遂未列保。蔣仁到差雖未及三年，而辦事勤敏，爲全局之冠，是以請列内獎，以酬勞勩。高冠瀛、楊振東係監做無煙藥彈甚爲得力，上年造壞彈碼係八響毛瑟子彈，其監工委員張錫光業已撤差，與高冠瀛等無涉，魏道辦事認真，石懷慶何敢貪贓賣保；所云得贓均分，更無此事。又原稟支應撤差，得贓變幻一節。查委員薛鴻仁，前充總局副支應，嗣因裁減員司，改派無煙藥廠支應，宣統二年四月，又調派總局庶務員，旋查得該員有私虧外間零星店賬情事，經魏道、石懷慶勒令趕緊清理，陸續歸還，始於去年十二月飭令銷差。薛鴻仁既因虧累奉撤，焉有行賄之理。又原稟盜賣煤粹一節。查增步舊製造局積存煤粹時閱數年，已同泥粉，上年因該局房屋改作工藝廠，亟需掃除，石懷慶始招得煤丸店來局承買，勉得價銀一百元。查閱賬簿，舊局原存焦炭煤屑令人篩過，撿其稍大者運回攙用，其無用之焦炭煤屑亦變價銀一百一十元，是可用之物並非任其廢棄，可知以作煤丸之煤粹而可得贓千元恐無此事。又原稟陷良縱奸一節。查總監工委員任照，親族之在粵省甚多，借貸不遂，元年正月，有誣蠛其與林大鈞之妻有私者，事涉曖昧，無可究詰。六月間裁減員司，林大鈞適以事簡奉裁，非由任照賄託。至任銘於宣統二年四月，因節省經費裁汰，查與任照無涉。又原稟借賭行賄一節。查局規嚴肅，向禁賭博。總辦魏道之弟魏炘充當本局總稽覈，人極謹飭，局中員司去取，悉由魏道瀚主持，魏炘向不參贊，所云憑贓用舍，未免厚誣。又原稟發給薪水克扣分贓一節。查局中員司薪水，遵章每兩扣部平銀六分，遍詢各員司，此外毫無克減，取具甘結一紙呈繳。

伏查提調石守懷慶先因隨宦來粵，充魚雷學堂學生，光緒二十四年十一月奉委到製造局，歷充東、西兩局監工，稽查及新廠監造工程正稽覈等差，光緒三十四年八月，充本局副提調，宣統二年九月，充正提調，先後在局十二年，情形熟悉，歷經前憲列保有案。按款調查，並無舞弊實迹可指。

所有遵札查明廣東製造軍械局提調石懷慶任差情形，理合詳晰稟復憲臺察覈，俯賜轉咨並準知府銷差，實爲公便。肅稟，恭叩勛安，伏維垂鑒。知府道源謹稟。

中國第一歷史檔案館等《中國近代兵器工業檔案史料》第一輯《湖北兵工鋼藥兩廠所造槍礮鋼藥各件利病説略宣統三年閏六月初五日》

槍

查本廠所製七密里九口徑槍枝，原係仿照德國八十八年步槍式，惟八十八年式原有套筒，而漢陽始製之時已棄套筒不用，因此頭箍、中箍、木殼、望牌等處皆稍有更改。至一千九百十年，即宣統二年，又將八十八年式所用梯狀望牌有四缺口者，改成曲綫望牌祇有一缺口，並加小木殼用以護手，故現在槍枝式樣視諸八十八年原式較爲可觀，用舊時彈藥亦足抵禦，惟換用尖式彈頭及新進行藥，恐不能耐久而易損壞耳。八十八年式之步槍本未盡善，本廠仿製襲而未改，數其缺點有左數端：其一，機簧頭失落仍可燃放也。機簧頭活動，故擦槍時常有遺忘或失落等事，倘無機簧頭而扳放，則火綫後擊，放槍之人面目必爲所傷，甚者至失明。此在戰爭之時，即爲自損戰斗力。且一人因此負傷，則全隊皆失其信用於自有之軍械，於軍事上頗有影響。其二，節套後部開口，又機管側面槽之處太薄弱也。節套後部既開口，而機簧管笋槽又薄弱，用久則稍彎曲，機簧管受力之點因之消失，則射擊欠準。其三，斜絲管無禦火屏障，又節套後尾機管進退之槽不能閉密也。機槽既不能密閉，又無禦火屏障，則遇走火之槍彈，易傷眼目。其四，彈倉突出，木託下面彈倉底部又不能密閉也。彈倉突出，則行軍時不便於肩荷。彈倉底面未能密閉，則沙塵易入，倉内積有沙塵，裝子即有阻礙。又擦淨彈倉，須將全槍拆開，極不便捷。其五，拉彈鈎及頂彈銷皆太小也。因尺寸過小，故欠堅固而易失落，且失落時用者每不自知。

八十八年式馬槍所有之弊，與步槍同。

至廠中試製六密里八口徑之槍，其結構與德國九十八年式之槍無異。大凡一千九百十年内新製成之槍，皆本九十八年之式，其命名之年分視口徑而差，如六密里五口徑爲千九百零三年之式，六密里八口徑爲千九百零七年之式是也。此類新式槍枝，已將舊時八十八年式槍枝所有之弊，概已改良。其一，機簧頭與機簧管合爲一件，無失落之虞。其二，節套後部密閉機管，受力之處無用久改變之弊。其三，斜絲管結構堅牢，且能密閉結套後部機管進退之槽，即令槍彈走火，亦不致傷目。其四，彈倉嵌入木殼中，便於肩荷。倉底閉密，可以保護沙塵之侵入。倉底有門，可隨時啓閉，擦淨彈倉内部，不必拆卸全槍。其五，拉彈鈎大而且堅，不易失落，即使失落，人亦易見。且拉彈鈎失落後，則機簧管不易入節套中。頂彈銷與關機合爲一件，更不易失落。

新式之槍除舊有之弊已改良外，尚有數優點：一、節套尺寸加厚，較爲堅固。二、木託下部狀類手槍之柄，擊射時便於右手把託。三、機簧管除原有之兩個抵笋外，添保險笋一，爲兩個機笋同時破壞時之保險。四、刺刀插改在適宜之位置，連刺刀射放時不至偏重一邊使槍搖動。五、皮帶絆能使皮帶松緊，無論在打靶時，或操演時，或行軍於深林茂草中，皆可隨意長短，無有阻礙。

廠中試製新式之槍，槍管有長短兩種，曾經實地試驗，其擊射成績彼此相埒。加長而無特別效果，即爲贅長，且空手擊射，瞄準易差，不如短者。

礮

查現今各國行營所用之礮，多係七生五口徑。廠製之三生七、四生七、五生三等礮口徑過小，其戰斗力量甚形薄弱，大約每礮一尊，不過等於快槍數枝而已，而五生三礮之笨重，約與現今各國之七生五陸路礮相埒，四生七、三生七礮之笨重，約與七生五過山礮相埒。其笨重如此，而戰斗力如彼，在工廠爲徒耗工料，在軍隊爲虚糜軍力。而五生三礮尚覺機體完全，四生七、三生七兩礮譬諸人身五官四體尚未備具。其劣點如下：一、無停機保險機件，易致誤放，異常危險。二、表尺無生降機件，瞄準時取準不便。三、塞門抵禦銅殼處甚形薄弱，火針及火針簧易於損壞。四、火針後面無穩固之關製，有火針斷落擊傷礮手之危險。五、礮耳之位置不合規則，重點不適中，放時震動，全無準力。

四生七礮除以上所述之外，更有劣點：一、表尺上所畫之綫全不合法，與無表尺同。二、退銅殼機簧裝置於藥膛下面，致該處薄弱難任漲力。

上述之礮係開廠初年所造，其後則接造五生七過山礮。五生七過山礮，係仿德國格魯森廠之式，其戰斗力量雖遜於現時各國通用之七生五礮，惟輕便過之。我國道路未修，東南各省崎嶇尤甚，則此礮不無一節之可取，足備不能用七生五礮之地之用。其一切機件尚爲簡便堅固，惟尚有未足饜人之處：一、無移改偏差機，其移改偏差，另用一人拉移架尾瞄準桿：雖由瞄準人示意，而瞄者一人，拉者另是一人，難期心手相應移準快捷。二、抵銷退力係用蟠簧，每放一出，礮位必有變動。準點離異，必再瞄準始能再放，不能盡其快放機力。三、無護礮甲板。四、輪木係六條鑲成，輪夾係銅質，均欠牢固，時有損壞。五、車輪係木料，殊易摺斷。

此外，五生七陸路礮一尊、七生五陸路礮一尊、七生過山礮一尊，均係試造之礮，其成效如何，尚未試準。惟既舍舊謀新，則各國已經試準確有把握優於以上之礮，固自不少，自不如選擇仿造之爲愈。蓋以上自行試製之礮，固無以優勝於各國新製之礮也。

至八生七後膛礮及子母礮，前車鋼車礮，在現時均爲無用之物已。

廠存礮彈均係尋常生鐵開花彈。查現今各國行營戰時所用礮彈，以子母礮居多數，次則分圈開花子彈及鋼炸彈。至此項尋常開花彈，不過製備操練打靶而已。蓋此項礮彈僅能炸成數塊至十數塊，其殺傷力量極小。彈不適用與無礮同，此又以後製礮首應注意改良者也。

鋼

罐鋼廠所煉之槍、礮、器具三種鋼胚，初因拉鋼機廠尚未建設，無從拉成鋼條、鋼板，以合於製造槍礮之用，僅煉年餘。而所煉之鋼，多有夾灰及拉力不足之弊，且每爐、每罐所出鋼質均不勻純，旋即停罷。嗣拉鋼、壓鋼各廠雖已建成，又因短購要件，未能開工。如圖振興，則煉鋼爲製械要需，應將機件配齊，購備原料，延聘精通煉鋼學理之工師，來廠開爐熔煉。所出之鋼，隨時精心研究，務使伸縮拉力合度，質性軟硬適宜而後可。

藥

無煙火藥之製法甚繁，而其效力全在速率、漲力與質性堅久、灰渣輕微各要點。茲就現製之藥分晰言之如左：

一、速率。本廠從前製出之七九槍藥，速率每逾規定之數，由於配法多用高級淡質棉藥所致。成本亦重。雖然速率求大不求小，但速率與漲力相連，速率大則漲力隨之，而與槍機頗有關礙。近年研求製藥，其速率適合德國毛瑟廠規則，無不及太過之弊。其數以達六百密達爲度，現試造之六八新藥，速率已能達八百三十密達。

二、漲力。從前製出之藥，其性較猛，漲力亦大，由於熔化未透，片粒松薄，有受燃太急之患。近年研究精進，兼之所需硝酸係用新法提煉，含綠極微，漲力恒在三千倍之内，而速率又未減少，本已可用，但尚謙未純一耳。

三、質性。藥性最貴耐久，良者久儲不變，劣則儲時畧久即能變形變性，生熱自轟，禍不勝言。本廠火藥雖極精製，惟蒸洗棉藥工作最關緊要，今尚沿舊法，全用木桶，桶受棉藥之酸性，並時經人力之攪動，不無微屑流滯藥質之中，欲求如德藥之精良，尚未臻至。亟應購用新機，改良蒸洗，庶可期久遠而無他虞。

四、渣滓。歷年製出之藥，考其渣滓，較諸德藥畧見其多。此由棉花不潔所致。向來購用已軋之花，其中多挾有細碎子殼，機撕水漂均不能去，現雖加用人工揀擇，棉質究難大淨。子殼係有油性，粘雜花内，所以出藥多渣。此節於射擊有關，亟應購機改良淨棉，以革此弊。

鏹

製藥需三種鏹水參合而成，一曰硝鏹，一磺曰鏹，一曰醋鏹。三種之性質各殊，斯其利病亦判。謹分别列明如左：

一、硝鏹水。此鏹最忌多含鈉、綠，緣鈉、綠一物於製鏹時化分，綠與輕合、納與硫合，成爲君鏹，蝕爛機爐最烈；用以爛棉，則綠與淡合成爲一質，其性極劣，能使藥性變易，生大漲力。是製鏹必用極潔之硝，方無妨礙。從前製鏹之機爐，久成舊式，加之硝質不淨，製出之鏹頗欠適宜。迨元年八月，新機爐裝成，選用浄硝，製煉出鏹，濃力甚足，質性又極純浄，成色遠勝日本及江蘇所造，用以製藥，絶無上項弊病。

二、磺鏹水。此鏹首貴度高，次貴質清，製藥乃能收效。鉛室鏹水所含鉛、砷、鐵等質雖不能免，究不宜多。惟外洋提濃多用白金鍋，近今更出有勝於白金之專用料。而本廠則因費鉅，權用鐵鍋，故出鏹難求精美。雖疊經改良，加用變涼器具，出鏹濃度較前大增，可與日本磺鏹相等，第質未大浄，水色亦微欠清亮。近年製硝鏹均用此水，尚爲合宜，惟出數有限，不敷製藥之用；且提濃之鐵鍋、鐵管等件，蝕爛最速，月須換新，不僅耽延工程，耗費尤甚。欲求貨良、工省，非趕辦最新提濃之機爐不可。

三、醋精鏹水。此鏹質性與他鏹相背，愈輕愈妙，最不宜含有鏹酸之性，方適製藥之用。本廠所製醋鏹，質浄色清，成色等於外洋之貨，惟限於機力，日夜出數，僅能供製藥一百數十磅之用。醋酸石灰一物，係用火酒製成，現有火酒廠而無製醋酸石灰粉廠，誠爲缺點；然欲用火酒依脱改製新藥，則醋鏹又在所不用矣。

磚瓦

歷年燒造之青、紅各磚以及洋瓦、火磚、屋脊等件，質堅適用，現已停造。

紀事

中國艦艇工業歷史資料叢書編輯部《中國近代艦艇工業史料集・楚軍仿造小火輪》 同治元年冬，寧波諸軍進攻粵賊於紹興，三戰三捷，將縛其城，而火藥告罄，史士良觀察令餘赴上海向李爵相商供數千觔。乃爵相亦以剿賊藥盡，而洋船不至，正在躊躕無可應付。餘乃遄返，謂不如自己仿照造之。於是開局製配，【略】居然造成，第力較洋藥少遜，且發後有渣滓留存管底，須時加刮洗耳，然足以資救急之用。【略】然自是知藥可配造，因從而推廣及洋槍、洋礮等類。並仿造小火輪船二隻，試之均能合用。第以公費甚鉅，無款可籌，且賊已將次剿滅，乃置之不講。

容閎《西學東漸記》第一四章《購辦機器》 自予與曾督第二次晤談，一星期而有委任狀，命予購辦機器，另有一官札，授予以五品軍功。軍功爲虛銜，得戴藍翎，蓋國家用兵，以此賞從軍有功之人，爲文職所無。文職官賞戴花翎，必以上諭頒賜，大員不得隨意賞其僚屬。又有公文二通，命予持以領款，款銀共六萬八千兩，半領於上海道，半領於廣東藩司。餘籌備既畢，乃稟辭曾督，別諸友而首途。

予此行抵上海爲一八六三年十月，其時適有一美國機械工程師名哈司金者，爲上海某洋行運機器來華，事畢，方欲挈妻孥返美，而予不先不後，適於此時抵滬，得與其人相值。時機之巧，洵非意料所及者。予既識哈司金，遂以購機器事，委其主任，與訂立合同，二人皆取道香港，經蘇彝士地峽【略】以達倫敦。本可同行，惟哈司金偕其眷屬乘法公司輪船，而予則乘英公司船，哈以行期已迫，匆匆別，期會於紐約。船既放洋，途中惟至星加坡畧一停泊，遂過印度洋，由錫蘭【略】地方登陸，易舟更過孟加拉海灣【略】於埃及之開羅【略】城登陸。爾時蘇彝士河【略】之工程方開鑿未竣，於是予乃由開羅乘火車，過蘇彝士地峽，赴亞立山大【略】城，復由亞立山大乘舟至法國之馬塞（Maraeilles）。馬塞爲法國南方第一海口，哈司金已由此乘舟逕赴英國，予則於馬塞上岸，乘火車赴巴黎，作十日遊。巴黎之公園教堂及各處繁盛之區，遊覽殆遍，此世界著名繁華都會，予得大擴眼界，畧知其梗概焉。十日後，遂於法國加來司（Ca'ais）地方，乘舟過英吉利海峽【略】至英國之多爾維，由多爾維改乘火車抵倫敦。是爲予初次身履英倫之一日，藉此良好機會，使予得覩世界第一大都會，於願良足。予在倫敦，曾在惠特維爾司機器廠【略】參觀，無意中遇一十年前在中國所識之西友其名曰克里司特予居倫敦一月，乃乘哥拿脱【略】公司之汽船過大西洋，於一八六四年春初抵紐約。予畢業耶路大學，於今十年，予之同班諸學友，將於七月暑假時，開十週紀念聯合會，此時方在正二月間，離會期尚遠。哈司金因須預備機器圖樣，訂貨條款，及估價單等，故已偕眷先予至紐約，予以哈氏諳練可恃，遂以選擇機器等事，畀以全權。當此一八六四年時，正南北美戰爭之末年，美國國內多數機器廠，皆承造國家急需之要件，工作忙迫異常，而以新英國省中爲尤甚。以故外來購機器者，急切驟難成議，幸得哈司金素識各廠，乃克於馬沙，麻色得士省非支波克【略】城中，與樸得南公司【略】訂約，承造此項機器，然亦須半年後，方能造成運回中國云。

予乘此六閱月休息之暇，遂至紐海紋，赴耶路大學參與同班所開之十週紀念聯合會。舊雨重逢，一堂聚話，人人興高採烈，歡樂異常。雖自畢業分袂後，十載於兹，而諸同學之感情，仍不減當年親密，予乃有緣得躬與其盛，何幸如之。此會宗旨，既專以聯絡舊情，作賞心之樂事，故予於胷中所懷，隻字不道，況此時南北美戰争，尚未結束，美人以國事方殷，亦無暇他顧，故於予此次來美所任之事，咸未注意，幾無一知之者。第予自念今兹所任購辦機器之事，殆爲一種應經之階級，或由此將引予日夕懷思之教育計畫，以漸趨於實行之地也。高會既終，友朋星散，予亦興盡而返，抵非支波克後，對於南北美戰争，忽有感觸，因餘曩曾入美籍，美國實餘第二祖國也。因囑哈司金暫居此，主持一切，告以將赴華盛頓投効美政府，盡六閲月之義務，設於此六月内發生意外事，致予一時不能遽歸，則此機器裝運回國之事，當若何處置，擬悉以奉託。哈氏忻然允予請，乃以種種應需之要件，如訂貨單，提貨單，機器價值單，以及保險裝運等貨，一一交付哈氏，並告以若何手續，點交與曾督所派駐申之委員。籌備既畢，旋即束裝就道，時有斯不林非爾【略】地方之總兵名彭司【略】者方在華盛頓任將軍之職，專司義勇隊事務，總兵有子曰喊林【略】，爲香港著名律師，曾與予同時肄業於耶路大學者也。一八六三年，彭總兵至紐海紋探視其子時，予於耶路大學圖書館中，與有一面之素，此時探得彭君之辦公處，在喊拉旅館【略】中，予乃逕往謁之，告以來意。因言雖他無所能，然若任予以軍差之職，傳遞軍書於華盛頓及最近之大營間，供六閲月之馳驅，至所幸願。且此六月内，予當自備資斧，不敢耗美國國帑。又言曩在耶路曾晤總兵，總兵亦尚能憶之，乃詢予現任何事，予告以自耶路畢業後，向居中國，此來因奉曾大帥國藩之命，至美購辦機器，以爲中國建設機器廠之預備，刻已於非支波克城由樸得南公司訂約承造另有一美國機械工程師監督其事，因此項機器製造，須六月後，方能告竣，故予甚願藉此餘暇，得畧盡義務，以表予忠愛美國之誠也。彭總兵聞言甚悦，且極重視此事，乃謂予曰，鄙人極感君之美意，但君現受中國國家重任，故鄙意君宜仍回非支波克，調度一切以免貽誤此間傳遞軍書以及趨赴前敵，尚不乏健兒也。予聞總兵言知其意已決遂亦不更置辭再以爲請。予此意雖未獲實行，而自問對於第二祖國之心可以盡矣。

中國第一歷史檔案館等《中國近代兵器工業檔案史料》第一輯《英桂奏閩省購機設廠製造槍礮片同治九年九月初八日》 再，查槍礮一項爲行軍利器，而西洋所製機括尤極靈巧，近年以來雖隨時購置，而於製造之法多未認真講求。現值整頓水陸操防，局存洋槍、洋礮不敷撥用，自宜一面先行購買，一面仿照外洋式樣，設廠專造。上年十一月間，據福建善後局司道詳明委員赴粤購買二十四馬力輪機一副，並鋼鐵器具，均已運解到閩。擬即在於省城擇地設廠，遴員監造，並赴上海、香港等處酌募工匠遣用。查有補用副將賴長於鑄造外洋槍礮頗能悉心考究，先經臣會同前撫臣卞寶第飭令試造熟鐵槍礮，係在後膛安放鉛藥，其機括之靈巧，工作之精堅，均與外洋無異，堪以委令駐廠專司製造。又候補同知黄維煊，辦事結實，兼有巧思，堪以委令在廠會同辦理。應用工匠，即由賴長、黄維煊酌量雇募，一切章程並由賴長等酌擬呈送覈辦。現購機器如尚不敷運用，應再隨時量爲添配，月需經費在於税釐項下動支。惟製造外洋槍礮事屬創始，且甫行設廠，頭緒紛繁，一切均無例價可以援引。將來動用各項，有事所必需者，應俟造有成數，由善後局司道確按實用工料數目，據實造銷。其廠中收支銀錢款目，開廠後由局另行委員管理。據善後局司道具詳請奏前來。臣覆覈無異。理合附片具奏，伏乞聖鑒訓示。

再，福建巡撫係臣兼署，毋庸會銜，合併陳明。謹奏。

軍機大臣奉旨：知道了。欽此。

「中央研究院」近代史研究所《海防檔》丙機器局《同治十年正月十八日總署收福州將軍文煜抄片》 同治十年正月十八日，福州將軍文煜鈔片稱，再，閩省現值整頓水路操防，緣局洋鎗洋礮，不敷撥用，前經附片奏明。仿照外洋式樣，設廠專造，遴委深知西洋機器，精於製造之補用副將賴長，駐廠專司其事，並委候補同知黄維煊會同辦理，欽奉批旨。並準王部咨行，現已修蓋廠所，購辦機器，正在籌議興工製造間。據補用副將賴長報稱，同治九年十二月初二日，該員接到家信，得悉生母劉氏，現年七十二歲，於本年十一月十九日在籍病故，應回籍守製，俯俟服闋來閩報効等情。據此，查副將賴長現丁母憂，原應回籍守製惟閩省現製造洋鎗洋礮，該將能悉心考究，得其奥妙，是以奏委駐廠鑄造，刻值開辦吃緊，難以停緩，又無別員堪委接手，自應暫留該將，在閩幫同鑄造，俟至工竣，再飭回籍終製，以免延誤。據閩省善後局司道，具詳請奏前來，臣等覆查無異，除咨户兵工三部外，理合附片陳明。伏乞聖鑒訓示。謹奏。同治十年正月十七日，軍機大臣奉旨知道了。欽此。

中國第一歷史檔案館《穆宗毅皇帝實録》卷三一五《同治十年七月上》 著曾國藩、張之萬飭令江蘇製造局，撥發洋槍一千五百桿，細洋藥一萬五千磅，金底大銅帽七十萬粒，派員解赴天津。一面知照安定，由張曜委員赴津領解，毋稍延宕，將此由五百里各諭令知之。

中國第一歷史檔案館等《中國近代兵器工業檔案史料》第一輯《文煜等奏福建機器局停造槍礮專製藥彈片同治十年十二月十九日》　再，閩省前因整頓水陸操防，局存洋槍、洋礮不敷撥用，據善後局司道詳，經前督臣英桂奏明，委令副將賴長等仿照外洋式樣，設廠專造，欽奉諭旨知道了，欽此。嗣以仿造事屬創始，設廠需時，隨先委員購採洋槍礮，分撥濟用。一面在於省城水部門内擇地蓋廠，並委員分别採購機器、料件，招募工匠興造。自設廠試辦以來，該委員等於一切製造之法督率工匠日事講求，如造成之自來火銅引，開花礮子等項，均與購自外洋者無異。惟洋槍、洋礮照式仿造，究未能得其奧妙。且近年外洋火器頻出新樣，其巧幾於不可思議。廠中仿造者尚係舊式，已不及外洋新式之利用，而覈計工料，又較採購價值多寡懸殊。是仿造既難適用，久辦恐費益多糜。臣等督同司道再四籌商，擬將洋式槍礮飭令停造。至閩省前購之後膛洋槍礮應配自來火藥彈等項，外洋未能多購，一遇缺乏，利器仍屬無用，現在廠中製造均尚合法，費亦無多，仍飭接續專製，以資配用。

中國第一歷史檔案館《咸豐同治兩朝上諭檔》第二二册《同治十一年十一月十三日》　軍機大臣字寄大學士兩廣總督瑞、廣東巡撫張，同治十一年十一月十三日奉上諭，丁寶楨奏在粵製造師船，請飭派員駕駛來東及調員赴東差委各摺片。前因山東整頓水師，該撫委派道員李宗岱前赴粵東製造大小拖罾船十四號，配齊洋礮軍械，就近在粵海等處選帶熟諳水師員弁數人，遴募善於駕船之舵工人等隨船來東。據稱師船來春可以造齊，應於春夏之交乘風北上。惟遠涉重洋，與其臨時僱募無業閒人，莫若就近飭令粵省水師駕送較爲可恃等語。即著瑞麟、張兆棟俟李宗岱所造師船造齊出水時，酌派該省水師營誠樸可靠將弁，酌帶兵丁會同山東委員代爲駕送赴東，以免疎虞。至該弁兵到東後即由丁寶楨籌給川資咨送回粵。廣東在籍候選員外部温子紹，候選縣丞許應騶，並著瑞麟、張兆棟，飭令該員等前赴山東聽候丁寶楨差遣委用，將此各諭令知之。欽此。遵旨，寄信前來。

「中央研究院」近代史研究所《海防檔》丙機器局《同治十二年二月十七日總署收軍機處交出閩浙總督李鶴年等抄片》　二月十七日，軍機處交出閩浙總督李鶴年等抄片奏稱，再，閩省前因整頓水陸操防，局存洋槍洋礮不敷撥用，經前督臣英桂奏準，委令補用副將賴長等，仿照外洋式樣，設廠試造。嗣經前兼署督臣文煜奏明將槍礮暫行停造，專製自來大藥彈，以資配用在案。上年六月間，準陝甘督臣左宗棠咨調該副將賴長，遂于十一月二十七日，帶同工匠機器，乘坐官輪船由漢口取道入甘。閩廠應即停工，所有廠屋機器等件，由局派員看管。其動用各款銀兩，彙入善後案内造銷。據閩省善後局司道詳請具奏前來，臣等覆查無異。除咨部查照外，謹合詞附片陳明，伏乞聖鑒。謹奏。同治十二年二月十六日。奉硃批，知道了。欽此。

中國第一歷史檔案館等《中國近代兵器工業檔案史料》第一輯《瑞麟等奏廣東設立機器局片同治十三年四月十九日》　近年講求武備，以練習火器爲先，而槍礮火藥等項來自外洋者尤爲精緻；輪船一項駕駛迅速，亦緝捕所必需。粵東自軍務平定以來，籌辦善後水陸巡防及查緝各屬土匪需用軍火各件，多赴香港等處採買。同治五年暨六、七兩年，經臣瑞麟先後購買大小輪船七號，在於内河外海各處巡緝，地方賴以安靖。復又籌款購買大小洋礮，存儲省局，以便操演。惟軍火採諸外洋，所費甚鉅，且輪船汽機時有損壞，必須赴香港修補，辦理亦多周摺，莫若置買機器自行修造，以期省便。先經募匠仿照外洋新式製造抬槍，分給各營練習，極爲便捷合用。隨後查有在籍候選員外郎温子紹等精於機器，即於省城設立軍裝機器局一所，委派該紳等在局經理，於同治十二年興工。自開局以來，購置車床、刨床各項器具，將應用槍礮火藥，均仿外洋造法陸續試辦。各號輪船遇有損壞，亦即由局修葺。現又擬造内河輪船，爲近省一帶緝捕之用。臣等與各司道不時前往查看，洵屬工作精良，著有成效。當試辦之初，購買機器及製造機房鐵石木料銅器雜費，共支銀一萬四千九百八十五兩有奇，局紳薪水及各項匠役工資飯食雜用，每月約支銀一千二百餘兩，其修造各項隨時覈實開支，俱由善後局籌給。將來製造日精，添器加工尚須酌增經費。所有動支帑項，例應報銷，據善後總局司道等詳請奏明立案前來。臣等謹合詞陳明。

中國第一歷史檔案館《咸豐同治兩朝上諭檔》第二四册《同治十三年八月初一日》　電線雖可緩圖，鐵甲船必不可少，即使議購有成，將來仍應鳩工自造。目前尤須講求駕駛之法。沈葆楨等惟當切實籌辦，力圖自強。閩廠輪船即照所請準其續行興造得力兵船，以資利用。

中國第一歷史檔案館《咸豐同治兩朝上諭檔》第二四册《同治十三年九月二十七日》　軍機大臣密寄大學士直隸總督一等肅毅伯李、兩江總督兼署江蘇巡撫李、欽差辦理臺灣等處海防兼理各國事務大臣前江西巡撫沈、盛京將軍都、閩浙總督李、湖廣總督兼署湖北巡撫李、兩廣總督英、暫署兩廣總督廣東巡撫張、漕運總督署山東巡撫文、江蘇巡撫吴、安徽巡撫裕、浙江巡撫楊、江西巡撫劉、福建巡撫王、湖南巡撫王，同治十三年九月二十七日奉上諭，總理各國事務衙門奏，海防亟宜切籌，將緊要應辦事宜撮叙數條，請飭詳議一摺。據奏庚申之釁，創鉅痛深，當時姑事羈縻，原期力圖自强，以爲禦侮之計，乃至今並無自强之實。本年日本兵踞臺灣番社，雖疊經飭令各疆臣嚴密籌防，自問殊無把握，若再不切實籌備，後患不堪設想等語。沿江沿海各省防務，經總理各國事務王大臣並各該省將軍督撫等隨事籌畫，而備禦究未可恃，亟應實力講求，同心籌辦，堅苦貞定，歷久不懈，以紓目前當務之急，以裕國家久遠之圖。該王大臣所陳練兵、簡器、造船、籌餉、用人、持久各條均係緊要機宜。著李鴻章、李宗羲、沈葆楨、都興阿、李鶴年、李瀚章、英翰張、兆棟、文彬、吴元炳、裕禄、楊昌濬、劉坤一、王凱泰、王文韶，詳細籌議，將逐條切實辦法，限於一月内覆奏。此外别有要計，亦即一併奏陳，總期廣益集思，務臻有濟，不得以空言塞責，原摺單均著抄給閱看，將此由六百里各密諭知之。欽此。遵旨，寄信前來。

《申報》光緒元年十一月六日《專造鎗炮彈子告白》 啟者：上洋老北門外三茅閣橋朱裕順，鐵店主習學西法之礮式劈山大礮、來火大礮，并能做鐵甲礮臺，亦能包工，鐵礮門、洋鎗統、彈子零件一應俱皆。仿照西法製造，極其堅固，施放便捷，於同治四年間前蘇撫憲丁山丞曾經飭爲辦過，倘各省貴官憲欲辦者，均皆可定辦可也，此佈。

中國第一歷史檔案館等《中國近代兵器工業檔案史料》第一輯《丁寶楨奏擬帶曾昭吉至四川自辦機器製造片光緒二年十月二十五日》 再，山東所設機器局，有徐建寅一員總理，自能漸推漸廣，措辦可日期起色。惟臣現赴川省，聞該省各勇營亦皆習用洋槍，均須購自上海洋行，價值既昂，而道遠轉運，費益不貲，並恐不免有受洋行欺騙之事。且聞所用洋槍均不知修理之法，但使稍有損壞，則一槍所值十餘金，頓成棄物，又須另爲遠購，糜費尤不可計。臣擬將候選通判曾昭吉帶至川省，查看情形，令其自辦機器製造，俾各勇營槍礮舊者可以整之使新，新者可不必遠購於外洋，而得用亦與外洋相等，庶可爲國家省無窮之費。

謹附片陳明，伏乞聖鑒訓示。謹奏。

光緒二年十一月初五日軍機大臣奉旨：知道了。欽此。

中國第一歷史檔案館等《中國近代兵器工業檔案史料》第一輯《王文韶奏湖南機器局建廠製具等項費用請準開銷摺光緒二年十二月十九日》 湖南巡撫臣王文韶跪奏，爲試辦機器，講求軍實，以資利用而備不虞，恭摺奏明，仰祈聖鑒事。

竊惟安不忘危，古有明訓。禦侮之要，利器爲先。同治十三年海防議起，臣以轄境濱江，預聞其事，嘗謂離海較遠省分，不必過事張皇，虚糜經費，要在共謀久遠，實事經營。近年以來，上海、天津、江寧等處均設有機器局製造軍火，自强之計，莫亟於此。然臣以爲濱海固宜籌備，而内地亦應講求，濱海有事則利害恐適參半，内地有備則緩急尤覺可資也。

臣忝任疆圻，竊懷此意，營思集慮，不敢苟安。查有記名提督借補長沙協副將韓殿甲，前隨大學士臣李鴻章軍營，素稱得力，於製造一切尤能鈎心斗角，務極其精，因與悉心講求，酌量試辦。先建廠，次製器，一年以來，規模粗備。仿造後門槍及開花礮子等項，演試均能如法，與從前購自外洋者並無區别。以後隨時添製車具，自數千斤以至萬斤大礮，或鋼或銅，均可自造。湘中素産煤鐵，開辦之初，即已購用本地之煤，却不能不兼買西洋之鐵，蓋洋鐵受鑽而華鐵不受鑽也。隨後廣諮博訪，揀取試用本省攸縣、安化等處所産之鐵，盡有一律受鑽無異洋鐵者。鐵斤爲製器大宗，此後取諸境内而足用，固知中華物産未必遂遜外洋，特不加考究，則習焉不察耳。

至火藥一項，凡用洋槍必須兼用洋藥，後門槍子尤非洋藥不能送出。蓋緑營成例，嚮用三藥五子，言子重五錢須藥三錢也。若後門槍子重約七八錢，容藥止八九分，故土藥尤難適用。現在自製火藥，精益求精，以之試放後門槍，其出子之遠近及攻堅之力量，與洋火藥比較，正復相同。但就湖南而論，即此小小結構，將來設有軍務，無須再向洋人求購軍火矣。

惟製造均有例價，獨仿用機器，則鳩工選料，需費自倍。臣此次試辦，督飭韓殿甲實事求是，不用洋人則工食省，不多派員則薪水省，煤鐵各種就地取材則價脚省。計自光緒元年五月開辦起，截至二年十月止，統共實用銀二萬二千五百四十兩七錢五分六釐。謹援照津、滬兩局成案，先行開具簡明清單，恭呈御覽，仰懇天恩準予開銷。此後經費，統工、料、局用計之，擬每月以三千兩爲度。總須按月成造物件，覈計價值，足敷此數，斯爲以簡馭繁之法。如蒙俞允準臣照辦以後，當由臣按年專案奏報一次，並求飭下户、工兩部勿以成例相拘，俾微臣區區一愚，得所藉手。或者日計不足，月計有餘，於國家思患預防講求軍實之道，當不無萬一之裨。

除將建廠製具及造成軍器各項，分晰造具清册，咨送總理各國事務衙門暨户部、工部查照外，是否有當，伏乞皇太后、皇上聖鑒訓示，謹奏。

光緒三年正月十八日軍機大臣奉旨：著照所請。該衙門知道。單、片并發。欽此。

〔附〕《清單》

謹將湖南機器製造局自光緒元年五月起，至二年十月止，收支經費銀兩，繕具簡明清單，恭呈御覽。

計開：

舊管：無項。

新收：一、收善後局先後撥用銀二萬二千五百四十兩七錢五分六釐。

開除：一、建造局廠及安設爐座項下，共支銀三千七百八十二兩一錢九分七釐。一、購買汽爐、車床及製備各種器具項下，共支銀七千八百十兩八錢九分五釐。一、成造軍器項下，共支銀一萬九百四十七兩六錢六分四釐。

實存：無項。

軍機大臣奉旨：覽。欽此。

中國第一歷史檔案館等《中國近代兵器工業檔案史料》第一輯《王文韶奏覈銷湖南機器局經費請勿以成例相繩片光緒二年十二月十九日》 再，自海洋弛禁以來，軍火之精，愈出愈奇，實爲中國所不逮。爲自强計，無論和約不可終恃，即使海氛永靖，不必遽議用兵，而軍實要需，他人有勝於我者，在我即不能更勝於彼，亦豈可聽彼之終勝於我。現在沿海如津、滬等處，固已實力講求，而腹地各省尚未暇一律議及。臣不自揣其愚昧，竊謂風氣所趨，誠非一手一足之烈，但使推行盡利，習以爲常，安見一二十年後，彼之所有不皆爲我之所有，彼之所能不即爲我之所能。所患者，徒騖其名而不求其實，糜費則有餘，濟用則不足，此爲非徒無益耳。臣此次試辦機器，製造軍火，不以爲效彼西法，祇以爲整我軍儲。匠目招自海疆，餘工雇諸本地，遞相傳授，庶幾智巧日開矣。製器各項計值，局用不另開支，事有責成，庶幾虛糜悉屏矣。湘省局面不寬，臣未敢稍涉侈張，致議其後者轉謂以有用之財，嘗不急之務。按月以三千兩爲率，此目前湘力之所可及者也。以津、滬各局相比較，此不過小試其端，然從此日引月長，得寸得尺。但期本省久安，自足爲固圉之計；萬一海疆多故，亦可備接濟之需。臣受國厚恩，斷不敢好作聰明，爲公家糜無益之費。倘他日覈銷款目，部臣必執成例以相繩，則事與心違，臣亦不勝其疑阻。區區愚悃，附片具陳，可否仰邀特旨允行之處，出自天恩，微臣未敢擅請。謹奏。

光緒三年正月十八日軍機大臣奉旨：覽。欽此。

中國科學院歷史研究所《劉坤一遺集》書牘卷一三《設廠製造軍火片》 再，近年講求武備，以練習火器爲要，而軍火又以外洋所製爲精。同治十三年間，前督臣瑞麟，因軍火購自外洋，所費較鉅，不若置買機器，自行製造，較爲省便。因與臣兆棟會商，在於省垣設立機器局一所，派令在籍候選員外郎温子紹等在局經理，將應用槍礮、火藥，倣照外洋做法，陸續試辦，業經附片具奏在案。是年六月內，欽奉諭旨，飭辦海防，因又購製各項緊要軍火。所購洋槍、洋礮，均須配用洋製火藥，方能施放得宜，必須先事預籌，以備臨時應用。而機器一局，設於省城之中，工匠無多，地方窄狹，又有兼鑄槍礮、修造輪船等事，勢不能專顧火藥一項，因而所造寥寥，誠恐需用之時，無以應手。臣兆棟於兼署督篆任內，飭據善後局司道，議於省城西門外曾步地方，購買民田，填築地基，設立軍火廠一所。一面購買機器，雇募匠人，派委諳悉製法之員，專司監造。該處廠所已於光緒元年六月內興工，所購機器，亦由外洋陸續運到。約計買地建屋，以及購買機器一切工料，價值約共需銀七萬四千餘兩，均由善後總局籌支。目下廠所將次竣工，業經採辦硝磺，將洋槍、洋礮所配火藥，倣照洋式，陸續製造。所有動支經費，例應報銷。據善後總局司道等詳請奏明立案前來。除飭令覈實支銷造報，並咨明户、工二部外，臣等謹合詞附片陳明，伏乞聖鑒，敕部查照。謹奏。

羅文彬《丁文誠公遺集》卷一四《川省設立機器局片光緒三年十二月二十八日》 當即籌措款項，飭曾昭吉於上海揀擇緊要機器，購辦數十件，由長江駛運來川，以資應用。其餘機器曾昭吉心思奇巧，即令自行創造，現已在於成都省城擇地建造房屋，設立機器總局，派委候補道夏旨、勞文翽總理局務，並派成緜道丁士彬會同妥辦。其應需經費一切，擬不動支正款，即在於川省土貨釐金項下撙節動用。惟川省協款過多，釐金亦不敷分撥，臣復飭鹽道於茶引加票項下設法籌辦，藉資小補。至該局甫經建造，所有需用購運機器及造房各費，並委員司事工匠一切薪水工食，統俟明春三月局房造成，將機器各件安置妥協，開造槍礮後，再爲奏報，並將各用款覈實咨部查銷，謹附片具陳，伏乞聖鑒訓示。謹奏。

中國科學院歷史研究所《劉坤一遺集》書牘卷一三《機器局經費請準援案報銷摺光緒四年五月二十七日》 奏爲廣東省設立機器局，需用經費，懇請援照直隸等省奏準成案，據實開單，專案報銷，恭摺具陳，仰祈聖鑒事：

竊照廣東省垣，設立機器軍裝局，倣照外洋新式，製造槍礮軍火等項，派委紳士經理，動支經費，經前督臣瑞麟會同臣張兆棟，於同治十三年四月十九日，附片陳明，欽奉硃批：「該部知道。欽此。」隨準工、户二部咨行，令將用過經費銀兩，逐款詳細分晰開報；並將局紳匠役名數，及應支薪水、飯食各銀數，先行報部查覈；所有購製一切軍火什物等件，務須撙節，覈實採辦，專案造册，送部覈銷，各等因。又經飭據善後、報銷兩總局，將機器局月支官紳工匠薪工銀兩，分別等第，造册詳咨户、工二部查覈立案，並督飭該局員，認真經理各在案。

茲據善後、報銷兩總局司道會詳稱，廣東省設立機器軍裝局，建造廠房及購備一切物料，雇募各項工匠，倣照外洋做法，造成各款新武槍礮，隨時分撥各營演用，俱屬精良靈便。即歷年購買火輪船隻，遇有壞爛，統歸該局飭匠修葺，亦覺堅固利用。惟一切工料式樣做法，均與部定軍器則例、工程做法不同。現在若將所造廠房槍礮器具，按照例定工料，造册報銷，必於實支經費數目，不克相符；若遷就例文通融開造，又非覈實辦理之道。因思直隸曾於同治六年在天津設立機器局，江南省亦在上海設局製造，各該局用過一切經費，均開列清單，奏奉部覆準銷有案。其製造大小輪船、槍礮、子藥，購買機器物料，建造廠房工料價值，暨委員司事、薪水工食一切需用銀兩，均係彙總開單，並無逐款分別細數。今廣東省設立機器局，係初次創辦，其製造軍火器械式樣，固與舊例不同，即應用一切物料，亦多係内地所無，必須購諸外洋，方能適用。而外洋物料，價值較重，難以例價相繩。覈與天津、上海事同一律，應請援照直隸、江南等省報銷成案，督飭委員據實開單，專案詳情奏銷，不準稍有浮冒，詳請分別奏咨，以便照案辦理等情前來。臣等覆覈無異。

除飭令覈實支銷造報，並咨明總理各國事務衙門暨户、工二部查照外，謹合詞恭摺具陳，伏乞皇太后、皇上聖鑒訓斥，謹奏。

中國第一歷史檔案館等《中國近代兵器工業檔案史料》第一輯《工部爲恭録硃批廣東軍火廠立案事致軍機處之咨文光緒四年七月十五日》 又片奏，於省城西門外購買民田，設立軍火廠，一面購買機器，已經興工，約計買地建屋及購買一切工料價值，目下將次竣工，所有動支經費，飭令覈實造報等因一片，同日奉旨：覽。欽此。

中國第一歷史檔案館《光緒宣統兩朝上諭檔》第五册《光緒五年二月二十八日》 光緒五年二月二十八日内閣奉上谕，前據给事中吴镇奏参，四川总督丁宝桢不谙机器，私亏库款，纵容私人徇庇劣员等情，当派恩承童华前往查办。兹据查明覆奏，原参各款或查无实据，或事出有因。惟所设機器费用较鉅，製造未能精良，著该督即将批局停止，以节糜费。道员劳文翤管理筹饷局务，所称並无提银送归督署之事，有无掩饰，著将该员先行撤去差使，责成藩臬两司将歷年收发款目逐一清查覈算，如有不实不尽，再行揭参。委员李忠清虽无藉势渔利情事，惟与开效馀庆灶之邓中衡等认识，致遭物议，著即撤去差使，以息浮言。至原参道员丁士彬、劳文翤署华阳县知县田秀栗与門丁黄瑞廷交结等情，虽无确据，然人言藉藉，岂尽无因，除丁士彬业经革职外，著该督即将田秀栗撤任，督同藩臬两司随时密查。该员及劳文翤声名，如果平常即行据实参奏，不得稍涉迴护，並著将家丁黄瑞廷驱逐出境，毋任逗留，钦此。

中國第一歷史檔案館等《中國近代兵器工業檔案史料》第一輯《羅應旒奏請飭川督將四川機器局仍行接辦片光緒五年六月初五日》 再，中國之設機(汽)〔器〕局，原欲其學習西法，使人通曉熟習，將來即能於西法之中神明變化而思其足以勝西人之法，非僅爲製造槍礮之用也。而以槍礮一端而論，亦自强之要務，非可視爲緩圖。四川督臣丁寶楨在省設局，用意深遠，今以虚糜鉅款而無成效，奏請停止。夫用款六萬金，僅造槍礮數十桿，蓋初創之時，開拓地基，修造房屋以及搬運器械，製造器母，種種費用，俱在此六萬金之内，非全以六萬金造槍礮也。譬如商賈初開鋪店，用本頗多，其用不盡在貨物，久之自有得利之日。今僅用六萬金，除各項支銷外，尚能製槍礮數十桿，以後專製槍礮，費用較少，成功較大。以川省之大，使能於別項用款處處撙節，挹彼注兹，則此局之用，似亦非至難之事。若遽行停止，則前功盡棄，而機器各物以數萬金製備者亦廢毁無用，甚屬可惜。況以後需用軍械又須購自外洋，其用費雖足相抵，其得失則甚懸殊，而中國之人復不能探討西學神明變化而思所以勝西人之法。且西蜀當前漢時，織作之貨無聞，及至漢末暨五代，孟知祥輩絡續攜帶中國巧匠入蜀，教成各藝，故凡天下所有貨物，蜀中均能製以相敵，足征蜀人於器藝一道似易於學習。臣蜀人也，聞其停止，同鄉有志之士無不同深惋惜。以事關欽差查辦，奉旨定奪，不敢率行呈請。可否仰懇天恩飭下四川督臣將成都機器局仍行接辦之處，大局幸甚，謹奏。

中國第一歷史檔案館《德宗景皇帝實録》卷九九《光緒五年七月》 前據道員羅應旒奏，四川機器器請飭仍行接辦等語，著丁寶楨酌覈辦理，原片著鈔給丁寶楨閱看，將此各諭令知之。

羅文彬《丁文誠公遺集》卷一七《機器局遵旨停止報銷用款摺光緒五年九月二十三日》 本年接準部咨，以恩承等所奏川省所設機器局，費用較鉅，製造未能精良等語。欽奉上諭，著將此局停止，以節糜費。當即欽遵檄行，該管道及各委員將機器局先行停撤，並飭將前後支用款項，據實造報，去後茲據卸管機器局署成緜龍茂道徐景軾等會詳，該局購地營造局房，自製機器，均係仿照西式，共分建大小廠房一百八十八間，崇垣大柱覆屋，重簷安設鐵爐、煙筒、風箱、氣管，四通八達，取材既富，用工極堅，與內地營造之法不同。又創設水機器，靈動活潑，視洋人專借火力，尤爲事省功倍。臣先委員馳往上海，兩次購買外洋緊要機器及洋鐵洋鋼等項，所費不及萬金，其餘機器均由川省自造。一年以來，自行造成水輪機器及各種機器共二十五部，未合成機器及工用器具等項共一萬二千零六十九件，已合成前門後膛等槍共一百四十八桿，未合成洋槍共一百六十二桿，所有按月支用經費，悉照原奏，不動司庫正款，均於另籌土貨釐金項下支用。計自光緒三年十月起，至五年閏三月撤局之日止，共支用過庫平銀七萬七千三百五十二兩八錢三分二釐七毫一絲二忽五微，連委員薪水匠作工資一併在內，均係實用實銷，較之別省機器局所費僅十分之一，即較之東省機器局所費，亦省十之四五。該道等督同各委員逐款覈算，明確開具清單，詳請奏咨前來。臣查川省自行募選內地工匠，修造槍礮，並自造機器，事屬創始，並無舊章可循，廠屋配合機器聯絡運動，均係仿照西式，一律鞏固，所需銅鐵等物，亦多購自外洋，與內地物價不同。而委員曾昭吉心思奇巧，教練工匠創製水機，較火機尤爲靈便，所造各種輪機器具已成、未成，共有萬數千件，雖未竣工，其洋槍堪以臨敵備用者已有百數十桿，現已飭交籌饟局，委員一併加謹存儲，毋任損壞，以備應用。伏思臣於同治年間，在東省會勦捻匪，親歷行間，所用東淮各軍，多以洋槍洋礮，縱橫攻擊，其摧堅破敵，雖髮捻各股匪動以數十萬計，每遇交鋒，我軍槍礮所及，莫不披靡，直東兩省遂收聚殲之功，川省介在邊陲，數千里番猓苗蠻環列窺伺，而內地人情浮動，伏莽時虞，雖兵可百年不用，不可一日無備。臣重膺疆寄，居安思危，不敢不深謀遠慮，是以上年有奏設機器局並合東蜀兩省妥辦之議，今已遵旨停止。所有自設局起至撤局止，支用一切經費，據該局開報實數，呈送到臣，覆加查覈無異。惟此項製造，一切均係仿照西式辦理，即購買之機器銅鐵各件，向無例案可循，是以各省機器局均係開單奏咨查銷，川省此項報銷，自應援照辦理。除分咨總理衙門及户工二部查覈外，理合恭摺陳奏，並照繕清單，恭呈御覽，伏乞皇太后、皇上聖鑒訓示，謹奏。

謹將川省機器局自光緒三年十月開辦起，至五年閏三月二十日撤局止，實支實用，經費數目開具清單，恭呈御覽。

一管收先後支領，成緜道收存，另籌土貨釐金庫平銀共七萬七千三百五十二兩八錢三分二釐七毫一絲二忽五微。

一開除給發，先後營造各座洋廠、煙筒、鐵爐及公所房屋應用器具等項，共支庫平銀三萬八千一百一十六兩四錢七分九釐一毫。

一給發兩次購買外洋大小緊要機器，一切機器具脚價等項，共支庫平銀九千四百四十九兩四錢四分五釐五毫。

一給發製造機器槍礮等項，購買鋼鐵銅炭及一切雜用，並創設水輪機器等項，共支庫平銀一萬二千四百零五兩二錢九分八釐一毫一絲二忽五微。

一給發委員司事薪水並機器匠工、辛工及一切夫役工食等項，共支庫平銀一萬七千三百八十一兩六錢一分。以上統支庫平銀七萬七千三百五十二兩八錢三分二釐七毫一絲二忽五微，前領之款，別無存賸。

中國第一歷史檔案館等《中國近代兵器工業檔案史料》第一輯《丁寶楨奏四川機器局停撤後應否暫緩復辦恭候聖裁片光緒五年九月二十三日》 再，臣欽奉寄諭：四川機器局應否興辦，着丁寶楨酌度辦理等因，欽此。查臣於光緒三年奏設四川機器局，製造洋槍，經營兩年，規模甫定。近因恩承、童華奏請停辦，微臣謹即遵旨裁撤。

竊惟外洋各國皆以槍礮雄視一時，機智一啓而不可復塞，殆亦天時人事之所趨，中國固未可置之於不講。蚩尤既作五兵，而古聖不復廢弧矢之威；漢陰雖有抱甕，而通人不能棄桔槔之智。今强敵各擅長技，中國獨不屑蹈襲，以爲墨守故常，不難角勝，且以爲可以購求於外洋，此實自欺欺人之語，固必不可得之勢也。微臣設局成都，專製造西洋上等之馬蹄尼後膛槍，尚僅小小試辦，其經費一項，係於從前漏抽之土貨釐金籌畫規復餘款，力求撙節支用，始終並未動用正款，兩年之間，共用銀七萬餘兩，而建造廠房者約用銀四萬餘兩，其購辦外洋機器及自製機器二十五部並購料造槍以及委員、司事、工匠各人等薪水工食，又創設水輪機器等項，通計不過用銀三萬數千餘兩；而創設水輪機器，將來實可大省煤火之費，在臣竊以爲較勝於外洋。此後若逐年辦理，所費約不過萬兩上下。川人性近技巧，臣挑其巧而樸者入局肄習，頗多靈敏，若逐漸講求，必有日新月異之益。恩承、童華於機器局近在咫尺，未嘗親臨一視，而又不察經始之料物工程，輒指爲糜費，一若必須年年造屋而後能造槍者，措語不倫，無可深辯。微臣愧非負重之器，經手事件深虞隕越，於劾奏時未便一一力争。玆奉明旨垂詢機器，彌深悚恧！

竊臣深以中國自强之術，於修明政事之外，首在精求武備，所謂棄我之短奪彼之長也。然中國自興造機器以來，其時風氣未開，多資洋人爲工師，此實不得不然之勢。臣竊以爲欲造機器，決不能不仿西法，而仿照西法僅可師其法，窺其意，而決不可用其人。蓋我方學彼之長，若再借彼人爲工師，則西人之教法必將秘之而不能盡授，即中國人之心思亦將狃於故常而不能通靈。是以臣於機器製造，但規仿其法製，而於一切委員、工匠等必專選中國通巧之人。前在山東興造之局，自始至終，決不用一洋人指示，則製造火藥、洋槍亦幾與西人相敵。此次在川初設局時，力主此意，均招致中國明習饑器之士及工匠人等，大約湖南、江蘇、山東等省人爲多，現在均已紛遣散回籍。若再開辦，仍須取材於他省。成都僻在一隅，延訪亦固不易；而川省諸事廢弛，臣逐加整頓，無不創立規模，事事親手經理，早有日不暇給之勢。論本省應辦之事，蓋亦不止機器一端，均尚未有暇晷，得以從容討論。才力短淺，負疚實甚。現在機器局業經停撤，應否暫緩開辦之處，恭候聖裁。

至近來講求機器，實屬目前之要圖，然頗爲衆論所不許。現在山東機器局係臣經手之事，撫臣周恒祺必能力與維持，不使墮壞。該局最得地勢，機器亦富，近來製造槍藥堪與外洋争勝；若將來量加擴充，煉鐵、造礮均屬便易。如但就現在局面而論之，每年僅用銀二三萬兩。以目前二三萬兩之經費而得備異日無窮之用，亦何所憚而不爲？其餘如津、滬各局辦理既久，規模大備，尤應保全歷年之成緒，不致作輟之無恒。專精不已，異時當有收效之日。

臣迂拙之見，未敢緘秘，謹附片具陳，伏乞聖鑒訓示，謹奏。

光緒五年十月二十三日軍機大臣奉旨：覽奏均悉。著該督仍設法興辦，毋使廢墮。欽此。

中國第一歷史檔案館等《中國近代兵器工業檔案史料》第一輯《梅啓照奏浙江省添設機器修造軍火用過銀兩片光緒五年十月十六日》再，查前護理浙江撫臣衛榮光於奏報前撫臣楊昌浚籌辦海防，購備軍械用過銀三十二萬五千六百餘兩案内，聲明各海口不敷礮位等項趕緊購辦在案。臣到任後，當與軍需局司道等商酌，就向設之製造局内舊存機器再加添置，遴派熟悉算法委員，招雇匠役，仿照洋式購辦物料，修造各項軍火，以資分撥。兩年有餘，共用銀五萬九千五百餘兩。【略】所有此次添設機器、購買槍礮等項用過銀兩，應請循案歸於下届軍需報銷案另行開具清單奏明覈銷，以符向章。

中國科學院歷史研究所《劉坤一遺集》奏疏卷一六《委員試造氣行輪船驗不適用片》再，安徽候補同知董毓琦，以試造氣行輪船，尚短工料銀三千兩，呈都察院具奏，光緒五年四月二十四日奉上諭，著沈葆楨籌款發給，並與李鴻章、丁日昌按照圖説，詳加參酌，造成後即由沈葆楨等驗試，究竟是否合用，據實具奏。等因，欽此。當經前督臣沈葆楨於海防經費内撥與庫平銀三千兩在案。

該員屢延自定期限，直至今年四月始報竣工，中途復被風擱沙，六月内始行駛到金陵。經臣率同司道前赴該船逐細驗看，所有機器一切均甚笨拙，非借人力運動則機不轉而船不行，於圖説所謂氣行者益復無著，匪但無製勝之奇，以之衝犯風濤尚無把握，實屬不適於用。該員言語浮誕，前後不符，未便聽其藉詞續修，再滋糜費。且係在滬試造，該處爲華洋觀聽所匯，更未便任令師心自用，騰笑於人。現將水手人等先行資遣，其船仍暫交該員看管，恭候命下，再飭令將全船各件，逐一點交籌防局，另謀摺變。所有領用庫平銀三千兩，姑念名爲試辦，事屬因公，懇恩免其賠繳。

謹會同北洋大臣直隸總督臣李鴻章、前福建巡撫臣丁日昌據實附陳，伏乞聖鑒訓示，謹奏。

羅文彬《丁文誠公遺集》卷二〇《遵旨復開機器局摺光緒六年五月十九日》

奏爲遵旨復開機器局，製造洋槍各件，現已擇日開工，謹恭摺具奏，仰祈聖鑒事。竊臣於光緒三年，奏設四川機器局，製造洋槍，以資利用。經營兩年，費用極省，規模已定，旋因恩承等奏請停辦，臣謹即遵旨裁撤。嗣欽奉上諭，仍飭臣酌度辦理，臣時因局已停撤，所有承辦委員，候選同知曾昭吉已經回湘，隨帶來川之製造工匠，均與偕歸。其在川招募入局教練者，亦各以無業紛散，而臣於設局之初，並未雇用一洋人，曾昭吉等既已遣歸，即無人可以承辦，一時驟難舉行，當經據情奏請暫緩在案。嗣又欽奉批諭，著臣仍設法興辦，毋使廢墮，欽此。臣跪誦之下，欽悚莫名，當即商之原辦該局成緜道崇綱、候選道黃錫燾、候補道勞文翽等，派員攜札，前赴湖南飭調曾昭吉，並令將熟習機器製造各工匠隨帶前來。茲於六年三月抄，曾昭吉等始行到川，臣即飭令擇期於四月十八日開局，仍令製造洋槍等項，務求精良，以期合用。查臣在川所設機器局，係照前在山東時辦法，凡製造一切，不稍借助洋人，而川局於不用洋人製造之外，所有應用機器，多係自行創造，亦並不全借於洋，而其中尤有可取者，臣設局時以製造一切，煤炭最爲大宗，而川省煤價素昂，製造需用尤鉅，所費頗爲不資，此在各省機器局皆然，即外洋亦不能於此稍有節省。臣因與曾昭吉熟商，欲得一辦工而兼可省費之法，乃曾昭吉心思精一，積思數月，竟能設法造爲水機器，專取水力而不用火工。辦成之後，臣詳細查看，其用水僅三五寸而即可以敵二十四馬力之鍋鑪，日可省煤一千數百觔，合計每年約可省煤銀四千餘兩，此誠爲機器之利用。去年奏請停辦，臣於此深爲惋惜，此時復開，已令將水機器所用之水輪、鐵板、閘座等項，從新整理，現均一律完善，亦經開辦。此時局中惟鍊鐵一項，尚需用煤，此外則全資水力，極爲便宜。臣以後惟有嚴督該員等殫精研思，悉心經理，務令製造精益求精，俾臨用時可期得力，以仰副聖主慎重武備、實事求是之至意。至該局機器事務，極爲繁細，臣現又訪得高敵文一名，係貴州監生於機器各項亦極練悉，從前曾在上海歷練多年，堪與曾昭吉相助爲理。臣已延之赴局酌給薪水，俾其一同承辦製造，庶多一得力之人，即多收一得人之效。所有川省復開機器局，現已擇日開辦，緣由謹恭摺具陳，伏乞皇太后、皇上聖鑒訓示，謹奏。

中國第一歷史檔案館《德宗景皇帝實録》卷一一六《光緒六年七月上》 餉超新募之軍，應需軍火槍械等件，著李明墀於湖南機器局所存洋槍洋礮盡數撥給，其餘軍火，並著酌量調撥，以資應用，所有該軍起行，應需餉項，即著李瀚章、彭祖賢、李明墀在部撥邊防經費項下，如數支給，俾利遄行，到防後月需餉銀，著户部籌給應用，將此由六百里各密諭知之。

中國科學院歷史研究所《劉坤一遺集》書牘卷八《復張振軒裕澤生光緒七年正月二十三日》 水雷實爲製敵利器，金陵機器局及銘武行營所製水雷，有重至二千磅、三千磅者。嗣經詳切考校，大至五百磅便足以操勝算。水深則用浮雷，水淺則用沈雷，離岸遠則用碰雷，近則用電線，一定不易之法，正不必二三千磅，致耗工料。此項水雷，以棉花火藥爲極得力。此外則惟有結木排攔截之一策。

羅文彬《丁文誠公遺集》卷二一《機器局購地添製火藥片光緒七年三月二十日》 再，臣於去年五月將遵旨復開機器局，製造洋槍等件，擇日開辦緣由，專摺奏明在案。現查開局以來，仿照西法督工造辦，槍礮均有，成效可觀。惟洋槍須用洋火藥方能發機，迅速命中，致遠歷年，經臣派員前赴山東、上海購運來川，分撥各營應用，所費實屬不貲，亟應仍添設機器製造，俾資節省而備要需。第機器局向設城内，人烟稠密，衹能鑄造洋槍，若製造洋火藥，則慮別有疏虞，自須覓僻静寬敞之區，另建藥局，以資分造。當飭總理局務成緜道崇綱、補用道黄錫燾，督同局員等踏勘地基，去後旋據勘得省垣南門外，離城較遠之古家壩地方，四圍空闊，寬廣約六七里，絶少民居，且濱鄰江干，以之安設水機，修造藥局，甚爲相宜。並有趙姓民田一處，自願出售，隨令委員等攜帶官弓，眼同丈量，計田六畝七分一釐七毫四絲，議照時價每畝銀五十兩，共銀三百三十五兩八錢七分，書契交局，價銀如數面給，田主趙天佑等親手領訖，委無抑勒短少等情。臣即飭局員於上年十一月初十日動工修造局房，一面派員前往叙永懋功等屬採買硝磺，隨時仿造洋火藥。所有監造事宜，仍歸總局經理，所需田畝契價暨修局木石甎瓦等項，與泥水匠作工食銀兩，仍在機器局奏明之土貨釐金項下開支。事竣，一併開單覈實報銷。臣惟當督飭局員撙節興修，不準稍涉虚糜，以期工歸實用。除咨部外，謹附片具陳，伏乞聖鑒訓示，謹奏。

羅文彬《丁文誠公遺集》卷二三《川省機器局自光緒六年四月十八開局起截至八年十二月底止實支實用經費數目》 一管收先後支領，成緜道收存，土貨釐金庫平銀共一十六萬四千五百一十八兩一錢七分五釐二絲四忽七塵。一開除給發製造委員曾昭吉等來川盤費，庫平銀四百二十二兩八錢。

一給發修理廠房鑪座、煙筒，並購買地基營造火藥局、火藥庫，並局中加高機器各廠振樓，安置彈殼、銅帽、機器及添修熟鐵鍋鑪等廠房屋項下，共支庫平銀二萬八千四百六十六兩九錢四分三釐一毫四絲九忽三微五塵。一給發兩次上海購買外洋彈殼、銅帽機器全部及各機器鍋鑑、洋鋼鐵銼物料等件，並運脚盤費等項，共支庫平銀三萬八千二百七十一兩五分九釐。

一給發製造洋槍、洋火藥、銅帽藥彈機器等件，購買鋼鐵、銅錫、煤炭、硝磺及一切雜用物料等項，共支庫平銀二萬八千四百九十四兩九錢二分六毫五絲一忽八微二塵。一給發委員司事薪水並機器匠作、辛工及一切夫役工食等項，共支庫平銀六萬八千八百六十二兩四錢五分二釐二毫二絲二忽九微。

以上統共支用庫平銀一十六萬四千五百一十八兩一錢七分五釐二絲四忽七塵，前領之款別無存賸。

中國科學院歷史研究所《劉坤一遺集》卷疏卷一七《湊款興造小兵輪船摺光緒七年四月二十六日》 奏爲製造小兵輪船經費無出，擬由南洋及沿江各省湊解，先行興造五隻，恭摺仰祈聖鑒事：

竊光緒六年九月，巡閲長江水師前兵部右侍郎彭玉麟奏造小兵輪船十隻，以爲江陰以下海防之用；十月初六日，臣準軍機大臣寄到諭旨，飭臣會商妥辦等因，當即欽遵咨行彭玉麟並閩、廣督撫、閩省船政、江南製造局，往返籌商，經彭玉麟酌定樣式，計每船長十八丈，馬力一千五百匹，需經費銀十六萬兩，礮價在外。閩、滬廠局，均可倣造；粤局則因有現辦要件，未能另承此工。惟十船一時同造，則力均未逮，現擬分作兩次興辦，閩廠同時起造三隻，滬局同時起造二隻，一俟五隻告成，隨後即籌續造。臣現已將彭玉麟所定該船尺寸價值，咨行閩省船政及江南製造局，預備開工。惟閩廠祇能造船，未能籌款；滬局雖有江海關二成洋税可用，然專以製辦軍火，亦難兼辦兵輪。刻下先造小兵輪五隻，共需銀八十萬兩。此船既爲江陰以下海防之用，如臣所收南洋經費稍爲充裕，自當從寬撥解，濟此要工。無如近年各省釐金項下經費，閩、粤、浙三省均已奏準停解，江西則抵作新餉，湖北則現經奏請劃解北洋；僅有關税項下之款，上年所收止得四十二萬餘兩。而沿江礮臺防營，星羅棋佈，防守輪船日添日多，月餉軍火費用甚鉅，現又修築圌山關礮臺，實屬無力另造兵輪。惟彭玉麟奏造此船，實以該船安設頭梢兩礮，輔以邊礮，無事則巡緝洋面，有事則防堵海口，若敵船竟衝入江，則以之四面環攻，跟蹤追擊，誠爲巡防江陰以下可戰可守必不可少之利器，不得不趕緊遵旨造辦，即不得不設法挪借，以資動工。臣再四籌酌，南洋經費，每年粤海關應解之數，實爲的款大宗。上年粤省因購買蚊船，奏準截留五萬兩，臣協撥閩省船政製造快船，又將該關應解南洋七十六、七兩結之銀匯付船政約六萬三千餘兩，刻下扣至本年三月初二日第八十二結屆滿爲止，粤海關仍有應解南洋之銀約十萬餘兩。臣本指此鉅款以應要需，現在先其所急，即以此款由粤海關徑解閩廠，俾得購料興工；其不敷之數，仍以本年應解南洋第八十三、四兩結銀六萬餘兩，由該關按結徑解閩廠收用，共爲十六萬餘兩，可以成造一隻；此外閩廠仍造二隻，滬局亦造二隻，共需銀六十四萬兩，臣實思窮力竭，萬難再籌。因思此項兵輪，巡防江陰以下，其地爲長江入海之尾閭，即爲沿江各省通共之門户，防海實所以防江，萬一敵船入江，則湖北、江西、安徽沿江一帶，必須節節設防，湖南亦必震動。是扼守入江要害，本不僅爲江蘇一省，湘、鄂、西、皖實亦休戚相關，自應誼切輔車，不分畛域，各籌款項，共固藩籬。相應請旨飭下湖南、湖北、江西、安徽四省，各籌造船一隻銀十六萬兩，分解閩省、江蘇，俾先造五船得以同時興工；其粤海關應行徑解船政製造兵輪之款，及現尚欠解匯付船政造辦快船銀兩，亦請飭令該關監督，迅速分别掃數撥解，不得延誤。如此則兵輪五隻，可以剋期竣事，而此後五隻，仍由臣暨沿江各省湊解續造，以觀厥成。

所有製造小兵輪船經費無出，擬由南洋及沿江各省湊解，先行興造五隻緣由，謹會同江蘇巡撫吴元炳，合詞恭摺具陳，伏乞皇太后、皇上聖鑒訓示，謹奏。

岑毓英《岑襄勤公奏稿·千總萬繩武監造火藥失慎請革職示懲片》 再，滇省軍務以槍礮爲利器，每百名兵勇約配槍手六十名，需用火藥甚多。臣派委員就各屬産硝之處，分設藥局製造，以曲靖爲大宗。曩在該府城内東北隅空閒地面設局，派千總萬繩武監督製造，隨造隨交，後路糧臺另有收存藥局，從無貽誤。今據後路糧臺委員補用知縣孫逢源稟稱：十月十九日辰刻，匠役在局舂藥，忽有杵臼爆出火星，將臼内火藥引然焚燒房屋，該局存有已造未交火藥三千餘斤一轟而盡，燒斃護局兵丁及匠役十二名，受傷者十餘人，附近民房多有震損，幸未傷人。該糧臺委員當將傷斃兵役逐一查明，分别醫治棺殮，所有震損民房酌發銀兩撫卹，等情前來。

臣查萬繩武監造火藥，未能小心防範致有此失，傷斃兵役多名，非尋常疏忽可比，未便以意料不及稍從寬恕。相應據實奏參，請旨將補用千總萬繩武即行革職示懲，仍留營效力，以觀後效。臣已飛飭孫逢源等另擇空閒地方設局，趕造火藥接濟要需。

謹附片具陳，伏乞聖鑒訓示，謹奏。

岑毓英《岑襄勤公奏稿·黔鑄炸礮帶往福建片》 再，臣前在滇省，仿造開花大礮，料實工堅，屢試軍前，從未炸裂。上年因整頓黔省營伍，委員招募匠人設局製造，共造成銅礮四十位，派熟悉點放之記名總兵雷應山教習操演，業經奏明在案。本年春間，又造成十六位，共有開花銅礮五十六位，演放多次均尚合用。竊維施放此礮，須看賊人之遠近，以定裝藥之重輕，及配引線之遲速，方能克敵。而鑄礮之銅，又必須煅鍊精熟，始免貽誤。

今臣奉命赴閩籌辦臺灣防務，該處開花礮雖素有存積，但恐帶去礮兵，倉卒試用，演放不熟，難期有準。臣與護撫臣林肇元會商，擬將操熟之開花銅礮，揀選八位，交總兵雷應山、余壽康，副將王家彬護解，由廣東航海運往福建、臺灣，藉資利用。其餘開花銅礟四十八位，及礟子火藥、礟隊弁兵，均移交護撫臣林肇元接收，以備緩急。前設礟局，即行裁撤。

理合附片具陳，伏乞聖覽，謹奏。

中國第一歷史檔案館等《中國近代兵器工業檔案史料》第一輯《梅啓照奏浙江機器局蔣錫璠善製槍礟輪船摺光緒八年正月初三日》 河工緊要，需賢甚亟。查有浙江候補知縣蔣錫璠，臣在浙撫任内，知之有素。該員係福建舉人，初接見時，察其舉止端凝，有讀書本色。欲委以釐卡，該員力辭曰：此非讀書人所優爲也。委其管理機器局，該員曰：此事亦近於俗，且易招謗；然爲今日海防之急務，實自强之一端。奉札之後，居住局中，勤勤懇懇，視公事如家事。緑營舊用火門槍，衹能及一百三十步，前門洋槍能及二百步。該員講求來復機器，試造後門洋槍，發交緑營演放，競及二百步外。臣見軍需局洋裝田鷄礟係生鐵鑄成，倘用火藥稍多，即易炸裂，少又不能及遠，擬改爲純熟鋼鐵，該員即自出新意，如式改造，取名虎蹲礟，臣曾飭管帶營官懸於輪船之桅上演放，靈便致遠，均倍於生鐵。他如門礟、水雷各種，亦皆能仿造適用。臣試造小輪船，式長三尺，内藏暗水櫃，以借碰漏而能不沉。該員前赴上海洋行，用勾股算法，長闊深均加三十倍，如式購造，計長九丈，造成後，從上海吴淞口波濤汹涌之中自行駕駛入錢塘江試驗，取名曰惠濟，經臣奏明在案。洋行交易向有摺扣平色規銀，該員購製此船價銀九千兩，不但毫無沾染，且平色亦縮除。

「中央研究院」近代史研究所《海防檔》丙機器局《光緒八年十二月二十六日總署收户部文附清單一件》 十二月二十六日，户部文稱，廣東司案呈，準兩廣總督李咨稱，準户部咨，議覆光緒九年起至十四年止，廣東海防善後四案第五起案内，修築礮臺等工，工匠、工食，運貨委員、司事、勇丁、夫役人等，薪工、川資、盤費、鹽菜、口糧一切雜支等項，除準銷外，行令查覆銀二十一萬五千七百四十兩七錢八分三釐八毫，删減銀二千七百十二兩九錢四分四釐。此外尚有行查不入奏銷之三項内。盛宣懷造報横廉欽瓊等電綫，工料銀九萬一千二百三十五兩四錢三分七釐九毫二絲五忽一微，又購買鑄錢機器，並造錢局廠屋工料等銀四十六萬一千六百二十兩一錢八分二釐二毫六絲，又建蓋安平倉，及採買穀米發商生息等銀十四萬三千四百三十一兩五錢四分五釐五毫。並令自接奉部文之日起，照章補扣四分湘平。其添設廣西梧桂，及廣東欽瓊高等處電線工料等案，行令補扣一分平餘。按款列册登覆，咨部察照覈銷等因前來。查此案除盛宣懷辦理電綫一款，銀九萬一千二百三十五兩零，業經本部另案覈銷，毋庸再議外。其餘各款，按照册造登覆情形，分别準駁，逐一開單，行文兩廣總督、廣東巡撫，查照辦理。再該省光緒十四年以前善後各案，一律造報登覆完竣，所有應行解部奏銷飯銀，係業據該省扣出應行報解之款。並令查照光緒十年奏定章程，如數解部，以資辦公，勿再延緩。並知照總理各國事務衙門可也。

〔附〕《照録清單》

計開：

一機器局委員人等飯食銀九百五十七兩一錢二分，又滙解海軍衙門加紋水銀三十兩，奉部行令删減，追繳報部等語。查此二款既據照數删減，應造入下届收款項下。

報部查覈。

一海防善後等局鹽菜等銀内，以散合總，多支銀四兩，又思恩府知府劉恩濬等，支薪水銀一千六百六十六兩四錢七分七釐，本部行令删減二款。今查内有營務處委員稽如沂一員，自十三年正月初一日起，至九月底止，連閏除建實二百九十五日，誤寫二百六十五日，以致不符，委係筆誤，並非多支。奉删銀四兩，請更正照銷。至現任人員不支薪水，係指在任有俸廉人員而言，查思恩府知府劉恩濬等，雖係實任人員，係調省當差，與現任人員不同，自應照章支給薪水等語。本部查前報奏銷册内，委員稽如沂，係二百九十五日，誤寫二百六十五日，所有以散合總，多支銀四兩，自應更正準銷。至知府劉恩濬等，既據聲明，係調省當差，與現任人員不同，所支薪水一千六百六十六兩零，自應照準。【略】

一機器等局三等鐵匠，月支三兩六錢，册報六兩四錢，計多支銀五十五兩三錢四分七釐，應令删減一款。查機器製造局三等鐵匠，並無月支銀六兩四錢，惟槍彈廠月支銀六兩四錢，已咨部立案，應請覈銷。本部查該省前報立案册内，槍彈廠三等鐵匠一名，係月支銀三兩六錢，所有該匠多支銀兩，自應仍令删減，造入下届收款項下，報部查覈。

中國第一歷史檔案館等《中國近代兵器工業檔案史料》第一輯《左宗棠等奏金陵機器局支用經費請按實覈銷片光緒九年三月初五日》 再，準户部咨，議奏軍需善後報銷内外辦法一摺，外省報銷章程第十四條内載：各省設立機器局並閩省船政局，購買輪船、機器、外洋槍礟、電綫等件，日新月異，名目不一，耗費尤多，既無定例可循，部中無憑稽覈。應請飭下南北洋大臣、設立機器局各督撫暨船政大臣，總計常年經費若干，如有添購機器，經費若干雖不能限以定數，亦當立有範圍，事前奏明報部立案，事後方準覈銷等因。惟機器局製造槍礮軍火等件，係仿照西洋各法，概用機器製造，總期精益求精，以爲自强之計。所需料物多有購自外洋，名目既有不同，價值亦難畫一；匠役工食係按技藝之優劣以定支數之多寡，稽其勤惰，隨時增減；如遇急需之件，日作不足，繼以夜工，亦係按工加給工資。凡此支用各款，皆係實用實銷。第與洋人交涉無例可循，誠恐部臣無案可稽，致多查詰。據機器局道員龔照瑗等詳，經臣等劄飭報銷局、江寧布政使梁肇煌等復覈，詳請附奏前來。臣等復覈無異。

相應附片陳明，伏乞聖鑒，敕部立案，謹奏。

光緒九年三月二十一日軍機大臣奉旨：該部知道。欽此。

楊書霖《左文襄公全集》奏稿卷六〇《委員辦理機器製造局務片光緒九年三月三十日》 再，江蘇吴縣正紳候選運同潘露，天賦異能，其氣學與製造一切機器，獨出心裁，多與西法暗合，曾在廣東遵旨繪畫廣東全省輿圖，總辦創建機器軍火局務，爲粤人所推服，洋匠亦自媿不如。江甯藩司梁肇煌在籍時，深知其能，臣見調至江蘇劄委總理江南上海金陵兩機器製造局，密飭先造機器於崇寶沙寶山，吴淞口、白茅沙各處，開段分設，聆其緒論切實近理，高出時人，總理製作可期工精費省，且於江海防務裨益實多。如果功效昭著，再當據實保奬，懇恩破格録用，以勵人材。惟據稱在粤製辦機器，未嘗引用洋人。聞上海機器所用工匠頗多，其中洋匠亦復不少，一時未可挑汰，慮多隔閡之虞。臣查隨員辦理籌防局布政使銜，候補道陳鳴志，在兩江辦事多年，諳練勤幹熟悉情形，深堪倚任，已飭隨同赴滬幫同辦理。並兼顧金陵機器局務，冀資同心之功護，一併附片具陳，伏祈聖鑒訓示，謹奏。軍機大臣奉旨，知道了。欽此。

中國第一歷史檔案館等《中國近代兵器工業檔案史料》第一輯《曾國荃奏請爲廣東軍火廠之經費立案片光緒九年四月初九日》 嗣因欽奉諭旨飭辦海防，又於省城西門外增步地方，設立軍火廠一所，添員監造洋式火藥，復經前督撫臣奏明在案。

茲據廣東善後海防總局司道詳稱：現奉行知户部奏定軍需善後報銷章程內開，各省設立機器局，總計常年經費若干，添購機器經費若干，當於事前奏明報部立案，事後方準覈銷等因。【略】軍火廠員紳薪水、匠役工食，每月約需銀九百餘兩。所有兩局購買物料價值，亦經隨時覈實開支。嗣後如有添購機器等項支過價值，自當遵照部章，詳請奏咨立案，並轉飭局員將用過經費銀兩查照奏案，分别開單報銷，以重款項等由，詳請奏咨立案前來。臣等覆覈無異。

除咨明户、兵、工三部查照外，謹合詞附片陳明，伏乞聖鑒，敕部查照。謹奏。

光緒九年四月二十七日軍機大臣奉旨：該部知道。欽此。

中國第一歷史檔案館等《中國近代兵器工業檔案史料》第一輯《曾國荃奏請爲廣東機器局之經費立案片光緒九年四月初九日》 再，粤東省前於同治十二年間，在省垣設立機器局，派委紳士經理，購置物料，招募工匠，仿照外洋做法，修葺輪船，製造槍礮、火藥，業經前督撫臣將設局經費及局中月支薪水等項數目，於十三年四月內附片奏報。聲明，將來製造日精，添器加工，當須酌增經費。欽奉硃批該部知道，欽此。

茲據廣東善後海防總局司道詳稱：現奉行知户部奏定軍需善後報銷章程內開，各省設立機器局，總計常年經費若干，添購機器經費若干，當於事前奏明報部立案，事後方準覈銷等因。粤省設立機器局，委員、紳士薪水，匠役工食，雜用，其初每月約支銀一千二百餘兩，自奉行籌辦海防以來，該局修製輪船、槍礮各項，事務紛繁，不能不加工添器，以免遲誤，覈計每月約需經費銀二千五百餘兩。【略】所有兩局購買物料價值，亦經隨時覈實開支。嗣後如有添購機器等項支過價值，自當遵照部章詳請奏咨立案，並轉飭局員將用過經費銀兩查照奏案，分别開單報銷，以重款項等由，詳請奏咨立案前來，臣等覆覈無異。

孫家鼐《户部奏稿》第一册《本部具奏江蘇省烏龍山機器局歸併金陵機器局一案收支各款奏請據實删定再行覈辦一摺光緒九年七月十八日》 户部謹奏，爲江蘇省烏龍山機器局歸併金陵機器局第一案收支各款報銷覈與上案多有不符，奏請據實删定，再行覈辦，恭摺仰祈聖鑒事。據南洋大臣兩江總督左宗棠等奏，金陵機器製造局光緒五年正月起至六年十二月底止，第一案報銷一摺，光緒九年三月二十一日軍機大臣奉旨，該衙門知道。欽此。隨據將收支各款清册咨送到部。查原奏內稱金陵機器局創自同治四年，仿照洋式興建廠屋，製造洋鎗、洋礮，軍火、子彈等項，逐次擴充，歷年用款，均於淮勇軍需報銷案內另册專案附奏請銷。又烏龍山機器局係於同治十三年因籌備江防奏明添設，所用款項彙入江防礮臺報銷案內附銷。該二局製造經費俱截至光緒四年底止，分案造册報部準銷。嗣因烏龍山機器局地段太窄，自光緒五年正月起歸併金陵機器局合爲一事，酌定每年由江海関撥銀五萬兩，江南籌防局撥銀三萬兩，揚州淮軍糧臺撥銀二萬兩，共銀十萬兩，以爲常年額定經費。此外江防礮臺如有添造軍火等項，隨時添撥成造鎗礮軍火等件，分解南北洋收支濟用。歸併以後，用款按兩年造報一次，專案奏銷。查製造西洋槍礮子彈軍火應用機器物料係購自外洋，價目無例可循，委員人等係熟諳製造，西洋機器所支薪水格於常例，剥運平船舵水口糧仿照礮臺準銷成案，每名支銀一錢，以上各款遵飭寔用寔銷。據金陵機器局道員龔照瑗、郭道直將光緒五六兩年收支用款造具報銷清册，列爲金陵機器製造局歸併後第一案報銷等語。臣等伏查金陵機器局歷年用款從前均於淮勇報銷案内附册請銷。烏龍山機器局於同治十三年因籌辦江防奏明添設，所用款項彙入江防礮臺報銷案内附銷。該二局製造經費截至光緒四年底止，分案造報均經臣部覈銷在案。兹據該大臣左宗棠等將烏龍山機器局歸併金陵機器局，光緒五六兩年用款列爲第一案造册咨部覈銷前來。臣等督飭司員按册查覈，此案册列新收各款内，揚州淮運糧臺撥解銀四萬兩，覈與淮軍報銷案内撥解數目相符。其江海関撥解製造二成洋税銀九萬九千五百兩，江南籌防局撥解銀六萬兩，均未據報部有案，無憑覈對。又册列收回直督飭造火箭，由嵩武軍解還工料，江安糧道解還代修洋水龍工料，並皖岸督銷局金陵軍需局儀徵鹽棧等處，解還代修輪船工料共銀二千九百十四兩七錢二分一釐三毫九絲三忽。查收回前項工料銀兩各處究係原撥若干，於何款動支，並已用若干，於何案造銷，有無奏諮報部立案，亦均未詳細聲叙，無從查考。至開除各款内，歸兵部覈銷銀三千八百十五兩三錢七分五釐五毫二絲二忽，歸工部覈銷銀十六萬六千四百九十一兩八錢七分七釐七忽，應由兵、工二部另行覈辦。其應歸臣部覈銷銀二萬九千一百十三兩六錢八分五釐二毫二絲六忽，内有開支購買民房基地銀一百六十七兩四錢三分四釐一毫四絲，未據開明房間畝數，無從覈銷。此外開支金陵機器製造局督辦監造提調局務，收發文案各委員、司事、書識、差弁、親兵、長夫人等薪水、公費、口糧等項，共銀二萬八千九百四十六兩二錢五分一釐八絲六忽，查册造委員、司事、兵夫，員名及所支薪糧公費等項數目比較上案二局多有不符，如督辦局務道龔照瑗薪水上案在金陵局月支銀六十兩，此案則月支銀一百兩，會辦局務道郭道直薪水上案，在金陵局月支銀五十兩，此案則月支銀八十兩，該二員支款均較上案支數加增。監造委員王斌，薪水上案在金陵局月支銀三十兩，在烏龍山局月支銀四十兩，此案月支銀七十兩，數目雖無增減，惟查該二局今既合爲一局，自不應一人仍支兩局薪水。又總局每月公費銀二百兩，分局每月公費銀十兩，比較上案金陵局月支公費銀一百兩，烏龍山局月支公費銀五十兩之數計，每月多支銀六十兩。又總局分局司事共六十七名，每名月支銀八兩，查上案金陵局並無司事名目，烏龍山局僅有司事八名，每名月支銀八兩，此案則新添五十九名之多。亦未據聲明，因何增設。又總局分局親兵三十名，每名月支銀三兩六錢，長夫九十名，每名月支銀三兩。查上案金陵局親兵十四名，每名月支洋五元，長夫五十名，每名月支銀三兩。烏龍山局親兵八名，每名月支銀一錢二分，長夫四十名每名日支銀八分，支數雖畧與上案相同，而名數寔比上案不無增益。又管理文案三員，收支採辦物料委員七員，火箭分局委員一員，巡查各廠武職二員，各局書識四名，共請銷薪水銀四千六百餘兩。此又係上案兩局所無，而爲此案添設。統計此案册報員併兵夫共一百六十員名，每月薪費等項共請銷銀一千二百餘兩，以上案光緒四年分金陵烏龍山二局共員弁兵夫一百三十七員名，薪糧公費等項，每月銷銀八百七十餘兩計之，每月已溢支銀三百七八十兩。縱云兩局歸併一事，員弁不無增添，差使今昔繁簡不同，薪水須從優酌給，亦應覈寔釐定，斷不可漫無限製。且查烏龍山局歸併金陵上案已據隨册聲明，原爲節省經費起見，此案該督等又奏稱爲烏龍山地段太窄，既經歸併經費自易節省。則此案銷款必須比上案二局銷數較減方爲覈寔，今比較銀數反與上案浮多，殊失歸併節省之初意。況該督等於報銷之前，並未照章奏咨立案，臣部未便率行準銷。再該大臣等附片奏稱，機器局製造鎗礮購自外洋，名目既有不同，價值亦難畫一，凡此支用各款皆與洋人交涉，無例可循。查臣部上年十一月間奏定外省報銷章程第十四條内載，各省設立機器局購買機器等件，日新月異，名目不一，耗費尤多，既無定例可循，部中無憑稽覈。應令南北洋大臣督撫總計常年經費若干，如有添購機器經費若干，縱不能限以定數，亦當立有範圍，事前奏明報部立案，事後方準覈銷。原係慎重款項之意，今該大臣等奏稱機器局支用各款皆係寔用寔銷，第與洋人交涉無例可循，誠恐部臣無案可稽，致多查詰等語，仍與臣部奏定章程之意未符，相應請旨飭下南北洋通商大臣等，即將金陵機器局歸併以後委員兵夫人數，及應支薪費口糧等項銀數，查照上案，據寔删定，另造詳細妥册，並將指查各節一併奏明聲覆，再行覈辦。並遵照臣部前次奏案，將購買機器等款酌立範圍，以節糜費，而昭覈寔。至所請金陵機器局歸併以後用款按兩年造報一次之處，亦與臣部定章兩歧，應仍令一年造報一次，以歸畫一，而符奏案。所有臣等詳覈金陵機器局歸併以後，報銷初案多與上案不符，奏令據寔删定各緣由，理合恭摺具奏，伏乞皇太后皇上聖鑒，謹奏。

中國第一歷史檔案館等《中國近代兵器工業檔案史料》第一輯《劉秉璋奏浙江購辦機器自製軍火片光緒九年八月十六日》 至各項軍火器械，購自外洋，動需時日。已飭防軍支應局委員赴滬購辦機器，覓雇工匠，悉心講求。苟可自製者，仿造試演，以資應用。但浙省頻年灾歉，釐金減色，庫局空虛，實難措手。臣惟有盡心竭力，相時度勢，妥爲籌辦，固不能爲所欲爲，亦不敢稍存大意。

中國第一歷史檔案館等《中國近代兵器工業檔案史料》第一輯《丁寶楨奏銷四川機器局光緒六年至八年支用經費摺光緒九年八月三十日》 太子少保頭品頂戴四川總督臣丁寶楨跪奏，爲川省機器局支用經費開單具報，恭摺奏祈聖鑒事。

竊查川省前設機器局，自光緒三年十月起至五年三月撤局之日止，業經將支用經費數目據實開單奏報在案。

茲據辦理機器局署成綿龍茂道丁士彬、委員候補道黄錫燾等會詳：查川省上年創設機器局製造槍、藥，經營兩年規模甫定，旋即停撤，諸事既已廢弛，而工匠人等亦均分撤回籍。嗣於光緒五年奉旨復開，當經分别札調前管委員帶同工匠來川，遵於六年四月十八日開局，仿造外洋機器、槍、藥等件，辦理漸已齊全，現計修理水輪機器及各項機器九千七百四十件，各營舊洋槍三百零五桿，續造機器二百五十五種，造成前後膛洋槍四千八百一十五桿，已成藥彈二千顆、銅帽二萬顆，已成洋火藥四萬九千六百六十五斤，均經試放合用，已陸續運送籌餉局加謹存儲，以備應用。其未合成槍藥多件，歸入下次報銷。所有按月支用經費，仿照原奏不動司庫正款，均於釐金土貨項下支用。計自光緒六年四月十八日開局起截至八年十二月底止，共支用過庫平銀一十六萬四千五百一十八兩一錢七分五釐二絲四忽七塵，連委員薪水、匠作工資，及修理廠房、局庫，購買彈殼、銅帽機器，全部鋼、鐵、銅、鉛、硝、磺等項一並在内，均係實用實銷。該道等督同各委員逐款覈算明確，尚無浮冒，援照前案開具清單詳請奏咨前來。臣覆加查覈無異。惟此項製造一切均係仿照西式辦理，即購買之機器、銅、鐵各件，向無例案可循，是以上届報銷援照各省機器局開單奏咨查銷。此次報銷自應援案辦理。

除分咨總理衙門，户、工二部查覈外，理合恭摺陳奏，並照繕清單，恭呈御覽，伏乞皇太后、皇上聖鑒訓示。謹奏。

光緒九年十月初六日軍機大臣奉旨：該部知道。單并發。欽此。

〔附〕《清單》

謹將川省機器局自光緒六年四月十八日開局起截至八年十二月底止，實支實用經費數目，開具清單，恭呈御覽。

管收：先後支領成綿道收存土貨釐金，庫平銀共一十六萬四千五百一十八兩一錢七分五釐二絲四忽七塵。

開除：一、給發製造委員曾昭吉等來川盤費，庫平銀四百二十二兩八錢。

一、給發修理廠房、爐座、煙筒，並購買地基營造火藥局、火藥庫，並局中加高機器各廠振樓，安置彈殼、銅帽機器，及添修熟鐵、鍋爐等廠房屋項下，共支庫平銀二萬八千四百六十六兩九錢四分三釐一毫四絲九忽三微五塵。

一、給發兩次上海購買外洋彈殼、銅帽機器全部，及各機器鍋爐、洋鋼、鐵、銼、物料等件，並運脚盤費等項，共支庫平銀三萬八千二百七十一兩五分九釐。

一、給發製造洋槍、洋火藥、銅帽、藥彈、機器等件購買鋼、鐵、銅、錫、煤炭、硝磺及一切雜用物料等項，共支庫平銀二萬八千四百九十四兩九錢二分六毫五絲一忽八微二塵。

一、給發委員、司事薪水，並機器匠作辛工，及一切夫役工食等項，共支庫平銀六萬八千八百六十二兩四錢五分二釐二毫二絲二忽九微。

以上統共支用庫平銀一十六萬四千五百一十八兩一錢七分五釐二絲四忽七塵。

前領之款别無存剩。

軍機大臣奉旨：覽。欽此。

中國第一歷史檔案館等《中國近代兵器工業檔案史料》第一輯《善慶奏派人赴金陵機器局學習修理槍礮技藝片光緒九年十一月初九日》 再，洋槍、洋礮等件，操演日久，或有損壞，與其送至機器局修理往返需時，不如派人赴局學習，隨壞隨修，庶不致有誤操演。查得八旗子弟頗多聰俊，業與兩防副都統商酌，先由江寧挑選十六人前赴金陵機器局學習修理槍礮等技藝，俟其學成調回試驗，如果手藝精良，再行分派京口，以資傳習。

理合附片奏聞，伏乞聖鑒，謹奏。

光緒九年十二月初四日軍機大臣奉旨：知道了。欽此。

孫家鼐《户部奏稿》第二册《兩江總督左宗棠爲金陵洋火藥局建廠經費先行陳明摺光緒九年十二月二十八日》 茲據金陵製造洋火藥暨籌防支應報銷各局，江甯布政使梁肇煌，安徽候補道石楷，江蘇候補道陳鳴志、龔照瑗、孫傳樾、郭道直等詳稱，金陵建設製造洋火藥局廠事閱創始，一切經費較之天津、上海情形迥不相同，非惟無定例可循，亦無定章可比，現在建造局廠、安配機器指未造藥各事，宜已應募洋匠監督工作，以期合法。所有購買基地，定購料物，雇募工匠建造，提硝、提磺、燒炭、和藥、碾藥、鍘藥、光藥、燒藥各廠以及局屋洋匠住房、藥庫、棧房、木鐵各工作處四圍築墻，廠内開挖引河通連外河馬頭駁岸，一切工程督同洋匠人等逐一估計，約需銀十二萬數千兩。奉準由金陵防營支應局陸續撥給，以資應用。又江南籌防局撥給購買機器，價銀六萬二千二百餘兩，合之建廠經費共需銀十八萬數千兩。此次建造悉仿洋式，難以營造成式相絶等情，前來臣覆覈無異，除飭將動用款項俟工竣後，另行據寔造報，並分咨户工兩部查照外，所有金陵創造洋火藥遵章約計建廠經費銀數緣由，理合恭摺陳明，伏乞皇太后、皇上聖鑒，敕部立案施行，謹奏。光緒九年十二月二十八日。軍機大臣奉旨：該部知道。欽此。

中國第一歷史檔案館《德宗景皇帝實録》卷一七九《光緒十年二月》 又諭，唐炯奏請飭四川等省撥解外洋軍火等語。岑毓英現統各營赴越，所需洋槍等件，亟應豫爲籌備，以利軍行。著丁寶楨迅飭機器局，趕緊代造後膛槍二千枝，逼碼二百萬顆，隨時委員解往應用。所有價值運脚，即於舊協餉内劃扣，並著李鴻章、左宗棠、曾國荃將前次撥發逼碼，迅速如數解赴雲南。再撥大小水雷四十枚，俾資接濟，將此由六百里各諭令知之。

孫家鼐《户部奏稿》第三册《張樹聲倪文蔚奏粵東設立機器局軍火廠歷年動用各項經費摺光緒十年二月初七日》 竊照廣東省垣設立機器局，派委紳士，招募工匠，仿照外洋做法修葺輪船，製造槍礮、車火等項。又設立軍火廠，購買機器派員督同工匠專造洋式火藥，所有各局廠開辦情形業經前督臣先後附片奏明。並於光緒四年五月間奏請將機器局需用經費按照直隸等省機器局成案，據寔開單報銷，奉旨，該衙門知道。欽此。光緒九年四月間，又經前督臣曾國荃會同前撫臣裕寬遵照户部奏定軍需善後報銷章程，將機器局軍火廠常年需用經費數目奏咨立案，奉旨該部知道，欽此。欽遵各在案。前據廣東報銷總局司道，會同善後總局司道詳稱，粵東機器局設於省城文明門外城壕之南，其地寬深各一十七丈，局内左右分建機器鑄鐵、打鐵廊共二座，計二十一間，各工匠住宿及堆放煤炭各房二十二間，機器局對面建造儲放槍礮軍裝局一所，寬一十七丈二尺，深一十四丈，内設官廳五間，儲放礮位軍器房十八間，人役住房十四間。又在省城四門外曾步地方購買民田，添建軍火廳一所，其地寬三十七丈五尺，深三十三丈五尺，内設官廳六間，機器廊一座，燉磺廠一座，儲放硝磺火藥庫五間，安設窩爐、堆放煤炭什物並工匠人役住房共三十間。總計該局廠房間地盤以及局廠之外馬頭壕溝道路各處均係加工建造，務使安配各機器運動得宜，槍礮藥彈存儲穩妥。溯自開辦以來，歷年造成新式快槍、格林礮、暨鐵木礮車、礮架等項一千餘件，各種彈子一十八萬餘顆，火藥十八萬觔，暨火箭噴筒各項隨時撥給各營兵勇防剿操演，俱屬精良適用，即修造大小各號輪船亦屬工堅料寔，駕駛靈捷，雖所需工匠工食物料價值稍覺繁鉅，然事屬創舉，各項物料購自外洋，價值較之内地不無增多，所募熟習洋法匠人亦須優以工資，方期得力，一切難以例案相繩，節經總局司道親赴該局廠認真稽覈，均係工歸寔濟，款不虚糜。前據管理機器局紳江蘇候補道温子紹，及善後總局並辦軍火廠支應委員等，將機器局自同治十二年四月開設起，至光緒八年十二月底止，歷年支過各項經費銀三十七萬六千九百六十三兩五錢二分一釐，又軍火廠自光緒元年六月開設起，至八年十二月底止，歷年支過各項經費銀二十一萬一千一百九十八兩七錢五分一釐，共銀五十八萬八千一百六十二兩二錢七分二釐，分晰開報，由報銷善後。兩總局司道督飭局員覆加查覈，均屬寔支寔用，並無浮冒。所支銀兩係在藩運海関各庫所撥海防款内動支，開列簡明清單詳請奏銷，諮報等由前來。臣等覆覈無異，理合繕具簡明清單，恭呈御覽，除咨呈總理國事務衙門及分咨户、兵、工三部查照外，謹合詞恭摺具奏。伏乞皇太后皇上聖鑒，勅部查照施行，謹奏。

光緒十年二月初七日，軍機大臣奉旨：該部知道。單併發，欽此。

謹將粵東機器局、軍火廠，自開辦起至光緒八年十二月底止，歷年收支各項經費銀兩數目繕具簡明清單，恭呈御覽。

計開：

舊管：無項。

新收：銀五十八萬八千一百六十二兩二錢七分二釐，查此項銀兩係在藩運海関各庫撥支，海防款内通融動支，理合註明，開除項下機器局經費。

一支給建造機器軍裝局房，及挑運壕坭暨增改修葺局内各處工料地價，共銀一萬四千五十三兩九分七釐。

一支給購買各項機器等件，價值共銀一萬五千七百六十七兩六錢七分四釐。

一支給購買煤炭等項，價值銀二萬一百九十兩二錢四分三釐。

一支給購運機器煤炭補水，並船脚夫價銀七百八十二兩九錢三分一釐。

一支給製造新式槍礮鉛彈礮架，並各項事件，需用銅鐵鉛錫魚油，並器具襍項值價銀共八萬九千六百八十九兩二錢八釐。

一支僱募各項匠夫工價銀一十五萬五千六百二兩八錢一分。

一支員紳人役薪糧、工食、襍費等項，共銀八萬八百七十八兩五錢五分八釐。

以上機器局共支用各項經費銀三十七萬六千九百六十三兩五錢二分一釐。

再，該局另有修製輪船，用過經費銀九萬六千八百六十兩，劃歸輪船案内造銷，理合註明軍火廠經費。

一支給建造軍火廠房工料地價等銀二萬三千八百九十兩五錢五分。

一支給購買各項機器價值，共銀四萬九千四百三十五兩四錢一釐。

一支給製造火藥鉛彈火箭各項需用硝磺、煤炭，並鉛錫銅鐵器具價值銀七萬九百九十四兩一錢二分三釐。

一支給挑用各項物料船夫脚價銀二千四百六十六兩七錢五分八釐。

一支給歷次修葺增改廠房，及道路各處需用工料銀七千九十五兩五錢八分八釐。

一支給僱募各項匠夫工價銀二萬九千五百六十二兩四錢七分二釐。

一支給委員司差人役工食襍項銀二萬七千七百五十三兩八錢五分九釐。

以上軍火廠共支用各項經費，銀二十一萬一千一百九十八兩七錢五分一釐。

總計機器局、軍火廠，共支用經費銀五十八萬八千一百六十二兩二錢七分二釐。

實存無項。

軍機大臣奉旨覽。欽此。

孫家鼐《户部奏稿》第八册《本部具奏覈覆江蘇省籌防第四案收支各款一摺》

光緒十年十二月十六日 户部謹奏，爲覈覆江蘇省籌防第四案，收支各款報銷，恭摺仰祈聖鑒事。軍機處交出兩江總督曾國荃等奏，江南籌辦防務自光緒九年正月起至十二月底止，第四案收支各款報銷一摺，光緒十年十月十八日軍機大臣奉旨該部知道，單併發，欽此。隨據兩江總督將收支各款細册咨送到部，查原奏内稱，江蘇省籌辦防務建築礮臺、購製礮火等事，前經設立總局派委司道各員公同經理一切收支款目，截至光緒八年十二月底止分別造報，業準部臣議覆準銷，並遵新章將各款支給數目，開册送部查考，各在案。兹據籌防局司道詳稱，自光緒九年正月起籌防案内正雜用款截至十二月底止，收支款目列爲籌防第四案，造册詳請奏諮報銷等語。臣等督飭司員按册勾稽，謹逐款出具案語，恭呈御覽。

一、四柱册造舊管存銀三十三萬七千二百八十一兩三錢六分一釐四毫五絲九忽八微，新收粤海、閩海、浙海、山海、江海各關洋税款内撥解海防經費，並上海機器局劃撥及江甯藩司提撥鹽票，暨收回上届删除地租等款共銀六十九萬七千七百七十一兩七錢二分一毫一絲九忽，管收兩項共銀一百三萬四千九百五十三兩八分一釐五毫七絲八忽八微，内登除福建造船經費，並上海機器局、金陵燕子磯船廠經費，前福建藩司王德榜軍火川資，江南電報局、金陵機器局經費等款共銀三十七萬三千五百八十五兩二錢一分六釐二絲一忽八微，寔計收用銀六十六萬一千三百六十七兩八錢六分五釐五毫五絲六忽等語。查册造舊管銀兩覈與上届寔存數目相符，新收款内列收粤海、閩海、浙海、山海、江海各關銀五十二萬二千九十九兩二錢六分五釐四毫九絲九忽九微。查與南洋大臣諮報九年上下兩半年清摺所列數目尚屬相符，惟閩海、山海兩關分解南洋經費未據各該關專案報部，無憑查覈。江海關九十三結銀四萬七千兩，覈與江蘇巡撫諮報該關撥解南洋經費銀六萬六千餘兩數目不符。前已隨案行查，迄今尚未聲覆，應令趕緊照案查明聲覆，粤海關報解文内係自八十一結起，此次册稱係自八十九結起，結數因何不符，應令查明報部。上海機器局於江海關所解二成洋税内劃撥銀九千二百七十九兩六錢一分五釐五絲四忽七微，查該局九年收支各款尚未造報，應俟造報到日再行查覈。江海關二成洋税項下撥解銀二萬一千兩，查與該督諮報改由籌防局月撥銀兩符合。又收回上届奉删地租銀二十五兩三錢九分四釐三毫九忽四微，查與上届删除數目相符，既據照數收回，應毋庸議。又收江甯藩司提撥鹽票，銀十四萬五千三百六十七兩四錢四分五釐二毫五絲五忽，查該省咨送單開此項銀兩係十四萬五千五百十四兩六錢五分九釐七毫，覈與此次册造數目不符，應令查明專案報部，再行覈對。至登除款内撥福建船政造船經費銀十一萬九千七百九十四兩八錢三分七釐一毫七絲五忽六微。上海機器局承造鋼板輪船等銀二十萬兩，王德榜領運軍火川資等銀三千八百五十九兩八錢八分六釐一毫三絲三忽，同文館、電報局經費銀六千一百八十三兩七分四釐三毫九絲九忽二微，金陵機器局經費銀四萬三千兩，應令兩江總督、廣西巡撫、福建船政大臣轉飭分別入收造報。金陵燕子磯船廠經費銀七百四十七兩四錢一分八釐三毫一絲五忽，查此項銀兩業於上届案內行令查明，歸於何案內報銷，此次仍未聲覆，應令迅速查明，專案報部覈辦寔計。本案收用銀六十六萬一千三百六十七兩八錢六分五釐五毫五絲六忽，應歸於開除項下查覈辦理。

一、開除項下，第一册造報添建礮臺、購買民田並紮營地租等項，共請銷銀三百五十九兩一錢五分六釐九毫七絲六忽七微等語。查造報收買江都縣民田六畝三分七釐，每畝價錢一十千文，又丹徒縣民田一畝七分五毫，每畝價錢十五千文，蘆灘三畝，每畝價錢五千文，共給錢一百四千二百七十五文。又租用民田四百九畝三分六釐四毫，每畝每年給錢一千二百文，共給租錢四百九十壹千二百三十六文，均按每錢一千六百文合湘平銀一兩，共請銷湘平摺合庫平銀三百五十九兩一錢五分六釐九毫七絲六忽七微。覈與該省季報册造數目及準銷成案，均屬相待，應準開銷。

一、開除項下，第二册造報各礮臺礮費，中外教習辛工、洋人川資等項內，教習水雷洋人一名，月支辛工銀二百五十兩。洋礮教習二名，內一名月支洋四十元，一名月支洋三十元。操習礮目二十六名，每名月支津貼洋一元。洋鋼礮每尊月支礮費洋四元，銅鐵礮每尊月支礮費洋二元，計洋每元合湘平銀七錢。以上各項起止日期不一，自光緒九年正月初一日起至十二月底止，共請銷湘平規平摺合庫平銀六千二百八十三兩七錢五分一毫六絲一忽等語。查造報各礮臺礮費中外教習辛工洋人川資等項，覈與上届準銷成案，並該省先行奏報立案，暨季報册造增減礮數，均屬相符，所有請銷庫平銀六千二百八十三兩七錢五分一毫六絲一忽，應準開銷。

一、開除項下，第六册造報各臺局所庫廠委員、司事、親兵、薪糧、公費、口糧等項，內道員一員月支薪糧銀五十兩，知府二員每員月支薪糧銀四十六兩，同知一員月支薪糧銀三十六兩，知縣二員內一員月支薪糧銀三十六兩，一員月支薪糧銀三十兩又加支銀六兩，佐雜四員內二員每員月支薪糧銀二十兩，二員每員月支薪糧銀十二兩，遊擊一員月支薪糧銀十二兩，又加支銀十二兩，守備一員月支薪糧銀十二兩，司事五名每名月支銀八兩，親兵三十二名每名日支銀一錢二分，排長一名日支銀一錢五分，排夫九名每名日支銀一錢二分，各局廠庫所每月給辦公費銀自八十兩至八兩不等，以上各項起止日期不一，光緒九年正月初一日起至十二月底止，共請銷湘平摺合庫平銀七千一百一十七兩九錢二分九釐一毫七絲一忽等語。查造報委員薪費等項，內委員陳玉斌月支銀三十六兩，該員薪水每月多支銀六兩，業於上届案內行令删除，此次仍應照删，計本案應删減湘平摺合庫平銀六十九兩四錢七分七釐九毫五絲三微。又委員賈端，自九年六月起每月酌加薪水銀六兩，胡有林酌加薪水銀十二兩，均於該省諮報江南籌防夏季案內行令不準加支，所有該二員加支薪水，湘平摺合庫平銀一百十二兩九錢一釐六毫六絲九忽四微，亦應照案删除。其餘文武員弁、司事、親兵人等支給薪水、辛工、口糧、公費等項，湘平摺合庫平銀六千九百三十五兩五錢四分九釐五毫五絲一忽三微，覈與上届準銷成案及該省各送季報册造增減各數，均屬相符，應準開銷。

一、開除項下，第三册請銷輪船薪費銀十四萬二千五百八十九兩九錢九分六釐三絲二忽五微，第五册請銷脚力用費銀五千七百九十四兩一錢三分七釐七毫七絲四忽，第六册內請銷夫工銀一千五百四十一兩六錢三分八釐五毫二絲二忽，第七册請銷船價水脚銀二千一百五十二兩九錢二分六釐五毫七絲三忽，以上四款共銀十五萬二千七十八兩六錢九分八釐九毫一忽五微，係兵部應覈之款。又第一册至第八册添建礮臺料物工價，輪船洋煤修船工料船械購價、水雷電線料工等項，共請銷庫平銀四十一萬四百九十九兩五錢五分七釐四毫八忽二微，係工部應覈之款，均俟兵工二部辦結後，知照臣部備案。

一、四柱册造寔存銀八萬五千二十八兩七錢七分二釐九毫三絲七忽六微等語。查册造舊管新收共銀一百三萬四千九百五十三兩八分一釐五毫七絲八忽八微，內登除造船經費等款銀三十七萬三千五百八十五兩二錢一分六釐二絲二忽八微，寔計收用銀六十六萬一千三百六十七兩八錢六分五釐五毫五絲六忽，內除兵部覈銷銀十五萬二千七十八兩六錢九分八釐九毫一忽五微，工部覈銷銀四十一萬四百九十九兩五錢五分七釐四毫八忽二微，計歸臣部覈銷銀一萬三千七百六十兩八錢三分六釐三毫八忽七微，內删除銀一百八十二兩三錢七分九釐六毫一絲九忽七微，應令歸於後案收回造報。寔準銷銀一萬三千五百七十八兩四錢五分六釐六毫八絲九忽，其寔存銀八萬五千二十八兩七錢七分二釐九毫三絲七忽六微，應令歸於下届舊管項下，銀接造報再此次銷册。户、兵、工三部應銷款目，該局仍並數造入一册，殊與新章不符，應令嗣後務遵臣部奏案，分晰造報各部，各爲一册，仍將全册送部，以符奏案而免牽混。所有臣等覈覆江蘇省籌防第四案，收支各款緣由，理合恭摺具奏，伏乞皇太后皇上聖覽。謹奏。

國家圖書館分館《清光緒兵部奏稿》第二册　再，據兩江總督曾國荃將金陵機器局光緒十年分第四案報銷造册奏咨送部覈銷前來。臣等查册開民船水脚一款，前據報稱採辦外洋煤鐵係於上海定購，雇船運至金陵，計逆水八百十兩，每噸重一千六百八十斤，給水脚洋九角。經臣部以運送水脚定例，覈較有減無浮，爰即準銷在案。此次册造採買煤鐵，自海運至金陵，每噸給水脚洋几角，共請銷洋摺庫平銀二千四百八十二兩五錢七分七釐三毫七絲，覈與成案相符，應準開銷。又册開長夫及平船舵水口糧一款，查上屆成案，該局起卸物料設立平底船三隻，舵水口糧日支銀一錢，又機器總局雇設長夫七十名，火箭分局長夫二十名，每名月支銀三兩，亦經臣部準銷在案。此次册造，機器總局並火箭分局搬運物料軍火等項長夫九十名，平底撥船三隻，每船舵工一名、頭工一名、槳手五名，前項平船年久朽壞，造換新船二號，每船舵工一名、頭工一名、槳手六名，每名一律日支銀一錢，共請銷湘平摺庫平銀三千八百四十五兩零二分五釐五毫七絲，係屬照案開支，亦應準其開銷。此外册造一晃輪船，係六匹馬力，配管駕、舵水人等十員名，月支薪糧銀四十九兩，公費銀十二兩，共請銷湘平摺庫平銀六百四十五兩四錢零五釐一毫一絲八忽。查此船係新造之船，按照新章，須將馬力、員名，月支銀數專案奏明後，方準覈銷，應令該大臣補行奏明報部，再行覈銷。以上統計，臣部準銷庫平銀六千三百二十七兩六錢零二釐九毫四絲，行查庫平銀六百四十五兩四錢零五釐一毫一絲八忽，其餘册造薪費、口糧、工食、物料價值應由户工二部覈銷。謹附片陳明，伏乞聖鑒訓示。謹奏。

蕭榮爵《曾忠襄公奏議》卷二二《機器局請加款疏光緒十年五月初二日》　奏爲機器局添製軍火，額款不敷，請加撥濟用緣由，恭摺具陳，仰祈聖鑒事。竊前準户部咨金陵機器局詳光緒七八兩年除常年額撥經費之外，另有添製江南礮臺，需用水雷銅火料物各等件，並購辦拉銅車床各機器價值，先後添撥銀五萬六千四十七兩有奇。本部查奏定章程，曾以各省設立機器局購買機器槍礮等件日新月異，耗費尤多，雖不能限以定數，亦當定有範圍，事前奏明報部，事後方準覈銷，行知在案。該省造報光緒五六兩年機器局報銷案内，以該局奉定每年額撥銀十萬兩，作爲常年經費，經部覈準亦在案。據請七、八兩年除額撥之外，另有添撥銀五萬六千餘兩，該省既自行議定該局每年額撥經費銀十萬兩，所有一切添購等項，自應於此額款内撙節動支，方爲覈實。若於額撥之外，逐漸加增，礙難準行。應令轉飭局員嗣後凡有額定之款，概不準額外加增，以示限製。其此次所添銀五萬六千餘兩，仍應於七、八兩年額定十萬兩之内創建歸款。又準户部咨金陵機器局詳江南駐防淮軍所需銅火炸彈等項，自九年起每年於額領之外添撥銀五千兩，以爲製造月操軍火之需。查照新章先行咨部，又馬梯呢、温者斯得槍彈、神機礮彈、格林礮彈，須隨時製備，所需經費由籌防局加撥銀五千兩，本年已屆六月，九年分應撥銀三千兩，自十年分起加撥銀五千兩以資製造，九年分於額領之外兩次奉準加撥銀八千兩，自十年分起每年加撥銀一萬兩，詳咨立案。查機器局製造經費前經該省議定，每年額撥銀十萬兩，該省因駐防淮軍月操軍火請自九年起每年撥銀五千兩，以爲製造軍火之需，續又咨報洋槍礮彈隨時製造，每年加撥銀五千兩，其九年分已屆六月應撥銀三千兩，自十年起加撥銀五千兩。查淮軍月操軍火等項，係營中必需之物，自應準其撥用經費，惟酌定每年加撥銀五千兩，一切用款自應於五千内撙節動支。今月餘又請添撥銀五千兩，似此任意加增，礙難準行。除該局請加淮軍月操軍火等銀五千兩，準其照準外，嗣後無論製造何項，概不得於額定銀十萬五千兩之外，率請添撥，以示限製。節經前督臣左宗棠轉飭去後，據經金陵機器製造局道員龔照瑗、郭道直查明具詳，製造經費額定銀十萬兩係常年領款製造，外洋軍火日新月異，耗費尤多，若以銀數限製，斷難廣爲豫備，一旦海疆有事，恐不免臨時失措。前奉叠次飭造水雷、銅捲、子彈、銅火、拉銅機器等項，動撥工料湘平銀五萬六千四十七兩有奇。茲奉部覆，仍於七、八兩年額數内劃還歸款，每年額數造成軍火分解南北兩洋，尚恐不敷，斷難籌款劃還添製機器軍火之價。自九年分起每年加撥銀一萬兩，今奉部覆，除淮軍月操軍火銀五千兩準其照辦，其餘不得於額定銀十萬五千兩之外，率請加撥。伏思馬梯呢、温者斯得各槍彈，神機格林各礮彈愈製愈精，愈用愈廣，若不寬爲籌備，設恐需用之時雖晝夜趕造，亦迫不及待。所有七、八兩年動用銀五萬六千四十七兩有奇，並自九年分起每年加撥銀一萬兩應請奏明俯賜覈準等情。當經前督臣左宗棠復飭江蘇防營報銷局確覈妥議。茲據該局復覈請奏前來，臣查金陵機器局每年額定銀十萬兩，除薪水、火食及一切雜用外，儘數造成軍火，分解南北兩洋防營操用，尚屬不敷，係屬實在情形，此外飭造水雷銅捲等項及馬梯呢、温者斯得各槍彈、神機格林各礮彈不得不寬爲籌備，以重防務，所有七、八兩年額外加撥水雷等項經費銀五萬六千四十七兩有奇，合無仰懇天恩俯準支銷其添製馬梯呢、槍彈等件銀五千兩，連同奉准淮軍月操軍火銀五千兩合成一萬兩，籲懇圣聖準其均從九年分起一併加撥，庶已往之成功不廢，而將来之實濟良多，所有機器局添製軍火額款不敷請加撥濟用緣由，謹合詞恭摺具陳，伏乞皇太后、皇上聖鑒，敕部查照，謹奏。軍機大臣奉旨，該部議奏。欽此。

孫家鼐《户部奏稿》第五册《曾國荃片光緒十年閏五月二十七日》再，據籌防局詳稱黄火藥性最猛烈，夏令天氣乾燥，藏弃一不如法，盛至發火自燃，西洋各國曾有其事，現在金陵棉花火藥局内存有該種黄火藥二萬九千餘磅，必須另造藥庫，挖砌地窨，謹密收儲，方免失事，已就該藥局之後購地圍牆挖砌地窨一座，並建造庫房一所，以爲專儲該種黄火藥之地。

詳請具奏前來，臣覆覈無異，除飭將動用工料數目另行造報外，謹附片陳明，伏乞聖鑒，敕部查照。謹奏。

光緒十年閏五月二十七日軍機大臣奉旨，該部知道。欽此。

孫家鼐《户部奏稿》第六册《曾國荃奏金陵機器局收支各款照案删減再行覈辦摺光緒十年八月二十三日》户部謹奏，爲覈覆金陵機器局第二案收支各款仍屬浮多，駁令照案删減再行覈辦，恭摺仰祈聖鑒事。據署兩江總督曾國荃等奏，金陵機器局製造經費第二案收支報銷一摺，光緒十年五月十四日軍機大臣奉旨，該衙門知道。欽此。隨據將清册咨送到部，查原奏内稱，金陵機器製造局經費酌定每年由江南海關撥解二成洋税銀五萬兩，江南籌防局撥銀三萬兩，揚州淮軍糧臺撥銀二萬兩，共銀十萬兩，以爲常年額定之款。此外江防礮臺如有添造軍火等項，隨時添撥造成鎗礮軍火等件，分解南北洋收支濟用，業將自光緒五年起截至六年十二月底止，收支各款列爲第一案，分晰造册奏銷在案。兹將光緒七八兩年收支用款列爲第二案報銷等語。臣等伏查金陵機器局製造經費，前據該省將烏龍山機器局歸併金陵機器局，光緒五六兩年用款列爲第一案造册請銷。經臣部查與該兩局上案支數多有不符，於九年七月間奏請據實删定，再行覈辦，嗣據該督逐款登覆。臣等督飭司員復加查覈，其請銷委員等薪費各項仍屬浮多，應由臣部另片奏明辦理，至此次第二案用款覈與第一案支數相同，未便照準，除剔歸兵工二部應銷各款自行覈辦外，計歸臣部覈銷之委員、司事、親兵、薪糧、公費等項銀二萬三千四百八兩六錢六分五釐四毫四絲四忽四微，應令該督等查照臣部附奏駁删各節據實删減，俟該省將第一案所造委員、司事、人等薪費、口糧等項覈實删定後，一並聲覆，到日再行覈辦，所有金陵機器局第二案用款照案駁令删減緣由，理合恭摺具奏。伏乞皇太后皇上聖鑒，謹奏。

孫家鼐《户部奏稿》第六册《本部附奏烏龍山機器局歸併金陵機器局第一案報銷分別準駁一片光緒十年八月二十三日》再，臣部上年七月間覈覆江蘇省烏龍山機器局歸併金陵機器局第一案報銷，經臣部覈，與上案多有不符，奏請據寔删定，再行覈辦，於光緒九年七月十八日奏，本日奉旨依議，欽此。行知遵照在案，今據署兩江總督臣曾國荃按照臣部駁查各節逐款咨覆前來。臣等詳加查覈，收款項下，如所查江海関撥解製造二成洋税銀九萬九千五百兩，江南籌防局撥解銀六萬兩，均未據報部有案。今據覆稱金陵烏龍山兩機器局自光緒五年正月歸併以後，每年由江海関撥銀五萬兩，江南籌防局撥銀三萬兩，揚州淮軍糧臺撥銀二萬兩，共銀十萬兩，以爲常年額定經費，所有光緒五六兩年江海関額撥款内，除金陵局光緒四年未經歸併以前溢領五年分銀五百兩，寔應入收銀九萬九千五百兩，係屬関税正款，該関自當按結奏報。至江南籌防局撥解銀六萬兩，業經該局於籌防第二案册内登除，既據聲明係酌定額撥之款，亦查與籌防第二案登除之數相符，均應準其入收造報。仍令轉飭該海関嗣後撥解此項銀兩，將動用某結銀若干，按半年一次專案報部，以憑稽考。又收回直督飭造火箭由嵩武軍解還工料，據稱光緒六年八月駐防新疆嵩武軍提督張曜請撥火箭二百枝、架二具，照數撥解河南省嵩武軍糧臺交收，旋準解還製造工料銀一千三百兩三錢五分三釐，自應照數據寔入收，江安糧道解還代修洋水龍工料，並皖岸督銷局金陵軍需局儀徵鹽棧等處解還代修輪船工料共銀一千六百十四兩三錢六分八釐三毫九絲三忽，均係按照寔用工料銀數撥還，各該處如未報部有案，自係該道局自行捐修之款，機器局既經收回價銀，自當據寔入收報部。查嵩武軍解還工料銀兩，檢查豫省請銷軍需册内未據開除此款，應令北洋大臣並河南巡撫轉飭查明此款究竟入於何案造報，聲覆報部，以憑覈辦。其糧道等處解還工料銀兩，既係自行捐修之款，應毋庸議。開除項下，如購買民房基地銀一百六十七兩四錢三分四釐一毫四絲，未據開明房間畝數，無從覈銷。據覆稱購買局屋附近民房基地一所每一丈對方，給地價銀九錢共丈量一百九十二方七尺九寸，計湘平銀一百七十三兩五錢一分二釐，摺合庫平銀一百六十七兩四錢三分四釐一毫四絲，不論間數畝數係屬據寔造報，應請查照覈銷。查此項購買民房基地，既係照民價據寔開報，所有請銷湘平摺合庫平銀一百六十七兩四錢三分四釐一毫四絲，自應準其照數開銷。又金陵機器局督辦監造提調局務收發文案各委員、司事、書識，差弁、親兵，長夫人等薪水、公費口糧等項，銀二萬八千九百四十六兩二錢五分一釐八絲六忽，比較上案二局多有不符，奏令查照上案，據寔刪定，另造妥册，聲覆覈辦。據覆稱烏龍山機器局係於同治十三年因籌辦江防奏明添設，仿造外洋各項礮位子彈等件，並供應各礮臺應用物件，嗣因沿江各臺工規模大定，駐臺勇丁責令勤加掺演，以期嫻熟，而月需炸彈等件就烏龍山局所造各件不敷各臺掺用，當經察勘烏龍山地方形勢窄小難於擴充，且約計開拓經費爲數甚鉅，將烏龍山歸併金陵機器局，酌定委員、司事、書識、兵夫名數，分派各執各事覈定薪費支數，雖較四年底二局未經歸併以前各項支款不無增益，然較在烏龍山地方開拓局面所需經費節省良多。今奉部就已用之款，覈與上案浮多，奉飭據寔刪定理宜遵照。惟在差人等均須曉暢洋法，熟習製造情形方可選充，較與別項差使不同，值此工做繁興，委寔難於刪減，應請照前次册報銀數覈銷。查金陵烏龍山二局既經歸併一事，除長夫口糧銀六千五百十三兩五錢五分七釐八毫五絲，現據聲覆剔歸兵部覈銷外，其應歸臣部覈銷之委員等薪賣等項，銀二萬二千四百三十二兩六錢九分三釐二毫三絲六忽，縱不能格外撙節，亦應以上案未經歸併以前每月支銷銀八百七十餘兩之數爲率，方昭覈寔。若因工做繁興，遽請照册覈銷，未免漫無限製，應令該督轉飭據寔刪減，每月支項總不得逾八百七十餘兩之數，詳細釐定章程，奏明聲覆，再行覈辦。又機器局用款按兩年造報一次，與定章兩歧，應令一年造報一次，據覆稱嗣後自九年分起遵章按年造報，既據聲明自九年分起遵章造報，應令嗣後務遵新章，按年造報以符奏案，而歸畫一。所有覈覆烏龍山機器局歸併金陵機器局第一案報銷，分別準駁緣由，理合附片陳明，伏乞聖鑒，謹奏。

中國第一歷史檔案館等《中國近代兵器工業檔案史料》第一輯《李鴻章等奏請照數覈銷金陵機器局月支薪糧摺光緒十年十月二十九日》 臣查烏龍山機器局於光緒五年歸併金陵機器局，所派委員、司事人等，均經揀選熟諳洋法之人，派定執事，各有專司，並無濫竽充數。七、八兩年支款已較五、六兩年減省，截至八年底止，計每月已減至銀九百六十餘兩，較之部定八百七十餘兩每月僅多銀九十餘兩，委係覈實撙節。值此江海防務緊急，需用軍火更繁，監造尤形喫重，礙難再行裁汰，轉致貽誤要工。惟際茲經費支絀之時，若不酌定支數，誠如部議未免漫無限製，應請嗣後委員、司事人等薪費等項，無論人數，支數每月總不得逾一千兩之數，以符部議而昭覈實。其第一、第二兩案報銷內已經支用之款，當歸併之始，用人不無稍多，支數不無畧增，然皆餼廩稱事，毫無虛糜，該委員等均已因公罄用於前，勢難逐一返還於後。合無仰懇天恩俯準，敕部查照等一、第二兩案清册原數覈銷，以清案牘。

謹合詞恭摺覆陳，伏乞皇太后、皇上聖鑒訓示，謹奏。

光緒十年十一月十二日軍機大臣奉旨：該衙門知道。欽此。

中國第一歷史檔案館等《中國近代兵器工業檔案史料》第一輯《丁寶楨奏四川機器局撥解鮑超軍槍械片光緒十年十二月初一日》 再，臣欽奉寄諭，鮑超奏募勇成軍，請旨再行飭撥餉械暨需用軍裝，力求撙節各摺片，等因。遵即恭録行局，妥速籌撥去後。

茲據籌餉局司道詳稱：遵查鮑超軍招募勇丁需用軍火，前已由川省兩次動撥洋槍二千四百桿，並配發洋藥、銅帽等項；又由天津撥給洋槍二千桿，解赴夔郡交收在案。茲復由鮑軍奏奉上諭飭令江南、四川各再撥給洋槍一千桿，如有不敷，即將製營排槍酌撥配用，亟應趕緊遵照撥解。惟川省機器局所製洋槍，除撥供本省操防及協濟滇、粵等省並前次撥解二千四百桿外，所存已屬無幾。現將前存之件及接續造成者，一並凑得前膛洋槍六百桿，飭委候補知縣張毓崧刻日解赴瀘州鮑軍後路糧臺交收濟用。至於製營排槍，恐不如洋槍迅利，以之出闘應用，亦屬於事無濟。且此次需用洋槍，前已由川省、天津撥解四千四百桿，今又由江南撥解一千桿，川省再解六百桿，綜計已僉六千桿，以之分給各營應用不〔致〕短絀，自應無庸凑撥營槍，以歸劃一。所有委員應用夫馬，仍照章由局覈發，按月匯報等情，詳請奏咨前來。

臣復查該司道具詳各節，委係實在情形。

除批飭委員迅速解交收用並分咨查照外，理合附片具陳，伏乞聖鑒，謹奏。

孫家鼐《户部奏稿》第八册《本部具奏覈覆金陵機器局委員薪糧等項仍應照案刪減再行覈辦一摺光緒十年十二月十六日》 今據該督臣曾國荃等以機器局委員、司事人等薪費等項，截至八年底止每月已減至銀九百六十餘兩，委係覈寔撙節，嗣後無論人數支數多寡，每月總不得逾一千兩之數，奏明聲覆。臣等復加查覈，該局委員薪費等項截至八年底止每月用銀九百六十餘兩，已較前案多支銀九十餘兩，今復奏請每月不得過一千兩之數，是其名曰酌定限製，而其寔則又轉爲加增，殊非覈寔之道，值此經費支絀之際，即力求撙節，猶虞不繼，何得任今增添致啟虛糜之漸，所請仍難率準，相應請旨飭下該督撫等，轉飭將該局委員、司事人等月支薪費等項，仍查照臣部前次奏案辦理。其第一、第二兩案用款，亦應一併據寔刪減報部，再行覈辦。所有臣等覈明金陵機器局月支薪費等項，仍令據實刪減緣由，理合恭摺具奏，伏乞皇太后皇上聖鑒，謹奏。

中國第一歷史檔案館等《中國近代兵器工業檔案史料》第一輯《曾國荃奏請爲金陵製造洋火藥局之常年經費立案片光緒十年十二月十六日》 再，前準部諮議定報銷新章内開，各省設立機器局，總計常年經費若干，事前奏明報部立案，事後方準覈銷等因，即經轉飭遵照在案。

茲據金陵製造洋火藥局詳稱：該局仿用洋式機器製造各種槍礮需用粗細火藥，於光緒十年閏五月間開造，委員、司事既宜通曉機器，各廠工匠亦須手藝優長，至所需柳炭、硝、磺必得揀提潔凈，外洋物料不時修補、更換，煤柴雜件均須充足供應，總計各項常年經費約需銀四萬兩。如遇閏月、夜作加工及添購機器、修造廠屋，仍須酌增經費，應俟隨時報明等情，詳請奏咨前來。臣覆覈無異。除咨部查照外，理合附片陳明，伏乞聖鑒，敕部立案，謹奏。

光緒十年十二月三十日軍機大臣奉旨：户部知道。欽此。

中國第一歷史檔案館等《中國近代兵器工業檔案史料》第一輯《曾國荃奏金陵製造洋火藥局新購碾盤八副摺光緒十年十二月十六日》 再，金陵製造局用機器製造各種槍礮粗細洋火藥，歷有年矣。查廠中出藥之多寡，視機器碾盤之多寡爲定準。惟該廠向祇碾盤四副，每月出藥僅敷水陸各營一季之用，歷向外洋添購接濟。間或汽機鍋爐偶有損壞，即須停工修補，製造不無間斷，便當以速補遲。今年海防喫緊，用藥更多，不得不添購碾盤，以資展佈。且須添至八副之多，乃可以供一年應用之藥，否則仍須購諸外洋，又慮其臨警居奇。現經該局員與上海瑞生洋行議明，照上次所辦碾盤樣式，添購八副，增配各項機器，言定購價共英銀九千六百八十五磅，先(附)〔付〕定價規平銀一萬三千兩。立有合同二紙，各執一紙存據。所有此項經費，係由金陵防營支應局如數匯交該洋行，取具收據備案。茲據局員江蘇候補道郭道直、孫傳樾、湯壽銘等具詳請奏前來，臣覆覈無異。理合附片陳奏，伏乞聖鑒，飭部查明立案，謹奏。

光緒十年十二月三十日軍機大臣奉旨：户部知道(了)。欽此。

中國第一歷史檔案館等《中國近代兵器工業檔案史料》第一輯《曾國荃奏以金陵機器局製造之礮濟粵片光緒十年十二月三十日》 再，臣於光緒十年十二月初七日欽奉電旨：張之洞電稱，馮子材軍出關無礮，欽此。

查，臣先於初五日接張之洞電信，當以江南各局向無行仗礮位，新在外洋定購者僅五十尊，係預備吳淞、江陰各營之用，亦須明年春間乃可到華，目下無可借撥，電復該督，並電請總理衙門代奏在案。

嗣復準該督電稱，所借者係金陵機器局所製之神機礮。臣查神機礮一項，該局因經費支絀，未能多造。近成四尊，係劉銘傳定造之件，臺防更急，未敢與撥。惟念粵省派營出關，事機同屬緊急，不能不爲變通設法。當查該局尚有造成十二磅銅來福礮十尊，已允撥應屬臣吳元炳之用，如馮子材營中可以合用，即當移緩就急，電復去後。茲準該督電稱，請配足子彈，派弁運滬，交邵友濂附輪運粵，業經臣轉飭照辦。其劉銘傳所需礮彈並經臣飭令龔照瑗迅速設法運臺，以慰宸廑。

所有撥應粵省礮件緣由，理合附片陳明，伏乞聖鑒，謹奏。

岑毓英《岑襄勤公奏稿・江蘇廣東代購軍械請分别撥饟給價片》 再，臣現遵旨進兵，所需軍火，亟應寬爲預備。前蒙天恩，由北洋、南洋大臣，及兩廣督臣，分撥接濟，欽感莫名。

查各項洋槍内，有咕者士得快槍，及士乃打後膛槍筆碼，尚可敷用。大學士兩江督臣左宗棠，及署兩江督臣曾國荃，發來林明敦後膛槍二千桿，最爲精利，惟碼子僅有四十萬顆，每桿祇能分配二百顆。臣前委候選知府卓維芳，由上海買得另樣林明敦後膛槍一千二百二十桿隻，共有碼子十九萬六千顆，每桿祇能分配一百數十顆。若與法人鏖戰數晝夜，難免缺乏之虞。臣擬仍咨請署兩江督臣曾國荃，照前次解來林明敦碼子式樣，再代買一百萬顆。並飭知府卓維芳，將另樣林明敦碼子再買五十萬顆，解來添用，所需價銀，覈明應給若干，均由江蘇協滇軍饟項下，就近撥發。

又臣前奏明咨請兩廣督臣張樹聲代辦軍火，先準咨解前膛洋槍一千桿，銅帽一百萬顆，後由廣東機器局道員温子紹，兩次代訂買獲馬的力後膛槍二千桿，碼子一百萬顆，士乃打後膛槍三千桿，碼子一百五十萬顆，來福兵槍五千桿，大銅帽五百萬顆，洋藥五萬磅。現準署兩廣督臣張之洞咨，會前項訂買軍裝，共合價銀八萬三千六百八十五兩六錢，兩次共交過訂銀二萬八千一百三十二兩，又續交洋銀一萬元，合銀七千二百兩。其餘銀兩，俟軍裝運到廣東，即須補發。惟續撥滇饟，已經臣奏明仍舊解京，東省無可墊支等因。臣查滇省僻處邊隅，採辦外洋軍火，大費周摺，現在外患孔殷，必須軍火稍裕，戰守方有把握。前項軍裝，既經兩廣督臣代爲訂買，可否仰懇天恩賞準敕部，由該省應解京外款項，撥發此項軍裝價銀，即催解來滇，以資軍用，出自逾格鴻施。

謹附片具陳，伏乞聖鑒訓示，謹奏。

中國第一歷史檔案館等《中國近代兵器工業檔案史料》第一輯《丁寶楨奏銷四川機器局光緒九年支用經費摺光緒十一年正月初七日》 太子少保頭品頂戴四川總督臣丁寶楨跪奏，爲川省機器局支用經費照章造册報銷，恭摺仰祈聖鑒事。

竊查川省前設機器局，自光緒三年十月起至八年十二月底止，業將支用經費數目兩次開單奏報在案。

茲據辦理機器局成綿龍茂道王祖源、委員候補道黃錫燾會詳：奉準部定新章，各省報銷，以後必須分晰造册，每年奏報一次，不得籠統含混等因。查川省機器局自光緒九年正月初一日起至十二月底止，局中修理機器一百三十二件、各營舊洋槍九十二桿，續造機器五十八種，新造機器二百零六件，造成各種洋槍二千一百二十三桿，已成藥彈三萬八千四百顆、鉛彈三萬顆、銅帽三十萬顆，已成洋火藥三萬三千八百一十斤，均經試放合用，已陸續解送籌餉局加謹存儲，以備應用。其未合成機器、槍藥等件，歸入下次報銷。所有支用採買各項物料及委員薪水、匠作工資各經費，仍照原奏不動司庫正款，均於土貨釐金項下開支。統計九年分共支用庫平銀五萬四千四百四十一兩零，遵照部定新章，分晰造册，詳請奏咨覈銷等情前來。臣覆覈無異。

除開送部外，理合恭摺具奏，伏乞皇太后、皇上聖鑒，謹奏。

光緒十一年正月十九日軍機大臣奉旨：該部知道。欽此。

《申報》光緒十一年一月十八日《機器軍械出售》 啓者，本行在滬專辦軍機，歷有年矣。履蒙各省各局委辦一切，貨價無不相宜。近來英國製造之法較前更屬精巧，今有新式銅鐵大礮、來福洋鎗、大小銅帽、粗細火藥、挖河機器，大小各種俱全。倘有貴客紳應需各種各式，祈至小行視樣，面議價目，格外公道，持此佈聞。

同治十三年六月日地亞士行啓。

中國第一歷史檔案館等《中國近代兵器工業檔案史料》第一輯《曾國荃等奏銷金陵機器局光緒九年支用經費摺光緒十一年正月二十日》 革職留任兩江總督臣曾國荃、直隸總督臣李鴻章、江蘇巡撫臣衛榮光跪奏，爲金陵機器局製造經費收支報銷，恭摺具陳，仰祈聖鑒事。

竊據江蘇善後防營報銷局、江寧布政使梁肇煌等詳稱：金陵機器製造局仿照外洋製造各式礮位、車輛、架具、炸彈、銅火，以及添配礮臺需用物件，分設機器、翻沙、鐵、木、火箭各廠，雇募工匠常川製造，事務紛繁。監督工作，採辦料物，催提押運，搬抬起卸各項，在在需人，必須分派經理，方能周妥。應需經費，酌定每年由江南海關撥解製造二成洋税銀五萬兩，江南籌防局撥銀三萬兩，揚州淮軍收支局撥銀二萬兩，共銀十萬兩，以爲常年額定之款。此外，江防礮臺如有添造軍火等項，隨時添撥。造成軍火分解南北洋濟用。所有收支款項製造物件，悉仿泰西之法，料件多係購自外洋，工資、薪費、物價亦難以常例相繩，均皆力求撙節，實用實銷。業將截至光緒八年底止收支各款，列爲第二案，分晰造册奏銷在案。伏查此次報銷案内，因駐防江蘇淮軍各營月操需用軍火，自光緒九年分起，由金陵防營支應局，每年加撥經費銀五千兩，已由部覈準。又江防礮臺應需儲備各式槍礮子彈，每年由江南籌防局加撥經費銀五千兩，因九年已屆六月，僅撥銀三千兩。自十年起每年加撥銀五千兩以爲製造之需，旋經部駁，復由臣等奏請照加，並聲明此後臨警需用，隨時添造覈實報銷，亦已奉旨，着照所請，俟防務完竣，仍照前定額撥銀數辦理，欽此，欽遵在案。

茲據該局道員龔照瑗、郭道直將光緒九年分收支用款，分晰造具報銷清册，由該局梁肇煌等逐加勾稽。今自光緒九年正月起截至十二月底止，舊管：上届第二案報銷光緒八年底止實存銀一千一百四十九兩四錢有奇。新收：江南海關撥解製造二成洋税、江南籌防局、金陵防營支應局、揚州淮軍收支局撥款，共計銀十萬八千兩。開除：購買料物價值等項一册共計銀五萬三千三百五十兩六錢有奇，工匠工食一册共計銀三萬八千六十六兩一錢有奇，委員、司事、夫役人等薪糧公費一册共計銀一萬五千四十九兩五錢有奇，修理廠屋工料等項一册共計銀二千三百九十兩九錢有奇。遵照部議，各歸各部覈銷。計應歸户部覈銷銀一萬一千二百五十七兩七錢有奇，兵部覈銷銀五千九百五十五兩六錢有奇，工部覈銷銀九萬一千六百四十三兩七錢有奇，共請銷銀十萬八千八百五十七兩二錢有奇，俱係覈實支給，並無浮冒。實存：銀二百九十二兩二錢有奇，歸於光緒十年分舊管項下滾接造報。將該局光緒九年分支給各款請銷數目清册，並製(存)〔成〕軍火撥存四柱清册，由報銷局加造銀款收支四柱總册，列爲金陵機器製造局第三案報銷，一並具文詳送奏咨等情前來。臣等復覈無異。

除將清册分別咨送總理衙門並户、兵、工三部查照覈銷外，所有金陵機器局經費收支報銷緣由，謹合詞恭摺具陳，伏乞皇太后、皇上聖鑒，敕部查照，謹奏。

光緒十一年二月初三日軍機大臣奉旨：該衙門知道。欽此。

中國第一歷史檔案館等《中國近代兵器工業檔案史料》第一輯《曾國荃等奏金陵機器局購買物料費用請按市價報銷片光緒十一年正月二十日》 再，臣接準工部咨，覈覆金陵機器局報銷案内聲明，凡光緒九年以後修建一切工程、購買各物料，無論華洋各式，一體遵照新章，並按照該處例價辦理，以昭覈實等因，當經飭遵去後。

茲據金陵機器局道員龔照瑗、郭道直詳稱：伏查職局仿照洋式分設各廠，製造槍礮、子彈、軍火器械，一切做法精細微奥，未能稍有苟簡，及修理廠屋，夯築地工，均需工料堅實，稍不如式，機器震動，易致損壞，與尋常工程迥不相同。購買外洋料物無例可循，亦無定價；即購買内地物件，亦均須揀選精良，方可適用，其價按照民間市價覈實發給，委實難以例價相繩。所有光緒九年分第三案報銷册例各款，按照準銷成案，並隨時市價列册請銷，並無絲毫浮冒，詳請附奏前來。臣等覆覈無異。

理合附片具陳，伏乞聖鑒，敕部查照，謹奏。

光緒十一年二月初三日軍機大臣奉旨：該部知道。欽此。

孫家鼐《户部奏稿》第八册《本部附奏蘇省添募親兵巡勇分晰登覆並請設局學製軍火機器等項一片光緒十一年三月初十日》 至所稱蘇省水陸防營所需軍火等項，向歸軍裝局製辦、發給，現因海防緊要，按月加操，需用較鉅，軍裝局向辦之數不敷支應，均在海防經費内添辦洋槍、火藥、鉛子等項，又購製水雷機器設局學製，及修理礮台、礮架，以濟軍裝局之不足等語。臣部查該省現有金陵機器局洋火藥局、蘇省善後軍裝各局、上海機器局常年製造軍器火藥等項，已足敷用。即因海防緊要，添造器械時有購買外洋槍礮等件，均準加撥款項，今該撫以軍裝局向辦之數不敷支應，另外設局添製，當此庫儲支絀，多設一局即多一局之經費，未免漫無限製。且查與上年八月吏部會同臣部議覆御史吴壽齡條奏裁撤各局，及臣部會議開源節流摺内奏，令各省將局裁併各奏案顯有不符。該撫所請購置水雷機器設局學製之處，礙難照準，相應請旨飭下該督撫，即將蘇省海防各營需用槍礮軍火等項仍在原設各局添造撥濟，不得另外設局製造，以節糜費，而昭覈寔。理合附片陳明，伏乞聖鑒，謹奏。

孫家鼐《户部奏稿》第八册《具奏覈覆金陵機器局第三案報銷委員薪糧等項仍照上案删減再行覈辦一摺光緒十一年三月初十日》 今據兩江督臣曾國荃等將該局光緒九年分收支各款列爲第三案造册奏請覈銷，臣等督飭司員詳加查覈，新收各款覈與奏定額撥及奏咨加撥各成案尚屬相符，其開除項下請銷之委員薪費等項，並未遵案删減，查上兩案支數既未覈定，此次仍難照準，除兵工二部應銷各款剔歸自行覈辦外，計歸臣部覈銷之委員、司事、親兵、薪糧、公費等項銀一萬一千二百五十七兩七錢四分三釐八毫九絲七忽，應令該督等查照臣部歷次奏駁之案，據寔删減，並將第一第二兩條委員等薪糧等項一併删定，俟聲覆到日再行覈辦。所有金陵機器局第三案用款照案駁令删減緣由，理合恭摺具奏。伏乞皇太后、皇上聖鑒。謹奏。

中國第一歷史檔案館《中國近代兵器工業檔案史料》第一輯《龐際云奏湖南製造械火情形片光緒十一年三月十二日》 再，湖南向少洋械火，自海防喫緊，既難購辦，即購亦少佳者。十年七月，臣曾具奏製造劈山礮、抬槍應用，奉旨：劈山礮、抬槍既可利用，即着廣爲製造等因，欽此。當飭局員，督同工匠精益求精，不惜工本，總以比洋槍更能及遠，用羣子以破獨子爲要。改用銅帽，身長六尺四寸，吃鉛子一兩六錢，上安星斗，名曰機板抬槍。向來抬槍一枝，須用三人，此祗用二人，以不用火繩故也。各營於造成後紛紛請領，所有赴閩、赴粤之十營，及現在龔繼昌帶營赴任，均願支領。近來營中刀矛不如火槍爲利，湘省經年製造之來福槍、機板抬槍，全給外軍，尚皆不能如願以償。而兩廣督臣又派知縣涂景濤攜資來湘定造一千桿。臣飭局廣招工匠，而此非拙工所能爲，現復各處購募，給以重資，通盤籌畫，較雇洋匠爲大省。且煤、鐵、工匠均在湖南，較購之外洋似更合算。所有火藥亦加工碾造。經費不資，臣惟竭力籌措，不敢仰勞聖慮。

所有製造械火情形，謹附片具奏，伏乞聖鑒，謹奏。

光緒十一年三月二十三日軍大臣奉旨：知道了。欽此。

王樹枏《張文襄公全集》卷一二四《致龍州李護撫台光緒十一年三月十五日子刻發》 槍彈機器已到廣，此真急需也。桂防無了期，機器局宜設邕，即飭解匠到，續遣款可設法，象事是大。臣語到則多擾，不到無味，已將尊電轉北洋。望。

國家圖書館分館《清光緒兵部奏稿》第二册 再，據南洋大臣曾國荃將金陵製造洋火藥局，自光緒十年閏五月起至十二月底止，第一案用款造册奏咨送部覈銷前來。臣等查册開長夫口糧一款，前覈金陵機器總局及火箭分局所設長夫工食每名日支銀一錢，叠經臣部奏銷在案，此次册造金陵製造洋火藥局長夫三十四名每名日支銀一錢，自十年閏五月初一日起至是年十二月底止，扣小建三日計二百三十七日，請銷口糧湘平銀八百零五兩八錢，摺庫平銀七百七十七兩五錢七分四釐六絲一忽六微，覈與機器總局火箭局長夫成案相符，應準開銷。又册開民船水脚一款，前覈金陵機器局報銷其由上海購煤雇船運至金陵計逆水八百十里，每噸重二千六百八十斤，給水脚洋九角，經臣部以運送水脚定例覈較有減無浮，爰即準銷在案。此次册造在上海四次，共採辦煤一千二百七十六噸，雇船運抵金陵交卸每噸給水脚規平銀六錢六分四釐，共請銷水脚規平銀八百四十七兩二錢六分四釐，摺合庫平銀七百七十三兩零五分一釐零九絲四忽几微，亦與機器總局運脚成案相符，應準開銷。其餘册造委員司事人等薪費、口粮、工匠、工食、購買物料等項價值應由户工二部覈銷，理合附片陳明，伏乞聖鑒訓示遵行，謹奏。

國家圖書館分館《清光緒兵部奏稿》第六册　臣等查册開局設長夫三十四名，每名日支口糧銀一錢，扣小建六日計三百五十四日，共請銷湘平銀一千二百三兩六錢，覈與上届準銷之案相符，應準開銷。又上海至金陵水路八百十里，雇用民船裝運煤斤，每噸給水脚規平銀六錢六分四釐，查每噸計重一千六百八十斤，以定例每百斤每百里支水脚銀一分之數覈算，尚屬有減無浮，所有請銷規平銀一千二百八十四兩八錢四分，亦應準銷理合。附片陳明，伏乞聖鑒訓示遵行。

中國第一歷史檔案館等《中國近代兵器工業檔案史料》第一輯《劉秉璋奏浙江設立機器廠購機建房等費用摺光緒十一年三月二十七日》　頭品頂戴浙江巡撫臣劉秉璋跪奏，爲浙省設立機器廠，購辦料物及另購水雷電綫並建造廠屋、購買民地等款撥給經費銀兩，遵照新章，恭摺開單奏報，仰祈聖鑒事。

竊查浙省各營多用洋槍，所需銅帽及後門槍子等件購自外洋，往往有需時日，應當添購機器，自行製造，庶幾源源接濟。前經派委候補知府王恩咸暨江西候補知縣徐春榮赴滬購辦，並一切配用爐鍋等項全具，俾資製造。嗣據委員王恩咸等稟復，定購德國化銅、拉銅及造林明敦、馬地呢、毛瑟、哈乞客司、云者士得各種後膛槍子鍋爐、機器全副，又造前膛槍銅帽機器全副，共議給價脚等項規平銀三萬九千六百餘兩。惟裝運來華水脚等款，應俟全數運齊，方可查照洋單分別截清找給，另再造報請銷。又購水雷電綫等規平銀二千九百十三兩。又設機器必須添建廠屋，並經派委候補知府鍾大鈞、候補同知莊濟泰等悉心諮度，並從德國繪取機器廠圖仿辦，就於省城軍裝局後面空地添購民地二十五畝零，先行雇工平治基址，建築外圍墻，一面將應需各項工料，分別估計購運回省建造去後。

嗣據該委員鍾大鈞等稟稱：遵飭分赴滬、蘇等處定購中外各項木植、磚甓、灰石及中外諸雜料，陸續搬運來工，督率員弁、司事暨雇德國洋匠、通事人等，按照圖式，昕夕講求，計應建總廠一所，分廠二所，大小廠屋二十五間，大煙筒一座，餘爲客廳、辦事公所及洋匠寓樓、匠首藝徒下處，並儲材棧房、工役下處各一區，又造氣樓走廊，排釘樁木，開設水井，砌築陰溝，頭緒紛繁，一時尚難蕆事。除以後工作增多，續添房屋不計外，現綜覈各項工程，撙節估計約需工料銀二萬三千七百餘兩，又購買民田地價銀六百七十餘兩，雇洋匠來華水脚等銀四百十六兩零，分別給款興辦，仍俟工竣另行造報。由防軍支應報銷局司道覈明，該委員等領辦工料等項銀數，自光緒九年八月開辦起，截至十年十一月底止，均與所報相符，開摺詳請奏咨立案。仍俟該委員等運回齊全，趕造工竣，另再查開各項價脚以及工料細數清册覈實造報等情前來。臣覆查無異。

除將送到清摺咨部外，謹繕清單恭摺具奏，伏乞皇太后、皇上聖鑒，敕部查覈施行，謹奏。

光緒十一年四月初七日軍機大臣奉旨：該部知道。單并發。欽此。

清單

謹將浙省添設機器，製造洋式軍火等項，委員購辦物料並建造廠屋、購買民地等款，先後撥給各項價脚、工料銀兩起止年月數目，繕具清單，恭呈御覽。

計開：

一、軍裝製造局候補知府王恩咸等定購德國化銅、拉銅及造林明敦、馬地呢、毛瑟、哈乞客司、云者士得各種後膛槍子鍋爐、機器全副，又造前膛槍銅帽機器全副，自光緒九年八月起截至十年十月底止，共發價脚規平銀三萬九千六百餘兩。

一、軍裝製造局候補知府王恩咸等購七頭水雷電綫一英里半，價值、險脚等規平銀二千九百十三兩。

一、機器局委員候補知府鍾大鈞等建造機器廠屋工料，自光緒十年閏五月起截至十一月底止，先後共給庫平銀二萬三千七百餘兩，又購買民地價銀六百七十餘兩，又機器洋匠來華水脚銀四百一十六兩六錢九分。

以上共給規平銀四萬二千五百十三兩零，摺庫平銀三萬八千九百兩零，又庫平銀二萬四千七百八十餘兩，二共庫平銀六萬三千六百八十餘兩。

軍機大臣奉旨：覽。欽此。

孫家鼐《户部奏稿》第九册《本部具奏江督奏金陵機器局月支薪糧請以光緒八年作爲定章已用之款仍照數覈銷一摺光緒十一年四月十三日》 查甯局與烏龍山局歸併之初，僅有機器三廠、翻沙熟鐵木作各二廠、火箭分局，委員僅派要差十餘人，各廠監工等務皆用司事，薪水較少，迨後逐漸擴充，添設槍子機器廠，併鐵瀛錘廠，拉銅機器木廠，事務較繁，委員司事因之添派，原定薪費不敷，不能不覈實增給。至親兵原設三十名，不敷驅遣，增傭短夫無日不有，截至八年底止月僅支銀九百六十餘兩，已較五六兩年減省，嗣因江海防務戒嚴，水陸各營操防所需軍火較多，並有協濟外省之件，爲數亦鉅，工作益繁，故前奏定以每月不得逾一千兩之數以示限製。今部臣一再議駁，原爲節省經費起見，惟製造關軍前要需，必須權衡緩急。籌商至再，擬即按照八年底止月僅支銀九百六十餘兩之數作爲定章，嗣後如有可以裁汰，飭令隨時酌減，仍俟防務稍鬆，製造工緩，再行删減，以節經費。其第一第二兩案報銷薪糧等項共銀四萬五千八百四十一兩有奇，業經因公支銷，委實無從追繳，合無仰懇俯準，仍照原册覈銷，以清産牘等語。臣等伏查金陵機器局自烏龍山歸併以後，該局製造經費前據該督等將光緒五、六、七、八等年用款先後分案奏請覈銷。經臣部查與該兩局上案支數多有不符，奏請據實删減委員人等薪費等項，每月總不得逾從前八百七十餘兩之數，詳細釐定章程，奏明聲覆。嗣據該督等奏請將委員薪費無論人數支數多寡，每月不得逾一千兩之數。復經臣部奏令，仍查照前次奏案辦理各在案。今據兩江督臣曾國荃等奏，甯局與烏龍山局歸併之初，委員僅派十餘人，薪水較少，迨後添設機器事務較繁，委員司事因之添派，薪費不能不覈實增給。截至八年底止月僅支銀九百六十餘兩，已較五六兩年減省。擬即按照八年底止月支銀九百六十餘兩之數作爲定章等因。臣等復加查覈，當此防務戒嚴，製造均關要需，該局添設槍子機器等項，各廠委員因之添派尚係寔在情形。現據該督奏明，請以八年月支銀九百六十餘兩之數作爲定章，覈與臣部奏定外銷章程十四條，内載立有範圍之意，亦屬相符，自應準如所請辦理。至第一、第二兩案支過薪費等項共銀四萬五千八百四十一兩三錢五分八釐六毫八絲四微，既據聲稱業經因公支銷，無從追繳，未便仍令删減，應請準予照數開銷，一俟防務稍鬆，即行酌量裁減，以節糜費。所有臣等遵旨議奏緣由，理合恭摺具奏，伏乞皇太后皇上聖鑒，謹奏。

中國第一歷史檔案館等《中國近代兵器工業檔案史料》第一輯《李鴻章等奏銷金陵機器局造船費用摺光緒十一年六月十八日》 直隸總督臣李鴻章、兩江總督臣曾國荃跪奏，爲機器局承造平底常船，動用經費銀兩專案報銷，恭摺仰祈聖鑒事。

竊照金陵機器局原設平底常船三號，以爲轉運軍火機器料物往返寧滬之間，歷今十有餘年，雖經按年修理，然重載盤剥，船身爲風日燥裂，水氣浸蝕，大半朽蠹不堪修用。前據該局道員龔照瑗、郭道直飭匠細加察看，以該船年久朽壞，非通身拆卸，另換新料不可。約計每船修費需工料銀七八百兩，如仿照原様换造新船，估計工料銀不過一千兩之譜。當經臣等畫籌至再，與其動用鉅費修一舊船，不若多費二三百金造一新船，可期堅固耐久。惟經費維艱，亦當格外撙節，即經批飭先行釘造新船兩隻，哲資濟用，所遺舊船應即估變，所得變價即以津貼造船之用，所需經費，議由南北兩洋各半分給應用在案。

兹據金陵機器製造局道員龔照瑗、郭道直等詳稱：前項常船，遵即雇匠於光緒十年七月初一日興工，予十月三十日一律工竣。造成平底常船二號，每號結面七丈一尺九寸，寬一丈五尺二寸，底長四丈八尺三寸，應用什具俱全，並隨造脚劃二隻。共用工料湘平銀一千七百六十五兩有奇，除舊船三號變價湘平銀一百三十兩有奇，實用湘平銀一千六百三十四兩有奇。由金陵防營支應局、揚州淮軍收支局各半撥解濟用。此次新釘常船二號，均以硬木樹料釘成，與杉木船隻不同，一切做法均係工堅料實，委無草率偷減。動用經費銀兩，係屬覈實支給，亦無浮冒等情，詳請具奏前來。臣等覆覈無異。

除將送到清册、圖結咨送户、兵、工部查覈外，謹合詞恭摺具奏，伏乞皇太后、皇上聖鑒，飭部覈銷施行，謹奏。

中國第一歷史檔案館等《中國近代兵器工業檔案史料》第一輯《楊昌浚奏福建機器局仿造槍械并擬擇地建廠摺》光緒十一年六月二十日 外洋槍礮推陳出新，前膛不如後膛，舊式不如新式。然專恃購買，不但因人成事，難望日起有功；且一經有事，各國守局外之例，動形掣肘；又購來之槍，彈有定形，有成數，此槍之彈不能施於彼槍，交戰時久，彈盡則槍亦廢。必設局自造，庶不受製於人。津、滬、粤東各廠均能自造。臣現就省城水部修理槍礮機器局，派員雇匠仿造。惟地方甚小，擬再籌款擇地建廠。另造雖難遽比外洋，加意講求，必不多讓。此精製槍械之説也。

中國第一歷史檔案館等《中國近代兵器工業檔案史料》第一輯《曾國荃奏金陵製造洋火藥局開辦之始費用不能按常年經費攤算片光緒十一年七月二十日》再，金陵製造洋火藥局年需經費銀四萬兩，業經臣奏明在案。

兹據該局詳稱：前經雇用英匠博士格德一名，教導造藥，因該洋匠有事回國，各廠匠手未臻嫻熟，需人指示，乃改雇英匠巴龍佛良一名，月支薪水銀二百兩，自光緒十年十月二十六日到華起支，每届年終另給匠資銀五十兩。其巴龍佛良及博士格德一來一去，各給盤費銀三百八十兩。又各廠增購碾盤，勢須添員經理，經添派都司銜郭勛一員管理各廠機器事務，月支薪水銀六十兩，自光緒十年十二月初十日起支。惟是洋火藥局係屬創辦，與各局辦有成案者情形不同，所有先後洋匠來去及添派委員等事，應發盤費、薪水各項皆所必需，若於開辦之始即按照常年經費四萬兩攤算，微苦不敷。現計自光緒十年閏五月間開工起，截至是年十二月底止，八個月内共用銀二萬七千八百兩，業由支應局撥付。嗣後自十一年分起，常年經費仍以四萬兩爲限。詳請奏咨立案前來。臣覆覈無異。

除分咨總理衙門暨户、兵、工三部查照外，謹會同護理江蘇撫臣譚鈞培附片具陳，伏乞聖鑒，謹奏。

光緒十一年八月初三日軍機大臣奉旨：該衙門知道。欽此。

中國第一歷史檔案館等《中國近代兵器工業檔案史料》第一輯《丁寶楨奏四川機器局添購機器物料片光緒十一年七月二十七日》再，查川省機器局前因趕造洋槍銅帽藥彈等項，機器不敷應用，派員前往上海添購外洋機器並物料等件，業經奏咨在案。

兹據總辦委員成綿龍茂道王祖源、候補道黄錫燾詳稱：委員採買應用機器，現已一律購齊運解到省，無處安置。擬於本局連界之處，照時價購買民房，改修廠房，以便安置機器等件。所需經費，仍在成綿龍茂道庫土貨釐金項下提撥，以資應用。仍俟改修完備，覈實匯案報銷等情，詳請奏咨立案前來。臣復查無異。

除咨部查照外，理合附片具陳，伏乞聖鑒，謹奏。

光緒十一年九月初三日軍機大臣奉旨：該衙門知道。欽此。

朱壽朋《光緒朝東華録》卷七一《光緒十一年七月》癸卯，曾國荃奏，金陵立局製造洋火藥，前於城外勘定廠地，興工辦理，所有建廠經費及購買機器價銀，覈實估計約需銀十八萬數千兩，統由支應籌防兩局陸續撥銀濟用，均經前督臣先後奏明在案。兹據金陵製造洋火藥局江蘇候補道孫傳樾、郭道植、龔照瑗等詳稱，此次建造洋火藥局廠，事關創始，一切經費，非惟無例可循，亦無定章可比，所有建造廠屋安配機器指示造藥各事宜，前經僱募洋匠監督工作，以期合法，當於光緒八年春間，該洋匠隨同定購機器由外洋到華，並即派委員飭司事、夫役人等採買料物等件。是年六月興工，僱募工匠建造提硝、提磺、燒炭、和藥、磨炭、碾磺、碾藥、錮藥、壓藥、充藥、篩藥、炴藥、錮石子礮藥各廠，與停藥料胚所，以及洋匠住房、局屋、藥庫、棧房、羣房、木鐵各工作，廠内開挖引河建築碼頭，水閘駁岸，一切工程督同洋匠人等逐一建造。於十年五月底工竣。所需建廠經費及購買機器價銀，奉準由支應籌防兩局共撥過銀十八萬二千八百九十五兩有奇。遵照部章各歸各部覈銷。下部知之。

王樹枏《張文襄公全集》卷一二五《李護撫台來電光緒十一年八月初七日申刻到》昨奉咨行飭立機器局，西省拮据萬狀，實無餘力再辦此事。矧現在東西軍、滇楚各軍在邕龍所存各項槍子幾及千萬，方慮久儲不易，勢亦不必急造。洋工來此，無事徒糜鉅款，請飭令遣回機器，暫留東或運邕存儲。秉衡稟。魚。

孫家鼐《户部奏稿》第十册《本部覈覆金陵機器局添增機器場屋摺光緒十一年八月二十六日》户部謹奏，爲金陵機器局增添機器廠屋，擬另撥各海關四六成洋税暨該局每年添撥經費，仍由原續撥南北洋經費項下勻用，恭摺具陳，仰祈聖鑒一事。據直隸總督李鴻章等奏，金陵機器局兼辦各省軍火工作日繁，現擬就勢擴充以省購費一摺。光緒十一年六月十四日軍機大臣奉旨户部知道。欽此。欽遵由軍機處交出到部，查原奏内稱，竊臣國荃於光緒十一年五月初四日由驛附奏閩、粤、浙江等省應通力合作一片，聲明後膛槍礮爲最要軍械，應先事購備，並添購機器推廣仿造，庶免缺乏之虞。業飭上海、金陵兩機器局遵照妥辦在案。旋奉五月初九日上諭，現在和局雖定，海防不可稍弛，亟宜切實籌辦善後，爲久遠可恃之計等因。當即分別轉行欽遵應俟議詳，到日再行奏明辦理。内機器局一節，查蘇省之局有二，一設上海，一設金陵，但就金陵一局情形言之經費本較滬局爲儉。自光緒五年歸併烏龍山分局以後，承辦南北洋各防營軍火，統造分解應接不暇，計自六月起各省囑製械牘交馳臣等，以各省所需義應不分畛域，但該局力所能及者無不立飭製應，數月以來尚能相其緩急，分別應付，而尚有顧此失彼之憾者。推原其故，由於廠屋尚窄，機器無多，未能擴充所致。所以未能擴充者，則額定之經費限之。查該局常年經費自光緒五年起分局歸併總局以後，南北洋每年各撥銀五萬兩。九年分南洋加撥銀一萬兩，現在每年額領南北兩洋經費銀僅十一萬兩，左支右絀，竭蹷日甚。現在諭旨飭令變通機器局務，臣等悉心酌度，欲收製造之利，首在添造廠屋，增購機器，其常年經費即須寬籌。現與該局員等再四熟商，擇其製造槍礮子彈必不可少之機器，已分別定購五十餘副，合之拓增廠屋經費，二共約需銀十萬兩，其每年工料經費約需添銀至多以五萬兩爲率。此款擬先在洋藥加增税釐項下動撥，其不敷者再由臣等原撥續撥各関局庫分別湊撥，似於防務利源均屬有裨等語。伏查江蘇省金陵機器局現在按年額撥加撥經費，共銀十一萬兩。歷係由江海関洋税項下撥支，庫平銀五萬兩，江南籌防局撥支庫平銀三萬兩，揚州淮軍支應局撥支庫平銀二萬兩。又由江南籌防局加撥庫平銀五千兩，金陵防營支應局加撥庫平銀五千兩，以爲該局製造工料經費之需。茲據南北洋大臣李鴻章等會銜奏請該局承辦兩洋各營軍火，及各省託製之件，廠屋尚窄機器無多，每年額領經費支絀日甚，現在欽奉諭旨飭令變通機器局務，與該局員等熟商定購機器五十餘副，增柘廠屋，二共約需銀十萬兩。每年工料經費約需添銀至多以五萬兩爲率。擬先在洋藥加增税釐項下動撥，其不敷者再由原撥續撥各関局庫分別湊撥等因。竊思各省機器局製造軍火以爲善後久遠之計，誠爲今時急務，然通籌善後久遠至計，又似不特製造軍火一事，爲即含要圖，蓋此日中外和局既定，則上年新添營勇定當酌汰，各處息借洋款必當歸還，即此二端非有銀數千萬兩斷難濟用。更無論日後欲端吏治，宜復俸廉，欲練製兵宜增額餉，種種經費籌措維艱。查增收洋藥税釐一項係海関新增入款，臣部擬俟各省一律奏覆之後，會計一年寔收若干，專款存儲，留作歸還洋款之用。寔未可輕爲估用，自取竭蹷。所有江蘇金陵機器局定購機器拓增廠屋，約需銀十萬兩。直可另爲撥款，擬由江海関四成洋税項下撥給銀二萬兩，六成洋税項下撥給銀二萬兩，九江関四成洋税項下撥給銀二萬兩，六成洋税項下撥給銀一萬兩，江漢関四成洋税項下撥給銀二萬兩，六成洋税項下撥給銀一萬兩，共撥給一次銀十萬兩。此係奉特旨變通機器局籌辦久遠可恃之舉。故臣部酌撥各関四六成洋税，以應要需，此後該局每年工料經費請添撥銀約五萬兩，自應仍由原撥續撥南北洋應收之各省釐金関税項下，由南北洋大臣自行詳酌匀用，以濟時艱。且現時南北兩洋每年應收各省関銀款約共寔有銀二百三四十萬兩之多，將來金陵機器局如何匀用，仍由該大臣於議定後，詳晰奏咨報部立案，以備稽覈。所有臣等覈覆金陵機器局添增機器廠屋酌撥各海関四六成洋税，並每年添撥工料經費仍由南北洋經費項下匀用各緣由，理合恭摺具奏，伏乞皇太后、皇上聖鑒，謹奏。

中國第一歷史檔案館等《中國近代兵器工業檔案史料》第一輯《張之洞奏廣東機器局軍火局合并爲廣東製造局摺 光緒十一年九月初四日》 一曰槍械。粵省原擬請籌款開設槍、雷各局，已於五月二十五日具奏，俟奉旨俞允，即擬開辦。大礮擬歸閩、滬鑄造，前疏已經聲明。至廣東省城内有機器局，城西增步又有軍火局，地狹工少，章程淆雜，以經費無出，器具未備，僅能製小鋼礮開花子、尋常洋火藥、白藥、水雷殼、洋火箭，修理船礮、尋常機器。除火藥、火箭尚好，其餘能成而不能精。設局十有餘年，僅動用銀數十萬，迥非津、滬、閩各局之比。現正底清查，選員覓匠，重加整頓。茲擬將機器、軍火兩局並歸城西增步一局，以就水運之便，且便督察，統名爲製造局，仍製槍礮彈、火藥等物。其修理魚雷，學製淺水兵輪者，歸黄埔雷局、船局。俟籌有經費，即可逐漸擴充。

孫家鼐《户部奏稿》第十册《本部具奏覈覆建造金陵洋火藥廠工經費收支各款報銷一摺 光緒十一年十月初四日》 户部謹奏，爲覈覆建造金陵洋火藥局廠工經費收支各款報銷，恭摺仰祈聖鑒事。内閣抄出兩江總督曾國荃金陵創造洋火藥局廠工竣用過經費專案報銷一摺，光緒十一年六月十四日軍機大臣奉旨，該部知道。欽此。並據該督將收支細册咨送到部。查原奏内稱，金陵建造洋火藥局廠，事関創始，一切經費，非惟無例可循，亦無定章可比，所有建造廠屋安配機器指示造藥各事，宜前經僱募洋匠監督工作，以期合法，當於光緒八年春間該洋匠隨同定購機器，由外洋到華，即派委員、司事、夫役人等採買料物等件，是年六月興工，僱募工匠建造，于十年五月底工竣。所需建廠經費及購買機器共計請銷銀一十八萬二千二百六十六兩有奇，均係撙節支給等語。臣等伏查金陵設立製造洋火藥局於光緒七年十月間，據前任兩江總督劉坤一奏，江防各礮臺及留防各營每年需用洋火藥爲數甚多，歷係購之外洋，價值昂貴，於金陵立局興造。旋於九年十二月將建廠經費估計銀十八萬數千兩先行奏明立案，復於十年十月將僱用洋匠月支薪水等項報部。當經臣部行令將該局僱募洋匠及委員人等薪水等項支用細數先行報部立案，嗣據將建造廠屋員弁、司事、洋匠、親兵人等應支薪糧公費等項開單送部，復經臣部覈覆，準其照支。又上年臣部具奏，各省機器局員弁、司事、匠役，人數、薪水、口糧立定章程，摺内聲明機器局員弁、司事、匠役、薪水、口糧等項歸臣部覈銷，行知遵照各在案。今據兩江總督曾國荃將金陵製造洋大藥局建廠經費，自光緒八年正月起至十年五月止，收支各款造册咨送到部，臣等督飭司員按册勾稽。謹逐款出具案語，恭呈禦覽。一、四柱册造舊管無項，新收金陵防營支應局撥解銀十二萬六百二十一兩四錢四分一釐六毫六絲七忽四微，江南籌防局撥解銀六萬二千二百七十四兩二分二釐六毫四絲四忽四微，共收庫平銀十八萬二千八百九十五兩四錢六分四釐三毫一絲一忽八微等語。查册造新收銀兩係該督奏明在支應籌防兩局動撥之項，自應準其入收造報，歸於開除項下查覈辦理。

一、開除項下，第二册内造報收買民房基地六千九百六十六方四寸二分，每方給銀九錢，共支地價湘平銀六千二百六十九兩九錢七分七釐八毫，摺合庫平銀六千五十兩三錢五分九絲二忽等語。查册造前項購買地價銀數覈與金陵機器局準銷成案相符，應準開銷。

一、開除項下，第三册造報英國機器匠一名，自八年正月初一日起至十年四月十五日止，月支薪工銀二百兩，又自十年四月十六日起加支銀三十五兩，每年津貼醫資銀五十兩。又由外來華給盤費銀五百二十三兩一錢三分，共支規平銀六千四百七十五兩六錢三分，摺合庫平銀五千九百八兩四錢二分一釐五毫三絲二忽。又機器匠正手一名月支工食銀二十四兩，副手一名月支工食銀十二兩，機器鐵匠正手二名每名月支工食銀八兩四錢，副手二名每名月支工食銀三兩六錢，機器匠二十名每名月支工食銀自十三兩至四兩二錢不等，共支湘平銀四千五十七兩二錢，摺合庫平銀三千九百十五兩八分二釐五毫五忽。又木匠、鋸匠、紮架匠、石匠、瓦匠、箍桶、篾匠、油漆等工匠每工給錢二百文，共支用錢三萬三千一百七十六千六百文，照市價共合庫平銀二萬九兩四分六釐六毫八忽。又雇用夯築、挑挖、鋪墊、夫工，每工給銀八分，共支湘平銀二千五百四十二兩一錢六分，摺合庫平銀二千四百五十三兩一錢一分二釐三絲三忽統，計一册，共計請銷庫平銀三萬二千二百八十五兩六錢六分二釐六毫七絲八忽等語。查此案建廠經費前據該督奏明，估計銀十一萬數千兩，並稱係仿洋式，事屬創始，並無例章可循，惟前項機器鐵匠、木鋸、石瓦、紮架、油漆、箍桶、篾匠及夯築、挑挖、鋪墊、夫工等匠，支給銀錢數目，臣部考覈成案，尚與江南籌防金陵機器各局，暨該省咨報該局常年工匠月支工食數目或支數相同，或尚屬減少，且在原估十一萬數千兩之内，所有支過錢文及湘平摺合庫平共銀二萬六千三百七十七兩二錢四分一釐一毫四絲六忽，應準開銷。至雇募洋匠來華盤費銀兩，檢查江南雇募英洋教習、洋匠往返盤費各案，均係三百八十兩，即該匠回國盤費亦係三百八十兩，此文來華盤費計支銀五百二十三兩一錢三分，既未報部立案，亦與各案暨該匠回國盤費數目均屬浮多，所有多發規平銀一百四十三兩一錢三分，摺合庫平銀一百三十兩五錢九分三釐六絲五忽，應令該局委員如數賠繳，以重款項。其餘支給薪工、醫資等項規平銀六千三百三十二兩五錢，摺合庫平銀五千七百七十七兩八錢二分八釐四毫六絲七忽。查與奏咨立案相符，亦應準其開銷。

一、開除項下，第四册内造報提調委員一員，月支薪水銀六十四兩，隨局委員二員，内一員月支薪水銀三十兩，一員月支薪水銀十六兩，文案一員，月支薪水銀二十二兩，司事十二名，每名月支銀八兩，書識四名，每名月支銀四兩，通事一名，月支薪水銀十六兩，差弁一名，月支薪水銀六兩，親兵二十名，每名日支銀一錢二分，總局月支公費銀二十兩以上，起止日期不一，自光緒八年二月起至十年五月止，共請銷湘平銀一萬二千一百二十三兩二錢，摺合庫平銀一萬一千六百九十八兩五錢四分二釐八毫九絲三忽等語。查册造前項委員人等薪水口糧、公費等項，覈與奏咨報部立案各數目尚屬相符，應準開銷。

一、開除項下，第四册内請銷船價、工食、長夫口糧等項，庫平銀七千四百九十九兩五錢六分五釐七毫六絲二忽，係兵部覈銷之款。又第一册造報請銷購買機器，並配造鍋爐等項，價值銀六萬三千八百三兩二錢二分二釐絲八忽四微。第二册請銷購買料物什具等項，價值銀六萬九百二十九兩三錢四分七釐二絲二忽二，共庫平銀十二萬四千七百三十二兩五錢六分九釐四絲四微，係工部覈銷之款，應俟兵、工二部辦結後知照臣部備查。一四柱册造寔存庫平銀六百二十八兩七錢七分三釐八毫四絲六忽四微等語，查此案共收庫平銀十八萬二千八百九十五兩四錢六分四釐三毫一絲一忽八微，内除兵部覈銷銀七千四百九十九兩五錢六分五釐七毫六絲二忽，工部覈銷銀十二萬四千七百三十二兩五錢六分九釐四絲四微，計歸臣部覈銷銀五萬三十四兩五錢五分五釐六毫六絲三忽，内删除銀一百三十兩五錢九分三釐六絲五忽，應歸後案收回，寔計準銷銀四萬九千九百三兩九錢六分二釐五毫九絲八忽，其寔存銀六百二十八兩七錢七分三釐八毫四絲六忽四微，據册稱解繳金陵防營支應局應令該局入收造報。所有臣等覈覆金陵製造洋大藥局收支各款報銷緣由，理合恭摺具奏，伏乞皇太后皇上聖鑒，謹奏。

中國第一歷史檔案館等《中國近代兵器工業檔案史料》第一輯《楊昌濬奏福建機器局添蓋廠房製造槍子銅帽片光緒十一年十一月二十六日》 再，查泰西各國新出各種後膛槍礮隨配藥子，閩中採購雖有寬備，但一經用竣，槍礮即不能施放。查同治八年間，閩省曾購有修造洋槍車床機件爐座一副，於省垣水部門内設廠開辦，規模本屬小就，停止已非一次。上年辦理海防，又復召匠住廠添造槍礮各子，並派浙江候補知府張晃督同辦理。據報廠所逼窄不敷展佈，勘得廠内餘地及新購旗營屋基，共可添蓋製造後膛槍子銅帽廠房五間，打鐵廠六間，工匠儲料房十三間，委員、司事等住房五間。當經委員候補通判高企辛勘估，共需工料銀二千四百餘兩。查覈所估添修廠屋工料銀數，尚屬覈實，應請準其照給興辦。據閩省善後局司道詳請奏咨前來。臣復查此項工程必不可省，所估亦無浮冒。

中國第一歷史檔案館等《中國近代兵器工業檔案史料》第一輯《曾國荃奏銷金陵製造洋火藥局光緒十年支用經費片光緒十一年十一月二十七日》 太子少保兩江總督一等威毅伯臣曾國荃跪奏，爲金陵製造洋火藥局支用經費第一案報銷緣由，恭摺具陳，仰祈聖鑒事。

竊金陵立局製造洋火藥，前於城外購地興工，所有建廠及常年需用經費各數目，均經奏明在案。

茲據該局員江蘇候補道孫傳樾、郭道直、龔照瑗等詳稱：仿用洋式機器製造各種槍礮所需粗細火藥，應用料物、器具多係購自外洋各廠，汽管、機簧不時裝配修換，雇用洋匠及派通曉汽機各員匠監督製作，期於合法，工資、物價實難以常例相繩，奉準酌定支給數目，均係實用實銷。今自光緒十年閏五月初一日開造起，截至是年十二月底止，新收金陵支應局撥款庫平銀二萬六千八百二十六兩有奇。遵照部議章程，各歸各部覈銷，計應歸户部覈銷銀九千一百六十二兩有奇，兵部覈銷銀一千五百五十兩有奇，工部覈銷銀一萬六千九十六兩有奇，統共請銷庫平銀二萬六千八百九兩有奇。實存庫平銀一十六兩有奇，歸於十一年分舊管項下跟接造報。詳請具奏前來。臣復覈無異。

除將送到清册分咨户、兵、工三部暨總理衙門查明覈銷外，謹會同江蘇巡撫臣衛榮光恭摺具奏，伏乞皇太后、皇上聖鑒，敕部查照，謹奏。

光緒十一年十二月十二日軍機大臣奉旨：該衙門知道。欽此。

中國第一歷史檔案館等《中國近代兵器工業檔案史料》第一輯《黄毓恩等報銷四川機器局光緒十年支用經費四柱清册光緒十一年十一月》 辦理四川機器總局爲造銷事。

今將本局自光緒十年正月初一日起至十二月底止，領到成綿道庫土貨釐金銀兩以及各項支銷，分別款目，造具四柱細數清册，咨部請銷施行。

須至册者，計開：

舊管：無。

新收：光緒十年分，一、收成綿道庫土貨釐金，庫平銀一十萬零七百七十九兩四錢一分三釐二毫八絲七忽五微。

開除：一、支前借用督中協箭道給還地基、房屋價，用庫平銀三千四百二十一兩。以上給發還督中協箭道地基、房屋價用庫平銀三千四百三十一兩。

一、支買二十尺長螺絲車床一部，庫平銀九百四十五兩。一、支買十二尺長螺絲車床一部，庫平銀六百三十五兩。一、支買八尺長螺絲車床一部，庫平銀三百九十兩。一、支買六尺長螺絲車床八部，每部價銀二百五十二兩五錢，合庫平銀二千零二十兩。一、支買六尺長刨床一部，庫平銀五百七十兩。一、支買小號連架刨床一部，庫平銀五百八十七兩五錢。一、支買磨槍機器一部，庫平銀一千三百五十兩。一、支買四馬力汽錘、鍋爐、汽筒全副，庫平銀一千三百六十兩。一、支買手摇鑽床二部，每部價銀一百五十兩，合庫平銀三百兩。一、支買自行上下鑽床二部，每部價銀一百七十兩，合庫平銀三百四十兩。一、支買三十寸齒輪風鼓一部，庫平銀一百一十七兩五錢。一、支買紫口生鐵四十八噸，每噸計重一千六百八十斤，每噸價銀二十三兩二錢五分，合庫平銀一千一百一十六兩。一、支買三分至二寸徑八棱鋼五千二百六十八磅，每磅計重十二兩，每磅價銀一錢，合庫平銀五百二十二兩八錢。一、支買三分至二寸四分徑撞模刀鋼五千九百二十六磅，每磅計重十二兩，每磅價銀二錢二分，合庫平銀一千三百零三兩七錢二分。一、支買鋼絲二千一百二十六磅半，每磅計重十二兩，每磅價銀一錢八分五釐，合庫平銀三百九十三兩四錢零二釐五毫。一、支買快鋼一萬一千三百三十二磅，每磅計重十二兩，每磅價銀六分二釐五毫，合庫平銀五百零八兩二錢五分。一、支買鉀養緑養五一千一百磅，每磅計重十二兩，每磅價銀四錢，合庫平銀四百四十兩。一、支買安的磨泥一千一百二十六磅，每磅計重十二兩，每磅價銀一錢四分，合庫平銀一百五十七兩六錢四分。

一、支買黃薩泐摩泥八百九十五磅，每磅計重十二兩，每磅價銀六錢，合庫平銀五百三十七兩。一、支買白薩泐摩泥二百八十二磅，每磅計重十二兩，每磅價銀二錢八分，合庫平銀七十七兩九錢六分。一、支買紫銅皮帶釘一千一百零五磅，每磅計重十二兩，每磅價銀三錢八分，合庫平銀四百一十九兩九錢。一、支買舍來克二百十三磅，每磅計重十二兩，每磅價銀六錢五分，合庫平銀一百七十五兩五錢。一、支買硫强水六十四箱，計重九千六百零六磅，每磅計重十二兩，每磅價銀五分，合庫平銀四百八十兩零三錢。一、支買鹽强水二十瓶，計重一千四百七十二磅，每磅計重十二兩，每磅價銀二錢八分，合庫平銀四百一十二兩一錢六分。一、支買白鉛皮三百二十張，計重五千九百三十四磅，每磅計重十二兩，每磅價銀七分，合庫平銀四百一十五兩三錢八分。一、支買黑鉛粉八百六十磅，每磅計重十二兩，每磅價銀二錢五分，合庫平銀二百一十五兩。一、支買二分厚白象皮五十磅，每磅計重十二兩，每磅價銀三錢，合庫平銀一十五兩。一、支買繪圖紙五十磅，每磅計重十二兩，每磅價銀三錢五分，合庫平銀一十七兩五錢。一、支買膽矾十二磅，每磅計重十二兩，每磅價銀九分五釐，合庫平銀一兩九錢。一、支買二寸四分至三寸徑洋圓鐵四百八十根，計重五萬一千二百五十八斤十二兩，每斤價銀二分六釐，合庫平銀一千三百三十二兩七錢二分七釐五毫。一、支買二分徑小洋鐵條三千二百斤，每斤價銀三分，合庫平銀九十六兩。一、支買一分厚英鐵板二十塊，計重二千六百斤，每斤價銀三分，合庫平銀七十八兩。一、支買寶砂五十斤，每斤價銀三錢，合庫平銀一十五兩。一、支買四寸至二尺長銼刀二百打，每打計十二件，每打價銀三兩八錢五分，合庫平銀七百七十兩。一、支買細砂布一千打，每打計十二張，每打價銀一錢七分，合庫平銀一百七十兩。一、支買四開木尺一十六打，每打計十二隻，每打價銀四兩，合庫平銀六十四兩。一、支買玻璃管十六打，每打計十二隻，每打價銀二兩五錢，合庫平銀四十兩。一、支買銅砂布一百打，每打計十二張，每打價銀二錢七分，合庫平銀二十七兩。一、支買木砂紙一百打，每打計十二張，每打價銀一錢四分，合庫平銀一十四兩。一、支買鉛筆二十打，每打計十二隻，每打價銀五錢，合庫平銀一十兩。一、支買三分至二寸五分徑汽管二百根，計三千二百五十八尺，每尺價銀三錢五分，合庫平銀一千一百四十兩零三錢。一、支買三分至五分白鐵鏈三百尺，每尺價銀三錢，合庫平銀九十兩。一、支買紅銅絲布二十尺，每尺價銀三錢五分，合庫平銀七兩。一、支買五分象皮管五十尺，每尺價銀三錢，合庫平銀一十五兩。一、支買白鐵絲布二十尺，每尺價銀二錢，合庫平銀四兩。一、支買馬口鐵一百六十箱，每箱價銀五兩九錢五分，合庫平銀九百五十二兩。一、支買紅洋粉三十二箱，每箱價銀六兩五錢，合庫平銀二百零八兩。一、支買考不凡力水四十八箱，每箱價銀三兩五錢，合庫平銀一百六十八兩。一、支買白洋漆三十二箱，每銷價銀二兩二錢五分，合庫平銀七十二兩。一、支買市火坭八箱，每箱價銀六兩二錢五分，合庫平銀五十兩。一、支買脫水炭六箱，每箱價銀八兩五錢，合庫平銀五十一兩。一、支買白薄玻璃片十箱，每箱價銀八兩五錢，合庫平銀八十五兩。一、支買老虎鉗五十把，每把價銀五兩五錢，合庫平銀二百七十五兩。一、支買手鉗四十把，每把價銀二兩二錢，合庫平銀八十八兩。一、支買小棹鉗二十把，每把價銀二兩五錢，合庫平銀五十兩。一、支買生菜油四箱，計二百八十八瓶，每瓶價銀一錢五分，合庫平銀四十三兩二錢。一、支買鋼手鋸八十把，每把價銀三兩，合庫平銀二百四十兩。一、支買洋火磚八千塊，每塊價銀五分，合庫平銀四百兩。一、支買鐵螺絲釘三百二十包，每包價銀三錢，合庫平銀九十六兩。一、支買鋼鋸皮一百六十張，每張價銀四錢五分，合庫平銀七十二兩。一、支買二分至一寸螺絲鋼鑽三十二隻，每隻價銀五錢七分，合庫平銀一十八兩二錢四分。一、支買秋葉螺絲板十副，每副價銀四兩，合庫平銀四十兩。一、支買搖鑽五副，每副價銀三兩五錢，合庫平銀一十七兩五錢。一、支買玻璃甑二十個，每個價銀三兩八錢三分，合庫平銀七十六兩六錢。一、支買量藥水輕重浮表四隻，每隻價銀四兩三錢，合庫平銀一十七兩二錢。一、支買繪圖器具二匣，每匣價銀十八兩，合庫平銀三十六兩。一、支買螺絲幫鑽十把，每把價銀二兩五錢，合庫平銀二十五兩。一、支買紅銅油鼠壺二十把，每把價銀九錢，合庫平銀一十八兩。一、支買號頭十副，每副價銀一兩五錢，合庫平銀一十五兩。一、支買平水尺二隻，每隻價銀三兩，合庫平銀六兩。一、支買白英紙五包，每包價銀五錢五分，合庫平銀二兩七錢五分。一、支買洋皂二箱，每箱價銀八錢，合庫平銀一兩六錢。一、支買大瓷鍋二個，每個價銀四兩一錢五分，合庫平銀八兩三錢。一、支買寒暑表一隻，庫平銀二十兩。一、支買寶砂磨輪五十個，每個價銀一兩五錢，合庫平銀七十五兩。以上給發上海購買外洋機器、洋鋼、鐵、銼、藥料等件項下，支用庫平銀二萬三千一百二十九兩八錢三分。

一、支由英國運機器至上海輪船水脚，庫平銀九百三十五兩。【略】以上給發上海購買外洋機器、洋鋼、鐵、銼、藥料等件運脚項下，支用庫平銀四千九百三十三兩一錢四分。

一、支採買委員一員，赴上海購買外洋機器、洋鋼、鐵、銼等件，來往計三百九十五日，每日盤費銀三錢，合庫平銀一百一十八兩五錢。【略】以上給發上海購買外洋機器、洋鋼、鐵、銼等件來往盤費、夫馬項下，支用庫平銀一千二百九十五兩六錢。

一、添修洋火藥局錘藥房十間【略】以上給發添修洋火藥局錘藥房及西門外開挖水溝項下，支用庫平銀一千零七十三兩六錢八分零六毫二絲五忽。

一、支買頂上紅銅二萬斤，每斤價銀一錢八分五釐，合庫平銀三千七百兩。

一、支買淨鉛十萬斤，每斤價銀五分二釐，合庫平銀五千二百兩。【略】以上給發製造洋槍、洋火藥、銅帽、藥彈並機器等件購買鋼、鐵、銅、鉛、油、炭、牙硝及一切雜用項下，支用庫平銀二萬八千七百七十八兩九錢六分二釐六毫六絲二忽五微。

一、支總理局務一員，自光緒十年正月初一日起至十二月底止，連閏計十三個月，每員每月薪水銀五十兩，合庫平銀一千三百兩。

一、支製造委員二員，自光緒十年正月初一日起至十二月底止，連閏計十三個月，每員每月薪水銀八十兩，合庫平銀二千零八十兩。

一、支文案正委一員，自光緒十年正月初一日起至十二月底止，連閏計十三個月，每月薪水銀十六兩，合庫平銀二百零八兩。

一、支文案副委一員，自光緒十年正月初一日起至十二月底止，連閏計十三個月，每月薪水銀十二兩，合庫平銀一百五十六兩。

一、支支發正委一員，自光緒十年正月初一日起至十二月底止，連閏計十三個月，每月薪水銀十六兩，合庫平銀二百零八兩。

一、支支發副委一員，自光緒十年正月初一日起至十二月底止，連閏計十三個月，每月薪水銀十二兩，合庫平銀一百五十六兩。

一、支收發正委一員，自光緒十年正月初一日起至十二月底止，連閏計十三個月，每月薪水銀十六兩，合庫平銀二百零八兩。

一、支收發副委一員，自光緒十年正月初一日起至十二月底止，連閏計十三個月，每月薪水銀十二兩，合庫平銀一百五十六兩。

一、支採買正委一員，自光緒十年正月初一日起至十二月底止，連閏計十三個月，每月薪水銀十六兩，合庫平銀二百零八兩。

一、支採買副委一員，自光緒十年正月初一日起至十二月底止，連閏計十三個月，每月薪水銀十二兩，合庫平銀一百五十六兩。

一、支營造正委一員，自光緒十年正月初一日起至十二月底止，連閏計十三個月，每月薪水銀十六兩，合庫平銀二百零八兩。

一、支營造副委一員，自光緒十年正月初一日起至十二月底止，連閏計十三個月，每月薪水銀十二兩，合庫平銀一百五十六兩。

一、支監工正委一員，自光緒十年正月初一日起至十二月底止，連閏計十三個月，每月薪水銀十六兩，合庫平銀二百零八兩。

一、支監工副委一員，自光緒十年正月初一日起至十二月底止，連閏計十三個月，每月薪水銀十二兩，合庫平銀一百五十六兩。

一、支火藥所正委一員，自光緒十年正月初一日起至十二月底止，連閏計十三個月，每月薪水銀十六兩，合庫平銀二百零八兩。

一、支火藥所副委一員，自光緒十年正月初一日起至十二月底止，連閏計十三個月，每月薪水銀十二兩，合庫平銀一百五十六兩。

一、支司事三十二名【計七所、九廠，每所二名，每廠二名】，光緒十年正月初一日起至十二月底止，連閏計十三個月，每名每月薪水銀八兩，合庫平銀三千三百二十八兩。

一、支司雜二十六名【計八所、九廠，每所一名，每廠二名】，自光緒十年正月初一日起至十二月底止，連閏計十三個月，每名每月薪水銀四兩，合庫平銀一千三百五十二兩。

一、支字識二名，自光緒十年正月初一日起至十二月底止，連閏計十三個月，每名每月工食銀四兩，合庫平銀一百零四兩。

以上給發委員、司事、司雜薪水項下，支用庫平銀一萬零七百一十二兩。

一、支各項大役十八名，自光緒十年正月初一日起至十二月底止，連閏計十三個月，每名每月口食銀一兩八錢，合庫平銀四百二十一兩二錢。

以上給發局中夫役工食項下，支用庫平銀四百二十一兩二錢。

一、支超等機器工匠六名，自光緒十年正月初一日起至十二月底止，連閏計十三個月，每名每月辛工銀二十兩，合庫平銀一千五百六十兩。

一、支一等機器工匠二十六名，自光緒十年正月初一日起至十二月底止，連閏計十三個月，每名每月辛工銀十二兩，合庫平銀四千零五十六兩。

一、支二等機器工匠六十名，自光緒十年正月初一日起至十二月底止，連閏計十三個月，每名每月辛工銀八兩，合庫平銀六千二百四十兩。

一、支三等機器工匠一百零七名，自光緒十年正月初一日起至十二月底止，連閏計十三個月，每名每月辛工銀五兩，合庫平銀六千九百五十五兩。

一、支四等機器工匠一百六十六名，自光緒十年正月初一日起至十二月底止，連閏計十三個月，每名每月辛工銀三兩四錢，合庫平銀七千三百三十七兩二錢。

一、支五等機器工匠三十七名，自光緒十年正月初一日起至十二月底止，連閏計十三個月，每名每月辛工銀一兩八錢，合庫平銀八百六十五兩八錢。

以上給發匠作辛工項下，支用庫平銀二萬七千零一十四兩。

統計一册總共支用庫平銀一十萬零七百七十九兩四錢一分三釐二毫八絲七忽五微，理合登明。

實在：無存。

國家圖書館分館《清光緒兵部奏稿》第六册 再，據四川總督將四川機器局光緒十年及十一年分用款分案造册，奏咨送部覈銷前來。查册開夫船脚價一款，臣部前覈湖北報銷案内，其雇船水脚按照定例，每百斤每百里支水脚銀一分，逆水每一千五百斤給縴夫銀五分，加以船户水手口糧統計，每百斤每百里需銀一分六釐，迭經照銷在案。今川省購辦機器鋼鐵等件，由上海、漢口分別雇船逆水縴運抵川，以册造斤重里數覈計，均未逾每百斤每百里給銀一分六釐之數，所有請銷銀三千七百十一兩七錢，應準開銷。其由英國運機器等件，至上海請銷輪船水脚銀九百三十五兩，既係與外洋交涉之款，此次姑予照準。惟查外洋水脚等銀雖不能繩以中國例章，但外洋向以噸磅計，算自不難，按噸按磅開支水脚原值若干，給保險費若干，亦不難明晰開載，嗣後應由該督妥議章程，咨部立案，不得藉詞外洋率請準銷。此外請銷押解長夫每名日支口食銀八分，並局設各項夫役十八名每名月支口食銀二兩八錢，均與臣部銷過天津機器局長夫日支工食銀一錢之數有減無浮，所有請銷銀一千三百十五兩六錢亦應準其開銷。惟由上海搬運機器等件上船，及漢口撥載並抵川搬運進城脚力銀二百八十六兩四錢四分，未將如何開支脚價之處，詳細聲明，臣部無憑覈銷，應令該督轉飭查明聲覆，報部再行覈銷。以上統計，臣部準銷銀五千九百六十二兩三錢，行查銀二百八十六兩四錢四分，其餘册造薪水、工食、盤費以及購辦物料價值，應由户工二部覈辦，理合附片陳明，伏乞聖鑒訓示遵行，謹奏。

中國第一歷史檔案館等《中國近代兵器工業檔案史料》第一輯《丁寶楨奏銷四川機器局光緒十年支用經費摺光緒十一年十二月初六日》 太子少保頭品頂戴降三級留任四川總督臣丁寶楨跪奏，爲川省機器局支用經費照章造册報銷，恭摺仰祈聖鑒事。

竊查川省前設機器局，自光緒三年十月起至九年十二月底止，業將支用經費數目開單奏報在案。

兹據辦理機器局員兼署成綿龍茂道黄毓恩、候補道黄錫燾會詳：奉準部定新章，各省報銷，以後必須分晰造册，每年奏報一次，不得籠統含混等因。查川省機器局自光緒十年正月初一日起至十二月底止，局中修理機器一百四十六件，修理各營舊洋槍二千九百五十一桿、水龍二座、格輪礮一尊，續造機器三部，新造已成機器二百七十八件，造成各種洋槍三千零五十桿，後膛礮一尊，已成藥彈一十八萬四千三百七十顆、銅帽六百二十八萬顆、鉛彈五十三萬顆，已成洋火藥六萬零二百斤，均經試放合用，已陸續解送籌餉局加謹存儲，以備應用。其未合成機器、槍藥、銅帽等件，歸入下次報銷。所有支用採買各項物料及委員薪水、匠作工資各經費，仍照原奏不動司庫正款，均於土貨釐金項下開支。統計十年分共支用庫平銀十萬七百七十九兩零，遵照部定新章，分晰造册，詳請奏咨覈銷等情前來。臣覆覈無異。

中國第一歷史檔案館等《中國近代兵器工業檔案史料》第一輯《丁寶楨奏四川機器局軍火生産發放存儲等情片光緒十一年十二月二十四日》 再，查外洋之所稱善戰者，其一在於槍礮之便利，其一在於士卒之敢死，此二者實爲用兵之長技。爲將者若不先知之而遽與人言敵，未有不戰敗無疑者。臣自法越事起後，頗知外洋用兵之法，不能不力與相持，故於練兵選將之方，切意經營，以求戰勝之術。今幸及三年，兵事稍足，差堪與之相持。至所造槍礮各項，查臣自到川後，創造已及五年，極知洋人槍礮之利，各國無敵，即專心致志加工仿造洋槍等件，爲數實不下一萬四五千桿，均經廣西、雲南及去年鮑超入滇之用，共去新造洋槍七千餘桿並未繳退。現在局中所存後膛洋槍僅三千四五百桿，前膛洋槍所存四千餘桿，屈計此數尚恐不敷(敵)[應]用，自不得不先事預籌。臣已於十一月内籌備款項，專令熟悉洋器之從九品高啓文親赴上海揀買各項後膛洋槍二千桿，以補不足。又另買克虜伯開花礮十位及再添購格林礮十位，以備戰時應用，計此數已足敷衍。臣現又速飭工匠等趕緊一面製造，計當足用，不致短缺。至中國向時所用之劈山礮位亦頗能致遠合用，俱經鮑超赴滇全數提去，未曾歸還。現別令提臣另造得用之劈山礮七十餘尊，此外另造合用之抬槍五百桿備用。有此利器，將來或不至失利於敵。至現時應用火藥、丸彈、銅帽一項，計局中除撥用外，尚存九萬餘斤，臣復飭加工趕造，計一月可得藥七千餘斤，屆時尚可得十七八萬之譜，足資接濟。至籌備之款，除購買槍礮外，尚有贏餘，應作爲上次購買機器不足之項，以清欠款。容俟槍礮、機器到齊後，再行咨部備查。

所有臣飭赴上海籌辦槍礮、機器，現在籌款動用緣由，謹附片具陳，伏乞聖鑒，謹奏。

光緒十二年正月十三日軍機大臣奉旨：知道了。欽此。

中國第一歷史檔案館等《中國近代兵器工業檔案史料》第一輯《曾國荃奏請爲金陵製造洋火藥局擴建經費立案片光緒十一年十二月二十六日》 再，金陵火藥局從前衹有碾盤四副，嗣因出藥無多，續議添購八副，並增配各項機器，所有價值及先付定銀緣由，經臣於光緒十年十二月十六日附片奏明在案。

茲據金陵製造洋火藥局江蘇候補道孫傳樾等詳稱：前項碾盤八副及壓藥、光藥、烘藥、六角餅藥各項機器，全數購運到華，計正價英銀摺合規平銀四萬一千二百三十六兩有奇，除先付過定價銀一萬三千兩外，仍應找規平銀二萬八千二百三十六兩有奇，其由外洋裝運來華輪船水脚、保險等費，共規平銀七千九百一十三兩有奇，完納關稅規平銀一千八百六兩有奇。至各廠既經添購碾盤，則工作更形繁多，自亦必須添購車、刨、鑽、鋸等床各機器，並氣機、氣爐另行安設，始足相濟爲用。計各項以及碾廠備換齒輪等件，均經瑞生洋行續向外洋購運來華，計正價英銀摺合規平銀四千六百三十五兩有奇，裝運輪船水脚、保險等項規平銀八百八十七兩有奇，完納關稅規平銀二百二兩。以上統共摺合庫平銀五萬一千七百一十六兩有奇，均由金陵防營支應局撥給清款。惟舊廠基址狹隘，不足安置多件，該局員等爰於機器未到之先，豫爲增設廠屋之計，於本年六月間購集料物，雇募工匠，先將地工興築，次第建造碾藥、壓藥、光藥、六角餅藥、車刨鑽鋸機器各廠，以及提硝、儲硝、停藥等處房屋，廠內挑築土墩，一切工程，督同員匠人等逐一估計，約需經費銀三萬數千兩，一並由金陵防營支應局撥給應用。合之購買碾盤機器等項銀五萬一千七百兩有奇，共需銀八萬數千兩。此次增建規模，仍仿照洋式，難以營造成式相繩。詳請具奏前來。臣覆覈無異。除飭將動用款項俟工竣另行據實造册報銷外，所有洋火藥局添購碾盤、機器並增建廠屋動用經費銀數，理合附片陳明，伏乞皇太后、皇上聖鑒，敕部查照立案，謹奏。

光緒十一年十二月二十六日軍機大臣奉旨：該衙門知道。欽此。

中國第一歷史檔案館《德宗景皇帝實録》卷二二三《光緒十一年十二月下》

兩廣總督張之洞奏，遵查廣東機器局礙難裁撤局員，已革江蘇候補道温子紹報銷未能覈實，罰令賠捐示懲，並現籌整頓局務，以裨海防。得旨：温子紹賠繳銀二萬兩，即著撥充海防經費。

國家圖書館分館《清光緒兵部奏稿》第八册 再，據南洋大臣曾國荃將金陵機器局光緒十一年分第五案報銷造册，奏咨送部覈銷前來。臣等查册開自上海至金陵水路八百十里，雇用民船裝運生鐵洋煤每噸給水脚洋九角，查每噸計重一千六百八十斤，以定例每百斤每百里支銀一分之數，覈較尚屬有減無浮，所有請銷洋二千五百四十七元一角三分三釐，合庫平銀一千八百四十二兩八分六釐五毫八絲五忽六微，應準開銷。又册開機器總局火箭分局設搬運物料軍火長夫九十名，每名日支銀一錢，扣小建六日，計三百五十四日，共請銷湘平銀三千一百八十六兩，覈與上屆準銷成案及額設名數均屬相符，應準開銷。又平底常船二號，每號舵工一名、頭工一名、槳手六名，均每名一律日支銀一錢，覈與準銷成案相符，所有請銷湘平銀五百六十六兩四錢，應準開銷。又鐵及殼一鳧小輪船一號，計六匹馬力，配管駕、舵水人等十員名，月支薪糧銀四十九兩四錢公費銀十二兩，覈與該大臣奉明原案相符，所有請銷湘平銀七百二十八兩九錢一分九釐九毫八絲八忽二微，應準開銷。以上統計，臣部準銷庫平銀六千一百六十六兩四錢三分二釐八毫六忽，理合附片陳明，伏乞聖鑒訓示，遵行，謹奏。

中國第一歷史檔案館等《中國近代兵器工業檔案史料》第一輯《曾國荃奏金陵製造洋火藥局添購新碾開工酌加經費摺光緒十二年八月十四日》 太子少保兩江總督一等威毅伯臣曾國荃跪奏，爲洋火藥局添建機器各廠現已一律竣工，並開用新碾四副，酌加經費緣由，恭摺仰祈聖鑒事。

竊金陵洋火藥局添購碾盤機器並增建廠屋需用經費銀數，經臣於光緒十一年十二月十六日附片奏明在案。

茲據金陵製造洋火藥局江蘇候補道孫傳樾等詳稱：前項續建碾藥、壓藥、光藥、六角餅藥、車刨鑽鋸機器各廠，以及提硝、儲硝、停藥處所及匠房等處工程，均於本年五月底一律竣工，即於六月初一日添派通曉氣機司事及弁兵、匠役人等開用新碾四副，並工製造。該局員爲極力節省經費起見，復就原估添購碾盤之數多方酌劑，設法通融，現計先開四副，合之舊碾四副，已足備供本省防軍之用。此外尚存新碾四副，留俟日後工程緊急之時再行開用。茲就此次開用新碾四副加造火藥，酌量料物、工資、薪糧等項，每年應增經費約需銀一萬四千數百兩。查前定常年經費銀四萬兩，嗣減洋匠通事，增派總理氣機委員，以增抵減計需銀三萬七千數百兩，合之添碾加造需銀一萬四千數百兩，總共約需銀五萬二千兩。此項經費擬請統由金陵防營支應局撥用。嗣後留存新碾四副，如需一並開造，以及閏月、夜作加工、添購機器、修造廠房一切應增經費，容俟隨時酌定報明，以昭覈實。詳請具奏前來。臣覆覈無異。

除飭將動用加撥款項年終匯案據實造報並咨部查照外，所有洋火藥局添建機器各廠現已一律竣工，並開用新碾四副，酌加經費緣由，謹會同江蘇巡撫臣崧駿恭摺具陳，伏乞皇太后、皇上聖鑒，敕部查照施行，謹奏。

光緒十二年八月二十八日軍機大臣奉旨：該部知道。欽此。

中國第一歷史檔案館等《中國近代兵器工業檔案史料》第一輯《曾國荃奏銷金陵製造洋火藥局添購機器增建廠屋費用摺光緒十二年十月初一日》 太子少保兩江總督一等威毅伯臣曾國荃跪奏，爲洋火藥局添購碾盤、機器，增建屋，用過經費專案造册報銷，恭摺仰祈聖鑒事。

竊金陵製造洋火藥局添購碾盤、機器價脚等項，並增建廠屋約估工程經費，業經臣先行奏明在案。

茲據江蘇候補道孫傳樾、郭道直等詳稱：此次建造規模、安配事宜，皆仿洋式辦理，自上年六月間外洋碾盤、機器陸續到華，當即採買物料，雇募工匠，增建碾藥、壓藥、光藥、六角餅藥暨車刨鑽鋸機器各廠，以及停藥、提硝、儲硝、儲柳枝棧屋羣房各處所，廠內接開引河、堆築土墩各項工程，均於本年五月底一律完竣。一切地工，悉照前建廠屋做法，力求結實，需用物料多係購自外洋，工資、薪糧、物價實難以常例相繩，然皆力求撙節，不任稍有浮冒。今自光緒十一年六月起截至十二年五月底止，舊管無項。新收金陵防營支應局撥款，並收回奉部删除洋匠來華盤費多支款項，共銀八萬九千四百八十一兩有奇。除開項下，遵照部議章程，各歸各部覈銷，計應歸户部覈銷銀一萬一千六百二十七兩有奇，兵部覈銷銀一萬二十二兩有奇，工部覈銷銀六萬七千六百二十六兩有奇，統共請銷銀八萬九千二百七十六兩有奇，俱係實用實銷，並未逾原估銀數。實存銀二百四兩有奇，仍解還支應局歸款，以清款目。造具收支各款總散清册，詳請奏咨前來。臣覆覈無異。

除將圖册咨送總理衙門及户、兵、工三部查照外，謹會同江蘇巡撫臣崧駿恭摺具陳，伏乞皇太后、皇上聖鑒，敕部覈銷，謹奏。

光緒十二年十月十五日軍機大臣奉旨：該衙門知道。欽此。

國家圖書館分館《清光緒兵部奏稿》第一三册 兵部謹奏，爲覈覆金陵機器局報銷，恭摺仰祈聖鑒事。前據南洋大臣曾國荃奏，金陵機器局添購機器，拓增廠屋，動用經費造册報銷一摺，奉硃批：該衙門知道。欽此。欽遵到部，隨據造册咨送前來，當經臣部以册開水脚保險等銀一款，僅有籠统總數，並未遂細分晰，爰將原册發還，另造分晰妥册送部，再行覈銷在案。茲據該大臣分晰聲覆前來，查臣部前覈北洋報銷案內其水脚保險一項，按廠價一五成覈銷在案，此次册造添購機器各件，共廠價規平銀六萬零七百二十五兩零六釐四毫二絲二忽九微，請銷水脚保險規平銀八千九百六十六兩一錢六分九釐二毫三絲三忽二微，未逾一五成之數，應準開銷。其英國來往電報四十八字，請銷規平銀六十二兩一錢八分一釐七毫三絲七忽二微，未據開明字價細數若干。至鐵路火車費，規平銀八百六十六兩一錢八分九釐二毫五絲四忽四微，查前項火車費僅有總數，其按若干斤若干里支銀若干之處，亦未據詳細開列，應令該大臣轉飭詳細查明，一併咨覆。臣部再行覈銷，並將由中國電外洋各國官報價值數目章程抄録全分，隨案咨送。臣部辦理毋得遲漏，此外行用規平銀一千四百二十四兩一錢六分二釐三毫七絲四忽九微，係屬户工二部應銷之款，應由臣部照册抄單移咨户工二部覈銷，以符向章。又江船水手口糧一款，查册開雇用江船水手，每隻自十名至六名不等，每名日支銀一錢，覈與該局歷次準銷成案相符，所有請銷湘平銀二千一百三十五兩回錢，應準開銷。以上統計，臣部準銷庫平銀一萬零二百三十五兩九錢六分四釐九毫八絲一忽四微，行查及劃歸户工二部覈銷庫平銀二千一百五十一兩九錢一分八釐六毫二絲四忽七微，其餘册造薪水、口糧、工價、機器價值等項銀兩，應由户工二部覈銷。所有臣等覈覆金陵機器局報銷緣由，理合恭摺具陳，伏乞聖鑒訓示遵行，謹奏。

中國第一歷史檔案館等《中國近代兵器工業檔案史料》第一輯《游智開奏銷四川機器局光緒十一年支用經費摺光緒十二年八月初十日》 暫行護理四川總督

二品銜按察使臣游智開跪奏，爲川省機器局支用經費照章造册報銷，恭摺仰祈聖鑒事。

竊查川省前設機器局，自光緒三年十月起至十年十二月底止，業經將支用經費數目開單奏報在案。

兹據辦理機器局員兼署成綿龍茂道黄毓恩、候補道黄錫燾會詳：奉準部定新章，各省報銷，以後必須分晰造册，每年奏報一次，不得籠統含混等因。查川省機器局自光緒十一年正月初一日起至十二月底止，局中修理機器一百五十八件，修理各營舊洋槍三百六十八桿，水龍五座，續造機器四十四種，新造機器一百六十二件，造成各種洋槍二千八百八十二桿，已成藥彈二十三萬四百顆，鉛彈四萬五千顆，銅帽五百萬顆，已成洋火藥六萬一千八百八十斤，均經試放合用，已陸續解送籌餉局加謹存儲，以備應用。其未合成機器、礮位、銅帽、藥彈等件，歸入下次報銷。所有局中支用修理房屋、水機器及購買民房，採辦各項物件並委員薪水、匠作工資各經費，仍照原奏不動司庫正款，均於土貨釐金項下開支。統計十一年分共支用庫平銀七萬四千四百九十九兩八錢零，遵照部定新章，分晰造册，詳請奏咨覈銷等情前來。臣覆覈無異。

除册送部外，理合恭摺具奏，伏乞皇太后、皇上聖鑒，謹奏。

光緒十二年九月初十日軍機大臣奉旨：該部知道。欽此。

中國第一歷史檔案館等《中國近代兵器工業檔案史料》第一輯《曾國荃奏銷金陵製造洋火藥局光緒十一年支用經費摺光緒十二年十月初一日》 太子少保兩江總督一等威毅伯臣曾國荃跪奏，爲金陵製造洋火藥局支用經費第二案造册報銷，恭摺具陳，仰祈聖鑒事。

竊金陵設局製造洋火藥，自光緒十年閏五月初一日起截至是年十二月底止支用經費，業經列爲第一案分晰造册奏銷在案。

兹據該局員江蘇候補道孫傳樾、郭道直等詳稱：自光緒十一年正月接造火藥起截至是年十二月底止，舊管上届實存庫平銀一十六兩有奇。新收金陵防營支應局撥款庫平銀三萬八千五百九十八兩有奇。開除各款，遵照部議章程，各歸各部覈銷，計應歸户部覈銷銀一萬一千二百五十九兩有奇，兵部覈銷銀二千三百三十三兩有奇，工部覈銷銀二萬三千八百五十七兩有奇，統共請銷庫平銀三萬八千四百五十兩有奇。實存庫平銀一百六十四兩有奇，歸於十二年分舊管項下滚接造報。造具總散各册，詳請奏咨前來。臣覆覈無異。

除將送到清册分咨户、兵、工三部暨總理衙門查照覈銷外，謹會同江蘇巡撫臣崧駿恭摺具陳，伏乞皇太后、皇上聖鑒，敕部查照，謹奏。

光緒十二年十月十五日軍機大臣奉旨：該衙門知道。欽此。

中國第一歷史檔案館等《中國近代兵器工業檔案史料》第一輯《曾國荃奏金陵機器局新造小輪船一號其經常費用請準報銷片光緒十二年十月初一日》 再，臣前準兵部咨：覈復金陵機器局第四案報銷册造一皁輪船，係新造之船，按照新章，須將馬力、員名、月支銀數專案奏明後，方準覈銷等因。

現經飭據金陵機器局江蘇後補道郭道直、吴炳祥等詳稱：該局製造軍火，所需料物，均由滬地購辦。寧滬相距水程八百餘里，歷涉長江風浪之險，往往運解愆期，時虞不繼。就用存鐵皮等料，製造六匹馬力鐵皮殼小輪船一號，身長三丈三尺，寬八尺五寸，取名一皁，以備拖帶料物運船之用。該船管駕官一員，管車一名，升火一名，舵工一名，水手六名，共十員名。所需公費等款，按照南洋八匹馬力一壺輪船支數酌減，計月支薪糧湘平銀四十九兩四錢，又公費湘平銀十二兩，於光緒十年三月分起在製造經費項下動支，詳請附奏前來。臣覆覈無異。

謹會同北洋大臣李鴻章、江蘇巡撫臣崧駿附片具陳，伏乞聖鑒，敕部覈銷，謹奏。

光緒十二年十月十五日軍機大臣奉旨：該衙門知道。欽此。

王樹枏《張文襄公全集》卷一二七《致輪墩劉欽差柏林許欽差光緒十二年十月初九日發》 鑄錢機器請詢明設廠須地若干畝，屋若干間，工費約需若干，每日用匠夫若干人，煤若干頓，開辦時洋匠幾名，薪工若干，擬先鑄銅製錢並備鑄七錢重通行銀洋元。器須通用，望切商半年内趕造運到華，酌加價。懇速示。佳。

中國第一歷史檔案館等《中國近代兵器工業檔案史料》第一輯《曾國荃等奏銷金陵機器局光緒十一年支用經費摺光緒十二年十二月十四日》 兩江總督臣曾國荃、直隸總督臣李鴻章、江蘇巡撫臣崧駿跪奏，爲金陵機器局製造經費收支報銷，恭摺具陳，仰祈聖鑒事。

竊據江蘇善後防營報銷局、江寧布政使許振禕等詳稱：金陵機器製造局仿照外洋製造各式礮位、車輛、架具、炸彈、銅火，以及添配礮營需用物件，分設機器、翻沙、鐵、木、火箭各廠，雇募工匠，常川製造，事務紛繁。監督工作，採辦料物，催提押運，搬抬起卸各項，在在需人，必須分派經理，以期周妥。應需經費，酌定每年由海關撥解製造二成洋税銀五萬兩，江南籌防局撥銀三萬兩，揚州淮軍收支局撥銀二萬兩；嗣因駐防江蘇淮軍各營月操需用軍火，由金陵防營支應局每年加撥經費銀五千兩；又江防礮臺應須儲備各式槍礮子彈，每年由江南籌防局加撥經費銀五千兩；以爲常年製造之需。此外，江防礮臺如有添造軍火等項，隨時添撥。造成軍火分解南北洋濟用。所有製造物件，悉仿泰西之法，料件多係購自外洋，工資、薪費、物價實難以常例相繩，均皆力求撙節，實用實銷。業將截至光緒十年底止收支各款列爲第四案，分晰造册奏銷在案。

茲據該局將光緒十一年分收支用款，分晰造具報銷清册，由藩司許振禕等逐加勾稽。自光緒十一年正月起截至十二月底止，舊管：上屆第四案報銷光緒十年底止實存銀二百二兩有奇。新收：江南海關撥解製造二成洋税、江南籌防局、金陵防營支應局、揚州淮軍收支局撥款，暨收回款項，共計銀十一萬八千九十一兩一錢有奇。開除：購買機器、料物價值等項一册共計銀五萬五百四十五兩二錢有奇，工匠工食一册共計銀四萬八千五百五十九兩六錢有奇，委員、司事、親兵人等薪糧公費一册共計銀一萬一千二百五十七兩七錢有奇，裝運料物水脚、常船輪船長夫薪糧等項一册共計銀六千一百六十六兩四錢有奇，修理廠屋料物等項一册共計銀一千七百二十一兩有奇。遵照部議，各歸各部覈銷。計應歸户部覈銷銀五萬九千八百十七兩二錢有奇，兵部覈銷銀六千一百六十六兩四錢有奇，工部覈銷銀五萬二千二百六十六兩三錢有奇，共請銷銀十一萬八千二百五十兩一錢有奇，俱係覈實支給，並無浮冒。實存：銀四十三兩有奇，歸於光緒十二年分舊管項下滚接造報。所有該局光緒十一年分支給各款請銷數目清册，並製成軍火撥存四柱清册，由報銷局加造銀數收支四柱總册，列爲金陵機器製造局第五案報銷，一並具文詳送奏咨等情前來。臣等覆覈無異。

除將清册分别咨送總理衙門並户、兵、工三部查照覈銷外，所有金陵機器局經費收支報銷緣由，謹合詞恭摺具陳，伏乞皇太后、皇上聖鑒，敕部查照，謹奏。

光緒十二年十二月二十九日軍機大臣奉旨：該衙門知道。欽此。

中國第一歷史檔案館《光緒朝硃批奏摺》第一〇二輯《光緒十三年二月十九日兩江總督曾國荃摺》 太子少保兩江總督一等成毅伯臣曾國荃跪奏，爲製造洋火藥局閏月加工，循案酌加經費銀兩，恭摺仰祈聖鑒事。竊臣前於奏報金陵洋火藥局添建機器各廠一律竣工，並開用新碾四副，酌加經費摺内聲明，留存新碾四副，嗣後如須一併開造，以及閏月、夜作加工、添購機器、修造廠屋一切應增經費，容俟隨時酌定報明，以昭覈實。奉旨，該部知道，欽此，轉行欽遵在案。茲據金陵製造洋火藥局江蘇候補道章玕詳稱：竊查光緒十三年閏四月，全年計十三箇月，製造火藥加多，應需料物、工資、薪糧等項，若照常年經費五萬二千兩攤算，實屬不敷支用。覈計本年閏月應增經費約需銀四千四百兩，全年共需銀五萬六千四百兩，自應照案由金陵防營支應局陸續撥給，以資製造。詳請奏明立案前來。臣復覈無異。除飭將動用加撥銀兩年終彙案據實造報並咨部查照外，謹會同江蘇巡撫臣崧駿恭摺具陳，伏乞皇太后、皇上聖鑒，敕部查照，謹奏。

中國第一歷史檔案館《光緒朝硃批奏摺》第一〇二輯《光緒十三年三月十三日四川總督劉秉璋摺》 頭品頂戴四川總督臣劉秉璋跪奏，爲川省機器局各委員司事，勤奮辦公，照章擇尤保獎，恭摺仰祈聖鑒事。竊查前準總理海軍衙門咨光緒十二年七月十四日具奏，酌議保獎章程，並聲明部章窒礙情形，請量爲變通等因一摺，本日欽奉懿旨，依議，欽此。恭録並刷印原奏，咨行欽遵，查照在案。臣查川省自光緒三年九月，奏設機器局，遴委曉暢機器候選同知曾昭吉專司製造，於城内擇地建廠開工試辦，經前督臣丁寶楨檄調候補道黃錫燾來川，會同成綿龍茂道督飭委員在局經理年餘，規模初立，五年三月奉文停止，六年四月奉旨復開，仍委成綿龍茂道會同候補道黃錫燾，督率委員曾昭吉、候選巡檢高啓文等復行開局，添製機器，漸次推廣。該委員曾昭吉等心思奇巧，不用洋人，招考本地工匠、學徒，仿造外洋槍礮等項，並創製水輪機器，運動各廠，可省鍋鑪火力經費之半。又於城外設局專用水機，製造洋火藥。數年以來，該道等督率在局任事各員，莫不殫心竭慮，精益求精，業經造成機器三部，又機器一千一百五十九件，各種洋槍一萬四千九百一十三桿，洋火藥二十八萬五百九十餘斤，銅火帽一千三百七十五萬顆，後膛藥彈六十八萬五千五百七十顆，鉛子六十萬五千顆，洋礮三尊，歷經委員解交籌餉局收存，陸續轉發各營操防，並協濟雲南、廣西及鮑營軍火各在案。伏查局中製造工程奇險，滊機之迅厲，藥性之暴烈，稍未得法，皆足致命，該委員等冒險從公，著有成效。茲據成綿龍、茂道承厚、候補道黃錫燾援照海軍章程，詳請奏獎前來。臣查川省機器局自光緒三年開設，及六年奉旨復開起，迄今已届八年，該委員司事等歷年在局，不避艱險，造成機器槍藥等項，撥發應用均屬合式，非辦理尋常局務勞績可比，覈與海軍衙門原奏沿海省分操防機器，皆爲固圉要務，比照海軍保獎年限擇優酌保章程相符，謹將擬保各員開具清單，恭呈御覽。該員等或總司製作，或監視工程及綜理各所事務，實屬尤爲出力，前於光緒十年報銷案内，曾經造具花名清册，咨部有案，合無仰懇天恩，俯賜敕部查照海軍章程，從優給奬，以示鼓勵之處，出自逾格鴻慈。其餘在局任事，尚有武職數員，應由臣查明另行咨部酌給獎敘，合併陳明。陳咨部並分咨海軍衙門查照外，所有機器局各委員司事，在事出力，照章擇尤保獎緣由，理合恭摺具奏，伏乞皇太后、皇上聖鑒訓示，謹奏。

朱壽朋《光緒朝東華録》卷八二《光緒十三年四月》 曾國荃奏，臣前準户部咨，江蘇省操用軍火器械，均應在機器各局撥用，不準再向外洋購買。即有必須購買之件，亦應遵照奏定章程先行諮報户部暨海軍衙門，俟覈準請旨後，該省再與洋人定議一片。奉旨依議，欽此。等因。轉飭遵照在案。兹據防營支應局江寧布政使許振禕、江蘇候補道吴炳祥等詳稱，水陸各營前膛洋鎗，歷由支應局購解備撥。兹查留防項下實存前膛法國兵鎗爲數無多，而各營前領洋鎗，操用年久，多有損壞，現在紛紛换領，不敷撥給。竊查金陵機器局製造礮位礮彈，向無造鎗機器，無從仿造，上海機器局現係專造林明敦後膛洋鎗，其前膛鎗件停造已久，如須重造，仍須重置捲鎗機器及鑪座各件，工程頗鉅，則覈算造價，計當昂於現購之數。竊以各營平時操演多用前膛洋鎗，亦間操後膛以習手法，係爲節省藥彈愛惜鎗枝起見，現在存鎗無多，若由局另製，需費較多，自應擇便而從，以重款項。探悉上海洋行訂購價值尚廉，擬購辦前膛洋鎗二萬枝，其各防營現用之馬梯呢、黎意、毛瑟等項後膛洋鎗，該兩局均先未仿造，擬一並購辦一萬枝，配備藥彈一千萬顆，以資練習。此項價銀，一時籌措匪易，當分年陸續購辦，由留防軍需項下撥給造報，詳請奏咨前來。臣覆覈無異，合無仰懇天恩俯念洋鎗爲操防要件，現在存數不敷支發，若由局製造需費較鉅，準其照數購買，以利軍械而固海防。下所司知之。

中國第一歷史檔案館《光緒朝硃批奏摺》第一〇二輯《光緒十三年六月十九日四川總督劉秉璋摺》 頭品頂戴四川總督臣劉秉璋跪奏，爲川省機器局支用經費，照章造册報銷，恭摺仰祈聖鑒事。竊查川省前設機器局，自光緒三年十月起，至十一年十二月底止，業將支用經費各數目先後奏報在案。兹據辦理機器局員署理成綿龍茂道鍾肇立、候補道黄錫燾會詳奉準部定新章，各省報銷以後，必須分晰造册，每年奏報一次，不得籠統含混等因。查川省機器局自光緒十二年正月初一日起，至十二月底止，局中修理機器一百六十三件，修理各營舊洋槍一千三百八十九桿，續造機器三十三種，子母礮一尊，格輪礮一尊，新造機器一百七十八件，造成各種洋槍二千四百四十三桿，已成藥彈二十三萬四百顆，銅火帽二百一十五萬顆，已成洋火藥八萬一千四百八十斤，均經試放合用，已陸續解送籌餉局存儲，以備應用。其未合成槍礮藥彈銅帽等件，歸入下次報銷，所有局中支用修理房屋、水機器及採辦各項物料，並委員薪水、匠作工貲各經費，仍照原奏，不動司庫正款，均於土貨釐金項下開支。統計十二年分，共支用庫平銀六萬七千七百七十一兩二錢零，遵照部定新章，分晰造册，詳請奏咨覈銷等情前來。臣覆覈無異，除册送部外，理合恭摺具奏，伏乞皇太后、皇上聖鑒，謹奏。

中國第一歷史檔案館等《中國近代兵器工業檔案史料》第一輯《衛榮光奏浙江機器局光緒十一年五月至十二年四月採辦物料用過銀兩摺光緒十三年六月二十二日》 頭品頂戴浙江巡撫臣衛榮光跪奏，爲浙江省機器廠局委員購買外洋製造各項軍火物料用過價、脚等款，遵照部行新章，開單恭摺具奏，仰祈聖鑒事。

竊查浙江省設局，購買機器、建造廠屋動用經費，經升任撫臣劉秉璋飭據承辦委員，將建築機器廠屋以及購買機器、爐座，支發各款工料價脚銀兩，開單奏咨立案，欽奉諭旨，該部知道，欽此，欽遵在案。

所有光緒十一年五月分起至十二年四月底止，機廠局委員先後赴滬定購採辦製造浮沉水碰雷、開花礮彈、電綫拉火、銅帽、槍礮鉛子等各項軍火應需物料價脚、局用、薪資、匠工等款，現經飭據該委員等查明，共用過庫平銀七萬三千一百餘兩。遵照部行新章，分晰開摺，由防軍支應報銷局司道覈明，詳請先行奏咨立案。仍俟該委員等將所辦物料斤重數目、用過各項工價、水脚銀兩分晰劃清，查報到局，另開各款細數清摺，專案詳請奏咨覈銷等情前來。臣覆查無異。

除將送到清摺咨部外，謹繕具清單，恭摺具奏，伏乞皇太后、皇上聖鑒，敕部查照施行，謹奏。

光緒十三年七月初五日奉硃批：該部知道單。單并發。欽此。

清單

謹將浙省設立機器廠局，自光緒十一年五月分起至十二年四月底止，委員先後購買外洋製造各項軍火物料價脚以及司事薪水、各匠工資等款用過洋銀數目，繕具清單，恭呈御覽。

計開：

一、支發委員候補知府王恩咸等第一次赴滬採購外洋各種青鉛、各種生鋼、東洋元寶銅、可介子煤焦炭、黑松煤、機器各種洋油、栗木炭等價、脚，共規銀六千五百八十三兩六錢一分六釐、洋七百九十圓六角八分八釐。

一、支發委員候補知府王恩咸等第二次採購鋼銼、洋紙、皮帶、東洋元寶銅、可介子煤焦炭、申南煤、科發藥水藥料、天興崗栗炭、外洋各種白鉛、各種生鋼等價，脚，共規銀三千八百八十八兩八錢二分九釐，洋五千二百三十九圓六角九分八釐。

一、支發委員候補知府王恩咸等第三次赴滬採購外洋紫口生鐵、青鉛、玻璃管、銅汽鏢、英牛皮、機器油、外洋皮帶、螺絲並揰眼器具、義昌鐵橙砧、東洋介子煤、福昌栗炭、藍洋布等價，脚，共規銀九百四十三兩九分四釐，洋四百七十八圓四角一分。

一、支發委員候補知府王恩咸等第四次採購厚廣皮、紫銅皮、開花彈木信子、白藥磁缸、摩羅鐵板、洋燭、洋鐵條、義昌水泥、本紗頭、栗炭、化銅罐、義昌火泥、元寶紫銅、地亞士藥水等件價，脚，共規銀八百五十五兩四錢一分五釐，洋一千五百七圓三角八分。

一、支發委員候補知府王恩咸等第五次採購洋燒酒精、黃紅銅皮卷、黃銅條、手風箱、寶達石玻璃膽瓶、洋白皮帶、洋鐵條、洋鐵匣、義昌開平火磚、機器油、本棉紗、安的(庇)[摩]泥舍來克礟打施等價，脚，共規銀一千二十九兩七錢六分一釐，洋一千三百五十二圓五角六分七釐。

一、支發委員候補知府王恩咸等第六次採購洋生鐵、紫銅絲、玻璃桶、玻璃度數表、象皮、進水管、瓦罯爐、元寶紫銅、厚廣皮、條炭、松柴、洋茶油、鐵竹篩、義昌上焦炭、火油、鋼絲、化銅罐、科發錫箔等價，脚，共規銀三千一百一兩六錢九分，洋九百二十二圓二角三分。

一、支發委員候補知府王恩咸等第七次採購青鉛、羅馬員鐵、燒酒精、洋干漆、地亞士瓦罯紫銅、藥水桶、焊藥水、洋扁銼、半圓銼、裝槍子銅帽洋鐵匣等價，脚，共規銀五千四百八十五兩九錢四分一釐，洋三百三十圓八角六分八釐。

一、支發委員候補知府王恩咸等第八次採購元寶紫銅、紅銅、厚廣皮、洋燭、條炭、黑煤、洋鐵條、裝拉火洋鐵匣、各式木模、紫銅皮卷、英棉紗頭、黃銅條、玻璃藥水表、義昌方鐵、元條、花格鐵板、本紗頭、夾布象皮、軋、機器油、科發磺强水、硝强水、天興崗栗炭等價，脚，共規銀三千三百九十四兩六錢三分三釐，洋一千三百二十一圓六角五分八釐。

一、支發委員候補知府徐士霖等第九次採購電箱、腰黃、羅摩鐵板、鑄彈新生鐵、紅銅絲、松柴、松炭、洋茶油、雙層英皮帶、洋點錫、義昌洋鋼銼、英紗頭、五金塊錫、化銅罐、螺絲公母板、瓦罯爐、元寶紫銅、焦炭、白鉛、洋磅秤等價，脚，共規銀六千六十五兩八錢二分，洋一千四百七十五圓八角六分二釐。

一、支發委員候補知府李寶章等第十次採購瓦罯爐、元寶紫銅、膠布、象皮、進水管、英鐵板、造白藥磁缸、新生鐵、紡綢、洋標布、洋鐵條、木模紫泥等價，脚，共規銀五千七百八十兩七錢七分四釐，洋一千三百二圓八角五分。

一、支發委員候補知府李寶章等第十一次採購青鉛、羅馬員鐵、黃銅元條、八角鋼鐵汽管、羅馬鐵板、鍋釘、呂宋元寶紅銅、黃銅板、英元鐵、羅馬方鐵、義昌點錫、五會火泥、化銅罐、科發火酒、介子煤焦炭、細紅銅絲、生鐵、白象皮、紅砂土、五軋漆油、各色洋漆、裹絨綫等價，脚，共規銀四千三百八十六兩九錢五分、洋一千九百六十六圓三角五分四釐。

一、支發委員候補知府王贊鈞等第十二次採購瓦罯元寶紫銅、象皮、進水管、羅馬鐵板、鐵風箱、平水尺、洋白鉛、洋鐵條、磁缸、地亞士紫泥罐、洋膠、玻璃瓶、汽爐管、義昌紅銅板、鋼絲、化銅罐、本紗頭、科發洋藥、阜介子煤等價，脚，共規銀四千七百四十六兩八錢六分三釐，洋一千三十七圓三分五釐。

以上機器廠局委員計十二次赴滬採辦製造軍火各項外洋物料，用過價、脚共規銀四萬六千二百六十三兩三錢八分七釐，每九一五摺庫平銀四萬二千三百三十兩九錢九分九釐；洋一萬七千七百二十五圓五角九分，每七二摺庫平銀一萬二千七百六十二兩四錢二分五釐；又局用、薪水、洋本各匠辛工共洋二萬五千三十一圓六角一分七釐，每七二摺庫平銀一萬八千二十二兩七錢六分四釐。統計支發銀，洋共合庫平銀七萬三千一百十六兩一錢八分八釐。

中國歷史博物館《鄭孝胥日記》第一册《光緒十三年七月十五日》 晨，過幼蓮，少坐即返，蓮士同來午後，訪禮芸，禮芸晨來訪餘，不遇。偕詣梅灣，逢甘於明及鄉人葉、郭二人。葉號幼軒，船政學生，見在火藥局。郭號懋之，漳州人，故爲揚武兵船管輪，馬江之役，云爲礟傷，墜二指，墮水，有洋人救之得免也。今亦在火藥局，近又派任江陰差使，意大吏憫其被傷殘卒，欲獎之以爲勸歟。其狀黑瘠而瞿視。

中國第一歷史檔案館等《中國近代兵器工業檔案史料》第一輯《工部爲恭録硃批廣東製造槍彈廠建辦經費立案事致軍機處之咨文光緒十三年九月初五日》

查前項機器廠房等工，據稱五月工竣，應咨兩廣總督轉飭承修之員，迅將修竣各項工程，照例製具丈尺、做法工料銀兩清册，取具保固印結，繪圖貼説，依限送部覈辦，以符定例，而(照)〔昭〕覈實可也。

王樹枏《張文襄公全集》卷一三〇《致柏林許欽差光緒十三年九月二十七日發》

粵自製中小兵輪十艘，應配礮位，除已有外，請定購克虜伯後膛十五生鋼礮二尊，十二生鋼礮六尊，十生半鋼礮六尊，共十四尊，皆三十五倍口徑新式極長者，水師架件全每尊平常開花彈二百一十顆，鋼彈子六十顆，鋼葡萄彈三十顆，合每尊三百顆，棕色藥餅並銅拉火照式配足。又五管荷乞連珠礮十二尊，皆三十七倍口徑新式極長者，每尊平常開花彈七百顆，鋼葡萄彈二百顆，鋼開花彈一百顆，合每尊一千顆。水師架件全包運粵黄埔，共價若干，先付定銀若干，何時運齊，祈議妥速示。今年十二月可成小輪兩艘，望先趕造十二生兩尊，十生半兩尊，如能年内到華，早得配用。尤。感。

中國第一歷史檔案館等《中國近代兵器工業檔案史料》第一輯《劉銘傳奏請爲臺灣機器局購買機器模子銅片等費立案片光緒十三年十一月初三日》 再，前準部咨，各省購買外洋槍礮軍火等項，應將數目、物件價銀先行奏咨立案，方準造銷，自應遵照辦理。

茲查臺北設立機器局製造槍礮子彈，應需機器、模子、銅片各料件，先後委員分投採購，其已經購運到臺機器、模子、銅片備料件及添購洋槍、藥彈，連同船價、行用、保險各項，或以洋圓合銀，或以英鎊合銀，或以規圓合銀，均係據實摺合，共計銀八萬四千一百一十二兩六錢八分零二毫。請照部章先行開單詳請奏咨，以符定案等情，由善後局司道具詳前來。臣覆覈無異。

除飭該司道另行匯案造册報銷，並先咨明户、兵、工三部外，理合恭繕清單，懇請敕部查照立案，以符定章。謹附片陳明，伏乞聖鑒訓示。謹奏。

光緒十三年十二月初九日奉硃批：該衙門知道。單并發。欽此。

清單

謹將臺北設立機器局，購買外洋機器等項件數，開具清單，恭呈御覽。

謹開：

一、購洋水龍一(根)〔具〕，價洋一百四十圓。一、購自來水機器全副，價洋二千圓。一、購黎意新造碼子床一架，價洋九百九十圓。一、購黎意毛瑟小機器各一百一十八件，價洋一千圓。一、購哈乞開司、士乃打小機器各五十九件，價洋五百圓。一、購頂上生菜油一百四十四瓶，每瓶價洋三圓八角；中等二百四十四瓶，每瓶價洋二圓六角；次等五箱，每箱價洋二十四元：共洋一千三百零一元六角。一、購粗細砂布二千二百二十打，每打價洋二角四尖；砂磚二百塊，每塊價洋六尖：共洋五百四十四圓八角。一、購白棉紗一十包，每包價洋三十九圓；紗布頭三百磅，每磅價洋一尖一瓣：共洋四百二十三圓。一、購磺强水一百六十四磅，每磅價洋一角二尖五瓣；鹽强水四十磅，每磅價洋五角；硝强水一百磅，每磅價洋四角：共洋八十圓零五角。一、購紅丹粉五罐，每罐價洋二圓二角五尖；白漆五罐，每罐價洋一圓七角；白漆油五十桶，每桶價洋二圓；生漆油四桶，每桶價洋四圓五角：共洋一百三十一圓七角五尖。一、購洋火油三十箱，每箱價洋一圓六角四尖；火酒三十磅，每磅價洋四角；共洋六十一圓二角。一、購松香水四箱，每箱價洋六圓七角五尖；洋胰三千磅，每磅價洋六尖五瓣，硼砂四十斤，每斤價洋二角五尖：共洋二百三十二圓。一、購焊錫五磅，每磅價洋五角；點銅錫二十斤，每斤價洋二角五尖：共洋七圓五角。一、購六寸口虎鉗二把，每把價洋一十七圓零一尖；手用小老虎鉗四把，每把價洋七角五尖；化銅洋泥罐四個，每個價洋六圓：共洋六十一圓零二尖。一、購一分徑圓鐵絲二十廳，每斤價洋八尖；三分徑園鋼條一十根，每根價洋一圓八角六尖；一周半分徑圓鐵絲五斤，每斤價洋八尖：共洋二十圓零六角二尖。一、購棕刷十打，每打價洋一圓四角；一磅鋼榔頭一十把，每把價洋八角；磨刀石一塊，價洋五元：共洋二十七圓。一、購炭一萬二千斤，每百斤價洋一元二角，共洋一百四十四元。以上共用洋七千六百七十圓九角九尖，每圓洋平以七三摺合庫平銀五千五百九十九兩八錢二分二釐七毫。

一、購刨木床機器一副，英銀一百二十鎊。一、購錘床並鋸五把，英銀二百一十鎊。一、購五寸口徑至十二寸口徑礮用開花硬鐵彈内膛模子機器一十二副，英銀五百鎊。一、購硬鐵彈機器一十二副，英銀二百七十五鎊。一、購各種翻砂鐵箱機器四十八對，英銀二百七十五鎊。一、購各種彈子鑽眼機器一副，英銀三百八十三鎊。一、購磨各種彈子合度機器一副，英銀二百四十五鎊。一、購壓各種彈子銅箍在位機器一副，英銀三百七十五鎊。一、購各種彈子鉛螺絲彈蓋機器一副，英銀一百二十七鎊。一、購各種彈子頭、二次撞火及合成鑽眼各車床機器七副，英銀五百八十九鎊。一、購各種撞火銅帽、裝白藥及鑽眼、手板各機器四副，英銀四百鎊。一、購壓水大力裝大小各種彈匣機器二副，英銀一千四十鎊。一、購彈子内膛鋼模信子機器二百個，英銀八十鎊。一、購各種機器鑽刀全套，英銀一百五十鎊。一、購各種機器上下皮條、地軸、汽管、輪軸全副，英銀二百五十鎊。一、購運動飛輪汽機及鍋爐全副，英銀三百鎊。以上共用英銀六千零八十九鎊，每鎊四兩四錢，合規平銀二萬六千七百九十一兩六錢，每百兩一零九六摺庫平銀二萬四千四百四十四兩八錢九分零五毫。

一、購槍子殼銅片二百擔，每擔價銀三十兩，共規銀六千兩。一、購新式黎意連響兵槍三千桿，每桿價銀一十三兩五錢；皮帶三千條，每條價銀一錢五分：共規平銀四萬零九百五十兩。

一、購黎意槍子六十萬粒，後膛快槍子一萬五千粒，每千粒各價銀一十五兩，共規平銀九千二百二十五兩。一、支給盤運川資、運費等項，規銀四千七百零六兩八錢八分零四毫。一、支給洋人保險、行用各款，規銀一千四百九十五兩四錢七分九釐四毫。以上共用規銀六萬二千三百七十七兩三錢五分九釐八毫，九五摺，實規平銀五萬九千二百五十八兩四錢九分一釐八毫一絲，每百兩一零九六摺庫平銀五萬四千零六十七兩九錢六分七釐。

以上統共合庫平銀八萬四千一百一十二兩六錢八分零二毫。

硃批：覽。

中國第一歷史檔案館《光緒朝硃批奏摺》第一〇二輯《光緒十三年十一月二十八日直隸總督李鴻章摺》 業將截至光緒十一年底止，收支各款列爲第五案，分晰造册奏銷在案。茲據該局道員郭道直、吴炳祥將光緒十二年分收支用款分晰造具報銷清册，由該司許振禕等逐加勾稽，自光緒十二年正月起截至十二月底止，舊管，上届第五案報銷光緒十一年底止實存銀四十三兩有奇。新收，江南海關撥解二成洋税及江南籌防局、金陵防營支應局、揚州淮軍收支局撥款共計銀十一萬兩。開除，購買各項料物價值等項一册，共計銀四萬三千六百四十六兩有奇。工匠工食一册，共計銀四萬七千五百七十五兩八錢有奇。委員、司事、親兵人等薪糧公費一册，共計銀一萬一千二百五十七兩七錢有奇。裝運料物水脚，常船輪船長夫薪糧等項一册，共計銀五千九百五十三兩四錢有奇。修理廠屋料物等項一册，共計銀一千四百六十九兩三錢有奇。遵照部議，各歸各部覈銷，計應歸户部覈銷銀五萬八千八百三十三兩六錢有奇，兵部覈銷銀五千九百五十三兩四錢有奇，工部覈銷銀四萬五千一百十五兩四錢有奇，共請銷銀十萬九千九百二兩五錢有奇，俱係覈實支給，並無浮冒。實存銀一百四十兩五錢有奇，歸於光緒十三年分舊管項下滾接造報外，將該局造報光緒十二年分支給各款，請銷數目清册，並製成軍火撥存四柱清册，由報銷局加造銀款收支四柱總册，列爲金陵機器製造局第六案報銷，一併具文詳送奏咨等情前來。臣等復覈無異。除將清册、摺稿分别咨送總理衙門並户、兵、工三部查照覈銷外，所有金陵機器局經費收支報銷緣由，謹合詞恭摺具陳，伏乞皇太后、皇上聖鑒，敕部查照，謹奏。

中國第一歷史檔案館《光緒朝硃批奏摺》第一〇二輯《光緒十三年十二月初五日四川總督劉秉璋摺》 頭品頂戴四川總督臣劉秉璋跪奏，爲查明川省機器局機器未全，製造未精，擬請暫行停鑄各項洋槍，並在上海購買外洋槍彈各件，以節局費而利軍械，恭摺仰祈聖鑒事。竊查川省幅員遼闊，縱横皆三千餘里，外接番戎，西連藏衛，内多嘓匪、會匪，欲安疆宇必先整武備，欲整武備尤當先求利器。當此外洋各國，皆以槍礮雄視一時。前督臣丁寶楨於光緒三年升任來川，揆度時宜，創立機器局，選雇工匠，仿照外洋辦法，製造槍礮、藥彈、銅帽、洋火藥等件。觀其觀畫宏遠，用意深長，洵足爲整軍經武之用。惟其立志務在自强，是以仿用西法，不用西人，局中所用司事工匠皆中國之人，不雇洋匠，以致鑄造各項，究未得其真訣。又因機器不全，間用手器，所鑄之槍其大小厚薄，不能無毫釐之差。臣查上海、天津、金陵三廠，爲中國機器局之大觀，然皆未鑄後膛洋槍，而川省機器局竟公然鑄之，臣於去年冬間初到川時，詫爲神異，心竊喜之，將鑄成後膛各槍，深爲珍惜，留待有事之用，不肯輕發各營。迨至夏間，統領壽字泰安等營署提督臣錢玉興等諄求發給演試，始各酌發數十桿，以資操習。旋經各營演放多次，僉稱所發各槍，槍筒大小，不能劃一，後門槍彈多有走火，又多不能合膛，臣始爲驚詫，立派署提督臣錢玉興會同營務處候補知縣徐春榮、籌餉報銷局委員候補知府唐承烈，將局中鑄存後膛各槍日赴教場，逐一試放，果是槍筒槍彈均不一律，若以禦敵，必致誤事。臣覈計局中鑄槍工料，其用費已昂於外洋買價，如果所鑄各槍精良合用，猶可不惜小費，以圖自强，無如所鑄之槍，臣逐加考驗，其子路之及遠與準頭之取中，比較外洋所購，實已遠遜，以更貴之價，鑄無用之槍，殊不合算。臣現已飭局將各項洋槍暫停鑄造，裁減局中司事工匠，計自本年十一日起，每年約可節省局費銀二萬餘兩之譜，以所省局費，購備外洋槍彈，庶餉不虚糜，器皆利用。當此中外多事之際，軍械不可不預爲籌備，現已電致上海地亞士洋行，購定後膛毛瑟槍一千五百桿，每桿配子五百出，又購買前膛來復槍五千桿，並電購哈乞克司槍五百桿，每桿配彈八百出，以上需用槍價彈價，約計裁減局費兩年所省，即可敷用。其局中前已鑄成之槍，並由臣飭局設法修整勻配，留爲次等之用。至於現在留局司事工匠人等，當即飭令經管局員逐加挑選，認真妥辦。至後膛礮彈一項，現始飭局試行添鑄，其原鑄後膛槍子，因雜用手器，亦頗不甚得法，幸前督臣丁寶楨去年派員赴上海添購機器，現已陸續解運到川。將來機器安置停妥，飭令該局專鑄銅帽、後門槍彈、礮彈及趕造洋火藥，較有把握。除現購外洋槍彈各項，一俟購運到川，再將價脚專摺奏報，並咨部查照外，所有現在飭令機器局暫行停鑄各項洋槍並在上海購買槍彈各緣由，理合恭摺具奏，伏乞皇太后、皇上聖鑒訓示，謹奏。

中國第一歷史檔案館《中國近代兵器工業檔案史料》第一輯《曾國荃奏請准發操練金陵機器局造田雞礮之經常費用片光緒十三年十二月十四日》再，江海防務，以槍礮爲先，田鷄礮一項，尤爲軍中利器。茲據江南籌防局司道詳稱：准統領銘武春字等營記名提督張景春咨稱，前由金陵機器局造撥田鷄礮二十尊，業於濱江要隘蓋造礮房，外築垛墻，以資操練。惟此項礮位係用開花子彈，全在平時測算度數，講求取准之道，臨時乃能心手相應。蓋擬將來萬一有事，臺礮既上下并發，水雷從江心而起，此礮復認定洪路，縱横伺擊，相輔而行，來船即將面面受敵。然必時常演放，始能得其竅要。而操練此礮，非數十人不可，稍不合法，害亦隨之。擬募熟手教習一名，指示操法，約計每月薪資不過二十兩之數。加以操演需用藥袋、繩索以及油漆擦洗等費，每礮一尊約月給礮費三元即可敷用。詳請奏咨立案前來。臣查該統領所請，係爲力求製勝起見，所費非多而於防務實大有裨益，應即照准，以資練習。

除分咨查照外，理合附片具奏，伏乞聖鑒，敕部查照，謹奏。

硃批：該部知道。

蕭榮爵《曾忠襄公奏議》卷二九《洋火藥局添撥經費疏光緒十四年二月初八日》

奏爲洋火藥局添備、修理各項，酌撥經費，恭摺具陳仰祈聖鑒事。竊金陵洋火藥局常年經費，並添碾加造酌增經費，以及逢閏加工，經臣隨時奏明。並經聲明留存。新碾四副，如須一併開造，以及添購機器、修造廠屋一切應增經費，容俟隨時酌定報明，以昭覈實，迭經欽奉諭旨允准在案。茲據金陵製造洋火藥局江蘇候補道章玗等詳稱，該局自光緒十年夏間廠工告竣，開造火藥，煎提硝、磺，煅煉柳炭，逐日配製，所有鍋鑪、溉管等件時受火力，本易損壞，而皮帶梭織，飛輪鼓運，各廠屋上下震動，日久致多損裂，此外庫棧、局屋、羣房、圍墻又皆累年未加修葺，引河駁岸等處經水沖刷，亦未疏濬挑築，在在均難緩辦，必須添備購換，擇要興修。計添備鍋鑪、溉管等件約需銀二千餘兩，修理廠屋引河駁岸一切應用工料約需銀四千餘兩，統計需銀七千數百兩，擬仍照案由金陵防營支應局撥給應用。詳請奏咨前來。臣查該局額撥經費，係專供造藥支用之款，其歲修等項銀兩，本經聲明隨時酌定報明，以昭覈實。茲據詳稱，添備、修理各項統計約需銀七千數百兩，經臣覆加勘覈，委係撙節無浮，自應准其照案動辦，以保機器而重廠地。除飭將動用銀兩造册報銷並咨部查照外，謹會同江蘇巡撫臣崧駿恭摺具陳，伏乞皇太后、皇上聖鑒，敕部查照，謹奏。

中國第一歷史檔案館等《中國近代兵器工業檔案史料》第一輯《衛榮光奏浙江機器局光緒十二年五月至十三年四月採辦物料用過銀兩摺光緒十四年三月十五日》頭品頂戴浙江巡撫臣衛榮光跪奏，爲浙江省機器廠局委員續行採辦製造軍火外洋物料用過價脚等款，遵照新章開單具奏，恭摺祈仰聖鑒事。

竊準部行新章，各省設立機器局購買機器、外洋槍礮、電綫等件，應於事前奏明報部立案，事後方準覈銷等因。所有浙江省設局，購買機器、建造廠屋動用經費，及購買機器、爐坐支發各款工料價脚銀兩，經升任撫臣劉秉璋開單奏咨立案。又自光緒十一年五月分起至十二年四月底止，機器廠局委員先後赴滬定購採辦製造浮沉水碰雷、開花礮彈、電綫拉火、銅帽、(銷)〔槍〕礮鉛子等各項軍火應需物料價脚等款，並據該委員等查明共用過銀七萬三千一百餘兩，經臣於上年六月二十二日開單奏咨亦在案。

茲據防軍支應報銷局司道詳稱：現復飭據機器廠局委員將光緒十二年五月分起至十三年四月底止，續行赴滬採辦製造前項各軍火應需物料動用傷、脚，並局用、薪資、匠工等款，逐一查明，共用過庫平銀三萬一千一百四十餘兩，由局覈數相符，開摺詳請奏咨立案，以符定章。仍俟該委員等將所辦物料斤重數目，並用過各項工價、水脚銀兩，分晰劃清，查開綱數清摺到局，另再專案清銷等情前來。臣復查無異。

除將清摺咨部外，謹繕清單恭摺具奏，伏乞皇太后、皇上聖鑒，敕部查照施行，謹奏。

光緒十四年三月二十七日奉硃批：該衙門知道。單并發。欽此。

中國第一歷史檔案館《光緒朝硃批奏摺》第一〇二輯《光緒十四年四月二十四日四川總督劉秉璋摺》頭品頂戴四川總督臣劉秉璋跪奏，爲機器局委員親赴上海採購外洋槍礮機器，運解回川，因川河水險，在途沉失機器十三部，其餘槍礮、機器、鋼鐵各件，均已陸續到齊，謹將辦理情形，恭摺具陳仰祈聖鑒事。竊查光緒十一年十一月間，前督臣丁寶楨任内籌備款項，派令機器局委員補用從九高啓、文候選府經黄德純親赴上海購買外洋槍礮機器等件，當經附片奏明在案。該委員高啓文等帶同司事工匠親兵攜帶銀兩到滬，交由各洋行電知外洋，定購各種槍礮機器，因重洋遠隔，所購各件又多臨時新製，輾轉需時。經臣到任後，於十三年三月間，該委員高啓文始將各種槍礮子彈先行運解到川，其機器鋼鐵等件在宜昌分裝七船，由川河挽運，逆流而上，於十三年六月間行抵萬縣。因灘險遭風，在途沉溺一船，疊據押運委員黄德純、萬縣知縣路朝霖先後稟報沉失情形，屢飭打撈未獲，其餘六船裝載機器鋼鐵各件，均於是年冬間陸續運解到川，臣當飭機器局委員逐一清查。去後，兹據該局委員成綿龍茂道承厚、候補道鍾肇立詳稱，遵即督同局員按照原報採買名目件數，逐一查點，共計沉失機器十三部，其餘槍礮機器鋼鐵各件均已如數到齊。伏查前督臣籌款購辦各種機器，原爲趕造後膛槍枝應用，惟去歲屢奉檄飭，因局中所製各槍試放不能合用，業已奏請將各項洋槍暫停鑄造，並將局中司事工匠大加裁減，以每年節省局費，購備外洋槍彈，庶餉不虚糜，器皆利用等因在案。局中現衹專造後門槍子、銅火帽及開花礮彈、拉火洋火藥各件，所有此次已到機器及從前購備各機器，計已足敷工作，其沉失未到機器十三部，現尚無須配用，應請毋庸補買。惟此案奉文飭辦，迄今已届三年，先因外洋購買輾轉需時，嗣因川河灘險，節節阻滯，致有在於萬縣地方遭風失水之事，兹已督飭局員查點清楚，相應造具所購槍礮機器各種名目，分別已到未到，並派去委員、司事、工匠、親兵各花名彙爲一册，及查明沉失未到各機器，現在毋庸買補緣由，先行詳請察覈具奏，並咨部備查等情前來。臣覆查無異，除飭令將支用細數逐款算明，覈實造册報銷，一面飭令押運委員黄德純趕緊將沈失未到各機器，設法打撈，務獲究報，並將清册咨部備查外，所有機器局委員親赴上海購買外洋槍礮機器等件，現已陸續運到，及在途沈失機器各緣由，理合據實恭摺具奏，伏乞皇太后、皇上聖鑒訓示，謹奏。

蕭榮爵《曾忠襄公奏議》卷二九《添購機器報銷疏光緒十四年五月二十二日》

奏爲金陵機器局添購機器，拓增廠屋，動用經費，造册報銷，恭摺仰祈聖鑒事。竊金陵機器局仿照洋式製造各種槍礮子彈，前因廠屋尚窄，機器無多，擬分別添購拓增，二共約需銀十萬兩。經臣等於光緒十一年五月二十六日會同奏明，旋準户部指撥江海、九江、江漢各關四六成洋税銀十萬兩，俾資動用，當經轉飭遵辦。去後，兹據局員江蘇候補道郭道直、吴炳祥詳稱，此項工程於光緒十二年正月開工截至十三年四月底，一律完竣，添建廠屋均用外洋堅木，一切造法悉仿洋式，所有購辦機器料物多與洋商交涉，工資物價難以營造常例相繩，然皆力求撙節，實用實銷，計舊管無項新收江海關四成洋税銀二萬兩，六成洋税銀二萬兩，九江關四成洋税銀二萬兩，六成洋税銀一萬兩，江漢關四成洋税銀二萬兩，六成洋税銀一萬兩，共庫平銀一十萬兩。開除購買機器價值等項銀六萬七千三百一十兩有奇，收買民基購辦料物等項銀二萬三千三十六兩有奇，裝運機器料物船價等項銀二千六十兩有奇，委員司事薪水、口糧、工價等項銀八千五十三兩有奇，遵照部議各歸各部覈銷，計應歸户部覈銷庫平銀一萬一千六百五十一兩有奇，兵部覈銷庫平銀七千五百六十一兩有奇，工部覈銷庫平銀八萬一千一百四十七兩有奇，共請銷庫平銀一十萬四百六十兩有奇，俱係覈實支給，並無浮冒，實在透用庫平銀四百六十兩有奇，即在機器局光緒十三年分額領經費項下挪用。彙入裝配機器案内滚接造報，造具圖册，詳請奏咨前來。臣等覆覈無異，除將圖册咨呈總理衙門暨户、兵、工部覈銷外，謹合詞恭摺具陳，伏乞皇太后、皇上圣鉴训示，谨奏。

中國第一歷史檔案館等《中國近代兵器工業檔案史料》第一輯《衛榮光奏浙江機器局建蓋廠屋支用銀兩片光緒十四年五月二十八日》 再，浙江省設立機器局建造廠屋，前委候補知府鍾大鈞等悉心諮度，並從德國繪取機器廠圖仿辦，應需各項工料分別估計。飭據查明，計應建總廠一所，分廠二所，大小廠屋二十五間，大煙筒一座，並客廳、辦事公所及洋匠寓樓，匠首藝徒下處，排釘木樁，開設水井，砌築陰溝等項，除以後工作續添房屋不計外，共需工料銀二萬三千七百餘兩，又購買民田地價銀六百七十餘兩，洋匠來華水脚等銀四百十六兩零，先後按數給款造辦。經升任撫臣劉秉璋於光緒十一年三月二十七日開單奏報並咨部在案。

兹據防軍支應報銷局司道詳稱：飭據該承辦委員等稟稱，監造洋式機器廠屋以及大煙筒、洋樓、汽樓並辦公所、官廳等房，原估大小廠屋、房廊計有四十餘間之數，嗣經接續添造各項大小房屋三十餘間，撙節確估，續請給發工料等銀一萬二千五百餘兩。先後統計共建蓋廠屋七十餘間，通共用過工料銀三萬六千二百餘兩。逐加確覈，先後支給銀數均屬相符，詳請奏咨立案，並聲明趕造報銷細數清册，專案請銷等情前來。臣復查無異。除咨部查照外，理合附片具奏，伏乞聖鑒，敕部查照施行，謹奏。

光緒十四年六月十一日奉硃批：該部知道。欽此。

中國第一歷史檔案館《光緒朝硃批奏摺》第一〇二輯《光緒十四年五月二十日福建臺灣巡撫劉銘傳片》 再，臺灣先後購買後膛洋槍一萬餘桿，各種彈子不自仿造，用盡則槍即廢棄；且孤懸海外，有事運濟艱難。機器局廠工程雖較繁重，爲善後計，不能不急籌興造。光緒十一年，由兩廣督臣張之洞代購製造槍彈機器一副，經臣飭令記名提督劉朝幹會同淡水縣知縣李嘉棠，在臺北府城北門外購買民田共積方三千八百九十丈七尺八寸，用契價銀一千六百八十兩八錢一分七釐。兼飭劉朝幹砌築基址，分赴内地採辦木料，督匠起造機器局廠，自十一年六月興工，至十二年二月訖工，計建成正側各屋並小機器廠一百一十七間，連同築牆、浚井、砌路、開溝、填河，需工料銀二萬三百二兩五錢四分六釐七毫。臺北軍械無處存儲，即就偏西地方建造軍械所，自十一年八月興工，至十二年三月訖工，計造成大小房屋共七十三間，需工料銀一萬六千三百七十二兩七錢八分二釐五毫。尚有製造各種礮彈大機器廠、汽爐房、洋房、打鐵房，工程較大，未能同時並舉，續經興造尚未蕆工。本擬俟全局造齊一律奏報，兹奉部行已竣工程限期造銷，機器局、軍械所既經造成，自應將用過各工料銀數先行截清，奏咨立案，彙案造册報銷。其未竣工之大機器廠等項，另行剔歸後案辦理，以清界限。據善後局司道詳請奏咨立案前來，臣覆覈無異。除咨部查照外，謹附片具奏，伏乞聖鑒，謹奏。

王樹枏《張文襄公全集》卷一三一《致柏林洪欽差光緒十四年六月初五日發》 儉電悉，現亟設廠造槍，乞飭力拂照德營現用連珠槍，新式估造機器價若干，何時成，示覆。歌。

〔附〕《洪欽差來電光緒十四年六月初一日申刻到》各國競改新槍，德益求精，且聞購新機造槍似非計，與廠主商，俟其本國起造時，照購機器，彼可允行，惟價必昂。鈞。儉。

〔附〕《又光緒十四年七月初九日申刻到》槍機日成五十桿，裝運在外須一百卅萬碼，未知釐一年可成。鈞。陽。

中國第一歷史檔案館《光緒朝硃批奏摺》第六五輯《光緒十四年六月十四日湖廣總督裕祿摺》 頭品頂戴湖廣總督臣裕祿跪奏，爲長江水師漢陽船廠，光緒十二十三兩年用過工料銀兩循例具奏，恭摺仰祈聖鑒事。竊查定例，各省工程動用銀兩數在五百兩以上，應奏明後，造册具題覈銷等因。兹據署湖北鹽法武昌道惲祖翼詳據，漢陽船廠委員補用知府劉瓊閣呈稱，該廠新造舢板長龍，及修整各營船隻，光緒十二年分用過工料銀一萬四千八百七十三兩零，十三年分用過工料銀一萬二千六百四十八兩零，覈與同治十二年十二月題定價值不相上下，應請照例造册報銷，合將動用銀錢細數及船身丈尺、新造修整各船數目、年分，分晰開造清册，呈請轉詳覈辦等情，由該道覆查，委無浮冒，詳請先行循例具奏前來。臣查此項工程銀數在五百兩以上，例應先行奏明，除將齎到各册逐細覈細，再行恭疏題報，並將清册送部外，謹會同湖北巡撫臣奎斌、新授閩浙總督湖南巡撫臣卞寶第、長江水師提督臣李成謀，恭摺具陳，伏乞皇太后、皇上聖鑒訓示，謹奏。

中國第一歷史檔案館《光緒朝硃批奏摺》第一〇二輯《光緒十四年七月初三日四川總督劉秉璋摺》 查川省機器局自光緒十三年正月初一日起，至十二月底止，局中修理機器一百三十三種，修理各營舊洋槍二千一百一十二桿，續成機器三十四種，新造各種洋槍一千三百二十五桿，後膛藥彈一十八萬六千八百八十顆，銅火帽二百五十萬顆，克鹿卜礮彈一百二十顆，拉火七百枝，各樣機器九十種，已成洋火藥十萬一千六百四十斤，均經試放合用，已陸續解送籌餉局存儲，以備撥用。其未合成槍礮、藥彈、銅帽等件，歸入下次報銷，所有局中支用修理廠房、鑪座、水機器及採買各項物料，並委員薪水、匠作工貲各經費，仍照原奏，不動司庫正款，均於土貨釐金項下開支。統計十三年分，共支用庫平銀七萬五千二百四兩三錢零，遵照部定新章，分晰造册，詳請奏咨覈銷等情前來。臣覆覈無異，除册送部外，理合恭摺具奏，伏乞皇太后、皇上聖鑒，謹奏。

中國第一歷史檔案館等《中國近代兵器工業檔案史料》第一輯《劉銘傳奏台灣機器局定購外洋機器料件補請立案摺光緒十四年七月初八日》 頭品頂戴福建臺灣巡撫一等男臣劉銘傳跪奏，爲查明臺省未奉新章以前定購外洋機器、料件，恭摺奏報立案，仰祈聖鑒事。

竊準户部咨覆：臺北設立機器局，應需機器各料件用過銀兩，開單奏報一案。查外省購買外洋機器，在奏定新章以前者，原準自行購買；若在奏定新章以後者，即應遵照新章，聽候海軍衙門暨户部覈定，不得擅自定議。今臺灣所購機器等項，是否在新章以前，飭查定購年月日期，專案報部覈辦等因。即經行局將前次奏報購買機器、槍彈等項原定年月，分晰開單詳咨。並於本年二月臣奏請定章摺內聲明，飭查未奉新章以前所購外洋軍火料件年月日期，速行補報各在案。

茲據軍械所、械器局將光緒十二年八月十六日臺地未奉新章以前定購機器、料件，共價庫平銀五萬六千四百三兩三錢二分一釐三毫六絲七忽六微，聲明原定年月日期補報，由善後局司道覈詳奏咨前來。

臣查前項機器、料件，既係未奉新章以前業經購定，自應趕緊截清，補行奏報。以後如需何項機器，凡向外洋採購者，無論鉅細，先行開列清單，詳咨覈準，再行定購，以符新章。

除飭將所購各項歸案造銷，並另單咨呈海軍衙門暨咨户、工部外，所有查明臺灣未奉新章以前定購外洋機器、料件緣由，理合恭摺奏報，伏乞皇太后、皇上聖鑒，訓示施行。

光緒十四年八月初四日奉硃批：該衙門知道，欽此。

王樹枏《張文襄公全集》卷一三一《致柏林洪欽差光緒十四年七月十一日發》 造槍機器價稍貴，請改議日成三十桿者，減價若干。又佳電擬仿造克式無套各號小礮，連架，祈另詢博洪。礮廠能否照造全分機器，約價若干，均候復。真。

〔附〕《洪欽差來電光緒十四年七月二十二日午刻到》槍機日成卅桿者，祇減十五萬馬，而日成二百五十桿者，價二百五十萬，愈多愈上算也。造礮如自鍊鋼，先須考驗煤鐵宜否，層摺尚多，如購洋鋼，滬廠即能造小礮，似不值再設廠，請籌。鈞。號。

中國第一歷史檔案館等《中國近代兵器工業檔案史料》第一輯《劉秉璋奏請爲四川機器局採購物料費用立案片》 再，查光緒八年十一月初七日準户部咨，議覆軍需善後報銷章程內開，各省設立機器局，如有採購機器等項，事前報部立案，事後方準覈銷等語，奏奉諭旨依議，欽此等因，謹即欽遵行司移局遵辦在案。

茲據機器局委員成綿龍茂道承厚詳稱：據製造委員稟報，局中製造白藥、銅火帽、後門槍子、開花礮彈等件，所有上年在於上海洋行購到鏹水、洋銼、鋼鐵及一切應用物料將次用罄，必須預爲採辦，方免停工待料之虞。擬請在於上海採買洋銅並鏹水、洋鋼、洋銼、紫口洋鐵及一切應用物料，開列清單，估計價值約需庫平銀九千兩零，計所購各項足敷局中一年之用。應即委員攜帶銀兩，帶同司事、親兵人等前赴上海，按照單開各項如數購買，以資製造。一俟採買齊全，領運回川，再將運費、盤川歸併覈實匯案報銷等情前來。臣覆查無異。

除飭慎選委員迅速前往採買，俟購辦齊全，覈實匯案報銷，並開具名目清單，先行咨部備查外，所有此次委員赴上海採買洋銅、鏹水、洋鋼、洋銼等項及一切應用物料緣由，理合附片具陳，伏乞聖鑒，謹奏。

光緒十四年八月二十二日奉硃批：該部知道。欽此。

中國第一歷史檔案館等《中國近代兵器工業檔案史料》第一輯《曾國荃奏銷金陵製造洋火藥局光緒十三年支用經費摺光緒十四年八月二十六日》 太子少保兩江總督一等威毅伯臣曾國荃跪奏，爲金陵製造洋火藥局支用經費第四案造册報銷，恭摺具陳，仰祈聖鑒事。

竊金陵設局製造洋火藥，截至光緒十二年十二月底止支用經費，業經列爲第三案分晰造册奏銷。嗣於光緒十三年閏四月，全年計十三個月，造藥加多，添購物料，支給工資薪費等項應增經費，統由金陵防營支應局撥發應用，均經奏明各在案。

茲據該局員江蘇候補道章玕等詳稱：自光緒十三年正月接造火藥起，加閏截至是年十二月底止，舊管上届實存庫平銀八十二兩有奇。新收金陵防營支應局撥款湘平摺合庫平銀五萬四千四百二十四兩有奇。開除各款，遵照部議報銷章程，各歸各部覈銷，計應歸户部覈銷庫平銀一萬三千八百四十四兩有奇，兵部覈銷庫平銀三千三百五十二兩有奇，工部覈銷庫平銀三萬七千一百五十二兩有奇，統共請銷庫平銀五萬四千三百四十九兩有奇。實存庫平銀一百五十七兩有奇，歸於十四年分舊管項下滚接造報。造具總散各册，詳請奏咨前來。臣復覈無異。

除將送到清册分咨户、兵、工三部暨總理衙門查照覈銷外，謹會同江蘇巡撫臣崧駿恭摺具陳，伏乞皇太后、皇上聖鑒，敕部查照，謹奏。

光緒十四年九月十四日奉硃批：該衙門知道。欽此。

王樹枏《張文襄公全集》卷一三一《致柏林洪欽差光緒十四年十月二十二日發》 函牘均悉，感甚。嘯電槍機連珠十響百二十馬力可兼造小礮，擬照定。應加礮機需價幾何，聞博洪鋼佳；能仿造克礮，請與細議槍礮合廠辦法，約用監工洋匠幾人，候復示，即定交期，愈速愈妙。養。

中國第一歷史檔案館等《中國近代兵器工業檔案史料》第一輯《户部奏覈覆浙江機器局光緒十一年五月至十二年四月洋本各匠薪工等款摺光緒十四年十二月初八日》 户部謹奏，爲覈覆浙江機器局製造水雷等項洋匠薪工各款恭摺仰祈聖鑒事。

竊內閣抄出浙江巡撫衛榮光奏浙江省機器局廠製造水雷等項，委員採購外洋物料價值銀兩報銷一摺，於光緒十四年六月十一日奉硃批，該部知道，欽此，欽遵抄出到部。查原奏內稱，自光緒十一年五月分起至十二年四月底止，先後赴滬定購採辦製造浮沉水碰雷、開花礮彈、電綫拉火、銅帽、槍礮鉛子等各項軍火應需物料價脚、局用、薪資、匠工等款，共用過銀七萬三千一百餘兩，均屬實用實銷，委無例案可循，詳請準銷等語。嗣據該撫將清册咨送到部。

臣部即派司員按照原册逐款詳細稽覈。查册開浙江省設立機器局廠，自光緒十一年五月起截至十二年四月底止，先後赴滬購買外洋製造各項物料價、脚以及司事薪水、各匠工食等項，共請銷銀七萬三千四百三十八兩八錢一分二釐，內除兵、工二部應銷銀五萬五千四百一十三兩五錢八分三釐二毫外，計臣部應銷銀一萬八千二十五兩二錢二分八釐八毫。內開列德國洋匠總目三名，各月支薪工洋一百二十元，每元按七錢二分合銀，每名覈計支銀八十六兩四錢；水雷匠目六名，各月給工食洋三十元，每名覈計支銀二十一兩六錢；又水雷匠目四名，各月給工食洋二十元，每名覈計支銀十四兩四錢；水雷上等匠作二十名，各月給工食洋十六元，每名覈計支銀十一兩五錢六分；水雷二等匠作三十名，各月給工食洋十二元，每名覈計支銀八兩六錢四分；水雷三等匠作五十名，各月給工食洋八元，每名覈計支銀五兩七錢六分；局內司事五名，各月給薪水洋十二元，每名覈計支銀八兩六錢四分；局外司事五名，各月給薪水洋十元，每名覈計支銀七兩二錢；拉火鉗匠十二名，各月給工食洋六元，每名覈計支銀四兩三錢二分；銅鐵鑄模木各匠二十四名，各月給工食洋六元，每名覈計支銀四兩三錢二分；藝徒、幫工十名，各月給工食洋四元，每名覈計支（銀）二兩八錢八分；常年水火併雇挑運零星小工，共給錢二百六十七千三百四十四文，合洋二百四十三元。文、洋合銀一百七十四兩九錢八分八釐八毫。以上請銷各款，該省係屬初次造册報部，並無例案可循，臣部自應援照各省機器局銷過成案，逐款比較，酌定覈辦。惟查光緒十三年該省原報部立案文內，計開總數共銀七萬三千一百十六兩一錢八分八釐，茲開列銀七萬三千四百三十八兩八錢一分二釐，計浮多銀三百二十二兩六錢二分四釐，除兵、工二部浮多銀兩自行覈辦外，臣部計浮多銀二兩四錢六分四釐八毫，實與原報立案數目不符，應令照章删除。其餘請銷銀一萬八千二十二兩七錢六分四釐，覈與各省銷案開支細數或減或增，均不相上下，自應一律準銷。至册內開列小工名目並未分晰工若干，每工支錢若干，合洋若干，似屬籠統，嗣後造册應令分晰開列，以昭覈實。

所有覈覆浙江省機器局銷款緣由，理合恭摺具奏，伏乞皇太后、皇上聖鑒，謹奏。

光緒十四年十二月十三日奉旨依議。欽此。

中國第一歷史檔案館《光緒朝硃批奏摺》第一〇二輯《光緒十四年十二月初九日兩江總督曾國荃摺》　太子少保兩江總督一等威毅伯臣曾國荃跪奏，爲洋火藥局添置機器、修理廠屋用過經費專案造銷，恭摺仰祈聖鑒事。竊金陵製造洋火藥局添置、修理等項應需經費，業經臣先行奏明在案。茲據江蘇候補道章玗等詳稱，伏查金陵製造洋火藥，歷有年所，前因鍋鑪汽管損壞，廠屋損裂，當於本年六月間採集物料，雇募工匠，即將外洋運到鍋鑪機器，次第裝配修換；一面興工修理各廠以及局屋圍墻等處，分別拆砌黏補；此外引河駁岸一律挑濬鋪築，於十月底一律工竣。所需經費，照案由支應局撥給應用。一切工作均求合法，需用料物多係購自外洋，工資、物價實難以常例相繩，然皆力求撙節，實用實銷。計舊管無項。新收金陵防營支應局撥款銀七千四百三十兩有奇。開除各項，遵照部議章程，各歸各部覈銷，計應歸户部覈銷銀一千五百八十二兩有奇，兵部覈銷銀二百三十一兩有奇，工部覈銷銀五千五百七十八兩有奇，統共請銷銀七千三百九十三兩有奇，俱係覈實支給，並未逾於原估銀數。實存銀三十六兩有奇，業經照數解繳支應局歸款，以清款目。造具收支各款總散清册，詳請奏咨前來。臣復覈無異。除將清册咨送總理衙門暨户、兵、工三部查覈外，謹會同調補浙江巡撫江蘇巡撫臣崧駿恭摺具陳，伏乞皇太后、皇上聖鑒，敕部覈銷，謹奏。該衙門知道。

中國第一歷史檔案館《德宗景皇帝實録》卷二六三《光緒十四年十二月上》　以侵吞公款，革福建臺灣機器局委員候選知縣洪熙職，永不叙用。

中國第一歷史檔案館《光緒朝硃批奏摺》第一〇二輯《光緒十五年正月廿一日直隸總督李鴻章等摺》　兩江總督臣曾國荃、直隸總督臣李鴻章、護理江蘇巡撫臣黄彭年跪奏，爲金陵機器局製造經費收支報銷，恭摺具陳，仰祈聖鑒事。竊據江蘇善後防營報銷局、江甯布政使許振禕等詳稱，金陵機器製造局仿照外洋製造各式礮位、車輛、架具、炸彈、銅火，以及添配礮臺需用物件，分設機器、翻砂、鐵、木、火箭各廠，雇募工匠常川製造，事務紛繁。監督工作，採辦料物，催提押運，搬擡起卸各項，在在需人，必須分派經理，以期周妥。應需經費，酌定每年由江南海關撥解製造二成洋稅銀五萬兩，江南籌防局撥銀三萬兩，揚州淮軍收支局撥銀二萬兩。嗣因江防礮臺應需儲備各式子彈，每年由江南籌防局加撥經費銀五千兩，又駐防江蘇淮軍各營月操需用軍火及防營添造槍帽銅火，由金陵防營支應局每年加撥經費銀九千兩，以爲常年製造之需。此外，江防礮臺如有添造軍火等項，隨時添撥，造成軍火分解南北洋濟用。所有支用款項，製造物件，悉仿泰西之法，料件多係購自外洋，工資、薪費、物價實難以常例相繩，均皆力求撙節，實用實銷。業將截至光緒十二年底止，收支各款列爲第六案，分晰造册，奏銷在案。茲據該局員將光緒十三年分收支用款分晰造具報銷清册，由該司詳振禕等逐加句稽。自光緒十三年正月起截至十二月底止，舊管：上届第六案報銷光緒十二年底止，實存銀一百四十兩五錢有奇。新收：江南海關撥解二成洋稅，江南籌防局、金陵防營支應局、揚州淮軍收支局撥款，共計銀十一萬四千兩。開除：購買各項料物價值等項一册，共計銀四萬六千二百四十九兩二錢有奇。工匠工食一册，共計銀四萬八千四百三十二兩一錢有奇。委員、司事、親兵人等薪糧、公費一册，共計銀一萬二千一百九十七兩六錢有奇。裝運料物水脚、常船輪船長夫薪糧等項一册，共計銀六千四百五十一兩九錢有奇。修理廠屋料物等項一册，共計銀七百二十兩七錢有奇。遵照部議，各歸各部覈銷。計應歸户部覈銷銀六萬六百二十九兩八錢有奇，兵部覈銷銀六千四百五十一兩九錢有奇，工部覈銷銀四萬六千九百六十九兩九錢有奇，共請銷銀一十一萬四千五十一兩七錢有奇，俱係覈實支給，並無浮冒。實存：銀八十八兩八錢有奇。查金陵機器製造局造報添購機器、拓增廠屋用款案內，聲明不敷銀四百六十兩六錢有奇，係在光緒十三年額領經費項下挪用。今將前項實存銀八十八兩八錢有奇儘數劃抵，尚應銀三百七十一兩七錢有奇，歸於後案再行結算。將該局造報光緒十三年分支給各款請銷數目清册，並製成軍火撥存四柱清册，由報銷局加造銀款收支四柱總册，列爲金陵機器製造局第七案報銷，一併具文詳送奏咨等情前來。臣等復覈無異。除將清册分别咨送總理衙門並户、兵、工三部查照覈銷外，所有金陵機器局經費收支報銷緣由，謹合詞恭摺具陳，伏乞皇太后、皇上聖鑒，敕部查照。謹奏。該衙門知道。

王樹枏《張文襄公全集》卷一三二《致柏林洪欽差光緒十五年四月初一日發》

接大咨，感悉。槍礮請各募一匠師，能監造廠屋，安置機器，即先來不能兼者，廠成乃來。平屋甚是，候圖到，即興工。槍上尖刀機器，並請照定。東。

王樹枏《張文襄公全集》卷一三二《致天津李中堂光緒十五年四月十二日發》

粤省久擬設鑄造槍礮廠，因無款未辦。查官弁紳商前捐船礮專款已期滿，現擬續行捐辦，購機建廠，經費以敷用爲度。三年捐齊，竭力諄勸，幸已成議。當經電託洪文卿星使向德廠議購槍礮，兼鑄機器，迭次往復電商訂明。槍機百廿匹馬力，每日成新式毛瑟連珠十響槍五十枝，兼造克虜伯式七生半至十二生過山礮，十一箇月成浄價一百五十一萬七千七百六十馬，約共合銀三十餘萬兩，廠屋亦需銀數萬兩。查前奉懿旨，嗣後購買器械撥用經費，先期咨報海軍衙門，再行辦理。此項由外捐辦，並非動撥庫款，惟關係海防，自應請海署覈示。但款係勉力續籌，易致觀望，不速興工，無以示信催收。且議訂機式廠圖扣定期限，情節繁重亦須早日飭知洋廠趕辦。除咨呈海署外，用特電懇轉達，並請海署先行電復，以便飭催外洋動工，一面擇地建廠，禱切。文。

中國第一歷史檔案館《光緒朝硃批奏摺》第一〇二輯《光緒十五年四月二十六日四川總督劉秉璋摺》

頭品頂戴四川總督臣劉秉璋跪奏，爲前在上海電購外洋槍彈各件，均已陸續運解到川，謹將支用價脚等項銀兩，恭摺具陳，仰祈聖鑒事。竊臣前因川省機器局機器未全，製造未精，當飭該局將各項洋槍暫停鑄造，專鑄銅帽、後門槍彈、礮彈及趕造洋火藥較有把握，一面裁減局中司事工匠，計自光緒十三年十一月起，每年約可節省局費銀二萬餘兩，以所省局費購備外洋槍彈，庶餉不虚糜，器皆利用。當將電致上海地亞士洋行購買後膛毛瑟槍彈、前膛來復槍等項及一切辦理情形，專摺奏明，並咨部查照在案。茲據機器局委員成緜龍、茂道承厚詳稱，查前次電致上海洋行定購後膛毛瑟槍一千五百桿，每桿配子五百出，又購買前膛來復槍五千桿，並電購哈乞克司槍五百桿，每桿配彈八百出，均已派撥委員司事人等陸續運解到川，所有槍彈價值及輪船水脚委員司事運費等項，共計實支庫平銀五萬五千四百零一兩七錢零，理合遵照部章，分晰造具細數清册，詳請具奏，並咨部覈銷等情前來。臣查此項電購外洋槍彈各件，均已陸續購運到川，經臣逐一操演試放，悉皆精良合用，實爲行軍利器。除於去年勦辦馬邊夷務分發各營應用外，餘俱飭令籌餉局委員照數貼收，妥爲存儲，留備有事之用，所有用過槍彈價值及水脚運費等項銀兩，除將細數清册咨部覈銷外，理合恭摺具奏，伏乞皇上聖鑒訓示。再，查川省機器局自光緒十三年冬間，經臣裁減局費後，復督飭局員將司事工匠人等逐加挑選，認真妥辦。現查所鑄後門槍彈、礮彈及銅帽、洋火藥等項，均已較前得法，製造日精，足以仰慰宸廑，合併陳明，謹奏。

國家圖書館分館《清光緒兵部奏稿》第一三册　查臣部前覈湖北報銷案内，其雇船、水脚按照定例，每百斤每百里支水脚銀一分，逆水每一千五百斤給縴夫銀五分，加以船户水手口糧推算，統計每百斤每百里需銀一分六釐，迭經照銷各在案。今四川電購外洋槍彈由上海運至漢口，按照招商局章程，計程一千八百十二里，共重十八萬九千九百四十斤，以每百斤每百里支銀一分六釐之數覈計，祇應銷銀五百五十兩六錢七分四釐零四絲八忽，原册請銷銀六百七十八兩七錢九分零三毫七絲一忽，計浮開銀一百二十八兩一錢一分六釐三毫二絲三忽，應即删除。至由漢口雇船縴運抵川，以册造斤重里數，覈計尚屬有減無浮，所有請銷銀一千四百十五兩五錢，應準開銷，此外請銷押解長夫口糧每名日支銀八分，共銀一百八十八兩一錢六分，與準銷成案相符，應即照準。其由上海搬運槍彈上船並漢口過船及抵川搬運進城，均每名日給銀八分，惟查該省登覆光緒十年十一年該局報銷案内，其雇用抬夫，已據聲明，每百斤用夫二名，每名給脚價銀一分，此次請按八分開支之處，與該省前次登覆之案不符。所有請銷銀四百六十七兩七錢六分，應按照登覆之案，準銷銀一百十三兩九錢六分四釐，删除銀三百五十三兩七錢九分六釐，以上統計，臣部準銷銀二千二百六十八兩二錢九分八釐零四絲八忽，删除銀四百八十一兩九錢一分二釐三毫二絲三忽，應令該督追繳歸款，報部備查。嗣後，應將用夫細數開明，以便稽覈，其餘册造委員、司事、盤費、槍彈、價值，應由户工二部覈銷，所有臣等覈覆四川機器局報銷緣由，理合恭摺具陳，伏乞聖鑒訓示遵行，謹奏。

中國第一歷史檔案館等《中國近代兵器工業檔案史料》第一輯《劉銘傳奏銷臺灣機器局購買機具費用片光緒十五年六月初十日》　再，前準部咨，各省購買外洋槍礮軍火等項，應將數目、物件價銀先行奏咨立案，方準造銷，自應遵照辦理。臺北設立機器局，應需製造槍礮子彈及伐木各項機器，業經先後奏咨，奉準由外洋分購在案。

惟查外洋製作日新，由大及小無一不可改用機器。現當工匠雲集之際，酌量添補小件機器，工作自可擴充。當由總辦局務道員丁達意分投查訪，在上海各洋商已運中國之機器内，覈其可用之件，按價給值，共用庫平銀六千三百八十二兩零。又在香港添購各種手用器具，共用庫平銀四千五十九兩零。以上二項，均係在中國零星添配，與整批赴外洋定購不同，價銀不能不隨時先行覈給。將分次添配物件及用過價銀開摺，送由臺灣善後局司道覈詳，呈請奏咨準予匯銷等情前來。臣覆覈無異。合無仰懇天恩俯賜飭部準予匯銷，以符定案。除將清摺分送海軍衙門並户部覈辦外，理合附片具奏，伏乞聖鑒訓示，謹奏。

硃批：該衙門知道。

中國第一歷史檔案館《光緒朝硃批奏摺》第一〇二輯《光緒十五年六月廿四日兩江總督曾國荃片》　再，金陵製造局機器廠屋建自同治初年，迄今二十餘年，日爲機器震摇，山牆、樑柱均已移動、欹斜，汽爐煙管亦多剥蝕漲裂。現在新廠業已竣工，將工匠調至新廠，以便照常工作，無誤要需。所有老廠房屋及汽爐等件，若不及時大加修理，勢必日就損壞，所費更鉅。現經覈實，估計修理廠屋、汽機需銀五千餘兩，重購新爐需銀二千餘兩，共計需銀八千兩。該局額領經費係爲常年製造軍火之需，萬難抽撥，擬在江南海關製造二成洋稅項下，勻籌撥濟。據金陵機器製造局詳請具奏前來，除分飭照辦並咨部查照外，謹會同北洋通商大臣直隸督臣李鴻章附片陳明，伏乞聖鑒，敕部查照施行。謹奏。

中國第一歷史檔案館《光緒朝硃批奏摺》第一〇二輯《光緒十五年七月初七日兩廣總督兼署廣東巡撫張之洞摺》　兩廣總督兼署廣東巡撫臣張之洞跪奏，爲粤省籌捐經費，購置外洋機器，擇地建廠，自造槍礮，以爲自强久計，恭摺奏陳，仰祈聖鑒事。竊廣東地方，邊防海防，胥關緊要。槍礮一項，最爲急需。臣於光緒十三年五月内奏明建設槍彈廠，購買機器兩副，鑄造毛瑟、馬梯呢士、乃得雲者士得四種槍彈，祇以爲經費所限，故僅得小試其端。查水陸各軍需用槍礮，概係購自外洋，不但耗蝕中國財用，漏卮難塞，且訂購需時，運送遥遠，辦理諸多周摺，設遇緩急，則洋埠禁售，敵船封口，更有無處可購，無路可運之慮。況所購之械，種式不一，精粗各别，彈碼各異，倉卒尤易誤事。詳籌時勢，必須設廠自鑄槍礮，方免受制於人，庶爲自强持久之計。惟廣東司局各庫經費有常，京協各餉，數倍他省，加以本省餉需浩繁，萬分竭蹶，實無餘力兼籌此舉。當查光緒十二年間，曾據文武官紳暨鹽埠各商分年捐資，以三年爲率，約集銀八十萬兩。在福建船廠及本省分造甲乙至壬癸兵輪十號，並購配礮械，均經奏準辦理在案。計自光緒十二年起，至十四年底止，業已三年期滿。所有捐款，陸續繳齊，因復督同司道將領籌議，擬將前項捐款接續勸辦，以作開設槍礮廠專款。各紳商以款鉅力絀，頗形觀望。復經竭力開導，始允自光緒十五年正月起扣，至十七年底續捐三年。指定專充，購買鑄造槍礮機器，並建造廠屋。經費總以足敷開廠之用爲度。查後膛新式單響、連響各洋槍，如馬梯呢、毛瑟、哈乞、開司黎意等名目，以及次等舊式洋槍，不下一二十種，各省從前陸續添購，或倉卒取辦，往往兼收並蓄，不甚擇別，以致分給軍營槍式，多有參差。現既設廠自造，自宜仿照西國軍制，擇定一式，使弁兵專意操演，器與人習，臨戰更資得力。綜計諸式中，惟德國之毛瑟槍，各軍購用最多，於號碼近遠機簧裝卸，較爲諳熟，槍之退力，較馬梯呢稍輕，後膛機簧則視哈乞、開司黎意等槍較爲樸實耐用。德之陸軍，冠於各國，以此恃爲利器。近又訪知該國照單響毛瑟槍式改造連珠十響，軍中一律換用，實爲最新最精之式。至純鋼後膛礮位，向推德國之克虜伯，英國之阿模士莊兩種爲最精。而克虜伯廠以泥罐煉鋼，後膛横門堅固尤出其右。該廠口徑十五生以上大礮，造法深奥，經費太鉅，目前未可猝辦。至所製十二生以内過山礮式，運載輕便，利於陸戰。近日洋戰步隊專恃礮隊爲前驅，亟宜先行仿造，以立初基。以上槍礮兩式，均經臣詳切攷究，確可採用。惟連珠毛瑟槍，德國官廠自造，其式尚未傳播。克虜伯礮專以出售，不肯爲他國代造。所有一切機模，無從覓致，未免臨淵徒羨。臣又訪知柏林地方力拂機器廠於該國槍礮模式，常有承造，情形最熟，因電託出使德國大臣洪鈞與之商詢，購鑄造新式連珠毛瑟槍及造克虜伯過山礮各項機器全副。其汽機馬力加大，以便槍礮兼造，鍋鑪並爲一廠，較得節省。旋接洪鈞覆稱，該廠應允能辦，因與訂定造槍機器一分，每日能成新式連珠十響槍五十枝，汽機馬力一百二十四。又造礮機器一分，每年能成克虜伯口徑七生半至十二生，過山礮五十尊，共淨價一百五十一萬七千七百六十馬。又添購槍尾尖刀機器全副，淨價八萬一千四百八十三馬，共合銀三十餘萬兩。十一箇月成交。此事係由外籌捐，不請獎叙，並非動支庫款經費，惟關繫海防重務，遵經咨請海軍衙門覈示。現承準覆稱，廣東捐款開廠，鑄造軍械，並未動支帑項，尚屬妥善。自應照準等因在案。昨已付匯定銀，妥立合同，繪就廠圖寄粤。此外購地設廠造屋，約需銀數萬兩。現經擇得距省西北四十餘里石門地方，後依山麓，前臨北江，地勢深奥。近内水運亦復利便，於建廠甚爲相宜。當即派員經理，按照洋圖，該日庀料興工。其槍管鋼料及罐鍊礮鋼，俟開鑄伊邇，暫向德國名廠購備，以期精良適用。此擇式仿造槍礮之擬辦情形也。竊惟外洋槍礮造法日變日新，近今益臻精絕，淵源奥窔，本屬不易窺尋。向來辦理，皆患製造之難，而利其可以購獲，遂致相率因循，未遑變計。各省雖經試造林明敦槍及阿模士莊小礮，但槍式既舊，礮式尚非精品。且偶一仿造，非專廠開鑄，規模未見恢拓，於中國風氣，尚難振作。臣此次興辦，幸廣東官商黽勉急公續，捐鉅貲，不動庫款，於非常拮据之中，得有措手，是以不憚委曲繁重，鋭意舉行。將來擬即以雜式、年久等槍，發給腹地緑營緝捕團勇，而以新式快槍專給精兵勁旅，彈壓邊海要地，當可使水陸軍容肅然改觀。若經費充裕，成槍迅速，不獨廣東軍營取給不窮，並可協濟各省。至過山礮一項，若能鑄造精熟，則臺礮船礮亦可次第擴製，以收大效。尤盼鐵鑛各山採煉得法，日旺日精，數年之後，鋼料鐵料悉取内地，則尤度支無形之利矣。一俟機器運到，廠屋落成，開鑪鑄造，當再將各項工費鑄造情形，請晰奏聞。所有廣東籌款購辦機器開設槍礮廠緣由，理合恭摺奏陳，再廣東巡撫係臣兼署，毋庸會銜，合併陳明。伏祈皇上聖鑒，謹奏。該衙門知道。

中國第一歷史檔案館《光緒朝硃批奏摺》第一〇二輯《光緒十五年七月初七日四川總督劉秉璋摺》 查川省機器局自光緒十四年正月初一日起，至十二月底止，局中修理機器一百二十五種，水龍八座，各營舊洋槍二千三百三十七桿，續成洋槍機件一萬二千三百二十一件，新造各樣機器一百二十起，馬梯呢後膛藥彈一十二萬八千顆，毛瑟後膛藥彈一十三萬九千二百顆，前膛銅火帽四百八十五萬粒，克鹿卜礮彈一千二百顆，兩磅包鎌礮彈一千二百顆，克鹿卜礮彈銅七件，六百副兩磅包鎌礮彈銅五件，六百副外洋拉火四千四百枝，金陵拉火一萬一千一百枝，六響後膛藥彈一千零七十顆，丁字火一千顆，又造成水槍一百八十枝，九龍袋三百六十箇，亮火包四十八箇，皮條彈袋八十副，皮帶四百三十六箇，藥袋四百三十六箇，已成洋火藥八萬三千一百六十斤，均經試放合用，已陸續解送籌餉局驗收存儲，以備撥用在案。其未合成藥彈銅帽等件，歸入下次報銷，所有局中支用修理廠房水機器，採買各項物料，委員司事薪水，匠作工貲各經費，並在上海採買外洋銅鐵、鋼銼、磞水雜料，及在金陵機器局代鑄開花礮彈等項價脚銀兩，仍照原奏，不動司庫正款，均於土貨釐金項下開支，統計十四年分，共支用庫平銀六萬一百九十三兩三錢零，遵照部定新章，分晰造具清册，詳請奏咨覈銷等情前來。臣覆覈無異，除册送部外，理合恭摺具奏，伏乞皇上聖鑒，謹奏。

中國第一歷史檔案館等《中國近代兵器工業檔案史料》第一輯《工部奏擬準金陵製造洋火藥局購買機器修理廠屋費用報銷摺光緒十五年七月二十八日》 謹

奏爲覈銷金陵洋火藥局購買鍋爐機器及修理廠屋、圍墻，需用物料等項用過銀兩，恭摺具奏，仰祈聖鑒事。

竊臣部先由内閣抄出兩江總督曾國荃奏金陵製造洋火藥局添備鍋爐、汽管等件酌撥經費一摺，光緒十四年三月初七日奉硃批，該部知道，欽此，欽遵抄出到部。嗣據該督將洋火藥局自光緒十四年六月起至十月底工竣止，購買鍋爐機器、修理廠屋等項，造具逐款細册送部覈銷，並準户部將應銷各款劃分知照各等因。

查册開購買鍋爐汽鍋、汽缸、汽管、吸水機器、鐵油槽箱等項，共用庫平銀二千七百八十兩零七錢一分四釐二毫零九忽六微。臣等派員按册勾稽，所用物料均與洋商交涉，購外自洋，無例可循，合計總散銀數尚屬符合，應準開銷。又册開修理洋火藥局廠庫棧房屋、圍墻，需用外洋物料、什具等項，共用庫平銀二千七百九十八兩一錢五分零七毫零五忽二微。按册覈算，與奏明銀數相符，亦應準其開銷。以上共請銷庫平銀五千五百七十八兩八錢六分四釐九毫一絲四忽八微。

所有臣等覈銷金陵洋火藥局購買鍋爐機器及修理廠屋等工用過銀兩準銷緣由，理合恭摺具陳，伏乞皇上聖鑒，謹奏。

中國第一歷史檔案館《光緒朝硃批奏摺》第一〇二輯《光緒十五年九月初二日兩江總督曾國荃摺》 太子太保兩江總督一等威毅伯臣曾國荃跪奏，爲金陵製造洋火藥局支用經費第五案造册報銷，恭摺具陳，仰祈聖鑒事。竊金陵設局製造洋火藥，截至光緒十三年十二月底止支用經費，業經列爲第四案分晰造册奏銷在案。茲據該局員江蘇候補道章玕等詳稱，自光緒十四年正月接造火藥起，截至是年十二月底止，舊管上届實存庫平銀一百五十七兩有奇。新收金陵防營支應局撥款湘平摺合庫平銀五萬一百七十八兩有奇。開除各款，遵照部議報銷章程，各歸各部覈銷，計應歸户部覈銷庫平銀一萬二千七百七十八兩有奇，兵部覈銷庫平銀三千九十七兩有奇，工部覈銷庫平銀三萬四千二百八十六兩有奇，統共請銷庫平銀五萬一百六十三兩有奇。實存庫平銀一百七十三兩有奇，歸於十五年分舊管項下滾接造報，造具總散各册，詳請奏咨前來。臣復覈無異，除將送到清册分咨總理衙門暨户、兵、工三部查照覈銷外，謹會同護理江蘇巡撫臣黄彭年恭摺具陳，伏乞皇上聖鑒，敕部查照，謹奏。該衙門知道。

中國第一歷史檔案館《光緒朝硃批奏摺》第一〇二輯《光緒十五年八月二十日兩江總督曾國荃片》 再，前準户部咨，金陵機器局第七案報銷造報十三年工匠工食一項，覈與前次咨定銀數計多支湘平銀六百八十五兩九錢一分，應令删除等因，當經轉飭遵照去後。茲據該局道員郭道直等詳稱，製造經費向係額領庫平，一切用款無論洋元、銀錢款項均摺實庫平列册造報，以符收領數目。前奉酌定工食洋元限製，有閏之年約支洋六萬九千五百元，係按照上下半年咨報以及上届實存，截去零尾大致數目。即前定洋元摺銀，亦屬截去零尾按照大數而言，數本約計。此項洋元照湘平覈算雖屬稍多，而歷届報銷總以摺實庫平造報。所有本案請銷各廠工食共支洋六萬九千五百五十一元三角，實與上届十二年年底截存工匠月支洋銀奉部準銷成案，並上下半年先期報部立案數目，均屬符合。按照有閏之年計月覈算，亦無增溢。詳請奏咨，仍照原册數目覈銷，免其删除等情前來。臣復覈無異。謹會同北洋大臣直隸督臣李鴻章、護理江蘇撫臣黄彭年附片具陳，伏乞聖鑒，敕部查照覈銷施行，謹奏。

國家圖書館分館《清光緒兵部奏稿》第一三册 再，據南洋大臣曾國荃將金陵機器局光緒十二年分第七案報銷造册奏咨送部覈銷前來，臣等查册開，自上海至金陵八百十里雇用民船裝運生鐵洋煤等項，每噸給水洋九角，查每噸計重一千六百八十斤，以定例每百斤每百里支銀一分之數，覈較尚屬有減無浮，所有請銷洋二千六百七元七角五分合庫平銀一千七百六十一兩四錢八分三釐一毫六絲一忽二微，應準開銷。又册開機器總局火箭分局設搬運物料軍火長夫九十名，每名日支銀一錢，扣小建六日外，連閏計三百八十四日，共請銷湘平銀三千四百五十六兩，覈與上届準銷成案及額設名數均屬相符，應準開銷。又平底常船二號，每號舵工一名、頭工一名、槳手六名，每名一律日支銀一錢，覈與準銷成案相符，所有請銷湘平銀六百十四兩四錢，應準開銷。又鐵皮殼一鳧輪船一號，計六匹馬力，配管駕舵水人等十員名，月支薪糧銀四十九兩四錢，公費銀十二兩，覈與該大臣奏明原案相符，所有請銷銀湘平銀七百九十兩三錢一分九釐九毫八絲七忽二微，應準開銷。以上統計，臣部準銷摺合庫平銀六千四百五十一兩九錢三分九釐五毫八絲三微。理合附片陳明，伏乞聖鑒，訓示遵行，謹奏。

王樹枬《張文襄公全集》卷一三三《致柏林洪欽差光緒十五年九月十一日發》 請訂購六生半車礮一百尊，八生車礮三十尊，彈照式配各二百，藥緩訂。八生者須配鞍件，十箇月造齊運粵，議定即立合同。此爲粵防，須於鄙人離粵之前，定妥出奏。望速訂妥，電復至感。真。

王樹枬《張文襄公全集》卷一三三《致柏林洪欽差光緒十五年九月十五日發》

真電定六生半車礮百尊係筆誤，應改訂七生半車礮一百零二尊，合十七隊，此礮專爲守營用，祇在近處平地運動，無須過山馬鞍。及他項各件，望商克廠詳細覈訂，刪去無用各件，總求於經費撙節，於車礮仍可運用。每礮彈改訂一百，爲節費計，祈速示復。咸。

李維清《上海鄉土志》第一九課《龍華》 龍華在城西南隅，以龍華古刹得名，爲吾邑著名之勝地。由西門經斜橋，過高昌廟、江境廟而至於龍華，高塔聳然，佛殿莊嚴，其地有無煙藥廠，爲製造局所分設者。每逢二三月間，紅桃綠柳，風景最佳，士女踏青，車馬絡繹，其時名曰香信，足見吾邑迷信之甚云。

中國第一歷史檔案館等《中國近代兵器工業檔案史料》第一輯《李鴻章等奏銷金陵機器局光緒十四年支用經費摺光緒十六年正月二十二日》 茲據該局司道將光緒十四年分收支用款分晰造具撤銷清冊，逐加勾稽。自光緒十四年正月起截至十二月底止，舊管：上屆第七案報銷實存銀八十八兩八錢有奇，劃抵該局添購機器拓增廠屋之用，業已無存。新收：江南海關撥解二成洋稅及江南籌防局、金陵防營支應局、揚州淮軍收支局撥款共計銀十一萬四千兩。開除：購買各項料物價值等項一冊共計銀五萬六百二十二兩一錢有奇，工匠工食一冊共計銀四萬四千五十五兩有奇，委員、司事、親兵人等薪糧公費一冊共計銀一萬一千二百五十七兩七錢有奇，裝運料物水脚、常船輪船長夫薪糧等項一冊共計銀六千四十六兩三錢有奇，修理廠屋料物等項一冊共計銀一千五百六十四兩六錢有奇。遵照部議，各歸各部覈銷。計應歸户部覈銷銀五萬五千三百十二兩八錢有奇，兵部覈銷銀六千四十六兩三錢有奇，工部覈銷銀五萬二千一百八十六兩七錢有奇，共請銷銀十一萬三千五百四十五兩有奇。應存：銀四百五十四兩有奇。查該局添購機器、拓增廠屋案內不敷銀四百六十一兩六錢有奇，聲明係在額領經費項下挪用。除將第七案報銷案內存銀八十八兩八錢有奇盡數劃抵外，尚有未歸銀三百七十二兩七錢有奇，照案應於前項實存銀款内如數劃除，以清款目。實計存銀八十二兩二錢有奇，歸於後案舊管項下滾接造報。將該局造報光緒十四年分支給各款請銷數目清冊，並製成軍火撥存四柱清冊，由報銷局加造銀款收支四柱總冊，列爲金陵機器製造局第八案報銷，一並具文詳送奏咨等情前來。臣等復覈無異。

除將清冊分別咨送總理衙門並户部、兵部、工部查照覈銷外，所有金陵機器局經費收支報銷緣由，謹合詞恭摺具陳，伏乞皇上聖鑒，敕部查照，謹奏。

光緒十六年二月初八日奉硃批：該衙門知道。欽此。

中國第一歷史檔案館等《中國近代兵器工業檔案史料》第一輯《嵩駿奏銷浙江機器局建蓋機器廠屋用款片光緒十六年二月初六日》 再，案準工部咨：軍機處交出浙江巡撫劉秉璋奏浙江省設立機器廠，自光緒九年八月間起至十年十一月止，購辦物料及另購水雷電綫並建造廠屋、購買民地等款，撥給經費銀兩奏咨立案一摺，光緒十一年四月初七日軍機大臣奉旨，該部知道，單并發，欽此，(欽)遵交出到部，行文轉飭承辦之員，即將購辦料物、水雷電綫並俟建造廠屋工程完竣，造具細册，劃分送部覈銷等因。到浙，轉行去後。

嗣據防軍支應報銷局司道轉據該委員候補知府鍾大鈞等禀稱：奉飭監造洋式機器廠屋以及大煙筒、洋樓、氣樓並辦公所、官廳等房，大小廠屋計有四十餘間之數，除以後工作續添房屋不計外，共需工料銀二萬三千七百餘兩，禀請詳咨在案。後經接續添造各項大小房屋三十餘間，撙節確估，續請給發工料等銀一萬二千五百餘兩。先後統計共建蓋廠屋、房廊七十餘間，通共實用工料銀三萬六千二百餘兩。當查先後支給銀數，均屬相符。又經專案詳經前撫臣衛榮光於光緒十四年五月二十八日附片奏咨備考亦在案。

續據承辦委員候補同知莊濟泰、知縣徐春榮等禀稱：奉委會同前辦委員鍾大鈞監造洋式機器廠屋，業將開工、完竣日期先後禀報驗收在案。遵飭逐一查明建蓋前項機器廠屋、大煙筒、洋房、氣樓並辦公所、官廳、軍火藥房、收儲物料棧房、匠役住宿房屋，各廠内排釘樁木、砌築地龍，開挖陰溝以及築造内外磚泥墻垣，運用水井，平治基地，一切悉按德國廠圖。仿照西法造作，必極精堅，其應需料物，大半採購(自)外洋，並雇德國洋匠、通事人等到工監督指(模)〔揮〕，一律趕造完固。所有工料並各項辛資等款，悉皆撙節確估，均係實用實銷，委無例案可循。遵照部行，造具實用工料、做法細册，並分晰劃清水脚，於册首開列廠屋目録，加具印結，送由防軍支應報銷局司道督飭局員詳加確覈，均屬實用實銷，委無例案可循，並無絲毫浮冒。合將送到册結詳請照案奏咨覈銷等情前來。奴才覆查無異。

除將送到册結咨部查覈外，理合附片陳明，伏乞聖鑒，敕部查覈施行，謹奏。

光緒十六年二月二十四日奉硃批：該部議奏。欽此。

國家清史編纂委員會《李鴻章全集》第三五册《復貴州撫台潘光緒十六年二月十八日》 偉如尊兄世大人閣下：

月前渤復一緘，頃復奉正月望日惠書，祗聆一是。敬審政敷蠻徼，頌洽陽春，式符臆祝。青谿鐵廠告成，開爐鼓鑄，日能出鋼鐵若干吨。聞煤廠相距署遠，轉運是否便捷。初疑銷路不暢，今值鄂中需用甚亟。香帥擬開槍礮廠，辦火車軌，除本省外，即須就近仰給湘黔，但使出産多而且高，不憂不售。從前滇以偏遠之省，恃銅利稱富饒，果使黔鐵大開，興利之功何止數世。并聞服食有效，宿恙胥除。昔閲舊史，所稱齒落重生，發白變黑，疑爲貢諛之詞，不意真有此事，良由根器本厚，又深攝修之功，似非徒恃藥餌遽能至此，可勝健羡。賢郎局度恢宏，於洋務頗有閲歷，置之水師營務處，實當其才，加之琢磨，自成令器。鄙狀如恒，月内即須入都，一切正待料檢。專泐布復，敬頌勛祺，諸惟朗照。不宣。世愚弟。

中國第一歷史檔案館等《中國近代兵器工業檔案史料》第一輯《曾國荃奏酌加金陵製造洋火藥局閏月經費摺光緒十六年二月二十一日》 太子少保兩江總督一等威毅伯臣曾國荃跪奏，爲製造洋火藥局閏月加工，循案酌加經費銀兩，恭摺仰祈聖鑒事。

竊臣前於光緒十二年七月，奏報金陵洋火藥局添建機器各廠一律竣工，並開用新碾四副，酌加經費摺内聲明，嗣後閏月、夜作加工應增經費，容隨時酌定報明，以昭覈實，歷經循辦在案。

兹據金陵製造洋火藥局前淮揚海道桂嵩慶等詳稱：竊查光緒十六年閏二月，全年計十三個月，製造火藥加多，應需料物、工資、薪糧等項，若照常年經費銀五萬二千兩攤算，實屬不敷支用。覈計本年閏月應增經費約需銀四千四百兩，全年共需銀五萬六千四百兩。自應照案由金陵防營支應局陸續撥給，以資製造。詳請奏明立案前來。臣復覈無異。

除飭將動用加撥銀兩年終匯案據實造報並咨部查照外，謹會同江蘇巡撫臣剛毅恭摺具陳，伏乞皇上聖鑒，敕部查照，謹奏。

光緒十六年閏二月初四日奉硃批：該部知道。欽此。

中國第一歷史檔案館等《中國近代兵器工業檔案史料》第一輯《曾國荃奏請爲金陵機器局加撥閏月經費片光緒十六年二月二十一日》 再，金陵機器局每年額撥經費銀十一萬四千兩，製造軍火礮位、子彈等項，分解南北洋濟用。年來所需外洋銅、鐵、鉛、煤炭各項料物價值翔貴，較之往年增至二三成不等，以致經費時形虧短；雖一切力求撙節，亦僅能以常年十二個月領款所製軍火供十二個月操防之需，已屬萬分勉强。今年計多閏月，各營操防所需軍火即須多備一月之用；而又輪應查閲營伍之期，所需軍火益繁。額領之款既難敷用，事關操防又未便任令缺乏。逋查金陵洋火藥局額定經費之外，遇閏係屬另行加撥。該局情事相同，所需常年額支經費，本在江南製造二成洋税項下撥用。現擬自十六年起，有閏之年，即在前項二成洋税内加撥銀一萬兩，以資應用等情，詳請具奏前來。

臣查此項二成洋税，本係專供製造之需，遇閏本有閏月之税可提，現擬以江南製造局之款匀撥金陵製造局之需，既與另行添款有别，又於江南製造局經費不致短絀，自應照辦，以資周轉。

除飭將加撥經費匯俟年終造報，並分咨户部、兵部、工部外，謹會同北洋大臣，直隸督臣李鴻章、江蘇撫臣剛毅附片陳明，伏乞聖鑒，敕部查照，謹奏。

光緒十六年閏二月初四日奉硃批：該部知道。欽此。

中國第一歷史檔案館《光緒朝硃批奏摺》第一〇二輯《光緒十六年三月初六日四川總督劉秉璋摺》 頭品頂戴四川總督臣劉秉璋跪奏，爲川省機器局薪水工食等項，前已屢經裁減，未便再扣湘平，應請仍照舊章支發，恭摺仰祈聖鑒事。

竊臣先後準户部咨覈覆，川省機器局光緒十三十四等年分收支各款造册請銷，並赴上海購買外洋槍彈各案内，所有購買物料等項，準照庫平開支。其應銷委員匠役人等薪水、工食及盤費、水脚等項，每兩應扣湘平銀四分，飭令仍照部章如數扣回，歸入下届新收項下，報部查覈等因，當經轉行。去後，兹據辦理機器局成縣龍茂道承厚、候選道徐春榮詳稱，遵查川省機器局自光緒三年開設以來，所定薪水工食比較上海、天津、金陵各局，原屬有減無多，嗣因製造日廣，雇募日增，光緒十二年分全年薪水、工食花名一册，開支至三萬八千二百餘兩，自臣到川後，於十三年冬間整頓局務，飭將司事、工匠人等薪工大加覈減，十四年分全年薪水、工食花名一册，祇支銀二萬二千七百餘兩，較之十二年分，薪水工食已減去銀一萬五千四百餘兩之多。十五年分復飭裁去正委一員，副委七員，工匠十五名，較之十四年所支薪水工食又減去銀二千二百餘兩，凡所以爲節省經費計者，無不至周且備。兹奉部咨飭扣湘平，覆查前議，扣減湘平章程原爲海防軍需孔殷，出於萬不得已，當此庫藏竭蹷之時，如能再減，自應遵辦。無如川省錢貴銀賤，食物加昂，即照舊章支給，不過僅敷口食，若再覈扣湘平，該員役工匠人等勢必食用不敷，安能期其振作，殊於局務大有關係。若因扣湘平另加薪工，是扣猶未扣，更非覈實辦法，況自局費屢經裁減之後，所給薪水工食較前已省一半，實屬無可再減。籌思至再，萬難曲從部議。現準籌餉局移開該局，奉札於光緒十五年十二月二十九日，由驛具奏川省勇糧雜支等項，未便再扣湘平，請仍照舊章支發一摺。本年二月初七日奉到硃批，著照所請，户部知道。欽此。欽遵轉行到局，伏思機器局與籌餉局事同一律，所有銷案自應辦理畫一，以免歧異，懇將機器局薪水、工食及雜支各項，免再覈扣湘平等情，詳請具奏前來。臣覆查該道等所詳委係實在情形，合無仰懇天恩，俯念川省食物昂貴，機器局薪水、工食前已屢經大加裁減，與雜支各項均難再行覈扣，準予仍照舊章支發造報，毋庸扣減湘平，俾在局員役工匠人等足敷食用，以示體恤，而期振作。除分咨查照外，是否有當，理合恭摺具陳，伏乞皇上聖鑒訓示，謹奏。

中國第一歷史檔案館《光緒朝硃批奏摺》第一〇二輯《光緒十六年四月十二日四川總督劉秉璋摺》 查川省機器局自光緒十五年正月初一日起，至十二月底止，局中修理機器一百二十五種，水龍十一座，各營舊洋槍一千八百一十二桿，續成各種機器一十三起，新造毛瑟後膛藥彈三十四萬四千顆，前膛銅火帽五百二十二萬粒，克鹿卜礮彈一千二百顆，兩磅包鏮礮彈一千二百顆，克鹿卜礮彈銅七件六百副，兩磅包鏮礮彈銅五件六百副，外洋拉火六千枝，金陵拉火一萬一千八百枝，水槍一百枝，水龍盛水桶四副，鐵靶並架四副，槍標皮套七百二十箇，紫銅地線板一張，又配造各樣機器一百六起，已成洋火藥一十一萬四千一百斤，均經試放合用，已陸續解送籌餉局存儲，以備撥用。其未合成藥彈、銅帽等件，歸入下次報銷。所有局中支用修整廠房、水機器及採買各項物料、委員司事薪水、匠作工貲各經費，仍照原奏不動司庫正款，均於土貨釐金項下開支。統計十五年分共支用庫平銀三萬九千七百一十八兩五錢零，遵照部定新章，分晰造册，詳請奏咨覈銷等情前來。臣覆覈無異，除册送部外，理合恭摺具奏，伏乞皇上聖鑒，謹奏。

中國第一歷史檔案館等《中國近代兵器工業檔案史料》第一輯《李鴻章等奏復請爲金陵機器局照撥閏月經費摺光緒十六年七月初三日》 直隸總督臣李鴻章、兩江總督臣曾國荃、江蘇巡撫臣剛毅跪奏，爲金陵機器局請加閏月經費，吁懇天恩敕部仍準照撥，以資應用而濟要需，恭摺復陳，仰祈聖鑒事。

竊臣準部咨：議覆金陵製造局請加撥閏月經費銀兩一案，以該局經費歷年均足敷用，光緒十三年係有閏之年，並未加撥，即謂近來外洋物價稍增，該局委員薪水每年開支一成有餘，當酌量裁汰，抵補購辦物料之需，所請加撥閏月經費，礙難照準等因，即經轉飭去後。茲據該局道員郭道直等按照部咨，分晰查復，仍懇照撥詳請具奏前來。

臣等查該局額領經費，向係就款製造，將造成軍火分解南北洋濟用。是該局有一分經費造一分軍火，盡造盡解，本無餘存。南北洋各防營操練所需，亦皆數有額定。當此整頓海防之際，既欲責以勤加操練，月需軍火不能不照常發給，遇有閏月即多一月之需。光緒十三年同係有閏之年，該局未曾請加經費，因尚有購存之件得資湊濟。近來存件既罄，該局製造軍火又因料物價值翔貴，雖經費如常，購料製器不免暗中短絀，以額撥之款製成軍火供常年十二個月操防之用，已屬萬分勉强，勢難再行兼顧閏月之需。此則不僅物價增貴，亦以存件告罄無可挹注，故不能不加款增造，庶各營操練不致有缺乏之虞。至該局委員人等，皆係量事用人，各有專責，其月支薪水等項，前已覈實删減，酌定額數，經部覈準照辦。邇來製造工作日益增繁，在差人等已虞日不暇給。本年遵旨奏復裁併局卡案內，曾將該局薪費等項無可裁減緣由，據實聲明在案。當此費絀用宏之際，苟有可以撙節之處，斷不敢任令稍有虛糜；而製造爲操防所需，亦何敢過於克減，以致貽誤要工。即如此次該局請加閏月製造經費，所以不别請籌撥，特於江南製造局二成洋税款内匀用者，蓋以此項二成洋税本係專供製造之用，兩局所製軍火同爲撥解南北洋操防之需。在金陵製造局名爲加撥，合兩局製造之款統而計之，仍無關於出入，此實於加撥之中仍寓撙節之意。其所以必欲匀撥者，因兩局所製軍火其中各有不同，有爲江南製造局所製而該局所無者，有爲該局所製而江南製造局所無者，故經費不能不酌量匀用，以期各得周轉。再四思維，所有金陵製造局擬自光緒十六年起有閏之年即在江南製造局二成洋税内加撥銀一萬兩，實爲該局必不可少之需，亦與另行添款有别。合無仰懇天恩仍準照數加撥，以濟要需。

除分咨户部、兵部、工部外，謹合詞恭摺具奏，伏乞皇上聖鑒訓示，謹奏。

光緒十六年七月二十日奉硃批：着照所請。該部知道。欽此。

國家清史編纂委員會《李鴻章全集》第三五册《復貴州撫臺潘光緒十六年七月初六日》 偉如尊兄世大人閣下：

頃奉六月四日惠函，並接大咨鈔示摺片，誦悉一是。比審鼎裀集祉，籌策宣勞，引企吉暉，式符臆祝。青谿鐵廠，經執事累年規畫，克底於成，礦産既旺，提煉又精，月計出鐵百二十萬斤，合時價值銀萬二千餘兩，除廠費外，約可餘五千金，已屬有赢無絀，惟銷路之暢滯，以運道之難易爲憑。黔産滬銷，險遠需時，故需豫籌周轉之費。開辦之始，用繁費鉅，因商股不足而挪用公款，因償還公款而息借洋債，並是萬不得已之舉，自應堅持到底，斷無中輟之理。現借洋債幾釐行息，期限幾年。擬專指廠利歸還，爲期恐不得速。然執事爲黔謀百年之利，自不必蹙蹙於旦暮之間。謡諑之來，本非意料，果使廠務日有起色，何能動摇。至從前之締造經營，此後之事難逆覩，局中艱苦情節，業經曲摺上陳，天鑒至明，當蒙垂諒。此間唐山煤礦，前數年議論紛然，今則成效漸臻，股票增長，浮囂頓息，足見空言不能勝實事也。青谿一廠係臺端與令弟一手辦成，直如家事，用人籌款，以及廠中一切利病，皆能洞悉無遺，從此認真經理，可望振興，若驟令他人接辦，斷難如前得力。敝處相距絶遠，且實無妥人可以派往。鄂中鐵路雖已緩辦，而槍礮廠需用正多。香帥於黔鐵又久注意，若能就近設法互相維持，則力量更厚，想尊處業經緘商矣。門工木植道出津通，奏請就近交納，借免解員繁費，事理宜然，重勞齒及。近畿自五月杪連旬大雨，各河漫口林立，窪區全付陸沈。目前辦理急撫，秋後堵築之工，冬春賑撫之費，約需二百萬金，正不知從何措手。饑黎滿地，焦急莫名。專泐布復，敬頌勛祺，諸惟朗照。不宣。世愚弟期。

中國第一歷史檔案館等《中國近代兵器工業檔案史料》第一輯《嵩駿奏覆工部議駁前奏浙江機器局建蓋廠屋用款事片光緒十六年八月十二日》 再，準工部咨開：議覆浙江省設立機器廠並建蓋廠屋等項工程用過銀兩，應令查明另造，劃分細數清册，送部覈辦等因一摺，光緒十六年四月初三日具奏，本日奉旨依議，欽此。欽遵鈔録原奏，行文遵照，轉飭承辦局員，即將建蓋機器廠房等項工程工料及運費銀兩並各部應銷之款，一律查明另造，劃分細數清册送部，再由部查照成案酌覈辦理，等因。到浙，轉行去後。

兹據防軍支應報銷局司道詳稱：伏查前項省城建蓋機器各廠屋、煙筒、洋樓、辦公所、官廳、匠役住宿房屋、收儲物料棧房、氣樓，排釘木樁、開挖陰溝、砌築地龍、安裝機器氣管以及造築内外磚泥墻垣，係按德國廠圖，仿照西法營建，造作均極精堅，以資永久適用。其應需物料均屬購自外洋，委無例案可循，並雇德國洋匠、通事到工監督指揮，分别趕造完固。悉皆撙節確估，實用實銷，並無絲毫浮冒。前經詳請奏咨立案。嗣據承辦各委員將前項用過銀兩造册開報到局，督飭局員悉心勾稽，查覈册開建造各項廠屋所需物料、做法，逐款均尚分晰，所用銀洋錢文亦皆詳細開報，應請照册覈銷。至奉查運費銀兩，未據聲明斤重、里數、起止處所，無從覈算等因。查此項運脚，逐款均屬另列，覈與前奉部行各省採辦外洋軍火物料應照北洋大臣奏準定章，正價用銀一千兩，支發運費不得逾一分五釐之數，似相符合，尚無浮冒。其斤重、里數，大半由外洋海道輪舟裝載來滬，轉運内地到浙，既無一定起止處所，亦無程途里數可計，且採購物料，均有鉛鐵板箱盛儲，以免沿途顛簸損壞，是各項物料之斤重委屬無從覈計，懇請一律邀免查報。所有奉查各部應銷之款，册内未據聲明，局中亦無從劃分，請由部就册分别覈銷。詳請奏咨照案覈銷等情前來。奴才覆覈無異。

除(咨)工部查照外，理合附片具陳，伏乞聖鑒，敕部覈銷施行，謹奏。

光緒十六年九月初一日奉硃批：工部議奏。欽此。

中國第一歷史檔案館等《中國近代兵器工業檔案史料》第一輯《曾國荃奏銷金陵製造洋火藥局光緒十五年支用經費摺光緒十六年九月初五日》 太子少保兩江總督一等威毅伯臣曾國荃跪奏，爲金陵製造洋火藥局支用經費第六案造册報銷，恭摺具陳，仰祈聖鑒事。

竊金陵設局製造洋火藥，截至光緒十四年十二月底止支用經費，業經列爲第五案分晰造册奏銷在案。

兹據該局道員桂嵩慶等詳稱：自光緒十五年正月接造火藥起，截至是年十二月底止，舊管上届實存庫平銀一百七十三兩有奇。新收金陵防營支應局撥款湘平摺合庫平銀五萬一百七十八兩有奇。開除各款，遵照部議報銷章程，各歸各部覈銷，計應歸户部覈銷庫平銀一萬二千七百八十兩有奇，兵部覈銷庫平銀三千一百九兩有奇，工部覈銷庫平銀三萬四千二百六十八兩有奇，統共請銷庫平銀五萬一百五十八兩有奇。實存庫平銀一百九十二兩有奇，歸於十六年分舊管項下滚接造報。造具總散各册，詳請奏咨前來。臣覆覈無異。

除將送到清册分咨總理衙門暨户部、兵部、工部查照覈銷外，謹會同江蘇巡撫臣剛毅恭摺具陳，伏乞皇上聖鑒，敕部查照，謹奏。

光緒十六年九月十八日奉硃批：該衙門知道。欽此。

中國第一歷史檔案館等《中國近代兵器工業檔案史料》第一輯《王文韶等奏雲南機器局購機建廠情形及月支薪工銀數片光緒十六年九月十六日》 再，前準户部咨，具奏各省機器局立定章程一摺，於光緒十年三月十三日奉旨依議，欽此，鈔録原奏，飛咨轉飭遵照。計原奏内稱：各省設立機器局，購買機器、外洋槍礮、電綫等件，日新月異，名目不一，耗費尤多。既無定例可循，部中無憑稽覈。

總計常年經費若干；如有添購機器，經費若干雖不能限以定數，亦當立有範圍；將局中各廠、各庫員弁、司事、匠役人數，薪水、口糧章程，當年供役若干，隨時短雇者何年月日起止；添裁人數若干，增減口糧若干，添裁增減者何年月日起止；均隨時報部立案，以爲報銷根據等因，咨滇轉行去後。

茲據雲南善後局司道會同署布政使湯聘珍等詳稱：查滇省僻在邊荒，向來軍營所用(機)[軍]器衹有抬槍、小槍、劈山礮等項。同治年間始有洋槍，然皆採自兩廣，銅帽、火藥一切無不遠道採運而來。因其價重運艱，撙節配用，故每練軍一營，所用洋槍不過四十門。迨光緒八年，越南事起，邊備日嚴，始於上海、廣東購辦後膛槍礮。爲數既多，需用銅帽、藥碼時虞不濟，因於光緒九年飭委候選知府卓維芳由廣東、上海、福州等處雇募工匠來滇試辦製造，器具既多不足，物料尤屬不齊，加以滇南水土異宜，並無可遵之成法。工匠雖雇自他處，雜役仍兼用土人，工作倍難於尋常，薪工須示以優異，而諸事創始，屢試屢更。自光緒十年三月開辦以來，曆數年之久，講求稍識門徑，製造粗具規模。因於省城承華圃後起蓋機器局，委員監督，分廠派司執事，覈定薪水、工食，每月共計開支銀七百三十四兩六錢，皆係現在開支有定之款；遇有隨時短雇及起止月日，均難預定，自應遵照部議，隨時詳請諮報。至採買機器需用物料，造辦什物及應用煤鐵等項，時值高低不一，數目多寡不齊，應俟隨時覈實造銷。又前經檄委總辦江南製造局候補道聶緝規向瑞生洋行定購製造七種彈子機器全副、滚銅皮機器全副、皮帶及機上應有各物俱全，共議明價銀四萬五千七百十兩，三次付給，立定合同，知會前來。當經詳委候補知州林禧前往迎提，現已入口，尚未到滇。其購辦前項機器價值細數及沿途棧租、保險、運費、委員盤費等項，並到滇應行按圖起蓋廠房、添募工匠及廠內應增一切費用，統俟提解到滇後再行逐款覈明據實造報。理合將滇省初設機器局，現在月支有定薪工銀兩數目先行造册及購辦機器緣由，詳請奏咨立案等情前來。

除清册咨部查照外，謹合詞附片具陳，伏乞聖鑒，謹奏。

光緒十六年十月十五日奉硃批：該部知道。欽此。

中國第一歷史檔案館等《中國近代兵器工業檔案史料》第一輯《劉秉璋奏請爲四川機器局派員赴滬購買外洋物料費用立案片光緒十六年九月二十四日》 再，查光緒八年十一月初七日準户部咨，議覆軍需善後章程内開，各省設立機器局，如有採購機器等項，事前報部立案，事後方準覈銷等語，奏奉諭旨依議，欽此等因，當即欽遵行司移局遵辦在案。

茲據機器局委員成綿龍茂道承厚、候選道徐春榮詳稱：據製造委員禀報，局中製造白藥、銅火帽、毛瑟槍子、洋火藥等項，上年在上海洋行所購洋銅、鏹水、洋鋼、鐵、鉎及一切應用物料將次用罄，必須預爲採辦，方免停工待料之虞。擬請此次在於上海採購洋銅、鋼、鐵、鉎、鏹水及一切應用物料等件，估計約需庫平銀一萬六千兩，計所購各項足敷局中兩年之用。應即委員攜帶銀兩，帶同司事、親兵人等前赴上海，按照單開各項如數購買，以資應用。一俟採辦齊全，運赴回川，再將價值、運費、盤川等項歸併覈實匯案報銷。至局中向章，委員赴滬採購洋料係委本局之員，是以衹支盤費不支薪水。茲查本局各所委員，自光緒十五年奉文裁去副委，每所衹留正委一員專司其事，如奉委出省外差，勢難分身，必須另委局外一員採辦，方資周轉，除盤費而外，仍須按月給發薪水，以資辦公，合併聲明等情，詳請先行奏咨立案前來。臣覆查無異。

除飭揀委妥員迅速前往上海採買，俟購辦齊全，覈實匯案報銷，並開具名目清單先行咨部備查外，所有此次機器局委員赴上海採買洋銅、鋼、鐵、鉎、鏹水等項及一切應用物料緣由，理合附片具陳，伏乞聖鑒，謹奏。

硃批：户部知道。

中國第一歷史檔案館《光緒朝硃批奏摺》第一〇二輯《光緒十七年正月廿四日直隸總督李鴻章等摺》 茲據該局司道將光緒十五年分收支用款分晰造具報銷清册，逐加勾稽。自光緒十五年正月起，截至十二月底止，舊管：上届第八案報銷實存銀八十二兩二錢有奇。新收：江南海關撥解二成洋税及江南籌防局、金陵防營支應局、揚州淮軍收支局撥款共計銀十一萬四千兩。開除：購買各項料物價值等項一册，共計銀四萬八千六百二十五兩七錢有奇。工匠工食一册，共計銀四萬四千一百二十二兩六錢有奇。委員、司事、親兵人等薪糧、公費一册，共計銀一萬一千六百兩八錢有奇。裝運料物水脚、常船輪船長夫薪糧等項一册，共計銀六千五十三兩九錢有奇。修理廠屋料物等項一册，共計銀三千五百七十五兩五錢有奇。遵照部議，各歸各部覈銷。計應歸户部覈銷銀五萬五千七百二十三兩五錢有奇，兵部覈銷銀六千五十三兩九錢有奇，工部覈銷銀五萬二千二百一兩二錢有奇，共請銷銀十一萬三千九百七十八兩七錢有奇。實存：銀一百三十兩四錢有奇，歸於後案舊管項下滚接造報。將該局造報光緒十五年分支給各款請銷數目清册，並製成軍火撥存四柱清册，由報銷處加造銀款收支四柱總册，列爲金陵機器製造局第九案報銷，一併具文詳送奏咨等情前來。臣等覆覈無異。除將清册分别咨送總理衙門並户部、兵部、工部查照覈銷外，所有金陵機器局經費收支報銷緣由，謹合詞恭摺具陳，伏乞皇上聖鑒，敕部查照。謹奏。

中國第一歷史檔案館等《中國近代兵器工業檔案史料》第一輯《嵩駿奏浙江機器局建蓋機器廠屋用款無從核減請仍照原册核銷片光緒十七年三月十六日》 再，准工部咨開：議覆浙江省設立機器廠建蓋廠屋等工用過銀兩一摺，光緒十六年十二月十八日奏，本日奉旨依議，欽此。欽遵鈔録原奏，咨行到浙。當經轉行去後。

兹據防軍支應報銷局司道詳稱：伏查原奏内開：工部議奏浙江省設立機器廠並建蓋廠屋等項工程，共用庫平銀三萬六千一百五兩五錢一分七釐四毫。按册勾稽，詳加覆覈，除户部應銷銀二千七十三兩六錢應由户部覈辦外，臣部應銷建蓋機器各廠屋、煙筒、洋樓、辦公所、官廳、匠役住宿房、收儲物料棧房、氣樓，砌築地龍、安裝氣管、造築磚泥墻垣，共請銷庫平銀三萬四千零三十一兩九錢一分七釐四毫，覈與奏明銀數雖屬相符，惟此比較金陵海防成案所開各條相符者僅二十款，其餘互有增減，並有舊案所無從比較者一百三十款，無憑查覈，礙難率准。應令該撫自行覈減，另造妥册，送部覈銷，並申明係照某省某次成案開報等因。

查浙江省設立機器廠係照洋式建造，所用物料大半購自外洋，並用洋匠督率，一切價值均係隨時酌定，並無例案可循。至奉飭申明係照某省某次成案開報一節，查各省設廠起屋，地有廣狹之别，工有多寡之分，無論别省成案難於比照，即以一省而論，省城與外府亦難一律從同。所有前項機器廠工程，委係實用實銷，無從覈減。詳請奏咨仍照原册覈銷，以清積案等情前來。奴才覆查無異。除咨工部查照外，理合附片具陳，伏乞聖鑒，敕部覈銷施行。謹奏。

光緒十七年四月初一日奉硃批：工部議奏。欽此。

中國第一歷史檔案館《光緒朝硃批奏摺》第一〇二輯《光緒十七年七月初六日四川總督劉秉璋摺》 查川省機器局自光緒十六年正月初一日起，至十二月底止，局中修理機器一百二十五起，水龍十三座，各營舊洋槍一千七百二十四桿，續成各種機器一十六起，新造毛瑟後膛藥彈四十萬顆，前膛銅火帽六百三十五萬粒，克鹿卜礮彈二百顆，兩磅包鎌礮彈，三百顆克鹿卜礮彈，銅七件九十副，兩磅包鎌礮彈，銅五件一百六十副，外洋拉火六千枝，金陵拉火九千五百枝，水槍五十枝，水龍四輪，水櫃二部，鐵靶並架三副，鐵柵欄八扇，又配造各樣機器一百四十二起，已成洋火藥一十二萬零一百二十斤，均經試放合用，已陸續解送籌餉局驗收存儲，以備撥用。其未合成鉛彈銅帽等件，歸入下次報銷，所有局中支用修整廠房水機器及採買各項物料，委員司事薪水、匠作工貲各經費，仍照原奏不動司庫正款，均於土貨釐金項下開支。統計十六年分，連閏共支用庫平銀四萬三千二百二十兩五錢零，遵照部定新章分晰造册，詳請奏咨覈銷等情前來。臣覆覈無異，除册送部外，理合恭摺具奏，伏乞皇上聖鑒，謹奏。

中國第一歷史檔案館《德宗景皇帝實録》卷三〇〇《光緒十七年七月上》

兩廣總督張之洞等奏粵省試造淺水輪船以資扼守，得旨，淺水輪船現造四艘，著俟造成後，詳加察看，如果合用，再行奏明辦理。

中國第一歷史檔案館等《中國近代兵器工業檔案史料》第一輯《劉坤一奏銷金陵製造洋火藥局光緒十六年支用經費摺光緒十七年十一月二十八日》 頭品頂戴兩江總督臣劉坤一跪奏，爲金陵製造洋火藥局支用經費第七案造册報銷，恭摺具陳，仰祈聖鑒事。

竊金陵設局製造洋火藥，截至光緒十五年十二月底止支用經費，業經列爲第六案造册奏銷在案。

兹據該局道員蔡世保詳稱：光緒十六年係有閏年分，應行加增經費，前經奏准部覆有案。計自光緒十六年正月起，截至是年十二月底止，舊管上届實存庫平銀一百九十二兩有奇。新收金陵防營支應局撥款湘平摺合庫平銀五萬三千九百八十六兩有奇。開除各款，遵照部議報銷章程，各歸各部覈銷，計應歸户部覈銷庫平銀一萬三千六百六十九兩有奇，兵部覈銷庫平銀三千九十一兩有奇，工部覈銷庫平銀三萬七千二百五兩有奇，統共請銷庫平銀五萬三千九百六十六兩有奇。實存庫平銀二百一十二兩有奇，歸於十七年分舊管項下滚接造報。造具總散各册，詳請奏咨前來。臣覆覈無異。

除將送到清册分咨總理衙門暨户部、兵部、工部查照覈銷外，謹會同江蘇巡撫臣剛毅恭摺具陳，伏乞皇上聖鑒，敕部查照，謹奏。

光緒十七年十二月十三日奉硃批：該衙門知道。欽此。

中國第一歷史檔案館《光緒朝硃批奏摺》第一〇二輯《光緒十七年十二月南洋通商大臣兩江總督劉坤一等片》 再，金陵機器局修理機器廠屋等項所需經費，經前督臣曾國荃奏明，於江海關製造二成洋税項下勻撥濟用，經部覈覆照准，令將用過工料銀兩造册送部覈銷等因，當經轉飭遵照。兹據江蘇防營支應報銷處、江甯布政使瑞璋等詳稱，前項工程悉照泰西做法，汽爐料物亦多後購自外洋，所支工料價值並無例案可循，均皆力求撙節，實用實銷。新收江海關撥解二成洋税銀八千兩。計購辦汽爐料物價值、工匠工食等項内，歸户部覈銷銀八百四十二兩四錢有奇，工部覈銷銀七千一百五十二兩四錢有奇，共請銷銀七千九百九十四兩九錢有奇。實存銀五兩有奇，歸入光緒十六年常年經費報銷案内列收彙報。造册詳請奏咨前來，臣等復覈無異，除將清册分咨總理衙門、户部、工部查覈外，謹合詞附片具陳，伏乞聖鑒訓示，謹奏。

中國第一歷史檔案館等《中國近代兵器工業檔案史料》第一輯《嵩駿奏銷浙江機器局光緒十二年五月至十三年四月採辦外洋物料費用摺光緒十七年十二月十六日》 頭品頂戴浙江巡撫奴才嵩駿跪奏，爲浙江省機器廠局續購製造水雷等項需用外洋物料價、脚等款銀兩，造册報銷，恭摺具奏，仰祈聖鑒事。

竊查案准部行新章，各省設立機器局購買機器、外洋槍礮、電綫等件，應於事前奏明報部立案，事後方准覈銷等因，經前撫臣衛榮光將浙江省機器廠局自光緒十一年五月分起至十二年四月底止，採辦製造水雷、電綫、礮彈各項軍火料物價脚、局用、薪工等款用過銀兩，遵章先後開單造册，分别奏咨奉准覈銷。旋據機器局委員查明，自光緒十二年五月分起至十三年四月底止，接續分次赴滬定購採辦製造浮沉水碰雷、開花礮（彈）、電綫拉火、銅帽、槍礮鉛子等項軍火需用物料價，脚以及局用、薪資、匠工等款，共用過銀三萬一千一百四十餘兩，又經衛榮光於光緒十四年三月十五日開單奏咨立案，欽奉硃批，該衙門知道，單并發，欽此。欽遵在案。

兹據防軍支應報銷局司道詳稱：飭據該委員等將採買各項外洋物料斤重、價值，水脚並同局廠薪資、匠工等款銀兩數目，分晰劃清，開造各款細數清册到局。逐加確覈，均係實用實銷，雖無例案可循，委屬毫無浮冒。遵照向章，由局造册，詳請奏咨一律照案准銷等情前來。奴才覆查無異。

除將送到清册咨部外，理合恭摺具陳，伏乞皇上聖鑒，敕部覈銷施行，謹奏。

光緒十八年正月初九日奉硃批：該部議奏。欽此。

中國第一歷史檔案館《光緒朝硃批奏摺》第一〇二輯《光緒十八年正月廿五日直隸總督李鴻章等摺》 自光緒十六年正月起，連閏截至十二月底止，舊管：上届第九案報銷實存銀一百三兩四錢有奇。新收：江南海關撥解二成洋税及江南籌防局、金陵防營支應局、揚州淮軍收支局撥款，暨上届修理廠屋工程餘款，共計銀十二萬四千五百三十一兩九錢有奇。開除：購買各項料物價值等項一册，共計銀五萬四千九百三十兩一錢有奇。工匠工食一册，共計銀一萬二千一百九十五兩七錢有奇。委員、司事、親兵人等薪糧公費一册，共計銀四萬八千九十七兩六錢有奇。裝運料物水脚、常船輪船長夫薪糧等項一册，共計銀六千六百二十兩有奇。修整廠屋料物等項一册，共計銀二千七百五十二兩三錢有奇。遵照部議，各歸各部覈銷。計應歸户部覈銷銀六萬二百九十三兩三錢有奇，兵部覈銷銀六千六百二十兩有奇，工部覈銷銀五萬七千六百八十二兩五錢有奇，統共請銷銀十二萬四千五百九十五兩九錢有奇。實存：銀三十九兩四錢有奇，歸於後案舊管項下滚接造報。將該局造報光緒十六年分支給各款請銷數目清册，並製成軍火撥存四柱清册，由報銷處加造銀款四柱總册，列爲金陵機器製造局第十案報銷，一併具文詳送，奏咨等情前來。臣等覆覈無異。除將清册分别咨送總理衙門並户部、兵部、工部查照覈銷外，所有金陵機器局經費收支報銷緣由，謹合詞恭摺具陳，伏乞皇上聖鑒，敕部查照。謹奏。

中國第一歷史檔案館《光緒朝硃批奏摺》第一〇二輯《光緒十八年五月初七日四川總督劉秉璋摺》 頭品頂戴四川總督臣劉秉璋跪奏爲機器局前派委員赴上海購買洋銅鋼鐵礓水等項，現已購齊運解回川，謹將支用價值輪船水脚運費薪水等項銀兩，造册報銷，恭摺仰祈聖鑒事。竊查光緒十六年九月間，據機器局呈報司中製造白藥、銅火帽、毛瑟槍彈、洋火藥等項，前在上海所購洋銅、礓水、洋鋼、鐵鉎及一切應用物料，將次用罄，必須預爲採辦，方免停工待料之虞。開單詳請委員攜帶銀兩赴上海購買，以資製造等情。當經臣附片奏明，並咨部查照在案。兹據委辦四川機器局署成綿龍茂道王季寅、記名候選道徐春榮詳稱，遵查前派委員赴上海購買洋銅、鋼鐵、礓水等項，現經該委員帶同司事人等如數購齊，運解回局，分别驗收存儲。其用過價值及輪船水脚、運費、薪水、盤費等項，總共支用庫平銀二萬三千四百九十八兩零，遵照部章分别造具細數清册，詳請奏咨覈銷等情前來。臣查此項洋銅、鋼鐵、礓水等件及一切應用物料，均係機器局製造要需，前於光緒十六年九月間，因局中各物將次用罄，當經該局詳請派員赴上海購買，係在光緒十七年奉部議奏，暫停購買外洋槍礮船隻機器二年明文之前，查覈册造支用價脚運費等項銀兩，均與從前採購成案相符，並無浮冒。除將清册照章咨部覈銷外，理合恭摺具奏，伏乞皇上聖鑒訓示，謹奏。

中國第一歷史檔案館等《中國近代兵器工業檔案史料》第一輯《劉坤一奏加撥金陵製造洋火藥局閏月經費摺光緒十八年五月二十九日》 幫辦海軍事務頭品頂戴兩江總督臣劉坤一跪奏，爲製造洋火藥局閏月加工，循案酌加經費銀兩，恭摺仰祈聖鑒事。

竊照金陵洋火藥局閏月、夜作加工，前經奏明酌加經費以資應用，歷經循辦在案。

茲據該局道員蔡世保詳稱：光緒十八年分閏六月，全年計十三個月，循案應添造藥磅，所需料價、工資、薪糧等項，仍照常年經費加一個月覈算。查歷届閏月年分，均請加撥湘平銀四千四百兩；前於光緒十六年分奉裁長夫口糧及局中公費，每年共計湘平銀六百兩。本届閏六月，增支造藥經費亦應酌減，擬請加撥湘平銀四千三百兩，仍循案由金陵防營支應局如期撥解，以資製造。詳請具奏前來。臣覆核無異。

除飭將動用加撥銀兩年(終)匯案據實造報並咨部查照外，謹會同江蘇巡撫調補廣東巡撫臣剛毅恭摺具陳，伏乞皇上聖鑒，敕部查照，謹奏。

中國第一歷史檔案館《光緒朝硃批奏摺》第一〇二輯《光緒十八年六月二十三日四川總督劉秉璋摺》 查川省機器局自光緒十七年正月初一日起，至十二月底止，局中修理機器一百一十五起，水龍十座，各營舊洋槍一千六百五十二桿，續成各種機器一十四起，又新造新毛瑟後膛藥彈三十八萬四千顆，前膛銅火帽六百六十萬粒，水槍一百六十枝，槍頭皮套三百零五箇，皮帶三百零五根，洋槍子袋五十箇，配帶五十箇，各樣機器九十三起，已成洋火藥一十二萬一千四百五十斤，均經試放合用，已陸續解送籌餉局驗收存儲，以備撥用。其未合成鉛彈銅帽火藥機器等件，歸入下次報銷，所有局中支用修整廠房水機器及採買各項物料，委員司事薪水匠作工貲各經費，仍照原奏，不動司庫正款，均於土貨釐金項下開支。統計十七年分，共支用庫平銀四萬三千五百一十三兩一錢零，遵照部定新章分晰造册，詳請奏咨覈銷等情前來。臣覆核無異，除册送部外，理合恭摺具陳，伏乞皇上聖鑒，謹奏。

中國第一歷史檔案館《清代軍機處電報檔彙編》第七册《發南洋大臣劉坤一電爲吉林需購快槍南洋製造各局照撥事光緒十八年九月初四日》 吉林需馬步快槍數千桿，南洋製造各局如有存儲，或是趕造便可照撥，免弛部定二年停購之禁，其價每桿需若干，一併開示。將來槍價歸還局用，望速電復海署，慶。具。支。

中國第一歷史檔案館等《中國近代兵器工業檔案史料》第一輯《劉坤一奏銷金陵製造洋火藥局光緒十七年支用經費摺光緒十八年十月三十日》 幫辦海軍事務頭品頂戴兩江總督臣劉坤一跪奏，爲金陵製造洋火藥局支用經費第八案造册報銷，恭摺具陳，仰祈聖鑒事。

竊金陵設局製造洋火藥，截至光緒十六年十二月底止支用經費，業經列爲第七案造册奏銷在案。

茲據該局道員蔡世保詳稱：自光緒十七年正月起，截至是年十二月底止，舊管上届實存庫平銀二百十二兩有奇。新收金陵防營支應局撥款湘平摺合庫平銀四萬九千五百九十九兩有奇。開除各款，遵照部議報銷章程，各歸各部覈銷，計應歸户部覈銷庫平銀一萬二千五百四十八兩有奇，兵部覈銷庫平銀二千七百三十五兩有奇，工部覈銷庫平銀三萬四千二百八十八兩有奇，統共請銷庫平銀四萬九千五百九十二兩有奇。實存庫平銀二百十九兩有奇，歸於十八年分舊管項下滚接造報。造具總散各册，詳請奏咨前來。臣覆核無異。

除將送到清册分咨總理衙門、户部、兵部、工部查照覈銷外，謹會同江蘇巡撫臣奎俊恭摺具陳，伏乞皇上聖鑒，敕部查照，謹奏。

光緒十八年十一月十五日奉硃批：該衙門議奏。欽此。

中國第一歷史檔案館等《中國近代兵器工業檔案史料》第一輯《劉坤一奏酌撥金陵製造洋火藥局添備修理經費摺光緒十八年十二月十七日》 頭品頂戴兩江總督臣劉坤一跪奏，爲洋火藥局添備、修理各項酌撥經費，恭摺具陳，仰祈聖鑒事。

竊照金陵洋火藥局除額定常年經費之外，如添購機器、修造廠屋一切用款，均係隨時酌定飭撥，歷經奏明在案。

茲據該局道員蔡世保詳稱：洋火藥局自光緒十四年春間請修之後，迄今已閱五年，所有墻柱經機器逐日震動，已多欹側損壞；又廠内引河久未疏浚，亦多淤墊，駁岸更多坍塌；河上木橋數座，日經藥車推輦磨損朽壞：均須及時修整。又各廠料物遞相轉運逐日無間，均須用車往返推送，道路不平即不免傾倒潑灑，舊係磚石夾砌，年久殘毁，現擬一律添墁條石，以期平坦經久。計葺屋、修橋、浚河、墁路等項，約需工料銀四千數百兩。其各廠汽爐已歷十年之久，火力鍛煉，日消月磨，鐵質已薄，碾廠尤甚，一經破裂，爲禍不堪設想，擬添購汽爐全分一副，以備不時之需。又磺鍋、硝鍋、炭桶、篷布以及進出水管，零星鋼、銅、鐵、鉛各機件，須添須配者甚多，均難緩辦。計鍋爐等件約需銀三千數百兩。統計需用湘平銀八千兩。雖較上届修理增銀數百兩，第此次添墁石路爲上届所無，並又添購汽爐全副。歷時既久，修配較多，按照現在用數，實已力求節省，減而又減，應請照案由金陵防營支應局撥給應用等情，詳請具奏前來。臣覆加查覈，委屬撙節無浮，自應准其照案動撥，以資應用。

除飭將動用銀數造册報銷並咨部查照外，謹會同江蘇巡撫臣奎俊恭摺具陳，伏乞皇上聖鑒，敕部查照，謹奏。

光緒十九年正月初六日奉硃批：該衙門知道。欽此。

中國第一歷史檔案館《光緒朝硃批奏摺》第一〇二輯《光緒十八年五月至十二月四川總督劉秉璋片》 再，案查前准兵部咨，以四川機器局前三次赴上海購買機器、槍礮子彈、銅鋼、硇水各物，報銷輪船水脚、搬運夫工均有浮開，應即删減等因，當經轉行去後，兹據委辦四川機器局署成綿龍茂道王季寅、記名候選道徐春榮詳稱，遵查局中前三次赴上海購買機器、槍礮子彈、銅鋼、硇水各物，所用輪船水脚一概係雇英國怡和太古洋行輪船載運，與中國商輪不同，外洋不諳中國例章，向於未運之先，即已收取水脚。今若遵照部文，徑向追繳，無論洋商斷不允從，且中外通商亦不能以此微細水脚，致失大信，此洋商輪船水脚斷難追繳之實在情形也。又搬運夫役口食，光緒六年至八年銷案，每名日給口食銀八分，川省曾於十三年三月初五日奉准兵部咨覆，内開覈與銷過天津機器局長夫，日支工食銀一錢之數，有減無浮，自應照准等因，部文具在，有案可援。兹因機器槍礮繁重，雇夫包擡，依照奉部准銷成案，每名日支銀八分，原係援案辦理，然覈計工食，究較津局爲省，况此項擡夫係窮苦小民，藉此口食以度命，早經花用無存。且事在光緒十三四年之間，此時人皆星散，此雇夫口食無從追繳之實在情形也。所有前三次赴上海購買機器、槍礮子彈、銅鋼、硇水各物，報銷輪船水脚、搬運夫工，共奉部删駁行查銀二千一百三十五兩零，惟有詳請奏懇天恩，俯念輪船水脚款涉外洋，其夫價且較津局節省，請飭部照數銷結，以昭大信，而恤窮黎。嗣後，遇有赴滬採買洋料，其搬運夫價仍以每名日給銀八分，作爲定章，以免駁詰。至局中所設夫役十八名，乃傳事三名，看門役三名，更夫九名，茶水夫三名，曾於十六年銷册内註明，並非搬運夫役，合併聲明等情，詳請奏咨覈銷，以清積案前來，臣覆查無異。除咨兵部覈銷外，理合附片具陳，伏乞聖鑒訓示，謹奏。

中國第一歷史檔案館《光緒朝硃批奏摺》第一〇二輯《光緒十八年直隸總督李鴻章等摺》 自光緒十七年正月起截至十二月底止，舊管：上届第十案報銷實存銀三十九兩四錢有奇。新收：江南海關撥解二成洋税及江南籌防局、金陵防營支應局、揚州淮軍收支局撥款，共計銀十一萬四千兩。開除：購買各項料物價值一册，共計銀五萬三百三十九兩五錢有奇。工匠工食一册，共計銀四萬四千一百二十兩五錢有奇。委員、司事、親兵人等薪糧公費等項一册，共計銀一萬一千二百六十一兩二錢有奇。裝運料物水脚、常船輪船長夫薪糧等項一册，共計銀六千三十九兩六錢有奇。修理廠屋料物等項一册，共計銀二千二百四十六兩八錢有奇。遵照部議，各歸各部覈銷。計應歸户部覈銷銀五萬五千三百八十一兩七錢有奇，兵部覈銷銀六千三十九兩六錢有奇，工部覈銷銀五萬二千五百八十六兩三錢有奇，統共請銷銀十一萬四千七兩七錢有奇。實存：銀三十一兩六錢有奇，歸於後案舊管項下滚接造報。將該局造報光緒十七年分支給各款請銷數目清册，並製成軍火撥存四柱清册，由報銷處加造銀款四柱總册，列爲金陵機器製造局第十一案報銷，一併具文詳送奏咨等情前來。臣等覆覈無異。除將清册分别咨送總理衙門並户部、兵部、工部查照覈銷外，所有金陵機器局經費收支報銷緣由，謹合詞恭摺具陳，伏乞皇上聖鑒，敕部查照，謹奏。

中國第一歷史檔案館《光緒朝硃批奏摺》第一〇二輯《光緒十八年福建臺灣巡撫邵友濂片》 再，臺北設立機器局製造槍礮子彈，誠以海防軍火攸關，有備無患。查槍子一項爲用較廣，歷年勦辦番務、各軍平日操用，頗少餘存，本届大嵙崁與恆春山社相繼用兵，尤形缺乏。臣督飭局員詳察其故，則以該廠機器短少，不敷製辦，非由外洋酌量添購暨由廠配製各項機器，並添廠屋庫房，爲作工儲料之地，所出子彈難望多儲。又外洋槍礮日新，洋火藥尤爲利用，先因外洋購辦不便，臺省近年咨由江甯代製，平時既多周折，而海道風波，緩急尤不應手。臺灣機器製造風氣已開，火藥與子彈相須，漸經學製有法，祇須擴充廠屋，略購機器，便可募工造辦，免再隔海取資，於臺防實多裨益。現雖經費奇絀，部限停購機器亦未滿期，但子藥均爲操防所必需，察度情形，未便因噎廢食。已飭分别勘估，覈實撙節，計槍子廠添造廠房、爐房、庫房暨洋火藥廠起造合藥、碾藥、碎藥、壓藥、篩藥、光藥、烘藥、藥庫各房，共需工料銀一萬八千餘兩，添購製造槍子及洋火藥機器各件共需價值銀一萬八千六百餘兩。據辦理機器局知府蔣斯彤開具清單，稟由善後局覈詳奏咨立案前來。臣覆覈無異。除將清單分咨海軍衙門、户、兵、工部查照外，所有恢拓製造槍子、火藥兩廠，添購機器緣由，理合附片具陳，伏乞聖鑒，飭准立案施行。謹奏。

中國科學院歷史研究所《劉坤一選集》書牘卷十《復沈仲復光緒十九年二月十二日》 東、西梁山礮臺，需用礮位，當經敝處查照台指，札飭軍械所給發兩磅鋼礮四尊。旋據該所詳稱，兩磅後膛過山車礮一項，均係配用前車，並無後車礮位存儲。並據張提督士元馨稱，兩磅後車礮位僅領二尊，其餘即請照發前車等語。復經發給前車兩磅後膛礮二尊，子彈拉火一律配齊，點交該提督先行領運回皖。其後車一項，業由軍械所咨會金陵機器局，飭匠另行配造，以副執事慎固江防之至意。張提督辦事穩練，曉暢戎機，晤談之餘，深以得侍仁帡爲幸，尚祈加意培植，俾得益展所長。

中國第一歷史檔案館《光緒朝硃批奏摺》第一〇二輯《光緒十九年七月初八日四川總督劉秉璋摺》 查川省機器局自光緒十八年正月初一日起，至十二月底止，局中修理機器一百一十五起，水龍十三座，各營舊洋槍一千九百四十三桿，續成各種機器一十九起，又新造新毛瑟後膛藥彈四十一萬六千顆，前膛銅火帽七百一十五萬粒，各種機器一百一十九起，已成洋火藥一十一萬七千四百六十斤，均經試放合用，已陸續解送籌餉局驗收存儲，以備撥用。其未合成鉛彈銅帽火藥機器等件，歸入下次報銷。所有局中支用修整廠房水機器及採買各項物料，委員司事薪水、匠作工資各經費，仍照原奏不動司庫正款，均於土貨釐金項下開支。統計十八年分，共支用庫平銀四萬五千零六十五兩七錢六分零，遵照部定新章，分晰造册，詳請奏咨覈銷等情前來。臣覆覈無異，除册送部外，理合恭摺具陳，伏乞皇上聖鑒，謹奏。

中國第一歷史檔案館《光緒朝硃批奏摺》第一〇二輯《光緒十九年七月初八日直隸總督李鴻章等摺》 伏思馬梯呢、溫者斯得各槍彈，神機格林各礮彈，愈製愈精，愈用愈廣，若不寬爲籌備，恐需用之時，雖晝夜趕造，亦迫不及待。所有七八兩年動用銀五萬六千四十七兩有奇，並自九年分起每年加撥銀一萬兩，應請奏明俯賜覈准等情，當經前督臣左宗棠，復飭江蘇防營報銷局確覈妥議。茲據該局復覈請奏前來，臣查金陵機器局，每年額定銀十萬兩，除薪水火食及一切雜用外，儘數造成軍火，分解南北兩洋，防營操用尚屬不敷，係屬實在情形。此外飭造水雷、銅捲等項，及馬梯呢、溫者斯得各槍彈，神機格林各礮彈，不得不寬爲籌備，以重防務。所有七八兩年，額外加撥水雷等項經費銀五萬六千四十七兩有奇，合無仰懇天恩，俯准支銷，其添製馬梯呢槍彈等件銀五千兩，連同奉准軍月操軍火銀五千兩，合成一萬兩。籲懇聖恩，准其均從九年分起，一併加撥。庶已往之成功不廢，而將來之實濟良多。所有機器局添製軍火，額款不敷，請加撥濟用緣由，謹合詞恭摺具陳，伏乞皇太后皇上聖鑒，敕部查照，謹奏。

硃批：軍火爲武備要需，必先事製造，方免臨時貽誤，著照所請，該部知道。

中國第一歷史檔案館等《中國近代兵器工業檔案史料》第一輯《劉秉璋奏四川機器局槍礮無存無憑解藏摺光緒十九年八月初五日》 頭品頂戴四川總督臣劉秉璋跪奏，爲衛藏靖西内關需用槍礮，查明川省各局並無餘存，無憑解藏，恭摺仰祈聖鑒事。

光緒十九年七月初八日准海軍衙門咨：駐藏辦事大臣奎煥附奏靖西内關需用槍礮請由川省酌撥以重邊防一片，奉硃批，著照所請，即由該大臣知照劉秉璋如數撥給，欽此。欽遵到臣，當即恭録轉行機器局並籌餉局查覆。

茲據該局司道會詳：遵查川省先年設立機器局，選雇工匠，仿照外洋辦法鑄造槍礮、藥彈、銅帽、洋火藥等件。嗣因已成之器鑄造未精，不能合用，且易炸裂誤事，經臣奏請暫行停鑄，專製銅帽、洋火藥、鉛彈及修整洋槍等件。所有已購之洋槍、炸礮均已分發各營操演應用，並無餘存。至於威遠礮名目，川省從未製過。昔年所造劈山礮、擡槍亦經分發各營，現在早已停鑄。局中雖存有劈山礮、擡槍，皆係各營繳還，非殘缺不全，即銹壞不堪使用。請俟日後局中製有槍礮，再行詳請撥藏等情。

臣伏查川省前赴上海購買洋槍，又曾向江南機器局購來小格林礮，當已分發各營操演，並無餘存。近年亦因節省起見，並未續購。其劈山礮、擡槍，該各營每因殘缺銹壞陸續繳還，均屬不堪使用。該局司道所詳自係實情。覆查劈山礮、擡槍，斤兩笨重，由川解藏幾及萬里，一槍一礮之脚力不止十槍十礮之價值，殊覺虛糜不貲，且長途風雨易致銹澀，出十數倍之價以運銹澀之物，實不合算，似不如由藏自行鑄造。至需用外洋軍火，現在藏印通商開關伊邇，若開關後購之印度，彼由火車運關，脚力甚省，價值亦廉，屆時應由該大臣奏明確數，就近動用新關洋税，取攜甚便。川省之洋軍火，購自上海，水路約計萬里到川，若又由陸路萬里解藏，其事之難易，與費之多少，不辯自明。

所有靖西内關需用槍礮，查明並無餘存，無憑解藏緣由，除分咨海軍衙門、駐藏大臣查覈外，理合恭摺奏覆，伏乞皇上聖鑒，謹奏。

中國第一歷史檔案館等《中國近代兵器工業檔案史料》第一輯《劉坤一奏銷金陵製造洋火藥局光緒十八年支用經費摺光緒十九年十一月十九日》 頭品頂戴兩江總督臣劉坤一跪奏，爲金陵製造洋火藥局支用經費第九案造册報銷，恭摺具陳，仰祈聖鑒事。

竊金陵設局製造洋火藥，截至光緒十九年十二月底止支用經費，業經列爲第八案造册奏銷在案。

茲據該局道員蔡世保詳稱：光緒十八年係有閏年分，應行加增經費，前經奏准部覆在案。計自光緒十八年正月起，截至是年十二月底止，舊管上屆實存庫平銀二百十九兩有奇。新收金陵防營支應局撥款湘平摺合庫平銀五萬三千七百四十八兩有奇。開除各款，遵照部議報銷章程，各歸各部覈銷，計應歸户部覈銷庫平銀一萬三千五百九十三兩有奇，兵部覈銷庫平銀二千九百九十七兩有奇，工部覈銷庫平銀三萬七千一百三十五兩有奇，統共請銷庫平銀五萬三千七百二十六兩有奇。實存庫平銀二百四十二兩有奇，歸於十九年分舊管項下滾接造報。造具總散各册，詳請奏咨前來。臣覆覈無異。

除將清册分咨總理衙門暨户部、兵部、工部覈銷外，謹會同江蘇巡撫臣奎俊恭摺具陳，伏乞皇上聖鑒，敕部查照，謹奏。

光緒十九年十二月初三日奉硃批：該衙門議奏。欽此。

中國第一歷史檔案館等《中國近代兵器工業檔案史料》第一輯《劉坤一奏銷金陵製造洋火藥局添備修理費用摺光緒二十年三月二十九日》 頭品頂戴兩江總督臣劉坤一跪奏，爲金陵製造洋火藥局添備、修理各項動用經費專案造報，恭摺仰祈聖鑒事。

竊照金陵製造洋火藥局添購鍋爐機器，並修理廠屋等項，約估工程經費，業經奏明在案。

茲據該局道員蔡世保詳稱：此項工程於光緒十九年四月間採集料物，雇募工匠，先將外洋運到鍋爐機器次第裝配修換，一面興工修理提硝、提磺、燒炭、和碾、鍘壓、篩光、烘藥及車刨鑽鋸鐵木各廠，並局屋、庫棧、群房、圍墻，擇其緊要之處，概行分別拆砌。此外，引河駁岸、車路亦皆挑浚墊築，均於八月底一律工竣。所有廠屋類多洋式，需用料物多係購自外洋，工資、物價實難以常例相繩，然皆力求撙節，不敢絲毫浮冒。今自光緒十九年四月起，截至是年八月底止，舊管無項。新收金陵防營支應局撥解湘平銀八千兩摺合庫平銀七千七百十九兩有奇。開除各款，遵照部議報銷章程，各歸各部覈銷，計應歸户部覈銷庫平銀一千四百二十九兩有奇，兵部覈銷庫平銀二百二十二兩有奇，工部覈銷庫平銀六千五十四兩有奇，統共請銷庫平銀七千七百六兩有奇，均係實用實銷，並未逾原估銀數。實存庫平銀十三兩有奇，業經解還金陵防營支應局收回，以清款目。造具收支各款總散清册，詳請奏咨前來。臣覆覈無異。

除將送到清册分咨總理衙門暨户部、兵部、工部查覈外，謹會同江蘇巡撫臣奎俊恭摺具陳，伏乞皇上聖鑒，敕部覈銷施行，謹奏。

硃批：該衙門議奏。

中國第一歷史檔案館等《中國近代兵器工業檔案史料》第一輯《劉秉璋奏銷四川機器局光緒十九年支用經費摺光緒二十年五月初一日》 查川省機器局自光緒十九年正月初一日起至十二月底止，局中修理機器一百一十五起，水龍十二座，各營舊洋槍一千七百五十二桿，續成各種機器二十六起，又新造新毛瑟後膛藥彈三十八萬四千顆，前膛銅火帽六百六十萬粒，各種機器一百一十四起，已成洋火藥八萬七千五百斤，均經試放合用，已陸續解送籌餉局存儲，以備撥用。其未合成藥彈、銅帽、機器等件，歸入下次報銷。所有局中支用修整廠房、水機器及採購各項物料，委員司事薪水，匠作工資各經費，仍照原奏不動司庫正款，均於土貨釐金項下開支。統計十九年分共支用庫平銀四萬六千七百四兩四錢零，遵照部定新章，分晰造册，詳請奏咨覈銷等情前來。臣覆覈無異。

除册送部外，理合恭摺具奏，伏乞皇上聖鑒，謹奏。

奉硃批：該部議奏。欽此。

中國第一歷史檔案館《光緒朝硃批奏摺》第一〇二輯《光緒十七年至廿年兩江總督劉坤一片》 再，江南機器製造局所造保民鋼板輪船，業經前督臣曾國荃將該船船身丈尺、喫水、馬力及動用工料、銀兩各數目，奏明在案。查該船造費，係由江南籌防局在南洋海防經費項下撥解庫平銀一十六萬兩，江甯布政使衙門撥解鹽票項下庫平銀五萬兩，該局在江海關製造二成洋税項下撥用庫平銀一萬三千八百餘兩，統共該船動用工料銀二十二萬三千八百餘兩。茲據江南機器製造局將該船動用工料細數造具清册，詳請奏銷前來。臣覆覈無異，除將清册分咨總理衙門户部兵部工部查照外，理合附片陳明，伏乞聖鑒，謹奏。

中國第一歷史檔案館等《中國近代兵器工業檔案史料》第一輯《金陵機器局呈光緒十八年收放軍火四柱清册約光緒二十年七月》金陵機器製造局呈爲造報收放軍火四柱清册事。

竊照仿製西洋各國槍礮軍火等件，分解南北洋軍械所驗收撥用，向由江南籌防、留防、北洋淮軍各局報銷案内分別入收開報。間有逕撥外省及各營領用各項礮火，係奉南北洋大臣飭撥分解。業將截至光緒十七年底止收放數目列爲第十一案報銷，分晰造册送部查覈在案。所有此次第十二案：光緒十八年正月起截至是年十二月底止，製成、撥解、收放各項槍礮軍火等件數目，相應分晰匯造四柱總册，呈請伏候總理衙門查覈備案。

須至册者，計開：

洋礮並礮車、礮架項下

舊管：

一、上届第十一案報銷軍火四柱册報截至光緒十七年底止實存：十二磅銅田鷄礮十四尊(什具全)，十二磅銅長炸礮二尊(什具全)，十二磅銅輕礮六尊(什具全)，十二磅六楞銅來福礮三尊(什具全)，十二磅三楞銅來福礮五尊(什具全)，十二磅生鐵來福礮二尊(什具全)，十二磅炭鐵礮二尊(什具全)，九磅銅田鷄礮三十五尊(什具全)，九磅長生鐵礮二尊(什具全)，六磅克虜泊熟鐵後膛礮一尊(什具全)，二磅熟鐵後膛過山礮二尊(什具全)，一磅生鐵礮一尊(什具全)，布式四磅後門進子炭鐵礮一尊(什具全)，十門連珠格林鋼質礮一尊(什具全)，六門神機連珠礮二尊(什具全)，四門神機連珠鋼質礮一尊(什具全)，新式前膛劈山礮一尊(什具全)，新式熟鐵後膛劈山礮一尊(什具全)，新式雙耳前膛小擡礮一尊(什具全)，新式後膛毛塞劈山礮四尊(什具全)，大十二磅銅長礮前車七輛、後車七輛(子藥箱全)，十二磅銅輕礮前車六輛、後車六輛(子藥箱全)，十二磅來福礮車一輛(尾扛、子藥箱全)，十二磅田鷄礮架十二副，九磅田鷄礮架三十四副，四磅後門進子炭鐵礮車一輛，二磅熟鐵後膛過山礮木身鐵前車四輛、木輪鐵前車二輛(尾扛全)，二磅熟鐵後膛過山礮後車二輛，十門礮前車二輛、後車二輛，十門連珠格林礮前車一輛、後箱車一輛(子藥箱什具、尾扛全)，十門格林礮三人磨盤架一副，六門神機礮車二輛，四門神機礮前車二輛、後箱車二輛(子藥箱什具、尾扛全)，新式前膛劈山礮平底磨盤架一副，新式後膛劈山礮三脚磨盤架一副，新式後膛毛塞劈山礮磨盤耳架四副。

新收：

一、收製成：二磅熟鐵後膛過山礮五十八尊(什具全)，十門連珠格林鋼質礮十二尊(什具全)，四門神機連珠鋼質礮十二尊(什具全)，二磅熟鐵後膛過山礮木輪鐵前車五十八輛(尾扛全)，二磅後膛過山礮鐵後箱車十二輛、木後箱車四輛(子藥鐵箱、木箱全)，十門連珠格林礮前車十二輛、後箱車十二輛(子藥箱、什具、尾扛全)，十門格林礮三義磨盤架十二副，四門神機礮前車十二輛、後箱車十二輛(子藥箱、什具、尾扛全)。

以上管、收共：十二磅銅田鷄礮十四尊(什具全)，十二磅銅長炸礮二尊(什具全)，十二磅銅輕礮六尊(什具全)，十二磅六楞銅來福礮三尊(什具全)，十二磅三楞銅來福礮五尊(什具全)，十二磅生鐵來福礮二尊(什具全)，十二磅炭鐵礮二尊(什具全)，九磅銅田雞礮三十五尊(什具全)，九磅長生鐵礮二尊(什具全)，六磅克虜泊熟鐵後膛礮一尊(什具全)，二磅熟鐵後膛過山礮六十尊(什具全)，一磅生鐵礮一尊(什具全)，布式四磅後門進子炭鐵礮一尊(什具全)，十門連珠鋼質格林礮十三尊(什具全)，六門神機連珠礮二尊(什具全)，四門神機連珠鋼質礮十三尊(什具全)，新式前膛劈山礮一尊(什具全)，新式熟鐵後膛劈山礮一尊(什具全)，新式雙耳前膛小擡礮一尊(什具全)，新式後膛毛塞劈山礮四尊(什具全)，大十二磅銅長礮前車七輛、後車七輛(子藥箱全)，十二磅銅輕礮前車六輛、後車六輛(子藥箱全)，十二磅來福礮車一輛(尾扛、子藥箱全)，十二磅田鷄礮架十二副，九磅田鷄礮架三十四副，四磅後門進子炭鐵礮車一輛，二磅熟鐵後膛過山礮木身鐵前車四輛、木輪鐵前車六十輛『尾扛全』，二磅熟鐵後膛過山礮後車二輛，二磅後膛過山礮鐵後箱車十二輛、木後箱車四輛(子藥鐵、木箱全)，十門連珠格林礮前車十三輛(子藥箱什具、尾扛全)，十門礮前車二輛、後車二輛，十門格林礮三叉磨盤架十三副，六門神機礮車二輛，四門神機礮前車十四輛、後箱十四輛(子藥箱什具、尾扛全)，新式前扛劈山礮平底磨盤架一副，新式後膛劈山礮三脚磨盤架一副，新式前膛小擡礮磨盤耳架一副，新式後膛毛塞劈山礮磨盤耳架四副。

開除：

一、撥南洋籌防報銷案内入收：二磅熟鐵後膛過山礮三十四尊(什具全)，十門連珠格林鋼質礮十二尊(什具全)，二磅熟鐵後膛過山礮木輪鐵前車三十四輛(尾扛全)，二磅後膛過山礮鐵後箱車十二輛、木後箱車四輛(子藥鐵、木箱全)，十門連珠格林礮前車十二輛、後箱車十二輛(子藥箱什具、尾扛全)，十門格林礮三叉磨盤架十二副。

一、撥北洋淮軍報銷案内入收：二磅熟鐵後膛過山礮二十四尊(什具全)，四門神機連珠鋼質礮十二尊(什具全)，二磅熟鐵後膛過山礮木輪鐵前車二十四輛(尾扛全)，四門神機礮前車十二輛、後箱車十二輛(子藥箱、什具、尾扛全)。

一、發廠改造：二磅熟鐵後膛過山礮木身鐵前車四輛(尾扛全)。

以上開除共：二磅熟鐵後膛過山礮五十八尊(什具全)，十門連珠格林鋼質礮十二尊(什具全)，四門神機連珠鋼質礮十二尊(什具全)，二磅熟鐵後膛過山礮木輪鐵前車五十八輛(尾扛全)，二磅後膛過山礮鐵後箱車十二輛、木後箱車四輛(子藥鐵、木箱全)，十門連珠格林礮前車十二輛、後箱車十二輛(子藥箱、什具、尾扛全)，十門格林礮三叉磨盤架十二副，四門神機礮前車十二輛、後箱車十二輛(子藥箱、什具、尾扛全)，二磅熟鐵後膛過山礮木身鐵前車四輛(尾扛全)。

實存：

十二磅銅田難礮十四尊(什具全)，十二磅銅長炸礮二尊(什具全)，十二磅銅輕砲六尊(什具全)，十二磅六楞銅來福礮三尊(什具全)，十二磅三楞銅來福礮五尊(什具全)，十二磅生鐵來福礮二尊(什具全)，十二磅炭鐵礮二尊(什具全)，九磅銅田鷄礮三十五尊(什具全)，九磅長生鐵礮二尊(什具全)，六磅克虜泊熟鐵後膛礮一尊(什具全)，二磅熟鐵後膛過山礮二尊(什具全)，一磅生鐵礮一尊(什具全)，布式四磅後門進子炭鐵礮一尊(什具全)，十門連珠格林鋼礮質一尊(什具全)，六門神機連珠礮二尊(什具全)，四門神機連珠鋼質礮一尊(什具全)，新式前膛劈山礮一尊(什具全)，新式熟鐵後膛劈山礮一尊(什具全)，新式雙耳前膛小擡礮一尊(什具全)，新式後膛毛塞劈山礮四尊(什具全)，大十二磅銅長礮前車七輛、後車七輛(子藥箱全)，十二磅銅輕礮前車六輛、後車六輛(子藥箱全)，十二磅來福礮車一輛(尾扛、子藥箱全)，十二磅田鷄礮架十二副，九磅田鷄礮架三十四副，四磅後門進子炭鐵礮車一輛，二磅熟鐵後膛過山礮木輪鐵前車二輛(尾扛全)，二磅熟鐵後膛過山礮後車二輛，十門礮前車二輛、後車二輛，十門連珠格林礮前車一輛、後箱車一輛(子藥箱、什具、尾扛全)，十門格林礮三叉磨盤架一副，六門神機礮車二輛，四門神機礮前車二輛，後箱車二輛(子藥箱、什具、尾扛全)，新式前膛劈山礮平底磨盤架一副，新式後膛劈山礮三脚磨盤架一副，新式前膛小擡礮磨盤耳架一副，新式後膛毛塞劈山礮磨盤耳架四副。

洋槍並火子項下

舊管

一、上届第十一案報銷軍火四柱册報截至光緒十七年底止實存：前膛洋擡槍一桿，後膛洋擡槍四桿，後膛擡槍銅托鐵架十七副，後膛擡槍銅自來火子彈一千七百個。

新收：

一、收製成：後膛洋擡槍七十桿，後膛洋擡槍銅自來火子彈四萬五千個，原來舊銅管復裝子藥毛塞兵槍銅自來火子彈十四萬五千個，洋槍鐵靶十八面(勾練全，三叉鐵架十八副)。

開除：

一、撥南洋等防報銷案内入收：後膛洋擡槍二十桿，後膛洋擡槍銅自來火子彈一萬二千個，復裝子藥毛塞兵槍銅自來火子彈十四萬五千個。

一、撥北洋淮軍報銷案内入收：後膛洋擡槍五十桿，後膛洋擡槍銅自來火子彈三萬個。

一、局中陸續試放：後膛洋擡槍銅自來火子彈三千五百個。

一、撥南洋江蘇留防報銷案内入收：洋槍鐵靶十八面(勾練全，三叉鐵架十八副)。

實存：

前膛洋擡槍一桿，後膛洋擡槍四桿，後膛擡槍銅托鐵架十七副，後膛擡槍銅自來火子彈一千二百個。

炸彈項下

舊管：

一、上届第十一案報銷軍火四柱册報截至光緒十七年底止實存：八十磅勃休馬包鉛實心彈五十個，六十八磅田鷄炸彈三百八十三個(木信全)，六十八磅開花彈二百四十個(木信全)，二十四磅圓炸彈九十六個(木信全)，二十四磅包鉛來福炸彈一百二十個(木信全)，十二磅田鷄炸彈二百六十個(木信全)，十二磅荷花底來福炸彈二百一十六個(木信全)，十二磅輕礮炸彈二百六十一個(木信全)，十二磅克虜伯炸彈一百四十個(木信全)，十二磅包鉛來福炸彈一百八十個(木信全)，十二磅六楞銅珠來福開花彈四百個(木信全)，十二磅三楞銅珠來福開花彈二百個(木信全)，九磅田鷄炸彈二百二十個(木信全)，九磅來福炸彈一百四十個(木信全)，四十六分徑口光膛長炸彈一百三個(木信全)，三十二分徑口光膛長炸彈三百個(木信全)，四門神機礮銅自來火子彈八百個，十門格林礮銅自來火子彈四千一百個。

新收：

一、收製成：一百四十磅瓦瓦司三槽開花彈二百個(銅引火全)，一百四十磅瓦瓦司三槽實心彈五百個，八十磅瓦瓦司三槽開花彈一百個(銅引火全)，八十磅瓦瓦司三槽實心彈一百個，十二磅六楞銅珠來福開花彈三千個(木信全)，十二磅六楞銅珠來福實心彈七百個，十二磅三楞銅珠來福開花彈二千個(木信全)，十二磅英式圓實心彈一千個，七生脱半銅箍開花彈八千五百個(銅六件自來火全)，四磅克虎泊包鉛實心彈五百個，二磅過山礮包鋁開花彈一萬二千個(銅五、六件自來火全)，二磅過山礮包鉛實心彈一萬八千個，四門神機礮銅自來火子彈六萬五千個，新式劈山礮包鉛實心彈二千個(大銅盅全)。

以上管、收共：一百四十磅瓦瓦司三槽開花彈二百個(銅引火全)，一百四十磅瓦瓦司三槽實心彈五百個，八十磅瓦瓦司三槽開花彈一百個(銅引火全)，八十磅瓦瓦司三槽實心彈一個百，八十磅勃休馬包鉛實心彈五十個，六十八磅田鷄炸彈三百八十三個(木信全)，六十八磅開花彈二百四十個(木信全)，二十四磅圓炸彈九十六個(木信全)，二十四磅包鉛來福炸彈一百二十個(木信全)，十二磅田鷄炸彈二百六十個(木信全)，十二磅荷花底來福炸彈二百一十六個，十二磅輕礮炸彈二百六十一個(木信全)，十二磅克虜泊炸彈一百四十個(木信全)，十二磅包鉛來福炸彈一百八十個(木信全)，十二磅六楞銅珠來福開花彈三千四百個(木信全)，十二磅六楞銅珠來福實心彈七百個，十二磅三楞銅珠來福開花彈二千二百個(木信全)，十二磅英式圓實心彈一千個，七生脱半銅箍開花彈八千五百個(銅六件自來火全)，九磅田鷄炸彈二百二十個(木信全)，九磅來福炸彈一百四十個(木信全)，四磅克虜泊包鉛實心彈五百個，二磅礮過山礮包鉛開花彈一萬二千個(銅五、六件自來火全)，二磅過山礮包鉛實心彈一萬八千個，四十六分徑口光膛長炸彈一百三個(木信全)，三十二分徑口光膛長炸彈三百個(木信全)，四門神機礮銅自來火子彈六萬五千八百個，十門格林礮銅自來火子彈四千一百個，新式剪山礮包鉛實心彈二千個(大銅盅全)。

開除：

一、撥南洋江蘇留防報銷案内入收：十二磅六楞銅珠來福開花彈一千個(木信全)，十二磅六楞銅珠來福安心彈七百個，十二礮英式圓實心彈一千個。

一、撥南洋籌防報銷案内入收：一百四十磅瓦瓦司三槽開花彈二百個(銅引火全)，一百四十磅瓦瓦司三槽實心彈五百個，八十磅瓦瓦司三槽開花彈一百個(銅引火全)，八十磅瓦瓦司三槽實心彈一百個，四磅克虜泊包鉛實心彈五百個，二磅過山礮包鉛開花彈六千九百個(銅五件自來火全)，二磅過山礮包鉛實心彈一萬二千個，新式劈山礮包鉛實心彈二千個(大銅盅全)，四門神機礮銅自來火子彈一萬個。

一、撥北洋淮軍報銷案内入收：十二磅六楞銅珠來福開花彈二千個(木信全)，十二磅三楞銅珠來福開花彈二千個(木信全)，七生脱半銅箍開花彈八千個(銅六件自來火全)，二磅過山礮包鉛開花彈四千個(銅六件自來火全)，二磅過山礮包鉛實心彈四千個，四門神機礮銅自來火子彈五萬個。

一、毁銷銹壞不堪發用：八十磅勃休馬包鉛實心彈五十個，六十八磅田鷄炸彈一百十七個(木信全)，六十八磅開花彈四十個(木信全)，十二磅荷花底來福炸彈十六個(木信全)，十二磅包鉛來福炸彈六十個(木信全)，九磅來福炸彈一百四十個(木信全)。

一、局中陸續試放：十二磅六楞銅珠來福開花彈二百個(木信全)，十二磅三楞銅珠來福開花彈百二個(木信全)，七生脱半銅箍開花彈五百個(銅六件自來火全)，二磅過山礮包鉛開花彈七百個(銅五、六件自來火全)，二磅過山礮包鉛實心彈一千五百個，四門神機礮銅自來火子彈三千六百個，十門格林礮銅自來火子彈四千一百個。

以上開除共：一百四十磅瓦瓦司三槽開花彈二百個(銅引火全)，一百四十磅瓦瓦司三槽實心彈五百個，八十磅瓦瓦司三槽開花彈一百個(銅引火全)，八十磅瓦瓦司三槽實心彈一百個，八十磅勃休馬包鉛實心彈五十個，六十八磅田鷄炸彈一百六十七個(木信全)，六十八磅開花彈四十個(木信全)，十二磅荷花底來福炸彈十六個(木信全)，十二磅包鉛來福炸彈六十個(木信全)，十二磅六楞銅珠來福開花彈三千二百個(木信全)，十二磅六楞銅珠來福實心彈七百個，十二磅三楞銅珠來福開花彈二千二百個(木信全)，十二磅英式圓實心彈一千個，七生脱半銅箍開花彈八千五百個，九磅來福炸彈一百四十個(木信全)，四磅克虜泊包鉛實心彈五百個，二磅過山礮包鉛開花彈一萬一千六百個(銅五、六件自來火全)，二磅過山礮包鉛實心彈一萬七千五百個，新式劈山礮包鉛實心彈二千個(大銅盅全)，四門神機礮銅自來火子彈六萬三千六百個，十門格林礮銅自來火子彈四千一百個。

實存：

六十八磅田鷄炸彈二百十六個（木信全），六十八磅開花彈二百個（木信全），二十四磅圓炸彈九十六個（木信全），二十四磅包鉛來福炸彈一百二十個（木信全），十二磅田鷄炸彈二百六十個（木信全），十二磅荷花底來福炸彈二百個（木信全），十二磅輕礮炸彈二百六十一個（木信全），十二磅克虜泊炸彈一百四十個（木信全），十二磅包鉛來福炸彈一百二十個（木信全），十二磅六楞銅箍來福開花彈二百個（木信全），九磅田鷄炸彈二百二十個（木信全），二磅過山礮包鉛開花彈四百個（銅五、六件自來火全），二磅過山礮包鉛實心彈五百個，四門神機礮銅自來火子彈二千二百個，四十六分徑口光膛長炸彈一百三個（木信全），三十二分徑口光膛長炸彈三百個（木信全）。

銅火項下

舊管：

一、上屆第十一案報銷軍火四柱册報截至光緒十七年底止實存：銅管門火三千五百枝。

新收：

一、收製成：槍帽大銅火一千六百六萬四千粒，銅管門火八萬枝，新式灣頭銅管門火一萬五百枝。

開除：

一、撥南洋江蘇留防報銷案內入收：槍帽大銅火一千六百萬粒，銅管門火一萬五千枝。

一、撥南洋籌防報銷案內入收：銅管門火二萬八千枝。

一、撥北洋淮軍報銷案內入收：銅管門火三萬五千枝，新式灣頭銅管門火一萬枝。

一、局中陸續試放：槍帽大銅火六萬四千粒，銅管門火一千六百枝，新式灣頭銅管門火五百支。

實存：

銅管門火三千九百枝。

火箭、火箭架項下

舊管：

一、上屆第十一案報銷軍火四柱册報截至光緒十七年底止實存：十二磅火箭十八枝，大火箭六十六枝，中火箭八十七枝，小火箭四十枝，新式熟鐵火箭架四副，矮圓筒低脚火箭架二副，木高脚鐵圓筒火箭架二副，新式雙輪三出火箭架一副。

前項實存各件，截至光緒十八年底止均無收放。登明。

水雷項下

舊管：

一、上屆第十一案報銷軍火四柱册報截至光緒十七年底止實存：水雷副電箱一副。

新收：

一、收製成：馬口鐵小水雷五十個，馬口鐵水雷信子一千枝。

開除：

一、局中陸續試放：馬口鐵小水雷五十個，馬口鐵水雷信子一千枝。

實存：

水雷副電箱一副，烏龍山歸併交存水雷電綫器具等件項，直放水雷千里鏡測架一副，小千里鏡測架一座，試驗臺一架，號令放水雷器具一副，自寫電報器具一副，小電汽池十個，電汽鈴一個，壓電汽袋一個，電汽袋一個，銅水汽瓶一個，銅藥鍋一口，電汽杯十套。

新收：

無項。

開除：

一、局中試放水雷領用：電汽鈴一個，小電汽池十個，電汽杯十套。

實存：

直放水雷千里鏡測架一副，小千里鏡測架一座，試驗臺一架，號令放水雷器具一副，自寫電報器具一副，壓電汽袋一個，電汽袋一個，銅水汽瓶一個，銅藥鍋一口。

一、光緒十八年分撥給各礮臺等處配用銅鐵木料什具等件項下

一、添配金陵下關礮臺應用：四磅後膛礮一尊，礮車一輛（零件全），馬梯泥槍十三桿。

一、添配焦山礮臺應用：各磅礮位洗把棍二根。

一、添配象山礮臺應用：各磅礮用銅引門針二副又十六根，鋼蝴蝶螺絲起子二十四把，蝴蝶螺絲二十四個，提彈起子一個，皮火藥桶十六隻，自來火皮盒十個（梢絆全），送子棍八根，棕洗把棍二十一根，礮口木塞八個，木轆轤四十個，馬口鐵油壺十個，藥漏斗二十二個，鐵礮靶三個（水鼓勾練全）。

一、添配都天廟礮臺應用：各磅礮位火藥鐵桶二十七隻，自來火隔針皮盒十四個（梢絆全），鐵頭木撬棍四根，棕洗把九根，鋼蝴蝶螺絲十五個，紫銅圓片十五塊。

一、添配江陰礮臺應用：各磅礮位鋼火門三件，鋼頂火針二枝，礮架搖手二件。

一、配造海軍衙門應用：哈吃開司槍用鋼簧一千枝，三連鋼螺絲起子一百套。

一、配造督中協鎮應用：槍靶用勾練橫擔鐵菱等件。

一、修整老湘營應用：二磅後膛礮二尊，礮車兩輛（添配什具全），前膛兵槍十五桿。

一、配造督標新兵營應用：拉礮鐵勾四十個，火藥皮桶二十隻，銅五件自來火拉火皮袋四十個（捎絆皮帶全），馬梯泥槍三桿。

一、修整兩淮鹽捕營應用：前膛洋槍八十四桿。

一、配造安徽皖南鎮應用：二磅後膛礮零件八全副，自來火門火大小皮盒三十二隻（捎絆皮帶全），子藥皮箱八隻，木箱八隻。

一、撥歸江蘇留防報銷案内入收：牌刀五百把。

一、本案光緒十八年分新購器具及製成本局各廠需用什物裝配洋槍礮彈等件項下

計開：

各磅礮彈生鐵翻砂箱三隻，各磅礮彈生鐵翻砂箱一百五十二副（捎卡、環絆全），各磅礮彈銅釘生鐵翻砂箱十二副（環絆全），鐵盆一隻，鐵鉗二百六十三把，鐵螺絲扳鉗九十三把，鐵螺絲起子四十八把，鐵煤扒五把，鐵箍四十道，化銅生鐵模十副，鐵公母螺絲五十副，化銅鐵板三十七塊，鐵爐蓋十二個，大小鐵瓢三個，鐵扳手七十二把，撥鐵汁浮灰用熟鐵條七十七根，砂心熟鐵管一百五十根，大小砂心鐵條九千一百一根，起樣羊眼螺絲十四個，熟鐵卡一千一百二十個，鐵刷三十把，鐵鍬十把，鐵刀四十把，馬口鐵油壺九十七把，馬口鐵水罐一百八把，馬口鐵水壺一百三十二把，馬口鐵長方盤六十個，馬口鐵油盤五面，鋼母螺絲九十六個，鋼車刀桿五根，鋼螺絲板四十塊，鋼心子八十枝，畫綫鋼針二枝，鋼螺絲公三十枝，鋼矩叉四十根，鋼螺絲扳鉗十四把，鋼螺絲扳三十把，大小鋼鉗一百五十把，鋼螺絲起子一百八十把，鋼手鉗一百二十五把，大小鋼榔頭五百一把，鋼卡鉗七十四把，大小鋼車刀四百六十一把，鋼絞刀一百四十八把，大小鋼鑽頭四百五十六枝，大小鋼鏨子五十六枝，大小鋼冲子三百九十枝，鋼手鏨二百二十枝，鋼捎子四十五枝，鋼圓鋸餅四十五個，鋼板二十塊，老虎鉗銅鉗口一百五十七副，銅烙鐵八十二個，鋼起子五十七把，鋼扳手四把，鋼母模十個，大小公母鋼冲模一百七十五副，裝藥銅板八副，鋼鑽四十枝，長短鋼砂刀四十五把，鋼克林九十二把，鋼平砧二具，鋼搭捶七十把，鋼公母螺絲五十四副，大小鋼手捶一百十把，各色鋸三十二條，鋼刨鐵一百四十五塊，鋼斧頭一百四十八把，木水桶八隻（箍絆全），什具木櫥六張，什具木箱四十四個，木梯八張，木凳二百二十五條，設老虎鉗木作臺四張，木作臺二張，裝礮木箱八十二隻，裝礮什具木箱四十五隻，裝各磅子彈木信門火大小木箱二千七百二十四隻，各式銅自來火子彈木箱九百五十五隻（馬口鐵襯箱全），槍帽銅火木箱三百二十隻，擡槍木箱十六隻。

修理項下

一、修整兩江督中口鎮：洋水龍一具。一、修整江憲藩署：洋水龍二具。一、修整江憲府署：洋水龍一具。一、修整金陵保甲局：洋水龍三具。一、修整機器局：洋水龍一具。一、修整拖帶料物一蔸小輪船一隻（查前項修整各處洋〔水〕龍等件，均經修理後隨時解還原處應用，所需工料由局開銷，理合登明）。

《申報》光緒二十一年三月二十七日《開局製鎗》 大兵赴北趕辦軍裝，日無暇晷。近因鎗砲不敷分給，鄂省大憲因設局於武昌省城文昌門外，及漢陽晴川閣側，趕造擡鎗數萬枝，以備解送軍營爲殺敵致果之利器。據聞此種擡鎗命中及遠不讓後膛鎗，不知確否？

中國第一歷史檔案館等《中國近代兵器工業檔案史料》第一輯《李瀚章奏廣東設廠試造無煙藥片光緒二十一年四月十四日》 再，臣前購比國槍及新式毛瑟槍七千餘桿，皆用無煙火藥，外洋向係槍、彈並鬻，彈盡則槍廢，甚爲可惜。查開復二品頂戴已革道員温子紹，奏留廣東辦理製造槍彈等事，頗通化學，能仿造無煙火藥，現經派令試辦，就長州地方之菉順船塢增改爲廠，選用員弁、匠徒，講求仿造。計設廠購機器約需銀數千兩，每月經費不過數百兩。儻能辦有成效，自當

漸次擴充，庶不致有槍無彈，徒存虛器。此項銀兩，即在糧道庫存四成報效項下開支。理合附片陳明，伏乞聖鑒，謹奏。

硃批：知道了。

中國第一歷史檔案館等《中國近代兵器工業檔案史料》第一輯《張之洞奏加撥金陵製造洋火藥局閏月經費片光緒二十一年五月初二日》 再，金陵洋火藥局閏月、夜作加工，前經奏明酌加經費以資應用，歷經循辦在案。

茲據該局道員蔡世保詳稱：光緒二十一年分閏五月，全年計十三個月，製造火藥加多，所需料價、工資、薪糧等項，自應比照常年加撥一月經費。查光緒十八年分請加閏月經費湘平銀四千三百兩，本届應請循案飭由金陵防營支應局仍加撥閏月經費湘平銀四千三百兩，如期撥解，以資製造，詳請具奏前來。臣覆覈無異。

除將動用加撥銀兩年終匯案據實造報並咨部外，謹會同江蘇巡撫臣奎俊附片具陳，伏乞聖鑒，敕部查照，謹奏。

奉硃批：該衙門知道。欽此。

中國第一歷史檔案館等《中國近代兵器工業檔案史料》第一輯《張之洞奏金陵機器局加造軍火所需經費請准予立案摺光緒二十一年五月初二日》 署理兩江總督湖廣總督臣張之洞跪奏，爲金陵機器製造局加造軍火，動用經費銀兩，恭摺具陳，仰祈聖鑒事。

竊於光緒二十年七月二十七日准總理衙門電稱：本日奉旨：現在軍務緊要，所有前敵、後路及沿海各軍，絡繹雲集，需用軍火等項，必須先爲籌備，源源接濟。著李鴻章、劉坤一查明南北洋各局所存，如尚不敷應用，亟應設法購辦。子藥一項，各局皆能自製，即飭加工趕造，務期充足敷用，勿致臨時誤事，是爲至要。欽此。當經本任督臣劉坤一欽遵諭旨，分飭各局趕緊加工製造在案。

茲據金陵機器製造局江蘇候補道郭道直等詳稱：陸續添募工匠，購辦料物，趕緊加造，兼作晚工。計自光緒二十年七月分起至十二月底止，除常年額款製造軍火照數造解外，所有加造軍火需用經費，稟由江南籌防局撥銀五萬兩，江南海關撥銀二萬兩，先後共計加撥庫平銀七萬兩。係在常年額領經費之外，遵照定章，先行詳請奏咨立案等情前來。臣覆覈無異。

除分咨總理衙門、户部、兵部、工部查照外，理合會同江蘇巡撫臣奎俊恭摺具陳，伏乞皇上聖鑒，敕部查照施行，謹奏。

奉硃批：該衙門知道。欽此。

中國第一歷史檔案館《光緒宣統兩朝上諭檔》等二一册《光緒二十一年閏五月二十四日》 軍機大臣字寄署兩江總督湖廣總督張、調任陝西巡撫江蘇巡撫奎，光緒二十一年閏五月二十四日奉上諭，有人奏松江城內火藥局庫請擇地移建一摺，據稱江蘇松江府城內建設火藥局庫，火藥炸彈無不充牣庫房，逐漸增加，爲各路防營軍火。總庫距衙署民居均在百步以内，居民無不慄慄危懼，且萬一稍有疏虞，則全省軍火立形支絀，請節擇地妥爲移徙等語。火藥爲操防要需，儲藏最宜慎密，據奏各情所關非淺，著張之洞、奎俊派員相度地勢，會同紳董將城內火藥局庫如何移置之處，妥籌辦理，另片奏請。

中國第一歷史檔案館等《中國近代兵器工業檔案史料》第一輯《劉秉璋奏銷四川機器局光緒二十年支用經費摺光緒二十一年閏五月十四日》 查川省機器局自光緒二十年正月初一日起至十二月底止，局中修理機器一百一十五起，水龍十一座，各營舊洋槍一千六百三十八桿，續成機器二十九起，又新造新毛瑟後膛藥彈三十八萬四千顆，前膛銅火帽六百六十萬粒，各種機器一百一十起，已成洋火藥一十一萬五千九百九十斤，均經試放合用，已將藥彈、銅帽、洋火藥陸續解送籌餉局驗收存儲，以備撥用。其未合成藥彈、銅帽、洋火藥、機器等件，歸入下次報銷。所有局中支用修整廠房、水機器及採購各項物料，委員司事薪水、匠作工資各經費，仍照原奏不動司庫正款，均於土貨釐金項下開支。統計二十年分共支用庫平銀四萬四千七百六十五兩四錢零，遵照部定新章，分晰造册，詳請奏咨覈銷等情前來。臣覆覈無異。

除册送部外，理合恭摺具奏，伏乞皇上聖鑒，謹奏。

硃批：該部知道。

《申報》光緒二十一年八月十九日《裁汰工匠》 總辦金陵機器製造局郭月樓方伯，於本月十二日經督憲張香帥委某觀察查點各廠人數，計一千一百七十餘名。此爲前報所已詳。茲方伯因中日和好，軍火非待用之物，即於秋節後將鐵工廠老弱之人裁去四十七名，以便減省經費。

中國第一歷史檔案館等《中國近代兵器工業檔案史料》第一輯《譚繼洵奏請爲湖北軍火所購機製造後膛槍礮摺光緒二十一年九月初一日》 頭品頂戴兼護湖廣總督湖北巡撫臣譚繼洵奏，爲鄂省擬購機器改造後膛槍礮等項，以資軍營利用，恭摺具陳，仰祈聖鑒事。

竊臣前准户部咨，議覆奉天府府丞李培元奏請飭各省製辦擡槍兼造内地火藥，酬以重賞等因，奉旨依議，欽此。自應欽遵辦理。

查湖北向有軍火所，製造前膛擡槍、綫槍、擡礮、劈山礮等項，上年解京劈山礮一百尊，即係湖北用中法所製者也。但均係前膛，總不及後膛槍礮之靈捷。蓋後膛製造之法，槍筒、礮筒以煉就整鋼用機器鑽成，鋼質既純，厚薄相稱，口徑綫路不差累黍，是以致遠命中較有准的。湖北各□礮若以機器製造，改用後膛，亦可用長制勝。前經派委諳習機器之員赴上海各洋行確實採訪，據稱外洋機器全副，可以製造後膛擡礮、劈山礮、擡槍、綫槍，其價約需銀一萬六七千兩。又製造礮彈、槍彈銅殼機器一具，價亦相等。加以運費、保險，不過四萬餘兩。其餘購基建廠約二萬兩。統計需銀六萬餘兩，爲數尚不甚巨，擬即籌[款]購運，刻期舉辦。雖漢陽槍礮廠漸次開造，講求正法，規模宏遠，竊以中國原有利器，叠經制勝確有明證，似亦不宜偏廢。且將弁兵勇素所練習，駕輕就熟，更不難精益求精，冀成勁旅。至此項價值應暫由司局挪凑，將來歸火器新捐項下撥還。其常年經費與湖北軍火所上年製造槍礮經費所增不多。據署湖北布政使龍場慶會同善後局司道詳請具奏立案前來。臣覆覈無異。

除分咨外，理合恭摺具陳，伏乞皇上聖鑒訓示。

再，湖北巡(無)[撫]係臣本任，毋庸會銜，合併陳明，謹奏。

光緒二十一年九月二十六日奉硃批：該部知道。欽此。

中國第一歷史檔案館等《中國近代兵器工業檔案史料》第一輯《福潤奏安徽停造槍械片光緒二十一年十月十二日》 再，前准户部咨，奏准開辦火器新捐，製造擡槍軍火。奴才以安徽省所造擡槍，向稱利器，現在餘存無幾，擬即設廠開製，一面籌辦火器新捐，截留捐銀，以應造槍工價，於本年四月間附片具奏，欽奉硃批，著照所請，該部知道，欽此，欽遵派員分途舉辦。時值籌捐軍餉最爲緊要之需，官紳富商力萃於此，火器新捐未能即有收款。其造槍一事正在墊款購料、招匠開工，先製樣槍，以資試驗。旋准工部咨，令俟製造完竣，造具做法、工料細數清册送部覈銷。又准户部咨，軍務漸定，火器營所造擡槍足敷各軍操練之用，行令安徽停造槍械，仍將所收火器新捐報部聽候提撥各等因。隨即轉行飭令停止造辦。所製樣槍工價無多，業由委員捐給，應請免其造報。至火器新捐，本係照新海防例辦理，各處捐生願投新海防捐，局報捐並未收有火器捐輸銀兩，無從報撥。

除咨户部、工部查照外，理合附片奏明，伏乞聖鑒，謹奏。

硃批：該部知道。

中國第一歷史檔案館等《中國近代兵器工業檔案史料》第一輯《户部奏議譚繼洵請爲湖北軍火所購機製造後膛枪礮事片光緒二十一年十月十四日》 再，據兼護湖廣總督湖北巡撫譚繼洵奏稱：查湖北向有軍火所製造前膛擡槍、綫槍、擡礮、劈山礮等項，上年解京劈山礮一百尊，即係湖北用中法所製，但均係前膛，總不及後膛槍礮之靈捷。前經派委諳習機器之員赴上海各洋行確實採訪，據稱外洋機器全副，可以製造後膛擡礮、劈山礮、擡槍、綫槍，其價約需銀一萬六七千兩。又製造礮彈、槍彈銅殼機器一具，價亦相等。加以運費、保險，不過四萬餘兩，其餘購基建廠約二萬兩。統計需銀六萬餘兩，爲數尚不甚巨，擬即籌款購運，刻期舉辦。雖漢陽槍礮廠漸次開造，講求西法，規模宏遠，竊以中國原有利器，叠經制勝確有明證，似亦不宜偏廢。且將弁兵勇素所練習，駕輕就熟，更不難精益求精，冀成勁旅。至此項價值應暫由司局挪凑，將來歸火器新捐項下撥還等因。於光緒二十一年九月二十六日奉硃批，該部知道，欽此，欽遵由軍機處抄交到部。

臣等查火器新捐所收捐項，本係奏明隨時諮報臣部，聽候提撥，各省自不得率請留用。該撫奏稱漢陽槍礮廠漸次開造，講求西法，規模宏遠，是行軍利器該廠將來何難次第製造，似無須另行購(基)[機]建廠，致糜款項。且查安徽省前次截留火器新捐，開廠製造擡槍，因和議既成，已經臣部奏明停止。今該兼護督奏請另行購(基)[機]建廠製造槍礮，暫由司局挪凑，將來歸火器新捐項下撥還，覈與安徽省請造擡槍之案事同一律，未便辦理兩歧，礙難照准。應請飭下該護督仍將火器新捐所收銀兩報部，聽候提撥。

理合附片陳明，伏乞聖鑒，謹奏。

中國第一歷史檔案館等《中國近代兵器工業檔案史料》第一輯《工部奏擬准金陵機器局光緒十九年購物等費報銷摺光緒二十一年十月十六日》 謹奏爲覈銷金陵機器局購買物料、修理各廠屋，並平船油艙工料用過銀兩，恭摺具奏，仰祈聖鑒事。

竊先由内閣抄出署理兩江總督張之洞等奏金陵機器局光緒十九年分第十三案收支經費銀兩造册咨部覈銷一摺，光緒二十一年閏五月二十三日奉硃批，該衙門議奏，欽此，欽遵抄出到部。嗣據該督將機器局購買外洋各項物料價值銀兩，造具細數清册送部覈銷。並准户部將應銷各款銀數劃分知照前來。

當經臣部查册開：購買洋生鐵、羅摩洋熟鐵、洋鐵板、白鐵皮、紫銅皮、黄銅皮、洋鋼、青白鉛、點錫、馬口鐵、黑鬆煤、洋焦炭、洋硝、洋磺、粗細鋼銼刀、牛油、棉紗及一切機器内應用物料等項，共請銷庫平銀五萬一千四百二十二兩八分六釐三毫五絲四忽二微。據原奏内稱：所有製造物料，係仿泰西之法，多係購自外洋，實難以常例相繩，均皆力求撙節，實用實銷等語。臣等遵照新章，派員按册詳細覈算，所開物料價值比較辦過成案互有增減。既經該督奏明覈與立案銀數相符，自應准其開銷。至册開轉運料物平底常船歲修油艙經費，共請銷庫平銀一百十九兩九錢八分六釐四毫九絲，覈與立案銀數相符，應准開銷。至册開修理機器、翻砂、鐵木匠等項廠屋共計二百二十七間，並煙囱、汽爐、鐵水池等項工程，共用庫平銀一千一百六十四兩九錢三分四釐零五絲八忽一微，按册覈算與奏明銀數相符，應准開銷。以上共准銷銀五萬二千七百零七兩六釐九毫二忽三微。

所有臣部覈覆金陵機器局購買物料、修理廠屋，並平船油艙用過銀兩准銷緣由，理合恭摺具奏，伏乞皇上聖鑒。謹奏。

光緒二十一年十一月初九日奉旨依議。

中國第一歷史檔案館《光緒宣統兩朝上諭檔》第二十一册《光緒二十一年十一月十八日》 軍機大臣字寄湖廣總督張，光緒二十一年十一月十八日奉上諭，本日已有旨，令張之洞回湖廣總督本任矣。湖廣地方緊要，鐵廠槍礮廠甫經告成，現當開辦鐵路，整頓陸軍之際，需用甚繁，練鋼軌、製快槍實爲當務之急。銀元鑄成後，能否流通各省，該督回任後，均當加意舉辦，以立富强之本。

王樹枏《張文襄公全集》卷四一《移建松江火藥庫摺光緒二十一年十二月二十一日》 當經欽遵，分别咨行籌辦，嗣據松江府詳督同華亭等縣將該處紳士查勘，堪以移建之青浦縣屬鳳凰山、神山、泖塔三處，逐加覆勘，均係空曠平衍。復經臣飭委江蘇候補道錢德培會督地方官紳詳細履勘稟辦，茲據該道稟稱，會同府縣查看松江府城火藥庫當時造法，本有未盡善者，查火藥局庫固宜在空曠寥廓之所，而庫房尤不宜多間櫛比，應以二三間爲一所，用一二丈厚之土牆爲隔垜圍之。蓋藥之精者，直力大而上轟横炸之力較小，設有不測，一所有事，他所仍可無恙，外面之總圍牆亦宜以泥土堅築，厚而且高。該庫建造在前，考究未精，是以多間櫛比，且無隔垜，而圍牆亦不甚厚，此後移置亦採用西國善法，方爲穩妥。又該藥庫爲江甯、蘇州、鎮江、吴淞各防營礮臺總庫，似亦未甚相宜。自江甯至松江，由長江計相去幾及千里，除江甯、蘇州外，自應於鎮江江陰分置數庫，庶幾有事時，即可就近取用，即免轉輸之煩。且或一處不測，他處尚可接濟。現查該處紳士所擇之地，該道勘得泖塔、神山二處，不甚合宜，惟鳳凰山北面一處計九十餘畝地甚闊大，重載運船由七實或四江口均可行走，該山爲同治間駐營之所，洋員教練屯紮十餘年之久，其爲形勝可知。且地未墾種，購買價廉，不致擾民，建築亦易，即調營防守，亦别有隙地可期穩固等情。並繪具圖説，禀請覈辦前來。臣查松江府城火藥庫所儲皆係洋式槍礮，各藥爲數甚多，此庫既設在城内，其距民居斷不能遠，縱關局堅固，防守慎密，設有不測，闔城民命所繫，貽害匪輕。且該局爲各路防營火藥總儲之所，誠如原奏，萬一疏虞，關係大局，尤非淺鮮，是以該府紳士屢經呈請移建。茲經欽奉諭旨籌辦，自應分别移置分建，期以仰副朝廷固軍實保民生之至意。現經臣委道員錢德培督同府縣勘明該道，議於鳳凰山，並鎮江、江陰三處分置數庫，便於轉輸，且擬採取西法建造，每所止二三間，並以極厚土牆爲隔垜圍之辦法，皆屬切當。鳳凰山現已勘定，其鎮江、江陰應飭委員並地方官迅擇妥地，次第興造，至存儲火藥庫既設在空闊處所，必須防禦謹嚴，方免匪徒窺伺。此三處均宜專派營勇數哨駐守，以昭嚴密。除飭蘇州藩臬兩司暨上海常鎮二道分別委員前往會同各該地方官勘定地址，估計經費，籌款舉辦，另行奏陳外，所有松江府城火藥庫擬請分別移置分建緣由，謹會同江蘇巡撫臣趙舒翹恭摺具奏，伏祈聖鑒。硃批：該部知道，欽此。

中國第一歷史檔案館等《中國近代兵器工業檔案史料》第一輯《張之洞奏銷金陵製造洋火藥局光緒二十年支用經費片光緒二十一年十二月二十一日》 再，竊查金陵設局製造洋火藥，截至光緒十九年十二月底止支用經費，業經列爲第十案造具清册奏銷在案。

茲據該局道員蔡世保詳稱：今自光緒二十年正月起，截至是年十二月底止，舊管上届實存庫平銀二百六十九兩有奇。新收金陵防營支應局撥款湘平摺合庫平銀四萬九千五百九十九兩有奇。開除各款，遵照部議報銷章程，各歸各部覈銷，計應歸户部覈銷庫平銀一萬二千五百四十七兩有奇，兵部覈銷庫平銀二千八百四十九兩有奇，工部覈銷庫平銀三萬四千一百六十九兩有奇，統共請銷庫平銀四萬九千五百六十五兩有奇。實存庫平銀三百三兩有奇，歸於二十一年分舊管項下滚接造報。造具總散各册，詳請奏咨前來。臣覆覈無異。

除將送到清册分咨總理衙門暨户部、兵部、工部覈銷外，理合會同江蘇撫臣趙舒翹附片具陳，伏祈聖鑒，敕部查照施行，謹奏。

光緒二十二年正月十九日奉硃批：該部知道。欽此。

中國第一歷史檔案館等《中國近代兵器工業檔案史料》第一輯《譚繼洵奏復請爲湖北軍火所購機製造後膛槍礮摺光緒二十一年十二月二十一日》 頭品頂戴兼護湖廣總督湖北巡撫臣譚繼洵跪奏，爲鄂省請購機器，改造後膛槍礮，現擬另籌閑款應用，恭摺具陳，仰祈聖鑒事。

竊臣前因湖北向有軍火所，製造擡槍、綫槍、擡礮、劈山礮等項，均係前膛，不及後膛之靈捷，擬向外洋購置機器，改造各項後膛槍礮，並製造礮彈、槍彈銅殼，以及購基建廠，綜計約需銀六萬餘兩，暫由司局挪湊，將來歸火器新捐項下撥還，曾經奏奉硃批，該部知道，欽此。茲准户部咨，議覆臣前奏一事，光緒二十一年十月十四日奉旨依議，欽此，鈔片咨行到臣。

伏查户部奏稱：火器新捐所收捐項，本係奏明隨時諮報，聽候提撥，各省自不得率請留用；並以臣原奏漢陽槍礮廠漸次開造，講求西法，規模宏遠，是行軍利器不難次第製造，似無須另行購機建廠；且查安微省前次截留火器新捐，開廠製造擡槍，已經奏明停止，未便辦理兩歧，礙難照准。請飭仍將火器新捐所收銀兩報部，聽候提撥等因。在部臣綜稽出納，慎重餉需，自不能不力圖撙節，但法久要貴思通，駕輕必期就熟。臣前請購機設廠，改造後膛槍礮，亦即遵照部議奉天府府丞李培元請飭各省製辦擡槍兼造内地火藥之奏籌畫辦理。蓋擡槍、擡礮本中國制勝之具，將弁兵勇素所習嫻，改用後膛操練，易於精熟；且製造經費即就軍火所常年支付之需，移爲新改後膛槍礮之用，款不多增，器可利用。不過目前購機設廠需款稍鉅，日後可收大效。雖漢陽槍礮廠規模宏遠，而機器種類各有不同，恐不能强楚材爲晉用。若擡槍等項製造精純，亦可爲漢廠之一助。臣所以汲汲籌及者，亦職是故。至火器新捐既係奏定備撥之款，自應遵照部議，隨時諮報，聽候提撥。所有此項購機設廠價值、工料，容臣督同司道另籌閑款，設法撥給，並不動用火器新捐暨正款銀兩。臣爲儲備軍實借資利用起見，合無仰懇天恩俯賜俞允，俾得剋期舉辦，早睹厥成。

除咨部外，理合恭摺具陳，伏祈皇上聖鑒訓示。

再，湖北巡撫係臣本任，毋庸會銜，合併陳明，謹奏。

硃批：著照所請。該部知道。

中國第一歷史檔案館《光緒朝硃批奏摺》第一〇二輯《光緒二十二年六月廿八日直隸總督王文韶等摺》 茲據江蘇防營報銷處、江甯布政使瑞璋等，將光緒二十年分收支各款分晰造具報銷清册，逐加句稽。自光緒二十年正月起截至十二月底止，舊管：上届第十三案報銷實存銀三十三兩五錢有奇。新收：江南海關撥解二成洋税及江南籌防局、金陵防營支應局、揚州淮軍收支局撥款，共計銀十八萬四千三十三兩五錢有奇。開除：購買各項料物價值一册，共計銀十萬五千二百七十九兩六錢有奇。工匠工食一册，共計銀五萬五千六百四十兩八錢有奇。委員、司事、親兵人等薪糧公費等項一册，共計銀一萬一千二百五十七兩七錢有奇。裝運料物水脚、常船輪船長夫薪糧等項一册，共計銀七千三百七十四兩五錢有奇。修理廠屋料物等項一册，共計銀四千二百八十七兩二錢有奇。遵照部議，各歸各部覈銷。計應歸户部覈銷銀六萬六千八百九十八兩五錢有奇，兵部覈銷銀七千三百七十四兩五錢有奇，工部覈銷銀十萬九千五百六十六兩八錢有奇，統共請銷銀十八萬三千八百四十兩有奇。實存：銀一百九十三兩五錢有奇，歸於後案舊管項下滚接造報。將該局光緒二十年分支給各款請銷數目，並製成軍火撥存四柱清册，由報銷處加造銀款四柱總册，列爲金陵機器製造局第十四案報銷，一併詳送奏咨等情前來。臣等覆覈無異。除將清册分別咨送總理衙門、户部、兵部、工部查照覈銷外，謹合詞恭摺具奏，伏乞皇上聖鑒，敕部查照，謹奏。

中國科學院歷史研究所《劉坤一遺集》奏疏卷二五《金陵洋火藥局加造經費報銷摺光緒二十二年六月二十九日》 奏爲金陵洋火藥局加造火藥用過銀兩，造册報銷，恭摺仰祈聖鑒事。

竊查前因海防戒嚴，軍需緊要，欽遵諭旨，飭令金陵洋火藥局加造火藥三十萬磅，酌定製造經費銀四萬兩，並增開北廠碾盤，修配機器零件及各廠添置器具，估需銀一千四百八十五兩，均由江南籌防局撥用。經前署督臣張之洞，於光緒二十一年正月十三日專摺奏明在案。

茲據該局道員蔡世保詳請加造火藥，添置器具，需用一切料物，悉與洋商交易。時值海氛告警，洋行格外居奇，一應價值，均係覈實支給。計自光緒二十年八月二十日加造開工起，截至二十一年十二月二十日工竣止，儘飭撥銀數，共造成槍礮粗細各種洋火藥三十一萬磅。舊管無項。新收江南籌防局撥款湘平折合庫平銀四萬三十一兩有奇。開除各款，遵照部議報銷章程，各歸各部覈銷：計應歸户部覈銷庫平銀五千五兩有奇，兵部覈銷庫平銀一千七百八十四兩有奇，工部覈銷庫平銀三萬三千二百四十二兩有奇；統共請銷庫平銀四萬三十一兩有奇。均屬實用實銷，並無浮冒。所有加造火藥收支各款，造具總散各册，詳請奏咨前來。臣覆覈無異。

除將清册分别咨送總理衙門暨户部、兵部、工部查覈外，謹會同江蘇巡撫臣趙舒翹恭摺具陳，伏乞皇上聖鑒，敕部覈銷施行。謹奏。

中國第一歷史檔案館等《中國近代兵器工業檔案史料》第一輯《長春等造報四川機器局光緒二十一年收支銀兩四柱清册光緒二十二年六月》 辦理四川機器總局爲造銷事。

今將本局自光緒二十一年正月初一日起至十二月底止，連閏計十三個月，領到成綿道庫土貨釐金銀兩以及各項支銷，分别款目造具四柱細數清册，咨請大部覈銷施行。

須至册者，計開：

舊管：無。

新收：光緒二十一年分，一、收成綿道庫土貨釐金庫平銀四萬七千五百六十九兩八錢零六毫五絲。

開除：一、修整鍋爐廠一座，計房三間【略】以上給發歲修局中鍋爐廠並洋火藥局水機器河堰項下，支用庫平銀四百九十三兩一錢八分五釐一毫。

一、支買提净牙硝八萬六千斤，每斤價銀一錢一分九釐五毫，合庫平銀一萬零二百七十七兩。一、支買提净硫磺三萬一千斤，每斤價銀二分八釐，合庫平銀八百六十八兩。一、支買頂上紅銅二萬六千斤，每斤價銀一錢八分五釐，合庫平銀四千八百一十兩。一、支買净鉛二萬三千斤，每斤價銀五分三釐，合庫平銀一千一百四十四兩。一、支買硬鋼二千斤，每斤價銀一錢二分六釐，合庫平銀二百五十二兩。一、支買毛鐵一萬二千三百四十四斤七兩，每斤價銀二分六釐，合庫平銀三百二十兩九錢五分五釐三毫七絲五忽。一、支買條鐵一千一百斤零十五兩，每斤價銀三分五釐，合庫平銀七十三兩五錢三分二釐八毫一絲二忽五微。【略】以上給發製造洋火藥、擡槍、銅帽、藥彈、機器並修整洋槍、水龍等件，購買硝、磺、銅、鉛、鋼、鐵、錫、油、炭、一切雜用項下，支用庫平銀二萬四千八百八十兩零四錢一分五釐五毫五絲。

一、支總理局務二員，自光緒二十一年正月初一日起至十二月底止，連閏計十三個月，每員每月薪水銀五十兩，合庫平銀一千三百兩。一、支製造委員一員，自光緒十二年正月初一日起至十二月底止，連閏計十三個月，每月薪水銀八十兩，合庫平銀一千零四十兩。一、支文案正委一員，自光緒二十一年正月初一日起至十二月底止，連閏計十三個月，每月薪水銀十六兩，合庫平銀二百零八兩。一、支收發正委一員，自光緒二十一年正月初一日起至十二月底止，連閏計十三個月，每月薪水銀十六兩，合庫平銀二百零八兩。一、支收發兼營造正委一員，自光緒二十一年正月初一日起至十二月底止，連閏計十三個月，每月薪水銀十六兩，合庫平銀二百零八兩。一、支採買正委一員，自光緒二十一年正月初一日起至十二月底止，連閏計十三個月，每月薪水銀十六兩，合庫平銀二百零八兩。一、監工正委一員，自光緒二十一年正月初一日起至十二月底止，連閏計十三個月，每月薪水銀十六兩，合庫平銀二百零八兩。一、支火藥正委一員，自光緒二十一年正月初一日起至十二月底止，連閏計十三個月，每月薪水銀十六兩，合庫平銀二百零八兩。一、支司事十六名『計七所、八廠』，自光緒二十一年正月初一日起至十二月底止，連閏計十三個月，每名每月薪水銀八兩，合庫平銀一千六百六十四兩。一、支司雜十二名『計七所、四廠』，自光緒二十一年正月初一日起至十二月底止，連閏計十三個月，每名每月薪水銀四兩，合庫平銀六百二十四兩。一、支文案字識二名，自光緒二十一年正月初一日起至十二月底止，連閏計十三個月，每名每月薪水銀四兩，合庫平銀一百零四兩。以上給發委員、司事、司雜、字識薪水項下，支用庫平銀五千九百八十兩。

一、支傳事、門役、巡更、茶水各項夫役十八名，自光緒二十一年正月初一日起至十二月底止，連閏計十三個月，每名每月口食銀一兩八錢，合庫平銀四百二十一兩二錢。以上給發局中夫役口食項下，支用庫平銀四百二十一兩二錢。

一、支超等機器工匠四名，自光緒二十一年正月初一日起至十二月底止，連閏計十三個月，每名每月辛工銀二十兩，合庫平銀一千零四十兩。一、支一等機器工匠十八名，自光緒二十一年正月初一日起至十二月底止，連閏計十三個月，每名每月辛工銀十二兩，合庫平銀二千八百零八兩。一、支二等機器工匠四十二名，自光緒二十一年正月初一日起至十二月底止，連閏計十三個月，每名每月辛工銀八兩，合庫平銀四千三百六十八兩。一、支三等機器工匠四十六名，自光緒二十一年正月初一日起至十二月底止，連閏計十三個月，每名每月辛工銀五兩，合庫平銀二千九百九十兩。一、支四等機器工匠八十名，自光緒二十一年正月初一日起至十二月底止，連閏計十三個月，每名每月辛工銀三兩四錢，合庫平銀三千五百三十六兩。一、支五等機器工匠四十五名，自光緒二十一年正月初一日起至十二月底止，連閏計十三個月，每名每月辛工銀一兩八錢，合庫平銀一千零五十三兩。以上給發匠作辛工項下，支用庫平銀一萬五千七百九十五兩。

統計一册總共支用庫平銀四萬七千五百六十九兩八錢零六毫五絲，理合登明。

實在：無存。

中國第一歷史檔案館等《中國近代兵器工業檔案史料》第一輯《金陵機器局呈光緒二十一年製成軍火及添造軍火清册光緒二十二年七月》 金陵機器製造局謹將光緒二十一年正月分起至十二月底止，局中製成軍火槍礮、子彈、軍器及奉飭添造槍礮、子彈等項，照章匯開清册，呈請大部查覈施行。

須至册者，計開：

一、製成兩磅熟鐵後膛礮四十八尊(礮尺、什具全)，一、製成十門連珠格林鋼質礮十六尊(什具全)，一、製成四門神機連珠鋼質礮十五尊(什具全)，一、製成新式後膛擡槍六十七桿，一、製成洋式前膛擡槍三桿，一、製成一百二十磅瓦瓦司銅箍開花彈一百顆(銅引火全)，一、製成一百二十磅瓦瓦司銅箍實心彈一百十顆，一、製成十二磅英式圓開花彈二千顆(木引火全)，一、製成十二磅六稜銅珠來福開花彈四千顆(木引火全)，一、製成十二磅六稜銅珠來福實心彈二千五百顆，一、製成十二磅三稜銅珠來福開花彈二千五百顆(木引火全)，一、製成八生脱包鉛開花彈四千五百顆(銅六件引火全)，一、製成四磅克虜泊包鉛開花彈五百顆(銅六件引火全)，一、製成四磅克虜泊包鉛實心彈五百顆，一、製成兩磅後膛礮包鉛開花彈八千顆(銅六件引火全)，一、製成兩磅後膛礮包鉛實心彈七千顆，一、製成新式劈山礮包鉛實心彈八千顆(大銅盅全)，一、製成四門神機礮銅自來火子彈三萬五千個，一、製成十門格林礮銅自來火子彈一萬個，一、製成後膛擡槍銅自來火子彈十萬個，一、製成毛瑟兵槍用銅管自來火一萬個，一、製成哈吃開司兵槍銅自來火子彈十二萬六千個，一、製成兩磅後膛礮鐵前車四十八輛(尾杠全)，一、製成十門格林礮前車十六輛(子藥箱全)，一、製成十門格林礮後箱車八輛，一、製成十門格林礮三叉磨盤架十六副，一、製成四門神機礮前車十五輛(尾扛全)，一、製成四門神機礮後箱車十四輛，一、製成新式熟鐵三脚火箭架十一副，一、製成試放馬口鐵小水雷七十個，一、製成試放馬口鐵水雷信子一千六百枝，一、製成槍帽大銅火一千四百五十六萬粒，一、製成銅管門火十一萬三千枝，一、製成灣頭銅管門火一萬三千枝，一、製成新式雙鐵輪洋水龍二架(皮管什具全)。查前項礮位、子彈、軍器係光緒二十一年分額領經費項下製成之件，分解南北洋軍械所收存備撥。除於奏銷軍火四柱册内分別列收登除，理合聲明。

奉南洋大臣札飭添造槍、礮、子彈軍火項下：

一、製成十二磅銅田鷄礮二十尊(墜准、什具全)，一、製成九磅銅田鷄礮七十尊(墜准、什具全)，一、製成兩磅熟鐵後膛礮八十四尊(礮尺、什具全)，一、製成新式賽電快礮十尊(什具、彈子帶全)，一、製成熟鐵子母礮一百尊(子藥筒、什具全)，一、製成新式後膛擡槍七十桿，一、製成熟鐵子母槍一百二十桿(子藥筒、什具全)，一、製成鳳壽造解長擡槍鐵筒一千五百桿裝配機簧槍殼零件，一、製成十二磅田鷄圓開花彈六千顆(木引火全)，一、製成九磅田鷄圓開花彈一萬五千五百顆(木引火全)，一、製成兩磅後膛礮包鉛開花彈一萬七千顆(銅六件引火全)，一、製成兩磅後膛礮包鉛實心彈七千顆，一、製成新式快礮銅自來火子彈二萬個，一、製成後膛擡槍銅自來火子彈六萬個，一、製成哈吃開司兵槍銅自來火子彈二十萬四千個，一、製成十二磅田鷄礮平式礮架二十具，一、製成九磅田鷄礮平式礮架七十具，一、製成兩磅後膛礮鐵前車八十四輛(尾扛全)，一、製成新式快礮雙輪鐵車十輛，一、製成新式快礮平式三脚礮架十副，一、製成熟鐵子母礮車一百輛，一、製成熟鐵子母槍架一百二十副，一、製成銅管門火二萬枝，一、製成新式生鐵大踹雷五十具(電引火、木架蓋板、什具全)，一、製成圓式生鐵旱雷一百九十具(底蓋、電引火全)，一、製成圓式熟鐵旱雷一百具(鐵蓋、電引火全)，一、製成試放圓式熟鐵小旱雷二十具(鐵蓋、電引火全)，一、製成試放圓式生鐵小旱雷四十具(底蓋、電引火全)。(查前項礮位、擡槍、子彈、旱雷等項，均奉飭於額領經費之外加撥款項添造，遵即購料、增匠製造，批解南洋金陵軍械所收存備撥。除附列奏銷銀款軍火四柱册内分別列收登除造報，理合聲明)。

中國科學院歷史研究所《劉坤一遺集》奏疏卷二六《金陵機器局更換鍋爐片》 再，金陵機器製造局機器、熟鐵兩廠，所用鍋爐，係同治初年安設，迄今二十餘載，終年運用，鍋爐愈燒愈薄，煉補已多；汽機愈用愈鬆，旋轉無勁，屢經修理，仍屬此修彼壞，敷衍運動。上年軍務喫緊，加工趕造，鍋爐之氣磅加足，汽機之馬力全開，不惟爐、機兩項受傷，二萬一百五十五鎊有奇；銀元機器全副，每日約可造大小洋十萬元，價合英金九千八百六十七鎊。二共英金三萬二十二鎊有奇，經該司道等議減五百鎊，計實價英金二萬九千五百二十二鎊有奇。又起重機器及鐵路等項，共實價英金二千二百七鎊有奇。訂立合同，限期交運，計本年十月內可以到華。並飭候補道桂嵩慶在江寧省城查勘相宜之地，鳩工庀材，參酌洋式，建造廠屋，一應用款，由臣酌量籌撥，另行分別開報。

除咨部查照並候開局後將一切事宜妥爲籌辦隨時奏咨外，理合會同江蘇撫巡臣趙舒翹附片具陳，伏乞聖鑒，謹奏。

中國第一歷史檔案館等《中國近代兵器工業檔案史料》第一輯《户部奏擬准四川機器局光緒二十一年動用經費報銷摺光緒二十二年十月十七日》　户部謹奏，爲查覈具奏事。

四川總督鹿傳霖奏四川機器局光緒二十一年分收支各款造册報銷一摺，光緒二十二年七月十五日奉硃批，該部知道，欽此，欽遵由内閣抄出到部。續據該督將清册咨送前來。查原奏清册内開：川省機器局自光緒三年十月起至二十年十二月底止，業經先後奏報。兹查自光緒二十一年正月初一日起至十二月底止，局中修理機器、洋槍、藥彈、火帽、洋火藥，修整廠房，採買物料，委員司事薪水、匠作工資各經費，均於土貨釐金項下開支，共支用庫平銀四萬七千五百六十九兩八錢零，造册奏咨覈銷。除册送部外，理合恭摺具奏等語。

臣等伏查四川機器局，自光緒三年十月設局起至二十年十二月止，業據先後奏報請銷在案。今據該督將二十一年分支用經費各款造册請銷到部，臣等督飭司員逐一查覈。舊管無項。新收土貨釐金庫平銀四萬七千五百六十九兩八錢六毫五絲，未據該督奏諮報部，擬請行令查明聲覆，以憑考覈。開除庫平共銀四萬七千五百六十九兩八錢六毫五絲，内除修理機器、廠房，採買物料價值等銀二萬五千二百九十四兩一錢四分六毫五絲，係應歸工部覈銷之款，已由臣部知照工部自行辦理。其應歸臣部覈銷之委員、司事、夫役、工匠薪工等項銀二萬二千二百七十五兩六錢六分，覈與報部立案及銷過成案銀數相符，擬請准其開銷。實存無項，應毋庸議。至機器局開除各款，均照庫平開支，亦與該督奏准原案相符。

所有臣等覈銷四川機器局光緒二十一年分動用經費各款緣由，理合恭摺具奏，伏乞皇上聖鑒，謹奏。

中國第一歷史檔案館《光緒朝硃批奏摺》第一〇二輯《光緒二十三年六月初十日四川總督鹿傳霖摺》　查川省機器局自光緒二十二年正月初一日起，至十二月底止，局中修理機器一百四十七起，水龍十一座，各營舊洋槍五千一百八十桿，續成機器三十四起，新造毛瑟後膛擡槍四十桿，馬梯呢槍五百七十一桿，快利槍一桿，毛瑟後膛擡槍藥彈二萬二千八百四十顆，馬梯呢槍藥彈三十四萬四千顆，前膛銅火帽六百七十五萬粒，各種機件二百五十八起，各營操槍鐵靶六架，已成洋火藥八萬七千九百六十五觔，均經試放合用，已將藥彈銅帽洋火藥陸續解送籌餉局驗收存儲，以備撥用。其未合成藥彈、銅帽、洋火藥、機器等件，歸入下次報銷。所有局中支用修整廠房水機器，及採買各項物料，委員司事薪水、匠作工資各經費，仍照原奏，不動司庫正款，均於土貨釐金項下開支。統計光緒二十二年分，共支用庫平銀五萬七千零一十四兩四錢零，遵照部定新章，分晰造册，詳請奏咨覈銷前來。臣覆覈無異，除册送部外，理合恭摺具奏，伏乞皇上聖鑒，謹奏。

中國第一歷史檔案館《光緒朝硃批奏摺》第一〇二輯《光緒二十三年七月十六日直隸總督王文韶等摺》　兹據江蘇防營報銷處、江甯布政使松壽等，將光緒二十一年分收支各款，分晰造具報銷清册，逐加勾稽。自光緒二十一年正月起，連閏截至十二月底止，舊管：上届第十四案報銷實存銀一百九十三兩五錢有奇。新收：江南海關撥解二成洋税及江南籌防局、金陵防營支應局、揚州淮軍收支局撥款，共計銀二十三萬七千五百十二兩四錢有奇。開除：購買各項料物價值一册，共計銀十二萬一千九百六十兩九錢有奇。工匠工食一册，共計銀九萬三千八百九十五兩三錢有奇。委員、司事、親兵人等薪糧公費一册，共計銀一萬二千二百九十四兩一錢有奇。裝運料物水脚、常船輪船長夫薪糧等項一册，共計銀七千八百二十二兩二錢有奇。修理廠屋料物等項一册，共計銀一千四百八十一兩九錢有奇。遵照部議，各歸各部覈銷。計應歸户部覈銷銀十萬六千八十九兩四錢有奇，兵部覈銷銀七千八百二十二兩二錢有奇，工部覈銷銀十二萬三千四百四十二兩九錢有奇，統共請銷銀二十三萬七千三百五十四兩六錢有奇。實存：銀三百五十一兩三錢有奇，歸於後案舊管項下滚接造報。將該局光緒二十一年分支給各款請銷數目，並製成軍火撥存四柱清册，由報銷處加造銀款四柱總册，列爲金陵機器製造局第十五案報銷，一併詳送奏咨等情前來。臣等覆覈無異。除將清册分別咨送總理衙門、户部、兵部、工部查照覈銷外，謹合詞恭摺具奏，伏乞皇上聖鑒，敕部查照，謹奏。

中國第一歷史檔案館等《中國近代兵器工業檔案史料》第一輯《金陵機器局呈光緒二十二年製成軍火清册光緒二十三年九月》 金陵機器製造局謹將光緒二十二年正月分起至十二月底止，局中製成軍火槍礮、子彈、軍器等項，照章匯開清册，呈請大部查覈施行。

須至册者，計開：

一、製成兩磅熟鐵後膛礮四十四尊(礮尺、什具全)，一、製成一磅鋼管後膛快礮十二尊(什具全)，一、製成十門連珠鋼質礮四尊(什具全)，一、製成四門神機連珠鋼質礮二尊(什具全)，一、製成洋式後膛擡槍一百四十桿，一、製成十二磅六稜銅珠來福開花彈二千顆(木引火全)，一、製成十二磅六稜銅珠來福實心彈五百顆，一、製成十二磅三稜銅珠來福開花彈二千顆(木引火全)，一、製成八生脱包鉛開花彈四千五百顆(銅六件自來火全)，一、製成兩磅包鉛開花彈一萬五百顆(銅六件自來火全)，一、製成兩磅包鉛實心彈一萬八百顆，一、製成一磅快礮銅管自來火帶藥鋼彈五百個，一、製成四門神機礮銅自來火子彈一萬個，一、製成十門格林礮銅自來火子彈一萬個，一、製成新式劈山礮包鉛開花彈一千顆(大銅盅全)，一、製成新式快礮銅自來火子彈四萬個，一、製成後膛擡槍銅自來火子彈十萬個，一、製成茅塞兵槍銅管自來火無鉛子藥筒四萬九千個，一、製成茅塞兵槍銅管自來火銅彈一萬個，一、製成茅塞兵槍銅管自來火木箭彈三萬個，一、製成兩磅後膛礮鐵前車四十四輛(尾扛全)，一、製成一磅後膛快礮銅身前車十二輛，鐵身後車十二輛(子藥箱全)，一、製製成十門格林礮前車四輛，後箱車四輛，一、製成十門格林礮三叉磨盤架四副，一、製成四門神機礮前車二輛，後箱車二輛，一、製成試放馬口鐵小水雷四十個，一、製成試放馬口鐵水雷信子一千二百枝，一、製成槍帽大銅火一千二百五十五萬粒，一、製成銅管門火六萬枝，一、製成灣頭銅管門火八千枝(查前項槍礮、子彈、軍器係光緒二十二年分額領經費項下製成之件，分解南北洋軍械所收存備撥。除於奏銷軍火四柱册內分别列收登除，理合聲明)。

中國第一歷史檔案館等《中國近代兵器工業檔案史料》第一輯《户部奏擬准四川機器局光緒二十二年動用經費報銷摺光緒二十三年十一月初四日》 户部謹奏，爲遵旨議奏事。

前任四川總督鹿傳霖奏四川機器局光緒二十二年分收支各款造册報銷一摺，光緒二十三年六月二十五日奉硃批，該部議奏，欽此，欽遵由内閣抄出到部。續據該督將清册咨送前來。查原奏清册内開：川省機器局自光緒三年十月起至二十一年十二月底止，業將支用經費各數目先後奏報。兹查自光緒二十二年正月初一日起至十二月底止，局中修理機器、水龍、洋槍，續成機器、毛瑟後膛擡槍、馬梯呢槍、快利槍、各項藥彈、火帽等項，修整廠房，採買物料，委員司事薪水，匠作工資各經費，均於土貨釐金項下開支，共支用庫平銀五萬七千一十四兩四錢零，造册奏咨覈銷。除册送部外，理合恭摺具奏等語。

臣等伏查四川機器局光緒三年十月設局起至二十一年十二月止，業據先後奏報請銷在案。今據該督將二十二年分支用經費各款造册請銷到部，臣等督飭司員逐一查覈。舊管無項。新收土貨釐金庫平銀五萬七千十四兩四錢七分三釐八毫六絲二忽五微，未據該督奏諮報部，擬請行令查明聲覆，以憑考覈。開除庫平共銀五萬七千十四兩四錢七分三釐八毫六絲二忽五微，内除修理機器、廠房，採買物料價值等銀三萬一千五百十一兩五錢一分三釐八毫六絲二忽五微，係應歸工部覈銷之款，已由臣部知照工部自行辦理。其應歸臣部覈銷之委員、司事、夫役、工匠薪工等項銀二萬五千五百二兩九錢六分，覈與報部立案及銷過成案銀數相符，擬請准其開銷。實存無項，機器局開除各款均照庫平開支，亦與該督前奏原案相符，均毋庸議。惟臣部於光緒二十三年五月議覆御史宋伯魯奏，自本年七月起，各局處所各項支款，每兩覈扣六分，統按二兩平發給，奏明行文遵照在案。應令該督造報下届奏銷，務即遵照辦理，毋得遺漏。

所有臣等遵議緣由，理合恭摺具奏，伏乞皇上聖鑒，謹奏。

光緒二十三年十一月初四日奉硃批：依議。欽此。

中國第一歷史檔案館等《中國近代兵器工業檔案史料》第一輯《工部奏擬准四川機器局購買外洋物料及修理廠屋用過銀兩報銷摺光緒二十三年十一月二十二日》 謹奏爲覈銷四川省機器局購買外洋物料及修理局廠等工用過經費銀兩，恭摺仰祈聖鑒事。

竊先由内閣抄出四川總督鹿傳霖奏四川機器局自光緒二十二年正月起至十二月底止支用經費銀兩造册請銷一摺，光緒二十三年六月二十五日奉硃批，該部議奏，欽此，欽遵抄出到部。嗣據四川總督將機器局購買物料等項銀兩造具逐款細數，送部覈銷前來。

臣部查册開購買牙硝、紅銅、鋼、鐵、鉛、錫、硐炭、木炭、板炭、火藥、木桶、礮彈木匣、水銀、白蠟、生漆、熔銅罐、黄牛皮、一切外洋物料等項，共用庫平銀三萬七百八兩九錢九分一毫八絲七忽五微。臣等遵照新章，派員按册覈算，所開各款價值，比較辦過成案，尚屬無浮，亦與奏明銀數相符，應准開銷。至册開修理局中水機器石墩一座、河堰石埂一道、石底一道、水機器輪車溝一條、熟鐵廠房七間、熟鐵爐二十三座、捶藥廠一座、曬藥樓一座並磚牆等工，共請銷物料庫平銀八百二兩五錢二分三釐六毫七絲五微。按册覈算，與上案價值尚屬無浮，應准開銷。以上共准銷銀三萬一千五百十一兩五錢一分三釐八毫六絲二忽五微。所有臣部覈覆四川省機器局購買外洋物料及修理廠局等工用過經費銀兩准銷緣由，理合恭摺具奏，伏乞皇上聖鑒，謹奏。

光緒二十三年十二月初八日奉旨依議。欽此。

中國第一歷史檔案館等《中國近代兵器工業檔案史料》第一輯《恭壽奏銷四川機器局購料等費用摺光緒二十三年十一月二十三日》 成都將軍兼署四川總督奴才恭壽跪奏，爲川省機器局派員赴滬採購物料運解回川，謹將支用價、脚等項銀兩覈實造册報銷，恭摺仰祈聖鑒事。

竊查光緒二十一年十一月間，據機器局詳報，局中製造白藥、銅帽、毛瑟擡槍、藥彈、洋火藥等項，前在上海所購洋鋼、鐵、銼、鏹水及一切應用物料將次用罄，必須速爲採辦，方免停工待料之虞。開單詳請委員攜帶銀兩赴上海購買，以資製造等情，經前督臣鹿傳霖附片奏咨立案。又川省電請協撥江南新式洋礮、子彈，交由委員候補知縣顏守彝領運回川應用，亦經前督臣鹿傳霖奏明各在案。

茲據辦理機器局成綿龍茂道長春、特用道安成詳稱：遵查前派委員赴上海購買洋鋼、鐵、銼、鏹水等項，現經該委員帶同司事人等如數購齊運解回局，分別驗收存儲，所有用過價值及輪船水脚、運費、薪水、盤費等項並管解洋礮委員由江寧解回礮位、子彈支過運費等項匯入請銷。總共支用庫平銀三萬四千二百一十三兩四錢四分五釐六毫四絲，分晰造具細數清册，詳請奏諮報銷等情前來。

奴才查此項洋鋼、鐵、銼、鏹水等件及一切應用物料皆係機器局製造要需。查覈册造支用價脚、運費等項銀兩，均與從前採購成案相符，並無浮冒。除將清册照章咨部覈銷外，所有機器局派員赴滬採購物料運解回川覈實報銷緣由，理合恭摺具陳，伏乞皇上聖鑒，謹奏。

硃批：該部知道。

中國科學院歷史研究所《劉坤一遺集》奏疏卷二七《添修洋火藥局摺光緒二十三年十二月十九日》 奏爲洋火藥局添備修理各項酌撥經費，恭摺具陳，仰祈聖鑒事。

竊照金陵洋火藥局，除額定常年經費之外，如須添購機器、修理廠屋，一切用款，均經隨時酌定飭撥，歷經奏明在案。

茲據該局道員蔡世保詳稱，洋火藥局自光緒十八年冬間請修之後，迄今已閱五年，各廠屋瓦墻柱，經機器逐日鼓盪震動，已多攲側損壞，廠內引河日漸淤墊，駁岸日漸塌卸。引河共有木橋七座，經各廠藥料車輦往返推送，各橋上板下柱，均漸朽爛，若非及時修理，日久益難收拾。通廠汽鑪，前經換舊配新，尚堪適用；其餘各鑪，經煤火煅煉，鐵質消磨，日薄一日，現以中廠爲尤甚，若不預爲添購，一旦破裂，貽害匪輕。此外磺鍋、硝櫃、炭桶、藥篩、蓬布以及壓藥廠之冷熱水鍋、楢木箱，並各廠出進水管，一切機器應用銅鐵各料，均須分別添購，以備隨時配換。計修理廠屋、河橋等項工料需銀四千數百兩，添購鍋鑪機器應用各料需銀五千數百兩，統計實需湘平銀一萬兩，應請照案由金陵防營支應局撥給應用等情，詳請具奏前來。臣覆查無異，應准其照案動撥，以資應用。

除飭將動用細數造册報銷並咨部查照外，謹會同江蘇巡撫臣奎俊恭摺具陳，伏乞皇上聖鑒敕部查照。謹奏。

中國第一歷史檔案館等《中國近代兵器工業檔案史料》第一輯《鹿傳霖奏請爲四川機器局增加經費片光緒二十三年》 再，查川省機器局前准户部定章，每年經費不得逾六萬兩，歷經遵辦在案。自臣到任以來，隨時認真整頓，推廣機器，仿造新式洋槍，經費、工匠均須逐漸加增，當將辦理情形詳細陳明，並請自上年正月爲始，每月酌加經費銀六百兩。聲明如果辦有成效，再行酌加款項，逐漸推廣，當經附片奏明。嗣奉硃批，該部知道，等因，欽此。

茲已試辦一年，局中仿造擡槍、快利槍及馬梯呢槍、藥彈、銅帽、洋火藥，修理洋槍等件，均經試放合用，應即另案報銷。是該局辦理各件，尚屬著有成效，自應推廣多造，以備軍儲。擬自本年正月起，將槍彈各件比上年逐漸加增。查前督臣劉秉璋在川時，僅造藥彈一項，每年尚支銷銀四萬七千餘兩。臣於前年加造馬梯呢槍，上年又添造洋擡槍、快利槍，查覈成案，已加至數倍之多，若經費仍限以六萬，實有不敷。現據該局會商，通籌各種槍、礮、藥、彈合造，極力撙節，每年必須加增銀二三萬兩，方能足用；實因製造較多，並無絲毫糜費。擬請此後局中經費每年暫加至八萬兩，俟本年試造盈絀，再爲酌定確數，報部立案。至該局機器，僅供製造馬梯呢槍枝、藥彈及搭造快利槍之用，而製造擡槍並擡槍藥彈非添置機器不可。查外洋機器價值甚昂，購買不易，且往返稽時，兼之川河灘險費巨，轉運維艱，該局現擬繪圖自造。容俟籌畫妥協，續行奏請撥款製造等情，由局員成綿龍茂道長春、題奏道安成等詳請奏咨前來。臣覆查無異。除咨部查照外，謹附片陳明，伏乞聖鑒訓示，謹奏。

硃批：户部知道。

中國第一歷史檔案館《光緒朝硃批奏摺》第一〇二輯《光緒二十四年正月廿七日兩江總督劉坤一摺》　頭品頂戴兩江總督臣劉坤一跪奏，爲金陵製造洋火藥局支用經費第十三案造册報銷，恭摺具陳，仰祈聖鑒事。竊金陵設局製造洋火藥，截至光緒二十一年十二月底止支用經費，業經列爲第十二案分晰造册報銷在案。兹據該局道員蔡世保詳稱，計自光緒二十二年正月起，截至是年十二月底止，舊管上届實存庫平銀三百三十五兩有奇，又上年加造經費奉删庫平銀十三兩有奇，共計舊管庫平銀三百四十九兩有奇。新收金陵防營支應局撥款湘平折合庫平銀四萬九千三百二十一兩有奇，開除各款，遵照部議報銷章程，各歸各部覈銷，計應歸户部覈銷庫平銀一萬二千二百七十兩有奇，兵部覈銷庫平銀二千七百六十八兩有奇，工部覈銷庫平銀三萬四千二百六十八兩有奇，統共請銷庫平銀四萬九千三百七兩有奇。實存庫平銀三百六十三兩有奇，歸於二十三年分舊管項下滚接造報。造具總散各册，詳請奏咨前來。臣覆覈無異。除將送到清册咨送總理衙門暨户部、兵部、工部覈銷外，謹會同江蘇巡撫臣奎俊恭摺具陳，伏乞皇上聖鑒，敕部查照，謹奏。

中國第一歷史檔案館等《中國近代兵器工業檔案史料》第一輯《恭壽奏擬就原有四川機器局擴充片光緒二十四年三月初九日》　再，光緒二十四年正月十五日承准軍機大臣字寄，光緒二十三年十二月二十五日奉上諭：據榮禄奏稱，各省煤鐵礦産，以山西、河南、四川、湖南爲最，請飭籌款設立製造廠局，漸次擴充，從速開辦等語，自係爲因地製宜起見。著裕禄、恭壽就地方情形認真籌辦，總期有備無患，足以倉卒應變，是爲至要。原片著鈔給閱看。欽此。

查原摺内稱，已往設有廠局省分，規模未備尤宜漸次擴充，自煉鋼以迄造快槍、快礮、無煙藥彈各項機器，均需購辦，實力講求，從速開辦，以重軍需等語。

伏查四川庫款支絀萬分，另設製造局廠需費較巨，籌措維艱。省中舊有機器局一所，規模尚屬宏(廠)，且在堰水河邊，夏日借水勢運動機器，可以節省炭斤，擬就現有之局擴充辦理，以節糜費。奴才詳詢該局總辦候補道安成，據稱：該局領銀製造，每年以八萬兩爲度，不准溢於八萬之外。覈計所造擡槍、五子快利、馬梯尼諸槍以及大小藥彈，工本尚不昂貴。若添製機器，加工製造，更可多造槍枝、藥、彈。惟外洋購買機器，道遠價昂，爲時迂緩，且川江節節皆灘，尤慮途中失誤，該局製造委員、工匠皆能製造機器，不如由局中自造，既可節省經費，又無灘河險阻，並可計日告成等語。至於需用經費不必另籌他款，該局自安成接辦以來，裁除一切浮費，逐年節省項下，除獎賞勤奮工匠之外，尚餘銀一萬二千兩，以之添造機器，所短無幾。奴才約略覈計，果能如該道所云，較之上海購買機器，所省經費不下數倍。查該道平日誠悫敏干，任事實心，爲奴才所深知，其言或不至謬。當經奴才飭令該道督同委員、工匠刻日興工趕造，限以半年竣事。俟機器造成，再行籌加工本，推廣製造。除應製各槍外，擬加造開花礮等件，以備倉卒應變之用。惟川中只滎經一縣産鐵，其性堅硬，不堪雕琢，只能製造槍筒，所有槍中細巧機輪，仍須上海購辦子口鐵方能合用。

所有遵旨籌辦製造廠局，擬就原有機器局擴充，由局中自行添造機器，不必另設局廠購買機器，以節糜費緣由，是否有當，理合附片具陳，伏乞聖鑒訓示，謹奏。

硃批：該衙門知道。

中國第一歷史檔案館等《中國近代兵器工業檔案史料》第一輯《長春等造報四川機器局光緒二十三年收支銀兩四柱清册光緒二十四年四月》　辦理四川機器總局爲造銷事。

今將本局自光緒二十三年正月初一日起至十二月底止，領到成綿道庫土貨釐金銀兩以及各項支銷，分别款目造具四柱細數清册，咨請大部覈銷施行。

須至册者，計開：

舊管：無。

新收：光緒二十三年分，一、收成綿道庫土貨釐金，庫平銀六萬八千二百七十三兩四錢二分七釐五毫。

開除：一、修整鍋爐廠一座，計房三間，【略】以上給發歲修局中鍋爐廠並洋火藥局水機器河堰、廠房項下，支用庫平銀八百四十一兩五錢二分零一毫二絲五忽。

一、支買提净牙硝八萬六千斤，每斤價銀一錢一分九釐五毫，合庫平銀一萬零二百七十七兩。一、支買頂上紅銅三萬八千斤，每斤價銀一錢八分五釐合庫平銀七千零三十兩。一、支買净鉛七萬斤，每斤價銀五分二釐，合庫平銀三千六百四十兩。一、支買硬鋼四千斤，每斤價銀一錢二分六釐，合庫平銀五百零四兩。【略】以上給發製造擡槍、馬梯呢槍、快利槍、藥彈、銅帽、洋火藥、機器、槍靶並修整洋槍、水龍等件，購買牙硝、銅、鉛、鋼、鐵、錫、油、炭、一切雜用項下，支用庫平銀三萬六千九百九十五兩一錢零七釐三毫七絲五忽。

一、支總理局務二員，自光緒二十三年正月初一日起至十二月底止，計十二個月，每月每員薪水銀五十兩，合庫平銀一千二百兩。一、支製造委員一員，自光緒二十三年正月初一日起至十二月底止，計十二個月，每月薪水銀八十兩，合庫平銀九百六十兩。一、支文案正委一員，自光緒二十三年正月初一日起至十二月底止，計十二個月，每月薪水銀一十六兩，合庫平銀一百九十二兩。一、支支發正委一員，自光緒二十三年正月初一日起至十二月底止，計十二個月，每月薪水銀一十六兩，合庫平銀一百九十二兩。一、支收發兼營造正委一員，自光緒二十三年正月初一日起至十二月底止，計十二個月，每月薪水銀一十六兩，合庫平銀一百九十二兩。一、支採買正委一員，自光緒二十三年正月初一日起至十二月底止，計十二個月，每月薪水銀一十六兩，合庫平銀一百九十二兩。一、支監工正委一員，自光緒二十三年正月初一日起至十二月底止，計十二個月，每月薪水銀一十六兩，合庫平銀一百九十二兩。一、支火藥正委一員，自光緒二十三年正月初一日起至十二月底止，計十二個月，每月薪水銀一十六兩，合庫平銀一百九十二兩。一、支司事二十三名(計七所、十廠)，自光緒二十三年正月初一日起至十二月底止，計十二個月，每名每月薪水銀八兩，合庫平銀二千二百零八兩。一、支司雜一十八名(計七所、八廠)，自光緒二十三年正月初一日起至十二月底止，計十二個月，每名每月薪水銀四兩，合庫平銀八百六十四兩。一、支文案字識二名，自光緒二十三年正月初一日起至十二月底止，計十二個月，每名每月薪水銀四兩，合庫平銀九十六兩。以上給發委員、司事、司雜、字識薪水項下，支用庫平銀六千四百八十兩。

一、支傳事、門役、巡更、茶水各項夫役一十八名，自光緒二十三年正月初一日起至十二月底止，計十二個月，每名每月口食銀一兩八錢，合庫平銀三百八十八兩八錢。以上給發局中夫役口食項下，支用庫平銀三百八十八兩八錢。

一、支超等機器工匠四名，自光緒二十三年正月初一日起至十二月底止，計十二個月，每名每月辛工銀二十兩，合庫平銀九百六十兩。一、支一等機器工匠三十名，自光緒二十三年正月初一日起至十二月底止，計十二個月，每名每月辛工銀一十二兩，合庫平銀四千三百二十兩。一、支二等機器工匠六十名，自光緒二十三年正月初一日起至十二月底止，計十二個月，每名每月辛工銀八兩，合庫平銀五千七百六十兩。一、支三等機器工匠七十名，自光緒二十三年正月初一日起至十二月底止，計十二個月，每名每月辛工銀五兩，合庫平銀四千二百兩。一、支四等機器工匠一百三十名，自光緒二十三年正月初一日起至十二月底止，計十二個月，每名每月辛工銀三兩四錢，合庫平銀五千三百零四兩。一、支五等機器工匠一百四十名，自光緒二十三年正月初一日起至十二月底止，計十二個月，每名每月辛工銀一兩八錢，合庫平銀三千零二十四兩。以上給發匠作辛工項下，支用庫平銀二萬三千五百六十八兩。

統計一册總共支用庫平銀六萬八千二百七十三兩四錢二分七釐五毫。理合登明。

實在：無存。

中國第一歷史檔案館等《中國近代兵器工業檔案史料》第一輯《恭壽奏銷四川機器局光緒二十三年支用經費摺光緒二十四年五月初八日》 查川省機器局自光緒二十三年正月初一日起至十二月底止，局中修理機器一百七十二起、水龍十七座、各營舊洋槍五千三百五十桿，續成機器三十七起，新造馬梯呢槍六百一十四桿、蜀利擡槍二百桿、快利槍二十桿、馬梯呢槍藥彈三十六萬四千八十顆、蜀利擡槍藥彈六萬五千八百八十顆、前膛銅火帽八百四十五萬一千粒、各種機件六百二十四起、各營操槍鐵靶七架，已成洋火藥九萬七千一十七斤，均經試放合用，已將各槍、彈、銅帽、洋火藥陸續解送籌餉局驗收存儲，以備撥用。其未合成槍、彈、銅帽、洋火藥、機器等件，歸入下次報銷。所有局中支用修整廠房、水機器及採買各項物料、委員司事薪水、匠作工資各經費，仍照原奏不動司庫正款，均於土貨釐金項下開支。統計二十三年分共支用庫平銀六萬八千二百七十三兩四錢零，遵照部定新章，分晰造册，詳請奏咨覈銷。並聲明該局二十三年分支款，係在未准部咨飭令每兩覈扣六分統按二兩平發給以前即已支訖，勢難補扣，請自二十四年起再照部章覈扣等情前來。臣覆覈無異。

除册送部外，理合恭摺具陳，伏乞皇上聖鑒，謹奏。

〔硃批〕：該部知道。

中國第一歷史檔案館《光緒宣統兩朝上諭檔》第二四冊《光緒二十四年六月十八日》 軍機大臣字寄兩江總督劉、湖南巡撫陳，光緒二十四年六月十八日奉上諭，陳寶箴奏設立製造彈槍兩廠，擬籌常年經費，並請改撥款項一摺。據稱滬局暫難移設，擬於湘省購機建廠，製造快槍彈子，從速開辦，以圖擴充等語。現當整頓武備之際，豫籌軍儲必以自造槍礮爲急務。開辦伊始，購機建廠暨應需工料自應籌撥款項，並常年經費方可無誤要需。所稱擬仿照鹽斤加價成案，每斤折收加價銀一釐四毫，每年約銀十餘萬兩，以供製造槍彈兩廠常年的款。又上海機器製造局原議訂購機器稅款，現在尚未撥解，諸飭於此項增撥未解款內迅籌銀三十萬兩，改撥湖南，儘本年內悉數兑交，以爲購製機器之費各節。著陳寶箴咨商劉坤一，斟酌情形，迅速籌辦。

中國第一歷史檔案館《光緒朝硃批奏摺》第一〇二輯《光緒二十四年七月十三日直隸總督榮禄等摺》 兹據江蘇防營報銷處、江甯布政使等，將光緒二十二年分收支各款，分晰造具報銷清冊，逐加句稽。自光緒二十二年正月起截至十二月底止，舊管：上届第十五案報銷實存銀三百五十一兩三錢有奇。新收：江南海關撥解二成洋税及江南籌防局、金陵防營支應局、揚州淮軍收支局撥款，共計銀十一萬四千兩。開除：購買各項料物價值一冊共計銀五萬一千八十四兩有奇，工匠工食一冊共計銀四萬四千一百二十四兩九錢有奇，委員、司事、親兵人等薪糧公費一冊共計銀一萬一千二百六十一兩二錢有奇，裝運料物水脚、常船輪船長夫薪糧等項一冊共計銀五千九百六十二兩四錢有奇，修理廠屋料物等項一冊共計銀一千八百九十七兩三錢有奇。遵照部議，各歸各部覈銷。計應歸户部覈銷銀五萬五千三百八十六兩二錢有奇，兵部覈銷銀五千九百六十二兩四錢有奇，工部覈銷銀五萬二千九百八十二兩四錢有奇，統共請銷銀十一萬四千三百三十兩一錢有奇。實存：銀二十一兩二錢有奇，歸於後案舊管項下滚接造報。兹將該局光緒二十二年分支給各款請銷數目，並製成軍火撥存四柱清冊，由報銷處加造銀款四柱總冊，列爲金陵機器製造局第十六案報銷，詳請奏咨等情前來。臣等覆覈無異。除將清冊分别咨送總理衙門、户部、兵部、工部查照覈銷外，謹合詞恭摺具陳，伏乞皇上聖鑒，敕部查照，謹奏。

中國第一歷史檔案館等《中國近代兵器工業檔案史料》第一輯《金陵機器局呈光緒二十三年製成軍火清冊光緒二十四年七月》 金陵機器製造局謹將光緒二十三年正月分起至十二月底止，局中製成軍火槍礮、子彈、軍器等項，照章匯開清冊，呈請大部查覈施行。

須至冊者，計開：

一、製成兩磅熟鐵後膛礮四十八尊〔礮尺、什具全〕，一、製成一磅後膛鋼管快礮十六尊（什具全），一、製成新式後膛擡槍一百八十桿，一、製成兩磅包鉛開花彈一萬四千顆（銅六件引火全），一、製成兩磅包鉛實心彈一萬四千顆，一、製成一磅快礮銅管自來火無煙藥鋼彈一千八百個，一、製成四門神機礮銅自來火子彈六千個，一、製成新式快捷礮銅自來火子彈三萬個，一、製成後膛擡槍銅自來火子彈五萬個，一、製成茅塞兵槍銅管自來火無鉛子藥筒二萬六千個，一、製成茅塞兵槍銅管自來火銅彈二千五百個，一、製成茅塞兵槍銅管自來火木箭彈五萬三千個，一、製成兩磅後膛礮鐵前車五十輛（尾杠全），一、製成一磅後膛快礮雙輪銅身前車十六輛，一、製成一磅後膛快礮雙輪鐵身後車十六輛（子藥箱全），一、製成試放馬口鐵小水雷三十個，一、製成試放馬口鐵水雷信子八百枝，一、製成槍帽大銅火一千二百五萬粒，一、製成銅管門火六萬枝，一、製成灣頭銅管門火八千枝（查前項槍礮、子彈、軍器係光緒二十三年分額領經費項下製成之件，分解南北洋軍械所收存備撥。除於奏銷軍火四柱冊内分别列收登除，理合登明）。

中國科學院歷史研究所《劉坤一遺集》奏書卷二九《湘省開辦機廠無款撥濟摺光緒二十四年八月二十日》 奏爲遵旨籌議湖南設立製造槍彈兩廠，無款撥濟，恭摺覆陳，仰祈聖鑒事：

竊臣承准軍機大臣字寄，光緒二十四年六月十八日，奉上諭，陳寶箴奏設立製造槍彈兩廠，擬籌常年經費，並請改攢款項一摺。據稱凝照鹽斤加價成案，每年約銀十餘萬，以供兩廠常年的款。又上海機器製造局原議訂購機器，税款尚未撥解，請籌銀三十萬兩，以爲購製機器之費。著斟酌情形，迅速籌辦。等因，欽此。當經恭録分飭欽遵，妥議詳辦去後。

兹據辦理上海機器裂造局、江海關道蔡鈞等先後覆稱：製造經費，本由江海關二成洋税項下撥解，久已患其不敷。前因創設鍊鋼、無煙藥、栗色藥三廠，經臣奏准每年加撥銀二十萬兩，專供三廠常費。嗣因擴充製造，凝請另撥專款銀六十萬兩，添備槍機礮機，亦因款鉅難籌，暫從緩議。近來撥解日廣，工料日昂，製造因之益繁，經費因之愈絀。但就三廠而論，上年已用銀十八萬餘兩。今年百貨翔貴，各省請撥紛繁，而江海關加撥之二十萬，僅上年解過六萬兩，其餘欠解之款，及本年應解之款，尚復無著。良由税收未旺，撥款遞增，如四國洋債還款，各關税司薪費，以及蘇州織造裝盛用款，福建船廠添撥經費，皆關緊要之需，來源有限，去路亦多，兼顧並籌，實苦力有未逮。當此整頓武備，改練洋操，各省槍礮應歸一律。方擬就原有槍機添換機器，改造小口徑毛瑟槍，已與洋行議價，約需銀十九萬餘兩。雖經奉飭截長補短，移緩就急，而爲數過鉅，一時不易設籌。嗣後造槍之費，及添購礮機等項，尚擬俟與津、鄂兩廠定議後，另請撥款濟用，實苦無款改撥湖南等情前來。

伏查湖南關辦製造槍彈兩廠，實爲切要之圖。惟江南費絀用宏，無力可謀協濟。臣於本年春間，准湖南巡撫臣陳寶箴電商，業將竭蹶情形，附片具奏在案。倘該關局款力稍紓，可資周轉，自當不分畛域，竭力勉籌；無如加撥常款，久已虛懸，江海關收不敷放，亦有岌岌難支之勢，體察情形，委屬無從籌撥。所有遵旨籌議湖南設立製造槍彈兩廠，無款撥濟緣由，理合恭摺覆陳，伏乞

皇太后、皇上聖鑒訓示。謹奏。

中國第一歷史檔案館等《中國近代兵器工業檔案史料》第一輯《翁曾桂奏請准江西購置造槍彈機器片光緒二十四年九月初三日》 再，江西現在調集陸營勇丁練習洋操，以槍礮爲利器，必須逐日演放，方能精熟。雖商允督臣劉坤一協撥九響毛瑟快槍二千桿，惟僅配彈子四十萬顆，轉瞬用竣；若停操待赴滬局製造，必至久曠，慮多貽誤。茲電致督臣劉坤一，飭上海機器局向洋行查詢製造毛瑟槍彈機器兩副，每日可出子約四千顆者，照近日鎊價，約需規銀四萬二千餘兩，包運至滬交貨等語。查快槍彈子爲練兵急需，則製造機器更應速爲籌購。合無仰懇天恩俯念操務緊要，准其購辦製造槍彈機器，俾得與洋行定議價值，早日運到，庶幾應用不窮，裨益匪淺。

除咨明户、兵二部外，謹附片具陳，伏乞聖鑒訓示，謹奏。

硃批：覽。

朱壽朋《光緒朝東華録》卷一五〇《光緒二十四年十月》 文光奏，查前奉上諭，據榮禄奏請飭四川等省籌款設立製造局廠，漸次擴充，當經前兼署督臣恭壽請就川省原有機器局擴充製造，不必另設局廠，即以該局歷年節省餘存銀一萬二千兩添造機器，一俟機器造成，再行籌加工本推廣製造等因。奏奉硃批，該衙門知道，欽此。欽遵當經轉行在案。茲據辦理機器局務署按察使記名道安成、成綿龍茂道長春，以局中從前購辦機器無多，若欲廣製鎗礮，機器實不敷用，現在添製長刨牀一部，小車牀及壓銅機器、引長機器、齊口機器各四部，緊口機器二部，均已一律製全，機巧、靈動、結實，均與購自外洋者無異，即於節省項下儘數開支。惟機器既已增添，則製造亦宜推廣，擬請於開局年支經費八萬兩之外，加增經費銀二萬兩，以爲製造之用，仍於成綿道庫土貨釐金項下開支，詳請具奏前來。臣查川省機器局雖經設立多年，惟以機器無多，不能推廣製造，現當整飭武備，鎗礮在所必需。今據該局將節省經費添造機器多部，以公中節省之資，添局中未有之器，且所造各具，均尚精良合用，較之購自外洋，連運費併計，所省實多。惟機器既添，製造即應推廣，准於土釐項下每年加支銀二萬兩，仍俟奉旨之日再行開支，以濟要需而重公項。至現造機器動用銀兩，原係節省所餘，無關正款，應請免其報銷，其應需外洋鋼鐵及一切物料等件，現擬委員赴上海購辦，合併聲明。得旨，著即認真推廣製造，仍將添製何項鎗礮，數目若干，按年奏報。該部知道。

中國歷史博物館《鄭孝胥日記》第二册《光緒二十四年十二月十五日》 晨，過江謁香帥，談買地及造馬路事。即復渡江。於督辦坐中晤漢陽縣李廣侯。瞿荔孫來。林崇軒、石韞山來。汪子雲來，汪名洪霆，今辦無煙火藥廠。督辦諸僕競薦僕從，有華髮者，李昇者，周新者。夜，送督辦行，談久之。有總公司駐漢收支朱興仁，以丁憂去，盛我彭請以張肇基者暫補。比公司付款在漢口者，皆存於協成銀號，乃嚴小舫、葉成忠所開也，其出納朱興仁主之，朱又爲鐵廠委員。鐵廠借協成款已四十餘萬矣，蓋陰以抵質爾。葦杭來。

中國第一歷史檔案館等《中國近代兵器工業檔案史料》第一輯《劉坤一奏江南製造局自顧不暇無力協濟湖南片光緒二十四年十二月十九日》 再，臣前據上海製造局員稟請奏撥專款六十萬，添購快槍、快礮機器，以廣製造等因，當據咨呈督辦軍務處覈辦在案。比時咨訪洋商探問價值，據稱槍礮機同時並舉，需款太鉅，擬請先購槍機一部，約價英金七萬餘鎊，因案未覈准，是以未與訂立合同。本年春間，准湖南巡撫臣陳寶箴電商，湘省設廠造端甚宏，擬將該局議購之槍機及加撥常款二十萬協撥濟用。嗣經詳查，該局製造軍火，供南北洋操防要需，歲有定額，前因防務緊急，設廠煉鋼、造槍及仿製無煙藥、栗色藥，加撥常款，專供三廠之用，不敷尚多。近來江海關奉撥之款項益繁，税收之盈絀靡定，製造二成經費已難如數解清，續准加撥常款能否應付若干，殊無把握。現在陸軍統用洋操，該局擬就舊有槍機添配機器，改造小口徑後膛毛瑟槍，購價亦需十餘萬兩，尚需極力騰挪，江南已屬自顧不暇。是槍機既未定購，撥款又屬虛懸，無以協濟

湖南，實因一時力有不逮。

除電復外，理合附片陳明，伏乞聖鑒，謹奏。

硃批：知道了。

中國第一歷史檔案館《光緒朝硃批奏摺》第一〇二輯《光緒二十四年十二月十九日南洋大臣兩江總督劉坤一摺》 頭品頂戴南洋通商大臣兩江總督臣劉坤一跪奏爲遵旨籌議，擴充製造添配槍礮各機，其歸一律，並懇敕部另籌撥補三廠常費，恭摺覆陳，仰祈聖鑒事。竊臣疊奉上諭，飭令各機器局酌定快槍、快礮格式，槍子、礮彈分量，互相討論，如式製造。並飭就原有局廠，切實擴充各等因。欽此。嗣又欽奉懿旨，行軍利器，以後膛快礮、小口徑毛瑟槍爲最，現時南北洋及湖北各省均設機器製造等局，著該督撫就地籌款，移緩就急，督飭局員，認真考求，迅即製造等因。欽此。仰見皇太后、皇上修明武備，期以建威銷萌，莫名欽服。方今强鄰環伺，伏莽潛滋，非整飭戎行，無以立自强之本。非講求利器，無以操制勝之權。現值各軍改練洋操，是製造槍礮子彈，俱應一律如式，縱分途仿製工作，可泯參差，即衆軍合操，心志亦能專壹。疊經臣恪遵聖諭，分飭金陵、上海兩機器局欽遵辦理。惟查各省設局，自行製造。初皆博收約取，近益推陳出新。舊式軍械，均已停造。如金陵局造之後膛擡槍，上海局造之快利新槍，各軍均稱利用。大小礮位，亦皆合宜。第金陵一局，本專供南北洋各軍之用，機器無多，經費有限。凡轉輸京畿饋運鄰省及南北常年操防大批軍火，胥由上海機器局製造供用。近來奉撥之軍機益夥，所用之工料倍增，嗣經添設錬鋼、栗藥、無煙藥三廠，規模牳備，講求漸精。前辦局員，請撥專款六十萬兩，購辦槍礮等機。原爲擴充製造地步，只因款鉅難籌，議而未購。現以快利槍機簧略異，已就原有槍機，酌量配換，添購各項機器，改造小口徑毛瑟槍，及製槍彈機一部。又該局之十二磅子、六磅子兩項快礮，與北洋之七生的半快礮、五十七密里快礮，覈其口徑，子彈相同，本係常川自造。惟查北洋之七生的快礮、湖北之三生七快礮，與南洋所購之六生的快礮，犀利便捷，爲陸軍所必需，均應鑄備。亦就舊有之機，酌量配換，並添購錬鋼機鑪等件，共計價銀三十八萬餘兩。由此專精仿造，則槍礮子彈，與津局鄂廠均係一律，自免叢雜之弊。特是製造經費，以二成洋税爲大宗，後因錬鋼造藥，事屬創辦，所費不敷匀撥，仰蒙敕部覈，准在於江海關税釐項下，每年撥銀二十萬兩，作爲三廠常費。第税收盈絀無恆，常費欠解甚鉅。若非另請指撥的款，恐致機價兩懸。疊據該局詳請，奏咨前來，臣查製造槍礮，以歸一律。實屬自强要圖，勢難延緩。該局僅就原撥之二成洋税，三廠常費騰挪。估計添購槍礮等機，辦理尚屬撙節。惟江海關撥款浩繁，收不敷放。此項三廠常費關局，均請改撥，已經據詳咨部有案。税釐俱屬，正項製造，亦關要需，既難挹彼注。茲惟有仰懇天恩，敕部另籌的款，如數撥補，俾資製造而厚儲胥。藉副朝廷整軍經武之至意，所有遵旨籌議，擴充製造，添配槍礮機件，並請撥補三廠常費，各緣由除分咨外，謹會同北洋大臣直隸總督臣裕祿、江蘇巡撫臣德壽，恭摺覆奏。伏乞皇太后皇上聖鑒訓示。謹奏。

硃批：户部妥議具奏。

國家清史編纂委員會《李鴻章全集》第三六册《覆辦理江南機器製造局直隸即補道臺林光緒二十五年正月二十八日》

介梅尊兄大人閣下：

頃奉惠書，遠承飾序，就審迎韶集祉，課藝程功，引企吉暉，式符遥祝。載誦別箋，備聆一是。迭奉諭旨，擴充製造及開辦工藝學堂，實屬自强至計，惟無從添撥經費，恐不免徒托空言。承示局中現擬一律仿製德國小口徑毛瑟槍及各項小快礮，既能靈捷適用，又無須多添機器。工藝學堂即以畫圖學館改作，所有教習、學生及一切經費均無庸他籌，具見酌劑盈虚，良工心苦，任事者當如此矣。弟於役齊州，忽焉改歲。查河各事，二月中旬計可就緒，覆奏後即當旋京。專泐布覆，敬賀春祺，諸惟朗照。不具。愚弟鴻章頓首。

中國第一歷史檔案館等《中國近代兵器工業檔案史料》第一輯《劉坤一奏銷金陵製造洋火藥局光緒二十三年正月至二十四年八月支用經費摺光緒二十五年二月初九日》 頭品頂戴兩江總督臣劉坤一跪奏，爲金陵製造洋火藥局支用經費第十四案造册報銷，恭摺具陳，仰祈聖鑒事。

竊金陵設局製造洋火藥，截至光緒二十二年十二月底止支用經費，業經列爲第十三案分晰造册報銷在案。

茲據前辦局員蔡世保詳稱：洋火藥局奉飭歸併金陵軍械所兼辦，一切收支用款自應截止。計自光緒二十三年正月起，連閏截至二十四年八月底止，舊管上届實存庫平銀三百六十三兩有奇。新收金陵防營支應局撥解光緒二十三年分造藥經費湘平折合庫平銀四萬九千二百二十八兩有奇，又二十四年分正月起八月止，加閏計九個月，造藥經費湘平折合庫平銀三萬六千五百四十二兩有奇。開除各款，遵照部議報銷章程，各歸各部覈銷，計應歸户部覈銷庫平銀二萬九百三十一兩有奇，兵部覈銷庫平銀四千六百九十六兩有奇，工部覈銷庫平銀六萬一百二十九兩有奇，統共請銷庫平銀八萬五千七百五十八兩有奇。實存庫平銀三百七十六兩有奇，歸於下届舊管項下滚接造報。造具總散各册，詳請奏咨前來。臣覆覈無異。

除將送到清册咨送總理衙門暨户部、兵部、工部覈銷外，謹會同江蘇巡撫臣德壽恭祈具陳，伏乞皇太后、皇上聖鑒，敕部查照，謹奏。

硃批：該部議奏。

中國第一歷史檔案館《清代軍機處電報檔彙編》第二册《奉旨製造槍子首重合膛等著劉坤一詳查事光緒二十五年三月初三日》 奉旨，江南湖北現均設廠製造槍礮子彈。槍礮俱係何項名目，礮彈槍子著重合膛，少有參差，便同廢物，臨時最足誤事。各該廠曾否按照名目互相較準，每月能出槍枝若干，子彈若干，是否兼造快礮。著劉坤一、張之洞詳細查明電復，仍隨時確切考訂，彼此知照，務須一律，不得任意更改，以致歧異。並督飭局員加意講求，趕緊製造，用備緩急，毋任延曠。欽此。三月初三日。

中國第一歷史檔案館等《中國近代兵器工業檔案史料》第一輯《劉坤一奏金陵機器局江南製造局之機器及年産軍械數目並籌議擴充製造摺光緒二十五年五月二十九日》 頭品頂戴南洋通商大臣兩江總督臣劉坤一跪奏，爲遵旨查明江寧、上海兩局機器、軍械數目，並籌議擴充製造情形，謹繕清單恭摺覆陳，仰祈聖鑒事。

竊臣承准軍機大臣字寄，光緒二十五年四月二十五日奉上諭：前因天津、上海、江寧、湖北等處均有製造槍械局廠，諭令該督等切實會商，務將所製槍礮膛口、子彈各局統歸一律，以期通用；並將每年所造槍件、子彈若干，據實奏報；並按季諮報户部、神機營查覈。現在爲時已久，並未據報有案。槍礮爲行軍要需，豈容因循延玩。著裕禄、劉坤一、張之洞詳晰查明各該局廠所造槍礮究係何項名目，是否業已會商造成一律，迅即切實奏覆。嗣後仍遵前旨按年奏報，並按季分别諮報，毋得延宕。該督等務當懔遵迭次諭旨，督率承辦各員認真經理，精益求精，並將膛口、子彈彼此比較畫一，務令不差累黍，庶各省互相接濟，臨時不致缺誤。倘該管局員草率從事，虛糜經費，或演放時有炸裂等項情弊，定即治以重罪，決不稍從寬貸。將此各諭令知之。欽此。遵旨寄信前來等因。承准此，遵即恭録咨行會商查議在案。

伏念時局艱巨，自以製械、練兵爲當務之急，設局製造槍礮，允宜進求精利，力戒因循。叠次欽奉懿旨、諭旨，飭令就地籌款擴充製造，並槍礮子彈均須一律合膛各等因。仰見宫廷宵旰憂勤，謨謀深遠。臣忝膺疆寄，蒿目時艱，倚馬枕戈，昕夕敢忘儆戒？節經督飭各該局員將出入款項覈實勾稽，製造軍械詳細考究；並令與天津機器局、湖北槍礮廠隨時知照，互相講求。復由上海局員馳赴湖北比較數次，兩局所造槍、礮、子彈，格式、分量、口徑大小現均一律合膛，並無歧異。已將製造槍礮數目大概情形由電奏陳，當蒙慈鑒。

查江寧製造局所造後膛擡槍係屬新創，各處均無此式。其兩磅子、一磅子後膛快礮亦與滬製一律。此外礮架、礮彈、各種槍子、拉火等件，歷經解由南北洋分撥各軍應用。只以經費有常，款項奇絀，未能加撥，以期擴充。惟該局設在江寧城外，歷經締造，粗具規模，且居腹地形勝之區，一旦海疆有事，尚須在此製造，接濟軍需，庶幾緩急足恃。至上海製造局兼造各項快礮，除船臺需用之大礮外，其四十磅一種，即北洋之十二生的快礮；十二磅一種，即北洋之七生的半快礮；六磅一種，即北洋之五十七米里快礮；兩磅子一種，即北洋之七生的半、亦即湖北之三生七快礮。洋廠名稱雖殊，尺寸則不差累黍。今由該局與天津、湖北兩局逐一比試，均無參差。其快利新槍係就舊機參用人工所造，亦頗便利；究嫌費繁工多，出槍甚少。去年遵飭各軍改用小口徑毛瑟槍，本擬定購此項槍枝、槍彈機器，專一仿造，以歸一律。訪之滬上各洋行，需款百萬，爲期三年，一時無此財力，遂仍用舊機更易機簧，添配車座。訂購改造七美里九口徑毛瑟槍枝、槍彈機器等件，按照合同，每日出槍十枝，現將到齊。安裝告竣，當飭董率員司興工監造，嚴定課程，如有廢弛虛糜，據實參辦。並按年、按季將製造軍械數目，分飭造册奏報，以昭覈實。

惟值朝廷整軍經武之秋，叠飭天津、湖北、上海、江寧各局廠迅速擴充，製造槍礮以供各省、各軍之用，備預不虞，允操自强之勝算。臣查各局兼造各項快礮，均係新式，尚敷應用。至仿造小口徑毛瑟槍，僅只湖北、上海兩廠，其機器一係新購專門，一係舊式更改，能力所限，造槍之數目多寡懸特，各處通用恐難遍給。前與直隸督臣裕禄、湖廣督臣張之洞往返籌商添購造槍新機，無論津、鄂、寧、滬何廠承造。接據電覆，咸以款絀爲詞。惟製造能否擴充，軍火不至減少，胥視經費之盈絀以爲衡。江寧製造之需，向出南北洋照額勻撥，歲有常徑。上海則專恃製造二成洋税以資工作。但冀税收暢旺，撥款加增，各司道局分認改撥三廠常費依期籌解。除備常年操防軍火而外，擬令極力撙節，另款存儲，以備添購仿造小口徑毛瑟槍機器一部。並一面與洋行照式議購，訂立合同，分期交款，要以三數年内機器購齊。其有不敷，另再設法辦理。俾與湖北槍礮廠分途仿造，可期儲備日裕，器械日精，藉以仰副聖主建威銷萌之至意。

所有遵旨查明上海、江寧兩局現有機器暨每年造成軍械數目，並籌議擴充製造緣由，除分咨查照外，理合繕單恭摺據實覆陳，伏乞皇太后、皇上聖鑒訓示。

謹奏。

光緒二十五年六月十六日奉硃批：該衙門知道。單並發。欽此。

清單

謹將江寧、上海兩製造局現有機器暨每年造成軍械數目，匯繕清單，恭呈

御覽。

計開：

金陵機器局

機器兩廠項下：一、大小圓車床七十一部，一、大小平車床八部，一、大小鉶車床四部，一、大小鑽車床十二部，一、馬頭刨車床三部，一、小刨車床二部，一、刨彈子車床二部，一、洗子車床二部，一、拔槍礮内膛絲車床三部，一、光槍礮内膛口車床二部，一、擦槍筒外光車床一部，一、車槍筒外光車床一部，一、壓彈子銅箍車床一部，一、拔拉火銅管車床二部，一、拉黄銅管車床一部，一、絞螺絲車床二部，一、剪刀車床二部，一、小鋸車床一部。

槍彈機器廠項下：一、下銅管餅料、窩料車床二部，一、冲銅管車床五部，一、齊銅管口車床二部，一、壓銅管底窩車床一部，一、壓銅管底、車銅管底車床二部，一、收銅管口，絞銅管口車床二部，一、冲銅管底小眼，絞銅管底小眼車床二部，一、下銅管底小心料車床一部，一、扳銅管底小心車床一部，一、上銅管底火車床一部，一、擦磨銅管油車床一部，一、洗銅管機器一部，一、冲小黄銅帽車床一部，一、壓小銅帽藥車床一部，一、裁銅剪刀車床一部，一、拉鉛條機器一部，一、切鉛子機器一部，一、壓鉛子頭車床一部，一、車鉛子頭車床一部，一、冲一磅快礮銅管車床一部，一、壓一磅快礮銅管底車床一部，一、收一磅快礮銅管口車床一部，一、車一磅快礮銅管底車床一部，一、下一磅快礮銅管料車床一部，一、冲一磅快礮銅管窩車床一部，一、添配各車模冲小圓車床四部，一、冲大銅火十字窩車床一部，一、擦磨大銅火油機器一部，一、上大銅火藥、壓大銅火藥車床二部。

卷銅機器廠項下：一、大小卷筒滚車六部，一、卷銅車床一部，一、舂玻璃粉車床一部。

熟鐵廠項下：一、大小汽錘四部，一、剪刀機器一部，一、鑽頭車床二部。

木工廠項下：一、大横鋸車床一部，一、鑽眼車床一部，一、圓鋸車床一部，一、平刨車床一部，一、火輪鋸車床一部，一、車輪盤圓車床一部。

每年造成軍器軍火項下：一、造成兩磅熟鐵後膛過山礮四十尊（礮尺、什具全），一、造成一磅鋼管自來火子快礮十二尊（什具即三生七快礮全），一、造成洋式後膛擡槍二百六十桿，一、造成十二磅六稜銅珠來福開花彈一千顆（木引火全），一、造成十二磅六稜銅珠來福實心彈二百顆，一、造成七生脱半銅箍開花彈二千顆（銅六件引火全），一、造成兩磅後膛礮包鉛開花彈一萬三千顆（銅六件引火全），一、造成兩磅後膛礮包鉛實心彈七千顆，一、造成一磅快礮自來火無煙藥鋼彈一千六百顆，一、造成新式快捷礮銅自來火子彈三萬個，一、造成洋式後膛擡槍銅自來火子彈七萬七千個，一、造成備操洋式後膛擡槍無鉛彈自來火藥筒二萬五千個，一、造成茅瑟快槍銅自來火木箭彈一萬二千個，一、造成江南水師學堂復裝子藥馬梯呢兵槍自來火子四千二百個，一、造成兩磅後膛礮鐵前車四十輛（尾杠全），一、造成一磅快礮雙輪銅身前車十二輛，一、造成一磅快礮雙輪鐵身後箱車十二輛（子藥箱全），一、造成槍帽大銅火一千一百萬粒，一、造成銅管門火五萬四千枝，一、造成灣頭銅管門火六千枝。

中國第一歷史檔案館《光緒朝硃批奏摺》第一〇二輯《光緒二十五年六月二十二日四川總督奎俊摺》 查川省機器局自光緒二十四年正月初一日起，至十二月底止，連閏計十三箇月，局中修理機器二百零三起，水龍十八座，各營舊洋槍六千五百三十枝，續成機器七十五起，新造蜀利擡槍七百二十桿，馬梯呢槍四百九十八桿，前膛槍五百五十桿，快利槍五桿，蜀利擡槍藥彈三十六萬零一百二十顆，馬梯呢槍藥彈十二萬顆，前膛銅火帽八百四十五萬粒，各種機件七百九十三起，又已成洋火藥七萬三千五百一十一觔，均經試放合用，陸續解送籌餉局驗收存儲，以備撥用。其未合成槍彈銅帽洋火藥機器等件，歸入下次報銷。所有支用修整廠房水機器及採買各項物料，委員司事薪水、匠作工資各經費，仍照原奏，不動司庫正款，均於土藥釐金項下開支。統計二十四年分，共支用庫平銀七萬九千九百七十二兩三錢零，遵照部定新章，分晰造册，詳請奏咨覈銷前來。奴

才覆覈無異，除册送部外，理合恭摺具奏，伏乞皇太后、皇上聖鑒，謹奏。

中國第一歷史檔案館等《中國近代兵器工業檔案史料》第一輯《金陵機器局呈光緒二十四年製成軍火清册光緒二十五年八月》　金陵機器製造局謹將光緒二十四年正月分起至十二月底止，局中製成槍砲、子彈、軍火、軍器等項，照章匯開清册，呈請大部查覈施行。

須至册者，計開：

一、製成兩磅熟鐵後膛過山砲四十尊(砲尺、什具全)，一、製成一磅後膛鋼快砲十二尊(什具全，即三生七)，一、製成洋式後膛擡槍二百六十桿，一、製成十二磅六稜銅珠來福開花彈一千顆(木引火全)，一、製成十二磅六稜銅珠來福實心彈二百顆，一、製成七生脱半銅箍開花彈二千顆(銅六件引火全)，一、製成兩磅包鉛開花彈一萬四千顆(銅六件引火全)，一、製成兩磅包鉛實心彈七千五百顆，一、製成一磅快砲銅自來火無煙藥鋼彈一千八百顆，一、製成新式快捷砲銅自來火子彈三萬個，一、製成後膛擡槍銅自來火子彈七萬八千個，一、製成備操後膛擡槍無鉛彈銅自來火藥筒二萬五千個，一、製成茅塞兵槍銅自來火木箭彈一萬二千個，一、製成兩磅後膛砲鐵前車四十輛(尾杠全)，一、製成一磅快砲雙輪銅身前車十二輛，一、製成一磅快砲雙輪鐵身後箱車十二輛(子藥箱全)，一、製成試放馬口鐵小水雷二十具，一、製成試放馬口鐵水雷信子五百枝，一、製成槍帽大銅火一千一百四萬粒，一、製成銅管門火五萬四千枝，一、製成灣頭銅管門火六千枝(查前項槍砲、子彈、軍器係光緒二十四年分額領經費項下製成之件，分解南北洋軍械所收存備撥。除於奏銷軍火四柱册内分别列收登除，理合登明)。

中國第一歷史檔案館《光緒朝硃批奏摺》第一〇二輯《光緒二十五年九月十日直隸總督裕禄等摺》　兹據江蘇防營報銷處、江甯布政使恩壽等，將光緒二十三年分收支各款，分晰造具報銷清册，逐加句稽。自光緒二十三年正月起截至十二月底止，舊管：上届第十六案報銷實存銀二十一兩二錢有奇。新收：江南海關撥解二成洋税，及購買鍋爐汽機價值並進口税鈔，江南籌防局、金陵防營支應局、揚州淮軍收支局撥款，共計銀十二萬五千九百十五兩有奇。開除：購買鍋爐汽機並各項料物價值一册，共計銀六萬二千二百九十二兩五錢有奇。工匠工食一册，共計銀四萬四千一百三十九兩七錢有奇。委員、司事、親兵人等薪糧公費一册，共計銀一萬一千二百五十七兩七錢有奇。裝運料物水脚、常船輪船長夫薪糧等項一册，共計銀五千八百二十三兩九錢有奇。修理廠屋料物等項一册，共計銀二千三百九十八兩九錢有奇。遵照部議，各歸各部覈銷。計應歸户部覈銷銀五萬五千三百九十七兩五錢有奇，兵部覈銷銀五千八百二十三兩九錢有奇，工部覈銷銀六萬四千六百九十一兩四錢有奇。統共請銷銀十二萬五千九百十二兩九錢有奇。實存：銀二十三兩三錢有奇，歸於後案舊管項下滾接造報。今將該局光緒二十三年分支給各款請銷數目，並製成軍火撥存四柱清册，由報銷處加造銀款四柱總册，列爲金陵機器製造局第十七案報銷，詳請奏咨等情前來，臣等覆覈無異。除將清册分别咨送總理衙門、户部、兵部、工部查照覈銷外，謹合詞恭摺具奏，伏乞皇太后、皇上聖鑒，敕部查照，謹奏。

中國第一歷史檔案館等《中國近代兵器工業檔案史料》第一輯《工部奏擬准四川機器局光緒二十四年購買外洋物料及修理廠屋用過銀兩報銷摺光緒二十五年十月初二日》　謹奏爲覈銷四川省機器局購買外洋物料及修理水機器石礅、捶藥廠等用過銀兩，恭摺具奏，仰祈聖鑒事。

竊先由内閣抄出四川總督奎俊奏四川省機器局自光緒二十四年正月起至十二月底止支用經費銀兩造册請銷一摺，光緒二十五年七月二十三日奉硃批，該部知道，欽此，欽遵抄出到部。嗣據四川總督將機器局購買物料等項銀兩，造具逐款細册，送部覈銷前來。

臣部查册開購買牙硝、紅銅、鋼、鐵、鉛、錫、硐炭、木炭、板炭、火藥木桶、礮彈木匣、水銀、白蠟、生漆、熔銅罐、黄牛皮、一切外洋物料等項，共用庫平銀四萬二千九百四十二兩六錢五分六釐一毫八絲七忽五微。臣等按照新章，派員按册覈算，所開價值比較辦過成案，尚屬無浮，亦與奏明銀數相符，應准開銷。至册開修理水機器石礅一座、河堰石埂一道、石底一道、洋火藥局捶藥廠一座並磚墻等工，共請銷物料庫平銀五百四十六兩三錢一分六釐七毫，按册覈算，所開物料均與成案價值相符，應准開銷。以上共准銷銀四萬三千四百八十六兩九錢七分二釐八毫八絲七忽五微。

所有臣部覈覆四川省機器局購買外洋物料及修理水機器石礅、捶藥廠等工用過銀兩准銷緣由，理合恭摺具陳，伏乞皇太后、皇上聖鑒，謹奏。

光緒二十五年十一月初六日奉旨：知道了。欽此。

中國歷史博物館《鄭孝胥日記》第二册《光緒二十五年十月初三日》　廣雅邀入談，因言槍砲廠及武昌開口岸皆欲予爲之料理。飯畢乃出。夜，過善餘。

中國第一歷史檔案館《清代軍機處電報檔彙編》第二册《奉旨仿小口徑毛瑟槍解京考驗事著查明電復事光緒二十五年十月十六日》 奉旨，前經諭令劉坤一、張之洞飭令江甯上海、湖北各廠，將仿造之小口徑毛瑟槍，各提二十枝配齊子彈藥碼一切零件，派員解京攷驗，迄今尚未據報解。此項槍枝准於何日揀派，何員解送來京。著劉坤一、張之洞迅速電覆。欽此。

中國第一歷史檔案館等《中國近代兵器工業檔案史料》第一輯《許應騤奏福建機器局急待恢張片光緒二十五年十月》 又，省垣機器局，臣委遊擊賴文華總辦，該員講求西法，夙擅巧思，所鑄陸路小礮與滬製無異，而礮車靈便尤能獨出心裁。只緣該局狹隘異常，且以製槍彈之機易而製礮，故程功紓緩。欲充軍實，急待恢張。至於成造無煙藥及新式槍礮子等機，尤應酌量增購，蓋邇來行陣，捨此無以製勝也。綜計各項所費不貲，閩屬瘠區，實難策畫。查光緒十八年厦門礮臺置大礮案內，經前督臣譚鍾麟奏蒙恩准截留新海防捐銀兩以濟要需，見待款愈殷，由司道詳請援案辦理。如荷聖慈俯准，應請自本年十一月初一日爲始，予限三年，所收新海防捐銀兩全數濟用，一俟期滿，仍另儲聽候部撥，以示限製而杜虚糜。

中國第一歷史檔案館等《中國近代兵器工業檔案史料》第一輯《松壽奏江西緩購造槍彈機器片光緒二十五年》 再，江西練習洋操需用彈子，經前護撫臣翁曾桂擬飭上海機器局向洋行定購製造毛瑟槍機器兩副，約需規銀四萬二千餘兩，附片陳明在案。臣莅任，復准兩江督臣劉坤一咨，欽奉九月初二日上諭：製造槍礮爲當今第一要著，惟各省財力不齊，自應就原有局廠切實擴充，以備鄰近各省就近購用等因，欽此。又據上海機器局電稟：以浙、西、皖三省軍火歸上海、金陵兩局專辦，以便分途取運。

臣竊思購辦機器，必需度地建廠，鳩工庀材，需款先已浩繁；一經開廠，則雇募工匠，遴派委員，又需增添常年經費；而廠中製造所用之銅、鐵物料，仍需購自外洋，由滬轉運。統而計之，設立一廠所費甚巨。江西新練洋操勇丁僅三千餘名，需用槍彈本可覈計，際此時局艱難，庫款支絀，似不必故事鋪張，總期實事求是。況上海至江西，由長江轉運，一水可達。臣當隨時查覈各練軍需用彈子等項，先期向滬局定造，總宜從寬購儲，以備緩急。所議需用機器製造之處，應請暫緩購辦。

除咨明户、兵二部外，是否有當，謹附片具陳，伏乞聖鑒訓示，謹奏。

硃批：該部知道。

中國第一歷史檔案館等《中國近代兵器工業檔案史料》第一輯《兩江總督奏撥金陵機器局修理鍋爐經費片約光緒二十五年》 再，金陵機器製造局卷銅、槍彈兩廠所用鍋爐，係光緒初年安設，迄今垂二十載，終年工作不停，火燒水蝕，以致鐵質糟朽，時有滲漏之處，汽機愈用愈鬆，運帶無力，屢修復壞，不但機力過鈍，抑且炸裂宜防，亟應及時購換，以利製造。現經覈實，估計共需價銀八千七百兩，照案由江海關於製造二成洋税項下如數動撥濟用。據金陵機器製造局稟請奏咨前來，臣覆核異無。

除咨部查照外，謹會同北洋大臣直録督臣裕禄附片陳明，伏乞圣鑒，敕部查照施行，謹奏。

硃批：該部知道。

中國第一歷史檔案館等《中國近代兵器工業檔案史料》第一輯《鹿傳霖奏請爲金奏機器局加撥製造自來火彈經費片光緒二十六年正月二十六日》 再，金陵機器製造局存儲一磅子快礮二十六尊，僅存子彈一千八百顆，不敷備撥。查此項礮位，輕堅靈捷，實爲行軍利器，不能不多配子彈，以免有礮無彈之虞，當經本任督臣劉坤一飭。據該局查覆：每尊約以五百出計之，應加造一萬三千顆，每百顆實心自來火彈，合計工料實需庫平銀一百四十兩四錢，共需銀一萬八千二百餘兩。該局經費有常，無從挹注，擬於江海關二成洋税製造項下，動撥銀二萬兩，盡數專造一磅快礮自來火彈之用。俟造有成數，解交金陵軍械所存儲備撥，再由該局匯報循案請銷。茲據金陵機器製造局詳請先行奏咨立案前來。

除咨部外，理合附片具陳，伏乞聖鑒，敕部查照，謹奏。

光緒二十六年正月二十六日奉硃批：該部知道。欽此。

中國第一歷史檔案館《光緒宣統兩朝上諭檔》第二六册《光緒二十六年二月十七日》 軍機大臣字寄署理兩江總督江蘇巡撫鹿，光緒二十六年二月十七日奉上諭，前據載漪等奏參，江南製造槍枝楛劣，請飭整頓。當經諭令鹿傳霖確查具奏。茲據鹿傳霖覆奏，提調王世綬辦事未盡覈實，頗滋物議，請交部議處等語。分省補用直隸州知州王世綬，著交部議處，所有此次解京之二千枝既有走火傷人之弊，著即將原槍認真查驗，勒令該管局員如數賠補。此外各項軍火亦難免有類此情弊，並著鹿傳霖督飭局員逐一嚴加考覈，如有不堪適用之件，著一律分賠彌補足數。並責成余聯沅實力整頓，務將積弊汰除凈盡，不准再蹈從前覆轍，將此諭令知之。欽此。遵旨寄信前來。

中國第一歷史檔案館《光緒朝硃批奏摺》第一〇二輯《光緒二十六年五月二十日四川總督奎俊摺》 查川省機器局自光緒二十五年正月初一日起，至十二月底止，共修機器一百九十二起，水龍二十四座，舊洋槍三千二百六十桿，又續成機器九十六起，新造蜀利擡槍一千桿，馬梯呢槍一千零二桿，前膛槍一千桿，銅水槍三百二十桿，裝藥機器四部，蜀利擡槍藥彈四十萬顆，馬梯呢槍藥彈三十九萬四百顆，毛瑟槍藥彈一十七萬五百六十顆，前膛銅火帽七百八十萬粒，各種機件七百三十五起，已成洋火藥五千四百零二觔，均經試放合用，陸續解交籌餉局驗收存撥。其未合成槍彈、銅帽、洋火藥、機器等件，歸入下次報銷。所有支用修整廠房水機器及採買各項物料，委員司事薪水、匠作工資各經費，照案在於土藥釐金項下開支。計二十五年分，共用庫平銀九萬九千九百八十七兩零，遵照部章，分晰造册，詳請奏咨覈銷前來。奴才覆覈無異，除將清册送部查覈外，理合恭摺具陳，伏乞皇太后、皇上聖鑒，謹奏。

中國第一歷史檔案館《清代軍機處電報檔彙編》第二册《寄諭劉坤一等著飭局加工趕造槍子彈解行在事光緒二十六年九月初六日》 上諭：現在駐蹕西安護衛分防各軍需械甚多，江南、湖北兩廠，快槍子彈尚能合用。著劉坤一、張之洞督飭局員加工趕造，一面將現存槍械酌擔若干，配齊子彈，迅派妥員解赴行在，以應急需。四川機器局現造後膛槍子彈未能一律，試放多不靈便。著奎俊督飭局員選擇工匠加意講求，俾成利器，並即加工製造，源源解赴行在，以資接濟，將此由六百里各諭令知之。欽此。遵旨寄信前來。

中國第一歷史檔案館等《中國近代兵器工業檔案史料》第一輯《松壽奏請准江西試辦水旱電雷兼造銅帽槍彈摺光緒二十六年九月十一日》 調補江蘇巡撫江西巡撫臣松壽跪奏，爲江西試辦製造水旱電雷，兼造銅帽、彈槍等件，請旨飭部立案，恭摺仰祈聖鑒事。

竊查案准部咨，各省製造一切軍械，必須先行報部立案等因，歷經遵照辦理在案。

茲查水旱電雷，爲克敵禦侮之利器，臨時購置，爲公法所不准行，必須預爲講求，方能有備無患。茲據南昌府知府江毓昌禀，有江西試用知縣劉世芳，熟諳製造之法，與之一再講求，知於水旱電雷之外，如製造洋槍、銅帽等事均能兼辦。惟製造必須機器，向來採辦機器、建蓋廠屋動須數十萬金，現值庫款支絀，時事艱難，自應力求撙節。再四熟商，擬購備十餘匹馬力之鍋爐一副，其隨用器具擇要置辦，計連蓋機器房三小間、造白藥房一小間，約需銀三千兩；又採辦雷皮、電箱、電綫以及銅皮、槍鐵等件，約需銀一千兩：以上共需銀四千兩。請領轉發濟用，俟事竣覈實報銷。開呈在事員弁、勇丁應支薪工數目清摺，由善後局司道覈明詳奏前來。臣覆加查覈，係爲籌防禦侮製勝要圖，自應准其照辦。

除飭善後局督同妥慎辦理，並將在事員弁、勇丁應支薪工數目清摺，照録咨部查覈外，合無仰懇天恩俯准敕部立案。出自鴻慈逾格。臣謹會同兩江總督臣劉坤一恭摺具奏，伏乞皇太后、皇上聖鑒訓示，謹奏。

硃批：該部知道。

中國科學院歷史研究所《劉坤一遺集》書牘卷一三《復俞廙軒光緒二十六年九月》 承示湘中練兵二千名，現已招選成伍，囑撥九響毛瑟槍六千枝，配齊藥彈，以資操練，本應照辦。查此間於上年撥解湘省各項礮二十尊，小口徑曼里夏快槍千枝，九響毛瑟槍二千枝，似足敷用。此項九響毛瑟，近因各省紛紛借撥，所餘無多。本省練軍萬餘，改用此槍，是以由滬解回金陵軍械所，以備本處操防更換之用。滬局無存，無可再撥。唯滬局有奥槍三萬枝，亦是後膛利器，子藥皆足，係譯署所購。姚别駕所言當是此項。前經廣東奏撥五千桿，並免繳價在案。應請尊處援案具奏，再行派員赴上海製造局領解，似不宜逾五千之數，尚祈酌裁。

至操練之法，各省多用德操，亦有用英操者。然無論何國操法，總以樸勇耐勞爲要。近來營勇義氣已深，執事整飭戎行，力袪此弊，嚴加訓練，不久自成勁旅。謬勞下問，具仰虚衷，延跂湖、湘，傾向曷已。

中國第一歷史檔案館等《中國近代兵器工業檔案史料》第一輯《奎俊爲四川機器局撥解槍彈赴西安行在事致工部之咨文光緒二十六年十月初一日》 頭品頂戴兵部尚書兼都察院右都御史總督四川等處地方提督軍務兼理糧餉管巡撫事奎，爲詳請奏咨事。

據籌餉報銷總局司道詳稱，光緒二十六年九月十一日奉札開，承准軍機大臣字寄，奉上諭：現在駐蹕長安，護衛及分防各軍槍械缺少，四川機器局向能製造各種後膛快槍、子彈，著奎迅飭局員加工趕造，俾資利用；並將現存各種快槍酌撥若干，配齊子藥，先行迅解行在，以應急需。將此由六百里諭令知之。欽此。飭即欽遵辦理，並將局存後膛各槍逐一查明，每項撥解苦干，克日詳覆，以憑奏報等因。正詳辦間，復奉札同前由，飭令迅於局存槍内揀選鮮明適用馬梯呢槍一千桿，子五十萬顆，擡槍二百桿，子六萬顆，克日如數配足，遴派委員解陝，毋稍遲延。各等因。奉此，遵查四川機器局每年製造槍械無多，前因滇省邊防緊要，奉旨協濟餉械，並奉面諭撥後膛槍一千桿委解赴滇。嗣又接准夏提督毓秀、丁提督鴻臣，由陝來電，請撥各種後膛槍枝及子藥鉛彈等件，軍需緊急，不能不亟力接濟。加以各營各屬隨時請領，又復酌量給與，以致存儲無幾。現難加工趕造，亦屬緩不濟急。惟當此北方不靖，操防喫緊之際，奉旨飭撥槍械，不能不先其所急，擬即遵撥後膛馬梯呢槍一千桿，藥彈五十萬顆，蜀利擡槍二百桿，藥彈六萬顆，派員分起領運解，不敢稍涉稽延。第查由川至陝計程二十餘站，山路崎嶇，軍械笨重，難以雇夫挑擡，需用騾馬馱運。而此路騾馬無多，惟有設法四處覓雇，分批陸續起解，以期迅速。理合將撥解情形，具文詳請俯賜察覈具奏，並請咨明軍機處，兵、户、工部查照外，請將咨文、咨批、防護兵牌速發下局，以便飭員承領起行。一面飛咨陝西撫部院查收，轉呈行在，暨飭陝西經過文武地方一體照護。再，此次就現有馱騾，先委大桃知縣孫積善分領蜀利擡槍二百桿，藥彈二百四十箱，計二萬八千八百顆，速行起解，以濟急需，應發咨文、咨批等件，即交該委員承領，作爲第一批。以後分批續解等情。

據此，除察覈具奏並分咨外，相應咨明。爲(此)合咨貴部，請煩查照施行。須至咨者。

中國第一歷史檔案館等《中國近代兵器工業檔案史料》第一輯《奎俊奏請爲四川機器局添造槍械之經費立案片光緒二十六年十一月二十日》　茲據辦理機器局署成綿龍茂道劉心源、補用道賀綸夔詳稱：川省機器局自光緒二十四年始，歲用銀十萬兩，規模狹小，製械無多，實爲經費所限。茲既加造軍火，應添工匠八十四名、司事五名，所需薪工料物，每月計添經費銀七百兩，自本年十月十一日起支，仍在成綿道庫土釐項下劃撥。月可添造蜀利擡槍十枝、馬梯呢槍十枝、前膛手槍二十枝、前膛擡槍十五枝。應請奏咨立案，以便將來報銷等情。

奴才覆加查覈，以所添之費計加造之工，尚屬撙節覈實。蓋現在機器不全，所造槍枝只有此數。將來應如何設法擴充，多招良匠，俟籌有的款，再隨時奏明辦理。

除飭督同員匠悉心考究，趕緊製造，並咨部查照外，理合附片具陳，伏乞聖鑒，謹奏。

硃批：該部知道。

中國第一歷史檔案館《光緒朝硃批奏摺》第一○二輯《光緒二十六年四川總督奎俊片》　再，前准户部咨各省設立機器局，如有採購之件，事前報部立案，事後方准覈銷，歷經遵辦在案。查川省機器無多，每年所造槍彈僅供各營操練，必須未雨綢繆，酌添機器，增工加造，庶儲備充足，方應緩急之用。茲據辦理機器局成綿龍茂道長春、特用道安成詳稱，查勘原局之後尚有餘地一段，堪以添建廠房，細估工料約需庫平銀一萬一千餘兩，並添購各部機器，約需庫平銀三萬餘兩，二共約需銀四萬兩零，在於成綿道庫土貨釐金項下籌撥。將來機器辦到，廠房建成，自應推廣製造各槍子藥及三磅礮開花子彈，歲約添籌經費銀二萬數千兩。所有委員司事赴滬採買機器、薪水、盤費，查照成案，撙節支給，以資辦公等情，說請奏咨立案前來。除飭認真經理，事竣覈實報銷，並將添購機件開具清單，咨部查覈外，理合附片具陳，伏乞聖鑒，謹奏。

中國第一歷史檔案館《光緒朝硃批奏摺》第一○二輯《光緒二十七年正月廿七日直隸總督李鴻章等摺》　茲據江蘇防營報銷處、江甯布政使恩壽等，將光緒二十四年分收支各款分晰造具報銷清册，逐加句稽。自光緒二十四年正月起連閏截至十二月底止，舊管：上届第十七案報銷實存銀二十三兩三錢有奇。新收：江南海關撥解二成洋税，江南籌防局、金陵防營支應局、北洋淮軍協餉項下撥款，共計銀十二萬四千兩。開除：購買各項料物價值一册，共計銀五萬四千九百十兩七錢有奇。工匠工食一册，共計銀四萬八千四百六十兩二錢有奇。委員、司事、親兵人等薪糧公費一册，共計銀一萬二千一百九十七兩六錢有奇。裝運料物水脚、常船輪船長夫薪糧等項一册，共計銀六千二百十五兩七錢有奇。修理廠屋料物等項一册，共計銀二千二百十九兩一錢有奇。遵照部議，各歸各部覈銷。計應歸户部覈銷銀六萬六百五十七兩九錢有奇，兵部覈銷銀六千二百十五兩七錢有奇，工部覈銷銀五萬七千一百二十九兩九錢有奇，統共請銷銀十二萬四千三兩六錢有奇。實存：銀十九兩七錢有奇，歸於後案舊管項下滚接造報。將該局光緒二十四年分支給各款請銷數目，並製成軍火撥存四柱清册，由報銷處加造銀款四柱總册，列爲金陵機器製造局第十八案報銷，詳請奏咨等情前來。臣等覆覈無異。除將清册分别咨送總理衙門、户部、兵部、工部查照覈銷外，謹合詞恭摺具奏，伏乞皇太后、皇上聖鑒，敕部查照，謹奏。

中國歷史博物館《鄭孝胥日記》第二册《光緒二十七年二月十二日》　鋼藥廠南廠炸裂，徐建寅、楊蔭桓哨官死之。

中國第一歷史檔案館《光緒朝硃批奏摺》第一〇二輯《光緒二十七年六月初八日兼署成都將軍四川總督奎俊摺》 查川省機器局自光緒二十六年正月初一日起，至十二月底止，共修機器一百九十九起，水龍十六座，舊洋鎗五千八百七十枝，又續成機器一百一十四起，新造蜀利擡鎗一千五百三十三桿，馬梯呢鎗九百七十八桿，馬梯呢馬鎗四十桿，利川前膛鎗五百五十六桿，定川小前膛鎗二百零三桿，前膛擡鎗四十四桿，裝藥機器九部，各營操鎗鐵靶九架，各種機件八百起，蜀利擡鎗藥彈七萬二千三百顆，馬梯呢鎗藥彈三萬零五百六十顆，十三響鎗藥彈一萬顆，毛瑟鎗藥彈九十八萬七千八百四十顆，銅火帽八百萬零二千粒，小火九十八萬八千粒，銅釘七十七萬二千顆，洋火藥二萬七千四百八十四斤，均經試放合用，陸續解交籌餉局驗收存撥。所有各項物料價值及員司薪水、匠資並一切經費，照案在於土藥釐金項下開支，總共用庫平銀一十一萬八百四十五兩零。遵照部章分晰造册，詳請奏咨覈銷前來。奴才覆查無異，除將清册送部查覈外，理合恭摺具陳，伏乞皇太后、皇上聖鑒，謹奏。

中國第一歷史檔案館《光緒朝硃批奏摺》第一〇二輯《光緒二十七年七月三十日直隸總督李鴻章等摺》 茲據該司道將光緒十八年分收支用款分晰造具報銷清册，逐加句稽。自光緒十八年正月起連閏截至十二月底止，舊管：上屆第十一案報銷實存銀三十一兩六錢有奇。新收：江南海關撥解二成洋稅及江南籌防局、金陵防營支應局、揚州淮軍收支局撥款共計銀十二萬四千兩。開除：購買各項料物價值一册，共計銀五萬四千八百七十三兩二錢有奇。工匠工食一册，共計銀四萬八千五百四十兩二錢有奇。委員、司事、親兵人等薪糧公費等項一册，共計銀一萬二千一百九十七兩六錢有奇。裝運料物水脚、常船輪船長夫薪糧等項一册，共計銀六千七百八十七兩六錢有奇。修理廠屋料物等項一册，共計銀一千五百九十一兩一錢有奇。遵照部議，各歸各部覈銷。計應歸户部覈銷銀六萬七百三十七兩九錢有奇，兵部覈銷銀六千七百八十七兩六錢有奇，工部覈銷銀五萬六千四百六十四兩三錢有奇，統共請銷銀十二萬三千九百八十九兩九錢有奇。實存：銀四十一兩七錢有奇，歸於後案舊管項下滚接造報。將該局造報光緒十八年分支給各款請銷數目清册，並製成軍火撥存四柱清册，由報銷處加造銀款四柱總册，列爲金陵機器局第十二案報銷，一併具文詳送奏咨等情前來。臣等覆覈無異。除將清册分別咨送總理衙門並户部、兵部、工部查照覈銷外，所有金陵機器局經費收支報銷緣由，謹合詞恭摺具陳，伏乞皇上聖鑒，敕部查照，謹奏。

中國第一歷史檔案館《光緒朝硃批奏摺》第一〇二輯《光緒二十七年十月二十日兼署成都將軍四川總督奎俊摺》 頭品頂戴兼署成都將軍四川總督奴才奎俊跪奏，爲川省機器局員弁工匠辦公勤奮，又届五年限滿，照章擇優保獎，恭摺仰祈聖鑒事。竊查前准海軍衙門咨開各省機器等局，汽鑪火候軋藥輕重，稍一不慎，皆足致命，其局員工匠履危蹈險，踴躍從事。惟憑保獎鼓勵，奏定沿海省分應保營局各員，尋常保獎，以五年爲限，其非沿海省分操防機器皆爲固圉要務，並准比照海軍保獎年限章程，擇優酌保，以免向隅等因。嗣准吏部咨稱，海軍衙門奏定保獎年限，應以光緒十二年七月十四日，欽奉懿旨之日起，扣限五年，方准保獎，並應將在局各員先行咨部立案。奏奉諭旨，依議，欽此。遵查川省機器局自光緒十二年七月十四日起，至二十二年七月止，業已兩次奏保在案，茲自二十二年七月十四日起，至二十七年七月止，又届五年限滿，查近年加增經費，添派員司工匠，增訂製造功課，較之二十二年以前，規模實不相同。上年奉旨加工趕造軍火，經奴才飭令改造毛瑟各槍，加煉銅鉛細碾藥粒，裝配各色槍彈。此外，如繪圖翻沙造模製器，無不精益求精。所有員司工匠昕夕在局，不避危險，洵屬辦公奮勉，著有勤勞，自應照章依限擇優保獎。業於本年三月，將員匠銜名造册咨部立案。茲據辦理機器局兼署成綿道賀綸夔、候選道林怡游詳請奏保前來，奴才切實考覈，擇其尤爲出力者二十七員，繕具清單，恭呈御覽，合無仰懇天恩俯准照擬給獎，以示鼓勵，出自逾格鴻慈。除將各員弁履歷清册咨送吏部、兵部查照外，理合恭摺具陳，伏乞皇太后、皇上聖鑒訓示，謹奏。

硃批：該部議奏單併發。

中國第一歷史檔案館《光緒朝硃批奏摺》第一〇二輯《光緒二十七年十一月初六日閩浙總督許應騤摺》 閩浙總督臣許應騤跪奏，爲閩省機器局添建廠屋，製造槍子，並撥用海防捐款以濟要需，恭摺仰祈聖鑒事。竊照閩省機器局，前經移設省城水部門内，專製各臺礮子、炸釘等項，業將開辦大概情形，於光緒二十六年三月間咨部察照。並聲明派員前赴浙江將舊存製造槍子機器解閩應用，應如何添建廠屋，增募工匠，再行隨時咨報在案。嗣經委員候補同知陳模會同遊擊賴望雲赴浙，將製造毛瑟槍子機器於上年五月十九日領運回閩，並委署臣標中軍副將賴文華總辦局務，會同委員於城内機器局旁擴充地基，添建槍子廠屋一座，並置火爐、汽管、水管、煙筒暨修築溝路、鋪設地板，飭匠將各項機器妥爲安配，間有零件損失，亦即修理完竣。經委員逐一勘驗，均係工堅料實，所安機器亦屬靈捷適用。比因北方事起，軍火爲制勝要需，原設買弁、工匠不敷遣用，並經添派熟諳製法之員幫同管理，添雇各項匠役，晝夜趕製快礮、快槍及毛瑟槍子，撥發各營臺領用，以利操防。綜計運安機器、添建爐廠、增募員匠、採辦物料、製造槍礮及毛瑟槍子，所需經費等款爲數甚鉅，閩省庫儲奇絀，無從騰挪。查前經奏請截留海防捐輸，原係籌辦防務之用，所有前項用過經費，應請在於截留防捐項下照數動支，歸入善後海防案内另行造册報銷。據閩省善後局司道詳請奏咨立案前來。臣維時局日艱，非練兵無以自强，而製器尤爲練兵之本。且值各國禁購軍火，若非自籌製造，不足以資利用而壯軍威。今以截留海防捐輸，作爲建廠製彈之用，名實尚屬相符。仍俟籌有的款，加行添購機器，製造無煙火藥及新式快槍，以備軍實。雖閩地貧瘠，未能如滬、鄂各省之取精用宏，但使小具規模，切實考究，必能製成利器數種，以應本省各軍之需，實於防務大有裨益。除分咨户、兵、工三部查照外，謹恭摺具奏，伏乞皇太后、皇上聖鑒，謹奏。

中國第一歷史檔案館《光緒朝硃批奏摺》第一〇二輯《光緒二十七年十二月十七日閩浙總督許應騤片》 再，上年北方事起，防務戒嚴，閩省機器局製造槍子所須魚子火藥暨各礮臺演放礮位所須藥餅，因值外洋禁售軍火，無從購辦，當飭各屬招民採取土硝、硫磺，委員就地購買解省，以資製造。至車輪快礮、快槍，爲行軍利器，並經飭令機器局督匠按照外洋式樣認真仿造，轉發各營臺，俾資戰守。綜計採辦土硝七萬斤，硫磺一萬斤，製成魚子洋火藥五萬磅，各大礮藥餅六百九十三出，三磅子車輪快礮十二尊，十二磅半子快礮二尊，後膛新式擡槍一百桿，又修改後膛車礮六尊。所有支用工料價值，應請均在善後海防經費項下開支，另行彙案造册報銷。據閩省善後局司道詳請奏咨前來。臣覆覈無異。除咨部查照外，謹附片具陳，伏乞聖鑒，敕部立案施行，謹奏。

中國第一歷史檔案館等《中國近代兵器工業檔案史料》第一輯《廣東海防善後總局呈請爲廣東製造東局光緒二十八年添建廠屋添購機器費用立案清册約光緒二十七年》 廣東海防善後總局爲立案事。

今將光緒二十八年分廣東製造東西兩局，添建廠屋工程及添購機器車床等項，支用工料價值銀兩各數，列册呈請察覈立案施行。

須至册者，計開：

廣東製造東局

購地建廠項下：一、購地添建機器、藝徒兩廠，及添築外圍墻工程，共用工料銀一萬四千九百二十一兩二錢一分五釐。一、添建工匠等住房並修改各項房屋工程，共用工料銀八千零四十一兩零三分。一、添建打鐵、鍋爐等廠及住房、勇房、養病房等工程，共用工料銀三千二百九十五兩一錢四分九釐。

購機器車床項下：一、與信義洋行訂購德國吕佛廠造小口徑槍機器二十三種，其價值連裝箱、水脚、駁力、保險等費，共銀三萬一千三百二十三兩九錢二分二釐四毫。一、與禮和洋行訂購英國紫瀝廠車床六架、十二寸刨床一架、十寸刨床二架，共九架，另加夾餅並配合齒輪機件，其值價連裝箱、水脚、保險等費，共銀六千二百六十九兩三錢七分二釐四毫。一、在香港訂購車床六張、插床一張、刨床一張、鑽床二張，共十張，其價值連拆卸、運載、報税各款，共銀六千四百五十三兩八錢九分零四毫。

中國第一歷史檔案館等《中國近代兵器工業檔案史料》第一輯《廣東海防善後總局呈請爲廣東製造西局光緒二十八年添建廠屋添購機器費用立案清册約光緒二十七年》 廣東海防善後總局爲立案事。

今將光緒二十八年分廣東製造東西兩局，添建廠屋工程及添購機器車床等項支用工料價值銀兩各數，列册呈請察覈立案施行。

須至册者，計開：【略】

廣東製造西局

購地建廠項下

一添建機器各廠，並購地建造工匠住房、勇房各工程，共用工料銀一萬一千六百七十八兩四錢八分七釐九毫四絲。

一添建銅帽火廠工程，共用工料銀五百三十九兩五錢二分。

購機器車床項下

一與信義洋行訂購德國吕佛廠造小口徑槍彈機器並鑽床等件，共十九種，共價值連裝箱、水脚、駁力、保險等費，共銀四萬三千六百二十六兩九錢四分二釐。

一與禮和洋行訂購英國些瀝卡叩士廠車床十二架、十二寸刨床二架、通心轉盤車床十二架，共二十六架，另加夾餅並配合齒輪機件、車光轉軸，共價值連裝箱，水脚、保險等費，共銀一萬六千零九十七兩七錢三分二釐二毫。

又配造鋼板汽爐一座，共用工料銀一千七百七十六兩零二分九釐。

中國第一歷史檔案館等《中國近代兵器工業檔案史料》第一輯《金陵機器局歷辦章程成案清册光緒二十七年十二月》 金陵機器製造局呈爲造報事。

竊奉行准部咨：本部歷辦奏咨各案及外省報部文檔册結自遭兵燹後，均被焚燬，自應由各省照案補送，以便分別接辦等因。理合遵奉查明，照案造具清册，呈請大部查覈施行。須至册者：

一、奉行准户、兵、工部報銷新章，由機器局查明聲復咨部查考一案。爲詳咨事。竊案奉行准户、兵、工部奏議各省報銷内外辦法條議章程一案轉行，奉此，除無關機器製造各條不計外，謹查：

一、户部原奏内開第十四條，各省設立機器局，並閩省船政局，購買輪船、機器、外洋槍礮、電綫等件，日新月異，名目不一，耗費尤多，既無定例可循，部中無憑稽覈，而船料物件購自外洋，並無繩墨可守，均稱實用實銷，仍難免局員浮冒、朦混之弊。應請飭下南、北洋大臣，及設立機器局各省督撫暨船政大臣，總計常年經費若干，如有添購機器，經費若干雖不能限以定數，亦當立有範圍，事前奏明報部立案，事後方准覈銷等因。遵查金陵機器製造局自光緒五年起，奉定每年額撥銀十萬兩，以爲常年製造經費，業將截至六年底止收支用款，造册報銷，已奉奏咨在案。兹查光緒七、八兩年，除常年額撥經費之外，另又奉飭添製江南礮臺需用水雷、銅火料物各件，並購辦拉銅車床各機器價值，先後添撥銀五萬六千四十七兩有奇，兹遵照部議新章，將增撥銀數先行報部立案，以便覈銷。嗣後自九年分起，如有添購機器等項用款，自當恪遵新章，隨時咨報大部立案。

一、兵部原奏内開第八條，購買外洋槍、礮、電綫等件若干磅、若干噸等字樣，皆係外洋名目，嗣後各省於奏報章程時，務將此等名目摺算中華數目聲明等因。遵查製造各項軍火，需用洋料居多，與洋商交易均以洋碼論價。兹遵飭查明每一噸摺合中華曹砝秤一千六百八十斤，每一磅摺合中華曹砝十二兩。聲明呈請大部查考。

一、兵部原奏内開第九條，修製各項軍器、軍火數目，應先期報部備案等因。遵查金陵機器製造局常年製造，以各磅前後膛洋礮並車輪、礮架、子藥箱具及各項槍子、開花炸彈爲大宗，次以洋槍、火箭、拉火、銅帽並廠中製造所需器物等件。其製造規模，悉按洋法以意類推。至料物大半購自外洋，工匠常川雇募，分設廠所逐日課工，並無間斷。凡製成一物，必經歷各廠層層考究，始能完成。此修製之實在情形也。但所製各項，俱係隨時奉飭製造之件，月異日新，無從懸擬，故當未經製成之時，委實難於開報。惟有按年截清，將製成礮火、子彈等項，分門別類，匯造收支細數專册，詳咨大部備案。

一、兵部原奏内開第十條，修製各項軍器，宜參酌定例予以年限，先期奏明等因。遵查外洋槍、礮並車架等件，極其靈巧，施放時稍不留意，則内膛機簧易於損摺，隨配零件易於鬆剥，非用機器修理不能如法，實與内地軍器不同，故難預定修限。至各營及軍械所損壞之件，所在皆有，無不送交機器局製配修整，隨修隨解，以期無誤操防。所有修理各項名目、件數，惟有按年截清，列入製成軍火等項册後分晰開報，詳咨大部查覈。

一、兵部原奏内開第十三條，各省製造軍器、火藥，自光緒九年正月起，務將某營領用若干分晰造册，毋得籠統開報等因。遵查金陵機器製造局專司製造，凡造成各項軍火，皆係分解南、北洋軍械所驗收，或支放各營領用，或儲備緩急所需，其何營何項領用若干，製造局並不經管支應，無從查考。除將分撥數目每年截清，匯入收支細數册内開報，詳咨大部查覈。

一、工部原奏内開第五條，嗣後辦理洋式物件工程，報銷銀錢概不准過從前第一案准銷之數，如實有必需創辦物件，應先奏明，方准辦理等因。遵查製造軍器仿照洋式，現在略有規模，造成之件歷經列册請銷。嗣後如在額支十萬兩之外，添撥款項創造外洋新式各機器物件，以及添造大宗廠屋等項工程，先行咨報大部立案，俟完工再行列册請銷。

以上六條，均遵照大部指飭事理，縷晰查明聲復。所有光緒七、八兩年用款，現在趕緊清釐造册報銷以符部限外，理合具文詳請，伏候憲臺鑒覈俯賜，分咨户、兵、工部查考，實爲公便。

除詳前直隸爵閣部堂李、署北洋大臣張、江蘇撫部院衛查覈外，爲此呈乞照詳施行。

中國第一歷史檔案館《光緒朝硃批奏摺》第一〇二輯《光緒二十七年兼署成都將軍四川總督奎俊片》 再，查前准户部咨各省機器局，如有採購機器等項，事前報部立案，事後方准覈銷等因，歷經遵辦在案。兹據辦理四川機器局署成綿龍茂道賀綸夔、候選道林怡游詳稱：現在改造毛瑟手槍、擡槍應用牙硝將次告罄，須照章採買八萬六千觔，碾造藥粒。遵照部定價值，計需庫平銀一萬二百餘兩，請於常年經費之外，仍在成綿道庫土釐項下另行提撥，以資採辦。詳請奏咨立案前來。奴才覆覈無異。除咨部查照外，理合附片具陳，伏乞聖鑒，謹奏。

硃批：該部知道。

再，前准户部咨各省設立機器局，如有採購之件，事前報部立案，事後方准覈銷，歷經遵辦在案。兹據辦理機器局署成綿龍茂道賀綸夔、候選道林怡游詳稱：川省機器局規模狹小，機器不全，平時工程不懈，所造鎗彈僅敷撥發操防之用，上年北方事起，時局一變，外洋軍火購買無從。非精求製造，固不足以資戰守，非推廣製造，尤不足以應緩急。查上年派員赴滬採購機器，需銀三萬餘兩，增修廠房需銀一萬一千餘兩，詳經奏咨在案。兹應續購機器，估計價值約需銀五萬餘兩，以前案三萬餘兩合計，共需銀八萬餘兩。機器既已續添，廠房亦宜續增，估計續增廠房工料又約需銀八千兩零，前後兩案共約需庫平銀十萬餘兩。一俟先後兩次機器購到，增建、續建廠房落成，再將詳細數目分晰造册覈實報銷等情，詳請奏咨前來。奴才覆查無異。除將添購機件開具名目清單咨部查覈外，理合附片具奏，伏乞聖鑒，謹奏。

中國第一歷史檔案館等《中國近代兵器工業檔案史料》第一輯《張之洞奏銷金陵製造洋火藥局加造火藥經費摺光緒二十八年二月十八日》 奏爲金陵洋火藥局加造火藥，用過銀兩造册報銷，恭摺仰祈聖鑒事。

竊查接管卷内，光緒二十六年秋間，江南辦理防務，增募勇營，因庫存火藥無多，恐有缺乏之虞，經前督臣劉坤一飭令金陵製造洋火藥局加造洋火藥十五萬磅，所需料工經費並增開北廠碾盤機器及各廠添置器具等項，估計銀二萬一千三百兩，奏明動撥在案。

兹據委辦該局江蘇候補道楊慕璇詳稱：查加造火藥、增開北碾、添置器具，需用一切料物悉與洋商交易，時值中外有事，洋行格外居奇，一應價值均係覈實支給。計自光緒二十六年八月二十一日加造開工起，截至二十七年四月二十日工竣止，共造成槍礮粗細各種洋火藥十五萬四千磅。舊管無項。新收江南籌防局撥款湘平摺合庫平銀二萬五百五十三兩有奇。開除各款，遵照部議報銷章程，各歸各部覈銷，計應歸户部覈銷庫平銀二千六百九十一兩有奇，兵部覈銷庫平銀九百十八兩有奇，工部覈銷庫平銀一萬六千九百四十三兩有奇，統共請銷庫平銀二萬五百五十三兩有奇，均屬實用實銷，並無浮冒。所有加造火藥收支各款，造具總散各册，詳請奏咨等情移交前來。臣覆覈無異。

除將清册分別咨送外務部暨户部、兵部、工部查覈外，理合會同江蘇巡撫臣恩恭摺具陳，伏祈皇太后、皇上聖鑒，敕部覈銷施行，謹奏。

中國第一歷史檔案館等《中國近代兵器工業檔案史料》第一輯《蘇元春奏廣西機器局費用請作正開銷片光緒二十八年三月初五日》 再，前撫臣史念祖在任時，因邊防、腹地分佈各營歲需軍火不少，遣人於東省定購機器一副，原擬運回西省備用，嗣因卸事，移交後任。光緒二十四年冬，黄槐森由鬱林來邊校閲營伍，彼此會商，取回此項機器，運至龍州，即在該廳城外建局安設。工程緊迫，需費浩繁，當由撫臣面諭龍州收放局借撥銀一萬五千兩，後由奴才隨時分次籌還，並囑無庸月報省局，以省支出收入之數。奴才陸續籌款，遴派員弁，迭次赴東添購原來機器未全事件，取辦銅、鉛，增募工匠，所需價值及員弁、司事、匠頭、藝徒等輩例給薪水、工資，並往還裝運船隻水脚、夫力，加以龍州造局落成用過工料，先後綜計六萬五千二百八兩有奇，係在邊防全部各軍扣存庫餉項下挪移應付。時經三載，已有成效可觀，機器所成偪碼子、銅帽結兩項，日積月累，足備操防、剿捕之用。惟挪移庫餉，此時奴才將赴調任，亟應清理未完。查奴才前向德商洋行購定無煙槍彈，價銀五萬兩，奏蒙俞允，由黄槐森奏准動撥梧州新關洋税項下銀兩，如數領解回邊，會逢沿海交兵，洋行未允出售，已將此項銀兩散給各營兵勇，以清庫餉。尚有先在龍州收放局暫挪之一萬五千兩，黄槐森囑勿列報省局。奴才原應及早籌還，現在無款可籌，已囑督辦局務之署太思順道何耀章稟明撫臣作正開銷。機器局務並擬咨請撫臣即交該道就近督辦。

理合附片具陳，伏乞聖鑒訓示，謹奏。

光緒二十八年三月初五日奉硃批：著咨商丁振鐸妥籌辦理。欽此。

中國第一歷史檔案館等《中國近代兵器工業檔案史料》第一輯《李興鋭奏江西設立機器局擬仿製槍彈片光緒二十八年六月十九日》 再，江省防營從前難有購備槍礮，無如將領不得其人，弁勇不解裝放，非委棄散失即銹壞不靈。上年臣因新約禁止外洋軍火進口，無從採購新式槍礮，江、鄂、粵東難經設廠自製，究恐不足以供各行省取求。查有試用知府劉世芳，精於製造之學，當飭赴滬購辦機器，於省會德勝門外度地建立機器製造局一所，由江寧選募工匠仿製各種新式槍彈，庶期有備無患。惟工程甚大，一時尚未完竣，而現在改定常備、續備各軍立待教練，又不可一日無此利器，當電商督臣劉坤一，飭令上海製造局選撥小口徑五響毛瑟快槍四百四十枝，每枝配製鋼頭無煙藥子五百顆，並另配無鋼頭放響子一百顆，以備操演之用。此項槍子不過僅足頒給兩營，而價值運費已需二萬兩有奇。此外各營實因經費難籌，未能遍行購給，只得將舊存各槍，擇其尚可改用者，發交劉世芳逐加修整，暫應目前之需，徐圖擴充之策。所有購辦機器、建立製造局及由滬撥購槍枝需款皆逾累萬，均在司庫設法騰挪應用，容俟另行造册報部覈銷。

是否有當，理合附片陳明，伏乞聖鑒訓示，謹奏。

硃批：該部知道。

中國第一歷史檔案館等《中國近代兵器工業檔案史料》第一輯《金陵製造洋火藥局呈報加造火藥購買料物什具費用清册光緒二十八年八月》　金陵機器製造洋火藥局呈爲造報事。

竊照金陵設立局廠，仿照西法，用機器製造槍礮粗細各種洋火藥，常年應需物料價值等項奉准額撥經費，業經逐年將收支各款分晰造册，詳請奏銷在案。嗣於光緒二十六年秋間，防務喫緊，增募防勇，庫存火藥無多，遵飭加造洋火藥十五萬磅，飭局估計經費湘平銀二萬兩，盡數造藥，奉准由江南籌防局撥解濟用，詳請奏咨立案亦在案。所有加造火藥，採辦料物、什具等項，均比照常年成法辦理，惟洋硝、洋煤兩項，因值外洋構釁之時，洋行格外居奇，價值偶形昂貴，要皆覈實支給，在於解撥經費銀數內開銷。茲將光緒二十六年八月二十一日開工加造火藥起，截至光緒二十七年四月二十日加造工竣止，用過購辦料物、什具等項價值銀兩，分晰造具細數，列爲第一册，呈請大部查照覈銷。

須至册者，計開：

購買外洋料物、什具項下

一、洋煤九百九十噸，內四百噸每噸銀六兩九錢五分五釐，九十噸每噸銀五兩六錢，共規平銀六千八十四兩（查前項洋煤，因二十六年八月間加造購用之時，正值軍務喫緊，洋行居奇，與平時價值不同，又不得因價昂而誤加造要需，是以先購四百噸暫資應用，迨至價值稍平，續行添購前數，據實開報。登明）。一、洋硝三萬七千斤，內一萬八千斤每百斤銀六兩八錢，一萬九千斤每百斤銀六兩四錢五分，共規平銀二千四百四十九兩五錢（查前項洋硝，因二十六年秋間加造購用之時，正值軍務喫緊，洋行居奇，與平時價值不同，而又恐誤加造要工，不得不隨時購用，故先購一萬八千斤，繼俟洋硝價值稍平，續行添購前數，據實開報。登明）。一、洋紫銅板八十五磅，每磅銀一錢九分，共規平銀十六兩一錢五分。一、洋紫銅條九十六磅，每磅銀一錢八分八釐，共規平銀十八兩四分八釐。一、洋黃銅板九十二磅，每磅銀一錢六分八釐，共規平銀十五兩四錢五分六釐。一、洋黃銅條七十五磅，每磅銀一錢六分，共規平銀一十二兩。一、洋紫銅絲八磅，每磅銀二錢一分，共規平銀一兩六錢七分。一、黃銅絲十磅，每磅銀二錢二分，共規平銀二兩二錢。一、紫銅絲布一百三十六尺，每尺銀二錢七分，共規平銀三十六兩七錢二分。一、黃銅絲布二百十四尺，每尺銀二錢八分，共規平銀五十九兩九錢二分。一、紫銅水管四十六磅，每磅銀二錢二分，共規平銀十兩一錢二分。考克八個，每個銀二兩六錢六分，共規平銀二十一兩二錢八分。凡而五個，每個銀二兩二錢，共規平銀十一兩。螺絲九包，每包銀九錢，共規平銀八兩一錢。螺絲釘十六包，每包銀七錢，共規平銀十一兩二錢。鐵皮五十二磅，每磅銀四分，共規平銀二兩八分。一、英鐵板一百三十八磅，每磅銀二分六釐，共規平銀三兩五錢八分八釐。【略】

以上購買外洋料物、什具等項價值，共規平銀九千八百八十五兩一錢二分一釐，摺合庫平銀九千十九兩二錢七分九毫八絲五忽四微。

購買內地料物、什具項下

【略】

統計一册，共請銷購買中外料物、什具全項，係歸工部覈銷庫平銀一萬五千七百八十七兩六錢四分二釐六毫一絲三忽四微。

查前項請銷銀兩均係實用實銷，並無例案可循，應請大部查照覈銷，理合登明。

附開：

一、自光緒二十六年八月二十一日加造洋火藥起，截至二十七年四月二十日加造工竣止，共計造成：粗槍藥三萬三千二百磅，細槍藥六萬八千三百磅，上細槍藥一萬八千五百磅，細礮藥二萬六千五百磅，小礮藥七千五百磅。

查前項加造洋火藥共計十五萬四千磅，較奉飭原數多四千磅，係按照奉撥經費盡數造藥。均經解交金陵軍械所驗收，儲庫備放。理合登明。

中國第一歷史檔案館《光緒朝硃批奏摺》第一〇二輯《光緒二十八年九月十五日閩浙總督許應騤摺》　閩浙總督臣許應騤跪奏，爲閩省新建製造快槍、子藥局廠，購置機器，現在籌辦情形，恭摺仰祈聖鑒事。竊臣因閩局存儲軍火無多，亟宜預爲籌備，於上年十一月間具奏機器局添建廠屋製造槍子摺內聲明，俟籌有的款，另行添購機器，製造無煙火藥及新式快槍，以備軍實。欽奉硃批，該部知道，欽此。當經恭録轉行欽遵辦理在案。伏維閩省當海防沖途，快槍尤爲行軍利器，非趕籌興造，不足以供要需。隨飭現署臣標中軍副將賴文華，會同委員試用布經歷劉廷楓勘擇得省城西關外原厝壑地方，無礙民居，堪以添建製造局廠屋。據報於本年三月初六日興工，飭委候補遊擊賴馥前赴上海、香港等處訂購製造新式無煙槍機器運閩。並由香港招募熟悉匠工到閩安配機器，如法興辦。飭委副將賴文華總辦局務，添派熟諳製法之員幫同辦理。惟外洋機器全套價值甚貴，一時不能全買，自應酌量擇其大宗，陸續購置，其餘隨時製造添配，以資撙節。此次新建廠屋、購器募匠，所需經費甚鉅。雖刻下籌款維艱，而軍火關繫緊要，不能不及時籌備。合無仰懇天恩，俯念工程重要，應需經費仍准在於前經奏明截留海防捐輸項下動支。據閩省善後局司道詳請奏咨立案前來，臣查新式快槍、無煙火藥，閩省向未製造，購運頗費周折，今飭趕速自造，各軍利用有資，於防務大有裨益。除分咨户、兵、工三部查照並飭將動支數目造册報銷外，理合恭摺具陳，伏乞皇太后、皇上聖鑒訓示，謹奏。

「中央研究院」近代史研究所《海防檔》丙機器局《光緒二十八年七月二十四日外務部收四川總督奎俊文》 茲届奏銷之期，所有本局自光緒二十七年正月初一日起，至十二月底止，計十二個月，局中修整廠房水機器，並造成機器擡鎗、馬梯呢鎗、毛瑟鎗、前膛鎗、藥彈、銅帽、洋火藥，及修理水龍機器、洋鎗等件，採買物料觔重，支發薪水工食各數目，分飭各所，照章造具細數清册，稟候覈辦。茲據支發、收發、採買、營造、監工等所委員，將各項細數，造具清册，稟請覈辦前來，職道等督同提調並文案委員，逐款詳加覈算，領支各項銀兩，採買物料觔重各數目，均屬相符。又據製造所委員册開，修理機器一百七十九起，水龍八座，籌餉局軍裝所並各營舊洋鎗二千零五十四枝，續成機器五十七起，新造蜀利擡鎗四百八十四枝，馬梯呢鎗三百一十二枝，利川前膛鎗一千一百七十枝，定川小前膛鎗八十枝，毛瑟擡鎗五百五十枝，毛瑟手鎗三百一十二枝，前膛擡鎗三百枝，蜀利擡鎗藥彈一十七萬三千顆，毛瑟擡鎗藥彈一十萬零八千顆，毛瑟手鎗藥彈六十三萬七千八百顆，馬梯呢鎗藥彈四萬七千零六十顆，銅火帽五百三十萬粒，小火四十二萬五千粒，銅釘二十二萬四千顆，各種機件一千一百零二起。又據洋火藥所委員册開，已成洋火藥九萬零八十二觔，以上鎗枝藥彈銅帽小火銅釘洋火藥等件，均經試放合用，陸續解交籌餉局驗收存儲，職道等覆覈無異。惟查局中就近採買銅鉛鋼鐵錫油炭各項物料，均皆揀選精良，覈實具報，委員司事、匠作薪水工食，亦係照章按月給發，自應遵照部章，將領支經費銀兩數目，分晰造册奏報，統覈册造總共支用庫平銀一十萬零八千四百七十七兩四錢七分二釐零一絲二忽五微。細數册載，所有本局前經詳請奏明，每年製造經費銀一十萬兩，又加工趕造軍火，每月加添銀七百兩，常年經費，歲共支庫平銀一十萬零八千餘兩，此次所支銀兩數目，尚無浮冒。又去歲製造洋火藥，採買牙硝，詳請奏明。請於常年經費之外，另行提撥銀兩採辦，是歲採買齊全，自應另造領支銀兩數目清册，附同常年經費，一併奏咨覈銷。查採買牙硝，册造共支用庫平銀一萬零二百七十七兩，覈與從前報銷之案相符，均應准其報銷。除未合成鎗彈銅帽機器等件，歸入下次報銷外，所有光緒二十七年分，領支銀兩，造册報銷緣由，理合分造四柱清册，具文詳請察覈具奏，並請分咨户兵工部覈銷，暨外務部備查等情。據此，除册分送外，相應咨呈，爲此咨呈貴部，謹請備查施行。

中國第一歷史檔案館等《中國近代兵器工業檔案史料》第一輯《岑春煊請爲湖北鋼藥廠購買硝鏹水之稟文光緒二十八年》 竊據鋼藥廠提調汪守洪霆稟稱：查無煙藥廠製造無煙火藥所需材料，以硝磺强水爲大宗。前年定購各料，因甫經開工，僅備試造之用，本屬無多，現除上年及本年正月造藥用去外，查所存磺强水及醋精强水等料，勉可敷三個月之需，惟硝强僅可敷半月。爲日無幾，不得不未雨綢繆。業經與漢口、上海各商考覈，如東洋硝强水每磅價洋例銀一錢二三分不等，另加撥運到廠，駁船運費約每磅加銀一二分之譜。至貨之優劣，曾由柏記等數家送來，叠經洋匠考驗，均只一千三百餘度至一千四百度，若造藥所需，非一千五百度者不能合用。現經叠次函電與義昌成樊委員商辦，其復函云：查江蘇藥水廠之硝强，包有一千五百度，並包運到藥廠碼頭交貨，每磅價規元銀一錢六分，較之柏記等處價則仿佛，而貨有一千五百度，適合造藥之用。擬請速購十萬磅，合銀一萬六千之譜。其銀已與該號商之可以稍緩，陸續匯付。正擬具説轉稟請示間，適於十五日接樊委員來電云：江蘇硝强每磅價一錢六分，現貨無如，向定購則有等語。現廠中需料孔殷，亟需預先訂定，方足以資接濟。明知經費支絀，一切均當審慎，無如此種物料，實係萬不可少，刻不容緩之件，若不從速購辦，勢將停工待料。應否即行先定，以備急需，請速轉稟覈奪等情。

據此，職道伏查前項硝强水既爲廠中製藥必需之物，雖現在經費支絀，亦不能不趕緊定購，以免停工待料，有誤要需。理合稟請宫保迅賜查覈批示，以便轉飭遵辦。

再，三個月以後，造藥應需各料及每種所需若干，已由汪守飭洋匠詳細考覈，所有價值亦在與各商詳加考較實在，一併查明，開具清單，再行請示覈辦。合併陳明。

中國第一歷史檔案館等《中國近代兵器工業檔案史料》第一輯《周蓮等呈福建機器局槍子廠光緒二十七年購料支付銀兩清册光緒二十八年》 福建省會善後總局司道爲報銷事。

遵將福建省自光緒二十七年正月起暫截至十二月底止，善後案内支給省垣機器槍子廠製造毛瑟槍子等項，購用銅、鋼、煤炭、零星物料價值銀兩，造具清册，呈送察覈匯銷施行。

須至册者，謹開：

一、購買銅、鐵、鉛、火藥項下【略】。一、購買煤炭項下【略】。一、購買木料項下【略】。一、購買油、紗、雜料項下【略】。一、購置器具項下【略】。以上統共給銀四千三百九十九兩零三分三釐四毫。

前件，遵查閩省水陸防練各軍，先因改練後膛槍，應需各項槍子多未齊備，又值各國禁售軍火之際，非廣自設廠製造，勢必臨事無所取資。光緒二十六年間，奉委陳丞模會同賴遊擊望雲赴浙省將舊存製毛瑟槍子機器領回閩，並委副將賴文華總辦，會同委員就於水部門内機器局旁近添建槍子廠屋一座，添募熟諳製法各項匠役，在廠興工趕製毛瑟槍子。所有二十六年九月二十日興工起截至十二月底止，製成槍子給過購用銅、鉛、煤炭等項價值銀兩，業經造册送部請銷在案。

茲自光緒二十七年正月起暫截至十二月底止，續經先後共製成毛瑟槍子一十四萬一千二百八十粒，智利快槍彈子一十萬粒、無裝子智利槍藥殼二十萬顆、無裝鉛林明敦槍藥殼一萬七千五百三十四顆、後膛擡槍合膛彈子一十萬粒、子母彈二萬粒，裝火藥無鉛子毛瑟銅殼六十萬顆。

中國第一歷史檔案館等《中國近代兵器工業檔案史料》第一輯《張之洞奏銷金陵製造洋火藥局光緒二十六年支用經費摺光緒二十八年十二月十八日》 奏爲金陵製造洋火藥局支用經費第十七案造册報銷，恭摺具陳，仰祈聖鑒事。

竊查接管卷内，據辦理金陵製造洋火藥局道員楊慕璇詳稱：金陵設局製造洋火藥，截至光緒二十五年十二月底止支用經費，業經列爲第十六案分晰造册，詳請奏銷在案。

茲自光緒二十六年正月起，連閏截至是年十二月底止，舊管上届實存庫平銀一百七十五兩有奇。新收金陵防營支應局撥解二十六年分造藥經費湘平摺合庫平銀五萬二千六百二十八兩有奇。開除各款，遵照部議報銷章程，各歸各部覈銷，計歸户部覈銷庫平銀一萬二千四百八十九兩零，兵部覈銷庫平銀二千九百五十六兩零，工部覈銷庫平銀三萬七千一百五十二兩零，統共請銷庫平銀五萬二千五百九十八兩零。實存庫平銀二百五兩零，歸於下届滚接造報。詳請奏咨等情前來。臣覆覈無異。

除將細數清册咨送外務部暨户部、兵部、工部覈銷外，理合會同江蘇巡撫臣恩恭摺具陳，伏祈皇太后、皇上聖鑒，敕部查照，謹奏。

中國第一歷史檔案館《光緒朝硃批奏摺》第一〇二輯《光緒二十八年兼署成都將軍四川總督奎俊片》 再，據辦理機器局成綿龍茂道長春、補用道賀綸夔詳稱，川省機器局自光緒三年創建廠房，製造槍礮，五年停辦，六年四月十八日，奉旨復行開局，製造並添修熟鐵鍋爐、碾藥各廠房及洋火藥局庫，均經詳報，覈銷在案。迄今二十餘年，兼之川省地氣潮溼，各廠房局庫常受煤氣藥料薰蒸，檩柱均有朽壞，雖經隨時培補，無如熟鐵廠、碾藥廠、洋火藥局受氣過深，朽壞尤甚，現在屋宇歪斜大有傾圮之勢，亟應趕緊修造，免誤要工。去歲擴充製造，已添設繪圖委員一人。此次培修各廠，應添繪圖白藥房各一所，以資辦公。惟川省人心浮動，不能不思患預防，擬請酌撥威遠軍一營，移紮局旁，以資防守。查局側向有城守營箭道一所，地基寬廣，擬於該處建修營房，將該營駐紮其中箭道，餘地則建修表碼廠作爲演試槍礮之地。至城守營箭道，當在附近購地另修歸還計培修、添造各項工程，詳加估覈，撙節動用，約需庫平銀一萬七千兩，仍在成綿道庫土釐項下開支。一俟工程完竣，再行覈實報銷等情前來。奴才查該道等所詳，係爲慎重軍火起見，乃刻不可緩之工。除批飭認真修理並咨部查照外，理合附片具陳，伏乞聖鑒，謹奏。

中國歷史博物館《鄭孝胥日記》第二册《光緒二十九年正月初八日》 晨，詣龍華，閲子藥廠。

中國第一歷史檔案館等《中國近代兵器工業檔案史料》第一輯《許應騤奏福建製造局定購無煙藥機器一副片光緒二十九年四月初七日》 再，閩省新建製造快槍、子藥局購置機器，經臣於上年九月間奏准立案。並聲明機器全套價值甚貴，一時不能全購，擇其大宗陸續購置，其餘隨時製造添配，以資撙節。行令製造局遵照在案。

伏查製造快槍機器，早經購運來閩，如法趕製。其無煙火藥爲防練所必需，尤關緊要，飭據洋務局提調分省補用知府彭思桂、總辦製造局副將賴文華，與乾記洋行訂立合同，定購製造無煙藥機器一副，議明價洋八萬二千九百五十元，先付三分之一定洋銀二萬七千六百五十元，飭由海防捐款内動撥，其餘應付洋銀五萬五千三百元，飭局先爲儲備，一俟機器運到驗收後，再行找付。

除咨部立案並分行遵照外，理合附片具陳，伏乞聖鑒。謹奏。

奉硃批：該部知道。欽此。

中國第一歷史檔案館等《中國近代兵器工業檔案史料》第一輯《陳璚奏銷四川機器局光緒二十八年支用經費摺光緒二十九年閏五月二十八日》 奏爲川省機器局光緒二十八年分支用經費造册報銷，恭摺仰祈聖鑒事。

竊查川省設立機器局，自光緒三年十月起至二十七年十二月底止，所有支用經費各數目，業經先後奏報在案。

茲據辦理機器局成綿龍茂道長春、候補道向人冠詳稱：前奉部定新章，各省報銷必須分晰造册，每年奏報一次，不得籠統含混等因。查川省機器局自光緒二十八年正月初一日起至十二月底止，共修機器一百四十三起，水龍十座，舊洋槍三千九百四十一桿，續成機器三十七起，新造毛瑟擡槍五百四十桿，毛瑟手槍三百八十七桿，利川前膛手槍一千五百二十桿，毛瑟擡槍藥彈一十八萬顆，毛瑟手槍藥彈二千二百四十顆，馬梯呢槍藥彈五十二萬八千顆，小火一百一十八萬九千粒，銅釘六十一萬四千顆，各種機件一千零七十一起，已成洋火藥三萬八千二百五十二斤，均經試放合用，陸續解交籌餉局驗收，分别存撥。所有各項物料價值及員司薪水、匠資並一切經費，照案在於土藥釐金項下開支。總共用庫平銀一十萬八千四百三十一兩零，又製造洋火藥採買牙硝，支用庫平銀一萬二百七十七兩，遵照部章，分晰造册，詳請奏咨覈銷前來。臣覆查無異。

除將清册送部查覈外，理合恭摺具陳，伏乞皇太后、皇上聖鑒。謹奏。

中國第一歷史檔案館等《中國近代兵器工業檔案史料》第一輯《魏光燾奏加撥金陵製造洋火藥局閏月經費片光緒二十九年閏五月二十九日》 再，金陵洋火藥局閏月加工，前經奏明酌加經費以資應用，歷經循辦在案。

茲據該局道員楊慕璇詳稱：光緒二十九年閏五月，全年計十三個月，製造火藥加多，所需料價、工資、薪糧等項自應比照常年加撥一月經費。查前届請加閏月經費，係照裁減銀數請領湘平銀四千一百九十五兩有奇，本届應仍按照裁減銀數覈計，請加撥湘平銀四千一百九十五兩有奇，循案飭由金陵防營支應局如期撥解，以資製造。詳請具奏前來。臣覆覈無異。

除飭將動用加撥銀兩年底匯案據實造報並咨部外，謹會同江蘇巡撫臣恩壽附片具陳，伏乞聖鑒，敕部查照。謹奏。

硃批：户部知道。

中國第一歷史檔案館等《中國近代兵器工業檔案史料》第一輯《陳璚奏銷四川機器局修理及添建廠房費用片光緒二十九年七月初二日》 再，查川省機器局，前因熟鐵廠、碾藥廠、洋火藥局屋宇歪斜，勢將傾圮，並因擴充製造，應添修繪圖、白藥房各一所，借用局側城守營箭道基址建立營房，餘地修造表碼廠，另購地基修還城守箭道。估計各項工程約需庫平銀一萬七千兩，仍在成綿道庫土釐項下開支。當經分别奏咨，聲明工竣報銷在案。

茲據辦理機器局成綿龍茂道鳳全、候補道向人冠詳稱：當即興工修造，已將廠房、營房一律建修完竣，其城守營箭道亦經購買地基照式修還，均係工堅料實，並無浮冒。共用過庫平銀一萬七千七兩零，覈與前估之數相符，已於成綿道庫土釐項下如數撥用。繪造圖説、册、結，詳請奏咨前來。臣覆查無異。

除將圖説、册、結分送查覈外，理合附片具陳，伏乞聖鑒。謹奏。

光緒二十九年七月十九日奉硃批：該部知道。欽此。

中國第一歷史檔案館等《中國近代兵器工業檔案史料》第一輯《金陵機器局呈光緒二十五年夏季造成軍火清册光緒二十九年八月》 金陵機器製造局謹將光緒二十五年四、五、六夏季三個月造成礮位、擡槍、子彈、礮車、軍火等項，開具簡明清册，呈送查覈施行。

須至册者，計開：

一、造成兩磅熟鐵後膛過山礮十尊（礮尺、什具全），一、造成一磅鋼管自來火子快礮二尊（什具全），一、造成洋式後膛擡槍七十桿，一、造成七生脱半銅箍開花彈一千顆（銅六件引火全），一、造成兩磅後膛礮包鉛開花彈三千顆（銅六件引火全），一、造成兩磅後膛礮包鉛實心彈一千顆，一、造成一磅快礮銅自來火無煙藥鋼彈二百顆，一、造成後膛擡槍銅自來火子彈一萬個，一、造成備操後膛擡槍無鉛彈銅自來火藥筒二萬個，一、造成後膛擡槍銅自來火無煙藥錫鉛硬彈一萬個，一、造成兩磅後膛礮木輪鐵前車十輛（尾杠全），一、造成一磅快礮雙輪銅身前車二輛，一、造成一磅快礮雙輪鐵身後箱車二輛（子藥箱全），一、造成槍帽大銅火二百萬粒，一、造成銅管門火一萬五千枝，一、造成灣頭銅管門火二千五百枝（查前項槍礮、子彈、車架、軍火等件，係光緒二十五年夏季分造成，分解南北洋軍械所收存備撥。此外，江防礮臺以及各防營添配修整軍火器械並製造所需什具物件，應請照章按年截清，匯册奏銷，理合登明）。

中國第一歷史檔案館等《中國近代兵器工業檔案史料》第一輯《金陵機器局呈光緒二十五年秋季造成軍火清册光緒二十九年八月》 金陵機器製造局謹將光緒二十五年七、八、九秋季三個月造成礮位、擡槍、子彈、礮車、軍火等項，開具簡明清册，呈送查覈施行。

須至册者，計開：

一、造成兩磅熟鐵後膛礮八尊（礮尺、什具全），一、造成三生七一磅鋼管自來火子快礮四尊（什具全），一、造成洋式後膛擡槍三十桿，一、造成七生脱半銅箍開花彈一千顆（銅六件引火全），一、造成兩磅包鉛開花彈三千顆（銅六件引火全），一、造成兩磅包鉛實心彈一千顆，一、造成三生七一磅快礮銅自來火無煙藥鋼彈五百顆，一、造成新式劈山礮包鉛實心彈一千顆（大銅盂全），一、造成後膛擡槍銅自來火子彈八千個，一、造成備操後膛擡槍銅自來火無鉛彈藥筒五千個，一、造成備操後膛擡槍藥筒用小銅火五萬粒，一、造成毛瑟兵槍銅管自來火木箭彈四萬五千個，一、造成兩磅後膛礮雙輪鐵前車八輛（尾杠全），一、造成三生七一磅快礮雙輪銅身前車四輛，一、造成三生七一磅快礮雙輪鐵身後箱車四輛（子藥箱全），一、造成槍帽大銅火三百萬粒，一、造成銅管門火一萬枝，一、造成新式灣頭銅管門火二千五百枝（查前項槍礮、子彈、車架、軍火等件，係光緒二十五年秋季分造成，分解南北洋軍械所收存備撥。此外，江防礮臺以及各防營添配修整軍火器械並製造所需什具物件，應請照章按年截清，匯册奏銷，合理登明）。

中國第一歷史檔案館等《中國近代兵器工業檔案史料》第一輯《金陵機器局呈光緒二十五年冬季造成軍火清册光緒二十九年八月》 金陵機器製造局謹將光緒二十五年十、十一、十二冬季三個月造成礮位、擡槍、子彈、礮車、軍火等項，開具簡明清册，呈送查覈施行。

須至册者，計開：

一、造成兩磅熟鐵後膛過山礮十二尊（礮尺、什具全），一、造成三生七一磅鋼管自來火子快礮四尊（什具全），一、造成洋式後膛擡槍三十桿，一、造成七生脱半銅箍開花彈一千顆（銅六件引火全），一、造成兩磅包鉛開花彈三千五百顆（銅六件引火全），一、造成兩磅包鉛實心彈五百顆，一、造成三生七一磅快礮銅自來火無煙藥彈二百顆，一、造成新式劈山礮包鉛實心彈一千顆（大銅盂全），一、造成後膛擡槍銅自來火子彈四千顆，一、造成備操後膛擡槍銅自來火無鉛彈藥筒五千個，一、造或毛瑟兵槍銅管自來火木箭彈五萬九千個，一、造成槍帽大銅火二百五十萬粒，一、造成兩磅後膛礮雙輪鐵前車十二輛（尾杠全），一、造成三生七一磅快礮雙輪銅身前車四輛，一、造成三生七一磅快礮雙輪鐵身後箱車四輛（子藥箱全），一、造成銅管門火一萬枝，一、造成新式灣頭銅管門火二千五百枝（查前項槍礮、子彈、軍火、車架等件，係光緒二十五年冬季分造成之件，分解南北洋軍械所收存備撥。此外，江防礮臺以及各防營修整添配軍火器械並製造所需什具物件，應請照章按年截清，匯册奏銷，理合登明）。

中國第一歷史檔案館等《中國近代兵器工業檔案史料》第一輯《魏光燾奏銷金陵製造洋火藥局光緒二十七年支用經費摺光緒二十九年九月十二日》 奏爲金陵製造洋火藥局支用經費第十八案造册報銷，恭摺具陳，仰祈聖鑒事。

竊據辦理金陵製造洋火藥局道員楊慕璇詳稱：金陵設局製造洋火藥，截至光緒二十六年十二月底止支用經費，業經列爲第十七案分晰造册，詳請奏銷在案。

茲自光緒二十七年正月起，截至是年十二月底止，舊管上届實存庫平銀二百五兩有奇。新收金陵防營支應局湘平摺合庫平銀四萬八千五百五十八兩有奇。開除各款，遵照部議報銷章程，各歸各部覈銷，計應歸户部覈銷庫平銀一萬一千五百二十八兩零，兵部覈銷庫平銀二千七百三十四兩零，工部覈銷庫平銀三萬四千三百四十一兩零，統共請銷庫平銀四萬八千六百四兩零。實存庫平銀一百八十一兩零，歸於下届滚接造報。詳請奏咨等情前來。臣覆覈無異。

除將細數清册咨送外務部暨户部、兵部、工部覈銷外，理合會同江蘇巡撫臣恩壽恭摺具陳，伏乞皇太后、皇上聖鑒，敕部查照施行，謹奏。

光緒二十九年九月十二日奉硃批：該部知道。欽此。

中國第一歷史檔案館等《中國近代兵器工業檔案史料》第一輯《夏時奏江西擬製造槍彈銅元片光緒二十九年九月十九日》 再，行軍以利器爲先，江西各軍所用槍礮子彈，嚮在江南、湖北零星訂購。本省製造廠規模狹小，上年添建廠屋，試鑄銅元，而創製槍礮等事未遑議辦。現值增改軍製，整頓操防，自宜並力經營，購機興造，以資利用。臣現調候選通判曾昭吉於上月到江，該員資質過人，於外洋製造之學極有心得，檄充該廠提調，令其妥籌開辦。茲據稟請先造槍、彈，擬向外洋定購小口徑毛瑟新式機器全副，每日約能成槍十五支，彈殼機器全副，每日約能造彈三千顆，並向洋廠熟商配購機件，俾一機能造數器，以期價廉用宏。另備公用機器一副，爲添配修理各廠機器之用。廠屋尤宜寬大，已就舊廠附近地方詳細履勘，隨宜興辦。又江西製造銅圓，開辦之始，每日僅能鑄四萬枚，嗣復添購機器，加給辛工，現在每日能成六七萬枚，行銷甚暢。亦擬竭力推廣，添購成套銅圓機器四副，並二百五十盞電燈機器一副，以期日夜工作，每日能造成三十萬枚，庶幾遠近流通，可獲大利。所得贏餘，即撥充製造槍彈經費。綜計購辦兩項機器，約先須銀三十萬兩。現飭藩司會同派辦政事處，無論籌款如何爲難，先行如數借撥，以便克日訂購，分別開辦。以上二事，皆目前切要之圖，臣當督率司道妥籌辦理。惟茲事體大，斷非數月能成，容俟辦有規模，再行詳細奏報。

所有江西現擬製造槍礮、推廣銅圓緣由，除咨部外，理合會同兩江總督臣魏光燾附片具陳。伏乞聖鑒訓示。謹奏。

硃批：該部知道。

中國第一歷史檔案館等《中國近代兵器工業檔案史料》第一輯《錫良奏四川機器局亟應添設新式槍廠片光緒二十九年十月二十九日》再，川省機器局去年造擡槍五百餘桿，毛瑟槍三百餘桿，前膛槍一千五百餘桿。擡槍笨重，用時最少，毛瑟、前膛在今日亦同窳廢。蓋泰東西利械日出，皆取精靈猛烈以相競。所著《教範操典》，於射擊之法特詳。我欲戎政修明，必有新械而後可以練强兵，又必有新機而後可以造新械。奴才遴任道員章世恩總辦該局，務令切實整頓。然工程勤惰，價料虛實，此可以綜覈行之；惟造法求精，非無寸進，而新式槍彈終不能以二十年前之機器一朝改作而成。考查訂辦小口徑毛瑟槍支機器價值、購運到蜀以及添匠拓廠等項需款約一百二十萬。川庫歲入本不爲少，供撥浩穰，正值羅掘既空之後，似此巨款，斷難猝集。而常備、續備、教練之用，又不容緩。屢奉諭旨，飭令各省軍營槍械宜歸一律，誠爲戰術所最要。川省急難措手，現惟先在鄂廠購辦，而該廠應接不暇，僅允分以千桿，正初方克造齊。因令派赴日本閱操之道員羅宗齡訂購日廠步槍二千桿，配足彈、藥等件。合計此三千桿之價費，約在二十萬，勉力騰挪應付，歸入動支防剿經費項下一併報銷。第思權宜應急之方，何異補苴之術。無論購諸外洋者，未必取求常便；即鄂廠無畛域也，然峽江逆挽，若遇夏秋盛漲，半年未抵成都。夫以操防有必需，事變有莫測，仰給於人者庸可恃乎？是則川局亟應添設新式槍廠，尤奴才寢饋未敢忘者也。

賦斂不宜再重，釐稅方將議撤，求其裕邦計而不朘民生者，則銀元之擴充銷路一也，銅元之廣取盈餘二也，選商辦礦有利無害三也。銀元者官款收之以倡其始，必俟民用便之乃獲其益。川省銷行未暢，省外更不能用。奴才與該局實行便民之策，並在渝、瀘、富、犍商竈繁盛之地，派員經理，期市廛樂於行使，則局本充，而多鑄以計其贏。至於銅元，其用較銀元倍易，其利亦較銀元倍厚。惟寧遠屬運銅太少，久已停機待造。現揀幹員接換該府，招商添辦，增價收買。一俟銅多，供鑄不窮，餘利如操左券。建南所屬，五金礦苗頗露，結堂者固不可必得，而商自釀資，民自食力，官何爲不道其開採而任棄貨於地？奴才廣選商民擇地鑿辦，按成納課，又以市值收買其金、銅，以充鑄幣之用。邊氓之謀生於廠者，人數至衆，豈非上下交益而帑藏無虞虧耗者！似亦理財之善經也。三者次第推行廣遠，提取餘款，專儲歲積，以爲購辦此項機器之需，數年間或如願以償。使川省多造新械，不惟藏衛可以兼顧，而滇、黔、秦、隴購運較便，裨於西北軍實所關綦重。奴才自維駑鈍，未能奮迅程功，而殫心力以赴之。儻此舉終底於成，稍足以仰副朝廷肄武致强之深意。

除分咨外，理合將辦理情形附片陳明。伏乞聖鑒訓示。謹奏。

光緒二十九年十一月二十四日奉硃批：著即切實舉辦，期收成效。欽此。

中國第一歷史檔案館等《中國近代兵器工業檔案史料》第一輯《錫良奏請派員出洋購機習藝以拓充四川機器局摺光緒二十九年十二月初三日》頭品頂戴調署四川總督閩浙總督奴才錫良跪奏，爲戎備不修，無以安內禦外，現擬派員出洋購機造械，拓充川廠，俾資教練之用，海疆有警，足爲後路接濟，恭摺密陳，仰祈聖鑒事。

竊奴才供職西陲，才力難限於遠圖，而時局不勝其憂憤。屢悉東事危迫，近者俄、日備戰，勢已岌岌，賴各國解紛，而兩爭未息；然縱使暫息，亦終不足恃也。乘我之攻戰無具而肆其侵略，一倡於前，衆伺於後，若不各遂所欲，未必不出於戰，而其害終集於我。然則解紛之術，可以緩師而不可以弭患。事機日危日急，恐禍之來，更烈於今日也。上念宮廷朝夕焦勞，凡屬臣工必應分憂共患。惟奴才若提一旅以求效用於畿疆，或揀將吏領軍北衛，均恐無裨大局；而川省民情浮動，徒令訛言蜂起，未免騖名損實。

竊維强鄰横決之際，兵事實爲立國之本。而詰戎先在於造械，械之利鈍視機之新舊，三者最相因也。奴才前於奏報川省派員赴日暨在鄂省分購新式槍支片内陳明，俟籌措得有巨款，即擬買運專造小口徑槍支機器。今觀於俄日之事，而益以此舉爲不容緩矣。查光緒二十三年，前大學士榮禄奏稱，各省煤鐵礦産，以山西、河南、四川、湖南爲最精，請敕籌款設立製造局，漸次擴充，從速開辦，以重軍需等語；並請將上海製造局移赴湖南近礦之區。欽奉諭旨，從前製造局廠多在江海要衝，亟應未雨綢繆，移没堂奥之區，庶幾緩急可恃。著各就地方情形，認真籌辦，總期有備而無患，倉卒足以應變等因。仰見聖謨廣遠，莫名欽服。庚子天津之變，覆車已見。現在江、鄂等省莫不擴充新廠。第局廠皆在江海要衝，裝載運行利於無事之時，而有事則動虞他故。且鄂廠日僅出槍二十支，滬廠日不滿十，無以應各省之求。購諸外洋，無論大利外洋，尤慮權不我操。

伏念成都地處上游，山川修阻，樓船下駛甚便，較諸湘省更爲深固；又可兼顧藏衛，遠濟滇、黔、秦、隴之用。若就川局拓辦，不獨川省教練、剿捕需之正殷，日積月累之餘，更得分給南北等省。惟川局舊機器不可改用，奴才前疏已略言之，縱或添補件數，而因陋就簡，總無利用之資，自應另購新式機器。在滬查議，全機每日能出槍五十支，出彈二萬五千顆，出無煙藥一百五十磅，三項購齊共價銀一百零七萬餘兩，運川各費不在内。因思滬上洋行購辦機器等件，經手者縱不扣成，而洋行亦必多方冒價。且種種欺蔽，運回之後始覺不甚完備；即完備矣，川匠不諳造用，又復多費周折。奴才有鑒於此，現委派臨財不苟之道員章世恩，率同電調來川之貴州候補通判祁祖彝，並選帶委員、學生、工匠等，親往歐、美等洲，考察德廠、美廠孰爲精利易購，在彼議訂。全機造竣約須兩載，即留委員督率學生、工匠等切究此事，入廠肄習，機成而學亦略成，解運回川，互相傳授，前之諸弊悉無慮矣。綜計購價而外，出洋兩載之費斷難過省，將來增拓川廠，又非常年經費十萬所能支辦。因庫無從撥取，奴才前次請將銀元、銅元餘息，並開辦建南礦務，以期湊集。現恐其效尚緩，爲數不敷，擬再抽取酒捐等項。皆須多浚利源，而仍騰挪以應急。

川省煤、鐵難富，煉鋼未能合用，不得不暫時外購，一俟財力稍裕，再議購機自造。似此次第措畫，倘不廢然中阻，迥非刻楮難成。惟值此顛危，而奴才簡器於重洋之外，程功於數稔之中，其事甚形迂遠。但練兵而不得精械，則兵爲無用，與其虚煩召募，不如計慮久長。奴才一面將川省武備學堂暨常備等軍，飭用購到新式槍支，講求速率、準頭，期能命中。二三年後，川廠蒇功，新械既精且廣，本省營伍取之不盡，必可儲存過半，萬一海疆有警，即可源源下運，作爲後路接濟，而鄰省邊防之用，抑其次也。區區愚誠，以爲强國勢而靖岩疆，胥重乎此？奴才所以不敢因籌費之難而諉之，收效之遲而忽之也。仍冀宸斷主持於上，使此議不旁撓，而專款不他撥，庶不致有初靡終。川省幸甚！大局亦幸甚！

除分咨外，所有籌辦詳細情形，理合會同兼署成都將軍·副都統奴才蘇嚕岱合詞繕摺密陳，伏乞皇太后、皇上聖鑒訓示，謹奏。

〔硃批〕：練兵處議奏。片並發。

中國第一歷史檔案館等《中國近代兵器工業檔案史料》第一輯《袁世凱等奏銷金陵機器局光緒二十五年支用經費摺光緒二十九年十二月二十日》 茲據江蘇防營報銷處、江寧布政使黄建筦等，將光緒二十五年分收支各款分晰造具報銷清册，逐加勾稽。自光緒二十五年正月起截至十二月底止，舊管：上届第十八案報銷實存銀十九兩七錢有奇。新收：江南海關撥解二成洋税，江南籌防局、金陵防營支應局、北洋淮軍協餉項下撥款，共計銀十二萬一千九百三十七兩九錢有奇。内除：解江寧藩庫充餉銀一千四百七十六兩四錢有奇，購買鍋爐中外料物價值一册共計銀五萬八千九百七兩八錢有奇，工匠工食一册共計銀四萬三千二百六十二兩四錢有奇，委員、司事、親兵人等薪糧公費一册共計銀一萬一千四十六兩九錢有奇，裝運料物水脚、常船輪船長夫薪糧等項一册共計銀五千三百七十六兩六錢有奇，修理廠屋料物等項一册共計銀一千八百七十三兩九錢有奇。遵照部議，各歸各部覈銷。計應歸户部覈銷銀五萬四千三百九兩四錢有奇，兵部覈銷銀五千三百七十六兩六錢有奇，工部覈銷銀六萬七百八十一兩七錢有奇，統共請銷銀十二萬一千九百四十四兩三錢有奇。實存：銀十三兩三錢有奇，歸於後案舊管項下滚接造報。將該局光緒二十五年分支給各款請銷數目，並製成軍火撥存四柱清册，由報銷處加造銀款四柱總册，列爲金陵機器製造局第十九案報銷，詳請奏咨等情前來。臣等覆覈無異。

除將清册分别咨送外務部、户部、兵部、工部查照覈銷外，謹合詞恭摺具奏，伏乞皇太后、皇上聖鑒，敕部查照，謹奏。

中國第一歷史檔案館《德宗景皇帝實録》卷五二七《光緒三十年正月中》 著湖廣總督湖北巡撫端方等奏，擬就鄂湘兩省合籌，於湘省擇地添建槍彈等廠，並統辦土膏税捐，以充經費，下政務處練兵處議。尋奏，各省紛紛設廠，各造各械，不能一律，且欲以一二省所籌之款，製造槍礮，使其既精且多，甚屬不易，所請會籌添建槍彈籌廠，請毋庸議。至鄂省與湘省合辦膏捐，應照案另款存儲，備練兵處隨時提撥，不得挪作他用，依議行。

中國第一歷史檔案館等《中國近代兵器工業檔案史料》第一輯《魏光燾奏銷金陵製造洋火藥局光緒二十八年支用經費摺光緒三十年二月初一日》 奏爲金陵製造洋火藥局支用經費第十九案造册報銷，恭摺具陳，仰祈聖鑒事。

竊據辦理金陵製造洋火藥局道員楊慕璇詳稱：金陵設局製造洋火藥，截至光緒二十七年十二月底止支用經費，業經列爲第十八案分晰造册，詳請奏銷在案。

茲自光緒二十八年正月起，截至是年十二月底止，舊管上届實存庫平銀一百八十一兩有奇。新收金陵防營支應局湘平摺合庫平銀四萬八千五百八十兩有奇，又上年加造經費經部駁刪庫平銀二兩七錢有奇，遵即歸入常年經費內列收造報，兩共新收庫平銀四萬八千五百八十三兩有奇。開除各款，遵照部議報銷章程，各歸各部覈銷，計應歸户部覈銷庫平銀一萬一千五百二十九兩有奇，兵部覈銷庫平銀二千七百四十四兩有奇，工部覈銷庫平銀三萬四千三百五十七兩有奇，統共請銷庫平銀四萬八千六百三十一兩有奇。實存庫平銀一百三十三兩有奇，歸於下届舊管項下滾接造報。造具總散各册，詳請奏咨前來。臣覆覈無異。

除將送到清册咨送外務部暨户部、兵部、工部覈銷外，謹會同江蘇巡撫臣恩壽恭摺具陳，伏乞皇太后、皇上聖鑒，敕部查照施行，謹奏。

光緒三十年二月初一日奉硃批：該部知道。欽此。

中國第一歷史檔案館等《中國近代兵器工業檔案史料》第一輯《魏光燾奏銷金陵製造洋火藥局光緒二十九年上半年支用經費摺光緒三十年二月初八日》 奏爲金陵製造洋火藥局支用經費第二十案造册報銷，恭摺具陳，仰祈聖鑒事。

竊金陵設局製造洋火藥，截至光緒二十八年十二月底止支用經費，業經列爲第十九案分晰造册報銷，另摺具奏。

茲據該局道員楊慕璇詳稱：計自光緒二十九年正月起，至是年六月底止，連閏七個月，舊管上届存庫平銀一百三十三兩有奇。新收金陵防營支應局湘平摺合庫平銀二萬八千三百三十八兩有奇。開除各款，遵照部議報銷章程，各歸各部覈銷，計應歸户部覈銷庫平銀六千七百二十三兩有奇，兵部覈銷庫平銀一千五百九十七兩有奇，工部覈銷庫平銀二萬六十五兩有奇，統共請銷庫平銀二萬八千三百八十七兩有奇。實存庫平銀八十四兩有奇，交由接辦該局道員王鈺孫仍歸於二十九年分經費內舊管項下滾接造報。造具總散各册，詳請奏咨前來。臣復覈無異。

除將送到清册咨送外務部暨户部、兵部、工部覈銷外，謹會同江蘇巡撫臣恩壽恭摺具陳，伏乞皇太后、皇上聖鑒，敕部查照，謹奏。

光緒三十年二月初八日奉硃批：該部知道。欽此。

中國第一歷史檔案館等《中國近代兵器工業檔案史料》第一輯《練兵處奏議川督請派員出洋購機習藝一事摺光緒三十年二月初十日》 奏爲遵旨議奏，恭摺仰祈聖鑒事。

光緒二十九年十二月二十四日，准軍機處鈔交調署四川總督錫良奏請派員出洋購機造械擴充川廠一摺，奉硃批，練兵處議奏，片並發，欽此。【略】

臣等伏讀上年十月十六日諭旨，前因各直省軍製、操法、器械未能一律，迭經降旨飭下各督撫認真講求，訓練以期畫一等因，欽此。今該署督擬請擴充川廠，購機造械，自是爲練兵自强之本計。惟查各國講求軍械，竭全國之力，不過設一二槍礮巨廠，除本國之用，尚須運售他國，工商並進，資本雄厚，方能保全一廠。中國如各省設廠，各造槍械，款絀力分，既難求精，亦難畫一。若如該署督所奏，派員出洋購機習藝，增拓川廠，並籌常年經費，僅以銀元、銅元餘息，並開辦礦務，抽取酒捐等項尚無成數之款，而欲於數年後造成之械供本省暨藏衛、滇、黔、秦、隴南北等省之用，恐規模未具而款項已竭，未必能如該署督所議之辦有成效也。現在湖北槍礮廠竭十餘年之力，辦理已有成規，惟仍苦款項不足，不能擴充，不能精利耳！近湖廣督臣張之洞又奏請移上海製造局於內地，另購機器，精造槍械。如能合通國財力，會聚一二巨廠，日出械數足敷本國之用而有餘，又必使所造之械能與各國較最精窳，庶足收廣製精製之益，而器械亦易一律，不致如前此之紛歧。該署督如以川省需械甚急，正可移購機之款於鄂廠，定製槍礮，同力合作，兩有裨益。該署督所請擴充川廠一節，應請毋庸置議。至所奏江海要衝，動多他虞，應俟將來物力充裕，在內地煤鐵就便之處，設廠煉鋼，另議添建製造槍礮之廠，較爲穩慎。至酒捐一項，上年奉旨飭令各省加收煙酒等捐，專充練兵處經費，自仍應欽遵亦理。

所有遵旨議覆緣由，謹恭摺具陳，伏乞皇太后、皇上聖鑒訓示，謹奏。

光緒三十年二月初十日奏，本日奉旨依議。欽此。

中國第一歷史檔案館等《中國近代兵器工業檔案史料》第一輯《金陵機器局呈光緒二十六年春季造成軍火清册光緒三十年三月》 金陵機器製造局謹將光緒二十六年正、二、三春季三個月造成槍礮、子彈、車架、軍火器械，開具簡明清册，呈送查覈施行。

計開：

一、造成兩磅熟鐵後膛礮十二尊(礮尺、什具全)，一、造成洋式後膛擡槍六十桿，一、造成兩磅包鉛開花彈四千個(銅六件引火全)，一、造成兩磅包鉛實心彈二千個，一、造成新式劈山礮包鉛實心彈一千個(大銅盂全)，一、造成一磅快礮銅管自來火無煙藥實心彈三千五百個，一、造成一百四十磅瓦瓦司三槽開花彈一百個(銅引火全)，一、造成一百四十磅瓦瓦司三槽實心彈一百個，一、造成後膛擡槍銅自來火加錫子彈二萬五千個，一、造成備操後膛擡槍無鉛彈自來火藥筒一萬五千個，一、造成新毛瑟兵槍銅自來火木箭彈二萬個，一、造成六響馬槍邊火銅自來火子彈六千六百八個，一、造成兩磅後膛礮木輪鐵前車十二輛(尾杠全)，一、造成槍帽大銅火二百萬粒，一、造成銅管門火一萬八千枝，一、造成灣頭銅管門火二千五百枝(查前項槍礮、子彈、車架、軍火等件，係光緒二十六年春季分造成，分解南北洋軍械所收存備撥。此外，江防礮臺以及各防營添配修整軍火器械並製造所需什具物件，照章按年截清，匯册奏銷，理合登明)。

中國第一歷史檔案館等《中國近代兵器工業檔案史料》第一輯《金陵機器局呈光緒二十六年夏季造成軍火清册光緒三十年三月》 金陵機器製造局謹將光緒二十六年四、五、六夏季三個月額造、加造槍礮、子彈、車架、軍火器械，開具簡明清册，呈送查覈施行。

計開：

一、造成兩磅熟鐵後膛礮二十尊(礮尺、什具全)，一、造成一磅後膛鋼快礮五尊(礮尺、快機全)，一、造成洋式後膛擡槍六十桿，一、造成七生脱半銅箍開花彈五百個(銅六件引火全)，一、造成兩磅包鉛開花彈五千個(銅六件引火全)，一、造成兩磅包鉛實心彈二千個，一、造成一磅快礮銅自來火無煙藥實心彈三千五百個，一、造成後膛擡槍銅自來火加錫子彈三萬個，一、造成備操後膛擡槍無鉛彈自來火藥筒一萬個，一、造成新毛瑟兵槍銅自來火木箭彈一萬個，一、造成兩磅後膛礮木輪鐵前車二十輛(尾杠全)，一、造成一磅快礮雙輪銅身前車五輛，一、造成一磅快礮雙輪鐵身後箱車五輛(子藥箱全)，一、造成槍帽大銅火一百萬粒，一、造成銅管門火二萬枝，一、造成灣頭銅管門火二千五百枝(查前項槍礮、子彈、車架、軍火等件，係光緒二十六年夏季分額造、加造之件，分解南北洋軍械所收存備撥。此外，江防礮臺以及各防營添配修整軍火器械並製造所需什具物件，照章按年截清，匯册奏銷，理合登明)。

中國第一歷史檔案館等《中國近代兵器工業檔案史料》第一輯《金陵機器局呈光緒二十六年秋季造成軍火清册光緒三十年三月》 金陵機器製造局謹將光緒二十六年七、八、閏八、九秋季四個月額造、加造槍礮、子彈、車架、軍火器械，開具簡明清册，呈送查覈施行。

計開：

一、造成兩磅熟鐵後膛礮三十八尊(礮尺、什具全)，一、配造修整兩磅熟鐵後膛礮七十六尊(礮尺、什具全)，一、造成一磅後膛鋼快礮八尊(礮尺、快機全)，一、造成洋式後膛擡槍一百二十桿，一、配造修理洋式後膛擡槍八桿，一、造或七生脱半銅箍開花彈五百個(銅六件引火全)，一、造成兩磅包鉛開花彈一萬個(銅六件引火全)，一、造成兩磅包鉛實心彈六千個，一、造成新式劈山礮包鉛實心彈一千個(大銅盂全)，一、造成一磅快礮銅自來火無煙藥實心彈八千個，一、造成後膛擡槍銅自來火加錫子彈十萬個，一、造成備操後膛擡槍無鉛彈自來火藥筒七千六百個，一、造成兩磅後膛礮木輪鐵前車三十八輛(尾杠全)，一、配造修整兩磅後膛礮木輪鐵前車七十六輛(尾杠全)，一、造成一磅快礮雙輪銅身前車八輛，一、造成一磅快礮雙輪鐵身後箱車八輛(子藥箱全)，一、造成槍帽大銅火二百萬粒，一、造成銅管門火四萬枝，一、造成灣頭銅管門火二千五百枝(查前項槍礮、子彈、車架、軍火等件，係光緒二十六年秋季分額造、加造之件，分解南北洋軍械所收存備撥。此外，江防礮臺以及各防營添配修整軍火器械並製造所需什具物件，照章按年截清，匯册奏銷，理合登明)。

中國第一歷史檔案館等《中國近代兵器工業檔案史料》第一輯《金陵機器局呈光緒二十六年冬季造成軍火清册光緒三十年三月》 金陵機器製造局謹將光緒二十六年十、十一、十二冬季三個月造成槍礮、子彈、車架、軍火器械，開具簡明清册，呈送查覈施行。

計開：

一、造成兩磅熟鐵後膛礮十二尊(礮尺、什具全)，一、配造修整兩磅熟鐵後膛礮十七尊(礮尺、什具全),一、造成一磅後膛鋼快礮四尊(礮尺、快機全),一、造成洋式後膛擡槍四十桿,一、造成兩磅包鉛開花彈五千五百個(銅六件引火全),一、造成兩磅包鉛實心彈三千五百個,一、造成一磅快礮銅自來火無煙藥實心彈二千個,一、造成後膛擡槍銅自來火加錫子彈四萬六千個,一、造成復裝藥帽備操後膛擡槍無鉛彈藥筒六千四百個,一、造成新毛瑟兵槍銅自來火木箭彈一萬五百個,一、造成兩磅後膛礮木輪鐵前車十二輛(尾杠全),一、配造修整兩磅後膛礮木輪鐵前車十七輛(尾杠全),一、造成一磅快礮雙輪銅身前車四輛、鐵身後箱車四輛(子藥箱全),一、造成槍帽大銅火一百萬粒,一、造成銅管門火一萬二千枝,一、造成灣頭銅管門火二千五百枝(查前項槍礮、子彈、軍火等件,係光緒二十六年冬季分造成,分解南北洋軍械所收存備撥。此外,江防礮臺以及各防營添配修整軍火器械並製造所需什具物件,照章按年截清,匯冊奏銷,理合登明)。

中國第一歷史檔案館等《中國近代兵器工業檔案史料》第一輯《錫良爲報銷四川機器局光緒二十九年支用經費事致外務部之咨呈光緒三十年六月二十二日》

兹屆奏銷之期,所有本局自光緒二十九年正月初一日起至十二月底止,連閏計十三個月,局中修整廠房、水機器並造成機器、毛瑟擡槍、毛瑟手槍、蜀利擡槍、前膛手槍、藥彈、銅釘、小火、洋火藥及修理水龍、洋槍、修配機器等件,採買物料斤重,支發薪水、工食各數,分飭各所照章造具細數清冊,稟候覈辦。兹據支發、收發、採買、營造、監工等所委員,將各項細數造具清冊,稟請覈辦前來。本司道等督同提調並文案委員,逐款詳加覈算,領支各項銀兩、採買物料斤重各數目,均屬相符。又據製造所委員冊開,修配機器一百八十二起,修理水龍十一座,籌餉局、軍裝所、各營舊洋槍二千八百三十桿,新造毛瑟擡槍一百九十桿,毛瑟手槍一千零八十八桿,蜀利擡槍四十桿,利川前膛手槍四百五十桿,馬梯呢槍藥彈一萬二千八百四十顆,毛瑟手槍藥彈三十萬零八千一百二十顆,小火五十七萬粒,銅釘九十萬零四千顆,各種機件一千八百二十六起。又據洋火藥所委員冊開,已成洋火藥三萬五千三百三十二斤。以上槍枝、藥彈、小火、銅釘、洋火藥等件,均經試放合用,陸續解交籌餉局驗收存儲。本司道等覆覈無異。惟查局中就近採買銅、鉛、鋼、鐵、錫、油、炭各項物料,均皆揀選精良,覈實具報;委員、司事、匠作薪水、工食,亦係照章按月給發。自應遵照部章,將領支經費銀兩數目分晰造冊,詳請奏報。統覈冊造,總共支用庫平銀一十一萬七千四百七十四兩零九分七釐六毫七絲五忽。細數冊載。所有本局前經詳請奏明每年製造經費銀一十萬兩,又加工趕造軍火每月加添銀七百兩。常年經費歲共支庫平銀一十萬零八千餘兩,遇閏照加。此次所支銀兩數目,尚無浮冒。又去歲採買牙硝製造洋火藥,曾經詳請奏明,請於常年經費之外,另行提撥銀兩採辦,是歲採買齊全,自應另造領支銀兩數目清冊,附同常年經費一併奏咨覈銷。查採買牙硝,冊造共支用庫平銀一萬零二百七十七兩,覈與從前報銷之案相符,均應准其報銷。除未合成槍彈、機器各件歸入下次報銷外,所有光緒二十九年分領支銀兩造冊報銷緣由,理合分造四柱清冊,除移藩司外,具文詳請察覈具奏,並請分咨工、兵、户部覈銷暨外務部備查等情。

據此,除冊分送外,相應咨呈。爲此咨呈貴部,謹請備查施行。

中國第一歷史檔案館等《中國近代兵器工業檔案史料》第一輯《許涵度等報送四川機器局光緒三十年收支銀兩四柱清冊光緒三十一年六月》

辦理四川機器總局爲造銷事。

今將本局自光緒三十年正月初一日起至十二月底止,領到成綿道庫土貨釐金銀兩以及各項支銷,分別款目造具四柱細數清冊,咨請大部覈銷施行。

須至冊者,計開:

舊管:無。

新收:光緒三十年分,一、收成綿道庫土貨釐金庫平銀一十萬零八千四百零五兩七錢三分一釐六毫一絲二忽五微。

開除:一、修整局中水機器石墩一座。【略】以上給發歲修局中水機器並洋火藥局廠房項下,支用庫平銀一千三百六十二兩五錢零五釐八毫。

一、支買頂上紅銅八萬斤,每斤價銀一錢八分五釐,合庫平銀一萬四千八百兩。一、支買净鉛一十萬斤,每斤價銀五分二釐,合庫平銀五千二百兩。一、支買硬鋼四千斤,每斤價銀一錢二分六釐,合庫平銀五百零四兩。一、支買毛鐵七萬二千四百五十八斤四兩,每斤價銀二分六釐,合庫平銀一千八百八十三兩九錢一分四釐五毫。一、支買條鐵一十萬零六千二百八十四斤七兩,每斤價銀三分五釐,合庫平銀三千七百一十九兩九錢五分五釐三毫一絲二忽五微。【略】以上給發製造毛瑟槍、藥彈、小火、銅釘、洋火藥、鉛子、機器並修整洋槍、水龍等件,購買銅、鉛、鋼、鐵、錫、油、炭、一切物料雜用項下,支用庫平銀六萬一千五百三十四兩四錢二分六釐八毫一絲二忽五微。

一、支總辦局務二員,自光緒三十年正月初一日起至十二月底止,計十二個月，每員每月薪水銀五十兩，合庫平銀一千二百兩。一、支製造委員二員，自光緒三十年正月初一日起至十二月底止，計十二個月，每員每月薪水銀八十兩，合庫平銀一千九百二十兩。一、支文案正委一員，自光緒三十年正月初一日起至十二月底止，計十二個月，每月薪水銀一十六兩，合庫平銀一百九十二兩。一、支支發正委一員，自光緒三十年正月初一日起至十二月底止，計十二個月，每月薪水銀一十六兩，合庫平銀一百九十二兩。一、支收發兼營造正委一員，自光緒三十年正月初一日起至十二月底止，計十二個月，每月薪水銀一十六兩合庫平銀一百九十二兩。一、支採買正委一員，自光緒三十年正月初一日起至十二月底止，計十二個月，每月薪水銀一十六兩，合庫平銀一百九十二兩。一、支監工正委一員，自光緒三十年正月初一日起至十二月底止，計十二個月，每月薪水銀一十六兩，合庫平銀一百九十二兩。一、支火藥正委一員，自光緒三十年正月初一日起至十二月底止，計十二個月，每月薪水銀一十六兩，合庫平銀一百九十二兩。一、支繪圖正委一員，自光緒三十年正月初一日起至十二月底止，計十二個月，每月薪水銀一十六兩，合庫平銀一百九十二兩。一、支監工副委一員，自光緒三十年正月初一日起至十二月底止，計十二個月，每用薪水銀一十二兩，合庫平銀一百四十四兩。一、支火藥副委一員，自光緒三十年正月初一日起至十二月底止，計十二個月，每月薪水銀一十二兩，合庫平銀一百四十四兩。一、支司事二十九名(計七所、五廠)，自光緒三十年正月初一日起至十二月底止，計十二個月，每名每月薪水銀八兩，合庫平銀二千七百八十四兩。一、支司雜二十一名(計七所、九廠)，自光緒三十年正月初一日起至十二月底止，計十二個月，每名每月薪水銀四兩，合庫平銀一千零八兩。一、支字識四名，自光緒三十年正月初一日起至十二月底止，計十二個月，每名每月薪水銀四兩，合庫平銀一百九十二兩。以上給發委員、司事、司雜、字識薪水項下，支用庫平銀八千七百三十六兩。

一、支傳事門役、巡更、茶水各項夫役一十八名，自光緒三十年正月初一日起至十二月底止，計十二個月，每名每月口食銀一兩八錢，合庫平銀三百八十八兩八錢。以上給發局中夫役口食項下，支用庫平銀三百八十八兩八錢。

一、支超等機器工匠六名，自光緒三十年正月初一日起至十二月底止，計十二個月，每名每月辛工銀二十兩，合庫平銀一千四百四十兩。一、支一等機器工匠六十五名，自光緒三十年正月初一日起至十二月底止，計十二個月，每名每月辛工銀十二兩，合庫平銀九千三百六十兩。一、支二等機器工匠六十五名，自光緒三十年正月初一日起至十二月底止，計十二個月，每名每月辛工銀八兩，合庫平銀六千二百四十兩。一、支三等機器工匠一百二十四名，自光緒三十年正月初一日起至十二月底止，計十二個月，每名每月辛工銀五兩，合庫平銀七千四百四十兩。一、支四等機器工匠一百七十名，自光緒三十年正月初一日起至十二月底止，計十二個月，每名每月辛工銀三兩四錢，合庫平銀六千九百三十六兩。一、支五等機器工匠二百三十名，自光緒三十年正月初一日起至十二月底止，計十二個月，每名每月辛工銀一兩八錢，合庫平銀四千九百六十八兩。以上給發匠作辛工項下，支用庫平銀三萬六千三百八十四兩。

統計一册，總共支用庫平銀一十萬零八千四百零五兩七錢三分二釐六毫一絲二忽五微。理合登明。

實在：無存。

中國第一歷史檔案館《光緒朝硃批奏摺》第一〇二輯《光緒三十年七月初六日調署四川總督閩浙總督錫良片》再，查川省機器局添購續購機器，添建、續建廠房，經前督臣奎俊，於光緒二十六年六月、二十七年九月，先後遵照部定，事前報部，事後覈銷章程，分別咨奏在案。兹據機器局司道布政使許涵度、成綿龍茂道沈秉堃、候補道蔡乃煌、章世恩詳稱，現在廠訪落成機器運到，一切安置妥善。所有用過購買機器價值運費及修造廠房工料等項銀兩，總共支用銀一十二萬六千一百三十六兩零，據採買營造委員分別造具細數清册，由該司道驗收，覈轉稟案，詳請奏咨覈銷前來。奴才覆覈無異，除咨部外，理合附片八百三十桿，新造毛瑟擡槍一百九十桿，毛瑟手槍一千零八十八桿，蜀利擡槍四十桿，利川前膛手槍四百五十桿，馬梯呢槍藥彈一萬一千八百四十顆，毛瑟手槍藥彈三十萬零八千一百二十顆，小火五十七萬粒，銅釘九十萬零四千顆，各種機件一千八百二十六起，已成洋火藥三萬五千三百三十二斤，均經试放合用，陸續解交籌饟局驗收，分別存撥。所有各項物料價值及員司薪水匠資，並一切經費，照案在於土藥釐金項下開支，總共用庫平銀一十一萬七千四百七十四兩零。又製造洋火花，採買牙硝，支用庫平銀一萬二百七十七兩，遵照部章，分晰造册，詳請奏咨覈銷前來。奴才覆查無異，除將清册送部查覈外，理合恭摺具陳，伏乞皇太后、皇上聖鑒，謹奏。該部知道。

中國第一歷史檔案館《光緒朝硃批奏摺》第一〇二輯《光緒三十年七月初六日調署四川總督閩浙總督錫良片》再，查前準户部咨議，覆軍需善後報銷章程，内開各省機器局，如有採購，事前報部，事後方准覈銷等因，川省機器局需用槍礮、光胚、洋鋼等件，派員赴滬採買，經前署督臣岑春煊於光緒二十八年七月咨部，並附片奏明在案。兹據辦理機器局司道布政使許涵度、成綿龍茂道沈秉堃、候補道蔡乃煌、章世恩詳稱，前購各件業經採辦齊全運解到局，逐一驗收存儲。所有用過價值運費，及委員薪水等項銀兩，共支用銀七萬九千二百二十九兩零，造具細數清册，詳請奏咨覈銷前來。奴才覆覈無異，除咨部外，理合附片具陳，伏乞聖鑒，謹奏。

中國第一歷史檔案館等《中國近代兵器工業檔案史料》第一輯《兩江總督奏銷金陵機器局光緒二十六年支用經費摺光緒三十年七月十二日》 兹據江蘇防營報銷處、江寧布政使黄建筦等，將光緒二十六年分收支各款分晰造具報銷清册，逐加勾稽。自光緒二十六年正月起截至十二月底止，舊管：上届第十九案報銷實存銀十三兩三錢有奇。新收：江南海關額撥加撥二成洋税共銀十三萬八千一百三兩一錢有奇，江南籌防局、金陵防營支應局、北洋淮軍協餉項下撥款，共銀九萬四千兩。並舊管共計收用銀二十三萬二千一百十六兩五錢有奇。内除：解交江寧藩庫充餉銀二千九百五十二兩八錢有奇，購買機器、鍋爐，中外料物價值一册共計銀十二萬一千一百三十兩三錢有奇，工匠工食一册共計銀四萬七千一百十三兩四錢有奇，委員、司事人等薪費一册共計銀一萬一千七百二十兩九錢有奇，裝運料物水脚、常船舵水長夫口糧一册共計銀六千五百六十一兩一錢有奇，歲修廠屋料物等項一册共計銀二千二百四兩五錢有奇，機器、翻砂各廠添雇工匠加造軍火兼做夜工工食一册共計銀三萬八百八兩一錢有奇，修改添蓋廠屋、安裝機器工料運費等項共計銀九千五百六十二兩八錢有奇。遵照部議，各歸各部覈銷。計應歸户部覈銷銀九萬三千二百六十八兩三錢有奇，兵部覈銷銀七千二百六十七兩六錢有奇，工部覈銷銀十二萬八千五百百六十五兩三錢有奇，統共請銷銀二十三萬二千五十四兩二錢有奇。實存：銀六十二兩二錢有奇，歸於後案舊管項下滚接造報。將該局光緒二十六年分支給各款請銷數目，並製成軍火撥存四柱清册，由報銷處加造銀款四柱總册，列爲金陵機器製造局第二十案報銷，詳請奏咨等情前來。臣等覆覈無異。

除將清册分别咨送外務部、户部、兵部、工部查照覈銷外，謹合詞恭摺具陳，伏乞皇太后、皇上聖鑒，敕部查照，謹奏。

中國第一歷史檔案館等《中國近代兵器工業檔案史料》第一輯《李興鋭奏辦理福建購買無煙火藥機器案片光緒三十年七月二十日》 一再，上年前任督臣許應騤因擬添製造無煙火藥，派員與乾記洋行訂購機器全副，計價洋銀八萬二千九百五十元，除先付三分之一定銀外，尚須找付價銀五萬五千餘元。嗣經前兼署督臣崇善以庫儲支絀無款購留，奏明飭調原經手之已革分省補用知府彭思桂來閩，責令商退，未及辦結卸事。

臣到任後，復經照案飭催，並查取原定機器圖式及件數清單呈送覈辦。奈該洋行以立有合約在先，機器將次運齊，堅不肯退。臣查洋商交易素重信義，若必令認退，匪特先付之定銀不能收回，且恐該洋行執持合約以相詰難，徒滋筆舌，無裨實際。但合同内係載明機器全副，而運到者只有鍋爐一具，計缺少備用者一具，又進出水汽管亦少備換之件，並缺水臺上儲水鐵櫃及汲水幫布一副，其交貨日期又已逾限，自應分别扣罰，以補虧缺。當飭彭思桂與該洋行往復駁辨，磋磨再四，始行議定在於應找價款内，扣回短少鍋爐等項價銀五千五百元，又罰扣逾限定款息銀七百元。除此之外，尚應找付價銀四萬九千一百元。即經飭派熟諳機器之員會同彭思桂逐一驗收，運交船廠暫存，俟籌定常年經費，再行建廠開製，並將價款找付清楚。至彭思桂此次經購機器，草率荒謬，實難辭咎，業經臣另案奏參，應免再議。據軍政等局司道會詳請奏前來。

除分咨查照外，理合附片具陳，伏乞聖鑒，謹奏。

硃批：該部知道。

中國第一歷史檔案館等《中國近代兵器工業檔案史料》第一輯《袁世凱等奏銷金陵機器局光緒二十七年支用經費摺光緒三十年十月十四日》 臣袁、臣端、臣效跪奏，爲金陵機器局收支經費列爲〔第〕二十一案造册報銷，恭摺具陳，仰祈聖鑒事。

竊照金陵機器局仿照外洋製造各式礮位、車輛、架具、炸彈、銅火，以及添配礮臺需用物件，分設機器、翻砂、鐵、木、火箭各廠，雇募工匠常川製造。應需經費，酌定每年由江南海關撥解製造二成洋税銀五萬兩，江南籌防局撥銀三萬五千兩，北洋淮軍協餉項下撥銀二萬兩，金陵支應局加撥銀九千兩，共銀十一萬四千兩，乃額定常年製造之需。此外，逢閏之年及遇有添造各項，隨時添撥。造成軍火分解南北洋濟用。所有常年製造收支各款，業經截至光緒二十六年十二月底止列爲〔第〕二十案，分晰造册奏銷。今光緒二十七年除額撥經費外，又因是年北洋剿辦土匪，需用槍、礮、子彈甚多，寧局額造分解軍火不敷支發，於淮軍協餉項下加撥銀四萬五千兩，添造大批軍火，分次撥解濟用在案。

茲查接管卷內，據江蘇防營報銷處、江寧布政使黄建筦等，將光緒二十七年分收支各款，分晰造具報銷清册，逐加勾稽。自光緒二十七年正月起截至十二月底止，舊管：上届第二十案報銷實存銀六十二兩二錢有奇。新收：江南海關額撥二成洋税銀五萬兩，江南籌防局、金陵支應局、北洋淮軍協餉項下，額撥、加撥共銀十萬九千兩。管、收二項共銀十五萬九千六十二兩二錢有奇。除解交江寧藩庫充餉銀二千九百五十二兩八錢有奇，又除購買中外各項料物什具價值一册共計銀七萬六千五百二十八兩四錢有奇，工匠工食一册共計銀四萬八千二百九兩四錢有奇，委員、司事人等薪費一册共計銀一萬八百十七兩七錢有奇，裝運料物水脚、常船舵水長夫口糧一册共計銀五千五百六十兩七錢有奇，歲修廠屋料物等項一册共計銀一千四百四十五兩三錢有奇，各廠加造軍火添雇工匠工食一册共計銀一萬三千五百三十三兩七錢有奇。遵照部議，各歸各部覈銷。計應歸户部覈銷銀七萬二千五百六十兩九錢有奇，兵部覈銷銀五千五百六十兩七錢有奇，工部覈銷銀七萬七千九百七十三兩八錢有奇，統共請銷銀十五萬九千四十八兩二錢有奇。實存：銀十三兩九錢有奇，歸於後案舊管項下滚接造報。將該局光緒二十七年分支給各款請銷數目，並製成軍火撥存四柱清册，由報銷處加造銀款四柱總册，列爲金陵機器製造局第二十一案報銷，詳請奏咨等情前來。臣等復覈無異。

除將清册分别咨送外務部、户部、兵部、工部查照覈銷外，謹合詞恭摺具陳，伏乞皇太后、皇上聖鑒，敕部查照，謹奏。

中國第一歷史檔案館《光緒朝硃批奏摺》第一〇二輯《光緒三十年十一月二十八日雲貴總督兼管巡撫事丁振鐸摺》 雲貴總督兼管巡撫事臣丁振鐸跪奏，爲查明管理機器局道員領支款項，尚無知情，入己各弊，先行議結，恭摺仰祈聖鑒事。竊查總辦雲南機器局試用道莫楷，自光緒二十八年接辦該局事務以來，領款較多，覈查出入各數不符甚鉅，顯有浮冒，當經奏參革職，歸案查辦。光緒三十年十月初四日，奉硃批，著照所請，該部知道，欽此。欽遵轉行辦理，去後，兹據署雲南布按兩司陳燦普、津試用道柳旭、曾垂治等，督同雲南府知府鄒馨德、署昆明縣知縣桂福調齊機器、善後兩局案卷册簿，詳細覈查。該革員在差一年八個月零，共領銀八萬一千餘兩，逐款查封，計浮冒銀一萬一百七十餘兩，實由物料轇轕，司事朦混冒銷所致。蓋機器局應造一切軍火，皆有定額，年來如團練處、軍機所迭次屬其代造槍枝、銅帽、筆碼等項，爲數不少，均就局儲之料，隨時造交，將價收回。而該革員族姪莫明德代爲經理收支事件，即乘機舞弊，所有代造各處軍火，用去工料，均一概羼入本局册報朦混冒銷。該革員辦事疏率，以致受其朦蔽，質之在局各員及嚴訊匠役人等，情節皆同。該革員實尚無入己及知情冒銷情事，現經點驗該局存儲已買未銷物料，共值價銀六千一百七十八兩零，善後局已據册報未領款項，亦實存銀四千一十二兩零，共合銀一萬一百九十一兩二錢，抵除前項冒銷之數，尚屬有盈無絀。惟莫明德聞拏潛逃，飭緝無獲，應請先行議結等情，會詳請奏前來。臣查已革雲南試用道莫楷總辦機器局務，應如何妥慎經理，乃任其族姪莫明德朦混冒銷銀一萬餘兩之鉅，雖查明該革員尚無知情入己各弊，冒銷之款亦經抵收清楚，但事前毫無覺察，顢頇溺職，咎無可辭，業經革職，應毋庸議。提調各員平日專管工廠事務，冒銷一層無從覺察，情尚可原，併已撤差，亦請免議。莫明德仍飭嚴緝，獲日究辦。除該局一切事務已另遴員妥定章程，認真整頓外，所有查明總辦機器局道員領支款項，尚無知情入己各弊，先行議結緣由，謹會同雲南巡撫調署貴州巡撫臣林紹年恭摺具陳，伏乞皇太后、皇上聖鑒訓示，謹奏。

中國第一歷史檔案館等《中國近代兵器工業檔案史料》第一輯《誠勛奏皖省購買槍械子彈片光緒三十年》 再，皖省囿於財匱，雖有製造局而規模狹小，僅能造及火藥。各營所用槍礮、子彈，向在江寧、上海零星訂購。前因整頓操防，飭查局存軍械可供演習之用者居多，足資戰備者頗少。夫行軍以利器爲先，現值講求新操，槍礮尤當務之急，惟庫存奇絀，臣款難籌，只得擇要以圖，逐漸購備。當經咨商前兩江督臣魏光燾飭撥後膛馬梯呢槍一千桿，綫帶一千副，並向金陵製造局另購子彈十萬顆，後膛英式擡槍五十桿，子彈二千五百顆，復在上海採購後膛毛瑟槍一千八百七十桿，皮帶等項俱全，業經陸續運回，分别存儲撥用。以上子彈、槍械共計價值等銀一萬九千四百餘兩，已飭藩司先行籌款墊支，據實造銷。

除咨部查照外，謹附片陳明，伏乞聖鑒，敕部立案施行，謹奏。

硃批：該部知道。

中國第一歷史檔案館等《中國近代兵器工業檔案史料》第一輯《錫良奏整頓四川機器局並試鑄銅元片光緒三十年十一月初五日》 再，四川機器局，前經奴才奏請派員出洋購機拓廠，旋經練兵處、政務處先後議奏，以奴才原奏所籌經費各項酒捐，應專充練兵處經費，銀、銅元餘息並開辦礦務尚無成數，恐用款不繼，令就原廠整頓置造應用等語。奴才奉覆後，當查前派出洋道員章世恩，本係總辦機器局之員，遵即飭令悉心體察，但就原廠必須整頓之處，酌量撙節，添配機件，訂期購運應用。惟川省近因邊防剿匪，以及教練新操，各營需用槍枝、子彈日繁，原廠經此次整頓之後，常年出數可期日多，經費自必較巨。統籌款項，酒捐業已遵旨撥解練兵處要餉，礦務尚無成效，銀元利微而銷滯，計惟仿照各省鑄造銅元，雖川銅缺乏，購運外銅途遠費巨，較他省成本爲重，而覈計總可稍獲贏餘。且省局製錢久經停鑄，市面錢荒，尤可借此以維圜法。現擬督飭經管司道，先就廠内舊存鍋爐量加修改，試鑄銅元散發兑用。如果商民便利，日見暢銷，再當添購鍋爐機器，專廠鼓鑄以浚利源。日後獲有贏餘，陸續提還機廠等項借墊本銀外，即以彌補廠内製造槍彈常年不敷之款。統俟試辦稍有把握，再行妥擬詳籌奏明辦理。

所有遵將機器原廠整頓製造並擬試鑄銅元緣由，理合附片具陳，伏乞聖鑒訓示，謹奏。

十二月二十三日奉到硃批：該衙門知道。

中國第一歷史檔案館等《中國近代兵器工業檔案史料》第一輯《周馥奏銷金陵製造洋火藥局光緒二十九年下半年支用經費摺光緒三十年十二月十四日》 奏爲金陵製造洋火藥局支用經費第二十一案造册報銷，恭摺具陳，仰祈聖鑒事。

竊金陵設局製造洋火藥，截至光緒二十九年六月底止支用經費，業經列爲第二十案造册奏銷在案。

兹據該局道員王鈺孫詳稱：計自光緒二十九年七月起，截至是年十二月底止，舊管上届實存庫平銀八十四兩有奇。新收金陵防營支應局撥交湘平摺合庫平銀二萬四千二百九十兩有奇。開除各款，遵照部議報銷章程，各歸各部覈銷，計應歸户部覈銷庫平銀五千七百六十四兩有奇，兵部覈銷庫平銀一千三百六十七兩有奇，工部覈銷庫平銀一萬七千一百六十九兩有奇，統共請銷庫平銀二萬四千三百兩有奇。實存庫平銀七十四兩有奇，歸於三十年分經費内舊管項下滚接造報。造具總散各册，詳請奏咨前來。臣覆覈無異。

除將送到清册咨送外務部暨户部、兵部、工部覈銷外，謹會同護理江蘇撫臣效恭摺具陳，伏乞皇太后、皇上聖鑒，敕部查照，謹奏。

《申報》光緒三十一年正月三十日第四版《兵工廠之擴張湖北》 漢陽兵工廠所出槍礮頗覺利用，各省紛紛購求，不敷甚多。屢擬添設支廠，皆因擇地未果。兹管理員即就廠傍添地起造，擴張規模，不日可以興工矣。

《申報》光緒三十一年二月十八日第三版《火藥廠附鑄銅元漢口》 漢陽兵工廠附鑄銅元，早誌前報。兹聞另有機器數部，附於無煙火藥廠内，業已布置周備，准定下月初間即可開鑄。

《申報》光緒三十一年三月初一日第一七版《轉運製造品九江》 江西製造總局在上海購辦各物，應用委候補巡檢洪勳轉運來省。連日滬上運來煤炭銅餅及木料爲數甚多，二十等日由洪委員雇封船隻，陸續轉運晉省。

《申報》光緒三十一年三月十三日第三版《認銷兵工廠銅元漢口》 漢陽兵工廠附鑄銅元各情，俱登前報，繼以該廠亟須擴張，不便附鑄，勢須另建局廠。然工程浩大，驟難竣事。且鄂省銅元不敷銷數，張宫保札飭兵工廠提調暫就該廠，從速鼓鑄，以資利用。俟薪廠告成，再行搬運，太守已遵示開辦矣。日下漢口官錢局已與該廠訂交通之約，承認專銷，所有帳目向該廠結算，與鄂局不相干涉，以免支雜云。

中國第一歷史檔案館《光緒朝硃批奏摺》第一〇二輯《光緒三十一年三月三日廣東巡撫張人駿片》 再，粵省移設製造局廠，添購機器，改造六米里五口徑快槍，各情形業經具摺奏報在案。粵廠擬造新槍口徑係按照魏光燾、張之洞等奏設江南機器新廠所定槍支口徑擬定，冀歸一律。查魏光燾等所定口徑，係仿照日本明治三十年所造新槍式。此項新槍之利，在逼碼較小，分量較輕，軍人隨身可以多帶。射擊時彈路較直，易於命中。臣之初意亦以此項新槍口徑爲然。乃觀此次日俄戰事，西人多謂日槍口徑太小，其逼碼能傷人而不能死人，故敵軍有身中數十彈猶能戰鬭者，亦有負傷難重，不久即愈，復能從軍者。夫戰陣不求多殺，固是文明之極軌，但兩軍相見之項，一國之存亡，榮辱繫之，軍械稍有未宜，誤事即已不小。各國軍械雖極精利，第經世界一次戰事，無不大加改良。現在中國正當講求製造，畫一軍械，新槍口徑究應如何酌定，亟宜徧考各國，詳審利弊，再行從事。擬請旨飭下政務處練兵處詳細會議，通行現有製造局，各省一律遵照製造，以歸一律。再查德國現用新槍係七米里九口徑，法國現用新槍係八米里口徑，英國現用新槍係十米里零口徑。合併陳明，謹附片具奏。伏乞聖鑒訓示，謹奏。

硃批：練兵處議奏。

《申報》光緒三十一年四月十九日第三版《粵省電請緩建製造局廣東》 政府前飭粵東大吏廣籌經費，購置新機創建新廠，製造新式槍械，以免購自外洋，利源橫溢。聞大吏近已電覆政府，以庫儲奇絀，請從緩議。

中國第一歷史檔案館等《中國近代兵器工業檔案史料》第一輯《練兵處奏議廣東應緩建新槍廠摺光緒三十一年四月二十九日》 奏爲廣東擬建槍廠，與現議辦法兩歧，應請暫緩辦理，恭摺仰祈聖鑒事。

本月初二日，准軍機處鈔交署理兩廣總督岑春煊奏擴充製造，移建新廠一摺，奉硃批，練兵處知道，欽此。據原奏內稱：粵省製造局機器，新舊湊集，不適於用，宜擇地移建新廠，以充軍實而備不虞。訂購德國侶佛廠造六密里五口徑毛瑟快槍新式槍機及無煙彈機全副。廠地勘得清遠縣屬之大有村地方。至常年經費，司局萬分艱窘，實難指定，只可隨時設法挪撥等語。

查四川、湖南兩省，前經錫良、端方等於上年奏請購機建廠，當由政務處會同臣處先後議覆，駁令緩辦。誠以建廠製械，造端宏大，非寬籌有著之款，精求利用之方，不足以立成規、裨軍實也。今該督擬於廣東清遠地方建設槍彈各廠，自爲修儲武備起見，惟查江南製造局改建事宜，業經臣鐵遵旨查明覆陳，交政務處、練兵處議奏，其辦法係按全國兵隊所需，擬建南、北、中三廠，通盤籌畫，俾歸實用；槍枝口徑，亦須詳慎擬定，使三廠畫一，無稍參差。該督所奏，於開辦經費、常年經費均未指明的款，竊恐良法美意，輟於半途。蓋廠務繁重，必須通力合作，始易觀成，若一省創立一廠，財力既有未充，製造亦難一律。應俟三廠定議後，綜計各省槍械應需若干，購費若干，以定三廠所出槍械之數，庶衆擎易舉，成效可期。所有廣東擬設新廠，覈與現議辦法兩歧，應請飭下該督暫緩辦理。俟奉旨後，即由臣等咨行遵照。

謹繕摺具陳，伏乞皇太后、皇上聖鑒，謹奏。

光緒三十一年四月二十九日具奏，本日奉旨依議。欽此。

《申報》光緒三十一年五月初六日第四版《兵工廠購地以備擴充銅元局武昌》 漢陽兵工廠前委馮直刺將宗山廟對河南岸基地圈購二百餘畝，擬備擴充鑄造銅元局之用。

《申報》光緒三十一年五月二十日第四版《粵省大吏力争製造局廣州》 粵省製造局前議移建清遠，購機築地諸事，部署甫定，正擬奏請開辦。忍爲總後處所阻，令將該局停辦，購定之機器，運交直隸製造局。聞大吏現已與之力争，未知能挽回否耳。

中國第一歷史檔案館等《中國近代兵器工業檔案史料》第一輯《錫良奏請爲四川機器局購買機器費用立案片光緒三十一年七月初五日》 再，前准部咨，各省機器局如有採購機器等項，事前報部立案等語，歷經遵照辦理。查奴才前以川省操防需用新式槍械，奏奉議准將原設機器廠整頓置造應用，遵即飭令奏派出洋考察機器之道員章世恩等悉心體察，就原廠必須整頓之處，酌量添配機件，訂期購運應用，復經附片奏明在案。

兹據該道章世恩禀稱，業將應行添配暨必須整頓更换之機件，逐加考求，力從撙節，在於德國購置，訂明分三期付銀、兩批交貨等情，禀請先行奏咨立案前來。奴才覆查無異。

除俟頭批機器運到驗明，即將購置價值連同運費覈實開報，並先咨部立案外，理合附片陳明，伏乞聖鑒，謹奏。

八月二十九日奉到硃批，該部知道。

《申報》光緒三十一年七月十七日第三版《分設兵工廠記聞漢口》 漢陽兵工廠當時本有推廣之説，兹得官場消息，謂京中諸巨公擬分設三大廠，一上海，一漢陽，一萍鄉。

中國第一歷史檔案館等《中國近代兵器工業檔案史料》第一輯《錫良爲報銷四川機器局光緒三十年領支銀兩事致外務部之咨呈光緒三十一年八月十五日》 頭品頂戴兵部尚書兼都察院右都御史四川總督部堂兼理糧餉管巡撫事錫爲詳請報銷事。

案據機器局委員布政使許涵度、成綿龍茂道沈秉堃、候補道章世恩詳稱：本司道等遵查，前奉部定新章，各省報銷，自光緒九年以後，必須分晰造册，每年奏報一次，以符定制，不得籠統含混；各省報銷，均限次年八月到部，違者議處等因。歷經遵辦在案。兹届奏銷之期，所有本局自光緒三十年正月初一日起至十二月底止，局中修整廠房、水機器，並造成機器、毛瑟手槍、藥彈、銅釘、小火、洋火藥，及修理水龍、洋槍、機器等件，採買物料斤重，支發薪水、工食，分飭各所照章造具細數清册，禀候覈辦。兹據支發、收發、採買、營造、監工等所委員，將各項細數造具清册，禀請覈辦前來。本司道等督同提調並文案委員逐款詳加覈算，領支各項銀兩、採買物料斤重各數目，均屬相符。又據製造所委員册開，續成機器二百四十六起，修理機器一百五十七起、水龍十三座，籌餉局、軍裝所並各營舊洋槍二千二百零四枝，新造砝藍單響毛瑟手槍一千零三十七枝、毛瑟手槍藥彈七十一萬五千一百三十五顆、哈乞開斯槍彈一千三百二十四顆、小火二十五萬六千三百顆、銅釘二十萬零一千八百顆、各種機件二千六百五十起。又據洋火藥所委員册開，已成洋火藥三萬七千八百九十二斤。以上槍枝、藥彈、小火、銅釘、洋火藥等件，均經試放合用，陸續解交籌餉局驗收存儲。本司道等覆覈無異。惟查局中就近採買銅、鉛、鋼、鐵、錫、油、炭各項物料，均皆揀選精良，覈實具報；委員、司事、匠作薪水、工食，亦係照章按月給發。自應遵照部章，將領支經費銀兩數目，分晰造册，詳請奏報。統覈册造，總共支用庫平銀一十萬零八千四百零五兩七錢三分二釐六毫一絲二忽五微。細數册載，尚無浮冒。又去歲採買牙硝製造洋火藥，曾經詳請奏明，請於常年經費之外，另行提撥銀兩採辦，是歲採買齊全，自應另造領支銀兩數目清册，附同常年經費一併奏咨覈銷。查採買牙硝册造共支用庫平銀一萬零二百七十七兩，覈與從前報銷之案相符，均應准其報銷。除未合成槍枝、藥彈、機器各件歸入下次報銷外，所有光緒三十年分領支銀兩造册報銷緣由，理合分造四柱清册，具文詳請察覈具奏，並請分咨户、兵、工部覈銷暨外務部備查等情。

據此，除册分送外，相應咨呈。爲此咨呈貴部，謹請備查施行。

《申報》光緒三十一年十月初四日第四版《汪太守委兵工鋼藥廠總提調武昌》 漢陽兵工鋼藥兩廠向係臬司岑廉訪總辦，刻廉訪陞署黔撫接手，苦無其人，張督特札委汪荃台太守鳳瀛爲兩廠總提調，名曰總提調，實握總辦之權也。

《申報》光緒三十一年十一月初七日第四版《電飭萍鄉製造新廠經費暫存上海户部銀行》 江督周玉帥接北洋練兵處來電，略謂製造局所籌萍鄉新廠，經費銀一百零八萬。著魏道將欵暫存上海户部銀行生息，候起造時，陸續撥用。何日撥付，當即電復等因。玉帥即轉飭製造局總辦魏觀察照辦，觀察接悉之下，查得該欵已由江甯銀銅圓局先行撥用，當即電禀玉帥。並請示此欵既經銀圓局借用，何日可能撥付，請飭知該局總辦潘觀察商奪云。

中國第一歷史檔案館等《中國近代兵器工業檔案史料》第一輯《周蓮等造報福建製造局槍子廠光緒三十年購買物料支付銀兩册光緒三十一年》 遵查閩省垣水部門内原設機器、槍子兩廠，先因裁減經費案内，經兼署閩浙總督崇奏明歸併西門外製造局專製礮彈槍子等項，飭令總辦、員弁督飭原留各匠，在局於光緒二十九年五月初一日移並之日起，接續製辦。所有購用銅、煤、物料給過價值銀兩，截至二十九年十二月底止業經分造清册送部請銷在案。

茲自光緒三十年正月起暫截至十二月底止財政案内，製造局槍子廠先後共製成無裝子毛瑟藥殼十五萬顆、無裝子毛瑟黑藥銅殼一十萬顆、無裝子哈乞開司槍藥殼四千八百六十顆、智利無煙槍木頭子九千顆、步兵槍水尖響子五萬二千顆、步兵槍練子二千顆。又改造無裝鉛頭子黎意藥殼九百八十七顆、無裝鉛頭子哈乞開司藥殼四千八百六十顆、無裝鉛頭子林明敦藥殼二萬八千零五十顆。

【略】前項物料共支銀三千三百九十六兩四錢六分零六毫。

中國第一歷史檔案館等《中國近代兵器工業檔案史料》第一輯《周蓮等造報福建製造局光緒三十年製造彈藥等數目清册光緒三十一年》 閩省省垣西門外製造局，自光緒三十年正月起截至十二月底止，先後鑄造、備造。

福、廈各海口礮臺、水陸防練各軍及輪船、師船、礮船、巡防船操防應用，二十八生大礮合膛鋼開花彈子八十顆，二十四生礮配合膛開花彈子二顆，二十四生礮配合實心彈子三十六顆，二十一生礮配合膛開花彈子一百六十二顆，二十一生礮配合膛實心彈子一百八十顆，十七生礮配合膛開花彈子一百五十顆，十七生礮配合膛實心彈子三百三〔十〕六顆，十五生礮配合膛開花彈子一百七十四顆，十五生礮配合膛實心彈子五十四顆，十二生礮配合膛開花彈子一百一十四顆，十二生礮配合膛實心彈子五十四顆，法華士建勝大礮配四百一十磅實心鋼子十八顆，法華士建勝大礮配三百六十磅空心開花彈子十八顆。

厦門礮臺，法華士孛列吉利大礮配開花彈子七十二顆，安蒙士唐礮配一百二十四磅鋼子即打鐵甲彈子七十二顆，安蒙士唐礮配一百一十磅尖頭開花彈子七十二顆，安蒙士唐礮配一百二十四磅平頭開花彈子三十六顆，安蒙士唐前膛七噸大礮配七十二磅開花彈子三十六顆，暗士當郎即安蒙士唐礮配一百二十二磅實心彈子三十六顆，暗士當郎即安蒙士唐礮配一百一十三磅開花彈子三十六顆，暗士當郎即安蒙士唐礮配九十五斤十二兩重開花彈子一百八顆，克虜伯小礮配三十斤十二兩重空心開花彈子三十六顆，後膛小車輪邁當開花礮炸彈子二百八十八顆，前後膛各項小車輪礮配開花、實心各彈子及六斤六兩重克虜伯子母彈二百五十二顆，各項前後膛大小礮、鋼礮、車輪礮、陸角前膛礮配空心開花彈子、實心彈子二千二百六十八顆，各項大小礮鐵子八千斤。

厦門原建各礮臺，大礮鐵子九千五百三十七斤十二兩，裝儲各項前後膛大小礮彈子、鐵子配木桶二千六百三十九個，法華士礮配開炸子三十六粒，費開士快礮、們審機器快礮、克虜伯小鋼礮藥筒五百九十四顆，三磅子快礮藥筒一百四十四顆，車礮引火藥筒二百，鋼快礮子藥殼二百顆，前後膛鋼礮配硬開花螺絲銅帽一百八十枚，十七生礮開花彈子配螺絲銅帽十八枚，二十一生礮配螺絲銅帽一百枚，十七生礮配螺絲銅帽一百枚，開花礮配螺絲銅帽壹百零八枚，暗士當郎礮配平頭銅帽一百八十枚，楊武邊礮配平頭銅帽七十二枚，十二生礮配平頭銅帽三十六枚。

厦門原建白石頭礮臺，後膛銅礮配平頭螺絲三十六粒，宇秋建等號前膛礮配銅螺絲一百八十粒，十二生礮平頭螺絲七十二粒，二十八生礮開花火頭二十個，十二生礮開花火頭五十個，二十八生礮引火二十枝，十二生礮引火十四枝，二十一生礮銅螺絲引火一百枚，十七生礮銅螺絲引火三十六枝，十二生礮銅螺絲引火五十八枝，十七生礮銅螺絲平頭火三十六枚，十二生礮銅螺絲平頭火三十六枝，五生七後膛快礮銅螺絲自來火五十枝，二十八生螺絲拉火即炸釘一百枚，二十四生礮配螺絲拉火即炸釘一百六枝，二十一生礮配螺絲拉火即炸釘四百二十二枝，十七生礮配螺絲拉火即炸釘四百九十四顆，十五生礮配螺絲拉火即炸釘三百八十枝，十二生礮配螺絲拉火即炸釘五百枝，五生七後膛快礮配炸釘門火五百枝，前後膛各項大小礮礮門炸釘拉火三千枝，平頭銅炸釘六十枝，前膛礮炸釘一十枝，自來門火七百二十枝，仿製二十一生礮外洋拉火七十一枝，重裝火藥無子毛瑟銅殼七十四萬顆，重裝火藥無子馬梯呢銅殼三萬六千顆，重裝智利無煙槍木頭子八千零四十五顆。

修理閩安水師精兵營安字艇船配用後膛劈山礮六尊，修理福强軍左路後營礮船換配後膛林明敦槍一百三十八杆。

製造閩浙總督親軍衛隊營添配起礮鐵條五十枝，三角起子五十個，木靶起子五十個。

中國第一歷史檔案館等《中國近代兵器工業檔案史料》第一輯《周馥奏暫行撥補金陵機器局經費銀二萬兩片光緒三十一年十二月二十八日》　再，金陵機器製造局常年經費銀十一萬餘兩，內有北洋淮餉每年銀二萬兩，造成軍火分解南北洋應用。上年十二月間，直隸督臣袁世凱以北洋製造局業已開工，毋須仰給寧局，所有歲撥淮餉銀二萬兩，自三十年底截止，檄飭該局遵照。旋據辦理金陵機器製造局道員徐乃光瀝陳爲難情形，詳請另行撥補前來。臣查該局經費本屬無多，今又歲少淮餉二萬，益覺不敷周轉，委係實情。現在議設南北各廠尚未開辦，而南洋改練新軍及要塞各隊需用操防子彈較前倍增，製造之款自未便稍形缺乏，當經飭由江海關於二成洋税項下，暫行撥補庫平銀二萬兩，造成槍彈專供南洋軍隊之用。

除咨部查照外，理合附片陳明，伏乞聖鑒，敕部查照，謹奏。

光緒三十一年十二月二十八日奉硃批：該部知道。欽此。

中國第一歷史檔案館《德宗景皇帝實録》卷五五五《光緒三十二年正月中》

又奏，籌議在粤擴充製造，前嚮德商訂購新式造槍造彈及無煙藥各種機器，已陸續運到，所有新槍口徑，俟練兵處酌定遵辦，請飭部立案，下練兵處議。尋奏，該省舊廠請准暫勿裁撤，一俟三廠成立，將該廠停辦改爲別用，依議行。

中國第一歷史檔案館等《中國近代兵器工業檔案史料》第一輯《崇善奏福建擬用無煙藥機器嚮兩江折换快槍摺光緒三十二年三月初四日》　尚書銜福州將軍兼署閩浙總督奴才宗室崇善跪奏，爲閩省前購無煙火藥機器，擬嚮兩江按價折换快槍，恭摺具陳，仰祈聖鑒事。

竊查前督臣許應騤派員與乾記洋行訂購製造無煙火藥機器全副，經前署督臣李興鋭点收寄存船廠，擬俟籌定常年經費再行建廠開製，先後奏明在案。

奴才伏查閩省度支奇絀，目前決無開辦之資。而瀕海潮蒸，鐵質漲縮，擱置日久，廢棄堪虞。因思兩江製造無煙火藥已歷有年，將來南廠擴充，與其另購外洋，莫若將前項機器移置應用。而閩省常備新軍所用槍礮紛雜不同，欲另行購置，又苦經費難籌。前值改編在即，經前督臣魏光燾函商兩江督臣周馥允撥新式快槍等件，知照閩省派員領解。是滬廠製成新式槍枝足敷撥濟，兩江督臣不分畛域已可概見。旋因價值無措，暫從緩議。現奴才擬將前購無煙火藥機器移解兩江應用，由兩江查照合同原價准摺新式快槍若干，酌撥解閩。似此一轉移間，既於閩省練軍得資實濟，而江省製造亦可拓充。

除咨商兩江督臣外，謹恭摺具陳，伏乞皇太后、皇上聖鑒，謹奏。

硃批：著咨商周馥辦理。

「中央研究院」近代史研究所《海防檔》丙機器局《光緒三十二年三月九日外務部收署兩江總督周馥文副稿一件》　臣周跪奏爲金陵製造洋火藥局，支用經費第二十二案造册報銷，恭摺具陳，仰祈聖鑒事。竊金陵設局製造洋火藥，截至光緒二十九年十二月底止，支用經費，業經列爲第二十一案造册奏銷在案。茲據該局道員奭良詳稱：計自光緒三十年正月起，截至是年十二月底止，舊管上屆實存庫平銀七十四兩有奇。新收金陵防營支應局撥款，湘平折合庫平銀四萬八千六百五十四兩有奇，開除各款，遵照部議報銷章程，各歸各部覈銷，計應歸户部覈銷庫平銀一萬一千五百二十八兩有奇，兵部覈銷庫平銀二千七百三十七兩有奇，工部覈銷庫平銀三萬四千三百十六兩有奇，統共請銷庫平銀四萬八千五百八十二兩有奇。實存庫平銀七十二兩有奇，歸於三十一年經費内舊管項下，滚接造報。造具總散各册，詳請奏咨前來。臣覆覈無異。除將送到清册咨送外務部，暨户部、兵部、工部，覈銷外，理合會同護理江蘇巡撫臣濮子潼，恭摺具陳，伏乞皇太后、皇上聖鑒，敕部查照，謹奏。

「中央研究院」近代史研究所《海防檔》丙機器局《光緒三十二年三月十日外務部收署兩江總督周馥文副摺稿一件》 兹據江蘇防營報銷處，江甯布政使恩銘等，將光緒二十八年分，收支各款，分晰造具報銷清册，逐加勾稽，自光緒二十八年正月起，至十二月底止，舊管：上届第二十一案報銷，實存銀十三兩九錢有奇。新收：江南海關撥解二成洋税銀五萬兩，江南籌防局、金陵支應局、北洋淮軍協餉項下，額撥銀六萬四千兩。管收：二項共銀十一萬四千十三兩九錢有奇。内開：除提解江甯藩庫充餉銀二千九百五十二兩八錢有奇，計購買中外料物價值銀五萬九千八百四十八兩三錢有奇，工匠工食銀三萬三千五百三十一兩一錢有奇，委員司事人等薪費銀一萬八百二十一兩一錢有奇，裝運料物水脚，並常船舵水長夫口糧，共計銀五千二百二十八兩二錢有奇，歲修廠屋料物等項銀一千六百十九兩五錢有奇，遵照部議，各歸各部覈銷。計應歸户部覈銷銀四萬四千三百五十二兩三錢有奇，兵部覈銷銀五千二百二十八兩二錢有奇，工部覈銷銀六萬一千四百六十七兩八錢有奇，統共請銷庫平銀十一萬四千一兩二錢有奇。實存：銀十二兩七錢有奇，歸於後案舊管項下，滚接造報。將該局光緒二十八年分，支給款請銷數目，並製成軍火撥存四柱清册，由報銷加造銀款四柱総册，列爲金陵機器製造局第二十二案報銷，詳請奏咨等情前來。臣等復覈無異，查該局現已停造礮位火箭等物，經費亦已覈減，應俟光緒三十二年改照新章造報，除將現造光緒二十八年清册，咨送外務部、户部、兵部、工部，查照覈銷外，謹合詞恭摺具陳。伏乞皇太后、皇上聖鑒敕部查照，謹奏。

中國第一歷史檔案館《光緒朝硃批奏摺》第一〇二輯《光緒三十二年四月廿四日署理兩江總督山東巡撫周馥摺》 再，金陵製造洋火藥局經費，每年由金陵防營支應局動撥湘平銀五萬三百四十四兩，額造槍礮洋火藥三十六萬磅。閏年加撥湘平銀四千二百九十五兩有奇，加造三萬磅。造成之藥，均解交江南軍械局收存，以備分發各軍及各局、卡、州、縣巡防之用。惟是所發之數，每年約在三十二三萬磅，仍餘三四萬磅之譜，加以上海製造局造解之藥分存各庫，就目前通盤覈計，統共已積存一百餘萬磅之多。若再照常造解，陳陳相因，年復一年，恐日久變質走性，致蹈危險。惟現正整頓軍儲，若一概停造，但取舊藏者用之，一旦需用較多，又恐咄嗟莫辦。現經督同兵備處道員朱恩紱等再四商酌，擬暫停造四成，仍製六成。即將常年經費及閏年加撥之款，自本年起按六成動支，計騰出四成經費銀二萬一百三十餘兩。現因添建修改江陰一帶藥庫，並置備散熱風扇及避電鍼桿等項，事關緊要，即以此款湊撥應用。俟二三年後察看庫存火藥若干，應否添造，再行奏咨辦理。據該道等稟報前來。臣查係爲節省款項移緩濟急起見，應准照辦。理合附片陳明，伏乞聖鑒。謹奏。

中國第一歷史檔案館等《中國近代兵器工業檔案史料》第一輯《練兵處奏擬准廣東以新機擴充舊廠摺光緒三十二年五月初四日》 奏爲遵旨議奏事。

竊准軍機處鈔交兩廣總督岑春煊奏擬仍就原有製造舊廠量加擴充安配新機一片，奉硃批，練兵處議奏，欽此。原奏内稱：廣東製造局廠，前經臣籌議擴充，並向德商訂購新式機器，業經奏報。嗣經練兵處議奏，以建廠製機一事，應按全國兵隊所需，擬建南、北、中三廠，通盤籌畫，且槍礮口徑亦須一律，飭令暫緩辦理等因，鈔摺咨行到粤。練兵處所議辦法，通力合作，整齊畫一，用意至爲深遠。惟粤省原有製造局廠規模甚隘，軍實苦窳，前歲西征無從購辦，不得已向鄂廠請撥無煙槍三千枝，中途船沉，幾誤軍事。明知粤東財力奇窘，而不敢視爲緩圖者，實因有鑒前車。所有各種製造新機，付款購定，陸續運到，勢難退回。籌思再四，惟有仍就原有舊廠量加擴充，安配新機，力爲整頓，所需經費，除已購定機價之外，增益無多，實於海疆武備深有裨益。至新槍口徑，各國所用不同，自應俟練兵處酌定，咨行遵辦，以歸一律等語。

查臣處原擬設立南、北、中三廠，係爲統籌全局，以昭畫一起見，自未便令粤省自立專廠有所參差。惟據該督奏稱，此項製造新械，早經與德商付款購定，勢難退回，擬仍就原有舊廠安配，量加擴充各節，係爲該省需用軍械，付購巨款未便虛擲，整頓舊廠暫供目前之用，並非另建製造大廠，與臣處奏建三廠辦法尚無甚窒礙。該省舊廠擬請准予暫勿裁撤，一俟三廠成立，再行請旨將該廠停辦，改爲別用，以示限製而免紛歧。至新槍口徑另摺奏明，請旨飭遵。所有臣等遵議緣由，理合恭摺具陳，伏乞皇太后、皇上聖鑒，謹奏。

光緒三十二年五月初四日具奏，本日奉旨依議。欽此。

中國第一歷史檔案館等《中國近代兵器工業檔案史料》第一輯《錫良奏銷四川機器局光緒三十一年支用經費摺光緒三十二年七月初一日》 查川省機器局自光緒三十一年正月初一日起至十二月底止，續成機器一百零四起，共修機器一百六十八起，水龍二十七座，舊洋槍二千零二十六枝，銅水槍一百四十二枝，新造砝藍單響毛瑟槍一千一百一十八枝，毛瑟手槍藥彈一百二十七萬三千五百六十顆，六門轉珠連手槍彈一千二百二十顆，十三響馬槍彈九百四十五顆，快利子八百八十五顆，銅擊火二百六十顆，小火四十五萬七千顆，銅釘一十二萬一千顆，洋鼓六十對，洋步號三十三對，洋馬號六對，水龍一座，各種機件三千五百三十四起，已成洋火藥二萬六千二百三十二斤，均經試放合用，陸續解交籌餉局驗收，分別存撥。所有各項物料價值及員司、工匠薪資並一切經費，照案在於土藥釐金項下開支。總共用庫平銀一十萬零八千四百三十五兩七錢九分三釐五毫七絲五忽，又製造洋火藥採買牙硝支用庫平銀一萬零二百七十七兩，遵照部章，分晰造册，詳請奏咨覈銷前來。奴才覆查無異。除將清册送部查覈外，理合恭摺具陳，伏乞皇太后、皇上聖鑒，謹奏。

硃批：該部知道。

中國第一歷史檔案館《光緒朝硃批奏摺》第一〇二輯《光緒三十二年八月初五日四川總督錫良摺》 川省機器局歷屆遵章保奬，已保至光緒二十七年七月止。茲自二十七年七月十四日至本年七月，又屆五年限滿，查近年以來，講示製造精益求精，所造毛瑟槍彈固經一切改良，仿造外洋，九響毛瑟等槍子彈亦能如式命中，其餘修造機件日益加多。所有員弁工匠昕夕在局，不避危險，洵屬著有微勞，自應照章依限擇優保奬。業於本年三月，遵照部章，將在事銜名造册咨部在案。茲據辦理機器局布政使許涵度等詳請奏保前來，奴才覆加删覈，擇其尤爲出力者二十八員名，繕具清單，恭呈御覽。合無仰懇天恩，俯准照擬給奬，俾資鼓勵，出自逾格鴻慈。除將名員弁等履歷清册，分咨查照外，理合恭摺具奏，伏乞皇太后、皇上聖鑒訓示，謹奏。

硃批：該部議奏，單併發。

中國第一歷史檔案館等《中國近代兵器工業檔案史料》第一輯《丁振鐸奏雲南機器局改建廠房自造快槍摺光緒三十二年九月十八日》 雲貴總督兼管雲南巡撫事調補閩浙總督臣丁振鐸跪奏，爲改建機器局廠房，自造快槍，以省靡費而備緩急，恭摺仰祈聖鑒事。

竊查滇省機器局自光緒十年三月開辦以來，迄今二十餘年，雖經以時擴充，規模漸備，但僅能製造前膛槍、砲及逼碼、扯火之類。所有歷年應用快槍，均購自江、鄂兩廠及東西各洋，水陸險遠，運送極艱，水脚、馬脚各費尤巨，較之買價不止倍蓰，猶且經年累月不能運畢。滇省壤接强鄰，加以内地游土各匪時有蠢動，倉猝之間，萬難應手，實不足以備緩急之需。臣每一念及，深以爲慮，乃於上年電調四川製造委員魏廷椿來滇，派充該局監督兼充教習。該員於去冬十月到差，即將汽機一律修改完善，造成單響毛瑟七十支，呈由善後局司道試驗，並親詣考察，該廠汽機罣門自經修改之後，氣不外泄，速率較前加至數十倍，洵爲工省效多；所造毛瑟快槍雖不逮外洋新式之精良，然與購諸江、鄂等省者較，亦堪頡頏；詳考工料、機括及施放準頭，均尚可用。當茲創辦伊始，該員就原有機件、工匠竟能照造適用，具見於製造之學確有心得，抑且夙夜在公，孜孜不倦，辦事尤屬認真。此後再當添置機件，加意講求，則工匠造就日深，不難精益求精，克收實效。滇省既購機維艱，需用孔亟，應即飭令加工趕造，以厚軍儲。惟是原建廠房既參差無律，光綫又復晦暗，其於制器精粗不無影響，非從新改良，無以研精製造。現飭據該員繪圖呈覈，分別改建。臣維工欲善事，必以利器爲先，現值時事日棘，若再遠道購運，糜費需時，深恐貽誤事機。兼之練兵處奏設南、北等三廠，新式口徑槍砲尚未造辦，所有從前購存槍碼漸將不敷，勢不能不改弦易轍，及時趕造，用備緩急。既經該員批根引繩，未便因陋就簡，亟應遴委妥員，會同該委員將工程按圖確切勘估，克日興工。所需修費，即於鹽捐、團費奏明備購槍砲款内酌撥，開支歸入常年報銷。仍俟南北洋三廠告成，再行停辦或即照式製造，俾歸一律，届時酌量分別辦理。據雲南善後局司道布政司劉春霖等會詳請具奏前來。除分咨各部查照外，謹恭摺具陳，伏乞皇太后、皇上聖鑒訓示，謹奏。

朱批：該部知道。

中國第一歷史檔案館等《中國近代兵器工業檔案史料》第一輯《袁世凱等奏銷金陵機器局光緒二十九年支用經費摺光緒三十二年十月十三日》 查接管卷内，

據江蘇防營報銷處、江寧布政使繼昌等，將光緒二十九年分收支各款分晰造具報銷清册，逐加勾稽。自光緒二十九年正月起至十二月底止，舊管：上屆第二十二案報銷實存銀十二兩七錢有奇。新收：江海關額撥、加撥二成洋税共銀六萬兩，江南籌防局、金陵支應局、北洋淮軍協餉項下，額撥銀六萬四千兩，又金陵支應局、北洋淮軍協餉項下，各半分籌大修常船經費共銀五百二十六兩九錢有奇。管、收二項共銀十二萬四千五百三十九兩六錢有奇。内開除提解江寧藩庫充餉銀二千九百五十二兩八錢有奇，計購買中外料物價值銀六萬七千五百六十四兩一錢有奇，工匠工食銀三萬三千七百四十八兩七錢有奇，委員、司事人等薪費銀一萬一千七百十七兩四錢有奇，裝運料物水脚並常船舵水長夫口糧共計銀五千六百二十四兩三錢有奇，歲修廠屋並大修常船工料等項銀二千九百十七兩七錢有奇。遵照部議，各歸各部覈銷。計應歸度支部覈銷銀四萬五千四百六十六兩二錢有奇，陸軍部覈銷銀五千六百二十四兩三錢有奇，農工商部覈銷銀七萬四百八十一兩一錢有奇，統共請銷庫平銀十二萬四千五百二十五兩三錢有奇。實存：銀十四兩三錢有奇，歸於後案舊管項下滚接造報。兹將光緒二十九年分該局支給各款請銷數目，並制成軍火撥存四柱清册，由報銷處加造銀款四柱總册，列爲金陵機器製造局第二十三案報銷，詳請奏咨等情，當經前署督臣周覈案相符，未及奏咨移交前來。臣等覆覈無異。

除將清册咨送外務部、度支部、陸軍部、農工商部查照覈銷外，謹合詞恭摺具奏。再，該局現已停造砲位、火箭等項，經費亦經覈減，應俟光緒三十二年分改照新章造報，合併聲明。伏乞皇太后、皇上聖鑒，敕部查照，謹奏。

中國第一歷史檔案館等《中國近代兵器工業檔案史料》第一輯《陸軍部爲覈准雲南機器局自造快槍事行雲貴總督丁振鐸之咨文（光緒三十二年十月）**》** 爲咨行事，本年十月十九日準軍機處鈔交雲貴總督丁奏改建機器局廠房自造快槍，以省糜費而備緩急等因一摺，奉朱批該部知道，欽此。並準貴督鈔奏咨行前來。

查練兵處前議分設三廠，原爲整一軍械，便於接濟起見，現在南、北二廠開辦尚屬無期，貴督改建廠房，自造快槍，以濟急需，自應暫行照辦。所有槍枝口徑、速率等項，前經練兵處奏定程式：槍口徑用六密里八，槍筒長一百十五倍口徑，子彈出口速率須六百五十密達以上。今貴督自造快槍，應即准此程式製造，以歸一律。相應咨行貴督查照辦理可也。

中國第一歷史檔案館等《中國近代兵器工業檔案史料》第一輯《金陵機器製造總局呈光緒二十九年制成軍火收放清册（光緒三十二年十月）**》** 金陵機器製造總局呈爲造報收放軍火四柱總册事。

竊照仿製西洋各國槍砲軍火等件，分解南北洋軍械所驗收撥用，向由江南籌防、留防、北洋淮軍各局報銷案内，分别入收開報。間有徑撥外省及各營領用各項砲火，係奉南、北洋大臣飭撥分解。業將截至光緒二十八年底止收放數目列爲第二十二案報銷，分晰造册送部查覈在案。所有此次第二十三案：光緒二十九年正月起截至是年十二月底止，制成、撥解、收放各項槍砲軍火等件數目，相應分晰匯造四柱總册，呈請伏候大部查覈備案。

須至册者，計開：

舊管：

洋砲並砲車、砲架項下

一、上届第二十二案報銷軍火四柱册報，截至光緒二十八年底止，實存：十二磅銅田鷄砲一尊，十二磅銅長炸砲二尊，十二磅銅輕砲六尊，十二磅六楞銅來福砲三尊，十二磅三楞銅來福砲四尊，十二磅生鐵來福砲二尊，十二磅炭鐵砲二尊，九磅銅田鷄砲一尊，九磅長生鐵砲一尊，六磅克虜泊熟鐵後膛砲一尊，布式四磅後門進子炭鐵砲一尊，二磅熟鐵後膛過山砲一尊，十門連珠格林鋼質砲一尊，六門神機連珠砲二尊，四門神機連珠鋼質砲一尊，新式前膛劈山砲一尊，新式熟鐵後膛劈山砲一尊，新式雙耳前膛小抬砲一尊，新式後膛毛塞劈山砲三尊，十二磅來福砲車一輛，九磅田鷄砲架一副，四磅後門進子炭鐵砲車一輛，二磅熟鐵後膛過山砲木輪鐵前車一輛，十門連珠格林砲前車一輛、後箱車一輛，十門格林砲三叉磨盤架一副，六門神機砲車二輛，新式前膛劈山砲平底磨盤架一副，新式後膛劈山砲三脚磨盤架一副，新式前膛小抬砲磨盤耳架一副，新式後膛毛塞劈山砲耳架三副。

新收：

一、收制成：二磅熟鐵後膛過山砲六尊（砲尺、什具全），一磅鋼管後膛快砲三十一尊（砲尺、什具、快機全），二磅熟鐵後膛過山砲木輪鐵前車六輛（尾杠全），一磅鋼管後膛快砲銅身雙輪前車三十一輛，鐵身雙輪後箱車三十一輛（子藥箱全）。

以上管、收共十二磅銅田鷄砲一尊，十二磅銅長炸砲二尊，十二磅銅輕砲六尊，十二磅六楞銅來福砲三尊，十二磅三楞銅來福砲四尊，十二磅生鐵來福砲二尊，十二磅炭鐵砲二尊，九磅銅田鷄砲一尊，九磅長生鐵砲一尊，六磅克虜泊熟鐵後膛砲一尊，布式四磅後門進子炭鐵砲一尊，二磅熟鐵後膛過山砲七尊（內六尊砲尺、什具全），一磅鋼管後膛快砲三十一尊（砲尺、什具、快機全），十門連珠格林鋼質砲一尊，六門神機連珠砲二尊，四門神機連珠鋼質砲一尊，新式前膛劈山砲一尊，新式熟鐵後膛劈山砲一尊，新式雙耳前膛小抬砲一尊，新式後膛毛塞劈山砲三尊，十二磅來福砲車一輛，九磅田鷄砲架一副，四磅後門進子炭鐵砲車一輛，二磅熟鐵後膛過山砲木輪鐵前車七輛（內六輛尾杠全），一磅鋼管後膛快砲銅身雙輪前車三十一輛、鐵身雙輪後箱車三十一輛（子藥箱全），十門連珠格林砲前車一輛、後箱車一輛，十門格林砲三叉磨盤架一副，六門神機砲車二輛，新式前膛劈山砲平底磨盤架一副，新式後膛劈山砲三脚磨盤架一副，新式前膛小抬砲磨盤耳架一副，新式後膛毛塞劈山砲耳架三副。

開除：

一、撥南洋籌防報銷案内入收：二磅熟鐵後膛過山砲六尊（砲尺、什具全），一磅鋼管後膛快砲二十九尊（砲尺、什具、快機全），二磅熟鐵後膛過山砲木輪鐵前車六輛（尾杠全），一磅鋼管後膛快砲銅身雙輪前車二十九輛、鐵身雙輪後箱車二十九輛（子藥箱全）。

一、撥北洋淮軍報銷案内入收：一磅鋼管後膛快砲二尊（砲尺、什具、快機全），一磅鋼管後膛快砲銅身雙輪前車二輛、鐵身雙輪後箱車二輛（子藥箱全）。

以上開除共：二磅熟鐵後膛過山砲六尊（砲尺、什具全），一磅鋼管後膛快砲三十一尊（砲尺、什具、快機全），二磅熟鐵後膛過山砲木輪鐵前車六輛（尾杠全），一磅鋼管後膛快砲銅身雙輪前車三十一輛、鐵身雙輪後箱車三十一輛（子藥箱全）。

實存：

十二磅銅田鷄砲一尊，十二磅銅長炸砲二尊，十二磅銅輕砲六尊，十二磅六楞銅來福砲三尊，十二磅三楞銅來福砲四尊，十二磅生鐵來福砲二尊，十二磅炭鐵砲二尊，九磅銅田鷄砲一尊，九磅長生鐵砲一尊，六磅克虜泊熟鐵後膛砲一尊，布式四磅後門進子炭鐵砲一尊，二磅熟鐵後膛過山砲一尊，十門連珠格林鋼質砲一尊，六門神機連珠砲二尊，四門神機連珠鋼質砲一尊，新式前膛劈山砲一尊，新式熟鐵後膛劈山砲一尊，新式雙耳前膛小抬砲一尊，新式後膛毛塞劈山砲三尊，十二磅來福砲車一輛，九磅田鷄砲架一副，四磅後門進子炭鐵砲車一輛，二磅熟鐵後膛過山砲木輪鐵前車一輛，十門連珠格林砲前車一輛、後箱車一輛，十門格林砲三叉磨盤架一副，六門神機砲車二輛，新式前膛劈山砲平底磨盤架一副，新式後膛劈山砲三脚磨盤架一副，新式前膛小抬砲磨盤耳架一副，新式後膛毛塞劈山砲耳架三副。

炸彈項下

舊管：

一、上届第二十二案報銷軍火四柱册報，截至光緒二十八年底止，實存：六十八磅田鷄開花彈二百十六個，六十八磅開花彈二百個，十二磅輕砲炸彈二百二十個，十二磅克虜泊炸彈一百四十個，十二磅三楞銅珠來福開花彈一百個，十門格林砲銅自來火子彈一千一百個。

新收：

一、收制成：七生脱半銅箍開花彈五百個（銅六件引火全），七生脱半鉛群子彈五百個，八生脱包鉛開花彈一千個（銅六件引火全），八生脱鉛群子彈一千個，二磅包鉛開花彈二千五十個（銅六件引火全），二磅包鉛實心彈三千個，一磅快砲銅自來火無煙藥銅箍開花彈二千個〔銅五件引火全〕，一磅快砲銅自來火無煙藥鉛群子彈一千個，一磅快砲銅自來火無煙藥銅箍實心彈一千二百個，一磅快砲銅自來火藥筒一千一百個，四門神機砲銅自來火藥筒一千個。

以上管、收共六十八磅田鷄開花彈二百十六個，六十八磅開花彈二百個，十二磅輕砲炸彈二百二十個，十二磅克虜泊炸彈一百四十個，十二磅三楞銅珠來福開花彈一百個，十門格林砲銅自來火子彈一千一百個，七生脱半銅箍開花彈五百個（銅六件引火全），七生脱半鉛群子彈五百個，八生脱包鉛開花彈一千個（銅六件引火全），八生脱鉛群子彈一千個，二磅包鉛開花彈二千五十個（銅六件引火全），二磅包鉛實心彈三千個，一磅快砲銅自來火無煙藥銅箍開花彈二千個（銅五件引火全），一磅快砲銅自來火無煙藥銅箍實心彈一千二百個，一磅快砲銅自來火無煙藥鉛群子彈一千個，一磅快砲銅自來火藥筒一千一百個，四門神機砲銅自來火藥筒一千個。

開除：

一、撥南洋籌防報銷案内入收：二磅包鉛開花彈二千個（銅六件引火全），二磅包鉛實心彈三千個，一磅快砲銅自來火無煙藥銅箍開花彈一千四百個（銅五件引火全），一磅快砲銅自來火無煙藥銅箍實心彈一千個，一磅快砲銅自來火藥筒一千一百個，四門神機砲銅自來火藥筒一千個。

一、撥北洋淮軍報銷案内入收：七生脱半銅箍開花彈五百個（銅六件引火全），七生脱半鉛群子彈五百個，八生脱包鉛開花彈一千個（銅六件引火全），八生脱鉛群子彈一千個，一磅快砲銅自來火無煙藥銅箍開花彈五百個（銅五件引火全），一磅快砲銅自來火無煙藥鉛群子彈一千個。

一、局中陸續試放砲位共用：一磅包鉛開花彈五十個（銅六件引火全），一磅快砲銅自來火無煙藥銅箍開花彈一百個（銅五件引火全），一磅快砲銅自來火無煙藥銅箍實心彈二百個。

以上開除共七生脱半銅箍開花彈五百個（銅六件引火全），七生脱半鉛群子彈五百個，八生脱包鉛開花彈一千個（銅六件引火全），八生脱鉛群子彈一千個，二磅包鉛開花彈二千五十個（銅六件引火全），二磅包鉛實心彈三千個，一磅快砲銅自來火無煙藥銅箍開花彈二千個（銅五件引火全），一磅快砲銅自來火無煙藥銅箍實心彈一千二百個，一磅快砲銅自來火無煙藥鉛群子彈一千個，一磅快砲銅自來火藥筒一千一百個，四門神機砲銅自來火藥筒一千個。

實存：

六十八磅田鷄開花彈二百十六個，六十八磅開花彈二百個，十二磅輕砲炸彈二百二十個，十二磅克虜泊炸彈一百四十個，十二磅三楞銅珠來福開花彈一百個，十門格林砲銅自來火子彈一千一百個。

舊管：

洋槍並火子項下

一、上屆第二十二案報銷軍火四柱册報，截至光緒二十八年底止，實存：

無項。

新收：

一、收制成：後膛洋式抬槍一百五十五桿，後膛抬槍銅自來火鉛彈七萬個，九響老毛瑟兵槍銅自來火鉛彈一百一萬個，新毛瑟兵槍銅自來火木箭彈九萬六千個，新毛瑟兵槍銅自來火藥筒一萬個，十門格林砲銅自來火子彈一千一百個，哈乞（門）〔開〕司兵槍銅自來火鉛彈二十五萬五千個，雲者士得兵槍銅自來火鉛彈二十五萬五千個。

開除：

一、撥南洋籌防報銷案内入收：後膛洋式抬槍三十五桿，後膛抬槍銅自來火鉛彈二萬個，九響老毛瑟兵槍銅自來火鉛彈五十九萬個，新毛瑟兵槍銅自來火木箭彈九萬六千個，新毛瑟兵槍銅自來火藥筒一萬個。

一、撥北洋淮軍報銷案内入收：後膛洋式抬槍一百二十桿，後膛抬槍銅自來火鉛彈四萬五千個，九響老毛瑟兵槍銅自來火鉛彈四十萬個，哈乞開司兵槍銅自來火鉛彈二十五萬個，雲者士得兵槍銅自來火（彈）〔彈〕二十五萬個。

一、局中陸續試放洋槍共用：後膛抬槍銅自來火鉛彈五千個，九響老毛瑟兵槍銅自來火鉛彈二萬個，哈乞開司兵槍銅自來火鉛彈五千個，雲者士得兵槍銅自來火鉛彈五千個。

以上開除共：後膛洋式抬槍一百五十五桿，後膛抬槍銅自來火鉛彈七萬個，九響老毛瑟兵槍銅自來火鉛彈一百一萬個，新毛瑟兵槍銅自來火木箭彈九萬六千個，新毛瑟兵槍銅自來火藥筒一萬個，哈乞開司兵槍銅自來火鉛彈二十五萬五千個，雲者士得兵槍銅自來火鉛彈二十五萬五千個。

實存：無項。

銅火項下

舊管：

一、上局第二十二案報銷軍火四柱册報，截至光緒二十八年底止。實存：

無項。

新收：

一、收制成：銅管拉火一萬七千枝，新式灣頭銅管拉火一千枝。

開除：

一、撥解南洋籌防報銷案内入收：銅管拉火六千枝。

一、撥解北洋淮軍報銷案内入收：銅管拉火一萬一千枝，新式灣頭銅管拉火一千枝。

以上開除共銅管拉火一萬七千枝，新式灣頭銅管拉火一千枝。

實存：無項。

鍬鋤項下

舊管：

一、上屆第二十二案報銷軍火四柱册報，截至光緒二十八年底止，實存：

無項。

新收：

一、收制成：洋式鐵鍬一千把『木柄全』，洋式鋼鋤一千把（木柄全）。

開除：

一、撥解南洋留防報銷案内入收：洋式鐵鍬一千把（木柄全），洋式鋼鋤一千把（木柄全）。

實存：無項。

火箭並架項下

舊管：

一、上届第二十二案報銷軍火四柱册報，截至光緒二十八年底止，實存：十二磅火箭十八枝，新式熟鐵三脚火箭架三副（查前項火箭並架今截至光緒二十九年底止，並無收放。理合登明）。

中國第一歷史檔案館等《中國近代兵器工業檔案史料》第一輯《金陵機器製造總局造報光緒二十九年購買中外物料銀兩册光緒三十二年十月》 金陵機器製造總局呈爲造報事。

竊照金陵設局仿造外洋各種槍砲、車輛、架具、炸彈、銅火等件，應需中外各項料物，均係按照隨時市價，實用實銷。業將截至光緒二十八年底止支過各款銀兩，列爲第二十二案造册奏銷在案。

伏查此次自光緒二十九年正月起，截至是年十二月底止，支過購辦中外料物各款銀錢，相應分晰匯造細數，列爲第二十三案第一册，呈請伏候大部查照覈銷。

須至册者，計開：

購買外洋料物項下

一、洋生鐵二十噸，每噸銀四十二兩二錢，共規平銀八百四十四兩。一、洋生鐵十噸，計規平銀四百兩。一、方元扁羅摩洋熟鐵四千六百二十三磅六兩，每磅銀一錢，共規平銀四百六十二兩三錢五分。一、方元扁羅摩洋熟鐵四千二百九十磅，每磅銀一錢五厘，共規平銀四百五十兩四錢五分。一、羅摩鐵板四千九百六十四磅六兩，每磅銀一錢一分，共規平銀五百四十六兩九分五厘。一、方圓扁英熟鐵一萬三千一百十四斤六兩，每百斤銀四兩六錢，共規平銀六百三兩二錢六分一厘。一、三角英熟鐵一千七百一斤十二兩，每百斤銀四兩八錢，共規平銀八十一兩六錢八分四厘。一、英熟鐵板九百七十一斤四兩，每百斤銀五兩一錢，共規平銀四十九兩五錢三分三厘七毫五絲。一、英紫銅一萬九百五十一斤八兩，每百斤銀三十九兩五錢，共規平銀四千三百二十五兩八錢四分二厘五毫。一、英紫銅二萬五千二百斤，每百斤三十七兩一錢，共規平銀九千三百四十九兩二錢。一、英紫銅一萬五千二百七十斤七兩，每百斤銀三十五兩，共規平銀五千三百四十四兩六錢五分三厘一毫二絲五忽。一、洋紫銅皮四百六十二斤，每斤銀三錢八分，共規平銀一百七十五兩五錢六分。一、洋紫銅管八百二十四斤八兩，每斤銀三錢九分，共規平銀三百二十一兩五錢五分五厘。一、洋黃銅板二千十六斤八兩，每斤銀三錢五分，共規平銀七百五兩七錢七分五厘。一、後膛抬槍鋼筒一百五十五枝，每枝銀十一兩，共規平銀一千七百五兩。一、方圓扁福司洋鋼八千一百十三磅，每磅銀三錢五分，共規平銀二千八百三十九兩五錢五分。一、方圓扁福司洋鋼二千六百二十一磅，每磅銀三錢二分，共規平銀八百三十八兩七錢二分。一、洋鋼板一千五十二磅六兩，每磅銀二錢八分，共規平銀二百九十四兩七錢。一、砲料洋軟鋼一萬三千三百磅，每磅銀五分，共規平銀六百六十五兩。一、洋白鉛四千六百三十二斤六兩，每百斤銀十二兩，共規平銀五百五十五兩八錢八分五厘。一、洋白鉛皮四千五十七磅，每磅銀一錢五分，共規平銀六百八兩五錢五分。一、洋青鉛三萬五百十五斤四兩，每百斤銀八兩二錢五分，共規平銀二千五百十七兩五錢八厘。一、洋青鉛一萬五千四百三十五斤一兩，每百斤銀七兩一錢六分，共規平銀一千一百五兩一錢五分四毫七絲。一、洋青鉛二萬一千一百八十斤，每百斤銀六兩七錢五分，共規平銀一千四百二十九兩六錢五分。一、洋青鉛一萬四千五百六斤十五兩，每百斤銀六兩五錢，共規平銀九百四十二兩九錢五分九毫四絲。一、洋青鉛二萬二千四百六十斤四兩，每百斤銀六兩二錢，共規平銀一千三百九十二兩五錢三分五厘五毫。一、洋青鉛一萬一千七十四斤六兩，每百斤銀六兩一錢，共規平銀六百七十五兩五錢三分六厘八毫七絲。一、洋點錫五百六十斤十四兩，每斤銀六錢，共規平銀三百三十六兩五錢二分五厘。一、洋馬口鐵三十五箱，每箱銀六兩，共規平銀二百一十兩。一、洋鈔木二千六百六十五平尺六寸，每尺銀六分三厘，共規平銀一百六十七兩九錢三分二厘八毫。一、洋桂木一千四百四十五平尺三寸，每尺銀五分五厘，共規平銀七十九兩四錢九分一厘五毫。一、金山洋松板三千七百六十四平尺八寸，每尺銀五分五厘，共規平銀二百七兩六分四厘。一、洋松板三千三百八十五平尺，每尺銀四分八厘，共規平銀一百六十二兩四錢八分。一、洋黑松煤二十噸，每噸銀十四兩五錢，共規平銀二百九十兩。一、英焦炭三十噸，每噸銀二十六兩，共規平銀七百八十兩。

一、英焦炭三十三噸又二千八十八磅，每噸銀二十二兩，共規平銀七百四十六兩五錢七厘。一、洋焦炭七十三噸，每噸銀二十兩五錢，共規平銀一千四百九十六兩五錢。一、洋煤六百九十二噸又一千一百二十磅，每噸銀六兩九錢，共規平銀四千七百七十八兩二錢五分。一、洋煤一千八十八噸，每噸銀六兩四錢，共規平銀六千九百六十三兩二錢。一、洋煤八百四十噸，每噸銀六兩二錢，共規平銀五千二百八兩。一、四寸、六寸粗細鋼銼刀四十六打，每打扯銀二兩一錢五分，共規平銀九十八兩九錢。一、八寸、十寸粗細鋼銼刀三十四打，每打扯銀四兩三錢，共規平銀一百四十六兩二錢。一、十二寸粗細鋼銼刀五十二打，每打扯銀五兩六錢，共規平銀二百九十一兩二錢。一、十四寸粗細鋼銼刀十三打，每打扯銀六兩八錢，共規平銀八十八兩四錢。一、鋼刨鐵一打，計規平銀二兩四錢。一、粗細鋼絲四十磅，每磅銀三錢二分五厘，共規平銀十三兩。一、大小洋螺絲釘二百七十包，每包扯銀三錢二分，共規平銀八十六四錢。一、洋鐵釘二十一桶，每桶銀四兩八錢，共規平銀一百兩八錢。一、粗細鐵絲一百六十斤十二兩，每斤銀二錢四分，共規平銀三十八兩五錢八分。一、皮帶鐵齒搭七十打，每打銀二錢五分，共規平銀十七兩五錢。一、皮帶紫銅釘、紫銅眼鈿一百四十磅，每磅銀五錢，共規平銀七十兩。一、皮帶紫銅釘、紫銅眼鈿一百五十磅，每磅銀四錢八分，共規平銀七十二兩。一、一寸半闊英牛皮帶二百五十尺，每尺銀一錢六分八厘，共規平銀四十二兩。一、寸半闊英牛皮帶七百五十尺，每尺銀一錢五分，共規平銀一百十二兩五錢。一、二寸闊英牛皮帶五百尺，每尺銀二錢二分四厘，共規平銀一百十二兩。一、二寸闊英牛皮帶一千二百五十尺，每尺銀二錢，共規平銀二百五十兩。一、二寸半闊英牛皮帶一千二百五十尺，每尺銀二錢五分，共規平銀三百十二兩五錢。一、三寸闊英牛皮帶五百尺，每尺銀三錢，共規平銀一百五十兩。一、三寸半闊英牛皮帶五百尺，每尺銀三錢五分，共規平銀一百七十五兩。一、四寸半闊英牛皮帶二百五十尺，每尺銀五錢，共規平銀一百二十五兩。一、牛皮繩五百尺，每尺銀一錢，共規平銀五十兩。一、橡皮六十六磅六兩，每磅銀八錢，共規平銀五十三兩二錢。一、板根皮二百九十七磅三兩，每磅銀五錢，共規平銀一百四十八兩六錢二分五厘。一、紅漆十桶，計規平銀三十兩。一、黑漆一大桶，計規平銀六兩四錢。一、鉛立心九十箱，每箱銀二兩五錢，共規平銀二百二十五兩。一、酒藥水一百三十價倫，每價倫銀九錢，共規平銀一百十七兩。一、酒藥水三百五十玻璃瓶，每瓶銀二錢二分，共規平銀七十七兩。一、硝鏹水一千五百磅，每磅銀一錢二分，共規平銀一百八十兩。一、磺鏹水四千四百磅，每磅銀四分，共規平銀一百七十六兩。一、花黎水二十五瓶，每瓶銀五錢，共規平銀一十二兩五錢。一、漆油二十桶，每桶銀八兩，共規平銀一百六十兩。一、牛油一千五百三十斤十二兩，每百斤銀十兩五錢，共規平銀一百六十兩七錢二分八厘七毫五絲。一、籽油二萬三千八百八十一斤，每百斤銀八兩二錢，共規平銀一千九百五十八兩二錢四分二厘。一、機器油八十價倫，每價倫銀八錢，共規平銀六十四兩。一、有臘彈心紙二千二百張，每張銀一錢四分，共規平銀三百八兩。一、畫圖紙五碼半，計規平銀二兩七錢五分。一、橡皮紙一百十三磅，每磅銀二錢二分，共規平銀二十四兩八錢六分。一、白砂紙三十打，每打銀一錢三分，共規平銀三兩九錢。一、洋鉛筆七打，計規平銀三兩五錢。一、粗細黑砂布六百二十打，每打銀二錢二分，共規平銀一百三十六兩四錢。一、麻帆布一匹，計規平銀十二兩。一、麻帆綫三十二磅，每磅銀三錢八分，共規平銀十二兩一錢六分。一、油石二塊，計規平銀二兩五塊。一、洋火磚四千塊，計規平銀四百八十兩。一、洋火泥一千三百十二磅，每磅銀二分三厘，共規平銀三十兩一錢七分六厘。一、四門町水泥十五桶，每桶銀四兩五錢，共規平銀六十七兩五錢。一、大小熔銅罐一百二十二隻，每隻扯銀十兩七錢，共規平銀一千三百五兩四錢。一、黃臘二千斤，每百斤銀六十二兩五錢，共規平銀一千二百五十兩。一、白鉛粉八十磅，計規平銀八兩。一、硼砂五十磅，計規平銀十二兩五錢。一、水銀一百十二斤八兩，每斤銀一兩四錢，共規平銀一白五十七兩五錢。一、水肥皂一千七百十五磅，每磅銀九分五厘，共規平銀一白六十二兩九錢二分五厘。一、玻璃管一打，計規平銀四兩。一、洋維絲二千四百斤，每百斤銀十三兩七錢，共規平銀三百二十八兩八錢，一、占火藥九十磅，每磅銀四錢二分，共規平銀三十七兩八錢。一、畫圖器具一副，計規平銀九兩一錢五分。一、洋綠六兩，計錢六百文。一、玻璃屑五百斤，計錢四千文。一、玻璃一百六十八丈五尺五寸，每尺八十八文，共錢一百四十八千三百二十四文。一、大紅嗶嘰四丈，每尺三百六十文，共錢十四千四百文。一、藍洋綫布八丈，每尺六十文，共錢四千八百文。一、白洋布十五丈五尺，每尺五十六文，共錢八千六百八十文。

以上總共規平銀七萬七百三十八兩六錢四分三厘二毫五忽，折合庫平銀六萬四千五百四十二兩五錢五分七厘六毫六絲八忽七微；錢一百八十千八百四文，折合庫平銀二百三十七兩四錢八分二厘九毫二絲一忽九微。

購買内地料物項下

【略】

以上總共湘平銀一千一百五十六兩五錢五分六厘六毫五絲，折合庫平銀一千一百十六兩四分四厘二毫四絲三忽九微；規平銀一百八兩四錢七厘六毫，折合庫平銀九十八兩九錢一分二厘四絲三忽七微；錢二千一百九十五千一百七十二文，折合庫平銀一千六百六十九兩二錢二厘六毫九絲三微。

統計一册，共請銷購買中外各項料物價值等項，係歸工部覈銷，庫平銀六萬七千五百六十四兩一錢九分九厘五毫六絲八忽五微。

查前項請銷銀兩，係與洋商交涉，無例可循，奉飭按照隨時市價覈實支給，並無浮冒，應請大部查照覈銷。理合登明。

中國第一歷史檔案館等《中國近代兵器工業檔案史料》第一輯《錫良爲四川機器局採買鋼鐵等材料之費用立案事致農工商部之咨文光緒三十二年十一月二十五日**》**兹查本年局中製造毛瑟槍、藥彈、銅釘、小火、鉛子、機件等項需用銅、鉛、鋼、鐵，必須委員陸續采辦，以資製造。此項經費向來均即在本局提撥成綿道庫土貨厘金常年經費銀十萬零八千餘兩内劃出，派員在省城就近地方採買上色精銅八萬斤，净鉛十萬斤，蘇土鋼四千斤，毛條鐵二十七萬五千斤，現查各項均經采辦齊全，陸續運局備用。自應遵章先行開具名目清單，詳請奏咨立案。統俟匯案覈實報銷，以符部章。理合具文詳請察覈，奏咨立案，批示祇遵等情。

據此，除附片具奏並分咨外，相應咨明。爲此合咨貴部，請煩查照立案施行。

全國圖書館文獻縮微複制中心《清季鈔電匯訂·朱京卿來電》陸軍部鈞鑒：菊，密。考查粵廠，月半可竣。擬取所造馬步槍各三枝，機關槍三枝，並子彈二千顆，以備分呈部處，並資參考。請咨税務處電知粵、滬各關，查照放行。恩紱。叩。冬。印。

全國圖書館文獻縮微複制中心《清季鈔電匯訂·安徽巡撫來電》陸軍部鑒：皖省秋季演習需用五生七山礮底火一千粒，步槍無鉛子彈八萬顆，須向鄂廠定購，業經電詢價值。底火每千需銀二百四十兩，子彈每千需銀二十七兩。現今待用甚急，擬即飭派安徽兵輪開往領運回皖應用，即乞大部知照税務處轉飭江漢、九江各關，查照放行，不勝感禱。寶。冬。印。

全國圖書館文獻縮微複制中心《清季鈔電匯訂·湖廣總督電》陸軍部：支電敬悉。遵飭查湖北軍事經費，光緒三十四年實支數目如左：一，旗營五十四萬六千四百六十四兩零。二，新軍一百五十六萬三千二百五十八兩零。三，學堂十九萬七千五百九十三兩零。四，局廠七十九萬四千六百三十九兩零。五，勇營三十一萬四千二百六十二兩零。六，緑營十九萬八千六百八十五兩零。七，牧廠惟旗營稍有收款，無支款。八，軍事交通十一萬九千五百六十五兩零。九，砲臺二千五百四十二兩零。十，雜支一百十四萬八千五百二十九兩零。總共庫平銀四百八十八萬五千五百三十七兩零，容再詳咨。護督王乃徵叩。蒸。印。

全國圖書館文獻縮微複制中心《清季鈔電匯訂·兩廣總督電》陸軍部鑒：洪。廣東製造軍械廠購備次年製造六里八槍尖頭彈無煙藥一萬二千磅，由禮和洋行訂購造藥材料九種，扣實價洋七千四百十四元七毫五仙，各項用品名目及每件價值均載合同，即日咨送，請先知照税務處飭關驗放。勳巧。印。

全國圖書館文獻縮微複制中心《清季鈔電匯訂·兩廣總督來電九月二十九日**》**陸軍部鈞鑒：洪。據製造軍械廠申稱，本廠爲桂省代造馬槍拾陸枝，計裝兩箱，輕機砲陸尊，連器具砲架計裝陸箱，裝彈盒貳百陸拾肆個，計裝柒箱。又潯州添造裝彈盒壹百貳拾個，連手錘計裝壹箱。均於十月中旬解赴桂林等情，應請大部轉咨税務大臣，電飭各關驗放。勳。儉。印。

全國圖書館文獻縮微複制中心《清季鈔電匯訂·署兩廣總督電》陸軍部鑒：洪。前據製造廠軍械局會詳擬購德國無煙火藥一萬五千磅，電達大部。奉八月篠電，飭將藥價及何國何牌電知等因。兹飭據該廠局覆稱，現以經濟困難，粵地卑濕易滋潮壞，議減購一萬磅，與禮和行訂立合同。在德國考誤碼一字洛特外爾廠購七米里藥三千磅，七米里九藥七千磅，每磅價銀二元五毫，九五扣實銀二萬三千七百五十元，限三箇月運到等情，具詳前來，仍請咨明税務處飭關驗放。祺。豪。印。

全國圖書館文獻縮微複制中心《清季鈔電匯訂·兩廣總督來電》陸軍部鑒：據製造軍械廠，申梧州府購領無煙抬槍，誤碼一字碼叁仟粒，每百粒價銀陸兩伍錢，運梧應用，請轉咨税務處飭關驗放。勛文印。

中國第一歷史檔案館等《中國近代兵器工業檔案史料》第一輯《錫良奏請爲

四川機器局訂購機器價值立案片光緒三十三年二月初一日》 再，前於光緒二十九年冬，奏派河南候補道章世恩、貴州候補通判祁祖彝出洋考察製造軍械機器。旋據該道等於三十年秋，在德國蜀赫廠訂購製造新式小口徑毛瑟步槍及造子彈、造無煙藥機器各全副，訂明分三期交銀、兩批交貨，歷經先後奏陳。並準練兵處咨，令於機器安設開造後，詳細造報等因在案。

現此項機器均已到華，正在溯江上運，於春夏交可陸續到廠。惟奴才現已交卸，未及俟其安設開造，自應先將價值等項大數，陳明立案。查造槍、造彈、造藥各機器三項價值，除洋例經手所得九五扣銀另由該道等提繳歸公購買廠用電燈、德律風等物料外，共計净價一百五十六萬一千一百七十三馬克，折合規銀六十萬兩有奇，業經按期交付。所訂合同存川省機器局，並於出使德國大臣署内照存一分，可備部臣調查。其保險、關税、運脚等項，應俟各轉運局造送齊全，再行覈報。至設廠處所，因舊機器局無可展拓，且雜居城内，殊非所宜，經奴才飭令擇地另建新廠。現在槍廠、彈廠均已大致告成，藥廠正在修建，約計用過工料等銀二十餘萬兩。以上各項用款大數，應請飭部先行立案。

理合附片具陳，伏乞聖鑒，謹奏。

朱批：該部知道。

中國第一歷史檔案館等《中國近代兵器工業檔案史料》第一輯《金陵製造洋火藥局呈報光緒三十一年購買料物什具費用清册光緒三十三年二月》 金陵機器製造洋火藥局呈爲造報事。

竊照金陵設立局廠，仿照西法，用機器製造槍砲各種火藥，每年應需物價、工資、薪費等項，均於額定經費銀數内開銷。所有製造火藥采辦硝、磺等料，必須質色精潔，逐細揀提，期於合法。各廠汽管、機篁、什具不時裝修、配換，一切料物類多購自外洋，委難以例價相繩，奉飭實用實銷。業經截至光緒三十年十二月底止支用款項，列爲第二十二案分晰造册，詳請奏銷在案。

兹將光緒三十一年正月初一日接造火藥起，截至是年十二月底止，計十二個月，用過購辦料物、什具等項價值銀兩，相應分晰造具細數，列爲第二十三案第一册，呈請大部查照覈銷。

須至册者，計開：

購買外洋料物、什具項下

一、洋煤二千四百四十三噸，每噸銀四兩八錢六分，共規平銀一萬一千八百七十二兩九錢八分。一、洋硝八萬六百斤，每百斤銀六兩三錢五分，共規平銀五千一百十八兩一錢。一、洋紫銅板二百四十磅，每磅銀一錢九分，共規平銀四十五兩六錢。一、洋紫銅條二百三十五磅，每磅銀一錢八分八厘，共規平銀四十四兩一錢八分。一、洋黄銅板二百六十八磅，每磅銀一錢六分八厘，共規平銀四十五兩二分四厘。一、洋黄銅條一百九十五磅，每磅銀一錢六分，共規平銀三十一兩二錢。一、紫銅絲二十磅，每磅銀二錢一分，共規平銀四兩二錢。一、黄銅絲二十二磅，每磅銀二錢二分，共規平銀四兩八錢四分。一、紫銅絲布三百八十尺，每尺銀二錢七分，共規平銀一百二兩六錢。一、黄銅絲布四百八十五尺，每尺銀二錢八分，共規平銀一百三十五兩八錢。一、紫銅水管一百九十磅，每磅銀二錢二分，共規平銀四十一兩八錢。一、銅考克二十二個，每個銀二兩六錢六分，共規平銀五十八兩五錢二分。一、銅凡而十三個，每個銀二兩二錢，共規平銀二十八兩六錢。一、銅螺絲三十七包，每包銀九錢，共規平銀三十三兩三錢。一、銅螺絲釘三十三包，每包銀七錢，共規平銀二十三兩一錢。一、英鐵皮一百三十八磅，每磅銀四分，共規平銀五兩五錢二分。一、英鐵板四百十磅，每磅銀二分六厘，共規平銀十兩六錢六分。一、英鐵條二百五十二磅，每磅銀二分五厘，共規平銀六兩三錢。一、羅摩鐵板五百八十六磅，每磅銀五分二厘，共規平銀三十兩四錢七分二厘。一、羅摩鐵條七百七十五磅，每磅銀五分一厘，共規平銀三十九兩五錢二分五厘。一、羅摩鐵煤鍬二十七把，每把銀一兩二錢，共規平銀三十二兩四錢。一、刨鐵二打，每打銀三兩七錢，共規平銀七兩四錢。一、洋銅二百二十磅，每磅銀八分，共規平銀十七兩六錢。一、鋼銼刀十打，每打銀二兩七錢，共規平銀二十七兩。一、鋼刨五把，每把銀二兩，共規平銀十兩。一、鋼鋸三把，每把銀三兩二錢，共規平銀九兩六錢。一、平頭鐵螺絲二十四包，每包銀三錢五分，共規平銀八兩四錢。一、鋼榔頭五把，每把銀二錢七分，共規平銀一兩三錢五分。一、青鉛片三百七十五斤，每斤銀六分，共規平銀二十二兩五錢。一、焊錫二十一磅，每磅銀二錢，共規平銀四兩二錢。一、筆鉛粉一千四百四十磅，每磅銀二錢六分，共規平銀三百七十四兩四錢。一、紅丹粉十三罐，每罐銀一兩五錢三分，共規平銀十九兩八錢九分。一、洋水泥九桶，每桶銀三兩四錢，共規平銀三十兩六錢。一、洋火泥一千五百磅，每磅銀二分三厘，共規平銀三十四兩五錢。一、英火磚六百八十塊，每塊銀五分，共規平銀三十四兩。一、機器油五千六百磅，每磅銀六分五厘，共規平銀三百六十四兩。一、松節油二十四箱，每箱銀七兩九錢，共規平銀一百八十九兩六錢。一、火油十三箱，每箱銀一兩四錢五分，共規平銀十八兩八錢五分。一、牛油一千五百磅，每磅銀五分二厘，共規平銀七十八兩。一、魚油九罐，每罐銀七兩四錢五分，共規平銀六十七兩五分。一、可爾太油十六桶，每桶銀三兩八錢，共規平銀六十兩八錢。一、漆油十五罐，每罐銀三兩八錢，共規平銀五十七兩。一、黑漆六罐，每罐銀一兩二錢，共規平銀七兩二錢。一、白緑藍灰各漆三十五罐，每罐銀一兩九錢，共規平銀六十六兩五錢。一、玻璃汽管二十二枝，每枝銀三錢六分，共規平銀七兩九錢二分。一、呂宋紅木四十六方尺，每尺銀五錢七分，共規平銀二十六兩二錢二分。一、楢木五十一方尺，每尺銀九錢八分，共規平銀四十九兩九錢八分。一、鐵抄木二十九方尺，每尺銀四錢四分，共規平銀十二兩七錢六分。一、洋白木一百七十平尺，每尺銀五分，共規平銀八兩五錢。一、洋松木三百八十五尺，每尺銀三分八厘，共規平銀十四兩六錢三分。一、洋松板四百二十二尺，每尺銀三分八厘，共規平銀十六兩三分六厘。一、洋松起口板四百五十尺，每尺銀四分，共規平銀十八兩。一、紅橡皮六十四磅，每磅銀一兩，共規平銀六十四兩。一、橡皮板更一百十二磅，每磅銀四錢五分，共規平銀五十兩四錢。一、洋硬牛皮五十四磅，每磅銀四錢六分，共規平銀二十四兩八錢四分。一、洋軟牛皮五十三磅，每磅銀四錢，共規平銀二十一兩二錢。一、單皮帶寬三寸、長一百二十七尺，每尺銀二錢五分；又寬四寸、長一百二十五尺，每尺銀三錢六分；又寬四寸四分、長七十八尺，每尺銀四錢二分；又寬五寸、長六十五尺，每尺銀五錢二分：共規平銀一百四十三兩三錢一分。一、雙皮帶寬五寸、長八十七尺，每尺銀八錢三分，共規平銀七十二兩二錢一分。花旗棉棚布三百八十五碼，每碼銀三錢，共規平銀一百十五兩五錢。一、絲布一百八十八碼，每碼銀九錢六分，共規平銀一百八十兩四錢八分。一、砂布二百二十打，每打銀一錢五分，共規平銀三十三兩。一、膠布一百四十二碼，每碼銀二錢五分，共規平銀三十五兩五錢。一、紗球四十四磅，每磅銀二錢六分，共規平銀十一兩四錢四分。一、砂紙六百六十八張，每張銀一分，共規平銀六兩六錢八分。一、棉紗一千一百五十六磅，每磅銀九分，共規平銀一百四兩四分。一、棉棚綫三十二磅，每磅銀三錢八分，共規平銀十二兩一錢六分。一、麻扳更四十三磅，每磅銀二錢六分，共規平銀十一兩一錢八分。一、洋棕墊三十一塊，每塊銀一兩二錢，共規平銀三十七兩二錢。一、長柄硬毛刷六打，每打銀三兩四錢，共規平銀二十兩四錢。一、短柄毛刷四打，每打銀二兩六錢，共規平銀十兩四錢。一、洋皂三十六箱，每箱銀八錢，共規平銀二十八兩八錢。

以上共規平銀二萬三百六十一兩九錢四分七厘，折合庫平銀一萬八千五百七十八兩四錢一分八厘七毫九絲五忽六微。

購買內地料物、什具項下

【略】

統計一册，共請銷購買中外料物、什具等項，係歸工部覈銷庫平銀三萬四千二百九十四兩四錢六厘四毫八絲六忽。

查前項請銷銀兩均係實用實銷，並無例案可循，應請大部查照覈銷，理合登明。

附開：

一、自光緒三十一年正月初一日接造火藥起至是年十二月底止，共計造成：粗槍藥十一萬八千三百磅，細槍藥十四萬五千三百五十磅，上細槍藥二萬七百五十磅，細砲藥五萬二千七百磅，小砲藥二萬三千磅。

查前項造成粗細槍砲各項洋火藥，均經解交江南軍械局列收，歸入江蘇留防第三十四案軍火四柱册內列收造報，理合登明。

「中央研究院」近代史研究所《海防檔》丙機器局《光緒三十三年五月二十二日外務部收署兩江總督端方文副摺稿一件》 竊金陵設局製造洋火藥，截至光緒三十年十二月底止，支用經費，業經列爲第二十二案造册奏銷在案。茲據該局道員朱恩紱詳稱：計自光緒三十一年正月起，截至是年十二月底止，舊管：上届實存庫平銀七十二兩有奇。新收：金陵防營支應局撥款，湘平折合庫平銀四萬八千五百八十兩有奇。開除：各款遵照部議報銷章程，各歸各部覈銷，計應歸度支部覈銷庫平銀一萬一千五百二十九兩有奇，陸軍部覈銷庫平銀二千七百四十兩有奇，農工商部覈銷庫平銀三萬四千二百九十四兩有奇，統共請銷庫平銀四萬八千五百六十四兩有奇。實存：庫平銀八十八兩有奇，歸於下届三十二年經費内舊管項下，滚接造報，造具總散各册，詳請奏咨前來。臣覆覈無異，除將送到清册，咨送外務部、暨度支部、陸軍部、農工商部覈銷外，理合會同江蘇巡撫臣陳，恭摺具陳。伏乞皇太后皇上聖鑒，敕部查照施行，謹奏。

中國第一歷史檔案館《光緒朝硃批奏摺》第一〇二輯《光緒三十三年七月初六日川滇邊務大臣四川總督趙爾豐片》 查川省機器局自光緒三十二年正月初一

起，至十二月底止，連閏計十三箇月，續成機器一百四十起，共修機器五十九起，水龍一座，銅水槍十八枝，舊洋槍一千零一十九枝，新造硃藍單響毛瑟槍一千四百二十桿，標刀全火針簧一千四百二十四，起子一百四十二把，洗把一百四十二箇，九響毛瑟槍藥彈一百零四萬二千八百顆，毛瑟槍藥殼三十三萬零零二十顆，單響毛瑟槍藥彈三十二萬六千顆，銅擊火八百顆，十三響馬槍彈一千二百顆，碰火二千顆，紅銅小火四十六萬顆，黃銅釘子五十二萬顆，銅水槍八枝洋鼓二百一十二箇，皮帶釘七十五磅，各種機件一萬五千零一十一起，已成洋火藥二萬八千一百八十五斤，均經試放合用，陸續解交籌餉局驗收，分別存撥。所有各項物料價值及員司、工匠薪資並一切經費，照案在於土藥釐金項下開支。總共用庫平銀一十一萬七千五百一十六兩九錢三分四釐五毫七絲五忽，又製造洋火藥採買牙硝支用庫平銀一萬零二百七十七兩，遵照部章，分晰造册，詳請奏咨覈銷前來。孥覆查無異，除將清册送部查覈外，理合恭摺具陳，伏乞皇太后、皇上聖鑒，謹奏。

中國第一歷史檔案館《光緒朝硃批奏摺》第一〇二輯《光緒三十三年七月十二日安徽巡撫馮煦片》 再，皖省原有製造局，係爲修槍及重裝子彈而設。嗣經前撫臣恩銘節省經費，飭令造幣分廠兼辦。查各營所用槍彈均係購自他省或外洋工廠，所費不貲，操演打靶仍須取下鉛頭，尤不合算。現今講求武備，需用甚多，且時事多艱，一有緩急，購運必稽時日，貽誤堪虞。本年四月停鑄銅幣，改爲製造廠，考究自造子彈事宜，於該廠機器中擇其合用及可以修改者備用，以免廢棄。又查造幣分廠開辦之初，僅借藩庫三萬餘金爲成本，嗣將成本一律還清。停鑄之後，覈計盈餘項下存銀九萬餘金，銅、鉛各物料價值十九萬餘金，均留爲擴充製造及各新政之用。至造幣分廠收支款目，已由考查銅幣大臣督同隨員到廠清查，並由該廠開具表摺轉呈達部在案。所有改造幣廠爲製造廠情形，除咨部查照外，理合附片具陳，伏乞聖鑒訓示，謹奏。

中國第一歷史檔案館等《中國近代兵器工業檔案史料》第一輯《錫良奏雲南機器局製造情形片光緒三十三年九月十三日》 再，雲南機器局於上年自造毛瑟快槍，曾經奏明在案。

奴才到任後，以軍械至關重要，迭次赴廠考察，並將所造前項槍枝督同試驗，非特機鈍制劣，且時有炸裂之虞，每遇配發，各營團多半不願承領。推原其故，蓋槍筒係用土鐵，煉法不精，灰砂夾雜，故一受漲力，炸裂隨之。且局中機器本係舊式，機身笨拙，零件不齊，除車床略具外，其餘均用手工製作，無怪乎種種不合，徒滋糜費曠時也。

竊維兵工製造，其業至爲精微，其事又極繁重，一物之未備，全體無成，一念之未周，成功以隳，是非專精研究，而又不恤巨帑、不計近功，無以利器而善事。奴才前在川督任内，以練兵必先制械。蜀居要塞，製造果底精良，並可接濟藏衛及滇、黔等省，奏明派員出洋察購新式機器，另建新廠製造，爲時計閲三年，用款已至百萬，而奴才調任時機器尚未運竣，廠屋甫見落成。此中締造之艱難，經躬歷而益知其故。

現在滇廠自造槍枝，倘擬改良進步，固須另購新式機器。造槍尤以煉鋼爲先，以滇省瘠區，决無此項大舉財力。惟既有此已成之廠，何苦造此無用之槍。查舊存各營領用外洋九響毛瑟快槍，子彈不繼，前調任督臣岑春煊自粤運滇快槍亦未携帶子彈。已飭該局停造前項槍枝，趕行仿造外洋各子彈。一面並飭仿造外洋軍刀及營隊應用一切等件，庶造成一項有用之物品，借省一分外溢之利權。至前調來滇派充監督之已革知縣魏廷椿，仍飭隨同該局總辦雲南補用道趙鴻猷切實整理，視其勤惰，以定賞罰。

所有雲南機器局現在製造情形，理合附片具陳，伏乞聖鑒訓示。謹奏。

十一月二十八日奉朱批：知道了。

中國第一歷史檔案館等《中國近代兵器工業檔案史料》第一輯《端方爲將金陵製造各局歸道員張士珩派員經理事致張士珩之札文光緒三十三年十月初一日》

頭品頂戴兵部尚書兩江總督部堂端爲札飭事。

光緒三十二年九月二十一日準兵部火票遞到練兵處咨，光緒三十二年八月十四日，軍機處鈔交署兩江總督周奏請將金陵製造各局一併歸道員張士珩派員經理，奉朱批該衙門知道，欽此等因前來。查原奏，金陵製造局現計每年祇有額撥經費銀八萬四千兩，按照張士珩估計，盡就此費每年造老毛瑟槍彈二百五十萬顆，其各砲臺、各小輪船隨時小有修理，亦在此費勻用。惟是規模太小，工費無多，計惟有將該局附屬於上海製造局，即由該局總辦道員張士珩選派委員常川駐局經理。又金陵製造局左近有洋火藥局一所，現已節費减造，又有土火藥局一所，現已停造，擬一併歸張士珩經理，以便考覈。至報銷各事，仍照舊章各歸各辦等語。查所奏各節，係爲節省經費，認真整頓起見，應照所請辦理，俾一事權。相應咨行貴督查照。希即轉飭該道員妥慎經理，並隨時呈報本處，以憑查覈可也等因，到本部堂。

准此，合行札飭。札到，該道即便遵照辦理，勿違此札。

中國第一歷史檔案館等《中國近代兵器工業檔案史料》第一輯《湖北鋼藥廠光緒三十三年正月至九月初五日支款清摺約光緒三十三年九月》 鋼藥廠項下員司薪水，銀九千一百九十五兩八錢九分三厘。洋匠薪水，銀一萬零一百八十一兩五錢八分二厘。廠領經費，銀八千兩。廠領物料、購買湘磺並零星價，銀一萬五千七百五十二兩零一分八厘。廠領還禮和鐵屋料第四批價，銀三萬一千一百三十一兩七錢九分七厘。廠領付十二種機器第一批價，銀三萬八千六百三十四兩二錢。廠領付十二種機器稅力，銀二萬三千七百一十六兩。廠領培填堤基土工，銀四百六十四兩五錢七分三厘。機器匠徒工食，銀一萬九千二百一十五兩三錢九分三厘。書差、雜役工食，銀二千零八十七兩七錢四分六厘。雜費，銀一百二十二兩二錢九分一厘。

以上共支銀一十五萬八千五百零一兩四錢九分五厘。

端方《端忠敏公奏稿》卷一〇《製造局添購機器摺光緒三十三年十二月》 奏爲金陵製造局改良製造新式槍子，暫將毛瑟槍子停造，騰出經費湊撥添購機器情形恭摺具陳，仰祈聖鑒事。竊查金陵製造局上年曾經練兵處暨前署督臣周馥派委道員張士珩赴局考查，議將該局每年額領經費銀八萬四千兩以六萬二千五百兩專造十一密里口徑老毛瑟槍子，供應南洋各軍隊操防之用，餘款留爲各防營隨時添配機件及員司匠役薪糧局用之需。經練兵處覈准，咨行飭遵在案。本年夏間接辦該局道員劉體乾，查得江南軍械局庫存老毛瑟槍通用子彈甚多，可備數年撥用，而江南編練新軍悉係領用日本六密里五口徑及德國新毛瑟等項槍枝，常年需用槍子轉虞不足，亟應籌撥款項，添購機器，改良製造新式槍子，具詳請示。臣以所請係爲因時制宜裨益軍需起見，檄飭江寧藩司繼昌會同上海製造局道員張士珩復加籌議，擬就該局原有機器改造新式槍子。惟仍需添購機器二十五部並六密里五、七密里九比例規尺樣板兩副，格林木大小天秤兩具。經臣覆行該局詳加考覈，據稱添購前項機器器具，舉凡六密里五、七密里九口徑及老毛瑟、曼里夏各種槍子隨時均能製造，第購機所需經費爲數頗鉅，刻值江南財力困難，未能輕言另撥，祇得請將該局現在額造老毛瑟槍子截至本年秋季止即行停造，自本年十月起停至明年夏季六月底止，除代江南軍械局復裝銅殼藥火外，約可騰出造子購料經費銀三萬數千兩，再將上年張士珩稟奉練兵處覈准修換該局西子廠及軋片廠、汽機鍋鑪銀七千兩，分飭江海關道、江南財政局各半分撥，一併移作添購新機之用。此外不敷之款及搬運安裝等費，統由該局在常借儲料銀兩内提撥濟用，以竟全功。稟經批准照辦，並行關局如數撥款，即由該道劉體乾親赴上海就近會商張士珩，將應添購各項機器器具，至各洋行逐細考究。嗣與德商禮和洋行再四磋磨，議定由該行承辦德國侶佛廠最新式自行進子小口徑鋼盂頭新毛瑟子機器二十五部，又六密里五、七密里九各道口徑槍子及較準口徑冲模樣板各一副，又格林木大小天秤兩具，共計浄價德銀十七萬五千三百三十五馬克，連關稅水脚保險等費一併在内，當與訂立合同，加立清單，並先付定價三分之一，計德銀五萬八千四百四十五馬克。按照本年十月初四日付銀日期，上海銀行市價每二百八十三馬克合規平銀一百兩覈算，共合規平銀二萬零六百五十一兩有奇。茲據抄録合同清單呈請奏咨立案前來。臣查該局暫行停造老毛瑟槍子，湊撥經費添購新式機器器具，改造各項新式槍子，實係變通改良有益軍需，所購機件等項亦甚覈實。除分咨陸軍部、度支部查照外，理合恭摺具陳。再前動用銀兩應俟機器運寧裝齊價款付清後，再由該局將支用細數分晰造報咨部覈銷，合併陳明，伏乞皇太后皇上聖鑒，敕部查照立案施行，謹奏。

「中央研究院」近代史研究所《海防檔》丙機器局《光緒三十四年二月十日外務部收南洋大臣端方文副摺稿一件》 竊金陵設局製造洋火藥，截至光緒三十一年十二月底止，支用經費，業經列爲第二十三案造册奏銷在案。茲據該局道員朱恩紱詳稱：前因江南軍械局存藥較多，奉飭自三十二年正月起，減造火藥四成，照領六成經費，所需造藥料物，及員弁司事工匠兵夫薪工等項，按照六成開支，詳奉咨部立案。並是年閏四月，加工製造六成火藥、物料、工資、薪費等項，係於奏明增撥經費款内開銷，彙案造報，計自光緒三十二年正月，接造火藥六成起，加閏截至是年十二月底止，舊管上届寔存庫平銀八十八兩有奇，新收金陵防營支應局撥發六成連閏經費，湘平折合庫平銀三萬二千二百二十五兩有奇，除奉飭是年裁減湘平折合庫平銀六百四十八兩有奇，遵經如數解還支應局列收外，實收湘平折合庫平銀三萬一千五百七十七兩有奇。開除各款，遵照部議報銷章程，各歸各部覈銷，計應歸度支部覈銷庫平銀七千四百九十三兩有奇，陸軍部覈銷庫平銀一千七百七十九兩有奇，農工商部覈銷庫平銀二萬二千三百兩有奇，統共請銷庫平銀三萬一千五百七十三兩有奇，寔存庫平銀九十二兩有奇，歸於下届三十三年經費内，舊管項下，滚接造報，造具總散各册，詳請奏咨前來。

臣覆覈無異，除將送到清册咨送外務部、暨度支部、陸軍部、農工商部覈銷外，理合會同江蘇巡撫臣陳啓泰恭摺具陳，伏乞皇太后皇上聖鑒，敕部查照施行，謹奏。

「中央研究院」近代史研究所《海防檔》丙機器局《光緒三十四年二月十日外務部收南洋大臣督端方文副抄片一件》 近來各藥庫積存之藥，多因年久變性，勢極危險，一再剔除報廢，臣察覈情形，若不覈寔遞減，未免虛糜可惜。復經飭據各局員，確切查復各庫所存槍藥，尚有八十餘萬磅，砲藥尚有七十餘萬磅，統計每年需用三十萬磅左右。照現存之數，在無事時約可敷用四五年，擬自三十四年正月起，再行減造一成，實計照額製造五成，每年動支經費銀二萬五千一百七十二兩，照六成經費覈算，又可騰出銀五千三百餘兩，統計節省五成經費銀二萬五千一百七十二兩，均照案由財政局專款存儲，凑撥修建各路藥庫。及留備改良製造，購辦無煙藥機器，暨添設無煙藥廠之用，期於寔濟有裨。至該局火藥，既已減造五成，事務較簡，並令酌量歸併，暫附屬於金陵製造局。即由辦理金陵製造局道員劉體乾兼管，藉以收兼籌並顧之益，仍俟數年後，察看庫存火藥若干，應否添造，再行奏咨辦理。除飭將收支五成經費，按年覈寔報銷，並先行咨部查照外，謹附片陳明。伏乞聖鑒，謹奏。

中國第一歷史檔案館等《中國近代兵器工業檔案史料》第一輯《度支部爲請兩江總督查明聲覆金陵製造洋火藥局減産節餘經費之處置事致陸軍部之咨呈光緒三十四年二月》 制用司案呈：内閣抄出兩江總督端奏金陵製造洋火藥局擬自光緒三十四年起再行減造一成，每年經費按照五成動支等因一片，光緒三十四年正月初八日奉朱批，該部知道，欽此，欽遵抄出到部。

查金陵製造洋火藥局經費，每年由金陵支應局動撥湘平銀五萬三百四十四兩，前於光緒三十二年五月間，據前署督周奏請常年經費騰出四成銀二萬一百三十餘兩，凑撥添建修改江陰一帶藥庫，並置備散熱風扇、避雷針杆等件，當經本部覈覆咨行在案。今此案原奏内稱：擬自光緒三十四年正月起，再行減造一成，實計照額製造五成，每年節省經費銀二萬五千一百七十二兩，凑撥修建各路藥庫，及留備改良製造、購辦無煙藥機器暨添設無煙藥廠之用等語。查修建各路藥庫、添設藥廠，某項需款若干，暨添購機器價銀若干，除動用外是否尚有餘存，原奏均未詳叙，本部無憑查考，應令查明詳細聲覆；並將收支五成經費先行報部立案，按年覈實造册報部覈辦。再查該局前請暫停四成經費案内行查各款，迄今並未登覆報部，應令查照本部前咨，迅速一並查明聲覆，以清積牘，毋稍遲延。

相應恭録朱批，移咨兩江總督轉飭遵照辦理，並咨呈陸軍部查照可也。

「中央研究院」近代史研究所《海防檔》丙機器局《光緒三十四年三月二十四日外務部收護理川督文附川省開辦砲彈廠章程》 光緒三十四年三月二十四日，收護川督文稱，案據辦理機器總局司道等詳稱：竊維爲政首重足兵，善事必先利器。自克虜伯礮成，德法之雄雌遂決，速射山礮出，日俄之强弱始分，此火器競争，優勝劣敗，昭著環球者也。即瑞士以歐洲小國，於一千八百九十八年，亦曾揀派精通軍械之員，較驗各國新砲，力求仿製，以圖自强，中國幅員廣大，而造礮僅滬鄂數廠，勢難普給各省。矧以川省，地處西陲，毗連滇藏，英人覬藏，法人窺滇，皆有着着争先之勢，故近日西南邊防尤急於東北，欲資鎮攝，非揀較軍寔廣儲礮彈，不足爲功。本同道等，言念時艱，昕籌畫，去歲於軍裝所，領日本明治三十一年新式速射山礮一尊，口徑七生五，彈重十二磅，擊力在六里以外，督飭匠目，逐件拆卸，照式繪圖，用昔年所購三磅礮鋼料，搏揀作身，其製造礮架、平水尺及一切零件，胥就本廠原有機件，改造而成，積十餘人之心思，歷時兩月，始告成功。當經資送憲轅查驗，並於臘底，在鳳凰山演放，試驗準頭速率，比較原礮，尚合戰事之用。當暫就前式，設立礮廠，擴充製造。本司道等，擬將本局銅幣監造庫，另籌善地，拆卸庫房及前廠、新後廠，改建廠房，作爲礮廠，但造礮而不造彈，仍未完備。又擬將前廠後面，向堆廢料長廊一排概行拆卸，改造廠房作爲彈廠，礮廠機件應即舊件改良，其缺者隨時添置，而彈廠機件則須另購。覈計機價，約銀五萬七八千兩，運費約萬兩，修蓋礮彈兩廠工料，約估銀一萬餘兩，二共需銀八萬兩之譜，訂購洋土物料，約銀五萬餘兩，統共約銀十三萬兩。工匠學徒，就本局選擇充當，每年約出前式山礮三十餘尊，礮彈六千餘顆，設立監造委員一人，司事二人，收支兼管物料委員一人，司事二人，其餘文案、採買、監工，稽查，仍以本局原設員司兼管，不再添設，以節虛糜。此修廠、購機、置料、用人及年出礮彈，大概情形也。至常年額支員司薪工，亦經督同稽覈各員悉心鈎稽，歲約需銀五六萬兩，活支之款，臨時再覈，惟川省財政奇絀，籌撥維難，本局爲謀公益，不得不力任其艱。擬在機器局應領成綿道庫土藥厘金項下，撥用銀六萬兩。又銅圓餘利，撥銀四萬兩，銀元餘利，撥銀三萬兩，共十三萬兩，作開辦之用。每年常款，擬將銅圓餘利，除部提四成，其餘六成，除機器學堂開支，並年底紅獎外，餘銀若干，全數提爲礮彈兩廠經費，如有不敷，隨時稟請籌畫，仍分別另案報銷。又查滬鄂礮廠工料表，每砲一尊，約銀當在千金以上，若購自東洋，財購價運費等項，每尊約銀二千餘兩，今開辦一廠，合計年出礮彈兩項，省費甚鉅。況即價值相同，我能自造，藉以挽回利權，亦爲長策。較之仰給外人，一遇戰爭，各國中立，停售軍火，欲購不能，欲製不及，坐困束手，其得失大相逕庭。開辦之後，若能多購各國新式戰守礮作爲標本，遴選有學識工匠，勵志精研，必能自出新式，而出數亦必日多一日，後此果能持以毅力，則北濟隴，西供藏衛，東南偹滇黔，或者有賴於此，大局不無補裨。除剋期購料，興修廠屋，並滙款電滬，購訂彈機鋼料運川，以便早日開工外，所有興修礮彈各廠，並撥款購機，暨預籌常年經費各緣由，是否有當，理合擬定章程，繕造清册，詳請察覈，分別奏咨立案，批示祇遵等情。據此，除察覈具奏並分咨外，相應鈔録章程咨呈，爲此咨呈貴部，謹請查照立案施行。

計咨呈川省開辦砲廠彈廠章程一紙。

附鈔

謹將擬就開辦礮廠彈廠章程十二條，造具清册，呈請憲鑒。

一川省機器局，向製槍彈，垂三十年，未嘗造礮，寔爲缺點，上年仿造七生五速射山礮一尊，演放合用。現擬組織砲彈兩廠，以備戎儲，然局中隙地無多，擬將銅幣監造庫，另移善地，就庫房，及前廠、新後廠，拆卸改建廠房十間，作爲礮廠，又前廠後，向有堆廢機廢料長廊一排，亦應拆卸，改造廠房五間，作爲彈廠。

一礮彈名目繁多，並舉兼營，無此財力。現以專造七生五速射山砲、實心開花彈爲起點，查此項砲彈，最合陸軍之用，蜀道崎嶇，邊防足恃。

一礮廠機器，就局中現有機器支配，彈廠各機，及鋼銅物料，均須陸續電滬訂購，以資備用。

一礮身鋼料，現當試辦，應暫向滬廠訂員。俟著有成效，仍當研究鍊鋼之法，就地鼓鑄，庶免周折，而省運費。

一規模既具，經費宜籌。開辦之初，建造廠房，估計工料，購買機器及洋土物料等項，需銀約十二萬兩。川省財政支絀，司道各庫，挹注爲艱，謹擬在機器局，應領成綿道庫土藥厘金項下，撥用銀六萬兩。又銅元餘利，撥銀四萬兩，銀元餘利，撥銀三萬兩，共銀十三萬兩，以資開辦。

一開辦既有指撥之款，常年經費，尤當先事預謀。擬將銅元餘利，除部提四成，及機器學堂開支，並年底紅奬外，歲約餘銀若干，全數提爲砲彈兩廠經費，如有不敷，屆時另籌。

一礮彈兩廠，既附設機器局，事權應歸本司道等鈐轄。兩廠各設監造委員一人，司事二人，收支兼管物料委員一人，司事二人，餘則文案、採買、監工、稽查，仍以本局原設員司兼管，不必另添，以求撙節。

一工匠學徒，即就機器局遴選手藝嫻熟之工匠充當。至其名數，應以造礮多少爲定，隨時添充，力杜浮冗。

一製造礮彈，機括奥竅，毫厘千里。兩廠均設正副廠頭各一人，隨時考察，以免差繆。

一既定職守，宜嚴課程，兩廠工作，責成監造員司，暨頭目人等，按月列表比較，力求進步。礮彈能占多數，將來接濟鄰省，即以售出之價，作爲推廣之資。

一辦事必功過分明，始足鼓勵。委員由本司道等，隨時察看，年終出具密考，呈請督憲，分別勸懲，司事工匠，由提調隨時察看，禀商總會辦分別去留。

一礮彈兩廠，初具規模，倘有未盡事宜，隨時考求至當，請示遵行。

中國第一歷史檔案館《德宗景皇帝實録》卷五八七《光緒三十四年三月》

護理四川總督趙爾豐奏，川省礮彈兩廠，需用甚鉅，擬請另行籌撥。下部知之。

中國第一歷史檔案館等《中國近代兵器工業檔案史料》第一輯《楊士驤等奏銷金陵機器局光緒三十年支用經費摺光緒三十四年四月二十七日》 據江蘇防營報銷處、江寧布政使繼昌等，將光緒三十年分收支各款，分晰造具報銷清册，逐加勾稽。計自光緒三十年正月起至十二月底止，舊管：上屆第二十三案報銷實存銀十四兩三錢有奇。新收：江海關額撥二成洋税銀五萬兩，江南籌防局、金陵支應局、北洋淮軍協餉項下額撥銀六萬四千兩，又江南籌防局案因江南標旗各軍多用老毛瑟兵槍，所需銅自來火子彈爲數甚鉅，額領經費不敷製造，計加撥銀二萬兩。管、收二項共銀十三萬四千十四兩三錢有奇。內開除提解江寧藩庫充餉銀二千九百五十二兩八錢有奇，計購買中外料物什具價值銀八萬三千三百十八兩一錢有奇，工匠工食銀二萬九千六百六十八兩四錢有奇，委員、司事人等薪費銀一萬七百七十一兩三錢有奇，裝運料物水脚並常船舵水長夫口糧等項銀五千一百六十三兩六錢有奇，歲修廠屋並常船油艌工料等項銀二千一百二十九兩六錢有奇。遵照部議，各歸各部覈銷。計應歸度支部覈銷銀四萬四百三十九兩八錢有奇，陸軍部覈銷銀九萬六百十一兩五錢有奇，統共請銷庫平銀十三萬四千零四兩二錢有奇。實存：銀十兩一錢有奇，歸於後案舊管項下滚接造報。兹將光緒三十年分該局支給各款請銷數目，並制成軍火撥存四柱清册，由報銷處加造銀款四柱總册，列爲金陵機器製造局第二十四案報銷，詳請奏咨等情前來。臣等覆覈無異。

除將清册咨送外務部、度支部、陸軍部查照覈銷外，謹合詞恭摺具陳，伏乞

皇太后、皇上聖鑒，敕部查照，謹奏。

「中央研究院」近代史研究所《海防檔》丙機器局《光緒三十四年五月七日外務部收署兩江總督端方文》 計自光緒三十一年正月起，至十二月底止，舊管：上届第二十四案報銷寔存銀十兩一錢有奇。新收：江南海關額撥二成洋税銀五萬兩，加撥銀二萬兩，江南籌防局、金陵防營支應局，共計額撥銀四萬四千兩，連同舊管，共計收用銀十一萬四千十兩一錢有奇。內登除撥解江甯藩庫充餉銀二千九百五十二兩八錢有奇，計購買中外各項料物什具價值銀六萬三千三十六兩二錢有奇，工匠工食銀三萬三百三十二兩一錢有奇，委員司事人等薪費銀一萬七百七十四兩八錢有奇，裝運料物水脚，並常船舵水長夫口糧，銀五千一百七十八兩三錢有奇，歲修廠屋並常船油艌工料銀一千七百二十七兩七錢有奇，遵照部議各歸各部覈銷，計應歸度支部覈銷銀四萬一千一百七兩一分有奇，陸軍部覈銷銀六萬九千九百四十二兩三錢有奇，統共請銷庫平銀十一萬四千二兩一錢有奇。實存：銀七兩九錢有奇，歸於後案舊管項下，跟接造報。兹將光緒三十一年分，該局支給各款，請銷數目，並制成軍火撥存四柱清册，由報銷處加造銀欵四柱總册，列爲金陵機器製造局，第二十五案報銷，詳請奏咨等情前來。臣等覆覈無異，除將清册咨送外務部、陸軍部、度支部，查照覈銷外，謹合詞恭摺具陳。伏祈皇上聖鑒，敕部查照施行，謹奏。

「中央研究院」近代史研究所《海防檔》丙機器局《光緒三十四年八月八日外務部收四川總督趙爾巽文附清册》 兹届奏銷之期，所有本局自光緒三十三年正月初一日起，至十二月底止，局中修整廠房，並造成各種機器，暨砲位、毛瑟槍枝、藥彈、銅釘、小火、洋火藥、洋鼓，及修理洋槍、水龍機器等件，採買物料觔重、支發薪水工食，分飭各所，照章造具細數清册，禀候覈辦。兹據支發、收發、採買、營造、監工等所委員，將各項細數，造具清册，禀請覈辦前來，本司道等，督同提調並文案委員，逐款詳加覈算。領支各項銀兩，採買物料觔重各數目，均屬相符。又據製造所委員册開，續成機器五十八起，修理機器三十八部，水龍二十九架，籌餉局軍裝所並各營舊洋槍九百二十枝，新造七生五寸徑開花砲一尊，磁藍單響毛瑟槍一千二百三十桿，標刀全火針簧一千二百三十疋，起子一百二十三把，洗把一百二十三個，單響毛瑟槍藥彈九十六萬五千二百顆，單響毛瑟槍藥殼二十八萬三千零四十顆，馬梯呢槍藥彈四萬六千顆，馬梯呢槍藥殼一十萬零九千顆，紅銅小火九十萬顆，黄銅釘子五十二萬顆，洋鼓一百一十三對，水龍二架，各種機件二萬二千七百六十六起。又據洋火藥所委員册開，已成洋火藥二萬零七百九十觔，以上槍枝、藥彈、小火、銅釘、洋火藥、洋鼓等件，均經試放合用，陸續解交籌餉局，驗收存儲，本司道等覆覈無異。查局中就近採買銅鉛鋼鐵錫油炭各項物料，均皆揀選精良，覈實具報，委員司事匠作薪水工食，亦係照章按月給發，自應遵照部章，將領支經費銀兩數目，分晰造册，詳請奏報，統覈册造，總共支用庫平銀一十萬零八千四百三十一兩三錢六分九厘一毫八絲七忽五微，細數册載，尚無浮冒。又去歲採買牙硝，製造洋火藥，曾經詳請奏明，請於常年經費之外，另行提撥銀兩採辦，是歲採買齊全，自應另造領支銀兩數目清册，附同常年經費，一併奏咨覈銷。查採買牙硝，册造共支用庫平銀一萬零二百七十七兩，覈與從前報銷之案相符，均應準其報銷。除未合成槍枝藥彈機器各件歸入下次報銷外，所有光緒三十三年分，領支銀兩造册報銷緣由，理合具文，詳請俯賜察覈批示祇遵，並請具奏，暨分咨度支部、陸軍部覈銷，外務部備查。再去歲十月十五日，奉前護督憲趙札，準農工商部咨，本年八月二十一日，準陸軍部咨稱，各省機器局，軍火報銷，均應歸該部覈辦，本部業將一切文卷移交在案，嗣後遵照，此次報銷，請免造農工商部清册，合併聲明等情，據此，除册分送外，相應咨呈，爲此咨呈貴部，謹請備查施行。計咨送清册二本，附鈔辦理四川機器總局，爲造銷事。今將本局去歲詳請奏明採買牙硝，請於常年經費之外，仍在成綿道庫土貨厘金項下，另行提撥銀兩，以資採辦等因。所有光緒三十三年分，局中製造洋火藥，領到成綿道庫土貨厘金銀兩，採買牙硝數目，理合造具四柱清册，咨請外務部備查施行。

計開：

舊管：無。

新收：光緒三十三年分，

一收成綿道庫土貨厘金庫平銀一萬零二百七十七兩。

開除：

一支採買提净牙硝八萬六千觔，每觔價銀一錢一分九厘五毫，合庫平銀一萬零二百七十七兩，理合登明。

實在：無存。

光緒三十四年六月日，試用道丁昌燕，署布政使司和爾賡額，署成綿龍茂道周善培，試用道徐家保，附鈔辦理四川機器總局，爲造銷事，今將本局自光緒三十三年正月初一日起，至十二月底止，領到成綿道庫土貨厘金銀兩，以及各項支銷，分别款目，造具四柱清册，咨請外務部脩查施行，須至册者。

計開：

舊管：無。

新收：光緒三十三年分。

一收成綿道庫土貨厘金庫平銀一十萬零八千四百三十一兩三錢六分九厘一毫八絲七忽五微。

開除：

一修整鍋爐廠一座，計房三間，每間脊高二丈九尺五寸，簷高一丈六尺，進深四丈，面寬九尺。

一修整洋火藥局水機器河堰石埂一道，高五尺，長六尺，河面石底一道，寬六丈，長六丈五尺，水機輪車溝一條，高八尺，寬四尺，石礅二座，高八尺，寬五尺，長三丈五尺。

一支買中圓木八十六根，每根長三丈四尺，圍圓二尺六寸，每根價銀二兩一錢，合庫平銀一百八十兩零六錢。

一支買小圓木一百根，每根長二丈六尺，圍圓一尺二寸，每根價銀八錢，合庫平銀八十兩。

一支買杉木橔二十塊，每塊長一丈一尺，寬一尺，厚四寸，每塊價銀一兩三錢，合平銀二十六兩。

一支買角子木三百八十七疋，每疋價銀六分二厘，合庫平銀二十三兩九錢九分四厘。

一支買三成磚一萬八千六百六十塊，每塊價銀九厘，合庫銀一百六十七兩九錢四分。

一支買條磚一萬二千三百塊，每塊價銀四厘四毫，合庫平銀五十四兩一錢二分。

一支買單料九三萬二千一百五十疋，每疋價銀一厘二毫，合庫銀三十八兩五錢八分。

一支買河條石一百七十四丈三尺，每尺價銀四分五厘，合庫平銀七十八兩四錢三分五厘。

一支買五尺長大石板五十塊，每塊價銀一兩三錢，合庫銀六十五兩。

一支買二尺四寸長石板二百六十七塊，每塊價銀二錢四分，合庫銀六十四兩零八分。

一支買石灰三萬四千四百九十七觔，每觔價銀三厘五毫，合庫平銀一百二十兩零七錢三分九厘五毫。

一支買鐵釘四百二十觔，每觔價銀七分，合庫平銀二十九兩四錢。

一支木匠計工五百八十四工，每工口食銀一錢一分，合庫平銀六十四兩二錢四分。

一支坭匠計工一千二百八十三工，每工口食銀一錢，合庫銀一百二十八兩三錢。

一支石匠計工二百六十二工，每工口食銀一錢一分，合庫銀二十八兩八錢二分。以上給發歲修局中鍋爐廠，並洋火藥局水機器河堰石埂項下，支用庫平銀一千一百五十兩零二錢四分八厘五毫。

一支買頂上紅銅八萬觔，每觔價銀一錢八分五厘，合庫銀一萬四千八百兩。

一支買净鉛九萬九千八百六十七觔，每觔價銀五分二厘，合庫平銀五千一百九十三兩零八分四厘。

一支買硬鋼四千觔，每觔價銀一錢二分六厘，合庫平銀五百零四兩。

一支買毛鐵八萬六千六百八十九觔六兩，每觔價銀二分六厘，合庫平銀二千二百五十三兩九錢二分三厘七毫五絲。

一支買條鐵八萬三千一百八十九觔五兩，每觔價銀三分五厘，合庫平銀二千九百一十一兩六錢二分五厘九毫三絲七忽五微。

一支買點錫二千七百八十四觔，每觔價銀二錢四分，合庫平銀六百六十八兩一錢六分。

一支買硐炭四百八十四萬二千九百二十觔，每觔價銀三厘四毫，合庫平銀一萬六千四百六十五兩九錢二分八厘。

一支買木炭六十一萬五千四百三十觔，每觔價銀一分一厘五毫，合庫平銀七千零七十七兩四錢四分五厘。

一支買板炭三十二萬二千二百四十四觔，每觔價銀一分六厘，合庫平銀五千一百五十五兩九錢零四厘。

一支買柳木炭九千五百觔，每觔價銀三分二厘，合庫平銀三百零四兩。

一支買裝洋火藥木桶六百二十五個，每個價銀二錢五分，合庫平銀一百五十六兩二錢五分。

一支買裝毛瑟槍藥彈木匣四千個，每個價銀三錢二分，合庫平銀一千二百八十兩。

一支買裝毛瑟槍木箱三百三十個，每個價銀七錢，合庫平銀二百三十一兩。

一支買楠木毛瑟槍殼二千二百五十桿，每桿價銀一錢六分，合庫平銀二百兩。

一支買裝毛瑟槍藥彈鑌鐵盒六萬七千五百個，每個價銀三分，合庫平銀二千零二十五兩。

一支買裝小火銅釘紙盒一千八百個，每個價銀七厘，合庫平銀一十二兩六錢。

一支買菜油一萬二千五百觔，每觔價銀七分八厘，合庫平銀九百七十五兩。

一支買絲頭三千六百觔，每觔價銀七分，合庫平銀二百五十二兩。

一支買爛礬五千五百觔。每觔價銀一分二厘，合庫平銀六十六兩。

一支買黄牛皮三百三十張，每張價銀一兩六錢五分，合庫平銀五百四十四兩五錢。

一支買大麯酒二千觔，每觔價銀四分五厘，合庫平銀九十兩。

一支買水銀一百五十觔，每觔價銀七錢五分，合庫平銀一百一十二兩五錢。

一支買鎔銅罐一千四百個，每個價銀一錢五分，合庫平銀二百一十兩。

一支買硼砂六百五十觔，每觔價銀一錢八分，合庫平銀一百一十七兩。

一支買白蠟一百五十觔，每觔價銀五錢，合庫平銀七十五兩。

一支買鹻水壹千五十百觔，每觔價銀五分八厘，合庫平銀八十七兩。

一支買生漆一十觔，每觔價銀四錢四分，合庫平銀四兩四錢。

以上給發製造七生五礮位，並毛瑟槍、藥彈、小火、銅釘鉛子、洋火藥、洋鼓水龍機器，暨修整洋槍水龍等件，購買銅鉛鋼鐵錫油炭一切物料雜用項下，支用庫平銀六萬一千七百七十二兩三錢二分零六毫八絲七忽五微。

一支總辦局務二員，自光緒三十三年正月初一日起，至十二月底止，計十二個月，每員每月薪水銀五十兩，合庫平銀一千二百兩。

一支製造委員二員，自光緒三十三年正月初一日起，至十二月底止，計十二個月，每月薪水銀八十兩，合庫平銀一千九百二十兩。

一支文案正委壹員，自光緒三十三年正月初一日起，至十二月底止，計十二個月，每月薪水銀壹十六兩，合庫平銀一百九十二兩。

一支支發正委一員，自光緒三十三年正月初一日起，至十二月底止，計十二個月，每月薪水銀一十六兩，合庫平銀一百九十二兩。

一支收發兼營造正委一員，自光緒三十三年正月初一日起，至十二月底止，計十二個月，每月薪水銀一十六兩，合庫平銀一百九十二兩。

一支採買正委一員，自光緒三十三年正月初一日起，至十二月底止，計十二個月，每月薪水銀一十六兩，合庫平銀一百九十二兩。

一支監工正委一員，自光緒三十三年正月初一日起，至十二月底止，計十二個月，每月薪水銀一十六兩，合庫平銀一百九十二兩。

一支火藥正委一員，自光緒三十三年正月初一日起，至十二月底止，計十二個月，每月薪水銀一十六兩，合庫平銀一百九十二兩。

一支繪圖正委一員，自光緒三十三年正月初一日起，至十二月底止，計十二個月，每月薪水銀一十六兩，合庫平銀一百九十二兩。

一支監工副委一員，自光緒三十三年正月初一日起，至十二月底止，計十二個月，每月薪水銀一十貳兩，合庫平銀一百四十四兩。

一支火藥副委一員，自光緒三十三年正月初一日起，至十二月底止，計十二個月，每月薪水銀一十二兩，合庫平銀一百四十四兩。

一支司事二十九名，計七所十一廠，自光緒三十三年正月初一日起，至十二月底止，計十二個月，每名每月薪水銀八兩，合庫平銀二千七百八十四兩。

一支司雜二十一名，計七所九廠，自光緒三十三年正月初一日起，至十二月底止，計十二個月，每名每月薪水銀四兩，合庫平銀壹千零八兩。

一支字識四名，自光緒三十三年正月初一日起，至十二月底止，計十二個月，每名每月薪水銀四兩，合庫平銀一百九十二兩。

以上給發委員司事司雜字識薪水項下，支用庫平銀八千七百三十六兩。

一支傳事門役巡更茶水各項夫役二十八名，自光緒三十三年正月初一日起，至十二月底止，計十二個月，每名每月口食銀壹兩八錢，合庫平銀三百八十八兩八錢。

以上給發局中夫役口食項下，支用庫平銀三百八十八兩八錢。

一支超等機器工匠六名，自光緒三十三年正月初一日起，至十二月底止，計十二個月，每名每月辛工銀二十兩，合庫平銀一千四百四十兩。

一支壹等機器工匠六十五名，自光緒三十三年正月初一日起，至十二月底止，計十二個月，每名每月辛工銀十二兩，合庫平銀九千三百六十兩。

一支二等機器工匠六十五名，自光緒三十三年正月初一日起，至十二月底止，計十二個月，每名每月辛工銀八兩，合庫平銀六千二百四十兩。

一支三等機器工匠一百二十四名，自光緒三十三年正月初一日起，至十二月底止，計十二個月，每名每月辛工銀五兩，合庫銀七千四百四十兩。

一支四等機器工匠一百七十名，自光緒三十三年正月初一日起，至十二月底止，計十二個月，每名每月辛工銀三兩四錢，合庫平銀六千九百三十六兩。

一支五等機器工匠二百三十名，自光緒三十三年正月初一日起，至十二月底止，計十二個月，每名每月辛工銀一兩八錢，合庫平銀四千九百六十八兩。

以上給發匠作辛工項下，支用庫平銀三萬六千三百八十四兩。

統計壹册，總共支用庫平銀壹拾萬零八千四百三十一兩三錢六分九厘一毫八絲七忽五微，理合登明。

實在：無存。

中國第一歷史檔案館等《中國近代兵器工業檔案史料》第一輯《端方奏銷金陵製造洋火藥局光緒二十九年添備修理費用摺光緒三十四年十二月初九日》

奏爲金陵洋火藥局前於光緒二十九年添備、修理各項，動撥經費專案補造報銷，恭摺仰祈聖鑒事。

竊查金陵洋火藥局自光緒二十四年春間修理後，至二十九年，經前辦該局道員楊慕璇察看，鍋爐機器以及墻屋、篷布、橋路、引河各項亟須及時修治，當督同員匠勘估，計需銀一萬五千三百餘兩，經前督臣魏光燾奏明立案，飭由金陵防營支應局撥銀一萬五千兩興修在案。嗣據呈報工竣，飭委調查，工程不實，罰賠銀八千兩，責令楊慕璇按照七千兩領款造册報銷，其罰款即交支應局，飭由接辦局務道員王鈺孫擇要補修。續修項下計用銀二千四十八兩有奇，餘款仍繳還支應司列收。楊慕璇旋因另案參革，此項報銷迄未補辦。

茲據現辦道員王瓘詳稱：該革員久未在省，前項報銷無從催取，查照移存底册，分別覈減，代爲造報。並飭員司按照二十九年四月初一日興修起，至是年閏五月底工竣止，移存册列各數逐項攤減，折合銀七千兩。匯同王鈺孫自是年八月初一日補修起，至九月底工竣止，計收防營支應局撥解湘平銀一萬五千兩，折合庫平銀一萬四千四百七十四兩有奇。開除各款，遵照部議報銷章程，各歸各部覈銷，歸度支部覈銷庫平銀一千九百九兩有奇，陸軍部覈銷庫平銀六千八百二十一兩有奇，統共請銷庫平銀八千七百三十一兩有奇。又解還防營支應局修理餘款湘平銀五千九百五十一兩有奇，折合庫平銀五千七百四十三兩有奇。所支各項銀兩，均係按照楊慕璇移存用項攤折，匯同王鈺孫續修各款並案開列，代造收支總散清册，詳請奏咨前來。臣覆覈無異。除將清册咨送各部查覈外，謹會同江蘇巡撫臣陳啓泰恭摺具陳，伏乞皇上聖鑒，敕部覈銷施行。謹奏。

《申報》光緒三十四年十二月初十日第二版《四誌鎮海火藥局失事情形寧波》

鎮海營儲藥局失事，詳請迭紀前報。茲悉於初一日鎮海縣查獲圖竊火藥夥犯陳準生、應阿善二名，並提錢三德之妻錢張氏訊供。據稱伊夫錢三德於十一月廿九日糾同鼇阿莖、孫阿助、陳準生、應阿善及不識姓名之舟山人共六人，起意行竊藥局火藥。於黃昏時隨帶扶梯巡捕手燈出門，登時藥局轟毀，不見錢三德回，來知係因竊被焚身死等語。又提陳準生、應阿善及董阿華之妻董包氏訊供，與錢張氏相同。委係錢三德等六人行竊火藥，失火轟毀藥局無疑。錢三德、董阿華、孫阿助及不識姓名舟山人俱係被焚身死。陳準生、應阿善係在門外把風，故得逃逸。胡大令當將陳準生、應阿善、錢張氏、董包氏等四名分別收禁候稟，詳大憲覈示。

《申報》光緒三十四年十二月十一日第三版《委解兵工鋼藥兩廠經費漢口》

漢陽兵工鋼藥兩廠，前因經費支絀，由鄂督奏準在江漢關洋稅項下撥常年經費銀十萬兩補助。茲關道齊觀察以本年應解之款已解過六萬，爰覆籌措銀四萬兩，派委領解交該兩廠查收。

《申報》光緒三十四年十二月十三日第二版《定海火藥局失慎餘聞寧波》

定海城內志菱池旁有四營總藥局一所，數年前因附近舒宅失慎，雖未殃及，該局勢已可危，即將局內軍火搬運至北郊青嶺下。藥局存儲後因距城太遠，營中領藥不便，仍復搬至原局。兹因鎮海藥局失事定地聞者罔不驚懼，現地方紳士以該局左近人煙稠密，一有不測爲害非淺，不如將該局軍火等仍搬至青嶺下藥局。擬向鎮戎聯名具禀，想此事定能邀準也。兹將火藥局失事往來電文録後。

鎮海縣致浙撫電　撫藩學臬憲鈞鑒：鎮海標火藥局轟火一案，已於初二日破獲，訊係窮民偷藥失慎，共六人死，其四，餘二人已供認不諱。先此奉申，以慰憲廑。鎮海知縣胡鍾黔禀。江。印。

浙撫覆鎮海縣電　鎮海胡令鑒：江電已悉，火藥局失事被災多人，實堪憫惻，亟宜妥籌撫恤，仍會營嚴密防範，已獲竊藥之犯如何起意，立即研訊通報。院。江。印。

甬道致浙撫電　撫憲鈞鑒：電諭敬悉，鎮海火藥局失慎一案，職道昨往確查，轟燬民房四百餘間，受傷數十人，失所流離深堪憐惜。職道倡捐五百元，先放急振。一面由府捐廉，並與該縣紳商集議籌款撫恤。胡令已獲二犯，據供六人同謀行竊，四人轟斃，二犯巡風均受微傷。現商該守提府研究務得確情詳報，職道寶叩。支。印。

浙撫覆甬道電　甯波桑道台鑒：支電悉，倡捐急振慰佩良深，仍飭府縣妥籌振濟，欵如不敷，准予作正開銷，勿使災民失所爲要。竊火藥之犯提府審辦甚善，已札司轉行矣。韞。支。印。

浙撫致鎮海縣電　鎮海胡令覽：藥局失慎事，接桑道支電，知已捐辦急振，甚慰。惟念居民慘罹此災，燬房尤多，必須妥爲撫恤，免致失所。恐縣中籌款不易，即速查造户口房屋細册，詳候振濟，以便作正開銷，已獲二賊準解府審辦，轟斃若干人先行電覆，院。歌。印。

《申報》光緒三十四年十二月十六日第五版《查覆鎮海火藥局失事情形甯波》　鎮海營何寥戎，日前接奉提督札，查營中藥局失火情形，兹已查明禀覆，略云據卑營守備張有基禀稱，十一月廿九夜六點鐘後，忽聞大聲發於城北，異常震響。守備當即查究，知係火藥局失慎，正擬奔赴，旋見隔火藥局半里之文昌閣被火球飛落燃燒，當即先往救熄，不使蔓延，一面急至火藥局看視。見該局已轟爲平地，計儲藥局洋藥五百七十九斤，土藥三千七十斤，未裝藥開花彈五十斤，鎗砲鉛彈一千六百六十斤，均已分毫無存。其另存軍裝局之鉛子砲彈等，尚屬無恙。查問守庫効用沙甫卿勇目吳安心、馬賢桂等，均經回家晚飯，不知起火原因。當將該効用等送縣訊究，有無情弊。隨由防城把總馬曉山訪得，有住近該局之陳準生現因冒藥受傷，歸家卧床，該把總前往盤詰，據陳準生說，於是日糾同應阿善，並已死之錢三德、董阿華、孫阿助及不識姓名舟山人入局行竊，伊與應阿善在外把風，所以未死，其錢三德、董阿華、孫阿助、舟山人當即轟斃。因即密告知鎮海縣，請飭差協提陳準生、應阿善及錢三德妻張氏、董阿華妻包氏，到案訊供確鑿，並不推諉，是火藥局失慎，實因竊賊遺火所致，所幸者除轟斃賊犯錢三德等四名外，其餘民居或因奔避而致傾跌，或因屋宇傾頽而手足頭面間致受微傷者有五十七人，現均全愈，並無性命之虞。若文廟崇聖祠、節孝祠、鐵觀音寺、性初學堂、困勉學堂，均被倒塌墻垣。其民房毁壞者計四百十餘間，共三百六十四户，現因各憲捐廉撫卹，民心大安。理合禀明等情，即經查覈無異，餘將專管該管員弁及兵丁銜名開具清摺，呈乞察覈外，理合據實禀覆。

《申報》光緒三十四年十二月十八日第四版《六誌鎮海火藥局失慎事甯波》　鎮海火藥局失慎情形已迭誌前報。兹悉浙撫增中丞接陸軍部電，詢問此事。當即電飭鎮海縣立將圖竊火藥之犯陳準生、應阿善兩名以及錢張氏董、包氏兩口解府審辦。並將管局兵丁沙甫卿、吳安心、馬賢桂等一併送甬待質。昨夏太守提犯研訊，據供稍異，究詰至再，仍屬游移，爰將該犯陳準生等四名暫行收禁再審。所有陸軍部、浙撫電文録後。

陸軍部致浙撫電　浙撫鈞鑒，鎮海縣火藥局轟毁，關係緊要，希切實查明，分别奏咨辦理。

浙撫覆陸軍部電　陸軍部鈞鑒：密庚電敬悉，鎮海火藥局轟毁一案，該縣獲犯二名，已飭甯波府提審，覆札委甯紹合道切實嚴查，容即分别奏咨辦理。

中國第一歷史檔案館等《中國近代兵器工業檔案史料》第一輯《張人駿爲查覆廣東製造軍械廠所造輕機砲事致陸軍部電光緒三十四年十二月二十二日》　陸軍部：洪。奉筱電，當飭廠查覆。此項輕機砲係試仿丹國八米里口徑，每尊大小機件一百四十九件，演放靈捷，與丹國所出不相上下。因廠中無製造此砲專門機器，全用手工仿造，是以每月衹能造二尊。如添購機器，即能多造。計每尊連架工料銀四百十二兩，另配裝彈機一付、裝彈盒十個，工料銀九十兩，共計工料銀五百零二兩。了彈每千個工料銀五十七兩六錢。謹覆。駿。養。印。

中國第一歷史檔案館《光緒朝硃批奏摺》第一〇二輯《光緒三十四年十二月二十七日四川總督趙爾巽片》　再，川省機器局前因槍筒洋鋼鐵銼及一切應用物料將次用罄，委員赴上海購買，於光緒三十二年十月經前督臣錫良附片奏明在案。茲據委員將各件購辦齊全，運解回川，業已由局驗收，存儲備用，所有價值運費、薪水、川資、口食等項，總共支用庫平銀二萬五千六百六十四兩七錢零三厘二毫五絲零四微四塵，據該局司道詳請奏咨前來。除將清册合同等件分別咨部外，理合附片具陳，伏乞聖鑒，謹奏。

《申報》宣統元年正月初四日第三版《咨請分別懲處藥局失事各員浙江》

浙提昌軍門咨增中丞文云，此次鎮海營火藥局失事，雖係被匪人乘看守弁兵回家晚飯之隙，前往偷竊，以致立時焚轟。而專管該管各員弁，實屬異常疏忽，分別嚴行懲辦。所有鎮海營守備張有基，防城把總馬曉山，事前疎於防範，均屬咎有應得。惟事後會縣拿獲偷竊把火要犯，并各捐廉賑卹被災戶口，尚知愧奮，擬請從寬，將該守備張有基、把總馬曉山各予撤任。其鎮海營參將何祥麟，有管轄之責，酌記大過三次，以示懲儆。并飭何參將遵照即將住守藥局之効用沙輔鄉，兵丁吳安心、馬延貴斥革交縣訊辦外，合行咨請覈奪示覆，以便飭遵。本提督駐紮甯城，雖距鎮海尚遠，但該營隸在提屬，此案如由貴部院奏聞，應請一併議處，統希鈞裁。

「中央研究院」近代史研究所《海防檔》丙機器局《宣統元年正月二十日外務部收四川總督趙爾巽文附清册》 本局查此次購辦槍胚洋鋼各件，自應遵照部遵章，造具清册，並將合同清單各件，加鈐印信，詳請具奏，並請分咨度支覈部覈銷，合同清單各件，懇請隨册咨送陸軍部覈銷存查，暨咨明外務部備覈。除由局移知藩司外，理合具文詳請俯賜察覈，批示祇遵等情。據此，除察覈具奏，併册單合同各件，分送度支陸軍部覈銷外，相應咨送，爲此合咨貴部，請煩備查施行。

計咨送册一本。

［附］辦理四川機器總局，爲造銷事。今將本局光緒三十二年玖月，詳請奏明委員赴上海購買槍筒洋鋼鋏銼，及一切應用物料，所需價值運費，並委員司事薪水盤費等項銀兩，照章在成綿道庫，土貨釐金項下支用，所在有支銷數目，理合分晰造具四柱細數清册，呈請外務部備查施行，須至册者。

計開：

舊管：無。

新收：光緒三十二年十月起。

一收成綿道庫土貨釐金庫平銀二萬五千六百六十四兩七錢零三厘二毫伍絲零四微四塵。

開除：

一支買鋼槍胚五千枝，每枝價銀九錢七分，合銀四千八百五十兩。

一支買長槍管鑽眼鋼鑽頭貳打，計二十四個，每個價銀貳兩九錢五分合銀七十兩零八錢。

以上給發在上海地方亞士洋行，購辦英國福生廠槍胚鋼鑽項下，共合規銀四千九百二十兩零八錢，除九五扣去銀二百四十六兩零四分外，寔付規銀四千六百七十四兩七錢六分。

一支買洋鋏皮二百箱，每箱價銀五兩八錢五分，合銀一千一百七十兩。

一支買白鉛皮五千六百三十四磅，每磅計重十二兩，每磅價銀一錢五分五厘，合銀八百七十三兩二錢七分。

一支買海磨拾打，每打計十二件，每打價銀五錢，合銀五兩。

一支買五寸老虎鉗二十把，計一千七百二十六磅半，每磅計重拾二兩，每磅價銀一錢九分，合銀三百二十八兩零三分五厘。

一支買粗細鐵砂布五百打，每打計十二張，每打價銀二錢六分五厘，合銀一百三十二兩五錢。

一支買銅砂布一百打，每打計十二張，每打價銀二錢六分五厘，合銀二十六兩五錢。

一支買水泥五十桶，每桶價銀四兩五錢，合銀二百二十五兩。

一支買繪圖絹十捲，每捲價銀一十一兩七錢五分，合銀一百一十七兩五錢。

一支買繪圖油紙十捲，每捲價銀三兩六錢，合銀三十六兩。

一支買繪圖紙十捲，每捲價銀一十四兩七錢五分，合銀一百四十七兩五錢。

一支買白粉條二十盒，每盒價銀五錢，合銀一十兩。

一支買繪圖紅藍顏料二十盒，每盒價銀一兩二錢五分，合銀二十五兩。

一支買凡力水二十听，每听價銀八兩五錢，合銀一百七十兩。

一支買松香水二十箱，每箱價銀二十一兩五錢，合銀四百三十兩。

一支買梓油二百箱，計八百听，每听價銀五兩二錢五分，合銀四千二百兩。

一支買水皂二十桶，計九千六百三十八磅，每磅計重十二兩，每磅價銀九分七厘，合銀九百三十四兩八錢八分六厘。

一支買硝礁水十箱，計一千六百磅，每磅計重十二兩，每磅價銀二錢六分六釐，合銀四百二十五兩六錢。

一支買壹號洋銅荷包鎖一百把，每把價銀二兩，合銀二百兩。

一支買二號洋銅荷包鎖一百把，每把價銀一兩五錢，合銀一百五十兩。

一支買三號洋銅荷包鎖一百把，每把價銀一兩，合銀一百兩。

一支買壹號洋鋏荷包鎖一百把，每把價銀四錢五分，合銀四十五兩。

一支買貳號洋鋏荷包鎖一百把，每把價銀三錢五分，合銀三十五兩。

一支買叁號洋鋏荷包鎖一百把，每把價銀二錢八分，合銀二十八兩。

一支買洋綿紗繩三百磅，每磅計重十二兩，每磅價銀四錢，合銀一百二十兩。

一支買鋼絲布六十條，每條價銀四兩七錢五分，合銀二百八十五兩。

一支買紫銅皮帶釘連羊眼五百六十磅，每磅計重十二兩，每磅價銀五錢五分，合銀三百零八兩。

一支買麻篷布十疋，每疋價銀九兩七錢五分，合銀九十七兩五錢。

一支買寶砂輪七十二箇，每個價銀七兩五錢，合銀五百四十兩。

一支買三分木螺絲二百包，每包價銀一錢五分，合銀三十兩。

一支買一寸木螺絲三百包，每包價銀二錢六分，合銀七十八兩。

一支買一寸二分木螺絲三百包，每包價銀三錢五分，合銀一百零五兩。

一支買一寸半木螺絲三百包，每包價銀四錢五分，合銀一百三十五兩。

一支買六寸粗三角銼十打，每打計十二件，每打價銀二兩一錢三分，合銀二十一兩三錢。

一支買陸寸細三角銼十打，每打計十二件，每打價銀二兩八錢七分五厘，合銀二十八兩七錢五分。

一支買陸寸細邊方銼二十打，每打計十二件，每打價銀二兩三錢八分，合銀四十七兩六錢。

一支買八寸細半邊圓方銼四十打，每打計十二件，每打價銀三兩三錢八分，合銀一百三十五兩二錢。

一支買十二寸粗叁角銼拾打，每打計十件，每打價銀陸兩貳錢五分，合銀陸十二兩五錢。

一支買十二寸細三角銼十打，每打計十二件，每打價銀七兩五錢，合銀七十五兩。

一支買十寸粗邊銼六十打，每打計十二件，每打價銀三兩七錢五分，合銀二百二十五兩。

一支買四寸細三角銼十打，每打十二件，每打價銀一兩八錢七分五厘，合銀一十八兩七錢五分。

一支買十寸粗半圓銼二十打，每打計十二件，每打價銀三兩七錢五分，合銀七十五兩。

一支買五寸粗半圓銼十打，每打計十二件，每打價銀一兩四錢四分，合銀一十四兩四錢。

一支買油磨石一百二十塊，每塊價銀一兩四錢三分，合銀一百七十一兩六錢。

一支買一寸厚象皮五百磅，每磅計重十二兩，每磅價銀一兩二錢五分，合銀六百二十五兩。

一支五分六分徑玻璃管十打，每打計十二件，每打價銀二兩八錢五分，合銀二十八兩五錢。

以上給發在上海新昌號，購辦洋鋏白鉛鋼銼各件項下，共合規銀一萬三千零四十一兩八錢九分一厘，除九五扣去銀六百五十二兩零九分四厘五毫五絲外，寔付規銀一萬二千三百八十九兩七錢九分六厘。

一支買二千五百磅洋磅秤二架，共價銀洋三百壹十三元五角，每元以七錢四分四厘，折合銀二百兩三十三兩二錢四分四厘。

以上給發上海新昌號，在晉隆洋行代購洋磅秤項下，合規銀二百三十三兩二錢四分四厘，此項價欵無有九五扣，合併聲明。

一支買三分至二寸四分恩特禄圓鋼二萬七千一百八十四磅，每磅計重十二兩，每磅價銀一錢九分，合銀五千一百六十四兩九錢六分。

一支買半分至一分半恩特禄鋼絲五千四百零四磅，每磅計重十二兩，每磅價銀一錢九分，合銀一千零二十六兩七錢六分。

以上給發在上海義昌成，購辦鋼料項下，共合規銀六千一百九十一兩七錢二分，除九五扣，去銀三百零九兩五錢八分六厘外，寔付規銀五千八百八十二兩一錢三分四厘。

一支買七分至二寸圓鋼九千七百九十磅，每磅計重十二兩，每磅價銀五分，合銀四百八十九兩五錢。

一支買五分六分圓鋼叁千三百七十磅，每磅計重十二兩，每磅價銀五分七厘五毫，合銀一百九十三兩七錢七分五厘。

以上給發上海義昌成，在製造局購辦圓鋼項下，合規銀六百八十三兩二錢七分五厘，此項價款無有五扣，合併聲明。

一支買二分三分圓銕叁十三擔六十二觔，每擔價銀四兩九錢，合洋例銀一百六十四兩七錢三分八厘。

以上發給漢口正泰慶購辦圓鐵項下，合洋例銀一百六十四兩七錢三分八厘，以一兩零三分一厘，折合規銀一百六十九兩八錢四分四厘八毫七絲八忽。

一支地亞士代付長槍管鑽眼鋼鑽頭二打，另運保險費銀二兩。

此項價款無有九五扣，合併聲明。

一支地亞士代付第二批槍胚六十二件，計二千四百八十枝，水脚駁力等費銀四十五兩八錢五分。

一支新昌號代付梓油稅餉碼頭費銀四十九兩零八分七厘。

一支新昌號代付水脚銀六百二十四兩零七分。

一支新昌號代付保安銀十七兩九錢五分。

一支槍胚六十二件，運宜保險費銀一十二兩。

一支槍胚六十三件，運宜保險費銀二十五兩。

一支鋼絲條四十件鋼條四百三十條，運宜保險費銀七十兩。

一支槍胚六十三件，恩特禄鋼四十件，圓鋼四百三十條，運宜水脚銀三百五十兩。

一支購辦漢口圓鐵條運費洋例銀一十兩零九錢零八厘，以一兩零三分一厘折合規銀一十壹兩二錢四分六厘一毫四絲八忽。

一支義昌成代付鋼料駁船等費銀一十兩。

以上給發購辦槍胚鋼鐵各件，運宜水脚保險等費，合規銀一千二百四十七兩二錢零三厘一毫四絲八忽。

以上總共給發購辦槍胚鋼鐵碾水洋銼各件價值，及運費脚保險各費，共支用規銀二萬五千二百八十兩零二錢五分七厘零二絲六忽，以九兩一錢三分一厘折合庫平銀二萬三千零八十三兩四錢零二厘六毫九絲零四微四塵。

一支由宜昌雇民船十五隻，裝載槍胚洋鋼鐵銼碾水等件，逆水縴運抵川，計載重二十二萬四千五百五十五觔，計水程三千五百二十七里，每百觔每百里水脚銀一分六厘，合庫平銀一千二百六十七兩一錢八分零五毫六絲。

一支由宜昌提撥槍胚洋鋼銕銼碾水等件，過船雇夫二百一十名，計十一日每名每日口食銀八分，合庫平銀一百六十八兩。

一支抵川搬運槍胚洋鋼鐵銼碾水等件，進城雇夫二百五十名，計九日，每名每日口食銀八分，合庫平銀一百八十兩。

以上給發購買上海外洋槍胚洋鋼鐵銼碾水等件運脚項下，支用庫平銀一千六百一十五兩一錢八分零五毫六絲。

一支押運委員一員，赴上海押運槍胚洋鋼等件，自光緒三十二年拾月十六日起，至叁十三年十一月三十日止，計十三個月十五日，每月薪水銀十六兩，合庫平銀二百一十六兩。

一支押運委員一員，赴上海押運槍胚洋鋼等件，自光緒三十二年十月十六日起，至三十三年十一月三十日止，除小建六日不計外，來往共計三百九十九日，每日盤費銀八錢合庫平銀三百一十九兩二錢。

一支押解司事一名，赴上海押運槍胚洋鋼等件，自光緒三十二年十月十六日起，至光緒三十三年十一月三十日止，除小建六日不計外，來往共計三百九十九日，每日盤費銀六錢，合庫平銀二百三十九兩四錢。

一支押解長夫六名，自光緒三十二年十月十六日起，至三十三年十一月三十日止，除小建六日不計外，來往各計三百九十九日，每名每日口食銀八分，合庫平銀一百九十一兩五錢二分。

以上給發購買上海外洋槍胚洋鋼鐵銼碾水薪等件薪水盤費口食項下，支用庫平銀九百六十六兩一錢二分。

統計一冊，總共支用庫平銀二萬五千六百六十四兩七錢零三厘二毫五絲零四微四塵，理合登明。

實在：無存。

《申報》宣統元年二月初六日第三版《擴張邊防製造局之計畫廣西》 廣西龍州地方毗連滇粵兩省，與法境密邇相接，實爲西南之保障。去歲經桂撫飭令在龍州城外設立邊防製造局一所，派委員一名，招選工人四十餘名，每月經費僅開支數百餘兩，規模殊形狹隘。現聞桂撫以目下正大舉徵集編練新軍，將來龍州駐紮軍險必日多需鎗砲之用。擬將該局大加擴充，寬籌經費，添聘技師多名，以爲製造鎗砲彈子，并陸軍各項應用品。

《申報》宣統元年二月初十日第三版《粤局仿製新鎗之精利廣東》 粤省各大憲因擴充新軍，特飭製造局將製造軍械，認真改良擴充。並仿製各國新式鎗砲。日前，該局複仿製新式五響毛瑟鎗一種，異常精利，不亞外來。將仿製鎗式，呈陸軍部覈驗，該部深爲嘉獎。並飭粤省新軍一律換用此項鎗枝，以歸劃一。應即廣爲趕制，以備改用。

中國第一歷史檔案館等《中國近代兵器工業檔案史料》第一輯《端方奏加撥金陵製造洋火藥局閏月經費片宣統元年三月十八日》 再，金陵製造洋火藥局前定每年額造槍砲洋火藥三十六萬磅，計撥湘平銀五萬三百四十四兩，閏年加造三萬磅，加撥湘平銀四千一百九十五兩有奇。嗣因存藥較多，迭次察看情形，飭令減造五成，每年照支五成經費二萬五千一百七十二兩，並經奏明在案。自光緒三十四年正月起，即照五成造藥經費動支，按年造報。

茲届宣統元年，係有閏之年，全年十三個月，洋火藥局應需薪糧、工食、物料等項，自應照案增撥經費一個月，仍比照五成銀數，計需加撥湘平銀二千九十七兩六錢六分六厘六毫，以資應用。據辦理洋火藥局道員趙有倫詳請奏咨飭撥前來，臣覆覈無異。

除飭江南財政局如數撥解濟用，並飭將加撥銀兩併入常年經費內，年底匯案覈實造報，暨分咨外務部、陸軍部、度支部查照立案外，謹會同江蘇巡撫臣陳啓泰附片具陳，伏乞聖鑒，謹奏。

中國第一歷史檔案館等《中國近代兵器工業檔案史料》第一輯《端方奏動撥金陵製造洋火藥局添備修理經費摺宣統元年閏二月十二日》 奏爲金陵洋火藥局添備、修理各項動撥經費，恭摺具陳，仰祈聖鑒事。

竊照金陵洋火藥局除額定常年經費之外，如須添購機器、修理廠屋，一切用款均經隨時酌定飭撥，歷經奏明在案。

現據該局道員王瓘詳稱：洋火藥局開辦二十餘年，自光緒二十九年春間修理之後，迄今已閱五年。鍋爐機器在在均關緊要，自開辦以來，洋人保固年限早已届滿，雖經四次修理，而閱年既久，鍋爐大件尚可支持，惟汽缸、缸簧日形銷蝕，引擎馬力日見鬆弛，時虞出險；各廠屋面帆布多已滲漏，地板走廊亦多損壞，局門東西栅欄坍塌無存，廠中原造木橋七道，梁柱全行朽爛，亟應重行拆造，以免意外之虞。經督同員匠覈實勘估，計拆修機器汽缸配用各料、更換汽管、提簧、鍋竈等件，約需銀二千七百四十六兩有奇；更換通廠屋面帆布，修補磚墻、地板、栅欄工料，約需銀五千四百九十七兩有奇；拆造木橋七道，工料約需銀一千九百六十三兩有奇：共需湘平銀一萬二百六兩有奇，請照案由財政局撥給應用等情，經臣札飭財政局派員勘驗覆估去後。茲據詳稱：飭據委員逐廠勘驗，機器内如汽缸、缸簧之銷蝕，引擎馬力之鬆弛，均屬實在情形，急需拆修更換，原估銀二千七百餘兩，在該局係擇其至要之處覈實估修；至通廠屋面帆布破爛，走廊地板、橋梁木板朽壞不堪，原估尚係擇可用者酌量參用，並非通換；其橋樑七道爲運藥出入要道，行走動摇，傾摺堪虞，橋柱亦應拆換，原估銀七千四百餘兩，詳加覈計欲減不能。惟原估大門口栅欄兩道，多年無存，此時似可不必補建，可節省銀四百二十餘兩；又各廠補配玻璃，可節省銀二十餘兩：兩項約可減銀四百五十兩，此外未能再減。實需銀九千七百餘兩，較之前兩届請款尚屬減少。第此項工程勢難延緩，惟有由財政局設法籌撥，以濟工需。詳請具奏前來。臣復覈無異，自應準其照案動撥，以資應用。

除飭將動用細數俟工竣後覈實造册報銷，並咨外務部、陸軍部、度支部查照外，謹會同江蘇巡撫臣陳啓泰恭摺具陳，伏祈皇上聖鑒，敕部查照，謹奏。

《申報》宣統元年五月十四日第三版《咨部另籌兵工廠經費漢口》 漢陽兵工廠所需經費，年約二十萬金。由前督張中堂奏準在度支部土税統捐局年撥銀二十萬濟用。茲督辦土税柯遜帥以目下收數短絀，碍難照舊認撥，但該廠關係全國軍械，爰咨呈度支部轉咨陸軍部，鄂督迅速另行籌款，以免臨時倉皇。

《申報》宣統元年六月二十七日第三版《郡城藥局可危松江》 松城南隅向有火藥局，儲藏無煙火藥甚多，日來天氣炎熱，以致藥性澎漲，幾至爆烈。幸該局人員覺察，一時無法施救，急將火藥拋棄河中，或云拋棄甚多，或云因已請人抽去空氣，故拋棄甚微。當即稟請劉軍門、戚太守到局察看，一面將前情電稟上台云。

「中央研究院」近代史研究所《海防檔》丙機器局《宣統元年六月二十九日外務部收謹兩江總督樊增祥文》 現經臣詳細查覈局庫存儲各項火藥，仍不下一百數十萬磅，而每年所需，至多亦不過三十萬磅，是照額寔製五成，仍屬存多用少，已飭自宣統元年六月初一日起，再行酌減一成，計照原額停造六成，仍製四成常年經費。就現造四成覈算，寔應領銀二萬一百三十七兩六錢，如遇閏年，亦按四成加撥，按年覈寔報銷，其節存銀兩即由財政局照案專款存儲，凑撥修築藥庫，及購機修廠之用，仍俟數年後察看庫存火藥若干，應否添造，隨時酌覈辦理，以重軍需。除咨部查照外，謹坿片陳明，伏祈聖鑒。謹奏。

〔附〕謹將金陵製造洋火藥局自宣統元年六月初一日起，奉準造藥肆成，在局員司工匠兵夫人等薪糧工食公費銀數，比照成案，一律按肆成折放，繕具清摺，呈請鑒覈。

計開：

一提調一員，月支五成薪水銀二十九兩，四成支銀二十三兩二錢。

一文案兼管機器一員，月支五成薪水銀十八兩，四成支銀十四兩四錢。

一隨局差遣委員二員，内一員月支五成薪水銀十三兩，四成支銀十四兩四錢，一員月支五成薪水銀七兩，四成支銀五兩六錢。

一管理賬務，收發物料，監管各廠司事九名，各月支五成薪水銀四兩，四成支銀三兩二錢。

一書識三名，各月支五成辛工銀二兩，四成支銀一兩六錢。

一差弁二名，各月支五成薪水銀三兩，四成支銀二兩四錢。

一親兵十四名，各月支五成口糧銀六分，扣建四成支銀四分八厘。

一長夫三十六名，各日支五成口糧銀五分，扣建四成支銀四分。

以上員弁司事兵夫人等，計六十八員名，每月共支四成薪糧銀一百五十五兩三錢六分。

一機器匠正手一名，月支五成工食銀十二兩，四成支銀兩六錢。

一修理機器匠四名，内二名各月支五成工食銀六兩五錢，四成支銀五兩二錢。二名各月支五成工食銀三兩七錢，四成各支銀二兩九錢六分。

一燒炭匠五名，内二名月支五成工食銀二兩五錢，四成各月支銀二兩。三名各月支五成工食銀二兩三錢，四成各月支銀一兩八錢四分。

一提磺匠四名，内一名月支五成工食銀二兩五錢。四成支銀二兩。三名各月支五成工食銀二兩三錢，四成支銀一兩八錢四分。

一提硝匠七名，内三名各月支五成工食銀二兩五錢，四成各支銀二兩。四名各月支五成工食銀二兩三錢，四成支銀一兩八錢四分。

一和藥配料碾硝磺匠七名，各月支五成工食銀二兩七錢，四成各支銀二兩一錢六分。

一碾藥匠八名，各月支五成工食銀四兩五錢，四成支銀三兩六錢。

一鍘藥壓藥匠七名，各月支五成工食銀三兩，四成各支銀二兩四錢。

一篩藥光藥匠八名，内三名各月支五成工食銀三兩五錢，四成各支銀二兩八錢。五名各月支五成工食銀三兩一錢，四成各支銀二兩四錢八分。

一壓餅藥匠二名，内一名月支伍成工食銀三兩，四成支銀二兩四錢。一名月支五成工食銀二兩八錢，四成支銀二兩二錢四分。

一烘藥匠四名，各月支五成工食銀三兩，四成支銀二兩四錢。

一管理機輪匠八名，内二名各月支五成工食銀五兩六錢，四成支銀四兩四錢八分。二名各月支五成工食銀五兩，四成支銀四兩。四名各月支五成工食銀四兩二錢五分，四成支銀三兩四錢。

一燒汽爐匠十一名，各月支五成工食銀二兩三錢，四成支銀一兩八錢四分。

一裝藥匠三名，内上手一名，月支五成工食銀二兩六錢，四成支銀二兩八分。下手二名，各月支五成工食銀二兩一錢，四成支銀一兩六錢八分。

一機器鐵匠六名，内正手三名各月支五成工食銀四兩二錢，四成支銀三兩三錢六分。副手三名，各月支五成工食銀一兩八錢，四成支銀一兩四錢四分。

一廣木匠一名，月支五成工食銀三兩七錢，四成支銀二兩九錢六分。

一本木匠六名，各月支五成工食銀一兩八錢，四成支銀一兩四錢四分。

一廣瓦匠一名，月支五成工食銀三兩，四成支銀二兩四錢。

一本瓦匠二名，各月支五成工食銀一兩八錢，四成支銀一兩四錢四分。

一刮凈乾柳枝揀刷柳炭小工九名，各月支五成工食銀一兩五錢，四成支銀一兩二錢，以上造藥機器等工匠計一百四名，每月共支四成工食銀二百五十兩四錢。

一總局公費，月支五成銀四十五兩，四成支銀三十六兩。

統計員弁司事工匠兵夫人等薪糧工食，及總局公費等項，按照四成每月共支湘平銀四百四十一兩七錢六分。

查前項員司工匠兵夫人等薪糧工食公費銀兩，均按準銷成案，一律四折支給，應請大部立案。理合登明。

中國第一歷史檔案館等《中國近代兵器工業檔案史料》第一輯《胡湘林奏擴充廣東製造軍械廠告成摺宣統元年七月初八日》 頭品頂戴護理兩廣總督廣東布政使臣胡湘林跪奏，爲擴充製造軍械廠告成，謹將辦理情形陳明立案，恭摺仰祈聖鑒事。

竊照粵省製造軍械廠建於同治十三年，所造不過單響毛瑟，槍既不精，工又甚費，水陸軍所需槍彈仍皆購自外洋。前署督臣岑春煊因於光緒三十一年飭司局籌款，與德商信義、禮和兩洋行訂購新式造槍、造彈及無煙藥各種機器，奏請於清遠縣屬之大有村擇地移建新廠。嗣經練兵處議奏，以建廠制械一事，應按全國兵隊所需，建立南、北、中三廠，通盤籌畫，俾歸實用，且槍砲口徑亦須一律，飭令暫緩辦理等因，鈔摺咨行到粵。維時各種製造新機器早與洋商訂立合同，付款購定，並已陸續運到，勢難退回。經附片奏明，就原有舊廠擴充改建，安設新機開辦，經練兵處議准奏覆咨行遵照在案。旋於附近舊廠之番禺縣屬石井地方，將廠改建，俾敷開拓之用。又於南海縣屬濱江口地方，另建無煙火藥廠。委四品卿銜前廣西候補道魏瀚、廣東候補道李哲浚爲該廠總、會辦，並委司道等一同辦理。復派匠目吴心如等六人前赴德國各廠學習各種製造新理法，以期精進。該匠目等回粵後，所制槍彈子藥頗有心得，如陸軍部議定六密里八口徑新式槍，每日可造二十餘枝，木頭、鋼頭各彈，亦每日可造數萬顆。已於上年八月送部考驗，本年閏二月覆準禁衛軍大臣咨取槍樣作爲標本，亦經派員先將步槍賫送。總計粵廠之開辦，前後甫逾五載，而製造如此，固已成效昭然。兹據該廠司道等詳請奏咨立案前來。

臣維粵省素稱多盜，加以地鄰港澳，華洋雜處，一切巡防緝捕，歲需槍彈甚多，而從前舊廠造成者，率因舊式之故，不適於用；若購之洋行及江、鄂各廠，又往往緩不濟急，運到需時；矧新軍一鎮將成，此項實關要用。今該廠建設未久，經該總、會辦等悉心經畫督率，廠員等昕夕從公，不辭勞瘁，用以克底於成。所造槍枝，子彈屢經試放，亦極精堅靈便。此後防營及新軍所用，均可取給於兹。製造之良，尚稱利器。至該廠出力員弁等任事精勤，不無微勞足録。謹查光緒二十四年，湖北漢陽廠槍砲告成，經昇任督臣張之洞將廠員等分别保獎，今粵省事同一律，可否援照成案，擇在事尤爲出力者量予保獎以示鼓勵之處，出自逾格鴻慈。臣仍當督率廠員，轉飭工匠等力圖進步，精益求精，以仰副朝廷整備軍儲，建威銷萌之至意。

所有擴充廣東省製造軍械廠告成，謹將辦理情形陳明立案緣由，除咨陸軍部查照外，理合恭摺具陳，伏乞皇上聖鑒訓示，謹奏。

朱批：着袁樹勛查明具奏。

中國第一歷史檔案館等《中國近代兵器工業檔案史料》第一輯《胡湘林奏請爲廣東製造軍械廠購買制快砲機器片宣統元年七月初八日》　再，丹國所出輕機快砲，創造於西曆一千九百零四年，八米里口徑，二千密達率速，每（杪）〔秒〕鐘能放十二響，而携帶尤極靈便，近日外洋各國改練此種砲隊者極多。查此砲於守險爲宜，施之山路崎嶇，實可以一敵百。粵省製造廠前經飭匠仿造，竟能用手工制就，匠心獨運，工作精良，與外洋所制無異。曾將砲樣一尊，派員送至陸軍部考驗。現準咨覆，謂所制快砲並無專門機器，亦無制此項快砲之材，成自手工，殊非易事。又謂砲身靈便，機件堅固，準頭擊遠，尚屬合宜，該局督理人員及工匠等均堪嘉許。惟機關砲日新月異，應再物色最新之式樣，比照仿造，以圖進步，而資擴充等因。當經飭據該廠詳稱，現已電詢德國克虜伯砲廠，日造快砲十尊之機器，約需價銀三十萬兩，請予籌撥前來。臣查此項快砲，既經送部驗明，準再覓最新式樣比照仿製，應即遵照辦理。

除轉行司局，飭將機器價銀分年籌撥，以憑購辦，並咨陸軍部查照外，理合附片具陳，伏乞聖鑒訓示，謹奏。

朱批：着袁樹勛查明具奏。

《申報》宣統元年七月十一日第三版《藥庫無煙藥剋日可遷松江》　松郡火藥局於六月二十二日因天氣過熱，幾釀巨禍。府尊戚太守申稟省憲，請催江陰秦望山新藥局早日落成，俾得速遷。初八日府署接奉蘇撫瑞莘帥電，略謂新局無煙火藥房已告竣，即可剋日遷入。其黑藥房亦已飭匠儘八月内完工，應否先將松局無煙火藥剋日搬遷，已電請江督張安帥覈示。

《申報》宣統元年七月二十九日第三版《餉械所添員覈算報銷廣東》　粵省自岑前督任内，新軍已成十營，旋覆裁併。惟當時餉項報銷，尚未清理。現當清釐財政之際，特由善後局移行新軍餉械所，趕緊覈算造報。惟該局以事隔日久，敗目紛繁，擬添委覈算二員，專辦銷案，俾早竣事，以清首尾。

《申報》宣統元年八月二十日第四版《邊防製造局改良之先聲廣西》　龍州邊防製造局，經前□督辦籌款創辦，原以修造鎗碼，去春歸併餉械局管轄。該局總辦余紫庭觀察遣派匠目王蘭生，前往東京留學。並調查製造法，以圖改良。現聞李觀察接王匠目報告調查書内稱，織布車水各機器價廉利用，並可仿造。現飭王留心向學，舉業後順購械器回國，以便實行改良辦法。

中國第一歷史檔案館等《中國近代兵器工業檔案史料》第一輯《袁樹勛奏廣東製造軍械總廠擴建費用暨常年經費片宣統元年八月二十一日》　再，準部咨，嗣後各省如有增支之款，必須事前奏咨立案，事後方準開銷等因，歷經遵辦在案。

茲查廣東省製造局廠，原設在省城外增步、石井地方，光緒三十年間，因籌議補充，移建新廠，擬在於清遠縣屬之大有村擇地移設，並向德商禮和、信義兩洋行，訂購新式造槍、造彈及無煙藥各種機器回粵，當於光緒三十一年二月間，經前署督臣岑春煊會同前撫臣張人駿具奏。準練兵處議覆，以建廠制械一事，應按全國兵隊所需，擬建南、北、中三廠，通盤籌畫，俾歸實用，飭令粵省暫緩辦理。迨是年十二月間，覆經前署督臣岑春煊具奏，以各種新機早與德商訂立合同，付款購定，並經陸續運到，勢難退回，擬仍就原有舊廠擴充，安配新機，力爲整頓。準練兵處議覆，該省舊廠擬請准予暫勿裁撤，奉旨依議。欽此，咨粵欽遵各在案。

伏查製造新廠，原擬在清遠縣屬大有村建設，嗣奉行咨覆，仍就石井舊西局旁購地擴充，其中建造工程及購買造槍、造彈各種機器，並各項物料暨派工匠出洋學習川資旅費，凡載運機器入口應完稅厘等項，計自光緒三十年起至光緒三十四年止，共由善後局撥過銀一百三十五萬六千三百九十七兩六錢八分一厘一毫〔內有造槍、造彈機器價款，原訂合同係自光緒三十一年正月起至光緒三十四年八月止分爲九期撥付，甫經撥付清楚，是以現在始能將全案支過銀兩開報〕。又原日製造東、西兩局，續改爲製造新局，現改名製造軍械總廠。由善後局撥過經費等項銀兩，自光緒三十二年以前，先經造册報銷在案。查該局所需經費，原係月撥實銀八千兩；自光緒三十三年二月起，因擴充製造，每月撥發實銀二萬五千兩；所需物料、煤炭等項，係由善後局陸續購撥。計自光緒三十三年正月起至三十四年底止，共由善後局撥過經費及煤炭等項共銀六十七萬四千四百八十七兩七錢七分七厘〔此款因月需經費內有增支銀數〕。據廣東善後局署布政使沈曾桐等將支過前項新廠工程購買機器、物料等項及常年經費、購料等項，分別兩案造册，詳請奏咨前來。臣覆覈無異。

除分咨各部查照外，謹附片具陳，伏乞聖鑒，敕部立案施行，謹奏。

朱批：該部知道。

中國第一歷史檔案館等《中國近代兵器工業檔案史料》第一輯《廣東海防善後總局造報廣東製造軍械總廠擴建費用清册宣統元年九月初四日》 廣東海防善後總局爲造報事。

謹將擴充製造新廠，自光緒三十年起，暫截至三十四年底止，本局支過建造工程，購買機器、物料，並開稅、厘金，暨出洋工匠川資旅費各銀數，開列清册，呈請察覈施行。

須至册者，計開：

工程項下

一、勘清遠縣屬大有村新廠地基往來費用，共用銀九十八兩一錢四分五厘〔此款係以實銀給發，合聲明〕。

一、購清遠縣屬大有村新廠地基價值，實銀四百四十六兩二錢二分七厘（此項地基原購價值等銀七千八百五十六兩零六分七厘，嗣奉行緩建，故將該處廠地並平屋三間，招得商人李昌興堂承買，繳還價銀七千四百零九兩八錢四分零一毫四絲外，計實祇支前數，合聲明）。

一、在清遠縣大有村看守料件雜項暨運費等項，實銀五千六百九十四兩五錢七分五厘(二)八毫。

一、在石井舊西局旁購買地基價值，共實銀九千七百四十二兩三錢四分一厘三毫一絲。

一、購買石井無煙藥廠地基價值，實銀七千四百零九兩八錢四分零一毫四絲（此款係將商人李昌興堂承買清遠縣屬大有村廠地並平屋三間變價抵付，合聲明）。

一、在石井舊西局旁建造碼頭堤基，共用銀一萬七千六百七十五兩零零五厘（內一萬二千七百二十七兩八錢四分係扣六分部平給發，四千九百四十七兩一錢六分五厘係以實銀支給，合聲明）。

一、在石井舊西局旁填築地基及搭蓬廠，共實銀八千八百四十兩。

一、在石井鑲建槍廠鐵屋工料，實銀二萬零五百六十一兩七錢一分九厘二毫。

一、在石井鑲建彈廠鐵屋兩座工料，銀三萬四千八百五十八兩零五分一厘四毫（此款係扣六分部平給發，合聲明）。

一、在石井建造無煙藥廠工料，銀五萬二千九百三十一兩八錢七分一厘四毫（此款係扣六分部平給發，合聲明）。

一、購士敏土價值，共銀二萬七千二百九十一兩六錢五分七厘六毫（此款係按九五扣給發，合聲明）。

一、購建蓋彈子廠並製造洋槍廠全副鋼料、鐵料及電燈機，併合規元連補水等項，共實銀一十三萬九千零四十五兩零五分七厘。

一、購輕動鐵路，併合香港銀紙銀三千五百二十四兩二錢一分二厘，連補水大平，共實銀三千七百六十二兩零九分七厘一毫（此款價值銀三千五百二十四兩二錢一分二厘係按九五扣給發，合聲明）。

一、購起重架一具，伸合香港銀紙銀八百三十八兩八錢八分六厘，水脚、保險、關稅及補水大平等項，共銀一千一百五十二兩三錢九分二厘六毫（此款價值銀八百三十八兩八錢八分六厘係按九五扣發給，合聲明）。

一、購槍彈廠用煙囱二座，伸合香港銀紙銀二千五百二十兩，連補水大平，共銀二千六百七十八兩七錢六分（此款價值銀二千五百二十兩係按九五扣給發，合聲明）。

一、購無煙藥廠鐵屋材料，伸合香港銀紙連補水大平，共實銀四萬三千四百七十五兩七錢四分八厘。

以上建造工程，共銀三十七萬五千六百六十三兩四錢八分八厘五毫六絲。

購買機器項下

一、購造槍、造彈機器，伸合規元連補水大平，共實銀六十七萬六千四百五十兩零零九分六厘二毫六絲（此項機器價值，係自光緒三十一年正月初十日起，至三十四年八月二十日止，分九期交付。至規元補水時價漲落不同，計實付過前數，合聲明）。

一、購製造棉花藥轉造無煙藥各種機器，伸合規元連補水大平，共實銀一十四萬四千零一十六兩五錢五分四厘。

以上購買機器共支銀八十二萬零四百六十六兩六錢五分零二毫六絲。

購買物料項下

一、購制冰、電光及試驗槍筒並裝子盒各機器暨紙盒材料等項，共價銀三萬四千七百八十六兩八錢（此款係按九五扣給發，合聲明）。

一、購買卷成之槍筒一萬枝又配考等件價值，伸合香港銀紙銀五萬五千五百六十九兩五錢二分零八毫，連補銀紙水大平，共支銀六萬零零七十四兩三錢五分六厘六毫八絲（此款價值銀五萬五千五百六十九兩五錢二分零八毫係按九五扣給發，合聲明）。

一、購栗木槍殼並栗木護手一萬副，共實銀二萬一千八百四十二兩八錢七分一厘。

一、購火爐磚三萬塊，共實銀一千四百二十五兩五錢八分一厘六毫。

一、購火坭四十桶，銀七百九十四兩七錢九分三厘六毫（此款價值係按九五扣給發，合聲明）。

一、購巴利士黑油四百九十六罐，銀一千五百七十一兩三錢二分八厘（此款係按九五扣給發，合聲明）。

以上購買物料共支銀一十二萬零四百九十五兩七錢三分零八毫八絲。

載運機器入口應完關稅厘金項下

一、自光緒三十一年起至光緒三十四年止，共支銀二萬八千九百零一兩六錢三分二厘四毫。

出洋學習工匠川資旅費項下

一、自光緒三十年起至光緒三十二年止，共支銀一萬零八百七十兩零一錢七分九厘。

通册共支銀一百三十五萬六千三百九十七兩六錢八分一厘一毫。

查前項支過銀兩，均按時價及從實開報，一切細數俟報銷時再行開列，合聲明。

中國第一歷史檔案館等《中國近代兵器工業檔案史料》第一輯《杜慶元造報雲南機器局光緒三十四年機器設備報告表宣統元年九月》　堪用件數：阿明敦新式機二具，釘爐機一具，剪銅皮小條機二具，壓片並撞杯機一具，壓長銅殼直行機四具，壓簧彈機一具，壓銅殼底綫機一具，壓銅帽墊子機一具，壓白藥錫箔機一具，鑽火眼機一具，剪殼口機一具，修理銅殼邊綫機一具，開闊殼口機一具，收細殼口機一具，壓銅帽位機一具，安銅帽機一具，剪彈邊機五具，鑽彈卷紙機九具，剪紙機一具，改造椿銅帽十字機一具，六尺車床十七具，八尺車床十一具，直鑽床四具，熔銅爐一付，十五尺車床一具，刨床五具，螺絲柱機一具，連二鑽床一具，連三鑽床一具，裝火藥機二具，圓磨刀石並鐵桶機一具，移行起重機一具，手力鑽床一具，小鑽床一具，改造椿銅帽窩子機四具，自造椿拉火機一具，自造點銅帽白藥膠水機一具，自造壓銅帽白藥機一具，自造椿各樣逼碼小銅帽機一具，響號喊呕一個。

不堪用件數：磨擦機一具，橫鑽槍筒機三具，直鑽槍筒機二具，來覆車機一具，改造光槍筒機二具，開山鐵嘴四箱，鐵洋錢九十五個，造蠟塞機器一具，車抬槍筒機一具，車撞火機二具，未成功收逼碼機一具，壞逼碼機一具，毛坯舂銅帽機四具，焙干銅殼熱汽臺二具，火爐煙冲一個，熔銅鐵爐二座，小車床一具，改造椿洋鐵盆機一具，三角架面子一個，葫蘆大身二件，民喉花藍兩箱，葫蘆石水九箱，四百磅洋秤一架，色老後膛鋼子模一付，鑄子母砲鉛子模一付，鑄老後膛子毛胚銅模子二件，鐵爐蓋二個，三角起子一把、爛榔頭二個，水龍二架，銅撐架一個，火磚鐵模七付，鐵火箭架三付，鑄小砲子鋼模一付，指南針一個，繪圖器具一件，熔銅喉三箱，化學器具一付，測繪器具一付，電汽表二個。

《申報》宣統元年十一月初七日第三版《燒燬受濕無煙火藥松江》 鬆郡夏間，火藥局浸濕之無煙火藥有一千三百餘箱，現在藥庫遷往江陰之秦望山，而此項水浸之藥理應焚燬，遂於初四日製造局趙委員偕滬紳李君來松郡，尊戚太守、婁縣劉大令、中營余參戎亦率同各營將備，先後均至南外大校場，將各藥挨次焚燬。觀者如堵，惟見火光融融，硫磺氣撲人，而並無煙縷。自晨八句鐘焚起，至下午始熄。

中國第一歷史檔案館等《中國近代兵器工業檔案史料》第一輯《朱恩紱就考察四川機器局情形致陸軍部電宣統元年十一月初八日》 陸軍部鈞鑒：菊密。艷電敬悉。敬謝。

前月廿三，往查東門內老廠，各機新舊參半，中可改合新舊之用者十居八九。惟廠房及各機位置雜亂。委員十八人，無一畧諳製造者。司事五十人，工匠六百四十四人。常年經費僅十二萬八千餘兩，薪工已去其半。自光緒三年開辦迄今，共用銀二百九十五萬五千餘兩。而歷年所造皆單響毛瑟、馬梯尼、蜀利抬槍而已。

初二移駐東門外新廠，規模尚大，距無煙藥廠約三里許。兩廠機皆新式，甚好。原訂合同每日出槍五十支，子二萬五千顆，藥七十五啓羅。詳察各機能力，似皆不能足數。熔銅、打鐵各廠，零星起造，刻未竣工。添補機器，亦未運齊。已到者雖安裝，然轉手次序大半紊亂，將來開工造械，往返搬運不免耗時糜工。廠房布置亦多不合，如工防隊逼近槍廠，流弊滋多；試槍土靶上蓋瓦房尤屬可笑；烘棉花藥等房均距各廠咫尺，極爲危險。自開辦起，建廠、購機銀一百四十餘萬兩，備料銀三十五萬五千餘兩，運費銀三十四萬餘兩，薪工雜用，遊歷學費銀二十八萬三千餘兩，統共用二百三十八萬八千零兩，至今開工無期。局中委員已二十七人，提調多至四人，司事、書識共八十八人，藝徒、巡丁、雜役共二百六十八人，工匠四百四十六人。每月薪工已需銀七千六百餘兩，而長年經費僅彩票捐銀十七萬兩。以形勢論，入川水陸巇險異常，鐵路未通，萬無在此輕議辦廠之理。但目前勢成騎虎，又萬無中止之理。專就該廠以前運費而論，已虛糜巨數，而後運料更難預計。當日如將此廠議設重慶，所省實多，不審何以見未及此。此恩紱與各員日夕籌思，焦灼萬狀，而無可挽救者也。

次帥現又改老廠造砲，別籌開辦費十三萬兩，廠房已改就大半。紱謂現在造砲之機未備，造彈之機全無，均必從新添買。砲料鋼爲大宗，非購自滬、鄂，則來自外洋。預計造砲一尊，其成本當較買價昂至數倍。乃復欲於重慶設廠煉鋼，然無款，無人，談何容易。槍廠經費現祇些須，更有何力推及(綱)〔鋼〕、砲。連謁次帥，已力持老廠歸併新廠之議，尤力阻不必煉鋼，不如挾全力注重槍、藥兩廠，或尚有成效可睹。第此開造槍一支，約略估算較鄂價已昂一倍有奇，即令出數能符，而取值過昂，雲、貴、陝、甘必不願購，終日存積，將如之何。此實不能不深思遠慮者。

恩紱此來，責重考察，亦未便遽言更張，且兩廠皆藩司督辦，屢經晤談對付，頗費斟酌。惟既有所見，不得不將新廠布置不合處，與夫員司太多，招工太早各節，商之總辦，須速酌改裁汰，能否采聽，尚未可必。此到川後日來籌畫之大概情形也。

郵遞頗遲，特再電達，是否有當，伏乞示遵。

再，考試工匠已備試卷，擬有問題及面試、手工兩種辦法，試竣後，當陳明鈞部。應否再附片奏明考試情形數語，均求酌示，爲叩。恩紱。庚。印。

中國第一歷史檔案館等《中國近代兵器工業檔案史料》第一輯《張人駿奏銷金陵製造洋火藥局光緒三十三年支用經費摺宣統元年十一月二十二日》 南洋大臣兩江總督臣張人駿跪奏，爲金陵製造洋火藥局支用經費第二十五案造冊報銷，恭摺具陳，仰祈聖鑒事。

竊金陵設局製造洋火藥，截至光緒三十二年十二月底止支用經費，業經列爲第二十四案造冊奏銷在案。

茲據該局道員劉體乾詳稱：查洋火藥局於三十三年六月遵飭歸併金陵機器局，所有正月至六月底止收支造藥款目，自應並案報銷，以符年款。計自光緒三十三年正月接造六成火藥起，截至是年十二月底止，舊管上屆實存庫平銀九十二兩有奇。新收江南財政局撥發六成造藥經費湘平折合庫平銀二萬九千七百九十六兩有奇，又補收豫儲料物湘平折合庫平銀三萬三千七百七十四兩有奇〔查此項銀兩，因硝、磺、柳枝等料均須豫儲，方合造藥之用，光緒十八年詳準甲年預支乙年經費湘平銀三萬五千兩，遞年推領，年報年款；嗣於三十二年以六成經費推領爲難，詳準爲儲備藥料之款，應即照數補收》，共庫平銀六萬三千五百七十兩有奇。開除各款，遵照部議報銷章程，各歸各部覈銷，計應歸度支部覈銷庫平銀六千九百十六兩有奇，陸軍部覈銷庫平銀二萬二千二百九兩有奇，統共請銷庫平銀二萬九千一百三十六兩有奇。除是年裁減湘平折合庫平銀六百四十八兩有奇，遵經解還財政局列收外，仍實存庫平銀一百十四兩有奇，儲料庫平銀三萬三千七百七十四兩有奇，歸於下届三十四年經費内舊管項下滚接造報。造具總散各册，詳請奏咨前來。臣覆覈無異。

除將送到清册咨送外務部、度支部、陸軍部、農工商部覈銷外，謹會同護理江蘇撫臣陸鍾琦恭摺具陳，伏乞皇上聖鑒，敕部查照施行。謹奏。

朱批：該部知道。

中國第一歷史檔案館等《中國近代兵器工業檔案史料》第一輯《朱家寶奏擬將安徽製造廠改爲電燈廠片宣統元年十一月二十八日》再，安省製造廠本係造幣廠基址，光緒三十三年因造幣停止，機匠、廠屋廢棄可惜，經前撫臣馮煦奏明，改設製造子殼，以供軍用，就原有機器、物料畧有增損，先行開辦，一面在上海配購子殼機器。嗣以經費支絀，未及配購齊全，僅敷配修槍枝之用，而製造廠之名則因仍未改，不特與奏案未合，實於名義有乖。且既立製造之名，雖不比他省大廠工作之浩繁，總不免有所浮費，皖省財政艱窘，自當亟加覈改。現在廠中工作實止電燈、電話兩項，名實不符，擬將製造廠之名改爲電燈廠，用歸覈實，兼以節省浮糜。查電燈一事，係光緒三十四年由前撫臣馮煦飭由藩司酌撥經費試辦，如有成效，再行接續推廣。開辦以後，市塵漸知樂用。電燈機一部僅供千盞，經費莫續，推廣爲難，以致來廠請設者，無以應付。兹將製造原有員司匠役，覈實裁減，省出經費，常年積纍，或可爲推廣電燈之用。製造廠既裁以後，各軍配修槍械等事，更設修理所，仍附設電燈廠中，其電話所一並附入，以節虚糜。

中國第一歷史檔案館等《中國近代兵器工業檔案史料》第一輯《趙爾巽爲四川機器局光緒二十九年至三十三年購機建廠用款事致陸軍部之咨文宣統元年十二月十九日》尚書銜陸軍部尚書銜兼都察院都御史總督四川等處地方提督軍務兼理糧餉管巡撫事趙爲咨送事。

據辦理兵工廠布政使王人文、存記道毛玉麟、柴作舟等詳：案查前準清理財政局移，奉本督部堂札，宣統元年二月十五日準度支部咨，具奏各省舊案擬請截清年分勒限開單報銷一摺，聲明請飭各省遵照奏定清理財政章程第五條，將光緒三十三年以前未經報部之案，分案據實開造詳細清單，限於宣統元年十二月以前陸續送部覈銷，勿庸開造細册，以期速蕆等因，奏奉諭旨，欽遵咨川行局移廠。

奉此，查廠原名機器新廠，今始更稱。以前支款大(綱)有二：一爲買機器；一爲建造廠房。其購機一項，始自光緒二十九年十二月，奉前督部堂錫奏派章故道世恩前往德國購買機器，撥給款項承領支用後，又由章故道分撥若干交留德學生監督楊直牧兆龍經手，但章係分類報銷，楊係按月開報，體例既各不同，礙難劃分歲款。至建廠一項，始於光緒三十一年四月覓定廠基開工建造，一切開支自應據案分年造銷。奉批前因，遵即另造簡明清册，仍將自二十九年十二月起三十二年七月止，章故道暨楊直牧前後經手購機各款並案列爲一册，將三十一年四月起三十三年年底止本廠建造等款分年列爲一册，以昭明晰而歸覈實。除三十四年以後款目另遵章程辦理外，理合具文詳請查察，分咨度支部、陸軍部覈銷，實爲公便等情。

據此，除册分送外，相應咨送。爲此合咨貴部，請煩查照覈銷施行。

中國第一歷史檔案館等《中國近代兵器工業檔案史料》第一輯《朱恩紱奏四川機器局工匠考試情形片宣統元年十二月二十七日》再，前準陸軍部照開議覆御史石長信奏請製造諸工量予實職一摺，内稱：現在業經奏請簡派大員前往各省局廠考查，擬俟該員周歷完竣，考查明確，如有工藝最優者，即商明臣部暫行參仿日本技師、技手名目或各工兵長、準士官、下士、判任文官各等級，量予實職，由臣等酌覈，分别具奏，請旨遵行等因。六月十九日奉旨依議，欽此，欽遵照會在案。

臣此次於川省兩製造廠切實考查後，遵即另備試卷，招集廠中各工匠，率領隨員分期考試。或條列試題，憑問答覘其理想；或備陳物料，限鐘點驗其手工。總計能應考者，舊廠一百零一名，新廠一百七十七名。經臣將各試卷評定分數，分别等第，榜示局門，並傳集各工宣佈朝廷勸工之至意，俾衆同知，以資策勵。

俟各省局廠考查完竣，將所有試卷匯送陸軍部查考，再行擇尤加具切實考語，會商訂定奬勵章程外，理合附片具陳，伏乞聖鑒，謹奏。

宣統元年十二月二十七日奉朱批：覽。欽此。

以爲祝。

中國第一歷史檔案館等《中國近代兵器工業檔案史料》第一輯《朱恩紱就考察四川新舊兩廠情形致軍實司長李盛和函宣統元年十二月》 壽春仁兄大人執事：自違雅教，晌屆歲闌。回憶都門晨夕過從，凡諸瑣事屢瀆清神，耿耿在懷。久稽箋談，實緣忙冗，當荷鑒原。朔雪曉霏，北風夜緊。嘉想安善，攝衛綏宜，至以爲祝。

弟重陽次日，由漢溯江，十月下旬道巴抵蜀。征衫甫脱，官牘紛陳。此間製造事宜，共有新舊兩廠，規模粗具，頭緒尤繁。經弟考察月餘，始能得其實際。而鈎稽釐訂，則已煞費精神。所有員司疲於奔命。弟素性褊急，不能佩韋，心瘁形劬，至於咯血。但求靡鹽，寧敢告勞。惟茲事體大，勝任實難。將來江、漢、粤、齊局面更大，事務更多，尤未可輕於從事。公愛我者，何以教之？

至此次考查各端，亦非片紙之所能罄，另著圖説、表册，並鈔録奏底，用公文咨達部中。摺中指示局員移換機輪一端，實爲該廠大省經費；蓋當初廠員誤疑機力不足，議以三十萬金添購機器，今此議遂罷，即增購亦不過數萬金可了。惟常年經費不敷實多，思之令人鬱結。凡諸鄙悃，幸公代白。

三堂北望觚棱，無任馳係，肅泐布臆，敬請勛安。諸惟雅照。

愚弟朱恩紱頓首

敬再啓者：弟出都時承貴部開示應行考察各條，綱舉目張，深資依傍。至各種月報表式，原擬考察一二省後，互证參觀，再行訂定。惟川省雖有新舊兩廠，均無完全局面。舊廠規模狹小龐雜，原造槍彈現已停工，開辦砲廠初有基礎。新廠地勢廣衍，布置闊大，而建築尚未完竣，製造亦未開工，辦理情形頗難逆料。該廠於物料、薪工、規章各項，雖經刊表預算，未卜能否實行，率爾仿訂表式，將來必多滯礙。擬俟考察粤省之後，如果確有把握，當即遵照前表，參訂通行各省局廠月報表式，送呈貴部覈定。又精通火藥之員，以弟所聞，除陳君樂書，外間竟難其選。幸川省藥廠尚未興工，猶可將就了事。將來必另派專員。此次所帶隨員，因川路窵遠，力從減省，考察與考工兩事並舉，實在不敷調遣。滬、鄂較川省更繁，非加派隨員三五員，萬難迅速蕆事。

除俟到漢後再行開單咨達外，先此附陳，伏乞一並轉禀堂憲爲禱。再請臺安。

中國第一歷史檔案館等《中國近代兵器工業檔案史料》第一輯《冷利南爲四川機器局辦砲廠事呈四川總督趙爾巽之禀文約宣統元年》 敬再禀者：竊職道叠呈蕪禀，深荷憲聰。待命之餘，何煩再瀆。誠以製造之命脈關係匪輕，能得其要領者，即可措置裕如，而收效亦有可必。此中真際，非大言欺人者所肯道，惟實事求是者始言之耳。故管窺所及，不能不爲我大帥再陳之。

查本廠改造砲廠，經季帥不動聲色而規模已定。創始經營，毅然獨任，豈率爾入告耶？天下事惟有大力者能任之，非常之事固非常人所可語也。蓋季帥閱歷既深，識見尤卓。環顧中外，深知製造之命脈在工匠而不在官吏，工匠之巧拙，即製造之優劣判焉。凡中國之新舊各廠，止能稱仿造，不足語創設，依樣葫蘆，東鄰傚颦，相沿已非，精求者寡。惟季帥宗旨不尚闊大，專求實行，不務虚名，專重試驗；深知試驗即把握之本。爲今之計，舍此尚别有把握耶？以故鋭意改辦，因陋就簡，首重舊廠、舊匠，以爲實行試驗之基，是真能知製造之命脈在工匠不在官吏矣。不然，試問如南、北洋之恢宏巨廠，自總會辦以及員司，除督工而外，若論製造，有不十九茫然者乎？又若南洋機器局、湖北兵工局，其工匠何曾出洋學習，而製造頗精，雖洋匠有不折服者乎？總之，中國機器能仿造則逐漸可精，能試驗則把握有據。此本廠之兢兢自矢而冀收效於將來者，固在此而不在彼。然今侈談新政者有二：其一，曾經出洋如走馬觀劇，目炫五色，心得毫無，而動以出洋欺人，即叩其能製造否，則瞠目橋舌而莫能對；其一，稍知製造，動輒居奇，以爲創始經營非數十百萬金不可，居心近利，罔恤時艱，即叩其所以製造，則猶是一二舊匠。是賴此二人者，固善騰其口説，不求實行，而但知增廓廠房、安置委員及寬裕經費三件事耳。甚至故神其説，此非專門學問不可。雖然專門之學誠貴，而及今以圖，果誰勝任？若此之謂，是此局不應開辦於數十年之前，而轉有待於數十年之後。茫茫人事，何可預期？我笑前人拙，安知後人之不更笑我拙也。乃好事者故作驚人之語，聳動憲聽。即議論經年，把握何在？更可笑者，一入老廠便説腐敗，一入新廠便加揄揚。而絶不考校工藝若何，根究經費若干，漫加軒輊，以意窺人。詳察此輩，莫不講表面，想發財耳。職道硜執樸訥，不善周旋，但祇知在一局必盡一局之職務，以今日改辦砲廠，惟以考工、節財、實行仿造，即是把握。至若道聽途説，大言不慚，患得患失，無所不至之行爲，縱令偶蔽憲聰，殊覺慚惶無地。據情直陳，言之近激，幸垂察焉。

職道利南謹禀

中國第一歷史檔案館等《中國近代兵器工業檔案史料》第一輯《冷利南爲議覆四川機器局停造事呈四川總督趙爾巽之禀文約宣統元年》 敬禀者：本月初七日奉憲臺札，飭本廠即日停造槍件；並飭將造砲有無實在把握，制成能否合用，會同布政使司暨督練三處勸業道確切研究，覈議覆奪等因。

奉此，職道仰體憲臺籌儲軍備實事求是之至意，故管窺之見，亦有不敢緘默不言者。夫以本廠開辦垂數十年，舉凡教習工匠，修建廠房，逐漸經營，乃已成之局耳。今一旦奉諭停工，勢必舉素所練習之工匠而散處之，勢必置未成、將成之槍料而銹蝕之，得失之機，無須再計。如果新廠開辦有期，尚曰轉移間事耳，今新廠開辦已鋪張三四年矣，不但一工未成，即機件亦多所未備，即使迅速將事，亦非一二年不易觀成。況工匠類皆貧寒，斷難枵腹而待，如俟開辦後再設法而羅致之，則誠非易事矣。此槍件即日停造之難也。

至於辦砲廠，已於三十四年二月奏咨有案。經本廠仿造新式速射山砲，歷次試驗均能如法，如果專指此項砲位而言，本廠自是較有把握。今即改建砲廠，則以後之逐漸擴充，徐圖進步，其成效似又未可限定。況開辦經費不過十三萬，而規模大備。常年經費不過六萬兩。本根完全就原有機匠組織而成，不資外人之力，機件一到即能克日開工，不至虛糜公款。此皆本廠之確有把握者也。此開辦砲廠不議而可決者也。

以上兩節皆屬職道一得之見，或者無當事機。所未解者，當日開辦新廠，何以不歸併老廠辦理？坐令如許巨款虛耗三年，除建設未完全之廠房而外，無所考其實地。迄今爲該廠運機器者，本廠運員也；爲該廠買炭斤者，本廠委員也；爲該廠修機者，本廠工匠也；以及零星機件需用物料，皆莫不取給於本廠。名曰互相挹注，實則處處仰給於人。籌備三年，固如是乎？設使當日歸併老廠辦理，衹須添委提調一員，收支監工各一員，交通而移易之，不但廠早已開工，即所省糜費亦不可臆計矣。

凡事慎之於始，惜新廠爲已成之舉，未便率爾輕議耳。職道就事論事，本無成見，第因受恩知感，因感思奮耳。是在憲臺毅力而主持之，斯軍儲之重，不但爲全蜀之福已也。

中國第一歷史檔案館等《中國近代兵器工業檔案史料》第一輯《趙爾巽爲請分撥四川機器局新廠常年經費事致陝甘雲貴等省督撫之咨文約宣統元年》 爲咨商事。

案查光緒二十九年冬，前督部堂錫、貴督部堂以時世孔亟，教練各軍舊式槍枝不適於用，必有新械而後可以練强兵，必有新機而後可以造新械，槍砲之精又以德國爲最，乃設法籌款，奏派章道世恩等遠赴柏林考查。以一千九百零三年毛瑟步槍爲最新、最利之械，當即訂購每日出槍五十枝、槍刺五十把、出彈二萬五千粒，無煙藥七十五啓羅各種新機全部，並選聘高等洋匠三名，仿造各種步槍。復於三十一年秋，擇地於成都東門外，建立機器新廠。洋匠早經到蜀，廠房漸次落成，各機運到安裝齊全。一俟補配江行沉失機件及購運各料到齊，來年春夏之間，即可開工製造。

查原奏内稱：川省多造新械，不惟藏衛可以兼顧，而滇、黔、秦、隴購運甚便，裨於西北軍實所關綦重。現在新廠行將成立。經營數年之久，開辦之資，如購機建廠，聘匠招工，與夫備料、運費各項，綜計一百數十萬之多，川省已獨任難。此後之常年經費，約略覈計，至儉亦須六七十萬金，擬合各省之力爲之。歲出之槍、彈、藥三項各若干，按所認之經費多寡攤分各省。既經認費，則有監督此廠之權，並可派員來川協同監造。如此則已成之廠不致因費絀而停，各省教練新軍亦有利器資用。苟有急需，更可源源接濟，無異取諸宫中。較之購於江海各處，權不我操，緩急難恃者，大有間矣。如荷貴部堂、院允可，請將所認常年經費數目，迅賜咨覆。即當首列台銜，合同各省奏咨立案，而昭信守。

中國第一歷史檔案館等《中國近代兵器工業檔案史料》第一輯《毛玉麟爲四川機器局新廠試用川硝造鏹水合用事呈趙爾巽之禀文宣統元年》 敬禀者：新廠造無煙藥，歲需德國知利硝五十餘萬啓羅以造鏹水，購價在六萬金以上。因思川硝甚廣，亟思試用。洋匠奢福謂川硝質劣，必須煉净，乃肯一試。而煉硝之各種洋藥，多方購求，半年無成。昨日親督開爐，强其以未經煉净川硝姑爲試造，奢福考驗在八十八度以上，與德硝無異，制無煙藥甚合用，誠職道初意所不及。如歷久其性不變，則歲可節省數萬金。但以保險、關税、運費足敵本省硝價，而且利不外溢。然究竟程度如何，猶不敢深信，已分送勸工機器各局試用之。茲先敬具一瓶呈驗。

恭叩福安。

職道玉麟謹禀

再，細覈此水，除人工不計外，但以磺水、硝炭各價而論，每磅約合銀三錢七分之譜，比漢陽每磅一錢三分固昂一倍，然較成都各藥房所售每磅一元二角則又廉一倍。將來如果準其出售，各工廠自應比照藥房之價略減，以收人工之費，合併附陳。

中國第一歷史檔案館等《中國近代兵器工業檔案史料》第一輯《朱恩紱就四川兵工廠應行整理各條致四川總督趙爾巽之清單約宣統元年》 謹將四川兵工廠應行整理各條開呈鈞鑒。

一、工防隊設於圍墻之內，且逼近槍廠，兵匠相習，日久弊竇必多，亟應移出。擇於圍墻外四角各建一棚，每棚住二十五人，開工時，日夜接續梭巡，似較周妥。而以現在之工防營房改爲藝徒養成所，則教課、實驗兩得其便矣。

一、土靶前不應再建磚靶，靶上尤不必蓋瓦房。遍詢辦法之理由，均以前顧洋匠主持對。似宜及早折卸，以免虛(糜)工料。

一、壓銅廠占地過小，翻砂廠又過於精緻。似應將現在之翻砂廠改爲壓銅廠，而移翻砂廠於他處，以臻完善。

一、烘藥房、烘棉藥房位置殊不合法。亟應遷距各廠較遠之處，以防危險。

一、提造磺鏹廠屋尚係舊法，又與各廠毗連，藥氣所觸，殊礙衛生，亟應遷徙。查湖北鉛室最爲合法，惟需資極巨。川省財力有限，如議仿辦，盡可縮小規模，借省經費。

一、各廠附近未設厠所，亟應分別添造，以免匠徒借故遠出廠外，耽延工作。

一、各機部位紊亂太多，亟應查照轉手次序，調換安裝，以免日後開工製造往返搬移，致多延擱。

一、化學房分析試驗各器具尚不完全，雖經添購仍屬未備。此項器具需價無多，亟應添購，以期完善。

一、廠中打造槍件鋼模，現均打壞。聞又購買一副，將來到廠，如此等拙工恐終不知用法。亟應嚴飭監工委員，令其小心保護，倘再毀壞，必須認賠，方足示儆。

一、製造槍彈樣板最爲緊要。查該廠係購自外洋，價既昂貴，並不完全。嗣後所需大小樣板，亟應自造多分備用，以免開工時檢查棘手。

一、廠中各項機器，遇有應自行改配者，該工委員必須詳細繪出圖式，載明大小尺寸，並將所以應改之理由，叙爲論説附着圖末，用公文呈請總辦。必俟彼此意見相合，批準後，再行辦理。並將原呈存案。不得任意飭匠更改，以致漫無查考。

一、槍廠監工委員，必擇其通曉機器、嫻熟製造、留心考究者，以一人充當，免滋紛擾。

一、藥廠似無需派委提調，衹委管理製造一員，經理物料一員，餘皆以明白耐勞之司事任之可矣。

一、候補人員在省供差，時有遷調。惟製造委員非尋常例差可比，兼之事務瑣碎，必須在廠日久，熟悉情形，方資得力。一朝另調差缺，驟易他員，諸事生疏，勢難明曉。而廠中薪資微薄，若强令株守，阻其進步，殊非情理之事。嗣後應請於必需委員之處，指派寫算兼長、明白事體、能耐勞苦之司事一二人，責其悉心經理，稍予厚薪，俾得久於其職。似此以委員統率司事，而督責有人；以司事承奉委員，而接洽悉當矣。

一、廠中醫藥所，除中藥外，仍應加購洋藥數種，如加布尼酸洗藥，磺碘敷藥，星養潤藥，橡皮膏合口藥，以備各工匠誤傷手指，易於痊(愈)，可免妨工作。

趙爾巽批：朱欽差面交，局即查辦理。

中國第一歷史檔案館等《中國近代兵器工業檔案史料》第一輯《鄭欽爲陳四川機器局實在情形事呈四川總督趙爾巽之稟文宣統一至二年》 敬稟者：竊查省城機器局創設將三十餘年，其間之組織經營皆係逐漸推廣，而幾於成立。局章本爲完備，但於估工、估料之法，迄未切實講求，始則近於虛糜，繼則習爲偷漏，幾有不可究詰之勢。前冷道因在差未久，欲整頓之而不果。現經柴道另訂局章，於估計工料之法，極爲精當，幾若舉數十年之積弊一掃而空之。現在仿造機關砲，精神尤爲注重，約計五月後，當能出砲兩尊。如通年合算甚至能出砲三十尊上下。此縣丞私詢各工匠之實在情形也。今詳文內稱，每月出砲一尊者，因工匠不願具兩尊之切結，而柴道遂不敢以兩尊之數形諸文牘耳！皆屬格外謹慎起見，其實每月出砲不衹一尊也。此中内容情形，實在多未上達。總之經費以能否覈實爲斷，造砲以能否合法爲衡。擬請飭將此次仿造之砲，限五六月內送呈試驗，視其成效若何，再行估計工料經費，較之事前懸揣，自必確有把握。如果此時停辦，則以前之建廠、設機各費皆同虛擲矣。縣丞雖供差銅幣機器股，亦多所與聞，用特不揣冒昧，將實在情形，密陳鈞鑒。

中國第一歷史檔案館等《中國近代兵器工業檔案史料》第一輯《徐樾爲四川財政困難四川兵工廠經費無着事上四川總督之呈文宣統元年至二年》　謹將川省財政困難各款開列，呈請憲鑒。

計開：

一、無着之款：海軍開辦經費，川認八十萬兩，部加派十萬兩，共九十萬兩，分四年籌解，每年應解二十二萬五千兩；海軍常年經費十萬兩；軍諮處經費三萬兩；兵工廠常年經費八十餘萬兩；藏務經費每年五十萬兩，僅有奉部準留借款二十五萬兩，餘二十五萬兩無着。

中國第一歷史檔案館等《中國近代兵器工業檔案史料》第一輯《沈鳳銘呈湖北鋼藥廠籌畫軍火進行各節清摺光緒三十四年至宣統元年》　謹將職廠呈賫籌畫軍火進行各節，擇目前不可緩辦者分條開摺，呈請鈞覈批示祇遵。

計開：

一、建造拔克林鏹酸廠（即黄色炸藥），估計建造添機各費銀六萬餘兩（查兵工廠新購到製造砲彈機，一經建造，即須用此炸藥，自應預爲籌備，以免有械無藥，致礙軍實）。

一、聘請洋工師一員，月薪銀三百兩。（查建造拔克林鏹酸廠工程繁難，必須精通化學兼曉工程洋工師爲之〔勷〕〔襄〕助，庶廠機可以速成）。

一、購蒸煮棉藥機爐三具，估計銀一萬三千兩（查原有者俱係木桶，木質易腐，夾入藥内，實多妨礙，且耗煤甚多。此爲改良火藥必須購辦之機）。

一、購拌藥機五部，估計銀一萬兩（查原有拌藥機能力不足，不合改良新藥之用。緣新法火藥係用依脱火酒溶化，其機器係夾層，内灌冰水，熱天均可製造，且藥質得能純良。故此機亦爲改良必購之機）。

一、購硝鏹水廠瓦質器件，估計銀三千兩（查原有器件雜有鐵質，最易蝕爛，時需更换，耗費甚巨，若均用瓦質，則此費可免。此爲改良制鏹必須添購之機，且爲節省費用）。

以上五項，除洋工師月薪可由經常費内開支外，下餘約共需銀八萬六千餘兩。

中國第一歷史檔案館等《中國近代兵器工業檔案史料》第一輯《趙爾巽爲報銷四川機器局光緒三十四年支用經費事致外務部之咨呈宣統二年正月二十日》

尚書銜陸軍部尚書兼都察院都御史總督四川等處地方提督軍務兼理糧餉管巡撫事趙爲呈送事。

據辦理機器局布政使王人文、候補道柴作舟、記存道毛玉麟詳：竊照本局製造槍彈工料及全局薪工等項經費，應按年造報，詳請奏咨，歷經遵辦在案。

兹自光緒三十四年正月初一日起至十二月底止，所有局中造成各種機件、槍彈、銅釘、小火、洋火藥，及培修廠房，修理洋槍、機器等件，並採買物料、支發薪工暨一切雜用，分飭各所員司查照新章詳細造册，禀候覈辦。兹據收支、採買等所委員將各項細數造具清册，禀請覈辦前來。本局督同提調並文案委員逐款詳加覈算，領支各項銀兩、採買物料斤重各數目均屬相符。又監工所委員册開：續成機器二十五起，修理機器各件一千零五十二件，籌餉局、軍裝所並各營局舊槍三百五十一枝，水龍二十四架，銅水槍八十二枝，新造各種機件一萬二千五百五十三起、砝藍單聲毛瑟槍一千二百二十枝、標刀全火針絲簧一千二百二十四、鋼起子一千一百二十把、洗把一百二十二個、單響毛瑟槍藥彈一百萬零一千六百顆、毛瑟槍藥殼三十四萬一千六百二十顆、馬梯呢槍藥彈四萬一千六百顆、馬梯呢槍藥殼一萬顆、紅銅小火三十六萬粒、黄銅釘子二十四萬粒、洋鼓一百九十個。又據洋火藥所委員册開：已成洋火藥一萬九千二百五十斤，又有三十三年十二月分造成未解洋火藥一千八百九十斤，共二萬一千一百四十斤。〖以上新造槍枝、藥彈、藥殼、小火、銅釘、洋鼓、洋火藥各件，係解交籌餉局存儲之項，已列入是年季報；新造機件係局中配用各機，是以未列入季報。理合聲明。〗所有造成槍彈各件，均經試放合用，陸續解交籌餉局驗收存儲，本局覆覈無異。查局中就近採買各項物料均皆揀選精良，委員、司事、匠作薪水、工食亦係按月給發。查照新章覈實具報，並將領支經費銀兩數目分晰造册，詳請奏報。統計正款内，支庫平銀一十七萬二千三百七十六兩零四分七厘零九絲二忽九微一塵，除提銀九萬兩，歸入雜款開支外，實用銀八萬二千三百七十六兩零四分七厘零九絲二忽九微一塵；又雜款内，因有借墊各數目，統共支九七平銀一十萬零三千四百五十三兩四錢零五毫二絲四忽七微，除銅幣股並砲廠購機借墊銀八萬七千九百十八兩七錢八分三厘八毫外，實用一萬五千五百三十四兩六錢一分六厘七毫二絲四忽七微；又平餘内，支九七平銀四千三百六十三兩四錢八分九厘三毫七絲五忽九微八塵。以上三款舊管、新入、開除、實在細數，均列册内。細覈册載尚無浮冒，自應準其報銷。惟查上年銷册並無存款，與此册數目不符，實因前辦奏銷，悉照定式辦理，否則即干駁詰，現在奉文清理財政，飭將向來外銷款項據實報部，不以舊例相繩，期無絲毫隱飾，俾内外一體，以統財權，所以創造光緒三十四年分報告册表，無論內銷外銷各款，悉遵新章，將收支數目照公用底簿據實開報，未敢援照舊案辦理，致違新章，仍有隔閡之弊，是以與上年銷册不符。除未成槍枝、藥彈、機器等件，歸入下次報銷外，所有光緒三十四年分領支銀兩造册報銷緣由，理合具文賫册詳請察覈具奏暨分咨度支部、陸軍部覈銷，外務部備查，並請批示祗遵。再，現因奉文清理財政，本局實事求是，款目繁多，清厘需時，又必將清出實在詳細數目，先造報告册表，移送財政局，然後再辦銷册，以期款目相符，而免駁查，是以詳報稍遲，合併聲明等情。

據此，除查覆具奏並册分送外，相應呈送。爲此，咨呈貴部，謹請查施行。

計呈送册一本。（缺）

右咨呈外務部。

中國第一歷史檔案館等《中國近代兵器工業檔案史料》第一輯《張人駿奏銷金陵製造洋火藥局光緒三十四年支用經費摺宣統二年正月二十五日》 南洋大臣兩江總督臣張人駿跪奏，爲金陵製造洋火藥局支用經費第二十六案造册報銷，恭摺具陳，仰祈聖鑒事。

竊金陵設局製造洋火藥，截至光緒三十三年十二月底止支用經費，業經列爲第二十五案造册奏銷在案。

茲據該局道員王瓘詳稱：自三十四年正月初一日起，減造火藥一成，接造五成火藥，截至是年十二月底止，舊管上屆實存庫平銀一百十四兩有奇，又豫儲料物庫平銀三萬三千七百七十四兩有奇。新收江南財政局撥發五成造藥經費湘平折合庫平銀二萬四千九百三十八兩有奇。開除各款，遵照部議報銷章程，各歸各部覈銷，計應歸度支部覈銷庫平銀五千七百六十四兩有奇，陸軍部覈銷庫平銀一萬八千四百八十四兩有奇，統共請銷庫平銀二萬四千二百四十九兩有奇。除是年減支湘平折合庫平六百四十八兩有奇，遵經解還財政局列收外，仍實存庫平銀一百五十五兩有奇，豫儲料物庫平銀三萬三千七百七十四兩有奇，歸於下屆宣統元年經費內舊管項下滾接造報。造具總散各册，詳請奏咨前來。

臣覆覈無異。

除將送到清册咨送外務部、度支部、陸軍部、農工商部覈銷外，謹會同江蘇巡撫臣寶棻恭摺具奏，伏乞皇上聖鑒，敕部查照施行，謹奏。

朱批：該部知道。

「中央研究院」近代史研究所《海防檔》丙機器局《宣統二年二月二十日外務部收四川總督趙爾巽文附清册》 宣統二年二月二十日，收川督文稱，據辦理機器局布政使王人文、候補道柴作舟、記存道毛玉麟詳，竊照本局製造槍彈工料，及全局薪工等項經費，應按年造報，詳請奏咨，歷經遵辦在案。茲自光緒三十四年正月初一日起，至十二月底止，所有局中造成各種機件、槍彈、銅釘、小火、洋火藥，及培修廠房、修理洋槍機器等件，並採買物料、支發薪工，暨一切雜用，分飭各所員司，查照新章詳細造册，禀候覈辦。茲據收支採買等所委員，將各項細數造具清册，禀請覈辦前來本局督同提調並文案委員，逐款詳加覈算，領支各項銀兩，採買物料斤重各數目，均屬相符。又監工所委員册開，續成機器二十五起，修理機器各件一千零五十二件，籌餉局軍裝所並各營局舊槍三百五十一枝，水龍二十四架，銅水槍八十二枝，新造各種機件一萬二千五百五十三起，砝藍單響毛瑟槍一千二百二十枝，標刀全火針絲簧一千二百二十疋，鋼起子一千二百二十把，洗把一百二十二個，單響毛瑟槍藥彈一百萬零一千六百顆，毛瑟槍藥殼三十四萬一千六百二十顆，馬梯呢槍藥彈四萬一千六百顆，馬梯呢槍藥殼二萬顆，紅銅小火三十六萬粒，黃銅釘子二十四萬粒，洋鼓一百九十個。又據洋火藥所委員册開，已成洋火藥一萬九千二百五十斤。又有三十三年十二月分造成未解洋火藥一千八百九十斤，共二萬一千一百四十斤。以上新造槍枝、藥彈、藥殼、小火、銅釘、洋鼓、洋火藥各件，係解交籌餉局存儲之項，已列入是年季報。新造機件，係局中配用各機，是以未列入季報，理合聲明。所有造成槍彈各件，均經試放合用，陸續解交籌餉局驗收存儲，本局覆覈無異。查局中就近採買各項物料，均皆揀選精良，委員司事匠作薪水工食，亦係按月給發，查照新章，覈寔具報，並將領支經費銀兩數目，分晰造册，詳請奏報。統計正款內支庫平銀一十七萬二千三百七十六兩零四分七厘零九絲二忽九微一塵，除提銀九萬兩，歸入雜款開支外，寔用銀八萬二千三百七十六兩零四分七厘零九絲二忽九微一塵。又雜款內，因有借墊各數目，統共支九七平銀一十萬零三千四百五十三兩四錢零五毫二絲四忽七微，除銅幣股並礮廠購機借墊銀八萬七千九百十八兩七錢八分三厘八毫外，寔用一萬五千五百三十四兩六錢一分六厘七毫二絲四忽七微。又平餘內支九七平銀四千三百六十三兩四錢八分九厘三毫七絲五忽九微八塵，以上三款，舊管、新收、開除、實在、細數均列册內，細覈册載，尚無浮冒，自應準其報銷。惟查上年銷册，並無存款，與此册數目不符，寔因前辦奏銷，悉照定式辦理，否則即干駁詰。現在奉文清理財政，飭將向來外銷款項，據寔報部，不以舊例相繩，期無絲毫隱飾，俾內外一體，以統財權。所以創造光緒三十四年分報告册表，無論內銷外銷各款，悉遵新章，將收支數目，照公用底薄，據寔開報，未敢援照舊案辦理，致違新章仍有隔閡之弊，是以與上年銷册不符。除未成槍枝藥彈機器等件，歸入下次報銷外，所有光緒三十四年分，領支銀兩，造册報銷緣由，理合具文賫册，詳請察覈具奏，暨分咨度支部、陸軍部覈銷，外務部備查，並請批示祇遵。再，現因奉文清理財政，本局實事求是，款目繁多，清釐需時，又必將清出實在詳細數目，先造報告册表，移送財政局，然後再辦銷册，以期款目相符，而免駁查，是以詳報稍遲，合併聲明等情。據此，除察覆具奏並册分送外，相應呈送，爲此咨呈貴部，謹請備查施行。計呈送册一本。

附鈔辦理四川機器總局，爲報銷事。今將本局自光緒三十四年正月初一日起，至十二月底止，所有製造槍枝藥彈，購買各項物料，並支發薪水工食，及收入正雜各款，一律照報告册新式，分晰彙造清册，並加説明書，咨請外務部備查施行，須至册者。

總綱：

本局從前例案銷册，本有定式，並無正雜等款名目。現因奉文清理財政，飭將向來外銷款項，據寔報部，不必舊例相繩，期無絲毫隱飾，俾內外一體，以重財政。查本局寔在情形，出入各款，向分正、雜、平餘三類，是以創造光緒三十四年報告册表，審情定式，無論內銷外銷各款，悉遵新章，將收支款目，照公用底簿，據寔開報。每類分項，由項分條，由條又分細目。現在辦理奏銷，案關財政，事同一律，勢難膠執成見，仍照舊例銷册造報，致涉兩歧，自應照報告册新案，覈寔辦理，以歸畫一，理合説明。

第一類，正款。

本局製造槍彈常年經費奏定章程，向由成綿道庫土藥釐金項下，每年指撥銀十萬零八千四百兩，遇閏加增銀八千兩。嗣因採買牙硝經費不敷，又奏明於常年經費之外，每年仍於成綿道庫土藥釐金項下，撥銀一萬零二百七十七兩，由局移取開支，另册奏銷，不在全年奏銷册內。現因成綿道裁缺，改歸藩庫支撥，同一庫款支銷，應並列入正款，理合説明。

第一項，舊管。

第二項，新收。

第三項，出款。

甲，薪水。

乙，工食。

丙，購料。

一，製造物料。

二，建築物料。

丁，公費。

一，額支。

二，活支。

戊，柴炭。

己，助款。

庚，提款。

第四項，實存。

第二類，雜款。

係正款節省之項，及各署局取用物料、修配各件收入工料銀兩，並舊購民房佃租，均歸此款，以預備正款外必需之費用，向未報部，理合説明。

第一項，舊管。

第二項，新收。

第三項，歸還。

第四項，出款。

甲，額支。

乙，活支。

丙，運費。

丁，泥木石工。

第五項，借墊。

第六項，實存。

第三類，平餘。

係正款領入庫平，而以九七平開支，每支銀一百兩，應扣平餘銀四兩零四分，另款存儲，以預備正雜款外，因公特別之費用，尚未報部，理合説明。

第一項，舊管。

第二項，新收。

第三項，出款。

一，額支。

二，活支。

第四項，實存。

第四類，結算借入款。

第五類，結算借出款。

本局借入借出各款，係因初鑄銅幣，未分畛域，所有購機建廠一切經費，皆由本局代借各署局款應付，現雖劃分界限，款項仍未清還，亦未報部，理合說明。

第一類，正款。

第一項，舊管。

三十三年十二月底，結實存庫平銀三萬九千九百二十六兩六錢一分五厘四毫七絲七忽九微八塵。

本局歷年辦理奏銷，悉遵舊式，查光緒三十三年銷册，仍係循舊辦理，是以將所入常年經費盡數作銷，實在項下，並無存款，而本局歷年結算，截至是年之終，實存此數，勢難與銷案吻合，理合說明。

第二項，新收。

一，收成綿道本年經費庫平銀十萬零八千四百兩。

二，收由藩庫預領宣統元年春季經費銀二萬兩。

係造幣蜀廠銅幣股鑄本缺乏，向本局挪借銀八萬兩，本局無此銀款，故預領春季經費二萬兩，撥入雜款項下支付，理合說明。

三，收成綿道購牙硝庫平銀一萬零二百七十七兩。

本局每年需用牙硝八萬六千斤，照覈計價值，撥款採買，均於事前報部，事後造銷，本年應購牙硝，已於九月内奏咨立案。嗣因每年節省餘硝，及提鍊硝渣，尚合製造，即未另購新硝，故此項硝價尚存，理合說明。

四，收成綿道購洋鋼槍筒銀三千六百六十四兩七錢零三厘二毫五絲零四微四塵。

係三十二年奏咨立案，在上海採購槍筒洋鋼等件，共用過價值運費等項，庫平銀二萬五千六百六十四兩七錢零三厘二毫五絲零四微四塵，除前領過庫平銀二萬二千兩外，寔應補領此數，理合說明。

五，收造幣蜀廠，取用生熟鐵件，皮帶器具等工料，九七平銀一萬三千五百六十九兩零四厘五毫九絲六忽，四兩零四分，申合庫平銀一萬三千零四十二兩六錢八分零三毫一絲一忽三微七塵。

六，收造幣蜀廠，取用洋土物料價值，九七平銀八千七百三十兩零零九分二厘零零六忽，四兩零四分，申合庫平銀八千三百九十一兩零一分一厘九毫一絲七忽四微九塵。

前兩項係造幣蜀廠銅幣股取用本局物料價值，及本局代爲製造修理各機件工價銀兩，按月開單，移取收入查物料機件，名目繁多，礙難備載。又九七平申合庫平，年終彙總，申合之數，較之按月申合之數，至厘以下稍有不符，共不符銀九厘九毫七絲六忽零五塵，理合說明。

以上三項本應收入雜款，因所購物價皆出正款，故仍列入正款，理合說明。

以上共新收銀一十六萬三千七百七十五兩三錢九分五厘四毫七絲九忽三微。

管收二項，共庫平銀二十萬零三千七百零二兩零一分零九毫五絲七忽二微八塵。

第三項，出款。

甲，薪水。

一，總辦一員，全年支銀二千四百兩。

二，提調一員，一月支銀五十兩。

三，委員十六員，全年支銀五千八百八十七兩三錢二分九厘。

查歷年銷案舊式，總辦二員，每員月支薪水銀五十兩，製造委員二員，每員月支薪水銀八十兩，各所委員，有十六兩者，有十二兩者，按之本局現在寔支情形，衹有總辦一員，統籌全局事務，考查員司勤惰，每月寔支薪水銀二百兩。又製造委員寔有一員，去年因過撤差，缺額未委。至本年十二月，始添委製造提調一員，每月薪水銀五十兩，又各所委員實支之數，有四十兩者，有三十兩者，亦有二十兩者，多與部中舊章不符。再支發委員薪水，係按交接日期扣算，按日攤算，故有奇零小數，理合說明。

四，重慶鑄鋼調查員鄒令憲章，支銀五百兩。

本年二月奉督憲札以重慶造幣廠，改作鑄鋼廠，派委鄒令憲章，隨同徐道家保，前赴漢陽鐵廠調查，每月支給夫馬銀一百兩，自三月起，至七月底止，共五個月，事竣銷差，開支銀五百兩，理合說明。

五，滬局包委員自三十三年七月起，至三十四年十二月底止，支銀三百六十兩。

光緒二十九年，以四川駐滬文報委員包家吉，在滬多年，熟習商情，札委駐滬採辦物料，每月支給薪水銀二十兩，向未報部，理合說明。

六，司事三十一名，全年支銀三千五百二十八兩三錢六分九厘四毫。

本局司事薪水，原按事之繁簡以爲增減，有六兩八兩者，有十兩至十六兩者，故與部章不符，且奇零小數，由按日計算所出，理合說明。

七，繪圖生全年支銀五百三十四兩五錢。

繪圖學生，每月人數不同，有隨時添補者，亦有請假缺額者，查正二兩月，每月九人。三月至七月，每月十五人。八九兩月，每月十四人。十月至十一月，每月十三人。十二月十二人。除學長一名，支給津貼銀十兩外，其餘有一兩者，有二兩三兩者，均係津貼，向未報部，理合說明。

以上七項，共支銀一萬三千二百六十兩零一錢九分八厘四毫。

乙，工食。

一，字識全年支銀七百零二兩。

本年字識，正月至四月，每月九人。五月至十二月，每月十人。徐管案一名十六兩外，餘四兩至九兩不等。查照部章，祇有四名，每名月支銀四兩，皆與實支不符，實因事務繁多，人數由歷年添補，工食因勤慎所加，與開辦時情形不同，前因礙於部章，故未造報，理合說明。

二，工匠。

前廠五十三名，時或稍有增減，全年共支銀六千三百九十一兩二錢零三厘二毫。

後廠五十七名，時或稍有增減，全年共支銀四千九百五十五兩七錢六分六厘二毫。

彈殼廠八十九名，時或稍有增減，全年共支銀五千四百三十九兩三錢六分七厘六毫。

合槍廠一百十二名，時或稍有增減，全年共支銀七千三百八十三兩一錢四分九厘四毫。

熟鐵廠一百零九名，時或稍有增減，全年共支銀八千四百四十九兩七錢四分六厘。

生鐵廠三十名，時或稍有增減，全年共支銀一千九百四十兩零六錢三分九厘二毫。

修槍廠二十五名，時或稍有增減，全年共支銀一千四百三十六兩六錢二分八厘一毫。

砝藍廠十四名，時或稍有增減，全年共支銀一千零九十六兩三錢零八厘四毫。

木樣廠二十二名，時或稍有增減，全年共支銀一千六百三十七兩一錢五分五厘。

火藥局四十名，時或稍有增減，全年共支銀一千八百一十八兩。

各廠小工二十一名，時或稍有增減，全年共支銀一千零七十六兩七錢二分七厘三毫。

各廠學徒十六名，時或稍有增減，全年共支銀一千八百三十三兩一錢一分九厘三毫。

以上字識工匠二項，共支銀四萬四千一百五十九兩八錢零九厘七毫。

查工匠報部，舊章向分五等，而本局歷年實支，除總廠頭二名，每月每名支銀五十兩外，其餘則分廠頭、棚頭、工匠、學徒、小工等名目，而開支工食，全與部章不符，因工匠學徒有手藝甚優而勤於工作者，可隨時加給工價工食，至少每月亦有二兩，始能招補，再發給工食，除請假外，按日扣算，照寔發給，加工亦然，故有零奇小數，工匠花名，時有不同，請假之日，亦不能一致，礙難備載，理合說明。

三，撥還三銅廠工匠工食，支銀一千五百四十九兩一錢二分八厘六毫六絲。

本局應用銅板製造彈殼，向由銅幣股砲銅、壓銅、化銅三廠代爲製造，每月共用工食合銀若干，按月歸還報部，舊章統在工食內一總報銷，理合說明。

四，錫匠全年一千三百六十五工半，支銀二百零四兩八錢二分五厘。

五，皮匠全年五百六十一名，支銀八十四兩。

六，學徒兩月四十二名，支銀三十五兩六錢四分二厘。

本年冬月由幼孩工廠撥來學徒四十二名，祇有飯食，共支此數，理合說明。

七，親兵二十三名，全年共支銀一千一百二十兩零八錢。

八，零工全年一千五百四十七工半，支銀二百七十兩零二錢二分五厘。

以上六項，共支銀三千一百六十四兩六錢二分零六毫六絲。

九，書役。

物料所小工一名，全年支錢二十八千八百文。繪圖所小工三名，全年支錢四十三千二百文。傅事二名，全年支錢一百三十千零八百文。雜役十六名，全年支錢五百八十五千六百文。火藥所字識一名，全年支錢四十八千文。火藥所雜役四名，全年支錢一百四十四千文。以上六項，共支錢九百八十千零四百文，價一十四千六百七十八文零，合銀六百六十七兩九錢三分一厘三毫。

本局向無錢數入款，所用之錢，以銀隨時掉換，價值故不能一，每月報院之數，係以全月共用錢若干，通盤平均合算作價合之，全年更難一致，此項價值，亦係將全年共出錢數平均合算，查與雜款內開支錢價不符，而實在情形，因有錢價大而開支少，錢價小而開支多，兩相比較，通分折算，礙難符合，理合說明。

丙，購料。

本局購料，向分製造、建築兩項，除購辦洋料，及新建廠房，事前報部立案外，其日用所需之零星物料，則隨時添購，有一物每月採買數次者，亦有數月採買一次者，一年統計，名目繁多，價值不一，礙難逐填。再查本年採買銅鉛鋼鐵，已遵照舊章，咨部立案，此項物料，並非如數採買。至銅價由銅幣股所購洋銅内提用，需價若干，按季結算付給，光緒三十三年秋季起，至本年十二月底止，共用銅價，尚未歸還，已開列於結算借入項下，其鉛鋼鐵三項，所用若干，隨時購辦，照章開列於後，理合説明。

一，製造物料。

取用造幣蜀廠物料價值，全年支銀二千三百九十五兩三錢一分五厘六毫零四忽一微。

由嘉定購來生鐵運費，支銀一百三十一兩零九分八厘。

漆槍殼木箱等工料，全年支銀一百一十九兩二錢二分五厘。

赴重慶起機器雜費，支銀十五兩八錢八分。　牛皮二十張，支銀一百一十三兩二錢一分。定牛皮五百張，支銀二千兩。

清油一萬二千五百一十一觔十兩，合銀八百六十一兩二錢八分。

開花砲架一座，支銀二十兩。

魚漂膠六觔，支銀八兩九錢五分。

黑鉛四萬三千七百觔零十二兩，支銀三千四百八十兩零八錢三分。

黑鉛一百二十六磅，支銀七兩七錢二分六厘。

點錫一千四百五十觔零八兩，支銀一千零二十九兩八錢五分。

黄蠟五百四十五觔六兩，支銀一百八十一兩七錢一分。

洋油四十二箱，支銀一百五十八兩零四分八厘。

裝槍彈洋鼓號並開花砲等木箱三千七百二十二個，支銀五百七十三兩一錢零四厘。

鍋鐵三千三百九十二觔，支銀七十四兩五錢八分。

槍殼胚二千零二十七枝，支銀三百六十四兩八錢六分。

沙魚皮二十三觔八兩，支銀十四兩一錢。

洋鼓皮六百二十五張，支銀一百六十兩零一錢六分。

寶砂二十八觔十兩，支銀八兩零一分。

皮紙一百四十八刀，支銀一百二十三兩一錢。

象皮管九寸，支銀三兩一錢九分五厘。

海泡三十四個，支銀七兩一錢。

菜子三石，支銀二十四兩三錢。

硼砂一百二十五觔捌兩，支銀二十四兩九錢。

火藥局陳色酒一萬七千觔，支銀九百十八兩三錢。

火藥局清油一千五百九十五觔，支銀一百一十兩零一錢七分。

火藥局水硍七十觔，支銀八十四兩。

裝火藥洋鐵桶八百個，支銀三十六兩。

裝火藥木桶九百個，支銀一百四十四兩。

以上三十項，共支銀一萬二千一百八十二兩九錢九分一厘六毫零四忽一微。

籮篩絹篩七十九個，支銀錢四千八百文。

細麻線一百七十七觔，支錢四十三千五百二十一文。

洋釘支錢五十千零一百九十八文。

大小竹篩一百四十個，支錢四千二百文。

大小撮箕三百八十一擔，支錢二十一千七百三十文。

嘉定購生鐵運費，支錢一十五千三百二十文。

大抬兜四百八十五個，支錢六十三千三百文。

加耳籮筐二千零五十擔，支錢一百七十八千九百六十五文。

油漆洋鼓圈並木箱四百五十四個，支錢一十九千九百二十八文。

洋棉紗四十觔，支錢一十八千一百五十文。

麻布六十三疋，支錢八千零二十九文。

銅絲二十一觔，支錢一十六千五百四十文。

鐵絲二百四十三觔四兩，支錢四十八千七百五十文。

棉花一百一十六觔，支錢四十千零八百三十五文。

净絲頭三千四百零八觔四兩，支錢二百五十七千九百三十五文。

蔴繩四百一十八觔四兩，支錢五十一千三百四十文。

穀殼四十包，支錢二十二千二百文。

牛筋一千四十根，支錢五十千零八百文。

牛膠一百四十五觔，支錢三十七千三百二十五文。

牛皮撮箕三個，支錢三千九百文。

牛油一百九十五觔，支錢二十五千八百五十文。

斗盤八個，支錢四千二百文。

起鋋木把二千九百八十四個，支錢八十六千八百五十文。
鋸末二十三擔，支錢四千一百四十文。
冰鹻一千八百八十五觔，支錢一百九十千零三百四十二文。
甜醬二十七觔，支錢一千七百一十八文。
猪鬃毛五觔十四兩，支錢二千二百四十二文。
大小羊皮十六張，支錢九千四百四十文。
裝洋鼓木箱四十二個，支錢三十一千五百文。
裝馬刀木匣，支錢九千文。
杉木圈六百疋，支錢三十一千六百文。
雞毛雞油，支錢四千零四十六文。
麥麩一十三斗，支錢二千七百四十文。
瓦罎水缸一百三十六口，支錢三十一千三百八十文。
剪刀一十一把，支錢一千一百六十文。
桐油七十斤，石灰三十斤，共支錢一十一千九百三十文。
風箱一架，支錢一千四百文。
英皂一百零三條，支錢三十二千六百零二文。
檀木料一十一根，支錢一十四千二百二十文。
紅沙六萬零四百二十九觔，支錢一百一十七千三百八十三文。
黄泥二萬八千四百九十八觔，支錢一十四千九百二十九文。
松香八十四觔，支錢五千五百一十一文。
大布口袋四十條，支錢七十四千八百二十文。
火藥局曬席九張，支錢七千七百文。
火藥局柳枝七萬觔，支錢四百二十千文。
火藥局提磺布五疋，支錢四千零五十文。
以上四十六項，共支錢二千零九十八千五百二十文。價一十四千六百七十八文零，合銀一千四百二十九兩七錢零四厘三毫。

二，建築物料。皆培修添補局内各廠房之用，理合説明。

玻璃四百五十八塊，支銀四十五兩零九分一厘。
石條三十五丈五尺，石板一百七十五塊，並磉礅二十二個，支銀五十九兩三錢九分。

白菓木覈桃木雜木共三十四丈一尺，支銀二百零五兩八錢四分。
桶子墩子並杉木條，支銀二百四十八兩四錢六分。
三層磚一十一萬六千八百七十六疋，支銀九百四十九兩二錢。
片九六萬八千三百四十四疋，支銀一百零七兩八錢六分。
石灰一十二萬九千六百九十一觔，支銀三百四十八兩六錢四分。
以上七項，共支銀一千九百六十四兩四錢八分一厘。
簷釘桶釘數合釘，支錢一百十六千二百三十二文。
慈竹班竹並白夾竹，支錢五十六千六百六十六文。
亮瓦七十一疋，支錢四千一百九十文。
土磚五百疋，支錢七百文。
紙筋一千零八十二觔，支錢二十六千四百八十四文。
穀草七千一百二十八觔，支錢二十九千九百二十六文。
窑煙煙紅支錢一千零四十九文。
棕繩一千一百零八根，支錢一十四千九百六十六文。
木桶水瓢支錢一十六千九百八十七文。
小杉條二十一根，支錢二千五百六十四文。
以上十項，支錢二百七十千零七百六十四文。價一十四千六百七十八文零，合銀一百八十四兩四錢六分九厘二毫。

丁，公費。

一，額支。

火食支錢三千零九十千零七百二十文。
燈油支錢二百零八千八百三十文。
以上二項，共支錢三千二百九十九千五百五十文，價一十四千六百七十八文零，合銀二千二百四十七兩九錢五分三厘七毫。

二，活支。

鐘一架，洋燈九個，支銀一十四兩八錢三分九厘。
鋪披墊並門簾，支銀二十七兩八錢二分。
洋酒並鑽頭香煙，支銀三十九兩七錢四分一厘。
桌椅茶櫈並凉牀等，支銀三十一兩三錢五分。
謄黄洋紅花青等，支銀一兩四錢六分。

號衣戰靴各二十套，支銀六十七兩二錢七分。
洋絨洋緞，支銀九兩零六分。
出差各處津貼，支銀一百八十二兩五錢。
盤碗四十五個，支銀五兩一錢五分。
零星雜用支銀六兩一錢二分四厘六毫。
百步燈一個，支銀四錢九分七厘。
文案紙張，支銀九十五兩四錢零四厘。
公電各處電費，支銀一百三十九兩四錢八分。
工匠病故卹賞，支銀四十四兩零二分。
商務官報，支銀七兩一錢。
幼孩學徒衣被各二十套，支銀三十八兩三錢六分八厘四毫。
受傷工匠藥資，支銀一兩四錢二分。
盂蘭會香資，支銀十五兩。
火藥局草堂寺地租，支銀二十兩。
五德祠老君會香資，支銀二十兩。向章每年二月，由正款開支。
粉牌四個，支銀一兩。
三抽卓一張，支銀一兩八錢。
淘井兩口工資，支銀四兩。
年節賞各廠匠徒並雜役等，支銀四百五十六兩四錢五分。
寶丹並金雞納霜，支銀七兩八錢一分。
以上二十五項，共支銀一千二百三十七兩六錢六分四厘。
牛燭二千四百九十觔，支錢二百九十四千一百五十文。
小燭一萬七千五百枝，支錢四十二千文，竹椅三把，竹牀五架，支錢七千八百三十文。
竹簾三張，竹棚七十一架，支錢四十八千六百零六文。
紙張並草帳簿，支錢一百八十千零四百四十文。銅鐵鎖五十八把，支錢七千八百九十文。
印色油並艾絨，支錢六千一百六十二文。
筆墨並銅筆套水盒等，支錢九千四百七十二文。
圖章並各項票板，支錢二千八百九十三文。
雞毛帚三十四把，支錢二千零五十文。
灰麵白礬共六十觔零二兩，支錢二千五百五十四文。
玻璃燈籠並紗燈籠，支錢十五千零六十五文。裱糊簽押房，支錢一千三百六十五文。
茶葉支錢二十千零六百三十文。
硃磦洋紅並硍硃鉛粉，支錢五千三百三十六文。
洋燈罩並洋燈心，支錢二千二百四十四文。
棉燈心十四兩，支錢四百八十文。
草帽戰靴，支錢一十四千四百三十文。
毛邊鍋並盤碗，支錢九千三百九十文。
大小膏粮竹掃帚並棕刷八百一十七把，支錢一十五千五百三十六文。
丹藥丸散建皮膏，支錢一十六千一百三十二文。
本局添製零星各件，支錢六十五千二百八十七文。
洋手摺三本，支錢四百五十文。
字識筆墨，支錢二十五千六百文。
火藥局添製零星各件，支錢七十二千一百九十六文。
送磚赴火藥局脚力，支錢十八千二百文。
赴軍裝所封槍彈匣飯食，支錢二十千零四百文。
送炭赴火藥局脚力，支錢三十四千八百文。
挑火藥回局脚力，支錢二十六千零八十文。
送槍彈赴軍裝所脚力，支錢八十九千八百七十一文。
起機器並揹運各項脚力，支錢九千六百一十六文。
送木料木器並牛皮等項脚力，支錢三十三千二百八十五文。
零工一千零四十八工，支錢一百二十三千八百文。
年節賞各匠徒雜役等，支錢三百零一千四百文。
雜用，支錢二十七千一百九十六文。
學徒作夜工點心，支錢二十六千九百六十文。
開工各廠香燭，支錢一十一千八百五十三文。
各廠受傷匠徒醫藥，支錢二十七千一百二十二文。
以上三十八項，共支錢一千六百一十七千七百七十一文，價一十四千六百七十八文零，合銀一千一百零二兩一錢七分三厘二毫二絲八忽微一塵。

戊，柴炭。

本局所用各種炭觔，係由造幣蜀廠設局採買運回夥用，年終結算炭價若干，如數照付，自本年正月初一日起，至十二月底止，共用各項炭觔價值銀七千四百四十四兩零四分一厘，此項銀兩，尚未付給，俟下年歸還，故列於後開之結算借入項下，理合説明。

松柴三千一百五十捆，支銀一百八十一兩一錢七分五厘。

青杠柴二百五十擔，支銀九十二兩八錢七分五厘。

以上二項，共支銀二百七十四兩零五分。

己，助款。

幼孩廠支銀三百兩。

苦力病院支銀二百兩。

以上二項，共支銀五百兩。

庚，提撥。

提撥入雜款内銀九萬兩。

統共支用庫平銀一十七萬二千三百七十六兩零四分七厘零九絲二忽九微一塵。此款用數内，除提入雜款銀九萬兩外，實用銀八萬二千三百七十六兩零四分七厘零九絲二忽九微一塵，理合説明。

第四項，實存。

實結存庫平銀三萬一千三百二十五兩九錢六分三厘八毫六絲四忽三微七塵。

第二類，雜款。

第一項，舊管。

三十三年十二月底，結不敷九七平銀三萬九千九百九十七兩二錢零八厘三毫五絲六忽八微四塵。以四兩四分折合庫平銀三萬四千四百十四兩零六分八厘零零九忽二微六塵。

第二項，新收。

一，收造幣蜀廠還來取用錫鉛洋鐵槍筒磠水等，價值銀一百兩零零四錢三分零二毫三絲二忽。

二，收造幣蜀廠移來由滬局移來規平銀一萬六千兩，並一八滙費合九七平銀一萬五千四百八十八兩。

三，收造幣蜀廠移來代彭縣銅礦局取用炸藥三千觔價值，並洋鋼磤鏨銀八百七十七兩八錢。

四，收造幣蜀廠移來自三十三年七月起，至三十四年五月止，墊付工藝學堂經費銀三千七百五十兩。

五，收造幣蜀廠借款息銀二千七百兩。

六，收機器新廠移來取用鐵柱較車並光藥粉各件工料銀四千三百四十六兩七錢一分一厘二毫五絲。

七，收各署局所用各件價值，並修理工料銀七千四百一十八兩五錢五分四厘二毫七絲。

八，收正款撥來銀九萬兩。

九，收房租銀三百二十九兩四錢七分四厘五毫。

十，收丁委員運槍筒退來長領薪水銀六十八兩。

十一，收官報書局移來代回宜局轉交公泰行税款，銀一十四兩四錢零六厘六毫一絲。

以上十一項，共收九七平銀十二萬五千零九十三兩三錢七分六厘八毫六絲二忽。除舊管不敷外，寔收入九七平銀八萬五千零九十六兩一錢六分八厘五毫零五忽二微六塵。以四兩零四分折合庫平銀八萬一千七百九十一兩七錢八分零五毫七絲零一微二塵。

第三項，歸還。

第四項，出款。

甲，額支。

一，呂教習津貼銀一百零二兩二錢四分。

二，添募親兵口食銀二百一十六兩二錢三分三厘。

三，工匠舒良臣月獎銀二十二兩。

四，工匠張寶臣月獎銀一十二兩。

五，付東嶽廟房租銀七十二兩。

以上五項，共支銀四百二十四兩四錢七分三厘。

乙，活支。

一，支油漆督院腰刀二百把，並修洋車一架，銀一百八十四兩九錢七分。

二，支護理督院做刀護手二百個鏨工銀五十六兩八錢。

三，支油漆各處窗格，並牌匾零件銀六十三兩一錢九分。

四，支五德祠老君會香資銀二十兩。向章每年八月内由雜款開支。

五，支代官書局滙宜局轉交公泰行税款銀十四兩四錢零六厘六毫一絲。

六，購理化書五種，價值銀二十兩零五錢九分。

七，支移還機器新廠鋼四千零八十二磅，價值銀一千六百七十七兩九錢七分六厘。

八，支移送藩司購憲政書五種，價值銀二兩九錢五分三厘。

九，支購樂利公司股票五百張，股本銀一千七百七十五兩。

十，支交銀圓局代兵備處鏨刀護手八十九把，鏨工銀三十四兩零八分。

十一，支交銀元局代籌餉局趕造鋼火印工價銀七十兩零六錢六分七厘。

十二，支城上打更口食銀三十二兩七錢八分。

十三，支花匠口食銀二兩。

十四，支陶教習薪水銀二十八兩四錢。

十五，支商務陳列所雜用各項銀五十二兩六錢八分二厘。

十六，支年節賞款銀八兩五錢二分。

十七，支年終加獎各廠頭目並出力工匠銀四百三十兩。

十八，支工藝學堂領款銀一千九百七十兩。

十九，支泥木兩工修工藝學堂包工銀二百六十一兩四錢。

二十，支送差席棹銀十二兩七錢八分。

二十一，支賞親兵拏獲竊賊銀四錢九分七厘。

二十二，支滙滬局購槍筒銀三千八百七十二兩。

二十三，支還銀幣股銅珠價銀五兩七錢七分五厘。

二十四，支移送銀元局洋鋼等銀一千三百九十六兩六錢六分一厘。

以上二十四項，共支銀一萬一千九百九十四兩一錢二分七厘六毫一絲。

一，前後街清醮會香資錢十二千四百文。

二，擺花脚力錢三百文。

三，商務陳列所貨價脚力錢五千六百三十文。

四，修整各處門窗並裱糊頂棚等錢十六千二百三十七文。

五，淘陰溝並抬泥渣脚力錢五千七百二十文。

六，實業學堂吕教習十二日飯食錢一千六百文。

七，小工鄔長明工食錢八千五百文。

八，節賞薛濤井看司錢一千二百文。

九，支凉棚二架錢二十六千。

十，支李委員解槍筒赴嘉定津貼錢二十一千三百七十五文。

十一，送各項雜差錢十三千三百一十四文。

以上十一項，共支錢一百一十二千二百七十六文價十四千八百五十六文，合銀七十五兩五錢七分六厘二毫。

丙，運費。

一，造幣蜀廠由宜渝兩局代運槍筒洋料等銀八百六十六兩六錢三分六厘零八絲。

丁，泥木石工。

一，泥工六千七百八十五工，每工價一錢二分，工食銀八百一十四兩二錢。

二，木工五千三百二十六工，每工價一錢三分，工食銀六百九十二兩三錢八分。

三，石工一百三十八工，每工價一錢三分，工食銀十七兩九錢四分。

以上三項，共支銀一千五百二十四兩五錢二分。

一，泥工三千四百二十三工半，每工價一百五十文，工食錢五百一十三千五百二十五文。

二，木工二千七百五十二工，每工價一百六十文，工食錢四百四十千零三百二十文。

三，石工六十七工，每工價一百六十文，工食錢十千零七百二十文。

以上三項，共支錢九百六十四千五百六十五文價十四千八百五十六文，合銀六百四十九兩二錢八分三厘八毫三絲四忽七微。

第五項，借墊。

一，支銅幣股借款銀八萬兩。

二，墊支礮廠購銅殼機器價銀六千四百八十五兩六錢。

三，墊支礮廠木料價值銀一千三百八十兩。

以上三項，共支銀八萬七千八百六十五兩六錢。

一，墊支礮廠木料脚力錢七十九千文。

以上一項，共支錢七十九千文價十四千八百五十六文，合銀五十三兩一錢八分三厘八毫。

統共雜款共支九七平銀十萬零三千四百五十三兩四錢零零五毫二絲四忽七微。

此款用數内，除借墊銀八萬七千九百一十八兩七錢八分三厘八毫外，寔用銀一萬五千五百三十四兩六錢一分六厘七毫二絲四忽七微，理合説明。查此款借墊銀數，應折合庫平銀八萬四千五百零四兩七錢九分零二毫七絲二忽九微七塵，寔用銀數應折合庫平銀一萬四千九百三十一兩三錢八分八厘六毫二絲四忽二微八塵。

第六項，實存。

實不敷九七平銀一萬八千三百五十七兩二錢三分二厘零一絲九忽五微四塵。以四兩零四分折合，不敷庫平銀一萬七千六百四十四兩三錢九分八厘三毫二絲七忽一微三塵。

第三類，平餘。

第一項，舊管。

三十三年十二月底，結寔存九七平銀二萬零五百零四兩二錢三分四厘八毫一絲八忽四微三塵。以四兩零四分折合庫平銀一萬九千七百零八兩零三分零三毫九絲零六微四塵。

第二項，新收。

入正款扣存平餘九七，平銀六千九百六十三兩九錢九分二厘三毫零二忽五微一塵。以四兩零四分折合庫平銀六千六百九十三兩五錢七分一厘九毫九絲三忽九微五塵。

第三項，出款。

一，額支。

二，活支。

一，支移藩司搭解度支部，准銷三十二年分報銷庫平銀四十九兩四錢八分七厘四毫八絲，四兩零四分，合九七平銀五十一兩四錢八分六厘七毫七絲四忽一微九塵。

二，支移藩司搭解陸軍部准銷三十二年分報銷銷費庫平銀四百六十九兩八錢三分八厘七毫二絲七忽四微，四兩零四分，合九七平銀四百八十八兩八錢二分零二毫一絲二忽零九塵。

三，支三十二年購槍筒洋料三十四年報部費並滙費銀三百九十兩零七錢四分。

四，支辦理三十三年分奏銷部費並滙費銀一千八百零七兩三錢三分。

五，支辦奏銷各所司事並字識獎銀二百六十二兩。

六，支辦奏銷字識火食紙張銀七十九兩三錢一分九厘。

七，支移藩司政治官報款銀五兩九錢九分二厘七毫零四忽。

八，支開局席棹銀五十五兩五錢九分三厘。

九，支萬壽早麵銀五十三兩五錢四分三厘四毫。

十，支年終獎員司並各廠匠徒雜役等花紅銀八百兩。

十一，支修前廠城工。共用費銀三百六十八兩六錢六分四厘二毫八絲五忽七微。

以上十一項，共支銀四千三百六十三兩四錢八分九厘三毫七絲五忽九微八塵。以四兩零四分折合庫平銀四千一百九十四兩零四分九厘七毫六絲五忽四微五塵。

第四項，實存。

結算寔存九七平銀二萬三千一百零四兩七錢三分七厘七毫四絲四忽九微六塵。以四兩零四分折合庫平銀二萬二千二百零七兩五錢五分二厘六毫一絲九忽一微四塵。

第四類，結算借入款。

一，借成綿道庫銀七萬五千五百兩。光緒二十九年十月，因購辦槍筒及借發瓜別銅礦本銀共二萬五千五百兩，又三十年八月改良製造，詳准移借銀五萬兩，均未清還，理合説明。

二，借藩庫銀六萬一千九百三十七兩八錢四分七厘七毫八絲零八微五塵。光緒三十年三月，因開辦彭縣銅礦需費，詳奉批準移借藩庫銀三萬兩，又借用寶川局銅鉛估價，及收滎經縣等處課耗銅鉛，應還藩庫共合價值銀三萬一千九百三十七兩八錢四分七厘七毫八絲零七微五塵，於三十二年移明暫緩歸還，理合説明。

總共借入庫平銀一十三萬七千四百三十七兩八錢四分七厘七毫八絲零八微五塵，折合九七平銀一十四萬二千九百九十兩零三錢三分六厘八毫三絲一忽一微九塵。

三，借銀圓局九七平銀三萬九千七百四十兩，舊欠銀元局庫平銀七萬六千兩，應合九七平銀七萬九千零四十兩，於光緒三十二年十二月，移還九七平銀四萬兩，現寔欠銀三萬九千零四十兩，又借撥樂山縣圜本九七平銀七百兩，理合説明。

四，應還銅幣股三十三年秋季起，本年冬季止，取用洋銅一十一萬四千九百零八觔四兩，每觔價銀三錢六分合銀四萬一千三百六十六兩九錢七分。

此項洋銅，係本局製造彈殼陸續取用，除已撥還外，結算至本年十二月底止，尚欠此數，理合說明。

五，還銅幣股墊給鋼料銀一萬一千二百一十一兩二錢。

本年八月，該局墊滙宜昌交徐委員代本局購辦銅料及滙費等款尚未撥還，理合說明。

六，應還銅幣股光緒三十三年冬季分炭價銀二千四百二十七兩五錢二分三厘八毫。

本局所用炭觔，係由該股設局採買運回夥用，所有炭價隨時移取，除已還外，冬季炭價止，祇欠此數，理合說明。

七，應還銅幣股本年全年各項炭觔價銀七千四百四十四兩零四分一厘。

以上七項，共借入九七平銀二十四萬五千一百八十兩零零七分一厘六毫三絲一忽一微九塵。以四兩零四分折合庫平銀二十三萬五千六百五十九兩四錢三分零六毫三絲三忽六微。

第五類，結算借出款。

一，造幣蜀廠鍋爐機器價值銀四萬三千二百二十二兩九錢二分九厘八毫。

此款係上年本局與銅幣股劃分界限，所有裝配鍋爐，及借撥機件，應攤成本銀兩，其時銅幣股款項支絀，未準移還，於光緒三十二年十一月會詳立案，暫緩歸還，理合說明。

二，造幣蜀廠裝配各廠機件物料價值銀二萬一千八百三十一兩零五分五厘五毫。

係自光緒二十九年七月起，至三十二年八月止，代造幣蜀廠裝配機件等項，及工料價值用款，迄今未準移還，理合說明。

三，代造幣蜀廠造退火爐工料銀一千五百零八兩三錢六分一厘。

係代造幣蜀廠修造未準移還，理合說明。

四，造幣蜀廠借銀一十二萬兩。

五，嘉定辦炭礦本銀一萬零七百兩。

光緒三十二年，委員開辦碟礦公司，以濟本局，所需共用銀一萬零七百兩，因成本過重，官款不支，於本年改歸商辦，所用官款本一萬零七百兩，由頂辦紳商王久齡認限五年清還，該公司現在辦有成效，當陸續繳還歸款，理合說明。

六，應收銅幣股三十三年秋季起，本年冬季止，取用彈殼邊渣銅價銀二萬三千七百一十九兩七錢九分九厘。

此項銅價，係本局取用該廠洋銅，除作彈殼外，所餘之邊渣若干，送還該廠作價收回，理合說明。

七，樂利造紙有限公司股本銀一千七百七十五兩。

該公司係官商合股，本局於本年七月購有股票五十張，每股銀五十元，共計二千五百元，合銀此數，週年六厘行息，理合說明。

八，墊發礮彈廠機器木料等款銀三萬七千七百零五兩九錢三分四厘七毫。

礮彈廠開辦奏案，由機器股撥銀六萬兩，銅幣股撥銀四萬兩，銀幣股撥銀三萬兩，該局尚未開廠，凡有購辦等項，先由本局先行墊付，隨後清算，各歸各款，理合說明。

以上八款，共九七平銀二十六萬零四百六十三兩零八分。以四兩零四分折合庫平銀二十五萬零三百四十八兩九錢八分一厘一毫六絲一忽零九塵。

宣統元年十二月日，候補道柴作舟，布政使司王人文，存記道毛玉麟。

中國第一歷史檔案館等《中國近代兵器工業檔案史料》第一輯《朱恩紱奏考試廣東製造軍械廠各工技藝片宣統二年四月初四日》 再，臣於上年十二月考察川省製造軍械局廠事竣後遵旨考試各工技藝，業經附片奏報在案。

此次考察粵廠，仍援照前案，招集廠中各工，備給試卷，試以問答、手工。計能應考者七十五名，經臣評定分數，分別等第，榜示局門，並傳集各工宣佈朝廷獎勸工藝之德意，俾知奮勉。所有試卷及各項成績，除俟各省局廠考察完竣，匯送陸軍部查考，再行擇尤加具考語，商由部臣酌議保奬，具奏請旨外，嗣後考試德州、江南、湖北各該省工匠情形，請俟一律完畢後並案奏報。

謹附片陳明，伏乞聖鑒，謹奏。

中國第一歷史檔案館等《中國近代兵器工業檔案史料》第一輯《趙爾巽爲請賜四川兵工廠聯額事致錫良電宣統二年四月二十四日》 盛京。錫制臺鑒：展。川省兵工廠已於日昨實行開工，成績頗好。此公創始之功，如蒙賜以聯額，尤足壯也。巽。敬。

中國第一歷史檔案館等《中國近代兵器工業檔案史料》第一輯《袁樹勛爲廣東製造軍械總廠宣統三年應加領經費事致陸軍部電宣統二年六月十八日》 陸軍部鑒：據製造軍械廠詳：奉大部軍實司灰電，遵查本廠宣統三年歲出按日出槍五十枝預算，除本廠及無煙藥廠額領經費共三十九萬兩外，全年連閏約計應加造槍工料銀三十七萬五千兩，配鋼彈工料銀十一萬兩，配木彈工料銀二萬二千兩，配藥管工料銀一萬八千兩，若配足額工料，須另計廠費銀五萬兩，共應加領常年經費銀五十七萬五千兩；另添機銀四十萬兩；添廠六萬兩；等因。謹電達，請查照。勛。巧。印。

中國第一歷史檔案館等《中國近代兵器工業檔案史料》第一輯《張人駿就金陵機器局歸併江南製造局後之機器及經費事致江南製造局總辦張士珩之札文宣統二年七月初九日》 爲札飭事。

據寧屬清理財政局詳稱：竊查金陵機器局歸併一節，迭經司局先後詳奉憲臺批準遵照在案。其安置機器、籌濟軍火各節，尚未議定，嗣於五月十三日奉憲臺札，飭將裁併局所員薪一案續議情形，叙列匯册詳覆等因。奉此，查此次裁併全案，共約節省銀二十萬兩，内以裁併該局銀八萬四千兩一款爲最巨，且前項裁節銀數，業經憲臺電達度支部行知有案。是此局歸併之後，無論如何籌議，每年所節之款，總以不離原裁之數爲歸束，則裁節方有實際。查金陵機器局所存新舊機器，準監盤吴道開送清單，舊機值銀二十九萬三千兩有奇〔本係滬局張道覈估〕，其新置機價共銀七萬三千餘兩，新舊共計作價銀三十六萬七千餘兩。今既歸併滬局接收應用，所有新舊機器自應按數作價，以昭覈實，惟滬局自議建新廠以來，經費甚爲支絀，若必責令措交現款，亦屬爲難。查籌濟軍火一節，寧局既歸併滬局，所有應用軍火，自應由滬局擔任，滬局所制軍火，向係供南北洋軍隊之用，刻下寧局老毛瑟槍子積存甚多，毋須再制新槍子彈，即須加造，爲數當亦無幾，應令酌估數目，每年約以銀二萬兩爲度，即在前項機價内按數扣抵。照此辦理，則機器不至廢棄，軍火復有着落，寧局獲裁節之利，可以騰出款項，滬局得添機之益，毋須亟籌成本，似爲一舉數得之計。夙知滬局張道力持大體，卓著賢勞，當能共體時艱，贊成斯舉。至江南各軍修配軍械，運滬或有不便，寧局基礎全行棄置，亦殊可惜，擬請將金陵機器局酌留員司、工匠若干，專爲水陸新舊各軍修理軍械之廠，仍歸滬局張道兼管。事務既簡，需款無多，每月經費至多不得過二千兩之數，即在原有款内劃撥，餘歸財政公所撥濟他項用款。如果可行，一切細則應統由江南製造局酌議，詳請憲臺覈飭遵照，實爲公便。是否有當，理合酌擬具詳，仰祈憲臺鑒覈批示。如蒙允準，並請札飭江寧財政公所、江南機器製造局分别查照辦理。再，裁併全案，前由本局匯移藩司，遵照憲批，叙具妥詳，呈請奏咨。嗣奉憲檄飭催，又經轉移遵照等情到本部堂。

據此，除批據詳已悉，所議均尚妥協，仰候札行滬製造局張道遵照酌議具覆，並分行財政公所及會同接收金陵製造局之吴道學廉一併查照，繳、印發外，合行札飭。札到，該道即便遵照酌議具覆，勿違此札。

中國第一歷史檔案館等《中國近代兵器工業檔案史料》第一輯《軍諮處陸軍部爲金陵機器局未可輕議裁撤事致兩江總督張人駿電宣統二年七月二十一日》

兩江制臺：密。風聞貴督有議裁金陵製造局之説。查凡製造及軍用物品等局，關係國防，極爲重要，未可輕議更動。現部派朱恩紱京卿考查各省製造局，應俟該員到寧查明該局情形後，稟由處部妥擬辦法，再行奏明請旨施行。且軍費應專歸軍用，即或處部定議裁撤，亦不能挪作軍事以外之用。希速轉飭遵照，並盼電覆。軍諮處、陸軍部。印。

中國第一歷史檔案館等《中國近代兵器工業檔案史料》第一輯《朱恩紱爲請暫緩定議金陵機器局辦法事致陸軍部電宣統二年八月十七日》 陸軍部鈞鑒。菊密。奉到照會，敬悉。金陵機器局議裁、議並，春間即有風聞，比即函詢是否奏咨，未據函覆。在滬考察時，適聞停工在即，因趕派隨員赴寧，先行察視機器、料物，查取圖表、册説，以備考查。乃察視未畢，即已停工。迨滬局事竣，未敢久稽奏報，故附片特先陳寧局梗概，旋即馳往，逐一覆覈。一面晤商江督，始知奉到處、部個電，又議開工。竊查寧局規模雖不甚大，而地居堂奧，砲位、槍彈各機均屬可用，萬一海疆有事，可恃爲滬局後援。今若遽議裁併，爲財政計，歲省不過數萬金；爲國防計，尚應預謀擴充，方能爲緩急之備。就令經費支絀，或即將滬局議購新機先行分撥，再圖挹注，□亦一法。惟此時考察尚未一律完竣，未便先籌寧局辦法，擬仍請稍緩定議請旨。是否有當，恭候鈞裁。恩紱叩。篠。印。

中國第一歷史檔案館等《中國近代兵器工業檔案史料》第一輯《廣東海防善後總局造報廣東製造軍械總廠光緒三十三三十四兩年支用經費清册宣統二年八月》 廣東海防善後總局爲造報事。

謹將舊日製造西、東、新局，即現在改爲製造軍械總廠，自光緒三十三年起至三十四年底止，每月支過經費、薪糧、購料、煤炭等項銀數，開列清册，呈請察覈施行。

須至册者，計開：

經費項下

光緒三十三年

一、支東局，正月分經費實銀五千兩。

一、支西局，正月分經費實銀三千兩。

一、支新局，自二月起至十二月止，每月領經費實銀二萬五千兩，計十一個月，共實銀二十七萬五千兩（新局增支月費係自是年二月分起，合註明）。

一、支總辦魏京卿瀚公費，計正、二、三、六、七、八、九、十及十一、十二等共十個月，每月銀四百兩，共銀四千兩。

一、支會辦李道哲浚薪夫，自正月起至五月止計五個月，每月銀二百兩，共銀一千兩（以上公費、薪夫兩款，間有由製造局在經費項下開支者，前款所開銀數係止計赴本局領過銀數開列，合聲明）。

一、支護局弁勇薪糧，大建月額支銀五百零四兩一錢七分九厘，小建月額支銀四百八十八兩八錢六分六厘，計三十三年分大建、小建各六個月，合共支銀五千九百五十八兩二錢七分（此款係扣四分部平給發，合聲明）。

一、支地基錢糧，實銀一十一兩六錢六分二厘。

光緒三十四年

一、支新廠經費，每月實銀二萬五千兩，全年十二個月，計共實銀三十萬兩。

一、支魏總辦公費，每月銀四百兩，全年共銀四千八百兩。

一、支護廠弁勇薪糧，大建月額支銀五百零四兩一錢七分九厘，小建月額支銀四百八十八兩八錢六分六厘，計三十四年分大建七個月、小建五個月，共支銀五千九百七十三兩五錢八分三厘（此款係扣四分部平給發，合聲明）。

一、支地基錢糧，實銀一十一兩六錢六分二厘。

以上共支經費、薪糧等銀六十萬零四千七百五十五兩一錢七分七厘。

油、煤、焦炭項下

光緒三十三年分共支銀二萬五千七百一十四兩七錢零三厘。內三千八百零三兩六錢五分二厘係以實銀支給，其餘二萬一千九百二十一兩零五分一厘係以九五扣給發，合聲明。

光緒三十四年分共支銀四萬四千零一十七兩八錢九分七厘。內四千八百九十五兩二錢二分七厘係以實銀支給，其餘三萬九千一百二十二兩六錢七分係除九五扣給發，合聲明。

以上共支油、煤、焦炭價銀六萬九千七百三十二兩六錢。

通册共支銀六十七萬四千四百八十七兩七錢七分七厘。

查前項支過銀兩均係按照時價開報，一切細數俟報銷時再行開列，合聲明。

中國第一歷史檔案館等《中國近代兵器工業檔案史料》第一輯《王人文等呈報四川機器局宣統二年夏季造成槍枝藥彈數目清册宣統二年九月》 辦理四川機器總局爲造報事。

今將宣統二年四月初一日起至六月底止，計三個月，列爲夏季分造成槍枝藥彈等件數目，理合造具清册，呈請察覈施行。

須至册者，計開：

造成珐藍單響毛瑟槍式二百一十四桿，造成鋼標刀二百一十四把（刀鞘全），造成鋼火針絲簧二百一十四匹，造成鋼起子二十二把，造成洗把二十二個，造成單響毛瑟槍藥彈十六萬八千四百顆，造成毛瑟槍藥殼六萬六千七百顆，造成洋鼓二十對（鼓槌、皮帶全），造成洋步號九對（號咀全），造成槍彈洋火藥五十桶（每桶三十五斤，計重一千七百五十斤），造成裝三磅砲開花彈藥三斤二十兩。

中國第一歷史檔案館等《中國近代兵器工業檔案史料》第一輯《朱恩紱就考察湖北兵工鋼藥兩廠情形致陸軍部尚書侍郎函約宣統二年十月》 尚書、侍郎大人鈞鑒：海上肅箋，久邀省覽。孟冬届節，北地早寒。翹企襜帷，至爲馳係。敬諗威宣列鎮，任重中臺。篤祜崇勛，曷勝頌禱！

恩紱自來鄂廠，再易蟾圓。日督隨員，躬同考察，比來諸事逐漸勾當。查茲廠規模埒於滬局，至論槍彈工作實遠弗如。自初次舂殼以至成彈，祇够六成，廢棄之多，誠爲罕見。無煙火藥尤爲惡劣不堪，此次試其速率，不及六百，而漲力恒至三千以外，甚且有逾四千者。廠中洋工師任事十年，成績如此，良可浩嘆。恩紱駐鄂考查，較各處殊費周折。緣廠中總辦王壽昌，遇事阻撓，無從接洽，鈎稽匪易，商訂尤難。即如考試工匠一端，致煩鈞部電文往返，其他掣肘之處，可想而知。茲幸各事皆完，回京有日。謹將摺片底稿並表册、圖説詳細情形，備文呈覽。至於統籌辦法，刻正匯編圖表，恭備進呈。並率同隨員等清理各局廠案卷。一俟就緒，即行回京，面承鈞部嘉謨及軍諮處教令，妥商詳議，再行擬稿就正。但事關軍政，自維謭陋，未知能否稍裨事實耳！

耑肅敬叩崇安。伏乞垂鑒。

中國第一歷史檔案館等《中國近代兵器工業檔案史料》第一輯《度支部爲準廣東製造無煙火藥立案事致陸軍部之咨文宣統二年十一月初八日》 度支部爲咨行事。

制用司案呈：準兩廣總督咨，據廣東製造軍械廠詳稱，竊本廠附設之無煙藥廠，於上年八月間開工試造，經飭洋師摩喇將配藥重量，比照粵省温度，逐一講求，務令漲力、速率與洋制同等，方爲合法。茲據該洋師將迭次試驗情形列表具説，呈請查覈前來。當經督飭員司督同該洋師，將屢經試驗最爲合法之藥逐加裝放，漲力已減，不至有損槍枝，惟尚有射力稍次、藥片未净二弊，較之洋來者仍有不及。據該洋師稟稱：所以未盡合度者，原因有四：一、六米里八口徑係屬創定，無洋制定率可仿，非屢經試驗配藥無以取準；二、現在配藥正當夏令，温度太高，棉花與强水、火酒，以脱等物化合力太大，易發燃燒；三、廠匠工夫尚未嫻熟；四、水池濾過尚有雜質。本司道等詳加考覈，所稱第一、第三兩款當令逐求進步，第四一款當飭從事改良，尚非無可着手。惟第二一款限於天時，雖經飭令添購打水機，以調和温度，嶺南氣候熱度昇降時刻不同，棉藥化合自始至終約需數小時之久，氣温一變，化學性因之，瞬睫之間，輕則變質，重則自燒，欲求遺憾毫無，實非易易。茲擬將試過之漲力已減、射力稍次之藥，飭令按月先造一千五百磅，以供目下之求，仍令精益求精，冀收將來之效。所有試造無煙藥緣由，理合備文詳請查覈，准予咨部立案。再，昨據廣州口禮和洋行函稱：頃接滬行來函云，國魯威路無煙藥廠可以傳授製造直射力六米里八尖頭彈無煙藥之法，惟中國須定購此種藥一百噸方允傳授，並須聘請該廠洋工程師一員，以備教授華匠，而貴廠現有之機器仍須察看能否合於製造等語，是否可採，合併附陳等由。據此，當查該廠附設無煙藥廠，經飭洋師試驗合法之藥，擬飭按月先造一千五百磅以資應用，自可照辦，應候咨部立案。至禮和洋行所稱國魯威路無煙藥廠可傳授製造之法，並定購該廠之藥暨聘用洋工程師各節，是否可行，應先查看廠内現有機器能否合於製造，再行籌議商訂詳辦等因，批飭遵照在案，相應咨部查照立案等因前來。

查廣東製造軍械廠附設之無煙藥廠，據稱於上年八月間開工試造，迭經洋師摩喇將配藥重量，比照粵省温度屢經試驗，其最爲合法之藥逐加裝放，漲力已減，惟尚有射力稍次、藥片未净二弊，較之洋來者仍有不及。茲擬將試過之漲力已減、射力稍次之藥，按月先造一千五百磅，請予立案等語。本部查覈所稱各節尚屬實情，所請准予立案之處自可照準。惟該廠自上年八月間開工，迄已一年，共已製造若干磅未據聲叙，應令查明聲覆；並令將未盡合度之藥設法改良，總期制數日增，款不虚糜，是爲至要。至所稱禮和洋行國魯威路無煙藥廠可傳授製造之法，並定購該廠之藥暨聘用洋工師各節，應俟查看廠内現有機器能否合於製造，咨覆過部，再行覈辦。

又該廠自光緒三十二年起至三十四年止，及軍械廠自光緒三十年起至三十四年止收支各款，前據該省造册報銷，當經本部覈明諸多不符，行令聲覆，並令將該兩廠光緒三十四年分總、會辦等薪津切實覈減等因在案，應令查照前咨，另行造册送部覈辦，以重款項。

相應咨行兩廣總督轉飭遵照辦理，並知照陸軍部可也。

「中央研究院」近代史研究所《海防檔》丙機器局《宣統二年十一月十五日外務部四川總督趙爾巽致軍機處代奏電》 宣統二年十一月十五日，收川督致軍機處代奏電稱，軍機處鈞鑒，申川省兵工廠用款二百餘萬，於本年四月甫經成立，技師聘於外洋，工役求於江鄂，以至大小員司，皆借材異地，因川省既無成範可循，而美錦尤不敢使人學製。況一廠之内，萃集五方雜處千數百人，若總綱挈領之員，事非經驗，誠恐虚擲鉅金，貽誤大局。因思前在鄂中，查有道員蔡琦，辦廠尚有經驗，人亦勤樸耐勞。且此次外來匠役，半由該道招致，當令可委令試辦，因電商鄂督，擬調來川，覆電認可，始爲附片奏陳。旋奉硃批，未邀俞兄，當即欽遵在案。惟川省現無辦廠可靠人員，而事體重大，雖加委任，各該員等亦未敢貿然擔負，至爾巽所知人員，惟有正參領陳榥，學有本源，堪勝此任。前年來川，本有成約，嗣經陸軍部調用委任，以致不果。此外籌思至再，遴選俱窮，深歎今時辦事之難，人才之乏。至於道員蔡琦，前在鄂廠，本係提調，並無辦事全權，嗣光總辦，整理廠事，較前寔有進步。頃聞有謂該道在鄂辦廠成績未著者，不知鄂廠出品，不能比美外人，寔因機器已舊，經費未充，習於因仍，原因不一，在各省舊廠皆然，不能專爲總辦一人之咎。若以該道在川所造槍枝，較其成績大有不同。現川廠技師匠役，經該道調和融洽，悉聽指揮，孜孜盡力，出品與洋製無異，又能於附屬物品，就地取材，可節經費，寔屬成績昭著。可否仰懇朝廷，俯念邊省用人，尤難羅致，暫仍準令該道試辦，一俟物色得人，再予更換，川廠幸甚。爾巽爲慎重數百萬國帑，不敢嘗思試起見，是否有當，謹請代奏，爾巽叩。願。

中國第一歷史檔案館等《中國近代兵器工業檔案史料》第一輯《蔡琦等爲録呈請雇造無煙藥洋匠之電稿事上趙爾巽之呈文約宣統二年》 謹將擬致駐德欽使選雇製造無煙藥洋匠電稿録呈憲覈。

柏林。大清欽使梁鑒：辰。川前創制槍及彈廠並無煙藥廠，機器係在德蜀赫廠訂購。槍及彈機尚新，惟藥及制鏹各機新舊參半，力難更換，又不能廢置，祇得因陋就簡。前雇制藥德匠均未善。若改聘上等技師，局面小，薪太昂。請物色久在制藥名廠兼能造附屬各種鏹水，確有歷練之技手，性情和平，遇事肯受商量者代雇一名。選得即飭詳詢蜀赫，原機既以舊式充數，應如何遷就製造成藥。事既一誤，不容再誤。我公關懷大局，當能諒此苦衷。先訂用一年，勝任再續。合同函寄。祈電覆。巽。筱。

職道蔡琦、司員黎邁謹呈

中國第一歷史檔案館等《中國近代兵器工業檔案史料》第一輯《毛玉麟爲四川兵工廠要員宜分兩班聽課事之稟文並四川總督趙爾巽之批文約宣統二年》

敬稟者：兵工廠遠居城外，往返二十餘里，按里計時，需一百六十分鐘之久，再加聽講三小時，即無片刻耽延，回廠已在十二鐘後，此時始能早膳，又必一勾鐘後，乃是辦事時間，然日已過半矣。廠務繁瑣重要，工匠、勇役千人，督工防姦已極其難，而近來各種表册繁多，限期嚴迫，縱愆積壓，勢有不能。單列七員皆司廠中要職，情形與城内各局迥異，如必每日全到，則廠務不無廢弛。今籌兼顧之法，惟有分爲兩班，間日一輪，更番聽講。每日講義帶回，均可傳鈔。如此則學無間斷，公事亦(不)致延誤矣。遵照會章，謹將分班兼顧理由呈報憲鑒，並報告本會副會長及庶務、稽覈兩處，合併聲明。

敬請福安。

職道毛玉麟謹稟

計呈銜名單一紙。

計開呈兵工廠職員銜名單。

總辦存記道毛玉麟。提調知府張作藩。提調郎中田應全。文案委員直州同沈蘭序。文案委員知縣吴國皆。稽查委員知縣李祥符。採買委員縣丞馬敏政。

四川總督趙爾巽批

所議甚是。如遇要事，並準臨時聲明。

中國第一歷史檔案館等《中國近代兵器工業檔案史料》第一輯《四川機器局制一磅砲與三磅砲性能清單光緒三十四年至宣統二年》 謹將本局廠頭考一磅砲與三磅(砲)輕重良窳情形開列於後。

一磅砲。身長五尺二寸，口徑一寸四分五厘七，車輪八十四斤，砲架、彈箱零件全套二百零六斤，砲身一百四十斤，共重四百三十斤。此砲致遠二千六百碼。砲身底下有退力油筒。有此退力油筒，放砲時，筒内之油由孔溢出，將鋼壓緊，放時砲管僅退後數寸即止，力不過猛，因此時鋼簧伸漲，能將砲管推回原處之故。

三磅砲。身長三尺一寸半，口徑一寸八分半，車輪四十四斤，砲架一百一十六斤，砲身七十斤，共重二百三十斤。此砲致遠二千碼。砲身底下無退力油筒，放砲時子彈出口，全砲一併退後約數尺之遠，砲架亦易損壞，放砲之人尤險危，其故皆因無退力油筒及砲架太輕之故。

以一磅砲與三磅砲比較：一磅砲分兩雖重，極爲靈便，腹地山路均能合用。蓋三磅砲口徑過大，又無退力油筒，亦無彈箱，砲架太輕，放砲時子出口而架退數尺，查此情形，由於周身輕重未能配合均勻，故不適用。

再，查二磅砲。車輪重一百一十斤，砲架一百五十五斤，砲身二百二十五斤，共重五百二十六斤。此砲既笨重，且難致遠，不必仿造。

中國第一歷史檔案館等《中國近代兵器工業檔案史料》第一輯《蔡琦等爲删減四川兵工廠宣統三年預算事呈四川總督之稟文約宣統二年》 兵工廠謹將試辦宣統三年預算案内遵議酌删銀數，開摺呈請憲鑒。

查製造槍械全賴工料，而覈算人工與物料又由機器之能力與製品之成數而定，則薪資、局用、購價、運費實爲本廠必要之需，缺一不可。重以川省僻在一隅，交通未便，預算料本、工資自難與滬、鄂各廠相提並論。況此項預算，前總辦毛道於未奉明文以前預備開工之際，屢集員司、洋匠再四考覈；奉文後復參照鄰廠成規，博訪外邦時價，總以不糜公項爲標準重加厘定，數易其稿，而後成此報告之表册。其中苟有萬一掛漏，均未留有騰挪餘地。職道奉委到廠，適值提議覈删。復調原卷逐加審覈，委無浮糜，莫從指駁。惟覈删之議，關係全局，職廠需款既巨，尤當勉爲其難，不得不於無可設法之中再求縮減，或從緩辦，或以抵補，合計預算案内經常、臨時兩門，可删庫平銀二十四萬一千四百五十兩四錢四分五厘。分條説明如左：

一、兵工學堂暫從緩辦，惟原設之藝徒養成所仍不能撤，除酌留該所經費外，約可删銀一萬零七百一十三兩。堂既未開，費即無征，所有歲入經常門征入學費一款，應不作數。

一、各匠名數、工資原算本已從實，今擬選其技藝優長而思望不奢者，屈令兼任數機，得以少雇領手及一等工匠共九十餘名，約可删銀二萬九千二百九十五兩。

一、造藥硫磺暫緩自煉，權購外洋磺鏹代之，若依現在時價約可删銀一萬五千兩。惟求諸遠方，終虞缺乏，若需自煉，届時再酌量贏絀情形，改正舊案辦理。

一、原案歲出臨時門內，遵照部頒預算例言第十九條規定，列有債項一類，應還藩庫、糧餉局生息各款，本息共銀九萬二千餘兩，現擬按月付息，暫緩還本，約可删銀八萬六千四百四十二兩四錢四分五厘。

一、廠制槍彈原意兼供鄰省，曾蒙憲臺分咨滇、黔、秦、隴，請撥協助經費。甘肅業已咨覆，認撥六萬金，應解槍彈抵補，本與槍價無異。其餘三省無應之者，將來能買若干，得價若干，雖未敢必以理度之，當可抵甘肅一省槍價三分之二，約銀四萬兩，連同甘肅已認之數，補助歲出常費，約可删銀十萬兩。惟歲入經常門內甘肅認撥之款應不作數，以免重複。

查本廠預算原案，經常歲出門共銀一百零九萬四千八百一十二兩三錢九分二厘，又臨時歲出門債項共銀九萬二千零九十九兩五錢八分五厘，又預備金三萬兩，統共銀一百二十一萬六千九百一十兩零九錢七分七厘。除預備金三萬兩已奉部電取消，並以上五條約删銀二十四萬一千四百五十兩零四錢四分五厘外，實應支出庫平銀九十四萬五千四百六十兩零五錢三分二厘。是否允當，伏乞鈞裁。

中國第一歷史檔案館等《中國近代兵器工業檔案史料》第一輯《金陵機器製造局機器清册宣統二年》 今將金陵機器製造局各廠車床名目、部數，暨拆卸另儲各機器，分别開具清册，送請查覈。

計開：

機器廠項下：一、中元車一具，一、中元車一具，一、中元車一具，一、車陰模齒輪車一具，一、鑽車一具，一、絞螺絲車一具，一、冲銅管卧式衝車一具，一、新式平刨車一具，一、車尾刀大元車一具，一、壓白藥入平塞機器一具，一、車尾刀大元車一具，一、車尾刀小元車一具，一、汽力通用車齒機器一具，一、開鈔齒車一具，一、扳冲一具，一、四面鑽車一具（附小鑽車一具），一、剪刀車一具，一、冲銅管元坯車一具，一、小平車一具，一、收口車一具，一、平車一具，一、磨刀石一具，一、冲銅帽車一具，一、冲頂火車一具，一、壓快砲子殼底車一具，一、直刨車一具，一、冲銅管火門眼車一具，一、平刨車一具，一、上銅帽扳手車一具，一、造底坯車一具，一、新式大元車一具，一、元面軋車一具，一、車銅管底口車一具，一、大平雙刨車一具，一、大元車五具，一、中元車十具，一、鋸銅小元車十六具，一、大汽機一具（附鍋爐各幫布全），一、車槍木殼車一具，一、鋸鐵元鋸車一具，一、車碰火頭尾傍眼車一具，一、起重手摇絞關一具，一、拔槍膛來福綫車一具，一、細車外光元車一具，一、粗車外光元車一具，一、車一磅砲碰火内膛螺絲車一具，一、車一磅砲彈大火球車一具，一、車一磅砲彈小火球車一具，一、車一磅砲彈外光頭尾車一具，一、車一磅砲彈火球底光螺絲車一具，一、車一磅砲彈平塞車一具，一、車一磅砲彈尖塞頂面車一具，一、車一磅砲彈尖塞内外光車一具，一、車碰火内膛車一具（以上九具均連同一車床），一、定邊楚軍人力小平車一具，一、直刨車一具，一、横刨車一具，一、脚踏元車一具，一、刨螺絲凹綫車一具，一、車克虜伯彈自來火銅螺絲車六具，一、兩頭脚踏鑽車一具，一、兩頭車自來火隔針車一具，一、凹身大元車一具，一、平刨車二具，一、起重絞關一具，一、平車一具，一、鑽車五具，一、拔絲車一具，一、拔砲絲車一具（附自造擦砲膛機器一具），一、車砲膛元車一具，一、刨砲面後方臺車一具，一、刨砲耳車一具，一、絞螺絲車一具，一、活身大元車一具，一、拉火管車二具，一、洋式風機一具，一、大力抵卧式汽機一具（附雙膽鍋爐一座），一、磨輥車一具，一、車來覆綫子銅釘車一具，一、凹身元車三具，一、剪銅帽皮車一具，一、刮槍内來覆綫車一具，一、大抵力汽機一具（附雙膽鍋爐一座、抽水機一具），一、鉸槍筒内五輪元車一具，一、平臺鑽車一具，一、冷水幫布一具，一、方盤刨車一具，一、懸鑽車二具，一、木架元車一具，一、兩頭鑽車一具。

東子廠項下：一、四十四馬力汽機一部，一、六十匹馬力汽機一部，一、銅殼摇光桶三具，一、手扳剪刀機一部，一、拔鉛條水力機一部，一、冲鉛彈機器一部，一、冲鋼盂機器二部，一、壓銅帽位機器一部，一、修鋼頭邊綫機器一部，一、子夾下料車一部，一、子夾冲眼車一部，一、子夾起綫車一部，一、子夾壓邊手扳機一部，一、子夾窩底手扳機一部，一、子夾擠弦手扳機一部，一、切四道銅殼口機器二部，一、切六道銅殼口機器二部，一、出彈身凹綫機器一部，一、裁銅機器一部，一、平刨車一部，一、冲蠟餅機器一部，一、壓銅殼底綫機器一部，一、收銅殼口機器二部，一、車底代絞口機器二部，一、鑽火眼機器二部，一、車小銅帽機一部，一、切(鋼)(銅)殼口機二部，一、絞口機一部，一、開火門眼機二部，一、壓銅殼底綫機一部，一、打元口機一部，一、冲五道銅殼機器二部，一冲六道銅殼機器二部，一、冲銅帽機一部，一、冲鋼殼元尖機器一部，一、插鋼殼鉛心機器一部，一、收鋼殼口機器一部，一、收銅殼口機器一部，一、折銅殼底彈機器一部，一、煤氣烘軟銅殼口機器一部，一、冲一、二、三道鋼殼機各一部，一、冲四、五道鋼殼機各一部，一、壓銅殼底綫機器一部，一、冲一、二道銅殼機各一部，一、冲三、四道銅殼機各一部，一、磨擦床三部，一、大元車二部，一、中元車十一部，一、小元車六部，一、小鑽車一部，一、刨車一部，一、鑽車一部，一、洗子車一部，一、鍘車一部，一、磨刀石一部，一、壓白藥手扳機四部，一、裝藥上鋼彈機器一部，一、權衡全彈分量機器一部，一、較量銅殼全身機器一部，一、點膠水機器一部，一、較量鋼彈機一部，一、權衡鋼彈機一部，一、較量全彈合膛機器一部，一、上銅帽機一部，一、上銅帽手扳機四部，一、裁紙剪刀機一部，一、上鉛彈機二部，一、煮銅殼紫銅部一座，一、罩爐膽大小汽爐各一座。

西子老廠項下：一、冲銅管平底車一具，一、切鉛條車一具，一、壓鉛子頭車一具，一、車銅管底車一具，一、車銅管窩車一具，一、壓銅管底車一具，一、冲銅管車三具，一、冲銅管胚車一具，一、車銅管齊口車一具，一、車槍子銅管平車一具，一、小元車二具，一、車抬槍子銅管車一具，一、磨冲模車一具，一、冲銅管車五具，一、滚鉛子頭車一具，一、上銅帽手扳車一具，一、鑽車一具，一、冲銅管並收口車一具，一、壓砲子底車一具，一、壓銅帽底車一具，一、滚銅帽殼摇光桶一具，一、篩净銅帽殼摇光桶一具，一、點膠水上銅帽車一具，一、壓銅帽藥車三具(不全)，一、冲銅帽車一具『不全』，一、上銅帽車二具(不全)，一、點膠水機器一具，一、壓鉛彈機器一具，一、壓鉛條水幫布大力機一具，一、雙膽鍋爐二座(附汽機一具)。

熔卷銅廠項下：一、大抵力卧形汽機一具，一、汽爐兩座，一、切邊元刀小剪機一具，一、卷薄銅皮小剪一具，一、人力小剪一具，一、剪刀機一具，一、銅鋸車一具，一、軋銅輥六具，一、冲玻璃粉機一具，一、平口卧式大剪刀機一具，一、回火爐三具，一、熔銅爐十座。

翻砂廠項下：一、打炭灰元轉鼓機器一具，一、平行木質起重架機一具，一、烘模地車一具，一、熔銅爐三座，一、大鐵櫃一具，一、頭、二、三號化鐵爐各一座。

熟鐵廠項下：一、大小汽錘五具，一、拼鐵爐一具，一、小幫布一具，一、小鑽車一具，一、元鑽車一具，一、冲眼并剪刀車一具，一、康幫汽機一具，一、大小汽爐二具。

木廠項下：一、元站鋸一具，一、木面小元車一具，一、大元車一具，一、銼小元鋸架一具，一、小鑽車一具，一、吸水機二具(一裝西鐵庫内，一裝後門外河邊)，一、横鋸一具。

機器廠拆卸另儲各機器項下：一、車自來火銅螺絲車一具，一、纏絨機一具(附卷絨機一具)，一、汲水機一具，一、磨鋸砂盤車一具，一、磨槍筒車一具，一、小汽爐一具(汽機全)，一、鑽車一具，一、車槍筒車一具(祇有車身，附鑽鋸拉火機一具)，一、夾黄銅拉火管手扳機一具，一、砂盤機一具，一、磨刀石一具，一、起重胡盧一具，一、元車二具，一、壓瓦瓦司彈子箍幫布一具(附雙頭螺絲壓)，一、絞螺絲車一具，一、規抬槍筒彎直平臺一具，一、汽機一具，一、刮瓦瓦司彈子槽車二具，一、刮各磅彈子銅釘車一具，一、試五金拉力機一具，一、鐵板冲二具，一、車槍筒車二具，一、手摇剪刀車一具，一、小元車一具，一、手摇平創車一具，一、手扳卷火箭筒機器一具，一、大司丁錘一具，一、雙汽缸起重轆轤一具，一、小汽爐一具『汽機全』，一、水風箱一具(以上二具存通濟門打水用)。

東子廠拆卸未用槍彈機器項下：一、絞口機一部，一、車底車五部，一、澆蠟餅機一部，一、滚鉛彈機一部，一、刮口機一部，一、壓白藥較準螺絲車一部，一、摇光桶一具，一、壓蠟餅機一部，一、鋼彈摇光桶一具，一、點膠水機一部，一、切銅殼口機二部，一、剪銅殼口機一部，一、剪鋼殼口機一部，一、上銅帽機一部，一、鑽火眼機一部，一、開闊口機一部，一、剪銅帽毛邊機一部，一、冲鋼殼元尖機一部，一、軋銅輥一付，一、插鋼殼鉛心機一部，一、裝白藥機一部。

翻砂廠拆卸另儲機器項下：一、打炭灰鐵滚桶機器一具，一、研炭灰研槽一具。

熟鐵廠拆卸另儲機器項下：一、風箱機一具，一、敲兩磅砲彎直機一具，一、人力卷鐵機一具，一、手扳擠眼機二具，一、皮帶螺絲四連印錘一具，一、摇輪盤箍家俱一付，一、大磨刀石一具，一、刨車一具，一、夾床一具。

木作廠拆卸另儲各機器項下：一、車木信車一具，一、鑽木信眼木面車一具，一、車碰火外光合度車一具，一、木面小元車一具，一、刨木車一具，一、火輪鋸一具，一、三支鑽車一具，一、五牌站鋸車一具，一、鍋爐汽機一付。

白藥分局原置各項機器項下(現拆卸未用)：一、立式鍋爐一座，一、壓力機二部，一、水力機一部，一、壓藥餅車一具，一、車磨石一具，一、鑽木信眼鑽床二具，一、手扳螺絲壓力機二具。

中國第一歷史檔案館等《中國近代兵器工業檔案史料》第一輯《雲南機器局宣統二年冬季出入款項報告册宣統二年》 謹將雲南省宣統二年冬季分機器局廠出入各項經費，按照本季實發數目分類造具清册，恭呈鈞鑒，伏乞查覈。須至册者。

第四類　局廠出入款項分列如左：

計開：

管收項下：本年冬季共收銀二萬二千七百五十二兩五錢九分五厘。

第一款　舊管共銀四千六百九十七兩三錢六分一厘。一、由本年九月底流存銀四千六百九十七兩三錢六分一厘。

第二款　新收共銀一萬八千零五十五兩二錢三分四厘。一、收由防團兵備處請領及截曠與各處製造工料價值，共銀一萬七千零三十三兩二錢七分七厘。一、收前會辦賠繳前欠公款及代洋務局等處代買製造各物，共銀一千零一十兩零四錢。一、收本局前督工委員繳還長支薪水，共銀一十一兩五錢五分七厘。

開除項下：本年冬季實支銀一萬一千五百五十三兩五錢一分七厘。

第一款　機器局廠共支銀一萬一千五百五十三兩五錢一分七厘。

第一項　冬季分共支銀一萬一千五百五十三兩五錢一分七厘。

第一目　額支經費共支銀七千八百二十八兩四錢八分。一、支總辦、員司薪水冬季分共銀一千三百四十五兩三錢六分。一、支丁役、工匠、學徒工食冬季分共銀六千二百三十五兩六錢二分。一、支總辦、員司伙食冬季分共銀二百四十七兩五錢。

第二目　經常活支共銀二千四百八十六兩三錢一分。一、支採買松柴冬季分共銀六百一十四兩一錢二分六厘。一、支採買松炭冬季分共銀一千二百三十八兩二錢一分一厘。一、支採買栗炭冬季分共銀一十兩零六錢。一、支採買熟煤冬季分共銀二百九十六兩三錢五分。一、支採買生煤冬季分共銀三百二十七兩零二分三厘。

第二目　臨時活支共銀一千二百三十八兩七錢二分七厘。一、支採買各項物料冬季分共銀五百一十一兩九錢七分一厘。一、支採買各項器具冬季分共銀一百三十九兩七錢六分五厘。一、支各項雜用冬季分共銀五百八十六兩九錢九分一厘。

實存項下：本年冬季總計實存滇市平銀九千八百四十兩零六錢一分八厘，以九六五二五折合庫平，共銀九千四百九十八兩六錢六分六厘。

一、總計本年冬季收入各款計滇市平銀二萬二千七百五十二兩五錢九分五厘，以九六五二五折合庫平銀二萬一千九百六十一兩九錢六分四厘二毫。

一、總計本年冬季支出各款計滇市平銀一萬一千五百五十三兩五錢一分七厘，以九六五二五折合庫平銀一萬一千一百五十二兩零四分三厘四毫。

以上出入兩抵應存滇市平銀一萬一千一百九十九兩零七分八厘，以九六五二五折合庫平銀一萬零八百零九兩九錢二分零八毫。

一、除解繳藩庫代各署局所學堂製造物料工價，計銀三百四十八兩六分。

一、除解繳藩庫前會辦賠繳前欠公款並代洋務局各處買制各物，共銀一千零一十兩零四錢。

以上二柱共解繳滇市平銀一千三百五十八兩四錢六分，以九六五二五折合庫平銀一千三百一十一兩二錢五分四厘八毫。

總計本年冬季分實存滇市平銀九千八百四十兩零六錢一分八厘，以九六五二五折合庫平銀九千四百九十八兩六錢六分六厘。

中國第一歷史檔案館等《中國近代兵器工業檔案史料》第一輯《廣東製造軍械廠訂購物料合同清摺宣統三年二月》 立合同廣州德商禮和洋行，今承廣東製造軍械廠委購各物料，茲將名目、價值並訂定章程，開列於後。

計開：

1. BEIP 青鉛二萬六千磅，每擔一十二元。
2. 六米里八鋼盂五千磅(底厚一米里十五絲，重七分，照來樣)，每啓羅一元三毫。
3. 白鉛一萬三千磅(此係第一號者)，每擔二十五元五毫。
4. 六米里八碼夾鋼片五百磅，每啓羅六毫三仙。
5. 六米里八碼夾鋼簧七百磅(不淬水)，每啓羅二元六毫。
6. 六米里八紙盒紙六千磅，每百啓羅一十二元五毫。

以上各物料俟貨到時，按照重數覈算，以元毫各半，九五扣付給。價值、關稅、水脚、保險等費，均在價內。此次敝行通融辦理，不領定銀。自立合同之日起，青鉛一項限兩禮拜運到，其餘各物料限四個月內運到，均在貴廠碼頭交納。

其由船挑入廠内夫力，由貴廠發給。該貨價準貨到後兩禮拜内付清。如到期未付，應按照欠交之銀，以七厘周息計算，仍限一個月付清，不得再遲。至以上所訂各料，保係質料精良，按照時價覈定，將來如有查出與滬、鄂兩廠同時所購同等之料價值較昂者，任憑議罰。恐後無憑，立此合同三份，以一份送部察覈外，各執一份存照。

廣東製造軍械總廠

廣東德商禮和洋行經理楊裕光

中國第一歷史檔案館等《中國近代兵器工業檔案史料》第一輯《張人駿爲詢曾否覈定金陵機器局存裁辦法事致軍諮處陸軍部電宣統三年三月二十六日》 軍諮處、陸軍部鈞鑒：洪。上年七月間奉個電，金陵製造局有關國防，未便輕議更動，俟朱恩紱京卿考查後，稟由處部妥擬辦法，再行奏明請旨施行等因。當由漾電奉覆，一面録行司局遵辦。旋據清理財政局以前項經費因籌議裁併未經列入預算，詳經咨部追加去後。現準度支部咨覆，金陵製造局既奉行知停工議裁，未列預算，應仍照原案辦理等因。查此項經費前既未列預算，今奉度支部行令仍照原案辦理，未允追加，則此項支款將來實無從造報。現在該局應存、應裁，鈞處及貴部曾否覈定辦法，伏乞迅賜示知。並祈就近商明度支部覈飭遵辦爲禱。人駿。宥。印。

中國第一歷史檔案館等《中國近代兵器工業檔案史料》第一輯《陸軍部爲已電告江南製造局派要員隨同接收金陵機器局事致兩江總督張人駿電宣統三年三月二十八日》 張制臺鑒：金陵製造局暫停，本部已電滬局張總辦派委要員隨同接收員李司長盛和辦理。此覆。希飭局遵照。陸軍部。勘。印。

中國第一歷史檔案館等《中國近代兵器工業檔案史料》第一輯《陸軍部軍需司爲已電知江南製造局及兩江總督接收金陵機器局事致接收員李盛和電宣統三年三月二十八日》 上海。製造局。李司長鑒：沁電敬悉。現已回明堂憲電知滬局派員隨同赴寧辦理。此覆。並電知江督飭寧局遵照。軍需司。勘。印。

中國第一歷史檔案館等《中國近代兵器工業檔案史料》第一輯《陸軍部爲覈准廣東無煙藥廠訂購機器事致兩廣總督之咨文宣統三年四月十七日》 軍實司案呈爲咨行事。

準兩廣總督咨：據廣東軍械局廠詳稱，本廠附設之無煙藥廠添造無煙槍藥，所須添購機器、器具、雜料等件，自應預算提前訂購，以備臨時應用。查化學房所應藥料及各項機器、器具，均屬要需，當派員與禮和洋行磋磨價值，計藥料、器具等件一百四十三項，内除七項俟貨到過磅後覈價外，其餘一百三十六項計價銀一萬二千五百六十二元四毫三仙，九五扣實，元毫各半，銀一萬一千九百三十四元三毫一仙。此項價值不另請款，即在無煙藥廠月領經費項下分別支給，列入下月册報銷。鈔録合同、清摺二扣，據詳請煩查照覈准，知照税務處，飭關驗放等因前來。

查該省宣統三年分軍政費預算册内載，製造軍械廠及無煙藥廠經費庫平銀三十六萬一千三百兩有零，此次無煙藥廠訂購機器、器具等件，既據聲稱由該廠月領經費項下分別支給，自應照準。惟須通盤計畫，勿致使預算原數不符應用。除由本部知照税務處外，相應咨行貴督查照可也。

咨兩廣總督。

中國第一歷史檔案館等《中國近代兵器工業檔案史料》第一輯《陸軍部爲請粵關准許廣東製造軍械廠與無煙藥廠訂購之機器進口事致税務處函宣統三年六月十八日》 準兩廣總督張删電稱：廣東製造軍械廠與禮和洋行訂購造槍器具及無煙藥廠添購機器雜件，業經咨準知照税務處在案。現此項器件行將運到，請迅賜知照税務處，電飭粵關放行等語。查此件本部業於四月廿九日知照税務處，旋準咨覆在案。相應再行知照貴處，電飭粵關俟此項器具、機件到關時，即予查驗放行。

中國第一歷史檔案館等《中國近代兵器工業檔案史料》第一輯《張人駿爲報銷金陵製造洋火藥局宣統元年經費事致外務部之咨呈宣統三年六月二十五日》

都察院都御史・總督江南江西等處地方張爲咨呈事。

竊照宣統二年十月初二日承準憲政編查館咨，奏準各省循例具奏事件酌擬改咨一摺，聲明工藝局廠等報銷列於農工商部門内等因，自應查照辦理。

玆據前辦金陵洋火藥局道員趙有倫詳稱：金陵設局製造洋火藥，截至光緒三十四年十二月底止支用經費，業經列爲第二十六案詳經造册奏銷在案。惟前奉新章，無論内銷、外結之款，均歸一律覈實具報。所有該局代運鋪需硝磺餘利一項，前經詳定減成造藥，經費不敷開支，恃餘利以挹注，歸爲外造之款，現應並入經費項下覈實開報。計自宣統元年正月初一日起至五月底止，製造火藥五成，六月初一日起至十二月底止，造藥四成，連閏十三個月，計上届截至三十四年十二月底止，舊管實存庫平銀一百五十五兩有奇，又預儲料物庫平銀三萬三千七百七十四兩有奇，又遵照新章補列上届實存外結之款硝磺餘利庫平銀四千二百八十二兩有奇，共存庫平銀三萬八千二百十一兩有奇。新收江南財政局五成造藥經費六個月，四成造藥經費七個月，湘平折合庫平銀二萬四千一百二十九兩有奇，又代運各屬鋪用硝磺餘利湘平折合庫平銀一萬五千二百八十六兩有奇，共收庫平銀三萬九千四百十五兩有奇。開除各款，遵照部議章程，各歸各部覈銷，計應歸度支部覈銷庫平銀一萬四千二百七十四兩有奇，陸軍部覈銷庫平銀一萬四千三百二兩有奇，統共請銷庫平銀二萬八千五百七十七兩有奇。除解還前財政局除閏十二個月減支湘平折合庫平銀六百四十八兩有奇，並在硝磺餘利項下撥解江南鹽巡道中西醫院經費庫平銀二千七百三十五兩有奇，墊用大修經費庫平銀一萬一千一百二十八兩有奇，又撥修築馬路庫平銀六百三十一兩有奇外，仍實存庫平銀三萬三千九百五兩有奇，歸於下届經費内列收滚接造報。查此項收支各款報銷清册，業經遵照新章，移送江南寧屬清理財政局先行覈明。所有按照覈過數目造具總散各册，列爲第二十七案報銷，詳請覈辦前來。本督院覆覈無異。

中國第一歷史檔案館等《中國近代兵器工業檔案史料》第一輯《張人駿爲報銷金陵製造洋火藥局修理費用事致外務部之咨呈宣統三年六月二十五日》 都察院都御史總督江南江西等處地方張爲咨呈事。

竊照宣統二年十月初二日承準憲政編查館咨，奏準各省循例具奏事件酌擬改咨一摺，聲明工藝局廠等報銷列於農工商部門内，自應查照辦理。

兹據前辦金陵洋火藥局道員趙有倫詳稱：金陵設立局廠，傷照西法，用機器製造洋火藥，於光緒三十四年，經前辦局務王道瓘因造藥鍋爐機器歷久煆煉，類多損壞，木橋七座亦均朽爛，各廠房屋並引河駁岸等處均係年久失修，估需修理經費湘平銀一萬一百餘兩；嗣經江南財政局派員復估，減去大門外栅欄一項並玻璃計銀四百數十兩，實需銀九千七百餘兩。詳奉前兩江督院端奏明立案，並飭由江南財政局撥款興修。嗣以江南財政局經費支絀，一時籌措不出，由該局詳明暫在洋火藥局硝磺餘利項下墊用，一俟財政局周轉稍靈，再行撥還歸墊。乃王道未及興修，即行調差。嗣經職道接辦局務，奉前督憲端派員復估，以前項工程當時估計不無過於節省之處，若不乘此大修之年一律修整完固，再行撥款興修糜費更甚，計增估銀一千七百五十餘兩，亦經奏咨立案，一並在硝磺餘利項下墊用。職道於宣統元年三月初一日開工修理，至八月底工竣，曾經詳請憲臺派委李道國璠驗收此項工程，當經到局按照估單逐細勘驗，委係工堅料實，並無遺漏偷減之處。所有自是年三日初一日興修起，至八月底工竣止，均在奏明飭撥修理經費内動用，自應分别造册報銷。計舊管無項。新收洋火藥局硝磺餘利湘平銀一萬一千五百三十二兩，折合庫平銀一萬一千一百二十八兩五分一厘七毫二絲二忽三微。開除各款，遵照報銷章程，各歸各部覈銷，計應歸度支部覈銷庫平銀九百九十三兩九錢五分六厘六毫二絲七忽三微，陸軍部覈銷庫平銀一萬一百三十四兩九分五厘九絲五忽。實存無項。查此項報册，已經遵照新章，先行移送江南寧屬清理財政局覈明移復在案。理合按照覈明收支總散數目繕造清册，具文詳請分咨前來。本督院覆覈無異。

中國第一歷史檔案館等《中國近代兵器工業檔案史料》第一輯《廣東調查陸軍財政局編造廣東製造軍械總廠光緒三十四年詳細報銷册宣統三年閏六月二十七日》 第一類 薪工、局費

第一項 製造軍械總廠，歲出合計庫平銀一十七萬五千五百七十兩零二錢三分六厘。

第一目 薪水、夫馬、津貼，歲出庫平銀二萬九千六百二十六兩三錢六分一厘。

第二目 辛工、津貼，歲出庫平銀二千七百二十五兩九錢六分四厘。

第三目 廠用各輪船、車船管駕人等工食，歲出庫平銀二千一百一十九兩一錢九分九厘。

第四目 弁勇餉銀，歲出庫平銀五千四百三十兩零五錢二分八厘。

第五目 膳費，歲出庫平銀二千七百八十四兩一錢六分三厘。

第六目 點工、工匠工食，歲出庫平銀五萬六千九百二十四兩一錢七分一厘。

第七目 包工工價，歲出庫平銀七萬三千零零七兩一錢二分三厘。

第八目 雜費，歲出庫平銀二千九百五十二兩七錢二分七厘。

第二類 材料購置

第一目 全廠材料，歲出庫平銀一十三萬零二百二十八兩七錢三分九厘。

中國第一歷史檔案館等《中國近代兵器工業檔案史料》第一輯《湖北鋼藥廠宣統二年收支銀錢六柱報册宣統三年七月初一日》 員司薪水、雜役工食項下

一支坐辦一員薪津，銀元三千三百元。

一支全廠委員九員薪水，共長平銀九十兩，銀元九千七百六十一元。

一支全廠司事二十五名、書識四名薪水，共銀元五千八百八十三元。

一支化學領班生四名、電報生一名，繪圖領班四名薪水，共銀元一千七百五十六元。

一支巡警處巡官三名，巡長七名，警兵、清道夫等五十六名〔自七月分改辦起〕薪餉，共銀元一千九百八十四元四角六分六厘。

一支巡弁一名，什長一名，巡丁並火夫三十八名〔自正月起至六月底改爲巡警止，計六個月〕工食，共銀元一千二百九十七元六角六分四厘。

一支庫丁、雜役、水夫、火夫，及輪船紅船舵工、水手等五十三名工食，共銀元三千七百二十四元。

一支庫丁、雜役、水火夫，及輪船紅船舵工、水手等五十三名工食，共錢三十六千五百文。

以上員司薪水、雜役工食項下，共支長平銀九十兩，合庫平銀八十六兩二錢零七厘；共支銀元二萬七千七百零六元一角三分，合庫平銀一萬八千七百五十六兩四錢零八厘；共支錢三十六串五百文，合庫平銀一十九兩一錢九分四厘：合共支庫平銀一萬八千八百六十一兩八錢零九厘。

洋匠薪水項下

一支造藥洋工師好賽爾薪水、津貼，英金一千六百三十鎊，合庫平銀一萬二千三百四十六兩七錢六分。

以上洋匠薪水項下，共支庫平銀一萬二千三百四十六兩七錢六分。

製造匠徒長工工食

一支罐鋼廠工匠長工八名工食，共銀元一千六百一十一元二角。

一支拉鋼廠工匠長工三名工食，共銀元二百九十四元。

一支機器廠工匠長工三十九名工食，共銀元四千八百八十二元五角七分九厘。

一支翻砂廠工匠長工二十三名工食，共銀元三千零三十八元五角五分六厘。

一支藥廠匠徒長工一百二十六名工食，共銀元一萬二千五百六十四元五角零一厘。

一支鏹水廠匠徒長工八十八名工食，共銀元九千一百六十五元九角六分。

一支磚廠工匠、小工十六名工食，共銀元八百八十二元二角二分七厘。

一支包挖造磚土工價，錢三百八十五串文。

一支包做藥箱、磚盒工價，錢五十一串二百八十文。

一支各廠逐日雇用點工、小工工食，錢四千三百七十四串六百文。

一支各廠匠、徒、小工，朔、望做工，加給工食，銀元三千七百三十九元九角八分九厘。

以上製造匠、徒、小工工食項下，共支銀元三萬六千一百七十九元零一分二厘，合庫平銀二萬四千四百九十二兩三錢五分三厘；共支錢四千八百一十串零八百八十文，合庫平銀二千五百二十九兩八錢五分八厘：合共支庫平銀二萬七千零二十二兩二錢一分一厘。

修造工程項下

【略】

以上修造工程項下，共支庫平銀一萬四千七百一十八兩三錢三分一厘。

培修赫山堤岸工程

一支培修赫山堤岸工程第一批工價，錢一萬串文。

以上培修堤工支錢一萬串文，合庫平銀五千二百五十八兩六錢一分九厘（查赫山藥廠外一帶堤工，實爲鋼藥廠保障，最關緊要。前因堤岸塌陷，於宣統二年由工賑局稟委呂令賢笙承修，共估需工料錢五萬三千串文。該款由廠與工賑局各認籌一半，計錢二萬六千串文。茲先發一萬串文。理合登明）。

機器價值項下

一支還禮和洋行，前購十二種鋼、藥機器尾批價，長平銀一十四萬四千九百四十二兩三錢二分三厘（查前購鋼廠汽錘機器一種、新法造藥機器十一種，共十二種，係向禮和洋行訂購，共價德銀一百四十八萬四千九百一十九馬三十六分。商明由該行墊款代購，自光緒三十二年六月訂合同起，劃分四年歸還，年息七厘，其本息勻攤於四票之中，每票載本四分之一、載息四分之一，以還款之日，照外國銀行時價覈算。所有第一、第二、第三等批本息，業已按年歸還，隨册聲明在案。茲又付還第四批本銀，掃數清楚，其利息另於雜費項下出支。理合登明）。

以上支長平銀一十四萬四千九百四十二兩三錢二分三厘，合庫平銀一十三萬八千八百三十三兩六錢四分二厘。

製造物料價值項下

一支禮和洋行，洋硝價，長平銀二萬一千五百六十二兩九錢三分六厘。

一支禮和洋行，白鉛皮、洋細綢、銅養板等價，長平銀五百九十四兩八錢二分一厘。

一支禮和洋行，德國銅殼小火帽等價，長平銀二千五百七十四兩五錢五分。

一支禮和洋行，阿來爾油瓦罐等價，長平銀五百四十八兩八錢。

一支三井洋行，東洋礦鏹水並洋松板等價，長平銀二萬八千二百四十四兩一錢九分八厘。

一支瑞記洋行，電綫、象皮餅、螺絲等價，長平銀一百九十二兩一錢七分八厘。

一支王委員祖琛，采辦豫硝價，長平銀八千三百二十六兩三錢七分三厘。

【略】

以上製造物料項下，共支長平銀一十二萬零零三十四兩一錢零七厘，合庫平銀一十一萬四千九百七十五兩一錢九分九厘；共支錢三萬零八百零九串六百六十文，合庫平銀一萬六千二百零一兩六錢二分六厘：合共支庫平銀一十三萬一千一百七十六兩八錢二分五厘。

添置器具項下

一支天平磅二架，長平銀六十五兩八錢五分六厘。

一支亨達利巡更表一隻，長平銀三十四兩三錢。

【略】

以上器具項下，共支長平銀一百四十四兩二錢五分六厘，合庫平銀一百三十八兩一錢七分六厘；共支銀元五百二十三元六角三分，合庫平銀三百五十四兩四錢八分五厘；共支錢五百零八串八百一十六文，合庫平銀二百六十七兩五錢六分七厘：共合庫平銀七百六十兩零二錢二分八厘。

朱京堂並各隨員住廠考察備辦用款

一支備辦各項器具及雜物等件，銀元三百五十二元零五分。

一支備辦各項器具及雜物等件，錢一百二十二串八百一十五文。

以上共支銀元三百五十二元零五分，合庫平銀二百三十八兩三錢三分；共支錢一百二十二串八百一十五文，合庫平銀六十四兩五錢八分四厘：合共支庫平銀三百零二兩九錢一分四厘。

息款項下

一支還禮和洋行，前購十二種機器尾批利息，長平銀二萬零五百二十兩零三錢六分七厘。

以上息款支長平銀二萬零五百二十兩零三錢六分七厘，合庫平銀一萬九千六百五十五兩五錢二分四厘。

雜項經費項下

【略】

以上雜項經費項下，共支長平銀一百四十四兩三錢零五厘，合庫平銀一百三十八兩二錢二分四厘；共支銀元二千零八十一元七角四分七厘，合庫平銀一千四百零九兩二錢九分四厘；共支錢三千九百七十四串四百五十六文，合庫平銀二千零九十兩零零一分伍厘：合共支庫平銀三千六百三十七兩五錢三分三厘。

鋼藥廠共支庫平銀三十七萬二千五百七十四兩三錢九分六厘。

中國第一歷史檔案館等《中國近代兵器工業檔案史料》第一輯《度支部爲四川兵工廠光緒三十四年至宣統二年收支各款應令造册送部覈銷事致陸軍部之咨文宣統三年七月初九日》 度支部爲咨行事。

制用司案呈：准四川總督咨，據兵工廠詳稱，案奉札開準度支部電開，兵工廠預算收二十三萬九千餘兩，支百二十一萬六千餘兩，不敷甚巨。查該廠報銷自三十一年開辦起至三十三年底止，通共支銀八十二萬餘兩，本年何以增加如此之巨？迅飭該廠將近三年收支細册並現辦情形報部覈辦，並飭廠員覈實撙節辦理等因。奉此，遵查本廠光緒三十一年起三十三年底止報册，係分兩類：一爲購機項下支銀八十二萬一千餘兩，一爲建築、局用項下支銀六十七萬七千餘兩，兩共一百四十餘萬兩，曾經前督憲趙奏銷有案。此次部電所指之數，專係購機一項，覈與總數不符。本廠於去年四月始行開工製造，廠未成立以前，多係購機、建築之費，自不能與現時用數參互比例。查本廠宣統三年預算案，所有工料、局用等費，係按照原訂購機合同，每日制槍五十枝、彈二萬五千粒、藥七十五啓羅計算，兼擬歸還舊欠藩庫鼓鑄、賑捐暨糧餉局各項本銀九萬餘兩，計全案共需銀一百二十一萬餘兩。嗣奉度支部先後來電，財政局兩次會議，當經覈減工料，裁雇工匠，緩還債項，停辦學堂，取消預備金，共十八萬七千餘兩，兼以預估鄰省購訂槍價約十萬兩以作抵補，共減去二十八萬七千餘兩，統計本廠本年預算全案祇需九十二萬九千餘兩。惟是開辦之初，機力、人力相提並論，斷難遽達原定合同之目的，則預算雖有九十二萬餘金，衡以現時出品，究係有盈無絀。並近三年收支細册，早經遵照部頒表式按月造報清理財政、陸軍財政兩局，計已匯轉達部。所有本廠歷年用款如何收入，如何支出，均有説明理由，按册查覈不難得其底蘊，似毋庸重複再造。至目前經濟困難，籌撥不易，廠中用費均係實用實支，決不敢稍涉糜費，致負大部慎重財政之至意。理合具文呈請俯賜咨覆示遵等情。據此，除電覆外，相應咨部查照等因前來。

查四川兵工廠收支各款，僅據報銷至光緒三十三年止，前經本部因該廠本年收支不敷案内，電令將近三年收支細册報部覈辦等因在案，兹據登復前因。查該廠近三年收支細册，雖經按月造報清理財政局，匯轉達部，惟本部清理財政章程第六條内開：其屬於光緒三十四年及宣統元、二兩年者，除由清理財政局報告外，仍將全年出入款項造册報銷等因，是報告與報銷本係兩事，兹該省擬請免造銷册之處，殊與定章不合，未便照準。應令轉飭自光緒三十四年起至宣統二年底止，該廠收支各款，迅造細册送部覈銷。

中國第一歷史檔案館等《中國近代兵器工業檔案史料》第一輯《度支部爲準四川機器工業廠添購機器立案事致陸軍部之咨文宣統三年七月二十九日》 度支部爲咨行事。

制用司案呈：準四川總督咨，據機器工業廠詳，奉護督札開，據駐滬轉運局葉景葵禀稱，查前準機器工業廠函開，機器局現改名官立機器工業廠，亟須照兵工廠之機器添購數十部，兹將從前購過蜀赫原圖四十三紙、洋單一紙並清摺二分寄滬，囑即向蜀赫廠悉照圖摺議定價值電覆，以便禀報督部堂咨部存案；並由寶豐隆匯來規銀一萬兩，新泰厚匯來規銀五千兩，浚川源匯來規銀五千兩，以備支用等因。準此，當將圖摺交由經理蜀赫事務之瑞生洋行，飭其按照開明價值。據該洋行按照原圖摺内機件、器具、電器等逐一開明價值，除九五扣，共計實價德金一十四萬一千餘馬克（連關稅在内），當經電知該廠。嗣準該廠覆電稱，價尚相宜，令即速購，並將原圖附入合同等因。遵與該洋行訂立合同，共計價銀德金一十四萬八千六百四十四馬克，内除九五扣德金七千四百三十二馬克二十分，共計實價一十四萬一千二百一十一馬克八十分，連外洋裝箱、水脚、保險以及進口關稅均在内。自立合同之日，先付定銀三分之一，限七個月在上海交貨；俟各件等全數在外洋裝船時，再付價銀三分之一；貨到上海交清，再將餘價三分之一找付清楚。所有三批價銀均按付銀之日銀行電匯市價，合爲規銀照給。各機器具等如驗有（與）圖不符，（反）或有以舊作新，零件不全，不能合用等情，即行退换。詳細訂明，彼此簽字。再，此次購物原單（付）〔附〕有七密里九（綱）〔鋼〕盂二千啓羅，職道本擬删除，嗣據瑞生報稱，該行情願贈送作樣，不收價值，當隨同所購和藥機，電請本護督院電咨陸軍部覈轉飭放。覆準該廠來電稱：已由部電咨稅務處查照各在案，理合請咨備案等因。奉此，惟查駐滬轉運局葉道，已將此項合同移來一份存廠備案。兹奉前因並蒙咨部查照，請將此項合同咨部備查，飭關驗放。至所需價值十四萬一千二百一十一馬克八十分，約合庫平銀五萬餘兩，即在本廠營業部分資本銀内劃撥，不復另支公帑。此項用款並請咨明度支部查照立案等情。據此相應咨部查照立案等因前來。

查四川機器工業廠由駐滬轉運局向經理蜀赫事務之瑞生洋行訂購機件、器具、電器等項，共計實價十四萬一千二百十一馬克八十分，約合庫平銀五萬兩，據稱係在本廠營業部分資本銀内動撥，不復另支公帑等語。本部查該廠添購前項機器銀兩，既經聲明在該廠營業部分資本銀内動撥，所請立案之處應即照準。惟本年預算既定，該廠營業資本應查照奏定預算數目辦理。至此項價銀既據聲稱分三期交付，應俟掃數付清，並歷次電匯市價，連同訂立此項合同一並報部，以憑查覈。

相應咨行四川總督查照辦理，並知照貴部可也。

須至咨者。

右咨陸軍部。

中國第一歷史檔案館等《中國近代兵器工業檔案史料》第一輯《陸軍部奏金陵製造洋火藥局宣統元年購買物料等項費用分别準駁摺宣統三年八月十一日》

謹奏爲覈覆金陵洋火藥局宣統元年分購買物料等項用過銀兩，恭摺具陳，仰祈聖鑒事。

準兩江總督張人駿咨送金陵洋火藥局宣統元年分購買物料等項清册，咨部覈銷前來，臣部謹將册開各項逐款覈計。

查册開購買外洋料物、什具、洋煤等項共七十八款，計用庫平銀五千六百三十六兩六錢二分六厘九毫。内查洋煤一項，比較上案價值每噸增至九錢四分，所加過巨，礙難覈准，應令查明覈實開報。所有用過前項銀兩，俟比項聲覆後再行一並覈辦。又册開購買内地料物、什具、硝磺等項共四十六款，計用庫平銀八千六百六十五兩八錢九分六厘五毫。所開各項價值，覈與辦過成案雖互有增減，尚無甚出入，且係該局應用之件，應準開銷。

所有臣部覈覆金陵洋火藥局宣統元年分購買物料用過銀兩分别準駁緣由，

理合恭摺具陳，伏乞皇上聖鑒，謹奏。

中國第一歷史檔案館等《中國近代兵器工業檔案史料》第一輯《張人駿爲金陵機器局即可覆工事致陸軍部電宣統三年八月二十八日》 陸軍部鑒：洪。寧製造局開工，節經遵電造催。茲據滬局張總辦電開：寧局前造六五彈，本係試造，每月由數萬漸增至十餘萬，若數月後製造精熟，可造成廿萬。惟現改造七九彈，撞模須略改善，各工匠又大半散去，刻已從速招集，趕緊籌備，酌添煤斤，九月初當可開辦。請飭財政公所即日先發銀一萬兩，交鄭道、吴守具領，以便趕籌妥辦。余俟籌妥，稟請示遵。仍求迅籌的款，源源接濟等語。除分行外，特聞。駿。儉。印。

中國第一歷史檔案館等《中國近代兵器工業檔案史料》第一輯《張鳴岐爲廣東製造軍械廠趕造六八子彈有限請飭上海德州兩局一律趕造事致陸軍部電宣統三年八月二十二日》 陸軍部鑒：展。馬電悉。六八子彈已飭粵局晝夜加工趕造，約計每月可造六十萬粒。惟粵省軍隊所用六八槍每枝勻計僅有一萬餘粒，實不足應緩急，造成尚需酌留本省備用。應懇並飭上海、德州兩局一律趕造，分任接濟，以免貽誤。岐。養。印。

中國第一歷史檔案館等《中國近代兵器工業檔案史料》第一輯《金陵機器製造局宣統元年實支款項報告册宣統三年》 查金陵機器製造局自光緒三十二年起，每年額領經費銀八萬四千兩，内計江南財政公所撥銀四萬四千兩，江南江海關撥銀四萬兩。逢閏年分由江海關加撥銀一萬兩。盡款製造，歷經循辦。至宣統二年正月間，奉兩江督憲張札行裁併局所案内，密局議在裁併之列；復於七月間，續奉札準軍諮處、陸軍部個電，以機局關係國防，應俟朱京卿到寧查明情形，稟由處、部覈定辦法，奏請施行等因，奉經飭廠仍照常開工。惟向撥額費未蒙照數撥發，而寧局辦法迄今尚未奉定，所有宣統四年出入款項，礙難懸揣預計。查三年預算案係比照元年實支之數覈辦，兹惟有仍將元年實支之數填列表册，送請審覈辦理。謹此説明。

江南省金陵機器製造局宣統元年實支款項報告分册。

歲入

第一類　官辦金陵機器製造局

第一款　官款撥補金，共庫平銀九萬四千兩。

第一項　製造經費，庫平銀

第一目　領江南財政公所，庫平銀四萬四千兩。

第二目　領江南江海關，庫平銀四萬兩。

第三目　領江南江海關加撥閏月經費，庫平銀一萬兩。

江南省金陵機器製造局宣統元年實支款項報告分册

歲出

第一類　官辦金陵機器製造局，共庫平銀九萬三千九百八十五兩九錢有奇。

第一款　購辦機器材料，共庫平銀六萬一千二百四十六兩一錢二分三厘。

第一項

第一目　各種機器器具，庫平銀四千二百八十二兩五錢三分六厘。

第二目　各種銅，庫平銀一萬九千五百八十一兩五分八厘。

第三目　各種鉛，庫平銀六千九百三十八兩六錢六厘。

第四目　各種鋼，庫平銀三千五百二十一兩二錢九分一厘。

第五目　各種鐵，庫平銀一千七百十五兩三錢七分二厘。

第六目　各種藥水，庫平銀一千五百四十七兩三錢九分三厘。

第七目　各種油，庫平銀二千八百十四兩七錢一分三厘。

第八目　各種紙，庫平銀六百六十九兩三分三厘。

第九目　各種紗綫布，庫平銀三百四十兩五錢八分九厘。

第十目　碱、皂、膠、蠟，庫平銀一千四百五十三兩五錢五分四厘。

第十一目　各種煤炭，庫平銀一萬五千一百十二兩三錢七分。

第十二目　各種木料，庫平銀九百九十三兩三錢六分四厘。

第十三目　各種皮帶、銼刀，庫平銀八百十九兩九錢七分六厘。

第十四目　各種粉漆，庫平銀一百十五兩六錢四分八厘。

第十五目　各種磚、泥、雜料，庫平銀六百八十八兩三錢一厘。

第十六目　筆、墨、茶、炭，庫平銀六百五十二兩三錢一分九厘。

第二款　薪水、工食，共庫平銀二萬六千三百四十五兩三錢二分二厘。

第一項

第一目　總辦薪公，庫平銀二千五百八兩九錢二分五厘。

第二目　提調薪公，庫平銀五百四十兩三錢八分四厘。

第三目　各委員薪水，庫平銀二千四百五十八兩七錢四分七厘。
第四目　各司事薪水，庫平銀一千一百十一兩六錢四分七厘。
第五目　司書生薪水，庫平銀二百二十五兩八錢三厘。
第六目　差弁薪水，庫平銀一百五十兩五錢三分五厘。
第七目　親兵口糧，庫平銀五百一兩七錢八分五厘。
第八目　機器廠匠人工食，庫平銀三千五百五十七兩三錢四分八厘。
第九目　槍子廠匠人工食，庫平銀七千三百十八兩八分三厘。
第十目　熔卷銅廠匠人工食，庫平銀二千八十三兩五錢八分五厘。
第十一目　翻砂廠匠人工食，庫平銀八百四十四兩一錢四分七厘。
第十二目　熟鐵廠匠人工食，庫平銀一千七百十四兩九錢七分六厘。
第十三目　木工廠匠人工食，庫平銀一千一百四十五兩六厘。
第十四目　白藥分局匠人工食，庫平銀三百五十兩五錢七分四厘。
第十五目　長夫、更夫工食，庫平銀一千一百十一兩六錢四分七厘。
第十六目　常船舵工、水手工食，庫平銀七百二十二兩一錢三分。
第三款　雜支，共庫平銀二千九百三十七兩六錢五分二厘。
第一項
第一目　運料雇用民船水脚，庫平銀一千二十三兩一錢四分九厘。
第二目　員司火食，庫平銀一千八百五十六兩六錢五厘。
第三目　督轅工科寫生津貼，庫平銀五十七兩八錢九分八厘。
第四款　解款，共庫平銀三千四百五十六兩八錢一分二厘有奇。
第一項
第一目　裁減薪糧工食，庫平銀二千九百五十二兩八錢一分二厘有奇。
第二目　提存備解六厘部飯，庫平銀五百四兩。

全國圖書館文獻縮微複製中心《清季鈔電匯訂・朱京卿電》　陸軍部鈞鑒：菊，密。諫電敬悉。考工一節，易滋弊竇，如川則查有幫作者，粵則查有傳遞者，非停工專考，封守廠門，難於稽察。（誤碼一字）滬各廠皆停工兩日，鄂廠自應照辦，以期嚴密。至改在已停之砲廠、砲彈廠考試一節，王道並未來商，遽請莘帥電請部示，令人詫異。兹據單開，該兩廠僅車牀十三部，鉗子二十部，以工匠二百三十三名計之，非八九日不可迨。評定分數、發案，又須六七日，展轉遷延，至多窒礙，不如暫停兩日爲便，此特爲考工杜弊起見，即曠工作，實亦不多。應仍請鈞部轉電莘帥，飭廠預備，以免延誤，恩紱。謹扣，篠。印。

全國圖書館文獻縮微複製中心《清季鈔電匯訂・朱京卿來電》　陸軍部鈞鑒：菊，密。造槍口徑，人各一説，正初存科員回京囑其面請鈞示。旋據傳述鈞意，亦以六八爲稍小，尚待研定，與恩紱之意正同，繼經滬來粵，正在研究此事。適接川廠毛道玉麟來電稱，機件到齊，即擬開工。惟德廠新到樣板仍係六五，因聞六八口徑大部尚須改定，現擬就原機暫製六五，俟部定奪後，由廠自改。若即改六八，恐轉瞬部定新式，則樣板全須購换，展轉耽延，損失頗鉅。且本省綱衛急待撥用，已詳督憲，暫製六五合行電聞等因。據此情形，六八口徑既不能倉猝定議，且稱急待撥用，復未便阻，其開工因恩鄂廠七九槍枝尚多，似可暫撥濟急，現在考察未畢，究竟口徑應如何決定，寔難妄擬。查三十年部章頒行後，各廠之遵改六八者已居多數，滬粵所造均經呈驗，鄂廠現亦準備照改，大有一律八八之勢。若從目前再議更動，通盤推算，除應研究藥力外，而審定綫路長短、管筒厚薄、表尺高低，從新繪圖造模，實地試驗，再改鑽牀刀架軸刨諸機，勢須曩月經年，方能一律開辦。按之九年籌備齊一軍械之條，更屬趕辦不及，甚或遇有警急，各廠不能出一槍一子，束手遺誤，何堪設想？恩紱反覆籌度，勢處兩難。竊會本以久戰之餘改良，經第四次，始定爲七米裏，學理實驗當有把握，而與六八適相（誤碼一字）無已，或即就現有基礎，照造六八，亦是一法。曩審鈞意，若何。至川電云云，無論六八之更改與否，決無再造六五之理，擬請鈞部斟酌示定，飭令遵照，庶免歧出，鵠候示行，以維重要。恩紱叩。諫。

全國圖書館文獻縮微複製中心《清季鈔電匯電・四川總督來電》　陸軍部鑒：辰。川廠機料到齊，即須開工。惟當日所購各機樣板，係造六米五口徑，本擬照改，據該廠總辦前聞朱京堂云，六八口徑大部尚須另定，果爾，則一改再改，不惟誤工，且恐機板損壞。擬暫製六五，應否，俟大部頒定，即由廠改照一律。特電商祈覈覆，巽。真。印。

全國圖書館文獻縮微複製中心《清季鈔電匯訂・四川總督來電正月十六日》　陸軍部鑒：辰。去臘電，準購七米九槍枝、子彈。現有滬廠彈二百萬，急待上運，祈速知照税務處，飭關驗放，巽。刪。印。

圖表

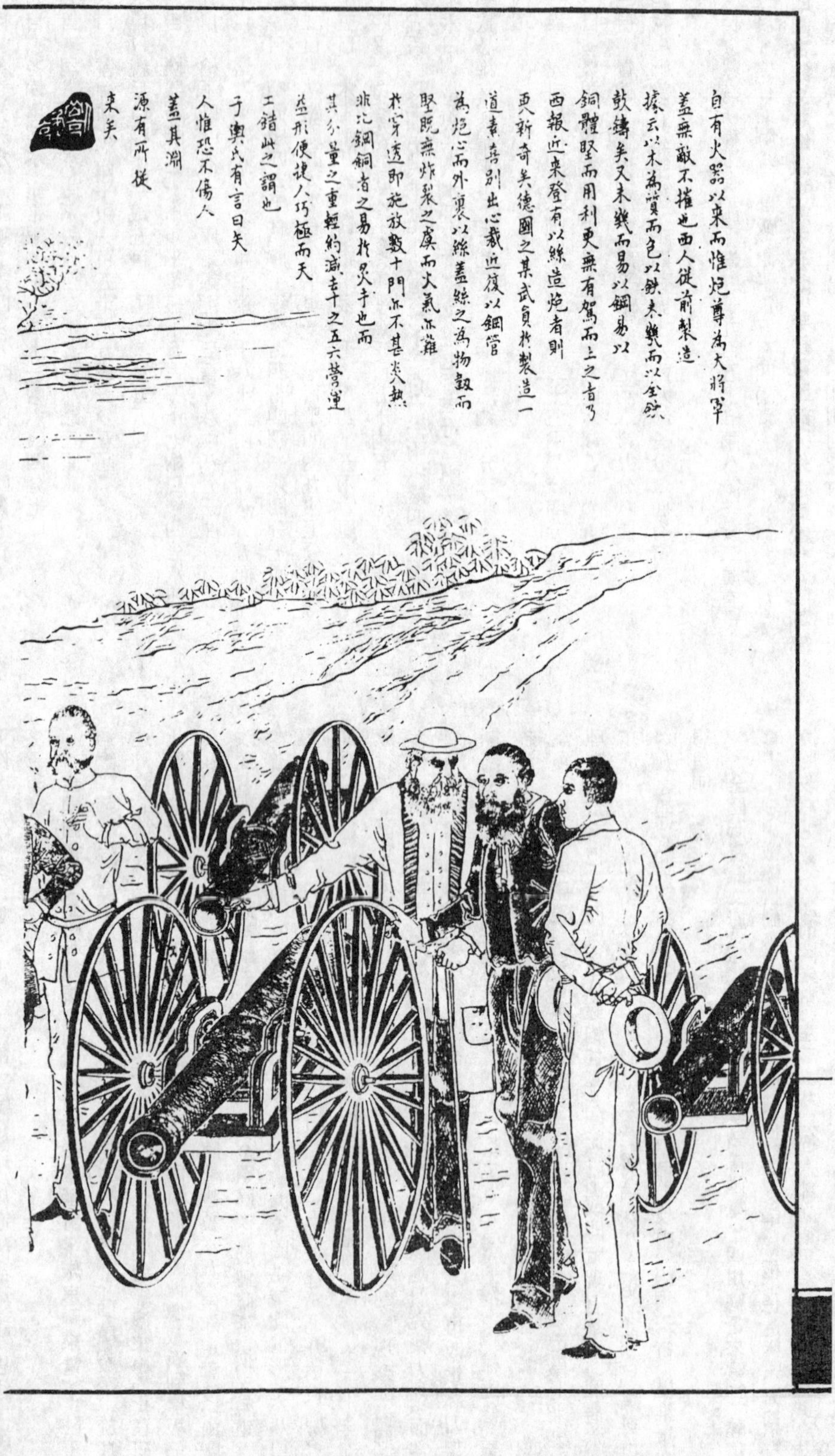
自有火器以來而惟炮尊為大將軍
蓋無敵不摧也西人從前製造
據云以木為質而包以鉄未幾而以全鉄
鼓鑄矣又未幾而易以鋼易以
銅體堅而用利更無有駕而上之者乃
西報近來登有以絲造炮者則
更新奇矣德國之某武員於製造一
道素喜別出心裁近復以鋼管
為炮心而外裹以絲蓋絲之為物韌而
堅既無炸裂之虞而火氣亦難
於穿透即施放數十門亦不甚炎熱
非比鋼銅者之易於炙手也而
其分量之重輕約減去十之五六營運
益形便捷人巧極而天
工錯此之謂也
予輿氏有言曰矢
人惟恐不傷人
蓋其淵
源有所從
來矣

吳友如等《點石齋畫報》第二集上《絲砲異製》

三

吴友如等《點石齋畫報》第四集下《火藥飛灾》

湖州之南潯鎮駐有防營營官張姓人即呼之謂張營新正二十四夜天將曉該營火藥房失事巨雷破空震盪地軸周圍十里牕櫺牆壁無完全者幸而受傷止有數人死者一人惟肚腹首足分置三處腐爛焦黑不可識別猶憶咸豐初年我吳亦有此事維時賊陷金陵未久松府屬縣如青浦上海復有劉麗川之變居民惶恐夜不安枕驟聞此警群疑賊至膽怯婦人至投井以殉然則儲火藥之所宜空曠又宜遠市地方紳衿耆老宜稟請當道以遠禍而彌災則一方之人已隱受其福矣

八十八

吴友如等《點石齋畫報》第五集下《鐵甲巨工》

無此名也近今泰西國無大小
無貨
富莫不製造質雖笨重而安置
炮台
備帶水雷機器不啻移金湯於
洪濤
巨浸中進退惟所欲能摧敵而
不為
敵摧洵利器也英國於三年前
飭造
一艘閱三載之力止成下半截
全船
告竣尚須三年該船載重一萬
噸馬
力九千五百匹計所裝巨炮其
六十
三噸重者四尊六寸對徑之後
膛炮
六尊小快炮十二機器炮十六
所費
固不貲然欲雄長海外俯視
各國
亦自不得不爾請問其目曰抗
百當
田氏子琳

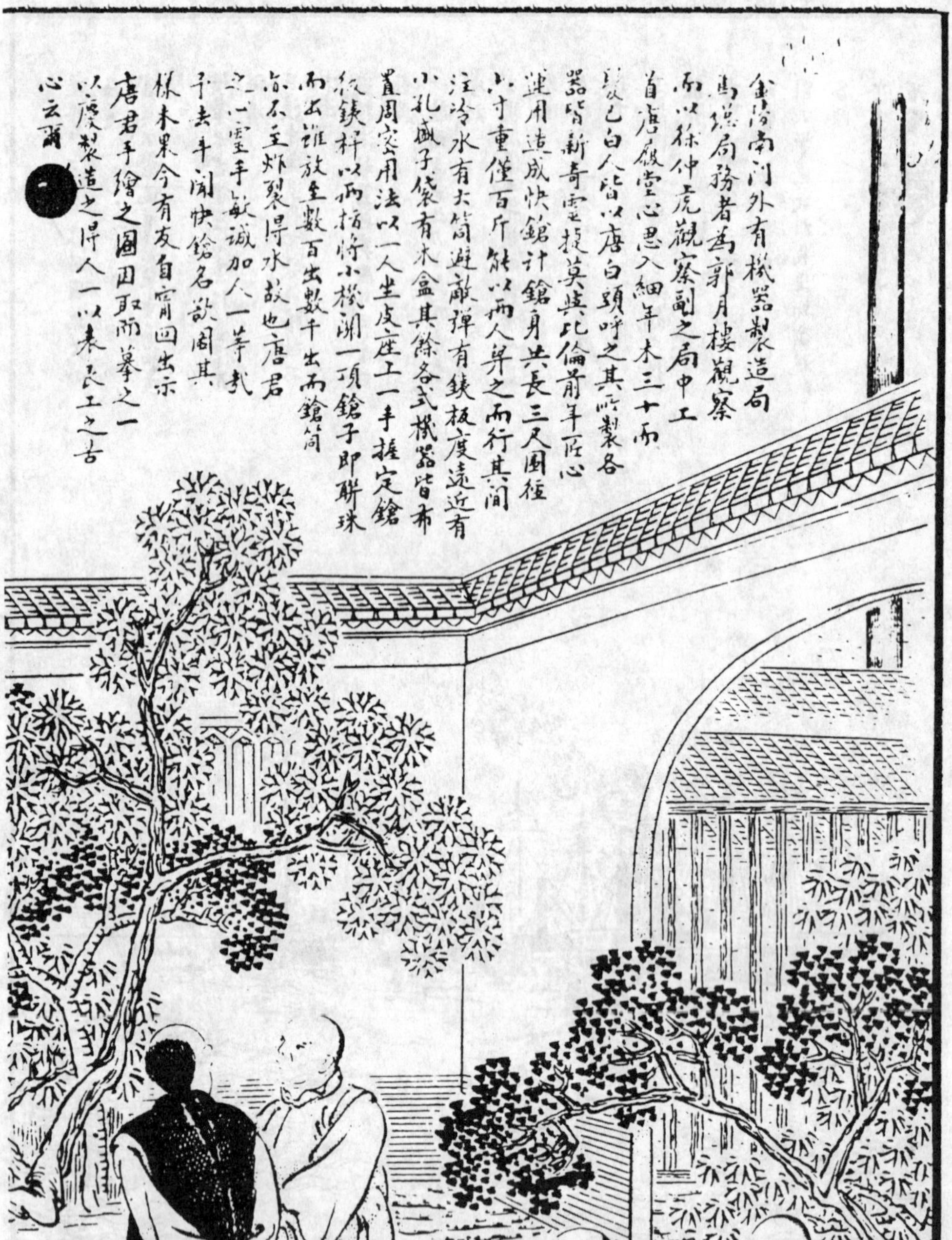
金陵南門外有機器製造局
馬總局務者爲郭月樓觀察
而以徐仲虎觀察副之局中工
首唐廠堂心思入細年未三十而
髮已白人皆以唐白頭呼之其所製各
器皆新奇靈捷莫與比倫前年匠心
運用造成快鎗計鎗身共長三尺圍徑
六寸重僅百斤能以兩人舁之而行其間
注冷水有大筒避敵彈有鐵板度遠近有
小孔盛子袋有木盒其餘各式機器皆布
置周密用法以一人坐皮座上一手握定鎗
後鐵桿以兩指將小機關一頂鎗子即聯珠
而出雖放至數百出數千出而鎗筒
亦不至炸裂得水故也唐君
之心靈手敏誠加人一等哉
予去年聞快鎗名欲閱其
樣未果今有友自甯回出示
唐君手繪之圖因取而摹之一
以廣製造之見聞一以表良工之苦
心云爾

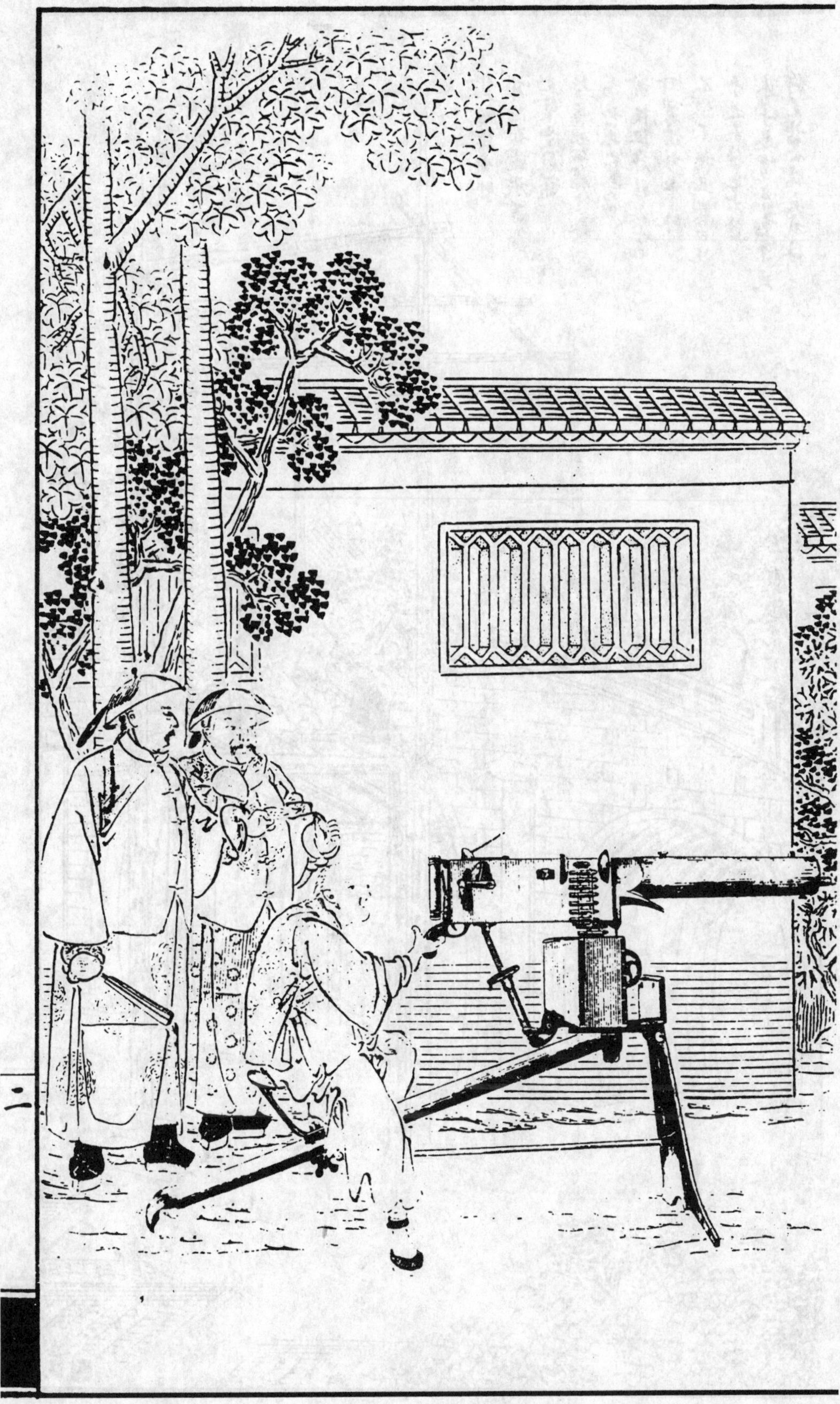

楚督張香帥
前因欲運機器
至製造廠議
暫拆顧公橋中段
爲無識之民倡
議梗阻府縣各官
回稟情形香帥
不但不怒且歎曰此
予之不德也大信
未孚妄有舉動于民
何尤諸公休矣我儕
志瀛

逐省可也各官諾諾而退及
香帥會同譚撫帥頒發
裁減典當息錢告示民間始
知其愛民無微不至拆橋
之舉實萬不得已竟至有
感激涕零者于是各紳
耆會議曰大府愛民如此
其厚我等忍坐視而不
効微勞乎立召金白二洲
人執鋤鍤以從事于橋
不轉瞬間中段業已拆去
即命上搭跳板以便行
人仍俾往來俟機器運
畢即行使復舊觀于
此見張公之感人以心而
不胥人以勢為小民
雖愚有不望而歸化哉

四十七

馮煦等《皖政輯要》卷七四《軍械局》 省城軍械局爲經理軍裝、器械之所。設總辦一員，各項管理軍械官均歸節制。凡研究武備、修整器械、稽查庫儲及籌劃調查一切責任，至爲繁重。循皖省向設軍械所之舊，光緒三十三年定名軍械局。惟軍火一項存儲城北汪家勘火藥庫。又，皖北有軍裝局一所，另詳下。由省局支領大宗軍火存儲，以備巡防各營就近支發。而皖北緑營仍多由省局支領，其省城巡防、緑營、標營及皖南巡、緑各營軍火，徑由省局支領。所有本局員薪經費及現存軍火衣械等項，列表如左。

軍械局職司員額表

職名	員額	職掌
總辦	1	總理本局一切事務
提調	1	秉承總辦管理庶務，凡籌劃一切及收發軍械、庫儲文卷，隸之
副提調	1	秉承總辦研究武備，凡調查一切及稽查藥庫、修理器械，隸之
書記兼收支	1	專司卷宗移文等件，兼管銀錢出入
分儲處典守官	1	專管本局分儲軍裝處所事項
火藥司庫官	1	專管本局另儲火藥庫事項
簿册庶務司事	1	專管簿册，料理庶務
防營收發司事	1	專管防軍收發，有事仍與標軍司事互相照料
標營收發司事	1	專管標軍收發，有事仍與防軍司事互相照料
司書生	2	
合計	11	

軍械局每月額支經費表

單位：均銀一厘

職名	員額名額	每名每月額支薪水	辛工每月雜支房租、火食、油燭津貼折銀	合計
總辦	1	100 000	85 060	185 060
提調	1			
副提調	1	32 000		32 000
書記兼收支	1	24 000		24 000
分儲處典守官	1	12 000		12 000
火藥司庫官	1	16 000		16 000
簿册庶務司事	1	10 000		10 000
防營收發司事	1	10 000		10 000
標營收發司事	1	10 000		10 000
司書生	2	5 000		10 000
庫丁	2	4 000		8 000
長夫	10	2 300		23 000
匠頭	1	1 200		1 200
工匠	3	4 000		12 000
匠徒	1	2 000		2 000
門役	1	1 200		1 200
火夫	2	1 200		2 400
藥庫庫丁	2	2 900		5 800

（續表）

職名	員額	每名每月額支薪水	辛工每月雜支房租、火食、油燭津貼折銀	合計
一二五庫庫丁	2	每名錢3 000，以6 錢2 分5 厘折銀1 875		5 625
統計	3			月需370 285 歲需4 443 420

又查活支一項，凡巡、綠、標營等，歲需擦槍物料如籽油、紗繩、大布、砂紙及應用更香火繩等物，約共歲需價銀二千兩有零，不備載。

按，省城軍械所，向設正副會辦二員、看守藥庫一員、司事一員、匠頭工匠匠徒共五名、庫丁二名、長夫二名，司書生二名。光緒三十三年七月，遵照奏定陸軍章程，改名軍械局。查奏定陸軍營制餉章，內軍械局制項下列總辦官一員、查械官二員，司庫官三員，三等書記官一員，司事生一員，司書(司)[生]一名及護兵、匠目、修械匠、庫兵、火夫等名目，每月開支約八百餘兩。額設總辦一員，以原設正副會辦改爲正副提調。添設書記官一員，看守藥庫一員改爲司庫官。司事一名增爲三名。匠役仍舊。惟長夫二名增爲十名，門役火夫共三名。又，軍械所舊制，除筆墨紙張，別無局用經費，因添伙食，責成各員常川駐局，以昭慎重。外，護兵一項，另由營務處派撥弁兵四十名，餉銀均由營務處支發。是年十一月，巡撫馮煦札飭各局所改並員差，以節經費，當經該局詳復。本局甫改新章，增設員司各有專責，活支一項，亦係查照現支物料實數開列，無可覈減。至運費、添置，無從預算，如嗣後因公動用數至百金以上，當約計定數，詳候覈奪，當奉批準。節光緒三十三年卷。

軍械局儲存後膛槍砲數目表

後膛槍類單位一桿	後膛砲類單位一尊
德國八米里五響槍12	鄂造五生七過山快砲4
鄂造九米里九十五響槍197	寧造六生一克虜伯砲18
比國八米里五響槍3	小號六生一克虜伯砲4
德國十一米里九響毛瑟槍421	美國十一米里五響格林砲4
德國十一米里單響毛瑟槍842	寧造十三米里格林砲2
英國馬梯尼槍414	寧造二十五米里格林砲2
德國馬梯尼槍118	英國瓦羅達生鐵砲1
美國林明敦槍284	克魯蘇鋼七生半過山管退快砲12
德國十一米里毛瑟馬槍22	
英國馬梯尼馬槍1	
六響手槍30	
寧造十九米里五抬槍119	
皖造二十八米里五抬槍1	
皖造二十一米里五抬槍1	
明治三十年式步兵銃1	
合計 2 466	47

軍械局儲存前膛槍砲數目表

前膛槍類單位一桿	前膛砲類單位一尊
來覆槍3 475	48 磅銛吉銅砲 6
馬槍 210	24 磅銛吉銅砲 2
鳥槍 557	9 磅銅砲 2

（續表）

前膛槍類單位一桿	前膛砲類單位一尊
吉林馬槍 139	9 磅銛吉銅砲 32
抬槍 1 001	7 磅銅砲 38
洋機抬槍 49	小銅砲 4
	來覆銅砲 1
	洋裝鐵砲 48
	土裝鐵砲 88
	小鐵砲 4
合計 5 431	225

軍械局儲存子彈數目表

槍子類單位一粒	砲彈類單位一粒／一個
德國五響小口徑子 680	11 米里格林砲彈 133 883
鄂造五響小口徑子 46 672	25 米里 5 神機砲彈 3 341
重裝 5 響小口徑子 4 620	丹國輕機快砲子 6 000
比國八米里無煙藥子 46 397	6 生 1 克虜伯實心彈 214
比國去鉛無煙藥子 2 654	6 生 1 克虜伯開花彈 2 342
11 米里毛瑟子 1 019 003	7 生 6 阿姆斯實心彈 1 026
重裝無鉛毛瑟子 375 210	7 生阿姆斯開花彈 1 120
英國馬梯尼子 99 693	16 生瓦達羅實心彈 1 337
重裝帶鉛馬梯尼子 40 000	16 生瓦達羅開花彈 287
德國馬梯尼子 220 985	48 磅開花彈 584

（續表）

槍子類單位一粒	砲彈類單位一粒／一個
林明敦子 423 419	13 磅開花彈 994
無鉛林明敦了 472	12 磅銅口開花彈 100
19 米里抬槍子 9 501	11 磅實心彈 104
13 響馬槍子 1 477	12 磅開花彈 4 030
7 響馬槍子 82 382	11 磅開花彈 1 944
單響手槍子 9 282	10 磅開花彈 2 120
6 響手槍子 185 340	9 磅開花彈 4 320
明治三十年式步兵銃子 311	8 磅實心彈 310
空響洋槍子 1 900	8 磅開花彈 1 698
附毛瑟子殼 217 713	7 磅實心彈 643
大馬梯子殼 40 983	7 磅開花彈 745
小馬梯尼子殼 45 000	28 磅實心彈 203
鄂造小口徑子殼 18 246	28 磅開花彈 80
明治三十年式步兵銃子殼 106	28 磅圓開花彈 44
	24 磅實心彈 270
	24 磅開花彈 310
	18 磅開花彈 898
	16 磅實心彈 428
	14 磅實心彈 700
	14 磅開花彈 5 016
	長砲彈 997
	圓砲彈 1 483

（續表）

槍子類單位一粒	砲彈類單位一粒／一個
	來覆開花彈 505
	銅珠開花砲來覆彈 268
	雜砲彈 19
合計 2 900 086	178 463

軍械局另儲城北火藥庫數目表

即汪家墈火藥庫，一名菱湖嘴

火藥類單位一斤、一磅、一箱、一桶、一出	火藥類附子彈　單位一個
本造洋藥 260 011 斤	藥管 3 560
土藥 15 302 斤	底火 7 160
黑藥 9 999 斤	沙不乃爾子母彈引火 3 560
上細槍藥 9 999 斤	開花彈引火 2 400
細槍藥 19 999 斤	利代猛炸藥引火 1 200
粗槍藥 9 999 斤	利代猛接引火 1 200
桶裝雜藥 4 斤	利代猛炸彈 1 200
桶裝洋藥 386 斤	開花彈 2 400
箱裝雜藥 3 100 斤	沙不乃爾子母彈 3 560
栗色六角藥餅 1 000 斤	
七星六角藥餅 200 磅	
無煙藥 7 160 出	
粗粒洋藥 12 箱	
細粒洋藥 7 箱	

軍械局儲存前膛軍火物料數目表

軍火物料類單位一粒、一斤、一刀	軍火物料類單位一枝、一盤
銅帽 3 400 548 粒	更香 16 862 枝
青鉛 50 621 斤	火繩 9 467 盤
皮紙 1 606 刀	

軍械局儲存雜械暨衣帳合計表

軍械雜類單位一把、一根	軍服類軍帳類單位一件、一個、一雙、一頂、一架
馬刀 375 把	單袷棉布呢羽衣褲等19 408 件
手刀725 把	布背囊、皮背囊992 個
東洋刀51 把	皮靴鞋6 342 雙
長矛 35 根	呢軍帽 74 頂
護叉 2 把	藍夾帳棚 302 架
鐵鈎 51 把	白單帳棚 3 架

右表雜械一項，祇載刀矛等械，其外軍用器物等件，皆詳軍械局原冊，不備載。

馮煦等《皖政輯要》卷七四《皖北壽州軍裝局》　皖北壽州軍裝局由皖北營務處統轄，每歲由省城軍械局支領大宗軍火儲局，以備皖北巡防步馬水師等營就近支撥。外，皖北綠營仍多由省局支領。茲將該局歷年儲存軍火衣械等項據光緒三十三年十二月冊。分表如左。一槍砲、二彈藥、三雜械暨衣帳。

皖北軍裝局儲存槍砲數目表

槍名類別單位一桿	砲名類別單位一尊、一根、一匣
馬梯尼槍 200	馬砲 76 根
舊馬梯尼槍 900	銅開花砲 9 尊

（續表）

槍名類別單位一桿	砲名類別單位一尊、一根、一匣
修整大洋槍 39	大小銅砲 18 尊
殘壞大洋槍 2 236	田鷄砲 4 尊
六響手槍 4	大小鐵砲 194 尊
雙響洋手槍 100	劈山砲 34 尊
單響洋手槍 7	鐵開花砲 1 尊
殘壞小洋槍 77	天門砲 53 尊
殘壞六響洋手槍 6	牛腿砲 13 尊
舊七子雙響洋槍 1	巴狗砲 54 尊
修整馬槍 39	舊巴狗砲筒 260 尊
舊小槍 178	殘廢鐵砲 85 尊
大槍 738	鐵爪小鐵砲 1 匣
舊綫槍 119	
小大舊槍筒 1 059	
舊洋綫槍 2	
舊馬槍筒 11	
抬槍 227	
合計 4 953	802

皖北軍裝局儲存火藥子彈數目表

火藥類 單位一斤、一瓶、一粒、一枝、一匣、一筒、一個	子彈類單位一斤、一粒、一個
土藥 829 斤	鉛丸 3 963 斤
洋藥 18 674 斤	鐵子 51 447 斤

（續表）

火藥類 單位一斤、一瓶、一粒、一枝、一匣、一筒、一個	子彈類單位一斤、一粒、一個
細洋藥 137 瓶	鐵砂子 1 100 斤
大銅帽 1 676 179 粒	大小砲子 27 113 斤
小銅帽 90 450 粒	六響手松蓮蓬子 42 237 粒
洋火 3 800 粒	馬梯尼子 76 056 粒
附火箭 300 枝	來覆袍子 211 個
銅火箭 98 枝	田鷄砲子 244 個
舊洋火箭 180 枝	開花砲子 2 150 個
大九龍火箭 145 匣	鉛條 2 950 斤
小九龍火箭 428 個	銅炸砲子 147 個
小火龍 40 個	
硫磺 1 393 斤	

皖北軍裝局儲存雜械暨衣帳合計表

軍械雜類單位一把、一根、一面	軍服類軍帳類單位一件、一架
雙刀 8 把	號衣 244 件
腰刀 8 把	戰裙 137 件
小尖刀 78 把	羽毛號衣 13 件
殘壞馬刀 50 把	羽毛戰裙 13 件
川刀 35 把	大軍帳房 1 架
舊短刀 11 把	藍夾帳房 41 架
舊庫刀 4 把	藍單帳房 29 架

（續表）

軍械雜類單位一把、一根、一面	軍服類軍帳類單位一件、一架
腰矛 337 根	舊藍單帳房 4 架
白蠟杆 19 根	舊白單帳房 106 架
藤牌 459 面	

（續表）

	軍械雜類單位一把、一根、一面	軍服類軍帳類單位一件、一架
合計	刀矛 550	軍服 407 件
	牌 459	軍帳 181 架

右表雜械一項，衹載刀矛等械，其外軍用器物等件，皆詳軍裝局原册，不備載。

中國第一歷史檔案館等《中國近代兵器工業檔案史料》第一輯《湖北鋼藥廠歷年支用各款銀數表宣統二年》

單位：兩（長平銀）

年別＼銀數＼項別		建造廠房工料	購置機器價值	製造物料價值	員司洋匠薪水	匠徒小工工食	書役巡丁工食	火食雜用公費	按年共支銀數
光緒	24	14 248.733		70.842	9 133.943	511.828	781.591	6 486	31 232.937
	25	58 593.605	120 161.634	13 380.685	17 314.549	2 949.064	1 893.762	21 688.596	235 981.895
	26	21 198.247	19 918.862	73 513.647	24 217.404	9 340.445	2 533.379	19 446.395	170 168 379
	27	25 931.4	127 371.368	54 003.043	26 706.464	17 189.007	3 468.65	28 723.01	283 392.942
	28	40 016.976	147 630.41	99 993.751	39 678.639	23 298.94	3 759.945	33 875.738	388 254.399
	29	79 571.056	169 831 373	236 541.268	47 320.671	41 217.026	4 637.135	43 171 376	622 289.905
	30	45 872.748	166 192.966	240 544 365	41 823 349	43 326.219	4 630.487	31 032.705	573 422.839
	31	23 097.4	37 050.9	134 758.439	41 189.57	46 431.989	3 590 384	31 193.665	317 314 347
	32	3 000	48 685.553	197 618.843	36 329.114	55 074.875	3 805.461	15 024.992	359 538.838
	33	56 471.288	159 353.89	72 524.109	30 832.191	26 537 306	3 391.609	12 085.191	361 195.584
	34	36 243.546	166 747.882	104 505.285	40 111.879	25 648.857		1 539.636	374 797.085
宣統元年		36 672.511	151 211.645	164 008.968	34 811.567	28 717.002	4 418.876	27 741.073	447 581.642
各項共支銀數		440 917.51	1 314 156.483	1 391 463.245	389 469.34	320 242.558	36 911.279	272 010.377	4 165 170.792

中國第一歷史檔案館等《中國近代兵器工業檔案史料》第一輯《四川機器新廠暨造藥所造呈光緒三十一年四月開辦起至三十四年四月底止各項銀兩數目簡明表光緒三十四年五月》

收入各款	司道庫各局先後共撥來97平銀711 701.159 19 594 616兩正。 造幣川廠存儲代匯德國、上海、宜昌轉運棧費，機價，學生川資，匯費等項先後共97平銀115 513.131 39兩正。 各局廠分用物料地基等項共收回97平銀20 243.960 628 1兩正。 息借陸軍糧餉局97平銀50 000兩正（自光緒三十四年三月二十二日起息，按月4厘2毫）。 暫借浚川源官銀行97平銀30 000兩正（議明暫借無息）。 以上各款共收入97平銀927 458.251 214 046 16兩正。
支出各款	購置地基共97平銀21 610.4 044兩正。 建築工料共97平銀250 153.203 455兩正。 員司薪水、兵役口糧、器具、紙張、火食油炭等項共97平銀51 056.14 402兩正。 洋匠薪資及裝釘鍋爐、安設機器、制配在途損失零件、各匠工食共97平銀28 844.8 950 584兩正。 由造幣川廠代匯上海、宜昌運轉棧費，機價，學生川資，匯費等項共97平銀115 513.13 139兩正。 匯付上海、宜昌轉運各費共97平銀112 289.693 8兩正。 預購槍殼、槍筒、生鐵共97平銀37 747.58兩正。 補配機器、添購機器頭二批價值連匯費共97平銀229 875兩正。 預購化學材料初批價值連匯費共97平銀71 260兩正。 以上各款共開支97平銀918 350.0 521 234兩正。
現存銀兩	除支實存97平銀9 108.199 090 646 16兩正。
廠欠各款	欠造幣川廠應攤運費銀86 661.877兩正。 欠分用重慶造幣廠鋼鐵物料先後共銀23 327.1 585兩正。 欠息借陸軍糧餉局97平銀50 000兩（自光緒三十四年三月二十二日起息，按月4厘2毫）。 欠暫借浚川源官銀行97平銀30 000兩正。 未付補配機器、添購機器尾批價值德金278 000馬克。 未付預購化學材料尾批價值德金171 000馬克。 （查馬克市價時有漲落，現據駐滬轉運局委員電報，西5月中，每馬克值規銀0.4 184兩，照此價前二項德金合規銀187 860餘兩。至實在數目須俟匯此款時得運局電報方能確定。合併聲明）。 以上除續購機料馬克銀數未定外，實欠各局廠銀189 989.0 355兩正。
欠廠各款	造幣川廠未解銅圓餘利銀63 752.1 162兩正。 鹽茶道奉批未解撥付機價銀30 000兩正。 滇黔官運鹽局奉批未解撥付機價銀20 000兩正。 彩票公司未解二十五、六、七三期盈餘龍圓60 000元，合97平銀42 600兩正。 以上各署局共計未解來銀156 352.1 162兩正。
常款	彩票公司每期銷票能足3萬張，月有盈餘21 000元；如不及3萬張，按票縮減，故無確數。〔查自第1期至24期先後共移來盈餘龍圓50 566.2元，合97平銀355 402.002兩。至二十五、六、七三期盈餘尚未移送來廠。合併聲明〕。

查光緒三十一年四月本廠未開辦立帳以前，曾經司道庫各局籌撥庫平銀一十八萬四千一百七十四兩二錢二分五厘五毫二絲七忽八微零八渺，又九七平銀二十一萬兩，又規平銀四十萬兩。以上三項銀兩，係由章故道世恩、祁守祖彝經手，帶赴德國購辦機器、海運船價、留學經費、往返川資等項之用，當初收付此項銀兩，皆由機器總局經理，故文卷、帳冊一切概存該局。合併聲明。

中國歷史檔案館等《中國近代兵器工業檔案史料》第一輯《四川機器新廠暨造藥所廠房簡明數目表光緒三十四年五月》

機器新廠

名目	數目	名目	數目
建廠基址	二百六十一畝四分	圍墻	三百八十一丈
局所	九十三間	碉樓	四座上下樓八間
前門樓	上下樓四間	後門樓	上下樓四間
左右門	二道	總辦住所	二十六間
提調住所	一十九間	物料庫	上下樓四大通間
槍殼庫	一大通間	合槍房	一大通間
考工房	二間	槍廠	一大通間
軋片房	一間	子彈廠	一大通間
考驗子彈所	一大通間	熔銅房	共一通間
熔鉛房	一間	漂洗房	一間
汽機房	一大通間	鍋爐廠	一大通間
木殼房	一大通間	打磨房	一間
琺藍房	一間	焠火房	一間
裝配槍筒機件房	一大間	裝藥房	三間
熟鐵廠	一大通間	鐵庫	一間
大煙囪	一座	小煙囪	一座
前門洋匠住所	上下樓十三間	後門洋匠住所	上下樓十四間
河岸碼頭	一段長十丈三尺		

以上大工告竣，裝修未齊，如修理、翻砂兩廠機器（房），學堂，工匠住所，尚未修造，合併聲明。

造藥所

名目	數目	名目	數目
建廠基址	六十九畝三分	圍墻	一百九十六丈
局所	四十三間	圍墻門	三道
庫房	四大通間	硝磺鏹水爐房	二大通間
硝鏹水廠	四大通間	洗棉花廠	一大間
引擎房	一大間	鍋爐房	一大間
修理房	一大間	水臺	共五層計五大間
化學房	上下樓窨共計大小七間	合藥房	二間
碾藥翦藥房	二間	化水銀房	三間
水池	二個	酒精以脱廠	上下樓窨共計大小二十四間
曬藥房	一間	藥庫	二間
銅帽房	三間	合已泡發藥房	二間
棉花庫	二間	烘棉花房	二間
保險土圍墻	十四段	大煙囪	一座
小煙囪	一座	洋匠住所	十一間
河岸碼頭	一段長九丈四尺	河堤	二段長八十一丈
石砌魚嘴	三座		

以上大工告竣，裝修未齊，如烘藥房、烘硝、過棉花房、工匠住所各項，尚未修造，合併聲明。

中國第一歷史檔案館等《中國近代兵器工業檔案史料》第一輯《四川機器新廠暨造藥所機器簡明數目表光緒三十四年五月》

機器新廠

名目	部數	名目	部數
造槍機器	二百九十四部	造彈機器	六十六部
修理機器	二十六部	打鐵房機器	二十九部

造藥所

名目	部數	名目	部數
洗棉花機器	三部	造硝鏹水機器	五部
造硝磺鏹水機器	四部	造酒精以脱機器	二部
碾藥翦藥機器	三部	合藥機器	一部
造銅帽機器	八部	烘棉花汽管	三十三節
生電機	大小各一部		
電燈	大小一千六百七十四盞【各種配用全】		
造磚機	一部【尚未運齊】		

中國第一歷史檔案館等《中國近代兵器工業檔案史料》第一輯《四川機器新廠暨造藥所各工匠簡明數目表光緒三十四年五月》

機器新廠

匠目	名數	匠目	名數
機器匠	五十三名	木工	三十名
熟鐵匠	五十八名	泥工	三十六名
鍋爐匠	二十八名	石工	五名
翻砂匠	九名	各項小工	六十名

造藥所

匠目	名數	匠目	名數
機器匠	二十五名	木工	五十一名
熟鐵匠	三名	鏁工	一十名
鍋爐匠	三名	泥工	九十九名
繪圖匠	一名	各項小工	二百零七名

以上各工，均無定數，隨時視工程之緩急，酌量增減，合併聲明。

中國第一歷史檔案館等《中國近代兵器工業檔案史料》第一輯《杜慶元造送雲南機器局光緒三十四年入款分目報告表宣統元年九月》

常年的款				暫時撥款			
款別／細目	數目	從何處撥	係何平色	款別／細目	數目	從何處撥	係何平色
常年經費	54 000兩	由善後局請領	964平98色	機器價值	7 600兩	由善後局撥發	964平98色

（續表）

常年的款				暫時撥款			
款別＼細目	數目	從何處撥	係何平色	款別＼細目	數目	從何處撥	係何平色
				物料運脚	11 000 兩	由善後局撥發	
				由江南調滇工頭家用	500 兩加匯費10 兩	由善後局撥發	
				水晶廠鐵本	4 000 兩	由善後局撥發	
				水晶廠員司薪工	484.8 兩	由善後局撥發	
				扣回本局工匠請假截曠	2 009.513 兩	由本局撥收	
				收代各營局署衙修整器械工料價值	1 650.595 兩	由各營局署衙繳收	
				收回代運物料重領運脚	123.76 兩	由周順成商號繳收	
總計	共銀72 007.989 兩						
附記	查雲南機器局光緒三十四年分購買各項物料，係上年由滬采購，本年陸續運到。其運脚銀兩，有由本局發給者，有由善後局發給者。惟此項物料本年仍未運竣，其補發所餘運脚尾數應歸次年填報。至本局本年十一月内由滬添購彈機十七部，實價二萬四千兩，當即先交定銀三分之一，計七千六百兩，其餘三分之二價銀一萬六千四百兩，應俟補交清楚，歸於次年填表造報。合併聲明。						

中國第一歷史檔案館等《中國近代兵器工業檔案史料》第一輯《杜慶元造送雲南機器局光緒三十四年額支雜款分目報告表宣統元年九月》

		正月	二月	三月	四月	五月	六月	七月	八月	九月	十月	十一月	十二月	閏月	合計
水薪員局	額定														
	實發	490	490	490	490	490	490	490	490	490	490	490	490		5 880
水薪事司	額定														
	實發	87	89	89	91.2	91.2	91.2	91.2	91.2	94.8	94.8	94.8	94.8		1 100.2

（續表）

		正月	二月	三月	四月	五月	六月	七月	八月	九月	十月	十一月	十二月	閏月	合計
食火司員	額定														
	實發	122.962	122.962	122.962	122.962	122.962	122.962	122.962	122.962	122.962	121	121	121		1 469.658
食工役丁	額定														
	實發	99.771	99.771	99.771	99.771	99.771	100.471	100.471	98.776	10).471	87	87	87		1 160.044
總計		共開支銀9 609.902兩													
附記		查雲南機器局光緒三十四年分，除委員照額填報外，所有司事、丁役，視事宜之緩急，定名數之多寡，時添時減，礙難定額，應將本年實發薪工、火食銀兩數目按月分別填列，以備查考。合併聲明。													

中國第一歷史檔案館等《中國近代兵器工業檔案史料》第一輯《杜慶元造送雲南機器局光緒三十四年活支雜款分目報告表宣統元年九月》

	正月	二月	三月	四月	五月	六月	七月	八月	九月	十月	十一月	十二月	合計
匠徒工食	1 541.9	1 562.6	1 580.8	1 693.9	1 743.2	1 684	1 686.3	1 636.6	1 640.2	1 724.2	1 728.5	1 727.2	19 949.4
柴煤炭斤	797.066	1 342.984	1 191.268	590.328	974.836	1 733.272	2 792.722	709.283	784.592	476.644	1 157.668	1 011.943	13 562.306
各種雜料	359.454	613.903	414.099	725.651	1 027.139	591.482	378.142	564.618	683.824	1 058.746	2 373.418	770.844	9 561.32
各項器具	10.44	5.897	8.354	35.546	9.544	15.332	12.936	11.846	6.54	6.553	14.966	50.706	188.66
由本局發外洋物料運脚	287	920.899	162.26	413.875	437.234	745.143	41.86	1 196.58	375.249			571.403	5 151.503
由善後局發外洋物料運脚												11 000	11 000
由善後局發機器價值											7 600		7 600

	正月	二月	三月	四月	五月	六月	七月	八月	九月	十月	十一月	十二月	合計
由善後局匯金陵局調滇工匠家用												510	510
由善後局發水晶廠鐵本			2 000									2 000	4 000
由善後局發水晶廠員司薪水	40.4	40.4	40.4	40.4	40.4	40.4	40.4	40.4	40.4	40.4	40.4	40.4	484.8
總計	請領撥發共銀81 378.668兩												
附記	查雲南機器局光緒三十四年分入款項下，内有商號周順成繳回一款，因周順成擔認代運外洋物料，其運脚銀兩業經本局發給，該號佯不知，又復誤向善後局請領，嗣由本局查明，正追究間，該號亦即覈對明白，如數呈繳。合併聲明。												

中國第一歷史檔案館等《中國近代兵器工業檔案史料》第一輯《湖北鋼藥廠歷年製造鋼藥鏹磚表宣統二年》

品名	單位	光緒二十五年	二十六年	二十七年	二十八年	二十九年	三十年	三十一年	三十二年	三十三年	三十四年	宣統元年	共計
槍鋼坯	磅					59 090	172 605					865	232 560
砲鋼坯	磅						195 821						195 821
器具鋼坯	磅					18 525.5							18 525.5
無煙槍藥	磅			4 755	24 900	33 650	48 200	38 800	59 100	14 650	31 950	47 750	303 755
無煙砲藥	磅			400	2 850	8 050	13 550	500	750				26 100
硝鏹水	磅				67 520	152 720	71 040	137 760	126 400	72 640	79 040	560 320	1 267 440
磺鏹水	磅												
醋精鏹水	磅							450	15 800	11 220	12 210	12 870	52 550

（續表）

品名 單位 產量 年別	光緒二十五年	二十六年	二十七年	二十八年	二十九年	三十年	三十一年	三十二年	三十三年	三十四年	宣統元年	共計
〈下略〉												
附记	謹按鋼藥廠係光緒二十四年開辦，各項製品如槍、砲、器具三種鋼坯，於二十九年五月開工，日熔一爐，約出鋼千六七百磅，日長可熔二爐，出鋼倍之。嗣因拉鋼等廠尚未建成，無從拉試鋼性以適合於製造槍砲之宜，於三十一年正月停煉。宣統元年出有800餘磅，乃偶一試煉也。槍、砲兩種火藥，於二十七年十一月開工，日造百餘至二百餘磅不等，三十三年奉文減造，並停造砲藥。硝鏹水於二十八年八月開工，日造數百磅，自新廠於元年八月告成開工，出數較前多逾倍蓰。磺鏹水廠添裝新爐，於元年冬校準鉛房，準備開春興工制煉。醋精鏹水於三十一年三月開工，日造70磅。磚瓦等項係爲兵工、鋼藥兩廠建造廠房之要需，歷年曾應各署校局廠拔用及各商家購求，其間三十三年曾經奉文停造，近年因購到改良制藥新機多種，需磚建廠安裝，仍行燒造。以上各項開機製造先後備殊，謹按年順序填列，以備查考。合併記明。											

中國第一歷史檔案館等《中國近代兵器工業檔案史料》第一輯《廣東製造軍械總廠經費表約宣統三年五月》

項目		金額
截至三年四月底止現存款	經費流存	銀31 782.029 1
	變價流存	銀7 780.002
	代造工程流存	銀6 442.521 5
	皮革公司股票	銀7 200
	經費不敷	銀18 235.429 3
	共	銀71 439.982 4
考察報告常年入款		300 000兩
全年額支活支	額支	178 633.296
	活支	122 627.304
	共	301 260.6
	不敷	銀1 260.6

中國第一歷史檔案館等《中國近代兵器工業檔案史料》第一輯《廣東製造軍械廠造成軍火表約宣統三年五月》

類別	品名	數量
槍枝	五響六八無煙槍	135
	六八小口徑馬槍	1
砲	八米里輕機陸砲	4
子彈	六八五響無煙鋼頭彈	43 540
	六八五響無煙木頭彈子	40 000
	六八五響無煙槍藥管	8 000
	六五五響無煙槍木頭彈子	5 000
	七九五響無煙鋼頭彈子	42 450
	七九五響無煙槍皮口木坯彈	0
	七九五響無煙槍藥管	50 000

（續表）

類別	品名	數量
子彈	八米里輕機砲彈子	80 000
	八米里智利彈子	0
	共	268 990
黑藥彈子藥管	八響連珠毛瑟槍鋼頭彈	67 300
	八響連珠毛瑟槍藥管	3 050
黑藥槍藥	洋槍黑藥	1 245 磅
	改造洋槍黑藥	88 磅
	共	1 333 磅
各種槍藥	七九無煙槍藥	46 磅
	六八無煙槍藥	185 磅
	共	231 磅

藝文

秦榮光《上海縣竹枝詞·堂局十五》 平賊多由槍砲功，一時曾李兩英雄。講求製造初開局，虹口租房雇匠工。同治初元，巡撫李鴻章由滬濟師，恢復江浙，得洋槍砲彈之力居多。僦浦北虹口洋房，設局鼓鑄，各機器局。

秦榮光《上海縣竹枝詞·堂局十五》 洋槍細藥製何方，砲引還需銅冒裝。購就龍華旁近地，一遵奏定各條章。九年，又在龍華購地八十畝，建廠房，自製洋槍細藥及銅冒砲引。

顧炳權《上海洋場竹枝詞·頤安主人〈滬江商業市景詞〉卷一〈火藥廠〉》 無煙火藥樣翻新，延得東員配裝頻。舊料至今難製勝，技師創造益驚神。

黄式權《淞南夢影録》卷二 製造局之外，又有火藥、火箭二局。火藥局在龍華，火箭局在陳家橋。其局務各有委員總理，而製作之法，皆延西士指授。蘇省各營軍火，皆於此取給焉。其局建於丁雨生中丞，蓋由製造局所推廣云。

顧炳權《上海洋場竹枝詞·辰橋〈申江百咏〉》 聖朝久已息兵戈，武備勤修脱臼科。白鐵雖堅紅火烈，機輪盤轉巧思多。中國製造局近今亦用西法，無論大小槍砲，皆以生鐵用機器製之。

秦榮光《上海縣竹枝詞·堂局十五》 卅年求富更求强，造砲成船法仿洋。海面未收功一戰，總歸虛牝擲金黃。（以上機器局）案：此局歷年鑄造槍砲，雷艦，需費不貲，而未聞得一著見功效，誠可惜已。

南京圖書館《中國早期展覽會資料匯編》第二册《湖北陸軍工作廠出品》 方面齊開卅六軍，屯深處處見黃雲。荆襄第八新成鎮，荼火光中甲仗分。中國陸軍新製分爲三十六鎮，鎮二協，協三標，標三營，蓋三百人爲營，九百人爲標，二千七百人爲協，五千四百人爲鎮。外加馬礮工輜各隊計九百人，故每鎮得六千三百人。然合全國三十六鎮計，有二十二萬八千之多。今成鎮者無過數省，而軍需皆購自外洋，溢利已不少。湖北爲第八等鎮陸軍工作廠出品，如麻布背袋，槍藥袋刺刀套馬鞍腰帶，綁帶馬飲水器等件，均精緻適用，蓋自備軍儲藉以塞漏卮焉。

南京圖書館《中國早期展覽會資料匯編》第二册《禦礮模型》 鐵爆雷轟血肉飛，沙場征戰幾人歸。從知死地回生法，未許龍蛇動殺機。曾文正以湘軍削平洪楊大難，而論迴避槍彈絶無善法。惟有以血肉相薄而已。甚矣，禦礮之難也。今湖北陸軍第八營所製之背面墻下翳舍模型一具，備有直角礮座一座，野外側茵一具，帽堡一座，海岸礮臺一座，彈藥庫横墻一座，擲石地雷一座，此等模型建築之形式均成斜度，能避礮彈之衝擊，爲行軍必需，若移賽於武備館，尤資考鏡。

採礦冶煉工業分部

綜述

陳旭麓《盛宣懷檔案資料選輯之二》湖北開採煤鐵總局荆門礦務總局《葉思忠致盛宣懷函光緒元年九月初二日盤塘》 近日敞處煤礦情形，弟於七月中旬赴沙坑、劉家巖兩處，曾掘兩口，至八月均屬見煤。現今兩口共有六千擔之譜，俱到正倉。惟劉家巖一口無水，其煤頗好，即松白煤也，大英名叫「卡里夫」，內有七折塊頭，神局愈深愈旺，近來日夜可得三百擔光景。即沙坑一口亦係好煤，因水太涌，每日出數勿能較準一定。刻效本地之法，試用毛竹打通汲水，每管丈餘長，計用五管。如此費事，水尚不浄，奈何，奈何！弟曉夜籌劃，現仿西法在武製辦洞水管一支，數日之内可完備矣。若應手用，免竹甬之庸也。另製七星天擰五件，此物因劉家巖壟口在半山，又無積煤之地，現設法搭板，用七星擰車，若用夫挑，其費更大矣。

又於八月初在兩處地方加開三口，現有兩口見煤，尚未到大倉，每日出數不旺。張小翁處幾口亦有二千餘擔之譜。弟由開口起至八月底止，共領銀錢所錢二百九十餘千，連購製等款在内，按旬録報送小翁處，亦祈並賚飭投大人電下查覈。

兹聞張小翁每云弟用費比較驗他處惟大，不識從中各有層見。照近看，多用其二也；究遠者，可少用其五也。候大人巡閲各壟，便覽弟辦事功歸實濟，費不虚糜，一切製辦各款細情面禀，方敢專主。今寄上劉家巖、沙坑兩口煤樣一簍，下裝者劉家巖之煤，簍面者沙坑之煤，希請查收爲荷。附此專達，並請升安，惟希愛照不備。治愚弟葉思忠頓首。九月初二。

再啓者，沙坑亦係暢旺煤口，因水之故，所用毛竹汲水每日夜須要小工十二名，此乃無法子耳。弟將見水時，本設法製辦水浸，免得逐日如此多費，而小翁一爲説弟多用故耳。各法不敢起手製辦，刻所辦洞管，弟不忍坐視。別事尚可，惟錢文弟更加不便饒舌。及未出煤之口，工價不付，以照章程，已出煤之口不發工價，是何道理？弟再三同小翁商(意)〔議〕，則發一半。做工之人均係窮民，周圍皆悉工價難領。現今工人掘挖都有退後束手之意。

據小翁云，各事均要候大人來方可，如大人來期在近，各件禀明再行辦理；倘期遲，可遣親信妥友速到武巡視層節，酌奪章程，弟才敢辦理。從中更有一切細情，勿能奉陳，特具草字先行奉禀，祈賜回示爲感。請購包船外國黄銅板新的三塊(尺寸克定，無得大小)。

陳旭麓《盛宣懷檔案資料選輯之二》湖北開採煤鐵總局荆門礦務總局《張福鑚致盛宣懷函光緒元年九月十八日盤塘》 敬禀者：九月初八日第七次禀報煤廠情形，諒邀鈞覽。葉道成七月十八日續開沙坑龍口，因水多難汲，於九月初八日停工，業經禀報。又增二口，出煤無幾。惟劉家巖煤旺，與沙坑相距三、四里，其煤各堆各口，兩處約共五千餘擔，須過秤方知確實。

屠子良、高潤生所開盤塘對山，嗣卑職與高潤生所開阮家灣、陽城山、黄金塔等四處，相距二十里，共見煤五千多擔，此外尚有二處，共見煤數百擔。卑職等時時巡察，誠恐耳目難周，各工坐領工飯而不出勁。今公同商酌，凡已出之煤通行過秤見斤，找給工價，仍扣留若干，俟起運給發，其煤仍交各口龍頭立據看管，仍請趙游戎派勇駐守。嗣後每擔整煤四十文，碎煤三十文，不準摻雜土石、烏版，其工飯、燈油、竹箕、蘆席、鍬鋤一概在内，惟撐洞木料由廠給發。其秤仿照上海絲麻秤，每斤十七兩六錢，先製十杆，每杆九百文，朝暮告成，即便舉行，合先禀請憲示。今各龍頭遵照試辦十日，是否能行再爲定議。將來洞深路遠，仍須加增，如得大倉易取，仍須酌減，其挑至江濱力錢在外。俟各口存煤過秤之後比較，所支工價、飯食及取用竹、木、油、鍬、棕、席等物，則經辦之撙節與糜費立見分曉。

大人精明素著，指日賁臨，原帳俱在，一望而知，未敢造報緣由，前已縷陳矣。九月十三日又匯肇廣典内銀五百兩，連前共計一千五百兩，合併聲明。肅禀，恭請勛安。卑職張福鑚謹禀。九月十八日第八次自煤廠繕發。

敬再禀者：正封禀間，接到九月十一日手諭，並與道成信，旋即轉交，會商一切。自八月初六日之後始奉此示，敬悉憲節赴津，十月内方能到廠。此間應辦之事，遵即相機而行。所用撐木視洞内情形，分別大小粗細，既不敢惜小費，又不敢任其作踐。買木、買油均有發票可稽。

惟來示九月初二日葉報沙坑、劉家巖兩處已得煤六千擔，近來每日夜可得三百擔。計自初三日至今十八日，豈不又得四千餘擔？合前則萬擔以外，特恐言過其實，俟過秤即可判然。葉爲袁龍頭朦蔽，卑職若再緘默不言，扶同掩飾，何以對憲臺？又何以對幹輔？所仿西法制造之物，恐未適用，徒花糜費，屢進忠告而不聽，末如之何！卑職等細繹開煤要法，省察山間形勢，討論實事求是，因地制宜，祇可取法湖南，盡人力爲之，似有把握，或不致有初鮮終耳。果然真見大倉再用西法，此時當循序漸進，未敢孟浪從事，深慮有負大人委任。是以倍加慎重，節省浮費，保全墳墓免生事端，所幸仰賴福蔭，地方安靜，紳民翕然。途中橋梁燈杆需木二根，頃已允助。兩奉李道憲來諭，亦諄囑謹慎。惟冀蜺旌迅至，各事有所秉承，不勝引領之至！

葉道成遵於二十日搭輪船赴滬。六、七月間葉在屠子良手支取錢九十餘千文，八月初至九月初又在卑職手支取錢三百七十餘千文，所發工飯、製辦均有原帳，其薪水及取用各物在外，皆有來條可查，理合陳明。謹此再稟，敬請勛安。卑職福鑽謹再稟。九月十八日申刻。

陳旭麓《盛宣懷檔案資料選輯之二》湖北開採煤鐵總局荆門礦務總局《高應辛致盛宣懷函光緒元年九月十九日盤塘》 杏翁方伯大人閣下：屠子良兄旋蘇，道出金陵，躬詣臺端，曾續肅一椷，並次第所開各口地方清單一紙，託其轉呈。至此間詳細情形，想子良必已面陳，久邀洞察。

盤塘山首開之口出煤百餘擔，挖入古龍後，葉道翁即移往沙坑，該口即交子良與應辛經理。後因風洞內亦空無所有，乃行停工。子良與應辛復在本廠對面商開一口，房東李榮春領首，現約出煤一千餘擔。嗣張小翁來武，隨即移住盤塘山廠。惟沙坑去本廠五里，除道翁需用木植等物，仍由本廠購辦外，至需錢自置各物，即夫役工飯等項祇可隨時照來條支付。洎子良東下，本廠益覺事繁。張小翁復與應辛陸續商開八口（李榮春口在内），統計自黄金塔、陽城山、劉家巖，盤塘山、阮家山止，約長廿里，除停閉二口、一口出煤無幾外，現有五口出煤共計五千餘擔。内中惟陽城山煤爲最（約三成塊、七成屑），其餘各口之煤大都煤屑爲多，成塊者寥寥，不知已後挖深當能堅致否？前曾寄呈煤樣六種，烏版石（西人所謂嫩端石是）二種，煤層下軟泥一種，分包標題，復總爲一包，想邀鑒覈。小翁與應辛不時遞赴各口巡視，幸居民安堵，工役無嘩，堪紓廑注。

道翁沙坑所開之口，出煤二千餘擔，因浸水過多，無法汲取，已於九月初八日停工。伊曾在彼處續開二口，今尚出煤無幾。至伊所開劉家巖之口，出煤三千餘擔，煤色佳者可與陽城山相埒。前數日傳聞伊偕所用之袁龍頭赴興國州探訪銀鐵各礦，昨日始回，往返迄未來局通知小翁。聞已採有鍛鐵各苗樣，諒必寄呈。茲方伯令其暫時赴滬，所有伊監視各口，諭應辛會同伊弟道徐權爲兼攝。查沙坑之口因水停工，續開二口出煤未暢，劉家巖之口，前日應辛到彼，約煤三千餘擔，有道徐住工所監視，小翁與應辛亦時往巡察。惟本廠祇小翁及應辛二人，所開龍口較多，並有帳房、文案事件，勢不能親身住彼監視，至劉家巖之口，向來一體巡察。俟道翁動身後，沙坑之口自應照劉家巖辦理（並派妥人看守），所有需用錢物並歸小翁一手支發，以付委任至意。

至購辦機器車輛等件，管見以爲總宜俟旌節重來，詢謀僉同，再行置備。如果煤層富有，開辦爲日正長，似不在乎一時。刍蕘之言不識可備采擇否？茲附上購書清單一紙，仰懇飭人代購，該價容後呈繳。專肅詳布，敬請勛安，統祈垂察。高應辛謹頓首。九月十九日辰刻。

上海製造局發售：

地學淺識八本，價錢二千五百六十文；

金石識別六本，價錢一千四百六十文；

冶金録二本，價錢四百文。

美華書館發售：

地球説畧一本，價洋二角五分；

地理問答一本，價洋二角。

陳旭麓《盛宣懷檔案資料選輯之二》湖北開採煤鐵總局荆門礦務總局《張福鑽致盛宣懷函光緒元年九月十九日盤塘》 敬稟者：九月廿一日第九次稟報煤廠情形，諒邀臺覽。邇日高潤生與卑職分馳各口秤煤，一俟告竣，即將各口存煤實數及給發飯食工價，支應用物，開具清單呈覈，則撙節與糜費一望而知矣。所有六月至九月，實入實支各款，容開清單附呈。其原帳俱在，指日蜺旌臨廠，舉目了然。

嗣奉九月十九日鈞諭云，葉道成函稱，監挖劉家巖每日夜可得煤三百擔。此乃言過其實之辭。查七月廿八日開工，至今兩月，出煤祇二三千擔。今高潤生會同葉道裕過秤，兩三日後即見分曉。該處龍頭袁善之飯食工價均經葉道成開支。而袁善之虧空米店錢八十千文，潛往鑄錢爐地方租賃民山，私自挖煤，其地在劉家巖之西十五里，並非官山，顯違憲臺禁令，卑職聞知，嚴飭停止。刻下劉家巖挖至老龍，每日出煤數擔或數十擔不等。緣奉垂問，據實上陳。

至開煤工價，六月間試辦之初，每名每日給工錢一百文，供應飯食，各事雜亂，閒人擁集，費用浩繁，幸得屠子良到廠，實心任事，不避嫌怨，與葉爭論數次，飭退閒人，節省用度。卑職到廠，商議停止供飯，始有條理。自八月朔日起，每名每日給飯食錢五十四文，新開龍口祇準五名，如見煤再加五名，俟煤旺，補給工價一百文；無煤則停工不給，業經隨時禀報在案。凡開口，必親往履勘，無礙墳墓，始諏吉祀神，爲文祇告，而後開鑿。卑職盡心籌畫，節省浮費，從不敢造次。葉道成受袁龍頭朦混，誤開蓮花心、綫網山兩處有墳百餘家之民山，當經卑職與高潤生、趙明軒力勸停止，此事本地紳民人人皆知，且先經屠子良、高潤生説過不開，而葉忽孟浪。趙游戎暫往省垣一行，其船在盤塘，而勇丁梭巡駐守均能得力。此間人少事繁，請催李清華、屠子良來廠。茲將高潤生初擬章程、卑職現擬章程一併呈請大人鑒覈訓示遵行。肅禀，恭叩勛安，伏祈垂鑒。卑職張福鑅謹禀。九月廿九日第十次自煤廠發。

陳旭麓《盛宣懷檔案資料選輯之二》湖北開採煤鐵總局荊門礦務總局《李鴻章致盛宣懷函光緒二年正月初九日保定》杏蓀世仁弟大人閣下：昨奉嘉平十七日惠書抄件，敬審獻歲發春，勛猷益茂，企頌莫名。執事去冬由滬赴寧謁商幼帥，廣濟煤礦經費如有不敷，尚擬由江籌撥到鄂。擬辦各節，業準玉帥抄奏咨會，本日欽奉寄諭照準，從此認真經畫，可無掣肘之虞，至爲欣慰。

目前仿照江西、湖南辦法，仍用土人開採，能成煤井而不能成煤路，必須參以洋法，漸求擴充。前派員匠赴東洋煤礦詳細察看，將礦式機器繪圖擕回，是否已到？英人馬利師招致來局，是否有真實本領？已否先立合同？務要詳慎精審。所需購辦機器、鐵路等項經費，除先領練餉錢十萬串外，其餘十萬串，易銀暫存揚局，陸續領用，諒必一一覈實。

運煤應完釐税，酌照臺煤章程，每噸完釐一錢五分，不令洋商藉口。又以土税較重，若成本過昂，勢必不敵洋煤。現擬長江用輪船拖帶民船，不完税而完釐，與洋商並無干涉，並定總繳分解之法，尤爲簡便。沿江各省既由玉帥轉咨，江、皖各省仍擬親往面商，蘇、滬兩局當可照行，不至別生枝節也。煤礦自六月開工，除停工外，現已開成七礦，煤色均佳，漸有把握，俟釐金議定，即可設法運銷。此局官山官辦，成本較重，務祈格外撙節，妥細籌維，勿稍虧折，致滋口實，是爲至要。頃夏筱濤觀察抄寄鷄籠開煤議定章程三折，內多切要，可資考證，特照抄奉覽，比照酌辦爲荷。

江防海防條議，幼帥謂江陰南北兩岸，宜責成筱軒扼守，所見甚屬老到。新招楚軍，似須逐漸裁併。唐軍購用後門槍砲，昨據俊侯抄禀見示，所擬克鹿卜十二磅鋼砲三十尊，嫌其過大，於行隊不甚相宜，不如多操輕砲較爲靈捷。此間壹是順平，惟晴暖無雪，歲事可虞。專泐，復頌春祺不具。鴻章頓首。

開挖煤鐵之舉，既荷廷旨允行，一切自無阻撓。惟係開創利源，易招謗忌，務望實心實力，廉正爲本，精覈爲用，先自立於不敗之地，始終不移，庶幾可大可久。而執事爲中土開此風氣，志願宏斯勛名愈遠矣。

據稱半年僅出煤不及廿噸，是用土法不如洋法遠甚。筱濤單內用英法，至少須出煤日二百噸，每噸合成本銀一元一角零，日四百噸，每噸止本銀九角零，蓋非此不足以獲利也。

議者以貴局雜費過多，將來恐難討好，所慮未爲無見。大才素精會計，諒必有勝籌妙算，不奢不刻，握定利權，若使四方皆聞風取法，實所企盼。至開局以前用項，必須截清報明，以清起訖。即照筱濤所開英員擬議，一切經費，本銀不過十數萬元之內，似直、鄂官項尚多浮餘，即不必多領，致滋物議，諸祈酌辦。用人宜少委員、多司事爲要。正月初九。又行。

陳旭麓《盛宣懷檔案資料選輯之二》湖北開採煤鐵總局荊門礦務總局《盛宣懷致李鴻章函光緒二年二月二十日苏州》宮太保中堂爵前：敬禀者，正月杪祇奉初九日鈞函並抄件，伏諗福履綏蕃，勛猷楙介，差慰孺忱。鄂廠民情安謐如恒，土法開挖各礦無計汲水，每日得煤仍屬無多。初不過暫時試辦以通輿情，況蒙廷旨允行，必應速用洋法，冀獲遠利。鷄籠議定章程三折，具係實在辦法，足資考證。翟薩能開此項清單，必有真實本領。職道擬即函商夏道，彼此質疑問難，比較覈辦。

職道前詳大畧情形，仰荷憲臺逐條批示，自當悉心體會，一一奉行。並承手諭「開創利源，易招謗忌」，勗以「實心實力，廉正爲本，精覈爲用，先自立於不敗之地，始終不移，庶幾可大可久」。叩讀之下，如聆面命，感悚交深。伏念職道材力淺薄，早歲受知，常以不克自成一事以報深恩爲私衷隱憾。茲蒙中堂垂青，謬膺重任，敢不凜遵訓誨，勉旃慎旃。一則自立不敗，始終不移，必使有成效而後薦賢自代，利鈍所不敢計也。一則廉正爲本，精覈爲用，必視國事如家事，盡我心力，可質穹蒼，謗忌所不暇顧也。

惟事有十難，可以枚舉：中國機器開礦係屬創舉，不知者以爲擾民，雖有大利，亦不應爲；知之者亦慮花費巨本，難免虧折，疑信參半。查西法開礦不求近功，如日本達革西礦，費銀五十餘萬元，方始獲利。華人見小欲速，不實揣其辦事究竟如何，先事造言蠱惑，有若利其不成而後快者，其難一也。臺灣、樂平等處開挖有年，其煤層不待測量而西人已了如指掌。廣濟、興國向未開挖，難免暗中摸索，其難二也。臺灣、樂平民間已習爲故常，一切風鑒之説可以破除。廣濟等處士民多信風鑒，雖經開導勉從，幾似力保其民間無恙者。開挖即遠廬墓，而來龍過脈在所不免，苟其室家有故，猶欲歸咎開採，無從辯駁。必平日臨之以莊，感之以恩，使其異議無自而生，其難三也。百姓惟州縣是視，州縣惟督撫是視，倘來一大府，迂拘偏執，素所厭惡，此等創舉，雖已成之局，勢難中輟，萬一稍有事故，便加痛詆，上下必爲之解體。礦事動與地方相維係，非比制造、輪船，祇須有米爲炊，與地方毫無交涉，其難四也。大利所在，難免外人覬覦，雇用洋匠，亦較製造、輪船爲尤難。蓋彼既知事非西法不能爲功，而每年僅得薪水數千金，意不自足，尤須慮其私自看礦，動彼漁利之心，轉滋流弊，其難五也。事隸楚中，離直過遠，請示往返必經匝月，或有緩不濟急者，其難六也。土法開挖，無需厚資，得利無多，虧本亦有限。西法如氣運不佳，有費許大工本，歷一、二年開挖無效者，而西人志量宏遠，不懼艱險，必使成功獲利而後已。試問華人有此志量否？恐久不見效，便將廢然思返，其難七也。官煤售價，除禀報外，尚擬刊佈《申報》，以杜弊竇。凡經手購煤用煤司事，恐因此不願購自公中，而非在上者所能強制，不得已，必由商販轉售，方能暢銷，其難八也。現議轉運用小火輪拖帶民船，改釐爲税，總繳分解各省，如能允行，已稱簡捷。惟空船由滬回鄂，必須攬儎，借資貼補，而沿途過長，釐重於税，商人恐不甚踴躍，其難九也。前以濟民阻撓，故酌定捐款，因民之所利而利之，較他處已多一捐款。現以夏汛在即，濟民環求墊款修築横堤，目擊田廬忍聽湮没，已準借給錢二千串，飭縣督率紳士擇要先修，其餘俟有捐款再行續辦。該山沿江遼僻，已造瓦屋數椽。凡此糜費，實不獲已。其可以撙節之處，無不絲絲入扣。世之游宦遊幕，比比皆是，人但知利權所在，交刺薦託。受之，則以公事結私恩，捫心有愧；拒之，則以公事結私怨，蜚語更多，其難十也。職道未敢畏難而稍事因循，惟當知難而益加謹慎，伏乞中堂不遺在遠，訓迪時加，是則私念切禱耳。

所延英人馬利師，臘杪抵局，親自督同遍勘廣濟、興國兩屬各山。據稱日本達革西係下等煤山，而用洋法已開到上等煤質。廣濟係中等煤山，而用土法祇開到下等煤皮。論氣脈，則興國較勝。廣濟現在試驗土石，但能定爲有煤，而煤層厚薄，平斜連斷，實非鑿孔測量，不爲確證。查開煤要法，亦謂憑空審察不如鑿孔爲至當不易之法。細詢馬利師，曾在印度、日本開礦，專精地學、化學。渠初欲議包辦章程，不領薪水，職道再四思維，須預防彼族覬覦，故寧優給薪水，試用六個月以觀成效，再議蟬聯。當於正月底先赴漢口，會同李道在領事署中訂定合同，已另録禀報。復以測量機器爲洋法開章第一義，職道即偕該洋員於初二日抵滬繪圖，就近在耶松洋廠定造，數日内告成，即令徑赴盤塘，先將濟屬官山逐處測量，再將各煤山情形，酌議機器開法，續呈鈞覈。

興國煤鐵兼產，該洋員欲先興國而後廣濟。職道以濟人幸就範圍，似應先行試辦，興國民氣浮動，必使畏威服德，而風聲傳播，或易感格。玉帥遇事頗肯關垂，前月赴省進謁，諭云試辦許久，難得輿論翕然，興國尤宜留意，言下並不拘泥。凡此措置之順遂，實賴主持之在先。

經費僅領過直款十萬串，鄂款五萬串，目前可敷應用。十一月以前係屬商本，其開挖經費，有煤三萬餘擔，不致虧折。其開創預籌付款，多係實有證據。製造局代購鐵路已到，機器三四月内亦可運來。前帳自應截至十一月底止，覈實開報以後，即按月開造，決不稍有含混。職道既以商本開創，自願改歸官辦，詎敢稍存利心，致貽口實。若因精神疏懈至於多費之處，事所或有；若因志氣貪婪至於侵蝕之處，事所必無。中堂向來用人不疑，如以職道操守爲慮，職道何不居家。

陳旭麓《盛宣懷檔案資料選輯之二》湖北開採煤鐵總局荆門礦務總局《李鴻章致盛宣懷函光緒二年閏五月二十二日到天津》

杏蓀世仁弟大人閣下：接五月廿七日惠書，就諗藎績日隆爲慰。馬利師履勘興國諸山，先從馬鞍、半壁興工。鑿孔一事奏效不易，愈深愈難進步，鑿至極深之處，每日僅能進二、三尺耳。馬鞍山一孔誤爲工匠鑿斜，復壅卸土石，今竭晝夜之力提起土石，改正斜孔，固已煞費巨工。至飭馬利師專志一處，俟馬鞍山稍爲得手，再在半壁山開工，以免紛歧貽誤，措注甚爲合宜。興、濟煤礦分列南北兩岸，所用機器須備兩副，方足以資周轉。北岸非三百尺不能見層，與南岸地形低者迥乎不同，其應如何布置，必俟煤層鑿有眉目，方可開單覈辦，理勢宜然。刻下民情不患不順，地産不患不富，煤質不患不佳，三者既皆確有把握，惟察看煤層最旺之區，如形家揣穴，不容毫髮錯誤。簪煤全賴鑿孔，而鑿孔又極艱難。洋人開煤或深至一千五百餘尺，或深至三千餘尺始遇第一層煤，則欲收效於異日，須持之以堅忍，要之以久遠，斷不可見小欲速，淺嘗中輟。

洋法成敗利鈍全在所用洋人之本領。馬利師在日本開礦未見功效，今觀其看出主意游移，決非煤師之上選，新泰興洋行推薦之語未可據爲定評。現既與玉階商定，屆滿六個月後姑留接辦，俟有效驗，再行另訂合同，尚覺妥協。惟馬利師於鐵事未經辦過，則煤鐵兼諳之洋人亟應雇覓，以便比較本領，分優絀而定去留，且爲推廣採鐵地步。此項洋人既不易雇，執事擬即赴滬籌商，但須旁詢博考，斷不可憑洋行一、二人之推奬信爲實，然如出新聞紙以頭等考單爲憑，則外國煤鐵各師聞風麇至，挑選較易爲力，雖半年後不妨静俟，亦不必拘定英人。鄙人於各領事來見之時，便中當代爲詢訪。至謂畢德格等在敝處決不欺妄，亦未必然也。

目前局費擬借土礦售煤彌補抵銷，要能敷用爲佳。入秋出煤暢旺，挹注自更舒展。客臘以前商本墊用錢文，準即由官撥還，以清界限。

翁帥於開礦一事未免過慮。然土法效速而利微，洋法效遲而利廣。方今中國欲圖自强，先求自富，自富之道以礦務爲一大宗，必就臺灣、廣濟已成之局先開風氣，萬一中止，則中國利源漸被洋人占去，所關非細故也。專泐，復頌臺祺，諸惟心鑒不具。世愚兄李鴻章頓首。

陳旭麓《盛宣懷檔案資料選輯之二》湖北開採煤鐵總局荆門礦務總局《盛宇懷致盛宣懷函光緒二年九月十四日盤塘》　杏蓀大弟如晤：初八日趙子欽到局，接得前月廿八日手書，借悉一是。並知鐵路事辯論畧有端倪，準於初一日偕上海道、梅輝立赴寧，面禀幼帥。尚須折赴蘇垣一謁健帥，就便省親。九月底必可趕回鄂局。良晤不遠，欣甚，盼甚！

張小秋初一日由武穴附輪赴漢。昨接伊鄂垣來信云，初二日謁見玉階觀察，禀知一切。初四日過江謁見菊人太守【並代繕一函帶投】，即在鮎魚套雇一小舟，初六日長行赴湘。菊人太守俸滿，與卓異並案引見，本月初十日卸篆，接署者爲王小坪太守。鄂省重九日放榜，廣濟竟中式四人【又副榜二人，均不熟識】，爲國朝所未有，足徵開礦後風水漸佳，堪以報慰。江南何日放榜，佇聽好音。

金陵機器局擬取官煤數百擔試用。現查牛欄柵所出之煤淨而且佳，已預備碎煤數百擔，塊煤數十擔，俟「白雲」輪船過此，即當發交。寅山每日出煤六七十擔，風洞尚未十分流暢。據潤生云，煤層約有三尺餘厚，因開風洞未能專力取煤，是以僅得千餘擔，此後諒可漸多。陽城山樂平人所開之礦，因遇老壟，又追進一層，已見煤影。筲箕坳七月分出紅煤五千八百餘擔。據鑒堂云，此種紅煤取之不盡，但不值錢，意欲追取里關之煤，是以八月分僅出一百廿擔。雖據稱好煤亦不遠，究不知有把握否。阮家山頓井前月見泥石帶黑色，該壟夫等均有喜色，近又無形迹。前趙鳳翔慮其打通下壟，今求其打通而不可得。如不論年月，不惜工本，總有打通之日。但恐得不償失，似不如另開一礦，得煤較易。寶慶諸工人亦羣思改弦易轍。昨兄偕李清華率同王鑒堂、王瑩蔚看得兩處壟口，一係老鶯山，一係李家山第一個舊礦之東。據稱兩處壟口俱佳，惟老鶯山路境崎嶇，不如李家山之平坦，且人情較熟。現值土王用事，須廿六日開工。富池黄心谷已開五個壟口，兩個已出煤。郭家埒壟口現又過夾，雖出過煤三千數百擔，均碎屑，且不佳，已邀趙子欽到彼協同鄭菊卿過秤，仍堆山上，將來祇可銷與石灰窑。

葉道成前後負欠武穴、田鎮、袁礦、馬口各店鋪及壟夫工錢二百數十串，滿望郭家埒得利，借以彌補。今見如此情形，已一籌莫展，中秋即不能過。似不能聽其決裂，祇得囑帳房内暫移七十餘串，交葉道徐點綴各店及壟夫等。伊自己幸同李清華赴興國理值松木，借堰下爲避債臺。九月初三日伊曾回局一轉，兄勸其此後不必再管壟口，俟松木理值清楚，即在局中專看煤樣。所欠各債雖一時萬不能清，亦須先還過半之數，方免追逼，祇可再預支薪水幾個月爲目前敷衍之計。伊已首肯，自願不再開壟。即葉道徐、鄭菊卿亦深以如此辦法爲是。且私用一前在上海洋行之馬夫鮑阿金者混充師爺，竟是淫棍，馬口聲名鬧得極壞。此外尚有候補師爺三人均非善類。道成不管壟口，若輩便無藏身之處，可以一舉而空之。來書適提及此層，正與鄙見相同，準俟伊興國回來，即留局看煤可耳。

江玉泉所開各壟口，因無煤，均停工。伊意必欲另開，兄力止之。適漢口有信來唤伊，遂於廿八日回去，行李大半留此，初一日乘張小秋赴湘之便，將其行李並吾弟前留一函帶交江咸林矣。葉秉衡俟堰下回來再行辭退。

鼇事所擬詳請試辦一年，幼帥之意何如？碎煤運漢銷售一節，遇便當寄煤樣前去，以評價值。本局西首空地現已填平，並編竹爲籬，圍成一大煤廠，逐日將牛欄栅、阿彌陀山之煤運出。又於套口『即老鼠夾』租阮竹君之地約三畝『每年租錢僅三串文』設一分廠，逐日將阮家山之煤運出。

收發所之事日繁，清華前曾談及，伊有一胞侄李定齋，人尚能幹可靠。兄當囑其寫信招之，昨日已隨同唐子綬來局，即派在收發所習練一二月，張子萬回里葬親，庶可接手。阿彌陀山出煤日旺，每日幾及三百擔。胡福清照料龔口固屬擅長，惟人欠正派，必須添一好司事監之，實難其選。據李清華云，有邵伯淵者，亦願出門圖事，徐伯箴深知其人可靠，堪勝此任。兄並囑其致信招之矣。武穴江口將來須造棧房，形勢已畧看。上鳌局之上，地段似好，水勢稍淺；下鳌局之下，水勢較深。但地形均低，須填土築高，輪船亦難靠岸，碼頭須築出。套口分廠不特此時必不能緩，即武穴設棧亦不能廢。緣阮家山之煤，夏令發水，用小舟運武穴，水枯仍須陸運。套口現派吕子祥及萬篤之所薦伊表弟劉西藩二人駐廠，一司秤，一司碼簿，並權派一小工收籌。阮竹君意欲就近求派一事，或即派司收籌，每月照司事薪水火食，除省去小工一名工食四串，祇多用三串四百文，伊必竭力照料，且可彈壓挑夫，洵兩有裨益之事。

據清華云，郭鶴樓、阮竹君二人，吾弟本有意用他。但以首士兼充司事，事屬創始，未敢擅便，還希酌示爲要。丁春泉、徐蘭齋來信亦收到，實因齒痛，憚於握管，稍愈再當作答，望先爲致意。春泉謂寅山之煤甚佳，名曰白塊，較阮家山、牛欄栅之質大相懸絶。果爾，則前費一番心力，尚不冤枉也。花板已函託何貢翁選擇二副，價以六百金爲關鍵。横隄已據郭鶴樓約定，廿外興工，續補完全。附上菊弟暨張小秋二函，祈察收。又清華致頌南、蘭齋二信，子萬致頌南一信，望分別轉交。專此，順頌元祺。兄柏孫頓啓。九月十四日。

陳旭麓《盛宣懷檔案資料選輯之二》湖北開採煤鐵總局荆門礦務總局《張福鑚致盛宇懷函光緒二年十一月初二日漢口》 柏孫先生大人閣下：九十月間六次修書，諒俱邀覽。今日行抵漢口，換船送所雇看山開煤工人十一名趨赴臺前，聽候派人督同該工先至已開、未開及開而暫停各處，逐一履勘，以試其眼力本領。兹將該工人姓名、年貌、籍貫及所議工價、飯食開具清單，呈請鑒覈。

附帶開煤鐵器八件，竹器一件，木器一件，斗笠四十四個，乞查收。其鐵器内有二件係由耒陽買來，專爲收發所秤煤用，可將兩籮連扁擔共掛鈎上復秤，則事半功倍矣。而書碼者省去一半，且快速多矣。但須除鐵鈎及扁擔斤重。其斗笠每個合錢十五文，請給轎夫四個，挑夫四十個，以遮雨雪。鑚將清泉署中託帶武漢各物交代清楚，謁見李道憲，會晤肇廣典友，即搭輪船回局，趨聆雅教。

再，該工人初到，可否暫住晏公廟前。其飯食仿照樂平人初到暫由厨房供給，俟看定地方設廠，再給飯錢，伏候酌行。肅此，敬請勛安，即希藹照不宣。製張福鑚頓首。十一月初二日舟次漢口寄。

清、篤、伯翁及諸君子均此請安。方伯諒早旋節，乞先轉達，圖説等件容日面呈。

謹將衡州招募看山開煤工人姓名、年貌、籍貫開呈鑒覈。計開：

張河書，年四十歲，衡州衡陽人。
騰祥都，年三十二歲，衡州常寧人。
劉秀官，年二十五歲，衡州常寧人。
周上達，年三十歲，永州祁陽人。
趙先常，年二十五歲，永州祁陽人。
郭招成，年二十六歲，衡州常寧人。
吴楚驤，年三十一歲，衡州常寧人。
范樂興，年三十七歲，衡州常寧人。
黄雲發，年三十五歲，衡州常寧人。
范樂旺，年三十二歲，衡州常寧人。
吴秀梓，年二十一歲，衡州常寧人。

以上十一人，自耒江奉招到衡州府城房飯，及衡州到漢口，到廣濟盤川、飯食、路用，業經給發。所有張河書、騰祥都、劉秀官、周上達、吴楚驤、范樂(興)(旺)六人各借錢五千文，共計錢三十千文，有保結二紙，容在工價内扣還。以到局之日起，每人每日給工價一百五十文，飯錢五十四文。其餘五人各借數百文，容後扣還，以到局之日起，每人每日給工價一百文，飯錢五十四文。其鍋碗用物及鍬、鋤、斧、鑿、竹木器具皆由局發。言明不準賭博，不準誤公，如違斥革，有功酌賞。

陳旭麓《盛宣懷檔案資料選輯之二》湖北開採煤鐵總局荆門礦務總局《黄辰：興國州富池口試開煤壠清折光緒二年十月二十四日到富池》 謹將興國州富池口一帶試開煤壠大畧情形另繕清折呈請憲覈。計開：

一、避難窩吴王祭山一穴，山價已付，開挖二月之久，見硫夾煤，未能旺出，祇好暫停。此山價如日後不挖，可以退回。

一、避難窩柯道金民山一穴，山價已付，開挖二月之久，見硫夾煤，蓬屋均做，未能開秤，是以暫停，蓬屋均已做就。

一、避難窩王文松民山一穴，山價已付，開挖一月之久見煤，現今每日出煤一百另五石，稍有塊子，煤好火旺，可望大礦。

一、中嶺山柯顯楊民山一穴，山價已付，開挖二月，見煤不多，未得正礦，共有煤四五十石，不能開秤，是以暫停，俟有眼法壠頭再勘。

一、大嶺山柯際貞民山一穴，山價已付，此山不期而得，因中嶺山日□不能歸章出煤，挖夫無光私往該山開挖十日之久，已見大煤，刻下趕緊搭蓬，箍壠，做屋，事畢即行開秤。

一、下巢黄翼民山一穴，山價已付，此山開挖半月之久，已見煤二尺餘高，現已搭蓬，即日可望開秤。

一、牛角壠胡國南民山一穴，山價已付，開挖見煤將半月，內有石夾，不能進。另採原山主再開一穴，幸數日見煤，日出五、六十石。

一、牛角壠胡國杜民山一穴，價已付，開挖十餘日見煤，日出六、七十石。

一、牛角壠胡瑞文，即國可民山一穴，山價已付，開挖二十天見煤，日出六、七十石。此牛角壠共計三穴，每日約出二百石之譜。

一、李家灣袁祖堯民山一穴，山價已付，挖一月之譜見煤，現日出七十餘石。

一、李家灣袁姓民山一穴，山價未付，因上穴人多，分挖二十天之譜，現日出煤五、六十石。此二穴煤好，進倉多望塊煤。

一、金龍山西首，即壢腦熊姓民山一穴，山價已付，開挖十天之譜尚未見煤。此山聞有旺煤，熊姓人多欲私開，不願歸官，後又私堆假墳，偷熊姓石碑，阻攔公事，祇得會同武汛親勘究治，現族人求情免究，願具結歸官開採。

一、金龍山西首，即壢腦西邊何姓民山一穴，山價未付，俟開出見煤再給山價。本金龍山熊儀昌民山一穴，山價已付，開挖二十日之譜見煤，日出七十餘石。

一、下楊老虎脛胡公甫民山一穴，山價已付，開挖將近一月見煤，甚好，打夾進倉方能開秤。

一、下楊韓家沖柯姓民山一穴，山價未付，開挖十天之譜，見煤有三尺餘高，現趕緊搭蓬，即可開秤，再付山價。

一、船岸柯龍潛民山一穴，山價已付，開挖半月之譜，已見大倉，現搭（□）〔蓬〕屋，即日開秤，有塊煤。

一、船岸柯昌發民山一穴，山價已付，同上開工，未見煤。一、北山沙村王敬修公山二穴，山價已付，開挖一月之久，現出煤五、六十石，未大旺。

一、北山沙村王敬修已山一穴，山價已付，開挖未久。

一、北山沙村汪本才公山二穴，山價已付，開挖未久。

一、北山沙村江姓民山二穴，山價已付，開挖未久。

北山沙村因原意祇開一穴，見煤，傳山主具結領錢，頗費口舌。此山周圍約十里，各山頭係一來龍，各山主昔日因開壠結訟，三姓立會同議約，各不準開，今要歸官，各姓均要一樣，故此辦理。

一、下巢對面陳姓山主一穴，山價未付，開挖十餘天，每日出煤五、六十石。此山乃瑞昌地界，山主係湖北人，情願歸官開採，遵照辦理，章程、告示均未懸帖，合併聲明。

陳旭麓《盛宣懷檔案資料選輯之二》湖北開採煤鐵總局荊門礦務總局《盛宣懷致李鶴章函光緒三年正月上旬盤塘》 季帥世叔大人麾下：除夕伏奉鈞答，恍親偉度，浣薇百讀，篆竹五中。敬審順時納福，獻歲以來，緬想萊彩承歡，人間快事，畢萃一門，華封三祝，猶不爲多矣。太夫人擬暫緩就養，吾叔是否先來漢江一行？昨接省信，欣知大人望前可抵鄂垣。侄即於初八日上省迎謁，惟以正月十七日爲旗昌交盤之期，勢不能不趕赴江寧領款，如期携銀到滬。擬待至十一、二日，如憲節未臨，祇得先赴寧、滬。侄總覺兩事兼顧，竭蹶不遑，請撤船差一稟，實出至誠。乃昨奉幼帥批駁，嚴飭兼督兩局，擬再當面瀝懇。敬想中（堂）體念屬僚如親子弟，必能俯如所請也。

興、濟礦務，上年僅獲土礦新煤二十餘萬，特敷民食。中國民間挖煤未聞興者，矧官辦尤多糜費，故決非洋法不能奏效。現在專候英國所延之洋師抵埠，乃有實在把握。但念目前局勢，似非興地利不足以致富强，而泰西開礦實不拘守一隅，並不泥定一礦。如使形家求地，而限以咫尺之區，不準擅離一步，殊恐佳城之難卜也。或謂煤鐵之利不及銅、鉛、滇、黔之遠不及施、宜。農部上年議及施、宜採銅，大大人曾奏明，俟覆查籌辦。今幸持節重來，天將使地寶發於大福人之手乎！侄擬請分敝廠煤鐵之資本，推廣採銅，以興鼓鑄，自知如此好事，必有議其後者。然今日之礦務，猶三年之船局，上下搖惑，毀謗隨之，皆吾輩所應生受，並非意外事。公手除僭號之賊數十萬衆，勛名早垂竹帛，而殷殷猶以報國爲念，盍將鄙議先爲大人密疏之。

至銀局章程，甫經郵寄保垣，公不肯出，誰勝斯責！必不得已遲三五年，仗國家之福，五金礦成，而後仿西法大興鼓鑄，先以銅錢，而銀錢繼之，金錢又繼之，爲通局增子籌，舉凡損下益上之謀可以胥捐，謂非謹權量之至計耶！《周官》有礦人，《尚書》以虞命名，太史公貨殖傳以「虞不出則財匱少，財匱少而山澤不辟」。開礦並非奇事。有明信用宦官，議者諉禍於礦，何異因噎廢食！國富而餉械足，人富而仁義附，似未可僅以利言也。質之明公，以爲何如？

手諭獎譽過分，慚汗無地。侄回念束發讀書，頗錚錚不自鄙棄。乃年來屢試屢黜，上届備而不中，五夜懊恨，忽得心悸之症，年僅三十四，而精力外鑠中枯，他年復何期望耶！嚴親屢命灰心科第，引見出山，亦知侄粗魯躁直，本非官料，幸值中堂爲親臨上司，恩逾骨肉，舍此緩圖，似亦太不自謀矣。去年在煙瀕行，仰蒙中堂面諭，今春先行到省，仍令辦理船、礦。師恩父命，兩不敢違，維以後之束縛馳驟，一聽彼蒼之位置。愛我如公，生平惟一，將何以教誨而陶成之！

幼帥賞假兩月，而退志頗決。誠如公謂，南洋舍此公亦無勝此任者。究竟公忠體國，任事沉毅，且自知此出，爲北洋所引翼，尚能合爲一家。事上官如事姑嫜，全在下僚克盡爲婦之道，而後嫌疑悉泯。中堂如一個臣，人之有技若己有之，人之彦聖其心好之，而於幼帥尤爲深契。在庇下者正喜南北相聯一氣，徐徐廣布，或即轉弱爲强之始。萬一正值喫緊，易一迂拘局執之人，未免氣又一懈。竊窺我公居家而有以人事君之志，曷不函請中堂，與一親筆以挽留之，則以後之氣愈交融矣。

更有請者，辦事以得人爲主，而人才半在賦畀，半在陶熔。方今歐洲氣象，如大列國斷無獨居獨處之日，亦斷無百年不敗之和局。足食、足兵、民信三事，非人不辦，且非有後起之人，亦必旋得旋失。試問吾家將才如彼否？使才如彼否？理財之才如彼否？竊猶慮後起之益無人也。中堂功德巍巍，破發賊之功不讓湘鄉，平捻之勛，和戎之績，則獨勝焉。而區區愚魯之忱，還望我中堂爲天下得人才，弗輕後進而不誘掖，弗狃目前而不遠求，弗存姑息而舉非其人，弗避嫌疑而舉之不先。樹人如樹樹，惟恐遲暮，則得人之盛，未必多讓湘鄉（搜羅今日之梓楠，培養他年之楨幹，爲一代得治人，勝於爲百代立治法。恐此後棋局日新，落子愈出愈奇）。

昨合印林、胡、曾三公奏議，妄爲數語，寄呈斧政。書成當即奉寄。深山無事拉布，復請春禧，不自知其言之多也。世小侄□□□。

陳旭麓《盛宣懷檔案資料選輯之二》湖北開採煤鐵總局荆門礦務總局《李鴻章致盛宣懷函光緒三年七月初八日天津》 杏蓀世仁弟大人閣下：頃接六月廿二日來書，具悉一一。興、濟煤礦斜生散佈，沙石錯雜，經郭師敦勘明，未便位置機器。大冶之鐵，黄石港之煤，履勘是否暢旺？宜昌煤質視下游爲佳，近已親率礦師前往察看，煤層厚薄何如？興、冶鐵石用化學分出各質成數若何？均甚懸繫。礦匠譚克被陸家鋪鄉民毆傷，衡州窿夫被鳳凰山村民毆傷，民風忽復中變，自應飭縣究辦，以懲將來。

開煤機器已備，鐵礦機器尚未籌購，郭師敦考單又專指煤礦，閣下擬先煤後鐵，所見甚是。鄂省礦務中外具瞻，成敗利鈍，動關大局，一涉頹沮，勢必旁觀竊笑，後來裹足。興、濟雖不必株守，鄂省則閣下立足之地，自應在鄂得手，方爲辦理有效。若宜煤冶鐵規畫難成，不得已而改圖北來，議其後者將謂不克取效於南，亦必不能取效於北。專望鄂煤得利，漸次推拓，以爲開鐵張本。其應購開鐵機器亦止有就已撥之款指用，餉項奇絀，礙難另籌經費。前虧已及三萬金，目下煤鐵勢難兼營，似應收窄局面，專力開煤，俟洋法得手之後，再圖大舉，較有把握。

另示往復數百言，謂商局宜專責唐、徐二人經理，辦漕仍責雲甫，執事自擬息肩，專任礦務。去冬買併旗昌，若非由執事主謀，禀商幼帥，盡可如此辦理。現自買併旗昌以後，太古爭衡，船多貨少，每月耗折數萬金，非智者見機而作之時，必應與同事諸人摶心揖志共支危局。雖宜昌礦務親往督率，於商局勢難身親，至如得失之大端，仍可往返函商，以廣忠益。來書謂因磨折而勵堅貞則事成，知難而不退，見害而不避，此乃所謂堅貞也。肅復，即頌勛祉不具。鴻章頓首。七月初八日。

陳旭麓《盛宣懷檔案資料選輯之二》湖北開採煤鐵總局荆門礦務總局《郭師敦勘礦報告光緒三年七月初九日盤塘》 廣濟縣屬産煤各山，由東南隅武穴鎮起，至西北隅蘄州界止，約英里七、八里之廣；由西南隅揚子江起，至內地一帶，約英里五里至十里不等，四址内約方一百英里。尋探各礦，共事者爲英機器匠派克、譚克，並委員張、徐及司事等。竊因礦務緊要，無不各盡心力，踴躍從公。

查界内地面之上，自東北至西南，次第相接，一帶皆山，山之高各不相同。計自揚子江面起算，至山頂約高五十丈至一百四十丈不等。由武穴鎮以下至田家鎮一帶，兩岸皆山，中間隔有長江。一條江與兩岸之山，皆向北漸彎，故山脈雖處處相連，至此有斷續之勢。山之西北一隅，復有相接而貫通者。自右首江岸田家鎮起，至左首江岸武穴鎮止，其間山山相續，聯絡一氣。無如崎嶇者其路，瘠薄者其田。惟有深谷數處得與江水相通，蓄水爲池。凡近谷之處，尚可種植米麥及一切食物之類。界内之顯而易見者，有闊大灰石礦二，灰礦之中有數百丈沙石烏板之類錯雜其間。度諸形勢，似在上首數英里外，當有煤迹可尋。

查灰礦坐落之處，占地甚大。上段灰礦在揚子江南岸，礦石之面直透各山之頂，自武穴鎮對面山頭起，至蟠塘總局對面止。大概石層形勢，直紋之斜而偏西南者，相去有二十二度，横紋之平而向西北及東南者，相去有六十度。下段灰石礦自總局北首起，一帶迤邐，直至内地各山，約有數英里。各石礦之燒過者，較上段爲尤多，石層之數因而漸少，故其層之如何廣大、如何坐落，既未盡知而層之厚薄，亦未深考。當因急欲他往，不暇細查，是以僅知大畧也。

石外現有各色斑紋，其色甚艷，如灰色、藍黑、桃紅等色，又有無數凌角團結其上，沙石烏板之相雜於灰石間者，向占地脈，現被揚子江水衝擊成河，良由其質松軟，致皆消散，僅在江岸左邊稍有形迹耳。至每條灰石礦内極少必有煤礦一層，各處煤礦已於近數年來搜挖殆遍。下段一帶更覺整齊，礦形煤質，自宜縷晰細陳。合將尋探各礦情形，及化見各窰煤質，開列於後：

一、礦脈二條，顯而易辨。二礦相距約英里四分里之三至一英里零四分里之一。初見此礦似屬判然兩條，首尾不貫，及驗四周始知圜遶如環，仍屬一礦。礦之已開者約有二、三十處，現尚挖取者僅五處。時英歷一千八百七十七年五月間，即光緒三年三、四月間。餘窰或因水淹，或因煤質不佳，俱已停挖。所經尋探近江各窰乃陽闢渡、陽城山、沙坑、李家山、阮家山，又有總局西北相距十一、二英里之蘭山、寅山、鳳凰山等處。

一、陽闢渡礦在蟠塘西北五英里，田家鎮正北一英里。窰始挖於英去年正月間，深約十二丈，尚在開挖。層斜向東北，相去七十五度，勢曲折不平。上下兩旁俱是灰石，復載若床，挖工出入其中，猶在石屋之内，石厚英尺十八寸至四尺。前後出窰之煤共約三百餘擔，層厚約六寸至八寸，煤下等，質甚松，以指捺之即成屑，其易碎如此。附近各處所産之煤質亦相若，然易碎之煤惟此窰所出爲尤多。運煤出窰俱用竹籃，每籃可裝五十磅至八十磅。其籃或負或拖，均係人工。窰之闊狹並無一定，總以煤層所在處兩頭開穴作窰，有時亦以一窰分作二窰。窰中之路，處處有灰石夾雜，故皆曲折難行。挖深至五六十丈者，無不停工，非因窰水汜濫，即因運費太重之故。近處又有一窰，開法亦與此窰相似。窰水之不甚多者，每作陰溝以放之外，用三、四寸徑之竹筒，約長一丈，入窰抽水。每人各用竹筒一個，如底下一人抽水已盈一筒，即由底下以次遞出，立即遞至窰外。惟各窰之口離平地居民之陰溝，高低相去，每有數十丈。其可挖之處，水必不多。然窰開署深即停挖，蓋因抽水費重故也。窰口各置風扇，常令窰内通風。窰口極高，路極峻險。窰中每有炭氣酸氣衝突而上，雖有扇風下注，難敵濁氣上騰。挖工工食，每日以一百五十錢文至二百錢文爲率。每工每日僅可挖煤二擔，總計每日可得四、五十擔。中三月廿八日，西五月十一日探看。

一、陽城山礦在總局西北三英里又里之半，田家鎮東北半英里，此礦係英去年九月間開挖至今。層斜向東北，各礦煤層來脈皆與此層相似，層斜高下相去有六十五度至九十度。煤質煤層與陽闢渡所見畧同。層厚二英尺，每有截然中斷者。層厚統計約八寸至十寸不等。自開窰至今，挖得煤觔四千擔，其間强半煤屑，不合燒用。煤質化見如左：

水質	一分六六	炭氣	十四分五二
炭質	三十七分六八	硫磺	八分六八
炭灰	三十七分七六		

中三月廿六日，西五月初九日探看。

一、沙坑礦在總局正北二英里又里之半，陽城山礦東南一英里。自英前年十月間開挖，至去年正月間停工，良因煤質不佳之故。蓋此礦左近同時曾挖數窰，故知煤層煤質人抵相同。中三月廿八日，西五月十一日探看。

一、李家山礦現已停工，據係英去年四月間開挖。中三月廿九日，西五月十二日探看。

一、阮家山礦窰在山頂，在總局正東三英里又四分里之一，武穴鎮西北三英里又里之半。窰係英前年七月間開挖，至去年三月間停工。該礦尚有可挖者數處，煤下等，質甚松。層厚統約十寸，層斜向西南約四十五度至六十度上下，俱係灰石。上層灰石之下有烏板沙石三寸，下層灰石之上有火泥二英尺。烏板沙石之下，火泥之上，藏煤層十寸。擬圖如左：

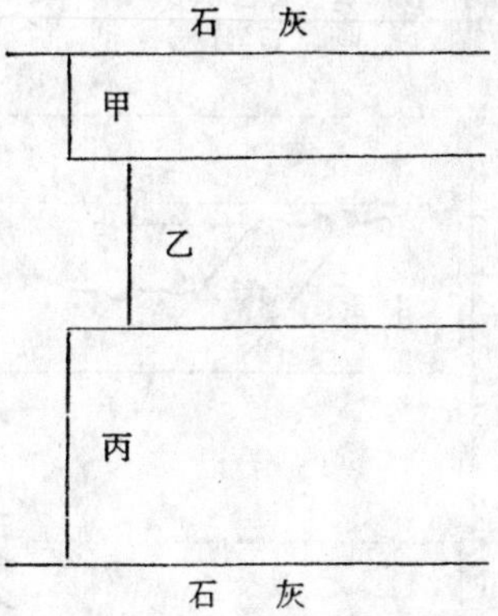

甲，烏板沙石，厚三寸。乙，煤層，厚十寸。丙，火泥，厚二尺。

此窿曾出煤屑二百墩，塊煤四十墩。約得塊煤一墩，即有煤屑五墩。其質化見如左：

水質　二分五六
炭氣　八分零四
炭質　六十四分一二
硫磺　二分五二
炭灰　二十二分九六

中三月廿五日，西五月初八日探看。

一、蘭山礦窿口向上，窿路直開而下，深七丈。自窿口以下俱是松軟烏板，顏色不等。窿下有堅硬寒水石及沙石等錯雜其間，致難直挖。復由窿傍無沙石處，由松烏板中橫挖進内約二丈六尺，復向下直挖至一丈五尺，又爲沙石等所阻。現復橫開，意須挖過沙石之傍環繞而下，冀於沙石之下可得煤層。然所挖窿道不爲不深，煤質媒苗尚無顯露，日久浩費，終歸無益。此窿不久自當停工。茲將以上礦形開法附圖於左：

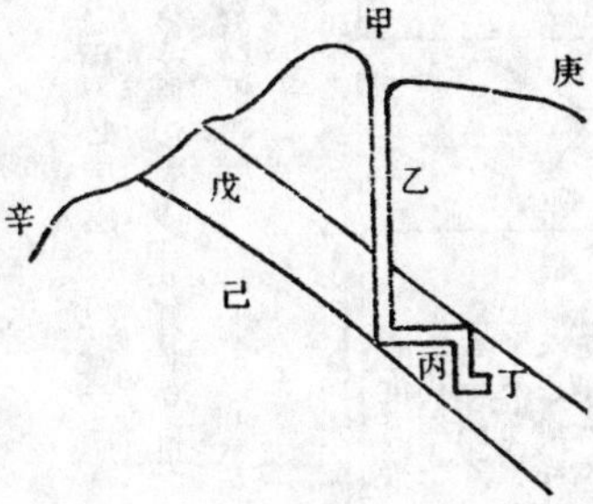

甲，窿口。乙，深七丈。丙，横二丈六尺。丁，深一丈五尺。戊，松烏板。己，堅硬寒水石及沙石。庚、辛，俱山。

中四月初三日，西五月十五日探看。

一、寅山及鳳凰山等礦開法悉如前圖。兩礦相距約二百碼(每碼二尺五寸)，俱在蘭山西南一英里又里之半。寅山之窿開於英去年六月間，至今年四月間因水淹故停工。鳳凰山自英去年十二月間開窿，至今年正月間挖深至五丈處，始見煤層。内分兩窿：一深二十二丈；一深三十丈。層斜向東北，相去七十五度，厚六寸至三尺不等，統約層厚十二寸。自開窿迄今，挖見塊煤四百擔，煤屑八百擔，大抵質皆松軟，易成碎屑。雖挖工開法盡善，而塊煤出窿每致碎成煤屑。統查各窿開法，俱不若此窿之妥。通風抽水之處，木料堅大，挖工進出可保無虞。出煤之數當必倍於他礦。雖抽水之費較大於挖煤之費，幸離居民陰溝較近，尚易引水下流。煤質化見如左：

水質　二分四六　　炭氣　九分一七
炭質　六十七分二一　　硫磺　八八
炭灰　二十分二八

中四月初三日，西五月十五日探看。

以上各礦煤質俱已化見，大抵炭灰過多，價值亦賤，總由各煤本質松而易碎，難合一切燒煤之用。統查惟寅山及阮家山所出之煤，炭質較多，其上等火氣尚可代薪。該礦所出之更佳者名曰白煤，若能堅硬不碎，價值較昂。茲選兩礦煤質之略佳者化見如左：

	寅山煤質	阮家山煤質
水質	三分三四	二分二六
炭氣	三分三七	八分六六
炭質	八十四分二一	七十五分三二
硫磺	四四	二分二十
炭灰	八分六四	十一分五六

選煤二種研成碎屑，再擇油煤或擇餅煤與屑和勻，約計油煤與屑和成一擔，可入所選。煤屑三十斤至五十斤作爲煤餅入爐畧燒，即成枯煤。以此出售，可值中等白煤之價。枯煤之質雖不合汽爐等用，然其火氣上炎能熔金類。惟選購餅煤最爲難事，蓋須餅煤價廉，並選好白煤屑相和，成色尤須十足，兩質相併，炭灰不得過十分，如法和勻，即與真白煤相似，並可昂其價值。如欲照辦，須設化煤爐一具，多取餅煤試之，即可分辨其質合何消路，固不必遽設熔爐，以備自用。或者枯煤做成，必較現貯之煤價昂過之。倘能試做，似非小補。

查此等煤礦，層既太薄，又太參差，質亦下等，且在灰石之間，石形曲折，以致煤層皆曲，並無闊大平直之層堪以出入，挖之無益。質之稍好者僅合燒化石灰及民户代薪等用，蓋其本質生成，別無可取也。

化見日本、臺灣煤質附左：

日本達格細末煤質　臺灣鷄籠煤質

水質　二分六八　三分五四

炭氣　四十三分九三　四十五分七九

炭質　四十一分二七　三十六分四七

硫磺　一分九二　四八

炭灰　十分二十　十三分七二

炭質少而炭氣多，此等煤質燒作煤氣自來火之用，必更廣於汽爐之用。至鷄籠煤質更易煉作自來火，緣硫磺之數更少故也。二處煤質之佳如此。惟所見煤樣既小，來路亦遠，煤層大樣究未深知，姑附化質以備查覈。

光緒三年七月初九日即西曆一千八百七十七年八月十七日。礦匠郭師敦謹報。

陳旭麓《盛宣懷檔案資料選輯之二》湖北開採煤鐵總局荊門礦務總局《郭師敦勘礦報告光緒三年七月初十日盤塘》　興國州屬自龍港及新潭鋪直抵夾節湖邊，迤邐一帶，山盡產煤，其間次第斷續分爲三截。又有產銀山二：一在城北五英里；一在夾節湖左近。二山礦石銀渣均曾拾得數種，一俟分别化質，當即續報。查該屬各山煤層地勢，不一其形，苟非逐段分明，不能詳述。

竊由新潭鋪遵峽而南，直至龍港一帶，村落之旁，小徑盤旋，約計六英里有餘，峯巒起伏，灰礦之脈了如指掌。層勢自南抵北，則皆向北漸高。以三角算之，縱紋之斜而南向者，約三十度至五十度不等。雖層巒疊嶂，處處整齊，而煤脈煤苗全無定向。所有龍港至新潭鋪一帶，山體厚薄，山勢高低，因時日所限，未能詳細丈量。茲就測探所見，分别層次，約畧擬圖以備查覈。附圖

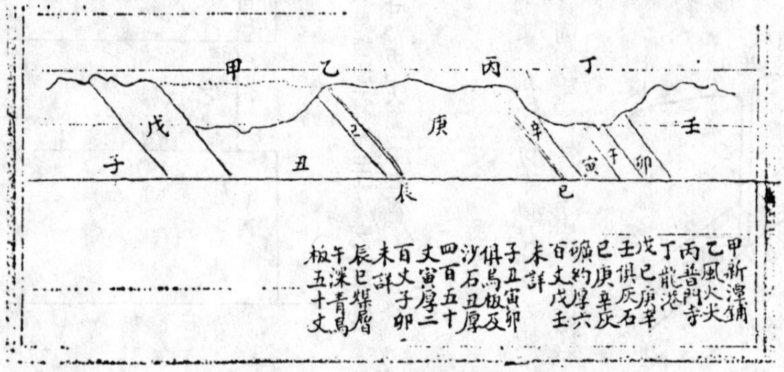

如左：

新潭鋪左近之山，南北皆高，中坳成谷，谷内有四百五十丈烏板及似泥非泥之沙石，統查谷之前後無不皆然。曾就所見之石隨時刮驗，知其質盡松軟。層自谷之畧高處斜至南段嶺下，上被堅硬灰石依層壓蓋。谷之北首畧高處即無烏板形迹，大抵谷北之山盡是斜層灰礦。谷南斜壓之灰礦統計約厚六百丈，灰礦之内嵌有下等煤層二：一自灰礦北段之下畧南二十丈左右，自灰石縫中依層向北斜上，直透風火尖之巔；一自灰礦南段之下畧北二十丈左右，自灰石縫中依層向北斜上，直透山巔，適對普門寺。北段煤脈一條，即新潭鋪一帶各窿。南段煤脈一條，即龍港一帶各窿。南段灰礦之南，又有二百丈未盡變全之嫩沙石板斜倚其上。嫩沙石板之南，又有五十丈深青烏板斜疊其間。烏板坐落之處適對龍港之鄉，依村取路四處遍尋，惜所見各層曲折不齊，不必再議。

嗣復向南尋探，又有大灰石礦相接而生，一帶山巖高聳，盡是闊大灰石。總之，灰礦所在，或大或小，或接或離，自龍港至新潭鋪各山，比比皆是，致無一定把握。惟東南鄉一帶煤礦，似與新潭鋪一帶煤礦遥遥相對，仿佛相同。至新潭鋪谷北一帶高聳之山，自巔至地，灰礦斜入谷中，適墊烏板沙石之下。高嶺之北又有沙石烏板依層斜豎。當因此等石礦俱無煤迹可尋，故未考其厚薄。雖自龍港至新潭鋪北首一帶，由東北至西南周歷尋探至九英里外，所見石層之厚，統計二千丈左右。層之形勢，横紋之平而向東北及西南者相去不過七十五度，直紋之斜而向西南者相去不過十五度。此間脈絡相通，山谷之下竟無煤苗發現。與其遷延時日，無從踪迹煤苗，莫若舍此另尋，以期必得。合將尋探各礦情形，逐段分别，及化見各窿煤質開列於後：

一、箬田溝礦在龍港東南十二英里，於英曆一千八百五十二年開挖至今。層外悉是灰石，且有磷酸沖鑠其間，故煤層皆屈曲環繞，厚薄不一，每至五、六尺長即截然中斷。當探看之日，適見所挖煤層一段將盡。該礦層脈大抵被石隔斷，皆不相連。且煤質甚松，出窿亦遠，自窿内取煤至外，强半成屑。雖有整大塊煤，不難以指捺爲細末，窿深六十丈。茲擇該礦佳煤化質如左：

水質　一分一四　炭氣　十二分五二

炭質　七十一分四八　硫磺　七十

炭灰　十四分一六

中五月初九日，西八月十九日探看。

一、老鼠窠礦在龍港西南約三英里。窿在山頂，深計三十丈，層厚八寸，煤下等。自巔至地盡是油烏板石，俱厚十二寸。煤層之顯露者厚二英尺八寸。窿夫云：該處煤層約有三尺至八尺厚，每日可挖一百擔。茲取中窿所產層厚八寸之煤分别化質如左：

水質　一分五二　　炭氣　十二分一五

炭質　五十六分零七　　硫磺　三八

炭灰　二十九分八八

中五月初十日，西六月二十日探看。

一、普門寺礦在龍港東北二英里。自英前年十月間開挖至今，煤層於去年五月間始見。窿主云：礦脈深約九十丈，惟開深至五十丈，或極深至六十丈，始可見。煤層極參差，山之高處層厚自二尺至二丈不等，闊亦相若。該窿已得之煤爲數甚鉅，每日出窿可得五、六百擔。曾見該窿内外工人甚多，據云：窿内常有挖工十名，拖夫六十名，抽水夫五十名，窿外接應之人多寡不計。惟所出皆下等煤，質松而易碎。茲擇佳者化質如左：

水質　一分六八　　炭氣　十分三三

炭質　六十四分三四　　硫磺　一分一十

炭灰　二十分五六

中五月初十日，西六月二十日探看。

一、小洞礦在龍港東南七英里，於英曆一千八百六十九年興工開挖，現已停工，良由炭氣太重之故。查每年開挖僅由冬季至春季數月，蓋因春水泛濫即不能出入故也，深約七十五丈。

中五月十二日，西六月廿二日探看。

一、貴勝潭礦在龍港東南十二至十四英里，箬田溝礦之東三、四英里。窿開於英曆一千八百七十三年九月間，至今年四月間方見煤層。現在挖深至十餘丈，煤層略似普門寺礦。擬圖如左：

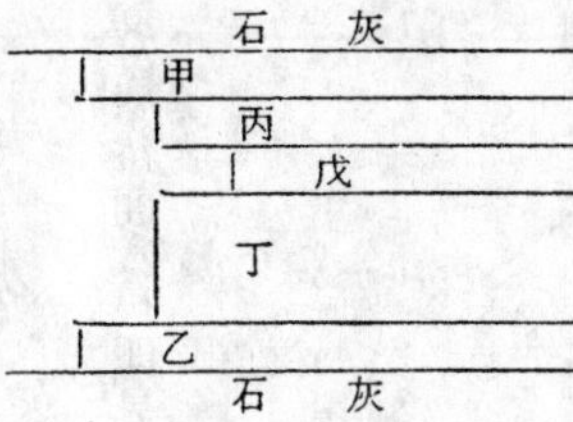

甲、乙，俱烏板，各厚十二寸。丙，下等煤，十二寸。丁，下等煤，一尺十寸。戊，上等煤，十寸。

層上下均灰石。灰石之内，上下皆烏板，各厚十二寸。烏板之内共有煤脈三層，共計三尺八寸許。上層下等煤十二寸，中層隔上等煤十寸，下層下等煤一英尺十寸。中層煤質之佳斷非上下二層可比。然各段煤脈之内未必皆有此等煤層，不過於此段層中偶見之耳。該窿共有窿夫三十名，每日出煤二、三百擔，其間整三屑七。雖所見煤層甚厚，以論開採，究竟無益。

中五月十三日，西六月廿三日探看。

以上龍港一帶各窿之未停工者四。此外尚有甘露寺礦，在龍港東南二英里，停挖至今已二十年矣。又黄橋平地礦在龍港西南四英里。又有二礦，不知其名。凡此數礦亦停工已久，俱無煤迹可尋，並不知其如何開法。

一、風火尖礦在新潭鋪正南二英里。窿在山巔，其山高處不過一百丈。探看之日，適值窿廠關閉，緣該廠之屋曾於數日前失火，焚去數間，以故暫行停挖。窿主云：該窿所產之煤，質既堅重，層脈亦好。所取該窿煤樣，似與他窿所得者大不相同，化質如左：

水質　三分一二　　炭氣　六分四十

炭質　六十八分一八　　硫磺　三十

炭灰　二十二分

中五月初六日，西六月十六日探看。

一、地平梅礦在新潭鋪正西七英里，開於英去年十月間。據窿夫云：礦深約二十四丈，現在開挖未及十丈，已得煤脈一層。茲就探看所見，擬圖如左：

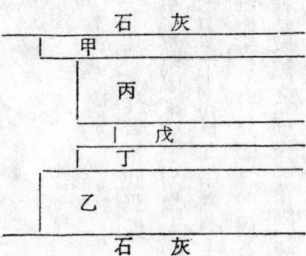

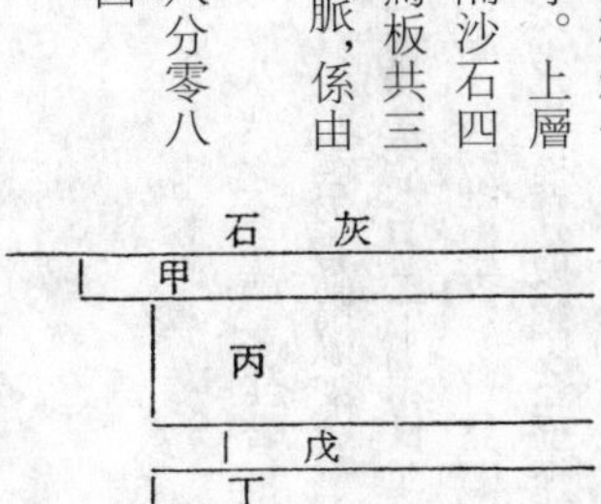

甲，松煤四寸。乙，松煤十二寸。丙，松烏板八寸。丁，沙石四寸。戊，煤及烏板三寸。

礦之上下俱係灰石。灰石之内，上下俱隔松煤一層。上層松煤厚四寸，下層松煤厚十二寸。上層松煤之下隔松烏板八寸，下層松煤之上隔沙石四寸。沙石之上，松烏板之下，中間有煤及烏板共三寸。以上所見煤層上下各不相同，驗其礦脈，係由風火尖一帶相接而來。煤質化見如左：

水質　六分六六　　炭氣　十八分零八

炭質　四十分六二　　硫磺　二四

炭灰　三十四分四十

中五月廿二日，西七月初二日探看。

一、鷄籠尖礦在新潭鋪正西二十至二十五英里。曾於英七月初五日，即中五月二十五日由匠頭張姓前去查看，據云：礦深三十丈，現已開至二十五丈。所見松煤，層厚十寸至十四寸，內有堅煤，包藏松煤之間，厚三寸至四寸。煤層上下有油烏板石十五寸，統計石厚三英尺八寸。又云：該礦曾開四窿，每日僅出煤觔二、三擔。後因水淹，故皆停挖。

以上新潭鋪一帶三礦，均在灰礦隙中，層頭顯露，煤脈介於該處之南，龍港之北。窿之已開者固亦不少，終因所出之煤不合燒化石灰等用，旋即停挖。且窿中灰石奇突，煤層曲折不平。各窿所見層脈大抵相同。

一、夾節湖左近約有十二窿，現皆停工。曾經試開各窿，每開數尺即見大石，致難再挖。煤樣化質如左：

水質　一分五六　炭氣　八分二一

炭質　五十五分零三　硫磺　九六

炭灰　三十四分二四

中六月初六日，西七月十六日探看。

一、江家山礦在半壁山東南一英里，現已停工。窿開於英去年十二月，據(云)，已挖至十一丈深，曾於近處又開一窿至三十丈深，俱因水淹，故皆停工。窿深十一丈者，得煤八百擔。窿深三十丈者，得煤五千擔。層厚統計皆十二寸，煤俱下等。又於廣濟武穴鎮正北一英里，見一扦洞，深三十九丈，興國半壁山亦見一扦洞，深八丈，俱無煤迹。統查廣濟、興國兩屬，除阮家山北首下段灰石之下，挖深二十丈或可探扦外，並無可扦之地。當時之探扦者，雖屬探看煤層起見，似宜於未探之前，廣爲搜尋，實有煤迹發現者然後試扦，庶免虛費。

中四月初六日，西五月十八日探看。

以上各礦俱在灰石之間，煤脈煤苗似乎興國州屬較廣濟縣屬所見更多。然煤無佳質，層不整齊，既不合汽爐熔鐵等用，又無闊大礦形以供採擇。機器開挖，均無庸議。

光緒三年七月初十日即英曆一千八百七十七年八月十八日。礦匠郭師敦謹報。

陳旭麓《盛宣懷檔案資料選輯之二》湖北開採煤鐵總局荆門礦務總局《郭師敦化驗礦質報告光緒三年八月二十一日宜昌》　一、當陽煤質乃上等白煤，甚合熔爐之用，質內炭灰尚少，硫磺全無，若以少許煙煤與此和勻，又可合汽爐等用，化質如左：

水質　六分五四　炭氣　三分九六

炭質　八十一分三八　硫磺　無

炭灰　八分一二

一、鐵山鐵礦在大冶縣屬，離黃石港五十里，化質如左：

鐵養　八十六分六十　鐵淡　一分六二

水質　二分六十　廢質　五分二十

雜質(如明礬灰石、吸鐵石之類)　三分九八

硫磺、磷酸各質　無

鐵養、鐵淡二質合化得鐵質淨六十一分八八之多，礦之佳者推此爲最。以熔生鐵，洵稱上等，再煉市銷熟鐵，亦無不可。該處另有數礦，內藏銅質三分，所惜礦之上面皆有堅大礦殼，挖之無甚利益，嘗於英七月二十六日即中六月十三日約畧尋探該礦形迹似乎不小，如議開採，尚須詳細復查。曾見礦之四周有數千墩鐵渣屯積其外，足征前人在彼業經開採多年，惟其取礦之法未能精細，故所餘鐵渣尚有許多鐵質包藏其中。因將該處所儲鐵渣如法化驗，計有鐵質五十四分有奇，若統計鐵質成色俱有如此之多，不妨取以復熔，定可獲利無算。

一、興國州鐵礦在北門外五英里，所產之鐵名曰上等錳鐵，化質如左：

鐵養　二十八分　鐵淡　五十八分六六

水質　一分一六　廢質　五分五十

雜質【如明礬灰石、吸鐵石之類】　六分六八

硫磺、磷酸各質　無

鐵養化淨得鐵質十九分六十，鐵淡化淨得錳鐵三十七分零八二，質相較惟錳最多，其質之佳甲於歐美各國所産之鐵。此等錳鐵洵爲世所罕覯，不惟礦形極大，取之無盡，抑且甚合市銷，價值亦昂，若與養酸、緑、炭等氣合化研爲細粉，即可澆作玻璃及作漂白粉等用。近來裴生滿及徐梅史等所作熔鋼新法亦必用以熔煉，足見此質用處甚廣，苟與大冶縣鐵山所産之礦兩質合熔生鐵，再煉熟鐵及鋼，足供中國各廠一切需鐵之用，所冀久挖不完，即所得之礦悉是佳鋼佳鐵矣。竊又約計熔費亦不甚多。凡此二礦本非易得，今幸於湖北一省得之，又有灰石大礦佳而且厚，頗合熔爐之用。此外，所需惟有熔鐵白煤一項須得包定若干，不致缺乏，方能濟事。查該處錳鐵亦已由前人開採多年，尚有無數鐵渣在該礦左近處堆積。茲將化見鐵渣內所有養、淡二質分別合數開列於左：

鐵養　三十七分二十　合淨鐵質　二十六分零四

鐵淡　十五分八一　　合浄錳鐵質　十一分二九

光緒三年八月二十一日即西曆一千八百七十七年九月二十七日。礦匠郭師敦謹報。

陳旭麓《盛宣懷檔案資料選輯之二》湖北開採煤鐵總局荊門礦務總局《郭師敦覈算生鐵廠成本報告光緒三年八月二十六日宜昌》　謹將擬辦大冶等處熔化生鐵廠專化該山所産鐵礦熔爐一座，應需各項名目及約覈成本恭呈憲鑒。

計開：

一、熔化生鐵爐一座，高六丈五尺，徑一丈六尺六寸，内外安置零件俱全，約計規銀一萬八千兩。

一、爐外自頂至地氣管一個及煤氣孔等件，約計規銀四千八百兩。

一、吸冷熱氣大鐵爐兩副共四具，約計規銀一萬六千四百兩。

一、熱爐上吸風管一個，約計規銀二千四百兩。

一、汽爐一具，計汽機徑三尺，氣機徑七尺，中軸長四尺，添水通氣各器全，約計規銀九千二百兩。

一、機器房一所及水櫃等項，約計規銀五千二百兩。

一、蓄水横筒三具，徑皆五尺，長皆四丈，筒汽外沖能使機器運動，隨筒零件全，約計規銀一萬兩。

一、煙通一座，高一百二十尺，約計規銀三千二百兩。

一、熔鐵房一所，平方六丈，上蓋鐵板，約計規銀四千四百兩。

一、搬礦鐵籠及抽放鐵籠機器、繩索等件全，約計規銀三千二百兩。

一、庫房一所，深一百二十尺，闊六十尺，約計規銀五千二百兩。

一、吸水器及水管等件，約計規銀四千四百兩。

一、兩輪鐵車、四輪鐵車及稱礦機秤等件，約計規銀一千六百兩。

一、碼頭及棧房門外架橋並雙條平鐵路，由熔爐至架橋碼頭等處，各路貫通以便鐵車來往，約長一英里又里之半，約計規銀一萬兩(置買廠基、填地、築墻不在内)。

一、公事房、棧房、洋人住房等項，約計規銀六千兩。

一、統計各項名目，約需規銀十萬四千兩，照加一分五釐以備零費，約計規銀一萬六千兩。

以上熔爐一座，共計約覈總費規銀十二萬兩，開爐熔化每年可出生鐵一萬二千墩，所覈各費除熔爐一座外，凡有汽爐房屋抽放鐵籠機器及煙通等項一切規模寬大，足供兩座熔爐之用，現在初設一爐，費似較大，蓋須預留第二爐地步，將來添置，既可省費，又免(折)[拆]卸翻造房屋等工。若擬式高大添設一座，一切工料僅需規銀八萬兩，至所約工料各費係照英國現市各價覈算，緣三四年前各項鐵器價值甚昂。當時若在中國照式備辦一座，約需規銀十八萬兩。從前一座之費，較諸目下所需將及二座，價值之廉，惟今爲最。至熔化生鐵所需本價，除照本款項下每年提利一分外，仍於本項内每年提銀六千兩，統計二十足年，即可提清本項，所有化成每墩生鐵應需各項，合再逐款分别合成本價開列於後：

一、鐵礦石一墩又三分墩之二，每墩約計規銀一兩，共約計規銀一兩六錢五分(租買礦山不在内)。

一、白煤一墩半，每墩約計規銀四兩，共約計規銀六兩。

一、灰石四分墩之三，每墩約計規銀五錢，共約計規銀三錢五分。

一、諸色人工，共約計規銀二兩(局用不在内)。

一、修理一切器具，共約計規銀五錢。

一、本款項下每年利銀一萬二千兩，每年出生鐵一萬二千墩，約計規銀一兩。

一、每年總提本項銀六千兩，計規銀五錢。

以上統覈，約計每墩本價銀十二兩，現在市價約值銀二十二兩，除赴滬運脚及行用一切，每墩約需銀一兩。每年統算應存贏餘銀十萬兩，雖所覈熔工本價一概從豐，而所估售價亦照市價。當此開創伊始，贏餘之數尚不過微，如能再添一爐，每墩本價僅需規銀十兩五錢，覈與現在歐羅巴諸國所熔生鐵本價仿佛相同。尤幸貴國生齒既繁，工價亦廉，將來礦務日新，利源日廣，定非各國所能企及。蓋廠中諸包工匠均應照開辦之時限以定例，不得因在廠年久，請增工食，有不願者，聽其自便。出款既有成章，糜費自少，且生鐵熔成亦可分鑄有用各器，以器銷售必較尋常生鐵倍蓰其值，如此辦理，則出款有限而進款無窮矣。他國工食既大，工人歷久無不逐漸加增，通盤覈算不如貴國相去遠甚。

茲將熔爐一座應需各項工人分别中外及洋人工價開列於後：

一、總管熔爐化鐵工匠一名，每日工銀五兩。

一、專管熔爐正匠二名，每名每日工銀三兩。

一、專管熔爐副匠二名，每名每日工銀二兩。

一、畫圖化鐵副礦師一名，每日工銀四兩。

一、專管機器副匠三名，每名每日工銀三兩。

一、鐵匠一名，每日工銀三兩。

一、專管爐頂安放礦石、灰石等工二名，每名每日工銀二兩五錢。

一、模匠一名，每日工銀二兩。

一、專司筆墨者一名，每日工銀二兩。

以上共計洋人十五名。

一、專司筆墨者三人。

一、機器匠四名。

一、鐵匠二名。

一、木匠二名。

一、小工二十四名。

以上共計華人三十五名。

統計兩共應需中、外國人五十名。若欲添置熔爐一座，再需添雇華人十五名，洋人六名，始得供應周到。再，黄石港至白雉山一帶擬造之鐵路一條，緣該處方向路徑尚未深悉，自應詳細勘明，方能約覈。

光緒三年八月二十六日即西曆一千八百七十七年十月二日。　礦匠郭師敦謹報。

陳旭麓《盛宣懷檔案資料選輯之二》湖北開採煤鐵總局荆門礦務總局《李鴻章致盛宣懷函光緒三年九月初十日天津》　杏蓀世仁弟大人閣下：頃奉八月十八日惠書，敬審籌畫宣勤，順時納福，至符臆頌。執事以八月朔日行抵宜昌，所帶礦師人等暫住舟中。該處煤樣查與化見之質相符，惟煤層厚薄，運路遠近，必須礦師周歷決擇。現派委員龍令帶同紳匠先赴歸、巴一帶查勘，並另派人分赴當陽、長陽等處，相度地勢，體察民情，俟有端倪，再親率礦師次第履視，擬議興辦，自是穩著。洋法開煤事屬創舉，中國官場狃於成見，相率推諉，本在意中。若能勸導紳民俾知礦利一開，公私兩益，則樂從漸衆，或不致再形掣肘。

大冶鐵礦據郭師敦化見，一百分内有鐵質六十二分，擬請開辦。此項機器汽爐需款甚鉅，目前商股既未能招集，練餉亦無可添撥，祇可暫作緩圖。直境開平煤鐵尚旺，景星議請招商試辦，須俟所延鐵礦工師到津，再往察勘。尊意若不能取效於南，擬將現有礦師、機器移而之北。若至萬不得已時，應自與景星斟酌，妥商定議。

至運煤船隻完税章程，前準幼帥咨商，已查照敝處原批咨復，未知能否照行？執事前晤赫德，以開礦大局應歸專案覈准，無慮效尤。渠既允照辦，俟接復函，更可録呈南洋及鄂帥、漢宜各關道，以堅其信。

宜昌貿易清淡，輪船不能上駛，聞總税司欲以沙市改爲通商口岸，而以宜昌爲起卸碼頭，此事久經定約，豈能聽其任意更張！

招商局本年結賬覈計，微有餘利。雨之、景星等議請官款利息暫緩三年後，再行分年提還成本，俟成本繳清再分年繳利，俾氣力稍紓，現正會商籌議，尚未定局。

鄙人眠食如常，惟晋、豫旱荒太甚，遵旨籌撥款項，購糧分運接濟。直境亦苦歉收，節過重陽，甘霖未沛，麥種尚難入土，焦慮莫名。專泐，復頌臺祺不具。

鴻章頓首。九月初十日。

陳旭麓《盛宣懷檔案資料選輯之二》湖北開採煤鐵總局荆門礦務總局《李振新致盛宣懷函光緒三年九月十八日盤塘》　敬稟者：初五日曾肅蕪稟並呈信件，諒已投塵臺覽。十三日奉到八月廿五日鈞函，祇聆一是，謹當遵照辦理。

漢關公件仍未奉到。昨少巖信云，所擬章程已經出詳候批即發。卑職誠恐又有輾轉，即於十七日束裝到武，擬候輪船赴漢面請何憲訓示。因見武穴子卡沈司馬，詢及該卡已奉飭知，内載税單執照，俟刊就另文札發等因，是以當日仍回蟠局。茲將變通章程抄呈臺督。竊思税單執照由武穴子卡填發，則蟠局運赴武穴，似應填發驗單，載明裝煤若干吨，應完正税銀若干數，給該裝運船户持赴武穴子卡呈驗，換領税單執照護運前往。其驗單應如何格式，請於宜昌刊板刷印，蓋用關防發下，以便填給。至蟠局運至武穴，尚隔武穴釐局，應請備文知照，一俟武穴子卡奉到税單即擬起運。至於驗單未到之先以及釐局情節，届時當親往面商，似可通融辦理也。

杜文春運往之煤，塊煤均已銷去，價目另單呈電。其碎煤起存七號口胡乾泰煤炭行内，屬以逗銷，據稱非搭湘煤難於出售。擬俟開運之後漢上運到好煤，酌配一船，着吕子祥押運前去。該七號口及瓜州兩處似可創一碼頭。蕪湖招商局係李炳賢經理，銷煤情形昨已致信詢之，未接復函。

子口税通商則例，不卜究竟若何？函詢漢、滬，各有一説。少巖來信，半税即子口税，報半税時説明運往何處銷售，即發何處税單，即可原船運往。若果如此，頗覺捷便，恐未必然。茂庭信云，用半税洋票轉運一節，原船斷不能放，必須換船，仍要填明何船來貨，運往何地，沿途釐金可免，然上海落地捐每吨二錢仍須要報，此外若運蘇地半税銀五分，船捐銀一錢，水脚八各之則。憲臺如悉其詳，請示知之。緣南京、蘇州、七號口、瓜州等處，均須過此關節耳。

再，牛欄栅、歇垣平、阿彌陀三處之煤，煤質誠難出售。經阮竹君、吕子祥等再三與窑户商酌，擬將阮家山之窿復行開挖，取出之煤，七成搭牛欄栅等處之煤，三成緩緩搭配試用。又議招窑户就山燒灰，如果灰好，煤價每石五十文；如石灰成色不足，即按成扣算，倘竟無用即不收煤價。兩議均在未定。至阮家山窿口復開之議，擬着阮竹君承領，木料、工食局中一概不問，惟出煤每百石提煤十六石，以八石津貼局費，以八石歸堤工善舉。李祝三暫留該山照料彈壓，薪水由局給發。議有眉目，再行稟報。惟事關初創，未敢擅擬，故特先行請示，以便遵辦。

劉貽翁滬上招雇寧船，迄未接信，企仰良深。黄星閣已赴金陵，據云採訪銷煤路徑，以便裝運前去。附呈各信，統祈查照。特肅寸稟，敬請勛安，伏祈垂鑒。卑職李振新謹稟。九月十八日。

陳旭麓《盛宣懷檔案資料選輯之二》湖北開採煤鐵總局荆門礦務總局《郭師敦勘礦報告光緒三年十月初三日宜昌》 歸、興兩屬産煤各山，距宜昌府城六十英里，自英一千八百七十七年十月初五日，即光緒三年八月二十九日，由宜起程，途中兩岸皆山，水流如沸，挽舟逆上，凡行六日始抵新灘、香谿等處。所經江路，雖當水落之秋，磯石回流，危險萬狀。查該處江水，每年夏漲而冬落。水漲之際，雖有堅固輪船，亦難行駛其間，冬令水落，或可試駛。度諸形勢，似須將該處一帶磯石移置他所，始得化險爲夷，通行無礙。然或興工開辦，既需鉅款，亦非易事。歸州一帶之採運煤斤者，運脚挑力，必較他處更多，利亦更薄。若再加以轉運，各費必較湖南土法所採之煤合本更鉅。

新灘、黄巖在沿江北岸，離歸州城四十里，山上二窿相距約三十碼(每碼三英尺，合華尺二尺五寸)，窿口已閉，窿外所儲，皆下等碎煤，窿内上下兩旁，俱係極大灰石，揆諸來脈，煤層直達白馬灘、香谿、砂鎮谿等處。然層形屈曲，且多隔斷之處，層之極厚者，僅八寸至九寸。

香谿河東岸之山，盡是灰石，兼有極厚紅烏板及紅砂石等顯露其外。烏板砂石之下，有煤脈二條，直透歸州之白馬灘一帶，及興山縣屬之桑樹坪等處。該處最低之脈爲第一條低脈，適叠灰石之上，第二條高脈與第一條低脈相距一百英尺至四百英尺不等。第一條低脈自歸州界斜偏而北，直通興山縣界，第二條高脈由香谿河西横竪而東，直通谿東興山縣界，此脈詳細探查，層厚統計六寸，質俱下等。

歸州白馬灘一帶所採停工未久之窿僅六處，扇子巖三窿在白馬灘西南五里，桐林二窿在白馬灘西南一里，賈家店一窿在白馬灘東北五里。六窿煤質煤層仿佛相同。窿深自一百英尺至二百五十英尺不等。除該處六窿煤質太松，煤層太薄，不複化驗外，合將歸州、興山縣兩屬所採各窿煤層形勢及化見煤質，開列於後：

計開歸州産煤各處：

一、王子溝礦，在砂鎮谿南三十里山脚，新窿尚未見煤。其山頂一窿深一千餘尺，層上蓋硬砂石，硬砂石之下有黑色烏板二寸至三寸不等，烏板之下有松煤四寸，松煤之下有夾石八寸，夾石之下有堅白煤四寸至八寸不等。下層白煤質堅而净，惜其層太薄，統約僅厚六英寸。化質如左：

水質	三分三八	炭氣	四分二九
炭質	八十分五十	硫磺	三二
炭灰	十一分五二		

一、梅子坡礦，共有十窿，在砂鎮谿南三十三里，驗諸層質與王子溝所見相同。查該處離江既遠，雖有谿河，皆成涸轍，不能以舟楫相通，就近裝載全賴籃裝背負，以達江邊；且有峻嶺崇山，重重阻隔，攀高涉遐，負運維艱，其脚費較諸挖工、拖工數倍過之。煤質雖佳，以論開採，究不合算。二處煤層形式，擬圖如左：

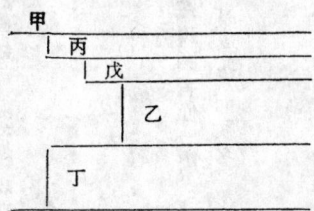

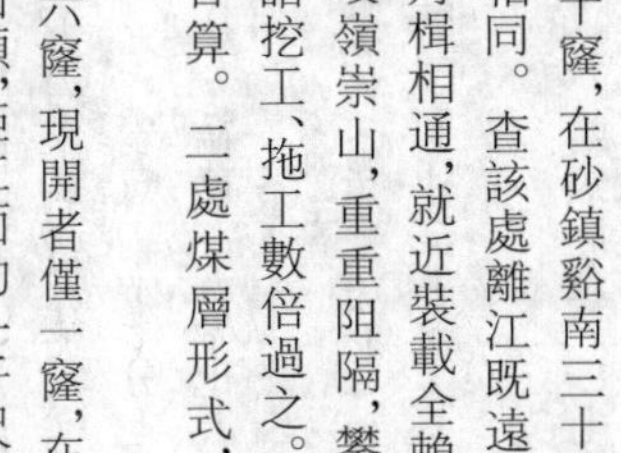

甲，硬砂石。乙，夾石八寸。丙，黑色烏板三寸。丁，堅白煤統計六寸。戊，松煤四寸。

一、麻葉荒礦，共有六窿，現開者僅一窿，在砂鎮谿西南四十五里。窿在山頂，距江面約一千尺，層厚英尺十八寸，煤脈、煤質較諸王子溝、梅子坡等處大不相同，炭灰既多，炭質亦松。化見如左：

水質	一分八八	炭氣	三分八八
炭質	七十五分四十	硫磺	無

炭灰　十八分八四

一、殷家坡礦，在砂鎮谿西南二十里。層厚七英寸至八英寸不等，質較麻葉荒所產者更松。化見如左：

水質　一分八四　炭氣　三分一二

炭質　八十三分三六　硫磺　無

炭灰　十一分六八

一、花樹崖礦，在沿江北岸砂鎮谿西北二十里，有久閉之窿四。曾入東山頂一窿及西山腰一窿探驗，煤下等，質易碎，層厚自三英寸至一英尺不等。

一、白水灘礦，在沿江南岸砂鎮谿西三十五里，有四窿，現開者僅一窿。層屈曲而斜，以三角算之，相去自四十度至六十五度不等，覈與王子溝、梅子坡等處相似。擬圖如左：

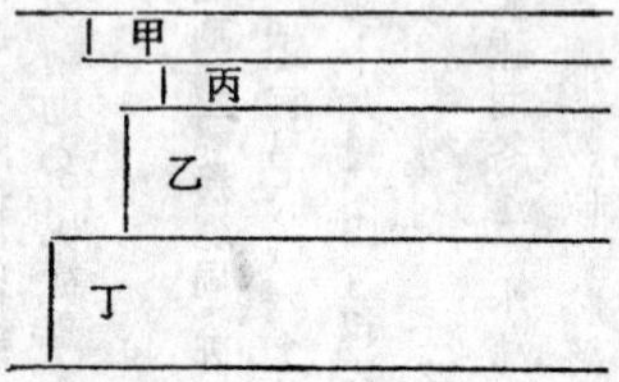

甲，黑色烏板三寸。乙，夾石九寸。丙，極松煤層三寸。丁，堅白煤七寸。

下層煤質雖堅，祇可作下等白煤。化見如左：

水質　七九　炭氣　二分九七

炭質　六十四分三一　硫磺　無

炭灰　三十一分九二

一、楊麻子坡礦，在窑灣谿東南二十二里，有三窿，現開者僅一窿。窿在山頂，自谿至頂約高五六百尺。該窿之煤似將挖盡，入窿探驗至一百二十尺，即轉灣橫行至二百尺，復轉灣斜入至四百餘尺，又見平層，探至平層盡處約三百尺有奇，層厚僅十二寸，質堅而佳，角斜相去有五十度。化質如左：

水質　三分八二　炭氣　二分一九

炭質　七十七分七五　硫磺　九六

炭灰　十五分二八

計開興山縣產煤各處：

一、游家河礦，在縣城正南四十里、白馬灘東北十五里，有二窿。煤質、煤層覈與賈家店所見相同。質雖極硬而灰數太多，層厚三英寸至八英寸，統計厚六寸，以三角算之，層斜相去自四十度至四十五度不等。化質如左：

水質　一分一十　炭氣　十六分一三

炭質　四十六分六四　硫磺　一七

炭灰　三十五分九六

一、桑樹坪俞思巖礦，在香谿河東沿岸興山縣城正南三十里、白馬灘東北二十五里。窿在山頂，距谿面七百餘尺。煤層將次挖盡，極深處已見灰石。查該窿自二十年前開挖至今，自窿口至底深半英里有奇，層厚統計一英尺，煤雖佳而硫較多，名曰半煙煤，且火力太猛，質亦太松。化見如左：

水質　六六　炭氣　十七分七七

炭質　五十八分九十　硫磺　五分七九

炭灰　十六分八八

一、桑樹坪潘家灣（礦），在俞思巖東北一里，有三窿，現開者僅一窿。窿在山頂，距谿面二百餘尺，層厚七寸至十一寸，統計九寸，質脆而灰多。化見如左：

水質　七六　炭氣　九分一七

炭質　六十二分五四　硫磺　二五

炭灰　二十七分二八

一、桑樹坪林家山礦，在興山縣城正南二十五里，有三窿，現開者僅一窿。窿在山頂，距谿面六百餘尺，煤層、煤質覈與潘家灣所見相同，惟該窿層厚僅八寸至九寸。統查數窿煤既不佳，層亦不厚。雖傳聞沿谿而上三百里外尚有數窿，離江既遠，煤脈亦大抵相似，蓋由桑樹坪一帶詳細驗過煤層來脈，已可等量齊觀，尋探開採俱毋庸議。

以上各礦煤質之佳而堪以熔化生鐵者，惟王子溝窿一處。惜其層僅六寸，離水亦遠。統查歸、興兩屬，煤層之厚，統約不過八九寸左右，若由水陸各路轉運至宜，江路既險，合本亦鉅。此等煤礦，僅足供該處土人日常之用。至沿江各窿，轉運雖覺稍便，然煤層太薄，採取無多，刻下就近銷售，以供土人代薪之用，尚屬不敷，故雖兩屬各山，所見開閉各窿，共有五十二處，每日統計僅可出煤五墩。即使各窿俱開，統約不過每日出煤二十墩至二十五墩之譜。機器開採，仍毋庸議。

英曆一千八百七十七年十一月初七日即光緒三年十月初三日。礦匠郭師敦謹報。

附歸、興兩屬產煤各山圖。

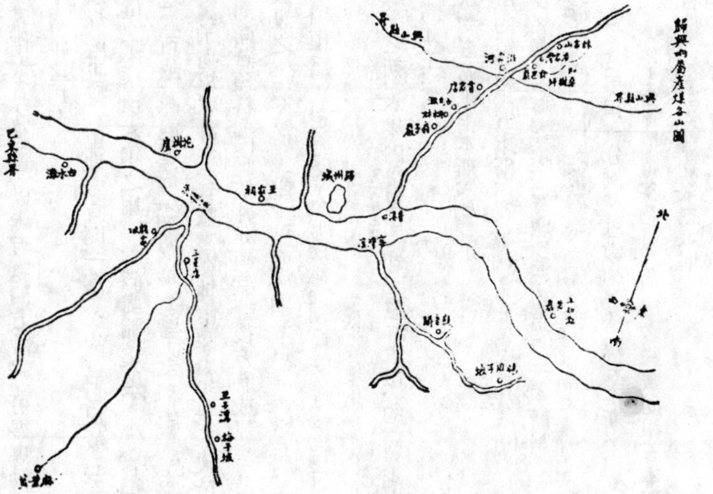

陳旭麓《盛宣懷檔案資料選輯之二》湖北開採煤鐵總局荊門礦務總局《郭師敦勘礦報告光緒三年十月二十六日武昌**》** 荊當兩屬產煤各山距沙市鎮八十英里，自英曆一千八百七十七年十一月十一日即光緒三年十月初七日，由沙市雇小船入內河，道經河溶口、淯谿河等處，凡行七日，始抵當陽縣屬之觀音寺。河溶以上河水甚淺，深僅八英寸，復雇人夫入河，將船推負而行，河底沙泥爲之拖平。傳聞該處一帶河水漲時，每年約有三、四個月，水漲之際，凡民船可裝十墩重儎者尚可行駛其間。查舟行第四日所過淯谿河一帶，兩岸平陽，民田饒沃，至淯谿河以上，距觀音寺八十里地方，地勢漸高，各山層見叠出，由水面測之，約各山之頂距水面自三百英尺至四百英尺不等。

所採觀音寺北一帶七窿煤質煤層，以荊門州屬窩子溝所產爲最佳。由觀音寺至該處，山徑盤旋，盡是荒村僻壤。查該窿在觀音寺北首之東北隅七、八英里，天臺觀西南三十度，相距一英里又里之半。自去年開挖至今，每日出煤三墩，似屬上等白煤，質亦堅硬，惟有等煤質脆而易碎，良由挖出之後，存儲失宜，風雨剥蝕，以致煤氣暗耗。所有查見煤層形式，擬圖如左：

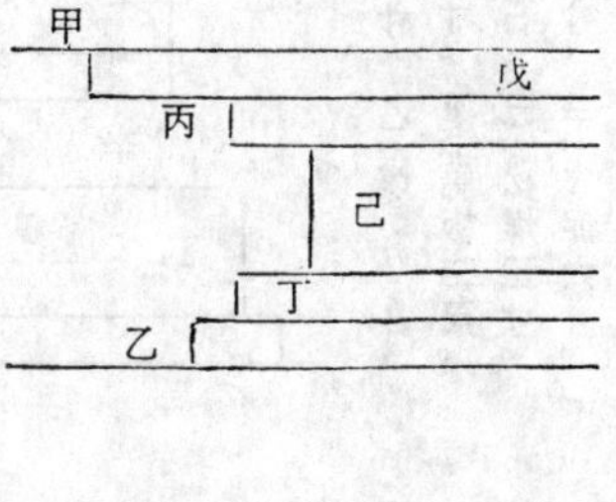

甲，砂石。乙，泡塊一寸。丙，烏板一寸半。丁，夾石五寸。戊，煤二寸。己，煤一尺四寸。

層向西畧斜，以三角算之，相去一十五度，計煤層一英尺，角斜處高三寸，雖挖工出入無虞其難，而層勢欹斜，似多不便，所幸中層煤質頗佳，層之最厚者自十五英寸至十八英寸不等，尚屬可採之列。驗諸化質，知其煙力太薄，不甚合輪船、汽爐之需，而火氣升騰，適足供化鐵熔爐之用。謹已詳加化驗，覈與前驗各質仿佛相同，其質如左：

水質　六分零八　　炭氣　四分一二
炭質　八十三分五六　　硫磺　無
炭灰　六分二四

層既整齊，質亦堅硬，若左近一帶處處皆然，洵可開扦試探，以驗礦形。惟自該處至觀音寺及大冶縣屬擬造熔鐵廠所，水陸各路轉運較難，不得不因地製宜，妥爲酌辦。竊思轉運煤觔爲開礦第一件要事，再三籌思，莫若預爲定章，俾各遵守。爰就管見，擬定章程。是否有當，伏乞鑒覈。計開：

一、查觀音寺至沙市一帶河道，每年水漲僅有三、四個月，堪以中號民船往來裝運。應於觀音寺、沙市兩處各設堅固高大廠棧，約可儲煤三萬墩至三萬五千墩之數。庶每年水落之時八、九個月所得煤觔即在該廠陸續堆積，一俟水漲即行轉運出江，以供兩座熔爐之需。查熔爐兩座，每年應用煤觔約須四、五萬噸左右，而觀音寺廠所儲之煤，須盡四個月內盡行運出，或每日限裝四百墩不致缺少，逐日起運，不使間斷，按部就班，妥爲辦理，自無接應不及之虞。

一、煤質之脆，皆因久儲不動及久露在外，煤氣暗耗所致，凡儲煤之處須得廠所寬大，常將煤塊攤開，勿使雨露浸淋，庶免變脆變松及煤質減色之患。

一、運煤船隻須得裝煤五十墩者五百隻留廠聽用，每當夏令水漲之時，即由觀音寺裝煤起運至大冶縣屬擬設生鐵廠所，或由沙市過船轉運，更爲妥便。

一、由窿口運煤至觀音寺廠所，每日須運一百三十墩，應備牲口六百匹，每匹負煤二百斤，往來負送，隨到隨儲，計可日運二次。

以上各條爲轉運煤觔起見，水陸各路似宜如此辦理，始得聯絡接應，功歸實濟。

一、窩子溝所見煤層洵堪開採，然於設機器掘煤井之前，尚須在該處方一英里（按一英里計中國三里三），約計英畝平田六百四十畝内先行探驗，俟探過第一扦驗明層質，即可於更遠之地測定來脈，再探第二扦，以次探去。如後圖所載，應扦各處周圍共計方二英里。初次開工試扦，宜先探正北三里地方，次及正西三里，次及正南六里，次及正東三里，復至北首三里探第一扦相對之脈，南首半圖之三里綫界處最關緊要。此外，各處地脈大抵相同，南首一帶地近觀音寺，而煤質煤層當以北首一帶及窩子溝左近爲最佳。

一、該處煤層作十五寸起算，以六百畝開方計之，可得煤觔八十五萬墩，足供兩座熔爐一十八年之用。

一、窩子溝煤脈下段一里地方宜開一窿，深約三百尺或三百五十尺處開廣至二百畝，約可供二座熔爐六年之用。若該處開挖之際水不甚多，即由該窿再向層脈低處開挖二百畝，此處起挖煤觔較第一窿工本稍鉅。至圖中極西邊綫所載應扦之處，以窩子溝煤脈計之，其脈當在地中深處約一千尺至一千二百尺左右，此處煤層厚薄尚難預料，開窿挖井亦須試扦後方有成見。

一、大冶擬設之生鐵熔爐二座，日需煤觔一百二十墩至一百三十墩之譜，刻下開窿採取，須預爲覈定應需人工物料，預爲安排，庶每日所出墩數不致欠缺。

一、現當試辦之初，六年内每日出煤一百三十墩，約需本價每墩計磅銀四先令三本斯，計開如左：

挖工：每墩約覈磅銀十本斯；

拖工：每墩約覈磅銀五本斯；

鋪路工料及火藥、木料等項：每墩約覈磅銀十一本斯；

中、外國工匠工食：每墩約覈磅銀一先令；

本項銀八千磅，常年扣一分例：每墩約覈磅銀五本斯半；

本項銀八千磅（作十年提清，每年八百磅）：每墩約覈磅銀五本斯半；

修理添置各件：每墩約覈磅銀二本斯。

共覈每墩成本磅銀四先令三本斯〔十二本斯爲一先令，二十先令爲一磅，每磅合規銀三四兩左右〕。若僅擬設熔爐一座，祇須每日採煤六十五墩，而所覈人工雖少，成本更大，每墩本價約須磅銀六先令一本斯之多。

一、開窿之口，預需英國工匠六名，俾堪照料煤窿機器等處，計掘井匠三名，機器匠二名，窿内鐵匠一名。

一、六百英畝應扦之地，宜用鑿扦二副分别試探，約各處探遍，至速必須四個月後方可探明，然後安置機器開掘煤井，井深須三百尺，雖有堅硬石塊，亦須鑿穿，尤須預備抽水器具，以防水溢，此等工作大約八個月後方能告竣。

一、窿口初開之際，每日出煤未必能多，大抵日漸加增，至六個月後方能多採。

計開荆門州屬煤礦：

一、馬家河、風坡嶺等窿在觀音寺北首西北七英里有奇，窩子溝西首西北三英里又里之半，所産之煤，均與窩子溝所見相似，窿雖各别，脈則一條，惟其質更松脆，層亦稍薄而不整齊，且多隔斷之處。揆諸窩子溝來脈斜襯馬家河礦脈之下，相去約二千尺至二千五百尺左右。兹就探見該處二窿煤層形式，擬圖如左：

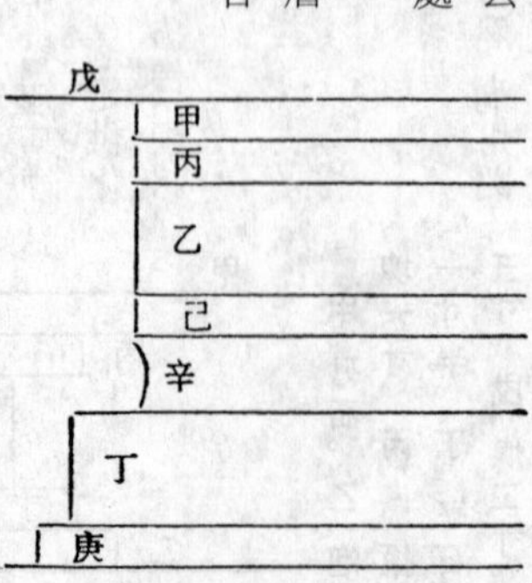

甲，煤二寸。乙，煤九寸。
丙，烏板二寸。丁，烏板二尺。
戊，砂石。己，松煤三寸。
庚，松煤五寸。辛，火泥六寸。

風坡嶺煤層較馬家河更薄，其中隔煤層僅厚五寸至七寸，二窿所得煤樣形色相同，合化如左：

水質　五分三八
炭氣　七分零五
炭質　八十一分二九
硫磺　無
炭灰　六分二八

一、金米觀在觀音寺東北二十里，該處左近一帶窿口雖多，現皆停閉，惟陳家坡一窿現尚開挖，探見該窿深處約有二百餘尺，煤下等層厚五寸至七寸不等。

一、韓家灣在觀音寺正南七里，有二窿，現開僅一窿，煤下等，層厚僅九寸，上下皆夾石，各厚一寸半，所出煤觔僅可代薪。窿夫云：舊窿之内層厚三尺。

及入窿探驗，遍尋窿中層脈僅厚三寸。

計開當陽縣屬煤礦：

一、唐家灣在觀音寺西南十里，距河邊僅二里，窿深三百餘尺，層厚九寸，係堅好白煤，層斜向西北，得角斜一十五度，度諸煤脈遍通當陽一屬產煤各山。

煤質化見如左：

水質　三分六八　　炭氣　二分五三

炭質　七十五分二九　硫磺　七八

炭灰　十七分七二

荆當兩屬煤脈，除窩子溝一帶堪以開採外，其餘各窿業經一再細查，煤既不佳，層亦太薄。而窩子溝煤質雖佳，煤層僅厚十六寸，亦不得爲厚，且轉運艱難，脚費較鉅。至熔鐵所需之煤，莫若竟用枯煤，省却開採轉運許多周折，且其火力上炎既較白煤更大，而本質消化亦比白煤更久。曾見英國枯煤之佳者，每熔生鐵一墩祇需枯煤一墩至一墩半之則。美國白煤用處甚廣，以熔生鐵，每墩需用白煤一墩半至二墩又四分墩之一。足征熔化鐵礦用煤之法，非可一例。查湖北一省產煤各處，並無上好煙煤，堪以改作枯煤，若采辦湖南所產煙煤以作枯煤，價值太昂，恐難合算。而所見湖北白煤各礦又皆不厚，惟窩子溝一處所產白煤堪以熔化生鐵。既擬於湖北擇地建造鐵廠，設爐熔鐵，請以窩子溝一帶採扦試辦。謹將該窿左近應扦各處擬成圖式，恭呈憲鑒。

光緒三年十月二十六日即英曆一千八百七十七年十一月三十日。礦師郭師敦謹報。

陳旭麓《盛宣懷檔案資料選輯之二》湖北開採煤鐵總局荆門礦務總局《盛宣懷上李鴻章禀光緒三年十一月初十日武昌》 敬禀者：竊職道九月十七日自宜昌啓程，二十日行抵荆州府屬之沙市，職道即舍舟登陸，先赴當陽縣屬之觀音寺，會同地方官查明產煤各山，並曉諭紳民，俾知延雇洋匠查勘礦務本旨，以免疑阻而生事端。部署既定，職道仍遄歸沙市。於十月初七日親率礦師乘舟溯沙江，入漳河，水渴灘多，日行二三十里，至十三日始獲行抵觀音寺。逐日督率礦師郭師敦等履勘荆當所屬各礦。因該礦師謂荆門州屬之窩子溝礦内煤色甚佳，煤層較厚，可以開採。遂親率礦師屢(履)勘窩子溝，前後左右，詳督煤脈，細量煤層，再三復勘。隨據該礦師報稱：「窩子溝煤窿，層既整齊，質亦堅硬。洵可開簽試探，以驗礦形。惟自該處由陸運至觀音寺，再用小船由漳河運至沙市，另換大船由長江運至大冶鐵廠或通商口岸，輾轉接運爲難，不得不因地製宜，妥爲酌辦」等語。並擬章程數條，繪圖呈送前來。職道詳覈所禀煤礦情形，似尚詳細，當即與之商酌，令伊開簽試探。據該礦師禀云：「欲察礦形，須先將窩子溝以西寬三里長六里之内民田、民山先行租定，方能次第開簽。」又云：「其地離觀音寺鎮太遠，須在該處起造房屋，以爲開簽時委員及洋匠、土工栖息之所。然後一面將洋簽兩副運至該處試行開簽，一面將開礦機器運來查點，如缺即趕緊購補，並須將添雇洋人早爲雇定。若一旦簽探見煤，即可隨時開礦。此時民地既未買定，荆當河水又如此之渴，轉運機器大屬不易，似非可以開簽之時，須緩至明春方能籌辦。」職道恐其口説難憑，令伊作爲信函，以憑察覈。職道細思該礦師所禀各節，似屬實情，自應俯如所請。惟該礦師等薪水、火食、船隻、零用、購買物件，每月需費甚鉅，未便令伊閒坐數月，虛糜公款。擬即率該礦師前赴大冶覆勘鐵礦。定於十月十九日，自觀音寺起身前往。合將履勘荆當煤礦情形敬謹禀聞。

至大冶、興國所產鐵礦，雖據礦師禀稱，鐵質頗佳，礦形極大，似可開採。職道鑒於廣濟馬洋人覆轍，不敢遽爾深信。現在職道擬乘此時即行親督礦師，先往大冶縣，將該山詳細復查，究竟鐵苗旺否，及礦形大小麯直若何，並雇土工多名，就礦山四至，試行開挖，勘實該礦共廣若干丈尺，令礦師開方細算，可得礦石若干，可熔生鐵若干，悉心通籌，以期確有把握，再行禀請開辦。

並據大冶縣林令呈送該鐵山圖樣，頗爲詳明。現擬前赴覆勘該山，雇工試挖。籌定開辦大局，必應先行會同地方官查明該山除屬官外，管業民户共有若干姓，酌議租買章程。並查明該山轉運江邊道路。因其設廠總在濱江之處，或在大冶縣屬之黄石港，或在武昌縣屬之樊口，或在興國州屬之漳源口，均須詳細勘準。庶幾謀定後動，不致稍有窒礙。是否有當，伏乞憲臺訓示祇遵，並飭知地方官會同覆勘，妥籌辦理，實爲公便。光緒三年十一月初十日發禀。

陳旭麓《盛宣懷檔案資料選輯之二》湖北開採煤鐵總局荆門礦務總局《劉亹致盛宣懷函光緒三年十二月初八日上海》 杏蓀仁兄大人閣下：頃奉賜書，聆悉一是，並諗大旆已抵冶邑，率礦師復勘鐵山，究能合算辦理否？興國之煤能否煉鐵？如鐵、煤、灰石均出一處，則必獲大利，較之當陽購煤煉鐵則更妙矣。弟已於怡和(即待物生辦)、地亞士兩處詳細將煉鐵之機器探聽價值，詳細考求，已得其大旨。該洋行已將細帳開來，附呈，祈查覈。怡和買辦即張敬甫，此人毫無洋行習氣，做事頗爲敦篤也。

雇船一層，放空上駛亦須船鈔。攬貨一節亦非易事，緣輪船水脚過賤，雖粗貨亦皆載輪船矣。故他項船隻毫無生意也。現雇定一隻，係載金陵砲臺之木頭，此船大約於初二、三日開行，到局總在月半後矣。又有兩隻，俟攬到貨色，亦可照此辦法。漢口載來之煤，前兩次之貨均佳，故價可得五兩餘。十三日「江長」所來之煤不見甚好，出售頗難，各行店僅出四兩八錢，尚未售出也。務囑少巖於收貨時必須頂真，如貨誠美，亦可大獲其利，是所囑禱。

長、鶴之銅化驗後均可開辦，歸州尤佳，則更妙矣。惟招股一層總是虛談耳。現在光景總以廣幫、絲幫爲最殷實，而粵人信洋法者尤多，故唐景星開平招股一到滬時，招之即來，此地已集有十餘萬矣。弟在此實人地生疏，況初出茅廬，人何能信，如自行挾資以往，恐又無把握，不敢冒昧。前函所云借用貴局之款，亦係通融辦法。吾兄如急欲成此舉，如此辦法未始非計，若借用後仍無效驗，着經手人賠償，何能推諉。弟之來辦與否，是不足重。吾兄若早臨滬上，則諸事再行面商，弟大約於祀竈前總須到家也。

景星到此後連談數日，前聞其所作爲，頗爲駭怪，及見面一談，甫知其大有作用之人也。閱其開平章程，知其於西法實洋細內行，不勝佩服。彼開平之舉，蓋有成效也。

張口之礦務尚無效驗，接養源九月杪信，知孟輿已一切安排妥貼，惟届時已雪下四尺餘深，恐難動手。孟輿之作爲本難共事，故養源雖得伯相之札而業已返津，偕高仲瀛另覓一礦（係銀礦），在宣化府屬二道廟地方，已稟明由仲瀛籌款開辦，已奉批準。此處較張口大約易有成效也。據來信並景星談及開礦一事，維有北省多且美，且有伯相可靠，弟思之亦以爲然。老兄若棄鄂省而北行，易於成功，況吾兄係直省之官，地方斷無掣肘之理，未識高明以爲如何？

山西賑務，弟已竭力捐助五百金，親友之中均已捐助矣。弟實無從勸善，現在各省所捐之數維江蘇爲最多，亦可爲樂善好施矣。來示云代挪之説，弟於上海熟人頗少，無處可挪，乞原宥。即此，敬請升安，諸維愛照不備。愚弟劉疊頓首。

再，地亞士之帳爲徐雪村取去，故先將怡和之帳呈閱。

陳旭麓《盛宣懷檔案資料選輯之二》湖北開採煤鐵總局　荆門礦務總局《郭師敦勘礦報告光緒三年十二月十二日武昌》　大冶縣屬鐵礦較多，各山礦脈之大，惟鐵山及鐵門檻二山爲最。該山距黄石港南約十五英里，驗諸四周，礦石顯露，足征遍山皆鐵。查鐵門檻礦曾於英去年七月間探看大畧情形，嗣於英九月二十七日具報在案。現於英十二月間復勘礦形，始得周歷探驗，詳細查明，合將所勘該山礦形，開列於左：

一、鐵山及鐵門檻鐵礦形勢整齊，山北所倚盡是堅石。山南石色俱係灰石所變。二山鐵脈長半英里有奇，闊十五丈至五十丈不等。由平地起算，約高三十丈，平地以下鐵層尚未探悉。現就探見鐵層鐵脈約有五百餘萬噸之數。若以兩座熔爐化之，足供一百餘年之用。

一、該山上下四周礦石分別化驗，統計淨鐵質六十分至六十六分，通計淨質有六十三分之多。

一、鐵礦淨質以七十分爲最佳，然其間每夾硫磺雜質，不能化淨。該礦鐵質分化極淨，淨質之内並無硫磺雜質。以之熔化，洵稱上等佳鐵，足與英、美各國所産上等鐵礦相提並論。

一、敲取礦石，需用洋匠一人督率其事。其餘敲工衹須雇用華人。覈計敲工等費，每噸約需磅銀一先令六本斯之則。初敲工價或可稍減。運礦自該山至河約四英里又里之半，再自河運出江約三十英里或三十五英里。查内河三四英里之内，每值冬令河水較淺，若再稍加開深，俾十噸載脚之船便於往來行駛，庶可常年裝運。

一、武昌左近一帶探看鐵礦，將次勘畢，忽於樊口江邊探得産鐵各山，自樊口至武昌縣城外東南隅，礦脈相連無少間斷，約計一英里有奇。度諸形勢，與鐵山、鐵門檻等相同。惜礦山大半爲民房、墳墓所占，而堪採之處，尚幸地近長江，轉運較便。化淨鐵質有四十七分六至五十三分七六之數。統約淨質五十分，又有矽質酸石二十六分六，爲數太多。以化生鐵，鐵渣太多。若與鐵山、鐵門檻等所産鐵礦相和合熔，則合本既可稍輕，而煉成生鐵質亦堅淨，不致銹損。敲工等費亦需磅銀一先令六本斯之譜。尤幸轉運便捷，不若大冶鐵礦離水之遠，運脚之多。

一、化鐵應需灰石，須自石礦採取，已於黄石港之下一英里又里之半尋得一礦，離江邊岸僅數碼之地，驗諸石質，洵稱上等，化見雜質僅一分有奇。化質如左：

石質　五十五分四一　養酸　四十三分五四

鎂砂　無　　鐵養　一四
雜質　五二

敲工等費約需每噸工價磅銀一先令六本斯之譜。

一、化鐵煤斤最關緊要，曾於英去年十一月三十日縷晰具陳，迄今尚未另稟。用特再抒管見，應請憲定章程，妥爲籌辦。開爐之後所需若干，或用白煤，或用枯煤，限定噸數，常川接應。而煤質亦須一色無二。設或煤質稍有高下，亦須合用者方可凑入。查熔爐二座，每日約需煤觔一百三十噸，土法窿户定難供應。緣無大礦，出煤斷不能多。若僅收買各窿户煤觔，不惟煤質高下不齊，抑且或多或少，難期足數。即使勉强開辦，難保無接應不及之虞。

一、湖南省所産之煤較堪合用，但熔鐵用煤甚多，將來湖南煤商必漲價居奇，則熔鐵成本較重，利益全歸煤商，大不合算。

以上二條爲採運煤觔起見。倘就近採辦，既難接應；湖南採辦，又不敷用，則前陳擬做枯煤一法亦難舉辦。一再籌思，非並開煤礦不可。莫若就窩子溝煤礦覈實約算，探扦試開。該處開採煤觔，轉運最難，不得不首先籌畫，計自窿口至擬設生鐵廠所應需運脚若干。而内河淺狹，運煤出江，尤須足供兩座熔爐之用，方能濟事。所有擬辦章程，曾於英去年十一月三十日具報在案。再，窩子溝擬採之礦，煤層形勢，固非探扦不能詳悉。然就探見煤苗約畧計之，足供二座熔爐一十八年至二十年之需。而煤層煤脈諒亦整齊，堪以西法開採。惟開井挖窿等工，須俟扦驗之後方可開辦。大約出煤最多之時，總在鐵廠落成之後。

一、安置化鐵爐廠等事，前在美國曾經置辦二座，計高七丈，爐腰突處徑一丈七尺。現在選煤擇礦，擬建熔爐約高六丈五尺，爐腰突處徑一丈六尺六寸。所擬開辦章程，業於英去年十月初二日具陳在案。

一、尋覓安置熔爐之地，沿江一帶類皆低窪，惟黄石港東首半英里外基地一方爲合式。該處土下原係堅石，正可就其培築安爐。地近江濱，而基址頗高，較諸左近各處高下相去約有數尺，雖江水漲時亦不致有浸淹廠所之虞。再，灰石礦山在該處東首一英里，以供化鐵尤爲近便。而裝運應用機器及煤觔礦石，無不皆便。

一、在歐羅巴國辦理熔爐等事，每有總管一人專司總理各事。以下則分別正副，各司其事，以專責司。伏查煤鐵礦務，講究固已有年，而經理各事，皆有成效。不惟一應需費概從省儉，抑且事事精詳，功歸實濟，故能總理一切，盡臻妥善。現在擬置熔爐，僅需西國副手一人襄理，已足安排一切事務。至現在局中之副手，煤、鐵、石灰各礦務無不熟悉。將來煤礦諸務派去一人，鐵礦石礦諸務派去一人，再需雇用副手一人專管生鐵熔爐。如須添設市鐵熔爐，當再雇一人襄理其事，以專責成。

英曆一千八百七十八年正月十四日即光緒三年十二月十二日。礦匠郭師敦謹報。

陳旭麓《盛宣懷檔案資料選輯之二》湖北開採煤鐵總局荆門礦務總局《盛宣懷上李鴻章稟光緒三年十二月十九日武昌》敬稟者：竊職道前稟勘明荆當煤礦情形及赴大冶復勘鐵礦緣由。光緒三年十一月初七日奉到湖廣督憲批：「稟及另單清折均悉。荆門州屬窩子溝礦内煤色甚佳，煤層亦厚，自應將民田民山或買或租，先行議定，以便開簽。該道以一切事宜明春方能籌辦，擬乘此時親督礦師先往大冶復查鐵礦，雇募土工試挖，悉心通籌，以期確有把握，再行稟辦。並會查該山管業民户議章租買，詳勘轉運江邊道路，擇地設廠，所籌均屬周妥。除飭大冶、興國、武昌各州縣會同查勘籌辦外，仰即知照。繳。折存。」並奉湖北撫憲批：「據稟及另單均悉，仰即遵照。繳。」又奉南洋通商大臣批：「據稟當陽縣屬煤色頗佳，刻因河水涸竭，應即緩至明春再行籌辦。至大冶、興國兩州縣所産鐵礦，自應查明山主，酌議租買章程，方可開採，仰候湖廣督部堂轉飭該處地方官會同覆勘，妥籌辦理」各等因；奉此。

職道遵於十一月十一日自省起程，十三日行抵大冶縣屬之黄石港，當赴縣城會同大冶林令遴派紳董先往鐵山曉諭居民，並查明該山界址。隨即回港，親率礦師前赴該山，會同林令詳細履勘。山有廟名鐵山寺，由廟東至山頂名山中壢約三里，廟至山脚西北約二里，正西約一里，東約二里許，南僅里許，其中龍洞、道人洞、和尚帽等處，遍山皆鐵。其西有地名鐵門檻，積鐵渣成隴。再西有潘姓山，鐵苗亦旺。當即眼同礦師督飭工匠，就山四至試行開挖。鐵質雖分等差，而鐵苗到處顯露。遂諄詢礦師郭師敦：「礦形大小，雖已勘明，孕鐵淺深，尚未洞悉，須開簽試探否？」據稱：「礦石皆顯明可指，業已確有把握，無須探簽丈量。」此履勘大冶鐵山之情形也。

旋率大冶林令及礦師履勘水陸運道。陸路至换綠橋十五里，至古塘堤十二里，皆可達水口。由三山湖長港一百七、八十里出樊口入江，運赴爐場。據土人云：「春夏水漲時，載二、三百石船隻可暢行無阻。」此履勘水道之實在情形也。

至安爐基地，據礦師云：「必須濱江，方便轉運。」因於二十三日回黄石港，親督林令、礦師，周歷大冶縣屬之沿江一帶，上自黄石港，下至石灰窑等處地方，尋覓安爐基地，或狹小，或卑濕，頗難合用。再三相度，僅有黄石港東一里許吴王廟旁圩内，有田數百畝，地形寬展。礦師云：「尚敷安置熔爐等件，惟地勢究不甚高，仍恐難免水患。」旁有高地一區，除道光二十九年被水淹後，數十年來，江水雖漲，亦可無虞，特地形又硝狹隘。因思礦石須由樊口出江，如在樊口上下江岸設爐，運費較省。隨於二十九日同大冶林令赴樊口，會同武昌凌令、黄岡恒令，督率礦師履勘武昌、黄岡所屬南北兩岸，上下百餘里。據礦師云：「南岸多山隴、少平陽，北岸多沙洲、少堅土。復值雪後，雪積冰凍，難審土質。合觀大概，即求如前勘黄石港東基地，亦不可得。」職道竊思鐵爐成本甚鉅，安設地方不敢不格外慎重。擬明春再行履勘，必俟遍勘江岸，竟無高阜宏廠之地可以合用，方就黄石港東基地培築安爐。此查勘安爐基地之實在情形也。

再，職道連日履勘武昌江岸，見上自磯窩，下至樊口，五里之内，西山、樊山等處皆孕鐵石。因督礦師敲取礦樣，化見鐵質雖遜鐵山，而與鐵山礦石攙和熔化頗稱合宜。該處地係濱江，運費較省。此勘得武昌鐵礦之實在情形也。

伏查大、武兩邑礦産，似有把握，而全局尤貴通籌。因飭該礦師將採鐵安爐成本，一切開明報聞。再三考詢，雖所開之數目，皆係懸擬，開辦時仍須細查開報外，其餘各節，似尚詳細可憑，敬謹録呈鈞鑒。惟開爐熔鐵，煤爲大宗，選購佳煤，勢恐不給。據礦師稟稱：「前勘荆門窩子溝之煤，最爲合用，洋法開採，亦可應手。但須將水陸運脚共錢若干，通盤籌計。如果合算，即須探簽開辦。」所稟尚非無見。第熔爐機器定購宜早，煤礦簽探須俟明春。用將一切實在情形縷晰稟陳。是否可行，敬求訓示祇遵。

職道擬於日内率礦師赴上海，會同製造局鄭守籌議定購鐵爐機器，並將攜帶大、武兩邑所産鐵石，督同礦師借製造局鐵爐試煉，力求覈實，冀無負中堂委任之至意。並一面委派盛令宇懷、周令鋭前赴武昌、大冶，會同凌令、林令，籌議租買民山民田章程，以便來春設局開辦，應請憲臺轉飭該令等遵行。肅泐寸稟，恭請鈞安，伏乞垂鑒。職道宣懷謹稟。光緒三年十二月十九日發稟。

國家清史編纂委員會《李鴻章全集》第三二册《復閩浙製臺何光緒四年三月初一日》　筱宋仁兄大公祖年大人閣下：

頃奉二月十一日惠書，敬審勛猷益懋，履候咸宜，引企喬云，式符心頌。臺灣煤礦經理未甚得法，葉道到工後，又經添派得力委員久駐督率，諒可設法整頓，不令洋人再有借口。取採之煤，據報由上海試驗，較日本煤質畧高。春翁則謂其細碎，不如民廠所挖，未知續後情形如何。煤油機器亦已運到，鑽驗後有無把握。官磺成色較好，已飭各局查明每歲所需，酌量購用。事關富强至計，蒙爲多方設籌，嚴事督飭，必可漸圖開拓也。阿棉、納納兩社番情最悍，前經派營剿辦，仍令通事諭以禍福，冀其悔罪輸誠。經此懲創，自可漸就範圍。雨帥續假屆滿，計即遵旨回任。福皆方伯星移直隸，玉階、藝圃遞晉薇柏，彙征葉吉，自必相得益彰矣。林維讓捐款撥濟晉豫賑需，在雨帥移緩就急，亦爲力顧大局起見。惟臺防餉需竭蹷，不免更勞藎畫耳。閩中雪雨過多，禾稼被傷，糧價騰踴，鄰近各省又以晉豫□饑，購運紛至，價亦倍增。尊處採辦之糧尚能應手否。鴻章於二月二十五日回駐津門，晉豫賑糧正飭趕緊籌運，廷旨續令截撥南漕十六萬石分濟兩省，運道艱遠，需費極繁，車駝船隻，猝難應手。直境久旱不雨，災歉已成，尤須急籌撫恤，惟盼甘霖迭沛，早耩秋禾，人心或可少定耳。專泐布復，敬頌勛祺，祇璧謙稱。不具。治年愚弟李鴻章。

陳旭麓《盛宣懷檔案資料選輯之二》湖北開採煤鐵總局荆門礦務總局《盛宣懷上李鴻章稟光緒四年三月下旬獻縣》　敬稟者：職道前將覆勘湖北武、冶鐵礦及荆當煤礦籌辦情形縷晰具稟，並將礦師郭師敦所報節畧一併附呈。光緒四年正月初四日奉憲臺批云云。光緒三年十二月二十八日，奉湖廣督部堂批云云各等因；奉此。伏查武、冶鐵礦業經煉有鐵樣，其鐵質之佳，礦質之旺，衆所共見。尤難在興國錳礦近在咫尺，可爲煉鋼地步。荆當煤質堅好，一無硫磺攙雜，固爲煉鐵所宜。雖運費較多，煤層較薄，該礦師以此煤能與美國白煤相埒，一墩足抵他煤兩墩之用，開挖尚可合算。總之，湖北礦務當以鐵爲正宗，而採煤不能不一以貫之也。中國試辦各礦，尚無一處得手。人情易於圖成，難於謀始，既難克期程效，尤難無米爲炊。任事者未嘗不望而却步。但有此地産，有此礦師，有此開辦之端倪，如竟畏難中止，盡廢前功，亦非職道所敢自言，惟有仰乞憲臺鈞裁定奪，俾有遵循。

再，職局前次奏撥官本，係專指開採湖北煤礦，撙節動用，亦僅能勉敷煤礦之用。至開辦鐵礦，獲利更厚，需本愈多，既擬先辦生鐵大爐一座，應購機器、汽爐等件，以及安爐造廠各費，據礦師稟明約需本銀十二萬兩，購地填基尚不在內。且自開辦之日起計算，須一年半後方能見利。而鐵石、灰石、煤斤均須預辦，多多積儲，約需備銀八萬兩。合計實非籌定二十萬兩之款，斷不敢輕率從事。職道再四思維，湖北礦務係直與江、鄂三省會奏之事，通力合作，尚不甚鉅，乃時值各庫皆無閑款，而將伯又復誰呼，若必欲及時開辦，惟有仍就職道經手發典生息之公項，爲移緩就急之計。查直隸練餉截存江蘇各典生息本錢十四萬五千串，湖北軍需局截存漢口公典生息本錢十萬串，均係責成職道經手發典生息，分別按年繳利，以助經費。惟發典原屬便民，而開礦尤裨國計，職道同一責成，不敢不先其聽急。擬請憲臺批準，將直隸發存蘇典生息本項錢十四萬五千串，再於應繳息款內撥錢五千串，湊足十五萬串，改撥湖北鐵廠；並請咨商湖廣督部堂、湖北撫部院準將湖北發存漢典生息本項錢十萬串，改撥湖北鐵廠，以備目前購辦機器、買地造廠等需。其不敷之款，屆時再由職道續籌濟用。惟鐵礦約需試辦兩年，方能漸獲利益，款既歸局，自與存典有别，擬請免息兩年，自光緒六年四月起，仍照存典章程，按年繳息。其本項俟該鐵廠一有餘利，即當陸續分繳兩省，歸還原本。職道實因地利既不忍中棄，資本又無可另籌，不得已作此轉移之計。如蒙憲臺俯如所請，並乞迅速咨行辦理，以免坐糜經費，庶幾早覩厥成。是否有當，伏乞批示祇遵。除稟湖廣督部堂、湖北撫部院外，肅此寸稟，恭叩勛祺，仰祈垂鑒。職道(宣懷)謹稟。

陳旭麓《盛宣懷檔案資料選輯之二》湖北開採煤鐵總局荆門礦務總局《郭師敦致盛宣懷函光緒四年四月初三日天津》敬稟者：頃間翻譯楊少坪來傳尊諭，欲晚等先行旋滬，次將生鐵爐圖樣寄至英廠，再赴當陽探扦等因。爰就現在情形陳請憲覈：

一、生鐵爐描圖繪成，先須將銀七萬五千兩預存匯豐銀行，方可將圖寄至英國，若無存銀，則英國各廠決不肯承攬鑄造。

一、所繪鐵爐初稿須於二日之後方可告竣，其描圖則當趕辦。描圖既成，先須送至總税務司勃來登處，蓋郝德現已假回，駐京税務係勃君代理，寄圖定造等事，應於回滬之前面商勃君妥爲辦理。將來諸務冗繁，不暇再來，一經商妥，即可定見。

一、黄石港及當陽等處開辦、興築、探扦等工，該處土人定有前來滋擾者，若非憲臺親自督率不敢前去，緣一舉一動性命攸關，不得不預爲防備也。

一、由滬赴鄂之前，務請將武昌府城外所失之衣服、圖稿、考單等件一一追還。查此案自英正月至今，業已四個月矣。

一、擬設熔爐之處，現有許多要事亟宜及早籌辦，如購地、量地、定買磚料等件，應於目下一一辦齊，庶興工之日不致遷延。

以上各條，爲開辦煤鐵各礦務起見。先行赴鄂一節，現在未可造次，尚望憲臺即日旋津面商一切，伏查湖北開辦各工務，約須三四個月即可安排定當。倘憲臺不便久留，即於三四月後再行由鄂旋滬可也。肅此，敬請勛安。礦匠師敦謹稟。中四月初三日，西五月初四日。

陳旭麓《盛宣懷檔案資料選輯之二》湖北開採煤鐵總局荆門礦務總局《盛宣懷復郭師敦函光緒四年四月初九日獻縣》徑復者：四月初七日接展初三日來函，均悉一切。本道現奉奏派督辦河間等屬賑務，一時不能脱身赴楚，而礦務亦未便遲緩，已稟明李爵中堂派令提調盛、周二員代辦，俟奉批準，再行知會貴礦師即日束裝由滬赴楚，認真辦事。特將來函所詢各條逐一批復。如貴礦師有不能遵辦之處，即望見示，以便查照合同即行停止可也。此候日佳。

計開批答各條：

一、生鐵爐必須先將圖樣寄至英廠評準實在價值，聽候本督辦覈實，擇定何廠，方能照章先將一半價值寄存銀行，作爲定辦。前與該礦師面商，應將畫好圖樣寄去，一面覈價，仍須候當陽探扦能有把握，再發電信前往定辦。此時應仍照原議，不得更改。

一、此項鐵爐，該礦師既請交金登干代向英廠評價，自無不可。似可由該礦師徑行函致金登干，託上海税務司寄往。如所評價值公道，將來即可託金登干經手定辦。如所評價值浮冒，本督辦自當另託他廠辦理。該礦師如欲趁此進京一行，應準假期一禮拜即行回津，不得遲誤。

一、當陽民情尚好，本督辦已率領去過，上冬還設煤局在彼，民間均可知曉。現既派盛、周兩提調代辦，一切礦務之權即歸該提調做主。伊等必能會同地方官妥爲照料，並有親兵砲船護送，盡可放心。

一、失竊之案，現接江漢關道來信，已拿獲一人，並起獲原贓數件。訊據供稱，尚有同伙二人未經獲案。已賞錢一百千，嚴飭趕緊緝拿。查通商條約，凡有竊盜之案，祇能由地方官緝追。如獲到原贓，即移送領事官發還，或即徑行發還事主，並無賠償之例。該礦師切勿誤聽人言，致壞聲名爲要。

一、黄石港基地尚未買妥，該礦師前議總須先往當陽打扦，自是正理。如探扦無效，鐵廠尚難定準。此時應先赴當陽，俟探扦後再回黄石港布置。現在漢口到沙市已有「江通」輪船來往，自必容易也。

以上批復各條，本督辦均係按照該礦師原議辦理，切勿更改。如必要本督辦同往，則今年不能開辦，祇好停止矣。名另具。

陳旭麓《盛宣懷檔案資料選輯之二》湖北開採煤鐵總局荆門礦務總局《郭師敦復盛宣懷函光緒四年四月十四日天津》　敬稟者：昨奉四月初九日憲批，以湖北礦務緊要，亟需開辦，不得遷延等因。伏思開辦礦務之初，數月之内，若得憲臺親自督率，當更妥捷，曾於前次稟内陳明。竊以爲開創伊始，諸務紛集，所以仰賴夫大人者，不可謂不繁，所以關係於大人者，不可謂不重，是非通盤籌算，不能從事。晚於此等事宜籌思已熟，仍擬稟請憲臺親自赴鄂，以期事事妥當。

所有生鐵爐圖樣，着寄英國估價，再由憲定何廠鑄造一法，自可如法寄去，但往返函商，需費時日，擬請以圖樣徑寄金登干，請其查看各廠估價，擇其尤廉者立即訂定，照式鑄造，然後將所定之價電報中國，較爲便捷。今由史考倫寄來所估鐵器、機器等項造價，計覈磅銀一萬零六百二十五磅，合洋五萬三千一百二十五元，除另行需費保險外，所有自彼至滬水脚等項及將來安置機器等件，需雇西匠四名作九個月安放定妥之辛工銀兩一應在内。計上等火磚每千塊洋十二元五角，爐口塞磚每立方一尺洋三角。又由美國寄來估單，覈鐵器、機器水脚、保險等費一應在内，共計英洋七萬四千九百四十九元。查鐵廠基地應請於當陽探扦之前擇定，先行開工興築，庶機器等件到時，即可安置；若必待當陽扦驗之後再來興築，則此中坐誤又需遷延五、六個月之久。

至前在武昌府被竊一案，憲批以晚係英國人，應查照通商章程辦理。竊以晚在中國委辦礦務，乃中國任用之人，自與一概外邦人迥不相同，請勿援照天津所立中外通商條例。蓋晚因公出差，所到之處並無敝國官長爲之保護。此情此境惟有仰賴憲臺隨時隨地曲爲調護，則凡遇被害被竊等案，均應仰求大人妥爲理直。晚自委身中國以來，躬任各事未嘗不盡心力，以致稍涉疏忽而負委任。如憲臺之意不肯竭力查辦，拿獲全贓，則情同漠視，晚亦必不再赴内地矣。所望推恩格外俯念下情，若不力爲追辦，則興工開辦一切固無庸議。惟伏念知遇之恩不爲不隆，晚等在事不爲不久，倘蒙鑒此苦衷，彼此體貼，自當樂於從事也。刻下籌辦賑務良非易，當必有善策以處之者，望風翹企，倍切瞻依！礦匠師敦謹稟。中四月十四日，西五月十五日。

陳旭麓《盛宣懷檔案資料選輯之二》湖北開採煤鐵總局荆門礦務總局《盛宣懷上李鴻章稟光緒四年四月中旬獻縣》　敬稟者：竊職道前將覆勘湖北武、冶鐵礦及荆當煤礦籌辦情形，縷晰具稟請示，仰蒙憲批祗遵在案。職道於正月内親督礦師在滬，將已置開煤起重機器試裝點視，並將應置生鐵熔爐等件繪圖寄往英國鐵廠，覈實估價。二月内復經眼同在招商局鐵廠用砂罐試煉武、冶鐵礦，當交盛令宇懷帶赴鄂中呈驗。職道於二月底即率礦師赴天津，當蒙憲臺傳見礦師，細詢情形。據面稟武、冶鐵質之佳，礦産之旺，確有把握，請先開生鐵爐一座，逐漸推廣；荆當煤質堅好，一無硫磺夾雜，尤爲煉鐵所宜，雖運費較多，以此煤能與美國白煤相埒，一噸足抵他煤兩噸之用，開挖尚可合算，請先探簽試辦等情，均蒙憲臺察奪俯準。

伏查荆門州屬窩子溝煤樣帶至上海，品評煤質，實較臺灣、開平等處質地堅美。洋法向須先行探簽，知其深淺廣狹，再行直開煤井，横疏煤路，安放機器，起重吸水，此係一定辦法。現在正值漳河發水之際，一切較便，自應及早前往探簽，□(以)免曠時糜費。

職道現奉憲臺奏明，馳赴河間府屬會督妥籌賑務，一時未能抽身赴鄂。四月十六日並奉批，飭郭礦師即令先行前往，俟探簽完竣，該道即親往督同布置一切，勿得遲誤等因。職道遵即轉飭郭礦師，即日由天津赴滬，帶同其手下洋匠，迅由上海赴鄂，並照會提調盛令宇懷督率該礦師等迅速馳赴荆當，擇地探簽。惟慮地方棍徒借端滋事，伏乞憲臺咨會湖廣督憲、湖北撫憲飭知荆門州及當陽縣認真妥慎照料彈壓，其所須租買民田數處，並飭地方官會同局員盛令宇懷、周令鋭認真籌辦。

陳旭麓《盛宣懷檔案資料選輯之二》湖北開採煤鐵總局荆門礦務總局《當陽收煤成本費用估算光緒四年四月》　敬將觀音寺局採買煤斤山本脚力及内河外江轉運水脚約數開折呈乞鑒督。

計開：

山本每百斤錢七十二文；

脚力每百斤錢六十四文。

自局運至筲箕窪船價，向年雨水調匀，谿水常漲，水脚賤時，完儎船(即滿載每船裝煤一堆，約一百五、六十石，船面離水僅三、四寸，必谿水大漲，方可運出。羅氏喬梓皆云，完載船至險，常有傾覆之患)每百斤水脚五、六十文；夾駁(係正船二隻，加一駁船，裝煤二堆）每石水脚六、七十文；對駁（係用正船一隻，駁船一隻，載煤一堆）每石水脚七、八十文；三駁（係用正船一隻，駁船二隻，裝煤一堆）每石水脚八、九十文；四駁（係用正船一隻，駁船三隻，載煤一堆）每石水脚或九十、一百，或一百一十文。此谿河水足年分河船水脚之約數也。

去歲天旱，三月間發水一次後，至今春訖未發水，民間積煤甚多。月來雖得雨一、二次，而谿河僅發小水，河勢高若建（瓶）〔瓴〕，渴可立待。民間積煤甚多，一發水即加價争雇，故船價較貴。日來與羅純庵兄及乃弟帥夫兄督率船頭羅正剛，照民間時價，與各船户議定，完載水脚每石八十文，夾駁九十文，對駁一百文，四駁一百二十文。如五月間大雨時行，谿水常漲，船可源源濟運，船價自可議減；若亢旱無水，則仍須議加通牽每石約錢一百文。

由局廠運赴河船夫力，水小時每石十文，發水時須搶下，每石二十餘文、十餘文不等，通約錢十四文。

自觀音寺至筲箕窪，每船完道、府關税錢一千四百五十文，裝煤一堆約一百五六十石，每百斤約十文。

自筲箕窪運至蟠塘，初雇柏木船五隻，每石水脚一百零九文，每船貼自沙拉船至窪縴夫錢或二千，或四千文。嗣雇柏木船八隻，減去拉船貼費錢二千文。後雇湖南船，又減去每石水脚十文。大約將來水脚每石總在百文左右。

由窪至蟠釐金，係交錢由外江船户代完，到蟠局見釐局大票找付清楚，每石約錢十文。

共約三百七十文，加以耗碎折減及蟠塘、觀音寺、筲箕窪三處局用，每石總在四百餘文。

煤斤係加一秤，以十六石約合一墩，每墩約合錢六千五、六百文。

陳旭麓《盛宣懷檔案資料選輯之二》湖北開採煤鐵總局荆門礦務總局《周鋭致盛康函光緒四年五月二十二日觀音寺》 敬禀者：頃奉復諭，恭諗二叔憲臺大人俯臨敝里，榮返漢皋，福履曼安，備如私祝。諭令停收煤斤，已遵諭告知史卿兄，候窿支扣清，定見停買。至局煤在荆銷售，自較漢鎮合算，但其中大有爲難之處，前已與卿若兄函託柏蓀兄上回一切，今接手諭後，又再三通盤籌計，並與局紳熟商，仍甚爲難，祇得縷晰上禀，叩乞訓示。

伏查此間行户居民多以囤運煤斤爲生活。客冬杏蓀弟在觀音寺設局時，士人謂奪民間之利，詭説局内代洋人買煤，遍貼匿名揭帖，勢甚汹汹。杏蓀弟當即責成地方官及紳士開諭居民人等，謂局内採煤係供中國輪船製造等用，並非代洋人購買，亦非運出售賣與民間争利，謡言始漸息。此時如驟將局煤運荆出售，行户等恐不甘心，又將騰口。如可從此撤局，或可無恤人言。杏蓀弟方將率洋人來此探簽，似宜以籠絡人心爲主。況卿兄所云，荆沙煤價五百文一石，現在並無此價，且行户壓秤至加倍、加五之多，錢色紅小，且係數月期票，所謂得價有名無實。杏蓀弟春初因卿兄有在荆售煤之議致侄函内，即有「設局採煤原爲濟輪船、製造等用，倘在荆州售賣，是顯然與小民争利。漢口煤價必不能貴於荆州，所以運漢口者必欲運上海耳」等語，職是之故。頃接上海王懋亭兄來信云，局煤可敵寶慶沙里灣煤，刻下市價七兩稍内，作爲中盤，去歲貴至七兩八錢，賤至六兩四、五錢。自漢運滬，水脚每吨一兩一錢，局煤運蟠成本約四百文，合計似尚不至虧折。在荆銷售似不若仍舊運滬。況漳河水勢高若建（瓶）〔瓴〕，無水時轉運極難，無論在何處銷售，非乘五、六、七等月發水之時，搶水運出筲箕窪不可。局内原買煤七萬五千數百石，運出一萬七千六百餘石，尚存五萬七千數百石。每石由局運窪，下力、水脚、釐金約一百三十文内外，計已須錢七千四百餘串，僅能運出漳河。若起棧候賣，玉路口雖租一廠，祇可囤煤數百石，另租地囤煤已不易易，且將許多煤斤露積江濱，即派人看守亦大不放心；若不起棧，仍雇江船運蟠，又需水脚等錢六、七千串。倘不論大局如何，竟在荆賣煤、運煤，似亦無可如何之一策。但煤數較多，一時既難出售，且必受煤行壓價、壓秤等弊，又賣煤愈多，則期票愈遠，並無現錢，仍不能應此時搶水運煤之用；如誤過水期，煤須積至明年方可售出，看守一切既需費用，且積久碎耗，暗中虧本，似亦非計。況在荆賣煤，弊竇極多。侄恐不能周知，且又不便深説，非求飭派精於貿易結實可靠之人來沙專司其事不可。再四思維，苦無善策，與其貽誤於事後，不若禀明於事前。用將爲難情形詳細禀陳，叩求速賜訓示，俾有遵循，是所至禱。

至此間銀錢係仍歸杏蓀弟以前札委之紳士閻少泉經手，即侄月來在典票取銀兩亦交少泉經理。侄隨時查閲轉運帳目以期覈實。此人係閻柏泉兄之子，家道殷實，人亦要好，現在統計局用。

又，欠伊三泰號内銀七百餘兩，屢囑侄向肇廣付錢。頃接胡少巖兄等來信云，此間用款不必向漢號支付，不知何故？侄客歲承杏蓀弟函招來鄂，因素不習會計，言明不經手銀錢，前因奉諄諭，故面禀專任轉運一項。現在運費需萬餘串之多，侄不善經理帳目，深恐舛錯，叩求另派親信妥人經管。侄仰承二叔大人篤念世交，栽培逾格，定仍竭力襄佐，以仰副委任之至意。杏蓀弟不識究何日來鄂，柏蓀兄聞有請假回蘇之説，漢口無人居中調度，則蟠、漢、滬、當四處相離如此之遠，一切似少稟承。不識可否稍留柏翁數月，候杏蓀弟莅鄂，再起身南旋否？憲節何日南指，叩求諭悉。侄擬夏末秋初請假一兩月，回里卜先慈葬地，特敬稟聞。肅泐寸稟，恭請鈞安，伏乞垂鑒。姻世小侄製周鋭謹稟。五月二十二日。

柏蓀兄及定翁近祉。

陳旭麓《盛宣懷檔案資料選輯之二》湖北開採煤鐵總局荆門礦務總局《周鋭致盛康函光緒四年六月十七日沙市》 敬稟者：本月初十日肅上寸稟，由信局包足限十四日辰刻上呈崇鑒，亮邀慈覽。頃接梧兄來函，恭諗二叔憲臺大人福躬曼安，備符私念。並悉洋人已登「江通」輪舟，定於十五日開行，十八日可到沙市。侄已雇定江船三隻，在輪船碼頭專候伊等過船，並一面專足通知當陽縣，俟陳令到兩河口即開船上駛，並另請義順營派砲船，江陵縣派差彈壓保護，以期妥協。

至採買已於本月初一日停止。轉運一節，自前月十八起至辰下，發水三次，局内久已無款。卿兄初赴省門，後回荆寓。侄一人在局與羅紳熟商，在沙與三泰婉言借用銀錢，運出煤一萬一千餘石，計用錢一千數百串。加以五月份發水脚及五月至今局用，計欠三泰銀一千兩，係商之三泰，定期廿一日付銀，認半月一分三釐息（侄詢局友：從前用三泰銀何以無息？據云，係熔銷在錢價内。侄事事從實，故竟稟明）。又欠羅紳正記號錢六百數十串，貞記百餘串，該紳來函索取頗急。此人爲山内公正紳董，山民所極推服。去歲因卿兄向伊通假，伊未能允，並有不能體貼輿情等事，伊具稟繳札。侄到局後推誠相待，甫來局辦公，並慨允借款應局内搶水急用。現在伊號辦絲需錢甚急，萬不可不應伊之用。

又，已裝川船四隻、南船五隻，候發水脚已半月餘，亦急求發水脚開行。祇得諄託閻少泉兄在錢莊買期錢一千串，計銀六百三十七兩，言定本月二十八日付銀。運錢四百串還羅紳正記號内，餘錢六百串發各船水脚。三泰號友及少泉兄皆云：沙鎮貿易情形以信字爲主，此兩項期銀如到期不付，人謂伊號不信，即呼應不靈，誤伊號事不小，囑筆稟求二叔大人務於廿一日期付伊漢口三泰號沙平沙色銀一千兩，取該號收條。廿九日期銀（沙平沙色）六百三十七兩，求函囑梧兄開票付伊，或亦由官銀號徑付漢鎮三泰（可省會費），統求諭定。至此項錢文用款，皆有報册及賬簿可稽。侄僅支用錢十七千文，求囑梧兄將賬簿細覈，以免舛錯。

再，此後轉運、採簽各費想皆由梧兄經理。但用款有緩有急，有應省有不可省，恐梧兄未能深悉。求諭梧兄，如侄薪水外借支錢文可不必付，至公項應用之款似宜酌付，不可掣肘。侄自知立言冒昧，因自到當局後，事事爲難，共事之人不但不能襄理，且非置之不問（常住公館），即滿口承應，而轉誤事，反需侄吃力彌縫。即如買船數祇喫虧不少，去歲設局採買時，侄即諄勸杏蓀弟不必多此一舉，杏蓀弟不能採納。甫定章札委閻紳少泉專管銀錢，羅紳繩庵專管收煤，卿兄辦理局務。今春杏蓀弟因閻紳之父及羅紳皆切實稟求銷委，函託侄來當經理一切。侄因交誼起見，不得不來當局，然已諄懇杏蓀弟另派妥人，乃杏蓀弟付之不答，且將洋人探簽事宜責成侄一人經理。侄本擬晉省面辭，因蒙二叔大人諄諭再三，杏蓀弟來示又極諄切。兩世深交，竟有誼不敢辭之義。然事太喫重，助我無人，竟有不能安枕之勢。頃梧兄來函云：憲節二十外錦旋金閶，翹望慈云，遠隔三千餘里，杏蓀弟又在重洋之外，遇有疑難稟商請示，須一兩月之久。勉力擔荷，深恐不能勝任。至挪款辦公，更非窶人子之所能也。一旦誤公，有何面目上對長者！仰蒙吾叔大人獎許，謂侄素有血性，故敢披瀝肝膽，惶恐上陳，叩求訓誨。

又，接蟠局來信，運煤各川船皆有使水短斤等弊，殊屬可恨。好在各船承裝時皆具有領狀，少煤願賠。現又具甘結，業經責成經手人候該船來時追賠。現已明定章程，扣留水脚四成，赴蟠找付，並令覓大字號作保，較有把握，俟議定後當即稟聞。

又，沙鎮、河溶地極繁華，人之所好，無色無之。局内人衆，侄一人耳目難周，叩求諭令梧兄會同覺察約束。

再，昨日專送安鄉函件，信足回云：十三日有人來荆。想係唐子授兄，到時位置何席，月薪若干，求諭知以便祇遵。此稟求賜閲後付丙，勿使人見，是所叩禱。肅泐寸稟，恭叩福安，伏乞垂鑒。姻世小侄製周鋭謹稟。六月十七日。

陳旭麓《盛宣懷檔案資料選輯之二》湖北開採煤鐵總局荆門礦務總局《周鋭致盛宣懷函光緒四年八月初二日沙市》 杏翁仁仲方伯世姻大人閣下：前月廿七日肅上要信一函，亮邀偉矚。頃閲前人語録，見薛文清公云：「事才入手便當思其發脱」，良爲至言。因思探簽一事，應將見煤、不見煤二層如何發脱之法，仔細深思，稍有一得，但其中曲折太多，必候方伯臨局時面陳，不能託楮先生代達，特將須乘旌節駐津沽時應急籌辦者奉聞。

年前所購開煤機器，昨見張海所畫之圖，並畧詢尺寸斤兩，大約三里岡即探簽見煤，恐不能合用。即如大爐重一千七、八百斤。由觀音寺至三里岡山路，方伯曾親歷之。昨運送探簽架木四株，不過重二、三百斤，已需每株用抬夫八名，前一日運上岸行數里，次日黎明即抬運至未、申刻甫到山。此木既不甚重，且長而不闊，且轉運如此吃力，況火爐尺寸既大，份兩又重，轉運恐屬萬難，且不祇此一件，即或勉强運竣，所費恐亦太多。聞洋人有用小機器出水扇風之法，擬與師敦商酌，即伊必需用全付機器，似亦應照外洋章程探簽見煤後，即照擬開井地基尺寸大小畫圖定購機器，似可多作件數，分開斤兩，以便運入山内，較用已購就之機器似覺合法。然棄已成者又復另購，似不合算。（拖煤出窿，山内小工每日供飯竟四十文一名，似不貴，將來出煤似可用人力。）鄙意以爲現在開平開井必用機器，開平地基寬大，用我們所購之機器想應合用（將這邊不合用情形上回，並稟云總係公件，一爲轉移即兩得其便，必乘此時面稟，回局後再具稟即費筆墨）。方伯可逕稟請中堂憲將此副機器發與開平礦局，似屬兩便，不識尊意以爲何如？敬祈示復（倘開簽不見煤，將此副機器送出，又省一事）。

兄前月廿二日即偕張煦兄來沙坐候洋人，至今尚未見到，聞「江通」輪船下駛時在石首擱淺。廿七、八日長江發水數尺，想已出淺下放。前接二叔大人手諭云，定令師敦附「江通」來沙，大約不日可到。已稟請孫道憲派義順營砲船二隻，託江陵縣派差三名，候洋人到後即護送由漳河赴局。並函邀當陽陳筱雲到兩河口照護。荆門鍾（煦）〔毓〕堂有本月初九接篆之信，屆時當邀伊來局，會督洋人入山看地，並議租買章程，容隨時布聞。

兄日内又發肝恙（今日稍愈），頭暈耳鳴，故字畫潦草，敬祈鑒之。賑務竣後，務求早日臨局，是所切盼。肅請臺安，即望示復。託大有豫、肇廣速寄，大約兩旬可到也。世姻小兄製鋭頓首。八月初二日。

杏翁方伯世姻大人再惠覽：月前洋人暫留漢口一節，兄並未妄貢末議。六月中旬奉二叔大人手諭云，洋人擬即附輪來沙，兄即特來沙鎮借砲船，要縣差並雇江船三隻坐候洋人過儎。後因接寺局來信云，羅氏宗祠本允借住，忽因外間浮言四起，人心不靖，定不肯借。羅、胡諸紳云，近荆門一帶大旱望雨，人情頗不安静。洋人來時，必得荆門州李芋翁來局保護，洋人看山方能安妥。兄思去冬情形，兄如函招芋兄必不肯來，因專函將地方情形稟知二叔大人，請求筱帥飭武昌府方太守函致李芋生諄囑來局一走。因聞李芋生與方太守同鄉相好，故有是請。並無荆當不可探簽及請飭洋人緩來之説。此稟曾抄稿寄上，可取出再賜一閲即知也。

至洋人月須用費若干，早探簽一日即可少虚糜一日。春間曾叠塵聽，豈今日忽忘之！即前再請老方伯早日莅局，亦是此意。

昨日郭師敦云，在窩子溝一半里内探兩三簽。是在煤窿面前探煤，自無不見煤之理，郭師敦可謂聰明之至！老方伯盡勤三年之久，今得煤窿，讓吴觀察居現成之功，私心竊爲不平。請酌之（如可榮篆海關道，即望密示。此間事兄另有秘陳也，必於尊處有益）。

局煤月來已轉運出六萬餘石，現僅存煤萬五千餘石，如再得水一、二次，船隻凑手即可運竣。史卿兄請專任窿局轉運，不知何意？窿局所用之人，除兄因收煤短數太多，派一友人專管煤斤外，其餘管銀錢、（枰）〔秤〕煤斤皆伊子侄，即（枰）〔秤〕手皆伊家丁及太平口哨夫（内僅有繩安薦一人以管秤）。兄月前因卿兄令哨夫雇外江船隻，船户謂該哨夫索費，因囑將此哨夫開銷，雖面允而仍用之，以致雇陳錦太等船膽敢赴漢口揑報失風。兄又因漳河運煤等船守候過儎日久，怨聲不絶，查明窿局每日僅秤過小船兩三隻，停候過儎，摇擺船動至百餘隻或數十隻之多，兄祇得專信嚴切諄催，局内復信竟與兄争執。兄月昨來沙，又婉言諄勸，囑添（枰）〔秤〕手，允加開銷，近來日可秤過十船八船，不至如前遲緩（然而怨毒深矣）。今老方伯既允伊專辦窿局，原可置之不問，但恐過儎依舊極緩，小船即不願裝局煤。且近日雇外江船，兄係專託閻三泰閻少泉兄。卿兄近日因向少泉借支錢文不能稱意，大怪少泉。卿兄專管窿局，少泉即不願代覓江船，勢必全委之哨夫雇船運煤，恐弊端百出。兄思代老方伯辦事如自己事，萬無打官話之理，祇得仍勉强與聞，仍拉卿兄兼與聞觀音寺局事，面子方下得去。老方伯以爲然否？

河南塔捐簿既已失去，未便再領，敬求大仁人捐錢五拾千，兄捐錢五拾千（此地寄錢往南京大不便，敬乞代爲墊付，容即歸趙）。務祈即日函託何仁翁代付江寧舍親方紫翁手收，是所切禱（外信一封望閲後賜寄）。

承允代爲物色一節。無論康成家婢，未必足當周郎一顧，乃必以荆門事之成否要之，可見年來吃許多辛苦，受許多曲折，竟未蒙知己鑒之。即如黄石港基地，兄春間即函告云，已與林子翁商酌，並諄託紳士姜勗哉、阮稚泉等設法取看各家地契，大約總在二千金可以購得，並繪圖寄呈。今讀手教，似接子鶴兄信，方知兩竿之説。命舛人作事，較得意人相去乃如此之遠耶！一笑！正信遵示繕寫稍清楚，然近日肝氣作痛，心氣不和，恐立辭不能得當，仍望不必轉呈中堂爲禱。肅泐，再請勛安。世姻小兄又頓首。

（此信因事屬切已，不得不冒昧直陳，閲後務求付丙，至感，至感！）

陳旭麓《盛宣懷檔案資料選輯之二》湖北開採煤鐵總局荆門礦務總局《李興鋭、鄭藻如致盛宣懷函光緒四年八月初四日上海》 杏蓀尊兄大人閣下：初三日奉讀惠書，借悉橥水等件已蒙察收。比諗藎畫勤勞，時釐暢懋，至以爲頌。

鑄鐵一事，欲合九州之産運聚一處，購器熔煉，自因風氣未開，先籌執簡禦繁之策。崇論閎議，欽佩萬分。惟此種辦法似乎尚有窒礙。外國煉鐵必就出煤之地，非僅取其利便，緣熔冶礦砂約煤七、八吨始成生鐵一吨，由生煉熟約煤二、三吨始成熟鐵一吨。近來新器，用爐數座，以熱風扇之。生鐵既熔，即從第一爐中以次灌注各爐，或爲鋼，或爲熟鐵，各有一定節度。由是施之碾床，運以機器，爲板爲條，必使材料既成，然後運售各處。蓋鐵礦、煤礦相近，既省煤價，成料而後運售又省人功。非此則成本必貴，無利可圖也。目下外國鐵價，上等皮皮字號鐵板，每百斤值規銀三兩五錢至三兩七、八錢，稍次僅值三兩二、三錢；正號諸式鐵條，每百斤值規銀二兩五錢至二兩七、八錢，稍次僅值二兩一、二錢；均送至買家交收，所有水脚、關税，行用皆在其内。若如來示，湖南生鐵運至漢口，每百斤合銀二兩四錢，加以煤價、工資、火耗及起卸搬運之費，機器碾軋一切油煤各費，每成熟鐵百斤，非再增成本兩餘、二兩，恐不能辦。由成鐵之地再運别處發賣，脚價又以遠近遞加。即此觀之，有無利益，可以屈指而決矣。

至敝局不能承辦，約有兩端：一則款項支絀。目下刻不容緩之件，辦理尚覺拮据，安有餘力以資分給。津、滬合籌之説，試以閣下設身處此，當必深知其不可行。往事似無庸議。一則相距産鐵、産煤之地太遠，明知有損無益，誰肯倡此賠本之論，以受將來責備。況滬上地土松浮，煉鐵之器類皆重大，山地尚宜安置，沙地如何任受，恐擺設機器其費不止加倍，尤不上算。經費既已無着，地勢復不相宜，謬附虚名，牽率經理，徒違作事謀始之戒，不待智者而知其不可也。

總而言之，煤鐵爲中土自然之利，爲目前切要之需，及今不辦，外人益肆覬覦，其勢斷難中止。但宜問鐵苗之旺與不旺，礦質之佳與不佳，取煤之近與不近。三者果有把握，正不必遽煉熟鐵，即如尊議暫辦生鐵機器，但求貨色、價值與外國兩無參差，則銷售必能通暢。試以各省官廠而論，歲需生鐵當在五千吨上下。各省冶坊及香港、厦門、上海三口華洋商廠所銷之數合計，定必不少。向來中土生鐵不善提煉，質硬而粗，鑄器既不精緻，錠鎈又無所施，而其價竟與外國相等，或且過之。今外國第一號紫口生鐵每吨平價約廿二、三兩，第二、三號者以次遞減。誠使煉出生鐵價貨無殊外洋，人亦何樂求諸遠方，何樂勉用舊産而不羣然相就哉！生鐵暢銷之後，遠近咸知獲益。彼時或招商或官款，購器煉熟，一氣呵成。有成本可算，有工匠可使，有成效可征，駕輕就熟，莫便於此。

我公綢繆全局，力創其難，江漢數千里躬親履勘，冒涉炎暑，一切調停籌畫，費盡苦心。凡屬同志孰不拜服到地，日盼事機之順遂，用敢罄竭愚慮，以備採擇。尚乞恕其狂瞽，曲賜教言，幸甚，禱甚！耑泐布復，敬請臺安，並賀秋喜，統希勛鑒不宣。愚弟期李興鋭、期鄭藻如頓首。八月初四日。

陳旭麓《盛宣懷檔案資料選輯之二》湖北開採煤鐵總局荆門礦務總局《盛宣懷上李鴻章禀光緒四年八月上旬天津》 敬禀者：竊職道於光緒二年正月蒙憲臺會奏，委派督辦湖北煤鐵礦務。因前延礦師測地無效，二年七月復蒙憲臺面屬赫總税司赴英國另聘礦師郭師敦於三年二月到鄂。職道親自督率履勘半載，甫經勘定大冶、武昌所屬鐵礦，質佳苗旺，最爲可靠。又以熔鐵必須頭等佳煤，興、濟煤山皆不合用，復勘定荆門所屬煤礦，化質可稱頭等。惟開煤向須探簽，始知煤層厚薄。本年二月職道帶同該礦師來津，將所勘各礦情形及將來應如何籌款開辦面禀憲臺，請示一切。時值河間各屬告災，當奉檄飭籌辦河間賑務。旋即禀明先遣礦師赴鄂，隨同職局提調試辦荆門煤礦，業奉憲臺暨南洋大臣、湖廣督憲、湖北撫憲批準辦理在案。

惟查礦務既屬興利之大端，而得人尤爲辦事之先務。現在大冶鐵山均已買成，安爐基址亦已勘定，鐵樣既經熔出，成本亦曾約覈，應購熔爐機器並已繪圖寄赴英廠，專候去信定奪。至荆門煤礦上年親往勘定處所，已飭該礦師繪圖立説，據稱確有把握。該煤運赴上海品評，實爲美質，並已煉過武、冶之鐵，均稱合用。現派提調周令鋭先行租地探簽，一見煤層，便須開井。此項取煤機器、鐵路均已齊備，是湖北煤鐵礦之端緒已彰。既欲認真開辦，似未可再行遲緩。職道時有别項差委事件，南北紛馳，未能專顧礦務，而工程一經開辦，實不可一日擅離，以致旋作旋輟。事關富强大局，亟應遴派幹員坐駐礦場，專心總理，方能觀其成效。查有運同銜補用同知李丞金鏞居心誠慤，任事勤奮，於礦務尤加留意，心精力果，必能始終其事，堪以總辦局務。知州用浙江候補知縣周令鋭，廉潔自持，條理精密，前隨職道勘定武、冶、荆當各礦，極著勤勞，現在接充提調，頗能與地方官紳聯絡辦事，堪以會辦局務。以上二員，相應籲請憲臺俯念礦務重大，準賜札委，迅速馳往，認真會同籌辦。現在礦務雖有端倪，尚無成效，職道決不敢遽辭督辦之責，仍當隨時會督妥商辦理，以期集思廣益，日起有功，庶無負憲臺委任之至意。

再，礦務以監工、估工爲要事，非有諳練之員不能勝任。查有候選通判徐華封在上海製造局學習有年，頗精化學，近於五金礦務尤爲加意摩挲，堪以派令監工。布衣金德鴻擅長算學，精於繪員，並祈憲臺俯念礦務要工，需才孔亟，準即札飭該二員克日隨同李丞前往工次，以收用人之效，實爲公便。肅此寸禀，恭叩勛祺，伏乞垂鑒。除禀南洋大臣、湖廣督憲、湖北撫憲外，職道□□謹禀。光緒四年八月　日。

陳旭麓《盛宣懷檔案資料選輯之二》湖北開採煤鐵總局荆門礦務總局《郭師敦致盛宣懷函光緒四年十月初三日觀音寺》敬禀者：竊於本月二十日奉英九月十五日憲諭，敬悉河間賑務已竣，尚須滯留數月，方可臨鄂。祇聆之下，不勝悵悵。並悉憲臺之意，以興辦中國各礦務，當以晚之所辦者首先得功。憶自臺旌北上以來，爲時較久，先後一切殊難逆料。揆諸目下情形，未識何事堪以見功，不惟難以自信，抑且甚爲躊躇。竊自委任礦務以來，凡屬應辦事件，必使有益無損，功歸實濟。第恐憲臺觀之，似屬於公無益，則一切事宜礙難舉辦矣。

晚等於英九月初一日附搭「江通」輪船由漢起程，即於初四日抵沙市，復於初七日起程至十三日抵觀音寺，滯留數日，即於二十日遷居現在開扦各處左近之新局。各山山谷於二十一日下午爲始，丈量五日，俱已周徧。即於二十六日下午開工探第一扦，迄今探深八丈有奇。二十九日開工探第二扦，迄今探深將及五丈。第一、第二兩扦，約須二、三禮拜内即可探穿煤層矣。第三扦扦工於英十月十八日開探，迄今已得開深二丈五尺。此處煤層如無他項石質夾雜其間，約須開深三十丈左右，方可探見煤苗也。

擬設生鐵熔爐圖樣及詳注製造尺寸等件，於英七月間寄交英京金税務司，囑在英國曉諭各製造廠遵照圖樣覈實估價，收取各廠價單。昨接現駐北京之總税務司來函云：近得郝税務司由英京寄來電報云：「圖樣等件俱已收到。」並自述其意見云（礦師口述云：前寄圖樣各件，係託金税務司代辦。郝君見所致金君函而即有如是云云者，緣郝君爲中英各通商口之總税務司，金君尚在郝君屬下。今郝君在英，金君須請郝君之示，不敢擅自專主故也）：「圖樣等件祇可暫存，刻下未便即着各廠開具估單。而將來定製，亦不可以估價最廉者便與訂定（「翻譯私議：」英國各省貿易，以英吉倫、史考倫二省爲最大。礦師云二省中大小各鐵廠不下百餘家，其間最有本錢而工作無誤者爲頭等大廠，不過十餘家耳。大廠貨真價實，未必肯減價遷就。其減價遷就者決不穩當。西人定造器具，大抵先考估價者之本領，其定奪估單之人必是熟手。先將工料約覈，胸有成竹，方與定見。查上海工部局修路架橋及製造鐵橋一切工作，亦必先取各作廠估單，其所定見者必與工部局總管工作洋人所覈之數相去不遠，方與訂立承攬。其估價中太昂太賤者，皆不取也。礦師所述郝君此言，自是洋人常例）。總須俟中國回信，明白函致，並需隨將價銀存交上海麗如銀行，方可定製。」（礦師口述云：存銀之數，需銀七萬五千兩，覈與四月初三日在津所禀之數無異。又云：若各廠覈實估價僅需銀五、六萬兩左右，則所存餘銀盡可於製成之後提還中國。此層斷難照議，或者先存一半，餘俟各器運到中國，再行找足）又云：「英國頭等各大鐵廠亦不肯先開詳細估單，聽候中國回信至數月之久。」伏查前在天津，亦曾先將此意陳請憲裁。今郝君亦意見相同，自是正議。蓋英國舊例，凡有包造全套大器，須遵來樣及樣中所注尺寸，絲毫無誤，堪以包用，如晚所繪所注者。若非預將價銀存交銀號，不得承攬製造。查現在英國各廠若令照圖估價，覈實開單交與中國所託代爲監造之人，當其查估各項價目及約算工料時，必須大費周折，且須各自開銷零星費用。一俟各廠估單取齊，訂定何廠製造，則其餘各廠所用之費，概由各廠自出，不得向中國定製之人收取分文。

現當憲臺在北，離都較近。駐京總税務司郝君有事回國，現委勃來登、兑史二君代理。或請臺駕詣京面詢勃、兑二君，或專函查問一切情形，必能詳細奉聞也（「翻譯私議：」專函一問似不可少。前聞天津製造局定製機器，西人爽約，大費周折。將來如果定製，或者禀請伯相知會現駐英京之中國（領事）（公使）會同郝、金税務司及精明監工定價之人，查明果係頭等大廠，向無貽誤者，方與定製，較爲穩當。若託上海外國掮客代辦，或可不必先存鉅款。然一經掮客，彼必因而漁利，弊端百出，終非外國定製爲妥）。

再，前在漢口被竊一案，延今九月之久，未聞該處地方官認真查追。追到之物不過一、二小件。諒因憲臺久未來鄂之故。擬請飭知局員代爲知照，迅即追給晚之衣服及圖樣、考單等件，不勝感激（「翻譯私議：」礦師在荆，屢次催討被竊各件，及硬要不準給各項，動以停工挾製。因前在津門曾有將欲決裂一層，囑其若要查追贓物，須得具禀局憲，然措辭不得過很，一經激怒，事反不諧。故禀中所叙此層，辭意稍遜，聊挫其威，不致藐視局憲也。然案懸已久，贓不見繳，被竊身受者情亦可憫，似宜代爲催辦，以示體恤）。

肅此，敬請崇安。師敦謹稟。西一千八百七十八年十月二十八日。

陳旭麓《盛宣懷檔案資料選輯之二》湖北開採煤鐵總局荆門礦務總局《何維鍵咨湖北開採煤鐵總局文光緒四年十二月二十六日漢口》 欽加鹽運使銜湖北漢黄德道監督江漢關税務兼辦通商事宜何爲咨會事：

案照官局土煤雇船裝運酌議變通捷便章程，擬在敝關完納煤税船鈔，由武穴總卡驗明，發給税單執照，其應納正税及船鈔銀兩，按每年四結，由貴局徑解敝關覈辦，詳奉院憲批準遵照辦理等因。業將上年十二月二十一日起，至本年八月二十九日止，應完正税、船鈔銀數先後開單，咨請解關，並按結詳報各在案，迄今未準解到。

兹查十二月初八日爲本年第四結期滿。據武穴總卡委員呈報，自九月初五日起至十二月初三日止，共應納官土煤正税庫平足色銀二百四十三兩五錢四分五釐五毫，共應納船鈔庫平足色銀一百四十一兩二錢八分三釐七毫。應請移解匯結詳報。所有運煤船户姓名、吨數、税單執照號次，相應開單咨送。爲此，合咨貴局，請煩查照。希將前兩結應完税、鈔共銀二百十七兩三錢六分，並此結税、鈔銀三百八十四兩八錢二分九釐二毫，刻日一併分别移解過關。立候匯報，望切施行。須至咨者。

計單一紙。右咨湖北開採煤鐵總局。光緒四年十二月二十六日。

計開：

光緒四年九月初五日

填給船户段春林，民船裝官土煤六十四吨七分，第二十五號税單一紙。應完正銀六兩四錢七分（其船鈔未滿四個月限期，不應完納）。

九月初八日

填給船户鮑怡順，民船裝官土煤六十三吨，第二十六號税單一紙，並船鈔執照，應完正税銀六兩三錢，船鈔銀六兩三錢。

填給船户熊恒泰，民船裝官土煤八十二吨六分，第二十七號税單一紙，應完正税銀八兩二錢六分（其船鈔未滿四個（月）限期，不應完納）。

九月初十日

填給船户鮑廣新，民船裝官土煤七十吨另六分，第二十八號税單一紙並船鈔執照，應完正税銀七兩另六分，船鈔銀七兩另六分。

九月二十二日

填給船户譚義元，民船裝官土煤四十八吨，第二十九號税單一紙並船鈔執照，應完正税銀四兩八錢，船鈔銀四兩八錢。

九月二十七日

填給船户胡雲章，民船裝官土煤五十四吨，第三十號税單一紙並船鈔執照，應完正税銀五兩四錢，船鈔銀五兩四錢。

九月二十八日

填給船户胡有聰，民船裝官土煤三十七吨，第三十一號税單一紙並船鈔執照，應完正税銀三兩七錢，船鈔銀三兩七錢。

十月初一日

填給船户胡賢章，民船裝官土煤六十三吨五分，第三十二號税單一紙並船鈔執照，應完正税銀六兩三錢五分，船鈔銀六兩三錢五分。

十月初七日

填給船户胡焕章，民船裝官土煤九十四吨四分二釐，第三十三號税單一紙並船鈔執照，應完正税銀九兩四錢四分二釐，船鈔銀九兩四錢四分二釐。

填給船（户）趙文祥，民船裝官土煤九十八吨六分二釐，第三十四號税單一紙並船鈔執照，應完正税銀九兩八錢六分二釐，船鈔銀九兩八錢六分二釐。

十月十三日

填給船户梅永茂，民船裝官土煤一百二十二吨四分八釐二毫，第三十五號税單一紙並船鈔執照，應完正税銀十二兩二錢四分八釐二毫，船鈔銀十二兩二錢四分八釐二毫。

十月十四日

填給船户段春林，民船裝官土煤七十五吨六分，第三十六號税單一紙，應完正税銀七兩五錢六分（其船鈔未滿四個月限期，不應完納）。

填給船户張洪發，民船裝官土煤七十八吨五毫，第三十七號税單一紙並船鈔執照，應完正税銀七兩八錢零五毫，船鈔銀七兩八錢零五毫。

十月十九日

填給船户何裕豐，民船裝官土煤一百零六吨六分五釐，第三十八號税單一紙，應完正税銀十兩零六錢六分五釐（其船鈔未滿四個月限期，不應完納）。

十月二十五日

填給船户曠金漢，民船裝官土煤六十九噸，第三十九號税單一紙並船鈔執照，應完正税銀六兩九錢，船鈔銀六兩九錢。

十一月初一日

填給船户蔣得榮，民船裝官土煤七十五噸二分八釐，第四十號税單一紙並船鈔執照，應完正税銀七兩五錢二分八釐，船鈔銀七兩五錢二分八釐。

填給船户李復勝，民船裝官土煤七十五噸二分八釐，第四十一號税單一紙並船鈔執照，應完正税銀七兩五錢二分八釐，船鈔銀七兩五錢二分八釐。

十一月初二日

填給船户李福祥，民船裝官土煤八十九噸一分四釐，第四十二號税單一紙並船鈔執照，應完正税銀八兩九錢一分四釐，船鈔銀八兩九錢一分四釐。

十一月初五日

填給船户孟永發，民船裝官土煤七十四噸八分四釐，第四十三號税單一紙並船鈔執照，應完正税銀七兩四錢八分四釐，船鈔銀七兩四錢八分四釐。

十一月初十日

填給船户胡焕章，民船裝官土煤七十四噸八分四釐，第四十四號税單一紙，應完正税銀七兩四錢八分四釐。

十一月十二日

填給船户鮑怡順，民船裝官土煤五十九噸七釐八毫，第四十五號税單一紙，應完正税銀五兩九錢零七釐八毫。

十一月十三日

填給船户胡雲章，民船裝官土煤五十二噸一分，第四十六號税單一紙，應完正税銀五兩二錢一分(以上各船船鈔未滿四個月限期，不應完納)。

十一月十五日

填給船户謝春華，民船裝官土煤八十噸六分七釐，第四十七號税單一紙並船鈔執照，應完正税銀八兩零六分七釐，船鈔銀八兩零六分七釐。

填給船户張洪發，民船裝官土煤七十八噸五釐，第四十八號税單一紙，應完正税銀七兩八錢零五釐。

十一月二十二日

填給船户梅永茂，民船裝官土煤一百十九噸，第五十號税單一紙，應完正税銀十一兩九錢(以上兩船船鈔未滿四個月限期，不應完納)。

十一月二十四日

填給船户劉天喜，民船裝官土煤一百三十八噸，第四十九號税單一紙並船鈔執照，應完正税銀十三兩八錢，船鈔銀十三兩八錢。

十一月二十七日

填給船户胡賢章，民船裝官土煤六十四噸，第五十一號税單一紙，應完正税銀六兩四錢。

十一月三十日

填給船户孟永茂，民船裝官土煤七十五噸，第五十二號税單一紙，應完正税銀七兩五錢。

十二月初一日

填給船户何裕豐，民船裝運官土煤一百零二噸，第五十三號税單一紙，應完正税銀十兩零二錢。

十二月初二日

填給船户曠金漢，民船裝官土煤六十九噸，第五十四號税單一紙，應完正税銀六兩九錢(以上各船船鈔未滿四個月限期，不應完納)。

十二月初三日

填給船户余復興，民船裝(官)土煤八十一噸，第五十五號税單一紙並船鈔執照，應完正税銀八兩一錢，船鈔銀八兩一錢。

以上總共應完官土煤正税銀二百四十三兩五錢四分五釐五毫，應完船鈔銀一百四十一兩二錢八分三釐七毫。

陳旭麓《盛宣懷檔案資料選輯之二》湖北開採煤鐵總局荆門礦務總局《李鴻章致盛宣懷函光緒五年正月二十四日保定》 杏蓀世仁弟大人閣下：頃接臘月十九日惠書，就諗臺旆抵里以後，即遭鼓盆之戚，加以清恙未愈，力疾赴滬，曷任馳念。尚望隨時排遣，善自調攝，效莊生之作達，戒奉倩之傷神，是爲至荷。

招商局匯欠莊號款八十餘萬，轉票者僅十五萬，幸有天津江廣接濟之款，及預支江浙漕米水脚經費得以度歲，爲之一慰。然此係偶然之機會，豈可常恃，若不大加整理，終恐岌岌難支。江蘇漕務經執事妥爲調停，照上届加米萬石。局事既已粗定，下半年所收水脚將及百萬，自應趁此竭力經營，以期日有起色。尊意不必開源，但求節流，前議包定出款，自非空言節流可比。現將用度包與船主，約可撙節十萬之數，其修理及用煤兩大宗派人專管。景星等謂此後可每年拔輕成本數十萬，究有把握否？此局初並旗昌之時，經諸君極意慫恿，如借公帑，添成本，加撥漕米，免繳息銀，凡所以開源之法，幾於無請不從，其始非不娓娓可聽，及課厥成效，往往與所言不符。景星等所謂撙節與每年拔輕成本若能力踐斯言，自可漸望轉機，否則年復一年，益難救藥，一旦決裂，鄙人固受用人不審與舉措失宜之誚，而在事諸君非特顔面有關，亦且身家難保，此後肩斯任者總宜精白一心，破除情面，袪積弊而任勞怨，爲商局計即所以自爲計也。執事於局務雖不甚經管，然局中創舉皆所主持，利害禍福相與共之，他日設有蹉跌，斷難置身事外，望再通盤籌畫，隨時與諸君熟商經久良法。鹽務招股一節，若局事經理得宜，歲有贏利，人自樂附。兹則合股者久有悔心，聞風者相戒裹足，僕固難於函商幼帥，亦未能動聽也。

湖北礦務前派李秋亭赴鄂總辦，渠正初自東省來稟，即擬南下。昨批催速往，諒不日即可晤商。荆煤單煉生鐵恐無銷路，兼煉熟鐵難籌鉅本。秋亭能否招股辦成鐵冶？但慮煤鐵相去過遠，水脚成本既重，未必獲利，將來或專辦煤礦，或兼辦鐵冶，或煤鐵均難如願，應俟執事與秋亭察度情形，從長計議。

順德銀礦據美國礦師云無把握，暫作罷論。辰永銀鉛礦苗頗旺，官紳自願集資開辦亦係佳事，稍緩想有定議。

荆門煤礦第一、第三簽煤層僅二尺許，究嫌單薄。郭師敦言煤路廣坦亦可開挖，惟煤質雖佳，輪船不甚合用，終慮未能暢銷耳。專泐，復頌臺祺，諸惟心鑒不具。世愚兄李鴻章頓首。正月二十四日。

陳旭麓《盛宣懷檔案資料選輯之二》湖北開採煤鐵總局荆門礦務總局《李鴻章致盛宣懷函光緒五年二月二十八日天津》 杏蓀世仁弟大人閣下：頃接二月初七日惠書，具聆壹是。就諗履祉春長，清恙霍然，至以爲慰。客歲畿輔賑務賴諸君子馳驅襄助，相與有成，然因災區較廣，經費未裕，僅以補救一二，未能慊然於懷。承示餓莩枕藉，咎在發粟之遲；疾疫成災，咎在製藥之緩。想見蒿目時艱，嚴於内省。鄙人忝爲民牧，綜其大綱，籌之未精，神明滋疚。至辦理斯事者，歷時稍久，已著賢勞，列之剡章，乃分之宜，何足齒謝。但冀益加勤勉，宏此遠謨耳。

招商局經景星等設法變通，勉强支持，祇可再俟一年，以觀後效。現將鐵廠、船塢出售，局棧一切包做，所有浮開中飽之費自可節省，將來如别有流弊，仍宜留意體察，隨時補救，碼頭、棧房等抵歸公帑，俾官款有着落而商情無牽製，亦是辦法。商總玩視官本，欲以空言搪塞，是何居心！若始終游移，致令官本毫無歸宿，非惟商總等當執其咎，即執事亦不得辭其責也。

鄂中礦務據礦師所呈，各簽已可完工，但煤層甚薄，運道甚難。尊意須俟該礦師與委員等將出礦煤本與運滬水脚銀包定，始決計專開煤礦，暫緩冶鐵；若竟無把握，恐貽後悔，擬即稟請撤退洋人。審度情勢，祇有如此辦理。惟所領直、鄂官本作何歸結，未據議及。開礦一事本難必有成效，行止之權，操之自我，何嘗不進退裕如，所難者官本不可虧耳。想長才擘畫必有以處之。

秋亭月内當可到鄂，礦務再與一商，大致規模即定矣。專泐布復，順頌臺祺，諸惟心鑒不具。李鴻章頓首。二月二十八日。

陳旭麓《盛宣懷檔案資料選輯之二》湖北開採煤鐵總局荆門礦務總局《郭師敦約覈開煤成本並辦理煤鐵兩礦報告光緒五年閏三月初五日漢口》 一、採煤所需本價當以出煤之多寡定本價之低昂。蓋出煤愈多則本價愈少。如一千八百七十七年報中所陳採煤本價，以每日出煤六十五噸，每噸本價磅銀六先令一本斯，合銀一兩二錢二分；每日出煤一百三十噸，或每年出煤四萬噸，每噸本價磅銀四先令三本斯，合銀八錢五分。惟所約各本價開銷概從省儉，乃初開數年之本價也。爰將應需各項分别列下：

每年出煤二萬噸應需每噸本價

洋人薪水

礦師　　薪水中提四分之一

監工一名、管機器匠一名、
管路工匠二名　　每年薪水銀六千八百兩

每噸合銀三錢四分

華人薪水

上等機器匠正副各一名　　每年銀三百六十兩

次等機器匠正副各一名　　每年銀一百八十兩

上等木匠正副各二名　　每年銀六百兩

管機器匠二名　　每年銀三百兩

生火匠兩名　　每年銀一百二十兩

窿工頭目二名　　每年銀一百二十兩

窿中走動各工九名　　每年銀四百三十二兩

窿底常工二名	每年銀九十六兩
路工四名	每年銀一百九十二兩
散工十名	每年銀三百六十兩
司筆墨者二名	每年銀二百四十兩

共計華人薪水每年銀三千兩

每噸合銀一錢五分

挖煤裝籃等工	每噸銀一錢六分
拖煤至窿底	每噸銀九分
修理窿路及木料等	每噸銀一錢八分
機器燒煤一千噸，需用雜油、牛油、繩、釘等件每年銀二千兩	每噸合銀八分
殘缺添補每年銀二千八百兩	每噸合銀一錢
提回成本	每噸銀一錢

共覈每噸本價銀一兩二錢

每年出煤四萬噸應需每噸本價

洋人薪水每年銀六千八百兩	每噸合銀一錢七分
華人薪水每年銀三千兩	每噸合銀八分
挖煤裝籃等工	每噸銀一錢六分
拖煤至窿底	每噸合銀九分
修理窿路及木料等	每噸合銀一錢八分
機器燒煤等項	每噸合銀五分
殘缺添補每年銀二千八百兩	每噸合銀七分
提回原本	每噸合銀八分

共覈每噸本價銀八錢八分。

以上所覈本價，係就煤斤出窿應需諸色工人逐一約算。所有中國辦事人員、翻譯、文案及司事等薪水，並地方官、紳士、局勇、局差、房租、釐金、一切應酬等項，歸入開窿以後各項覈算。又儲煤棧租及由窿起運，轉運出江各開銷，以及搬運機器進山盤費均不在內。

一、兩井並開，取效較速。淺井一個，深約一百尺至一百五十尺。深井一個，深約三百尺至三百五十尺。井之大小尺寸俱於圖上注明。至開挖深井工程如無大水涌出，約需九個月至十二個月之久即可開成。小井工程約需四個月後即可出煤。後來日漸加增，開工愈久則出煤愈多。如欲速即出煤，莫若即用土法先開民間成窿，一面先採成窿煤斤，俟小井開成再用西法，較可早得煤斤也。

一、開井之前，先須量度地位，配置拖煤機器，尚非難事。惟配置起水管及起水機器頗覺爲難。蓋各處地勢不同，出水之數未可一例。每時一分，出水自數高倫至數千高倫不等。其法須於掘井之際，計時驗之，方知一定水數。現擬將上海所存之開煤機器畧爲改換，添配起水機器，合爲一具，使起水、拖煤之馬力，盡出一機器中。而起水之管每時一分，約可起出四百高倫，則緩流之水爲數雖多，尚可起盡。倘有急流之水流入井中，每時一分多至四百高倫以外者，即當另置大號起水管及另配機器，方能濟事。起水器及鐵管等圖樣俱已繪成，擬即配成以備初開井時之用。並經預爲籌畫，又將吸水之力增大合用。若添置機器所費亦不甚多，而每時一分即可起水八百高倫或一千高倫之譜。如此布置，似不可少。

一、開辦煤井兩處，所有應用機器及一切窿工應需機器等，並所需成本，如以上所陳各款再加，分別開列於左：

洋人薪水（照第一年開工時覈算）

礦師一名　監工一名　窿工三名　機器匠二名　鐵匠一名

每年共覈銀一萬三千五百兩

華人薪水（照第一年開工時覈算）

上等鐵匠正副各一名	一年銀三百六十兩
次等鐵匠正副各一名	一年銀一百八十兩
上等木匠正副各二名	一年銀六百兩
大窿挖工五十名	一年銀二千四百兩
小窿挖工五十名	四個月銀八百兩
司筆墨者二名	一年銀二百四十兩

共覈銀四千五百八十兩

煤油、牛油、牛皮等物	銀一千九百二十兩
上海木料	銀四千八百兩
大窿內用起水器及管	銀四千八百兩
小窿內用機器、汽鍋等件	銀二千八百兩

大窿内用汽鍋兩具及鐵煙通等件裝配俱全　銀三千兩
窿中裝煤籃　銀一千五百兩
窿中鐵路　銀一千兩
機器所用鐵鋼各器　銀一千二百兩
鐵絲麻繩　銀一千二百兩
釘、錐、鏇、木螺絲及開井器具　銀一千二百兩
上海改做機器　銀二千五百兩
機器間鍋爐間機器下石脚、安放汽鍋及磚石各料　銀五千兩
鐵工廠木工廠儲煤廠及窿上房屋　銀一千兩
共覈銀五萬兩
總加一成以備意外添用　銀五千兩
總共覈銀五萬五千兩。

以上所覈成本僅就應需各物本價覈算，所有由沙至窿搬運機器各物水脚，及向來所有機巧器具及探扦費用，並中國辦事人員、翻譯、文案及各司事薪水，又地方官、紳士、局勇、局差等需用應酬各項，應歸入開窿以後各項覈算。而銷售煤價一項亦可與房租、釐金、機器轉運等項另行比較。

一、煤斤出窿運至長江，擬用牲口先由窿口運至觀音寺，再由觀音寺用小船裝運，再於途次重過大船，方可運至沙市。查河運水道自觀音寺至河溶計三十餘英里，每年水漲船可暢行者約四、五個月。此條水道惟出煤數少或可盡運出江，倘出煤之數多至每年四萬噸者，當另行設法能使常川往來，庶可暢運。此現在船隻常年裝運之切實情形也。惟亢旱之歲及大水之年水勢急流，或不時陰雨，則運煤船價例無一定，竟有船價甚昂而船行不穩者。竊以爲轉運煤斤如此其難，莫若安置狹面鐵路一條，由窿口直達河溶。自河溶以下，河水畧深，轉駁下船，計每船可裝十噸，常年裝運出江。如此辦法則一切開煤山價及裝運開銷，每煤一噸至沙市僅需銀二兩三錢五分，至多不過銀二兩五錢之譜。即以每噸二兩五錢爲則，外加沿途釐金及轉運水脚，運至上海統計不過銀五兩之譜。現在上海美國白煤市價與窩子溝所産相同者，計可售銀九兩六錢，即跌價每噸售銀七兩，已可净得每噸二兩。如此暢運，每年可出煤斤五萬噸。以五萬噸統覈，每年盈餘可得銀十萬兩。查該處一帶擬造鐵路所需滚車各件，須於未造之前將路逐段丈量，然後量度地勢隨時安放。除購買地價不計外，約覈所費至少需銀四十萬兩。雖所費成本較諸開井成本大過數倍，然於轉運煤斤大有裨益。且所出煤斤無論多寡皆可週年通運，所費鐵路本項亦可於數年之内一概提清。如開採煤斤僅以銷售客商，而轉運出江祇由河道，不用鐵路，則運脚未免太多。

以上所覈各項成本既鉅，工程亦大。蓋凡事難於謀始，勢使然也。然此外尚有至穩至便之一法，堪以省費成本，須將大冶縣屬黄石港地方擬設之生鐵熔爐與荆門州屬之煤礦同時開辦。爲將煤鐵兩礦合辦情形再四籌思，擬定章程，是否有當，伏祈憲覈：

一、煤、鐵兩礦同時開辦，尤須少費成本方可開辦，則安置鐵路一層必難兼舉，而每年出煤之數亦當從省，約計每年出煤二萬噸，即供一座熔爐之用。

一、所出煤數既少，則煤斤出江，宜歸河運。河道有極不好者，當設法修理，並自造扁底船隻，約每船可裝一百石至一百二十石左右，所需船隻視每日常運煤斤若干以定隻數。此等船隻宜常留觀音寺至河溶一帶河中，專作該處運煤之用。倘該船造式得法，計裝煤五六十石，船底入水不過九寸，如裝滿儎則入水不過一十六寸至一十七寸之譜。查近來船隻由觀音寺裝煤駁出者甚屬寥寥，曾於該處河中回至沙市時留心查看，河之最淺處水深僅八、九寸。現在該河行駛(船)隻，造法類皆不好，船式有等頗好，每船可裝五、六十擔者行駛其間，較爲便捷。

一、敲取鐵礦石及灰礦石等工不須機器，成本亦輕。惟費用敲礦器具不過需銀五千兩之譜。而開敲礦工作亦僅數日之内即可動工。此外，並無意外開銷及探扦測量一切費用。

一、敲取礦石每噸合磅銀一先令六本斯之數，業於光緒三年十二月間即西曆一千八百七十八年正月具報在案。鐵礦灰礦兩處礦石俱可用船裝運至熔爐廠所，運礦脚力亦甚有限。

一、安置熔鐵廠一所，各色俱全，約共需銀十二萬兩。所有安放鐵工敲取鐵礦灰礦各器具及開挖煤井、修理河道一切需費不過需銀二十五萬兩。以單開荆門煤窿成本及由窿至河溶安置鐵路等費計之，煤礦鐵礦並開，僅需煤窿鐵路各成本一半之數。

謹將煤鐵兼採，裨益各情分爲四則，開列於下：

一、若在中國他省地方如此開採煤斤，專供市銷，必覺出煤太多，則市價漲跌勢難劃一。然以此項煤斤專供本處自用，尚覺其少。今既各礦俱得，則一切便利已在一處，如以上所陳兼採各法是也。

一、煤斤一項最關緊要，此項煤質最合化鐵之用。產煤之國雖多，煤苗雖廣，堪以熔化鐵礦者不可多得。且有如此佳質，若在他國得見此煤，以之化鐵，載運前來，不辭數百英里之遥，不惜數倍市價。伏查自抵中國以來，中、外國各處送來煤樣分別化驗，其中堪以化鐵者不可多得，而所見數種總不及荆門所產煤質之佳。

一、湖北一省所見鐵礦多而且佳，惜所見各處煤礦化驗各質，類皆不合熔化。若非在荆門州屬留心尋探得此煤苗，幾至無煤可採。倘以該省鐵礦生長他國，雖礦形有如此之大，礦質有如此之佳，若無如此佳煤以之熔化，則雖有佳大鐵礦仍歸無用。

一、中國他省地方原不乏佳鐵佳煤，堪以尋得，以之熔化生鐵合本便宜者，惟湖北通省所見鐵鋼各礦，其質之好，無以復加，並未另見他礦較此更佳也。

各條爲煤、鐵兩礦合辦起見，如此辦理則其利必厚，而生理必旺，將見日漸加增，推廣利源，幾至各省倣法，通國皆能興利焉。緒五年閏三月初五日即英曆一千八百七十九年四月二十五日。礦匠郭師敦謹報。

陳旭麓《盛宣懷檔案資料選輯之二》湖北開採煤鐵總局荆門礦務總局《周鋭致盛宣懷函光緒五年四月二十五日杭州》 杏翁方伯世姻大人閣下：昨復一緘，亮邀偉照，敬維勛履多福爲頌。頃晤陳四世兄，云伯丈本月杪定可旋杭，江寧典事，謀尚未成，切囑秘密。即見伯翁亦不可明言，特此布聞。並云欲同仁之成，總非老方伯速臨不可，因前途有節後即須作定之說也。

頃閲四月二十日《申報》出口鐵少説，謂歐洲各國所以富强恃煤鐵二物，現在煤已搜掘殆盡，鐵亦年少一年等語。原知該報之説不可盡信，然報中第一段是該館外國人主稿，似不至全係空言，且竭澤而漁是外國人慣技。謹以郭師敦云，如中國人不辦冶鐵，伊即招洋股開辦，立即可招百萬之多，更覺外國鐵少之説爲不誣，而冶鐵可寶爲奇貨。敬祈老方伯就近在滬確訪外國出口鐵所以少之故，詳細示悉；並與李秋亭兄商酌報暫用土洋（法）試開荆門詳文内須聲明，一面設法多招商股，一俟集有成數即行開辦大冶鐵礦，以免他人覬覦。倘辭退師敦後，總税務司等或欲招洋股開興、冶之鐵，固萬不可答應，即粤人欲專此利亦不可允之，並非營私，良以彼哉祇知有私，不知有公。興、冶地利豐美，中興安攘，皆此是賴，何可輕以與人！老方伯與秋翁皆刻刻以國計爲重，想必能鑒及苦衷也。

任筱翁方伯，兄稟到後，即值交卸，往見六、七次，今日又送至下碼頭，迄未得見。兄奉伯相委辦礦務，而直隸藩臺未得一見，似覺歉然。聞筱憲在蘇須小住月餘，老方伯如見面，望便中一言。如能代乞致中峯一函，亦甚得力，因方伯已與中峯聯姻矣。肅泐，再請臺安，務求撥冗示復。諸惟愛照，不盡依戀。世姻如小兄鋭頓首。四月廿五日。

秋翁、少坪、師敦三函，均乞賜閲後封固飭遞。秋翁信内附銀伍兩三錢五分，望飭去人候收條，是所切禱。

外致李秋翁、楊少坪信二緘望飭遞。

陳旭麓《盛宣懷檔案資料選輯之二》湖北開採煤鐵總局荆門礦務總局《盛宣懷、李金鏞上李鴻章詳光緒五年五月初九日上海》 督辦湖北礦務布政使銜直隸題奏道盛、總辦湖北礦務候選府正堂李爲通詳事：

竊職道於光緒五年四月十三日奉憲臺批：「詳、稟均悉云云，仰仍妥籌具復，通詳定案。」

又於光緒五年五月初六日奉湖廣督憲李批：「據詳及節畧、礦圖均已閲悉。仰候北洋大臣、南洋大臣覈議飭遵。」

同日又奉湖北撫憲潘批：「據詳已悉。仰候各大臣暨督部堂查覈示遵」各等因；奉此。並由職道行知卑府各在案。

伏查鄂省礦局辦理數年，前延英國礦師勘定荆門、大冶煤、鐵兩礦，確有把握，倘因經費難籌，將已經勘定之地利一朝坐棄，實屬可惜。但煤、鐵兩礦同時併辦，需款數十萬，一時既難猝籌，即專開煤礦，又恐所獲之利益，不敷洋匠之開銷。職道與卑府再四會商妥籌，惟有先用土法，試辦荆煤，辭退洋匠，節省經費，由淺入深，漸圖推廣。嗣後所需資本，遵即招集商股，每股銀一百兩，現已集成五百股，計規銀五萬兩，先行開辦，仍當續招規銀五萬兩。目前可敷周轉，將來能見利益，再議擴充辦法。卑府即當與所調之金生德鴻尅日由上海起程，先赴鎮江、漢口、沙市等處，籌商轉運，即行逕赴荆門開局試辦。嗣後公事，俱由卑府挈同職道銜名會稟會詳，遇有緊要事件，職道仍當會督商辦，不敢稍存諉卸。

所有前領官本，遵即一律截止，以清界限而免轇轕。所開廣濟、興國、荆門等處煤礦，得煤若干，收支兩抵，動缺官本若干，均由職道遣撤洋匠之後，另案覈實匯報。並將截存直、鄂兩省官本，照案發交江蘇、漢口各典生息，以每年利息彌補動缺官本，均由職道一人清理，按年繳呈息錢，逐漸歸本，決不敢借招商爲名，漸圖置身事外。

惟是商辦之後，盈餘在商。所議將採辦開煤機器等項，歸商分年認繳足錢二萬串。其餘用項令其認繳若干，原應由商及早認繳，歸還官本。但念創辦之初，不得不格外體恤，以廣招徠。現在議定所應認繳機器等項錢二萬串，準其將逐年餘利分出一半歸繳，仍俟繳足二萬串爲止，機器即準留局備用。其餘用項，準其每噸提出銀八分，按年呈繳，俟彌補動缺官本清楚之日，此項每噸提捐銀八分，留充地方善舉。本應俟通詳奉批之後，再行刊佈章程。因招商開辦，未便遲延，除一面將招商章程刊佈外，理合將遵飭體察情形，會商妥籌辦法，具復通詳，並將招商章程，照録呈送。伏乞憲臺俯賜鑒覈批準定案，實爲公便。

再，會辦浙江候補知縣周令鋭，現因簽工告竣，遣撤洋匠，局務較簡，暫已旋浙，俟有要工，再行函調到差，故不列銜，合併聲明。

除詳南洋大臣、湖廣督憲、湖北撫憲外，須至通詳者。計呈章程清折一扣。

陳旭麓《盛宣懷檔案資料選輯之二》湖北開採煤鐵總局荆門礦務總局《李鴻章批光緒五年八月十一日天津》 欽差大臣督辦北洋海防事宜辦理通商事務太子太傅文華殿大學士直隸總督部堂一等肅毅伯李批：

稟悉。現在湖北荆門州屬窩子溝及金米觀兩處煤窿，既經該守會同金德鴻前往復加勘驗，煤質堅浄，與湖南白煤相等，以所開四窿扯計，每年約出煤一萬六千噸上下。惟由觀音寺裝船至筲箕灣河道三百四十里，水淺道遠，轉運維艱。所擬先用土法開採，作淺試深嘗之計，尚屬穩慎辦法。務須事事力求撙節，庶可稍沾微利，以顧商本。

另稟所稱山窿産煤及水陸運道並覈計銷路成本各情，甚爲詳晰。此項煤觔雖售出尚有餘利，不致虧本，但採價每噸僅合銀七錢一分，沿途運費竟至三兩九錢有奇，加以關税、局用、利息等項，未免成本過重。且沙河淺阻，江路遼遠，意外風波亦恐難免。洋人開煤首重運道。該守等當與無可設法之中，力圖挽救之術，俾資節省，所擬俟隆冬將谿河亂石檢去，並於河溶嶽家灣沙底極深處預築壩基二道，以備蓄水浮送，將來工成每噸約可省銀二三錢。屆時務即督飭妥辦，勿稍游移。洋法開礦，總在迂遠處着手，竟有數十百年無利而不悔者。中國風氣未開，雖難仿辦。該守等惟有實心經理，竭力圖維，切不可畏難中輟，致貽口實。

所請顧運同、周郎中祠堂匾額，已書就「積善餘慶」「明德維馨」匾二方，隨批並發，仰即查收，分別轉給，並候各轅批示。繳。十一日。

陳旭麓《盛宣懷檔案資料選輯之二》湖北開採煤鐵總局荆門礦務總局《楊廷杲致盛宣懷函光緒六年六月二十四日上海》 杏生方伯尊丈大人閣下：久欽山斗，未獲登龍，恭維升祺懋吉，德沛津門，下風引領，忭頌奚如。侄到申後，因局務粟六，不克修候，抱歉良深。昨接鈞諭先頒，拜誦之下，欣悉大才布置煤務，臻妥裕如，欽佩之至。侄愚魯少識，胸無成墨，辱蒙閣下不棄葑菲，並蒙秋翁謬舉，委以經理滬局，自知才不勝任，恐有不周之處，惟有懃懃懇懇，以報知遇於萬一。祈時錫箴言以匡不逮。

乃幸沙局來信，三月間幸得暢雨之後，共運出煤二千六百來噸，共抵鎮，現下尚不及千噸。由鎮售去一百數十噸。運滬共三船計三百數十噸，申消去一百卅餘噸，現下申棧尚存二百來噸。鎮江大約尚二、三百噸，亦即可運申，大約陸續尚有到下。沙局來信，窿上存煤尚多，奈各處覓船非易。今蒙閣下籌劃盡善，稟準中堂先令試驗，如不亞於歐洲所産者即可暢行，誠一勞永逸之舉，局運之興於此可卜。

刻下滬、鎮煤價日疲，我局之煤前售出七兩三錢，除去捐二錢，浄盤七兩一錢，今尤看軟。今接示後，遵諭停售，先託招商局寄上白煤二噸，至祈查收，倘試後是否，候示遵行。昨探水脚，據招商局云，至津約每噸銀二兩五錢，夾板要湊便，水脚稍賤。竊思若合用，能否稟請中堂札令招商局免水脚及關税等，或由津雇定船來裝，我局祇須照申價作盤，彼此合算。未卜尊意爲然否？沙、鎮、漢各局，侄當即信(擢)[催]速運也。專此字復，即請勛安，尚祈荃照不宣。世侄楊廷杲頓首。荷月廿四日。

滬局現廩後馬路永寶棧内，門上粘「湖北礦務滬局」便是。

陳旭麓《盛宣懷檔案資料選輯之二》湖北開採煤鐵總局荆門礦務總局《金德鴻致盛宣懷函光緒六年七月二十一日觀音寺》 杏翁觀察大人閣下：六月初曾具一公函，想邀照察。本年寺局自三月間開運，至六月底截止，共運出煤二千九百餘噸，已收未運存煤二千二百餘噸。覈計運滬成本每噸價合規元六兩五錢，寺局存煤成本每噸價合一兩八錢，較前次擬章所約之數，每噸作抵滬成本六兩，似乎現在所運已費五錢，其實較前運各項減省。蓋前約之數，每噸作十五擔合噸，今詳考局收舊稱，須十六擔方能合吨，此項已須每吨申五錢；又各船吨耗，前賬未約，亦須二錢有奇；鎮、滬當地局費不在其内，又須三錢；實合七兩以外。今六兩五錢，已在寺局運費及各項用款項下省去五錢有奇也。

查近寺各窿欲擴充多收，事尚易辦，惟本局所收股本，僅止一萬九千餘兩，係暫覈現在已運、已收之數，應用本銀二萬二千八百餘兩，實已短少三千餘兩，係暫欠莊銀。滬、鎮兩處雖經售去二百餘吨，爲數有限，現銀尚未收齊。來往之莊家不能多欠，此後煤市日疲，存擱非旬月之事，必須添籌現本，方能接續再收再運。自以去年諄囑秋翁，須籌足三萬金成本，方可一年轉輸，不識秋翁與閣下曾一計及否？鴻遠羈寺局，不能分身，籌款一事，總使仰賴津、滬兩處也。

金煤滬上售銷不甚合宜，而沙市甚屬通行，即當地售銷，亦可有一分以外利息，故雖經停運，寺局仍舊開收。近聞閣下禀請中堂飭兵輪船試燒我局官煤，此舉大善，深合富强本旨，不失閣下苦心創開此局之意。想滬局已照送煤樣抵津，不識所評如何，至以爲念。查金、窩二處煤質，照西洋煤實録所載考之，長處固屬不少，短處亦復甚多，究係白煤之中等質地。大抵兵輪船尚能合用，以其第一長處在於無煙也，然價目斷不能比肩美國好煤，但望在津能評規元十兩左右之價，則可謀長運矣。

竊思礦務純用土法，終難持久，且恐傷損全脈，現因人情局勢所迫，不得已，舍大就小，首先顧全商本，立於不敗之地，然後徐圖擴充。刻下沙、漢、鎮、滬俱得妥人料理售銷，轉運之間，决無流弊。祇要一、二年中稍獲餘利，足可取信官民，則集股既易，將來洋法開挖亦未始不可由漸試行也。惟雇用洋人不僅民情不洽，價亦太貴，供給不起。竊思開平已經開有局面，若由局選一聰明年輕可靠之人，派往習看半年，再來此處倣法小試，所費不多，成敗進退皆可自主，好在此地簽探已有清圖，開井亦有的處，惟引重及開洋井各機器未備耳；若果試實可行，亦無難隨時購辦，惟事須緩圖，不能急效而已。

本年底必須將試辦情形通盤一禀，各賬亦應通盤一結，其聞應行禀請預擬逐漸擴充之意及另刊廣招股分各章，非面商不悉。鴻擬冬間回南，不識届時台從係在何處，便望示及，俾徑行趨謁，詳陳一是也。專此，敬請大安。晚生金德鴻頓首。七月廿一日。

再，於七夕日由秋翁處寄呈江漢關道咨文一件，係爲催解光緒四年分税鈔銀兩，檢查案卷内並無此項催文，事屬前案，仍乞尊處查明迅復爲禱。

陳旭麓《盛宣懷檔案資料選輯之二》湖北開採煤鐵總局荆門礦務總局《王德均盛宣懷致徐建寅函光緒七年五月初六日天津》　仲虎仁兄大人閣下：查大冶等處鐵山最好最多，擬集三、五萬金小辦，僅熔生鐵，不煉熟鐵。請查外洋煽風機器，風力可足三丈高爐兩座或一座之用。中國火磚已合用，須購火泥二百吨。爐下風管須有夾殼，使水周流，不致熔化。又出鐵汁爐口上亦須有盛水鐵箱，使水循環，作工之人始能近身。又擊碎礦石機器等件亦須備用。請查問極便宜合用之機器價值，寄知爲禱。再，擬雇洋匠一人，祇要能酌配灰石與炭之多寡，兼能看鐵之成色，工價極少者須若干。至於砌爐安置機器，中國匠人頗可足用。前曾於洋人談過此事，總以須雇洋匠十餘名爲詞。西人之貪利攬事固不足怪。設一人不肯來，則可不雇矣。

閣下素精此道，又在外洋久經閲歷，果肯一一指教，則獲益多多矣。擬一爐每日出鐵二次，每次五吨，一月可得三百吨。若兩爐則得鐵加倍，較更便宜。一、二年後，生鐵既成，再設法煉熟鐵，庶有把握也云云。愚弟王〔德均〕、盛〔宣懷〕頓首。五月初六日發。

陳旭麓《盛宣懷檔案資料選輯之二》湖北開採煤鐵總局荆門礦務總局《李鴻章札盛宣懷文光緒七年七月二十七日天津》　欽差大臣督辦北洋海防事宜辦理通商事務太子太傅文華殿大學士直隸總督部堂一等肅毅伯李爲札飭事：

準湖廣督部堂李咨：「據湖北荆州府知府蔣銘勛禀稱：『請飭礦務局所運官煤，遵照原定章程，仍往下游各口岸銷售，不再在沙發賣，並求咨明查覈』等情一案。除禀批：『據禀暨另單均悉。查礦局之設，原以裕國便民。若如所禀，該局在觀音寺收買煤斤堆存沙市，民煤至則減價争售，民煤盡復長價居奇，以致商民交困，怨讟迭興，尚復成何事體！查下游運銷之處甚多，該局何必向沙市一隅之地與民争利。且煤斤由收買而來，既屬無利可圖，又何必多爲購運？該礦務設局數年，成效未覩，積弊漸多，亦非經久之計。除據情咨明北洋大臣查酌飭遵外，仰牙釐總局會同荆州道、府轉飭該礦務局董遵照，將買存煤斤仍遵定章運赴下游銷售，不得取巧罔利，致干未便，切切。仍録報撫部院查照，暨候批示。繳』等因印發外，相應抄禀、録批，咨請查照，酌覈飭遵」等因，並準函商到本大臣：准此。

查煤礦之舉，原欲開中國未興之地利，收外人已占之利權，是以借發官帑，疏通運路，免釐減鈔，曲加體恤。該員等極應激發天良，謀定後動，處處脚踏實地，乃該局前辦武穴煤礦數年，既無絲毫成效，反多虧累官帑。此次開採荊煤，未幾交金董接手，皆官氣太重，事不躬親，一任司事含混滋弊。所運之煤竟買自民間，並非自行開採。又不恪遵定章，運赴下游各口出售，轉復堆存沙市，任意增減價值，一味攘奪民利，以致怨讟迭興。實屬辦理荒謬，亟應趕緊查明，先行停止買運，以蘇民困。荊煤既無可採，應即將該局裁撤，免再靡費。仍將前虧官帑如何彌補，妥議復奪，勿得飾延干咎。除飭金董德鴻遵照督同妥辦具復外，合行札飭。札到，該道即便凛遵，克日妥辦具復，毋違。此札。

計抄粘荊州府原稟，並抄楚督來函。光緒七年七月廿七日。

陳旭麓《盛宣懷檔案資料選輯之二》湖北開採煤鐵總局荊門礦務總局《蔣銘勳上李瀚章稟光緒七年七月中旬江陵》 湖北荊州府蔣守銘勳謹稟大人閣下：敬稟者，竊查荊沙一帶地方，民間日用煤炭，半產荊門當、遠山中，從沮、漳河裝運出口。自礦務局在觀音寺收買，開採日廣。蓋礦局所收之煤運赴下游，而近地用煤仍歸附近居民採運也。其業此爲生者不下數千户。今春聞礦局堆存沙市之煤零星出賣，當民煤連檣而至，驟落其價。鄉民本小利微，何能久待？祇得隨之減價，搨本以售。一俟民煤銷盡，官煤復長價居奇。迨民船又集，則煤價又低。鄉民深受其累，行户(以亦)〔亦以〕爲苦。卑府探詢確實，遣人向商，囑仍運往下游銷售，即使不合輪船、製造所需，盡可賣作民間日用。如必欲在此分銷，亦宜落行，庶定價持平，縱與小民争利，勿令小民失利。該局支吾復答。又飭釐局委員洪巡檢沐淵詳細開導，始允照辦。乃未及數日，忽準文稱已將此事具稟，不歸行户售賣。卑府因候憲批，是以未即上陳，旋準沙市釐金局移接奉通省牙釐總局札，以奉撫憲飭議，應照向章辦理，而該礦務局又復續稟力争。

伏思土煤應繳釐金，本極輕微，卑關征收税項，亦甚纖細，不由行户報完，固難保一無影射，而爲數無多，自可不必深較。惟貨不歸行，則價由自主，視民煤之多寡定市價之高低，壟斷罔利，取巧病民，使此等向以運煤爲業之人虧折資本，不能仍前鬻販。小民生計既窮，怨言迭起，深慮激出事端。該局動曰「疏通利源爲富强之策」，欲策富强宜務其大者遠者，豈在與編户微氓奪蠅頭之利乎！此煤運往下游未必無利可獲，即謂在沙出售，盈餘之數較多，亦不過數十千耳，數百千耳，富强似不係此！且國以民爲本，民生之宜恤尤重於國計之宜培。行一政而利於公家，不利於庶姓，已非善政，況於此並無大利，於彼大有不利乎！該局採運本意，原期敵洋煤進口之利，乃不以敵外人之利而轉以攘鄉民之利，揆諸設局初心，亦有不合。應請檄飭該礦務局遵照原定章程，仍運下游各口岸銷售。倘此項次煤運赴下游無利可圖，盡可不必收買。

至荊門礦局，五年六、七月間李守金鏞經辦時，屢次來荊接晤，述及此局無可擴充，無所利益，欲以彌補虧項，勢有所難。迄今時閱兩載，該處距卑郡路隔數程，爲盈爲絀既未深知，應撤應留何敢妄議！而沙市爲卑府屬境，近在咫尺，聞見較真。既洞悉其在此售煤專利困民，大有窒礙，不得不據實瀝陳。如蒙憲恩準飭不再在沙售賣，並求俯賜咨明北、南洋大臣查覈，實爲德便云云。

再，現辦礦務局之金董德鴻，聞甚明白精細。惟其人並不在此，地方一切情形未必熟悉，恐皆由駐沙司事任意妄爲，率請稟達，殊不可靠。其稟函中有云，不爲牙行把持。夫牙行之設，原期公平定價，俾本多力大商人不得把持。該局以歸行售賣，恐被把持，實欲自售其把持之計。不特大拂民情，抑亦無此政體！合肅附陳云云。

陳旭麓《盛宣懷檔案資料選輯之二》湖北開採煤鐵總局荊門礦務總局《徐建寅致王德均函光緒七年七月上旬柏林》 筱翁老伯大人閣下：六月初一日泐呈蕪械，想荷鑒及。七月初一日奉到五月初七日所發手書，敬悉一切。

承示前查大冶等處鐵礦好而且多，委詢外洋吹風機器，風力可足高三丈之爐一、二座之用。伏查生鐵必成紫口者方可適用。欲成紫口生鐵，必用高爐。舊法冷風必用枯煤，爐高須十丈。新法熱風可用生煤，爐可稍低，然仍不能少於五丈餘。若三丈高之爐，必成白口生鐵而無用。熱風而用生煤，成本甚輕，煤亦須先用器洗浄，其器可以自造。惟各種礦性、煤性所當配用爐之形式大小及吹風氣力之大小，各有不同。必詳考所出之礦性、煤性，而始可定爐及吹風器之大小也。今已函致專造此器之廠，囑其照德國常用之大小開價，俟得回信，再行譯呈閱看(家嚴處有三年前英國開來之各器價，亦可向滬抄取也)。

至配合礦石、灰石、煤炭之數及觀鐵之成色，不過照化學法爲之，不甚難也，可無須雇用洋人。此種係上等職司，非匠目可比。在西國每年俸薪約英銀一百五十至二百磅，若往中國，必四五倍此數。其考究礦性、煤性以配定爐器之大小，照家嚴所譯之《寶藏振興》及侄所譯之《熔煉鋼鐵》書中之理法，亦易覈計，無須求教於洋人也。

惟產鐵礦之近處，必須有兼產合於煉鐵之煤，乃可獲利；否則，鐵礦雖好而多，亦屬徒然。既有好礦好煤，而又同在近處，則考究爐器及熔煉各法是固要着，而合股章程、辦事章程尤關緊要。倘有一事料理未妥，阻難即由此而生，獲利即寡。高明以爲然否？其合股章程及廠中辦事管工章程，侄已向各廠索得，同金先生譯成華文，俟抄齊即當呈請斧政。

前次蕪椷，屢蒙代呈傅相電閲，深感厚誼。棉花火藥之性，閉密而燒之，則燒速而漲力極大；放松而燒之，則燒慢而無力。又常用之棉花火藥，十分中必含水二分，故放松燒之，其燒慢而無力，其所含之水易自化散，收儲之器宜密而不令其水外散，免始自燒之險。若作引火之棉藥，則絶不含水，故燒速，惟存儲危險，故宜另儲一庫爲要。

旅順似非險要之處，造築砲臺，徒滋糜費，不知何意。蓋砲臺之用，所以堵扼敵人之入内，或以保護本處之要地。然必復有徑道，易通接濟，方可固守。若後路不通，徒以資敵而已。今旅順與廟島之間，海面闊處有數十里，砲臺内砲之彈所不能及，則不能扼敵船使不進。而旅順近處亦並無繁盛要地必須保護者，且其地孤懸海中，後路難通，不易固守，適爲敵資。三者一無取焉。未知另有妙理否？乞探詢示知爲荷。

順德開煤竟能日出五百吨，足見辦事之不在鋪張局面。老成持重，敬佩之至，欣賀彌深。仍乞塵教之頒，俾免鵜濡之虞，尤所心禱。耑肅，敬頌臺安不一。

愚侄徐建寅頓首。

陳旭麓《盛宣懷檔案資料選輯之二》湖北開採煤鐵總局荊門礦務總局《盛宣懷上李鴻章禀光緒七年閏七月初九日天津》

委辦湖北礦務布政使銜候補道盛宣懷謹禀宫太傅中堂爵前：敬禀者，竊奉憲臺札開：「準湖廣督部堂李咨，『據湖北荊州府知府蔣銘勛禀稱，請飭礦務局所運官煤遵照原定章程，仍往下游各口岸銷售，不再在沙發賣，並求咨明查覈等情一案。』查煤礦之舉，原欲開中國未興之地利，收外人已占之利權，是以借發官帑，疏通運路，免釐減鈔，曲加體恤。該員等極應激發天良，謀定後動，處處脚踏實地，乃該局前辦武穴煤礦數年，既無絲毫成效，反多虧累官帑。此次開採荊煤，未幾交金董接手，皆官氣太重，事不躬親，一任司事含混滋弊。所運之煤竟買自民間，並非自行開採，又不恪守定章，運赴下游各口出售，轉復堆存沙市，任意增減價值，一味攘奪民利，以致怨讟迭興。實屬辦理荒謬，亟應趕緊查明，先行停止買運，以蘇民困。荊煤既無可採，應即將該局裁撤，免再糜費。仍將前虧官帑如何彌補，妥議復奪，勿得飾延干咎。除飭金董德鴻遵照督同妥辦具復外，合行札飭。札到，該道即便凛遵，克日妥辦具復」等因。仰見憲臺慎重公事、兼籌並顧之至意。職道即當先行函飭金董德鴻停止開採，其有採存沙市等處煤斤，悉遵定章運往下游各口出售，不得再在沙市售銷。並一面函詢該董，何以事不躬親，任聽司事在沙市銷煤，任意增減價值，攘奪民利？俟該董函復到日，即行據實具復。

職道督飭無方，咎何可諉！惟礦務興廢關係以及辦理始末情形，尚有應爲憲臺縷晰陳之者：

伏思卝人始於《周禮》，其曰爲之厲禁以守者，爲未經開採言之也。曰以時取之，物其地圖而授之者，爲覓礦必須勘認確鑿，方可按序開採也。職道於光緒元年試辦武穴煤礦，歷三載不肯舍其地，因該處産煤與大冶、武昌産鐵之處近在一二百里之内；又因濱江運道甚易，煤鐵笨重之物，外洋開採必有鐵路，中國則非一水可通不可也。其時，誤於礦匠馬立師不諳煤脈，妄稱所開之煤係屬上層，故多嫩碎，挖及下層，必能堅厚，且云興國、廣濟煤脈跨江而通。職道見礦務書中亦有此議，終無閲歷，誤信其言。於是一面用洋法扦探，一面用土法開挖，期得下層而後已。孰知洋法扦數十丈，而煤層未見；土法開採百餘處，見煤者亦四五十處，而煤質仍碎。所挖出煤數萬石，運至上海，售價不敷運費。及蒙憲臺飭赫總税司代雇礦師郭師敦等到局，勘視興、濟兩屬所挖窿口，測量高低，始知已有挖見下層者。如用機器開挖，亦是散而不聚，松而不堅，此地産然也。

及勘至大冶鐵礦，郭礦師乃讚嘆欲絶。鐵脈之廣，鐵層之厚，鐵質之佳，爲外洋所難得。如用兩爐熔煉，每年可得生鐵一萬二千吨，以漸擴充，利益甚大。但近處産煤不能煉鐵，必須另覓煤礦。因訪聞荊、宜一帶煤洞櫛比，泝流而上，勘至歸、巴而止，所見煤、鐵、銅、鉛甚多，惜皆不成片段。折而勘至當陽所屬之觀音寺，民間所挖煤洞亦有一、二十處，質皆松嫩。及進勘十餘里，煤脈漸旺，層次整齊。再行里許，地名窩子溝，有一窿口，煤質獨堅。其地主王姓，因礶硐多水，將欲廢棄。礦師化見一無硫磺雜質，煉鐵最宜。當即發本承領，認真開挖，並經礦師指點之後，稍有準繩。其後在金米觀等處添開數窿，均係酌發資本，選擇該處熟悉挖煤之土人承領開挖。

職道實因在興、濟開窿，係雇夫按日發給口糧，不論有煤無煤，皆鬚發價，虚糜滋多。是以赴當陽之後，改弦易轍，訂定挖出煤一百斤給工食錢一百文上下。凡用驢、馬旱運，船隻水運，皆係包定價值，以期畧有限製。其餘百姓向開舊窿，質多嫩碎，在民間常欲以此等貨物送廠求收。職道一因煤質不佳，一因民間需用，故皆拒而不收，以分界限。職道於光緒五年春間再赴荆門，該紳民來見者舉欣欣然有喜色，相告曰：「年來自設官局收採，本處添開煤窿甚多，養活窮民不少。」覺昔之畏官開採者，一變而爲心悦誠服矣。

夫礦務因利而利。若以之富國，未必可恃；還以之富民，實非虚假。溯查光緒元年以迄於兹，在湖北開礦，糜錢十數萬緡，除製辦機器、洋人薪水外，皆散之於百姓也。即取出之煤赴下游變價，復以所售之值仍歸該處收採。在地方，百姓勞其筋力，取其土貨，以易我資財。在官在商，尚未能收成效，而於民則不爲無益也。故蔣守稟中亦言，「自礦務局在觀音寺收買，開採日廣。蓋礦務所收之煤運赴下游，而近地用煤仍歸附近居民採運。其業此爲生者，不下數千户」等語。可見該處煤礦雖素所開採，而實自設礦務局後始稱繁盛。

查沙市一隅，民間銷煤有限。上則宜昌産煤，下則湖南産煤。而荆門之煤，小河轉運獨艱，借非官力斷不能遠行一步。此即詢之蔣守亦必謂然。惟沙市一鎮之地，煤多則跌賤，煤少則居奇，勢所必然，自應仍歸本地運銷，豈可由官局專此小利！職道從前派員試辦時，悉皆運赴下游，雖沙市煤貴時，亦不在彼售賣。即查閲金德鴻所呈去年刊本帳目，沙市亦無銷煤。本年金董稟請將未浄之煤即在沙市售賣，自爲疏銷起見。批準之後，究在沙市銷出若干噸數，尚未知悉。大約官煤不經行户，怨望自在意中。金董素來辦事精慎，能顧大局。前因改歸商辦之後，股分皆由李守金鏞所招徠。衆商皆以礦務須用市人，破除官習，其在沙局之司事尚是李守所派，過較錙銖，貽誤事機，深堪痛恨！

夫以土法開煤，僅能使挖煤之百姓自食其力，斷不能大獲餘利，裨益官商也。職道成見在於採荆煤以煉冶鐵，堅忍初心，實猶有待。光緒四年曾以鐵礦寄至英國礦務院，品評爲最高之鐵，兼可煉鋼。職道並親携冶鐵、荆煤在上海鐵廠借爐試煉，機器局洋人皆稱爲上等紫鐵，每噸可值價二十四兩。事有把握，特以該礦師所擬煤鐵，均用洋法，資本過鉅，請由機器局撥款湊辦，其鐵即歸公用，未蒙允準；不得已，從李守金鏞商辦之請。職道等詳加考證，煉鐵之煤，土人尚可自採，而以煤煉鐵，西法始能專精。乃集商股，遣礦師，定一土法開煤、洋法煉鐵之策，尤必欲待煤無匱乏之虞，方敢議開鐵礦。

光緒六年金德鴻試辦一年，計採得荆門白煤六千七百餘噸。查郭礦師擬議用荆煤一噸半可煉成生鐵一噸。荆煤運至大冶，約合本銀四、五兩，比較以煙煤做焦炭尚價廉而工省。職道今春接金德鴻來函，以土採荆煤，每年可得一萬墩，覈計可以煉鐵六千餘噸。遂與機器局員王道德均籌商，擬仿照日本鐵礦用西法試造小爐，即以白煤熔煉，每月約以出鐵三、五百噸爲度。已函致駐德參贊徐道建寅，囑其赴外國鐵礦研究詳細。如果可辦，費本不過數萬兩，職道等尚可招徠試辦集股。不須鉅款，採煤不虞斷缺，出鐵不致滯銷，有此三端，似可由淺入深，不虚原議。克虜伯以茅屋三間熔鐵起家，遂富强其家國。招商局以舊船四號運漕試辦，竟收回我利權。誠未可以基小而不爲也。乃徐建寅辦鐵之議尚未能回，而金德鴻採煤之事已經決裂。事機之不順，成謀之難遂，皆職道用心之迂遠也。

除飭金德鴻先將沙市分局裁撤，即將官煤不準在沙市分銷以恤行户外，其荆門所開各礦應如何停止，已採煤斤應如何趕運，所招股分應如何退回，均飭金德鴻察議稟復。所有奉札緣由，合先縷晰具稟，伏乞憲臺俯賜查覈，批示遵行。肅此寸稟，恭叩勛祺，伏祈垂鑒。除稟湖廣督究，湖北撫憲外，職道宣懷謹稟。

陳旭麓《盛宣懷檔案資料選輯之二》湖北開採煤鐵總局荆門礦務總局《盛宣懷再上李鴻章稟光緒七年閏七月初九日天津》 敬再稟者：竊於光緒五年五月通詳遵飭截止官本，招商試辦，吁請批示定案緣由，當奉憲臺批：「據詳，荆門、大冶煤、鐵兩礦，已經英國礦師勘定，確有把握，不便棄置。擬先用土法，招商專辦荆煤，辭退洋匠，節省經費。所需資本，現已集成五百股，計銀五萬兩，先行試辦，仍續招規銀五萬兩，合成十萬，可資周轉。如將來獲有利益，再議擴充。其截存直、鄂兩省官本，準照案發交江蘇、漢口各典生息，以每年利息彌補動缺官本，仍責成該道一手經理，按年繳息歸本。其每年繳息歸本若干，應專案報明，斷不可絲毫含混。至每噸提銀八分，按年呈繳，俟官本補清，即將此項銀兩留充地方善舉，應如所擬辦理。所擬招股章程十六條，均尚妥協。仍俟資遣洋匠後，由該道將前次領用官本、開採煤礦收支細數，據實匯報查覈，候行海防支應局查照。」

又奉湖廣督憲批：「此案前經北洋大臣明晰批示，自應遵辦。據詳，請在發存肇廣公典項下劃撥四萬二千串作爲煤鐵經費，尚屬可行，已札飭善後局遵照劃撥，此項官本仍責成該道一手經理，按年呈繳息錢，逐漸歸結，將來設有轇轕，惟該道是問。仰即知照」各等因；奉此。

伏查湖北礦務，原奏撥定官本三十萬串。計自光緒(元)(二)年正月開局之日起，截至五年五月改歸商辦之日止，支用開採經費，以及宜昌、大冶等處勘礦，荆門探簽，購辦機器、鐵路，洋人薪水川資等項，除售煤及木料等物變價以收抵付外，實在動支經費(十二萬)〔十六萬〕四千四百二串二百六十七文。在於直隸官本項下動支十萬串，湖北官本項下動支五萬八千串，尚不敷錢六千四百二串二百六十七文，統由職道盡數墊賠，歷經造具清册詳報在案。其截存直、鄂兩省官本，蒙準照案發交江蘇、漢口各典生息，以每年利息彌補動缺官本。查直省截存官本十萬串，每年應繳息錢一萬串。所有光緒五年五月起十二月止息款補足銀虧，六年分息款已經繳訖。又，鄂省截存官本四萬二千串，每年應繳息錢四千二百串。所有五、六兩年分息款，已經繳訖。以上直、鄂兩省截存生息之款，既蒙憲臺責成職道一手經理，決當認真督催，按期呈繳，斷不敢置身事外。惟從前尚擬商辦按吨酌捐貼補，現在既議停止，則此後彌補之法，祇有生息一項。查缺本十五萬八千串，每年生息僅有一萬四千二百串，計非十餘年不能彌補清楚。伏思開辦湖北礦務，原係奏明辦理，祗因創辦太無把握，虚擲鉅資，及至續勘畧有端倪，缺資難籌大舉。凡事半途中止，無不盡棄前功。在外國開礦，虧折亦屬恒情，中國爲創辦之舉，前奉憲批：「用虧官本徑請援案奏銷，殊與奏案不符。此端一開，各局領官本者恐滋浮冒之弊。」兹又奉憲飭：「即將該局裁撤，仍將前虧官帑如何彌補，妥議復奪」等因。職道籌思至再，惟有將歷届報銷之案，分别覈辦彌補，較爲迅速。查報銷册内，有置辦機器、鐵路、小輪船及雇用洋匠、廣濟房屋、堤工等項支款。除機器、鐵路已經變價者，另行具詳分别呈繳。此外，可否飭令摘出數項，準其作正報銷。擬請直省準銷三成之二、鄂省準銷三成之一，均在另款内開支，撥還正款。其餘開礦經費，應即就本生息，似此分别辦理，則六、七年後將所領直省官本二十萬串、鄂省官本十萬串，皆可一律歸楚，以免久懸而清轇轕。

敬再稟者：竊查直省另案，尚有發存蘇典生息本錢十四萬五千串，每年例繳息錢一萬五百串。鄂省另案尚有發存漢典生息本錢五萬八千串，每年例繳息錢五千五百六十八串。皆係職道經手，按年分繳直省支應局、鄂省善後局之款。此次擬請在於礦局匯報册内摘出數項作正報銷。如蒙憲臺允準摘款支銷，可否即飭該兩局在於前項息款内開支撥還官本，抑或無庸摘銷，悉歸用剩官本生息彌補之處，職道未敢擅擬，伏乞憲臺批示遵行。謹再肅稟，恭請鈞綏。除稟湖廣督憲、湖北撫憲外，職道盛宣懷謹又稟。光緒七年閏七月初九日。

陳旭麓《盛宣懷檔案資料選輯之二》湖北開採煤鐵總局荆門礦務總局《金德鴻上李鴻章稟光緒七年閏七月中旬漢口》

委辦湖北礦務董事金德鴻謹稟中堂閣下：敬稟者，竊董於閏七月初七日接奉鈞札：「準湖廣督部堂李咨：『據湖北荆州府知府蔣銘勛稟稱，請飭礦務局所運官煤遵照原定章程，仍往下游各口岸銷售，不再在沙發賣，並求咨明查覈等情一案。除稟批：據稟暨另單均悉。查礦務局之設，原以裕國便民。若如所稟，該局在觀音寺收買煤斤堆存沙市，民煤至則減價争售，民煤盡復長價居奇，以致商民交困，怨讟迭興，尚復成何事體！查下游運銷之處甚多，該局何必向沙市一隅之地與民争利。且煤斤由收買而來，既屬無利可圖，又何必多爲購運？該礦務設局數年，成效未覩，積弊漸多，亦非經久之計。除據情咨明北洋大臣查酌飭遵外，仰牙釐總局會同荆州道、府轉飭該礦務局董遵照，將買存煤斤仍遵定章運赴下游銷售，不得取巧罔利，致干未便，切切。仍録報撫部院查照，暨候批示。繳等因印發外，相應抄稟、録批，咨請查照，酌覈飭遵』等因，並準函商到本大臣：准此。查煤礦之舉，原欲開中國未興之地利，收外人已占之利權，是以借發官帑，疏通運路，免釐減鈔，曲加體恤。該員等極應激發天良，謀定後動，處處脚踏實地，乃該局前辦武穴煤礦數年，既無絲毫成效，反多虧累官帑。此次開採荆煤，未幾交金董接手，皆官氣太重，事不躬親，一任司事含混滋弊。所運之煤竟買自民間，並非自行開採。又不恪遵定章，運赴下游各口出售，轉復堆存沙市，任意增減價值，一味攘奪民利，以致怨讟迭興。實屬辦理荒謬，亟應趕緊查明，先行停止買運，以蘇民困。荆煤既無可採，應即將該局裁撤，免再縻費。仍將前虧官帑如何彌補，妥議復奪，勿得飾延干咎。除飭盛道宣懷遵照督同妥辦具復外，合行札飭。札到，該董即便凛遵，克日妥辦具復，毋違。此札。並抄粘」等因，奉此。伏查蔣守所稟各情，大都聽信浮言，委曲冤誣，不容不詳細申辯，以求明察。

查觀音寺相近向有民窿數十餘處，其煤均係運往荆州府城及沙市一帶銷售，並不遠運他處。其搬運煤斤，在觀音寺則有漳河自販船户百餘號，至沙市則有荆州販户數百家，均託此爲業者。自董局之設，前經盛道勘定官窿兩處，一名窩子溝，一名金米觀。其窩子溝向係民窿，將至廢棄，該窿户自願投局具結，歸官收採。金米觀則係從前封禁之窿，四年分由局勘準開封試挖，作爲官窿者。局中既用土法開採，挖煤、起煤皆用土民，本與民窿無别，然的係自開，並非收買，故在窿之貨祇能統收，未能選剔。五年七月至六年十月，官窿兩處共開煤六千餘吨，其民窿十餘處亦開七、八千吨。當時官煤初運，不知有同窿異質之情，故統收統運，並未分别高下。而其年因局煤下運漳河，船價亦由漸加昂。蓋窿煤雖盡可開拓，而谿水晷有限製，船隻又少，每年運數未能加多，官煤運多則民煤運少。董正在籌思變策，適下運之煤頻經鎮、滬選剔，約有三成不合售銷之貨，不得已，每噸減價一兩有奇，始勉强銷去。董竊謂近地價貴，遠地價賤，斷無勉强轉運之理，故擬選剔次貨，近地發售，正以疏通下游滯銷，減平當地市價，是亦一舉而兩得也。細覈此事，於局確益，於民有益，於荆販亦有益。其稍有不利者，惟百數十號自販之船户未能多獲意外之利耳。然在各船或代運局煤以得水脚，或跟隨局價，不貪大利，盡可官民並行，亦未至生計盡失。況煤斤爲民間日用之需，至貨缺價貴之時，聽局煤平價銷售之爲是乎？抑禁賣局煤以利百十販船居奇擡價之爲是乎？明者當有以辨之。

據蔣守原稟所云：「民煤至則減價争售，民煤盡復長價居奇。」指此以爲局中大弊，則似屬隔膜。蓋市價漲落有自然之理，貨多則賤，貨少則貴，本無强致。況谿河運費大小懸殊，在發水時每擔祇七、八十文，小水時每擔有長至二百文者。局煤發銷，就運費之貴賤定售價之多寡，民間評論故亦深以爲是，並無怨言。蓋民煤至，必係漲水貨擁之時，費輕貨多，本應減價；民煤盡，必係小水艱運之時，本重貨少，理該長價。凡此皆貿易自然之道，不得爲之争售居奇也。況既曰「民煤已盡」，即使局煤貴價，亦祇有接濟民間斷煤之益，斷無與民争利之弊，又何至「商民交困，怨讟迭興」耶？

該守又謂，不肯落行，即可任意定價，亦屬誤會。蓋董局上年冬間本擬由行售賣，因其銷數甚少，且代完税釐不給大票，終有流弊，不得已而稟明設廠自售。稟中所云抑勒把持者，非嫌其定價不均，實因其不肯代售，故董局設廠之後，仍舊傳諭各行聽其代發，仍給行用，惟税釐憑局自完，不經行手而已。然各行仍不代售，一任販户用户之自投局中售賣也。據云，荆州府所設西關卡員曾飭各行户具不準銷售局煤之結，故各行畏縮遲疑。此中隱衷，或與西關實有干礙，亦未可知。

凡此皆沙市售煤實在情形，局中並無取巧罔利之事，亦非聽信司事含混之言。惟董素性戇直，不善聯絡官場，與官中聲氣隔絶，即墨之毁言，諒所難免。所用司事亦皆悃愊無華，惟求實事，因此觸忌官中，亦頗有之。此皆誣之所由自也。然是非公道終有水落石出之時，尚祈中堂憐而察之。

至鄂省礦務，自廣濟扦探虧賠官本，不得已改歸招商，本係撑持目前局面，由漸而來。苟其商本不虧，自可徐圖開拓，彌補官賠，廣求利益，然必由小而大，處處脚踏實地，不能急於求效，此早經稟明在案者。董前經盛道、李守懇切相浼，又奉中堂札委，總理雖(指)〔只〕數月，經辦實係兩年，此中甘苦情形無弗周知。若謂此事實屬有弊無利，早經請示裁撤。惟其事雖則爲難，若妥慎經理，不責近效，尚有可爲。故頗欲竭此愚誠，以副委任之至意，以免有始無終之誚。五年七月至上年十月，人俱生手，事係創辦，初次結帳雖晷虧官利，未賠商本，自幸辦理尚不至十分荒謬，故各股商亦漸見信。本年本可獲利，惟因船鈔之事占擱運務半年，受其暗虧，恐冬間結帳又祇能保全官利矣。此亦適遇艱阻，並非辦理不力也。

查荆門一隅，運數既難開擴，厚利本不能希冀。況成本較大，謹慎行運，每噸祇可獲利四錢，爲數式微，於官項似屬無補。然借此作報，能兼運湖南之煤，其利頗厚，此中於自强之旨亦有甚合者。蓋湖南寶慶之土煤，近由江漢關出口，皆歸洋商行運至上海，攙搭洋煤銷售，每年何止二萬噸，實係暗奪華商之業。查湘煤與荆煤質地相同，其山本、脚價較荆煤每噸約輕七、八錢。若照荆煤之案，減完税鈔，則每噸獲利必在一兩以外。每年若能行運萬噸，則四、五年中官虧自能彌補清楚。然後商股信從，煤無缺乏，可以考求洋法煉鐵熔鋼，以盡地利。此董詳爲礦務籌畫之私衷，然非各大憲信心鑒察，實力護持，竊恐浮言謡啄，仍有意外牽肘。用特剖腹瀝陳，伏乞中堂據情函商湖北督憲，將蔣守原稟及董逐層申訴各情詳細考覈，先行查明沙市售煤實在是非，然後再議撤局停採，俾不致因浮言冤抑。若以前官虧，則本非董手之事。今商局既議裁撤，則此項扦費及官虧，仍應責成盛道原手清理也。肅具寸稟，恭叩勛祺，伏乞垂鑒。董事金德鴻謹稟。

陳旭麓《盛宣懷檔案資料選輯之二》湖北開採煤鐵總局荆門礦務總局《盛宣懷復金福曾函光緒七年下半年》 礦務開天地自然之利，外洋賴此富强。《周禮》列卝人，《尚書》重虞官，並非霸術。弟常謂當今之世無他治法，但使人人自食其力而已。原有禾黍，澤有魚鹽，人盡資以爲生，獨山之利最厚而尚遺。荆州厥貢，三品惟金。古人金、銀、銅、鐵、錫皆曰金也。弟昔言於合肥二難，研求三載，時因輪船需煤，狃於煤礦。長樂、鶴峯紫銅，白鉛富抗滇南，屢因偷控滋事，旋開旋禁，弟則稟準弛禁試辦，曾遣人控取銅礦不少。據英國礦師化有净銅三四十分，已非西洋易得之礦，乃因直隸賑務改轍而北，甚可惜也！

稟留吴人金少愚接辦荆門煤礦，正欲留其已成，以圖其未成。今夏忽因完稅結怨太守，稟揭謂沙市盡銷官煤，近於壟斷。大府以少愚經理不善（此公讀書留心經濟，樸實廉潔，而布衣當總辦曾未一登長官之堂，宜其事敗垂成也），嚴飭停止。妙在官本早已結束，商本二萬兩行止無足重輕。大約煤鐵非用西法大舉不能獲利（以其笨重難運，而煉鐵中國不得其法），銅、鉛可以就礦所煉去泥石，再將淨質盤運，雖羊腸鳥道，運費不重（須先用中法，以小爐去泥石運至大地方，再師西法細細提煉，鉛中必有銀子幾成也）。

入手之法，首勘礦苗。長、鶴見苗處甚多，求新不如取舊，土人頗有知之者。初得不過一綫，謂之「藤苗」；若越挖越寬，得其聚處，謂之「瓜苗」。如就十處「藤苗」下手挖去，能得一、二「瓜苗」，已是大喜，雖西匠不能預決其下有瓜無瓜。

次（辦）〔辨〕礦質。土人取來礦石高低不等，必須親自從地下挖出者方是真苗。須取其苗礦逐處標明地段及深淺尺寸，帶交津、滬化驗，通（址）〔扯〕分數，祇求礦苗旺，不必定要分數多，分數多而不得瓜，仍無益於事。

次查運道。長、鶴萬山之中，至水道不近，若將礦石運出再煉，運費太重；若就山開爐，機器既不易盤入；且恐產礦之處散而不聚，此礦運至彼礦已大難。不如就本地土法隨處設小爐子，隨挖隨煉，但求去其泥石，不求分提乾淨，於是擇近水平陽之地，仿西法設大爐細細加煉。侗〔通銅〕則就近鼓鑄，鉛亦錢內，必須用機器局用得多。至鉛中分出銀子，乃是分外之利，開辦時不必預作此想。

次計人工。鄂中工人能喫苦而工食賤，日給二百文，已趨之若鶩，西人常極羡之。大約就（苦）〔若〕試挖必須計工，得礦後或可設秤，論礦給價。鶴（奉）〔峯〕與桂陽接界，其地多能手，常來偷挖，須往募雇作頭目。

次募爐頭。小爐先去泥石，桂陽人及本地必募得到。大爐提煉必師洋法，欲求其精，非雇一洋人不可。且看平泉州華人仿西法如何，少愚粗知其理亦不難。

次集資本。試辦無一定把握。公往親勘，苗石必多，而大礦之有無，公才勝我百倍，必不能決，洋人亦必僓〔通鑽〕地而後知，可見尋苗之難。滇中開銅有祖父得藤而子孫始得瓜者；有傾家而數易其主始得瓜者，此中殆有運氣。然辦事祇能論理，不當言命。領公款則萬不可。弟從前奏明撥款三十萬開礦，並未責其包做，奏定盈虛皆在國家，賠貼薪水，試辦三年，得一荊門好煤礦、得一大冶好鐵礦，用去錢十餘萬串，人言嘖嘖，勒令賠償，至今負官債皆爲此。景星、翊甫鑒其病，相戒不領官本。令叔肯任此役，招股不難，弟處商股兩萬餘可令移充。惟試挖時必須拼出一萬金，如同放賑。此款何來？或先布告同人，願附股一千兩者先出一百兩，得紅則準其再出九百兩；不得紅則將試挖工本刻信録了結。將來大利之根在此百兩。得紅以後不準外人攙股，則人或樂捐此百兩，從祈大福之來。

次議稅釐。長、鶴銅礦，户部曾行文催辦，以資鼓鑄，李制府含糊復之。如不先定新章，恐户部索銅，復成雲南弊政。曾與筱帥議及，所採銅、鉛皆以一成充公，就出廠之日繳納，即由該處地方官或釐局驗明，填給湖廣總督印照，聽憑運往各處驗照，不再抽釐。此外，官如採買，悉照民價，直、楚皆深韙之。其一成歸湖北善後。

陳旭麓《盛宣懷檔案資料選輯之二》湖北開採煤鐵總局荊門礦務總局《盛宣懷上李鴻章詳光緒十年閏五月中旬天津》

爲詳復事：

竊於四月初　日奉憲臺札，

準户部咨開：道員盛宣懷經手蘇典一款，其中情節種種支離。查蘇典練錢生息，現在計有兩款，一係二批發商提用存剩之十二萬串，自同治十一年起，歲以七釐行息；一係開礦虧剩生息歸本之十萬串，自光緒五年起，歲以一分行息。嗣經該道稟請自七年十月起將七釐行息減作五釐，其一分行息者如故。查此二款同在一時，同在一省，即使實應減息，該道何以不請減一分之息，而反將七釐之息減去二釐，是何居心？是何辦法？揆該道之意，不過以一分生息之款係代伊彌補虧項，故欲多取息以清累；七釐生息之款，利歸於上，與伊無涉，故欲少取息以市恩，且同係該道經手，更難保無移此就彼、掩飾騰挪之弊。

至其開礦虧本，請將虧剩之款生息歸還一節，尤爲巧詐。查湖北開採煤鐵係該道一人經理，三年之內，即練餉本錢一項而論，已虧折至十萬串之多。既係該道所虧，即惟該道是問，豈能以官款應得之息代爲彌縫！且此款自光緒五年冬間發商以來，迄今四載有餘，僅據繳過兩年之息，其餘兩年，一則欠至一年之久，始據報解而尚未列收，一則現已逾期尚未報解。典商豈敢拖欠官項，其爲該道挪用，尤屬顯然！似此種種欺矇，殊出情理之外！若不將所虧官本、所減息數，全數責令賠償，不足以示懲儆。應令該督即將該道所虧官本製錢十萬串，及自光緒七年十月起截至十年二月底止歷年所減二釐息錢六千三百串，嚴行勒限，責令該道如數賠償。倘延宕不完，本部定將該道指名嚴參，查抄備抵，以重款項。其典商已繳之製錢二萬串及已經報解之一萬串、逾期未解之一萬串，應一併劃歸生息項下，不準抵作官本。內除已解到之二萬串業經動用外，其未解到之二萬串，應令該督趕緊催提，專款存儲候撥。且自十年三月起，各商應繳息錢，亦由該督轉飭仍照本部奏定七釐生息成案，按年如數解交，毋任延欠等因，到本署大臣；准此。除行支應局外，合行札到該道，即便遵照，先將如何分別賠償提繳情形尅日妥籌，據實稟辦，毋稍含混延誤等因；奉此。

正在稟辦間，於閏五月初九日奉憲臺札飭，準户部行催聲覆，並準支應局移咨到道。職道伏查練餉製錢案卷向歸海防支應局管理。本年春間海防支應局未將前後案由詳細分別聲叙，僅據籠統詳請轉咨，將蘇典息款彌補鄂礦虧款，亦不分別款目，自應嚴斡部詰。兹蒙飭將如何分別籌議情形勒限稟辦，謹將前後案由款目分晰，稟請鑒覈轉咨。

查發商提用存剩之十二萬串一節，係同治十一年江蘇省典商二十二家領本五十萬串，蘇典原定三分取利者，得此本寬息減，民間受益甚多。職道係奉札委專管收解，並會同蘇藩司查察，計截至光緒八年九月止，蘇典已繳過本錢三十八萬串，利錢二十萬一千四百餘串，尚存本錢十二萬串。七年十月因各典具稟，以奉兩江督憲左奏明減利二分，寬期二十八個月，商力愈竭，懇請存款減息，蒙憲臺批：該典商歷年繳利將及二十萬，於河工賑務不無裨益，準減息二釐以恤商情。職道係奉文轉行、隨收隨解之員，典商之下情無從攔阻，憲臺之準駁，自有權衡，實不敢少取以市恩。兹奉部飭令再補繳二釐息錢六千三百串，十一年三月起仍照七釐生息，當即傳諭各典商遵照補繳。現據各典商徑稟憲臺暨支應局，以市面艱窘，恤商即以保民，懇將數年前已經批準之酌減二釐息錢六千三百串，免其補繳；自光緒十一年三月以後，遵照部議仍按七釐生息等情，是否準如所請，應候憲裁。

又查開礦虧剩生息歸本之十萬串一節。伏查湖北廣濟、興國等處試辦煤鐵礦務，係於光緒二年正月奉憲臺暨南洋大臣兩江督憲沈、兼署湖廣督憲湖北撫憲翁會商興利自强之策，是以會奏籌撥直隸資本製錢二十萬串，派委職道會同漢黄德道試辦。欽奉上諭：「此事爲該省創辦，必須詳細籌畫，以期悉臻妥協。翁同爵即行飭令道員盛宣懷妥爲經理，並飭道員李明墀會同籌辦，督飭地方文武認真稽查彈壓，毋任滋生事端。仍著李鴻章、沈葆楨隨時督飭查察，以防流弊。至煤鐵所售價銀，即着照所議提還直隸、湖北資本，俟提清後，即以此項餘利作爲江海籌防經費。該督等務當督飭各員將支發各項覈實動用，毋稍虚糜。」欽此；等因。恭録札飭，欽遵辦理。職道知上臺爲興利自强起見，是以奉札之下，力任其難，不敢推諉。若早奉明文，開礦虧折惟經手是問，職道身家幾何，如此創辦難辦之鉅舉，斷不敢冒昧仔肩也。彼時祇知時勢艱難，共圖報稱，即於光緒二年親赴湖北，會同漢黄德道李升道明墀勘查地勢，並稟明憲臺由總税司赫德赴英國代雇礦師郭師敦及洋匠三名來華試辦，訂定合同。礦師等薪水川資及各項製備器物之費，又土法開挖廣濟、興國煤窑四十餘座工料之費，又西法簽探(院)〔阮〕家山、富子溝煤礦之費，又勘辦大冶、武昌鐵礦化驗之費，又修造廣濟縣沿江隄工以及運煤道路之費，截至光緒五年五月，除售煤及各物料變價以收抵付外，共動支製錢十萬六千四百二串二百六十七文。内除職道墊用製錢六千四百二串二百六十七文外，計實動支直隸官本製錢十萬串。均係遵旨覈實動用，毫無虚糜，並將收支各款辦理情形按月逐項呈報憲臺暨南洋大臣、湖廣督憲、湖北撫憲隨時督籌查察在案。

職道因試辦二年尚無成效，若再接手續辦，則已籌之官本不敷開支，必須另籌。當與礦師再三考訂，據稱西洋開礦動集本銀一、二百萬，其歸本獲利久暫難以預定，現在撙節估計，以後歲需常年經費銀六萬兩，始能仿照製造局經久開辦，否則祇好結束停止改歸商辦，當即據實上詳。接奉憲批，常年經費鉅款難籌，飭令截止官本，另議招商接辦。此湖北撥款開礦未竟厥功，不得已而截止之緣由也。

嗣因礦務截止，既非礦師估計不實，又非委員稍涉虚糜，此項動支之直隸練餉製錢十萬串，無可着落，議將用剩應繳存庫之製錢十萬串發交蘇典生息彌補，俟彌補完款再行奏咨。若非此開礦之舉，即無此生息之議；若非蘇省商民感憲臺收復蘇垣再造之恩，争爲彌補公虧，亦斷不肯受十萬之鉅本、出一分之重息。此用剩礦本發商生息及已用礦本未經彌補全完，尚未詳請奏咨之源委也。

總之，中國以西法試辦礦務，斷非鉅資積久不能爲功。開平用商款二百萬，而八年未能獲利；臺灣用官款數十萬，而九載未能歸本。職道奉委辦理湖北礦務，初欲開中國之風氣以收外洋之利權，三年之久，兢業從事，原冀由淺入深、徐圖成效，徒以事屬創辦，經費短絀，工程中止，虚擲始基，仰蒙憲臺鑒其底藴，委曲求全，議將餘剩礦本生息彌補，原爲以公濟公，免致開銷正項。惟此節祇經憲臺及前兩江、湖廣督憲往返函商，苦心經營，及職道暨李升道身在局中，得悉憲意；局外傳聞，遂將官礦與商礦一律看待，竟以湖北礦務爲職道之私舉矣。不知湖北奉旨撥款試辦煤鐵，職道與漢黄德皆係奉派委員，與各省製造局情形相同，非如招商局、開平煤礦係屬商人湊股辦理，盈餘歸商，虧折亦歸商，雖領官項，盈絀官可不問。且三年之内所用經費係按月呈報，俱有華洋員匠人等領據爲憑，職道於支發各項實係覈實動用，不敢稍涉虚糜，如有查出絲毫侵蝕之弊，願甘參賠。

至官款發商，豈能以應得之息代爲彌縫一節。查蘇省發典息本五十萬串，係經奏咨將生息錢文以助海防、賑濟。而前項所撥湖北礦本二十萬串，係屬蘇典歸還頭批練餉息本，於光緒元年十月呈繳清楚，發還領結。是頭批練餉發典七釐行息之款已經清結，與礦務發典生息之款本不相連續也。光緒五年十二月礦務停止，復將剩款十萬串另由礦務局發交蘇典一分行息，係奉憲臺專案批準，將此項息錢專歸彌補礦本。實因開礦虧本，無成效則難開銷，無弊竇則難責賠，不得已而爲此生息彌補之計。前案係户部奏明生息以助海防、賑濟，應歸公用；後案係憲臺批準生息以歸湖北礦務應補公虧，此並非職道一人私累，敢以官款應得之息代爲彌縫也。

又此款發商四載有餘，僅繳兩年之息一節。查用剩礦本十萬串，自光緒五年十二月起歲以一分行息，計六、七、八等年已繳過息錢三萬串，九年年底應繳息錢一萬串，因各處倒帳，典當紛紛關閉，其不關閉者應接不暇，異常竭蹶，稟懇展至十年分呈繳，由各典具結轉呈有案，職道並未預先挪用，現已催令三個月内如數呈繳。該典商初不肯按一分繳息，因係專案另存，説明彌補公虧，十年期限，較爲寬展，該典商始遵諭照繳以伸報效，均有分别憑領，並無移此就彼、掩(飭)〔飾〕騰挪之弊。

職道粗知大義，以上各節原不敢嘵嘵置辯，祇以虧挪之罪名太重，不敢不將實在情形逐一申訴。

至鄂礦係官款官辦，雖不應賠，但當此帑絀時艱，若不從速彌補歸款，職道亦寤寐難安。擬請咨明大部，准將礦務存典之官本製錢十萬串，原擬十年生息歸本，扣至光緒十五年始行滿限者，責成職道會同地方官勒令各典減限二年，改扣至光緒十三年止，本利二十萬串全行歸還，倘遲延一日，短少分文，均惟職道一人是問。似此辦法，於公帑毫無虧損，而於前議均屬相符。可否之處，伏候憲臺俯賜鑒覈咨復，實爲公便。

中國第一歷史檔案館《光緒朝硃批奏摺》第一〇一輯《光緒十年閏五月十六日**雲貴總督岑毓英等摺》**

雲貴總督臣岑毓英、雲南巡撫臣張凱嵩跪奏，爲滇省開礦事宜，紳廠已有成效，商股已有成議，人情踴躍，可冀日起有功，恭摺仰祈聖鑒事。竊照滇省地方，五金並産，向辦礦務，富商樂於從事，貧民藉以謀生，軍興以來，商力民力均不如前，日形頽廢。臣毓英於同治十三年内，奏請試辦，上年續請招商集股，與官本相輔而行，廣行開採。光緒十年閏五月初二日，欽奉諭旨，訓勉責成，飭將近來採辦情形，據實具奏，所有籌辦大畧，經臣凱嵩會摺覆陳，並一面恭録行知藩司，暨礦務總局委員查辦。去後，兹據署藩司李德莪詳稱，本省銅務自定章禁革，使費預借底本後，紳民有利則趨，招徠漸廣，如迤東屬之湯丹茂麓等六正廠，及十一子廠，係委紳參將牟正昌、遊擊楊好謀、蔣自萬、貢生李恒芳等，分認承辦。迤西屬之迴龍得寶等八正廠，及九小廠，係委紳提督楊建勳、副將熊明、知州陸樹椝等，分認承辦。楚雄永北等廠，係知府陳燦、同知姜瑞鴻督商開辦。雲武屬之萬寶雙龍等廠，係紳士邵文藻、王子猷分認承辦。現復示諭紳民，如有訪出新礦，無礙廬墓者，準其報官請領，開山牌票，任聽開採，勢將接踵而來，此紳廠已有成效之情形也。又據礦局委員鹽運使銜補用知府全楙績等稟稱，上年奉委招集商本，因滬埠倒閉，時日稍稽，成議在先，仍各照原稟措辦。查廣西候補知府張家齊、候選通判關桐青，原認招股一百萬兩，承辦永昌順寧兩府礦務，通判張長曜認招股六十萬兩，承辦臨安、開化、曲靖三府礦務，江蘇道員胡家楨，認招股一百萬兩，知府卓維芳認招股十五萬兩，通判王熾，認赴川招股二十萬兩，現經分催各將未解股銀，源源寄滇，以便廣行開採。卓維芳所購機器現已運到東川銅廠，應用至蒙自縣個舊錫廠，向係本省鑪户採辦，比歲滯銷，現由全楙績於招商項下，籌本發給，俾得盡力開煎，其餘金銀鉛鐵，亦即次第開採等情，此商股已有成議之情形也。除將詳稟分别批飭，務照指陳各節，認真督率，實力經營，以期日起有功外，臣等伏查礦務，爲天地自然之利，運京歲有定額，抽課例有常經，現在經理得人，勢不難蒸蒸日上。兼之礦苗豐旺，貲本充盈，砂丁雇用本省之民，益以川黔之衆十數萬人，隨時可以招集，不惟攸關國計，實亦有益民生。臣等職任封圻，分所應爲，責無旁貸，惟有因勢利導，鼓舞商情，現辦之區，不准他人争佔，未開之礦，聽由公舉承商，庶幾紳富聞風，通力合作，百廢具興，藉可仰副朝廷利用厚生之至意。所有雲南現辦礦務，人情踴躍緣由，謹合詞恭摺陳奏，伏乞皇太后、皇上聖鑒訓示，謹奏。

硃批：五金爲天地自然之利，若開採得宜，使地不愛寶，亦足以裕國便民。爾等所籌亦頗用心，但積股一事，朕聞外間有一等奸商者以積股爲名，誘騙財利，以致失信於人，人皆畏阻。所派招股委員能否積成鉅款，尚未可知。

陳旭麓《盛宣懷檔案資料選輯之二》湖北開採煤鐵總局荆門礦務總局《沈善登致李鴻章函光緒十年八月二十七日杭州》

受業沈善登敬首謹啓宫保太傅伯中堂夫子鈞座：敬啓者，竊荆門礦務於八年十月，由前督辦盛道宣懷禀請批準給咨歸善登接辦，當經謝紳家福主稿訂立議據，銀錢帳目暫附盛道自辦之金州局兼管，不另用人。嗣因事多掣肘，遷延至上年二月底，盛道仍未能遵諭相偕赴鄂，各商疑慮。善登乃於三月初自行賫文前往，先至山中察看一切，旋由漢口赴省，適鄂省查辦齋匪，未便議及礦務，守候月餘，祇得回滬。惟時滬市各項股票跌價愈甚，荆門股商以開辦難必，索退愈堅。計原招除舊商外四千七百二十股，每股先收二十五兩，共銀十一萬八千兩，陸續退還。至七月底止，實存一千四百九十股，原銀三萬七千二百五十兩。

善登本意，荆礦煤質之佳，行銷已著，且親見該處富有銅、鐵，遽爾停散，實爲可惜。盛道亦以荆門屢辦無成爲言，而頻與熟商，進止總似兩可。謝紳則謂盛道實注意於此，歸併自辦，不如將案交還，以全終始。因即介紹議定，於七月廿九日備函聲明緣由，檢同咨文及新買礦山契據等，由謝紳手送還盛道。所有向存局中之莊折、帳目、退股等，亦由謝紳偕同帳友楊紳廷杲檢呈盛道逐一點驗。八月間盛道到杭，與善登晤面，亦稱函件、項款照收不差。此荆門退剩股本原數移交盛道收接之實情也。

善登於交清後，即應專啓鈞前，並刊佈《申報》遍告股商，盛道屬謝紳轉言謂當代禀，勿徑自陳，並以金州股商正在索退爲難，屬緩登報。善登謂登報或可從緩，豈可並緩自陳。謝紳乃言，盛道曾奉有燕、金可緩辦、荆門則直不必辦之手諭，且進退究未大定，是以未可徑陳。善登亦遂不存逆億，遷延至今。不意春夏之交，聞各股商以還數過短，欲行具控。正擬赴滬查詢，更不意盛道復自撰一託名並無其人之司事楊利慶禀函，將去秋移交情事一概抹煞，竟似善登並未交代脱身潛遁者。據以轉禀鈞前，復照咨上海關道。其禀中直謂善登因股本抵押虧短，曾有請代理直之函，殊堪訝詫。細詢緣由，乃知將謝紳經手彼此另行議定荆門與金州互换之股票，及八年冬間另自抵押於彼歸清息銀，允定貼價聽没之股票一概翻悔，納入移交公司款中，扣去現銀一萬七千餘兩，而以所餘攤還各股，每股原銀廿五兩，僅付十四兩六錢，以致商情怨憤，竟成控案。現已控經汀蘇撫院批行上海道督縣查復。昨知上海道已據縣復「假公局騙，事非無因」等語，禀請咨浙提解集訊。而善登實未奉上海道、縣照會行查，詞出一面，遽請破例關提，勢不能終於忍默。謹一面於蘇撫院遣具代呈，剖訴梗概；一面專函盛道署辯所禀之誣，懇其仍從前議。尤不可解者，具控各商共四百七十五股，其股數最多、主謀者，係盛道相交極熟之人。據言去臘今春盛道慫恿密收，謂原本在握，定可獲利，今短少如此，是以愈憤而出此斧鑿相尋之計。徒令善登横被丑詆，想盛道亦當自笑無謂。

伏念善登當移交時粗疏遷就，不先陳告，致急切無以自明，蒙垢負釁，祇應自怨自咎。惟誣辱太甚，逼迫無地，不得已據實縷陳，並鈔呈去秋移交及現致盛道函稿，仰求中堂夫子俯賜鑒覈，諭飭盛道平情善處，俾商本不至過虧，善登亦免薄責之辱。感戴高厚，實無涯量。臨穎悚慴，肅叩勛祺，統祈垂鑒不備。受業沈善登敬首。八月二十七日。

陳旭麓《盛宣懷檔案資料選輯之二》湖北開採煤鐵總局荆門礦務總局《盛宣懷上李鴻章詳復光緒十年十一月三十日天津》

爲遵飭會商籌議詳復事：

本年九月十二日，奉憲臺札，準户部咨：福建司案呈道員盛宣懷經手蘇典練錢一款。查此案延請洋匠開採煤鐵，係屬創辦之事，部中並無成案可循。本部前咨所以將虧項責令該通賠補者，特以動撥官本，係該道一手經理，既已辦無成效，自應責有攸歸。今據該道瀝訴各情，由直隸總督據詳咨複本部。統閱前後情節，在該道承辦此事，虧折官本，其咎固無可辭。但開採三年，夫工役食，所費亦復不少，今以辦無成效，該督等不敢作正開銷，會商設法彌補，亦係爲慎重官項起見。惟以息歸本，自來虧短官項者無此賠繳之法，本部並無辦過成案，礙難覈準。且該督等當日即欲如此辦理，亦應將實在虧折情形，及可否如此辦理之處，一面奏明，一面咨部，方爲確有根據。今事閲五、六年之久，經本部一再咨查，始據支應局員於登復册内和盤託出。本部當即檢查册檔，無如開採煤鐵一事，始終並無只字報部，無可覈對。惟事關官帑，虧有主名，本部自當竭力着追，以重款項。現復據該道詳細聲復，究竟所詳各節，其中有無捏飾，本部仍屬無憑覈對。且據册稱，此案開採之初，動撥官本，係由該督等奏明，事關奏案，現在豈得以咨案率結，應仍由該督將此案實在虧折情形詳細查明，及現在應作何賠補之處，自行奏明辦理，以昭慎重。仍以迅速歸款爲第一要義，在國家早歸一日之款，在該道即早清一日之累，毋得遲延觀望，自干重咎。試思目下海防緊急，部庫空虛，此項練餉製錢，係當日抵解京餉正款，現在亟須提還部庫，豈能如原文所云待至光緒十四年之久乎！

至蘇典另存七釐生息一款，前因該道擅行稟請減作五釐，經本部責令賠補，並令嗣後仍按七釐呈繳。今據原文内聲稱，嗣後仍按七釐呈繳，係遵照本部前行辦理。惟本部前行係令自光緒十年三月起，今原文請自光緒十一年三月起，是否筆誤？應令查明更正。至已經減去息錢六千三百串，原文内請免其補交一節。查七釐生息係屬奏定章程，本部未便據咨準減，致與奏案兩歧，且該道所以稟請減息者，係因兩江總督左奏定各典減利取贖，是以發商之款亦請減息。今本部檢閲原奏内，尚有各處官款發商生息無過一分等語，足見一分以内之息，即不在應減之列。該道所請與江督奏案顯屬不符。所有前項減去息錢六千三百串應仍由該督轉飭該道如數補繳等語，合亟札飭遵照辦理具報等因：蒙此。

伏查蘇典另存生息製錢十二萬串一款，光緒七年九月以前，原係七釐行息。七年十月，各商以奉前兩江督憲左奏減典商取民之息，奏寬民間取贖之期，商力愈形竭蹶，稟懇憲臺將存款十二萬串減息。蒙憲臺批：「以該商等歷年繳利已及二十萬串，於直隸河工賑務不無裨益，準減息二釐，以順商情。」本年四月間，奉憲臺札：「準部咨，『不準減息，已減之錢仍令補繳，並令自十年三月起仍照七釐行息。』」當經傳諭各商遵照。旋經各商以近年市面蕭條，商情萬分苦累，所有已減息錢萬難補繳。且奉文已在十年三月以後，若令自十年三月起按七釐生息，商力實有未逮。必不得已，惟有懇自十一年三月起再按七釐行息，蒙憲臺咨商户部。是「光緒十一年三月起」，並非筆誤。茲於本年九月十二日奉到部復：「令仍按七釐行息，並令補繳已減息錢。」遵即電傳各商遵照。茲據各商稟稱：「蘇省市面仍前蕭瑟，貿易維艱，所有已減息錢萬難補繳，仍請自來年三月起再復七釐行息舊章。溯查光緒七年前兩江督憲左奏案内，各處官款生息無過一分等語，係指江蘇本省各州縣零星公款而言，並無盈千累萬之數，若此項練錢，係隔省公款，且數至十二萬串之多，實與本省生息之零星官款不同」等語。伏查該商等所稟均係實情，伏乞憲臺俯賜鑒覈辦理。

又查開礦虧剩生息歸本之製錢十萬串一款，係於光緒二年正月奉憲臺會同前南洋大臣沈、兼署湖廣督憲翁奏撥直隸製錢二十萬串，試開湖北省廣濟、興國等處煤鐵礦務，派委職道會同漢黄德道李升道辦理，欽奉上諭允準。職道等當即稟明由總税務司赫德赴英國代雇礦師郭師敦及洋匠三名來華試辦。自光緒二年至五年，所有礦師等薪水川資及製備各項器物，以及用西法簽探阮家山、窩子溝煤礦，用土法開挖廣濟、興國煤窑四十餘座，並勘辦大冶、武昌鐵礦，又修造廣濟縣沿江隄工暨運煤道路，除售煤及物料變價、以收抵付外，共動支製錢十萬六千四百二串二百六十七文，逐月收支細款及開辦情形，均按月呈報憲臺及湖廣督憲、兩江督憲、湖北撫憲查覈。

彼時與洋礦師通盤籌畫，撙節估計，以後必須有常年經費銀六萬兩，始能爲經久開採製造之用，否則祇可結束停止官辦，改歸商辦。詳奉憲批：「常年經費難籌，飭令截止官款，另議招商接辦。」其動用之製錢十萬六千四百二串二百六十七文，議由職道墊發製錢六千四百二串二百六十七文，净缺製錢十萬串，無可彌補，因以用剩之製錢十萬串，發交蘇典按年一分行息，扣至光緒十五年即可彌補足數。俟補足後再行詳請奏咨結案。誠以奏撥官款，試辦湖北煤鐵礦務係爲興利自强起見，與商人承領官項開礦、贏虧官不過問者，迥不相同。既非礦師估計不實，又非委員辦理不善，祇因經費不繼，不得已而截止。其動用官款，本可據實奏銷，因礦利未興，不敢請銷正款，是以爲生息補虧之計，叠奉部文嚴催開報，已經據實詳請咨部，並將息錢提前一年繳足，結至光緒十四年即將本利全清，以完製錢二十萬串原數。茲奉部文：「以礦務開採三年，夫工役食，所費亦屬不少，惟以息歸本，向無辦過成案，豈得以咨案率結」等因，札飭籌議前來。伏查本年　月詳復湖北試開煤鐵礦務動用製錢十萬串，議以生息彌補前後歷年詳細緣由，委係實在情形，並無絲毫捏飾。職道於光緒五年結算之時，既墊用製錢六千四百二串二百六十七文，本年　月詳請提早一年歸還本利，又須賠貼製錢一萬串，實已筋疲力盡，惟有仰懇憲臺俯念此項官辦礦務，動用官款，本與向來虧短官項者迥不相同，即請奏咨，仍照原議所有開礦動撥製錢二十萬串，準於光緒十四年由蘇典各商掃數全完，庶官款無絲毫欠缺，而各典商亦不致受追呼逼迫之累，實爲公便。

再，此件職道遵飭會商支應局，並已咨明在案，合併聲明。須至詳者。

光緒十年十一月三十日。前辦湖北礦務候補道盛。

孫家鼐《户部奏稿》第八册《户部爲湖北開礦虧本現設法彌補摺光緒十年十二月十三日》

户部謹奏，爲湖北開礦虧本，現據設法彌補，擬令將原本按年提還部庫，恭摺覆陳，仰祈聖鑒事。軍機處交出直隸總督李鴻章奏，前辦湖北礦務動用官本及原發蘇典生息之款，查照部議奏明辦理一摺，光緒十年十二月十三日軍機大臣奉旨：户部知道。欽此。查原奏内稱：前因道員盛宣懷試辦湖北煤鐵礦務，動用官本，擬將餘款發商生息，歸補原本，曾經咨報户部。旋準覆稱：應由該督自行奏明辦理。至蘇典另存生息一款，據稱嗣後仍按七釐呈繳，係照部行辦理。惟部行係令自光緒十年三月起，今請自十一年三月起，是否筆誤？其已經減去息錢六千三百串，未便據咨準減，仍飭補繳等因。臣查蘇典原存練餉製錢十二萬串，本係七釐生息，嗣因商力竭蹷，懇將存款減息，臣酌準減息二釐，以恤商艱。前準户部咨：令自光緒十年三月起，仍照七釐行息。嗣據各商以沿海告警，商情苦累，請自十一年三月起，再按七釐行息，以前仍準減息，瀝情籲懇。自應體察商情，仍自十一年三月起，再按七釐生息，以前準減之息並免補繳。至礦務動用官本，係於光緒二年臣會同前兩江督臣沈葆楨、前署湖廣督臣翁同爵奏撥練餉製錢二十萬串，試開湖北礦務，派道員盛宣懷會同前漢黄德道李明墀辦理。自光緒二年至五年，除售煤及物料變價以收抵付外，共動支製錢十萬六千四百餘串，曾據分晰開報有案。其時通盤籌畫，須有常年經費銀六萬兩始可經久開採。臣以經費難籌，不得已截止官款，招商接辦。其動用製錢十萬六千四百餘串，飭由盛宣懷墊發錢六千四百餘，浄缺製錢十萬串，因以用剩製錢十萬串發交蘇典生息，彌補原本。緣此舉逈非商人承領官項者可比，祗因經費不繼改歸商辦，其動缺官本，亦未敢作正開銷。是以爲生息彌補之計。原議須至光緒十五年本利全清，以完原撥製錢二十萬串之數。前因款難緩待，飭再提早一年以光緒十四年全清，俾照迅速。前已責令盛宣懷墊發製錢六千四百餘串，現擬提早一年，又須賠貼製錢一萬串，已屬不遺餘力，勢難再令認賠，應請仍照原議於光緒十四年全數完繳，歸還原撥之款。責令盛宣懷按期催收，倘有虧短，惟該道是問，庶官款無絲毫欠缺，各商亦不致受累等語。臣等伏查湖北開辦礦務一案，前於光緒二年由該督等會同奏明動撥練餉製錢二十萬串作爲官本，交道員盛宣懷等經理。嗣因開採未有成效，虧摺本錢十萬串，即以虧剩本錢十萬串發商生息彌補，係該督等自行商辦，並未奏咨有案。本年三月間，該督咨報練餉製錢收支各數册内列有此款，當經臣部咨駁，令將虧折官本責令經手委員賠補，其已經收過息錢不準抵作官本。並查有蘇典另存生息一款，係經臣部奏定，歲以七釐生息，今該督據委員稟請減去二釐，並未預先奏報，亦難覈准，行令自本年三月起仍按七釐生息，其以前減去息錢，亦責令經手委員賠補等因，行知遵照。嗣據該督覆稱：此案開採煤鐵係屬官款官辦，非商人承領官項者可比，勢難責令委員賠補。惟原議須至光緒十五年始能清款，今請提早一年於十四年本利全清，歸還原撥製錢二十萬串之數。至另存生息一款，自應遵照部議，自光緒十一年三月起仍按七釐生息，以前減去息錢請免賠繳。復經臣部以生息歸還官本一節，部中並無辦過成案，礙難覈准。且當日開採之初，係屬奏案，現在應仍由該督自行奏明辦理。至另存生息一款，部文係行令自十年三月起，仍按七釐生息，今該督所稱，遵奉部議自十一年三月起，是否筆誤，行令查明聲覆。其以前減去息錢，仍應由委員賠補等因，行知各在案。兹據該督奏請，前因臣等查虧缺官本，生息彌補，部中向無辦過成案，是以迭次咨駁，責令經手之員賠補，現據該督將前後辦理情形瀝情籲懇，既經奉旨允準，臣部自應欽遵辦理，未便過事苛求，致將來遇有可開之利源，人皆憚於舉辦。惟此項練餉製錢，當日本係抵解京餉，係屬部庫正款，息錢或可由外動用，本錢必當歸部存儲。現在蘇典所繳生息，係屬抵作成本，若任令解儲天津，易致别項動用，殊非慎重庫款之道。應請將此項存款所繳息錢，即由盛宣懷於每年年底解交部庫，以供支放。查此項息錢業據繳過光緒六七八三年息錢三萬串，其九年分應繳息錢一萬串，前據該督於本年八月間報稱，催令三個月内如數呈繳，現在計已解到。除六七兩年息錢二萬串業據該督册報動用外。其八九兩年息錢二萬串暨十年分應繳息錢一萬串，現在亦已届期，應令該督轉飭迅速催完，一併按照市價易銀於明年二月内掃數解部。至十一年息錢一萬串及盛宣懷認賠之一萬串，應令於十一年年底易銀解部。嗣後每年應得息錢均於年底易銀報解。至光緒十四年除報解息錢外，並令將存本製錢十萬串全數易銀解部。此項銀兩務須按照臣部所定限期掃數報解，該道不準絲毫延欠。該督無論有何等緊要用款，亦不得擅請截留。如有延欠，臣部即將該道嚴行參追，如有截留，臣部即於應放該省款項内扣抵。總期全數提還部庫，以固根本而昭覈寔。至七釐生息一款，現據該督瀝陳商累，請自十一年三月起再按七釐生息，並免追從前減去息錢，業經奉旨允準，應由臣部行知該督欽遵辦理，以仰副朝廷恤商惠民之至意。所有臣等擬請將練餉製錢原本提還部庫緣由，理合恭摺覆陳，伏乞皇太后皇上聖鑒。謹奏，請旨。

「中央研究院」近代史研究所《礦務檔》第四册《光緒十一年六月初五日總署收南洋大臣曾國荃文附池州老局礦山圖礦山查勘報章池州礦山探勘化驗開採精煉成本估計等情形》　六月初五日，南洋大臣曾國荃文稱，據安徽池州礦務總局蕪湖關道梁欽辰稟稱，竊奉憲臺札，準總理衙門咨。以中國礦務推行日廣，不患礦産之不多，而患煉法之未精。池局現既兼採銅鉛，務宜審别尋求，講求西洋煉法，期收實效。咨行轉飭將煤鐵銅鉛各種質理精粗，礦產衰旺，分別詳報。又奉憲札，準户部咨行，飭將試辦情形，據實詳明奏明辦理各等因到局，奉此。遵經先後轉飭各商董迅將現辦各礦情形，具實稟復。以憑轉報去後，兹據礦務老局商董楊德覆稱，職董於光緒八年春，聘延德國礦師法朗真、洋匠浩律時等，議立辛工做法年限合同。稟奉前南洋大臣左發給護照，由職董帶同入山，周歷各處，審察礦脈，隨購山地，逐一鑽探。至光緒九年冬，職董以法朗真等探驗既實，而鎔鍊尤爲開礦第一要義，乃法朗真等僅能鑽探鎔驗，未得大宗鎔化之法，誠如總署所云，不患礦產之不多，而患煉法之未精。關係至重，勢不得不竭力圖維，因即電託西友，許用重價訪延上等礦師。隨據代聘美國著名礦師蘭多，議定盤川供給之外，每月辛銀三千，訂立合同。於去年六月到滬，當經稟奉南洋大臣曾發給護照，仍由職董同至各山，逐一詳加覆探。並親督工匠，在於各礦鑿取礦石，分用乾濕藥鹽各項西法鎔化，察看成色，加意講求。據該礦師云，所看池局各山諸礦，雖銅鉛煤鐵磺諸質都有，而要惟獅形洞銅礦，脈最深厚，成色最高，即較之英美德瑞等處現開之礦，尚爲差勝。今就現已開挖之處，測量計算，尚不足敷三年採煉之用，必須就洞再行開鑿。深下百尺到底之後，東西分鑿各一百尺，察看礦質上下一律，並無變壞，即可照購機器，依法採煉。俟產旺銷暢之後，再行逐漸推廣，次第興辦，如此則不致有礦竭停工，靡擲貲本之累。各處傚慕風行，實於中國礦務，大有裨益。當即繪具各礦總圖，並獅形洞斜順礦脈開深圖式二張，又將池局各處山礦情形，並英美德瑞各國辦礦利弊，及獅形洞次第開辦之法，書立英文報單五十三紙，交付收存。以爲開辦之證，切囑照單挨次辦理，期收利益，勿圖速效等語。職董因思與之共事數月，每將各山礦石先予審視，論定後再鎔驗較對成色。一切均能相符，是其所學，實屬確有把握，且議論極爲精細，辦事步步踏實。兹譯其訂立報單所論各節，及再行鑿探，倘得寬深一律，即可以西法照購機器，大宗鎔化。從此精愈求精，即不難敵洋產而塞漏巵矣。兹謹將該礦師訂立報單，照譯漢文，並照繪圖式，繕具清折，稟呈電鑒。伏乞俯賜轉稟覈咨總理衙門查考等情，除仍督飭如法妥爲辦理，如有成效，即當隨時察看，稟請奏明辦理外，理合據情轉稟，並將商董楊德譯呈礦師蘭多擬訂各條，照録清摺圖式，一併稟呈鈞鑒。伏祈俯賜察覈，分別咨復總理衙門暨户部查考，實爲公便等情，並摺到本爵大臣，據此。除批據稟並摺均悉，查覈礦師蘭多試驗各礦情形，分門別類，逐層比較，甚爲精細。即詳論探驗採鍊，以至用人做工，亦均確有見地，事事能求實在，所云創始必要格外慎重。按法而行，步步見效，方可大興工作。尤爲近今開礦切要之論，既經該礦師驗得獅形洞礦脈，最爲深厚，礦質成色亦高，該董等現擬如法鑿探，得能上下礦質一律，即可購辦機器，次第採鍊，逐漸推廣，不患礦利不興。第當此創始之初，一切總須督飭詳慎妥辦，但期步步踏實，循序漸進，勿圖速效，勿事鋪張。庶幾工無曠誤，費不虛糜，是爲至要。仰候先行據情咨明總理衙門户部備查，俟有成效，再行察酌奏明辦理繳印發外，所有清摺，相應咨送，爲此咨呈貴總理衙門，謹請查照施行。

〔附〕謹將池州礦務老局商董楊德稟呈照譯美國蘭多礦師報章，照録清摺，呈送憲鑒。

兹承委查勘池州礦務老局礦山，今勘得產礦之山，坐落在大通安慶之間，大通西距蕪湖，輪船行走計六點鐘水程。西距江寧，計十點鐘水程。所有各礦山，係在大通環繞至安慶楊子江之南。計方約二十五英里，自大通泝江而上，至江口四十五里，江口之流波磯之内河五里，老局設立在此，河水甚深。

論山水之形勢與所產各礦，揚子江入内地幾里平波，常有水浸，流波磯之河，係由揚子江分流而入。河闊水深，大船可到馬頭，流波磯至池州府十里，向西南至殷家匯，轉東遶入内河，而池州府往殷家匯之上流，則河闊而水淺，常爲沙灘擱淺所阻。裝載一百擔小船可到殷家匯。池州府之東，名爲池州河，遶入東南，河路七八十里，此河水淺，不能行船，現所踏勘各礦山，其產煤之山，多在殷家匯之南。向西陸路出揚子江邊二十五里，其產銅鉛鐵礦之山，多在池州府之東南，江南山多，亦有五百尺之高山，人民稀少，樹木疎散，大木亦少，惟各處遍有煤苗礦質，因見灰石黑夾石沙石雜亂重疊。朝北而走，所見沙石黑夾石多在灰石之上，其灰石常有鉛質，其黑夾石常有煤苗，惟未見金銀之苗。

論獅形洞銅礦山一則，官山沖係在山内，距流波磯六十里，距獅形洞礦山六里，此礦洞向係土人挖礦，化礦局中受買此地時，查得洞深約三十五尺，今已挖深有四十二尺。其洞口寬大而不整，係在大石巖脚挖下，其洞形同三角，上窄而底闊，其洞底礦長七十尺，高二十五尺至三十尺，土人向係用錘鑿取礦，不用炸藥轟礦，察其由來，至今挖礦用工不少，而出礦不多。其銅礦夾在灰石葛石之中，灰石在上，葛石在下，其礦脈自東而西，與底面夾石之紋横直同行，有一種礦石，英國名爲渣釐高拜律，化驗得銅與礦。又有一種礦石，英國名爲拜律，化驗得鐵與磺。又一種礦石，化驗得鉛與磺。惟此銅礦雖經前後開挖，仍未得知該

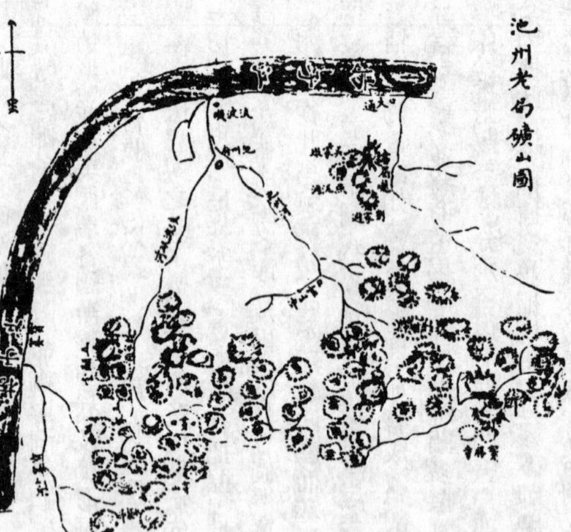

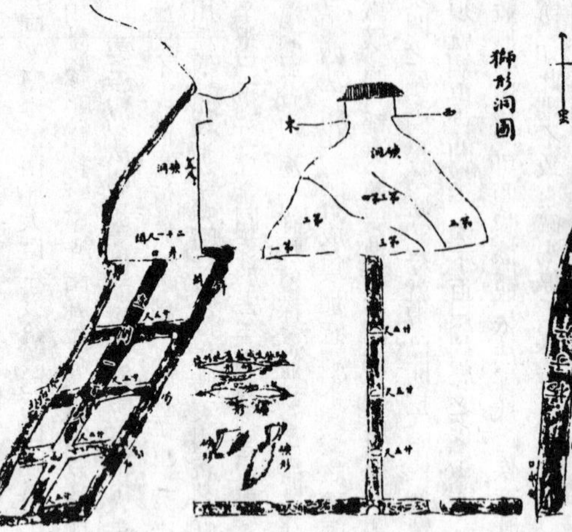

礦深淺厚薄大小，但以挖見至闊之處，横寬二十一尺，其形勢可知此礦脈甚爲厚火。曾經在二十一尺之處，逐度挖出之礦，已化驗矣，但現在量得至闊之處二十一尺，此係斜量，若正量約在十六尺，礦北已露灰石，或止於此。南邊二十五尺

高堅硬礦壁未曾到邊，將來用機器炸藥轟開，或過於二十五尺未可定，其南面礦壁，層層全係向西斜走。其中一層係黄拜律礦，自東而西，高二十五尺，闊十尺，長四十七尺。黄拜律礦之上，即淡黄礦。西邊之淡藍礦，礦中有鉛，此三種礦，互有參雜，礦圖上已有繪明。惟二十尺至二十五尺高之礦壁，此乃堅硬浄黄礦，毫無山石參雜，兹將各礦化驗成色列左。第一號，取東邊六尺闊底礦五十磅，計礦百斤，化驗得銅十四斤八，微有金質，計礦二千磅，化驗得銀七箇安時，每一箇安時約銀八錢。此號礦質甚浄，可以無庸揀剔。

第二號，取南邊靠東二十五尺高之礦五十磅，計礦百斤，化驗得銅十斤二，微有金質，計礦二千磅，化驗得銀七箇安時，此號礦有些礦皮參雜，尚非一律浄礦，如稍爲揀剔，每百斤礦能得銅十五斤。

第三號，取南邊八尺闊之灰色礦五十磅，計礦百斤，化驗得銅七斤，計礦二千磅，化驗得金五份一之安時，約值洋四元。化驗得銀十箇半安時，此礦稍爲剔去礦皮，銅之成數較多。第四號礦與第三號礦相仿佛，緣因所取之礦樣相離左右，礦質亦相同。計礦百斤，化驗得銅六斤四，微有金質，計礦二十磅，化驗得銀七箇安時，剔去礦皮成數同上。

第五號取藍礦五十磅，計礦百斤，化驗得銅一斤八，得鉛四斤，計礦二千磅，化驗得銀七箇半安時，微有金質。第六號礦樣，係在底礦横闊二十一尺之處，逐度取礦五十磅，計礦百斤，化驗得銅五斤二六，若稍加剔選，便可得銅十斤至十五斤。與第三第四號礦質相同，以上六種礦質，逐一用幾種化法試驗濕化乾化，成色相符。至於此礦論其可否興辦之處，另篇詳述。此礦脈或爲江得呍，江得呍者。即如在兩別礦相接之中生成。猶如美國過罅鳌多省之列威鳌礦山一樣礦脈，或如企槽覽形分枝，如美國之佐治省北加羅連拏省並華毡彌也省之金礦脈一樣。俱與夾礦石同走，所以開礦者不能以此靠實，亦有礦深而且長，年久挖取不盡，竟無分枝者有之，大凡正路礦脈礦角上生成，必是透穿層礦，了然可辨。現挖出之礦，約有五百噸未曾分提，另有五十噸分提化驗，每百斤得銅十斤至十五斤。官山沖及流波磯兩處存礦，有七十五噸未有分提，礦質與五百噸礦相同。

論鐵一則，牛欄沖過山五里，即獅形洞之東，其山勢坐向，與獅形洞同爲一綫，可見得與牛欄沖礦脈相連。查正路礦脈必有苗引發露山面，名爲惡舌阿乎埃仁，皆由鐵礦礦所變而成。德國諺云，凡好礦脈必戴鐵冠，獅形洞實藏於中，

土厚不露於山面，下礦洞即見礦脈之頂蓋現出，察其礦質，與牛欄沖礦質相同。

牛欄沖之礦，在獅形洞山之東，半山之上，見有大宗鐵礦，察其山石，皆係朝北而走。礦闊計四十尺，開挖淺洞三箇，挖出鐵礦堆積洞口五六百噸之多，此礦名爲廉文呢。即係紫色鐵礦，美國多有此等礦。係由鐵磺礦變成，因見其中雜有星點之故，以此鐵礦較之紅色謙麻低鐵礦爲遜多，然即就礦堆工揀選小塊，亦有謙麻低鐵礦。計礦百斤，得鐵三十五斤，若要提磺則難矣。即如極好鐵礦，其中有磺二分，於鐵最忌，有磺之鐵，必凍必短而且脆，以我所見牛欄沖之礦，再挖下十尺至十五尺，當見都係鐵磺礦矣。

論桐子壠鉛礦一則，桐子壠距官山沖局之東南六十里，有一公所。自此以北九里山上，即桐子壠礦洞處，洞傍有小瀑布，高十尺。此乃正礦脈，闊有七尺，礦夾砂石向北而走，礦脈在四十五度之角。自東南透穿砂石，直往西北而行，其鉛礦脈係葛石，藏有四層鉛礦。英國名爲架廉那，礦内有鐵拜律，銅拜律，信石拜律，星便連地，即窩澤。此鉛礦既有此數種參離其間。鎔化必成硬鉛，不合市上銷售。如我所揀選之净礦樣，亦甚難得。此礦甚大，惟夾有雜質甚多，以現在所挖之洞淺小，尚離正礦脈四十尺，今將所挖出之礦，取礦五十磅化驗，計礦百斤，得鉛四十六斤七，每頓每一頓計二千磅化驗得銀七箇安時八，第二號揀選鉛礦五十磅，計礦百斤，化驗得鉛五十斤三五，每頓化驗得銀九箇安時，凡係高净鉛礦，成數在八十斤以上。

論馬鞍嶺鉛礦，係灰石山，有舊洞深二十尺，得一層鉛礦厚三寸，取礦五十磅。計礦百斤，化驗得鉛六十斤二，每頓得銀二十七箇半安時。

畫眉壠及燕呢洞兩處，在流波磯之東四十五里，有兩小層鉛礦如紙簿。雖有礦而未曾化驗。

小坑鉛礦有舊洞數處，洞有一百尺深，其礦闊三尺至五尺，礦質成數甚好。就洞取得礦樣數塊化驗，計礦百斤得鉛七十二斤，每頓得銀二十一箇安時，其正礦脈大小未見，不能臆度。

劉家避吴家墩兩處，有窩澤礦苗，零星散露山面，此等礦不甚值錢。

論煤礦山一則，此局煤山皆在殷家匯左右，其山面地勢形像係黑夾石，紐紋雜亂參差。四面走向，自北而起，朝南而去，其一洗馬坡，其二五顯堂，其三王家嶺，其四穿山，其五水龍沖等處，多有舊洞。洗馬坡在殷家匯東北十八里，距流波磯西南四十二里，所引看之洞，前經挖下四十尺深，得層煤厚四尺，其煤層夾在黑夾石向南而走。就洞取得煤一塊，煤質鬆軟，察係半白煤，驗得化去濕氣十一分，炭質八十分，灰九分，此煤家用甚好，但不能燒焦炭。

五顯堂距殷家匯西南三里，在山之東，黑夾石向東而走，測其石紋四十五度，此處舊洞甚多。四年前，該局曾經開採，深下四十尺，得第一層煤，厚十八寸，第二層十二寸，第三層十寸，第四層六寸，下至九十尺得第五層，煤厚六尺，已挖出煤二千頓。俱係運上海蘇州銷售，此處曾經巴力礦師在山下平波處鑽探，下至二百尺深，尚未鑽到有煤之處，此係鑽錯地位。即就該處撿煤數塊，驗得化去濕氣十三分，炭四十七分半，灰三十九分半，此係半白煤。其黑夾石向東而走，在河之對面四里之遥，轉向西走，觀於洗馬波黑夾石乃向南而走，於此看來，其間必有煤田。

王家嶺在五顯堂南三里，山面有小煤層向北而走，此煤軟而有土參雜，穿山距貫口南十八里，距殷家匯南三十五里，横在山上。四年前，該局曾經開採，其洞有一百尺深，此煤層現出山面見煤厚有六尺，係細硬半白煤。已挖出二萬五千頓，運申銷售，每頓價值約五兩七錢，其煤層在黑夾石内，向北而走四十五度。此煤驗得化去濕氣十三分，炭七十三分，灰十四分，甚合内地銷場，惟不能燒焦炭。水壠沖在穿山南去二里，横過兩箇山頭，離湖田埔十五里，離揚子江二十五里，一路平坡，此煤層産在山之南。二三處煤苗露出山面，向北而走，此煤係軟半白煤，驗得化去濕氣十三分零五，炭七十三分三三，灰十三分二。

近菽山距獅形洞不過八里，礦脈寬闊，向北而走，其煤驗得化去濕氣十六分五，炭七十二分五，灰十一分。以上數處，煤質不相上下，如再開採下去，必定容易得更好之煤，此煤甚合鎔化各礦之用。

至於所有試驗各礦，曾已縷陳，如所驗過不值錢之礦，毋庸開報。惟所有管見，如不再爲細陳，恐閲者尚有未明，故將各事再爲逐一詳述於後。論銅礦脈一則，獅形洞礦脈，按其形勢而論，顯係大礦脈，但不能決定如此，閲圖便知。開井各節，惟此礦脈有三件容有之事。其一，挖深下去，或横或直，氣雄勢大者有之。其二，礦脈或如欖形，或横或直，漸少而止者有之。其三，礦脈或如欖形，或横或直，由大漸少，少而復大，又復漸少者亦有之。以目下所見之礦脈，不能定其將來實在如何形像，因此礦脈由東至西，與夾石同向，係下山而走，少有木足之處。所以興工用本開辦一事，不可草草，方爲正辦。查此礦全係銅磺礦質，鐵磺礦質，微有鉛質參雜，南邊礦壁盡是礦，未曾探到邊。究竟未知其礦實在幾闊，惟見二十一尺礦闊之處，以理測之，此礦脈甚大。所有化驗各礦，係按法逐度慎重取樣，然後分別傾化。今驗得每礦百斤，得銅十四斤八，係在六尺闊礦底鑿出。又一樣得銅十斤二，係在二十五尺高礦壁處鑿出。其餘皮面青藍各礦，得銅七斤一斤八六斤四五斤二六不等，其後五斤二六之礦，係在二十一尺闊處，連礦皮一起通扯傾驗。西國礦廠甚是認真，尚時即在洞内除去礦皮，然後出洞，如有礦皮參雜，成數自然必低，礦净成色可以加倍於此數。細審礦脈與及各礦，以現在所取出之礦，剔除藍礦一種，其餘每礦百斤得銅必在十二斤至十五斤。至於青藍礦百斤，亦可得銅四斤至六斤，請閱此圖便知。此礦皆有銅，惟成色高低有間耳。譬如同是一樣礦，試樣之法，考其真實。如驗礦一頓，則較驗五十磅爲得真實，如驗礦十頓，則較一頓者。更得真實，大概如此。但我之小樣試驗，係按法謹慎小心化驗，比之一頓十頓化驗者亦同，以上所試驗之礦樣，皆係我親自攜燭火照明直線，督令工人逐寸鑿取，好歹一起鑿下，並無剔除。

鎔銅用礦之法，如係銅磺礦通扯成數過於十五斤者，不宜獨用，恐耗銅之故。成數在十斤以下者，亦不宜獨用，恐虚耗煤斤。總之，礦以成數十斤至十五斤者，適中參用爲合宜。以我所見獅形洞之礦，如此之廣，成色之高，即照成數十斤至十五斤開辦下去，定必獲利無疑，而況於獅形洞礦大成數之高乎。

大凡開礦鎔化五金者，無非求利。有利可求，方可開辦，今將泰西各國銅廠辦法，詳細分別奉告。

現今出銅之國，鎔化銅斤事業，即如美國英國德國瑞典國日本等國，自一千八百七十一年以前，皆係由銅磺礦鎔化出銅，至今亦然。惟獨係美國不然，以鎔化與礦質各有不同之故。一千八百七十一年以前，美國所産銅磺拜律礦，成數八斤至十斤。迨後購買智利國高礦，以長成數。英國所鎔之銅礦，本國出産不過八分之七。其礦通扯成數七斤至八斤，德國之蚊士非爐即蘭地都兩處所鎔之礦石，與英國之礦石成數相同。瑞典國之魯罅時及鴉打得把兩處之礦，成數三斤至六斤。其所做之銅，久獲厚利。一千八百七十一年以前，做銅生意獲利甚鉅，向來銅價每磅二角五分至三角。曾記得一次每磅價值三角九分。一千八百七十年，美國素碑鼇亞湖之加罅矗及黑加罅兩處，産有自然銅礦，礦脈甚大，雖然每百斤礦得銅一斤半或二斤半，但係此礦質甚净，鎔化易而費用輕，每年出銅得銀五百萬元。所以能壓低天下銅價，因此銅價大跌，故素碑鼇亞湖之民，稟請美國議院議定例則。將外來各物增税，並入口銅塊銅碎黑銅銅礦等加重税餉，以保本國銅值，並截止外來銅斤。美國以自然銅礦工費煤斤每頓八元至十元，工人每日二元五角，自然銅礦每頓工價值洋二元至三元。如是自然銅磅盛出，該國前用銅磺拜律礦鎔銅者，不敢與自然銅礦争衡。拜律礦故此停辦，雖然如此，美國銅價仍跌至每磅一角五分，現在美國銅價每磅一角四分。合每頓二千磅，值洋二百八十元。近今十三年以來，銅價通扯每磅一角四分，間有一二處偶然跌至一角二分，此不過暫時仍復長回一角四分。美國自從增收銅税以後，概不用銅磺拜律礦矣，因自然銅礦獲利既厚，無人與争，如果有人與其争衡，自然銅局跌低價值，以壞市面。今人不敢與其争衡也。英國鎔銅皆用銅磺礦，成數七斤至八斤，多係向别國購買好礦（礦中常有金銀，英國分提最精，因其不惜工料），參用本國之礦。合而鎔化，英國銅礦廠情形如此，鎔化之法如此，若無外來之礦，英國銅務即難興辦。如英國買礦鎔銅，每磅銅價一角四分，尚有些利息。若銅價跌下一角二分，礦中無金銀可提，即要虧本。因係購買外來之礦，非盡是自産之礦有别，英國買礦自有定章，視其礦之高低，出價多少，要有利息方買。英國素灣時地方，此礦有一斤銅者。每頓價洋二元，鎔化之法有幾種。燒煤多少亦不一定，因所買之礦，非祇一處買來。所以礦雜不净，今將英國買礦鋭化成本費用開列。即如買礦一百頓，成數一分，得銅一頓。

礦石一百頓（剔選礦石微有銅質者不用。得銅一頓），每頓二元，英洋二百元。

化銅一頓，繳費英洋七十五元，共成本洋二百七十五元。

賣銅一頓，計二千磅（每磅一角四分），共洋二百八十元。

即此做法，亦非無利。但係英國買礦傾銅鎔化有異，所以如此做法，不能獲大利。又英國鎔化之爐，須要九轉十轉工程，方得净銅，所得銅一頓，必須煤十五頓至十八頓之多。而且英國係投票買礦，凡賣礦經手將礦大樣裝入玻璃瓶，送與礦廠估價。至期當衆開票，價高者得。如樣不對礦，可以送官追究，英國買礦傾銅，亦非盡是靠銅。又靠礦中有金銀，是以做銅生意。必須自行開採，方有大利，美國鎔化工程省而費用廉。

德國與瑞典國鎔銅之法，係用企身爐工程，五轉便得銅塊，每一頓銅，用煤五頓或六頓，鎔銅之法，比英國出銅較净。工費較輕，時候較速，而且所耗渣滓之銅亦不多。其所以較勝於英國者，又因本國出礦，與英國收買外來各方之礦有别。英國鎔銅，其費大於德瑞兩國，而其不更章者有故，德瑞兩國係自有之礦，英國係收買各方雜礦。德國鎔銅所差者，成净銅一次而已。英國成净銅一次之法爲最好，美國鎔銅仿照德瑞兩國，惟成净銅一次，不仿德瑞而仿英國。現今美國用十五斤成數參勻之礦，鎔成銅塊，每噸工費洋五十元。其中係用白煤，每噸九元，工人每日洋二元五角，另零星費用。德國與瑞典國鎔銅工費，每噸銅四十二元。或論中國之獅形洞所産之銅礦，如果能旺，成數在十斤至十五斤，此礦開辦，可否獲利乎。則我之管見，請以緊要而論者，有三事。一曰工費，二曰煤之價值，並煤之質，三曰挖礦之工價，論工人該處土工甚多，勤敏可教，教而可用，每工每日工洋一角五分論。美國取礦工人每工每日洋二元五角，如新開洞口，取礦一噸，用洋一元五角至二元，工價已算公平。而況獅形洞此礦已開成礦洞，論獅形洞現下土人，每工一角五分。工價較美國爲省，況前用石匠鑿礦，今又改爲用炸藥轟礦，則取礦工費更省無疑。論煤一事，獅形洞附近六十里，該局已有一處半白煤。附近八里，亦有一處半白煤，此兩處煤，不相上下。其炭質與濕氣每百分得八十五分，灰十分至十四分，已經將各種煤質試驗火力鎔化鉛礦。計一分净炭，可以化得三十四分鉛。

今將所試驗各煤列左：

一，美國白煤一分火力鎔鉛三十一分。

二，上海焦炭一分火力鎔鉛二十九分二五。

三，本處出産之堅炭一分火力鎔鉛二十八分。

四，穿山煤一分火力鎔鉛二十六分五。

五，洗馬坡煤一分火力鎔鉛二十二分。

六，水龍沖煤一分火力鎔鉛二十一分。

七，近殺山煤一分火力鎔鉛二十分。

八，五顯堂煤一分火力鎔鉛十六分五。

九，湖南白煤一分火力鎔鉛二十六分四。

十，湖北宋河白煤一分火力鎔鉛十八分五。

十一，寶慶白煤一分火力鎔鉛三十分五。

以上所列第四第五第六第七號四處之煤，可合鎔礦之用。如果參些上海焦炭，或湖南白煤，或本地堅炭，其火力更大而且烈。此煤須要開採，每噸計成本到流波磯，約在四元之下。如獅形洞銅礦，即以十斤成數而論，不計該處土工省，煤價賤，以美國現在辦理之工費銅之價值作算，縷列於左：

挖礦十噸，計得銅一噸，每噸工洋二元。洋二十元。

鎔銅煤炭人工等費，每噸銅計洋五十元。

監工每噸銅計洋十元。

雜用等費，每噸銅計洋二十元。

運申船脚等費，每噸銅計洋五元。

共計英洋一百零五元。

賣銅一噸，計二千磅。每磅價一角四分。洋二百八十元。

開辦銅斤一事，中國礦務伊始，或恐多費，或恐銅價每噸跌至一百五十元，或一百七十五元。就以一年化銅一千噸，尚獲美利，如果探真礦脈，出産係旺，即可舉辦。此係一種大好事業，以目下見此礦甚大，但其深其厚，礦有多少，與及其礦脈如何生成，皆未得而知，所以不能決斷。以見挖出之礦，係鐵磺礦參雜，或開深下去，銅與鐵各分一脈，而銅居多者有之，或銅與鐵皆盡亦有之，又見有鉛礦參在其中，將來或分添鉛礦一脈，成貴重物者亦有之。以上所論礦脈變異各等情或有之事，故舉辦獅形洞，須先探真礦脈，果實礦旺，然後如何舉辦，誠爲穩妥。故繪圖指明在礦底處開一箇七尺井口。探深一百尺，在此開井，以便將礦弔出井外，總要跟礦脈探下撑柱不多。如有水，用鐵桶兩箇，上下輪流弔上。如礦脈闊於井口，每下二十五尺，横探南北兩面，以察礦脈之寬，起先在二十一尺礦底處，挖探横闊實有幾寬。將來探到一百尺之下，自頂至下一百四十二尺之底，就要由東西兩面，挖探各一百尺，其東西兩面分口而入，其口七尺高六尺闊便合。此項工程，要用一洋人，係開礦監工之人，不嗜酒，有耐性，與華人和合，指示工人應辦各事。開此井口，須用土工四班，每班三人，其鑽用兩柄鑽，一人執鑽，兩人用錘，日夜做工。以八點鐘或十點鐘輪流换班，除换班炸礦起礦外，時刻不能停鑽，一班在下，一班在井口起水起礦各事，以一禮拜將日夜班調换。惟其所炸之礦，仍須原班出清。如此做法，此井三十天至四十天可以開成，一俟開下一百尺深，再加工人一班，東西分口而做，專用炸藥。約在九十天可以完工。美國工人每日工洋二元五角，通扯每尺需洋十五元，如獅形洞用一好監工，其費較省。除用工人外，需用一鐵匠，以便修理鐵器，照此探法，若探得有礦一萬方尺，連已見舊洞之礦，共有二萬方尺，既有此礦，可云定得獲利，不虞賠累矣。

取樣之法，須要一線真落，按法取樣，不可大意。自上而下，至二十五尺分横而取，若礦有變異，其監工切要記明如何更變取樣六種之法。其一二三四等樣，在井傍之上七尺橫取分堆，其取樣每處要五十斤之間，用錘鑿逐寸鑿下。其五六兩樣在東西兩面鑿取，又礦底礦面四邊，各取一樣，每下二十五尺，照工辦法，一直至底爲止。凡取得各樣與及礦中變異之處，監工統要載明，將樣打碎，大小一式攪勻。分爲AB兩堆，將A一堆再行打碎，用一寸四眼之篩篩下，再攪勻分爲四堆，取樣一堆，三堆不要。再將打碎。用一寸二十眼之篩篩下，又攪勻分爲四堆，每堆取一份，分裝兩玻璃瓶。其瓶要闊口，能裝八箇安時之重，再將此兩瓶礦研爲極細末，能過一寸八十眼之銅篩。即以入瓶，書明A字之礦，其B字之礦樣，將無銅之礦剔出。祇要淨礦，如上做法，仍裝兩瓶，書明B字。其AB兩種礦樣，係取攪勻之大樣，以爲化驗，成數可定也。各國取樣必如是，無如美國之小心。譬如美國賣礦一事，礦户如法取樣，發與各鎔廠，以一瓶與買家，一瓶存賣家，一瓶留爲比對，如無作弊。礦與樣必對，倘礦不對樣，即爲鎔廠經手是問。但係不對樣者甚少，今我所試驗之礦樣，皆係按此法取樣試驗，不得差錯也。

所擬開井探礦一節，計要得礦二萬方尺，又可知此礦脈實有幾闊，復將各礦再行化驗，全數皆知。如此做法，其礦可見可量，亦可在下取三面礦樣試化，最爲穩當。獅形洞開爐鎔銅，至少要見足有三年可做之礦，愈多愈好。即如一年要五千頓礦，必先要見有一萬五千頓，方可開爐。未曾打爐，即要預有三年之礦，倘或一年要做一萬頓。即要預足三萬頓，以獅形洞礦一尺闊一百尺深，計礦二千頓，如十尺闊即二萬頓，二十尺闊即四萬頓。現在已見之底礦，平量二十一尺闊有餘，此礦皆可分提化銅，倘或探挖下去，礦盡不多，祇好停辦。而此試探取出之礦，不拘多少，不至虛費，將礦運出外洋，亦可銷售。以目下所得見之礦，不足開爐之數。事無一定，凡事總要圖其穩，不可冒其險，祇管照我所擬試探下去，萬一未到一百尺深，而礦已盡，仍要再直探下去。如探下而礦脈復續如前，此乃常有之事，所謂斷而復續者也。倘探足一百尺，仍不復見礦苗者，則宜停之矣。今此礦脈探下，仍係雄大堪以舉辦，況其礦質每有加增異色，容或更有妙產，因此鎔法與爐之大小，要就其礦質斟酌辦理，方爲適用。美國鎔銅之法，係仿瑞典國變通鎔化，其法如左：

一，將生礦置而成堆，以火燒之，每堆一百頓。

二，將燒過之礦，放在颯芬爾時爐，即企身爐。鎔出銅覔地，覔地者，即係未净之銅而有礦。此覔地每百斤得銅三十五斤。

三，將覔地放在士多爐燒過，分隔之爐，謂之士多爐。

四，將所燒過之覔地，放在颯芬爾時爐鎔化，鎔出高色覔地，每百斤高色覔地，得銅六十五斤，每百斤黑銅，得淨銅九十五斤。

五，將黑銅放在篚華巴列丁爐鎔成銅塊，其第四次所出之覔地，係同一樣法鎔化，擬以一二三四次工程在礦洞相近處鎔化，其第五次鎔淨銅，須要長火尾之煤。或在流波磯，或在上海鎔化爲要。若礦中有信石窩澤等質，又要在第四次工程處，專爲鎔出高色覔地，免出黑銅。如是第五次燒高色覔地，第六次鎔出黑銅，第七次方能鎔淨銅塊。但此礦未見有此雜質，又未見正礦脈之質，所以爐之大小款式，均未擬定。因礦質或小有增色，即應用爐之形色大小，各有不同，故未能預定。大概係用企身爐，其爐身由地至頂高十二尺，爐內有三箇吔哩時，即鐵管。其上用常磚，而結下砌火磚，每日每爐可鎔七頓至十頓。其爐約二十日修理一次，如用水遶爐，則三箇月一修，鎔淨銅爐，用英國常用撞回爐，一年鎔礦一萬頓，以三百日作算，每日鎔礦三十三頓。

論硫礦一則，獅形洞可否開辦鎔銅一節，須俟探明，方能定實。以現在情形，硫礦一事，准可先行開手，此礦係銅鐵磺礦參雜。其鐵磺礦每百斤有磺五十四斤，銅磺礦每百斤有磺三十二斤，提磺即用密口鐵筒。其鐵磺礦祇好提出十四斤至十六斤不淨之磺，其銅磺礦祇好提出磺八斤，燒磺與提淨磺之工程易而費用輕。所用之器具，無非用鐵筒或土罐，鐵筒長六尺，口闊十寸至十八寸，其鐵筒安放在磚牆之上，結而成行。前高後低，爐底用鐵條燒柴之用，鐵筒口闊十寸，可載礦五十斤，鐵筒口用生鐵蓋，以泥糊密，令其不走氣，鐵帽下開一眼，一寸半大，以三寸長鐵管扦實在於鐵蓋之下，另加一鉛管，套在三寸鐵管之上，下至摟磺鉛箱。做磺之法，有要件三端。其一要鐵筒不走氣，如走氣，其磺亦走。其二火力要緩，不宜過大，如過大火力，有傷於銅，並且磺不能多收。其三斷不可勉强出盡之磺，鐵磺礦雖有磺五十四斤，不可提出過於十六斤。

燒磺之法，祇好用熳火，緩緩漸大，燒三點半鐘之久。現在中國所用之磺，多係購於東洋，此磺本可得磺十二斤。以十斤作算，每頓可出不淨磺二百斤。提淨磺一百六十斤，其十寸口六尺長之鐵筒，即照自來水或自來火之鐵管，甚相宜價廉而適用。以一節鐵管能載礦五十斤，一次燒三點半鐘，晝夜二十四點鐘可燒六次，即如十斤磺之礦，三百斤之中，出磺四十斤。此項鐵管五節，每日燒礦一頓，計五十節鐵管，可燒礦十頓。即出磺一頓，其爐用土磚結成，長二十三尺。高七尺，鐵管分三層安置爐上，底層十八管，中層十七管，上層十六管，用土工三班，每班三人，每二十四點鐘換班三次。即燒得生磺二千四百七十八斤，用二十箇小工打礦如拳大，分別堆開，又用二人燒提净磺二千一百斤，所用之柴，要用小樹枝及茅草爲合宜。該處遍山都是柴草，所費不過小工斫運而已，其爐二十三尺長，計安置鐵管五十一節，兩頭燒火。每日燒柴三十擔至四十擔，燒磺無須大火，用柴尚可少些。即燒出二千四百七十八斤生磺，計提出净磺二千一百斤。獅形洞現在堆積約有五百頓磺礦，俱有磺質而且多，雖然此礦不是銅質。其中分提有九成鐵磺礦，微有銅質，每百斤礦有五十四斤磺，祇好提磺十六斤。以現在堆存之磺礦，可以化出七十三頓磺。其五十一節燒磺鐵管，足够四十五日之礦料。其銅礦挑出，另外堆開，不宜提礦。將來試探獅形洞之一百尺深井，並東西南面，可以出礦一千餘頓，若非全是磺質，則亦多有。將來出洞時，必須認真剔開銅礦，不可取磺。以備將來鎔銅之用，此銅礦不過取磺八斤，若取盡磺，將來於鎔銅有些礙手。因爲鎔銅自起至止，最要磺質止住鐵質不出，以免傷爐傷銅。

如果此礦要出十六斤磺，其十一頓礦，可出得净磺二千七百二十斤，以上所擬之數，皆係從穩而算。泰西做磺生意，每頓繳費需洋三十五元，尚且得利而盛行，何況獅形洞情形，比其更勝。以上所論化磺之事，如官不收買，無庸議。倘官能收買，則承辦交磺，俟探礦時，可以從小做起，踏穩開辦。起首祇好承交九十頓，每月解交三十頓，期限遲兩禮拜交磺爲穩妥，五十一管爐，每日出磺一頓。現下洞外之礦，可足四十五日之用，刻擬開探新井口之礦，又可以接續應用，每日出十頓礦。以磺款餘利，可以够探井之工費，或有多餘。如此從小做磺探礦，斷不至有誤於將來大興工作，如即要速興大工，或有不實，不如脚踏實地爲穩妥。鎔磺器具置本最大者，鐵管鐵帽兩宗而已。最好自來水鐵水管，口闊十寸，鐵厚半寸，能分截六尺長鐵管不耗廢爲最好，如口闊或八寸至十二寸，均可合用。其口闊十寸鐵厚半寸，每尺長重五十一磅，計六尺。長重三百零九磅，以六十條鐵管而計，截管無耗廢，每磅六分，值洋一千一百元。又一百二十件鐵帽，一半無眼，一半有五分眼，並三寸長鉛管透出管外，每件重二十磅，每磅六分，值洋一百五十元，帽形如此。至於所用結爐土磚鉛管接磺鉛箱，與及鐵盤兩箇等，所費無幾，監工做磺，必須洋人，美國人亦可。其人要通融與華人和合爲是，爐之牆壁，不宜過厚，擱穩鐵管可也。安置鐵管，管與管相離三四寸之闊，其鐵管係斜置爐上，前高後低三寸。

論鐵礦一事，牛欄沖礦産，雖係廣大，惟質不净，察此礦脈，似係獅形洞礦脈。透到於此，上篇曾有論及，即使此鐵礦成數高而礦净，煤價賤，轉運又便，中國亦未得稱爲出鐵之國。其能與英美兩國争鐵利乎。英美兩國産礦最旺，用鐵甚廣，銷路極大，鐵路各事，悉皆妥善。鐵礦一事，即使從小而做，所置辦各機器，用去一百數十萬，甚爲容易。且中國鐵之銷路，未得著實，銷售大宗爲何項之用，尚無把握。運鐵運煤，要鐵路轉運，現尚未備，擬欲仿泰西開辦鐵鋼，則不可也。既論此鐵鋼等，一切尚未舒齊，不宜舉辦。論鉛一則，桐子壠已經指明一處，開挖一洞。從小試辦，則可觀此礦脈雖然甚大，惟礦質甚低，鉛不值錢，以現在之礦，雖有銀些須提出，無利可獲。時下鉛價每磅二分，若提銀不敷費用，不宜辦。如若每頓鉛能提得銀六十至七十五箇安時，則辦方有利，美國之過罅鰲打出鉛最多，泰西可稱首屈一指。其礦中銀已有利，除銀之外，而鉛亦多。

桐子壠礦中有窩澤，上篇已曾論過，此窩澤礦不甚值錢，其中微有金質，又如獅形洞礦中，亦少有金質。如欲化取此金質，恐所得金少，不敷提費。桐子壠附近有煤田，係半白煤，不能燒焦炭。如果民間銷路廣大，可以試辦，倘若獅形洞開爐鎔銅，此處亦要開採。如近菽山與及穿山等處，更要開手，以供獅形洞之用。

蘭多礦師結筆。

余不日將返美國，惟恐有不明之事，往返書信問答，慮有躭延時日，有誤工程，故於報章上所有各礦實在情形，與及余之意見，並如何應辦之法，逐一分別條陳，還祈斟酌辦理。至於開辦銅事，須要照我報章，方有把握。該礦萬一分提不到一成，不可辦，雖到一成，仍要礦多，乃可辦。倘若礦低而礦少別，更不可辦，因見常有礦務公司不能成事之故，皆因起首不小心辦理。凡開辦礦務，始創必要格外慎重，按法而行，一俟步步見效，方可大興工作。礦務如此辦法，一定功成有利，報章上所陳各事，無抑無揚。但此係一件好作之事業，應請小心研究，以徵其確，如果將來再有用我之處，無不樂從。伏望貴局照章辦理，定有可觀，可爲預賀。

余住在美國紐約省城布老匯街門牌第三十五號，一千八百八十四年十一月二十七日，美國蘭多謹啓。

孫家鼐《户部奏稿》第一〇册《本部議覆閩浙總督奏閩省開辦鉛礦章程分別準駁一折光緒十一年八月二十六日》

户部謹奏，爲閩省開辦鉛礦，按照該督撫咨

送章程逐款查覈，謹繕清單，恭摺仰祈聖鑒事。閩浙總督楊昌濬等奏，閩籍候選通判丁樅招集商股，擬試辦閩省石竹山等處鉛礦，稟經大學士直隸總督李鴻章，咨閩覈辦。由閩省飭委會勘，侯官縣轄之石竹山鉛礦，鉛苗甚旺，並無礙田園廬墓，酌定章程，請准丁樅鳩股開採，擇地設爐，先行試辦，水陸運道准其設法修理。俟此山辦有成效，十排山、西洋島礦務再行接辦，除章程咨部外，謹合詞具陳等因。奉旨，户部知道，欽此。欽遵由軍機處交出到部，嗣據該督撫將試辦石竹山鉛礦酌擬條款章程咨部前來。臣等伏查光緒十年十一月間，左都禦史錫珍等奏請各省辦礦，經臣部議，令各省自行體察情形，泰酌妥議奏覆。今閩紳丁樅既願鳩資開採閩省鉛礦，何以不在閩省就近呈請，乃遠赴直隸稟報。然既據直隸總督咨回閩省覈辦，並據閩省督撫委勘奏明。礦爲自然之利，開採如法，經理得人，裕國通商，兩有裨益，自應准其開採。惟原奏所稱水陸運道，准該商設法修治一節，應如何勘定修治之處，並未議及。應令該督撫即委明幹之員，將修治運道詳細履勘議定，如何修治，並修治何處，繪圖貼説，報部覈議。俟議覆後，再行修治，以免將來因修治運道擾及民田廬墓，另滋事端。至該省所送辦礦章程十四條，尚有未能盡善之處，現由臣等逐條覈議，分別准駁，另繕清單，謹呈禦覽，恭候命下。由臣部行文閩浙總督、福建巡撫，遵照臣部覈覆各條認真辦理，仍應由該督撫隨時體察，倘開採稍不如法，經理稍不得人，於國於商兩無裨益，即應立行停止，以昭慎重。所有臣部覈覆閩省開辦鉛礦章程，分別准駁各緣由，理合恭摺具陳，伏乞皇太后、皇上聖鑒，謹奏。

謹將閩省造送試辦石竹山鉛礦酌擬章程條款，逐一查覈，繕具清單，恭呈禦覽。

計開：

第一條，所稱准令閩籍候選通判丁樅集股開採，原擬招集五百股，每股洋銀二百元，兹先試辦石竹山，每股先收一百元，以爲開辦經費，辦有成效，再行續收等因，應請准其照擬開辦。惟查近來集股開採，藉以漁利，並不認真辦礦，迨股銀到手，任意侵用，坐令入股者徒折資本。本年七月二十四日臣部於議覆陝甘總督譚鍾麟覆奏礦務案内，已切寔請旨，通飭各省定章查禁，此案仍應由閩省查照部議，嚴飭妥辦。

第二條，所稱在局司事令該紳訪用公正紳士，稟明存案，以專責成等因，應請准如所擬辦理。

第三條，所稱設立爐廠，以便運載，並飭該紳認真查察，如有偷運出洋等情，從重懲辦等因。查臣部前次會議開辦礦務時，已奏明所有出産，務先儘中國官民買用，勿貪利私售外人等語。此案閩省開採鉛觔，自應以偷運出洋爲厲禁，查該省咨送章程雖有重懲出洋一語，然僅飭該紳查察，深恐其未必認真。此條應再由閩省督撫另議，由官察禁之法，再行定議報部。

第四條，所稱延訂礦師，參用西法等因。查臣部前次會議開辦礦務時已奏明，聘雇洋人爲費其鉅，其稱爲礦師身價尤昂，然聞其所測，往往不驗，以致工本徒虧，必須訪求切寔之人，先立合同，聲明如測驗不符，並無成效，如何議罰，庶可懲騙冒而節虚糜等語。今閩省開採鉛觔，雖係由商招股，然近來集股之無成效，而詐騙官民銀兩者，大半推諉於礦師之久未得人，坐耗股貲，此條仍應由閩省督撫查照臣部會奏，原議轉飭妥辦。

第五、第六、第七等條，出鉛多寡，按月報官，先儘官用，照時值給價，禁止規例，招選附近鄉民充夫取具，保結設廠，若在山田照價備買，由礦局照舊完糧各等因。查所擬均屬妥協，均應請准如所議辦理。

第八條，須給木質關防等因，查頒發關防事體重大，寔未便因一紳一商辦礦即創此令典。應改爲由閩省督撫發給木質戳記，惟准其於稟件股單股摺上鈐用，此外不准假借擅用。公文示諭牌票等件，如查有以上各項情弊，仍應照例懲辦。如該局現已刊刻關防，即行追回銷燬。至該督撫將來給發該局戳記，亦仍應鈐樣送部備查。

第九條，銷售鉛觔現銀現兑，全年帳務懸單曉衆送，查及提出金銀等項，照實册報。倘以多報少，查出治罪等因，應請照所擬辦理。

第十條，所出鉛觔於南臺省城銷用，既已完課，免徵釐金。運往各口出外銷售，應完釐税，統由礦局就省完繳，報官定限給照，沿途放行，概不重徵釐税。如偷漏私運出省，照章議罰等因。查所擬辦法在閩省境内各口運銷，或可照所擬辦理。若出境運赴外省，概令在閩省完釐，沿途免税，必致於各省釐章有礙。且難免在閩完釐鉛少，出運各省鉛多，更難免藉照包庇私鉛，各省無憑查考。此條應由閩省督撫議令於出省鉛觔在閩給與執照，祇令其完納閩省照費若干，其運銷出省，仍聽各省自行照章抽收釐税，庶免弊混。其在省、出省，但無護照者，即照私鉛辦理。

第十一條，礦山應免其再請升科等因，查礦山如實係不堪耕作，向不升科者，自應准免其再行升科。惟不得藉端影射包庇熟田，或將原有賦税山場因辦礦轉虧國課，此案仍應由閩省督撫妥飭地方官查寔，分別辦理。

第十二條，完課及分派股分等因，應請准如所議辦理。

第十三條，擬先用火藥爆擊開採等因，查各處山川形勢関係地方險要，且民田廬墓未必不附近，礦山火藥開山本非良法，此條仍應由閩省督撫再行詳酌，報部覈定，未奉部覆，不得由該紳商任意擅辦。

第十四條，礦鉛盡日奏請銷案等因，應請照所擬辦理。至各省辦礦，前已經臣部奏明，如查出稍有無益情形，即應立時封禁。此條應由閩省督撫隨時認真查辦。

岑毓英《岑襄勤公奏稿・覆陳近辦礦務情形片》 再，臣毓英准內閣學士臣周德潤傳知面奉皇太后懿旨，「雲南礦務緊要，現在軍事已定，不得以款項支絀爲詞。飭臣毓英查看情形，商同撫臣張凱嵩認真開辦」等因。欽奉之下，悚切莫名。

伏查雲南五金並產，若使礦情暢旺，實足以裕國用而利民生。臣於光緒八年入滇，即與前撫臣唐炯會商，以三池各廠數十餘處，但得資本數百萬金，盡力開採，可冀豐收，官本縱有不敷，當向津、滬、粵東各地集股招商，以期衆力易舉，速見成效。嗣與撫臣張凱嵩委派雲南鹽法道鍾念祖、雲南候補知府全楙績專司其事。籌辦以來，於茲三載，京運稍有起色，究未大旺。推原其故，廠情之不旺由於貲本之難集，貲本之難集由於折耗之太甚，以致商民裹足不前，較之往日辦理情形，難易迥別。查開採五金，惟鉛、鐵、錫三者其礦不變，至金、銀、銅三項，變幻無常，每有初開礦苗甚旺，偶因争相奪利，礦即暗移，加工再開，一無所得。又有開獲連堂大礦，及至費工取出，數日盡變爲石。又有獲礦甚佳，入爐煎鍊，與灰炭黏連，結成大塊，全無銅汁，工本既已虛銷，商情爲之阻滯。

臣今奉諭旨，惟有竭誠辦理，殫力經營，與撫臣張凱嵩籌儲官本，鼓舞商情及時開辦，以期仰副朝廷裕國利民之至意。

所有近辦礦務情形，臣毓英謹會同雲南撫臣張凱嵩附片具陳，伏乞聖鑒訓示，謹奏。

中國第一歷史檔案館《光緒朝硃批奏摺》第一〇二輯（光緒十六年五月十九日江西巡撫德馨片） 頭品頂戴安徽巡撫臣誠勳、頭品頂戴兵部尚書銜署理兩江總督山東巡撫臣周馥、頭品頂戴江蘇巡撫臣陸元鼎、頭品頂戴江西巡撫臣胡廷幹跪奏，爲三省查礦事宜關係重大，擬請特簡大員督率查驗，陸續招商試採，以保利源而規久遠，恭摺仰祈聖鑒事。竊查中國礦産之富，甲於五洲，前德國學士麗士陀芬等著有説畧，久已風傳中外，各國游歷人等來華查驗者，肩背相望不絶於途。乃歷年華商辦理未見明效，固由我商務之未興，礦學之未講，亦因查礦未確，地方官紳未能切實辦理。間有牟利之徒，假開礦爲名，乾没股分。是以商民一聞辦礦，率皆觀望不前。查各國富强，首在地利。而地利有地上、地中之分，地上之農田，歸民執業。地中之礦産，國家主之。中國向無此項章程，各處礦産非官山即民地，類皆視爲荒藪，價值極賤。近年頗有奸民覬覦私買私賣者，若不早爲之圖，流弊滋大。又各國辦礦向分兩項，首重查礦，次重採礦。查礦之權，操之國家，其費出自公款。或准商人墊用，皆由採礦公司歸還，未有不先行查實而貿然下手者。聞之外洋礦學家勘驗百處，試採或不及半，其辦有成效能獲大利者，不過百之四五。然非勘驗不能得也。臣見近日談礦務者或謂茫如捕風，或謂利可操券，要皆臆度之談。將來辦理無效，輒轉售賣，影射侵奪，恐大利寖失，而害且隨之。臣等擬仿照各國辦法，先延查礦明師，將江蘇、安徽、江西三省礦産逐一查驗。凡有礦處，先勘地面礦苗如何，如果苗旺質佳，再行鑽穴探驗地下礦層如何，礦層如厚，再驗來脈遠近，鋪地寬狹，運道難易，一一詳查估算，分別上、中、下三等，列表繕册，通報户部、商部等衙門存案。凡官山自應申禁，不准私賣。如係民産，彼此轉售，亦應稟官，查明買主確是土著，方准過割。並曉諭地方官紳，先將近礦山場田地設法購買若干，以爲基礎。本年春間，臣馥已會商各撫臣，委派熟諳礦學委員學生隨同所延日本礦師二人，分赴各省查勘，先擇徐州、贛州等處銅鐵煤礦，酌購小機試採，如果確有利益，再行招商集股。此項查礦經費，現因庫款難籌，經臣馥飭由寧、蘇、西、皖四藩司各於銅元餘利項下暫撥銀二萬五千兩。察看情形，礦多路遠，斷非一年所能竣事，而事關遠圖，勢宜速辦，擬於三年之内將三省有名礦産查辦就緒，經費仍由四藩司在銅元餘利湊撥。現在各省俱買外國之銅，内地閒銷外國之煤，貨棄於地，利源外溢，殊爲可惜。疊據紳商稟請辦礦。臣等何敢置爲緩圖，惟茲事體大，三省幅員遼闊，臣等身任地方，各有職守，不能躬親其事。查從前四川礦務曾奉諭旨，派三品京堂李徵庸辦理有案，三江礦務更重擬請援照前案，欽派大員督辦三省查礦事宜，遇有要事，會同督撫商辦，庶事有歸宿，成功可期。商董皆有所稟承，將來招商集股不至如瞀索塗，虛擲股本。地中出一分之礦，即地上多一分之財，此爲國家久遠計，非規規於目前也。至三年查礦期内必有陸續試辦者，無論官股商股概照公司章程辦理，無庸由官經手。惟禁止阻撓，彈壓争競，考驗成效，訂收税項及籌畫水陸運道、輪船、鐵路等事，仍藉官力爲之維持。所有詳細章程届時察看情形再行會奏，請旨辦理。惟臣等竊有請者，華商風氣未開，招股不易，從前招商輪船局、中國電報局，皆先借撥官款以爲之倡，商民始肯信從。近日議者皆謂宜提銅元餘利二三成，早開銅礦，以固根本。惟現在各省銅元局提款太多，所墊購機建廠經費尚未歸清，殊難多撥，應俟隨後體察會商，酌提餘利附充股本。如能内外一心，堅持不懈，數年之内，決無不見明效之理。臣等爲保護自有利源，預杜後來紛擾起見，是否有當，理合會同恭摺具陳，伏乞皇太后、皇上聖鑒訓示，謹奏。

王樹枏《張文襄公全集》卷一二〇《曉諭商民開採煤鑛示光緒十六年十月初七日》 照得本部堂恭承簡命，總製兩湖，首以爲全楚興地利，富民生爲務。現奉旨開辦煉鐵事宜，業經擇地，於漢陽大别山下設廠興工。此舉爲中國開闢利源之要政，從此大冶興國一帶，鐵利大開，定可日臻蕃盛。至鐵廠需用煤斤甚多，一概不用洋煤，儘數購諸内地，以期增廣民間生計。前經派員分赴産煤地方認真履勘，内如湖北之荆門、當陽、歸州、興山等州縣。湖南之衡州、寶慶、永州三府暨鄰境四川之奉節、巫山，江西之萍鄉等處，各有白煤、煙煤。業經採取煤樣，詳加考驗，其中均有佳者，堪供煉鐵及輪船之用。是湖北、湖南兩省地方，既産佳鐵又産佳煤，實爲楚省獨擅之地利，貧民無窮之生業。就目下官中需用數目，覈實估計，即煉鐵一廠已日需白煤六七十萬斤，此外尚有織布局及槍礮廠，用煤數目大致相仿。至本省官輪船及招商局輪船所需者，尚不在内。若僅照目下零星開挖所出之數，不敷甚鉅。查民間從前不願多開者，自因銷路不暢之故。現在煉鐵各廠均係百年經久之事，每日必需之物。但患出之不多，不患售之不盡。果係上好白煤、煙煤，無論每窿每日能開出數百萬斤，本部堂總能爲爾等力籌銷路，爲此示仰該商民等一體知照，各就向産好煤處所，選擇上等煤苗，或仍舊窿，或開新山，或合資夥辦，或獨力採取。向來煤窿開至深處，甫見好煤，即爲水阻，以至此窿即成廢棄，深爲可惜。若能購用抽水機器，則出煤愈多愈速，獲利愈厚。即開挖挑負之人夫，裝載轉運之船户，亦必增多數倍。此項機器每一分不過數千金，且不須雇用洋人，亦能運用，均聽該處煤户自行酌辦。總須設法廣開，多備合用之煤，約於明年三四月間源源運致，臨時由鄂省鐵政局驗明煤樣，如果合用，即行收買，或按照時價，或議定價值，認定每月交煤若干擔，陸續運送，以便分應各局之用，斷無剋扣刁難之弊。四川夔巫、江西萍鄉與鄂省一水可通，若該處之煤運至漢口亦即一體收買，務期各處煤斤源源而來，庶免再購洋煤，以致利爲所分。此舉專爲兩湖貧民多增恒産，各該州縣煤户鄉民各宜早籌資本，踴躍開採，以濬利源，毋得畏難自誤，切切。

兹將曾經考驗出産佳煤地名列左：

計開：

湖北：

荆門州當陽交界：

窩子溝。

當陽荆門州屬：

大林堡、寧家溝、雙河口、金米觀。石煤炭灰稍多，挖深當可合用。

興山宜昌府屬：

屈家鋪、葛家山埡、沙坪、周家坡、林家山、回龍寺、上下堡、潘家河、響水嵿、桑樹坪。

歸州宜昌府屬：

賈家店、羊毛坡、細密灘、梅光斗、王宗憲、梅庭治。

巴東宜昌府屬：

三種無土名。

湖南：

攸縣長沙府屬：

烏井沖、樂家沖、陸家沖。

瀏陽長沙府屬：

神虎沖、大水灣、汪家坡、山田、豪基背、官山天壽堂。

清泉衡州府屬：

淥江走獅坪、西山、五里亭。

耒陽衡州府屬：

廟沖、三鞏橋、抄箕坨、馬王塘、樂角樹下、四門洲、生嶺上、淝江。

常寧衡州府屬：

馬王塘、牛角塘、楓樹凹獅山腰、石子塘、豪猪隘、紅塘洲、紅陵塘。

邵陽寶慶府屬：

石橋鋪、牛馬司。

新化寶慶府屬：

大河、大河腰。

祁陽永州府屬，多産上等油煤。

四川：

巫山夔州府屬：

龍谿、羊耳山丁家灣。

奉節夔州府屬：

南鄉大河濱、北鄉楊柳榜、北鄉蘇金坡、弔葫蘆、北鄉萬向富、北鄉將軍廟、北鄉芭蕉灣。

江西：

萍鄉袁州府屬：

石璧、安源、金玉。

中國第一歷史檔案館《光緒朝硃批奏摺》第一〇一輯《光緒十六年十二月二十六日督辦雲南礦務唐炯摺》 巡撫銜督辦雲南礦務臣唐炯跪奏，爲銅鉛各廠現在情形，恭摺仰祈聖鑒事。竊臣於上年十二月十九日，恭奉諭旨，垂詢每年究可辦解若干，臣曾以必俟今年年底覈計一年内煎出銅若干，始能定以後每年辦解實數，覆陳在案。查本年除湊解九起頭批外，又辦解九起二批十起頭批，實共辦解銅一百一十餘萬，較之自同治十二年試辦以來，每年僅辦銅五十萬，尚形拮据者，算有起色。現在各廠又有見功之硐，以後自可逐漸加增，惟礦脈盈縮靡常，天時旱潦不定，未成之數，尚難懸擬。然每年百萬決不致短少，至迆西民間開辦之廠，究以資本微薄，時辦時停，尚須數年，始能見效。巧家所屬小水井地方，鄉民開辦礌硐，春間有四十餘硐接礦，正冀可成大廠，不料六七月晝夜大雨，礌硐全行坍塌，傷斃十餘人，鄉民遂爾停辦。惟宣威所屬兆威葛古地方，經公司接濟油米，入冬來，鄉民開辦日多，礦質亦好，漸有成效，此本年銅廠之實在情形也。威寧鉛廠入冬後，礦脈日大，陸續揞鑪煎鍊合之礦山，每年約可辦白鉛一百數十萬，黑鉛四十萬，現經貴州布政使王德榜籌發銀三萬五千兩，俾免公司墊本，以期順利，臣已督飭公司趕於二月内辦足二批。屆時，臣當咨黔，由黔撫臣委員起運，此本年鉛廠之實在情形也。理合恭摺具陳，伏乞皇上聖鑒，謹奏。

席裕福等《皇朝政典類纂》卷一四〇 二十二年，諭雲南向産五金，貴州出鉛素旺，山西所出之鐵，夙稱精良。現雖未據覆奏，均宜及時攻採，以期逐漸推廣，著即將籌辦情形，據實迅速覆奏。總之，開辦礦務，以銀金礦爲最先，各該省如能實力訪查，確有金銀礦地，設法興辦，自較煤礦等項，得款爲鉅。邸鈔。

席裕福等《皇朝政典類纂》卷一四〇 雲貴總督崧蕃奏，查雲南五金各廠，承平時計有六十餘處，兵燹以後，除銅務一項已蒙特派唐炯督辦外，其餘金銀錫鐵各廠，計尚有三十處之譜，或洞老山空，久經停歇，或從前極旺之地，現在積水過深，無從著手，或現雖開辦，而所出無多，僅敷成本，或官雖封禁，而附近無業貧民不時私自採取，種種情形，不一而足。當此時需款孔亟，允宜收此天地自然之利，以裨國用而裕度支。奴才身受厚恩，天良具在，敢不竭力圖維，冀紓宸廑，當飭藩臬會同善後局司道妥議詳辦。現擬遴委熟悉礦務之員，分赴各屬，先將舊有金銀各廠會同各該地方官一律查勘明確，分別何處可辦，何處不能辦，再設法籌備官本，在於礦苗最旺之處，認真開採，以期得款較鉅。一面廣集商股，加委妥員，逐漸擴充辦理，併將錫鐵各廠亦次第興辦。緣雲南地處邊瘠，兵燹後實鮮富商大賈，若不先發官本，商民仍多觀望，必致日久無濟，徒誤事機。且查雲南礦務從前承平之時，均係用本地工匠開採煎煉，歷著成效，此次亦擬不設機器廠，不用外洋礦師，以節糜費，而杜後患，務使開一分利源，中國即得一分利益，惟是天財地寶半皆應運而生，消長盈虛非可先機而決，應懇天恩，俯准勅部，將一切例章畧爲變通，並寬予限期，俾奴才得以督飭承辦各員招集紳商，廣爲開採，斷不敢畏難苟安，一奏塞責，自干咎戾。除俟委員查勘明確，並將辦理情形詳細具奏，暨咨明户部查照外，理合先行恭摺覆奏。

汪叔子等《陳寶箴集》卷二六《張之洞致陳寶箴書》光緒二十三年三月□日》 前聞湘省礦務委員，有在上海與華利公司洋人戴瑪德訂立約字，將衡州府屬水口山所産之黑、白鉛砂專銷與華利之事，弟以疊奉來函、來牘均未提及，未之深信。近始展轉索得所訂約字十三款稿，又似確有其事。閱其合同，不勝駭異，不勝焦急。開礦爲遵旨舉辦之要務，原爲興利起見，若利尚未興而權不我屬，殊乖本意。查此約字第七、第八、第十一等款，均有無窮之害，不敢不爲臺端陳之：

查各種五金礦，所難在開採，不在化煉，更不在銷售；所費亦在開採，不在化煉。今第七款定價「每石洋例銀一兩二錢」，自必永遠照辦。初開時，礦砂浮淺，工價不鉅，石售一兩二錢，或有微利。至開久窿深，必然遇水，須用機抽干，且須支持撐架，購機鑿石，所費均屬不資。今售價預登約字，一定不可復移，將來工本遞加而售價既定，必致虧折。倘開至深處，礦質漸佳，其礦砂内之鉛、銀日多，所值愈貴，又因定價過少，不能另沽，豈非兩失其利？查白鉛現價洋例銀七兩數錢，一石黑鉛亦三四兩，一百零五斤之礦砂酌中計算，約含鉛四十斤，亦值銀三兩外，是洋人必有盈而無虧矣。而此一石之礦，其開採人工及運費、釐税，恐目前所需，其去一兩二錢之數已不甚遠，以後費用有增無減，是在我必有虧而無盈矣。反復思之，不解此合同用意之所在也。

第八款「水口山金礦均歸戴瑪德一人承買，不得藉詞封禁，不得希圖高價」。是此礦華人出資、出力，而洋人坐收全利，將來欲罷不能，欲另售又不能，自困孰甚？

第九款「礦砂非與原驗不符，戴瑪德不得無故不受。如有此情，一切用費、棧租，唯戴瑪德是問」。看似防弊，然彼若稍不合算，即稱「與原驗不符」，我無從辯也。況所罰過輕，彼亦何惜此區區棧租等項乎？

總之，此礦如愈開愈好，每石礦砂内提出之鉛甚多，而鉛質内提出之銀亦甚多，彼必執第七款之定價以限我；如礦砂内提出鉛質、銀質漸少，彼又執第九款「與原驗不符」之説以困我；我欲不辦，彼更執「礦苗未盡」之説以責我——是我何所利而問此礦乎？鉛本中外通用之物，銷售甚易，化驗亦不甚難，又何必專仗洋商一人爲銷路，而受此奇窘乎？

又，第十一款兼及「湘省他礦，亦與戴瑪德交易」，是不啻舉全湘礦産歸諸戴瑪德一人，尤駭聽聞。看其語氣雖似平淡，然與洋人交涉之事，稍有一點根株，將來即成牢固不拔，蔓延無窮之害。其爲湘省禍患，更不勝言矣。

查戴瑪德即戴馬佗，該洋人自上年來華，圖罔中國全利，弟所深知，不止一事。觀其公司以「華利」爲名，能無懍懍？朱道濂、歐陽棟兩委員，不知係何官、何處人，並不詳細稟請尊處酌奪，遽在上海與洋員訂字畫押，且有法領事印押，實屬荒謬萬分。此等大事，並無地方大員蓋印押字，亦屬怪事，或可藉此將此押作廢。且第一條寫明「請湖北化學官局就爐熔驗，如與第一次原樣相符」等語，此等事並無一字稟知鄙人，而將來須令湖北化學官局爲之任此牽連膠葛之事，尤爲可怪。

至所列見議陳季同者，其人著名荒唐，罪惡極大極多，海内、海外皆知，前經薛叔耘星使參辦，尤非善類。戴瑪德與陳季同相比久矣，不可不防。上年，陳、戴同赴漢口，變幻招摇，意欲攬辦湖北礦務，動輒許以重賄，其許賄動以數十萬計。經弟飭江漢關查傳禁止，旋即遁去。此次朱、歐兩委員並未奉有尊處予以畫押之權明文，乃如此膽大率謬，難保不墮其術中。

以上各種情節，竊恐閣下未及周知，弟既有所見，用敢飛布，務請設法挽救，以杜無窮之患，大局幸甚，度閣下不以越俎見責也。此約訂於二月十八日，「三個月彼此照辦」，則五月十八日以後即須開辦，尤盼速行更正，不勝翹企。此事關係太大，弟悚懼萬分，但盼該委員手中無上司切實印文，則出自該委員專擅假託，或可挽回。如礦務總局係紳做主，即請將此函發與諸紳閲看。此等大事，總應由官作主也。

「中央研究院」近代史研究所《礦務檔》第一册《光緒二十七年八月初二日外務部收江蘇巡撫聶緝槼文附籌辦江寧等處礦務奏咨文四件咨送江蘇省礦務案件》

八月初二日，江蘇巡撫聶文稱，據江南鹽巡道徐樹鈞詳稱，竊准江藩司咨，奉院臺札開，光緒二十七年四月二十四日，承准欽命全權大臣總理各國事務和碩慶親王咨，京城自上年猝遭兵燹，所有鐵路礦務局檔案，全行遺失。遇有應辦事件，無從稽覈。咨行貴撫，將有關鐵路礦務來往奏咨文件，以及表譜合同，一律補送覈辦，務於文到兩個月内，迅速咨送本衙門可也等因到院。除咨總辦鐵路事務盛丞堂查照外，札司查明江南礦務局章程，抄録來往奏咨文件，以及表譜合同。刻日詳候咨送等因到司，奉此，查江南礦務局，係由道經辦，咨煩録送等因，奉此，准此。遵查江寧試開各礦，胡前道家楨任内，因公款不繼，稟明招商承辦，據紳商妻國霖等，與英商揚子公司德貞，擬章集股，繳款承領，當經胡前道稟蒙督院，咨准總理衙門，會同礦路總局，以江寧水土卑薄，山形顯露，非若西北等省有利可圖，咨行駁斥，各礦遂即停辦。職道抵任，當將德貞所繳官款紅票，稟明發發所山機件器具，並即派員提起存儲，分別歸蔡道世保等領辦。元山一帶商礦，亦因機器礦師未到，至今並未興工。奉飭前因，理合照録奏咨文件，同蔡道録送領辦元山原案，一併詳請咨達總理衙門查照。再查礦務表譜，寧屬硃據照填送道，亦無華洋合同章程，應行照送。此後如查有應録文件，遵當隨時補録詳咨，合併聲明等情，到本部院，據此。相應咨送，爲此咨呈貴衙門，謹請查照施行。

〔附〕照録清摺

謹將礦務奏咨文件，録呈鑒覈。

計開：

南洋商憲劉，爲抄稿飭遵事。照得本大臣於光緒二十二年九月初十日，會同江蘇巡撫部院趙，專差具奏，籌辦江寧等處礦務大畧情形一摺。除俟奉到硃批，另行恭録咨行外，合行抄摺札飭，札到該道，即便遵照毋違，此札。光緒二十二年九月十二日。

計抄摺，會銜。

奏爲籌辦江寧等處礦務，謹將大畧情形，恭摺具陳，仰祈聖鑒事。竊查光緒二十二年二月初九日，欽奉諭旨，據禦史陳其璋奏，鎮江之東南山煤鐵五金，皆有可採，著派熟習礦務辦事實心之員，按照所指地名，認真履勘，擬定辦法具奏等因，欽此。臣等伏查目下時局日難，財用日匱，非廣興礦産，不足以資利用。年來風氣漸開，雖商民亦知開礦之利，特以辦理未能得法，以致有名無實。現擬開礦，必須先行由官勘驗確實，然後再分官商辦法，步步從實，庶免復蹈故轍。當經臣等分委江寧鹽巡道胡家楨，常鎮通海道呂海寰，招延礦師，各就轄境，分投履勘。又以沿江一帶，前因羣情疑阻，曾禁開挖，復將辦法，示諭居民，俾知此事爲利國便民之舉。嗣據呂海寰勘得鎮江丹徒縣屬西面曹王山中段，山名中德古，有石如鉛，似炭質與鐵所成，鎔去炭質，而見鐵渣，其質似佳。又離江十餘里，山名西德古，有千層紙石，其色黄，土民誤以爲金，並有鐵石露出。又毘連曹王山之光頭山，有吸鐵石露出，約含鐵六七分，可鍊精鐵，試挖察看，似産鐵較厚，惟須附近覓有礦煤，方便鎔化。現在委勘，尚未覓到煤礦，又據胡家楨勘得句容縣屬之龍潭上元縣屬之棲霞山、林山、祠山、胡山、青龍山、馬扒井、石瀾山等處，均有煤苗。當飭設局，派員僱夫，分別試挖，雖煤曾厚薄不等，煤質優劣互異，然均係可採之礦。惟龍潭一處，試開兩井，煤層忽有忽無，斷續無定，尚須另行探驗。現就各礦酌定官商辦法，查清龍石瀾兩山，驗係煙煤，煤質有油，火力亦足，堪供輪船機器廠之用。南洋廠船用煤，多資洋産。該兩處現定酌撥經費，由官開採。將來煤層果能寬厚，即可供廠船之用，其餘各礦，或産柴煤，或係鐵煤，種類不一，定爲商辦。現已由紳民分請承領，飭令驗資接辦，仍由官局隨時稽察。將來各礦出煤，應完稅釐，按照利國貴池各礦定章，分別征收。據各該道等將籌辦情形，詳請覈奏前來。查煤礦之利，雖不若金銀諸礦之優，近來商務盛興，機廠林立，需煤至鉅，苟能廣爲開採，亦屬收回權利要圖。惟南方地勢低窪，土脈薄弱，濱江之處，開採尤易見水。現飭酌購應用機具，妥定章程，實力籌辦。俟有頭緒，再赴各屬次第履勘。如有可開之礦，仍當接續酌辦。鐵礦需費較鉅，且必有地産有合用之煤，方便取以鎔鍊，仍飭俟覓有煤礦，即行鎔化試驗，分別稟辦。除咨部查照外，謹合詞恭摺具陳。伏乞皇上聖鑒，謹奏。

南洋商憲劉，爲欽奉事，光緒二十二年十二月十五日，准户部咨，江南司案呈，内閣抄出兩江總督劉坤等奏，籌辦江寧等處礦務，謹將大畧情形具陳一摺。光緒二十二年九月二十三日，奉硃批，該部知道，欽此。欽遵到部，相應恭録硃批。咨行兩江總督遵照，並令俟辦有頭緒，即將所定章程，鈔録送部，以憑查覈可也。同日又准工部咨，虞衡司案呈，内閣抄出兩江總督劉奏，籌辦江寧等處礦務，謹將大畧情形具陳一摺。光緒二十二年九月二十三日，奉硃批，該部知道，欽此。欽遵抄出到部，相應恭録硃批，移咨兩江總督遵照可也各等因。到本大臣，准此。除分行外，合行札飭，札道該道，即便遵照辦理毋違。此札。光緒二十二年十二月二十五日。

南洋商憲劉，爲咨行事，光緒二十五年六月初八日。准兵部火票遞到總理各國事務衙門咨。光緒二十五年五月二十六日，接准咨開，據署江寧布政司胡家楨稟稱，江寧開辦各礦，因公款不繼，稟明招商。續據江寧紳商婁國霖等，擬遵路礦總局定章，自集華股三成，設立永清公司。又揚子公司英商德貞，添集洋股七成，共銀二百萬兩，請辦江寧鎮江兩府五金煤鐵各礦。參仿四川辦法，擬立章程，嗣因鎮紳不盡允洽，先將江寧一府各礦，准予開辦，換繕合同章程，並附呈認繳墊用公款十一萬兩。麥加利銀行紅票一張，據稟咨請查覈，示復飭遵。至所呈認繳公款銀票一紙，現在案未覈准，未便接收，應俟接復後，再行覈辦等因前來。本衙門會同礦路總局，查上年十一月二十九日，准貴大臣電稱，蘇皖正紳籌辦礦路。乃有醫生德貞，横來干預，業經辭退。查德貞聲名甚劣，中外正商，皆羞稱之。且與信隆洋行寶勒同夥，難保不來遵處饒舌，以圖挾製，伏乞嚴行駁斥，藉杜煩擾。嗣於本年三月間，准安徽巡撫來函，以上海英領事照會伊國設立公司，專辦揚子江一帶路礦，派德貞爲總辦，會同華商合股，函請覈示。復經本總局查照貴大臣來電，復令直詞拒絶在案，是洋商德貞其人未可深信，久爲貴大臣所稔之，一經干預，立即辭退。茲江寧紳商婁國霖等，請與德貞合辦礦務，覈與前電事出兩歧。所擬章程，亦與川章諸多不符。江寧一帶，水土卑薄，山形顯露，非若西北等省蘊藏富厚，確有礦利可圖。若輕借鉅款開辦，將來籌還本息，或有不敷，必至轇轕無已。局員利在認繳墊款，率請准辦，是但計目前之利，未計日後之累，所請礙難准行，相應咨行貴大臣查照駁斥可也等因。到本大臣，承准此，合行札飭。札到該局，即便遵照辦理毋違，此札。光緒二十五年六月十一日。

「中央研究院」近代史研究所《礦務檔》第四册《光緒二十八年七月二十九日外務部收湖南巡撫俞廉三文附開辦鍊礦總公司章程湘紳創設鍊礦總廠暨阜湘沅豐二總公司承辦礦務事請查照立案》　光緒二十八年七月二十九日，湖南巡撫俞廉三文稱，案准刑部右侍郎龍湛霖、前國子監祭酒王先謙、前山東布政使湯聘珍、雲南迤東道陳啓泰、湖北候補道陳兆葵、江蘇候補道李維翰、候選道張祖同、前甘肅寧夏府知府黄自元、四品銜分省補用同知聶緝槼、分部郎中郭承煒、分省補用知府朱恩綍、候選道蔣德鈞、分省補用道朱恩紱、員外郎職銜王銘忠等呈稱。爲創設湖南鍊礦總廠，承鍊湘省各種礦砂，並設立阜湘總公司，開採中路南路各屬礦山，懇准合辦，以維礦政，而保利權事。竊維湘省自興辦礦務以來，迭經整頓維持，迄今日有起色。惟内地向不講求化學，土法提鍊虧折堪虞，是以售銷礦砂，收其餘利。此固一時權宜之計，而有待於後圖者也。爲今之計，似宜急設鍊鑪，延聘東西各國專門礦學家，分别研究採鍊各種礦質，期於能製器物而止，然後可以稍塞漏卮，藉圖補救。查洋商販運礦砂，回國化鍊，復行運入中國銷售，遠泛重洋，其獲利猶且倍蓰。則在湘省就地提鍊，如能得法，利更可知。紳等擬先集股本銀二百萬兩，創立鍊礦總公司，先於岳州建設總廠，延聘外洋工師，提鍊各種礦砂。凡屬湘省所産，無論何項礦質，概歸公司承鍊。並於中路南路各屬勘採礦山，以便自行提鍊，免虞缺乏。如股本不敷，再由公司酌借洋款，以資推廣。所有鑪税井口税及出口正税，一律照章完納，仍擬於贏餘項下，酌提報効銀兩，以裨國計。惟總公司包舉全省，應由官局主持，方符體製。擬請飭局酌發官本，作爲官商合辦，庶得以内承董督，外資保護。謹擬開辦大畧章程六條，另繕清摺呈鑒，如蒙俯允。懇請奏咨立案，無論華洋商人，不得在湘省另設鍊廠。中路南路礦山，亦不得於此次定章之外，别議辦法。（並懇札委紳董數人，經理其事，以固商本。所有採鍊各項詳細章程，統由奉委紳董於開辦後，再行擬定候覈。紳等伏查湘省物力艱難，商務窳敝，當此償款數鉅，羅掘一空之際，若非就本省自然之利，竭力經營，萬難支持危局。紳等謹殫全省紳商之力，並招内地各省官商股分，創辦此舉，一切章程，必須量予變通，庶幾因勢利導，可以覩成功而收實效等情，並録呈開辦章程六條前來，當經本部院批示。據呈創設公司，提鍊湘省所産礦砂，並採中路南路各屬礦山，誠爲急要之圖，自應刻速興辦。惟造端宏大，非悉心經畫，難期周妥。所擬開辦章程六條，及呈稱各節，有無窒礙，仰布按二司會同礦務總局，即日詳議具覆，候覈明奏咨辦理。兹事體大，必須遴擇紳董，以專責成。查蔣紳德鈞，朱紳恩紱，王紳銘忠，皆可派委經理其事。仍加派黄紳篤恭協同經理，以收集益之效，而成經久之規，應否酌發官本，併仰覈議詳辦。原呈清摺鈔發，復據候選道黄忠浩，甘肅候補知府俞光裕，江蘇試用道翟衡璣，貢士黄霦，優貢知縣周聲洋，辰州府學訓導沈克剛，湖北候補縣丞黄式崇，候選訓導楊昭樸等稟稱，爲集股設立沅豐公司，開採湘省西路各屬礦山。懇准奏咨立案事，職等竊見湘省西路，與黔蜀接界，山深巖險，鑛産緐多，職忠浩等籍隸偏沅，夙知形勢，又嘗湊集貲本，分採黔金礦，溆浦芷江等處鉛礦。數年以來，日興工作，以民風强悍，運道艱險，未能遽收宏效。職光容等曾奉憲札，開採西路各屬鑛山，於勘測苗綫認鑛質，畧有閲歷，亦稍習邊方情形，因相與會商辦法，務使寶藏盡興。於國帑支絀之際，稍拓利源，於邊氓窮蹙之餘，藉謀生計，再四籌維，擬合羣力以圖，不蹈見小之習，權就本地紳商，籌集股本銀二十萬兩，先行開辦，仍招内地各省官商股份，以爲徐圖推廣之地，延聘礦師，徧勘辰永沅靖及四廳等處各種鑛山，分别化驗，次第開採。惟是西路偪近苗疆，風氣未開，勸導彈壓之事，不能不惟長官是賴。如蒙覈准，擬請即以現設之辰永沅靖礦局，督理西路總公司事宜，以資督率，而承規畫。無論何處商民，不得更於西路别立公司，俾歸畫一。其黔蜀等省商民，採運礦砂，如有願歸總公司收買者，亦可酌量情形，公平價收，不敢稍存歧視。所有應繳之井口出口税項，及將來獲有贏餘，提成報効，悉照部局定章辦理。職等爲維持礦利起見，理合稟乞察覈等情，復經批示據稟已悉。湘省西路礦山，蘊藏甚富，從前由局派員開採，未竟其功。當此振興礦務之時，急應廣籌興辦，以期盡發其藏，稍裨國計。查前該職等議集股本，設立西路總公司，搜採礦苗，大興地利，自應如稟准行。查前據龍紳湛霖等請設鍊礦總廠，並設中路南路礦務總公司，業飭藩臬兩司會同礦務總局覈議在案，仰即併案議詳。以憑奏咨立案，勿延稟發仍繳先後分行司局覈議去後，旋據藩司張紹華，署臬司繼昌，會同總辦礦務局道員劉鎮，夏獻銘詳稱，伏查採獲礦砂，必須自行提鍊，方能操縱自如。歷年以來，迭次籌設各種西法鍊鑪，以經費不充，暫未興辦。即中路南路各礦，雖經官商悉力開採，究之未能徧及，遺利甚多。諸紳呈請創設阜湘總公司，承鍊湘省各種礦砂，並採中路南路各屬礦山，籌集貲本，以爲廣闢利源之計。實與本局積年規畫之初心，不謀而合，應請作爲官商合辦，以期互相維繫，仍先行酌發官本，俟議有成數，再行詳定。湘省商業衰疲，生利之源，日涸一日，況值庫款奇絀，百端羅掘之時，若就自然之利，合羣力以經營，奚以甦民困，而裨國計。覈閲開辦章程各條，均尚妥善，不至别形窒礙，於維持聯絡之中，具見用心。即呈稱延聘外洋工師，及由公司酌借洋款各節，均屬可行。擬請札飭經理紳董，妥慎從事。又查黄道忠浩等所禀各節，與龍紳湛霖等所設創設之阜湘總公司，大致相同。應請遵照憲批禀准行，至辰永沅靖礦局，設在辰州。現在該局事務，尚不甚緐，於西路總公司事宜，自可兼顧。如蒙覈准，擬即由局飭知該局爲之督理，庶於官有稽察之權，於商獲保護之益，實爲兩便。所有詳細章程，即飭該局督同擬定，禀候查覈。惟阜湘鍊礦總廠設立在前，原呈内有承鍊全省各種礦砂之文，又當於辰州分設鍊廠。將來西路採獲各項礦質，自宜照章辦理，以歸畫一。至鑪税井口税出口正税，及獲有贏餘，提成報効國家銀兩。概應責成各該公司紳董，查照部局定章呈繳，仍由本局隨時派員稽覈，毋許隱漏。迭奉前因，理合會商詳覆，俯候察覈，准將中路南路各礦，概歸阜湘總公司承辦。西路各礦，概歸沅豐總公司承辦，並由阜湘設立總分鍊礦鑪廠，承鍊全省礦砂。專案奏明，並將呈禀章程，分咨外務部統轄礦務鐵路總局，覈明立案。實於湘省礦政，大有裨益等情，據此，又經批示據詳已悉。候即專案奏明，並分咨外務部統轄礦務鐵路總局查照立案，仍仰礦務局分别移飭遵照。查前據龍紳湛霖等呈請設立總公司，業由本部院擇委紳董數人，經理其事，所有黄道忠浩等禀設西路總公司一案，應即派委翟紳衡璣、黄紳霦，充當紳董，以專責成，併派黄紳篤恭協同經理，仰即知照。此繳印回在案，除會同湖廣總督部堂張。於本年六月二十四日，恭摺具奏，並先行電咨外，相應鈔録摺稿，並龍紳湛霖等所議開辦章程。咨呈外務部，謹請查照立案，實爲公便，須至咨呈者。

原奏。詳見七月十九日軍機處抄摺内。

照録章程

謹擬開辦鍊礦總公司大概章程六條，開呈察覈。

一，本公司於岳州設立總廠，購備機器，建造西法各種鑪座。並擬於省城寶慶衡州柳州常德辰州等處，及凡有鑛各州縣，設立分廠，以便因地製宜，隨時化鍊。

一，湖南全省各礦，除本省官辦隨時交鍊外，其餘無論何處，何項礦砂，何時開辦，概歸本公司承鍊。不准逕運砂質出境，亦不得就山另設鑪座，私行提鍊。

一，各處商廠，如願將所採之砂，售與本公司，即當接照砂觔成色，公平給價，再由本公司提鍊後，還出售銷。其各處商廠，自有銷路，上請本公司代爲提鍊者，即由本公司面與該商廠議定，每一噸鍊費銀若干，本公司即當代爲提鍊，再由該商廠自行售銷。

一，本公司開辦之後，即於中路長沙岳州常德澧州，及南路寶慶衡州永州柳州桂陽州各屬，編勘産礦山地。次第開採，自行提鍊，其從前禀定有案，現已開辦之各商礦，仍聽照舊採取。由本公司照章收買提鍊，自此次禀准之後，如再有商民擬於中路南路各屬，勘採礦産，及或前已買山，日後始行開採者，均須先行関白本公司，併股合辦，以專責成，而保權利。

一，鍊廠應繳鑪税，遵湖南礦務總局定章完納，礦山出砂，應繳井口税，遵礦路總局定章完納。已鍊礦質起運出境，應繳出口正税。遵海関新章，在岳州税関完納。

一，官商擬暫共集股本銀二百萬兩，每一百兩爲一股，合二萬股，作一次收齊。週年官息七釐，每年總結一次，除應繳税項，及經費官息各項開支外，所有贏餘，分作十二成，以一成報効國家，以一成作公積，以一成提分在事出力諸人紅成，其餘八成分給股及按股均攤。

「中央研究院」近代史研究所《礦務檔》第一册《光緒二十八年九月二十五日外務部收軍機處交盛宣懷抄奏請設勘礦總公司以保礦利》 光緒二十八年九月二十五日，收軍機處交抄奏稱，太子少保會辦商務大臣工部左侍郎臣盛宣懷跪奏，爲礦地亟宜自守，擬請設立勘鑛總公司，藉保主權而收礦利，恭摺密陳，仰祈聖鑒事。竊惟强國之道，必先富國，歐洲多以開礦致富。而中國礦産尤爲繁盛，歷來成見拘泥，或官禁，或民禁，精華秘而未發。此天之留以畀我聖清蔚成中興之業，實不可假手於人者也。近今風氣始開，知礦務不可以遏，但迫於時局，礦權礦利，幾不能由我自操。於是海内寶藏之區，輒爲他人攘而有之，或因案交涉，一入條款，而某省之礦柄，暗授彼國矣。或被人勾引，一給字據，而某府某州縣之礦産，多屬他商矣。外務部鑒於前弊，重訂章程，無論華洋商，皆可承辦礦務，均須先禀外務部。俟批准後方可爲准行之據，原欲於推廣之中，竭力設法限製。聞外國頗以准其購用地畝，自行舉辦爲喜，而尤以抽税過重爲憾。臣於去年五月曾接准軍機大臣電告，礦務所關甚鉅，誠如所論，亟宜以開爲守。各國合式律例，望即擇要採取。其應如何抵製之處，亦望熟籌電知，以便覈議，請旨辦理等因。嗣英使馬凱來議商約，内有礦務一條，臣等以事關内政，拒不入約。到鄂後，馬凱猶堅持礦事有關商務，必欲列入商約，以慰英商之望。臣思要在保我地權，方能以開爲守。督臣張之洞頗以爲然，當臣等會商允於一年内，自行將英國印度連他國現行礦務章程，迅速認真考究。採擇其中所有興中國相宜者，將現行章程，改修妥定。以期主權無礙，利權無損，並於招致外洋資財無礙，於礦商亦不致有虧等語。美國雖甚和平，亦索礦務條款，並密告臣曰，中國地産之精華，將悉爲各國有矣。吾美國亦當分沾其益，蓋歐洲凱覦中華礦利，極想一網打盡。按照英約，一年内自行修改，若不預爲商籌，猶恐臨時周章。或藉端要挾，仍不免墮其術中。臣既奉軍機處諮詢在前，又身在議約大臣之列，晝夜焦思，悉心討論。中國既無辦礦之人才，又無開礦之資本，自李鴻章等議辦礦務以來，合南北計之，集中國資本師西法開採，以見成效者，僅有開平大冶萍鄉三礦而已。開平以李鴻章北洋大臣之魄力，唐廷樞一身之苦心孤詣，越二十年，而始成之。然一經變亂，已爲外人乘機攫取。大冶萍鄉，一鐵一煤，互相濟用。臣與張之洞先後持堅忍之力，經營締造，勉力圖成。萬里版圖，衹此兩礦，良可慨已。其他無窮無盡之地寶，若不早爲設法保全，一聽外人明取暗索。數年之後，盡屬他人，將來中土人才輩出，能自舉辦，而産礦美地，已非我有，徵諸五洲大邦，斷無如此辦法，然默究其所以不能自辦之故，以辦礦之人才，非十餘年不能造就。開礦之資本，非數百萬不能動手。若必欲强華商自辦，誠如外務部所言，暗中必仍是勾結外人，輾轉售賣矣。臣年來訪察中外情形，終欲思一補救之法，斷非空言大言。所能濟事，而必須量我權力財力所能辦到，惟有將民間産礦之地，由公中籌款自購，力争先著而已。然欲得知何地産礦，必先有人代爲選礦，而後可行。三十年前，德國有一地學師勒妥芬，徧查中國礦地，著爲圖説，近來各國謀辦礦者，遊歷内地，或以教士出名，或以華人出名，購得各省礦地，已屬不少，甚有一洋人而購數十礦者。近日上海武昌均有洋人設立驗礦廠，凡内地覓到鑛均歸代驗，後已布置齊備，而我仍漠然置之。真可爲天下後世所痛惜。今當掃除空言，力求實事，提綱挈領。保地權，亟宜設立勘礦局。遴選地學師勘明何地實在産礦，自行購買，以歸中國公司。事機已迫，萬難再遲。臣不揣鄙陋，一面諄勸各省紳商先籌華股本銀一百萬兩，擬在上海設立勘礦總公司，去年函商出使大臣羅豐禄，訪求頭等地學礦師，一年之久，始得一人，名瓦里士布魯特，每年薪水英金二千磅，一切用費在外，羅豐禄交卸後，即由張德彝代訂合同。已於八月内到滬，臣親與考究，其鑛學確係諳練地學，在歐洲專門勘驗礦地，與尋常衹知開礦之學者不同。臣已飭令先往湖南省勘查各礦，先經電商撫臣俞廉三，深以此舉爲保礦善法。一面函商各督撫派員赴各省預查産礦處所，再行陸續派往勘驗，無論出産煤鐵五金之地，可資開採者，即與地方官妥定公平之價。由局購買，再令該礦師將所勘之礦，擇尤繪圖立説，某礦應如何開辦，約需資本若干，能獲餘利若干，分作等差，編立字號。再行次第招商認辦。俟外務部路礦總局議定新章，務令遵照欽定礦例辦理，所有勘礦公司購到礦地編號之後，如有合例商人承辦，即當會同該省督撫，咨明外務部路礦總局，請給牌照，方准開辦。臣愚中國所有者，産礦之基地也。外國所有者，開礦之資本也，我能守我之地，不爲他人所奪。將來以我礦地，或作資本，或採租息，皆當權自我操。總之，礦商之利，外人不妨共之，而地主之權，中國當自守之。亡羊補牢，尚未爲晚，曲突徙薪，豈容再誤。所有擬設勘礦總公司，藉保主權而收礦利各緣由，理合據實密陳，是否有當。伏乞皇太后、皇上聖鑒訓示，謹奏。光緒二十八年九月二十四日。奉硃批，外務部、户部知道，欽此。

《通商各關華洋貿易總册》光緒二十八年下卷夏立士《光緒二十八年岳州口華洋貿易通商情形論畧》　本省礦務，有官商合辦兩公司，曰阜湘，曰沅豐。阜湘並以提鍊名，凡省内所出礦砂中，南一帶歸阜湘，西路歸沅豐。至於銷售，則無論何公司何礦産均應歸礦務總局管理，倘未領得總局運單，一到關卡即以私論。月前有礦務大臣聘請英國著名礦師布君到省内遊歷中南等路，查勘礦苗。此外亦有日本礦師幾位巡閲各處，是湖南之礦務固已綱舉目張，則商務之因此以興，不待煩言而解。

《通商各關華洋貿易總册》光緒二十八年下卷墨賢理《光緒二十八年蕪湖口華洋貿易情形論畧》　開礦一事，本於國計民生最有關係。本省上憲將所屬地方之煤礦讓給外人開採，不知其中有無華商股分。銅陵縣煤礦有一外國礦師，常川駐守，督理工程，業經運進外洋鑽孔機器與抽水機器，預備開採矣。尚有他處礦務亦屬讓外人辦理。惟日久未聞開工，恐不無託故遷延，意圖轉售與別人之計。若是則大失利權，誠爲可惜。所有礦務既讓外人，必須立切實合同，詳載開工期限，如逾期不辦，即將批准之案查銷。由地方官另招他商承辦。

《安徽俗話報》第二期《安徽的煤礦》

軍流縣・清水塘・草煤　山價五百元。

西華嶺·仝 仝。
兔形 鐵煤 不知和洋人合股。
馬家墩·草煤 仝 仝。
貴池縣·獨山 有煤油 山價二千元 仝。
粟子牌·草煤 山價一千元。
柘嶺 仝 不知 和洋人合股。
和嶺 仝 仝 仝。
宿松縣·毛狗嶺 烟煤 山價二百餘元。
荆橋莊 鐵煤 不知 山主籌款掛洋旗開採。
沙坡山 草煤 仝 租給洋人開採。
高家窪 烟煤 仝 糾葛未清，聞洋人已付五百元。
太湖縣·冷家鋪 焦煤 仝 洋人打算開採。
新昌 烟煤 同 同。
懷寧縣·官塘沖 草煤 同 洋人鬭而暫停。
大凹山 同 同 德商已開數萬噸，還未停。
青陽縣·插花山 同 同 洋人打算開採。
甘家沖 同 同 同。
廬江縣·盤石嶺 同 同 涌裕公司打算開採。
馬鞍山 同 同 同。
廣德州·牛頭山 烟煤 同。
宣城縣·某山 未見煤 同 前和日本人合股，現擬作廢。
繁昌縣·好幾處 未知 同 外省人用土法開採。

照以上所查考的看起來，安徽省的煤礦，也着實不少。但是十州縣内二十幾處，就有十七處，或合洋股，或掛洋股，或掛洋旗，中國人獨自辦得妥當的却很少。你看那高家窪和和嶺的合同，都不勾引洋人出頭，才能彀開採麽。唉！我們中國人自家開自家的礦，何必定要勾引洋人出頭，這不是開門揖盜嗎？但是列位要知道他勾引洋人，是有兩層原故的：一是嚇鄉下人，一是嚇做官的。怎麽是嚇鄉下人呢？原來我們中國人，是深信地理風水的，看見人家開山挖礦，便疑心和他家的墳山有礙，就是相隔好幾里路，都要去攔阻，説是挖斷了他祖墳的來龍，還更有整城整村的人出來攔阻，説是挖斷了他全城全村的來龍，便無情無理的鬧起來。若説是洋人來開採，他們便不敢亂鬧了。怎麽是嚇做官的呢？原來各處開礦的，大半没有領得執照，僅憑山生的標藥契紙，那地方上無賴的人，是他開礦發財，便起邪心，藉箇事體，和他興訟，不説地界不清，就説有害風水，地方官遇了這些事體，不是以封禁二字了案，就是多分幾成歸官，才准開採，要是有洋人出頭的，官便不敢這樣辦法。凡是中國商人，禀請本地州縣官，或省城商務局，要開礦山，那做官的無不百般扭難，總以滋生事端四字批駁不准，要是洋人去領開採的執照，那官場便雙手奉上，並不敢稍遲一刻。因此民間都知道官怕洋人，於是或賣或租或合股，都找洋人出名，甘心情願，分幾成利給洋人，作爲保護之費。

《安徽俗話報》第二期《論安徽的礦物》 唉，我們中國人祇知道恨洋人，殺教士，到是洋人把我們中國人的命脈弄苦去了。我們中國人還是不在意裏哩，你道什麽是中國人的命脈呢？就是各地的礦山了。列位時要曉得礦山是地下的寶貝，全國的精華，無論那一個，都是要自家開採，不肯讓別人家來開的。世界上祇有我們中國，好像是一箇傻子財主，祖宗丢下來許多好産業，被旁人占去了，他也不知道發急的。我們中國別的省分，暫且不論，祇説我們安徽省，礦山很多，祇是自家不肯開採，以至各國人看紅了眼睛，都想來吃一塊唐僧肉。前一期這報上，本省新聞裏那一條全省礦山被賣的情形，列位都是看見的了。照那樣看起來，這十五州縣的礦山，都被聶撫臺送運洋人的荷包了。唉！這筆大家産，送把洋人不算，還要惹下後來無窮的大福哩。他們洋人占人家的土地，滅人家的國度，其先總是哄著那地方的官民，開採幾處礦山。他既開了礦，必定又要造連礦的鐵路；既開礦山，又造鐵路，那兩下交涉的事體，自然是一天多似一天，祇要兩下裡有箇參差，那洋人必定藉保護商務爲名，調些洋兵來駐紮礦山鐵路左近。到了洋兵來的時候，他們那種强梁的舉動，還用再説嗎？也不必説俄國滅波蘭、英國滅印度那些慘事，想列位没看過外國史書的，説起來也是不知道，祇單看看眼前的東三省，當初也不過是讓俄國開幾處礦山，造一條鐵路，東三省的人，都看着不在意裏。那曉得到了拳既亂起，俄國祇藉保護礦山鐵路爲名，調來大兵，就把偌大的東三省佔住了，算是他的土地，中國的官民，都要聽他的號令。到了現在和日本相争，更是把東三省的人，蹭踏得不堪了。這都不是當初讓他開礦造路的結果麽？現在我們安徽省又把礦山送給洋人來開採，祇怕和東三省害了一樣的病，這豈不是惹下後來無窮的大禍嗎？我們安徽人無冤無罪的，弄下這樣大禍，衹怪前任聶撫臺，不知怎麽糊裡糊塗的給安徽人留下這樣大禍，當初他私自把這些礦權送把洋人，瞞了安徽人。可憐安徽人那能知道，到了現在，才有人看穿了，説起閒話來，在北京的安徽京官們，説道聶撫臺巴結洋人，把我們安徽人的産業，當禮物送了。我們是斷斷不依的，又聽見本省候補的人説，是箇什麽候補官姓姚的，和聶撫臺什麽一箇會説洋話的兒子，不知道兩個人怎麽鬼弄鬼，在聶撫臺面前替洋人説合這件礦事，把安徽人賣了。還説他們各人得了五萬銀子的中資，所以這樣替洋人出力，像這些話到處閧傳，要是真有此事，實在可恨了。但是他們做官的，幹了這些黑心的事體，他糊籠糊籠，走了就没事。我們安徽人，是走不了的，祖宗的墳墓，子孫的産業，世世代代，都要在這裏過活，也能彀跟着他們一塊兒糊籠嗎？總要打算一箇挽回的法子，把我們安徽人子孫萬代的産業，弄得清清亮亮，響響當當，才是清理。但是現在木已成舟，這十五州縣的礦山，都已經訂了合同，讓英國人和巴西國人開採，雖説是還未咨准外務部，但各省督撫都有總理各國事務的官銜，既然是撫臺和他們訂的合同，如何能不算事呢？至於説是前任撫臺的事，現任撫臺不認，這更是説小孩子話了。那洋人衹曉得是中國的撫臺和他訂的合同，他就要照着合同辦事，他到不管你什麽前任現在，和什麽姓聶的姓誠的。照這樣看起來，要想把那些合同作廢，不準那洋人來開採十五州縣的礦山，恐怕是望權止渴了。況且礦山乃天地間自然之利，理在地下，實在可惜得很，自己國的礦産，自己不肯開採，又不許旁人開採，也不是道理。各國人都知道中國礦多，久已就想來開採了，却好庚子年議和的時候，那和約上又明説，准其各國人的中國開礦。從今以後，還想將礦産埋在地下，萬萬年都不許外人開採，你看是能不能呢？依我看起來，各省的礦山，自己開採，是第一件要緊的事。不讓洋人開採，還是第二件要緊的事。辦了第一件，就自然没有了第二件。若是衹辦第二件，不辦第一件，那二件也終久是辦不成的。我們安徽人要是從前不留風水的邪説，拿出錢來辦了第一件，大家早已發了大財，又何至有現在第二件的難辦呢？我看現在還是趕緊辦第一件要緊，那第二件自然是不辦而辦了。從前湖南，也有好幾處要緊的礦，被無耻的紳士，私下裏賣給洋人開採。後來旁的紳士知道了，連忙拿出錢來，一面創設全省開礦公司，一面請趙撫臺和洋紳商量，將賣去的礦山收回。洋人看見湖南人自己立了公司要開，而且平日也賞識趙撫臺能替百姓辦事，便答應趙撫臺退回了礦山。現在湖南全省的礦山，都歸湖南礦務公司開辦，没絲毫利權在洋人手裏了。我們安徽要想挽回這十五州縣的礦事，也衹有照湖南這樣辦法最好。我們安徽的礦，不止這十五州縣讓了洋人，還有沿江一帶的煤礦，因爲百姓們攔阻，地方官封禁，就有些糊塗紳士，串通洋人出頭開採的。若是立了全省礦務總公司，像這些煤礦，都可以歸公司開辦，何至勾引洋人出頭呢？就是這十五州縣大礦覆，乘着限期未到，洋人未來的時候，公司裏趕緊揀那有名的礦山，一齊買下來，歸公司開辦。到了洋人來開辦的時候，要緊的礦山，都已爲公司所有，他雖有開礦的合同，怎奈無礦可開，活像老婆死了，還收着一張庚帖，有什麽用處呢？但是有些人説這樣辦法雖好，怎奈

《申報》光緒三十一年二月初一日第四版《湖南礦局呈鐵侍郎手摺》 湘省礦務自光緒二十一年陳前院奏請開辦，於今十載。先於省城設礦務總局，委司道主之辦法，分官辦、商辦、官商合辦三項。官局初開十九局，於釐金善後屯墾三局，撥款充用不足。另於商號借息其商辦，官商合辦之處又不下十數，周厯□成添或減靡所定，止至二十四年陳前院去任之日，凡動用官款五十餘萬，各局未臻宏效，僅常寧水口山一局有成。二十五六等年，俞前院將無效各局陸續停採，裁冗緝賈，力粟浮糜，官局僅留辰永新邵之銻礦，平江黄金洞之金礦，寧鄉青谿苦竹寺、湘潭小花石之煤礦，常寧水口山之鉛礦。未幾辰永新邵寧鄉湘潭各局皆因折閱以次停撤，衹留平江新化常寧三局。數年以來平江因承用機器太早，又招用廣東及東洋礦師，糜費過鉅，所入不敵所用。新化亦因官商雜糅獲利無多，所恃以資挹注者，僅水口山歲入十數萬金而已。水口山出礦既旺，土爐試煉無大利，不能不求銷路，曾於二十三年就漢口設立轉運，名曰駐鄂湘礦轉運局，派員紳各一人司之。凡收發礦砂領兑買銀之事，皆以委之，鄂省之有湘礦轉運局始此。銻爲軍火要需，不能任商私辦，二十二年即於省城南門外靈官渡濱河地方招徠湘粵商人設公司三所，採仿東洋煉礦成法，專煉新化所出之砂，每砂船到埠，由總局發償收買，交公司煉成生銻，運滬行銷。先繳山本，後分紅利，立法之初，未盡如式，日久流弊漸滋，公家獲利甚微。近雖設法整頓，尚未十分廓清，省城之有煉銻公司始此。水口山之鉛砂連至漢口，屢經洋行留難，抑勒受虧，甚探自非開爐自煉，不足抵製，以收利權，洋爐既力不能辦，乃於前年就衡州府城東岸蘇州灣地方委員招雇雲南爐匠數十名，開爐專煉水口山之砂。今秋因辦法未善，換人攙用西法，現在爐廠尚未就緒，將來是否有效，仍不啓知。外郡之有煉廠始此。約訂十年以來，出入之款均在三百萬兩以外，大致所入不敵所出，現

擬力加撙節，取礦之贏儲，以爲擴充礦務之用，此湘省官辦礦務之大畧情形也。

「中央研究院」近代史研究所《礦務檔》第三册《光緒三十一年六月初九日外務部收浙江巡撫聶緝槼文高爾伊承辦礦務迄未開辦暨撤銷原案辦理情形》 光緒三十一年六月初九日，收浙江巡撫聶文稱，爲咨呈事，案准商部咨查貴部議准浙省紳商高爾伊設立寶昌公司。向義商沙鏢納貸款五百萬兩，專在衢嚴溫處四府境內開辦煤礦鐵礦數處一案，現在該公司指明礦地，共有幾處，究竟已否開辦。咨請飭局速將高紳辦礦一切情形，詳細報部，以備考查而資接洽。此外已未開各礦，務將前發礦表填送等因，當即轉飭遵辦。茲據商礦局司道詳請轉咨前來，卷查浙東寶昌公司紳商高爾伊，自向義國惠工公司商人沙鏢納訂立合同，貸款五百萬兩，開衢嚴之煤，鍊溫處之鐵。光緒二十四年夏間，即據來院具呈查覈，當時原訂章程，浙東寶昌公司並無股本，悉取給於義國惠工公司。雖有借款之名，仍鬚發賣股票。是年八月廖前部院具奏，十月十六日，奉路礦總局以既借洋款，又須售票，究竟有無的款。奏請轉飭按照通行章程，妥籌釐正，再爲覈辦。二十五年自夏迄今，屢經該紳商以退減債三成，招集華股補足。其餘堅請仍照原章，均經劉前部院飭議未辦。二十六七兩年，並無稟辦卷據。二十八年秋間，復據高爾伊遵照貴部礦務新章，逐款改定，稟請兼辦杭湖二屬及煤油礦產，股本則又稱義商沙鏢納貸英國惠工公司洋款五百萬兩。續議退減三成，不復提及。經任前部院委驗所籌貲本，十月間，僅據委員呈驗高爾伊與義商惠工公司沙鏢納原訂合同一紙，並伊使薩爾瓦葛原保款單一紙，當即奏請敕部覈復，究竟有無現款呈驗。沙鏢納本爲有款出借之人，因何又爲轉向借款之人，惠工公司本係義商，因何忽又歸之英商，卷内均無可考。原奏亦未聲明，無從懸揣。二十九年正月，奉貴部議復剔除杭湖二屬及煤油礦產，奉請飭令專在衢嚴溫處四府境內，指明煤鐵礦數處，咨部覈准。先行試辦，不得預佔四府全境，並令高爾伊與義商沙鏢納訂立合同，送部備案。抄摺咨行到浙轉飭遵辦。是年五月間，該公司稟由商礦局詳請給護美國頭等礦師詹美生，義國頭等礦師薛爾槐分赴勘驗。八月間，據商礦局轉報偕同該礦師等勘驗已畢，繳銷護照。並另摺報明已到者，衢屬之龍游西安江三縣，嚴屬之建德桐廬二縣，溫屬之永嘉一縣。處屬之麗水縉雲青田三縣，指定何處，如何開辦，迄未到及。三十年二月，奉貴部以奏准年餘，曾否將礦產處所查勘明確，請領執照，咨行查明聲復。當經飭查，三月間，忽又報稱，由倫敦惠工公司專派代理人依德，帶同英國礦師賨鋭克來浙屢勘。照案呈請給護，五月間，復由商礦局呈復，據稱詹美生等前赴勘礦，因傳染紅痧時疫，未能遍歷。現在礦師賨鋭克已由嚴歷衢，請俟四府勘畢，再行呈報領照等情，覈與前文所稱詹美生等業已勘畢，先後歧異。且部咨係飭查勘明礦所，來申僅稱礦師染症，未能遍歷。諸空語殊難憑以轉達，既經另聘賨礦師由嚴歷衢，並聲稱另呈繳費領照，則未到者不過溫處二府。自應俟其另稟請辦，再行據以聲復，乃延宕十數月之久。絶無隻字稟報，遲至三十一年二月間，奉貴部電，此案奏准已逾兩年，迄未照章勘明，請照開辦。飭令撤銷原案，始據該紳商高爾伊稟由商礦局詳稱，礦師甫經勘畢，並以前經申復。未經領照，不得謂逾限違背藉口請咨。當經本部院以此係奉貴部特飭銷案之件，未便再行咨請，批飭遵照，嗣又接准英總領事照送惠工公司西蒙帖依德所訂衢嚴溫處礦務合同到院。又經本部院以高爾伊原向惠工公司義國商人沙鏢納貸款，並經取有義國公使薩爾瓦葛保款單呈驗，與現送合同所載英義二國商人不符，且案經奉部撤銷，自可毋庸再議。送還合同，照請飭銷各在案，此高爾伊衢嚴溫處四府礦務，迄未指定處所開辦，暨續奉撤銷之一切詳細情形也，茲奉咨查。除咨復商部查照備案，並將此外各礦，另飭填表速送外，理合一併咨呈，爲此咨呈貴部，謹請察照備考施行。

《申報》光緒三十一年十一月十八日第十版《署江督周等會奏聲明招集商股自辦鑛產片》 再前准商部咨，商民私賣礦產，流弊滋多，請嚴密查禁。奏奉諭旨依議，欽此。咨行欽遵在案。茲據查勘三江礦務補用道陳際唐稟稱，奉查勘礦務，經委員帶同礦師歷抵各處，詳細詣勘，現將江皖贛三省著名礦產開呈前來。查江蘇省江寧府上元縣有銅夾山、棲霞山、龍潭銅煤各礦，江寧縣有金山綱山，句容縣有銅冶山、手巾山銀銅各礦，六合縣有冶山銀鐵礦，徐州府銅山縣有利國驛、賈家汪等處煤鐵各礦。安徽省安慶府太湖縣有夾窑山煤礦，宿松縣有傅家壟、汪家灣煤礦，潛山縣有西北鄉各山產鐵砂礦，池州府貴池縣有荷山嶺、猪形洛煤礦，銅陵縣有銅官山銅礦，廣德州有牛頭山、翎猪洞、梁家山煤礦，鳳陽府宿州有烈山煤鑛，懷遠縣有塗山銀鑛，廬州府巢縣有浄土、庵山、煤鑛，寧國府宣城縣有狗毛山、犬形山、簸箕山煤礦，涇縣有搖頭山煤礦，太平府繁昌縣有五華山、銅山煤礦。江西省贛州府贛縣有龍下銅礦，九江府德化縣有馬祖山煤礦，饒州府樂平縣有上碼頭、牛頭山煤礦，餘干縣有珪山煤礦，袁州府萍鄉縣有劉公廟、上沫嶺鐵礦金砂礦銻砂礦，臨江府清江縣有鐵山鐵礦，廣信府鉛山縣有佛母嶺煤礦，以上所產銀砂煤鐵各礦，苗質甚旺，查係官山居多。現擬招商集股開辦，飭地方官查照前札欽遵諭旨，出示曉諭，不准民間私賣，即民間礦産祇准賣與本地，居户須憑中證報官，查無頂冒諸弊始准立契。過割至各國洋人，照約本不應在内地置産，教士購建教堂，縱爲條約所准，亦當憑本地紳董保甲地鄰人等查無違礙，始准憑中出賣。如此明示限製，庶幾弊源可清，免滋後來糾葛，此外尚有未查各礦自應照此一體辦理。倘有朦混私賣情事，惟該地方官是問。除札飭遵照外，理合會同江蘇撫臣陸元鼎、安徽撫臣誠勳、江西撫臣胡廷幹附片陳明，伏乞聖鑒，謹奏。

《通商各關華洋貿易總册》光緒三十一年下卷烈悌《光緒三十一年長沙口通商華洋貿易情形論略》 若夫湖南之礦産，大有可爲矣。惜識見不遠，已不能辦，又拒人謀，以致寶藏未能發見。苟得良工師之指導，則礦産之供給殆無盡藏。據聞本省境内煤礦一種，已有數百處之多，悉以幼稚方法，故不克達其目的。或作或輟，抛棄良多，雖有金、鉛、銻、錫等大藴蓄，亦如採煤，尚未曾著手，曷以故，因窿口太小，又弗通空氣，自然不能深入，設一見水則更畏縮不前，此皆由乏真實學問，無至大力量之所致。吁湖南開礦一事，誠爲當今第一急務，苟能辦理得法，不獨振興一方，並可以止流出南洋及新加坡等處之小工，而又增進各方面貿易之繁盛，由是蒸蒸日上，有利權之可操，自然能獲急起直追之進步。此理甚明，是待真解，按目下商務一事，在長沙雖尚細微，而謀進身之階則頗不容易，然當此初開口岸之際，創立基礎以待發達，而推廣不久，自占莫大之利益，何以見之。

「中央研究院」近代史研究所《礦務檔》第五册《光緒三十四年七月二十五日外務部收農工商部文附奏摺奏片咨送籌議創興瓊崖地利事宜暨請派胡國廉督辦等摺片暨上諭》 光緒三十四年七月二十五日，收農工商部文稱，光緒三十四年七月二十三日，本部具奏籌議華商創興瓊崖地利事宜，酌擬辦法摺。又請以三品卿銜胡國廉督辦瓊崖墾礦事宜片，同日奉上諭。農工商部奏籌議華商創興瓊崖地利事宜，酌擬辦法一摺。著派三品卿銜胡國廉，總理瓊崖墾礦事宜，其有關涉地方他項商民利害事務，應會同地方官妥商辦理，餘依議。欽此。由内閣傳鈔到部，相應恭録諭旨。刷印原奏，咨呈貴部欽遵可也。附原奏。籌議華商創興瓊崖地利摺，謹奏爲籌議華商創興瓊崖地利事宜，酌擬辦法次第，並預籌久遠，而杜流弊，恭摺復陳，仰祈聖鑒事。竊本年三月初八日，准軍機處片交，本日侍郎楊士琦奏，華商集資創興瓊崖地利辦法摺單一件。奉旨，農工商部議奏，欽此。傳知欽遵等因到部，查原奏内所列一綱十目，均係籌邊殖民要政，亟應統籌全局，次第設施。當經臣等電囑胡國廉來京，面商辦法，茲接胡國廉函稱，瓊崖事體艱鉅，非厚集商力，不足相與有成。擬先設總公司，爲開闢瓊崖之根本，一面招致僑商，分設各項小公司，廣興實業。資本不足，總公司佽助之，俟其獲利，則總公司酌提津貼，以示報酬。大小相維，厥效自著，現已招股一百萬元，設立僑興總公司，先辦墾鑛畜牧匯兑事宜，又招股二百萬元，設立僑豐公司，專辦鹽務。以候選道區昭仁，專駐瓊崖，綜理一切，以道銜張維藩佐之，又有四品卿銜吴梓材，候選同知鄭琼，鹽運使銜胡夢青，分駐香港霹靂等處，同心規畫。此外南洋各埠同志頗多，現值銀價低落，籌款較難，一俟市面稍寬，尚當續招鉅股等語，並令代表人張維藩，來部面陳辦法。臣等竊維瓊崖全島，爲古儋耳珠厓等郡，地多炎瘴，山海崎嶇，數千年來，未經墾闢。然其地内屏兩粤，外控南洋，與香港、小吕宋、西貢等埠，勢若連鷄，隱然爲海疆重鎮，而土脈膏腴，農礦饒衍，尤爲外人所艷稱。未雨綢繆，誠爲急務，胡國廉雅負物望，精擅商才，原單内所列諸務同時並舉，資力或恐未勝，臣等與該代表人往復推求，公同商榷。就所列一綱十目，參之以情勢，證之以事理，竊以爲有宜亟辦者五，有宜次第舉行者三，有宜暫行緩辦者二，而鰓鰓過慮，更有不能不爲公司籌久遠，爲國家杜流弊者，敬一一爲我皇太后皇上縷晰陳之。查原單内開銀行一條，百業以資本爲根源，而資本以銀行爲樞紐，蓋有銀行。則散者可使之聚，滯者可使之通，西人經濟專家之言，至以銀行爲實業之母。故銀行勢力所及之地，實業即隨之而興，徵之列强，成效可覩。該公司擬在瓊州設勸業總銀行，俾商民尺帶寸金，皆得有所儲蓄，血汗所易，不至隨手耗失。而凡辦墾礦事宜者，亦皆有所告貸補助，以資周轉。雖目下地利未盡，不妨小試其端，而他時百廢俱興，即立圖擴充之計。經營瓊島，良爲要圖，此臣等所謂宜亟辦者，一也。又原單内興礦業一條，瓊崖礦産饒富，地不愛寶，而人棄之，至可惜也。今既力圖開闢，則開採礦産，亦其要矣。擬將瓊崖全島各礦，俱歸該公司勘採，或由該公司轉招他商承辦，惟不得暗入洋股，私售外人。限製既嚴，覬覦斯絶，利源既闢。風氣益開，成績所彰，殆可逆覩。惟是維持商業，首在體恤商艱，所稱礦章限製太嚴，租税徵收過重，擬請通融辦理各節。自是實情，現在新定礦章，已經奏明重加釐訂，將來邊遠之地，有難一律遵行者，均可准予變通。胡國廉前請辦儋州那大等處錫礦，亦經臣部覈准，量予變通有案。該公司勘採全島礦産，規畫尤屬爲難，欲求全體之振興，必予以特優之利益。所有該公司照費、年租、出井税等款，均可按之給照年限，一律豁免，以資鼓勵。至出口税關係正款，仍飭令照章完納。庶幾商力不困，而常課無虧，利國利民，無如此者，此臣等所謂宜亟辦者，二也。

【略】明降諭旨。

特派大員督辦瓊崖墾礦事宜，以重事權，並請敕下兩廣總督，飭勸業道及瓊崖道，實力保護，並由臣部隨時稽察，遇事維持，俾策全功，而收實效。臣等所謂爲公司籌久遠者，此也。抑臣等更有進者，此項墾礦章程，爲發舒商力，鼓舞僑情起見，且創辦各商，均熱心祖國，夙負重望，自不妨格外從寬，以盡地利。而將來流弊，亦不可不預爲之防，該總公司係完全商辦性質，任事各員，悉由股東公舉。他日輾轉易員，至十數年數十年以後，倘有攙合洋股，借用洋款等事，仍由臣部，及兩廣總督，暨兩廣諮議局，隨時稽查。一經覺察，所定章程作爲無效，並飭該公司將此條訂入專章，以期永守。臣等所謂爲國家杜流弊者，此也。至於未盡事宜，及各項詳細辦法，統俟該公司妥訂章程，呈由臣部覈定辦理，所有籌議華商創興瓊崖地利，酌擬辦法次第，並預籌久遠。而杜流弊各緣由，理合恭摺覆陳。伏乞皇太后皇上聖鑒訓示，再此摺因與胡國廉函商辦法，是以覆奏稍遲，合併聲明，謹奏。

再瓊崖墾鑛，事關鉅要，非蒙特派大員督辦，不足以崇聲望，而專責成。惟所派之員，必須深諳風土，洞悉商情，始可收提倡維持之效。查三品卿銜胡國廉，器識閎遠，籌畧精深，才力足膺鉅艱，聲氣足資號召，且事由手創。則休戚相關，地已身經，則情形熟悉，合無仰懇天恩。俯准以三品卿銜胡國廉督辦瓊崖墾鑛事宜，俾得專心籌畫，迅速開辦。候選道區昭仁才識優長，夙精農鑛，與道銜張維藩，均籍隸廣東，以之駐瓊辦事，可使閩粤僑商，聯絡一氣。擬由臣部加札派委，將來辦有成效，再行酌予奬勵，以資鼓舞，謹附片具陳，伏乞聖鑒訓示，謹奏。

江西社會科學院歷史所《江西近代工礦史資料選編》第一章《藩司周籌議農工商礦章程表式詳批》 爲遵札籌議，詳請示遵事：案奉憲臺札開農工商礦另設專局，舉凡可興之利，但求切實易行，即可次第開辦，會同各紳切實籌議，將先從何事辦起，妥定章程，隨時禀報覈辦等因，奉此。仰見憲臺鋭意振興，實事求是之至意。伏查江省農工商礦四事，開辦已及兩年，迭次頒發章程告示，明定勸懲。札催諄切，而各廳州縣禀報設局開辦者，固屬寥寥，及各府委查禀稱實有成效者，尤難多得。泄沓成風，力應挽救。前奉憲臺覈發局紳擬呈開辦畧摺下局，本司現與各紳再四會商，謹先擇開局應辦大概章程十條，皆以切實易行，次第興辦爲主：一造調查表；一設試驗場；一備物陳列；一條舉庶政；一廣設農學；一廣設工廠；一振興商業；一勸派礦股；一申明禁約；一申明奬勵。凡此數端，應通飭各屬，俱實心實力，認真次第開辦。尤必概令擇定局所，籌定經費，選定紳董，無論已未設局，應仍照前頒農工商務簡明章程，墾荒章程，及礦務章程，認明實辦何件，其前禀辦有端倪者，目下有何成效，如何設法，再圖進步，統限奉文一月内詳速禀復。以後公牘紳函，均從認定經辦之件，考究端末，隨時遴派員紳，密赴勘察，其有未定事宜，容與各紳再商妥章，隨時詳請飭辦。是否有當，理合具文，詳請憲臺俯賜察覈批示，以便通飭遵辦。爲此備由另册呈乞照詳施行。署撫憲夏批據詳及摺開所擬章程均悉，希即通飭各屬，一體遵照，認真辦理。此復。摺存。

農工商礦總局詳定農工商礦章程十條，附表式。

一造調查表

凡全省關於農工商礦之物，兹頒一表式，飭令文到一月内，照依表式，開列詳報各物，並應計工本花息，如谷田每畝上熟可收若干，中熟若干，下熟若干，價至貴若干，最賤若干，除需工本若干，糧税若干，可得餘息若干。此外雜産樹木畜牧之類，皆當以此類推，以及工價之多寡，商業之虧盈，皆須一一記録，以資考究，毋混毋漏。本局派人復勘，以憑覈實。又前商部奉旨飭查各屬土性表，務應趁此細加考察，一併禀復。

一設試驗場

現在中農無化學家，如鈣養磷養之料，動質静質之土，無從究察。然就中國土化土宜之法，兼近日移植改良新法，最淺易者試驗之，以開風氣。如日本明治之初，民部省頒美國棉種，西洋牧草，他如試育美羊，種美煙，求法國葡萄苗，飼意大利蜂，移植甚多，不可枚舉。宜師其意，凡本省之種，有此劣而彼佳者，二十二行省，有此劣而彼佳者，均可選種試驗。其間爲桔爲枳之不同，粟土纑土之互異，亦可參驗。

一備物陳列

本局應將全省關於農工商礦之器物陳列，以備考查。限文到三月内，農物如果、蔬、百谷、草木，取其種子，並繪圖立説。如田器之類，一切汲水、去草、刈物、耕土諸具，亦呈圖説。工事如諸織物，每種取樣數尺，蠶絲取一小束，地方有特別之工（如臨川竹聯，瑞金銅絲盒，龍南漆盒綫毯，贛州漆器，萍鄉皮器之類）擇取一件。礦事凡金類、石類、煤類，各取礦質數塊，陳列其中。以爲移植改良之助，其佳者並可獎勵發達。

一條舉庶政

墾牧一端，凡各屬栽種植物，飼養動物，興何水利，墾何荒地，如何勸農興辦之法，皆應條舉實事，稟陳本局。察其物土所宜，責令廣濬利源，務收實效。至地方有何工藝，或尋常工業，或特別工業（如宋斤魯削，彼無而此有者，或仿新法者）宜整頓者，宜改良者，必當條舉申報。其有創造新法者，另行報明，酌請獎勵。有性勤資敏之工匠，可請資遣出洋學習，俾得成材。商業一項，各聽州縣，應查明境内運出者各種若干，境内輸入者各種若干，何業可圖擴充，何物設法改良，務宜分條詳報。江省礦産最饒，利棄於地，實爲可惜。各屬境内，有何礦質，有已開者，有未開者，迅即查明。商部新頒礦務章程，及本省前發各章程，如無違礙，應如何設法籌辦，詳晰稟報。以上四者，各牧令必條陳因地製宜辦法，紳民中有條陳各事者，亦當精爲申送，以便擇優嘉獎。

一廣設農學

中國農夫，識字明理者頗少，僅藉耳濡目染，古法相承，水旱偏災，茫無所措。各國最重農學，能用機器補救，改荒地爲良田，新出農書，殆百餘種。近由滬購農學叢書，及農學報，俟到齊後，即次第札發，可擇其就地所宜，簡捷易行者，條舉曉示，廣勸仿辦。各聽州縣每村設一三餘學堂，爲擇一文理明白者教之，凡有農隙，若冬與夜，及避雨休息之時，可因勢利導，教之識字，並講一切墾牧之法，或就農學書編成淺説，務宜婦孺都解，以備講習。每村設一村董，每聽州縣各設一總董，其三餘學堂經費，凡就地有迎神賽會演劇，一切無益之費，酌量提出應用，務擇清正紳董經理，毋任虚糜。

一廣設工廠

江省之工，瓷、茶爲大宗，紙、布、糖次之，自應設法整頓。他如陶工、木工、土工、金工、諸雜工，亦應就已有者設法改良。其稍爲繁庶之區，宜開設紡織廠，如製洋皂、洋燭、玻璃諸雜技。凡能設公司，用機器，聘教習，一廠可養至數百人以上者，準由各州縣驗實報明，詳請獎勵。

一振興商業

江西土貨甚多，如紙、如煙、如糖，皆宜集公司，用機器開辦，工省而貨佳，此固工之事。然購買生貨，運售熟貨，皆商之事也。商業甚伙，自當次第振興。目下先從紙與煙、糖辦起，就各屬産料較多之地，力圖進步，精益求精。俟辦有端倪，再行拓充。

一勸説礦股

江省礦産之富，名馳五州，急宜内開利源，外資抵製。各屬紳富，桑梓情深，應集一省之資，以收一省之利。各牧令務廣爲勸派，鳩合鉅資，恪遵商部，及本省各礦務章程。開設公司或公所，籌款定章，繪圖貼説，並驗資本。但無違礙等情，即予詳請開辦。

一申明禁約

近年江省各縣各鄉，禁約廢弛，遊惰之徒，肆意戕害，毫無忌憚。查例載毁伐樹木稼穡者，擅食他人田園瓜果者，盜田野谷麥菜果者，並計贓論罪。一經發覺，有犯必懲。須知種田種山，都賴保護。禁約不嚴，生機日息。宜於各鄉、村，速立鄉禁，妥議條約，公舉廉正紳耆，請官派充約長，隨地稽查。其已經種植之物，固宜保護；而未曾開墾之土，亦應擴充。如有犯禁者，照章議罰。如抗不遵罰，即由約長稟官嚴辦，仍許隨時將辦理情形，函告省局各紳，自可官紳一氣，嚴予究懲。其禁約大畧，及各縣鄉村設局申禁辦法，悉查照上年六月派辦政事處頒發禁約告示後各條辦理。

一申明獎勵

一年期内，查實各廳州縣，有實力舉辦，確能爲地方興大利者（兼農工商各款在内），其出力之正印官，或佐雜教職，或記大功，或調優缺，或留署任，或提前酌補，或破格保奬。其紳民或奏請奬叙，或賞給頂戴，或其子弟優予考試學堂各利益，或準專利免税。倘半年内未報辦一二事者，官則實缺離任，署事撤委。如查明所報不實者，調省察看。次年以後，各屬陸續舉辦者，勸懲之法，悉照上文辦理。此係前農工商務局詳準勸懲專章，載在第六七條内。應屆時分別詳請施行。

《商務官報》光緒三十四年六月十五日第一五期《貴州巡撫咨本部文爲咨明黔省礦務大概情形事》 咨明事。案據礦政調查局司道松堮等詳稱，案奉札開，光緒三十三年十月二十七日，准農工商部咨開，光緒三十三年九月十四日，本部具奏，擬定礦務章程施行日期一片，奉旨：依議，欽此。除將施行日期業經本部電達外，相應恭録諭旨，刷印原奏，咨行查照，欽遵辦理。查此次奏定礦章，應派令礦政調查局之礦務議員，遵照辦理。惟各省應設之礦政調查局，迭經本部咨催，迄今尚未徧設，其礦務議員，亦多未經遵派報部。現在新定礦章，既已定期施行，凡未經設局各省，亟宜籌設，並遴派專員報部札派，以便飭令遵章承辦全省礦務。至各省應行酌派之礦務議員，並照章應令舊商遵辦事宜，暨應用各項表譜帳册格式，以及應行籌備各項事宜，均應早日擬妥送部查覈，以重礦政，希即查照迅速辦理可也等因。由院行局。奉此，查黔省礦務自光緒十一年十一月，經前憲臺潘奏請開辦，並奏明在外洋購辦機器，於青谿地方設宜煉鐵礦務局，暨奏調江南候補道潘露來黔督辦，至十六年夏間，正擬開爐，潘道旋因積勞病故，復經前憲臺潘奏派曾守彦銓接辦。旋於十九年曾守病故，繼由廣東候補道陳明遠在京，稟由總理衙門奏准來黔接辦，該青谿機器礦務並兼辦銅仁、八寨、開州、興義四屬硃砂、水銀，暨承認將青谿局歷年虧用公款銀三十餘萬兩，陸續繳還，詎陳道辦理至今，除已繳過銀三萬兩外，餘銀迭催未繳，其八寨興義開州三屬砂廠，限期已滿，並未開辦，惟銅仁萬山廠係由陳道明遠派閔翔藻總管辦理。又於光緒三十一年八月曾經司局詳明前憲臺林，札委安順府瞿守鴻錫在於安順府集股設立上游礦務豐泰公司，迄今未見起色。至各屬礦務，因黔省風氣未開，礦學夙未講求，至礦務亦未興旺，迨至三十二年十二月，奉文講求礦務，遵將礦務局改設礦政調查局。復於三十三年四月初六日，奉札開，飭將礦政調查局附入農工商局辦理。凡遇礦務事宜，仍用該局關防，以符舊章，並飭斟酌情形，亟宜整頓等因，當即遵照附入辦理，並詳明札委試用知府賀守昌期，八寨同知陳丞湘濤，在於銅仁府設局辦理銅松思石等屬及梵浄山一帶錦砂，並委候選通判姜倅兆祥帶同爐匠辦理該各屬煉砂事宜，暨委試用通判譚倅雨霖在於思州府設局，招商辦理大洞喇砂廠事務。以上各廠，甫經開辦，漸有端緒，一俟辦有起色，即當隨時詳請咨報。其餘各屬礦產，曾將表説札飭各地方官速即查明，遵章填註造報，應俟彙齊，再行另案詳請咨報。茲奉前因，除通飭各屬各局遵照新章，認真辦理外，所有黔省礦務，歷年辦理大概情形，並現委各員遵章辦理各緣由，理合先行具文詳請，伏候查覈咨明，實爲公便。再，黔省風氣初開，奉飭遴選礦務議員，一時遽難其選，容俟採訪有人，再行詳請咨報，合併陳明等情，到本部院，據此相應咨明，爲此合咨貴部，請煩查照施行，須至咨者。

《通商各關華洋貿易總册》光緒三十四年下卷烈悌《光緒三十四年長沙口華洋貿易情形論畧》雜論：七月初五日，在洙州開設長沙關查驗處，專查萍鄉礦所出之煤焦，分別應徵應免。洙洲在湘江右邊，約距本口百五十里。萍鄉距洙約二百里，由火車運煤焦到此，即裝載該礦局自備之拖帶船中，出口或用民船楊帆而下。該煤焦或運漢陽鐵廠，或運他處售銷，目下該礦每日出煤千噸，現又添置新式機器等件，改良辦法，將來每日能出三千噸。倘一旦萍地有用之煤礦全開，每日可出九千噸云。至此則揚子江流域必無乏煤之慮矣。此時萍鄉聲名雖不在湖南之外，若再逾十年，必有口皆碑，而無人不曉。蓋萍煤爲中國莫大之鉅礦，且爲腹地内極緊要之土産也。

《東方雜誌》第五年第七期孟森《銅官山礦務篇》光緒二十八年四月，安徽巡撫聶緝椝任内，由商務局與英商凱約翰以倫華公司之名，訂歙縣銅陵大通寧國廣德潛山等六處勘礦合同二十三條。以八個月爲限，先後連展四限，每三個月一限，扣至二十九年十一月止。是冬將届限滿，凱約翰來皖，願將原訂他五處删除，改爲開辦銅陵縣之銅官山一處。皖撫誠勛，以其年期太久，占地太多，相持未敢定議。久之乃將全案咨請外務部辦理，旋於三十年四月十一日，由外務部奏改定銅陵縣礦務合同一摺，奉硃批，依議，欽此。嗣於二十二日畫押，由是二十八年之原合同及二十九年之展限合同皆廢。而凱約翰所代表之專勘銅官山礦者，易名爲安裕公司，以承接倫華公司之業，是爲今日逾限自廢之合同所自始。（合同見本雜誌第一年第九期）此合同訂後，至三十一年四月，皖人以期滿未辦，請外部向英人聲明作廢。英人謂限期未滿以前，已派工師前往開工，均照合同辦理，不能作廢等語見覆。嗣是往返辨駁，迄無成言。英工師名麥奎者來皖勘辦該礦，皖撫函領事禁之，領事以安裕公司不允合同作廢相抗。其實凱商無力任此，至三十三年，凱函請李紳經方爲華總董，自願撥與華商合辦，當以合同已廢拒之。經方時方使英，外部令就近商凱撤廢合同辦法，皖人亦公要之，迄未就範，而凱有欲得四十萬鎊，聽皖人贖回自辦之意。今年四月，忽稱倫華已與日本三井商締結合同，合辦該礦，於是日英兩使迭照會外部，外部各以正當理解覆之。其文如下。

四月二十日，日本阿部代使照會外部云：爲照會事，茲奉本國外務大臣文開，據日商三井洋行現與中國政府前次批準開採安徽省銅官山礦之英商倫華公司，訂立合同，分擔安裕公司營業資本，並經理一切業務。查安裕公司，系爲經營銅官山礦曾經設立者，訓令將以上實情，轉達中國政府知照等因前來。相應照會，即請貴親王查照，速將前因通知該地方官憲，並希轉飭隨時照料，是所盼切，須至照會者。

四月二十一日外部致日本阿部代使照會云：爲照復事，等因，查英商凱約翰爲安裕公司總董，承辦安徽銅官山礦務。所訂合同，於光緒三十年四月十一日，奏準畫押。該合同第五條載明，其開辦限期，自奏準簽字之日起，限十二個月。如逾限不開，即將合同作廢，報效銀兩，亦不得索還等語。迨三十一年四月二十三日五月初八等日，本部據安徽巡撫來電，以銅官山礦定限十二個月，至今未來開辦，現已逾限，應遵章將合同作廢，報效銀兩，照章充公，執照一併繳回等情，照會英國薩前大臣在案。嗣皖省京外紳商，紛紛函呈本部，均力主逾限廢約之説。又歷經本部先後照會英國駐京大臣有案，距今三年之久，雖該商多方託詞，不認廢約，而本部主持此説，始終無異，重以英國大臣迭次爲該商争論，特令駐英李大臣就近與該商和平商結。迄今所商雖未就緒，惟銅官山礦産，照章未便再由該商凱約翰承辦，已確然不移。本月初三日，接準英朱大臣來照，謂倫華公司與日本三井洋行訂立合同，經理銅官山礦務。本部業經聲敘全案，照復該大臣，以爲節外生枝，與原約相背，本部斷難允認。茲準前因，相應照復貴署大臣查照，即將此案詳細情形暨本部不能允認緣由，轉達貴國外務大臣飭遵可也，須至照復者。

五月初三日，英朱使照會外部云：爲照復事，倫華公司與日本三井洋行訂立合同合辦銅官山礦産一事。四月二十九日接準復文，以本部斷難允認各等因在案。本大臣查凱約翰所立開礦合同，皖省視爲作廢，英政府始終未經允認，且仍堅以原立合同爲憑，來照謂安裕公司上年願撥股分，售與華商，該省不認合辦云云。查皖省既未肯合辦，是以該公司現與日本商人訂立商務場中之辦法，來文謂與原約相背。而原約並無限定僅英商入股之條，何得謂之相背。至李大臣與凱約翰商議各節，本大臣不過得知李大臣近願將原合同贖回，而該公司未肯照辦，故本大臣祇能再請貴政府，令皖省不得再行阻止，並請從速嚴行該省大吏，竭力襄助，是爲切盼，須至照會者。五月十五日，外部致英朱使照會云：爲照復事，等因，查銅官山礦務逾限未辦，按照原定合同，理應作廢。雖英政府未經允認，而本部迭次聲明作廢之説，並安裕公司情願撥與華商合辦之辦法，亦不許可，確係正當理解。至李大臣與凱約翰商議一節，不過係中國格外通融，以期和平了事之意，乃該公司不待商定，輒復與日本三井洋行另訂合同，置本部迭次作廢之説於不顧，本部何能允認。緣兩國辦事，既有合同可憑，自應執定合同辦理，不能一意抗行也。來照謂係商務場中之辦法，既稱爲商務，自於兩國交涉無干，貴大臣即不必照請本部允認。又謂原約並未限定，不知逾限作廢，即原約亦無效力，又何論約内有無限定，且必謂原約無所限定，而即可任意牽引他國商人，並需中國襄助，則是凡原定合同所不載者，皆可以無限擴之，該合同更無可依據矣，貴國政府又何爲堅以原立合同爲憑耶。總之此事無論如何商結，本部斷無再認三井洋行之理，相應照復貴大臣查照可也，須至照復者。

五月初六日，日本阿部代使照會外部云：爲照會事，等因，查貴部謂安徽省與倫華公司所訂銅官山礦務合同，該省大吏因該公司逾限未開，早已聲明作廢，現仍由駐英李大臣與英公司商議結束辦法等語。惟聞該公司及英國政府，未曾承認安徽省大吏聲明以開礦權利作廢，且該公司深信其有效，英國政府亦決計竭力贊成。李大臣現向英公司提議買回，該公司不允。貴部又謂因原訂合同，無日本商行在内，三井洋行合辦之事，礙難承認。查原訂合同内開安裕公司集資一事，並無限製明文，倫華公司可以任便招別商行合資開設公司，所以本國政府，以三井洋行與倫華公司訂立合同，分擔安裕公司營業資本，爲正當有效也。況如此項事業，不止日英出資者，中國人民，亦可同享其利。本署大臣甚望早日實行，中外取益，爲此請貴國政府虛衷坦懷，審思此事關係，速飭該地方官毋再阻礙該公司事業，且予照料一切，是所切盼，須至照會者。

五月十五日，外部致日本阿部代使照會云：爲照復事，等因，查安裕公司所訂銅官山開礦合同，逾限應廢。雖未經英政府允諾，而本部執守此意，確無他説。凡兩國辦事，總期彼此允協，豈有中國視爲已廢之合同，而猶能允認該公司與他國訂立合同，以爲正當有效也。緣原定合同，業經照章應廢，更何論合同内有無限製明文。況上年二月準英國朱大臣來照，謂安裕公司情願撥出股分，分與華商，以爲合辦。皖省紳商以合同已廢，并合辦亦不承認，是中國人民尚不能分擔資本，更何論他國商民。此事無論原訂合同無日本商行在内，本部不能允認。即倫華公司亦不能以中國視爲已廢之合同，尚有權招集他商資本，並希冀中國允認，該三井洋行與倫華公司如何訂立合同，實非本部所知也，爲此照復貴代辦大臣查照，須至照復者。

觀以上往復之文，倫華三井，私相授受，顯背礦章，外部折之，不患無詞矣。

惟合同作廢之故，部員尚不無異議，先是外部考工司員某作銅官山説帖一通，畧云。

銅官山礦務，自三十一年四月本部據皖省去函，在限期未滿以前，且以派工師前往開工，均照合同辦理，不能作廢等語。照復。往返辯駁，相持至今，麥奎既未離山，凱約翰亦未讓贖，英政府與中國之交涉，惟以此事爲最注意，且添出日本以爲之助。而皖省中外紳商，第以廢約爲言，并合辦亦不許可，始終無一辦法。本部空言搪塞，究亦無裨。據李大臣最近來函云，凱謂該礦所出之鐵，可獲利八十萬鎊，中國欲行贖回，須有四十萬鎊，渠已用去四萬鎊。又鈔録海格森勘礦報告云，礦井業已鑿成，地面亦已轟開，礦砂可有一千萬噸，每噸合售四鎊十二先令三本士等語。皖撫來電，亦謂該處每日有五六十人作工。我但虛言廢約，彼則實行開礦，不特肆無顧忌，利權盡爲所攘。萬一累及地方，另生枝節，將來愈難收拾，似宜通盤計算，密籌一對待之辦法，以期有所結束。其辦法大約四端，一廢約，一贖回，一合辦，一讓辦。廢約極是正辦，贖回則需款過鉅，合辦讓辦，則皖紳皆不認。擬請由本部堂憲約集皖省鉅紳，定一辦法宗旨，再由皖撫剴切示諭在籍紳耆。俟折衷審定後，即徑由本部與英使商結云云。

海格森報告云者，倫華公司曾託海格森公司於一千九百三年十二月，勘驗銅官山礦，其報告中有説帖所載數語，凱商據爲早已動工之證。而該司員信之以入説帖者也(文繁不具録)。惟一千九百三年十二月，爲光緒二十九年十月，此正六縣礦約四限將滿之時，如果成效已著，何以逾半年始定今合同，且合同中又訂明一年不辦作廢之語，亦斷非已有成效語氣。據凱商言，亦止云一千九百零五年以來，我等在銅官山礦地及礦之附近，作工不懈(見後)，則海格森報告之不足憑，已可概見。其實在施工與否，皖人身處其地，烏能無所聞見。觀其致函在京鄉老，專就此説帖爲之分疏，畧云。

此次説帖，似根據外人之言擬出，並非該礦實在情形。查該礦合同之確當逾限，早經皖中官紳迭次解決，至詳且盡，部中當有檔案可稽。何以云在限期未滿以前，派工程司前往開工，均照合同辦理，不能作廢。邇日英使照會外部，以該商將運炸藥到山轟礦，請飭地方保護。夫炸藥尚未到山，又何以云礦井業已斫成，地面亦已轟開，更何以知礦砂有一千萬噸之數，且知該礦所出之鉎，可獲利八十萬鎊。况該山刻下並無尺地爲凱所得，而凱亦並未按照合同交價與地方官，購買礦地，試問何井之可斫，何地之可轟。並礦砂之於何見出成數，可知外人此等狡詐之詞，皆屬憑空結撰，並非該礦實在情形。即皖撫每日五六十人作工之電，亦係指在該山修路之工而言，並非開挖礦井。今考工司所擬説帖，似僅據外人一面之詞，恐非確論。至辦法四端，廢約而外，曰贖回，曰合辦，曰讓辦。竊以爲合同如不應廢，自應按照合同辦理，何三者之足云。合同既應廢，亦應按照合同辦理，又何三者之可議。且該山尺地既未曾售賣，何以云贖。即謂礦砂價值甚鉅，亦吾中國土地之産，與彼何與。譬猶據人之物爲己有，經人索還，而猶按照所據物之價值，要人贖取，有是理乎。讓或外部所不忍言，合亦不讓之讓，自來中外合辦一事，中國鮮有不受虧者，矧該礦經麥奎騷擾以來，地方受其凌辱，口不忍言，百姓之憤怒，積之愈深者，後來必發之愈烈，倘此時稍事遷就，不與力爭，一經開辦，恐禍患之生，將莫能測大局之危。非僅皖人之危，與其貽悔於事後，固不如堅持於幾先也，云云。

則逾限廢約，並無疑義，函中所言麥奎騷擾等情，別有事實。今皖人已舉員駐山監視之矣，其由駐英李使，承外部之命，與皖同鄉之囑，將與凱約翰在倫敦議結一節。李使以凱久未來見，不便輕往就商，致啓意外要求之漸。嗣至五月初三日，凱始來謁，李使當將外部疊次來電，剴切告知，令其廢約。凱謂該礦探實所出之鐵，可獲利八十萬金鎊，中國設自行購回，非有四十萬鎊不可。李使以其要挾無理，祇得將此約逾期，應行作廢，反復辯論，並告以未曾奉諭贖回，毋庸議及。實欲堅執作廢一層，待其轉圜求贖，方易下手，彼此辯論多時，毫無頭緒，怏怏而去。十一日，凱又來言，前次所談一切，已會商倫華公司及日本三井物産會社代表人，彼等不允廢約，理應由英日兩公使在北京會商辦理。李使駁詰再四，彼面陳英外部歷次致彼之函稿四件而去。四函皆右凱之詞，文繁不録。去後，復來一函，詞意相同。凱在英蓋小有權力，銅官山一案，外部知照朱使，令凱到使館，與李使議結。凱得信後，即密告外部，謂李使既爲公使，又係皖人，公誼私情，於此案必不肯稍示通融，不願來議。故英外部久不來文知照，迨李使到處宣佈，謂凱約翰銅官山一案，過期應行作廢，奉中國外部諭示令與開議。凱自知理屈，不敢來見，猶復任令礦師麥奎强至該處築路興工，多方騷擾，紳民忿怒，不久恐釀生事端。英政府似宜早爲禁止，此言日久傳播。凱知不來非計，始由外部司官致函與洋參贊柏卓安，請其轉達李使，可否準其來見。李使當令次日來館，及晉謁時，貌頗恭順，但言及廢約一層，則多方狡執，購回一層，係其自行提及。凱屢稱銅官山礦地，數年之久，已費四萬鎊，今始得此好礦，其欲以四萬鎊博一鉅款購回，情形頗露。其與日人作僞，正復爲此。後復致李使函，畧云，照本年西二月二十二號，倫華與三井物産會社所訂之合同，倫華公司將安裕公司之股分撥售與三井物産會社，爲數甚多。查安裕公司，共有資本五十萬鎊（按原訂合同第五條僅一萬二千鎊）。一千九百零五年，曾經中國政府覈准註册在案。貴公使與僕兩次所談，已轉達與倫華總辦及三井物産會社代表人。今奉告貴公使，所有廢約一事，彼等固不能遵允，即購回一節，亦不願從。自一千九百零五年五月以來，我等在銅官山礦地及礦之附近，作工不懈，此時計雇用華人，約一百七八十名，築造一路，由礦地前達江邊。倫華與三井物産會社，仍在該礦照常作工。該處所出之鐵砂，可裝數船。現正堆積待運，故現願依英外部來函，將此事由駐華英日公使在北京議結，云云。

政府與使臣，交涉所得者如此。至皖人士函電遍海内，其最有理致者，莫如近日覆京官一函，函云，本月初七日，祇奉琅函，並承開示各檔案，雒誦之餘，敬服無斁。竊謂銅官山一案，争議數年，迄未解決，外部與皖撫文牘交馳，京官與籍紳奔走相告，以内外官紳之力，不能敵一英商，禍患之來，鑴於肌理，此非特皖人之耻，實通國所大辱也。諸公垂念桑梓，於此案關係，盡力争持，不稍假藉，銅官命脈，賴以苟延殘喘，實諸公之力也。承外部屬諸公擬妥善辦法，諸公不自專決，辱垂詢問，以諸公明達，此案利害得失，計籌之素稔，何容某等之喋喋者。惟如來示所云，事關全皖大局，而某等亦同攖此剥膚之痛，故遵命於初八日開路礦公會職員會，異口同聲。僉以銅官山事件，既不能受英日兩國合辦之實禍，更不能允四十萬鎊賠款之要求。今日爲挽救計，除堅持廢約自辦外，無他長策。查光緒三十年凱約翰以英國商人名義與外部訂銅官山礦務合同二十三條，照第五條，「自奏準簽字之日起，限十二個月，如逾限不開，即將合同作廢，報效銀兩，亦不得索還。」凱約翰所持以要索之理由，全然失其根據。則原訂合同，皆無可以研究之價值。惟英公使及凱約翰藉詞飾説，故不能不詳舉之，以折其非。合同第三條，謂「公司應設華總辦一員，英總辦一員。」是該公司原爲華英合辦之性質。去年凱約翰函請李伯行京卿爲華總董，皖人及伯行京卿均拒絶之，是合辦一層，自難置議。原訂合同第五條，謂「目下已糾集資本英金一萬二千磅。」是否集有此數，不得而知。姑就此數計，以一萬二千鎊之資本，乃要索人賠償至四十萬鎊，藉端射利，其居心險詐，蓋不可問矣。原訂合同第十七條，載「此合同係遵照光緒二十八年二月初八日外部奏奉旨批準礦務新章酌定，倘有未盡事宜，合同内未及備載者，亦均遵此項奏定礦務章程辦理。」查光緒二十八年二月及光緒三十年二月，先後經外務部農工商部奏準通行礦務章程，對於華洋開辦中國内地礦産，俱被限製。光緒三十年礦務章程第十四條，載「原稟領照人，無論開辦以前或已辦之後，如欲將執照轉移他商，應具稟本部聽候準駁。倘私相授受，一經本部覺察，將原稟領照人從嚴懲罰，礦照撤銷，礦工入官。」據此則無論凱約翰無權可以開辦銅官山礦。即姑作爲有權開辦，則按此條辦理，外部原訂合同，亦祇認安裕公司。今安裕公司與倫華公司及日本三井洋行相勾結，謂「倫華與三井合籌辦礦資本，並代安裕經理一切。」（四月十三日及四月二十日英日兩使照會所云）此即中國礦章所謂私相授受者也。英日之私相授受，即有效礦務合同，亦在註銷之數，而況其爲已經作廢之合同耶。英朱使五月初三日照會，謂「來文謂與原約相背，而原約並無限製僅英商入股之條。」五月初六日，日本阿使照會，且强調謂「倫華公司可以任便招别商行合資開設公司，爲正當有效。」夫外部與凱約翰原訂合同，載明遵照礦章辦理。礦章載不得私相授受，即明明示以限製，何得謂原約並無限製僅英商入股之條耶。觀此則廢約一層，及英日要求合辦或贖款兩層，外部既無照準之明文，皖人更當盡力争之責任。惟堅持廢約自辦，非空言可以程效，必得一極有效力之裁決，使兩方面冰釋凍解，事乃有濟。查光緒三十年奏定礦務章程第二十八條，載「凡因事争執，若全係華商，就近地方官，當秉公判斷。如兩造不能平允，準具呈本部覈辦，不使兩有虧損，至華洋商遇有糾葛，應由兩造各舉一人持平判斷。倘判斷人意見彼此未洽，應再合舉一公正人。不論局内局外，皆可從中調處，兩國國家均無須干預。」本公會據此條礦章，決議第一層辦法，由京内外皖紳合舉通英文諳法律者一二人，徑赴倫敦，會同李伯行京卿，迫令凱約翰爲正式之談判。如凱約翰用狡猾手段，避不與義，則惟有將此案先後情節及凱約翰麥奎種種不法行爲，直接向英國裁判所控告。此事純屬兩國商人訴訟之事，礦章所謂兩國國家均無須干預，則中英兩國外務部，均無所用其國際交涉矣。五月初三日，英朱使照會，言「查凱約翰所立開礦合同，皖省視爲作廢，英政府始終未經允認，且仍堅以原立合同爲憑。」云云。查此案原訂合同，外部爲當事者之一方，凱約翰爲當事者之一方，此合同效力，祇能及於當事者之兩方面，英政府決無權可以干涉。中國外部既聲明照原訂合同第五條作廢，英國政府即不能强迫吾國外部必履行此合同，況原訂合同，凱約翰先自不能履行，合同遂自然失其效力。然則合同之作廢，是合同自廢之，不待外部及皖紳之斷斷争辯也。又五月初三日，英使照會，言「查皖省既未肯合辦，是以該公司現與日本商人訂立商務場中之辦法」云云。五月十五日，外部照會駁之，謂「來照謂係商務場中之辦法，既稱爲商務辦法，自於兩國交涉無干。」云云。外部駁之是已，此案征之礦章，既兩國政府無須干預，征之英使照會，爲商務場中之辦法，則由京内外皖紳合舉代表，赴倫敦控告凱約翰不法行爲，實最正當最切實之辦法。凱約翰雖不服從中國法律裁判，彼爲英人，自不能不服從英國裁判。昔年張燕謀侍郎於開平礦務一案，即在英國裁養所收回，此確證也。銅官山訴訟辦法，言之成理，行之無礙，應請諸公贊成此舉，毅然行之，無涉游移，無悚外勢。倘得挽回利權，守而弗失，則諸公造福於梓鄉者大矣。除先行電達外，並公舉方臯入京，會商一切。此次訴訟經費，擬由京内外同鄉合籌，並請皖省礦務總局先行擔任，礦務總局以保礦爲目的，責任所在，義不容辭。惟目下礦務總理尚無替人，應請諸公電知皖撫暨在省紳士，先撥若干，俾從速舉辦此事。總期堅持到底，無俾貽患將來，諸公熱心桑梓，當無不表同情也。銅山西崩，憂心孔亟，金臺北望，引領爲勞，伏希諸公爲家國珍重，不盡所言。

此函去後，代表方臯亦抵京，法理如此，事實如彼，結果若何，此當與海内拭目俟之者也。

四川省民族研究所等《清末川滇邊務檔案史料》上卷《劉軾輪稟報查勘里塘等處礦産情形宣統元年正月二十九日**》**竊軾輪學識淺陋，謬受雇用，查勘川邊五金礦産，曾將履勘打箭爐各處情形稟陳鑒覈。當即出關，於十月初間行抵里塘，十四日同李委員濃湘往勘毛丫、曲登等處金礦。

出里塘，沿大河趨西北行，至一渣地方，周視河之左右岸，見有淘金痕迹。其含金之砂層，約厚二尺，貼傍元武石之底盤，在此處淘得金屑極細且稀。察其金不獨匿於砂層之内，且亦藴於底盤諸隙中，含金砂層之上，尚有覆面荒砂，其厚量由數尺乃至二丈許不等。詳觀此處地質，産金面積雖廣，而含金砂層弗厚。且屑微細，覆蔽之荒砂尤多，非用絶大工程，不能見利。由此沿河壩左畔仍向西北進行，經杉馬與各摩二處，均見淘掘故迹。詳審其已淘堆積之砂，知其中石不甚大，易於轉移沖汰。惟含金之砂高河二丈許，引水不便，須以人力負砂就河。且覆面荒砂厚至二、三丈，非盡剥去之，不能達産金之層，工程浩大，亦非易事。更進趨北沿小河，行抵亞渣，土名阿加洛恕，礦地兩岸，皆淘掘舊迹。察其産金砂層，厚不過二尺，而覆面荒砂乃深至三丈。其地傍河，石岸高河數丈。向來土人淘金，皆由河之上游引水，工程絶大。當取礦砂淘驗，所得之金有大如芝蔴者，有細如粉末者，更驗土人前淘之金，大小不一，如芝蔴粉末等樣居多，惟金色較高耳。又前數里至金洞子，沿道河床河畔，遍地皆經挖掘，當將各處勘視，查其河砂面積，長約十里，寬則數丈至十餘丈不等。含金之砂約一丈三、四尺厚，覆面荒砂足四丈深。然荒砂中罕見大石，工程較爲容易。現時尚有土民二百餘人，開坑三丈餘深，挖取金砂。其坑底低河面五丈，土民均由坑底負砂上河西，分别淘汰。其淘法，則傍河掘一兩丈餘長之流槽，旁與底鑲以木板，引河水經過，傾砂於槽中，令自然淘汰，重者沉下，輕者流去，法至粗，蓋未分别砂顆之大小，以適槽中流水之速率而抵大小金屑之浮沉力，故細微之金末，多有被過急之流水沖失。嗣後行抵曲登，詳勘地界，淘驗河砂，未見有金。考其砂積淺薄數處之底盤，距河面極高，非蓄金之形勢，此十月中查探毛丫、曲登等處金礦之情形也。

至十一月初一日，往勘崇喜等處，始行抵火竹卡，沿河亦見淘掘之迹。河小積薄，礦砂不旺。進由咱馬拉洞前行十餘里，離大路沿左之小徑而至種家隆壩，詳勘該處地面，約長十里許，闊數丈至十餘丈不一，含金砂層厚僅尺許，而覆面荒砂亦不達一丈，挖掘工程較爲容易，且河大水盛，亦爲淘工之一臂助。再由咱馬拉洞趨西北，沿舊大路行約三十里至干把頂。沿途亦見掘挖痕迹。查其地質，礦砂不旺，惟北面數小溝匯入路旁之河，其礦層稍厚。然面積過小，亦非旺礦。由是轉向火竹卡折回里塘，至腰卡子分路，趨北沿白水溝經一沙壩，大且平，見已淘之荒砂堆積滿地。查其面積極廣，長約十餘里，砂積由數尺乃至丈許厚，積中石小，易於轉移。河右岸遺有石堤，高二丈至三丈，中夾礦層，傍匿底盤。是處含金礦層既厚，面積尤大，洵爲里屬第一礦地。至此轉向西南，從里塘大喇嘛寺山後之妥裸溝而上，亦見砂金遺迹。然其砂層面積均不及白水溝，此十一月中查探崇喜等處金礦之情形也。

合觀以上各處，如毛丫之一渣、杉馬、各摩、亞渣恕、金洞子諸地，均有金砂，而以金洞子爲旺。崇喜則種嫁農壩及白水溝二處，極可開辦。此數處礦地，雖均經土民挖掘，然未按次第深淺，故未被動擾之地甚多，而種嫁農壩及白水溝兩地之未經掘取者尤廣。惟查此諸礦地之金，均由遠方借河流沖移至此，實非産金原地，是可證於河中積石之形狀，與金屑之體，受摩擦成圓形而乏稜角。蓋其金既受沖移，歷年逐見破壞，大顆則分爲細顆，體積又歷年漸久漸缺而愈細，故其金多見小粒。現在此金礦生何處，尚未決定。然觀於有金石各地，俱在河岸，而是河間接或直接自北流南，則想此産金之域，乃在里塘之北或西北無疑。至此等金礦既爲沖移而來之流砂，異常散小，欲圖適宜辦法，在短少之時間，取多數之砂金，非用精良便捷之汽機不見大效。詳察有金各處，地勢平坦，河流逼近，則用淘金之汽機船爲相宜。船之形式與作用，另詳圖説。現在美國掘淘砂金，均用此船，費簡功倍，莫過於此。惟其船全體及諸零件，重至一百五十萬斤，每一點鐘需煤炭五百斤，價值約美十五萬元。關外交通不便，運道艱難，而打箭爐至里塘一帶，又無煤礦，頃復往稻壩、鄉城、巴塘各處查探，毫無産煤之地。緣關外地質均火成巖，決不産煤，其間有形似煤影者，乃火成石中含有些少鐵質，遂成黑色，故人皆誤爲煤礦，而實非也。煤礦既無，則此汽機船萬難使用。計惟有改良土法，暫行試辦，以免利棄於地。此等改良之法，不過於運砂淘砂兩事設法變通，稍省人力而免沖失；並指確砂層，按次第深淺挖掘，期於工無虚糜，效可實收。茲將詳細各節，繪具圖説，並呈鑒覈。如欲試辦，即須早爲設備，以便及時開工。緣此地高寒，春冬泥土凍硬，河流冰結，阻礙掘淘，必逾三月中動工，方能濟事。可否之處，恪候示遵。

再，在巴塘查煤時，聞雅巴廟後山澤金滴地方産有鉛礦，當馳往該處詳加勘視，查其地並無礦苗，惟山溝中有小塊鉛質，匿於浮土内。此等鉛塊，乃自他處沖移而至，非本地産生，且稀少散漫，歷受空氣侵蝕，漸成腐敗之形。至其苗究生何地，一時尚未採得，合併陳明。

《東方雜誌》第六年第三期《廣西開辦礦務詳情》　平樂府富川縣屬商人寶亨公司等承辦之錫礦，暨與西灣煤山相近之各産錫處，一律收回官辦，由張撫奏明。自宣統元年正月起，均由西灣煤礦官局兼理，大加整頓。茲將詳細情形，分條録下。

一禁私爐。現定錫砂價值，每百斤銀四角四仙，較從前寶亨公司所定之價稍高。惟富川縣全境私爐不少，收砂煉錫，利之所在，難免不加價爭收。若不從嚴禁絶，於官局收砂，大有妨礙。特由撫院出示禁止，一面嚴密查訪，遇有開設私爐之人，送官訊懲。

一查私錫。私爐既禁，難保無奸猾之徒，潛行收煉。爲查禁所難及者，是根株猶未盡絶，惟有於私錫運出時，嚴行堵截一法。查官局煉成之錫，運至八步埠銷售，八步埠商收買之錫，皆運廣東銷售。賀縣税卡，實爲稽查扼要之地，惟湖南各公司之錫，亦係取道賀縣，運往東省，自不可無區別。由局在湘粵交界地方，擇湘錫運桂必由之地設卡，派司事常駐，精製印花，加蓋關防，凡遇湘錫運過烙印，先行逐餅粘貼印花，再於賀縣統税卡。派司事一人，專司稽查私錫之事。凡遇查船看貨，該司事均須同往，見有公司烙印官局加貼印花之湘錫，准予放行。倘僅有烙印並無印花，或既無印花，又無烙印，均屬私錫，全數充公。去路既窮，來源斯絶。已由撫院電咨湘撫，轉飭湖南各公司查照。

一杜私販。近查錫砂走私，已有三路，而以葫蘆口一處爲要。該處爲湘桂交界地方，湖南有公司四家，兼收買富川錫砂，應勒令遷移，不準設在桂境内，再收富川錫砂，一面派勇巡緝，不準砂丁越境私售，有則嚴拿懲治，以儆其餘。

一精化煉以加成色。錫砂用土法煉，僅得六成。以洋法煉，可得八成。以每日收砂一千八百斤計之，洋法所煉，校土法所煉，每日可多得錫三百六十斤，爲數甚鉅。且土法熬煉，須用松炭。洋法熬煉，即可以自有之煤煉成焦炭，以備煉錫之用。現正改良爐竈，悉以洋法熬煉，加增成色。

一考銷場以謀厚利。錫之爲物，銷售最易，然間接售賣，不如直接售賣，獲利較優。局副總理蔣令仁，赴東公幹之便，考察都城佛山香港一帶錫價，及運費情形，以定將來之銷場。目前煉成之錫，悉暫爲囤積，俟蔣令查覆後，再分別銷售。

一拓來源以增收數。富川縣錫山共二十二處，除八處停工外，現有十四處挖砂。而停工之八處，如牛島窿牛塘窿銅鑼嶺巖頭山等處，或仍有錫砂，或蘊藏甚富，其地皆有可爲。現詳查停工之故，設法試探，招工開採。此外富川境内，尚不乏産錫之區，於暇日偕同礦師，詳加勘視。如有産砂稍富之地，即仿照狗叫嶺等處辦法，稍施資本，開出砂窿，務使出砂之地日多，採砂之人日衆，來源既富，收數自豐。

雲南省檔案館等《雲南近代礦業史料選編》第三輯上卷《欽命頭品頂戴雲南等處承宣布政使司布政使沈批梁焕彝調查東川銅礦情形及弛銅禁議呈一九〇九年四月二六日》　爲移請覈議事，宣統二年四月二十四日，奉督部堂李札開：照得雲南銅政，亟須變通。前據留學英國礦學生梁焕彝摺：呈，調查東川銅礦情形及弛銅禁議各一件，所論頗中肯綮惟弛禁一事，與京銅運額有關，應如何斟酌時地之宜，變通盡利，亟須切實籌議，以便實行。合將原札發覈議。爲此，仰該司會同勸業道，於文到十日内妥議辦法，詳候覈行，計發請摺二件，等因下司。奉

此，合將奉發請摺備移。爲此，合移

貴道請煩查照，即將弛禁事，應如何斟酌時地之宜，變通盡利，妥議辦法，依限會詳施行。須至移者，計移請摺二件，辦畢繳院。

右移　雲南勸業道

宣統二年四月二十六日

〔附〕《馳銅禁議》

竊考乾嘉時代，雲南銅礦極旺，歲產銅斤，即如東川府屬湯丹一廠，產額三百一十六萬。碌三廠，即今落雪，百二十四萬四千，大風岑廠，八萬，紫牛坡廠，三萬三千，茂麓廠，二十八萬，順寧府屬寧臺一廠，產額二百九十萬，雲南府屬萬寶、大美兩廠，共三十三萬二千，武定州屬獅子尾、大寶山兩廠，共一萬四千，昭通府屬人老山，箭竹塘、樂馬梅、予汶長發坡、小巖坊六廠，共產額十二萬四千。澂江府屬鳳凰坡、紅石巖、紅坡、大興、發古五廠，共產額十六萬八千，曲靖府屬雙龍廠，產額一萬四千，永北得寶坪，產額一百二十萬，大理府屬白羊大功兩廠，共產額五十萬八千，楚雄府屬寨水箐，馬龍、香樹坡、秀春四廠，共產額一十二萬五千，麗江府屬回龍一廠，產額七萬，臨安府屬義都、金釵，緑礦硐三廠，產額二百五十一萬二千，元江州屬青龍一廠，產額六萬。統計全省銅廠三十四，每歲產銅一千二百八十二萬四千斤。其旺如此，果何故耶？曰：當時除湯丹寧奇數廠，係官辦京銅外，其餘各廠，皆歸商辦，任其自採自銷，國家但於每百斤抽銅十斤，代十一之稅而已，此昔滇礦發達之一大原因也。其乾嘉時代，採煉皆用土法，銷場限於內地，市價又非如今日，然國與民皆深受其利，使當時採煉如西法之精，銷場及世界之廣，市價如今日之高，其產額之增，何止十倍？即以十倍計之，則國家應得什一之稅，已達一千二百餘萬斤，以今市價計之，歲入可得三百六十餘萬金，滇民歲入將數千萬宜乎英法垂涎而有隆興公司之設也。自回亂以來，商賈不行，滇礦因而停廢。然經亂平以後，又數十年矣，滇礦仍無恢復之象，何也？豈滇中寶藏採掘已盡耶？抑昔日之商民，見利而趨，今日之商民，忽見利而避耶？蓋因數十年來，辦運京銅者，難以足額，不知力求其開採之發達，而肆力以遏抑採礦之商民，大凡商採之銅，必歸官抑價收買，否則以私銅論處以重罰，商民因而裹足。此實邇年滇礦產額銳減之一大原因也。去冬，余過香港，有富商謂余曰：雲南銅礦之佳，世界無比，羨極。惟官禁森嚴，商民無自由買賣之權，地利坐棄，殊可惜也。及入滇，問滇中士大夫，曰：雲南銅礦雖佳，然官視地方之辦銅者，幾如罪人，滇礦焉有發達之一日？及讀前辦銅務嚴太守所著迤東銅務紀畧，中有緝私一門，其意極論非招商開採，難期銅務之發達。聞現辦銅務鄭司馬，方接辦之始，即有弛禁招商之請，擬此，則昔日銅禁之苛虐，至今士大夫猶懔懔有余憤之。方今滇中大吏，雖以弛禁招商爲宗旨，而國人猶夢夢事，若無所聞，各處股商，雖有志攜資入滇，仍趑趄不敢進。故當局者對於京銅之問題及弛禁招商，不可不妥籌辦法，以廣告國人而釋羣疑也。茲謹就簡要辦法數條列後：

一、雲南京銅應議定祇從現經官辦東川府屬湯丹、落雪、因民及巧家廳鐵廠四處各礦業所產銅斤運辦，該四處所產若每年超過一百萬斤，或以所產全數解部，或以百萬之外歸本省造幣廠鼓鑄銅元及運往外埠售銷；

一、雲南省境內各府屬地無不產銅，應聲明除東川府屬湯丹落雪因民以及巧家廳鐵廠四處銅礦現經官辦，備解京銅外，其餘各處銅礦當準海內外本國商人來滇任便擇礦，奉請照章開採，須俟該公司辦理發達、煉成熟銅後，按照部定出井出口稅新章納稅；

一、雲南當仿照兩廣奏案，奏請凡在雲南境內本國人新開各項礦務公司，在三年之內概行準免出井出口一切稅釐，以昭鼓勸；

一、東川府屬湯丹落雪因民鐵廠各處境界，皆跨地數十里。其中，除現今官辦各廠硐口外，毗連各山可以開採之處尚多，自非官方所能徧及，若不設法招商開採，貨棄於地，殊爲可惜。應議定：自後凡官辦各廠附近各地在千里之內者，本國商人亦得奉請查勘，境地如無妨礙，準其設立公司開採。但官辦各廠硐口每歲年終結帳，所出銅斤如不足一百萬，則該公司所產銅斤每百斤應提三十斤，由京銅局按照例價收買，以足其百萬之數爲止，其餘七十斤準該公司請領護照運往各省售銷，並不另收稅課。若該年官辦四處礦山產銅已足百萬，則其他商辦公司所產銅斤一概準其自煉自銷，但照部章納稅。

一、凡本國商人欲組織公司集資開辦銅礦，應先奉請勸業道憲委員前往查勘該硔山四至區域，憑縣立定界牌，並該商與礦山之主是否毫無轇轕，須俟該委查明粘圖奉復，然後可以批準該商前往開辦，一切須遵新定礦章辦理。

一、凡批準礦商所辦之礦若在一年內毫無工作，應準他人奉請承辦。

一、凡委員勘礦川資，應由勸業道憲批定數目，由具奉商人呈繳。

一、凡商人具章到勸業道署，準在半月內委員前往查勘，亦須按照路程遠近限期奉復。

一、凡礦商煉出熟銅百斤以上，即須奉請勸業道憲給發護照，交由該管地方官隨時照章代收。出井各税，按照銅斤多少填發護照，交該礦商承領。

一、雲南省境内凡遇帶有熟銅百斤而未隨帶護照者，即爲漏税，應將該銅斤一半充公，提解勸業道署。

一、凡礦商向地方官衙門繳税，請照，延至兩日不發者，可由該商奉告勸業道憲查明，如果屬實，該地方官應記大過一次。

一、凡雲南一切礦務公司年終結帳，除公司一切員役薪工雜用砂本煉費運費股金年息外，即爲紅利，應分爲十成，概把一成作爲地方新政經費，但以此款所辦新政，如實不得法，公司股東代表人有干予整頓一切之權，此外，無論官紳不得另立名目抽收課税。

一、凡礦務公司所定章程，應呈勸業道署存案。

一、凡礦務公司每年出入帳目，勸業道有派人前往調查一切之權。

〔附〕《帖在「馳銅禁議」上的批文條》

——開放礦利爲保滇要着，既京銅不能停辦，擬以東巧向辦京運，領有官本者仍令繳官，以本係官家資助也。如係自本所辦，在東巧境内除抽課外，以三成照京銅價，繳凑京運，餘準給照運銷。至附省各廠繳銅，向供機器局造幣廠之用，年亦須二三十萬，或以附城各廠辦銅亦照抽課後，三成繳官，七成自行通商。至距省較遠，如維西、中甸、騰越、昭通、大關、鎮邊各廠，馬脚增昂，除抽課外，全數準其通商。庶京運官局不至停爐待料。

——查銅　政便覽載：各廠銅每百斤抽課十斤或二十斤，或加抽耗銅四斤貳兩，其所通商，每百斤亦僅十斤或二十斤，餘銅仍歸官收買，未嘗任其自採自銷，廠民負擔之重，實有過於今日。特今日於隆興公司既有成約，所以對内行保護政策者，不能不變通耳。

——銅價部定，非官抑收。故去年力請咨部加價，然終不敵商價之多。部定年解百萬，廠商貧多富少，仰資官本不緝私，則挺走，幾於無銅可收，並帑本將歸無着，因原甚遠。

——查此條繳官通商分地辦理，與本衙前簽咨議局議案及擬詳迤東局請馳禁通商奉院批準之案相符，自應查照前案辦理。惟銅税前後所定章程頗形複雜，應規定一律，以便通行。

（一）滇省舊章每百斤抽課銅十斤，前定牛攔溝銅廠銅税照此辦理；

（二）滇省舊章每百斤抽耗銅四斤二兩，現省庫所收各廠銅斤，照此辦理；

（三）川省章程每百斤抽七五，現將石銅斤照此繳納；

（四）農工商部礦章銅苗值百抽三；

（五）外務部所定礦章每百抽五（昨奉院批僑商陳大棱奉請抽課通商，案準照外務部所定每百斤抽五，應否援此定爲全省通章，以便將來主客礦商一律遵行）；

——查滇礦公司惟寶華錦礦公司免税五年，開濟煤礦公司免税二年，奉準在案。寶興錫業公司尚未奉準。銅斤抽課通商，在礦商已釋重負，似不必援照他項業務公司。出井釐金諸税可以變通辦理，出口税出於海關税，則不易更改。查農工商部奏變通粤省礦税，亦衹免照費出井年租，未免出口税也；

——官辦尖嘈經理稍疏，無不折虧。東川收銅，多自商辦，不過發本濟商，竟無官辦之尖，從前公司則有之。若廠地準其通商，則影射騙欠之弊日盛，不特京銅難以敷額，而發本亦未易繳收，勢必嚴於緝私而擾累更甚。言之非艱，行之艱難耳！

——公司股東有干予整頓地方新政之權，似與公司性質不合。

〔附〕《述游東川銅礦所見》

伏查東川府附近各處銅礦、銀礦、鉛礦，皆甚夥。現經官辦銅礦計四處：曰湯丹，曰落雪，曰因民，距郡皆二站。曰鐵廠，距郡約三四站。四處之中，湯丹最旺，現每歲産銅約五十餘萬（觔）〔斤〕，落雪、因民、鐵廠三處共約每歲産銅五十餘萬觔。湯丹地面周圍當近百里，現採之銅，皆出自老新山。乾嘉以來，開採迄今，未嘗中斷。現在老新山新舊硐口約以千計，礦丁約以萬計，相聚而居，已成街市。其中殷實之户首曰爐户，共約三十餘家。次爲礌户，礌户者，雇請礦丁入硐採砂者也。採砂之事，一任礌户爲之，官局不過問焉。礌户採出銅砂，則以之售於爐户。其砂能煉得毛銅一成者曰金箔礦，每百斤可得價銀一兩；二成者曰元砂，礦價之兩；三成者曰紫金礦，價六兩；五成者曰膠緑老紫金，價七兩；六成者緑白錫蠟可得價銀八兩。爐户每家自有爐房，每從礌户購砂若過萬斤，即以之首入煅爐係以礦石與柴炭相間層疊之，每煅礦石萬（觔）〔斤〕，用柴四千斤，炭百斤。礦石煅後遂以之送入煉爐。煉爐高約一丈五尺，爐底四方形，每方約五六尺，後有風箱，以四人扯風入爐，前面有上下二孔，上則礦炭並進，下曰金門，以時啓閉，其渣與銅液皆於是孔流出，每煉礦萬斤，約需栗炭六萬斤。該處每煉礦石萬觔，約可得毛銅千觔之譜。爐户得銅，遂以之呈繳官局，每百斤得銀十七兩。官局駐廠所收毛銅，乃陸續運至東川府城煉局。煉局煉爐大致與山中煉爐相仿，惟煉局之爐畧矮，毛銅與炭係從爐之上面一孔加入耳。查煉局每煉毛銅千觔，用白炭亦千觔，焦炭五百觔，約可得浄銅七百五十觔，渣銅百斤之譜。每煉渣銅百斤，約可得銅五十斤之譜。光緒三十四年，煉局共收得毛銅七十六萬八千二百七十斤，宣統元年，已共收得毛銅九十七萬四千七百七十六斤。兩年比較，去年已驟增多二十萬六千五百零六觔，其進步如此，是蓋由於辦理者之操縱爐户與駕馭司巡深得其術，以致日有起色也。余在湯丹曾入一礦硐，深約二三百尺，硐小無比，匍匐蜿蜒而入，其狹處僅體痩者側身可以過之，出硐三日後腿猶酸痛，其有礙於礦業之發達，不待言矣。硐小如此，稍遇浸水，則硐廢矣。雖有佳苗，不能採矣。不惟其中不能安唧水機，則土法礦硐常用之竹筒，孔明車亦不能用也。聞湯丹銅礦之以水而廢者亦已不少，其害一。湯丹硐内所採礦砂，每次僅能以足拖出二十觔，硐之深者每日不能得二次。西人礦硐運砂三車，每次數千斤，每一小時可數十次，其工拙幾以數百倍計，硐小運輸不便如此，此其害二。硐遇松泥與碎石，則宜以撑木支持，硐小運木，彎曲難入，其害三。西人鑽石以機器，我則以手槌，敏拙自不待言，硐小雖有鑽石機不能入也，其害四。硐貴通風，西人則有機鼓風以入，硐小則通風機亦不能設也。一旦中有閉氣之虞，即爲廢硐其害五。故目前東川礦務工程之改良，寬修洞道，蓋其最要者也。或者曰：寬修洞道，則寬高有一定之尺寸，不特礦宜取也，石亦宜取，以工取石，無據可憑，上將疑而不發款矣。曰：是不然。硐道既有一定之寬高，礦工可是一例之價值，按月量計鑿入若干，即其據也，是猶不信礦務，焉有起色耶。支硐道寬，則五害除而五利興，則異日出産額數之頓增，不待著龜卜矣，是礦也，令以土法開採如此之拙，每歲凡可得銅百餘萬觔，即得銅砂千餘萬觔，約值銀三十餘萬兩耳。一旦若用西法開採而提煉之，試以百倍利計，則區區此礦歲入將三千餘萬矣。十礦如此，則歲入將三萬萬有奇。奚滇欲不富得耶？且中國即從此富且强矣。故今日東川銅礦之改良，首在寬修礦銅，其次則修運道，設警察，皆不能緩者也。查自湯丹至東川府城道中，由猴子坡至大朵一節，十五里路極險窄，將來若欲改用西法，此道不修，機器難運，即目前牲口往還，且多危險，亟宜札飭該委按年修寬一二尺，估定工費，準其照實開報，則日後轉運機器，不至以道險而阻矣。故運道不修，則將來礦務改良無從措手。砂丁礦户，相聚萬餘，良莠雜居，結羣械斗，習已成風。且局存鉅款，謀劫時聞，故警察不設則目前之隱患已不可測。東川銅礦不求進步則已，欲求進步，必從改良用西法提煉入手。西法興則土法廢，爐户一旦失業，勢必羣相怨望，謀與爲難。故警察不設則將來之隱患更不可勝言。由是觀之，則設警察修運道與礦硐之改良，三者亟宜札飭該委覈試辦者也。至目前欲求産額之益增，則對於該委請領經費一層，亟宜放開平段，若款額限以一定之數目而望其産礦能逐漸以增加，烏可得焉。

〔附〕《擬議辦解銅廳弛禁四策咨請藩司主稿挈銜詳復由一九一〇年 月 日》

爲咨復事。案準貴司移開宣統二年四月二十四日奉督部堂李札開，依限會詳施行，並移請摺二扣，等由准此。查滇省之銅，向供京運，商領官本，官收商銅，定價緝私，相沿已久。敝道前辦礦政調查局時，即深知限製太過，足妨礦業之發達，曾請前督憲錫一再電商度支部，加價收銅，以裕目前之計，並飭鄭令鸞將解銅赴部時，稟商停辦京銅，弛禁便商，未蒙示準。兹幸仰承督憲主持，籌議弛禁，與民更始，詢振興礦務之要策，開擴利源之至計也。夫弛禁之與京銅運額有關，憲札故已慮及，故當未弛禁之前，必宜籌京運之策，然後弛禁之事方能實行。弛禁章程方有着手。再四籌思，先擬四策，擬求督憲采擇，決定辦法，奏咨立案，再議章程，方有遵守。四策之中，關於全體弛禁之法二，關於分別弛禁之法二。全體弛禁，必先奏準停辦京銅，則所有銅礦，悉聽民間自採自售，官不發本。但照礦章征税，或量予減免，以文提倡，爲整齊劃一之辦法。倘京運難以遽停，或由度支部派員駐滇收買，以供京運。開放以後，出銅必多，但不抑價，不患無銅，此第一策也。或京銅能由公家籌資大舉，擇最旺之廠，購採機，設煉廠，試辦一二處，官採官運，資本之盈虧，得銅之多少，與商無涉。其餘銅礦，悉聽民間採售，此第二策也。分別弛禁，則如敝道前詳及梁主事所陳，劃東川之因民落雪湯丹巧家之鐵廠四處，專熔京銅之用，每年産銅不及百萬，則買民銅以足之，如超過百萬，即聽民自售，並豁免一切課税，以補官價之損失。四廠之外，悉數開放，惟照章納税，以昭公允，此第三策也。再則京銅所需，不必劃定區域，凡屬銅廠，均以三成歸官定價收買，七成歸商自售。準售之銅，由官給票蓋戳，關卡驗行勿阻，並酌免年租，照費以示體恤，此第四策也。然就目前遽議，弛禁則京銅之額必減，何也？趨利者人之情。向之領本繳銅者，皆舍而自採自銷，民情因極鼓舞，然風氣初開，商力薄弱，人情涣散，然非六七年後，亦銅之額亦難遽增。值此過渡時間，京銅必受影響。且發本濟商，久成習慣，一旦停發，無殖業銀行或他種機關以代資周轉，勢必利未成之先廠户已有輟業之虞，即舊欠十餘萬，終至無償。如欲兼顧京銅，惟有參酌三四策於東川向辦京銅之湯丹四廠領官本者，商人已沾用無息之款，煎銅復有餘利，再於現價拾柒兩加足二拾兩，則所有銅斤，概令盡數繳局，人必樂從。此外之廠，悉數開放，但係商人自本或押借官本，均以三成歸官，七成通商，五年之内，免征年租，井稅，照費。迨民辦廠地既多，產銅亦旺，歲計足敷京銅及製造之用。斯時即可並湯丹諸廠一律弛禁矣。管見如此，相應咨復貴司請煩查覈，酌定主稿，挈銜詳復。爲此，咨請貴司查覈施行，須至咨者

一咨　布政司沈

宣統二年五月初六日　雲南勸業道劉

《申報》宣統元年六月十四日第三版《籌設礦質化驗所辦法廣東》　粵省據五嶺南幹之雄山，脈蜿蜒礦產饒裕，自疊奉朝旨振興礦政，即經農工商部奏頒礦務新章，俾資遵守。近日官商辦礦者日見踴躍，勸業道現撥設立廣東化分礦質所，以爲辦礦者之指南，飭農事試驗場化學師利寅就農事試驗場内添設化分礦質所一區，以備研煉之用。另闢礦質陳列所一區，以爲參觀之資，已於本月初一日開辦。如各礦商有採取礦質需用化分者，即按照後開章程辦理。(一)本所專以化驗本省礦質，不論金銀銅鐵錫等礦，一律擔任化驗研究礦質之優劣，酌定提煉之方針爲宗旨。(二)本所之設，志在振興礦務，凡礦商攜礦質來所化驗者，一律優加招待，惟化礦一事手術既繁，藥水銷耗之需所費亦鉅，兹特酌議從廉收取費用，藉資補助而示限製，應即照左列甲乙兩款辦理。(甲)凡欲詳知每百斤礦含有若干金銀銅鐵錫鉛銻等質，每質收化驗費銀三元。如三種類者，每質收二元。(乙)欲詳知一礦之内含有各質若干，成數若干，每質收銀二元五毫。若兩種礦以上者，各質收銀二元。(三)本所聘有化學師常川駐所辦理，凡礦商化驗礦質，照第二條辦法先如數繳費，由本所掣付收據交執，限定時期到所，憑收據付化驗各礦質並由化驗師繕發化驗證據，俾資考鏡。(四)本所化驗各礦擬將所餘原礦或裝以瓶，或盛諸匣，妥爲存儲編列號數，證明出產處所以及礦產優劣，另闢一室以爲陳列之所，概不發還。各同志有願參觀研究者，隨時由所中各演導觀，詳加指點，以開風氣。

《申報》宣統元年十月十二日第四版《桂省歷年辦礦成績》　粵西各屬礦產可開之礦約共三百餘處，鐵礦最居多數，銻煤錫礦次之，金銀銅硫磺晶石各礦又次之。現時成立公司，稟請開辦者，貴縣則有寶興公司辦三叉山銀礦，又有振華公司辦天平山銀礦，河池州則有慶雲公司辦南丹土州錫礦，賀縣則有天腴公司辦養牛沖等處錫礦。振華資本較鉅，礦師尤爲得人，二三年間當可大著成效。官辦之富賀煤礦，亦屬可興美利。該礦煤質前經寄往德國名廠化驗，據稱灰輕油足，可煉上等焦炭，現正從事開井，俟明年井工告竣，產額方可大增。富川錫礦藴蓄亦宏，現因煤礦工程喫緊，未克極力兼營，暫附入富賀官礦局兼辦，當俟煤礦井工告成，再行推廣採掘云。

《東方雜誌》第六年第十三期《安徽路礦近聞匯録》　蕪湖路礦公會前據調查員報告云，麥奎現盤踞銅官山，毫無去志，時常至蕪，極爲秘密。現聞駐蕪英領事傅夏禮據安裕公司稟稱，銅陵縣存有鐵料二萬噸，請發聯軍二十張，每張一千噸，由蕪裝運出口等情，函致關道等因。查麥奎現正在山招集工人，興工開採，又陸續運往材料甚夥，所云鐵料者，必係銅官之礦質無疑。既經請領聯單，朦混出口，將來即可恃爲準開之據，不得不早爲防範，關道惠業據案駁復。惟麥奎居心叵測，手段靈敏，他日技倆，必層出而不窮，杜漸防微，萬不能稍有忽畧也云云。路礦公會得報告後，全體會員即於十一日開會集議，除據函請關道駁阻外，並電安慶路礦公會云，麥奎私運銅官礦質出口，以鐵料朦請聯單未行，除請關道阻止，希速呈撫憲覈奪，並電部急速宣佈廢約云。

蕪湖關道李梅坡觀察，前接英領函請發給聯單等情，當即駁覆，並飛飭銅陵縣楊令查覆。札派州判崔克順，馳往該處，詳細密查稟覆。兹將外部皖撫與關道往來要電録左：

外務部致蕪湖李道臺電。英使照稱英公司業於七月十三遣工人四百，在銅官山開工，接續未停，亦無阻礙，一月前有礦鐵二萬噸，備運裝船出口，已請蕪湖關道，發給子口單，尚未接準回音，現準本國電囑飭照所請辦理等語。除由本部照駁外，究竟該處是否實係加添四百人工作，曾否請發裝載礦鐵出口準單，希從速查明電覆。外。江。印。

皖撫朱致蕪湖李道臺電。頃接外務部江電，(同前署)等因，查昨據銅陵縣楊令，上月二十五日稟稱前數日麥奎將所雇小工概辭，現僅三四工頭，看守房屋，並查距城十里之新洲頭，有兵輪一艘，麥奎日則赴山，夜則宿輪。居民僉謂渠接上海電報，令其停工等語，與部電情形迥異，究竟實情若何，並有無請發礦

鐵出口準單之事，望確查速覆，以憑電部覈辦。倘竟有礦鐵到關，其準單出口一節，業經外部照駁，仍由尊處查案理阻，不得聽其運出爲要。寶。支。印。

外務部又致蕪湖李道臺電。微電悉，安裕公司所存鐵料二萬吨，是否係鐵料，每吨價值若干，足備何用，出口後可銷售何處，從速妥派委員詳查電復。外。魚。印。

按，據報言，英使朱邇典對於銅官山礦案，又不承認廢約，仍堅持合辦之説，由中英建設公司，各派總辦，承認股本，將來所得利益，由中英共享，云云。據此。則此案自代表力争凱約翰出京後，仍未得結束之法也。

《通商各關華洋貿易總册》宣統元年下卷克樂《宣統元年瓊州口華洋貿易情形論畧》 是非特於地方商務有如鑛務一節，當光緒三十四年間，已有一久在新加坡之殷富華紳集資一百萬，在此間創設僑興公司，首先開辦，且握有開採瓊崖全屬鑛産利權，所有儋州屬地那大之島翔嶺錫鑛，該公司現已開採，其嶺内産錫之佳苗並經爲其開着，且錫質頗高，扯計鎔浄後共可實得六成之數。由鳥翔嶺至臨高儋州交界之新盈港，海邊地方，該公司並經築起馬路一條，蓋因該港水深十三尺，輪船可通便，於輸運故也。似此情形，可見本島藴蓄之地利，現已漸見發達，然欲冀其臻於極盛，則又非興辦内地之鐵路火車不爲功也。

《通商各關華洋貿易總册》宣統元年下卷墨澤禮《宣統元年岳州口華洋貿易情形論畧》 土貨出口及復出口，本口出口貨物，米爲一大宗，次則爲萍鄉煤炭焦炭，及本省之礦砂，如生銻，銻砂信石、黑鉛砂、錳砂、雄黄、白鉛砂，均係大宗貨物，再次即爲土布，藥材。查本年萍鄉煤及焦炭進口，均比上年加多，煤七萬六千三百八十四噸，焦炭二萬九千九百五十九噸，上年進口煤一萬三千六百七十三噸，焦炭八千九百噸，本年復出口煤五萬九千三百四十二噸，出口焦炭四萬二千二百三十三噸。礦砂出口比上年減少者，係白鉛砂、雄黄、生銻等類白鉛砂，上年有二十二萬五千七百四十一擔，本年衹十一萬八千八十擔。雄黄上年有一萬六千二百六十三擔，本年衹六千三十一擔。生銻出口比上年不及一半，銻砂、黑鉛砂、錳砂則比上年加多，黑鉛砂加增尤多，本年出口有二萬二千五百十二擔，上年衹六千七百七十擔，錳砂有一萬四千八百七十六擔，上年衹三千三百六十擔。

《通商各關華洋貿易總册》宣統元年下卷偉克非《宣統元年長沙口華洋貿易情形論畧》 外洋貿易由外洋及沿海各口進口者，疋頭生意極旺，其中惟原色布、粗布、翦絨、棉紗最居多數。查棉紗一項，因本省棉花歉收，故該紗進口較多一倍。他貨如常機器，值銀五萬六千兩。此貨係新設提煉黑鉛廠，由美國運來者。觀本省煤礦及五金等礦之富饒，將來勢必廣需機器也。原貨復出口無土貨，由本口直報外洋並轉運各口者，米固大宗，其價約值關平銀二百萬之譜。近觀萍礦之煤，亦大有日漸發達之勢，查該煤增進之數，自上年七月初五開辦徵收煤税之日起，至西歷年底，止計五個月内，共運出煤七萬五千噸，本年此五個月内共運出煤十二萬一千噸，以此而論，其餘可知。該礦産煤如此暢旺，使皆知與輪船機器合用，將來揚子江流域一帶定卜無他煤之行銷。又該煤所煉之焦炭，聞與上等德拉姆焦無異，因此日本美利堅等商均有購運之舉。今年共計出口焦炭十萬七千噸，内有九萬四千噸，係免税運往漢陽鐵廠者。其次出口要貨莫如銻，然純銻尚係初見之品，而本年出口已有二百四十噸，大半運往日本焦銷。查該銻係由省紳稟請奏准開辦之華昌公司用法國機器專由華工化煉者，本年生銻，銻砂甚鮮，據云減少出口之故，係因市價不佳，本省礦産有三路，常德、安化、新化、寶慶、長沙一帶爲中路，衡州、永州、郴州一帶爲南路，辰州、沅州、永順、鳳凰廳一帶爲西路。聞新化、安化、相近處所出之礦質甚佳，每百分可得銻七十餘分，惜多用瓦罐化煉。本城南門外有數公司專爲提煉此貨而設者。據云化煉之際，須火候之久暫，端視砂之優劣，罐之大小而定，約計需時兩點至三點鐘之譜。殊不知此等煉法，雖云簡便，但成色有虧，以致煙與渣中尚有餘留之質，故識者不惜出貲購得該渣，運到歐洲復煉也。至黑鉛砂亦日出不窮，大半由衡之常寧、永之祁陽運來。玆由省憲奏准開設提煉黑鉛官廠，有擇於明春開工之説。

四川省民族研究所等《清末川滇邊務檔案史料》中卷《萬里恩稟報勘查仁達等處礦苗情形宣統二年八月初五日》 竊知縣月前二十二日到窪然與銅廠張、李兩委員商煉銅礦事件，細查爐子係屬新建，墻底未曾干透，頗泄火力熱度，其爐内膛及火管稍寬，火力不集，飭各工匠補修烘干，所存炭斤亦不敷一火之用。知縣乘便於二十三日赴絨松、楸工一帶勸民墾荒，送子入校。二十五日轉至窪然，二十六日開火鍛煉，二十七日午後破爐約煉去礦三千餘斤，得銅五十餘斤，通籌計算固有虧折。惟此次所煉之礦，多是鹽砂苗引，純是浄礦者甚少。按新開廠地，無論何項礦質，地面之礦多不如地覆之礦純浄。且所煉又係泡炭，致澡渣中間含銅珠，未能擇浄，此在窪然查煉之實在情形也。

是夜與張委員趕至仁達，二十八日知縣親到長絨、熱塘達等廠查勘礦苗。

實勘得長絨溝之礦産於沖内巖間，外現氣口，巖壁俱緑，上下係鹽砂礦引，甚爲寬厚，中夾火藥，酥帶鴿子屎，浄礦一綫，寬數丈，厚祇二寸餘。若專採得此項礦質，每百斤可煉得銅十斤左右。鍛煉較他礦亦易，其上下之鹽砂礦引，雖含有銅質，不過斤餘耳。欲採中間浄礦，非破上下之鹽砂不爲功，看此礦路，似有入山形勢。又熱塘之礦，係在山脚，自上而下挺露鉅石一連，礦即夾於石中，寬厚有二尺餘。其礦多係紅絲掛緑，亦間有帶老鴉翎者。惟中尚夾雜質，如得脱浄，即比長絨溝之礦爲佳，兩旁係黑膠及鐵板銹硤，連硤處微露鞘縫，此礦能否入山，甫經開辦，尚在地面，實難預期，此又勘礦之大概情形也。

現在張、李兩委員留錘手二人攻打長絨，再求深入查看礦路，能否變換開膛，其餘工人撥往熱塘開辦，以及爐房内應辦事件，均各有緒。至炭斤亦擬燒成棡炭，以期火力宏大，六斤餘兩即可抵泡炭十斤之用矣。

知縣二十九日從玉那、熱登一路轉局，三十日在吾拉山見有鐵礦苗引。伏思金銅兩廠興辦所需鐵器，均自外購，將來多興銀廠如再續開，各廠鐵器專恃外購，已形吃力，且漏卮雖細，亦宜補救。況墾務開闢，農器中相繼用鐵者尤復不少。知縣自去歲奉憲諭後，隨地查看，非有礦無柴，即有柴無礦，兹吾拉山露此鐵礦苗引，山脚即有林木，可作炭薪之用，尚覺不便，現擬雇人採取數百斤，建一小爐，購箱試煉，如礦既佳美，再爲稟請專員試辦。倘礦質惡劣，亦不敢造次舉動。可否之處，伏乞憲台衡覈，批示祇遵。

四川省民族研究所等《清末川滇邊務檔案史料》中卷《程鳳翔稟陳銀廠近情宣統二年十月初一日》 竊查沐恩於八月初九日接奉鈞批，開：稟悉。該營勇丁劉松亭、何仁義既知辦礦，可就近招募蠻民教其學辦，每名日給口食銀一咀，久之習熟，自能有人應用。惟必考查入能敷出，方不虧公。至擴絡垛所開金廠，去年開辦，不過在營内選數名勇丁以教蠻民試辦，現該處居民，咸知挖金之法，正在採辦，並未停工。如果照此辦法，毋俟遠招礦夫多糜款項也。再，前次所收蠻奴與漢人，如有能挖金，亦可照給工食。惟須聽其自願，不可抑勒從事。此批等因。奉此。

竊查梭哩一山銀礦本富，惟山崇且峻，採尋維艱，前所獲之礦六百餘斤，礦丁稱爲「蜘蛛引」，曾於八月十八日稟報在案。其時因洞頂坍塌，擦傷鄧松山，無人鍛煉。今該丁全愈，運回礦石，煉出浄銀九兩二錢，即派專差賫呈鈞鑒。惟此次所獲之礦，尚非最高成色，每一百斤祇能煅銀四兩三錢六分。查礦質成色出銀少者，出鉛必多。據鄧丁稱：煅過礦渣，尚能取鉛數十斤，惟必新造風箱，另架火爐，方能傾提。沐恩當即派人趕造，俟造成各物，分提浄盡，再行具報，合先呈明。

又據礦丁等稱：「蜘蛛引」道原非聯絡一股，其礦藴藏在山，如倉廒狀，故廠内口號名爲「開倉」。兩倉相距，遠近不一，有相隔數十丈者，有相隔十餘丈者，其最近者，或隔數丈，或隔數尺不等。倉之大小不一，其大者每倉取礦或數萬斤，或數千斤，小亦必取數百斤，要不如「玉帶引」之一股，全是浄礦。至每倉相距，或石或泥，參雜於中，必待銷盡方能得礦。如是泥隔，相距雖遠，克期可達；倘是石隔，相隔雖近，亦必曠日。每至一倉，必有堅石封諸其外，打破此層，即是浄礦。今梭哩所獲之礦六百餘斤，剔去石塊石渣，祇獲二百餘斤，尚非蜘蛛到堂正引。若到正處，則開出一倉全是浄礦，絶無泥石參雜之理。至於兩倉相距中間空地，祇有引綫，並無礦石，開到二倉，又不知需日若干？此「蜘蛛引」之所以不及「玉帶引」也。若夫礦産之衰旺，必俟再開一倉始能確知。又稱此等礦引每一百斤浄礦，必須有七、八兩浄銀乃不摺本，「玉帶引」則少一、二兩亦可。緣「蜘蛛引」斷續不常，開到一倉，自然不少，然其中相隔空地，不知若干時日始能打到二倉，加以炭火、器具、工資各耗銀太多，勢必不能敷用等語。

竊維天造地寶，兩間有不竭之資財，苟非借人力以開之，終藴藏而不露。梭哩一山，礦産之富，人所艷稱。刻下引道既有端倪，或衰或旺，不難尋緒而得，即謂「蛛蛛引」道不若「玉帶」之旺，若集股而辦，在在皆須資本，出銀則折耗必多。今以營勇試辦，各丁皆自有口糧，若廠務大旺，自然多予賞賜，以資鼓勵。萬一不旺，從公辦公，分内之事，亦不必給予重賞，勇丁亦無異言。如謂勞苦異常，或由沐恩給予食品，或由沐恩酌予銀錢，所費又有幾何。至於廠内應用器具，前由鹽井運來之存鐵一駄，鋼二十餘斤，鋼鑽十八根，暫足敷用。即以此暫行試辦，將來開到二倉，稔知衰旺，或又有别樣引道，一轉移間，即能大有起色。容開到時，或雇工添人，或停止不辦，再請示遵。

桑昂、雜貐所屬蠻民，語以開礦，各有畏難之色。沐恩於八月初九日奉批將近兩月，隨時以學習礦工開導百姓，各皆緘默不語，其頭人皆以難能爲辭。且當收成之時，農民皆不暇習工，故至今尚未雇到一蠻。現在開浄一倉，空地尚未銷完，不知二倉又是如何。若到二倉果有起色，再雇蠻民學習，遵章給予工資，以期捷速。惟梭哩山大，巖懸路險，將來積雪如厚，能否開挖，屆時再行具報。

批：單禀悉。辦廠有一倉、二倉分别，足見開採之難，非悉心考究，不免枉費財力。

梭哩一山，礦産既富，該管帶擬仍以營勇試辦，見解甚好。第恐廠勢大旺，不能盡用營勇開挖，仍不如勸導百姓充當伕子，爲是果能見有大利，該蠻民或當趨之若鶩。惟所有用款，實報實銷，毋庸該管帶自行捐給也。

至於收糧一項，現因收成已過，無從考覈。準以上、中、下分别暫收，明年須早日查明，按等征收，以符定章，是爲至要。

馮煦等《皖政輯要》卷九〇《礦務》 皖省爲古揚州域，菁華萃聚，礦産富饒，特以民智未開，大半封禁，不免貨棄於地。光緒二十四年，巡撫鄧華熙以紳商王述祖請辦同益鐵砂公司、王希仲請辦晉康煤炭公司，應即專派委員設局維持，以爲各項商業之先導，特於省城奏設安徽商務總局，並於蕪湖設立分局，即以所收煤鐵税釐撥歸局用，是爲皖省礦政之萌蘖。三十年，巡撫誠勛奏設安徽全省礦務總局，由皖紳公舉福建興泉永道袁大化總理其事。三十一年，兩江總督周馥奏請設局，查明三江礦産招商試辦，並出示禁止私售。經商部請旨，通飭各直省將軍、督撫，迅即籌設礦政調查局，專派諳練廉正之員，咨部作爲礦務議員，令其酌帶熟悉礦産之工師，周歷各府廳州縣詳爲探勘。凡礦地坐落、官民界址、礦質苗綫、隱顯長短，均一一記載明晰，隨時報部。並奏定礦政調查局章程二十四條，通行各直省一體遵照辦理。乃□□□□勘三江礦産局所改爲兩江礦政調查局，即以現派候選道陳樹涵爲總辦，各省再派專員會同商辦，均請商部加札作爲議員。皖省礦務總理袁大化調補徐州道，已赴新任，公舉江蘇候補道蒯光典接辦，即咨部作爲安徽調查礦務議員，並總理安徽礦務總局。舉協董四人，議董十人，擬定章程三十二條，奏派藩司監督局務，於三十二年正月開辦。一切經費，議於鹽價、米捐、茶釐三項酌量加抽，與鐵路公司各半分用，當經奏明立案。並於局内附設安徽全省礦務總公司，招集股本，先行擇地開採以爲提倡。旋準兩江調查局移，委員查得太湖縣思常保之夾坳山、章家山，鹿駝、南安兩保之張家山、舒家山、陶家山，安樂保之冷姓山、張姓山，大名保之徐姓兩山，宿松縣北鄉之茅狗嶺、傅家壠、汪家灣、羅家嘴、篁子嶺、楊家沖、薛家埠、城郭山，歐家屋東鄉之蠻磨山等處礦産情形，並備具圖表，移請查照，到皖由總局派員重加勘驗。其間，柴煤多係散煤，煙煤則脈胳延長數十里。其礦脈均係兩縣連屬，煤質亦尚可採，均作爲總局開辦之地。又查得宿松縣之横山、含苞山，太湖縣之義冢山等處官山，均經報縣存案，由總局開辦。並租定宿松縣之江家灣、傅家壠等處，以立開辦之基礎。至商民禀請開辦之礦，均須先赴總局呈報，查明確無關礙地方情事及違悖部章之處，方可照準。三十四年，增設勸業道，所有礦務事項均改歸勸業道管理。玆將各州縣禀辦礦産列表如左：

礦産	地名	公司商人	已開、未開
王家山煤礦	宿松縣東鄉	普通公司殷士珩	未開
龜形山煤礦	歙縣東鄉	致澤公司汪林	未開
荆洲銻礦	績谿縣東鄉	寶成公司耿介	未開
炭沖山煤礦	宣城縣東鄉	晉康公司吴德懋	已開
窑頭嶺煤礦	涇縣	萬安公司張榮舜	已開
牛形山煤礦	涇縣青東二團	裕成公司李懋	已開
八畝田煤礦	貴池縣東一保	華勝公司定超	已開
楊梅坦煤礦	貴池縣上三保	安慶公司沈慶堃	已開
大凹山煤礦	貴池縣元四保	中益公司倪鴻	已開
煤山壕煤礦	貴池縣西二保	日盛公司焦壽林	已開
猪形山煤礦	貴池縣	華盛公司孫發緒	已開
罐窑山煤礦	貴池縣	華盛公司孫發緒	已開
琅山煤礦	貴池縣下六保	池裕公司劉世琛	已開
梅精山煤礦	貴池縣仁一保	池裕公司劉世琛	已開
陳家沖煤礦	貴池縣饅頭山	池裕公司劉世琛	未開
分水嶺煤礦	貴池縣	池裕公司劉世琛	未開
大窑山煤礦	東流縣	廣裕公司吴瀾	已開
龜山煤礦	東流縣	廣裕公司吴瀾	已開

（續表）

礦産	地名	公司商人	已開、未開
雷家滂煤礦	繁昌縣南鄉	阜寧公司丁士慶	已開
憧山寺煤礦	繁昌縣徐沖口	協和公司吕寶賢	已開
靈山寺煤礦	繁昌縣倉家沖	協和公司吕寶賢	已開
陳山沖煤礦	繁昌縣南鄉	天成公司車毓霖	未開
强家山煤礦	繁昌縣十八都	晉康公司吴德懋	已開
翎猪洞煤礦	廣德州	廣益公司鄭芳蓀	已開
梁家山煤礦	廣德州	廣益公司鄭芳蓀	已開
小環山煤礦	宿州烈山迤南	合衆公司周純秀	未開
冶山銻銅礦	天長縣南鄉	長合公司何象彰	未開

以上各礦均奉部覈准，須有執照。其已經開採者，除翎猪洞、梁家山二礦確係煙煤，餘皆柴煤，火力不大，不足供機器製造之用。出井煤税按照值百抽五，每石製錢十五文，由出運之首卡征收。另派委員在該礦地稽查彈壓，凡每日出煤若干、出售若干、起運若干、實存若干，登明日記册内，按旬呈報。並用三聯執照，一由委員截留，一由首卡截留，一給商人護運，經過安徽境内概不重征。所抽煤税按月解繳商務總局。旋經礦商張榮舜等以柴煤價賤，稟請覈減三文，其煙煤仍照原章，每石收錢十五文。查光緒二十四年，路礦總局曾經奏定礦務鐵路公共章程二十四條，二十八年外部又奏定礦務章程十九條，二十九年商部奏定礦務暫行章程二十八條，煤税一項均按照值百抽五。三十三年，農工商部奏頒礦務正章七十四款，附章七十三條，礦税章内煙煤、硬煤每噸納銀一錢，木煤按照丙字礦質抽取百分之三。近來煤價較昂，柴煤每石約合製錢四百文，酌抽十二文，與部章正屬相符。現商務局業經裁撤，所有煤税均由勸業道派員兼收。

〔附〕《鐵砂》

又，灊、太兩縣沿山河内向産鐵砂，無業貧民私行淘煉，本干例禁。光緒二十三年，巡撫鄧華熙委員會縣查勘，出示弛禁，招商試辦。旋據太湖縣紳士王述祖等稟請集股開辦同益公司，於兩縣出鐵通筏之鄉，設立總棧分棧，就地收買轉運出口。擬定章程，各爐户均須赴公司報名，匯册呈送商務總局，覈給執照，繳照費銀一兩一錢。按年更换，不準私開。每爐一座約出鐵八百石，照二釐覈扣，酌抽鐵十六石，由公司收齊變價解繳。作價二十兩。出口税銀每石五分，歸經過首卡征收，外加落地税銀二分五釐。爲通行安徽境内税則，並推廣桐、舒、六、霍四州縣，一律仿照辦理。於二十四年奏準立案。查北方河内多産沙金，其出産最旺之處，近山必有金礦。今灊、太各邑既産鐵砂，附近各山必有鐵礦可知。兹特附志，以備參考。

「中央研究院」近代史研究所《礦務檔》第四册《銅官山礦務節畧》 銅官山礦務節畧

銅官山礦務合同，係光緒三十年四月十一日奏准，二十二日簽字，聲明以十二箇月爲限，逾期將合同作廢，報効充公。由英商凱約翰呈繳皖省報効五萬元，至三十一年四月二十二日，該商逾限未開。皖撫及紳民人等，迭未文電請按合同即行作廢。當經本部照會英使，旋復稱，據蕪領詳稱，該公司代理人哈華託律師，三月二十七，函致安徽商務總局稱，遵照合同派礦師德開辦。德孚等於四月初一日到礦，二十二日，又派礦師等赴山勘量，並與地方官商議租購地段。二十六日，張緍譯赴皖，請派員會辦一切。蒙示先具地圖，當即由上海覓到，於五月初一日交商務總局。何以皖撫謂，限滿以前，無人前來開辦。嗣經電由皖撫查復，謂此案合同，應否作廢，以限内是否切實開辦爲斷。而開辦之切實與否，以有無知照派員購地爲斷。原合同第四款，重在知照派員購地。而哈華託來函，絶不提及此層，則與合同不符。哈函既未提及，而蕪領捏報此層，則與哈函又不相符。現在限滿已久，紳民稟請廢約，以便本省自辦。該公司理窮詞屈，又引西歷月日，强詞混事。部内以案日久，恐別生枝節，擬發還凱約翰報効一款，即將合同作廢，英使仍未承允。及李京卿出使英國，遂囑其到倫敦與凱直接商辦。此迭次磋商廢約尚未決議之情形也。上年該公司派礦師麥奎，赴銅官山修路，發掘民間墳墓，激動公憤，幾釀釁端。經部電行皖撫，飭縣開導彈壓，始得無事。本年六月間，准皖撫來電，麥奎又復强運機器入山，蕪湖道按約理論，英領事堅執不允。部内當以山礦逾限未辦，該省紳民迭請廢約，麥奎自未便遽運機器，應電飭禁止等語，照會英使，旋准先後照復，合同並未作廢，不得請飭停工，並請設法照料，日後概勿攔阻。本部昨電令李大臣，與駐滬英領晤商，兹准電復，此事歸蕪領直接英使，該領無權。英使係奉外部訓條辦事，若大部婉商英使，逕電凱，或可緩運云云。此商阻私運機器之情形也。現英使又以該礦場須用引火釘，滬關不肯放行，迭此來函，請飭速放，尚未答復。

銅官山礦務節畧

英商凱約翰承辦銅官山礦務合同，係光緒三十年四月十一日奏准，二十二日簽字。其第五款聲明，自奏准簽字日起，限十二箇月，如逾限不開，即將合同作廢，報効銀五萬元亦不得索還。至三十一年四月二十二日，該商逾限未開，江督皖撫及紳民人等，迭來文電，請按合同作廢。當經本部照會英使，飭將合同作廢，並將執照繳回，旋准復稱。電據本國外部大臣復電，以此合同係西歷一千九百零四年六月初五日簽字，外務部函仍在，限期未滿以前，且據該公司稟稱，已派工程司前往該山，令其於西歷五月間開工，是已均照合同辦理。惟該工程司因被嚇阻，未能開工等情，奉此。當電本國駐滬總領事等確查。旋據復稱，准皖撫電，以此合同已廢，請轉該工程司二名歸休云云。本大臣查該公司已派工程師，至皖辦理合同事宜，而皖撫咨報未提，殊堪詫異。皖撫既請領事飭令工程師歸休，則該公司業已派人開辦無疑。且皖撫故將十二箇月之限期，以華歷扣算，並不以西歷爲據，實屬不合等情。復經電據皖撫復稱，據銅陵縣稟，礦師於四月二十五日到縣，已在限期之外，且凱約翰並未先行知照，該礦師貿然而來，於未購未租之地，空言開工，亦有違定章，況開辦限期，合同内並未聲明以西歷扣算。而在華辦礦，應按華歷辦理，英使所云，良因限期已逾，曲爲推展。但合同既所未載，定章亦無明文，此端若開，竊恐從前逾期作廢各商，皆將冷灰復燃，務祈據理争阻等因。正覈辦間，又准英使照稱，據蕪領詳報，倫華公司駐滬代理人哈華託律師，三月二十七日，函致安徽商務總局稱，遵照倫華公司礦務合同，現派礦師德孚繙譯張籥雲，及隨從人等，赴銅官山開辦，請轉稟撫院，飭知該地方官。德孚等於四月初一日到礦，按是日以華曆算，尚欠二十二日。若以西曆算，尚欠三十二日，方至限滿之期。張繙譯並赴銅陵縣，請以礦師現已到境開礦，轉稟商務總局，礦師等勘驗數次，即於四月初十日回滬。十六日，哈華託律師，復行函致商務總局，聲明現在籌備一切，購辦機器，一俟齊備，即運上山，請派員照料。二十二日，又派馬礦師偕張繙譯，赴銅官山勘量，並與地方官商議租購地段。二十六日，張繙譯赴安慶，請派員會同辦理一切。蒙示須先具地圖，當即由上海覓到，於五月初一日，將地圖呈交總局。以上各情，爲本大臣駁辯皖撫謂限滿以前無人前來開辦之大端等因。本部當即電令皖撫，確切查明，嗣準電復。飭據商務總局詳稱，凱約翰自上年簽押合同後，應即預爲籌備，乃一年之久，並未來皖，且無片紙音信。本年四月初四，雖接到三月二十七日一函，然信尾係填倫華公司代理人哈華託之名，且僅稱接獲凱約翰由倫敦來電，飭派人至銅陵開辦工程，前於本月二十七日，派礦師繙譯等赴山勘視開辦，懇查明轉稟撫憲，並飭知該縣等語。維時適據銅陵縣來稟，謂該公司應辦之事，諸尚未定。其礦師雖於四月初一日到縣，然僅止一勘情形，旋即回滬，並無開辦確期。本局於四月二十日，又接四月十六日哈華扎來信謂，德礦師已於初十回滬籌辦一切，俟齊備運赴上山，届時再請派員照料等語。當以兩次來信，均與合同第四款不符，遂於二十一日函復聲明，不敢照此上達。旋張籥雲於五月初二日在上海覓圖一副，附以説畧一紙，補送到局。撥厥情形，明係有意搪塞，均經據理駁阻，並將圖送還，詎哈華託理屈詞窮，朦稟滬領。今英使又以蕪領報告各情爲辯駁，殊不知此案合同應否作廢，以限内是否切實開辦爲斷。而開辦之切實與否，以有無知照派員購地爲斷。查原合同第四條載明，開礦地段，放未動工以前，詳備圖説，將開洞蓋廠挖溝處所，逐一標明，知照商務總局，派員會同地方官查明，果無窒礙，即向民間議購或租，俟有成説，該公司即備款交商務局購租承受，或交地方官覈實發給，不得私相授受等語。哈華託既稱爲代理人，何以不照合同舉行，且伊兩函與蕪領報告均有未符。而領事所稱，半屬子虚，即以圖説而論，應於未動工以前預備，今張繙譯於五月初二日始由上海覓到，其非真實辦事可知。況限内違約之事甚多，何能以限外之一圖作據。總之，此事按合同，重在知照派員購地，而哈華託兩次來函，絶不提及，則來函與合同不符。哈函既未提及派員購地，而蕪領添報此層，則與哈函又不相符。合三層比較參觀，開辦之虚實立見。現皖紳因該商逾限紛紛稟請銷廢合同，以便自設公司，集股開採，未便重拂輿情等語。據此，應該公司違背章程，案據確鑿，自應將合同作廢，執照註銷等因。本部遂據情照會英使，嗣准復稱。飭據哈華託稟復，商務總局於來文内，認明本年三月二十七及四月十六兩日之信，均已收到，當因兩函均與合同第四條不符，遂於二十一日詳復，並聲明不敢上達等語。查初函雖於四月初三接到，而總局於四月二十日方行函復，致延宕十七日之久，且明知張爾雲正在銅陵，乃故將信函寄滬轉送安慶，以故又延至四月三十日，始獲接到。又謂張於五月初一在滬覓一圖說，補送到局云云。查此圖即說畧，並非在滬覓辦。乃接到總局四月二十七日索圖之信，即行就地備辦。旋於四月二十六日，張向總局請派委員，經局復以先須呈圖，張即照遵。五月初一，稟請滬領代電礦務局派員，而該局並未照辦。夫照合同辦理，須先派委員，本公司甚可承認，惟第四款並未載先須購買地段。張君係公司經理人，本有請派委員之責，而總局以本律師函内並未特請派委員，殊屬有欠誠實。又稱皖省紳民屢稟總局，請廢合同一節，據礦師云，到山時工人來投者無數，地主欲將地出售者亦絡繹不絶。至該處現停工作，乃因顧全安慶官場之意，俟欽憲與外務部議定公司是否按照合同第四款辦理後，方能接續開工。查第四款之語，實屬明晰，惟此款内公司於未開工以前，應辦各事，自至知照總局派員爲止，以下之語，何能以第五款所載十二箇月限期内，除抽取資本設立公司外，仍須將所用之地全行付價購妥。且購租地段各事，照第四款均應由華官承辦。其所載十二箇月限期，應以西歷爲憑算。公司奏准之限係一年，自以三百六十五日爲期，中外入股者亦同此。凡合同如有互異之處，向有成規寬待受益之人等語。茲奉本國訓條，以滬領於五月初一日代請派員，及該公司將圖說送局，似係公司滿照第四款辦理等因。本大臣查本年四月初八日，以該商現設安裕公司資本英金五十萬鎊，承辦此項礦産等語，函致貴部在案，即以此函爲憑，凱約翰並無事不盡力遵辦。如貴國政府欲將合同註銷，明係不但不欲按照二十八年中英商約第九款辦理，於一年之内將礦章從新修改妥訂，於招徠外洋資財無礙，乃反欲有所抵製等因。本部又咨准皖撫復稱，飭據商務總局詳稱，此案該公司限内未遵合同，事後無理取鬧。查英商與外務部訂立合同，係蒙中國朝廷俞允，則地係中國之地，礦係中國之礦，其日期應憑中歷計算，乃一定之理。且中英商約第九款所載，亦以於中國主權毫無妨礙，於中國利權有益無損爲宗旨，如該公司所稱應照西歷計算，則有妨中國主權矣。又謂合同如有互異之處，係寬待受益之人，則更損中國利權矣。似此重違條約，本局曷敢照辦。況合同第四款所載各節，該公司全未實行辦理，僅以空言搪塞。迨五月初二日，張繙譯補送圖說，已在限滿之後，是其逾限未開，確有明證。該公司既欲以三百六十五日爲期，何以原訂合同不先行註明，至英使所稱各事，現在逐一確查，該公司微特自相矛盾，且一味强詞奪理，若不堅持議廢，竊恐交涉合約，從此藉口傚尤，而奏定礦章亦無足以昭大信等情。迨三十二年閏四月間，該公司忽派礦師麥奎，赴銅官山修路，發掘民間墳墓，激動公憤，幾釀釁端。經本部電行皖撫，飭縣開導彈壓，衆始紛紛散去，但相持日久，難保不别生枝節，遂與英使當面聲明，擬通融發還報効一款，即將合同作廢，英使堅執不允。嗣麥奎又强運機器入山，屢照英使電阻，英使仍不承允。至十二月間，忽接該使節畧内開，凱約翰與李大人經方函，情願撥售華股。嗣又照稱，李大人現已回滬，向該公司云，皖省紳士不願與公司議商，實屬可惜。安裕公司受本國外部諭飭，以皖撫准其開工時，一箇月内情願於公司二十五萬一分息之尋常股分内，撥出十萬股，及公司二十五萬額外股内，撥十萬股，售與華商，並願請李大人作爲公司董事云云。此即電達皖撫覈奪，旋准電復。咨據李京堂復稱，合辦之說，與皖紳廢約宗旨不合，皖紳決意不允，已告知哈華託矣。及李京卿出使英國，本部囑其與凱約翰面商贖礦辦法。嗣接來電，凱久不來，無從與議。現英使函稱，該公司兩年内，已修築該山道路，並擬用炸藥轟礦，須購運引火釘，滬關不肯放行。又迭請轉飭速發護照，尚未答復。

銅官山礦務節畧

光緒二十九年十二月，英使薩道義函致本部，請將英商凱約翰與安徽巡撫聶緝槼所立驗礦合同覈准。該勘礦合同計二十三條，係皖撫飭商務局於光緒二十八年四月，與訂歙縣銅陵大同寧國廣德潛山等六處地下礦路三十八萬四千畝，限期一百年，以八箇月爲限，先後連展四限，至二十九年十一月。凱仍執定原約，經本部駁阻，磋商多次，始改訂承辦銅官山一處。見方二十華里，定立合同二十三條。於三十年四月十一日奏准，四月二十二日簽字，限十二箇月，逾期不開，即行作廢，報効銀亦不得索還。名爲安裕公司，以凱約翰爲總董，資本一百萬鎊，由商部發給開礦執照。凱當呈繳商部報効款英金一百二十鎊，又交報効地方銀五萬元。三十一年四月二十三日，皖撫致本部電稱，銅官山礦，凱約翰至今未來開辦，現已逾限，應遵章作廢。是月二十七日，本部據電函致英使作廢。五月初八日，又據皖撫來咨，照會英使，合同作廢，報効銀兩照章充公，飭凱將執照繳回銷案。五月十一日，英使復照内稱，准本國外部復電，以此合同係西歷一千九百零四年六月初五日簽字，外務部函乃在，限期未滿以前，且據該公司禀，已派工程司前往，令於西歷五月間開工，因被嚇阻，未能開工。又電據駐蕪領事復稱，皖撫以合同業已作廢，請飭該工程司二名歸休，是該公司已派人至皖辦理，而皖撫報部，於此層毫未提及，且故將限期以華歷扣算，足見該撫不顧情誼，急欲速將合同作廢，是以奉本國訓條，照請電咨皖撫，竭力襄助開礦。六月初九日，又准英使照稱，倫華公司派礦師德孚等到礦之日，爲本年四月初一日，以華曆算，尚欠二十二日。以西曆算，尚欠三十二日，當經函致商務局聲明。二十二日，又派馬礦師再赴勘量，並與地方官商議租購地段。二十六日，張繙譯赴省請派員會同辦理，蒙示先具地圖。五月初一日，將圖交還商務局，以上各情，爲本大臣駁辨皖撫謂限滿以前無人前來開辦之大端。皖撫以合同作廢，未免太急。七月十八日，本部復英使照會稱，據皖撫咨，商務局接到三月二十七四月十六哈華託兩次來函，於知照派員購地，絕不提及，與合同不符。駐蕪領事添報此層，與哈函又不符。是該公司違背章程，案情確鑿。九月二十六日，英使來照稱，奉本國訓條，該公司滿照第四款辦理，應向中國政府切實聲明，此合同仍須實行照辦。如中國政府仍以爲因有數端具文未照商務局所欲辦理，並以皖省措詞爲確實，欲將合同註銷之，料是於中英條約本意大相刺謬。自此以後，皖撫暨皖省紳商函電紛陳，並於三十二年二月二十六日，由編修呂佩芬等呈由都察院代奏，請飭下外務部，按照合同，磋商作廢，務期堅持到底，勿稍通融。是年四月初一二十一等日，英使又照催覈復。閏四月十四日，本部據皖撫電，致英使函稱，英礦師麥奎在銅官山修路，擅挖有主墳墓，恐激衆怒，請飭速離該處。旋准復稱，指陳麥奎行止，未免言過其實。又稱由蕪領查明，毫無其事。是年五月初五日，本部致英使照會稱，銅官山礦務，案懸日久，誠恐別生枝節，惟有仍照歷次面商辦法，發還報効一款，將原訂合同全行作廢。是年六月十八日，英使復稱，發還報効，本館未許，此時亦無允諾之望，並切實聲明，此項合同，仍視爲確據。麥奎又强運機器入山，屢照英使電阻，英使照復，合同未廢，勿得請飭停工。又照稱，凱約翰致李經方函，情願於公司二十五萬一分息之尋常股分內，撥出十萬股，及公司二十五萬額外股內，撥出十萬股，售與華商，並願請李經方作爲公司董事。當即電准皖撫復稱，合辦之說，與皖紳廢約宗旨不合，決意不允。三十三年，李經方出使英國，囑到倫敦與凱約翰商辦。十月間，英外部面交李大臣節畧內開，實行允准各事，有銅官山一案，政府責望設法速行。英商又先後運到引火釘兩箱，炸藥四箱，請照允進口，均始終堅持未准。三十四年四月，李大臣電稱，凱約翰稱，銅官礦產，探實採出鐵質，可得利八十萬金鎊，約萬不能廢。倘中政府欲購回，至少須四十萬鎊。英使又照稱，現在倫華公司與日本三井洋行，訂立合同，籌辦礦質，代安裕公司經理。日本公使，亦迭次來照聲叙，均經本部切實駁阻。九月間，又用民船裝運礦石，在蕪湖關報稅，經該關扣留未放，英使又迭次催請放行，亦經堅持未允，並電催李經方與凱提議。本年二月，先後接李使電稱，凱堅不退讓。英外部亦謂，改開辦爲合辦，係格外通融，礦界地段年限，均不允改，無可再議。外部又稱，銅官山案，移至倫敦商辦，冀可早了。今多方延擱，本政府視此案極爲緊要，久懸不結，已格外容忍。貴大臣當就力所能及者，切告中國政府。又凱函稱，無論如何擬議，貴大臣均不肯允，萬難再商。現蒙英皇允准，親往北京議結。又外部稱，凱赴京與中政府直接商議，祇能擔擱十四日，即須回英，供禦前侍禦差使。務將本政府欲此案速結之意，切實詳達各等語。又函寄凱所送擬合辦草合同洋漢文各一份，並准英使函請，達知江督皖撫，以便凱到京時，即可議結。此銅官山案轇轕多年之大畧情形也。伏查此案彼此各執之關鍵，在皖省謂至三十一年四月二十二日，已屆十二箇月之期限內，並未請派員購地，合同應廢。在英商謂一年之期，應照西歷三百六十五日計算，不能按照華歷，且已遣派礦師至皖，一切均照合同辦理，合同萬不能廢。相持至於四年之久，不特毫無成議，且令麥奎佔踞該山，蓋房修路，運機器，運炸藥，運礦石，甚至誘佔民間妻女，鎗傷行路，枝節横生，無所不至。其用意惟在激出事端，便可格外要挾。此麥奎一日不去，一日可慮。而凱約翰稟承英政府之意旨，亦決不令其輕去者也。麥奎不去，案不能了。案不了，恐終有決裂之一日。現在本部交涉所至棘手者，惟英國爲最，而與英國交涉之繁重，總不外路礦兩事。約章定之於前，方責我以不守。紳民争之於後，又力陳其可廢。以致因此累彼動相牽製，兩國感情日益淡薄。目下凱約翰不日到京，而皖省代表方履中等，亦來京陳議，堅持廢約自辦之説。謂此係商務，我有理由，果光堅持到底，英政府斷不能因此一事致啓釁端，不知兩國交涉宜在統籌全局，撥其大者，遠者不能以一隅之見，一方面之事，致生障礙。即云我能堅持底底，不至開釁，而積之愈深，發之愈烈，必至波及他事，舉難就範，中英强弱異勢，亦將何以繼其後。況經英政府暨凱約翰再四聲明，所決不能鬆勁者耶，且貨惡其棄於地也。中國之風氣雖已開通，而人民貲本有限，議論者多，成功者少。始争之，而終棄之，亦殊可惜。現凱既遠來，萬難徒手而去，酌擬持平辦法，莫如仿照井陘臨城等合辦章程，與之訂議。如能就原訂合同將礦界年限一切收縮，凡關乎權利之事，由我分別主持。而國家得收其稅釐，民人得資其生業，其裨益良非淺鮮，此中機要，皖省在京鉅紳，暨本省大吏，莫不洞悉之矣。知之而不敢言之，亦謂與論難犯，公議不敢違耳，可否具奏，或開單陳請，准由本部堂憲毅然覈斷，與凱約翰決議，以顧大局，而全邦交。謹具節略以陳。

邵之棠《皇朝經世文統編》卷八九《論湖北開礦》 湖北宜昌府屬之鶴峯州界逢西蜀，山中常有銅苗，土人往往掘得之。前有粤人在鶴峯，將礦鍊之成銅，乃欲開礦，州人沮之。今年春間，鶴峯州長樂縣兩屬之紳士，議以本地之商民辦本地之礦務，庶幾工匠雖多，性情相習，較之客民易於約束，因合詞公請，復開銅礦，已奉上游批准，暫行試辦。現擬於秋後興工。此端一開，而地方官不致滋事，各官不致掣肘，將來有礦之地，皆可援照此例以事開採，則各省之礦務，必能大興，不必國家之勸諭督責矣。夫中國之礦務，當未通商以前，各處本有雲南則銀與銅錫居多，貴州則白黑兩鉛居多，其餘各省則煤、鐵、鹽、石膏、石灰居多，但察勘礦產之人，其術不精，常有費銀數萬以開此礦，而竟毫無所得者，亦有能得而不能多者，故人常畏作此事耳。若有命運大佳之人，開得銀礦，有龍得數十萬數百萬銀者，亦屬常事。第開礦一事，亦實非易，其始常因紳士迷惑風水不能舉事，其繼常因工匠滋生事端不能成事，其終常因礦苗雖旺礦物無多反致敗事。倘能三弊盡除，則地方有礦斷無不開，而地方開礦斷無不富。朝廷因征課税，官吏因收陋規，固無人不得其利益者。道光以前，雲南藩司一缺，天下推爲第一者，亦職是故耳。咸豐年間，屢因兵餉難籌，禦史條陳，請開礦務。熱河各處則開銀礦，湖南辰州則開金礦，辰州聞由官辦，熱河聞由商辦。厥後辰州停止，熱河仍開，非盡由於礦之不旺也，大半由於官商辦理之殊耳。故今者鶴峯州紳士所言，以本地之商民辦本地之礦務，實爲合宜。日後諸事，必能大有起色。第鶴峯一州均在萬山之中，向屬苗地，至雍乾時改土歸流，始設爲州，其瘠苦本不待言。聞其道路亦皆山徑崎嶇，兩人亦難並行，騾馬亦難行走，日後運銅出山，大非易事，恐均須人力肩挑背負而出。長樂一縣情形亦均如此，惟山路似少易行，將來或由長樂運銅出山，是以兩處合辦耳。所幸者，係屬銅礦，而價值顯昂，運費尚易爲力，若係煤鐵，運費一重，即難辦理矣。夫鶴峯之在湖北，僅爲窮僻之區，已有銅礦之可開採，而鶴峯、長樂兩處並非殷富之鄉，聚集兩處之人，尚能開此銅礦，何況天下之大，各省之富，若能查有各礦，即行聚資同開，未必不更易於鶴峯、長樂兩處也。夫天下本無難事，要在一有確見，即行舉辦耳。若事事皆候國爲之創，官爲之先，恐無一事能辦成矣？即以此事而論，若請官辦，亦恐終無舉辦之時矣，未識有心世道者，以爲何如？

邵之棠《皇朝經世文統編》卷八九《論粤東擬開礦務事》 我中國地大物博，爲菁華薈萃之區。雲南出銅，貴州出鐵，地利非不沃且饒矣。開平基隆出煤，臺北熱河出金，寶產非不豐且旺矣。具此磅礴鬱積，何難稱天府之雄，乃數十年來財源日匱，生計維艱，司農擘畫於上，餉源有竭蹶之虞，小民拮據於下比户少豐可之象，拓五萬萬里之地，撫四萬萬衆之民，轉不若蕞爾一涹，能以開源節流，自立於不敗之地者。此何也？以致富者，莫如礦，有礦而不知開也。前載粤中消息云，兩粤爲大山起伏之處，重岡疊嶺，彌望峯巒。粤督李將軍以近年煤鐵需用浩繁，兄製械造船機器各廠，無不以煤鐵從事。及此時而講求開採，庶幾用之不窮。因札飭各府州縣，會同委員，考察地理，擇煤鐵之利所在度地興工，實事求是，有可設法開辦者，諭民自開，或由官奏辦，先行查明，然後創辦。刻由南海縣楊明府摟到札文，曉諭軍民有某人等，一體知悉，如有能通曉礦務，確知煤鐵可採之處，準其稟請查勘開採。或具報到官，由官採辦云云。閲竟不禁躍然而起曰有是哉。誠中國富强之先兆哉。夫前明因聞礦務、弊害叢生。因朝定鼎以來，有鑒前車，一律紂禁，常夫閉問自守新法，未興歲需煤鐵無多，開之雖足利於民，封之亦無損於國，故狃於積習，嘗視爲要圖。今則不然，江海各口設招商局，購置輪船，裝運人貨，所以奪西商之利權。然輪船不能自行，必有煤而始能行也。東南各省設製造局，安置機器，仿鑄槍砲，所以備製敵之妙用。然機器不能自運，必有煤而始能運也。故即購煤一項，中國銀錢輸於外洋義約二三百萬兩，他如購外洋之鋼鐵，供製造軍械之需，耗費亦屬不少。使中國不產煤鐵不得已，而購諸外洋，猶可説也。乃五金之礦富於五洲，蹈習故常不知開採，惟知今日購諸德，明日購諸英，相準以爲能事，全不慮及漏巵日甚，將有民窮財盡之憂，故除基隆、開平、青谿、大冶諸處外，未有能亟力興辦者，生視天地之美利，終於湮没而不彰，不亦大可惜乎。況前明開礦之弊，在乎任用宦官，如李敬之於廣東，曾金之於浙江，陳增之於山左，張忠之於岩，邱來云之於四川，楊茶之於雲南，陳奉之於湖廣，劉朝用之於池州，魯坤之於衛輝、彰德，開礦之使聯鑣載道，莫不帶領奸民肆意滋擾，訪得殷富之户，即硬行派爲礦頭，索厚賄而後免，否則藉端敲詐，陷以罪名，因之民不聊生，盜賊蜂起，是乃任用非人之故，不以國事爲事，徒便一己之私圖，苟辦理得人，自必有利無弊。居今日而猶因堂廢食，動引前明爲殷鑒，謂開礦則弊竇叢生，彼西人有不詘笑於前，垂涎於後者幾希。今李制軍慮及於此，因札飭各府州縣，會同委員查勘礦苗，觀其用意所在似專注力於煤鐵，蓋以煤鐵之用最廣，爲軍國所必需，故西人以礦務之利，以煤爲上，其次則鐵，又其次則鉛，而金、銀、銅三品轉爲下。雖然以煤鐵爲先務，而漸及於金銀則可，若專開煤鐵仍錮金銀則不可。且即可行於他省，而不可行於粵省，何則？百粵産煤之數不及五金之多，《唐書·地理志》云天下所産金銀鉛銅鐵錫，以嶺南一道爲獨饒，而銀色尤佳，礦苗亦旺。大凡頭等銀礦，每百斤除雜質外，淨得銀五六十兩，即《武備志》所稱礦式以金水平分最爲第一者是也。顧其礦天下罕見，今惟嘉應州高獅嶺有之，俯拾即是，非若他處之礦鑽，深數十尺始能見苗。香山一邑，亦擅銀礦之利，聞明季有何閣老者，曾於其地採銀，傾鑄銀錠方平一丈者，家藏三十餘錠，計銀每方平一尺，應重萬兩，是其暢旺可知。他如廉州之金坑、儋州之石緑山俱爲粵中佳礦。惠州可開之礦，前經方照軒軍門派人查勘，得一百四十餘座，其中有三四座最爲暢旺，開採之後，雖閱百年之久可取不竭，而用無窮。然則粵礦擅勝者，固不專在乎煤鐵，而銀尤爲鉅擘，苟徒採煤鐵之礦，則是欲開美利，而美利究不能大興，欲啓精華，而精華仍不能盡發，何如一律開辦之爲愈也。今爲之計，當俟查勘後，立行出示曉諭，招各處紳商集股開辦。如願承辦者少，則宜札飭新加波總領事，令其就近招勸出洋商民，回粵辦理。查南洋各島，華民不下數百人，其擁鉅貲者，比比皆是。若設法婉導，俾興久大之業，彼必欣然樂從，但宜妥訂章程，由官保護。其回華後如有藉端索詐、遇事苛求者，准其控愬於官，從嚴治罪，而既經開採尤必於一年之内，運過關卡一概免税放行。或以風水之説阻撓，則嚴究不逮。吾知兩粵鉅紳富户一聞消息，必有踴躍爭先者。蓋利之所在，人皆趨之，理所必然，情所必至也。管窺之見，請還質之當事者，以爲何如？

紀事

李瀚章《曾文正公全集》卷二六《擬赴上海查閲鐵廠片同治七年四月初七日》

再，江南外海水師，向設戰船一百七十一號。道光二十四年前任兩江督臣璧昌奏稱，一概朽爛，漂蕩無存。彼時雖奏請減船加工，另行修造，而其費出於攤捐，故其船成者極少。咸豐三年兵燹以後，燬廢殆盡。近年洋面不靖，屢有劫案。亟應規復水師出洋捕勦。惟外洋開仗較之長江開仗其難數倍，臣往年所用之長龍舢板均不便於出洋，現於上海鐵廠製造輪船，又於蕪湖等處試造廣東艇船，俟船成之後，仍須酌改營制，略仿西洋之法，一船設一專官，乃可角逐，海上日起有功。查上海吴淞口出江入海，華洋雲集，商船輻輳，尤爲盜蹤出没之所。臣擬於近日親至上海一行，會同撫臣丁日昌周歷履勘，博詢洋面戰争之道，細查鐵廠製造之工，再行酌議外海水師章程，會核具奏。所有臣衙門日行公事，照例由藩司代拆代行，理合附片陳明。伏乞皇太后、皇上聖鑒，謹奏。

「中央研究院」近代史研究所《礦務檔》第三册《同治七年七月二十二日總署收上海通商大臣曾國藩文拒駁英美領事請開寶華山煤礦》

七月二十二日，上海通商大臣曾文稱，案據鎮江關道蔡世俊稟，據英美領事請開挖句容縣屬之寶華縣山一帶煤礦一案，當經照案批駁，嗣據英領事具文申陳，又經批飭去後，業據該關道呈報，已將應毋庸議緣由，照會該領事查照在案。所有辦過各件，相應抄録彙案補行咨明，爲此合咨貴總理衙門，請煩查照施行。

〔附〕照録鎮江關初次來稟

敬稟者，鎮江英領事官馬安，美領事官散查釐，前於八九月間，迭次來職道衙門，述及句容縣屬之寶華山一帶煤礦甚旺，可以開挖，屢懇稟請中堂，準其招商辦理。經職道執定條約，峻辭拒絶。嗣該領事等署以此事因非條約所載，唯中國有自然之利，聽其廢棄，殊爲可惜，開具試辦理章程，一再瀆請，並云準駁應由中堂酌定，堅請職道即行請示辦理。職道以此事各口均未開辦，未便由此間先議創行，是以迄未答應。茲復據該領事等來署，述及奉派出使外洋之美國公使蒲安臣，以明春將赴外國，定日内由滬赴甯，謁見中堂，擬將挖煤一事，順便自行請示。如果邀準，再行商辦，否則作爲罷論等語。謹將前次送來章程，鈔呈憲鑒，日内蒲使到甯，應否婉言回復，抑或先飭江甯府派員先到寶華山一帶，察看地方情形，再定準駁。咨明總理衙門辦理之處，伏候鈞定，專肅密稟云云。

〔附〕照録附呈清摺一扣

酌議按照西法挖煤章程

查江甯府句容縣寶華山湖山，均有煤礦，直至江甯太平門外，俱係氣脈相連，煤斤多旺。現聞江甯煤價甚爲昂貴，復聞此山在咸豐年間，曾經挖開，因賊亂停止。數年以來，變爲水泉，是久水深，恐無法開挖。茲有洋人，向係開挖煤窑，精於識認者，前去看驗。據云，所出之煤，甚合輪船等項之用。今擬照西人開挖之法，不但煤好而旺，且價廉工省，可免有用之物，置於無用之地。再查出煤之山，近於長江，實屬轉運利便，又離鎮江通商口岸不遠。若著洋人開挖，距領事官相近，方可照顧彈壓。今所看各山，俱可有煤，惟先未用器具探驗深淺高低，是難料定切實處所。查當年寶華山雖開有舊窑門，因離河道較遠，旱路盤運赴船，有費周折。現訪湖山近小村處，覺有便宜，因地近河口，轉運便捷，惟望大憲俯準，著人在是處及界限處所，遍行探採揀擇，謹將章程擬呈。

一擇定開窑之處，窑門係上而下，類似井形，出入均用火輪機器。窑下再往各處分路，窑外租數十畝之地，起造房屋，以備應用。價由窑廠籌給，房屋作爲中國官屋，以備收藏機器，及中外人役居住，不得作爲別用。下面開窑，其上仍可種田，總期不與禾稼有損。

一延募外國總辦一人，總理窑廠各等事件。看管火輪機器師一二人，經理機器等事。窑廠副辦二三人，督率匠人做工等事。欲延總辦及機器師，必須素行端方，副辦亦須性情純善。無論何人，倘有乖舛錯誤，任性兇狂，隨時更換，保無滋擾各事。

一凡窑廠工匠一切人等，須雇附近及各處有來歷民人，取具鋪户保結充當，斷不準招集閩廣游民。

一酌議請派候補道府大員一位，作爲督辦，稽察窑廠一切公事。另派佐雜二員，聽候差遣。薪水費用，每年由窑廠自行供給銀五千兩，不準另行開支國帑。

一凡窑廠工匠人等，如有應告事件，赴督辦處呈明聽候就近訊斷。如意見不合，中國人由鎮江關道會商領事官辦理。查係洋人，照外國例先交傳呈銀元，再由領事官會同關道辦理。

一完納窑課之事，查各窑出煤多寡，年年不同，未便限定每窑每年完課若干。今擬按照每窑出煤之多寡計數，出煤一噸，即納窑課銀一錢五分。將來稅則改輕，再加銀一錢，完交督辦兑收報解。

一由窑廠將煤運至江邊轉運，此段運路，最爲緊要，務須深淺平正合宜。今擬凡來裝煤之船，按照定章抽捐，由督辦給票登簿，其票爲由廠運鎮沿途免捐之據。煤船厘捐，由總辦洋人抽收，抵支修造此路之用。該路式樣基界，由窑廠總辦洋人指定，由督辦勘明無礙，再行修造。倘所抽之銀不專，應由窑廠籌墊，及廠外之路如須添用，聽總辦洋人揀擇。用及民業田地，應償價值若干，由督辦查明户名畝分，公平定議，不得互相勒捐。

一凡窑內所出之煤，必須廠內自行買雇船隻，徑行運至鎮江銷售，不得在窑廠地方銷售，亦不準中途私售，以免窑廠處所人船擠混，並期鎮江生意興旺。

一凡廠內做工人等工價數目，均聽匠人與窑廠自行議定，不準事外人等勒掯攪擾。

一凡窑廠挖運所用地基應納錢糧，由縣查明數目，由廠照例完納，歸督辦收解，胥役人等不得額外需索。

一開窑各章，俟奉大憲核準，即在該處遍行探驗，仍須諸無妨礙，方能定準開挖，處所凡有關礙水道旱路，及居民房屋墳基等項，難以補償者，自應一律讓出，不準隨便開挖。一此章俟奉大憲準行，即由鎮江關道會同各領事，定期與華洋各商公議，隨力出資，共成是舉，仍俟議有成局，將此外未盡事宜，隨時酌議請示，此舉不但毫無損害，並可上裕國課，下利商民，誠全美之策也。

本署大臣批，煤礦係自然之地利，借洋人之機器，俾華人倣效，而永收其利，未始全不可行，前應道所議條約册內，以爲可許，本部堂亦從而韙之。昨總理衙門函開與蒲公使訂約各條，則煤窑亦中國礙難辦理之事，囑蒲公使往各國將礙難情形，細爲道達，頃蒲公使來金陵，與本部堂相見兩次，並未提及煤窑一事，是於總理衙門所囑，已洛遵而謹行，該領事等所請，應無庸議。繳。

中國科學院歷史研究所《劉坤一選集》卷一四《復李雨亭同治十三年六月二十七日》 樂平開煤本爲興利起見，決不敢稍有推阻，唯願由漸施行，以期商民相安，伯相必能鑒諒。

陳旭麓《盛宣懷檔案資料選輯之二》湖北開採煤鐵總局荆門礦務總局《盛宣懷密札張斯桂文光緒元年三月二十八日上海》 爲密飭事：照得製造局、招商局所用煤鐵甚钜。近年雖有江西之樂平、福建之鷄籠等處開煤濟用，而大半仍借購自外國。上年奉直隸爵閣督部堂李密諭：中國地面多有產煤產鐵之區，飭即密稟查復等因。查直隸之磁州兼產煤鐵，業經製造局購辦機器，預備開採。茲訪得湖北省武穴、蟠塘及田家村一帶山內舊有煤洞，所產煤質既好，濱江水口尤便。聞該處煤洞仍已封閉，大約因恐民間争利之故，自係慎重地方起見。惟不知該處煤洞之深淺，煤質之高低，無從稟復。因思該令前在臺灣等處所議開煤章程，甚屬簡便妥當，合即密飭該令輕裝速赴該處察看：山勢是否深遠？左近有煤之處是否廣闊？從前民力如何開採情形？現存煤洞幾處？（竟）〔究〕竟因何封閉？現在如果由官備本，制辦器具，雇用民工，該處紳民能否樂從？均須密與地方官及本處紳民細細商酌，並須設法開取煤樣，携帶回滬，以便呈送李爵相看驗，再行酌議章程，通稟飭辦。此舉關於富强大局，幸勿諉延。特札。札同知銜候選知縣張令斯桂。光緒元年三月廿八日。借用關防。布政使直隸題補道盛。行。

陳旭麓《盛宣懷檔案資料選輯之二》湖北開採煤鐵總局荆門礦務總局《吴邦杰等上廣濟縣稟光緒元年五月上旬武穴》　具稟州同銜吴邦杰、張鍾典、陳廷楨，縣丞銜張廷獻、郭在岐、張永然，道庫大使劉宗祥，都司銜王步雲、張麟，世襲云騎尉張永華，監生戴滋蘭、周文瑞、郭在松，從九品程錫壽、段焕鼎、佘兆芹，生員張光紳、郭烈淦、張鍾復、戴蘭馨、劉宗沆、周裕喬、熊均藻，金陵監生李維典、陳祺，江西監生揭映南、劉嘉賓，福建按照磨邱履謙，徽州監生程椿、李萬青，涇縣監生朱誠彦、胡源貞，青陽監生寧德華，武昌貢生范先暢，通山監生王利賓，耆民戴國正、周錦江、陶攻玉、李振禄暨約保等，爲商民兩害，懇請通詳，以保地方事：

緣武穴沙地一帶來源發自田〔家〕鎮陽城山，自陽城山以下四十里許，間有出煤處。從前本地射利之徒私行偷挖，則武穴有回禄之災。來龍之説本屬渺茫，但屢挖屢驗，經各憲禁示在案。昇縣方並勒有永禁碑石，嗣後利徒遂無有偷挖情事。竊思利之所在，人所必趨。假使有利無害，何以自有兹山以來，從未有經掘挖而留完璧以至今日乎？且武穴日用之煤皆自湖南運來，遠貴近賤，物價皆然，何必情願捨近圖遠，棄賤買貴，必不聽其掘挖而爲之請示嚴禁乎？此萬不可開挖，尤不待辨而自明矣。

近聞招商局委員奉札來開此山以預國計，地方何敢抗阻。但山僅開數日，即於是數日火已叠燒三次，幸撲滅未燎。是利於國計者猶後，而害於民生者獨先。然此不過小試，尚且應響如神，若日後大興土工，似此應驗，則武穴並沙地一帶房屋居民靡有孑遺矣。生等仰體仁憲愛民至意，謹將不可開挖苦情據實縷稟，爲地方計，非自爲計，懇賜通詳恩全地方，生等與商民皆頂戴無暨。上稟。

陳旭麓《盛宣懷檔案資料選輯之二》湖北開採煤鐵總局荆門礦務總局《郭師敦考單》　一、英國內部考單

英國內部正郎葛爲頒給執照事：

照得一千八百七十二年間，御制《紀捷全書》第三十篇七十六章第三十五、三十六兩頁，欽定第六百四十九款開煤礦政章程，内載考選督辦煤礦事務人員，例應給發執照，以便遵守等因。兹據各學政詳稱，現有郭師敦，係本國北省葛臘史谷，介内氣而第一條逸耳街原籍，業經遵照東史考倫例規考驗，該員實係真才，似應給予執照，以示鼓勵等情詳請前來。查該員持躬嚴肅，練達老成，足征品學兼優。爲此，遵例給照，以昭憑信。須至照者。

英歷一千八百七十五年六月十一日給。照字第一千一百六十七號（發照處地名：懷安德浩而）。

一、礦藝業師贈略

郭生師敦，自一千八百六十七年從學於予，今已五載。所授文藝礦學之年，舉止端方，洵堪嘉尚，且能致志專心，習練礦務，如外面看礦，内而書記之類，至其將次學成之日，已由各處争相延置，廣爲測探煤礦及識別五金礦務等事。迨一千八百七十一年，使赴美國煤鐵公司襄理礦務，該公司一在本國葛臘史谷，一在美國華昇敦口。郭生在彼，專司安置熔鐵汽爐機器等事，以及陸續安排，漸臻妥善。數月前，有在該公司帳者回里，與予面述，予亦信其才能，蓋知弟莫若師也。嗣聞汽爐各件，全套具備，郭生料理精詳，甚合該公司主人之意。予生平所學，固已授諸郭生，而郭生於吾言，尤能潛心領會，且其任事認真，不肯苟安，以圖姑息，質本貞誠，性亦廉潔，能於煤鐵各礦學講究入微，洵是善理礦務之才。將來凡有測探開挖各礦等事，欲其辦理者，即以此紙爲薦書可也。予因深信無疑，故欣然而叙其品學之優如此。

英歷一千八百七十五年正月十六日，羅伯生書於克臘史谷第一百二十三條惟生德街之羅、史合辦文礦各務處。

一、煤鐵公司董事贈略

郭君師敦，爾雅温文，精通礦藝，前在葛臘史谷及華昇敦口之煤鐵公司辦理礦務。於一千八百七十二年八月間，又往美國亞喜亞境内承辦七丈高之熔鐵汽爐兩具，並添設各項時下精巧之自來火燈，及庫房、製造房、鋸磨、泥磨、焊炭爐、公事房、棧房、工作所等項，又料理緊要各事，並造火車鐵路數條，由熔鐵廠直達開挖鐵礦處，及畢德史暴葛、星星内德、羅以史等鐵路生火開行之總口，安排一切，無不精當，甚合本公司之意。所設汽爐各件，於本年七月間告成，兹已開工熔化矣。諸工既竣，郭君將與本公司作别，同事諸君，念其才堪勝任，咸相推許，將來凡屬礦務，俱可委其經辦也。因信其品學之優，爰述大概，且寓引薦之

意焉。

英歷一千八百七十四年十一月三十日，煤鐵公司首董施周華書於克臘史谷第三十條奥史華而街。

陳旭麓《盛宣懷檔案資料選輯之二》湖北開採煤鐵總局荆門礦務總局《張斯桂上盛宣懷禀光緒元年五月上海》 同知銜候選知縣張斯桂謹禀大人閣下：敬禀者，竊職於三月廿九日奉札委，前往湖北廣濟縣屬之陽城山一帶訪查産煤處所。遵於四月初九日起程，十三日在武穴登岸，十四日到廣濟縣署，面同署縣史令妥商。當經傳集鄉(紳)約於十九日導往山前山後查看情形，確見陽城山自西北迤邐而至東南仙姑山而盡，袤延四十里之遥，俱是荒山亂石，既少樹木，又無墳墓，詢屬官山，不關民業。細察石格，的是泥板石層，真屬産煤處所，隨處多有，開挖亦易。且距沿江水際，近在三四里，遠不過七八里，運載亦不廢力。但職限於時日，兼乏人夫，未經開挖，不能詳知煤層之厚薄淺深。惟查舊時民間頗多私挖之處，計田家鎮相近共有十餘洞，蟠塘石步嶺有兩洞，郭家村之東南山上亦有兩洞。私挖既多，則近山人民之願挖可知。且該處土産多麻，麻宜煤火烘焙，則就地之需用孔亟可知。

又查陽城山之西首山上俱鑿石燒灰，歷年已久。其東首仙姑山前鑿山取石，廣行販運。則此山之東西兩頭俱已開鑿，即中間挖煤亦無關於山脈，可類推而知。遂於廿八、廿九兩日，即在舊時私挖之處浮面采取零星煤塊，細加試驗，知係松白煤之類，而於製造局火爐、招商局輪船皆屬合用。因隨帶煤樣六、七斤來滬呈繳，伏乞察核施行。職桂謹禀。光緒元年五月　日禀。

陳旭麓《盛宣懷檔案資料選輯之二》湖北開採煤鐵總局荆門礦務總局《李瀚章翁同爵會札盛宣懷文光緒元年六月初五日武昌》 頭品頂戴兵部尚書湖廣總督部堂李、兵部侍郎湖北巡撫部院翁爲札飭事：

照得富國首在足民，足民宜先興利。利源所在，取於人者有限，取於天地者無窮。現在中國設廠製造輪船，需煤甚多，與其購自外洋，不若採諸内地。兹本部堂、院訪聞廣濟縣所屬之陽城山，袤延四十餘里，原係官山，並無墳墓。該山向産塊煤，近山居民往往私行開挖。似此利源所在，棄之未免可惜，自應派委大員確切查勘，以便設法開採。查有布政使銜直隸候補道盛宣懷，熟悉煤礦情形，現在因公來鄂，堪以委令會同江漢關李道督帶湖北候補知縣史令致謨，前往查勘，合行札委。札到，該道即便遵照，會同李道並帶史令前赴廣濟縣陽城山地方查勘：該山煤苗是否暢旺？所産煤塊是否堅致合用？開採之處與附近村莊、墳墓、道路有無窒礙？審度地勢，詳細繪圖禀復，以憑覈奪。仍將起程日期先行報查。此札。光緒元年六月初五日。

陳旭麓《盛宣懷檔案資料選輯之二》湖北開採煤鐵總局荆門礦務總局《李明墀盛宣懷諭吕益大等光緒元年六月二十二日盤塘》 爲諭飭事：

照得本道等六月初七日奉湖廣督部堂李、湖北撫部院翁會札，督同史令致謨前赴廣濟縣陽城山地(□□)(查勘)煤苗設法開採等因。除札行廣濟縣並出示曉諭外，查陽城山及盤塘山一帶煤苗尚旺，現已擇於六月二十二日設廠雇工開挖。惟該山前經土民私挖，各前縣諭禁在案。現在官山官開，尤應嚴禁私挖，以杜影射等弊。本道除飭縣密訪查拿，合即諭仰本地紳士前署石首縣訓導吕益大，會同候選道庫大使劉宗祥、州同銜張鍾典、縣丞銜郭在岐、張獻庭、監生郭在松等充作首士，就近在陽城山、盤塘山一帶嚴查密訪，如非出示開挖之處，即作私論。本廠所雇工役均有花名腰牌，如查無腰牌者，即係私挖，均準捆送，從嚴重辦。其查獲私挖煤炭，着即一概充公，幸勿徇縱。

再，查該鄉鎮堤工、書院係屬地方要舉，需款孔殷，擬俟開獲煤斤、銷售得價，每百噸準提錢二十四串文以充堤工、書院經費，按季由該首士吕益大等向局具領，以備公用。所有該首士等經理賢勞，自應酌提薪水，準即在於前項經費二十四串之内，提出四串，以資辦公。如須添人幫辦，準由該首士等選擇廉明，公同薦舉，慎勿冒濫，毋違，特諭。

諭前署石首縣訓導吕益大、候選道庫大使劉宗祥、州同銜張鍾典、縣丞銜郭在岐、縣丞銜張獻庭、監生郭在松。

札行廣濟縣史令。

光緒元年六月廿二日稿。

陳旭麓《盛宣懷檔案資料選輯之二》湖北開採煤鐵總局荆門礦務總局《李振新致盛宣懷函光緒元年七月初三日盤塘》 敬禀者：廿九日張筱秋兄由武附輪赴滬，曾肅寸丹，托其面呈，計邀青鑒。葉道兄、趙哨官砲船均於廿八日赴盤塘，高韵兄、屠子兄廿九日亦偕行赴廠。初二日辰刻，卑職復親往察看，所出煤苗愈挖愈佳，質既堅實，色亦燦然有光，三數日内當可得其尤妙者，隨當寄呈鈞詧。惟日出不過數擔，緣無木料作架，購猶未到也。諸務刻俱平適，堪慰憲廑。朔日午刻，突由督銷總局專丁賫到藩憲飭知，以卑職代理當陽縣河溶巡檢事，奉檄之餘，不禁茫然若失。分銷局務現蒙程局憲委員暫爲庖代，明日即可交替矣。惟煤廠開創伊始，一切需人，葉道成諸兄各有專責，且係生地，呼吸恐難相通，沈印堂、張筱秋兩兄又未前來，一時無人可以接替，紬思塵訓，何敢顧而之他，卑職竊恨其委檄來遲，不得面乞憲臺代爲辭謝也。欲專丁赴滬，又周轉需時，用是函懇史幹輔大令代謁漢黄（德）道憲，乞其以委檄咨繳藩憲，另委他員往署，尚未識能否邀準。憲臺如致漢黄道憲函信，便中伏祈俯賜噓植，俾免前行，庶克盡心報效，則長蒙鞭策，遠勝矮屋棲遲矣。身遥心邇，不獲面陳，臨穎無任依馳之至。祇肅寸稟，恭叩崇安，伏維垂鑒。卑職李振新謹稟。初三日。

陳旭麓《盛宣懷檔案資料選輯之二》湖北開採煤鐵總局荆門礦務總局《李瀚章致盛宣懷函光緒元年七月十七日到武昌》 杏蓀仁兄世大人閣下：別後縈懷，適披惠問，就審縈旋申浦，勛履維宜。淮軍由臺灣分起覬旋，諸須照料，賢勞益著，企係曷任。

陽城山煤苗既暢，並有鐵可採，天地美利所在，業經勘估確實，自不宜隳此始基。閣下擬就已成之局，雇夫逐漸開挖，將來操縱在我，所見甚是，已與玉帥剴切言之。

弟定於月之十八日登舟，經至桃源起旱，取道黔中前進，陳司馬計可趕到同行。峴帥另薦兩員尚未接信，林牧達泉素耳其名，肯來相助，深愜鄙願。專泐奉復，敬頌勛祺。附完芳版，余惟愛照不宣。世愚弟李瀚章頓首。

《申報》光緒元年七月二十三日《煤礦開工》 鄂省開礦一役，本館屢經述及，前悉湖北巡撫翁中丞檄委候補縣史公致謨前往勘驗，頃已回省龍見並稟知。於前月二十六日業已開工，矣此舉一開，實與中國大有裨益，但不知總其事者能善處之否。

陳旭麓《盛宣懷檔案資料選輯之二》湖北開採煤鐵總局荆門礦務總局《張福鑚致盛宣懷函光緒元年七月二十九日盤塘》 敬稟者：七月廿六日稟報武穴煤廠情形，諒邀鈞覽。六月廿二日初開龍口，共得煤一百數十擔，遂通昔年舊洞，空無所有，是以停工封閉。七月十六日所開沙坑龍口，葉道成駐該處督工，共得煤三百多擔，雖洞底有水，尚可旁掘。七月十八日本廠對面所開龍口，在半山中，人少費省，尚未挖深。

首士郭在岐昨經往晤。自開辦以來，地方安静，民無間言。曩日本地私挖之人及興國龍頭，均情股報效。今公同商酌，訪察收留，譬如鹽務之化私梟爲官運，又如軍務之納投誠爲先鋒，度地開口，或可拔十得五。凡開口，雖據龍頭來報，必親往履勘，無礙墳墓，諏吉祀神，而後興工，每口只準五人，每名每日給飯食錢五十四文，取具領狀，給發腰牌。俟見煤再酌添人，看出煤之多寡，定工價之重輕。現又續開數處，皆如此辦理。是否有當，伏乞大人訓示祇遵。在事者均和衷共濟，時時巡查約束。

刻下水勢漸平，農田望雨。再，此稟雙縫，一遞金陵同人公當，合併聲明。肅稟，敬請勛安，伏祈垂鑒。卑職張福鑚謹稟。七月廿九日自煤廠繕發。

陳旭麓《盛宣懷檔案資料選輯之二》湖北開採煤鐵總局荆門礦務總局《張福鑚致盛宣懷函光緒元年八月初五日盤塘》 敬稟者：七月廿九日肅具兩稟，一遞上海，一遞金陵，諒均邀鑒。沙坑龍口從旁挖進，連前共得煤六、七百擔，上有石篷，下有石墊，闊二尺許，其中皆煤。邇日加工汲水力掘，可望多獲。其餘新舊所開九處，或已見煤尚未暢旺，或尚未深邃，半月之後定見分曉。昨日得雨，惜不甚多，農田稍資潤澤。地方安静，工役無嘩，堪以上紓廑念。趙游戎常川到廠照料，並派勇丁各口彈壓。卑職等不時稽查，庶免生事。

李從九振新前月到漢謁見漢黄德道，垂問煤廠情形，以憲臺函至，旋蒙照準咨留，該員感荷恩施，擬即赴廠力圖報稱。七月杪舟次盤塘，因婦瘋魔日來更甚，不得已，乞假兩月，送往常州，即當來廠當差。匆遽之間不及繕稟，囑爲轉達憲聽。

漢口肇廣代買木料、蘆席及各什物，均隨該員坐船帶到，照單收存。

沈未入聯綏，於七月十五日在省寓病故。七月薪水二十千由李從九交胡少岩送至伊家矣。

帳房屠子良接到家書，其同居堂兄病歿，又所住之宅滿期，伊父囑其暫時假歸，回家料理送葬、讓房諸事。子良患痔未愈，此間醫藥兩難，前經文案高潤生函申病狀。子良今自武穴搭輪船赴漢取衣物，即由漢徑赴金陵，親詣臺端，面陳顛末。所有帳目存錢均交卑職接辦，容開清單呈請大人鑒核。

督工葉道成急需皮汲水筒二具，約長五、六丈，圓徑三寸，共四、五節，長短可以隨意截續，有銅頭有機器，僅用一兩人手挽，其價不昂，如同輪船汲水洗抹之皮筒，但不知何名耳。

又牛莊豆油二三大簍恐裝運不易，偶有損破及滲漏不止，無人照料，難至武穴。再，此稟仍金陵、上海雙縫，合併聲明。肅此具稟，恭叩勛安，伏祈垂鑒。卑職張福鎮謹稟。八月初五日自煤廠發。

《申報》光緒元年九月二日《開礦購機器》　臺灣之雞籠山有煤礦焉，鍬鋤坌集丁有聲，然勞倍而功未及半，職者嗤之。兹聞中官已命開煤礦之機器人名太薩者，往英國購辦開礦機器，復代僱熟諳煤礦礦務之西人，前赴雞籠以司礦役。此説若確，則取之無禁，用之不竭，即以是爲富國之見端可也。

陳旭麓《盛宣懷檔案資料選輯之二》湖北開採煤鐵總局荆門礦務總局《張福鎮論廣濟開煤光緒元年十月初四日盤塘》　竊細繹開煤要法，履勘陽城峰巒，諮詢耆老工役，就現在時事論之，廣濟縣誌陽城山乃官山無賦，袤延四十里，樹少石多，不皆産煤也。凡石質青潤，氣脈流注，而形如蓬巒者産煤，其石理欹斜而枯吝者不産煤。至於煤層厚薄，非開井不知。開井當在何處，非老於此者不辨，俗謂之龍頭。惟興國、瑞昌人能之，廣濟人不盡知也。領首開井宜用廣濟人，有家室田廬維繫，不致潛逃，且易於約束。而龍頭須用興國、瑞昌人，始知門徑。現開十三口，除難挖三日停工外，其中未旺三口，已旺七口，實在出煤八千擔，今方過秤，仍各堆各口，俟收發所定地再行起運。今改論擔給價，以期踴躍趨事，而免坐食惰工。西士著書，有兼善天下之志，觀其産煤形勢，證以開煤要法，益服實事求是功夫。第中外出煤各异，而廣濟不及京師西山、湖南衡州之多且好也。俗説鋪山炭、牛皮炭，蓋指煤層薄而易取易竭。所謂正倉、大倉皆不可驟得。惟今之計，宜多開龍口，以二十處爲率。凡屬官山經本地紳民來報者，必親往履勘，果無礙墳墓，又非本年三煞太歲，準其具結狀，領腰牌，諏吉祀神，爲文祇告，而後開鑿。初開祇準五人，見煤再加五人，先給神福、飯食及鍬鋤鈎斧、竹麻蘆蓆、燈油木植。果能開成，即改論擔給價，既論擔則各物不與。惟鑿深而穴遠須防崖崩窟塞之險，其撐洞木植仍然給發，以重民命。果獲正倉、大倉，再用西法機器，以機器價昂而費重也。

外國開煤有盈有虧，事閱多年，經歷多人，其法乃備，洵非孟浪從事。聞旗昌九江行伙，在興國租山開煤，兼用西法，人多費重，得不償失，且鬧毆差之事。而興國本地人，循其土俗，同時開採，頗見功效，此信而有征也。惟開井既多，必得勤慎明干者數人，分道監工，核定章程，事有所統，方免別生枝節。前明開礦，閹竪肆虐，民不聊生，鋌而走險，至今賢士大夫罕言礦事，良有以也。果能體察民情，保護墳墓，因勢利導，擴而充之，未嘗不可裕國惠民，是在經理得人耳。以武侯之賢能，尚集思廣益，故凡事均宜熟商，製造必征衆論。倘師心自用，徒襲西法之名，知其當然而不知所以然，則畫虎不成，耗財而於事無濟，豈不惜哉！若夫補偏救弊，因時制宜，神而明之，存乎其人，未敢以刍言爲定論也。

陳旭麓《盛宣懷檔案資料選輯之二》湖北開採煤鐵總局荆門礦務總局《張福鎮再論廣濟開煤光緒元年十月初四日盤塘》　聖人有言：「敬鬼神而遠之」。《協紀辨方》，本年三煞太歲當避。六月廿二日所開盤塘山龍口，正在三煞方。葉與趙游戎自武穴坐長龍船至盤塘，遇暴風落水，幸而無恙。趙雲，涉江數十年，從無此險，因而修船許願酬神。其開鑿之柯龍頭、陳耀富同患腹腫之病兩月有餘。開此龍口，用錢將二百緡，得煤僅百擔，洞中空空，遂爾停工。所謂日工夜工無异雙工錢，此費重之由也。屠、高二君皆知，而葉爲龍頭所蔽，竟不知也。

蓮花心乃民山，群峰環繞，面臨清流，山間有墳百十冢，下港張氏祖塋，郭在岐母墓皆在焉。龍頭袁善之朦葉開鑿。七月杪聞風即同高履勘，立飭停工，否則人心不服，從此多事矣。

厥後綫網山，亦係墳塋纍纍之民山也。袁指鹿爲馬，聲稱劉家岩龍口之南煤旺，可以接開一口，葉爲所混，遂擅挖劉家岩過峽之綫網山矣。經有墳之後裔梅開甲、梅正春繪圖求勘屬實，旋同趙勸葉停工，以保墳墓，至今紳民咸知，共相傳播。嘗從容勸葉曰：「君年逾五十，而子甫六齡，當保全人家墳墓。我朝厚德深仁，入關定鼎，罷平墳之令。上憲開煤，裕國惠民，諄諄保墓，我輩宜體此意，毋偏聽袁言，致失民心，有傷忠厚，且大局攸關也。」又曰：「君在鎮江、揚州，所如未合，纍已纍人。今爲開煤領袖，宜撙節浮費，駕馭龍頭，嚴而不苛，寬而有制，將來漸有成效，可佐軍國之需，亦即一已衣食之源也。」輒悔語太質直，進忠告而未能善道耳。

嗣聞袁龍頭違禁令，潛往鑄錢爐地方私自挖煤，當囑葉之乃弟寄語立即停工，並給諭帖，由趙之長龍船派勇查察。兹據復稱：鑄錢爐墳山乃楊姓閤村祖業，並非官山，其地在馬口之上，距劉家岩十五里，距武穴四十里。袁帶沙坑舊領腰牌三面，率夫役十數人，即在墳前開挖，該居民環求另行擇地。袁云：「奉憲開煤，有墳當遷，有屋當拆。」居民憤憤，無可如何。但見有腰牌，無告示，又無官來祭山，疑其冒充。正在聚人驅逐間，袁聞飭停之語，又聞鄉民舉動，星夜逃走，同伴各散。該居民見勇丁穿號衶，持諭查察，禁其私挖，共慶祖塋克保，無不以手加額矣。袁之跋扈，久應懲治，第素爲葉所信任，投鼠忌器，有礙和衷共濟之誼。且負纍田家鎮余恒發米鋪錢八十千，方肉店錢十數千，此外尚有零星欠款。該龍口飯食工價，經菓開支清楚，未諳有無糾轕之處，不便深求。此番逃去，挖墳之厄庶幾免夫！第開煤不能不用龍頭，但用之、勿爲所用，斯得知人善任之道矣。

《申報》光緒元年十月十八日《湖北開礦》 相傳湖北總督經已奉旨準將該省丙錢礦開挖，又□業經設有公司，集銀共十萬兩，以資開辦。此亦一善舉也。

陳旭麓《盛宣懷檔案資料選輯之二》湖北開採煤鐵總局荆門礦務總局《湖北煤廠應歸湖北籌辦並擬改歸官辦議光緒元年十月中旬天津》 輪船招商局之原起，中堂鑒於中國官商不能如外國官商相聯一氣，是以創官督商辦之局，爲天下開風氣之先，並不欲攘天下之利權盡歸於一壑也。煤鐵乃收天地自然之利，較之輪船僅收商人流通之利有更形重大者。如磁州、臺灣、祠山、樂平、濰縣、池州等處，俱經勘議而未成。竊嘗思其不效之故，由於本省官民與客官、客商情誼不洽，譬諸人之一身，上中下三焦不通，即成膈症。於是籌思各省礦務應歸各省自辦，而使官、商、民同溥其利，則三焦通矣。因憶從前隨宦鄂中，見廣濟縣稟禁開挖武穴煤山，丁卯年履其地，乃知其地濱江，考其志始知該山屬官，怦怦於中將十年矣。今則曠覽地勢，方知簡便易辦莫如此地，必從此地着手，各省乃得樂而踵行。逆料官紳之成見，必歸本省籌辦，方無异議。逆料地方掣肋（肘），必與士民共利，方無阻梗。故鄂省雖上下不以爲然，而仍苦志經營，力陳利歸本省之說，而异議者始熄，斯役方底於成。

奉中堂暨各大憲批令仿照輪船局招商辦理，明乎另開一招商局面矣。遵飭招徠，十萬巨資一呼而就，乃益悟外國辦一事即開一事之公司，曰輪船，曰燕梳、曰開礦、曰鐵路、曰電綫、曰織布等等，各自集資籌辦，所以各自有成，並未聞以一公司而能包羅一國之利權，以一人而能畢天下之能事。蓋人心各有信從，而辦事貴乎專責。故輪船招商因利權盡歸一手，是以接替之初，助股踴躍。近唐丞復設一保險局，另招資本，數日而集股份十五萬，其故無他，信從耳。倘强令保險十五萬歸併輪船總帳，猶之强令煤股十萬歸併輪船總帳，同一難也。勢有不能，其故無他，無所信從耳。若以湖北已成之煤廠改而歸併輪船，出自憲意，誰敢不遵！其將就此一礦而止耶？抑尚欲勸他省嘔盡心血而創其成，俱爲我攫而得之耶？恐湖北一廠之成敗，尚在未定，他省更不必言矣。中國自强轉移大計，在此一舉。憶自本年三月飭張令斯桂赴鄂，至今半年矣。局内局外知之甚詳，而有責其謬妄，而絕無人惠然匡助，相與圖成。逮至股份招定，規模粗具，而始議改歸併，遵飭招商者何面目以謝衆商！今欲令輪船局商人多沾餘利，而使創辦者失信於人，夫何足惜。使富强大舉，有始無終，縮大爲小，誠足惜矣！如謂輪船之商是官辦，而煤廠之商非官辦，則必謂開煤非可奏之案，非已詳之案，非今已飭官督商辦之案而後可。輪船局攬江廣之漕米，而局外者尚以一局攬數省之利，物議及之，而况欲盡天下之利權而攬之耶？且煤廠與機器、招商兩局相表裡，是以磁州原議設煤廠，中堂責成津、滬機器局議辦，而不責成招商局，誠以機器局爲國家禦侮之本基，而招商局究係衆商公司，難免局外物議故耳。今者，中堂垂愛萬分，以謂歸併亦借可分創辦者之謗，而創辦者反欲以歸併重主持者之謗，曷敢出此！

再四籌思，爲保全此局，推廣各省，除本省招商自辦外，惟有仍照磁州原議，改歸官辦一法。擬請中堂給發直隸練餉錢二十萬串，請湖北給發公款錢十萬串，仿照製造局責成在官，由中堂會同湖北奏明遴派大員督辦，定一發賣官價，以敵洋煤，其利息除地方捐輸、局用五厘之外，一概歸公。以一半繳至天津充海防經費，以一半繳湖北充江防經費。準用官輪船徑由武穴儎運赴滬，税厘盡免。是使與製造、輪船兩局相維相係，而免偏重輪船招商之弊。實係本題正辦，大有益於國計，而凡世之漁利者莫得而動心焉。

或謂官辦恐有侵蝕。豈官督商辦便無侵蝕乎？如製造局、厘金局每年百數十萬之出入，亦未聞敢有侵蝕者，是在用人立法之善耳。

陳旭麓《盛宣懷檔案資料選輯之二》湖北開採煤鐵總局荆門礦務總局《湖北開採煤鐵總局試辦開採章程六條光緒元年十二月十七日盤塘》 計開：

一、地勢宜擇要審定也。查湖北廣濟縣屬陽城山笠兒腦上至通江源，下至馬鞍山，約長四十里許，俱屬官山，煤苗隨處皆見。其山下濱臨大江，現在試挖煤井數處，離江干十餘里、三五里不等，俟將道路修築平整，可以自製小車，借便轉運。盤塘爲衆山適中之地，石堤以内不致水淹，並測量該處水勢較深，可以停泊重儎船隻。現擬購地蓋造總局及煤棧、碼頭，以便居中調度，並請刊發「湖北開採煤鐵總局」木質關防一顆，以昭鈐信。

一、開採宜逐漸擴充也。查該山産煤全用土人開挖，煤層之厚薄，煤路之遠近，究未能先事測量。現在因地制宜，暫照湖南、江西開挖之法，選擇數處，雇募土人專用人力開取搬運，以期逐日得煤若干，不致坐糜費用。惟土人開法遇水輒止，遇有石夾亦止，是以湖南、江西諸山廢井甚多，不能如西洋、東洋開礦之法全力貫注，悉心研求，所以大礦難得而重利亦難獲也。現擬先延熟悉礦務、諳習化學之西匠，由局督同逐漸推究，並已購定起重、汲水、測量機器，以助人力，收事半功倍之效，總期利溥於公，權操自我。再，查陽城山對江山地兼產鐵礦，將來亦當會同地方官詳細察勘，如果試驗鐵質可供製造輪船、槍砲之用，再行分別官山、民山，因地制宜，另議章程，以次開採。

一、用人宜各專責也。此局係屬創辦，布置綜核，駕馭中西工匠，事務繁重，職道宣懷自應親總綱領，常川駐局，往來籌辦。職道明（墀）職守攸羈，亦當會同籌商，督飭地方文武員弁，認真稽查彈壓。並擬稟請添派提調局務一員。此外，由局遴用總監工一員，總收發一員，其餘機器所、工料所、文案、翻繹、轉運稽查以及各煤井監工、收發，均由局隨時酌派。總期一人有一人之實濟，各專責成，毫無曠職。俟辦有成效，分別勞績，詳請獎勵。其有薦托員弁幕友概不録收，以杜虛糜。並請撥派砲船兩隻，准勇數十名，借資照料。更恐外來不逞之徒，勾串土人乘機私挖，希圖影射，致啓争端，應飭地方文武員弁，會同本處首士嚴行查禁。除首士已於（提）〔堤〕工、賓興、書院捐款內，每噸提錢四十文作爲獎賞外，所有本局辦事員弁、司事、勇丁人等亦擬每噸提錢四十文以充犒賞，由局察看，分別勤惰，按季派賞，借資鼓勵。倘局中員弁、司事人等，有敢侵蝕分文，察出立即從嚴參辦。

一、官本宜核實支用也。所需開採資本已奏定在直隸撥給制錢二十萬串，湖北撥給制錢十萬串。並聲明用竣之後，續籌接濟。此項奉撥之款，由局陸續請領，責成職道宣（懷）駐局親自勾稽。如購辦機器，雇用洋匠，起造局棧碼頭，修築車路，置備輪船，以及煤井需用物料，開挖搬運工價，販運水脚，俱係開採資本，應在前項撥款內核實支用，造册開報，並將各礦逐日得煤運銷實存數目以及售收價值，按月開具四柱清折稟報。

一、售款宜繳還資本也。所採煤鐵售出價值，除應完税厘，酌提局用，並捐發本地堤工、書院、賓興各費以及本局辦事員弁、司事、勇丁等犒賞外，概由局分繳湖北、直隸，陸續提還官本。俟提清後，即以此項餘利作爲江海籌防經費，分解濟用。如以後由局自製輪船所收水脚，亦俱匯繳官本。

一、官煤宜廣開銷路也。官開煤斤，自應先儘兵、商輪船及製造各局定購備用。如非預定，即由本廠自運自售，以免堆擱。且本山煤質不一，有合於輪船、機器之用者，有合於民間炊爨之用者，應酌量配合運銷。惟就地不得售與洋人，免開中途起卸貨物之漸。至自運煤斤赴滬，擬即選擇殷實可靠之行棧堆儲，並派老成熟悉之員駐棧督同售銷，棧租（一）切悉照民銷章程核給，以期推廣銷路，毋庸另設局棧，免滋糜費。如有拖欠短少，均着該棧賠償。

中國第一歷史檔案館《光緒宣統兩朝上諭檔》光緒二年正月七日　軍機大臣字寄大學士直隸總督一等肅毅伯李、兩江總督沈、兼署湖廣總督湖北巡撫翁，光緒二年正月初七日奉上諭，李鴻章等奏鄂省試辦開採煤鐵一摺。據稱湖北廣濟縣所屬陽城山産煤甚旺，興國州所屬山地兼産鐵礦，兩處均可開採。現由李鴻章、翁同爵籌撥資本，制錢共三十萬串，擬即派員設局試辦等語。此事爲該省創始，必須詳細籌畫，以期悉臻妥協。翁同爵即飭令道員盛宣懷妥爲經理，並飭道員李明墀會同籌辦，督飭地方文武認真稽查彈壓，毋任滋生事端。仍著李鴻章、沈葆楨隨時督籌查察，以防流弊。至煤鐵所售價銀，即著照所擬提還湖北、直隸。資本俟提清後，即以此項餘利作爲江海籌防經費。該督等務當督飭各員，將支發各項核實動用，毋稍虛糜。將此由四百里各諭令知之，欽此。遵旨寄信，前來。

「中央研究院」近代史研究所《礦務檔》第四册《光緒二年正月初八日總署收軍機處交出北洋通商大臣李鴻章等抄摺奏辦湖北廣濟興國煤鐵礦務》　正月初八日，軍機處交出北洋通商大臣李鴻章等抄摺稱。奏爲察勘鄂省煤鐵，擬先派員設局試辦開採，恭摺會奏，仰祈聖鑒事。竊臣等迭奉寄諭，籌辦江海防務，先後查照總理衙門原奏各條，切實復陳，欽奉光緒元年四月二十六日上諭，開採煤鐵事宜，著照所請，先在磁州臺灣試辦。派員妥爲經理等因，欽此。查臺灣雞籠等處，業由臣葆楨等督飭開辦。其直隸磁州煤鐵，經臣鴻章派員查勘。該處距水口較遠，陸運維艱，訂購機器亦未運到，所産煤鐵，是否足資採用，仍須詳細覆勘，始能定辦。本年七月間，據分發直隸補用道盛宣懷以湖北廣濟縣所屬陽城山，向産煤觔，擬請開採，稟由本任湖廣督臣李瀚章，暨臣同爵，派員會同漢黃德道李明墀督率廣濟縣前往確勘，據稟勘得該處陽城山笠兒腦，上至通江源，下至馬鞍山，約長四十餘里，俱屬官山。山麓間有墳墓，山下間有村莊，均離産煤之地尚遠。審度地勢，毫無窒礙，該山至江口，陸運不過十餘里，尚爲便捷。當與該處紳民妥商試辦，均甚樂從。即經雇募民夫試挖，煤苗暢旺，質亦堅緻，可資瀛爐製造之用。並勘得附近之興國州所屬山地，兼産鐵礦，堪以開採等情稟覆前來。伏查現在津滬各局倣造外洋軍火船砲，並於上海奏設招商輪船局，攬裝漕米，兼載客貨，閩廠製造兵輪船，分佈南北海口巡防。皆爲考求洋法，以立富强之基，而機局輪船所需料物，以煤鐵爲大宗，必須購自外洋，始能合用。平時洋商已不免射利居奇，設有緩急，尤難深恃，自應就中國現有地利，設法開採，漸開利源，以利民用，且可漸分洋人之利，即臣鴻章前奏所云。我利日興，則彼利自薄，實爲不易之理，於大局裨益非淺。但若令商民自爲創辦，不但招集股分，易生觀望，尤恐別滋流弊。該處本係官山，應官爲督辦，庶可涓滴歸公，稽核亦易周密，臣等往返函商，意見相同，似爲目前必不可緩之舉。擬即派委道員盛宣懷前往該處設局，先行開採煤觔，訂購外洋吸水起重機器，安慎經理，逐漸擴充。並飭漢黃德道李明墀會同籌辦，督飭地方文武員弁認真稽查彈壓，所需開採資本，由臣鴻章在江蘇典商繳還練餉項下，撥給制錢二十萬串。臣同爵在湖北存儲公款項下，撥給制錢十萬串，核實支用，所採煤鐵，即以售給兵商輪船，及機器製造各局之需。所收價值，除應完稅釐，酌提局用，並捐發本地隄工書院賓興各費外，概令分繳湖北直隸，陸續提還官本。俟提清後，即以此項餘利，作爲江海籌防經費，分解濟用。仍飭將應辦事宜，妥議章程，稟候核奪，並由臣等隨時督籌查察，以期事可經久，款不虛糜，所有擬請試辦開採鄂省煤鐵緣由，謹合詞恭摺具陳，伏乞皇太后皇上聖鑒訓示。再，此摺係臣同爵主稿，合併陳明，謹奏。光緒二年正月初七日，軍機大臣奉旨，欽此。

陳旭麓《盛宣懷檔案資料選輯之二》湖北開採煤鐵總局荆門礦務總局《李鴻章批光緒二年正月初十日保定》 欽差大臣辦理通商事務太子太保文華殿大學士兵部尚書直隸總督部堂一等肅毅伯李批：

據詳已悉。該道等試挖湖北廣濟陽城山煤礦，自六月起截至上年十一月止，共得煤三萬餘擔。計半年之久，出煤不及二十墩，足見中土僅用民力開採，獲利無幾。現既奏明仿用洋法，定購機器，欽奉諭旨，飭籌妥辦，在中國實爲創舉。該道等膺茲重任，必須審度利弊，詳慎經理，逐漸擴充，以期款不虛糜，事可經久。

查覈所議章程，如第一條，在盤塘山購地建造總局及煤棧、馬頭。既稱該處爲衆山適中之地，兼沿岸水深可泊重船，自應照議辦理。洋人挖煤，首重運道。其煤井至江干宜如何修路、製車，便於轉運，務須相勢妥籌省費得力之法。所請關防已由鄂省就近刊發開用。

第二條，開採煤鐵如仍用土人陳法，斷難盡利，自宜酌雇熟諳礦務西匠，並購起重、汲水、墊路、測量等機器，以期事半功倍。惟雇用洋人，必須有真實本領，妥立合同，試驗有效，權操自我。興國州所屬山礦及廣濟本山既兼産鐵，亦應察勘試煉鐵質若何，次第籌辦。

第三條，用人擬酌定執事。除盛道親總綱領，須常川駐廠籌辦，李道會同籌商，督飭地方文武稽查彈壓外，其監工、收發、轉運等事，應酌用妥實耐勞之司事，不必盡用委員。蓋近時委員習氣頗重，不可不慎之又慎也。凡有薦托員弁幕友概行屏絶，不準濫收，致增糜費。局面宜收束，不宜鋪張。用一人須得一人之力。據請派撥砲船兩隻、淮勇數十名，業經湖廣督院飭令昇字營周提督得昇並軍需局分別酌撥。如有私挖影射，應令地方員弁嚴行查禁，毋任稍滋事端。所擬酌提犒賞，應準照辦。惟委員、司事人等如敢侵蝕分文，定即從重參辦；辦公不力，亦即撤换，毋稍瞻徇。庶賞罰嚴明，免滋流弊。

第四條，開採資本現經直、鄂兩省籌撥制錢三十萬串，應責成盛道駐局親自勾稽。其雇匠、購器、設局、販運等用，準於前項内核實動支，按月造報，並將挖煤銷數報查。其未開局以前，由盛道出資試辦一切費用，必須劃清界限，專文報明，俟官本提還後再由餘利項下陸續歸款。惟購置機器動須巨款，務必先行察勘煤層、鐵礦確實情形，是否足資開採，謀定後動，毋稍涉率忽。

第五條，挖煤所售價值，除應完稅厘及提局用、犒賞、本地捐費外，餘即盡數分繳直隸、湖北官本，俟提清後再撥濟江海籌防經費，届時仍妥擬三省分成撥解具復。嗣後如由局自置輪船所收水脚，亦俱匯繳官本。總須涓滴歸公，勿得絲毫含混。

第六條，官開煤斤應盡兵、商輪船及各製造局豫定購用。如非定購，即由該廠配合四路運銷。惟不準就地售與洋船，致開中途卸貨之漸。至運滬行銷，照議擇股實行棧堆儲發售，毋庸另設局棧，免滋耗費。設有拖欠短少，均著該棧賠償。

現在中國製造輪船、槍砲以煤鐵爲大宗，酌仿洋法，就地開採，實富强之根本。該道等果能堅苦經營，實事求是，視公事如家事，掃盡官場虛浮冒混之習，自可日起有功。他省官商皆當聞風取法，其利十世、百世，未可限量。昨將臺灣夏道擬辦鷄籠煤礦章程清折抄寄盛道查閲，比照籌辦，仰即虛心講求，撙節用費，以廣利源，而副厚望。仍將續後情形隨時據實馳稟查覈，並候各轅批示録報。繳。正月初十日。

陳旭麓《盛宣懷檔案資料選輯之二》湖北開採煤鐵總局荆門礦務總局《英礦師馬立師雇用合同光緒二年正月二十五日漢口》 督辦湖北開採煤鐵總局布政使

銜湖北漢黄德道李、布政使銜直隸題補道盛爲立合同約據事：

本道前奉各大憲奏準札飭開採煤鐵，先在廣濟縣屬之陽城山一帶先行試開煤礦。今擬添雇熟悉開礦及諳練機器之洋人一位，名馬立師，年三十六歲，世居英國矮拉倫城。據伊自稱，曾經承辦外國開礦機器事務二十餘年，實係熟手，情願盡心竭力充當本局監工。現特延雇到局，即行會同本局委員監工辦理，應將所議各條開列於後：

一議，該洋人既充本局監工，無論大小事體總當聽從本道主使，勤慎妥當，誠實辦事。禮拜日仍應照常辦公。並須隨時隨事先行禀明本道，斟酌妥當，方準照辦，不得擅自主張。如有不遵約束，即就近送交領事官。

一議，先在廣濟縣屬官山四十里之中，無礙民居墳墓地方，準該洋人選擇煤層深遠之處，禀明開工試挖。需用工料均由本道派員採買、儲存，該洋人隨時親書英文如何布置撥用，並由本道遴選勤慎委員，會同監工照料。應用工匠均當隨時雇用，工匠如有不好，只應禀明本道後準其撤退，不得擅自扭打。

一議，本道如派往他處看山，或向輿國州擇地兼採煤鐵，該洋人均遵差遣，不得推諉。並須將所看之山有礦無礦，親筆自書英文呈閲。如遇本道公出，該洋人應聽本局提調委員差遣約束。若非本局差遣，不準自往他處看山，私自取利，以及鄉間打獵，致擾鄉民。倘有事告假，須先期報明緣由，允準之後方可動身。凡奉本道差遣出門，均當由局派人護送同行，該洋人私自出門，倘有不測，與本局無干。如遇疾病等事，各安天命。

一議，現在試辦之初，尚不知本處煤層是否深遠，該洋人能否辦有效驗，言定先行雇用六個月，準從英歷一千八百七十六年正月初一日起，六月底止。言定每月伙食及一切開銷漢口洋例銀三百兩，按月給發，不得預支。如遇公事出門，盤川準由總局代發，其餘一概不問。倘該洋人所指之地，打簽子後如法開挖，並無效驗，徒費資本，是該洋人所稱開礦熟手全屬誕妄，應將其欺妄緣由刊佈中外新聞報，以示懲儆。如有違約不遵本道差遣，即未滿期亦當聽憑隨時停歇，薪水隨時停止。現在煤礦未定何所，所有該洋人住處，或暫租民房，或暫雇船隻，以資栖息。

一議，六個月期滿之日，或撤退，或留用，悉聽本道做主。届期應將此項合同約據兩紙，仍向漢口英領事衙門銷訖。如果六個月已滿之後，本道或須留用，無論久暫，另再續訂合同約據。嗣後倘能日見擴充，能如日本國達革西馬煤礦大獲利益，再行詳請奏明從優奬賞。

光緒二年正月二十五日，英歷一千八百七十六年二月十九日立。

洋人　馬立師（簽名）

見证　湖北江漢關委員　石宗建（簽名）

湖北開採煤鐵局委員　徐黼昇（簽名）

英國駐漢口領事　英領事（印，簽名）

此約訂於漢口英領事衙門。

陳旭麓《盛宣懷檔案資料選輯之二》湖北開採煤鐵總局荆門礦務總局《湖北開採煤鐵總局告示光緒二年正月盤塘》本總局示：

照得募雇興國窿夫開挖各口工價，本有定章。惟窿路遠近不同，如遠至二十丈之外者，每石塊煤給工價錢五十五文外，加賞號六文（窿頭一文，挖手三文，挑夫二文）；上等運滬之碎煤每石給錢三十五文外，加賞號三文（窿頭一文，挖手一文，挑夫一文）；中等本地銷售之碎煤每石給錢十五文，不給賞號。務須挖取净煤，方準收煤付價，倘或稍有夾什以及下等碎煤難於售銷者，概不作數。此次定價格外從寬，各窿夫務必認真揀净挖取，毋違，特示。

發貼：阮家山，阿彌陀山，金銀渡。

光緒二年正月日。

陳旭麓《盛宣懷檔案資料選輯之二》湖北開採煤鐵總局荆門礦務總局《張福鑛、李振新致盛宣懷函光緒二年二月初七日盤塘》敬禀者：正月廿七日肅具寸禀，諒邀臺覽。頃接鎮江二月初一日鈞諭，敬悉肇廣代買玻璃、更鼓等件，前已收到。所有總局工程，遵即趕快建造，惟望天晴方能如期告竣。修堤之舉，前已傳諭郭慕周、郭鶴樓、阮竹君會同各首士集議，繕具節略，俟到即行呈上。郭烈岡請開民山，静候飭縣查復再辦。

卑職福鑛前同萬令周歷各龍口巡視情形，正月出煤約計四千餘擔，容俟晴曬數日，秤見確數再行開呈。趙鳳翔新開六口，内有三口石多難掘，其餘三口尚未見煤。阮大有停工，阮秀志、阮永清均見煤影，易綉林龍口晝夜分班，共四十多人，洞中上下左右皆煤，不知其際。惟窟深路遠，碎煤每擔廿五文，不敷工飯，環求加增，以示體恤。新製鐵器，所挖整煤無多，雖然增價五十文，仍是碎多整少。李家山煤井，因雨漬水，出煤不旺。新開二口，甫經興工。沙坑曹廷珍，亦因漬水，如天晴數日，尚可進掘。新開柳樹坪無煤停工，亦經卑職振新前往看視。劉家岩陽城山開洞放水，皆須天晴甫能爲力。獅子山之事，傳説紛紜，人情未翕，前請龍令諭令鄉保李大際舉薦領首開煤之人，昨經龍令給諭，限三日内舉出，俟舉出，即令具結，給發腰牌，惟冀輿情浹洽而後開工。

德安銅礦已據武生羅虎臣查明，今將蔣燮卿所稟抄覽，原稟及繪圖、銅爐、土石各件，俱存局内，候憲節臨楚核奪。

附上頌南一函，興國開煤已詳信中。洋人所辦錐煤機器何時可成？廣濟煤井大半有水，兼之春雨綿綿，人力難施，且井小而勢曲，洋龍身大難入，不能得勁，擬請憲臺商之機器局，另籌汲水良法，使深至三四十丈彎彎曲曲而水能汲出，乃利用之美器也。務乞裁酌施行，不勝仰望之至。肅稟，恭叩勛安，伏祈垂鑒。卑職張福鐄、李振新謹稟。二月初七日盤塘繕發。

陳旭麓《盛宣懷檔案資料選輯之二》湖北開採煤鐵總局荆門礦務總局《吴念椿擬興國開礦條款光緒二年四月二十日到興國》 署武昌府興國州遵將擬就條款開具清折呈核，須至折者。

計開：

一、打簽探視煤處田地，每簽洞給錢五千文，無論煤之有無。

一、開礦田地價值，按畝數照民間上等田價加倍給賞。挖出煤後，不論多寡年月，照契價按月三分給息，賦從出主完納。俟煤盡停工，該田地仍歸原主。

一、礦邊堆煤廠處田地，照上等價值給賞，聽憑蓋造搭廠，賦歸出主完納，按月給照契價息一分。停工告竣後産歸原主。

一、照定章運銷煤一百噸提存給費二十四千文，除給紳士辛資、地息外，餘剩者撥存本處，賓興並州城書院平分。

一、開礦處設有堤工築修，將所提經費除給紳士辛資、地息外，餘剩者作三股分：以二股歸提〈堤〉工，以一股歸於州城書院。緣（提）〔堤〕工係紳民俱各受益，則賓興毋庸提也。

一、每礦用本處紳士二人照料，聽憑地方官選委，不準自行薦争，每月每人給予辛資四千文。

陳旭麓《盛宣懷檔案資料選輯之二》湖北開採煤鐵總局荆門礦務總局《李明墀盛宣懷咨馮焌光文光緒二年四月二十日盤塘》 爲咨請事：

竊查敝道奉湖廣督、湖北撫憲委開武穴煤鐵各礦，前由英國定辦開煤各項機器，兹於四月十七日據彙豐洋行函報購運到滬，相應抄粘清單，備文咨請貴道函致關税務司查驗進口，起儲廣生煤鐵公棧。俟運赴武穴應用時，另文咨請出外，爲此，合咨貴道請煩查照施行。須至咨者。

計粘清單一紙。咨蘇松太道馮。光緒二年四月二十日咨。

司梯分孫防火燈　四十六盞

開燈鑰匙　十二個（計一箱）

起煤汽機　一對（轆轤、滑車、鍋爐與各器俱全）

司梯分孫防火燈　一盞

新式燈　一盞

克蘭呢防火燈　一盞

戴微防火燈　一盞

大煤車　二個

小煤車　二個

連柄煤鑿　二十四個

連柄大手錘　六個

銅剪劈　二十四個

方口鏟　十二個

「中央研究院」近代史研究所《礦務檔》第六册《光緒二年五月十七日總署收軍機處交出雲貴總督劉長佑抄片密陳滇省洋務情形並請開礦練軍》 五月十七日，軍機處交出署雲貴總督劉長佑片稱，再雲貴兩省軍務初平，姦宄未靖，民生久困，休養宜先。舉凡察吏安民及地方善後事宜，在在均關緊要，臣雖情形未熟，智慮不周，而現任貴州撫臣黎培敬，新授雲南撫臣文格，皆與臣心志相孚，可期共濟。惟雲南省屬有外夷交涉之事，多歸總督承辦，如臣愚昧，既無機警之性能，窺見其包籠，又無辯捷之才能，折衝於口舌，而事非經歷，責無可辭，有不得不爲之過慮，爲之預防者。謹就管見所及，爲皇太后皇上密陳之。雲南之夷務，視他省不同，他省之洋人，傳教通商，歷年已久，訂爲和約，習見共聞，但能各守而毋違，即可相安於無事。若雲南之夷務，創議未成，而微臣於此邦莅官伊始，上下之性情未習，容主之疑懼方多，剛柔與拒之間，苟失其宜，非結怨於部民，即啓嫌於彼族，雖有能者，拙於兩全，況若臣愚，安能兼顧，此雲南之時勢，所以獨難於他省也。而洋人之所欲，則更有異於他省者。何以言之，洋人之志在利藪，而雲南素號窮鄉，似違其志矣。洋人之技在輪船，而雲南又非澤國，似失其技矣，失其技，違其志，而猶多方設難，期於通商而後已者，臣知其貪心更熾，而其機心愈深也。蓋雲南雖稱疾苦，而五金並産，據有礦山之利，洋人覬覦，已非一時，雖無顯示之情，而碼加理等各案，牽延反覆，安知非故爲挑撥，以要求於我也。夫利在而置之無用，與取之無方，是自失其利也，自失之利，其能禁人之攘奪乎。聞洋人之識地質者，用以開礦，力不虛勞，而利可倍獲，苟得其地，而善取之，貧乏之患，恐不僅滇省一隅矣。欲爲先發制人之計，莫如覓洋人之能者，厚給工資，使爲我用，抑或於江蘇福建機器局內，擇中國之諳習洋法者，就地製備器具，攜帶赴滇。如法開採，則利由自取，權不人操，內以裕軍餉之源，外以遏洋人之欲，自强之策，其在是乎。

陳旭麓《盛宣懷檔案資料選輯之二》湖北開採煤鐵總局荆門礦務總局《李明墀咨盛宣懷文光緒二年六月二十日漢口》　欽加布政使銜湖北漢黃德道監督江漢關稅務兼辦通商事宜李爲咨會事：

光緒二年六月十九日，據圻州知州熊牧稟稱：案據卑州在籍運使銜安徽候補道夏允昇稟稱：『竊照州治南關外之迎山，又名寅山，又名銀山，爲蘄春之保障，洵文脈所攸關。其間古昔陵墓，志載昭然。下此小民墳塋萃處。道光二十一年有馬光照等開壟挖煤，致傷墳墓。經李瑞玉等公同稟究，蒙陸前憲訊明封禁，得以保護無虞。今廣濟縣屬之陽城官山奉諭開煤，與州屬之迎山兩不相涉。且讀局憲示諭：遇有民間墳墓屋宇之處，並不開挖。竊以局憲仰體皇仁，澤及泉壤，凡屬存没，感戴同深。乃於前月杪，忽來煤局委員，携帶多人，住居馬姓，在迎山开挖壟口，不數十日，已至數十丈之深。其間墳墓叠叠，與所開壟口切近者不過咫尺，有無侵害尚不可知。職因祖墓多冢厝葬此山，聞信後當即往看，正在現開壟口之後，其古陵賢冢亦皆相距匪遥。嗚呼！掘煤之慘百倍掘墳。掘墳者自上而下，其拋骸也顯而易見。掘煤者或左或右，愈挖愈遠，其拋骸也，隱而難知。况該山古昔王陵，我朝有加意防護之諭。即小民枯骸墓冢，憲恩有不挖之條。又况此山之聳峙雨湖，於州龍不無關係，何甘隱忍聽其侵害不顧也。爲此，懇查片札卷宗及粘抄州志示案輿圖，稟請臺前賞準詣勘轉詳請止，庶得陵墓保，文教培，蘄之人戴德無暨矣。職等不勝感激之至』等情。並據舉人袁秀昇等五十名紛紛稟同前由。當經卑職親詣該處會晤高委員勘明現開煤壟之所，查對輿圖州志，係屬卑州。志載迎山前後，葬有前明王墓及古今鄉（宧）〔宦〕各墓，其他紳民墳冢碁布星羅，不一而足。復查現開壟口與早年馬光照私挖煤壟挖經封禁之所，相去咫尺。其民墳與煤壟口外切近之處不及十丈。前明端穆王墓與盧參政墓亦皆相距不遠。兹據該紳民等具稟前來，合將卑職往勘大概情形，呈録州志輿圖，據情稟乞查覈，可否咨請停工，邀免開採迎山防護塋墓之處，伏乞批示祇遵等情；據此。

查蘄州迎山一帶，無論是否産煤之地，似應飭令委員會同該州採勘明晰，稟請開採，方協輿情。乃高委員並不知會該州，竟於墳墓附近之所，遽行開挖，難保不與紳民口角争執，釀成事端。且該處於道光二十一年因民人馬光照在山私挖，滋訟數載，經前州陸牧訊結封禁，自應停止開挖，以護墳墓，而協輿情。除批飭該州查照外，相應咨會。爲此，合咨貴道，請煩查照，希即轉飭高委員立即停工，以免滋事。仍祈見復，望切施行。須至咨者。

計抄蘄州另稟一紙，摘録州志一紙。右咨督辦湖北開採煤鐵總局布政使銜直隸題補道盛。光緒二年六月二十日。

陳旭麓《盛宣懷檔案資料選輯之二》湖北開採煤鐵總局荆門礦務總局《盛宣懷致□□□論礦事書光緒二年七月中旬》　可於一二處開其端，而凡有礦之處，必當踪而興之；可於煤鐵礦肇其始。而凡五金之礦，必當推而行之，誠非可限以方隅也。

事當創始，督斯役者，以迄員董工匠，一無所知，重聽命於洋師而已矣。訪聞外國，只須我能認礦，便可自行開採，不難致富於俄頃，而欲求其棄自家可富之道，越數萬里而就聘於我，恐更非製造、輪船之機器匠師可比。是以開礦不難在籌資本，而難在得洋師。蓋籌資本於目前，即可獲子母於日後，又非同造船製器有耗而無來也；礦事之成敗利鈍，實以洋師之得人不得人爲定，而其本領又不難在開礦，而在認礦也。認礦只須得一二人，便可遍視各省産礦之地。夫以一二人而可揣十餘省之地利，亦不妨優給薪資，併當議明開成一礦給賞若干，使其專心爲我所用。其餘布設機器之洋匠，並不居奇，可以隨時延雇。惟此種人材，亦宜儲備。應一面在於同文館及閩、滬各廠選擇略諳算學聰穎子弟一、二十人，隨同學習。每見洋人看礦，以土石顔色，並將藥水浸煮分辨所産，外國博物院各國開礦之土石均有儲備，亦應購備考證。並請飭出洋學生酌分一、二十人在外國專學開礦本領，二、三年之後即可先行回國。實以開採爲大利所在，未便使外人久與其事，目前則不能□□行權耳。

至於民情，似可無慮，但前以事在必行，利在與共之意，雖浮動强悍如興國、廣濟，亦能漸就範圍，他處亦必不爲難。第所慮者，不在民情而在官紳而已。故不必患事後之滋事，而患事前之阻撓。近來興、濟兩邑開採，並無异詞，而忽有圻州知州熊變竟敢通禀，以毗連廣濟，關礙該屬風水，並執圻州有明朝端王陵墓，恐礙風鑒之説。凡此謬妄之談，易惑上下之聽，猶幸民心固結，竭力維持，僅免摇動。否則，不僅湖北已成之局決裂於目前，更恐後之人無敢任斯役矣。在此種庸劣州縣意中，以職道爲隔省道員，即當面受其詬罵亦莫敢誰何；並聞該牧以奉飭交卸在即，欲借此鼓惑紳民爲留任之計。在職道何所加損，然而人心風俗之憂也。

如以開採爲不足致富强，請從此止；如欲就開採爲自强之本，斷非一局所能賅，亦斷非一委員所能辦。必應援照船政大臣之例，請旨簡放剛正明干大員爲礦政大臣，延聘頭等洋師二人爲正副監督，率同遍視各省産礦之地，擇其利厚者，隨時奏明，次第開挖。凡可以開採之處，準礦政大臣選派委員，添雇洋匠，專司其事。無論各省開採若干處，俱歸督辦；地屬何省，即會該省督撫奏事。不欲速而取效必多，不惜費而利源必暢。此開礦之必專其任也。

陳旭麓《盛宣懷檔案資料選輯之二》湖北開採煤鐵總局荆門礦務總局《李瀚章致李鴻章函光緒七年七月中旬武昌》 徑啓者：自盛道赴鄂省開辦礦務以來，前此扦煤武穴，成效未睹，虧累已多。繼復設局于荆門，始而收買運售，既又集股開採。若果事尚可爲，何妨委曲調護，期收桑榆之效。乃迄今三載，局務既無起色，虧項亦毫無彌補，而徒屢禀求減公家税厘。夫使税厘減而有損於公，無害於民，亦可淡漫視之，乃事竟大謬不然。推求其故，蓋由荆門礦煤久經土民辦運，該局名爲開採，實則收買民煤轉售牟利。該處煤色即使能抵洋煤之用，而收民煤以轉賣，焉用此局爲耶？且歷委員董並未躬親局務，徒令司事經理，局中糜費且不過問，司事借端蒙蔽，弊竇實多，雖免厘減鈔，力輕成本，仍於公事無濟。五年間，李守金鏞曾屢向蔣守銘勛言及，局事斷難擴充，公項無從填補，自係實有所見。本年金董接辦時，禀請將未净之煤不合輪船之用者，即在沙市售賣，以其揀擇餘煤，爲數當屬無多，自可照準。茲據荆州蔣守禀稱，該局收買民煤堆存沙市，商煤至則減價争售，商煤盡復抬價居奇，以致商民皆病，怨讟煩興。

查礦局之設，原欲開中國未興之地利，收外人已占之利權。荆煤本小民素有之生計，官家攘奪，已非設局之本意，况又壟斷以罔利乎！且局煤由收買而來，既屬不净，不合輪機之用，即不應濫行收買。若該煤無利可圖，或不合下游銷售，即應停止購運。今上損國税，下礙民生，而於洋煤無毫末之損，於公虧無涓滴之益。若不早變計，恐至不可收拾，悔之無及也。除批飭仍照定章辦理並咨明冰案外，應加函商請尊處，即飭停止買運，並將荆局裁撤，以歸覈實。特此布商，並盼示復。專此，順頌勛祉。

陳旭麓《盛宣懷檔案資料選輯之二》湖北開採煤鐵總局荆門礦務總局《礦山領結光緒二年七月二十九日富池》 具領結袁飛南，緣本年正月曾將金竹墩山地一座賣與煤鐵總局開礦採煤，言明山價錢九十二串文，當已書立契據，業經領過錢四十五串文，今又領得錢十串文，俟煤挖見大礦，再行給領錢三十七串文。近聞新定章程，開礦山地先後僅給錢四十串文，並按年三分給息。竊思身所賣之價已倍於定章，情願懇恩仍照原議之價九十二串文給領，不敢再領息錢。該山聽憑永遠開挖，亦不敢稍有异説。惟求俟煤挖盡停工，將該山賞還執業，霑恩無既。所具領結是實。

光緒二年七月廿九日。 親書「具領結袁飛南」六字，余則請户兄均平代筆。

陳旭麓《盛宣懷檔案資料選輯之二》湖北開採煤鐵總局荆門礦務總局《工頭甘結光緒二年八月十七日富池》 具甘結工頭陳於智、田自泉係瑞昌縣人，實結得現奉湖北煤鐵總局招募，充當工頭，領受腰牌，開挖興國州屬胡人山煤礦。工頭暨所雇民夫均係情甘赴局承充礦工，自充之後，照章辦事，不敢有違。煤斤木料均不得稍有偷漏，有則願受處治。如有礦工疾病、受傷等情，均係工頭之事。倘遇煤礦不測，各安天命，應得恤款，照軍營病故例，每名給發銀五兩。所有礦内防護土石，嚴禁火燭，關係重大，工頭自當格外謹慎，不致疏虞。理合出具甘結備案，所結是實。

光緒二年桂月十七日。工頭陳於智、田自泉具。

保人彭慶雲、陳柏亭。

中國第一歷史檔案館《光緒宣統兩朝上諭檔》第二册《光緒二年十一月十九日》 軍機大臣密寄大學士直隸總督一等肅毅伯李、兩江總督沈，光緒二年十一月十九日奉上諭，丁日昌奏臺灣事宜亟應統籌全局，並省城臺灣勢難兼顧情形，及擬於臺灣舉辦礦務墾務各摺片。臺灣時勢今昔懸殊，自宜及早圖維，俾資實濟。丁日昌所擬購鐵甲船，練水雷軍，造砲臺，練槍砲隊，開鐵路，建電線，購機器，集公司各條，亦屬目前應辦之事。惟同時並舉，所費不貲，該撫請於江海等關各借撥銀二十萬，以爲權輿，再由官紳百姓湊集，公司數十萬，以期次第舉辦，並稱臺灣事事創始，非僅住半年即能辦有頭緒。省城臺灣勢難兼顧，須專派重臣督辦數年，方可徐議。督撫分駐之局所陳各節，是否可行，李鴻章於洋務情形最爲熟悉，沈葆楨從前辦理臺灣事務，該處一切機宜自必周知，應如何擘畫盡善之處，著該督等妥密籌商，速議具奏。丁日昌指日赴臺，擬先於北路試辦礦務、墾務，並擬於香港、汕頭、厦門等處設立招墾局，冀免窮民出洋傭工之苦。所陳不爲無見，但經費必須寬籌，方能有濟。並著李鴻章、沈葆楨通盤籌畫，奏明辦理。原折才均著抄給閱看，另片奏請將江蘇候補知縣高心夔調赴臺灣，藉資臂助等語，著沈葆楨飭令該員迅速前赴臺灣，聽候差遣。將此由五百里各密諭知之，欽此。遵旨，寄信前來。

陳旭麓《盛宣懷檔案資料選輯之二》湖北開採煤鐵總局荆門礦務總局《黄辰上盛宣懷稟光緒二年十一月二十日富池》 面諭幫辦興國州富池一帶開採煤窿辦理富池厘務鹽提舉銜候補通判黄辰謹稟大人閣下：敬稟者，竊卑職前稟興國富池開採煤壠通盤合算價目情形在案，於十一月初九日奉批：據稟興國富池一帶試開煤窿通盤合算價目情形，春夏大水與秋冬枯水，時令不同，脚價迥殊，自係實在情節。惟興國開窿較多，目前既盡用民力開採，不可不約定章程，以示限制。所有煤窿應留應棄，雇夫飯食工資、房屋、傢伙、木料、竹席、燈油、神福、司事薪資，挑力什費一概在內，運至船上交卸，以各窿出煤有無多少，通扯核計，塊煤每擔實需本錢若干，碎煤每擔實需本錢若干，如徑運至富池分廠交卸，每擔應加若干，如徑運至武穴分廠交卸，每擔應加若干，仰該員迅即撙節核實稟覆，以憑酌定辦法，幸勿稍有浮冒，致負厚望等因；奉此。

卑職奉委試開興國富池一帶煤窿，周圍計程三十里之遥，下河道路五、六、七里不等，出煤多寡不一，惟各窿人工、木料、司事薪資、竹席、燈油等項，均歸出煤多寡爲率，合計給發。以碎煤一石給該窿夫工價錢二十五文，蘆席、木料、燈油、煤船、什費等項以出煤一石合給錢五文，司事、秤手、火夫以出煤一石合給錢五文，通盤細算，碎煤一石堆放本山實需成本錢三十五文。塊煤，窿夫工價加倍計錢五十文，蘆席、木料、燈油、煤船、什費等項以出煤一石合給錢五文，司事、秤手、火夫以出煤一石合給錢五文，另雇揀煤人工、蓋煤蘆席木料每石加錢五文，合塊煤一石堆放本山實需成本錢六十五文。

如春夏大水之時開運，挑至各窿水口船上交貨，通盤合算，秤手發籌、薪資、火食，挑力每石細核實需錢三十七文三毫。統扯以出碎煤一石實需成本錢七十二文三毫，塊煤一石實需成本錢一百零二文三毫。卑職初次試辦，毫無把握，伏思憲臺批示，諄諄告誡，總宜撙節爲要，卑職再四躊躕，不辭勞怨，通盤合算，減而又減，以運煤之日秤手發籌人工項下每石再酌減二文三毫，以期仰副大人簡拔之至意。如此核算，出碎煤一石，船至各水口交貨，實需成本錢七十文；塊煤一石實需成本錢一百文。

如船運至富池分廠交卸，業經傳各船户面議，通盤細核，以煤一石加船錢八文，上廠挑力錢四文。四共合計，大水時每碎煤一石運挑至富池分廠交卸，實需成本錢八十二文；塊煤一石實需成本錢一百十二文。

如運至武穴分廠交卸，計程三十里，每船一隻裝煤一百石，用水手二名，舵工一名，每人每月給工食錢四串文，船價每月給錢四串文，共計錢十六串文。以三日往返二次核算，每石需加錢八文。總計核實運至武穴分廠交卸，每碎煤一石實需成本錢九十文；塊煤一石實需成本錢一百二十文。

以上均係大水開運之實在情形。若秋冬枯水之時，挑運道路較遠，每石需加力錢三十六文，上廠力錢二文，共計每煤一石加錢三十八文。

惟分廠秤手發籌人工一切事用，均係另行添雇，議給薪資工價。竊思大人開採煤窿均用民力，上籌國餉，下衛民生，卑職惟有盡心籌畫，通盤切實細算，錙銖計較，不敢浮冒，有負委任。凡新開窿口一穴，山價錢十串文，窿夫傢具錢二串文，神福錢八百文，隨時請領。如遇煤色不佳而兼正礦未見，未能旺出者，自當即行停止，所發傢具尚可移往他窿作用，隨時稟報。至於搭篷什用傢具等件，因有借用民房，亦有自搭廠，一切木料將來亦可歸作他用。惟搬移起造無定，擬統歸卑職暫爲應墊。俟辦公經費隨時格外節用，如有餘剩陸續彌補，倘實無盈餘，再行稟請開支。

卑職現今初次開採試辦，總宜煤净火旺，絲毫細核，遇事節省。果能暢旺，均皆净煤運滬。所用人力，辛苦异常，恐難兼顧。需用實有不敷之處，再行稟請加增，是否允準，出自鴻恩。

謹將興國富池開採煤窿，大水枯水人工夫價船價一切實在情形，理合備由呈請憲臺俯賜查覈，伏乞批示遵行。肅修寸稟，恭請崇安，伏祈垂鑒。卑職辰謹稟。光緒二年十一月二十日。

陳旭麓《盛宣懷檔案資料選輯之二》湖北開採煤鐵總局荆門礦務總局《開礦司事砿頭人夫章程光緒二年十二月初三日到盤塘》 諭開礦司事、砿頭、人夫等知悉，所有議定章程各條開列於左，計開：

一、司事薪水俟得煤酌量議給，火食每月每人一串八百文，月費錢二百文，局費錢二百文。如用有餘，各友均分；倘遇不敷，各人攤賠。不準另開雜用。

一、伺候司事火夫，每日閑時即做雜務，撿點煤塊，不準偷懶。

一、砿頭每日督率衆夫，克勤做工，不得疏忽懶惰，日出煤斤，由秤手拿杆，總宜多稱，免後解運欠缺。如數不足，每煤一石作錢三百文，仰司事、砿頭、秤手、衆夫公賠，如違，責革不貸。

一、試開砿口應用夫幾名，該砿酌量商議，不準濫用，多使糜費。每日每人給發工食錢八十文，得大礦煤斤，照章發給礦内人夫，以十日算給工食，不準挪借。

一、礦内應用燈油隨時由帳房發給砿頭，所用糧食、油、鹽憑折取貨，折歸帳房收管。

一、開礦應用家具各自撿點愛惜，不準遭賤，每砿只發家具一次，以後如有損壞失落，該砿頭自行攤賠，不得再發。做工人夫等不準賭博鬧酒，如違責革。礦内火夫一名，閑時幫做雜務等事。

一、該砿如得大礦，遵照章程如數出貨，追上十日，每人給工食錢一百五十文，以示體恤。凡司事所管砿口，以十日結算一次，出煤若干開折報局。

一、砿口甚多，用人多寡不等，未能劃一，總以出煤爲率，合算給發工食。以挖煤一人，拖煤一人，每日出貨三十石，方準每人給工食錢一百五十文。如挖、拖五人只出煤六十石，只作四人，每人應給錢一百五十文，五人合計公分。砿頭，火夫亦照此數發給。如挖、拖三人日出煤六十石，亦照四人所得之錢申算給發，以示鼓勵。

一、砿頭經開砿口，督率衆夫，該砿日見茂旺，以百石外，砿頭給工食錢二百文。所出之煤務令衆夫撿點净煤，不準夾雜。如遇夾泥烏版，另行撿放一處，俟運煤後，該砿所存夾雜不净之煤，如能變價，勿論多少，統歸該砿衆人賞號。若不遵章，查出夾雜之貨，每煤一籮罰工食錢四百文，該砿頭派錢一百文，挖手派錢一百文，拖手派錢二百文。秤手不認真查明，糊涂收貨，查出每煤一籮，另罰錢二百文。如違，責革不貸。

一、該砿應用蘆蓆、一切物件，憑條給發，每月將出煤若干，人工火食需用，總開一折報局，以便核算，榜諭周知。

一、砿頭督率衆夫，凡事與司事商量，不準私行擅專。

一、遇開夾籮砿或挑泥水，均照試開砿口。給發工食錢八十文。

一、砿口衆夫每日挖煤一籮，以備局廠燒煤，如違，責革不貸。

一、每逢朔望，每夫神福一次，猪肉半斤，豆腐乾錢七文，酒錢六文，此係格外體恤之意。

一、進出應用錢文以及工食等項，均給九七大錢，不準克扣。自諭之後，各宜照章辦公，不得有違，切切。

陳旭麓《盛宣懷檔案資料選輯之二》湖北開採煤鐵總局荆門礦務總局《試辦湖北銅鉛礦條陳》 謹擬試辦銅、鉛等礦管見條陳四則，録呈憲鑒：

一、礦丁宜用本地居民，以便易於遣散也。一山左近不過數處村莊，每村多至十數家居民，人烟不密。礦務本係試辦，無須多人。先令該處團内之民願爲礦丁者，報名登册，以備充當。即仿照營規，十名爲棚，設一棚頭，易其名曰夫頭，以備便於稽查，務令輿情悦服，即有外來之民，亦無從混入。非惟無侵奪其利之人來，亦無易聚難散之患。

一、熔煉宜用本地爐匠，以絶私煉之弊也。查熔煉之匠，向以滇南、粤東、湖南爲最佳。惟長樂、鶴峰兩屬向有私挖私煉之民，若雇用他省，則其借此度日者，豈非其利盡失；其利失，必通同礦丁舞弊。竊謂礦石私煉，私煉之弊出，自必有害於公矣。故宜盡用本地之爐匠，所以絶通同舞弊之慮。

一、開採宜先招商試辦，以察地利之效也。天地自然之利，必應盡發其藏，然礦産之多寡，究何能卜。從前屢經商辦，而屢折資本者，皆因糜費過巨，資本過絀。現將試辦，先以節省經費爲第一，必使分文歸於實濟，不得任意虚糜，即使開採無效，資本亦不致過虧。足民固即是足國，若盡歸商辦，而納其厘税，未始非爲國計。惟現在各省設立機器等局，製造軍器所需物料，以銅、鉛爲大宗。若購自商人，必致居奇抬價。不若令該商先行試辦，以一年爲期，其效與否概可立見。若無效驗，期内亦準其報歇。一年之後如有大效，給還商本，悉歸官辦，所出礦産涓滴歸公。每月能收銅、鉛若干，所用經費若干，皆有商人之帳目可以稽查，即以其爲準繩，斷不致虚糜巨款，此費不繁而事易舉矣。

一、采取宜從逐漸擴充，以期廣收利源也。銅、鉛之出處，僅聞長樂、鶴峰兩屬有産此礦，已經派人詳細查勘。今又查施南所屬均産銅、鉛，鉛内多含銀質。此天材地寶，鬱積至今，自應及時采取。惟現在若全行舉辦，非特資本不敷，創始亦不必過於求迫，擬俟長樂、鶴峰兩屬一有成效，再往該各處詳細查勘，照章辦理，即以其盈餘之款作爲他處資本，此所以推廣利源，以期收效於日後。

陳旭麓《盛宣懷檔案資料選輯之二》湖北開採煤鐵總局荆門礦務總局《李明墀盛宣懷上李鴻章詳光緒二年十二月初九日盤塘》 爲詳請事：

竊照職道等前奉憲臺、南洋通商大臣、兼署湖廣督憲會折奏準開採湖北煤礦，曾將試辦情形節次詳報在案。伏查此舉開採官煤，原以各省現設船、炮等局及夫民間炊爨等用，需煤日多，與其購英美各國及日本之煤，利自外流，不若採中土自産之煤，利自我興。惟查咸豐年間和約所定税則，洋煤進口每噸税銀五分，土煤出口每百斤税銀四分，輕重懸殊，似由洋人圖運洋煤進口，故加重土煤之税，以抑勒爲壟斷，中國大利暗奪於人。其時民間開採之煤本屬有限，現在臺灣與湖北兩處先後奏請籌款開採，意在平土煤成本以抑洋煤，實目前之要策。然欲平我煤價，必先平我税則，方能行銷通暢。伏查同治十三年七月二十九日欽差大臣辦理臺灣海防事務沈奏請將臺灣出口土煤每噸減爲税銀一錢，即經總理衙門議準，並奏請將天津、登州、牛莊三口出口土煤仍照前定税則征收，毋庸議減。其臺灣一口，既據該大臣等奏稱：「該處産煤甚富，應準其酌量核減。此外，南洋通商各口出口煤税應否酌減，擬請飭下南洋大臣與沈等會商妥籌辦理」等因。竊思職局奉發官本，奏明由官開採，係與臺灣事同一律，且地處濱江，輪泊往來大多必須援照臺煤減税，以廣招徠，則以後土煤暢銷，税則雖減，而總計税入亦無所損，惟於成本較輕，庶足與洋煤相敵，且於民間生計大有裨益。至製造局、輪船局所用職局官煤，似援照福建船局所用臺煤向係免税，不在定則之内。今擬請將職局轉運出口之湖北所採官煤，援照臺煤減定税則，每噸減爲税銀一錢，伏乞憲臺垂念此舉爲興中國自然之利，窒洋煤進口之源，俯準會同南洋通商大臣聯銜奏明辦理。

再，職局轉運鄂煤，除輪船税鈔有通商章程可循外，所有職局自造運煤駁船原□編列字號，以便稽查。倘仍照商船逢關完納船料，不免沿途遲滯，有礙暢銷。擬照上海、寧波夾舨白皮殼等船章程，將船名號數咨明江漢關，發給牌照；按每四個月每噸納鈔銀一錢，即在新關完納，俾免逢關納料之煩。職道等實爲疏銷利用起見，伏乞憲臺俯賜查核批示祇遵，實爲公便。除詳南洋通商大臣、湖廣督部堂、湖北撫部院外，爲此具詳，呈乞照詳施行。

中國科學院歷史研究所《劉坤一遺集》書牘卷六《復涂朗軒光緒三年二月初二日》 再，楚南客商周姓等具稟，請來西省採煤，照完釐税，與廣東善後局詳請商人來西買煤，免抽釐税，由弟處先後咨達冰案，聽候核辦，初不計事之可否同異也。茲經行司彙核辦理，則煤礦之能否開採，及釐税之應否抽收，自能斟酌至當。憶弟在江西時，力拒李伯相開採樂平煤礦之議，誠以於地方格礙實多。又以假借公事，偷漏免釐，曾經奏請一律抽收，欽奉諭旨通行各省。維時何小宋權篆兩江，委員前來江西採辦木植，長江提督黄軍門亦在江西採辦米糧，均未稍涉遷就，兩公不以爲嫌。則弟今日之咨請採煤免釐，絶無成心，想荷鑒諒也。

陳旭麓《盛宣懷檔案資料選輯之二》湖北開採煤鐵總局荆門礦務總局《裁留委員司事薪水及局用約數折光緒三年二月盤塘》 謹將現在裁留委員司事薪水局用約數，開折恭呈鈞覽。

計開：

提調盛宇懷每月薪水八十串；

興國州分局委員萬中培每月薪水六十串；

又委員黄辰每月薪水四十串；

收發委員李振新每月薪水三十串；

監工委員張福鐄每月薪水三十串；

馬口巡檢每月津貼十二串；

司事人等每月薪水約三百串；

局差厨役每月辛工約二十串；

小工十名每月工食四十串；

總局及各分廠伙食每月約一百串；

小輪船、紅船每月工食約五十串；

雜用約八十串；

親兵柴米等項約五十串；

每月約共錢九百串。

陳旭麓《盛宣懷檔案資料選輯之二》湖北開採煤鐵總局荆門礦務總局《張福鐄洋人看山按日紀事光緒三年三月二十三日至六月十八日盤塘》 光緒三年三月二

十三日洋人到湖北廣濟縣盤塘煤鐵總局，時已三鼓。

二十四日洋人郭師敦(年二十八)、譚克(年四十)、派克(年四十二)來見提調及在事諸君，午後答拜。

二十五日至阮家山蓮花庵看山地，至武穴拜巴洋人、沈司馬。

二十六日至陽城山，遇雨而歸。

二十七日陰雨。

二十八日至沙坑，楊關渡看山，洋人進窿内細觀，經過田家鎮。

二十九日至李家山牛欄栅取石質。

四月初一日洋人禮拜。

初二日放船六爺廟港口。

初三日至蘭山、寅山、鳳凰山，皆進窿口細看，並登高遥望山脈。

初四日移舟馬口港西北，風暴，大雨如注。

初五日移舟田家鎮，登山遠矚，午後回盤塘。

初六日至興國州江濱之江家山、半壁山，看視窿口。

初七日循堤遥望南北諸山，安設木樁。

初八日洋人禮拜，坐小輪船至半壁山、富池口、鯉魚山，插旗爲識。

初九日循堤測量至武穴。

初十日循堤測量將至武穴。

十一日循堤測量，洋人請武穴巴洋人午飯。

十二日循堤測量，分道至磨盤山、積布磯，看山插旗。

十三日循堤測量，分道至磨盤山、積布磯，用千里鏡窥遠。

十四日至寅山，登高窥遠。

十五日洋人禮拜。

十六日循堤測量至武穴。

十七日測量山。

十八日測量山。

十九日洋人困乏歇息。

二十日過牛欄栅渡，黄泥湖，登金家山。

二十一日至翟家畈，測量山。

二十二日洋人禮拜。

二十三日洋人畫圖。

二十四日洋人畫圖。

二十五日洋人畫圖。

二十六日洋人畫圖。

二十七日測量笠兒腦諸山。

二十八日測量(楊)[陽]城山一帶各山。

二十九日洋人禮拜。

五月初一日過積布磯，登山測量。

初二日登舟，有興國之行。

初三日渡江至興國州城。

初四日開船過排市泊舟。

初五日至新潭鋪。

初六日至風火尖，看駱姓窿口。

初七日洋人禮拜。

初八日至龍港，寓於蕭氏祠堂。

初九日至箬田溝看窿口，在義頭山半中。咸豐二年開工，或作或輟，至今二十多年，現在深六十多丈，内分四巷。洋人、逸卿一同進窿看視煤層，每日出煤一百四、五十擔，如資本足、人力齊，每日可出煤六百擔，整塊十之四，碎末十之六，惟水多難以汲去。

初十日至老鼠窠看窿口，山勢高峻，開煤在山頂，光緒元年九月開工，十一月見煤，現在每日出煤百餘擔，整碎各半。洋人、逸卿進窿看視，深至三十丈，彎曲不一，煤層有七、八尺者，有五、六尺者，有三尺者。

是日又至普門寺看窿口，劉姓公山四面回合，光緒元年九月開工，二年二月見煤，現在用燈八十多盞，深約四十丈，煤層平正。洋人、逸卿進窿看視，洞内寬大，高丈許，闊八、九丈，共有一百二、三十人動工，每日出煤五、六百擔，整四碎六，惟水多難汲，另由窿内旁掘小巷，避水取煤。

十一日至石橋殿一帶看地，以酷熱而歸。

十二日黎明至小洞看窿口，山勢險峻，石質奇突，同治九年陳姓所開，今深七十多丈，從前曾出旺煤每日千擔，因水大而停，今租於窿頭代挖，每日出煤數十擔。洋人、逸卿進窿細看，整碎各半。鄉人但云距龍港二十里，其實往回將六十里。

是日由小洞折回，順道至老屋基，有舊窿口兩處，一在山中，因水停工；一在田中，因礙居室結訟停工。據鄉人云產煤甚旺。

十三日黎明至貴勝潭柴坑看窿口，山路崎嶇，曲折難行，同治十三年八月陳達先等六人開工，至光緒三年三月見煤。今深三十丈，分爲四巷，煤高五、六尺至一丈不等，寬五、七尺至一、二丈不等。洋人、逸卿進窿看視，一挖三駄，共用三十多人，每日出煤二、三百擔，整十之三，碎十之七，如人力齊，資本足，可出旺煤，但路遠挑力駁船費重，由龍港至貴勝潭往還幾八十里。現在陳氏族中爭山結訟。

十四日洋人禮拜。

十五日由龍港東南行五里至甘露寺，乃蕭姓公山，未曾開採，山勢平衍，洋人取石携回。旋至茶亭看山，其窿口在山中，昔年開深四、五丈見石而止，未曾見煤。

十六日洋人至普門寺一帶履勘平山，逸卿至老龍岩舊窿、普門寺新窿、楊泗泉、仙人尖、觀音岩一路看山、取石、繪圖，其石質有灰色、有黃色，或老或嫩，石層亦平斜不等。

十七日冒雨看山，由平地登高，即普門寺對面之大山，洋人審度石層稍斜，距龍港七八里，雨大衣濕而歸。

十八日大雨不止。

十九日黎明由龍港西南行十里，至黃橋地方，看平田水塘内舊窿。據土人云，煤甚旺，因礙墳墓，呈請封禁，並稱開深一丈即見煤層。當取煤塊帶回。又繞道三、四里，至孫家水牯山看舊窿口，取黃石烏版，冒雨而歸。

二十日由龍港寓中一路看山，至新潭鋪舟次。

二十一日洋人禮拜。

二十二日黎明由新潭鋪西南行二十里，至地坪梅看新窿口，每日出煤二、三百擔，洋人、逸卿進窿細看，煤層不厚，碎煤多而整塊少。據窿頭楊姓云，山下平地乃昔年大窿口，煤層高二丈，寬十丈，因水大無法汲去而停。其言未足深信。洋人評其石質，輒覺煤不甚佳。其對面山石略平，煤亦易取，而煤質不佳。順道陽辛、車橋兩處，洋人遙望山石，知其煤不甚好，毋須登山。

二十三日黎明由新潭鋪渡河看山，從吴姓村莊過石橋，歷十數山頭，登兩高峰，一日在下，一日文武兩箭，洋人一路取石，黃者居多，均帶回舟中。

二十四日由新潭鋪北行五、六里，經獅子岩側船山下平路而登高山，再行十里，至芝蔴坳看山石。是晚大畈（地名）袁麗澤送鷄籠尖一帶煤様四種，洋人評閲鷄籠尖煤質堅致最好。

二十五日黎明逸卿由新潭鋪西行，經陽辛過大畈八里至鷄籠尖看窿口，窿在山頂内，深三十丈，彎曲不一，寬約三、四尺或七、八尺，高三、四尺，兩旁烏版，其内煤厚一尺或一尺四寸，煤質頗嫩，其中三、四寸堅致最佳，此即洋人所喜悦者。此窿開已多年，因水大煤少，意欲停工，另從其旁開挖。山上石層斜平不一，灰石、黃石皆有。袁麗澤所開報地名皆實，而所報煤層多虛。次日逸卿坐划船到新潭鋪，舟中計往還一百四十里。

二十六日看新潭鋪南岸平山，東行七、八里，取石而歸，放船東下，晚泊排市。

二十七日由排市東南行十五里，經獅子岩、螺絲墩，所歷高山平山，仍係灰石，其下黃砂石、緑砂石，後看舊窿，詢之土人，云曾經出煤，因水而停。是日船移排市之東二、三里。

二十八日洋人禮拜。

二十九日由排市之東南登山越嶺，至牛頭山頂四望，取石以歸。放船南市，距興國州城七、八里。是晚大風暴。

三十日由南市登岸，看附近有鐵小山，取其石質。

六月初一日黎明自南市西南行十數里，經成家山，渡碧湖塘，至謝家山、岩子山，兩頭尖峰，高而無鐵。坐小船循湖東行，惟龜山一帶相聯平山十數叢皆有鐵，取石以歸，其鐵之多寡好醜，俟洋人用藥水化之，方能定其精粗。是日移船興國州城。

初二日出興國大西門，西行十五里至銀山，其峰巒起伏五、六叠而東行，洋人遍登高山，取其上中下石，據云山產銀鉛錫鐵，俟到盤塘用藥水化出分別層次。查銀山明萬曆年間太監杜茂開礦設爐百十區，晝夜不息，砂壓田地，馬食稻（梁）（粱），民以爲病，杜茂奏罷，士民便之，立碑頌德，今碑存而字泐矣。每月四關，耆民赴州具結不敢私挖，至今行之。

初三日酷熱，洋人微恙，相約歇息。

初四日再到銀山之西登高細閲，取其石質。是日午後開船東行五十里，大風暴驟至，泊舟湖濱。

初五日洋人禮拜。移船白沙湖，距富池口二十里，遥望鶏籠山。初六日初伏，行抵白沙湖至韓家冲看窿口，登山巔細觀石質略平。據土人云，乾隆年間曾出旺煤。旋放船經鶏籠山下，渡夾節湖，上大尖山看窿口，即至富池口。

初七日由富池口至避難窩看窿口，皆灰石，所挖之煤夾雜不一。即至風山洞，在富池口東南二十里，登高視石，取其各種携歸。據土人云，此山明朝産銀，追後封禁。山勢綿亘縱横，脈絡甚厚，樹木森森。午後渡江回盤塘。

初八日洋人在盤塘舟中以藥水化煤，分辨層次，凡五日。

十三日開行，晚泊沣源口。

十四日午刻抵黄石港。

十五日早晨大風雨。午後至磁湖看窿口，洋人同逸卿、紫臣進窿細觀，取煤塊携回舟中，夜間坐轎起行。

十六日陸路六十里至北雉山，登頂四望，取其石質，折回十里至鐵山，登高取石。其山前明開採，所遺鐵屎甚多。再行四十里，至大冶縣城住寓。

十七日黎明出城東南行三十里，至廣山，山間産鐵，未經開採。迎風山亦如此。當取鐵塊携回，行三十里到城，另雇轎夫，行五十里到黄石港舟中。

十八日由黄石港回盤塘。

陳旭麓《盛宣懷檔案資料選輯之二》湖北開採煤鐵總局荆門礦務總局《盛宣懷批煤鐵總局應辦事宜光緒三年四月上旬天津》 一、次煤堆积太多，急宜设法销售。船運下游，诸多窒碍，即間有銷路，加以運費折耗，必难合算。似不如就近售與石灰窑，每石或百余文，或數十文，定準售去勿迟。

一、阮家山、牛栏栅、阿弥陀山等處，如已复開而煤质仍不佳，且夹杂不净，立刻停止。监工司事胡福清、李祝三等亦即辞退，勿再徇情留用。

一、监工司事如柳祥麐、刘筱堂前在李家山擅開小工多名，当經驳去。刻下倘再有此种情弊，立即撤退。

一、興國各礦如仍多碎煤，不必求多，只以每日千石爲率。其次煤如總局验明不能運沪者，赶紧就地售去；其中等煤運至富池分厂，應给半价，又應发局費薪水均應在垫款千串内分次扣清。

一、银錢所收付總帳，每日交提调過目盖图章。

一、煤分三等，其上等者预备轮船運沪；中等者预备芜湖、南京等處民銷；下等者就地售銷。

一、宗绪伺候提调，不準怠惰。

「中央研究院」近代史研究所《礦務檔》第六册《光緒三年四月十三日總署收軍機處交出雲貴總督劉長佑抄摺擬請借欵開礦購器鑄錢》 四月十三日，軍機處交出劉長佑摺稱，爲借款開礦，購器鑄錢，冀以紓民困，而裕餉源，恭摺仰祈聖鑒事。竊維生民有自然之利，待其時而後興，天地有不盡之藏，鬱之久而必發。滇省遠居天末，山多田少，稼穡艱難，舟車不通，百物昂貴，故論賦税，則以滇地爲最輕。而山川含孕，地勢盤亘，五金並育，甲於中原，故論物産，則以滇地爲最富，此天之所以酌盈劑虚而補其缺乏也。承平之時，例貢京銅六百數十萬斤，各省採買鑄銅亦如之，而餘銅通商，以及金鐵鉛錫之聽民開採者，尚不在此數内，以偏隅之物力，供各路之取携，工作養民，息羡助帑，其裨益於天下也大矣。軍興二十餘年，人民凋敝，廠地荆榛，欲舉辦而無資，遂生計之日窘，而滇民之疾苦愈不堪問矣。野無五穀之繁殖，市鮮百貨之貿遷，村郭蕭條，人烟零落，窮鄉僻處，幾無生聚之歡，即都會要區，絶少中人之産，甚至資生無路，迫而爲走險之謀，往(往)因微薄之資，遂蹈殺身之禍，法無可宥，情寔可矜。臣等忝司民牧，坐令貨棄於地，而不能取，民困於野，而不知恤，匡時之策，内疚良深。況各屬糜爛既久，百廢待興，其所以爲民謀者，固不能周，而所以取於民者，尚不能緩。即如錢粮塩課厘金三大宗，竭盡小民之力，歲僅獲銀五六十萬兩，其餘不敷之數尚多，專賴鄰封協濟，毋論山頭延尉，不勝求取之難，即或杯水車薪，亦非緩急可恃，似此官民交困，内外俱窮，勢將束手，邊垣事均難整頓矣。夫物極必反，固無盛而不衰，而窮則變通，亦無往而不復，嘗讀漢書貨殖傳，虞不出則財匱少，財匱少而山澤不辟，居今日而爲滇計，惟有因地之利，開財之源，力興礦廠，兼籌鼓鑄，爲救時之急務也。第此次試辦京銅，僅於各省欠滇協餉内，提撥銀一百萬兩，工本未能裕如，採辦諸形棘手。今擬另籌鉅款，本省則捉襟露肘，勢處萬難，外省則挹彼注兹，未遑兼顧，倘非別生生面，終致坐困一隅。竊見陝甘督臣左宗棠，以軍餉支絀，曾由英商借銀五百萬兩。兩江督臣沈葆楨，亦以置辦船械，借銀三百萬兩，皆由各海関陸續撥抵，彼時臣鼎新在藩司任内，即與前撫臣岑毓英籌議，仿照該兩省現辦章程，挪借洋款，專備開礦之用。故於上年迭經函囑直隸候補道盛宣懷、江蘇候補道李振玉、候選道魏綸先等，在滬詳細探詢，以期收集思廣益之效。利之所在，並以杜他人覬覦之心，兹據盛宣懷覆稱，現與布國領事璧斯瑪面議，訂借現銀三百萬兩，援照陝甘福建前辦成案，歸銀行經手，仍以各省海關收税相抵，歲計三四厘起息，分二十年歸楚。第一年至十年，每年歸本銀十萬兩，第十一年至二十年，每年歸本銀二十萬兩，拔本帶利，本漸輕而利亦迭減，滇省即按各海關每歲即撥還之數，將銅斤照定價合計，如數運還户部。在海關以應解户部之正税，撥還洋款。在户部即以歲獲滇省之解銅，抵收關税。既於銅政大有裨助，亦於税務毫無所損，其所費於目前者甚微，而收效於日後者爲甚大也。況閩甘借款，将來皆以軍餉船械報銷，滇省採銅鑄錢，雖衰旺靡常，難保無虧折之事，容係寔在有著之款，情形固自不同耳。惟各廠開採，全恃人工，游民藉以營生，不致流而爲匪，砂丁加以束伍，並可用以即戎。然斧鑿錘敲，攻取良非易，且有窮年搜採，而不能獲一堂礦者。今擬參用西洋採礦機器，以助人力之不足，並延雇熟習礦路之洋匠，以補中法之未備，如其獲礦豐旺，自以鼓鑄爲銅鉛銷路。光緒二年，户部議奏京畿道監察御史劉國光奏，直省制錢日少，請飭各省分，一律鼓鑄製錢等語。滇省間經開爐試鑄，而銅少本微，究難遽期成效，兹並擬購用西洋機器，就廠鼓鑄製錢，銅愈多，則鑄愈廣，鑄愈廣，則用愈足。此外更有金銀各廠，且銅錫内亦常有金銀，苦不得其揀煉之法，有此機器，兼可採煎金銀，即照西法，印鑄金銀各錢，以廣資利用，所以濟民生而通泉貨者，其利豈特滇南一省已耶。臣長佑於上年四月間，奏奉諭旨，雲南五金並産，據有礦山之利，自宜設法開採，著隨時體察情形，奏明辦理，欽此。兹臣等博訪周諮，體察既久，不敢畏難而稍涉因循，惟有竭誠以力圖補救。如蒙俞允，俟奉諭後，臣等即檄飭盛宣懷等，就近禀商南北洋通商大臣，再與布領事遵照前議，妥籌定奪。至其覓雇洋匠，購製機器，多與海關交涉，應請旨飭下兩江督臣轉飭江海關道，隨時會商照料，俾資周妥。臣等爲整頓邊疆起見，是否有當，伏皇太后、皇上聖鑒，敕部核議施行，謹奏。

光緒三年四月十二日，軍機大臣奉旨，該衙門議奏，片併發，欽此。

陳旭麓《盛宣懷檔案資料選輯之二》湖北開採煤鐵總局荆門礦務總局《吴銮致盛宣懷函光緒三年四月二十九日到鎮江》 杏蓀仁翁方伯大人閣下：自三月十五日奉詳一函之後，於廿四日接到楊糧臺一信，值尊紀鄭姓來武穴，曾交其帶呈，至今均未有來往信件及要務公事，致疏音敬，抱歉良深。兹諗福祉安恬，勛猷遂意，曷勝欣頌。

昨接奉全昌信局帶來十六日鈞札，一切敬悉。所致徐、魏觀察兩信，昨已交信局寄往。弟於前月下旬赴滬數日，亦因多月未往，有信難達之事，借可面嘀，曾已得叨雲、雨翁晤教，月朔回鎮。雨之翁係十一日由滬啓行赴漢，總局有陳菱翁主政。景翁來信，尚須月初回滬。現在總局已將江浙漕糧全數運清，所剩江廣糧現已備接運。弟處所辦之一萬二千石已備，俟「永清」船月初放鎮裝津。其三河采辦之米，因河水小，運出江爲難。除已運滬外，下只有不足二萬石未運至江，業經設法趕運，不致過遲。

至蒙詢鎮江左近消煤及價秤各情，委速查復。今查鎮江本地以及六號、瓜州、十二圩皆有鹽船回帶湖廣、江西煤來，船住瓜州，投鎮江、瓜州、六號炭行，由炭行逗售各處炭店，以及裏(河)、下河、清江來店客消，有每月三、二千，或三、四千石不等，有市俏市滯之分，價有貨多貨少之别。凡來買者，伊自雇船來，靠本船付貨，或一二十石，數十石、(百)石，少有數百石者，因係每處之店鋪來消，非有客買而多裝一船，到前路去再分售也。所消之煤乃湖廣來，多白色中碎塊無煙者，可毋庸最人塊，非輪船用可比。係店家買去，到店過篩分四等，而在門面零消，係茶館爐、風箱爐、鐵錫匠爐而用，頭等乃篩琤塊無末者，每石可七百文，二等小小塊四百餘文，三等再小塊三百文，四等末碎只百餘文，則是店家買去而在門口賣也。凡爲客賣煤者，不分不揀剔，和堆和賣。如此時來煤，身骨火力好，末子只有一分二分，高者可售三錢五分。曹平九六兑二七寶，秤歸十六兩三錢，一歸一除算(係合加一之曹十六兩三錢之秤也)，用一百餘十斤能裝之籮裝之。架秤上，歸行家手稱，不能一字平，須旺每籮一二三斤不等。銀期一個月、三十五、四十天清交。如要現銀九八扣，有能有現銀，□來照九八扣買之，如無現銀之客，他亦不來買矣。如煤塊少末多，非但價賤，且難知何日能有人來買。總之，各生意皆是高好者易消。

至於此業，凡當行者、開店者乃中下等粗人多，無力者多。如有力者亦不開此行此店，因生意少小，數百文一石之貨，難雲得利也。縱所門口賣煤，非係此一樣，亦要搭雜貨、茶葉等帶之，故無多上百石者來買，否則遠路大雜貨店或可辦一、二百石乙船而來買。至論行家更難有力，銀期個月，或再遲八天、十天，伊被倒賬亦難免。設行無力而有空者，亦是有倒客之賬，難免也。

至上棧一層，既圖此地能消一月三、二千石，不能不有棧房，無房有空地堆亦好，總要有人辦。既立棧，須水口近，來買者近便，弟亦意中有之，無拘六濠、七濠也。因一船來應有一、二千石，未免十天、半月盡賣而不能售完，或剩一半，或有時遇貨多不消，時而無消，竟可全船煤不動，來船豈能久擱，必應上棧。是以意中既有煤來，亦應存之於心。其棧房不能租大，宜采擇水口近、買賣便租之。總之，既做此等事，必用此等人手，亦更宜采擇，又非上一等之伴可比也。

今先惟速請由輪船於九江寄數石備來之樣煤灌包到鎮，須邀內行人看明而燒驗火力，能多消少消合消，評末多少、塊頭如何，篩看而擬價。設能消或多消，亦可在瓜州或六濠定棧房，能驗鹽船所每來之成本少，甚可即立廠棧延伴專司，亦可推廣而有多消來。凡初創宜勿吝費，俟辦有成，再行定何減何省，以圖久遠之計。如尊處煤來鎮江，必係回空鹽船，伊必掛泊十二圩，弟意必須言明掛泊瓜州，水大則在口內，水小則泊六濠，方才便客，不能讓鹽船自性而懶。否則，七濠乃當日所泊鹽船之地，該處便，且弟有在該處之空院地基，前亦曾租與信泰和堆煤之所也。粗貨應各從近，少盤手，即省費矣。設煤來，應賣應堆，在船，在瓜州、六(濠)、七濠辦理。弟今已腿脚不便，且無暇，不能往管，應須擇人往理，但其人亦必不能大爲，未免大爲而後收小，或又難矣。今因承下問，敢率縷陳，餘再申。特此，並請勛安不一。愚弟吴鑾頓首。

「中央研究院」近代史研究所《礦務檔》第六册《光緒三年六月初一日總署收户部文附會奏開辦滇礦摺滇督劉長佑奏借欵開礦購器鑄錢總署户部合議酌撥各省關舊欠一百萬兩免借洋債硃批依議》 六月初一日，户部文稱，雲南司案呈，本部會奏雲貴總督劉等奏借洋款開礦購器鑄錢一摺，光緒三年六月初一日具奏，奉旨依議，欽此。相應抄録原奏，恭録諭旨，移咨總理各國事務衙門欽遵查照可也。

照録粘單，户部等衙門謹奏，爲遵旨議奏，恭摺會陳，仰祈聖鑒事。雲貴總督劉長佑等奏借款開礦購器鑄錢一摺，光緒三年四月十二日，軍機大臣奉旨，該衙門議奏，片併發，欽此。又奏籌款開礦利害相權預爲籌及附片一件，同日奉旨，覽，欽此。欽遵，由軍機處抄出核辦，據原奏正摺內稱，

其附片內稱，鑄款開礦之議，先事不厭詳求，利害相權，不能不預爲籌及，借款舉辦，若廠情豐旺，利賴固屬無窮，設礦銅艱難，借款日須生息，彼此不足以相償，可慮者一。昔年辦場，惟以官本，歲給例價之外，多所逋欠。乾隆年間，先後查出各廠積欠，分別追賠豁免。今以洋本開辦，倘廠民拖欠稍有，究由何處追賠，更屬無從豁免，可慮者二。滇省開場，全恃人工，今擬參用開山機器，數萬里購自外洋，是否合用，究不可知，滇省艱窘情形，若一發不中，更換既需時日，彌補亦費周章。況山徑嶇崎，機器之重者，或數千斤，或數萬斤，搬運尤難施力，不知能否就廠製造。倘有一件不全，則全廠停工以待，可慮者三。廠費日久，當年熟習開採，認識礦苗者，至今已不獲其人。今擬僱用洋匠一二人，名曰礦師，該道盛宣懷，現與上海洋行地亞士約訂，每月議給銀五百兩，催令來滇試辦，其赴華川資，及預付一年薪水，兼購化學器具，需銀一萬兩。若技藝平常，匪特經費虚糜，礦務亦難期成就，可慮者四。邊省情形，蠻夷雜處，俗尚囂陵。即如上年騰越順雲，變起倉猝，附近之甯台一廠，爐户砂丁，聞警逃散，爐房器具，遺棄無存，然工本較少，賠補尚易，今則資本既重，保護尤難，可慮者五。以上所慮各條，機器礦師，尚可設法調辦，稽核彈壓，亦可先事預防，祇廠情衰旺靡常，究難全憑人事。所幸曩年辦有成效，但能廠旺銅多，不難取償於後各等語。户部查定例雲南省歲運京銅六百數十萬斤，以供京局鼓鑄之用，其所需銅本一百萬兩，除運脚雜費外，實解到滇銀八十餘萬兩，均係前三年指撥。自軍興以後，廠地拋荒，銅政廢弛，滇省無銅可運。至同治十一年六月間，知府徐承勳條陳運銅，呈由都察院奏交户部核議，經臣部奏令雲南督撫等，確切查明銅廠情形，奏明辦理。同治十二年三月間，據雲南巡撫岑毓英奏陳銅廠實在情形，請查照舊章，於同治十二年癸酉年，撥定銅本，甲戌年夏季，全數解清。乙亥年採運銅斤等因，復經臣部於各省新欠滇餉內，撥銀一百萬兩，限於同治十三年夏季，全數解滇，並聲明滇銅運京使費，向例即於指撥銅本一百萬兩內動用，此次採辦滇銅，於停止多年之後，甫議舉行，銅本銀兩，自應寬爲籌備。所有提撥銀一百萬兩，應請專爲滇省辦銅之用，奏準行知遵照。同治十三年九月間，該督撫奏請酌添銅價運費，並暫行停抽銅課等因，亦經臣部議覆奏準各在案。嗣各省提撥銀兩，未能如期解滇，滇省起運銅斤，亦未能照數運京。現查各省銅本銀兩，已解至九成有餘，而滇銅前經運京者，僅有一百萬斤，續起程者，亦祇一百萬斤，即以酌添銅價運費計之，短運之銅，爲數甚鉅。茲據劉長佑等奏請借款開礦，購器鑄錢，以爲辦銅張本，而原奏聲稱，採銅鑄錢，衰旺靡常，難保無虧折之事，附片聲稱，可慮者五條，如機器礦師，稽核彈壓，廠情難憑人事等語。是該督撫於開礦一事，尚未確有把握，而遽欲借用鉅款，輕於一試，設使竟如原奏所慮，將籌備之款，盡屬虚靡，抵還之款，不能短少，以羅雀掘鼠之謀，作好大喜功之舉，此不待智者，而

知其非矣。查光緒二年十二月間，該督撫片奏滙撥勇餉案內，陳明京鑄攸關，無論如何爲難，當勉遵部議，每起力籌京銅一百萬斤，以期無誤鑄務，而清款目等因，足見該督撫辦運京銅，竭盡心力，不欲藉詞推諉。所有短運之銅，自必陸續起解，以供鼓鑄要需。至此後滇銅源源解運，亦須將銅本銀兩先爲籌備。查各省關積欠新舊滇餉，爲數甚鉅。同治十三年三月間，據該督撫等奏稱，各省新欠滇餉五百餘萬兩，儘先籌出一半，定於年内解滇清款，其餘舊欠，均請全數免解，欽奉上諭，該省果能照岑毓英所奏辦理，以後即無須接濟等因，欽此。嗣後，各該省並未遵照諭旨，籌出解清，積欠纍纍，迄未清厘。光緒二年七月間，據雲貴總督等奏，滇省軍需，萬分爲難，摺内奏請於原協七省中，毋論新欠舊欠，每月撥定餉數，經臣部奏準，於新欠滇餉内，按各省欠數之多寡，定每月協撥之數目。自光緒二年九月爲始，計浙江、湖北、四川、江蘇、廣東、湖南、江西七省，共湊撥銀四萬兩，作爲協滇新餉，按月起解。此次酌提銅本，似未便再在新欠内提撥，致滋牽混。查各省関舊欠協滇餉銀，截至同治七年止，共積欠八百餘萬兩。今擬在舊欠銀内，按餉力之緩急，酌量提撥，請於浙江省舊欠銀四百六十二萬餘兩内，提銀二十五萬兩，四川省舊欠銀一百三十四萬餘兩内，提銀二十二萬兩，江西省舊欠銀一百零五萬兩内，提銀二十萬兩，廣東省舊欠銀三十四萬七千餘兩内，提銀十萬兩，湖南省舊欠銀十萬零五千兩内，提銀三萬兩，廣西省舊欠銀九萬五千兩内，提銀二萬兩，河南省舊欠銀三萬兩内，提銀一萬兩，太平關舊欠銀二十七萬餘兩内，提銀十萬兩，粤海關舊欠銀二十五萬餘兩内，提銀八萬兩，共銀一百萬兩，相應請旨飭下各該省督撫監督，於接奉部文後，限一年内全數解滇，以供辦銅之用。此外月協新餉，及常年兵餉，均各歸各款，照舊起解，不得與銅本銀兩轇轕。至銅價水脚銅課等項，亦經臣部於議覆前任雲南巡撫岑毓英奏請試辦京銅，酌添銅價運費，並暫停抽課摺内，按照該撫所奏，將各廠應需本脚，分别量爲加增，以示体恤。應需運費，銅斤起運以後，由滇至廣西，即令滇省在於各省運到銅本銀内，作正開銷，由廣西至廣東江蘇直隸，沿途應需運費，應令各該督撫於滇銅運解到日，核明實屬銀數，分别撥給，以免遲誤。仍俟事竣之日，分晰造册，送部核銷等因在案。嗣於光緒二年正月，據雲南巡撫岑毓英奏稱，雲南民物凋零，辦銅不易，懇將續辦銅斤應需本脚銀兩，仍照奏準加增銀數給發。俟十年之後，再復舊制。復經臣部以期限太遠，恐滋糜費，擬請自光緒二年爲始，予限三年，準其按照前次奏定加增之數給發。以後應需本脚，仍令遵照定例，核實給發，其逾額加增銀數，即令悉數裁停，以示限制等因亦在案。現在該省續辦京銅，各廠應需銅價運脚，應令仍遵臣部前奏辦理，其銅斤起運以後，沿途應需運費，應請飭下兩廣兩江直隸各督撫，遵照臣部節次各奏案。俟滇員運銅到境，分别核實撥發，並驗明塊數斤重，催令迅速起行，以期捷速。至籌借洋款一節，同治十三年八月間，會議台灣防務餉需摺内，陳明嗣後各省無論應用何項，均不準恃有四成洋税，動輒先向洋人籌借，致令中外事件諸多掣肘。即令事出萬緊，各省議請借用，仍令該省自行設法歸楚，斷不準擅指四成洋税撥還等因，奏準通行各直省遵照辦理。此次因開礦購器籌借洋款之處，總理各國事務衙門查滇省辦銅，既經户部酌撥各省関舊欠銀一百萬兩，該督等撙節動用，似尚足資開採，所請籌借洋款，應毋庸議。所有臣等會同核議緣由，理合恭摺具陳，伏乞皇太后、皇上聖鑒。再，此摺係户部主稿，會同總理各國事務衙門辦理，合併聲明，謹奏。

陳旭麓《盛宣懷檔案資料選輯之二》湖北開採煤鐵總局荆門礦務總局《興國分局試開各窿應辦事宜條陳光緒三年六月上旬富池》 謹將興國煤鐵分局試開各窿情形，分局應用應辦等事，理合陳明，酌擬數條，繕具清摺，呈請憲核。計開：

一、窿口自去歲八月興工試辦起，分局不時有事，必需哨勇船隻往來，自應添用哨勇二名，每人每月給口糧錢四串文。

一、厘局司帳、文案每人每月酌增薪水，以便兼辦炭局各事。又需添請經管支發等事一人。

一、各處窿口試辦之初，不時有事，必須親詣查看。雇轎夫三名，挑夫一名，每人每日應給工食錢一百四十文。

一、窿口稍有争論口角小事，自應送文武二汛將就寢事，派差役前往，一次每人每日給發飯食錢一百五十文。

一、地保有公事差遣，每日賞給飯食錢一百文。

一、遇各窿有事，須探聽確實，素非土居，不得其詳，又非本地紳耆不可。幸奉諭曉示每月給薪水錢四串文，故將此論傳開。凡有紳耆往來富局者，必得留便飯一餐，各窿司事、窿夫因公事來局，亦須喫飯一餐，在在均須用費。

一、自去歲至今，省城同寅、親友均知委辦礦務，持薦書來局者絡繹不絶，比時答覆，非送二、三串文川資不可。

一、去歲八月初次試辦煤窿，未諳其中曲折，正值出貨將及二月之譜，因臘月大雪，開年正月雨水過多，只求出貨，是以雇夫出水，不期愈挑愈多，迨至二月停止，使費用去不少，通計僅出貨不足三個月，亦得煤五萬有奇。

一、煤炭開運，現今正值農忙之時，凡雇船雇夫均係親往，好爲説項，方能應允，可謂充當碼頭而兼充脚頭。且到廠之貨，通扯只有九五複秤，加之各窿煤數均有不足。清查其源，因墊地鋪底抛失，並出窿煤炭潮濕，見風乾燥，再加瀑雨充流，而兼司事朦混，在在均所不免。足見用人之難，已可概知矣。

一、停挖之窿存煤理應派人看管，每人每日應給飯食錢文。

一、各窿堆存塊煤因日曬夜露，風雨飄淋，至開運時搬挑上船，照月册所報之數只有六成塊煤，四成碎煤，合併聲明。

一、添置小劃一隻，裝運木料、蘆蓆等項，一人持撑，易於往返，去船價錢八串文，修整錢四串文。

國家清史編纂委員會《李鴻章全集》第三十二册《復盛觀察光緒三年八月初二日》 杏蓀世仁弟大人閣下：

頃接七月十七日惠書，具悉一一。宜昌勘煤，已由鄂中檄飭地方官會商辦理，敝處前亦致函稼生，屬其飭屬照料保護，計洋師到彼，當不致有意外之虞。瞿守之禀，皆習聞明代開礦之弊，而不考其實，不詳究今昔之所以異。至用洋法開礦，則又少見多怪，意存推委。其言民情未洽、地方官難於照料者，亦半係虚張聲勢，以沮此行，未必盡出實事。荆、宜、施所屬礦産極富，若由礦師查勘明確，耐心在彼開採，當不致又無把握。直隸開平礦産，去歲景星履勘，煤質中等，陸運價昂，現尚未經籌辦。欲俟閣下在鄂開採有效，庶開平仿辦亦易。若湖北奏辦數年，竟以毫無成效，改而他從，則多謀少成，適足以貽局外之口實也。德人勒托芬日記所言南北煤礦頗爲詳晰，然皆匆匆遊歷，得其大略，初非逐處細察，未必一一足據。今有郭師敦在局率同勘查，正可實事求是，不必遠征勒托芬之虚言。易州陵寢所在，固未便妄議開挖。西山切近京師，其稱第二煤層，距琉璃河四十里，即是房山縣境，爲西陵龍脈來源。土人自開，供京外之需，相習已久，若用洋法，必駭物聽。開平之礦陸運一百數十里，騾價車脚，每噸需銀二三兩，又由蘆臺下船來津，統計約四兩之譜，津關出口税亦重。西法取煤，每日所得必旺，橐駝騾驢，載運有限，大概必須鐵路，次則用馬車路。昨與景星核計，利益無多，尚在遲疑。若果鄂中無可開採，尊處所有洋師機器，並期欲辦開平，即由執事自與景星函商定議可耳。復頌臺祺。不具。李鴻章頓首。

陳旭麓《盛宣懷檔案資料選輯之二》湖北開採煤鐵總局荆門礦務總局《歸巴煤鐵查勘報告光緒三年八月初十日至二十五日》 謹將查勘歸、巴兩州縣煤鐵情形開具清折，恭呈憲鑒。

計開：

八月初十日由宜昌府開行，上水八十餘里，順道看驗，石層頗平，青黄石甚多，但閲數百重石層，最厚者不過一尺，薄則三、二寸或五、六分，以此石層度之，即有煤亦難保其厚也。如有煤數尺之厚，大礦可成此地位。俟礦師勘明是否，再能定奪。過此八十餘里，石層變亂，有灰石或花青石，蠻亂不等，不便細勘。

十八日至新灘，頗有石層。據土人所云，歸州所出煤炭，以新灘爲佳。即日上午勘南岸梯子岩，石層最平者，用立方鏡側(測)之，偏二十度，即每尺斜三寸六分，自東南向，落西北。山下露出烏石板石處，上至山腰，有青黄石與灰石混集，山頂則盡灰石矣。有石羔並灰石，中藏打火之石，山勢危險，崩坍數處。有舊窿口，在灰石底，挖入此地，倘有煤炭，亦是討石邊之煤，或方或圓，或長或短，深不過數十丈，石隔其中，煤自斷矣。夫山有灰石，若有煤出亦無功力，不足供機器之用，如洋礦師見灰石之多，更不細看矣，故西法所不能行也。或用土法，須在山下烏板中開口，見煤必快，避過灰石，其煤更好且旺，運煤又便，民開則可。西法尋平層數十里，煤好且多，利於盤運者，不懼數重石隔，亦可開取也。

是日下午勘北岸之黄岩，前二十餘年開一窿口，亦在灰石邊挖入，討至兩年之久，因鄉民不合，停止。石層與向位同南岸一體，灰石較多，更不足道也。有石並舊煤樣携回，以便礦師驗明。

新灘至香溪十五里。二十日勘香溪河一帶黄色沙石，順路邊舊挖窿口甚多，今已停，炭皆碎嫩無用，烏板石極厚。勘至白馬灘一窿口，石層偏四十二度，即每尺斜八寸，自東南向，落西北。下窿驗煤厚四寸至八寸，烏板二尺餘，煤上石老黄色，下是亂灰石，用挖手一人，拖手二人，每日出煤四、五擔。

再有一窿在上二里之遥，煤較前窿頗旺，由灰石邊挖入，煤路或大或小，彎曲不等，如新灘狀，即廣濟等處一樣，煤炭雖有，非能長久，無煤層，不能定其遠近。但此開在黄石之下，雖有灰石混雜，比廣濟較勝。此窿因無風路，養氣逼出，不能下窿。以理度之，灰石既多，而無煤層，即有炭能開，一日出數十擔，西法難用矣。

即日由香溪河水路而回，河邊崩山，見炭影十餘層，由石夾所生，厚者六、七寸，或三、四寸，直落不平，以此煤層亦作無用。河内有大灘三、四處，水深自尺餘至三、四尺。東岸盡灰石，西岸是黃沙石，驗其石層自東向落西，灰石由此河分斷。次日由香溪望西而上，灰石果少矣。

二十一日勘觀音閣一帶，在香溪對江，由小河進十里，地名觀音閣，再十里楊麻子坡，順路所勘，皆土山，有十餘窿口，皆出碎煤無塊。至楊麻子坡，窿口石色深黃，石層自東北向，落西南，斜四十五度，即每尺斜八寸三分，窿口先開平巷，由石層挖落六丈餘見炭，厚八寸至一尺，另有烏板寸餘，煤上石老黃色，下乃亂灰石，深三十餘丈。有炭並石携回。窿內用挖手三人，拖手六人，車水五人，每日出煤三、四十擔，乃觀音閣一帶最善最旺之礦也。再有三、四處因水滿井而止者，或因土石坍崩而停者，更不足道也。

二十三日到么姑沱驗看，無窿口，層石如立碑狀，直冲雲漢，旁邊有煤影出，由石層所生，厚五、六寸，山下水流如箭，以此地位亦不必細勘。再上二里，地名陰灣滾子角，有窿口出，相近一帶亂石紅土混雜，破土二、三丈即見煤，此因山氣雄猛逼土而成煤，無石層而土鋪蓋者浮而不結，煤氣攻上，故土變紅，或有更浮鬆不堅者，煤氣從此而出，故化爲淡黑色，土人以爲炭影，挖入果煤而碎，或有亂石相逼而成塊者，過石之處盡煤末矣。雖有數十窿開採，不知尋好煤之地，實未得辨煤之法也。對河地名老墳園，石紋直生，形如梯狀，層層相間，煤石不過尺厚，或有露出炭影烏板即有煤，厚不過尺，層數雖多，偏斜不正，何用之有！還有鄉民作爲奇寶，防人勘見，驚懼易常，未知以爲何用也。

二十四日從沙鎮溪入殷家坡，山路崎嶇，所過之出皆有窿口，但每處只有二、三人開挖，石層偏歪不定。至殷家坡，窿口在水坑邊開入，直路取偏，煤厚亦不過尺，窿內不分橫路，直入五百四十步，下窿不能轉身，層石自二十度至三十五度，即是偏四寸至六寸六分。對山之梅坪十里，層數亦如此之偏，尋十餘處煤影，亦不過尺餘厚，雖有滿山之煤，西法不能行。更此處出白煤而嫩碎多，有炭與石帶回驗看。

二十五日到巴東界歸州所產煤處，南北兩岸，與聞有大窿口以及順道驗勘情形，似非可取，若論歸州山雄氣厚，比興國州、廣濟縣頗旺；如論出煤若干較之，不如興國之多；石層煤質所見者比興國州龍江略勝，但厚不過尺，雖有佳煤，西法亦不能爲也。

陳旭麓《盛宣懷檔案資料選輯之二》湖北開採煤鐵總局荆門礦務總局《郭師敦化見煤質報告光緒三年八月十八日宜昌》謹將來宜後陸續所領煤樣七種，分別化質，繕呈憲鑒。

一、當陽煤質乃上等白煤，甚合熔爐之用，質內炭灰尚少，硫磺全無。若以少許烟煤與此和勻，又可合汽爐等用。化質如左：

水質　六分五四　　炭氣　三分九六
炭質　八十一分三八　　硫磺　無
炭灰　八分一二

一、清江河煤質雖屬下等，尚可稱次等烟煤，以供汽爐之用。化質如左：

水質　一分三四　　炭氣　七分二六
炭質　六十三分五四　　硫磺　三分九八
炭灰　二十三分八八

一、北鄉煤質炭灰過多，不合一切之用。化質如下：

水質　八十　　炭氣　十五分八七
炭質　三十五分五七　　硫磺　七分四八
炭灰　四十分二八

一、小麻溪煤質雖屬下等，與清江河煤質相似，亦可作次等烟煤合汽爐之用。化質如左：

水質　三十　　炭氣　十八分五七
炭質　五十六分六八　　硫磺　九七
炭灰　二十三分四八

一、崖口煤質亦係白煤，略與當陽煤相似，但硫磺太多，其高熱火氣未免過於猛烈，尚合各項熔爐之用。若以烟煤少許與此和勻，亦可合汽爐之用，核與當陽和煤火力同功。化質如左：

水質　五六　　炭氣　九分七一
炭質　七十五分二五　　硫磺　二分四四
炭灰　八分零四

一、張家窿煤質與北鄉煤相似，炭灰甚多，亦不合一切之用。化質如左：

水質　五八　　炭氣　十二分一七
炭質　五十二分四五　　硫磺　一分四十
炭灰　三十三分四十

一、白崖窩煤質乃次等烟煤，合汽爐等用，較清江河、小麻溪等礦所產之煤質美過之。化質如左：

水質　六四　　　炭氣　九分三六

炭質　六十九分零三　　硫磺　一分零九

炭灰　十九分八八

光緒三年八月十八日即西歷一千八百七十七年九月二十四日。礦匠郭師敦謹報。

陳旭麓《盛宣懷檔案資料選輯之二》湖北開採煤鐵總局荆門礦務總局《勘探當陽縣煤苗日記光緒三年九月初十日至十六日》

謹將奉諭親往當陽縣屬採勘煤苗日記，開具清折，恭呈憲鑒。

計開：

九月初十日，自宜昌城起行順路查勘情形。是日出宜城十五里，地名石坂鋪，路經十餘里，皆平層沙石，而山勢不高，奈無窿口，驗勘石層過薄，如平善壩等處一體。再過十五里，地名峰包山，石質頗厚，或有四五尺一層，或滿山梗石，無紋路，山形雄壯。此地若有煤，必旺。至龍泉鋪止，係離宜城六十里，以此，若有煤亦是太遠，況無窿口可看。此處入東湖所管。是晚歇龍泉鋪。

十一日，行三十五里至雙蓮鋪歇宿，因午刻大雨淋漓，未走。

十二日寅時起行，九十里至魚溪河，路過當陽城，亦沙石。問土人，云有炭，皆碎。及勘鄰邊之山，土石皆紅，不結走氣，故產碎煤，但無灰石夾雜，炭雖碎而質不壞。故土人云稱，可以煉鐵。前開窿口今已封閉，也是碎煤，未便細看。

十三日，由魚溪河四十五里至觀音寺，順道過，有窿口，地名三里崗，上下有三層煤路，皆鋪山，厚不過九寸、十寸之譜。連路十餘窿口，皆云挖煤不敷工本，停止者多。察其情形，煤層之薄且有水，亦屬不謬。帶回煤樣、石質，以便礦師驗明。路過汪家灣、韓家灣等處，亦是如此。

十四日，往窩子溝、石坂店、大林包、馬家垸、金米觀、賽坡垱等處，在觀音寺之北，連路三十餘里。以窩子溝爲最佳，最厚。進窿驗明石層自東向落西，每一尺偏二寸。煤層厚洋尺一尺四寸，煤内夾石一寸，實則一尺三(尺)〔寸〕，薄則一尺之譜。窿内拖煤路有二尺餘高，係煤夫打底地板石數寸，以利便出進，非煤層也。炭質堅硬，不能挖取，要用鐵鑿、用大鎚打落煤塊，無碎炭。窿裏有水，皆由四面是山，窿在山脚，窿上不開渠去水，若有雨下，其水無處可出，有從石層邊入，或有窿口浸入。以此度之，水則無礙。惟是連路勘數處，煤不滿尺，無法可想。勘至馬家垸，在窩子溝之北，進窿驗(名)〔明〕煤層斜平，與窩子溝等處相符。煤厚十一寸，否則八、九寸。窿坑邊亦有水，難取。據土人云：觀音寺至北一帶二十餘里，十數窿口皆同窩子溝一層煤。順路細勘，則離四、五尺一層，則有數層。勘驗數處，窿口不過尺厚。以此算之，(須)〔雖〕打簽子，也未見厚煤矣。窩子溝、馬家垸係現開之壠，帶回煤、石以便礦師驗勘。

十五日，勘東(便)〔邊〕學堂溝、蛟水溝、黃大包、關廟坪等處，或現開、或封閉。進學堂溝之窿，勘煤層自東向落西，每尺偏二寸餘，煤厚一尺二寸至十一寸，塊煤，一半碎炭，如廣濟一色。距觀音寺十五里，連看數處也是如此。因近歲糧食騰貴，停止者多。順道驗諸山，有紅石紅土露於山面也，是泄氣。故東邊之不及北邊之多也。所看各處山窿，云及到此買煤，俟勘明窿口河道，若如其窿内有水，較之被水如河道不通者，與之開河，以便我局運煤。各處煤夫無不欣悦領路看炭。

十六日，往西邊勘楊家坪、劉家灣、廟兒岩、孫家坡、白石港、馬頭寨等處，亦是半碎半塊。石層自東北向落西南，每尺偏三寸，煤層不等。進楊(兒)〔家〕坪之窿與廟(兒)岩二層煤兩處挖穿，厚者有二尺，否則六、七寸。煤質雖有塊子，用手一捻而碎，亦與廣濟阮家山之炭相(訪)〔仿〕。勘至馬頭寨，石層煤質與前後一色，而上下有烏坂尺餘。後煤層更薄，不必細查。但連日所勘諸山，論炭之堅致，各處不如窩子溝之妙。順路而看，觀音寺鄰近雖無窿口，有煤層二尺餘露於山邊。究問土人，或云果有煤二尺厚，但於民房、墳墓有礙，不能開採。此處亦是泄氣過度，若能開，也是碎煤，無用也。過此數處，順路一帶平陽，無能再勘矣。俟往宜都，倘有好者再稟。

陳旭麓《盛宣懷檔案資料選輯之二》湖北開採煤鐵總局荆門礦務總局《杜文春船塊煤銷售單光緒三年九月上旬鎮江》

杜文春船運煤下游銷售：

蕪湖關報銀九兩七錢一分。

大勝關厘金錢六千五百。

東溝厘金錢十七千七百十二。

泗源溝厘金錢十六千四百，雜用錢一千五百。

南京售出煙、鐵塊煤局秤四百石，過南京加秤，净二百七十石，價本洋五錢四分半，期票交同人典。

七號口售出白塊煤局秤二百石，過彼秤，净一百八十七石，價銀二錢六分，九七扣，九六兑。

國家清史編纂委員會《李鴻章全集》第三二册《復委辦湖南煤鐵局候選道魏光緒三年九月二十六日》　温雲世仁弟大人閣下：

頃奉重九日惠書，敬審擘畫宣猷，時祺多豫，至符臆頌。湘煤採運到鄂，經商局輪船試驗，煤質火力皆能合用，洵稱佳品。現議每噸價銀三兩，合計成本不敷，尊意將來議增，總以不逾四兩爲率。大批薑售，似須按照現時市價較有便宜，則銷路漸廣，利源漸裕矣。滇省檄購開山機器，需費過巨，即延訂西人，亦難即有把握。琴軒中丞奉旨内召，此舉計已中止。湘中開採煤鐵，應仍由執事一手經理，冀可徐徐擴充。果有成效，利之所在，衆必爭趨，將來由商接辦，較易招徠。此間静謐如常，惟秋成歉薄，麥未種齊，仍須妥籌賑撫。晉豫赤地千里，敝處遵旨籌款購糧，道遠運艱，辦理殊形棘手耳。專泐，復頌侍祺。不具。世愚兄李鴻章。

國家清史編纂委員會《李鴻章全集》第三二册《復委辦二道嶺礦務内閣中書高駿驎光緒三年十一月十八日》　白叔尊兄孝廉足下：

頃奉十二日專函，借悉一一。二道嶺一帶與張、獨兩廳諸山錯雜毗連，礦藏較多，苗熏不少。惟熏道正槽，往往彼此參雜。乘此嚴冬未施工作之先，逐細探討，尋準綫路，俟來歲春融再行擬議開採。周令設局試採，數月以來仍未確見正槽。西人開礦，專辨地隔層級，往往鑽穴十數丈至數十丈外，始能確知礦藏厚薄，出産多寡。中國礦學素未講求，僅憑地面浮露之熏綫，謂可望氣而知，似難即有把握。仍望會商陳孝廉，遍歷各山，妥實詢訪，詳晰寄知。張、獨兩廳已另檄行令隨時會勘，並飭宣化鎮道轉飭一體遵辦矣。專泐，復頌時祺。不具。愚弟李鴻章。

陳旭麓《盛宣懷檔案資料選輯之二》湖北開採煤鐵總局荆門礦務總局《李鴻章批光緒四年正月初九日保定》　稟折均悉。大冶鐵山雖經覆勘，似有把握。並查武昌西山、樊山等處，亦多鐵石，攙和熔化，頗稱合宜。須俟試煉鐵質情形若何，安爐基地有無高阜閎廠，煤礦運脚是否合算，再行次第舉辦，勿多購熔爐機器，徒(靡)(糜)巨款。該道此次在鄂經營礦務，本非緣木求魚，苟能事事脚踏實地，不急近功，務期實效，或可如願以償，勉之慎之！此繳。光緒(十四年)(四年)正月初九日發行。

陳旭麓《盛宣懷檔案資料選輯之二》湖北開採煤鐵總局荆門礦務總局《江船承運局煤章程光緒四年六月》　謹抄呈江船承運局煤章程，祇求憲鑒：

一、船户在窪局裝載，蟠局起卸，皆眼同過秤。每裝煤一百擔加給耗煤七十斤，包裝包卸，如有短少，著該船户即按照山本及江河運脚，每擔賠錢四百文。

一、窪局包封大小煤塊各一包，交船户帶呈蟠局，望驗明包封花押後照樣收煤。如所交之煤與煤樣不符，爲該船是問。

一、承運煤斤乾裝乾卸，如有攙沙、使水等弊，願甘議罰。

一、運煤水脚，裝載時先領七成，餘俟到蟠局卸清後即找給清訖。

一、自窪至蟠沿途厘金，先領錢若干代局完納，到蟠局後將厘局大票呈局核明，餘錢繳局，如有不敷，在局請領。倘有添注涂改數目字樣，概不照付。

一、窪局蟠局裝卸煤斤無須外費分文，如有人敢向該船户需索，準即稟局嚴究。

陳旭麓《盛宣懷檔案資料選輯之二》湖北開採煤鐵總局荆門礦務總局《李鴻章札盛宣懷文光緒四年八月十三日天津》　欽差大臣督辦北洋海防事宜辦理通商事務太子太保文華殿大學士直隸總督部堂一等肅毅伯李爲札飭事：

照得湖北煤鐵礦務，前經奏派布政使銜直隸遇缺題補盛道駐局督辦在案。現盛道需次直省，時有别項差委，未能常川駐局專顧礦務。刻下荆門煤礦已派該局提調周令鋭先行租地探簽，一見煤層便須開井。大冶鐵礦亦須籌股招商，次第舉辦。頭緒紛繁，亟應遴派幹員坐駐礦場，專心綜理。查有運同銜補用同知李丞金鏞誠慤廉干，任事勤奮，堪以總辦局務。知州用浙江候補知縣周令鋭條理精詳，現充該局提調，堪以會辦局務。又候選通判徐華封在上海製造局練習有年，頗精化學，尤善識别礦質，堪以派令赴場監工。監生金德鴻究心時務，精於繪算諸學，堪以派令赴場估計工料及開浚河道等事。盛道仍當隨時會督各員，妥籌商辦，以專責成。除分飭遵照外，合行札飭。札到，該道即便遵照辦理。此札。光緒四年八月。

陳旭麓《盛宣懷檔案資料選輯之二》湖北開採煤鐵總局荆門礦務總局《郭師敦致盛宣懷函光緒五年正月初七日觀音寺》　敬稟者：竊晚於英去年十二月十八日即光緒四年十一月二十五日，曾將辦理荆門簽務情形具稟在案。現在簽務將次告竣，所有將來應辦事宜，合先預爲籌商。爰將今後辦理各情，擇具簡要備陳憲鑒。

一、第五簽上層煤苗即三里岡一脈，業於英正月初四日即光緒四年十二月十二日，探至一百三十四尺三寸(英制)，得見煤層，量見佳煤一十九寸，又下等鬆煤三四寸。當經化驗，其質較之第三簽及第三甲字簽所得煤樣更佳，核與窩子溝煤層仿佛相若。現在該簽仍前開探，今已探至二百零六尺矣。

一、第二簽於英正月初八日即光緒四年十二月十六日探至一百三十八尺六寸得見煤苗，乃窩子溝一脈，質堅而佳，量見層厚二十四寸。該簽探至一百四十三尺六寸，即於英正月初九日停工。

一、第四簽於英正月初十日即光緒四年十二月十八日，探至九十五尺五寸，得見窩子溝一脈煤層，其質之佳，核與窩子溝窿中所出無异。除量見下等鬆煤三寸半外，得净佳煤層二十寸之厚。該簽探至一百尺三寸，即行停工。

一、第三簽現已探至二百六十八尺左右，大約六日或八日之内，冀可探見窩子溝煤苗。該簽層脈諒必佳厚。現在專等該簽及第五簽探見煤苗，即可定見一切矣。

一、此外尚有數簽，只可略陳大概。第一簽業於英正月十三日即光緒四年十二月二十一日開工復探。現擬晝夜輪工開採，以免遷延。第六簽自開工至今，已探至一百四十五尺。逐層試探，頗稱得手。第七簽於英正月初十日即光緒四年十二月十八日開工，至今已探至四十尺。該簽之苗，乃三里岡一脈，大約兩禮拜内冀可探見煤層也。

竊思第三簽見苗之後，礦脈形勢已可概見，其時即可預備開井等事。如果開辦事宜憲臺已有成見，擬即於見苗後安排開井。前次所稟各緣由，本以接辦開井等事爲急務。晚意開辦深淺煤井各一處，淺井約深一百尺至一百二十尺，深井約深三百五十尺，次第開挖，見功較速。先開一井，約三個月後即可出煤。後開之井，自第一井開工時爲始，不過八、九月後亦可出煤。

竊又揆諸目下情形，有速即出煤之一法，堪以即日試辦。查有窩子溝現開成窿，盡可將該窿先行試採，一面開挖小淺煤井，俟該井見煤，即將現開舊窿封閉，停止開採。如此辦理，則今年夏季定可出煤無算。届時轉運出江，適合上海等處銷路。倘能趕速開辦，自能見功容易。雖所得煤斤原不必發售他處，正宜留儲以應將來黄石港擬設生鐵廠所化鐵之用。所陳管見，如蒙采納，則第三簽工竣之後，莫若使晚前赴上海面商一切，較可省費時日。即如需雇外國工匠及添置機器等事，均可在滬發寄電報，而上海所存之機器，尚須拆開改做，方可合用。惟在彼處安排，一切舉動較爲便捷。至現在上海之機器，一經改做，則起水機器兼可拖煤，所需改做之費，必與新置機器價廉過之，並不必另置起水機器矣。兹將第二、四、五各簽所得煤樣，呈祈憲閲。肅此，敬請昇安。師敦謹稟。西歷一千八百七十九年正月二十八日即中歷光緒五年正月初七日。

陳旭麓《盛宣懷檔案資料選輯之二》湖北開採煤鐵總局荆門礦務總局《湖北荆門礦務招商章程光緒五年四月中下旬上海》 湖北礦務局爲擬章招股事：

宣懷前奉南、北洋大臣，湖廣督、撫憲奏委督辦湖北礦務，曾於廣濟、興國一帶扦探試辦，緣礦質未純，旋即中止。續蒙李大臣面囑赫總稅務司赴英國延訂專門礦師郭師敦到局督同遍勘，上至荆宜，下至武漢，舉凡産礦之區，莫不詳細考求。其中惟荆門之煤、大冶之鐵，質性最良，開採可獲利益。前經宣懷據實稟奉南、北洋大臣，湖廣督、撫憲批准招商試辦，並蒙札委金鏞總辦局務，在滬糾集股分，會商籌辦。竊維東南士民莫不急公好義，前金鏞經辦三省助賑數十萬金，尚蒙信任。此次礦務，實爲中國富强之基，試辦有效，獲益全局，想官紳商富同抱公忠，必能衆力相扶，樂觀厥成。敬擬簡明章程十六條如左：

一、該礦所産煤質，業經詳細分化，其質與美國白煤相等。本年三月已到一千五百噸，蘇、滬、鎮三處分銷，咸稱上好白煤，現已分給江海各輪船試燒，火力較烟煤遠勝，已有確據。分化質地細數，已刊登《申報》。

一、勘定擬開煤礦之區，在當陽縣西北界内，其煤脈平鋪地底，計英畝六百七十五畝，合中國積畝約四千畝，層厚一十八寸至二十四寸，核算質積約有二百萬噸之數，足供數十年之開採。

一、現在礦師已將煤層扦定，煤質分化，目前初擬開辦，尚係淺層，可先就土法開窿，暫時不用機器，不延洋人，以節經費，將來開挖漸深，或遇水脈艱難之際，再行察看情形，添設汽機。

一、就土窿開採，在窩子溝當地，每噸計合工價成本銀九錢，自窩子溝至沙市，每噸計運費銀二兩一錢（採價、運費二項，輕重不定，溪河通便時較輕，艱涸時較重，人工空閒時較輕，農忙時較重，現約係就難易適中之數，統年扯算大略，其細數必俟抵鄂後詳考情形，另行列報），沙市至漢口，每噸計水脚銀一兩，漢口至上海，每噸計水脚銀一兩二錢，又關税照洋例正半税，應完銀一錢五分，提繳直隸、湖北經費銀八分。每年作算運三萬噸（土窿每日可出百噸，現就極少六七十噸算），計需棧房、局用、薪水銀每年大約七千兩。作集本銀十萬兩算，按年八厘起息，每年計需官利銀八千兩。共銀一萬五千兩，以三萬噸派算，每噸計加成本銀五錢。統共約合成本銀五兩九錢三分。前日所到上海之煤，市價每噸八兩，以至少之價計之，每噸可值七兩，核有盈餘，不致虧短。

一、招集股分先以十萬爲率，無論官紳商富均準搭入，每股規銀一百兩，至少一股，至多百股爲限。惟收銀必有先後，不能一例。總歸收銀之日，由局填發股票、息折，截至本年底，按照日期長短，將息付清。嗣後每至年終，給付官利，結算盈虧。股票每張一百兩，較爲靈便。現擬收齊股分五萬兩，一面即行至鄂開局，料理採煤運轉等事，以免曠時。其銀總存湖北妥當銀號，以便陸續支用，應收拆息，一總歸賬。

一、滿足百股之商，準其派一親信人駐局監察。如所派之人，本局有合宜職司可派，即由本局開支薪水。其或人雖誠實，不諳局務者，由本股分人自出薪水，本局但供火食。未滿百股之商，準其二、三商或四、五商並足百股，合派一人。其餘零股，均不準派人駐局。

一、滿足百股之商所派親信人，只準出入賬房察看局中虧空、侵挪、浮冒等弊，不準干預局中公事。

一、試辦一年之後，如有盈餘，各商情願添股擴充，先盡本股商人添足，然後再入新股。如一年後，雖無盈餘，而官利不致全虧，不準輕議提股。如自行招人頂替，到局更名者聽。若一年後官利盡虧，或改章，或分拆停止，邀集各股公議。如其分拆，存貨存銀均須按股攤派，不得取巧爭執，蓋經營生計，盈虧難保，須預爲計及。

一、試辦一年之後，如果盈餘擴充，須遵憲批，將官中扦探開挖機器歸商，分年認繳錢二萬千文，應自第一年結賬爲始，按年分餘利一半撥還公款，由宣懷稟繳直隸、湖北兩省，俟繳足二萬千文爲止，其機器留局備用。

一、上條所得餘利，作一千二百股開派：以一百股津貼辦公經費；一百股分給在局司事花紅；其一千股，如未曾提清官中機器價值之前，以一半提繳官中，一半給有股商人，如提清之後，所有一千股餘利，全歸商人按股分派。

一、當陽設一總局，專主開採發運，需用總賬一人。沙市、漢口、鎮江、上海各租一棧房，以備堆儲煤觔，亦需各設司賬一人（此項棧房，試辦時只須租賃，俟辦有把握，再議建造）。以上地分五處，均遠隔千里，數百里，總辦斷不能兼籌並顧，其銀錢貨物重權全在司賬五人之手，未便輕易延訂，宜用泰西法，慎選誠實有望之人，各憑殷户擔保，然後延訂。如有將來虧空舞弊等事，惟擔保認賠理直。另將此條專稟大憲備案，以昭鄭重。宣懷、金鏞均不敢任意引用私人。此項但指司賬緊要五缺而言，其餘各執事，悉歸總辦量材延訂。

一、各項司事，以慎選精擇爲要，用人宜少，薪水宜厚，出股者與經理者各宜破除情面，勿得濫薦，薪水按月支送，勿得預支宕欠。

一、各司事舟車盤川，除因公往來，例開公賬外，其餘到局及歸家探親，每年只準一次往返，開支公款。

一、現在集股創始各章，均係粗舉大綱，其各處經理一切詳細條款，須俟開辦後陸續察看情形隨時添擬。其長樂、鶴峰銅礦，大冶、興國鐵礦，須俟煤礦實在辦有成效，再行續擬舉辦。

一、宣懷前次經手官款，一一截清，自行清理。此次招商入股，悉照新章，不與前款交涉，以清界限。惟商辦後，獲利在商不在官。以前開創艱難，勘礦、扦礦經費均係官款，奉李大臣批令，招商認繳若干。尤幸關稅向章，每石納銀四分者，業經前局詳請奏定，減爲每噸一錢五分。現議另提八分，按年呈繳直隸、湖北兩省，俟開創經費補足後，所有另提銀八分，以充地方善舉。

一、開辦以前，陸續收集股分，開辦以後，各項支用款目及煤噸收銷各數，悉照辦賑章程，隨時録數刊登《申報》，以供衆覽，俾得周知。

盛宣怀、李金镛同启

光绪五年四月

存根式

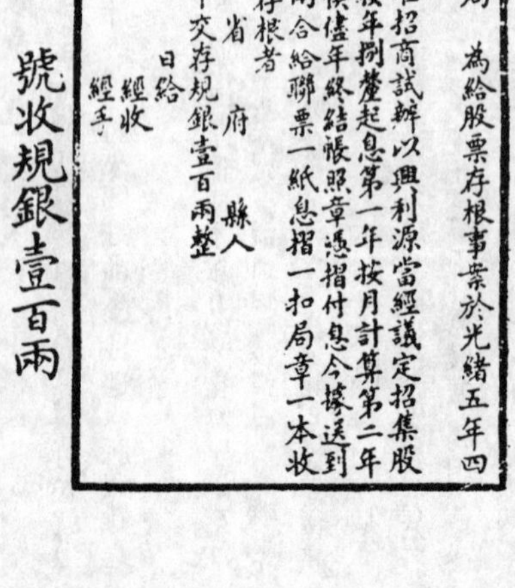
湖北礦務總局股分票存根

湖北礦務總局　爲給股票存根事案於光緒五年四月初十日奉
北洋大臣李　批准招商試辦以興利源當經議定招集股分銀拾萬兩按年捌釐起息第一年按月計算第二年始滿年計算俱儘年終結帳照章憑摺付息今據送到股本銀壹百兩合給聯票一紙息摺一扣局章一本收執須至股票存根者
今收到　省　府　縣人
名下交存規銀壹百兩整
光緒　年　月　日給
經收
經手

第　字　號收規銀壹百兩

股分票式

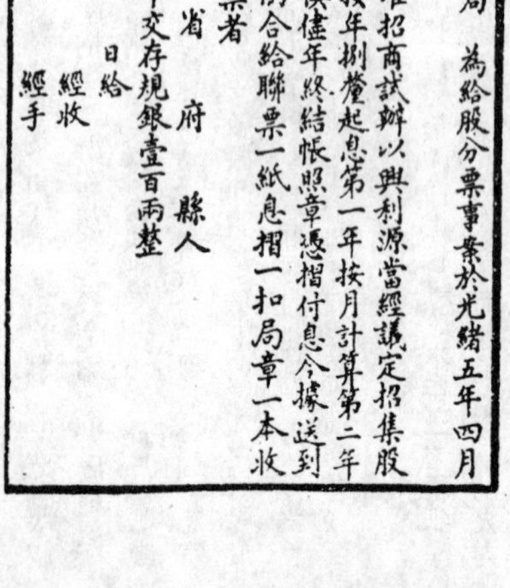
湖北礦務總局股分票

湖北礦務總局　爲給股分票事案於光緒五年四月初十日奉
北洋大臣李　批准招商試辦以興利源當經議定招集股分銀拾萬兩按年捌釐起息第一年按月計算第二年始滿年計算俱儘年終結帳照章憑摺付息今據送到股本銀壹百兩合給聯票一紙息摺一扣局章一本收執須至股分票者
今收到　省　府　縣人
名下交存規銀壹百兩整
光緒　年　月　日給
經收
經手

陳旭麓《盛宣懷檔案資料選輯之二》湖北開採煤鐵總局荆門礦務總局《盛宣懷上李瀚章稟光緒五年五月十一日上海》 大人閣下：敬稟者，竊職道月前伏奉鈞答，叩聆種切。近閱邸抄，恭諗憲臺請假一月。伏想時事方艱，兩楚地方尤爲上下游緊□要□□，天下人才有數，每一疆圻缺出，宫中良費躊躇，矧社稷重臣，君民是賴，謝傅東山，恐非其時；若門下吏雖切追隨杖履之願，猶未敢相期於今日也。

職道滬瀆暫羈，前以鄂中礦務通詳請示，當奉中堂批飭，以巨款難籌，而坐棄地利亦爲可惜，尚□□商辦理爲便。職道遵即會商李守金鏞，試行招徠，每股銀一百兩，□已集成五百股，該守業已詳報，由滬起程前赴荆門，暫用土法，試行採運，爲得寸得尺之計。該守精□懇摯，勇於任事，而尤能慎於事。前會同吴道大瀓及職道辦理河間賑務，中堂深許其能。職道以不克專駐礦所，稟蒙委派該守駐局總辦。此次到鄂叩謁，面求憲臺訓示一切。該守必能力矢勤奮，冀有成就，以期仰副委任。

查現辦荆門煤礦，地方紳民均已駕輕就熟，毫無爲難，且暫時不用洋匠，更無(□□)〔慮掣〕肘，堪釋憲廑。職道在滬俟將洋匠撤退，截清官本，核明售煤，應以收抵付，實在動缺官本若干，即行匯報，並將截存官本請便援(□)〔案〕發典生息，以期舊虧暗補，新效漸臻，決不敢置身事外，坐使已用之款全糜，已成之局全墮也。惟是中國期仿西法以致富强，而不能無見小欲速之心，□有志同道合之趣，恐收效尚不在目前耳。肅修寸稟，恭叩鈞綏，伏祈垂鑒。職道□□謹稟十一。

中國第一歷史檔案館《光緒宣統兩朝上諭檔》第五册《光緒五年六月二十四日》 光緒五年六月二十四日内閣奉上諭：李鴻章等奏，紳士捐輸鉅款全數繳清，請破格優獎一摺，福建紳士三品銜候選道林維源等，因臺灣試辦礦務等事，認捐洋銀五十萬圓。嗣因山西、河南辦賑需款，將此項銀兩提前措繳，分撥濟賑。該員等捐輸鉅款，實屬好義急公，自應破格加恩，以昭激勸。林維源著賞給三品卿銜，並一品封典，林爾昌等均著照所請給奬，該部知道，欽此。

陳旭麓《盛宣懷檔案資料選輯之二》湖北開採煤鐵總局荆門礦務總局《盛宣懷上李鴻章詳光緒五年九月十六日》 督辦湖北礦務布政使銜遇缺題補道盛爲詳請事：

竊於光緒三年七月奉憲札：「將揚州糧臺所有之『平波』輪船撥交湖北煤鐵局差遣，所有該船應支薪水口糧，每月英洋一百零四元，從六月分起由煤局開支。其船價銀兩亦由盛道隨後籌還」等因；奉此。職局遵將該船留局差遣，所有養船之費俱在局内按月開支。本年撤退洋匠，改歸商辦，此船便無用處。正擬稟請撥還糧臺，旋於光緒五年八月二十三、二十九等日迭奉憲札：「以湖北煤鐵局，前據該道等會議，劃清官本，招商集股，專採荆煤。『平波』小輪船既撥歸煤局，月支薪工等項自係由局開支，無須造册請銷。其光緒三年六月起至本年劃清官本日止，該船薪工等項亦未便作正奏銷。」又批唐提督稟，批内開：「查『平波』小輪船，前於糧臺撥交湖北煤鐵局時，當飭盛道將船價隨後籌還，札行遵照在案。現在武穴煤鐵局業已截清官本，招商另辦荆煤。輪船現歸何處，未據盛道報明。此項價銀尤應趕緊清還，以免糾轕。據稟前情，候飭揚州糧臺核明，準將輪船價銀五千兩暫行扣算，並候分行煤鐵局遵照籌繳具覆。此複印回外，合行札飭。札到，該道即便遵照辦理具覆」各等因；奉此。

職道伏查「平波」輪船，唐提督係於光緒元年購買，迨至三年(八)〔六〕月撥交職局之時，業已用舊失修，迭經大加修葺，尚幸機器一切並無損傷，滿擬俟礦務暢旺，再行設法籌還船價。現因商本未充，專辦荆門煤礦，漳河水淺河窄，輪船礙難駛行。前與李守金鏞籌商，只有將該船帶回滬上。惟養船之費，再三撙節，每月約需一百元左右。倘即遣回糧臺，猶恐坐糜經費，當與招商局徐道會商，擬將該船交付招商局暫時收管，所需薪工一切均由招商局支發。查招商局大小輪船向須估價保險，以備賠償。職道在滬會同徐道公平估計，以船係木質，本不甚堅固，已逾五年之久，至多不過值銀二千五百兩。可否仰祈憲臺批準暫交招商局經管，目前無須繳價，準其照所估價銀二千五百兩照章保險。所有薪工一切均由招商局認支，仍候憲臺隨時調用。至於修理一款，如該船調回之日，應請準照原單給還該局。是否有當，理合具詳，伏乞俯賜批準施行。須至詳請者。

詳直隸總督。光緒五年九月十六日。

陳旭麓《盛宣懷檔案資料選輯之二》湖北開採煤鐵總局荆門礦務總局《李鴻章批光緒五年九月二十日天津》 欽差大臣督辦北洋海防事宜辦理通商事務太子太傅文華殿大學士直隸總督部堂一等肅毅伯李批：

據詳已悉。該局前撥「平波」小輪船，既因改辦荆煤，漳河水淺河窄，礙難行駛，已與徐道會商，暫交商局經管，薪工一切亦由局開支。該輪船喫水若干尺寸，機器馬力若干，候行招商局查明開單具復核辦。仍候札飭揚州糧臺知照。繳。廿日。

陳旭麓《盛宣懷檔案資料選輯之二》湖北開採煤鐵總局荆門礦務總局《盛宣懷開給礦師郭師敦證明單光緒五年十一月天津》　欽命布政使銜督辦礦務署理直隸天津河間兵備道盛爲查湖北礦務，前經總税務司赫代向英國延請礦師郭師敦來華，隨同本道查勘湖北各礦。據報荆門煤礦質地頗佳，以及大冶鐵礦亦屬興旺，可資採煉。該礦師於礦務、化學、繪圖一切甚爲熟諳，辦事亦頗認真。只因所勘煤礦運道艱難，一時難以創造鐵路，是以中止。除已將該礦師所訂合同經由江海關税務司赫當面注銷以作廢紙外，所有應給薪水、川資一切均已付清。現在，該礦師業已回國，毫無轇轕。尚念該礦師於礦務熟悉，辦事亦極認真，特此給單寄與該礦師知照。光緒五年十一月　日給。

中國科學院歷史研究所《劉坤一遺集》奏疏卷一六《粵西開窿採煤擬請減税以廣銷路片光緒六年十月二十四日》　再，準北洋通商大臣李鴻章咨：據貴州補用道葉正邦稟稱，現在廣西租定富川縣、賀縣交界之蔣姓山場，開窿三座，每月可出煤三千噸，煤質火力不減洋煤，足供輪船機器之用。粵東所銷無幾，擬運上海各口分售，請援池州土煤出口奏案，每噸征税銀一錢，到銷售處再完半税，以期成本較輕，即可厚集股資購器採運等因。並準兩廣督臣張樹聲咨請會奏前來。

臣查湖北廣濟縣、安徽貴池縣設局挖煤，先僱西洋礦師鑽驗煤層，均稱質堅力厚；及購機器開採，則中國輪船及製造局仍不合用。湖北廣濟停辦，移於荆門州開挖，官辦改爲商辦。安徽本係官督商辦，亦經開採數處，未能暢銷，所賴均照臺灣減税，成本稍輕，價值不貴，民間尚肯購用，開挖不致停工。今廣西富川、賀縣交界處所開辦煤礦，亦稱煤質火力可供輪船、製局之用。如果煤佳産旺，洵足興自然之地利，敵外至之洋煤。覈其開窿採運，與湖北、安徽情事相同，似應一例減税。理合據情籲懇天恩，俯準援照成案辦理，以廣銷路而順商情。

謹會同北洋通商大臣，直隸總督臣李鴻章、兩廣督臣張樹聲合詞附奏，伏乞聖鑒訓示，謹奏。

陳旭麓《盛宣懷檔案資料選輯之二》湖北開採煤鐵總局荆門礦務總局《議辦荆門窩子溝大云堡煤礦合同議單光緒八年九月二十八日》　立合同議單：盛杏荪、沈縠成、许仲弢，今將荆門窩子溝、大云堡兩處煤礦議辦情形開列于左：

一、荆門窩子溝煤礦，始由盛扦探招股開辦，續經股東等邀沈协谋，自應循案由盛督辦，並稟請沈總辦其事。

一、荆門大云堡煤礦，近由沈延友探得，現議让归许總辦，由盛稟請給札委辦。

一、兩處招股、用人、運煤、售銷各自經理。

一、窩子溝煤礦從前官垫扦探費用，仍照前章議由窩子溝新局提缴制錢二萬串文，交盛手随稟呈缴。以後銷煤一噸，提还官垫银一錢，由盛汇缴。所有旧股亏折银九千余兩，亦归新局償補。

一、大云堡煤礦現由沈探得，惟湖北礦務奏案由盛所立，亦應銷煤一噸，提还官垫银一錢，由盛汇缴。

一、荆門、当阳鐵礦由沈探得，應归窩子溝礦局逐渐開辦，亦準大云堡局量力搭股合辦。惟湖北礦務奏案由盛所立，應與煤一律，銷鐵一噸，提还官垫银二錢，由盛汇缴。

光緒八年九月二十八日立合同議單

盛杏荪（签字）　沈縠成（签字）　许仲弢（签字）

見立　經莲珊（签字）　郑陶齋（签字）　赵慎卿（签字）

谢绥之（签字）

一、兩處礦局除大云堡、窩子溝業經勘定外，此外之地有經大云堡寻得者，由敝局大云堡自行辦理，與窩子溝各不相擾。再，大云堡以南鐵、鉛等各礦，又有由大云堡礦局探得者，亦準先行開辦。

以上一條，因合同業已畫定，玆由许自行補寫三紙，請縠翁、杏翁公同核定，如可準行，祈批準畫押。

许仲弢自缮【签字】　盛杏荪【签字】　沈縠成遵議【签字】

此紙附入合同。

楊書霖《左文襄公全集》奏稿卷五九《開採徐州銅山縣境煤鐵援案請減税銀以期暢銷摺光緒八年十一月十四日》　奏爲開採徐州銅山縣境煤鐵援案請減税銀以期暢銷，恭摺仰祈聖鑒事。竊照南北洋籌辦防務以製造船礮爲第一要義。而各省所設機器、輪船等局，製造一切，又以煤鐵爲大宗。近来湖北、安徽等處礦山均經仿照西法設廠開挖。本年夏間，據徐州道程國熙稟稱，銅山縣屬利國驛等處多産煤鐵，若以機器開採，足供輪船等局之用。飭令候選知府胡恩燮延聘洋礦司入山探驗，煤鐵均堪開採，酌擬招商集資章程，由道稟請試辦。當將章程逐條批示，并準委胡恩燮承辦。續據該道呈報，已於八月二十四日設局開採，并稱創辦之始，購辦機器有費，聘請礦司有費，以及起造廠屋、廠爐一切無不有費，所需成本爲數甚鉅，若不酌減税銀，非但成本更重，而洋産亦難敵矣。擬照湖北等處土煤出口每噸完税銀一錢之案，一律請減等情前來。臣查該局用西法開採出煤必多，核與安徽湖北諸廠情事相同，且該局礦山深處江境極邊，運道綿長，又多淺瀨懸流，每一阻險，動須盤撥，較之貴池等處運路近江尤覺爲難，所挖土煤應準一律減税。合無籲懇天恩俯準，援照湖北、安徽成案辦理，以維商本而塞漏卮。謹會同漕運總督臣慶裕、江蘇巡撫臣衛榮光恭摺具陳，伏乞皇太后、皇上聖鑒訓示，謹奏。軍機大臣奉旨，知道了，欽此。

「中央研究院」近代史研究所《礦務檔》第四册《光緒十年正月初九日總署行南洋大臣左宗棠文池州礦局試採銅鉛等礦宜購求西洋煉法》 光緒十年正月初九日，行南洋大臣左宗棠文稱，光緒九年十二月二十一日，準貴大臣咨稱，安徽池州煤鐵局加添資本，試採銅鉛，以濟要需一摺。會同北洋大臣，安徽巡撫具奏，抄稿咨送前來。查煤鐵之礦，中國各省地方，所在多有。近年雖逐漸開採，而製造火器軍器等用，仍不能不取資外洋。今原奏稱，池局所挖之煤，雖不及洋産，而各局多向購用，今復兼採銅鉛，亦爲鼓鑄製造所必需。因中國所産不敷，購資外洋，日增月益，實屬漏卮等語。竊謂中國地大物博，山川蕴蓄精華，久爲西人所欣羡。將來礦務推行日廣，不患出産之不足，而患煉法之未精。西國於鍊銅鍊鐵，苦思力索，著有成書，其錘鎔審驗，均以機器鼓動養氣，化粗爲精，使銅鐵渣滓盡去，精英華呈，用以製器，大而船砲，小而丸彈，莫不堅緻。池局現既兼採銅鉛，向來煤鐵出産相連，該局務宜審别礦苗，尋求鐵脈，將所産銅鐵，一併購求西洋鍊法，俾愈煉法精，足敵洋産。將各局製造軍火所用銅鐵，取資中國，無須購自外洋，不但嚴塞漏卮，於自强之策，亦非小補。尚希分飭開採諸局與礦師工匠等，加意購求，期收實效，是所盼切。相應咨行貴大臣查照施行，將該局所産煤鐵銅鉛各種質理精粗，礦産衰旺，分别詳報，並近來如何購器精鍊之處，迅速咨復可也。

吴元炳《沈文肅公政書》卷五《臺北議購開煤機器片》 再，臺北開煤一節，臺灣道夏獻綸接據委員何恩綺、李彤恩稟稱，自看煤洋人翟薩到臺後，除風雨阻滯外，晴日必親赴山場，邀同履勘，所有滬尾八里坌至雞籠，沿溪産煤各山，皆已周歷。或煤質輕鬆，或煤層淺薄，或水口窵遠，或山路崎嶇，均未合采。惟雞籠附近之老寮坑、深澳坑、大水坑、竹篙厝及暖暖附近之四脚亭大坑、埔極去樞冲等處，煤質尚覺堅美，而以老寮坑爲最，且山徑低平，車路易造，水口較近，運費亦輕，開採尤便。惟既設廠興工，應擇煤層深厚之處，以期經久不竭，免再挪移，致多動費。老寮坑煤山共計三層，均在山面，顯而易見。山底所産層數若於一時未能深測，必須購買洋製鑿山銅鑽全副，並雇用鑽洋工二名前來探鑿，始便開坑等因，並送來摺略圖説等件。臣等業飭如議購雇，惟以後辦法尚有須詳細酌定者，非面詢情形，未敢懸揣。現令該委員等帶同洋人翟薩坐輪船由臺北到郡，當面考究，明定章程，以便著實舉辦。合先附片陳明，伏乞聖鑒訓示，謹奏。

吴元炳《沈文肅公政書》卷七《開採貴池縣境煤鐵援案減税摺》 奏爲開採安徽貴池縣境煤鐵，援案請減税銀以期暢銷，恭摺仰祈聖鑒事。竊查津滬等處，船礮各局，需用物料以煤鐵爲大宗。前經臣等議採内地煤鐵濟用，先後奏明在於臺灣湖北等處，派員設局督率興辦。上年十月間，據江蘇前先補用道李振玉稟稱，安徽池州府貴池縣貫口諸山，産有煤鐵，擬請招商開採。復經臣與直隸督臣李鴻章往返咨商，飭據前署徽甯池太廣道孫振銓會勘明確，並擬送試辦章程，當即劄委該道等督飭商董認真經理，已於本年三月間設局開辦。昨準李鴻章咨，據該道等會稟刻下修路製車購辦機器，該商已費鉅資，若完税仍照舊章，則成本太重，有礙運銷，且該處取煤甚旺，池郡山多木廣，民間並不用煤，非裝運出口别無銷路。與臺灣湖北事同一律，擬將煤税援案請減等情，咨商會奏前來。臣查總理衙門前次議覆湖北煤税摺，内有此外出煤處所仍照舊徵收等語。惟該局用西法開採，出煤增多，核與臣等奏準臺灣湖北煤税每噸減爲一錢之案相埒，似應一體減税，使之樂事勸功。合無籲懇天恩俯準，援照臺灣湖北之案辦理，以暢銷路而敵洋煤。謹會同北洋通商大臣大學士直隸督臣李鴻章，安徽撫臣裕禄合詞具奏。

吴元炳《沈文肅公政書》卷五《臺煤減税片》 再，臣等於本年七月二十九日附片奏稱，臺灣産煤甚富，請將出口土煤照進口洋煤一律征收。八月十九日奉硃批，該衙門議奏，欽此。嗣經總理各國事務衙門覆奏，臺灣一口既據該大臣等稱，該處産煤甚富，應準其酌量核減，妥籌辦理等因。臣等伏思臺地之病，病於土曠，土曠之病，由於人稀。重洋遠隔，必利市三倍。而後内地食力之衆，不召而來，墾田之利微，不若煤礦之利鉅，墾田之利緩，不若煤礦之利速，全臺之利以煤礦爲始基，而煤礦之利又以暢銷爲出路。南北各省按日以煤炊爨，入冬以煤禦寒。若出口暢旺，煤價必昂，於民間不無窒礙。臺地則炊爨禦寒均無藉於煤，除出口外，別無銷路。其煤質鬆脆不敵西洋所産，而與東洋之煤尚相去不遠。然臺煤雖富，年來開採仍不甚旺，其所以不旺之故，則由於滯銷。西洋産煤金山最夥，從前舦板船隻皆繞金山而來，貨物而外以煤壓載，煤佳而價平，此固非臺煤所能敵。自埃及紅海開通以後，洋船無須繞過金山，金山之煤遂稀，其價亦日昂。而臺煤仍不暢銷者，以東洋之煤成本較輕，獨擅其利故也。今欲分東洋之利，必將臺煤減税，以廣招徠，洋商計較錙銖，聞風而至以後，税則雖減，而總計税八仍不至懸殊，於民間生計當有起色。至船局所用臺煤向係免税，不在定則之內。今擬請將出口臺煤每噸減爲税銀一錢，如蒙天恩允準，伏懇飭下總理衙門劄行總税司，明言臺煤無關民間日用，而爲洋船所必需，是以減税惠商，南北洋各口，均不得援以爲例。愚昧之見，是否有當，謹附片覆陳。伏乞皇上聖鑒，訓示遵行，謹奏。

中國第一歷史檔案館《德宗景皇帝實録》卷一七九《光緒十年二月》 諭軍機大臣等，有人奏，上海招商局開辦煤礦鐵厂各事，悉仿外洋集股辦法，乃司其事者，往往藉集股之名，爲罗掘之計。迨商務折閱，或減半归還，或仅得什一，甚至徒執股票，取償無日，請严定折閲之罚等語。開辦各項礦廠，原爲興利起見，著李鴻章、左宗棠、曾國荃飭令承辦各員，認真經理，如有克減亏移情弊，即著严行惩辦。原片著钞給閲看，將此各諭令知之。

陳旭麓《盛宣懷檔案資料選輯之二》湖北開採煤鐵總局荆門礦務總局《盛宣懷上閻敬铭禀光緒十年閏五月中旬天津》 敬再禀者：竊侄前奉南、北洋大臣、湖北督撫憲會同奏委試辦湖北煤鐵，以佐各省機器局之用，延請礦師試辦三年，以資本難繼，商請停辦，而其中動用直隸撥本十萬串，李傅相以辦無成效，未便奏銷，飭令將剩本十萬串援案發典生息，彌補本項，將所呈月報清册歸於外銷，不復奏咨。今午奉大部咨查練餉數目，直隸復文誤將此項十萬串之生息一並列入咨請内銷，則案情前後不符，自應上乾嚴詰。侄昨請督憲轉行，俾將此案始末情形分晰，禀請咨復。

伏查開礦係無中生有之事，洋法辦理動需巨本。侄督同試辦鄂礦，見其用款太巨，節無可節，遂禀求中止，若再多辦一年，則剩款全罄矣。雖將委員予以嚴譴，於帑無補。此三年内用款，均係實報實銷。侄雖愚魯，而於此等大處防閑，幼秉庭訓，絲毫不敢浮冒，自己薪水亦未具領，均有月報爲憑。論公事似應直捷請銷，而生息彌補，迹類通融。惟李傅相以帑項支絀，既能設法生息，免得動缺正本。現奉部詰，不得不分別核議。擬自本年奉部文起，剩本一分歲息一萬串，分出五厘歲息五千串歸於生息項下，聽候撥用，是練餉息項六年可多收錢三萬串，而礦務本項便少收錢三萬串。侄昨蒙年伯大人教誨諄諄，稍知重義輕利之辨，情願設法借貸，分年賠繳，以爲去就不慎者戒。

侄自李傅相奏調不足十四年，差缺賠累，祖遺田房變賣將罄，衆皆知之。今再被此重累，恐欲求喫飯而不能。父年古稀，無田可歸。從此，出爲負欠官債之員，入爲不肖毁家之子。仰蒙年伯大人垂憐逾格，略分重情，用敢先將禀稿抄呈慈覽，如尚有不妥之處，伏乞俯賜指示，俾有遵循，合家感德，何啻再生。

「中央研究院」近代史研究所《礦務檔》第六册《光緒十年六月十二日總署收雲貴總督岑毓英函陳雲南礦務情形》 六月十二日，雲貴總督岑毓英函稱，竊毓英於閏五月十六日，接奉鈞諭，蒙示雲南礦務宜妥籌辦法，及時開採，並鋪張揚厲，早爲覆奏，以杜外人覬覦。仰見葢籌深遠，訓示周詳，捧讀之餘，曷勝敬服。查雲南礦務自毓英與前任巡撫唐鄂生接辦以來，因工本缺乏，奏明招商集股，來滇開辦。凡三江、兩湖、兩廣、四川各省官紳，但有相識之人，無不致函招致，譬喻百端，多方引誘。該官紳等或願集資百萬，或願集資數十萬，頗爲踴躍。正籌畫間，而上海漢口各商號，紛紛倒閉，市面蕭條，股分遽難湊集。又因邊務喫緊，毓英奉命出關，唐鄂生獲咎被逮，經手諸人，恐更張受累，各存退志。中丞老成練達，辦事精明，惟到滇不久，情形未熟，李署藩司年逾七旬，精神不繼，是以各廠礦務，遽難辦有成效。然法人雖垂涎滇礦，而蒙自錫廠尤爲彼所羡慕，曩歲法人涂普義，爲提督馬如龍運軍裝，由越南來滇，曾買錫偷運出關，大獲利益，故從中播弄，致有此數年戰争。今欲伐其謀，必須自蒙自錫礦始。毓英已督飭知府仝椒績、馬世麟，措資籌辦，頗有起色。由四川運出錫斤，數已不少，其餘東川等處銅廠，亦飭該守同候選知府卓維芳等，以機器試辦，並函商粵卿中丞，催調道員胡家楨、知府張家齊等，速招商股，前來合辦，但得工本寬裕，則礦務亦不難蒸蒸日上。其應覆奏之處，毓英已函商粵卿遵照辦理，至近日邊防情形，昨經毓英詳細奏報，鈔稿咨呈鈞署，敬求訓誨，俾有遵循，是所叩禱，肅此，恭請鈞安。

中國第一歷史檔案館《清代軍機處電報檔彙編》第四册《收北洋大臣李鴻章電爲探得法用機器開挖基隆煤礦等事光緒十年九月十九日》 又電，今日到密，頃上海邵道來電，探得基隆煤礦現被法人用機器開挖，每日可得煤二百八十墩，並全臺有法船廿號。又據德璀琳稟稱，昨晚接葛德立巴黎密電，法國另增陸兵七千名，大快船兩艘，礮船七艘，擬十日内開駛來華云。鴻。皓。

「中央研究院」近代史研究所《礦務檔》第六册《光緒十一年六月十二日總署收户部文附會奏稿抄送遵旨會奏整頓滇省銅政摺稿暨硃批》 六月十二日，户部文稱，雲南司案呈，本部遵旨會議雲南礦務併産銅各省定價採買辦運一摺。

光緒十一年六月初十日具奏，本日欽奉慈禧端佑康頤昭豫莊誠皇太后懿旨，醇親王等奏，遵議礦務，請飭查明礦廠現在産銅情形，及需用銅本若干，據實具奏一摺。雲南應解京銅，自軍務肅清以後，試行辦運，經户部兩次奏撥銅本銀二百萬兩，該省僅解到銅五百餘萬觔，迭經諭令該督撫廣爲開採，認真籌辦，刻下寶泉寶源兩局，鼓鑄需銅甚殷，亟宜整頓銅務，以期漸復舊額。著岑毓英張凱嵩按照此次各節，逐一查明，據實迅速覆奏。總當竭力規畫，庶幾銅運日有起色，不得徒託空言，其經手承辦官商人等，並著隨時嚴查，倘有營私舞弊情事，即行從嚴懲辦。東南各省不乏産銅之區，並著曾國荃、丁寶禎、裕禄、衛榮光、吳元炳、德馨、彭祖賢、卞寶第、盧士杰，查明各該省如有可開之礦，即行奏明，一面籌撥資本，招商試辦，總期廣爲開採，源源運京，以重銅政，欽此。欽遵，於十一日由軍機處交出到部，相應抄録原奏，恭録懿旨，移咨總理衙門查照可也。

照録户部原奏，户部等衙門謹奏，爲遵旨會同妥議具奏事，光緒十一年五月十八日，軍機大臣欽奉慈禧端佑康頤昭豫莊誠皇太后懿旨，銅觔爲鼓鑄所關，現在雲南礦務漸次擴充，採運尚未復額。應如何悉心籌畫，詳定章程，以期將來規復舊制，著軍機大臣户部工部，會同妥議具奏，醇親王著一併與議，欽此。臣等竊維滇省出産銅觔，自乾隆以來，每年部撥銅本銀一百萬兩，歲運京交户工兩局銅六百三十餘萬觔，又加辦户局正耗銅二十二萬觔，而本省之鼓鑄資焉，各省之採買資焉，通商惠工，利至溥也。咸豐初年，滇有軍務，銅政停辦幾二十載。肅清之後，巡撫岑毓英總督劉長佑，先後請款開採，經户部奏準於各省欠協滇餉内，指撥銅本銀二百萬兩，各省陸續解滇，僅江西廣東浙江數省，欠解銀二十一萬餘兩。然自光緒二年以來，僅據滇省解到銅五百萬觔，已報未到銅五十萬觔，近年歷經欽奉諭旨，飭令該督撫廣爲開採，實是求事，並經户部迭次具奏，請旨飭下雲南督撫，妥籌辦法，及時整頓。雖據岑毓英、張凱嵩先後奏陳整頓銅政，並購買機器招商集股各情形，岑毓英則謂一年必有起色，三年決著成效，張凱嵩則謂地不爱寳，有日新月異之機，究其實際批解京銅，起數未能加增，司庫借用銅本，歸還無日，廣集商股鉅款，亦尚虛懸。若不認真辦理，安能歸復舊額。現在滇省防務已鬆，正宜及時規畫。臣等公同商酌，擬請旨飭下雲貴總督岑毓英、雲南巡撫張凱嵩，將現在滇省銅礦能否豐旺，舊有各礦是否照常可採，辦獲各礦有無礦苗，就現在開採各廠核計，每年實可獲銅若干，司庫借用銅本銀六十萬兩，能否即日籌還，道員胡家楨等認招商股二百九十五萬兩，曾否解齊，商辦是否確有利息，知府卓維芳所購機器，是否適用，逐一查明，據實具奏，毋得僅以不難規復，漸有起色等空言陳覆。如果礦苗豐旺，商力厚集，可以多獲銅觔，或竟能復額，確有把握，特限於官本之無出，亦令將需用銅本若干，每年可解京銅若干，詳切奏明，請旨辦理。或由户部籌撥鉅款，以資接濟，總期實有起色，可復舊額。至岑毓英前奏整頓銅政章程五條，均經户部覆準。其禁革使費一條，據稱，歷來領本則有減平，收銅則用大秤，刁難需索，展轉折扣，良善者歇業，狡黠者走私，以致額運日形棘手等語，此爲官辦之弊。户部議覆翰林院侍讀龍湛霖整頓礦務摺内，聲稱招商集股，官紳或從中舞弊，將招集股銀，擅挪妄動，私自經營，暗虧商本，或發存銀號，冀得餘利，一遇倒閉，鉅欵無著，此爲商股之弊。際此整頓銅政，該督撫尤宜悉心體察，如有不肖官吏，招摇勒索，舞弊營私，即爲銅政之蠹，立即從嚴懲辦，以重礦務。抑臣等更有請者，滇省整頓銅政，將來自可漸復舊章，惟運途遼遠，勢難剋期而來。查户部本年五月間，奏請飭令出使日本大臣徐承祖，議購洋銅，按十足紅板銅，庫平每百觔運至天津，共需價脚銀如在十五兩以内，即先訂購一百萬觔，奉旨俞允。同治年間，亦有由三口通商大臣，及江蘇省採買銅觔之案，東南各省不乏産銅之區，可供採買者，擬請旨飭下各該省督撫，妥定價值運費，採買運京，與滇銅洋銅參用。一俟滇銅復額，即行奏停，似與整頓礦務亦相輔而行之一法也。所有臣等會議緣由，是否有當，恭摺具陳，伏乞皇太后聖鑒。再此摺係户部主稿，合併聲明，謹奏。

光緒十一年六月初十日具奏，本日欽奉懿旨一道。

「中央研究院」近代史研究所《礦務檔》第五册《光緒十一年七月初八日總署收閩浙總督楊昌濬文附章程試辦石竹山鉛礦酌擬章程》 七月初八日，閩浙總督楊昌濬文稱，閩省招商集資開辦鉛礦，分別奏咨事。竊照福建省城之南，離海岸百四十里，有西洋島。城北百四十里，有石竹山，俱産鉛。城西七十里，有十排山，亦産鐵鉛。先據閩籍候選通判丁樅以營伍用鉛歲計不少，皆向外洋購辦。如鉛礦一開，按例輸課，先儘官買，利國利民，莫善於此。已招商集股，擬次第試辦。礦師即延船局學生，開具試辦條欵，繪圖赴津禀經大學士直隸督部堂李，以西洋島等處鉛礦，應否開採，或準試開一處，將圖摺咨閩核辦。經前部堂何飭發善後局，俟防務稍鬆，酌核辦理。旋據該紳丁樅禀請將石竹十排二礦先行試辦，由本部堂行局轉飭署侯官縣知縣盧慶雲併委候補知縣朱幹隆會同勘復。兹據該印委等會禀，勘得石竹山在萬山之中，並無樹木墳塋，亦無田園盧舍。山前有坑，鉛苗散見。山左有瀑布流泉，山右約半里許，有居民兩家。該山係吉坑陳姓公業，經該紳等價買，年納租錢，凡該山鉛産之處，悉聽開採。山下有溪名後溪，寬十餘丈，北流十里，入前溪。前溪西至連江縣轄之江南橋，可達琯頭，共計水路一百八十餘里，若溪澗修浚，能通小舟竹筏。以山左之瀑布淘洗，苗砂由溪運至琯頭，設爐渣淬，銷於海内，且與西洋島相近，將來便於兼顧。除十排山礦該紳請俟石竹試辦有效，再行勘辦外，繪圖註説禀覆等情。本部堂等查五金礦産，乃天地自然之利，開採如法，經理得人，因民所利而利之。裕國通商，兩有便益。光緒十年十一月間，户部會議都察院左都御史錫珍等奏開礦事宜，請旨飭下各省督撫，各就本省情形，參酌妥議，其有舉辦開採成效如何，一並詳細奏報，並將一切章程，咨部備案等語。是開辦礦務，業經部議奉旨先行，他省歷經奏辦有案。今閩省侯官縣轄之石竹山鉛礦，既經委員會同地方官勘明，藴蓄已深，鉛苗甚旺，並無妨碍田園廬墓，擬送章程復加酌改，應請準由候選通判丁樅鳩股開採，擇地設爐，先行試辦。水陸運道，亦準其設法修治。其爐廠需用礦師匠工舟筏器具，以及鉛斤銀錢出納各事，概由紳商自任，嚴禁書役索擾。惟匠雲集，仍責令地方官隨時照料彈壓，免滋事端。所出鉛斤，按月據實册報，提一成納課，運銷照章完厘。營伍用鉛若干，由司局照市價向該廠購買，餘聽該商自行銷售，成本藉可周轉。俟此山辦有成效，十排山西洋島礦務，再行接續興辦。據福建善後局司道具詳請奏咨前來。除恭摺具奏外，相應將所擬章程，呈送總理衙門，謹請察照施行。

《申報》光緒十一年八月三日《礦務近聞》 昨有客自徐州來，言及利國礦局已開之煤，現成之鐵頗見繁盛，徒以股未收足，資本不敷，致多遲滞。主其事者焦灼實深，現復羅雀掘鼠，並推舉舊股較鉅之蘇揚各友，凑集新股爲添本擴充之計，並聘請格致專家，直隸委用知府徐仲虎太守建寅同來經理。仲虎係雪村先生哲嗣，曾創設山東製造局，並爲出使大臣參贊，於開礦各南無一不精。現爲安置機器，一面出煤，一面試鍊生鐵，同心協力，必可日進有功，將來樂利當無窮也。又開平泉礦務，亦經朱翼甫觀察禀請，添本開掘其細情雖未周知，惟據傳稱，將來當日有起色云。

孫家鼐《户部奏稿》第一〇册《本部議覆云撫奏先後奏陳礦務情形並清催各省銅本欠餉，一折光緒十一年八月十八日》 户部謹奏，爲議覆雲南巡撫張凱嵩，先後奏陳礦務情形，併請催各省銅本欠餉，繕具清單，仰祈聖鑒事。竊雲南巡撫張凱嵩奏滇省礦務情形一摺，又請催各省欠解銅本及協餉月餉一片，光緒十一年七月十三日，軍機大臣奉旨，户部議奏，片併發，欽此。欽遵田軍機處抄録原奏，交出到部，據原摺内稱，辦礦之法，必須原集資本，多招健壯砂丁，熟練爐户，一面開採，一面煎練，練斯用力多，而成功易，成功速而獲利自豐。若挾有限之資，以求速成之效，其勢誠難。今計招集商本，僅據滬局解到銀三萬兩，川局解到銀五萬兩，爲數無多，不敷分佈，猶幸開辦東川楚雄禄勸等處銅廠，以顧京銅，尚爲得手，其新獲牛泥塘一處，得礦甚多，煎銅不易，費用繁重，尚不敢必其有成，此商局現辦之情形。本省紳民報開銅銀等廠四十餘處，力薄資微，作輟相乘，涉其藩籬，未即窺其堂奥，調查局簿獲礦已有十餘處，繳銅尚衹數萬斤，多求借領官本，以資工費。奈司庫銅本一項，不能兼營並顧，此紳民現辦之情形。又片稱，雲南本受協省，分舊由各省按年協濟銀四十餘萬兩，以供兵練糧餉方武廉俸一切襍支，是爲協餉。自有越南軍務添撥邊餉，以贍開外之軍，是爲新餉。各省力有未逮，除四川一省外率皆停舊解，新而常協，既屬虚懸，邊餉仍形缺乏，不得已先後動挪庫存銅本，以應急需，既不能裁邊軍以節餉需，即無由提新餉以還銅本，本既無存，銅何從出。夫商情之利鈍，尚難預期，而官本之盈虚，必先熟計。擬懇天恩，敕部核議，催令各省關將欠解原撥銅本銀兩，照案掃數解滇，藉資接濟邊陲瘠苦，岌岌難支，仍冀行催各省將未解上年及本年滇省常年協餉，月餉，從速指款撥濟，俾可分別點綴彌縫，以塞衆望，並得以撙節款項，歸補銅本，以次赶辦京運各等語。臣等查滇省協餉，年來提撥多款，解收紛繁，臣部正在開單繕奏間，復由軍機處交出雲南巡撫張凱嵩奏滇省現在産銅情形及需用銅本一摺，光緒十一年八月十二日，軍機大臣奉旨，户部議奏，欽此。據原奏内稱，滇省山勢蟠結磅礴，舊銅新礄所在多有，若果貲多力厚，自有日新月異之觀。現惟就已到商本庫餘銅本，得尺得寸，儘力經營，如謂遽能復額，寔無把握，大成效未可預期，辦法要當早定，乃銅本既難籌還，協餉無可匀用，空言搘拄中夜，實切徬徨。惟有據寔瀝陳，仰懇天恩，飭部催提各省関欠解銅本銀兩，迅速掃數解滇，並由部酌量添撥本銀，俾藉手有資等語。臣等伏維滇省礦務自軍務肅清以後，經巡撫岑毓英、總督劉長佑先銅本共二百萬兩，各省陸續解滇，惟江西、浙江、廣東、太平関等處欠解銀二十一萬餘兩。而滇省自光緒二年以來，僅據解到銅五百萬觔，已報未到銅五十萬斤，核以舊例，每年撥銅本百萬，交京銅六百五十餘萬之數，欠解滇銅尚多。推原短解之故，實由礦務之不旺，不得歸咎於銅本之未豐也。近年歷經欽奉諭旨，飭令該督撫廣爲開採，實事求是，並經臣部迭次具奏，請旨飭下雲南督撫妥籌辦法，及時整頓，前據岑毓英、張凱嵩先後奏陳整頓銅政，並購買機器，招商集股各情形，方謂日有起色，可期漸復舊額。今據所陳，川滬兩局僅解到商本銀八萬兩，與前奏所謂道員胡家楨等認招商股二百九十五萬兩之數，大相懸殊。又謂本省紳民資微力薄，作輟相乘，是商股既難集厚資，民辦更苦無工本，似此年復一年，安能得有寔效。本年五月間，欽奉懿旨，令臣等會議滇省礦務，當經奏明，請旨飭下雲貴總督岑毓英、雲南巡撫張凱嵩，將現在滇省銅礦能否豐旺，舊有各礦是否照常可採，新獲各礦有無礦苗，就現在開採各廠，核計每年寔可獲銅若干，司庫借用銅本能否籌還，道員胡家楨認招商股曾否解齊，商辦是否確有利息，知府卓維芳所購機器是否適用，逐一查明，據實具奏，不得僅以不難規復，漸有起色等空言陳覆。如果礦苗豐旺，商力厚集，可以多獲銅觔，竟能復額，確有把握，特限於官本之無出，亦令將需用銅本若干，每年可解京銅若干，詳切奏明等因。因奉旨允準行知遵照在案。如果該省於礦務實有成算，雖一年之内未能遽復舊額，而就現開之情形核計，每年可得銅若干，若得厚本開採，每年可增銅若干，按本計銅，如指諸掌，臣部亦無難再爲指撥鉅款。今據復奏所陳，惟謂遽能復額，實無把握，而於現在各廠可護銅斤若干，增本開採每年可增銅若干，仍未能確有定算，所請添撥本銀一節，應毋庸議。惟滇省向爲受協之區，工年辦理防務，那用銅本至六十餘萬兩，自宜速籌歸還，以維銅政。而邊軍防務需餉尚殷，現在各省餉力雖未甚紓，惟滇餉寔未可稍緩，應解銅本尤爲奏撥專款，不容拖欠。相應由臣部將指撥銅本及各省協滇月餉、常餉，已未解各數目，繕具清單，恭呈御覽，並請旨飭下，兩江、兩廣、四川、湖廣各總督，浙江、江西、廣東、湖南、湖北、江蘇、河南各巡撫，東海関監督，將欠解銅本迅速掃數解清。應解常月等餉，亦即迅籌，鉅款源源接解滇省，於各省解到欠餉，即行劃歸那用銅本，合計該省那用各省欠解銅本銀尚有八十餘萬兩之多，應請旨飭下雲南巡撫先儘此項採辦，並將歸還銅本及採辦情形，隨時奏陳，以紓宸廑。所有臣等遵議緣由，恭摺具陳，伏乞皇太后、皇上聖鑒，謹奏。

中國第一歷史檔案館《光緒朝硃批奏摺》第一〇一輯《光緒十四年十一月閩浙總督卞寶第片》 再，閩省侯官縣轄之石竹山鉛礦，經前督臣楊昌濬於光緒十一年五月間會摺奏明，由閩籍候選通判丁樅鳩股開辦，並將擬送章程先後咨經户部覈覆，飭將僱募礦師，議立合同鈔録送部立案。如經理不善，毫無裨益，即奏明停止封禁等因。復經轉飭遵照去後。茲據福建善後局司道以該處鉛礦自奏準開辦後，僅據該職員丁樅於光緒十二年五月間具報礦化師到閩，先就礦山設爐試化，究竟所延礦師如何，議立合同經設爐廠幾處，如何開採，每月得鉛若干，均未續報到局，疊飭福州府確查覆辦。本年四月間，始據丁樅以前延礦師先設小爐試化，因工手庸劣，所化鉛苗較諸洋人所化，僅有六分之一，後即資遣回籍。現已延訪外洋礦師，俟洋師到日，議立合同並設爐鎔化，再將日出鉛觔册報。並據福州府知府廷愷查明，該礦試辦未久，因經費不敷，業已停歇等情，詳請奏咨。封禁前來，臣查此案礦務開辦之時，曾準部行，以近來集股之無成效，而詐騙官民銀物者，大半推諉於礦師久未得人，坐耗股資，飭令查明，如稍有無益，應即立時封禁。今該職員丁樅試辦石竹山鉛礦三年之久，毫無成效，據稱礦師庸劣，現赴外洋訪延，顯係空言延宕，於國於商兩無裨益。既據善後局司道詳稱，已飭福州府查覆，早經停歇，自應遵照部咨即行封禁，以免坐耗股資。除飭將礦山封禁具報暨咨部查照外，臣謹附片具奏，伏乞聖鑒訓示。再該礦開辦之初，係該職員自行鳩集商股，並未領用官項，合並陳明，謹奏。

《申報》光緒十一年八月二十一日《些厘登開礦公司告白》 啓者，本公司每月所接電報，專定礦内所挖出之礦子，裝船運往他處等事。茲本月電報亦已接到，本公司各股友如欲觀看，請至本行取閲可也。八月廿一日。

本公司經理人德興洋行啓。

「中央研究院」近代史研究所《礦務檔》第五册《光緒十一年八月二十七日總署收户部文附奏摺咨送核議閩省開辦鉛礦章程摺》 户部謹奏，爲閩省開辦鉛礦，按照該督撫咨送章程，逐款查覈，謹繕清單，恭摺仰祈聖鑒事。閩浙總督楊昌濬等奏，閩籍候選通判丁樅招集商股，擬試辦閩省石竹山等處鉛礦，稟經大學士直隸總督李鴻章咨閩核辦，由閩省飭委會勘。侯官縣轄之石竹山鉛礦，鉛苗甚旺，並無礙田園廬墓，酌定章程，請準丁樅鳩股開採，擇地設爐，先行試辦。水陸運道，準其設法修理，俟此山辦有成效，十排山西洋岛礦務，再行接辦。除章程咨部外，謹合詞具陳等因。奉旨，户部知道，欽此。欽遵由軍機處交出到部，嗣據該督撫將試辦石竹山鉛礦，酌擬條款章程，咨部前來。臣等伏查光緒十年十一月間，左都御史錫珍等奏請各省辦礦，經臣部議令各省自行體察情形，參酌妥議奏覆。今閩紳丁樅既願鳩資開採閩省鉛礦，何以不在閩省就近呈請，乃遠赴直隸稟報。然既據直隸總督咨回閩省核辦，並據閩省督撫委勘奏明。礦爲自然之利，開採如法，經理得人，裕國通商，兩有裨益，自應準其開採。惟原奏所稱水陸運道，準該商設法修治一節，應如何勘定修治之處，並未議及，應令該督撫即委明幹之員，將修治運道，詳細履勘，議定如何修治，並修治何處，繪圖貼説，報部核議。俟議覆後，再行修治，以免將來因修治運道，擾及民田廬墓，另滋事端。至該省所送辦礦章程十四條，尚有未能盡善之處，現由臣等逐條核議，分别是準駁，另繕清單。謹呈御覽，恭候命下。由臣部行文閩浙總督福建巡撫，遵照臣部核覆各條，認真辦理，仍應由該督撫隨時體察。倘開採稍不如法，經理稍不得人，於國於商，兩無裨益，即應立行停止，以昭慎重。所有臣部核覆閩省開辦鉛礦章程，分别準駁各緣由，理合恭摺具陳。伏乞皇太后、皇上聖鑒。謹奏。

謹將閩省造送試辦石竹山鉛礦酌擬章程條款，逐一查核，繕具清單，恭呈御覽。

計開：

第一款，所稱準令閩籍候選通判丁樅集股開採，原擬招集五百股，每股洋銀二百元。兹先試辦石竹山，每股先收一百元，以爲開辦經費，辦有成效，再行續收等因。應請準其照擬開辦。惟查近來集股開採，藉以漁利，並不認真辦礦。迨股銀到手，任意侵用，坐令入股者徒折資本。本年七月二十四日，臣部於議覆陝甘總督譚鍾麟覆奏礦務案内，已切實請旨通飭各省定章查禁。此條仍應由閩省查照部議，嚴飭妥辦。

第二條，所稱在局司事，令該紳訪用公正紳士，稟明存案，以專責成等因。應請準如所擬辦理。

第三條，所稱設立爐廠，以便運載，並飭該紳認真查察，如有偷運出洋等情，從重懲辦等因。查臣部前次會議開辦礦務時，已奏明所有出産，務先儘中國官民買用，勿貪利私售外人等語。此案閩省開採鉛觔，自應以偷運出洋爲厲禁。查該省咨送章程，雖有重懲出洋一語，然僅飭該紳查察，深恐其未必認真，此條應再由閩省督撫另議由官察禁之法，再行定議報部。

第四條，所稱延訂礦師，參用西法等因。查臣部前次會議開辦礦務時，已奏明聘雇洋人，爲費甚鉅，其稱爲礦師，身價尤昂。然聞其所測，往往不驗，以致工本徒虧。必須訪求切實之人，先立合同，聲明如測驗不符，並無成效，如何議罰，庶可懲騙冒而節虚糜等語。今閩省開採鉛觔，雖係由商招股，然近來集股之無成效，而詐騙官民銀兩者，大半推諉於礦師之久未得人，坐耗股貲。此條仍應由閩省督撫查照臣部會奏原議，轉飭妥辦。

第五、第六、第七等條，出鉛多寡，按月報官，先儘官用，照時值給價。禁止規例，招選附近鄉民充夫，取具保結。設廠若在山田，照價備買，由礦局照舊完粮各等因。查所擬均屬妥協，均應請準如所議辦理。

第八條，頒給木質關防等因。查頒發關防，事體重大，實未便因一紳一商辦礦，即創此令典，應改爲由閩省督撫發給木質戳記，惟準其於稟件股單股摺上鈐用，此外不準假借擅用公文示諭牌票等件。如查有以上各項情弊，仍應照例懲辦。如該局現已刊刻關防，即行追回銷燬。至該督撫將來給發該局戳記，亦仍應鈐樣送部備查。

第九條，銷售鉛觔，現銀現兑，全年賬務，懸單曉衆送查，及提出金銀等項，照實冊報。倘以多報少，查出治罪等因。應請照所擬辦理。

第十條，所出鉛觔於南台省城銷用，既已完課，免徵釐金，運往各口出外銷售，應完釐税，統由礦局就省完繳，報官定限，給照沿途放行，概不重徵厘税。如偷漏私運出省，照章議罰等因。查所擬辦法，在閩省境内各口運銷，或可照所擬辦理。若出境運赴外省，概令在閩省完厘，沿途免税，必致於各省厘章有碍，且難免在閩完厘鉛少，出運各省鉛多，更難免藉照包庇私鉛，各省無憑考查。此條應由閩省督撫議令於出省鉛觔，在閩給與執照，只令其完納閩省照費若干。其運銷出省，仍聽各省自行照章抽收厘税，庶免弊混。其在省出省但無護照者，即照私鉛辦理。

第十一條，礦山應免其再請升科等因。查礦山如寔係不堪耕作，向不升科者，自應準免其再行升科。惟不得藉端影射，包庇熟田，或將原有賦税山場，因辦礦轉虧國課，此案仍應由閩省督撫妥飭地方官查實，分別辦理。

第十二條，完課及分派股分等因。應請準如所議辦理。

第十三條，擬先用火药爆擊開採等因。查各處山川形勢，關係地方險要，且民田廬墓未必不附近礦山。火药開山，本非良法，此條仍應由閩省督撫再行詳酌，報部核定。未奉部覆，不得由該紳商任意擅辦。

第十四條，礦鉛盡日，奏請銷案等因。應請照所擬辦理。至各省辦礦，前已經臣部奏明，如查出稍有無益情形，即應立時封禁，此條應由閩省督撫隨時認真查辦。

盛康《皇朝經世文編續編》卷五七謝光綺《清開粤西礦利條陳光緒十一年》

竊惟制敵之要，首重練兵。攘外之方，先圖安内。練兵莫急於籌餉，安内莫切於除奸。近來各省大吏，多方籌餉，靡計不施。礦務開興，成效時覩，惟廣西礦地甚多，尚未奏明開辦。取自然之利，事屬堪爲，藏未發之姦，患尤可慮。查廣西礦地，五金胥備不減雲南，就中以潯州府貴縣平天寨之銀礦爲最著，玆爲最久。平天寨山勢斗絶，其上寬平，道光年間，該處土民山麓私採草皮浮礦，百斤之砂，可出銀數兩，鉛十二三斤。至髮逆起事，礦徒悉被勾結，竄往江南爲亂。咸豐年間，土匪黄三煽其餘熖，嘯聚無賴，復行開挖，築寨山頂，蓋以山頂之礦，出銀較厚。黄三等盤踞日久，因勢愈張，官軍圍攻累年，負嵎不下。同治初年，前任廣西藩司劉坤一督兵勦辦，誘誅黄三，始毁其巢。厥後潛聚私挖者，仍不乏人。礦利既多，趨之若鶩，争占尖口，往往戕斃數十命，亦不報案。地方官意在省事，名爲封禁，實乃空言。同治十年，署貴縣知縣張家齊密勘，山頂共開有礌口一百零三處，每礌聚有十餘人。取練礦質，洵屬精良，惟係礦徒零星開挖，未能遽獲大礦。烹錬之鑪既小，取汁之法又粗，若使逐礌並力深挖，改用大鑪烹錬，成效自必不同。於是稟請開採，事不果行。時潯州府知府魏篤仍遵舊議，派勇搜捕礦徒，疊被拒斃多人，束手相望。後經右江道王達材順道履勘，甫入其境，亦被礦徒開礮轟出，旋即回省，至是當事始屬意開採，經派文武員弁前往試辦。一時未易得人，辦理亦難無弊。疊經撤换，事乏端倪，費用不貲，遂爾中止。現仍爲礦徒私挖，且復有土豪包庇，坐失利源，未免可惜。此廣西潯州府貴縣平天寨銀礦議禁議開，迄未成辯之原委也。夫封禁既託空言，開採又無良法，然則聽此礦徒羣聚於深山大澤，而不相過問乎。前此之議禁者，懲於黄三耳，抑知黄三之禍，由於私挖，非由於官辯。設當日官爲經理，何致踞爲匪巢。且平天寨山路徧亘，内達龍山大墟，及武宣桂平賓州各境界。外距鬱江四十里，對岸即横州等處，毗連廣東之霍山北海，荒遐遼闊。前所勘礌口已有一百零三處，今又十餘年，尚不知應增幾許。每礦以十餘人計之，已不下二三千人。近聞遊勇散練，亦復相率入山，若不早爲之所，不但争奪讎殺，易釀事端，尤恐各屬宄盗，萃爲逋逃，設有黠桀如黄三者，煽誘起事，縱横數百里間，焚村市，阻餉道，斷電路，截軍火，其害有甚於當年者矣。況南寧上思太平等處，漸近越地，紅河教黨日多。或有奸宄誘彼無厭，聽之則利權遂失，拒之則釁隙旋生。爲今之計，惟有急議開採，以資固結而杜覬覦。勿任觀望遲疑，養成他患。第開辦非難，難於除弊，而尤難於得人。不揣愚妄，竊擬爲官商合辦之法，擇一總商，出本招股，力或不足，更以官本益之。延請諳練礦師參用西法機器，酌調防營兵勇彈壓，遴派坐鎮潔已委員，率商設廠開辦，督同地方府縣，聯絡公正紳耆，募礦徒爲廠丁，攬土豪爲董事，給以工貲，則礦徒不致失業而爲匪。沾以礦利，則土豪不致掣肘而霸抽。正款歸公，徑充餉項。災黎待拯，兼助賑需。如果山靈效順，旺礦連開，則部庫有需，亦可通籌匯解。此外如臨桂縣撈江暨義寧縣銅礦，平樂府馬江金礦，賀縣富川縣煤礦錫礦，慶遠府河池州思恩縣銀礦、錫礦、鐵礦、硃砂礦，横州博白縣等處金銀礦，百色奉議州等處硝磺礦，菁華久蓄，洩露時聞，應請一並分投開採，或資圍府之錢，或易行商之利。似於近時邊務，不無裨益。光綺一介儒生，學識譾陋，祇以自幼隨任廣西，先後二十餘年，内地邊疆，足迹幾徧，地方民俗，大概粗知。間攷志書，亦多印證。上年冬道出廣東，首將此事大畧，陳於兩廣總督張之洞暨兵部尚書彭玉麟。又以廣東巡撫倪文蔚前撫廣西，留心此事有年。甫申臆説，時值邊情喫緊，總督等論兵集餉，寢饋弗遑，未及再陳，旋亦北上。玆者到部銷假，側聞和局大定，中外解嚴。惟是敵情須防叵測，邊事宜早經營，不揣冒昧，覼縷陳言，如蒙奏請飭議招商開採。更請仿照雲南，於廣西適中之地，設立通省開採五金局，並由户部暨兩廣總督廣西巡撫察核光綺所陳，從長計議，奏明辦理。至將來督率承辦之員，如何勘礦驗砂，如何定課納餉，並當年先還官本，或按月收繳息銀，因勢變通，相機措置，另擬詳細章程，務期斟酌妥善。總之擇要先行試辦，各礦次第並開，庶可收利權而靖邊圉。

中國第一歷史檔案館《德宗景皇帝實録》卷二一五《光緒十一年八月下》

諭軍機大臣等，兵部代遞主事謝光綺條陳，試辦開礦，安撫土司各節，據稱廣西貴縣天平寨銀苗最著，礦徒聚衆私挖，易釀事端，尤恐兇徒煽誘貽患。擬爲官商合辦之法，以輯匪徒而充餉項。此外如臨桂義甯平樂各府州縣金銀銅鐵等礦，請一並開採等語。各該處礦苗果旺，自可妥爲開採，以資利用。況聚衆私開，肇釁滋事，尤當設法嚴禁。著張之洞、李秉衡逐一詳查，奏明辦理。

「中央研究院」近代史研究所《礦務檔》第六册《光緒十二年五月初九日總署收户部文附黔撫潘霨奏摺咨送黔撫奏議開採貴州銅鉛各礦章程摺》

五月初九日，户部文稱，貴州司案呈，光緒十二年三月二十五日，準廣西司付稱，署貴州巡撫潘奏籌議開採銅鉛煤鐵硝磺各礦章程一摺。光緒十二年二月初九日，軍機大臣奉旨，著照所請，該衙門知道，欽此。欽遵，該省開採銅鉛各礦，業經咨行辦理，其原奏内稱開採硝磺硃砂雄黄煤鐵各礦，應抄録原奏，付知辦理等因前來。相應抄録原奏章程，移咨南洋通商大臣等處，詳查各省每項各能認銷若干，定價若干，速即聲覆，以便轉飭遵辦。再查前署理貴州巡撫林，於光緒五年四月間，奏請開辦馬鞍山等處砂礦，以濬利源，嗣以辦無成效，即經停止。今該署撫酌議開採煤鐵各礦章程，尚屬詳盡，惟開廠設局，所費不貲，必須通盤籌畫，除開銷各項經費外，確有盈餘，始可舉辦，應抄録原奏章程。移咨總理衙門查照可也。

〔附〕照録粘單

署貴州巡撫臣潘霨跪奏，爲遵旨籌議開採銅鉛煤鐵硝磺各礦章程，恭摺條陳，仰祈聖鑒事。竊臣於光緒十一年十一月初一日，附奏黔省礦産甚多，煤鐵尤盛，可否體察開辦一片，欽奉諭旨，知道了。即著該署撫詳細體察，認真開辦，毋得徒託空言，欽此。仰見聖主軫念邊疆，厚生利用之至意。遵查五行百産之精華，取之不盡，必須加意講求，庶幾愈用愈出。現當創立海軍之始，需用尤殷，所謂地不愛寶，正其時也。況黔省尤係瘠區，每歲度支，全賴各省協濟。本省田少山多，出穀無幾，惟水深土厚，向産五金，自雍正乾隆年間，歷有開礦成案，部册可稽。軍興以來，無力興辦，如果經理得宜，以天地自然之利，藉補餉項之窮，雖未敢侈説富强，而民間多一生計，即公家多一利源，以之撥供鄰省海防之需，亦屬彼此兩利。臣欽遵諭旨，督同司道酌議簡明章程穴條大要，糾集股分，廠由商辦，而官爲督銷彈壓稽查，代籌出路，而坐抽税課，以裕度支，較爲簡便。敬爲皇太后、皇上縷析陳之。

一鎌鉛各礦宜規復舊制也。黔省方言，黑鉛曰鎌，煉之可以得銀，較白鉛之利尤厚。從前辦解京局，歲額白黑鉛共四百七十餘萬觔，兼供各省採辦，所出甚多。由於所産甚旺，查威甯州屬榨子黑鉛銀廠，係雍正五年開採。嗣復開出清平縣屬凱裏永興寨黑鉛各子廠，又威甯州屬蓮花媽姑白鉛廠，係雍正十三年開採。嗣復開出馬街猓納黑泥三家灣羊角新發白巖等處子廠，又水城廳屬福集白鉛廠，係乾隆十一年開採。大定府屬水洞帕興發白鉛廠，係乾隆四十二年開採，均歸貴西道督理，百餘年中，利益頗大。自近歲軍興，廠務遂廢，然舊峝雖空，亦必有未開之礦，寶藏所蘊，當更有新長之苗。現如遵義之泮水，桐梓之銅鼓坳，仁懷之桑木埡七灣架丁山壩，普安聽屬之南星仙冲燈盞窩等處，或銅或鉛，均據報有礦苗，其燈盞窩之銅礦，現經督臣岑毓英委員試辦，礦苗甚旺，銅質亦佳。又普安聽屬之糞箕灣梭白沙緑塘三處，近且報有銀苗，應仍責成貴西道勘明開採。或就舊廠，或覓新礦，實力招辦，以期漸復舊規。此外，如威甯州屬陳家溝之銅廠，青谿縣屬南屯一帶之鐵廠，册亨州同所屬坡均之硃砂廠，板堦之雄黄廠，興義府屬之迴龍灣，八寨廳屬之羊五加河，修文縣屬之紅白巖水銀各廠，均自雍乾間次第開採，至今早已荒廢。其近年奏辦之羅斛廳屬寶豐廠，試辦之銅仁府屬萬山廠，均産硃砂，而作輟無常，半由工本不繼，應飭各該屬一律勘明整飭，以盡地利。

一煤鐵等項宜擴充開採也。查各省機器局及大小輪船，每歲所用煤鐵，以億萬計。現又創立海軍，製造鐵船鐵路，在在需用，更屬不貲，自應廣爲籌備。黔省跬步皆山，處處産煤産鐵，特以物太粗重，山路難於致遠，開採者但供炊爨農具而止，貨棄於地，殊可惜也。查鎮遠思州兩府，據沅江之上流，銅仁府通麻陽之舟楫，都匀黎平，與清江相首尾，遵義思南，距川江亦不甚遠，設法挽運，均可下達長江。應飭各該府查明煤鐵最旺之處，竭力招徠，商辦官銷，以濟要需。

一硝磺二項宜變通辦理也。查硝磺例禁綦嚴，而黔省出産最旺。如仁懷遵義天柱等縣，有峝硝一種，水自石隙流出，名曰窑溝，取水煎之，即成牙硝，性甚猛烈，磺亦較他處爲良，利之所在，人競趨之，以故禁遏愈嚴，私販愈巧。從前私挖者，共有八十餘廠，窑溝八百餘條，每日出磺一百三十餘石，與其空懸禁令，似不若化私爲官，轉得操縱由我，擬擇硝磺最旺之區，招商集股，磺由商辦，官爲督銷，嚴禁走私。設局抽釐助餉，如仁懷縣屬之二郎灘，可以順流入川，擬設正局，官渡口亦通川江，擬設分局，商人所運硝磺，由局給票後，即由仁懷局收票，驗放出關，庶偷漏可杜，而軍火利用有資。又查磺有兩種，硫磺僅造火藥，薰磺一種，則皮貨藥材棉花草帽紅花及麻布紙張，無不需此物薰蒸，仁懷縣屬二郎小溪吼灘等裏，出產薰磺，養活窮民無算，未便一例封禁，應飭局查明確係薰磺，準其給票出販，以示區別，而廣利源。

一開辦之法宜先集股分也。銅鉛煤鐵硝磺各項，採辦俱需工本，黔庫支絀，萬難籌款。惟有集股之一法，本地股實無多，又須濟以遠道招商之法，擬照滇省礦務章程，遴員赴滬集股，以百金爲一股，外國洋人不令附股。惟勘辦礦苗，準其酌雇洋人，以資臂助，先就股分最多者，推爲總辦，其餘一人能集百股者，作爲幇辦。俟股分民，即於省城設立礦務招商局，總理諸務，按收股本日期，給週年一分官息。外獲有餘利，除開銷局廠薪工外，按股分派，設遇虧折，亦如之，年終刊布帳單，使附股者一律徵信，庶聞風者接踵而來。

一股分既集，宜豫籌銷路也。銅鉛爲物較貴，銷售舊有成規。惟煤鐵質重而價輕，硝磺又關例禁，應請飭下總理海軍衙門、南北洋大臣，暨兩湖兩廣川滇各督撫臣，每省能認銷每項若干，定價若干，先行咨復，以便分投運銷，此爲商辦官銷之法。但使銷路能暢，則商賈自必争趨，而天地自然之利，亦不致終閟矣。

一銷路既通，宜明定課票也。查威甯榨子鉛廠，原定四六抽課，其餘各廠定例抽課二成。現值招辦之初，應請無論何項，每百斤祇抽課二十斤，以示體恤，各照市價折銀交納，以歸簡便，其經過各省關卡，未便再予重徵，應請援照滇例。

飭下各省關局，暫免厘税，以廣招徠，又各項出境，未可漫無稽考。擬照滇局刊刷四連串票，一商局存根，一藩司總核，一截繳出關驗票，一通商各省呈蓋院司印信，每一百斤截票一張，聽其運赴各省銷售，沿途關卡加蓋驗戳放行，所謂化私爲官也。如此庶在官有可稽查，在商益得暢行，黔省藉有起色矣。

以上六條，祇就現在開辦情形，提綱挈領，斟酌議行，其餘一切廠規税則，及未盡事宜，應俟股分集成，總局設就，隨時酌核，以求事在必成。是否有當，伏乞皇太后、皇上聖鑒訓示謹奏。

「中央研究院」近代史研究所《礦務檔》第六册《光緒十二年五月十四日總署收户部文附唐炯原奏抄送唐炯奏請籌議礦務招商股延洋師摺稿暨硃批》五月十四日，户部文稱，雲南司案呈，軍機處交出督辦雲南礦務巡撫唐奏，籌議礦務，擬招商股，延聘洋師，以規久遠一摺。光緒十二年五月初七日，奉硃批，覽奏均悉，已電諭徐承祖照辦，餘依議，欽此。欽遵交出到部，相應鈔録原奏，恭録諭旨，知照總理各國事務衙門，希將本部應行出使日本大臣公文一角，速爲轉處可也。

〔附〕照録原奏

巡撫銜督辦雲南礦務臣唐炯跪奏，爲微臣到滇籌議礦務，擬招集商股，延聘東洋礦師，以歸規久遠，恭摺仰祈聖鑒事。竊臣於三月二十六日，在貴州省城曾恭摺叩謝天恩，專丁賫進，因感受風寒，調理數日，即行赴滇，沿途接見紳耆，詢訪利病。閏四月初一日，到雲南省城，連日會商督臣岑毓英、署藩司史念祖，查詢招商局知府全楙績辦理情形，現已起運七起二批京餉五十萬，冬間能否再運八起頭批，尚未可定。伏查滇省舊有銅廠三十餘處，年出銅斤數千萬，軍興停辦，已數十年，如東川湯丹等廠，硐雖老而山不空。此外曲靖昭通，及昆連四川會理等處，未開之廠，尚復不少，而昭商局兩年僅能起運京餉三批，辦理艱難，拮据如此，推求其故，大約有二，一則庫帑支絀，商本不厚，從前開辦，皆係川湖江廣大商巨賈，每開一廠，率費銀十萬二十萬兩不等，其時各延礦師，能識地脈之衰旺，引路之淺深，結堂之大小，礦質之佳劣，相度既定，然後施工，一經開成，歷數十年，取用不竭，又能煎練得法，分汁甚易，故獲利既厚，招徠愈多，即有折虧，亦不中止。自軍興後，此等礦師，死亡殆盡，現在招商局商股僅七萬餘兩，承領帑本止十一二萬兩，勉顧京運，即無餘力開辦新山，不過就舊有老廠，洗滌淘荒，零星湊集。間或開辦子廠，又因山深炭遠，搬運維艱，甚或礦不分汁，剛柔不和，既無礦師調維，但只任憑運氣，絶少把握，難望有成。一則缺少砂丁，人力不足，開鑿背運，悉賴人工，從前大廠率七八萬人，小廠亦萬餘人，合計通省廠丁，無慮數百十萬，皆各省窮民，來廠謀食。今則停辦太久，廠利不豐，外省民無所圖，本省丁口零落，雖經招募，來者甚稀，凡此皆辦理艱難拮据之實在情形也。竊以招商局設立三年，招股甚菲，固因近年股票倒騙，亦由前撫臣創設五金局，强欲官理民財，其勢不能相信，以是來源日絀，辦理尤難。督臣旋省後，商同司道，曾將五金局奏明裁撤，今臣又將招商各分局，或撤或留酌加整頓。臣前在藩司任內，深知滇民瘠苦，除開廠，更無生路，曾條議開廠章程，以招集商股，購辦機器，爲兩大端。蓋非商股不能輔官本之不足，非機器不能濟人力之窮，及任巡撫，會議礦務，仍持此議。今奉命來滇督辦，博訪周諮，體察情形，舍此別無久遠長策。現擬招股一事，則專委天順祥商號四品銜候選同知王熾等，分赴川廣、漢口、甯波、上海等處招股，其招集之法，則按照商規，以出股之多寡，管廠事之重輕，週年六厘行息，三年結算，再分紅利，皆於天順祥號憑摺支取。三年後即準提本，其願自攜巨本，來滇開辦，不入股分者，亦聽其便。至機器一事，查日本自變用西法以來，一切製造，皆用本國之人，其開廠之法，先望雲氣，次驗水土石，三項相符，然後相度，應用何等機器，次第施工，故能確有把握。現擬先聘東洋礦師，俟其到滇察看形勢，應用何等機器，即行購辦，庶免虛糜工本，仰懇敕下出使日本大臣，轉飭隨員候選知縣于德楙，代聘東洋上等礦師二人，議訂三年，即令于德楙伴送，由四川敘州府入滇，于德楙通曉東洋言語，於開廠鑄帑事宜，亦頗講求，以之伴送沿途，既便照料，到滇亦易任使。惟是機器須礦師議購，招股非旦夕可成，展轉需時，豈堪坐待。臣仍當一面督飭招商局知府全楙績，就現有資本，盡力開採，並廣諭紳民，覓廠試辦，以憑採買，斷不敢躭延，致誤京運。抑臣更有請者，自來久大之規，不能猝辦，況當此時勢力艱難，庫帑支絀，滇民凋敝，商信未孚，措手極爲不易。臣蒙聖主高厚再生之恩，棄瑕録用，何敢不盡心竭力，任勞任怨，尚求皇上假以歲月，部臣寬臣以文法，但責其成功，不期以速效，庶臣得勉竭駑駘，仰答鴻慈於萬一。所有籌議礦務，擬招集商股，延聘東洋礦師，以規久遠緣由，會商督臣岑毓英，意見相同，理合遵旨，專摺由驛具奏，伏乞皇太后、皇上聖鑒訓示，謹奏。

「中央研究院」近代史研究所《礦務檔》第六册《光緒十二年十月二十日總署收軍機處交出雲貴總督岑毓英等抄摺籌議運銷滇錫情形》 十月二十日，軍機處交出雲貴總督岑毓英等鈔摺稱，爲籌議滇錫，分別川歸局運，粵聽商銷，並公禁錫走鑾耗情形，恭摺仰祈聖鑒事。竊滇省招商辦廠，先就已到之股，採運邊界個舊廠錫斤，曾經奏奉諭旨，酌減沿途稅釐，歆動商情，頗著成效。詎自通商約定，竟有販運洋貨，誘商私售等弊，雖已嚴行查禁，而轉瞬勘界事畢，防不勝防。經該局委員知府全楙績，傳集團廠爐户人等會議，僉稱該廠礌尖爐房，爲建水石屏蒙自三屬百姓世守之業，向來廠規嚴謹，錫運川廣行銷，自前年提歸招商局總辦，一切俱仍舊章，爐商稱便。近今鑾耗忽議通商，查鑾耗距個舊廠地，程僅兩站，接邊紅河，爲出洋水道，此處一經通運，則利歸外人，内地商民，必將歇業，且與向運之剥隘百色，水陸勞逸，不啻天淵，靠廠食力之窮民馱脚，不下千萬，無從覓食。現在衆情惶惑，恐生事端，爰是集議，情願公禁錫走鑾耗，出具甘結，並復由該局員督同定議。嗣後該廠大錫買賣，仍概由招商局稽查，不準外來商人入廠販錫，除自爐自商者，仍令完納課釐，由剥隘百色自行運粵銷售，至四川一路，道遠費繁，商力未逮，即由招商局總運，如此錫歸内地運行，川歸總而粵分銷，庶可順輿情而杜隱患等情，取結詳由前藩司龐際雲核明，請奏前來。臣查蒙自錫廠，逼近越南紅河，現當界務未定之時，必當先固礦源，暢其銷路，兹據詳議，意在保邊裕民，章程甚爲妥協，相應請旨敕部立案，俾得一律遵行，廠務邊機，同有裨益。除將送到甘結，分咨户部及總理各國事務衙門備查外，謹合詞恭摺具陳，伏乞皇太后、皇上聖鑒訓示，謹奏。

光緒十二年十月二十日，軍機大臣奉旨，該衙門知道，欽此。

中國第一歷史檔案館《光緒宣統兩朝上諭檔》第一三册《光緒十三年三月五日》 軍機大臣字寄兩廣總督張、四川總督劉、雲貴總督岑、湖南巡撫卞、雲南巡撫譚、貴州巡撫潘、傳諭巡撫銜督辦雲南礦務唐炯，光緒十三年三月初五日奉上諭，户部奏，遵議張之洞奏廣東購辦機器，試鑄制錢銀元，並擬令督辦礦務大臣兼理瀘州鑄錢事宜各一摺，覽奏均悉。現議規復制錢，必應廣籌鼓鑄，變通辦理，以輔京局之不足。張之洞擬於廣東購用機器，製造制錢，自係因地制宜之策。惟創辦之始，應將工本一切，確切估計，方免將來掣肘。該督摺内始稱價本及火耗等項，與鑄成所值銀數不致虧折，又有目前粵鑄兼用中外銅鉛虧折過鉅等語，究竟鑄錢一千所值銀數有無虧折，仍著詳細覈算，據實覆奏。至所奏兼鑄銀元一節，事關創始，尚須詳慎籌畫，未便率爾興辦。著聽候諭旨遵行。該督摺内所稱弛禁商人，酌議抑借，究係何項商人，並著明晰具奏。礦務與錢法互相表裏，雲南之銅，貴州之鉛，向來解京必須經過四川瀘州，是瀘州設局鼓鑄最爲相宜。唐炯於四川情形素熟，前已派令督辦雲南礦務，即可兼籌瀘州鼓鑄事宜。著將礦務迅速籌畫，實心經理。銅斤一項，務期於解京外，兼備川省鼓鑄之用。瀘州設局各事，應如何先行籌議，並著專摺具奏。需用銅鉛等項，如何採辦，著劉秉璋、岑毓英、卞寶第、譚鈞培、潘霨與唐炯隨時會商，悉心規畫。唐炯係棄瑕録用之員，必應激發天良，盡心竭力，爲國家裕此利源。該督撫等均當體念時艱，通力合作，以副朝廷整頓國法之至意。户部摺著分別抄給張之洞、劉秉璋、唐炯閲看，將此由四百里諭知張之洞、劉秉璋、岑毓英、卞寶第、譚鈞培、潘霨，並傳諭唐炯知之。欽此。遵旨寄信前來。

王樹枏《張文襄公全集》卷一二九《致龍州李護撫臺光緒十三年四月初四日發》 天平山礦疊委確查，礦苗實旺，携呈礦質煎驗甚佳，當年黄三滋事，别有故，非因礦也。山高而不深，並無險阻可容據守，圖勢甚明。現有商願辦，已與紳士商允，願捐勇餉一營，資彈壓。由尊處派員帶，似聚匪可無慮。桂省利源不易，今内意極重礦務。正月十四日責户部旨，語意甚切。鄙人上年建議開礦，有寄諭飭辦。此事可否試辦數月，庶知確狀，以便覆奏。有勇有弁，礦丁當不致滋事。如稍有不便，立即停止，似與尊意不背。東省開礦十餘處，尚安静。祈示復。支。

「中央研究院」近代史研究所《礦務檔》第六册《光緒十三年十一月二十八日總署收出使日本大臣黎庶昌咨埶發日礦師薪資希轉咨督辦雲南礦務唐炯發還》 光緒十三年十一月二十八日，收欽差出使日本大臣黎咨稱，準前任大臣徐咨開，案照本大臣前奉電旨，飭令隨員于德楙在東延訂日本礦師山田欽一、藤野聿造二人，在合同載明，該二礦師每月薪資按西歷月望，就近在東京使署各交洋銀二百圓，禀請代付，並聲明由督辦雲南礦務唐，隨時撥還等情。據此，業經批準，先後分咨户部、總理衙門、督辦雲南礦務唐各在案。除將延請礦師全卷移送外，咨請查照施行等因，準此，相應備文咨呈貴衙門，謹請查照，希即轉咨督辦雲南礦務唐，隨時撥還，以資歸墊，須至咨呈者。

中國第一歷史檔案館《德宗景皇帝實録》卷二五四《光緒十四年三月》 江西巡撫德馨奏，永新縣烏石山產鐵甚旺，采取試煉，亦甚精美。現飭爐商開爐鎔鑄，征納税銀，以期上裕國課，下利民生，下部議行。

「中央研究院」近代史研究所《礦務檔》第六册《光緒十四年八月十一日總署收督辦雲南礦務唐炯文撥滙日礦師薪資》 八月十一日，督辦雲南礦務唐炯文稱，案準出使日本大臣咨開，光緒十三年九月初五日，據隨員于令德楙禀稱，竊卑職遵傳聘送礦師山田欽一、藤野聿造，並募定做圖板木工前田爲莊、礦夫長藤原房一，暨隨帶日僕二名。又奉雲南礦務大臣唐電諭，加募日人華語通事，兼東文繙譯官吉島俊民，及東法鍊銅匠臼井松之助等日人，共十員名。其礦師二員，已於光楮十三年八月十五日，即西歷一千八百八十七年十月一號，前來神户，即於是日，起支薪水，查前次定約時，該二員已由卑職預付兩個月薪水，共計洋銀一千元，應扣至中歷十月十六日，即西歷十一月三十號爲止，其自十二月一號起，該二師每人按月薪俸洋銀二百五十元。除由雲南給發五十元外，前經該師等面禀，蒙準每於西歷月中，由憲轅代給每員薪水洋銀二百元，共計四百元，仍由雲南礦務大臣籌撥歸欵。除申報督辦憲外，禀乞施行，除批準照電分咨外，咨請查照備案等因，準此。又準貴衙門咨行光緒十四年正月初一日，準出使日本大臣黎咨稱，準前任大臣徐咨，隨員于德楙在東延訂日本礦師山田欽一、藤野聿造二人，合同載明，每月薪資，按西歷月望，就近在東京使署各支洋銀二百元，禀請代付，並聲明由督辦雲南礦務唐隨時撥還，業經分咨在案等語，請轉咨督辦雲南礦務唐，隨時撥還，以資歸墊等因前來。相應據文咨行貴督辦查照辦理可也等因。承準此，查出使日本隨員于令德楙，已於光緒十三年十一月廿一日，伴送該礦師等行抵雲南昭通府，並條呈該師長通繙工匠等人薪水工資數目，逐註起支，先後日期，除礦師二員禀劃留支外，餘均由雲南給領等情前來。本督辦業將該員預付礦師二人兩個月薪水洋銀，折合庫平七百三十三兩，又付整裝洋銀，折合庫平三百六十六兩五錢，籌欵給還，如數領訖。另籌該礦師二員自西歷上年十二月一號起，以十個月計算，應按中歷自十三年十月十六日起，扣至十四年八月十九日止，劃留薪水洋數，折合庫平共銀二千九百三十二兩，發交天順祥商號滙寄，歸欵約有盈餘，以備續支。嗣後仍按中歷自行文之日起，扣滿六個月，依約籌滙一次，所有該礦師劃留前項薪水，如數折合庫平紋銀發給，咨批諭飭天順祥商號承領，滙赴出日本國大臣行署交收，以資接濟而清界限。除咨出使日本國大臣外，相應咨明，爲此咨呈貴衙門，謹請查照備案施行。

中國第一歷史檔案館《光緒朝硃批奏摺》第一〇二輯《光緒十四年二月十二七日浙江撫廖壽豐摺》 奏爲浙東礦産商認籌借資本開採設立公司，援照山西章程，請旨準予開辦，以擴利源，恭摺仰祈聖鑒事。竊查浙東各府屬多山之區，煤鐵等礦時露苗質，噈地貧民無力延聘礦師勘驗，或以土法挖取，獲效甚鮮，地利未免委棄。疊經臣遵旨招商集股開辦，以需款較巨，華股驟難籌集，迄無成議。兹據在籍分省補用知府高爾伊禀稱，晉豫兩省礦務奉準貸款開辦，並經總理衙門核定。山西商務局與福公司所立合同内，有他處用洋款開採各礦，一律仿照之條。浙東衢嚴兩府産煤、温處兩府産鐵，約估興辦需銀五百萬兩。擬請設立浙東公司借貸洋款，以衢嚴之煤，煉温處之鐵，交相爲用，利益廣收。已向義國惠工公司商人沙鏢納貸款五百萬兩，訂立合同，並取義國公使薩爾瓦葛保款單，一切悉遵晉省礦章辦理。呈送章程、合同、保單，懇請奏咨開辦等情。

當經電商總理衙門，一面先將章程、合同、保單、備録，咨送察核在案。查高爾伊家道殷實，商務熟諳，其貸款請開衢嚴溫處煤鐵各礦，已與義商訂立合同，取有保單，自非空言可比。且浙西杭湖等屬亦，有礦山，高爾伊請立浙東公司，擬改名寶昌公司，飭令先遣礦師勘定何鄉、何山、何種礦產，繪圖貼説。查與該地方情形無礙，方準開採。將來辦有成效，即令設法推廣。現核所擬章程與總理衙門鈔發晉省礦章悉屬相符，相應請旨準予開辦，以擴利源。除分咨外，謹恭摺陳請。伏乞皇太后、皇上聖鑒訓示。謹奏。

硃批：著督辦鐵路礦務局大臣會同總理衙門妥議具奏。

王树枏《張文襄公全集》卷一三一《致雲南唐督辦光緒十四年十一月二十一日發》 近日礦務旺否，銅本足否，集股若干。粵機明正開鑄，洋銅日貴，如雲銅由昭通下百色，水運至廣，粵代鑄錢，半歸雲用，半作粵買，價須廉。雲省鑄費、粵省銅價，均有益，價至少須幾何，或別有良策，均速示。馬。

《唐督辦來電光緒十四年十一月二十三日申刻到》 粵代雲鋳，往返運費貴不合算，現於平彝開一廠，已見功。其山勢厚大，公司僅開數洞，附近甚可開辦。該廠去百色近，爲粵計籌銀一萬來爲代辦，專供粵用。明年冬必見功，總計運到粵本脚不過十兩，此爲良策。炯。效。

「中央研究院」近代史研究所《礦務檔》第五册《光緒十五年二月初九日總署收總税務司赫德申呈附粵海關照會請查復瓊州石緑銅礦免税事》 二月初九日，總税務司赫德申稱，竊前因瓊州黎山開採木料，商販出口。由兩廣總督具奏，三年之内，免納關税一事。曾據瓊海關税務司詳報一切，經總税務司於光緒十四年二月初九日，備文申請貴衙門核示。於十七日奉到札覆，此案現奉旨，該部議奏，欽此。俟部議覆後，應否照準，再行札飭。

嗣於四月二十四日，又奉札開，準户部咨稱，會議兩廣總督張等奏黎山招商伐木税厘暫行寬免一摺，於光緒十四年四月十五日具奏。奉旨依議，欽此。札飭遵照辦理各等因。當經總税務司轉飭瓊海關税務司遵辦各在案，兹復據該税務司詳稱，準粵海關部照會，以瓊州府昌化縣大豔山石緑銅礦自光緒十四年起，山税關厘，三年内全免，照請查照等因。此項石緑銅礦，應否準其免納關税出口之處，相應抄録粵海關部照會，詳請核示前來。總税務司查閱粵海關部照會内，有經蒙奏準税厘全免之語。此石緑銅礦曾否奉旨準行，未蒙貴衙門札知。理合備文將該税務司抄送之粵海關部照會，録呈鑒核，希爲查覆，以便轉飭遵行。至嗣後若遇各省大憲具奏奉旨準免關税之件，可否由貴衙門隨時飭知，以便由總税務司即行轉飭各該關税務司遵行，以免在口辦理牴牾之處，應請裁奪施行可也。

照録粘單

粵海關監督照會代理瓊海關税務司

爲照會事，光緒十四年十二月九日，準廣東礦政總局移開，光緒十四年十一月初七日，據委員補用知縣劉鎮寰具禀，現據礦商張合盛禀稱，竊商承辦大豔山礦務以來，自光緒十三年十一月初一日，開炸轟挖起，至本年八月底止，所獲石緑鑛，共計一萬四千六百一十六斤。業經按月造册禀報。兹因經費倍繁，擬將前項石緑鑛，擇其可作顔料者，共重五千斤。欲由瓊海運回香港省佛行銷，俾得少助工本，而知價值，冀有把握。伏思前荷大憲體卹商艱，經蒙奏準，昌化大豔山石緑銅鑛，自光緒十四年起，山税關厘三年内全免，並通行遵照各在案。今商現擬起運行銷，理合禀請據情轉禀鑛政總局憲俯準，填給石緑鑛五千斤護照一張，俾得祇領回瓊，運赴香港省佛等處行銷。並乞轉請移會粵海關憲查照，轉行廣瓊屬常洋各關廠，驗照放行。暨移厘務總局憲，轉行廣瓊各廠，一體放行等情前來。卑職覆查該商所禀，尚屬實情，理合據情轉禀察核，俯賜填給大豔山商人張合盛起運石緑鑛五千斤，前赴香港省佛行銷驗放護照一張。並懇移會粵海關憲，暨厘務總局憲，札行廣瓊關厘各卡，一體查驗放行，實爲公便等因到局。據此，查該商起運石緑鑛五千斤，前赴香港省佛行銷，應即知會督銷局發給護照一張，以便運解。除札發劉令查收，合就移知貴關部轉行知照施行等因，至本關部，準此。相應照會貴税務司查照，爲此照會，須至照會者。四年十二月十六日到。

王树枏《張文襄公全集》卷一三一《致東京黎欽差光緒十五年二月十四日發》 聞包日本銅廠之法商，現已倒閉，請速探明。如確，即詢該廠每年須包銀若干，或包幾年，如原包數在百萬兩以下，即代粵包定此事，關繫緊要，懇速復願。

《致東京黎欽差光緒十五年二月十六日發》 翰電悉。法商既倒，仍在收銅，想係先付價未收清者，究竟何時方能收完。其合同係按斤數，抑按年數。原訂銅價每百斤銀若干，現下時價若干，能減至十兩否。擬乘此法商倒歇銅積價減之時，與立合同，購定十年，每年運粵四百萬斤，如多購可再減，或定千萬斤，或二十年四百萬斤均可，希詳晰密探速示。諫。

《致輪墩劉欽差光緒十五年二月二十二日發》 請代覓銅鑛師一名，須精鑛學化學，善測鑛苗，兼曉煎鎔。曾著成效，確有把握者，即與訂合同，飭速來粵。應用採鑛鑽具及考驗鑛質各器，隨同帯來，費電示即匯。又懇代查開銅鑛兼煎鎔機器全副，價若干，併賜覆，此係瓊州用。養。

王樹枏《張文襄公全集》卷一三二《致輪墩劉欽差光緒十五年三月初十日發》 請覓上等鑛師，已訂妥否。如能得兩人更佳，一查瓊州銅鉛各鑛，一查廣韶惠潮及廣西鐵銀各鑛。相隔太遠，均宜速辦。分查較速，各處均久開辦，免致徒虛勞費。瓊州炎熱，須耐瘴者。利益粵民，實賴公力。蒸。

王樹枏《張文襄公全集》卷一三二《致輪墩劉欽差柏林洪欽差光緒十五年三月初十日發》 粵多鐵鑛，質美價廉，惟開採煎煉未得法，故銷路甚隘。請查開鐵鑛機器全副需價若干。將生鐵煉熟鐵，將鐵煉鋼兼製造鋼板、鋼條、鐵板、鐵條及洋鐵針，並一切通用鋼鐵料件，需用機器約價幾何？粵擬設煉鐵廠，請詳詢示復。蒸。

中國第一歷史檔案館《光緒朝硃批奏摺》第一〇一輯《光緒十五年三月十二日督辦云南礦務唐炯摺》 巡撫銜督辦雲南礦務臣唐炯跪奏，爲遵旨詳晰覆奏，並陳巧家銅廠現在見功及推廣採辦情形，恭摺仰祈聖鑒事。竊臣於正月二十二日，將銅廠漸次見功，請撥銅本緣由，陳奏在案。兹於三月初八酉刻，承準軍機大臣字寄，光緒十五年二月十五日，奉上諭，上年四月間據唐炯奏督同東洋礦師開辦昭通等處銅鉛各廠，迄今將及一年，未據續行陳奏，該前撫督辦礦務專司其事，自應竭力籌畫，並將辦理情形隨時奏聞。何以久無奏報，殊不可解。永善等屬銅廠，威甯屬鉛廠，據稱苗脈豐盛，究竟開採情形若何，東洋礦師能否得力，所稱必須深入四五百丈始得連堂大礦，非八九箇月不能見功，現距設廠之期計已逾時，究竟有無成效，即著一一詳晰覆奏。京師改鑄製錢，需用銅鉛甚鉅，前經該部奏催辦解，必須逐漸增運，規復舊額，該前撫務當督飭公司實力採辦，次第推廣，以期礦務日有起色，毋得日久宕，延糜費曠時，致負委任。將此由四百里諭令知之，欽此。遵旨寄信前來，跪誦之際，惶悚莫名。伏查臣自上年三月勘定各廠，即飭公司商人次第開辦，祇以公司辦事乏人，而設廠之處皆在深山窮谷，距府州縣城池一二百里不等，一切搭蓋房屋製辦器具，招募砂丁，一時不能集事，有於三四月即行開辦者，有遲至六七月始行開辦者，其墱硤之鬆硬，丈尺之淺深，咸令五日具報，並將櫝硤呈驗，以憑督責，藉以考究礦師之得力與否。而櫝硤鬆硬隨時變換，如遇鬆硤，竭晝夜之力，可攻進三四尺不等，如遇硬硤，竭晝夜之力，止能攻進一二寸不等。截至年底，各廠有開進至百丈者，有四五十丈、三十餘丈者，其櫝引俱確有可憑。又自八月以後，各廠每日有獲礦數十斤者，有獲礦百餘斤者，惟魯甸一廠，每日獲礦萬斤，然亦尚未到堂，各銅廠之中，巧家白錫蠟山脈最大，開辦三硐，東洋礦師藤野聿造身親監督，已具報二月二十二日一硐見功，現飭廣募砂丁多分尖硐，以期及早觀成。至威甯鉛廠，東洋礦師山田欽一監督開辦，其櫝引確有可憑，惟因一切器具不應手，七月始行開辦，尚遲見功，因而水城尚未推廣。臣於去冬派員赴香港購買外洋轟藥水旱火繩洋鋼等件，約本年六月以後，始能到滇，届時分布各廠，以資開鑿，庶較人工迅速。年前以公司辦事之人，於廠務漸臻熟練，因令於曲靖府屬及迤南踩覓礦苗，以次推廣，近已具報，於迤南所屬甯州及曲靖府屬之平彝，設廠開辦，呈驗櫝引，亦確有可憑。又查昭通府屬之大關，貴州、威甯州，據公司具報，銅苗頗旺，彼處距瀘州較近，將來轉運甚便。臣已派人覆勘，如果可憑，届時再當設廠，以次推廣開採。總計各廠現辦情形，仰賴聖主福庇，再得二三年，必大著成效。竊維雲南素產五金，而銅爲最盛，所在皆有，雖其間所産大小久暫或有不同成效，不能求速，然實爲國家自然之利源，必當力辦。而況目前京局鼓鑄，滇民生計胥於是賴，臣惟當竭力籌畫，圖維久遠，斷不敢因循怠玩，苟且塞責，仰負聖慈再生之恩。所有遵旨詳晰覆奏，並現在見功推廣採辦情形，謹恭摺具陳，伏乞皇上聖鑒訓示。再，臣曾奏定此後辦銅不發底本，先銅後銀，以杜虧欠，現各廠一切費用，購買外洋器具，皆公司自行籌備，所有江西、浙江等省撥解銅本銀十四萬七千六百餘兩，均存藩庫，未經動用，斷不敢虛糜，自干罪戾，合併陳明，謹奏。

「中央研究院」近代史研究所《礦務檔》第六册《光緒十五年三月十六日總署收督辦雲南務唐炯文請添聘日礦師》 三月十六日，督辦雲南礦務唐炯文稱，本督辦前因開採雲南各廠，奏聘東洋礦師，當經奉旨允準在案。該礦師自到滇以來，周歷各廠，因地制宜，甚屬得力，現在陸續開辦，不下十餘廠，各廠相距或三四百里，或五六百里不等，該師二人，勢難兼顧，間或抱病，未克赴工，更恐躭延時日，亟宜再行添訂，以期無誤事機。據礦師藤野聿造稟稱，查有現在日本笹谷銅山辦事之籐原房一，辦公勤慎，凡看山開硐，以及測量等事，均甚熟習，延訂來滇，於礦務大有裨益等情。據此查滇廠正在需人，該礦師既舉所知，自應如稟添訂，俾得相助爲理。其薪水一切，除咨請使出使日本大臣代爲延訂議給外，相應咨明，爲此咨呈貴衙門，謹請查照備案施行。

王樹枏《張文襄公全集》卷一三二《致柏林洪欽差光緒十五年三月十八日發》

中國歲銷洋鐵值五百餘萬金，粵銷即不少，漏卮宜杜。購機開採設廠，煎煉皆所必需，煉鐵尤要，款已籌備，請仍照元諫兩電查示。再粵東西兩省，銅鐵鉛銀錫皆有開辦已久，急需上等良師二人，皆善測鑛苗兼曉煎鎔者，優其薪，久其期，想亦肯來。如有大效，酬以重金，許以奏獎。務須學精名著者。盼復。效。

王樹柟《張文襄公全集》卷一三二《致天津李中堂光緒十五年四月十三日》 廣韶惠瓊鑛産甚富，開辦已久，因未得法，徒虛勞費。聞熱河募有鑛師哲爾者，工夫甚好。並聞徐道潤云，擬於八月間禀請借來粵，勘大嶼山鑛。擬並奉借徧勘兩粵鑛山，薪水粵省如何分認，請酌定。能借幾月，何時能來，均示復。元。

王彦威等《清季外交史料》卷八〇《滇鑛務督辦唐炯奏鑛務牽涉通商事件敬陳愚慮摺》 督辦雲南鑛務唐炯奏，爲鑛務牽涉通商事件，敬陳愚慮。中竊蒙自通商開關在即，而鑛務是臣專司，中有牽涉事件，必須先事籌維，以免將來別生枝節。謹將愚慮所及詳晰具陳，以備聖裁。伏查雲南土産以銅爲最盛，次則黑白鉛斤，大錫銅廠，各府皆有黑白鉛廠，止東川之鑛山，曲靖之阜浙錫廠。止臨安之箇舊爲蒙自所轄，距縣城數十里，向來滇民生計以廠利爲大宗，其他土貨如藥材茶葉每年生意不過二三十萬，至於土藥每年不過數百十萬，迤西之土藥，則由會理出川。迤東之土藥，一由昭通以出四川敘州，一由黔以達湖南。迤南之土藥，則由剥隘以出廣東，其由蠻耗出越南，以達香港、上海。止臨安、開化兩府，所産於通省土藥，不過百分之一，其他土貨販賣行走之路，大率相同，而廣東商人每年販洋貨來滇者，資本不過數萬，終年不能盡售，誠以地方凋敝，日用艱難，非如東南各省水陸輻輳謀生便易，一切洋貨無所用之。然則通商之利甚屬微末，法人在滇傳教已久，非不深知而必欲於蒙自開關者，其意實藉通商以窺我廠利。蓋自定約準各國游歷以來，其至滇者凡某府有廠若干，所産幾何，其礦質成分若干，如何煎煉，咸皆記載。觀法人所作探路記等書，可知其蓄謀積慮已非一日，而教堂散在各府，傳習日久，難保有礦之山，教民不私用置買，萬一突來開採，彼時方申禁約，必致多生枝節。如聽其開採，他國亦將藉口咸來覬覦，是我自然之利源，悉爲他人所佔據，如英法商人包買日本礦山，因而居奇，亦勢所必然，此不可不長慮，卻顧深計熟籌者也。查萬國公法我自有主權，他國不得攙越，滇省五金各廠爲國家自有利源，開辦已二百餘年，斷不能令他國藉詞同沾利益。況目前京外鼓鑄需用銅鉛甚鉅，尤不得令其販買金銀。各廠現雖廢弛，將來亦應一律辦理，臣愚擬請敕下總理衙門與彼公使會議，凡滇省五金礦山，不準教人私行置買開採，其業經置買者，如查有礦務之山，報明入官，給還原價，各府民間開採，每年有得銅數千斤、數萬斤者，向係招商局零星收買，湊供京運及寶源局鼓鑄。並黑白鉛斤，該國均不許收買，議明增入通商條約，永遠遵守，不得改易。至於箇舊廠錫，非比銅鉛，自不能禁，其不轉行販賣，惟查商人運錫向走百色至香港，轉運上海，統計沿途税釐脚費每票二千五百斤共需銀二百七十兩零五錢。其由蠻耗至上海，每票止需銀一百五十五兩三錢七分五釐。從前以其透漏税釐甚多，曾經禁走蠻耗，今既開關，自應聽其運行，又加新約，照出口例減則並子口半税減則，每票實止需銀一百二十二兩五錢五分，較從前商運蠻耗又少銀三十二兩八錢二分五釐，較商運百色更少一百四十七兩九錢五分，多寡懸殊，是不獨廠利均爲所奪，而百色一路商人咸皆虧折坐困，商人趨利若鶩，勢必盡買洋票，羣趨蠻耗於彼，誠大有益於我，內地脚夫船户從此失業，税釐亦復減少。爲淵敺魚，甚屬非計。臣愚擬請援照加抽土藥正税例，凡運錫走蠻耗，每百斤加抽釐五兩九錢二分，增入條約，庶與百色一路，兩得其平，而錫利不致盡爲法人所奪，並可杜華商偷買洋票透漏税釐。以上各節，臣爲礦務起見，謹將該省情形，愚慮所及，會同雲貴總督臣岑毓英、雲南巡撫臣譚鈞培據實直陳，乞飭總理衙門核議施行，謹奏。光緒十五年四月十九日，奉硃批，該衙門議奏。

王樹柟《張文襄公全集》卷一三二《致輪墩劉欽差光緒十五年五月初十日發》 齊電悉，請如議訂定合同，價能核減尤妙。廠屋占地丈尺間數及高廣幾何，先電示，以便覓地蓋廠。總分圖速繪寄粵，需用洋匠目幾人，亦望訂定。洋鐵針及一切通用鋼鐵料件，如各種農具、錨鏈、釘鍊、鐵綫、鐵管，各種螺絲用處，行銷最多，擬兼造。此次所訂機器能否兼造以上各物，如不能，即望添訂全備。此等製造鐵器廠與鎔煉鐵料廠合爲一所，較省費，便經理，應將製造廠圖一併繪寄。至車床、刨床、鑽孔、剪刀各機器是否在内，所訂鋳鐵之模能否兼製通用各機輪，均望添足。英國最大鐵廠機器若干，副日可出鐵若干頓，懇詳查電覆。蒸。

王樹柟《張文襄公全集》卷一三二《致雲南唐督辦光緒十五年六月初二日發》 粵局擬試鑄滇銅，太少價奇貴，質又不净，莫受機器壓力，且有五金雜其内。滇省向用何法能於已經攙和鉛沙内提出純銅，請由電詳示。沃。

中國第一歷史檔案館《光緒朝硃批奏摺》第一〇一輯《光緒十五年六月初十日督辦雲南礦務唐炯片》 再，臣前奏明於貴州威甯查勘礦苗，推廣開辦，旋據東洋礦師山田欽一勘得距威甯州四十餘里西良山，礦苗甚旺，業於五月已飭公司招集砂丁，設廠開辦。伏查威甯州銅廠自嘉慶初年，即已衰竭，每年辦銅僅二萬斤，抽收課銅二千斤，所有鼓鑄之銅，皆係委員赴滇採買。現在推廣開辦，不獨運道近便，於貴州將來鼓鑄，亦屬有益。惟甫經施工，又係新山，見效至速，亦須年餘，應納課銅，仰懇天恩，準自光緒十七年爲始，照例上納，以示體恤。至該州衙門，如有需索陋規等事，由臣查明，咨商貴州撫臣嚴行禁革，用紓商力而肅銅政。所有推廣開辦貴州威甯銅廠緣由，理合附片具陳，伏乞聖鑒訓示，謹奏。硃批：著照所請，户部知道。

王樹枏《張文襄公全集》卷一一五《批廣雅書院肄業生葉啓彰呈請開採貴縣銀山光緒十五年六月十五日》 查貴縣天平寨等處，銀山鑛苗豐旺，衆所共知。寶藏方興，豈能任棄之於地。從前本應開辦，祇因邊防正亟，誠恐游勇散練句結土匪滋事，是以李護院持禁甚嚴。今防務久定，該處銀鑛仍復照前私挖，徒有封禁之名，並無封禁之實，轉令股實之商不得開辦。據來呈聲稱，先年土豪覃傑私采獲銀幾及百萬，其餘以萬計，以千計者，指不勝屈。其上等之砂每百斤可煎煉銀百餘兩，次或五六十兩，二三十兩等語。該生以本籍之人言本籍之事，較爲確鑿。似此鉅鑛，實爲罕覯，若仍聽私自争挖，互相搶奪，傷斃人命，匿不以報，不但利源可惜，且鑛徒招黨互鬬，尤易釀亂，自應設法妥爲經理，以靖地方。惟所擬章程全爲私利該邑起見，殊屬未合宜，仍招商承辦，以收實效。仰鑛政局即示各色商民人等，知悉如有身家殷實堪以招集商股，前往廣西貴縣開鑛者，即赴局呈明，由局籌議詳候核奪飭遵。至該生員既在廣雅書院肄業，輒敢具呈干預公事，無論所言是否，總屬有犯學規，業已屏斥出院，仍飭該本籍地方官嚴加管束在案。所請調遣之處，應毋庸議。

王彦威等《清季外交史料》卷八一《臺撫劉銘傳奏基隆煤礦擬歸英商承辦請旨飭議摺》 臺灣巡撫劉銘傳奏爲基隆煤礦官辦難期起色，現有英商承辦，訂擬合同，請旨飭議，以節糜費而免漏卮事。竊臺灣基隆煤礦自法人滋事毁壞後，先經商人張學熙禀請承辦，旋以本虧乞退。經臣商同南洋大臣曾國荃、船政大臣裴蔭森並臺灣各凑本銀二萬兩，另集商股銀六萬兩，共成本銀十二萬兩，於光緒十三年正月招商接辦。因舊礦産煤不多，工本過少，辦理年餘毫無利息，商股乞退，禀請收回，仍歸官辦。臣因閩洋官商輪船並船政製造各局在在需煤應用，欲罷不能。該礦悉屬已成之局，未便廢棄，即於十三年十二月由官收回接辦，所有商本及船政官本暫由臺灣捐輸存餘項下籌撥歸還。飭派洋人瑪體蓀仿照商辦章程辦理，先後奏明在案。該礦在基隆八斗地方開採年久，因法人之亂停歇二年，積水過深，機器俱行毁壞。數年以來添購修復較之從前用費更多，不料源煤已竭，所産日絀，計自改歸官辦迄今年餘，綜核出入每月虧折銀三四千兩不等，據工師察看情形，非添用本銀百萬另開新礦，力籌恢拓，不能獲利。臺灣經費支絀，官本無款可籌，商股不能再招。臣正在籌畫之際，適有英商范嘉士願集資本銀百餘萬來臺承辦，由英國駐臺北領事官班德瑞引薦到臣，據稱已勘産煤之區兩處，另開新礦暫用八斗舊礦先行接辦，願償八斗煤礦機器官本銀十四萬兩，分期清繳，詳議章程十一條開送前來。臣查臺灣産煤係地方自然之利，官辦限於資本，不能擴充，且積習太深，用人爲難。從前每年漏卮銀十萬兩，自臣經理以來糜費雖少，每年亦須虧折銀四五萬兩，以臺灣彈丸之地所入不敷所出，此項漏卮無所底止，非設法變通補救，不能免此無窮之累。若由該英商承辦，不特官本可以收回，即以二十年計之，可免漏卮百萬，關税並車路運價轉可得數十萬，利源既闢，商務更興，於地方民生尤屬有裨。所議章程十一條由臣再三核議，亦不至有後累。當經派令兼辦礦務委員候選知府張士瑜先與該英商草立合同，繕單恭呈御覽，事關中外交涉，應請飭下總理衙門會同户部速行核議定奪，如蒙俞允，再由臣飭令該英商畫押承辦。再臺北新竹縣轄牛頭山地方舊産煤油，雖經前福建巡撫丁日昌奏明委令道員葉文瀾開採，旋以虧本停止。現據該英商范嘉士並請開辦，事同煤礦一律，並由該商另訂合同，謹繕單陳明，並乞一併飭發核議施行，謹奏。光緒十五年七月初十日奉硃批：該衙門議奏，單二件併發。

中國第一歷史檔案館《光緒宣統兩朝上諭檔》第一五册《光緒十五年八月七日》 軍機大臣字寄福建臺灣巡撫劉，光緒十五年八月初七日奉上諭，本日總理各國事務衙門户部會奏，議駁劉銘傳奏基隆煤礦及新竹煤油擬令英商承辦一摺，已依議行矣。該衙門所奏臺灣煤礦，如合同内所載，定立年限，指定界限，不準華民開挖，加徵土煤釐捐各節，有妨本地民生。及洋商承辦後，種種流弊立論極爲切當。此事開辦十餘年未著成效，實由承辦之人經理不善。該撫欲思補救，不於所用官商實力講求，輒與英商訂擬合同，雖可作爲罷論，究屬多此一舉，辦事殊屬粗率，著傳旨申飭。該撫接奉此旨後，即著按照該衙門所奏慎選賢員，破除積習，將煤礦各事宜認真覈實，妥爲經理，總在用人得宜，自可漸收成效。如産煤日絀，虧折太多，亦應酌量情形，另籌辦法，毋再草率從事，致滋後患，慎之。將此諭令知之，欽此。遵旨寄信前來。

王樹枏《張文襄公全集》卷一三三《致輪墩劉欽差光緒十五年八月二十日發》

元電悉，此事該廠忽然更議，殊出意外。工料騰漲，亦應約期催定，或請加價。如過期不定，方可罷議。該廠均未知會，忽作罷論，殊不可解，此中必有曲折，請公明察。真電我已允照漲價，酌量增款，自無難，再與切商，商賈抬價圖利積習，似不必與之計較。粵東此舉已由司局詳議籌定，專款不動。常年正款即將出奏，其勢不能中止，務懇再與駁詰，總以購成爲度，切禱。再，此廠即在輪墩否，是何廠名，並示。效。

金柏東《温州歷代碑刻集・爲開採硯石以備貢品事碑》　兩廣總督部堂兼署廣東巡撫部院張，爲開採硯石以備貢品事。案據廣東善後局詳稱：現奉督憲飭發匠人梁念忠禀稱，緣匠人等奉憲臺面諭，於本年秋冬間，預早開採老坑巖石，揀選上等純净佳品，以備貢材而免遲緩。查該巖前有士人雀角，禀稱有礙風水，曾經請示封禁在案，皆係各懷私意起見。茲幸憲臺關心民瘼，因勘基圍，曾親到該坑巖履勘，備悉一切，皆係砌詞争訟，實與風水無傷。理合據實禀明，乞恩札飭高要縣先行出示曉諭，延請公正紳士勸辦，兼派委員照料，發給匠人諭貼，俾得遵辦，並乞恩準照張委員榮前所禀立案，飭縣給示勒石，永遠遵守，以息争端而斷訟藤。俾每年辦貢得以照常取石，毋庸再派委員彈壓照料，實爲恩便。等情並章程清摺一扣，奉批飭局核議禀覆，等因到局。奉此，本司道等伏查該匠人所擬章程第三條：採出石料分作十二股，官三股，全行裁免，嚴飭查禁。原定十二股，今改爲紳商各半，共作十成，紳得其五，商得其五。紳得之五成，撥充端溪書院經費，加給膏獎。商得之五成，凡採硯之股東及匠人津貼、匠頭津貼，均在其内。自應遵照辦理，即由該商自行秉公分派，不得稍有偏枯。又第五條所稱：紳得之石，稟存山廠，收工之日，交給實興局收領，以充修圍經費一節。查紳得五成，已奉督憲核定，撥充端溪書院加給膏獎。則此項石料，自應改爲撥交端溪監院收領發售。每届得石若干，售錢若干，即行據實具報，不準絲毫隱混，聽候督憲酌加膏獎，以培士氣。又第六條，每次出巖之石，酌酬紳董勞勛一節，自應定爲每百觔十觔，以示體恤。所請由紳董備資給匠，每月取石兩日，事難平允，必起争端，應請毋庸置議。其餘六條，均係該商自辦之事，尚屬妥協，似可照準，理合詳請批示飭遵。等由並核議章程一册到本兼署部院。據此，查高要硯坑，近年請禁請開，纏訟不休。其請封禁者，多言開鑿山巖，致傷風水。且有謂損壞險要，有礙圍基及縴路者。本兼署部院前因查看圍基，便路勘視羚羊峽一帶。所謂硯坑者，乃在峽内小涌之旁，地極幽僻，皆係荒山牽確，且坑口甚屬狹小，十步之外，即不能見羚峽，連山叠嶂，綿延百餘里，高逾數百丈。區區數坑，其於全峽中僅如九牛之一毛，微渺已極，實於風水無關，更於圍基縴路無涉。查肇慶人文素稱極盛，嘉慶、道光間，科第蟬聯，才匋輩出。其時端溪老坑硯石，流播四方，最爲出名。乃近年封禁以來，肇郡科名轉形寥落，固屬會逢其適，可見開採端石，本無關於得失之數，可不必封禁。每年例備貢品，自應採用佳石，尤屬不當封禁。茲據匠人梁念忠赴轅呈請開採，曾經委局核議，所擬章程均尚妥協。其向章繳官之三股，經本兼署部院全行裁免，改作十成，紳商各半。紳得之五成，撥充端溪書院經費，爲諸生加給膏獎。以地方之出産，爲地方之公用。此外，大小衙門，如有常規，一概革除。各官不得私受一硯，吏胥不準需索一錢，有益於紳民，無捐於地方。每年限定日期，暫行開採，尚無妨礙，應即遴選干員，前往會同肇慶府要高縣出示曉諭，延致公正紳士，妥爲試行開辦，以應要需。除札委通判啓壽前往肇慶會同府縣查照，札行事理，暨粘抄章程，出示曉諭，暫行開採，延致公正紳士，妥爲辦理。文武衙門各員役，如有私受一硯及需索分文規費者，一經發覺，定行嚴辦，決不姑寬。其有未盡事宜，並即會商妥議禀辦外，合就札飭，札到該縣，即便遵照，會届委員出示曉諭，暫行開採，妥爲辦理。切切，此札。

光緒十五年八月二十三日札

臺灣銀行《劉銘傳撫臺前後檔案・臺南府轉行巡撫劉銘傳具奏基隆煤礦官辦難期起色擬由英商承辦摺稿並合同》　欽加鹽運使銜在任候補道署臺南府正堂軍功加一級紀録三次吳，爲轉飭事。

本年八月九日，蒙臬道憲唐札開：本年七月二十九日，準臺灣藩司移：奉宫保爵撫憲劉札開：爲照本爵部院於光緒十五年六月二十二日在臺北計城恭摺具奏，基隆煤礦官辦難期起色，現有英商承辦，訂擬合同，請旨飭議，以節糜費而免漏卮；又新竹牛頭山舊産煤油，並由該商開辦一摺，除俟奉到硃批另行恭録行知外，合先抄摺札司，即便移行查照毋延等因；抄摺稿並合同到司。奉此，除飭知外，合就移請查照轉飭施行等由，計黏抄到道。準此，除分行外，合就札飭。爲此，札仰該府即便移飭遵照，此札。計黏抄摺稿並合同一紙等因。蒙此，除移行外，合就轉飭。

爲此，札仰該縣立即一體遵照毋違。此札。

計黏抄一紙。

光緒十五年八月三十日札(恒春縣)。

王树枏《張文襄公全集》卷一三三《致惠州府薛守李守歸善縣徐令光緒十五年十月初十日發》 設府設局開鑛日久，未據詳報。聞煤鐵銀錫各鑛皆有，究竟何處。現開何鑛，何處所得最多，何處礦質最良。多者能獲若干，其轉運煤鐵何處水口最爲近海，運脚幾何，應以何處爲聚集之所，速飭歸。善河源永安龍川四縣令，即日親往確勘，電飭尤速。不通電之處，由府飛札轉飭遵照，迅速電復，毋延。庚。

王樹枏《張文襄公全集》卷一三三《致貴陽潘撫台光緒十五年十月十六日發》

黔購煉鐵機器早到，安設何縣何村，距大河幾里，現已開煉否，鐵佳否，能煉鋼否，每日出生鐵若干，熟鐵若干，鋼若干，運至鄂價脚共若干，如鐵佳而價廉，當爲黔廣謀銷路，速示復，切盼。諫。

中國第一歷史檔案館《光緒朝硃批奏摺》第一〇二輯《光緒十五年十一月十三日兩廣總督李瀚章摺》 頭品頂戴兩廣總督臣李瀚章跪奏，爲廣東設廠煉鐵糜費甚鉅，事多窒礙，察覈情形，礙難開辦，恭摺瀝陳，仰祈聖鑒事。竊臣到任接管案內，光緒十五年八月二十六日調任督臣張之洞奏請粤省籌購機器設廠煉鐵等，由十一月初五日差弁齎回原摺，奉硃批，户部議奏，欽此。自應俟部臣核議，奏奉諭旨，欽遵辦理。惟此項外洋機器自訂立合同日起，限十四箇月運齊，已付定銀十三萬兩有奇，張之洞殫心竭思，欲以濟民用而收利權，固屬力求自彊之計。無如用費既鉅，而窒礙之處甚多。臣悉心體察，實有難於遽行刱設者。查合同所訂該廠應設鎔鐵大爐，日出生鐵一百頓，以每頓折合一千六百八十斤計之，每傾銷鐵砂爲數甚鉅，非鑛産饒富不足濟之。廣東出鐵之區，以惠州之歸善永安兩縣屬爲最，小民開採日出無多，其餘查據各州縣稟覆，鑛廠情形俱不見旺，將來鑛師募到踩勘辦識者需時，挖鑿采取者又需時，儻鑛務稍延即難源源供用。且製造輪船、槍礮、軍械、火車、電綫暨民間日用所需種式繁多，必先廣召工作分別經營，用費亦難預計，況營建廠屋非數十萬金不能。而廠成之後配設機器，如攬鍊爐錘軋機之屬均係外洋造法，仿照安排更須時日，招商尚未可必，廠用相需甚殷。粤省度支款項向有定數，何能百務停擱，常爲墊支，若不規畫於先，勢必至廢置於後。臣愚以爲此時邊防静謐，槍礮各械粤省尚堪敷用，至若鐵板鐵片鐵條等項似亦在所緩圖。惟火車、鐵路爲當務之急，現在直隸湖北正議刱辦鐵路，如將煉鐵廠量爲移設，事半功倍，較勝於粤省邊隅，用與地違。臣確察情形實難開辦，相應請旨敕下海軍衙門會同户部籌議此項煉鐵機器應設何處，以及如何指款動用，統俟奏奉諭旨，再行遵照辦理。所有廣東設廠煉鐵礙難開辦緣由，謹會同署廣東撫臣游智開恭摺奏陳，伏乞皇上聖鑒訓示。謹奏。

中國第一歷史檔案館《光緒朝硃批奏摺》第一〇一輯《光緒十五年十二月二十六日督辦云南礦務唐炯摺》 巡撫銜督辦雲南礦務臣唐炯跪奏，爲遵旨覆陳，仰祈聖鑒事。竊臣於十二月十九日，承准軍機大臣字寄，光緒十五年十一月十二日，奉上諭，銅鉛爲鼓鑄要需，前派唐炯督辦礦務，並諭户部籌撥鉅款，源源解濟，原期事有專責，日起有功。乃數年以來，並未辦有成效，即如從前雲南解京銅數，每年尚有解至百餘萬觔之時，近則年解銅數不過五十萬觔。前據奏稱，本年可解百數十萬，及遲之又久復奏，稱不能照辦，輒以峒老山空等詞，藉口搪塞。至鉛務則毫無起色，數年未解分毫，該大臣到滇之時，據奏情形，似覺確有把握，迨疊降諭旨飭催該大臣覆奏，一味支吾，與前奏種種不符，經户部縷晰議駁，近數月來，又無奏報。現在京局需用銅鉛甚急，屢次購之外洋，斷非長策，該大臣從前獲咎甚重，經朝廷棄瑕録用，應如何激發天良，竭力籌辦，以圖報稱，似此任意玩誤，日久無效，實屬大負委任，即著懔遵疊次諭旨，督飭公司實力攻採，次第推廣，務期力復舊額，不準仍前延宕，空言塞責，並將現辦情形及以後每年究可辦解若干，迅速覆奏，儻再不知振作，曠時糜費，致誤要需，定當重治其罪，毋謂寬典可再邀也，將此諭令知之，欽此。欽遵寄信到，臣跪誦回環，莫名悚懼，竊臣自七月以後，舊疾舉發，侵尋兩月，而公司開採煎鍊一切照常，並未鬆懈，故未具奏。迨至十一月初旬，據公司稟稱，巧家、威甯兩廠，均有一二硐礦脈成堂，臣即於二十六日報九起頭批京銅運員考語，及起程日期摺，便附片陳明。伏查滇省迆南如普洱元江等府州，多係夷地，瘴癘甚大，向來不能開辦，迆西則道里遥遠，一切不便，故留爲緩圖。迆東之昭通東川曲靖三府，及臨安府所屬之甯州河西石屏貴州威甯州，凡有産礦之區，公司業已推廣開辦，就中以巧家、威甯兩大廠爲根本，開辦至數十處之多，縱横數百里之遠，費用資本二十餘萬，接濟油米，令民間自行開採者，無慮數十處。經營規畫兩年來，大端粗已就緒，初開辦時都係新山，參用中西之法，工鉅費繁，滇民未經習見，咸謂無成。臣以辦廠有成與否，總以欓引垙硤爲憑，欓引垙硤，既有實據，便當認真攻鑿，不宜惜費求速，轉致徒勞，及至接礦時復跳脱，其不跳脱者，礦脈又復微細。臣仍督飭公司加緊攻採，不準疏懈。直至本年十一月，幸已成堂。據東洋礦師稱，外洋無此好山，足供一二百年開採，雖其言未足爲據，然跡其包孕深厚，得之不易，十數年中，礦脈斷不至於空竭，東洋礦師謂此時即須添募砂丁千人，半年後，再添千人，庶便多分尖礌，廣取礦砂。臣已派人於武定州及四川會理州招募。惟募砂丁不比招勇，一呼即至，必須其人習於礌硐攻鑿者，始能入選，一時尚不能如數齊集，其餘各廠櫝硤都有可憑，終當次第見功，特遲早不能期，必即如巧家之廠攻鑿。近二年入山至百數十丈，始得成堂威甯之廠，開鑿甫半年，入山僅數十丈，便已成堂，而破一層硤，即得一層礦，又非雞窩草皮之類，是則山腹中變幻，實有出人意料之外者。據現在情形而論，開鑿算有成效，以後自然日起有功，所患炭薪缺乏，購運艱難，動輒停鑪以待。臣已飭公司於宣威會澤所屬之者海紅沙地小竹箐一帶，開辦煤廠，設窑煆鍊，多雇牛車背夫，節節轉運，並於中途相度地勢，修建鑪房鑪座，或移礦就煤，或移煤就礦，以期煎鍊迅速，但係屬草創，鳩工庇材又非數月所能集事，而公司亦不惜費用，冀早著大效，收回成本，此現在各廠辦理之實在情形也。恭讀諭旨，以後每年究可辦解若干，仰見聖主實事求是之至意，愚忱無任欽佩。臣自開辦立定章程，凡礌硐每日攻進丈尺若干，櫝硤如何變换，接礦後礦脈高寬若干，每日所獲礦砂擇净多寡若干，礦質成分幾何，咸令五日一報，以憑考驗稽核。原欲據每廠所獲礦砂，藉定每年所辦銅數，後以魯甸廠所獲礦砂竟不能如臣所計算，推求其故，不獨礦質剛柔配合，須得其法，即火力之大小緩急，亦須合式，此中消息甚微，一失其宜，即礦質雖高，得銅亦少，是但據所獲礦砂多寡，尚不能定得銅實數。現在兩廠甫有礦脈成堂，趕辦炭薪煆煤，必俟明年年底，核計一年内煎出銅若干，始能定以後每年辦解實數。此時若便懸擬，一不符合，便是欺罔，臣實不敢總之。臣受恩深重，具有天良，大局所關，責無旁貸，惟有懍遵諭旨，竭力籌辦，以圖報稱，稍贖罪戾。威甯鉛廠尚遲見功，礦山餘鉛三十餘萬，黔撫臣業已委員起運，現仍委員在礦山購辦。合併附陳，所有遵旨覆陳緣由，謹縷晰繕摺恭陳，伏乞皇上聖鑒訓示，謹奏。

王樹枏《張文襄公全集》卷一三四《致雲南唐督辦光緒十六年正月十七日發》

真電悉。平彝銅廠以前滇墊經費若干，以後月需經費若干，請查明迅速詳晰咨鄂，以便匯寄。至該廠委員應用何人，如何策勵，廠務應如何經理，統聽公主持酌辦，函咨詳告鄙人可也。廠可改名，實鄂以免，與湖南相混，大約何時可以見銅，示知，欣盼成功，曷勝感謝。洽。

中國第一歷史檔案館《德宗景皇帝實録》卷二八二《光緒十六年二月》　壬申。諭軍機大臣等，户部奏京局鼓鑄制錢，近年大半采用洋鉛。現在洋鉛亦形短絀，專待黔鉛應用。貴州産鉛處所，叠據潘霨、唐炯陳奏情形，礦苗並非不旺。現值整頓圜法需鉛緊迫之時，請飭切實攻采辦解等語，並將本年究可運解京鉛若干，據實陳奏。其應如何會籌官商合辦推廣開採之處，悉心妥議，詳晰奏報。務期解京鉛數，逐漸加增，不得意存觀望。並不準委員等稍有懈弛偷漏情弊，所需工本應撥若干，即著核定具奏。潘霨身任地方，所有開採督催等事，務當不分畛域，會商妥辦，毋稍諉卸。原摺均著鈔給閲看，將此由四百里各諭令知之。

王樹枏《張文襄公全集》卷九六《札知縣梅冠林等勘興國州錳鑛光緒十六年三月初十日》　照得湖北興國州城北門外地方，離城約十六七里之遥，向有鐵鑛。所産之鐵，名曰錳鐵。光緒三年英國鑛師郭師敦勘報，本部堂衙門有案，據稱此等錳鐵甲於歐美各國所産之鐵，洵爲世所罕覯。不惟鑛形極大，取之無盡，抑且甚合市銷。若與大冶鐵鑛兩質合鎔，生鐵再煉熟鐵及鋼，足供中國各廠一切需鐵之用。該處錳鐵已由前人開採多年，尚有無數鐵渣在鑛左近等語。亟應派員帶同鑛師前赴興國州，會同地方官按照郭師敦所稱各節，查明錳鐵鑛形何，似周圍若干里，所産是否豐旺，現在本地人有無在彼處開採，詳悉勘明。查有襄陽縣知縣梅冠林、候補知縣張飛鵬，堪以帶同鑛師畢盎希柯克斯前往查勘。除分行外，合亟札飭該員，即便遵照帶同鑛師畢盎希柯克斯迅往興國州，會同地方官查照黏鈔，查明錳鐵鑛産情形，繪圖貼説，稟候核辦，並將錳鐵鑛質采取數十斤帶省考驗，是爲至要。

鈔發郭師敦勘鑛原稟

興國州鐵鑛，在北門外五英里，所産之鐵名曰上等錳鐵。化質如左：

鐵養二十八分，鐵淡五十八分六六，水質一分一六，廢質五分五十，雜質如明礬灰石、吸鐵石之類六分六八，硫磺燐酸各質無。

鐵養化净得鐵質十九分六十，鐵淡化净得錳鐵三十七分零八二，質相較，惟錳最多。其質之佳甲於歐美各國所産之鐵。此等錳鐵洵爲世所罕覯，不惟鑛形極大，取之無盡，抑且甚合市銷，價值亦昂。若與養酸緑炭等氣合化，研爲細粉，即可澆作玻璃及作漂白粉等用。近來裴生满及徐梅史等所作鎔鋼新法，亦必用以鎔煉，足見此質用處甚廣。苟與白雉山所産之鑛兩質合鎔生鐵，再煉熟鐵及鋼，足供中國各廠一切需鐵之用。所冀久挖不完，即所得之鑛悉是佳鋼、佳鐵矣。竊又約計鎔費亦不甚多，凡此二鑛本非易得，今幸於湖北一省得之，又有石灰大鑛佳而且厚，頗合鎔爐之用。此外所需，惟有鎔鐵白煤一項。須得包定若干不致缺乏，方能濟事。查該處錳鐵已由前人開採多年，尚有無數鐵渣，在該鑛左近處堆積。兹將化見鐵渣内所有養淡二質分別合數開列於後：

鐵養三十七分二十，合净鐵質二十六分零四。淡鐵十五分八一，合净錳質十一分二九。

中國第一歷史檔案館《光緒朝硃批奏摺》第一〇一輯《光緒十六年三月二十一日督辦雲南礦務唐炯摺》 巡撫銜督辦雲南礦務臣唐炯跪奏，爲貴州威甯鉛廠已見成效，恭摺仰祈聖鑒事。竊據公司禀稱，前在威甯榨子開辦四硐，於第一硐内分十六尖。閏二月二十九日，有八尖接礦，就中第三尖礦脈寬大，業已成堂，據東洋礦師山田欽一測量，足供六十年開採。現值農忙栽種，俟栽種畢，始能多募砂丁，廣取礦砂。凡鉛廠得礦，必先就塘水淘洗，將土石去净，再行分別黑白鉛砂，黑鉛砂用高鍊煎鍊，白鉛砂用长鑪煎鍊，現在鑪座次第修造，塘堰業已築竣。惟該處山高，居民都是下山十餘里挑取溝水，僅供飲食之需，必俟夏令大雨時，行塘堰積水，始能淘洗，故向來鉛廠止得半年煎鍊。至每年辦得鉛若干，須俟本年年底，計共煎出鉛若干，始能約定成數等情前來。臣覆查無異，仍飭尋覓泉脈，開溝導引，積塘以備乾旱。至臣前奉諭旨，飭與貴州撫臣潘霨會議鉛務，臣此次閲歷二年餘，於廠務利弊得失，頗已周知，大約開辦新山，非二三年不能見功，官辦則開支甚鉅，動虞虧欠，民辦則資本不繼，成效難期，不如官督商辦，漸次推廣。凡民間開辦，由商人接濟油米，得鉛繳官，統於商人歸總，既免散漫難稽，而窮民藉資生活。攻採日多，數年之後，便可都成子廠，此則所守約而收功遠，辦廠之法，欲求有利無弊，似莫善於此。臣曾以此意函致臣潘霨，即由潘霨酌議主稿覆陳，合併聲明，所有貴州威甯鉛廠，已見成效緣由，謹恭摺具陳，伏乞皇上聖鑒訓示，謹奏。

王樹枏《張文襄公全集》卷一三五《致雲南唐督辦光緒十六年四月十五日發》

聞上意，甚以京銅爲念。不在鑛開之旺否，而專在今年解京數目之多少，非有百萬斷不能行，深代焦急。滇省向有五金局收買商銅，其法甚善，與官鑛可竝行不悖，近年何以停止？滇省庫存銅本二十餘萬，何不先用八萬金，迅速各處采辦，解運京銅一批慰宸廑，豈不勝於專待鑛産，望梅止渴乎？官自開官之鑛，商自開商之鑛，人自爲戰，開採必力，賠否，官不與聞，亦甚妥穩。再，四川甯遠銅産尚旺，聞係夷地所産，官價太少，私買私賣者甚多，若能設法兼采買甯遠銅，尤易足用，望速籌爲幸，祈復。咸。

《唐督辦來電光緒十六年四月十七日戌刻到》 此時不患無鑛無銅，祇患每月各廠經費二萬七八千兩，公司措辦不易，昨奏借銅本十萬，奉旨知道。而部文以後，一概不準再借。雲南五金局有名無實，徒滋糜費，彦帥早奏撤後，歸招商局零星收買民銅，並在甯遠采買，每年不足五十萬。序帥到來開鑄，分去一半，甯遠采買，川省又不允，商局資本不濟，去年已停止。鑄局以銅少減爐，地方官皆以例價不敷，畏累不敢承辦，非創設公司鑛務，直無從規復，司農乃故爲難，令人氣短，公何以教之。炯。霰。

王樹枏《張文襄公全集》卷九九《札司道籌辦煉鐵事宜光緒十六年四月十六日》

前經承準總理海軍事務衙門咨開，光緒十六年二月二十九日會同户部具奏，請將煉鐵廠量爲移置一摺。奏旨，依議，欽此。並抄原奏内開，湘鄂煤鐵既經訪知他日之械，皆本乎此。部款歲二百萬，已奏準的項鐵機既可移鄂。本署既據入案。查此事先於本年正月承準海軍衙門，江電内開，鐵爲盛舉之根，今日之軌，可恃，自應準將此項機器改運鄂省，擇地安設等因，當經恭録咨行，欽遵辦理在奏等因，遵即於正月在鄂省内，水陸街舊營務處公所設局，飭令鑛師白乃富及前由粤訂之鑛師畢盎希巴庚生，化學教習駱丙生，工師時維禮及洋匠等赴局籌辦考求一切。遴派湖北候補道蔡道錫勇督率籌辦，並派委員分投采取各種煤様，送局考驗。及大冶興國一帶，確查鐵鑛、錳鐵灰石，煤窿運道各情形各在案。現查荆門歸州興山等處之煤及湘省川省白煤、石煤、烟煤，各種合用之煤甚多，足供煎煉冶鐵之用。近復承準海署電示，截留京餉抵用，事關緊要，端緒繁重，亟應趕速辦理。原設之局過小，查有城内寶武局公所一區，較爲寬廣，應即於此設立鐵政局，派委北布按二司糧鹽二道，候補道蔡道錫勇總辦局務。蔡道作爲駐局總辦，會同籌辦一切，以專責成，其餘提調暨文案各員，均候隨時遴員派充煉鐵廠。應即於省城武勝門外，塘角地方，近江處所，擇地建造，便於轉運。自五月起，務須於一年之内造成鐵廠，以便安爐煉鐵，趕造鋼軌。目前要務如勘定地基，召匠估工，修堤運石，開窑燒磚，訂購廠屋鐵木、灰石等料，均屬刻不容緩。餘如采運煤斤設局屯儲。購買小鐵路、小輪船暨敲鐵、鑽地、起重、抽水各項機器，局内各種應用器具興修大冶鐵山運道，均須於一年之内趕辦齊全。由蔡道將緊要事宜開單呈核，派員分投趕辦，並飭北善後局刊刻木質關防一顆，其文曰湖北鐵政局之關防，呈候札發開用。除分行外，合亟札飭該司道等，即便會同遵照札行，事理悉心籌辦，務於一年之内造成鐵廠，開爐煉鐵造軌，以應要需，是爲至要。

臺灣銀行《劉銘傳撫臺前後檔案・臺南府轉行巡撫劉銘傳批準蔡應維等所議官商合辦臺灣煤礦章程》 代理臺南府正堂本任埔裏撫民分府隨帶加三級紀録十次方，爲轉飭事。

本年五月二十四日，蒙臬道憲唐札開：本年五月初八日，準臺灣善後總局移：奉宫保巡撫劉札開：據職員蔡應維、馮城勳、林元勝等稟：遵議官商合辦臺灣煤礦章程，請察核批示遵辦，發給諭札、關防等情到本爵部院。據此，除批「準照所稟章程，限於本年七月初一日接辦；仰候發給諭札、關防俾昭信守暨行善後局、基隆廳、官磺局查照。摺存，印發，並刊發關防諭，仰該職員等即便遵照，依限妥協辦理毋違外，行局分别移行查照，並移臺灣司道知照等因；計抄發稟、摺各一件。奉此，除分别移行外，合就移請查照等因；計黏抄稟、摺到道。準此，除分行外，合就行知。爲此，札仰該府立即移行所屬遵照毋違。此札。計黏抄稟、摺一紙等因。蒙此，除分行外，合就轉飭。

爲此，札仰該縣立即一體遵照毋違。此札。計黏抄一紙。

光緒十六年六月十五日札（恒春縣）。

王樹枏《張文襄公全集》卷一三五《致貴陽潘撫臺光緒十六年八月二十一日發》

聞青溪鐵廠爐塞停工，貴本家以尊電見示，云將推歸鄂省，此事他人似難接辦，尊意詳悉，望電示。公款實欠若干，洋款係何洋行，有無反覆，並示。馬。

中國第一歷史檔案館《光緒宣統兩朝上諭檔》第一六册《光緒十六年八月十五日》 軍機大臣字寄福建臺灣巡撫劉，光緒十六年八月十五日奉上諭，户部、總理各國事務衙門會奏，臺灣煤礦招商承辦章程種種紕繆，請飭停辦一摺。前以基隆煤礦劉銘傳與英商訂擬合同，辦理粗率，當經降旨申飭，並諭令慎選賢員，另籌辦法。該撫宜如何認真覈實，妥爲經理，乃此次所奏，僅稱訪招富商同官合辦，迨章程送部後，經該衙門會同查覈，其辦法種種紕繆。所稱可疑者三，必不可行者五，實屬抉摘隱微，確中情弊，此事既經官商合辦，自應官爲主持，何以一切事宜悉授權於商人，官竟不能過問，且章程内既稱各股皆係華人，何以總管礦務轉用洋人，顯有冒充影射情事。其開挖河道自撤藩籬一節，更於海防大有關繫，況以特旨飭令另議之件，該撫並不奏明請旨，輒即議立章程，擅行開辦，尤非尋常輕率可比。劉銘傳著交部議處，該撫接奉此旨，即將現辦之局趕緊停止，不準遷延迴護。從來創辦重大事件，必應慮及久遠，慎之於始，不可膠執已見，亦不可輕信人言。基隆煤礦久無成效，該撫務當熟思審慮，籌一妥善辦法，明晰具奏，候旨定奪，勿再率意徑行，致干重咎。户部會奏摺著鈔給閲看，將此由四百里諭令知之。欽此，遵旨寄信前來。

王樹枏《張文襄公全集》卷九六《札當陽縣盛春頤委辦荊當煤務光緒十六年十月十一日》 照得湖北荊門當陽等州縣，向産白煤，質堅灰少，堪以煉鐵。前經派委知府札勒哈哩、候補同知盛春頤等帶同鑛師前往沿江一帶，荊當歸興等州縣查勘考驗在案。兹查盛丞業經委署當陽縣篆務荊當一帶煤鑛，其轉運出山之口，皆係當陽地方所有，開採事宜應即責成該署縣一手辦理。事權歸一，呼應較靈。所有前勘定素産白煤之荊當交界之窩子溝、當陽屬之大林堡等處煤窿，應如何督勸商民集貲採運開挖，新窿疏通運道，招徠船夫，俾出煤日多，銷路暢旺。每噸白煤運至漢陽大别山下煉鐵廠交卸，共需價值運脚若干，每月能運至鐵廠交卸若干噸。按月運到無誤，應由該署縣詳切籌辦，分晰稟候核奪。開採煤窿濬利源而阜民用，本地方官應辦之事，該署縣講求有素，飭委當陽應以此事爲當務之急，除金米觀一處煤斤灰質稍多，須開挖深處煤層取驗外，餘如窩子溝、大林堡、甯家灣、雙河口等四處，皆質堅灰少，煉鐵最爲合用。該署縣亟應妥籌辦法，以副委任。除分行外，合亟札委該署縣即便遵照。將開採白煤應辦各事，悉心籌畫，務使運載到廠，價值運費均極合宜，商販争趨，效成利見，是爲至要。

臺灣銀行《劉銘傳撫臺前後檔案・臺南府轉知奉旨停止官商合辦基隆煤礦》 賞換花翎陞授基隆撫民府代理臺南府正堂隨帶加三級方，爲轉行事。

本年十月二十九日，蒙臬道憲唐札開：本年十月二十日，奉宫保爵撫憲劉札開：據卸辦基隆候選知府蔡應維申稱：竊奉諭開辦基隆煤礦，前經奏請官商合辦；現奉諭旨：著即將現辦之局趕緊停止。欽此。欽遵等因，行司檄委安委員炳文於九月十九日到基接收局務。職員遵於二十日卸辦；除將點交安委員機器、傢具等項以及前存煤斤另行造册申報外，合將卸辦商局日期先行具報，並將奉頒木質關防隨申繳驗等由到本爵部院。據此，除批據申已悉。候行司道、善後局查照。繳。關防存銷印發外，合行札飭。札到該道，即便查照。此札等因到道。奉此，除分行外，合行札飭。札到該府，即便轉行知照。此札等因。蒙此，除分行外，合就轉行。

爲此，行縣即便知照。此行。

光緒十六年十一月二十一日札(恒春縣)。

臺灣銀行《劉銘傳撫臺前後檔案·臺南府轉行上諭臺灣巡撫劉銘傳招商承辦臺灣煤礦種種紕繆著革職留任》 代理臺南府正堂陞授基隆撫民府隨帶加三級紀録十次方,爲轉行事。光緒十六年十二月二十五日,蒙臺藩憲沈札開:奉宫保爵撫劉案行:光緒十六年十一月二十八日准吏部咨:考功司案呈軍機處交出光緒十六年八月十五日奉上諭:户部、總理各國事務衙門會奏臺灣煤礦招商承辦章程種種紕繆請飭停辦一摺,劉銘傳以特旨飭令另議之件並不奏明請旨,輒即議立章程,擅行開辦,尤非尋常輕率可比。劉銘傳著交部議處。欽此。欽遵到部。查此案福建臺灣巡撫劉銘傳於特旨飭令另議之件並不奏明請旨,輒即議立章程,擅行開辦,欽奉諭旨交部議處。應請將福建臺灣巡撫劉銘傳照違制律私罪革職例,議以革職等因,光緒十六年八月二十二日具奏。本日奉上諭:吏部奏遵議處分一摺,福建臺灣巡撫劉銘傳應得革職處分,著加恩改爲革職留任。欽此。相應知照可也等因到本爵部院。准此,行司即便移行知照等因到司。奉此,除移行外,合就行知。爲此,札仰該府即便遵照毋違。此札等因。二十六日,又蒙臬道憲唐札同前因各到府。蒙此,除移行外,合就轉行。爲此,行縣立即遵照毋延。此行。

光緒十七年正月二十二日行(恒春縣)。

中國科學院歷史研究所《劉坤一遺集》書牘卷九《復潘偉如中丞光緒十八年閏六月初一日》 黔中産鐵,質地精良,執事主持開辦,力排衆議。現在運到之鐵,果能與羅馬相埒。數年擘畫,成效昭然,不獨塞悠悠之口,且免購自洋人,利源外溢,裨益良非淺鮮,匪但執事見而色喜,即弟亦愉幸同深。

國家清史編纂委員會《李鴻章全集》第三五册《復張中堂光緒十八年十一月二十二日》 旬月以來,朵雲迭至,駢蕃吉語,銘篆寸衷。敬維子青宫太保仁兄親家同年中堂,樞斡宣猷,鼎裀集祉,明良一德,仰平章軍國之謨;和樂四時,副燮理陰陽之望,翹詹喬靄,式懇揄忱。弟老卧北門,忝陪東閣,梅開霽色,喜快雪之時晴;蘭契同心,願好風之遠被。專泐佈復,敬頌臺祺,諸惟愛照。不宣。年姻愚弟期鴻章頓首。

再誦别箋,祗悉一是。曾守昨已回黔,所辦青溪礦廠,積欠公款太多,將來恐難補救。前據所呈生熟鐵様,當飭機器局化驗,生鐵不合用,熟鐵較好,已訂購五十噸。限於經費,力難多購。日前介弟香濤制軍書來,以明歲鄂廠出鐵,亦擬向此間各機器局預藉款項售銷,當將該局常年用鐵數目無多、購鐵經費爲難情形詳細緘復,此可見津局之窘狹,只能隨時零星擇購,以求撙節,斷無蕞款購儲之力也。侯令天錫謹願長厚,才具頗短,撫寧係屬冲衢,民情刁悍,辦理頗形竭蹶,前經藩司稟請,將其開缺另補。弟唸書生本色,尚無劣迹,未便遽加甄劾,現擬酌調一簡僻相當之缺,俾可從容治理,藉副雅懷。通永道一缺,京兆屬意有人,應與會銜奏補。朱守陞任首郡,已届七年,遇有各省道員缺出,例得開單請簡,較之候補人員尚有出路。此間候補道員擁擠,資勞並深者實不乏人也。附泐,載頌鄖綏。弟再拜。

中國第一歷史檔案館《光緒朝硃批奏摺》第一〇一輯《光緒十九年六月十五日四川總督劉秉璋片》 頭品頂戴四川總督臣劉秉璋跪奏,爲川礦開採害累殊多,謹將實在情形及預籌辦法,恭摺縷陳,仰祈聖鑒事。光緒十八年九月二十八日,准兵部火票遞到軍機大臣,字寄大學士、直隸總督、四川總督,九月初九日奉上諭,御史吴光奎奏四川雅州府屬之大穴頭山,寧遠府屬之麻哈母雞溝等處,五金並産,砂質呈露,光緒十六年間,曾經主事鄭寶琛集資擬辦,稟由李鴻章咨川有案,請飭查勘開辦等語。所奏是否可行,即著李鴻章咨商劉秉璋,遴擇熟習礦務之人,前往該處勘驗礦苗情形如何,集資開採有無流弊,據實具奏,原摺均鈔給閲看,將此各諭令知之,欽此。十九年三月初一日,准兵部遞到軍機大臣字寄,二月十二日奉上諭,前據御史吴光奎奏,四川雅州、寧遠兩府屬五金並産,請飭查勘開辦,當經諭令派員勘驗,現尚未據奏覆,兹據給事中方汝紹奏稱,寧遠府屬之鹽源縣等處,銅質極佳,運道尤便,請飭開辦等語,著李鴻章、劉秉璋一併派員確查,迅速覆奏,原摺均著摘鈔給與閲看,將此各諭令知之,欽此。經臣先後檄司委員轉行雅州、寧遠兩府,會同查勘各在案,伏查川省礦山固多,然其砂甚淺,僅浮露於山面,而根柢不深,先年開採,皆因礦薄利微,不敷工用,旋即停止,屢有案據可查。近年進開礦之説者,藉口西洋公司之法,湊股開挖,大抵一二奸商爲首,哄誘衆人入股,卒之虧折倒閉,入股之人股本無著,而爲首之奸商大飽其私槖,各處礦場無不落此故套,此鯨吞之術乃騙局之大者也。又有一種志在攫取之流,知礦浮山面易於薄採,惟山係管業有主之山,不能聽其佔採,乃稍集微資,朦請官示,一經批准,彼即採其浮面之礦,稍得微利,各自瓜分,旋即歇業,有擾於民,無濟於公。無論所佔民山夷山,豈不嘖有煩言,怨讟之聲,歸之於官,其實仍歸之於國，此鼠竊之術，乃騙局之小者也，騙局不同，同歸於騙，據事理實在言之，似宜作爲罷論，仍聽憑管業之家自行斟酌開採與否，以順輿情。倘必欲試辦，以觀其效，亦須預籌防範，以免害民病國之弊。其説有三，山之有礦，猶山之有木，彼疆此界，各管各業，例不得佔山斫木，自不得佔山開礦，不准越界而挖他山之礦，亦猶不准越界而斫他山之木，此事理之至淺近而易明者。有礦之山，各有管業之人，萬無官爲把持，一任他人採取者，應請凡有呈懇開礦者，令其呈繳所買該山之印契，按契之四至，以立界限，不得越界强挖别姓之山，亦不得抑勒價值，强買他人之山，此弭釁之説一也。如呈請開採之首人自稱湊成百萬或數十萬，應仿鹽商驗資之法，令其全數呈驗，暫存藩庫或存建昌道庫，俟開礦時，聽其取用，庶免空言，欺哄攫取微利，結怨於民，此杜騙之説二也。爲首之人，以十名爲定，須各先報明家資各若千萬，確指出田房、典當、產業、處所，飭地方官查實，以爲真正股實之據，將來虧折倒閉，即以其產賠償，不致商股無著，此防騙之説三也。兼此三層，則開採礦山庶免貽害，至開礦必須聚衆，礦枯則衆散爲匪，且夷地開挖，易啟邊釁，此等陳言，衆所共知，無庸復瀆。臣賦性愚戇，惟知實事求是，到川七載，於礦務隨時留心考核，大抵來言礦利者，盡是貪人及與之剖晰利病，莫不廢然而止，若輩知臣不受其欺，乃復騰播都門聳動言路，聞者不察，信爲實然，遂致上陳聖聽，臣受恩深重，實不敢瞻徇浮議，貽累地方。現據委員會同雅州、寧遠兩府，陸續將查勘情由稟覆，又檄行藩司會同建昌道確實核議，與臣素所查考者大致畧同。稟詞繁瑣，謹照抄司道詳文，咨送軍機處、户部備查。所有川礦開採，害累殊多，謹將實在情形及預籌辦法緣由，理合恭摺縷陳，伏乞皇上聖鑒訓示遵行，謹奏。

中國第一歷史檔案館《光緒朝硃批奏摺》第一〇一輯《光緒十九年七月初七日督辦雲南礦務唐炯片》 再，臣准部咨，飭將黔鉛事宜，切實督催，源源起運，照奏報數目，按年解清，其納課復額及照定例給價各期限，亦不得稍有違逾等因，當經行令礦務公司遵照。去後茲據公司稟稱，竊公司於十四年七月在榨子開辦礳硐一口，又附近之大哨麒麟洞貓貓山各開一口，均係東洋礦師山田欽一勘定，每硐深入山腹或二百數十丈或一百八九十丈，又於硐内各分十數尖不等，直至十六年閏二月始行見功，是年煎獲鉛觔，均交貴州採買委員，方幸得此堂礦可以長久不竭，規復舊額有期。不料十七年五六兩月大雨，硐底積水，然尚可施工採取。至十八年夏間大雨五十餘日，榨子大哨兩硐積水深至一二丈，而窩路紆曲，斜下購到機器亦不能洩，貓貓山硐則以窩路坍塌，傷斃人口，公司於此廠經營數年，費用至十餘萬兩，而得不償失，只合停辦。現止麒麟洞一硐，雖未積水，而一交夏令，地氣上騰，輒復悶亮，直至仲冬，地氣收斂，始能採取，無濟於事，不得已於猪市河白沙坡另開新硐，能否見功，尚難預必。當開辦之初，民間見有三成通商之示，隨地開採，頗形踴躍，既而催鉛緊急，委員不能不盡數搜求，小民無餘鉛通商，其未領公司資本者，以無利可圖，遂皆歇業，已領公司資本者，亦止勉强應事，所以每月零星湊買不到二萬觔。十六年，貴州委員採買八十萬觔。十七十八兩年，公司代貴州採買共二百五十萬觔，大半出於礦山，黔廠不過十之二三，情形彫敝如此，公司雖竭力經營數年，而天時人事又復不齊，致已成之功壞於一旦，恐再閱數年，亦難復舊，若再減價，更無人敢辦。十八年，雨水爲災，銅鉛各廠爐座坍塌，礳硐水淹，公司不惜費用，盡力修理，入冬後，甫得竣工。本年五月以來，又復大雨連宵，糧食踴貴，各銅廠攻採煎煉，轉運萬分掣肘，礦山被害尤甚，民間鉛爐向來一百五六十座，今止二十餘座，本年代黔採辦京鉛，現止三十萬，年内百萬，恐不能足數各等情，懇請奏咨前來。臣覆查該公司所稟歷年辦理貴州鉛廠及近來各廠情形，皆係實在，委無欺飾，如臣愚昧，止能督飭指示，務協機宜。至於天時人事之不齊，既非臣意料之所及，亦非臣智力所能斡旋，自必仰蒙聖慈，曲賜鑒宥，臣惟有實心實力，隨時督飭，斷不敢以辦理爲難，稍存推諉，自干罪戾。至公司辦繳黔鉛，向係解交威寧銅店，轉交貴西道委員驗收，按旬由店員開摺報，臣必俟按批交足，臣始咨黔，由黔藩司委員解運北上，威寧地僻，向無商賈貨物往來，馱馬甚少，近年京鉛爲數既多，而雲南京銅分走此路亦數十萬，往往壅滯十日半月，不能起運。黔省不能按年解清職是之故，除咨覆户部外，謹據實縷悉附片陳明，伏祈聖鑒，謹奏。

中國第一歷史檔案館《光緒朝硃批奏摺》第一〇一輯《光緒十九年八月二十四日督辦雲南礦務唐炯片》 再，礦務公司於十六年冬藉領辦銅底本銀三十萬兩，請分十年扣收，當經臣奏明，奉部議復，以爲期過寬，令自十七年起，限六年扣清，不准蒂欠，轉行遵照，並由司飭繳各在案。茲據該公司稟稱，庫帑關係甚重，亟應依限繳清。惟是十八年雨水爲災，爐座坍塌，礳硐水淹，公司費數萬工，本甫經修理就緒，本年雨水被災尤甚，不惟前費工本，竟同虛擲，仍須另籌工本，從新辦理，各廠招集砂丁，日需米糧甚夥，乃自去歲歉收，每米一石，價銀由十五六兩增至三十餘兩，爲從來所未有。本年滇省災區尤廣，雖經督撫臣派員四出賑糶兼施，或蠲免錢糧，或以工代賑，無如各廠砂丁向無家業，專恃開山，勢不能與齊民同沾賑濟。若公司再因米貴，遽爾遣散，深恐流爲盜賊，別滋事端，不能不留養廠中，冀得消弭隱患，此項費用已屬不貲，加以炭價昂貴，每萬觔需銀六十餘兩，合計米糧炭觔每百觔銅需工本二十餘兩，雖仰蒙恩賞，加價一兩，而公司賠墊猶復甚鉅。又各廠礌爐，公司勢難獨辦，不能不接濟民間油米，以期廣種博收，裒多益寡。數年來，統計放出資本共十餘萬，值兹歉歲，若按爐催收，勢必歇業逃亡，京銅頓形減色，不得不權宜停收，徐圖補救，以是種種苦累，故初次承藉十萬兩，蒙恩寬至本年，始行清結。現在限期只餘三年，既不敢貽悞京運，又當歸清三十萬庫本，實屬萬分支絀，進退維谷，應請奏乞恩施，展限三年，俾得從容籌措，斷不敢拖延，致干罪戾等情前來。臣查年來雨水爲災，米糧踴貴，公司放出資本既難遽收，而顧養無業砂丁尤關大局，所陳三年之中，力難清帑，委係實在情形，自應量加體恤。惟有仰懇天恩，俯念商力苦累，准予展限三年，俾得周轉裕如，於京運、廠務兩有裨益，出自鴻施逾格。所有公司前藉底本，三年之中，勢難依限全清，懇恩准展限三年緣由，謹附片陳請，伏祈聖鑒訓示，謹奏。

北京大學館藏稿本叢書編纂委員會《光緒軍機處事由檔録要》 電寄劉坤一，有人奏南洋機器輪船多購倭煤，現在日本禁煤出口，遂致匱乏。徐州利國礦、池州沿江沿海煤礦請擇地開採等語，劉坤一查明覆奏。

北京大學館藏稿本叢書編纂委員會《光緒軍機處事由檔録要》 徐州利國等處煤廠請飭劉坤一派員開採，以濟要用，電報密碼，盛宣懷總理恐有漏洩。李鴻章老病，請飭李秉衡繞道查勘。

中國第一歷史檔案館《德宗景皇帝實録》光緒二十年九月下 又諭，御史鍾德祥奏，中國煤鐵，本足自給，請條陳粵礦一摺。據稱廣東廣西，産煤甚多，廉州之合浦，韶州之英德，暨右江百色等處，煤質甚美，運載尤便，擬請飭招商開辦。廣東之佛山，廣西之左江，往時均有鐵爐不少。自洋鐵入口，爐鐵停工，亦擬請與煤礦同一辦法，並請將煤鐵免厘輕税等語。近年煤鐵之用，所需最廣，亟應講求開採。惟度地興工，必須踏勘確實。著李瀚章、張聯桂派委妥員，考察各該處地方情形。如所産煤鐵實係可用，自應妥立章程，設法開辦，以興礦務而開利源。原摺均著鈔給閱看，將此各諭令知之。

中國第一歷史檔案館《清代軍機處電報檔彙編》第一册《奉旨唐炯辦理礦務久無起色所請赴天津效力著不准行事光緒二十年十一月初六日》 奉旨，唐炯電奏已悉，唐炯辦理礦務，久無起色，惟當認真經理，所請馳赴天津效力之處，著不准行，欽此。十一月初六日，鈔交督辦處。

全國圖書館文獻縮微復制中心《清内閣政務處奏稿匯訂》 奏爲遵旨速議具奏事。本月十四日，軍機處抄交唐炯奏法員到滇開廠，擬與礦務公司合辦一摺，奉硃批，政務處速議具奏，欽此。查唐炯原奏内稱，先據李鴻章電稱，法使面言擬辦滇廠，並云已開之處，不侵佔未開之處，購地開採，派代辦人彌樂石赴滇會同局員妥商等因。現該洋員到滇與唐炯面議，欲設中西礦務公司，該洋員並有先顧中國銅運，一面查勘金銀各廠，以次開辦等語。臣等查中國礦産久爲各國垂涎，目今財力既未能自行推廣舉辦，似不如准招洋股合辦，明定章程，尚不至盡失利權。即中外臣工條奏所言，亦大致相同。現法員彌樂石到滇面議，設礦務公司，勢難拒絕，並稱不佔已開之礦，且先顧中國銅運，自應准如唐炯所請辦理，惟以後續行勘辦金銀各礦，必須規畫精詳，妥訂合同，力防喧賓奪主之弊。自宜先行查勘某縣某山某礦確有礦苗，指明幾處，勘定若干方里，詳載合同之内，不得任意開採，漫無限制，仍專立公司名目，不得籠統標以雲南中西字樣，以杜含混。並請飭下魏光燾、李經羲會同唐炯將合辦章程，悉心妥議，並繪圖貼説，恭呈御覽，請旨辦理。所有臣等速議緣由，謹繕摺具陳，伏乞皇太后、皇上聖鑒，謹奏。

《申報》光緒二十一年二月二日《請開煤礦》 江寧府屬龍潭相傳産五金，津海關道盛杏蓀觀察上年因事南來，會同直隸候補道會辦金陵製造局徐仲虎觀察首往察看，果有煤礦之苗甚旺，適值軍書旁午，是以未曾舉辦。現有是處紳董稟請地方官轉詳香帥陳請開辦，香帥於地方興利之舉無不樂於從事，未識此舉果俯如所請否。

中國第一歷史檔案館《光緒朝硃批奏摺》第一〇一輯《光緒二十二年正月二十八日湖南巡撫陳寶箴摺》 頭品頂戴湖南巡撫臣陳寶箴跪奏，爲擬辦湘省鑛務設局試行開採，冀蘇民困而濬利源，恭摺仰祈聖鑒事。竊維湖南山多田少，物産不豐，而山勢層疊奥衍多砂石之質類，不宜於樹藝，惟五金之鑛多出，其中煤鐵所在多有。小民之無田可耕者，每賴此以謀衣食。近年洋鐵盛行，利源漸涸，惟煤尚可通行。然純用土法開採，工鉅利微，未幾即畏難中止，其鑛産素盛，久經封禁之區，遂時有人潛往盜採，獲利稍厚則羣起相争，鬬訟紛起，地方牧令封禁因之愈嚴，貧民恐自塞其衣食之途，常有鬬殺致斃多命，而隱忍不敢舉報者。重利輕生，其情極爲可憫。光緒二年臣寶箴卸署辰永沅靖道事回省，曾備言其狀，謂宜及時經理，不可使天地自然之利所以養人者，轉以害人。前撫臣王文韶正擬試辦，旋奉命內用事遂中輟。上年五月兼護督臣譚繼洵遴委通曉鑛事員弁查勘湖南諸鑛，周歷衡永各府，所得鉛銅煤鑛已十餘處，於民田廬墓一無妨礙。臣到任後，適值農田歉收，每縣乏食，饑民多者至四五十萬口，近省瀏陽醴陵兩屬私掘鑛砂者日常數千人，地方官賑撫彈壓，岌岌可虞，由省迭派營勇分投防範。因思荒政通山澤之利，古稱禹湯有水旱之災，於是鑄金爲幣以救民困，是開鑛之舉，行之歉歲尤爲急務。而近年內外臣工疏陳開鑛事宜，俱蒙聖恩俯允，立見施行，如開平煤鑛，大冶鐵鑛尤有成效可睹。誠以今日公私匱竭，非廣開利源漸塞漏巵，無以爲自强之本計。謹查康熙五十二年大學士九卿議奏雲南等省開鑛事宜，奉上諭天地自然之利當與民共之，不當以無用棄之，要在地方官吏處置得宜，毋致生事耳等因。又乾隆三年奉上諭兩廣總督鄂彌達議復提督張天駿鑛山開採，恐滋聚衆之奏，據稱銅鑛鼓鑄所需且招募附近居民聚則爲工，散則耕作，並無易聚難散之患，地方大吏原以整頓地方，豈可圖便偷安，置國計於不問，張天駿藉安靖之名，爲卸責自全之地，著交部議處等因，欽此。聖訓昭垂，炳如星日，臣仰蒙聖恩，俾守兹土，當此時局艱難，度支日絀，凡有可以稍裨國計民生者，分應殫竭愚忱，盡其力之所能及，况值湘省旱災截漕備賑，仰煩聖廑。鑛産爲自然之利，正宜設法經理，少佐賑需，且行之目前，既可以工代賑，如漸辦有成效，尤可次第推廣，以爲練兵製械之資，冀補庫藏之所不逮。擬於省城設立鑛務總局，委候補道吴錦章總理其事，仿前湖北巡撫臣胡林翼創辦釐金取劉晏採用士人之法，擇湘士之有志節，識度不爲利疚者，量才委用。南北洋及各處熟諳鑛務機器之人，亦即隨時商調以資指臂。先擇銅煤鉛磺等鑛較有把握之處，試行開採，目前需費無多，可毋庸預爲籌備。應用機器，如湖北鐵政等局有可藉用者，暫爲通融，俟稍有成效，再行酌議，集貲抽税章程奏明請旨，總期行之以漸，持之以恒，先程尺寸之功，徐圖擴充之效。庶幾杜争競而息覬覦，盡其分之所當爲而已，所有擬辦湘省鑛務設局試行開採，冀蘇民困而濬利源緣由，理合會同兼護湖廣總督臣譚繼洵恭摺具陳，伏乞皇上聖鑒訓示，謹奏。

硃批：所奏甚是，該撫其悉心妥辦，以觀厥成。

中國第一歷史檔案館《光緒朝硃批奏摺》第一〇一輯《光緒二十二年四月十六日依克唐阿摺》 奴才依克唐阿跪奏，爲據情代奏集資開礦，恭摺仰祈聖鑒事。竊奴才前奉諭旨，廣開礦産爲方今濟急要圖，飭令各將軍督撫，一律照辦等因，欽此。現因奉天鉅款難籌，僅能官督商辦，分別奏咨在案。兹據前貴州候補道羅應旒稟稱，四川省中大籐頭山銀礦，巴底巴旺金礦，明正土司燈盞窩金銀銅鉛各礦，苗線俱旺，其餘礦産尤不一而足，情願不請官款，招商集股，共湊銀二十萬兩，作爲開礦資本，前往試辦，必獲厚利，以充國帑等情，並詳擬開辦章程，懇請代奏前來。奴才查該革道係奏調營中差委人員，在營數月之久，見其才具開張，器識遠大，心存國計，欲濟時艱，以其生長四川，故能將該省礦産言之鑿鑿，並且熟習礦務，講求辦法，儻令前往開辦，當不至毫無把握，况又不請官款，自籌鉅資，尤屬有益無損。奴才爲裕餉起見，未便壅於上聞，可否准其前往試辦之處，出自聖裁。除將原呈開礦條章咨報軍機處外，所有據情代奏集資開礦緣由，理合恭摺具陳，伏乞皇上聖鑒訓示，遵行，謹奏。

王樹枏《張文襄公全集》卷一一八《批郎中余正裔稟請開炭山灣煤鑛光緒二十二年四月十九日》 稟悉，炭山灣煤鑛迭據該紳稟稱，煤層寬厚，火旺灰輕，煙微磺少，用處甚廣。現經集衆合議，共籌股本，已有成數。擬用西法開挖大井，先購抽水起重機器，鐵軌綫路暫緩舉辦，轉運煤斤仍由水道，由湖出港，淤淺地段擇要疏通。添購輪剥各船，以資利運。專請洋鑛師辦理，鑛工期有把握。新舊共集股銀十二萬兩，實係劉人祥等各商自己資本。情願親具甘結備案，遇事遵守律令。鑛務賠賺皆商股自理，不與官中干涉，毫無影射轇轕等情。查開鑛爲方今要務，迭奉諭旨飭辦。興國炭山灣煤産既旺，自應准其招集華商資本，購機開挖，大舉採運。惟向來集股，每易滋弊，且有雇用洋鑛師購辦機器，時與洋人交涉，自不能不嚴爲稽核以維鑛務。據稟所集商股係劉人祥等自己資本，究竟共集若干股，在股董事姓名籍貫，所具甘結有何殷實鋪户擔保，集股章程及如何分别辦法，所買鑛地四至丈尺若干，擬疏水道由何處起至何處止，於地方水利有無妨礙，雇用何國鑛師，合同條款如何措詞，擬購輪剥若干艘，自須先行報關，照章驗明給照，以杜冒混。凡與洋人交涉購辦機器，必須將合同呈驗，隨時稟報備案。釐税自應照章完納。凡此數條，皆商局開辦之初所當詳晰議定稟請立案，聽候飭查明確，然後批准興辦。將來如有轇轕不清，隱瞞影射情弊，定惟該紳及各董是問。仰鐵政局司道轉移該紳，按照批飭事理逐一議明，稟候核奪，再行批飭遵辦。

「中央研究院」近代史研究所《礦務檔》第六册《光緒二十二年八月初十日總署收南洋大臣劉坤一函附清摺請開滇礦並陳滇金廠情形》 八月初十日，南洋大臣劉坤一函稱，前奉寄諭，飭令各省開辦礦務等因，當此時局日艱，財用日匱，疆吏受恩深重，具有天良，敢不殫竭愚誠，切實舉辦，以收天地自然之利，以立中國富强之基。蘇省濱海沿江，號稱澤國，山勢薄弱，礦産不若他省之多，業飭鹽巡道胡家楨、常鎮道吕海寰，各就所屬地方，周歷查勘，現已指定數處，煤質尚佳，即當酌定官商辦法，以期早日集事，容俟規模畧備，再行具摺奏陳。昨據貴州古州鎮丁槐面稱，滇省山脈盤鬱，礦苗最旺，金沙江一帶，産金尤多，若能官民合辦，財源日開，裨益度支不少，並呈手摺一扣，詳加察閲，所言似不爲無見。伏查雲南礦務之盛，久載通志，前閲邸鈔，該省督撫，業已遵旨興辦，即以本處之人工，參用外洋之機器，認真開採，必當日起有功，惟念丁鎮籍隸滇南，所言情形較確，既有所見，不敢不據以轉呈，伏祈俯賜察核，可否咨行該省查酌辦理之處，並候鈞裁，專肅，敬請崇安。

〔附〕照録清摺

謹將遵查雲南金廠大畧情形，開呈鈞覽。查雲南山勢盤鬱，廣産五金，如永昌順寧東川各府，暨永北廳等屬金銀銅廠，昔年開辦，著有成效，抽收課税，亦有定額。今皆歇閉，姑就所知者言之，則以麗江府屬之中甸維西産金最多，內中哪吧廠、寶興廠、麻姑廠、格咱廠，所出者皆沙金。一曰蘇糖金，安南廠之金，形如瓜子，産銀亦旺，惟天生橋一處之金，大而成形，每件重或二三十兩，四五十兩不等，其地在兩山之中，積水甚深，最難採取，土人間有得之。以上各廠，在金沙江岸，現雖有人採辦，均未大開。考金沙江之源，實濫觴於青海，即古麗水，沿岸土人，多穴地取沙以淘金，因之得名。逆江而上，入土司界，産金尤多，然向未有人能往採者，其達入四川省屬，如鹽源縣之梅哩土司，及附於梅哩之木哩地方，産金最多，而入地不深，取之最易，但恃有入貢額數，不許外人往採，該土司每年只採三日，採時亦不過百數十人，決不多採，蓋泥於風水之説，夫地不愛寶，秘久必宣，原屬自然之理。惟開辦礦務，貲本甚鉅，利之所在，人輒争趨，向來辦廠之人，虧折者什之九，獲利者什之一，廠而不旺，原無論已，即使暢旺，往往爲人挾制，盡棄前功，所以富商大賈，殷實良善者，恒皆裹足。況辦廠之丁，動輒盈千累萬，類皆强悍不馴，又有燒香結盟之習，滇諺有曰，無香不成廠，其分也争相雄長，其合也併力把持，故有廠之地，不獨官慢考成，並紳士居民，亦皆凛然防範，欲興利必先除害。即係官辦，亦必有兵彈壓，尤不若官民合一，較易見功，蓋辦某地之廠，必參用某地之人，取其孰悉地理，通曉礦苗，更得外洋機器，以洩積水，則功程不至虚糜，而課税自無短絀。查光緒二三年間，雲南金價不過十三四换，近因西人收買，價值日昂，自應及時開辦。況美之舊金山，英之新金山，俄之悉畢爾，皆以淘挖金礦，爲富强之計。雲南五金俱旺，即産金之地，原不止此數處，果其辦理得法，有利無弊，漸推漸廣，則財源日開，人民日富，國用日充，自强之基，將於是乎在矣。所有遵查情形，謹據所知，縷晰上陳，伏乞察核。

「中央研究院」近代史研究所《礦務檔》第四册《光緒二十二年九月二十九日總署收湖廣總督張之洞文附長陽煤務局招商合股章程暨墊辦機器合同僱用洋員合同開辦長陽煤礦與法商訂立墊辦機器招雇礦師等合同》 九月二十九日，湖廣總督張之洞文稱，竊照本部堂前在署兩江總督任內，據委辦湖北長陽縣煤礦都司張金生稟稱，長陽塩坵地方煤質極佳，礦苗極旺。現在新招商人湊集股本，已有成數。擬雇募洋礦師，仿用西法，廣爲開採，並援照馬鞍山章程，添設鐵線，並將灘路汙塞處一律開通，以便轉運。又買小輪船兩隻，專爲拖礦之用，請通飭地方官妥爲照料彈壓，隨時保護等情。由湖北加抽川鹽局江蘇補用道沈瑜慶轉遞前來，當查詢該道，據稱實係殷實商人集股合辦。本部堂以漢陽鐵廠鍊鐵鋼需煤甚急，此事係爲廣興商務，裨益鐵政起見，即經批准此窿即作爲官督商辦，所出煤斤，照納厘税，並飭委該道兼充督辦長陽煤礦。督飭都司張金生及各商人將應辦一切事宜，審度形勢，參酌成法，悉心等畫，妥議詳細章程。一面稟請本部堂核示，一面趕緊興辦。旋因傳聞有招附洋股情事，與定章不符，當經嚴札飭查並調驗合同。如有暗附洋股，及以礦山抵押，定必從嚴究辦。兹據督辦湖北長陽礦務江西補用道沈瑜慶稟稱，竊職道前奉憲札，飭將長陽煤礦集股若干，並僱募何國洋匠，添設線路，疏通灘河。商人有無暗附洋股，及以礦山抵押情事，如何完税各節具報等因，奉此。當將所查墊辦梗概，並無洋股。及以礦山抵押各情，馳陳在案，復將該商董等與洋人訂立購器僱人合同，呈請察閲。蒙訓誨周詳，莫名欽佩，職道即轉飭都司張金生暨商董等核議章程，援照成法，慎重辦理，以臻妥協。兹據商董等呈繳章程，援照洋商墊線路小輪船招僱洋師合同，鈔繕一分，彙呈憲察核備案。復據商董林熹甫沈次裳等稟稱，近來辦礦招股，往往侈張失實，無一觀成，幾同撞騙，集股之難，多處皆然。商人血本求利，成則子孫之業，不成則身家之累，而人情妒忌，少得佳處，謠啄蠭起，所求不遂，要挾滋多，辦事之難，尤貽後悔。長陽煤礦開辦業已三年，多方周旋，地方人情尚稱相安，然以疑忌之故，不敢放手辦理。去歲稟蒙憲恩，准予官督商辦，永遠保護。兹又叠奉諭旨，准各省商人自行稟報開採，官爲彈壓，變通盡利。誠千載一時之會，商情勇躍，籌款較易。一切拘牽留難之説，可以一起掃除，故就已成之局。購器僱人，以圖展拓，除前籌三萬五千兩業經動用外，兹復湊集新股六萬兩，存儲待用。各商顧慮周詳，購買線路各項，計款十萬餘金，慮非適用之器，及無用器之人，則有器與無器同。及無成效，莫適任咎，款已過付，無從追問，以故約明墊辦各項機器，到時須一併雇人，代爲安設，就所購之器，所雇之人，辦所勘之鑛。一年出煤，以六萬噸爲則，果能合用，陸續還款。雖爲暫抒商力起見，亦似畧有操持，視向來一經交易，誠否不問者，較爲穩著也。此後如有還款不清情事，惟商董等是問。開辦果有成效，籌款先清墊項，尚屬不難。現在鑛師月底可到，線路來往，自鑛山以至塩坵，計長有十五里之遥，租地安設機器，頭緒甚多。雖經平時聯絡，而本地土豪惡棍要挾居奇，在所不免，請轉稟憲台札飭長陽縣會同商董等，援照馬鞍山大冶各處辦理鑛務成案，公平給價購買，勿得刁難，以昭公允，而恤民情。更有請者，商人不惜工本，修路濬河。而此項鑛苗，約有二十餘里之長，誠恐附近人等，不免因利乘便，希圖開採。將來轇轕轉費唇舌，應請轉稟憲台，一併飭縣出示，於附近三十里之内，此項煤苗所及者，均歸長陽局辦理，不准另行開採，以歸一律。商等爲顧全鑛務起見，並墊款雇工購器開辦各緣由，遵札直陳，稟請立案，並具無暗附洋股及以鑛山抵押切結前來。職道查核無異，可否仰懇憲恩，分别批示轉飭宜昌府長陽縣一體遵照保護彈壓。所有職道遵札稟復墊辦機器，並目下開辦各情形，是否有當，伏候憲示遵行。又據另單稟稱，長陽鑛務訂僱洋匠挂路挑河成本既重，煤價增鉅，若厘税加重，其勢必不能暢銷。長陽地處上游，煤船下水，長江一帶，厘卡林立，過關過卡，節節爲難。有空船過境，船鈔索至百數十千者，視强弱爲高下，無一定章程。而各卡應完厘金，尚不在内，風色潮信，迫不及待，不能買關放行。船户因而夾帶私貨，爲墊補地步，致滋口實，亦所不免。鑛局既開，轉運必多，若不稟請定章，恐不勝煩擾。查光緒元年基隆開辦煤鑛，奏請減税，以廣招來，每噸税銀一錢。光緒七年開平開辦煤鑛，經北洋大臣奏請援照基隆之例，兩處煤鑛，均賴此著有成效。謹將奏案兩通，另摺開呈，以備查核。兹基隆之鑛，既非我有，開平之煤，所出亦不及從前。東洋煤冲銷日廣，因内地之煤，税厘太重，成本不足以相勝故也。兹奉特旨飭各省廣行開採煤鐵各鑛，實爲富强始基，合無仰懇憲恩，准援開平基隆奏准成案，每噸或於宜昌關，或於沙市關，報完税銀一錢，通行無阻。其餘經過厘卡，凡運長陽煤觔，均無庸再完厘金船鈔，照驗放行，如有附載他貨，仍照常完税。倘船户有私匿情弊，照章科罰，以免影混。其各處不用機器之鑛開採者，不得援以爲例，以示限制。此項煤觔，從前本未暢行，於各厘局進款，毫無窒礙，而減税以敵洋煤，運多税多，於税務亦大有裨益。據商董等稟請援案懇恩前來，可否准予奏請援案免厘減税，以敵洋煤之處，伏候憲示遵行各等情。到本部堂，據此，除批據稟及核議章程，並託洋商墊辦線路小輪船招雇洋鑛師合同各摺均悉。長陽煤鑛既據該道查明，並無洋股及以鑛山抵押情事，應請准其照辦，以興鑛務。該商董林熹甫沈次裳係何處籍貫，應即補稟存案，將來如因洋人墊辦款項，别滋事端，自應責成該道及林沈二商董分認歸還，以免轇轕。所置小輪船，應照章報關領照，以便稽查。至所請飭縣出示於附近三十里之内，此項煤苗所及，均歸長陽局辦理，不准另行開採一節。查西法開煤，每辦一井，購機修築，爲款甚鉅。井内取煤，周圍不過數里，太遠即須另開一井。現在長陽准其開辦一井，試看成效何如，應以附近十里爲限。此項煤苗所及，不准他人開採，如該局辦有成效，續議添井擴充。自應專案稟辦，届時再行體查情形，批飭遵照。至該煤廠需用地段，自應公平給價，向業主購讓，彼此不得稍有抑勒。將來井内所開巷道深遠，或於農田水有礙，或致地面房舍坍塌，亦應由該煤廠量爲賠償，以昭公允。除飭宜昌府長陽縣一體保護彈壓，毋許地方居民滋生事端外，仰即遵照辦理。至另稟請援案減税免厘，光緒三年廣濟地方試用洋法開煤，曾經奏請援照台灣減税成案辦理。將來由輪船販運出口，或可援減，惟民船販運土煤，應完厘卡向有定章，自當照常完納，未便准免。此繳摺存等因印發外，相應鈔録招商合股章程，及洋商訂立墊辦機器招雇鑛師合同，咨呈總理衙門，謹請查照，希即酌核示覆飭遵施行。

〔附〕照録粘單

長陽煤務局招商合股章程

一，慎重資本，以廣招徠。本局蒙署理南洋通商大臣兩江總督部堂張委辦該局鑛務，除前租鑛山，並開路運煤，已用三萬五千兩。另帳開列外，兹一應購機設廠，及添置線路等事，需款浩繁，定議招集商資，合充經費。事事務實，在在節縻，用人理財，力除徇縱。

一，分局運銷，以專責成。由山上設局，專管開採發運，塩址設局，收山上之煤，僱船運宜都。宜都設局，收塩坵之煤，僱船運漢陽。漢陽設局，收宜都之煤，或就地售賣，或運各埠分售，臨時看市面情形，斟酌辦理。其大宗則運往上海售賣，數目銀錢，按月册報，年終結帳。備造清册，分送各股友，以憑稽核。

一，核定本利，以昭劃一。每股庫平紋銀一百兩，共擬招三千股，合銀三十萬兩。分給股票息摺，按年七厘起息，屆周期携摺向總局支取。除官及正款開銷外，作十五分勻攤，以十分歸股，餘五分留作局中辦事股友紅利。

一，賣山安置機器，或購地建立廠舍，均應公道給價，以昭平允。

一，本局股分，無論大小，認票不認人。所有股本，專爲鑛務要需，不得移作别用。如股票有遺失，須將號數開明，交局登報，以便另行謄給，其遺失作爲廢紙。

一，撙節局用，以示限制。自董事以及匠人，按月除支薪水辛工外，不得挪藉。至應酬等項，及僕從人等，亦不準開報，以重公款。

一，線路小輪船並各機器，均由洋人墊辦，所墊之款，計銀十九萬兩。約明按年起息七厘，限十年攤還，惟此鑛係已著成效，與平空開辦者不同。集股愈多，則成功愈速，若股分能先期集齊，墊辦之款，可以提前撥還。利益亦不至外溢，倘一時未能湊足股分，則墊辦十九萬之款，歸董事林喜甫沈次裳分認，以免轇轕。

一，事屬商家，當求簡易。本局係官督商辦，並無領取帑本。一切章程，均照買賣常規，已奉憲批准予保護。所有事件，當隨時會同地方官妥爲辦理。

一，鑛中所出煤炭，先供官廠兵輪，持平交易。次運各處埠岸，經過關口，自應照例納税。如將來開採大旺，當稟請援照基隆開平章程，以輕成本。

一，延聘洋師，以求熟悉。計鑛師一人，匠首二人，薪水盤川，由局支銷，約法另詳合同。

一，公舉董事二人，總理局務，用人理財，均歸一手經理。各股不得干預，如董事有數目不清，及辦事失當等情，由各股公同議罰。

立合同，長陽煤鑛公司董事沈次裳，林喜甫，法國來華辦事公司戴馬陀，今因湖北長陽煤鑛公司增添股本，廣爲開採，稟請奉准安設線路，修築水道，募用洋師等事，應購用線路一道，淺水輪船二隻，起重機器二架，及開煤濬河各器，俱議由戴馬陀墊辦，分年攤還。價值子母，計立合同如後。

計開：

第一款，戴馬陀允代長陽煤鑛公司墊購線路一條，來回長三十里。照法國亞爾涂格伯最新之式，並配運煤桶車足用一切全備。

小輪船二隻，淺底可行内河，每隻機器馬力七十五匹。

鑛内運煤德固非小鐵路一條，長十二里，起重機器二架，各可重三噸。

開煤濬河各手用機器，照另單全備。

第二款，線路價銀四十八萬佛朗，小輪船二隻，共十五萬佛朗。

小鐵路，價六萬佛朗。

起重機器二架，並開鑛濬河器具，共價五萬佛朗。

以上共價七十四萬佛朗，約合銀十九萬兩。

第三款，所有線鐵各路，並淺水輪船，均由馬陀包運到長陽交付。其保險運脚，並在價值之内。

第四款，所有第二款價，由馬陀墊辦。由公司勻十年在於售煤項下提還。其未還者，按照年息七厘交付。

第五款，煤鑛工程，即由馬陀代僱洋師三人辦理。另立合同，其代僱亦以十年爲限，俟墊款還清而止。

第六款，煤鑛出炭，每年估計可至六萬噸，如公司自行躭誤出煤，致不足數，或無故停開，公司須將墊款全數清還，並加貼二成。津貼歷年包銷應得之利，及墊款全數利息，以昭公允。

第七款，鑛中所出之煤，除供官廠兵輪及内地銷售，由公司自理不計外，其銷賣各埠各國兵船，應由馬陀代照市價發售。一手經理，提出用錢五厘，作爲酬勞。其帳每半年算結一次。

第八款，馬陀代購各機件，應於立此合同後四個月，全數運至長陽。由局派人驗收，即由所僱洋匠，代爲佈置安設。不另給辛工，惟中國人工，則由公司供給足用。

第九款，各件機器運長陽後，即係公司之物，應由公司自行保護。如有蹧蹋損壞等事，與馬陀無涉。

第十款，鑛局所有應完厘税各節，均照中國律例辦理，並與地方官交涉事，統由公司自理。

此合同立華洋各兩分，各執一分爲據。

光緒二十一年十二月二十五日，林喜甫，沈次裳。

西曆一千八百九十五年二月初八日，戴馬陀。

立合同，長陽煤鑛公司董事林喜甫，沈次裳，法國來華辦事公司戴馬陀。今因湖北長陽煤鑛增添股本，廣爲開採，與戴馬陀訂立合同，墊辦機件。並約明由戴馬陀代僱洋員，管理工程，並將僱用洋員合同。開列於後。

計開：

第一款，戴馬陀允代長陽煤鑛公司僱用洋總監工一員，洋鑛工匠首一名，洋機器匠首一名，凡此三人，由戴馬陀盡心挑選。不論何國之人，但求熟習鑛務，名稱其實者。

第二款，公司允與洋人訂立合同，以三年爲期。期滿亦可再展一期，或二期，至於十年爲度。

第三款，公司允給薪水，如洋總監工，每月英金八十磅。

鑛工匠首，每月英金三十磅。

機器匠首，每月英金三十磅。

並各給由外國到鑛往返川資。

第四款，三年期滿，公司如不留洋人，須加給一年薪水。並回國川資，惟三年期內，不得無故遣散。

第五款，如洋人身故，允給其家二年薪水，以示體卹。若疾病，則給予醫藥之費。

第六款，洋人住房，由公司指給潔淨之所，不納房租。

第七款，洋人但管工程，其與國家及地方官交涉事宜，則公司自理。

第八款，洋人應與公司董事司事人等，和衷共濟，其待中國工匠，亦應和平公道。如有魯莽行兇之事，則視其事之重輕，議罰薪水。

第九款，長陽煤鑛據戴馬陀估勘，每年可開出煤炭六萬噸，如開不足數，查係洋人辦理不善之故。則可將辦理不善之洋人剔退，不必津貼，不必俟至合同期滿。

第十款，所雇洋人，應於立此合同後，四個月到鑛。

第十一款，洋人到鑛後，即將戴馬陀墊辦機件，先行安設完妥，不另給工費，但照支薪水。

第十二款，公司現奉准保護在鑛洋人，並宜隨時會同地方彈壓照料。

第十三款，如公司欲開採他鑛，須派洋人往勘，則另行酌量加給出差津貼。

第十四款，洋人僱定，由戴馬陀先行墊給三個月薪水，並來華船票。俟各洋人到鑛後，即由公司將此墊款繳還戴馬陀。

第十五款，如鑛山無故停閉，或公司本銀不足，或工料不應手，以致停工，將各洋人辭退。則須將合同期内薪水並路費全數算給，並加津貼一年薪水。若係礦苗忽盡者，不在此例。

此合同立華洋各一分，各執一分爲據。

光緒二十一年十二月二十五日，林憙甫，沈次裳。

西曆一千八百九十五年二月初八日，戴馬陀。

「中央研究院」近代史研究所《礦務檔》第三册《光緒二十二年十月十一日總署收南洋大臣劉坤一文附籌辦江寧等處礦務原奏稿籌辦江寧等處礦務大略情形》

十月十一日，南洋大臣劉坤一文稱，於光緒二十二年九月初十日，會同江蘇巡撫部院趙專差具奏，籌辦江寧等處礦務大略情形一摺，所有摺稿，相應咨送，爲此咨呈貴總理衙門，謹請查照施行。

〔附〕照録奏稿

奏爲籌辦江寧等處礦務，謹將大略情形，恭摺具陳，仰祈聖鑒事。竊查光緒二十二年二月初九日，欽奉諭旨，據御史陳其璋奏，鎮江之東南山，煤鐵五金，皆有可採。著派熟悉礦務，辦事寔心之員，按照所指地名，認真履勘，擬定辦法，具奏等因。欽此。臣等伏查目下時局日艱，財用日匱，非廣興礦産，不足以資利用。年來風氣漸開，雖商民亦知開礦之利，特以辦理未能得法，以致有名無實。現擬開礦必須先行由官勘驗確實，然後再分官商辦法，步步從實，庶免復蹈故轍。當經臣等分委江寧鹽巡道胡家楨，常鎮通海道呂海寰招延礦師，各就轄境分投履勘。又以沿江一帶，前因羣情疑阻，曾禁開挖，復將法示諭居民，俾知此事實爲利國便民之舉。嗣據呂海寰勘得鎮江丹徒縣屬西面曹王山中段，山名中德古，有石如鉛，似炭質與鐵所成，鎔去炭質，而見鐵渣，其質似佳。又離江十餘里，山名西德古，有千層紙石，其色黄，土民誤以爲金。並有鐵石露出，又毘連曹王山之光頭山，有吸鐵石露出，約含鐵六七分，可鍊精鐵。試挖察看，似産鐵較厚，惟須附近覓有礦煤，方便鎔化。現在委勘，尚未覓到煤礦。又據胡家楨勘得句容縣屬之龍潭，上元縣屬之棲霞山、林山、祠山、胡山、圓山、青龍山、馬扒井、石瀾山等處，均有煤苗。當飭設局，派員僱夫，分別試挖。雖煤層厚薄不等，煤質優劣互異，然均係可採之礦。惟龍潭一處，試開兩井，煤層忽有忽無，斷續無定，尚須另行探驗。現就各礦酌定官商辦法，查青龍石瀾兩山，驗係煙煤，煤質有油，火力亦足。堪供輪船機器廠之用，南洋廠船用煤，多資洋産。該兩處現定酌撥經費，由官開採，將來煤層果能寬厚，即可供廠船之用。其餘各礦，或產柴煤，或係鐵煤，種類不一，定爲商辦。現已由紳民分請承領，飭令驗資接辦，仍由官局隨時稽察。將來各礦出煤，應完税釐，按照利國貴池各礦定章，分別征收。據各該道等將籌辦情形，詳請核奏前來，查煤礦之利，雖不若金銀諸礦之優，近來商務盛興，機廠林立，需煤至鉅。苟能廣爲開採，亦屬收回權利要圖。惟南方地勢低窪，土脈薄弱，濱江之處，開採尤易見水。現飭酌購應用機具，妥定章程，寔力籌辦，俟有頭緒。再赴各屬，次第履勘，如有可開之礦，仍當接續酌辦。鐵礦需費較鉅，且必就地產有合用之煤，方便取以鎔鍊。仍飭俟覓有煤礦，即行鎔化試驗，分別稟辦，除咨部查照外，謹合詞恭摺具陳。伏乞皇上聖鑒，謹奏。

汪叔子等《陳寶箴集》卷八《湘省出運各種礦砂及行銷各省硝磺懇請一律免税釐摺光緒二十二年十月二十八日》 頭品頂戴湖南巡撫臣陳寶箴跪奏，爲湘省出運各種礦砂及行銷各省硝、磺，懇請一律免(收)税釐，恭摺仰祈聖鑒事：

竊臣前將設立礦務局開辦各礦緣由，奏奉諭旨飭辦在案。隨經先後飭屬查報礦苗，次第委勘，逐漸開採。創辦之初，一時未能暢旺，數月以來，除陸續收採硝、磺外，惟益陽之銻礦、常寧之鉛砂，採獲較多，寧鄉煤礦亦已獲煤數百噸，然皆本省需用無幾，非裝運出境，別無銷路。查《通商口岸税則》及各省釐金局卡章程，無論何項礦砂，均須一律報收。今值試辦未久，開採、轉運已費鉅資，若更於所經關卡抽收税釐，必致虧折資本，礙難售銷，恐無以保利源而資周轉。據總理礦務局司道據情詳請奏免税釐前來。

臣惟湘省辦理礦務，風氣初開，首在維持官商資本，徐圖擴充。當茲試辦伊始，擬暫量加體恤，免其抽税完釐，一俟成效漸著，行銷漸廣，即行咨商户部酌定税則，由湘省坐地並作一次抽收，匯款解部，以歸簡易而免流弊。所有湖南目前及將來運出各種礦砂，無論已煉、未煉，並臣前次奏定「官辦銷行內地各省硝、磺，經過各關卡應完税釐」，擬合仰懇天恩，俯準一律免其抽收，由臣分別發給護照，持驗放行。如蒙俞允，應候敕下户部並總理各國事務衙門，分別知照各省關，再由臣咨明各省督撫臣，轉飭所屬關卡一體遵照辦理。

臣爲維持礦務起見，是否有當，理合會同湖廣總督臣張(之洞)恭摺具陳，伏乞聖鑒訓示。謹奏。

硃批：該衙門知道。

汪叔子等《陳寶箴集》卷三〇《廖樹蘅稟請辭卸常寧水口山礦務批》 該紳開辦水口山，用心良苦，收效亦最速，且於地方民情，亦甚浹洽。平時既負賢能之望，臨事益征名實之符，佩慰何已！該紳學識優長，性情誠篤，方將發攄素蘊，宏濟艱難，礦務特見端耳。本部院不自忖量，創爲此舉，所賴二三君子共相贊助，以底於成，何得遽思高蹈，翻然翱翔雲霄之表乎？尚其勉竟前功，以副勸望。所請應毋庸議。

「中央研究院」近代史研究所《礦務檔》第三册《光緒二十二年十一月十八日總署收花翎儘先副將李葆玉呈附批示請接辦銅山縣銅礦利國驛煤鐵礦》 十一月十八日，花翎儘先副將李葆玉呈稱，爲呈請援案接辦徐州銅山縣利國驛煤鐵各礦，以盡地利而廣利源事。竊查光緒八年七月，徐州道程國熙詳委候選知府胡恩燮，招集商股五十萬兩，試辦銅山縣煤鐵礦務。奉南洋大臣北洋大臣批準，並經前南洋大臣兩江爵閣督憲左奏奉諭旨允准，已於八年八月，在利國驛設局開辦在案。嗣因胡恩燮招股不齊，僅置廠地礦山，未能購定機器，中途而廢。維時創辦伊始，人情觀望者多。今則風氣漸開，又叠奉諭旨，五金之礦，聽民開採，而鐵冶尤爲大宗。現有候選知縣何鋆等，集成商股，設立鐵冶公司，稟請在清化鎮收買鐵砂，用土法煎成鐵坯，由水路運至天津。在天津設立機器廠，用西法鍊爲熟鐵純鋼。業經北洋大臣總理衙門往復咨商，批准具奏有案。徐州利國驛煤鐵礦務，事同一律，且十餘年前，早經奏明地方官吏，督同委員礦師勘驗明確，礦多苗旺。其地多慈石，慈爲鐵母，石能引鐵，故羣鐵聚積山原，取之不盡，載在郡志。宋蘇文忠有利國監鋏冶文一篇，亦稱其地自古爲鐵冶，其民富樂。凡三十六冶，冶户皆大家，藏鏹鉅萬。職籍隸潁州，密邇徐郡，稔知銅山縣界之利國驛，爲南北諸山一大結束，所産之鐵，號曰鑌鐵。金石誌謂，其産鐵最多，鐵質最好。上海製造局精於化學之礦師，曾經煎驗，上等鐵石每百分含淨鐵七十八分，次等含淨鐵七十分。考之外洋鐵石，每百分含鐵四十分，鍊之即可獲利。今利國鐵礦所含淨鐵至七八成有奇，故能甲於中外，尤喜産鐵諸山，濱臨微山湖，一水可通，上達天津，下達揚鎮，即今之運糧河也。販運出境，較之清化鎮，更爲便捷。左文襄在日，常以此礦未見成功，深爲惋惜。職等目擊時艱，有心報國，因與留心時務者，實力經營，謀集商股銀八十萬兩，擬請接辦徐州利國驛煤鐵礦務，以興廢墜之業，而副前賢之望。所有一切章程，均有奏案可循，無煩更張。抑更有請者，銅山縣自昔産銅，銅砂極旺，岩皆緑銹，縣之得名以此，擬請就近開採，如果地不愛寶，能就山煮銅，開爐鑄錢，尤爲當務之急，理合援案稟陳。伏乞咨會南洋大臣兩江督憲衙門，分別咨行飭知地方官，出示曉諭，一體遵照。職俟奉批准後，一面馳赴江南，聽候憲示飭遵，以便收集銀股，購定機器，及早興辦，實爲公便，謹呈。

[附]照録批示

據副將李葆玉等呈請接辦江南徐州府銅山縣礦務一事已悉，查各省礦務應由地方官體察情形辦理，利國驛係已開之礦，該員果能集資接辦，自行呈明。兩江總督，江蘇巡撫聽候批示遵行可也，此批。十二月十一日。

汪叔子等《陳寶箴集》卷二七《委黄篤恭爲礦務總局提調札》 爲札委事：

照得省城礦務總局提調，業於開辦之初，檄委張紳通典、鄒紳代鈞會同辦理在案。兹查各屬礦務次第興舉，總局事務自繁，張紳又經諸紳稟請札委兼辦火柴公司，勢難專注礦局，亟應添委提調一員，以專責成而重公事。

兹查該紳黄篤恭志行清潔，識量宏通，辦事井井有條，堪以札委。爲此札仰該紳即便遵照，前往礦務總局提調一切事宜，務須事事核實，破除俗見，秉公辦理，毋負委任。仍將到局日期具報查核。切切。此札候選訓導黄紳篤恭。

此札云云等因，除札委黄紳篤恭遵辦外，爲此札仰該局即便遵照，並移善後、厘金各局知照。此札礦務總局。

汪叔子等《陳寶箴集》卷二七《委喻光容辦理辰州一帶礦務札》 爲札委事：

照得湘省礦産繁富，辰永沅靖各屬，山川阻深，所産金礦、銻礦，尤稱極盛，亟應及時採辦。查有在籍甘肅候補知府喻守光容，樸毅廉干，才識周通。前經本部院派往辰州一帶，察勘礦産情形，旋據回省面稟，籌擬辦法，均極明妥。所有辰永沅靖各金礦、銻礦事務，應即委令辦理。

爲此札仰該守克日馳往辰州府城，設局開辦。凡該府州各屬一應金砂、銻砂，如何收採，如何轉運，統由該守相度機宜，隨時分别督率辦理，以歸畫一而專責成。總期以簡馭繁，不擾而事集，獲收利國利民之大效。該守體念時艱，忠赤之忱，可貫金石，本部院決知地不愛寶，當拭目以觀厥成也。外關防一顆，並候由礦務總局給領。除行礦務總局外，仰即遵照辦理。毋違。切切。

委在籍甘肅候補知府喻守光容。即轉飭該守，並移會辰沅道及分咨該府州，轉飭所屬一體遵照。

即另行礦務總局。

中國科學院歷史研究所《劉坤一遺集》書牘卷一二《復張伯純光緒二十三年正月初六日》 今天下競求生財矣，丁糧以外，捐輸、釐税業經竭澤而漁，惟礦務尚未大興，正留爲今日之用。五行百産，積久必發，塞極自通，氣機所到，人事應之。中國幅隕既寬，寶藏亦富，因地之利以利民，因民之利以利國，此官辦商辦之新説也。

江南礦務，現委鹽巡胡道祇辦青龍山等處煙煤，以供各機器局、各輪船採買，餘俱先儘本地紳商，次則别省紳商，隨時通融爲之。無柰承領者寥寥，或先承領而後辭退，大概以爲成本難籌。吾湘殷實尚多，招呼自易，且關、隴息兵後，此散勇數十萬人無所執業，藉以資生弭亂，更與別省情形緩急不同。來書洋洋數千言，於一切辦法委曲詳盡，仰見考覈之精，規畫之善，鄙懷莫名欽佩，業經摘鈔繕寄右帥；另函囑其察酌施行，未審能動聽否？

中國第一歷史檔案館《清代軍機處電報檔彙編》第二五册《發四川總督鹿傳霖電爲法使屢催煤油事希速辦結等事光緒二十三年二月二十五日》 煤油事久未准電復，現在追賠若何，法使屢催，希速辦結電復。又法使言嵇守已在鑪城定立，送回巴塘合同確否，並電復。有。

中國第一歷史檔案館《清代軍機處電報檔彙編》第二五册《發兩廣總督譚鍾麟電爲允准法國遵照商約於廣西察看礦務等事光緒二十三年二月二十六日》 法因英通商西江有礙越南商務，來署强索利益，多方辯駁，兩月僅准照商約第五款於廣東等省查看礦務，如果需人，准延法礦師襄助，希即察看各屬，如有美利之礦，可集股開辦，據實電復。再商法延匠師陸續舉行，即電復滇桂，已另致電矣。宥。

中國第一歷史檔案館《清代軍機處電報檔彙編》第二五册《發廣西巡撫史念祖電爲允准法國遵照商約於廣西察看礦務等事光緒二十三年二月二十六日》 二月，見奏抄知桂省已招商開礦，現在有無就緒。頃法因英通商西江有礙，越南商務强索利益，多端辯駁。兩月僅准照商約第五款於廣西等省察看礦務，如果需人，准延法礦師襄助，希即查詢各礦商董，據實電復核辦，滇粵已另致電矣。宥。

「中央研究院」近代史研究所《礦務檔》第五册《光緒二十三年二月二十六日總署收太常寺少卿盛宣懷文張振勳請辦瓊州金礦》 二月二十六日，太常寺少卿盛宣懷文稱，光緒二十三年二月初六日，據署理新嘉坡兼轄海門等處總領事候選道張振勳稟稱。竊聞裕國足民，莫如開礦。中國自百十年來，外患内憂，層見疊出，金幣四溢，帑藏日空。當事百計貸捐，已有羅掘俱窮之勢，況經創鉅痛深之餘，力圖振作。如修鐵路，鑄鈔幣，造機器，製槍砲，購戰艦，立學堂，整練海陸各軍，在在皆需鉅款。

朝廷因時制宜，以中國五金礦產，所在多有。爲天地自然之利，急須採取以足財源。特頒諭旨，飭産礦地方設法開採，仰見聖謨宏遠。積習胥蠲，又封疆大吏，示諭煌煌，謂如能通曉礦務，確知某處有礦可採，實係有利無弊，准其呈報，候查勘明確，給予執照承辦。足徵各大憲實力講求，期副朝廷圖自强弭禍患之至意。故近來除興辦開平煤礦、漠河金礦，已著成效外，若豫章湖廣之煤鐵，奉天川蜀之金銀，徐州之鐵，寧波之銅煤等礦，莫不各集公司，次第舉辦，闢自有之利源，濟國家之困乏，將見風氣大開，菁華日出，中國之富强，即可於開礦操其左券。較之開捐增税，貸商款，藉洋債，其得失豈可同日語哉。職道食毛踐土，受國厚恩，當此時事艱難，安敢不勉竭愚誠，冀報萬一，藉慰聖主宵旰之憂。特遣精通礦務之人，到處採訪，玆查得瓊州府屬瓊山縣内山，土名粒里元門洞羅相村及紅毛洞等處，金苗極形暢旺，且悉皆荒地，並無礙居民田園廬墓，開採甚爲利便。惟該處密邇越南，輪船往來，朝發夕至，聞洋人時往窺探，並著人入山私挖，彼則在外購買，得金頗多。又聞國家已准泰西各國至中國開礦，難保洋人不乘間覬覦，若不及早招商，自行開採，深恐强鄰生心，轉貽地方意外之患，職道等思患預防。爲保守桑梓起見，擬集公司，廣招商股，遵照礦政章程，前赴興辦，所有應抽税則，按照定章加一呈繳，理合據情稟請恩准立案，給照承辦。並移知兩廣總督部堂，暨廣東巡撫部院，轉飭瓊州府道縣示諭地方，准公司前往設法開辦，以充餉需，而杜外患。裕國足民之謀，無有善於此者，是否有當，恭候批示祇遵等情前來。據此，查瓊州孤峙南海，密邇七洲洋，爲兩粤外洋之屏蔽，即越南東道之咽喉。其地内黎外海，山谷阻深，百産菁華，鬱積未發。法人眈眈逐逐，覬覦良深，將欲先事而折其機牙，恐非官力之所能控禦。横覽環瀛各國，强弱興廢之故，皆視商務之盛衰得失爲轉移。英人之得印度也，商會爲之，未嘗藉國家一矢之力，彼合商人之羣策，能越重溟而奪取他部之地。我以中國之全力，不能庇宇下而息窺伺之謀，鏡往知來，灼然可覩。要害如瓊島，似非用商會之法，無以爲保守之方。今據張振勳查明該處内山，多有金苗，請集公司，前往開採。以爲思患預防之計，頗能見及遠大，粤人素宏遠圖，勇於公義。若能維持鼓舞，使得合其財力，盡其智能，不令官吏拘牽文法以束縛之。假以商權，經營巖嶠，於商守商戰之義，必有合者。至鑛利既興，收其報効，可助度支，衡量重輕，雖爲後義，似於國計，亦不無裨益。據稟前情，相應咨呈貴衙門，謹請察核，可否轉奏飭準辦理施行。

中國第一歷史檔案館《清代軍機處電報檔彙編》第三五册《收云貴總督崧蕃等電爲雲南礦務事光緒二十三年二月三十日》 有電敬悉，雲南礦務炯前曾聘日本礦師開採新銅，購用機器，迄無成效，糜費中止。上年法員彌勒石録游歷到滇察看礦務，透悉其難，隱身而退。嗣伯羅官等來滇，遵鈞諭優待之，當飭司道暨礦務紳商與之酬酢，以申前説，當即與伊剖晰利害，伊亦知難而退。滇山雖有礦苗，而礦質甚薄，迭經委員查勘，並無美利。查如聯議延匠招股，憑空而招股，固難集延，匠亦故無用。查商約雖載雲南開礦時先向法國礦師商辦，惟現在開礦止有商股，延匠與否，只能聽之商人血本所關，而官究難相强也。至紅阪寸步皆灘，修理不易，陸路亦處處危險，兩岸人民彫敝，地亦荒瘠，即令水路闢成坦途，似無利益可沾。現將紅河水路道路飭各地方官確查稟復，除專函馳達外，先行電復，伏乞鈞詧縷告法使，勿爲無益之舉，貽害將來，邊民幸甚。蕃槐炯同叩。勘。

汪叔子等《陳寶箴集》卷二七《飭礦局改派他員往石門辦礦札》 爲札飭事：

照得石門縣楊家臺銅礦，前經該局詳請札委候選同知林朝登前往設局開辦，並由本部院咨明鄂省，請飭長樂、鶴峰等州縣會同彈壓在案。

玆准湖廣督部堂張、湖北撫部院譚函稱：「林朝登前經江蘇試用同知李朝觀派往湖北鶴峰開礦，曾釀兩命重案，於光緒十三年經前湖廣督部堂裕、湖北撫部院奎會奏『請將李朝觀交部議處，著交林朝登解鄂審辦』，欽奉諭旨允準在案。今湘省派辦石門礦務之員亦名『林朝登』，當即前在鶴峰開礦之人。石門既與鶴峰毗連，誠恐彼此舊釁復萌，又滋事端，且與奏辦有礙。應請諭飭礦務總局查明，改派他員，再行咨由鄂省轉飭該州縣曉諭紳民，妥爲彈壓」各等因。

准此，合行札飭。札到該局即便遵照查明，迅即改派他員，詳由本部院咨鄂轉飭辦理。毋違。切切。此札。

札礦務總局。

汪叔子等《陳寶箴集》卷二七《委鄧紹禹黄彤光接運金礦機器札》 爲札委事：

照得本部院開辦礦務，欽奉諭旨，原以開採金、銀礦爲要。湘省平江縣屬黄金洞地方，向產金砂，前經飭派礦司前往查勘，據稱須用機器開採，方有成效。旋經咨商欽差出使俄德大臣工部左侍郎許，札委出差外洋之候選同知蔡丞灝元，就近訂購金礦需用各項機器。兹據電稱，業經照單購辦，月内可以陸續運解到滬。自應派委妥員前赴上海接收，以便轉運來湘。

兹查有試用知縣鄧紹禹、試用縣丞黄彤光，堪以派委前往陸續押運（接收起運），合行札委。爲此札仰該縣、丞即便遵照，即日前赴上海分批運解上項機器來湘（查照來單接收上項機器運湘），毋稍疏忽，致有遺漏。每月支領薪水銀叁拾兩，其火食、起運各費，即並由該員核實開報，由礦務總局核發。毋違。此札。

汪叔子等《陳寶箴集》卷二六《咨南撫院湘省礦務委員與華利公司戴瑪德訂立合同設法挽救光緒二十三年四月十一日》爲咨會事：

照得前聞湘省礦務委員，有在上海與華利公司洋人戴瑪德，見議陳季同訂立合同，將衡州府屬水口山所產之黑、白鉛沙售與華利公司之事，當經函商貴部院設法挽救，以杜無窮後患。嗣準貴部院函復：【略】等因。是所見適相符合，後患已經防及，實爲欣慰。一俟合同退廢確實，請即咨復。

查陳季同、戴瑪德（即戴馬佗）二人往來各省，百計賄謀，難保不別生枝節，希圖蒙混，貽害中華大局。所有本部堂函稿及訪得礦務委員與戴瑪德（即戴馬佗）訂立合同，除行南佈、按二司外，相應咨會備案。爲此合資貴部院，請煩查照施行。

合同

立合約字：湖南礦務總局委員朱道濂、歐陽棟，法商華利公司戴瑪德。

今因湖南衡州府常寧縣所屬之水口山礦砂極旺，已奉撫憲札飭運漢銷售。兹委員來申，憑中與戴瑪德三面議定，將此處黑、白鉛砂專賣於華利公司戴瑪德，訂立合約條款，開列於後，彼此照約施行，毋得異言。

計開：

第一款　水口山礦砂原係黑鉛砂、白鉛砂二種，前已送樣交與戴瑪德化驗，含鉛、含銀若干。現在漢口乾益升棧所存之砂，任委員、戴瑪德各自撮取樣砂各五百斤，内黑鉛砂一分、白鉛砂三分，當面和匀，裝入木桶，彼此均加封條，作爲大樣，並再請湖北化學官局就壚詳細熔驗，如與第一次原樣相符，即載明成色封存，以免日後争論。

第二款　礦砂到漢，未能預定日期，唯約明每三個月須交一萬二千石。

第三款　水口山礦砂，白鉛砂居多，黑鉛砂較少，今三面議定：日後交砂，白鉛砂七成五，黑鉛砂二成五，照數搭配分交，總以與化驗原樣相符。

第四款　礦砂運漢，定於一禮拜内起卸過秤，交與戴瑪德。除風雨水流阻礙，不能起卸不計外，如有意延擱，以致疏虞，唯戴瑪德是問。

第五款　礦砂過秤，言定每石以十六兩正秤，每一百零五斤爲一石，除皮净算。

第六款　礦砂運漢民船，約在戴瑪德棧房碼頭交貨。自水口山至漢口水脚、關税、厘金等費，概歸委員自理。碼頭上秤一切費用，概歸戴瑪德自理。

第七款　礦砂到漢，驗與原樣相符，除中用由戴瑪德扣付，每石實價洋例銀一兩二錢正。

第八款　定約之後，凡水口山所有黑、白鉛砂，不論多寡，概歸戴瑪德承買。以現在礦苗而論，每年可交五萬石，唯礦苗深淺廣狹未能逆料，不便限定若干年，但約明至礦苗净盡之時爲止，屆時戴瑪德亦可派礦師往驗是否屬實。而礦務委員等於礦苗未盡之時，不得藉辭封禁，或希圖高價另售他人等弊。如有此情，唯礦務總局是問。

第九款　礦砂到漢，若非貨色與封存原驗大樣不符，則戴瑪德不得無故苛生異説，翻悔不受。如有此情，所有一切用費及棧租等項，應唯戴瑪德是問。

第十款　礦砂過秤後，一禮拜内兑銀，期票以半月爲率，不得挨延；如違，應向戴瑪德補息。唯每次交砂須黑、白配足，至二千石結數一次；如未滿二千石，應候補足方行結數交價，以免瑣碎。

第十一款　此次交易，彼此均係創辦。總局委員允日後湖南出有别地礦砂，先寄樣來漢，交與戴瑪德化驗，視礦質優劣，公道論價，彼此商妥，另立合約，與戴瑪德交易，庶幾各沾利益。

第十二款　此約寫華文、法文各四分，當法國駐滬領事面比對之後，由湖南礦務總局核准蓋印，兩面各執二分，以免日後轇轕。

第十三款　合同立約後，定於三個月内，彼此照辦。

再聲明者：湖南風氣未開，將來水口山礦盡之時，如戴瑪德欲派洋礦師往看，須先與地方官商妥，地方官許允，方準入湘。

同義臣　陳耀卿
中人　陳承春　陳階平
陳逸如　吳錫卿
上海法總領事　印 押
見議　陳季同
朱道濂
委員歐陽棟
公司　戴瑪德
光緒二十三年二月十八日

汪叔子等《陳寶箴集》卷二七《委黄篤恭商辦辰沅銻礦札》 爲札委事：照得辰沅各屬出産銻砂，前由礦務總局詳準法商亨達利承銷，業已訂立合同，並委喻守光容前往該處設局，總理開採事宜各在案。旋據喻守禀稱，辰溪、芷江等縣礦砂甚旺，請由總局詳委員紳分别經理，以專責成，當經遴委去後。復據喻守禀報，沅陵、辰溪交界處所産銻並旺，自應一律辦理。惟該商既立合同，尤宜趕速運解，以策成效，若由喻守禀商詳委，必致往返需時，赴機不捷。又，該處礦苗前經該商派人前往履勘，據稱甚旺，惟山谷阻深，尚恐未能周悉。兹復派令礦司温秉仁再赴各山，逐一詳加考驗，務期確指衰旺，以征異同。

現在將次復勘完竣，尤應派委總局提調一人，馳赴該處，會商喻守，酌量辦理，並應會同擬定分局員紳，就近札委。其轉運事宜，亦應隨時佈置妥協，以免將來禀報函商，致涉稽滯。爲此札委礦務總局提調黄訓導篤恭，即日馳赴辰沅一帶，會商喻守，查照上開各節事理，悉心籌辦，以期迅收成效。毋違。切切。此札。

札礦務總局提調黄訓導篤恭、分理辰永沅靖礦務喻守光容。

光緒二十三年六月□日。

《知新報》一八九七年第二期《採金器用》 礦以金苗爲難得，而最易採，因其多自然生成，無庸傾化之功也。金體沉重，不結於浮泥，常雜於山溪砂石之中，有重至數斤者，然此種礦甚少，有幼如細塵者，有薄如魚鱗者，其大者多結於大石之間，其小者聚於澗溪之内。蓋水自上流下，少者由大山流出，大者不能冲出，仍留於上也。西國採金之人，有結隊成羣者，有獨自勇往者，其取金之器，曰鋤、曰鏟、曰洗金盆、曰小斧。鋤形尖長有兩端以鋼爲之，重約四五斤，柄長三尺，以雙手舉而斫之，能鑿極堅之泥沙，能起千斤之鉅石。鏟形如扁窩而尖利，鑲柄之處畧曲，柄長四尺有奇，雙手活用之，每下可鏟泥沙十餘斤，而撥泥可至數丈之遠，以鋼鑄成也。洗金盆乃鐵板所鑄，深二三寸，面廣於底，徑約一尺，小斧之形，口廣腦重，柄長二尺，餘畧曲，所以伐木也。凡取淺砂坭而無大石之礦地，此四物已足用，取金者另帶佈帳衣服器物，曉行暮宿，逾溪越嶺。至産金之地，伐木爲營，乃至傍近疑爲有金之處，或鋤或鏟，既得金坭，以袋負往水邊，或以鏟，或以洗金盆，淘洗金坭之形，而砂石在焉。淘之之法，先以手洗粗石而去之，漸摇擺其盆，以水輕冲其泥，又以手去其砂，逐漸爲之，砂坭盡所餘黑鐵砂，而金可見矣。後以手蘸水輕滴之，令盆底畧斜，則鐵砂流下，而金聚於上，其粗者可拾起，其細者燦爛奪目，如明星然，若無鐵砂，則必無金。由淺入深，如不見得，又顧之他，若遇得一處，則在其前後左右，細視坭皮之深淺若何，金坭之深淺若何，結金地之廣狹若何，隔水之遠近若何，從而核算之，除費用得銀幾何，頗有利即立號開採，如度利大則註册承税。

王樹枏《張文襄公全集》卷一五四《致宜昌趙凌兩道台施南魯守蔡令光緒二十三年十月十八日己刻發》 文電悉，傅鎮前所交銀七千三百餘兩，銀元五千八百餘元，錢八千串均准專濟鑛務。惟各鑛只宜收買，不宜開採，只宜以現款買現鑛。無論員紳商民均不准豫先藉墊，免致款歸無著。尤不准以官款入股，務須隨收隨運，往復流通。鑛價相宜，即買。過貴，即停。操縱因時，官民兩利。總之，萬不可發官本，此爲要著。各鑛惟磺本輕産旺而易銷，務宜與銅鉛等鑛並收。建始磺鑛欠款究有若干，須速清結。以後或電或禀，開鑛之鑛用金旁，硫磺之磺用石旁，以免淆混。嘯。

中國第一歷史檔案館《光緒朝硃批奏摺》第一〇二輯《光緒二十三年十月二十七日貴州巡撫王毓藻片》 再，查接管卷内，准前任雲貴總督臣王文韶咨，准吏部咨開，王文韶等奏稱，前署威寧州試用通判鄧良成，自奉委辦理京鉛一年中，辦足白鉛八十萬斤，黑鉛四十萬斤，實屬異常出力，爲歷次委員所未有。該員兩任威寧，實心辦事，輿情愛戴，前被參劾，未免冤抑，現在部催京鉛甚急，可否籲懇恩施，開復革職處分，留於威寧辦理京鉛，俾資臂助等因。光緒十七年五月十四日，奉硃批，鄧良成著開復原銜，交唐炯差遣委用，欽此。轉咨到黔，當經檄行司道，遵照在案。兹據佈政使邵積誠會同善後礦務各局司道詳稱，遵查該員鄧良成奉督辦雲南礦務大臣唐炯委辦雲南之東川、硔山及貴州之威寧、水城各廠，計自光緒十六年起，至二十二年十二月止，共辦白鉛六百二十萬斤，黑鉛三百一十萬斤，均經督辦唐炯派員解黔，由司先後詳請委員白建鋆等領運解京交收，今尚有辦成未解白鉛九十萬斤，黑鉛一百三十萬斤，共存白黑鉛二百二十萬斤，統計前數，共辦獲白黑鉛一千一百四十萬斤。現奉部咨停止京運，准其悉數通商。因查委員領運該員鄧良成自奉委辦到今，登山涉水，採礦招商，實能不辭勞瘁。每批京鉛六十萬斤，赴部交收，均經户部具奏，奉旨從優獎叙鄧良成採辦京鉛一千一百四十萬斤，俾黔省京運鉛斤，毫無貽誤，較之歷年領運委員，尤爲異常勞績，似應援照運員，從優保獎，以示鼓勵，而免向隅。請奏獎開，復鄧良成通判原官仍留貴州，歸候補班補用等情前來。臣查開復通判原銜鄧良成，在雲南東川、硔山及貴州威寧水城等處採辦白黑鉛斤，接濟京運，時歷七年之久，數至一千一百四十萬斤之多，稽其往來各廠，無分寒暑，不避艱險，實屬異常出力，前此運鉛各委員均蒙榮施優獎，合無仰懇天恩，俯准將該員鄧良成開復通判原官，仍留貴州，歸候補班補用，出自逾格鴻慈。除咨部查照外，謹會同雲貴總督臣崧蕃合詞附片具陳，伏乞聖鑒訓示，謹奏。

汪叔子等《陳寶箴集》卷一六《蔡灝元代購礦機請飭總署知照片光緒二十三年》　再，留粤插補水師千總改捐分省試用同知蔡灝元，前奉總理各國事務衙門派往德國監造快船，經臣函致出使俄德大臣工部左侍郎許景澄，委令就近代購湖南開採金礦機器，訂於明年正、二月間交外國商船附運至滬。惟蔡灝元係總理各國事務衙門派往之員，相應奏明，懇恩飭知該衙門知照。又，該員已由湘省新海防捐局改捐分省試用同知，並懇天恩，飭部將該員前保武職千總原官注銷，以分省試用同知注册。除咨吏、兵二部外，爲此附片具陳，伏乞聖鑒。謹奏。

硃批：該部知道。

王樹枏《張文襄公全集》卷一五四《致宜昌傅鎮台施南魯守建始李令光緒二十四年正月十八日亥刻發》　巧電悉。土魚河銅鑛，該鎮選派在宜吴紳朝昌就地集股，前往會辦。查鑛係建始所産，自應招集湖北本省商股，俾湖北商民自享其利，斷不能令外省紳商把持，侵奪地利。至魯守係地方官，本令該鎮督同該守督飭各紳辦理。魯守所委典史譚家劭如止經理，收鑛照料、彈壓，自無妨礙。該鎮亦可派一員在彼，會同照料彈壓。惟須遵照前檄商採官收各爲一事，該典史及該鎮所派之員均不得自行入股，以清界限。效。

王樹枏《張文襄公全集》卷一五四《致宜昌傅鎮台施南魯守蔡令光緒二十四年正月廿七日未刻發》　魯守有電悉，土魚河鑛砂千斤，僅能煉凈銅二百八九十斤，每銅百斤需合銀一百餘兩，比洋銅貴至四五倍之多，殊屬無理可駭。現既經停採，魯守即妥擬核實辦法，稟候核定再收，不得濫收糜費。有。

中國第一歷史檔案館《德宗景皇帝實録》卷四一六《光緒二十四年三月》

兩廣總督譚鍾麟等奏，法艦窺伺北海，覬覦礦産。現飭廉州府知府劉齊潯試行開辦各浦縣屬石頭埠煤礦，派營彈壓，隱相抵拒，下所司知之。

中國第一歷史檔案館《清代軍機處電報檔彙編》第二五册《發貴州巡撫王毓藻電爲查明礦産衰旺及有無成效等事光緒二十四年二月初四日》　陳明遠續辦黔礦，已奏准咨行在案。其設廠處所係青溪八寨開州興義銅仁等處，希查明礦産衰旺，有無成效，電復，仍飭屬彈壓保護。支。

中國第一歷史檔案館《清代軍機處電報檔彙編》第二五册《發湖南巡撫陳寶箴電爲擬於洪江設分廠熔煉黔省煤鐵礦石等事光緒二十四年二月初四日》　道員陳明遠呈稱，黔省煤鐵礦質極佳，擬在青谿廠用木炭先鎔鍊生鐵，運至湖南洪江，再設分廠，就灣水之煤鎔鍊熟鐵。路便費輕，辦理合算等語。洪江設廠鎔鍊，於地方情形有無窒礙，希查明電復。支。

中國第一歷史檔案館《清代軍機處電報檔彙編》第三十六册《收貴州巡撫王毓藻電爲黔礦設廠處所事光緒二十四年二月初六日》　支電敬悉，准辦黔礦，咨文尚未奉到，設廠處所，俟陳明遠來黔，詳酌礦根衰旺，未經開採，尚難知悉，藻。魚。

中國第一歷史檔案館《清代軍機處電報檔彙編》第三五册《收廣西巡撫黄槐森電爲廣西富川縣屬開礦及永安州案兇犯未獲事光緒二十四年四月初十日》　廣西富川縣屬小狗嶺向産煤礦，曾有商人李梅軒等由縣批准試辦，挖不得法，未幾停歇。迨善後局刊定招商開礦章程頒發，距李梅軒試辦已逾三年，工既停歇，又未遵章領照，旋由局另招商人曾啟祥等照章具稟，於去冬領照開辦，漸次見效。李梅軒始稟稱，因無力開挖，頃與商人時利和請局給照，是則私相授受，顯違定章，經局批飭，忽於本月串同德商魯麟洋行，夾有英文信，稟善後局意欲强争，該礦詞氣不遜，並有請領事照會粤督及電京公使等語。因思招商開礦係廣西自有之權，前月法人葛理義持李中堂及法使函來請承辦，曾以華商均承認領照開採，其請洋匠辦理與否，在乎商人，乃唯唯而去。今以官地招商照章給辦，竟以局外之洋行，托違例之奸商，顯抗定章，不顧公法，若稍瞻徇，何以維持礦務，且恐法人援例，藉口要求，經該局據理批駁，恐其聳動領事，冒昧求請鈞署，合先將情節電達。

朱壽朋《光緒朝東華録》卷一四四《光緒二十四年四月》 辛亥，劉秉璋奏，據寧遠府知府唐承烈稟稱，向來開辦礦務，並無十分把握，未敢遽詳咨部，蓋以額解課耗既定，不能短少分釐，而盈絀靡常，數難逆料。是以開採一事，廠員視爲畏途，該府開辦會理州白果灣鉛廠，迄今試辦年餘，業已採解白鉛三十萬斤，似有成效。應請自去年開採起試辦三年，倘能年年如數採解，再行抽收課耗，按年報部核銷等情。臣伏查川省寶川局鼓鑄制錢，需用白鉛甚鉅，從前每歲以例價銀兩赴黔採買，部中有案可稽。自前年黔鉛盡數解京，不准川中往買，無鉛鼓鑄，極費周章。去年臣令該府於白果灣等處設法勸商開採，迄今已有成效，雖價值運費較昂，尚可勉敷鼓鑄，當經批准試辦三年，限内免其抽收課耗，以示體恤。屆限照例抽收課耗，歸部核銷，以昭核實，下部知之。

中國第一歷史檔案館《德宗景皇帝實録》卷四三〇《光緒二十四年九月上》 浙江巡撫廖壽豐奏，浙紳高爾伊請設立公司籌藉洋款，開採浙東礦産，下所司議。尋奏，據該撫稱高爾伊家道殷實，熟悉商務，且藉有的款，應準其開辦。惟所擬章程，未盡明妥，應請飭該撫轉飭該紳商按照奏定通行章程，妥籌釐正，俟覆到再行核辦。從之。

中國科學院歷史研究所《劉坤一遺集》卷三〇《徐州礦煤請免完釐片》 再，徐州銅山縣境所産煤鐵，光緒八年間招商集資設局開採，出煤尚旺，迭經前督臣奏請減輕税釐，疏通轉運在案。

遞年以來，承辦之員，屢經更替，經臣設法招徠，復遴委廣東候補知府吴惇蔭鳩集商股，前往接辦。重經覓得新硐，所出皆係煙煤，頗合輪船、機廠之用。近來上海製造局、廠林立，需煤益多，洋商壟斷居奇，價值翔貴。徐煤運滬，水陸千里，搬運維艱，除完正半税項，再納沿途釐捐，合之運費，成本已重，抵滬銷售難敵洋煤。欲爲華商收回利權，惟有蠲免釐捐，以輕商本，庶幾銷路日暢，礦産益豐。兹據該局員詳請免完釐捐運滬銷售前來。

臣惟近年迭奉諭旨，振興礦務，以保利權。今徐州礦務自經整頓以來，得礦較佳，出煤頗旺，自應開拓銷路，廣爲流通，以杜洋煤之侵灌。察核所請，尚屬實情。合無仰懇天恩，準自本年正月起，免予完釐，仍令照章納税，以維礦務。除分飭遵辦並咨行外，理合附片陳明，伏乞聖鑒訓示，謹奏。

朱壽朋《光緒朝東華録》卷一五三《光緒二十五年三月》 總理各國事務衙門等奏，光緒二十五年二月十二日准軍機處鈔交湖南巡撫俞廉三奏請嚴禁私運銻砂一片，奉硃批，著總理各國事務衙門會同督辦礦務大臣查核辦理，欽此。查原奏内稱，銻砂一種，外洋稱爲安的摩尼，湘省各屬所在多有，採煉可作炸藥帽藥，並入鐵鑄造機器，其用甚廣，其價較鉛爲昂，爲外洋所必需，爲中國所創獲，論礦務者首以此爲可興之利。前於益陽等處覓獲銻砂試籌，銷路有漢口亨達利洋行，訂銷出銻五成以上之砂三萬墩，每墩先繳價銀三十兩，俟其售出，仍照行規各分紅成，因於漢口設立轉運局，過磅交易。復於各處廣爲搜求，續有所獲，因招粤商大成公司來湘，就近提煉成銻，分別運銷。查各境産銻之所，則有貴州之銅仁，四川之秀山。銅仁近稱封閉，秀山所産，去年曾販運過界，經辰州分局查獲，照本省商採章程給價入官，未令越境。蓋以此物爲火器所用，無異硝磺，未可聽其所之漫無限制，且私販争售，價值必減，有妨利權，倘本省商採之區從而影射，稽查尤難，更恐鄰近所産，尚不止此，應請飭下礦務鐵路總局，定立嚴禁私販條規，分行各省一體查禁，其黔、蜀各省，嗣後有運銻過湘者，即由湘照商採章程收買，不得繞越等語。臣等伏查銻砂一項，既足供製造機器之用，如果提煉得法，則銷路必廣，獲利自豐，湘省出産既多，自應酌定採運章程，以便分銷各路。惟此物既可煉作炸藥等項，即與硝磺無異，若任聽私販争售，不特有礙利權，且恐別滋流弊，應請准如該撫所議，嚴行查禁。至各省出産銻砂處所，亟應設法採運以闢利源，若如原奏，所稱黔、蜀各省嗣後運銻過湘，即由湘照商採章程收買，不得繞越。是同爲産銻之地，湘省既可設局以轉運，黔、蜀各省獨不能越境以行銷，殊不足以昭公允，且別省運銻到湘，脚價所費尤鉅，若一律給本省官價，恐鄰商賠累過多，實於礦務有礙。至該省所定商採章程，未據咨報有案，應由臣等咨取查核，如果切實可行，應令産銻省分仿照辦理，嗣後不論何處出産，即歸該管省分徵税，既經官爲轉運，或由商照章完過礦税領有税單，沿途經過關卡，查無私販夾帶，以多報少情弊，准予放行，以杜弊端而暢銷路。得旨，如所議行。

朱壽朋《光緒朝東華録》卷一五四《光緒二十五年五月》 庚申，奎俊奏礦務爲時政切要之端，迭奉諭旨垂詢，亟應核實辦理，以裕國帑而盡地利。查前督臣鹿傳霖開辦冕寧金礦，極意經營，委道員賴鶴年總司其事，並由賴鶴年薦知府徐麟光總辦商股，同知唐球爲礦師。原訂官商合辦，共本三十萬兩，官商各半，前已用去官本七萬九千餘兩，本年又據請撥官款添購電氣鑽機，因係開礦要需，若不購置，勢虞停輟，不得已在土釐項下暫撥官本銀二萬兩，俾得趕緊購辦。惟查賴鶴年等先後稟詳，皆稱辦有成效，而採取之金僅二百二十餘兩，奴才密加詢訪，道員曹穗前奉鹿傳霖飭往勘驗，礦質甚佳，川省官紳亦僉稱此礦實爲得地，果能認真辦理，何以數年之久未見礦利。賴鶴年等總以官本短少，機器不足爲詞，而是否用人得當，事事核實，尚難盡信。奴才現委藩司王之春督辦，並委知府李壽田提調局務，會同賴鶴年等將現在情形澈底清釐，一面督飭在工員役切實開採，總以礦旺金多爲憑，不得虛言收效，徒糜官本。一面查以前有無弊混，再行詳細奏明，分別辦理。得旨，知道了，即著確切查明，有無弊混，詳晰具奏。

中國第一歷史檔案館《光緒朝硃批奏摺》第一〇二輯《光緒二十五年六月二十日四川總督奎俊摺》　頭品頂戴四川總督奴才奎俊跪奏，爲遵旨招集華洋商人，開辦川省礦務，議定章程，繕具清單，恭摺仰祈聖鑒事。竊查前准路礦總局咨寄，奏定章程，准許華洋商人合夥開辦中土五金煤鐵各礦等因。伏查川省礦產豐厚，早爲外人覬覦，既有此章，其勢自難禁止。而川紳道員李徵庸等招集英商摩根合股開辦，以爲之先，並奏明不准一國專利，於是川省有請而來者，皆不能拒，此礦禁之必開，實國計民生之所由繫也。茲據法商俞德樂到川省礦務總局稱，欲與華商集股合辦煤鐵等礦，名曰福安公司。擬集股本一千萬兩，華洋各半，奴才當飭礦務局司道悉心與議，爲草擬合同十條，分咨總理衙門、路礦總局詳加覈定，改易數條，大致有利無弊，與章相符。惟思今日礦禁初開，外人之争先請辦者，接踵而來，英商會同公司既由華益公司購地，若別國仿照華益之例，則立一開礦公司，即多一購地，公司將來礦務交涉，誠恐紛歧，莫制是以。奴才先於咨總理衙門、路礦總局文内曾經聲明，仿照華益公司章程，設立保富公司，承集中外商人合辦礦務，以知府徐麟光等辦理其事。凡來川辦礦者，即歸該公司備本購地，管理在我，足操保地之權，在彼亦可杜争端之漸，坐收其利，而永無棄財於地，授柄於人之患，於礦政不無裨益。現據佈政使王之春等督同福安公司華員總辦知府李壽田、洋員總辦俞德樂、保富公司總辦知府徐麟光訂立合辦礦務正合同，詳請奏咨前來。謹將章程十條繕具清單，恭呈御覽，除分咨總理衙門、路礦總局暨户部外，理合恭摺具陳，伏乞皇太后、皇上聖鑒訓示，謹奏。

王彥威等《清季外交史料》卷一四〇《總署奏遵議奎俊請招集華洋商人開辦川省礦務議定章程摺》　總理各國事務慶親王奕劻等奏爲遵旨議奏事。竊本年七月二十三日，臣衙門准軍機處鈔交四川總督奎俊奏，招集華洋商人開辦川省礦務，議定章程一摺，奏硃批，該衙門議奏，欽此。【略】臣等查本年四月間准四川總督奎俊咨稱，法領事哈士率同礦師俞德樂來稱，欲與華商合夥承辦煤鐵礦產，飭據司道與訂章程十條，咨請查核。經臣等按照奏定礦務章程及李徵庸與英商摩根合股開礦成案逐一覈訂，内第一條擬集股本一千萬兩，應令明定華洋成數，如能華七洋三，或華六洋四，固屬甚善，即令不能，亦應華洋各半，庶可平分事權。第二條指定灌縣等六處，核與奏定章程不符，且恐一經標佔，他人不得過問，必啟争端，應令於開辦時逐段呈報，不必預定地段，重慶之店家沱爲川省水路咽喉，尤不宜輕許開挖，所定地段，以敷用挖井蓋廠爲限，不得太廣。第三條保富公司所集資本應令聲明專集華款，不參洋款，以保購地之權。第五條所辦地段如先有土人在界内開挖，或願出賣，或願附股，各聽其便，若實有不能相讓之處，不得勉强抑勒。第六條經過田園墳墓不願遷讓者，應令設法繞越。第九條訂辦以六十年爲限，應令改爲五十年，以歸一律。餘亦逐條推求，俾臻妥協，行令轉加核議，茲准具奏前因。臣等嚴加核議第二條指辦煤鐵之地，原令開辦某處，隨時逐案呈報，不必預定地段，現繕合同仍開列灌縣犍爲威遠綦江合州重慶等處地名，雖於下文聲叙，聽由保富公司擇地交給，不得預先標佔，究竟成案未協，應再切實聲明，以杜將來專擅之漸。且重慶係屬府名，統轄十餘州縣，綦江合州即係重慶府屬界限，亦欠明晰，所指重慶地方，應以附郭首縣爲準。擬請將第二條起首改爲所有將來如指辦煤鐵之地，除重慶之唐家沱不准開挖外，得在灌縣犍爲綦江威遠合州巴縣六處，臨開辦時，聽由保富公司擇定某山某礦交給。如各該州縣界内另有華洋商人，請開礦產，亦准一律辦理，法商不得預先標佔云云。又第三條所有煤鐵應照井口税值百抽五，歸保富公司，以作地租，原以保富公司出資購地，是以抽納地租，以備資本。若係官山，無須出資購買，則地租一項，自不應聽保富公司坐收其利，應酌照英商摩根合同第七條辦法，於該條末尾添叙。若係官山，應將值百抽五，地租報効中國國家，仍准提一分作爲四川礦務局及保富公司辦公經費數語，其餘各條，均經該督照咨釐訂，尚無流弊，自可准行。如蒙俞允，即由臣等咨行該督遵照辦理，謹奏。光緒二十五年八月二十日奉旨，依議。

中國第一歷史檔案館《光緒朝硃批奏摺》第一〇二輯《光緒二十五年九月初六日督辦雲南礦務唐炯摺》　三品頂戴督辦雲南礦務臣唐炯跪奏，爲廠困民窮，開採不廣，亟籌變通補救，籲懇天恩，破格加給銅價，以保利權而杜外患，恭摺仰祈聖鑒事。竊滇省素産五金，而銅爲最盛。承平時，運供京局及各省採買，每歲不下千數百萬，實國家自然之利，邊民衣食之資。軍興廢弛二十餘年，自同治十三年試辦以來，所産非不多，調劑整頓亦非不至，徒以礦質太薄，物力太貴，所領銅價不敷成本，廠民虧折，相率歇業，以致貨棄於地，未開之廠所在皆是。邇來强鄰逼處，狡焉生心，法商彌樂石、伯羅尼，日本領事加藤義三咸願入股公司，開辦各廠。臣雖峻詞堅拒，而其心未已，今且勘修鐵路矣。夫以滇邊荒僻，貨物無多，縱使全歸運載，利息甚微，不敷養路，而必竭力經營，不惜鉅款，其意實欲規我廠利，一旦鐵路告成，勢必藉詞包辦，調兵保廠，拒之則釁隨事生，許之則地隨廠去，反客爲主，患何可言。然則今昔之情形，既殊補救之變通，宜亟補救之術，莫如鼓舞商民，徧行開採，待彼鐵路成時，而我各廠已有端緒，論公法彼即無從插手。臣節經出示招徠，而商民總以辦銅百斤，工本需銀十八兩有奇，官價不敷，仍復裹足。查現時民間製造器具，以銅缺少，每百斤價至二十四五兩，是民價高於官價已幾一倍。又聞湖北江蘇鼓鑄購買洋銅每百斤價至三十四五兩，若滇銅仍循向例，不即破格增加廠務，將有愈趨愈下之慮，安望振興。且京局專恃滇銅爲來源，萬一來源被塞，轉購洋銅，其擡價居奇，可想而知。與其以重價購之外人，使利權外溢，聽其操縱，曷若重加滇銅價值，使邊民得資生活，踴躍開採，一旦著效，尚可分濟各省之爲愈乎。總之，滇省屏蔽西南，廠務實國家自然之利，邊民衣食之資，斷宜即早維持。臣深籌熟計，當此强鄰覬覦，羣情畏沮，非於成本之外，俾有餘利可沾，無由歆動範我馳驅，合無仰懇天恩俯准。嗣後，每銅百斤加價六兩七錢，連前共銀二十兩，並寬予期限十年後，再行規復舊例，於國於民庶有裨益，臣爲力保利權，以杜外患起見。是否有當，謹會同雲貴總督管巡撫事。

王彥威等《清季外交史料》卷一四一《川督奎俊奏保富公司招集華洋商人合辦金礦議定章程摺》　四川總督奎俊奏爲川省礦務總局保富公司招集華洋商人合辦天全、懋功兩處金礦，議訂章程，繕具清單，仰祈聖鑒事。竊查川省礦産富饒，自經統轄鐵路、礦務總局奏准華洋合夥開辦中土各礦，而英商摩根開創於前設立華益公司，於是風氣日開，華洋紛至，遂有法商俞德樂擬立福安公司，請辦煤鐵等礦。經奴才督飭司道設立保富公司，與議章程，奏奉諭旨，允准在案。茲據礦務總局司道會詳法國領事哈士稱，有本國商人願與華商集股本一千萬兩，華洋各半，合辦天全、懋功兩處五金礦産，名曰福成公司，由保富公司備本購地，轉租承辦。當經悉心妥議，爲合同草據十款，電奏總理衙門、路礦總局酌改。俟法商洋員總辦裕富到川，再立華洋合璧正合同，先將草據開具清摺，詳請奏咨前來。奴才復加查核，所議合同係仿照華益公司及上次奏定煤鐵准行章程辦理，大致有利無弊，謹照繕清單，恭呈御覽，伏乞訓示遵行。謹奏。光緒二十五年十月二十七日，奉硃批，該衙門知道，單併發。

「中央研究院」近代史研究所《礦務檔》第三册《光緒二十五年十二月十九日總署收浙江巡撫函義人採勘寧海礦山宜限定人數該處礦地已有華商開採》　十二月十九日，浙江巡撫函稱，敬肅復者，本月二十八日，按奉十七日浙字四號公函，以義國薩使知照，有礦師宓銑海、沙地二人，赴浙游歷，以便考察礦學等因，自應飭司知照。一俟該礦師抵浙，酌派委員會同前往，妥爲照料，並飭地方官加意保護。惟寧海縣與奉化毘連，該民情素稱强悍，尤爲浙省之冠。該礦師前往游歷，測驗礦山，至多不宜過三人。蓋地多荒僻，當此辦理海防之時，土民若知該礦師係屬義人，不免多生疑慮，似亦不可不防。查光緒二十三年有寧海縣境內王試聰山，已爲寧波職商何良棟等設立寶興祥公司購租開採，曾經廖中丞批准有案，爲時雖届年餘，尚未見有成效，第該礦師既爲寧商購租試採在先，應請貴署預爲知照，以杜牽涉，並祈酌裁是荷。先肅奉復，敬請勛安，統希亮察。

「中央研究院」近代史研究所《礦務檔》第三册《光緒二十六年正月初九日總署收義使薩爾瓦葛照會寧海礦地已准義國勘辦》　正月初九日，義國公使薩照會稱，照得義國工程司擬往寧海勘驗礦地一事，於去歲十二月三十日，准貴王大臣照復，本大臣閱悉之餘，查本國工程司往寧，既於二月之內，中國該地方官不能保護其身命，本大臣不難令其暫緩，俟二月之期方可前往，至照復内所云。據浙撫復稱，寧海縣屬王試聰山地方，已有寧波某公司購租開採等語此一節。本大臣查寧海所有礦地，業由去歲春季起，經本大臣常請承辦，去歲七月間，亦蒙慶親王當面與本大臣言明，除奉化一帶礦地，因已准他商公司開辦，難以商酌外，所有寧海礦地，足可商妥，惟義國工程司應指明何處欲行開採，即准其在該處開採等語。彼時本大臣慎爲預防，先行陳明，如商定此事耽延時日，恐其間他人可獲此開辦之權。乃慶親王言及該處礦地可否准義國工程司開辦，在未定妥之先，決不能准他人奪其利權。其後慶親王與本大臣面談，亦提及寧海礦地，復蒙允准義商開採。按以上所言，本大臣思現在寧波某華公司所得之權，與義國工程司應得之權，毫無干涉。本大臣厚望此事貴王大臣與本大臣係屬同意，故令本國工程司二月間前往寧海可也。

王樹枏《張文襄公全集》卷一一八《批興山縣詳試辦鉛鐵鑛務光緒二十六年三月十五日》 湖北歷辦鑛務均不准有洋商合股，原所以嚴杜流弊。據該縣職員佘珩等購買鉛峒坡鉛山、全峯埡鐵山，設立强楚鑛廠開辦情形。本部堂訪聞有洋商合股在內，該縣並不確切查明，遽行出結，詳請試辦，實屬不合，應即嚴行禁止。所購山場不准税契，以絶弊端。仰北佈政司會同商務局，飛速嚴飭懍遵辦理具覆。儻復任聽本地奸商句串洋商在縣購地税契，開設鑛廠，以致多生轇轕，定于參咎，懍之。

王彥威等《清季外交史料》卷一六二《外部致奎俊法商承辦巴萬油鑛如不足另擇他處電》 法使照稱，法商承辦巴萬油鑛，如將來勘明不足開採，除英公司指定油鑛兩處不得前往勘辦外，准法商另擇他處，並請將合同早日奏准等語。其言尚屬平允，倘將來擇地抵換，與英鑛不致牽涉，仍希查照本部六月感電撮要，電奏。

中國第一歷史檔案館《清代軍機處電報檔彙編》第二七冊《收四川總督奎俊電爲川省開辦油礦事光緒二十六年十二月十四日》 外務部鈞鑒，真電敬悉，油礦事已詳，蒸、文兩電所請第二款均亦商議。因鮑使理曲，英使又可就近互商，較易就範，應請照准速復，以便飭訂草約，英草約何日到京，乞並復爲禱。俊謹肅。元。

《通商各關華洋貿易總冊》光緒二十六年下卷田三德《光緒二十六年北海口華洋貿易情形論畧》 石頭埠煤礦，據上年傳説頗佳，惟邇聞無甚振作。至前謂尋出好煙煤之軟煤苗，現在並無下文。至所挖起之煤，其質脆而易碎之石煤一種，聞此煤合用於燒磚，或用於薰灰窑，製造洋坭。

《通商各關華洋貿易總冊》光緒二十六年下卷麥嘉林《光緒二十六年福州口華洋貿易通商情形論畧》 商務首要在於礦務講求。惜地方官不知查考，並不勸勉民間開礦。近來有日本人在本省四處查探礦務，然其所查情形秘不人知。又附近三都地方有人拾得一錫，查似係由泉州興化之民船壓載石頭之中拾出。按錫礦多在產石之區，福建多處皆石諒錫礦必旺，若有人探報出錫之礦，地方官務予獎勵，或准民間開採，抑由官自行開採，則利源自能立見也。

王樹枏《張文襄公全集》卷一一八《批臨湘縣稟教士契買鑛地光緒二十七年八月初七日》 查向例雖准教堂在內地製買房產，原因其添設分堂、醫院、學塾等所，皆係善舉，並非爲牟利起見，故格外通融辦理。若鑛務另有專章，斷非教士所能承買。該縣於龔教士契買縣屬汀畈南山鑛地投税一案，明知與例不符，輒因該教士虛詞恫嚇，並不稟請核示，擅予印税，實屬荒謬。此端一開，將來各國洋人影射教堂出名紛紛援例，買置鑛山，到處開採，流弊伊於胡底。此案應責令該縣自行籌款，設法向龔教士將所買汀畈南山鑛地，退價收回充公。如再辦理不善，定惟該令是問。仰南洋務局會同佈政司轉飭懍遵，一面通飭各屬傳諭紳耆地保業户，凡有鑛苗山地，概不准私自賣與外國人及各教堂。如有擅違禁令者，即勒追賣價充公。其有教堂以鑛山契券投税請印者，概行駁回。儻含糊印税，定干嚴處。除咨明撫部院查照，暨行北佈政司通飭湖北各屬遵辦外，仰即遵照。

王樹枏《張文襄公全集》卷一一八《批大冶縣稟擬請圈購鑛山光緒二十七年十月二十九日》 據稟該縣鑛產最多，近聞開採之輩大都地痞劣紳，架空圖騙，擾害地方，時常牽涉訟案，並無正紳殷商承辦。應准將縣屬鑛山一律由官圈購，應給山價，暫由該縣墊給，赴善後局請領歸款，以期迅速。俟圈購後，凡有鑛山，均即勒刊官購山名、丈尺、四至、界限，不准私相買賣。嗣後如購山有開鑛之人，須先稟由該縣，查明實係真正殷商，指購之山勘明並無窒礙，取具紳鄰山主甘結，由縣加具印結，稟請本部堂核定批准後，方准開採。庶可杜奸謀而絶虛妄。除行洋務局會同北佈政司轉飭外，仰即遵照。

中國第一歷史檔案館《清代軍機處電報檔彙編》第二三冊《發四川總督奎俊電爲英法在川開礦事光緒二十七年十二月初二日》 感卅電均悉，麻哈金礦事前據諫電，照會英使證明合同已經作廢，尚無回覆。至英索十四處，來電並未指出地名，寧雅兩屬，是否在內。如於十四處外另增寧雅，恐法更藉口要索，勢必至全川礦產盡歸標佔。貴處既與英商議訂合同，復因法領爭執，欲由本部設法調停，其實英使來照但提麻哈，法使亦僅指巴萬，並未索及他處，本部無從與辦，應仍由貴處統籌辦法，速與哈領議辦巴萬煤油，此事法使催辦甚急，未便久延，致生枝節。至法比公司所索四處，法使並未來商，務希堅持駁阻，勿再輕允，仍電復外務部。冬。

「中央研究院」近代史研究所《礦務檔》第六册《光緒二十七年十二月十一日外務部收法使鮑渥照會請結雲南公司辦礦合同等案》 十二月十一日，法國公使鮑照會稱，近在平羅及江西廣東兩省所出重案，並北海廉州一帶匪勢不靖，我國國家聞之，殊深憤悼。況此等可慘之案，在我國家視爲似可致疑中國無情於我之跡，尤爲憤鬱矣。所有在我國家最爲注意了結之案，經本大臣遵奉訓諭，或面晤，或文牘向貴部達知，而本大臣接准轉達之復文，惟只延宕，甚不滿意之詞。現應將虚懸未了各案，復向貴王大臣，回憶如左，一，滇省現有虚懸兩案，一係方領事與督撫所商建造鐵路之章程，二係彌樂石代雲南公司呈請批准承辦礦務之合同也。此二件雖經該督存有好意，而方領事亦自承認，無如李撫一味作難，致案尚懸，於彌樂石所呈合同爲甚。乃前數月已將合同和衷議妥，而目下將此合同全行再議，緣於本年八九月間，當方領事遵諭出爲公平商辦教堂賠款事務之際，業經議明，既方領事量加減少款數，則應一面將彌樂石合同批示准行，當經電達我國家，業已立案。兹據方領事呈報，知悉該撫不肯將合同批准，實難忍受，目下應請由貴爵切實聲明，所有援照光緒二十三年五月十三日議定各節，彌樂石立訂承辦滇省礦務合同，必應批准。

二，四川省虚懸案件，此案早經商酌五年之久，以致總署將王之春賴鶴年簽押之約，允准施行。有光緒二十五年七八等月，前任畢公使與總署互相來往文牘可查，此案自去歲變亂後，由哈總領事與達瑪德接續商辦，而其所請，乃係將達瑪德合同所載該公司應獲沾選擇該省兩境開辦石油井，並建造由石油井至鎮市河道，互相通連，以利運銷鐵路之權利各節，批准施行。乃本大臣早經請將該合同，及以上所述有便運銷之鐵路，批示遵行，現應復行催請施行。

中國第一歷史檔案館《清代軍機處電報檔彙編》第二三册《發四川總督奎俊電爲著統籌辦法以免英法再争礦務事光緒二十七年十二月十五日》 文元電均悉，戴瑪德既因法使誤會，請先擬草約，自可照准。至第二條大致先勘巴萬，如巴萬無油，再先儘法商另擇兩處，究與英礦合同有無窒礙，應由尊處統籌辦法，與法商一併妥議，以免彼此再争。如英法自相關説，固易就緒。惟須確採實情，並無異議，即行妥定草約，咨部核辦。英礦合同已到，俟核定，即電達。外務部。咸。

「中央研究院」近代史研究所《礦務檔》第三册《光緒二十七年十二月十七日外務部收義使羅馬訥照會請辦浙省天台礦務暨承修鐵路運道事》 十二月十七日，義國公使羅照會稱，昨日與貴中堂面提義國通商公司總董事請辦商事。今將以上情形，備文照會貴中堂，合將節略開列於左。一，請承辦浙江省台州府所屬天台縣之礦。二，請將該礦無論修鐵路或用河道連一氣，及將開礦與他公司鐵路通連，所有開採此礦章程，均可將來酌定，且由今可定准有報効中國進利幾分，及開採年限，以六十年爲止，及中國政府無用籌畫出款。查現時值遇風寒大開之時，中國朝廷迭經降諭，表明寔心急力推擴礦路起見，必得國家財源興旺。惟望貴中堂將以上所請數事，加意查核，以順貴國能享鉅利之舉，俟應立章程妥定後，即請貴中堂奏明允准，即希照復可也。

中國第一歷史檔案館《清代軍機處電報檔彙編》第二三册《發雲貴總督魏光燾等電爲著電復所議法國呈請承辦礦務事宜情形事光緒二十七年十二月二十一日》 法使照稱，彌樂石代雲南公司呈請承辦礦務。據方領呈報，滇撫一味作難，應請援照二十三年五月議定各節，將彌樂石合同批准等因。此事如已開議，希將所議情形詳細電復外務部。個。

中國第一歷史檔案館《清代軍機處電報檔彙編》第二三册《發浙江巡撫任道鎔電爲義商呈請呈辦天台縣礦務著電復該處情形事光緒二十七年十二月二十一日》 義使照稱，義商請承辦天台縣礦，並請將該礦無論修鐵路或用河道及將開礦與他公司鐵路通連等語，希飭查該處地方情形，迅即電復，以便核奪。外務部。馬。

中國第一歷史檔案館《清代軍機處電報檔彙編》第二三册《發四川總督奎俊電爲著速與法使商議改煤油礦務合同事光緒二十七年十二月二十八日》 巧、漾電均悉。昨法使來晤，告以川省現擬合同，留出一款另議，大致謂先勘巴萬，如巴萬無油，再先儘法商另擇兩處等語。惟巴萬油礦已先儘法商承辦，此款不得再加先儘二字，應改爲巴萬無油，准法商另擇兩處，已屬通融辦法。法使允電哈領商辦，希速與妥訂，將該款先儘二字删去，載入合同，一併咨部核定，無須派員來京另議，仍電復外務部。勘。

「中央研究院」近代史研究所《礦務檔》第五册《光緒二十八年正月初六日外務部收江西試用通判周國琛呈邀同法商合資請辦貴縣銀礦》 正月初六日，江西試用通判周國琛呈稱，照録原呈。江西試用通判周國琛，謹稟爲請辦銀礦，以開利源而裕帑項，懇恩代奏事。竊卑職因公來京，恭讀光緒二十七年十一月初一日上諭，現值時局大定，亟應整頓路鑛，以開利源。著派王充督辦路鑛大臣、加派瞿充會辦大臣、張帮同辦理，務各認真籌畫，實事求是，以保利權，欽此。仰見朝廷力行新政，以圖富强之至意。卑職服官江右，籍隸粵西，於本籍鑛產，素常留心，查潯州府屬貴縣地方，銀苗極旺，昔因風氣未開，人情疑畏，以致忽開忽禁。現在明奉諭旨，整頓利權，其既有可開鑛地，自應遵旨請辦。卑職現與妥實華商，邀同法商通達公司，籌就貲本銀五十萬兩，仿照西法，謹遵鑛務現章辦理。至一切詳細情形，擬俟奉准行，再行繕呈憲覽。伏祈據情代奏，實爲公便。並請迅即抄録本案全卷，咨呈貴部察核辦理外，相應咨呈，爲此合咨貴部，謹請察照施行。

中國第一歷史檔案館《清代軍機處電報檔彙編》第二五册《發四川總督奎俊電爲華英合辦礦章事光緒二十八年正月初七日》 華英合辦礦章第三條，川省有煤油之地，由近及遠，分路查勘等語。意在隱佔全川，應删，併令先指地名，再往查勘。六處太廣，應減勘採期限，均應改爲十個月。第四條煤炭六縣，銻砂兩縣，亦應減，連油礦併計不得過八處，其應指地名及應改期限，與第三條同。第五條以爲地租下應添如係官產，將此項地租報効中國國家。第九條應聲明值百抽五作爲暫章，如中國將來另定抽税專章，該公司亦應遵辦。第十條、十四條每年股息應改爲六分。第十三條士兵保廠餉械各費，應由普濟公司給發，餘均可照准，希即與英領妥商遵訂，至麻哈廠章程，礙難允准，已詳咨外務部。陽。

中國第一歷史檔案館《清代軍機處電報檔彙編》第二五册《發浙江巡撫任道鎔電爲振興礦事電光緒二十八年正月十七日》 願電悉。振興礦務，近來朝廷極意經營，未便僅據地方官稟報窒礙情形，輒請停辦。若試辦無效，彼請辦之人自必廢然思返。至開導民情，保護洋商，均係地方有司之責，豈容諉卸，務希轉飭，切籌辦法，勿任空言塞責，仍電復外務部。洽。

中國第一歷史檔案館《清代軍機處電報檔彙編》第二七册《收四川總督奎俊電爲法領堅請開運礦產鐵路事光緒二十八年正月二十二日》 法領近因商人俞德樂到川查礦，即引摩賡合同第十條，堅請開運礦產鐵路。礦尚未開，即議此事，恐枝路即爲幹路之據。川民浮動，易啟釁端，力拒數次，糾纏不休。特密聞乞酌示復，奎俊，謹肅。禡。

中國第一歷史檔案館《清代軍機處電報檔彙編》第二七册《收閩浙總督許應騤電爲官用物料進出海關事光緒二十八年二月十七日》 安溪礦事，飭據楊令稟復，華人鄭立勳前請給諭試辦，並未擬有章程通稟立案，亦未聲明有洋商合辦，係屬未定之事。按照礦章不能作准，請酌復英使。應騤。銑。

中國第一歷史檔案館《清代軍機處電報檔彙編》第二五册《發云貴總督魏光燾雲南巡撫李經義電爲法催訂礦務合同事光緒二十八年二月二十五日》 法使偕彌樂石到署催訂礦務合同，本署即照尊處原奏，告以應俟礦師勘定礦廠若干處，再行定議。現在礦師曾否回省，指明何處，希先電知，以憑彙核。外務部。有。

王彥威等《清季外交史料》卷一五四《閩督許應騤奏閩省礦務擬由洋商承辦現與妥定章程摺附合同》 閩浙總督許應騤奏，爲閩省礦務擬由洋商承辦，現與妥定章程酌定辦法以闢利源事。竊維中國地大物博，礦產之富甲於五洲，洋人來華游歷，探測殆遍，僉謂棄利於地深爲可惜。近來風氣漸開，各省華商間有設立公司自行開採，然或因資本不足，或因礦師難延，或因機器難購，旋作旋輟，毫無成效。僅直隸開平煤礦經理如法，始獲厚利，然糜款數百萬，經營幾二十年，亦可見收效之匪易矣。查礦務辦法大約有三，曰官辦、曰商辦、曰官督商辦。但官辦則公款難籌，商辦則私財不給，官督商辦則商恐受制於官，亦不能見信於人。瞻顧徘徊，事機坐失。光緒二十四年，京城礦務鐵路總局奏定章程通行各省，於興利防弊之法極爲周備，惟須多集華股，並須已集華股十分之三，方准招集洋股，自係爲獨操利權起見。無如中國富商，於開礦之事素未講求，斷不肯以鉅資輕於一擲，欲糾集公司則辦理毫無把握，大都遲疑觀望，即使准招洋股，而洋人以承辦者係屬華商更不肯輕附股分，勢必照此辦法，是中國永無開礦之日，徒託空言，於事何補。近年山西河南四川等省開礦章程名爲華洋合股，實則仍係洋商承辦。洋人開礦向有專門之學，其勘礦最精，其集資最厚，其辦事最信，此處不成另開他處，心志堅定，必求選獲佳礦而後已，非若華人之急功近利，一蹶遂不復振也。臣愚以爲與其華商承辦招集洋股而洋人決不願附，不如由洋商承辦而華股轉可多招，即如美國之鐵路公司，英國之匯豐銀行，粵東紳商多購其股票以爲世守之業。蓋以事歸商辦，款係公司，與其國家無涉，斷無藉此攘奪之理。去年北方變亂，官辦鐵路皆被佔據，獨開平礦局因係公司，獨得保全，可爲明證。閩省崇山峻嶺，綿亘千里，礦產甚多。據法國領事屢次來署商議，現有該國商人魏池擬請准於邵武、建寧、汀州三府屬擇礦開辦，設立華裕公司，仿照四川章程，由官派員設局，凡勘苗購地，內地交涉之事，均歸官局經理。該商另與大東公司法商立約，籌集資本，一切開採工程歸大東公司承辦，仍係華洋合股，互相維持，以五十年爲限，限滿統歸中國收回。大東公司於開辦時，願將股分票按每百張先抽五張送與礦務官局，華裕公司各得其半。又將紅利票按每百張先抽八張以充閩省公用。又按每百張抽二十五張報効公家作爲租課。其出口海關稅仍照章完納，此項股票可照時值售繳現銀，將來開礦盈虧概與官局無涉。臣飭藩司洋務局與法領事詳細商酌，擬定合同二十二條先行簽字。約内聲明，俟礦務總局覈覆奉旨允准後，方能開辦，如奉議駁，此項合同應即作廢。臣覆加察核所擬辦法，大致參仿四川等省章程，於主權利權均無妨礙，尚可准行。除將合同底稿鈔咨外務部、礦務總局核辦外，仰懇敕下該衙門迅速議覆，以便轉飭遵辦，謹奏。光緒二十八年三月初一日奉硃批：外務部議奏。

〔附〕福建建汀邵三府開礦合同

一、閩浙總督現要開採閩礦，設立礦務官局，派員督辦，官局務要籌議便宜之法，開採閩屬之建寧、邵武、汀州三府地方礦産，招致華裕、大東兩公司，各集華洋商股，統歸官局查核。華裕公司專司購地，歸華員經理，洋人附股，只得稽查股利，不得干預事權。大東公司專司開採，限三年内准在上所列三府屬内覓礦，無論覓得幾處，皆准開採。三年限滿後，凡未經該公司指定者，准別項公司尋覓開採。其已經該公司指定者，予限一年如未開工，亦准他項公司開辦。

二、華裕公司現與大東公司另訂合同，籌集一切資本招商集股，華裕先備八萬圓爲購地之用，大東先備款七百四十萬圓爲開採之用，均係初備資本，俟定地開採再行逐廠估計數目，招集華洋股分。華人購買股票如有力量，儘可購至過半，至應享權利，華洋一律，不得畸重畸輕。

三、大東公司准於批准之後，未開辦之先，外國總監工或礦師前往尋覓試驗，惟須官局會同前往。

四、大東公司查勘試驗之後，要開何礦須明白指出，繪圖詳説，由華裕公司呈交官局詳稟准行。如礦地係民業或公産如祠廟等類，或買或租，華裕公司須向業主商議舉辦。華商已開之礦公司不得侵佔，該商如願出售，亦准華裕與該商妥議歸伊接辦。如遇華裕與業主商議不合，無論公業私業均可由官局派員勘估，酌給公道數目，業主不得居奇，官局亦不得抑勒，公司願按照業主所索價目先行備款繳局，再由官局與之議定付給業主，如願入股，即將此款折給股票。

五、華裕公司坐得大東公司所送每百抽五張股票，應即將半數轉送官局。又按大東公司所得紅利項下每百抽八之紅利，即每百張抽八張之紅利股票呈繳官局。

六、華裕公司將大東公司所得紅利項下，每百抽二十五張之紅利股票以報効中國國家，官局有稽核之權。開礦所用物件或礦務所屬工程應用物件，以及礦産所出之貨物，均免完釐金及内地各税，海關税則仍照章完納。

七、所有五六兩條所載華裕公司轉送官局之每百張抽二張半之股票，及應繳官局每百抽三十三張之紅利股票，均應於大東公司開售股票之時，首先照額抽送官局。

八、所開之礦倘係官業，應由官局委員與華裕公司總辦議定公司應完租税之額。

九、官局所委隨同礦師之員及護送兵勇一切費用，均歸大東給付。所有載送機器事件，則歸官局委員巡視保護。

十、大東公司要打鑽掘井及開辦勘驗各工程，須先通知華裕公司稟明官局，並與該管業主妥議，無庸全買礦外地段。如所辦工程有傷地主權利，則公司當與地主商定賠償款目。倘遇墳地廟宇可以遷移者，公司當與其家屬或該管地方官議妥辦理，倘彼此不合，再由官局派員估價償還，如實在不願得價遷移，必欲設法繞越，毋得毁掘損壞，官局亦極力設法方便開採工程，該管地方官或省中官府須約明，凡礦務辦事人員以及礦工之器具物件，皆極力妥爲保護，勿使稍有驚擾。

十一、大東公司可於礦井處所疏通河道，以便行運，並修造小支鐵路至最近水口或礦工關連之處，惟言明所造僅係支路，不得造幹路，此種港路只能專作裝運礦産之用。如要裝載客商貨物，須妥議章程另訂條約，並須先將所開港路繪圖貼説，稟請官局查明地方情形有無窒礙，分咨外務部路礦局核定，電行閩省照辦，如未核定，不得開工。如須購地，應仍由華裕公司查照奏定章程辦理，若爲通達礦廠運棧屯棧消息須用電線德律風亦准稟明官局候示辦理。

十二、一切礦務工程均歸大東公司管理，聽憑官局查核。每廠應設華洋董事各一人，薪水由公司籌給。所有執事人員但華人所能勝任者，均派華人並盡心教授，務須熟悉礦務工程，一切礦工丁役極力多用土人，章程從優辦理。

十三、一切礦廠棧房，該管地方官須遵照官局意旨實力保護，該礦廠棧房人役亦恪守禮法並切實稽查，不容藏匿匪類。

十四、大東公司每年開礦所獲利息，除開銷各項費用外，提取三項。第一項支付各股本息，長年七釐從付，本月起算，未付之息一併補還。第二項從餘息中再提百分之十，續收回股票，其收票之價按照原價加一償還。第三項酌提一款爲公積本銀，限定數目，以備添換器具之用。除三項之外，所剩餘利作爲實在紅利，即在此紅利上，先行提取應繳國家及閩産官課，海關課税不在此内，其餘均分於應享權利各股友。至所有公司承辦應完一切課税銀數，應聲明悉願遵照中國外務部及路鑛局奏定新章辦理。

十五、各處鑛廠分廠各立出入賬目，此廠盈餘不得抵彼廠虧折。

十六、每逢年終造具四柱清册，由華洋兩董事會算覆核，並會集股友核定之後，呈送官局再加核算，然後刊列報章申報政府，詳呈省憲。如有虧折，與中國國家官局無涉。

十七、公司承辦限期，從批准開辦日起，算以五十年爲限，限滿後所有鑛廠以及所屬之道路橋梁電線鐵路各項，一概繳還官局，除所租鑛地由官局給還原主外，餘物並廠所房屋一切歸中國官局，勿庸給價。

十八、公司股票本係華洋人合股，倘華商於限内收買開採股票至四分之三，則官局即可收回各鑛，以及廠所房屋各等項按照條款所載價值償還，所剩股票並購回紅利股票按照末三年勻分紅利，統併估算，得中價值二十賠償。

十九、凡公司開採需用之機器物件當照納關税，惟祇准免完内地釐金。

二十、所用各鑛係中國物産，倘有與列國争戰之事，開採公司須遵中國政令，不得資助敵國。

二十一、凡鑛務總局現定章程條例，華裕大東兩公司均應遵守。

二十二、現訂之合同共繕華洋文各四份，應候奏請批准後，由閩浙總督派員與公司簽押，再行照辦。一份交法國領事，一份總督存案，二份由總督分咨外務部路鑛總局存案。如有疑惑，以華文爲憑。

附録華裕公司與大東公司訂立合同

一、現經閩浙督憲奏，奉中國國家批准，華裕公司承辦閩産建汀邵三府鑛務，並准其與大東公司訂約集本開採所有勘選鑛地，除華裕准行外，別項公司概不得預。

二、大東公司願立約設立分公司，其辦事人員法人居大半之數，並遵照與印度銀行所立成約，凡有舉事皆應商之。此項銀行如有不肯出力相助，乃可與其他法國銀行商議。該分公司應籌備資本，爲勘選鑛地之用，並於此約簽押後，派員至承辦鑛工地所試佃合同辦理，不得違背。其選派人員辦理鑛工與人立約，購辦器具或售賣鑛産各等事，大東公司均得承認。至所有鑛工差事，凡華人可以勝任者，均派華人充當，西國鑛師須加意教導，俾練習鑛務各工程。鑛務官局可以隨時稽查工程，並派員查勘各廠。

三、華裕將分公司所勘可開之鑛，交付此項開採公司辦理，並創設廠所棧房寄屯鑛産，又專爲運送開鑛器物修濬江河以便船行，專爲聯絡鑛工起造小支鐵路，至最近水口。應遵照華裕公司與官局所訂章程，創設開採公司數處，逐漸運送。此外華裕更應於開採公司開售股票之時，先得每百張抽四十之紅利票，以備日後支取鑛工，凡百抽四十之實在紅利，華裕於此應得紅利項下，立即提取所有應完租課，即開採公司值百抽八，值百抽二十五之紅利票，遵照與閩督憲立約承辦鑛務章程辦理，惟完納海關税則不在内。

四、每處開採公司資本應分作股票若干，又紅利票若干，每遇創設一處開採公司，則華裕公司均應首先坐得每百張抽五張之股票，勿庸給值，即以其半轉送福建鑛務官局查收，亦勿庸給價。或官局願收現銀，即按股票價兑給現銀，此種股票或現銀按照辦期限以三年爲度，三年限滿後未經公司指定，應准別項公司開採，此項限期由簽押之日算起。一經勘選，人員具報公司斟酌，如果有鑛可開，即設立開採公司，或一處或數處，其開採公司股票應儘華商購買過半，所有應享權利華洋一律，不得畸輕。其已經公司指定之鑛，予限一年，如未開工，亦應准他項公司承辦。

五、所有開鑛利息開除一切經費外，應提取三項款目。第一項償還開採公司各股票利息，長年七釐，並於付銀日起算，所有未還利息一併補還。第二項於餘利中再提百分之十六，續償還股票本銀，其償還之價照股票原價再加一成。第三項提取一款，在百分之十爲公積本銀添換器具之用。除提取以上三項之外，所餘利息作爲實在紅利，照股勻分各紅利股友。

六、所有股票本銀利息，即以承辦之鑛與所屬之房棧道路橋梁器具鑛産爲質，首先償還。

七、華裕轉交開採公司承辦鑛務之期，定五十年爲限，限滿後所有各鑛並所屬廠所橋路電線各等項，均歸華裕，聽其遵照與閩浙督憲訂立之合約章程辦理。

八、每季開採公司均應鈔送帳目一份，此外每年終各公司更應鈔送四柱清册交官局查核，並另送華裕一份。官局暨華裕公司均可隨時派員稽查鑛工及各廠所棧房等處。

九、此項合同須稟請閩浙督憲批准，並允保護所有派往勘選鑛地及辦理開採工程各員。凡派往勘鑛之員，須由官局委員同往並派弁勇隨同彈壓，官局委員及弁勇一切費用均歸大東分公司付給。

十、華裕公司與閩浙督憲所定承辦鑛務合同，大東公司均願一律遵守，不得歧異。所有大東公司承辦各鑛，應完一切課税銀數，應聲明悉願遵照中國外務部及路鑛局奏定新章辦理。

十一、倘三年限内大東公司未將願辦之鑛務及所屬之鐵路工程等類，繪圖註説，呈請官局及華裕公司，此項合約即廢而無用。

十二、此項合同應遵例合繕華文、法文各四份，鈐蓋關防。一份存鑛務官局，一份存領事衙門，一份交華裕公司，一份交大東公司。倘有疑誤，惟以法文爲憑。

中國第一歷史檔案館《清代軍機處電報檔彙編》第二七册《收雲貴總督魏光燾雲南廵撫李經羲電爲湛滇礦務事光緒二十八年三月初五日》 有電敬悉，彌樂石來滇議章，隨藉延礦師二人到滇勘礦務，後逕由蒙自出境，並未回省。指定何處，據彌云此係粗觀，容聘專師詳勘，彌甫將礦章議定，亦即由越赴京，彌欲先求批准，然後勘定礦單，訂立合同者，實因集款未成，仍藉准辦二字爲招股賣票憑據。滇恐礦單未定，事無限制，先立合同，挾制更多，故欲遵原議，俟礦單定，始立合同。彌去滇時，與經義晤論亦云，合同礦單定再立章，欲先求覆准，現到京遽請先立合同，自係得步進步。竊思此事，若許以礦單核定，即照立合同開辦，情理兼盡，已與批准無異，且符合議章，兩臻周妥，似未可過於任便。如何磋商就範，全仗大部主持，謹覆。魏光燾、李經羲仝叩。支。

中國第一歷史檔案館《清代軍機處電報檔彙編》第二五册《發四川總督奎俊電爲英商在川辦礦事光緒二十八年三月二十一日》 英使函稱，摩庚在川辦礦一事，現逾百日，未接回音等語。查英公司請改辦寧雅及打箭爐近處礦產，已將窒礙各節，於去臘咨查在案。希查照前咨，酌核電復，以便轉告英使。外務部。馬。

「中央研究院」近代史研究所《礦務檔》第三册《光緒二十八年四月十三日外務部收候選道高爾伊稟寶昌公司商藉義款請辦杭嘉衢嚴温處六府礦務》 四月十三日，候選道高爾伊稟稱，竊職道於光緒二十四年七月初四日，稟辦浙江衢嚴温處煤鐵各礦，藉惠工公司義商沙鏢納洋款五百萬兩爲資本，請立浙東公司。十一日經前浙撫憲廖商電鈞署，十三日准電開將合同章程保單録咨，即可核准等因。旋於八月十二日據情專摺具奏，因查核杭湖兩屬亦有煤鐵礦產，飭令職公司一併開辦，曾於原摺内聲明因將浙東公司改名寶昌公司各在案。十一月初九日奉撫憲廖劄開，十月二十八日准鈞局咨開，本總局議復應將所擬章程，按照奏定通行章程，妥籌厘正，總期毋相背戾，切實可行，俟聲覆到日，再行核辦，以昭慎重，具奏奉硃批依議，欽此。相應恭録咨行等因，准此。合就轉行，仰遵照妥議籌辦等因，奉此。職道伏查定章有須集華股三成一條，遵即照章補招華股，乃三載以來，迄未能招集一二。茲據義商沙鏢納抄録鈞署照會義國使署奏定礦務專章催辦前來。職道恭讀此次新定專章，係華股洋款均可開辦，惟第十九條載明此次新章未定以前，凡已開辦各礦，及曾經議定之處，除出井税課合同内聲明按照奏定專章者，應照此次所訂第六條辦理外，其餘仍照合同核辦，以昭大信。按第六條酌定出井税則，煤鐵係值百抽五，謹當照章納税，理合將原訂章程繕具清摺，稟請奏明立案，准予開辦。爾伊謹稟。

〔附〕照録章程

奏辦浙江礦務寶昌公司與惠工公司訂立合同章程二十條，以便兩公司遵照辦理。

一、寶昌公司初名浙東公司，稟辦浙江衢嚴温處各府屬煤鐵以及煤油各礦。嗣奉前撫憲廖查明浙西杭湖等屬亦有礦山，飭令一併開辦，改名寶昌公司。因向惠工公司貸款辦理，經撫憲廖奏請以六十年爲期，應先遣礦師勘定何鄉何山，何種礦產，繪圖貼説，詳報撫憲查明果與地方情形無礙，一面咨外務部暨路礦總局備案，一面發給憑單，准其開採礦地，不得稍有躭延。如係民産，向業主議明，或租或買，公平給價。如係官産，應照該處田則加倍納賦。

二、寶昌公司向惠工公司藉洋債庫平足銀五百萬兩，如所派勘礦師以此數不敷於用，寶昌公司仍專向惠工公司續藉。

三、凡調度礦務與開採工程，用人理財各事，均由寶昌公司會同惠工公司辦理。

四、各處礦廠，應用華洋董事各一人。洋董管工程，華董理交涉。一切帳目雖用洋式銀錢出入，歸洋董經理。而華董有稽核之權，各礦廠總以多用華人爲是。所有薪水，皆歸礦務用本項下支給。

五，勘驗礦地，或應打鑽掘井，探視礦苗，應先與業主商明，蹈損田禾，酌量賠償。以及開礦後，或因礦塌陷損傷民命房屋，理應賠償撫卹。每定辦一礦所用地畝，必須會同地方官向業主租用，或備價購買，秉公定價，務使兩不受虧，方昭公允。再礦地無論或租或買，遇有墳塋祠宇，必須設法繞越，毋得發掘。倘開挖隧道於地面無礙，而土棍有意阻撓，以山背龍脈風水之説，摇惑愚民，寶昌公司自應呈請地方官嚴辦。

六，所辦各礦煤鋏出井，遵照新章，值百抽五，作爲落地税，報効中國國家。每年結帳盈餘，先按用本付官利六釐，再提公積一分，逐年還本，仍隨本減息，俟用本還清，公積即行停止。此外所餘浄利，提二十五分歸中國國家，其餘歸公司自行分給。如有虧折，與中國國家毫不干涉。

七，杭湖温處衢嚴各屬開辦不止一處，然各礦每年所有盈餘，各歸各礦清理。如或彼虧此盈，不得以此礦之盈，補彼礦之虧，致使國家應得餘利，由此少減。

八，凡開礦所需料件機器等物進口，照開平各礦現行章程，完納海關正半税項，内地釐捐概不重征。至開出礦産運出口時，仍照關章納税。

九，公司所開之礦，既懇請撫憲奏明六十年爲限，一經限滿，所辦各礦，無論新舊不問盈虧如何，即以全礦機器，及該礦所有料件，並房屋基地河橋鐵路，凡係在該礦成本項下置辦之業，全行報効中國國家，不求給價，屆時由寶昌公司稟請撫憲派員驗收。

十，每處礦廠，總以聯絡官民預息紛争爲要。應由寶昌公司稟請撫憲酌派照料委員一人，又設照料紳士一員，由寶昌公司聘請，該員紳薪水，亦歸礦務用本項下開支。

十一，礦師工頭開辦之始，自應選用洋人，倘日後華人中有精於礦學諳習工程者，寶昌公司會同惠工公司派充此項要職。至其餘司事照料等職，無關重大責成者，皆用華人，尤宜多用本地人，以開風氣。

十二，礦丁亦宜多用本地人，廣開貧民謀食之路。其工價應從公酌定，至礦丁受傷，自應從優撫卹。而使用數十年後，更當酌給養老之費。至平日作工，每日若干時刻，統俟開採後，採擇華洋各礦妥善章程，稟請撫憲定奪。

十三，各礦開辦之始，即於礦山近處或於省垣，開設礦務鐵路學堂，選取青年穎悟學生二三十名，延請洋師教授，以備路礦因材選用。此項經費，亦歸礦務用本項下撥付。

十四，寶昌公司所藉惠工公司款項，係約估之數，將來每開一礦，實用藉款若干，由惠工公司撥用後，准惠工公司按照所用之數，造印藉款股份票，刊刻章程，定期發賣。如華商於期内願買此項股票者，無論多寡，應聽其買取。

十五，華商收買此項礦務股票，或由寶昌公司照章代收，或自行收買，聽其自便，均按照時價漲落。如華商於六十年内，將某礦股票收至四分之三，及將該礦先期收回，由寶昌公司查報飭交該華商自行經理。

十六，凡於所准礦地，遇有民人先經開採，不得侵佔。如原主自願租賣，應秉公酌價，不得稍有抑勒。

十七，各礦遇有修路造橋，開濬河港，或須添造分支鐵道，接至幹路或河口，以爲轉運該處煤礦與各種礦産出境者，均宜稟明撫憲，由礦務用本項下提款修理，不請公款分文。以上所准各事，其須用之官地民地，仍照礦山章程，仍須會同地方官或租或買。

十八，每至年終，或盈或虧，各礦廠由華洋董事造具清册，應各請華洋公正人一員核算無訛，然後刊刻報單，送至寶昌公司查核各礦盈虧，會造總册，呈報撫憲。以憑分咨外務部路礦總局查核，並將報効國家各項，一併呈繳。

十九，該礦爲中國自主之産，將來中國有與别國戰争之事，應聽中國號令，不得接濟敵國。

二十，兹合同章程，華洋文繕具兩份，寶昌公司惠工公司各收爲憑。

中國第一歷史檔案館《清代軍機處電報檔彙編》第二七册《發雲南開缺巡撫李經義雲南礦務大臣唐炯電爲開礦章程條款事光緒二十八年四月十四日**》**　元電悉。查原章第一款，准該公司尋採滇省各項礦産，别國公司概不准來滇辦礦，是全省精華歸其獨據，包括無遺。經本部改爲指定七處，别國公司概不准在該公司所指之地勘採，較原章稍有限制。第二款全文並未删改，第三款聲明公司在所指地段内，查有可開之礦呈報雲南大吏，查無窒礙，再行開辦，與原文並無出入，仍希電復外務部。寒。

「中央研究院」近代史研究所《礦務檔》第四册《光緒二十八年四月二十二日**外務部收商務大臣盛宣懷文附宣城煤礦公司合同暨專條中日合辦宣城煤礦並訂立合同》**　四月二十二日，商務大臣盛文稱，案查前因長江上下游輪船機廠梭織林立，設非自覓佳礦，必致盡購洋煤，禁遏堪虞，漏卮更甚。逐省搜訪，幾閲歲時，旋查得安徽寧國府宣城縣犬形牛形簸箕等山，産煤豐旺。責令輪船招商局資聘礦師，擇要鑽驗。土法粗淺，深入爲難，曾將暫時停辦，俟招集股分，仿照西法開採緣由。於光緒二十五年八月十七日，咨明總理各國事務衙門，暨統轄礦務鐵路總局查照在案。上年八月，據日本股商土倉鶴松遣派代理人楓原孫藏來請合辦，查照前案，派會辦招商局鄭道官應，鐵路總公司英文參贊陳道善言，妥與籌議。旋據呈送草合同二十款，又專條八款，詳加覆核，計合股開辦宣城煤礦，期限不得逾五十年，資本約需五百萬元，由土倉與華公司各籌其半。出煤日起，按噸抽繳公司地租銀五仙，並照售價，值百抽五，完納國課。礦局進款，除各項開銷外，先給股息一分。下餘之數，提出二成，即每百分之二十分，名爲還本公積。本銀清還，即將二成撥歸報効，另訂專條。華公司應交一半資本銀二百五十萬元，土倉允代籌藉，以煤礦股票作保，年息六厘，如中國日後新設商股則例，各西國悉可依行，宣城亦願遵照，核准草合同後，先派礦師鑽驗，仍俟繪圖估價，奏奉諭旨，方能簽印作准各等語。詳核各條，操縱在我，飭由鄭道陳道與土倉代理人楓原孫藏，於光緒二十七年八月二十九日，會同簽押，分别存執，事在本年二月。貴部未經奏定專章以前，業經測驗，並訂草約，查與新章末一條凡已開辦及曾經議定之處，仍照合同核辦，以示大信各節，悉相符合。一俟鑽驗確實，定准開辦。磋議正約時，仍應專案奏咨辦理。除分咨外，相應抄粘合同專條，備文咨呈貴部，謹請查照備案施行。

（附）照録合同

爲立合同事：一爲宣城煤礦公司，合同中稱公司；一爲日本商人土倉，合同中稱土倉日音日多古拉。

一，宣城煤礦公司，有煤礦坐在安徽省寧國府宣城縣，曾經礦師勘明煤層甚富，煤質甚佳。惟開採及建造鐵路，置購駁船等，所需資本浩鉅。因邀日本商人土倉合辦，其章程開列於後。

二，合股資本，不逾五百萬元爲凖，各科一半，即二百五十萬元歸公司籌，又二百五十萬元歸土倉籌科。

三，公司所應籌科之二百五十萬元，擬發股票，並由盛大臣作保籌辦。

四，彼此所籌之資本，須依期交出無誤，以充開礦築鐵路造大小輪船，及一切需用機器藝具等類之費。照礦師工程司所開之單，應需多少，隨時支用。

五，礦硐每出煤一噸，抽繳銀五仙，交付公司，以爲礦場地基之租價。

六，所出之煤，按礦場售賣價值，百元抽五元，繳交中國國家，以爲國課。此項國課，按作礦局日用經費開銷，每月一繳。惟開辦伊始，出煤日期尚遠，而現在皖省款項支絀，擬由礦局先預繳國課七萬元，由合同奏明核准之日，三個月内繳交。將來出煤時，按噸數應納之國課，逐日抵扣，至清繳七萬元爲止。然後按噸現繳，其所預繳之七萬元，不計利息。

七，附近煤礦之處，公司允願稟請商務大臣，與皖撫會銜奏明立案，不許别人在週圍三十里之内，另開煤礦。其礦局所擬建之鐵路，祇可專爲煤礦運煤運料之用，不得做鐵路運客運貨之生意。所需用鐵路之地，須向地主商購。

八，礦場所用之緊要員司，兩造所應選派者如左：

（一）總辦係中國人，管理全局事務。

（二）礦師工程師，係日本人，管理採煤礦工造路等一切工程。

（一）總管帳係中國人。

（二）司事兼管帳，係日本人，管理各事及管局帳。

以上所用各人，兩造妥商，然後録用，或可添減其數，如有不稱職，彼此商准易換。

九，除第八款所載用之員司外，上海須設一總局，以爲辦理各處運售煤炭，兑匯帳目，及轉運機器物料各事。其所應用之人，兩造隨時商定。

十，礦局所入之項，除各項一切開銷外，先支給股分週息一分。此外所餘之數，作爲淨利，分派如左：每百分撥二十分，即二分爲還本積項。又撥一成爲公積，以備修理及不時之需。又撥一成爲花紅，分給各司事人等。此外所餘六成之數，兩造均分。礦局所入之項，如不敷經費開銷，其所缺之數，須由資本項下提支。倘敷開銷，而不足支給週息一分之數，則所餘之項，盡作股息。若二成還本之積項，積至本銀之總數，則此二成積項，撥歸報効中國國家。

十一，合辦之期限，以取盡礦地之煤苗爲止，但不得逾五十年之期。如五十年期滿而此礦仍復開採，則須從新再訂第六款所言之國課。

十二，此合同先由公司與土倉代理人楓原先行簽押後，須商務大臣與土倉核准，並由商務大臣會同安徽撫台奏准後，方能簽字蓋印，乃作定實。但此合同簽押後，六個月之内，土倉即可打鑽探礦，繪圖估價，俟詳細報章圖説價單由公司呈送盛大臣查核。如果准行，方能入奏。俟奉諭旨，方能簽印作准。屆時以簽印之日起，限定一年之後乃開辦，准定井位採掘，及建造屋宇，與凡舉行一切應辦之事。如不按期照辦，此合同作廢。所有打鑽探礦，繪圖估價，及一切創辦之費，並以前所用過各費，概由土倉支理。如果合辦成功，其費則歸合辦公用，作正開銷。

十三，於合同奏明核准之日，土倉須隨即交入正金銀行五十萬元，作爲兩造合辦頭次所需之資本。倘逾三個月不將銀交入銀行，及不預繳第六款所言之國課，此約及專條即行作廢。

十四，此礦係中國疆土，今雖與外國人合辦，須歸中國轄治，是以所有稅厘，均須照現在煤礦章程繳納。日後稅厘若有改章，或礦路總局立有新章，須照更改章程辦理。此合同是公司與土倉合辦，如無盛大臣允準外，彼此不得將此合同之利權，無論明暗，均不得讓授他人，及抵押與他人，尤不得讓授抵押與別國籍之人民。如土倉欲招集商股，只准招中國日本國之商股，倘有私相受授，合同作廢。私授者自任其咎，並須賠償彼此一切虧損之處。

十五，宣城煤礦既在中國境轄，如有華人犯事，則交華官，按華律辦理。倘中外人有争執之處，則照現在和約章辦理。

十六，此礦須設巡丁，日夜梭巡。該巡丁係用中國人，其頭目參用别國人亦可。其雇用章程，由兩造妥議。倘遇大事，故須請中國地方官派兵彈壓，日本不得藉端派兵前來。

十七，如中國日後新設商股例則，各西國可依行者，此宣城煤礦允願一律遵依。

十八，宣城煤礦之礦地，或道路橋梁等，如有礙田園墳墓祠廟屋宇，其業主不願讓出，毋得勉强。但地主亦不得藉風水之説，以阻撓買地之事。倘礦局所用人役，因公遇有意外等事，致有性命或身體傷害之虞，礦局須補給撫衈，照開平礦局成案辦理。

十九，倘因合同事宜兩造争執，須彼此派人會商。如商不妥協，則倩公正人剖斷。一經公正人剖斷如何，兩造均要遵依。

二十，此合同用華文英文併繕四分，如有争執，以英文爲主。簽押後由商務大臣與土倉必須此合同與專條一起核准，再由盛大臣會同安徽撫台奏明奉准後，方能簽字盖印。如奉駁，即作爲罷議。附訂原約，擬繕具華英文共四分，兹因英文現尚未備繕，彼此允願將華文二分簽字，各執一分爲據。俟核准奏明後，乃照合同第二十款辦理。

總辦宣城煤礦公司陳善言，鄭官應。

知見人陳猷。

光緒二十七年八月二十九日。

一千九百零一年十月十一日。

明治三十四年十月十一日。

日本商人土倉代理人欄原孫藏。

爲立專條事：一爲宣城煤礦公司，專條中稱公司；一爲日本商人土倉，專條中稱土倉日音多吉拉。

一，兹因兩造合辦開採安徽省寧國府宣城縣煤礦，議定合股資本，不逾五百萬元爲準，各科一半。即二百五十萬元歸公司籌科，又二百五十萬元歸土倉籌科。

二，公司所籌科之二百五十萬元，擬按商例湊集華人股分，按股科本。惟恐一時未能如數湊集，特與日商土倉商允，土倉願將公司面份隨時按需用所應交之數目，藉與公司，專爲辦此煤礦之用。公司將面份之股票交與土倉收執，作爲擔保。每次所藉銀多少，即交股票多少作按。藉款擬計回週息六厘算，每年清交一次。土倉收執作按之股票，可隨時分次贖還。此股票作按之外，盛大臣允願擔保清還藉款，並所應納之利息。

三，按上款所云，作保之股分，如未贖還時，煤礦每年分派之股息，歸公司所得，但先扣除六厘週息，給與土倉。如股息尚有盈餘，即歸公司所得。倘股息不足，週息六厘之數由公司補足。若礦局派股息之外，尚有餘利，該股份所應得之餘利，可作贖還股票之用。

四，以上藉款，除由盛大臣擔保外，公司立據，將礦場地畝産業一併作保。

五，此專條商定之後，隨即擬合辦。宣城煤礦之合同，同時由公司與土倉之代理人欄原一齊簽字，仍須候盛大臣與土倉在簽字後，六個月之内核准，再由盛大臣會同安徽巡撫奏明定准，方作定實。

六，奏明核准之日，土倉即須將面份所應交之款，並藉與公司之款，共五十萬元，交入正金銀行，以爲頭次即行開辦之用。倘自核准之後，三個月内不將銀交入銀行，或不預繳合同第六款所載之國課，又或於奏明核准一年之後，如不照合同第十二款按期辦理，合同即算停廢，此專條亦同時作廢，所有創辦及以前所用過之費，概歸日商土倉支理。

七，此專條用華文英文併繕四分，以英文爲主。

八，倘因此專條意義兩造互有争執，須彼此派人會商。如商不妥協，則請公正人剖斷。公正人剖斷如何，兩造均要遵依。

附訂專條。原議繕具華英文共四分，兹因英文現尚未繕備，彼此允願先將華文二分簽字，各執一分爲據。俟核准奏明後，乃照專條第七款辦理。

總辦宣城煤礦公司陳善言，鄭官應。

知見人陳猷。

光緒二十七年八月二十九日。

一千九百零一年十月十一日。

明治三十四年十月十一日。

日本商人土倉代理人槶原孫藏。

此專條在大日本駐滬署總理事小田切萬壽之助前簽押。

明治三十四年十月十一日。

中國第一歷史檔案館《清代軍機處電報檔彙編》第二五册《發四川總督奎俊電爲派員試挖川省銅鉛佳礦事光緒二十八年四月二十九日》 現據盛大臣電稱，鼓鑄需用銅鉛甚急，查四川巫山、大寧兩縣有銅鉛佳礦，恐稍遲必爲洋人所得。現擬派員帶領自僱之英礦師前往試挖，如果佳旺，再當奏咨，專集華股開辦，以保利權，請核准等語。除由本部覆准外，希查照外務部。豔。

中國第一歷史檔案館《清代軍機處電報檔彙編》第二五册《發商約大臣盛宣懷電爲准試挖銅鉛礦事光緒二十八年四月二十九日》 沁電悉，巫山大寧銅鉛礦准由尊處派員帶同礦師前往試挖，本部已轉電川督查照矣。外務部。豔。

「中央研究院」近代史研究所《礦務檔》第六册《光緒二十八年五月初十日外務部奏摺附隆興公司承辦雲南礦務改訂章程遵議滇省礦務章程》 光緒二十八年五月初十日，覆奏稱，謹奏，爲遵議滇省礦務章程，恭摺覆陳，仰祈聖鑒事。光緒二十八年二月初五日，准軍機處抄交雲貴總督魏光燾等會奏，法員來滇辦礦，現與議定章程一摺，奉硃批，外務部議奏，單一件，片二件，並發，欽此。當經臣等查照該督等原奏，先將辦礦章程悉心查核，仍俟該省勘定礦廠，奏報到日，再行一併議復等因，於本年二月二十六日，附片奏明，奉硃批，知道了，欽此。欽遵各在案，臣等伏查滇省原訂章程，經魏光燾等與法員彌樂石磋商數月，始克定議，如原奏内縷陳商議情形，兢兢然以防患保權均利三事，爲滇省所必争，洵爲扼要之論，惟以全滇礦産，允給英法公司專辦，恐他國有所藉口，勢必相率效尤。臣等詳核章程，正欲咨商駁改，適法員彌樂石由滇入京，向臣部催訂合同，當告以礦地未定，未便先議章程，應俟礦師在滇勘明礦廠，由滇省開單奏咨到日，再行核辦。彌樂石則謂全滇礦地，非一二年所能勘偏，未經定章以前，該公司豈肯輕擲鉅資，聘請礦師往勘，臣等堅持初議，不准攬辦全省，迭次磋商，彌樂石始允指澂江、臨安、開化、雲南、楚雄等府，及元江州、永北廳，凡七處載入章程第一款内，將原議嗣後别國公司概不准來滇辦礦，改爲嗣後别國公司概不准在該公司所指之地勘採，以清界限。彌樂石又恐所指地段，未必均有礦産，如無礦可辦，仍請另擇一處互抵，並將來辦有成效，應請逐漸推廣。臣等核其所擬辦法，尚屬可行，故於第一款内叙明，准其互抵，惟先後統計，仍以不得逾七處爲率。除此之外，俟各礦開辦有效，税數報効，並無短絀，方可推廣辦理，蓋既破其專利之計，自不得不量予擴充。彌樂石又以原議包辦全省，礦利較豐，故願歲繳京銅一百五十萬觔，並津貼員弁兵勇護廠銀二萬兩，現既改爲七處，應請減去京銅三分之二，並免繳津貼銀兩。臣等以京銅係解部要需，保護礦廠，亦在在需費，未便遽議減除，再四磋商，彌樂石仍以體恤商情爲請，始與議定歲繳京銅一百萬觔，護廠費用，由公司給發，不拘定二萬兩之數，電商滇督等，均無異議。第六款第二十款，照此改定，又於十八款内，添改弁勇費用，由公司給發。惟該款原議公司可在附近地方招募土勇，遴選中西武官各一員，會同管帶，現改爲公司可稟請地方官，在附近地方招募土勇，遴選武官一員管帶，以杜争競干預之弊。其餘均已逐款推敲，以期妥洽，謹照録章程，恭呈御覽，如蒙俞允，即由臣等派員與彌樂石畫押，並咨行雲貴總督等遵照辦理。所有臣等核議滇省礦務章程緣由，理合恭摺覆陳，伏乞皇太后、皇上聖鑒訓示，謹奏。光緒二十八年五月初十日具奏，奉硃批，依議，欽此。

〔附〕謹將隆興公司承辦雲南礦務章程，恭呈御覽。

查滇省開礦之法，不精不全，未能推廣。現法英兩國設立隆興公司，擬糾集貲本，採用善法，藉工程司機器，及一應專家從事開採，由雲南總督、雲南巡撫，及礦務大臣，與隆興公司所派之總辦法國總領事官彌樂石，議訂辦礦章程如下：

第一款，雲貴總督、雲南巡撫，會同督辦雲南礦務大臣，允奏請國家，准隆興公司尋採各項礦産如下：一，公家現在荒廢之銅礦，並公司尋出之銅礦，一，曾經開採現在荒廢之金銀煤鐵等礦，一，公司尋出之金、銀、煤、鐵、白金、白銅、錫，及火油寶石硃砂，如雲南府、澂江府、臨安府、開化府、楚雄府、元江直隸州、永北廳七處礦産，雲南大吏允奏請國家，給該公司承辦。嗣後别國公司，概不准在隆興公司所指之地勘採。惟中國官民增開各項新礦，應聽照舊辦理，隨處可以開採。再中國自立公司，籌集中國股本，呈請開礦。若比較隆興公司分别完税章程，不再輕減，應仍准與採辦。設或以上所列各府州縣境内無礦可辦，則應由中國國家以隆興公司另指他州縣，相爲互抵。惟先後統計，仍不得逾七處爲率。除此之外，俟在上開各府州縣境内尋獲各礦，均已開辦有效，税數報効，並無短絀，彼時隆興公司如欲推廣，須再向雲南大吏商訂後，方可推廣辦理。

第二款，除開採官礦外，凡民間未開及荒廢各礦，在公司所指之地内，如公司願開，可呈報雲南大吏飭查，果無窒礙，地方官應向業主商議租山租地，其租價由公司認給。惟公司不得逕向民間租賃，亦不得購買山地，永爲業主。無論山地何時起租，均不得逾此章二十二款所定年限，凡礦山奉准開辦後，倘三年之内，公司未能開工，應將礦山及租券交滇官歸還業主。

第三款，公司在指定地段内，查有可開之礦，註明界址，繪圖呈報大吏飭查，果無窒礙，然後將地租定，撥交公司開辦。

第四款，隆興公司可在礦廠附近荒地，酌修必需之鐵路，並開水陸各道，以便工人往來，及轉運器具礦質等用。如此項道路佔用民地，應呈請大吏查無窒礙，飭知地方官向業主公平議租，其租價由公司認給。至於修築鐵路以接幹路，係爲運銷礦質，及轉運器具工人並臻利便起見，應俟幹路告成，商議專章，奏奉中國國家核准，然後開辦，惟公司永不得攬載客貨。

第五款，開礦需用工人，公司應在雲南省内覓僱，不敷則由鄰省招補，凡招用工人，視其勤能，無分民教，如工人爲工作受傷，殘廢殞命，公司可公平償卹，廠地詞訟，命盗争毆等案，均查照約章，分别辦理。

第六款，公司開辦銅礦，倘有起色，應歲繳京銅一百萬觔，以表感忱如下。開辦銅礦，三年期滿，即按年繳交京銅六十萬觔。再二年期滿，按年加繳京銅四十萬斤，以後即以歲繳銅一百萬斤爲定額。公司應交之銅，含净質八成半，每百斤給價庫平銀二十兩，每歲所出之銅，除按照以上年限交足京銅外，公司可以餘銅，照市價先售與滇省官用，並中國各省採買。再有餘銅，轉運出口，京銅免完税課，其餘售與雲南及各省，並轉運出口之銅，應按本質每百抽五，完落地税。

第七款，公司勘指礦山道路，凡有礙房屋田地墳墓風俗，及中國國家商民現仍開辦原有利益各礦産，公司概不開辦侵佔，永杜驚擾。

第八款，公司原創學堂一所或數所，教授華人，以造就開礦及百工之材，嗣後公司需用之工程師及專門各工頭等，應先儘學成諸生中，酌量選用。

第九款，查礦地廣闊，轉運艱難，中國國家爲推廣礦務，溥開利源起見，准隆興公司在所指境内，分設開礦公司，將所得之權利，交託承辦，或讓與自辦。惟各該公司無論代辦自辦，務須遵守現行之章程，中國國家既不擔任虧折，則每礦應分立賬目，不得以此礦之盈餘，抵彼礦之短耗，年終按股分利，應各歸各礦核算。公司將來發售各礦股票時，應竭力設法廣招華股，凡官紳工商，均可與公司合夥生理，與外國股東一律看待，出售股票，應在歐州及中國各大埠同時舉行。

第十款，隆興公司開礦之股本，不過關平銀五千萬兩，將來倘需加增，可商允雲南大吏，酌添股本。

第十一款，公司進款，除去下開各項，即爲净利。一，各項費用，及應完税課，租地價值。一，按股本銀數提付八厘利息。一，按所購器件原價，並修造學堂棧房等原價，提還一成，提足停止。一，按所餘之款提出一成，作爲公積，以備公司要需，此項公積，日後提分，應照第十二款所定股分，公平均沾。

第十二款，除去上開各項，所餘之款，即爲净利，應攤分如下，一，中國國家得百之三十五，内百之十雲南省留用。一，公司各股東得百之六十五，每届年終，雲南大吏及公司各派一員，查核每礦各賬，分領應得之款。

第十三款，公司事業虧累，自行擔任，與中國國家雲南大吏毫不干涉。

第十四款，公司開辦諸礦，所出各項礦産，分别出爐出井，均按本色每百抽五，繳交雲南省，作爲落地税，由駐廠委員隨時查記礦産出爐出井賬目，核對廠内出數賬簿，每届三個月，計數抽收。公司辦運進口之辦礦器具，及出口之礦質，均照海關税則，分别完税，公司進口之辦礦器具，及出口之礦質，衹完關税，而概免内地常税厘金。惟公司應遵守中國定章，不得違背條約，夾帶應完税厘常貨，及私運禁物。

第十五款，倘此章程講解有異，及照辦時或有争執，應由中國國家、雲南大吏、法國公使、英國公使，各派一員，會議剖斷，一俟斷定，即用明文分别知照遵行。

第十六款，中國國家既分公司餘利，則公司之礦務，關係國課，自應盡力保持，俾收實效，所有章程各款，皆應令地方官切實遵行。

第十七款，公司應與地方官敦好修睦，誠信相孚，如執事人等有失敬傷誼情事，經地方官指告後，查明屬實，即行撤退，三年之内，不得録用，倘公司此後仍需此人，亦永不令在原廠辦事。

第十八款，開礦處所，人類甚雜，公司可稟請地方官，在附近地方招募土勇，遴選武官一員管帶，駐紮廠地，保護彈壓，俾中西執事人等均得安居，免滋事端，其弁勇費用，由公司給發，倘遇事故，土勇不敷彈壓，則雲南大吏酌派官兵，公司永遠不得藉故招調洋兵入境。

第十九款，公司之礦師人等，來滇查勘礦苗，或從事開礦，或由廠行往各處，應先期知照地方官，派兵保護，倘未預知而生意外之事，則雲南官員不任其咎。

第二十款，滇省派員赴廠，動支薪水火食，由該公司給發，至礦師人等尋勘礦地，滇省派兵隨護，公司可酌給賞貲。

第二十一款，此章程從畫押日起，以六十年爲期限。期限屆滿，所有已開之礦，無論新舊，及成效如何，均連同公司名下之田地房屋器具鐵路，並水陸各道等，概由公司經理人移交雲南大吏，無庸給價，倘限滿後礦務興旺，公司願意接辦，中國可允准展限，所展至多不得過二十五年。

第二十二款，雲南爲中國行省，如中國與歐美亞諸國有開戰情事，該公司應聽中國號令，不得接濟敵人。

第二十三款，此章程由外務部奏請國家批准畫押後，作爲允辦之據。

第二十四款，此章程繕備華文法文各三分，如講解有異，以法文爲正。

中國第一歷史檔案館《清代軍機處電報檔彙編》第二五册《收四川總督奎俊電爲開礦議章事光緒二十八年五月十三日》 庚電敬悉，普濟事月費百金，本屬細微，原章雖無英法，皆肇於川省所定華洋合辦各章程，均須遵守一語。三礦統限五年，是較原章煤油減一半，碲炭加四年，似乎過久。且須言明煤油二處，碲二處，炭四處，免有後議。礦地由保富轉租，意在自主地利之權，因礦未出地，其價甚廉，按價二成，所得無多，俟礦豐旺，不能議加，華人辦礦，每因此争執，故租價定值百抽五，租可與礦並旺也。至指地一層，賀道由渝回稱，英領總以函商京使商總爲詞，彼亦知法指巴萬煤油有李大臣給據，含混二處之故，戴瑪德所以必須入京與哲美森相商，故英領堅不承允，此中曲折，礙難情形，請飭司員檢查。去年冬臘兩次電報參酌與商，林道計可到京傳詢，一過更知詳細，戴瑪德到後，所議何如，奎俊謹肅。真。

「中央研究院」近代史研究所《礦務檔》第五册《光緒二十八年六月十九日外務部收廣西巡撫丁振鐸文陳慶昌等開辦貴縣銀礦案卷已飭咨呈外部備案》 六月十九日，廣西巡撫丁文稱，光緒二十八年四月二十日，准兩廣督部堂陶咨開，光緒二十八年三月十五日，接駐港兼理義國博領事照稱，前據義國商務公司永貞祥之代理人巴度路稟稱，廣西潯州府貴縣天平山銀礦一節，曾經前督部堂准給華人陳慶昌劉榮樓執照，限期十五日内開採，否則交與法國商務公司承辦等因。本兼理領事官細加察訪，知天平山礦地，由陳慶昌劉榮樓早已售與義國永貞祥公司，於西曆一千八百九十八年九月十七號，訂立合同一紙，是時亦未有開採。因一千八百九十九年内，所有論及該礦情事，以及合同等件，盡行寄上駐京義欽差處料理，當其時永貞祥公司又與英國商務公司商量轉售，計合同等件寄到北京不久，適值拳匪作亂，圍攻義欽差衙門，并且縱火焚燒，所以合同等件，皆遭燬化。故永貞祥公司終不能取回合同等件，亦不能與英國商務公司交易，則該公司失去銀兩，已不計其數，此誠不幸之事也。至貴國理宜保護義欽差衙署，不應容縱拳匪圍攻，以致遺失文件不少。去年該公司經已稟呈駐京義欽差處，懇求向貴國總理衙門代取保單憑據。現在義國政府與貴國外務部，正相商酌取議保單憑據，停止開採。該礦之事，若貴督部堂准給别人承辦，則辦理甚覺不公，務請貴督部堂立即宣示，别人不得開採。因本兼理領事官即將一切緣由，電達義欽差處，轉致貴國外務部，統俟北京保單憑據之後，再行通知。倘貴督部堂仍交别人承辦，則義國永貞祥公司如有意外不測之事，定惟貴部堂是問，爲此照會查照等因前來。卷查陳慶昌劉榮樓等開辦廣西貴縣屬之小天平山銀礦一事，前於光緒二十五年十一月十七日，准前廣西撫院黄咨開，據廣西善後局司道詳稱，前據廣東廣州府新興縣商人陳慶昌等具稟，自備資本銀二十萬元，遵章繳照銀一千元，領照開採，當經批准，繕給執照，並給示諭。該商陳慶昌等領照後，未能遵照章程，依限開爐輸課，兹聞私與義國洋商書立合同，故違定章，飭據貴縣查稟。該商開辦礦務，未能得法，所辦機器均不合用，久已停辦，僅存廠屋數間，工人退散，一切器用賣盡。該商及司事人等，均已返東，並無一人在廠。該商與義商私立合同，係在東省外洋所行之事，該縣無從覺察。惟其資本已罄，無力再開等情，查商人陳慶昌開辦銀礦，已逾兩年，迄無成效，並未交課，既經停止不辦，潛回廣東，亟應追繳執照，另行招商承辦，以杜弊端而顧税課。請飭新興縣勒傳該商陳慶昌到案，追取原領開礦執照，送西註銷等因。咨經前部堂飭據廣東藩司詳，據新興縣稟復，縣屬並無陳慶昌其人，札內亦未將陳慶昌住址開明，無憑追繳等情，咨復飭遵各在案。是陳慶昌等前此承辦之貴縣天平山銀礦，因未能依限開辦，原領開礦執照，早經作廢追繳。該處銀礦，自應由官另行招商承辦，以顧稅課，陳慶昌等何得混執廢照，抎將礦地售與外人，義商永貞祥前此與陳慶昌等訂立合同，即使確有其事，亦係私自訂立，不能作據。至現文所稱該處銀礦，曾經前督部堂准給陳慶昌劉榮棲等執照，限十五日內開採，否則，歸法國商務公司承辦等語，遍查並無此案。接文前由，除照及咨呈外務部查照外，相應咨會查照，希即迅將本案全卷，抄録咨送外務部察核備案等因。到本部院，准此。查此案礦務卷宗，前於上年七月內，京都平定之後，奉准總理礦務總局和碩慶親王咨行抄録，當即飭據廣西善後局，將全案抄録咨送在案。茲准前因，除再飭照録，呈送貴部備案外，相應先行呈明，爲此咨呈貴部，謹請查照施行，須至咨呈者。

中國第一歷史檔案館《光緒朝硃批奏摺》第一〇二輯《光緒二十八年六月二十四日留任湖南巡撫俞廉三摺》　頭品頂戴革職留任湖南巡撫臣俞廉三跪奏，爲湘省紳商集股設立錬礦總廠，并分設全省各路礦務總公司，以興地利，恭摺仰祈聖鑒事。竊湘省礦務自前撫臣陳寶箴奏請開辦，原欲廣闢利源爲自强之本，設局迄今，經臣隨時整頓，以官本不充，商力未厚，規模粗具，利益尚微。近年田收歉薄，商業衰疲，生利之源日涸一日，復經臣督飭各屬紳耆妥籌補救，上期有裨國計，下求有益民生。自非將全省境內所有礦產合力開採，不足以盡未發之藏收自然之利。至採獲礦砂尤必自能提錬，方可操縱自如，銷路無虞停滯。茲據前刑部右侍郎龍湛霖，前國子監祭酒王先謙等，分勸閤省殷實紳商合集鉅資，并招內地各省官商股份公同商定，仿造各種西法錬爐創設總廠，承錬全省所產礦砂。設立阜湘礦務總公司，承辦中路南路各屬礦山。又據候選道黄忠浩，前甘肅候補知府喻光容等陸續招集多股，設立沅豐礦務總公司，承辦西路各屬礦山，先後呈請奏咨立案，並聲明股本如有不敷，再行酌藉洋款，認息償還與國家無涉等情。伏念朝廷振興礦務明詔迭頒，即無妥商承辦，尚應廣爲招致，況經閤省紳商通力合作，自宜因勢利導，以責成功。當經擇派紳董候選道蔣德鈞，分省試用道朱恩紱，員外郎職銜王銘忠經理阜湘總公司事宜。江蘇試用道翟衡璣，進士黄霈經理沅豐總公司事宜，併派礦務局提調分省試用知府黄篤恭協同經理，令其悉心規畫，迅速興辦。仍飭由局酌發官本，使利權操之自上，並飭查照部局定章，呈繳井口出口各稅，俟獲有贏餘，提成報効國家，毋許稍有隱漏。又查各國礦學皆有專門，內地向不請求，以致動虞虧耗，今宜督令公司紳董各就錬廠礦場建設學堂，延聘外洋礦師工程師兼充教習，分科課授，務取專長，庶幾數年之後，可兼收作育人材之效。據藩臬兩司會同礦務局詳請奏咨前來。臣維民困之難甦，由於商業之不振，蓋商權不能歸一，則彼此互競，無以杜爭奪之萌，商情不能歸一，則彼此相猜，尤無以成團聚之體。泰西各國商務動設總公司，用能深相聯絡，馴致富强，故求目前整頓之方，誠非分設總公司，不足挽散漫紛紜之弊。湘省礦產繁夥，如能衆情翕合，採西人所長，持以堅定之力，暫時雖未必遽獲厚利，而各處無業貧民已得就廠傭趁，衣食取給有資，不致流而爲匪。將來逐漸擴充，其收效必不止此。臣爲維持礦利起見，合無仰懇天恩，俯准勅下外務部統轄礦路總局，將湘省紳商所設錬礦總廠及分辦全省各路礦產之阜湘沅豐總公司分別立案，以專責成。除咨呈查照外，謹會同湖廣總督臣張之洞合詞恭摺具陳，伏乞皇太后、皇上聖鑒訓示，謹奏。

中國第一歷史檔案館《清代軍機處電報檔彙編》第二七册《收湖南巡撫俞廉三電爲湘省礦務事光緒二十八年六月二十四日》　湘省礦務現已據在籍龍紳湛霖王紳先謙等十四人籌集鉅本，採用西法創設錬鑛總廠，並立中路南路總公司。復據黄道忠浩喻守光容等八人，招集華股，分立西路總公司，前後由兩司核覆詳請奏咨前來。廉三查無窒礙，謹先電咨。廉三叩。個。

中國第一歷史檔案館《清代軍機處電報檔彙編》第二五册《發湖南巡撫俞廉三電爲湘省礦務由官紳集資自行採辦事光緒二十八年六月二十七日》　個電悉，湘省礦務由官紳集貲設廠自行採辦，既據查無窒礙，應即責成該紳等認真辦理，以保利權。外務部。感。

中國第一歷史檔案館《清代軍機處電報檔彙編》第二六册《發四川總督奎俊電爲油礦合同事光緒二十八年七月初二日》　卅電悉，油礦合同，法商已允照改第二條，巴萬無油准另擇兩處，係爲日後抵換地步，此時不但彼無從預指，亦斷不能任其預指。惟戴商昨偕公使來署，謂英指八處，如多佔油礦，將來法商無可指換，便損合同利益。查英礦減定八處，本以法礦爲比例，因地未認定，不肯分指礦產，現英商在川擇地，應令指明某處係産某礦，比照法礦，限定煤油兩處，庶法商無所藉口。哲美森現不在京，戴但催訂合同，並無與哲互商之意，希飭賀道分別妥商並速電復，外務部。冬。

中國第一歷史檔案館《清代軍機處電報檔彙編》第二六冊《發閩浙總督許應騤電爲飭局磋商礦務合同事光緒二十八年七月十八日》 真電悉。礦務合同，華裕雖有洋股，應聲明購地專歸華員經理，洋人但分股利，不能干預事權，否則一事而設兩公司，似覺無謂。第四既無先行管業字樣，尚可照議。第十一運礦枝路，各省均照章咨部核定，閩省未便獨異，應仍照前電更正。希飭局再與磋商電復。外務部。巧。

中國第一歷史檔案館《清代軍機處電報檔彙編》第二六冊《發雲貴總督魏光燾電爲照章商辦錫礦事光緒二十八年七月二十四日》 個電悉，已由本部照會法使，電飭方領商辦，俟接復再達。另咨錫礦事並悉，查臨安錫廠前接四月篠電，即經本部以礦章第七款載明，中國官民現仍開辦，原有利益各礦産，公司概不開辦侵佔，臨安個舊錫廠係民間已開之礦，公司自不能侵佔，章程內無須另提等因，電復在案。且第一款載有公司尋出字樣，與民間已開舊礦自不相混。至各項新礦，中國官民仍隨處可採，則舊礦更不能爲其所佔，倘將來任意索辦，儘可照章駁阻。外務部。敬。

中國第一歷史檔案館《清代軍機處電報檔彙編》第二六冊《發雲貴總督魏光燾電爲飭曉諭民間已開礦不准私售外人等光緒二十八年八月初二日》 勘電悉，個舊錫廠照礦章第七款，本不准侵佔。原章因恐挂漏，是以不單提個舊一廠。本部四月禡電謂章程內無須另提，即准尊處漾電覆允在案。原章係與彌樂石訂定，未便與法使另立附章，彌已回國，約冬間到滇，届時可由尊處與彌商明照第七款之意，將個舊錫廠申明立案。至民間私售礦廠，亟應查禁，如有此種情事，恐非章程所能限制，希飭屬剴切曉諭，凡民間已開之礦，照章仍舊開採，外人決不侵佔，亦永不准民間私售外人，以杜轇轕。外務部。冬。

「中央研究院」近代史研究所《礦務檔》第四冊《光緒二十八年八月十九日外務部收湖南巡撫俞廉三文附岳關完稅章程湘省出口礦砂在岳關徵稅請轉飭稅司遵辦》 八月十九日，湖南巡撫俞文稱，據湖南礦務總局司道詳稱，竊照本局於本年六月初二日，奉憲台批，岳常澧道韓道慶雲稟，准岳關稅司函稱，昌和輪船裝運銻砂，已與漢關稅司會商征稅情形，乞批局迅速核議飭遵由，奉批據稟已悉。湘省鑛砂，應由岳州關抽收出口稅項。前經各局詳定，由本部院咨達總理衙門有案，仰礦務總局查照前案，體察現在情形，妥議詳覆，移遵辦理。此繳等因，奉此，並准韓道咨同前由到局。本局伏查光緒二十六年五月，會同農工商務總局，以湘省礦稅，應先照值百抽五，酌完一出口正稅，一歸岳關征抽，以符原奏。札飭鄧令紹禹、羅令葆祺赴岳關，會商監督稅司，妥籌征稅善法。當經酌擬辦法，詳請憲台咨明總理衙門，行知總稅務司，轉飭各關稅司遵照，並咨行督憲暨湖北撫部院，轉飭江漢關監督稅司及湖北牙釐局一體遵照在案。嗣因京津亂起，未及照辦。茲既經岳關韓稅司會商江漢關稅司，查案請在岳關征收礦砂出口正稅，在漢關征進口半稅。如係運往外洋，則應給半稅存票，俟出洋時，照章發還。湘礦之貨，仍不過完一出口正稅等語。本局查與原議尚屬相符，自應照辦，所有原定辦法，及礦局運單岳關執照款式，理合鈔録，呈請鑒核。仍前咨明轉飭辦理，以免窒礙。查湘省運銷之礦，以生銻銻砂黑白鉛砂四項爲大宗。其鍊成生銻一項，應照原箱出口完稅。其餘另起運售之銻砂黑白鉛砂，多係以毛砂運至漢口，由商人擇浄，再行裝箱轉運出洋。是經岳報運之數，與在漢轉運之數，必不相符，不得不酌籌變通。前次詳咨案內，業已聲明。韓稅司函稱，前年所議湘省礦産各辦法，現亦不必再議等語，實未深悉情形。自應仍照原定辦法，以臻妥協。除咨商韓道照會岳關稅司查照外，所有遵議湘礦仍在岳關征稅緣由，相應具文詳請咨行外務部，暨督憲、湖北撫部院，一體轉飭遵照，實爲公便等情。到本部院，據此。除分咨外，相應咨明，爲此咨呈外務部。謹請查照行知總稅務司，轉飭各關稅司遵照施行。

〔附〕照録章程

岳關完稅章程

一，湘省各種鑛砂，經前撫憲陳會同督憲張，於光緒二十二年十月奏准免抽稅厘，歷經咨行遵辦。光緒二十六年五月，詳定以生銻、銻砂、黑白鉛砂四項，照值百抽五完一出口正稅，即在岳關完納。援照江南湖北織佈等局，歸專案辦理。其餘行銷內地官辦之煤鐵硝磺等項，向不運銷外洋，仍應查照原奏，免抽收稅厘。

一，湘省各種礦砂，裝運出口，由總局刊發運單。無論是否裝載輪船，抑鑛局自置自僱船隻，均持此單在岳關報驗。即由稅司掛號登記，簽字蓋印，發還運漢。此單即名爲湖南鑛務局運單，單內載明鑛數若干。如有打包裝箱之件，仍註明箱數件數。其式應爲三聯，以一聯存總局，以一聯報岳關，其空白一聯，仍由岳稅司簽明鑛砂到漢分擇後，由轉運局填寫運出實數，呈請漢關加印簽字，寄回岳關查核。其岳關先經簽放毛砂運單一聯，應於漢關復驗後，交還轉運局，以便將出口實數，註明存案。

附運單式，以上備存根一聯。

湖南官礦局運單

奏辦湖南鑛務總局，為
發給運單，以憑報關事。茲派本局　船
裝載後開鑛產，赴岳州關呈報登記盖印
放行，並請先給收税執照，以便運往漢口，
由轉運局發交承運商行，分擇運售，須至
運單者。

計開。

生銻　件　担　斤
銻砂　噸　担　斤
黑鉛砂　噸　担　斤
白鉛砂　噸　担　斤

右運單給　收執。

光緒　年　月　日　此單到漢，即交轉運局。俟商行挑貨後，即由局呈漢關核對，仍交局備案，并具報總局查考。

湖南官鑛局轉運單

字第　號

駐鄂湘鑛轉運局。
發給轉運單，以憑報關核對事。茲據　報
稱，已將
砂揀出若干，相應赴關報運。本局應照章
註明於後，即請
貴關核對，轉寄岳州關查照辦理，仍請漢
關換給免重徵憑單，以便換輪至滬，轉運
出洋售銷，須至運單者。

計開

生銻　件　担　斤
揀運銻砂　噸　担　斤
退回廢砂　噸　担　斤
揀運黑鉛砂　噸　担　斤
退回廢砂　噸　担　斤
揀運白鉛砂　噸　担　斤
退回廢砂　噸　担　斤

光緒　年　月　日轉運局呈。

一，湘礦到岳州呈驗運單，經税司於原單簽字盖印後，仍由關另給運照，曰已完正税，運往別口，免重徵之執照。並洋文總單各一紙，交押運人收執，以爲到漢交由轉運局轉發承運商行呈報漢關之據。漢關既有運單執照可驗，即應換發免重徵之照，交該商收執，轉運赴滬，換輪出洋售銷。

附運照式，以上備存根一聯。

湖南鑛砂已完正税運往別口執照

岳州關監督，
發給執照事。茲據　稟報，後開湖南官
局鑛砂，已在岳州關呈驗憑單，完清出口
正税，准其將該鑛砂裝載　運船，運往
漢口，當經查驗實係官　局原貨，核與憑
單相符，合行發給已完出口正税執照，准
將後開貨物運至漢口，呈請漢關換給免
重徵憑單，以便換輪至滬，轉運出洋售銷，
須至執照者。
計開。
黑鉛砂
湖南官礦　生銻　件　担　斤
銻砂
白鉛砂
自/至　字第　批起/止本關記號。
右照給湖南官礦局押運人收執。
光緒　年　月　日給，限至江漢關日呈　繳。

一，湘鑛應納税項，久經漢關分別估定，計生銻估本每石叁兩，銻砂每噸估本三十兩，黑鉛砂每噸估本二十兩，白鉛砂每噸估本十兩，按照抽收在案。今議由岳關收税，自應查照辦理。其每次應納税銀，以三個月爲一結，由轉運局將税銀寄繳湘鑛總局，轉交岳關核收。倘逾三個月不將應寄岳關之單繳到，即照登記之數，由岳核征。

中國第一歷史檔案館《清代軍機處電報檔彙編》第二七册《收閩浙總督許應騤電爲改定閩礦合同事光緒二十八年八月二十八日》

咨到謹悉，改定閩礦合同全稿，已飭局細覈，並與法領事校對，兹據覆稱悉照華文辦理，祈速覆奏行閩遵辦。應騤。儉。

「中央研究院」近代史研究所《礦務檔》第四册《光緒二十八年九月十六日外務部收安徽巡撫聶緝槼文附英國總領事來函廣德州礦産應歸英商凱約翰承辦》

九月十六日，安徽巡撫聶文稱，光緒二十八年八月十一日，承准貴部咨開。光緒二十八年七月二十六日，准義國嘎使照稱，安徽省廣德州牛頭山平岡山煤礦，即係潘之偉及啟蘊公司之業。本年正月二十九日，經義國公司董事堝希費，與潘之偉及啟蘊公司訂立開採此礦合同。先將洋文鈔録壹分送閲，惟該義國公司董事前往該省撫院，請領批准，俾得查勘。該撫台聲稱已有英國公司請承開辦合省之礦，日前已與該公司畫押爲據，不能允准照辦等語。本大臣查安徽撫台應許英國公司日期，係在義國公司與該礦主妥定日期之後，則此礦自不可歸入英國公司所承之礦内，並請飭令安徽巡撫，將此即與英國承辦之商人即行説明，并發給允准之字據，交與義國公司董事收存，俾得委派礦師前往查勘等因前來。查義英兩國商人請辦牛頭山等處煤礦，本部均未據該省咨報有案。相應咨行貴撫詳晰查明咨復，以憑轉復該使可也等因，到本部院，承准此。查英商凱男爵約翰議設安裕公司，在安徽省開辦歙縣、寧國、銅陵、大通、廣德、潛山等陸處礦産。上年冬間，王前部院任内，即經開議，未及定約，旋即交卸。本部院蒞任後，迭准駐滬英總領事函催，一再督飭皖省商務總局佈政使湯壽銘，會同凱男爵約翰，按照頒發礦務新章，逐細推敲，妥定合同底稿二十三條，於本年四月初伍日訂定，彼此簽印畫押。聲明此項合同只可作爲准其勘驗礦質憑據，俟凱約翰勘明礦質，將各事料理妥洽，仍由本部院將是項合同，咨呈貴部核定，知照路礦總局，給予執照，再行開辦。至義商堝希費與潘之偉及啟蘊公司議開廣德州煤礦，究於何時，如何訂立合同，先未呈報，本部院衙門，無案可稽。迨本年陸月間，始據義商來皖面請，並接上海義領事來函，當將廣德州礦産已先與英商訂定，未便再行更改，分別詳告函覆各在案。查洋商來華開採礦産，自應呈由公家核准，方可議訂合同。此次義商堨希費與潘之偉自行訂立合同，地方官暨省中商務局，均未先稟明有案，未便以業主私訂在先，藉詞争執。所有廣德州礦産，自應仍歸合同業經簽押之英商安裕公司承辦，以昭誠信。除俟該公司勘明礦質，將各事料理妥洽，呈報到日，再行專案奏咨。並行藩司商務局查照外，擬合先録合同底稿咨覆，爲此咨呈貴部，謹請察覆施行。

〔附〕照録合同

英國總領事霍函致安徽巡撫部院聶稱，凱約翰係殷實誠正英商，代華倫公司來皖商開礦務。奉安徽巡撫部院聶飭辦理安徽商務總局佈政司湯，與凱約翰議訂合同，開列於後。

計開：

壹，此次所開後載六處之礦名，爲安裕公司公舉凱約翰爲總董，經理其事。

弍，合同議訂後，由商務總局呈送安徽巡撫部院聶核定飭知，准凱約翰於後載六處擬開之礦，派人前往勘驗。

叁，安裕公司先糾資本伍萬兩，以二拾捌辦士每兩算，合英金約陸千鎊。派人勘驗後開各礦，資本隨後酌加，以不出柒百萬兩爲額，照開礦應需銀兩之數而定。所糾之股，俟議定每股若干，登列報章，華洋兼收。公司應設華總辦一員，英總辦一員，互相稽查帳目。凡與中國官紳商民交涉，歸華總辦管理。凡開礦工程銀錢進出，歸英總辦管理。廠内除管理機器，必須聘用洋人外，其一切工作執事人等，均應多用華人，該公司從優給與工價。每礦應設華分局，派華人勘租地畝，隨時稽查完納税餉等事。各員薪水開支，均由該公司按月支送。

肆，指明開礦地方，附繪圖説一張。計徽州府所屬之歙縣一處，池州府所屬之銅陵大通兩處，寧國府所屬之寧國縣一處，廣德州一處，安慶府所屬之潛山一處，共計陸處。此陸處由合同蓋印日起，俟礦師勘定後，留租與安裕公司之用。每礦峒暨造廠路需用之地價，俟有成説，由該公司備款交商務總局購租承受，或交地方官核定發給，不得私相授受。其地段劃定界址，以足敷造廠挖峒所需爲限，不得任意多佔。該公司廠峒外之餘地，未經租購者，與公司無涉，仍應由原業主造屋種植，作各項正用，惟不准在界址内開採礦質。

伍，此合同由安徽商務總局凱約翰簽字後，由凱約翰即備資約五萬兩，以便

勘驗各礦。並於壹百貳拾日内，凱約翰應派礦師至各礦勘驗勘明。再於壹百貳拾日内，將各事料理妥洽。應請安徽撫院將是項合同咨呈外務部核定，再由外務部知照督辦路礦總局核給執照，方准作爲開辦之據。其時再由安徽撫院照會英總領事，轉致該商凱約翰，應將報効銀兩於一禮拜内照數交付現銀，由安徽撫院驗收，解繳中國國庫，即將所繳銀數與開辦情形，恭摺具奏，以昭慎重。此報効銀兩，照公司將來加定成本壹分計算。將來成本由伍萬兩加增陸百玖拾伍萬兩，則報効銀兩照柒百萬兩壹分計算。倘陸續增添資本，亦照百分之壹照繳報効之款。由給發准辦劄文與凱約翰之日起，再限拾貳個月内開辦。如逾限未開，即將合同作廢，其報効銀數不得索還。

陸，所開之處，煤鐵鑛産，壹切所出之貨，壹經出峒，按照賣價，照以下抽税。煤、鐵、銻砂、白礬、硼砂等類，值百抽五。煤油、銅、鉛、錫、硫磺、硃砂等類，值百抽拾。金、銀、白鉛、水銀等類，值百抽拾伍。鑽石、水晶等類，值百抽貳拾伍，均作爲落地税。其餘出口銷售，經過洋關，應遵章納税，不在此例。

柒，倘須築造鐵路，以便轉運礦産，應准造至最近水口。如與幹路相近，即接連幹路爲止。所造之鐵路，不准載客運貨。

捌，附近開礦處，應設礦務學堂。壹切薪水經費，均由公司自行籌給。

玖，凡開辦所需機器材料等件，除運自外洋照章歸海關收税外，内地釐金，概不重征。如在内地採買材料，經過關卡，停船聽候查驗。如查明實係運往開礦處所，准給執照，免厘放行。如有夾帶別貨走漏，一經查出，照章罰辦。

拾，該公司開辦之後，每年除支銷各項費用，並納完租税外，所獲浄利，照公司成本寔數，先撥出股利壹成，即值百抽拾。倘除外仍有餘利，再以貳成伍報効中國國家，解交安徽藩庫。

拾壹，所指陸處地方，如先有華民在界内已開之礦，准公司與商務總局商民向業主妥議，或租或買，或給票作爲股分，各聽其便。定界之後，敢有在界内私挖者，應即由地方官禁止。所有僱工夫役人等，倘有損傷致命，由該公司給資，從優撫恤。

拾貳，該公司所開礦場，地方官應保護。如有需兵力彈壓者，中國只代就地招募華兵，其餉械各費，均由該公司自認。不得藉端自行請本國兵，或請別國兵挾制。

拾叁，該公司所開各礦地方，爲壹百年爲限。限滿之後，即將所有各礦房屋

基地機器材料等件，壹切全行報効，交商務總局管理。其壹百年限内已開各礦，每礦各有清帳，盈虧不得混淆。中國國家衹按所出礦産之貨征收税租，凡遇年終，各礦帳目繕寫肆季清册，先經華英總辦核明畫押，壹分送交商務總局，壹分詳呈安徽巡撫部院，轉達北京路礦總局暨户部查核。或有虧折之處，與中國國家及商務總局無涉，至所議壹百年年限，礦務章程未經載明，應否改少改近，候路礦總局核定遵辦。

拾肆，各擇定開礦處所，如係民地，則照市值購買，官地則備價承租。惟民地雖購買過户執業，仍須照中國所定田則，完納錢糧。

拾伍，公司所應用地畝，或租或購，自應公平給價，不得强佔抑勒，亦不得抬價居奇，並不准以有礙風水，藉詞阻撓。如寔有關礙，該公司應和平妥商，優給遷移資費。或設法繞越，以期融洽，不得勉强。如該地主不願領價，願入股分，即按照原價給予股票爲憑。

拾陸，此合同經商務總局簽字，並凱約翰代該公司簽字後，即在上海麥加利銀行取存銀憑單一張作保。俟外務部路礦總局核准給照後，將合同分繕送各衙門備案。此合同現用華英兩文繕寫，應以何文爲准，仍候路礦總局核定遵辦。如將來安徽撫院在皖省給予别商利益，所訂合同不得優於此合同。至定限交款開辦日期，已於第伍條内言明，壹經逾限，即作廢紙無用。

拾柒，此合同訂立，係照光緒貳拾捌年貳月初捌日，西曆壹千玖百零貳年叁月拾柒號，外務部議奏奉旨批准礦務新章酌定。倘有未盡事宜，合同内未及備載者，均遵照奏定礦務章程辦理。以後此項新章如有增改，此合同再行照改遵辦。

拾捌，合同内專留與安裕公司凱約翰礦地陸處，凱約翰願每處報効銀壹萬元，呈交安徽巡撫部院聶，以便愜洽與情。此款壹萬元，每處提出伍千元，交該處地方官，作本地善舉義舉之用。其餘一半撥歸藩庫，共陸處應報効銀共陸萬元，此款於凱約翰呈成本百之壹時，壹同呈繳。

拾玖，合同内指明陸處，其每處擬用之地下礦路，由該公司派來華之礦師勘定，於地面插標誌明，留備該公司開採礦産之用。惟不得出叁拾捌萬肆千畝以外，即陸萬肆千英畝，其地面雖准原業主作别項正用，惟原業主暨他人均不得於插標界内開採别礦，致礙該公司礦利。再所議開採之地下礦路叁拾捌萬肆千畝數，礦務章程未經載明，應否改少，須候路礦總局核定遵辦。

貳拾，該公司在各處所開之礦，倘獲有利益，願以除去股息，並報効中國國家貳成伍之餘利，每年酌助該處學堂積穀經費，交地方官轉給，以聯情誼。但此項經費，須俟餘利之多寡，由公司酌定，地方官紳不得勉强。

貳拾壹，該公司既在中國境内開礦，如有華人犯事，應交地方官，照中國律辦理。該公司毋得干與，倘有與外國人交涉事，照約章辦理。

貳拾貳，此合同目前衹可作爲准其勘驗礦質憑據，俟外務部核准路礦總局給照後，經安徽巡撫部院聶照會英總領事知照，並將路礦總局執照給與該公司之手，始得作爲准其開辦憑據。未經執照以前，不得開辦。倘奉外務部路礦總局議駁，安裕公司應照議駁之事，遵改照辦。倘不遵辦，即作爲罷論。

貳拾叁，此項合同分繕華英文各貳分，商務總局與凱約翰各存華英文壹分。

辦理安徽商務總局佈政使司佈政使湯。

安裕公司總董世爵凱約翰。

大清國光緒貳拾捌年肆月初肆日，

西曆壹千玖百零貳年伍月日。

「中央研究院」近代史研究所《礦務檔》第五册《光緒二十八年九月二十一日外務部奏摺附閩省華洋合辦建寧等屬礦産改定合同議覆法商承辦福建建寧邵武汀州等屬礦務事》 九月二十一日，本部遞奏摺稱，爲遵旨議奏，仰祈聖鑒事。光緒二十八年三月初二日，准軍機處鈔交閩浙總督許應騤奏，擬由法商承辦福建建寧邵武汀州三府屬礦務，現與妥議章程各摺片，本日奉硃批，外務部議奏，片併發，欽此。欽遵到部，查原奏内稱，閩省崇山峻嶺，礦産甚多，據法領事屢次來商，有法商魏池擬請准於建寧、邵武、汀州三府屬擇礦開採，設立公司。倣照四川章程，由官派員設局，分别辦理等因，並准該督將所訂合同咨送前來。臣等就原訂合同詳加查核，如華裕大東兩公司均派監工勘礦，核與川章分立公司，一司購地，一司辦礦。其權限尚未分清，至未經指定之地，尋勘礦産，准以三年爲期。而勘定之後，並不予以開工年限，亦與定章不符，其接辦民間已開之礦，先未核定價目。輒行管業，尤難保無勉强抑勒情弊，凡此窒礙之處，固未便稍予通融。他若股本之多寡，税數之輕重，運道之遠近，在在均關緊要。合同内或漏未聲叙，或語涉含混，經臣等分别增損，電商該督飭局與法領事詳細磋商。數月以來，始克漸次就緒，猶恐電文簡略，稱解稍有歧異，即辦法不免參差。復將改定合同，咨行閩省逐條核對，俾臻周妥。現准該督電稱，合同全稿，法領事已允悉，華文辦理。請即核奏等語，謹照録改定合同二十二條。恭呈御覽。如蒙俞允，即由臣部咨行該督派員與公司畫押，以便照章開辦。所有臣等遵議閩省礦章緣由，理合恭摺具陳。伏乞皇太后、皇上聖鑒訓示，謹奏。

〔附〕謹將閩省華洋合辦建寧、邵武、汀州三府屬礦産改定合同，照繕清單，恭呈御覽。

計開：

一，閩浙總督現要開採閩礦，設立礦務官局，派員督辦。官局務要籌議便宜之法，開採閩屬之建寧、邵武、汀州三府地方礦産，招致華裕大東兩公司，各集華洋商股，統歸官局查核。華裕公司專司購地，歸華員經理，洋人附股，只得稽查股利，不得干預事權。大東公司專司開採，限三年内，准在以上所列三府屬内覓礦，無論覓得幾處，均准開採。三年限滿後，凡未經該公司指定者，准别項公司尋覓開採，其已經該公司指定者，予限一年，如未開工，亦准他項公司接辦。

二，華裕公司現與大東公司另訂合同，籌集一切貲本，招商集股。華裕先備款八萬元，爲購地之用，大東先備款七百四十萬元，爲開採之用，均係初備貲本。俟定地開採，再行逐廠估計數目，招集華洋股分，華人購買股票，如有力量，儘可購至過半。至應享權利，華洋一律，不得畸重畸輕。

三，大東公司准於批准之後，未開辦之先，派外國總監工或礦師前往尋覓試驗，惟須官局派員會同前往。

四，大東公司查勘試驗之後，要開何礦，須明白指出，繪圖註説，由華裕公司呈交官局詳奏准行。如礦地係民業，或公産如祠廟等類，或買或租，華裕公司須向業主商議舉辦。華商已開之礦，公司不得侵佔，該商如願出售，亦准華裕與該商妥議，歸伊接辦。如遇華裕與業主商議不合，無論公業私業，均可由官局派員勘估，酌給公道數目。業主不得居奇，官局亦不得抑勒。公司願按照業主所索價目，先行備款繳局，再由官局與之議定付給，業主如願入股，即將此款折給股票。

五，華裕公司坐得大東公司所送每百張抽五張股票，應即將半數轉送官局。又按大東公司所得紅利項下，每百抽八之紅利，即每百張抽八張之紅利股票，呈繳官司。

六，華裕公司將大東公司所得紅利項下，每百抽二十五之紅利，即每百張抽二十五張之紅利股票，以報效中國國家。官局有稽核之權，開礦所用物件，或礦務所屬工程應用物件，以及礦産所出之貨，均免完釐金及内地各税。至海關税則，仍應照章完納。

七，所有五六兩條所載華裕公司轉送官局之每百張抽二張半之股票，及應繳官局每百張抽三十三張之紅利股票，均應於大東公司開售股票之時，首先照額抽送官局。

八，所開之礦，倘係官業，應由官局委員與華裕公司總辦，議定公司應完租税之額。

九，官局所委隨同礦師之員，及護送兵勇一切費用，均歸大東付給，所有載運機器事件，則歸官局委員巡視保護。

十，大東公司要打鑽掘井，及開辦勘驗各工程，須預先通知華裕公司，稟明官局。並與該管業主妥議，無庸全買礦外地段，如所辦工程有傷地主權利，則公司當與地主商定賠償款目。倘遇墳墓屋宇可以遷移者，公司當與其家屬或該管地方官，商議妥協辦理，倘彼此不合，再由官局派員估價償還。如實在不願得價遷移，必須設法繞越，毋得毁掘損壞，官局亦極力設法方便開採工程。該管地方官或省中官府，須約明凡礦務辦事人員，以及礦工之器具物件，皆極力妥爲保護，勿使稍有驚擾。

十一，大東公司可於礦井處所，疏通河道，以便行運。並修造小支鐵路，至最近水口，或與礦工有聯屬之處，惟言明所造僅係支路，不得造幹路。此種港路，只能專作裝運礦産之用，如要裝載客商貨物，須妥議章程，另訂條約。並須先將所開港路，繪圖貼説，稟請官局查明地方情形有無窒礙，分咨外務局路礦局核定，電行閩省照辦。如未核定，不得開工，如須購地，應仍由華裕公司查照奏定章程辦理。若爲通達礦廠運棧屯棧消息，須用電綫德律風，亦准稟明官局候示辦理。

十二，一切礦務工程，均歸大東公司管理，聽憑官局查核，每廠應設華洋董事各一人，薪水由公司籌給。所有執事人員，但華人所能勝任者，均派華人，並盡心教授，務使熟悉礦務工程。一切礦工丁役，極力多用土人，章程從優辦理。

十三，一切礦廠棧房，該管地方官須遵照官局意旨，實力保護，該礦廠棧房亦恪守禮法，並切實稽查，不容藏匿匪類。

十四，大東公司每年開礦所獲利息，除開銷各項費用外，提取三項。第一項，支付各股本息長年七釐，從付本日起算，未付之息，一併補還。第二項，從餘息中再提百分之十，陸續收回股票，其收票之價，按照原價加一償還。第三項，酌提一款爲公積本銀，限定數目，以備添換器具之用。除三項之外，所剩餘利，作爲實在紅利，即在此紅利上，先行提取應繳國家及閩省官課，海關課税不在此内。其餘均分應享紅利各股友，至所有公司承辦各礦，應完一切課税銀數，應聲明悉願遵照中國外務部及路礦局奏定新章辦理。

十五，各處礦廠分廠，各立出入賬簿，此廠盈餘，不得抵彼廠虧折。

十六，每逢年終，造具四柱清册，由華洋兩董事會算覆核，並會集股友核定之後，呈送官局再加核算，然後刊刻報章，申報政府，詳呈省憲，如有虧折，與中國國家官局無涉。

十七，公司承辦限期，從批准開辦日起算，以五十年爲限，限滿後，所有礦廠以及所屬之道路橋梁電綫鐵路各項，一概繳還官局，除所租礦地，由官局給還原主外，餘物並廠所房屋一切歸中國官局，勿庸給價。

十八，公司股票，本係華洋合股，倘華商於限内收買開採股票至四分之三，則官局即可收回各礦以及廠所房屋各等項，按照條款所載價值，償還所剩股票，並購回紅利股票。按照末三年匀分紅利統併估算得中價值二十倍償還。

十九，凡公司開採需用之機器物件，當照納關税，惟祗准免完内地釐金。

二十，所開各礦，係中國物産，倘有與别國戰争之事，開採公司須遵中國政令，不得資助敵國。

二十一，凡礦務總局現定章程條例，華裕大東兩公司均應遵守。

二十二，現訂之合同，共繕華文六分，應候奏請批准後，由閩浙總督派員與公司簽押，再行照辦。一分交法國領事，一分交大東公司，一分交華裕公司，一分呈總督存案，二分由總督分咨外務部路礦總局存案，如有疑惑，以華文爲憑。

「中央研究院」近代史研究所《礦務檔》第四册《光緒二十八年十月初一日**外務部收護理江西巡撫柯逢時文附江西礦務公司章程江西礦務公司酌定辦礦章程請查照立案**》 十月初一日，護理江西巡撫柯文稱，據江西礦務公司司道詳稱，案奉李前撫院札開，奏明設立礦務公司，派委司道督辦，並咨准河南撫部院錫咨抄豫南公司章程八條，及禹州試辦煤窑章程四條，並奏咨成案。札發詳加查核，酌仿辦理各等因，奉此。本司等公同參酌，查豫南公司章程所開保護利權，不准匿報私挖，籌集股本，務期設法招徠，以及延礦師，購機器。而先用土法試辦，核與本公司原擬章程，大致相同。至其開採入手，先從附近鐵路各礦，無非因勢利導之意。今江西鐵路未開，情形較異，而擬就樂平、清江、宜春各成礦，先行舉辦，用意正復相合。惟禹州章程内載奏明立案不准民間私售一條，係爲保利息争起見。遵查前奉行准外務部於本年二月初八日奏定礦務章程，第一條既准華洋各商赴部投稟，誠恐將來或有洋商欲承辦江西各礦，於公司利權不無妨礙，自不得不綢繆未雨，先行咨明立案。俾江西全省礦産，悉歸公司經理，以杜攬辦而息争端。又禹州奏咨成案，有酌藉官本一節，查上年商務局詳定章程，凡商民需本過鉅驟難措辦者，本有准其邀保酌藉貲本等語。今禹州煤窑，業經酌藉有案，似可仿照施行。惟既係藉款，不得誤認官商會辦，應令商人照算起息，並將本銀依限歸繳，不得稍有逾期，以重庫款。所有遵飭參酌會議礦務章程八條，理合詳請咨送外務部察核立案等情，到本護院，據此。除咨請盛大臣將奏准開辦萍鄉宜春礦産章程，覆江查照外，相應呈請，爲此咨呈外務部。謹請查照立案見復施行。

〔附〕照録章程清摺

謹將酌擬開辦江西礦務公司條款章程，開摺呈請鑒核。

一，申明礦權。江西五金之礦，所在皆有，民間開採，盛衰不常。現在設立公司，應由公司將全省所有礦山，通飭各州縣繪圖貼説，詳細列册呈送公司，再由公司派員帶同礦師前往察勘，以便開採。惟遵查本年二月初八日奏定礦務新章，華英各商均准赴部投稟，誠恐將來或有洋人欲承辦江西礦務，則於公司利權，不無妨礙。擬請咨明立案，所有江西全省礦産，現歸公司一手經理。嗣後欲開礦者，無論華股洋款，須與公司商妥允准，方可開辦。

一，領給執照。凡擬開辦礦務者，必須指定礦地四至界址，遵照新章，由州縣詳請督院暨撫院專咨外務部以爲可行，即知照路礦總局發出准行執照，照章呈繳照費。其未領執照以前，由公司先發印照，蓋用關防，三聯騎縫，一給承辦之人，一轉詳咨部换照，一存公司備查，照内詳載姓名籍貫，不論華洋之款，均由華商具名。倘有轇轕，自行理直，與公司無涉。自給照之日起，遵章以十二個月爲限，逾限未經開辦者，即由公司詳請註銷。

一，先開成礦。樂平之煤，清江之鐵，宜礦質地均佳。曾經鄉民開採，祗以資本不充，又無機器，以致及水廢棄，殊爲可惜。擬由公司籌款派員，先行試辦，並購探鑽吸水起重各機器，以期通風氣，廣濬利源。其民間用土法開採者，亦可照此辦理，惟無論獨開合開，皆須呈報公司。未經呈報之礦，概不准開。

一，延訂礦師。外洋礦師，一時寔難其選，兹准毛道慶蕃來函，有温秉仁，廣東人，在英國學堂習礦學有年，領有卒業頭等文憑，曾在開平江各礦辦事，忠寔不欺，擬即延訂來江，以資察勘。

一，籌集股本。開辦之始，由司挪墊款項，俟有端緒，再行招股。並移請毛道在滬經理招商集股事宜，一切起息分紅，均照各省通行章程。其商辦之礦，或有資本不敷者，准其禀請公司查明確寔，酌藉官本，以示提倡。惟既係藉款，不得誤認官商合辦，應令照算起息，本銀尤須依限呈繳。

一，按季呈報。無論官商各礦，所有員董職名，及每月所出礦産若干，與所用礦丁若干，均須逐詳晰按季呈報公司。至盛大臣奏准開辦萍鄉縣煤礦，奉新縣知縣蔣家駿購採宜春礦産，所有各該礦山地段，及辦理章程。出煤噸數，應請咨明查復，並飭各該縣查明界限，以備稽考。

一，保護礦産。凡開礦之地，如有鄉愚地棍，恃衆阻撓，應嚴飭地方官竭力保護。如必須募勇彈壓，准會同地方官禀請酌辦，經費自籌。惟公司祇任保護，倘有虧折成本，公司不認賠償。

一，設棧運售。煤有緑火紅火之别，緑火供民間炊爨，紅火足備機器之需。近用土法煉焦，甚爲合用。前由商務局在省城及九江設立囤棧，凡商民運煤到棧者，一律平價收買，此項囤棧，應請歸入公司。聯絡一氣，至將來五金各礦，所出礦産，亦可由官收買。照此推行。

以上各條，不過粗舉大端，如有未盡事宜，俟開辦後，隨時禀陳憲鑒，合併聲明。

中國第一歷史檔案館《清代軍機處電報檔彙編》第二八册《收署四川總督岑春煊電爲請調方怡來川辦礦務事光緒二十八年十月二十日》 川省礦禁大開，英法既訂合同，各國難保不思均霑利益。又風聞此次商約，關係川省之事極多，此後交涉日繁，亟需諳悉之員，預籌因應，以保利權。查有廣東試用知府方怡隨同陶模辦理交涉，措置裕如，擬懇天恩，準調來川差遣委用，現英商已至議辦礦務，需員孔亟用，敢電陳乞代奏請旨，煊叩。效。

中國第一歷史檔案館《清代軍機處電報檔彙編》第二八册《收署四川總督岑春煊電爲英普濟公司到川指開油炭等礦事光緒二十八年十月二十日》 英普濟公司立得樂到川，指開樂山、犍爲、威遠、蓬溪、遂寧、綿州、資州、酉陽八州縣，呈請填載合同，以便開取油炭銻砂等礦。因所指地方或有鹽井，或經他公司辦礦，未能遽允，本日飭局與議，意在令其指某縣開某縣，並令照鈞署前電，准開兩處，並須聲明，如一縣或數縣中已覓得前項礦産，八處即無庸再向餘縣查勘。詎意該商宗旨大相逕庭，據説所指八州縣均須有前項礦産，缺則另補，如每縣中即百處産油，亦當任其盡數開鑿，似此貪得無厭，萬難允准。事後儻華商自欲開採，反爲所煽制，擬峻拒之，鈞意如何，望覆。煊叩。效。

中國第一歷史檔案館《清代軍機處電報檔彙編》第二八册《收閩浙總督許應騤電爲礦咨合同事光緒二十八年十月二十一日》 礦咨謹悉。此項合同華洋文均應繕備，惟改稿第二十二條内款首僅載共繕華文六分款，末又載如有疑惑以華文爲憑，是否款首漏去法文二字，請查明電復。應騤。號。

中國第一歷史檔案館《清代軍機處電報檔彙編》第二六册《發署四川總督岑春煊電爲普濟公司指辦礦地等事光緒二十八年十月二十二日》 效、號電均悉。普濟公司指辦礦地，川省原訂合同係十四廳州縣，經本部改爲八州縣，其所指八州縣境内礦産幾何，均歸該公司開採，並非一縣内勘得礦産八處，即算足數。煤油限定兩縣，係照法商巴萬兩縣之例，以免彼此争論，應令專指某某兩縣爲勘採煤油之地，不得增多。至現指樂山等八州縣，除犍爲威遠，已有法公司承辦煤鐵，及蓬溪煤油，業由華商自辦，均應剔出外，共有礙鹽井地方，不得開採，係照川省合同第三條原文，當時川局如何與議，希飭查明，並與英商妥爲商定，仍電復外務部。養。

中國第一歷史檔案館《清代軍機處電報檔彙編》第二八册《收署四川總督岑春煊電爲川省開礦事光緒二十八年十月二十四日》 德領照稱，聞川省油煤鐵諸礦已允英法至十六州縣之多，不勝驚異。是否屬實，請詳細照覆等語，詞意狡而厲，到時必有要求，如何因應，候密示。英領已到晤時，必催普濟合同事效，號二電並懇鈞裁示復，煊叩。養。

「中央研究院」近代史研究所《礦務檔》第一册《光緒二十八年十月二十八日外務部奏摺遵議盛宣懷請設勘礦總公司並先撥官股十萬兩事》 光緒二十八年十月二十八日，外務部奏稿稱，謹奏爲遵旨會議具奏，仰祈聖鑒事。光緒二十八年九月二十五日，軍機處鈔交商務大臣盛宣懷奏擬設勘礦總公司請撥官本一片。本日奉硃批，外務部户部議奏，欽此。【略】臣等查各省請辦礦務，洋商居多，欲保利權，莫若由官購地出租，發給牌照。準令遵章註册，領地開辦，際此庫儲奇絀，若必全歸官辦。各省均覺爲難，勢必輾轉遷延，終難集事，該大臣所請集股一百萬兩，官商各認其半。又分五次撥付，輕而易舉，自屬可行。至挪撥陕西義賑餘款，户部查勘礦總公司現在上海擬設，自須酌發官款，以爲商民之倡。該大臣代辦陝西義賑，既稱尚存餘款銀十萬兩，應准其全數撥給該公司，作爲官發股本。將來如試辦無效，即責成該公司如數賠交，以重公款。所有臣等遵議緣由，謹繕摺具陳。伏乞皇太后、皇上聖鑒。再，此摺係外務部主稿，會同户部辦理，合併聲明，謹奏。

中國第一歷史檔案館《清代軍機處電報檔彙編》第二六册《發湖南巡撫俞廉三電爲湘省礦務事光緒二十八年十一月初五日》 感電悉。湘省礦務仿照川章，先集華股勘購礦地，再議籌辦開採，事屬可行，應即咨部立案。至奸商執持廢帖僞契，在外招摇，亟應嚴禁懲辦，如果到部嘗試，自當一律拒絕，以杜弊端。外務部。歌。

中國第一歷史檔案館《清代軍機處電報檔彙編》第二八册《收署四川總督岑春煊電爲與英領商議開礦合同事光緒二十八年十一月初八日》 今日英領暨立商到局，商議合同，經煊預飭該局先令指出某縣開某礦煤油，准指兩處，蓬溪抽出，犍爲威遠，可開碲油，不得開煤鐵，以上係照鈞意，飭商鄙見同。此外又令將五年期限改作一年，以符總局定章。第十五條末兩句應删，十六條末添一句，云惟不得逾五十九年之限。另添兩條，一係聲明蓬溪境内永不准合辦公司，任彼取油，以保華民已得利益。一言鹽政國課所關，如該公司於鑿礦時覓出鹽產，即呈明川省自採，暨第十六條有就範意，其餘均不願更易，無非執大部已允之説。查養電有所指，境内礦產幾何均歸開採之語，然煊現時不能不堅執，每縣只許一處，每處只限方圍二十里之説，能就範固善，否亦可留作鈞署轉圜之地步。一則因無論如何，英使均饒舌，再則因此時稍一放鬆，彼得步進步，非八州縣，全任開此三礦不已也。英使如何要挾，鈞處如何因應，務預示以便内外合力，少挽利權。煊叩。魚。

中國第一歷史檔案館《清代軍機處電報檔彙編》第二八册《收署四川總督岑春煊電爲與英領事商議開礦合同事光緒二十八年十一月初八日》 普濟以外，英領並要求蜀江會同兩公司合同，蜀江關係麻哈冕寧金礦，並唐星球私立合同之事，如與續議，流弊不堪設想，經煊決然卻之矣，會同合同期限早滿，例應作廢，亦擬堅拒，未審鈞意云何，乞示。煊意此後各國續來要挾，最好能使之先指礦地在於何處，寬廣幾何，所出何産，可供幾年開採，繪圖貼説，聽候考察。如無妨礙，方准開辦，不得憑空杜撰，預先標佔，致辦理諸多礙難。惟既許英法先立合同，若他國執均沾之例，當有何法以遣之，望籌度示遵，如速定新章，嚴飭各省責令遵守，以爲將來辦法。能否以塞外人之口，統望籌及，日領亦將踵至，附聞。煊叩。魚。

中國第一歷史檔案館《清代軍機處電報檔彙編》第二六册《發署四川總督岑春煊電爲辦麻哈等處金礦事光緒二十八年十一月初十日》 魚兩電均悉，蜀江公司請辦麻哈等處金礦，本部早經駁阻，會同公司合同，雖逾期限，但彼曾以川省匪亂，未能依限辦理爲詞，即如法國公司煤鐵金礦合同，亦已限滿，勢難一概作廢。至英法既立合同，他國自難禁阻，如不許他國承辦，則一國包攬，更多流弊。惟嗣後各公司應先指明礦地處所一節，查此次普濟公司合同内載，勘定地段得有礦務總局准開憑據，由保富公司指交承辦，即爲力保主權起見。其合同内增删各節，具徵蓋籌周至，仍希與英領切實磋商，以期就範，該公司總董哲美森現已出京，英使如向本署饒舌，當照來電，與之辯論，期臻妥洽。外務部。蒸。

中國第一歷史檔案館《清代軍機處電報檔彙編》第二八册《收署四川總督岑春煊電爲飭優待保護德領及礦利事光緒二十八年十一月十六日》 寒電敬悉，已飭川東道優待保護。惟風聞德領此來有均霑礦利意，萬一言及，當如何因應，乞密示遵，煊叩。翰。

中國第一歷史檔案館《清代軍機處電報檔彙編》第二八册《收署四川總督岑春煊電爲英領堅欲回渝及開礦事光緒二十八年十一月二十九日》 英領堅欲回渝，昨日親來告辭，又以鈞部養電，與再三磨議，終是意向兩歧。去後，彼又函約礦務局員前往踵商，直至舌敝唇焦，始據開出西昌、鹽源、會理、冕寧四州縣内五金礦産，除中國已辦外，悉數統開，三年爲期，別項公司不得前往勘驗。該處官商礦産將來如可華洋合辦，仍先儘該公司，並聲明普濟只開兩縣煤油，會同蜀江舊合同，均行作廢。且謂讓到盡頭，如蒙照准，便再留訂約，渝署要公，請敝國委副領暫代等語。煊以宥電未及得覆，不敢擅專，又恐此機一失，將來枝節叢生，後悔無及，擬明日再遣員，以准令兩縣全開嘗試，如可就範，似尚害少。倘非四縣不可，應否照准懇迅賜覆，萬一兩縣可成，擬以西昌冕寧應之。蓋鹽源縣礦苗極旺，會理又有與國要約在先，應留在中國自開之列，冕寧彼最注意，其實金苗遠遜鹽源，劃出麻哈一廠，餘地更小也。當否，統乞急電示復。再，韋領稱，英政府已派總領事駐川英使，曾否照會鈞部，並乞示。煊叩。勘。

中國第一歷史檔案館《清代軍機處電報檔彙編》第二六冊《發署四川總督岑春煊電爲開五金礦業事光緒二十八年十二月初一日》 勘、僉電均悉。英領指出西昌、鹽源、會理、冕寧四州縣內五金礦產，除中國已辦外，悉數統開，業經尊處再四磋磨，彼終堅不肯減。惟既願開除銻炭六縣，並將會同蜀江舊合同均行作廢，藉了無數葛藤，自可照准，以期結束。仍須切實聲明，普濟只開兩縣煤油，其銻炭業已開除，以後不得再提。至所請該處自辦礦產，將來如可華洋合辦，仍先儘該公司一節，合同內未便列入，昨已電覆在案，應於訂約時，切與磋商。再，會理州礦與國要約在先本部無案可稽，希再查明聲覆。至英派駐川總領一節，本部已照復，祇認爲駐重慶總領事，並聞外務部。東。

王彥威等《清季外交史料》卷一六八《川督岑春煊致外部英法持李大臣字據索辦川礦電》 英執李大臣與摩賡訂合同，索辦煤油煤炭等事，意在全川屢與磋磨，始定十四屬，仍不指地段，並有六年內他項公司不得查勘之語，草約已咨鈞署酌改，寧雅尚不在內，麻哈窒礙更多，猶不能允法領事到川。聞英已定草條約，遂藉李大臣所給煤油字據，只言擇辦兩處，決意不肯專開巴萬，已電鮑使向鈞署饒舌。二十七日，鮑使照會鈞署，法領在京催辦，只言巴萬准與巴瑪德在先，權利並未言，不要巴萬，另擇二處，故此次與英訂煤油草約極力剔除巴萬，英並不願。今法領堅執李大臣字據爲憑，不認前約，並續有要索，英聞之又相繼效尤，競爭多寡，先後絕無了期，曷敢輕允。擬請告鮑使應遵定章，仍舊開辦巴萬，告英使照法一律，並令指定地段如肯照辦固佳，否則請鈞署責斥川省，去年與法字據，今年與英草約，皆屬疏忽，法既定十處，英不能較法加多，將英商草約駁回，照法所定各礦產另議，則外間有所遵循。總之，李大臣因去年北方事起，心情慌亂，所與字據語涉籠統，致法有隙可尋，好在字據內有礦路總局如不准辦，仍作廢紙等語，統希設法維持。十二月初八日。

中國第一歷史檔案館《清代軍機處電報檔彙編》第二六冊《發署四川總督岑春煊電爲會理州礦務事光緒二十八年十二月初九日》 陽電悉，會理州礦務前既未能允奥，現自未便允。英若能堅持，仍留自辦較妥。嘛哈等處之礦，各寬廣若干，本部無從遥度，應由尊處查明，繪具圖説，咨部立案。外務部。佳。

中國第一歷史檔案館《清代軍機處電報檔彙編》第二六冊《發署四川總督岑春煊電爲議開川礦事光緒二十八年十二月二十六日》 英使函稱，川礦議久未結，領事未便久留成都，擬令回任，將所議各情詳報，以便在京會商等語。查英商指辦四縣金礦，前經往返電商，將次就緒，未便由京與商，致涉兩歧。除函復英使仍飭領事在川議結外，希飭局妥速商辦，主電復外務部。宥。

中國第一歷史檔案館《清代軍機處電報檔彙編》第二八冊《收署四川總督岑春煊電爲川省開礦事光緒二十九年正月初六日》 冬電敬悉，掉換流弊似多，疊與韋領磋商，允其合越嶲廳作該公司查勘之地，如五廳州縣均無礦產，亦不得換擇他處，似較有把握。雅州或且因此不必另立合辦之條，此經力爭，已有轉機。惟落地稅只允值百抽五，毫不加增，無非以滇蜀各約僅有此數爲藉口，麻哈或合辦或藉款，既允與商，乃延聘礦師，亦必要我先商，似太非理。其餘各條，已照滇約，不容添改，蓋彼能以入都爲要挾，而我不敢決絕，聽其去川，是彼據上游我處下風，彼進無已，我退即無已。茲擬將合同可允之處，悉允再加刪改送去，如仍不允，即聽其去入都後鈞裁，稍予通融，當可轉圜就範。是否有當，伏候鈞裁，速賜示復。煊叩。歌。

「中央研究院」近代史研究所《礦務檔》第三冊《光緒二十九年正月二十日外務部奏摺附寶昌公司礦務章程浙紳高爾伊辦礦應以衢嚴溫處四府煤鐵礦爲限》 正月二十日，本部奏摺稱，謹奏爲遵旨議奏，恭摺仰祈聖鑒事。光緒二十八年十月二十六日，准軍機處鈔交浙江巡撫任道鎔奏紳商承辦礦務改定章程一摺，奉硃批，外務部議奏，欽此。嗣於十二月初一日，准浙江巡撫將章程咨送前來，查原奏内稱，光緒二十四年浙省紳商高爾伊請設立浙東寶昌公司，開採衢嚴溫處煤鐵等礦，向義國惠工公司商人沙鏢納貸款銀五百萬兩，訂立合同，並取義國公使薩爾瓦葛保款單，擬議開辦章程，稟經前撫臣廖壽豐據情具奏。奉硃批，著統轄礦務鐵路總局大臣會同總理衙門妥議具奏，欽此。嗣經路礦大臣覆奏，以高爾伊所擬礦章，與奏定通行章程不符，應令妥籌釐正，奉旨依議，欽此。咨行到浙，當經轉飭去後，茲據該紳商候選道高爾伊於原請承辦浙東衢嚴溫處各礦外，又請兼辦浙西杭湖兩府礦務，當飭將前擬章程，查照部定新章，重加釐訂，並將昔年與惠工公司原訂貸款合同，及義使保款單呈驗，稟請奏咨前來。查浙省所產煤鐵等礦，多有苗質顯露之處，若能集貲開採，得人經理，自足開闢利源。惟本年二月間部定新章，凡開辦礦務，應由外務部核奪，知照礦務總局復准，俟發出准行執照，方可開辦。今該紳商貸款請開各屬礦產，自應遵照辦理等語。臣等查候選道高爾伊擬設寶昌公司，向義商沙鏢納訂藉銀五百萬兩，請開浙省衢嚴溫處各屬煤鐵礦產，稟由前任浙江巡撫廖壽豐奏奉諭旨，飭交路礦總局會同總理衙門議奏。當經路礦大臣以高爾伊所擬章程，核與礦章不符，應令妥籌厘正等因議覆在案。今該員復申前請，並於衢嚴溫處外，又請兼辦杭湖兩府礦務。查杭湖兩屬，雖爲前撫原奏所已及，然祇爲將來推廣之計，並非同時興辦。現據該員所擬章程二十條，其第一條係統指六屬礦務，並將原奏未及之煤油礦産，任意列入。經臣等酌核，改定將杭湖兩屬礦務及煤油礦産，一併剔除，擬令該員專在衢嚴溫處四府境内，指明煤鐵礦山數處，繪圖貼説，呈報地方官查無窒礙，咨部核准，先行試辦，不得預佔該四府全境。如將來辦有成效，准其設法推廣，仍不越衢嚴溫處四屬，以清界限。其餘各條，與臣部奏定新章，均屬相符，應請准如所請辦理。兹將章程繕具清單，恭呈御覽，如蒙俞允，即由臣部咨行浙江巡撫轉飭該員，與該員與義商沙鏢納訂立合同，依限開辦。如有遲延，即將合同作廢，以符定章。所有臣等遵議緣由，理合恭摺具陳。伏乞皇太后皇上聖鑒訓示，謹奏。

光緒二十九年正月二十日具奏，奉硃批，依議，欽此。

〔附〕照録清單

謹將寶昌公司承辦浙江礦務章程，繕具清單，恭呈御覽。

一，寶昌公司向義商惠工公司貸款庫平足銀五百萬兩，指辦浙江衢嚴溫處四府境内煤鐵礦數處。按照光緒二十八年二月初八日外務部奏定礦務章程十九條，議訂章程，兩公司均應遵守。

一，查定章第一款開辦礦務者奉批准後，方可爲准行之據。公司經前浙江巡撫奏請有案，兹以厘正章程，稟請浙江巡撫復奏。俟奉國家批准，始作爲全允辦理之據。

一，查定章第二款礦路總局發出准行執照，方可開辦，照費視成本多寡，酌提百分之一繳局。公司遵議奉國家批准後，即稟明浙江巡撫，派礦師履勘各府屬，查明何處有礦可開，並估算每礦需本若干，按單呈報，以備隨時咨礦路總局查核，請發准行執照，按百分之一作爲照費，隨咨並繳。再各礦所需成本，倘或不敷五百萬之數，酌量添本，應稟明浙江巡撫立案，仍按所添之本，繳一成照費。

一，查定章第三款不得私將執照轉賣他人，倘欲售賣，須由原辦之人會同接辦之人，稟請立案領據，方可轉交接辦。公司遵議即使公司因礦地廣濶，轉運維難，於所指境内分設開礦公司，將所得之權利，交託承辦，或讓與自辦，各分公司無論代辦自辦，亦均須遵守現定之章程。

一，查定章第四款商定價銀，報明立案，不得私行交易，由官公平發給他價。公司遵議將所指境内勘得有可採之礦，並民間未開之荒廢各礦，註明界址，繪圖呈報浙江巡撫，飭地方官會同公司向業主商議租山租地，其租地由公司認給，公司不徑向民間租賃。如有不願租願賣者，聽業主之便。再中國商民已經開辦原有利益各礦，公司概不開辦，他公司亦概不准於公司所指境内勘採，以杜紛争。

一，查定章第五款地係中國之地，舉辦係由中國准行，無論何人承辦，應守中國定章。公司遵議將來倘出有事端，應由中國按照自主之權自定。

一，查定章第六款礦産出井，煤鐵值百抽五，作爲落地税，其出口税仍應照章在税關完納，内地厘金概不重征。公司遵議煤鐵出井，繳值百抽五落地税。如由通商口岸轉運出口，按海關章程完納税課。

一，查定章第七款自發給執照之日起，限十二個月内開工。公司遵議決不逾限。

一，查定章第八款礦山准造至最近水口，如與幹路相近，即准接連幹路爲止。公司遵議此項鐵路原爲運銷礦質，及轉運器具，以便工人往來之需，以造至最近水口，或接幹路爲止，所佔民地，應稟明浙江巡撫飭由地方官會同公司向業主公平議租，其租價由公司認給。

一，查定章第九款附近開礦處所，應設礦務學堂。公司遵議開辦後擇相宜之處，設礦務學堂一所，爲儲材之地，以備公司將來選用。其一切經費，由公司自行籌給。

一，查定章第十款開辦所需機器材料等件，除運自外洋，照章歸海關收税，内地厘金概不重征。如在内地採買材料，經過關卡，查明實係運往開礦處所，准給執照免厘放行。公司遵議運自外洋之機器材料，按海關章程完納，内地採買材料，既邀給免厘執照，斷不敢夾帶別貨，自取罰辦。

一，查定章第十一款僱用礦師，赴各處勘礦，應呈報外務部咨飭地方官保護，如遇百姓阻撓，及工匠滋事，由公司呈報地方官，即應隨時曉諭彈壓。公司仰蒙國家盡力保持，俾收實效，遵議以礦師來浙，先行呈明外務部暨浙江巡撫，札飭地方官派兵保護。倘未預知而生意外之事，則地方官不任其咎。再公司執事人等有失敬地方官情事，一經指告後，查明屬實，即行撤退，二年之内，不得録用。倘此後公司仍需此人，亦永不令在原廠辦事。

一，查定章第十二款礦産地畝，官地應備用承租，民地雖購買過户執業，仍須照中國原定田則，完納錢糧。各礦所用地段，只准足敷挖井蓋廠各用爲限。公司遵議除租官地外，所有購買礦地，每年照例完糧，挖井蓋廠地畝足敷用外，決不多佔。

一，查定章第十三款公司購用地畝，自應公平給價，不得强佔抑勒，地主亦不得抬價居奇，以有礙風水，藉詞阻撓。地主不願領價，願入股分，即按照原值給予股票。公司遵議購買地畝，會同地方官向業主公平議價，願領價願入股，悉聽業主之便。

一，查定章第十四款採驗礦苗，打鑽掘井，遇有田舍墳墓所在，務須設法繞越。公司遵議勘指礦山承造支路，凡有礙田舍墳墓者，一律繞越，以免驚擾。

一，查定章第十五款礦廠如設巡兵護廠，專用華人。除管理機器經理帳目外，一切執事工作人等，應多用華人。礦峒有壓斃人口等事，亦應優卹。公司遵議如設護廠巡兵，專用本地人執事工作，尤必悉用本地人，優給工價，以廣貧民謀食之路。設有礦峒壓斃人口，或致殘廢等事，酌量優卹。以上各款，均由公司自行籌給。

一，查定章第十六款，與公司無涉。

一，查定章第十七款華洋股東，如有虧折成本，國家但任保護，不認賠償。藉用洋款，亦應商藉商還，與國家無涉。公司遵議設或事業虧累，自行擔任，與中國國家及辦事人員毫不干涉。公司將來發售各礦股票時，凡中國官商工商，均可與公司合夥生理，與外洋股商一律看待。出售股票，應在歐州及中國大埠同時舉行。

一，查定章第十八款每年結帳除提還本息外，如有盈餘，以十成之二五報効國家。公司爲本省籌款起見，格外多籌報効，議以每年進款除去開銷四款外，即爲浄利。一，各項費用及應完税課租地價值。二，按股本銀數提付八厘利息。三，按所購器件原價，並修造學堂棧房等原價，提歸一成，提足停止。四，按所餘之款提出一成公積，以備公司要需。此四款開銷後，所有浄利，以百分之三十五分報効中國國家，百分之十浙江省留用，公司各股商得百分之六十五。每届年終，公司辦事人員稟請浙江巡撫派員會同查核每礦各帳，分取應得之款。

一，查定章第十九款承辦礦務者，均照此章辦理。此外未盡事宜，應俟隨時增損，以期盡善。公司仰求國家將來如有恤商之處，應請一律均霑。

右合同章程二十條，繕備華文英文各二分，如講解有異，以英文爲正。

「中央研究院」近代史研究所《礦務檔》第四册《光緒二十九年二月初一日外務部收安徽巡撫聶緝槼函附礦務章程二件皖紳擬設礦務總公司並議訂章程》 光緒二十九年二月初一日，安徽巡撫聶緝槼函稱，查皖省跨長江，中權南北，諸山蘊饒，礦産若銅鉛礬水晶紋石等項。所在發露，而煤鐵尤居大宗，其内河出江，近者數十里，遠者不過三四百里，運道便捷，亦他省所無。外商考察有年，至周至悉，羣思攬辦，至計營不得，則勾串奸民影混租買，或藉教堂出面蒙佔礦山，以待時會。蓋前此並無准許洋商在内地開礦之條約，雖垂涎者衆，而得手實難。近奉諭旨，無論華商洋商，皆可開採，於是彼族咸知華商絀於貲力，兼昧礦學，驟難擎舉，遂秉機而起，指地索憑。承辦者先後踵接，而本省紳商之通明時務者，亦以此事辦理得失，關係重大。現既力難自舉，又勢難距人，若再輾轉遷延，恐致別生枝節，不如及時定計，酌照湖南近章，設立全省礦務公司，提挈綱領，先行奏咨立案。無論華商洋商，分辦合辦，已未立約，概歸總公司官紳按照定章管理。如此則主客之形定，一切張弛機括，咸自我操，利權可不至遽失。而齟齬挾逼之釁患，亦得預防消泯，地方可冀幸安全，並以緝槼撫皖年餘。民情信服，宜於未赴調任以前，辦理就緒，不勝感禱等語。稟求核奪，緝槼當查該紳等所陳，係爲收挽利權，保全地方起見，辦法似頗得要領，惟一期開辦，彼紛紛來索者，必疑設局爲虚文，甚或以有意把持相詰難，將何以間執其口。爰密諭各紳等，先行議章集股，一面訪察諸洋商，究以何人品望較優，貲力較裕。如果可與共事，即與議明合辦大畧章程。呈復察奪去後，旋據在籍紳士余成格王念祖等函稱，訪得現在上海管理保安水險公司，歷充工部局總董英商伊德，辦事慎重，住滬二十餘年，中外商人，並深信服。接談數次，聽其議論，切實平允，與所訪相符。伊既願承領，招股合辦，因即與議定大畧辦法數條，另録呈核前來。緝槼復查不謬，惟此事關係重大，必慎始乃克圖終，且總局新章尚未宣示，未便據議，率行奏咨。特照録原擬大畧章程，肅函呈候鈞裁示復，虔請勛安，諸維霽照。

〔附〕照録章程

安徽紳商與英商面議合辦礦務大畧章程稿。

安徽商董、英商董，同在上海保安公司會議，擬各集貲本，合辦安徽内地開礦事宜，所議大畧章程列後：

一，華英商董公議設立安利礦務公司牌號，遵照全皖礦務公司總局章程，在安省長江南内地，租置礦産，開採營運。俟稟請全皖礦務公司總局憲批准，再行訂約開辦。

一，設立安利礦務公司之華英商董，即總公管本公司之人，彼此認明權力平等。所有本公司開礦一切事宜，必由兩總管協商，彼此允洽簽字作准。

一，安利礦務公司，係華英商合辦，所需貲本，由本公司華英總管各半分任，招集匯存銀行，開票存驗。

一，本公司開辦時，先派礦師分赴長江南北内地，周歷查驗。遇有合宜之礦產，即與業主議價租置，先立草約。俟總局委董會查劃界，立契成交後，再行酌議開採。

一，本公司開採各項礦產，先儘礦苗最旺，出江最近之礦，試開一二處。俟出貨得利後，再行推廣開辦。

一，本公司議定先開某處礦，即就某礦估計，需用工本銀數，由華英兩總管核定，應製股票若干張，各半分領出售，續開如例。

一，本公司俟訂約簽字後，即應定期開辦。所需租置礦廠，購運機器，一應開辦經費，先由華英總管商籌墊款。議明俟礦產出銷結算時，於所得餘利項下扣還。

一，礦務事繁任重，全賴經理得人，所有聘僱華洋執事人等，務須斟酌咸宜，以副衆望。兩總管提挈綱領，尤貴精白一心，不得偏執徇私，致有礙公理公利。

一，本公司係欽遵朝廷詔旨准行，稟奉安徽礦務總公司局憲批准開設，凡礦廠坐落所在，及華洋執事諸人，均應照約歸各地方官妥爲保護。至礦務辦理得法與否，本息或盈或虧，均由華英商人照總公司章程自理，與國家不涉。

一，本公司華英總管，及執事諸人權限所及，一以本公司應辦事宜爲斷。至有關國家交涉事件，一概不得干與。以上章程十條，係創議大畧，一切細目，約俟奉准開辦時，再行會議詳訂。

安徽省紳士擬設立全皖礦務總公司章程

原起。一則。

一，安徽省紳士公議設立全皖礦務公司，遵照京師礦務總局新章，管理本省境内開礦事宜，稟請安徽撫憲奏咨照准立案，頒發關防開辦。

宗旨。一則。

一，本總公司經管安徽全省礦務，係爲開廣利源，伸長國力，消民釁禍，保全地方起見。一切辦法，皆就本省内地情形，斟酌擬議，總期公允，盡善盡美。

用人。一則。

一，本總公司係官紳合辦，紳主陳議，官主判行，擬設總辦二員，官紳各帮辦一員，聘請洋人。提調一員，官紳均可。律師一員，聘請洋人。文案四員，一公牘書劄，一測繪，一稽收租税，一繙譯。值局經董四人。本省八府五直隸州，每屬公舉總董正副各一人。差遣人員。隨時酌委。

設局。一則。

一，本總公司先於安徽省城内設立總局一所，以便常川會議辦公，俟各公司礦廠開工，再擇適宜之地。或大通蕪湖增設分局，以便就近接應公事，各礦廠或須專委莅巡彈壓，届時由各公司稟請核詳辦理。

度支。一則。

一，本總公司開局伊始，所需薪資局費，擬請撫憲核定籌撥，俟各礦開工出産後，於經收租税餘利項下，酌提開支。届時會議，詳請定案。

職事。二十則。

一，本總公司管理全省礦務章程，係就安省内地情形，公同酌議，自稟奉安徽撫憲核定奏咨立案後，即有實行之權力，嗣後無論華洋礦商，稟請分辦合辦，必將此管理章程，先行詳譯認明。情願遵照辦理，叙訂牘約，乃可批准。所有從前他省成案，毋庸援瀆。

一，本總公司開局，首先通查本省礦産，倣照京局頒發礦務格式表譜，刊印多簿，遴派委員協同董事礦師，分赴長江南北各屬内地。周歷查勘，某縣有礦産幾處，某礦係某質，已開未開。並經由水陸道里，逐細查明。登表填譜，呈局蓋印存案，並分行各州縣存照備考。

一，本總公司清查本省礦産，係爲保護商業，以杜紛争。所有從前華洋各商租置之礦業，無論曾否稟准有案，已未立約，通限於三個月内報明呈契。聽候查勘劃界，蓋印交執。開局以後租置者，必先報請勘驗訂界，方准立契蓋印交執，如有私相授受，查出概不作准。

一，本總公司委員經董查勘礦廠，必傳集業主地鄰中證人等，詳詢原主有無執業的憑呈驗。四至界址有無糾葛影混，逐一理明。方准劃界立契，蓋印交執，以杜日後争端。

一，各商租置産業，凡有關礦務之用，必先經本總公司查勘劃界，成契蓋印，方准持契赴各該地方衙門投税。過户若無本總公司查勘印憑，私赴各地方衙門朦混投稅者，查出祇准作尋常置産，不得作爲礦務之用，以杜奸弊。先由本總公司行知州縣，一體查照辦理。

一，各礦廠相距道里，必有定限，不宜逼近爭開，致互相妨礙。兹酌定歸併辦法，凡各商先後租置礦業，同在定限之内，應歸先租者接受，後租者收回價本。若係同時租置，則歸資本較大者接受，本小者收回價本。如不願領回價本，則將原值估作股本，附入接受之公司合辦。另立附約存照，此爲兩全之策。應俟本總公司將相距之定限酌擬，詳請撫憲核定飭遵。

一，各公司租置礦業，祇准指定坐落某府某州縣境内，某鄉地名，礦産幾處，不得混稱某府某州縣礦産概歸某公司開採，以免事外諸人驚疑誤會。

一，各項礦廠行年租金，概由本總公司查照京局章程抽稅等級，並參考道里遠近，工程難易，秉公酌定，業主不得居奇，礦商不得捺賤，本總公司官紳自有之礦業産出租，均視此例。

一，各礦産稅則，均遵照京局新章征收，由本總公司帮辦協同稅務委員，調查各廠逐日出貨底册。核收填票，按月結報。票式另呈。

一，各公司礦廠所得盈餘淨利，除遵章以百分之二十五分報効國家外，再提十分歸本總公司存作開設礦務學堂經費。有餘則推廣地方善舉，所餘六十五分，由各公司自行照章分派，每屆盤結，須將通年出入細册，送交本總公司查核。

一，各公司礦廠開窿工作，及出貨經過道途，或有廬墓關礙，或有妨水利農田之處，本總公司委員經董於查勘時，必關白租商，設法繞越挪讓。儻勢難兩全，祇可停罷，不得僅顧一面便利，致礙衆人生理。和平利益，所獲良多，無論華洋商人，必喻斯旨。

一，各公司礦廠傭用本地工人，由各公司酌定工價，每日工作以幾點鐘爲度，均須大書牌示。去就聽各工人自願，不得强制，倘有怠惰誤公，口角爭吵等情，輕則革退，重則送交莅委懲辦。該廠監工諸人，不得恣行凌虐，致肇釁端，本總公司仍不時派董前往查勘照管。

一，各公司租置之礦廠，既經本總公司委董會勘，並無關礙，倘有刁徒意存挾索，藉口風水，阻撓滋事，由各商指名稟局，立飭各地方衙門嚴提究辦，以懲刁風而安商業。

一，各公司礦廠，或有工人結黨滋鬧，及地方聚衆爲難等事，應由莅委飛報地方文武衙門，立行會同彈壓解散。一面報由本總局遴派幹委，會同地方印官，傳提人證查訊，秉公判斷。各公司商人，須考察是非，期從平允了結，不得任意迫挾，致拂衆情而貽後患。

一，全省礦務，關係重大，力藉衆擎公議。八府五州，各舉總董正副二人。由本總局照請就近考察礦務利弊。每年春初，由局訂期，齊集會議，各抒所見。彙録一册，以備採擇施行，至管理章程，或須脩改之處，均俟會議時酌訂，以昭劃一。

一，本總公司聘請帮辦律師洋員，專任監察各公司劃界訂約，並稽核租稅盈餘結報等事，無論華洋各公司，一律照章辦理，無少偏徇，乃爲稱職。其聘用年限久暫，一以能否稱職爲斷，另詳聘約。

一，本總公司責任，在興除利弊，稽徵租稅，至各公司用人辦法當否，本息或盈或虧，概與本總公司無涉。一本總公司開局出示通知後，倘有奸刁勾結外商，私賣礦産，或捏稱領有官憑，招摇圖騙，一經察出，立飭該地方官嚴拏究辦，至受騙之商，既未先到本局查明，即有損失，概與本總公司無涉。

一，本總公司官紳自有之礦産，現時俱允歸入總局出租，俟將來積有厚貲，再酌用新法自行開採。除照章納租稅外，所得盈餘淨利，以百分之三十分歸本省課吏館，以三十分歸本省大學堂協充經費，以十分爲辦事人花紅，餘三十分作爲公積。以備擴充礦務之用。

一，本總公司綜管全省礦務，事繁任重，全賴經理得人，至辦理數年後，如果國稅日增，地方蒙利，著有成效，擬請奏明，准予擇尤奬敘，以示鼓勵。所聘洋員實在出力者，一併奬給勳章，用昭激勸。

「中央研究院」近代史研究所《礦務檔》第四册《光緒二十九年三月初六日外務部發安徽巡撫聶緝椝函請飭皖紳妥議礦務章程》 光緒二十九年三月初六日，致安徽巡撫聶函稱，仲芳中函閣下，接誦來函，並礦務章程兩分，備悉壹是。皖省土脈雄厚，礦産富饒，不早自圖，恐爲外人所奪。閣下先事防維固已，慮之詳而籌之熟矣。現經紳商等擬設全皖礦務公司，自行經理一切，原爲挽回利權，保全地方起見，但所訂章程，尚有未盡妥洽之處。即以用人而論，自總辦以至正副總董，計有三十九人，差遣人員，隨時酌委，尚不在此數。該公司所需局費薪貲，從何籌措。即俟各礦出産後，在經收租稅餘利項下酌提開支，但開礦非尅期所能奏效，餘利有無，多寡尚不可知，而該局歲耗鉅貲，何以持久。開辦伊始，應令務從撙節。一俟辦有成效，再行逐漸擴充。至帮辦律師，均用洋人，果其駕馭得宜，則異地藉才，未必不樂爲我用。惟專任以監察各公司劃界訂約，稽核租稅盈餘結報等，是舉該公司一切權利盡弊，自不如專用華紳，以免牽掣，不僅以洋員薪水過昂，斤斤爲惜費計也。他若官紳自有之礦，歸入總局出租，並未酌定收回年限，寔於商業有礙。商人租地開礦，固已幾費經營，設乘出產興旺之時，遽行收回自辦，是使商人坐失其利，而總局安享其成，殊不足以昭公允。至於議定專章以後，無論華洋各商，皆可遵章辦理，原期開濬利源，不分畛域。乃此章尚未准行，即與英商伊德議訂合辦章程，設立安利公司，將皖省長江南北内地礦產，全歸該公司開採，已與總公司章程内載各公司租置礦產，不得混指某府某縣一條，自相矛盾，且全省礦產，爲英商包佔，他國公司或起而相爭，或在別省相率效尤，又將何辭以拒。幸草約尚未簽字，不難商明作廢，應俟總公司議定妥章，咨部核准後，再行招商照章承辦，庶免兩歧，統希裁酌，並飭紳商等另行妥議，以防流弊。耑此佈復，順頌勛綏。

王樹枏《張文襄公全集》卷一八六《致長沙趙撫台俞撫台光緒二十九年三月十九日巳刻發》 漢口亨達利洋行與湘省訂立合同運銷鑛砂，獲利本厚，該行又不報確價，中飽甚鉅。復因煤鑛虧累，拖欠鑛局十餘萬兩。該行又在武昌省城外冒買，非通商口岸之地，以其建有廠屋爲湘省分擇鑛砂，未能收回。今該行又將生意廠地轉售德商禮和洋行，德人素稱强横，若不早爲設法，將恐德人藉端多方要挾，各國效尤，湘鄂均受無窮之累。鄙人爲此事，籌計數年，實深憂慮。頃英總領事來見，談及此事，謂若不收回，各國必索均霑，英商即須援例，恐中國難以應之。查亨達利原訂合同内有中國可收回自辦之説，現外洋爭購鑛砂生意，獲利甚厚，何不將其廠地生意全行收回自辦，派人與之算清帳目，該行必欠湘省鉅款，足可抵價等語。所言實屬有理，若能收回則中國鑛權可以自操，湘省獲利更厚，鄂省地基可以收回，一舉而數善備。此事委曲詳細情節庽帥盡知，務望轉告次帥，妥籌善法，電復切禱。效。

王樹枏《張文襄公全集》卷一八六《致長沙趙撫台俞撫台光緒二十九年二月二十日丑刻發》 效電想達，按合同亨達利每收鑛砂一頓，先繳銀若干兩，俟運到外洋得實價若干。亨達利除出行用若干外，餘價悉應照繳湘省。乃該行因其煤鑛虧累久，不報實價，亦不繳餘價，短欠湘省甚鉅。據湘省委員稱約計短銀十萬兩。其實若查明每次鑛砂運到外洋實在時價，與之核實算帳，尚不知多欠若干，儘敷抵收廠屋機器地基之價。至亨達利所佔之地距省城過近，有關於江防大局，鄂省久欲收回，屢議未妥，此是絶好機會。如亨達利所繳欠款不敷所索之價，鄂省情願代湘省補足交付。亨達利若能將此生意廠地收回，由湘省自行設局販運湘省以及他省鑛砂，利益甚多。湘省委員不悉外洋商人情形，且恐不免有礙於亨達利情面之處，不知此乃必能辦到之事。務祈飭局查明合同以及一切情形，請次帥速商庽帥妥籌善法。查鑛務乃商務大端，敝處似當與聞，務祈嚴飭委員以後事事須告敝處知，並聽敝處指示，庶免爲洋人所愚，總於湘鄂兩省大有裨益，祈速賜電復，洞方同啟。馬。

「中央研究院」近代史研究所《礦務檔》第四册《光緒二十九年五月十三日外務部收礦務鐵路總局文附湖南礦務總局商辦章程湘省商辦礦務章程須再酌量變通未便照准立案》 五月十三日，礦務鐵路總局文稱，案准湖南巡撫咨，據湖南礦務局司道詳稱，竊照本局前經詳請咨定章程，内有官督商辦各條。歷年以來，遵照辦理在案。惟近年風氣漸開，各屬商民稟開礦山之案，幾於無日不有。雖其中資本充實者，固不乏其人，而假託辦礦，藉帖招摇者，尤復不一而足。本局每逢此等稟件，無不詳加體察，始行核辦。然商民百端嘗試，亦正防不勝防，亟宜增立章程，以杜流弊，而弭隱患。今擬增定商辦章程四條，另單繕呈，詳請查示。如蒙核准，擬即由局刊刻通行，並請咨明統轄礦務鐵路總局立案，寔爲公便，理合備文詳請查核批示祇遵等情，到本部院，據此。除批示遵辦外，相應咨明，爲此合咨貴總局請煩查照立案施行等因前來。查湖南礦產素饒，地利尚未盡闢，近來風氣漸開，尤應設法鼓勵。國家興辦礦務，原以開利源而濟時難，能多得商民自開之礦，内有以保利權，外有以絶窺伺，所有釐定章程，總以便民恤商爲主。查該省原定礦務章程，於官督商辦各條，立法甚備。當時商辦較少，故歸重官辦官收，操縱亦未免有過隘之處。兹就增定章程四條，詳細覆核，嚴杜朦混，隱防干涉，具有深心，惟於真正殷實紳商實力興辦者，不無窒礙。如第一條夫馬費一節，倘或離省太遠，資本較微之礦，何能責以供應。所委之員，又未必果精礦學，其於探看苗脈，不能得實，徒滋擾累。若云但勘地段，則不如責成地方官就近查勘，較爲直捷了當。又第三條約據未經印税，輒往開採，即將山地充公，立予封禁一節，在商民違例開採，罰以山充公，自屬正辦。但朝廷方振興礦務，既有可採之礦，仍應另行招商承辦，毋庸封禁，免曠地產。又第四條各地礦產由山運省換發護照一節，查湖南所屬各府州運道，如辰沅永靖岳常澧一帶，均可直達漢口。若必令其繞道長沙，羈時耗費，於商民實多不便。以上各節，必須酌量便通，未便照准立案，應咨湖南巡撫另行核議咨覆，總期開通商情，以收自然之利。除咨湖南巡撫外，相應咨呈貴部，希即查照辦理。

〔附〕照録粘單

湖南礦務總局增定商辦章程四條

一，商民稟請開採礦山，除照章邀同股實鋪户，親身赴局具結外，並另具原稟商人如不在山，聽候查勘，即將保人懲處切結，再行核批。所委員沿途往返夫馬費用，查照向章，按里計算，批示由該商等在省如數呈繳到局，轉發備用。如延不呈繳，或查有別故，即將原案核銷。

一，商民赴局具稟，須將五事於稟尾粘單載明。(一) 開列具稟人籍貫住址。(一) 開明有無股夥，及貲本若干。如係招股，已招得若干，由何人經手，放存何處。(一) 開明山主姓名，及該山附近紳耆團總里總姓名。(一) 開明礦山坐落某方，離該管州縣城若干里某方，離省城若干里，水次何處，離水次若干里，由某水至某水水程共到省及到漢各若干里。(一) 鈔呈租買礦山契約。以上五項，均須逐一據寔詳載，以備查核。如無此單，概不收閲。倘查出所開並不確寔，即將具稟商民及保人，分別查辦。

一，商民租買礦山，議立草約，必先稟明礦務總局，委員查勘。如果毫無妨礙，准其開採。飭知該管地方官查照，再由商民稟呈租買約據，請地方官照例印税，方能作准。如地方官未奉飭行查訪明確有案，輙爲印税，一經查出，立予塗銷，並將地方官分別詳請撤參。如商民未將約據印税，輙往開採，即已朦領局帖，一經查出，仍將山地充作官産，立予封禁，並將開採人懲辦。至投税之時，如有書役訛索情事，隨時指名，稟由礦務總局嚴飭查究。

一，商辦各礦，所採銅鉛礦質，查照定章，如礦務總局不願收買，即由局照章抽收砂税，仍准更番换給護照，由該商自籌銷路。惟商人採護礦砂，不專售銷内地，必有與洋商交涉議價訂立合同之事。查前奉撫部院俞恭録光緒二十四年八月二十四日欽奉上諭，中外交涉日繁，如礦務鐵路藉款等事，不准擅立合同，致多窒礙等因，出示曉諭在案。又奉統轄礦務鐵路總局頒發章程，亦不准商民私訂合同，自應恪遵辦理。現在湘省官督商辦各礦，如係自運漢口籌銷，概由漢口湘礦轉運局代爲經理，以昭慎重。商民起運礦砂，自赴礦務總局呈報觔重，請領由山運省護照，俟到省後繳銷，聽候驗明砂觔，换發撫部院護照，再行前赴漢口。抵埠之時，仍將所發之撫部院護照，繳呈轉運局，報明觔重，及堆存地方，由轉運局派人驗明，將繳到護照繳礦務總局備查。再由該商自籌銷路，一經籌定，即將價值多少，及售行主經手人等姓名，詳細知照轉運局，由轉運局員紳核明可行，仍派人督同過付稟明備案，並照得售價，在漢扣取一十分之一，作爲完湘省礦井税項，由轉運局驗收具報。該局司巡人等，不得收取絲毫陋規。如須立議單合同，應由該局先將辦法與轉運局逐條商議。如果可行，再由轉運局稟明督同辦理。如有窒礙，即由轉運局駁斥，以便該商等另議。務臻妥洽。

中國第一歷史檔案館《光緒宣統兩朝上諭檔》第二九册《光緒二十九年十一月七日》 軍機大臣字寄安徽巡撫誠，光緒二十九年十一月初七日奉上諭，有人奏疆臣私售鑛産請飭確查一摺。據稱前安徽巡撫聶緝槼以安徽十五州縣鑛産與英國及巴西定約開採，皆係武備學堂提調譚姓代訂，並無界限。現在甫經立約，猶可挽回等語。著誠勳確查情形，據實覆奏，原摺著鈔給閲看，將此諭令知之，欽此。遵旨寄信前來。

王彦威等《清季外交史料》卷一八〇《川督錫良奏各省礦産應限制私合洋股以杜流弊片》 再，各省礦産原准華洋各商合股請辦，惟外務部暨前路礦總局先後奏定章程大要，總須先行呈明，俟查確批准爲定，核與定章不符者，雖立有草合同，亦不足作據。至請辦礦地，不准兼指數處，及混指全府全縣，所以杜漸防微，而保利權者，至爲周密。川省前設礦務局，專以考核各商所請是否合章，擬議准駁，詳由奴才咨請部局核覆，歷經照辦在案。近有立得樂請獨辦口北廳屬各礦，又法商戴瑪德不知如何與川省管解白蠟委員候補知縣劉鵬在京私立合同，擬設公司，合辦夔州府屬巫山、大寧、雲陽、開、萬等縣銅煤各礦，指地多處，由英法領事爲該商等照轉，或請准辦，或請立案照會，奴才前來當將不合定章，礙難准行之處，分別照覆該領事，一俟該商等到川呈明，再行查核辦理。惟查各省礦産若一任該商人任意指佔，各領事代爲陳請，恐有限之産，難供無厭之求。且近今之所謂華洋合辦，並非華洋商人，實已各具資本，勘定礦地也。大抵各處奸商劣紳舉中國之地利，以歆動洋人，冀洋人之資，本以虚張華股，即藉華洋合辦之名，慫恿洋人出面，以冀所求之必遂，既未先行呈明本省，不確指處所，競標公司之虚稱，廣佔著名之美産。洋人受其愚弄，卒以開辦爲難，或則託詞集股，或稱待延礦師，一再展限，而公家自此大利盡失，地方亦徒滋紛擾，有損無益，似非申明□候批准之章，嚴立擅訂合同之禁，開辦限期，不准推展，將來流弊不可勝言。至候補人員，不准在服官省分經商置産，例有明文，乃敢私合洋股，擅指公地，此風尤不可長，應如何申定章程，添立專條，通行各省，以杜弊混而遵資循。請飭下部臣查照核議施行，理合附片密陳，謹奏。光緒二十九年十一月二十四日，奉硃批，外務部、商部議奏。

《通商各關華洋貿易總册》光緒二十九年下卷阿拉巴德《光緒二十九年梧州口華洋貿易情形論畧》 茲有一礦務中人云，煤、銅、錫、銻、鉛、黑鉛等件，俱係貴縣出産。本土人開礦之法，只是搬開石塊，探到礦苗即止。所以到好礦苗之處，其風不通，其氣亦不清矣。至於鎔礦之爐，用泥造成，其様乃係圓者。爐之中間闊二英尺，可鎔得礦苗一擔。鎔礦苗之法，用木風箱以吸其風，即用堅炭以焙之，又用白灰雜而鎔之。觀其未鎔之先，該礦苗未經過火，則内中之白鉛已奪去銀質甚多。又將其白鉛再鍊於灰器中，乃取其銀。灰器係用爛草結成，以堅炭焙之，仍以風箱吸之，則此法又耗去斯銀不少，所得之浄銀於一千分中衹得九百二十分。現下貴縣有此等鎔礦之爐竈數百，鎔礦之時其氣味有鉛及砒霜等物，所以人之嗅其氣者多至生病。人之欲知礦務之詳細者，查廣西通志，則知之。通志云，生金出西南州峒山谷田野沙土中，不由礦出也。峒民以淘沙爲生，抔土出之，自然融結成顆，大者如麥粒，小者如麩片，便可鍛作服用，但色差淡耳。欲令精好，則重鍊取足，色耗去什二三既鍊，則是熟金丹竈所須生金，故録其所出。廣西所在産生金融宜昭藤，江濱與夫山谷皆有之，邕州溪峒及安南境皆有金坑，其所産多於諸郡。邕管永安州與交阯一水之隔，爾鵝鴨之屬，至交阯水濱游食而歸者，遺糞類得金。在吾境水濱則無金，不自礦出，自然融結於沙土之中，小者如麥麩，大者如豆，更大者如指，面皆謂之生金。昔江南遺趙韓王瓜子金，即此物也。亦有大如鷄子者，謂之金母，得是者富固可知。

《通商各關華洋貿易總册》光緒二十九年下卷杜德維《光緒二十九年福州口華洋貿易情形論畧》 上年有某華商夥聘法商，稟明本省大吏，擬於建寧邵武汀州等處開採礦産。業經批准，是年延得一法國礦師，前往邵武細勘金礦，現已廣佈。邵武金礦公司告白於外，擬糾集外股。據稱該公司擬共集五萬股，每股交洋銀二十五元，合集資本銀一百二十五萬元。目下擬先招集四千股云。本省金礦，凡經礦師勘驗者，咸稱宜於開採，獲利必鉅。倘閩省各處礦務大開，兼以樟腦製絲日益增盛，則即使茶市愈疲，將來桑榆之補，尚可冀其挽回不難。復元而貧無聊生，奄奄待斃之居民，亦將不至徒以薯粉充饑，轉填溝壑，且可長守家山，更不必跋涉關山四方餬口矣。

《通商各關華洋貿易總册》光緒二十九年下卷納機《光緒二十九年温州口華洋貿易情形論畧》 夏間有美國礦師偕意大利國之化學師來，該二人係奉中國政府允准，由外國公會派來查勘温州、處州、衢州、嚴州四府境内礦産，以備開採煤鐵。

《通商各關華洋貿易總册》光緒二十九年下卷施德明《光緒二十九年沙市口華洋貿易通商情形論畧》 硃砂一百九十擔，去年僅四十二擔。水銀三百十擔，去年僅一百四十九擔。此二項皆係貴州所産，而大半出於黔省，礦務局運經此處，報運漢口。

「中央研究院」近代史研究所《礦務檔》第四册《光緒三十年二月十五日外務部收湖南巡撫趙爾巽函附致英德領事照會駁覆英德領事照請廢止湘省礦章事請始終維持》 光緒三十年二月十五日，收湖南巡撫趙爾巽函稱，睽契光儀，莫名傾感。雲天在望，延企爲勞。歲華方新，福禄惟宜。熙載奮庸，允孚一德。翹詹仁宇，無任頌私，巽忝領珂鄉，愧無寸効。三湘礦産，彼族垂涎。前已將礦務總公司新訂章程，附片奏明。並迭次電咨冰案，想蒙荃察。茲英德領事又復饒舌，特抄録一通，寄呈外部，仍求大力始終維持。現在各省礦路，幾無不在彼範圍之内，惟湘省一綫生計尚在，力啚自固，不得不全力拒之。知我公必所深許，函摺各件，並請代呈各堂鑒閲。如彼族前來致辯，總求設法嚴拒，並求指示機宜，不勝翹盼之至。恭請勛安。

〔附〕照録抄摺

爲照復事：光緒二十九年十二月二十八日，接准貴領事照會内開，本署總領事近聞湖南省礦務總局，新定有礦務章程，内有不准西人干預等語。查照新約，與本國第九款、美約第八款，大有違背，本署總領事殊深詫異。但此項章程，未見照會，未審是否屬實，相應照詢，爲此照會，請煩查照，希即見復爲要等因，准此。查湖南礦務總局並未新定有礦務章程，惟全省礦務總公司係屬商人貲本設立，承辦全省礦産。開設已有數年，本年曾經更定章程。茲准前因，當飭洋務礦務各局轉飭該商人等復查。茲據復稱，並未有與貴國商約第九款、美約第八款違背之處。現亦未奉到外務部新定章程等因前來，相應照復，爲此復請貴領事，請煩查照施行。爲照覆事。光緒二十九年十二月二十日，接准貴領事照稱，照得本署領事閲看新聞紙，見有小信一則，隨後查明，知係礦務新章程，經貴撫部院批准在湖南全省辦理。本署領事查如此辦法，頗深詫異，因爲貴撫部院未按常例，將此等專辦章程，照會本署領事知照。按之各國律例，自應一定通發照會。當時既未得照會，現在剛一知道此等新章程，本署領事即就該章程，不得不申明鄙意。本署領事論德商利益，決不承認該新章程。此等新章程，按之北京拳匪亂後一千九百零一年九月七號第十一條款開首所言，又按華英商務合同，一千九百零二年九月五號第九條款所言，又按華美商務合同，一千九百零三年十月八號第七條款所言，均不相符。詳查以上各條款，貴國家無論如何，應當扶助外洋富人，在中國開礦興利。無奈貴撫部院所批定之新章程，西國人斷不能在湖南開礦，即已經購買之礦山，亦斷不能開採。而且該新章程，不關照一千九百零二年三月外務部所出章程，該章程五條內言明，華洋可以合辦。此章現尚通行，似此貴撫部院所批新章程。第一、第三、第十，又自第二十三至二十八，第四十五、第四十八、第五十，又自第五十五至五十七各條內，竟將外務部前出章程，一概作廢。除此之外，貴撫部院批准新章程，竟不關照從前已有本國商人，在湖南省向華人業主，按照律例，毫無錯誤，立約買定列處礦山，以便開採礦質。及湖南礦務總局已在新章程未批准之前，與本國商人遵例立有合同，銷賣礦砂。此合同尚未限滿，以上兩節，本署領事自應保護本國商人應有之權利。並若有比條約不相合之專章，令本國商人受虧，應向貴國家一定索償賠款。本署領事特意推拒貴撫部院所批准之湖南礦務新章程，並切請貴撫院，將各違背外務部一千九百零二年及隨後與外洋所立合同之新章程，酌量收回。因爲華德原立條款第四十條內載，如中國給予別國人利益，德國人亦一體均沾等語，是所訂條款，別國人得有好處，本國人亦當有好處。貴撫部院謂，湖南礦務新章程，經北京外務部批准。何以外務部於一千九百零二年出有章程，及後與英美兩國訂有合同，先後各異若此，所以本署領事特將此事稟明本國駐京大臣，毅然用力保護本國商人在湖南開礦之權利。並甚盼望貴撫部院將批准湖南礦務新章程，或作廢，或改良，迅速見復爲荷。相應照會，請煩查照辦理可也等因，准此。當即行知礦務洋務各局查復去後，旋據詳稱，轉據湖南礦務總公司紳商人等稟稱，此項礦務新章程，係由通省紳商公同議定。該紳商等以湘省礦山，係通省商民已產，是以議立公司，集款開採。向來華洋合股辦法，皆由華商貲本不足，願意招募洋商入股，始能合辦。如華商自揣所籌資本，可以敷用，擬暫不抬致外股，以免將來虧損外人貲財，此亦各國所能深諒者也。至外務部前發章程，嗣於光緒二十八年七月初九日，復奉上諭，飭令劉坤一、張之洞，會同商約大臣，將礦務章程會同妥議，奏明通行，以昭慎重等因，欽此。迄今尚未奉到通行章程，即貴領事所指中英商約第九條，中美商約第七條，均載有俟新章頒行後，照新章辦理之語。現在新章亦尚未議定，況湘省紳商出貲自開礦山，亦不與此相涉。近來各省華洋合辦礦務，其合同必須由各該省督撫批准，奏明立案，始可照辦。本月二十四日，復准外務部來文，本年十一月二十三日具奏奉旨，嗣後無論華洋商人，訂立合同。請辦礦産，務須遵照諭旨，先行咨明外部、商部，詳細覈議，奏明請旨遵行各等因在案。歷查各項條約，並無准令洋商隨便在於内地購買礦産開辦之文。湘省奸商，每有藉礦招搖，私立合同之事。前有潘玉超誆騙比商銀兩，又有鄔世英勾串奧商璞來克各案，均經前撫部院俞奏明懲辦。

貴領事所稱德商買定礦山，是否被人朦騙。湖南全省礦産，均係總公司紳商經理，並無另有礦山，可以任聽私賣。至礦務總局與洋商立有合同，銷賣礦砂，尚未限滿，此自是買賣礦砂，並非華洋合股辦礦，自應彼此遵守合同，免與交誼有礙。該商人儘可放心等情，由礦務洋務各局會詳前來。本部院覆查無異，相應照覆，爲此覆請貴領事查照施行。

「中央研究院」近代史研究所《礦務檔》第四册《光緒三十年二月十五日外務部收湖南巡撫趙爾巽函部定礦章請力保自辦權利湘省礦務擬招南洋華股》 光緒三十年二月十五日，收湖南巡撫趙爾巽函稱，前因湘省礦務總公司章程，擬請將來商部定章，預留地步，肅函仰懇維持，當蒙俯鑒。頃奉外務部來咨，以德使照稱，禮和行在湘省訂有開礦合同等因，展誦之下，甚爲駭詫。當飭礦務局查覆，已據詳咨達，並肅公函，專呈外務部各堂憲公電，當已仰邀垂詧矣。查湘省礦利，覬覦者衆。庚子以後，如凱約翰、璞來克、細井岩彌等，或以游歷爲名，或與地痞勾結，百出其技，以相嘗試。幸官紳一氣，隨宜因應，尚不致爲彼族所攫取。去歲總公司章程重行訂定，外人狃於和約，有華洋合辦之説，羣以此爲要索。現在部章未定，尚可抵制。若章程一出，則紛至沓來，應接不暇，實屬毫無把握。及今而籌補救之策，惟盼商部新章，力保權利，即不得已而出於招集洋股，亦須操縱由我，因地制宜，方不至十分棘手，其尤要者。本省礦産，既設總公司承辦，必須招集鉅款，廣購礦地，以保主權。若僅僅以空言抵制，終恐無益有損，不敢不預先陳明。現擬派員至南洋一帶，招致華商股分，冀有起而應者，總期挽回一分，即得一分之利。素仰閎猷碩畫，八表經營，故敢據實奉聞，切求訓示，不勝禱企之至，肅上。敬請崇安。

端方《端忠敏公奏稿》卷三《籌辦礦務情形摺光緒三十年二月》 奏爲湖北省遵旨籌辦礦務，現經派委大員督率經理，並酌撥官本先購礦山各情形，恭摺仰祈聖鑒事。竊照光緒二十九年八月初七日欽奉上諭，商部奏擬於各省設立路礦、農務、工藝各項公司，請飭各將軍督撫會同籌辦等語。現在振興商務全在官商聯絡一氣，以信相孚，內外合力維持，廣爲董勸，以期日有起色。著各省將軍督撫於商部議設各項公司，會同籌畫，悉心經理等因，欽此。咨行到鄂，伏念振興礦務，爲泰西富國之成規，而實今日理財之要政。中國礦産素富，礦質亦精，外人豔稱已非一日。徒以未興礦學，並無礦師。初則辦礦無人，任其山谷閉藏，不免貨棄於地。繼則開礦無術，漸致豪强壟斷，又不免利屬於人。即以湖北一省而論，往往有藉游歷爲名，徧詣各處，隱相查訪者。設使中國不早自爲計，其佳礦所在必漸爲他人佔盡，加以地方奸民勾串圖騙，影射訟累種種弊生。欲求設法保全，莫若先勘礦山，購歸公家，蓋一時即無款興辦，猶可存爲後圖。失今不爲，必至利權盡失，是以購地一事又爲今日開辦礦務第一要著，先事經營勢不容緩。鄂省礦山惟大冶一縣早經由官圈購，其餘各州縣産礦之區尚屬不少，應即查照大冶辦法，先行派員查勘備價購回，然後次第籌款自爲開辦。現與司道熟商酌籌官本，先就省城設立礦務總局，派湖北按察使岑春蓂綜理其事。該員於鄂省情形至爲熟悉，於交涉事件亦復因應得宜，以之督辦勘地購山，一切事宜必能勝任。至礦質之精粗，礦苗之衰旺，現在不能不延聘礦師，妥爲勘辦。鄂省已一面遴派學生赴泰西專學礦學，三四年後如其成就，即可不必假手外人，此又因圈購礦山不得不兼講礦學以求實力興辦之情形也。除咨商户二部外，所有遵旨籌辦礦務，先行酌撥官本圈購礦山各緣由，謹恭摺具陳。伏祈皇太后、皇上聖鑒，謹奏。

「中央研究院」近代史研究所《礦務檔》第四册《光緒三十年三月初六日外務部行安徽巡撫誠勳文商務局與英商伊德所訂勘驗皖礦合同礙難允准》 光緒三十年三月初六日，行安徽巡撫文稱，光緒三十年三月初一日，接准來咨，據商務總局查復，光緒二十九年三月間，奉飭與英商伊德訂立約據，准勘驗懷寧、宿松、太湖、東流、繁昌、婺源、涇縣七處礦産。聲明以十四個月爲率，過期作廢。如限內勘明礦質，尚須另訂詳細合同，咨部核准給照，始能開辦。又於閏五月間，奉飭與義公司代表人錫呢都訂立勘驗壽州、鳳台、定遠、巢縣四處合同。亦以十四個月爲限，聲明限滿勘驗未竣，即作爲廢紙。未經限滿之先勘明，應另訂詳細合同，詳咨給照，始能開辦。現在伊德與錫呢都，均未派人赴各處勘驗，一經限滿，原約作廢。即使先期勘明，亦須俟部准給照，方許購地開辦等因前來。查華洋商人請辦礦産，照章應先行咨部核議，不得遽訂合同。上年伊德等請勘驗懷寧等處礦産，商務局輒與該洋商等訂立合同，准其勘驗，核與定章不符，所訂雖係勘驗合同，既未先行咨部核議，本部自不能作據，相應咨行貴撫查照可也。

「中央研究院」近代史研究所《礦務檔》第四册《光緒三十年三月十二日外務部收湖南巡撫文駁拒奥商璞老克私訂合同來湘勘礦事咨送往返函牘等件》 光緒三十年三月十二日，收湖南巡撫文稱，光緒二十九年十月初四日，准奥國駐滬總領事許照稱，照得奥商濮喇閣稟稱。擬即由滬前赴貴省，乞請照會保護前來，敝總領事查該商於十六年前來經理行家事務時，該行曾請敝國外部備文行知，並據該商聲稱。現仍代人經商，意欲兼辦礦務，此次前赴貴省，大約意在辦礦。理合據請貴撫部院，遇事照約保護，並希隨時賜教，爲此備文照會，請煩查照等因，准此。當經覆以湖南全省礦務，業已奏明由本省紳商誤立總公司承辦，請轉飭該商濮喇閣，即璞老克，由漢抵湘，與洋務局員接晤。據稱執有蔡道乃煌、葉紳德輝，與立開礦合同，是以帶同礦師，來湘勘礦。當經局員查明該合同係屬二十七年冬間，奸商鄔(世)世英、唐乃安勾串該商來湘辦礦之時，案經前撫部院俞奏明懲辦。該商堅懇將唐乃安寬宥，免予重辦，是以與之私立合同。其中雖涉及礦事，而聲明俟湘省有華洋合辦章程，方能議及，且既未稟明立案。及未蓋用洋務局關防，自屬私情議訂，洋務局未便承認，亦未便令其勘礦，業由洋務局員切實辯覆去後，詎該商仍嘵瀆不休，迭次來轅訴辯，亦經據理駁斥。現查該商稟內，有將此事呈達貴部辯議之語，應抄録原合同，並迭次往返函牘。咨明立案，以資查攷，相應咨呈，爲此咨請貴部，謹請查照施行。

〔附〕照録抄摺

璞老克致洋務局函

敬啟者，璞於一千九百零三年十一月十號，曾有公文寄呈撫憲趙大人，今爲公文要事，璞已偕同英京總公司委來之礦師，安抵湘埠。故祈即約日期，以便來貴局商議，璞前所訂之合同，係於一千九百零三年正月十六號，由璞與前貴務局總辦蔡觀察簽字在案，此致長沙洋務局總辦台照。英京總公司全權代表人璞老克頓首。

西曆一千九百零四年三月八號。

洋務局復奥商璞老克函

敬復者，昨奉來函，藉悉一一，礦務一節，敝國華洋合股章程，既未定議，湖南總局司奏定章程，亦無華洋合股辦法。且前總辦蔡觀察所立三條，聲明係朋友交情，事屬私交，拜非公事，未便援以爲例據。是閣下及埃士君勘礦一説，本局不能承認，頃據面談，已將勘礦一層，作爲罷論。惟欲到省外游歷，應請指定地處，以便酌核，是所至禱。

由洋務局交到璞老克初次致院稟

憲台大人賜鑒，敬稟者。璞與英京公司之工程師，於二十三日抵長沙。二十四日，至洋務局拜會，面議清楚。璞等可往內地游歷，但是晚接得洋務局總辦之函，有談及璞去歲與洋務局訂之條約，此約并由葉德輝紳士簽字爲證。然此條約待奉新部章之下，方可作算。是以懇祈大人，照璞向上海英領事處所領之護照，下令保護，以便游歷是感，求此請鈞安。璞老克頓首拜。

并附湖南洋務總局之函

初次飭洋務局函復札

爲札飭事：案據洋務局轉呈奧商璞老克稟稱，敬稟者云云等因，據此。查洋務局并無稟明與該商訂立條約之事，如係自立私約，不足爲據。即便新章奉到，亦難作算。該商如果領有上海英領事游歷護照，即由該局照約保護，合行札飭札到該局，即便抄札，函復該商查照，此札。札洋務局。光緒三十年正月二十八日。

由洋務局交到璞老克二次至院稟

敬稟者，璞昨接洋務局來函，內抄録札文，照章保護璞等從內地游歷，但來信聞璞於一千九百零三年正月十六號，蔡乃煌訂立合同，由本城葉德輝簽字爲証，未曾存案。故璞無法爲之，只知照駐京英領使，將此事達外務部辯議合同根由。今或可否容璞於大人前，申明一事，即此合同內，曾清白稱有本局字樣，即湖南洋務總局是也。再者璞所代表之英國公司，其成本之現備，舉辦之全美，璞深知無錯失，并於此省內，只求一二礦山起辦，一切開辦規條，均遵將下之新部章。因此璞以實事求是舉辦，深信大人必肯將璞之事再思而決也。此呈撫憲趙大人，俯賜垂鑒，不勝待命之至。

英京公司受權代表人璞老克叩稟。西曆一千九百零四年三月十六號。

二次飭洋務局函復札

爲札飭事：案據該局呈送奧商璞來克稟稱云云等情，據此。查該商所執合同，既未經洋務局稟明立案，又未蓋用洋務局關防，且該商兩次函稱，由本城紳士葉德輝簽字。葉德輝并非洋務局人員，又未予以簽字訂立合同之權，其爲私議訂立，已無疑義，自不能執爲憑據。至所請開礦一節，查湖南開産，業已奏明由湖南全省礦務總公司，承辦全省礦務。該公司紳商等，現時并無招集洋商入股之議，雖一二處亦未便令其舉辦，合亟札飭札到該局，即便抄札函復該商查照，此札。札洋務局。光緒三十年二月初一日。

私立原合同

一，由璞老克函致本局，由本局詳請撫憲。俟唐乃安解到之日，照會袁制台開恩，將唐乃安酌量發還，交璞老克。

二，將來華洋合股章程議定，當由本局通知來湘，面商辦理。倘無華洋合股章程，及璞老克不依章程辦理，則作罷論。但必先通知，以盡朋友之情。

三，所有招摇各犯一切，璞老克不理。蔡、葉　光緒二十八年壬寅十二月十八日，西曆一千九百零三年正月十六日

由洋務局交到璞老克三次致院稟

敬稟者，頃接洋務局第二次來函，知悉大人以奇異之意，置於公事文件之上，此公文即前撫憲俞大人命該時洋務局之總辦，訂立簽字，并時實有多人，在場眼見，即於該局之繙譯郭月波，本處內地會之牧師郭莫華，至於本城葉德輝簽字，寔係蔡乃煌道台之所請也。今按大人之尊意，如合同中之律理，可隨意不承認，則西人與貴國公局之辦理官員，訂立合同，全爲無用也。璞與英公司之工程師來長沙，非爲辯駁此合同之正律理，是以璞至恭且敬。知照大人，若於禮拜日午時，即本月二十號，無寔定之回信，璞必立刻舉動要步，將此事置於北京治理處議之。此呈撫憲趙大人垂鑒示復。英京公司受全權代表人璞老克謹稟。西曆一千九百零四年三月十八號。

三次飭洋務局函復札

爲飭事：案據該局轉呈奧商璞老克稟稱云云等情，據此。查該商所執合同，既未稟明立案，又未經洋務局蓋用關防，自是私交議定，本部院暨洋務局，均屬無從承認，何以該商以爲奇異。現在本部院即以此爲寔定之回信，應由該局抄札函知，請其將此事置於北京治理處議之可也。合極札飭札到該局，即便遵照，此札。札洋務局。光緒三十年二月初三日。

王彦威等《清季外交史料》卷一八二《外部奏英商請辦安徽銅官山鑛務改定合同摺》　總理外務部慶親王奕劻等奏，爲英商凱約翰請辦安徽銅官山

鑛，務改定合同事。竊臣部於光緒二十九年十二月十四日准英國駐京大臣薩道義將英商凱約翰與安徽巡撫所立驗鑛合同函請核覆前來，當經臣部電咨安徽巡撫詳細查覆，旋准該撫先後電咨稱，皖省前有英商凱約翰遵章承辦鑛務，經前任巡撫聶飭商務局於光緒二十八年四月與訂歙縣、銅陵、大通、寧國、廣德、潛山等處勘鑛合同二十三條，以八個月爲限，先後連展四限，每限三個月，扣至二十九年十一月止。去冬凱約翰於未滿限之先來皖，願將原定歙縣、大通、寧國、廣德、潛山等五處删除，改爲開辦銅陵縣之銅官山一處。惟查原議合同開鑛限期至一百年之久，地下鑛路至三十八萬四千畝之多，未敢率行定局，相持多日，凱約翰謬執原約未能就範，合將地圖説略暨原訂合同約據咨請核明辦理等因前來。臣等查該商原定合同内第十三條所訂期限年數多至一百年，向章實無此辦法。第十九條所指地段見方三十里，佔該縣全境三分之一，且東南西三面均侵入鄰縣界内，名爲銅陵縣一處，實並其所除之大通鑛地暗包在内，未免佔地太寬，窒礙難行。經臣等迭次面加駁阻，該商總以原議六處今只承辦一處，業已減無可減爲辭，至期限年數太多，尚肯略爲減少。復經臣等堅持面議，多次磋磨逾月，該商始允將地段縱横各減十里，計見方二十華里，其地面除蓋廠挖硐外，均准民間照常耕種，及各項正用年限，則按照雲南成案以六十年爲期，並於合同内聲明，如届期彼此均願展限則展限，惟展限之期不得逾二十五年之久。其餘各條核與臣部奏定章程均屬相符，間有字句未協之處，亦經細加酌改，以期周妥。兹將改定合同二十三條，謹繕清單恭呈御覽，如蒙俞允，即由臣部與該商訂期畫押，作爲開辦之據。謹奏。光緒三十年四月二十二日。

謹將安徽商務局與英商議訂銅官山開鑛合同開單，恭呈御覽。安徽商務總局前於光緒二十八年四月間與英人凱約翰代倫華公司議訂勘驗鑛務合同，指明歙縣、銅陵、大通、寧國、廣德、潛山等六處，准凱爵約翰派人前往勘驗，現經勘明願將歙縣、大通、寧國、廣德、潛山等五處删除，專辦銅陵縣屬之銅官山一處，彼此議訂開辦合同開列於後。

一、此次所開銅官山之鑛名爲安裕公司，該公司舉凱爵約翰爲總董，經理其事。

二、合同如議訂後，奉旨批准，即按第五條知照安徽巡撫，准凱爵約翰於銅官山之鑛派人前往開辦。

三、安裕公司前經先糾資本英金六千鎊經已用去，現再行糾集資本英金六千鎊，此資本隨後酌加，以不出七百萬兩爲額，約合英金一百萬鎊，照開鑛應需銀兩之數而定，所糾之股俟議定每股若干，登列報章，華洋兼收。公司應設華總辦一員，英總辦一員，互相稽查帳目。凡與中國官紳商民交涉歸華總辦管理，凡開鑛工程銀錢進出歸英總辦管理。廠内除管理機器或須聘用洋人外，其一切工作執事人等均應多用華人，該公司從優給與工價。鑛廠相近應設華分局，派華人勘租地畝，隨時稽查完納税餉等事，各員薪水開支均由該公司按月支送。

四、開鑛地段應於未動工以前詳備圖説，將開洞造廠挖溝處所逐一標註明白，知照商務總局派員會同地方官查明，果無窒礙，即向民間議購或租。俟有成説，該公司即備款交商務總局購租承受，或交地方官覈實發給，不得私相授受。如地面上有房屋樹木水井池牆，凡以人工成本造成産業，無論拆毁留存，均應於地價外照市價酌加。其地段劃定界址，以足敷造廠挖洞各項鑛所需爲限，不得任意多佔。該公司鑛洞外之餘地，未經租購者，與公司無涉，仍由原主造屋種植，作各項正用。惟除已開在先之鑛外，不准再在界址内開採鑛質。

五、此合同自奏准簽字後，即由外務部知照商部發給開鑛執照，並知照安徽巡撫，按照第三第四兩條派員會同辦理一切。凱爵約翰代倫華公司接到准辦執照，即將報効銀兩限一禮拜内照數交付現銀，此報効銀兩照目下已糾集之資本英金一萬二千鎊百分之一計算，俟此資本隨後增加，則隨時仍按所加之數呈繳報効銀百分之一，倘資本陸續增添過一百萬鎊，報効之款亦應陸續增繳。其開辦限期自奏准簽字之日起，限十二個月，如逾現期不開，即將合同作廢，報効銀兩亦不得索還。

六、該處鑛質一經出洞，按賣價照以下抽税煤斤鐵銻砂白礬硼砂等類值百抽五，煤油硫磺硃砂暨銅鉛錫等類值百抽十，金銀白鉛水銀等類值百抽十五，鑽石水晶等物值百抽二十五，均作爲落地税，其餘出口銷售，經過洋關應遵章納税，不在此例。至落地税一項，如將來改訂新章，有增減之處，他處公司均照新章完納，該公司亦一律照辦。

七、倘須築造鐵路，以便轉運鑛産，應准至最近水口爲止，所造之鐵路不准載客運貨。

八、附近開鑛處應設鑛務學堂，一切薪水經費均由公司籌給。

九、凡開辦所需機器材料等件，除運自外洋照章歸海關收税外，內地釐金概不重徵。如在內地採買材料經過關卡，停船聽候查驗，如查明實係運往開鑛處所，准給執照，免釐放行，如有夾帶別貨走漏，一經查出照章罰辦。

十，該公司開辦之後，每年除支銷各項費用並納完租税外，所獲淨利照公司成本實數先提出股利一成即值百抽十，倘除外仍有餘利，再以二成五報効中國國家，解交安徽藩庫。

十一，所指鑛地界内如有華民已開之鑛，該業主自願或租或賣，請將已用成本換給股票作爲股本，各聽其便。惟須商務總局三面商允，不得私相授受，該公司亦不得勉强侵奪。至定界之後，敢有在界内私挖者，應即由地方官禁止。所有傭工夫役人等倘有損傷致命，由該公司給資從優撫卹。

十二，該公司所開鑛場地方官應保護，如有需兵力彈壓者，中國祇代就地招募華兵，其餉械各費均由該公司自認，不得藉端自行請本國兵或請别國兵挾制。

十三，該鑛以六十年爲限，限滿之後即將所有鑛廠房屋基地機器料件一切全行報効中國，交商務總局管理。如六十年期滿時，彼此情願展限則可展限，惟所展之限不得逾二十五年之久。至開辦以後每年進出帳目，須於年終繕寫四季清册四分，先經華洋總辦覆明畫押，一分送交商務總局，三分由安徽巡撫分咨商外户三部備覈。中國國家祇按所出鑛産徵收租税，該公司如有虧折，與中國國家及商務總局無涉。

十四，該鑛所需地畝如係民地，則照市值購買，官地則備價承租。惟民地雖購買，過户執業仍須照中國所定田則完納錢糧。

十五，公司所有應用地畝或租或購，自應公平給價，不得强佔抑勒，地主亦不得抬價居奇，並不准以有礙風水藉詞撓阻，如實有關礙，該公司應和平妥商優給遷移資費，或設法繞越以期融洽，不得勉强。如該地主不願領價，願入股分，即按照原值給予股票爲憑。

十六，如將來安徽巡撫在皖省給予别商採鑛利益，所訂合同不得優於此合同。至定限交款開辦日期於第五條内開明，一經逾限即作廢無用。

十七，此合同訂立係遵照光緒二十八年二月初八日西曆一千九百零二年三月十七號外務部奏奉旨批准鑛務新章酌定，倘有未盡事宜，合同内未及備載者，亦均遵此項奏定鑛務章程辦理。

十八，該公司承辦鑛務總期與居民利便，願報効現銀一萬元交地方官作爲本地善舉義舉之用，以便愜洽輿情，並遵照凱爵約翰代倫華公司與安徽商務總局，於一千九百零三年三月三十一號簽訂合同，呈繳勘鑛展限報効銀四萬元。

十九，該公司專辦銅官山一處鑛産，其地下鑛路四面邊線各二十華里，應於圖内畫定界線，附此合同存案。無論界内開挖鑛洞若干處，所用鑛路總不得逾此圖畫定界線之外。其地面上餘地，仍照第四條，准原業主作别項正用。惟原業主及他人均不在界内開採别鑛，致礙該公司鑛利，倘該公司開挖鑛路損傷地面致坍塌房屋壓斃人口牲畜，該公司均應從優償卹。

二十，該公司在該鑛所獲利願以除去股息，並報効中國國家二成五外之餘利，每年酌助該處學堂積穀經費，由地方官轉給，以聯情誼，但此項經費須俟餘利之多寡，由公司酌定，地方官紳不得勉强。

二十一，該公司既在中國境内開鑛，如有華人犯事應交地方官照中國律辦理，該公司毋得干預，倘有與外國人交涉事，照約章辦理。

二十二，此合同自奏准簽字後，發給執照，即爲批准開辦之據。所有光緒二十八年該公司與安徽商務總局議訂勘驗合同並光緒二十九年三月初三日即西曆一千九百零三年三月三十一號之續合同，一併即行作廢。

二十三，此項合同分繕華英文各五分，一存安徽巡撫衙門，一交該公司收執，三分存商外户部衙門備案。

大清欽命外務部右侍郎伍押，大英男爵安裕公司總董凱押。光緒三十年四月二十二日，西曆一千九百四年六月五號。

王彦威等《清季外交史料》卷一八二《鐵路督辦盛宣懷致小田切宣城煤礦照約作廢照會》

爲照會事。承准商部咨開，照得本部接管路鑛總局移交卷内，光緒二十八年四月二十八日，准貴大臣咨稱，安徽寧國府宣城縣犬形牛形簸箕等山，産煤豐旺，據日本股商土倉鶴松遣代理人楯原孫藏來請合辦，當派鄭道官應陳道善言妥與籌議，據呈草合同二十款，又專條八款，飭於光緒二十七年八月二十九日，簽押分執，俟鑽驗確實，定准開辦。磋議正約時，仍舊專案奏咨辦理，相應咨會貴局查照等因。查路鑛總局前經奉旨歸併本部管理，凡屬鑛務，本部責有攸歸，現經奏定鑛務章程第一條内開，以前已辦各鑛，業經議定之處，仍照原定合同辦理等語，係指奏准有案者而言。查宣城縣煤鑛公司與日商土倉合辦，係屬未經奏准之案，自應遵照部定章程辦理，按部章祇准華商承辦，或華洋商合辦，不准於附搭洋股之外，另藉洋款，更不准以鑛地抵藉，細閲原訂專條第二款，有土倉隨時藉款，與公司專爲辦鑛之用，公司按藉銀多少，即交股票多少。又第四款，有公司立據將鑛場地畝産業，一併作保各等語，顯與部章不合，現計此項草合同簽押，已逾兩年，究竟土倉曾否親往，或派人前往鑽驗，所有合同暨專條曾否照原訂合同第二十款，於簽押後，一起核准檢查。路鑛局原卷並由外務部查明，均未續據咨報有案，相應咨請貴大臣迅將以上各節聲覆到部，以憑核奪，附送奏定路鑛章程一册，並希查照可也等因，准此。查宣城煤鑛前因勘探無效，逾限已久，曾准安徽巡撫部院誠來咨，業經本大臣照會貴總領事轉飭土倉銷廢合同在案，兹准前因本大臣復查原訂合同專條，既與部定新章不合，自應即時註銷，以資結束。除咨覆商部查照並分行外，相應照會貴總領事，請煩查照飭遵，見覆施行。四月二十六日

「中央研究院」近代史研究所《礦務檔》第四册《光緒三十年六月二十日外務部收軍機處交出夏旹鈔片開辦農工商礦總局暨遣派員紳督率學生赴日本肄習農商礦等學》 光緒三十年六月二十日，收軍機處交出夏旹鈔片稱，再江西省原設農工商務局礦務公司，給前護撫臣柯逢時於上年正月歸併派辦政事處，列爲兩所，奏得在案。竊維朝廷振興百度，商部特設專官。舉凡農工商礦一切生利之圖，事體重要。臣上年奏留會辦之紳士翰林院編修黄大壎，禮部主事劉景熙，均於春間到省。正宜及時會商，認真籌辦。派辦政事處諸務殷繁，勢難兼顧，自應另設農工商礦總局，以專責成，即以藩司爲總辦，添派提調文案等員，於三月初三日開局。迭據會紳籌議，江西物産雖富，風氣未開，如造紙榨糖織佈捲煙等事，本地皆足取材。而工藝實形窳敗，他如種植畜牧，皆爲興商之本。事資擇善，師貴從長，因商訂黄大壎前赴日本，將各項實業認真考察。冀有成法之循，俾獲改良之益，並隨帶學生十名前往，分送各學堂肄習農商礦專門之學。異日畢業回華，推行盡利，其成效必有可觀。現已遣派陸續起程，理合將另設專局派紳督率學生出洋緣由，附片具陳。伏乞聖鑒，謹奏。光緒三十年六月二十日，奉硃批，該部知道，欽此。

「中央研究院」近代史研究所《礦務檔》第四册《光緒三十年七月十七日外務部收湖南巡撫趙爾巽函湘省礦章已遵飭修改請詳晰指示》 光緒三十年七月十七日，收湖南巡撫趙函稱，頃奉賜諭，以湘省礦務總公司章程，與新章商約未符，不如示以入股定章，俾知遵守等因。祗誦之下，仰見宏謨碩畫，燭照無遺，莫名欽佩。查湘省紳商，上年修改總公司章程，因其時礦務新章，尚未頒發，無從遵守。若遽許人入股，必至茫無限制，轉失大部權衡輕重之至意。故當時紳商公議，皆以堅拒外人爲宗旨。逆料各國領事，必相詰難，然與其通融過早，轉生枝節，不若堅持定見，静候新章，較爲無弊。故自去年十二月以後，駐漢各國領事照會迭至，每次飭局核議，並行總公司各紳商詳細研求，均謂新章未來，以據理力争爲上策。今讀大部頒行礦務新章，縝密精詳，力保利權，各紳商無不同聲歎服。已飭遵照迅將章程修改，爲條理繁密，必須與前後定章，各國商約，毫無違背。而於湖南地方情形，歷年辦法，亦不致大抉藩籬，方足以興遺利，而泯後患。樞衡在上，事事得以稟承，匪惟爾巽一人之私幸，實湘南全省之公益。已派朱紳恩紱、黄紳篤恭、梁紳焕奎，携修改新章，北上趨叩鈐轅，面求訓誨，務求詳晰指示，俾有遵循，不勝企叩屏營之至，專肅。虔請鈞安，伏乞霽鑒。

照録清册

湖南全省礦務總公司章程。光緒三十年四月修改。

第一章，總綱。

第一條，本公司稟由湖南撫憲，奏奉國家敕准設立，總攬湖南全省各礦，以保利源，而專責成。

第二條，本總公司係奉湖南撫憲奏定，名曰奏辦湖南全省礦務總公司。

第三條，本總公司除奏辦礦務總局，官辦總局，官辦各礦外，所有湖南全省礦産，皆歸經理主持。凡從前批准商辦各礦，及以後承辦各路礦産者，均於總公司爲附屬，不得於總公司之外，另設總公司。所有總公司來往公文，以及隨時請示之件，皆可逕達撫憲，或由撫憲逕飭總公司，但須隨時知照礦務總局。

第四條，無論本省外省外埠各紳商，獨力或合股承辦之礦，均須各歸各路，編列號數，分别名之曰，總公司某路分公司第幾號，推至百十處，皆以數目字次第編列。一切章程，必須遵守總公司條例而行，其總公司自辦之礦，及現在商辦各礦，亦照此辦理。

第五條，本總公司經營全省礦産，分爲三路。長沙府、岳州府、常德府、澧州爲中路。寶慶府、衡州府、永州府、郴州、桂陽州爲南路。辰州府、沅州府、永順府、靖州，及乾州、鳳凰、永綏、晃州四廳，爲西路。

第六條，本總公司蒙國家批准，有永遠專辦之利益。惟指開一礦，照第六章第七章辦理者，不在此例。

第七條，本總公司總攬全省各礦，係包一切金類非金類各種礦産而言。

第八條，本總公司一切辦法，皆依商業規條而定，不得參以官場習氣。

第九條，本總公司宗旨，在集衆益，溥公利，無論本省外省外埠，或入股之東，或承辦之商，皆一體照章優待。

第十條，本總公司先招初次基本長平足紋銀三百萬兩，共分六萬股，無論本省或外省或外埠各紳商人等，皆可入股。

第十一條，光緒三十年二月，商部奏定礦務章程，本總公司一律遵守。

第二章，辦法。

第十二條，本總公司延聘本國在外洋畢業礦師，或外國著名礦師，履勘全省礦産，派委員紳，收買各府州縣礦地。

第十三條，本總公司設於長沙，中南西三路，各設辦公之所，並於岳州漢口上海，分設運轉局。

第十四條，本總公司鍊礦辦法，分西法土法兩項。其土法鍊廠，由各路隨時隨地自行所設立。各路所設鍊廠，皆可購鍊礦務總局及各路分公司之礦砂。將來開設西法鍊爐，另擇三路適中轉運均便之地，合力興辦。所有已鍊礦質，概應歸總公司主持銷售，以免價值參差之弊。

第十五條，本總公司派總理三人，一任中路，一任南路，一任西路。各辦各路，以專責成，仍合辦理公司事務，以期聯絡。

第十六條，各路毗連之處，或此路之人在彼路勘有礦産，亦可開採提鍊。但須各用各款，並須先與彼路商定，然後可行。

第十七條，本總公司各路各派副總理一人，由三路總理公舉，請撫憲札委。

第十八條，以後總理副總理，如有更易，應由衆股東公舉。如意見各殊，不能決定，即歸入臨時會議，仿投票之法，以得多數者，爲公同認可之據，稟請撫憲札委。

第十九條，本總公司請撫憲派監督官一員，以司稽察國家存放公款，以及税項股息一切財政各事宜，並可隨時派人稽查一切。

第二十條，本總公司請撫憲奏准，刊用關防，以昭信守，文曰奏辦湖南全省礦務總公司兼理礦務銀行之關防。其駐紮三路者，則曰湖南礦務總公司某路總理兼理銀行支店之關防。各路分公司，可由總公司隨時呈明刊發鈐記，以昭憑信。

第二十一條，本總公司自設礦務銀行，行用鈔票，流通於各分公司，以資周轉，其章程續議。

第二十二條，本總公司附設礦務學堂，其經費，或另行籌集，或於初次股分内，提藉若干，將來於紅利内，照數提還，俟會議再定。至總公司日後所得淨利，仍可提出若干，擴充經費。

第二十三條，本總公司務期規畫宏遠，先集基本銀三百萬兩開辦，而應辦之事尚多，待第二次擴充增集。

第三章，股分股票。

第二十四條，本總公司股分，分作兩種。其一爲基本股分，初次集六萬股，每股長平足銀五十兩。一爲特別股分，係爲開採一礦而集者，亦照此章辦理。惟特別股分之股東，不能享第六條之權利。

第二十五條，本總公司股票，分作一股一張，五股一張，十股一張，二十股一張，計共四種。即於收到股銀之日，填給股票，作爲起息日期。

第二十六條，股東入股後，不得任便抽回本銀。如須將股分讓與他人，應先儘初次各股友。如股内無人接受，方許轉賣。一經賣定，即報由總公司查明確係某省某府某廳州縣之人，註册换給新票。但須有殷實紳商，出具保結。如私相授受，並未報明换票，查出作廢。

第二十七條，遇有股票遺失者，一面到總公司掛號，一面登明日報。一月之後，准其邀同殷實紳商，赴總公司出具保結，核對補發，所有遺失原票，作爲廢紙。

第二十八條，股東中，如因事欲將股票改繕名號，或欲分合其股數，請與更换新票，亦須覓取保結，方可照换。

第二十九條，股本定以周年八厘行息，每届年終，各持息摺，或赴省城總公司，或就近赴三路總公司，領取息銀。其有宦游他省，或經商别處者，即將息銀寄交總公司核數派付，或願在漢滬轉運局代付，悉聽其便。

第四章，股東會議。

第三十條，本總公司仿照西例，凡入股各東，佔總額三百分之一者，得有決議事之權。

第三十一條，凡更改章程，增募股債，及一切重大創辦之事，有於總公司之利害者，均須招集有決議權之股東，會議決辦。

第三十二條，會議分爲定期會議，臨時會議。凡常例出入收支賬目預算決算及利益配分等事，均定期於每年二月會議。至有關緊要之件，刻須施行者，則爲臨時會議。

第三十三條，凡開議會，應由總公司於未開之前月，發函告知各股東，將開會日期及事項，開於函内。

第三十四條，凡議會之日，各股東有因事不得到場者，可請他股東代理。其距省過遠者，如有所見於總公司之利害，亦可函告，提出交議。

第三十五條，各股東到場，須滿員數之半，方可決議頒行。未滿數者，則於所議事，先行暫定決議，將原由知會各股東，再於一月以内，開第二次會議，議定行之。

第三十六條，議會所議各項，視到場股東議決權之多寡，而可否之。若議紛紜，而議決權相均者，可由總公司稟知撫憲批定。或以礦務學堂之教習，及公正之律師爲顧問，而判決之。

第三十七條，議會各股東，得公設監查員紳，監視總理所施行之業務，果否合於章程及所決議之宗旨。

第三十八條，凡議會所議各事，載之議事録，由各股東簽押，存總公司備查。

第五章，購買礦地。

第三十九條，本總公司備文各府廳州縣，曉諭商民，凡有礦山者，均令赴總公司呈驗礦質，報明註册。道遠者，就近至府縣或學署轉呈。

第四十條，本總公司選派明達士紳，分赴各府廳州縣，探查礦産有無多寡，註明圖册，並移請地方官會同查照辦理。

第四十一條，註册後，即由總公司知照各該管地方官，此後此礦山地，必須售與總公司之人。

第四十二條，所查之礦，除現在已歸總公司管業各礦山外，其餘俟總公司派礦師履勘後，即行定價售買。如總公司有必須租購之地，地主故意抬價居奇，即請派公正委員蒞山，秉公定價。

第四十三條，所查得之礦，地主不願賣者，亦可以山作爲股本，歸之總公司，俟開辦後，照股派息。

第四十四條，凡從前已開旋停之礦，業主無力續辦者，亦可歸之總公司，作爲股本，照股派息，其業主情願續辦，應照第七章辦理。

第四十五條，凡各路紳商租買礦山，必須有礦務總局勘准文件，或總公司文移，地方官方能照章印税。如無以上憑據，即用三聯契紙填寫礦山字樣，朦混投税者，一經查出，由地方官立將契約塗銷，業經通行，並咨明外務部核准立案，現仍照辦。

第四十六條，所查之礦，山主即不願賣，又不願附股，則此種礦山，仍應由該山主照第三十九條，先行報明註册，匿者議罰。以後除山主仍願赴總公司商辦外，不准私賣私辦。如有私賣私辦情弊，查出將契紙作廢，礦地充公。由地方官勘明扦定界址，填發官山執照，交總公司另行招股開辦。

第六章，現在商辦各礦。

第四十七條，凡從前批准商辦各礦，現未停辦者，均仍照舊辦理。但須編定號數，各歸各路，照第一章第四條辦法，名曰總公司某路分公司第幾號。

第四十八條，其銀錢出入，工程辦法，以及所採礦砂，或自行運砂出境銷售，或售與總公司鍊礦廠，仍由該商自主。如自運礦砂出境銷售，必須赴礦務總局呈驗合同，請領護照，及報關憑單。

第四十九條，該商等如有不願列號爲分公司，或暗中輾轉私售，是爲不遵守總公司之條例，應由總公司稟請撫憲主持核辦，以防流弊。

第五十條，現在商辦各礦，如另改章程，或另集股分，必須報明總公司，由總公司派人稽查。倘有違背總公司所定章程，别滋流弊者，總公司可以隨時稟明撫憲，勒令停辦。

第五十一條，此章爲商辦各礦之現在開採者而言，其現未開採，或以停辦或俟將來續辦者，應照第五章第七章辦理。

第七章，本省外省外埠紳商承辦之礦。

第五十二條，本省外省外埠各紳商，有願指定一礦，或獨力，或合股，遵照章程採掘礦産者，應先將礦質山名運道，詳細開具手摺，交由總公司商辦。如總公司查明無礙，即可各歸各路，編入分公司興工試採。但試採以一年爲期，期滿總公司當代爲呈請執照。

第五十三條，該分公司之名，照上第一章第四條。

第五十四條，分公司租總公司之礦地開採，須彼此訂立合同，按見砂多少，抽收地租。

第五十五條，土法開採之礦，自窿口起算，縱横十方里之内，别人不得另開窿口。西法開採之礦，縱横三十方里之内，不得另開窿口。遇有切近廬墓之處，必須設法繞避。如實在無法繞越者，即行優給遷移之費。倘毫無妨礙，又非業主，藉口先年封禁，故肆刁難阻撓，即由總公司稟請撫憲，並移地方官懲究。

第五十六條，一切浮費應酬捐款等事，總公司可酌量代爲邀免。如有痞徒滋擾，公司可稟請撫憲移營彈壓。

第五十七條，分公司試採期內，應呈驗所集資本。如照第五十四條訂立合同後，逾一年不行採掘，及不呈驗資本者，合同作爲廢紙。

第五十八條，分公司股本，須確照定章者，總公司方能承認。如有他弊，查出作廢。

第八章，會計。

第五十九條，本總公司所集特別股分，各歸各礦算結。其自辦之礦，與入股之礦，以及附屬興辦事業，如鍊礦廠，如銀行之類，其資本出自股銀者，除分別算結外，所有贏虧，仍彙總核算。

第六十條，本總公司每年自正月初一日起，至六月滿日止，爲前半期。自七月初一日起，至十二月滿日止，爲後半期。每届半年，總結一次。

第六十一條，總公司及分公司，應繳國家之税項，各歸各礦，照章完納。

第六十二條，除第六章第七章所辦各礦，非由總公司之貲本開辦者，不入本總公司會計外，凡總公司所入之項，彙總核算，除去各項開銷，先給股分周息八厘，餘勝之數，作爲淨利。其應付淨利之日，在第二年前半期内。分配如左：

一，每百分撥二十分，即二成，爲還本積項，俟積至股本總數，即以此二成，報効國家。

一，撥一成爲公積，以便修理及不時之需。

一，撥一成爲花紅，分給各辦事人等。

一，其餘六成，按股匀分。

第六十三條，本總公司於前後每半期之末，彙結總册，刊送各股東存查。

第六十四條，此次所定章程，如有遺漏窒礙之處，可隨時邀各股東會議修改。

照録清册

奉撫憲扎轉移總公司知照由，爲移行事，案奉撫部院俞札開，光緒二十九年正月十二日，承准外務部咨開。光緒二十八年十二月初六日，接准咨稱，據辦理湖南礦務總局司道詳稱，本局設立阜湘沅豐兩總公司，承辦湘省各路礦山，業蒙奏奉諭旨，並札派紳董經理在案。兹據兩總公司蔣德鈞等呈稱，湘省各屬礦産，自蒙奏設阜湘沅豐兩公司之後，又經紳董等體察情形，求有合於奏稱商情歸一，商權歸一之旨，呈請將兩公司合併爲一，以杜分歧。業經批准在案。凡湘省未開各礦，應行照案概歸總公司承辦。查開採礦産，必先籌集貲本，迭赴滬漢一帶，招集華股，類皆觀望不前。因查閲四川華益公司章程，專集華股，購買礦山，再行別立公司。合股開採，專辦購地一事，需款不多，易於招致，爰擬畧仿華益公司辦法，先集華股，再議指地籌款，以資開採，應請咨明立案，以憑遵守。又查各處奸商，或藉逾限作廢之局帖，或造山主出售之假契，任意招摇，應請咨明。如有此等奸商，赴部稟辦湘省礦産者，一律拒絶。其貲本確實，人尚可靠者，仍飭自與湖南礦務總公司各紳董，當面議辦等情。據此，謹請查照，仍祈見復等因前來。本部查湘省礦務，仿照川章，先集華股購地，再議籌款開採，事屬可行，自應准予立案。至奸商執持廢帖僞契撞騙各節，亟應設法防範，以免中外商人受累。如果到部嘗試，自當力爲拒絶，以杜流弊。相應咨行照查可也等因，到本部院，承准此，合就札行札到該局。即便移行查照等因，奉此，相應備文移知，爲此合移貴公司，請煩查照施行，須至移者，稟。

竊職紳等上年奉前憲分別檄委，辦理阜湘沅豐礦務總公司，及鍊礦總廠事宜，業經酌擬大畧章程，次第開辦。

憲台蒞湘以來，仰荷藎籌宏遠，所以維礦政保利權者，不遺餘力。查現在各路開辦之礦八十餘處，公司租買之礦，一百二十餘處。衡州設立鍊廠一所，開爐試鍊，均經先後稟陳在案。惟查上年稟請奏辦之時，設立全省鍊礦總公司。中南兩路，設立阜湘總公司。西路設立沅豐總公司。旋又稟經前憲，咨明外務部，設立購地總公司，名目紛繁，職紳等辦理經年，體察情形，悉心酌議，有應請歸簡易者，擬請設全省礦務總公司於省城，派委監督官一員，秉承憲謨，總持綱領。中南西三路，擬請各派總理一人，凡開礦購地鍊砂等事，各歸各路，以專責成。副總理隨時酌派，官商股分，存放生息，應於各路分設礦務銀行，以便度支。謹依章程繕具清摺，恭呈鑒核。如蒙俯允，仰祈奏咨立案。以爲經久之規，是否有當，爲此稟懇俯賜察核批示祗遵，實爲公便。

准總公司移送刊本章程到局，即便分移知照由，爲咨明事，案奉撫部院趙批，發湖南礦務總公司紳董稟擬章程呈請察核示遵，并懇奏咨立案由。奉批，稟悉。披閲章程，精詳周密，綱舉目張，良深嘉悦，候本部院分别奏咨立案。所有以前章程，即行作廢。

昨已札委黄紳忠浩爲西路總理，蔣紳德鈞爲南路總理，黄紳篤恭爲中路總理，分別札行在案。該紳等務宜和衷共濟，通力合作，先將副總理三人，照稟公舉，稟候本部院札委，并將礦務銀行章程，詳細咨訪，迅速訂定，以定辦法，而保利權。仰礦務局即將章程發交該紳等，刊刻裝訂，移由該局，分咨佈政使、按察使，暨各局所、各道府廳州縣一體遵照。此繳，原稟章程并發仍繳等因。奉此，當由敝局將章程發交該紳等刊刻裝訂。兹准總公司移送刻本章程到局，理合備文咨明，奉撫憲札開。兩公司奏改爲全省礦務總公司摺片，移行總公司知照由。

爲移知事，案奉撫憲趙札開，照得本部院於光緒二十九年九月十五日，附奏湘省前設阜湘沅豐兩公司，改爲湖南全省礦務總公司一片。除候奉到硃批，恭録咨行外，所有片稿，合行札發札到該局，即便移行遵照辦理等因，奉此。理合備文移會貴總公司查照施行，須至移者，計鈔撫憲片稿。

再湘省紳商集股設立錬礦總廠，並設阜湘總公司，承辦中路南路各屬礦産。設沅豐總公司，承辦西路各屬礦産。業經前撫臣俞廉三，於二十八年六月，專摺奏請立案。奉硃批，外務部路礦總局知道，欽此。欽遵在案。嗣又據總公司紳董稟定兩公司合併爲一，凡湘省未開各礦，概歸總公司承辦。並設購地總公司，先集華股，購買礦地，以保自主之權。亦經俞廉三電咨外務部路礦總局核准有案。惟查礦地綿亘，費鉅事繁。從前招股章程，間有應者，究以名稱不一，權限不定，未能十分踴躍。奴才迭飭總公司詳定章程，廣招股本，合力興辦。兹據總公司紳董呈稱，現已公同商定，仍照前案合併爲一，銷去阜湘沅豐之名，名曰湖南全省礦務總公司。初次先集股本銀三百萬兩，並力籌官股，以資補助。所有湖南全省礦産，除礦務總局現在試辦之新化銻礦、常寧鉛礦、平江金礦外，皆歸總公司經理。以後本省外省外埠各紳商，有願承辦湖南礦産者，祇准指定一礦，作爲總公司之分公司，不得另設總公司。一切章程，必須遵守。總公司辦公區域仍分三路，以長岳常澧爲中路，衡永郴桂寶爲南路，辰沅永靖及乾鳳永晃四廳爲西路。各派總理一人，分任其事，以專責成，仍合辦總公司一切事件，以期聯絡。又由奴才選派監督官一員，專司稽察國家税項，股本利息，及一切財政各事宜。並附設礦務銀行，以挽利權，而昭大信。其錬礦購地各事宜，即由各路總理就近兼辦，亦無須另立名目，以歸畫一。並據礦務局司道詳請具奏前來，奴才覆查無異，除將章程分咨外務部商部查明立案外，謹附片具陳。伏乞聖鑒，謹奏。

江西社會科學院歷史所《江西近代工礦史資料選編》第一章《臨川縣》 光緒三十年七月，據戚令揚表稱：章姓牛嶺煤礦，現據舉人章義鈞面稟，已招集三十餘人興工，惟煤層僅厚尺許，煤質不佳，只供本地炊焚之用。又有距章姓數里之官田，胡姓亦於祖遺山上，以土法挖煤，每日僅出一二十石，鄉民以此爲農隙之事，作輟無定。惟有徐徐誘導而已。

江西社會科學院歷史所《江西近代工礦史資料選編》第一章《南城縣》 光緒三十年七月，倪令廷慶表稱：縣屬向未查有礦産，自奉交查辦後，始有福建監生張國楨，稟報三十七都，陳福興等有煤山一嶂，邀股立據開辦，先請出示。當經前縣按照新章批飭，迄未稟復。現在諭查，此外未聞另有礦苗處所。

「中央研究院」近代史研究所《礦務檔》第四册《光緒三十年九月二十九日外務部收湖南巡撫陸元鼎文懲辦奸民鍾悦堂私訂合辦龍王山礦務合同正爲保全洋商資本》 光緒三十年九月二十九日，收湖南巡撫陸文稱，光緒三十年七月二十七日，准德國駐漢總領事梅照開。本年六月初四日，准前護院張照據礦務局會詳龍王山實係官地官礦，鍾悦堂私定合同，斷難開釋。及六月二十日照同前因一案後開，本署領事查湖南地方官已經屢次説出背理之言，即違背禮和洋行按律可以索要之公理。本署領事前已千萬語，辯勝其理，乃貴前護部院仍再提説背理之事，本署領事無庸明説，亦是如從前看得都是空語。此次來文，其空語總不外乎推脱，本署領事確乎甚重睦誼。可是湖南地方官於此固執，其形像總不表出公道，亦總無有籌給中國好處。似此若湖南地方官推駁本國商人按律有理之索要。本署領事誠恐自昔至今，彼此交誼，不能常恃。本署領事現擬會同禮和洋行，通查來文，稟明本國駐京大臣，奉到札飭，再行照會貴撫部院知照可也，相應照覆查照等因，准此。當即轉行礦務局查明擬議去後，兹據詳稱，查痞徒鍾悦堂，誆騙洋商禮和洋行，冒佔官産，私訂合同一案。該局所議各節，係按照該領事來文所引之暫行章程而言，似不得謂之背理，且謂違背禮和洋行按律可以索要之公理，尤不可解。總之，此案禮和洋行自是爲痞徒鍾悦堂所惑，不知龍王山係屬官地官産，絶非可以冒佔之處。而中國礦業，亦絶無一二鄉民，即可以與洋商訂立合同，准其開辦之事。現在地方官懲辦痞棍，正所以保全洋商資本，使不至爲鄉民所愚，致受虧折，正見中外睦誼。該領事似能鑒諒也等情前來，本部院查此案地方官懲辦冒佔官礦，誆騙洋商。私立合同之鍾悦堂，正爲保全洋商資本起見，似尚於公理相合。該領事甚重睦誼，本部院久深欽佩，尚望相交終始，恪守約章。彼此均能常恃，以重邦交，而維商務，除照覆外，相應咨呈，爲此咨請貴部，謹請查照施行。

江西社會科學院歷史所《江西近代工礦史資料選編》第一章《萬年》 光緒

三十年八月，文令炳塋表稱：余坊鬼嶺地方煤礦，係試用佈經歷郭鞠等領照開採。前因樂平鄉民滋事，暫行停挖。現仍照常開採惟尚未出大炭。十月表稱，鬼嶺煤礦，近因出炭無幾，虧折甚多，業已停挖。

王樹枏《張文襄公全集》卷一九一《陸撫台來電光緒三十年十二月初四日亥刻到》 沃電謹悉，當飭鑛局查覆。據稱湖南鑛產祇有該局與禮和訂約賣砂，事非一次。本年夏間，因前於二十二年該局曾與亨達利訂有承買銻砂三萬噸合同，七八年來祇交數千噸。禮和執約争索頗萌隱患，經該局總辦金道與禮和行東馬樂熙再四磋商，將來合同作廢，易以白鉛砂二萬噸，三年交完。該局所開水口山鉛鑛，預揣所得砂數必能交足，始敢訂約。此外，總公司所開各鑛出砂無多，並無與洋商訂約買賣之事。本年並經該局詳定章程，嗣後總公司及分設各公司如有與洋商交易，無論定立何章程，何項合同，凡有關交涉之事，必須移由鑛局核定，詳由撫院批准，方能作准行之據，批飭分行在案。湖南除鑛局及總公司并編號之分公司外，不准有私開之鑛，何以忽有鉅紳與禮和定約賣至三萬二千噸，期以十年，實堪駭詫。湘省鑛痞指鑛招摇誆騙外商，私賣私約之案不一而足，詎鉅紳亦甘爲此，必宜查明禁辦。惟此事鑛局與總公司尚全無所知，難保非冒名私訂等情，此案頗有關係。鈞諭極佩，除仍飭該局迅速查明，設法禁阻，並飭以後湘鑛出售外商，務先呈報鈞處查核外，該鉅紳究係何人，能否探示，切禱。鼎叩。豪。

江西社會科學院歷史所《江西近代工礦史資料選編》第一章《彭澤縣》 光緒三十年，據陳令麟蔚表稱：該縣僅有桃子山、老虎洞、榆樹塢等煤礦三處，曾奉委員帶同洋礦師，設局開辦。因煤質不佳，旋即廢棄，業經稟奉批準，毋庸置議。

《通商各關華洋貿易總册》光緒三十年下卷杜德維《光緒三十年福州口華洋貿易通商情形論畧》 查上届貿易論畧末節，内有論及金礦公司一層，其事仍覺有所窒礙，有舉以相告者，謂華官於此必欲按其開礦所獲利益，約抽六分之四入官。若然，則集股諸人所分餘利僅能得六分之二已耳。蓋即本省批准開礦條款觀之，其所獲礦産，官家已不止取及六分之二，且仍須按中國礦章所定，再抽十分之三，在領准開礦諸人於此見抽剥過重，似誠難一償所願。於是招股之舉，遂爾停止，乃彼此互相磋商，歷經數閲月之久，依然未臻就緒，致使此項窒礙之端，終難屏除。推本省腦務、木植、絲業、開礦諸大端，似皆當奮志以圖，謹遵官憲所立定章，必予之以公平權利，使無阻累，復從而鼓舞之，庶幾可望振興有象。設非然者，則執筆人記載本省貿易情形，於此日仍難免太息，而爲之連書曰進境毫無也。

《申報》光緒三十一年正月初六日第二版《粤民阻撓開煤廣州》 廣東南海縣屬之大嶺山煤礦自收回官辦後，經善後局札委李明德大令前往開辦，彼處鄉人藉口煤水害田聚衆抗阻。日前，局憲特札飭金利司蔣少尹將礦中之煤挖取一二百斤解局試驗，已傳集某鄉人切實開導，帶領工匠前往將煤挖起。翌日欲再行深挖，察驗煤苗深淺，詎料鄉人鳴鑼集衆，有數百人蜂擁上山，將應用什物盡行攫去。蔣少尹以衆怒難犯暫行走避。

《申報》光緒三十一年正月十六日第四版《湖北設立官礦局漢口》 鄂省礦務前奉督憲張制軍札委陽大令炳棻前往建始設局採辦，其候補知府黄太守邦俊原辦官礦各局，截至光緒三十年底止，一律裁撤。自光緒三十一年起，除責成新委之員供支官用外，所有民間藥材花砲應用礦觔，應併責成兼顧。襄樊一帶即由竹山銅礦轉運局附銷。宜沙一帶即由建始銅礦轉運局附銷。武漢一帶商務繁盛，由洋務局另行委員設法分銷。其本省零星商販應赴各官局購買，由各官局隨時填給印發護照，以昭慎重。其外省奉文來鄂採辦者，應赴各官局訂採，即産礦處所亦不得向礦户私相購辦，仍由官局另給轉運出省護照以資保護。如無官局護照及執持官局逾限已廢護照，即係私販，准軍民人等扭稟就近各官礦局，移送地方官衙門懲辦。刻此事已由洋務局詳奉督部堂批准通行矣。

中國第一歷史檔案館《清代軍機處電報檔彙編》第二六册《發湖廣總督張之洞電爲法商請辦鄖屬礦務事光緒三十一年正月十七日》 法商嘎薩雷請辦鄖屬礦務，前據來咨照復，該使頃准照稱，此事本國領事於光緒廿九年七月十一准江漢關岑道文稱，所有法商嘉三禮採勘格菽鄧家垈高家溝各銅礦，議明自西曆八月初一起十個月限内，中國不須讓與他人開辦等語。既有該道此項明文，似奉飭查卷之員未及覺查，該大吏素稱處事公允，諒無不體會此情，准予展限等因。查前此來咨，並未將關道照復法領之文詳晰聲叙，該商私自勘礦本應駁斥，該道向以逕行復准，希迅即查明電復。外務部。洽。

《申報》光緒三十一年二月初五日第三版《民教開礦之衝突漢口》 武昌府屬浦圻縣教民王某，開掘附近七里塘之煤礦，爲土豪歐陽某所阻，遂起衝突。王某則以教堂爲護符，歐陽則以焚燬教堂相恫嚇。當地紳士恐釀鉅禍，遂出爲調停，幸保無事。邑令深恐事後另生枝節，乃飭練兵若干，將各教堂切實保護，至開礦一節暫時停辦（記者案，教民虎之倀也，此次開礦必倀冒其名，虎收其利，無疑也。今士民惟以阻撓爲能力，縣令惟以保護教堂爲義務，而不先自開礦以相抵制，果何益哉）。

中國第一歷史檔案館《清代軍機處電報檔彙編》第二六册《發貴州巡撫林紹年電爲辦銅仁水銀礦事光緒三十一年二月十六日》 據載瑪德面稱，現辦銅仁水銀礦經工程師伯勒理勘定礦地，備價購買，屢被民人阻撓，致礦務未能興辦。現擬將所指礦地稟報黔省礦務總局，即由局派員查明，帮同購買，該公司亦決不抑勒，並飭地方官勸諭氏人勿再阻撓等語。查該工程師所指礦地，如非民間已開之礦，並別無窒礙，自應准其購買，希轉飭查明辦理，並電復外務部。銑。

王樹枏《張文襄公全集》卷一九二《致長沙端撫台光緒三十一年二月二十四日申刻發》 聞湘省售與禮和白鉛鑛砂，因交貨與鑛樣不符，禮和藉端挑剔，意在多索鑛砂，大減原價。查禮和即頂受亨達利武昌城外機廠者，鄂屢議收買廠屋，因湘省售與鑛砂可獲厚利，故堅不肯賣，此事公所深知。現禮和既藉端饒舌，大可趁此銷廢上年六月所訂合同，務請尊處堅持於彼所要索，或增鑛砂，或減貨價，力駁勿允。儻能乘此將合同廢去，將來湘省自辦洗砂機，洗鑛出售，獲利必優。斷不患無銷處，鄂省必竭力相助也。尊處現在如何籌辦，祈速示。敬。

《申報》光緒三十一年二月二十六日第四版《改良澧州雄黄礦長沙》 湖南雄黄礦祇澧州一處，每年七八月川雲廣蘇皖建等省均來此購取，歲獲鉅金。惟以礦中積水不消，往往壓斃礦丁，以致人咸畏懼。日前中路總公司總理聶售威觀察，特派員整頓，擬用皮帶機器去其積水，想從此礦産當日有起色矣。

中國第一歷史檔案館《清代軍機處電報檔彙編》第二六册《發浙江巡撫聶緝槼電爲紳商開辦煤鐵礦事光緒三十一年二月二十六日》 寶昌公司紳商高爾伊承辦衢嚴溫處四府煤鐵礦，上年二月間經本部咨查，未據聲復，此案奏准已逾兩年，該紳迄未照章勘明，請照開辦。應即將原案撤銷，飭令遵照，勿任暗中售賣，即電復外務部。宥。

「中央研究院」近代史研究所《礦務檔》第四册《光緒三十一年二月二十七日外務部收湖廣總督張之洞文附江漢關道復法領事文鄖陽府銅礦定由鄂省自辦》

光緒三十一年二月二十七日，收湖廣總督張文稱。竊照本部堂於光緒三十一年正月十八日，接到貴部洽電，當於二十日查案電復貴部。文曰：洽電悉，飭據江漢關檢查原卷，係岑升道任内，據法領事照會原文詳院，經端前撫札關委員赴鄖查勘稟復核辦，並無批准明文。嗣因竹山縣轉據舉人汪炳宸等稟請集股開採是處礦山，經端前撫駁斥，於札關文内，查叙關道前詳。有云現據該關道呈准法領事照稱，法國商人嘉三黎同礦師在竹山縣屬踩勘銅礦三處。一名四柯樹，一名鄧家台，一名高家口。請自西曆八月一號起，十個月内，此礦勿與他人開辦等情，當經札飭鄖陽府督同竹山縣查明該處礦山，何者係民業，何者係官地，繪圖稟復。並飭由該關道札委鄧令壽椿前往查復，以憑核辦在案等語。由署關道陳兆葵叙録此札，照會法領事查照，此法領事藉口之所由來也。詳察此案，端前撫於接據關道詳呈法領照會後，雖未批准，亦未明加駁阻，致滋口實。惟法領事照會請自西曆一千九百零三年八月一號起，以十個月爲限，扣至一千九百零四年西五月分。既已期滿，計期滿在光緒三十年之四月間。法領事前致岑升關道華文函内，本有十個月之外，聽憑與他人合辦，嘉三黎不得異言之語。是前案無論允准與否，既已期滿，應即注銷，何得於期滿後，又請展限，自食言前。況現在竹山銅礦，已由官自行籌辦，並未許與他商，該法商更無所藉口。除録署關道陳兆葵照復法領文咨復冰案外，合先電復等語電達在案。至端前撫札關道文内，所稱盛大臣函開請由公司開辦竹山銅礦一節，亦未置可否。本部堂查湖北之礦，係本省自有之權利，現已由本省籌有專款，派員自行開辦，事與鐵路公司無涉。嗣於上年十月，又准盛大臣來咨，有江蘇候補道文煒稟請來鄂開辦竹山銅鑛，以隔省官員輒思來此干預，亦多不合，已經本部堂切實駁復在案。總之，竹山銅鑛必由湖北自辦，雖中國外省之人，一再攬辦此鑛，尚且力駁，未許通融，何況他國之商，自更不待再煩辯論。此節貴部似亦可告知法使，俾知竹山銅鑛湖北決定自辦，以免逾限之法商，再來多生葛藤。所有前署江漢關道陳兆葵照復法領事原文，相應抄録咨復，爲此咨呈貴部，謹請查照施行。

［附］照録光緒二十九年七月十一日前署江漢關道陳兆葵照會駐漢法國瑪領事稿。

爲照會事，案奉兼署督部堂端札開：據湖北竹山縣知縣羅令觀瑞稟，據舉人汪炳宸監生袁士楨稟，竊維中國礦産，甲於五洲，先年各省雖不乏人開採，而有成效者卒鮮。推求其故，約有二端，一由地質素昧，一由資本不充。並有藉礦招摇倒騙股本者，糾葛叢生，屢滋訟獄，於是懸爲厲禁，不准民間私採。乘三十年，厥後風氣逐漸寢息，無人敢再談論礦務，即有創議開辦，亦不能徵信於人。

以故上下交困，生計日蹙，不知非人掌金玉錫石之地。周禮早已明著爲經，歷代請求，具有成法，非偶然也。舉人等生長山中，於礦務一道，雖未專門力學，不能審識苗引之深淺，結堂之大小，而行山望氣，日以爲常，地力之旺衰，礦質之佳劣，大都得之梗概。前光緒二十六年，舉人等自出資本，在於竹山縣西鄉紅巖寨么莊兩處，採買得杜得全等産銅礦山各一分。當經稟蒙李前縣分請勘稟，適因拳匪滋事，旋即中止。方今海宇廓清，各處礦務均已弛禁開辦，舉人等爰又在於附近各處親友内，輾轉招集股本銀二萬兩，續在竹山縣西鄉鄧家台，價買得鄧承前鄧承魁毘連産銅礦山一分。又在三尖山右城觀兩處，租買得吴正均等産銅山地各一分，隨在各山採去礦苗，分爐化驗。鄧家台每礦質一斤，可鎔净銅十兩，三尖山右城觀次之，紅巖寨么莊又次之。擬請即在鄧家台先行鳩工試辦，應用砂丁悉用本地土著之人，并不招募外省游民，又不招藉洋股洋款，俾免轇葛滋事。一俟鄧家台辦有成效，再行遵照新章，稟請詳咨外務部。咨照路礦總局核發執照，分別繳解照費，計值完税，並另稟請在紅巖寨等處次第接續勘辦，以盡地利，而厚民生。理合擬具章程，繪呈圖説，稟懇先擬鄧家台查勘通稟試辦等情，據此。卑職卷查光緒二十六年卑前署縣李令顯名任内，據該舉人等具稟，在於縣屬西鄉紅巖寨么莊兩處，採買得民人杜得全等産銅礦山各一分，開採銅礦等情，當經李令分詣各該處勘得皆係不毛荒山，礦苗顯露，既無田園，亦無廬墓，取具各山主地鄰甘結在案。茲據前情，卑職隨即親詣距城一百四十里之鄧承台，查勘得該處四面皆山，并無居民。該舉人等所買鄧承前鄧承魁山地，上下界址毘連，鄧承前山地在上，周圍約三里許，鄧承魁山地在下，周圍約四里許。鄧承魁地内有莊屋一所，西北與鄧立修鄧承秀管業荒地連界，鄧承秀地内迤西，有墳七座，均相距該舉人等將來擬開硐口之處，約有里許，并無妨礙。勘畢查訊附近山鄰紳耆，不惟咸無間言，且皆欣欣然有喜色，惟恐其不能速開，開而不能速成，并有爲之遞稟力陳其有利無害者。體察民情，蓋因卑縣跬步皆山，財匱民竭，除耕種外，别無可圖之利。並因該舉人等信義素孚，以故衆情歡洽，均願樂觀厥成。卑職伏查五金礦産，乃天地自然之利，久蓄必發，亦一定不易之理。果能開採如法，經理得人，因民所利而利之，未始於國計民生，不無裨助。況今礦禁大開，該舉人等既通曉礦學，先後採得卑縣紅巖寨各處礦苗甚旺，化驗成色亦足。招集内地親友，湊集股本鉅萬，又不招藉洋股洋款，擬在鄧家台一處先行鳩工試辦。但使確有把握，自有成效可觀。卑職詳度利害，似可准令試辦。辦之有效，固於地方有益，辦之無效，亦與地方無損。惟查所擬章程，未盡周妥。除由卑職酌定呈賚，並取山主地鄰甘結附卷外，理合繪圖加結，稟請批准試辦等情，到本兼署部堂，據此。查現據該關道呈，准法領事照稱，法國商人嘉三黎同礦師在竹山縣屬踩勘銅礦三處，一名四柯樹，一名鄧家台，一名高家口，請自西曆八月一號起十個月内，此礦勿與他人開辦等情，當經札飭鄖陽府督同竹山縣查明該三處礦山，何者係民業，何者係官地，繪圖稟復。并飭由該關道札委鄧令壽椿前往查復，以憑核辦在案。茲據該舉人汪炳宸等所請，未便遽准開辦，且汪炳宸等於何年月日價買鄧承前等山地，曾否呈驗約契。該縣所勘四至界址，是否與約載相符，未據聲叙明晰。近來多有不安本分之徒，往往以開礦招股爲名，誆騙人財，動致爭訟。汪炳宸等是否殷實可靠，所招股本銀二萬兩，果否並無洋股在内。有無上項藉礦漁利情事，應即飭令鄧令一併查明，俾昭核實。一面嚴諭汪炳宸等静候本兼署部堂批示，再行遵照辦理。不得先行擅自開採，别滋事端，除札委鄧令壽椿遵照札飭事宜，確切查明。據實稟復核辦，勿稍含糊，切切。並分行鄖陽府竹山縣外，合併札行該關道，即便查照。又奉札開，案准督辦鐵路總公司事務大臣前工部左堂盛函開。上年設立勘礦總公司，奏奉俞旨，旋據委員在鄖陽府竹山縣地界勘得銅礦一區，礦苗甚旺，又據紳民高瀅袁樹等開列地名，稟請願歸公司開採。山主鄧姓亦具稟將地呈出歸入公司，經竹山縣批獎，並由委員給與賞銀收領，復由縣出示封禁，不許他人私開各在案。惟該處礦苗通連數山，綿亘五六十里，現值整頓圜法，銅礦尤爲當務之急，將來開採時，勢須由近及遠，斷非鄧家台十數畝地址可以敷用。近日上海有人將該處礦苗作樣，開列附近地名，向洋人私訂合同，將往勘辦，意在影射圖利。已函致各領事轉飭洋商阻止，祈電飭鄖陽府轉飭竹山縣會銜出示曉諭。竹山礦已定由奏設公司開辦，附近百里以内，無論是何地名，不得由民間與華洋商人私訂合同承辦。詰誡在先，以後查出私訂合同，無論華洋商人，概不作據。此非公司壟斷，實爲藉保利權起見等因，到本兼署部堂，准此。查竹山縣鄧家台等處銅礦，前因法商嘉三黎曾往踩勘，舉人汪炳宸等又請開採，其中恐有轇葛。業經飭委補用知縣鄧壽椿前往查明，俾昭核實，分别行知在案。茲准前因，除分行外，合亟札飭札到該關道。即便酌核照會法國領事，轉飭知照各等因，奉此。相應照會，爲此照會貴領事，請煩查照飭知可也，光緒二十九年七月十一日發。

江西社會科學院歷史所《江西近代工礦史資料選編》第一章《于都》光緒

三十一年二月，張令承祖表稱：各鄉均出煤炭，閑有貧民挖取，在本地肩挑售賣，並無紳富集資開採。當經批飭勸紳集資，遵照前發礦務章程辦理在案。

《申報》光緒三十一年三月初五日第四版《江督催寧蘇皖贛速解勘礦經費江寧》

鎮道籌解勘礦經費，已紀昨報。茲悉所派經費係密蘇皖贛四藩司籌解，得江督會下札文，略謂前准商部咨，光緒三十年五月初三日奉旨，福建興泉永道袁大化著發往安徽，辦理全省礦務，欽此。當經咨行欽遵，查照本大臣蒞任後，因開礦一事，歷辦無效，固由集股不易，亦因勘驗不實。擬仿各國開礦成法，先從勘礦一著入手，現在江蘇江西兩省應勘之礦固多，而各處銅元局需銅尤急。聞鎮江池江贛州銅礦頗旺，亟應先勘銅礦，期早開辦，然後再及他礦。擬暫在江寧省城設一查礦公所，派袁道總理其事，應需經費飭由寧蘇皖贛四藩司各籌銀二萬五千兩，以一年爲度，以後勘定某處，即以此項歸入股分，並派委候補道許炳榛帶同通曉礦學之分省通判池貞銓同知銜温秉仁等前往日本考察銅鑽各礦採取熬煉之法，酌購試礦鑽穴各種機器。又因前數年經出使日本裕大臣訪訂礦師已有成議，現就日本訪覓上等查礦工師，問明工價情形，稟候本署部堂酌核，再定合同，均經分别咨，並面諭許道等遵照各在案。茲悉袁道已將北洋經手事件料理清楚，行抵江寧，應即委令經管江皖贛三省查礦事。即由袁道妥擬辦法，一面延訂礦師，先由蘇而皖而贛，會同各省藩司及該管道府縣等，選帶幹練員紳分赴各屬逐細勘查，擇其質佳苗旺運路便者，暫用土法先行試採，如確有利可圖，再招公司推厲辦理。除札委袁道遵照辦理，仍將設局開辦日期報查，並咨行外，合行札飭。札到即便遵照，將前項查礦經費趕速籌辦，並飭各地方官一體遵照辦理毋違。

「中央研究院」近代史研究所《礦務檔》第四册《光緒三十一年三月二十日外務部收湖南巡撫端方文附咨稿駁拒禮和洋行承辦龍王山礦務事鈔稿咨呈》

光緒三十一年三月二十日，收湖南巡撫端呈稱，光緒三十一年正月二十五日，承准外務部咨開。光緒三十年十二月二十日，准德穆使照稱，德商禮和洋行在湖南省辦礦一事，雖經本大臣與貴親王，及該省大吏及漢口本國領事官，彼此多次用楮墨往返細談，然尚懸各節，至今未能結妥。茲據漢口本國領事，已經照會湖南巡撫又將禮和洋行辦理此事，無不循約照理情形，詳細講明，並問該撫按照禮和洋行所擬，創立華洋合辦礦務公司一節，能否照允等情在案。本大臣現將此照會，録送詧閲，並望仍由貴部飭令湖南巡撫，將向來所存之意改變，按照公理約章，再不抵拒禮和洋行所欲辦理各事等因，並鈔送駐漢口德領事照會貴撫原文前來。本部查湖南龍王山礦產一案，前經貴撫與漢口德領事迭次駁辯，並由本部屢向德穆使切實理論，迄未就範。茲該領事復將此案逐條駁詰，貴撫如何照復。未接來文知照，相應咨行貴撫查照，迅即聲復，以便轉復德穆使可也等因，到本部院。承准此，查此案於上年十一月二十六日，准德國駐札夏口領事碩照會到院，當經前署部院陸逐條指駁照復，並咨呈貴部，及咨明商部查照在案。准咨前因，相應鈔稿咨呈，爲此咨呈外務部，謹請查照轉復施行。

〔附〕計鈔稿

署湖南巡撫部院陸，爲咨呈事。光緒三十年十一月二十六日，接准駐漢德國領事官碩照稱，光緒三十年八月十七日，案准貴撫部院照覆本領事據禮和洋行所稟湖南龍王山礦產一案，切實駁拒，照請查辦。除原文有案不須贅叙外，查湖南礦務局祇有常寧縣水口山地方，曾奉奏明由官開採，而龍王山並未隨揭聲叙，此即係此山確非官産之證。故禮和亨達利洋行遂向鍾悦堂訂定，是該商於官山民山之别，毫無含糊，礦局何得以曾經試採而久廢之礦，硬指爲官山耶。至礦局詳稱，禮和洋行曾在湖南礦局承買礦砂，並無本國政府或地方官批准可以辦礦之事等語，殊覺含糊牽强。查光緒二十八年二月間，外務部循照和約奏定華洋合辦等章一十九條，當時湖南何不出而奏駁，乃於奏定逾年之後，忽有總公司之設立，是明與部章相反對，當經各大國公同致詰，而英美德法四國欽差向外務部伸駁尤力，可見公論難逃。詎湖南又將鍾悦堂拘辦，虐以酷刑，伸其極大壓力，無非恫嚇鄉民，以爲抵制外人之計，是則約章尚且毅然不顧，何有於官府之批乎。原詳又稱，遍查中國歷與各國所定約章，從無洋商可在內地隨便置買礦産之文。試問定章内有華洋合辦或洋商獨辦之條，設使不准洋商置買，租訂礦山，則合辦獨辦所指何事。且禮和亨達利固以華洋合辦爲宗旨，縱禮和而欲獨辦，亦是遵照部章，情通理順，何得謂禮和不合情理耶。至原詳所駁隨便二字，亦不可解，中國家既未宣佈外人置買礦産之禁，亦未宣佈外人隨便置買礦産之禁，而商約内則有外人准在中國開礦，與在其本國所可爲者無異。且今年中國所新頒之礦章，亦稱從前條約内所訂者，不爲更改，是何得以隨便二字挑剔之。至今日此事尚有模糊及爲難之處，其咎實全在中國，因中國政府並不凖時頒佈合理之礦事，而惟屢次另訂礦章，故意與約文相歧異，藉爲嘗試延捱之計。此節亦屢經各國駐北京欽使責問翻駁，是中國實有違約之咎矣。倘本國商家因而受虧，自應惟中國是問耳。如貴撫部院尚以部章爲不足據，則請查閱英國商約第九條，美國商約第七條，當必了然有悟矣。來文謂禮和買地，不報明政府立案，在內地私買礦産等語，然禮和早將在湖南衡永郴桂等屬所訂置之礦山多處，呈報本領事，轉請本國駐北京欽使照會外務部，並由外務部咨會貴撫部院矣。更可異者，禮和亨達利之訂置礦山，既屬遵章，其用各山主等人，又與部章華洋合辦多用華人之條符合，在湖南地方官正應妥爲保護，乃近竟將山主等紛紛拏辦，豈其於約文部章未一寓目耶。殊不可解，殆爲希圖見好上司起見耳。查湖南全省內如法開礦之舉，又算全無，而地富民貧，生機日蹙。乃有洋商如禮和者，入華已六十餘年，設分行於各口岸，星羅棋佈，久爲各省官商紳商所共信，精諳礦務，富有本資，情願遵照約章，與湘人合營礦業，是於國課民生，均大有裨益。在禮和第欲爲人己兩有裨益之事，並非欲有所佔奪，在湖南亦何嫌何慮，而深閉固拒若斯耶。揆之貴國年來上諭，睠睠於財政民生，不亦相背乎。總之，洋人之准開華礦，係外務部循照約章奏定之案，久已頒佈中外，因而邇來各國政府及其駐北京欽使，均各鼓勵其本國僑寓中國各省之商家，早行籌開華礦，羣情所注，遏阻奚從。在本領事既不敢違衆，以抹煞約章，而貴撫部院亦宜泯去一隅之見，免開衆怒之端。本領事於禮和亨達利所訂置之湖南龍王山及衡永郴桂等屬礦産，惟有認定約章辦理，不能一絲移易。除俟接准貴撫部院照覆，即將全案文牘録報本國駐北京欽使核辦外，相應照請貴撫部院，即將下文兩問見覆。一，究竟准其華洋合辦與否實係禮和與華商會同設立礦務公司。一，貴撫部院之意，與外務部奏准之約章，應以何者爲準。均請決以一言，明白示覆，本領事無暇紬繹深文韜義也。禱切盼盼。更有請者，現聞有天成萬順阜成各公司，派人往湖南郴永等屬，四出招買礦山，但郴永等屬歷經禮和亨達利置買租訂各種礦山，早經妥協，又據禮和稟稱，永州之富家礄羊婆嶺一帶礦山，亦係早經該行妥訂者。現聞有華人希圖强佔，業在彼處試行開採，懇請照會查禁前來，爲此一併照請貴撫部院。煩爲查照飭令地方官分別虛實先後，確查嚴禁，毋任謀佔，致生轇轕，並免致該行有索賠之舉，是爲至要等因。准此。當行礦務洋務各局會同查覆去後，兹據詳稱。此案業由本局叠次據理駁拒，而禮和與礦局買賣礦砂有年，現尚彼此交易，詎竟不顧睦誼。輒欲藉一痞棍私冒私賣之據，圖佔官局礦山，該局豈能忍受。請就來文所指各節，縷晰陳之。湖南礦務總局係政府設立之官局，凡所開之礦，皆屬官辦，皆屬官産，與商辦官商合辦之礦不同，不必一一奏明。始算官産，禮和洋行確無本國政府及地方官批准辦礦之據，絶不含糊牽强。中國與各國歷求所訂條約章程，從無准洋商在內地置買礦産之文，凡約章所不載者，即是禁止，無論隨便不隨便，均不能行。至商約內雖有華洋合辦之條，而歷來章程均載明，須由地方官查明無礙，奏明交由外務部商部奉國家允准，始作爲准行之據，斷無憑一二鄉民私相授受，可以作准之事，亦非可以由洋商稟由領事官，轉請駐京欽使照會外務部，即可將中國礦産賣與洋商之事。至謂湖南地富民貧，生機日蹙，亟宜經營礦業，期于國計民生有益，自是確論。惟中國之礦，應由中國興辦，利不外溢，豈不與國計民生所益更大。若聽令痞棍不問其是否已産，舉湖南所有之礦山，一一私行指賣于洋商，恐亦無益於湖南也。本局原不必見好於上司，而亦不能見好於外人，見好於禮和，見好於德國領事也。至謂禮和亨達利置有衡永郴桂等屬礦産，現有天成萬順阜成各公司招買礦山之事，本局均無所聞。湖南礦山自有奏定暨外務部商部頒行章程，禮和洋行固不能買，天成萬順阜成各公司，如係洋商，亦不能買。湖南礦痞藉名招摇，誆騙貲財之事，不一而足。如其願意受騙，則虧損是其自取，於本局何尤，不能責令賠償也等情前來。本部院查此案叠經該領事來文，業已歷據該局詳由本部院照覆在案。現該領事文稱無暇紬繹深文韜義，本部院深覺歉然。兹姑就該領事來文所載兩問答覆，一爲究竟准其華洋合辦與否實係禮和與華商會同設立礦務公司一節。本部院請答以湖南礦務，當恪遵國家頒行之約章，只能准合於約章之辦法，不能准不合於約章之辦法。今禮和洋行實無國家及地方官查明無礙批准辦礦之據，不能准其設立礦務公司，此所答之一問也。一爲本撫部院之意，與外務部奏准之約章，應以何者爲準一節。本部院請答以外務部奏准約章，與本部院之意，本屬一樣，並無歧異，此又所答之一問也。即由該領事按照來文所稱，將全案文牘録報駐北京欽使核辦，亦無不可。除照覆該領事外，應相應咨呈，爲此咨請貴部，謹請查照施行。

光緒三十年十二月初三日。

《申報》光緒三十一年三月二十三日第一〇版《採辦磺斤爲難漢口》 漢陽無煙火藥廠及湖北火藥庫需用磺斤爲數甚多，無如建始楊旗等處所産之磺日漸衰耗，不敷所用。洋務局遂派趙某赴興國州龍崗地方採辦，無如勒定官價，山民多不願出售，故設局已有二月而購到之磺未滿四十擔，坐耗鉅款而所得甚微，殊非計也。

中國第一歷史檔案館《清代軍機處電報檔彙編》第二六册《發貴州巡撫林紹年電爲查明辦理銅仁礦事光緒三十一年三月二十四日》 二月嘯電悉，銅仁礦現在已否查明，久未得復。希查照二月銑電，迅即查明辦理，并電復外務部。敬。

《申報》光緒三十一年三月二十八日第四版《調皖人查勘皖礦安徽》 據官場消息，皖省現擬興辦路礦各工，惟該處民人素信風水，查勘動輒掣肘，故署督周玉帥特調淮鹽棧蒯觀察同往查勘，緣觀察亦係皖人，爲桑梓所推重，所到之處官民融洽，可易於就緒也。

江西社會科學院歷史所《江西近代工礦史資料選編》第一章《泰和縣》 光緒三十年九月，據陳令善垣表稱：邑紳彭用世集股光祖千秋鄉省山橘園二處，續租鏟鏡一處，試辦煤礦。三十一年三月表稱：省三處，煤氣甚臭，不利行銷。十月表稱：鐵礦困難招股。未能開辦。煤礦出煤不多，虧折甚鉅。

《申報》光緒三十一年四月初二日第三版《請裁開建金礦局雷州》 開建金礦前經設局開採，委本任雷州府陳武純太守爲總辦，自採以來所得礦質頗佳，成數尚高，惟礦苗過弱，以致耗去工費數萬，僅得回收金價一成，聞太尊擬即稟詳大憲，請將該局撤銷，以省糜費。

《申報》光緒三十一年四月初三日第三版《江督派委勘礦員抵贛江西》 兩江督憲周玉帥興辦甯蘇皖贛各省礦務，特委王主政汝淮及隨員陳大令啓清、蕭二尹大鴻等帶同美國礦師二名，於三月二十二日由甯抵贛，稟見護撫周瀚帥面陳查勘江西全省各礦事宜，請加本省委員會同前往，並飭協同地方文武妥慎彈壓保護，以便精細採勘，繪圖測量，瀚帥允之。聞該委員擬從上游由南而臨江吉安贛州甯都南安，轉由西而袁州瑞州，復折北而南康九江，再轉東而饒州廣信，又轉東南而建昌撫州南昌，大約勘畢須在半年以外云。

江西社會科學院歷史所《江西近代工礦史資料選編》第一章《武寧縣》 光緒三十年八月，王令濬道表稱：天燭山產有煤礦，該縣遣人赴袁州延請礦師，於十六日抵縣，查勘該礦。據云係屬緑火，且煤層甚淺，仍飭民間用土法照舊開採。三十一年四月，李令相表稱，奉飭查明前縣彭令鉛鐵礦各一處，煤礦三處，及李縣丞鳳高稟陳天尊山煤礦一處查得天尊林家富山等處，出有煤鐵各礦，均經鄉民開採，苗質甚劣，虧折工本，旋即中止，此處並無佳礦。

《申報》光緒三十一年五月初七日第九版《查勘銅礦蕪湖》 滁州南約五里許有鳳凰山，銅苗極旺，經熊直刺稟報皖省商務局，後該局已派員蒞滁查勘，以備開採。按：此山與琅琊豐嶺毗連，有馬姓者意欲據爲私有，未識開辦時，能免涉訟否。

《申報》光緒三十一年五月十五日第三版《外部准法人辦邵武金礦展限兩年北京》 福建邵武金礦閩督因展限年半，法領事尚未允許，請由外部與法使磋商。現外部已准與展限二十四個月，如再逾期不辦，則合同作廢。法使已允並聲明一切要求之件均作罷論。

「中央研究院」近代史研究所《礦務檔》第四册《光緒三十一年五月十八日外務部收南洋大臣文附安徽紳士原呈皖紳請將英商所訂銅官山礦合同作廢》 光緒三十一年五月十八日，收南洋大臣文稱，咨呈事，據安徽商務局詳稱，竊查上年五月奉撫憲誠札准外務部咨，光緒三十年四月十一日，具奏英商凱約翰請辦安徽銅官山礦務一摺。本日奉硃批，依議，欽此。抄録原奏並畫押合同礦圖，咨院轉行到局，奏經録飭遵照，仍將奉發之合同礦圖，申繳撫轅在案。伏查合同第四條内載，開礦地段，應於未以前，詳備圖説，將開洞蓋廠挖溝處所，逐一標註明白。知照商務總局，派員會同地方官查明，果無窒礙，即向民間議購或租，俟有成説，該公司即備款，交商務總局購租承受，或交地方官核實發給，不得私相授受。又第五條内載，開辦限期，自奏准簽字之日起，限十二個月。如逾限不開，即將合同作廢，報效銀兩不得索還。又第十六條内載，定限交款開辦日期，已於第五條内言明，一經逾限，即作廢紙無用各等語。是該英商凱約翰果欲開辦此礦，必須按照合同，將開礦地段，於未動工以前，詳備圖説，並將開洞蓋廠，挖溝處所，逐一標註明白。知照本局，派員會查。如無窒礙，始議購租。乃該商於限内未見到皖料理，其爲不能遵照合同開辦，彰彰明矣。此案既奉大部行知，係光緒三十年四月十一日奏准，所訂合同係於是月二十二日簽押。今扣至光緒三十一年四月二十二日，已爲十二個月限滿之期。該英商凱約翰簽押後，始終並未來皖，亦未將開礦地段，知照本局，派員會查。自應按照該商與外務部原訂合同第五條及十六條所載，即將合同作爲廢紙無用。除詳請撫憲查核奏定原案，註銷畫押合同，並一面咨明外務商部查照，暨照會駐滬駐蕪英領事，轉飭該商遵照外，理合詳祈鑒核等情，到本大臣，據此，正在核辦間，並據該紳士以前情呈請核辦前來。除電咨安徽撫部院核明辦理外，相應抄録原呈咨呈，爲此咨呈貴部，謹請查照核辦施行，並咨明商部立案，須至咨呈者。

〔附〕計抄紳士原呈

照録紳士原呈

具呈二品銜江蘇候補道蒯光典，翰林院編修李經畬、方履中，兵部主事舒鴻儀，江蘇常鎮道郭道直，吉林分巡道方朗，江蘇候補道吴學廉、周家駒、唐治堯、慶錫庚、汪嘉棠、趙曾槐、馬聲煥、吴頤、倪世熙、江忠沆、劉世珩、潘學祖、張士珩、章蔭、朱錕、劉體乾、方臻喜、徐乃光、李鎮邦、涂習恪、孫傳緗、陳際唐、舒紹基、徐乃昌、吴祖梅，陝西候補道汪廷棟，署松江府知府田庚，江蘇候補知府吴炳仁、潘永齡，江蘇候補同知楊逢春，江蘇候補直隸州知州胡維藩，江蘇候補通判李慶元、崔貞，江蘇候補知州江朝銘，句容縣知縣龍耀樞，署陽湖縣知縣王念祖，江蘇候補知縣查宗仁、單琳、陳樹涵、胡廷琛、劉廷鳳、程菊齡、陳應綬、林介鈞、陳壽康、查鍾泰、程慶明、王雲章、王元輔、石鐘等，爲洋商承辦銅官山礦産，逾限不開，應請作廢，自行開辦，以保利權事。竊光典等上年請設安徽礦務總局，業蒙奏准在案。查光緒三十年四月二十二日，外務部與英商凱約翰改訂勘礦合同，將光緒二十八年安徽商務總局原訂合同內之歙縣、大通、甯國、廣德、潛山五處删除，專辦銅陵縣屬之銅官山一處。其合同第五條內開，開辦限期，自奏准簽字之日起，限十二個月。如逾限不開，即將合同作廢，報効銀兩不得索還，第十六條復經申明此議。今自奏准簽字之日起，算至本年四月二十二日止，業已滿足十二個月期限，該商仍未開辦，應請咨明外務部，所有光緒三十年四月二十二日，洋商凱約翰改訂銅官山合同，急應作爲廢紙。至光典等前請設立礦務總局，原爲自保利權起見，今該商所訂合同既經作廢，銅官山礦産，即應歸併總局，自行開辦，俾免利權之外溢。擬請飭知三江查礦總局，先行前往銅官山查明，如果易於開採，即由此入手，以期收速效而免覬覦。愚昧之見，是否有當，伏乞大帥鑒核施行，迅賜咨部立案。批示祇遵，實爲公便。除呈撫憲外，肅此上呈。

「中央研究院」近代史研究所《礦務檔》第四册《光緒三十一年五月二十八日外務部收湖南巡撫端方文長沙礦務公司在倫敦註册違背約章請照會英使飭令停辦》

光緒三十一年五月二十八日，收湖南巡撫端方文稱，據湖南礦務總局司道詳稱，竊照本局查閱本年三月初七日上海太晤士英新聞報內載，長沙礦務公司是新公司，在倫敦商務局，業已註册，資本英金十萬磅，尋常股分有英金十萬磅，每股英金一磅，其中有六千特別優待股分，每股分一仙令。該公司擬開辦礦務冶金鐵路工程運貨車路等事云云。及譯閱倫敦新聞報，亦載有此事。惟股本係十萬零三百英金磅，尋常股分共十萬英金磅，每股係一金磅。另有持別優待股本，共六千股，每股係一先令，所稱亦大同小異。上海華字各報，亦有譯登此項新聞者。接閱之下，不勝駭異。伏查湘省礦務，久經紳商設有通省礦務總公司，招集鉅資，奏明開採，從未招有洋商股本。即新訂中英中美各商約內載有華洋合辦礦務之文，而該條內，亦載明從前所定章程，尚須更定，應新章頒行後，方准華洋商人照辦等語。現在此項新章，尚未頒行。光緒三十年二月，曾奉商部訂立暫行章程，亦經載明，凡華洋合貲辦礦者，應由佔股多數，殷實公正之華商，與地主商明允定，呈由地方官查明無礙，劃定地段，始能稟請商部，給發探礦執照。俟探明無誤，仍須遵照章程，稟請換給開礦執照，定章極爲明晰。現倫敦註册之長沙礦務有限公司，既未由華商稟明立案，又未經地方官查明無礙，復未經商部批准，種種辦法，全與章程違背，湘省斷斷不能承認。且難保非中國奸商欺詐洋商，爲誆騙資財起見，應請憲台迅即飭由長沙關監督，及洋務局，照會湘漢英領事查照。一面咨明商外務部，照會英國駐京欽使，速即轉達倫敦政府，告以此項公司，全不合條約章程，顯係欺騙股商貲本，飭予即行停辦，以免轇轕。本局爲保全洋商貲本起見，是否有當，理合詳請察核批示飭遵，實爲公便等情，到本部院，據此。除照會駐湘領事，暨咨明商部督院查照外，相應咨呈，爲此咨呈貴部，謹請查照轉照英國駐京欽使查照施行。

中國第一歷史檔案館《清代軍機處電報檔彙編》第二六册《發安徽巡撫誠勳電爲派礦師等事光緒三十一年六月十一日》

上月，漾電悉。頃准英使照稱，據蕪湖領事詳細報稱，倫華公司住滬代理人哈華託律師三月廿七函致安徽商務總局稱，遵照合同派礦師德孚，繙譯張籥雲及隨從人等赴銅官山開辦，請轉稟撫院飭知。該地方官德孚等於四月初一到礦，張繙譯即赴銅陵縣請以礦師，現已到境開辦礦産，轉稟商務總局。礦師勘驗數次，即於四月初十日回滬。十六哈華託律師復函致商務總局，聲明現在籌備一切，購辦機器，俟齊備即運赴上山，請派員照料。廿二又派馬礦師偕張繙譯再赴銅官山勘量，並與地方官商議租購地段。廿六張繙譯赴安慶請派員會同辦理一切，蒙示先具地圖，當即由上海覓到。經張繙譯於五月初一將圖交商務總局。以上各情，爲本大臣駁辯皖撫謂限滿以前，無人前來開辦之大端，皖撫以合同作廢未免太急，請咨行皖撫，務於該公司開礦事宜竭力襄助等語。該使所稱各節是否相符，希確切查明，迅即電復。外務部。真。

中國第一歷史檔案館《清代軍機處電報檔彙編》第二六册《發浙江巡撫聶緝槼電爲飭銷浙礦事光緒三十一年七月十三日》 真電敬悉。浙礦既經尊處飭銷，應飭局取具該公司憑據咨部，以憑入奏。此案按照原奏，係高爾伊與義商沙鏢納藉款開辦，與英商無涉，如伊德來署争執，當照原案駁斥。桐復。元。

「中央研究院」近代史研究所《礦務檔》第三册《光緒三十一年七月二十一日外務部收英使薩道義照會附浙江衢嚴温處礦務正合同集股章程暨浙江農工商礦總局照會等高爾伊承辦礦務並未逾限亦無違章》 光緒三十一年七月二十一日，收英國公使薩道義照會稱，本年四月間，據本國駐滬總領事官將代表惠工公司英商依德與寶昌公司候選道高爾伊所立合同一分詳送，請轉致外務部立案等因在案。查此合同係承辦浙省衢嚴温處四府鐵煤礦産，於三十年十二月十五日訂立，由浙江農商工礦局蓋印。惟浙撫已將該合同咨部與否，本大臣未得詳悉。當經復飭本國駐滬總領事官查報去後，茲據復詳，光緒二十九年正月二十日，奉有硃批，准寶昌公司向惠工公司藉款，承辦該處礦産。該公司即與惠工公司代表人依德商定，聘用工程師前往勘視，領有護照。並請農商工礦局轉致外務部各在案。乃於光緒三十年春間，浙撫准外務部咨詢高觀察辦理成效如何，經高觀察已向農商工礦局聲明一切，惟浙撫似於此事並無咨復。故外務部於本年春間，又咨浙撫以該公司既未勘視地方，復逾期限，應將全案註銷等語。高觀察即於三月十七日函復農工礦局，以所聘之工程師，一年以來，屢次往返勘視，且按照奏准章程第七款，並未定限勘視。只訂自發給執照之日起，限十二個月内開工。而公司尚未請領開工執照，何能謂其違章逾限云云。旋於本年四月初七日，經本總領事官將該合同照送浙撫，當准復稱，以外務部既飭將此案註銷，自應毋庸再議。又本月初三日，本國駐甯波領事官帶同英商依德，前往浙省面晤撫憲，亦經浙撫以以上各語相答各等情前來。本大臣查以上各節，貴部於此案似有誤會之處。高觀察係奉旨准其代寶昌公司與惠工公司訂立合同，經該公司等先派工程師，領有農商工礦局所發護照，前往勘視。所辦各事，當由高觀察隨時報明該局。上年十二月間，已訂立正合同，訂明惠工公司籌備銀五百萬兩承辦礦務，此合同由浙江農商工礦局蓋印。該省撫憲似不能不知其情事，並應將合同咨部。倘經咨部，則貴部必能知該公司並未違章，亦無逾限。合行將該合同鈔送貴部查照，即希電咨浙撫，以前咨註銷之語，勿庸施行，是爲切要。

〔附〕照録合同

浙江衢嚴温處礦務正合同，此係末次正合同，於光緒三十年十二月十五日，即西曆一千九百零五年正月二十日，由寶昌公司代表人候選道高爾伊，與英義惠工公司代表人英商依德所定，此案業經光緒二十九年正月二十日，由外務部覆奏。奉硃批，依議，欽此。按奏准高爾伊創立寶昌公司承辦浙江衢嚴温處煤鐵礦産，茲將原案鈔録。

一，寶昌公司向英義商惠工公司貸款庫平足銀五百萬兩，指辦浙江衢嚴温處四府境内煤鐵礦數處，按照光緒二十八年二月初八日外務部奏定礦務章程十九條，議訂章程，兩公司均應遵守。

一，查定章程第一款開辦礦務者，奉批准後，方可爲准行之據，公司經前浙江巡撫奏請有案，茲以釐正章程，稟請浙江巡撫復奏。俟奉國家批准，始作爲全允辦理之據。

一，查定章第二款礦路總局發出准行執照，方可開辦。照費視成本多寡，酌定百分之一繳局。公司遵議奉國家批准後，即稟明浙江撫巡派礦師履勘各府屬，查明何處有礦可開，並估算每礦需本若干，按單呈報。

「中央研究院」近代史研究所《礦務檔》第三册《光緒三十一年七月二十六日外務部發英使薩道義照會寶昌公司辦礦合同並無英商字樣來照附送之件礙難允認》 光緒三十一年七月二十六日，【略】查浙紳高爾伊擬設寶昌公司，請開浙省衢嚴温處四府境内數處礦産，向義商惠工公司沙鏢納貸銀五百萬兩。訂立合同二十條，並呈義使薩爾瓦葛保款單一紙。當經本部於光緒二十九年正月奏准有案，惟該合同第一條係聲明寶昌公司與義商貸款訂立合同，並無英商字樣。來照附送合同，於義商上添一英字，並將義商沙鏢納改作英商依德，顯與奏案不符，本部礙難允認。據浙江巡撫查復，亦未蓋用商務局印信，尤屬毫無憑證。茲將本部奏准合同鈔送貴大臣查閱，即知此案並無英商在内，依德無從干預，相應照復貴大臣查照飭知可也。

江西社會科學院歷史所《江西近代工礦史資料選編》第一章《進賢縣》 光緒三十年八月，陳令慶綬表稱：縣屬蛇嶺塔，殺牛窩、張家背山三處，所挖之炭，難供炊焚，已據稟報歇業。此外如烏土坑、袁家濠、萬家山、蘭家山、張家山、黄家山等處，山場寬廣若干，所出炭質如何，俟查復到日，再行轉報。九月表稱：烏土坑袁家濠兩處，現據民人朱義明等稟報，被石阻攔，虧本停挖。三十一年七月，唐令文鼎表稱：殺牛窩等五處煤礦，前已稟報歇業。現據吴世勛等，將原領執照，稟請繳銷，並稱萬家山、蘭家山、張家山、黄家山四處，因農忙停挖，俟秋後查看能否開採，再行稟辦。九月表稱：萬家山四處，查悉出炭無多，僅供炊㸑之用。七月表稱：萬家山等四處，炭質尚佳，前經飭令該處紳士來城面詢，僉稱不如礦學，莫辦礦苗是否衰旺。地方富户無多，集股亦殊不易，當經本局以兩江查礦礦師，行將莅縣，即可指引前往查勘。如果苗旺質佳，亟宜速爲開採，批飭知照在案。

王彦威等《清季外交史料》卷一九一《英使薩道義覆外部英商與寶昌公司所訂礦務合同蓋有關防照會》 爲照覆事，英商伊德與浙紳高爾伊定立合同，在浙省開礦事，七月二十二日接准覆文，以貴部奏准之合同乃係寶昌公司與惠工公司代表人義商沙鏢納所立，而本大臣前送合同乃係寶昌與惠工代表人伊德所立，且據浙江巡撫查覆亦未蓋用商務局印信，各等情均已閲悉。查沙君雖係義國民人，曾於光緒二十三年已爲英商代表，此節前總署及本館皆有案卷可查，又在洞鑒之中。商議此合同時，該商代表之公司名爲惠工，而該公司代表人現係伊德，此層浙省人所共知，有高爾伊與浙省農工商礦局來往文牘可查。光緒三十年二月二十五日高爾伊呈遞局文如下，案照上年五月敝公司派礦師詹美生等赴衢嚴温處等屬勘礦，業經呈請鈞局通飭各縣一律保護在案。兹由倫敦惠工公司專派代理人伊德帶同英國礦師竇鋭克來華復勘，理合選舉董事會同礦師前往履勘。查有候選府經歷姚慶鏞熟習情形，堪以呈請飭充，並乞移請杭關道臺給發董事姚慶鏞、英國礦師竇鋭克暨隨帶繙譯僕從等四人赴衢嚴温處之護照，一面仍請將董礦師之姓名通飭四府二十七廳縣遵章實力保護，謹呈。旋於上年三月十二日該局以請領護照一節，業經呈報移知在案。惟准杭關道移開，以是項護照仍循案請由撫憲給發，或由局填給方爲正辦。除詳請並移知外等語，照會高紳。嗣於四月初二日將所有撫憲批並護照發交收執各等因，除將此項案牘鈔送查閲外，竊查彼時該省大憲尚未思得伊德乃係英商，不能牽涉寶昌公司與惠工公司事務之語，聶中丞現以此語措辭，其如去年給發護照，令其妄費勘礦鉅款，何又查貴部於去年三月間以高紳之事辦理，如何咨詢浙省。爾時浙撫何未以寶昌公司與惠工公司之代表辦事者爲英商伊德，咨報貴部。如以爲此事現既違章，豈當時即能合例乎。敝意此事毫不違章，蓋寶昌公司奉旨由惠工公司藉款時，其代表人爲義商。惟年餘以來，該省明知惠工之事歸英商經理，亦無絲毫駁辯，乃俟兩造訂立合同時，貴部方行駁阻。初以限期已滿，未經勘視，合將寶昌公司全案註銷。迨經本大臣指出該章程内並未定有限期，且該公司業已派人勘視，則又變厥詞旨，以伊德係屬英商爲詞，至浙撫以伊德與寶昌公司所立合同未蓋商務局印信一節，如承貴親王派員來館查閲合同即知，該原文蓋有浙省農工商礦總局關防，是浙撫之語實爲費解。夫合同既有此印，則爲該省大憲確知，已蒙批准之據，豈能視爲廢紙。該商現正在京，如貴部於此合同内有議詢之處，應請派員與其和平妥商，是爲切要。八月初七日。

「中央研究院」近代史研究所《礦務檔》第三册《光緒三十一年八月初八日外務部發商部文高爾伊與英商訂立合同案辦理情形》 光緒三十一年八月初八日，發商部文稱：頃准咨稱，接據浙紳公電，局董高爾伊又與英商擅訂辦礦合同，請爲澈究。本部當即電致浙撫迅查，兹准電復，已札局根究，妥速註銷等因，應鈔録往來各電，咨呈貴部。至貴部有無核辦之處，希見復等因前來。查高爾伊前所請辦浙東四府礦務，因逾限已久，尚未開辦。經本部於本年二月電行浙撫轉飭註銷在案。七月二十一日，忽准英薩使以高爾伊與英商伊德訂立合同，貸款辦理此礦，該合同並經浙局蓋印等語，照會本部。請電浙撫無庸註銷，當經本部以原案並無英商伊德，無從干預等因駁復英使亦在案。旋准浙紳公電，以局董高爾伊又與英商擅訂辦礦合同，請爲澈究。請經本部電據浙撫復稱，已札局辦理。兹准前因，相應鈔録本部與英使來往照會，並與浙撫往來各文電，咨復貴部查照備案可也。

王彦威等《清季外交史料》卷一九一《外部覆英使英商與寶昌公司私訂礦務合同實未蓋用關防照會》 查各省華洋商人合辦礦務，照章以奉旨批准之合同爲據，倘批准以後改換商人承辦，應將改換商人原委呈明聽候核准，方能接辦，如係私相授受，既與原案不符，本部概不承認。浙省礦務原案批准之合同本係義商並無英商字樣，本部自應按照原訂合同祇能承認義商。因已逾限不辦，是以將原案撤銷。至惠工公司歸英商經理，並未稟明浙撫，該撫亦未咨報本部，即係私相授受，本部斷難允認其所訂合同。前經浙撫查明並未蓋用商務局印信，而來照謂原文蓋有浙省農工商礦總局關防，此項關防究係何人擅自蓋用，現已咨行浙撫澈底究辦。總之此事既無案據，又經浙撫查明並未蓋用商務局印信，礙難照辦，相應照覆貴大臣查照可也，須至照會者。八月初九日。

《申報》光緒三十一年八月十一日第三版《徐州煤鐵礦擬招商股江甯》 江皖贛礦務總局察得徐州府煤鐵礦苗頗旺，擬招商入股，在彼開採，已稟請南洋大臣札飭曉諭，以堅衆信矣。

《申報》光緒三十一年九月初十日第三版《調查樂平已開煤礦南昌》 江西饒州府樂平縣素爲產煤之區，苗旺質佳，可稱利藪。茲將已開之礦並開採者之名氏詳列於下。一蝦兒坑、獅兒口、西安里三處，於二十九年由文芝塢觀察稟准開採。一牛頭山，於二十八年由周小瀚觀察稟准開採。一藕塘，於二十九年由江蘇補用縣丞蔣如松稟請給照開採。一保家嶺、荷樹坳、茅屋場三處，於二十九年由試用佈經歷郭鞠稟設羊樂公司給照開採。

「中央研究院」近代史研究所《礦務檔》第四冊《光緒三十一年九月二十日外務部收安徽巡撫誠勳文皖紳公舉蒯光典爲皖礦總董》 光緒三十一年九月二十日，收安徽巡撫文稱，竊照本部院於光緒三十一年八月二十一日，會同署兩江總督部堂周，專差附奏，皖紳公舉江蘇候補道蒯光典主持全皖礦務，作爲總董一片，除俟奉到硃批，恭録另咨外，相應抄片咨明，爲此合咨貴部，請煩查照施行。

〔附〕照録原摺

再前於光緒三十年間，據皖紳稟請設立礦務總局，以保利源。正在核辦間，適本省京官大學士孫家鼐等奏奉諭旨，派福建興泉永道袁大化辦理安徽全省礦務，准商部咨行前來，當經附片奏明。先行設局，俟大化到皖，總理其事。欽奉硃批，該部知道，欽此。欽遵在案。嗣因袁大化調補徐州道，飭赴新任，致稽開辦。茲據安徽衆紳呈稱，江蘇候補道蒯光典，鄉望素孚，廉正明達，若主持全皖礦務，必能措置裕如，公議舉爲總董，以繼袁大化之任。惟興辦之初，股分未易招集，擬於鹽價米捐茶釐三項，酌加若干，並邀紳商設立彩票，分撥餘利，以資提倡。另議詳細章程，稟請由官核定。總以勸商樂輸，不事强迫爲宗旨。此外如有可籌之款，隨時續請籌撥，呈懇附奏等情。查該紳等所呈，係爲自保礦權，維持大局起見。所擬籌捐辦法，既稱係勸商樂輸，事原可行。惟皖省京官現已請加鹽價米捐等項，以爲造路經費，業經另片具陳。若重叠加抽，商力恐有未逮，自應與鐵路公司酌量匀撥，由各該紳公同商定通籌辦理，庶期一舉兩得。除飭該紳等會議章程，另稟核奪，並分咨外部商部外，謹會同署兩江督臣周附片陳明。伏乞聖鑒，謹奏。

《申報》光緒三十一年九月二十二日第三版《鄂督電覆商部飭查礦產情形武昌》 湖廣總督前接商部來咨，請飭員查勘湖北礦產，以何屬爲最富。當經張督派員往查，茲據報稱所有礦產皆在鄖陽荆州宜昌三屬，現已飭屬各按部頒礦表詳細填送，請部查核矣。

《申報》光緒三十一年九月二十二日第三版《商部咨詢黔省礦務局辦法貴州》 黔省礦商局本係陳道明遠總辦，前經貴州同鄉京官許澤新等以該道辦礦無效，公稟商部請歸紳商自辦。昨經該部行咨外務部核議，並咨黔撫請妥籌改良辦法，應否歸商自辦，速復到部，再行核辦。現已照會許君遵照矣。

「中央研究院」近代史研究所《礦務檔》第三冊《光緒三十一年九月二十八日外務部收商部文抄送議復江督請簡員督查蘇皖贛三省礦務摺》 光緒三十一年九月二十八日，收商部文稱，光緒三十一年九月二十七日，准軍機處片交，本部會同外務部户部具奏議覆周馥等請簡員督查三省礦務一摺。本日奉旨依議，欽此。欽遵傳知來，相應恭録諭旨，附鈔原奏，咨呈貴部欽遵辦理可也。

〔附〕照録抄件

謹奏，爲遵旨會議具奏，仰祈聖鑒事。光緒三十一年八月十二日，軍機處抄出兩江總督周馥等奏，三省查礦事宜，擬請特簡大員督查，招商試採一摺。奉硃批，該部議奏，欽此。欽遵抄交到部，【略】臣等伏查中國固有之利源，要在振興礦政，各省急起自辦，自以首先設局調查爲權輿。商部前准兩江督臣來咨，擬合江皖贛三省之財力，派員查礦，並設三省查礦公所等語，當於本年八月間具奏，擬仿照兩江督臣等所擬辦法，請旨通飭各直省將軍督撫，迅即籌設礦政調查局，專選諳練廉正之員，咨由商部加劄，作爲礦務議員，令其酌帶礦師，詳爲探勘。除已開之礦，仍按前頒礦務總表填註外，未開之礦，即遵此次刊定表式，隨時填明具報。如有切寔探勘，確著成效者，准由商部擇尤獎勵等因。業奉諭旨允准，通飭各省，一律欽遵辦理在案。此項礦務議員，甄選之始，既由各省督撫核其材能，委用之時，又由商部課其殿最。所有該省礦政，自不難責成經理，以竟厥功。茲兩江總督周馥等，請照四川辦礦前案，督以大員，轉慮體制較崇，未必躬親履勘，仍須派員前往，稟復核轉，會同奏咨，徒增耗費，轉多周折，擬請仍照商部前奏各節，妥籌辦理。該督等前設查礦公所，即改爲礦政調查局，並將該省派往查勘之員，開具履歷，咨由商部酌量加劄，作爲礦務議員，以符奏案。所請特簡大員督查之處，應毋庸議。原奏又稱，三年内陸續試辦，無論官股商股，概照公司章程辦理，自屬可行，仍應查照商部奏定礦務章程，隨時咨報，以憑查核。原奏又稱，議提銅元餘利，早開銅礦一節，户部查現在整頓錢法，需銅孔亟，故洋銅進口日益加多。若能早開銅礦，自擴利源，誠屬扼要之論。該省擬提銅元餘利，附充股本，亦係正辦，惟各局所認練兵經費，及部撥各款，均關緊要，務先照數解足，所餘餘利，自應由該省酌量提用，以充股本。其餘嚴禁私買礦産，先飭官紳購買近礦山場田地各節，均與商部迭次奏咨各案相符，至稱詳細章程，屆時查看情形，再行會奏一節。查此項章程，自應由商部訂定奏明，咨行遵照，並通行各省照辦，以歸劃一。如蒙俞允，即由臣等咨行該省督撫欽遵辦理，所有臣等會議緣由，理合恭摺覆陳。伏乞皇太后皇上聖鑒。再此摺係商部主稿，會同外務部户部辦理，合併聲明，謹奏。

《申報》光緒三十一年九月二十九日第三版《銅礦公司復稟立案江西》 前數年各官紳因查明贛郡銅礦質佳苗旺，稟準開辦公司，嗣因虧本中止。近者三江查礦公司委員帶同日本礦師勘明礦苗實旺，各紳士復具稟胡撫，以所設贛郡華寶銅礦公司，經礦師復勘苗質均佳，呈請立案，以便開採。奉批，各紳所設贛郡華寶銅礦公司創設非易，投資已多，既經礦師復勘均稱苗旺質佳，運道亦易，自應仍由贛紳迅速集股，大舉開採，以擴利源，而昭平允，準如所稟立案，並咨明督部堂查照。至華寶墊款或作股本，或分別由某款還本，某款以紅利彌補，應候臨時妥議酌辦。仰農工商礦總局轉行該公司知照。

《申報》光緒三十一年十月初五日第三版《南路礦務之利益長沙》 湘省南路礦務公司現在購買山地已多至三百餘處，其已經開採者不過二十餘所，聞其間獲利最豐者莫如湘鄉縣壩子坪煤礦，現出之貨約值六七萬金，費去成本三萬餘金，將來利益尚未可限量。其次則如新化縣之銻礦，亦出貨至萬餘金。又次爲郴州磺礦，因山主争佔股份，尚未加工開採，已出貨至六七千金。其餘則未見大旺，將來逐漸開採獲利，固可預計也。

中國第一歷史檔案館《清代軍機處電報檔彙編》第二六册《發四川總督錫良電爲江北廳礦務事光緒三十一年十月初六日》 東電悉，江北廳礦務，英使堅以路途遥遠，未能辦理就緒，請予展限，已準展限半年，希查照外務部。魚。

「中央研究院」近代史研究所《礦務檔》第三册《光緒三十一年十月十三日外務部收浙江巡撫文高爾伊續訂合同商務局無蓋印案據已飭澈查究辦》 光緒三十一年十月十三日，收浙江巡撫文稱，竊照高爾伊與義商合辦衢嚴等處礦産一案，業經本部院迭次咨呈，並將商務局並未蓋印緣由，續咨在案。茲據候選道高爾伊以蓋印係經本部院面允等情具稟前來。本部院查核卷内抄存保款單叙明義國惠工公司，出保又係義欽使，具見前部院原奏僅叙義商，並未遺漏。商務局關防，爲局中公文憑信，非紳董所應擅用，果係本部院核准，當以印批札文爲憑，斷非面允所能作據。此亦公事通例，從前各件，均係該道具稟候批，核准重事，豈有但憑面允之理。即云傳諭，亦應明告局員，何以專管之萬道既未知之，監視之白委員且經具有印結在卷。現在合同雖未調驗，而局詳實無蓋印立案之事，即令洋商之合同，果蓋局印，而商會現存該道之合同未蓋，一有一無，已於合同二字之義不符，況局員並未之知耶。察核稟詞，種種矛盾，若非私自摹刻，即係該道擅自盗用，哄騙洋商，猶欲信口牽扯，希圖諉卸，實屬荒謬。至上年部咨係飭查勘定礦産處所，催令領照，商務局所復僅礦師染症等空語，既未指定礦所，又未請領執照，本部院無從核咨，何得以此藉口。一切爲難，無非該道自取，與人何尤。除批飭商礦局核入原案，迅速秉公澈究據實詳辦外，相應咨呈，爲此咨呈貴部，謹請察照施行。

粘抄

〔附〕二品頂戴候選通高爾伊謹稟

大人閣下，敬稟者，竊本年八月初六日准農工商礦局司道照開，奉憲札開，照得高爾伊與英商伊德訂立開礦合同，何時訂立，何時由局蓋印，應澈底根究。八月初八日復准照開，奉憲批，高紳既因礦務紛紛被控，未便再令干預商務，即撤出商局，銷去坐辦名目，以免物議，相應備文照會各等因。按光緒二十四年職道辦礦原稟，係稱惠工公司義國商人沙鏢納，而前憲臺廖原奏稱爲義國惠工公司商人沙鏢納。嗣經沙鏢納函告，惠工公司係英商貲本，義商代爲經理，故取義國公使保款單，已由英公使竇，於二十五年照會總署。經總署照復認可有案，是以二十八年七月，職道復稟聲明義商沙鏢納貸英國惠工公司洋款，並求咨明外務部，暨路礦總局，俟奉旨准辦後，請即照會英義公使，轉飭沙鏢納來浙簽字。

前憲任復奏，未經叙入。今憲台指爲私易英商，職道何敢申辯。

二十九年正月二十日，外務部核議具奏，有由臣部咨行浙江巡撫，轉飭該員與義商沙鏢納訂立合同等語。奉硃批，依議，欽此。是年五月間，職道呈請以外務部覆奏，令專在衢嚴温處四府境内，指明煤鐵礦山數處，先行試辦，謹當欽遵先派礦師勘明，再立合同。即派礦師詹美生等往勘，轉詳前護憲翁給發護照，並咨部有案。詹美生因時疫盛行，未經勘完，沙鏢納旋亦回國。三十年二月間，倫敦惠工公司惠派代理人依德，亦譯伊德，帶同礦師竇鋭克前來。職道於呈請轉詳憲台給發護照，暨呈請轉詳聲復外務部咨查勘礦情形之呈文内，曾將惠工專派依德爲代理人。一再聲叙，嗣因勘鑛將次完竣，於十二月間，謹簒奏案辦理，與現在惠工公司之代理人依德，訂立合同，所載章程二十條，悉依原奏。今沙鏢納復於本年夏間來華，已另就他事，可請外務部照會義使，飭令將惠工何以更換代理，明白稟復。以職道愚見，公司更換代理人，事所恒有。查貸款辦山西河南之礦務福公司，初係義商羅沙第代理，亦由義使出具保款單。今之代理人爲英商哲美森，其間尚有義商桑維多，英商賓思德接換爲代理。竊謂寶昌祇能認惠工，而該公司代理更換，寶昌無從干預。今憲台指謂私與英商另訂合同，職道又何敢申辯。上年八月間，職道以工藝傳習所事進謁，是日職道退後，適文守進見，時在下午，查轅抄當知日期，仰蒙憲台垂詢浙礦，語次及皖礦蜚言，爲學堂被斥之生徒二人所搆造。職道答稱，依德已由惠工公司派爲代理人，當無暇兼顧皖礦。現在浙礦將次勘畢，職道自應謹遵奏案，與訂合同。據聞憲台前在安徽，與洋商凱約翰等所訂礦務合同，均蓋商務局印信。而浙礦則外務部覆奏，僅轉飭訂立合同，並未提明蓋印字樣。依德以回國發售股票，宜以印信合同爲據，而寶昌未頒圖記，職道係農工商礦局紳士，可否蓋用本局關防，俾攜回國。當時亦蒙面允，想吐握勤勞，不復記憶，職道又何敢申辯。總之，嚴懲職道，苟可使洋商知理屈而自退，職道斷不敢諉避。今洋商振振有詞者，以本年二月二十六日外務部電開，寶昌公司高爾伊承辦衢嚴温處四府煤鐵礦，上年二月間，經本部咨查，未據聲復，此案奏准，已逾兩年。該紳迄未照章勘明，請照開辦，即將原案撤銷，飭令遵照等因。即持此謂職道上年未將原奏章程，於未給執照以前，未限十二個月限期一條，及現在勘礦情形明白聲復之實據。其實職道於上年四月間，業已呈請轉詳。當時憲台若予咨復，不獨惠工公司之爲英爲義，沙鏢納與依德爲先後代理人，可更換與否，及未領照以前，有無十二個月限期，悉候部示，職道可立於不敗之地。乃憲台未予咨復，職道迄未知之。致洋商引川礦滇礦奏准在浙礦之前，亦未開辦，何以獨撤銷浙礦，爲寶昌不聲復自誤，毫無疑義，大損惠工名譽。職道將何以自解。本年三月間，洋商要求申請，職道不得不呈請轉詳。復蒙批駁，麥領事偕依德進見。

憲台令其自行向部申請，於是要挾職道來京，以備對質。一月之内，英公使照會外務部，已三次往還，持之愈急，則職道獲戾愈重。意欲止令不復提議，償還歷年勘礦各費，就此了結。而該公司名譽賠償，議罰實無限製，職道又何以自免。職道貸洋款辦礦，究係遵守部章，奏奉諭旨。而風氣轉移，當日謂爲開利源者，至今日謂爲失主權。然與各國新訂之商約，悉載准洋人辦礦專條，迄無人議及，亦理之不可解者，前年秋間，汪紳康年首造賣礦之謗，學界中從而附和，風潮大起，而鄉老亦不顧問，職道爲原辦之人，更有何策。本部電撤銷之後，洋商詰責，種種爲難，初擬於六月二十二日滬上同鄉議路之際，陳其巔末，而反對者大肆謾罵，不容申説。今憲台以英領事致問上年部咨未覆之緣由，遂責備職道爲私易英商，私訂合同，擅用局印，鄉老及學堂中人，紛紛攻訐，電達外商二部，暨京官同鄉，無非責難於職道一人，職道又何以自表。假使職道匿迹東瀛，投足絶塞，終身不返桑梓，可令洋商失所依據，職道亦未嘗不可以爲。無如洋商争執奏案，斷不因原辦者引避，就此中止。職道處此進退維谷之地，惟有詳將以上實情，瀝陳憲台之前，伏乞詧核施行。再農工商礦局紳士，及商會坐辦，既蒙准予撤銷，藉可藏拙，而工藝傳習所總理，應請一併撤去，以免物議，須至稟者。

《申報》光緒三十一年十月十五日第三版《委員赴江甯查礦長沙》　候補道涂觀察懋儒奉撫憲龐渠帥委赴江寧查礦，聞係日前奉旨清釐礦務，因江督周玉帥呈請商部委查三江礦産並集股試辦，禁止私售，請飭各省一律援照辦理等情，故湘省亦有委查之舉。

《申報》光緒三十一年十月二十九日第四版《稟辦陽山鉛礦廣東》　陽山縣猺山内地頗多鉛礦，非猺人不能前往開採。現有商人李汝賢稟請試辦五個月，俟有成數，再請給發放行，並聞擬令附近居民用土法開採，由商價買業經邀准云。

中國第一歷史檔案館《清代軍機處電報檔彙編》第九册《發安徽巡撫誠勳電爲銅官山礦務事光緒三十一年十月二十七日》　銅官山礦務英使復來催詢，希查照本月初二部咨，迅即核復。外務部。感。

朱壽朋《光緒朝東華録》卷一九七《光緒三十一年十月》　丙寅，商部奏，臣部於光緒三十一年九月二十七日，會同外務部户部覆奏兩江總督周馥等擬請特簡大員督查三省礦産招商試採摺内，聲明仍照商部八月十七日奏奉諭旨，各省籌設礦政調查局，遴派專員妥爲辦理。並將派往查礦之員，開具履歷咨部，酌量加劄，作爲礦務議員，以符奏案。至詳細章程，自應由商部訂定奏明，咨行遵照，並通行各省照辦，以歸劃一各等語。奉旨依議。欽此。欽遵行知在案。查各省風氣通塞不同，而於調查礦産一事，雖風氣較開之省，其程度亦尚與歐洲各國相去懸殊。若不妥訂專章，遴選熟諳礦産之工師，則各省委派辦理之員，勢必茫無措手。所勘礦質，不過憑土人之舊説。所填表册，亦僅成紙上之空譚。其於礦政，安有裨益。臣等熟思深念，竊謂此項勘礦章程，必須迅速訂定頒行，庶足以一事權而開風氣。謹公同商酌，擬定章程二十四條，分列辦事之法凡十五條，勘礦之法凡九條，提綱挈領，大致粗具。苟能循章妥辦，似尚足以資實驗。而核與臣部奏定礦務章程，亦屬相輔而行。謹具清單，恭呈御覽。如蒙俞允，應由臣部通咨各直省將軍督撫一體遵照辦理。得旨，如所議行。

《申報》光緒三十一年十一月初四日第三版《銅官山礦歸紳開辦安徽》　安慶附屬之銅官山礦産豐富，前經英商凱約翰力争展限開採，當由外商兩部限定年期，開辦逾期，礦照作廢在案。刻因期限已逾，當由皖撫誠中丞照請英領事塗銷合同，在籍紳士李經畬部郎方履中太史等以該礦苗脈顯露，蓄産旺盛，久爲外人所覬覦，若不及時自行開挖，不足以闢利源而杜隱患，因招合同志，糾集鉅資，稟明誠中丞轉咨商部頒發開礦執照，以便開辦，一面仍遵繳照費銀三百兩並將機器礦夫一切預備齊全，一俟礦照到皖，即行擇期興辦。

《申報》光緒三十一年十一月初七日第二版《法人採辦閩省金礦之交涉》　初五日北京電云，中政府前許法人在閩省建寧邵武二府開辦金礦，迄今限期已過，尚未動工，政府各大員疑廢棄此約，惟法公使務請再行展限自二年至三年之期，以便採辦，頗有難以却拒之情形。譯字林報。

《申報》光緒三十一年十一月十三日第三版《閩紳請廢三府礦約福建》　日前閩省士紳電稟外商兩部，畧謂前與法人所定延建邵三府礦約，原議以本年十月二十三日爲限，今已逾限，並未開辦，務請查照原議，即行廢約，以保利權。

《申報》光緒三十一年十一月二十日第九版《清查礦産表式廣東》　粵省日前接到商部來咨，清釐礦産，請飭各省選派專員設局，援照江督奏案辦法咨送來粵。岑督接準部咨，已札委池令仲祐辦理，並咨請商部加劄作爲查礦議員，並將前發表式札發。該令酌帶熟諳礦務工師周歷各屬，會同地方官切實探勘已開未開各礦，逐一詳註報候，核明咨部核辦。茲將表式抄列：　産礦州縣、距城里數、山名、官地、民地、礦質、礦場、大小、運道遠近、上等、中等、下等。

《申報》光緒三十一年十一月二十三日第一〇版《紀郴州磺礦湖南》　郴州磺礦前由職員李守中與南路總公司合股開辦，旋因争佔股分，經礦務總局嚴行批飭，遂由該職員擬就應行議訂各節，復稟礦務局批示，候移行南路總公司會同核議，再行飭遵云云。

《申報》光緒三十一年十一月二十三日第一〇版《紀甯鄉煤礦湖南》　甯鄉縣五都十區仙山橋之對江坪等處産煤甚旺，前據該縣職員湯之鳳稟請，礦務總局委員勘驗奉批，該職等所稱甯鄉五都對江坪等處田山探有煤苗，現擬集股開採，與他人田墓廬舍確無妨礙，仰即前赴中路總公司照章編號納税，一面由本總局札縣查勘，出示保護。

《申報》光緒三十一年十一月二十七日第四版《貴州京官議設全省礦務公司北京》　日前黔省同鄉京官許學士澤新等會議，以各省路礦多已收回自辦，以保利權，黔省礦産素稱豐富，亟宜設立全省礦務公司，自行集款開採，以免外人覬覦，擬即具呈商部，候示開辦。

中國第一歷史檔案館《光緒朝硃批奏摺》第一〇二輯《光緒三十一年十二月十五日開缺廣西巡撫李經羲摺》　頭品頂戴開缺廣西巡撫臣李經羲跪奏，爲官督商辦試採南丹芒場錫礦，以養貧工而紓邊困，恭摺仰祈聖鑒事。竊查廣西柳州慶遠泗城思恩數府，界接滇黔，民多混雜，游惰無業，往往句聚匪徒，刦掠行旅，積久滋蔓，致釀兵災。歷來肇事多起沿邊，防捕之難亦沿邊爲甚。臣蒞桂以來，推求善後之方，首在爲民謀生計，而生計之切於廣西者，又在擴充地面之農産，開採地中之礦産。自股匪漸清，臣即分派員弁周歷山谷，一面擦捕餘匪，一面查勘物産，查得五金礦産各處皆有，惟慶遠府屬爲多。天河縣西鄉北鄉兩錫礦已飭該府知府王祖同招商試辦。南丹土州地方銀錫各礦尤旺，該州界連黔邊，山徑險僻，向稱匪藪。所有礦産從前雖有土人私採，資本不豐，旋作旋輟，良莠雜處約束毫無。當其開採羣工麕聚，一旦閉歇，失業爲匪，現當巖穴擴清，亟宜由官主持設法開採，庶足剔弊竇而銷亂萌。臣昔在雲南整頓個舊錫廠，頗悉利弊，比年個舊礦丁用至六七萬人，錫價所入歲溢數百萬金，大爲邊民利賴。南丹錫礦現出砂苗固不如個舊之精美，而脈厚産豐，誠使得人而理逐漸擴充，亦足養數郡之貧民，弭沿邊之匪患。爲目前計，固屬急圖，況風氣一開，遠商漸集，相緣而興之利尤爲不少。惟是僻遠瘴鄉利源未闢，招商承辦既多疑懼不前，由官試辦苟無諳練人員，誠恐虛糜款項，審時度勢，暫以官督商辦爲合宜。臣查個舊商董分省試用同知朱朝瑛，丁憂廣東試用知縣楊寶琨皆身家殷實，熟悉礦務，夙昔志趣在爲國民開擴利源。現據署右江道龍濟光自雲南函招來桂，倡集銀五萬兩，均係華商股本，稟請設立慶雲公司。經臣覈明批飭，先從南丹芒場大山試辦錫礦，即委該員等經理廠務，由右江道就近督辦，所需礦丁先儘用本地貧民，設立棚頭棚長，畧如兵法層層鈐束，並就近調撥防營駐紮工廠，妥爲彈壓。試辦之始，酌予期限，意在倡開風氣，招徠外商，收養貧民，免至失業。自應稍予變通，所訂章程暫從簡易。如果試辦漸有成效，届時再飭該商董查照定章稟請認辦，並覈明南丹各項礦産若干處，或由該公司承辦，加入官本若干，責成原委員經理。或仍由官督辦，酌提該公司餘利以助餉需，視利源之大小定官商之界限，總期官不失信，商不蹈空。至於煉沙成錫，見錫即應課税，開辦之日即經委員駐廠監收所有。該公司試辦章程均經詳細覈明，由農工商礦局司道詳請具奏前來，除隨時督飭認真辦理外，謹將官督商辦創設慶雲公司先行試辦南丹芒場錫礦緣由，恭摺具陳，伏乞皇太后皇上聖鑒，謹奏。

夏東元《鄭觀應集》下册《稟謝兩廣督憲岑宫保辭商部議員督辦兩廣礦務差使》 竊職道於光緒三十一年十月十九日奉到憲台札開：是年八月十七日奉上諭：商部奏請飭清釐礦産以保利權一折：中國地大物博，礦産之富甲於全球，只以研究無人，遂致利源未辟；又或奸徒勾結，設謀售賣，輾轉影射，流弊滋多。應澈底清釐，認真整頓。茲據商部奏稱，周馥所陳委查三江礦産並集股試辦、禁止私售各節，有裨要政，請飭各省一律援照辦理等語，著各直省將軍督撫即行遴派諳練廉正之員，酌帶工師，周歷各屬，切實探勘，按照商部所發表式將已開、未開各礦産逐一詳細註明，隨時咨報，並按照兩江辦法迅即籌辦，毋稍延緩，其各省所派專員均準作爲商部議員，並由該部悉心稽察，嚴定考成，隨時請旨辦理，以示勸懲。總期權自我操，利不外溢，是爲至要。原摺着鈔給閱看，將此各諭令知之。欽此。遵旨寄信前來等因，即經轉行司局欽遵查照。隨據廣東佈政司詳稱：查有候補知縣池仲祐堪以派委等情，當即咨商部立案。查廣東幅員遼闊，礦山林立，率帶工師周歷探勘，恐非一人之材力所能普及，且東省巖壑奥區，往往與西省毗連，非有熟悉東、西兩省地方情形，資望較崇之員督率查勘，未克勝任。茲查有廣東商會協理盡先選用道鄭官應，總辦廣西商務、會辦廣東商務、分省補用道周平珍，諳練廉正，現辦商務事宜深得機要，以之查勘兩粵礦産，充作礦務議員，必於礦政有裨。除咨商部加札派充暨俟接準咨覆另行飭遵，並札行廣東、廣西佈政司東善後局西派辦政事處知照外，合就札飭。爲此札仰該員即便遵照毋違。此札。等因。奉此，職道恭聆之下，感悚莫名。伏查東、西兩粵礦産素饒，寶石、五金、煤鐵畢具，當此時艱帑絀，利源待辟，自應遴派干員督同礦師逐段查探，繪圖貼説，遵照部章招商集股承辦，務使權自我操，利無外溢，微但天財地寶可致富强，抑且蔀屋窮檐堪資工作。職道叨蒙培植，敢不力效馳驅？無如年老疾多，痰喘時發，兼以慈親久病，未敢遠離，迫得據實上陳，冒昧瀆稟，仰祈憲恩俯察下忱，收回成命，庶免竭蹶貽誤，獲戾滋深。則感戴鴻仁于靡既矣。臨稟不勝惶悚屏營之至。

〔附録〕岑宫保稟批

稟悉。查粵省礦務事關重要，前因該道資望較深，練達新政，是以派委辦理，現據稟稱該道夙患痰喘，兼侍母疾，未能遠離，自係實情，所請銷差一節應即照準。另折所陳咨調礦務畢業生來粵勘礦，再聘外國礦師開採，以杜流弊而免虛縻，具見該道籌畫周密，至堪佩慰。仰候電達商部，毋庸札派礦務議員，並行廣東商務局查照。此繳。折札并存。

《通商各關華洋貿易總册》光緒三十一年下卷魏阿蘭《光緒三十一年蒙自口華洋貿易通商情形論畧》 出口土貨，本年共值關平銀四百七十九萬一千八百三十六兩，較上年加增十萬八千三百十四兩。其運往香港銷售者，佔百分之七十三，運往東京銷售者只佔百分之二十七。大錫乃爲本口出口貨物最大宗，本年出口大錫比較二十八年最好之年猶多一萬一千餘擔，本年出口大錫共七萬四千九百七十二擔，其本年大錫所出甚好者，係由二十九年周匪亂後重修錫廠，人傑地靈，以致所出如是之旺。然本年聞錫廠爐户云因食物昂貴，所僱工人較往年減少一半，皆由鐵路所招之苦力甚多，以致本埠百物昂貴。大錫在蒙每百觔得中之價值六十五元，比之香港每百觔便宜十元。大錫同土藥佔出口百分之九十七，大錫爲第一，佔百分之七十二，土藥佔百分之二十五。

「中央研究院」近代史研究所《礦務檔》第五册《光緒三十二年二月二十五日外務部收法使吕班函開辦邵武等府礦務展限事業經議結無庸在閩再議》 光緒三十二年二月二十五日，收法國公使吕班函稱，本月十四日接准來函，以福建邵武等府礦務展限一事，據閩督咨催，請將已否轉飭駐閩領事與商政局商議，查明見復等因前來。本大臣查此案既經本大臣業於上年會同貴部商定，即有三十一年五月初十日來文可稽。是此案既係在京議結，似無在該省商議之處，相應函復貴部查照轉知，沕此佈復，順頌日祉。

「中央研究院」近代史研究所《礦務檔》第四册《光緒三十二年三月十二日外務部收軍機處交出安徽巡撫誠勳抄片奏報皖省開設礦務總局日期》 光緒三十二

年九月初九日，發英國公使朱照復稱，光緒三十二年八月二十九日，接准來照，以英商依德與高爾伊定立合同承辦浙省礦務一案，所有往返文牘，曾經薩前大臣詳細報明本國酌奪示復。茲准外部大臣咨，此事現已詳審斟酌，本部甚願得知中國政府將二十九年合同作廢之故，囑爲詢問。而此案情由中國於詳審斟酌以後，是否仍行議定將此奏准之據作廢，果爾請將其故明晰復知，本大臣准此。合行照會查照賜復等因前來，查各項合同，應以本部奏案爲憑。浙省礦務，按本部二十九年奏准合同第一條内載明寶昌公司向義商惠工公司貸款云云，本無英商字樣。依德所請，與本部奏准案據不符，斷難承認，本部已於上年八月二十五日照會薩前大臣詳晰聲明，現在仍無異議。相應照復貴大臣查照，即希轉達貴國外部大臣可也。

「中央研究院」近代史研究所《礦務檔》第四册《光緒三十二年三月二十三日外務部收安徽巡撫誠勳文附原奏片等四件皖省開設礦務總局並議訂開辦章程》

光緒三十二年三月二十三日，收安徽巡撫誠文稱，竊照本部院於光緒三十二年二月二十七日，會列署兩江總督部堂周，專差附奏。安徽省開辦全皖礦務總局日期一片，除俟奉到硃批，恭録另咨外，相應抄片，並照録開辦章程，彩票辦法，協議各董銜名，一併繕摺咨呈。爲此咨呈貴部，謹請查照施行。

〔附〕照録抄片

再安徽全省礦務，前據衆紳公舉蒯光典爲總董，並擬酌加鹽價米捐茶釐，開設彩票，與鐵路公司酌量勻撥，當經會同督臣，附片奏明。奉硃批，該部知道，欽此。欽遵在案，嗣由行知該紳等，並飭將各項章程妥籌擬訂去後，茲據稟稱，本省紳商一再集議，僉云皖礦議歸自辦，原爲挽回利權，特是辦法不善，實效難收，必須廣籌經費，明定章程。非實行開辦不能見功，非成效照然不能取信，公同悉心商酌，妥籌辦法。擬設礦務總局於省城，即於光緒三十二年正月開局，應刊刻木質關防，以昭信守。而事體重大，非一人力所能及，擬選本省之留心時政，素共推許者，舉充協董議董，期收聯合紳商，協力興辦之效。其稽查稅務，則請派大員監督，用昭慎重。公擬開辦詳細章程，呈請奏咨立案。其餘未盡事宜，容再隨時參酌損益，另行稟辦等情前來。察核所擬章程，大致尚屬周妥，惟辦理必須合宜，庶不致有所紛擾。查光緒三十年，原奏曾聲明選派監督官一員，稽查征稅各務，今該紳等請派大員，係爲慎重起見，查藩司有理財之責，礦務係保全權利，自應即派藩司監督局務，以期互相維持。並飭該紳等與鐵路公司隨時會商辦理，俾收實效。除將詳細章程，及協議董各員銜名，分咨外部商部查照外，所有皖省開設礦務總局日期，謹會同署兩江總督臣周，附片具陳，伏乞聖鑒。謹奏。

照録清摺

謹擬安徽全省礦務總局開辦章程，計六款共三十二節，又附議二節，敬呈鈞鑒。

第一，辦法五節。

一，本總局係奉兩江督部堂安徽撫部院奏准開辦，總理全省礦務，一切遵照商部定章三十八條，參酌本省情形辦理。

二，設礦務總局於省城，即於總局内附設安徽全省礦務總公司，凡招股等事，均歸總公司經理。

三，本總局係屬奏辦，應刊刻關防，以昭信守，今刊木質關防一顆，文曰奏辦安徽全省礦務關防，即於設局之日啟用。

四，設礦務分局於蕪湖，皖境礦產，皖南爲多，水道轉運亦便，即以蕪湖分局爲皖南各州縣礦務之總匯。

五，江寧應設安徽礦務招待所，皖省紳商寓寧者衆，即以此爲集議之地，凡外省皖籍官紳商民如有條議礦事者，或函寄皖省總局，或寄江寧招待所。

第二，分職五節。

一，通省礦務及本局用人行政一切事宜，皆由總董主持辦理。

二，舉協董四人，凡全省礦務事宜，得參酌可否，以臻妥善。駐局者酌給薪夫，另舉議董十人，均有議事之權，其協董議董，均應稟由督部堂撫部院咨部立案，並照會各董。

三，本總局既係官督紳辦，應請派安徽藩司爲監督，將來開辦各礦，其應納各項征稅，俱由監督隨時稽查，以重稅務而資維持。

四，本總局管理全省礦務，條理繁密，事務紛糅，將來用人不一。其常川駐局辦事者，應於協董以下暫派書記員一，會計員一，雜務員二，其餘礦師以及查勘開辦需人多寡，均由總董隨時斟酌事之繁簡，會商舉派。

五，開辦礦務一事，自購地以至僱工，無時不與地方交接，擬按各州縣公舉紳富一二人爲分董，以資考察調護。與本地官民隨時會商事件，並分任隨地招股事宜。

第三，權限五節。

一，本總局奏辦安徽全省礦務，其全省礦產除由總公司集股籌辦外，或由商民稟請集股開辦之礦，皆須由本總局核議施行。其有遵照新章請領執照，開設公司，認礦開辦者，必須先行赴局報名入册，查明確無關礙地方情事，及違悖部章之處，方可照准。

二，查新章各省均應設調查局一所，今既設有兩江礦務調查局，即可與本局相爲表裏，第本局有招股開辦之責，仍須切寔探查。自應另請礦師，購備極深鑽地機器，再行查勘確寔，以爲寔行開辦之地，藉補調查局之不及。

三，凡商民已經開辦及已經議定之礦，擬限於三個月内赴局呈明，以憑稽核。

四，所開之礦，或運道不便，須建造鐵路，或須與鐵路局所築幹路相接，以達水口者，應遵部定第二十二條礦章辦理。

五，商民集股開辦之礦，有運道不便，須自造鐵路者，均先報由本總局妥籌議定，再行建築，以期與部章不悖。

第四，礦地七節。

一，本總局未開辦以前，本省礦産有由各商民礦産在本省商務局稟辦者，有由州縣稟報兩江調查礦務局勘驗者，兹據咨請商務局及兩江調查局，將全券抄單咨會，俾知所有礦産礦苗若何，礦質若何，或爲官地，或爲私地，曾有人稟辦與否，一一詳註於册。以便酌分緩急，重復勘驗。先後量力開辦。

二，所勘辦之礦，如係官地，自應由本總局照會地方官，先行標識，無論何人，不得擅開。若係民地，查出後即由本總局給予執照一紙，以爲有此礦産之據。嗣後即不得私售與人，將來開辦此礦，即將執照繳銷。按礦地之大小酌給地價，或不願收售地價，即按地價作爲股本，俟開採後照股分利，設遇有墳墓所在，又係萬難繞越之區，則應遵部章辦理，不得執風水之説，任意果奇。

三，凡由商民自行集股呈辦之礦，須將該地方四至界限，坐落何處，廣闊若干，一一先呈明立案，以清界限。

四，凡稟請開礦者，其礦地應遵部章，不得逾三十方里。其地亦須彼此連屬，以示限制。

五，凡一礦地如已有人稟准開辦，即不准他人羼奪。如另有人朦稟插入在開辦之界限内，另開窿口，侵佔礦利，准原辦商人隨時稟請查禁。

六，凡自有礦地，無力開採，爲本總局未經勘出者，應准該地主自行稟報本總局勘辦，按畝給價，不願領價者，亦得照數入股。

七，凡商民已經開辦之礦，如資本不足，應由本總公司查勘明確，量予維持，期收成效。

第五，籌款五節。

一，皖省地方素瘠，開辦之始，籌款爲難，現已奏定擬於皖境米釐鹽釐茶釐三項，酌量籌捐，路礦各半分用。其認捐礦款，均由各局解交本總局分別撥用。

二，除鹽釐米釐茶釐外，業已奏明開辦彩票，第彩票各省均已風行，且係弊政。現公同集議，仿照日本積儲銀行之例辦理，又慮積儲風氣未開，擬先辦積儲彩票以導之，俟積儲風氣大開，彩票即行停止。並仿蘇粵浙江等省現行之例，兼辦副票，餘利除應用經費外，路礦各半分用。

三，除籌各項公款外，所招商股，擬以庫平二八銀十兩爲一股，股息按年五釐。

四，本省外省官紳商民，均可入股。但須查明來歷，不得朦混，違者查出，將股銀悉數充公，股票註銷作廢。

五，招股一事，端緒甚繁。定章不嚴，不能取信，兹擬將入股付息，分利存儲，一切辦法，詳晰訂立專章，以爲取信商民之地。

第六，均利五節。

一，凡總公司開出之礦，除遵部章輸納租稅，及除去開辦本礦經費，並撥付股息外，其餘利作爲二十成，以一成報効國家，六成作爲公積，三成作爲在事人員酬勞，十成按股派分股東。

二，本局籌出公款，亦應彙入公司，作爲籌集公股，與商股同受利益。其公股應獲股息餘利，凡無股東收領者，另行按數提出，作爲將來開辦礦務學堂。並由本局酌撥地方，應辦事件之用。

三，凡稟呈認辦之礦，作爲本總局之分局，一經辦有成效，除遵章輸納租稅，由本總局經理外，其所獲餘利，亦應按照第一節辦理，並另酌提二十成之一，爲本總局辦公經費。

四，分派餘利，須俟每年年終核計。將全年收付各數及餘利，逐款列榜，刊刻徵信録，以昭核實。

五，所開各礦，按季均須造具報銷清册，呈報總局，以爲查察税項地步。

以上係開辦大畧粗定章程，其一切未盡事宜，須按時參酌，隨時會議，稟請酌量增改。合併聲明。

附議二章

一，擬另籌商股，畧仿積儲之意，設銀號一所，並爲存儲匯兑安徽礦務一切公款股款之用。

二，擬選派已習東文粗具普通知識者數名，送赴日本，專習礦學，學成回省，再就礦廠附設礦務學堂，以便實地驗習。

照録彩票辦法。

謹擬積儲彩票辦法七則，録呈鑒核。

一，此票以積儲爲宗旨，名曰江南安徽礦路積儲貲本彩票，與尋常彩票辦法不同。

一，此項彩票，按照所售之票售竣，匀派開彩。

一，擬設正副票，正票分十成，以五成開彩。一成開支，四成積儲，售竣開彩之後，再换積儲股票。副票仿照蘇鄂粵浙江各省現在通行之例辦理，按月開彩，與積儲票相輔而行。

一，積儲之款所生之利，仍作股本。

一，本利均不准提作局用開支。

一，開彩地方，或在上海，或在蕪湖。

一，以上海爲總發行所。

以上試辦有效，再定積儲專章，另稟立案登明，照録紳董銜名。

計抄單

協董四人：

翰林院編修方履中，

江蘇候補道吴學廉，

江蘇候補道陳維彦，

江蘇候補道舒紹基。

議董十人：

翰林院編修李經畬，

江蘇徐州道袁大化，

山西河東道陳際唐，

江西候補道周學銘，

江蘇候補道李經邦，

江蘇候補道周家駒，

候補道陳樹涵，

江蘇候補道徐乃昌，

江蘇候補道劉世珩，

江蘇候補道孫多鑫。

江西社會科學院歷史所《江西近代工礦史資料選編》第一章《玉山》 該縣風扇扭煤礦，於光緒二十八年十二月，請照開辦，曾登前畧。三十年十一月，據該署縣曾丞森桂表稱：因原開之洞，出煤不旺，復於該礦左右。加開子礦，出煤頗多，每季有三四十萬斤，係洪紳經理。三十一年三月，據楊令承曾表稱：汪典史興鑒，查得葉家塢煤礦，集股先行開採，每日出煤一百石左右。三十二年二月，據徐令允升表稱：葉家塢煤礦，因雨水過多，難以開挖，迄今未據領照開辦。三月表稱：風扇扭煤礦，亦因出煤無多，以致方本停挖。

江西社會科學院歷史所《江西近代工礦史資料選編》第一章《廬陵縣》 光緒三十年七月，潘署令敦先表稱：前據泰和縣增生周文炬等稟請在儒林鄉開採煤礦，已經稟奉批准。現飭該生來縣，隨同往勘，以便請照開辦。嗣因股未招齊，稟請緩辦。三十一年十二月，彭令錫蕃表稱：廬、吉、新三邑職商郭雲岳等，稟稱擬開鐵礦，創設爐廠，批飭妥議章程，籌集股本，另呈核辦。嗣因集股爲難，未具續稟。三十二年三月間，職商萬喜等，擬於敖城市地方，開採煤礦稟奉前撫憲胡批示：敖城地方煤礦，前據廬陵縣紳侯選道彭家禄，稟請給禮開採，採當經夏前院批據農工商礦局，以未據將礦山四至里數畝數，繪圖附呈，所議章程，亦未妥協。礙難准行等情。議復飭遵在案。該職商所開之礦，是否即係彭紳所開之礦，批局轉飭遵照定章，妥議辦法，稟侯詳奪，奉經飭縣查勘詳復。嗣據詳復，並非彭紳所開之礦，惟合同議約，未據抄呈，亦未諧勘，所擬條款，諸多未洽，批飭妥議更正，呈送合同議約，詣勘繪圖，驗明資本，詳復核奪，現尚未據詳復。

雲南省檔案館等《雲南近代礦業史料選編》第三輯上卷《個舊蒙自商民萬昌享等對個舊錫礦稅收加重》 具邀恩稟。個舊蒙自商民義興祥、光福昌、鴻源昌、順祥號等，爲商情日困，難以聊生，連名邀懇天恩鑒察下情，賞準豁免，通飭遵行，以利民利而救商艱事。緣個蒙兩地，自癸卯夏遭周逆之變，凡開爐户者，十已息業六七，元氣之虧損，市釐之肖條，雖五尺之童亦深知也。繼於次年，以國家籌款賠償外人，奉憲諭由大錫一張項下加收課銀五拾九兩抽繳，以備償款，等因行下。商民等雖謀業交易，素知食毛踐土之恩，均樂從遵章上納，不敢有違。殊加課後，每錫一張又加收餘稱銀二三兩不等，計每年出錫二千餘張，共得餘稱銀七八千兩有奇。又上納課項原以公估銀呈繳，近以該銀稀少，遵雷廳主示，摻以花銀，搭上每花銀一元作抵省平公估銀六錢九分五釐，實折合庫平色銀六錢六分算繳，計已照示上納年餘，罔敢異議。忽於上年十一月二十日起又更新章，每花銀一元只準抵省平公估銀六錢七分，實折合庫平色銀六錢四分算繳，每花銀一元，較諸市面商人竟喫虧銀三分，合計每年呈繳國課共二十餘萬元；聚沙成塔，爲數甚鉅。兼以近年法築鐵路，百物騰貴，自地方變後，不惟業失莫依，甚有不能舉火者不知凡幾。可憐百姓只此膏血，以一片商皮，剥而又剥，一副窮骨，挫而又挫，其顛連困苦之狀，未有甚於此時者也。竊思民爲邦本，國脈悠關，況個蒙商情上爲國課之需，下係生靈之賴，若無拯救，勢將日下，小民何以聊生乎，始終惟有府懇大人臺前賞準施行。

萬昌亨　金玉和
寶隆泰　順祥號
光緒三十二年又四月初九日具公稟商民光福昌　義興祥
鴻源昌　聚順隆
福順祥　大興昌

《南洋商務報》一九〇六年第二期《湖南發現極大銅礦》　桂陽州北鄉向有綠紫坳銅礦，惜廢置已久，無人過問。近爲崇吉分公司礦商許君查獲，率礦工援綆縋入窿中，由北而南，約四五丈，轉西至正路四十一二丈，時綆盡而止節節。查考其窿路之寬，有七八丈者，狹亦有一二丈，洵爲砂窿中所罕有。因是而知，當日出砂之旺，其本取盡之餘，砂均係綠紫二色，當經取出，分別化驗。紫者之成色，有七十八分，綠者之成色有四十三分至五十七分不等，現聞該商已酌擬稟呈礦政調查局開辦。

《南洋商務報》一九〇六年第二期《電查碧鷄山金礦情形》　商部日前電致川督署云，前據咨稱，現有越雟廳紳士請設公司，集股開採碧雞山金礦，並已聘定英國礦師踏勘礦苗等因，務請速飭查明，該山四至礦苗，微旺股本是否充足，有無外股開採之法。所定章程一併將詳細情形逐一列表報部，以憑查核立案。

「中央研究院」近代史研究所《礦務檔》第四册《光緒三十二年閏四月十七日外務部收安徽巡撫誠勳文咨送奏報皖省開辦礦務總局日期摺批》　光緒三十四年十一月二十八日，收農工商部咨稱，光緒三十四年十一月二十四日，本部具奏，安徽礦務總理，擬請以鐵路總理暫行兼光一摺，本日奉旨依議，欽此。相應恭録諭旨，附鈔原奏，咨呈貴部欽遵查照可也。須至咨者。

附欽件

謹奏，爲安徽礦務總理，擬請以鐵路總理暫行兼充，以維礦政，恭摺仰祈聖鑒事。竊查上年十月間，前安徽撫臣馮煦，以安徽礦務總理蒯光典奉派兼督西洋留學生，續派之李經義，堅辭不受。奏請飭下臣部轉飭安徽內外官紳，趕緊舉定總理接辦等因。奉硃批，該部知道，欽此。當由臣部欽遵知照該省同鄉京官遵照辦理去後，兹據安徽京官翰林院撰文李經畬等二十七人呈稱，安徽礦務總理一職，皖人再三集議推舉，一時尚未得人。查有新舉安徽鐵路總理前湖南補用道周學銘，才識優裕，辦事認真，擬請暫定兼管。一面趕緊另舉礦務總理，俟舉定後，再行呈明辦理，合詞呈請代奏前來。臣等查安徽鐵路礦務，經皖紳籌款興辦，向由該省公舉總理各一人，奏令承充。前據該省京官請以前廣西巡撫李經義，爲鐵路總理，兼礦務總理，經臣部會同郵傳部，奏奉俞允在案。嗣因李經義堅辭不受，遂致接替乏人。現據該紳等請以鐵路總理周學銘暫行兼充，查籌辦礦務，責任匪輕，如推舉不得其人，自宜暫行變通，爲並顧兼籌之計，免致要政久延。該員周學銘既經舉爲鐵路總理，由郵傳部奏准在案，是其才識優裕，鄉望素孚，已可概見。擬請照准辦理，以順輿情，而裨礦政，恭候命下，即由臣部行知欽遵辦理。所有安徽礦務總理，以鐵路總理暫行兼充緣由，謹恭摺具陳，伏乞皇上聖鑒，謹奏。

中國第一歷史檔案館《清代軍機處電報檔彙編》第二九册《收四川總督錫良電爲請拒延將江北萬煤鐵公司合同事光緒三十二年四月十九日》　江北廳煤鐵公司，原定合同註明以十二個月爲限，限滿不辦，合同作廢，永不再展。去年十月準大部電允，展六個月，扣至本年四月二十一日，又已限滿，立德樂迄未開辦，亦未呈驗股本。現據江北廳呈到該公司招股引言，多違部章，且首稱立德樂合同歸本公司接受，究竟接受何人，並未據立德樂呈明有案，顯係有意含混，似此影射招摇，無非爲宕延起見。如立德樂到部再請展限，懇主持堅拒，即將該合同如限作廢，以保利權，錫良。肅。篠。

中國第一歷史檔案館《清代軍機處電報檔彙編》第二九册《收四川總督錫良電爲江北煤鐵公司兩次限滿合同應予作廢事光緒三十二年四月二十二日》 篠電計已呈覽，江北煤鐵公司於四月廿一日限期屆滿，英葛總領事忽於十九日函稱，股本備齊，請飭保富公司備集足用資本，赴渝商辦，復函詰以立德樂款存渝城何處，礦地何以至今迄未勘指。本日該總領來署晤叙，仍屬支吾，因告以立德樂既未在川代表之人，又無憑據，兩次限滿，合同應即作廢，伊亦無辭可答，恐英使再煩鈞聽，用特電陳。錫良謹肅。焉。

中國第一歷史檔案館《清代軍機處電報檔彙編》第二九册《收四川總督錫良電爲江北廳礦合同即應作廢以保利權事光緒三十二年四月二十六日》 江北廳礦事曾於篠、馬兩電大部，查原訂合同第五條，須限內由該公司勘指礦地之一處，呈請委員查明稟准，始能給與准開憑據。立德樂於限內迄未指地呈請委查，亦未呈驗股本，忽於限期將滿，令人混稱接管，刊佈種種違章之招股引言。限前二日，葛總領忽函請備足，保富公司資本陰圖嘗試延宕，當經按章駁復。及二十一限滿之日，該總領面來糾纏，即以展限已滿，合同應廢堅拒，伊亦詞窮。乃昨復來狡强稱，臨限已籌開辦，答以未於限內指地呈請，不能作爲開辦，又稱展限係屬半年，連閏須六個半月，尚未滿限，意欲迫令於數日內將請委勘稟批准等事題議，趕行作爲開辦根據，因思此事無論道遠緒繁，萬做不到。且成約具在，豈任狡展。遂答以展限從去年十月計算，川漢鐵路在限滿之後，斷難牽混。該總領事屈於情理，云再電致公使，憤憤而去。查立德樂本一無賴洋人，請設公司無非意圖標估，藉以包攬招摇，並非實有資本開礦，今既一再限滿，自應按照合同，即予作廢。惟葛總領立意狡纏，難保不捏砌聳聽，電由該國公使向大部饒舌，謹請中堂將以上實情詳達王爺、各堂俯賜查察，鼎力主持，以保利權而杜轇轕，無任感幸。錫良謹肅。二十五日。

江西社會科學院歷史所《江西近代工礦史資料選編》第一章《樂安縣》 光緒三十一年十二月，汪令都良表稱：二十二都有山産煤，居民爨用柴薪，棄而不取。當經批飭招商集股開採，以濬利源。三十二年四月表稱：該縣螺背嶺等處，所産白土，曾經邑紳楊懷芳，携帶景德鎮，燒成數磁。並以磁窑料土，來自他處，本非浮梁所産；厥有三品，以膏梁土爲第一。凡作磁：必合三品之土而成一坯，外皮肉，中爲骨，即膏梁土是也，其質細，其性堅，而此間白土，可抵膏梁土。取呈兩塊，送局考察，并封送浮梁縣發廠舂製。

中國第一歷史檔案館《清代軍機處電報檔彙編》第二九册《收浙江巡撫張曾敭電爲請查明英領所交章程事光緒三十二年六月十一日》 英商在拱宸橋擬設火油池，英領交來前與總理衙門所訂章程五條，浙中查無此案，請大部查明是否確有此項專章，示覆遵辦，盼禱。敭。真。

中國第一歷史檔案館《清代軍機處電報檔彙編》第二九册《收上海道陳澂電爲請查明戴瑪德及陳明遠所辦礦廠等事光緒三十二年六月十一日》 豔電敬悉。瑞記銅帽二萬個，先准德領函請驗放運黔，交英法水銀公司，當電稟黔撫憲飭查，是否陳道明遠所辦。旋奉復電，未據該道稟報，司局亦未准咨，應就近查詢。復經函准德領復稱，英法水銀公司已非陳道總辦，銅帽係新總辦奥國人所辦。又經函囑德領轉飭該公司，商請黔撫憲電飭到道，再行函告，迨後德領未有續言，而事隔兼旬，忽法領以承辦貴州礦務，法國公司有開礦用電針二萬個，欲運黔交礦務處應用，並援歷年運過七次成案，請准運，隨電詢黔撫憲有無礦務法公司，電針是否該公司購用。奉復電，黔無法公司辦礦，顯有影射，飭詢法領着落辦針之員自行稟辦。前查銅帽二萬，現據陳道所派總管閔翔藻稟，係該局開礦轟炸之用，請飭給單照瑞記前稱，交英法水銀公司，亦屬不合，請酌辦。又經函准法領復稱，貴州中國開辦局曾與戴瑪德訂立貴州開礦水銀英法公司合同，奏准有案，照合同凡關於礦務事，均英法公司經理，該公司資本法最多，故法政府所派之員在中國有擔保利益之責，外部與黔撫均非不知，電針二萬即係瑞記銅帽，請速准運，遲須索賠虧耗等語。即經敝關放行，一面電請黔撫憲飭查法領所云合同有無其事，抄行遵循，並函法領轉飭該公司請黔撫憲抄録合同，行道備查。適奉憲電，復經電奉黔撫憲，以青谿鐵廠寔係陳道明遠廿四年在總署具稟接轉，自認招股五千萬，藉用洋款合同載明商藉商還，與官無涉，延僱礦師，洋匠由該道約束，經總署奏明，飭令在黔具結，並無英法公司名目，廠内洋監工僅有工作辦事權限，一切公事皆該道主持。上年六月，因洋監工戴瑪德向大部饒舌曾准查詢，經贊帥電復有案。云卷查袁升道任内，自廿八年開起，瑞記請運銅帽、電針實已多次，均稱交英法水銀公司，每經袁升道或電稟黔撫憲復稱，實係該公司開礦所用，或稱既據德領函請飭即驗放，或云爲陳道所辦萬山礦廠購用，悉行驗放各在案。是以此次一經職道駁阻，法領即援案嘖有煩言，若不預先陳明，臨事寔多窒礙。伏查此事各領屢次函請，均稱英法水銀公司。廿九年正月德領來函，且有中國國家於廿四年二月廿五五月初八所訂條約，允准法國公司開採貴州所有水銀煤鐵各礦，嗣經公司將所有礦權讓與英法公司，英法公司礦在萬山廠，於廿六年春開辦之語。是黔省雖始終未認英法公司名目，亦無札行公文，而屢次復電，仍認爲陳道所辦飭即放行，名目雖殊，其寔則一，洋監工戴瑪德名字亦與法領來函相符，究竟其中如何名異，寔同轇轕不清，非由黔省與之交割明白。將來辦運銅帽等物，勢必尚多，職道未免准駁兩難，理合詳晰電懇鈞部，查明戴瑪德上年如何饒舌，一面轉行黔省飭令陳道將所辦礦廠究在青谿，抑在萬山，何以各領來函均稱英法公司，又稱陳道已非總辦，是否屬寔，現在礦務一切究歸何人主持，乞電飭明白，稟復行道備案。

中國第一歷史檔案館《光緒朝硃批奏摺》第一○二輯《光緒三十二年六月二十四日雲貴總督兼管巡撫事丁振鐸片》 雲貴總督兼管雲南巡撫事臣丁振鐸跪奏，爲遵旨接辦礦務，恭摺仰祈聖鑒事。竊臣電奉上諭，唐炯奏年衰病劇，懇請開去礦務差使一摺，唐炯准其開去差使，所有該省礦務著責成丁振鐸督飭藩司妥爲籌辦等因，欽此。欽遵恭録，咨行去後，兹於六月初一日，准前督辦臣唐炯將歷年辦理礦務文案卷宗移交前來，臣查滇民生計向視銅政爲大宗，軍興以還廠務廢弛，自光緒十三年，唐炯督辦以來，設立公司，招集商股，力顧京運，乃得分批解濟。兹臣奉命督飭籌辦，自當督同該藩司劉春霖竭蹶圖維，切實辦理，務今日有起色，無誤京運，庶以仰副聖主裕國利民之至意。除俟查明各廠情形，另行詳晰具奏外，所有遵旨接辦礦務緣由，謹恭摺具陳，伏乞皇太后、皇上聖鑒訓示，謹奏。

「中央研究院」近代史研究所《礦務檔》第四册《光緒三十二年七月初七日外務部收商務大臣盛宣懷電九江礦石禁售日本請予立案》 光緒三十二年七月初七日，收盛大臣致本商部周製軍張宫保吴中丞電稱，前因漢廠整理鐵政，必須沿江多購鐵礦，以供煅煉。曾於光緒二十五年三月，札派冶局總辦解茂承帶領德礦師斐禮，會同九江電局委員汪承豫等，勘得江西德化縣屬金鷄嶺城門又城門外三山名大勝門小勝門等處，産鐵均富，堪供探煉。行知九江關道札縣傳集業主，領價立契，歸漢開採。嗣緣議價未妥，久未辦結。本年漢廠添設新爐，需用礦石更多，九江距漢甚近，採運亦易。正派員續往圈購間，訪聞有人擬將該處礦石售給日商，並擬援照冶礦合同辦理。查二十五年漢廠與日本製鐵所訂立以煤易鐵合同，第五款載明日本不得於大冶合同外，另與中國他處及山地他人他礦。另立買鐵石之約，大冶亦不得將鐵石賣與在中國地方另設洋人有股之鐵廠。二十九年續訂購運礦石預備礦價開辦漢陽新廠合同內，第六款仍載明其餘續議條款，仍照原合同辦理。是九江鐵礦，考之原案，徵之合同，中國鐵政局斷無放棄聽其轉售外人之理。且漢廠深慮日本製鐵所魄力宏鉅，有礙中國鋼鐵銷路，故與張宫保再三核定大冶售鐵石額數，每年不得過十萬噸限製。並與訂明不得另載他處鐵石，所以保護中國鐵廠，不使蹉跌，防維甚切。應請大部貴督部堂撫部院俯賜立案，密電九江關道查案行縣禁止，儻日使日領因此饒舌，並祈查照前叙條款，嚴切駁止。一面仍由漢廠派員赴潯優給官價，訂界立契，藉保地産而興鐵政，至紉維護，仍祈賜覆，宣懷謹肅。魚。

中國第一歷史檔案館《光緒朝硃批奏摺》第一○二輯《光緒三十二年七月二十九日雲貴總督兼管巡撫事丁振鐸片》 再，臣准户部咨，前督辦雲南礦務臣唐炯奏蒙俞允，開去差使，所有礦務由臣督飭藩司妥爲籌辦。惟前辦四川將軍石貴州媽姑等廠，此後是否一併由滇辦理，或由川黔自辦，原奏未經聲敘，應即核定咨覆等因。當督同雲南藩司劉春霖詳加查核，將軍石銅廠介在四川會理州屬雲南巧家廳地方，光緒十七年，經部咨催推廣唐炯委員查明，即飭公司在該處開辦廠礦，兼收買通安各廠六成商銅，湊供京運。二十七年，公司收回，隨復委員接辦，至貴州威寧州媽姑鉛廠停辦多年。二十八年，前貴州撫臣鄧華熙需供京運，咨請飭令公司一手經理，經唐炯奏準飭令公司設局調辦各在案。現正趕辦京銅之際，將軍石銅廠應請仍舊由滇委員照案辦理，並循川四滇六向章，收買商銅，俾符原案。其媽姑廠出鉛甚少，上年復准部咨停解京鉛，該公司即已歇手，應否採辦，由黔自酌，滇省暫時勿庸辦理，以免牽掣。所有將軍石媽姑各廠分別辦理緣由，除咨部並川黔督撫臣查照外，謹附片陳明，伏乞聖鑒，謹奏。

《商務官報》光緒三十二年八月五日第一六期《批職商邱鸞馨稟》 稟悉，業經據情咨行兩廣總督酌核辦理，該職商應迅即回籍，稟候兩廣總督批示。遵照所指圓山徐溪鄉東石鄉三處礦苗，一俟查有端倪，即妥擬章程辦法，按照礦章第十條，就近稟由地方官，察騐無礙，仍由本部核定給照探採。此次既係前往調查，只准就地體察情形，不得違章遽事鑽掘，致與探礦無異，仰即遵照此批。七月十二日。

中國第一歷史檔案館《清代軍機處電報檔彙編》第二九册《收四川總督錫良電爲請示江北萬礦一案辦法事光緒三十二年八月十八日》 江北廳礦騐本轇轕情

形，已具號，陽雨電，現換由匯豐出單保證違礙字樣，一律照駁更正，經滬道驗明，存股本銀十萬兩，該商迭催開辦，勢難再延。惟查立商本係無賴，並非股寔紳民，憤伊違背合同，强索展限，屢在京外呈請廢約有案，兼立商先已勾結教民，潛購江北礦地入手，如允任開辦，照章須由保富公司購地轉租給彼，屆時必有串使教民抬價居奇情事，准駁兩難，要求百出，地方積有違言，恐不免别生枝節。況現奉廷寄，有人奏請將礦設法保全，諭飭妥籌辦理，事關宸廑，又係川人全體責望，用敢密商辦法，伏祈核奪示遵。錫良。篠。

中國第一歷史檔案館《清代軍機處電報檔彙編》第二十九册《收四川總督錫良電爲請示辦理江北萬礦一案辦法事光緒三十二年八月二十五日》 江北廳礦事，現准葛總領函催開辦，並據川東道電駐渝領事，迭催甚急，一切已具篠電，伏乞迅賜示復遵行。錫良。敬。

江西社會科學院歷史所《江西近代工礦史資料選編》第一册《萬載縣》 光緒三十年九月，張令之瑞表稱：距城百餘里，有礦産鐵，其質尚佳，惟與湖南瀏陽毗連，向止附近居民挖取，以製用器。現已督紳籌股本，尚未集有成數。又城南二十里，與宜春交界之虎坦，有礦似銅非銅，間有與自然銅相類者。又離城三十餘里之豐頂山，又名金銀山，相傳舊産金銀，礦質又頗類鉛，因無礦師，未能辨别。十月表稱，縣屬産煤，皆係鄉民開井挖取，有井三十餘口，開張靡常，獲利有限。三十一年五月表稱，縣屬煤礦，前於二十八年，由洪令汝濂查報，奉發印照二十四張，均經陸續閉歇繳回。前次所勘鐵山鐵礦，查悉昔曾開採，虧本停止，現雖督紳招股，並無願附股者。三十二年九月，賀令昌祺表稱：境内煤礦甚多，□有三十餘井，昨奉兩江礦政調查局札派委員礦師，查勘到縣，當經會同前往虎形塘峰頂山等處，勘明所産鐵硫晶礦，苗脈均不甚旺，道路又復崎嶇，體察情形，不宜開採。此外如有可開之礦，仍即督飭紳商，集股開採，專案稟報，該縣花爆鋪户最多，需用硝磺甚鉅前經本局訪聞，該縣有私設硝棧三家，飭縣封閉。嗣據該縣賀令昌祺稟稱：體察情形，一時驟難封閉，可否姑準以緩。該硝棧公和、泰和、公盛三家，情願將分送各營署規費一千餘串，繳出充公。由縣截留一半，撥充警察經費應解本局每年五百五十串，分季批解，以濟公用等情前來，當經批準，暫行照辦。應即仿照撫州設立官局成案，官督商辦，由本局發給護照，領赴産地收買，照章抽税，折銀批解，未據具復，現正提議改歸官辦，已派員分往各屬，訪查情形，再行核辦。

「中央研究院」近代史研究所《礦務檔》第四册《光緒三十二年十月十六日外務部收湖南巡撫龐鴻書文銅元局劃歸礦局設立鍊廠暨礦業學堂請查照立案》 光緒三十二年十月十六日，收湖南巡撫龐文稱，據辦理湖南礦政調查局司道詳稱，竊查礦務爲方今要政，欽奉光緒三十一年八月通飭各行省設立調查局上諭，諄諄以權自我操，利不外溢爲宗旨。本局職司鑛政，敢不悉心研究，遇事改良，以闢利源，而宏實效。伏思湘省自光緒二十一年奏立鑛務局，成效以冰口山鉛鑛爲最著，近則銻煤銅硫，皆日有發達之望。然以艱辛所出之砂，不能自行化鍊，以濟實用。售價之漲落，聽之洋商，失利已不止倍蓰。況抑勒挾製總總受欺，德商禮和白鉛之糾葛，英商萬泰銻砂之要索。雖皆和平議結，虧累更不可勝言，大成湘裕兩公司自訂合同，抛貨洋商過多，致英德領事屢來詰問，本局恐成交涉，代爲補苴。虧失利益十餘萬有奇，取之錙銖，棄如泥沙，深堪疾首。是提鍊廠之設，萬不可緩者也。曾查裕成三和開鍊廠於上海，德商禮和粵商肇興開鍊廠於武漢。近日德商瑞昌洋東，又思於湖南省垣外，自設鍊爐，包銷鑛砂。雖已婉言辭却，官局若不自行興辦，覬覦仍恐不免，一經洋商或華商暗入洋股，開設内地，藉鍊廠而收買鑛砂，陰圖鑛産，流弊滋多，難以防察。擬請將鑛局堆棧毗連之銅元新局，俟停鑄之日，劃歸鑛局，設立鍊廠，煙爐既免閒廢，機器亦可擇用。一面馳赴滬漢各鍊廠，考求情形，延訪工師，先行試驗，徐圖擴充，自屬事半功倍。省垣鍊廠既經官辦，自應總攬全省鑛砂，或收買商砂，或代商鑛承鍊，自必會同紳商妥訂章程，以廣公益。惟無論洋商華商，均不得率行添設，以侵權限。夫黑鉛可以提銀，硃砂可以鍊工水，純銻爲炸藥之用，白鉛爲銅元局鎗砲廠之用，如能講求製造，不獨有裨鑛政，并且有益商務。收利權而杜隱患，實爲切要之圖。查銅元新局開辦之始，曾藉用本局銀二十萬兩，作爲開辦經費。歷年以來，尚未歸還，將來如果停辦，此項鉅款，既難收回，似應將空閒之局屋爐廠，劃歸鑛局，開辦要工，最爲允當。雖銅元局屋機件等項，原來成本，尚不止此。惟同屬以公濟公，應請毋庸給價，抑有更請者，欲與鑛業，尤在先儲鑛才，而鑛學之精，必由實驗而得，鍊廠之設，即鑛務學堂之預備科也，擬在鍊廠之側，設立鑛業學堂。朝夕漸摩，自有心得，既宏實業，又造通才，實爲公便。如蒙俯允，敬懇先行咨部立案，以杜覬覦。再由本司職道等妥議詳細章程，詳請示遵等情，到本部院，據此。除此據詳已悉，仰候先行咨部立案。再由該局妥議詳細章程，具覆核奪繳印發外。相應咨呈，爲此咨呈外務部。謹請查照立案施行。

江西社會科學院歷史所《江西近代工礦史資料選編》第一章《鉛山縣》 光緒二十九年，崔道佛蔭，開採佛母嶺煤礦，設立同孚煤礦公司。嗣由其子候選郎中崔致恭，開採揭家塢煤礦，已志前略。三十九年九月，梁令樹棠表稱：同孚公司，每日能出煤百餘擔。十二月表稱：佛母嶺出煤無多，已經停挖。揭家嶺出煤尚旺，年終現亦停工，三十一年三月，朱令炳光表稱：同孚公司仍在揭家塢原開窿口挖煤，前已示諭居民，不得藉端阻撓。十月表稱：同孚公司挖出之煤，僅能爲炊焚之用，不能供機器製造之需。此外尚未查有礦產。三十二年七月表稱，同孚公司每年出煤若干，售價若干，據該公司聲稱，已自行填注調查表，呈送查核。十月表稱：本月二十一日，奉兩江礦政調查局委員張縣丞崇德，偕同礦師到縣，查勘揭家塢佛母嶺兩處煤礦，於二十五日勘畢。經往上饒，其查勘如何情形，未準移知，無從得悉。

《商務官報》光緒三十二年十一月十五日第二六期《批周廷弼稟》 稟悉，開礦爲興利之源矧，該道地處本鄉，見聞較確，自應切實籌辦，以開風氣。惟查稟開計該礦，廣二里，闊二里，積方四里，四至俱係本山一節，界址究欠明晰。如果實無地名可指，亦應繪具詳圖，就四址外地名註寫，某至距某處遠近若干，或就山內分水道路等類均無不可至。稟內稱大浮小浮兩山礦界是否連屬，亦應一併聲明。總之，四至分明，方能照填礦照。除已咨行蘇撫查覆核奪外，仰即遵照繪圖貼説聲覆，以憑核辦此繳。十月三十日。

江西社會科學院歷史所《江西近代工礦史資料選編》第一章《蓮花廳》 光緒三十年八月，據黄署丞宗敷表稱：瑞坑山檢礱口梅嶺等處，均有煤礦，均係附近居民，以土法開挖，農隙則挖，農忙即停。三十二年十一月，郭丞調元表稱：瑞坑山檢礱口梅嶺煤礦，經兩江礦政局礦師來廳查驗，據稱苗質極旺。諭紳籌集公司，領照開採。

《商務官報》光緒三十二年十二月十五日第二九期《農工商度支部議覆桂撫奏提款收運官銻摺》 謹奏，爲遵旨會議具奏，恭摺仰祈聖鑒事。光緒三十二年十一月初十日，内閣鈔出前廣西巡撫林紹年奏，提款收運官銻一摺，又奏招商試辦煤錫各礦一片，奉硃批，該部議奏，片併發，欽此。並據該撫將擬訂收運官銻試辦章程咨送到部，查原奏内稱，廣西礦産宏富，其間事簡而效速者，莫如採購銻砂。近查湖南已鍊之銻，運滬分銷，每噸得價三百餘兩，桂省淩雲都陽都結向武等屬銻礦，成色尚足相衡，第銻産散見於各屬，既無商賈採運，自非由官提倡收售，不足以興地利。現在南太思色等處，災賑方殷，難爲久計，欲籌寓工於賑之法，尤以收買銻砂爲先。查廣西新案賠款，經部議准截留一年，暫行緩解，擬就截留款内提銀十萬兩，作爲辦銻專款。至應完之出井出口兩税，除出口税應遵部章辦理外，其出井税一項，應請暫予寬免，俟將來風氣大開，再飭完納等語。臣等伏查廣西省礦産富饒，如銻砂煤錫各種礦質，藴藏甚厚，徒以運銷艱阻，風氣未開，致令地寶久藏，良爲可惜，誠能由官提倡採運，合集官商資本，推廣興辦，洵足闢地利而惠窮黎。今該前撫因災賑方殷，難爲久計，擬援照湖南辦法，由官設局收買銻砂，轉運銷售，以爲寓工於賑之策，如此倡導維持，則礦産無積滯難銷之慮，且富商集款經營，而貧工藉資糊口，洵屬兩有裨益之舉，所擬於省垣派辦政事處附設總局，並於南寧府設立驗收轉運分局，仍於梧州上海各設售銻分局，另擇妥員，於淩雲都結向武等屬籌款收運，並擬援照湘省成案，嚴禁私販出境各辦法，以及籌擬一切試辦章程，均屬佈置周詳，有條不紊，應請照准立案。至所請礦産出井税暫予寬免一節，自是體恤商情之意。現當創辦伊始，且經聲明以工代賑，並係由官運售，自與尋常辦礦情形不同，應准暫予寬免，一俟新訂礦章，奏准施行後，再由臣部酌度情形，飭令遵照辦理，以歸劃一。又查所擬章程第二十條内開，官紳商民查勘礦地，俟總局驗明，即發開採執照，給與請辦之官紳商民等語。查奏定礦章，凡開礦必先領部照辦理，未便兩岐，如以現辦銻礦利在，隨時迅飭開辦，俾供運銷，應准由該省查照部章，先行批准，仍咨部發給執照，以符定章。至請由截留新案賠款項下提銀十萬兩，作爲辦銻專款，度支部查前因廣西善後要需，經該撫奏請截留應解各款，當經臣都議，將該省應解新案賠款銀三十萬，奏明暫准緩解一年在案。兹據該撫以災賑方殷，擬由前項截留款内提銀十萬，由官收買銻砂，以工代賑，於籌備災賑之中，寓倡興實業之意，自係爲經畫久遠之計，應請照准。惟此項銻砂既由官提款興辦，即與官業無異，倘經理得法，自無難逐漸擴充，嗣後一切營業利息，應隨時咨報臣部，以便稽核。另片奏稱，廣西富川賀縣之煤錫，南丹土州之錫礦，皆屬有名豐富，已招商分别試辦各節。查南丹芒場錫礦經前廣西巡撫李經義奏明，飭據右江道龍濟光招雲南個舊錫廠商董朱朝瑛等倡集華股試辦，業經咨令將試辦章程送部查核，並照章請領開礦執照。其富賀兩縣錫礦，既有粵紳梁廷芳自願糾集大公司查勘認辦，且該紳在南洋久辦錫礦已著明效實，於此道深有閲歷，本年臣部曾飭令該紳前赴廣西履勘礦産，自應勸令迅速勘定礦綫，趕緊集股開辦，以期大闢利源，並應由接任撫臣隨時保護扶持，俾覘實效。此外，如奉議恩陽南寧那坡等處煤礦，既已飭由官商集款勘辦，應俟勘定礦地處所，股款集有成數，仍分别查明報部，趕速照章辦理，以興地利。所有核議廣西省提款收運官銻暨試辦煤錫各礦緣由，謹會同恭摺具陳，伏乞皇太后、皇上聖鑒。再，此摺係農工商部主稿，會同度支部辦理，合併聲明，謹奏。

光緒三十二年十一月二十八日具奏，奉旨依議，欽此。

江西社會科學院歷史所《江西近代工礦史資料選編》第一章《崇仁縣》 光緒三十二年十二月，謝令起源表稱：南都各都礦産，煤炭不能煉焦，山路崎嶇，取運不便，居民挖取爲焚，無甚利益。現奉金陵查礦委員，帶同礦師到縣。查得諳源倉源兩處，煤礦不佳，惟路口一處，煤質可以煉焦，惜乎距河較遠，運道艱難。

「中央研究院」近代史研究所《礦務檔》第五册**《光緒三十三年正月十三日外務部發兩廣總督咨高廉雷各屬礦務准由法商照章辦理》** 光緒三十三年正月十三日，發兩廣總督咨稱，爲咨行事：光緒三十三年正月初七日，准法國巴使照稱，邇獲得消息，有粤省或官或商，擬願開辦該省南方及廉州欽州各屬礦山等情。查廣東開辦礦務，曾有貴國政府向本國政府允明之事，如續議商務附章第五條，並光緒十三年五月總署來照所載，在廣東、廣西、雲南、南邊三省界内礦務，中國國家開採之時，即延用法國礦師廠商商辦等語。又光緒二十五年十一月十二日，總署來文亦稱，所有高廉雷三屬地方，准由法商會同華商訂立合同等語各在案。查如此允明之事，既未向我國政府商准更議，仍當遵守。爲此提議，並望聲復等因前來。查該使所引光緒二十五年十一月總署來文，係廣州灣法員被害一事，准法畢使迭次照會，逐節聲覆第四條内稱，高廉雷等處各礦，請照光緒二十三年專條辦理。查二十三年專條所載，廣東等省南邊界内礦務，應俟中國國家開採之時，方延用法國礦師廠商商辦。現本衙門格外從優，所有高廉雷三屬地方，准由法商會同華商，訂立合同，照礦務局章程辦理云云。兹該使以粤省官商有開辦廉欽礦山之意，來照提議，除照復外，相應咨行貴督查照備核可也。須至咨者。

《商務官報》光緒三十三年正月二十五日第一期《批職商陳朝康稟》 稟悉所稱，廣西桂林府臨桂縣大墟寨底各處地方，蓄産銻礦，足資開採。現已湊集資本一十五萬元，開設興寶公司，先行稟請，咨行飭屬保護，俾商等安心採探，苟試驗無差，再行遵照部章，稟請承辦等情。業已據情咨行廣西巡撫，確切查明。俟覆到，再行核奪批示可也。此批。十二月十一日。

「中央研究院」近代史研究所《礦務檔》第四册**《光緒三十三年二月初五日外務部發安徽巡撫恩銘咨英商凱約翰擬與華商合辦銅官山礦》** 光緒三十三年二月初五日，發皖撫咨稱，爲咨行事：光緒三十三年二月初一日，准英朱使照稱，英商凱約翰皖省開礦合同一事，本大臣曾於上年十二月，將該商向李大人經方所請辦法節略，呈交貴部查閲。該公司願照此意辦理，寔屬和平。今將其意復述如下，安裕公司受本國外部諭飭，以皖撫准其開工一個月内，情願於公司二十五萬一分息之尋常股分内，撥出十萬股，及公司二十五萬額外股内，撥十萬股，售與華商。並願請李大人作爲公司董事，寔屬通融，請咨皖省允諾照辦，或准公司按照合同獨辦等因前來。相應照鈔原節略暨照會，咨行貴撫查照核奪，並聲復本部，以便轉復該使可也。須至咨者。

《商務官報》光緒三十三年二月二十五日第四期《批職商鄺國英等稟》 前據該職商等稟請，試探廣西富川縣小狗嶺等處煤礦。當經本部咨行兩廣總督，轉咨廣西巡撫飭查，有無轇轕違礙等情在案。兹准聲復，廣西富川縣小狗嶺等處煤礦，業經周道平珍稟請設立寶興公司承辦，奏報在先。該職商等所請給發探礦執照，前往試探之處，未便照准，致生糾葛。除咨行考察外埠商務大臣張查照外，合行批示仰即遵照可也。此批。二月初十日。

《商務官報》光緒三十三年二月二十五日第四期《批舉人賀贊元稟》 據稟已悉，查各省抽收鐵礦出境出口兩税，自應查照本部礦章辦理。惟察核稟内所稱各節，似該舉人既辦鐵礦又設公司，自應分爲兩事，各按專章辦理。仰候據情咨行江西撫院飭屬查明，如果該舉人兼辦鐵礦，應將礦地界址及集股若干，遵照定章繪具圖説，呈送本部，核給開礦執照。如果專係運鐵，並非開礦，則當稱爲運鐵公司，亦應聲明公司資本若干，呈請註册，方可按照礦章納税。此項税則由何處抽收，亦應由本省核定候聲覆，到日再行批示可也。此批。二月初三日。

江西社會科學院歷史所《江西近代工礦史資料選編》第一章《安富縣》 光緒三十一年正月，馮令政賢表稱：王家山煤礦，馬蹄山煤礦，均無人集股開採。五月表稱：王家山煤礦，前經邑紳歐陽衔，集股領照開採，虧折甚鉅，現已停辦。三十二年六月，據彭令騰瑞詳稱：廬陵紳士彭家禄，稟開潯塘村煤礦，請予給照。當經核與定章不合，批飭更正，嗣後未據稟覆。十二月，據彭令稟，職員歐陽衡集股開採王家山煤礦，現因資本不足，無力開辦，業經該令勘明，產煤尚旺，擬續招股分，並換領印照，提倡接辦，當經批準發給執照。三十三年二月表稱：王家山礦務，前經妥定章程，稟準給照，現在暫用土法試辦。

江西社會科學院歷史所《江西近代工礦史資料選編》第一章《德興》 該縣署產土磺，時挖時停。光緒三十二年七月，本局於該縣政事表內批示：該縣土磺，前據景德鎮硝磺分局委員江理問鋭稟稱，出產甚廣，而該縣造磺產一條，未據填報。飭即查明產磺礦地，共有若干處，現由何人私挖，詳細稟報。一面嚴飭遵章領照辦理。嗣於十一月據該縣楊令景星表稱：銅廠等處，於前數年被水之後，山裂出磺，土人煎而售賣。其產磺之山，皆一龍發脈，該處田土甚稀，且經磺水灌溉，收成歉薄，賴有礦產，以爲生活。時挖時停，姓名不一。檢查案卷，江理問曾經移縣，謂其派有友丁，在銅廠設立分局，平價坐收，迄後未知辦理事情。十二月表稱：縣屬亦有銀礦，前縣陳令祥燕任內，經邑紳楊子琛將礦苗帶至上海化驗，據稱礦苗尚嫩，不勘採取，以是中輟。三十三年二月表稱：銅廠磺礦，奉批飭立公司，請領執照，已經出示曉諭紳民，集股開辦。四月表稱：磺礦有無不定，近墳處又不能開，其挖礦者，多係無賴，作輟靡常。設立公司，難免不受虧折，招股甚難，開辦無期。

江西社會科學院歷史所《江西近代工礦史資料選編》第一章《吉水縣》 光緒三十年九月，張令肇基摺報，邑紳曾卓先等稟稱：南門外神洞地方，有煤礦一處，擬即集股開採，批俟詣勘後再行核辦。至同水白沙水北等處煤礦，亦當會紳集股開採。三十一年四月表稱：神洞煤礦，經曾先卓先生等，延得葉礦師採驗，礦苗不旺，未便開採。又查得黑潭一帶，閑有礦產，已諭曾紳集股請照開辦。又入都發華庵，有生員王華封等，用土法挖煤，惟距河道太遠，未能獲利。五月表稱：發華庵及阜田水南等處煤礦，因水停挖。十月表稱：墨潭煤礦，由曾卓先集股九百元。又中鵠鄉塘尾村，有煤礦一處，由邑紳張其明，集股一千元，均以用土法開採，業經勘明與廬墓均無妨礙，稟請給照開採，當經批準發給具領。三十二年二月表稱，九都蘭豀村，曾姓山場煤礦，據職員曾國瑞等，集股稟請給照，勘明無礙廬墓，繪圖轉稟，請予發照，亦經批準給發。五日表稱：生員王嘉謀等，稟稱集股擬開五十都蒲鳩嶺王姓礦山，俟詣勘後，再行稟辦。六月表稱：生員胡朝佐擬聘礦師，開採已山煤礦一事，迭被邑紳林贊國等，以妨礙風水田產具稟，及經詣勘，並無妨礙。當經批飭稟請給照開辦。十二月表稱：據王嘉謀等稟稱：蒲鳩嶺礦質不多，股本難集，請予銷案，業經照準。三十三年二月表稱：墨潭塘尾等處煤礦，其已經領照開採者，或以礦苗不多，或以股本太少，未見大效。

江西社會科學院歷史所《江西近代工礦史資料選編》第一章《東鄉縣》 光緒三十年十月，據何令敬釗表稱，徐蘭俚報稱，伊族有田在河嶺之西，七寶嶺之東，土色甚黑，當於田內試挖出煤。三十一年十月表稱：河嶺煤礦，現有二洞，係嚴何二姓集股，因陸路運載甚艱，均多不便，故積煤極多。三十三年二月，據曾令亮章表稱：該縣原報煤礦五處，詳細查詢，河嶺鄒家窠嶺二處，煤質不佳，且無河道可運，故難集股開採。

江西社會科學院歷史所《江西近代工礦史資料選編》第一章《新建縣》 該縣石麟岡煤礦，係試用通判陶鈞鑅，於二十九年九月，領照開採。徐塘煤礦，係道員朱家駿，於三十年二月，領照開採。已志前署。三十年八月，黃令錫光表稱：徐塘煤礦，開辦已逾兩月，而招股尚未足數，用費竭蹶，故出煤不廣。若能加增股本，出煤自日加多，銷路亦無慮無廣。九月表稱：石麟岡煤礦，係陶倅領照開採，後因出煤不多，時常停歇，究竟能否開採，已移請陶倅查復。十一月，邵令作賓表稱：茲準陶倅移復，石麟岡出煤甚少，質又不佳，業與股東商妥繳照停歇，又據道員朱家駿，遣丁稟稱，開採徐塘煤礦，資本不敷，深恐中棄。將來能否久遠開採，此時尚難預計。三十一年四月，馬令慶龍表稱，岡背地方石麟岡煤礦，係陶倅鈞鑅，與隗巡檢開運合辦，前因虧本停工。現據隗巡檢稟稱：由伊自行集股開辦。六月表稱：隗巡檢自二月起，接辦岡背煤礦，查明用有工人二十餘人，共出煤三百餘斤，三十二年三月，趙令峻表稱：朱道家駿因資本不敷，已赴金陵招股。三十三年二月，高令彤表稱：朱道金陵招股，迭經函催速回。現據報稱：已興工開採，出煤二百餘吨。仍俟集股有成，大舉開採。又據申請發給運照，赴省售銷，當經批飭應候本局詳定運單格式，再行刊發轉給領用。

「中央研究院」近代史研究所《礦務檔》第四冊《光緒三十三年三月初七日外務部收稅務處文湘省生銻銻砂估價增加當照湘撫來咨辦理》 光緒三十三年三月初七日，收稅務處文稱，光緒三十三年二月三十日，准湖南巡撫咨稱，湘省所產各種礦砂，照值百抽五，完一出口正稅。自當憑砂價之漲落，定稅則之重輕。查生銻銻砂兩種，歷年售價最低，上年外洋需貨甚殷，生銻價銀每噸由一百四五十兩，漲至二三百兩。銻砂則由四五十兩，漲至一百餘兩。雖將來時價增減，固不可知，然目前既較勝曩年，自應議加稅銀，以裕國課。茲酌中定價，擬自光緒三十三年二月十九日第一百八十七結起，暫將生銻每噸估本銀一百五十兩，銻砂每噸估本銀六十兩，似於税收不無裨益。此後如銻價漲落懸殊，估本銀數當隨時咨請增減，其黑白鉛砂售價，現未加漲，估本自應照舊等因，咨明前來。查湖南礦務局章程，生銻估本每石三兩，銻砂每噸估本三十兩，黑鉛砂每噸估本弍十兩，自鉛砂每噸估本十兩，照值百抽五征税。前經該省咨明外務部核准有案，茲准前因，除黑白鉛砂仍照舊價估本征税外，其生銻銻砂兩種，近年售價，較之往年，核已漲至一倍。較之礦務局原估價本，更漲至數倍，自可酌量加重征税。所有生銻每噸改爲估本銀一百五十兩，銻砂每噸改爲估本銀六十兩，應如所咨辦理。如嗣後銻價或有漲落懸殊之處，仍當隨時將估本銀數咨明增減，庶於國課商情，兩無妨礙。除分行外，相應咨呈貴部查照可也，須至咨呈者。

中國第一歷史檔案館《清代軍機處電報檔彙編》第三三册《發護四川總督趙爾豐電爲飭續議禮和攬銷礦砂涉否礦權事光緒三十三年三月十三日》 蒸電悉，禮和祗認攬銷礦砂，聲明不涉礦權即可，飭與續議按照彼此交易辦法，妥定合同，預防流弊。仍將該合同咨部備核，希查照外務部。元。

《商務官報》光緒三十三年三月十五日第六期《批六河溝煤礦公司呈》 據呈已悉，查此案疊准河南巡撫咨抄，該公司清册、圖説、甘結、股票、息摺等各在案。此次聲明各款均與定章相符，自應准予註册。惟該公司前繳庫平銀五百六十二兩，除已收礦照費三百兩外，此次所開股分總銀數庫平銀三十四萬兩照章應繳，註册費庫平銀一百七十六兩正尚餘庫平銀八十六兩，合行填給執照，收單及餘銀八十六兩逕交該公司具領，一面咨覆河南巡撫查照飭屬保護可也，執照、收單、餘銀並發，此批。二月二十三日。

《商務官報》光緒三十三年三月二十五日第七期《批鄺圖英稟》 前稟請試探廣西富川縣小狗嶺等處煤礦一案，本部業於本年二月間准兩廣總督查復。內稱，該礦地業經周道平珍稟請承辦，奏報在先。該職商所請發給探照之處，未便照准，當經本部據咨批示在案。茲復據該職商稟稱，遵飭復呈礦地方里詳細數目，繪圖貼説，請領探照等情。查此礦既經查明，有人稟辦在先，該職商請發給探照之處，仍應毋庸置議，勿再稟瀆，此批。三月初四日。

「中央研究院」近代史研究所《礦務檔》第四册《光緒三十三年四月初九日外務部收安徽巡撫恩銘文凱約翰欲合辦銅官山礦事皖紳決意不允》 查貴京堂何時與該公司代表人議論此事，並未准咨會有案。而細繹英使照會內所述貴京堂回復該公司代表人語意，仍是皖紳不願與商。除行礦務局查復外，相應咨詢，爲此堂請煩查明迅賜見復施行，並附鈔件各等因。本京堂准此。礦務事宜，本京堂向不預聞。上年秋間，礦務局方紳履中，以銅官山廢約事久無消息，在蕪湖面託到滬代探凱約翰下落，並聲明該公司代表人係哈華託等語。本京堂旋於到滬後，親往晤哈華託，告以皖紳決主廢約，不如早日收束。哈華託始尚争執，繼經再四辯駁，方允函致凱約翰，詳告一切。不意凱約翰接哈華託信後，忽來一函，欲以合辦爲調停之計。本京堂已告哈華託，此函與皖紳廢約宗旨不合，合辦之法，皖紳決意不允云云。茲准前因，相應據情咨復，除移復礦務局外，即請查核施行等因，到本部院，准此。相應咨呈，爲此咨呈貴部，謹請查照施行。三月十四日。

《商務官報》光緒三十三年四月二十五日第一〇期《批職商德傑稟》 稟及章程均悉，查本部礦務章程內載請辦之礦地不得逾三十方里，並非指苗綫而言，即以苗綫論之，長有三里，寬僅一尺，是長處逾闊處至數千倍之多，亦與定章不合。該商等如果勘驗確實，祗應遵照部章於三十方里以内劃定礦界，另繪四至詳圖呈核，不得籠金山礦界以外，無論何人稟請探驗開採，俱非該商所得禁阻，以杜壟斷，此批。四月初六日。

《商務官報》光緒三十三年四月二十五日第一〇期《批職商鄒裕培等稟》 據稟擬請集資，設立公所，承辦浙省硝磺一節，並附呈章程八條均悉。查硝磺均爲製造軍火要需，而煎硝尤與行銷引鹽有礙，雖爲民間應用之物，必須由官經理，方足資稽核而免弊端。浙省硝磺向由防軍局出售，各屬商人例須稟請官憑赴局繳價，方准領運，立法綦嚴。該商所稟至省領，運程途不便，常有洋輪船由蘇皖各局販至浙局銷售，奸商私買接濟匪徒種種情事。該職商果有所見，不妨稟陳浙江巡撫，設法整頓，何得藉報効餘利爲詞，遽請改歸商辦，所請浙江巡撫准令該職商等承辦硝磺之處，應毋庸議，此批。四月十一日。

江西社會科學院歷史所《江西近代工礦史資料選編》第一章《上饒縣》 光緒三十三年四月，據該縣趙令峻稟報：職員過體乾等，稟稱爛泥灣地方，有煤礦一處，請照開採。經該縣查勘，與田園廬墓，尚無妨礙，業經發給執照，準其試辦，並據過體乾等，請派委員督辦，當經派委江令譜薰前往，嗣據江令稟報，現已開工。

江西社會科學院歷史所《江西近代工礦史資料選編》第一章《新喻》 光緒三十年十月，石令守謙表稱：北鄉三十三坑山内，出産煤炭頗旺，惟皆鄉民集工開挖，既無資本，亦無章程，採輟靡常，獲利甚微。三十二年十月石令長祐表稱：各鄉礦産，現經兩江礦政調查局，委員礦師來縣詣勘，所有苗質如何，礦場大小，業經委員自行填單稟報。三十三年正月表稱，縣屬礦産，以花鼓山爲最旺，前奉飭查，業經申復，現仍諭飭各紳，務期開導鄉民，趕緊領照開採，不許再行私挖。四月，又據該縣摺報，各鄉礦産三十五處，有已開者，北鄉曰延昌口，曰蓮巢山，曰大邊塘，曰上鐵山，共煤礦四處，西鄉曰鷄坑口，曰紅土墘，共煤礦兩處，曰蕪坡，曰昌坊，共磺礦兩處。有停挖者，北鄉曰花鼓山，曰毛里坡，曰桃子樹，曰新巢山，曰善行巢，曰天龍，曰金山墘，曰老山里，曰風形山，曰木村山，曰梅楊嶺，曰下鐵山，共煤礦十二處。西鄉曰湘九洞，曰炭山口，曰老鼠盤倉，曰高壁上，曰桐樹坡，曰蓮花墓，曰老樟坡，曰山牛坡，曰塘尾瑟下，共煤礦九處；曰茶山，曰醴泉鋪，計鐵礦兩處；曰石岡山，計磺礦一處，南鄉曰銀銅坡鐵礦；曰橫坡里磺礦。以上三十四處，皆係民地。又三十三坑官地煤礦，礦場甚大。前由兩江礦政調查局，札飭禁止私售，現尚封未挖。其餘各礦，迭經諭飭各鄉紳者，集股領照，購買機器開採，以免時挖時止。

《江西農報》一九〇七年第二期《四川農政總局移取本省農工商礦總局辦理試驗場實業學堂章程文》 爲移請事：竊維立國以致富爲要，殖民以農事爲先。泰西各國罔不注重農業，精益求精，用能物産疊出而不窮，工藝日興而未艾，富强之效良有由然。近年屢奉諭旨，飭各省振興農政，川省地處西陲，生齒繁滋，幅員廣廓，蚩蚩者氓，大率墨守成法，不諳新理。地理未盡，生計將窮，對此黔黎可勝憫惻。本年由本司詳請總督部堂錫，就農政局內奏設農業學堂，並展拓試驗場，以資實習。惟是創辦伊始，規模粗具，非藉觀法之益，不足以底完全，非求美善之歸不足以彌缺。畧查貴省經營締造，風氣早開，農利既已大興，教育胥徵普及，凡此成規之導，允爲後事之師，擬合移請貴局，希將局內章程、學堂規則詳細各抄一分，暨蠶室講堂各式並試驗場分區佈種各法，繪具圖式郵寄來川，以資取法，庶幾相觀而善，實業漸有發達之期，逐漸改良事體，乃有折衷之處，相應備文移取爲此，合移貴局，請煩查照，賜覆施行，須至移者。

《商務官報》光緒三十三年五月五日第一一期《批職商陳朝康稟》 前據稟稱，廣西桂林府屬臨桂縣大墟寨底各處銻鑛，集股本十五萬元開設寶興公司，請咨保護等情。當經本部據稟咨行廣西巡撫，去後茲准覆稱，據查該職商既未據稟到局，亦未赴縣稟報，所稱寶興公司自必尚未開辦。又稱在臨桂等處採銻，亦未知照地方官有案，其資本是否屬寔，爲人是否公正，無從查悉，相應咨呈查照等因前來。查該職商既據報辦銻礦，自應先在該處地方官聲報明晰，以便查核。茲據桂撫查稱，並無其人，殊屬無憑核辦，所請報辦大墟寨底各處銻礦之處，應毋庸議，此批。四月十六日。

《商務官報》光緒三十三年五月二十五日第一三期《批周廷弼稟》 據稟，集資設立合發公司，稟辦浙江開化縣銻鉛礦，請發開礦執照等情。所有現擬開辦之富竹坑、鳳翔山兩處，業經咨行浙撫飭屬詳勘咨復，俟復到再行批示。至六都之中村莊等鉛、銻礦七處，應俟將來稟請探勘時稟候核奪，未便先予立案，此批。五月十四日。

中國第一歷史檔案館《清代軍機處電報檔彙編》第三〇册《收江西巡撫瑞良電爲九江油池章程已簽字事光緒三十三年六月二十日》 洽電敬悉，九江油池章程，昨已照蘇章訂定簽字，報効捐一條已删去，英領亦回潯，餘另文詳達。良。號。

《商務官報》光緒三十三年六月二十五日第一六期《批余志誠等稟》 前據該職商等稟，控湖南礦政局涂道專權抑勒各節，經本部據情咨行湖南巡撫飭查在案。茲准復稱，該公司停辦之由係種種違章所致，始則藉口試辦以冀低價，繼則驟請發砂千噸，展限一年，終則以抛賣洋商藉交涉爲恫喝。案據確鑿，不容諱飾，抄録原案，咨復前來。本部詳查此案情節，該公司因所繳砂價較市價低廉，希圖影射既求續展試辦期限，復與洋行私自訂立清單，違章私售所鍊凈銻，又未繳驗種種，違背前案實有應得之咎，既經奉飭停撤，仰即仍遵原案辦理，毋得再瀆，此批。六月十三日。

《商務官報》光緒三十三年八月五日第二〇期《批職商胡國廉等稟》 據稟，請辦福建安溪縣珍地鄉、尾崙山等處煤鐵鉛灰各礦，並附呈圖説、租約等件，均悉。該商等或經商外埠，或寄居香港，篤念桑梓，籌集鉅資，力圖振興地利，以杜覬覦，殊深嘉許。該商胡國廉前請試辦廣東番禺縣煤礦，經兩總督咨部聲稱，胡國廉僑寓外洋，以開礦致富，身家殷實，其人亦甚公正等語，經本部核准給照在案。茲復請辦安溪縣煤鐵各礦，據稱所指尾崙山等處礦地，均與山主議明定立租約，並無田廬窒礙。現擬集股二百萬元以厚資本等情，所呈圖説租約本部詳加核閲，與部章均尚相符，應交照費亦據遵章呈繳。惟照章應交殷實商號保單未據呈送，所謂發給開礦執照之處，應即照准先行填給，以憑早日開工。至請援案免納出井税一節，係爲減輕成本易收成效起見，應候咨明閩浙總督查酌辦理，以紓商力。除填寫開礦執照一張發交該職商胡國廉等承領遵照，並鈔録全案咨行閩浙總督查照，飭屬照章妥爲保護外，仰即詳擬章程並補具保單報部查核，務宜審慎籌維，實力興辦，以濬利源。本部有厚望焉，此批。七月十九日。

《商務官報》光緒三十三年八月五日第二〇期《廣西收運官銻試辦章程》

第一章　設局

一，省城設立官銻總局，梧州南寧及上海各設分局，均刊關防，分司收售轉運稽核之事。

二，開辦之始，一切應從撙節，總局即附設於省垣，派辦處應辦之事，以處員兼辦。梧局擬以署梧州府知府高守鳳歧兼辦，邕局擬以三江口統税委員馮令銈兼辦，滬局擬以駐滬委員包守家吉兼辦，均不開支薪水，其各局因經理官銻新增之員役薪工及各項必需之費用，仍准據實開報。

三，梧邕兩局均應擇臨河易於上下貨物之處設立。

四，柳潯兩處應否並立分局，俟各屬查覆再議。

五，産銻之處既多，則所收之砂成色高下自不一律，凡經手收運銻砂各局，須按銻砂産地，分别收存起運，不得混淆，以憑分别與洋商議價。

六，各局應用員役人數，須視事之繁簡，隨時稟候總局核定，方准開支。總之，不得位置冗員，稍有糜費。

第二章　各分局職掌

七，邕局專司收買左江一帶銻砂及轉運，並查勘銻礦諸事。

八，凡各屬銻砂應否收買及每百觔給價若干，應候總局核示遵辦，其總局核定價值准買之銻，運交邕局時，即用頒發之磅，隨到隨收，立即付價，倘有留難挑剔扣價加磅諸弊，查出嚴懲。

九，邕局所收之砂，應隨時運交梧局，凡起運以十噸爲一批（合一萬六千八百觔），每起運一次，自一批至十數批均可，如存數不及一批，則暫緩起運，以免零星難於稽核。

十，每起運一次，無論批數多少，只准運一産地之砂，不得以所收數産地之砂合運，以免船户中途混淆，致梧局難於分别。

十一，每起運一次，視批數多少，每批填運照一張，運照用三聯，由總局鈐用騎縫關防。頒發起運時，於年月上加蓋該局關防，將照交給押運員司，隨砂呈繳梧局，俟梧局如數驗收，在照内註明收清月日，加蓋梧局關防，以一聯發交押運員司攜回該局，作爲收據，一聯繳總局備查，一聯存梧局備案。

十二，每月須將該局經收砂數及支用銀數，分造兩册，各列明管收，除在數目申送總局核銷，梧滬兩局一律照造。

十三，該局收砂之各産地，應隨時派人前往查勘。如該處之砂，佳者已盡，所餘全係劣砂，即應告知商民停採，並申報總局查核。

以上南寧分局職掌。

十四，梧局應隨時探訪港粤銻砂及生銻之價值，電稟總局，俟總局核定准售，即由該局向洋商交貨收價。

十五，如因港粤價低，應運赴上海銷售，即由該局派委員司押運赴滬，交滬局驗收，自梧運滬或用堅固竹簍，或用木箱裝載，由局酌辦，總以便於嚴密封扃，不致偷漏爲主。

十六，梧局運滬亦以十噸爲一批，每批亦填用三聯運照一張，照内年月蓋用梧局關防，滬局驗收後，於照内註明收清月日，加蓋滬局關防，以一聯寄回梧局，一聯申報總局，一聯存滬局備案。

以上梧州分局職掌。

十七，滬局應隨時探訪滬上銻價，分别銻砂、生銻、浄銻，按旬摺報總局，遇有漲落，並立即電報。

十八，梧局運到之銻驗收後，即應與洋商議價，一面電告總局核准，再與洋商交易。

以上上海分局職掌。

第三章　查勘開採查緝

十九，官設之局，止司收買運售。其開採之局所或公司，任聽官紳商民查勘，報明總局核准後，自行集貲辦理。

二十，現時泗城向武都結都陽等處，已委員分别勘辦，此外各屬境内如有銻礦，經各該官紳商民查勘的確，即將坐落何處，里數若干，是否官山，抑係民地，與民田廬墓有無妨礙，該礦地距柳潯邕梧何處較近，就礦地採砂一石，約合工本若干，由礦地運至最近之官局或柳或潯或邕或梧，每石約需水陸運費共若干，詳細報明總局，並採取砂様一二石，隨文呈送，以憑考驗。俟總局驗明，可以收買，核定價值，即發開採執照，給與請辦之官紳商民，如原勘之人不願承辦，但使所勘之礦果佳，亦必優予紅利，以酬其勞。

二十一，各官紳商民如欲勘銻，苦難辨認，南甯官銻分局內有熟悉銻鑛之工人，可自籌資斧，約往同勘。

二十二，各官紳商民如已勘得佳銻，苦於無資開辦，可邀取殷實鋪保，稟請總局酌核情形，藉給官款開辦，隨後在收買價內扣還。

二十三，各官紳商民稟准開採銻鑛，即應設立局所或公司，向總局請領運銻聯票，每起運以一噸爲一批，每一批填用運票一張，其不及一噸者，應俟收足再運。運票用兩聯騎縫，鈐用總局關防，起運時，於年月上加蓋該局所關防，或公司圖記，由押運司役隨砂呈繳收銻官局，俟收清後，於票内註明收清月日，在月日上蓋用該官局關防，第二聯裁存官局備查，其第一聯連同應給砂價發還作據。

二十四，各官紳商民所開採之銻礦，如一局一公司所開不止一處，即應分別起運，不得以數處所產之砂，合爲一批，以致官局無從分別，違者，官局不收。

二十五，各屬銻砂，其由開採之局所公司，運交官局者，有兩聯運票，其由此官局轉運彼官局者，有三聯運照票，照內均經鈐用總局關防，此後，沿途各關卡，如查有無票照之砂，即係私砂，應即扣留，報明總局核辦，仍不得無故留難需索。

第四章　經費

二十六，請在截留本年新案賠款內提銀十萬兩，作爲辦銻專款，以後盈餘并當另款存儲，專備辦各種礦務。

附則

以上係試辦簡章，如有窒礙及漏略之處，當隨時增改詳辦。

中國第一歷史檔案館《光緒朝硃批奏摺》第一〇二輯（光緒三十三年九月初九**廣西巡撫張鳴岐摺**）　頭品頂戴廣西巡撫臣張鳴岐跪奏，爲勘實廣西富賀煤礦撥款開辦，以資提倡，恭摺仰祈聖鑒事。竊查廣西富賀兩縣交界西灣一帶煤礦，前經派委分省補用道周平珍集股專辦，並經前撫臣林紹年奏明在案。嗣以資本短少，純用土法，獲利不厚，據該員稟請辭退。經臣批准並另聘前在巴黎國立礦學堂畢業生張金生前往探勘，旋據稟稱北自香爐山小狗母嶺大嶺起，南至雞公洲泗塘止，長約七里許，東自觀音巖老虎衝天堂嶺起，西至寶珠山龍過水止，寬約三里許，場面寬闊，探得煤層五處，苗脈頗爲暢旺，煤格斜下六七十度，係屬立槽寬狹不一，自二三尺至六七尺不等，可以開採。依目下所勘情形，佈置兩年後，每日出煤三百噸確有把握，約計開辦經費及活動成本實需五十萬金之譜。自西灣以下沿途煤脈隱現，綿亘數百里，如賀縣以上三十餘里之鷓鴣頭，以下十里之浮山寺，地方河岸一帶顯露煤苗，場面尤大，俟西灣辦有成效，即可漸次推廣等情前來。臣查廣西地瘠民貧，善後要政首在爲民興利，而利之最豐者莫如開礦。廣東及港澳等處近來輪船鐵路與各項製造廠日益增多，無不需煤，銷路愈廣，煤價愈昂。前閱農工商部官報調查，近年香港進口洋煤約百萬噸，覈計時價已千萬兩，誠爲一大漏卮，挽回利權尤爲急務。既據勘明西灣煤礦苗格豐旺，自應委派專員先就該處開辦，藉立基礎。查有補用知府胡銘槃胸有經緯，守潔才優，現充礦政調查局提調，考求精邃，深資得力，堪以派令總辦其事，工程一切仍責成張金生一手經理。至所需資本，查廣西上年溢額實官捐款，前經奏請以一百萬兩撥充廣西鐵路礦務墾牧專款，經部議覆奏准在案，擬即就此款動撥五十萬兩，發由胡銘槃具領覈實支用，除飭令擬訂章程呈候咨部查照外，所有勘實廣西富賀煤礦撥款開辦以資提倡各緣由，理合繕摺具陳，伏乞皇太后、皇上聖鑒訓示，謹奏。該部知道。

《商務官報》光緒三十三年九月十五日第三四期《批余志誠等稟》　前據該商等稟，控湖南礦政局涂道傾權輒害各節，本部查此案詳情，總由該商希圖抵價朦報試煉日期，又不將提鍊淨鉛繳局驗視，輒與洋行訂立清單，私行拋售，種種違章實有應得之咎。乃該商一再瀆嘵妄肆譸張，本應重斥。本部格外體恤，一再行查，總期水落石出，永斷葛藤。涂道既係被控之人，該商亦屬詞出一面，均難憑信。當經電咨湖南巡撫，另委公正大員秉公確查。去後茲准電復，札委署長沙府汪守鳳池查復核咨等因，除俟復到再行核示外，仰即靜候，勿瀆，此批。八月二十一日。

中國第一歷史檔案館《清代軍機處電報檔彙編》第三四册《收閩建郡四民電爲建邵汀礦約展限期滿乞宣示廢約自辦事光緒三十三年十月十二日》　建邵汀礦約展限期滿，尚未開採，請向法使宣言廢約自辦。閩建郡四民公叩。

中國第一歷史檔案館《清代軍機處電報檔彙編》第三四册《發閩浙總督松壽電爲查明建邵汀礦務計時限滿曾否開辦事光緒三十三年十月十二日》　建邵汀礦務三十一年五月經本部與法使議明，互換照會，內稱中國准予展限二十四個月，如再逾限將此合同作廢，不得再請展期云云。現計時早已限滿，該公司曾否開辦，有無舉動，希飭查明電復。外務部。文。

中國第一歷史檔案館《清代軍機處電報檔彙編》第三四册《收厦門電爲建邵汀礦約期滿懇將合同作廢收回自辦事光緒三十三年十月十三日》建邵汀礦約限期又滿，懇力執前言將合同作廢收回自辦，保我利權，勿任要求展限，要切厦門叩。文。

中國第一歷史檔案館《清代軍機處電報檔彙編》第三四册《收閩浙總督松壽電爲建邵汀礦約期滿未辦應將合同作廢事光緒三十三年十月十四日》文電謹悉，查建邵汀礦務展限二十四個月，似應以原約三年届滿後，再計展限，須扣至本月廿四日届滿。該公司並未開辦，亦無舉動，應將合同作廢，已另咨鈞部察照立案，謹先電復。壽。元。

「中央研究院」近代史研究所《礦務檔》第五册《光緒三十三年十月二十七日外務部發法署使潘蓀納照會法商承辦建邵汀礦務合同限滿作廢》光緒三十三年十月二十七日，發法潘署使照稱，案查法商魏池承辦閩省建邵汀礦務合同，業於光緒三十一年十一月二十四日滿限，是年五月准吕前大臣照稱，按照合同，期限將滿，中國政府格外體恤，准予展限二十四個月。如再逾限，將此合同作爲廢紙，當經本部照復。兹因開辦期迫，准予展限二十四個月，以示格外體恤。如再逾限，將此合同作爲廢紙，不得再請展期。應飭知該公司勿再誤會定章等情各在案，自三十一年十一月二十五日起，扣至本年十月二十四日止。所有展限二十四個月之期，業已滿足。據閩督電稱，該法商於建邵汀三府屬礦産，並無開辦消息，是此項合同，自應按照定案，作爲廢紙。不得再行展限，相應照會貴署大臣查照，轉飭該法商遵照可也。

中國第一歷史檔案館《清代軍機處電報檔彙編》第三四册《發閩浙總督松壽電爲建邵汀礦務合同已照會法使作廢事光緒三十三年十一月初五日》建邵汀礦務合同展期限滿應行作廢，業經本部於上月念七日照會法使，希查照。外務部。歌。

中國第一歷史檔案館《清代軍機處電報檔彙編》第三四册《收貴州巡撫龐鴻書電爲萬山廠硃砂礦購還藥料乞滬關放行事光緒三十三年十一月十六日》佳電敬悉，當經飭據礦政局覆稱，遵查萬山廠硃砂礦係陳道明遠前在總署稟准兼辦，合之青谿鐵礦，共計約六款，課銀三十餘萬兩，迄今分毫未繳。凡往來文牘均稱，礦務商局並無所謂英法公司。又稱即該廠購運藥料，亦向係陳道出名稟請，方准咨照放行。今夏法領遇境提議此事，旋准陳道來電，以廠務非外人所能干預，力請協阻在案，此次税關未給准單，不知陳道與所招洋工師其中如何轇轕，致生枝節，無從懸揣。該廠務向係陳道責任，且聞該工師戴瑪德現在上海職局，未便與外人直接，應請電覆外部照復法使轉飭該工師，自向陳道交涉等情。正核復間，據陳道電稟，事經公正人評議，將准爲運滬卅五件數，符乞照電滬關放行，已照辦矣，謹復。鴻書。元。

《商務官報》光緒三十三年十二月五日第三二期《批劉人熙稟》據呈已悉，該紳公舉順天府府尹袁紳爲湖南礦務總公司總理，自係爲慎重鑛政起見。惟袁紳現已奉旨來京供職，未便奏請辦理該省鑛務，該紳等既以總理一職關係重要，應另行選舉，呈明核辦可也，此批。十一月十九日。

中國第一歷史檔案館《清代軍機處電報檔彙編》第三四册《發安徽巡撫馮煦電爲英稱築路轟礦各節是否屬實希查事光緒三十三年十二月初六日》上月初間英使來函，以銅官山礦所用引火釘兩箱由滬轉運大通，該關道不肯發給護照，請飭速發等情。當經本部以此事尚無成議，應暫緩起運。函復去後，現該使復函稱，據該公司稟，此兩年內由工程師修築道路，今在礦地實用炸藥轟攻已四五月之久，每日工作八十餘人，預算已得有足裝兩船之礦質，俟礦師抵礦添加機器，方能裝運。與地方官紳交際殊甚和睦，是該公司已全有其礦正在施工，且凱約翰決無與李大臣酌商退礦之意，貴部不允將引火釘運入，祇欲將安靖辦礦之事重行阻撓，再請轉飭發給等因。查此案前經本部電催李使與凱磋議，據復稱密探外部頗堅執，凱至今未來見，無法强之使來等語。現該使所稱築路轟礦各節，是否屬實，希將該處近日實在情形飭查電復。外務部。初六日。

《商務官報》光緒三十三年十二月十五日第三三期《批易啓庚稟》前據該商等再控盧華福確入洋籍，串局舞弊，捏欠陷奪等情，經本部再行粤督查辦。兹准復稱，該公司承辦基鋪山票，先係周永福出名由局詳准，並未具奏。因周舞弊撤退，即由易啓康等承辦。查向章認餉均應按月上期繳納，今該商以迭次逾期，奉札撤换所繳報効銀百萬兩。原請以八年爲期，嗣因兼辦闈捐，改定以六年爲期，應以六年攤計，除劃歸闈捐報効四十萬，實繳過基鋪山票報効六十萬，計至本年三月止應攤扣二十四萬兩，發還三十六萬兩。又該商代向三井洋行藉銀七十一萬，議明在該商繳餉内分二十四個月還清。惟藉款係以金元兑藉，而該商則以龍毫交局，所得銀帋溢水之利，曾據稟明還款，應補磅價，概由該商承認。今尚欠洋三十一萬，改由盧商接還，第溢水之利爲該商所得。應補磅價自應照扣，且盧商原名華紹，廣西試用道其子，中式舉人，雖在澳門置有產業，不得謂係洋籍，且所有餉項均如期收清，從未拖欠。局員奉令辦公，委無情弊咨復，查照等因前來。此案既經粵督查明，盧商既非葡籍，善後局員並無偏袒，該商所稟各節均應毋庸置議，此批。十一月三十日。

中國第一歷史檔案館《清代軍機處電報檔彙編》第三四册《收安徽巡撫馮煦電爲查明實無築路轟礦事光緒三十三年十二月二十五日》 前奉鈞電，以英使所稱麥奎築路轟礦各節，屬查近日實在情形，電復等因。當經電飭蕪湖文道派委確查，並先行電復在案。茲據文道稟稱，麥奎前寓寶山廟，於今秋移住施家村，自在路旁建造洋房尚未落成，開鑿山石築路，日約五六十人，聞擬修至水口，尚未竣工，山腰一窟有人看守並未開挖，亦無礦質，虛張施放炸藥，實無炸藥轟攻之事。麥奎遇事皆用强迫欺壓，商民百姓銜恨甚深，因畏其暴横，故多隱忍不言，地方官紳絶不和睦等情，合肅電復。煦叩。漾。

《通商各關華洋貿易總册》光緒三十三年下卷克立基《光緒三十三年厦門口華洋貿易通商情形論畧》 其次則開採安溪各礦，乃華人合股試辦，共集本銀二百萬元，已蒙農工商部批准開辦。旋於九月間先往勘驗，見准開之地煤鐵甚富，亦有鉛與石灰，似此景象料當不虛所望。且謂已聘得外洋礦師，掌理採採各事。惟聞新定礦章，或恐不能無礙，致於廢置也。事雖如此，但閩省南方礦藏之富厚，可無疑義。前有美國礦師驗得該地磁鐵滿山，有三里餘長，一里餘闊，約計有一千萬噸之多。亦有石灰、鉛、硫磺、磁、礚光、鋅礦，而銻礦之佳者，與筆鉛礦且攜至本口。惟冀試辦採取此地内之財寶者，無所阻礙爲幸耳。蓋其地久已荒廢，今正可藉此而闢爲興盛之途也。

中國第一歷史檔案館《清代軍機處電報檔彙編》第三四册《發出使英國大臣李經方電爲希速結銅官山築路轟礦案事光緒三十四年正月初九日》 客臘冬電計達，前英使來函，以銅官山礦需用引火釘，堅請轉飭滬關給照起運，本部業已駁阻。嗣該使復函稱，該公司修築道路在礦地實用炸藥轟攻，每日工作八十餘人。現因需用炸藥，故請代辦等情。當經電據皖撫電復，麥奎建造洋房並開鑿山石築路，日約五六十人，山腰一窟並未開挖，亦無炸藥轟攻之事，麥奎遇事强迫，百姓恨甚，地方官紳絶不和睦等因。查麥奎虛張聲勢，顯爲日後要索地步，該處居民既多，憤恨相持日久，難保不別生事端，特此密達，務希執事查照前電，妥速設法與凱議結，免生枝節，並電復外務部。佳。

「中央研究院」近代史研究所《礦務檔》第五册《光緒三十四年正月二十四日外務部發兩廣總督咨番禺卜參崗煤礦事已再駁復法使》 光緒三十四年正月二十四日，發粵督咨稱，案查番禺卜參岡煤礦事。上年冬月，法使來照，引商務專條附款第五條爲據，謂粵省不應禁阻。當經本部據貴督十月陽電駁復，現該使復照稱，該商所領憑照，並未著明限製洋商，法商祇將用款撥備，並非合股，作抵者祇煤觔機器，並非礦地，仍力言有違中法條款等因。除據篠電再行駁復法使外，相應抄録來往照會，咨行貴督查照可也。

《商務官報》光緒三十四年正月二十五日第一期《批職商郭文森稟》 據稟已悉，所謂續招婁令謙書股銀二萬兩，合辦財州白道溝長山前煤礦之處，業經據情咨行北洋大臣，飭屬歸併前案，迅速詳查，仰候查覆到部，再行批示，此批。三月二十一日。

《商務官報》光緒三十四年正月二十五日第一期《批周榮昌等稟》 據稟集資設立寶藏興礦務公司，擬開採湖北鶴峰廳屬嚴家埡鉛礦，及柑子園銻礦。於去秋聯名稟廳轉稟礦務局詳，湖廣總督久未奉批示，懇請本部發給執照，並請咨行湖廣總督飭廳保護等情，當即據情咨行查明去後。茲准復稱，據鶴峰廳曹丞於本年六月間稟稱，周榮昌等請辦礦務，現將資本銀一萬兩存漢口鎮餘錢莊，當即派員往詢，據該錢莊稱絶無存款之事。業經於十月間批斥牌示在案，此次該商在貴部遞稟於查無資本一層，並未聲叙，倘以後該商如將資本實在籌備，亦可照准，以示格外提倡之意等因前來。爲此批示，仰該商等務將資本妥速籌足，再議開辦可也，此批。十二月二十四日。

端方《端忠敏公奏稿》卷一〇《官辦煤礦片光緒三十四年正月》 再，江甯省城神策門外八里許，上元縣屬之佛甯門山，産有煤礦。經江寧造幣分廠燒驗，比較東洋二號馬崎煤爲佳，可合鑄造之用。經臣飭由江南財政局籌撥官款銀五萬兩興辦，名曰官辦阜寧煤礦，派委現辦礦政局江蘇候補道翟衡璣兼任該礦總理。其與阜寧礦地毗連之商辦寶華公司，因試探期滿，無力開採，稟請撤銷探照，將所領礦地併入阜甯辦理。所有商辦寶華公司探礦各費計用去銀三千八百六十一兩七分四釐，經臣飭局調核帳簿均係實行動用之款，毫無浮冒，即由阜寧如數認給。原領礦地概歸阜寧開採，經礦政局派委會縣查勘，阜寧現定礦界四至連實華所併礦地在内計六方里，均係官荒，擬暫用土法人力開採，俟成效稍著，再仿照西法購辦機器，放手大辦。該礦係屬官産，將來出井出口各税，自應照章完納。其運銷内地應概免沿途捐釐，所領官荒全地併免按畝納税。茲據該局員擬具章程圖説，詳請奏咨立案前來。除將章程圖説一併咨部核辦，照章頒發開礦執照，給領開辦外，謹附片陳明。伏乞聖鑒，謹奏。

「中央研究院」近代史研究所《礦務檔》第五册《光緒三十四年二月初十日外務部收閩浙總督文胡國廉等請辦泉州安溪縣屬礦務》 光緒三十四年二月初十日，收閩督文稱，據福建洋務局會同農工商局詳稱，案奉札准農工商部咨，據商人胡國廉吴梓才稟請集股開採泉州府安溪縣屬之珍地鄉等處煤鐵鉛各礦，飭屬保護一案。内有該職商等擬開所指各礦山，内有佔峯山一處，是否即係尖峯山，爲山主蘇姓之業，札局轉飭安溪縣確查詢明確，據實稟復，一面即飭妥爲保護等因。奉經農工商局先後札飭安溪縣確查速復，並妥爲保護去後。旋據代理安溪縣田令捷棨甲復，查明佔峯山即係尖峯山，爲山主蘇姓之業等由前來，又經農工商局具文詳復各在案。茲奉批卷查尖峯山礦務，前據英商法樂與業主議妥，經前督部堂咨准外務部給發護照往勘，嗣因閩省設立商政局，各屬礦産勘明後，自設公司勘辦。英礦司法樂所請，可毋庸議，由局詳咨外務部核復，以設立本省總公司。欲將從前已准之案，遽行作罷，英商斷難允從，惟須於勘辦之時，祇准其專指尖峯山一處，不得牽涉他礦，俾清界限等因，咨行查照各在案。茲據詳查明職商胡國廉等擬開所指各礦山，内有佔峯山一處，即係尖峯山，爲山主蘇姓之業，但英商法樂自光緒二十八年至今，未據前往勘辦，當時亦未立有合同，似難認作已定之礦。現查職商胡國廉等集股稟奉農工商部給發開礦執照，係爲振興地利，篤念梓桑起見。凡我政界自應力與維持保護，以贊其成。惟此礦其間既有此層情節，自應查案先爲聲明，咨商外務部立案，未便稍涉含胡，致使英商藉口，另起交涉。仰福建洋務局會同農工商局迅速查案妥議詳復核辦，毋得刻延，切切繳等因。奉此，遵查安溪縣屬之尖峯山一處礦産，前於光緒二十八年間，據英礦師法樂請准勘辦，當經許前憲台咨由外務部給發護照往勘，嗣因閩省設立商政局，總攬全省礦務，議設公司自行開辦。該礦師法樂原勘礦山，係未領有准照，所請應無庸議。經奉飭局會議詳咨，旋奉外務部核復。以係從前已准之案，遽行作罷，英商斷難允從，唯須於勘辦之時，祇准專指尖峯山一處，不能牽涉他礦，俾清界限等因，咨行到局。又經會議詳咨，屈計該礦師自領護照之日起，迄今已歷五載有餘，始終未據勘定礦産，稟請開辦，亦未據報轉交何人承接。查該礦師從前請辦之時，曾據聲明一切悉遵外務部礦務章程辦理，按外務部礦章，各公司承辦礦務，自發執照之日起，限十二個月内開工，如逾期不開，執照作廢，該礦即由總局另行招商承辦。又開辦之人，必須係原稟領照之人，自行舉辦，不得私將執照轉售他人。倘欲售賣，或在開辦以前，或在已辦之後，須由原辦之人會同接辦之人，照上兩條復行稟請立案領據，方可轉交接辦等語。無論該礦師前領護照，係爲沿途保護之用，並非准辦執照之憑，且事越數年之久，照章業已逾限，已應作廢，聽由礦局另行招商承辦。現在既有職商胡國廉等集股稟奉農工商部發給執照，前往勘辦，誠如憲批，自應力與維持，以贊其成。況該礦師法樂昨經洋務局訪聞已故，函詢英國佩領事，亦稱病故是寔等語，是該礦師既已物故，則從前所請尖峯山礦務，應無庸議。奉飭前因，合將職商胡國廉所指之佔峯山，即係法樂探勘之尖峯山，應請聲明咨部立案緣由，理合遵批會同查案核議，具文詳復察核，俯賜咨明立案等情，到本部堂，據此。除詳批示外，相應咨呈，爲此咨呈貴部，謹請察照立案施行。

《商務官報》光緒三十四年二月十五日第三期《四川總督咨本部文》 爲咨明事：竊照川省金銅各礦，現已開辦者，以寧遠府屬之爪别麻哈等處爲較旺，刻下正飭極力擴充，多開子廠，以期規模漸備，成效日彰。惟其地僻在蠻荒，廠硐散佈，夷匪之覬覦竊發，既有堪虞商人之聯絡維持，尤屬不易。是該處之辦礦委員責任殊爲重大。從前係分設兩總局於鹽源冕寧地方，派兩局總辦一員，會辦一員，總司其事。嗣因專材難得，會辦缺而未委者，兩年有餘，茲由本護部堂督飭礦政調查局詳加擘畫，因時製宜，擬在該兩局適中地之寧遠府城，設一總局，改派總辦、帮辦各一員，規定章程輪流出巡駐局，該總帮辦暨各分局分廠委員，均以三年爲任滿，限内不得他調。勤而有功，屆期優獎，劣而多過，隨時撤懲。並以礦廠所在各地方官，作爲礦務會辦，庶幾心志得以專一，權力亦可交資，並已由局遴選得候補知縣龔令藩堪勝總辦之任，候補同知趙丞舒怡堪勝帮辦之任，業經分别札委前往。據礦政調查局總辦周道善培等詳請轉咨立案前來，相應咨明貴部，請煩查照立案施行，實爲公便，須至咨者。

《商務官報》光緒三十四年三月五日第五期《批白土山煤礦商董羅飴等稟》 稟悉，此案自職商朱象鼎等稟辦以來，迭經行文，本省地方官確查，嗣以咨覆文内糾葛繁多，情節歧異。復經咨行江蘇省撫遴派大員前往澈底查究，以期案無遁節。現尚未准咨覆到部，茲據該商董等稟請分所辦理，先給執照開採礦産，一面將朱象鼎控案秉公訊辦。在該商董等力顧股本，礦因案阻，原不防舍案而仍請辦礦。而朱象鼎出名請辦，案因礦起，又豈能懸案而專顧礦本。惟本部體恤商艱，主持公道，現已據稟切實詳咨兩江總督江蘇巡撫詳細查明，如果朱象鼎確有冤抑，自當速爲昭雪，該處礦務自不至日久虛懸，抑即遵照照費暫存，此批。四月二十六日。

中國第一歷史檔案館《清代軍機處電報檔彙編》第二四册《收護理四川總督趙爾豐電爲遵電查復英國商人摩賡辦礦事光緒三十四年三月初十日》 支電謹悉，英商摩賡辦鑛合同久已作廢，現在彼有争執之處，自以該商是否按限開工一層，爲最要之關鍵。查開工必先購地，購地必有地契，既未購地，如何開工，且該商開工之始，必先請領鑛務局核准之執照，既未領有執照，該商既無憑開工。果使開工，亦屬違背合同，不能作准。且所指係何地名，租自何人，所開何鑛，此豈空言所能抵賴。至謂鑛師穆力思甲開等曾經順道查看一過，則此種游歷洋人川中絡繹不絶，本省亦皆照約保護，不獨於該鑛師爲然，更豈能作爲開工證據。又謂在滬賃屋作爲總局，該商前此並未報告，尤屬不足爲據。自該合同逾限作廢之後，隨據殷實華商，呈請遵章領地開採，均經陸續核准在案。摩賡躭延自誤，今已事隔十年之久，川中民情浮動，伏莽尤多，該商等如欲再申前議，冒險入川，必有絶大風潮，地方官萬難任保護之責。懇乞鈞部鼎力主持駁復，以免後患，大局幸甚，爾豐。青。

《商務官報》光緒三十四年三月十五日第六期《批民人劉洛長稟》 前稟請辦廣昌縣白石山銀礦，經部咨行北洋大臣飭屬詳查去後。兹准復稱，前項礦産經總礦師前往化驗，成色不高，開辦斷難獲益等因。本部意切興商，惟既經北洋總礦師實地化驗不能獲利，該商資本收關，本部殊不忍使開礦者多所虧折，所請應毋庸議，此批。閏四月初八日。

中國第一歷史檔案館《清代軍機處電報檔彙編》第三四册《收出使英國大臣李經方電爲凱約翰稱銅官山礦約萬不能廢事光緒三十四年四月初四日》 凱約翰來見，諭令廢約，據稱銅官礦産探實採出鐵質，可得利八十萬金鎊，約萬不能廢，倘中政府欲購回，至少須四十萬鎊，答以照理廢約，並未奉諭購回，辯駁多時，快快而去。此約廢固難，贖亦不易，祇得堅持磋磨，隨時電求訓示。方。初三日。

《商務官報》光緒三十四年四月十五日第九期《批職商李懷清等稟》 據稟已悉，查該職商等前辦廣西保礦公司，勘驗天明縣隔地鋪等處礦礦，經廣西巡撫核准試辦。嗣以該商人欠妥實，飭令停辦，並咨部查核有案。兹查原稟所稱各節即係該商等前辦之礦，既經奉飭停辦，何得遽請換領執照。仰候咨行廣西巡撫查明原案情節，聲復到部，再行核示。保單、照費、合同、礦圖等件暫存，此批。四月初五日。

「中央研究院」近代史研究所《礦務檔》第五册《光緒三十四年四月二十三日外務部收郵傳部尚書陳璧署禮部侍郎郭曾炘信附福建紳士公稟閩礦自辦推舉胡國廉爲總理》 光緒三十四年四月二十三日，收郵傳部尚書陳、署禮部侍郎郭信、尚書閣下、王爺爵前、中堂閣下、侍郎閣下，敬肅者。福建濱海多山，上下游各屬，五金礦隨在而有，徒以無人集資開採，遂至貨棄於地。貧弱交議，不特窒固有之利源，抑且啟外人之窺伺。查法人魏池前承辦建邵汀三府之約，逾期未辦。經松製軍咨大部向法使聲明作廢，收回利權，同鄉紳商懲前毖後，亟謀開辦，擬舉胡京卿國廉爲全省礦務總理。查京卿在外洋辦礦多年，家道殷實，以之總理閩礦，駕輕就熟，成效可期。詳細情形，除由林參議灝深等僉呈大部並農工商部外，璧等誼關桑梓，知之至悉。謹以奉聞，伏望速賜核辦，無任盼禱之至。肅此。敬請鈞安，唯祈垂鑒。

陳璧
郭曾炘 頓首。

〔附〕具呈學部左參議林灝深，前內閣學士兼禮部侍郎銜陳寶琛，內閣中書曾毓驤，趙慶椿，軍機處章京鴻恩，掌河南道監察御史葉芾堂，掌新疆道監察御史江春霖，翰林院編修鄭錫光、林炳章、陳培錕、黄彦鴻、郭則澐、于君彦、林志烜，檢討林步隨，庶吉士鴻志，外務部郎中陳懋鼎，嚴璩，員外郎傅仰賢，主事黄葆奇，吏部員外郎黄允中，主事張壽祺、陳震、高稔、鄭兆璜，民政部主事王大亨，警官黄曾善、林襄、龔守仁、甘景煌，度支部郎中李毓芬、范紹林、龔銘義，員外郎黄曾昜，主事鄭宣綸、陳淦孫、張國威、葉國英，七品京官王宗海，筆帖式鋭祉，禮部郎中林棟，主事劉翼經，林怡、陳棅前、溥正、龔蔭桯、林開佑、陳琮，陸軍部郎中高暉游、蔡祖熙、張同，主事林子鰲、廖學潮、陳緎、鄭元楨、張燦斗、劉元任、林葆綸，法部員外郎黄兆騏、郭兆昌，主事陳瀚年、葉大華、陳繹、歐陽鈞、劉道龍、曾宗鑒、莊俊英、陳贊圖，學部參事林棨、江瀚，主事謝天保，陳希彭，大學堂教習林紓、黄鳴球，郵傳部僉事曾毓雋，員外郎陳應濤，主事何啟椿、王鴻兟、陳壽彭、陳宗蕃，七品京官宋真，大理院檢察官蔡瑞年、鄧心蕃，推事李兆年，農工商部郎中沈瑶慶，員外郎力鈞、王大貞，四品卿銜前出使奥國大臣吴德章，郎中銜福州商會總理張贊廷，前廣東雷瓊道葉大遒，江西候補道陳君耀，江蘇候補道羅忠堯，前四川夔州府知府潘炳年，浙江杭州府知府卓孝復，候補知府沈璇慶，湖北候補知府林宗遠，前廣西候補知府張秉銓，分省補用同知郭曾亮，浙江烏鎮廳同知高向瀛，署定海廳同知高莊凱，仁和縣知縣林孝恂，上虞縣知縣葉大琛，署永康縣知縣徐璧華，於潛縣知縣陳德彝，署石門縣知縣伊象昂，安吉縣知縣鍾大琨，署會稽縣知縣李瑞年，分水縣知縣陳常鏵，寧海縣知縣張煊，署縉雲縣知縣葉大章，金華縣知縣揚清綬，龍泉縣知縣陳海梅，前署山陰縣知縣李茂蓮，仙居縣知縣黃紀年，候補同知周延祚，知縣林賓周、陳鏞、陳其琛、夏聯琛，前山東恩縣知縣何式珍，浙江補用同知趙灝，前山西文水縣知縣胡詠琛，前江西東鄉縣知縣林履師尚，分發省分通判葉堪，前山西襄陵縣知縣林齊璇，前餘杭縣知縣林端，前直隸龍門縣知縣林仰崧，即用知縣鍾大椿，廣東即用知縣鄭祖仁，候選知縣林韶成，廣東大挑知縣劉鴻壽，前浙江候補知縣魏鴻翬，議敘知縣張國鈞，福州商務總會協理李馥南，截取知縣王允晢，浙江鹽大使李鑑昌、陳耀樞、林焕霄、蕭濬頤，邵武學教授楊銘，泉州府教授吳穆，晉江縣教諭孫葆璠，大挑教諭陳遹駿，前龍溪縣訓導葉大泳，江西即補分縣鄭祖庚，爲呈請奏派礦務總理，以挽利權而維大局事。竊閩地瀕海多山，上下游各屬五金礦産隨在而有，徒以無人集貲開採，貨棄於地，虛穴來風，遂啟他族垂涎之漸。查福建前有法人承辦建邵汀三府礦約，限滿一次，商請大部准予展限二年，彼時約明逾限不准再展。去冬復届滿未辦，業經閩浙總督松電咨大部請向法使聲明作廢在案。現在利權既已收回，自應及時興辦，夫辦礦一事，官辦不如商辦。

農工商部定律，商任經營，官爲保護，固已頒行海内，樹以風聲。以閩省九府二州之大，厚集其力，儘足有爲。況各島僑商身擁鉅資，睠懷祖國，尚不乏人，若有人爲之昌率，登呼響應，不難逐漸呈功。深等查有三品卿銜商辦福建鐵路協理胡國廉，祖籍福建汀州，在南洋以礦業起家，於應興公益，極具熱心。

農工商部亦曾採其資望，派辦安溪礦業，以之總理全省礦務，有駕輕就熟之功，無綆短汲深之慮，且礦路相維，尤能交收其益。範圍既定，即不至枝節横生，深等爲福建大局起見，除呈明農工商部據情代奏外，用敢僉懇大部俯念閩礦關係至重，鼎力主持，全閩幸甚，須至呈者。

中國第一歷史檔案館《清代軍機處電報檔彙編》第三四册《發出使英國大臣李經方電爲已照駁代爲經理銅官山礦希速議結事光緒三十四年四月二十三日》 十五日電悉，旋准英日兩使來照，以倫華公司與日本三井洋行訂立合同籌辦礦資，代安裕公司經理銅官山礦等語。均經本部以斷難承認，照駁在案，仍希執事妥速設法，與凱議結爲要，並電復外務部。二十三日。

《商務官報》光緒三十四年五月五日第一一期《批職商張仰雲稟》 據稟，前辦浙江桐廬縣皇甫村陽山等處煤礦限滿，本部調銷探照瀝情叩請展銀一年等情，閱悉。查該職商所辦皇甫村煤礦，前領探礦執照應扣至本年二月二十六日限滿，所有探勘情形既未據遵章依限稟報。嗣於本年四月間迭據皇甫村族長皇甫嗣灼等，邑紳胡福基等稟控，該職商朦稟領照請賜註銷。又據該職商合資同辦之沈德民等稟稱，限滿勢難開辦，請撤銷。前案各等情是該職商之探辦無效，輿望不孚，早已難逃公論。本部前已據稟咨行浙撫，調銷前領探照在案。茲復飾辭嘵瀆懇求展限，殊屬不合，著仍凛遵部章迅將前領探照呈繳，浙江巡撫送部銷案，勿得再瀆，此批。五月二十七日。

中國第一歷史檔案館《清代軍機處電報檔彙編》第三四册《收安徽巡撫馮煦電爲英欲開銅官山礦事光緒三十四年五月十四日》 據上海蔡道電稱，哈華託運銅官山轟礦引火釘，前道遵飭商阻。茲英領函又運到炸藥四箱，礦約有無議定，仍請電達准予運往云，候示，遵。當即電復銅官山礦，現由李星使與凱商磋議堅持廢約，前月安裕公司擬購炸藥引火釘運往銅官山，當經駁阻，並電外務部照會英使轉飭停運在案，希查照駁阻爲荷等語，謹電達。煦。十三日。

「中央研究院」近代史研究所《礦務檔》第四册《光緒三十四年五月二十五日外務部發湖南巡撫岑春蓂咨湘省銻砂出口酌減估本准如所請》 光緒三十四年五月二十五日，發湖南巡撫岑咨稱，案查湘省鑛銻請減估本一事，本月初七日接准來咨，當即咨行稅務處核辦去後，兹准復稱，湘省鑛銻前因銷暢價漲，故改重估值，以裨稅收。於三十三年三月准湖南巡撫咨由本處核准有案，兹復因價落銷滯，礦商困難，請減輕估本，以維商業。尚係實情，應准如所咨，除黑白鉛砂從前並未加估，現在照舊徵收外，暫將出口生銻每噸估本銀八十兩，銻砂每噸估本銀四十兩，仍按值百抽五徵税，以恤商艱。如嗣後銻價增漲，仍當按照市值加估，隨時咨明核辦，庶於國課商情，兩無妨礙。至所咨出井税請查照新章值百抽三一節，應由農工商部酌核辦理。除札行署總税務司轉飭各該關遵照外，咨呈查照等因，相應咨行貴撫查照可也。

中國第一歷史檔案館《清代軍機處電報檔彙編》第三四册《收四川總督趙爾巽電爲江合公司開礦等事光緒三十四年六月二十一日》 江北廳石牛溝煤鑛在華英公司鑛界三十方里外，早經江合公司衆紳購置，本年正月初上已發照興工。現華英公司索閱英領照會，經觀政調查局駁覆，如英人向大部求乞，嚴拒爲禱。

巽。效。

《商務官報》光緒三十四年七月五日第一七期《批商人江錫恩等稟》 據稟，呈繳保單，並繪具草地山圖，請發探採晶石執照等情，閱悉。查本部探礦執照，均應註明四至，畝里若干，以資限製。該商所呈山圖模糊，影響殊難鑒別，且僅王世龢記憶大致，尤不足爲憑信。礙難照准，所呈寶隆號保單一紙仰候具領註銷，此批。八月初三日。

《商務官報》光緒三十四年七月五日第一七期《批監生王兆熊稟》 來稟具悉。周道廷弼前請查勘安徽廣德州屬煤礦，業經稟復到部，並由部咨商兩江總督酌派礦師會同該道前往復勘，將來是否可以探開，應俟勘明聲復到日，再由本部核奪。該生無所用其干預，所稟應毋庸議。此批。八月初八日。

《商務官報》光緒三十四年七月五日第一七期《批職商楊焱華稟》 據稟，稱安徽東流縣屬利和煤礦公司，前實未稟停工，懇准照常開辦等情。查此案本年五月間准安徽巡撫咨稱，據委員馬用暢稟稱該兩礦係屬舊窿，採掘已空，該商現已停工，擬另擇新廠，尚未相定地勢等情。並據該職商陳啟昌稟同前因，咨請查核到部，當經本部咨行安徽巡撫飭屬詳查，見復在案。茲據稟稱各節，本部當再據稟咨行安徽巡撫確查，應俟咨復到日再行核奪，此批。八月初三日。

中國第一歷史檔案館《清代軍機處電報檔彙編》第三四册《發四川總督趙爾豐電爲江北萬石牛溝煤礦英商欲開新峒事光緒三十四年八月初六日》 江北廳石牛溝煤礦事，英使照稱龍王峒峒老山空，須從山西坡另闢新峒，與江合公司在石牛溝虛開之礦，迥非一槽。江合公司阻撓英商，在江北廳全境内勒令礦主將礦産租與江合，以爭先著，請電川督復酌等語。本部正擬照尊處六月效電，駁復該使，復面稱江北廳公司請在石牛溝添開新峒，與江合所開峒綫縱横不同，且中隔石山甚遠，與江合所得之利益毫無干涉，此項新峒不過仍趨龍王峒煤綫，敦請照允。查英商請開新峒是否即龍王峒一綫，與石牛溝無涉，能否允商，希再飭詳查，核復外務部。初六日。

中國第一歷史檔案館《清代軍機處電報檔彙編》第三四册《收四川總督趙爾巽電爲江北萬石牛溝煤礦事光緒三十四年八月初九日》 初六日電敬悉，此事英領日前奉英使命來商，只言由石牛溝開峒以達舊礦，並未言及煤綫，巽以其不在指定之龍王峒施工，既與合同不符，亦無此辦法，難強江合紳商承認，飭局函復。查英商所開礦峒老山空，乃係自誤，何得藉口另闢新峒。煤綫深在地中，英商未經探勘，豈能即定爲係龍王峒煤綫，且礦只能論界，不能論綫，假使綫長百數十里，亦可佔開百數十里之礦乎。石牛溝小米溪沿河等處各礦，江合早已指定購買，石牛溝開鑿甚深，今江合之人購開江合之礦，無所防其迫勒。總之，龍王峒石牛溝地名各别，若英商因煤綫而可另尋石牛溝，設使石牛溝亦因煤綫而侵及龍王峒，英商其能允否。英商既稱石牛溝有煤綫，毋論縱横，江合公司豈肯讓人開峒此事，紳民持之甚堅。大部若查照合同，駁拒龍王峒煤站不能另開，彼或坐困，庶可徐議收回，是否有當，請鈞奪。巽復。虞。

中國第一歷史檔案館《清代軍機處電報檔彙編》第三四册《發四川總督趙爾巽電爲石牛溝煤礦事光緒三十四年八月二十一日》 石牛溝煤礦事，業准虞電駁復英使，謂與合同不符，難強令紳民允從，該使復面稱，另開新洞不過爲通綫起見，並非影射他處，可令該商具結，前護督給江北廳札文，覓閱底稿，實係指授江合公司抵製英商，當將原札鈔交。又照稱，華英合同原係該省大吏之議，復經貴部改定，奏准前護督暗謀抵製，私立華商公司，專爲限製英商，豈非爽信之尤，本國政府定惟貴國是問。該護督於英商始終以敵人相待，既有確據，應請轉知即行平反，否則必向川省索取爽信之償，賠補所費及少獲之利等語。本部於此事原期內外堅持，切實駁阻，詎該使執札文爲據，以授意華商暗謀抵製，與從前合辦之意，前後矛盾，證據確鑿，致令無可解釋，英商既願具結，並非影射。應如何通融辦理，以期了結，希飭再行籌商，並電復外務部。馬。

《商務官報》光緒三十四年九月五日第二三期《批蕭慶權稟》 據稟及抄案均悉，該職員所稟鄒濟清越爭新化等礦各節，業經據情咨行湖南巡撫，並劄飭湖南勸業道，仰候查復，到日再行核示，此批。八月十七日。

《商務官報》光緒三十四年九月五日第二三期《批鍾承耀稟》 據稟已悉，查本年四月間本部接准兩廣總督復稱，長灘堡劍背山煤礦與地方情形諸多窒礙，迭經滋事，刊碑封禁，嗣後無論何人稟承，概請駁斥等因。當經批飭該商停辦，並將批稟一件，照費銀五十兩咨送兩廣總督轉飭農工商局發交該商承領在案。此次該商所稟各情應毋庸置議，惟稟内所稱本年三月間呈懇頒給礦照，迄今數月未嘗批發等語，是前次所發之件，該商尚未領到。仰候咨行兩廣總督查明給領可也，此批。八月二十一日。

雲南省檔案館等《雲南近代礦業史料選編》第三輯上卷《雲南寶華銻礦股份有限公司爲移會事》 伏思滇中礦産，中外艷稱，而銻亦最富，開廣一帶，土民私自採掘，不諳提煉，且絀於資本，困於運銷，遂至中輟，坐使利棄於地，殊爲可惜。幸自督節莅滇以來，通商惠工，百廢具舉，德教新被，感奮同深。茲者，仰體帥意，集合同志，發起一公司，定股本六萬元，以五十元爲一股，計共一千二百股，名曰寶華銻礦有限公司，從開廣辦起。開屬産銻最旺，未經採掘則以開挖爲主；廣屬土民各知挖掘，則以收買爲主，延聘精於銻學工師，就近提煉，分由水陸運至外埠銷售，總期實事求是，志在必成。如成效顯著，即行推廣，顯盡地利即穩固主權，似於民生國計，不無裨益。所有擬議集合寶華銻礦股分有限公司並擬章程十七條各緣由，除稟請帥憲批示外，合行移請臺核轉詳立案，實爲公便。須至移者

計章程一紙　　右移

欽命二品銜雲南勸業道劉

光緒三十四年十月初八日移

中國第一歷史檔案館《清代軍機處電報檔彙編》第二四册《發四川總督趙爾巽電爲英使稱所派查礦委員已勘明回省等事光緒三十四年十月十三日》 江北廳煤礦事，准上月初三日電，當經照會英使轉飭英領與尊處直接商議。現英使面稱，川督所派查礦委員，曾親歷礦地，調查明確，已於十餘日前回省等語。尊處所派委員，如已勘明回省，即希籌定辦法，就近與英領商議，以期妥洽，並電復外務部。元。

中國第一歷史檔案館《清代軍機處電報檔彙編》第二四册《收南洋大臣端方電爲蕪湖關道扣留礦鐵緣由事光緒三十四年十月十六日》 十五日電悉。銅官山礦皖紳爭持廢約甚力，蕪關扣留礦産原出於不得已，且彼先違章不候驗起駁，即照關章亦應扣留，何得向我詰問。至索賠尤爲無理，惟既承鈞部力與辯論，彼仍堅執，並承示暫時扣留，究非了局。已分電皖撫蕪道妥籌辦法，以期善速結束，究竟如何商辦，容俟得復後，再行奉達。方。十五日。

「中央研究院」近代史研究所《礦務檔》第四册《光緒三十四年十月二十九日外務部收本部司員曾述棨致鄒左丞信函陳赴皖籌議廢除銅官山礦約情形》 光緒三十四年十月二十九日，收本部曾司員致鄒左丞信稱，北京翁先生大人左右，敬啟者，張劉兩供事到京奉上一函，想邀青覽，述於十八日三鐘抵蕪湖，即時往晤楊彝卿觀察，得悉銅官山事近日情形，渠議論此事，酌擬辦法，亦極明透。據稱，凡係安徽公正紳士，莫不知此礦甚劣，若亟亟議贖，適入彼之彀中，既不能贖回合辦，亦無此財力。彼又始終不認廢約，惟有藉目下阻止礦石出口之時，想一轉圜之法，藉以下臺。惟皖人不明此旨甚多，紛雜不一，任其淆說，終無了期。計惟與全省代表之三二人議定，若紳無善法，官即主持。若由官作主，不能再抗。至應由何處了結，應如何斡旋，尚待籌策。述謂皖省官界如能如此明斷，此事自輕而易舉。阻止礦石出口，我之理本足。即定銀亦用不著，楊朱兩公，皆向述商及，先收定銀，允其出口一節，緣我已認廢，斷無再讓出口之理。不應出口，即無需定銀作押，皖省不稍鬆勁，轉灣必較容易。其轉灣之法，似應仍由李欽使與凱約翰在英京接議。前是議廢，此是議辦，與英之意旨合，萬不致拒而不商。若能開議，自先以撤去麥奎，改換妥人，爲皖省留地步。再改定合同，或仿照臨城井陘煤礦辦法，俾得利權礦權，仍自我操。是在内外妥商，相機操縱。述與彝翁議商兩日，彼此無不合處，彝翁亦竊喜收效之有期。當因朱經帥行將出省，十九日未刻，電准復稱，二十日午刻起程，此時又苦無上水船隻，遂於晚間乘鴻安船赴省，二十日兩鐘始到時。經帥正擬開行，已在江干候至三小時矣。咄嗟立誤，祇撮要言，英不認廢，我不便贖之理由，經帥亦深幸内外見解均同，不至隔閡。俟與午帥商訂，再行電部。瀕行時，並諄囑子培方伯，與述籌議。此述到蕪到皖之大概情形也。此事内外既無異旨，收束自較容易。述仍淹留在皖，未免無謂。二十一日早間，謹電陳左右，請代回各堂憲，恐或另有交派，不能接洽。候至二十二日夜間，未接回電，遂於二十三日，登輪北旋，約月之初間可抵固始。俟將祖塋祭掃畢，即趕緊回京供職，恭讀二十一二兩日上諭，焦急莫名，君父之感念，當盡人皆然也。以上各節，希酌回各堂憲爲荷，此泐，敬請勛安，惟照不具，諸同仁統此致候。

再二十四日午刻，行至漢口江上，見各處都下半旗，即極驚異。不期抵岸時，聞兩宫先後大行，天地崩裂，人心惶惑。述一時無措，竟不知或里或京，將何適從，是以電達請示。迨午後接奉養電，又有經帥回省，時日久暫，兩層辦法，述即函達子培方伯，詢問經帥是否回省有期，尚待與述晤商。當俟接回信後，再定行止。如需回頭，漢皖一水可達，亦可再往也。述昨日之行，實因在皖無可商處，且沈方伯亦以北行爲然，故不便久候也。電報費極昂貴，用密碼尤加倍，如仍回皖，可否由梁燕翁函致各局，免收電費，希酌之。隨同欽使，沿途有人，支應頗不爲苦。自抵蕪湖以後，到處人地生疏，上下船以及各旅館，大有舉步爲難之勢。北望燕雲，慘淡無色，凡屬臣子，當如何擢痛耶。

再密啟者，經帥行後，又與沈方伯暢談竟夕。據云，此事開車極難，不能收回，不能作廢，礦産既劣，無妨任辦，種種情形，不特在京之皖紳洞悉，即本省之紳士亦大半知之。所難處者，各社會議論紛紜，暨神州報館耳。端朱兩帥，未必肯干冒不韙，而徑擔任也。果若沈公之説是，又大可慮，而仍無了期矣。述與沈接商，而所得之説若此，更不能一朝居矣。但盼沈之言不驗耳，謹以附陳，再請鈞安。

中國第一歷史檔案館《清代軍機處電報檔彙編》第二四册《發兩江總督端方安徽巡撫朱家寶電爲英使再請放行所扣礦鐵望速籌辦法事光緒三十四年十一月十三日》 上月效電悉，皖省京官於此案理解均甚明晰，惟本部未便與商。礦石被扣，英使近又迭請放行，仍希尊處速籌辦法，期有結束。英領請交銀作保，如能聲明清楚，不至爲英商執據致難。接議，即希轉飭照商，並盼速電復。外務部。元。

《商務官報》光緒三十四年十一月二十五日第三一期《四川總督奏設立全省礦務總公司摺》 奏爲川省紳商仿照湖南成案，設立全省礦務總公司，以興地利而維礦政，恭摺仰祈聖鑒事。竊查川省礦産豐富，向因道路險阻，外省商人不肯輕投鉅資，本省紳商間有集股開採，皆以資本不充，心志不一，成效甚鮮，夫資本不充，故不能聘礦師，購機器，以爲大舉深入之計，心志不一，故不能絶疑猜泯紛爭，以收協力合謀之益，而地方奸猾，又復覬覦厚利，不守礦章，流弊百出，甚可慮也。況川省出産以土藥爲大宗，現在實行減種，利源驟絀，欲求桑榆之補，除極力獎勵農桑外，非將全省礦産合全省商民財力，速籌開採，不足以濬自然之利，而鞏久遠之圖。奴才前在湖南巡撫任内曾經奏將阜湘沅豐兩公司併設總公司辦理，近頗著效，現經督飭礦政調查局傳集本省素有名望紳商，爲之剴切開導，衆情踴躍，仿照湖南成案，籌設全省礦務總公司。除現在官辦各礦及華洋商人稟准已開之礦而外，凡川省未開礦産，概歸總公司承辦經理。此後無論本省外省外埠紳商，有願開辦四川之礦者，祇准指定礦區，作爲總公司之分公司，用人理財，總公司並不干涉，但不得另有總公司名目，一切章程，悉遵礦章及總公司定章，用歸劃一。總公司先集華股銀三百萬兩，如有不足，或由官量籌補助，或再續招股本，一面徧查礦地議價收買，一面擇要先採，所有提成納税，均照礦章辦理。擬將全省礦産區分五路，成綿道屬爲中路，建昌道屬爲上南路，永寧道屬爲下南路，川東道屬爲東路，川北道屬爲北路，每路派總協理各一人，分任其事，仍合辦總公司一切事務，用專責成而期聯絡。並由奴才選委監督官一員，檢察税項財政，將來公司成績漸著，尚須附設礦業銀行，以資利便。奴才已於正紳中遴派内閣中書劉紫驥爲中路總理，陝西補用知府王道平爲協理，内閣中書王廷佐爲上南路總理，分省通判張習爲下南路協理，候選知縣楊朝杰爲東路協理，優貢湖北知縣李儀文爲北路協理，其餘各路總協理，自應從速延訪委任。俾公司得以早日成立，籌畫開採。茲據礦政調查局督同紳商，擬定章程，詳請具奏，奴才覆覈無異，除將章程分咨外務部、農工商部查照立案外，理合恭摺具陳，伏乞皇太后、皇上聖鑒訓示。謹奏。

中國第一歷史檔案館《清代軍機處電報檔彙編》第三五册《收出使英國大臣李經方電爲皖紳阻撓礦約事光緒三十四年十二月初十日》 凱來，怒稱皖紳阻撓礦約，定欲開辦，答朝廷須順民心。稱放行礦石始肯開議，答蕪湖在安徽必動衆怒。良久云不允開辦，四十萬鎊政府皖紳均知之，我不預聞。稱不允開，不議贖，公理何在。答四十萬鎊贖回何如，答未奉訓條。稱究竟肯出若干，答不敢妄説，祇得將今日所議電稟政府。查凱有勢力，外部幫助，久愈難了，乞鈞裁。再皖紳蒯光典龔心釗在英可否電飭與議。方。初九日。

《申報》光緒三十四年十二月十一日第四版《附設黑鉛鍊廠長沙》 湘撫岑堯帥以常甯縣水口山等處所採鉛砂礦苗既旺，礦質亦佳，惟因提鍊未能得法，專售鉛砂，喫虧甚鉅。又受洋商抑勒不能暢銷，前經礦務總局飭令游學美國學生江順德專習礦學，研究提鍊黑鉛之法，由湘省籌給學費數年，原爲學成自行開廠提鍊之計。本年畢業回國，又經送部考試，取列工科進士，現已回湘，自應查照原案辦理。爰飭官礦總處就所管省垣南城外前設五金公司舊址改造作爲附設提鍊黑鉛廠，除札委知縣田芸生充當該廠提調外，並委江順德充該廠總工師，亟將建廠購機一切事宜籌畫佈置迅速開辦，以挽利源。

「中央研究院」近代史研究所《礦務檔》第六册《光緒三十四年十二月十一日外務部收雲貴總督錫良電密陳隆興公司議租白牛坑銀礦情形》 光緒三十四年十二月十一日，收雲貴總督電稱，申密，隆興公司垂涎個舊礦産，曾將堅拒情形電陳。現在開化地方，出礦甚旺，已由官商合力興辦，風聞該公司亦頗蓄意攘奪，其尤措意者，爲該府白牛坑銀礦，查該礦曾經開採虧折封閉，去年廖魏二姓稟集資試辦，業經批准有案，現在頗著成效，日前蒙領照會關道，代該公司向礦主議租，並已開之二硐亦願議租等語。礦主以已得之利益，不惟現開之硐不願出租，即在該廠範圍之内，亦恐被攘奪，將來難與爭競，亦不願出租，稟請維持，已由該道照卻矣。現聞該公司代表父子二人進京交涉，理合將此中情形報告，以備因應，滇省自應援定合同宗旨，凡屬有主之礦，力拒驚擾，其餘無主及荒廢等礦，如該公司果能按照合同妥租開辦，地方官自無不贊助，合併附陳。錫良叩。十一日。

中國第一歷史檔案館《清代軍機處電報檔彙編》第三五册《發四川總督趙爾巽電爲石牛溝爭礦案事光緒三十四年十二月十五日》 石牛溝事，上月漾電迄未見復，英使又迭次來文，謂委員勘報不實，將所開八條逐節辯駁。惟執定英公司有在三十方里内開採之權，擬開之井，係向東趨斜行，經過石層一千尺，即抵龍王洞，煤綫在汪姓山業之下層，川省官吏與江合公司共謀抵製。惟將此情轉報英政府等語，其爭持甚力，兩公司能否合辦，希籌定辦法，與英領妥速商結，仍盼電復，外務部。咸。

中國第一歷史檔案館《清代軍機處電報檔彙編》第三五册《發四川總督趙爾巽電爲請妥商石牛溝礦訴案辦法事光緒三十四年十二月十七日》 英使又面催石牛溝事，堅請照約量足三十方里，適接銑電，當以合辦，與商以期轉圜。據云英領於所擬辦法不以爲然，並未請示。餘亦甚願和衷商結，如電川省令江合派人在重慶與商，當亦電領事令英公司與江合會議等語。查劃足三十方里載在合同，英使謂不能因租約廢合同，不爲無理，既允協商。即希尊處設法開導江合公司向英公司妥商辦法，免再糾葛，並電復外務部。十七日。

中國第一歷史檔案館《清代軍機處電報檔彙編》第三五册《收四川總督趙爾巽電爲調停石牛溝礦訴案事光緒三十四年十二月十七日》 刪電敬悉，漾電已於前月廿九日謹覆，委員勘報並無不實，江北華租約不算，要向石牛溝方面劃足三十方里，將江合已開礦界之平層煤鑛估爲已有。江合不服，江北又不目向江合商議，彼此通融辦法，昨與英領會議，擬兩公司合舉一人或各舉一人，從中調停此事，英領須請示英使，期以四日答復，舍此更難了結。官用壓力，恐滋事端，大部如有善策，乞見教。巽。銑。

中國第一歷史檔案館《清代軍機處電報檔彙編》第三五册《收四川總督趙爾巽電爲電復石牛溝礦訴案事光緒三十四年十二月十九日》 十七日電敬悉，遵示電江合派代表到重慶會商，以期和平了結。查三十方里本訂合同，但指開之初，英商並未請將三十方里劃定，及訂租約、立礦界皆是出於英商情願，自己縮減。今春看見石牛溝華商礦好，援合同第五條，請予續開，執據不允，則改爲藉道開洞，勘過有礙，則又以三十方里爲言，計凡三變，愈變愈奇，必以三十方里論，勉强亦能做到。然須從該洞中間量起，四面各若干里，若三面上量專要向石牛溝一方面，係盡將江合已開煤礦收佔，未免太不公道，此華商所以不服，而巽極力勸導之難從也。今兩公司會商，將來如何結果，不能預知，英商總要顧存公道，乃易歸結，此中麯折，不得不爲大部述明，請善語英使，令其電知英領及江北，和衷商辦，至禱。巽。十八日。

《申報》光緒三十四年十二月二十一日第三版《浦城開礦之糾葛福州》 建甯府浦城縣向有礦苗，前月初旬有林有慶、何履亨二人由省帶來鍋鑪及各種器具計二小船，並開礦工師到浦城縣，稟稱創設開元公司。除稟督憲、礦務局外，請縣保護等語。經商學界調查，確實林爲美孚洋行經理，賀爲永昌洋行經理，此次來浦開礦，難保非外人所使，當將此情面稟陳邑尊。已蒙將林賀稟詞批駁，乃林等竟率工師直赴礦山開採。該山名板源坑，有銀鉛礦，離城六十里，在洋溪尾村。左近山主劉壽廷及商學兩界即日開會集議，以閩礦業經稟官奏派胡紳子春總理在案，今林等既無胡紳及省憲公文，顯係私採，遂分電省中商學會、農工商局請協力籌阻。數日後開元公司亦得省中公司來電，暫時停工。因派人先將礦苗運省，林何二人現仍逗留浦城，並未回省。

《申報》光緒三十四年十二月二十三日第四版《銅官山礦石案函電》 皖公會致滬公會函，麥奎私運礦石一案，前由經帥電飭蕪關扣留，乃近聞葛領事在蕪爭辨甚急，部電有允其交銀作保，權予放行之説。午帥亦有電來，省意欲皖紳退步或贖回或合辦，或嚴定礦章聽其開採。聞信之下，敝會當即開會集議，公函經帥，將此案原委縷晰，聲明合同既久經作廢，則前節問題除廢而外，別無其他之辦法。約既作廢，礦從何開，無礦可開，石從何運。則後一節問題惟有仍照經帥復英領函云，祇得扣充作餉爲正當辦法，如部電誠允交銀即放，吾不知外部將索得幾許銀，該商又能輸得幾許銀也。礦石爲我國土地所自出，即我國主權之所在，約不曾認定，地不曾購買，竟强佔礦山私運礦石，將置我主權於何際也。交銀即放，非放行礦石，直放棄主權也，曾是幾許銀而能得值耶。此語尚未必確，竊鄙等有所請者，麥奎此舉固爲手段最烈之一著要，亦最是無理之一着。我苟據理力爭，絲毫不讓，則此後彼將智窮術竭，無計可施，解決廢約之問題正賴有此，否則稍一退步，彼直大興工作轉運自如，吾皖人不必復興。聞銅官山事，實命脈存亡，懸此一舉，貴會維持公益，夙仰摯忱尚冀鼎力斡旋，一面呈請午帥據理力駁英領，一面函達經帥懇仍照前次辦法堅持到底，俾礦石可以扣留不放，則礦約一層不廢自廢矣。大局所關，毋任盼切。安徽路礦公會洪思亮吴傳綺等。

《申報》光緒三十四年十二月二十三日第二版《安徽礦務問題》 駐滬安徽路礦公會接省會來函，畧稱味西總理前月莅皖，敝會請其速任礦事，曾允俟發表意見後，再行接辦。兹接真電云，礦雖奏派，無暇兼任，擬呈鄙見，以備採擇。一改礦務局爲總公司，二查前帳以清交代，三暫時停辦以節糜費，四速舉總理以專責成。以上四項請公等速定等語。竊以改辦問題必得會同各處悉心籌商，方能定議，業已函復味公，無論如何辦法，礦總理不得久虚，總以迅速接手爲第一要義，請即訂期來皖，一面敦促各查帳員到局查帳，以便交接，一面通告各處開會決議。合將來電所有意見，函請尊處集議裁奪。

《申報》光緒三十四年十二月二十五日第四版《查詢煤斤逾額蘇州》 蘇州包認煤捐，商人許壽坤以招商局小輪所用之煤向章以二千四五百墩爲限，本年結至十一月底止，已有二千九百餘墩。當向煤船詰問，據稱代辦清鄉公所巡艦所需之煤因之逾額，該商恐其託名影射，將船扣留，稟請牙釐局移詢清鄉公所，是否屬實，再行核辦。

中國第一歷史檔案館《清代軍機處電報檔彙編》第三五册《發出使英國大臣李經方電爲磋商銅官山礦石案事光緒三十四年十二月二十七日》 二十五日電悉，此事已電皖撫，與英領聲明，由該領作保，未將全案商妥以前，不得再運，即將礦石先放行。全案情形尊處洞悉，凱既催議，即希籌酌妥善辦法，切與磋商，隨時電部核奪。外務部。沁。

中國第一歷史檔案館《清代軍機處電報檔彙編》第三五册《發兩江總督端方安徽巡撫朱家寶電爲從速妥辦銅官山礦石案事光緒三十四年十二月二十九日》 沁電計達。頃接李使電稱，凱履來議，力爭廢約，堅執不從。復稱四十萬鎊贖回一節，久不覆答，是中政府有意延宕，不肯再議，辯駁數時，怫然而去。密查該公司英股甚少，日本利銅官鐵石股本多，暗中把握定欲開辦，朱使外和内狡，推令與議，英政府帮助甚力，連日舌敝唇焦，毫不鬆勁，恐將決裂。事關大局，乞示遵行等語。案情緊逼至此，若仍執定廢約，不思設法轉圜，誠恐如李使所云，將有決裂之時，此事關係國際，築室道謀，鮮能有濟，希尊處密籌妥善辦法，從速電復本部，以便核復李使，至盼。外務部。二十九日。

《通商各關華洋貿易總册》光緒三十四年下卷烈悌《光緒三十四年長沙口華洋貿易情形論畧》 生銻係由銻砂煉過一次之貨，此貨自二萬九千擔至十萬擔，然而銻砂減矣。上年五萬二千擔，今祇一萬四千擔。按，其所以相反之故，殆由提煉之功漸進，或係用機器得法。日前有二位法國機器師到該煉銻廠，安置煉純銻之機器，據聞此項機器所出之貨可與倫敦所售者無異，並聞此貨價值須較從前加一倍，信石約每年加多二千擔。

四川省民族研究所等《清末川滇邊務檔案史料》上卷《劉軾輪稟報查勘燈盞窩金礦情形光緒三十四年》 查勘燈盞窩金礦情形：

一、廠地情形。出打箭爐北門，途沿江岸頗平坦，十里逾二道橋，遂爲阪路，又十里至燈盞窩山麓，地臨一溪，名曰牛廠。自是逾溪陟山，狹徑詰屈，碎石尤多，又十里至燈盞窩，施幕以居三日。此地高出海面逾萬五千英尺，雲雨不時，風尤凛厲。工役叠石爲棚，約五十餘所，每所可容四人至六人不等。

二、礦脈情形。燈盞窩，山由石灰石構成。地質磽瘠，林木疏淺。山面露一石英苗，内含鐵硫粒，成立方體，爲數甚多。以空氣及雨澤剥蝕之故，山石腐壞，土質因之染赤，採金者於此開掘，嗣經巖石覆陷，舊穴遂以充塞。現今之峒，由山面鑿入，内分二支，並接山脈。峒内狹曲險峻，運送殊艱。採取山砂，亦無引導，惟憑臆度而已。此石英苗中，既多含鐵硫粒，而金屑乃藴藏於鐵硫粒之細隙中。礦苗露出之部，久與空氣雨澤相觸，則石英及鐵硫漸腐蝕成砂泥，而金質至强，能抵抗腐化，故入土不生衣。雖石英及鐵硫形質各變，而金屑尚如舊，非唯不腐，且更純净，易於淘取。金質尤重，雨水能移之而不能遠，故其沉積於砂中至易，歷久而積金益多，或可成豐富之礦。於此掘取礦砂而行淘汰之法，則砂泥去而金得矣。第空氣及雨澤侵蝕礦苗之力，入地面約三百英尺左右，較深之層，未經腐變之石英鐵硫咸爲固質，而鐵硫隙中含金甚少，如以機器採煉，則有費鉅利微之憂。幸近地面已腐之鐵砂遺積尚不少，如以良法選採，復精淘之仍可獲利。惜硐口太高，幾無常流之水，若必藉雨澤以資淘汰，殊難有濟也。

三、現時辦法。淘砂取金，既得金，則棄其砂，是名荒砂。積諸山半，求蠅頭利者，復取荒砂施以淘汰，至於再三，雖足征小民資生之途太狹，亦可見初次淘金之術固疏也。其淘法，先傾礦砂於竹篩，加水摇之，其泥水下注流槽，槽係斜置，砂輕故爲水所漂去，金重則沉槽横格中，移置木船，復淘以水，並加汞，使與金和，合成膏狀，則金與砂離矣。初次及再三次淘者，並如此式。

四、改良辦法。先鑿一硐，令寬又平，以便輸運。復依脈分層多掘支峒，俾贈出砂之量。唯山上少水，而山麓有溪，須運礦至山麓，以便淘汰。法先製有槽之輪爲滑車，沿輪槽懸强韌之長繩，繩之兩端各係木輪，交互運輸，其中硐口至山麓之路，路之終端並設木軌，以行木車。輪動則車循軌行，可運礦至山麓。若輪動過速，可以製輪機緩之，或其程過長，則多設一滑車轉運。運下之礦，搗磨成粉，藉牛廠水力淘之。導既淘之泥漿，流經鍍汞之銅板，則金與汞融和，蒸之即得金。但金屑或見蔽於雜質，殊難與汞接合，可以取此等泥沙入鉀衰溶液中，使金質消解，復以法提取之，則礦砂之金，可以盡得。此法耗貲無多，取效尤速，輸運淘汰並省人力。惜表層石脈概經腐蝕，碎石既多，墮陷頗易，而此山濯濯，支柱無材，不唯有礙工作，尤慮傷人生命也。

《申報》宣統元年正月初六日第四版《贛撫片奏銅煤各礦虛縻情形南昌》 贛撫馮中丞片奏畧云，贛縣隴下及長排嶺地方有銅礦一區，先由紳商設立華寶公司集股開辦，因款絀不支，上年奏准由江甯江西兩省各撥銀二十萬兩，大舉開採。以前藩司沈瑜慶總其成，候補道傅春官爲會辦，雇洋礦師艾瑟勒並委候選通判池貞銓駐贛籌辦，嗣又在餘干縣楓江地方開採煤礦，雇洋礦師石登輝並委員協同經理。臣悉心查核，銅礦已據報稱領用銀十四五萬兩，其實在鎔出銅斤僅止硫磺銅六百六十四磅，淨銅八百三十九磅，已用銀一萬兩，僅供省局鎔鍊銅砂之用，爲數無多。數月以來，兩礦續有開支，亦復不少，統計江甯之二十萬兩僅撥過一萬，江西之二十萬兩所餘已屬無幾，而成效毫無。鉅款已擲，常此虛縻，何所底止？總之由贛縣至省城經一千三百里之水道運礦砂在省廠鎔鍊，轉運艱險，耗費不貲，萬萬無此辦法。一以兩省合籌之四十萬成本，概係勉强挪湊，並無實在的款，乃兩礦同時並舉，亦萬萬無此財力。若謂大利所在，不圖近功，然款經限定，則後難爲繼。若謂官力不支，宜集商股，然日久無效則招之不來，使不徵既往以改良，必至半途而已廢。又查贛州銅礦師則係以機器經營，池貞銓則逕用土法開採，意見紛歧，辦法雜亂，以致開辦逾年之久，所用之款已屬甚鉅，所鍊之銅不過毫末，出入相衡，虧耗過甚。現經臣札飭該員，池貞銓將建築修路購料製器及一切開支，據實册報，並責成道員傅春官馳往該處確切查勘，一面將餘干縣煤礦趕緊收束，專用土法開採，統俟籌定後咨商督臣，從長計畫，另訂妥章，再行核實辦理。

《申報》宣統元年正月二十三日第三版《純銻鍊廠開工試辦長沙》 湘省華昌公司於去歲十月間，由該社派洋工程師兩人偕同留學英美礦學畢業生梁王兩君到湘，將機器安設、配置，至臘底始行安妥。當經試鍊銻養，今正初六七日又試鍊純銻，均有成效，惟現在機件尚未十分完全，約須二十日内外始能開辦。

《申報》宣統元年正月二十三日第四版《查辦强佔礦山南京》 江督批新喻縣石長祐稟云，查該革生簡朝盛等膽敢屢在前租定礦山内强佔開挖，實屬不法，既經該縣督帶營兵前往彈壓喚散，猶敢糾集數百人各持鎗矛，圍逼逞兇抵禦，戳傷營兵，尤屬膽玩已極，應即嚴拿懲辦。仰西臬司即飭趕緊會營妥爲開導，一面相機拿辦，毋任釀成鉅禍，是爲至要。

中國第一歷史檔案館《宣統政紀》宣統元年正月上 廣西巡撫張鳴岐奏，廣西富川縣屬産錫之地頗多，前由寶亨公司集股承辦。惟資本未充，僅止收買錫砂，並未自開新井，大利閟藏，殊爲可惜。現富賀煤礦，業經籌款收回官辦，産錫各處多與煤礦相連，擬一併收回，由富賀官礦局經理，以興大利，下部知之。

《申報》宣統元年二月初一日第四版《贛撫飭議煤礦辦法南昌》 贛撫馮中丞因餘干縣職商瞿瑩與廩生曹藩互爭開挖煤礦，涉訟不休，提歸官辦。嗣據饒州府稟覆大概情形，奉中丞批云，查此案緊要關鍵，一曰該礦改歸官辦，用過官款若干，獲利有無把握。二曰巡檢瞿瑩等博厚公司原墊股本，由官能否給還。三曰曹藩等維新公司實計用錢若干，是否准其附股。而第二、三端尤須第一端辦法確定，始可議及。兹查該礦自改歸官辦以來，委派員司工役幾人，每月薪水工食雜用需銀若干，置備機器等項需銀若干，前後領過官款若干，共已出煤幾何，值銀若干，瞿巡檢領去銀一千兩係何時發給，既無章程，亦無報告，殊屬不成公事。而賀令錫蕃係專辦委員，於廠中出入各款悉諉於支應各員，推爲不知，尤屬顢頇已極。仰佈按二司會同農工商礦局、銅礦局，確切查明該煤礦數月以來用過帳目及出煤墩數價值，開具詳細清摺，先行具報查考。一面將該礦是否仍歸官辦，成效確有可期，或應另籌辦法妥協核議詳復，以憑察奪。此礦經維新博厚兩公司開辦在前，若無平允公正辦法，斷不足以關其口，且公款攸關，亦不宜擲黄金於虛牝也。

雲南省檔案館等《雲南近代礦業史料選編》第三輯上卷《雲南寶華銻礦公司代辦處勘辦寶華銻礦貸款呈一九〇九年二月》 爲呈明事案，奉總理趙摺開：

上年勘辦寶華銻礦曾於十月二十一日由善後局藉過經費銀陸百兩，又於十一月初一日續藉銀壹千肆百兩，共貳千兩，又收過廣南府桂守撥藉經費銀壹千兩，總共支藉叁千兩。除支各員差盤及在省各項費用共銀二千柒百伍拾壹兩玖錢壹分陸釐，實存銀二百肆拾兩捌分壹釐，已由敝道暫行挪藉爲沿途費用，嗣後歸款，等因，奉此。查廣南府桂守撥藉前項經費銀壹千兩，本公司已於宣統元年正月十九日如數呈由憲台轉發桂守具領歸款在案。由善後局前後兩次所藉經費二千兩，應由本公司如數呈解，以清款目。至此次勘辦銻礦，所有趙總理往來川資及勘廠各費，摺内並未開支分釐，此項存銀二百肆拾兩捌分肆釐，應即作爲夫馬，無庸歸還。奉摺前因，除將支藉善後總局經費二千兩如數呈解外，理合具文呈明請祈憲台府賜查核施行。須至呈者

雲南勸業道寶華公司省部　總理劉　　宣統元年二月初二日呈

《申報》宣統元年二月初五日第四版《飭查鉛礦之糾葛浙江》　農工商礦局以職商田瑞年稟請指開上虞縣屬祈福山鉛礦，派委調查測繪等員會同地方官查勘，而陳浩川等以田商等私開礦山，有損祖塋，來省上控，當經飭縣查復。陳浩川控陳羆之墓在礦地三里以外，許正緩之墓在胡家呑離礦地七里，並無關礙等因。現該職等續行上控，與縣詳大相逕庭，究竟有無窒礙，或係有意阻撓，仍仰上虞縣再行復勘確復，毋稍偏徇云。

《申報》宣統元年二月十一日第三版《五金礦産課本之督批南京》　鄺道國華以化驗五金礦砂，詳注懇咨部立案，准作課本等情，稟呈江督。茲奉批云，該道所輯化驗五金礦砂詳注一書，具有心得，自可照例保護版權，候咨送商部查照註册立案。至此書是否合於各學堂課本之用，並候咨請學部審定核覆，再行飭遵。

《申報》宣統元年二月十五日第四版《派員查勘礦産安徽》　廣德州牛頭山礦産素稱饒富，屢爲外人所窺伺，雖經江督迭次派員查勘，仍無確實把握。現因江蘇候補道于德懋因公赴贛，道經皖省，聞端午帥特札該道帶同日本礦科畢業生謝佑生前赴廣德州覆勘，詳細繪圖稟覆，以憑酌核辦理。並咨請朱經帥札飭廣德州，一俟該員到境，務即妥爲照料，隨同會勘。

《申報》宣統元年二月二十一日第四版《部准開辦涇縣柴煤礦安慶》　礦商佘長鈞籌集股本開辦涇縣雷家澇柴煤小礦，前經擬具公司章程，稟詳撫憲在案。茲准農工商部咨覆，該商籌集華股，遵章稟請開辦柴礦，核與定章尚不相背，應准發給礦照，希即轉給祇領，以憑開採。

《申報》宣統元年二月二十二日第三版《涇縣礦産與洋人合辦之交涉南京》
江督批蕪湖關郭道重光稟云，據稟涇縣裕成煤礦無力開採，該礦主李鋆及同辦之張姓勾串西人費禮思、礦師品格爾私立合同，來涇開挖。又教民王華堂私將菜園壩賣給田姓西人挖煤等情，察核各節，顯係奸民利令智昏，私將礦産盜賣，若不嚴切究懲，不獨有違部章，必致釀成交涉，遺患無窮。應由該道查照定章，迅飭該縣黄令先將裕成煤礦及菜園壩地産，一律查封入官，勒提李鋆及張姓王姓等到案訊明確情，稟候察辦。並責令裕成將前領開礦執照先行詳請咨銷，一面查明該西人等來歷，有無護照，按照約章妥令迅速離涇，免生枝節。至該前縣包令惠疇身膺民社，乃於此等交涉要案漫不經心，實屬顢頇已極，業經撫部院奏參革職，應毋庸議。此外各屬恐亦難保無此等情事，候札江南礦政局、安徽勸業道一體飭屬嚴查，據實稟辦，仰即遵照辦理。

《申報》宣統元年二月二十二日第三版《簽名力争礦産揚州》　揚州安徽旅揚同鄉會，前接甯垣安徽路礦公曾來函，以英商佔據銅官山礦地，擬糾集全省合力抵製，故該會特於前日開職員會，提議茲復徧發傳單，准於十九日同赴花園巷該會事務所全體簽名，電達省憲部憲，以合大羣而伸義憤。

《申報》宣統元年二月二十三日第三版《建築油池之函復安徽》　皖撫爲美商建築油池案，復駐甯馬領事函云，接准貴領事函開送上美孚擬在蕪湖建築油池章程華洋文一紙，即祈察閱，該章程係與九江章程相同，甚盼札飭蕪湖關道允准，俾得早日營造等因。查沿江各口准建油池之案，多係援照漢口定章辦理，雖其中間有增損，然皆就本口情形由領事官與關道查酌商辦。況火油性極猛烈，易生危險，蕪湖口岸現時有無隙地，能否准其建造，須由地方官查勘酌核，非本大臣所能遥度，所有現送章程，本大臣已抄發蕪關道，令其核明與貴領事逕函商辦，即希查照爲荷。

《申報》宣統元年二月二十五日第四版《批令私礦充公安徽》　客民王樹榮在繁昌縣南鄉十八都丁家澇開挖私礦，經稽查礦務委員金人令查知出煤甚鉅，比即會縣將已出之煤萬餘石封存，一面稟請上憲發落，現奉勸業道批令充公，並嚴懲私挖以維礦政。

《申報》宣統元年二月二十七日第二版《湘省礦務局暫留會辦湖南》　湘撫片奏，前准憲政編查館咨奏定勸業道官製第十八條内開，各省原設農工商礦局均歸該道管理，惟該道設立之初，一時不便概行裁併，其舊有總辦得力者仍舊分任局所事務，改爲會辦坐辦，由該道總司攷察等語。查湖南礦政調查局事務，前

經檄委在籍候選道蔣德鈞總理在案。湘省辦礦各商係本省之人居多，往往因爭界等事涉訟糾葛，遇有上控案件，若非監司大員飭令查辦，既無以杜藉口而昭折服，地方官亦難免瞻顧遷延，憲政編查館所定勸業道官製礦務現歸該道管理，所有礦政調查局事務自應即歸經管。現任勸業道唐步瀛在湘多年，地方礦務均極熟悉，惟上年八月間接辦之初，恐於該局情形未能接洽，是以臣檄飭將蔣德鈞暫改爲會辦，至年底爲止。遵章裁併，統歸該道經理，以一事權。

《申報》宣統元年二月二十八日第四版《華昌錬礦之專利杭州》　農工商部咨行浙撫院，略謂據華昌錬礦公司總理候補四品京堂楊度呈稱，致遠公司願將所有在赫倫士米會社購得提錬純銻水銀白鉛雄黄各種礦質之秘法及機器專利權並合同内所有一切權利，全行售歸華昌公司管理。查致遠公司稟請存案時聲明，無論中國及外國人，除由致遠公司購與專利權一種或數種外，不得在中國境内倣造及冒用致遠所購得之錬礦法及其機器。經本部允准通咨在案，今此專利權既由致遠售與華昌，則無論中國及外國人除由華昌售與專利權一種或數種外，不得在中國境内倣造及冒用華昌所購得致遠之錬法及其機器。自應與致遠公司前案一律辦理，應請通咨各省督撫存案，並咨出使法日葡大臣轉咨法國外部知照，赫倫士米會社日後如有應與該會社交涉之事，即由華昌直接交涉等情前來。查此案前據出使日法葡國劉大臣咨開，留美學生王寵佑等購機組織致遠公司各節，當經本部通飭在案，兹據華昌公司呈請前情，自應查照前案一律辦理。

《申報》宣統元年閏二月初一日第四版《蕪關道訊究洋商私挖涇縣煤礦》

浙江人李鋆，勾串英商斐禮思，礦師品格爾，私挖涇縣煤礦。經蕪湖郭關道稟奉督撫批飭拿辦等情，已誌本報專電。兹悉李鋆在涇縣私挖煤礦，經涇縣黄令拘送來蕪，由關道提訊，李鋆供甯波人，歲貢生同知銜，年三十二歲，於三十二年三月到涇縣用土法挖煤虧折甚鉅，上年冬季與英人斐禮思訂立草約，三個月用機器試挖。草約本年二月已滿，關道以李鋆供詞含混，發交蕪湖縣看管，限令十日繳呈礦照及與西人所訂合同，再行核辦。

《申報》宣統元年閏二月十二日第三版《稟催飭令麥奎離礦安徽》　英商凱約翰開辦皖省銅陵縣屬之銅官山礦案，訂立合同早經逾限作廢，乃礦師麥奎不遵廢約，匿居該處雇工開採，裝運礦質，迭經皖紳督催該礦師迅速離山停工，將案議結詎。麥奎仍復開挖，裝運如故，實屬不合。刻經全皖路礦公會會長洪思亮等，按照該英商訂立合同逾限早應作廢，各條逐款駁詰上稟，當道咨請江督轉飭英領，速飭麥奎離山停工，將案議結，以杜後患，而保主權，經帥據稟後，即准照辦矣。

《申報》宣統元年三月十一日第四版《奏准核減純銻税項湖南》　湘省南城外華昌錬礦公司，前由法國購得提錬純銻秘法及其機器專用權來湘試錬，已著成效。現以中國從前所錬生銻向有出口出井各税，今既錬生成純，應請比較成色特定税則，惟試辦之初，似難勝此重税，業由該公司總理楊哲子京卿呈請農工商部奏請，將純銻出口出井兩税於五年之内姑照生銻完納，藉抒商力。並請援案在湖南境内專辦，十年俟限滿後，再查看情形，酌核辦理，並由部刊刻關防，發該公司祇領應用等情。已經奉旨依議矣。

《申報》宣統元年三月十五日第三版《皖人保礦之熱心江西》　贛省皖人因接安慶路礦公會電稱，三月十一日開特別大會研究爭回銅官山礦務事宜，當經旅贛皖人在江南會館開會，集議公舉江西候補道江峯青朱震兩觀察爲代表，赴皖協同研究礦務，以資爭回而保利權。兩公被舉後，已於三月初八日乘坐祥霖輪船起程赴皖。

《申報》宣統元年三月二十一日第四版《會議銅官山礦代表起程後之計劃安慶》　皖省舉定官紳代表入都會議銅官山礦務，業於昨日起程，路礦會董洪君思亮等復於十七日仍假明倫堂開臨時大會，提議代表入都後之辦法，是日到會者約計三四百人，議定事項如左：一、添臨時議董四人，臨時議員十餘人。一、議董辦事日間。三人一班，按三日輪流到會辦事。一、議擇期開集股大會，籌備廢約後收回自辦之方法。一、各議員均於五日内各遞意見書以便採擇。

《申報》宣統元年三月二十一日第四版《官紳恭送争回礦權之代表安慶》

皖省路礦公會因銅官山礦務交涉，公舉官紳代表赴京會讓，争持廢約收回利權，所有舉定員名迭誌前報。兹於十六日爲各代表員起程入都之期，凡屬省城文武官吏自朱經帥以下，及各學堂無論官立私立均各由教員率領全堂學生齊赴江干恭送，約計千餘人。

《申報》宣統元年三月二十八日第三版《皖人對於銅官山案之激切安慶》

皖省銅官山案自舉代表赴都後，昨日周玉帥等又復聯集全省紳商數百人，上稟皖撫，請即咨明外部，務祈據約力爭，切勿鬆動，並以此事本省業經籌辦集股，應請速咨農工商部趕將開礦執照頒發來皖，以便自行開採等語。朱中丞接閱後，即已據情轉咨，旋又接據學界來稟，情詞亦極懇切，因即批云，案經全皖士紳公呈，當將來呈所叙暨麥奎在山之種種不法情形，詳晣達部，好在此事已有代表赴都會議辦法，應俟得有如何籌議消息，再行酌核辦理。

《商務官報》宣統元年四月五日第一一期《批李懷清等稟》 稟悉，該商等前稟請辦廣西保礦公司，所呈章程、合同及試辦執照，查與該處鑛務均有關係，應存案備查。至保單及照費銀兩准予發還，仰即赴部具領可也，此批。三月十七日。

「中央研究院」近代史研究所《礦務檔》第四册《宣統元年四月十二日外務部收湖南礦務萬泰公司梁綸卿等呈湖南礦務總局扣交銻砂請飭令依約處理》 宣統元年四月十二日，收湖南礦務萬泰公司梁綸卿等呈稱，爲屢背合約，至釀交涉，懇乞維持而免受累事。竊湖南鑛務總局於光緒二十七年夏間，因各種礦砂銷流未暢，特飭公司赴英攷查銷路，並訂約每月由局應付銻砂三百噸，歸公司自設立之萬泰公司承銷，按期應付，立有合同在案。當時各種鑛砂，外洋銷路極弱，支持數載，已虧鉅資。而仍勉爲其難者，無非冀收效于將來。詎光緒三十年間，銻砂價值稍漲，鑛局並不照約預先知照，即加售價。而公司先期與洋商訂售之砂，均照以前價值，一經訂定，不能爽約。故斯時一再籲請鑛局查照稟批，於三個月之前知照。乃行加價，以符原議。不料礦局竟不允許，迫得將困苦情形，于光緒三十年八月，詳稟商部，不料鑛局謂公司膽敢上控，藉此挾嫌，竟以合同期滿，誣稱違約，砌詞矇覆，以致屈無可伸。而洋商先期訂售之銻砂，屆期無交，日夕受逼，不得已與洋商酌加砂數，求請緩期。藉兹暫抒責備，冀與鑛局妥商之後，便可顧全信用，且不至過受虧累。詎意鑛局有意作難，逾年之久，仍不給砂。再訂之期，又復逾限，幸蒙前駐英法大臣汪孫均因事關交涉，先後電致湘撫，飭鑛局照給砂數，旋又蒙考察憲政大臣端蒞英。詢悉英商逼索情形，隨即電飭礦局酌給銻砂數千噸，始經鑛局允許，飭將前合同繳銷作廢。另立新約，訂明再給銻砂二千噸，以了拋沽轇轕。公司幾經遷就，幾經忍讓，無非但求脱累，不復有所計較。當與鑛局重訂合約，條例既苛，砂價加鉅，公司無不一一仰遵。不料立約未及一月，銻價陡漲數倍，鑛局爲利所昏，不顧信義，特即派員至出産鑛區之新化邵陽駐紮，坐收設鑪提錬。並張掛告示，凡有商砂，一粒不准運省，爲一網打盡之計。至以應付二千噸之砂，年餘之久，未交及半，前約既背，續約復違。當光緒三十二年，砂價漲時，圖利歸己，截留少發。迨至三十三年夏間，砂價跌落，始飭領運，然此時英商責備，早已要索賠償。況賡續交易，其間彼此轇轕，磋商經已兩載，是則鑛局並非不知此二千噸之銻砂，係爲補交拋沽英商之貨，非萬分喫緊，斷不復議續條約。如能稍顧信義，則又何至有今日之累。鑛局與商争利，已失設局剏辦鑛務之本旨，況又不知權變，一味囤積。以爲市值從此有升無降，故現存未售已化錬成生銻，仍有二千餘噸，查其成本核算，約虧耗數十萬金。似此罔利壟斷，公司故遭其害，而公家亦受重損，徒爲局員人等中飽。則湘省鑛務，安有起色之望哉。公司懋遷海外，設莊英京，爲華商創始，開風氣之先聲，並仰體朝廷講求振興商務之至意。公司倘能稍享利益，自是聞風者，接踵而至，則我中國商務前途，自可日新月異，何至裹足不前。如謂公司於商業未精，或因貲本不充，至無成效，猶有可説。今不因此，而獨爲鑛局挾嫌違約扣砂，因而受累，則又何怪人盡觀望，而無繼起者。查公司與鑛訂售鉛砂銻砂各種，其所得售價，已獲厚利。固無毫未虧損，縱或稍有遷就，保全遠商，是亦爲商業前途發達起見。今其非特不爲保全，而反要約無信，不恤商艱，至爲英商按律控追，索賠英金二萬鎊。今駐京英朱使已飭長沙英領事代追，若不從速理處，必成交涉。此時實不得歸咎於公司也，推原肇端，悉由鑛局壟斷，一誤再誤，以至於此纏訟經年，舌敝唇焦，迄無辦法，在公司既虧損於前，斷不能再賠累於後。爲此叩乞鈞部，體恤維持，請即電咨湘撫。嚴飭湖南鑛務總局速行理處，俾免重受虧累，而釀交涉，實爲德便，理合將始未緣由。稟呈中堂王爺大人台前，伏乞鑒核施行。

《商務官報》宣統元年四月十五日第一二期楊志洵《煉煤新法》 以煤末燒煉成塊，向來使他料以爲粘合之具，所使用之料，以所謂谷爾太者爲主，谷爾太生産無多，供不逮求，且以此爲粘合料，其煉成之煤，率有如左各項之缺點：

一，多煙。

二，有惡臭。

三，遇稍高之温度，易於頽裂。

四，谷爾太之質，頗不經燒，煤既失其黏合之質，則飛散而化爲無用者多。

以此數端，故此種煉法，決不能成硬煤半硬煤骸煤塊，即不能受鎔鑛鑪之大熱與大壓，故歐美人士急欲另覓一種黏合料以代谷爾太者。今美國巴門地方，乃發明一種新料，即木質纖維質【署】是也。此種質料，衹須取之於製紙原料之工廠，其來源至廣，不虞缺乏，蓋製紙原料之工廠，以木投石灰水中，使其膠脂全與相離，乃壓搾其木，專取其搾餘之纖維，以爲紙料，而其所餘之膠脂，則全爲廢棄之物，即或加以煑燒，亦衹成一種黏質，可供混合藥料之用，其用極微，今始知其有煉煤之用，蓋其黏合之力極大，尋常煉成軟煤，即有煙煤，須用谷爾太七分或一成者，改用此料，祇須五分足矣，又非但五分始足也。其於或種煤及礦類，祇須二三分耳，試舉其特長如左：

一，燒時無煙無臭，故宜於工廠，並宜於住宅。

二，宜於禁用有煙燃料之都市。

三，燒此種煉成之焦煤，可省煤三成。

四，此種焦煤，以其無煙，故可用於水雷艇。

五，此黏合料，能耐最高之溫度，不易軟化。

六，此黏合料，可磨成粉，故易於運送。

七，在製造紙原料之工廠，得以此爲附帶之產物，則紙之成本益輕。

《申報》宣統元年五月十五日第三版《勾串洋商私挖礦產之結果蕪湖》定海人李鋆上年串英商斐禮思，礦師品格爾，入涇縣私挖該處煤礦，經蕪湖關道郭觀察將李鋆提蕪發縣收押，勒限繳出礦照及與洋商合辦之合同。日前已將地契四紙及洋商合同繳呈道署，並上稟求釋。觀察除將情稟請督撫憲核示外，並札飭涇縣黄令緒炳查覆有無藏匿未繳之契。

《申報》宣統元年五月十五日第八版《百禄鋼廠分行告白》本行分設江西路十號，專造一切純鋼器具，凡光顧者可以直接交易，無須由他行經理，現本分行存各鋼甚爲完備，倘蒙賜顧幸駕臨敝行，觀看可也。

《申報》宣統元年五月十九日第三版《慰留辦理西路礦紳長沙》湘紳黄澤生鎮軍現在因公赴蜀，日前郵稟來湘，請將西路礦務總理暨諮議局會辦各差准予撤銷，經岑撫臺批，云來牘閱悉，黄紳籌辦西路礦務今已有年，雖其間亦常因公遠出，均係擇人自代，皆能相機經理。況沅陵花巖山之銻，綏甯長安堡之銅，麻陽韓池坳黔陽銀廠灣鳳凰神仙堖之鉛，與猴子坪之硃砂，皆係佳礦，頗有把握。正宜藉重力圖進步，更未便遽易生手，仍應由黄紳擇人代辦，庶一手經理告厥成功，事關桑梓利權，責任重大，幸勿遽思息肩。至諮議局籌辦處會辦，即如來牘毋庸兼充可也，仰勸業道轉移知照。

《申報》宣統元年五月二十二日第三版《移會礦務需用炸藥辦法江西》贛省贛南吉臨一帶各屬地方礦山居多，開辦亦多獲利，惟需用炸藥漫無稽查，關係甚大。經勸業道傅苕生觀察，移請商務總會轉知各埠商礦局，所有開礦需用炸藥，須先報查，以昭慎重。

《申報》宣統元年六月十二日第三版《日人擅毀東沙物産之談判廣東》東沙島交涉一案，派魏京卿等會勘各情，已紀本報。現悉京卿已將勘議大致情形電稟，並派王委趕回請示一切。聞因該商所索珠玳燐質礦産森林建置各款過奢，而所毀漁船杉板及存儲大王廟各物件又委卸不認，現聞大憲擬即派熟悉礦産森林之員馳往，確核明晰。祇可按照實數酌予補償，萬不能任其索取，至所毀杉板存物廟宇亦應核值償抵，且當日被毀各物有四和等魚户見證，應即查明，知照該領事，以昭核實。

《申報》宣統元年六月十三日第二版《開辦建邵汀礦務之先聲福建》建邵汀礦産自向法人之手爭回後，福建京外官商公舉南洋華僑胡子春京卿爲全省商辦礦務總理，兹悉胡京卿已派代表歸閩，於五月杪將辦法及章程賫呈閩督，請援瓊崖成案劃清權限，豁免税費，據情入奏。已蒙閩督允許照辦，並聞胡京卿秋間即可歸國開辦云。

《申報》宣統元年六月二十四日第三版《華人私串洋商開礦之結局蕪湖》江督以李鋆稟辦涇縣煤礦，竟敢違背定章與洋商裴禮思擅立合同，合股私開且授洋商以全權，若非覺察尚早，勢必滋生事端，釀成交涉，是該商實有應得之咎。現執照合同地契既已一併呈繳，當即札飭蕪湖道追取李鋆捐職銜照，呈送咨銷，一面從嚴遞回原籍，酌定年限，收所習藝以儆效尤。併飭涇縣趕將充公各鑛産，一律查封通報。

《申報》宣統元年六月二十四日第四版《咨請煤商遵章完釐安慶》皖撫頃准浙撫咨云，職商汗林開辦徽州府歙縣龜形山煤礦，運銷浙省，煤斤應遵礦務新章于入浙首卡完納釐金銀一錢以後，經遵各卡概免重徵，相應咨請轉飭遵照。

《申報》宣統元年七月初三日第二版《銅官山鑛案要電兩則》安徽旅直何炳華等致外部電，外部王爺中堂大人鈞鑒，銅官山案關係礦權國權，中外觀望，已迭經鈞部據理嚴詰，伏乞早日宣示廢約，飭麥奎離山，以安人心而維大局，全體企感。安徽旅直政學軍界何炳華等二百五人叩。寒。

安徽旅保蔡繼洙等致外部電，北京外務部王爺中堂大人鈞鑒，銅官山礦一案，按據法理極應廢約，現聞凱已理屈詞窮，機不可失，務乞鈞部堅持，勿讓大局，幸甚。安徽旅保學界蔡繼洙等六十五人稟。

《申報》宣統元年七月初五日第三版《興國煤礦之成效湖北》興國州炭山灣煤礦，係已故余公肖觀察創辦。歷經險阻，始克成立，現由觀察哲嗣余海珊大令接辦，在舊井毗連處開一長大直井，於六月二十間穿破硬石竟獲佳煤第一層，炭厚九尺，現正往下直鑿，層次甚多，且此礦産極好，白煤可供機器日用。據泰西名礦師來龍君測算，可出煤二千六百萬噸，爲鄂中罕見之礦。刻礦師卜闌地司門君工程師蒲旭君商請另向德國訂購起重起水鐵車各機，以備大興工作，該廠將來之發達可卜，蒸蒸日上云。

四川省民族研究所等《清末川滇邊務檔案史料》上卷《貴州修文縣監生劉光煒稟請發給試辦金礦執照宣統元年七月十五日》 竊生士著黔疆，素辦礦務，雖未深學，亦知大概。緣聞我帥平定川邊，招商開礦，生望風懷德，不辭勞瘁，跋涉而來。於光緒三十二年入川，由建昌、鹽源勘至滇邊中甸、麗江等處，隨在皆有金苗，似多口皮。惟木里土司所屬之水落、燕溪河兩處苗質頗旺，實堪開辦。雖地屬鹽源，而壤附極邊，距縣城有七站之遥，毗連鄉城、貢噶嶺甚近，南路公司勢難經營及此，若非稟懇我帥賞辦，廢棄堪惜。生不揣冒昧，願先自備經費，擬於水落、燕溪河地方採踏試辦。如有成效，自應報請委員踏勘，照章完課，並請兵保衛，多籌經費，逐漸推廣，不藉公款，不招洋股。凡於地方交易，照市公平，不敢騷擾。謹將辦理章程、條規録呈帥鑒。如蒙恩準，懇乞飭知鹽源縣及鄉城、貢噶嶺等處地方，出示曉諭，以免阻滯。

計稟賫章程、條規一扣

謹擬探礦試辦簡章

第一條，緣起。查礦務章程第二條有開礦、探礦之分別，擬請探礦執照。

第二條，礦地。親身查勘木里地方水落、燕溪河二處，礦苗尚旺，擬設廠探採，稟請試辦。其地雖係礦地，仍按照章程與地主面議，地主不應抗違探礦者，亦不得違背定章。

第三條，辦法。招募人民開井採辦，擬按土法，不購機器。所有揹手、沙頭諸人，逐日各給命沙一背，淘礦不計。得礦多寡，只照數納課。另有廠規細目，各色人有伙食，無身工之故也。

第四條，廠所。廠所就井口之左近而設，距井口至遠不得過二里，恐顧此失彼，致生弊端。如有成效，再爲稟請開辦，增設廠局，並請兵保護，及再請發戳記。

第五條，經費。探礦不比開礦，經費無需鉅款。所有一切廠費，均由一人自理，不領公款，亦不集股。如有成效，再爲稟請開辦，招集股商。

第六條，納課。探礦雖不敢必有其礦，如開井即得，無論礦之多少，按定章納課。

第七條，用人。管事一人，總理合廠人等，巡丁、查班等均聽指揮。至揹手、沙頭又均受查班約束。

第八條，購物。廠中所需糧食、器用等件，就地採辦，自當公平交易，不敢有騷擾等致干咎戾。

第九條，賞罰。賞罰分廠内、廠外。廠内人與廠内人爭執，小則由管事判斷，大則送地方官懲治。廠内人與廠外人爭執，小則請鄰近公正分斷，大則到地方官衙門，憑地方官持平判斷。

第十條，成效。如探得實在，或係何種礦産，再爲據實稟明，添局征課，設兵保護。

辦廠規條

一、辦礦總事一人，或公司、局，無論一切入廠各色人等，均歸總事約束；各色廠器、伙食爲總事支應；或一人辦，或數股，均由總事一人承辦。以免成效後，有所爭論。

一、開廠時，開一井，或開數十井，由總事每井各立吉慶井名，各井人司各井事，不自混亂。

一、廠内規則，應用人司，總事派總查一人查班，由井之多寡推派。如有成效後，或查一井，或查數井，由此類推。必擇妥人充當，如與井内人舞弊，由總事革出。

一、廠内有輕身班，有手沙班，有身工班。自入廠後，該總事量人作議。輕身班入股，不出股費。手沙班，每人作工一日，任拿沙二小背，逐日用水淘，礦有若干，仍照數截課外，與總事平股，無礦，憑命運。身工班，每日議定工價若干，按日發給。

一、開一井，淺，派二揹手，至遠，派四揹手，背夫十二人，柴頭一人，火夫一名。無論各項人，或作何班，分礦若干，除課與總事平股外，各色人無得均沾。

《申報》宣統元年七月十八日第三版《美商亦請添設火油池杭州》 拱宸橋通商場前有英商亞細亞公司創辦火油池，填送保單，業經擇地開辦。前月又有法商某公司擬在運河北岸添設一區，因無相當地畝，迄無成議。茲聞又有紐約克美孚火油公司亦擬於杭州通商場與浙路火車站相近擇地添建油池，仿照英商亞細亞辦法遵章填送保單，其池基四至計需二百英尺之廣。昨該公司經理人已稟由杭滬美領事照會洋務局飭縣查勘，見復施行。

《申報》宣統元年八月初一日第三版《派委諭令麥奎離銅官山安慶》 銅官山礦案雖經外務部與英使磋議，力主廢約，相持至今，而礦師麥奎仍盤踞該山，無理取鬧，且有擅行開工之説。皖撫以該邑全體人民異常憤激，若凱約翰再不速飭麥奎離山，將不免另生枝節，刻特札委謝直牧士彤前赴銅陵縣會同地方官妥爲辦理，並勸令該礦師從速離山，以免釀成國際交涉。

《申報》宣統元年八月十五日第一版《桐盧寶興煤礦股份有限公司各股東鑒》 本公司於本年五月十五日假座杭州商務總會，開股東大會，嗣因股東沈君福祥等未及到會，與創辦人涉訟業經斷結。茲奉勸業道憲批示，該公司帳目算清後，須另行開會公舉經理及董事、查帳人等因，自應遵照辦理。爰特定本月二十四日下午一句鐘仍假總商會開會清算帳目後，即行接續開會，公舉經理董事及查帳人，除由股東王廉等稟准道憲委員監視外，並柬請商會總協理督同監算以昭鄭重。凡在本公司附股諸東，屆期務祈各隨帶收據，惠臨核議，一面已由創辦人另函知照，特此登報廣告，幸勿放棄。

《申報》宣統元年八月二十三日第三版《洋商包購生銻之交涉長沙》 湘省礦產素富而尤以銻爲最多，從前銷場均係由華商購運滬漢各埠，售與洋商，轉運出口。近有英國大資本家佈盧特於上月來湘租賃省城南門外碧湘街房屋寓居，日前徧請各大礦商齊集該寓宴會，聲言擬將湖南全省所出生銻訂購五年，此五年内不得另售他人，但須議定價值，以後貨價均隨時交付等語。各礦商僉稱此事關係全省礦務，目前礦界中在省者人數無多，未便遽予接應，且價值亦難遽行議定，即或事屬可行，亦須暫爲展緩，容俟酌商云。

《申報》宣統元年八月二十三日第四版《派員監視礦商股東會杭州》 嚴屬桐廬縣寶興煤礦公司股東沈湘黄贊義等互控一案，業經勸業道奉飭遴派前任餘杭李孝先大令會同該縣查明，黄某私開私運各節證據確鑿，經縣委勘訊罰辦斷結。惟清釐賬目一節，前據該公司各股東王廉等稟請，董道憲派員監視開會，以便秉公算結，業奉批准，一面由道轅將該公司歷年簿據等件照會杭州商務總辦督同算結，原擬本月二十四日開會，現聞黄贊義因事稟道請改於二十五日，當經董觀察派出礦務科長同知陳鼎及原查是案之工藝科長李孝先二員，屆期到會監視。

《申報》宣統元年八月二十七日第三版《公司總理之出醜》 安徽池州煤礦中立公司總理鄭湘藻，騙藉車夫姜雲龍姜阿福等洋三百餘元一案，昨經巡警總局孫裁判訊，得鄭所立之煤礦公司未經商部註册，情同誑騙，判押限三天，繳洋再核。

《申報》宣統元年九月初五日第四版《派兵保護銻礦公司激變之影響浙江》 嚴州淳安縣小金山紫洞村地方之銻礦，創辦者係甬人華某，該處民風强悍異常，士人尤善鎗法，其尤者能鎗擊飛禽百不失一。華某一味用壓力愈激愈厲，大有兩不相下之勢。華某不悟，向上台請兵三十名入山駐紮，求縣出示維時。杜令交卸在即，又在任久，深知該處民情，置之不答。及蕭令接印遂發出告示，於十七日簽差前往張貼，詎該差貼至半途被阻逃歸，一時謡言衆多，風聲鶴唳，草木皆兵。至十九日晚果來鄉民百餘人，二十日又來數百人，均以不准開礦等語向縣尊要挾，勢將激變。嗣幸礦東夜遁公司，夥友避居營内，均得免於難。當時有數鄉人前經營門跡近窺探，兵丁又不解事，復擊傷之，於是鄉民大動公憤，決意與兵開仗。蕭大令聞信，手足無措，力求紳士設法解散。一面由蕭大令撰成六言告示，飭役肩負鳴鑼曉諭，衆鄉民信之，漸漸散去。詎二十一日晚忽有邵恒源鹽店雇工遂安人余漢雲因事往街，行經南門地方，途遇該礦礦兵二十餘人由隊官督率前行，一時避讓不及，被該兵圍聚兇毆並用刀亂擊，血流徧體，又復送縣蕭大令不問情由，不顧創傷，痛笞二千登時發押。同時有十餘齡幼女在市行走，該兵無故痛打，迨幼女遁回家中，該兵又乘勢闖入，其母奔縣泣訴，蕭大令竟大罵一場，置之不理。合邑米業工人及各業工人由是一律同盟罷工，紳商學各界聯絡團體繕就電文，二十四日派人至金華蘭溪電稟撫憲，謂蕭大令庇兵虐民，請速另簡賢員維持治安。除電稟外，復由王嘉謨領銜通稟各憲首，奉嚴州府錫太守批云，案經本府移委卞分府馳往查辦，該工余漢雲果係無辜波累，何難立予昭雪，該紳等自當爲桑梓力保治安，明白曉諭各商民照常貿易，不得有罷工罷市舉動，致蹈不韙。本月初三日又奉勸菜道董觀察批，鹽商邵恒源朱廣源稟悉，已札飭嚴州府派委查明，秉公辦理。

《申報》宣統元年九月二十六日第三版《添派什勇彈壓礦廠湖南》 慈利縣屬之雄黄礦廠原有巡防隊什勇三棚在廠駐紮，以資彈壓。上月初間該廠風聞將有痞徒乘機滋事，當即報請東路巡防第五隊彭管帶添派勇丁駐廠防護，彭管帶即派三哨第六棚什勇協同該縣兵差前往該廠，與前派之一哨任哨弁所率三棚什勇合駐一處，以資鎮懾，一俟謡風稍息，再行調回原防云。

《申報》宣統元年十月初七日第四版《稟請開採諸暨煤礦杭州》紹興諸暨縣所屬之長欄村有煤山一區，苗旺質浄，前經職商劉紳等發起，延諸礦師入山測勘，據云是處煤質山脈延長二十餘里，實爲浙省有數佳礦，決擬招集股本十萬元，稟請探採。現聞所集優先股早已招足，常股亦將次繳齊。日前二次具稟勸業道黏送山圖册結合同股單及暫行簡章，籲請轉詳咨部，須給探照。本日奉勸業道批示，以稟叙各節按照部頒公司律微有不符，逐條批令詳晰更正外，並候札飭諸暨，再行復查詳報核奪。

四川省民族研究所等《清末川滇邊務檔案史料》上卷《宋沛稟復踏勘里塘金礦情形宣統元年十月》 接奉帥札飭查各件，沭恩受命之餘，清夜兢業，沿途次第細加考察，未敢稍事粗疏。兹沭恩於二十七日得抵里塘，二十九日赴毛丫土司處。毛丫地距里塘一、二站之處，共有金廠四個，附近居民約一千數百户，平日挖金約二千七、八百人，刻因天寒，大半停工，惟毛丫溝一廠尚在工作。其地居民二百餘家，入廠工作者三百數十人，其中婦女小孩甚多。據頭人言，每人每日得金一分以上，每人每月納該土司税金三分。刻下該廠金價每兩藏洋八十五元，里塘金價九十五元。却登(即曲登)土司處有銀礦山一座，礦苗甚旺，毛丫溝金礦最優，綿亘五十餘里。沭恩由莫拉石沿途調查，有馬巖墨娃(即墨窪)、蝎波(即墨波)、拉坡(即拉波)、迪窩(即德窩)、濯桑等處百姓或十人一羣，八人一伙，馱運口糧並挖金器具，前往毛丫溝挖金。又，却登土司所屬之加西寺金廠，聞亦有二、三百人挖金。又，火竹卡從河源起至德扎止，約長六十餘里，十人、八人，三里、五里，處處挖金。又，迪窩路邊亦有二十餘人挖金。綜覽里塘所屬之地，惟以上各處金廠最爲茂盛。該夷民挖金尚且如此踴躍，則大帥費一番苦心延聘礦師勘驗，似不應因噎廢食。況帥恩高厚，夷民金税分毫不取，前稟毛丫土司每金夫一名，按月納金三分，詢沿途挖金之民，他處百姓每人每月納金五分。如有金夫百名，派一頭人管理，此頭人又抽金税一次，又聞地主抽金税一次，此皆該土司、頭人、地主等坐地分取已成定規。以沭恩管見，不如札飭里塘糧務調查清楚每人按月征收若干，告示四路招民挖金。漢人如沾此等恩利，不遷自至。如有挖金之民，先到里塘糧府報名掛號，發給腰牌，無腰牌者，不得私挖。如此辦理，誠足以津貼學堂等款，不無小補。

雲南省檔案館等《雲南近代礦業史料選編》第三輯上卷《奏爲滇省籌辦銻礦擬請援案分別暫免出井税以紓商力恭摺仰祈》 聖鑒事：竊雲南山多田少，地瘠民貧，礦産素饒，隨地蘊藏，尤以銻礦爲最夥，而銻砂一種，外洋稱爲安的摩尼，採煉以供製造，其用甚廣，其利甚薄，久爲外人所艷羨。未雨綢繆，誠屬目前急務。況值鴉片盡絶，生計日絀，亟宜設法速圖興辦。造端伊始，資力匪易，惟招集商股，設立公司，尤非官力維持，畧予特別利權，不足以資提倡而浚地利。當飭紳董集資妥籌去後，兹據雲南勸業道劉孝祚詳據寶華銻礦股分有限公司發起人在籍前署貴州提學使陳榮昌、翰林院編修顧視高等呈稱：開廣一帶出銻礦，土著客民開採作輟不常，大抵成本過重，行銷爲難意，銻處所又皆深山窮谷，交通不便，運費浩大，往往虧折資本，以故旋開旋閉，棄利於地，至爲可惜。今紳商集股，組織公司成立，擬定辦法章程，曾經詳準，刊給木質關防，舉派總理協理，先於開廣二府屬開辦，採購銻礦，運往梧州香港分銷，概用石印護照，鈐蓋勸業道關防，編號填運。並援湘省銻砂之案，聲明滇銻創辦試行，遠不逮湘，復詳經電準税務處核復，準以滇省生銻每吨作成本銀陸拾兩，銻砂每吨作成本銀叁拾兩，由經過第一關報運出洋，按值百抽五完納正税一道，其餘各關卡驗明照貨相符，准予免征放行。自該公司第一批滇銻經過納税之日起，試辦一年爲限等因遵辦。該公司以興辟礦利爲宗旨，自經倡辦購運，風氣漸開，邊民知利，開採日形踴躍，特集股採銻運銷外埠，係爲全省礦産萌芽，而運艱費鉅，股本無多，商力薄弱。且投資邊區，曠日持久，成效尚難期必，若不稍免税，則恐因本重滯銷，勢必全局解體。查前經廣西巡撫臣張鳴岐奏：該省礦務艱於籌辦，奏請暫免出口出井兩税，並免提官股紅利各五年，欽奉諭旨允準有案，兹滇省辦礦情形與桂省相同，不得不援案辦理，稍予體恤，俾期礦務振興等情，詳具奏前來。臣復核無異，合無仰懇天恩，俯念邊瘠，籌辦維艱，准將滇省銻礦查照廣西省成案，暫免出井税以官股紅利五年，以恤商艱而維礦業。將來期滿之後，再行照章輸納，届時礦利大興，税收自旺，似於國計民生，兩有裨益。至滇銻出口正税，仍照税務處復準原案，接續完納正税一道，其餘各關長驗照放行，概予免征，合併聲明。除將辦法章程分咨農工商部，税務處查照外，所有請援廣西省成案，暫免銻礦出井税及官股紅利五年緣由，理合恭摺具陳，伏乞皇上聖鑒示訓，謹奏。

欽命頭品頂戴護理雲貴總督部堂兼管雲南巡撫事沈

宣統六年十月十五日

《申報》宣統元年十一月初一日第四版《咨查閩省礦産情形福建》 農工商部改訂礦務章程，咨閩飭查該省採礦辦法及礦産經過，關卡釐局應徵納釐銀若干，業經督憲札飭農商局轉行各屬查復核辦。兹聞漳州各屬業經查明具復，畧謂近年各屬並無民人開採礦産，各釐卡亦無征收礦産釐金之事。

《申報》宣統元年十一月初二日第四版《委員調查礦産辦法安徽》 皖省大吏，以皖南北各屬萬山環繞，素稱産礦之區，當此振興地利之時，自應切實考查他省辦礦諸法，藉資考証，刻已札委知縣劉昌彝前赴湖南調查一切，稟候採擇。

《申報》宣統元年十一月初八日第四版《查封私開宿松煤礦安慶》 宿松縣牸牛山，煤苗甚旺，當兹講求礦政，開闢利源之際，殷實紳商遵照新章原不禁其開採。詎該縣武生張顯光不遵開礦新章，在該山私行開採，以致山主具情在上憲衙門控訴，飭縣查封，不准爲他人佔有矣。

《申報》宣統元年十一月初八日第四版《維持湘省銻業之計畫長沙》 農工商部湖南礦務議員蔣紳德鈞以近來時有外人來湘包攬銷售生銻，因擬隨時杜絶，設立湖南銻業公會，以爲維持。前已呈請撫部院，畧稱湖南商礦生銻每年約一萬噸，每噸現在時價八十兩，每年約需銀八十萬兩。擬請憲台發官本銀十萬兩，三路礦務總公司籌集本銀十萬兩，各屬分公司礦商籌集本銀十萬兩，共銀三十萬兩，設立湖南銻業公會。官商合辦，官主保護懲罰之權，公司任統攝稽察之責，礦商任辦事買賣之責，官商聯爲一氣，將各路商礦生銻之願出售者，照時價收買，不願賣者，抵押售價之半以資接濟，通省生銻統歸本會銷售，自不致跌價搶賣，必能漸有起色。惟本銀三十萬兩尚恐不敷周轉，查大清銀行廣告有藉款押款等條，生銻性質甚佳，水火绿繡均毋庸慮，以官商合辦之銻業會，將性質最佳之生銻向銀行押款，較之尋常放藉更爲穩確，銀行貸款錢店每三四月結算一次，付給利息，今以生銻押款如存儲逾三四月未售，亦照錢商通例清息轉押，專關湖南全省公益，大清銀行亦必樂予贊成，仰懇憲台知照銀行豫爲商定。並請飭令勸業道迅速妥籌辦理，庶能外弭約患，内保利權，各路礦商於萬難摺柱之時，得此拯救鴻施，感戴曷有涯涘。至押款多少現難豫定，每年多或三四十萬，少或一二十萬，總以現貨押銀，隨售隨還，萬不至有扯空拖欠之弊云云。已由岑中丞檄飭勸業道唐觀察會同蔣紳妥籌辦法，並會商大清銀行可否以生銻押款，稟候核奪矣。

《商務官報》宣統元年十一月十五日第三三期楊志洵《上海石炭之需要》

上海及其附近各地，每年需要石炭一百萬噸，即各輪船鐵路紗廠絲廠鐵廠電氣廠煤氣廠所用也。此等石炭，有自外國來者，有係中國所産，外國石炭，以日本炭英炭澳洲炭安南炭爲主，英炭專供各國巡洋艦之用，其額殆無甚變動。據昨年税關報告，約二萬六千噸，價值三十萬兩，澳洲炭當日俄戰時，輸入最多。現已幾於絶跡，昨年輸入，祇一萬七千噸，價值十三萬兩耳。安南炭係安南海防左近洪崖地方所産，係無煙炭，除家用以外，無用之者。昨年輸入一萬四千噸，價值十萬兩，日本炭之輸入上海者，昨年百十萬噸，價值六百萬兩。其中以九州炭佔其八成以上。

中國石炭之見於上海市場者，共四種。即漢口炭、撫順炭、開平炭、山東炭也。漢口炭，係萍鄉所産，萍鄉炭，以供漢口以西各輪船工廠所用爲主，其運銷上海者無幾，每月輸入，不過三四百噸耳。萍鄉所産之焦煤，品質絶佳，爲世界所罕，故輸入獨多，每届月底，屯積者常及二三千噸。撫順炭，係南滿鐵路所經營，由三井洋商經手運銷，爲日未久，滬上各廠，有時試用尚無間言，將來出數加多，運脚加省，銷路殊可望也。

開平炭，於今日中國各炭中最擅勢力，輸入上海者，每年十三四萬噸，價值八十餘萬兩。山東炭，係濰縣附近坊子坑淄川坑之所産，淄川坑專供山東本地之消費，運向上海者無多。坊子坑近時新得一坑，一日可産千噸，其六成供本地之用，四成供青島之用，亦有運銷他口，其運至上海者，每月二千噸，價值十四萬餘兩，據昨年税關報告，中國炭輸入總額十八萬噸，價值百十四萬兩。

以上中外各地輸入上海之石炭，除由再轉他口者外，上海一地之所消費，計六十二萬噸。價值二百六十一萬兩，其餘則以轉向蘇杭温州等地者也。

英國石炭，品質最良，價值最貴，故專供海軍之用。日本九州炭，較英炭遠遜，但以價廉而品質亦較勝於他炭，故各工廠頗爲欣賞，中國炭産額無多，品質比九州炭稍有不如，故未能與之爲敵，將來稍有望者，則撫順也。開平次之，漢口炭品質既佳，搬運亦便，惟於上海尚未得歡迎之勢，但漢口將來可望爲中國商工最大之地，故其炭於長江下流之販路，殊非所急。

上海位乎長江之口，當南北交通之衝，爲中國最大市場，輪舶之往返於沿海及長江一帶者，悉以此爲根據之地。故各國之輪船公司，皆置分行於此，並努力發展其所業，以冀與中國將來經濟之發達相追隨，而惟恐其後之也。現蘇浙津浦等鐵路工程，又復鋭進，將來北通張綏，南接潮汕，方成一極大之縱貫鐵路，則石炭之需要，殆不可量，此其趨勢，當其業者豈可忽視之乎。

又各國向以中國爲立於買進之地位，前年外國貿易，既頗有頓挫，猶以爲其故由於饑饉也。迄於近時，方知前此之覺悟，全係誤會，蓋中國工廠，日見發達，雖有饑饉，外貨焉得不蒙其影響。試觀今茲磨麪紡紗繅絲製紙製革各廠，接踵並興，而蘇杭內地，亦機廠林立，因棉花蠶繭之饒，備抵挽漏卮之計，其餘各大都市，電燈事業，又漸次創興，即其証也，而此其所需之原動力，非石炭而何。

由上而言，則將來需要之大勢可知也，又自供給之一面而言之，日本九州炭，品質既屬於相適，立於優勝之地位，英國炭及其餘各國之炭，自有特別之銷路。漢口炭又以近處工廠方興未艾，無暇供給下游，則將來在上海一帶相競爭者，惟開平山東撫順三處之炭耳。開平炭自開辦以來，歷有年所，於北方已得確實之銷路，但其炭層豐富，供用無盡，其在上海之運途，將來必須推廣，固意中事。山東炭興辦之日尚淺，産額未多，今既供給山東內地及青島各廠，他日若於上海之逞其馳騁之手段，亦可畏也。撫順炭今始試售，在滬市未有根柢，但礦坑絶大，擬之日本各大坑，已稱未易多覯。産額日增，近復議改由營口裝船，不由大連，可省百三十哩之鐵路運費，成本益輕，價值自賤，又一勁敵矣。

《申報》宣統元年十一月十九日第四版《深山發現礦苗四川》 川省鑪城東路與滎經交界之處，中有百餘里深山曠野，杳無人行，日前邊務大臣委員前往勘路，查得該處煤礦頗旺，且有硃砂礦，若能設法開採，亦川中一大利源也。

四川省民族研究所等《清末川滇邊務檔案史料》上卷《礦務委員張以誠稟請撥工本銀並入關募工宣統元年十二月初十日》 竊委員荷蒙憲恩委辦納奪、德格一帶銅礦，佳者莫如岡拖附近，覓人引導勘查，礦苗之顯露者，惟德格岡拖、矮壩等處地方，且柴木亦復相距不遠。將來錘手工匠到齊，仰叨福蔭，開礦後，得黄金礡穿心緑紫金花白牙，緣各項礦質，即不致於虧賠。現在初行試辦，只能仍用土法器具開採，所需購器、雇工、開辦經費，從撙節處核計開支，擬請撥給工本銀三千兩，以資應用。

至設廠之區，委員亦曾擬看數處。但此次查勘礦産，亦無破石器具，開槽查驗礦苗結穴，未敢預決，容俟錘匠到境，再行確切勘定，詳細稟復。

惟是銅礦事務奏效，實不能過速，獲利亦異於他礦。常有開礦至四、五丈即得礦質者，且有開礦至十數丈之深，始得礦質者，藏富於地，需時不等。委員負茲責任，不能不悉心籌劃，據實直陳。現定期於十一日同李委員世英啓程入關，馳赴滎經、天全，催募司事、錘手，兼辦器具，擬於明春二月即返德格，合先肅稟，伏乞訓示飭遵。

再，委員沿途查勘熱丫、絨松等處礦産，鐵較多，開採亦易。邊地現正講求墾務，需鐵尤急，前曾面稟，已蒙賞準兼辦鐵礦。此次既到滎經，委員擬雇募鐵爐頭一户，工匠一名，以便採辦，合併陳明。

「中央研究院」近代史研究所《礦務檔》第四冊《宣統元年十二月二十六日外務部奏摺議結皖省銅官山礦案》 宣統元年十二月二十六日，本部具奏，爲議結皖省銅官山礦案，恭摺具陳，仰祈聖鑒事。竊光緒三十年間，英商凱約翰與安徽巡撫議訂開辦銅官山礦務，經臣部改定合同。嗣皖省官紳以逾限未辦，堅請作廢，英商執意不允，以致争持經年，枝節横生。臣部所有辦理爲難情形，業於本年四月二十一日，奏明在案。伏查此案英商凱約翰以並未逾限，不認作廢，令礦師麥奎强踞礦山，造房修路。歷次由英國使臣照會臣部，聲稱英商不能停辦，若由中國購回，則須四十萬鎊。本年凱約翰到京，經臣等派員商減，仍索至二十七萬五千鎊。臣等以該省官紳既竭力與争，誓不讓辦，而英使又迭奉政府命令，來相催詰，勢不能不籌一了結辦法，電商兩江總督安徽巡撫，均以收回爲然。遂由臣部於五月間，照會英使朱邇典，畧稱中英邦交敦篤，凱約翰經營此事，其招僱礦師，安置機器，建造房屋，修治路工，連原繳之報効五萬元，所費實爲不貲。現擬津貼該商五萬鎊，以補從前用費。一經議定，所有銅官山之房屋機器，均歸中國，與英國無涉。原定合同，亦即作廢。詎凱約翰以爲數相去甚鉅，不肯照允，悻悻回國，以致暫行輟議。逮十月間，英使又照稱，英商已加派工人，再行開工。有鐵礦二萬噸，請飭蕪湖關發給准單出口，當經臣部切實駁阻。而該使迭來臣部晤商，迄以時日愈久愈難了結爲言，臣等堅持原議，返復辯論，兩月之久，提商多次。雖該使於所索之價，由多而少，逐漸減縮，而臣等迄未加添，争到盡頭，始增給二千鎊，該使亦即允從，惟稱欲顧全中英交誼，祇得勉强照辦，此款須從速交付，不能再延時期。竊維此案自三十一年四月起，至今四年之久，彼此互持，各不相讓。英商執守成約，據定礦山要索，鉅款不償，其奢願不止。而皖省京外官紳，挾全力以争，逾限應廢之説，又始終不移。邦交輿情，兩相關礙。現英使朱邇典既允以五萬二千鎊作爲了結，自可照此定議，以清宿案。如蒙俞允，應請飭下安徽巡撫，將此款從速籌備，如數撥交臣部照付，並由臣部與英使互換照會，聲明英商所佔銅官山礦地，暨一切機器房産，均交還中國，原訂合同全行作廢。原繳報効不再退還，以免再有轇轕。所有臣部議結皖省銅官山礦案緣由，理合恭摺具陳。伏乞皇上聖鑒，謹奏。

宣統元年十二月二十六日奉硃批，依議，欽此。

《通商各關華洋貿易總册》宣統元年下卷湛參《宣統元年宜昌口華洋貿易情形論畧》 一雜論。查本口一帶出産無多，惟聞煤礦甚富，將來振興本口，殆即恃此一宗。惟無人從事探討，遂使此等礦産久藴蓄於地中。現在所用之煤，多係歸州所産，其煤頗合於室中之用，緣燒時所發之火甚爲清瑩，其熱力約有英國頭等煤百分之六十。該礦在香溪，距大江約九十里，並有小溪一道，直達礦境，輪運甚便，所惜開採之時，係用寬大鐵鋤，而由溪出江又須換船，遂致煤多散碎，每月所出約四百噸。刻聞川漢路綫直穿該礦境内，將來該礦定見發達。本口復有一種煤，名曰銅炭，其質尚好，奈該處不通水道，運出不多。

「中央研究院」近代史研究所《礦務檔》第四册《宣統二年正月初五日外務部收英使朱邇典函附湖南勸業道示諭請撤銷湘省勸業道售銻立案辦法》 宣統二年正月初五日，收英朱使信稱，湖南勸業道所出示諭，曾於上年十二月二十九日，面爲陳述。兹將示稿抄送查閲，查示内稱，洋商訂約售銻，必須將約稿呈由礦務總公司詳明撫憲批准立案，並勸導非奉到上憲批准。無論何人簽字，何處蓋印，概不足憑云云。本大臣應行指明，此項示諭言詞，直與英商照約所享利權之原意，大有妨礙，其原意即洋商得以任便與無論何人交易，官府不得阻礙限製也。本國商人在中國境内者，均以此旨爲重。應請貴部咨行湘省大吏，即將此項示諭撤銷，是爲至要。此頌鈞祺。

〔附〕抄件

照録湖南勸業道示稿，爲出示曉諭事。照得本道訪聞近有礦商多人，與洋商訂約售銻，期至數年之久等事。查通商交易，照章立約，原屬可行。惟湖南開採銻礦，衰旺無常，設或訂約之後，出砂頓少，無貨可交。其將何以應付，又或銻價驟漲，有等貪利之徒，不顧信義，暗賣他人，尤恐釀成交涉案件。查從前湘省售砂，預訂期約，厥後貨少，不能交齊，彼此受虧。故近年來，無論官礦商礦，生銻毛砂，一律照時價現買現賣，兩有便益，並無流弊。今若預先定售，約訂年限，必須將約稿呈由礦務總公司，移送本道，詳明撫憲批准立案，轉飭遵照而後可行。否則，無論何人簽字，何處蓋印，概不足憑。本道職守所在，既有訪聞，深慮日後轇轕，不得不剴切曉諭。爲此示仰通省鑛商等一體遵照毋違，切切特示。

《商務官報》宣統二年一月二十五日第一期《批吴文燦稟》 稟悉，所稱開採銅仁思州硃砂水銀鑛産，鑛務局重懲迭税違例病商各節，業經本部據情咨行貴州巡撫飭屬查辦。仰候查復到部，再行核示可也，此批。正月初七日。

《商務官報》宣統二年二月十五日第三期《批職商潘升良等稟》 據稟，該職商等集股在湖南新化縣，設立保善錬礦公司，遵章呈請註册等情。詳閲所擬章程，尚無不合，應繳公費亦屬相符。本部准予註册，以資保護。相應填發執照一紙，交該公司承領可也，此批。三月十七日。

中國第一歷史檔案館《清代軍機處電報檔彙編》第三册《奉旨籌還銅官山礦案津貼銀著由該省籌還並於司庫内墊藉轉匯英事宣統二年二月二十一日》 鈐章，奉旨，外務部代奏張人駿、朱家寶電稱，籌還銅官山礦案津貼，數日内恐未能籌清等語。此事前經外務部奏准，係屬應由該省籌還之款，張人駿等身任地方責無旁貸，即應照數籌撥，以免外人藉口，所有議定礦案津貼銀五萬二千磅，著於本月二十五日以前，即按照所擬於司庫内先行墊藉匯滬，由滬大清銀行交麥加利銀行電匯英倫，毋稍稽遲。儻再藉詞推諉，有誤期限，致於交涉有礙，即惟張人駿等是問，至收回礦産各節，著外務部知照英使，迅速收回，以清積案，欽此。

軍機大臣署名　臣奕假，

臣世，

臣鹿假，

臣那。

臣吴，

二月二十一日。

雲南省檔案館等《雲南近代礦業史料選編》第三輯上卷《寶華銻礦公司與湖南華昌公司簽訂合同、轉讓治煉技術雲南劉辦寶華銻礦公司立案呈》

湖南華昌煉礦公司代表人　梁焕彝

雲南寶華銻礦股分有限公司代表人　沈秉堃　陳榮昌爲呈請奏咨立案事：竊照雲南創辦寶華銻礦公司，前曾集股於宣統元年開辦，現經添招官商股本，改訂章程，更名雲南寶華銻礦官商合辦股分有限公司，已於本月初九日將董事局成立，另文詳報在案。兹由寶華公司與湖南華昌公司訂立合同二十一款，將華昌在雲南境内所有提練純銻及各種秘法專利權購歸寶華公司享有，及應按照合同呈請俯賜查核，並請奏咨立案，實爲公便。爲此，備由具呈。

須至呈者

計呈訂立合同二分

右　　　　　　　　呈

欽命頭品頂戴陸軍部尚書雲貴總督部堂兼管巡撫事李

宣統二年二月十六日呈

《商業雜誌》一九一〇年第一期《浙江巡撫通飭礦砂運銷內地辦法札文》

署云，准税務大臣咨開，據湖南巡撫岑春蓂奏稱，湖南常寧縣屬水口山等處官辦鉛礦，近年出砂甚旺，因提煉未能得法，專售鉛砂，喫虧甚鉅。現檄調湖南知縣田芸生來湘，委充提煉黑鉛廠提調，會同江順德先將建廠購機事宜，悉心籌畫，一俟安設齊備，即可開工。查湘省官礦之砂，無論已煉未煉，經過關卡，應完稅釐，經前撫臣陳奏准一律免收，分別發給護照。嗣因礦砂行銷外洋，出口漸多，復經俞前撫咨明大部，將生銻、銻砂、黑鉛砂、白鉛沙四種，照值百抽五，完一出口正稅，即在長沙岳州兩關照納，沿途關卡，不得再徵，其餘行銷內地之煤鐵硝磺，概照原奏免抽稅釐。近該處用土爐試煉，工本太重，改用機器，工繁費鉅，懇准將鍊成黑白鉛兩種運銷內地，仍暫免稅給照等語。查以上情形，似係爲減輕成本暢銷礦砂起見，惟近來各省所有設廠用機器製造品物運銷鄰省，均准於出口時，暫按值百抽五例，完納正稅一道，沿途概免重征，以利行銷。如唐山洋灰公司、大冶水泥廠等，歷經外務部暨本處先後核准，湘省所出鉛砂，事同一律。此次購用機器，運銷內地，自應仍照成案辦理，於出口時完納正稅一道，沿途免其重徵等情，咨行貴撫查照轉飭所屬關卡，遵照辦理等因到院。本部院准此，合亟札飭該司道立即轉飭所屬關卡，一體遵照辦理毋違，切切。此札。

四川省民族研究所等《清末川滇邊務檔案史料》中卷《里塘糧員詳毛丫頭目等請試辦金礦宣統二年三月二十四日》　竊通判宣統二年二、三兩月內，先後據毛丫頭目阿聾、噶嗎暨本城商民範長興，本城後山喇嘛禱登檔缺等稟請自費試辦金礦前來，均經通判批飭，仰候轉稟憲轅再行飭遵在案。

查夷民阿聾、噶嗎兩人所勘距里城五十餘里打沖角河西地方，廠地長二百丈，寬五十丈，係已廢二土司曠地。商民範長興所勘打沖角河東地方，長一百丈，寬四十丈，係甲哇村曠土。又該商民與本城後山喇嘛禱登檔缺勘得扎呷寺溝內，自格沙大哇起至札枯毫碼止，約十里地方，亦甲哇村曠土，距該村六里，里城六十里地，雖同勘廠，仍分辦。札枯毫碼以上四里地面爲範長興廠地，格沙大哇以下六里地面爲禱登檔缺界土，究以何處分界，俟奉批後，再往勘定。

所稟試辦各處，經通判逐處履勘，不能住牧，不可開墾，一望石田，舍此別無他用。合無仰懇憲恩，準給該民等集工試辦，用興礦政，而辟利源。

現值春暖雪消，河冰解凍。如蒙恩準試辦，即懇隨批發給執照，由通判出示曉諭，繕立合同，以便即時興工。該民等自費開廠，與燁記礦廠劉光燁事同一律，一切辦法、章程擬照劉礦商一律辦理。課金一項，仍從得金之日起遵章完納，免示歧異。是否有當，一俟奉到批示，再將開辦日期、礦工棚數、一切章程，稟請立案，以資查考。

再，燁記礦廠本年四月內已滿試辦第一期，應納六個月課金。據稱期滿一併完納，合併聲明。

《商務官報》宣統二年四月十五日第九期《四川總督咨本部文》　爲咨明事：竊照川省礦產前經集紳議設總公司，招股開辦，曾將擬訂章程咨送貴部查核在案。惟時勸業未設專官，是以原章稍具行政性質，現在勸業道業已奏設各屬勸業員，亦經分別委派所有礦務一切行政事宜，應統歸勸業道管理，公司章程自不能不酌量變通，藉清權限。玆據該總公司逐加改訂，呈送前來。本督部堂查核該公司所擬尚屬妥協，其第三十九條內載，特別免許三事，雖與部定章程畧有出入，然公司之設，本爲經營全省礦務，保持全省利權，查勘礦地，似勿庸再領執照，按定畝數拘泥礦界，而公司收買之地，仍可提歸公家，或另招商開採，於他礦商權利亦無妨礙，是以仍舊未改。第二十二條第八種開設銀行一節，已於此次改訂章程聲明，俟將來開辦之時，詳由本督部堂咨明度支部核辦，自無不合。除附片具奏外，相應咨明，爲此合咨貴部，請煩查核立案施行，須至咨者。計鈔送章程一紙。

《商務官報》宣統二年四月十五日第九期《修改四川通省鑛務公司章程》

第一章　總綱

第二章　組織機關

第三章　辦事種類

第四章　集股

第五章　勘查標記

第六章　收買鑛地

第七章　自辦礦地

第八章　附則

第一章　總綱

第一條，本總公司經四川總督部堂奏准設立，總攬四川全省礦地，凡川省産礦之區，總公司得勘查標記，並隨時指定礦界租買開採。

第二條，凡四川通省礦産，除現在官辦各礦外，勿問金屬非金屬，紳辦商辦，獨辦合辦，皆不得於本總公司之外，另有總公司名目。

第三條，本總公司在集公益溥公利，勿論本省外省或入股之東或承辦之商，均一體優待交涉，一準商規不參官場習氣。

第四條，本總公司蒙國家批准有永遠專辦特别之利益，非公司自行停辦官不收回自辦。

第五條，本章所載有與部頒鑛務正附新章，畧有出入者，皆就四川現在情勢，特别規定，凡非本章特别揭載所及，一切悉遵部章辦理。

第二章　組織機關

第六條，本總公司暫時租屋設立，俟覓得合宜之地，即行另建公司。

第七條，本總公司請由督憲派委監督官一員，凡公司存放公款及股息税項一切財政事宜，均得監督之。

第八條，總公司經營全省鑛産區爲五路，成綿龍茂爲中路，建昌道屬爲上南路，永寧道屬爲下南路，川東道屬爲東路，川北道屬爲北路，每路由督憲延訪正紳二人分别照委充當該路總協理，專辦招股採礦事項，俟股東會成立，即照商律由各路股東投票公舉，呈請督憲委任。總協理對於本路鑛務有專負之責任，對於他路鑛務有連負之責任。

第九條，五路總協理除辦本路鑛務之外，關於兩路交界之事，兩路總協理協商決定，關於一路之事，本路總協理決定，其他每路總協理署名責任，則爲本路總協理所獨負，關於全省之事，五路總協理協商決定，而皆負其責任。

第十條，關於本路之事，總協理當協商辦理，其權限區别，一、無協理之署名，而總理署名即可決定實行；無總理之署名，協理非得總理之署名委託書，不得署名。二、協理與總理不同意時，可以先事宣佈意見，既經宣佈，既爲總理獨負責任，惟不得因此妨礙總理之執行。

第十一條，五路總協理中應由督憲遴派總理協理二人以上，辦理總公司之事，其職任：一、執行五路總協理協商決定之事。二、五路總協理協商未決之事，得分别詳請督憲核奪或移會勸業道查酌辦理。三、主持本總公司日行公事及臨時發生之事。四、考核進退本總公司内之員司。

第十二條，辦理總公司事務之總協理必須常川駐總公司，總理如有事出省，必委託協理代表而付以決定之全權，本路總協理全不在省，必委託他路總協理一人爲代表，以便協商本路之事。

第十三條，總公司五路各設一辦事處，以便本路總協理就近規畫招股開採各事宜，名爲鑛務總公司某路辦事處，其辦事執行事件，另定專章。

第十四條，總公司照章集股開辦之鑛，分路按號編列，委任經理發給圖記，文曰鑛務總公司某路第若干號分公司之圖記。

第十五條，即非本公司集股自辦之鑛，但其地權屬於總公司，得由公司招商承辦，即應與集股自辦之鑛，一律按號編列分公司，其經理人仍由總公司給予圖記。

第十六條，總公司對於督憲用詳，對於司道用咨移，府以下用照會。五路辦事處，如有呈詳督憲事件，應移知總公司轉詳，以免紛歧。至五路總理，如因本路公司鑛務範圍内之事，得移請地方官查照章程辦理，仍函知總公司存查。

第十七條，本總公司由督憲奏准刊發關防，文曰奏辦四川金省鑛務總公司之關防，五路總理各刊發四川鑛務總公司某路總理之關防一顆，以昭信守。

第十八條，各路設辦事處分路辦事，特爲綜覈上之便利，至於勘採則不分畛域，此路之人亦可勘採彼路之鑛，惟按號編列，仍須各歸各路，以便經管。

第十九條，總公司與各路辦事處及各路分公司往來，均用定式書緘，加蓋關防圖記。

第三章　辦事種類

第二十條，本總公司關於鑛務應辦之事，分爲八類，條列於下：

一，勘查標記。凡有鑛州縣，應由總公司分路勘查，編列號數，插標其地，其細則後章另定之。

二，集股自辦。由各路總理選擇本路重要有利之鑛，集股自行開辦，集股之法，後章另定之。

三，收買鑛地。本總公司勘明某路有鑛，不必急於開辦，即可先行收買，收買之法另章定之。

四，聘用鑛師。由本公司選聘本國在外國畢業專門鑛學之人，或逕聘外洋著名鑛師，履勘通省鑛産，其合同遵照督憲通飭，先將底稿呈請核閲，然後簽字。如有鑛商自願備費，請總公司鑛師往勘某礦，或以鑛質呈請化驗者，總公司皆可應其請求，以期溥益。但所需費用，由該商認繳。

五、開設學堂。本總公司應開設鑛務學堂造就開鑛鍊鑛之才，其經費即於本總公司鑛務範圍内籌撥，如何籌撥之法，隨時酌度情形，詳明督憲核辦。

六、設局轉運。此項轉運分水陸二路，水路則於川省重要馬頭及宜漢滬各埠，擇要設局，包運本省一切鑛質，本總公司收取運費，務較時價相等，而運法靈速。此項轉運局成立之後，本省一切鑛商，凡有運送事件，非得總公司許可，不得更託他人，陸路則視各處出鑛豐旺道路難易，隨時斟酌，設局轉運，如各鑛商開得旺鑛而運道艱難，又在界外，本商之力，不能修治者，總公司得商准主管官廳酌爲開闢而薄收其費，其專章續定之。

七、開設鍊廠。除土法鍊廠聽各路各商隨時隨地自行設立外，本總公司應於各路適中之地設立新法鍊廠各一處，或購鍊或代鍊均可，事舉款充之日，並可分設各種鍊法分廠，各商鍊成純鑛運至各埠銷售，其銷場上之價值，本總公司爲探察行市公平主持，以免價值參差，致受虧損。

八、開設銀行。本總公司應仿照東西各國興業銀行辦法，開設礦業銀行，一方行用鈔票流通各路，一方補助商人准其抵藉擴充礦業其章程，俟開辦銀行時，再行妥定，詳請督憲轉咨度支部核辦。

第二十一條，以上八項皆本總公司應辦之事，以銀行成立爲公司成績之大效，以編號標記爲公司辦事之先著。（未完）

「中央研究院」近代史研究所《礦務檔》第六册《宣統二年四月十六日外務部收雲貴總督李經義致軍機處請代奏電請調雷元澍赴滇襄辦礦務》 宣統二年四月十六日，收雲貴總督致軍機處請代奏電稱，竊維滇省礦務可望速効，惟個舊錫廠爲最，正擬擴充進步，從前創設官商公司，同知雷元澍之功爲多，經前督丁振鐸保升知府，嗣以丁憂回藉。查該員廉幹堅實，心細才長，經義於上年冬，電調回滇，汴撫復電允行，兹因該省創辦修武礦務，汴紳推舉任事，該員勢處兩難，惟將來起復，仍須回滇。修武一礦，似不如另舉賢紳，轉得始終其事。現值滇礦迫切需才，合無仰懇天恩，電飭河南撫臣轉飭丁憂雲南候補知府雷元澍，迅速由海道來滇，於滇省實業必多裨益，請代奏。李經羲叩。銑。

四川省民族研究所等《清末川滇邊務檔案史料》中卷《張以誠稟報查勘礦苗開辦銅礦擬訂試辦章程宣統二年四月十六日》 竊州判於三月十八日率領工匠，携帶器具，前往仁達村地方查勘礦廠。十九日行抵該處，二十日即赴引道現露之熱塘達地方查勘。該處槽口石松，未能成壁，費工甚鉅。二十一日復率工匠按引尋覓，在距仁達三十里之作然卡母地方，尋獲結礦之地一區，氣口亦旺，破石查勘，礦質稍粗。復順引尋覓，越嶺數重，又於距仁達十五里之長絨灣内，尋獲結礦之山一區，氣口掛緑，成槽成壁，破石查勘，得粗花白錫臘質。二十二日復往切實查勘，該處山脈豐厚，引苗透露，當督飭工匠開深槽口，採獲正礦，用火試燒，實係紅銅。現擬先就該處設廠試辦，如果獲利較多，再行推廣開採。

惟附近礦尖之山，並無樹木。酌量情形，亟宜移礦就炭，建置爐房於窪然喇嘛寺前面河邊。該處近依絨松，柴炭方便，且地勢亦極平衍。由礦尖修牛車路一站直達該處，轉運銅礦，便利實多。

前擬請領工本銀三千兩，以爲開辦經費。現在統計開支，關外百物昂貴，藉材内地，用度浩繁，實不敷分佈。合無仰懇憲恩，撥發開辦工本銀五千兩，以資應用。如蒙允準，即由州判備具墨領回開辦，實爲公便。

計呈試辦章程一扣。

計開：

第一章　總綱

第一條，川滇邊地礦産豐饒，内地商人向以道路艱險之故，不肯投資開廠。邊地蠻民又惑於神山風水之説，以致棄利於地。仰蒙憲恩，憫念民瘼，撥款興辦礦務，一以開通風氣，一以補救民生，一以廣辟利源，洵所謂一舉而三善備者。然事當創始，地屬極邊，組織機關，要當以和平爲宗旨，以儉約爲目的，參酌商人之規則，泯除官場之習氣。現在係屬官辦，與商辦及官督商辦情形迥異。所訂試辦章程，皆就目前情勢因地製宜，將來礦務發達，成效大著，一切悉遵部頒新章辦理。

第二章　籌款

第二條，舉辦礦務，資本亟宜先籌。德格所産銅礦，現已採獲正苗試驗，實係紅銅。前次查勘擬請領工本銀三千兩以爲開辦經費。兹統籌全局，邊地苦寒，諸須藉材内地。舉凡一切雇工、購器，轉輸貨物及修治道路，建造房屋，置牛車，雇烏拉，募巡勇，招蠻工，移礦就炭，備價買柴暨支發薪水、局費各事，需款實繁，三千兩實不敷分佈，擬請撥發工本銀五千兩，以資應用。

第三章　設廠

第三條，勘得德格之西仁達溝地方，産銅之山有三區：一名長絨灣，一名熱塘達，一名作然卡母。惟長絨灣地方礦脈豐旺，擬先開辦。該處距德格一百二十里，距仁達十里，距產柴炭之絨松六十里，距有林木之矮壩七十里，距金沙江河流一百里，距小河分岔之窪然喇嘛寺四十里。礦硐附近並無林木，是宜移礦就炭，庶幾柴水方便。現擬建廠房於長絨灣，蓋爐房於窪然喇嘛寺前面河溝。該處爲礦炭適中之地，地形水道均屬相宜，即將來推廣開辦作然卡母、熱塘達各礦及開辦絨松之西講達溝之礦山，亦屬相距不遠，皆可次第辦理。

第四章　用人

第四條，開辦礦務，端賴羣策羣力，少用一委員，可以多用數司事。擬用司事長一名，稽查礦尖、礦房、炭廠諸事；用監工司事一名，兼管礦尖工匠之勤惰，督擇礦石之優劣；用收支司事一名，經管出入銀錢，收發器具食物之帳務；用司書生一名，經管文卷册報之公件；用秤手一名，經管收礦、收炭、收砂石、粘土、柴薪，並監督爐房工作各項事務；用巡勇四名，巡查礦尖、礦房、炭廠以及押運器具食物，護解銅斤各事，庶可收指臂之助。

第五條，礦尖、爐房、工匠各有專司，擬用檯頭一人，經理槽硐、開礦、架梁、選礦、擇硫各事；用爐頭二人，專司安爐、鍛礦、煉銅、提渣、風箱、水盤各事。庶足以專責成，而收實效。

第六條，礦尖錘手擬招足八名，爐房下手擬招足四名，分爲晝夜兩班輪流工作。將來若用汲水工人，亦擬雇用蠻民，分班晝夜工作。

第七條，漢蠻言語不通，礦務事宜時與蠻民交涉，擬用通事一名，以達夷情而期便利。

第八條，開礦小工人等，專用本地附近蠻民，藉得自食其力，且免易聚難散之虞。工食從厚，而約束從嚴，以免滋事。

第九條，開礦工匠人等，如有因開山、鑿石、挖硐、取礦之事致遭危險，或致殞命者，各安天命。除由局稟報酌給恤賞，並移知地方官驗明立案外，其親族人等不得藉端滋事。

第十條，工匠人等每月工作，逢朔望日放假一日。由局賫給犒勞一次，以示體恤。

第五章　理財

第十一條，銀錢出入，工本所關。舉凡員司工匠人等，按其責任之輕重，才具之大小，以定薪工。擬請司事長一名，事務較繁，勞怨兼任，月給薪水銀十六兩；收支司事一名，月給薪水銀十二兩；監工司事一名，月給薪水銀十兩；司書生、秤手各一名，每名月給薪水銀八兩；通事一名，月給工食銀四兩五錢；巡勇四名，每名月給工食銀三兩六錢；雇用蠻民小工，月給工食藏洋十元；其爐頭二名，每名月支銀八兩；檯頭一名，月支銀八兩；錘手工匠八名，每名月支銀六兩；爐房下手四名，每名月支銀四兩。

每月酌定日期分兩次核發，雖員司人等，不得藉支分釐，以重公款。

第十二條，廠局既設，油、燭、薪紅、筆、墨、紙張，賞需雜用，不能無費，擬請每月籌給廠費十兩，以資應用。

第十三條，廠局需用食物器具，必需開支運費，司事因公他往，必需烏拉脚價，工匠每月每名犒勞酒肉銀八分等項，均擬請由局照章開支，作正報銷。實用實支，不得浮開浪費。如有獘竇者，查出重罰。

第十四條，部定礦章，勿論官辦、官商合辦、官督商辦，各礦均應抽税。惟創辦之初，暢旺不能預定，應請暫免抽收。一俟試辦一年，著有成效，即行酌定税則，稟請咨部立案。

第十五條，銀錢帳目最關緊要。廠中出入，每日應立流水簿一本登記數目，每月應立月結簿一本，造册報銷一次。每年應立總結簿一本，匯造總册報銷一次。若有虧挪侵欺等獘，查出重究不貸。

第六章　行政

第十六條，礦產爲天財地寶，盈虧本難預決，然又不能不預爲決算。擬請開辦一年後，產銅果旺，獲利愈多，再行推廣。辦理如有虧折情事，或未虧本亦未獲利，即由委員稟請衡奪，以定行止。

第十七條，礦廠既開，廠中公務有應移會附近地方官者，有隨時稟報者，擬請刊發關防一顆，其文曰：「德格銅廠委員。」以資信守，而昭慎重。

第十八條，自來辦廠，必藉重於地方官提倡保護。擬請飭札德格四區委員，如有附近種地之人阻撓，喇嘛蠱惑，以及廠中挖礦需工，運糧需馬，購器、砍柴各事，一經礦務委員移商請辦，即行妥爲曉諭彈壓，並代爲傳知頭人速爲應雇，不得坐視推諉，致誤事機。

第十九條，礦廠工作人丁既衆，良莠不一，若無刑具以責之，必難約束。擬請援照雲南、四川各礦局例，凡委員所在局所，準設枷、笞兩項刑具。凡在廠工作者，如犯不法之事，或在外藉端滋擾欺詐，即由委員查明審辦，量予枷笞。如所犯過重，以及地方野蠻匪徒入廠滋事，即移送地方官衙門照例懲究。

第二十條，廠中需用工人、烏拉，悉皆遵章雇募；需用柴草、青稞食物等項，亦皆遵章照市給價購買。如有通事舞弊，一經蠻民稟揭，即由委員訊辦。情重者，移送地方官訊辦，以昭公允。

第二十一條，礦務事權，宜歸劃一。開創之初，事事棘手，況屬邊徼，尤爲特甚。德格雖能改流，蠻民頑梗實多。此後廠中如有與蠻民交涉細事，可否即由委員一面相機妥爲辦理，一面稟詳。其或關係重大事件，仍分别移知地方官查辦，並稟請核奪飭遵。

第二十二條，礦廠事務辛苦，人所共知。欲求襄助者之得力，既予豐薪以贍其家，更宜優獎以勵其志。所有理事、司事、爐頭、欀頭人等，擬請俟開辦後，實效昭著，獲利可觀之時，擇其尤爲出力者，照軍營出關勞績匯案咨部保獎功名，以昭激勸，而資觀感。

第七章　附　則

第二十三條，此次所訂章程，係屬試辦草案，現擬暫行照此辦理。

第二十四條，本章程如有未盡事宜，以及尚須變通之處，擬俟隨時酌核情形稟請增改，以期盡善，再爲詳請咨部立案，合併陳明。

《商務官報》宣統二年四月二十五日第一〇期《修改四川通省礦務公司章程》　第四章　集股

第二十二條，本總公司初次集股共六萬股，每股正九七平足銀五十兩，其股票分爲一股、十股、二十股、五十股四種，長年八釐行息，交銀之日填票，朔前交銀，其朔起息，望前交銀，其望起息。初次集股總數三百萬兩，先資開辦，以後應辦之事甚多，待第二次擴充增集並附行五兩小股，分一股、二股、三股、四股，以便中人之資亦可購買，不致向隅。

第二十三條，比次股票名曰四川奏辦鑛務有限公司股票，不論本省外省外埠，皆可寄售，除非中國人不得購買外，不論本省外省與在外國之中國人，皆可承買。承買之後，如欲轉賣他人，應先儘初次股友，如無人接買，准其賣與別人，賣定之後，即通告總公司註册換票，其有違章，私賣與非中國人者，查出股票作廢，股銀充公。

第二十四條，股票遺失，一面到總公司掛號，一面登成都各報，半年之後，准其邀同殷實紳商二人作保，總公司核對補發。遺失原票，作爲廢紙，其股東欲换名號或欲分合股數，請與換票者，亦需取保，方能更换。

第二十五條，息銀每届正月付給，或赴成都總公司，或赴各埠本總公司經理處，持摺均可領息。

第二十六條，凡代銷本總公司股票一百股者，給予紅股一股，購買股票五十股者，給予紅股一股，以上照此遞加酬給紅股，衹分紅不認息。

第二十七條，本總公司股東會議，董事局組織一切，悉遵商律，有限公司條例辦理。分利提利納税，報効一切，悉遵鑛務正附新章辦理。

第五章　勘查標記

第二十八條，勘查標記之事，由勸業道札委勸業員代任之，而本路總協理得隨時勘查，以免遺漏。

第二十九條，勿問已開未開，官辦商辦，獨辦合辦，但係有鑛之地，皆由勸業員親往履勘。應勘之事，一坐落地方，二鑛地面積，三礦質種類，四業主幾人，姓名職業，五已開者爲官爲商，六如係商辦，共幾商人，籍貫姓名，獨資合資，某人資本多少，某年開辦，近三年出礦多少，利益如何，以上六事，逐一查明，依定式列表登記，查畢一處，更查二處，該地地有礦無礦，責成團約報告，有而不報，團約之責，報而漏勘，勸業員之責。

第三十條，勸業員勘查明確，稟報勸業道，由勸業道總照會公司，分路編號，訖覆請轉飭勸業員按號標記。

第三十一條，編號之法，自總公司某路第一號推至千百號，皆以數目編列，編至該路礦盡爲止，此項表册共爲三分，總公司及本路辦事處各存一分，勸業道衙門存一分，至勸業員及該州縣衙門，各將屬内礦山所編號數抄存一分備查，以後如有隨時發見新礦，依照原號往後編列，不得輒動原號。

第三十二條，標記之法，勸業員按照總公司所編號數，親赴各礦地刊石爲標，載明四川通省礦務總公司某路第幾號，某礦字樣，礦地有石壁可以刊記者，即刊之壁間，無石壁者，埋石爲標，其石出土五尺，柱形，徑方八寸，通省一律，凡標記之地方，勸業員每年應往復勘一次，查其標記有無剥蝕，地權有無私轉。

第三十三條，凡爲本總公司標記之地，皆應遵守以下所列各事：

一，已標未開之鑛勿論租賣與人開採，或自願開採，均應先行報知勸業員，轉稟勸業道發給執照，即由道移知總公司，以便註改標記表册，如有私佃私賣私開，一經勸業員查出，牒呈地方官復查的確，予以相當之懲處，其所得利權，立即消滅。

二，已開之礦，本總公司概不干涉其利益，除官辦之礦，公司欲備參考，可以隨時前往調查，及公家如須停辦或讓給商人，即由勸業道移知總公司外，其商人已辦之礦，如欲停辦，或頂與他商開採，報由勸業員轉稟勸業道核准後，仍由道移知總公司備查。

第六章　收買礦地

第三十四條，既經本總公司編號標記之礦，除現有人承辦各鑛山外，其餘鑛地，本公司可隨時公平議價收買，毫不抑勒。

第三十五條，鑛地雖經本公司收買，然將來國家如必須自用之鑛，仍可隨時與公司商明，照原買地價加八釐息照算，提歸公家開採，此係指公司已買未開之礦而言，公司既開之礦，公家即不能復行收回。

第三十六條，公司收買礦地，如因議價不合，可知會地方官照時價秉公論斷，不得聽容業主故意抬價居奇不賣，如業主不願得價，亦可議作股份。

第三十七條，如有一種業主既不願賣又不願以地作股，即可知會地方官，一面飭具永不出賣切結，一面飭其呈驗老契，批明此地將來如果出賣，非總公司許可，勿問何人不得接買，並將上項情形刊碑該地曉諭，至其礦地，標記如故。

第三十八條，凡本總公司所買礦地，一律照章納税過印。

第七章　自辦礦地

第三十九條，本總公司自行購地開採，除一切遵照礦務正附新章辦理外，其有特别免許三事如下：

一，總公司本有勘地之權，故勿需再領勘礦執照。

二，總公司收買鑛地本爲經營全省鑛務，勢難同時並開，故雖收買各鑛地，不能依限開採。

三，總公司收買鑛地以多爲貴，即不能按定畝限，拘泥礦界。

第八章　附則

第四十條，此項修改章程應俟督憲咨部核准之日，作爲實行。

第四十一條，奏准實行之日，應多刷若干分，分發各州縣鄉場市鎮，飭令團保散給有礦各業主。

第四十二條，本章經此次改後，如再有窒礙難行，關係重大之處，可由總協理採各股東多數人之意見公同集議稟候督憲核准改良。

第四十三條，此項章程乃就現在情形規定，將來公司事業擴張，章程尚需隨時詳准增入。至總公司及分公司辦事細則，亦另章定之。

《江南實業雜誌》一九一〇年第二期《咨請保護礦煤分售處》　揚州府嵩太守，准徐州賈汪煤礦公司咨文，謂該礦出煤，本地銷數有限，稟准江南礦政局，在於徐淮揚鎮各府縣境内，次第設廠分銷，出示保護。現查揚州地方，煙户稠密，輪船交通，兹由分廠先撥煤斤赴揚分售，恐有奸牙市儈，從中把持，或串同業詐擾生端，相應咨請飭縣一體示諭保護，云云。按賈汪煤礦，一再由胡君碧澂承辦。往歲端督取締礦煤式樣，計由公司達韓莊，用牛車，由韓莊達清江，用駁船，歷時計半月之久。經洪澤湖，過天妃閘，轉運種種艱難，迨至南京，則有一月餘矣。似此運售，每一石煤，值成本五角者，應值成本一元，水脚多故也。蓋産礦須與鐵路相輔而行，清徐鐵路，開徐鐵路，是烏可以已。鰓鰓於分售保護，抑末也。

《江南實業雜誌》一九一〇年第二期江葆清《説開鑛》　中國鑛産，要算全世界第一的鑛産了。自開闢以來，藴藏在地毯中，没人過問，惟二千餘年以前，有周公管子，發明鑛學，但也只載在書册，並未嘗見諸實行。到了明朝，神宗皇帝注意鑛産，開邊鎮鑛市，設臨清鑛使鑛官，給事包見捷連上三次奏摺，痛劾鑛使怎樣貪殘，鑛官怎樣滋擾，邊鎮鑛市怎樣醖釀齕胎。神宗皇帝不聽，後來鑛使馬堂，幾乎被百姓毆斃，鑛官嚇得逃避，不知下落，鑛市更虧折數千萬，鬧了這些大亂子，纔下詔停止。本朝康熙時代，這個問題又發生，仁皇帝覺得有明的亂子，是個前車之鑒，遂報罷。近數十年來，大家心裏都像油鍋上螞蟻，癢扒扒的開鑛呀，開鑛呀，耳朵都噪聾了。論開鑛，却是而今最要緊的問題，辦得合法，那煤炭可以供給世界上幾千年的用場。至於金銀銅鐵，鉛锑錳鏻，礦硝硫礬，種種鑛産，真是一部十七史，不曉得從那裏説起，一本萬利，就是這開鑛。無如中國辦鑛，暴吃饅頭三口生，除了漠河金鑛、開平煤鑛、大冶鐵鑛、萍鄉煤炭鑛、延安石油鑛，稍稍有些効果，其餘辦一處鑛，起一處葛藤，辦兩處鑛，起兩處葛藤。内國和内國起葛藤，還是小事，内國和外國起葛藤，就難解決了。弄得不巧，京内堂官，京外地方官，費多少唇舌，操多少心，幸而解決，已經得不償失，不幸而一時不得解決，那就要動大斧鑿了，像這樣辦鑛，倒不如疊疊收起來爲妙。更有一種辦鑛的，自己認不得鑛，全靠洋鑛師指點，指點得不錯，尚有些頭緒，指點錯了，空費氣力，空費時間，空費貲本，賠了夫人又折兵，真真不值當。我看洋鑛師，有大本領的很少，不過是貪圖中國幾兩薪水銀子，問起本領來，恐怕十有九靠不住。天下事靠别人，原是假的，並不徒是辦鑛一門，辦鑛靠别人，尤其毫没把握。

要一斟一酌的辦鑛，什麽派學生出洋肄習，什麽開學堂培養人材，那都是虚文故事。莫如將計就計，假若要開那一處鑛，先選募有名譽、有經驗的洋鑛師，和他訂立關約，不談薪水的話。俗語説打出米來吃米，打出油來吃油，開開鑛來，果然不錯，或提百分之二三，或提百分之四五，給他作酬勞，通常算起來，也很不少，他也没有不情願，這叫有錢買得鬼推磨。但給酬勞須勒年限，以十年二十年爲度，限滿就止，萬一這洋鑛師或有他故及不測等事，準洋鑛師預先指定何人替代，那替代洋鑛師，一切仍照舊約。像這樣辦法，那没本領的洋鑛師，也不敢承充，所承充這項洋鑛師的，定歸有本領。試辦一鑛有効，再辦一鑛，遞推下去，十鑛百鑛，像影本照著臨，中國的鑛，不就一箍腦全開了嗎。何至於像現在兜兜撩撩，天天説開鑛開鑛，追起根來，八字没見撇，九字没見鈎，尚不曉得那一年纔開哩。中國辦鑛，有幾項官樣文章的壞病，一項是演説。你看那鑛務會議的時候，演説家在鑛上，那一張嘴，像生公説法，又明白，又曉暢，又痛快，又警策，大家聽著，没有不拍掌的，骨子裏頭，不過就是這麽一回事，演説過了，就算結了。一項是章程。你看那刊刻的鑛務章程，真真把利弊都剔得清清楚楚，把宗旨責任權限律例，一切都叙得詳細分明，夫意一點，竟可以當作一段書讀，骨子裏頭，也不過就是這麽一件事，章程定了，就算結了。一項是招股。當場擔任的時候，或十股二十股，或百股千股，那一副踴躍情形，比劉盤龍賭錢還高興，誰知轉過臉來就忘了。起初問他，還支吾，再問他，就杳無消息了。甚至招的股，隨手就脱空，用得乾乾净净，這是叫丢頭落尾的麻木大王。一項是用人。蒙大家推舉，做個總辦，應當破除私見，一秉大公，那曉得懷着鬼胎。某最優席，安插某親戚，某優席，安插某朋友，某次席，安插某本家，心腹爪牙都派定了，再夥起來任意作弊，腰包裏纏得滿滿的。月終年終，梔子花、茉莉花，報銷一篇假賬，這是叫趁火打刼的緑林强盜。有這四項壞病，難怪中國鑛業，一年一年的辦不成。演説章程，原是題中應有的要義，但我常常看見演説，常常看見章程，以後鑛辦得怎樣，我就莫名其妙。至於招股用人，是我剛纔所説的這些現象，這鑛怎麽辦得好。從前英國里多文説我們中國各山藏鑛很多，就和歐洲鑛産最盛的相比，也高的不是事，可惜没有採取的善法，所以獲不着大利。開鑛用土法，是萬萬不濟事，須多集股款，購買機器，纔能有効。再不然，仍將計就計，簡直歸洋鑛師包辦機器，另外多提幾成給他，這也是變通的辦法。東洋百餘年前，並不懂得鑛學，因爲想開大加馬煤鑛，特延西人代辦，不到十年，東洋自己就學會了採取。現在東洋民鑛，大小已有千餘處。佐渡、但馬生野、羽後阿仁、陸中小阪、安藝廣島各官鑛，也很發達，我們何不學學東洋哩。東三省、蒙古、西藏各鑛，久被外人所垂涎，再要悠悠忽忽，不從速經營，一旦讓外人攫去，那就要想開，也没法開了。中國辦事，往往是司馬懿的過後計，這開鑛再別自誤了。

「中央研究院」近代史研究所《礦務檔》第四册《宣統二年五月十五日外務部收軍機處交出安徽巡撫朱家寶抄片奏陳籌撥銅官山礦案津貼銀兩情形》 宣統二年五月十五日，收軍機處交抄朱家寶片稱，再安省銅官山礦務一案，前經外務部迭與英使磋商議結，擬給津貼英商凱約翰五萬二千鎊，作爲了結，令皖速籌撥付等因奉准，咨行到皖，當經飭司妥速籌辦。一面因款鉅期迫，皖力難勝，電達外務展緩清還在案。旋據署佈政使沈曾植詳稱，此項津貼，爲數甚鉅，司庫所存銀兩，均爲湊解京協各餉及新舊洋款，一切經常要需，關係重要，未便輕爲挪移，當與大清分銀行設法商藉，一時尚未就緒。旋復欽奉電旨，飭令照數籌撥，於司庫内先行墊藉匯滬，稽遲等因。又復通盤籌畫，於無可設法之中，爲暫時通融之計，以免貽誤而全邦交。查前項津貼五萬二千鎊，以目下鎊價核算，就滬市規元銀折合庫平，計銀四十一萬二千五百五十五兩零，由庫存正雜各款項下竭力挪湊，如數墊放，發交安慶大清分銀行，匯赴上海度支部銀行查收。於二月二十三日，購買金鎊，依限匯付英倫收訖。所有藉墊銀兩，一俟籌定有款，即行歸還等情。開具藉動庫款數目清摺，詳請稟咨前來。臣復查無異，除飭司上緊籌還歸墊，一面委員赴銅官山，照案點收一切礦産，並分咨外務部度支部查照外，理合會同兩江總督臣張人駿，附片具陳。伏乞聖鑒，謹奏。稟宣統二年五月十五日，奉硃批，該部知道，欽此。

《商務官報》宣統二年五月二十五日第一三期《批職商陶壽謙等稟》 稟悉，所控黄培英等開採煤礦，肆挖祖墳，架詞誣控，請飭查辦各節。本部已咨行湖南巡撫轉飭勸業道查明辦理，仰該職商等逕赴本省聽候傳訊可也，此批。八月初九日。

「中央研究院」近代史研究所《礦務檔》第六册《宣統二年五月二十七日外務部收雲貴總督李經羲致軍機處請代奏電請調劉鍾華赴滇充當礦校教員》 宣統二年五月二十七日，收滇督致軍機處請代奏電稱，滇邊禁煙後，困難益甚，實業待興，鑛材難求。現擬聘西洋鑛師，開設工鑛學堂，理化一科，關繫亦重，亟應就地取材。查游學畢業授職翰林院編修劉鍾華，係寧洱縣舉人，由官費送日，入專門物理學校畢業，應照章回籍服官，務懇恩賞飭該員迅速回滇，充當鑛校教員，並請照辦學調用京員例，兑扣資俸，不停升轉，出自鴻施，請代奏。經羲叩。宥。

中國第一歷史檔案館《清代軍機處電報檔彙編》第三册《奉旨試辦滇礦公債等事著度支部議奏事宣統二年六月初七日》 鈐章，奉旨，李經羲電奏試辦滇鑛公債，請本由部認，息由滇認，由大清總銀行出票，加蓋雲貴總督、雲南藩司印信，由各省大清分銀行擔任兑款票主，向銀行直接等語，著度支部議奏，欽此。

軍機大臣署名

臣奕，

臣世，

臣鹿，

臣那假，

臣吴，

六月初七日。

「中央研究院」近代史研究所《礦務檔》第四册《宣統二年六月初八日外務部收度支部支咨送湖南華昌公司補助官款未合定章嗣後動用款項應由本部核定摺》

宣統二年六月初八日，收度支部文稱，製用司案呈，本部具奏農工商部奏湖南華昌公司試鍊純銻，漸著成效，請將直隸等省補助官款，奏明立案。聲明嗣後各該衙門無論辦理何事款項，請由本部核定，以杜紛歧一摺。宣統二年六月初六日具奏。本日奉旨，著照所請，該衙門知道，欽此。相應刷印原奏。恭録諭旨，咨行外務部欽遵辦理可也。計原奏一本。

〔附〕度支部謹奏，爲聲明請旨事，准農工商部咨，宣統二年五月二十日，軍機處片交奉諭旨。農工商部奏湖南華昌公司試鍊純銻，漸著成效，請將直隸等省補助官款，奏明立案一摺。著依議，欽此。鈔録原奏咨行前來，查湖南華昌鍊鑛公司一案，於上年十月間，據前湖南撫臣岑春蓂奏，光緒三十四年二月，批准職紳楊度就長沙城外創辦，前任督臣趙爾巽以楊度購買法國機器，簽字期屆，股款未集，請准息藉官款五萬，湘鄂各半，咨送藉據到湘，飭善後局撥銀二萬五千兩匯鄂。旋因督臣陳夔龍咨准原任大學士張之洞電開，華昌公司缺款十五萬，已商允南北洋山東等省補助，兩湖藉款，亦皆改作補助。將原具領字發還該撫，經飭善後局照辦等因，會同督臣陳夔龍附奏。奉硃批，該部知道，欽此。經臣部查該公司係商辦性質，究竟自招股本若干，章程若何，並無報部案據。南北洋等省撥款，亦均未據咨報，行令該督撫將公司章程辦法，詳細鈔送，再行核辦。並知照農工商部在案。今據農工商部具奏，該公司前日湖廣總督、湖南巡撫，息藉官款各二萬五千兩。因公司成立不易，改藉爲助，並由直隸兩江各總督，各籌撥銀四萬兩，山東巡撫籌撥三萬兩，五省合計十六萬兩。皆於光緒三十四年先後領齊，公司不付息銀，不給股票，惟以補助名目。藉爲保息招股之資，於是商股漸多，公司乃立。該員楊度以現在成效已著，基礎未穩，設有摇動，關係全省礦業匪輕，請俟發達後，再行報效，農工商部查係寔情，奏請將各該省官款，永遠作爲補助，准予立案等因。恭録諭旨，行知臣部，伏查該部原奏辦法，係爲維持寔業起見，惟於該公司組織一切，但言商股漸多，而於所定之股本銀數，招集商款，已收若干，未收若干，全未提及，但述純銻質地之美，而於售出之重量噸數，暨價值之高下，售銀之多寡，均未叙明。似於立案定章，不盡脗合，且各省正雜款項綜核之權，專在臣部。此案湘省撥解善後局款，僅據岑春蓂一案，而臣部行查各節，均未聲覆。直隸四省，至今未據奏報，查各該省財力，均非甚裕。而同時爲該公司撥款，復以張之洞一電，發還官款藉據，並非奏奉諭旨電傳各省，乃輒置官款於不問，於事理均有未合。惟既經農工商部奏奉允准，臣部自應遵照辦理，其各色已辦未辦各項寔業，均不得援案陳請，以重公帑。此案應仍由湖南巡撫飭取該公司詳細辦法章程，並商股寔在數目，咨送臣部考核。其直隸等省撥過官款，應令該督撫迅將動用何款，查明奏報，以符定章。現在清理財政，事權尤當專一，嗣後各該衙門無論辦理何事款項，應皆由臣部核定，不得以職掌所在，所用款項，並不查明臣部。率行具奏，以杜紛歧，而清權限。所有聲明請旨緣由，理合恭摺具陳，伏乞皇上聖鑒訓示，謹奏。

四川省民族研究所等《清末川滇邊務檔案史料》中卷《李克謙詳復奉發長興金廠執照並遵繳課金宣統二年六月十三日》 案查宣統二年六月十一日奉憲台批：詳悉。札枯毫碼金廠，商人範長興稟請試辦，名爲長興廠，經該員勘定界畔，擬具章程，繪圖來案，准將執照隨批發下，由該員轉給。此廠地面寬至三百餘丈，該商試辦期滿，如有成效，應即添雇工人挖採，否則即將執照取消，以便另招商辦。該員應不時稽查，以杜隱漏，繳。圖暨章程存等因。奉此。遵即繕寫合同並執照，發交該商承領試辦去後。

查該廠前經通判勘定界址，該商一面搭蓋廠房，旋即完工，即招工人十九名，先行試挖，隨於五月十六日得金。通判密查得實，以該商未奉執照，即行試挖，殊屬非是，當即飭令自五月十六日得金之日起，至六月十五日止，計一個月，按照兩棚計算，先繳課金八錢，該商遵繳來案。

又因該廠地面寬闊，試挖即已得金，復飭其自六月十六日起，除就原有工人招足三十名分爲兩棚外，又再招三十名，連前共分四棚，以後按月照四棚納課，該商亦經遵辦。

至該商已繳課金八錢，暫存本臺，將來匯繳，合併呈明。

雲南省檔案館等《雲南近代礦業史料選編》第三輯上卷《督憲簽稟議弛銅禁事一九〇九年六月　日》　竊職道奉諭飭，議弛禁一事，就原呈原詳各簽議，反復推求，自應遵照憲諭。「力主開通，無損京運」，八守之宗旨以定辦法。查湯丹、落雪、因民、鐵廠四廠，宣統元年所出之銅，巴達一百一十七萬五千有餘，可保京運之額。今擬照鄭牧所議，凡向領官本各廠，照舊發價，除供京運外，尚有餘銅由迤東局酌定成數，稟請通商，免其一切礦租、年租、出井出口等稅。並免抽課銅。核其紅利若干，照爐户出銅之多少，分別給獎，以示體恤而資提倡。凡自集公司不領官本在附近四廠開採者，經京官查勘無礙四廠礦脈，準其開採，每百斤以官價收買三成，此外各屬均聽其自採自售，惟派員駐廠稽查，產額照滇省舊章，每百斤抽銅課拾斤。昔孔子謂有國有家者，不患寡而患不均。以净銅十斤值銀三兩核計，每百斤公家以二十兩收買三十斤，應得贏餘銀三兩，納什十之稅者，每百斤繳净銅十斤，公家亦得銀三兩。照此辦理，則資本薄弱者，有藉官本免稅課之特別利益，可以安心供運，不至舍而他圖。不供京運者擔負什一之稅，不致獨佔便宜，使供運各廠有所觖望，辦法似較公允。論者謂隆興公司納稅只值百抽五，今定什一之稅，近於内重外輕。查隆興公司尚有認繳京銅百萬一節，固載在合同也。又或謂部定值百抽五，今仍值百抽十，終嫌過重，竊意外部當日定章，不過派值百抽五出口稅則，必未向舊日户部咨查章程，如以什一之稅爲重，何以乾嘉時行之，每歲出銅至一千二百餘萬斤之多。查近來川省沙鹽行銷滇省者，每百斤僅值銀二三兩，納稅四錢，且不止什一。蓋削山煮海之利，本較耕作爲豐，故取之類皆畧重。梁令昱墀曾探聽銅若弛禁，雖收什一之稅，原回籍招股本一二十萬，來滇開採。是什一之稅尚屬易行。如以寬大，示提倡初辦一二年畧從輕減，三年後再值百抽十亦無不可。且與弛禁本省京銅運額兩無所妨。至加價三兩之説，按之現在廠情，既無所需，既無庸議。鄭牧條陳多有可採，其所陳京銅解額，皆以一批半爲定廠，如加旺再照章解足兩批。自是之後，歷諫之言，惟部中積解足。不解足彼未必過問。若一請減解額，彼必減發銅本，擬請亦無庸議。所有遵議採銅弛禁緣由，是否有當，伏候衡奪。

職道袁玉錫　謹簽稟

宣統二年六月二十六日

四川省民族研究所等《清末川滇邊務檔案史料》下卷《襄辦礦務委員李世英詳請試辦江達銅礦宣統二年九月初七日》　竊巡檢仲夏到差，承張委員囑住窪然。遵將爐房所有各事逐一趕辦齊備，秋初開火試驗生熟礦各二次，歷見木炭太劣，銅汁甚少。因商請張委員懇將炭廠改良，炭斤在儲。巡檢帶領爐頭一人隨赴仁達，循棚附引攀登十餘日，始將所有礦脈查遍，備見鋼鋏雜生，佳礦頗少。嗣仍於長絨尖畔選打三千餘斤，運回試煉，雖得大銅九十餘斤，成分只有三分，仍不合算。隨又躬赴絨松一帶詳細尋覓，逐日登山躡嶺，越莽穿榛，循至江達山麓，始得礦谷。破石查驗，礦質似佳，撥火吹燒，銅味頗重。方欲雇蠻工採回試煉，旋接張委員來函，據稱接奉帥諭，飭巡檢移住長絨專辦礦尖，並令速回等語。巡檢不敢遲疑，遵即回局收檢行李，於九月初四日移住長絨。刻因租佃房屋，蠻民再四不允，擬仍退住仁達，隨時上山查看。

竊查長絨礦脈係斜掛刀形，橫生山腹，體積丈餘，徑長莫測若干。硔辟其中、上、下硐底三方，峽石呈露，已斷礦脈。現在正由槽硔左側後面三路攻塃，實不知何日接礦。而前數月所取之礦，連運至窪然者，尚約二十餘萬斤之譜。

巡檢伏思江達礦苗透露，頗易攻取。擬懇於寧遠工匠内提選三人經理爐房，巡檢帶領四人，發足器具，前往江達採取數千斤回窪然試驗，如不能揭獲大銅，自當仍上長絨監工，不敢違誤。至若長絨硔内尚有工匠六人，遵照張委員指示攻採，不敢停槽曠工也。

巡檢服官任事，勞怨不辭。只以人微言輕，心餘力拙，坐待譴責，情實難忍。亦惟就力之所能及者，矢勤矢慎，實事求是，決不敢欺人以自欺，誤公以自誤也。

「中央研究院」近代史研究所《礦務檔》第六册《宣統二年八月十五日外務部收雲貴總督李經羲文附告示抄送禁止滇民反對隆興公司辦礦告示》　宣統二年八月十五日，收雲貴總督文稱，爲鈔稿咨呈事。竊照英法隆興公司承辦雲南、澂江、臨安、開化、楚雄、元江、永北七屬礦產章程，早經畫押，奏准在案。查原章限製甚嚴，該公司得開礦產，係指官民已開而荒廢，及未開而毫無窒礙者，並須由各地方官查勘議租，不能私與民間直接租賃，並永遠不准藉故招調洋兵入境，均經載明，其訂約已近十年矣。乃近因隆興公司派代表高林士來滇議辦，愚民無知，遂紛紛造謠，騰播遠近，血氣用事者，輒復集會囂議，甚或割臂斷指，要求廢約，一唱百和，徒自驚擾。本部堂以開會集議，應受範圍，飭所在官吏，加意檢查，不准擅發傳單揭帖。又以原章條款，初未頒佈，故得以杯蛇之誤，作佈虎之訛，特撰擬告示，刷印多張，分發滇省各府廳州縣，徧貼曉諭。近日民疑漸祛，民氣稍静，但從事於研究調查之方面，不致別生枝節，所有示稿，相應抄録咨呈，爲此咨呈貴部，謹請查核備案，須至咨呈者。

〔附〕録告示稿

雲貴總督部堂李爲剴切曉諭事。照得光緒二十八年，外務部奏准英法隆興公司，可在雲南、臨安、澂江、開化、楚雄、元江、永北等處，照章勘辦礦産。其章程内載：一，公家現在荒廢之銅鑛，並公司尋出之銅鑛。一，曾經開採現在荒廢之金銀煤鐵等礦。一，公司尋出之金銀煤白金白銅錫，及火油寶石硃砂礦，給與公司承辦。惟中國官民增開各項新鑛，隨處可以開採。民間未開，及荒廢各鑛，如公司願開，可呈報雲南大吏飭查，果無窒礙，由地方官向業主商議租山租地，公司不得逕向民間租賃，亦不得購買山地。凡有礙房屋田地墳墓風俗，及中國國家商民現仍開辦各鑛公司，概不開辦侵佔。開礦處所，可稟請地方招募土勇，遴選武官管帶，保護彈壓，公司永遠不得藉故招調洋兵入境等語，當經外務部奏請朝廷批准，派員會同畫押在案。乃近聞滇省愚民，紛紛謡傳，竟謂七屬礦産，將全劃與外人，並謂八月初一，即有洋兵來滇，索取鑛地，種種謬説，不一而足，激烈之士，往往集會囂議，甚或割臂斷指，要求廢約。迭據巡警道商埠局，暨諮議局呈報，大畧相同，抑知隆興公司於雲澂七屬，固可照章辦礦，然該公司所得開採者，皆吾官民已開而荒廢，未開而毫無窒礙之鑛，不特中國官民現辦已辦之鑛廠，隆興不能侵奪，即民間未開之地，經隆興聞知有鑛，亦須請官查勘，不能直向民間私勘私租，設有礙於田廬墳墓風俗，出於民人不願，更不能强租强佔。若中國官對於雲澂七屬之鑛，已開者自能接續推廣，未開者亦可隨處勘採，我滇省因仍有土地自主之全權，該公司亦斷無違章攘勒之事理，何至七屬鑛地權利，悉摻外人，巷議街談，荒謬可見。查隆興辦鑛章程，奏准已歷多年，該公司之意，惟在通商公利，豈不知以輯睦人民爲主，本督部堂查勘目下情形，該公司尚無違章之舉，自未便無故議廢，至永遠不調洋兵，原章早經訂明，不特今日照章勘鑛，無所用其兵力，即將來有租地開採之事，亦決不能調兵保廠。本督部堂夙知吾滇士民，愛國愛卿，人人有捍衛疆土，自保權利之心，此出於公德輿情，固非法律所當禁製，尤非外人所能干涉，惟恐熱忱誤用，輕信謡言，蛇影杯弓，徒自驚擾，甚或無端聚衆，跡近暴動，傳單揭帖，但圖激忿，以致匪徒生風，宵人乘釁，既妨全域之治安，復礙交鄰之睦誼。本督部堂責任封疆，斷不能姑息釀害，與其追悔於日後，極應申儆於事先，用特出示曉諭，爲此示仰全省人民，一體知悉，方今鴉片禁絶，民生困苦，非振興鑛業，不足啟天然之利，救目前之窮。本督部堂蒞任以來，勞心焦慮，屢請命於朝廷，乞撥的款，經營滇鑛，並擬捐廉提倡，力助其成。吾滇紳民，有能勉著先鞭，籌集現資興辦鑛廠者，一經章程議妥，稟呈到院，立予核明批准，並飭各地方官妥爲保護，果能辦有成效，並當酌予奬勵。其有集會結社，專爲研究鑛事者，本屬人民應盡義務，惟須謹遵國家法律，明白呈報，静候查核，其以個人意見投書於業經呈報之鑛務調查總會，開發鑛務義理，均聽其便。除軍人教習學生警員各有執務，律戒紛營，曾犯監禁以上之罪者，不合資格，律重削奪，均應遵律分别停止入會，禁阻入會外，其餘果能恪守法律，准由巡警道暨各地方官監護維持，倘敢秘密結會，以及造謡聚衆，藉端滋事，非法煽動，妄佈文告，應即嚴切禁止，並責成該管官吏，隨時訪查，如仍有心違犯，查有實據，即行拘提首要，按律懲辦，示出法隨，決不姑宥。凡我滇人，當此時艱，務諒本督部堂籌維審慎之苦衷，各奮切實自求之毅力，父詔其子，兄勉其弟，早集資本，自闢利源，勿令寶藏棄地，長此憂貧，勿爲無益囂張，徒貽口實，並不可輕聽謡傳，冒昧生事，自取咎戾，苦口諄諄，各宜遵懔，特示。

右仰通知。

雲南省檔案館等《雲南近代礦業史料選編》第三輯上卷《欽命頭品頂戴雲南等處承宣佈政使司沈爲録批移會事宣統二年八月十七日》 奉督部堂李批本司會同貴前道劉、呈詳遵札核議留學英國礦學生梁焕彝摺呈，調查東川銅礦及馳銅禁一案，奉批文悉。全體弛禁，目前既礙難實行，自應採用分别弛禁之法，參酌第三第四兩策暫行試辦，俟全省銅礦産額漸豐，所抽銅課足供京運，再行一律開放。惟來詳收除東川之湯丹四廠外，悉數弛禁，恐四廠商民舍此趨彼，則官廠産額衰落，京運數目難保。且既云悉數弛禁，仍以三成歸官，終非弛禁初意，應將來詳所云，畧加變通，分爲兩層辦法：一、向領官本之湯丹、落雪、因民、茂麓、多樂、鐵廠、青龍、東輝、中甸、香樹、將軍石等廠，照舊辦理，專供京運。其有曾領官本未經報明之廠，應即極明照辦，將來體查情形，如各該廠有宜提歸商辦者，隨時由官家核奪辦理；二、附近向領官本各廠，礦界百里之外，悉數聽民開採，自由銷售，但須照章納課。似此辦法，既可保京銅運額復不失弛禁初意，至加價一層，應分別辦理，藉爲獎勵之法，以期官廠産額日增。嗣後銅斤産額應就各廠各擇一較旺之年作爲比較，凡各廠以後所出銅斤額數如在此比較數内，每百斤仍照舊發價十七兩。如溢比較額數，則其溢額之銅，每百斤加給銀價三兩，藉資鼓勵。又聞各局收銅，弊端甚多，每有苛擾商民情事，應嚴飭剔除積弊，另訂妥章，以資整理。納税一節，查隆興公司税率除出口時照納關税外，只納值百抽五之落地税，此外常税，釐金一概免除。目前弛禁，提倡初辦數年，所有民間應納税額，暫不比隆興再行加重，但抽收之法如何？應由何處經理？均應與官局收銅事一併妥擬詳章，以免偷漏煩苛，官民兩病。仰仍會同妥速擬章，詳候核奪，並先將上開弛禁辦法通飭遵照，一面曉諭民間，免致畏葸趦趄，終使天然之利，久悶不發。切切繳。等因奉此。查此案副稿已於具詳時封送在案，茲奉前因，相應録批移會。爲此，合移貴道請煩遵批妥速擬章會詳，並通飭遵照施行。須至移者。　右移雲南省勸業道

宣統二年八月二十三日

《商務官報》宣統二年九月五日第二三期《批臨江會商民張秋如稟》 前據稟控寶興號煤廠周峨等抗債不歸，懇請核辦等情。當經札行直隸勸業道飭屬訊斷，並批示各在案。茲據該道詳稱，飭州傳集訊明，兩造均願遵斷取結完案，詳請核銷等語。除准銷案外，合行批示遵照，此批。十月二十八日。

四川省民族研究所等《清末川滇邊務檔案史料》上卷《札委張以誠爲礦務委員前往納奪等地籌劃開礦宣統元年九月二十九日》 照得邊務地方，各礦俱産，因土司、喇嘛、頭人、百姓等不知，開礦之初，俱感於神山之據，禁止開採，以致利棄於地，甘受貧苦。本大臣見蠻民困窮，心甚憫惻，亟應興辦礦務，以爲百姓廣開其利源。

查察木多、納奪、德格等處銅礦之苗甚旺，久欲雇工開採。茲查有該直屬判張以誠，礦學素精，堪以委充礦務委員之任。合即札委，爲此札仰該直判即便遵照；前往納奪、德格一帶切實查勘銅礦，究以何處爲最佳，能開至若干年而礦産不竭，柴木是否就便，能否確有把握。又在何處設廠開辦銅廠，應用何項器具、開辦經費應需若干，確切查考，逐一詳細呈復。並擬具章程來案，以便撥款，克期舉辦。該員薪水、夫馬，每月給予銀六十兩，以資辦公。

四川省民族研究所等《清末川滇邊務檔案史料》中卷《冷家驥稟請準劉光燁開辦康姑枯金礦宣統二年九月二十六日》 竊同知宣統二年九月二十五日準貴州修文縣監生劉光燁牘稱：爲牘請代稟另行探採試辦金廠事。竊生先在里塘奉欽帥發給執照，試辦里屬容得納咱金廠，地土薄散，未見大效，摺本實多，另行擇地試辦。所有在里金廠事，應在里稟銷。生八月中旬探得稻城貢屬康姑枯尚有礦苗，兼之地暖，冬間亦可常挖。量其地距貢嶺三十里，地勢夾險，順溝多挖河心，前有人居，後、左、右三面均難住人，地面寬二十五丈，順河五百二十丈，除定界限外，未能探實，商知地方委員，無得擅行開挖。生先在里廠奉帥批，内云：「所有開廠之處，是否有主之地，有無議及地租。」此處現係荒地，無從議租，將來推廣於民，有種熟之地，應照地面議給地租，並與地方委員會議合同，仍照在里辦廠章程，編立棚數，按月造報，何日得金日起，照十五名每月始納課金四錢。凡稻屬所有可開之處，生隨時探採，若能辦者，應由生指明地界，稟明欽帥，由生發給票飛，方能開挖，課歸生總結繳納，使有專規，以免私挖之弊。況貢嶺地土厚荒頗費功，祈將所呈情形轉稟欽帥發給執照，並不待照到先請出示曉諭，札飭該處頭人保護，及時開辦，免延歲月，實爲公便。如有成效，陸續推廣。所有請轉稟開廠不待照到各緣由，理合呈請代稟，須至牘者等由。准此。

同知查該監生歷辦礦務，閲歷頗深，呈驗廠規，均甚周妥。所稱康姑枯礦苗，查驗屬實，合無準其試辦。

中國第一歷史檔案館《光緒宣統兩朝上諭檔》第三六册《宣統二年十一月二十日》 鈐章，軍機大臣欽奉諭旨，禦史黄瑞麒奏，湘省鑛産豐富，亟宜提倡新法，厚集資本以興大利一摺。著農工商部查核具奏。

四川省民族研究所等《清末川滇邊務檔案史料》中卷《喬聯沅詳商人周榮山等試辦河口納利石金廠宣統二年十二月二十四日》 宣統二年七月二十三日委員詳請試辦納利石金礦一案，奉憲台批開：詳悉。納利石既有金礦可採，商人周榮山、賀藩卿等甘願承辦，照章納課，自應準其試辦。惟須與該商擬定章程，繕寫三份，以一份交商照章辦理，該員存留一份，以一份詳送本大臣備案，始行發給執照。茲將里塘等處商辦章程抄發一份，仰即與該商等議明、勘定界址，照批指各節辦理。所稱該處係明正土司屬地，仰候札飭爐廳一面札知該土司，一面會同該員出示曉諭該處居民毋得滋事干咎。繳。稟存等因。奉此。遵即會同爐廳王丞出示曉諭，一面傳知周榮山等到河口妥商辦法，委員又親往該處履勘。

查該礦地係山中溪澗，距納利石十餘里，上至杜惹崗，下至水口，長一十五

里，沿溪兩岸共寬二里，附近俱無村落、耕地，現有影道，該商等擬即在杜惹崗山脚下崖間開洞，一面在磎邊淘沙。春冬兩季天寒地凍，難以開挖，擬自明年三月內試辦。每棚定十五人，不拘棚數，臨時按月稟報，由委員發給火印腰牌。開洞以得金之日起課，淘沙以架船之日起課。每棚均月納課金四錢，並諭以廠旺獲利，本地百姓亦可分紅，俟定成股時，再行斟酌擬議。如此則有利同沾，居民或不致於作梗。今與商人立定合同三份，除交商存署二份外，其餘一份，理合備文呈請憲台查核存案，祈發給該商採礦執照，以便來年三月間招夫試辦。爲此具詳，呈祈照詳施行。

批：詳悉。納利石金廠，該員既與礦商周榮山等勘定界址，訂立合同，准予開辦。茲將執照隨批發下，仰即轉發爲要。

雲南省檔案館等《雲南近代礦業史料選編》第三輯上卷《雲南官商合辦寶華銻礦股份有限公司章程宣統二年》

第一章　總則

第一條，本公司原係商辦，現議定擴充添招官商股本，謹遵商律，定名爲官商合辦雲南寶華銻礦股份有限公司。

第二條，本公司所營商業，係採辦全省銻礦兼設廠自煉。

第三條，本公司現擬先從開(化)[注]、廣南兩府開採各處礦山，並同時建設煉廠。

第四條，本公司現擬在雲南省城設立公司董事局，在廣南府城及蒙自縣屬芷村各設純銻煉廠一所，應稟請督憲奏咨立案。計自本公司煉廠開辦之日起，仿照湖南華昌公司成案，準在雲南境內專辦十年，無論中外官商，不得在設純銻煉廠，俟限滿後，再酌核情形稟請辦理。

第五條，本公司舊有股本五萬元，現加集二十萬元，每股五十元，內集官股十萬元，其餘十萬元皆集本國人商股。如將來事業發達，可隨時議添股本，但仍不收非本國人之股。

第六條，本公司股份招足後，應稟請督憲咨部註册，並請由部頒關防，以資信守。

第二章　股份

第七條，本公司股份，均應一期繳足，先給收照，後换股票息摺。

第八條，收到股銀，下月朔取息，週年六釐，不計閏月，統於次年四月憑息摺發給。

第九條，本公司所收股銀，由總協理與董事局商同經理存放。

第十條，本公司股票分爲五種如左：一股票、五股票、十股票、五十股票、百股票。

第十一條，本公司股票面頁載股東姓名、籍貫、號數、股數、元數及年月日，加本公司圖記，再由總協理簽名蓋章後，送呈藩臺蓋印。

第十二條，本公司設有股東姓名册，所記各項如左：

一記股東姓名籍貫，並現在所住及通信處。如有更换，應即函知本公司駐省董事局。

二記各股東股數及股票號數。

三記各股份附入與轉買後附入之年月日。

第十三條，本公司股份無論如何不能提還。

第十四條，股票遇有抵押因而糾葛者，本公司惟票載及册載姓名之人是認。受抵押者亦惟票載姓名之人是問。

第十五條，凡有轉買股票之人，應將原股東之股票帶繳本公司，報明姓名籍貫，經本公司驗查有無違背章程，知照原股東，限兩個月方予註册過户，惟不得轉買與非本國人。

第十六條，凡股票息摺有遺失損毁等情，應由該股東將號數先登通行各報，須三份以上，詳細聲明。滿一個月，邀同妥保，向本公司申請，方準换給。

第三章　股東會

第十七條，本公司股東會分定期會與臨時會兩種。

第十八條，定期會於每年三月招集之。宣佈上年貿易及礦山煉廠工作，並出入帳署各情形，結算盈虧，並決議本年應佈置各事宜。

第十九條，臨時會須由董事局認爲本公司緊要事件或湊合本公司股本十分之二以上之股東説明事由，請求開會。董事局即預備召集。惟會議之期，限一月前登報通知。

第二十條，凡在定期會之月內，不在開臨時會。

第二十一條，股東會之會期、會場，並所議事件，距會期一月以前，凡十股以上之股東專函通告，其十股以下者登報聲明。

第二十二條，股東會開會時，由股東臨時公舉主席一人、副主席一人，議決後即銷除。主席有事不克到，即以副主席代之。

第二十三條，股東會須有股本三分之一以上之股東到會，方得議決事件。

第二十四條，到會股東不滿前條定數時，其會議事件不得爲決議。惟本公司可將會議事件告知各股東，限一月内再集第二次股東會。至第二次開會時，不論到會股東多少，得議決之。

第二十五條，凡有本公司股份一股者，會議時得一議決權。惟每一股東之議決權，至多不得逾二百個以上。

第二十六條，凡有本公司股份一股者，均有選舉董事會、總協理、查帳人之權。

第二十七條，凡股東因有事故不能到會者，可發表意見，委託他股東到會代表。其委託書須會議前三日繳到本公司。

第二十八條，凡受他股東委託者，其合併股數逾四股以上，議決權及選舉權照第二十五、二十六兩條辦理。

第二十九條，股東會以議決權過半數者爲決議。如可否同數，主席可於本已議決權外，另加一議決之權。

第三十條，股東會有未能議決事件，主席得延長會期，以三日爲限。其三日後仍未議決者，總協理得以己見商由董事會，議決施行，於下届開股東會報告股東。

第三十一條，凡股東須各備圖記一方，作爲委託代表及各項事件之用。其圖記字樣，須用股票上填寫之姓名及堂記等類，並將圖記式樣送繳公司，以備查核。

第三十二條，會議之事由，均記載於股東議事録，由主席及總協理董事二人簽名蓋印，存本公司。

第三十三條，凡開股東會時，雲貴督憲應派一代表人到會，查照第二十五、二十六兩條辦理。

第四章　董事　總協理　查帳人

第三十四條，本公司設董事五人、總理一人、協理一人、查帳人二人，均由股東選舉。此外，如有認爲必要時，可酌設名譽董事及名譽總協理。

第三十五條，董事有議決本公司應行事件及督率稽查之權。

第三十六條，凡董事局議決事件，總理協理務必查照施行。如實有滯礙之處，總協理得申述意見，由董事局再行議決。

第三十七條，總理應按照董事會之議決，執行本公司所有各礦山煉廠用人、辦事、理財一切職務。

第三十八條，協理應贊助總理執行前條事務。總理如有事他適，協理暫代其職務。凡總理有委託事件，協理必須照辦。但有協理認爲滯礙難行時，宜請總理交董事局議決行之。

第三十九條，總協理被股東查有舞獘，確實證據，或不能稱職之處，可報告管商各股東之董事員，量其輕重，酌核辦法。如所告不實或因挾嫌誣謗，致傷本公司名譽，應由董事局將原告股東商請股東議罰。

第四十條，查帳人之職務如左：

監查總協理所施行董事所會議是否按照本公司章程及股東會所議決之事件。

監查本公司股份、銀錢、礦山、煉廠各工作及各項收支帳目。

第四十一條，查賬人但能以所查事項報告股東會。不得進行侵害總協理及董事之行爲。查賬人如有與總協理及司事人伙串朦混，從中舞獘或瞻徇情面及不稱職，經股東確查指出，除另舉更換外，開會分別議罰。

第四十二條，董事、查賬人不能兼任。查賬人並不得兼本公司之職員。

第四十三條，董事員薪俸由衆股東會議酌定，其總協理及查賬人薪水夫馬，由董事局會議定之。

第四十四條，董事員須從中公舉一人爲董事長。

第四十五條，本公司股東分爲官商兩種，其選舉董事、總協理、查賬人之法，由官商股東分次輪選如後：

一董事五人。前次由官股東選舉三人，商股東選舉二人者，下次則官股東選舉二人，商股東選舉三人，以二年爲一任期。

二官股東選舉董事三人者，總理由商股東選舉，協理由官股東選舉。官股東選舉董事二人者，總理由官股東選舉，協理由商股東選舉，亦以二年爲一任期，但得連任。

三官股東選舉總理者，查賬人由商股東選舉。商股東選舉總理者，查賬人由官股東選舉，以一年爲一任期。

第四十六條，本公司商股應舉之總協理、董事、查賬人，須有股份至一百股以上者，方得選充。如被選人不克就職，準其舉人自代，但仍須該被選人負其責任。

第四十七條，凡選舉董事、總協理及查賬人，官商股東得分日行之。

第五章　職員

第四十八條，本公司礦山煉廠應設職員，由總理會商董事局設定後，由總理酌量聘請。但須得董事局之同意。其駐省董事局所用職員，則由董事局長主之。

第四十九條，本公司各項員役權限責任，得另訂細則。

第六章　賬目

第五十條，本公司各處礦山煉廠每月採砂收砂幾何？礦山工程以及各項用款幾何？煉出純銻幾何？煉廠各項費用幾何？運費幾何？收入銻價幾何？均須由各廠收支處造具清册書兩份，呈由總協理核准後，以一份交董事局復核登報。又每年出入統計盈虧各項賬目，除須造具表册呈由總協理核准後，交董事局核復登報外，並由董事局匯造，即送十股以上之股東各一份。

第五十一條，本公司總結時，除去各項開支並股本年息，所有盈餘作爲十成：

一成提辦地方各項新政事宜

一成作公積

一成作爲創辦人及辦事人酬勞。

（總協理在辦事人中爲最重，宜預定至少須提四分之一，以示鼓勵。其餘當臨時候董事局會議酌派。）

七成按股均攤

第七章　附則

第五十二條　本章程未盡事宜，悉遵照大清商律及礦務章程辦理。如俟後有應行修改之處，應隨時由董事局或總協理提出議決後，呈由雲貴總督核咨施行。

《通商各關華洋貿易總册》宣統二年下卷偉克非《宣統二年長沙口華洋貿易情形論畧》　提煉黑鉛官廠，上年曾經論及，不意開辦未久，遽行停歇。查該廠於四月開工，七月停止，虧本頗鉅云。嗣該廠機器，間有移往鄉中。

雲南省檔案館等《雲南近代礦業史料選編》第三輯上卷《湖南華昌煉礦雲南寶華銻礦公司訂立合同》　第一款，華昌公司承認讓與寶華公司永遠在雲南全省境內有使用華昌公司提煉純銻及水銀白鉛雄黃砂一切佛蘭西秘法專利之權，華昌公司及他公司或他人，均不得再在雲南境内開設上項煉廠，寶華公司亦不得在雲南境外開設上項煉廠。

第二款，華昌公司擔任能將寶華公司所産銻砂提煉成純與英法各國煉廠所無異。將來華昌副工程師到滇後，務將提煉純銻種種秘法及煉法中之一切化學藥品均詳細傳授於寶華公司，待寶華公司中人確能親自提煉純銻與華昌所煉無異，華昌副工程師然後可以回湘。

第三款，駐滇華昌副工程師必須盡心竭力爲寶華煉廠經劃提煉工程各事務，即如寶華礦山工程改良各事，華昌副工程師如有所見，亦當極力與寶華公司總協理會商辦理。

第四款，華昌公司既將專利權限讓與寶華，則華昌所享之利權皆寶華所應沾之利益，以後華昌公司如得有別項新法使煉費少而成色高，或製造純銻合金品及顔料已著成效，均應隨時傳授寶華公司。

第五款，合同簽字後，華昌公司當即特派華昌副工程師帶同各項爐工趕速起程，準於三個月内到滇，以便興工。將來寶華公司如欲華昌正工程師王君寵佑來滇查勘各處銻礦，華昌公司亦當約期派請前來，其薪水一切，俟日後商議辦理。

第六款，寶華公司承認給與華昌公司專權利費湘用銀圓拾萬元，分期匯交長沙華昌公司照收。

第七款，自寶華公司廣南煉廠成純銻之日起，限一月内應由寶華公司籌備匯交長沙大清銀行現期票湘用銀圓二萬元，並匯交長沙。庚戌年底，大清銀行期票湘用銀元壹萬元概由華昌公司派來雲南代表人經手領收轉寄華昌公司。如華昌公司副工程師在廣南煉出純銻經購買者聲稱其價值不及華昌所煉，可由寶華公司呈請農工商部秉公議罰。其餘應付之款，盡辛亥、壬子兩年由寶華公司煉出所得之價除去公司本年一切執事員役薪資伙食雜用並砂本煉費運費股金年息之外所有盈餘内，定於壬子癸丑兩年正月結賬後各匯交長沙大清銀行現期票銀圓壹萬元。如該年盈餘不足壹萬元，應盡數兑付。不足之數，推至下年支付，下年如再不敷，可遞推之。至寶華公司盈虧賬目，應於每年正月按照本合同後附粘之結算盈虧表式填明，録送華昌公司駐滇代表人查核。其餘銀圓伍萬元，於癸丑年正月由華昌公司全數拔入寶華公司股分。寶華公司應照數填及股票交與華昌公司，以後一切股息紅利及股東應有之權利，均與官紳各股東一律看待，並由華昌公司填給收條，交與寶華公司收存。

第八款，寶華公司因欲華昌永遠共同經營此事，故華昌所入股本應遵照寶華公司章程，無論如何不能提回，以達永遠共經營之宗旨，其餘悉遵商律辦理。

第九款，寶華公司新章，總理係由官商股東分次輪選，將來華昌公司之伍萬元入股後，應即有分次選舉總理之權，惟如何分期之法，應俟入股時由兩公司協議加入寶華公司章程之內。

第十款，寶華公司應先電匯華昌副工程師川資旅費銀三百兩，將來返湘時其川資亦應如數照給。至所帶各項爐工旅館伙食若干，下等船費車費若干，呈請寶華公司照給。

第十一款，華昌副工程師自到滇之日起，應由寶華公司月送薪水銀壹百兩，其餘各項爐工每月工資若干，當由華昌副工程師酌定，知照寶華總理如數照發。

第十二款，華昌副工程師在寶華公司任事年限内，將來按年分配辦事人應得紅利，其數應與公司總理所得相同。

第十三款，華昌公司專利權應付之款，在寶華公司尚未兑訖之先，除副工程師有不稱職及舞弊情事，寶華公司得商請華昌公司辭退，候由華昌公司接派外，寶華公司不得無故辭退華昌副工程師。如寶華公司中人確能親自提煉純銻與華昌所煉無異，且其所煉純銻之價值確與華昌所煉相同，然後華昌副工程有隨時自由請退之權。

第十四款，華昌副工程師於前款期限内，有稽查寶華公司各處礦山煉廠事務及各項賬目，並補革有關提煉各項工【略】意係在爲寶華公司力求撙節而使工人勤分從事爲主。惟補革各項工人及隨時增減各項工資，仍應由副工程師開單交請寶華公司煉廠坐辦執行，以一事權。但坐辦必須遵照華昌副工程師開單辦理，以免致礙煉廠工程。

第十五款，駐滇華昌副工程師如有萬不得已之故及須請假回湘，必經華昌正工程師或其他副工程師前來代替，始克起程。其彼此往來川資概與寶華公司無涉。

第十六款，華昌公司現有先煉成銻養三及先煉成銻養四以煉純銻兩法，寶華公司現擬即行創設先煉銻養四以煉純銻。各種爐竈在廣南府城及芷村兩處提煉，惟因寶華公司所有開化茅山硐各處銻砂多不純净，且用銻養三爐以煉純净之礦亦竣用銻養四爐爲省費，現定簽字一年之後，在蒙自附近地方創設先煉銻養三以煉純銻各種爐竈，並暫向華昌公司定造銻養三鐵爐兩座，議定每座價湘平銀三千兩，現交定銀四千兩，限於一年之内造成□□各種電機鍋爐亦當於一年之内由華昌代表人代在香港購妥運滇。届期當由華昌特派各項機器工匠來滇，包爲建設完竣然後反湘。至將來各項機器工匠川資工食，隨時酌議。

第十七款，華昌公司所派駐滇代表人，寶華公司須得有華昌總理由湘來電或信據承認的確，始有辦理銀錢及一切交涉之權。

第十八款，華昌公司代表人應會同寶華公司代表人具呈附粘本合同，呈請雲貴督憲及農工商部存案。將來如彼此有違背本合同情事，當請農工商部按照商律辦理。

第十九款，寶華公司銷路未經自行辦妥以前，華昌認爲代籌銷路。

第二十款，此合同經由寶華公司官股商股代表人及華昌公司代表人簽字後，並請雲南勸業道憲蓋印以昭信守。

第二十一款，此合同書兩分，一存寶華公司，一存華昌公司。

湖南華昌公司代表人　梁焕彝

雲南寶華公司代表人　沈秉堃　陳榮昌

憑中人　王賡虞　金晉芳　劉孝祚　唐璆

雲南省檔案館等《雲南近代礦業史料選編》第三輯上卷《弛禁告示》

雲南佈政司示：

雲南勸業道袁

照得雲南銅礦　向應繳官解京
無論官辦商辦　私銷禁令嚴明
督憲提倡礦業　格外體恤商情
以爲此等限製　妨礙礦業最深
司道會詳弛禁　已奉批準明文
嗣後官本各廠　始有京銅責成
其餘商本辦銅　盡可納課銷行
得銅如無銷路　仍可送庫收存
只要銅質純净　照章給價公平
廓除收銅積弊　分別訂立章程
隨同告示宣佈　商民一體遵循
自經弛禁之後　辦銅無所拘繩
大家放手辦銅　礦利普及滇民
何患煙利禁絶　閭閻日日憂貧

章程具列於左　其各感奮振興，

【署】

照得銅斤弛禁　已有通飭明文

惟領官本各廠　關係京銅責成

該廠附近地面　嚴禁商民私侵

礦界百里以外　始可準商辦行

前奉院批在案　再爲懇切申明

凡屬官產爐户　銅斤繳局運京

自此示諭之後　商民其各懔遵

雲南省檔案館等《雲南近代礦業史料選編》第三輯上卷《官局收銅章程》

一、嚴禁需索。滇廠收銅，向有利銅費，爐火費、手炭費種種不經之名目，光緒三十四年三月，曾經迤東銅務委員嚴守慶祺稟請禁革在案。此等積習，各屬官廠難保無剷除未盡者。此次定章以後，一概嚴革務净，不得絲毫藉端需索；

二、所有收銅號秤應由勸業道照京銅局嚮用志碼，較準頒發遵用，不準私用重秤。各商解銅到局，該員司即時限同稱兑，不得託故片刻，留難延擱；

三、驗收銅色但能及八五成以上者，不得故意挑剔不收，但八成五以下之銅，各商亦不得濫解到局，希圖朦收；

四、價脚銀兩，收銅後即行發給，不準折色扣手，不準局中員司强以貨物抵充。但各商自願以價購取朦局存儲之油米雜糧等類者，聽然。價值亦宜公允，不得稍有抑勒克扣；

五、如有違背以上各條及其他近於需索舞弊情事者，準各廠商爐户指名據實上控，立予澈查嚴辦。書役勇丁，由局隨時嚴密查察，犯者分别情節輕重，酌予革罰懲辦。局員失察或知情故縱者，查實分别詳情撤參。爐商有挾嫌誣控者，查實反坐；

六、以上各條章程，暫時作爲試辦，如有窒礙，準由該管局署隨時稟候勸業道酌改報院飭遵。

雲南省檔案館等《雲南近代礦業史料選編》第三輯上卷《抽收銅税章程》　一、凡不領官本之各銅廠，每出銅壹百斤，抽税銅五斤，本省常税釐金一概免除；

二、商銅照章納税之後，聽其執持運票自由售賣，惟不得帶銷未税之銅，違者查出按照税率加十倍議罰；

三、抽收税銅用連三印票，分存根、運單、驗單三節，統由藩司衙印發，交地方官征解，存根留存地方官衙門備案，運單由指銷地方釐局撤銷，按月匯繳藩司驗單，隨同課銅按月解繳勸業道，以便互相鈎考。式如左：【略】

四、按照礦章，出井税應照出井之礦抽收鈎稽，較爲繁難，兹定銅税專抽出爐之銅，就爐户征收，以期簡易而免遺漏；

五、某廳州縣境内有煉銅爐户幾家？每家設爐幾座？幾日煉銅一次？每爐能出銅若干？應由地方官查明造册，分别存報。如在造册之後添設新爐，必呈報地方官核准註册，違者照所設之爐煉銅三個月應納之税議罰；

六、凡註册之爐户有歇業者，應即呈報地方官註銷册名，有停煉幾日者，應到就近該管局員或地方衙門報明備查，違者仍照章征税；

七、凡爐户呈報事件，無論局署皆不準絲毫留難需索，違者準該爐户上控勸業道衙門從嚴究辦；

八、抽收銅税用就爐征税之法，責成爐户稽查。凡銅到爐房，非納領税票，不許運出。有私運者，查出全數充公，並將爐户議罰；

九、各釐局税關，於過境銅斤驗明斤數與票載相符，立即放行，概不重征，不許絲毫留難阻滯；

十、以上各條章程作爲試辦，如有窒礙，準由該管局署隨時稟勸業道酌改報院飭遵。

四川省民族研究所等《清末川滇邊務檔案史料》下卷《里塘糧員詳傳嵩炑商民范長興請辦色許金廠宣統三年四月十五日》　案據商民範長興稟稱：現民勘得莫拉石村色許地方尚有礦苗可以開挖，擬請自費開辦，定名爲大興金廠。若蒙允準，招集金夫二棚，四月初一日開挖，並請股實保人羅全順作爲鋪保。應完課金，遵章按月繳納等情。據此。

經糧員派通事謝述民前往查勘，旋據該通事回臺復稟：勘得色許在莫拉石哈同村之側，其廠地東至達的，西至海子山，東西相距三百丈；南至桑日那山脚，北至巴依村，南北相距二百六十丈，開挖沙金尚無窒礙。

除飭該商遵照外，理合援照各廠通行規定章程，詳請憲台俯賜察核示遵。如蒙允準，並懇隨批頒發執照，以便轉給該商，合併聲明。

計呈章程一份。

計開：

一、宗旨　本廠係自籌資本，稟請試辦。有效則遵章納課，無效免集資纍人，以不招外股、保全名譽爲宗旨。日後廠旺推廣，成本不敷，準議招集華股，另立名目，不得暗集洋股，亦不得集股教民，免生交涉。

二、廠址　里塘南行，莫拉石村順河曠地，與民間種地無礙。計廠地：東至達的，西至海子山，東西相距三百丈；南至桑日那山脚，北至巴依村，南北相距二百六十丈。四至豎以木椿爲界，上寫大興廠某界，分别東、南、西、北字樣，不得越界開挖。日後歇業，不得另租，廠房亦議歸公。

三、廠名　此係自資開廠，不得藉立公司名目，招摇集股。其廠擬名曰大興金廠。

四、人數　擬照關外現辦大凝、燈盞窩兩處辦法，每棚計查班、伙夫、柴頭、雜務四人，連棚頭、挖、背等夫十一人，計以十五人爲一棚。廠房書立名簿，礦夫各懸腰牌，一杜增多蒙混，一免匪類潛留。遇有在市採買滋事礦夫，更便認識訊辦。

五、廠規　各項礦工，即責成本廠承辦礦商範長興管束。凡雇用漢夷礦工及採買食物起用烏拉，均用民價。即曉諭附近居民，如有藉差勒索情事，概爲該礦商是問。

六、限期　執照以六個月爲限。自開工日起算，至六個月爲止，爲試辦第一期。如期滿之後，仍願續辦，即將第一期所領執照繳銷另换。如即停辦，亦應將照繳銷，由地方官出示曉諭，俾使周知。

七、課金　創辦之始，成效難期，請從得金之日起，每棚月納金四錢，按月繳納。設甲月不敷，準緩至乙月合數呈繳，不得藉故延累，有誤正供。棚數遇有增減，隨時稟請地方官復查，按棚納課。日後期滿，應行另議課金。如礦産不旺，準由該礦商上稟停辦，止納課金。

八、月報　廠内人數增減，由承辦礦商隨時稟由地方官稽查。即由地方官按兩月詳報欽帥備核，以杜蒙混，短納課金。

九、權限　廠内附近地方，無論公事民情，該礦商不得越俎沾染。礦工人等遇有交涉不平事件，亦須稟由地方官持平辦理。

十、合同　礦産地段，試辦期限既已載明，即以所議章程繕就兩份，蓋用糧務銅質騎縫關防，合寫大興廠合同字様，一給承辦礦商，一存糧務。期滿如請續辦，章程有應增減之處，即將第一期合同收回存案，再行另立合同。

批：詳悉。該商民勘得色許礦稟請試辦，如詳照準。兹隨批發下執照，仰即轉飭承領。

「中央研究院」近代史研究所《礦務檔》第六册《宣統三年四月二十四日外務部收雲貴總督李經羲電議商廢約暨藉款》　宣統三年四月二十四日，收滇督電稱，石大胡同高丞堂，申，滇人於礦約成不解讎恨，隆興則以積憤拼，一決裂生事，士囂民愚，兩激成禍，到此時間，非解不可，矧藉款廢約，要挾必多。誠如明論，惟不藉款，專言廢約，隆興非五百萬兩不可。以七府地廣，經營且十年也，舍此則界争於外，礦鬭於内，政府疆臣，更形棘手，倘能礦解路成，持此慰安滇人，争界内訌，暗中鬆動，解決或者稍易，腐心敝舌，萬非得已，設仍中沮厄運，爲之無可救矣。此事磋磨三月，羲以商許八萬磅，意中仍以十萬磅爲限。較津浦減酬一半，較福公司減贖費一百九十萬，興隆與争持正苦。人人云，做不到。蓋設以藉款論，無津浦工料專利，以廢約論，礦權反大過福公司三倍也。現仍加勁確商，或有萬一，至於藉款主權，不容再失，顧問一層，亦難援例，事寧不成，愚志難奪，祈公預呈閣部，指示機宜爲幸。羲。二十二日。

四川省民族研究所等《清末川滇邊務檔案史料》下卷《里塘糧員詳報傅嵩炑清查金廠並請另擬章程宣統三年閏六月十二日》　竊本臺各路金廠，經糧員曉諭禁止私挖，並飭保正、村長清查。凡開辦金廠者，無論漢蠻既往不咎，務自本年起一律呈報領照，遵章納課。前於詳報甲兜、資列等承辦角母洞金廠文内，曾經聲明在案。兹查自六月中旬起十餘日間，據先後來案認課者計四十六棚。其中有資本稍豐而礦硐復佳終年可挖採者；有資本無多，或憑溪水之發枯，甫入冬而停辦；更有瀕臨河岸，夏水驟漲沖淹，旋辦旋停；以及二三窮民率其家人父子隨地開採，不成棚數。種種情形，至爲不一。然漢夷比較，蠻民開挖直佔十之八、九。但能於認真之中，寓以寬大之意，亦常年入款之一大宗也。現計新查認課者四十六棚，截長補短，年間以一期六月計，每棚納課四錢，月可納課金十八兩四錢，六個月共可收課金一百一十兩零四錢，合之前此四、五等月報辦七棚金廠，前後綜計已五十三棚，此後辦理合宜，課金當可有增無減。

惟章程以六個月爲一期，期滿須另换執照。課金一條，期滿續辦應行另議等語。查六月一期，期滿换照，所以防積久漏課，便隨時稽查；續辦另議課金，所以防輕重未均，得隨時更定。第現在每月每棚課金四錢，約值銀十三兩四錢左右，似已斟酌適中。間有續辦换照者，在公家並未另議加課，而民間不解，終以期滿又須换照加課爲章程所定，不無疑畏。邊民智識未盡開通，亦無足怪，已由糧員詳加開導。此後擬請將章程限期一條，只載明承辦之初，務稟報請照章納課，停辦將照繳銷，不繳仍令納課，毋庸分別第一期、第二期、試辦、續辦等字樣。課金一條，暫以每月每棚納課金四錢爲定，將續辦另議課金一層删去，俾民間知直捷了當辦法，將來成效昭著，應否酌加，再爲請示辦理。其餘各條亦擬稍爲删簡，蓋現在辦廠，蠻民頗多，翻譯章程取其明簡易曉而已。迂愚之見，是否有當？伏候衡裁。如蒙允準，或由憲台改訂頒發，抑由糧員擬定詳請核奪，並乞示遵。

批：詳悉。開礦章程，仰即擬定詳案核奪，惟不定期限，礙難照準。

四川省民族研究所等《清末川滇邊務檔案史料》下卷《里塘糧員詳傅嵩炑桑皆銀巴試辦撒馬金廠宣統三年閏六月初六日》 案據本臺墨哇村民桑皆銀巴稟稱：竊民於本年五月初十日在毛丫溝撒馬地方開辦礦廠，兹奉清查，自應遵章繳課。惟民原集金夫三十人，照章作爲二棚，每棚月納課金四錢，預繳五月初十日起至十月初十日止，連閏計六個月課金四兩八錢等情。據此。

糧員當派通事謝述光馳往查勘，旋據該通事回臺稟稱：勘得該廠地面，東自厦冬山山根起，西至大河邊止，東西相距六十丈；南自青達起，北與角母洞金廠連界止，南北相距一百四十丈。當將四界竪立木樁。除飭該民遵照並立具合同外，所有桑皆銀巴試辦毛丫溝撒馬金廠並預繳課金緣由，理合繪具圖説，詳請憲台俯賜察核示遵。如蒙允準，懇請隨批頒發執照，以便轉給該商承領。

《兩廣官報》第一三期《督院張批東勸業道詳畢業生曾耀薪等承辦羅定州黄嶺金鑛緣由文》 據詳及章程圖説均悉，畢業生曾耀薪等招集股本組織公司，擬章繪圖，備繳照費，稟勘羅定州屬黄嶺金礦，既據該道逐細核明，填照給領，應准照辦，仰即移行該管文武派撥兵差隨時妥爲保護，毋任鄉民滋擾。至該鑛場前因杜姚二姓控争，迭經由道飭州妥速核辦，仍應勒限嚴催辦結，以斷訟籐而維鑛政。此繳章程鑛圖存。閏六月二十七日發

甲　原詳

爲詳報事，竊據羅定州鑛務股份有限公司紳商留美紐柏佛大學畢業生曾耀薪等稟稱，竊生等於宣統二年十月間，在憲轅稟請勘驗羅定州屬古杭墟黄嶺等處鑛産，業蒙批准前往會州勘驗。當經將黄嶺金鑛苗質頗佳情形稟明察核，並奉飭妥定辦法，嗣由生等招集省港股東組織該州屬鑛務股份有限公司，公推唐監督有恒充任總理，並擬具章程呈候核示。蒙批飭令改正各在案。惟查新定鑛務章程第二第四兩條内開，凡稟請辦鑛須先領有探鑛執照，並將所指鑛地四至遠近，大小若干方里，合計若干畝數，繪圖貼説，呈請查核。兹查稟勘鑛地係羅定州屬黄嶺官荒山場所産之鑛，類屬金鑛，該鑛山西邊土名鑛路，東邊土名黄膽嶺，東至西匀計一百一十丈，南至北匀計七十二丈。除江杜兩姓民居不計外，其餘全山均擬圈入此次勘鑛界内，其界之四至東至田面爲界，西至田面圳爲界，南至坑田面爲界，北偏東一邊至杜家屋背圳面爲界，偏西一邊至田面圳爲界，統共面積一百三十二畝，計得九個鑛界有奇。窿口左側有羅姓墳一穴，業已商允遷讓，餘外並無他人物業及他人已有之利益，核與定章相符。兹擬公司章程一，扣鑛山圖式二張並繳勘鑛照費五十兩銀單一紙，一併呈請憲台察收，迅賜轉詳督院核給立案，俾得祇領信守，以符定章而興鑛務。計呈改正公司章程一，扣鑛山圖式二張，並繳勘鑛照費五十兩等情到道。據此伏查羅定州黄嶺金鑛既據該生等招集省港股東組織公司，公推唐編修有恒充任總理，擬具章程，業已遵照前批更正。復加查核均尚妥協，所繪鑛圖四至界址亦屬明晰，共計該鑛回積得一百三十二畝，計九個鑛界有奇。窿口左側有羅姓墳一穴，業已商允遷讓，餘外並無他人物業及他人已有之利益，似應准予照辦，當填粤字第二十二號勘鑛執照一張，隨批發給具領俾資探勘。至該鑛前因杜姚二姓垂涎争奪，分詞呈控疊經查據，州判嚴切批駁，並委員會州勘辦。嗣據該前州周牧仁稟復訊明斷結情形，核與判詞前後不符，行令再帶同弓丈手逐一復勘，未遵辦卸事。又經批飭新任夏牧錫疇遵照疊批妥速核辦，復奪各在案，應再札催該州限期遵辦了案，以斷訟籐而維鑛政。除將繳到勘鑛照費銀五十兩照章留充公用，並札州遵辦外，所有填發羅定州黄嶺金鑛勘鑛執照及飭州妥辦各緣由，理合詳請憲台察核，俯賜批示祇遵。

乙　章程

第一條，謹遵商律，定名爲羅定州鑛務股份有限公司。

第二條，本公司所做貿易係專一調查勘驗及開採羅定州及州屬各縣鑛産，以謀鑛務發達地利振興爲宗旨。

第三條，本公司總事務所設在廣州省城。

第四條，本公司因鑛務艱難，動虞虧折，擬請勸業道憲准予凡在羅定州及州屬東安西寧二縣鑛産，本公司得以調查先行稟報立案，然後次第開採，如本公司不願或無力開採，方聽由他商稟請承辦。

第五條，本公司現擬請領勘礦執照，先從勘驗羅定州屬古杭墟黄嶺金鑛著手，一俟指定礦地，然後請領開辦執照遵章註册立案。

第六條，本公司今開黃嶺金鑛，擬先集股份五萬元，分作五千股，每股十元。皆爲本國商股，不附洋股，如將來股本不敷或兼辦他鑛需用鉅款，再行會議擴張。

第七條，本公司遵照大清礦務章程，所有領用礦地如係官山即作爲官地股辦理，惟本省奏案准除應繳礦界年租官礦地租外，全行恩免五年一切繳納出井税出口税及官股餘利等項，本公司自應遵照一體邀免，如限滿時，本省續請免税，本公司亦准一體邀免。

第八條，本公司查照礦章第二十一款，金礦爲丙字類礦，所得餘利除去地租礦税用費公積外，國家與礦商各得一半，似此辦法揆以現在情形，十鑛九空，幾成通獘，若不優予利益，礦務恐難發達。擬請俟奏免官股餘利五年，期滿後察看本公司辦理情形，量予通融辦理。

第九條，本公司創辦伊始，勘驗開採提煉各事，頭緒紛紜，責繁任重，若聘用礦師司理一切，耗費過鉅，公司未獲其利，先耗鉅費，殊非所宜。現由礦師曾耀薪等數人勉爲其難，實力擔任，並不支取薪水，公司之成立及開採提煉之佈置深賴其力，故公司特撥給紅股共五百股作爲酬勞，以爲熱心公益提倡實業者勸。此種紅股與銀股一體，永遠沾受本公司各種利益，惟不得轉售他人及支取老本息，以示限製。

第十條，本公司所得入息除去地租礦租老本息及一切費用外，擬提百分之五以爲公積。

第十一條，本公司查照礦章第二十一款，凡官地股須由官派員駐礦，隨時稽核數目，考查礦工。當兹實業創辦之始，特恐招股時商情疑慮，滋多致成觀望，擬請免派委員駐局以省縻費而順商情。如有疑問，可隨時派員查核。惟彈壓保護是地方官專責，自應稟請隨時照料，以免意外而重鑛政。

第十二條，本公司謹遵鑛章，一俟請領勘開執照之後，即行查照附章第四十三四十四四十五四十六等條款辦理，按期册報。

第十三條，本公司股份每股資本金十元，以本省雙龍毫爲本位，勘礦時每股先收二元，先給收條，後換股票息摺，其餘九元則俟開採再行定期開收。登報廣告，如逾限不交，其股份作爲註銷，不得再享公司利益，已交之二元亦概不發還。

第十四條，本公司收到股銀，則由交銀之下月初一日起息，週年六釐，不計閏月，統於次年十月，憑息摺發給。

第十五條，本公司所收股銀，由總協理督同經理財政員妥爲存放。

第十六條，凡佔股者給與本公司股票一張，若所認不止一股，欲從簡便合作一票者聽。

第十七條，本公司股票面頁載股東姓名籍貫號數股數圓數及年月日，加本公司圖記，再總協理簽名蓋印爲憑。

第十八條，本公司設有股東姓名册，所記各項如左：

一、記股東姓名籍貫，並現在所住及通信處，如有更换，應即函知本公司駐省事務所。

二、記各股東股數及股票號數。

三、記各股份附入與轉買之年月日。

第十九條，本公司股東無論自買人與轉買人，以載於股東名册者爲憑。

第二十條，股票遇有抵押因而糾葛者，本公司惟票載及册載姓名是認，受抵押者亦惟票載姓名之人是問。

第二十一條，凡有轉買股票之人，應將原股東之股票帶繳本公司報明姓名籍貫，經本公司查無違背章程，知照原股東限兩個月方准註册過户，惟不得轉賣與外人。

第二十二條，凡股票息摺有遺失損燬等情，應由該股東將號數先登通行各報三份以上詳細聲明，滿一個月邀同妥保向本公司聲請方准换給。

第二十三條，本公司設總理一員，協理二員，專理一切公司大小事務，由創辦人公推充任。

第二十四條，本公司所有辦事員司悉由總協理聘請。

第二十五條，本公司所有用人行政悉由管理員擔負責任，每届一年，期滿總結。本公司當將辦理情形，及進支各項詳細列表造報，並將年内月息紅利呈送勸業道憲察核。至每月出入細數，應按季造報一册，繳勸業公所。倘有疑問，可隨時派員到查。

第二十六條，本公司賬目凡在五十股以上之股東，可以隨時查閲。

第二十七條，本公司總結時除去各項開支外，分爲二十成，以一成爲各廠辦事員酬勞，三成爲創辦人及總協理之酬勞，十六成照章按股分派。

第二十八條，此係暫定章程，將來如有必須變通更改之處，再爲妥定施行。

「中央研究院」近代研究所《礦務檔》第六册《宣統三年七月初六日外務部發雲貴總督李經羲電滇省京官冒昧稟部廢約事尚祈原宥》 宣統三年七月初六日，發滇督電稱，雲南督憲鈞鑒，申、隆興礦約，業已由部與英法二使議決取銷。今日交換照會，詳情由部電達，償款共計一百五十萬，分作六期，兩年半歸還，雖與鈞電原允之一百二十萬之數增多，若除去原議藉款之九五扣七萬五，及歷年節省利息十五六萬，所增尚多十萬左右，謙知利薄弱。又體滇省京官急切消約之意，冒昧稟部定議辦理，雖近粗疏，亦實出於萬不得已，尚祈憲台原宥，説事已畢，旬日内即當出京到滬，稍稍停頓部署，即力疾就道。出京以前，擬先赴太原一行，查看該處鐵路。其所以與滇路貴賤不同情由，以備他日參攷，在滬行期一定，即當稟聞。謙叩。

「中央研究院」近代史研究所《礦務檔》第六册《宣統三年七月初九日外務部收雲貴總督李經羲電隆興公司無正當產物交與中國》 宣統三年七月初九日，收滇督電稱，外務部鈞鑒：洪，奉准初六電示，隆興礦約取銷，全賴鼎力維持，得有成議。惟鈞電内有派員將該總分公司一切產業物件，均行收回等語。查隆興在滇賃屋居住，一無建築，未聞在何處分設公司，未見有運存機器，亦未見有租執埠地礦山，風傳所執合同，亦因需款支用，抵押匯理，僅知其以隆興出名，運購白鉛，尚存埠棧。據此情形，恐無正當產物可收，除仍遵電行司確查咨報外，謹先奉聞大畧。經羲。庚。

王彥威等《清季外交史料》卷二二三《外度商三部奏議結滇省隆興公司鑛案取銷原訂合同摺》 外務部、度支部、農工商部奏，爲議結滇省隆興公司礦案，取銷原訂合同，恭摺會陳，仰祈聖鑒事。竊光緒二十八年五月初十日，臣部具奏，遵議滇省鑛務章程一摺，奉硃批，依議，欽此。欽遵由臣部派員與法員彌樂石將議定雲南府等七處鑛務章程二十四款，於是年五月十六日，在臣部畫押，並照會法英兩國使臣在案。該章程内載，法英兩國設立隆興公司，糾集資本開採雲南澂江、臨安、開化、楚雄、元江、永北七處鑛產，雲南大吏允奏，請國家給該公司承辦，以六十年爲期限。開鑛之股本不過關平銀五千萬兩，公司事業虧累，自行擔任，與中國國家、雲南大吏毫不干涉，倘照辦時或有争執，應由雲南大吏、法國公使、英國公使各派一員，會議剖斷各等語。嗣該公司履勘鑛產，時啟争端，滇省紳民數次集會，建議呈請廢約，經雲貴總督李經羲與該公司商議，承辦大宗藉款興修滇路，即將前項鑛約作廢，意在籌邊弭患兩益交資。惟雖經該省商辦多次，迄無成説，該公司代表高林士忽置藉款修路於不議，專就贖約一層，要求酬款四百萬兩，滇省僅允給一百萬兩，遂致所議中輟，高林士旋即來京，經法英兩國使臣出而争論，堅請速定鑛案辦法，即行議結。臣等公同商酌藉款，關繫重大，斷非可輕易成事，此時若仍將路款並提，彼必不肯續議，不如就鑛約一節，先與解決，藉省轇轕。經臣部電商雲貴總督亦以路鑛分辦爲然，當由新任雲南佈政使高而謙秉承臣部、度支部籌擬應付方法，與該使臣等，晤商多次，竭力磋磨，議定由中國以庫平銀一百五十萬兩，給與隆興公司，取銷原訂合同，其款分作六期歸付，每期付銀二十五萬兩，第一期一月内歸款，餘五期每六個月交一次。所有該公司暨分公司一切產業物件，均交還中國，永與該公司無涉，款項由度支部墊給，滇省分十年陸續歸還。業經臣部照會法英兩國使臣聲明作據，該使臣等均先後照覆，允認備案。伏維滇省幅員寥闊，鑛產之饒，久有著聞，近日該省屢議集款開採，衹以隆興成約在先，一有設施，動多牽製，而該省紳民亦時以原定合同範圍太廣，引爲隱憂，現經該佈政使相機因應，得將原約議廢，庶可消除宿案，永斷葛籐。嗣後仍應由雲貴總督隨時鼓勵該省紳商將一切鑛產實力籌辦，務期成效昭著，款不虚糜，以闢利源，而興實業。除電該督就近確查該公司，如有物產即派員妥爲收回外，所有臣等議結滇省鑛案緣由，理合恭摺會陳，伏乞皇上聖鑒。再，此摺係外務部主稿，會同度支部、農工商部辦理，合併聲明。謹奏。宣統三年七月十四日，奉硃批，依議，欽此。

王爾敏等《盛宣懷實業函電稿》下册《盛宣懷致總理衙門路礦總局》 京總署、總局：文電謹悉。美國特派律師坎理到滬，議立正約，大致不出伍使所訂草約範圍。惟送來鐵路相近處開礦章程，意在必辦。伍使前因美公司必欲兼辦礦，如不允礦，則路債不成。其時法欲勒造粵路，亟圖美成，故商之香帥，允立專條，語尚活動。此次對坎理云：「路礦總局奏定新章，路、礦不能兼辦。」坎理云：「美約在前，不應阻止。」竊思湘、粵礦甚多，英、法皆覬覦，與其用英、法而礙大局，尚不及用美款。（原删：可免爲英法奪佔）但管見中國財產莫大於礦，目前雖不得不藉資洋力，將來學堂人材輩出，不難自辦，轉貧弱爲富强，實有關係。若照山西、四川一紙合同，即以全省六十年無限地利悉歸外人，名曰華股，實皆洋股，且恐藉開礦而漸及派兵保護，佔利竟致佔地，恐貽後悔。擬請嗣後洋款辦礦，不得擅指全省，止可就礦言礦。譬如辦開平煤礦，只就開平而言，推及一郡一縣已多矣。至路礦勿兼，自係杜洋人索路併索礦也。若中國自造路，自開礦，想不在禁例。如美議路約必欲請藉款開礦，擬由總公司另舉華商就近路處所指明若干處，酌照山西章程，嚴定界限，所收礦利，悉歸路礦總局。倘路利不足還路債，可將礦利補湊，免累公中，似亦有益無損。乞鈞裁示復。宣懷謹肅。元。

一等，密新，十三。

王爾敏《盛宣懷實業朋僚函稿》上册《謝家福致盛宣懷函二十六》　補樓主人侍者：下走在滬本擬小遲，旌旆以上月出門時聞耗捷走，即案上筆研亦未收束，旅中衣服亦未挈帶，是用回里一行，稍作整理。前日到家隨事收束，姑作客游之勢，實則鳥倦于飛，起侯積風矣。江線事同人皆爲必准，自鄙見窺之，不由執事督理，雖准無益，況未奉批耶。荆局事滬鎮存貨十分滯銷，竟成無可如何之勢。然無不了之局。上游各局存貨已清，所難者，湘莊尚無頭緒，已請丁伯翁偕漢局一友，於初六、七前往督催矣。除湘而言，出入盈虧皆可預計。金立翁已到上海，與子萱會核後，即可得其大畧。穀人擬重整旂鼓，專候良教，再作區處。少温祖墳不能葬，其弟涵秋將到蘇，俟與另招墳地後，方可安窆，真所謂要緊不去也。陶、蓮之於江電，穀、蓮之於荆礦，務在必成，亦頗採及芳菲。區區之意，要以執事爲師也。遵電報慰，即請勛安。望炊拜上。初十日。

王爾敏《盛宣懷實業朋僚函稿》中册《林志道致盛宣懷函二十四》　愚齋姻伯大人閣下：姪浪游江漢，酷暑侵入，倦鳥懷歸。干木約定重游赤壁，秋以爲期。正擬渡江，奉讀七月七日親翰，知前椷次第澈覽，且審起居佳勝，深浣遐思。承示大稿，語語驚人，足以聳聽，此即封遞煦生轉交干木寓目，並將手書摘録緊要語句附去，以期達到目的。煦生覆函捻呈雅閲。移廠銀鑛二事，均無所聞，證之煦函亦然。公望自言與長者無怨無德，決不作難，其轉語則云，只要不破産爲妙。立論在半明半昧之間，且知干木一手堅持，彼亦樂得不問不聞也。紳界始終疑團莫釋，難以理喻，日前有時紳同席詢及此事，答以最妙全歸國有，其次莫如官商合辦，此時如議禮，聚訟窮鬧而已。彼亦默然。承示漢口擬設事務分所，一琴往來其間，嗣後與軍政商紳各界隨事隨時可以接洽。此是正當辦法，如姪重來武漢，仍可暗中助理，且不著痕迹。鄙意在館寒族至戚，待館谷稍豐以潤其餘，於願慰矣。月前詹春誠因路事筆墨相約，此君乃京奉路局舊友，情意懃懇，不忍却之，干木力勸兼就。月脩番版葩經一部，不無小補。知注并聞。姪閏月廿五。與干木眷誠商定回寧，廿七到家，擬作匝月盤桓，惟荆州量移，爲之不歡者累日。鎮巖本是舊識，平正通達，聞荆州云陽曆八月可到。各省水旱偏災，書不勝書，天時如此，人事可知。江北蝗蝻復萌，災象已成，如何如何。讀大學之卒章災害並至數語，爲之愀然。金陵酷暑，不能伏案，肅答稍遲，當蒙諒之，敬請台安，惟珍衛不一。姻愚姪林志道拜上。閏五月三十日。

王爾敏《盛宣懷實業朋僚函稿》中册《許景翼致盛宣懷函》　杏蓀仁兄大人閣下：天中節逡春申浦，正獲接光儀，重親榘教數手，契濶之懷，得以稍慰。閣下抱負宏深，凡所設施，無不爲中外推仰，朝廷眷顧正殷，開府建牙，指顧間事，以視弟半生奔走，碌碌毫無樹立，不免滋愧耳。顧者徐州利國礦産果能股本裕如，辦理悉用西法，利益之豐，有未可量者，非具大氣魄大福澤如執事，斷無人能毅然肩此重任。今夏在申，尊處與胡慧徵定議立約，尚承不棄，俾令居間，弟亦以老股微貲得以收回，故尤願從事，以期早日幸觀厥成。前聞秋冬節可交割，嗣聞礦師未往以至遲延，究竟由來議論如何？何時可以成局？鄙人無任懸繫，務祈來賜數行。弟用需款孔殷，倘爲時匪遠，自應静候佳音，如竟時日尚悠，弟處老股幸照此時三折償還，亦祇應銀千五百兩。區區之數，可否推情作一變通辦法，請函致蓮珊兄處先爲籌撥，未敢强耳。伏候尊裁示遵，如荷盛情，斷不向一人道及也。手肅，敬請勛安，諸維荃照，並盼復玉。愚小弟許景翼頓。嘉平十八日。

王爾敏《盛宣懷實業朋僚函稿》下册《沈善登致盛宣懷函二》　杏蓀仁兄方伯大人閣下：敬啟者，荆門礦務登於去年七月底備函，將公文地契由謝紳家福轉交執事收接，其銀兩帳目向在尊處金州局中，亦由謝紳偕同帳友楊紳廷杲檢集函呈察核無誤。乃今年春夏之交，忽聞各商以還股短少，欲行呈控，正擬赴滬查詢，不意執事復自撰一託名司事之稟，據以轉稟傅相備案，並咨上海道存查，遂致鬧成上控，經蘇按院咨浙提解集訊，大爲詫異。頃鈔得大咨，讀之真堪絶倒。咨稱據司事楊利慶來稟，而局中查無楊利慶其人，衹有楊紳之弟，不知其名號，則礪卿向來拘謹怕事，且亦斷無名號同音而具稟稱號復自誤寫之理。楊紳則號子護，公正精細，今稟詞乃種種支離，斷非出其手筆。查稟稱原招股拾貳萬伍千兩，陸續散還，尚有未散壹千肆百玖拾股，應存銀參萬柒千貳百伍拾兩。沈翰林因此項銀兩或寄存錢莊驟難收回，或抵押股票不敷原價，所難全散，是以函請大人督同司事代爲理直。現在理直半年，幸得收回錢莊銀壹萬貳仟陸百參拾兩，又錢莊自有股分扣還荆門股本貳千貳百兩。此外沈翰林原抵各項股票銀壹萬柒千貳百兩，如果照市變價僅值銀柒千壹百參拾肆兩。又關閉之九如錢莊尚短欠銀肆千玖百廿兩，均屬無法可想云云。查股本莊摺當時謝紳、楊紳檢呈執事點驗無誤，其銀向存尊處大有豫停改之仁豫錢莊，即九如所存改换金州存款，除尊處另有欠項未結外，亦已提回銀壹萬兩存仁豫錢莊，安得有驟難收回之事？荆門不另設局，一應出入均係尊處全州局兼管，帳簿具在，並無一紙抵款，又安得有抵押股票不敷原價及原抵銀壹萬柒千貳百兩之事？其已退股票均經謝紳、楊紳檢呈執事點驗，核與未退存局銀兩鍼孔相符，又安得有錢莊自有股分扣還荆門股本貳千貳百兩之事？設果有之，亦即在執事驗收原存銀參萬柒千貳百伍拾兩之中，更安得作短收貳千貳百兩而被該莊扣回之語？況移交原函係因金州亦正在索退，全散恐致效尤，故其稿特與謝紳商定，竟請執事籌款接辦。今將原稿鈔呈以備省憶核籌，何嘗有請代理直之語？且原招每股百兩五千股四成之一係除前案老商外，實招得銀拾壹萬捌千兩，今稟稱招得拾貳萬捌千兩，則是案根尚屬茫然，其餘何足憑信。究竟楊利慶的係何人？所稟登請代理直之函原件何在？務乞查示。溯查招股之始，執事手函議稟索繳前墊官款柒萬伍仟串，衆商不肯，當經謝紳調停，仍照前辦刊稟按噸提還官款貳萬串、機器歸作商本之原議，改爲先繳官款貳萬串、機器歸作商本，並訂立議據，銀錢帳目暫附尊處金州局兼管，不另用人。一函令趙紳勖敬先往山場買地，一函由執事稟請傅相批准給咨歸登接辦。嗣因執事電局事繁，未能遵批偕登赴鄂，而將機器移至金卅應用，尊處大有豫錢莊夥虧停閉，復蒙枉顧，屬勿提荆門存款改存他莊，衆商因此兩端，怪登太爲遷就。至上年二月底執事仍未有行意，時滬市疲壞，各股票無不跌價，衆商遂愈以案懸不辦相咎，紛紛索退，復經謝紳力勸執事交下公文，令登獨往以塞多口，即於三月初八啟行，先往山場察看銅鐵各礦，並將礦子寄滬代驗，均係上等，旋得謝紳來信，謂市面如此祇可就款試辦銅鐵，徐圖擴充，乃專函詳議辦法奉商，久未得復。適鄂省查辦齋匪，未暇議及礦務，而京朝又正有停止未經奉開各礦之議，衆商索退愈堅，無可理喻。登留鄂月餘，即偕趙紳遄歸，頻與執事熟商進止，總似兩可。謝紳則謂市面銀根日緊，各礦股無不願退，而荆門尤爲執事所注意，本欲自辦，勢更不可首發難端，公然聽散。以執事之聲望力量或可勉成，不如將案交還，以全終始。遂與執事議定於七月廿九日備函檢同咨文及地契等，由謝紳手轉呈察收。其退剩壹千肆百玖拾股原銀參萬柒千貳百伍拾兩並由謝紳偕同楊紳偕檢集存局，莊摺退票等面呈點驗無誤。八月間執事到杭晤面，蒙諭以函件頂款一一收悉不差，其九如莊存款亦已改作金州存摺，各請經手擬即就款試辦，或竟散去重招亦尚未定云云。十二月間執事手出告白刊報，謂如明年三月金州尚無眉目，當即還股而絶不提及荆門，可見謝紳所言注意自辦之説頗中事理矣。此移交本案彼此憑中過劃清楚之實情也。當議移交時，計算用去山價、井工局、中山場等費，核與退剩股本應得之莊息漂多殆半，照商務前後頂接款一例，理應留出山契五、六成歸與退商，登因懇謝紳轉言願一併奉上，不復留出益，於移交函内聲明嗣後退商不得争執，以了葛藤。惟曾爲親族經手金州股票百張，當時實係先六十股後四十股，與執事覿面交易，比來展轉抵押，折閲已多，頃復取回，請與執事所認荆門數百股籌换，庶原銀兩無出入，免再變賣受虧。當蒙應允。既而謝紳又言執事以八年冬間登有電報、織佈、股票八折抵押尊處，雖與荆門無涉，亦應取贖，以期一了百了。登謂此項抵款按月八釐起息，楊紳經手逐期解清，現實無力取贖，只得聽從。謝紳即爲轉達，謂電報係尊處立局八折聽沒，難言喫虧；織佈係鄭道官應經管，彼此相熟，由登再貼還銀參百兩，一併聽從，兩牽仍有盈無絀，亦蒙應允。惟謂金州亦正在索退，宜將荆門移交情形且緩登報，而傅相前亦由執事緩爲代達，緣執事曾奉有若金可緩辦荆門則直不必辦之手諭，此時未可徑陳云云，登亦應允。此抵兑股票彼此憑中鈎勒清楚，與移交頂款無涉之實情也。今來咨據託名楊利慶之稟，查係將上項籌换聽從等股之原議一概翻悔，而以其票納入移交款中，將現銀扣去，恐即民間尋常交易亦不應如此反覆無信，移張作李，況在官局。願執事平心思之。現聞執事已照楊利慶所稟退還數百股，似亦可以已矣。而現在具控之肆百柒拾伍股，其人與執事交契極深，且與謝紳及登弟亦曾覿面傾談，謂實由執事於收接移交全案後，疊次勸彼廣收，謂必獲利，今乃如此，所以愈憤然。則執事之於彼既屬心交，登之於執事亦未當有所開罪，又何苦通令斧鑿相尋而使登枉受提解集訊之辱乎。登遭此誣衊，理合遺抱據實呈請傅相飭查，惟念謝紳、楊紳彼此皆是舊友，牽涉訟庭，於心實在不忍，而登與執事兩年交好，亦殊不欲因此生嫌，是以姑且函詢，尚祈平情善處，使股商心服，早得銷案，差爲兩全。肅泐不盡，祇請勛安，統惟亮詧不具。愚弟沈善登頓首。八月廿四日。

〔附〕《抄附去年七月廿九日移交原稿》

敬啟者：荆門銅鐵礦局上年十月間由登招集商股暫附金州局經管，並函請執事轉稟北洋大臣批示，旋於十一月間蒙傳示奉到鈞批，並咨商湖北督撫院公文一角，當即傳語各商，無不欣感。嗣因執事電報局務殷繁，未能即日偕登赴鄂，至本年三月乃荷俯賜熟商，將咨文交下，並具稟鄂中，聲明未能偕行緣由，屬登賫往投遞。是時各商正因案懸已久，争欲退股，迨到鄂後又適值齋匪案起，無可投文商辦，遂紛紛藉口退還。查原招五千股每股款元百兩，先收四成之一，除老商原本貳百股及新集探礦小公司貳千兩照作八十股外，實招得肆千柒百貳拾股，合銀拾壹萬捌千兩，連去冬今春先後撥款買山開井等用，及三、四月間陸續退股，截至七月底止，所收莊息五千陸百玖兩八錢貳分柒釐，共該銀十貳萬參千陸百玖兩八錢貳分柒釐，兹除已退參千貳百參拾股共銀八萬柒百五拾兩及山價、井工、局用一切，共銀五千柒百廿五兩，浄存銀參萬柒千壹百卌四兩八錢貳分柒釐，實屬不敷開辦。刻下滬市疲壞，登又無力再招，不得已商之在局各董，擬將前來公文各件及山地契據等送請尊處進止。所有莊摺股票等向存局中，其未退壹千肆百玖拾股應存原銀參萬柒千貳百五拾兩，核經動支壹百拾五兩，兹併如數補足，屬局友檢呈詧核。再查一應開銷原係各商公同墊本，惟既自堅執退股並非案駁不行，則嗣後尊處或籌款接辦或續招新商，在已退各商自不容更索前墊，庶稍存公司當款，而未退各商亦藉資激勸。是否有當，悉候鈞裁云云。七月廿九日。

王爾敏《盛宣懷實業朋僚函稿》下册《蔡乃煌致盛宣懷函一》 再敬肅者：屢蒙電示詢及清溪小花石焦炭，姪承乏礦局，深知此兩礦皆煤脈長遠，且可煉焦。小花石運道尤爲便捷，所惜土法開採，遇水即止，故所得無多。欲改用西法，則湘省款絀，不能獨舉。中丞欲小花石一礦招股開辦，購置機器，以求速效。鐵局需煤甚急，可否與湘局合辦，則集事易而見功亦速。如蒙俯允，請派委員到湘履勘，並商辦一切。温煤學雖不如鄺榮光，亦非外行可比。且湘煤蘊結不在深處，隨地皆露苗脈，非近北邊地方可同語也。圓井佈置若得好監工數名，似可指點矣。如何之處，乞卓裁示復，年小姪乃煌又上。

王爾敏《盛宣懷實業朋僚函稿》下册《蔡乃煌致盛宣懷函二》 年伯大人閣下：桂月念五得讀電示，詢小花石各窿所開深淺並出煤衰旺，足見遠猷卓越，碩畫周詳，逖聽下風，欽佩奚似。查小花石煤苗暢旺，運道亦不難。當鄺榮光到湘時，即勘定此礦指爲包孕宏富。但土法開採，規模斷不開拓。現已開窿共有四處，其三窿深斜四十餘丈，中有一窿則深斜三十餘丈。每月約出煤六七十噸。現各窿尚幸無水，礦地亦不至爲江水所淹，前月已解焦炭八噸到鐵局化驗，刻尚未接復函，但以清溪焦炭互爲比較，則似不相上下。想將來辦有成效，必能合鐵局用也。湘省煤礦不少，然率皆蘊蓄不厚，惟清溪、小花石、栗港似是大礦。栗港尚無礦師去勘，若清溪，若小花石，則皆鄺榮光指爲出色，可用西法採取，以興大利者。惟湘省官款極絀，故不能驟用西法，若果鐵局能資之本，或派委員來湘商量合辦，無憂不成功之理。鐵局亦不致有乏煤之慮。温礦師現赴辰州，未暇赴小花石履勘，惟煌加意詢考小花石煤脈，不怕尋覓不出窿口方向。鄺榮光早已指定，若囑温再詳爲考證，加以採訪輿論，窿口無慮開錯也。現今辦法止有購機器開圓井最爲急務，但一動工即須二十萬方能舉事，是以難耳。若夫開窿工程各事，煌又極意咨之於温，渠云可以妥辦，斷無不及鄺榮光之理。況開平監工隨時可以商調，又何類於不能蒇事哉。大率煤井工程，礦師指定之後，一切井内事務皆監工料理也。能出重價，開平老監工必能使之接踵而至矣。伏乞速爲卓奪。若鐵局能合辦小花石之礦，固可刻日大舉，否則明春亦當妥議章程，招股興辦，收利權而防外溢，斷不坐誤事機矣。清炭當刻日趕煉趕解二千噸，今年必能解足。抽水機器尚屬合用，今署安放妥貼矣。順佈肅復，敬請升安。年小姪乃煌謹肅。九月初一。

王爾敏《盛宣懷實業朋僚函稿》下册《蔡乃煌致盛宣懷函三》 年伯大人鈞座：三接電示，敬悉一切。礦局差事煌已於十月十一辭退，才疏望淺，紳士攬權，故不敢尸位，致誤要公也。此次辭差【已四上稟】。中丞甚不高興，然公事從不苟且，故憲批有另委要差以儲大用等語。實則湘省營務善後各局皆閑散無聊之事，不能練習時務，但不得不姑留數月虛與委蛇耳。年伯高掌遠蹠，如鐵路各差需員差遣，煌雖不才，可備驅使，伏乞量材位置。如蒙收録，到時賜一紙之電，煌當感激圖報也。鐵局需煤，如專靠湘局接濟，恐無濟於事。此間官本微末，議論紛更，幸右帥一力維持，故暫時清溪亦有購器脩路之議。遲無成效，恐爲浮言所奪，終成畫餅耳。如必需煤，可派專員到湘開採，煌久司此事，某礦衰旺知之頗詳，自當指點該員前往，庶或於事有濟乎。區區愚忱，用敢順佈，即請鈞安。年小姪蔡乃煌謹肅。十月念二。

王爾敏《盛宣懷實業朋僚函稿》下册《曾廣鈞致盛宣懷函一》 杏翁京卿老世叔大人鈞座：奉讀覆諭，祇悉籌劃精詳，不遺在遠，偶抱清恙，具諗霍然，足見非常之福澤，始能成蓋代之事功，非偶然也。承詢黄紫沖與小莊石是一是二，吾鄉煤礦極多，種類優劣不一。大抵南岳來脈較劣，如小莊石是也。江西來脈則優，如黄紫沖是也。小莊石在甯鄉善邑之交，其鄰礦曰雲蓋寺，陳起望小望城坡既經官差開掘，資質不及萍煤。黄紫沖在湘潭醴陵交界，其鄰礦曰板塘，與萍煤同脈同質，通省知名，遍地煤田，不勞起水，距河極近，運省甚省，廙仙中丞久知其名。惟以係寒家産業，未經本主呈請，礙難以官辦從事。其實藏鏹不掘，無異守貧，大利所在，貴與人同，有益大局，有益地方，並有益業主，一舉而衆善咸備。來示煤礦多開爲佳，必於公事有益一語。實爲洞見本原之論。承允據咨廙帥飭縣照料，擬即日商之家族叔來轅具稟，伏候批示祇遵。一切事宜尚擬訂日趨謁，順聆救時偉抱。肅復敬頌台安。諸維霑照不備。姪廣鈞謹啟。九月初八日。再，過津時聞垂示，到冬常苦瘦喘，姪向亦患此，常服各項中西除痰止喘等藥，及吸洋金莊煙，久之皆不效。且似有損元氣，惟去歲因癖疾購外國燕醫生解血毒藥，水服三兩，冬竟不發喘，且似畧有補意。試召西醫酌之。載頌台安。姪又啟。同日。

王爾敏《盛宣懷實業朋僚函稿》下册《曾廣鈞致盛宣懷函二》 杏蓀觀察老世伯大人閣下：在津厚擾一切，謝謝。姪請假回籍，爲家慈稱觴，因此在原籍小作勾留，公事私事百端蝟集。即如輪船一事，內河通行小輪已奉明旨，廣東、蘇、浙、江西次第舉辦，惟湘中獨因循未舉。此次姪回湘中丞極力以此事相委，一切仿照江西章程，其始紳民畧有不願，姪以二十餘日之力遍謁紬商，始得毫無阻撓，大可舉辦。惟紳中分爲二帮，一帮欲歸礦務局兼管主持，此說者爲朱紳昌琳及其諸子。一帮不願隸礦務局，俱願紳督商辦，官不預聞，主持此說者爲祭酒王先謙、候選知府張祖同，附和此說者計有四十餘紳，如楊昌濬、湯聘珍、唐樹楠及士大夫之曾服官外省者。不置左右袒者，如李光久、陶桄、黄自元等亦有十餘人。至二帮皆交誼極舊者，祇姪人地見解皆爲二帮所推重，姪始意亦欲協和兩帮，以求於事有濟，往來兩造之間，意見太深，唇焦舌敝，迄無成說。彼此皆謂王、張辦帮則朱必撓之，朱辦則王、張必撓之。甯可令外人舉辦，斷無異言。姪思此事他人萬不能辦，惟肅求我公入場，藉鐵政局轉運鐵路所需煤、鐵爲名，題目極好，且係奉旨之件，外則我公節製於北，內則廣鈞疏通於南（公肯辦理，兩帮自願退，聽姪包承此事），此事必可成矣。大約此事辦成用本銀不過二十萬兩（湘中有款），每年可獲利百萬金以外，已與中丞面定，不只通湘潭、漢口，如常德、永州、宜昌，凡有水可到之地，均可㠯行。湘中水小，只能辦拖帶，不能造大船，釐金只有兩起，儘可停輪候查，不必兩頭兩收。但有中丞一批一咨，即可辦理，不必奏請。姪私萌此意，並未與人商議，即中丞處亦未告知。先行奉聞，俟覆諭到日，如允樂從，再行告知中丞。或欲姪東下面談，亦求速速賜諭。總之此事有利無害，機不可失，如不願辦，亦求速賜一緘，至叩至叩。餘容縷叙。敬頌台安。姪曾廣鈞頓首。七月初六日。再，此事先不必與香帥及王灼棠商議，俟南中有定局再説。來人劉正都亦不能深知輪務，因此事廣議皆在長河，渠係湘潭小商，不能預聞大政，但畧知一二耳。

　再啟者，貴局所用湘煤名色雖多，實在祇有湘潭轉運局所收萍鄉、郴州兩處可靠。小河運煤船隻向在湘潭過載，迺有長善船行李先朝，即李安傑等奪去湘潭船行之利，私改在湘潭上游之淥口過載，以致湘潭全帮不服，屢肇争訟，幾次釀成械鬥。幸賴湘潭船行八家總董事州同銜監生劉正都聯絡七帮，協同縣局極力彈壓，始免事端。惟長善船行巧奪湘埠之利，終非事理之平，仍應責成潭埠董事督率船行承載始爲正辦。此間貴轉運局委員俞君亦深明此理，頗器重劉正都而深惡李安傑之爲人，曾移縣請懲在案。惟局外無識，及圖利船家，妄稱李安傑係貴局司事，私相授受，必肇事端。姪意貴局不用湘煤則已，若必欲用湘煤，莫若檄下劉正都予一小小名目，聽其隨同委員辦事。如此則責成專一，運腳可輕，煤來可旺。此事極小，因素承青睞，是以奉聞。該董事劉正都現在具稟並抄案摘由來轅呈控。姪亦向與熟習，知其爲人可靠，用敢據實代陳。敬頌崇安，伏維垂鑒不具。姪鈞又頓。初六日。

黄式權《淞南夢影録》卷三 中國自與泰西交接後，漸喜破除成見，利賴並興。而其開礦一事，尤覺經營慘淡，餘力不遺。上海如順德銅礦、三山銀礦、日土河銀礦、荆門煤礦、開平煤礦、寶坻煤礦之類，俱仿西人公司之例，開局集股。每股或一百兩，或五十兩。其有開採獲利者，股價驟爲之漲。否則日漸短絀，漸至無人受領。近有在三馬路開設平准公司，專理股票交易諸事。然市儈居奇，任情壟斷，故買者賣者皆不免折閱良多云。

盛宣懷《愚齋存稿》卷六一《寄武昌端制台七月十五日》 竹山鄧家台銅礦，前經敝處派員紳帶同山主，勘採礦樣回滬，並據鄧家台山主鄧姓呈出地數畝歸公司開辦，業已給賞，並由縣出示封禁，不許他人私開。縣中有案，敝處勘辦在先，法領事照會如在今年是已在後，應請先行駁覆。敝處仍飭查明確究係何人勾串，再與領事理論。私立合同承尊處久已飭禁感佩無似，以後如勘鄂礦，自當咨明，仍請尊處派員會同敝處員紳前往，免生枝節，餘詳函達。

盛宣懷《愚齋存稿》卷六一《寄武昌端制台七月十五日》 頃禮和洋行德商連納面稱，竹山銅礦可否請與該行合辦。詢其何因，據稱法商亨達利前以湖北、湖南、四川、貴州無數礦山，抵藉匯豐鉅款。亨達利洋人死後，匯豐將欲拍賣。禮和議定頂替竹山銅礦亦在其內。今聞端制台云本可即准洋人開辦，因盛大臣有咨會，故須商酌，特來請示。並稱德礦師已在漢口，或聽德礦師往勘，或聽我派礦師同勘等語。似此情形，中國若再不自行收買礦地，將盡爲外人所得，恐地利地權盡失矣。竹山銅礦極佳，惟有請尊處據弟咨速飭地方官禁止勘挖，一面由敝處即派都司周獻琛等帶同頭等礦師往勘，並請尊處速派幹員同往，去員職名乞電示，遲則德礦師先往，更難措手。

盛宣懷《愚齋存稿》卷六一《武昌端制台來電七月十五日》 竹山礦現已飭禁，未接大函前，因法領事照會，有鄧家台一處，與竹山羅令稟汪炳宸請辦之地相同，曾委員往查。而法指之地，又有與禮和同者。昨德領事請派員同礦師往勘，已飭□道照會，將竹山應俟尊處商辦。南漳另有糾葛剔除，祇房保兩境五處，委員同往監察，免其中途别往，另生枝節，並不購地立約，勘畢仍照章候部准駁再辦。禮和邀尊處同勘如何回復，及周都司勘後如何擬奏，各辦法統望詳録章程見示。

盛宣懷《愚齋存稿》卷九七《寄湖北端午橋制軍二月十一日》 江夏馬鞍山煤礦係機器開採，附近不准穿鑿土窿，曾由縣封禁有案。去冬有自稱副將倪炳光、知縣胡承業假冒張宫保八少君仁榮函片，到山拜會。即在附近五里內楊家店地方，自開土窟多口。礦局保甲局婉言勸止，陡於初十日聚衆百餘人鞭撻保正，辱詈哨官，並出賞格訪拿官局窿頭，勢極跋扈。該礦延用德礦師開深直井，甫有進步，設任招摇聚衆，深慮釀成搶毁重案，且山礦駐有洋人，尤爲可慮。務懇飛飭營縣查拿封禁，並究託名聚衆之人，設法懲治，至紉公誼。祈惠復。

盛宣懷《愚齋存稿》卷九十七《寄西安升吉甫中丞二月十六日》 去年外務部復奏，奉旨設立勘礦總局。先派礦師勘查各省礦産，免爲外人攘奪。現據鄖陽勘礦委員湖北試用巡檢史悠政電稟，鄖陽交界之興安府洵陽縣屬，有銅苗甚旺，已往採取彙解，請電咨前來。查現今勘礦以銅爲最要，洵陽縣與鄂交界處所既見銅苗，已派人往取。乞飛飭該縣彈壓保護，實爲公便。

盛康《皇朝經世文編續編》卷五一程國熙《查覆銅山縣利國煤鐵礦務詳文》 案奉憲台批，職道稟聘請礦師探驗鐵質試辦情形由，奉批銅山利國驛土産煤鐵，應准開採以盡地利。惟礦務興廢，雖有其時，而人事不可不盡。洋鐵所以加於土鐵者，由於爐化之精，足以全其真液耳。西人獨擅其長，實亦無他謬巧。茲據稟稱職員胡恩燮集貲試採，延礦師巴爾勘識，復購覓機器以速其成，似有把握。仰即督飭妥議章程，詳候核示，其交涉地方事件，曾署守自當妥爲照料，共觀厥成。再銅山鐵冶，歷代採鑄，既有成案可稽。嗣後可並齎呈，聽候核酌繳等因，到道奉此。遵即行府，並飭承辦職員候選知府胡恩燮妥議章程，呈核去後。茲據該職員胡恩燮稟稱，徐州利國礦務，現擬參酌開平湖北貴池等處礦章，仿效西法，集貲採鍊。惟煤鐵相附而生，而鍊鐵需煤尤多。前據礦司巴爾勘視利國驛一帶煤鐵，並堪開採，則開煤煉鐵，所需機器洋鑪，必需一律訂購。職於五月下旬，前赴上海，在瑞生洋行講求機鑪款式，論議價值。據稱鎔化生鐵大洋鑪一副，配用熟鐵鑪二十餘座，並拉鐵全副機器，以及採煤項下開井戽水提煤通風各項機器，共約需銀三十餘萬兩。現俟稟奉轉詳督憲批示後，即與訂立合同，交兑銀兩，期以明年夏間運送到滬。惟煤鐵機鑪，已需鉅萬，將來轉送到山，建造鑪廠機房，加以契買地基，人工食用，計一年之内，即須籌有現銀五十萬兩，方可迅速奏效。職原議先集貲十萬兩，俟試辦有效，再爲續招。辰下察酌情形，亟應一氣呵成，不宜因循觀望。職既請承辦，未敢拘泥前説，畏難苟安，業經集有現銀十萬兩，並即廣招商股，務將所需經費銀五十萬兩，統招齊全，以濟要需而速工作。儻再不敷，臨時稟明續招股分，股銀未齊，亦由職設法籌劑，不使貽誤工需。查洋鑪全副，每日可出生熟鐵七十墩，每歲可出鐵二萬餘墩。煤礦稱是，儻辦理得手，似可拒敵洋鐵洋煤，惟此項礦務，不請官本，一律由商集股辦理。開辦伊始，亟應籌議妥章，以資遵守。奉札前因，除釐税章程，擬酌仿湖北貴池等礦，現行新章，另稟籲懇詳請奏咨外，謹將籌議承辦利國驛一帶招集商股採鍊煤鐵章程十二條，繕摺呈候轉詳示遵等情。並呈章程前來，伏查徐州礦利，【略】今據泰西礦司勘視利國一帶，仍復煤鐵深廣，採取不盡，是攷之前代礦利，既卓著明效，參以此次勘驗，復苗質旺盛，誠如憲批督憲批示已有把握。該職員胡恩燮本擬集貲十萬，由漸而進。現因購置外洋煤鐵全副機器，招集土夫開採，需費甚鉅，復擬廣集商股。俟招足股分銀五十萬金，一氣呵成。應即飭該職員胡守切實講求，妥慎籌辦，以開利源而裨貧黎，洵亦地方養民之助。惟事同創始，不厭詳慎，除俟議呈釐税章程，另行詳請奏咨外，謹將呈到開採煤鐵章程十二條，繕録清摺，具文詳送。仰祈憲臺察核俯賜主政，逐條批定，以便轉飭遵辦。再，徐州利國鐵冶，歷代採鑄成案。實因事遠年湮，無從檢查，謹將同治徐州府志山川建置古蹟各攷，有關鐵冶，分别摘録，又蘇文忠公言利國監鐵冶文一篇，一併録摺附呈。

盛康《皇朝經世文編續編》卷五七陸費瑔《覆奏金峒礦苗尚露請試開採疏》 竊臣接准户部咨開，會同王大臣具奏，籌備庫款一摺。欽奉諭旨，開礦之舉，以天地自然之利還之天下，仍是藏富於民，着各省督撫留心訪察，如有苗旺之區酌量開採，不准畏難苟安。如果開採之後弊多利少，亦准奏明停止等因，欽此。查湖南各府州地面，崇山峻嶺，居其大半。多有出産鉛鐵之處，並未聞有銀礦。惟查有辰州府屬大油溪一帶地方，向産金砂，從前每有土人赴山偷穵。嘉慶十六年，經前撫臣景安奏請封禁，因匪徒糾衆强開，節次拏獲懲辦。於道光元年，又經前撫臣左輔請在於該處設立營汛，移駐守備把總外委各一員，撥兵一百名，就近彈壓查緝。二十餘年以來，封禁日久，防守極嚴。臣到任後，復不時諄飭辰州府督率營縣嚴密巡查，奸民無可窺伺，甚爲安静，尚無偷窆之事。茲奉諭旨，飭查苗旺之區，酌量開採，查該處相距辰州府一百餘里，距苗礦二百里，俱係層層重複。勢極危險，舊産金砂，現在有無砂苗透露，自應訪訊能於辨苗之人，確切勘明，方能定議。臣於接准部咨之後，當飭辰州府知府鍾音鴻親往查看去後，茲據該府會督駐防守備，及耆保鄉約人等，訪帶能辨之人，前詣大油溪周歷查勘。内牛金溝、觀音巖、稠木溝三處，昔年開窆，久經封閉之紅峒二十一個，其中惟煙包峒陝老峒二處，砂苗尚露，其餘各峒均難辨認。據辨苗之人稟稱，各峒産金，皆在石内，必須鑿開峒内大石，見有金苗一綫，方可從此尋窆。若僅觀外面山氣，實難辨認其中砂苗有無多少。至開採之法，須用大鐵鎚大銅錐鑿開大石，將有金綫者窆出，舂成細砂，再行用水淘洗，始得淨金，工力甚鉅。此外從前土人偷窆之何家灘闞家山等處，産金本屬無多，現無砂苗透露等情。臣查該處煙包陝老二峒，既經該府勘明砂苗尚露，自應酌量開採，察看辦理，斷不敢畏難苟安。但其中金砂是否旺盛，臣於該府因公來省面詢情形，據稱必俟開窆始知，難以預先懸決。且開窆一峒，約須人夫二三百名。現在東作方興之候，附近農民無暇，雇募外來之人，該處爲雲貴往來要道，又恐無業游民，乘機混入，致有滋擾。臣悉心籌酌應請俟本年秋收後，責令該府鍾音鴻就近雇用本地安分居民，由臣籌捐工價，按日給發。在於煙包陝老二峒金砂之處，試行開窆。如果砂苗實係旺盛，再行妥議章程奏明辦理。若所獲無多，仍行封閉以昭慎重。如此酌辦庶地利不致久曠，而人力亦不致虚糜。是否有當，理合會同湖廣總督臣裕泰覆奏。伏乞皇上聖鑒訓示。

藝文

顧炳權《上海洋場竹枝詞·洛如花館主人〈春申浦竹枝詞〉》 器機鐵廠匠雲屯，總辦馮公屹立尊。學貫中西羣彦集，方言館里拜雷門。

顧炳權《上海洋場竹枝詞·頤安主人〈滬江商業市景詞〉卷二〈焦煤公司〉》 自來火廠出焦煤，包賣公司鉅棧開。熟質無煙多配用，價廉物美定增財。

顧炳權《上海洋場竹枝詞·頤安主人〈滬江商業市景詞〉卷二〈銻業〉》 銻同錫類昔無名，今自湖南礦煉成。本質堅凝光射目，分銷各埠利豐盈。

顧炳權《上海洋場竹枝詞·頤安主人〈滬江商業市景詞〉卷二〈煤礦公司〉》 各方煤礦立公司，欲買山場首集資。開挖尤須機器妙，若逢苗旺更相宜。

顧炳權《上海洋場竹枝詞·頤安主人〈滬江商業市景詞〉卷二〈煤油公司〉》 煤油市價忽低昂，囤塌人多進去忙。此物消場今最廣，一天需用數千箱。

顧炳權《上海洋場竹枝詞·頤安主人〈滬江商業市景詞〉卷二〈煉礦公司〉》 五金煉礦有公司，惜少精明化學師。分别銀銅諸雜質，幾經爐火冶鎔時。

顧炳權《上海洋場竹枝詞·頤安主人〈滬江商業市景詞〉卷二〈煤油公司〉》 火油建棧設公司，堆積重重數莫知。賣買人多無定價，市生風浪有盈虧。

顧炳權《上海洋場竹枝詞·頤安主人〈滬江商業市景詞〉卷二〈煤炭店〉》 沿街煤炭店爭開，半向行家轉運來。攬賣各商消用廣，肩挑車載畧分財。

顧炳權《上海洋場竹枝詞·頤安主人〈滬江商業市景詞〉卷二〈煤號〉》 煤供軍艦亦稱糧，無限舟車用最忙。賣買拋盤千萬吨，運籌得法利無疆。

顧炳權《上海洋場竹枝詞·頤安主人〈滬江商業市景詞〉卷二〈提金廠〉》 硝强驗過入礦强，融化紋銀若滚湯。中有金砂沉鑊底，復經爐火爍然黄。

秦榮光《上海縣竹枝詞·堂局十五》 先後糜銀廿萬多，址恢五頃廣包羅。無端生鐵牌樓鑄，作正開銷部不訶。

秦榮光《上海縣竹枝詞·堂局十五》 機器鍋爐廠各分，造船鐵殼匠成羣。樓登一座洋槍望，測望臺高上矗雲。

秦榮光《上海縣竹枝詞·物産二十五》 國初刀造濮元良，家住南城善製鋼。近日用場鋼倍大，輪機製造仿西洋。

顧炳權《上海洋場竹枝詞·頤安主人〈滬江商業市景詞〉卷四〈鐵沙作〉》 磨礱鐵屑製成沙，賣與工師造作客。修補各缸無泄漏，業雖微末亦生涯。

顧炳權《上海洋場竹枝詞·頤安主人〈滬江商業市景詞〉卷三〈煤炭車〉》 雙輪並列兩開張，木板平鋪似榻方。裝載重重煤與炭，後推前拉數人忙。

顧炳權《上海洋場竹枝詞·頤安主人〈滬江商業市景詞〉卷三〈冶坊〉》 火熔生鐵冶坊開，欲鑄何形預製坯。各式鍋爐家用器，造成新樣費心裁。

南京圖書館《中國早期展覽會資料匯編》第二册《四川館》 蓋代菁華古益州，一江濯錦向東流，回頭試看青天上，劍閣風雲出石頭。

【略】富礦産二百七八十種，天全之銅，寧遠之鉛，鹽源之金，南川之鐵，而煤尤多。

大浦礦產發現
羅寶珊

廣東省立中山圖書館《舊粵百態・阻止開礦圖》

廣東省立中山圖書館《舊粵百態・宣傳實業圖》

其他工業分部

題解

李維清《上海鄉土志》第一一〇課《書坊　儀器館》　增進學生之知識、輸入內地之文明者，書坊與儀器館實爲之間接也。上海各書坊盛行石印及鉛板，故出版較木刻爲迅速，其著名者，莫如圖書公司、商務書館、文明書局等，編輯最爲宏富。儀器館者，專購博物標本、理化器械及各種學校應用品，其著名者，莫如科學儀器館、教育器械館等，貨物最爲繁盛。近製造儀器者已蒙獎勵，竊謂書坊之編書以求進化，亦宜有以鼓舞之也。

李維清《上海鄉土志》第一一八課《罪犯習藝所》　吾國罪犯最爲苦楚，或露體鞭撻，或枷號數旬，道旁桎梏，任人觀看，稍知廉恥之徒，其何以堪！豈非絶其爲善之路乎？本邑罪犯之輕者，向發改過局，然入其內者，終日無事，怠惰不更甚乎？近蘇省飭辦罪犯習藝所，仿日本監獄之製，以養其廉恥，習其勤勞，他日出所，必有一技之長，可以自謀生活，即不至犯法矣。所望此事之從速舉辦也。

李維清《上海鄉土志》第一三六課《工廠》　上海工廠甚多，而以高昌廟之製造局爲最大。他若虹口之船塢，董家渡之造船所，則爲西人之產業。更有繅絲廠、紡織廠，往往托洋商之名，實爲華人之產。又如舂米、藥水、造冰、造紙、肥皂、玻璃、干面、自來火等廠，名目繁多，不一而足。此種工廠，或用男工，或雇女工，資本既巨，收利自厚，工業可稱進步矣。

李維清《上海鄉土志》第一三七課《女工》　本邑婦女向稱樸素，紡織而外，亦助農作。自通商而後，土布滯銷，鄉婦不能得利，往往有因此改業者。近來絲廠廣開，各招女工以繅絲。此外精於鐵車者，可製各種衣服及鞋襪；精於針黹者，可製各種顧綉；精於手工者，可製各種絨綫之物。苟擅一長，即能藉以生活。惟獲利雖易，而勤儉之風不古，若是可嘆也。

李維清《上海鄉土志》第一四六課《電燈》　租界均有電燈，英界尤多，如星羅棋布然，晚間照耀，無異白晝，頗便行人。近年以來，南市及製造局亦已裝設，而城內之天燈幾同黑暗世界，明晦懸殊，未免相形見絀也。近邑紳欲振興城內之商業，裝設電燈以惠行旅，他日告成之後，大放光明，居民定稱利便也。

綜述

王韜《瀛壖雜誌》卷二　滬肆諸物騰貴。談箋、濮刀，著名已久，今皆失其初製。闤闠間所陳西洋奇器，俱因天地自然之理，創立新法，巧不可階。如觀星鏡、顯微鏡、寒暑針、風雨針、電氣秘機、火輪機器、自鳴蟲、鳥能行、天地球之類。下至燈瓶盂碟一切玩具，製甚精巧，亦他地所無。

王韜《瀛壖雜誌》卷四　西人設有印書局數處。墨海，其最著者。以鐵製印書車床，長一丈數尺，廣三尺許，旁置有齒重輪二，一旁以二人司理印事，用牛旋轉，推送出入。懸大空軸二，以皮條爲之經，用以遞紙，每轉一過，則兩面皆印，甚簡而速，一日可印四萬餘紙。字用活板，以鉛澆製。墨用明膠、煤油合攪煎成。印床兩頭有墨槽，以鐵軸轉之，運墨於平板，旁則聯以數墨軸，相間排列，又揩平板之墨，運於字板，自無濃淡之異。墨勻則字迹清楚，乃非麻沙之本。印書車床，重約一牛之力。其所以用牛者，乃以代水火二氣之用耳。

印書車床，製作甚奇。華士之往來墨海者，無不喜觀，入之吟咏。秀水孫次公《洋涇浜雜詩》云：「車翻墨海轉輪圓，百種奇編宇內傳。忙殺老牛渾未解，不耕禾隴種書田。」海鹽黄韵珊《海上蜃樓詞》云：「榜題墨海起高樓，供奉神仙李鄴侯。多恐秘書人未見，文章光焰借牽牛。」黄詩中所云李鄴侯者，蓋指壬叔，其時正排印天算諸書也。墨海後廢，而美士江君，别設美華書館於南門外，造字製板，悉以化學，實爲近今之新法。按西國印書之器，有大小二種：大以牛運，小以人挽。人挽者，亦殊便捷，不過百金可得一具云。

李維清《上海鄉土志》第七〇課《租界之繁華》　租界內康莊如砥，車馬交馳，房屋多西式，軒敞華麗，有高至六七層者，鐘樓矗立，烟突如林，入夜則燈火輝煌，明如白晝。會審公廨、中西郵局、海關、銀行、領事館、電報局、巡捕房、絲廠、船塢、輪船公司皆在焉。

黄式權《淞南夢影録》卷二　石印書籍，用西國石板。磨平如鏡，以電鏡映像之法攝字迹於石上，然後傅以膠水，刷以油墨，千百萬頁之書，不難竟日而就。

細若牛毛，明如犀角。剞劂氏二子，可不煩磨厲以須矣。英人所設點石齋，獨擅其利者已四、五年。近則寧人之拜石山房，粵人之同文書局，與之鼎足而三。甚矣利之所在，人争趨之也。

虞和平《經元善集·答友人論滬市情形之關係》　一曰織布關係。織布辦法章程，前係英國工師所擬。原定招股四十萬，去春因附股者多，又加收十萬。龔仲(人)〔仁〕觀察管官務，鄭陶齋觀察管商務，股票亦二君簽名。鑒於前失，倍加謹細。所聘美國工師丹科，事必躬親，光緒七年九月間，携各種華花赴美試織，覺非摻用洋花不能以機器成紗織布，殫精竭力，閲十四月之久，改機至八九次，竟能全用華花。當即定造機器，於本年七月起，已陸續運機回華。大約極速，須明年開織。又因去歲滬上有人托名洋商，欲辦紡紗機局，以相傾軋，幸得南洋大臣禁止。局中復添專辦紡紗機器，計機器價值共需廿八九萬，購基造屋，共需廿三四萬，以及此數年中，洋人薪水、往返川資、並局中費用，綜全局告成，須下本五十七八萬。加以購花織布之需，照所集股本，尚缺十餘萬。若在市面平順之時，以鄭君之聞望，不難周轉。適值如此市面，全賴主持商政者保護之也。至於美工師之措置，與英工師稍有區別。究竟將來有利幾何，須待出布一年後，方有把握。但布帛菽粟，爲人生必需之物。此局成後，苟每日所出布匹，仍能如英工師所擬之約，則利息猶屬可觀。而其事之平穩，實較勝於各項公司。且可用男女傭工數百名。一年出布總在數十萬，每年數十萬金，不再漏出外洋。又能養活多人，於中國大局，不爲無補。此將成未成之公司也。

〔附〕《答暨陽居士采訪滬市公司情形書》

來示以滬上市面疲敝，各公司股價驟跌，欲窮源竟委，下詢芻蕘，不揣譾陋，謹爲執事陳之。

中華自泰西互市以來，朝廷特簡大臣主持商務，市廛之間宜有生色。乃近歲以來幾有江河日下之勢，或謂信息過靈，市情遝直；或謂厘捐太密，貨本加昂。二説雖不爲無因，然皆非本原之病也。本原之病，實因錢債案件未能認真辦理，積習相沿，竟若倒帳欠債無科罪之條。於是好利之徒乘時得勢，但顧銀錢着手事業恢張，不顧本重利微暗中虧蝕，外强中幹，神衰形旺。如羸瘠之人，一遇感冒風邪，無不立時委頓，所謂死於千日，不死於一旦。不得不我虞爾詐，信義日漓，盈則歸己，虧則纍人，倒帳之案遂日出而不窮。此致病之實在情形也。【略】

織布一局，始刊章程約賬，係據前次英國工師所擬，原定招股四十萬，去年春因附股者多不獲已，又加十萬兩。局中總攬大綱爲龔仲人觀察管官務，鄭陶齋觀察管商務，股票亦二君簽名。鄭君志趣絶俗，行不由徑，爲滬上第一等正人，有鑒於前次之失，事事過於謹細，其所聘美國工師丹科，亦事必躬親，方敢自信。光緒七年九月間，丹科携帶各種華花赴歐洲試織，覺非摻用洋花不能以機器成紗織布。丹科殫精竭慮，閲十四月之久，改機至八九次，始能全織華花，當即定造機器，監製既成，於本年七月起程回華，機器亦分批運來。現已趕造局廠房屋，大約極速須期年告竣開織。又因去歲，滬上有人托名洋商欲辦紡紗機局以相傾軋，嗣經南洋大臣禁止，局中復添辦紡紗機器。現悉機器價值共需念八九萬，造屋購基共需念三四萬，以及此數年中洋人薪水、往返川資、并局中費用，綜計全局告成須下本五十七八萬；加以購花織布之需，照所集股本，尚缺十餘萬。若在市面平順之時，以鄭君之聞望，何難通融周轉。偏值如此市面，惟賴主持商政者維持而調護之也。至於美工師之措置，既與英工師稍有區別，究竟將來有利幾何，須待出布一年後方有把握。但布帛菽粟爲人生必需之物，此局成後，苟每日所出布匹仍能如英工師所擬之約，則利息猶屬可觀。而其事之平穩實較勝於各項公司，且可用男女傭工數百名，一年出布總在數十萬，每年數十萬金不再漏出外洋，又能養活多人，於中國大局不爲無補。此織布公司之實在情形也。

邵之棠《皇朝經世文統編》卷六〇《論上海繅絲廠》　上海自設外國繅絲廠以來，法國、意國之人種是業者，咸若有隱憂焉。查此等絲廠於一千八百九十六年添設驟多，難以省儉辦法，仍未能獲利。現在廠務棘手，中國政府已豁免其應納各稅，本館承上海拔維晏行寄來傳單，此等傳單向來不過在美國散分，內叙上海絲廠之剏説，及其阻滯之緣故，讀之頗耐尋味。兹將傳單録左：上海絲廠之設在二十年前，怡和洋行爲始創。僅及數年，以赴內地辦繭，諸多爲難因即中輟。後有公平與旗昌兩行各開一廠，繼又有昌記廠係中國人所開，五年前拔維，晏又開設乾康絲廠，其後專賣與中國人。迨一千八百九十六年絲廠驟增至二十九家之多，有爲中國人新設者，有與外國行家合開者，然以言獲利直未多聞。惟一千八百九十二年至九十三年，又九十五年至九十六年，此數年中尚有得利者，餘則無非虧折矣。而此數年得利之故，蓋由絲價大漲，並非廠中所繅之絲能賺錢也。除昌記曾以繅絲獲利，該廠係中國人經理，其絲比外國絲廠所出者較爲公道，此外從未聞能獲贏餘者，良固耗費過鉅耳。是即上海絲廠虧折之大概情由也。欲表其虧折之故，須先論赴內地買繭情形，上海絲廠類皆設於租界之內，向來採辦鮮繭大都羣趨無錫，因係出繭總匯之處，且距上海最近，其本地所出之絲亦較便宜。夫在一處買繭，而該處絲價僅值二十個弗郎克，或二十五個弗郎克，一基洛克楞繅成絲後，可以售值佛郎克五十個及六十個，準此而思其理，似宜廠務興旺，大有餘利矣。惟是外國人欲往內地造竈烘繭，中國官民每多阻難，即買繭亦然。近雖已能去其阻難之積習，然至今買繭猶費周折，凡內地辦繭繭比較多，先期派往費用非輕，每屆其時，所派此等之人自往至還，所需食用皆由廠中支銷，此外尚有饋送官場之禮物，付給各掮客之用錢，及應納稅項，運繭至上海沿途釐卡林立，又須逢卡報完釐金，以致赴內地辦繭各項外費，至今尚須加及三成半，內地既無存繭棧房，又有火險竊險，每由此村運至彼村買齊之後，又須運赴烘繭之處，種種周折煩難，致使買繭之人皆望交易速成，得早繭事。加以中國繭户每願自做成絲，不肯種繭，以故收買之人不能過於挑剔，將繭運至上海惟速是求，然其裝運殊不合法。出售之繭中有四五成已壞，或且霉爛，從前絲廠止有五家，而所辦之繭已攙雜若是。近年絲廠增至三十家之多，另有專做期頭，空手謀利之輩，宜其愈趨愈下，有時乾繭從一基洛格楞漲至十二個佛郎克，中國人因其價漲，將所有之繭趕運上市，其中甚有采摘非時，成僅及半者，即如此類將來出絲之少已可知矣。更因采辦之時，連值大雨，繭既受溼，堆積鬱蒸。是年無錫蠶繭皆比往歲歉收三成，上海絲廠之驟增者實因九十四年至九十五年絲市暢旺，今則皆形竭蹶，難以支持，大抵絲廠貲本無多，於置地造廠、購辦機器先已耗其大半，並無存儲之欵，以備緩急。本年虧折無可抵補，所有數家或已倒閉，或在理賬，經此一挫，上海絲廠興旺之機，必將因而久阻。

至若絲廠設於上海，本已大錯，當試辦之初，設一小廠猶在情理之中，如以上海爲絲廠總匯之所，殊非節省之道，誠計左矣。一則上海距出繭之地相距太遠，二則人工尚少，三則地基房價過昂，四則所用之水取諸黃浦中，有泥沙必須篩漉，方能適令用。以第一層而論，繭從無錫民船裝運上海，計程須八日而至，亦有從紹興採辦者，更須三禮拜到滬，不獨路遠非便，即其裝運之法亦甚不相宜。以第二層而論，初時工價每日不過一角六分，現在日工僅做十一點鐘，而工價增至四角，或四角半不等，上年招工頗不易易，因新廠每出重價，以招致老廠之工人，遂相牽捨此而趨彼，致使各廠繅工大減，所出之絲亦多不合式。其實中國之繭本不甚好，每日繅成之絲尚不及外國絲廠所出之半，上海繅絲價值每基洛格楞，約十八個佛郎克，綜觀其已往而決其未然，吾歐洲之以繅絲巧業者，目前可無過慮也。近時繅工人數有加，工價當可捐減，然彼此相較猶覺其昂。良因上海需用人工之處甚多，如紡紗廠織布局之類，加以百物騰貴，食用所費亦較多於內地也。更就第三層論之，所有絲廠大都設於租界之中，上海爲通商大埠，租界地價本昂，自有絲廠之添設，人益居奇，兩年之內地價騰漲，倍蓰於前，造屋工料等價亦同時倍增，上年新設之廠因此而費實不貲。講再進論第四層，絲廠所用之水由自來水廠汰濁澄清，然後供其汲用，又不免多一糜費，故爲中國計，莫如開設內地出繭總匯之處，其人工地價及造屋物料無不便宜，隨處皆有河渠，水多且潔，所辦鮮繭可僦棧房存儲，非必匆促舟運急不能待矣。果如所論，庶幾絲廠可興，諒有諸者當不以吾言爲河漢也。或問開廠之始，何不即照此辦。曰外國人因不願受華官之欺侮，況各種機器向不準運入內地，即使中國商人在內地設廠，亦必受地方官之抑勒，令雖機器已準內運矣，而華商猶有喪於官，仍未肯輕舉，然而內地設廠會當有時，現在蘇杭已有官商新開數廠。以吾度之，遲早之間終必移設內地。屆時上海當不復有繅絲之廠矣。或又問近惟廣東人仿照外國繅絲之法，行之於中國，其效立睹，是何故與。答曰粵民較長江一帶之更能耐勞，勇於赴事，其地方官無敢占其便宜，視同長江一帶者，廣東絲廠多在內地，擇出繭各處，就近分設，使工價不至過昂，且廠由華人股開，每日經理無藉於外國等人相助，以故東方繅絲之廠首推粵人，得以獨指其利者，要在工價之廉，而措置得當耳。日本人所辦亦即如是，然則上海華商直效其良法，踵而行之乎，往者不可追矣，及今改圖則亡羊補牢，猶未爲晚，努力自勉，致予望之。

求是齋《皇朝經世文編五集》卷一一《論杭州繅絲廠》 日本駐杭州領事，具報本國政府云，杭州富商丁丙及龐元濟等爲首，在杭州武林門外，拱宸橋西南數百步，建設製絲所，曰世經繅絲廠。以本年八月初旬，興始創業矣。該廠貲本三十萬兩，工場在樓上，用日本煤，一日二噸有餘，機器用上海磨宜篤公司所製造，與怡和洋行製絲所使用相同，皆新式也。現置二百八箇鍋，每一箇鍋，置採絲口六，若總用此等鍋採絲，一日可以製繭絲一擔，然當時女工之數寡少，故不備使用，女工之數，殆二百人，其三之二募諸上海，其餘募於本地者也。其熟練技藝者，能繅絲四縷，至其未熟者，則不過繅絲二縷耳。一日服勞十二點鐘，夜間不用執業，蓋慮其危也。意異日電燈或瓦斯燈，創設既備，亦必執燭從業也。女工一日得工銀六十仙，至下等十仙，現今所用之製絲原繭，乃餘杭縣倉前所産，品質良好，稱杭州第一。每擔值價百兩，聞此地水質甚佳，故製絲優於上海云，丁丙及龐元濟等，又於塘栖鎮欲建設一製絲所，現在尚未竣工，此地在仁和縣運河之旁，然其規模似不及杭州絲廠，又卜地於運河西岸，欲設立紡繅所，集貲本八十萬兩，將以明年六月興辦。其所用機器，乃英國喜在令董製造，錘數一萬五千，將以漸增多至二萬云。

《通商各關華洋貿易總册》光緒二十六年下卷孟家美《光緒二十六年杭州口華洋貿易情形畧論》 杭州通益公紗廠總辦已將今年生意情形呈報，據稱本年自正月初五日開工，至五月杪生意甚好，其時北省肇亂，市面大爲震動，女工紛紛回家，因於六月初二日停工。然廠離通商場較近，誠恐男工失業，閒遊出外滋事，總辦飭令工人不准出廠，藉作團練，日夜派人看守，設遇不測馳往彈壓。七月既望風聲稍平，仍舊開工。本年共紡紗二百三十萬磅，麒麟牌紗色白絲匀，客商極爲合用，本年經花收成尚佳，大約七成之譜，廠之北邊餘地原擬添設軋花子油廠，亦因大局未定，暫行停辦。

《通商各關華洋貿易總册》光緒二十六年下卷克樂思《光緒二十六年漢口華洋貿易情形論畧》 竊查本口貿易情形，去年之旺已爲歷年所未有，而今年前四五月内似更駕而上之，不意忽遭北方拳匪之變，各商民咸有戒心，遂如人陡患癱痿之症，脈絡突爲之滯塞，是以貨值總數仍推去年爲最鉅，計共九千八十七萬九千餘兩之多，而前年只七千七十九萬二千餘兩。今年則有七千八百四十九萬餘兩。去年貿易論所言之麻布局，因北事告警，竟未開工，織布局雖未閉歇，而出貨甚少，亦職是之故，惟銀元局、鐵廠、槍砲廠頗見暢旺。

《通商各關華洋貿易總册》光緒二十八年下卷司雷樂《光緒二十八年鎮江口華洋貿易情形論畧》 現有繅絲廠二所，每廠有婦女二百人，孩子二百人，在廠作工，遇有蠶繭運到，無論晝夜工作不輟。繅出之絲，運滬售賣，其運來之繭亦有一時未及繅出者，存之更獲重價。蠶繭以無錫産者爲最佳，該處在運河之南距鎮二百七十里，牛皮出口有一萬五百擔，比去年則十成中增三成。

《通商各關華洋貿易總册》光緒二十八年下卷佘德《光緒二十八年寧波口華洋貿易情形論畧》 寧波之緯成織布廠自設立以來，年雖未久，而所織之藍柳條布頗爲精美，可與東洋布相衡並峙，故銷路廣大，且布質耐久，價亦尚廉，因此東洋布之交易減去不少。日後若能不添設此種布廠，厥惟此廠可以獨攬利權。

《通商各關華洋貿易總册》光緒二十九年下卷馬根《光緒二十九年蘇州口通商貿易情形論畧》 沿海貿易共值關平銀三百八萬四千餘兩，比去年多五十五萬八千餘兩，比前年約多七十四萬兩。内原出口土貨價值比上年多十二萬兩，其多於上年之貨，則有綢緞值銀十三萬七千兩，亂絲頭值銀一萬九千兩，繡貨值銀二萬二千六百兩。其少於上年之貨則有菜子棉紗二種，而棉紗尤爲鋭減，計本年出口不過六十擔，約比上年少值銀一萬四千兩，自開關以來，從未有如此之少者也。本口衹有紗廠一所，本年春季停工三月有餘，至四月半始行開工，嗣後逐日工做，每日可紡紗一百有十擔，本年棉花價值甚昂，西曆十月間每擔價值規平銀二十兩，至十一月忽漲至二十四五兩，後雖稍跌，仍須二十一兩，推原致貴之由，聞因上海有日商争先購買故也。棉花如此之貴，廠家似難獲利，孰知紗價亦與之俱漲，當西曆六七月間，紗價不過八十二三兩一擔，及至西曆年底竟漲至九十二兩一擔，紗廠因此獲利，亦云幸矣。查紗廠正二三等月所以不能開工者，不盡因本錢虧折，亦因向來資本不充，經理又未得法，故須改弦更張耳。機器絲出口數目與去年無甚上下，本年各絲廠雖非大爲得意，亦尚不至失意焉。

《通商各關華洋貿易總册》光緒二十九年下卷單爾《光緒二十九年杭州口華洋貿易情形論畧》 本年浙省開辦樟腦公司歸官督辦，許其專利。該公司所刊發章程，聲明共集資本洋五萬元，半係商股，半係官股。樟腦釐章光緒二十四年已減半抽收，目下每擔完錢五千四百文。該公司之樟腦運至杭州時，每擔另需報効公費洋四元，除該公司外，竈户不准將樟腦私賣於人，如無該公司運照，亦不准將樟腦運至口岸。樟腦每擔買價酌定，自二十六元起至三十元爲止，以其貨之高下爲定。四月間杭州之銅圓局開鑄當十銅圓，以一架機器每日出銅圓十二萬枚，初時每鷹洋一元可换銅圓一百十枚，以期人之樂用也。繼而減至每元一百枚，後知仍有違禁運往上海者，因該處市價每鷹洋一元衹可换八十四枚也。故於七月間又減至每元九十枚，本年十月初二日，該局因工人争工價故暫時停鑄，直至十一月十一日始重行開工，另委總辦督理，以二架機器每日出當十銅圓三十萬枚，兼鑄當二十銅圓。本埠通益公紗廠已在該廠之北沿運河前建有大廈一所，作爲軋花子油廠屋宇，業已工竣，只待機器到杭耳。該廠仍統年日夜工作，所出棉紗能就地銷售，其所用棉花約十分之七，係就地購買者，其餘俱自上海運來。本年共出紗三百萬磅，或云七千五百包，通年扯算之價，係每包七十八兩耳。

《通商各關華洋貿易總册》光緒二十九年下卷好轉遜《光緒二十九年上海口華洋貿易情形論畧》 各種糖斤進口之數，較去年百分中約減二十分，其故蓋因機器糖前年售價甚廉，業此者悉皆預行購定，故於歲首之際，源源運進，可供六閱月之銷數，至銷去之價，聞尚不如前年之佳。迨下半年業糖者雖查得市上存貨無多，漸將告罄，然接連續定者却亦寥寥，糖之未能起色，或因機製之糖價見增高，而推其增高之故，係因歐美等國需價較巨所致也。華糖則無以上情形，且與高價之洋糖各不相涉，故華糖之價可以稍廉，洋糖則不免受損矣。日本煤銷場甚旺，年終堆存之貨共有十五萬噸，按此數目，若以平時而論，抖銷本非易事，適值戰釁驟開，雖貨積如林，而銷路毫不爲難，其較次之貨進口亦甚可觀，因合華人各項工藝之用，故願購者頗不乏人。

《通商各關華洋貿易總册》光緒二十九年下卷施德明《光緒二十九年沙市口華洋貿易情形論畧》 日本軋花車本年運來銷售者約有四千具之多，而由本關報運進口者不過一千三百餘具，餘則裝民船由便河來者居多。查此項花車鄉民之出資購用者，無處不有，轔轔之聲入耳可聽，離本口約百里之江口地方，用機器軋花者數年前已開風氣，然在前年不過四十八具，去年已增至五百具。本年復增至二千二百九十具。至此車全具皆係日本國製成，而其皮軸等項近來滬上華匠亦能製造，如車上機輪等件嫌於鬆壞，皆可就近在滬配換，其明證也。若其價值以每車一具而論，在日本買價僅合銀十五兩，一運此間銷售，其價竟漲至二十五兩，或三十兩，是比之來價竟將一倍也。然車價雖昂，而人猶樂於購辦，蓋一人一日之力可出淨花三百斤，足抵人工十倍之用，且其明淨無瑕，反非人工所能及，即以之行銷外洋，亦屬攸往咸宜也。

《通商各關華洋貿易總册》光緒二十九年下卷好德文《光緒二十九年宜昌口華洋貿易情形論畧》 再查本年棉紗，來宜共有四十八萬六千擔，內計中國機器棉紗七萬七千擔，日本棉紗六千擔，其餘則均來自印度，雖該處盧比定價較高，而印紗仍是源源而來，令人莫名其妙。

《通商各關華洋貿易總册》光緒二十九年上卷司馬士《光緒二十九年通商各口華洋貿易情形總論》 棉布類，本年估值一萬二千八百六十二萬四兩，上年估值一萬二千七百五十四萬五千三百九兩，若問貨物之多少，價值之貴賤，惟此一類極易辨別，即如素布類之原布、粗布、扣布、粗細斜紋布共五宗，上年進口有一千九百一萬五千三百疋，本年進口僅得一千三百八十三萬五千五百六疋，照疋數而論，每百分中比較上年百分中已減二十九分，論價值上年估五千七百八十萬七千六十五兩，本年估四千二百八十五萬五千五百六十五兩，照此比較，上年百分中則減二十七分半。起花布疋上年估價一千六百七萬四千九十二兩，本年估價一千九百三十二萬二百四十六兩，按價值明是增，按疋數不過爾爾，并無生色。棉紗上年進口僅有二百四十四萬七千九百七十一擔，本年進口則有二百七十三萬八千四百四十八擔，按擔數比較百分中已增十二，按價值比較百分中竟增二十三分。上年歲暮大宗貨物所存甚多，自冬至春匯票行情又跌，經手華商不願貿易，本年一年銀根既緊，北方尤甚，以致銷路更滯，總之無論是何原故，均使價值昂貴，碍及貿易。俟至西曆五月匯票行情稍好，照平常年分商人無不踴躍争先，以期暢銷而得十倍之利，不意本年不獨不能賺利，反得虧本。其故由於許多商人因貨未到，已經乘機結賬，惟恐匯票行情不佳，不意事難逆料，匯票不但不跌，而且更長，故尚未結賬者可以獨得其利，而已結之貨與未結之貨成本不同，一併出售，安有不更喫虧之理，但匯票既有長無跌，市面生意亦當有增無減，萬不意花價異常增價，雖有匯票之長，不抵花價之貴。茲特另列一表，俾可一目了然，匯票與花價之參差不一。

	上海規平銀一兩合匯票行情	美國棉花每磅價值	印度棉花每磅價值	上海棉花每擔價值
一千九百三年正月分即光緒二十八年十二月	二先令二本士	四本士零五四	三本士零七五	十六兩六錢
三月分即光緒二十九年二月	二先令一本士零七五	五本士零三二	四本士	十七兩五錢

（續表）

	上海規平銀一兩合匯票行情	美國棉花每磅價值	印度棉花每磅價值	上海棉花每擔價值
六月分	二先令三本士零八七五	七本士零零四	四本士零零六二五	十七兩八錢
八月分	二先令五本士半	六本士零七八	三本士零八一二五	十八兩三錢
十月分	二先令七本士	五本士零六八	三本士零八七五	十七兩九錢五分
十二月分	二先令五本士	七本士半	四本士零七五	十九兩三錢

除花布係由富裕民人圖飾外，光銷路實有限制外，其餘布疋欲決其能運若干，能售若干，全憑貧窘之尋常人民。中國向用銅錢，近年以來有長無跌，金銀價值長落不時，外國金價愈貴，中國銀價愈賤，運進布疋以金爲本金，價既貴布價隨之，鄉愚貧民安有許多銅錢以購長價之布，故不得不思變計，以期便益之法。其法無他，惟有以自家之功夫紡織布疋，以抵制之，何以見得，不妨就歷年鄉民尚有錢力以購洋布考之。即如一千八百七十二年，即同治十一年，所購粗紗在棉貨類百分中不過六分，一千八百八十二年，即光緒八年所購粗紗在棉貨類百分中不過二十分，一千八百九十二年，即光緒十八年所購粗紗在棉貨類百分中已長至四十二分，一千九百二年即光緒二十八年各處已設仿製紗廠，運進棉紗尚有四十三分。本年情形鄉民購布愈少，進口棉紗每百分中竟有五十二分，棉紗進口既有如是之多，英美兩國織布地方必受其虧。若以布類最短者，惟原色布比上年百分中少三十五分，白色布比上年少十三分，英國扣布比上年少十四分，美國粗布比上年少四十分，粗斜紋布比上年少十一分，而日本所織布疋不料仍是有增，即如扣布斜紋布粗布棉法蘭絨布等進口俱多，若照總論所載，布之所失紗以補之，但所得棉紗之利益是日本一國耳。上年日本進口棉紗五十二萬二千四百八擔，本年增至八十三萬一千四百六擔，印度如常，本年棉紗進口一百八十八萬九百十一擔，英國比較上年少有一半，本年進口棉紗不過一萬六千八百二十九擔，印度棉紗在進口項下年頭存貨較之年底三股內少有一股，絨貨不足詳論，值價如常。本年進口計有三百九十六萬五千八百九十八兩，其中羽綾嗶嘰略有所增，粗哆囉呢、大呢、哈喇呢仍是較減，五金類估價每百分中比上年多有五十分，價值既多，貨物亦增。【略】外國麪粉亦係富者樂用，貧者無需，所以比上年亦少到二十五分，況又新設機器磨坊磨出中國麪粉，以補其缺。

《通商各關華洋貿易總册》光緒三十年下卷梅爾士《光緒三十年蘇州口華洋貿易情形論畧》　絲廠所出之絲，較之去年尚多，約與前年相等，各造所出之絲其數不相上下，其質則遜於去年。第三造絲大爲失收，以第六造爲最好，估計約可有八九千包，絲質亦佳。惟各絲廠須新年後方繅此造之絲繭，是以此造之絲現在尚少販運出口。本年絲價時時不同，因年底市價忽增，匯價又漲，故此項貿易難獲利也。至本年十二月多有商人向屯絲之家買絲，故每擔約平四十元，查生絲與繭儲待明年者，估計約有一萬三千包，屯儲其賣亂絲頭各家頗受虧折耳。

《通商各關華洋貿易總册》光緒三十年下卷單爾《光緒三十年杭州口華洋貿易通商情形論畧》　本埠通益公紗廠仍統年工作，日夜不輟，本年共出紗二百八十八萬磅，計七千二百包，通年扯算之價，每包售銀約七十八兩，春夏二季棉花價值甚昂，秋初因此項收成豐稔，加之市上銀根緊迫，以故價值稍形低落，按一年扯算，每擔仍值價銀約十九兩之譜，較往年尚屬昂貴。獨是北方戰務未停，貨價一高，銷場即不免阻滯，業此者殊多掣肘，幸秋間銷場漸有起色，夏季廠旁曾添置軋花機器，至入秋時始興工，年終一切榨油機器雖已備齊，而歲云暮矣，未及開工。城內銅圓局本年並未停工，以每日計之，約可鑄當十銅圓七十五萬枚，當二十之銅圓已早停鑄，以上銅圓每鷹洋一元可換銅圓九十枚，各錢舖兑出之價，每鷹洋一元僅易銅圓八十二至八十八枚不等，業此者率皆美利均沾，按紫銅每擔價值銀不過三十餘兩，計銅圓九十枚重不過一斤零，故每紫銅一擔能鑄值洋一百餘元之銅圓，其獲利之厚亦不待言矣，無怪已決計來年正月間，大興土木，再添造一更軒廠之局屋。

《通商各關華洋貿易總册》光緒三十年下卷馬根《光緒三十年蘇州口華洋貿易情形論畧》　共有絲廠三家，本年通年工做者二家。其一家自四月初一日停工，至年終並未開工。聞做工之二廠每日可繅絲二擔，每絲一斤需繭五斤，比之上年每絲一擔約少用蠶繭十分之一。上半年廠絲價值約七百八十兩上下，至下半年則落至七百三十兩上下，所幸者絲價雖落，其時繭價亦落，且繭質比前尤佳，故絲廠尚有微利可獲云。

《通商各關華洋貿易總册》光緒三十年下卷克樂思《光緒三十年漢口華洋貿易情形論畧》 銀錢兑换價值，因所鑄當十銅元甚多，故春季每漢平銀一兩衹易錢一千一百二十四枚，至年底可易一千二百五十七枚，其最少時一千七十五枚，適中時一千一百五枚。各局廠均極興旺，最要者爲紡紗局，因棉花豐收而價賤，故所出之紗極多。製麻局將次開工，歸日本人包攬。木桶局及武昌玻璃廠均已開工，但不甚順利。機器磨麪廠現正修建，尚未落成，在玉帶門外漢江岸旁，將來必能獲利，因鐵路開通，麥由河南運來者必更增益也。冬間美孚行修成煤油池二所，每所可貯煤油二千五百噸，尚有一所未竣工，銀幣銅幣局生意極旺，日夜工作，常鑄當十銅元，其全年所出銅元及銀角甚多，無憑查悉。惟觀報關進口紫銅錠之數可知大概，但出數雖多而散之四方，似仍不敷市面之用，計本年進口銅錠兩局總數共十萬三千六百七十擔，去年只有三萬六千八百七十擔，前年則六千八百六十擔，上前年無。其本年數内有七萬六千九百五十七擔，係銀幣局用，外有未印花銅餅一萬六百九十九擔，以備製餅機器趕鑄不及時用，以加印花紋。

《通商各關華洋貿易總册》光緒三十年下卷單爾《光緒三十年杭州口華洋通商情形論畧》 廠紗前年二千八百五十八擔，本年僅六十擔，其出口數目雖形奇絀，尚未可指爲怪事，何則以本地銷塲極旺，所紡之紗居民争相購買，本年尚賴有洋紗運入以資周轉，故出口之數目不得不寥若晨星。

《通商各關華洋貿易總册》光緒三十年下卷甘博《光緒三十年烟臺口華洋通商貿易情形論畧》 復出口之貨，查運往中國口岸之洋貨土貨價值較上年多三百萬兩，其增多之故，因運往牛莊威海衛之貨所致。蓋牛莊之進口貨向由香港上海直運，本年船稀貨少，迨至五月間，該口存貨將盡，客商就近趕辦，是以烟台商人獲沾利益，其中以將近封河之三個月内，所運之華人食物爲數最多。六月初運威海衛之貨，亦驟見其多，其中以白米、洋麪粉，上海機器麪粉、罐頭、牛奶、啤酒、日本酒類爲大宗，每次均由本關給發保結，衹准在該處卸貨，并蒙威海各官協力查驗簽押，然而此項貿易不過一時暢旺，年底即形冷落。

復進口之貨，【略】上海機器麵粉上年進已屬不少，本年尤見暢銷，共增十六萬四千七百二十八擔，野蠶絲由三千一百七十擔，增至五千三百三十六擔，茶葉藥材糖烟俱見加增。

《東方雜誌》第二年第一期《湖南熊庶常希齡上前撫端考察醴陵磁業書》 竊查醴陵磁土最富，産地甚多，如潙山、赤足嶺、青泥灣、老鴉山、茶子山、唐山口、鄧家渡等共有七處，而以潙山之土質爲良，山又分爲上中下三段，窑户六十餘家，每家年出磁器價值洋三千餘元，六十餘家共二十餘萬元；合他六處統計該縣共歲産磁産洋三四十餘萬元，實爲大宗入款。惟磁器粗陋，僅供下級貧民購用，近年以來土貨滯銷，窑户賠累，幾至歇業，皆有岌岌不可終日之勢，推求其故，蹶有數因：一、各窑户資本不足，每家母財不過數百串錢，難以延請上等工人製造新式。二、采取磁土毫無規則，率皆争挖浮土，捷足先得，未能深入，故多雜以黄泥等質。三、磁土未能漂細，每石百斤只用水洗去一二膠，所留八成實餘粗點。四、工價以器之多少爲定，故工人貪多貪速，手法粗笨，又因價廉，不能購用上等石墨繪畫，所燒之色甚暗。五、釉藥以糠灰調和，變成黑泥，故燒出磁器色均帶青，而鮮潔白。六、近窑之山薪木斫伐净盡，所用柴料購之遠方，其價極昂，故磁器成本因之加重。七、窑户因無貲本，必向運商預貸一二月購貨之錢，運商藉此抑勒，海洋一元作價一千二百餘文，後因滋訟，乃改爲每洋一元作價一千一百一十五文，窑户喫虧尚巨。八、江西景鎮私規最嚴，不準工人傭於他省，又俗傳景鎮承辦御窑，可用紅緑彩色，他省不准仿辦，故醴陵業磁者無敢設法改良。九、因江西萍鄉現亦有磁土窑山，製成器皿，銷售漢口，近又雇用景鎮工人二名，加工製造，比醴陵稍精，故醴陵貿易遂爲所奪，日見減色，以上種種困難，磁業殊形危險。從前粗花大碗，每十個成本售錢八十文，運至漢口售錢一百文者，今則醴陵跌至六十八文，運漢跌至八十文，而運商復於議價時以洋元兑交，每洋作價錢一千一百一十五文，貨若低次者，又於實價扣成八折，窑户仰屋而嗟，工人輟業以待。倘再因循不改，將恐此粗貨一宗亦將盡歸萍鄉商人之手，數千人所仰賴之衣食財産有不忍言者矣。希齡此次往游潙山，與文紳等宣布，德意窑户工人皆恍然於新舊之利害，無不鼓舞同聲，所經過之處，鷄黍歡迎，圍觀延覽，絡繹於途，似人心見解豁然貫通，實可爲之因勢利導也。惟就希齡在日本所考察之磁業，與醴陵兩相比較，其不同者有二：一、窑式，日本每窑八穴或九穴，而柴料由第一穴燃起，以徐達於第九穴，高至六七尺，所燒之器均用煉土製成之皿，或四柱盛之，醴陵窑僅五穴或六穴，高不及二尺，柴料於各穴陸續增加，磁器每十個層累一套，無盛之者。二、釉藥，日本有先上釉而後畫者，爲栗田燒，有先畫而後上釉者，爲普通燒，然其本地謂初次用土製成之器，必先入窑燒至四點鐘，取出繪畫，方上釉也。醴陵則畫與釉均只一次，并無分爲兩次入窑者，以此不同之故。希齡雖携帶日本釉藥顔料至彼試驗，尚未出窑，不悉能否合法，所幸該山窑户有廖姓者，近由景鎮購得釉藥一塊，施之醴陵土質、製成器皿，色極潔白，與景鎮窑無異，不過器式稍粗，由於工手之鈍，而其磁質可以造畫造色，固確有把握也。此種磁業若能發達，不獨大湖以南銷場甚廣，而西通雲貴，南入粤西，皆將爲我市場，比購之數千里之景鎮爲廉，且與日本磁業相較，我之成本尤輕。蓋磁器重在土質，人工，日本漂净之泥，每百貫中得純土四十貫，每純土一貫價錢六仙，合中國錢六十文，每貫百兩十六貫爲百斤，合值中國錢九百六十文，醴陵瀉山磁土均係廟産，而由民人承租名爲頂户，各窑户又向頂户租用，每轆轤一具年收租錢一千文，不論取土之多少，可謂極賤。又據窑户估算，每原土一石約需工本錢三十六文，漂净後純土一石約需王本錢一百二十文，若照日本漂法，亦不過加倍而止，至二三百文，較彼每百斤需錢九百六十文，相去甚遠矣。又日本人工上等工資每人每日工錢五角，次則三角，畫工加倍，醴陵工人成素地者以挑計算，每挑大碗二十八個，中碗二十二個，小碗三十八個，每人每日可成六挑，每挑工錢四十五文，中小各碗以此遞加，是盡一日之力，亦只得工錢二百七十文。今改爲細磁，不過所成挑數較少耳，價則如故也。畫工粗者每挑工錢十文，或三十文，稍細者每挑工錢六十七文，每碗平均攤算僅值畫工錢二文數厘，易以新法，自當加倍，總之比日本爲最廉也。前閲日本明治三十六年關税册載該國輸出售於我國之磁器，約值洋五十五萬九千五百九十六元，又親見漱户窑廠所製青花小碗，均仿中國器式，近年專運北方奉天直隸等省，銷場極大，故景鎮磁利爲其減奪，華人不知美術工拙，喜用吉利花樣之物，故彼以粗糙之器而得我重價也。我若有成本最省運本最輕之貨，其必能抵制輸入可無疑矣，惟考察既有把握，則辦法須有次第。一、立學堂，醴陵磁工雖多可者；然其心手不靈，必先施教育，方可得其爛熟，且釉條若何調製，；雜質若何滌净，均須教習試驗，日求精美。二、設公司，此須由齡等招商承辦，集資本三萬元即能成立，因醴陵窑户均熱殷實之家，成本不足則難言進步，必先設公司以爲之倡股，額可留一成爲該縣紳商及各窑户之入股者。三、擇地，醴陵瀉山距縣城二十五里，雖道路平坦，然購采柴料極難，加以脚力價復增昂，又製成之碗運至江灣（離縣城五里濱臨小河），每石大碗十六同，每同力錢六文八毫，每石力鋒一百零八文毫，今就地勢，必須將各學堂公司建設江灣地方，易於購采柴料，省去運費，且即以運碗之脚力，改爲運土，費亦相等，另於瀉山設一漂泥廠；將土製净，再運江灣，尤爲省費，且地既濱河學堂，需用機械不難登岸，製成之器，上船亦甚便也。四、均利，學堂既設，宜於各窑户中挑嫻熟工作者數十人，爲速成科，又於各窑户工人中之弟子，擇其年在十五歲以内，文理清順者，爲永久科，學成之後聽其各回本廠，自謀改良，惟公司資本既巨，則不免近於學科，今請分爲次第交换之法。醴陵現在所製粗磁器皿，便於貧民購用，不能概行改爲細工，初二年内學生技術未熟，只能模仿景鎮之式，公司亦須就與本國相宜，而便於民人嗜好者，參酌製造。迨各學生學成回窑，改燒景式，則公司專製西式務器，抵制外貨之輸入，使各窑户得以餘利，至五年之内，各窑户如有進步，能仿西式，則公司即精益求精，專求製造輸出各國之品，如日本森村組西京錦光山大阪藪明山工場辦法，或能爲中國收回利權，此其成效當在五年後矣。如此交换之法，既可卵翼各窑户，使之逐漸改良，無失其固有之利，而公司學堂，對於醴陵人民亦無負開化之責任也。惟學堂延訪外國技師，經費甚巨，必須先爲籌措的款，乃克有濟。兹請分爲兩項，一曰開辦之款，查此項學堂機械如水簸場之除水器，調製室之楕圓皿，成形機，素地土捏機□，藥粉碎器，原料粉碎器，濕式材料粉碎器，機械運動轆轤，石膏型室之小物，壓榨成形機，以及鍋爐等件，皆須備置。其尤要者，則爲標本陳列室，須將各國新式磁器可供模範者，一一購辦，以便仿造。又建築學堂及實習工場，亦與他項學堂不同，約需經費銀一萬七八千金，須請提撥公款，以資商辦。查醴陵現在粗磁每年出數至少以三十萬串錢計之，照厘局抽厘例，每碗價錢五十文，抽厘錢一文二毫，每百文應抽錢二文四毫，合計當有七千二百餘串之入款。窑業若衰，即此亦不足恃。倘改良製成精器，其所收厘金必有二三倍於此者，公家此後所獲之益可預卜也。今即由公款提撥一萬七八千金，無異民間之貸借，五年以外，本利加收矣。二曰常年之款，一醴陵江灣向有碗行，由文張兩姓請領牙帖，近爲運商所持，時生齟齬，該姓有自願繳爲學生經費，每年提二百串文爲該兩姓帖費之意。惟醴陵窑户值此困難之時，若再抽取行用，實所不忍，擬爲變通辦法，暫於運商所定洋價一千一百一十五文之内，提出一十五文繳歸學堂，作爲常年經費，俟後磁器改良，窑户運商公平交易，將所勒定洋價議銷，再改由牙行抽取行用，即將此一十五文罷免。二、醴陵自設萍潭鐵路以來，不知者以爲此埠必日見興盛，實則鐵路以枝干并設，交通最多，收利最廣，小民需益亦最均。若僅於僻壤建一枝路，只便開礦而已，本地人民實無所益，醴陵自此鐵路興辦，購去地皮，約值租谷二萬餘石，每年即少此收穫之利息。又從前萍煤多用醴陵小船裝至湘潭，約有數百千號，今株洲既通鐵道，此項船隻頓失生業，苟非速將工藝振興，不足以救此困苦。查日本因有戰事，新增税課，有所謂通行税者，係於汽車汽船電車之乘客票價中，加收税額，定爲三等：二百里以上者，一等洋五角，二等洋二角五分，三等錢四十文。二百里未滿者，一等洋四角，二等洋一角，三等錢三十文。百里未滿者，一等洋二角，二等洋一角，三等錢二十文。五十里未滿者，一等錢五十文，二等錢三十文，三等錢十文。日本海里合中國六里，萍潭鐵路即爲日本五十里之未滿者。昨聞由萍鄉至醴陵一路每月所收乘客票費約數千元，株洲告成，每月統計可入洋一萬餘元，查此路專爲運煤而設。搭客所入，乃其格外赢餘，而此中乘客，又多醴民，擬請仿照日本通行税則，每乘客票費按照等級加抽數文，由鐵路局代收，每月解爲陶器學校常年經費，以彌補本地人民所失之利，而鐵路亦可長資保護之益，實爲一舉兩全。况此路均由本國公款建設，自有主權，與蘆漢之貸洋款者不同，加收經費，并無有從中難阻，擬請由鈞座據情咨達鐵路大臣，立案施行，以昭永久。謹啓。

《通商各關華洋貿易總册》光緒三十一年上卷司馬士《光緒三十一年通商各口華洋貿易情形總論》 出口白絲以及機器繅絲比較斤兩，開列於後：

	光緒二十九年	三十年	三十一年
中國	七萬三千三百二十擔	八萬一千五百二十五擔	六萬九千六百十七擔
日本國	七萬三千一百五十五擔	九萬六千五百八十六擔	七萬二千四百十九擔

中國蠶絲或盛或衰，公家本不過問，惟冀養蠶户口留心考察，俾可收回利權。【略】麵粉除復出口外，本年進口净數計九十三萬一千七百六十一擔，比較上年銷數相同，惟從前全是美廠，本年忽有澳大利亞若干進口，若連復運出口在内上年進口九十三萬九千四百四十七擔。本年九十八萬八千四百二十三擔，均由上海運往戰地，北邊及中間等省進口百貨價值之内，共占七十五分。而麵粉一項，竟占三分之一，恐華人漸漸樂食仿製機器麵粉，并用中國麥子磨成。上海一口上年運出此項麵粉二十三萬二千四百四十七擔，本年多至三十二萬六千三百九十八擔，所多之故，或爲哈爾賓廠内所出之粉不能運至中國，但非定論。若謂北方兵士日食所需，是以暢銷，此則實有可憑。至於歷年銷數最多者，是逕由香港運往之各口，緣該處華人由外洋回國，食慣洋麵，愛不能舍，惟本年進口之數，反少於上年。上年七十萬七千擔，本年六十六萬二千二十五擔，况此數内尚有澳大利亞運進之粉在内，以此觀之，抵制一層是有效焉。

《通商各關華洋貿易總册》光緒三十一年下卷克樂思《光緒三十一年漢口通貨華洋貿易情形論畧》 武昌紗布局因錢價棉花價兩均跌落，大獲其利，計出紗九萬三千擔，其售價每三百斤爲一包，每包八十兩至八十三兩，又出原色布十六萬二千七百五十疋，每疋售價四兩二三。麻局聘日本工師爲教習，須待新機器運到，始能實力開辦，擬製麻布紗綫及蕪麻袋之類。皮廠已造成，大約來年底可開工，機器磨麪公司有一家，正在經營，來年方能告成，有二家已出貨。一在本年六月，一在十二月，計日夜工作，共可出麪粉一千八十包，每包重五十磅，其麥因嫌火車費重，故多由水道自河南運來，以到漢計之，每擔需本銀二兩，或二兩一錢之譜，可出粉七十五斤，售銀三兩，又出糠二十斤，售銀二錢四分，粉色極佳，銷路甚大。今年出口者共八千六十七擔。

《通商各關華洋貿易總册》光緒三十一年下卷克樂思《光緒三十一年漢口通商華洋貿易情形論畧》 本年最動目者爲趕鑄當十銅元，所出之數多多益善，絶不及計，能否銷售，每日約出一千萬至一千二百萬枚，年終統計據云有三十八萬七千一百萬枚之多。其銅元印花機器之有數可稽者，武昌銅幣局一百架，銀幣局四十架，漢陽兵工廠三十架，共百七十架，以每日工作二十小時，計之最少可出二千萬枚。兵工廠内新建廠屋一所，安設鍋爐機器，爲製造銅元之用。本省銅元既如潮湧，於是錢價日跌，年初每百枚當製錢一千文，值漢平銀八錢三分，至年底只值六錢二分，銅元既跌，日用各物價皆飛漲，而向日製錢乃寥落如晨星。參銅元百分中約有銅九十五分，其由外洋運來未印花之銅餅，則成色略低，進口紫銅計四十九萬五千八百三十一擔，内報赴别省銅幣局者八萬一千四百七十六擔。本省銅幣局攙鑄銅元之白鉛二萬二百六十八擔，一兩重之銀幣於去年十二月十四日始出，此爲張宫保所頒行，擬試辦有效，即作國幣，以爲全國銀幣平色改良之準，則惜不甚通行，所出僅十四萬七千枚，其成色千分中有銀八百七十七分，銅七十分，錫五十三分，計一千枚合關平銀九百七十八兩四錢二分，而以之完税則定作關平銀九百七十八兩四錢，龍紋銀元共鑄出一百二十七萬枚，半開者八萬枚，二角一角者共六百三十三萬枚，半角者四百二十萬枚。

《通商各關華洋貿易總册》光緒三十一年下卷慶丕《光緒三十一年蕪湖口華洋貿易情形論畧》 若夫工藝一門，蕪湖機器麪粉公司生意尚佳，所出之麪粉利於内地及出口銷售，其價較廉於上海麪粉及外洋進口麪粉。所有英商蛋業公司現已盤於華商，茂盛辦館製成之蛋黄蛋白均係運出外洋，而昔時之鴻昌肥皂公司今則改名公裕祥，惟所出之貨未必較勝於前。

《通商各關華洋貿易總册》光緒三十一年下卷義理邇《光緒三十一年鎮江口通商華洋貿易情形論畧》 玆將其如何辦理之處，詳列於下，在南通州城外唐家閘有一内港與揚子江通行之處，設一紡紗廠，内用梃子四萬支，紡製細紗，機器購自英國，用工二千五百人，每年出紗三萬包，在本省一帶可以銷售。他廠機器有購自德美東洋各國，亦有購用中國洋式機器，計有榨棉子油一廠，其渣滓可作肥田之用。又有一麪粉廠，可出麪粉七百五十萬磅，又有一染綢貨布貨廠，又有一罐頭廠，又有一織綢繅絲廠，尚有一製造小輪廠，現在只造水鍋，在通州南門外有一印書廠，一碱廠。揚子江崇明縣另有一紡紗廠，一造磚廠，現只製造各本廠應用之磚，以上共計十一廠，聞説另有一九廠正議創辦，内有製棉布廠，行將竣工，現已派人學習製作，不日即可開辦。各廠均採西法，用機器製作，貨物精純，且均安置電氣燈，光彩奪目。鎮江麪粉廠亦有張殿撰股分，該廠麪粉雖微帶紅色，本税司曾派熟諳之人察看，據云麪粉純浄别無攙雜，於衛生之道有益，並自做麪包食之味甚香美，頗望通州廠麪粉與鎮相同。現在係用機器石磨，隨後須换鐵磨，據人云各廠所製之物雖不敵英美之佳，究與東洋所差無幾，且價值較廉，銷路可暢，或可獲利，此後工藝日講，貨物必見精良。其設廠一帶地方水路四通八達，小輪均可往來，張殿撰置購小輪六隻，在内河來往貿易，並設保護小輪之法，在唐家閘築造長一百五十丈之石碼頭，復在裏河造一長二十丈之木橋，又在揚子江通行，唐家閘之河内造一活閘，另購一挖泥機器船隻可將内河淤淺處撈深，凡此皆於小輪有益，另有行長江輪船兩隻，由通州至南京來往裝貨。

《通商各關華洋貿易總册》光緒三十一年下卷杜德維《光緒三十一年福州口華洋通商貿易情形論畧》 本省銀元向惟一處鑄造，名曰省會官局，又稱爲督憲銀元局，局址居省坦南關外，第見其烟囱矗立雲表，適當萬壽橋以北河岸之旁所鑄各幣，匪特足資閩省行用，間亦將銅元供及他處之銷流，頗能獲利。本省官吏因見當十銅元出口與就地發售均顯有厚利可圖，爰復定擬增設兩局，迨是歲上半載時，已不止始設者之翹然獨立矣。所有擬設新局應用機器，於夏令辦運齊備，乃分别附設於馬江之船政局，與及洪山橋製造局内之銀元西局兩處。安佩妥貼，相與開機鼓鑄，如恐不及，惟其鑄出銅元多係以辦運入口之銅胚鑄造而成，若機器靈捷者，每日出數當不止二百萬枚，曩者市價每銅元一枚計值錢十三文，今則逐漸低跌至不敵所值十文原數，而各局鑄造之利於是乎與始設之望已覺大相逕庭，其尤可惜者，及後北京政府忽飭限以每日只准鑄造三十萬枚，復禁止將銅元販運往他省行銷，是以目今該新局兩處俱已停鑄，幾同空設矣。

《商務官報》光緒三十二年八月初五日第一六期《安徽農工商情形記畧》

開源織布公司

地址，設於池州府銅陵縣境之大通中市，賃房開辦，專仿織東洋各色提花紗布。

貲本，股銀一萬兩，每股曹平銀一百兩，共一百股。

程功，初辦。

提要，該公司實爲振興商業，凡有洋貨可仿辦者，協力仿傚，以期杜漏巵而開利源。

錦裕織布廠

地址，設於蕪湖下水門外，占地三畝半，暫租民房試辦，嗣後推廣再建廠屋。

貲本，自籌成本銀一萬兩，先行試辦，一俟辦有成效，再爲推廣。

程功，已經租屋購機。

提要，以抵制洋貨創興工藝爲宗旨。

《商務官報》光緒三十二年十月二十五日第二四期《農工商部咨各省文》

爲咨行事：案准税務大臣咨稱，本處會同户部核議湖北機製麻貨一案，於光緒三十二年九月二十日具奏，奉旨，依議，欽此。欽遵，相應刷印原奏，恭録諭旨，咨行到部。查税務大臣原奏内開，湖廣總督張之洞考求製麻招商興辦，據稱已著成效，洵足振興大利，杜塞漏巵。至請飭各省酌仿湖北辦法，再行考究東西洋新式設立局廠，廣爲製造，自係爲便民興利起見，應俟奉旨後，咨行商部，通咨各省遵照辦理等語。查麻製各貨爲民生服用大宗，中國各省皆有。惟製法粗疏，未盡其用。今湖北用機器織造，既已卓著成效，各省自應仿照辦理，化粗爲精，化賤爲貴。於農工生計裨益，實非淺鮮。相應鈔録原奏，咨行貴督撫查照無論官商，如願仿照辦理，即逕向鄂省查收章程，迅籌開辦，以廣利源。並報明本部備案可也。須至咨者。

〔附〕《税務處、户部覆奏原摺》

奏爲核覆湖北機製麻貨，請免税釐，應仍查照向章辦理，以重税項，恭摺仰祈聖鑒事。内閣鈔出湖廣總督張之洞奏，湖北機器製麻局製造有效，援案請暫免税釐一摺，光緒三十二年七月二十日奉硃批，該部知道。欽此。據原奏内稱，麻之爲物中國各省皆有之，惟種類畧有區别，而製法粗疏，未盡其用。臣到鄂以來，思爲製麻之策，考求多年，籌撥外銷公欵配今機器，建造廠屋，漸次試辦，至光緒二十八年招商承租，仍委監司大員督飭製造，循序講求，日有進境。近日該局所織緞紗，並各色麻布，均係質地白細，染色鮮明。擬援照上海阜豐麪粉公司一案，所有機器製造麪粉各廠一律准其暫免税釐之例，請將該局運銷麻貨暫免完納税釐，以紓商力而廣銷路等語。查麻製各貨，民生服用大宗。該督臣於湖北招商興辦漚浸洗鍊之法，繅絲染色之宜，逐加攷究。現在所出之貨，據稱已著成效，洵足振興大利，杜塞漏巵。惟原奏擬請援照阜豐麪粉公司成案暫免税釐一節，查阜豐公司一案，前外務部以各國麪粉進口免税載在税則，而華商所製麪粉轉不能免，似華商未免向隅，是以於該公司機製麪粉核准免税在案。至麻類進口向係納税，與各國麪粉進口之概准免税者不同，此項機製麻貨未便援阜豐麪粉公司辦法以爲比例，且湖北織布等局亦經奏明遵章納税製麻，與織布情事相等，自應一律辦理。所有該省機製麻貨應請飭下該督臣暫飭該局仍照向章機器製造各貨辦法，於運銷出口時完納正税一道，後沿途概免重徵，以重税課，而昭畫一。至該督臣原奏内請飭各省酌仿湖北辦法，再行攷究東西洋新式設立局廠，廣爲製造，自係爲便民興利起見。應俟奉旨後，由臣等咨行商部，通咨各省，遵照辦理。所有核覆湖北機器製麻局，請免税厘緣由，謹恭摺具陳，伏乞皇太后、皇上聖鑒。再，此摺係税務處主稿，會同户部辦理，合併聲明，謹奏。

章開沅等《蘇州商會檔案匯編（1905—1911年）》第一輯《江寧商務總會爲調查公司廠號咨文光緒三十二年十二月初七日》　案准江寧商務議員劉函寄轉奉農工商部札開：本部總管商政，以提倡實業爲要務，尤當隨時考核，共求進步。歷據各省呈報設立各項公司廠號，先後照章註册，行文保護各在案。查東、西各國章程，凡工商各業設立公司，其貿易之盈虧，製造之精粗，銷運之遲速，以至一切關係公司利弊、改良等事，皆由總理按時呈報所屬各省匯成統計，以資考核。振興實業之法，實本於此。亟應仿照辦理，先就各省報明註册農、工、商業等項公司廠號，所有前辦、創辦一年以上者，各由總理人等將本業貿易出入情形詳細開列，其土貨製造與仿造洋貨各品，均應匯集比較，參觀得失，冀以設法改良，推廣銷路，著爲論説，陳報本部，以備考核。農務重在産殖，工業重在製造，商務重在銷運。果能製造精良，廣開銷路，辦有成效，本部當酌核奬勵，以昭激勸。相應札行該議員查照後開各公司廠號，轉行總、分商會遵照辦理，匯集稟復，以憑核奪，是爲至要。此札等因，并附抄單郵寄到會。奉此，遵查部札粘抄所開各公司廠號均隸蘇屬，自應由貴總會分别行知各分會遵照辦理。爲此連同抄單一并咨請貴總會，請煩查照，希即遵照部札單開牌號，逐一查考彙齊，徑行稟部核奪施行。

〔附〕《滬蘇公司廠號調查清單》

上海　上海府海食鹽公司
上海　上海大有機器榨油公司
蘇州　無錫振新紡織有限公司
上海　上海富潤房屋公司
上海　上海等處崇昌輪船公司
蘇州　丹徒大照電燈公司
蘇州　昭文裕泰紡織公司
上海　上海大達輪船公司
上海　中國紙烟有限公司
蘇州　無錫裕昌機器繅絲廠
上海　上海三星紙烟公司
蘇州　無錫茂新麪粉公司
蘇州　江陰華澄織布公司
蘇州　丹徒利用樹藝公司

《商務官報》光緒三十三年一月二十五日第一期《江西商務情形》　丙　近今商務變通時代

江西電線分布，郵政設立，交通機關畧備，此於商務大有影響，然開礦、製造、航業，以及集資設立公司，江西士商雖粗知其理，而資本不厚，辦法未善，商賈之智識尚淺，畧舉已成數事，以見萌芽。【略】

（一）各項公司

贛南華寶銅礦有限公司光緒二十八年開辦。

餘干呈山煤礦公司光緒二十九年開辦。

鉛山同孚煤礦公司光緒二十九年開辦。
樂平豐樂煤礦公司光緒二十九年開辦。
新建徐塘煤礦公司光緒三十年開辦。
宜春協和煤礦公司光緒三十一年開辦。
永新保富鐵礦有限公司光緒三十一年開辦。
南昌生利樟腦公司光緒二十八年開辦。
贛縣益華樟腦公司光緒二十八年開辦。
新建興利樟腦公司光緒二十九年開辦。
南安同益熬腦有限公司光緒三十一年開辦。
萬安務本合資有限公司光緒三十一年開辦。
萍鄉瓷業有限公司光緒三十二年開辦。
景德鎮保源滇料公司光緒三十二年開辦。
鉛山鼎興織布公司光緒三十年開辦。
清江金鳳織布公司光緒三十二年開辦。
九江榮昌新記火柴公司光緒三十一年開辦。

《商務官報》光緒三十三年三月初五日第五期《江西商務情形續第四册》

（六）求江西將來商務之發達

如上所論，江西之商務，誠非一時所能挽回。雖然新舊交嬗之時，舊業誠不能敵新業，儻一旦焕然改變，則江西具有廣大之面積，多數之人口，其發達亦正非難，立乎今日而預測將來，發達之狀況，端從何道，姑暢言其理以爲異日券。

一、須俟鐵路告成以後也。商業與道路之關係，歐美恒視爲重要問題，蓋商業原理，在於有無相通，彼此挹注，故運輸爲商家之一大事。道路之發生，即爲通有無彼此而起，上古荆榛甫闢，道路不廣，其後生齒，繁殖産多，人力往來，不足取給，於是有舟楫車馬，今之生齒，較前增盛，需用較前增多，而所需者又在千里以外萬里數萬里以外，若仍守極滯笨之車馬舟楫，水則有風浪之險，陸則有陵阜之阻，轉貨之困難，亦云至矣。如是而欲赴事機，省日力，是猶緣木而求魚也。東西各國，汽船梭行於瀛海，鐵道網織於國中，轉輸靈便，商務熾興，中國三面皆陸，獨東南濒海，内地惟長江可通汽船，非鐵道徧設，不足以起廢疾而致富强。全國鐵道，尤以南北幹路爲全身脈絡之統宗，江西南極粤東，北達鄂漢，其商務之盛衰，視粤漢軌道之經過與否。今粤漢幹路，議由湖南經過，若粤贛軌道，能成於湘粤之前，是爲上策。否則亦須築一軌道，北接漢口，南接粤東，與湘省軌道平行以分其利，粤漢鐵道，利益最鉅。若湘省路成，而江西無之，一遲一速，一盛一衰，江西商業，將就墜落，以江西地勢計之，先辦九江南昌吉安贛州以達粤界之幹路，次築支路三段，一由吉安袁州以達湖南，一由廣信達浙，一由撫建達閩，各路成立，粤漢之利，贛與湘省共之。此外閩浙之貨物，運輸至湘漢滇獨，湘漢之貨物，運輸至閩浙者，皆將必經江西之道，貨物麕集，户口增繁，户口日增，需用自多，如是而鐵道經過之處，素所衰者可使其盛，廢者可使其興，土貨出口，可使漸多，不出十年，江西之富，可翹足待，故謂江西商務之發達，必俟鐵路告成者此也。

一、須設勸業銀行，以流通市面也。商業之功用，畧分爲二：一曰發資取利，一曰治業求贏。發資取利者，儲蓄母財，貸之治業之家以規後利。治業求贏者，專治一業以取贏餘，治業虧損，發資者之不，利母財短，少治業者之不興，中國錢號規則未立，一號貸放之數，多者逾數百萬，而於實業生財之道，毫無影響。其王義在分利不在勸業，卒之一業失敗，全局受損，漢口爲商務最大之區，而欠債虧資之風亦最甚。江西商人見小而性謹，感受風潮，至不敢發放母財，而治業者亦遂不敢圖遠畧矣。且今之治業者，類皆懋遷有無，屬於分利範圍，於生利之舉，渺無與也。今欲令治業者，致力於實業，則必先立勸業銀行，以副啓發生財之實。外國銀行之辦法，其使用匯票鈔票或貸借取息，皆與中國之錢號同，惟資本雄厚，其實本若干，登之報章，人人得而知之。不若中國錢號資本不多，徒以股東殷實爲名，遂爲多數之貿易也。其貸借也，只須有不動産業或重要契據抵押，即可貸放，開公司者如先集五十萬股本，購置機器，建造房屋，再以機器房屋押於銀行，又可貸五十萬以爲活本，在公司得轉移之用，在銀行得子息之利，不若今之錢號貸放，專憑意想，其意以此號爲可信也。即貸以巨萬不吝，不計其資本之多少也。其意以此號爲不可信，雖分文亦不肯貸，至於開設公司，創辦實業，尤錢號所不信，欲得其貸借誠難，故欲爲江西振興實業，必先使江西設立銀行，銀行既立，一可以爲小民儲蓄，使人人獲贏利之益，一可以勸集公司，使實業家無資本空乏之憂，市面流通，商務必大，此又江西商務發達之所必需也。

一、須廣勸公司，大振農業工藝礦産也。江西山地極多，彌望荒蕪，工藝窳陋，毫無新奇之品，機器盛行，曾無開設購機製造公司者。至五金礦產，江西皆有，集股開採，而仿行西法，竟無其事。自今以往，倘能廣興種植如茶葉苧蔴甘蔗及竹桐梓柏橡漆等樹，相地所宜而種之，參以日本造林之法，十年之後，林業大盛，農物日出不竭，或銷他省，或銷外洋，此大利之所在一。至於製造之物，已有者可以改良，如瓷器一項，可參仿洋瓷，加以精巧之繪造，不特可抵洋瓷入口，且可暢運出洋。又如夏布，俄國最精，可用機器紡織，投其所好，今四川創有織花夏布，亦可仿造。茶葉廣種之後，可購機焙製，開設公司，專選上品裝潢成箱，此外紙料甚多，或以現有之粗紙，提爲上白，或以竹及樹皮稻草製爲厚白各紙，麻用最廣，外國輸入之洋紗洋羽綾洋綢洋緞或絲麻參用，若能購機將苧蔴漂細，可以仿造洋綢各項，詎非大利，撫州雕刻竹器，甚爲秀雅。再以識字通文理者，日加研究，馴至開公司精刻種種細巧之物，銷售外洋，亦一大宗也。江西礦產煤鐵爲多，世界發達，鐵用最廣，若能大開冶鑄，仿鑄洋鐵及鐵軌，尤爲莫大之利。今之商家，見種種商業之無利可圖也，皆束手仰屋而歎，不解所由，不知今日商戰，戰勝洋商，乃謂之勝。苟於農業工藝礦產，不亟圖振興，而但孜孜於商務之盛衰，亦何益哉。然不先修鐵道以交通運輸，不建立銀行以儲積資本，雖有最富之土貨，亦無從暢銷，雖有公司大商，亦不得流通之益，斯密亞丹常言邑業興而野業自盛，蓋百貨騰貴而人將致力於地利，銷路闢而資本之商家，皆將投資於大工作大礦產之場，此亦循環相生之道。惟鐵路銀行設，而農工礦三者，不能發達，則輸入之貨，必多於輸出之貨，統籌全局，富源終湮，故商務之發達，尤視乎各業之振興也。

擬切實辦法六條

江西商業之過去未來，大約具以上所舉各條中，今就現在力所能行，及已行而宜改良者，酌擬辦法，凡六事。

一，廣商會以興市政也。商會章程，已奉農工商部頒發，咨行各省舉辦，江西近亦遵設，惟基礎初樹，規模未全。竊謂既設商會，其機關即宜組織完備，方足垂永久而普公益，商會之宗旨凡三，一曰聯絡商情，常會七日一會，有事開特別會，各商時相晤接，可以研究情形，化隔閡之見，生密切之心。一曰保護商政，會議由於衆商，執行出於官吏，凡遇有侵害商政之事，須竭力保護。一曰振興商業，中國商人新知殆少，江西尤甚，脱有在商界上建一事業，關於公益上之問題者，或所舉於商業大有影響者，皆須設法贊助，以襄成之。或用官力補助之，至商會之辦法亦有三，一曰籌欵，二曰用人，三曰實行，商界籌欵，較學界爲易，與會者擔認創辦捐常年捐，商部所定之註册憑據簿據三項，皆籌欵法。江西萬壽宫租息歲入數千金，除本廟支用外，儘可提充商會經費。用人須分二部，一議事之部，一治事之部。議事宜舉商董，治事宜士商兼用，至於會内實行之事，當分評議、調查、編撰、會計、庶務五科，辦法大略如此。今各幫皆有會館，各業皆有公所，由分而合，事正非難，如果辦理核實，商人積困之餘，孰不歡忻鼓舞，即由省會推之各府州縣，皆可行矣。

一，開商學商報以濬民智也。實業各學，以商學爲難，實業各學校，以商學校爲難。中國無商學之師，商術商品之書譯本寥寥，宜開設商業學堂，延請外人爲師，選士商之年少聰頴者爲學生。江西已設實業學堂，或從實業學堂内加商學科，或與商會協商籌欵，別開一校，學校既立，報館尤重，一省商界之事，可紀者多矣。首論説，次記載，又次譯述，文求淺近以取易曉，其於商務不無裨益。

一，興林業以闢地利也。江西農事勤能，農田之荒廢甚少，惟童山千里，棄之可惜。今議就省會附近之西山，先辦一森林場，以爲各郡之倡，凡本省之産，可銷於外省外國者多植之，外省外國所産而爲今所利用者，悉行購種試植，至各府州縣則勸令設林業會所，官爲主持，以紳辦理，酌行勸導賞罰之法，其有主之地，令民自種，無主之地，皆籌欵公辦，或有人開設公司，酌撥造林之費，尤不費力。

一，設法勸集開礦也。江西山脈雄厚，礦産所在多有，只以艱於集股，遂致棄寶於地。今擬分爲兩種辦法，其礦之質苗佳厚者，自宜勸集紳商，招股開採，購機冶鍊，此一法也。然巨股一時難集，欲遽令江西之礦産，全行開採，力有未逮，似不如在省會設礦砂轉運局，凡各處礦産，經礦師勘明後，本地紳商無力開採者，即由局購買其地，專採礦砂，轉運銷售，上海漢口各國洋行，皆收買中國礦砂。夫運礦出售，雖失半利，然較之閉歇不開者，猶爲得半也。況已經開採，一可以杜外人之覬覦，一可以開鄉人之風氣，數年之後，礦産獲利，人人知其裨益，再議集股自鑄，較易爲功。

一，建工廠以宏造就也。江西銅元局所購機件，除鑄銅元機件外，尚有引擎鍋鑪車牀刨牀各項機器。今銅元議停，似可即其地改爲大工作廠，添購各種機器，仿鑄洋貨，或收買銅鐵，仿鑄外國各種機器，並可於其内附設製造半日學堂，精聘技師，廣招工匠，研究製造原理，及各項機械之法門。中國今日欲興工藝，其要在仿鑄外國各種機件，工匠學習既久，心靈手敏，神明變化，自無窮盡。

一，改良官銀號以維持商務也。銀行未立，所賴以維持市面，擴充商務者，惟官銀號力能及之。江西自柯中丞奏設官銀號，數年以來，究其成效，仍注重使用官票，於振興實業無與也。竊謂官銀號有可以握全省銀根斡旋市面之權力，苟能變通盡善，利益何限，今擬改良之法有四，一官銀號須與藩庫及稅務局聯絡一氣也，銀號既爲官立，則凡全省出入各欵，皆可歸官銀號經理，丁漕釐稅歲不下四百餘萬，存儲官銀號以爲資本，可以補發鈔票如所存之數，以利行用，至京餉償欵及本省正項開銷，指定的欵劃付者，亦由官銀號代付。如此，銀號得轉輸之用，市面得流通之益。今江西創辦官銀號，只提庫欵數萬金付之銀號，責令使用鈔票，似非完全辦法，一官銀號所發鈔票宜隨時收付也。今官銀號所發鈔票，專任發出，民間不甚信用，轉不如商家鈔票，可以流通無阻，錢價日低，議者欲設法挽回。然官票銅元，發行既多，官銀號又不收兑官票，展轉之間，終成積滯，亟宜仿商號通例，凡發出鈔票如持向官銀號兑銅元銀元者，均聽其便。官銀號以銅元爲應付，以鈔票爲行使，誠爲兩利。一宜添儲小銀元以資利用也。官銀號鈔票發行既多，恐銀銅二幣之數差率甚大，又有錢賤銀貴之慮，今市號小票，概行禁止，將來銅元必能疏通，惟銅元之用，究不如小票之便於取攜，似宜加儲兩毫一毫五仙各銀元，一以利便民用，一以劑銀銅二幣之差，一官銀號可仿照銀行辦法，許商民押貸，銀行押貸之法，甚爲妥善。今商號罕知其理，官銀號儘可仿行，酌定限期，較商號子息略薄，於市面大有裨益，至開辦實業公司，如力量不足，資本不敷，果係辦理得人，規則完備，似可由官銀號量爲佽助，或令其以機件產業作抵，亦無不可，總之官銀號辦理得法，不特全省市面，可以操縱，且於實業商務大有關繫也。

《商務官報》光緒三十三年七月十五日第一八期楊志洵《上海蠶絲市况》

上海爲中國絲類輸出最要之港，亦爲生絲紡績之地，無待贅言矣。今特就出繭之狀况，據蘇杭領事之報告，以覘本港輸出之狀况。

上海輸出之生絲、繭、屑絲等，其量數及價額，以最近三年比較，即可知其一斑。蓋向來中國蠶業，不事改良，日有退步，故絲之輸出於外國者，比之十年前，頗爲減少，如手繅白絲一種，殆已減半。夫絲廠之增，機器絲輸出漸多，手繅絲自然減少，然實機器絲之增額，比之手繅絲之減額，不能相稱，減多於增者遠甚。溯自二十九年，白絲輸出一萬七千五百擔，三十年減至一萬二千五百擔，三十一年不過一萬千七百擔耳。其故大抵由於天時不適而然，向來白絲輸出，其大宗係輸於法國少則五千擔，多則八千擔，占輸出額之半，其次則意國，四五千擔，占輸出之三分之一，故每年輸向法意兩國，占輸出總額十分之八九。此外之一若二，則輸向英國埃及其餘諸國，其向日本者，二十九年四十一擔，三十年半擔，三十一年八擔。黄絲輸出，無甚漲落，其所向之地，以印度爲主，其次法、意、埃及、土耳其、印度恒占十分之三，然法國需要日漸增加，昨年竟占十分之三，意國占十分之二，埃及占十分之一，黄絲無向日本者。

繰返絲增減無定，三十年輸出一萬二千九百擔，三十一年八千八百擔，三十二年一萬三千五百擔，其輸出地以美國爲主，占全額之半，其次法國，占三分之一，其次意國，占十分之一。機器絲一項，以絲廠製造額有定，每年大概一萬二三千擔，其輸出以法國爲主，每年六千擔，惟三十二年輸美者反少，而輸法者轉增，法國有七千九百五十八擔，若美國當三十年輸出五千八百八十擔，而三十二年僅二千九百七十擔，以日本絲來競爭之故。意國每年輸向一千擔，其餘諸國皆無幾，上海絲廠，當數年前僅有三十二三處，皆中人所設小廠，其經營之法，不甚完善，收繭時争相購買，致繭價爲之大漲，營業成績，遂無足觀，漸次倒閉。現僅存二十二處，其間景况較佳者，若旗昌、信昌、怡和、瑞綸、乾康、勤昌、永泰等，旗昌爲意國人所經營，信昌係法國技師所監督，怡和係英人所設，而係瑞士技師所監督，瑞綸則德人所經營。玉絲專銷於法國，黎爾絲銷於日本，無定額，屑絲每年輸出四五萬擔，其銷路以法國爲最，常占十分之五六，即二萬擔至三萬擔。其次英國，占十分之二三，現輸於英國者，每歲有增加之傾向，即三十年迄昨年，一萬九千六百擔，意國三十年二千四百擔，次年五千擔。昨年稍減四千八百四十擔，澳國昨年千七百九十擔，日本三十年百八十一擔，三十一年七百八十三擔，昨年四百六十五擔。機器屑絲之輸出，爲數至少不足述。繭之輸出，三十年六千六百擔，三十一年九千二百擔，三十二年八千四百擔，其需要以日本爲最盛，年年有增加之傾向。即三十一年五千九百擔，昨年八千百三十擔，其較之法意兩國，日形減少，昨年輸出之數，比前年又十分減少，至於屑繭之輸出，每年一萬四五千擔，至二萬擔，其最大部分，係輸向法國，每年一萬擔至一萬四五千擔，其次意國，二千擔至三千擔，澳國昨年與前年多二千七百八百擔，日本昨年三百九十五擔。

上海輸出蠶絲類三年比較表

	三十年		三十一年		三十二年
	數量擔	價格兩	數量擔	價格兩	數量擔
白生絲	一七、五〇四	九、二三九、四一六	一二、五〇二	六、三四六、六七三	一一、七三八
黃生絲	九、四八九	三、〇七八、一一六	一〇、〇八三	三、六六九、一九〇	一一、三三八
繅返絲	一二、九六四	八、六七九、二九九	八、八五七	五、八一〇、四七〇	一三、五九六
機器絲	一二、七五四	九、三八二、三八七	一二、七九一	九、四八二、八一四	一二、一九六
玉絲	一四	三、五七六	七一	一八、四三二	五
屑絲	四〇、一七二	一、四七三、六七七	五五、四七九	二、三七四、三〇一	四九、六二六
黎爾絲	—	—	二一六	一、〇四六八	五〇
機器屑絲	一一二	二五、一四六	五三	一一、九二四	四二
繭	六、六二七	五二六、一九六	九、二二五	九七二、四六四	八、四三六
屑繭	一四、七一九	四〇〇、五一九	二〇、八〇三	五五五、六九四	一六、九六八

《通商各關華洋貿易總冊》光緒三十三年下卷司馬士《光緒三十三年通商貿易情形總論》中外所產之絲，本年所出均旺，以此情形諒自銷路，不意美國銀根喫緊，歐美兩洲各處市場被其牽動，受累匪淺，絲及絲貨本年計值八千九百八萬四千三十四兩，百分中比上年增二十五分，野蠶絲本年比上年少一千六百五十九擔，雜亂絲貨較少有限。除此之外，其餘各種絲貨均見加增。湖絲上年計二萬七千二百二十四擔，本年增至三萬八千五百五十六擔，黃絲上年計一萬一千八百八十六擔，本年增至一萬三千四百六十五擔，機器繅絲上年計四萬五千八百二十一擔，本年增至五萬二百九十六擔，即比極盛之一千九百二年，亦不過少有三百擔。亂絲頭本年計十萬七千八百五十九擔，比較上年已多三萬三千六百三十五擔，亦比極盛年分尚多二萬擔，綢緞並山東繭綢本年均有加增，綢緞增二千八百九十八擔，百分中計多二十五分。繭綢增二千一百一擔，百分中計多五十六分。豆餅比上年出口多有二十六萬五千九百六十六擔，如論價值比上年多有二百八萬四千二百二兩，第因該貨價值較之尋常格外昂貴，適值銷路最大之日本本年仍銷不少，而上年每擔計值僅有一兩八錢，本年竟長至二兩一錢九分，可見價值不爲小矣，北邊值價既昂，業此商家改道長江者，頗不乏人，以致漢口鎮江上海三口百分中占有十三分，東三省則占八十三分有奇，山東僅占三分。

《通商各關華洋貿易總冊》光緒三十五年下卷克樂思《光緒三十五年漢口華洋貿易通商情形論畧》武昌官辦製麻局用日本工師管理，已見成效。機製蛋黃蛋白，運往外洋者得利，但以出口總數觀之，則失二成，已於總論內聲明其故矣。

《通商各關華洋貿易總冊》光緒三十三年下卷辛盛《光緒三十三年寧波口華洋貿易通商情形論畧》本年皂燭廠房屋告竣，業已開工，揆其情形，尚覺生色，猶擬造一自來火廠，股分還未招足，兩紗廠之生意尚未見佳，麪粉廠現尤停工。

《通商各關華洋貿易總冊》光緒三十三年下卷克樂思《光緒三十三年漢口華洋貿易通商情形論畧》麪粉及豆油廠已爲本口穩定之貿易，本年又增數家麪粉廠，在襄河岸側者三家已開工，內二家名雖英商，實多華股。又一大廠係日商所開，亦在該處修建，來年五月內可開工。法界麪粉廠已擴充改良，所有已開工之廠，每年可出粉三千三百七十五萬擔。按湖北人口計之，每人所用不足一擔，本年有六萬二千六百八十六擔運往他口，其餘皆在內地銷售，初以爲華人用麪粉者雖日見其衆，而出貨太多，恐銷售不能如此之鉅。幸各廠麥麩穩以售於日本釀製啤酒，飼養營馬，計本年出口者共八萬三千八百三十七擔，值銀十萬八千一百三十六兩，各廠之麥多自河南運來，不但常攙泥土一成二之多，即其色亦較洋麥欠佳，大畧因種植未善，頗爲人所詬病，其製出之粉，亦無洋貨之白。

上海市檔案館《舊中國的股份制・景德鎮瓷業股份有限公司概況書》　浮梁縣以瓷器爲大宗，窑工、販商數十萬人。窑廠悉在景德鎮一隅，每年貢瓷，另設御窑廠，雇頭等瓷工製造。民窑分兩種，燒松柴者七十餘座，出瓷較佳；燒茅草者僅二、三十座，出瓷較遜。統計一年所出，約可值銀三百萬兩左右。瓷泥細而彩畫精者，西人尤寶重之。其行銷中國之貨，恒多拘守舊式，不求精美，貶價出售，故獲利甚微，難期進步。二十九年，贛撫柯逢時奏：調孫道廷林委辦瓷器公司，籌撥銀十萬兩，以爲之倡。餘由孫道自行集股，在該鎮建廠招工，專造洋式瓷器。擬章咨部。三十年，孫道回鄂，改委蔣道煒接充。據孫道禀：原撥十萬僅由藩司徑發皖省，瓷業公司訂購祁門土不付價一萬兩，所招商股亦僅三萬兩，將所建房屋、窑廠變賣退股。三十二年，商部咨催，蔣道以病辭差，改委李道嘉德，飭赴滬招商，晤滬道瑞澂。瑞在潯關任內管理窑廠，深悉瓷業情形，久蓄改良之意，但以官商合辦，未爲盡善，擬請改爲商辦。力任糾合同志，爲發起人，議立有限公司。因委瑞道查照商律，議章集股。三十三年，奏明改歸商辦，定名商辦江西瓷業公司。議集股本二十萬元，每股五元，由發起人分認一萬五千股，俟批准後，再集二萬五千股。其公司造瓷，多用機器，請照部定湖北機器製麻廠辦法酌定廠税。凡出口貨只完正税一道，若在江西內地零銷，納税定值百抽五之率。請咨明税務處核辦，旋准。税務處咨稱：准完值百抽五出口正税，沿途不再重征。將來中英新約第八款施行，應照第九節完一出廠税章程辦理。會奏立案。嗣由該公司公舉内閣中書康達爲總理。三十一年，景德鎮職商陳庚昌等禀稱：瓷器爲出口大宗，青花實居七、八，而滇料則爲青花所必資。近日瓷業衰敗，受劣貨之影響爲最巨。蓋此料産自雲南，由土人入山掘取轉售，各號名爲生料，運回景德雇工洗揀，再用窑火煅煉，名爲熟料，只因厘剔不净，洗揀研煉之工不精，以致擂融填畫，花色不鮮，瓷號漸用洋料，利權將爲所奪。兹邀向販滇料之商號八家，合籌資本四萬元，創辦保源滇料公司，藉圖抵制。一面派人赴滇采辦，一面多雇優等工人設廠洗煉，再赴上海聘請諳練配製顔料化學之教習訓授子弟。訂立合同，禀請立案。三十二年，浮梁縣廩生鄭之梁等禀稱：東鄉窑里地方向産釉果，爲瓷器最要物料，惟碓廠拘守成法，進步難期。稔知釉果向有三等，均合兩種土石而成。一名釉石，色光而軟，一名賽白，質堅而白。攙和之法，或釉石七、八分，或賽白三分，偶一不慎，非柔則硬。採挖之法與挖礦無異，深或二、三里及六、七里不等。現已邀合同志，公議集股萬兩，認辦振益釉果公司，精益求精，務在改良。開具章程二十一條，呈請核准。

《商務官報》光緒三十四年四月初五日第八期《湖北商務議員孫泰圻條陳》

查中國桑蠶之利，環球諸國莫與倫比，江浙各省桑林之茂，蠶事之殷，婦稚周知，獲利甚大。獨鄂省風氣較後，蠶桑闕如。惟黃州沔陽産絲較多，他處皆不及。推原其故，養蠶之不力由於種桑之不多，廣種桑秧，尤爲要義。今武漢森林各業多種栢樹，十年之計，爲期太緩。若種桑合法，三年後可供采摘，事半功倍，較有把握。至飼蠶之法，重在擇種。西人以顯微鏡窺測蠶子，稍有黑點或殘闕不圓滿，即屏而不用，立法甚善。但中法原有考子之説，其法於霜降後鋪蠶子於薄布，浸以濃茶，乘屋而風之，夜受嚴霜，則不完之蠶子皆破裂，因取其完者以爲種，來歲出蠶必肥大。其用意正與西法相類，而尤覺輕而易舉。今擬請飭地方官勸諭農民於荒僻廢棄之地，多種桑樹。既成蔭，則蠶可傳種。五年後蠶絲大盛，再講求繅絲之法。或多開繅絲廠以收繭，或收繭烘焙以銷外洋。大利所在，人人必起而争之。議員所謂風氣未開，宜主疏通者，此也。至於棉花之有益於日用，人人皆知之矣。而鄂省今日則農業家毫不措意，查種棉成本較種桑尤少，而收利之易則較種桑爲速。山尖地角，苟有餘地，皆可播種。種子之後，畧加培壅，便可收花。而農業家薄而不爲，非不知餘利之多，誠恐銷路之少。自洋紗暢銷於內地，商人以耳爲目，争先取用，以至從前土布竟無銷處。而婦女紡織亦遂家家輟業，恐過此以往，中國産棉愈少，而洋紗將獨擅專利。今欲鼓舞種棉之事，當先籌棉紗之銷路。請於各内埠勸導商民，多開紡紗廠，使農家知種棉可以獲利，又輕而易舉。必將家喻户曉，人人争先而恐後。數年後種棉日廣，棉紗之銷路日暢，即以抵制洋紗之來路。夫洋紗之出産，不盡産自外洋也。半由産花各埠運貨出口，加以紡織，仍運之中國售之。同一棉花，一反復間而大利歸於洋商之手。調查漢口洋紗進口，每年值五百餘萬。故欲挽回利權，非勸華人種棉不可。欲華人多種，非代籌銷路不可。則多開紡紗廠，似又必不可少。議員所謂體用兼資者，此也。或謂種棉宜取印度種，議員畧加考究，卻不謂然。蓋印度地勢較中國爲向陽，棉花得暖氣較多，故結實較厚。中國地面非印度比，往往取印度花種以播種，一年以後仍變華種。以前鄂省曾試種數次，竊以爲種棉消長之故，所争固不在此。

《商務官報》光緒三十四年六月二十五日第一六期楊志洵《上海絲業》 近來白絲，無人過問，惟黄絲尚稍有交易，絲市冷淡已甚，其冷淡之原因，並不在於匯價之上騰，實因昨年開市之初，外國絲市甚旺，上海各洋商準備輸出之貨甚多，迨運至外國，適值昨秋之金融恐荒，市面沈静，達於極點，爾來訖無起色，絲價因之日以下落。客冬以來，四個月中，白絲商況毫無進步，而以一種七里白絲尤爲不振，市價底於原價者三成，故停頓於外國者不少，訖今未發賣也。

至今年西三月間，白絲僅輸出三百十九包，黄絲輸出六百三十二包，機器繅絲輸出四百包，比於正月間之輸出白黄機器三者，均各減少百包。其輸往之地，則法國四十四包，孟買八百十八包，香港及南洋各島七十三包，英國意大利美國皆無其價值，西正月初間金麒麟牌倫敦市價十二仙，二月半左右十仙十辨，三月中旬十仙三辨，其餘各種牌號二月之市價如左：

嘉興白絲扁桃花牌二號	四〇〇兩
沔陽黄絲ST二號	三八〇
沔陽黄絲金鳳凰牌二號	三七七1/2
綿州黄絲金鳳凰牌二號	三七八1/2
紹興野蠶絲一號	二〇〇
同同二號	一九〇
同同三號	一八〇

裝運外國之絲，現其停頓於彼者，白絲九千包，（包八十斤者），黄絲二千包，（包一百斤者），野蠶絲三千包，合計一萬四千包，比於昨年春季約增十一倍，比於前年春季增二倍。

又按，上海各絲廠昨年間所獲之利益其額如左：

廠名	資本	利益
瑞綸	四八〇、〇〇〇兩	一五〇、〇〇〇兩
乾康	五〇〇、〇〇〇	一二〇、〇〇〇
勤昌	四〇〇、〇〇〇	一二〇、〇〇〇
怡和	五〇〇、〇〇〇	一〇〇、〇〇〇
信昌	五三〇、〇〇〇	六〇、〇〇〇
綸華	—	四〇、〇〇〇
以上六廠係外國人所經營者		
協和	三〇〇〇〇〇	一〇〇〇〇〇
裕成	—	一〇〇〇〇〇
瑞順	—	五〇〇〇〇
永泰	四〇〇〇〇〇	五〇〇〇〇
錦綸	—	五〇〇〇〇
經綸	—	四〇〇〇〇
保和	—	三〇〇〇〇
森茂	一〇〇〇〇〇	二五〇〇〇
延昌恒	—	三〇〇〇〇
祥興	—	三〇〇〇〇
信大	—	二五〇〇〇
日協祥	—	四〇〇〇〇

（續表）

廠名	資本	利益
源昌	—	三〇〇〇〇
正和	—	一〇〇〇〇
紳記	—	六〇〇〇
大綸	三〇〇〇〇〇	一〇〇〇〇
合義和	三〇〇〇〇〇	八〇〇〇
吴興	二〇〇〇〇〇	四〇〇〇
商務	—	五〇〇〇〇
振綸	—	四〇〇〇〇
公記	—	一〇〇〇〇
協豐	—	五〇〇〇
大通	—	五〇〇〇
久成		無損益

除以上各廠之外，又有蘇州之寶華廠，以經理人處置失宜，且涉及本業以外之營業，致頗受損失，又有鎮江之二絲廠，亦甚衰疲。

錦綸廠之飛馬牌，協和之太陽牌，裕成之金象牌，同協祥之汽船牌，森茂之金寶星牌五種，係昨年以來之新出者，絲質頗佳，大被洋商歡迎，獲利亦厚。

《商務官報》光緒三十四年十月初五日第二九期楊志洵《常德概况》 棉紗，輸入當地之棉紗，有上海産、印度産、日本産、英國門的斯太産之四種，每年大約一萬數千捆，此外更有由此以銷於貴州四川者，亦有五千捆。目前上海印度兩處棉紗，幾於毫無輸入，而日本棉紗則銷流極暢，上海印度紗所以頹敗如此者，以其品質色澤較劣於日本紗也。即謂近三年以來，當地所用，盡係日本棉紗，亦無不可。昨年武昌所産棉紗，亦曾試向當地輸入，然爲數無幾，且試賣之餘無甚成績，英國所製細紗，亦有輸入當地者，惟需要亦屬無幾。棉紗銷行最暢之時，惟八九十一二三等月，其餘月份殊形冷淡，日本紗之立馬、美人、三環、赤戎、雙麻等牌號，尤爲本地所喜。

棉布，當地棉布之需求，亦與棉紗相仿，實爲重要之輸入品，大都係英美之貨，品質優而價廉，他國之布殊未易與之競争也。

砂糖，此項貨品，以本地人民生活程度漸進，交通機關發達之故。消費之額，亦年有增加，向來銷用，皆係香港糖，由英商太古洋行輸入者，日本糖，前此稍見行用，然今乃漸見退步。至於白糖，一年輸入大約二萬袋，其内之八千袋，係轉輸於洪江辰州及貴州各地者，此二萬袋中，大都爲太古輸入之糖，日本糖一年僅輸入四千袋耳，四川所産白糖，以供製菓之用。現正年年減退，昨年來者無幾，殆不足道，惟四川所産紅糖，來者一年五千擔，差强人意。

麫粉，昨年以來，當地向銷之美國麫粉，大受漢口製粉之侵擊，美粉因之銷路頓減，漢口麫粉所以稱盛者，以政府與以免釐之特權，而美國與中國之匯水又適有爲難之景象也。美粉一袋，其太陽牌需價二千六百文，漢口之金龍牌一袋，則二千五百五十文耳，又其此外各牌號，亦較他牌號之美粉價廉。

石油，盡係美國石油，他國所製，殆無輸入。

火柴，從前專用硫黄火柴，日本商人輸入之安全火柴，無人過問。近日人乃大減價，使與硫黄火柴之價相仿，遂頗奪硫黄火柴之銷路，但現在該市場尚爲硫黄火柴之時代也。此項火柴，係長沙和豐、漢口燮昌等公司所製。

紙煙，英美紙煙公司，爲擴張銷路之故，刊登廣告，分置支店，擺設攤頭，無微不至，而於各要地之銷場情形，則時時派遣小輪，巡遊察視，由是銷路日增，遂使向來暢銷之日本龍牌煙幾無人過問。

《申報》光緒三十四年十二月初十日第三版《贛省出産衰頹情形江西》 贛省所出物産向以茶木、紙布、油靛、書磁爲大宗。近年種植製造未能改良，因之資本愈虧愈甚，貨物愈銷愈縮，不及從前十之四五。如義寧吉安廣信之茶葉，前運往歐洲約值一千萬金，茶莊不下數十百家。今只十之二三，而連年虧折，甚有自伐茶樹者。南贛之木甯建之樹，今價既五倍於昔，而貨不及於前，廣饒之連泗吉建之毛邊，袁瑞之表芯，銷售頗廣。今因機器紙盛行，而各紙坐困，商家山户皆力難支持。萬載宜黄之夏布，南昌廬陵之棉布，今歲布商鮮不虧本，幾視爲畏途，明年必更多觀望。袁吉之茶油，瑞臨之生油，南撫之菜油，運出長江每歲不少，今則花生油絶無，而僅有茶油菜油，不足供用本省，而價漲至二三倍，且通省概用煤油燃燈，樂平之靛青金豁之書籍，亦以洋藍洋板盛行，以至大爲減色。景德鎮之磁器歷年古磁獲利頗厚，近雖一二公司仿東西洋磁，而開辦未久，仍覺無利可圖云。

《商務官報》光緒三十四年十月十五日第二五期《蕪湖商務》 其外國貿易輸入之貨，以香港輸出之糖，日本輸出之火柴、石炭、鐵路材料機器等爲主，其總輸入額四十四萬二千八百八十九兩，而其中以糖占其大半，此外鐵路材料六萬五千七百三十九兩，火柴機器等二萬四千二百二十四兩，石炭一萬四千百九十三兩耳。其輸出以油菜爲主，此項之輸於日本者四千六百四十擔，價值一萬六千零十六兩也。

江西社會科學院歷史所《江西近代工礦史資料選編》上卷第一章《官辦工藝局廠》 江西官辦工藝局廠，權輿於光緒二十七年。前臬司柯侍郎逢時，改自新所爲工藝院，是爲官辦工藝局廠之始。而城外工藝廠，乃相繼設立。二十九年四月，贛南道江觀察毓昌守南昌時，於進賢門城外，創設工藝廠，仿製西式木器，織造各種洋布。嗣因經費不足，由本局資助三千金，以維持之。三十年秋間，本局構建陳列所，通飭各屬，將土産貨物，解送陳列，以資考驗而示改良。三十一年九月，選擇各屬製造各品，委張倅寳鑒解赴京師，呈送商部陳列所。三十二年秋間，前臬司秦廉訪炳直莅任，遵照部章，擬設罪犯習藝所。而以工藝院基地太狹，議遷於蠶桑局內，修葺房屋，廣辟工廠，商之本局，會文具詳，而習藝所乃以成立。該所工藝，亦製西式木器，并織各色布、柳条布、毛巾等類，與工藝廠足相頡頏云。三十二年十二月，農工商部以工藝廠製造洋式布匹，尚有可觀，賞給工用相得匾額一方，當經發給工藝廠懸掛，以示鼓勵。三十三年二月，本局擬遵端、戴兩大臣奏案，將百花洲房屋，就勢修理布置，建造公園，并將陳列所移置於公園之內，以便觀覽，詳奉撫憲瑞批：准照辦。旋即派員監修，一俟工程完竣，即將陳列所貨物，先行遷移，此官辦工藝之大略也。其民辦工藝，則以工藝局爲最先。光緒二十六年，分部主事會紳秉鈺，獨出萬金，於城外設工藝局，專織各種洋布，廣收藝徒，各屬多有派人赴該局學習者。創開風氣，成效可觀。三十二年春間，紳士熊保丞，獨出資本，開設全體適製造廠，專製洋式木器，與習藝所工藝廠所製者相埒，獲利甚厚。三十三年四月，商務總會，以會紳所辦工藝局，頗著成績，詳請農工商部批准立案。旋准移知到局。已飭屬照章保護矣。又有湖北工業學堂畢業生王廷楨、王嘉寳等，稟設工業學堂，并附設製造試驗廠，批飭擇定校舍，妥議章程。惟其經費支絀，未知能否成立。此則民辦工藝之大略也。

江西社會科學院歷史所《江西近代工礦史資料選編》上卷第一章《安福縣》

光緒三十一年四月，戴令濟清表稱：各鄉造紙，不得其法，已飭各紙户提煉潔白，多能遵辦。五月表稱：該縣食物，向有火腿，惟僅供本地食用，銷售無多。八月表稱：現於南門外，覓得常平倉舊基一片，尚爲寬廣，但開辦經費，須籌一千數百緡。俟籌定再行議章稟辦。十月表稱：該縣樟樹，到處叢生，迭勸集股熬煉樟腦。茲據附貢生劉葆忠等，於南門外設立樟腦公司，當經批飭妥議章程，轉詳立案。三十二年三月稟報：現集捐款一千七百餘緡，并捐廉一百緡，開辦習藝所。仍就常平倉官基，修造號舍，將毗連之育嬰公所房屋，改爲工作廠。其工藝以作竹器、卷爆竹、織夏布三項入手，并擬章程二十五條，批飭妥爲經理，以垂久遠并收實效。六月，彭令騰瑞表稱：習藝所工程已竣，托友赴漢口、購買織布機毛巾機各二具，延請工師，來縣試辦。七月表稱：於東門城內考棚兩傍號舍，設立工藝半日學堂，俟在漢購買機器回縣，送入試辦，以興實業。八月表稱：漢口機器，無運回縣，現已興工織造，所出巾布，尚爲合用。三十三年正月表稱：前經招集股本，設立章華熬腦有限公司，延請腦師，如法熬取。并擬定辦法章程，詳請立案。奉批以省城議設總局，不必稱爲公司，飭即稱爲官局。現改稱章華熬腦官局，所有章程，仍照原案辦理。上年出腦尚旺，所出之腦，運往九江，轉運外埠銷售。

江西社會科學院歷史所《江西近代工礦史資料選編》上卷第一章《安遠》

光緒三十一二兩年，何代令祖培、錢署令志銘，迭次諭紳集股，擬設立織布廠。卒因股難招齊，未克舉辦。三十一年六月，錢令志銘表稱：該縣産竹甚多，勸民製造粗紙，已多仿辦者。現在製造較前略爲精美。九月表稱：勸民試製皮紙。三十二年十一月，陳令克焜表稱：縣屬出産毛竹，尚堪製造，業已會紳集議，因事屬創辦，成效未睹。小民難與圖始，樂於觀成。若貿然招股，固不足見信於人。擬由城紳歐陽必暄，獨出工本，令匠仿照精良形式，先製椅桌凉榻及箱簍用器。已專人赴廣東，雇覓良工，俟雇到再行試辦。三十三年正月表稱：已雇到廣東竹工四人，製成竹椅竹几多件，雖形式不免粗笨，然較本地所出者，已覺精美。三月表稱：諭飭城鄉各紳，就土産烟葉，製爲皮絲烟及白旗條烟。現各製就數十箱，運贛發售。嗣據該府關守榕祚，申送三十二年政事總表報稱：該縣已造竹方桌、竹方几、竹圈椅、竹方椅、竹凉榻、竹睡椅、竹圓簍、竹籮筐、竹盒、竹籃、皮絲烟、白旗條烟等件。

江西社會科學院歷史所《江西近代工礦史資料選編》上卷第一章《崇仁縣》

光緒三十年八月，據羅令煥垣表稱：該縣倡捐廉洋一百元，并勸據竹木行，每年捐洋四百元，以爲常年經費，在城隍廟側空地，添造房屋，設立工藝院，收養無業遊民，及輕罪人犯，定額二十名，置備土機，雇募工師兩人。十二月表稱：現在僅收流痞四人，教織棉布。十二月表稱，續收六人。自朝至暮，織布數尺，多或丈餘。三十一年二月，又雇人教織夏布。七月表稱：所出棉布，虧本不多，夏布則稍有盈餘，惜因人少，出貨有限，利息無多。現將夏布設法改良，織成羅布，以廣銷場。三十二年正月表稱：工藝院雖額定二十名，間有多至二十八九人者，屢次奉文，各屬應設罪犯習藝所，因經費難籌，將工藝院改爲習藝所，遇有無業游民，及不法小竊，照原收養，其有遣軍流徒，亦即查照新章，一并收入，以節糜費。五月謝令起源表稱，工藝院所織棉布夏布羅布等項，銀貴錢賤，不免受虧，訪得太平墟所産一種蒲草，織作草帽扇席之屬，深爲合用，七月表稱：現已雇工試織，惟尚不利行銷。三十三年四月表稱：每月可出棉布四十餘匹，夏布二十餘匹，當經批飭多派數人，學織棉布，以速其成。

江西社會科學院歷史所《江西近代工礦史資料選編》上卷第一章《大餘》

光緒三十一年二月，據該府文守炳熏報：據職商趙愷等稟報集資二千元，設立同益公司，在郡設廠，試熬樟腦。稟奉前護撫憲周，批：局核明辦理。當經本局核准在一縣地方，試辦一年。七月周令寶琦表稱：現已訪雇工匠，教製藤器，如藤籃、藤箱之類，以期漸開風氣。十二月表稱：雇匠製造藤器，居民常多就學，製出之貨，行銷本境。三十二年三月，蕭令兆熊表稱：各鄉種竹甚多，其製成之紙，有毛邊、膠礬等類。除本地人民敷用外，猶可運至廣東南雄州一帶發售。已飭各曹户加工製造，以期暢銷行遠。閏四月表稱：客商楊祥雲，由滬上運來縫衣機器，教授幼童，縫成衣襪等件，陳列於市，銷售頗遠。九月表稱：因機器縫衣，頗合民用，價值又甚相宜，購者甚多。已於該縣水城大街，開張店鋪，以便交易。十月，據蕭令申稱：趙愷等擬設同益公司，因股本未齊，并未開廠，業已各自回籍。又據表稱：各鄉隘所種甘蔗，已漸次採割，業已選雇善於製糖匠師，榨汁煎糖。一年約計出糖三四千石，有冰花、雪白、紅紗各色。每石價值洋銀八九元至十元不等。有商販來縣收買，運赴饒州、廣信兩府銷售。三十三年四月陳令守謙表稱：創造習藝所，前縣蕭令任内，已擇定水城内入官房屋地基。業經禀明本府，集紳籌款，購料興工。現因水城内地基，不合於用，改就碧蓮書院旁舍，興工建造。擬提社倉息谷盈餘，以充常年經費，秋間當可竣工。

江西社會科學院歷史所《江西近代工礦史資料選編》上卷第一章《定南》

光緒三十一年十一月，該廳章丞家駒政事表報稱：會紳籌款，創設工藝院，已飭紳赴龍南，雇來織綫毯工師。其房屋則暫租彭姓宗祠，亦已修竣。於本月十五日開工興辦。工藝分爲兩所，一勸工所，一苦工所，教以織綫毯，打辮綫，織棉帶，作蔑火籠等項。三十二年正月表稱：添作竹器、筷子、香棍、燭芯、竹簟、斗笠、谷籮、糞箕等類。二月，據章丞録呈章程，禀奉前撫憲胡、前署督憲周，批：飭認真經理。是月，又添造米廠一所，有碓二座，日可舂米三石，本月十六日開工。三月，又添造篾絲洋操帽，其式精緻，較東洋麥草尤佳。已另作一千頂，運往各處銷售。閏四月，又添織欄杆土機。九月，又添造蔑絲火籠，甚爲堅美。十一月，又添造織布木機二座。該廳産紙，向甚粗劣。前有大石堡紳士葉以煊來署，因其家有紙廠，詢悉上海造紙機器，價洋僅三百元左右，已允許函托滬友購寄，以冀抵制洋紙。三十三年正月表稱：工藝院開辦年餘，僅黄紳其鑣捐洋五百元。通盤籌算，虧折甚巨。二月表稱：大石堡葉紳托購造紙機器，現已運到，惟土人不知用法。擬函招寧波人李新楊前來教導。

江西社會科學院歷史所《江西近代工礦史資料選編》上卷第一章《分宜縣》

光緒三十年八月，施令聯元表稱：前次雇工招徒，製造木器，現仍逐日工作。縣屬南鄉金鷄鋪地方，居民砌築土窑，燒造瓷器，皆尚適用。惟坯料極粗，釉色不精，製造亦甚草率，故價賤不能行遠。俟集紳籌議，添集股本，改砌磚窑，并赴景德鎮招募坯工，漸次改良。三十一年正月，會署令蘭春表稱：鄉民煎熬沙糖，未能暢銷，獲利無多。現飭鄉民延雇糖師，提煉白糖，以暢銷路而增利益。四月表稱：縣屬出産夏布，皆係女工紡織，其質甚粗，各機户泥守舊法，不知改良。已飭加意研求，俾質細嫩而色光亮，令人見而娛目，庶銷路暢旺。六月表稱：建設罪犯習藝所，屢經會紳議辦，擬將署内差房，騰出數間，設立工藝院。遇有輕罪人犯，以及無業遊民，即令入院習藝。俟開辦後，再行填報。十月，姜令振翔表稱：前縣曾令，騰出差房數間，改設工藝院，房屋狹小，不便工作。此外并無稍大房屋，可以借用。惟有籌款建造，即當趕緊辦理。十一月表稱：金鷄鋪砌有燒碗土窑數座，前經面諭該處紳士，飭令將士漂白，坯工稍加細緻，兼燒盤鉢等類。

近亦漸有改良。三十二年二月表稱：西北鄉向種苧蔴，織造夏布。現諭機户至萬載延雇織工，以期粗織細密。三月表稱：金鷄鋪土窑，近出土碗，較前細緻，并能兼燒香爐、茶壺、盃盤之類。十二月表稱：罪犯習藝所，係暫就原有工藝院改設，惟房間無多，另覓則乏公所，添造財款又難籌。仍當設法籌款，徐圖改造如式。三十三年四月表稱：縣屬出産草紙一項，每夾泥沙，不甚合用，該縣前於因公赴鄉時，飭令各槽户，不准再夾泥沙石灰，漂洗盡净。近出草紙，細薄堅潔，銷場倍廣，獲利亦厚。紙槽既已添開，并添設部帖紙行一家，紙業可期日漸發達。

江西社會科學院歷史所《江西近代工礦史資料選編》上卷第一章《豐城縣》

光緒三十一年五月，左令秉均表稱：前經勸民種棉，織布改用棉紗，各鄉多以遵辦。惟勸製麥草扇帽及織夏布等事，雖已陸續興辦，而製出扇帽，工料太粗，行銷尚少，已飭改良，以廣銷路。并擬籌墊款項，購料建屋，創辦勸工所一區，收養遊民，學習工藝。七月表稱：勸工所刻已墊款，建成房屋七間，工師亦已雇定，俟開辦後再行稟報。九月表稱：勸工所經費，擬籌墊銀一千兩，自三十二年爲始，由在任收漕之員，按年捐銀二百兩。已具稟請示辦理。十二月馬令慶龍表稱：勸工所雖經左令勸款修造，惟規模狹隘，現擬另行度地改建，購買織布紡紗機器，聘工教以製造。三十二年五月表稱：左令任内創修勸工所，業經會同稟請委員勘估，現已勘明，稟候批示。八月表稱：現將自新所内賊犯，及續獲賭犯，收入勸工所内，令其學習搓繩、織履、縫衣等事。九月表稱：勸工所内人犯，尚知勤奮，均捐廉給發火食，以示體恤。十月表稱：勸工所照常工作，現届冬令，已購棉衣，分給各犯，以禦嚴寒。三十三年正月表稱：時值新年，勸工所内人犯，均分别賞賚，勸其改過自新，再候察釋。各賊犯均知感奮。二月表稱：勸工所出麻繩、草履等件，尚能銷售。仍不時莅所察看，各犯操作彌勤。三月表稱：勸所各犯，雖照常工作，然爲經費所限，未能製售新奇之貨。現擬設法改良，當經批飭寬籌經費，大加擴充，將來有貨物，如法仿造，以期工藝振興。

江西社會科學院歷史所《江西近代工礦史資料選編》上卷第一章《泰和縣》

光緒三十年七月，據陳令善垣詳報：蕭紳紹渠，獨力捐建工藝院，暫借廟宇開辦。收養遊民四十名，雇用工師四人，常年用款，約一千四五百串，修理房屋，置備器具，共用一千五百餘串，均歸該紳按月捐繳。議章十二條，業經批准立案。九月表稱：在東門外快閣背，添建院屋數十間，增額八十名。以理絲、撚綫作爆竹爲細工，龔谷、舂米爲粗工。縣城内向産油紙扇，由局紳授以新法，已經改良，并令用絹精繪，飾以洋漆，銷路頓暢。又由局紳教匠，製成紀限儀，以測日揆地，板螺車以吸水，俾資利用。又辟地自種薄荷、香艾，製油銷售。又購機試織毛巾。十月表稱：毛巾、薄荷油、香艾油，銷場日廣，獲利三分。十一月表稱：蕭紳工藝院内，原卷爆竹，因硝磺易於引火，業已停造，專辦織巾、織布、理絲、龔谷、舂米等項。三十一年二月表稱：局内因無經費，暫將軋花、紡紗、織布停辦，當經批飭設法籌款，勿令中輟。五月表稱：局内織布，出貨無多，擬俟蕭紳工藝院添建房屋，即行歸并一處。六月表稱：局内添織鳳眼扣布，并四幅絨毛罩被，批飭檢具兩匹，呈送本局陳列所。十月表稱：局内職工仍舊，惟經費無著，即當籌款接濟。三十三年三月表稱：局内經費未裕，現將稅契尾價餘銀，撥充局用。并另延工匠，改良織造。四月表稱：工藝院製成油紙扇四萬餘柄，運赴省垣出售。八月表稱：薄荷一項，廬陵吉水出産甚繁，該縣於二十九年起，始由局紳收買薄荷，仿辦艾油，惟成本甚重，每艾百斤，只提净油二兩，每兩須費一千餘文，是以未能多製。現諭局紳精製艾油，寄粵出售，可冀獲利豐厚。

江西社會科學院歷史所《江西近代工礦史資料選編》上卷第一章《奉新縣》

光緒三十年十月，沈令善謙表稱：縣署頭門内，舊有管班公所，業經籌款修葺，改爲工藝院，將羈押人犯，押令學習工藝。雇請工師，分别教導。所製竹篾器具，尚屬精緻，銷售亦速，容再設法擴充。三十一年四月，蕭令謂表稱：工藝院仍照常工作，并經略籌資本，購備各種土機，紡織洋紗辮帶，既教以卷爆竹筒，搓棕繩等項。七月表稱：現又購買草紙苧蔴，令在押諸輕犯，搓卷紙撚及麻綫。八月表稱：上富地方，山多田少，人烟稠密，多以造紙爲業，工人往往恃衆滋事。前經飭將每廠工人若干名，填注門牌，并飭羅坊巡檢，就近稽查。現在造紙各工，均能相安無事。九月表稱：羅坊一帶，造紙之户，每届水涸之時，沿河築壩，以便取水。上下船隻，必俟天雨開壩，始能行駛，往往因此滋事。現諭各鄉紳耆，只准就河濱用沙圍水，不准築壩攔入河中，有礙船行。現在一律遵辦，商民俱爲稱便。十月表稱：工藝院經費無出，難期推廣，現用土機略改舊式，織造毛巾。三十二年四月，應令衷表稱：工藝院所出毛巾，鄰縣高安有來販售者，其餘所出各貨，亦無滯銷之患。八月，馬令振儀表稱：工藝院所織毛巾，質地不佳，擬募一善業此者，爲之教導。并添製竹木器具，俾將來釋出，藉資小貿。十一表稱：工藝院辦不得，急須整頓。前擬購買省垣新出精巧物件，飭該院仿造，因無款未及舉辦。現飭在院各犯，於舊式竹木器物，略行變通，以試其智。其不能業此者，令其編草履、搓麻繩，俾不至於坐食。三十三年二月表稱：工藝院經費支出，僅能暫就竹器、毛巾兩項，督飭工師，精益求精。三月表稱：工師教導尚勤，所製竹、木、毛巾，較前稍有進步。

江西社會科學院歷史所《江西近代工礦史資料選編》上卷第一章《撫州府》

光緒三十一年十二月，據王守乃征稟報：就原設農務局，改興工藝局，訂立章程，招選學徒，就地方原質，講求製造。該處向産紫竹，其光如漆，經用日久，愈見瑩徹，并無蟲蛀之患，最爲佳品。今春以來，專製紫竹藤器，招選高手竹匠，授以意法，以紫竹和藤，製爲方圓桌凳、憑几、茶几等器，概皆別出新式，製造堅實。查東洋圓竹凳，價自一元以上，人争購取。現亦照樣仿製，毫無殊異，而價則大廉。并將所裂各件，送呈本局陳列所内查閲，尚屬清雅。當經批示嘉獎。并據稟呈前撫憲胡批示：轉飭督率工匠，認真考求，以期進步而廣行銷。嗣於三十二年四月，據稟上年創造紫竹藤器，本境售銷無幾，擬運省垣寄售，并寄九江分售。由府給以護照，請移税務總局，飭卡查明護照數目相符，免税放行。即經據情移會税務總局。嗣准移復。業已札飭經過各税局口，查驗照貨數目相符，即行免税，蓋戳放行，毋稍留難阻滯等因。札飭遵照各在案。

江西社會科學院歷史所《江西近代工礦史資料選編》上卷第十一章《贛縣》

光緒三十年十一月，張令學培表稱，同濟織布公司，織出布匹，頗爲精密。又該前縣張令之鋭，設立工藝院，前略已志，自設立後，經張令學培，籌集股本一千六百餘元，并撥借公款及罰款共三千餘元，收養乞丐穿窬流氓遊惰等類，分門教授學業，署備織機二十架，分別織布織帶織毛巾等項，并造白銅烟袋，牛皮衣箱，及碾米等事。三十一年十二月，張令表稱：所出各物，日見精美，售價甚廉，銷路暢旺。三十二年六月表稱：毛巾一項，色光絨厚，諶經久用。是年，據闞守榕祚造送總表報稱：常年存款，約計毫洋五千一百餘元。三十三年，仍舊工作。

江西社會科學院歷史所《江西近代工礦史資料選編》上卷第十一章《高安縣》

該縣向産棉布，嗣因洋紗盛行，土布滯銷，紡織日見衰微，光緒三十一年冬季，據唐令表稱：捐洋購買東洋鐵軌織布機一架，軋花機器一架，木機四架，又邀集紳首，籌有股本洋五百元，在於城内外公祠，設立織布公司。三十三年四月，據黄令宗敷稟報，開辦工藝學堂，選雇工師三人，招募藝徒十名，就唐令原購各機，修整添置，堂内安設柳條布鐵機二架，斗紋布木機一架，毛巾木機二架，織帶機一架，日間同力工作，夜間學習國文珠算等課，其置辦器具，則於典商胡玉成捐款四十元内提撥，其購置洋紗，以及薪工火食，則於唐令移交股本五百元内提内。開具章程，索奉撫憲瑞，批飭實事求是，仍通籌常年經費，漸加擴充，逐漸進步。由局轉飭認真辦理。

江西社會科學院歷史所《江西近代工礦史資料選編》上卷第一章《廣昌縣》

光緒三十年十月，王令謂濱表稱：縣屬向産夏布，粗而不潔。現飭商董就近赴寧都州，延雇工師，教以紡績漂織諸法，以冀改良。十一月表稱：本地亦産茶葉，配製不佳未能行銷出境，遂飭業茶之户，赴義寧州，學習焙製。十二月表稱：民間有用土窑燒造粗瓷者，就地售與居民日用。僉謂土質甚粗，難期改作。三十一年二月表稱：現飭各窑户，派人赴景德鎮，學習作坯彩釉諸法。五月表稱：芋葉亦出産大宗，烟鋪創成細絲，運銷粵漢江蘇及本省各處。惟創製皆不如法，飭令烟鋪，延雇福建工人，加工製造，以廣銷路。七月表稱：縣屬向用南豐之桔，製爲桔餅，裝桶運往福建寧化、建寧兩縣銷售。每斤售價一錢三四分不等。惟大小夾襟，色暗而糖不潔。現諭紳董督令行棧，於製造桔餅時，揀選小桔，製用白糖，其大者則用糖渣製之，以別優劣而期行遠。九月，王令繩武表稱：該縣習藝所，原設在縣署頭門内，房屋兩間，經費二百元，係前署縣王令瑞同經手開辦。現就原設習藝所右首，添設二間，并添洋一百元，以作經費。所擬試辦章程十六條，業經備文詳報。十一月表稱：所内人犯，現飭學習織草履搓繩索各事。俟經費充裕，再購縫衣織布各項機器，以期精粗兼備。三十二年六月，據王令朝賀表稱：現將該所重加修葺，設法擴充。八月表稱：習藝所現已竣工，規模較大，并購買紗綫，令其學織夏布、棉布、洋紗、辮帶，及做蠟燭芯等類。十月表稱：習藝所織出夏布，已有進境，與市間所賣之布無異。西坑所出土碗，彩釉料質，已見可觀。三十三年，據王令樹森稟報。紡棉織布，通邑皆無，所用棉布，皆須購自外方，現經勸令生員劉鳳廷捐洋三百元，監生余任民捐洋二百元，署内寫生羅湘林捐洋二百元，作爲開辦工藝廠經費。租就東門外鄧家祠，先行試辦。并購到新式織布機四架、紡紗車四張、棉花洋紗等件，覓雇織布、紡紗教習各二人，招募學徒十名。并附設半日學堂，延請國文教習一人，俾藝徒半日紡織，半日識字。定於九月初一日開廠。開具章程，稟奉撫憲瑞。以該令盡心民事，布置有方，深堪嘉許。飭局核明立案。并飭督率紳耆，徐圖擴充，遽增進步。由局轉飭遵照在案。

江西社會科學院歷史所《江西近代工礦史資料選編》上卷第一章《金溪縣》

光緒二十八年，杜令璘光，在典史衙署頭門內，設立工藝所。議定章程，置備器具。三十年九月，郭令立朝，考選織工、縫工、製棕扇、雕木器工人各一名，送入所中爲師。另選幼童十人，以爲學徒。所有教師工資，概係捐廉核給。三十一年三月，郭令表稱：據局紳艾朝鼎禀，集資置買糖榨，設廠開辦，提昇白糖。十一月，王令濟中表稱：該縣許灣開設染紙作坊，銷售甚廣。

江西社會科學院歷史所《江西近代工礦史資料選編》上卷第一章《靖安縣》

光緒三十年九月，汪令鴻表稱：縣屬工藝製造，無甚精妙之品，僅有銅匠所造之茶炊，與木工所造之摺叠椅，尚堪寓目。現已督工趕造，嗣據造竣呈送，即發交陳列所。十一月表稱：前據局紳報告，擬購織機，自織棉布。現在議章，呈經核明，集股興辦。三十一年二月表稱：購機織布一事，籌款稍有眉目，已令局紳度地設局，雇工試辦。四月表稱：前已籌款百千，試辦工藝，惟區區之數，只能小試其端。署內架房後面，尚有空房一棟，現已動工修葺。擬先提輕罪人犯，入內試習，俟經費籌足，再行度地建屋。十月，曾令森桂表稱：汪令擬籌建習藝所，尚無頭緒。該縣勸紳籌款，據稱無款可撥。現經商議，擬招股一千串，以五十串爲一股，一俟集有成數，即行開辦。三十二年二月表稱：現經令紳議定，借東門外萬壽宫兩廟，以爲工藝院。已派紳舒寬慧項書諺潛運懋，飭令總理其事。惟入股者尚屬寥寥。又經移請訓導把總，會紳勸集。當經本局批示，萬壽宫與未入祀典之祠不同，兩廟工人嘈雜，不足以昭誠敬，且遠在城外。如將罪犯撥入，亦恐防閑難周。應再令紳妥議，另行擇地開辦。至集股須勸殷實之家認繳，毋任苛派抑勒。九月表稱：前擬創織棉布，股本尚未招齊，現又諭催紳董，趕緊勸集開辦。三十三年二月，鄭令應墀表稱：會令前擬招股購機織布，尚無成議。現經查悉縣屬出産古尖紙張，向來裝赴吴城售賣。已分飭各紙槽，選料加工，以期紙質精良，售價增長。較之布匹，獲利必厚。三月表稱：勸令紙槽購機製造，僉稱資本微末，刻難議及。已諭嗣後務須精益求精，以期擴充斯業。四月表稱：各紙槽自經勸諭以後，出貨日漸精良，銷售得價，獲利較厚。又查得木器一項，每年出貨頗多。現擬選擇緊要用物，仿造洋式造作，形式既新，銷場自廣。當經本局以木器仿造洋式，非可以意爲之。飭就縣城所有洋式木器，擇要仿照製造，以期貨物日精，利源日辟。批示知照在案。

江西社會科學院歷史所《江西近代工礦史資料選編》上卷第一章《樂安縣》

光緒三十二年三月，汪令都良表稱：該縣倡捐洋三十元，并借給官本，飭生員元樂勛，買樟熬腦。現借考署間屋，開設熬腦廠。門首懸掛工藝院匾額。閏四月表稱：據監生游鍾秀等，禀有華合興，熬腦得法，至崇仁縣城外，設廠熬腦。又在三十八都烏江地方，買就謝姓樟樹，即在彼租屋試熬。三十三年正月表稱：生員光禄勛、監生游雁高等，在水南謝家、馮家等村，買樟熬腦。三月表稱：嗣有臨川縣民馬洪興等，亦在該處設廠。并有福建汀州人邱大烈等，寄住廠內，稱係收購樟腦。忽因砍樹轇轕，致涉訟端。現經該處紳民丁文炳，聯名禀懇，嗣後凡有買樹熬腦者，須先禀縣保護，及憑伢估價，庶以弭釁端而昭公益。該縣環境皆山，産木極多，鄉民燒煉成炭，每年不下二三萬擔。惟惜運費太貴，獲利甚微。四月據葉令在鋆表稱：種竹造紙者，四鄉皆有，每年約出毛邊紙五六千擔，表芯紙三四千塊。已諭逐漸推廣，以興地利。

江西社會科學院歷史所《江西近代工礦史資料選編》上卷第一章《臨川縣》

光緒三十年六月，據戚令揚表稱：自去年以來，惟剥麻及煎白糖之法，此間稍有進步。北鄉慣織布而不善剥麻，遂亦不復藝麻。稟生桂汝章等，雇湖北麻師教之，漸知剥麻之法。各鄉種蔗，向煎黄糖，獨竹溪港喻姓學煎白糖，獲利較厚，頗有仿傚之者。七月表稱：民人陳玉書所製屏對字畫，以竹嵌之，漆光可鑒，頗爲精巧，獨擅專門之利。黄紳維翰，集股於城内租屋，設教織所，試織毛巾、洋布、花紋均細，亦甚中度。但係屬創辦，銷暢不廣，獲利有限。上年創辦勸工所，織出夏布、棉布，較爲精緻，又作燭芯一項，尚利行銷。三十二年三月，據黄令錫光表稱：罪犯習藝所，業經前縣於城内飛雲閣下，封有積慣窩娼房屋一所，共計二十餘間，重加修葺，置備器物，名曰勸工所，習織布作燈芯等類。遇有地痞竊賊，仍舊發入勸工所習藝，勿庸改名。至於軍流以上人犯，則擬遵照新章，於府城設一總所。八月，據李令克鍊表稱：該縣除織造棉夏兩布之外，以洋漆竹鑲屏聯，最爲精緻，刻擬招工仿造。九月表稱：陳姓鐫刻竹鑲屏聯，矜秘不傳。近惟楚北人李友梅，得其竅要，與訂明春來縣，赴所教習。三十三年三月表稱：現已仿造，行銷頗暢。四月，據胡令惟賢表稱：勸工所經費，由縣給發，每月織成夏布一百二十匹，棉布一百四十匹，燭芯二萬三千餘枝，竹鑲聯對八件，草鞋二百餘雙，竹篦八百餘柄，逐月考該，有增無減。

江西社會科學院歷史所《江西近代工礦史資料選編》上卷第一章《龍泉縣》

光緒三十一年四月，據羅令大冕表稱：大汾墟所製油紙摺扇，造法不精，迭諭紳士張小山，轉雇製扇各户，速覓浙江良工，來縣傳習。現經該縣於省垣購買浙扇，發交張小山，飭令依式仿造。七月表稱：據該紳呈驗仿造式樣，其嵌螺鈿及烙印山水人物花卉，大致可觀。已飭竭力摹仿，務期美備。十月表稱：據增貢生郭振聲等禀稱，在上海聘來熬腦工師，請設廠試熬樟腦，業已批准。一俟辦有成效，再行詳請立案。三十二年二月表稱：增貢生郭振聲等，在滬聘來腦師，試熬樟腦，因獲利無幾，將工師辭退。現在自能熬煉。所出之貨，竟有廣客贛客來廠争買。惟樟樹無多，難期集股擴充。十一月，褚令焕祖表稱：增貢郭振聲等禀稱，集股三百元，設立開源公司，擬往萬安買樟，就地設廠。業經據情轉詳請示，當經本局批飭厚集股本，劃分地界，轉飭遵照辦理。三十三年三月表稱：據舉人梁世淮禀稱，集股在縣城創立織布公司，并選派子弟五人，送往江南工藝局肄業。俟六個月畢業後，定購機器十架，回籍開辦。

江西社會科學院歷史所《江西近代工礦史資料選編》上卷第一章《進賢縣》

光緒三十年八月，陳令慶綬表稱：本地竹木工匠，製造粗笨，并無技巧過人行銷他處之件。三十一年四月，唐令文鼎表稱：上月由局紳購到殘書精緻桌椅各件，飭令木工仿造，技藝不精，仍形粗笨。急當講求藝術，以圖改良。五月表稱：縣屬向不購求工藝，該縣於賓興局諸紳會議之時，商諸各紳，議建設工藝廠，藉以啓發匠心。各紳僉謂費無從籌，擬先飭由各匠，集款延請高手，購置雕琢利器，令其教授仿作，徐圖進步。至工藝廠、習藝所，容再籌款禀辦。六月表稱：改良製造一事，現據各紳面稱，各匠咸以争勝可獲厚利，已允邀集同行，籌資舉辦。三十二年閏四月，文令炳堃表稱：夏布一項，縣屬向不産此，每於接見紳耆時，囑令勸導各鄉，試織夏布。兹查城鄉内外，已有購機紡織者。六月表稱：夏布係苧蔴織成，縣屬素鮮産麻，前已諭紳勸民廣種，并將培植諸法，摘録多條，飭令認真講求，以供織造夏布之需。若能逐漸推廣，亦興利之一端。十一月表稱：屢議設工藝廠，實因費鉅難籌。現已勸諭紳民，選擇聰穎子弟，赴省學習各藝，以資傳習而便仿傚。三十三年四月，羅令傳珍表稱：每年五月城隍誕辰，街市及書役人等，向須演戲酬報。經該縣多方勸諭，咸願將戲停演，以戲價撥充工藝經費。惟所集僅百餘千，不敷尚巨。查城内萬壽宫，屋宇尚覺寬敞，擬於該處設立勸工所一區，擇情於工藝之紳，經理其事。先購織夏布機及一切器具，一面勸捐集資，俟有成數，即行購麻試織。

江西社會科學院歷史所《江西近代工礦史資料選編》上卷第一章《吉水縣》

光緒三十一年二月表稱：工藝一項，已經置買木機，設立工藝局。查有生員徐元訓，辦事妥實，諭飭住局籌款，購買洋機，次第興辦。三月表稱：局紳徐元訓勸據楊正和捐洋百元，俟集有成數，即赴申置辦洋機。七月表稱：據局紳面稱，縣屬多樟，已赴新淦雇募腦師，熬取樟腦。八月表稱：商人劉壽山，延到福建工人三名，於董富村購得樟樹四株，興工熬腦，當經批飭設立公司，議章禀報立案。三十二年閏四月，又據禀報：捐廉二百串爲倡，并勸集股本六百餘串，即就衙署東邊空基，建造房屋二棟，共計七間，以右三間爲罪犯習藝所，左三間爲工藝院。如織布、結網、舂米、搓麻繩、編草履等類，分爲粗細二工，已於二月初十日開辦。擬定章程十七條，請示立案。當經批飭督率工師，勤加教導。閏四月表稱：先後收入軍犯及遊民，每月舂米四十餘石，做棕薦三十餘條，蓑衣三十件，搓繩百餘根，編履二百餘雙。七月表稱：查有軍犯能織花布，已令先行試織。八月表稱：現在織造棉紗、腰帶、襪帶，尚堪經用。十月表稱：試織各種花布，貨色尚佳，堪以行銷。三十三年三月，據職商陳振業等禀：集資四千元，在該縣開辦興利樟腦公司，當經批准立案。嗣據該縣申報：該公司因與在新建縣地方熬腦公司同名，遵批改爲福利公司。秋季興工開辦，并預繳報效一百二十五元。

江西社會科學院歷史所《江西近代工礦史資料選編》上卷第一章《虔南》

三十一年六月，據艾倅廷棟表稱：延雇工匠，捐廉置辦機器，在於昭忠祠内，設立工藝廠，收養遊民學習。七月表稱：廠内能織毛巾及各種洋布，惟紗須購自他處，是以出貨不多。現經捐廉派人赴滬，購辦軋花紡紗各機器。十一月，陳倅宏燮表稱：工藝廠因毫無經費，現已停辦。六月表稱：楊溪堡一帶，製造草紙，略見細白，稍有進步。八月表稱：廳内向無織布之户，自經勸諭後，多有紡織者。并勸諭紡織紗巾綫毯各項。飭紳選雇工匠，設局開辦。十一月表稱：竹篩一項，剖絲不光，編行不匀，飭令匠人鍾官源，改良作法，光潔可愛。并令紡製削項用器，以期推廣。是年據闕守榕祚造送政事總表報稱：該廳向産草紙，其粗異常，僅供本地之用。迭經陳倅宏燮、錢倅林年飭令造紙槽户，設法改良，務求精美。派人赴萬載等處，雇覓紙工，來廳督造。三十三年四月，錢倅林年表稱：

竹篩一項，銷場甚暢。擬將此法仿製草帽，以便行銷。

江西社會科學院歷史所《江西近代工礦史資料選編》上卷第十一章《廬陵縣》 光緒二十九年十一月，據潘令敦告禀稱：前縣鄭令恭，集股創設廣利工藝局。在郡城西門外，租賃民房，專辦紡紗織布事宜，擬定章程六條，招股辦法八條。禀奉前署撫憲夏，批飭會紳設法維持，以期持久不敝，轉飭遵照。三十年十月表稱：廣利紡紗局，上年由前縣鄭令及諸巡檢楷，創設自造木輪機器，仿製洋紗，迭經鄭令及該縣；先後集股三千六百元，因諸巡檢不善經理，虧折至六百元左右。若添購洋機，款更不敷，現將股本發達，業已停辦。十二月申報，新開阜昌公司，自製洋皂毛巾等件。三十一年三月表稱：縣屬除織布外，近又有種薄荷以熬油者。五月表稱：阜昌公司所製毛巾洋皂，尚爲精良，人多樂購。十月，彭令錫蕃表稱：前於署内本側空基，指廉六百元，建造房屋，以爲罪犯習藝所，現已峻工，并將詳細章程十六條，以及開辦日期，另文禀報。十一月表稱：所内人犯，現已開機織造棉布毛巾。三十二年四月表稱：每日出布三四丈，毛巾二十餘條。七月表稱：自開辦習藝所以後，居民進内觀看，頗能則效，市上所售布匹，較前略爲精緻。

江西社會科學院歷史所《江西近代工礦史資料選編》上卷第一章《瀘溪縣》
光緒三十一年八月，沈令善謙表稱：縣屬向不講求工藝，惟二三四五九十等都稍出粗紙，尚爲大宗出產。每年價值約四萬金，皆山户自行砍竹製造，運往鄰縣銷售。九月表稱：在監各犯，均令學編草履及搓麻繩、卷紙撚等物。擬再籌集常款，設一罪犯習藝所，專收罪囚人犯。設一工藝傳習所，專收無業遊民。一俟籌有經費，再行議章禀報。九月表稱：習藝所與工藝傳習所，一時難以并辦。現與各紳籌商，先就管押人犯，開辦習藝所。人數不多，所需經費，概由暫行捐給。十月表稱：鄉間造紙各户，近因攙雜粗質，偷減分兩，以至銷場甚滯。上月鄉紳來城，會議學堂農工等事，已諭令勸導槽户，改良製造，不准偷減。習藝所内，近又添雇竹木兩工，教令罪犯習藝。三十二年正月，據沈令禀稱：就原有之自新所，改作罪犯習藝所，開具章程，禀准立案。所内習藝者五人，仿製竹器雨傘等物。三月表稱：近有福建客民，購樟熬腦，利息頗豐。惟買樹頗多阻撓。現經出示開導，一面廣勸多種樟樹，以期利源不竭。四月表稱：罪犯習藝所，自開辦後，製成竹器百餘件，雨傘數百柄。八月，馬令天翮表稱：前任移交犯人，現因工作期滿，均經提釋，所内無人習藝。

江西社會科學院歷史所《江西近代工礦史資料選編》上卷第一章《南城縣》
該縣民間工藝，勤於織布、織帶，更以毛竹造連七火紙。紳士設有厚生、廣利二公司，振興一切事業。其利以芝麻爲最大，樟腦次之，桐柏又次之。惟多生貨，無熟貨。光緒三十年六月，據倪令廷獻禀報：在縣署西邊曠地，建造房屋五大間，名曰工藝廠，議定簡明章程。廠中收養遊民及輕罪人犯，雇教習四人，教織毛巾、東洋布。八月表稱：已於初八日竣工，十六日開辦。九月表稱：廠内自八月開辦起，至九月止，織就東洋布五十八匹、二號毛巾三百條，三號毛巾二百五十條，均發本地各店銷售。十一月表稱：縣屬婦女，向織棉布、棉帶，近年改用洋紗織造。烟店用本地烟葉，製成皮絲烟，槽户用本地毛竹，造成連七火紙。工減料粗，均飭改良。十二月表稱：廠内添購織洋毯機器，明春可以興辦。鄉間因廠中織造東洋花布，亦漸有仿辦者。雖比廠織花紋稍粗，日久亦可改良。三十一年二月表稱：工藝廠内罪犯，學成織毛巾及東洋布者，已有數人，又有增生李式祖，造就碾磨小式機器。來縣請示，招股試辦，現已出示勸辦。三月表稱：廠内所織毛巾、東洋布及毛毯，本地銷售不多。移請鄰縣。示諭店商，來廠領銷，以免壅滯。十月，據顔令邦政詳稱：前縣倪令所設工藝廠，規模窄狹，爰與邑紳會商籌款，捐集洋一千餘元，擇於縣署東偏捕衙左側，有廢地一大片，建造罪犯習藝所。六月興工，八月落成。業經購備機器，延雇工師，分撥罪犯，收禁流民，入所教養，於九月初一日開辦，惟常年經費，尚需籌足三千元。除首先認捐爲倡外，并刊發股票，由各殷富量力分銷。每股十元，不事抑勒。所内以織綫毯、毛巾、東洋布、棉夏各布，打綫、結綱、縫衣，造履等類爲細工。以編草帽、織蒲鞋，麥扇，做竹筐，搓麻繩等類爲粗工。分設兩廠，擬議章程十五條，開具清折，繪其屋圖，檢呈股票式樣，詳請立案。當經本局以所擬章程，大致妥辦，飭即認真辦理，勸集股本，不得抑勒，致茲弊端。十一月表稱：輕罪人犯，已發入習藝所，視其性之所近，令工匠善爲教授，其各項粗細工作，亦皆次第興造。三十三年四月表稱：上年會匪案内人犯五名，禀奉批准發所習藝，於三月二十八日收入，學習紡織各種花瓣、毛巾、棉綫、帶子各物。

江西社會科學院歷史所《江西近代工礦史資料選編》上卷第一章《南豐縣》
該縣有工藝所，光緒三十年七月開辦，先爲花爆等物。三十年九月，余令寅中表稱：民間工藝，惟油扇爲貢品，然遠不及杭扇。布匹由女工紡織，貨少而行銷亦隘。食物如粉皮、桔餅，尚能行遠，而工費較重。近年新製鹽水泥爐，堅實可經久用。鄉民學織夏布，其細白不如宜黄、寧都産。火紙近亦改造官堆紙，其嫩潔不如福建産。已飭紳商集股二千元，提倡改良。十一月表稱：白舍地方，所出白土，可以造碗。集紳妥議，先考土質，再爲籌款燒瓷。三十一年二月，吴令鳴麒表稱：前月由紳招來廣昌窑工，用白舍白土，試造瓷碗，其質甚粗。須先淘洗粗質，始可如法製造。諭紳於考驗後，再議就地設窑。五月表稱：竹工能編竹盒，有福喜字花紋，俗名柳斗，爲婦女針黹之用，諭令工藝所内人犯，編織柳斗、竹簟、竹籃、草鞋等物。該縣又於縣署土地祠内，設陳列所，以資勸導。六月表稱：縣屬所出布匹，近來能織出柳條、格子、蛇皮、飛白等項花樣，更能以棉麻互相經緯織成，名曰春秋布，八月表稱：連筒引水之法，擇最大竹筒，倒裝於水急流處，可引水高至數丈，灌田至一里以外。南鄉人能製之。已飭各鄉仿製。九月表稱：布匹染花所用之皮板，向須購自漢口。近有人能仿製一切花卉、鳥獸、人物各項皮板，南鄉人以棕綫製成蓑衣。近來東鄉人能以棕葉分裂漂白，組織成扇，惟造作不精，不能行遠。十月表稱：紙卷爆竹，錫製冥鏹，二藝皆輕便易學。擬於縣署内，設立罪犯習藝所。雇工教之，將來罪犯釋出亦可易於糊口。十一月表稱：製作絨花、綢花，僅有一家猶習此藝。近來改製東洋花，尚未精緻。十二月表稱：現將前設立工藝所，改爲習藝所。應用經費，由縣墊給。三十二年四月，方令嘉棟表稱：草帽一種，已將麥稈編製。惟種麥者少，不敷取用。乃致以棕葉劈裂編製，較之麥草，尤覺精緻。閏四月表稱：三月間由南城購買織毛巾機器，現由南城雇來職工一人，充當教習，已收學徒二人學織。五月表稱：榨油之器，須用十餘人。兹有人造成小榨，只用二人，隨處可移，適用甚便。七月表稱：民間有採樟葉熬腦者，工費而利薄。兹用閩省砍樹煎腦之法。稍有餘利。九月表稱：現當甘蔗收穫之時，有請寧都州人，提煉冰糖者，惟人工甚貴，其利尚不及沙糖。三十三年四月，周令仁壽表稱：白舍地方，自前年集股起窑，試辦瓷器，今年稍有出貨，尚只一色粗碗。已飭加意改良。須先招景德鎮窑工，定看土色，然後起窑，改造嫩磁。

江西社會科學院歷史所《江西近代工礦史資料選編》上卷第十一章《寧都縣》　光緒三十年七月，孟牧慶雲表稱：州屬出産紙張，未能細白，已諭飭各紙廠，設法改良，以廣銷路而挽利權。八月表稱：稟生彭鑒等，擬邀各鄉紳耆，開設女織公所，延請女師，教令織布。三十一年三月表稱：據彭紳等面稟，上年十一月，請得南豐女師，教織棉布。惟州屬婦女，只慣績麻，不願織布，且本地不産棉花，是以暫行停止。已勸令赴浥購買織布機器，設廠織布。當經本局批飭，將原有夏布竹紙蔗糖，先行改良。十一月，凌牧祖谷表稱：州屬出産，以夏布爲大宗，已諭各機户，延雇提花工匠，試織起花夏布，以增價值而廣銷路。三十二年六月，倉牧爾楨表稱：罪犯習藝所，前經孟署牧就署内常平倉房屋改設，并無習藝人犯，現擬擴充改造，并附設工藝院，酌收流民，所需開辦及常年經費，先籌墊用。七月表稱，習藝所已於十八日興工，八月可以告竣。現由貢生宋璜，捐助追還，學習織履削筷等事。三十三年二月，倉牧表稱：工藝院新舊共收流民十名，分學編製竹器逢衣織履等事。惟出貨無多，仍難敷用。現將州署倉書微收兵米辦公紙筆内，每年津貼管倉家丁洋旁一百六十元，提充常年經費，并酌派瑞石兩縣。每年各捐洋一百二十元，以資湊濟。

江西社會科學院歷史所《江西近代工礦史資料選編》上卷第十一章《彭澤縣》　光緒三十年七月，據陳令麟蔚表稱：勸諭永生典商人，購買日本軋花機器十架，就本地所産棉花試辦，以開風氣。三十一年十月表稱：現已購到毛巾織機，就在署旁空屋，爲學織之地，專教婦女，先定四名爲額，學成之後，另换四人，更番遞推，漸宏教育。每日早來晚去，由署備給午餐，以免往返曠工，其織機價洋三十餘元，女教習每月工資十八元，及飲食等項，概係捐廉發給，學者不用花費分文，已出示曉諭，定於十一月初一爲始。嗣據報稱：學成者已仿造機器，自織行銷。

江西社會科學院歷史所《江西近代工礦史資料選編》上卷第一章《萍鄉縣》
光緒二十九年十二月，據傅守鍾麟委員查報：該縣民最勤苦，耕讀之外，即習工藝。各行工匠，均有常職，而夏布一項，織麻皆婦女所司，成布方須織匠。不宜用機器破麻之法，專使富者獲利，貧家婦女，皆失常業。該縣婦女織麻，有極細者，織成夏布，細緻光潔，勝過於綢。惟售價稍昂，人尚鮮購，故所出甚稀，非工藝之不能精也。南坑上埠地方，所造土窑瓷器，皆運赴湘漢銷售，歲約三萬元左右。但其製造苦窳，不爲富人所尚。迭經官紳勸諭股實商富，集股開窑，延雇景德鎮工匠來萍指授。燒造細瓷。已有晏姓將所出細土，帶赴景鎮，延請高手坯工，造作試燒，尚不能與景鎮瓷器相抗云，其木工所製几凳博古書架之類，可以折卸摺叠，精緻輕巧，最便携帶。近因木料甚貴，工作粗率，不甚耐火，而售價較前增昂，以致購者寥寥，蘆溪、宣風、劉公市、麻山、大安里、山口、岩半山等處，均産紙張，以引皮及小貢兩項爲上等，所出有限，而造粗紙者爲多。每年出息頗巨。所惜紙槽工匠，不能仿照洋式，甘心守舊，斯爲缺點。三十年九月，彭令繼昆表稱：皮工製造皮器，向稱精緻，惟牛皮價值，近更昂貴。雖偷減工料，而售價仍須增昂，若欲定製、尤須增價。購者甚少，刻難發達。又爆竹一項，歲約可出二萬數千箱，出上栗市者爲廣壯，出蘆溪市者爲建壯，皆手工所成，爲民間生業。貧家婦女，亦籍插行編掛。爲生活之計，一時無從改良，因仍其舊。縣屬户口殷繁，多仰給於煤窿，游盪者甚少。屢與紳者商籌，議設工藝院，款項無從籌撥，是以尚付缺如。十一月表稱：城鄉原有貨物，惟夏布稍良，歲可出二三萬匹，約值數萬元。紙張一項，粗料有大表、砲料、點張、老簾、小表各名色，歲共約出四萬餘擔。細料有小貢，引皮兩項，價值最貴，歲出不過千二三百擔。其次有湘表紙，歲近千擔之譜。均尚照常工作。三十一年三月表稱：土產夏布績織稍良，前會諭飭局紳，勸導商民，集資開設機坊，訪雇能精提花工匠，仿照蘇杭紗羅提花式樣，組織試辦，以圖進步。至土窑燒碗，價賤利薄，亦經諭紳勸導窑户，仿照景鎮瓷器，製作靈巧瓷坯，再加彩畫釉色，由粗而細，先行試燒，又紙廠本守故常，月内曾有蘆市鋪商，集股倩善造洋紙之湖南張姓，購雪花樹皮，用藥水腐化試造，因不得法，耗費二十餘緡，衆心疑阻散股。已勸諭另覓良匠，以謀其成。當經本局批示，夏布提花，現在上高、萬載等縣，亦禀試辦，聞風興起，定卜利賴無窮。試造洋紙，用人不當，斷勿因噎廢食。宜另招工集股，志在必成。西人辦事堅忍，勿以稍挫即停，初時不憚虛擲成本，只在製成後利市三倍而已。飭即誘掖獎勸，實力提倡，以盡爲民興利之責。六月表稱：本地所産碗泥頗佳，若能改良仿造，必有進步。勸據職員廖鳳喈，提倡集股，擬設窑廠，并赴景德鎮訪雇窑工，挑選本地靈敏工匠，令其指授，試行製造。倘能得法，必可推廣。七月表稱：土窑改良一事，已據分省知縣文乃麒、職員廖鳳喈等，集股設立公司，雇用景德鎮工匠三十餘人，議定工資，并訂明帶教本地學徒，已在土埠地方開窑。其兩次所燒紅花瓷器，尚與景德鎮製作相仿，惟土窑矮小，必須改建大窑。其本地所出作坯之泥，不亞星子所産，釉石亦本地所産，頗稱合用，不須向別處購求，如能切實經營，逐漸燒造細瓷，將來必可獨擅厚利，惟所雇窑工，皆都昌人民，性情强悍，動輒挾製滋鬧，已諭該公司善事駕馭，俾得盡心工作。該公司以事屬草創，請俟規模粗定，再行禀請轉詳立案，亦屬實事求是之意。八月表稱：夏布一項，出息遠不及萬載之鉅，迭諭局紳勸導機户，雇匠提花。旋據復稱，各機户僉謂苧不如絲柔韌，耐受漂練，且赴浙雇募提花織匠，亦屬不易。現尚無人肯任提倡者。九月表稱：文乃麒等創立公司，燒造紅花碗碟，自開設以來，用費已六七千元。日前瓷工又復勒支工價，幾致鼓衆停工。當經派差查拿，各工頭主將倡鬧散工，按名指出，即日驅逐回籍，嗣後願聽該公司約束，不再滋事，具結銷案。并諭該公司認真整頓，務期堅忍圖成。三十二年正月表稱：瓷器公司，雇用景德鎮工匠，手藝平庸，性復桀驁，除將滋事工匠，驅逐十餘人外，只留瓷工十餘人。續雇工匠現尚未到。已諭該公司，趕緊添雇精藝窑工，來廠督率，認真製作，以興實業。二月表稱：文乃麒等創設瓷器公司，租賃舊開窑廠數處，并批頂碗坯土泥及碗釉各山場，改設新廠，延雇景德鎮工匠，仿燒各種碗碟。添雇工匠，陸續到廠，後計有七十餘人。帶教本地學徒，所燒紅花粗料碗碟，與景鎮不相上下。惟頭青一項，景鎮潔白光瑩，尚有不及。將來逐加考求，必能日漸精良。目下貨色不多，零售價較昂貴，已諭該公司必先貶價出售，方可暢通銷路。然後估本計息，持平定價，庶幾暢銷行遠，獲利無窮。三月表稱：瓷器公司，開辦半年以來，粗有規模。所需碗泥釉山，就地皆有，現造粗瓷皆尚可用。天産自然之利，無須外求，較之景鎮坯泥，須自他處購運者，更爲利益。惟集股僅三萬元，尚不足以擴張展布。已飭該公司添招股分，多雇工匠，廣製貨物，招徠商販，俾成效大著，永享利益。四月，據該縣詳稱：據職商文乃麒等，禀稱職邑上埠等處，製造工窑，歷百十年，工不求精，銷路滯蹇，折閲者衆，職等屢蒙諄諭，提倡改良土産貨物，爰集同人，并勸商各土窑户，共籌股洋三萬元，設立瓷業有限公司。應用地段泥工，均已陸續批購，分設四廠，興工開辦。招雇景鎮工人，仿照鎮式。泥質既稱合用，將來能否仿造洋式，自當留心體察，及時籌辦具報。惟公司既議准各窑户入股專條，應請諭飭萍鄉各處土窑，不得另立公司。并俟試辦後，如果出瓷合用，自當遵章禀報納税，以符定例。繕録章程，抄呈批租字據，禀請轉詳立案。據情詳請核准，先予立案前來。當經本局查覈所呈章程，間與商律公司律，稍有未符，飭即更正。并將創辦人所認股數，及附股人姓名股票式樣，造册呈送。其該公司所出之瓷，自應照章完税，不得固設公司，轉虧税課。所稱萍鄉各處土窑，不得另立公司，不知貨高銷暢，自然獲利無窮。若更精益求精，奚患他人之學步。仰即傳諭該公司，另訂妥章，呈縣核明，詳送核辦。并隨文批解註册經費，以憑詳請咨部註册，永享一體保護之利益。五月表稱：前奉批示，奉經轉飭遵辦。俟該公司禀復後，再行詳送核辦。八月，張令之鋭表稱：紙張爲出産大宗，惟製造不精，急須改良。擬另籌學費，派人往東洋學習畢業回縣，集股開廠，以廣利源。是月，并據職商文乃麒等，來局稟稱：選派管理，前赴景德鎮，採買色料、畫膏及石墨等項，請給護票，俾無阻攔等情前來。查同業相妒，市儈恒情，但使該職商等公平買物，何致有人阻攔。所陳各節，殊無足慮，勿庸發給護票。批飭知照在案。十月表稱：縣屬向出木器，鐵冶爐廠亦所在多有。生員李丙榮等，招集股本三千餘元，在考棚開辦工業學堂。學製木鐵各器，并織毛巾。已於前月二十五日，考取學生二十名，入堂肄習。惟款尚支絀，須另籌資助之法。當經批飭妥訂章程，通稟立案。一面督飭該生等，認真經理，以期工業日漸發達。并諭催文紳乃麒，將所設瓷器公司，趕緊另訂妥章，呈送核辦。十一月表稱：工業學堂，原借考棚開辦，嗣奉臬憲奉來萍督辦軍務，因將考棚借作行營，學堂即經散學停工。一俟軍務事竣，即當實力勸辦。三十三年正月表稱：邇來軍務敉平，臬憲奉業已回省。現經督飭工業學堂堂長，仍就考棚擇期開學。二月，據該縣舉人歐陽勛等，來局稟稱，上埠地方，向産土瓷，貨低價賤，急須改良。因集股本六千六百元，創辦美利瓷業有限公司。議章二十條，稟請立案，轉詳咨部註册等情前來。當經本局以所訂章程，多與部章不符，且所指地名，與職商文乃麒等相同。是否一起，致有兩歧。如果另立公司，有無轇轕争競之事。批飭該縣秉公妥議，詳復核辦。三月表稱：職商文乃麒等，已將瓷業公司，另訂妥章，換造册折，并呈繳註册經費，由該縣另文批解詳情立案。又經批飭查明與歐陽勛等，所稟是一是二，尚未具復。四月表稱：該縣向出木器鐵冶等類，因民間製作不精，業經該令考取學生二十名，在於考棚設立工業學堂，專製木鐵各器毛巾等類。但因經費不充，所出貨物無幾，均在本地銷售，尚須籌款實力擴充。此外如夏布、紙張、爆竹、造靛、榨油之屬，均屬該縣出産，亦因製造不精，以致銷場不旺。去冬會匪滋事，拿獲各犯，其情罪稍輕者，已經擬定監禁年限，計有七十八名之多。自應概令習藝。當即議定章程，飭紳在於考棚房屋，略爲修整，設立罪犯習藝所。并於匪案罰款内，提洋四千元，以作開辦經費。將前項土産改良製造，分爲粗細兩工。細工如織毛巾夏布、造紙張、作爆竹等類，粗工如絞棕繩，編草履、織草帽草席等類。房屋可於五月落成，擇於五月初一日開辦。是月據職員葉先均等，集股一萬元，於該縣城内設立志强織業公司。紡織東洋花布、柳條布，於二十八日開辦。稟呈章程大綱六條，請予立案，飭縣保護。批飭該縣遵照部章，核明詳復，以憑核辦在案。嗣據表稱所出花布均合民間之用，將來可以抵制洋貨。惟改訂章程，未據詳復。

江西社會科學院歷史所《江西近代工礦史資料選編》上卷第十一章《鉛山縣》 光緒三十年九月，據梁令稟報，該縣向主事饒曾春等，稟稱集股龍洋四千餘元，創設鼎興織布公司，赴漢購辦織機紗棉，詳請在沿境三百里内，專利十年，免出廠税五年等情，開具章程及執事姓名清折呈送，并據該縣稟奉前署撫憲夏，批飭派辦政事處，會同本局暨統税局核議具復。嗣經會議，准予專利五年，該公司織出棉布，比照進口税則，以尺幅長短闊狹，分别征税，行銷二卡以外，應收全税，二卡以内，准收半税，所請邀免出廠税五年之處，應毋庸議。詳奉撫憲批准照辦，業經轉飭遵照，并飭該公司加意製織，以暢銷路。三十一年二月，朱令炳光表稱：鼎興織布公司，查有機匠二十餘人，織就各布，加以染色，尚有可觀，如能日就精良，獲利當必甚厚，惟須多招股本，方有把握……九月表稱，鼎興織布公司因銷暢滯鈍，且股本支絀，不敷周轉，暫行停織。

江西社會科學院歷史所《江西近代工礦史資料選編》上卷第十一章《清江縣》 光緒三十一年閏四月，據胡令詳報，據該縣教職孫葆辰稟稱：集股一萬元，在距城七里之中洲地方，創設織布機廠，牌名金風有限公司，專歸商辦，已由上海聘定頭等機匠六名，專教組織柳條各式洋布，仍用本地女工，每日赴廠學習工作，詳請立案，給示保護，當經本局批飭遵照公司條律辦理。六月，據該縣林令向滋詳復，請俟該公司試辦三年後，如果有效，再行遵章註册，并將章程及股友姓名，并股票式樣，開折呈送，又經批飭俟開辦時，由縣保護在案。九月，據林令表稱，金風織布公司，購有機器五十餘架，每月可出布十餘匹。現已織成二百餘匹，即在本地售賣。將來出布較多，擬運往吉贛袁州一帶銷售。是月，并據該公司教職孫葆辰等稟報，於八月初一日開辦，業已織出柳條洋布，請援照臨江土布完税章程，每筒二十匹，除包皮二匹不計外，僅完税十八匹，量予核減，從輕酌定等情。當經批飭俟移商税務總局核奪在案。十二月林令表稱，金鳳公司請減布税，前經據情禀奉税務總局批准，仿照臨布税則章程，核減税厘，即經轉飭遵辦，工藝院仍照常工作。三十三年二月表稱，金鳳公司，於正月下旬開工，所織之布漸多，擬運出境銷售，能否暢銷獲利，尚無把握。

江西社會科學院歷史所《江西近代工礦史資料選編》上卷第十一章《上高縣》 該縣紳士張縣丞曙初，在徐家渡設立造紙廠，以蔗稿造紙，已志前略。光緒二十九年六月，據該縣向令步瀛，將創辦之紳，洋請前護撫憲柯，獎給六品功牌行由本局，轉發只領，以示鼓勵。三十年八月，張令紹良表稱：縣屬夏布，向不織花，商同夏布行商丁立泰，雇匠染織柳條紋夏布。九月表稱：現又織收骰子塊花紋夏布一種，前設勸工所，織造毛巾，學徒均能上機組織，又以番諸百觔，可釀酒二十觔。三十一年五月表稱：上年紳董創設花爆店，銷路楊寬，今年分設棧房，獲劉甚厚。十一月，據張令將織出五彩柳條及藍柳條并方骰子塊花紋夏布數匹，諸酒二十觔，解局嘗驗，業已發陳列所分别陳列。三十二年二月表稱：工商局因上年虧摺本金，經原辦紳商，加添資本，議明照舊開辦，并選聰穎子弟，於廿一日，赴浙學習蠶桑諸法。五月表稱：工商局原賃河南民房，現移設河北龍王廟，專織毛巾東洋布花夏布等項，寄河南各鋪户代售。五月表稱：工商局春閑派赴浙江考察種桑育蠶之人，現已回縣，購回蠶子，并選擇原種湖桑，如法培植，以後出絲必日加多。八月表稱：工商局紳招來外路木工一名，善製各種寧波木器，當已略籌資本，令其製造，所造摺叠圈椅、摺叠單靠椅兩種，輕巧靈便，人多採購。十一日表稱：現由臨江購來木機一架，試織提花夏布，較之土機，靈而且速，已飭木工依式仿製。三十三年三月，前令昌瀾表稱：工商局前織東洋布毛巾，均因滯銷虧折，現經添置土機，專織各色夏布，業已興工開織。

江西社會科學院歷史所《江西近代工礦史資料選編》上卷第十一章《上饒縣》

光緒三十年八月，據該縣周令邦翰表稱：縣屬素産夏布，其工之細密者，名曰千扣女兒機，如年逾二十之女子目力不及者，即不能織。惜乎所出不多，已飭鄉民加工多織，以收利益。十二月，據周令稟報，集股置辦織布土機三十架，并色布絨巾之機十架，購辦洋棉各紗，在郡城文昌宫東廡門内，設局試辦，名曰開智工藝局，擬議章程各條呈報，并據稟奉撫憲批局核明立案。當經飭將股友姓名銀數造册，并合同股票式樣申送，至今未據稟復。罪犯習藝所，於三十一年十月，周令邦翰任内開辦，習藝者五人，仿織毛巾、土布、紡紗及編製竹器等項。三十二年九月，據趙令峻表稱：該縣向産夏布，已飭令工藝局教習，授以漂麻葺苧諸法，惟因資本不敷，規模遂致狹隘；現已令紳設法，招添股本，以冀擴充。

江西社會科學院歷史所《江西近代工礦史資料選編》上卷第一章《萬安縣》

光緒三十年八月，據王令作綍摺報：民間工藝，以製紙、榨油、編棕韉、打竹纜四種爲多。然皆窳拙已極，擬將南門外舊營房一所，改作工藝所，收集遊民，各習一藝。九月表稱：修葺城内倉廒，設立工藝所，并將應用器具物料購置。一面諭紳籌集股本，設廠製造洋貨。十月表稱：所内已收遊民四人，學織草席，當以規模太狹，批飭籌費設廠，以開風氣。十一月表稱：該縣前次招商試辦樟腦，已於土龍地方，設竈試熬，諭飭集資設立公司。俟組織有成，再行稟報。十二月稟稱：據職員孔憲雙等稟稱，集齊股本，議訂章程，擬設務本有限樟腦公司，轉稟批准試辦。三十一年六月表稱：所出樟腦、樟油，已由總理孔憲雙，轉運滬上出售，工藝所内遊民較多，添雇教習一名，兼令習織草履。七月表稱：工藝所已改爲習藝所，購置礱碓兩具，責令輕罪人犯，舂米礱谷。并急托鄂友，購辦毛巾織機兩具，并據擬定章程，稟經批飭認真經理。十月表稱：鄂友代購毛巾織機，已經運回，復托省友延聘教習，來縣教導。至務本樟腦公司，各股東均以本小利微，各存退志，議將停辦，已勸其添集股本，重整舊業。十二月表稱：毛巾教習，已將機器安配完全，織成毛巾數十條。惟捐廉供給，實覺難乎爲難，當經批飭，妥籌常年經費，力圖擴充。三十二年四月表稱：民間需用土布，概須由外運來，屢曾勸諭紳者，集股興辦紡織公司。業經在省購回機器三部，及綿紗等件，已促各紳趕緊集股開辦。三十三年正月，諭紳集股興辦紡織公司一事，其應用木機花車等件，業經購辦齊全，現聞各紳在外設法組織，招集股本開辦。四月，據該縣詳稱，務本樟腦公司總理孔憲雙等稟稱：添集股本，重訂章程，照抄議約，并繳從前報效八十元。轉詳查覈，當經批飭仍准試辦在案。

江西社會科學院歷史所《江西近代工礦史資料選編》上卷第一章《萬載縣》

光緒二十九年十月，張令之鋭稟稱：理財爲立國之本，而工商又爲生財之源。各處農工商局之設，多因經費支絀，合并籌辦。竊查工商同在市井，歸於一局，尚不捍格。茲擬於城内先設工商社會公局，就原有出産大宗，如夏布、紙張、爆竹等項，逐漸改良，擴充精進。開具章程大綱六條，細目二十有二，呈送查覈。并據稟奉前署撫憲夏，批：飭督率局董，認真講求，以期進步。轉飭遵照在案。三十年八月表稱：該縣前擬集股設立工藝院，一月以來，附股寥寥。前據宋體乾繳到領存善後堂公項七百串，本擬撥充農業肄習會費用，惟此事需費甚急，擬即移作工藝院經費，庶可一面興辦，一面集股，以期迅速而免欠延。當經批飭將創建工藝院工價，先行估計，妥議章程，尅期開辦。九月表稱：購基建造工藝院，刻難籌此巨款。查有賓興堂房屋頗寬，堪以改造，費省工倍，擬即雇匠興工。一面催紳集股，以期迅速觀成。十月表稱：本地所織夏布，現擬改良提花，已函托浙友雇訂工匠，尚未到縣。茲擬擇其簡易可行者，先爲試辦。如舊出綉貨，花色甚劣，只緣綉匠未諳畫理，不識煊染烘托之法，是以所綉山水人物，不能唯妙唯肖。若用善畫者先爲摹本，再令綉工綉之，教以畫法意趣，必能逐漸改良，且工本無多，不難猝辦。前次議借賓興堂開辦工藝所，即附綉工於其中，現以房少墻低，不便安置罪犯，今改設於縣署頭門内。其罪犯竊賊，學作粗工之地，名曰罪犯習藝所。十一月表稱：罪犯習藝所，修整房屋，業已完工。其美術工藝所，擇定文昌宫内房屋，現正修理。工師尚未聘到，明春當可開辦。并以工匠類皆愚拙，算學物理，全不了解，何能自創新法。擬俟美術工藝所成立後，附設半日學堂，專擇少年工匠，令其略習粗淺算學物理。三十一年二月表稱：習藝所内，現習草帽、草鞋，竹籃，竹箕等器。又本地向熬紅糖，現已雇到製糖工師，令其分赴各店，改製白糖，俟有成效，再議擴充。五月表稱：美術工藝所，於本月十九日開辦，備設財神廟内，專製雕刻圖畫刺綉等類。延朱紳光斗經理其事。七月表稱：習藝所現有人犯十二名，學習編草鞋、做爆竹、插引綫、織發網、絞繩索等項。美術工藝所，現招會鳳儀充畫工教習，另有綉工二名，雕刻匠二名，徒弟五名。一俟雕刻綉各物製就，即當呈送陳列。八月表稱：美術工藝所内，製就綉屏一幅，雕盒一對，植物圖一張，另文呈送陳列所。九月表稱：美術工藝所，增添木器一門，仿製西式桌椅，現又製成綉花帳檐一幅，另文呈送。當經本局以所製各項，尚覺精緻可觀。批飭認真經理，勿得始勤終怠。三十二年四月，賀令昌新表稱：美術工藝所，製度太小，現擬擴充經費，另行改良。六月表稱：罪犯習藝美術工藝兩所，均嫌製度過小，所習藝業，又無甚利益。現擬裁撤美術工藝所，另行購造罪犯習藝所，并添置機器用具，將管押人犯，以及流氓，一概收入。雇募高手工匠，教習織造夏布等事。俟籌有成數，即專案禀辦。九月表稱：現擬於縣署倉庫背後基地内，建造房屋，從新設立罪犯習藝所。昨已親詣勘丈，傳匠估工，俟籌有款項，即擇期開辦。三十三年正月表稱：改建習藝所，現在籌有工費數百串，擬即定期興工建造，一俟造就，即當妥議章程，專案禀報。四月表稱，改造習藝所，於二月初旬興工，刻已全工告竣。現在另籌開辦經費，及雇募工師教習，并擬議章程，先行專案禀報。

江西社會科學院歷史所《江西近代工礦史資料選編》上卷第十一章《武寧縣》　光緒三十年八月，王令濬道禀稱：縣屬素産土絹，惟粗劣不足供服用，夏布亦織而未精。現與紳士議定，設立工藝廠一所，購機紡織，力求成改良，已擇定八方公局之右地址一處，估工創造，經費則由各都鄉紳士量力勸籌，俟經費齊集，再行議章禀報。九月表稱：工藝廠議定購機十六張，募工匠十六人，專織布匹夏布等件，事務歸紳士張聯奎經理，經費則於李敬之捐出正誼書院山場價值四百兩内，酌撥二三百兩，以資開辦。十月表稱，工藝廠現已開闢，力求改良，以資提倡。三十一年三月，李令相表稱：工藝廠仿織夏布洋布土絹，出貨仍不見佳，尚須改良，以廣銷路。五月表稱：張紳經理之工藝廠，出貨既劣，工匠又復居奇，銷售甚難，暫行停辦，容再督飭該紳，另募妥工，購機選料，認真改製。三十二年十月，王令濬道表稱：原設之工藝廠，距縣署甚遠，欲附罪犯習藝，諸多不便，擬於署傍相近之地，另建工藝院，俾便罪犯習藝，且可收養貧乏子弟，現經會紳招股開辦。三十三年正月表稱：另建工藝院一事，茲據張紳定增等禀稱，縣署頭門内左側，有廩局公宇一重，堪以改建，即經詣勘，墻垣鞏固，房舍完整，工作相宜，照料亦便，自應如禀改辦，并將工藝廠所存織布機架等物，酌撥濟用；一面招致工匠，議章籌款，先行試辦。二月表稱：縣署頭門左側公宇一重，現已修理完工，擬即改爲罪犯習藝所。一俟招定工匠，即將輕罪人犯移人，教以織布打帶等事。其張紳經理之工藝廠，一面諭催招股，俾早續行開辦。三月表稱：習藝所常年經費，尚未籌集，現經籌墊銀兩，飭丁赴潯購買洋紗漂粉顔料，以及應用各物，一俟回縣，即行定期開辦，至本邑亦織夏布，不及萬載宜黄之佳，前奉求飭鄂省機器織布，出貨甚速，飭即集股購機試辦。昨有張紳配蘇來縣，因其略知種麻織布之法，家亦小康，勸令赴鄂查驗，已允前往，俟其考驗回縣，再行集股試辦。四月表稱：習藝所於初一日開辦，將禁押人犯，點驗人所，分別學習織布打帶各藝，另雇織布工匠一人，教織布匹土絹，其不能織布打帶者，令其舂米，以習勞力，所出各貨，銷售甚速，惟經費并無常款，現與城紳商議，多招股本，以垂久遠。

江西社會科學院歷史所《江西近代工礦史資料選編》上卷第一章《新昌縣》

光緒三十年七月，汪令培表稱：縣屬工藝，以裁竹造紙爲宗，惟工匠取巧，或紙塊短狹，或紙質粗糙，銷路遂因之而滯。現經邀同紙幫紳董，公議條規，設法改良。九月表稱：現據紳董禀復，較正尺碼秤量斤數，每塊八十四把，每把八十八張，重須八十餘斤。如有短狹、破爛、輕斤、少把諸弊，即惟工匠是問。從此可期改良矣。三十三年五月，據汪令禀報：局紳及工務長，招集股本一千串文，開辦棉麻公司，即於城内武曲宫農工商礦所内附設。織造棉布及夏布，織機共有八架，每日可出棉布四丈左右，夏布三丈左右。八月表稱：棉布行銷暢旺，添設棉布機兩架，加雇職衛兩名。九月表稱：棉麻公司銷售甚速，已諭工務長，再招股千串，急圖擴充。三十二年四月，馬令肇修表稱：縣屬造紙，僅只花箋與火紙兩種，如萬載之表芯，竟不能造。現飭紙商派匠往萬載學習，能多造一種紙，即多得一份利。閏四月表稱：萬載花爆，行銷甚廣，而此地亦不能製。此項藝業，資本有限，現亦飭人前往學習，回縣仿製，將來即可教授各徒，推廣工藝。五月表稱：縣屬所産棕樹尚多，如編棕墊、造棕箱、作扇骨，以及刷子等件，皆可置造。亦飭人赴袁州學習。六月表稱：省垣工藝廠，新製各物甚多，擬選靈敏工匠，赴省入廠，學成各藝。一面集紳籌款，開辦工藝院。八月表稱：本地産竹，僅能造紙，不知湖南所製帽筒筆筒朝珠盒各種。臨川所製竹鑲屏聯，雕刻精緻，獲利尤厚。現經會集紳商，勸諭湊集川資，分遣聰敏子弟前往。學成回縣，再行集股製造。十月表稱：前雇萬載紙工，添作表芯紙不甚得法。據稱竹質不同，已於日前辭工。三十三年正月表稱：鄉民除造紙及製竹簾外，別無他能。現經勸令各鄉，就此二業，逐漸推廣。四月，濮令賢懋表稱：棉麻公司所織棉布夏布，親詣查看。未能驟臻精美，現在添募良工，加意改良，以期貨精銷暢，利益日興。

江西社會科學院歷史所《江西近代工礦史資料選編》上卷第一章《新城縣》

光緒三十年九月，向令冠群表稱：設立罪犯習藝所一事，業經前代縣夏令，將購到織布機二架、毛巾機二架，并所雇教習，一并移送該郡首縣，總辦經營，由縣籌款解濟。十一月表稱：蔡紳英謨、張紳友典，各開設樟腦廠一處，每月均可出腦二三斤不等，在本處售賣。每斤只售銀六七錢，除成本外，獲利無幾。運赴上海，每斤可售銀一兩五錢上下，獲利較厚，業經批飭查照益華公司成案辦理。三十一年十月，據傳令維新稟報：在該縣南門，設立工藝廠。十一月表稱：購回織毛巾、縫襪機器各一具，雇到工匠二人，教授本地遊民。又奉文設立習藝所，現亦購買織布土機兩架，并各項器具。雇就織匠縫工，教令待質罪犯，學習織布、織帶及縫衣各事。即愚蠢者，亦教以搓麻繩、織草履。十二月表稱：據紳士劉昌洪等稟報：集股一千六百元，聘粵人黄子乾爲教習，公立工藝廠。製造改良谷車、轎車及農器、米碓等件。三十二年六月表稱：公立工藝廠所造木輪，行駛不甚靈便，業飭設法改良。其各項農器，尚堪利用。十一月表稱：公立工藝廠，現因虧本停歇。三十三年三月表稱：附貢鄧星祥，在十三都陶獅邊；監生陳善熙，在八都墟上；增生李錫晋，在四十四都隘上，各設樟腦廠一處。惟廠所遷徙無定，樹盡則移，尚獲微利。

江西社會科學院歷史所《江西近代工礦史資料選編》上卷第一章《信豐》

光緒三十年九月，向令步瀛稟報：集股設立勸工局一所，仿照郡城同濟公司辦法，用人力織布機六張，毛巾、高麗巾各機一張，織造毛巾、東洋綫布、土布等項。民間工藝，向惟熬糖、造紙兩項，小江、內江、江口等堡，均有紙廠，造火紙、錢紙兩種。十月，局内又添機十二張。三十一年二月表稱：局内虧折成本，即以嘉定橋租餘款三百餘元，撥用彌補。是年九月，向令交卸，經各股紳商核算工藝局進出款目，虧本洋五百元，稟請停辦。三十二年十一月，陳令奎齡，捐廉督紳，復行開辦，所出貨物，行銷頗暢。十二月表稱：作紙礲户蔡榮昌等，均擬籌集資本，先製改造白紙器具，再雇福建延平紙匠，改良造紙。三十三年二月表稱：添置紡紗機四張，責令遊民及輕罪人犯紡紗，并搓草繩，以免偷惰。

江西社會科學院歷史所《江西近代工礦史資料選編》上卷第十一章《新建縣》

光緒三十年八月，黄令錫光表稱：衙署西首，曾經捐廉蓋屋數間，延請教習一人。如遇窮賊犯案，即責令學習一藝，或織辮打帶等項，將來釋放外出，庶不致再作窮賊。十一月，邵令作賓表稱，前縣黄令，於衙署西首，設立自新工藝廠。現查閲該教習呈驗新織毛巾洋紗各帶，均尚可用，惟銷路甚滯，已飭督令精製而期暢行。三十一年三月，馬令慶龍表稱：民間工藝，以製履製襪者爲最多，前有美商勝家機器，來江銷售，能以機器縫製衣服襪履等件。又用土機織造毛巾者，城内已有多處，惟銷路均尚不廣。三十二年四月，趙令峻表稱：自新工藝廠，自飭令教習熊子廷勤加教訓，力爲考究，行銷漸無留滯，惟規模太狹，經費太微，現擬會紳籌款擴充。

江西社會科學院歷史所《江西近代工礦史資料選編》上卷第一章《興國》

光緒三十一年六月，歐陽令保福稟報：於本月初一日，在奉裁都司衙門，開辦工藝院一所，擬購織機，先從紡織入手。議定章程。稟奉前撫憲胡，批：飭認真辦理，其經費則以鹽捐撥充。七月表稱：織機尚未購到，先雇篾匠，製造竹器等物。十二月，艾令廷棟表稱：前縣歐陽令，囑局紳陳壽謙，購辦織布木機，現已運到八張。二月表稱：前由該縣函召省城工藝廠織匠李大雅，充當教習，現已來縣。即於本月初一日開辦。四月表稱：院内添置織機十張，製造毛巾花毯。另有碾米器具。閏四月表稱：院内藝徒，多能開織粗布毛巾，又添購東洋鐵機兩張，開織洋布。七月表稱：院内所出各布，物美價廉，銷場甚廣。八月表稱：

會紳光柏，已在西隅瑶岡背，仿照工藝院章程，創設機房一處，并多收藝徒。購買機器二十餘副，雇工組織。俟有成效，再行立案。九月表稱：兩處所出之貨，尚屬不少，價值公平，銷場頗旺。三十三年三月，秦令鎔表稱：東門城内，另設工藝利用所，以爲售賣工藝院貨物之地。

江西社會科學院歷史所《江西近代工礦史資料選編》上卷第一章《宜春縣》

光緒二十九年十二月，據傳守鍾麟折報：該縣工藝，惟産夏布，次則造紙，業此者多。又爆竹一項，城鄉業比者亦不少。皆由男婦合作，均能自食其力。三十年十二月，汪令春源表稱：縣屬出産表芯紙，質地不佳，色不潔白，屢諭紳耆，考求改良之法，冀獲厚利。三十一年四月，馬令肇修表稱：近日居民，於工藝稍加考究，現有製造洋漆銀鏡盒、食盒、烟盒者，刻工極爲精緻，雖屬小技，亦有可觀。五月表稱：民間工藝，舊能製造皮器，如椅凳、茶几、炕几之類，以袁郡萍鄉兩處爲最。現擬派人至省城工藝院，購買鋼絲椅回，飭令依式仿製。八月表稱：鄉間織夏布者，原屬不少，已飭織户於販運赴滬時，購買機器，回縣織造。九月表稱：棕繩一項，婦孺皆能造作，爲各船户所需，行銷甚廣。十月表稱：工藝改良一事，必須由學而成。近聞萍鄉有煉焦工師，可煉煤炭爲焦炭。現已飭商延聘來縣，以便學習。十二月表稱：織布機器，聞已購定數架，來春可以運回試辦。三十二年正月，阮令保泰表稱：該縣風俗浮薄，民多遊惰，勸工廠、習藝所之設，實爲當務之急。兹擬節省經費，仿照在南康時辦法，擇定地基，籌措物款，先行舉辦，再圖擴充。三月，據該縣詳稱：民間風氣未開，如績麻織布，製爆竹，編草席，惟舊是圖，不知改良。勤者尚足自給，惰者皆爲盜賊。兹擬挪移舊存積容盈餘錢一千六百緡，於署側馬號空基，建造房屋，設立工藝院。繪其圖説，詳請立案。當經批飭督工建造，令紳妥籌常年經費，議章稟報。又據表稱：鄉間産竹甚多，製器造紙，所用無幾，其餘盡運往鄰縣售賣。已諭紳民多設紙槽，尤宜設法改良，以廣銷路。四月表稱：壞炭礦滓兩項，鄉民不知熬礬之法，視爲無用，倒棄礦野。前據萍鄉縣民人劉復順，擬在山口地方，設廠熬礬。置鍋五口，遵章納税，稟墾轉詳給貼試辦。目前會奉藩憲頒發印照，給領開辦，并經勸諭各鄉紳民，一律仿辦，逐漸擴充，以濬利源。閏四月表稱：本地製麻，悉賴人工，其質不軟，其色不光。泰西織造，絲麻并用，皆由機器製麻，故麻亦與絲同。倘能改用機器，其利必加倍徙。查新章有創用新法，改造土貨者，許其專利若干年。現經諭令紳商，購買機器製造，無論獨資集股，均准稟請立案，專利若干年，以示鼓勵。五月表稱：皮蛋一項，爲本地工作一大宗，惟不及蘇蛋佳美。已諭飭各鋪商，仿照蘇州做法，加意改良，以期起色。七月表稱：創建習藝所，原擬挪移積谷盈餘一款，於署側馬號空基，建造開辦。嗣奉通飭，以府城應設一總所，安置各屬徒犯。兹奉本府札飭，擬於郡城關廟，改設總所。其積谷盈餘一款，不得不留爲開辦總所經費。一俟分萍萬三縣，籌有款項，即行稟請開辦。八月表稱：爆竹一項，業此者男婦極衆，然尚不及萬載造作之精。已勸諭各鋪户，派人前往萬載學習，以期一律仿辦。三十三年正月表稱：習藝所遵飭改造，規模宏大，需費浩繁，縣屬瘠苦，無從籌措。兹查署内捕班房屋，尚屬寬大，擬即捐廉修理，改作習藝所。二月表稱：習藝所房屋，已估工擇日興修，木料均屬堅實。下月可以落成。四月，據該縣稟報：捐廉建造習藝所，業經落成，共需工料錢六百餘千，均係該縣捐廉付給。擇於四月初十日開辦。所有在事人役，及各犯辛工飯食，暫行酌量捐給，應俟籌有經費，再行置辦機器，推廣工藝。并據表稱：習藝所常年經費，以及應用器皿，只得先行墊用，容再設法籌措，收所習藝人犯，其素習有一藝者，仍令循理舊業。其無一技之長者，即飭學作爆竹，編草履，搓棕繩等項，以免荒廢。并擬托滬友代購織布織毛巾機器各一架，寄運來縣，以便應用。當經批飭妥議章程，稟報立案，并飭具領本局原存新式木機，以冀開通風氣。若織毛巾機器，省城各處皆有，無須赴滬購買，明晰批示在案。

江西社會科學院歷史所《江西近代工礦史資料選編》上卷第十一章《宜黄縣》

光緒三十一年七月，吕令用賓表稱：該縣夏布，原有機上白一種，織工極爲精細，已飭機户加意推廣，并請求印花製法。九月表稱：夏布印花，棠陰市各染坊，均已花樣翻新。三十二年五月，吕令表稱：罪犯習藝所，現已勘定署側監獄附近地基，堪以營造，俟籌有的款，再行興辦。三十三年三月，胡令會昌表稱：諭紳籌款，擬開辦工藝廠，并查得該縣出産夏布，每年約十三四萬匹，草紙每年約六七十萬塊，因其尚利行銷，仍勸諭富商，選派聰穎子弟，往外學習改良之法，以期益臻發達。

江西社會科學院歷史所《江西近代工礦史資料選編》上卷第一章《于都》

光緒三十一年二月，張令承祖表稱：民間工藝，以造紙、熬糖爲大宗。四月表稱：城鄉多種苧麻，向俱搓作錢串，現諭紳民仿織夏布。五月表稱：壯鄉青塘一帶，已有仿織夏布者。十二月，據張令稟報：倡捐洋四十元，并集股洋四百餘元，在城内暫租民房，設立工藝院，於本月初一日開辦。舉紳士宋克鴻總理其事，并據録呈章程，禀奉前撫憲胡，批飭會紳妥爲經理，并將罪犯習藝所，陸續舉辦，但因經費不充，只率工徒學習裁衣、舂米兩事。三十二年三月表稱：已在贛郡，買到織布土機兩具，雇匠教習組織大布。每尺工本，只合市價四分之三，爲民間必需之物。議再添機織造，以期推行盡利。五月，高代令洵表稱：工藝院僅集有四十餘股，以致入不敷出。六月表稱：現在添集股本，擬加別項工業。十二月表稱：諭飭院董，添作織履搓繩等事。

江西社會科學院歷史所《江西近代工礦史資料選編》上卷第一章《永寧縣》

光緒三十年九月，胡令嘉銓表稱：縣署左三班公所内，有空屋兩間，稍加修葺，暫改爲罪犯習藝所。令軍流人犯，入所學習織草履、編草薦等事。當經批飭籌款擴充，收養莠民，各習一藝。十一月表稱：各堡共有紙篷二十餘户，每篷歲出小紙五六百擔，皆本地男婦，自行工作，并未另延工師，批飭勸諭各紙篷，仿照萬安、新昌花尖表芯成式，力求改良，以博美利。三十一年二月表稱：造紙改良一事，飭據各紙篷禀稱，俟新竹成料時，另換紙簾，改造表芯、花尖各紙。三月表稱：昇鄉各處，均編織粗草席出售。飭令改編細緻，藉可行遠獲利。五月表稱：近來布價昂貴，各鄉婦女，學織細麻，與棉紗相間，織成布匹，冬夏皆宜。六月表稱：各紙篷現已改造花尖、表芯各紙，以冀暢銷行遠。十二月表稱：原設習藝所，屋宇太小，現擇於典史署門右側空地，建造房屋，已於二十日興工。三十二年正月，禀報改造習藝所開工日期，并呈送擬定章程。一俟工竣，即行延雇工師，將地方流氓痞棍，拘入該所，學習工藝。九月表稱：各鄉榨油之户，榨取茶、桐、柏油，槽内器具。改用細草、鐵牮，桐板。所出各油，清澈堅白。油桶竹簍，工料堅細。鄰近商販，咸來收買，堪以運遠，獲利較厚。十一月表稱：改造習藝所房屋，現已完工，俟固定工師來縣，即行開辦。當經批飭將所内可收人犯若干名，擬製何項貨物，通禀立案。

江西社會科學院歷史所《江西近代工礦史資料選編》上卷第一章《永新縣》

光緒三十年九月，張令慶霖表稱：七十都廩生周盛唐等，創成紡織吸水等機器，禀請招募股本，設立公司。業經批飭將所成機器，送縣考驗。一俟送到，再行核辦。又四鄉均産苧麻，惟織造夏布，不甚得法。現飭新政局紳，購麻招工，設局織布。三十一年五月，張令善鐸表稱：縣屬出産楠木、柏木，既多且佳，現由該縣於省垣帶往木匠，製出樟椅几案橱架等件，較爲精緻，購買爲之一空。七月表稱：查得城内關廟，基址寬闊，且接連大士閣，約有房屋二十餘間，可以改作習藝所。四圍隙地，更可兼興種植。據劉紳克家面稱前情，親往踏勘，尚屬相宜。現在鳩工修葺，復由劉紳籌得百餘金，刻日即當開辦。八月，據張令善鐸表稱：創辦習藝所，已與紳士劉克家等，擬定章程，其工業分爲織工、木工、竹工、縫工四廠，俟經費籌足，即出示招工。十月表稱：習藝所款未籌足，驟難成立。十一月表稱：前遣木工赴省購買新式桌椅，以便依式仿造，現經造就，雖精美較遜，但較從前已有進步。三十二年二月表稱：木工王東生，承修學堂工程，工作頗佳，令其仿造省城學堂桌椅，精緻合用，并仿造京城木片地球圖，亦甚合式，已令其承辦各學堂應用桌椅等件。三月表稱：武廟後進擬設習藝所，現因墻屋坍塌，工程愈大，尚須添籌經費。十月石令守謙表稱：木工漸知改良，仿照靖安式樣，造成茶几坐椅，均能摺叠，頗便携帶。三十三年正月表稱：前縣張令所雇之木工王東生，心尚靈巧，教其仿造學堂應用桌椅，頗能合用。輾轉傳授，城鄉木工，漸能仿製。

《通商各關華洋貿易總册》光緒三十四年下卷慶丕《光緒三十四年廣州口華洋貿易情形論畧》 據本口業絲洋商報稱，本年開市屯絲甚多，洋人業絲者大爲減色。蓋因去秋絲價大跌，而今春亦然。故春季内極爲冷淡，西曆三月底，絲價漸覺平穩，洋人起手購絲，斯時本土最好之絲，每擔值銀二百五十元，低於去秋最高之價，而金鎊匯水亦低十分之一。西曆四五月間，各商陸續購絲頭二兩，造出絲短少約得七八千包，出口加以匯水低減，故業絲者得以乘機將所屯之絲售去大半，每擔加價約六七十元。西曆六月絲價既好，而匯水略增，是月貿易尚算平穩，至是月底出絲縣分盡遭水災波及，第三造之絲只得四千包出口而已。繭價昂貴，以至絲價亦貴十分之一，各繅絲廠幾有一半暫行歇業者，更恐下造出絲亦少，故歐洲争相購取，惟美洲所購有限，西曆七月底每絲一擔加價八十元，是時因巨風損壞桑樹，恐第四造出絲亦少，故力争購買。惟第四造絲竟有七千包出口，殊出意料之外，至八九月間絲市如常，無甚變動，五六七三造之絲亦好，出口者共有一萬八千包。十月下旬購絲者多以美國爲最，直至十二月底止，按此項貿易，因匯水低減，故年終核計絲價較之八九月之價每擔約增八十元至一百元，本年出口之絲往美國者實佔多數，較之去年多逾一倍。

《通商各關華洋貿易總册》光緒三十四年下卷慶丕《光緒三十四年廣州口華洋貿易情形論畧》 廣東官辦士敏土廠，係在河南尾正對廣九鐵路站頭，該廠於四個月前經已興工製磚，每日出磚一萬塊，磚質極好，每磚重約八磅，所用各款機器係購自德國，廠内磚窑大而適用，歸德國工師夏士管理。該廠華工運用各款機器，進步甚速，其中最要者係看爐得法，所出之磚每萬售銀一百十兩，造磚之泥取自黄埔，源源不絶，復在該廠附近一帶海邊挖沙備用，該廠工程由沙面興華洋行承辦，現將告竣。廠内機器每日可製出鐵水泥五百桶，由北江英德運石製泥，取之不竭，製泥各款機器，係由禮和洋行代購運來，經已布置妥當，將來開工係歸德國工程師管理。

《通商各關華洋貿易總册》光緒三十四年下卷范西《光緒三十四年蘇州口華洋貿易情形論畧》 玻璃瓶廠係於本年開張，坐落於胥門城外，所有資本甚形薄弱。製洋燭廠旋開旋閉，緣開工伊始，股本無多，日久自覺難支也。惟新開印刷所一處，工作俱用西法，交易尚有進步，製肥皂廠刻已有人創立，房屋正擬興工。

《通商各關華洋貿易總册》光緒三十四年下卷戴樂爾《光緒三十四年鎮江口華洋貿易情形論畧》 現奉督憲奏准商人在安徽潁州府開設裕興機器榨油公司，訂有章程，限期運貨，並准請領護照，由内地運送餅油到鎮裝輪出洋，税釐統完，計值百抽收十五，此項税釐按成撥解。安徽江蘇各關局分别收入。假如已領護照之貨，逾限貨不到鎮，或逾限貨不出洋，除按照值百抽十五外，仍分别加一值百抽五，似此辦法據商人云，較之不領護照自行逢關納税遇卡抽釐者尤覺合算，觀諸以上兩事，税釐之重如此，而貨物進出仍復不少，足見中國之貿易大有能力。

傅蘭雅等《西政叢書——紡織機器圖説》附局《附譯字林西報論上海紡織局大概情形》 光緒十七年三月初二日，字林西報論曰：暫居高山，足空眼界，峰嵐高聳，冰雪周遮，極目遠觀，幾窮千里，遥矚萬物，繁大莫□□□人身幾渺滄海之一粟。自察識見差同草木之無知，撫思及此，向之驕心傲氣，不禁一掃而空，平人不盡能遊各國高山，雌伏一室誦讀頻年，舉筆成文，揮毫作字，自覺有見有識能事能爲，偶進一製造大廠，散步閑觀，歷歷焉，轆轆焉，備呈於耳目間矣，始嘆已之爲己小，而無能生列衆民之間，與人有何益乎。蓋一製造大廠，足顯數百人之心思智力，内藴幾十年之經歷，考查無用之方，廢而棄之，有益之法取而增之，機括靈動，工力過人，出事程功多多益善，他種機藝製造姑勿論已。即如紡織大廠無論何座機器，必有多人之智力藴蓄其間，必經頻年之心血始臻美備，自古粗機簡器起至今最靈巧機器，止凡有益於人處皆聚而變通之，以成奇靈巧便之用機，備其製功程有定造作之價，可以預推紡織之布，不難先期如何辦理，而得利者亦可預爲籌知也。

上海楊樹浦設有紡織局，本華人刱立辦理者，極意經營，不遺餘力。西人初往觀之，莫不嘆爲奇舉，蓋華人之出名於西國，素有古執之聲，凡事守古不喜更新，豈知中外既通交涉有年，而西國有益於中國之事，久而漸明，則向之喜古者，而今復喜其新，新者仿行古者亦所不棄，且中國商富久見洋布進口，西人大得其利，因思立局自織，使資本家、工作家、商賈家、農田家均沾利益。時下局面已開，廠房已成，機器已到，安置開工雖未全行動，然不久則房之第三層樓將造成，全行開織自應獲利。辦理此大局廠，不獨需大資本，購多機器而開辦之，初猶須教授華匠，使知運動機器之法，紡紗織布之工充教習者，必聘西人英人。丹科先生自幼考究紡織工程以成專家，經該局聘爲教習，司理機器已稱妥善而不誤事。該局地面略二百八十碼，後依黄浦，前臨馬路，去西人租界略十餘里，廠房長二百五十尺，寬八十尺，分樓三層，第三層尚未告成，有一大烟囱高一百二十五尺，又有棧房，辦事房外另有軋花局，其去子機器俱爲英國輥輪之法，紡紗機器俱美國造者，織布機器尚未造成，爲英國造辦者，大汽機有五百馬力，亦美國造者，現已安置妥當，開工紡織。

當時工作以早七點鐘起，晚至黄昏止，將來擬用電燈而晝夜工作，所用華匠二百五十至三百人，西匠三人，教習各工。有人欲考究紡織法者，可入廠逐看各層工夫，初在下層見大小女工多人分檢棉花，去其異質，所進棉花聚自上海周圍凡二三百里之遠，棉花收進先軋除其子，而後置於打花彈鬆之機器，此機器之輪間有一分時轉一千四百周者，棉有異質土塵即爲去净，出此機器則成棉片，寬一碼卷於鐵軸，至足略十八寸徑時，則取下另换一軸，軸上棉片再置於梳棉機器，使更净而絲紋理直，絲絲平行。進機時爲三尺寬之棉片，出機時變爲六寸寬、厚半寸之棉帶，再過一機器則令其帶更窄，而成爲圓條，謂之棉條，至通至引長機器，將棉條三根相并通入喇叭口形機器，則變成徑四分寸之一之條。此機器有最巧停止之法，如所進三條有一偶斷，則全機自停，以待工匠往續棉條，出此機器之後，復行過松紡機器，一面引長使細，一面紡繞使緊，一面約於木管上，後則移至中引長機器，將二木管上之棉條合并繞之以備紡紗。

紡紗機器爲環法者，能引長棉條成紗，亦繞木管上其紗，分經緯製法不同，紡成將經紗五百木管置列一架，架高七尺，各木管之紗通至理經機器。此機器有多小孔，每孔相離八分寸之一，各穿一紗絡，并成縷繞於輥輪，而後入膠水，或漿水過熱房烘乾之用，漿者取其硬而堅也，後將經紗輥輪移至織機上，以繒分上下層而成交扣，以便梭行。其間織機有數百座，上等女工能司兩機。布織成，行過刷器，去其面上所粘塵污，而後以機器□疊成疋，打印成包，以備出售。現所織之布每疋長四十碼，寬三十寸，重十四磅，正□□之用，□分兩種，一平紋，一斜紋，每日成布二百疋。將來再增機器，另添工匠，日必多成數百疋，山夜□□□□一千疋，亦未可知云。

《商務官報》宣統元年一月二十五日第一期章乃煒《廣州商務之調查》中外通商之大門戶曰香港，而廣州實踞其內，其地富，其民繁，水陸交通舟車利便，南方分配貨物之中心地，此爲巨擘，其商民又富于智識，長于才力，敢冒險，善開創。凡國外人之來華經商者，靡不嘖嘖稱賞，而推爲華商之冠絶等倫者，年來該地貿易範圍，日見張大，其貨物出入，經廣商與外洋直接者，亦復不少。英人某氏曰，方今中國欲舉國內天產品製造品，除供給國內外，而以其盈餘者直接與外國交換，絲毫不借外人之手，此固未易驟幾也，而廣州實足以語，此其言要自不誣。

其地之製造廠，凡用外國機器製造者，曰襪、曰絲辮線、曰膠灰、曰玻璃，其出貨俱稱爲大宗，此外用機器製成之貨，尚絡繹不絶，將來九廣火車大通，而貿易自必日愈旺，需要省工機器，亦必日愈盛。英國機器製造廠已派有代理商，坐探該地需要何種機器，並示廣商以各機價目及圖樣，以冀大獲行銷機器之利，各國製造廠，亦籌備一切，從而步其後塵。

外人所最震驚者，莫如我國人富于工藝性質，凡裝配機器及關于機器諸工作，俱能與外人仿佛，而南方人爲最，南方人中，又以廣人爲最。故天津上海漢口廣州，並稱爲製造家薈萃之中心地，而廣州製造家，尤推爲冠絶，此該地商務之所以日見發廣也，茲更詳述如左。貿易總額，年來頗有增長，歲不下值價百餘兆圓。

《兩廣官報》第八期《督院張批廣東皮革公司總理沈守之乾稟商股交收不前擬借洋欵抵注或先停辦以待售地償欵緣由文附件》 稟悉。該公司係官商集股合辦，現因商股交收不前，議借洋欵以資挹注。查借用洋欵手續甚繁，辦理不善，必滋流弊。如果能將官股全數抽出，成爲完全之商辦公司，則商借商還，官家自可不必過問。但現有官股在內，窒礙良多，所請未便照准。至該公司經營數載，甫克成立，斷無中道停辦之理。即應停辦與否，亦須股東集議，豈能由該守一稟，率予批示，殊屬不合。特斥仰東勸業道轉飭遵照，並督飭妥籌辦理。具報察核。繳。六月二十二日發

〔附〕《原稟》

敬稟者，竊知府奉委廣東製造皮革有限公司暫充協理兼總理，當將機器廠屋購建完全，需款尚鉅，辦理爲難情形，稟請添委大員經理。於宣統三年四月二十五日奉憲臺批，稟悉，該公司創設以來，將及三載，耗費甚鉅，開辦無期，長此遷延，伊於胡底。現在機器廠屋既已購建完全，亟應及時籌議開辦，早覩厥成，候即札委廣東勸業道充該公司督辦。一切事宜，務須督飭該守妥爲辦理。至商股交收不前，應如何設法催收。或先行借撥，並即體察情形，悉心籌議稟辦，以免中輟，而收成效，仰即遵照，繳等因。奉此，仰見憲臺維持實業之至意，知府遵即轉催商本各股東交欵，一月以來屢次集議，僉以亂事甫定，市面銀根短緊，籌借爲難，各商股原認之數，因銀號倒欠，一時萬難再籌爲詞，經知府告以前奉憲臺面諭，如能多集商股，歸還官本，全歸商人營業，事較簡易。各股東會同議決，現在公司機器廠屋既已購建完全，官商股本已用去四十餘萬元，尚有機器工程欠欵約十萬餘元，公司一日不能開辦，則股本息銀概成無著，洋工藝師月需薪費七百元，已屬虛糜，且尾欠各數，亦難延欠不給。既蒙憲臺批准，先行借撥，惟有先借洋款，以公司產業作按。據洋工藝師開列預算，以醃皮一項，如能有十五萬元資本周轉，月可出皮一百張，通年作十個月算，已可獲利十餘萬元，加以服裝皮鞋兩廠，獲利亦可數萬元。至兩三年後，洋欵即可還清，全充股本，當與臺灣銀行及英商議允借用三十萬元。臺灣銀行索息八釐半，英商索息七釐半，據稱須由公司稟明憲臺批准，再立合同。總之以商業作按，照有限公司章程，不過以原有產業爲限，不至延累官商，與其將已集之資本，已成立之公司，聽其消耗虛糜，浸成巨虧，不若借欵先行開辦，尚可保全官商股本。至公司購存餘地，必須俟廣九鐵路通車後，商務繁盛，地價方能增長。就目下省垣隄岸而論，繁盛已由西及東，本有繼長增高之勢，因三月亂黨之變，市面蕭條，現已漸復，但地價本無一定，急於求售與待價而沽，相去何止霄壤。爲保全官商股本計，只有借款先辦公司，以資維持股本，並以待價售地爲後盾，斷不至有虧折，致釀交涉之患。此各股東公議之詞也。所有洋工藝師開列預算及股東議借洋欵各情，均已先後摺呈勸業道察核。伏思知府奉委辦理此事，官商股本至數十萬元，責任甚重。既蒙憲臺批示，悉心籌議稟辦，並據各股東議定辦法前來，察看情形，商股一時萬難催

收，售地償款又非可急切辦到。如果日久遷延，官商股本虧折，知府其將何詞以對。理合據實稟明，究竟應否准其借款開辦，抑或停辦以待售地償款，伏祈憲臺批示。只遵。

《申報》宣統元年七月初四日第四版《上海出品所第四次調查單》　宏發生刻銀器，聯和、鴻昌、和盛、昌亨、德祥五號皆刻銀器，祥成、大豐、光昌、裕茂、怡茂、永茂、隆茂、華成、豐長、成滋美等製肥皂廠，製帽公司，緒豐、統源、戴仁記、福成、華綸、永記、恒裕豐、大成等織甬布廠，裕昌頭髮錶鍊，老大房茶食，生華堂箋扇，陳益泰靴號，美利利工藝廠，廣發源籐器，源發籐器，茹公和銅器，東升堂扇作，同芳怡珍茶、食糖菓，冶薑軒刻磁，恒吉衣莊，同利、華興、廣福昌、廣森昌、祥興造杉舨小輪廠，張源祥新樣鐵器廠，利興新牲泰刻本。

《申報》宣統元年七月十八日第四版《醴陵磁業之特色湖南》　醴陵縣湖南磁業公司前由沈坐辦在江西景鎮購辦御窑所用質料回醴，因南洋勸業會開會在即，亟須預備賽品，遂將新購質料攙和配用，現已裝燒出窑，其光彩精潔，較之御窑出品無少差異，誠實業界中之特色云。

《商務官報》宣統元年十二月十五日第三六期《福州經濟之現狀》　中外互市後，各直省利權外溢，歲恒以千百萬計。積一年、而十年、而廿年，積千萬、而萬萬、而億萬。漏卮大元，氣衰倦眼，中原旱嗟。仰屋乃自一厄於甲午，再厄於庚子，漏卮之中，益以賠款，剜肉醫瘡，搜括殆盡。故就二十一行省而論，無東無西，無南無北，雖腴瘠不等，而所以憂貧者則一也。然經濟困難達於極點，要未有如於吾閩耳。而閩則又以福州爲極窘焉，局庫之絀支，姑不具論，第察四民之現狀，食多生寡，固不自今日爲然。以視泉漳之民，聯袂出洋，既未可同日語。而揆諸建甯，邵武各屬亦，迥不相均。推其所至，恐財盡民窮，將有不堪設想者。在昔士民生計雖窘，猶謂商業一途，尚足差强人意。而今日之商務，則亦自檜以下矣。銀根奇窘之警告既疊見於新報之中，而南台商號以虧倒聞者，又比比皆是。綜觀全局，則經濟界之所挹注者，果誰恃耶。吾爲過去之福州悲，吾爲現在之福州哀，吾且爲未來之福州憂。福州果何不幸，而一至於此耶。雖然以勢言，福州固可悲、可哀、而又可憂者也。若以理言，福州則無可悲、無可哀、而亦無可憂者己。何則。福州地大物博，爲外人所稱，其所爲坐困至此者，特誤於不知生利分利耳。有可争之航利，如附省各航線爲外人所攘是而畀之於人，有可興之農利，如蓮柄港之水利以至於濱海圍田是而聽之於天。有可興之礦利，如西洋十排等礦是而棄之於地。工場寂寂，工廠寥寥，土貨既難發生，洋貨復難抵制。其一二黠者，不過借洋貨以逐什一，日朘月削，終無已時。福州經濟困難，乃勢之所必至，誠不待智者而後知也。然使自今日，始幡然改圖。凡我紳商士民，共發熱心，厚結團力，互相勸勉，互相維持。挽回已失之航利，或借撥船政局大小官船行駛附省各線保全固有之農利，如設墾務水利各公司開拓未興之礦利，如開礦公司並推廣工藝局廠，漁業公司，海口居民善漁而囿於舊法漁利未溥宜改良之極生利分利之能事。吾知遲之數年，則經濟前途或有轉機之一日。藉曰否否闤闠中，錢荒米貴，日甚一日，元氣僅存。而日用一切，自布疋茶紙麵粉以及於煙酒針線諸雜物，亦純賴於洋貨，利源日窒。則後此經濟界之狀況，非吾輩所敢知也。

《通商各關華洋貿易總册》光緒元年上卷湛瑪斯《宣統元年通商各口華洋貿易情形總論》　上海貿易頗見暢旺，洋貨進口凈數加增一千一百五十萬兩，土貨出口總數加增一十四百八十萬兩，浙省甯波本年曾遭水患，災情極重，牧畜嬴病，一切均受損傷，難副平時之願望。所差强人意者，進口米糧雖減少三百三十萬兩，土貨進口幸所短之故，即因近來台州府停種罌粟，改種五穀，所得穀價適足彌補其缺，閩省本年收成雖佳，而商務未見推廣，進口土貨估價加增，因上海麪粉暢銷，土藥漲價之故，而出口土貨及進口洋貨仍形減少，兩粵收成暢旺，商務情形亦與閩省相似。【畧】上海自製紙烟運往各口較上年多八十萬兩，本年廣東糧食豐收，故洋米進口較少三百萬擔，計價一千一百萬兩，洋麪粉一項因中國仿製者可以抵制，并因廣東麥季亦佳，故進口頓少，查覈進口洋麪粉不及六十萬擔，計價值二百七十萬兩，比較上年一百七十五萬擔，前年有四百四十一萬擔，本年實爲十二年内最少之數。中國麪粉由上海分銷各口，本年計有一百四十九萬擔，價值五百五十萬兩，較之上年銷數，將近加倍。

《通商各關華洋貿易總册》宣統元年下卷王三德《宣統元年沙市口華洋貿易情形論畧》　進口貨大概減色，其由省中大憲運來充賑務之用，以散給貧民者，係米及上海機器麪粉、高梁、棉衣四項，共值關平銀十一萬三千八百兩。

《通商各關華洋貿易總册》宣統元年下卷梅爾士《宣統元年蕪湖華洋貿易情形論畧》　土貨進口，棉布類本年雖較遜於去年，而較之前年則見增，原色布少二千疋，棉紗少七千擔，土布少四千擔。本口麪粉公司既被焚，而土麪粉進口猶較去年少五千擔者，推原其故，實市上銷行不旺也。各種油最減色者，係豆油少一萬四千擔，至進口糖數亦覺蕭索。近數年來，白糖則退縮多多矣。合計土貨進口估值之價，將減及百萬兩有奇。【畧】電鐙之設始於西曆去歲四月，計闔闠中裝用者約四千餘盞，倘更推廣通用，其利益行旅實非淺尠。風聞某機器礱坊擬藉電力碾米，電鐙公司業經派人添置機器，以期從事裝配云。原夫機器礱坊本口共有四家，日可碾米共千五百擔之譜。

《通商各關華洋貿易總册》宣統元年下卷戴樂爾《宣統元年鎮江口華洋貿易情形論畧》進口土貨之價值，本年仍與上年相仿，潮州糖不能與洋糖争勝者，因洋糖潔白如雪，人皆樂用，是以洋糖之貿易甚鉅。外洋棉紗進口雖比中國自紡之紗較多，但察看情形，將來中國自紡之紗料必日有進步，可期逐漸抵制洋紗之貿易。

《通商各關華洋貿易總册》宣統元年下卷墨賢理《宣統元年上海口華洋貿易情形論畧》其雜貨中，如麪粉一項，委以中國各省自行設立機器麪粉廠之故，仍前減少十五萬六千四十八擔之多。美國煤油計裝箱者則少二十二兆二十六萬九千一百一加倫，散艙者則少八兆四萬六千六百四十五加倫，波羅島油則少一兆二十八萬八千九百四十五加倫，究其所以減少之原因，殆以向由本口轉運者，今則由外洋逕運他口銷售耳。此外各項糖斤無一不見增加，其中至多者，當推净糖爲最。【畧】土貨出口價值較去年計盈四十兆兩，核之每百分計盈二十分七五，即如絲經並棉花兩種，亦頗加增，此外灰經又名小纊一項，現爲美國及時之品，致令本口價值每擔三百五十兩者，旋竟漲至五百兩，且刻下此項灰經非惟可以漂白，並能染最姣艷之顔色，尤爲西國製造飛艇合宜之物。兼以意國美西拿地方所設絲廠，均遭地震受損，以致仿製繅絲大爲暢銷。華商見此暢銷外洋，故特於本口添設七家，即凡向所未經售出此種各等賤價之貨，均亦改去牌記，希冀高價出售。本口一帶所種棉花始則以天氣大旱，繼而雨水過多，收成因之減色，乃一較去年出口之數尚多三萬一千三百九擔，無他，良以美國棉花收成亦不見佳，以致全球大受影響耳。惟棉花既少而銷場又多，其價自不得不漲，各紗廠以須備他口置購之需，故皆晝夜工作，特以棉花不敷不得不借印度棉花用之，乃無知鄉愚仍照常浸之以水，殊令人嗟怨不置，况乎中國棉質甚短，所出之紗原不及他國之美，一經織布只可作爲横線之用，或僅足爲短疋之料，然則既如此質短而復有浸水之弊，竊恐中國棉花一種將來銷售於外洋者，不免日漸減色，否則除非他國遇有棉花不豐之年，或有意外事，如本年者，方可冀其出口之多耳。

《通商各關華洋貿易總册》宣統元年下卷師范西《宣統元年蘇州口華洋貿易情形論畧》竊查本埠今年貿易，其中雖有數端於本關不甚利便，然實徵税銀轉較往年增多。除光緒三十二年外，可稱最旺之年，且進出口貨值亦較往歲爲優，特本關經徵貨物究屬有限，不足爲省垣貿易之代表。緣省中所用各貨，多由火車運送，或載民船報納釐金，本關無從知悉。車運免重徵執照之洋貨，始於西曆二月，其初生意頗淡，直至七月間，來貨始見暢旺，歲杪時輪運之貨，經過本關者，除煤及煤油外餘甚寥寥。本關所受之影響，一因洋貨裝輪滬關，向給存票，逕到本關完税，今改車運，係由滬關給發免重徵執照，本關不收税銀。一因廠絲出口向歸輪運，今年亦改裝火車，有此二因，則本關税項似宜減少，乃不惟不減而反加多，洵屬可異。洋貨經火車運入，暢行不過數月，而估價關平銀已有二十九萬二千四百二十五兩，其中二十一萬八千一百二十九兩多係棉質布疋，詳細數目，已列册表。蠶繭一項收成極旺，惟售價不免昂貴，蓋育蠶時節氣候雖佳，病蠶較少，特桑葉大缺，比之往年值逾三倍，成本過鉅，繭價自隨之而高，無錫一帶桑亦缺乏，多有將稻田改種桑樹，冀收效果。該處上等乾繭春季售價每擔約計銀一百四十餘兩。中興絲廠更名振藝延昌永絲廠，改名新記，仍由華商租賃，自春季開辦至今，尚未停工，蘇綸紗廠係晝夜工作，本年出紗共有四萬五千擔，每擔售價均平核計銀二十四兩，該廠所出之紗從前只銷附近各內地，本年則兼售於遠方，如青島天津等處。

《通商各關華洋貿易總册》宣統元年下卷綿嘉義《宣統元年厦門口華洋貿易情形論畧》有籍隸漳州者，曾出洋三十年，頗具愛國熱誠，設施開闢利源，想將來必能收其成效，觀其由荷屬爪窪並小吕宋運進蔗苗分植境内，且擬在漳州購置新式榨糖機器，并以最新之法製造糖貨，倘其境内果能獲此始創之益，固所願也。上年論畧曾言及鼓浪嶼玻璃廠獲利頗優，後緣房屋過小，生意未能擴充，乃復在鼓浪嶼舊船塢設立工廠，其營謀各事竟獲如願以償，是年所出料器燈筒約值洋銀二萬餘元，料鐏亦值五百元，其購用者不但本境，即省内遠處市場亦無不暢銷也。該廠更擬推廣銷場，至新嘉坡並南洋英荷各屬島等處，且冀明年出至三萬餘元之貨也。他處有新設之廠，則爲製造自來火，並編織草帽草席者，似皆就地取材，不虞缺乏，更有用外洋機器製造洋燭、洋肥皂及罐頭貨物者，亦頗興盛。

《通商各關華洋貿易總册》宣統元年下卷歐森《宣統元年廣州口華洋貿易情形論畧》去年麪粉進口共有三十五萬一千五十四擔，本年只得十八萬九千三百七十一擔，蓋土製麪粉由通商他口轉運來粤，本年共十八萬九百六十三擔，而去年毫無進口，似此轉運利便，故洋麪粉被其攙奪。五色洋染料亦大爲減少，因各染行喜用土産染料與洋料争衡，而土産已占優勝，向日作洋料經紀者其利亦爲其所奪。機器進口未見加多，本處華人多喜用機器製造物件，惟因貲本不足，故亦徒托空言，未能向洋商實行購買，其製造小件機器則購來作爲式樣，試辦製造者有之，其零碎雜物如短襪汗衫、銀袋、各式線馬口鐵盒、法藍面盆等類，年復一年，獲利漸少，蓋因此項營業洋行則貶價競争，商販則資本無多，清款無期，有以致之也。【署】出口土貨直往外洋及先往别埠轉運外洋並復出口，統計本年實估值關平銀四千八百七十六萬八千六百四十五兩，較之去年多一百一萬五千八百五十一兩，出口之絲本年共三萬六千三百十三擔，試觀近年絲業尚居穩當地步。據販絲出口各商報稱，前三造絲歐美兩洲織造商人均謂絲質不佳，以致貿易不能發達。其缺陷之由係紡絲等事，未能合法之故，若非從速整頓，則此項出口大宗之貨他日定必異常減色，況日本絲廠、上海絲廠所出之絲有加無已，頗足與粤絲争衡。本處業絲工藝又因水土不佳，以致近年絲造愈久愈壞，似有江河日下之勢，如果各絲廠認真整頓，管理得法，則一切缺點當可芟除。夫絲業之中應留意者甚多，即如選繭不加慎，女工繅絲不如法，監工人不認真，與夫絲結未經檢驗，遽爾紮疊，凡此數端，實爲現時腐敗情形之尤。昨由販絲洋商送來本年絲業情形暢論一篇，據云開市之時，本處絲價尚無漲落，蓋因外國訂購者多，而去年臘底美洲訂購者尤夥。西曆正月絲價既高，匯水亦漲，購絲出口因之窒礙，貿易殊爲冷淡。屯絲商人只得折價求售。至二月底絲價較之正月每擔約低五六十元，西曆三月歐美兩洲續行購絲，而本處絲價甚廉，絲業又有復蘇之象，各處絲商將舊屯之絲一併從容售去，貿易情形尚屬可觀。及至四月每擔約增價二十五元至三十元之譜，惟因是時屯絲沽盡，且金鎊匯水加增，故五月間貿易又形疲滯。按：第一，造絲出口共四千包，因繭價異常昂貴，故成絲有限，絲價過高，是以所賣較少，惟絲質極佳，而買絲者授價太廉。蓋上海與日本兩處絲造甚佳，致粤絲受其影響。第二，造絲因陰雨連綿，大受損害，出口只有三千包，絲質亦甚平常，豈知出絲既少銷場亦滯，絲商又復折價求售，西曆六月北意大利疊遭霜雪，該處絲造失收，故歐洲來此訂購者異常踴躍，全月之内約售去五六千包。每擔約加價五六十元。七八兩月尚稱平穩。出口之第三四，造絲接續售去一萬五千包，且絲價仍穩，及至九月又復冷淡。絲商購買經已充足，絲價旋亦低減，惟業絲之家不肯賤售，故五六七三造之絲共出二萬一千包，依然屯積，未能轉輸。至十一月中，仍無起色。夏秋所獲之利失去過半，及十二月下旬出口復形暢旺，屯絲商人每擔多售一二十元，雖是時匯水增高，而年底絲業仍屬暢旺，出口亂絲約與去年不相上下。前半年絲價低減一成，隨後續漸增高，與歲首絲價相同，省城及鄉間屯積亂絲及至年底陸續售去，所存無多矣。【署】本城各項工藝製造，去年貿易論業已分别詳敘。兹且論士敏土磚廠，查該廠每日所出紅磚約一萬五千塊，現經往外洋續購機器，將來每日可續出五萬塊，所出之磚多係收回官用，雖云磚質極佳，惟每磚一萬塊取價一百二十五元，而本處市面之磚每萬取價一百元，或不及一百元，土磚既多，磚價亦廉，該廠之磚恐未能與之争衡也。士敏土廠本年三月興工製土，每日應可出五百桶，惟該窑偶遇意外之險，而各工人又素無歷練，故每日所出之土，約得一百二十桶至一百八十桶而已。此項士敏土疊經試驗，比較土質甚佳，惟惜附近有青洲士敏土與之競争耳。究之該廠所出士敏土官辦，隄工及鐵路工程均少購用，只有五千擔左右，運往通商他口耳。其製造紅磚鋪地磚，及染色士敏土磚之各款機器，均經次第購置，惟仍未開工。

《通商各關華洋貿易總册》宣統元年下卷羅祝謝《宣統元年江門口華洋貿易情形論署》 日前東西北三江各州縣居民遠客美國、澳洲、坎拿大等埠者人數最多，該僑民將其平素積蓄攜帶回華甚衆，中有致鉅富者，其資財先付香港存儲，漸用爲振興本土工業如米油莊繅絲廠等是也。此項人民居留外國日久，習染風俗，今而遄返中土，相沿不改，囊橐充盈，家中器用暨裝飾等物亦喜用西式。華洋織造公司設在香港，總理人並照料一切之夥伴皆屬本處之人，因胡禮號之衛生衣久已馳名省埠，現由該公司織出者，傚法一如胡禮號，華人購之甚夥，至於棉汗衫亦然。工藝中人漸多穿毛棉雜質衣服，類似泰西裝束，棉襪、手帕極旺銷場。日本香港所出洋裝小帽，以其價便宜，人多棄華式黑緞帽而喜戴之。上等人家近亦喜服呢羽，其外褂長袍以用最細最貴之呢，爲趨時尚，洋裝靴鞋亦極通行。小户人家往往購用皮鞋，以代中國布鞋，不特價廉，而且工堅，用能持久。華人貿易外洋銷售土製罐頭、菓品日見增多，本埠設有大莊專辦罐頭菓品，如荔枝、楊桃、鮮筍之類，罐内釀以糖汁，其善法係倣自美國云。

《通商各關華洋貿易總册》宣統元年下卷鐵士《宣統元年華洋貿易三水口貿易情形論署》 外洋進口洋貨與沿海貿易洋貨，由香港運抵三水進口者，本年統共價值計得關平銀四百八十三萬七千三百七兩，比上年約加多關平銀一百八十萬兩，除因洋藥價值特别超增約一百五十萬兩之外，其餘進口價值别項洋貨加增之數，仍佔三十萬兩。棉貨疋頭等類皆稱豐盛，且抵制風潮久經止息，日本棉貨進口較前殊多，獨惜印度洋紗洋花等貨則以本年取值過昂，故採購者略形減少。至於諸式絨貨，及雜質棉絨之類，乃緣本地機器所織土布、土絨銷路極爲發達，遂致暗受排擠，亦覺減色，即如各處學堂縫製操衣等件，率多沿用此種布絨，倡示振興而已。五金類進口如洋鐵等貨復見加增，且在北江一帶出售頗爲通暢。日本海味亦多輸入，蓋以本年喜慶各事稍多，取求遂亦日廣，但麪粉一項進口甚少，殆緣上海所製麪粉運至省城，銷流四外勝於往年也。

《通商各關華洋貿易總册》宣統元年下卷羅祝謝《宣統元年江門口華洋貿易情形論畧》 恩平縣有製罐頭菓廠，其裝璜之鐵罐係用美國機器自造。鶴山縣有汽機米廠，相隔江門不遠，該機器亦來自美國。亞細亞火水油公司在江門內河建一大鐵貨倉，用以囤積煤油，此爲本口設立鐵貨倉之始。

南京圖書館《中國早期展覽會資料匯編》第二册《湖北館》 館在勸業路之正直，建築略似凹字形，而附屬之竹樓亭榭，幽雅不與凡同，入口爲湖北警鐘樓之雛形，方正若城樓，上環雉堞，嵌一大自鳴鐘，四圍以湖北出品水泥爲壁，門內正面，爲陸軍第八鎮營房模型，東爲湖北勸業會場模型，西爲中等商業學堂木製凹凸全省地形圖，右入始爲陳列室。

此館陳列，分爲教育品、天產品、手工工藝品、染織工藝品、化學工藝品、機械工藝品、書畫室等部，茲將特色，略列如左：

美粹學社刺繡春牛圖，無線電報，機械，手工善技場之呢布及綫毯，水礬退光飛雀圍屏，各種銅器，篾絲織成之花鳥帳顔亦可作橫額，勸工院之細篾絲、衣箱，廣藝興之漆木器，慶元祥之景泰藍器，陸軍將校講習所之皮件，廣順記之玻璃器，氈呢廠之呢，織布局之紗及白布，利華公司之皮件，陸軍工作廠之皮鞋，製麻局之綢布麻布，鍼釘官廠之鍼釘，紡紗局之紗，繅絲局之絲，實習工藝廠之布，肇新公司之緞，興商公司之茶磚。

觀於此，而知湖北出品，有尚足焉。他省所陳列，大抵以天產品勝，其人造物之足以指數者，除直隸廣東浙江東三省而外，不復多覯。而各省之人造物，又大抵以吾國固有之品，隨意改良，其能仿舶來之貨，爲挽回利權計者，機械最難。而湖北獨多，惟如紡紗織布繅絲製麻諸局，皆出於官家之爭，以其出品與商家陳列者較，自覺退避不如，此亦大可研究者也。機械工藝品陳列室之旁，有廊臨池，以湖北造磚廠之磚，築成巨壁，上置黃鶴樓模型一具，層簷畫桷，以至几案聯額，莫不具全，未作武昌游者，不啻身臨其境矣。

循陳列室曲折至後面，有屋二間，爲廣濟紡織機器試驗場，有人在此當衆試驗機器。又屋四間，專貯各種機械，計出品者，有周鼎孚興業公司洪順泰記祁義興及工藝官廠數家，其最高最鉅，置於中部者爲引擎。其次則軋花機、吹水機等，亦甚適用，院中復有川漢粵漢之模範鐵道，則揚子機器公司之出品也。

南京圖書館《中國早期展覽會資料匯編》第二册《湖南館》 館與湖北館毗連，入門爲一院落，有四花房，徧陳盆花，芬芳撲鼻，左屋五間，爲瓷業公司出品商店。改良之瓷器，質美而工精，遊人類皆酌購數種以去，右屋五間，爲美術工藝品商店，顧繡爲多，其次則銅錫器紡織品，種種俱備。

正門爲凹凸式之牌樓，壁敷墨綠色之油漆，嵌以白花紋，高凡三層，每層皆有鐵欄，上書湖南瓷業出口協會八大紅字。

館屋爲口字形，中式樓房，入口即登樓。左廂五間，陳列瓷業公司四年成績，有青花、純白、彩畫、羅漢湯、釉下豔黑、古鼎文各種花瓶碗盒杯碟，光彩奪目。更有原料標本，春泥用水模型、轆轤型、石膏型，製造順序標本，大窑模型、釉下顏料標本，釉上顏料標本，使不知瓷業者見之，雖不能瞭如指掌，然已得其大概矣。

正樓五間，陳列湖南瓷業出品協會之瓷器，各種花鳥人物山水之花瓶，無一不佳。不佞尤愛其踏雪尋梅之大瓶一具，神情逼真，次如模範西洋式之杯碟亦甚適用。

右廂五間，亦爲瓷業公司四年成績品之陳列室。而所陳列者，又與左廂不同，有仿西洋彩花杯碗全席，釉上寫生細彩碗全席，仿造各種西洋器皿，各種釉下花器皿，各種古鼎文器皿，仍有美不勝收之概。

此館磁器之勝，已如上述矣。其中聖迹磁，尤爲特色。大小共一百四十八件，每件繪有聖跡，自孔子生日起，至獲麟絶筆止，皆在此全席盌具之中，聞爲醴陵瓷業學堂師生合構之品。下樓右廂五間，陳列繁富，有彭老公和及永州之銅錫器皿，祁陽城步之竹刻，省城臨武之龍鬚席帽，甯鄉瀏陽之漆器，省城彭三和之毛筆，各州縣之綢布。

南京圖書館《中國早期展覽會資料彙編》第二册《江西館》 館與安徽館相鄰，建築之法，獨具匠心，每間地板，皆作斜坡形，始則自低而高，及中間適爲樓屋，復自高而低，至出口處，適爲平地。

陳列之物，分教育、天産、工藝三大類。每類之中，又分若干部，如教育品，則分標本、模型、圖書、教授用具、成績諸部，天産品則分蠶桑、礦採、狩獵、藥材農業、製造、水産、農業諸部，工藝品則分化學製造、箋扇、五金、玉石、髹漆、皮革、農具、染織、瓷器、諸部，兹將特色，略列如左：

農工商礦試驗場之真筆版及油墨，饒州之天鵝絨，麻棉以苧麻黄麻合製而成，習藝所坎卦牌救火消防藥水，撫州工藝廠細草桌椅，各州縣之夏布，他如景德鎮瓷業公司之瓷器，質頗細浄，陳列三間，巨細畢具，有鐘珊圃君陳列一諸葛武侯銅鼓，係得自漢陽者，售價須二萬兩云。

南京圖書館《中國早期展覽會資料彙編》第一册《南洋勸業會觀會指南》

本號開設宜興東門大街，專製紫砂陶器，紫砂總名青泥，中又分硃砂、香灰、橙黄、鐵梗、海棠、竹葉等色。本主人不惜工資，揀選上好質料，加工提煉，遴聘名手製造。各品加以書畫鎸刻，如茶壺、花盆、爐鼎、瓶洗各式盤盌，滿漢全席，西餐盤碟，各種文具及陳設品，通用品之類，式凡一千數百種，而同一茶壺式樣又分數百種，同一花盆、盤盌式樣又分數百種，其他各品以此類推，不能殫述，統計每年行銷不下數百萬件，歷届外國賽會，華僑帶往赴賽，累獲獎牌。本年南洋勸業會本號貨件先在常州物産會，蒙正會長張給予金牌，今陳列勸業會場，又蒙參觀各鉅公嘉許，蓋其向著之功用，陳設之雅潔，實與他種磁器不同，固不獨以製作之精良見長也。本號兼做洋莊，現有各國商人駐滬採辦，存貨充沛，倘海内外官紳軍商學界各鉅公有所賜顧定，當照批廉售，如蒙定製，亦無延誤，謹此廣告。宜興吳德盛號主人吳漢文跋陶氏啓。

南京圖書館《中國早期展覽會資料彙編》第三册《吴維炎報告書研究各別館意見》　廣東館

陳列之銅釦各種，標明其式樣、流行地，若申、鄂、京、津，即其銷暢及本省流行式樣又有數種，蓋鈕釦雖爲工作之微物，究其所以能流行者以廣之，工商家能察其地之所尚，而投其所好也。要之察所尚投所好之法，實工商家之秘鑰，亦實爲各省工商界閉塞者，亟宜取效也。又有灰沙白磚，乃裕益公司以佛山茉莉沙所製，察其磚質厚而堅，外表潤滑，足稱建築物之佳者。又有奏辦廣東士敏土廠機製頭號紅磚，亦佳甚。舉今之世，建築之多，無地無之。廣館所陳列之白磚紅磚深足爲工陶磚者之模範，有心改良於陶磚者速加意焉。

至美術品，濱華女藝院所繡花卉圍屏四幅，山水掛屏四幅，樹木山水宮殿人物圍屏四幅，精妙絶倫，雖畫工莫之與京，當今時代果再能獎勵女紅，逾格優加，振興繡業，發明以機械繡物，巧逾人工，亦我國繡工中重要點也。

湖北館

工藝品物陳列甚夥，其中分教育、工藝、美術、工藝、手工工藝、機械工藝等部，細加參攷，均臻完備。究其美術工藝，半係我國舊模，半照外洋方法，洵稱精巧，更有保粹學生旂人書芬出品之穿紗鏡屏，其上富貴百頭四字，細視之則針絨穿走紗空，絲忽不苟，用心玲瓏，足徵特色，誠穿紗工藝之法表者也。

織手工善技場之各色時花，仿甯紬仿造之工，居然與江甯綢相似，惟光色稍差，較諸杭甯綢而不如不必論，每疋五丈四五六尺不等，惜每尺定價洋六角五分價值過昂，有礙銷路。其外則有一種布機絹，天門縣出産也。細視之製功若小紡，奈表色欠潤，果能用布機造此絹，使其表面光澤，行銷外省，抑或可不亞小紡銷路。

【略】

江西與湖南磁器比較

磁器向爲吾國所産之大宗，而江西湖南兩省又爲磁器之旺産地，連日參攷兩省磁業公司之賽品，見夫陳設大小磁器，可謂各占其長，各臻美備，亦無不良而且精也。若以比較論，江西磁之質底，其細膩似乎過於湖南磁表面之色澤，其潔白似乎亦過於湖南磁，描寫之花樣鮮研又若似乎不致居湖南磁之下，然而論其形式過於泥古，仿彿不如湖南磁之新奇，刻法失之太粗，仿彿不如湖南磁之精細，取價過昂，大約不如湖南磁之行銷暢。究之湖南磁尚有小缺點，磁底色多發青是也。江西磁不無大缺點，拘守陳見是也。二者各有偏倚，尚乞再加精益求精焉，斯爲美。

四川館

陳列皮革甚佳，所製西式皮箱皮包等物亦頗可觀，是以定購者頗多，然以福建皮箱較之，其價仍昂。福建箱二尺餘者，每只不過九元，四川省西式箱亦不過二尺餘，則每只二十四元，皮質不相上下，式樣稍爲改易，即增價一倍不止，似嫌昂貴，若價能從廉，則雖西洋貨亦可抵制，東洋貨更不足論矣。

南京圖書館《中國早期展覽會資料匯編》第三册《廣東高州府瓷業勸工廠瓷器説明書製造地方》　廠設高州府茂名縣屬懷德里又十甲之秋林村。新舊廠屋兩大座，共房百餘間。仿江西窑，大小兩座，土窑一座。

原料

釉泥瓷坭顔料，皆製瓷必需之原料。釉坭産信宜縣，屬龍灣墟。瓷坭産茂名縣屬頓梭村、登堂村、石鼓墟三處。青花顔料，上等者名曰：珠明，購自江西。次等者名曰：石墨，購自廣西。紅花各種顔料，有購自贛省者，有購自粤省者。名色衆多，本廠購回，自行配製。

製器具

木製輪車，平安地面，下設機軸。人力旋轉，其餘所需，鐵路甚多，式樣大小不一。

製造方法

先鍊坭，次製坯，次印坯，次礪坯，次蕩釉，次補水，次青花，次敷釉，次吹釉，次挖坯，次裝坯，入大小器匣鉢，次裝窑，次燒窑，陶成其應彩畫者。出窑後，再由畫工描圖，填色，入爐復燒而成。

沿革

光緒三十二年春間，由高州府英勘得。高州郡城外坭色粉白研究可以燒瓷，遂捐廉招集廣西磁工，在府署後園試燒兩窑瓷。質頗佳，然後籌欵設廠，於六月開辦。初用廣西工匠充當教習，藝徒僅三十餘人，製造粗瓷。三十三年冬間，派員赴景德鎮考察。招工回高，以江西工師七人爲教習，教授藝徒仿照細瓷，漸有進步。三十四年秋間，曾將出品解呈前兩廣總督部堂，現任兩江總督部堂張查驗。荷蒙獎許，撥給銀一千兩。其時，雖有可觀之品，尚因土窑火候不齊，匣鉢坭質未穩，瑕瑜互見，復經派員赴景德鎮考察造窑造匣方法。先後添招江西工師十六人充當教習，添建窑屋一所，附設瓷業學堂，加招藝徒百餘人，分門教授。隨又仿照景德鎮式建築，瓷窑尚未工竣，英赴引去任。至宣統元年十二月，回任整頓後，新窑告成。本年連燒兩窑，所出瓷器，光潤潔白，較前精細而完好者已在八成以上。實於窑火之緩急、時間，匣坭之剛柔、性質，幾經研究試驗，至此而有準繩，無參差不齊之弊也。他日推廣製品精益求精，瓷業之發達可拭目以俟矣。

用途、數量、價目、銷路。

本廠附設學堂，以教育藝徒，推廣瓷業爲宗旨。歷經採訪、試驗高屬瓷泥，取之無盡，用之不竭。瓷器又爲貧富所需，苟能製作精美，擴充瓷品不患銷路不廣，大利不興。目下工藝徒正求進步，尚未畢業。精細之品所出無多，故未定有價目。至於一切粗瓷，暫在本地行銷。

褒賞

三十四年，蒙前兩廣總督部堂，現任兩江總督部堂張獎許，撥給銀一千兩。

附記

自磁廠開辦以來，磁泥一項，幾經研究，方能配合得宜。現所用頓梭村、登堂村、石鼓墟三處之泥，互相配合。其匣鉢坭性屢經研究，總未能盡善。現所用之泥，均總廠附近五六里或七八里外各處挖取，其泥土分五色。又領用本省造幣廠破碎鎔銅罐，敲成碎泥點，相參用而成。

南京圖書館《中國早期展覽會資料匯編》第三册《沈明煦致本會書磁之説明及將來之位置》

明煦於磁業一門，自光緒三十一年在日本各著名工廠略有攷查。又經以湖南磁業學堂及磁業公司先後五年之經驗，頗有一得之解，願爲諸公陳之。

今日談磁業者，無不責備製磁者之不能仿造西式杯盤方磚之類。此未深知全磁與半磁及陶之分別也。夫磁器有硬質磁器即中國日本品是軟質磁器西洋磁器多屬是之分。而硬質磁器又有全磁及半磁二種。湖南、江西所製均屬全磁，釉料金石質所成。其光澤由質地透出，非以金鋼鑽之堅不能敵其硬度。至西洋磁器行於中國者，除間有透明之珈琲皿屬於半磁外，打之不發清音者爲半磁。其餘如大餐器具及普通用品，無一非白色陶器。不必以金鋼鑽之堅力，試以小刀即可破其磁面。且用之日久即致龜裂，如中國碎磁此乃一種含鉛釉料所製。西人以鉛毒有妨衛生，故各國政府均有查驗鉛質輕重之禁律也。由是觀之，西洋陶器既不如中國磁器之堅結耐用，則胡不以中國磁器而仿西洋式不更利于用乎？是又不然。以硬質磁器而造西式大盤平磚之類，不僅底部不能被以全釉，且多歪斜不平，白色不及之弊何也？硬質磁器火度極强，其磁坯必燒至達于熔融之點，磁坯既漸至熔融，自多變其原形而有歪斜不平之病。試觀中國磁器，凡九寸七寸極薄之盤，難遇十分真圓真平之品，即是故也。

至磁色之白不如陶者，磁器之釉係無色釉料，由長石、硅石及石灰物質三者而成。石灰物質乃製釉中之煤熔劑燒成，色青。若不用石灰物質，則長石不能十分熔解，使發光澤。如以火力加高，則磁坯不僅歪斜且將化成熔塊矣。若陶器之釉，乃白色釉料用鉛粉配製而成，如繪畫中之白色顔料，故色雖純白，其光澤則僅浮之表面也。或疑含鉛之釉既白，何不即以鉛釉被之磁器之上，不知鉛釉不能耐强火。如以强火燒之，則酸化金屬還原不成白色。或將火力減弱，則又磁坯未熟，不能成磁。至底部之不能被全釉者，則以磁器燒成底部必托以泥板，使之不至歪斜。若如陶器，被以全釉，將底之四角托以極小泥針，則燒成必致變形，傾塌不成物品。以上三者皆就磁器改造西式之困難情形也。

或又謂製造磁器既難仿造西式，又何不即依前言之半磁以仿西式乎？不知磁器非盡不能仿造西式，實以中國産之磁土所含硅酸質重，礬土質輕。不似西洋磁土，硅酸質少礬土質多，能耐强火，不易歪斜。磁坯既難歪斜，製釉亦可減少。石灰物質，使之純白。若造半磁，乃釉面已燒至十分熔融，光澤極强。而磁坯則仍未達熔融之度，是造半磁之磁土，必較全磁之土更須耐火力强之土。如各省能調查得此磁土，固可仿造。惟以江西、湖南現所造磁之土，則頗難得純白之品也。

然則由前之説中國磁土竟不能仿造西式，長守此古形古色而終古乎？是又不然，以明煦歷年試驗仿造西式，略有成績者，則惟陶器。去年曾將湖南各地及景德鎮磁土逐加試驗，成績均不見佳。旋將江西南康府星子縣所産之高嶺土一分，和以湖南醴陵磁土一分，依陶器製法，先用三角錐六番之火力合熱度一二九五締燒之，燒成如中國陶器能吸水分爲締燒再以鉛丹硅石硼砂方解石所製之釉，被之於上，復用三角錐二番之弱火燒成，合熱度一一七九其成績頗佳。惟色似象牙不甚純白，與東洋薩摩之色無甚差别。是雖限於原料之優劣，亦由於陶業製造之法，學理未明，經驗亦未久也。

故明煦一隅之見，研究着手之方法，惟有聘技師以組織一試驗場也。夫製造陶器最困難者，惟易生龜裂一弊。有出窯後即龜裂者，有一月龜裂者，有數月龜裂者，如西洋菜盤用久多有此弊。依學理上言之，固知爲坯與釉之澎漲率相差太多也。然欲免此弊，非聘極有經驗之技師不可。東洋技師學理雖多明者，然實不及西洋技師經驗之富，西洋尤以德國爲最。蓋東洋普通用品尚係磁多陶少，不似西洋之專重在陶也。鄙意宜合各省之力，在各省適中地方設一陶器試驗場，聘一德國技師，由各省分任調查原料。凡遇有白色磁土者，均送場試驗，其試驗之法應請技師從經驗入手，不必用化學的分析，免致稽延時日。且陶磁業之學理，屢有與實地經驗不同之處，故不如由經驗入手之較爲確切。如試驗得有成績，即由技師將其原料調配成分及製造方法詳細報告，以便設法製造。技師之外尚須聘一窯務職工長，擔任築窯燒窯等事，並可代人築窯至製坯工人，可僅供試驗之用，不必多人。即在湖南、江西兩處卒業學生中擇僱二三人可也。其餘如機械轆轤之節省，人工銅版石版之印刷，轉寫紙壓型機器之製造，電用磁器及平磚等，按電用磁器湖南曾代江蘇電燈公司製造數千個，然係手工製成，不如機器製之價廉也。雖均爲製陶最要之件，然必俟試驗結果得有最好成績之後，再行着手。庶費無虛糜，緩急先後，較有把握也。

《李家楨意見書》

一公司工廠亟宜提倡也。查國家之貧富，端莊輸出輸入之總額，中國日用所需，莫不仰給於外國，最大漏卮孰甚於此。今觀各省陳列，最足動目者，惟美術等品，其尋常需要各貨，如洋火洋皂洋燭洋布等，雖有成品，均未能普及於中國，他如洋燈時辰表鐵掛瓷等，尚無製造之家，殊爲缺點。推原其故，皆以中國資本家風氣未開，不肯投資於工廠。即或招集股本，成立公司，而本額既屬無多，出貨自難踴躍，以致定價亦難低廉，於是而言抵制，實非易易。爲今之計，惟有勸導鉅紳，羣策羣力。多設公司工廠，可以銅則銅，可以鐵則鐵，可以棉則棉，可以絲則絲，各就天時地利之所宜，聘用洋人，購買機器，中國多一工廠，即爲外洋撤一銷場，此所以湖北館大獲名譽者，因其有鋼鐵麻棉各廠，足以抵制洋貨也。然中國實業盡賴於官，終非發達之現象，深望各省鉅紳出爲提倡，則庶幾矣。

南京圖書館《中國早期展覽會資料彙編》第三册《湖北水泥廠水泥出品説明書》 製造地方：

湖北省武昌府大冶縣黄石港地方，廠屋基址計中畝十二畝，合七萬二千方尺。辦公住房、學堂、工人房計九十餘畝，五十餘萬方尺。

原料：

灰石並泥質。此項原料均産於廠之附近，太子灣、明家嘴等處地方。

製造器具：

甲，軋石間項下：

格倫軋石機三部，分泥土機一部。

乙，烘鼓間項下：

泥石烘鼓二部。

丙，磨生料間項下：

根德磨生石料機一部，汽流分粉機二部，斜置篩羅二個。

丁，旋窑間項下：

旋窑二部，盛生料斗二架，旋窑所用各式活動進料機二個，煤庫二個。
戊，磨熟料間項下：
格倫軋石機二部，根德磨機三部，汽流分粉機二部，篩羅二個。
己，磨煤粉間項下：
格倫軋石機一部，滾動烘煤爐一座，根德磨機一部，汽流分粉機一部，篩羅一個。
庚，自然天平機間項下：
自然天平一副，打包用天平一架。
辛，機軸項下：
全廠大小機軸全副。
壬，轉運機：
螺形轉運旋筒約共四百八十尺。
癸，昇落提料機：
五寸又十寸桶升落機四副，七寸又十四寸桶又三副，五寸又十寸桶又五副。
各機項下：
掃灰塵機一副。
出力機間項下：
蘭格牙三百匹，馬力汽鍋爐三座，三百四十管省熱機一座，發電機二座。
化學試驗間項下：
應用化學試驗儀器、材料各色全備。
電燈間項下：
電燈機全副。
造桶廠項下：
鋸挺一個，圓桶形桶板鋸機三件，做圓桶頭改良機三部，雙行横鋸、板彎、板機二副，併桶板機二副。
製造方法：
一機器力。廠中所用之引擎，用司丁姆之力。水汽力。因煤價頗廉，況司丁姆引擎，不但合宜，且頗妥當。
二製造。製料以乾法併用旋轉爐。蓋此種爐，乃一千九百八年新發明者也。
三磨。製水泥之磨，爲球管磨。此磨較舊式之磨，勝三分之一。
四應用之料。灰石性堅狀如晶，帶青灰色，含有灰炭養三。嘗取二十一塊灰石，以鮑教習之方法。並以其所製之器具，試驗得一均中數百分之九十六九八。灰炭養三，每塊灰石含有百分之九十五九或百分之九十七八五。灰炭養三於是可見。此項灰石，化學之配合可謂整齊矣。
此項灰石磨成後，其色如淡白粉，最宜於球管磨内磨之。富燒過後，此項料須減爲百分之四十二九六。此外，百分之五十七〇四所含各質列明於後：

砂類	〇、八八
養（三養二鐵）	一、二二
鎂養	無
硫(酸)	〇、二五
灰石	五四、一六
鹻類	五三

五泥質。所用之泥質，其色黃，凝結均勻，爲江水所涵之泥沈積而成，並非從他處沖下。其所含各質如左：

泥推原表

物質	百分
砂養二	六一、九二
鋁養二三	六一、五三
鐵養	九、九一
硫酸	跡微
灰石	一、八四
鎂養	一、七九
雜質	五、四八
鹻雜	五三
	一〇〇、〇〇

六原料配合數。按蔡德萊配合法，凡千分灰石，須用二六九分泥質配合。今已按數配合，磨粉用極細之篩篩之。此篩每方寸有三萬二千細格，眼可見此粉之細矣。所配之料，極合製造水泥。

七灰渣料。此料色深緑，甚美。製成後，曾埋於地下三日。不論乾濕，均堅硬不碎。然用球磨研之，亦不難也。

沿革：

光緒三十三年七月，秦淮由商招股開辦。

用途、數量、價目、銷路：

行銷各省鐵路。上海漢口市面爲大宗，其餘各省鐵路以及建造橋樑、修築道路、陰溝等項。本廠現在每年出貨十五萬桶，本年年内所添新機到齊，自明年起，每年可出三十萬桶，價目每桶三兩五六錢。漢口、上海各埠均已通銷。

褒賞：

未得。

附記：

考水泥一物，中國設廠製造已有三處。如廣東之廣州乃官辦。直隸之唐山，先借官本，由商開辦。尚有香港青州牌爲最上之貨，乃洋商開辦。本廠擇地大冶，先將原料延請德國頭等最著名工程師貝恩特，化煉考察。據稱製造有成，當在英國拍特蘭德水門汀之上。由是，秦淮由商招股開辦，係屬完全商辦股分有限公司。今幸經營兩年，開機出貨所出之貨，果如貝恩特所許。而本廠現又發明用水泥製成電桿，又鐵路軌道之枕木，暨各種物件，其性質堅硬，歷久不壞。以上各物，均在會場陳列。惟水泥所製各物，本廠係委托華工程師姚新記上海人承辦。合併附記。

《通商各關華洋貿易總册》宣統二年下卷斯泰老《宣統二年重慶口華洋貿易情形論畧》 爛繭殼出口減色，因工人繅絲得法，故耳蠶桑辦理日有進步，將來絲貨必爲出口貿易之一大宗。豬鬃本年仍有起色，市價日見增漲，販賣之家均能獲利，羊毛生意銷場尚旺，因鄂魯各省相繼創設織絨廠，是以銷路推廣。由此觀之，各項出口生意均獲利益。

《通商各關華洋貿易總册》宣統二年下卷范西《宣統二年蘇州口華洋貿易情形論畧》 蘇綸紗廠自本年七月十六日起至十一月二十日止，限内悉停工作，虧折之數約在六七萬金。本埠絲廠向有三家，今有兩廠歸一人監理，僱用歐人督工，共計出絲約七百五十擔，其他一廠出絲約四百擔，除約有二十擔報關裝輪外，餘貨概由車運上海，售價每擔自七百兩至九百兩不等，土製蠶絲約有三百餘擔。蠶繭一項較上年約減百分之三十分，緣育蠶時節氣候微寒，殖力較弱，鮮繭每擔售洋五十三元，乾繭每擔售洋貳百元，惟桑葉甚夥，售價尚廉。秋冬之交滬市恐慌，本埠亦大受影響。

《通商各關華洋貿易總册》宣統二年下卷殷謩森《宣統二年寧波口華洋貿易情形論畧》 棉花收成尚稱豐稔，出口之數較之上年所多無幾，而價值較昂，以致本年之估值足增百分之九，棉紗市面由本口紗廠言之，未見暢盛，出紗之數既形短絀，而裝運出口之數亦減四千擔。機器麪粉上年估值關平銀二十五萬八千五百二十八兩，本年增至關平銀三十四萬九千九百五十四兩。本口麪粉廠因進口麪粉市價低賤，不能爭勝，只得全年停工。食米報由新關進口者，計有二十一萬三千七百九十擔，報由常關進口者有十六萬五千五百五十四擔，可見本口一帶收成雖屬中稔，仍不足以供給本口之用。目下揣度凡可耕種之田畝既經禁種罌粟，俟在豐稔之年，咸以爲毋庸再恃外來之米接濟矣。土布一項似因銀價低落，銷路漸廣，美國粗布向在本口市上居有優勝地位，現今則爲上海機器粗布所佔。

《通商各關華洋貿易總册》宣統二年下卷單爾《宣統二年福州口華洋貿易情形論畧》 歲首之際設立電燈公司二所，一曰耀華，一曰文明，其所備電燈均擬於本口南台地方供應鋪户居民之裝點，惟耀華公司開設後爲時甚暫，旋即停止，爾時文明公司卻建有電機廠一所，配置發電小機器一架，裝設電燈若干盞，其起點之期則在二月十五日，旋復因電機之力甚微，資本欠充，遂使該公司亦不能久於其業，正如泡影浮光，未幾而閉門收歇矣。是年有製造罐食廠一家，開創於七月初旬，其法將本土蔬菜菓品及各種食物之類製就，裝置洋鐵罐，計共湊集資本洋三萬元，俱屬華股，名其廠曰邁羅罐頭食品有限公司，廠内一切事務爲一粵籍人管理，其人曾在美國罐食廠工作有年者，所有製出罐頭食物頗便，行銷於天津、漢口、上海、香港及新嘉坡南洋各島，説者謂其獲利之優，定可左券而操。

《通商各關華洋貿易總册》宣統二年下卷克立基《宣統二年汕頭口華洋貿易情形論畧》 豆餅進口較去年畧爲減少，豆與花生較最短之年更減，春初北方一帶之豆銷於歐洲市場者甚暢，以致市價陡漲。本埠兩油坊因豆價之貴，難以獲利，暫行停歇。米由揚子江之流域進口者減五十餘萬擔之數，上海機器麪粉尚有把握，比去年無甚盈絀，機器粗布多由上海進口，與外國粗布競争仍見有效。

紀事

《澳門憲報》一千八百八十二年七月初八日　大西洋護理澳門、地扪總督輔政使司噶【署】爲給照事。

照得現據華人何連旺前來稟稱，懇準開設繅絲廠，内用水氣機器，設在和隆園内東便附近二龍喉花園馬路，該廠名粤和昌。該廠四至：北向茶倉，東南向馬路，西向街上。經飭政務廳詳查，據覆經已查詢，並無人抗拒不許該廠開設，是以無防礙，可准在該處開廠。又經飭醫生局醫官並工程公所督理官查明報覆；又查該廠歸入一千八百六十三年十月廿一日之上諭内第二款附款一所列之第二等，因有煙氣及火爐炸裂，所以有不方便及有危險之處。茲查該廠所擇地方之情形，並無礙民人身家物業，亦無礙該處附近鄰舍不能安静，並無傷保養衆人生命；又經與澳門公會商議，茲按一千八百六十三年十月廿一日上諭第四款之例，准該何連旺在已上所言和隆園開設繅絲廠。所有章程開列於後：

一款，如有違犯後開各款，則所准給之牌照定行銷廢。該款下列：A或自給照之日起，限六個月内，該廠不開張；B或自給照之日起，限兩年内不開手作工；C或作工停止兩年有奇；D或將該廠遷往別處，不是現時所定地方；E或在廠内更改致與照内所列情形全不相同，均將牌照銷廢。

二，該蠶繭渣不得貯在廠内，亦不得在廠開曬，每日該廠主應分飭令工人將蠶繭渣挑往別處，該處要少人居住，方可安放。另應分將所有圍廠之溝渠蓋密，並要設法將圍廠之水疏通急流。

三，此廠專歸政務廳監查，俾知果否遵依巡捕章程。如有違犯此照各款，須按一千八百六十三年十月廿一日上諭内章程所載罰款辦理，並爲該廠之主人或司事人是問。　壬午年五月廿一日。

大西洋護理澳門、地扪總督輔政使司噶爲給照事

照得現據華人潘禮臣前來稟稱，懇准在沙梨頭開設繅絲廠，内用水氣機器，該廠名復和隆。其廠四至：北向田畔街，南向涼水巷，西向硝皮鋪，東向田地。經飭政務廳詳查，據覆經已查詢，並無人抗拒不許該廠開設，是以無防礙，可准在該處開廠。又經飭醫生局醫官並工程公所督理官查明報覆：又查該廠歸入一千八百六十三年十月廿一日之上諭内第二款附款一所列之第二等，因有煙氣及火爐炸裂，所以有不方便及有危險之處。茲查該廠所擇地段，係在城杪，且查其情形，並無礙民人身家物業，亦無礙該處附近鄰舍不能安静，並無傷保養衆人生命。又經與澳門公會商議，茲按一千八百六十三年十月廿一日上諭第四款之例，准該潘禮臣在已上所言沙梨頭開設繅絲廠。所有章程開列於後。爲此通諭各官知悉遵行（下同上條各款）。壬午年五月廿一日。

《澳門憲報》一千八百八十三年七月初七日　照得現據萬年勝號馮紹前來稟稱，懇准其在啞嗎喇馬路，即蓮峰廟之道，新建屋一間，開設爆竹廠。經飭政務廳詳查，據覆稱，業已查詢，並無人抗拒不許設立該廠，亦無防礙，是以可准在該處開設。又經飭督理工程官查明，旋據稱亦可准行。復查該廠係歸入一千八百六十三年十月廿一日之上諭内第二款附款一所列之第一等；又查所擇地段係在澳門城外，且查其情形，無可猜度有危險情事，或損鄰居身上之安，或害其屋業，或礙其方便；又經與澳門公會商議，茲按照一千八百六十三年十月廿一日上諭第四款之例，准該萬年勝號馮紹在已上所言之處開設爆竹廠。所有章程開列於後。【署】爲此通諭各官知悉，一體遵行。癸未年五月初八日諭。

虞和平《經元善集·出任華興玻璃公司董事啓》　啓者，本公司係哈未洋行糾集股份，請某等出爲董事。當時因欲勸募每股賑捐一兩，勉事承乏。迨後掛股者日益繁多，即於本月朔日截止，共計八千餘股，除先訂明必要實數外，其餘掛百股者派得十四股，曾經遍告股商，於禮拜一即初八日起，至禮拜六本月十三日止，先收五成銀兩。某等既已經手，方期俟股份齊後，切實考訂購機製造、選沙成料，及用場銷路諸端，確有餘利，然後興舉，以期無負衆商信任。現在某等名下經手各户股份九百六十六股，股本已齊，而洋行掛號者尚未見解，特登報申。

《澳門憲報》一千八百八十四年五月二十四日　大西洋澳門署西洋政務廳律師叭之咕爲示諭事：

照得現據香港旗昌洋行代理人味哪年啵·先拿，非難地稟求，在媽閣開設製造玻璃並水晶廠，其廠内將用火氣機器。該廠四至開列：西北、北邊長六十七美度路零五個地仙美度路，係向河邊街；東北、北邊長六十七美度路零五個

地仙美度路，係向第二百五十三號禮平之屋；東南、南邊長一百美度路，係向媽閣萬里長城街；西南、南邊長三十四美度路零二地仙，同向萬里長城街，四方縱橫，共計三千九百一十二美度路零八十一地仙。查此廠照一千八百六十三年十月二十一日上諭附單内所載，係入第二等廠，防有火煙及失火危險並不便之事，是以按照一千八百六十三年十月二十一日上諭内第六款，並一千八百八十二年六月十九日第四十九號之札諭，應行出示通知，請各官員及各廠東主司事，並有關涉人等，如該廠有傷保養衆人生命，或有礙民人身家物業，又或礙該處附近鄰舍不能安静，倘有前項情弊，准限於十五日内繕稟赴本署呈訴，除已上所列緣由外，毋許藉端混稟。爲此通諭知悉。今欲各人周知，故將此示譯出華文，粘在常貼告示之處，俾衆咸知。甲申年四月三十日。寫字非啞喇經理。

《申報》光緒十年十一月十六日《上海電氣公司告白》 本公司中局開在虹口乍甫路四十一號門牌，現可出售伯刺思電氣機器，大小各種電器燈，并可定包城鄉碼頭各處裝設電燈，無論大小房屋亦均可來定。如有欲知一切情形，請向本公司經理人立德面議可也。

楊書霖《左文襄公全集》卷六三《試辦臺糖遺利以濬餉源摺光緒十年十二月二十三日會閩浙總督楊昌濬已革巡撫張光棟銜》 奏爲試辦臺糖遺利以濬餉源，恭摺仰祈聖鑒事。竊推賦税有常，度支無限，則開源節流之説不可以不講也。開利之源，自以因民所利而利之爲善，蓋源開而流弊自少。故與民爭利，不若教民興利之爲得也。十閩山多田少，素稱磽瘠，民食多取給於外洋，而濱海各處頗有淤壤，土少沙多，隆冬不霜，物其土宜，惟甘蔗尤茂。故海濱之農種蔗熬糖者十居七八。昔年中國自爲貿易，衣食粗足。外洋通商以來，歲購紅、白糖數十萬石，民當增富，詎農日加勤，其貧猶昔。考厥緣由，证諸西藝，蓋中國貧農製器不精，熬煎失法，不能與外夷比，而樸拙同安，雖無利猶覺無害。今外夷互市，彼精我粗，彼巧我拙，雖購華糖并非自食。香港等處已廣設機廠，提紅糖變爲白糖，以其半載回彼國，半仍賣還華商，皆獲重利。中國貧農之辛苦，不能自享其膏腴，歲産徒饒，利權外屬，無如之何。臣宗棠等抵閩之後，見邊防緊急，營勇日增，庫司告竭，鄰協維艱，不得已商借洋款，暫顧目前。然款多息巨，籌填匪易。適有條陳糖利者，據稱洋人煮糖之法精於中國，出糖之數加多一二倍。由紅提白之法，中國亦可自行，不奪民間固有之利，收回洋人奪去之利，更盡民間未盡之利。他口不計，僅舉省垣貿易攷之：年售仙遊白糖七萬餘石，福州紅糖三萬餘石。土人作糖，每蔗十二石得糖一石。大約有蔗一百七十餘萬石，若用西法製之，可得糖三十餘萬石，較民間製造可多二十餘萬石。每石作價銀四兩，可長銀八十餘萬兩。除去機廠人工及一切雜用，應可長銀四五十萬兩。此項長銀，或提補借息，或再倡别利，爲益滋大，實屬有利無害。臣等覆核所呈不爲無見，证諸輿論，亦皆翕然。但事屬刱辦，不敢不慎。擬於借款内提銀數萬兩，先派熟知糖務之員親赴美國産糖之區參觀做法，購小廠機器兼雇洋工數名來華試製。俟考定得糖實數，另議章程，或購蔗製糖，或代民熬煮，民利仍還之民，官止收其多出之數。著有成效，即行擴充。不惟内地各口可以一律照辦，臺灣産蔗尤多，軍務一平，即須加意仿辦。果如西書所載，利益與鹽相埒。惟以官經商可暫而不可久，如官倡其利，民必羡之。有的實之户不搭洋股者，呈資入股應准承課充商。官本既還，止收歲課，不必派員管廠，一切章程届時再議。應否如斯，未敢擅便，謹合詞具陳。

《申報》光緒十一年一月十八日《機器造紙局告白》 本局加工揀選上白棉料，製造各式帋張，俱極精美。并接造各帋，不論厚薄長短闊者，俱可代製，限日應交至。帋張之潔白，堅韌幼嫩，超出尋常，價錢尤格外公道。貴客賜顧者，請到上海外虹口楊樹埔本局，或大馬路分局，面議爲荷。

《申報》光緒十一年四月二十九日《修文書館活字版出售》 本館監製各體大小銅模鉛字花紋刻版，並各式刷印機器，及各種印字墨料等件，一切俱全，隨需出售。又用活字包印古今書藉，工巧式美，料精價廉，一應包辦，無誤。凡士商賜顧者，請至上洋英租界三洋涇橋北江西路東角第七號修文館活版所面議，爲荷。

孫家鼐《户部奏稿》第一〇册《光緒十一年八月》 户部謹爲遵旨議奏事。【署】閩浙總督楊昌濬等奏，閩省製錢缺乏籌款變通鼓鑄以資民用一摺，光緒十一年七月十一日，軍機大臣奉旨，該部議奏，欽此。欽遵鈔出到部。據原奏内稱，閩省製錢缺乏，各錢鋪盡出錢帖，零星以小錢攙雜行用。雖迭赴江浙購錢接濟，而杯水車薪，隨散隨盡，上年錢帖更難取信，幾致紛擾。是閩省錢法關繫甚鉅，不能不亟籌鼓鑄也。查錢文輕重，本無一定，順治年間初鑄每文一錢，嗣加鑄一錢二分至一錢四分。乾隆以後皆以一錢二分爲則，迄今製錢日見其少。由於舊錢銅質較重，私毁盜鑄逐漸消磨。欲除其弊，莫若輕貨使毁之無利可圖，不禁自止。否則法律雖嚴，仍難禁絶。省垣寶福局自咸豐年間停辦已二十餘年，工匠流散，爐座傾圮，所賸屋宇改儲軍裝，欲循舊製，驟難規復。同治□年，前督臣左宗棠在閩奏請製造輪船，聲明輪機成後，兼可鑄錢。因創造之初，趕辦船工，一時不能兼顧，現在錢價日昂，百物俱貴。船政廠屋有餘，添爐召匠無須另行建蓋。船料出洋采購，順途附運銅鉛，亦較便捷。在廠員紳就近稽查，自無流弊。較之城内專設一局辦理，既稱簡易，經費亦可節省。至擬鑄錢文，必須先計工本，官本無虧，私毁無利，方能垂諸久遠。據船廠後學堂監督刑部主事鍾大焜確切較核，以紅銅白鉛各重一百斤入爐，一五大耗應除三十斤，可鑄成錢一百一十斤，枚計之得三十二千文。東洋紅銅，每百斤連運脚共合錢一十八千二百六十文，白鉛每百斤連運脚共合錢七千三百四十文，工炭每千需錢二百文，共應錢六千四百文，與鑄出新錢數目相準。試鑄之錢，每文重八分五釐，民間堪以使用。據布政使沈保靖□詳請奏明，在辦防經費内籌銀二三萬兩作爲成本，在船廠設爐募匠，照此鼓鑄，按月將鑄出新錢照價發鋪，换回銀兩再購銅鉛，轆轤周轉，毋使間斷，毋使虧耗。其應行酌貼廠紳丁役薪資及製辦模範月定局費二百兩，另於外銷款内籌支，以免侵用成本等情前來。臣等竊維閩省地不産銅，一紙相沿歷年已久。去歲各錢鋪支取爲難，紳民始知鼓鑄之益，據呈錢樣輪廓肉好雖分，徑差小而體質殊厚，經臣等訪諸紳耆，均稱尚可適用。惟事關更改，舊製錢法處分綦重，臣等未敢擅便合無。仰懇天恩，俯念閩省製錢缺乏，民用維艱，准予籌款，變通鼓鑄，以杜流弊而濬利源。再，現錢輕重既與舊製畧殊，銅鉛耗三項價目亦與例價稍有未符，惟科本鑄錢並無賠貼之處，應請免其核計等語。

查各省設局鑄錢，原以便民之用，既據楊昌濬等奏稱福建停鑄已久，製錢缺乏，民用維艱，自應迅籌鼓鑄，以資周轉。有該督等請在辦防經費内籌銀二三萬兩作爲成本，暨在船廠設爐鼓鑄，均應如所請辦理。至該省寶福局本係鑄錢之所，將來應否仍歸該局鼓鑄，以符舊製之處，應由該督撫隨時體察情形，奏明辦理。又原奏所稱購辦銅鉛各價及運脚錢文，臣部以此項錢數與例定應支銀數分别核算，尚屬無浮，應准照辦。至所稱舊錢銅質較重，私毁盜鑄，逐漸消磨，莫若輕貨，使毁之無利可圖，不禁自止。擬請試鑄之錢每文重八分五釐一節，查錢重則私銷，錢輕則私鑄，宵小趨利有非法令能禁遏者。今徒以官錢輕減分兩，謂可杜絶私銷，不惟私銷未必能杜，而盜鑄之風必□蜂起。私錢日多，銀價仍必昂貴，百物難期遽賤，深恐顧此誤彼，於民生仍無益也。查臣部則例内載各省鼓鑄製錢每文均鑄重一錢二分，又查咸豐三年臣部具奏議鑄當十大錢，將寶泉寶源兩局製錢改爲鑄重一錢，奉旨依議欽此。欽遵在案，今原奏每錢一文擬鑄重八分五釐，分兩過輕，難防私鑄。應令該督撫按照臣部咸豐三年奏定京局鑄錢分兩，每製錢一文鑄重一錢之案辦理，毋得再爲輕減，務須輪廓分明，質地堅厚，鑄造精工，俾官錢私錢民間易於辨認，則私錢不能牽混行使，而私鑄私銷之弊亦不禁自止。俟鑄成後，即迅將樣錢包封一百文，解部備查。將來該省行使錢文，如與樣錢不符，定將承辦之員嚴行參處。又查例載福建寶福局每發銅鉛百斤，准銷折耗九斤，按九十一斤核收錢文，今據稱請按一五折耗，較之例定折耗之數，未免過多，應令照例删減。又例定除耗每發净重銅鉛一百五十斤，准銷工料銀三兩二錢□分七釐。今據稱除耗每鑄錢一百七十斤，需工炭錢六千四百文，亦較例支銀數浮多，應令照例核支。至此項工炭是否即係工料，抑或工炭之外，另有工料，未據聲明，應令查明聲覆，以憑核辦。又局費一項，例定每月支銀十六兩，今月定局費銀二百兩，未免大相懸殊。雖據聲稱由外銷款項籌支，亦不得稍有冒濫，應照例核實删減，以節糜費。其用機器鼓鑄，應令咨送樣錢時核實估計，實在鑄成製錢一千合共工料，一切統計，用銀若干，並將閩省銀價詳確聲明，至較從前寶福局工匠所鑄節省若干，一併詳敘爲要。又據稱按月將鑄出新錢照價發鋪换回銀兩，再購銅鉛一節。查各直省鼓鑄錢文向係照例每錢一千文或一千二百文折銀一兩，搭放兵餉等項之用，扣回銀兩，歸還工本。福建省從前鼓鑄錢文，如何搭放，應有向章可循。其扣回銀兩即可歸還工本，以爲續購銅鉛之用。若如所奏將鑄出新錢發鋪换銀，誠恐銀價長落無定，姦商漁利居奇，易滋流弊，應如何查照舊章，搭放兵餉等項之處，應由該督撫悉心酌度，妥議章程，具奏恭候。下由臣部咨行閩浙總督福建巡撫欽遵辦理，並嚴飭地方各官認真查禁私銷私鑄，一經拏獲，即按律從重治罪，不准稍有寬縱。倘有胥役人等勾通隱匿，及受賄□放□□，立即嚴行懲辦，以杜弊端，而重圜法。抑臣等更有請者，竊維錢幣之行，原取其官民兩便，上下流通，各直省行使製錢，必將收款放款相爲權衡，有放有收乃可用之不竭。且入款搭收錢文，行之日久，即可少鑄錢數，於鼓鑄工費亦可節省。查各省入款有搭收錢文者，近年厘金收錢允多。福建製錢既形缺乏，自可倣照辦理，以資周轉相應。請旨飭下閩浙總督福建巡撫查明該省入款，除地丁錢糧外，其餘税課及鹽厘茶厘等項，何者可以改收錢文，或搭收錢文，幾成出款，如何搭放，即行議定章程，迅速具奏。將來搭收錢文，即按照銀兩時價核實徵收，嚴飭經□□，不准浮收勒索。該督等務當斟酌時宜，妥爲籌辦，總期於錢法實有裨益，不至日久弊生，是爲至要。所有臣等遵卡議奏緣由，謹繕摺具陳，伏乞皇太后皇上聖鑒訓示。謹奏。請旨。

中國第一歷史檔案館《德宗景皇帝實録》卷二二三《光緒十一年十二月下》

又奏，前在上海耶松船廠定造安放水雷鋼板輪船。業經造成，試驗行駛。按照閩廠威鳳輪船章程配募駕弁航水人等，酌給公費銀兩數目。又奏，洋火藥局添購碾盤機器，并下所司知之。

王樹枏《張文襄公全集》卷一二七《致輪墩劉欽差巴黎許欽差光緒十二年十月初六日發》 英、德國有鑄銅錢機器，每日可出錢若干，訂購一付，連運費共需若干，幾月至粵，望速詢示。魚。

王樹枏《張文襄公全集》卷一九《購辦機器試鑄製錢摺光緒十三年正月二十四日》 竊惟粵省製錢，自咸豐七年以後三十年來，未嘗開鑄。官錢日乏，商民病之。臣比年以來，久欲整頓圜法。惟舊例辦法虧耗過多，限於物力，未能舉辦。上年與廣東布政使高崇基詳籌熟商，博采衆議，惟用機器製造，則錢精而費不鉅，當經電致出使英德各國大臣，考究機器價值及鑄造之法。疊接使英大臣劉瑞芬函電，喜敦廠機器全副，每日作工十點鐘，能鑄造銅錢二百七十萬箇。並寄來喜敦廠機器價目，廠屋圖式，計上等機器全副，內參大號造銀元機器四架，另鐫刻銅錢文母模一副，子模十副，鐫造銀元母模四副，子模八副，製造鋼模所用之鋼料，隨時購辦，合計機器鋼模外加運脚保險，以鎊價折合，約需銀二十五萬餘兩。建造廠屋佔地縱横六十丈，地面須布鐵板，墊洋泥，除地基外，工料約需銀五萬餘兩。粵省城內民户稠密，地基過昂，約需銀數萬兩，不得以爲常例。此外常年所需鎔銅鎔銀洋製泥罐，每月約需銀二千六百兩。鑄銅鑄銀鋼模鋼料每月約需銀一千零八十兩，鍋爐烘銅片所用上煤枯煤栗煤每月約需銀三千兩，洋匠四名，薪工每月約需銀八百六十兩，匠夫三百餘名，以及員役薪工挑運雜貨，每月約需銀二千四百兩，綜計一切，每年約需銀十二萬兩。原議機器一年半造成，三批運送，首批七箇月到，每日可造銅錢四十萬箇。次批又五箇月到，每日可添造銅錢五十萬箇，并銀元十萬圓。三批又六箇月到齊，每日可共造銅錢二百六十萬箇，銀元十萬圓，總計仍符每日鑄錢二百七十萬箇之數。每月可造銅錢七萬八千緡，銀元三百萬圓，通年約停工三十日，除搭鑄銀元數百萬圓外，約得銅錢九十萬緡。查銅鉛配合之劑，銅質若少，即不能受機器軋力，應以紫銅六成，白鉛四成爲率。考錢法輕重，歷代多以唐初之開通元寶爲準，其製重今庫平一錢，蓋古之稱物皆以銖兩計，後世十錢爲兩之名即由開通錢而得。宋太宗時太平通寶，真宗時咸平元寶，景德元寶，重皆如之。我朝順治十年以前，所鑄即重一錢。康熙十九年，聖祖仁皇帝諭令一文重一錢，誠以輕重適中，名實相稱，此製最爲經久。今擬即鑄此式，每一文重庫平一錢，並擬於錢文背面上下鑄庫平一錢四字，以杜私鑄，合計每千重庫平六斤四兩。粵省錢價一千五百文值銀一兩，今暫以香港上等洋銅洋鉛時價合計，銅鉛價本暨物料，工費火耗與鑄成所值銀數大率相等，不致虧折。機器所鑄，輪廓光潔，字體精好，私爐斷難相混。鑄成後或發商易銀，或購買官物，或搭放餉項，按照市價，臨時酌量，務順羣情，不限定搭放成數，亦不預定折合銀數，以免軍民受累。竊惟上古鑄幣本意，開山澤之鑛，鑄通行之貨，固以利民，即以富國。今以外洋銅鉛充鑄，只屬一時權宜，緣洋船銅鉛，煉精耗少，易受模範，港去粵近，價值亦平。滇銅黔鉛，所産至富，而提煉未净，價脚過昂，目前難資應用。查西南諸省，多産五金，此乃天地儲此無盡之藏，以供國家邊防之用，今日爲西南實邊計，莫如大興鑛務。就近鑄一端，然非下手試辦，參考贏虧，并變通采煉鼓鑄轉運之法，其事必不能舉。天下事每憚於勞費而創始，故臣願以粵省創之。茲擬并用內地銅鉛搭鑄並行，其式樣配料輕重一切相同，用以較其精粗，核其息耗。粵省一面試辦，一面與雲貴督撫臣考核銅鉛價脚，由兩省自行講求開采鎔鍊之法。如半年以後，核計粵鑄無虧，則就近滇黔開鑄，節省必多。查貴州威甯州一帶，爲産鉛之所，亦兼出銅。黔省近年即於該州設局鼓鑄，以取利便。惟山路阻遠，機器難至。考黔鉛運道，向由威甯陸運十站至永甯縣，水運三站至四川瀘州，委員於此設局轉運。滇銅産雲南東川府，與威甯鄰境，滇銅運道亦由威甯東下瀘州，亦於瀘州設局轉運。是四川瀘州實爲滇黔銅鉛會集之所，而去該兩省又甚近。瀘州濱江富庶，商賈輻湊，爲川南綰轂之區。若由川滇黔三省合力集資，購置機器二副，溯江至瀘，建一大廠，滇銅黔鉛并四川本省之銅，俱就此局鑄造，三省自行籌商酌劑，每年各鑄錢若干緡，計兩副機器歲可出錢一百八十萬緡，浮江而下，達於沿海。上供神京，旁濟吳楚，製錢通暢，而滇黔已受無窮之益矣。如此則鑛商鼓舞，開采日蕃，價值漸減，鎔煉漸精。即專用內地銅鉛鼓鑄，不致虧折。廣東及他省所需更無須取給外洋，庶爲經久之道。行之大效，更可於漢口設機鑄造，以期四達旁流，以京師及各直省之銀易川滇黔三省之錢，自相灌輸，大利仍在中國，似於京外民用邊餉邊民均有裨益。但目前粤鑄兼用中外銅鉛，虧折過鉅，力有不支。惟有搭鑄銀元，或有餘息，藉資彌補，庶免以虧耗牽掣，致阻圜法。其試鑄銀元辦法，另片詳陳。至此項購器造廠之費，需銀三十餘萬兩，粤省庫款支絀，無可撥動，現經與弛禁商人酌議，令其代向富商挪借此數應用，將來陸續由外籌還，不動正款。俟機器到粤，開鑄三箇月後，當將各項工費商民行用確實情形，詳晰奏聞。據該藩司高崇基具詳前來，除現已電致出使大臣劉瑞芬立約購運，飭縣委員購地建廠外，理合恭摺奏陳，伏祈聖鑒訓示。

《歷史檔案》一九九七年第一期《兩廣總督張之洞爲粤省擬鑄銀圓以備户部推廣事奏片光緒十三年正月二十四日》 再，廣東華洋交錯，通省皆用外洋銀錢，波及廣西。至於閩臺、浙江、皖、鄂、烟臺、天津，所有通商口岸以及湖南長沙、湘潭、四川打箭爐，前後藏無不通行，以致利歸外洋，漏卮無底。

竊惟鑄幣便民乃國家自有之權利，銅錢、銀錢理無二致，皆應我行我法，方爲得體。且粤省所用洋銀，皆係舊洋爛板，破碎霉黑，尤爲隱受其虧。粤省此次訂購鑄錢機器內，兼有鑄銀圓機器，擬即選募西人善鑄銀圓者來華試造。若附在錢局內鑄造，計此歲鑄銀圓三千萬枚之機器，其機器價直、廠屋工料、火耗，一年所費不過四五萬金，專設一廠亦不過十餘萬金。外洋銀圓每圓重漕平七錢三分。今擬每圓加重一分五厘有奇，定爲庫平七錢三分。銀圓上一面鑄「光緒元寶」四字，清文漢文合璧，一面鑄蟠龍紋，周圍鑄「廣東省造庫平七錢三分」十字，兼用漢文洋文，以便與外洋交易。鑄成之後，支放各種餉需、官項，與征收厘捐、鹽課、雜稅及粤省洋關稅項向收洋銀者，均與洋銀一同行用，不拘成數，銀色多與外國上等洋銀相等，銀質較重而作價補水均與相同，商民趨利，自易風行。若日久通行，民間自行加價，亦聽其便。聞外洋銀圓頗有贏餘，雖每圓加重一分五厘，斷無虧折。如蒙允行，懇請頒發明旨。粤鑄銀圓除京餉外，各省協餉解款完納，華洋厘稅民間交易準其一體行用。開鑄時，即當將樣銀恭呈御覽。試造之初，先鑄一百萬圓，察其能否流通，陸續添鑄，多至五百萬圓而止。如不能暢行，隨時停鑄，殊不爲難，即略有虧耗，亦甚微渺，可以預決，當由粤省籌補，不動庫款。一年以後，粤省果能暢行，當將工費細目、贏餘實數詳晰奏咨，屆時擬請敕下户部體察酌劑，由户部購置機器一副，在天津設局鑄造，頒發通商口岸一體通行。粤省銀圓仍懇準其鑄造，由户部酌定限製歲鑄若干，如有息款，即以彌補鑄錢虧耗。計户部機器一副日鑄十萬圓，歲可鑄三千餘萬圓，即以每歲鑄千萬圓計之，數年之後充牣海邦，流通域外，雖不藉以裕國用，亦足以保利權。粤省試其端，而户部權其利，揆時度勢，似尚無所窒礙。總之，礦務、錢法、銀圓三事相爲表里，交互補益，如環無端。礦産盛，而後鑄銅鑄銀有取資；鼓鑄多，而後西南各省銅鉛有銷路；以鑄銀之息補鑄銅之耗，而後錢法可以專用，內地銅鉛而無虞虧折。迨至開採日多，銅價日賤，官鑄無虧，商趨其利，民便其用，邊軍資其餉，實西南徼外之邊備，塞東南沿海沿江九省之漏卮，未必非自强之一端也。所有粤省擬請試鑄銀圓，以備户部推廣各緣由，相應附片具奏，請旨敕下户部速議，核復施行，伏祈聖鑒，謹奏。

硃批：覽。

王樹枏《張文襄公全集》卷一二八《致輪墩劉欽差光緒十三年正月三十日發》 函圖感悉。鑄銀錢需洋匠，此四匠內均能兼造否，每元足銀幾成，配何等銅幾成，兼配何料？聞外國鑄銅錢利甚大，粤擬鑄銅錢，每箇重一錢，能有餘利否，外國銀元餘利幾何，祈詢復。銀元擬每箇重庫平七錢四分，較鷹洋加重二分，作價與鷹洋同准，用以完洋關稅及內地官項，暗與商民便宜，當可樂用，并希籌示。陷。

王樹枏《張文襄公全集》卷一二九《致輪墩劉欽差光緒十三年二月二十六日發》 鑄銅錢兼鑄銀錢機器，一切件數價值日期均照來函定購，請即訂立合同，能再速尤妙。即日匯定銀八萬兩交匯豐，正月豔電各節并祈速復。宥。

中國第一歷史檔案館《德宗景皇帝實録》卷二四〇《光緒十三年三月》 諭軍機大臣等，户部奏，遵議張之洞奏，廣東購辦機器試鑄製錢銀元，并擬令督辦礦務大臣兼理瀘州鑄錢事宜各一摺。現議規復製錢，必應廣籌鼓鑄，變通辦理，以輔京局之不足。張之洞擬於廣東購用機器製造製錢，自係因地製宜之策。惟創辦之始，應見工本一切，確切估計，方免將來掣肘。該督摺內始稱價本及火耗等項，與鑄成所值銀數不致虧折，又有目前粤鑄兼用中外銅鉛虧折過鉅等語，究竟鑄錢一千，所值銀數有無虧折？仍著詳細核算，據實覆奏。至所稱兼鑄銀元一節，事關創始，尚須詳慎籌畫，未便率爾興辦，著聽候諭旨遵行。該督摺內所稱弛禁商人，酌議挪借，究係何項商人，并著明晰具奏。礦務與錢法互相表里，雲南之銅，貴州之鉛，向來解京，必須經過四川瀘州，是瀘州設局鼓鑄，最爲相宜。唐炯於四川情形素熟，前已派令督辦雲南礦務，即可兼籌瀘州鼓鑄事宜。著將礦務迅速籌畫，實心經理銅斤一項，務期於解京外兼備川省鼓鑄之用。瀘州設局各事，應如何先行籌議，并著專摺具奏。需用銅鉛等項，如何采辦，著劉秉璋、岑毓英、卞寶第、譚鈞培、潘霨與唐炯隨時會商，悉心規畫。唐炯係棄瑕録用之員，必應激發天良，盡心竭力，爲國家裕此利源。該督撫等均當體念時艱，通力合作，以副朝廷整頓圜法之至意。户部摺著分别鈔給張之洞、劉秉璋、唐炯閲看，將此由四百里諭知張之洞、劉秉璋、岑毓英、卞寶第、譚鈞培、潘霨，并傳諭唐炯知之。

王樹枬《張文襄公全集》卷一三一《致天津李中堂光緒十四年十月二十九日發》 洋布消流日多，年中以千餘萬計，大利所在，漏卮宜防。粵擬設織布紡紗官局，工價賤，運費省，應可與洋裝頡頏固有之利，允宜振興。閲申報載上海布局經尊處奏准十年内不准另行設局，是否專指上海而言？粵設官局，本與商局有别，且進口布多消旺，斷非滬局所能遍給。粵供粵用，猶恐不給，當不至侵滬局之利。望速電復。豔。

〔附〕《李中堂來電光緒十四年十一月初四日巳刻到》 光緒八年奏准在滬創織布局，十年内不准另行設局。嗣因法事鄭官應經理不實，現甫從新整頓。粵設官局距滬較遠，似無妨。鴻。江。

王樹枬《張文襄公全集》卷一三一《致輪墩劉欽差光緒十四年十一月十八日發》 粵擬購織布紡紗機器全副，每日約出布若干方爲上算，需價幾何，幾月造成，建廠費若干，洋匠監工幾人，請通盤代籌詳查，速賜示復。鑄錢鑪機如可通用，約省價若干，并候示。嘯。

《澳門憲報》一千八百八十九年三月初七日 青洲灰坭公司於二月初一日，該公司股份人齊集，以總理伊尹氏【畧】爲主席，聲言增廣公司一事。現公司股本銀廿五萬元，分一萬股，每股銀廿五元，每月可製造坭四千桶。今據管機器人勸增廣公司，以便每月可造坭四倍之多，是以再創一公司，湊本銀一百萬元，分作二萬股，每股銀五十元。將撥銀五十萬元以爲購買舊公司之機器物業等，其舊股份人應將欠舊股本之銀交足，其餘一萬股，每股應交銀五十元。其應交銀之時列後。

派股份之時，先交出五元，至西紀本年十月卅一日交出二十元，至本年十二月卅一日交銀十五元，其餘所剩之銀於西紀來年三月卅一日交足。所有溢息，無論新舊股份，一體均沾。所有舊公司現存物業、物料、煤炭、灰坭灰等，並現銀約五萬元，一概交與新公司。料每年沽出坭五十萬桶，内有三十萬桶，每桶可約賺得二元至兩元半之譜，其餘二十萬桶付往小吕宋【畧】、般鳥【畧】、新洲府【畧】、印度【畧】、啞美利咖【畧】等埠，所賺之錢，不能若是之多，惟啞美利咖太平海沿途地方可消售廿五萬桶，但每桶所賺至多半元之譜，因英國有貨來頂售，不得不減價發賣也。至於分派新股份之法，凡有舊股兩份則派一新股，已派去五千股；又有三千股早已應承分派與人，尚剩二千股，以一千股分派與澳門人。其舊股份之銀，限十五日交足，然後派新股份。

當時各股東聽伊尹氏説完，彼此辯論。其論之最要者，開列於後。

一、現時每桶坭價可值四元半，或有時沽三元半至三元七毛半不等。

二、製造灰坭使費，每桶銀約二元。

三、每人至少有一百股方可充當公司董事。

四、今總理所派新股份交權與伊尹氏分派。

五、議定新創公司，悉以伊尹氏所言而行。

王樹枬《張文襄公全集》卷一三一《致輪墩劉欽差光緒十五年三月十七日發》 文電悉，年中出布總數未蒙示及，今作十成按算，擬定第二、三號各四成，第一、五號各一成，提花布重七磅零，一印龍，一印義和二字爲記，所銷不多，每年擬織五千疋。另改花樣請匀留機張，俟花樣寄到，再配。餘請先定染紗機，并請照添至織布機。請共訂一千張紡紗機，照配。洽。

王樹枬《張文襄公全集》卷一二二《致潮州王鎮洋務委員廖維杰光緒十五年三月二十二日發》 染紗機并請照添至織布機，請共訂一千張，紡紗機照配。洽。

王樹枬《張文襄公全集》卷一三二《致輪墩劉欽差光緒十五年六月十五日發》 元電悉，中國棉花縷粗質重，布可耐久，甚合銷，宜多織，應占六成，參用洋花出布，可多四種，計亦合算，應占四成。織機仍請照定千張，懇將洽電所配成數改爲第一五號及二號次等者各二成，餘四種各一成，紡機各項務懇照配。即照此速定議，并示復，切盼。咸。

〔附〕《劉欽差來電光緒十五年六月十四日午刻到》 該廠將中國棉花詳細試驗，只能紡成二十號至二十五號之紗。於寄來布樣中能織原色扣布、斜紋布及原色次等布，若織原色上等布及白色上次兩等布，則紗縷稍粗，斤量亦重，不似布樣之紗細而輕，因此三種布皆用三十號至三十四號之紗織成。該廠云如添購美國棉花與中國棉花各半，摻和即可紡成三十六號之紗。因洋花質柔而絲長也。又提花布亦用三十四號之紗，可否先定布機五百二十二張，先織中國花所宜之布，餘機從緩定辦，應如何辦法，統乞核示。芬。元。

王樹柟《張文襄公全集》卷二六《洋商附鑄銀元請旨開辦摺光緒十五年八月初六日》 竊臣於光緒十三年正月二十四日具奏，粵省購辦機器試鑄製錢，擬請附鑄銀元一片，於三月二十七日接准户部咨，奉上諭，所陳兼鑄銀元一節，事關創始，尚須詳慎籌畫，未便率爾興辦。著聽候諭旨遵行等因。欽此。經臣欽遵在案，現在製錢，甫經開鑄，一切辦理情形業已另摺陳明。所有銀元遵旨尚未開鑄。茲有香港英商匯豐洋行，因前數年籌借洋款，與中國時有交易，前月遣人至海防善後局面商，聞粵省欲鑄銀元，該行有英國輪墩及美國舊金山所出款銀，每條約重一千兩，成色較中國紋銀稍高，欲求代爲附鑄，按月陸續交來。多則十餘萬兩，少亦四五萬兩，鑄成後，願在中國各口一體行用。每鑄銀百元，補工火銀一元，並送來條銀四條，請爲試鑄。經海防善後局司道稟商到臣，伏查粵省除藩司地丁部款，運司鹽引、正課，海關税項，均用紋銀投納外，其餘運庫雜款，各府廠釐金捐項租息一切雜款，及善後局支發各項，率皆通用洋鑄銀錢。至民間所用，則更全係洋錢。此等情形，不獨粵省爲然，如臣前摺所稱，閩臺江浙皖桂等十餘省，大率相同。是外國洋錢之行銷日多一日，即中國紋銀之漏卮日甚一日。此已爲中外所共知，無俟微臣之贅述。至匯豐爲英國著名之銀行，在中國口岸生意繁多，遠勝他行。其意因中國南方各省多用洋錢，外國所來之銀條不便散碎使用，欲自在香港開鑄，則購辦機器置造廠屋所費不貲。欲在外國鑄就運來，則中國近來通用之洋錢大半皆係墨西哥國所鑄，條銀所出之地與洋錢所鑄之地相去太遠，運費甚多。不如粵省與香港相距咫尺，朝發夕至，便於往來，可以節省費用。且以中國所鑄之銀錢行用於中國，理勢既順，獲利自饒，此匯豐洋行情願鑄用中國銀元之實在情形也。前准户部來咨，本擬請旨允准試辦，惟原咨令將部臣所陳四弊預籌杜絶，慎選賢員切實經理，終始如一，以期推行盡利。並云目擊時艱，亦思興鑄銀錢，權衡國用。是部臣之意，實以試鑄銀元爲可行。且擬准粵省試辦，惟興利必先防弊，自係慎重銀帑之意。臣查部臣原奏謂中國之銀出洋者多，一旦聚以鑄幣，恐致價貴源涸。查現在粵省試鑄銀元，其銀條取諸匯豐，乃係來自外國，即使匯豐條銀或有短絀，亦可向別家洋行購買，於中國原有紋銀並無銷耗。且可使外洋紋銀充牣中華，則源涸之弊無矣。部臣又恐鑪匠攙和，小民銷翦，查攙和之弊，最易辨識，聞聲辨色皆可不爽，局員詳備，監察衆多，只在經理得宜，章程周密，所謂慎選賢員即無此弊。至小民私銷一節，查此事銷燬無利保其必無，既無機廠，亦難私鑄。小民私翦一節，查銀元上鑄明重幾錢幾分，輪廓花紋均極精緻，若稍有虧缺輕小，真僞顯然。較之内地嚮用各種化寶松江銀錠方圓厚薄參差不齊者，銀店尤易辨别。再查粵省所用洋銀，率皆椎鑿日久，破壞爛板，現在誠不免有翦碎使用之事。今官局擬鑄銀元，並擬照外洋通例，兼鑄每元二開、五開、十開、二十開之小銀元，以便民用。亦鑄明分兩輕重，民間交易即一錢數分之微，可以小銀元搭用，無須等平，可免紛爭。既可零用何須私翦？則攙和私翦之弊無矣。部臣又慮鎔化銷折，官帑有虧。臣細加考核，如銀元大小兼鑄，核計成本足可通融抵補，不致有虧。至匯豐附鑄之銀元，已議定酌補工火，將來贏則多鑄，歉則少鑄，操縱因時，則銷折虧帑之弊無矣。部臣又慮銀色太低，減成取利，用必不暢。臣查中國所用之洋錢，從前各國皆有，近則墨西哥國所鑄盛行。臣飭通曉化學之洋匠將各種洋錢逐加化驗，大率得銀九錢不相上下。始知從前有謂只七成者，其説不實。至各國所鑄小洋錢，通例皆逐次遞減，成色最少者亦有八成左右。今粵省擬鑄銀元，意取中外流通。其大銀元定用九成，小銀元由八成六遞減至八成爲止。色雖稍遜，工費較多，其實成本仍係一律，總期較之外洋所鑄成色相符，或且稍勝。民間自無異説，斷不肯任意減成以致自相窒礙，則減成不暢之弊無矣。至部臣謂廣東省銀元鑄成後，税釐雜項均准搭收，各省協款應查明受協各省嚮用銀元與否分别辦理一節。臣查粵省擬議原係解部各項仍用紋銀，嚮用洋錢省分，乃以新鑄銀元搭解，與部議正復相同。伏查部臣所慮四弊，臣俱已熟慮周防，並無窒礙。然臣所謂此事之有益者，猶不在此。泰西各國率皆自鑄金銀各幣，自相寶貴，不用别國之錢。中國乃用各國錯雜所鑄之銀錢，甚至徽黑破碎不可辨識。而民間争相行用，其於體製實有所關。傳云，惟器與名不可以假人。今遠人慕化，欲用中國所鑄之銀元，其文曰光緒元寶。如推行漸廣，不特中國各口岸，即越南暹羅南洋各島，均可用中國之銀元。各該處華民甚多，其心皆有所維繫，是此事實大有裨於國體。至利析錙銖，抑其末也。惟洋錢每元向重七錢二分，臣前奏因中國之銀中國所用，故擬定爲庫平七錢三分。茲據匯豐洋行聲稱仍擬鑄七錢二分，則與向有洋錢一律便於交易。竊思既欲中外通行，自宜俯順商情，仍以七錢二分爲率。至附鑄之小銀元，亦照此遞爲差減，民間向來以此爲便。現今省内省外市面觸處皆是，自可行銷無滯。總之此事臣再三籌度，可發可收，似屬有利無弊。合無仰懇天恩准照部臣前議，由粵省開鑄試辦，即由户部行知各省，凡嚮用洋錢各省關一律通行，准其與洋錢一體完納。華洋釐稅，并各項雜款，一切捐項，其官商軍民，或用中國銀元，或用洋鑄銀錢，隨宜通用，聽其自便。粵省所鑄之銀元，刻縷精工，成色有准，較之東洋銀錢過無不及。商民既肯用洋鑄之銀錢，豈有轉不願用中國自鑄銀元之理？且並不禁外國之洋錢，又不强其必用官鑄之銀元，於市面民情兩無紛擾。至餉用洋錢各省藩庫關庫所收之項，其餉用紋銀投納者，儻有用新鑄銀元交納，應准其仍照各該省行用洋錢，向章補繳紋水，於經製之款，亦屬毫無窒礙。

謹將廣東錢局試鑄銀元式樣大小五種，分裝兩匣，開單恭呈御覽。

王樹枏《張文襄公全集》卷二五《開鑄製錢及行用情形摺光緒十五年八月初六日》 查機器鑄錢，事屬創始，一切價本火耗工費非開鑄之後，無從核計準數，故一時未能覆奏。此項機器於光緒十三年四月間由使英大臣劉瑞芬向英國喜頓廠定購，訂期十八箇月，造成分三批運粵。至上年十二月底一律到齊。當經委派候選道蔡錫勇、江蘇知縣薛培榕，籌度建廠鑄造，其廠屋先經擇地於東門外一里之黄華塘，買地八十二畝有奇，貼近東濠加開寬深，便於轉運，照圖建廠，至本年二月間廠屋落成，所有機器亦陸續安設齊備，於四月二十六日開爐試鑄。先將日本紫銅六成，參配英國白鉛四成，鎔成扁塊，再用火烘熱，以機輪輾成銅片。次用機器軋出方孔錢胚，摇洗磨光，然後印字成錢，計展轉十餘手，無一不取資於機器。其運動健捷匀準，實非人力所能及，故所成之錢，輪廓光潔，字體精好，私鑄斷難仿傚。謹將錢樣一千枚，分裝二匣，恭呈御覽。論機器全副之力，每日能造錢二千六百緡。惟開鑄之初，人與器不相習，洋匠僅有四名，分教未能徧及。開用機器不及十分之一，每日成錢不過百餘緡。邇來匠徒所學漸臻純熟，添募工匠，加開機器，目下每日已能成錢五百緡。再過數月，逐漸增多，至於機器全開，每日即可成錢二千餘緡，此開局後數月以來，鑄錢之大略情形也。至核計工本火耗一節，此時機器尚未全開，工匠亦未募足，而且諸少熟手本難遽定確數，大約就粵省已買之銅鉛價值核算，每日成錢在千緡以上，則可免於虧折。若在千緡以下則遞有些微虧耗。將來匠徒日習日熟，如能日鑄二千緡以上，則可有盈無絀。即銅價稍長，亦尚無妨。蓋發軔雖藉馬力，成物則在機器。如馬力可動機器十座，今只用其五，馬力減用其半，則煤火虛耗一倍矣。諸如此類莫得準數，故必盡機器之力量，始可定火耗之多寡。今就每日成錢五百緡計之，洋匠每七日休息一日，一月作工二十五日，得製錢一萬二千五百緡。每錢一文重庫平一錢，每千文重一百兩，折合六斤四兩。內配銅六成，鉛四成，洋銅每百斤值銀十一兩七錢二分，洋鉛每百斤值銀五兩五錢，連傾鎔火耗，共用銅四萬八千零四十七斤，值銀五千六百三十餘兩，用鉛三萬三千九百八十四斤，值銀一千八百七十兩，合計銅鉛價本火耗合共銀約七千五百餘兩。煤炭泥罐鋼模，約銀二千六百四十餘兩，委員司事華洋匠役薪工，各費約銀二千七百餘兩，總計銅鉛價本工火等費，每一月約需銀一萬三千兩。鑄成製錢一萬二千五百緡，若以銀一兩易錢一千文計之，尚不敷銀數百兩，此指日鑄五百緡而言，若同此匠役人數而技藝純熟，一日可鑄千緡，一月以作工二十五日計之，可鑄錢二萬五千緡，核計價本工費約二萬四五千兩，便可敷用，是則不至於虧折矣。此核計價本工費之大略情形也。溯當光緒十三年臣購辦機器之初，東洋銅價頗平，今雖洋銅頓長，然較之滇銅，價仍懸殊。故前奏稱用上等洋銅洋鉛，價本火耗不致虧折。若兼中外銅鉛，則虧折必鉅。查粵省滇銅甚少，並無準價，白者珍貴過甚，只可製器，不能鑄錢。紅者每百斤二十四兩，貴於洋銅已將一倍。雖質比洋銅爲佳，而虧折過鉅。此外則有內地舊銅廢銅，每百斤價十二兩，搜買既屬無多，銅質又復不淨，難受機器軋力，雖經提煉仍易酥裂，不足以充鼓鑄。以故目前未能兼用滇銅，應俟滇省鑛務辦有起色，銅價大減，再行商定。銅價運費采辦參用，雖少有虧折，究屬以中國之銀易中國之銅，其利不至外溢。即使以後洋銅之價漸平，年年漏巵，亦非長策。此則鑛務之不可不亟圖鼓舞振興者也。自開局至今，已鑄成製錢二萬餘緡，應即定價行用。臣督飭東藩司游智開、道員蔡錫勇等詳加核議，現定爲每錢一千值銀一兩，百文值銀一錢，十文值銀一分，一文值銀一釐，整齊畫一，無論官民收支出入，皆准此數，永無增減。每百每貫皆係足陌收發，皆不准扣底減數。先行搭放官項，每月善後局支發薪糧公費采辦雜支等項，均定搭放二成，至本省現開鄭工捐局振捐局，凡報捐者，准以新錢上兑，由司局自行以應發銀款，通融抵收，將來解部時仍按定例銀數起解。一切釐稅捐款繳官之項，均准搭交出入，均照每錢一千作銀一兩。官發只搭二成，官收則自二成以上，以至全用新錢抵銀，交納者聽不限成數，意在發從少而收從多，官先貴而民自重。至新錢雖經通行，其市面舊錢，仍准照舊行用，嚴禁姦商藉端擡舊錢之價，以免物價增昂，軍民受累。至行用新錢，除發給藩運兩司官銀店承領行銷外，其餘省城各銀店，俱准取保赴錢局領回存店代銷。民間如願以銀易錢者，即赴各銀店，按每千一兩之定價兑换。如願以新錢易銀者，准赴官錢局，亦按每千一兩之定價兑換。私鑄私銷，照例嚴禁。總之每錢一分，質重一錢，值銀一釐，以示簡。出入同價以示平，價值永無增減以示定，有發有收，以示通，准赴官局換銀以示信，市錢不禁以示自然。業由司局出示曉諭，於八月初三日開用，民間以新錢銖兩齊一，質文俱精，莫不先覩爲快。各處銀店争來局領回發兑。城鄉商民俱遵照定價交易，貨物行用尚屬暢利，市面並無紛擾。此定價開用新錢之大略情形也。現計購置鑄錢機器全副，並附鑄造銀元大號機器四架及鐫刻各種綱模，共價值運脚保險費銀三十一萬五千餘兩。購買民地，建造廠屋局房橋道，並開濬河濠水池，安放機爐，製辦器具雜物，共用工料價銀一十四萬六千餘兩。至前奏所稱，與弛禁商人代向富商挪借應用，即指誠信、敬忠兩堂，截緝闈姓之商人而言。此項借款係屬暫時挪移，已由善後局陸續籌款歸還。

硃批：覽奏均悉，各省錢樣向有成式。該省鑄錢應用清文「寶廣」二字。並不必添鑄「庫平一錢」字樣。該部知道。欽此。

「中央研究院」近代史研究所《海防檔》丙機器局《光緒十五年九月二十六日總署收軍機處交出兩廣總督張之洞抄摺》 九月二十六日，軍機處交出張之洞鈔摺稱，奏爲廣東機設織布官局，購辦織布紡紗等項機器，以興商務而塞漏卮，恭摺奏陳，仰祈聖鑒事。竊自中外通商以來，中國之財溢於外洋者，洋藥而外，莫如洋布洋紗。洋紗縷細且長，織成布幅廣濶，較之土布，一匹可抵數匹之用。紡紗染紗、軋花提花，悉用機器，一夫可抵百夫之力，工省價廉，銷售日廣。東考之通商貿易册，布紗毛布三項，年盛一年，不惟衣土布者漸稀。即織土布者，亦買洋紗充用。光緒十四年，銷銀將及五千萬兩。查洋藥一項，中國向有絲茶兩宗，足以相抵。近則日本印度意大里等國，起而争利。編植茶桑所出幾與中國相將，華貨因之滯銷。是絲茶本爲中國獨擅之利，今已成爲共分之利。棉布本爲中國自有之利，自有洋布洋紗，反爲外洋獨擅之利。耕織交病，民生日蹙。再過十年，何堪設想。今既不能禁其不來，惟有購機器，紡花織布，自擴其工商之利，以保利權。第近年以來，中國殷商大賈，屢有議及此者，徒以資本難集，心志不齊，迄今尚無成效。臣督同善後局司道，詳籌熟商，擬在廣東省城，開設織布官局。官爲商倡，先行籌款墊辦，以應急需。俟辦有規模，再陸續招集商股。當即電致出使英國大臣新授廣東巡撫劉瑞芬，考究機器價值，及建廠設局辦法。又查洋製之布，式樣衆多，難以偏效。現擇中國最爲通行之布樣七種，曰原色扣布一種，曰原色布上次二種，曰白色布上次二種，曰斜紋布一種，曰提花色布一種。各取布樣，附同棉花寄交英廠，以便照配織機，依式紡製。嗣接劉瑞芬電稱，寄到棉花，經英廠考驗，能織原色扣布，斜紋布及原色次等布三種。若織上等細布，須參美國棉花各半。紡成細紗，方能合用。臣查中國附近長江各省，均産棉花，以江南通州所産者爲最佳，其次爲嘉定南翔之花，又次爲浙江甯波及江南松江府屬之花，並非出自粵産。然由上海運粵，價脚甚廉，且其利均在中國。惟各花僅能成布三種，若欲織成上項七種，必須少參洋花。查英法各國，棉花必購之印度與美國，皆非本土所産。然織布紡紗，獲利固已不貲，今中國自有之棉花，已能成布三種，統計成布七種，不過參用洋花十分之三，而工價較之外洋既賤，成布即可出售，又省往返運費，其獲利自當勝於洋人。現計中國織布商局，僅有上海一處，經營十餘年尚未就緒。若粵省開設官局，營運有效，再能推廣於沿江各省，悉變洋布爲土布。工作之利日開，則漏卮之害日減。且洋布本非中國所有，雖用機器以代人工，並非奪力作小民之利。本務長策，無踰於此。已於本年七月內，訂購布機一千賬，照配紡紗、染紗、軋花、提花各項機器，及汽爐、鍋爐、水管、汽管、機軸等件，共需價英金八萬四千八百三十二磅，外加運脚保險，以榜價折合，共需銀四十餘萬兩。機器分五次運粵，十三箇月在輪墩交清，計來年秋冬之間，可一律運到。出布長短，視紗縷粗細爲定照。每匹二十六榜至三十二榜抵合算，每機日可出布一匹。建造廠屋，占地縱横約八十丈，除地基外，工料約需銀十萬餘兩。廣東省城居民稠密，無可設局之地。擬在河南購地填築，約需銀數萬兩。華洋工匠薪工煤火等費，現未開局，尚難預計，應俟機器運到，廠屋落成，次第開工，再將各項工費，織辦銷售情形，詳晰奏聞，以備考核，且備他省仿照開辦。所有廣東擬設織布官局，購辦織布紡紗各項機器緣由，理合恭摺具陳。再廣東巡撫係臣兼署，毋庸會銜。合併聲明，伏乞皇上聖鑒。謹奏。

光緒十五年九月二十六日，奉硃批，該衙門議奏，欽此。

「中央研究院」近代史研究所《海防檔》丙機器局《光緒十五年十月十五日致出使大臣劉瑞芬電函》 粵督購辦織布煉鐵兩項機器，近始奏到，曾否訂立合同，付給定銀，全價若干，即日電覆。遵旨電達。咸。

《澳門憲報》一千八百九十年六月十二日 大西洋欽賜佩帶忠勇勳勞劍閣頭等寶星暨聖奔多亞飛斯頭等寶星、署澳門、地捫總督陸路總兵費【署】爲給照事。

照得：據其祥號大東主司事人郭貴志、李玉林稟求，在荷蘭園内東便開設織造匹綢廠一間，該廠原日係繅絲廠，所用織床，係以水氣運動者。該廠北向茶行，南向西洋墳路，東向二龍喉街，西向街。經飭政務廳詳查稟覆，並無人來具稟阻礙，可准其在此設廠等語。並經詢明督理工程官，查該廠歸入第二等之單，該廠所有不便之處，按照一千八百六十三年十月廿一日第二款附款一所載，惟恐有喧鬧之聲，及防有火爐轟爆之險。且該廠係在城之一隅，查其情形，無可猜度有危險情事可損害人身，或害人物業，及礙鄰舍方便等情。茲經與總督公會商議，准華人郭貴志、李玉林在荷蘭園開設織造匹綢廠。所有章程列後：【略】

庚寅年四月十三日諭。

《澳門憲報》一千八百九十年十二月十一日　大西洋欽命水師武尉、御前侍衛、御賜佩帶阿飛斯頭等寶星暨聖母金星功勞品行寶星、大法國御賜榮光寶星、大日斯巴尼亞國水師毅勇頭等寶星暨大比國理阿波勒德【略】頭等寶星、前議政員、澳門、地捫總督布爲給照事。

照得：據何廷光即何連旺稟求，開設砲竹殼廠壹間，該廠坐落群隊圍，四面俱是曠地，該廠之機器係用水汽運動。經理事官詳查具覆，無人前來辨駁，是以准給牌照，無所阻礙。又經飭督理工程官查明申覆，茲查該廠列入於一千八百六十三年十月廿一日之上諭第貳款附款貳之第貳等內，防有轟爆之險，但其所擇地段，係在澳門郊外，不防有損近鄰人民不能安居，又無害居鄰之屋業，更無礙各人之方便，本部堂經與澳門公會商議，今按照一千八百六十三年十月廿一日第四款之例，准該民人何廷光即何連旺在已上所言之處，開設砲竹殼廠。庚寅年十月二十三日。

中國第一歷史檔案館《德宗景皇帝實録》卷二七五《光緒十五年九月》　兩廣總督張之洞奏，粤省試鑄銀元，查無流弊，洋商匯豐銀行，并求附鑄行用，下部議。尋奏，擬請旨允准試辦。惟銀元鑄成後，是否即由該洋行發出行用。局中鼓鑄機器，如有損壞，該洋行是否貼款添購，應令該督查明報部。

中國第一歷史檔案館《德宗景皇帝實録》卷二七六《光緒十五年十月》　所稱瓷器創設公司仿造西式一節，能否獲利，殊無把握，應請毋庸置議。從之。

中國第一歷史檔案館《光緒宣統兩朝上諭檔》第一五册《光緒十五年十月三十日》　軍機大臣字寄兩廣總督李，光緒十五年十月三十日奉上諭，前據張之洞疊次具奏廣東擬設織布官局，購辦織布紡紗機器，及籌購機器創設煉鐵廠各摺，先後降旨，交該衙門議奏。茲據户部奏稱，購辦機器以及建廠等費，按磅價折合共需銀九十餘萬兩。張之洞既未先行奏報，亦未咨商該部，無從遥度，請飭李瀚章籌議等語。織布煉鐵兩事果能辦有成效，固可收回利權，惟究竟有無把握，且經費所需甚鉅，能否指有的款？並張之洞已匯之十三萬一千餘兩，究由何款動用？未發之八十餘萬兩將來是否有著？均著李瀚章詳細查明，迅速具奏，候旨遵行。將此由四百里諭令知之。欽此。遵旨寄信前來。

王樹枏《張文襄公全集》卷一三三《致廣州李製台光緒十五年十二月二十八日發》　織布機器前商允移鄂，感甚。機器全價，自應粤省於現存恩科捐購本款四十萬内撥付。惟造廠約需二十餘萬，開織後常年經費行本約需四十萬。洞在粤與誠信敬忠兩堂商人議定，該商認捐此項經費八十萬元，合銀五十六萬兩，稟詳批准有案，此係另籌專款，不與常年正餉相涉。即使明年闈姓另换他商承辦，亦必照捐，毫不爲難。曾經詳晰面談，此專款五十六萬兩，應隨布機移鄂，作爲粤鄂合辦之事，獲利兩省均分。仰承慨允，現查鄂省官商交累，無從籌此巨款，惟有仍照前議，將兩堂商捐專款撥鄂應用，深感蓋籌。特奉商以便會台銜具奏，款既有著，即擬先借款趕造廠屋，免致停機待廠。即盼示復。儉。

［附］《李製台來電光緒十五年十二月二十九日亥刻到》　儉電悉。前議認捐經費，誠信、敬忠兩堂闈議現尚未定，且爲期亦遠，他款應付之項甚多，皆須指用，難以分給。此事固爲收利起見，然利尚難，必公從容布置，即機器到鄂，或招商集股，或裕餉緩圖，似可毋庸汲汲。公意何如？瀚。豔。

王樹枏《張文襄公全集》卷一三四《致廣州李製台光緒十六年正月初八日發》

陽電言布機事想達，昨電復海署詢鐵機指款事，曾聲明此事當日雖指預繳闈餉一款，然粤省待用待還，要需甚多，並非閑款。粤督李肯認十三萬已爲公忠難得，其餘應由部籌，蓋恐海署於已付十三萬委之於粤外，並指提預繳闈餉，則粤事難辦矣。區區鄙忱，處處皆爲粤計，諒蒙鑒察。蓋鐵機非洞所自請帶者，公既囑令移鄂，即不肯以鐵款累粤，布機乃洞所願帶者，公於所籌本款似宜有以濟鄂也。至利息還期，統聽公斟酌。較之存匯豐等耳，決不敢食言也。特再達候，示儉電悉。感謝。庚。

［附］《李製台來電光緒十六年正月初十日巳刻到》　陽、庚兩電悉。鐵機承關愛感甚，粤商捐款善後局於十月初甫經詳定，其商稟語甚游移，此款有無，不能預決。鄙意粤正應還晉款二十萬，公或暫挪應用。至商捐八十萬，如果有著，粤省無論如何爲難，總當遵照雅囑，竭力相助。至利息還期，悉聽尊裁可也。

瀚。佳。

王樹枏《張文襄公全集》卷一三四《致廣州李製台光緒十六年二月二十日發》

銀元模想已改好，何日開鑄？已行用否？大小銀元各已鑄幾種，已爲匯豐鑄成幾何？粵已自鑄成幾何？均祈示知。鄂擬寄紋銀十餘萬，易粵銀元來鄂，行用大銀元，工火照匯豐補，小銀元須酌減，未便按粵市通行章程，擬以十一元作十元。粵已有餘利，鄂亦不受虧。此爲粵銀元推廣銷路，請籌酌，速復。號。

王樹枏《張文襄公全集》卷二九《粵省訂購織布機器移鄂籌辦摺光緒十六年閏二月初四日》

竊准户部咨開，廣東司案呈准軍機處交出兩廣總督李瀚章奏，擬設織布局廣東礙難辦理情形一摺，光緒十五年十二月二十六日奉硃批，户部知道，欽此。欽遵交出到部。查原奏内稱前付訂購機器銀二十二萬九千餘兩，係由闈姓商捐及軍需等項下支墊，其未付之十七萬四千三百餘兩，明夏設法籌付等語相應行文。該督撫即將闈姓捐款一項已繳，未繳及所分年限，分晰報部。至明夏應付之十七萬四千三百餘兩，動支何項，一併聲覆等因。並准總理各國事務衙門諮議覆，詹事志鋭奏請整頓商務一摺。原奏内稱棉布爲用甚廣，大利悉歸洋人，亟宜自謀織造，以塞漏卮。查上海已設織布機器局，本年兩廣總督張之洞亦經奏明於廣東設局織布，因時興利，實爲不可緩之舉。惟事甫剏辦，必須實力講求，認真經理。如果經費不敷，或撥官款，或招商股，隨時分别奏咨辦理等因。奉旨，依議，欽此。欽遵咨行到臣。竊以購辦機器設局織布，開中國自有之利源，杜外洋歷年之鉅耗，因時製宜，事不可緩，久在聖鑒之中。惟成本甚重，商股既不易集，庫款支絀，官本亦屬難籌。然若坐視其難而不爲，凡事何從創始？廣東地大物博，較之他省尚可有爲。臣上年在兩廣總督任内，督同司道籌議，均以購設布機係屬振興商務，惟有設法勸令闈姓商人籌捐。時值舉行鄉會試恩科，闈姓收數較贏，商力尚能辦到。當飭善後局員多方開道，勸令認捐洋銀四十萬兩，爲訂購布機一千張及照配軋花紡紗各機器之本。又以造廠及常年經費無出，復經設法鼓舞，令於光緒十六年冬間接充新商時，另捐洋銀八十萬元，合銀五十六萬兩，爲將來建廠及常年經費之用。此兩款經該局員殫竭心力口舌，督勸兼施，甫克議定，均已詳定批准有案。此係特籌專款，非闈姓商人原捐之數所有，與光緒十一年奏明該商六年匀繳四百四十萬元之正餉，絶不相涉。前因訂購布機時，此款尚未繳到，原奏聲明先行籌墊。旋據該商陸續呈繳，業將墊付半價銀二十二萬九千餘兩歸還。其未付之價銀十七萬四千三百餘兩，本年夏間機器運到，仍應由該商所捐布機成本一款内撥付。總計創議購機造廠，以至豫籌常年經費，並未動用粵省司局各庫款及闈姓原案奏明認捐之正餉。此臣在粵設法另籌專款，購辦布機之實在情形也。查購機織布原奏本已聲明，如營運有效，再推廣於沿江各省。鄂省沿江産棉之區甚多，自較廣東開設爲宜，第非倉卒所能興辦。今李瀚章既經奏請移機鄂省，事關爲民興利，臣自當力任其難。惟創建此廠，地廣工精，加以常年經費爲數甚鉅，鄂中物力艱窘，與粵省情形相去霄壤，此款一時實無從另籌。查闈姓商人認捐另款之八十萬元，本爲布機而設，與正餉無涉。原案具在，迭經電商，李瀚章撥歸鄂省。現准李瀚章覆電以粵省用宏費絀，未肯全撥，允於此項撥洋銀十六萬兩，爲鄂省布機建廠之用。粵省用度誠多，此廠既已移鄂，自不欲全數撥作他省之用。在李瀚章已屬誼重睦鄰，不分畛域。臣亦未便固執前案，過於相强。惟運脚保險之費，本應即在購機價本之内，合計爲數約計四五萬兩。擬由粵省於另籌八十萬元一款項下支清，此外即不復索之於粵。至布局常年經費，臣前在粵因海防緊急，借有山西善後局生息銀二十萬兩，此款原係晉省發交當商生息作籌抵捐攤之用者。於光緒十年十二月曾經由電奏明，奉旨允准在案。旋經山西撫臣匯寄到粵應用，按年由外籌足息銀寄晉，從無遲誤。年來粵省業將此款籌出，尚未歸還晉省。李瀚章來電囑將此項晉省生息款撥歸湖北，作織布廠常年經費之用。臣竊思此款在粵在鄂，同是納息，事同一律。鄂可借充成本，粵可免出息銀，亦屬兩益，當已應允撥借。擬仍照粵省認息九釐，按年匯還晉省，以之充布局常年購棉及工用一切經費。雖不敷尚巨，亦可藉資周轉。此項息銀自當由外設法籌措，此乃晉省辦公要需。臣服官晉省有年，誼斷不肯膜視。此又籌措建造布機廠屋及常年經費不動鄂省庫款之現在辦法也。鄂省對江之漢口鎮，貿易素盛，特闤闠輻輳，並無隙地可以設局。現在省城文昌門外勘得官地一區，高廣堅實，近在江邊，便於轉運。地基縱横各百餘丈，間有民房，從寛給價購買。另片奏催江蘇補用知縣薛培榕由粵來鄂，監修工程，俟該員到鄂，即日興工。現今上海專設有軋花紡紗局，遠近争購，多運至東洋銷售，爲用甚廣，獲利甚豐，是其明驗。向來四川湖南河南陝西皆銷湖北棉布，湘江沿漢歲運甚多，實爲鄂民生計之一大宗。近年洋花洋紗洋布南北盛行，鄂省花布銷路頓稀，生計大減，故此局之設於鄂省尤爲切務。一俟布局落成開辦，臣當督飭員工實力講求，務令機器作法華工人人通曉，價本利息華商人人共見。臣並當勸諭商民集資購機，廣設布局，保我利源，似爲今日銷土貨塞漏卮之要策。至將來成效大著時，應否動撥官款擴充推廣之處，再當體察情形，遵照總理衙門原議，隨時分別奏咨辦理。

硃批：該衙門知道，欽此。

王樹枏《張文襄公全集》卷一三四《致廣州李製台光緒十六年閏二月二十四日發》 布機造廠之十六萬兩，因來電云利息還期悉聽鄙酌，故鄂奏即言尊處允撥十六萬，未言還息。因布機創始，成本能否不賠，尚不可知，納息認還，徒成虛語。故徑云遵處撥歸鄂用，尚見粵省全分人情，且部中總疑鄙人好糜費，須言此款本係有著，方免部中挑剔。兼恐部中指爲粵省存款，刻期撥用耳。苦衷并祈鑒諒，非敢食言。將來如有成效，必當酌提歸粵，以答盛意。敬。

《歷史檔案》一九九七年第一期《兩廣總督李瀚章爲廣東遵鑄銀圓已鑄有成數發局搭用事奏摺光緒十六年五月十五日》 頭品頂戴・兩廣總督兼署廣東巡撫李瀚章跪奏，爲遵鑄銀圓，現已鑄有成數，發局搭用，恭折具陳，仰祈聖鑒事。

竊照粵省購買機器試鑄銀圓，業經奏奉諭旨允準試辦。遵即督飭局員轉飭工匠另置銅模，將洋文改鏨蟠龍；文外正面改刻「廣東省造」等字，一面飭由善後局陸續撥給紋銀，於本年四月初二日開爐試鑄。其質輕重大小及配合成色，均照奏定章程，每圓重庫平七錢二分，配九成足銀；次則三錢六分，減配八六成足銀；再次則一錢四分四厘、七分二厘、三分六厘三種，均配八二成足銀，較現在市行洋錢成色輕重均屬一律。兹據兼管廣東錢局事務署布政使王之春詳稱，現已將鑄成銀圓陸續解還善後局查收搭用，即由該局會同善後局出示曉諭商民一體遵行。合將所鑄銀圓各式樣呈請驗奪。等情前來。

臣查粵省此次開鑄銀圓，刻鏤精工，成色有準，較之行用之東洋銀錢過無不及，市面商情僉稱適用，業已交易通行。倘能愈行愈遠，可期中外暢銷，實屬有利無弊所有粵省現鑄銀圓大小式樣五種分裝二匣，開列清單，恭呈御覽。

再，廣東巡撫係臣兼署，毋庸會銜，合并陳明。謹具折敬呈，伏祈皇上聖鑒訓示，謹奏。

硃批：户部知道，單并發。

[附]《廣東錢局呈試鑄銀圓式樣清單》

謹將廣東錢局試鑄銀圓式樣大小五種，分裝二匣，開單恭呈御覽。計開：

一號銀圓十枚，每枚重庫平七錢二分。

二號銀圓十枚，每枚重庫平三錢六分。

三號銀圓十枚，每枚重庫平一錢四分四厘。

四號銀圓十枚，每枚重庫平七分二厘。

五號銀圓十枚，每枚重庫平三分六厘。

硃批：覽。

王樹枏《張文襄公全集》卷一三五《致輪墩薛欽差光緒十六年九月二十日發》 六月望日、八月初五函件感悉，布機細件明年四月起運五之二，七月再運五之三，未遲。粗件不拘時，滬寄轉鄂甚便。甎坭已由德金生寄英，應係黏坭。其機器能兼造火甎，尤妙。大冶鑛細分如下，詳細測化得鐵六十四分，燐八毫，硫三毫，銅二釐、七毫，鑛師皆云宜用貝色麻法。號。

中國第一歷史檔案館《光緒朝硃批奏摺》第一〇二輯《光緒十八年十一月廿一日四川總督福潤摺》 頭品頂戴四川總督臣劉秉璋跪奏，爲重慶開設自來火廠，專用川黔土磺製造，不用洋磺，並由道縣分別出給印票，以昭慎重，恭摺具陳，仰祈聖鑒事。案據川東道黎庶昌轉，據巴縣知縣周兆慶詳稱，日本自來火廠本係川商盧幹臣等在彼開設，嗣因日本專利，不容華人貿易。經該商稟准，在於重慶開設，仍用洋磺製造，咨明總理衙門有案。旋在重慶王家沱大溪溝先後分設兩廠，年來製造漸精，每廠用磺約六七萬斤。今春洋磺用竣，稟經該縣准其就近採買川黔土磺，和藥試用，實與洋磺無異。該商以洋磺道遠價昂，擬請專用土磺，以便近取而挽利源，每次每廠以五千斤爲率，由縣發給印票等情前來。臣查川黔土磺既與洋磺無異，自應專用土磺，免致利源外溢。惟每票十斤，本屬定例，應准由縣出票。至廠商每次需用五千斤，爲數較多，應由川東道衙門出給印票，以昭慎重，當經批檄飭遵在案。伏思重慶自來火廠歲需磺斤甚鉅，黔磺有此暢銷之處，自不致藉口磺無銷路，釀成售私濟匪之禍。臣係爲兩省兼籌起見，既杜川害兼興黔利，似屬兩有裨益，除咨明總理衙門、户部立案外，理合恭摺具奏，伏乞皇上聖鑒訓示，謹奏。

王樹枏《張文襄公全集》卷一三七《致輪墩薛欽差光緒十八年十二月十七日發》 布局開織，洋匠不敷分教，停機待匠，請飭柏辣代雇織布匠一名，飛速來鄂，期限宜短，工資不妨稍厚。又摩里斯薦伊子來管夜工，并請與訂合同。廠内須添通氣噴水各機，已電博次照配，請核價代定諦廠。未來各圖，切懇催速寄。洽。

王樹枏《張文襄公全集》卷一三七《致輪墩薛欽差光緒十九年七月十九日發》 鄂省欲添設紡紗廠，春間柏辣喜克兩廠司理人來鄂，經局員查詢，四萬梃紗機連汽機鍋爐一切配全，列單估價，約需九萬九千餘鎊。嗣接布魯克廠送來四萬梃估單，價僅八萬三千餘鎊，殆配件有詳略之别。現籌有款，亟欲定購，懇令前廠開列詳單，呈尊處代核。此外尚令數家開價比較，務祈費神選定一家，實價若干，何時起運，分幾批來運，保共若干，迅速詳晰電示。效。

王樹枏《張文襄公全集》卷一三八《致輪墩薛欽差光緒十九年八月初一日發》

效電奉托紗廠事，想蒙分神代查。滬設新紗廠，聞柏辣廠機價，願先收定銀四之一，餘價分年加息，歸還鄂廠，事同一律，當可仿照。紗利甚厚，重息無妨，如分五年歸款，必能從容應付，務祈費神與商。布魯克廠機價較省，如肯先機後價，尤妙。并望與布魯克商。懇速復。東。

《歷史檔案》一九九七年第一期《湖廣總督張之洞等爲湖北擬請援案開鑄銀圓事奏摺光緒十九年八月十九日》　緣廣東銀圓若由鄂省遠道購致，運費、匯費耗折太多，且不能隨時濟用。擬即在鄂省自行鑄造，購置鑄造大小銀圓之中等機器全副先行試辦，規模不必甚大，計購辦機器、創造廠屋共需經費銀四萬餘兩。查光緒十三年鄂省開鑄製錢，曾經奏明撥借司庫質當捐銀二萬兩，換錢三萬串，借撥鹽厘五成，外銷、公費等項錢二萬串，共錢五萬串，發商生息，爲彌補銅鉛折耗之用。旋因洋銅價增，奏明暫停鼓鑄，已將此項錢五萬串提還藩庫鹽道庫存儲，留備鼓鑄要需，約合銀三萬數千兩，擬即動支此項錢文，作爲開鑄銀圓購機造廠之用。其不敷之項，由司局設法於外銷之款籌足。銀圓大小式樣，輕重分兩及繳納支發各款，各省行用章程，廣東均有户部議準成案可循，通行各省，商民稱便已久，一切均擬仿照成案辦理，惟銀圓所鑄「廣東」字樣改爲「湖北」。所有湖北省各局卡厘金、鹽課，均準商民一律用銀圓交納，支發官款一體酌量搭用，俱按照當時洋銀市價核算，沿江沿海各省口岸及内地商民，準其與廣東銀圓一體行用，一切聽其自然，毫不勉强。

四川省檔案館《四川保路運動檔案選編·森昌字號火柴廠商盧干臣等呈請采購川磺稟光緒十八年八月廿八日》　具稟森昌字號大溪溝廠商職員盧干臣、黄龍章，爲懇給（獲）〔護〕票事。

情商廠内製造火柴，向係購辦外洋硫磺運回應用。初未試其藥性，以爲非此不可；今春洋磺用竣，暫購川黔硫磺攙和，諸藥亦與洋磺無异，并未虚糜工料。第念洋磺價值須與土磺似，加以遠道運脚費增數倍，土磺既然適用，何必舍近求遠。况商廠前由東洋改還來渝，原爲挽回中國利源起見，今又挾資而往購辦洋磺，每歲不下七八萬斤，以吾國售獲之利慨然畀之洋商，是甫得於此者，旋又失之於彼，殊非挽回全利之道。兹商等核計，本廠每年共需硫磺四萬斤，前此遇有不敷，即向磺藥店零星分湊。但伊等存磺無多，并且居奇昂價，分得亦不足用，往往停工以待。惟是私販硫磺有干例禁，製造火柴又係必需之物，只得仰懇仁廉飭房繕給（獲）〔護〕票，填注商等前赴川東道屬地方採買硫磺壹萬斤，專爲自造火柴，并不私行分賣。每年共需四萬斤，分作四季採買，照例納税。其票回日繳清涂銷，不得影射弊混額外夾帶，自罹法綱。并請轉稟道轅，通飭川（東）道各州縣一體知照，以免留難阻滯，保沾得便。伏乞□□□□□□□□□

〔附〕巴縣呈川東道詳文爲呈請事

爲呈請事。

竊日本自來火廠，本係川商盧干臣等在彼開設，嗣因日人自款專利，不許華人貿易，始經盧干臣等稟請將器具運回卑縣地方開設，經卑職議請試辦，稟奉各憲咨明總理各國衙門准行案。兩年以來，製造已漸精美，地方亦尚相安。隨又于大溪溝另行招股設廠，與原設之王家沱共係兩廠。惟所用藥品内有洋磺一項，向係購自外洋，每年一廠用至六七萬斤之多。初未試其藥性，以爲非此不可，今春該廠洋磺用竣，稟經卑縣就近暫購川黔所出土磺，攙和諸藥試用亦與洋磺無异。該廠商等以洋磺價值貴於土磺，加以遠道運足費增數倍。土磺既已適用，何必舍近求遠。且該廠前由日本改還來渝，原爲挽回中國利源起見，若舍土磺而遠購洋磺，是不能挽利源，而反令利源外溢矣。據兩廠商人盧干臣、黄龍章、鄧徽績請給護票，就近赴川東所屬各處採買土磺應用前來，卑職查該廠商等所稟，委係實在情形。惟土磺係違禁之物，亦不可不示限製。應請卑縣給發護照，每次每廠采辦至多以五千斤爲率，終年不得過四萬斤；并由卑職於磺到後驗明。商廠只準用以製貨，不準轉售他人。如敢影射漁利，即當照例究辦，庶幾事有限製，利不外溢，以挽回利權之道。是否有當？理合具文詳請憲臺俯賜查覈，詳咨總理衙門立案，并（報）〔核〕飭川東所屬各州縣，暨移鎮標各營查照。以後該廠商執轉卑縣護照，赴各處採買土磺應用，不得藉詞阻遏爲票。除徑詳道憲外，爲此備由另文、另册申乞。

四川省檔案館《四川保路運動檔案選編·川東道抄發重慶招商局委員葉秉良集股開設機器紡紗織布公司札文光緒十九年九月初五日》　爲札知事。

照得本道具稟重慶招商局員稟懇集股開設機器紡紗織布公司，懇請核示一案，除俟奉到各大憲批示另行札知外，合先抄録禀稿章程札發。爲此札仰該縣，即便知照。此札。

計抄禀稿章程一紙。

右札巴縣准此

〔附〕禀文

禀南洋大臣、北洋大臣、軍憲、督憲紅白禀。

敬禀者：案據重慶招商局委員候選縣丞葉秉良禀稱：竊查洋棉紗一業，始則來自英國、印度，近則日本接踵而至。且日本棉花果小力薄，仍由中國上海采辦棉花返國紡紗之後，再運至中（國）各口售於華商。聞其兩次往返，尚有霑潤，其利可知。今重慶進口近年洋棉紗，每年多則六萬餘包，少則四萬餘包，每包計重三百二十斤。其價高至八九十兩，小至五六十兩，每年售銀約三百餘萬兩。以十年計之，則三四千萬兩矣。查其（消）〔銷〕路，尚止川北一隅，業經如此巨數，若待各處內地接踵暢（消）〔銷〕，則更不止此數也。照此利流外洋，非止漏卮難填，直如江河奔海。幸得近年上海之織布紡織局、漢口之紡紗織布具辦有成效。據云中國棉花性暖温和，盛於洋紗。故上海、漢口之紗布，隨做隨（消）〔銷〕，甚爲得手。雖不能力挽狂瀾，亦足以中流砥柱。卑職自前冬至渝以來，每與城廂內外商賈紳糧談及洋棉紗利益，無不嘆息。今據紳商等意見，擬在重慶城外，亦須仿上海紡紗公司章程，先以集股開設機器紡紗局，每股派資本渝平票銀二百兩，共集股二千五百股，共計資本銀招集五十萬兩爲止。民間見中國棉花所紡棉紗共相喜悦，（消）〔銷〕路必廣。從此挽回利權，裕國便民，莫此爲最。今逐款章程抄録，除禀督辦輪船、電報事宜津海關道憲外，仰懇俯允轉禀奏請立案，須發鈐記，飭委幹員來渝，招集股本，勘地造屋，購辦機器，採買棉花，開設紡紗公司。從此永遠利益均歸而慎商情。等情。抄録章程請核到道。據此。

職道查該局員所請開設機器紡紗織布公司，誠爲中國挽回利權起見，詳閲所録章程，雖能各舉大概，然非更得熟習洋務之員，前赴上海、武昌紡紗織布各局逐細訪查，通盤籌劃，使其中得失利弊，巨細了然，成效可操八九者，不敢輕於一試。况資本動需數十萬金，又非有一二最富官商力任巨款以爲之倡，則集股亦非易易。此舉事端宏大，職道何敢獨力主持。但該員既有此請，又未便壅於上聞，理合照抄章程，據情禀請憲臺俯賜會核批示飭遵。

再，職道擬即招致前在成都機器局委員高啓文來渝，派赴上海、武昌，將中國所設兩織布局底細查明，件件確核，則事之能辦與不能辦，自可了然矣。合并聲明。除徑禀南洋大臣、北洋大臣、軍憲、督憲外，爲此具禀。須至禀者。

中國科學院歷史研究所《劉坤一遺集》書牘卷之一〇《復陳次亮光緒十九年八月二十八日》 來示所議自鑄銀錢，免使洋人獨擅其利，即以濟圜法之窮，自爲碻當不移切中時弊之論。惟錢雖洋式，既經中國自鑄，即爲中國幣政所關，以國家泉府之權，授之於紳商，以製其出入盈虛，殊失政體。部省所用鑪房、銀號，代官鎔寶，與工匠等一切收放，由官主持，似未便相提並論。且此項銀錢，既爲圜法而設，仍應鑄「光緒元寶」字樣，更未便出之紳商。近年中國參倣西法，如輪船、電報、開礦、織布等事，皆爲收回利權，半係商人集股。獨於此事，屢經商人禀請開辦，歷任均經批駁者，非不知漏卮可塞，實以錢刀貨布，金部專司，非民間所可干預。廣東開鑄錢局，仍由官辦，殆亦有鑒於此。現在銅斤日少，私鑄日多，欲求補救之方，誠非自鑄銀圓不可。茲承台教，備荷指陳，擬與院司熟商，或寧或滬，設立官局，倣照粤省章程舉辦，略爲變通，以挽時艱而存國體，仰副維持大局之至意。

執事赤壁游蹤，何日遄歸？明春惠然肯來，謹當掃榻以待。

中國科學院歷史研究所《劉坤一遺集》書牘卷之一七《復陳右銘光緒二十年二月》 火油池之設，事極危險，洵如台指所云。上海因其設廠已成，又有商局創議於前，彼族援爲口實，故雖迭次與譯署、北洋協力堅持，終難就範，惟有嚴定限製以免各口倣行，業經飭道會商。以後各口洋商如欲倣辦，必須由關道查明，於地方有無妨礙，禀請示遵，庶幾准駁之權，操之自我。目下仲芳力與磋磨，尚未定議。九江之事，敝處雖現無所聞。當此章程未定之時，各口尤宜加意。重承鼎囑，刻已密致果泉，隨時訪察，如有私設情事，務須嚴行禁阻，以杜流弊，而副雅懷。

中國科學院歷史研究所《劉坤一遺集》書牘卷之一七《致誠果泉光緒二十年三月十四日》 上海創設火油池一事，迭次與譯署、北洋協力駁阻，無如設廠已成，勢難中止，惟有嚴定設限章程，以免各口倣辦，業經飭道會商。以後各口如欲倣辦，必須由關道查明，於地方有無妨礙，禀請示遵，庶幾准駁之權操之自我。現在尚未定議。昨接陳右銘廉訪書，謂九江有關掘油池情事。當此章程未定之時，各口尤須加意。尚祈執事密爲訪察，所書果確，務速妥爲商阻；如查無其事，仍望隨時留意隄防；並請密致鎮、蕪兩關一體知照。右銘書內所謂「當止之於開辦之初」，洵爲扼要之論。茲將來函録上，即希台察爲荷。

王彥威等《清季外交史料》卷八九《總署致李鴻章外商運紡紗榨油機器來滬設廠已照會英使萬難遷就電》 怡和擬運紡紗機器來華開辦，美查洋行名將造棉子油機器，不來通融，即運來擅自進口，設廠開工。此即改造土貨，通商以來向不准行。本署與各使折駁，及華局與洋商争訟各事，滬關案牘具在，應查案與領事辦阻。本署現已照會英使，並札赫德詰滬稅司機器進口情形，此種機器實礙華民生計，萬難遷就，祈電滬關切實辦理。三月十七日。

中國科學院歷史研究所《劉坤一遺集》奏疏卷二二《議定洋商試辦火油池棧章程摺光緒二十年六月初九日》 奏爲上海浦東地方洋商試辦火油池棧，現與議定設限防險章程，恭摺馳陳，仰祈聖鑒事：

竊臣等承准軍機大臣字寄：「光緒二十年三月十八日奉上諭：『御史褚成博奏洋商違約築池，存儲火油，大拂民情，請飭禁阻一摺。據稱去冬有德國商人在上海浦東陸家渡地方購地築池，爲存儲火油之用，衆情疑駭，力求禁阻。南洋大臣曾委蘇松太道聶緝槼與該國領事再三辯論，今年二月該洋商不候華官允准，擅將火油裝運抵滬；且聞另有洋人在漢口購買地基，亦爲存儲火油而設，請飭速行阻止等語。洋商開池存油，是否有礙民居，著南、北洋大臣詳細查明，設法阻止，妥籌辦理。原摺均著鈔給閱看。將此各諭令知之。欽此。』遵旨寄信前來。」當經轉行欽遵去後。

伏查此案，上年六月間，據蘇松太道聶緝槼以上海洋商在浦東地方設立火油池棧，事屬創辦，恐與地方居民有礙，稟經臣等飭與洋官商禁；一面咨經總理衙門，向各國駐京使臣駁阻；旋值津海關道盛宣懷在上海清理織布局務，並經飭令會商籌辦。内外堅持，幾及一年，彼族總以歐洲各埠以及日本等處均已設有油池，儲油於池較之裝油於箱、存箱於棧尤爲穩妥，再三辯論，堅求不已。蓋向來運銷洋油，皆係儲以馬口鐵桶，外套板箱，既費工本，又耗水脚。洋人工於牟利，精益求精，是以近年來凡各國運銷洋油之處，大都船改統艙，棧設油池，以期便於利運。上海所設池棧，經該道等督同員紳前往確勘，該棧基北臨浦岸，東南西三面均屬田疇，地極空曠，相距鎮市亦尚遥遠；附近有居民二三十户，均非貼鄰，民情亦尚相安。該棧外築圍墻，内設圓桶三具，高約三丈有奇，圍圓約二十丈有奇，悉用鋼板製成，即係儲油之具，名雖爲池，實則形類於桶。各桶之下填築塞門泥土，以防滲漏；桶頂蓄水，桶旁豎桿，以避日炙電觸之虞。桶外設有鋼管機筒，備油船抵埠用以吸油於桶。三桶之外，復設小桶一具，爲澄淨油渣之用。一切做法，均尚周密堅固。復經聶緝槼電詢出使英、法、義、比大臣薛福成查覆倫敦油池十餘處做法相同，出使日本大臣汪鳳藻亦謂東洋油池自設立以來尚無危險之事。上海所設油池，油係俄産，英商貲販，德商經售，三國商人合力營運，所費資本甚鉅。在中國係屬創見，在各國實已視爲故常，是以堅請試辦，情詞極爲迫切。再四體察籌商，事雖難以中止，不能不與議立設限防險之法，以示範圍而杜流弊。當乘油船抵口之際，一再飭令禁止進口開艙，一面與之切實籌議。該商始允先存匯號銀十萬兩，並將存單送道以備不虞賠卹之需。又經聶緝槼等與地方紳董逐細討論，轉商領事，議定章程十條。惟第二條設限一節，英國使臣以事係英、俄、德三國合辦，又以英領事無管理別口之權，未肯允行。臣鴻章因校閱海軍，適在威海、煙臺，迭晤英參贊，令其轉致英使臣必須照辦，遂據交到節略，改爲上海浦東一處，暫行通融辦理，以後他處不得援此爲例。如欲做辦，必須稟由本管領事照會關道，查明於地方居民有無險害，稟報總理衙門，照會飭知遵辦。既須稟官查勘，以後即可杜其私設，遂飭令蘇松太道聶緝槼與各領事照議簽押。兹據會同津海關道盛宣懷照録章程、繪圖詳請具奏前來。

臣等查池棧之設，必當體察地方民情，既經勘明棧設曠地，並無貼鄰，所製桶管亦均穩固，油船必須出海洗滌；油池嚴防滲漏，亦已備列設限防險章程之内，似與民居汲飲不致有妨。且又載明倘有滲漏礙及汲飲，或有失慎殃及民居，確有明證，除賠償外，即由地方官會同領事飭令將池折毁，不得再行建造。該商等既費鉅資營此貿易，苟其事稍有微險，似不肯議立此章，輕爲嘗試。凡此皆爲日本章程所未及，所議尤爲嚴密。仍當飭令現任蘇松太道黄祖絡留心查察，如有未盡事宜，務即隨時妥籌商辦，以期益昭詳慎。至漢口地方，飭據江漢關道惲祖翼查覆，尚無築池形迹。現已將所訂章程通行各口，一體遵照。

除圖説、章程咨送總理衙門查覈外，謹合詞恭摺由驛覆陳，伏乞皇上聖鑒訓示。謹奏。

王樹枏《張文襄公全集》卷三五《開設繅絲局片光緒二十年十月初五日》 再，爲政以利民爲先，然必將農工商三事合爲一氣，貫通講求，始能阜民興利。湖北土産除茶葉係銷外洋，尚可歲獲巨款，此外殊少暢行之貨。土性素亦産絲，而製造不精，銷流不旺。查絲茶爲中國出洋土貨大宗，茶則英國於印度仿照種植，然以土性不宜，香味尚遜華産。俄國近年亦欲仿種，而地氣嚴寒，難於成活。絲則義法等國講求種桑養蠶之法，日精一日，所出之絲既勝，而抽繅專用機器，匀净精細，即絲質不佳，一經繅出，無不精好。近十年來，上海廣東等處商人多有仿照西法，用機器繅絲者，較之人工所繅，其價頓增至三倍。專售外洋，行銷頗旺。於光緒十二年曾經海軍衙門咨行粵省勸導商民廣爲興辦在案。湖北産絲甚多，惟民間素未經見機器繅絲之法，無從下手。臣將湖北蠶繭寄至上海，用機器繅出，質性甚佳，與江浙之絲相去不遠。亟應官開其端，民效其法，庶可以漸開利源。惟經費不易籌措，創辦尤須有諳習之人。查有候選同知黄晉荃，家道殷實，綜核精明，久居上海，其家開設機器繅絲廠有年，且在漢口設有絲行，情形極爲熟悉。當飭委員與之籌商，由該職員承辦。先酌借公款試辦，以後由該職員湊集商股辦理。將來或將官本附入商股，或令商人承領繳回官本，統俟開辦後察看成本經費實需若干，銷路如何，公項有無閑款可添，再由善後局與該職員籌議辦理。計購機建廠及買繭試辦成本需費尚不甚鉅，查善後局尚存有揚州紳士嚴作霖善捐存款銀三萬兩，又提鹽道庫外銷款銀一萬兩，共銀四萬兩。先訂購繅絲二百盆之機器，酌買蠶繭，於湖北省城望山門外購地設廠，並派工匠赴滬學習，先行試辦。其廠地廠屋及馬力汽機可供三百盆之用，俟將來機工熟習以後，再行擴充。即委黄晉荃辦理該局監製事宜，一切司事工匠，俱令該職員選用。計十二月内廠機俱可造竣，安齊開工繅製。該廠購繭烘繭，督課工匠，用款行銷，俱責成該職員一手經理。將來如有成效，民間習知辦法，共覩利益，自能聞風仿傚。養蠶愈多，種桑愈旺，似於鄂省商民生計不無裨益。

中國第一歷史檔案館《光緒宣統兩朝上諭檔》第二〇册《光緒二十年十月二十七日》 軍機大臣字寄，署兩江總督張，光緒二十年十月二十七日奉上諭，張之洞奏鄂省織布官局招集商股，增設紡紗廠，並添設機器繅絲各摺片，業經批諭，照所請行矣。湖北鍊鐵織布各局，均經張之洞辦有頭緒，現雖調署兩江總督，所有各局應辦事宜，仍著該督一手經理，督飭前派各員認真妥辦，冀廣利源而齊民用，將諭令知之，欽此。遵旨，寄信前來。

中國歷史博物館《鄭孝胥日記》第一册《光緒十九年十一月廿五日》 又與荃臺書，言雇布匠事。

中國第一歷史檔案館《德宗景皇帝實録》卷三五三《光緒二十年十月下》

又奏，酌提公款，湊集商股，試辦機器繅絲廠，以開利源，下所司知之。

中國第一歷史檔案館《德宗景皇帝實録》卷三五三《光緒二十年十月下》 又奏，鄂省織布官局招集商股，增設紡紗廠，以保利權，兼協助鐵廠經費，如所請行。

王樹枏《張文襄公全集》卷一四二《致上海上海道劉道台光緒二十一年正月初三日子刻發》 怡和花機務須禁其進口，以杜外人奪利之漸。望先飭税司查明怡和已到紗機若干，錠布機若干張，電復以便酌辦。冬。

〔附〕《盛道來電光緒二十一年正月初一日辰刻到》 紗布大利，歲漏數千萬，賴憲台首創其難，宜因之招成六廠，歲可收利千萬，英人忌甚。今春怡和請放花機進口，宜與聶道阻止，并集衆華商，禀請南北洋永遠堅拒，奏咨在案。昨劉道電述税司所云，怡和花機一經暫准，深恐各國傚尤，難與力争，所見極遠。洋人獲息數氂即樂爲，如不拒止，華商必被傾軋虧折。鄂新廠欠款難以利還，終恐歸與洋人，關繫甚巨。北洋因軍務憂憤，神志已懈。昨復劉道，作爲滬關之意暫予通融，其實一通融則全局俱敗。倭事了後，籌餉更難，豈可將商務從此廢弛。擬請憲台仍執去年十二月十八總署照會，各國洋商販運機器有礙華民生計之物，爲税則所不載者不准進口，迅飭滬關堅持阻止。宣當一面禀懇總署堅持，或謂國有軍務不可得罪洋商，何太怯也。各國商務皆歸自主，拒之，英不能翻面。迎之，反爲各國所笑。然能否挽回，全在憲台一人。宣懷。禀。

夏東元《鄭觀應集》下册《禀北洋通商大臣李傅相爲創設上海機器造紙局》

竊查閲海關年結，洋絨、洋紙入口日多，絨之材料出自羊毛，宜設於北五省。紙之材料細者出自舊絮破布，粗者出自稻草樹皮，皆用機器藥水搗爛而成，到處可設，亟應仿辦也。惟職道所辦織布局尚未開工，恐蹈好博不專之誚。適有候選同知曹善謙，即前年報效晋賑萬金廣東曹道應賢之子在滬，均願招股承辦，職道囑其先設機器製造洋紙公司，俟辦有成效再籌辦絨廠。現擬招股銀二十萬兩，職道認招股銀五萬兩贊助其成。兹有公禀并招股章程寄來，囑乞憲恩批準，俾即選匠定機擇地建廠，亦塞漏卮之一端也。

夏東元《鄭觀應集》下册《致上海曹子揮書》 昨接惠書并折一扣，據集股創設洋紙洋絨公司，囑即具禀北洋大臣李傅相，乞批準俾速開辦，如須酬勞等費，自當遵照辦理等語。查北洋大臣衙門，係盛觀察經手，凡有益於大局，爲塞漏卮起見者，毫無公費，弟雖不敏，向爲友人辦理各事，皆當義務，不索分毫酬勞，請查問各洋行凡弟經手所購機器、槍砲、輪船等件，有無用錢可知矣。自忖才庸，所恃廉直忠爲人謀而已。

鄙見宜先創設洋紙公司，俟洋紙公司辦有成效，而後再設洋絨公司。蓋洋絨材料係用羊毛，宜設於北五省出羊毛最多之處，庶免運費以輕成本。惟洋紙材料乃用布絮草皮而成，其公司設於近水之埠可也。昨代擬稿，乞盛觀察改正繕稟面呈傅相，旋蒙批準。此事亦費盛觀察之力耳。兹將稟稿并批寄請察收。除弟認股外，現已集得股銀若干，尚祈示悉爲盼。

王樹枏《張文襄公全集》卷一四二《致總署光緒二十一年正月初七日午刻發》

怡和洋行購到紡紗機二萬錠，約值銀五千兩，當以有違鈞署定章，飭滬關禁阻進口。兹據上海寧波紡織廠紳商公電稟稱，此項機器有礙華民生計，洋商改造土貨，顯背約章，稟請嚴禁。查條約只准洋商來華通商貿易，并未准其購機來華製造。華商購機設廠，尚且須先行稟准，方能開辦，洋商豈能擅便。近年中國製造風氣漸開，從此漸塞漏卮，實爲自强第一要著。今該行購機若不嚴禁於始，以後各國紛紛開廠製造，改造土貨，將至利權盡失，無可補救。總之洋商爲中國官商販運機器則可，若自行購辦設廠則萬不可行。此次怡和所購紗機只二萬錠，僅值銀五千兩，顯係自知理屈，不敢多辦，多辦恐不放行，致多虧折，故小試其端耳。至此項機器如禁阻後，該紡織紳商願出價購之，或謂海防有事之時，無妨稍與通融，不知此乃商務所關。條約分明與兵事絶不相涉，萬萬無慮，務懇鈞署鼎力堅持。儻英使來瀆，務求嚴行駁斥，并飭總税司轉飭滬税司嚴行禁阻，以收利權而杜覬覦。至盼至禱。陽。

中國第一歷史檔案館《德宗景皇帝實録》卷三六〇《光緒二十一年正月中》

安徽巡撫福潤奏，省城西門外清水塘地方造藥廠被火，修置完備，下部知之。

《申報》光緒二十一年二月初一日《擬開織局》 兩江總督張香帥最喜爲地方興利。前在兩湖總督任内創設鐵政織布等局，運以大力持以精心，爲人之所不能爲。及莅任兩江未及半載，遇事整頓，百廢具舉，念興利之法，莫善於織布，擬於下關荒地起造房屋，開設織布局。官場中人云，香帥日與熟悉機器之道員桂薌亭、蔡滋齋、沈愛倉、郭月樓儲觀察商議此事，如果屬實，真金陵地方之福也。然紡織之爲利薄矣，豈特金陵家福而已哉。

《申報》光緒二十一年二月二十四日《江蘇藥水廠告白》 啓者，本廠現在請到英國頂上造皮皂之工師，可造各樣皮皂，隨心所欲，其價較之外洋進口者，更爲便宜。如各貴客欲來定造何樣式，每禮拜出若干，或每月出若干，如欲將自己招牌印上，亦可商議。

王樹枏《張文襄公全集》卷四二《通海設立紗絲廠請免税釐片光緒二十一年十二月二十八日》 再，臣欽奉諭旨，飭令招商，多設織布織綢等局，籌款購置小輪船十餘隻，專在内河運貨，以收利權，遵即由臣派委江蘇糧道陸元鼎等，會同在籍紳士降調山東巡撫任道鎔、前國子監祭酒陸潤庠，在江寧、蘇州、上海三處設立商務總局，酌量地方情形，增設紗絲各廠。兹查通州海門爲産棉最盛之區，西人考究植物，推爲中國之冠，各處紗廠無不資之，涎視已非一日。近日洋紗内灌通海，鄉人利其匀細，轉相購買，參織土布，每年銷耗四十餘萬金，若不亟就該處興辦紗廠，則民間此項漏卮無從而塞。而日本新約有准其工商至各口岸城鄉市鎮任便製造之條，難保非意存侵越。且查通海近年所産蠶繭，亦漸向旺，非紡紗繅絲兼舉，尤恐有顧此失彼之虞。查通州在籍紳士前翰林院修撰張謇向來講求時務，情形較熟，當經函商力籌，護持小民生計，杜塞外洋漏卮之策，屬其邀集紳商，剴切勸導，厚集股本，就地設立紗絲廠，以副朝廷自保利權之至計。兹據通州知州汪樹堂、海門廳同知王賓會詳據商董潘華茂等呈稱，就地購花舉辦，成本較輕，集事較易，願在上海通州海門等處集股六十萬兩，就通州近江地方設立紗絲廠，議章請辦。臣查通州處江海交匯之區，近上海通商之埠，邇來風氣大開，鄉民耳目尚不虞其不習，而設立機廠事屬創舉，一切章程必應詳細核定。臣督飭司道將該商等所稟章程逐一考核，均屬可行，應照上海機器紡紗織布各廠奏定章程，只在洋關報完正税一道，其餘釐税，概行寬免。除由臣批飭招股興辦外，理合附片陳明，一面將該商等稟請核定章程，咨送總理衙門備案。

硃批：該衙門知道。欽此。

《申報》光緒二十一年四月十九日《設立絲廠》 浙江紹興府蕭山縣所屬南沙地方，前有士人照西法招集股分，設立機器繅絲廠。經該處紳士以地近龕山，有關風水，稟請撫憲禁止。當奉廖穀帥批示，仰蕭山縣查禁，復由該廠主職員王某稟稱，設廠之處與龕山相距甚遠，並無關礙。撫憲又派員前往踏勘，果係相隔有二十餘里之遥，是以准其開設。現又有周某亦在彼處另開一廠，生意頗爲熱鬧，咸往各鄉收買蠶繭，省城牙厘局已委王欽山太守總辦繭捐，在紹設局也。

中國第一歷史檔案館《德宗景皇帝實録》卷三七〇《光緒二十一年閏五月上》 又諭，電寄張之洞等，日本約内改造土貨一節，關係最重。江浙等省，如絲斤花布，可否於出産處先抽厘金，方準運出。并招商多設織布織紬等局，廣爲製造。又籌款購買小輪船十餘只，專在内河運貨，以收利權。著張之洞，奎俊，廖壽豐妥速籌商，覆奏。

王樹枏《張文襄公全集》卷一四六《致上海經道嚴道信厚光緒二十一年閏五月十八日午刻發》 倭約蘇杭製造、蘇滬行輪，意在奪我絲綢紗布小輪之利。故我急宜籌護華商華工之法，以抵倭人。總署來電重在先抽釐以重成本，廣設織布織綢等廠，多行内河運貨小輪，以佔先著。閱來電，諸商似未盡曉，特將署電照轉，望速示嚴道信厚與諸商熟籌辦法，來寧面稟。

《申報》光緒二十一年閏五月二十一日《創設紡局紀聞》 聞外間有人招集股分，新創一紡紗局，由茂生洋行爲總經理人，共集一萬股，每股一百兩，已有七千股歸創始之人自得，尚有三千股則招外人承買。其地業已修築平妥，將來所需機器皆購新式，一半在美國購辦，一半在英國購辦。

《申報》光緒二十一年閏五月二十一日《楊樹浦華盛廠告白》 啓者，本廠出口棉紗，不惜打包，專爲暢銷起見，已與經手號商訂明章程，如有拆包零售者，查出□□手銀十兩，倘蒙報信者，即由本廠酬銀五兩，決不食言。

王樹枏《張文襄公全集》卷三八《進呈湖北新鑄銀元並籌行用辦法摺光緒二十一年閏五月二十七日》 竊臣於光緒十九年在湖廣總督任内，會同湖北撫臣譚繼洵奏請在鄂省設局鑄造銀元，經户部議覆，奉旨允准在案。茲於光緒二十一年正月初七日承准總理衙門初六日電開，奉旨，張之洞電奏與譚繼洵商明將湖北銀元局歸南洋經理，餘利協濟鄂省等語，著照所請辦理，欽此。當經恭録，欽遵辦理。茲據湖北銀元局司道稟稱，鑄成銀元大小五種，查銀元通行之道，必須成色無稍欠缺，輕重不差銖黍，最爲緊要關鍵。若僅用市面實銀鎔化，僅憑工匠酌劑，斷難密合無差。該局係購用外洋銀條，專募化學洋工師一人較準成色，依法配合製造。計大銀元重庫平七錢二分，其次爲兩開重三錢六分，又次爲五開重一錢四分四釐，又次爲十開重七分二釐，又次爲二十開重三分六釐，詳加考驗，實與市行外洋銀錢輕重相同，成色亦好。應即批解江甯飭發行銷等情前來。臣伏查沿江沿海各省，大率皆行用洋銀，歷有年所，官吏商民習以爲便。且各省製錢缺乏，自宜廣爲流布，以濟民用而保利權。除湖北省各局卡釐金鹽課，均准商民一律用銀元交納，支發官款一體酌量搭用，按照市價核算。前經奏明有案，應即查照辦理外，所有沿江沿海各省通商口岸及内地商民，應均准其將湖北官局所鑄大小銀元與廣東銀元一體行用，一切聽其自然，毫不勉强，此爲民用。其各口岸及内地完税納釐，暨交納各項官款，俱准以官鑄大小銀元繳納，按照市價核算，經收之關道州縣委員如向解紋銀者，自易紋銀解庫。如向解洋銀者，即以銀元解庫。其應如何補平補水，各處自有通行市價，毫不抑勒。務令官民兩不虧累，此爲官收。至江蘇、安徽、江西三省，行銷最易，所有支發官項餉需工程物料等款，亦按市價核算發給，不稍畸輕畸重，此爲官放。總之在今日，鑄用銀元，上尊國體，下順民情，中輔圜法，只須成色準、分兩足，華洋共信，商民通行。官款准其完納，則無論支發何項官款，軍民無不樂從。該局事務，經臣遴派道員蔡錫勇爲總辦，令其選擇廉潔詳慎之員，參用洋匠督飭辦理，至一切防弊之法，當飭該局總辦隨時考核，妥籌稟辦。再，户部諮詢鑄本一節，查此項銀元即係實銀現即於江南支應局借撥銀二十萬兩，爲購買銀條之用，俟鑄成後即可以此銀元支發各款。購買銀條，循環無端，有豫撥而無開支，並無須另籌鑄本。如湖北支放需用，或由司局備銀換給，或由錢店備銀領銷，行之既久，即可將湖北所收税釐各項之銀元仍行發出行用，亦無須另備鑄本。其買機造局經費，俱由湖北籌備鑄錢專款項下及外銷款湊撥，前經奏明在案，此後局費及修補添設機器各費俱由江南籌撥。此時機器初開，計每日可鑄銀五千兩，一月後每日可鑄一萬四五千兩。

王樹枏《張文襄公全集》卷一四七《致總署光緒二十一年六月初三日申刻發》 據署上海道劉麒祥電稱，倭商將棉紗運售城廂内外，一再請内地税單，當查此事前經美商茂生稟請駁復有案。且照中日原約不能給單，新約未頒，即按各國約章，上海城廂係在本口，不能作内地單名。内地顧名思義只能行於内地，不能用於本口，是以約内特揭明運入内地字樣，且口岸釐金定章僅租界内照免，則界外本未免釐，似難獨准日本照給税單。頃倭商來勢洶洶，意在必成，職道未敢擅便等語，查此事流弊太大，且中日通商新約未經議定，斷難率准，請鈞署裁酌示復。江。

王樹枏《張文襄公全集》卷一四七《致上海葉令大莊上海縣轉交光緒二十一年六月初四日酉刻發》 查滬上洋貨機器業道員葉成忠，洋布業許春榮，絲業徐棣山、黃宗憲、楊兆鼇，紗業湯松巖，洋貨業朱佩珍，招商局鄭道官應，及在日本三十年最熟倭情之朱鑑，以上均大商，可即面詢各商該董。并可托怡和洋行之唐道榮俊訪詢廣幫大商，均即妥速籌議辦法。電稟，以便酌辦，即復。支。

《申報》光緒二十一年六月十四日《茂生洋行機器紡織公司招股啓》 啓者，本洋行今在上海地方開設機器紡織公司，所延中西各董事，均皆老版練達，爲紳商中西最推重之人。現已釐定股本銀八十萬兩，每股一百兩，計八千股，内有五千五百股，已由本公司經理人暨諸董事購去，尚有二千五百股出售。如諸君有意附股，並欲知詳細章程者，請於西歷八月十五號即華歷六月廿五日以前移玉至茂生洋行及匯豐銀行兩處寫字房□□，以便向購。此佈。

《申報》光緒二十一年七月十三日《新廠開工》 南皮製軍督鄂時，首以興利除弊爲事，百廢俱興，以故紡紗、織布、繅絲、製造、鐵政、鎗砲等局自落成後，日見具旺，各有成效。現經鄂撫譚大中丞接辦，蕭規曹隨，毫不變易，誠可謂後先媲美矣。迄今復設砲彈砲架廠，札委候補府汪太守洪霆督辦，業於月之初二日赴轅稟知開工。行見利器告成，足備禦侮之用，不假手於他人，自强之術豈外是乎。

《申報》光緒二十一年七月十四日《新開浣雲棉紗號》 本號開設上洋三馬路德豐里申天保棧衖内，左首第一石庫門，照廠批發，如蒙賜顧，價碼格外克已，浣雲告白。

王樹枏《張文襄公全集》卷一四七《致蘇州趙撫台鄧藩台光緒二十一年七月十六日戌刻發》 咸、諫兩電悉，上海道所借一百二十餘萬，當即與商，想亦必允，商務局委朱道甚妥，陸道元鼎現調江蘇糧道，擬即由敝處主稿，會委陸朱兩道暨上海道總辦商務局，惟此係小辦，僅以息借款二百萬備用，爲數有限，擬只辦勸工機器，大意以勸工爲主，以開風氣，工作精則商務自盛矣。如製洋綢洋酒洋蠟洋火柴洋糖洋針洋瓷器之類，繅絲廠亦可酌設數處，取其機器廠屋成本較輕可以多辦數種，每廠借公款不過數萬，至多不得過十萬，此各廠除絲廠外，大約仍以設上海爲便，願設他處亦聽之。黄道已在上海法租界以南覓有工廠地一段，擬修馬路地基合宜，至紡紗廠費太鉅，擬不辦矣。諫。

王樹枏《張文襄公全集》卷七八《致總署光緒二十一年七月十八日辰刻發》 蘇州通商，奉旨籌議招商，多設織布織綢等局，及内河設小輪，就産貨地方先抽釐金三節，均爲維持國計民生要事，必應力籌兼顧，謹分爲三電覆陳。兩月以來，夙夜焦思，邀集官紳商董反覆籌議，並向蘇滬商賈洋人廣爲詢訪，均謂空言勸導，終恐無益，必須官助以本，方易集事。惟官款無從籌措，近始思得一策，此次息借商款共二百二十六萬，五月已還利一次，十一月即應本利併還，擬即商明借户，以此款移爲開辦商務局之用，按期將利銀仍給借户，其本銀即轉借與商務局，令紳商公同承領，出具保結，并邀殷實錢莊當店二十家作保，凡有願開辦機器仿製洋貨者，借給公款，至多不得過十萬，餘令該商自籌，海關票二年半後官款還清，其息銀即由商務局認還，減爲年息六釐，分十年還清。此係以本地紳商之款濟本地紳商之用，似尚自然，公家絲毫不支，其願收回本銀不肯借者聽之。至商利之事，機器繅絲爲一大端，其餘如製洋糖洋瓷器洋蠟洋火柴洋水泥洋針洋呢氈洋酒之類，銷路皆極旺，均可仿造，以敵洋貨。其繅絲廠擬設於無錫，兼開繭行，此外各廠擬設於上海。現經上海道黄祖絡籌議，查有法租界之南官地甚廣，擬修治道路，以備各項新設機器工作，各廠其願設於蘇州等處，亦聽之。洞手書章程數千言，詢商蘇滬紳富舒翹，復加切商，昨日得復電以爲可行。至機器織綢徧詢洋商，土綢應用何機，洋綢何式易銷，機價若干，皆不能確知。已令函詢外洋，接續酌辦。竊查絲爲綢之源，若我多設機器繅絲廠，已盡擅絲利，即與織綢無異矣。至織布紡紗，每一廠機器廠屋，活本約需銀百萬，若欲多設，鉅資難籌，似只可另議，謹先覆奏。如蒙俞允，擬即曉示紳商，妥擬章程，再行奏明，設局開辦。再，此事因須籌有切實辦法，方敢覆奏，合併陳明，請代奏。之洞、舒翹同肅。洽一。

王樹枏《張文襄公全集》卷七八《致總署光緒二十一年七月十八日辰刻發》 江蘇土貨，大利在棉花蠶絲兩端，電旨令多設織布織綢等局，最爲扼要，實深欽服。彼族欲盡奪江南商民生計，必須以全力争之。查織綢機價工費一切辦法，中國向未辦過，已函詢外洋。竊思絲爲綢之源，紗爲布之源，若廣設機器繅絲紡紗廠，即與織布織綢無異。上海向有華洋絲廠，華商紗廠獲利頗豐，絲廠利三分，紗廠利二分，若有鉅款大舉，即可盡收利權。假如設絲廠五所，每廠五百盆計三千盆，通年用繭二萬三千五百擔，出絲約五千擔，中價值銀三百餘萬兩，廠竈繭本工費需二百四十萬兩，則江蘇一省之繭可全收盡矣。去年售繭八千餘擔，本年售繭二萬三千擔，全供上海絲廠之用，緣賣繭較賣絲省工。以後絲廠多，則賣繭者必逐年增多。開辦第二年可先設一千盆，以後按年視繭數遞增。假如設紡紗廠五所，每廠八萬一千錠，計四十萬五千錠，通年出紗二十四萬包，值銀一千二百四十萬兩，機器廠屋花本工費需銀一千萬兩，則每年外洋進口洋紗之數，除上海原有各紗廠外，此五廠可全敵而拒之矣。貿易册每年洋紗進口值銀一千七百餘萬兩，現上海湖北華洋紗廠實有不過二十萬錠，約值銀六百萬兩。照此辦法，日本雖欲在江蘇設機繅絲，固已無繭可買。雖欲設機紡紗，固已無路可銷，不獨東洋計沮，且西洋之紗亦必不來。洋商絲廠亦不能再添矣。或謂浙江之絲多於江蘇數倍，焉能盡收？不知浙人向不賣繭，現聞浙撫廖勸諭丁龐兩紳設繅絲廠兩所，各借官本五萬試辦。以後售繭之風漸開，則浙廠亦可漸增，以上辦法共需一千二百四十萬兩。第一年絲廠可少設，約需銀一千一百萬兩，華商力薄，上海已禀定各紗廠至今定機器者僅一半，空言勸導，斷不能成。若欲豫杜狡謀，非官助商力不可。竊擬官代商借七成，令商自籌三成，或可速成。擬由官代借洋款五百萬兩，息六釐，合之江省息借商款二百萬兩，并仰懇將户部所借克薩洋款撥給一百萬兩，共得八百萬，餘歸商籌。此項洋款可不必海關作保，即以各本廠作保，兼以招商局作保，商局值五百萬，華洋皆知，但須奉旨後，由各官蓋印。擬設一商務局，請旨敕令江省公正有名望之大紳皆入局，總理局事，商由紳保，事由商辦，領款由紳商出具保結，兼邀大錢當數十家作保，并委司道督辦官稽察，而不擾商權，届期商還總局，局還洋人。設有虧欠，紳商錢當公同借墊籌還，再爲收繳。一省同心，數十萬當不甚難。初年須籌款，次年以後除還洋款本利外，尚有盈餘，此乃官紳商合力保護江省商民生計，遵旨專就織布織綢設法必欲力障狂瀾。惟需借巨款，官紳擔承甚重，事不易辦，且人多議洞好借洋款，故擬此策而不敢上陳。不得已又思得一小辦之法，已於本日第一電會奏，繼思電旨諄切，力保利權，既籌有盡據絲紗利權之法，爲計雖拙不敢不上陳，以備一説，有無可采，恭候聖裁。抑或户部籌有良法，鼓勵衆商，無須籌借巨款，尤所深願，自當遵行，請代奏。洽四。

《申報》光緒二十一年七月二十六日《織局停工》 楊樹沛奏辦織布局，自開工以來銷塲日旺，晝夜不停，尚有應接不暇之勢。前晚二點半鐘正工作時，棧内總機忽然損壞，概行停止。查視之下，知總機之軸折斷，不能運動，於昨日停工，已倩百老匯路耶松船塢之鐵匠及精修機器者共數十人，即往修理，據説須閲一月之後，方能照常工作云。

王樹枏《張文襄公全集》卷一四七《致上海黄道台光緒二十一年七月二十八日醜》 瑞記紗機事，必須籌一妥善辦法。此時正在招商紡織之際，若已到之機退與洋商，似與政體不合，擬即委閣下督辦，詳晰已告葉丞矣。即妥商電復。感。

王樹枏《張文襄公全集》卷一四八《致蘇州牙厘局光緒二十一年八月十七日子刻發》 據無錫吴令禀稱，近聞各繭商添設行棧多至四十餘處，聞赴局請帖者尚多，帖一日不截，請者一日不止設。日本人出而包攬捐款，有礙官絲廠，幾成虚設等語。查現議繭捐向行户統收，自應給帖，不准私開。錫繭本銷東洋，但令華商請帖完釐方售，洋人不向散户收買，則捐款不致無著。或慮洋人在錫開行，條約内地向不准開設洋行，即謂洋人暗串華商合夥開行，自應照章查禁。且既係華人出名請帖，釐金亦自不少，似應以查禁私行，一律給帖，並查禁洋商合夥開行，議定統捐，方准售貨爲扼要，速核議電復。願。

《申報》光緒二十一年八月二十六日《裕源紡織廠告白》 本廠於八月十三日經吴仲言手諭，定花子三萬二千擔，當經吴仲言手交來支票洋一千六百元，廿三日期，向豐奉店照兑，當出去本廠議單二紙，與吴仲言手執詎支票，昨日到期，該錢店不能照兑，往追吴仲言，則無處尋踪。所有本廠天字一號花子二萬四千擔，二號花子八千擔議單，亦作磨紙無用。特此告白，幸勿悮收爲要。

王樹枏《張文襄公全集》卷一四八《致蘇州趙撫台光緒二十一年九月十一日午刻發》 蘇紳所擬商務節略内，擬將蘇屬借款百萬專撥歸蘇用，似有未妥。外洋大公司股分各國人皆有，是以力厚易辦。中國今欲振興商務，自應官紳商民通力合作，厚集其力，方能與洋商相敵。各廠設滬設蘇，但視所宜，殊難執定。若蘇款歸蘇，滬款歸滬，必致各府亦分畛域。滬商各幫籍貫不止一省，又復分幫分省，力量愈薄，安能大舉。且使有非蘇非滬之工商能仿西法製造而苦於力薄，欲領局款，更無可借給矣，似不分蘇滬爲妥。惟如何方無窒礙，弟殊無善策，即請藎籌至借款换股票，令銀主繳銷息借印據未甚明晰，望再妥酌詳示。若早訂機器，先請由官籌墊八九萬金，似尚可行，請即酌辦。總之應照奏案每一家借局款至多不過十萬，若需本在十萬以内，局款不得過半，以符不得概行仰給官款之旨，已於會委各局總辦札内詳敘，想已入鑒。至甯局委桂道嵩慶，因公素知其人，發札急迫，不及先商，朱道之榛，弟深爲器賞，委兼洋務極妥。真。

《申報》光緒二十一年十月初二日《老公茂紡織有限公司收取第二批股本銀》 啓者，本公司現在應收第二批股本，計每股銀二十五兩，以華歷十月十四日爲限，所有各股友應付之銀，祈在限内，付與經理本公司銀錢之匯豐銀行，掣取草股票，簽名票後收單爲憑。此佈。九月二十三日，本公司總理上海老公茂洋行啓。

《歷史檔案》二〇〇三年第三期《江西道監察御史陳其璋爲請飭各省廣鑄銀元事奏折光緒二十一年十一月初三日》 江西道監察御史臣陳其璋跪奏，爲銀元利廣，請飭户部設局鼓鑄，并令各省推廣仿鑄，以裕國計而便民生，恭折仰祈聖鑒事。

竊查東南各省數十年來暢行墨西哥之鷹洋，亦名英洋，每洋銀一元計重庫平七錢二分。此外，又有小銀錢數種，自三錢六分起，至三分六厘止，略分四等，雖式樣互异，而輕重、成色無稍差殊，是以商民一律信用。前張之洞在兩廣總督任内奏明自行設局鼓鑄各種大小銀錢，其輕重、成色與外洋無异，民間亦樂於行使。聞外洋之販運銀錢進口者，數年以來，每歲已少至數十萬元。嗣張之洞移督湖廣，復奏準設局鼓鑄，自是而廣東、湖北兩省大小銀錢遂流行於東南各省，明以收回權利，暗以便益民生，其明效大驗久在聖明洞鑒之中。内外臣民亦罔不周知其有利而無弊。而户部猶未興議設局鼓鑄者，不過以管理銀庫各員及庫吏之諸多不便也。

查户部兑收各省解京餉項俱用寶錠，初報到時先議使費，稍不滿欲，則挑剔成色，委員受累無窮。迨過平之際，復上下其手，索銀補平，計每千兩須贏餘七八十兩方能符數；比放款時，則每千兩又短少七八十兩，一入一出侵蝕不貲。倘改用銀錢，成色、輕重毫無軒輊，諸弊悉屏絶而不能行，其不便於庫員、書吏孰甚，故户部即創議開鑄，若輩必以窒礙難行爲辭多方阻格。利國利民之計久撓於不肖官吏之私，深可嘆也。相應請旨飭下户部，查照廣東、湖北鼓鑄銀錢章程，即行定議開鑄，凡庫中收發各款項，準其一律行用，著爲定例。此外，各直省除廣東、湖北已辦有成效外，并請飭令各督撫仿照成法，設局廣鑄，俾中國銀元流行日廣，則洋錢進口不禁自稀，保利源而塞漏卮計無便於此者。而其最要關鍵首在經理得人，凡成色、分兩不得有絲毫攙雜偷減，方能華洋信服，歷久通行。若稍滋弊端，則全局涣散，雖有智者，無以善其後矣。此則全賴管度支者嚴定賞罰，實力奉行也。

是否有當，伏乞皇上聖鑒訓亦施行，謹奏。

王樹枏《張文襄公全集》卷一四九《致武昌蔡道台光緒二十一年十一月初四日午刻發》 湖北銀元雖經通飭曉諭，准完税釐，商民一律行銷。近聞滬上以銀元成色未能一律，仍未暢行。鎮江每元只作銀六錢九分零，鷹洋則作銀七錢五釐，該道速即督同洋化學師將所出銀元詳細考驗，是否成色與鷹洋一律。如果實有參差，則非告示具文所能勉强，必須另將局章妥爲整頓。或專雇洋化學家駐局考驗，方可一律暢行。望即詳查，妥議電復。支。

《申報》光緒二十一年十一月初八日《招造紡織局》 茲招人承造老公茂紡織局，如有願建者，祈至蘇州河九號門牌湛博士寫字房，觀明圖式，則書票至本行諸取，其票限期收至英正月一號午前止截。

老公茂謹啓。

王樹枏《張文襄公全集》卷一四六《致上海黄道台光緒二十一年十一月初九日子刻發》 鄂鑄銀元較准，成色輕重，每罐鎔後復驗，每千兩出入至多無過一兩者，尚不及鷹洋差限之半。鷹洋成色輕重每元各不相同，鄂鑄勢難毫釐無差。乃聞滬上傳言鷹洋九成三，鄂元僅九成，市儈懸揣之詞，本不足據。惟既有訛言，應由該道覓外國有名化學師，傳集各銀行錢莊，將鷹洋與鄂鑄銀元當面各取數枚化驗，互相比較，以釋羣疑。一面多出告示，曉諭通衢，所有銀行錢莊均各刊發簡明告示。俾共知鷹洋與鄂元成色分量相等，自然通行無滯，仍將驗單簽寫洋名，寄閲該道，務須不厭煩瑣，迅即遵辦爲要。庚。

王樹枏《張文襄公全集》卷一四九《致上海黄道台葉丞大莊光緒二十一年十一月初九日丑刻發》 南洋紡織局官商合辦，已付過官本十五萬兩，仍應補發二十五萬兩，由瑞記洋款先行墊發，即交商董吴熙麟領收，以便迅速開工。此時只作爲借墊，此項將來均擬由滬上海灘地價籌還，若認真清理，必能湊足此數。如地價不敷，或酌招商股歸墊，隨時酌辦，札即發札。文即照此電之意。庚。

《歷史檔案》二〇〇三年第三期《湖廣總督張之洞等爲湖北銀元局請仍歸南洋辦理事奏折光緒二十一年十一月十七日》 署理兩江總督湖廣總督臣張之洞、兼護湖廣總督湖北巡撫臣譚繼洵跪奏，爲湖北銀元局江鄂會商，擬請仍遵前奉諭旨，歸臣之洞經理，盈餘江鄂各半均分，以省籌本而便行銷，恭折會奏，仰祈聖鑒事。

竊臣等準户部咨，議復臣之洞奏湖北新鑄銀元行用辦法一案，光緒二十一年七月二十一日具奏，奉旨：依議。欽此。分别咨行前來。原咨内大略謂，鑄造銀元，費歸鄂籌，事歸鄂辦。江南所借鑄本，由鄂自籌間款歸還，扣成按月報部，餘利應歸鄂省，不必用外洋銀條。大指不外此數端。臣等咨電往復詳切籌商，其間實有必須審時度地，酌劑盈虚，辦理方無窒礙者，敬逐條臚舉，爲我皇上陳之。

查部議謂：湖北試鑄銀元，原因鄂省製錢缺少，是以議準開鑄。現在湖北銀元局雖歸南洋經理，但買機造局經費俱係湖北籌備，局設鄂省，現鑄銀元亦係湖北省造字樣。所有配成餘利與局中一切繳納支發等款，并此後局費及修補、添設機器各費，自應統歸湖北專司其事，以符奏案。所請將銀元批解江寧及此後該局各費俱由江南籌撥之處，應毋庸議。至鑄本銀二十萬兩，係江南支應局借撥，即由湖北按照銀元易銀市價如數抵還江南。嗣後或仍由江南循環借撥，或經由湖北自籌間款，或陸續由餘利項下歸還，由臣等妥商辦理。等語。伏查前以湖北製錢缺少，奏請購機設局試鑄銀元，以濟錢法之不足。果能隨鑄隨銷，無少壅滯，則鄂鑄鄂用，足資周轉，以銀代錢不至缺乏。統歸湖北專司自屬簡易辦法，無如湖北一省惟漢口、宜昌兩處通商市場行用洋銀，其餘各屬皆用紋銀，間有兼用洋銀者，爲數甚少。且以洋銀折製錢，壓平扣色，任意高下，無市價之可言。現鑄銀元成色輕重皆仿照洋銀，原欲奪洋銀之利，自不能不以洋銀之市價爲準則，而西洋銀之成色低於紋銀，所值亦少於紋銀，在通商口岸，華洋貿易權衡切當，市價雖有漲落，要不至少於洋銀中實有之成色，且恒比實有之成色略高。蓋洋銀輕重有準，取携便易，商民樂於行用，故所值雖稍浮於實有之成色，而人不以爲過。且行銷日廣，來者日多，洋銀之例不過如此，非謂九成之洋銀即可抵十足之紋銀以爲用也。自鑄銀元之利亦復如此，能與洋銀同價則有利。至內地素無行市，必至任意扣折。若强其行用，恐實有之成色且不敷，工火更何由出？是以行用必聽其自然，不得絲毫勉强。湖北一省惟漢口銷用較暢，究屬一隅之地，爲數不能甚多，若待由漸擴充以達內地，則收效甚遲。且鑄多銷滯，積壓銀款既難周轉，勢必停工待銷，糜費無益。臣等籌之已熟，是以於正月初四日合銜電奏。湖北銀元局開辦尚須籌款，銀元銷路以江南、安徽等處爲多。查鄂省創設各廠前，奉旨仍令臣之洞督飭經理，且江南去年曾經議設銀元局，尚未舉辦，若鄂省歸南洋經理，可免江南另設一局，以致相妨。將來如有盈餘，可酌量津貼鄂省。奉旨允準在案。此次臣之洞所奏將湖北鑄成銀元撥解江寧，飭發江蘇、安徽、江西三省行銷之議，係查照奏案辦理。蓋三省通商口岸較多，貿易較大，行用銀元亦較暢。故奏請將鄂局歸南洋經理。上年春間，本任兩江督臣劉坤一，本擬在金陵設銀元局，購機度地已有成議。今鄂局行銷既須仰經江南，則此後江南不另設局，以免相妨。籌款行銷，南洋任之。如有盈餘，酌量津貼鄂省。本擬江、鄂各半均分，蓋必多鑄多銷方有盈餘。原欲同力合作，兼爲江鄂計也。今部議鑄本由江南借撥，行銷由湖北專司，其餘利及籌款統歸湖北，擬未深悉外間籌辦籌銷之用意。臣之洞當經電商臣繼洵，旋接電復稱：以武漢等處向來行用銀元不多，此後能否暢行尚無把握，遠不如江、皖等省銷路之廣。此局月鑄三四十萬兩，鄂省司局款拙，挪借亦難。倘滯銷壓本，勢難周轉，若少鑄則所入利微，不免虛糜局用，不如仍照原議籌款行銷，南洋任之，餘利江鄂各半最爲妥協。等語。是此時臣等意見仍係相同，合無仰懇天恩，俯準仍照臣之洞原議辦法，以暢行銷而收利權。其鄂省墊用購機造局之款及每日局用、修補添機各費，自應在盈餘項下陸續提還扣除。此江、鄂兩省俱無盈絀者也。

又部議謂：若如所奏，一月所鑄之銀不下四十萬，其配合成色按照大小銀元由九成遞減至八成牽算，每月約可扣銀五六萬兩。等語。詳繹部臣所議，係就紋銀加色仍作十足紋銀計算，故有如此之多，不知鑄成九成銀元，成色既減，則所值亦減。照市價兑换，漢口用洋例，上海用規元，展轉折算，僅比九成實色略多，萬不能抵十足紋銀。大約鑄銀一千兩，除銅珠、白鉛火耗、運費外，盈餘不及二十兩。司員薪洋、工匠薪工、局費每月約需一千數百兩尚未扣除。若鑄八成二之小銀元，成色較低，餘利較厚，大約鑄銀一千兩，盈餘約可百兩。是以粤省錢局以鼓鑄九成大元并無餘利，數年來皆鑄小銀元，多至千餘萬兩，盈餘頗豐。然有小元而無大元互相調换，行用必不能持久。上海行用粤東小元，市價近甚減色，作九二折扣算。鄂省初辦，多在持平經久，以期流通廣遠，以多鑄九成大銀元爲主，而并鑄八成二之小銀元，以大易小，以小易大各聽民間自願，庶可歷久不渝。然盈餘亦必不能如粤局之厚矣。

又部議謂：粤東製造銀元，前據李瀚章奏明，由善後局撥給紋銀僉稱適用。現在湖北開鑄係用外洋銀條，以我之紋銀購彼之洋條，勢必諸多虧折。究竟洋條是否純净，不但該督未能深悉，即局員、工匠亦恐未必周知。以銀鑄幣本易銷耗，第以紋銀鑄銀元與以紋銀易銀條同一銷耗，紋銀而反多此虧折，應令詳細酌核。等語。查通商以來，貿易日盛，市面需用銀幣亦日多，內地紋銀久已不敷周轉，是以通商各口皆用洋銀爲大宗。各處銀號往往購買外洋銀條，略攙銅鉛熔成元寶，與內地紋銀成色約略相等，年中銷用外洋銀條爲一大宗。商人何以取利，即此可爲明证。大抵中國分金提銅之法粗而不精，僅能知其大略之數；外國分化五金有專門之學，細微必察，考驗極精。歷考內地元寶，高者每百兩中不過十足净銀九十八兩八錢五分，餘爲銅、鉛雜貨；其低者多寡參差更無論矣。至於外洋銀條，則每百兩中有十足净銀九十九兩八九錢，成色相去不甚懸殊，而且每條重約一千兩，一經較準，即可配銅熔鑄自成一爐，事較易舉。內地紋銀元寶，重者每錠不過五十兩，而且一錠有一錠之成色，高低不一，驗不勝驗，必凑成千兩爲一爐熔化和匀重新凝塊，始能驗其實在之成色，然後配銅重熔方克有準。多一傾熔，即多一火耗，此鄂省銀元局所以購用外洋銀條之故也。大約用寶紋與用洋條比較，每千兩約多折耗四兩左右。臣之洞在粤創設銀元局，開鑄之初本擬向匯豐購用銀條供鑄，已議有眉目，嗣因臣之洞調任湖廣，粵省局員樂於省便，且見粵省銀元易銷，希冀民間不加深求挑剔，遂稟準接任督臣李瀚章但取寶銀供用。此粵省核算之疏，非實紋可抵銀條也。□□復問，接廣東銀元局委員差稟，現已購銀條數十萬兩應用，然遇洋條上海無可購買之時，則又不能不用寶紋熔鑄矣。

查鑄造銀圓有關圜法，成色不齊，即難取信於人。臣之洞於開辦之初，即派精於化學之西人路丙生及化學學生蔡亨、鄧展訓二名在局專司考驗銀色，并飭局員認真督率，始終一律，毋少參差，以期誠信相維，流傳至廣。至以後如有應行隨時調劑之處，臣等自當會商妥辦，總期於有利無弊，經久暢銷，爲國家收回利權，商民樂其便利。

所有會商湖北銀元，擬請仍遵前旨，歸臣之洞經理，盈餘江、鄂各半均分，俾得行銷周轉緣由。臣等謹合詞恭折具陳，伏祈皇上聖鑒訓示，謹奏。

光緒二十一年十二月初四日奉硃批：著照所請，户部知道。欽此。

王樹枏《張文襄公全集》卷一五〇《致上海黄道台光緒二十一年十二月初一日申刻發》 頃接總署來電，云馬關約後，各國商人在滬有無新添機器製造局廠。林使堅稱內地製造止納子口税，不納離廠税，語意各挾國以爲恐喝，此間各使實無代林使相争，意未知。滬上洋商有無私議，望密查速復備議。鹽電行船先後利害，如何於此事相關，並電復，卅，等語。查滬上洋商止聞有怡和紗廠一家，而此廠機器今夏始到，此時斷未開工製造。此外即或尚有數家集股設廠，而在怡和之後更無論矣。廠未開工，貨未離廠，焉有納税成例。顯係倭使捏詞要挾，望速按署電，詢訪熟悉商務税務數人，逐一查明。酌複鹽電行船先後利害，亦一併查明電復，以便酌核電復總署爲盼。東。

王樹枏《張文襄公全集》卷一五〇《致上海縣光緒二十一年十二月初二日申刻發》 仿照洋式各貨之廠，現息借各商認辦何廠，并他商所已辦者何廠，務全行開報，分别名目，即日稟道轉院，萬勿再遲。税釐可免三年，因係新創，中國向無此種之貨，故不妨從寬也。速電復。

王樹枏《張文襄公全集》卷一五〇《致上海葉丞大莊光緒二十一年十二月十三日子刻發》 紗廠機價經吴熙麟與瑞記減定，極爲可嘉。惟此廠交吴承辦，鄙人離江南後，難於照料，恐多不便。鄙人不能放心，吴亦擔承重，現擬改歸蘇州商務局陸鳳石祭酒辦理，江南官款歸江蘇大紳承領，奏報較易。吴已用購地定料及棧租各款，可核實查明開報，餘款統存匯豐，候飭移交，望與吴婉商聞。吴現有病雖已就痊，而兼理此廠，亦恐精神難周。如願就此推出極好，如有不願意，望力勸之。文。

王樹枏《張文襄公全集》卷一五〇《致蘇州趙撫台牙釐局朱道台光緒二十一年十二月十八日午刻發》 近日錢少價昂，民生大困。然錢無來源，斷無善策。現擬派員在上海購買銅鉛，解交粵省錢局代鑄製錢二十萬串，以便分發甯蘇淮揚等處應用。所需鑄本擬借撥甯藩司庫、淮運司庫、江安糧道庫、蘇釐局各四萬兩，均匯解上海道存儲，聽候委員支用。此錢局用機器鑄造，極爲精工，乃弟在粵所設。此錢隨鑄隨運，分給甯蘇淮揚等處，展轉流通以濟商民。尊意以爲然否，祈速示復。嘯。

王樹枏《張文襄公全集》卷一五〇《致蘇州陸祭酒光緒二十一年十二月二十八日未刻發》 瑞記紗機現已遵照尊電，飭上海道將機價全數由官付清，共計九萬鎊，時價約合銀六十一萬餘兩。其棧租修擦零費由商自籌，撥歸閣下辦理。此項機器較他廠尤精，備用零件最多，商局將來獲益多矣。祈即示復爲盼。惟上海四通八達，購花運銷均較蘇州內地爲便，廠似仍設滬上爲宜，蘇滬相距咫尺，將來一通鐵路，更爲便捷。閣下照料尚屬不難，尊意以爲然否，即望電復。勘。

王樹枏《張文襄公全集》卷四三《湖北原訂紗機移撥蘇州商務局摺光緒二十二年正月初五日》 竊照湖北省織布局前議，招集商股，添設南紡紗廠，定購紡紗機器，機價先由洋行墊付，擬在鄂省織布局左近購地建廠，奏明在案。旋因臣奉命來江，疊次欽奉諭旨，籌議招商，多設織綢、織布等局，以收利權。是紡織兩事，實爲今日商務要著，亟應欽遵辦理。查蘇州紳商現經籌商定議，擬領息借商款，添集商股，開辦紡紗、繅絲等局，並先行酌借官款開辦，惟息借之款，此第二期內，爲數不多，且借户多有自願領回不願附股者，款項既少，不能興辦大廠，殊無大益。查湖北此項紗機已經運到，自以移付商務局爲宜。既省鉅款，又可早成，當與奏明經理蘇州商務局在籍前國子監祭酒陸潤庠往復籌商，該祭酒深願領受。查原定紡紗機器四萬七百餘錠，原議係該洋行墊辦，故索價較寬，連各項機價及裝箱運保共計十萬六千六百八十鎊，約合銀七十餘萬兩。臣屢次委員與瑞記等洋行詳議，若付給現銀，全機及運保等費可統減爲九萬餘鎊。照現在鎊價核算，共合銀六十萬餘兩，核計約減銀十萬兩。棧租在外，此機係著名之赫直林壹廠所造，製作甚精，備用零件尤多，比照各省紡織機器，價值尚不爲貴。除將湘鄂兩岸票價三十萬兩撥付此項機價外，查上海吳淞一帶沿海、沿江歷年漲出沙灘地甚多，皆係繁盛衝要地方，久爲市儈地保等隱匿，私租私賣，往往售與洋人，必應認真清釐，以杜流弊。現經檄飭，蘇松太道黄祖絡督飭，署上海同知葉大莊會同上海縣，清出新閘、虹口、楊樹浦保墓局，浦東洋商餘地，浦東新灘地等處新漲隱占地五百六十餘畝，會同寶山縣清出衣周塘、蘊藻河鐵路餘地等處新漲隱占地三百餘畝，皆經飭令，陸續變價以充公用，將來全數變價，約可值銀三十餘萬兩。上海地價日漲，有盈無絀，兹先將已繳地價銀十萬兩合之票價共四十萬兩飭發應用，其不敷機價銀二十萬餘兩，暫在瑞記洋款内借撥，將來由灘地變價項下歸還。此外購地造廠以及買花局費活本，約需銀四五十萬兩。另由蘇州商務公司自行籌集，作爲官商合辦，每年官本應得息銀，應於該廠餘利項下，按照全廠官商各本成數核計，由商務公司繳蘇州商務局轉解江甯籌防局應用。每年以一分息計，亦在銀六萬兩以外，如行銷暢旺，尚可增多。應即專款存儲，作爲江南選派學生出洋肄業經費專款，已於另摺詳晰奏陳。前兩年應繳官息，准其從緩核繳，俾資周轉。應俟第三年起再行分年帶繳，以紓商力。如此辦法，似於培養人材及振興商務。

王樹枏《張文襄公全集》卷四三《江西紳商請辦小輪瓷器及蠶桑學堂摺光緒二十二年正月十五日》 又洋瓷質色遠遜中華，特中國所造之瓷，皆備華人所用，而於西人器皿，從未仿製。彼取一時觀美，尚不惜争購寶藏，倘仿其規製造其適用之物，爲彼日用所必需，自必争相販運，銷路日繁。嘗考五洲諸國，美利堅全境不能造瓷，購自法人，每年進口值銀三千萬兩，准此以推歐、阿兩洲，每年所用瓷器當值萬萬兩以外。若中國價廉工美，與之競逐，但能略分一二，爲數已千萬計，大利之興，無逾於此。現擬集股興辦，惟成本鉅而運費多，必須官爲扶持，乃能作興鼓舞。擬請除中式瓷器經行關卡，仍照例完税抽釐外，其有創造洋式瓷器，統歸九江關出口。援照煙臺製造外洋果酒之例，暫免税釐數年，以輕成本。數年以後，如銷廣利倍，再按海關進出口税則及内地釐金辦法，酌量徵收。並援製造果酒之例，准於江西一省，定限十五年，只准華人附股，不准另行設局。

中國科學院歷史研究所《劉坤一遺集》書牘卷之一二《復趙展如中丞光緒二十二年正月二十五日》 前出都時，常熟以楊道宗濂之言，諄囑於金、錫等處分設官局，收繭繅絲，以免行户壟斷居奇，國計民生均受其病等語。途遇任筱翁，論及此事，則謂蘇城已設商務局，歸陸鳳石經理，所有繅絲及紡紗兩項，商民業經開辦，無須官爲另籌。昨聞葉令與黄道幼農又微有異同。究竟金、錫與蘇、滬等處各設繅絲幾廠？每廠若干盆？紡紗幾廠？每廠若干錠？此項貲本是否出之於官？抑由各商自出，商務局惟總其成？香帥電奏辦法，以應還之息借華款二百二十六萬兩，轉借商務局爲繅絲紡紗之用，華民是否情願，不以失信爲嫌，陸鳳石如何規畫？伏祈詳悉見示。

王樹枏《張文襄公全集》卷一五一《致俄京許欽差光緒二十二年二月十二日子刻發》 鄂銀元機前由尊處代定，現因銀元利用暢行，原機趕鑄不及，急須擴充。擬添印銀元機大一副、中三副、小十副，應配滾邊撞餅輾片及馬力各機暨輪軸等件，除鍋爐及壓模機由鄂自造外，需款若干，請飭甘孥秘廠詳估，速電復。以速成多鑄爲妙。至感。真。

王樹枏《張文襄公全集》卷一五一《致俄京許欽差光緒二十二年二月十二日申刻發》 去臘鹽電請查包穀核製糖及麻紡紗兩種機價製法，迄未見示，盼切。此事甚有關繫，祈速查復。至感。文。

中國歷史博物館《鄭孝胥日記》第一册《光緒二十二年三月十三日》 陰。詣藩臺上謁，不見。遂過桂道，得見，談有頃，示余上海老公茂紡紗公司節略及茂生機器紡織有限公司章程，告余曰，上海官督商辦之紡紗局，已托潘道學祖爲駐局督辦，峴帥亦甚以爲然矣。

王樹枏《張文襄公全集》卷一五一《致天津王制台光緒二十二年三月十五日亥刻發》 湖北銀元已鑄成，洋匠日日化驗，輕重成色詳審不差。兩湖、江南一律行用，湖北丁漕釐税皆准完納，擬廣籌銷路，以開風氣。鄂省應解尊處餉項是否亦可搭解，及如何核算之法，請裁示。咸。

中國第一歷史檔案館《德宗景皇帝實録》卷五五七《光緒二十二年三月中》 雲貴總督丁振鐸奏，擬請添設雲南造幣分廠一局，與南北洋粤鄂四局，一律辦理，下財政處記，部議。尋奏，請准暫行辦理，所鑄銀幣，計足敷流通行使，應即停鑄，以符定章。依議行。

中國歷史博物館《鄭孝胥日記》第一册《光緒二十二年五月廿九日》 詣汪棟臣送殯，至雨花臺安隱寺，歸已亭午。周子昂來。午後，過季直，遇揚州尹元仲，方營鎮江紗廠。

中國第一歷史檔案館《光緒朝硃批奏摺》第一〇一輯《光緒二十二年五月廿九日江西巡撫德壽摺》 頭品頂戴江西巡撫臣德壽跪奏，爲查明江西景德鎮窯廠早有仿造西瓷販運出口，歷係照章完釐。現據江西紳商與辦西瓷，自應仍照華瓷章程，按抽護驗，各釐未便減免，恭摺仰祈聖鑒事。竊查前准總理各國事務衙門咨，本年三月二十一日本衙門會同户部議覆署兩江督臣張之洞奏江西紳商稟，請興辦内河小輪西式瓷器蠶桑學堂，以擴商務一摺，奉旨，依議，欽此。鈔録原奏，咨行欽遵辦理，計原奏内開仿造外國瓷器一節，向聞日本人常至景德鎮，爲之取料範模，運歸本國加繪釉之工，得利不啻數倍。若華商能自仿造，利權庶不至爲外人所攘，總須分遣妥人赴歐洲窯廠，博仿歐美合用之式，隨宜製造，銷路自廣。查照二十一年烟臺釀酒成案，應准其仿製之瓷，以裝運出口，日起暫免釐税三年。三年以後如銷路既廣，利息加倍，再按海關出進税則及内地釐金辦法酌量徵收。並准在江西一省專利十五年，無論華洋商民不准另立公司仿造，俾專藝業而拓利權等因。到臣當經轉行遵照，去後茲據總理牙釐總局布政使翁曾桂詳據委辦景德鎮釐局候補知府鄧承渭詳稱，該鎮窯廠向有廣東及甯紹天津諸幫，華商仿造西洋外國瓷器販運出口歷有年所，爲數甚多。調查上年帳本，廣幫販運西式瓷器至香港銷售之公和興等行，計值本銀十萬餘兩，甯紹天津諸幫運至上海等處銷售者，亦值本銀十萬兩，以外均遵照華瓷章程完繳釐金。景鎮一卡每年約收銀二萬數千兩，其古縣渡鄱陽正高北門都昌左蠡姑塘湖口各卡亦在收銀七八萬兩左右，是西式瓷器實爲瓷釐大宗。雖江西各釐卡歷年查照華瓷，按籃件大小酌收釐數，並未立有西瓷名目，而實爲向來釐局一大進項。此次該紳商等稟請免釐創辦專收利益，自係誤於不知他人早經仿運所致。該總局職司會計，儻緘默不言，嗣後西式瓷器應完釐金必至全行圖免，啓此漏卮，年虧十餘萬兩之收數，何能當此重咎。即或准該紳商另製新式西瓷，遵照奏案，免釐三年，既恐廣幫諸商藉口同爲西瓷，將向有釐金相率抗繳，又慮姦徒混朦隱射，難以剖别，輾轉籌思，諸多窒礙，爲此據實詳請奏明。江省窯廠早經仿造西式瓷器，所有此次紳商興辦西瓷，無論如何製造，應仍照華瓷章程按抽護驗各釐，庶國課無虧，餉需有著，等情前來。臣覆核無異，除鈔摺咨呈總理各國事務衙門及户部查照外，所有江西紳商興辦西式瓷器，無論如何製造，仍應遵照華瓷章程按抽護驗，各釐未便減免緣由，理合恭摺具陳，伏乞皇上聖鑒，謹奏。

著照所請，該衙門知道。

中國科學院歷史研究所《劉坤一遺集》奏疏卷之二五《息借商款移作公司股分片光緒二十二年六月二十八日》 再，承准軍機大臣字寄：光緒二十二年五月二十四日，奉上諭：「御史龐鴻書奏，江蘇應還息借商款，移作商務股分，辦理未協一摺。所奏商民嘖有煩言，擬請另招商股。是否可行，著察酌奏明辦理」。等因，欽此。當經恭録飭據駐蘇商務局、蘇松督糧道陸元鼎、候補道朱之榛，體察情形，查議具覆。

蘇州商務局，開辦繅絲、紡紗兩廠，前署督臣張之洞，以息借之款移作商務之用。旋由各紳富會議，將原借蘇款六十萬兩，改爲商局股本，借户即作股東，合爲一大公司，先後奏奉諭旨允准在案。旋經議定，將借款較少，數在二百兩以内者，仍給還各借户，共計五萬餘兩；數在二百兩以上者，概作股本，俟四期全領之後，换給股票，實與歸還無異，統計四期實領銀五十七萬兩有奇。半年來，兩廠規模漸已就緒。絲廠現將造竣，日内機器運到，即可安設繅絲。紡紗廠工程，機器年内亦可趕齊開辦。息借還本及暫借積穀公款，動用過半，勢難中輟。惟招徠商股，仍無眉目，典當借款，屢請抽還，該御史所奏，商民嘖有煩言，不爲無因。刻下借户知案經奏明，將息借還作股本，爲保全商民自有之生業，多願赴廠换票，浮議漸息。詳請核辦前來。

伏查蘇州設廠紡紗繅絲，原因該處闢口通商，欽奉諭旨，振興商務，自保利權。署督臣張之洞，因商股一時難集，擬將借款移作股本，事雖權宜，實由紳富會議而定。嗣因前項息借，必須按期歸還，兩廠需用浩繁，勢難停待。查照上年由電奏准原案，將息借款内應還積穀公款，分别借給，以濟其急。蓋商民之情難於謀始，不得不官爲調護，以圖厥成。雖貿遷盈缺未可預知，第此舉既爲大局所關，現在兩廠已將次第告竣，需款正殷，協力維持，官紳各有應盡之責。借款既作股本，業已動用，商股未集，勢難歸還。經辦紳士陸潤庠一力肩持，不辭勞怨。惟有飭令局員，隨時會商，將廠務妥慎辦理；一面廣勸紳富，設法招徠，以期共持不敝，仰副聖主開物成務之至意。

理合會同江蘇巡撫臣趙舒翹附片覆陳，伏乞聖鑒，謹奏。

中國科學院歷史研究所《劉坤一遺集》奏疏卷之二六《創設機器製錢局兼鑄銀元片》 再，查上年冬間，江南、北各府、州、縣均因製錢缺少，民用不敷，上游皖、鄂等省銀價亦復驟跌，鄰省皆禁運錢出境，以致市面愈不流通，江寧等屬，百物昂貴異常，小民生計艱難，頗滋惶擾。當經前署督臣張之洞撥款購辦銅鉛，由廣東鑄錢局代鑄製錢二十萬串，以資周轉。業將辦理情形，先後奏明在案。

茲查江蘇錢價至今尚未平減，商民交困，受累日深。現由廣東代鑄製錢二十萬串，該省鑄錢機器每日僅出錢六百串，以二十萬串計之，約須一年，方可竣事。若專恃廣東代鑄，仍屬緩不濟急。且運脚有費，保險有費，層層折耗，於公款實多虧蝕。臣與司道再四籌商，非在江寧自行設局做鑄，不足以示平準而靖民心。惟鑄造製錢，不能無所虧折，當此庫儲奇絀，籌款維艱，若別無補救之方，亦恐難於持久；必須多購機器，兼鑄銀元，庶以製造銀元之盈餘，補鼓鑄製錢之虧耗。

查上年十二月間，户部議覆御史陳其璋奏請鼓鑄銀元摺内，行令沿江、沿海各省，自行設局做辦，派員專理，俾得次第程功；自應查照部咨，實力舉辦。現飭江寧藩司會同候補道劉式通在上海瑞生洋行訂購英國嘉敦廠鑄造製錢機器全副，每日約可造錢一千串，價合英金即汽缸亦因之磨蝕，以致損壞尤甚，勢非更換不可。現經核實估計價值，共需英金一千八百四十八鎊，照市價每鎊合規銀六兩七錢三分，計規平折合庫平銀一萬一千三百四十七兩有奇，照案由江海關於製造二成洋税項下如數動撥濟用。據金陵機器製造局稟請奏咨前來。臣覆核無異。

除咨部查照外，謹會同北洋大臣・直隸督臣王文韶附片陳明，伏乞聖鑒，敕部查照施行，謹奏。

中國歷史博物館《鄭孝胥日記》第一册《光緒二十二年九月廿八日》 晴。詣局，移居前院東房，與郭秋平對屋。廉孫來辭行，午後，往送之。遂過季直，示上海來電，云「紗機可用，宜從容酌議」。步至復成橋，循馬路抵通濟門，過大中橋而返。熱甚，如夏伏中。

王樹枏《張文襄公全集》卷一五二《致成都鹿制台光緒二十二年十月二十八日子刻發》 廿四電悉。去歲南洋所發鍾毓靈護照，乃准運機器准雇洋匠之照，非准招洋商准附洋股之照，至爲明顯，並非誤發。查雇用洋匠，各省皆有，即以鄂論，前後數十人，均用舍在我，從無以洋匠而出貲充商，亦無以洋商而朦稱匠人，致滋流弊者。可見洋匠洋商迥判二事，故内地製造等事，招洋商有禁，雇洋匠無禁。當鍾毓靈請照時，因開采煤油乃爲川民興大利，既經川省允准，又知此種工程非用洋匠鮮克有成，是以允發。至鍾毓靈於護照之外，有暗引洋商朦串開采，千犯例禁情事，應由川省就案究辦，與南洋護照無涉。如洋人牽涉護照，可告以此項護照專爲機器洋匠而發，不爲洋商附股而發，彼必無所藉口。給發護照之事甚多，從未有執護照而別圖覬覦者，尊處儘可據理駁斥。護照既非誤發，未便由敝處咨總署聲明，應請尊處據敝處咨電酌叙可也。感。

中國歷史博物館《鄭孝胥日記》第一册《光緒二十二年十一月十七日》 詣局。鑒泉歸自京師，過談良久。午後，過季直，晤蔣書箴、沈敬夫、高□生等，自通海來訂機器合同者也。夜，鑒泉、怡泉來。

中國歷史博物館《鄭孝胥日記》第一册《光緒二十二年十一月十九日》 詣局。午後，郭秋屏來，同過季直。

紗機合同，季直請余屬稿。第二條議以五年之内按開錠若干報納官息。桂道不可，季直遽删此條。余曰，允之太易，恐多生枝節矣。

中國歷史博物館《鄭孝胥日記》第一册《光緒二十二年十一月廿二日》 雨。詣局。復稷臣電云：「胥願行，尤願南洋。」午後，答拜沈幼彦、洪韵松等。季直來邀過談其紗機事，日内果牴牾甚苦。桂薌亭稱「無款」，不肯包運到廠，欲令商人自往取之。談次，鄧熙之適來，言桂以公中難於籌款，商如墊出，將來官利中可扣此款。余曰：「公等皆未知此事之難，紗機巨細千餘件，商運固難，官運亦非易事。惟有仍令瑞記包送，將來運費歸商墊給，再於官利扣還，則事穩辦矣。」張、鄧皆曰善。

王樹枏《張文襄公全集》卷一五二《致杭州廖撫台光緒二十二年十二月二十四日巳刻發》 養電悉，機器製造貨物新章九條，由總署咨南洋轉行關道敝處。僅據江漢關呈報，不識尊處何以未見，豈南洋未行浙甌兩關耶。二赤此章種種刁難，不過困華助洋，令華商無機貨廠而已。滬絲廠無不大虧，且有送與洋人者矣。且章内皆交税務司辦理，全不提關道一字，尤怪。聞洋商並不遵辦，尊處想悉其詳，承示擬會銜公電譯署，暫請緩辦，深仰藎忱欽佩。鄙意似宜兩省各自電請，作爲不謀而合，較易動聽。兹已遵電，總署即請尊處單銜電達，俟得復電，彼此通知。再，尊處曾否電商南洋。聯銜，或南洋别有卓見耶，並祈示。敬。

王樹枏《張文襄公全集》卷一五二《致蘇州趙撫臺江甯劉制台光緒二十三年正月初十日巳刻發》 除夕致總署電云，機器造貨加税章程九條在總税司意，謂華商既加，洋商自遵。惟華商風氣初開，行銷未廣，已成之廠獲利無多，未成之廠集資非易，正苦無術鼓舞。洋商力厚勢盛，百計沮抑。本年江浙鄂繅絲紡紗各廠無不虧折，有歇業者，有推押與洋商者，華商束手則洋商獨攬，中國商民生計何由自振。可否暫請緩辦，俟商務繁盛，再將華洋一體加徵，出自鈞裁。浙撫廖來電相商，意見相同等語，特轉達此事。穀帥業於正月初五日逕電總署，大意與鄙説相同，並云請俟洋商允加税後，華商再照加立説甚善。蘇滬無錫等處機器製造土貨之局甚多，事同一律，諒尊意亦必以爲然，或電或奏請尊裁。再九條章程中有此項機造土貨俱存税務司官棧中，尤於商情不便。且章程處處皆言税務司直不提關道，亦不可解。敝處並擬即日具奏，能得各省意見相同以動總署之聽，當可挽回，實中華商民生計之幸，即盼電復。蒸。

王樹枏《張文襄公全集》卷四五《設立官錢局片光緒二十三年正月十二日》

再，湖北省錢少價昂，商民交困，雖議設爐購機鼓鑄，一時驟難即有現錢供用。至行用銀元，本以輔製錢之不足，而民間持向錢店易錢，每爲姦商所抑勒，以致錢價仍不能平。查從前各州縣解繳丁漕錢文，皆在各錢店易銀上兑，於是製錢專歸錢店，該商遂得以操價居奇。臣等與司道熟商，惟有設立官錢局，製爲錢票、銀元票，精加刊印，蓋用藩司印信及善後局關防編立密號，層層檢察，如有私造者，照私鑄製錢銀元例，嚴行懲辦，通行湖北省内外，此票與現錢一律通用，准其完納丁漕釐税。凡州縣丁漕，向來以錢赴省易銀者，概令由官錢局易銀上兑，即以此錢供民間持現銀及官票來局换錢之需。民間來局换錢者，概照市價錢票，以製錢一千文爲一張，銀元票以大銀圓一元爲一張，蓋以數少票多，工精罰重，則作僞者自絶。當於上年夏秋間，在武昌省城設局試辦，派委廉謹誠實之員經理，現又於漢口設一分局，以資推廣，行之半年，尚無弊端。有此官錢局之錢票銀元票流播民間，庶可補現錢之缺乏。臣等仍當督飭司道，隨時嚴加稽核，體察民情，與時消息。行之既久，民信既堅，官票大暢，則市價自平，而民困可漸紓矣。

硃批：户部知道。欽此。

中國第一歷史檔案館《清代軍機處電報檔彙編》第三五册《收上海道電二月十七日》《收上海道麒祥電爲開設玻璃局製造火鏡未果應否撤銷合同事光緒二十三年二月十七日》 寒電敬悉，遵即傳詢蕭開泰。據稱，邀同鄉鄧雲航墊資開設玻璃局製造火鏡，立有合同，僅費三千金。未成，鄧欲拆卸廠屋，是經稟請鈞署，復求試驗。質之，鄧雲航則云，蕭言渠係鈞署拔取時務人員，能製造火鏡，取太陽之火鎔鍊玻璃，可以熬鹽鍊礦。當墊資本銀三千兩設廠試辦，數月毫無成效，恐貽後累，議將廠屋拆卸。旋局員向阻未拆，並無阻撓攘奪情事。現願將廠屋及所存物料一切充公，所墊三千金亦不追償，只求免究各等語，復查屬實。應否撤銷合同，將廠屋物料充分，乞示遵。麒祥。篠。

中國科學院歷史研究所《劉坤一遺集》書牘卷之一二《致三省院司光緒二十三年三月初八日》 各省製錢日少，不能不兼用大小銀元。而以紋換洋，外人獲利最厚，節經京外條陳，欽奉諭旨通飭各省購運機器，自造龍文銀元應用。廣東、湖北先行開辦，均有成效可觀。弟於客正回任，據前藩司瑞璋及候補道劉式通稟請定購製造銀元與銅錢機器各一分，當經核准附片奏明。現在此項機器運送到寧，另委桂道嵩慶起造局廠，如法安設，並委唐道際昌駐局經理各在案。大約七月内可以開辦。查此項機器頗大，每日用煤若干，必須多造方爲合算。因思貴省需用銀元情形相同，與其購自外洋，何如以銀交付寧局代造，每次由尊處委員押解紋銀到寧，守候銀元造成，領解回省，各清各批，無許搭套蒂欠。每批盈餘若干，即由該委員會同局員算明，除照章攤扣局用各項外，按數均分，寧省决不獨佔便宜。製錢亦經奏准改重七分，雖稍有折耗，爲數無多，如並需用，亦可代勞照辦。

汪叔子等《陳寶箴集》卷八《湖南新政三則》 火柴公司，度地於北城外之文昌閣側，廠屋宏敞，聞既有辦事條規，然未之見也。

電報總局，設於北門城隅之西園，電杆沿途皆守驛路，不强越民基，未事之始，縣官遴委鄉紳勸諭農民，婉商杆路之曲直，分段辦理，人情相信。又，凡竪杆、運料之勞工，即用本段附近之民人，人日給製錢二百文，食宿皆聽自擇，仍不許藉端滋鬧。此段工竟，則彼段鄉紳又集，民夫以族，官和而吏役不威。是以從前之劫於訛言而民抗者，皆官之自僨事也。竪杆總辦爲莊觀察，蓋司其成而已。聞約暮春可以通電，唯尚未廣及。若一切事皆能如此，無不成也，夫電報之有成，亦由於有學堂嚴課工程，而材能出耳。

《歷史檔案》一九九七年第一期《安徽巡撫鄧華熙爲購鑄銀圓機器請免關税事奏片光緒二十三年》 再，安徽省因製錢缺少，籌議購機建廠鑄造銀圓，以便民用。臣於本年二月間奏咨立案，現已派委候補道潘汝杰前赴上海與洋商議定購辦鑄銀圓機器全具，於三月間訂立合同，限期五個月運解到皖。屈計八月前後可以抵滬，即行轉運來皖。

查四川省購運鑄造銀圓等項機器，由滬至川照官物免税章程奏明免税有案。安徽現購此項機器事同一律，將來自滬運皖，自應援照免征關税，以符定章。

除咨南洋大臣、兩江督臣劉坤一轉飭經過各關，俟前項機器運到，照章驗明免稅放行外，理合附片陳明。伏乞聖鑒。謹奏。

硃批：該衙門知道。

中國科學院歷史研究所《劉坤一遺集》書牘卷之一二《致鄭蘇龕光緒二十三年六月二十七日》 詳查舊卷，盛京卿在上海先後設織布、紡紗等廠，均係北洋主政，南洋不會前銜，只列後銜。今將華盛租與洋人，始終一事，不得不照案辦理，以清眉目。

通州紗廠，鄙意亟思定局，唯張香帥任內奏明歸籍紳張殿撰等籌辦。嗣經商務局桂觀察與張殿撰議主官商會辦合同，即以公款購到之機器作爲官股。迄今商股寥寥，而張殿撰尚未放手，故必待其來省面決，或交盛京卿專辦，或與盛京卿合辦，均無不可。如張殿撰現在滬上，即由盛京卿先與酌商，要不出此二說。尊處如有信與盛京卿，請轉達下忱爲荷。

至蘇州絲、紗兩廠紳董，本有盛之老翁在內，將來陸大司成北上，如得盛京卿接辦，洵足以孚衆望，鄙懷不勝大願也。

中國歷史博物館《鄭孝胥日記》第三册《光緒二十三年七月廿三日》 晨，過季直，晤周彦昇、高力臣、寧波匠曹慶璋。遂過羅篤甫。因至銀圓局，劉仁卿同看。前後廠屋方安機器，稱十月可竣工，造廠約七萬，機器約廿萬，鍋爐六座，鑄錢、鑄銀隔爲二廠。廠地馮城背濠，在水西門内，總辦爲唐子明觀察，現有安機器洋匠二人督視。

王樹枏《張文襄公全集》卷七〇《商辦大冶水泥廠請暫免稅釐片光緒三十三年七月二十八日》 再，現在各省奏辦鐵路所用材料，以鋼軌枕木水泥爲大宗。鋼軌可取之漢陽鐵廠，枕木水泥尚須購自外洋。中國森林之學，未講枕木之利，一時尚難收回。水泥一項，外國謂之塞門德土，凡築路造橋建廠等事，均所必需。以中國之銀易外國之土，受虧孰甚，無待煩言。臣查得湖北大冶縣黄石港附近地名台子灣所産石質，於製造水泥極爲相宜，曾將原料寄至德國，函托使臣暨化學家考驗，許爲上等合用質料。當經出示招商，如有身家殷實，能集鉅股呈請承辦者，准即給札開辦，並予專利十五年，以維商業在案。茲據奏調湖北差委福建存記道程祖福稟稱，茲有清華公司遵照出示章程，招集華股三十萬兩，情願承辦大冶縣台子灣水泥廠，請援案專利十五年，俟五年後獲利漸豐，由公司查照外洋公司通例，酌提盈餘，報效公家，並請奏懇暫免稅釐，以恤商艱，等情前來。臣查該道員曾經創辦清華公司，講求實業，已歷多年，以之開辦水泥廠，必能刻期有效。異日行銷各省，收回外溢之利不少，當經臣札委該道爲水泥廠總辦。但事係創舉，正需延聘工師，購買礦山，建造廠屋，安設機器，一切廠用，繁費尤多。中國振興實業原爲抵製洋貨起見，然非輕成本不能暢銷，當此購機雇匠悉資外洋，費多本重，正恐商情疑沮，非賴國家提倡維持，不足以鼓舞商情。前准農工商部咨開，於三月十八日會同郵傳部具奏，各省商辦鐵路所用材料請照官辦之路，一律暫行免稅一摺，奉旨依議，欽此。又准農工商部咨開，於七月初三日具奏，華商設立公司製造鐵路材料援案暫行免稅，以勸工業而挽利權一摺，奉旨依議，欽此。均經先後通行欽遵在案。仰見朝廷重視路政，體恤商艱之至意。此次湖北設立公司，自製水泥，暢銷土貨，既係鐵路材料之大宗，相應援案，仰懇天恩，俯念商廠創辦維艱，根基未固，准其暫免稅釐，其准免年限多少，比照他省鐵路公司製造材料，一律辦理，以勵商情而興實業。

硃批：該衙門知道，欽此。

中國歷史博物館《鄭孝胥日記》第三册《光緒二十三年八月十六日》 陰雨，甚熱，向晚漸涼。許静山來。何眉孫來，言太常以紗廠官商永遠合辦，商人終不深信，已電南京，議將官股本二十五萬由商匀年繳還，以後專歸商辦。余愕然曰：「此議之發，毋乃太遲，恐與南洋當有小口舌矣。彼官機實價八十四萬尚未還清，詎肯以二十五萬售其半於商，而又取匀年攤繳之款乎？必不得已，且可商一將來歸商，歸官變局辦法，預於南洋存案而已。」

汪叔子等《陳寶箴集》卷一三《湖南試鑄小銀錢片光緒二十三年七八月》 再，案準部咨，奏奉諭旨：「飭沿江各省仿鑄銀錢。」其時湖南賑務正患製錢缺乏，極擬遵照舉行，而機器資本頗巨，籌措既難，又慮行用不廣，乏銀接鑄，致有停工糜款之患。適(廣東)(兩廣)總督臣譚鐘(麟)協濟賑需，以湘省錢少，賑給碎銀，諸多窒礙，因商之臣與辦賑各紳，於粵省賑捐，搭解半角、一角小銀錢六十萬枚，俾資周轉。發交外縣賑局，鄉民號爲「豪子」，較大銀錢頗能行用，亦有製錢缺乏州縣，來省兑換，以便民間零用者。第默察民情，究以來自外省，不如就近自鑄之尤足徵信。適廣東有存局小銀錢機器一具，因函商譚鐘(麟)，由湘購補完備，酌雇華匠數名運解前來。核計鑄造各費，尚屬無多。復查有在籍紳士分省補用道朱(恩紱)，才識閎通，綜核精密，操履介然不苟，於西法製造等事素嘗究心。擬即委令設廠，試鑄半角、一角、二角小銀錢，發交肆市行使，以輔製錢之不足。只期商民信用，不求餘利，一切用費，力從撙節，并不開支薪水，無須籌動官款，惟求工費出入足以相抵，有當於利用便民之義。如地方行用漸開，再議添購機器，奏明仿照湖北、廣東銀錢一律辦理。

所有湖南試鑄半角、一角、二角小銀錢，以濟民用緣由，除咨户部并俟鑄成賫送式樣外，謹會同（湖廣）督臣張之（洞）附片具陳，伏乞聖鑒。謹奏。

〔附〕《集成報》光緒二十三年八月二十五日《銀模解湘》 自張香帥設局粵東仿鑄銀元，各省紛紛踵行，第所用鋼模不能如粵省之精緻美善。聞湘省大吏邇日移咨粵憲，請代製中元銀模，以便湘局鼓鑄。譚宮保即飭銀局坐辦委員熊太守、薛明府代爲製作，業已製成，繳呈憲轅，行將委員解湘應用矣。

中國歷史博物館《鄭孝胥日記》第二册《光緒二十三年十一月廿五日》 中照生第四子，五點一刻，當寅卯之間。雪門來，取大生股分票并利息三十金有零條子去。

《歷史檔案》二〇〇三年第三期《給事中國秀等爲請將江西等省解京餉銀在廣東改鑄銀元解京等事片光緒二十四年正月二十六日》 再，粵東京餉向由號商匯解，不用現銀。茲令改鑄銀元，則此七八十萬現銀或恐一時無措。可否令江西等原解現銀省分，暫時解銀赴粵改鑄銀元，再行解京。其應需運脚等項，準就成色餘銀內開支。如此通融辦理，則粵省并非獨任其難，不致以搜羅現銀掣動市面。至鑄銀元機器，直隸等省均已購買，何以所鑄銀元不能通行。監鑄委員豈能辭咎？應由各該省自行察核，實力整頓，銀元模樣各省各式，殊於通行有礙，似宜仿照粵東，除某省二字外，大小、輕重、成色、花紋咸歸畫一，庶可經久遵行。將來京城所需，即就近在直隸鑄造尤爲省便。

臣等愚見所及，可否一并飭部核議施行，謹附片具陳。伏乞聖鑒，謹奏。

《歷史檔案》一九九七年第一期《閩浙總督許應騤爲閩省開局試鑄銀圓請免其造報事奏片光緒二十四年正月二十八日》 再，據福建善後局司道詳稱：閩省製錢缺乏，商鑄小銀圓奏明改歸官辦一案，接準部咨，行查機器廠屋如何租用及銀圓局一切辦法，妥議章程，奏明辦理。至大小銀圓鋼模，均須鏨用「福建省造」字樣，以便考核，并將鑄就各銀圓式樣先行送部查覈。等因。當經咨行遵照去後。

查閩省小銀圓先係商人孫利用自集資本購機設廠，旋因改歸官辦，飭委在籍浙江候補知府孫葆瑨開局試鑄，一切機器、廠房俱向該商租用，員紳、司事、匠役、辛工等項即在所得盈餘項下開銷，并議由局籌銀三四萬兩飭發銘鑄。奏咨在案。嗣因局庫奇絀，無款先發，市面製錢又缺，勢難停鑄。遂由孫葆瑨自籌本銀，遵照部咨鏨用「福建省造」字樣，鑄成銀圓，隨時繳官易銀接續鼓鑄，按照粵省成色分兩，驗無輕減，始行發商行用。所有匠工局用俱系孫葆瑨自給，所委提調，惟司查驗成色、推廣銷路，并與地方官嚴禁私鑄，以維圜法。孫葆瑨承辦是局一切局用既係自行籌給，并不動用公款，應請免其造報，詳請奏咨前來。臣復核無異。

除將辦理章程并銀圓式樣咨部查照暨行各直省一體行用外，理合附片具陳，伏乞聖鑒，謹奏。

硃批：户部知道。

中國科學院歷史研究所《劉坤一遺集》書牘卷之一二《致潭文卿光緒二十四年二月二十六日》 江南鑄造銀元、製錢，以期挽回權利，踵倣粵章在省開局，工作既興，流通尚廣。唯製小洋印花機器僅只兩副，不敷應用。聞尊處餘存印錢機器甚夥，鄂局前曾借用四架，改印小洋，極爲便捷，輒敢援以上請，伏乞鼎諾，飭局照撥四架，由招商局輪船運滬交上海蔡道查收，轉途省垣，至爲感叩！

王樹枏《張文襄公全集》卷一〇一《札道員王秉恩創設製麻局光緒二十四年三月二十七日》 據該道稟稱，竊奉憲諭，川鄂所出苧蔴，皆屬上產，祇以商民不諳製造，視爲粗質，悉以賤值售諸洋商，販寄回國，織成各樣匹頭，仍運來華銷行。上年海關征收册出口貨苧蔴一項，入口貨苧布一項，爲數不貲，皆由於中國無此項製麻專廠，以盡物之用，以爲民之倡，坐使美材供人取利，若不因時設法抵製，實爲一大漏卮。案查光緒二十一年閏五月，欽奉諭旨，多設織布、織綢等局，廣爲製造等因，欽此。又上年總署咨議覆給事中褚成博奏洋商改造土貨，應籌抵製一摺，内有該給事中請由各省將軍督撫酌度土宜集股設廠，官助商本，逐漸推廣，自濬利源，而杜外溢，應照行等因。查麻即係湖北土宜可用，機製之貨，亟宜欽遵諭旨，在省城設立製麻專廠，官先籌款設局，以爲之倡，民再集股分辦，以爲之繼。當必有如今日之設局，紡紗織布各事者，通商惠工之道，無逾於此，飭迅覓專業此項織造之洋人，考求機器，估計價值，訂立合同，請款興辦。至廠地前已購有平湖門外空地一區，飭即一併查看，丈量是否合用，併行稟復，聽候核奪示遵等因。查外洋購販中國苧蔴，悉皆乾質，故於就產麻地方製造生麻之法，尚未盡善。此次奉諭議辦，且設廠在省會地方，自以先由製造乾麻爲始，至織成綢布各料爲止。聞蔡故道錫勇曾以此項製麻機器，一再與禮和瑞記兩洋商籌辦，均未就緒，刻就所商，兩洋商飭呈機圖並前商函件逐一檢閱，除禮和洋商蘇和德尚須寄信回洋估價開報，未能久候外，查瑞記洋商蘭格，其父在外洋專業織布，該洋商在漢販運乾麻，歷時已久，於織機尚未極精，於販賣實已甚熟。因事屬創辦，尚乏熟諳之人，如機器既由其承辦，廠務亦擬令其暫爲經管，仍委員督率學習製作，稽核帳目，並訂明隨時均可聽官收回，既可學其製造之法，而又並無製肘之虞。其所商辦法，所有機器之價值，付價之日期，製造之名色，委員之薪水，總管之用費，洋匠之辛工，在事之事權，買賣之辦法，帳目之稽核，溢利之獎勵，均已詳載清單及合同內。計由鍋爐引擎，而去麻膠水，而紡麻爲綫，而織麻成布，各機層層接續，統共價值，除中國關税不計外，連運保費，共計英金一萬四千零四十三鎊。自立合同日起，付全價十分之二，機器運齊日，付全價十分之四，內二分瑞記允代墊付，由機器運齊日起一足年內，付價十分之四，並瑞記代墊十分之二分，所有第一批機價十分之二，第二批機價十分之二，共計英金五千六百一十二鎊，合現時鎊價約洋例紋銀四萬六千兩零。擬請籌款，發給其第三批機價及瑞記代墊十分之二分，共爲十分之六。届時稟請另行設法，借撥付給。以上機價均俟製麻廠造成，開辦後獲有盈餘，仍當陸續分還。如蒙批准，應請飭局借撥第一批機價二成，英金二千八百零八鎊零，約合洋例銀二萬三千兩零，隨批發下，以便簽立合同，呈請用印立案。至平湖門外地基，已經該洋商丈量合用，應請批給，爲製麻布廠建造之用。此外估造廠屋及開廠後一切章程，均當隨時飭該洋商籌議具報，轉請示遵等情，到本部堂，據此。查湖北土產苧蔴，質地堅韌，貨多價賤，民間僅以之績麻綫、織麻布，相沿成習，此外別無出色生新之法，徒以賤值售諸外洋。經洋商織成各樣匹頭，又以貴價售與中國，良由華民之諳製造，以致利權外溢，徒負土産。前經本部堂訪聞，外洋各國於苧蔴一項，有專門紡織機器，將苧蔴醃去粗皮，漂練潔白，梳櫛精細，始而成絨，繼而成綫，爲經爲緯，光亮柔滑，足與蠶絲相仿彿，粗之可織苧布，即通行最細最光最爽之洋布，精之可以織綢織絨，或全用本質，或攙絲，或攙棉，織成匹頭，或花或素，無不精美，洵足化粗爲精，化賤爲貴。較之棉花紡織紗布，其利尤溥。中國改造土貨，無有善於此者。現值湖北小民生計艱難，有此美材良法，亟應倡導鼓舞。茲特創設製麻局，先行購織機四十張，酌配梳紡等機，分別織布織綢，先行試辦。俾商民仿行，製造漸次推廣，各省均可仿辦，用以開風氣而利民生。他日各省轉相仿傚，利源日濬，漏卮漸塞，其裨益中華大局，似非淺鮮。現經飭令，該道與瑞記洋商蘭格議定購訂，將麻紡成紗絲暨將麻織成紬布各種機器，并經管督率稽核，一切章程尚屬周妥，自應及時舉辦，遵照總署奏案，由官助給商本，統計機價，連運保費共英金一萬四千零四十三鎊，所有第一批機價二成，英金二千八百零八鎊零，約合洋例銀二萬三千兩零，應即飭令北善後局在於新籌各款項下，照數撥發。即日解交織布局，由該道付給洋商承領，以便簽立合同。呈齎蓋印，各執爲據。其第二批機價四成，除由瑞記議爲代墊二成外，其餘二成，英金二千八百零八鎊零，約合洋例銀二萬三千兩零，俟機器運齊，另飭銀元局於盈餘項下墊撥付給。其第三批機價十分之四，及瑞記代墊二成到期，均由銀元局盈餘項下墊撥付給。所墊銀兩，統俟製麻局造成製造獲有餘利，陸續歸還清款。即將平湖門外購定空地一區，作爲製麻局建造房屋之用，此時局務即責成該洋商蘭格暫行經管，認真籌辦一切，不掣其肘，即委該道督率並派委員司事學習製造，即由該道稽核款目，並與訂明隨時均可聽官收回，王道勿庸開支薪水。

王樹枏《張文襄公全集》卷一五五《致東京湖北委員姚令光緒二十四年三月三十日巳刻發》 儉電悉，工藝教習且緩。現專訪工師，須能製竹器者一，能以木皮造紙者一，能治骨角如假玳瑁器明角燈等類者一。再詢織呢絨有省儉辦法否，如有亦須一人。羽毛齒革皆楚產，故注意於此。鑛務固亟，擬就學於彼。卅。

王樹枏《張文襄公全集》卷一五五《致太原胡撫台俞藩台光緒二十四年閏三月初七日午刻發》 湖北織布局前奏撥晉款二十萬兩，係由粵轉借來鄂。截至二十二年止，兩省已解過息銀十三萬八千兩，計息銀已居本銀四分之三。弟原奏本擬分年歸還四萬兩，惟因歷年棉花歲歉價昂，錢價日增。又兼洋紗洋布充斥，滬廠林立，獲利益難。上海紗布各廠近兩年無不賠折，或數萬或數十萬，遠近周知。鄂廠勉强支持，每年應付官息商息，入不敷出。前項晉款如照原案每年分還四萬，實苦力有不逮，萬不得已，擬請止利還本。無拘銷路如何，每年湊還一萬兩。如銷暢利增，即每年湊還二萬兩。茲特商懇台端惠念此項解過息銀已居本銀四分之三，慨允止利。每年還本一萬兩，俾可從容清結。實紉公誼，曷勝感禱。容即奏咨立案，祈電復。陽。

中國歷史博物館《鄭孝胥日記》第二册《光緒二十四年六月三十日》 晨，過葉縵卿，請擬叔衡方。又過樊時勛。葉、樊皆寧波人，聞其語氣，皆畏事者也。午後，詣公司。汪穰卿等集衆於絲業公所，議解四明之難，余視單中，皆空言無力者，遂不往。

《歷史檔案》一九九七年第一期《安徽巡撫鄧華熙爲呈送安省鑄成銀圓式樣并陳辦理情形事奏折光緒二十四年七月十二日》 頭品頂戴安徽巡撫臣鄧華熙跪

奏，爲安徽省鑄成銀圓，謹將式様進呈，并陳辦理行用情形，恭折仰祈聖鑒事。

竊臣於光緒二十三年二月具奏安徽省製錢缺少，籌議鑄造銀圓，以便民用而維圜法一折，欽奉硃批：該衙門知道。欽此。旋準户部咨令，俟機器購到即仿照廣東、湖北辦法，分兩成色不得稍有軒輊，大小銀圓鋼模均須照北洋辦法，鏨明年分及安徽省造字様，鑄就銀圓式様送部查覈。等因。當經轉行遵照各在案。此項機器係委候補道潘汝杰前赴上海與德國商人訂定，在外洋製造，本年二三月間陸續運送到皖。其工作廠屋、辦公局所，已先度地購基鳩工建造，於春間落成，將機器裝置。雇用熟悉工匠，按照廣東、湖北銀圓分兩成色，并鏨明年分及安徽省造字様，鑄成大小五種銀圓，統歸庫平，校準大圓重七錢二分，其次爲兩開重三錢六分，又次爲五開重一錢四分四厘，又次爲十開重七分二厘，又次爲二十開重三分六厘。據該局呈送式様，請飭發行用前來。

臣查安省沿江郡縣，習用外國銀錢，近年湖北所鑄運來，民間一體行使，只有皖北各屬銷路尚不爲多，而當此錢少價昂、兵民交困，自宜廣爲流布，使與錢貫并行。更宜先用於官，以爲商民倡率。凡完納錢糧、税厘等項俱準兼收，支發廉、薪、糧、餉等需亦均搭放，皆按市價核算，不許畸重畸輕。市肆之間各項交易，令與外國銀圓同價，不得故意低昂。經臣札飭通行出示曉諭。又復詳加考驗，分兩成色無差，故發行後出納持平，官民稱便。其五開、十開兩等取携輕便，尤足以代製錢零星使用。

此項機器局廠購買營造之資，據報共庫平銀六萬四千餘兩。安省帑項支絀，公款一時難籌，是以分借於商，訂明按月出息，由銀圓局給發各商，不問盈虧，以示與各項公司集股舉辦者有別。現就所置機器開鑄，參照廣東、湖北鑄法，模様、成色尚屬相符。惟鑄造伊始，各處尚未周知，解銀附鑄者無多，而一切局用物料、匠役工食、委員薪水等費爲數不少，開除之後無甚盈餘，應給商息猶屬虚懸，不遽能利益公家，抽還借項，且慮銀款不繼，周轉維艱。臣再四籌維，務求久遠之計。現飭原辦之潘汝杰將購機建廠經手款項逐一算明，期臻核實，而免含混。此後局務派藩司爲督辦，則豫籌鑄款，飭屬領用，呼應可以通靈。又派候補道員爲總辦，住局監察，立法嚴而流弊清，分兩準而銀色正，則錢典貨商皆樂繳銀换領，堪以循環。鑄造流行日廣，則利益自多，除去局用開支，得有盈餘，以之應付息銀，并逐漸提還商款，數年後本息清楚，則餘利盡歸公家，而廠器亦皆官物，所獲盈餘堪以貼充公用。現方試辦，一俟著有成效，再行隨時奏咨。至錢糧税厘等項，請準兼收官鑄銀圓，庶得行銷通暢。查户部奏定沿江沿海各省仿鑄銀圓案内聲明：户部銀庫凡一切雜課，準用官造銀圓兑收，一切雜用準用官造銀圓開放。等語。本年又有令廣東省截留京餉銀兩，鑄造銀圓解部收放成案。安省奉撥地丁、關鋭、厘金等款，京餉如何酌用、銀圓幾成搭解部庫，則經征官吏無稍爲難，各處商民益皆信用。

所有鑄成大小銀圓五種，咨送軍機處進呈，相應請旨勒下部議，酌定搭解成數，咨復遵行。使流通始於京師，推行及於各省，用以助圜法，挽利權，冀開拓乎國寶之源流，亦有合於救時之急務。

除銀圓式様并咨送總理各國事務衙門暨户部查覈外，理合繕折具陳，伏乞皇上聖鑒訓示，謹奏。

硃批：另有旨。

汪叔子等《陳寶箴集》卷三〇《監生張本奎等創設化學製造公司禀批》

湘省年來澤涸山荒，生計凋落，凡有生財之道，自當悉力振興，以蘇民困。據禀，擬設湖南化學製造公司，先行蒸熬樟腦，懇請立案專利前來，亦屬保富之一端，仰即迅速開辦。

至樟腦本中國所素有，與創始煎煉者少殊，惟湖南地方初無是物，且該生等係用化學蒸造，并需購備機器，如果蒸造合式，可以銷行。應準酌照福州陳紫(綏)〔綬〕製造紡紗機器成案，在湖南境内專利十五年，以示獎勵而資觀感。俟將詳細章程議呈，再行查覈，分别咨行立案。此批。

〔附〕監生張本奎等《創設化學製造公司禀》 爲邀集股分設立化學製造公司，先行蒸熬樟腦，懇恩批準立案事：

竊惟强國先資夫保富，物土深虞其棄材，勸工之典既宏，阜民之澤斯遠。生等去歲肄業求賢書院，山長陳舉人驤講求化學，生等熏陶漸染，粗明物理，如鐵硫鉛礦銀圓發輕硫氣，蒸以脱取酒精熬樟腦等事，皆經陳山長口講指畫，一一實測。

及山長北旋，生等按法試行，惟鐵硫鉛礦各件，非有化學材料，無由演習，其蒸以脱取酒精熬樟腦等，屢次試驗，無不如法。而樟腦尤所致力創造，小試器具，原本師説，參以己意，總以氣不外耗、腦不濁雜、油不混失爲善。更由熬腦之法，推之薄荷、艾葉、松香各油，皆可煉取。

考樟腦之爲用甚多，而行銷外國尤廣。從前臺灣歲産約洋七百萬圓，自臺與日本，不惟出口貨物虧一巨宗，即內地必需之處，受製居奇，大爲民庶之不便。伏查湖南向多樟樹，郴、永、辰、澧爲尤富，生等熬腦既成，親友稱善，促即舉行。謹擬邀集股本銀壹萬兩，設立湖南化學製造公司，暫用土法，先行蒸熬樟腦，俟著成效，即當購辦機器，以次擴充。

查各國工藝之興，即由專利以鼓舞之。大人莅湘以來，振興百度，育才勸商，日昇月新。頃又於各報恭讀工藝專利之明諭，敷天士庶，感奮同深。不揣冒昧，擬懇恩施批準立案，轉咨總理衙門，專利二十年，凡在湖南地方，二十年限內，不得仿造。如蒙俯允，生等謹當酌擬詳細章程，呈請核定，并公舉正紳總理一切事宜。

除備帶熬造樟腦器具，恭詣轅下，伏候察驗外，爲此具禀，仰乞大人察核，批示祇遵，實爲德便。謹禀。

《歷史檔案》二〇〇三年第三期《四川按察使文光爲鑄造銀元製錢動用貨厘等款請予報銷事奏折光緒二十四年八月初二日》　二品頂戴護理四川總督按察使臣文光跪奏，爲購運銀元、銅錢機器，雇匠造廠，動撥土貨厘金，造册請銷，恭折仰祈聖鑒事。

竊查光緒二十二年六月初七日經前督臣鹿傳霖陳奏，以川省製錢缺乏，銀價過低，派員前赴上海購置各項機器，初擬在於省城鑄造製錢，川東鑄造銀元。旋將銀元改在省城鑄造，并於機器局後建造鼓鑄銀元、製錢廠局。迨購機器到川後，經前兼署督臣壽奏明，派委特用道安成開局舉辦，仍於成綿口庫土貨厘金項下提拔銀兩，采購銅鉛在案。

伏查購運機器，覓雇洋匠，修造廠房，採買精銅、白鉛，共動用土貨厘金庫平銀一十一萬五千五百六十四兩二錢一分八厘七毫，均係核實開支，并無浮冒。兹據成綿道長春，現署按察使，特用道安成造具清册，會同詳請奏咨前來。臣復查廠房、機器，現在安置妥繕，所購精銅、白鉛亦經陸續採運，容即督催司道妥籌鑄造銀元的款，并令速將銅鉛運齊，即行次第興工開鑄，以濟民用而廣利源。

除將清册分咨查覈備案外，謹恭折具陳，伏乞皇上聖鑒，敕部核銷。謹奏。

光緒二十四年九月初五日奉硃批：該衙門知道。欽此。

《歷史檔案》一九九七年第一期《浙江巡撫廖壽豐爲浙省仿照粵鄂銀圓章程購器設廠鼓鑄銀圓事奏折光緒二十五年正月二十六日》　頭品頂戴浙江巡撫臣廖壽豐跪奏，爲浙省仿照粵鄂銀圓章程購器設廠，推廣鼓鑄，以維利權，恭折仰祈聖鑒事。

竊查廣東、湖北兩省鼓鑄銀圓，流通行使，經部議復御史陳其璋奏請飭部設局鼓鑄銀圓案內，奏令各省自行設局仿辦。奉旨依議，欽此。浙省前因製錢日絀，購運粵鄂兩省銀圓濟用，并擬仿照粵章，遵旨推廣鼓鑄，由官籌辦，於光緒二十二年十二月間，經臣電請總理衙門代奏在案。兩年以來，督同藩司次第經營，先將舊存機器酌改，試鑄未能合用。旋復悉心考較，將一切局廠規模及招募工匠、購備機器等事宜均先議定辦法，撙節估計，擇省城報國寺前空曠官地建造局廠，一面訂購德國鑄造大小銀圓機器全副，并延雇熟諳洋匠分別指授。現在局廠工竣，購到機器一律裝配齊全。臣與藩司參酌粵章，分設各廠要以得人而理爲第一要義，遂加遴選向來辦事勤慎、廉潔自愛各員，常川駐局分任其事。仍選派知府一員爲該局坐辦，由藩司會同防軍局督率稽查，以總其成。擬即擇日開鑄，共鑄大小銀圓五種，校準成色分兩，不得絲毫出入，錢面係以「浙江省造」字樣。所需鑄本由防軍局借撥，即以鑄出銀圓採買寶紋，循環周轉。其局廠機器經費，共用銀六萬餘兩，業於鼓鑄成本款内動支，應請作正開銷。據布政使惲祖翼會同防軍支應局司道具詳請奏前來。

臣查鑄造銀圓，爲變通圜法，以濟製錢之不足。浙省歲鑄製錢雖十餘萬串，尚不敷用，而銅價日昂，鑄本益虧，實賴粵鄂銀圓相輔而行。惟兑款購運耗費既多，且輾轉需時，緩不濟急，今竭力籌畫，由本省購器設廠，推廣鼓鑄，仍與製錢并用，藉以紓民困而維利權。

除俟各種銀圓鑄成另行進呈并咨户部外，所有浙省推廣鼓鑄銀圓緣由，理合恭折具奏，伏乞皇太后、皇上聖鑒，謹奏。

硃批：即著移交劉樹堂認真辦理，仍將各種銀圓先行呈覽。

中國第一歷史檔案館《光緒朝硃批奏摺》第一〇二輯《光緒二十五年三月廿九日漕運總督松椿摺》　再，查江省食貨必需之品，以麥粉爲大宗，上年經臣德全派委協領純德在津滬定購火磨各機器運回後，即在省城西關外嫩江沿設立火磨廠一處，共計前後撥給官股銀四萬兩，即以該協領總理其事。自上年九月開辦以來，據稱所出麪粉，色質精潔，行銷尚屬暢旺，並將動用存儲各款，列具表册，禀請鑒核前來。臣等覆核屬實，除一面分飭添籌成本，俾資推廣，並咨部查照外，謹附片具陳，伏乞聖鑒，謹奏。該部知道。

王樹柟《張文襄公全集》卷一〇三《札江漢關道勸諭華商購機製茶光緒二十五年四月十四日》 照得中國出口土貨，以茶葉爲大宗，而漢口商務之盈絀，尤專視茶葉爲盛衰。近年印度歐美東洋各處種茶漸多，銷流漸廣，雖茶質遠遜中國，而外國人究心培植，加工烘製，洋茶貨價日高一日，我茶出口年少一年，若不及早整頓，則必如他事，終落人後。原有大利，盡爲外人奪去，豈不可痛可危。前經屢飭江漢關道，悉心考究，妥議詳奪，並札委稅務司穆和德勸令華商集股，仿照外洋烘製之法，購機試辦。旋據江漢關道詳據武昌府崇陽、蒲圻、通山、咸甯、興國等州縣，及茶釐委員易守學灝暨茶葉公所商董稟復前來，大率皆以機器製茶水味苦澀，香氣不清，只宜英國，以外則不能暢銷。機器價貴，成本難籌，不若仍循其舊爲詞。查華商性情，但以襲故套，圖小利爲事，而憚於求精。官場積習，但以因循省事，搪塞上司爲能，而懶於振作。當經批駁，飭令再行悉心體察，妥議詳奪在案。兹日久未見詳覆，特再札催該商等。須知中國茶葉所以至今仍勝於洋茶者，乃中國土性天氣使然，至於人工烘製，則人事之不齊，斷不若機器之一律。若中國仍用舊法，洋商必藉口人工不能停勻，製法不能幹潔，極力傳播煽惑，務使各國盡銷洋茶，而後已恐各國銷路日久，皆將窒塞，豈獨一英。我若改用機器，是製法與彼同，而茶質較彼勝，又何能與我争衡乎。若謂機器製茶，香味全失，此説最謬。查洋人飲茶，專取濃厚，既爲消食，又防傷胃。先用鐵鍋熬成濃汁，將飲之時，注於甌内，必加入洋糖兩塊，再攙入牛乳一勺，已別成一種風味。即使清芬雋永，如浙之龍井，蘇之碧螺，閩之蘭蕊，配以中泠惠山之泉，一用西法，煎熬調和，恐亦不能辨其爲何味矣。西人所謂清香，豈中國詩人墨客品茶諸書所謂清香耶。況機器烘製，其經火成熟，與人工同，而迅速停勻，無煙氣，無霉氣，無馬糞氣，則遠勝之，何反至有損香味，尤不可信。若謂機器製茶，只銷於英，尤爲無稽妄説。漢口煙筒林立者，即俄商以機器製茶之屋也，數年來俄人亦漸買印度茶。所買者，即皆機器之所製也。近年温州機器製茶，味美價善，洋報稱盛，該官商等獨未之聞耶。至漢口茶商連年虧折，大抵皆因零星小販太多，資本不足，重息假貸，減價争售，致壞市面。若各大商能集股購機製茶，小販力薄，不能購機，勢必不能與之争利，是小販不禁自絶。既無小販，則華商不爲洋商挾製，市面必日有起色矣。前據稅務司穆和德面禀，洋商之欲來漢試辦者甚多，而華商皆畏葸裹足，不肯集股。本部堂聞之，殊爲華商惋惜。此事所需資本並不甚鉅，多則十萬，少則六萬，再少則三萬亦可試辦，以漢口茶商之盛，豈竟無一二有識有志之人，爲中國挽回利權耶。爲此札仰該關道，趁此茶商雲集之時，務速再爲傳集各商，極力勸諭籌辦，以爲明年之計。毋負本部堂勸導苦心，務期議有端倪。如有須官力維持保護之處，本部堂定必竭力扶持。儻商人集股不足，本部堂亦可酌籌官款若干相助，以期成此盛舉。

王樹柟《張文襄公全集》卷一五八《致天津裕制台光緒二十五年五月十九日巳刻發》 删電敬悉。鄂鑄銀元計分五種，大元九銀一銅，半元八六銀一四銅，一角二角半角八二銀一八銅，均照奏定章程鑄造。惟寶銀每萬中含雜質百四十兩上下，局章須經西人化驗，提浄雜質，方算十足浄銀，然後按章配銅，此鄂局成色獨爲精足之由。銀元用局庫平比湖北司庫平，每萬大四十兩，出入一律。每大元成本，連工炭火耗銅價，約合司庫平寶銀六錢七分八九釐，此大較也。其釐毫細數，總須驗化來銀高低若干，始克有準，不能懸計密合。現計本省司庫，每交庫平寶銀萬兩，鑄大元約付一萬四千七百二三十元，鑄半元約付合大元一萬四千九百六七十元，鑄一二角約付合大元一萬五千三百元。外省託鑄付數準此。惟運保箱袋等款，均歸託鑄自理，其半元一種，因工費過多，現已停鑄。據局員詳開前來，謹即電達。效。

中國科學院歷史研究所《劉坤一遺集》奏疏卷之三〇《銀元局著有成效請仍接辦折光緒二十五年五月三十日》 奏爲江南設立銀元局，著有成效，獲利甚厚，籲懇天恩，准與湖北、廣東兩省一體辦理，恭摺具陳，仰祈聖鑒事：

竊臣承准軍機大臣字寄：光緒二十五年四月二十四日，奉上諭：「近來各省銀錢兩項，日形短絀，各該督撫請鑄銀元以維圜法，未始非補救之一術。惟各省設局太多，分量成色難免參差，不便民用，且徒糜經費。湖北、廣東兩省鑄造銀元，設局在先；各省如有需用銀元之處，均著歸併該兩省代爲鑄造應用，毋庸另籌設局，以節糜費。該兩省所鑄銀元成色分兩，不得稍減，務歸畫一。嗣後無論運交他省，或解赴京師，發商驗明，如有成色分兩不符不便行用之處，定將該局員治以重罪，決不寬貸。並著該兩省將監造各員銜名諮報户部備案。將此通諭知之。欽此。」

伏查中國行用洋元，以墨西哥所鑄鷹洋爲最多，日斯巴尼亞所鑄本洋次之，初祇沿海各省，近且漸入内地。前經飭查上海進口之數每年不下千餘萬元，利源外溢，實爲中華之一大漏卮。又以制錢短缺，市廛周轉不敷，物價陡增，民生亦因之日困。閩、津等處籌議鼓鑄制錢，復因銅缺價貴，虧折過鉅，補苴爲難，未克持久。時勢所在，非廣鑄銀元不足收利權而資抵制，非分鑄小角不足濟錢法而便商民。廣東、湖北兩省次第購機創辦，又經户部於議覆御史易俊、陳其璋請鑄銀元案内，先後奏准由南、北洋大臣暨治海沿江各省設局倣辦，咨行前來。臣當即飭委道員劉式通在上海瑞生洋行訂購製造銀元、制錢機器全副，並飭道員桂嵩慶於江寧省城擇地建廠，奏明在案。所購機器頗大，所造廠屋亦宏，統計用款至三十萬金，皆由籌防局借撥濟用。良以大江南北，風氣已開，需用銀元日多，規模不可過隘，以爲將來擴充之計，印爲圜法久遠之圖。

惟是銀元之制，以考校成色、流通行使二者最爲切要。江南製造各項銀元，大小輕重，以及配合之分兩等次，均係倣照廣東、湖北定章；而考究成色，則又專雇化學洋員，自鎔銀以及成元，靡不按爐按批抽提試驗，務使色足製精，分毫不爽，由洋員逐日出具驗單，以爲考察之據。並於元面鑿以省分之外，鐫印年分干支，俾經造者各有責成，較之湖北、廣東尤爲周密，實足以取信中外。至於行用之地，上海爲商務總匯、貨幣流轉之區，市面通用，向視洋行爲標準。蓋華商貿易，無不與洋行相維繫，稍有阻格，即窒礙難行。江南銀元鑄成後，發交江海關道與中外商民互相考驗，僉謂銀水精湛，分量均勻，願爲一律收用。中國大小銀元，遂得通行無滯，日見暢銷，北洋一帶，均各行用。安徽向用本洋，今亦改用龍元，徐州素不通用銀元之處，亦得逐漸推行。計自光緒二十三年十二月開爐試造起，至二十四年十二月底止，共鑄成行銷大小龍元五百萬元零，除開支一切經費外，實獲盈餘銀十四萬餘兩。現在工匠手藝日臻純熟，每月約可鑄造六十萬元左右。以去歲之盈餘，歸還購辦機廠之借款，已將及半。雖獲利之多寡須視市價之優絀，未能預計，第就目前銷數，約略核算，至來春當可一律還清。此後所獲餘利，即屬大宗進款。當此庫儲告匱，籌款維艱，得此新增之項，以爲挹注之資，實於餉需大有裨益。此江南設立銀元局著有成效之實在情形也。

欽奉諭旨：「各省設局太多，分量成色難免參差，毋庸另籌設局，以節糜費」等因。朝廷訓誨周詳，實事求是，深慮各省辦法不一，經費虛糜，用於便民之中，仍寓杜弊之意。第製造銀元分兩成色是否畫一，當以商民之能否信用爲斷，而商民之信用與否，又當視行銷之暢滯爲衡。江南所鑄大小銀元平色，與廣東、湖北兩省並無絲毫參差，中外信用，銷路較各省爲尤暢，開辦甫逾一年，行銷至五百萬元之多，盈餘至十四萬兩之鉅，有利無弊，皆有實事可徵。方以限於鑄本，未能漸圖擴充爲憾，若一旦遽行議停，則數十萬購置之機廠，悉成無用，十餘萬未還之墊項，亦歸無著，每年復坐失大宗進款，殊爲可惜。查從前御史易俊、陳其璋先後奏請推行各省設局廣鑄者，原以外洋銀元之侵蝕日多，粵、鄂兩局之造數有限，不得不加意經營，設法推廣。部議復以局員得力，三年後予以優獎，所以爲推行計者至深且切。現查江海關上年外洋進口銀元合銀五百二十餘萬兩，核計洋數不下八百萬元，雖較往歲進口之數已少，仍未能全行杜絶。如江南一局再行停鑄，則中國自製龍元每年驟少數百萬，此絀彼盈，勢所必至。外洋銀元進口益多，於權利所損尤大。且江南本係倣照粵章，銀元與銅錢兼鑄，即以銀元之餘盈，補銅錢之虧耗。近來銅價日昂，前數年每百斤已需銀二十餘兩，今且增至三十餘兩，成本愈重，核計虧折幾倍於前。粵廠業已停造，江南尚能酌量鼓鑄者，賴有銀元盈餘爲之彌補其闕，每月成錢六七千串，散佈市廛藉以平價。若將銀元停造，則銅錢蝕耗之費無款貼補，亦復不能續鑄，於本地商民更多苦累。再四思維，惟有仰懇天恩，俯念江南設局有成，確著實效，准與廣東、湖北兩省一體辦理，出自鴻施。

至現辦局務，係江蘇特用道任玉森。該員穩練精明，操履廉潔，上年經臣以辦理有效，彙摺奏保有案。仍當嚴飭隨時認真考察，以期維持不敝；如或稍滋弊端，自當遵旨參辦，斷不敢以奏保在前，稍存迴護。

除將大小龍元五種咨由軍機處進呈御覽並咨部查照外，理合恭摺具陳，伏乞皇太后、皇上聖鑒訓示，謹奏。

《歷史檔案》一九九七年第一期《浙江巡撫劉樹堂爲浙江省鑄造銀圓遵旨停鑄事奏摺光緒二十五年七月十四日》　頭品頂戴浙江巡撫臣劉樹堂跪奏，爲浙江省鑄造銀圓遵旨停鑄，恭折仰祈聖鑒事。

竊照光緒二十五年四月二十四日奉上諭：近來各省銀、錢兩項日形短絀，各該督撫請鑄銀圓，以維圜法，未始非補救之一術。惟各省設局大多分兩成色難免參差，不便民用，且徒糜經費。湖北、廣東兩省鑄造銀圓在先，各省如有需用之處，均歸該兩省代爲鑄造應用，毋庸另籌設局，以節糜費。等因。欽此。伏查浙省前因制錢日絀，前任撫臣廖壽豐先準户部議復御史陳其璋條陳鼓鑄銀圓，先行令各省設局仿辦，爰即督同藩司次第經營，建廠購器，雇匠派員，由防軍局借撥鑄本，設局開辦。聲明所用局廠機器經費，應請作正開銷。奏奉硃批，交臣認真辦理。等因，欽此。比因浙省先用鄂、粵銀圓，以一錢四分四厘及七分二厘兩種爲最廣，故開鑄亦以此兩種爲先。半載以來，商民信服，市面流通，遠至上海亦能行用。欽奉前因，當即轉行欽遵。旋準户部來電，令將機器調至京局應用，候電運解。所鑄大小銀圓咨送各二枚。等因。復經行據該局截至六月底止，遵旨停鑄，即將各項機器拆卸裝儲候電起運，並將鑄成大小五種銀圓各二枚，分裝兩匣，由藩司會同防軍局詳請奏咨前來。臣復查無異。

《歷史檔案》一九九七年第一期《安徽巡撫鄧華熙爲遵旨停鑄銀圓息借商款請予籌還事奏摺光緒二十五年八月初二日》 竊臣承準軍機大臣字寄，光緒二十五年四月二十四日奉上諭：近來各省銀、錢兩項日形短絀，各該督撫請鑄銀圓，以維圜法，未始非補救之一術。惟各省設局太多，分兩成色難免參差，不便民用，且徒糜經費。湖北、廣東兩省鑄造銀圓設局在先，各省如有需用銀圓之處，均著歸併該兩省代爲鑄造應用，毋庸另籌設局，以節糜費。等因。欽此。並準户部恭録咨行及傳電到皖，銀元機器擬調京局應用。等因。當即札行銀圓局，欽遵停止鑄造。

查安徽省議鑄銀圓原因制錢短少，維圜法而便民用起見，舉辦經費與別省不同，稱借於商，訂明出息以償，並不糜費公款。溯自光緒二十三年二月，向洋商定購機器，度基礎建造局廠。至二十四年二月，機器運齊，局廠工竣，三月間裝就開鑄。購買、營造工價所需，共庫平銀六萬四千餘兩，鑄成大小銀圓五種，按照湖北、廣東兩省所鑄分兩成色考驗無差，發行後官民稱便，均經臣具折奏明，並將式樣進呈在案。方未開鑄以前，商息無所從出，與開鑄之始，應用物料器具隨時購添，又經續借銀九千六百餘兩。連前統計，共庫平銀七萬三千四百餘兩。此項息借商款，當時奏明俟鼓鑄數年，出數漸多，推行漸廣，局用支銷以外得有盈餘，本息皆可取償，陸續給還清楚，則廠器即爲官物，餘利盡在公家。今鑄辦甫及年餘，沿江一帶郡縣流通甚便，周轉不窮。皖北風氣初開，亦知信用，由近而遠行及外省，係已成之局，起色正有可期。現在遵旨停鑄，户部調用機器，臣電詢解交何處？接準電覆：京局建廠需時，機器候電再運。等因。臣已飭該局造册詳開件數，派員會同點驗，妥爲經管，封存局廠，房屋亦派人看守。臣核計款項，未還商借銀六萬七千四百餘兩。蓋以開鑄一年所獲之餘羨實支應兩年之開銷，除去物料價值、匠役工食、委員司事薪資以及局廠雜支、各商月息，已抽還商本銀六千兩，其餘出借。商人現知停辦，紛紛至局請還，該局所存除機器外，惟有房屋、器物，所借銀款無法可措。據辦理銀圓局司道具詳情形，商懇設法籌還，並請奏咨前來。臣查安省銀圓借款興辦，(在)[再]能寬以時日推廣鑄行，得就盈餘撥還，不必動支公項。今既停辦，各商本息虛懸，自應分別給還，期無失信。況機器由部調用，購價應準開支。合無仰懇天恩，俯準將原購機器價銀於公款内動支，並將房屋、器物歸公，核明建置銀數，一併動撥分還商借銀兩，俾可清理完竣。

《歷史檔案》二〇〇三年第四期《浙江巡撫劉樹堂爲浙省鑄造銀元機器調撥京局事片光緒二十五年十月十六日》 再，浙江省鑄造銀元，遵旨停鑄撤局，並準部電，令將各項機器調至京局應用，候電起運，業經臣專摺陳明在案。

兹準户部來電，令將機器即行起運，行據布政使惲祖翼詳，委候補知縣劉永安眼同前辦局務杭州府知府林啓、候補知府朱啓鳳等，將全副機器督匠拆卸，分別裝箱，造具清册。即飭劉永安小心管解起程，由滬附搭輪船運津解部投收，呈請奏咨前來。臣復查無異。

中國科學院歷史研究所《劉坤一遺集》奏疏卷之三二《籌還通州紗廠機價官商合辦折光緒二十五年十二月十六日》 奏爲江南通州紗廠領用官購紗機，官商合辦，謹將籌還機價數目暨前後辦理情形，恭摺具陳，仰祈聖鑒事：

竊前署督臣張之洞在兩江任内，迭奉諭旨，飭令招商，多設織布紡紗等局，以收利權。當以通州、海門爲産棉最盛之區，奏派在籍紳士翰林院修撰張謇，邀集紳商，就地設廠，招股興辦；並以前在湖廣總督任内向上海瑞記及地亞士兩洋行墊款訂購紡紗機器全部撥歸蘇州商務局招商合辦，均各奏明在案。迨臣於光緒二十二年回任後，察知商情觀望，領辦乏人，機器仍庋滬棧，應還機價迭又屆期，鎊價日昂，息款暗蝕，加之棧租、保險以及華洋員匠隨機照管、守候裝配等費，閱時已多，需款更鉅，即飭前辦江寧商務局徐州道桂嵩慶趕速籌款清釐，招商分領承辦。

當查前項機器原奏内稱合銀六十萬兩，係就當時鎊價約合庫平核算，且止統計正價及來華運、保各費而言，存滬棧租尚不在内。又合同係十九年在鄂所立，先由該洋行墊款代辦，其墊付銀兩每年七釐起息。又由洋廠代雇洋匠，隨機到滬，派令經管守候，安廠裝配，川資薪費按約照給，原奏均未詳細聲明。又按合同，機件仍有短缺，兩次續補，津貼購價，亦原奏所未及預計。時閱四載，款分六期，息款雖隨本遞減，鎊價則積時愈增。以上各款，除由鄂省先付定銀二萬五千兩，續撥湘、鄂票價庫申規銀三十二萬八千八百兩，嗣又陸續動撥上、寶灘地變價銀二十四萬五千七百餘兩，其餘不敷之款，暫在南洋各處先行借撥，仍俟續變地價歸還，以符原奏。統計購辦紗機正價及運、保、棧租等費以及墊款息銀，兑鎊漲價，補還機價貼項，洋匠薪水、川資，共規平銀八十七萬九千七百四十二兩有奇，均於上年一律付清。此鄂省訂購紗機撥歸江南歷次籌還銀款之數目也。

至此項紗機本擬歸蘇州商務局領用，旋因在籍紳士前國子監祭酒陸潤庠承領息借商本積穀公款，另行購置絲紗等機，設廠開辦，而通、滬廠商潘華茂等又因蘇、滬各廠爭利，商股一時難招，延宕經年，不願領辦，復招商股，屢議屢更。既因機器久閣，鏽損必多；兼慮洋棧遠存，糜費未已。當經桂嵩慶與大理寺少卿盛宣懷、翰林院修撰張謇迭次籌商，咸以官機占本大重，商股受虧必多爲辭，因酌商變通辦法，延請公正行商，照時估值，除去各種費用，將全部紗機四萬七百餘錠作價規銀五十萬兩，由盛宣懷、張謇在上海、通州各設一廠，分領紗機，作爲官本各二十五萬兩，另招商本各二十五萬兩，訂明官商合辦，照章計息，載在合同。其通州一廠，即由張謇督同商董招齊股分，擇於通州西門外沿江地方建廠安爐，興工舉辦。經始於二十三年十二月，至本年春季甫經落成，開機軋花，分投工作，十二月十五日全機二萬三百餘錠，均已開齊。出紗既佳，行銷亦旺，中外爭來購用，謂比蘇、滬廠紗爲優。此通州紗廠官商合辦漸著成效之情形也。

臣維通、海一帶土產棉花，柔韌精良，冠於環球，各國洋商購花紡紗，還以輸之內地，土布爲所擁擠，漏卮頗難挽回。今幸官商合本設廠紗紡，地利既宜，人工亦便，獲利之厚，左券可操。然當議辦之際，正值滬廠倒閉相仍，洋商擠排尤甚，多端疑阻，幾敗垂成。該紳商等艱苦經營，始終罔懈，臣亦毅然力任，俾底於成而後已。頃雖紗銷暢盛，工作辛勤，從此擴充廠務，可期自立。第內地製造之利，約已頒行，外人傾軋之心，勢所難免。通廠官商合本，嗣後仍須官爲護持，庶通、海之土產可保，閭閻之生機日長，國計民生兩有裨益。

除上海一廠領用官機應由大理寺少卿盛宣懷自行具奏，並分咨總理衙門、户部查照外，所有籌還紗機價值數目暨通州紗廠官商合辦緣由，理合恭摺具陳，伏乞皇太后、皇上聖鑒，謹奏。

中國歷史博物館《鄭孝胥日記》第二册《光緒二十六年元月二十日》 晚，同拔可渡江，至紗廠視子培。夜，南皮召飯，商應辦之事。余請力保漢口，於武昌增練兵令滿萬人。至二點始退。

《歷史檔案》二〇〇三年第四期《江蘇巡撫鹿傳霖等爲請核銷江南銀元局開辦經費事片光緒二十六年正月二十六日》 茲查接管卷内，據前辦局務徐州道桂嵩慶詳稱：擇定城南西水關雲臺閘臨河民基四十餘畝，給價收買。委派熟諳工程員司、華洋工匠造成華式房屋大小一百六十五間，過道走廊六十六號，門樓、照壁、字爐、水井及厠所等項俱全。又於局外造房六十六間及石馬頭、石閘各一座。又洋式總廠兩大所，内分隔小廠二十三間，鑄錢小廠四十七間，洋樓、平屋九間，高水臺一座，大小烟囱十座，鍋爐引擎底盤三十二座，回流地衖三十丈。共用工料等銀八萬四百二十五兩有奇。又據江蘇候補道劉式通詳稱，與瑞生洋行商酌電詢廠價，較他行爲減。旋與估計，再三商議，價值始定。計定制錢機器一副，每日能造錢十串；銀元機器一副，每日能造大小洋十萬元，英金二萬九千五百二十二磅有奇。又鐵路起重機等件，英金一千二百七磅有奇；水櫃、水機等物，英金五百磅。連同由滬運省駁船夫力、員司照料、牽工及雇外洋化學師匠、中西房租、棧租、電報川資等費，共用銀二十三萬七千六百三十兩有奇。均各分類造册，詳請核辦移交前來。

臣查該局建置廠局機器，均屬堅固合用，所用各款已經本任督臣劉坤一檄飭江南籌防局暫行借撥，將來即由銀元局於盈餘款内照數歸還。詳加稽考，尚屬核實，並無浮濫。合無仰懇天恩，俯準飭部核銷，以清款目。

四川省檔案館《四川保路運動檔案選編・四川商務總局飭查重慶試辦電燈於民情有無疑阻札光緒廿六年六月廿六日》 爲札飭查復事：

案據教職郭祖桓、廩生彭雨潭、職員傅毓璋、潘鴻清等稟稱，爲試辦電燈懇準保護事。緣渝城人烟稠密，燈火輝煌。自煤油入蜀以來，人樂爲用，幾於挨户皆有，而每每失慎均由煤油者多。但人以煤油之光遠勝菜油之明，雖知其害而亦樂用者，以其明也。職等竊見上海電燈，其明更甚煤油，並且有火之形，無火之質；既可收光明之效，又可免失慎之虞，實於地方大有裨益。況渝城商務日興，各國紛紛雲集。設本地人舍此不辦而外人亦必有辦之者，利權旁落，誠爲可惜。是以職等再四籌思，已集本萬金，鋭意試辦。但事居創始，購此機器、設廠、立(竿)[杆]、牽綫，一切爲款甚巨。意欲一面定購機器，一面再集股本。但蜀人少見多怪，恐立(竿)[杆]牽綫，目爲異端；而匪人從中煽惑借生事故。爲此稟懇立案，請出示曉諭，並飭地方官保護；又懇賞給護照以便購運機器，免沿途阻滯刁(攔)(難)。至於電燈，任人喜用，職等斷不强人。惟創始艱難，倘有成效而外人從而争利，是職等先受其難，人享其益。合應仰懇如何保護之處，懇祈酌定。職等誠爲塞漏卮，開利源，有益地方起見，如電燈辦理成功，即行照例提(層)(成)報效。等情到局。

當經本總局批：該教職等自備萬金，請在重慶試辦電燈，自爲興利起見。惟事屬創始，究竟該處民情有無疑阻，仰候札飭巴縣查明稟復核奪。除批牌示外，合就札行。爲此札仰該縣，即便遵照，將該教職郭祖桓等請在重慶試辦電燈，究竟於地方民情有無疑阻，詳細查明，據實稟復核奪。

右札巴縣准此

《歷史檔案》二〇〇三年第四期《閩浙總督許應騤爲請將福建銀元局改歸官辦仍舊鑄造等事奏摺光緒二十六年閏八月二十一日》 竊閩省制錢缺乏，錢商虛出鈔票，往往倒閉，商民受累匪淺。光緒十七年間，前督臣卞寶第嚴禁鈔票，赴粵購運小銀元發市行用，民間稱便。而往返需時，運匯多費。二十年間，前督臣譚鍾麟諭準商人孫利用集股購機，就閩試鑄。正在具奏間，適準部咨，無論金、銀、銅何項錢幣，統由官辦，不準商人附搭股本及自行鑄造，行閩遵照。前督臣邊寶泉遵飭該商停鑄，租用廠屋、機器，札委在籍浙江候補知府孫葆瑨辦理，由善後局、鹽道等款發領接續鼓鑄。於光緒二十二年十月初三日附片具奏，十月二十九日奉硃批：知道了。欽此。嗣因局庫支絀，無款撥給，而市面制錢又缺，勢難停鑄，遂飭該守自籌資本，鑄成繳官發用，盈虧官不與聞。惟由善後局提驗成色，推廣銷路，作爲官督紳辦。又於二十四年正月二十八日附片具奏，三月二十二日奉硃批：户部知道。欽此。凡此變通辦理，原爲利便商民起見。迄今五載，民間行用已久，倒閉甚少，是閩省鑄造銀元業已著有成效。光緒二十五年五月十五日準軍機大臣字寄，四月二十四日奉上諭：近來各省銀、錢兩項日形短絀，各該督撫請鑄銀元，以維圜法，未始非補救之一術。惟各省設局太多，分兩、成色難免參差，不便民用，且徒糜經費。湖北、廣東兩省鑄造銀元設局在先，各省如有需用銀元之處，均著歸併該兩省代爲鑄造應用，毋庸另籌設局，以節糜費。該兩省所鑄銀元成色、分兩不得稍減，務歸畫一。嗣後無論運交他省，或解赴京師，發商驗明，如有成色、分兩不符，不便行用之處，定將該局員治以重罪，決不寬貸，並著該兩省將監造各員銜名諮報户部備案。將此通諭知之。欽此。又於光緒二十五年六月初三日奉上諭：裕祿奏直隸試鑄銀元，民間行使流通已著成效，未便遽議停辦等語。前因各省鑄造銀元設局太多，徒糜經費，是以諭令歸併湖北、廣東兩省代鑄，其餘一律停辦。既據該督奏稱津局所鑄銀元行使已久，民間稱便，著準其照舊鑄造，以利民用。此外，江寧、吉林兩處鑄造銀元聞亦一律通行，著有成效，該兩省所設銀元局亦著仍舊鑄造。其餘各省均仍遵前旨，毋庸另行設局。欽此。仰見聖明變通曲成至意，當經分飭欽遵去後。

惟臣自到任以來，察看閩省情形，地方瘠苦，銀色低潮，制錢日形短缺，實非有銀元相輔行用，不足以挽救市面。若令赴粵購運，徒多周折，且耗運費，不如仍就閩局鑄造，因利乘便，以收已成之效。合無仰懇天恩，俯念閩省所鑄銀元通行已久，商民均便，準照江寧、吉林等省成案，仍舊鑄造，不獨補制錢之缺，而外國洋銀占銷之漏卮，亦(籍)(藉)以隱爲抵制，挽回利權。惟官督紳辦只屬一時權宜之計，窒礙甚多，自應改歸官辦，以符政體。現委藩司張曾敭、鹽法道楊文鼎督辦局務，遴派妥員駐局經理。所有接收機器、廠屋成本及鼓鑄運本，均由該司道設法籌撥，鑄成發商行用，收回本銀，轆轤周轉。本省錢糧、厘金、鹽課、關稅，準其搭收；應發薪俸、餉糈、各項雜支，一律搭放，以期流通。其銀元式樣、分兩、成色，均遵定制。局用經費，核實撙節，按月造册報銷。應得贏餘，除支銷局費外，據實册報，專款存儲，留備海防餉需。惟贏餘之多寡，仍視銷路之暢滯爲準，礙難預定數目，容俟試辦有效，即行報部立案，以憑考核。

再，近來銅價奇昂，每斤合錢五六百文，而制錢一緡重六斤四兩，毁錢爲銅即獲數倍之利，防不勝防，以致制錢愈絀，私鑄愈多。現擬就銀元局所用機器仿照廣東辦法，鑄用當十紫銅錢，科合成本不至虧折，而模板分明，花紋精緻，私鑄私毁不禁自絶。並照湖北辦法，設立官錢局，流通市面，務使銀元、大錢相輔行用，庶足以維圜法而濟時艱，實於官民兩有裨益。至私鑄銀元、制錢，本已定有治罪專條，應飭地方文武認真訪拿嚴辦，以杜流弊。

傅雲龍《傅雲龍日記》光緒二十六年十月初三日 陰。天未明開行，十五里義橋，又五里枯柏樹，又七里拱宸橋。橋西有晉益公紡織廠，東有工程局會審所，東北有半山高起，拱宸橋上有示曰：「奉憲章，無論官商輪船不準進橋，如違罰辦。」過橋東有戴生昌及大東輪船公司，又有仁昌生號、聚豐號、寶元棧。船泊於橋旁，即隨同大人至戴生昌寫赴上海船票，看定無錫快頭艙，價五元半。復至永安街，街內有青蓮閣茶室，又有天仙、新丹桂及陽春泰記等茶園。回舟復行，出拱宸橋南行二里有湖墅稽查課稅正卡，過卡有生昌輪船蘇申等處分局、大盛紙棧、德生烟局、同豐泰醬園。又三里大關橋，過橋有蘭木閣茶園，設抽厘局，西有裕泰隆柴廠，兩岸堆積材料如山有半里之遥。又二里有古旗檀寺，寺前樹大碑，高可三丈餘，粉墻大書「謹防旋風」四字。過此有便民倉，河中泊船如林。又二里過華光橋，橋上有樓，過橋有錫金公所。又一里新碼頭，有接客官廳，額曰「湖山有美」，對面有大王廟，廟前有戲臺，雙旗高聳，極其麗都，右有天妃宫。又南二里過古松勝橋至左家橋，過橋有地藏殿、瑞雲庵，又三里過左侯廟、海粟禪庵，抵蓮華庵，庵前有茂林修竹。又西南三里下寧橋，又西行二里團子窩，有小普陀節孝坊，至此侍雙親易肩輿，西南行二里許，過蓮華亭，不數武有寶粟山，山有塔如筆，右有小山抵石山莊，即西湖南岸之地名也。即下船（價一元一角）。

《歷史檔案》二〇〇三年第四期《廣東巡撫德壽爲造送核銷粤省鑄造銀元盈餘清册事片光緒二十六年十二月十五日》 再，光緒十三年，前督臣張之洞奏明粤省購辦機器建造廠屋試鑄制錢附鑄銀元一案，光緒十五年四月二十六日開工鼓鑄，先造制錢，當時銅鉛價值尚平，每錢一文計重一錢，每錢一千作銀一兩，原奏已不無虧折。厥後銅鉛價值日漲，十六年三月，經前督臣李瀚章奏改每文重八分，以一千三百五十文作銀一兩，虧折仍多。當於十六年四月試鑄銀元，藉資挹注。嗣因銅鉛過昂，采購不易，二十年底，制錢暫行停鑄，專造大小銀元。計自光緒十六年起，截至二十五年底止，共盈餘銀二百八十五萬四千九百五十五兩三錢零。除各年共撥用銀二百八十二萬三千二十二兩零外，尚存盈餘銀二萬一千九百三十二兩零，歸入二十六年盈餘項下並計。惟鑄造銀元必須購辦紋銀，粤省通用均係洋銀購買紋銀，必須補給改水，且不易得。鑄造之多寡、改水之漲落恒視紋銀來源而定衡。因是逐年造數未能畫一，盈餘亦多寡不等。除督飭局員分年另造細册詳請咨部核銷外，據廣東善後局司道等列册詳請奏咨立案前來。

〔附〕《廣東巡撫德壽爲廣東創造銀元著有成效請援案獎勵出力人員事奏摺光緒二十六年十二月二十一日》 頭品頂戴兼署兩廣總督廣東巡撫奴才德壽跪奏，爲廣東創造銀元著有成效，請將在事出力人員援案獎勵，恭摺仰祈聖鑒事。

竊查光緒二十一年十一月户部議復御史陳其臻奏請户部設局鼓鑄銀元並令各省推廣仿鑄一摺內開：局員得力三年後，應予破格獎擢。奉旨：依議。欽此。又吉林將軍延茂奏定銀元局請獎章程內有盈餘至十萬兩，準保一次，按異常勞績酌保五員，尋常勞績酌保十五員。等因。奉硃批：該部知道。欽此。均準咨行。欽遵在案。

查廣東錢局於光緒十六年奏準鑄造銀元，舉凡建造廠屋、修砌爐座、安放機器、化驗銀色事草創，極費經費。十年以來，造數已多，行銷無滯，商民咸稱利便。近年各省推廣鑄造，均係仿照粤省章程辦理，是開通風氣收回利權，粤省實肇其端。計自十六年創辦起，截至二十五年止，共鑄成大小銀元三千七百六十餘萬兩。除補水、熔耗、局用一切經費外，計盈餘銀二百八十五萬餘兩，實屬著有成效。所有歷年在事各員始終勤奮，力求核實，不無微勞足録，應請援案擇尤奏請奬叙，以昭激勸而勵將來。至自此次列保以後，應請每届三年，盈餘積至五十萬兩，准予保奬一次，分别異常、尋常勞績，每次不得過二十員，用示限制。據廣東布政使丁體常開單詳請奏奬。等情前來。奴才復加察核，擬加各員尚無冒濫，謹酌擬奬叙恭具清單，恭呈御覽。合無仰懇天恩，俯準如請給奬，以示鼓勵，可自逾格鴻慈。

《通商各關華洋貿易總册》光緒二十六年下卷司客納《光緒二十六年蘇州口華洋貿易通商情形論畧》 惟有延昌永絲廠工人栖息之所，華式房屋數間而已。該絲廠已於本年三月間開工繅絲，此各國租界情形也。

《通商各關華洋貿易總册》光緒二十六年下卷韓森《光緒二十六年南京口華洋貿易情形論畧》 江南銀元局於六月初，核計入不敷出，因而停造。迨大沽礮臺失守，是處人民因銅錢笨重，難於携帶，莫不需用銀洋，洋元因之價漲。於是銀元局重復開爐，加工趕造，每日出洋二萬至四萬元不等。嗣又因市面洋元過多，頗形積滯，銀元局又於十月二十一日停造矣。此信得之，驗看金銀之西人花登君者，頃已回國。花登並云局中曾以咸豐朝之當百、當三十、當二十、當十等錢以及舊銅礮等銷燬改鑄常用錢若干，行諸市上。

中國科學院歷史研究所《劉坤一遺集》書牘卷之一三《復張安帥光緒二十七年五月十一日》 金陵銀元局已經聘到得有文憑洋師，未審果否辦理如法。弟不善會計，近益無暇考求，祇合責成恩方伯耳。

《歷史檔案》一九九七年第一期四川總督奎俊爲川省難赴鄰省附鑄銀圓擬請自行試造事奏摺光緒二十七年七月二十六日 竊奴才伏讀本年七月十三日電傳上諭：各省所鑄銀圓惟廣東、湖北兩省成色較準，此外各省並可撥款訂鑄，不必另行設局。等因。欽此。仰見聖主維持圜法，便民利用至意。遵查川省僻處西陲，與廣東相隔太遠，湖北雖屬鄰省，相距亦數千里之遥，崇山峻嶺，道路崎嶇，力夫挑運耗費過多。若由水程往返，節節險灘，人力難恃，倘遭傾覆，不堪設想。即使由商號匯兑，銀而匯之而去，銀圓不能匯之而來。且恐鄂銀日缺，川銀價值日低，又於兩省市廛均有關礙。

查光緒二十二年前，督臣鹿傳霖曾經派員前赴上海購置銀圓機器，於二十四年運回川省，在於省城機器局後修造廠房，安設齊備，均經先後奏明在案，嗣因經費無出暫行緩辦。茲奴才與司道熟商，行用銀圓實爲目前要務，川省人工較賤，銀質本佳，又先購有機器，與其附於鄰省冒險而艱於轉運，曷若因此成局籌款而自行試鑄。查有辦理機器局務成綿龍茂道賀綸夔、候選道林怡遊講求製造，任事實心，擬即責成該道等慎選委員，添雇工匠，悉心考核，鑄造五種銀圓，務使成色分兩與廣東、湖北毫無參差。並恪遵諭旨，飭令藩司妥擬搭解收放章程，以期推行盡利。將來風氣漸開，則云貴陝甘各省均可就近附鑄。

「中央研究院」近代史研究所《海防檔》丙機器局《光緒二十八年二月二日外務部收日使內田康哉腦局章程》 二月初二日，日本國公使內田康哉章程稱，照録章程。福建腦務官局章程緒言：

福建省自古稱多產樟樹，然未聞有製腦之舉。方今國家多事，需帑追歲加其多，當此之時，開發天賦之利，興行腦務，以利民生，以備國帑，實爲目下之急務矣。

按爲腦務之業，一見似可以容易行，而不論何人可以熬製。然其製造得法否，則大關出腦之多寡，貨色之良否。譬如每百斤製腦，於量生三四斤至六七斤之差，於價生七八元至三四十元之差，豈可不思耶。

於是購買素腦之商賈，因考驗其良否之故。不但所要費款爲巨多，熟達于斯業者，亦時或錯其考驗，混其善惡，爲失其利者不爲不多。故世目製腦者爲冒險之徒，遂使老實之商，不悦從事于此業云爾。惟有奸黠之徒，巧藉名于考驗，顛倒貨色之善惡，混亂品質之良否。腦價爲之低墜，至不可救濟其極。徒俾老實者空倒其家產，奸黠者獨專其利。而各地市塲，唯積粗劣假冒之樟腦而已。鑑此于日本內地，以及臺灣舊時之腦務而明矣，豈可寒心。

是以大凡腦務，由官嚴規律，均一其製法，正定其貨色，以杜奸民亂造之弊，實爲至要。熟察現今各國，所費腦額，每年約五百萬斤。倘其所供過其所費，則腦價低落，其所供不滿其所費，則腦價昂貴，是自然之理也。今觀各國產腦之地，以日本內地及臺灣爲首。其餘如美國，及南洋諸島間，雖有產腦，不過數千斤，未足以左右各國之市價。而日本內地所產，每年約七八十萬斤，亦唯產樟之地，散在各處，不便爲大規模之製腦，將來恐可不產許多之腦。獨如臺灣樟樹，古來多不加斧鉞者，滿山連峯，爲一大林。且產樟之地，距海最近，運輸輒易。倘能投產製腦而不止，則每年所得，可不下一二千萬斤云爾。然各國所需有限，所產過多，則是不過亂伐樟樹，低落腦價，而空使天與之大利，歸無用矣。故日本政府，曩於臺灣，創開腦務專賣官局。今亦欲延及日本內地，以均一其貨色，以權衡其供需。

抑爲福建之地，樟樹多散在各處，他省不視其比，殊以漳州、永春、龍岩等處爲最多。倘能製腦得其法，售賣察其途，貨色不差，供需制宜，則興前古未開之利源，民亦因之新得業，實爲一舉兩得之策矣。然徒使不慣于斯業者，亂熬粗煉，則豈啻蕩盡天賦之利源，國庫亦失有用之財源，不可不謹。唯欲興規模整然之腦務，熬製出售，得其法則，索要巨款之成本，求熟達之技師，而爲民人各自不能容易開辦者。故茲開官腦局，延聘熟練之技師，專理局內考驗、製煉、定價，以及廣籌售銷各事宜。是即所以茲開天與之利源，一以新授業于民人，一以填補國家之公費矣。

擬刱辦官腦局緣起曩者我臺灣總督府，核定專攬之法，作爲籌款根本，乃刱辦由官設局，專攬鴉片塩斤樟腦三宗章程，以本技師向於此事，經歷有年，受聘充爲顧問，策畫各局定章，以及製煉銷售等一切辦法，施行數年，各該局事業已有端倪。因本技師正擬辭退，仍理舊業。適當閩省官憲，急欲整頓財政，振興民業，派員赴臺，考查我國專攬官局辦法。本技師旋赴閩省，屢次會晤，商籌一切，擬定官腦局章程矣。

始而閩省官憲，以我臺灣專攬鴉片官局，聞有本技師等，製煉鴉片，獨出新裁之法，深願仿傚辦理。本技師以爲衹因現在該省通行警察制度，以及稽查沿海口岸港汊，未能嚴密，則於收効尚無把握，似宜姑待他日爲妥。且鴉片一宗，向歸民間販運，一旦刱興由官專攬之法，則奪商民之業，關礙商情，何止一端。莫若將民間未曾通行之熬腦事業，由官設局，刱興專攬辦法，則足以刱開民業，併得官家開一財源，誠屬一舉而兩得備焉。閩省官憲，亦以本技師之言爲然。於是商定腦局章程，以及延聘本技師合同之稿，俟稟明外務部核准，方爲定擬。總之官腦局事業，實係閩省開一財源，兼利民生起見，而所擬章程合同，既利權無傍落之虞，延聘本技師承辦一切，亦歸腦局監督管轄。而要在熬腦之法，以及熬成貨色，均須一律，方可期防維跌價，暢銷無阻也。因將此事緊要節目，分段詳解，以備核攷，劃定熬腦之法，以及銷售無阻，於此事業實屬緊要關鍵。諸言内叙之已詳，而必須設局專攬，亦實基于此，然而另有格別情節存焉。現今樟腦市價，專歸在臺灣總督府承辦熬腦銷售之人把持，是以非與之聯絡聲氣而行不可。否則徒被從中阻撓播弄，經營事業，或致半途而廢，豈不可惜。本技師向在箇中，自知必能與之脈絡相貫，互相應援，維持樟腦市價。而至劃定熬法，設法暢銷一節，或謂人人所能爲，而不與我臺灣腦務聯絡聲氣，則閩省腦局亦難必期收効，是所以令本技師專理之故也。

查延聘本技師專理，重在熬腦銷售，以及維持市價，不爲他行所制，不但無損于閩省利權，而收益于無形之中者也。彼此情節，獨於腦務可見。較之開五礦，築鉄路，或他項事業，迥不相同，未得援以爲例，毫無置疑。

官腦局資本一事，本技師原期由閩督籌撥，而在閩省官憲，及知腦務有此格別情節，雖設法嚴切監查，令本技師專理此事。至於實能收効與否，或本技師能否與承辦臺灣腦務之人聯絡維持腦價，尚無把握。而居然籌撥巨款，准本技師專理，深爲可慮。於是彼此商酌，作爲夥同開辦，以期推漸而行，無怪乎當局者抱此持重之念。如果終能奏効，是屬本技師顧重聲名，敢將自己血本，不惜投之于尚無把握之事業之故也。

凡腦務，實與別項事業情節迥異，故於本技師專理，而至於熬腦，一切工作，不得不藉力于本地之人。是在腦局支銷，勢必所然，何至與別國人滋生枝節。又腦務一切，均歸官局經理，實係閩省官辦事業，均相符合，無容他人從而置議。曩於臺灣未經剏辦專攬之法時，樟腦價值，每百斤約合三十元至四十元，甚至跌至二十元上下。是專因熬法粗劣，漫無約束所致。迄後在臺灣定章專攬，竟能漲至每百斤九十金圓。後因日本内地産腦陡增，其價跌至七十金圓，至今尚無甚漲跌。現查樟腦之價，尋常樟腦，價約三四十元，加工精製，需費二十元，折毫一成，再加各項雜費，統共算計，每百斤抽十，納捐七元。似非過輕，於閩省利權，毫無所損。

凡腦務與鑛路事業不同，其資本易於周轉，按照合同所擬，將已撥資本漸行補還，竟能全賴官款辦理，亦非難事。

王樹枏《張文襄公全集》卷一〇四《札銀元局試鑄銅元光緒二十七年十二月十九日》 照得圜法爲國家利用便民之大政，而輕重大小宜與時消息，以盡變通之利。現在銅價奇昂，制錢每被奸民私燬，消耗之多，不可窮詰。以致錢價日貴，銀價日賤，殊與國計民生大有妨礙。查廣東、福建、江南等省均已仿照香港銅仙、日本銅幣式樣製造，當五當十銅元，與舊銅制錢相輔而行，民間行用，極稱便利。鄂省制錢缺少，亟應仿照試辦，以維圜法而便民用。爲此合行札飭該局即便遵照，查取廣東、福建製造銅元輕重大小成式及行用章程，參酌擬議，稟候本部堂院核定飭遵。一面購買銅斤摹繪錢樣，鎔鑄鋼模，先行試造樣錢，呈驗所需經費，即由鹽道庫將寶武局經費撥解充用，勿稍延誤。

「中央研究院」近代史研究所《海防檔》丙機器局《光緒二十八年五月十日外務部收閩浙總督許應騤文》 五月初十日，收閩浙總督文稱，案准外務部咨，准咨稱，閩省樟腦，經飭地方官，勸諭華商辦理。嗣有裕本公司，稟請試辦。因資本未充，考驗煎熬均不得法，以致虧折，勢將中輟。此次駐厦日本領事上野專一，由厦來省，商請官設總局，延聘日本技師，集資承辦。原擬章程條款，諸多侵越，當經飭由洋務總局，再三删改，往返磋商旬餘。擬定官局章程，及技師合同各一紙。請妥速酌核電復等因，並將章程合同，録送前來。查原定章程合同，技師事權過重，未便施行，致滋他國口寔。正在往返電商，適日本内田使，偕其技師來署會晤，當與面訂節畧六條，大要在不失利權，以自籌資本，僱用技師，試辦六年爲宗旨。其詳細合同，仍由貴督派員與技師面訂。至開辦資本，應俟技師到閩，察看情形，方能估定數目。如果爲數較鉅，閩省未能儘數籌撥，不妨與日本銀行商借湊足。其借款合同，即由閩省與該銀行議定。本部亦已與技師提及此節，屆時希妥酌籌辦，該技師現已赴閩，並將節畧六條帶呈冰案。除電達外，相應抄録原節畧，咨行查照辦理可也等因。當經飭局遵辦去後，兹據福建洋務局詳復，並由日本領事帶同該技師先後來局。經本司道按照外務部指飭事理，與該領事技師往返籌商，議立章程合同。呈蒙察核允准，嗣據技師再三商改，人復極力磋磨酌量改併，次第定議。約明仍俟詳奉咨請外務部核復到日，方能作準。相應照録清摺，具文詳請核咨，迅賜核復遵辦，至應設官腦總局處所。唯厦門地當衝要，最爲相宜。應請專委大員，會同領事技師，簽字定議。駐厦督辦等情到本部堂，據此。除詳批示，並檄委興泉永道延年，常川赴局督辦外，相應將局送清摺咨呈，爲此咨呈外務部。謹請察照，迅賜核復，遵辦施行。

照録清摺

福建全省洋務總局（按察使，前署督糧道）謹將福建省官腦局試辦章程拾三條，照録清摺，呈送察鑒。

謹開：

一、福建現設官局，試辦漳州、永春、龍巖叁屬，及本省産腦地方腦務，由閩浙總督部堂，委員駐局督辦一切腦務。並延聘日本專門技師愛久澤直哉，經理製煉銷售事宜，另訂延聘合同條款。

二、官腦局辦事規條，暨應定熬腦售腦細則，以及干涉腦務一切章程，應由官局督辦，隨時酌核擬定，稟請督憲批准施行。

三、官腦局收買民人樟樹之法，交價民人之法，督察民人熬腦之法，俟開辦後，由官腦局督辦，與技師商定妥善章程，稟明總督部堂察核批准遵辦。

四、官局樟腦考驗製煉情形，及收售腦價高下緣由，應由技師隨時明白稟商官局督辦酌核，官局督辦，有隨時考察技師辦事之權。

五、本章程宣布施行之後，不准內地民人私自設灶熬腦。倘有自備資本熬腦者，應向官局報候核准給照，按照局定熬腦細則遵辦。其由官局借款熬腦者，一律照辦。所熬之腦，及渣餘之物，儘數送交官局，照所定秉公價值收買，由局交給技師考驗。灶户人等，不准私擅售賣，致使貨色參差，有碍商務。

六、內地樟樹，官局如須批買，其樹數樹數應由本局督辦，派妥寔可靠之人，前往察看樟樹質性美劣，再行訂購。並先報明地方官查核，妥爲照料，以免奸民侵佔朦賣，致啟訟端。該技師未經稟奉督辦允准，不得私自派人赴地內批買。如果官局需用樟樹，地內人民結黨把持不賣，地方官自當設法勸導幫助。倘因有碍民情風水及地方平安者，官局亦不抑勒。

七、産樟熬腦地方，均屬內地。所有遵照本章程第五款請照設灶之人，必須確係中國百姓，方准照辦。此外别國官商，以及臺灣籍民，一概不得援請冒辦。

八、産樟熬腦地方，係屬內地，各國洋商如有需用官腦，應准向局照價購運，不得自入內地，設灶製造，致違條約。

九、各國洋商，有在通商口岸設廠，自行買樟熬腦者，與條約相符，毫無禁阻。

十、官腦局所製樟腦，由局給予護照，指運通商口岸，經過內地，沿途局卡准其查驗免厘。至出口時，應完海關各税，仍照舊章辦理。

十一、華洋商人，在內地購運官腦，只准指赴通商口岸出口，其有私就沿海一帶，偷漏出口者，照章罰辦。

十二、熬腦所以裕國利民，一切經辦腦務之人，均不得違犯國禁。或有碍民情風水，以及顯悖地方官所定章程，應由官局隨時嚴加督察禁止。以保相安。

十三、將來民人得官局之准許熬腦，而歸官局收買者，官局並不新加課税厘雜派。

照録清摺

福建全省洋務總局（按察使，前署督糧道）謹將福建省官腦局借款合同四條。照録清摺，呈送察鑒。

謹開：

一、日商三五公司，因官腦局聘用日本技師愛久澤直哉之故，願照官局與技師所訂合同辦法。自將現洋銀二十萬元，不收利息，借與官腦局收存，陸續支用，充作該局成本，以陸年爲限。

二、前項借款，三五公司應於官腦局開辦時，一次交清。腦局收到借款，另給收單，作爲該局收到借款之據，不得僅以本合同爲凖。

三、官腦局倘照延聘日本技師合同，辭退愛久澤直哉，或該技師自行告退。所有腦局收到借款，除局內現存廠屋機器灶本，准其按照原價抵還，並約明不動産之在內地者，只准變價，不准收管。以及收回現存一切腦本外，餘如已經支用無存，一切各款，悉由三五公司自認虧折，官腦局無庸算還。倘陸年限內，腦局虧耗過多，或因事中止，均按本款一律辦理，各無異言。

四、所定借款期內，察看局務消長情形，官腦局仍可隨時妥商公司，陸續增借。

照録清摺

福建全省洋務總局（按察使，前署督糧道）謹將福建省官腦局延聘日本技師合同十一條，附則二條，照録清摺，呈送察鑒。

謹開：

一、福建省爲新開財源起見，刱設官腦局，由閩浙總督部堂，遴委專員督辦，總理通省腦務一切事宜。

二、因腦務事宜，亟須整頓，由官腦局延聘日本專門技師愛久澤直哉，將考驗官腦，以及如何熬出粗細腦斤，責成該技師悉心經理。遇事仍先稟商官局督辦，隨時考核辦理，至銷售事宜，亦由技師酌度情形，商明督辦。稟候總督部堂批准施行。

三、官腦局應需成本，現擬籌借洋銀二十萬元應用，技師愛久澤直哉願代向日本公司全數保借。該公司自願不取利息，俟本合同限滿之後，除官局現存廠屋機器灶本，仍應由公司按照原價收還。並約明不動產之在內地者，只准變賣，不准收管。以及收回現存一切腦本外，餘如已經支用無存，一切款項，概由日本公司自認虧折，不與官局干涉。另訂借款合同，技師均應遵守。

四、官腦局所製樟腦，發賣時責成技師，按照每擔即華秤百觔折合英國一百三十三磅三八磅之一。就價扣繳中國國家税銀七元，如果腦價昂至八十元，即扣八元，九十元即扣九元，倘再漲至九十元以上，總以價高十元，税加一元，以此爲準。隨時交由官局督辦，撥充福建地方公用。

五、官局督辦，暨日本技師，及局内官派委員書役人等，應需辦公一切薪費，約明盡就腦局成本内照數開支，數目若干，俟開局時由督辦核定。

六、官腦局帳目，每年須總結一次。除去應完關税，及一切薪費用款，並酌提公積歸還成本外，寔得餘利若干，官局與技師如何品分提取，届時應由督辦體察逐年腦務旺淡情形，會商酌定。稟候總督部堂批准遵行。

七、腦務一切收支款項，應由技師稟商官局督辦，按月按年詳具細數清單，呈送總督部堂察核。

八、官腦局現在日後所訂章程，與技師必應一律遵守。

九、本合同約明自簽字畢日起，以陸年爲試辦之限。限滿後如有成效，彼此願意商展，先期知照，再行商定年限，接續辦理，限内不另請他人。如未經限滿，該技師不願承辦，准其告退，不給回國川資。倘督辦察看該技師或有不遵合同辦法，以及干碍官權，或所辦腦務有不合式之處，均可隨時稟明總督部堂，查核屬寔，亦可於限内酌給技師回國川資，將該技師辭退。一經告退辭退之後，所有該技師按照第三款保借日本公司之款，除將局内現存廠屋機器灶本，准由該公司按照原價收還。並約明不動產之在内地者，只准變賣，不准收管。以及收回現存一切腦本外，餘如已經支用無存，一切款項，悉由日本公司自認虧折，與官局無干，該技師亦不得藉口較算。

十、現定合同繕成兩分，應由官局督辦。

日本領事官，公同簽字，與該技師各執一分，以昭信守。

十一、此項合同如有未盡事宜，或有不妥之處，隨時可以會商更改，以期盡善無弊。

官腦局延聘日本技師合同附則

一、日本技師，因官腦局延聘之故，願先捐繳中國國家公費洋銀十萬元，撥充福建地方公用。

二、華商裕本公司林資鑑，前經請准試辦漳州、永春、龍巖三屬，暨福建全省腦務，現既收歸官辦，所有該公司現存腦本機器廠灶各項，應准由局秉公估價收買。即該公司前因辦腦設局，一切虧耗各費，並應由局本内照數償還，以示體卹。

《澳門憲報》一千九百零二年六月初七日 啟者：聯馨香店東主兼司事陳祥赴澳門華政務廳衙門稟請，在田畔街第十二號門牌，開設印字機器廠。該機器委係藉煙氣火力，方能運動者。按照大西洋律例，應準各關涉人等前往衙門辯駁。現經華政務廳憲出有告示，貼在衙門及花王堂坊大廟門口。茲特佈告各人知悉。如有意見慮到之處，請遵照示内所録上諭及札諭事理，即於限期内，指出該廠應否開設之確切情形，前赴廳署稟訴，是爲至要。此佈。壬寅年四月廿九日。陳祥謹啟。

中國歷史博物館《鄭孝胥日記》第二册《光緒二十八年六月初七日》 廣雅召至紗局，命送免厘加税所議全案華洋文至英領事署，同行者裴式楷又其書記宓吉、賀壁理、楊文駿、陳藹庭、温欽甫及余六人。馬凱與其參贊哲美生、德貞等復視華洋文，略更字句，約以明日校對爲定稿。

王樹枏《張文襄公全集》卷一八六《致江甯劉制台光緒二十八年六月初九日辰刻發》 此次呂、盛兩星使與馬凱所擬約内，有華洋商民在内地製造應完税七五，其設廠紡紗織布者，若係外洋買來之棉花，應將棉花税退還等語。本日即須將洋文開送華商，自宜優恤，方足以抵外耗而保利權。若洋商内地製造，止抽七五，已甚輕，又將其棉花十二五進口税退還，是官須倒賠五分與洋商矣，似乎不合。鄙人不敢擅定，請尊裁速示。至華商製造，其税項不便與洋商顯有區別，應如何體恤貼補，并請速籌示。佳。辰。

王樹枏《張文襄公全集》卷一八〇《致江甯劉制台光緒二十八年六月十二日辰刻發》 佳、戌、蒸電均悉，所慮極是。機器製造一條，廠税七五，進口花税十二五全還，在滬業已議定，到鄂敝處頓翻前案，與某公及馬使力争滬稿内并有内地兩字。尊處蒸電謂呂盛兩公謂内地製造萬不能允，今馬復向敝處堅索情節，實不如此。兩公早已允矣，今加廠税爲抽十，洋花進口税還其十，而留其二五，土花各税全還，以抑洋花而暢土花，將來設法津貼洋廠，免爲華廠所擠，此事鄙人兩面受敵，洋商華商皆甚不願，費盡氣力。初十日面議，確係專指口岸而言，至某處委員鈔送條款先無口岸字樣，正與某公力言，接尊處佳電後，已於電奏稿內添入口岸二字，其致尊處條款電，因字多時急，未先送鄙人閱，如無口岸字樣，即請尊處添入至要。此次既無内地雜居貿易之專條，彼當不能援此條爲允其内地製造之據，俟今日會議，當再與聲明，切囑其將口岸二字添入，以杜日後援例之患。其機器所製别項貨物，能否不照此章酌免進口税，今日當再商之。如彼狡執，當告以尊意不允，不能不改。至此外洋商在口岸之製造土貨，除紗布外，用洋料之物甚少，洋廠仍是銷土貨雇華工，其銀錢仍在中國，實足以塞漏卮，且可引導華商華工學習其法，多開華廠，似乎利九害一。惟不宜内地徧設，致難保護耳。鄙見如此，是否統候裁酌。文。辰。

中國科學院歷史研究所《劉坤一遺集》奏疏卷之三七《蘇局仿鑄銅元暢行無弊片》 再，前因蘇州倣照閩、粵章程，奏准鼓鑄當十銅元，頗著成效。江寧地方近年制錢短缺，銀價日低，亟應倣辦以濟錢荒。當經臣飭令該藩司妥籌詳辦。嗣奉上諭：「近來各省制錢缺少，不敷周轉。福建、廣東鑄造銅元，民間稱便，江蘇倣辦亦極便利，著沿江、沿海各督撫，籌款倣辦」等因，欽此。又經轉行欽遵去後。

茲據江寧布政使吳重憙詳稱：「此案經前署藩司徐樹鈞，會商江南銀元局，由司庫借撥銀二萬兩，解交該局開鑄銅元，陸續解司，轉發錢典各鋪配搭行用，轆轤鑄造，商民交易及完納錢糧釐税均照制錢出入，一律不准低昂。其銅質輪郭，悉與江蘇所造無異。每次鑄本銀一萬兩，能鑄銅元一百四五十萬元，就現在銀價兑售，約可得盈餘銀千兩之譜；倘以後銀價稍漲，盈餘即就輕減。數月以來，頗能暢行，並無流弊」等情，詳請具奏前來。

除咨部查照外，謹會同江蘇巡撫臣恩壽附片具陳，伏乞聖鑒，謹奏。

「中央研究院」近代史研究所《海防檔》丙機器局《光緒二十八年六月二十一日外務部行閩浙總督許應騤文》 六月二十一日，行閩浙總督文稱，查閩省腦局延聘技師一案，前准來咨，並清摺三扣。當經本部電商貴督，並准電復各在案。茲將合同章程詳加查核，尚有應行删改之處。如延聘技師合同第三條内，一俟本合同限滿之後下，應改爲除按年提還成本若干外，餘由官局如數歸還，如届期不還，即將現存廠屋機器灶本腦本，按照原價交給該公司收回作抵。並約明不動産之在内地者，只准由官局變賣，該公司不得收管。另訂借款合同，技師均應遵守。第六條内，實得餘利若干下，應改爲分作十成，以三成給技師花紅，以二成賞給官局員役人等，以五成歸官局存儲候撥。第七條内，一切收支款項下，應改爲應由官局督辦，按年按月詳具細數清單，呈送總督察核。其有技師經手之款，應隨時報明督辦，彙列清單，一併送核。第九條内，一經告退辭退之後下，應改爲所有技師保借日本公司之款，或照第三條所載限滿辦法，或官局尚須續辦，亦可另覓妥保，借至限滿之日爲止，届時由官局與該公司彼此商定。又合同附則第一條，技師捐繳銀元，於理不順，既係借款自辦，應毋庸議。第二款，係官局與商局自行料理之事，與技師無涉，亦應删去。至借款合同第三條，全文應改爲六年限滿，或技師告退辭退之後，官局應還借款。應照延聘技師合同内第三款，第九款辦理。凡此皆係自保利權。如將來期滿之後，自行續辦，或另聘他人承辦，均可操縱由我，不至受制於人。其餘各條，均屬可行。所訂試辦章程十三條，亦可照准。相應咨行貴督，飭局按照本部所指各款，與日本技師磋商改訂。即行咨覆到部，以憑核辦可也。

「中央研究院」近代史研究所《海防檔》丙機器局《光緒二十八年七月二十八日外務部收閩浙總督許應騤文》 七月二十八日，閩浙總督許文稱，光緒二十八年七月初一日，承准外務部來咨，以閩省腦局延聘日本技師一案。原訂合同尚有應行删改之處，指欵行閩，飭局商訂復辦等因，承准此。查閩省腦務，前係華商林朝棟包辦，虧折甚鉅，勢已不支。適日本技師來閩，請駐廈日領事上野一再商辦，自願擔保借欵，並任虧耗。因擬仿照官督商辦之意，定章設局，與技師詳細訂約，分其利而不受其害，遇事仍須稟商候准，考核辭退，權自我操，已臻妥協。今若一切改歸自認，則將來借本虧折，事在意中。閩中素稱瘠苦，何堪重累。技師合同第三條，現擬照咨商改。唯就中删去餘由官局如數歸還如届期不還拾三字，並於公司不得收管句下，照舊增入，餘如已經支用無存一切欵項，概由日本公司自認虧折，不與官局干涉等語，以斷葛藤。第六條，分給花紅，閩省原擬預定成數，因查腦務旺淡不一，官局坐收餘利，保欵認耗，均係責成技師，自應稍從優異，藉示體卹。是以改爲臨時商定，權衡在我，現似不必急與聲明。第七條，所改情節無甚出入。第九條，後段改照第三條辦法，事原一貫，當飭磋商。唯官局覓保續借一層，雖屬遠慮，不知日本公司借欵免息，專爲官局延聘技師之故，合同具載，若技師一經退辦之後，似此無息鉅欵，在彼斷不肯再借。届時如果腦務獲利，只可設法由官局商籌，必欲遽列合同，未免徒遭駁詰。至合同坿則第一條，彼因受我延聘，捐繳銀元，略如中國商家押櫃保欵之類，充公出自彼願，亦杜他國爭薦之口，與借欵免息同一情理，似可不必删改。第二條原係官局自辦之事，徒以動支成本，不認虧折，不得不詳晰約明，與合同第五條，訂支員役薪費情事相同，免予删除，實更周密。此外借欵合同第三條辦法，技師合同三九兩欵，議定自可照辦。總之原訂合同條欵，均係顧重利權，操縱自由，尚無受制他人之處。前與外務部再四電商，始行定議。現在腦局設立厦門，派與泉永道延年督辦局務，已據報明開辦，技師捐欵，亦已照繳。全約無論如何商改，總期官局不認虧折，足杜後患。似毋庸再事推敲，爲此咨請外務部。謹請復加審酌，迅賜電復飭遵，盼速望速施行。

《澳門憲報》一千九百零二年八月三十日　准將火藥、硝磺、軍器入口、出口發賣及製造火藥、火器之章程。

第一章，論領照。

第一款：按照刑律第二百五十三款，並管理危險廠章所載，除領有總督牌照外，其餘均不准將火藥、硝磺、軍器入口、出口、發賣並製造火藥、火器。附款：自未設廠之貧家，向各領牌之廠領取物料，在家完整礮竹以爲生計者，免其領取牌照。

第二款：製造火藥、火器，必須遵依牌照所列各款而行。

第三款：領牌製造火藥、火器各廠，倘有搬遷之事，必須稟准督憲，並遵照律例所載各事理，方准搬遷。

第四款：所有城内領取牌照，設立危險之廠，如督憲察看情形，慮有損礙居民之弊，任將牌照撤銷。該廠東不得求補分毫。

第五款：巡捕員弁及華政務廳，均應時常往查各廠有無遵守各款；並該廠有無損礙民居及廠内各人身命之處。督憲亦可揀派明白人員，前往各廠查報製造火藥、火器之器具及製造之法，有無妨礙民居等弊。

第六款：所有欲將軍器入口、出口、發賣者，必須稟請督憲，由督憲查過其人，果係誠實或有人擔保其遵守本章程各款，方準給發牌照。附款：或督憲令其先交出現銀擔保，亦可。

第七款：領有軍器入口、出口發賣之牌照者，必須遵守下列各條：甲、每年換領牌照一次。乙、祇准將軍器賣與律例準帶軍器之人及領有執照可帶軍器之人，並捕魚、載貨各船隻。丙、發賣軍器各鋪店，必須設立一册，將軍器賣出日期及買者姓名，有某日所發、准買何等軍器准照，詳細註明册内。丁、如巡捕員弁或政務廳到各鋪店，要查看該册，該鋪店必須呈出查看。

第八款：在西政務廳、華政務廳、船政廳、巡捕兵營各署内，均須設立本章程所論之照册一本，隨時登記，並須查察各處有無遵守本章程。

第九款：所有律例所定職分，准帶軍器及領有執照可帶軍器之人，均可購帶軍器入口，以爲自己所獨用。倘入口後，有轉授與未領執照之别人情事，即按照刑律例及本章程事理責罰，並將該軍器充公。

第十款：准將軍器入口、出口、發賣之牌照，作爲特出之牌照。所謂軍器，係指武營所用鎗礮、碼子、火藥等物而言。

第十一款：西紀一千九百年八月十一日之上諭，如未收回成命，則所有軍器均不准運入中國口岸發賣。

第十二款：除在中國口岸掛號之渡船、拖船外，其餘船隻均可向船政廳領取准照，即按照准照内所開軍器數目，往各廠購買，以爲江海防虞之用。

第十三款：船政廳遇有遞稟請給買軍器准照之船，必須查明果是該船所必需用之軍器及船東確有可信者，方行給發准照。否則，要有誠實店鋪擔保。倘軍器已舊，亦准買新軍器換用。至其船已定有准用軍器之額數者，准其照額購買；若未定額數，則由船政廳酌定，准其照買。

第十四款：律例所定職分准帶軍器，毋須請領執照之人列左：甲、按察使司及該衙門内各員役；乙、國家律政司及掛號官，丙、輔政司及西、華兩政務廳。丁、正副督理國課官及公鈔房寫字並員役；戊、庫務司及收公鈔員，並其所指之副員；己、議事公局寫字及差役；庚、西、華兩政務廳寫字；辛、郵政局内各員役；壬、看管燈塔各員役；癸、另律例内所有指明准帶軍器各員役。

第十五款：請領准帶軍器執照之人，倘係素所認識而又無實在緣故思疑其將軍器作犯禁之事者，即准發給執照。若非素所認識之人，必須有人擔保其不將軍器妄用，方得發給。附款：如有訂立字據，彼此互換軍器，或發賣，或借用等事，倘該兩人或收軍器之人，非經領有准帶軍器執照者，其字據作爲廢紙，即將兩造按照刑律例責罰，並將該軍器歸國課充公。

第十六款：政務廳員役及巡捕各弁，倘思疑其人未領執照，私帶軍器，均可將其人身上搜查。若果搜有軍器，則將其人解送臬憲衙門，按照刑律責罰，並將該軍器歸國課衙門充公。

第十七款：倘頒佈本章程之後，有私將軍器入口、發賣，經按照刑律例第二百五十三款之附款一責罰者，厥後，其人即欲請領軍器入口、發賣之牌照，均不發給。倘係鋪店而該店東有犯過此例者，亦不發給。

第十八款：凡庸伴攜帶其東主之軍器，仍作爲東主自帶，該庸伴不算爲違犯章程之人。若其東主係未領有准帶軍器執照者，即將其東主按照刑律例責罰。

第十九款：凡查出軍器而本人並不自知者，則其人亦不算爲違犯章程。倘所帶之軍器，非本人所自用而係代未領准帶軍器執照之人攜帶，以希圖免罰者，一經搜出，不獨將軍器充公，並將其人解送臬憲衙門，按照八十七款責罰。

第二十款：除兵船或國家賃用之商船作爲兵船外，其餘各船如有裝載軍器入口，必須於抵岸時，即赴船政廳將所載數目開列一單呈報。

第二十一款：不論何項船隻來澳，有人攜帶軍器而非係自己照例所常用者，必須報知船主，登入貨物單內，以便該船主按照上款所定赴船政廳呈報。倘違此例，即將軍器充公，所有關涉該軍器之人，若係未領准帶軍器入口牌照者，即按照律例及本章程責罰。

第二十二款：船上搭客自用之軍器，惟已領有執照准帶或係律例所准帶者，方可攜之上岸。其非搭客自用之軍器，則必須報由水師兵到船查驗，方准起岸。若其數過於本章程所定商民、鋪户存儲之額者，則須將該軍器交與國家軍器局收存。倘違此例，不獨將軍器充公，並將其人按例責罰。

第廿三款：非是澳門居住之人經過澳門，前往別處打雀，其人係按照其本國及現所居住之某國律例，領有準帶軍器執照者，免領本澳特出之執照。在澳門攜帶鳥鎗及六響手鎗，但澳門官員或要查驗其領有准帶軍器之執照，即須呈出查驗。至其執照必要由其國家派駐本澳之領事官簽名，方作爲實。

第二章，論領照規銀。

第廿四款：所有按照本章程第一款所准將火藥、硝磺、軍器入口、出口、發賣或製造火藥、火器之商民、鋪户、船隻，須將所領牌照赴國課衙門呈驗，以便國課官按照下款所載及其牌照等第，飭納規銀。

第廿五款：所有牌照之規銀多少列下：甲、開設砲竹、火器廠，並准將硝磺入口、製造火藥之牌照，每年納規銀一千元。乙、准將硝磺入口、出口、發賣之牌照，每年納規銀三百六十元。丙、開設鋪店不賣本章程第十款所論之軍器，祇係發賣鳥鎗、長鎗、五六響手鎗、單響手鎗，並急碼等物之牌照，每年納規銀六十元。丁、開設鋪店，發賣不論何項軍器之牌照，每年納規銀六百元。戊、開設鋪店，發賣舊鎗之牌照，每年納規銀十二元。附款：凡非自己設廠而向領牌之廠領取物料，在家內率家人幼稚完整砲竹者，即照本章程第一款之附款所載，免其納規。

第廿六款：所領牌照，應納何項規銀，由國課衙門核定。至於領牌期限，任由該商自願。或三個月，或六個月，或一年俱可，但必要依期繳納上期規銀。每年由西紀正月初一日起計，如分六個月作一季納規銀者，則以西紀正月、七月爲繳納之期；如分三個月作一季納規銀者，則以西紀正月、四月、七月、九月爲繳納之期。無論何月領照，均須照一季規銀繳足。

第廿七款：不論何等牌照，均不限定額數。

第廿八款：領牌照者，除應納規銀外，並要繳納戳費及議事公局各費。

第廿九款：製造砲竹所用之硝磺，其入口之數不拘多少，其貨色等第亦不立定限，但存貯之處，必須在砲竹廠內，擇一慎密地方，以免有危險之虞。

第三十款：凡領牌准，將製造火藥所用之硝磺入口、出口、發賣者，每次貨到時，須將其數及其存貯之處，赴船政廳報明；若出口則並須報明運往何處口岸。至於存貯之處，須先呈請華政務廳指定善地，以免危虞。

第三章，論存貯軍器。

第三十一款：不論何等商民，除有按照本章程所定各款事例，領取特給之准照外，均不准將爆炸可虞之物存在家內。

第三十二款：國家按照本章程所定事理專設廠所，以便商民將爆炸可虞之物及各項鎗枝歸入該廠存貯。其未曾設廠之前，係爆炸可虞之物，則暫貯在媽閣砲臺。係各項鎗枝，則暫貯在軍器局。

第三十三款：商民之軍器入國家廠所存貯者，須照下列，繳納廠費。所存散火藥及爆炸可虞之物，每月每磅納廠費一仙。所存長鎗及手鎗所用之碼子，每月每五百粒，納廠費三仙。所存長鎗，每月每枝納廠費一毫。所存五六響手鎗、單響手鎗，每月每枝納廠費五仙。各項存廠，雖不及一個月之久，亦要納足一個月廠費。

第三十四款：商民或自願，或按照本章程所定，將貨物存貯國家廠所，則入廠、出廠，均要先向輔政司衙門領取准單，其入廠准單須納單費如左：每桶三十磅重之火藥，自一桶至五桶，均納單費銀二毫半；每罐廿五磅重之火藥，自一罐至五罐，均納單費二毫半。每五十磅重爆炸之物，納單費二毫半；不及五十磅，亦照五十磅納費。每五枝長鎗或手鎗，收單費二毫半，不及五枝者，亦照五枝納足。每二千五百粒碼子，收准費二毫半；不及二千五百粒者，亦照納足。倘火藥之桶及罐或大或小於以上所定者，其單費及廠費則照其重數核計，加減繳納。至所請出廠之准單，免繳照費。

第三十五款：所有存廠之軍器，均歸媽閣砲臺幫辦之員管理。該員於查驗入廠、出廠准單之後，即將該軍器，按准單所定，或交國家某處存貯，或由某處起回，分別妥辦。至該員點收存廠軍器，必須用册一本登記明白，即將該册交與繳存軍器之人。到起回時，由其人將該册呈出，批註，以爲憑據。該册須依A字格。倘該存軍器人欲向該員購取該册自用者，祇須取回原價。

第三十六款：所有存在國家廠内之軍器，倘要揩抹，係歸軍器主自理，但須遵依管理軍器局官之命而行。

第三十七款：不論本章程所指何項軍器，倘由國家廠内起出，運往別處，則管理該廠之員必須立即將所起出何項軍器，並運往何處口岸，詳列一單，赴船政廳報明。

第三十八款：所有軍器之在媽閣砲臺存貯者，歸幫辦該砲臺之員兼管；其在國家軍器局存貯者，歸督憲所派之把總管理。該兩員總須遵守管理軍器官之命，悉心妥辦。至本款所稱之把總該項官員，如係已食乾俸者，祇可派爲暫行管理，迨至國家設廠之後，則由督憲議定派員管理該廠。

第三十九款：管理存貯軍器之員，每月限至初五日，必須將上月所交出何項軍器若干，現存何項軍器若干，開列一單，送呈輔政司衙門查核。

第四十款：收取軍器存廠之費，係由國課衙門於各員内揀派一員，辦理其事。

第四十一款：凡將軍器存廠，必須先領取本章程第三十五款所論之入廠准單，即將該准單之第二單底，交與收廠費之員，俾該員注入册内。其起回時，亦先領取該款所論之出廠准單，呈交收廠費之員，俾該員按准單所開之何項軍器數目核計。其應納廠費若干，飭令照納。該員隨於准單之單底内批明收費字樣，交回該人收執，以爲已納廠費之憑據。至該員所收入廠、出廠准單，即由該員收存以爲軍器收入、交出之憑據。惟於軍器出廠時，該員須將粘在第三十五款所論准單之附張，給回其人，以爲沿途携帶軍器之據。其入廠准單、出廠准單及携帶憑照，均要照依B、C格式書寫。

第四十二款：除有意外之事不計外，一經領到本章程第三十五款所論起回軍器之准單，必須於二十四點鐘内，即將軍器出廠或出口。

第四十三款：凡内河船隻載有軍器或收接軍器者，均須離岸及離開別船有一百勿度魯之遠，方准灣泊。至於軍器落船，必須有媽閣砲臺兵一名帶同前往。該兵必須查看該船，果係離岸及別船有一百勿度魯遠，方准交收。該兵仍看住該船，不准其將軍器轉駁別船或復搬上岸。該媽閣砲臺幫辦之員，必須先將應施行事例，詳囑該兵，以便遵照妥辦。至於軍器未經先赴政務廳報明者，亦不准落船。

第四十四款：存火藥必須遵依下列章程：一、火藥局係由督憲派官一員管理，並有一位幫辦。二、火藥局自西紀三月至九月早晨六點鐘開門，下午五點鐘關門。其餘每月則由早七點開門，至五點止。但如有商民前往報稱香港火船到澳，有火藥入局，則該局必俟該火藥入局之後，乃行關門。三、凡起火藥出局，必須遵依本章程所定各款事例而行。四、凡有火藥存貯局内，准於每月初五日繳納上月之局費。如過期，則要加倍繳納。五、每月底須按是月册内登注之數，將所存火藥查點一次，果符合否。至國課官及管理軍器官或親往或派員，至少三個月必須前往查察一次。

第四十五款：收廠費員，限至每月之初八日，即須將所收上月之廠費，匯繳國課銀庫收存。

第四十六款：輔政司衙門及管理軍器員，限至每月初五日，即須將上月由廠内起出何軍器若干，開列一單送與國課衙門，以便國課衙門憑單查對其所繳之廠費是否符合。

第四十七款：管理軍器廠員及收廠費員，每月應受花紅，係由國課銀庫支發，但該花紅不得多於一萬厘士。該幫辦廠員，每月應受花紅不得多於三千厘士。

第四十八款：管理軍器廠員及收廠費員，每員必須按照DE格式，設立數部兩本，將所收入廠、出廠准單、所列軍器之數，登注部内。

第四十九款：收廠費員，另設F格式之部一本，登記所收之廠費。該部任國課衙門隨時查核。

第四章，論雜款。

第五十款：凡製造爆竹、火器所用之火藥，要在督憲所批准之處，方可製造。

第五十一款：上款所論之火藥，每日製成之後，立即搬往砲竹廠存貯。若其數已滿砲竹廠所准存之額數，則其餘盡數歸入國家廠存儲，仍照章程繳納規銀。

第五十二款：凡爆竹廠必須另設一所慎密地方以存火藥。每日於造砲竹時，陸續取出應用。其存火藥之數，以五百磅爲率，不准過多。

第五十三款：所有製造火藥廠，不准夜晚開工，製造火藥。

第五十四款：所有開往別處、道經澳門之船隻，倘載有軍器、火藥、硝磺及爆炸可虞之物，無論多少，一到澳門或氹仔、路灣各海面灣泊，該船主須立即赴該處之船政廳報明，由船政廳查核。如所載之軍器、火藥、硝磺等，其數多於本章程所准船裝載之額數而慮有危險之虞者，即飭令搬入國家廠內存儲。該火藥一入廠，即於該廠册内登記其數，未納廠費之前，不准起回出廠。迨經起出，亦祇准其由原船帶回。倘船政廳查驗所載無甚危險，並該船灣泊不滿三日之久，亦可任其在船存放，無庸入廠，但令該船於離岸及別船至遠之處灣泊，並常懸一旗，以便別船知其載有此等危險之貨物。又由船政廳將防範危險之法寫明，諭知該船遵守。另派兵一名駐守其船，每日由該船供給該兵費用銀五毛正。

第五十五款：准鋪店存大小各等砲位，但須將其數之多少，呈報輔政司衙門。其售賣與人，亦必先行報明，否則不准發賣。

第五十六款：凡各鋪店於一切爆炸可虞之物，除特出之牌照所准存者外，其餘一概不准收存。其牌照亦必要掛在衆人當眼之處。

第五十七款：凡鋪店倘存炸砲發買，祇准賣與素所熟識之人，並專爲炸石所用者。否則必須先稟准輔政司，方可售賣。

第五十八款：凡在澳門、氹仔、路灣海面灣泊之華洋商船，該船主須將船上存有何項軍器若干，並船牌准帶何項軍器若干之數，開列一單赴各該處政務廳報明。其所帶不得多於船牌准帶之額數。獨有的確意外之緣故，則不在此例。惟該意外之緣故，由政務廳察核定奪。附款：凡華人渡船、拖船、貨船，准其照下列軍器之數存載，以便防虞。船上每砲一尊准存備火藥二十磅。每長鎗一枝，或單響手鎗一枝，准存火藥一磅，碼子壹百粒。每五六響手鎗一枝，准存碼子壹百粒。其存砲及長鎗、短鎗之數，祇許照船牌内所列明，或船政廳所核定之額數。若一切爆炸可虞之物，惟經過澳門之船，可以裝載，如欲拋錨，須在船政廳所指定之處灣泊。

第五十九款：凡鳥鎗鉛砂並各項打雀所用物件，均准在鋪店及人家存貯。至人民家内若有罐頭火藥多於五磅之數者，即須歸入國家火藥局内收存。

第六十款：凡將軍器入口、發賣者，須設數部，將入口及發賣之數目，各等事詳細註明。該數部，任由政務廳巡捕官隨時查核。其所應設之數部列下：甲、入貨、出貨之部。此部將帶入、賣出何項軍器若干詳細登記，以便隨時查看，即可知所存何項軍器若干之實數。乙、買客姓名之部。此部將買客之某姓某名，買何項軍器若干，其攜有何項准單，詳細登記。倘買客非熟識之人，則並將擔保買客之店登記，其所帶買鎗之准單，該店必須收存，以爲遵守章程發賣之憑據。

第六十一款：倘係祇賣打雀物件，則無容照上款所定登記數部。

第六十二款：該部未用之先，必須分别呈送西、華政務廳，將該部逐頁注寫西字數目，並簽名於其上。

第六十三款：凡砲竹廠，均可向賣軍器店購買火藥，以便摻和其自造之火藥，裝造砲竹出賣。

第六十四款：所有火藥不准携在街上叫賣。

第六十五款：所有發賣火藥，其重數但過於一磅以外者，則必須用木箱或堅固之馬口鐵箱裝密，不得有漏出之弊。該箱面要用西洋字、中華字或西國字寫明火藥字樣。其字要大，俾人人皆見，斷不准用鐵箱或鋼箱。

第六十六款：凡發賣之火器必須裝在箱内，或玻璃櫃内，以免因外物惹及意外之虞。

第六十七款：凡將火藥或爆炸可虞之物遷往別處，必須遵依下列各款而行：甲、所搬遷之火藥，其重數過於五磅外者，須用木箱、木桶或白鐵箱裝密，以免漏出，致有意外之虞，亦不准用鐵箱及鋼箱。乙、所有裝火藥之箱，須要揩抹乾净，以免有砂及别樣觸擊損礙之物。

第六十八款：非領有特出牌照者，其每桶或每箱裝載火藥，不准過於壹百磅之重。倘欲每桶或每箱裝多火藥過於壹百磅重以帶往別處者，則須領取特出之牌照方可。至發給本款所論特出牌照之時，須將所有預防危險之法並應遵守各款，指示該人，以便遵依。

第六十九款：凡開往別處、經過澳門之船隻，裝有火藥、硝磺，不先向船政廳領取憑照，則不准在本章程所論之各口岸發賣。即經領有船政廳憑照，亦祇准賣與領有准將火藥、硝磺入口牌照之人，不准賣與別人，亦不准其將該貨搬過別船。

第七十款：所存在國家廠内之火藥等物，倘過六個月没未繳納廠費者，即作爲棄物歸國家收受。

第七十一款：如有在船上查出火藥、硝磺、軍器，非照本章程所定入在船貨單内者，即作私貨歸國家充公。若係在岸上查出而其人未領有憑照，或其數過多於本章程所准民家可存之額，或有别樣違背本章程之處，均一例辦理。

第七十二款：本章程所論之鎗砲，係指鳥鎗、戰陣之大小砲及長鎗並五六響手鎗，單響手鎗而言。所論火藥，係指散火藥、裝入碼子内之火藥、爆炸之物及鎗急等類而言。

第七十三款：凡做本章程所論各項生意之鋪店，其鋪内所存火藥，不准多過二十五磅之數；碼子不准多過一千五百粒；長鎗不准多過四十枝；五六響、單響手鎗不准多過三十枝。

第七十四款：凡來往澳門船隻在西洋管轄海面，於抛錨之後、起錨之前，該船主等倘有疑及搭客私帶軍器及爆炸可虞之物，即可將其行李箱櫃逐一搜查，並可搜及身上。倘搭客不肯自開箱櫃，任其查看，則雖將其箱櫃撬破亦可。倘係不服搜身，則往請水師兵幫同行搜。

第七十五款：按照上款所論搜查搭客行李、箱櫃，若搜出果有軍器等物而其人未有憑照準帶，亦無的確要帶軍器之緣故者，一泊岸時，即將其人解送船政廳責罰。倘係微背章程而又非有應得之罪名，或其人自願遵照本章程受罰，則船政廳即可准其行罰，而將其人釋放。

第七十六款：澳門督憲查察情形，倘有疑及賣軍器之人，不足相信或所設立之廠疑有危險可虞之處，即可定以期限，令其將軍器搬入國家廠内存貯。倘係疑及賣軍器之各鋪店有作弊情事，一經與公會商定，亦可令其將軍器搬入國家廠内，而飭將店鋪歇閉。至有無限定復開之期，任從督憲核辦。該店東不得索補分毫。至民家所存之鎗枝，如係必須繳出，方可免於危險者，無論有無執照，均可由督憲飭其繳出。倘其人不肯遵繳，即作爲抗逆官命，按照律例罰辦。

第七十七款：本章程所定領牌照之商人，倘督憲有的確緣故疑其生意非是例所准做者，雖無實據能將其人解送衙門，按照律例責罰，亦可將其牌照收回。該商人不得求補分毫。

第七十八款：所有賣軍器鋪店，任從澳門官員隨時前往，令該東主將其軍器賣與何人，帶去何處之處，詳細説明，並可將其數部查對，以核其所入所出所存之數是否符合。

第七十九款：按照本章程第七款所載，凡賣出之鎗必須在數部内註明賣與何人，帶去何處。至於賣與各船，以爲備足該船牌准帶之額者，即按照第十七款所載，將船政廳所給之買軍器准照存於鋪内，並登入數部。作爲准賣之憑據。

第五章，論責罰及查核之例。

第八十款：凡公鈔房員役及巡捕員弁，倘有確故思疑某廠、某船、某屋内有違背本章程者，不論何疑，均可前往搜查。如搜出果有私藏之貨，即應繕立單據，偕同證人簽名，隨將該私貨拿獲，但係入查民人住屋，則須稟請政務廳偕同前往。若政務廳未到之先，祇可招人將該屋看守。

第八十一款：水師兵應查核其汛守地方之各鋪店、船隻，有無遵守章程。倘有違背章程而係由線人指報者，一經查實，則將罰款三分之一賞給線人；如非由線人指報者，則歸將私貨充公之人得。至該線人指報違背章程之事，必要在官員未經查出之先，繕稟指實，方得將此罰款三分之一賞給。如所指報或是誣揑，則按照刑律，將該線人責罰。

第八十二款：所有違背章程充公之貨，均在國家軍器局，當督理國課官面前出投發賣，但祇准已領輔政司發出憑照，准其做此項生意及准帶此項貨物者，到局投買。

第八十三款：按照本章程，所有充公之貨先存在妥當之處，然後分别係鎗，則交去軍器局；係火藥等物，則交去媽閣砲臺存貯。

第八十四款：倘未有先領牌照而做本章程第廿四款、第廿五款所定各事，一經查出，即按照其生意應納規銀若干，加倍行罰。

第八十五款：倘有違背本章程第九款、第廿一款、第廿二款、第廿三款、第四十二款、第六十二款、第六十四款、第六十五款、第六十六款、第六十七款；並本章程未及指明應罰款若干者，均罰銀十元至三十元不等。

第八十六款：倘有違背本章程第二款、第三款、第七款、第三十款、第卅一款、第卅六款、第四十三款、第五十一款、第五十五款、第五十七款、第六十款、第六十八款、第七十三款、第七十九款等款，即按照所犯輕重，罰銀三十元至一百元不等。

第八十七款：倘有違背本章程第二十款、第五十款、第五十二款、第五十三款、五十四款、五十六款、五十八款、六十九款者，即按照所犯輕重，罰銀一百元至五百元不等。附款：本款及上兩款所定之罰款，倘係民家不小心或未曉事例，以致違背章程者，俱可從減；倘該違背章程之人，係是再犯或有意違背者，俱可加倍行罰；倘係因貿易貪利而違犯及所違犯而至於有所貽累者，即按照章程八十五款、八十六款、八十七款、八十八款加等行罰。

第八十八款：倘有違犯本章程第十一款者，即罰銀五百元至一千元不等。

第八十九款：凡違犯章程者，倘按照刑律，又有應得之罪名，除行罰外，仍將該人解送臬憲，按照刑律例責罰。

第九十款：凡係情願繳納罰款者，本章程所准定罰之各官，即從其至輕者行罰。

第九十一款：凡有不願繳納罰款者，倘經拿獲即將其人解送臬憲衙門，並將違犯何款章程及如何違犯之處，有何證人等事，詳細繕寫稟單，呈送臬署，以便將該人按例責罰。

第九十二款：倘違犯章程者，係在鋪店，或住屋，或船隻，倘該人等不能明白申訴所違背章程，實與自己並無關涉之據，則所有罰款，即歸該人等繳納。倘在其人處所，或身上搜出有私存、私帶軍器等物，除實係僱工奉主命携帶，可以按照本章程第十八款，作爲東主自帶而僱工不算違犯章程外，則所罰之款即歸其繳納。

第九十三款：倘搜出違犯本章程貨物，該搜出之人或將私貨充公之人，必須先繕稟單一紙，偕同證人簽名，並註明另有何人知見，送去國課衙門，然後將違犯章程人拿獲，交與最先見着之官，不論是政務廳，是巡捕官，聽候其將該違犯章程人，飭交何處收管。

第六章，論暫訂事款。

第九十四款：本章程一經施行之日，現時承充火藥、硝磺公司及做軍器生意各商店，即須遵照本章程第五款所載，赴國課衙門，將現存火藥、硝磺、軍器若干之數報明。

第九十五款：所有砲竹廠、鋪户、船隻、民人欲沾受本章程所給各利益而免干犯各罰款者，必須於本章程施行之日起，限十日内，即領取牌照。在該十日限期内，所做之買賣，除係本章程已有指出，作爲不合例，斷難免罰者外，餘均作爲已領牌照，免其行罰，但仍須遵照章程所定，分别納規。

第九十六款：自本章程施行之日起計，限十日内，所有違犯章程爆裂之物，必須交入國家所設廠内存貯，否則治以違背章程之罪。

第九十七款：政務廳須到各砲竹廠查驗，隨將各廠貲本之多寡，生意之大小及各廠有無關礙居民之處，共有若干廠，每廠詳列一稟，呈報督轅察核。

第九十八款：澳門督憲前時所發各砲竹廠之牌照，倘未銷廢，仍舊奉行，不必换領新牌照，但該砲竹(廠)主，須照現訂章程，繳納規銀並要遵守一切防範危險之法。　壬寅年七月二十四日。

王樹枬《張文襄公全集》卷一〇五《札知府高松如等創辦勸業場光緒二十八年九月二十二日》　照得各國都會地方，多設有勸工場及商品陳列所，聚百貨於其中，分行羅列，以類相從。物標定價，聽人觀覽購取，工者價昂而售速，劣者價貶而滯銷。彼此相形，自生激勵。此外又設立博覽賽珍等會所，以勸工商實業者，洵屬法良意美。湖北武漢地方，東西據長江上下之衝，南北爲鐵路交會之所。商貨日見輻輳，工業必漸繁興。凡各國所以勸工勸商者，亟應酌量仿辦，以開風氣。查省城長街三佛閣迤南路西一帶，原歸兩湖書院管業市房十三棟，南北長二十三丈有奇，東西深五丈有奇，應即撥充公用，就地建設勸業場。一區内分三所：一曰内品勸業場，凡本省人工製造之品，招商分類，羅列其中。一曰外品商業場，凡外省外國各種貨物機器切於民用者，招商分類，羅列其中。仍於兩所之中劃留一大間，名曰天産内品場，陳設兩湖各種土産，五金、鑛質煤炭各項有用之土石泥沙，以及各種穀果茶麻油漆竹木藥材皮革骨角毛羽，以備外省及外國人遊覽考辨采取製造供用。其房屋巷道及陳列層次，務須仿照東人法式，令其明朗整潔，出入無礙，便於詳觀。内品場以勸工，外品場以勸商，天産内品場以統勸工商，兼可勸農。此項勸業場專備工商各業，陳設各件，斷不收取房租、地租，所有前項工程，飭委湖北試用知府高守松如請補鶴峯州知州查牧雙綏會同承辦，並委署武昌府知府梁守鼎芬代理，江夏縣知縣李令堅隨時監察照料。其招集商販，赴所設肆各事，應責成署夏口廳同知馮丞啟鈞商務局坐辦張守賡颺會同妥爲勸導，招徠應需經費，由梁守在於經管。漢陽新關解存餘存公用專款項下，撙節動支具報，除分行外，合亟札委該守牧即便遵照，迅速核實估計，繪圖貼説，呈候本大臣核定，毋稍遲誤。

「中央研究院」近代史研究所《海防檔》丙機器局《光緒二十八年十月二十六日外務部收閩浙總督許應騤文》　光緒二十八年十月二十六日，收閩浙總督文稱，竊查閩省官設腦局，延聘日本技師，改定合同一案。前承准外務部來咨，駁改各節，當經由閩覆加審酌，逐款詳晰聲明，專咨商請核覆在案。嗣接外務部艷電內開，咨悉。腦務合同，前准來咨。據洋務局員與技師約明，俟外務部核覆方能作准。迨本部咨行駁改，輒稱已據報明開辦，技師捐款，亦已照繳，顯係局員未候部復，與技師擅行定議。此事關係甚重，本部咨改各節，具有深意。今一概置之不問，輒行開辦，本部未便照准等因前來。溯查閩省腦務一案，原議合同章程，未承核准。嗣因日本技師，入都商辦，由外務部與彼面訂合同要略六條，約明細目，仍由閩省商定，咨行到閩。當經本部堂体察情形，審籌利害，深維腦務獲利之數尚未可知。而閩省羅掘之餘，雖堪重累，因復按照咨行要署，與技師商定延聘借款各合同細目，而獨於官辦之外，不任虧折。技師受我延聘，捐繳報効銀兩，遇事仍須稟商候准，考核辭退，權自我操，已臻妥協。核之外務部原議要署，大至悉相符合。因即委員開辦，以免遲延。並非洋務局員與日本技師，所能私擅定議。至本部堂前次咨商各節，正以事關重大，既有所見，不得不反覆推陳。而歸宿於無論如何商改，總以官局不認虧折爲主，何嘗於外務部咨改各節，一概置之不問。在外務部圖終慎始，原期共濟艱難。而閩省大局所關，本部堂責有攸歸，應得少參末議，推外務部迭次咨改之意，一則恐係日商包辦，而六年限滿之後，腦局遂非我有。不知技師自認延聘，業已明載合同，一切考驗銷售事宜，均須稟候核准。明設官局，層層鈐制，並無交令包辦字樣。此與鉄路之延比國工師，船政之延法國監督無異，他國豈容藉口。無論腦務全在內地，按照條約，中國不辦，外人斷不能辦。即如合同第三款所載，限滿抵還借款辦法，尚與約明，內地產業，只准變賣，不准改管。届時官局即欲接續辦理，儘可操縱由我，似無他虞。一則或疑日本銀行借款免息，兼任虧耗，無此便宜情理。不知臺灣產腦最旺，從前閩省熬腦，不能得法，貨劣價賤，碍彼銷場。一旦延用彼國技師，考驗煎熬，既歸一律，銷售價值，可望公平。閩腦雖無利可分，而臺腦已陰受其益，盈虛酌劑，在彼自有權衡。事會可乘，何妨因以爲利，似無可疑。一則終慮他國之藉詞援案，包辦別項土貨，不知中國地利未興，製造土貨，尤爲近今急務。各國果真能照此項合同辦法，貸我成本，不取利息，一切歸我主持。先繳報効，復收什一之税，是中國分其利而不受其害，獲益匪淺。正恐彼非所願，於我何傷。即有各使詰問，一經明白剖示，彼當廢然自沮，似無可慮。總之閩省因攤款過鉅之故，創興腦務，原期廣濬利源。唯樟灶散處深山，運道又多艱險，試辦之始，得失全無把握，必欲借本認耗。將來限滿，折閲事在意中，艱窘如閩，寔屬無從應付。現在腦局雖經開辦，即有應改條款，早與技師約定，儘可隨事籌商。若必悉照外務部前咨，一切由官自任虧折，不收報効銀兩，則在彼斷無不樂從之理，第恐閩省無端受累，後患何窮。而他國之援引，更難杜絶。本部堂職司疆寄，思慮所及，寔未敢緘默相安。應再咨呈外務部，體察閩省爲難情形，迅賜查照前咨，審籌核復，以憑飭辦。爲此咨請外務部，謹請查照核辦，望切施行。

《澳門憲報》一千九百零二年十一月二十九日　啓者：廣三益爆竹廠東主林石泉赴澳門華政務廳衙門稟請，在澳門外坊群隊街第十一、十三等號屋，開設爆竹廠一間，兹特佈告。照大西洋律列，准各關涉人等前往衙門辯駁。現經華政務廳憲出有告示，貼在衙門頭門及花王堂門口，並常貼告示之處。俾各人知悉。特佈。光緒廿八年十月廿六日。林石泉謹啓。

《澳門憲報》一千九百零二年十一月二十九日　啓者：濠鏡報局向本堂租到印字機器三副、小華洋文鉛字、花邊等項，共約五十餘盤，另字盤、字架、字箱及一切機器房、字房應用要件俱全。言明隨時任便取回所有。濠鏡報局日後生意虧失，不得將本堂之傢生抵償。特此聲明。光緒廿八年十月初一日。廣益堂謹啓。

王樹枏《張文襄公全集》卷一八五《致武昌端署制台光緒二十八年十二月初一日子刻發》　聞鄂鑄銅元行銷甚暢，日出三十餘萬元，尚不敷商民購用。鄙意宜趁此時擴充廠屋，添置機器，多鑄多銷，盈餘愈廣。遲則各省仿製，銷路不如此時之寬。因利乘便，機不可失。祈飭高守松如迅速籌辦，以濟要需。銅幣局存有陝省撥來機器，添配諒亦無多，至建廠地基前已看定，添造廠屋亦易爲功。尊意如何，乃祈示復。卅。

「中央研究院」近代史研究所《海防檔》丙機器局《光緒二十八年十二月十四日外務部收閩浙總督許應騤文附章程合同各一件》　十二月十四日，閩浙總督許文稱，竊照日本商人，請辦福建全省腦務，所有議訂章程情形，業經本部堂先行電達查照，旋准貴部養電。飭俟章程咨送到後，再行由部酌核電復，方可定議等因。承准此。查閩省樟腦，從前惟臺灣有之，自臺灣外屬，閩地雖多樟樹，民間鮮諳熬腦者。本部堂蒞任後，思挽回利權，隨飭地方官，廣爲勸諭。經華商裕本公司稟請試辦後，因資本未充，考驗煎熬均不得法，以致虧折，勢將中輟。此次駐厦日本領事上野專一，由厦來省，商設官腦總局，延聘日本技師，集貲承辦。原擬章程條款，諸多侵越，當經飭由福建洋務總局，再三删改，往返磋商，開議旬餘，次第就範。玆據録送官局開辦章程，並商定技師合同底稿前來，本部堂復加察核。於主權利權，似尚無甚妨礙，倘再爲拒絶，更恐覬覦滋甚。枝節叢生，轉難收束。承准前來，合將擬定官局章程，及合同原稿，照録清摺呈送，爲此咨呈貴部。謹請妥速酌核，迅賜電復，以憑定議，望切施行。

福建官腦局試辦章程

一、福建現設官局，試辦漳州、永春、龍巖三屬，以及本省產腦地方腦務，由閩浙總督部堂委員駐局督辦，以及查察腦務一切事宜。

二、官腦局辦事規條，暨應定熬腦售腦細則，以及干涉腦務一切章程，應由官局督辦，隨時酌核擬定。稟請督憲批准施行。

三、本章程宣布施行之後，不准内地民人私自設灶熬腦。倘有自備資本熬腦者，應向官局報候核准給照，按照局定熬腦細則遵辦，其由官局借款熬腦者，一律照辦。所熬之腦，及渣餘之物，儘數送交官局，照所定秉公價值收買。灶户人等不准私擅售賣。

四、產樟熬腦地方，係屬内地。各國洋商，如有需用官腦，應准向局照價購運，不得自入内地設灶製造，致違條約。

五、各國洋商，有在通商口岸設廠自行買樟熬腦者，與條約相符，毫無禁阻。

六、華洋商人，在内地購運官腦，只准指赴通商口岸出口。其有私就沿海一帶偷漏出口者，照章罰辦。

七、熬腦所以裕國利民，一切經辦腦務之人，均不得違犯國禁，或有碍民情風水，以及顯悖地方官所定章程，應由官局隨時嚴加督察禁止，以保相安。

八、官腦局收買民人樟樹之法，交價民人之法，督察民人熬腦之法，俟開辦後，由官腦局與技師另定妥善章程。

九、將來民人得官局之准許熬腦者，官局不得新加課税厘雜派。

官腦局延聘日本技師合同

一、福建現設官局，試辦漳州、永春、龍巖三屬，以及本省產腦地方腦務。由閩浙總督部堂遴委專員督辦腦務事宜。

二、官腦局擬延日本技師愛久澤直哉，籌辦腦務，由官局給成本洋銀四萬元，其餘成本，均由該技師自籌爲之。准將官局所製樟腦，歸該技師之有，得以專理考驗製煉。商定腦價，以及廣籌銷售各事宜，合同約明以十二年爲滿期，期滿可以更改，期内不得延請別人辦理。

三、官腦局將洋銀四萬元，交給該技師爲官腦局股分。該技師管理應得餘利，應按股勻分。倘有折耗別情，官本總以現存之四萬元爲度，不得有逾此限。

四、日本技師，因官腦局延聘之故，得有第三條籌本辦事之權，願先捐繳中國國家公費洋銀十萬元，撥充福建地方公用。

五、局内製造，需用廠灶機器，責成該技師經理。

六、官腦局所製樟腦發賣時，責成該技師按照每担（即華秤每百斤折合英國一百三十三磅零三分磅之一）就價扣繳中國國家税銀七元（如果腦價昂至八十元即扣八元，九十元即扣九元。倘再漲至九十元以上，總以價高十元税加一元，以此爲准）給予護照，指運通商口岸。經過内地，沿途局卡，准其查驗免厘。至出口時，應完海關各税仍照舊章辦理。

七、内地樟樹，官局如須批買，其樹數價應由技師商明本局督辦，派妥實可靠之人，前往察看樟樹質性美劣，再行訂購。並先報明地方官查核，妥爲照料，以免奸民侵佔朦賣，致啟訟端。該技師不得私自批賣，如果官局需樟樹，内地民人結黨把持不賣，地方官自當設法勸導幫助。倘有碍民情風水，及地方平安者，官局未便抑勒。

八、内地民人，有願設灶熬腦者，應先稟請官局核准給照，由局貸給成本。若民人自備資本熬腦者，亦應由官局與技師商明核准後，方許給照開辦。所有熬成之腦，及渣餘之物，儘數送交局公平收買。由局如數交給該技師考驗，灶户人等不得私自售賣，致使貨色參差，有碍商務。

九、華商裕本公司林資鑑，前經請准試辦漳州、永春、龍巖三屬腦務，現既收歸官辦，所有該公司現存腦本機器廠灶各項，應准由局秉公估價收買。即該公司前因辦腦設局，一切虧耗各費，並應由技師照數償還，以示體卹。

十、官局督辦，及局内官派委員書役人等，應需辦公薪費，約明悉就腦局成本内照數開支。

十一、腦務一切收支款項，應由該技師稟商官局督辦，按月按年，詳具細數清單，呈送督憲察核。

十二、官局樟腦考驗製煉情形，及收售腦價高下緣由，應由該技師，隨時明白稟商官局督辦酌核，官局督辦，亦有隨時考驗技師辦事之權。

十三、官腦局現在日後所訂章程，與技師商定之後，日本技師亦應一律遵守。

十四、日本技師應於本合同簽字後，日内先將現洋四萬元，繳存官局督辦收儲，以保行此合同。

十五、該技師如有不遵合同辦法，或有碍官權之處，官局督辦，可以明白告知領事官，商令遵照合同辦理。倘不照辦，則此項合同，隨時可廢。至合同一經作廢之後，除局内現存廠屋機器灶本，准其估價按照股本勻分外，餘如已經支用無存各項成本，以及第十四條所繳保款，悉數歸官局充公，該技師不得藉口較算。

十六、現定合同繕成兩分，應由官局督辦日本領事官公同簽字，與該技師各執一分，以照信守。合同年限，約明以十二年爲滿期。如果期滿後，官局意欲收回自辦，或仍令該技師接辦，須於期滿前六個月另議合同。

十七、此項合同如有未盡事宜，或有不妥之處，隨時可以會商更改，以期盡善無弊。

《通商各關華洋貿易總册》光緒二十八年下卷單爾《光緒二十八年杭州口華洋貿易情形論畧》 本埠通益公紗廠新公司總辦已將今年生意情形報稱，歲初因資本不足，祇能間日開工。後由總辦合股籌款，由撫憲藩臺准其租開，以前所領官款分次歸還利息，概歸新公司接辦後，日夜工作。廠用男女工人一千三百名，所用棉花産於江蘇、浙江，而子花大半來自浙江之紹興及附近地方。

《通商各關華洋貿易總册》光緒二十八年下卷客納格《光緒二十八年蘇州口華洋貿易通商情形論畧》 菜子運往東洋者四萬担，比之從前可謂多矣。該菜子産於常熟地方，聞日商運回係用機器榨油，以鄙人愚見，倘華人購置機器，自行榨油，運往東洋銷售，則運油之費比運菜子較省，必能獲利，以上所論絲茶菜子三種，約居本關出口貨價中十分之九，其餘無庸再贅。

王彦威等《清季外交史料》卷一七二《贛撫柯逢時奏開辦景德鎮瓷器公司以振工藝摺》 江西巡撫柯逢時奏，爲開辦景德鎮瓷器公司，派員經理，以振工藝而保利權事。竊江西浮梁縣之景德鎮製造瓷器，已歷數朝，曩年售價約值五百萬金。近乃愈趨愈下，歲不及半。論者以爲製法不精，税釐太重之故。臣初亦信以爲然，自來豫章悉心考察，乃知此項製作實勝列邦，其選料也，則合數處之土以成坯，故其質堅而其聲清越。其上釉也，則取各省之物而配色，故光澤而彩鮮明。又復講求火候，考驗天時，備極精微，遂成絶藝。其創始者實深通化學之理，至今分門授受，各不相師，非若他技之淺而易明也。始出朝鮮，漸達於東西各洋，詫爲瓌寶經營仿造，乃克有成，較之華瓷，終有未逮往者。該鎮工匠曾赴東瀛，見其詣力未深，爽然若失，即外洋各國亦自以爲弗如也。至於徵榷則税重而釐輕，江西瓷釐不及原價十分之一，而洋關納税則權其輕重，別其精粗，辨其花色，幾逾十倍，故商人辦運，皆取道内地，繞越海關，獨與他貨異轍。然中國之銷數日絀，而外洋之浸灌日多，揆厥所由，實緣窑廠資本未充，不能與之相競。蓋該鎮自軍興以後，元氣未復，又一燬於火再淪於水，資産久已蕩然，勉行支持，益多苟簡，運商復從而盤剥，時當其扼則倍息，亦所甘心。於是年復一年，利日以微，貨日以窳，其行銷内地者，即通都大邑，亦少精緻之器。迄無人維持而補救之，遂一蹶而不可復振。然而工匠之精能者，至今實未嘗乏也。往者臣嘗見肆中陳設珍玩於尊罍鼎彝之屬，及宋元舊製，皆有仿作佳者，幾可亂真。因購洋式大小盤匜，令其照樣製成，實無稍遜，而堅韌或且過之。惜窑户恐不易售，不肯舍舊謀新。上年乃招集紳商議創公司，久之亦無應者，良由此事固無人知，即知之亦不能悉，遂不免望而卻步。經臣周諮博訪，查有湖北候補道孫廷林，器識閎通，辦事精審，自其先世，皆承辦御窑廠事務，工匠商賈信服尤深，當即電調來江，與之考究一切事宜悉能洞中竅要，其於此事確有心得，而精覈罕無其倫，即經委辦。瓷器公司籌撥銀十萬兩，以爲之創，餘由該道自行集股，據稱已得五萬金，於三月間在該鎮建設窑廠，招集工人，專造洋式瓷器，必精必良，約計秋間即可出貨，當豫備各色，敬謹進呈。所有章程，均循商例，應完釐税，一律抽收，且不敢援專利之條，致爲商人所疑阻。臣查外人遊歷江西，於該鎮無不迂道往觀，多購粗瓷歸貽親友，偶得佳製則懸之座隅，珍爲秘玩。日本且歲購白坯回國，加以繪飾，轉運西洋，富人所用器物，以手製者爲良，非以機器所製爲珍重也。近年洋商屢思來此設廠製造，而奸商或挾外人之勢，冀免税釐，歷經臣隨時拒絶，倘再不圖變計，並此區區利權，不能自保。矧該鎮聚工匠數十萬人性情獷悍，或致別滋事端，隱憂尤大。今既設立公司，精求新製，以後當可大開風氣，廣濬利源。與其振興他項工藝，收效難期，不若因其固有者而擴充之，爲事半而功倍也。該鎮銀根緊迫，百物騰貴，此次並分設官銀錢號以利轉輸。此外通商惠工之政，自應隨時察看情形，藉資補助，是否有當，謹會同兩江總督魏光燾恭摺具陳，謹奏。光緒二十九年五月二十四日奉硃批：外務部、户部知道。

端方《端忠敏公奏稿》卷三《擴充鑄造銅元片光緒二十九年五月》 再，湖北省前因錢少價昂，商民交受其困。經本任督臣張之洞奏明，設局鼓鑄制錢，以濟民用。旋因銅鉛價值增高，成本過重，虧耗甚鉅。復經奏准，暫停鑄造。近來銀價愈賤，錢價愈昂，市肆各錢店乘機多出錢票，動輒虧折倒閉，商民受害日深。至官鑄之銀元，本爲輔助制錢而設，乃民間持向錢店易錢，又每爲奸商所抑勒，以致錢價日漲一日，終不能平。迭經張之洞與各前撫臣先後籌商，在於省城設立官錢總局，專派委員經理，而以藩司善後局督率稽核備價。向日本購製錢票銀元票，精加刊印，連板運寄回鄂，加用藩司印信，編立密號。錢票以制錢一千文爲一張，銀元票以銀元一大元爲一張，通行鄂省内外。使用准其完納丁漕、釐税及支發一切官款，商民取携甚便，而又無錢店虧倒之虞，頗稱通行無滯。上年秋間又經欽遵諭旨，籌撥工本鑄造當十銅元，一切規制及字樣、質地均與廣東、福建、江蘇等省毫無二致，惟於邊上改鐫湖北省造四字，以示區别。飭發官錢局，與錢票銀元票相輔而行。近來鐵路自漢口至河南信陽州確山縣一帶，業已開車通行，所有路工支用及商人赴信陽等處購貨者，俱帶鄂省官票、銅元前往。而羊樓峝茶市開莊商人入山辦茶，亦行用此項官票銅元，均稱利便。臣伏查錢價之過昂，由於現錢之缺乏。雖多鑄制錢應用，苦於虧耗不貲，雖嚴禁抬價居奇，又慮商情不便，當此時勢艱難、民窮財匱之際，自非廣爲設法變通不足以資周轉。茲鄂省製造之錢票、銀元票，新鑄之當十銅元，與原鑄之大小銀元，業於鄂省及鄰近各處一律通行，洵足濟現錢所不足。至當十銅元一項，行用尤便。現已由臣飭令添購機器，擴充鑄造，以維圜法而濟民用。據湖北布政使瞿廷韶、按察使李岷琛會同善後局司道，具詳請奏前來，除咨户、工二部外，理合附片具陳。伏祈聖鑒，謹奏。

中國第一歷史檔案館《光緒宣統兩朝上諭檔》第二九册《光緒二十九年十月十四日》 軍機大臣字寄署四川總督錫，光緒二十九年十月十四日奉上諭，有人奏川省盗匪復熾，請飭嚴禁燒會，並請罷白蠟公司各摺片，著錫良體察情形，妥籌辦理。

四川省檔案館《四川保路運動檔案選編・孫榮等創制新式木質紡織機呈請給以專利設立公司稟文光緒廿九年十月卅日》 具稟富順縣舉人瀘州學正孫榮，職員傅英芝、楊集義、楊杰、楊燦，文生何光祖、楊輝宗、文壽昌，監生張柱臣、況萬順、傅雲章，抱稟徐貴，爲創造新式木機、紡織各種寬布呈懇通詳立案，核定專利年限，設立公司，以維工商而挽利權事。

緣職等伏讀光緒二十四年總理衙門奉旨奏定獎賞造新器章程第二款，如有能造新器切於日用之需，其法爲西人所無，請給工部郎中實職，許其專利三十年；或西人舊有各器而其製造之法尚未流傳中土，設如有仿造其式成就可用者，請給工部主事職銜，許其專利十年等因。近又諭立商部，令各省設立工藝各項公司，仰見朝廷振興工商之心無微不至。

竊惟川省製造，以紡織爲大宗，鄂局汽機非一時所猝辦。職等留心製造，精業紡織；查悉光緒二十五年入口税册，布匹占全額十分之四，漏卮極大，利權有關。擬向外洋購機來川織造，因念重洋遠隔，轉運殊艱，是以在渝設立紡織公社，另造新式木機。社中傅英芝、張柱臣，深通重學，講習多年。初改寬布之機未能靈動，繼游廣、滬之地考察倍精，前冬返渝設立裕源廠，仿造洋葛巾，經緯匀净，毛緆齊整，貨高價廉，各商争購。乃不久而工匠仿造，假冒牌名，徒以魚目射利，卒至滯（消）〔銷〕虧本。然職等爲補救漏卮挽回利權起見，縱有虧折不憚精求。今秋張柱臣悟得重學動滑抵汲之新理，另創靈巧便捷之木機，梭機往來不用手抛，運用自然，事半功倍。較中國舊有機頭用力省而成功速，比外洋各種汽機成本少而功用并。今春開織寬布，綫扣緊密，布片均潔。貨色之佳與洋來者無稍辨，價值之廉較洋來者爲尤減。已經出貨，頗能售銷，苟能暢行工商大□。職等擬在渝城設立裕濟公司，寬本多織，以敵洋貨。惟自立法以來，經營創制曠日持久，已費多金，始得成此新式巧機。試辦有效後，如廣造木機，招人學習，鳩工購紗，需本尤巨。誠恐射利之徒又以粗劣工料假冒牌名再行仿造。未利先弊，不惟公司有虧折之虞；前覆後鑒，實沮工人巧創之心，甚非朝廷振興工商之意也。

查川省森昌正火柴公司只以仿造洋貨，並非新器，經前川東道黎通詳立案，許以專利二十五年；近日渝城宏通局仿造墨石板，稟請專利，奉外務部批：着地方官察實，如果創造别無流弊，自應立案予以專利。今張柱臣等新創木機，織布敵洋，切於人生日用之需，不惟非中國舊有之法，且爲西人所無之器，查與奏定第二款新器專利章程相符。伏惟父臺大人新莅是邦，提倡風氣，是以具呈，將本社現織成寬布一幅並繪新創木機分圖合圖共一紙，協懇俯賜查核。念張、傅二人創器之勞並本社同人經營之苦，賞準立案，通詳督憲移知商局，核定專利年限，發給憑照。凡各種寬布由新式木機織造者裕濟公司專賣，轉咨商部外部立案，並請照會各國領事存案備查。俟開辦之後，布匹暢銷，應照光緒二十八年中英商約第□條第九節，在渝關完納出廠稅。似此援照定章，新器織造設立公司，抵制洋貨，是生利而非分利，名專利而實公利，其於工商國計諸多裨益。職等爲補救漏卮挽回利權起見，用敢披瀝上陳，協懇通詳立案，出示保護。保無稗販外洋自稱新器有違定章之弊。伏乞父臺大人臺前賞準施行。

縣正堂批：該稟等留心時務，另創靈便木機，購紗織造各種寬布，以挽利權，殊堪嘉尚。昨已面陳府憲，諭以紡紗機器，上海漢口風氣早開，茲請專利，與條約未符。俟開辦時由地方官保護，應否通詳再行飭知。圖布式存。

譚棣華《廣東碑刻集·禁設機器絲廠碑記》 加二品銜軍機處存記遇缺提前簡放道調補廣州府正堂沈，爲出示曉諭事。現據該縣四川補用縣主簿陳簡貞，賜翰林檢討楊濟昌等遣抱陳文赴縣府呈稱：緣里村鄉歷無機器絲廠，前莘田坊業經各憲示禁。本年突有在福源社及四基坊等試用，強壓制，激動輿情，先後經岑啟鎏、陳藺新、梁星文、趙定忠等分詞具理。迭蒙仁憲、藩憲批飭，援案禁止。職等見各處騷動，事關大局，公聽輿情，亦蒙批行，援案通禁，核明示遵等因，闔村頌德。旋四基坊假威藐案，用羅沙露洋行稟，由領事照會，取巧強圖，衆情愈憤，幾釀釁變。約紳迫懸紅理阻，復以輿情不洽，稟復請援案賞示通禁，蒙縣照復領事，以職等職稟，及約紳楊壽軒等稟復，均延建設機廠，實有空想，所請援案通禁，亦屬平允。且紛紛控禁諸領事等所稟之事，註銷作罷。隨梁星文、陳藺新亦稟縣批準示禁在案，是里村地面，迭禁嚴明，萬難巧圖強設。對動假洋人恫喝勢壓，實爲大患，幸籍各憲威德，嚴飭援禁。現福源社四基坊均罷議，惟常聽援禁，必仗憲示通禁，泐石永遵，方能惡根斷絕，後患克除。理合公呈聯乞，迅飭將里村地方，一律禁設機器絲廠，賞示通禁永遵，安民業而全大局，□□上赴等情。查該縣屬内絲廠，已有多處。該里村地方，既歷無機器絲廠，該紳等恐其續設，有礙田園。□案奉藩憲批行，提案禁止，自應準其出示曉諭遵守。除批揭示及札該縣藩而外，合即示諭。爲此，示仰該里村鄉民人等知悉，該鄉一律禁設機器絲廠。查照秉諭，永遠遵守，俾安民禁，凜之，毋違。切切特示。

同稟拜仰。民楊儀章、周炳槐、梁贊詔、陳宸箴、潘戴慈、陳保治、黃琸琦、葉葆鎏、陳海鴻、岑慶疇、李杰、黃仰棨、吳炳培、潘桂榮等。

光緒二十九年十一月二十三日示

《通商各關華洋貿易總册》光緒二十九年下卷好博遜《光緒二十九年上海口華洋貿易情形論畧》 竊查今年本口貿易情形，乍觀之下，其數雖較去年爲勝，然考其實，商務中人竟無利益可圖。蓋其中妨礙於本口貿易厥有數端，如倫敦所定銀幣之價，漲落靡常，本埠銀根殊形吃緊。天津一帶票帖轉掉不靈，補救爲難，疋頭生意幾致無人過問。餘如本口絲市以及機器廠繅出之絲，成本每多折，閱此皆足關本年上半載商務之明證。迨至下半年，則因東三省及朝鮮事起，俄日違言，大局牽動，操懋遷術者，類皆逆料，此後兵戈一起，爲日正長，疑懼之心，亦將與日而俱增矣。故本埠今年進出口貨值總數共有三百五十一兆二十萬餘兩，較之去年三百四十六兆十二萬，數雖見增，然除復出口轉運各貨之價外，淨值祇一百十八兆八十一萬二千餘兩，較之去年淨值尚有一百三十八兆七十七萬五千餘兩，則已覺見絀矣。

《通商各關華洋貿易總册》光緒二十九年下卷克樂禮《光緒二十九年漢口華洋通商貿易情形論畧》 武昌紗布絲麻四局，自去年由督憲租與華商辦理，每年租銀十萬兩，以二十年爲期。麻局尚未開工，其餘三局本年貿易情形甚旺。紗局用棉花十萬担，出紗七萬餘担，除自用外，每包三百斤，售銀八十兩至八十四兩，其中有二萬九千六十四担，多係運售四川，有一千九百三十五担，運售内地他處。織布機只一千架，現開工者三百架，織成原布十萬疋，每疋長四十碼，寬三十六寸，重十五磅，約值價銀四兩至四兩二錢，有九千五百六十九疋。

中國第一歷史檔案館《光緒朝硃批奏摺》第一〇二輯《光緒三十年正月廿二日浙江巡撫廖壽豐折》 頭品頂戴浙江巡撫臣聶緝槼跪奏，爲浙江省城試辦工藝傳習所，講求實業，恭摺仰祈聖鑒事。竊維商務以工藝爲本，工藝由傳習而精。浙省地脈饒厚，物產不爲不豐，無如風氣未開，製造之法素未考究，因陋就簡，莫肯精益求精。且兵燹之後，元氣至今未復，以致洋貨銷路愈廣，土貨銷路愈絀，若不急爲變計，加意提倡，誠恐小民生計日蹙，而工藝亦必無振興之日。經臣欽遵迭次諭旨，並商部通行照會，就地紳士於浙江省城擇地試辦工藝傳習所，先將織染綢布、造紙、製造罐頭食物等項易於銷售之品，分科傳授，其餘逐漸擴充。業已籌撥款項，雇用教習，招集年在十五以上二十五以下合格生徒一百六十人，來所學習，卒業後另再募補，所有卒業生徒將來即於本所附設工廠令充工匠。倘貲本官款不足，再招商股，總以推廣實業，裨益民生爲主。除飭將未盡事宜，隨時察度情形酌量擴充，妥籌辦理，並將現在試辦詳細章程咨送商部，查核立案外，謹恭摺具陳，伏乞皇太后、皇上聖鑒訓示，謹奏。

商部知道。

中國第一歷史檔案館《光緒宣統兩朝上諭檔》第三册《光緒三十年三月二十一日》 交商部：本日貴部奏，派員管理機器造紙公司集股試辦一摺，奉旨：依議，欽此。相應傳知貴部欽遵辦理，可也。此交。

中國第一歷史檔案館《德宗景皇帝實録》卷五三〇《光緒三十年四月上》 署四川總督錫良奏，選派官員士子，分赴比國肄習路礦，赴歐美肄習機器製造專門之學，請畢業予獎，先飭立案。又奏，振興川省農工商礦諸務現辦情形。又奏，川省土藥，礙難仿辦，官運設局收買，以及招集商股，設立公司，惟有切實整頓，嚴除弊蝕，均下部知之。

《東方雜誌》第一年第六期《江西創辦機器造紙有限公司集股章程》 一、同人爲紙業改良起見，創設元章公司。稟準大憲遵奉部章，在江西省相度合宜之地，購機造廠，擬招集股本龍洋三十萬元（色劣者不用），以百元爲一股，合成三千股，股息以百元交足之日起算，按月六厘，無論官紳商民，均可入股。惟洋股不收，以清界限。二、蒙大憲批準，發官款五萬兩，以資鼓舞，每年由公司認息六厘，限至十年一律繳還，以重公帑。至於公司一切事權，仍照商辦章程，概由紳商經理，地方官惟任保護之責，允不干預。三、每股交足百元，當給股票一紙摺一扣，以爲證券，票内註明本人姓名籍貫，倘有股票轉售，須由本公司查照章程換票簽名，或遇有遺失，本人向公司申明，一面刊登中外各報，十日另立保單，由本公司補給股票，舊有票摺概不爲憑。四、公司所獲贏利，除各項支用，及應付股息外，作爲十三分，以十分按股均派，以一分存爲公積，以二分爲各在事酬勞，此項係有限公司，倘股本外虧，墊股友不認。五、稟準大憲立案，自開辦之日起，專利十年内，不許他人在本省地界再設，本項機器所造各粗細紙暫行豁免厘税，俟試辦三年，如果著有成效，然後照章抽收。其廠中應用之機器藥料，諸關造紙所用，凡竹木草料敗棉舊布各種原料，驗有本公司護票，各關卡準一律放行，永不抽收厘税。六、公司既屬商辦，其總辦分董事，由創辦經理人會同股友公舉，舉定之後，惟股友須有十股以上者，方有舉人之權，被舉之人亦須有十股以上之資本，方爲合格。七、同人議定，無論本省外省招集股分，以定議之日爲始，分作三期。第一期報定股名，兩月内先繳三成；又四個月機廠粗備，爲第二期，再繳四成；又四個月爲第三期，按期由經理人立收條全繳，換立票摺。若第一次應繳期内不繳，逾一月者註銷另招，第二、第三期不繳逾一月者，將第一期所繳之數併作一股，不足數者合併別股，以示限制。其所收之股匯存官銀號，仍登中外日報以昭信實。八、所舉總辦先須擔負本公司責任，一面集股，一面□下庫銀，派熟習機器誠實可靠之人，出洋定制全副機器，雇聘工匠，一面相定地方布置造廠，由創辦人并股友舉定議董諸人，隨時稽察。以上八條多有未盡事宜，仍可隨時集議增改。至於廠中細目，創辦經理人擬酌定妥人，出洋考詢一切成法，參以土宜，俟開辦後續出。

王樹枏《張文襄公全集》卷一一八《批製麻局稟請撥官本光緒三十年六月二十九日》 查中國産麻最多，南北各省，無處不宜，而製麻之所，從未講求。外洋機器製麻，細如蠶絲，白如霜雪，柔如純綿，用以織成綢緞等料，售與中西各國，獲利無算。儻中國自能設廠製造，物産既豐，成本甚賤，獲利必優，其所以惠益南北各省農民者，其利殆不可思議。本部堂經營此局之意，已逾十年，幸此局已經創辦有成，欲令遠近商民共見麻局之設，可以化粗爲精，化賤爲貴，用廣利博，爲十八省華商華工開此創辦之風氣，爲亞州闢此極大之利源，種種遠慮苦心，非僅如洋酒洋皂等廠之比也。前購機器，僅能製麻爲絲，而織機尚未全備。若不從速購機開織，徒致坐失事機。據估此項全備機器，約需價銀二十餘萬兩，若官商各半分認，商廠力有不及，亦係實在情形。現在屢奉諭旨，飭令各省振興商務，官爲維持，亟應欽遵辦理。該局此項全備機器，應即由官全數撥給，作爲官本，以期及早創興大利。應飭銀元局於盈餘項下，撥銀十萬兩，鹽道於要政加價項下，撥銀十萬兩，共成二十萬兩，交該道轉給鄧商，迅速購機開織，以暢内地之土貨，而開未有之利源。仰即遵照，妥速辦理。

《批織布局稟請發還商股光緒三十年六月二十九日》 據稟已悉。察核該股商等，稟詞懇切，尚係實在情形。現當屢奉諭旨，振興商務之際，自應設法體恤股商，務令衆情欣慰。庶以後勸辦商業，鳩集公司等事，易於鼓舞奮興。應准將布局商股五十萬兩，紗局商本十二萬兩，繅絲局商本二萬兩，共六十四萬兩，由官錢局在銅幣盈餘項下如數動撥發還，將所有股票一律收回。此後商廠承繳四局歲租，即徑解官錢局兑收歸墊，俟墊欵收清後，再行改解善後局，分別清還各項官欵。至該商等從前欠領五年息銀，併由籤捐局止兑紅票餘欵項下，每年動撥銀二萬五千六百兩，解交官錢局，按商股年息四釐核明攤派，以五年爲限，以示本部堂格外體恤，維持商務之意。除札知善後官錢籤捐各局外，仰該道遵照辦理。

王樹枏《張文襄公全集》卷六三《試鑄一兩銀幣片光緒三十年八月十六日》

再，中國向來官民行用，俱係生銀，各處平碼參差，並不一律遵用庫平，其成色紛歧，名目繁亂，以致錢商市儈得以上下其手，操縱漁利，於商務民用均有窒礙。現與各國訂立商約，均有中國自行釐定國家一律通用之國幣一條，聲明將全國貨幣俱歸畫一，即以此定爲合例之國幣，中外人民應在中國境内遵用，以完納各項稅課及别項往來用款，惟完納關稅仍以關平核計爲準等語。是釐定國幣爲當今第一要義，惟查從前各省所鑄銀元，均防照墨西哥銀元之重，合中國庫平七錢二分，因中國從前尚未有定畫一幣制之議，所鑄龍元專爲行用各口岸，抵制外國銀貨進口起見，並未爲釐定通用國幣起見，本屬一時權宜之計。臣前年與劉坤一會奏，曾經陳明七錢二分重者，係依傍洋銀辦法，現既與各國定約畫一銀幣，近年來朝廷通籌博議，詢及外人，毅然有考定幣制之思，此誠通商便民之要術，一道同風之盛軌，自當别籌全國通行經久無弊之策。溯查光緒二十五年冬間京城正擬開設銀元局，慶親王奕劻、軍機處、户部及盛宣懷以銀元應重若干，與臣屢電詢商。上年臣在京時，財政處户部復與臣詢商及此，臣均持改一兩重銀幣之説，而議者或慮一兩銀幣難於通行，不知各國幣制皆由自定，彼此不相因襲。中國一切賦稅，皆以兩錢分釐計算，而地丁漕項爲數，尤爲至纖至繁。每縣串票不下數十萬張，每人丁漕多者幾兩幾錢，少者幾錢幾分幾釐幾毫幾絲幾忽，畸零繁重。若改兩爲元，實難折算，折算較寬，則花户以爲加增，必然滋鬧，若折算過緊，則積少成鉅，州縣豈能任此賠補之數，種種窒礙，斷難全國通行。計全國民人納銀於官者，以地丁漕糧爲最多，其人數爲最衆，其銀數爲最繁。丁漕不改，是全國畫一銀幣之説，仍係託空之言。竊謂今日鑄全國畫一之銀幣，自當以每元一兩爲準，出入均按十足紋銀計算，查各國均自有幣制，或用鎊，或用馬克，或用佛郎，或用盧布，不相沿襲。其本國境内人民及外國商人來至其國貿易者，無不遵用，但使國家定其程式，昭示大信，收發一律均作爲十成，商民斷無不遵用流通之理。如各省通行，共知新定國幣出入均作爲十成，明白簡便，自然不願更用生銀。迨生銀既廢罷不用，此項國幣其銀色自無九成十成之分，若現定者既名爲國幣，然仍仿墨西哥銀元成式，以庫平七錢二分爲率，則歴年墨元已操積重之勢，中國權力事勢斷難阻使不行。況幣制既定，每年公家出納及商民交易所需不止萬萬，而各局所鑄至多不過數千萬，我之鑄數有限而彼之來路無窮，是不啻轉爲墨西哥銀元暢其銷路，漏卮日廣，流弊無窮，萬萬無此辦法。臣反覆籌思，非實在試辦，但憑議論懸揣，羣疑衆難，辨駁紛紜，莫衷一是。若財政處鑄造行用之章程一定頒行，各省設有窒礙，殊難更改，悔不可追。莫若先由外省試辦，其操縱更正較爲活便。查從前中國從未自鑄銀元，官款亦從未使用。係由臣在廣東時奏明創辦行試有效，始漸推行，兹擬即就湖北鑄造庫平一兩重銀幣，先行試用，以覘商情民情，兼體察各國商人情形，出納利弊。行之而通，則奏請敕下户部裁酌推行，利在全國，行之而不通，則湖北當收回另鑄，所有賠耗工火傾鎔之費，湖北任之，虧耗亦尚無多，而從此中國貨幣輕重之所宜，以及改换收發之難易，利病昭然，可有定論。兹擬試鑄銀幣，共分四等，最大者重足庫平一兩，其次五錢，其次二錢，其次一錢，文曰大清銀幣。照從前銀元式，清文居中，環之其餘，洋文及省名年分計重若干，龍紋花様均酌照從前銀元式様，無論收發，皆照湖北藩庫平核算出入，均作爲十成紋銀，歸官錢局經理收發，以杜吏胥挑剔需索之弊。凡民間完納錢糧正賦及關稅釐金，一切捐項，暨州縣報解司道局庫一應款項，均照藩庫平，一律折算，與向章並無妨礙。如有向章應解交平餘火耗解費者，照舊補足繳納，則一切官吏胥役自不致多方阻撓。而在商民，並無新加耗費，俟將來各省通行此項銀幣，應准搭解部庫充餉，終計每元扣除工本火耗必可盈餘數分。自當核明鑄數，將所得盈餘報解户部，以昭核實。至舊日各省所鑄七錢一分重之銀元及墨西哥之銀元銷流民間者，其數至鉅，應仍聽其行用。惟新鑄一兩重之國幣，定價務取畫一，而舊日銀元既與墨西哥銀元式様輕重相同，其平色高下，易錢若干，自應仍隨市價漲落，聽其自然，則與新鑄國幣判然有别，行用各不相妨，於各省銀元局鑄造之工本，亦並不喫虧，自可毋庸收回另鑄，俾免商民疑慮，致擾市廛。且如此則仿洋式之銀與國家定制之幣，輕重貴賤大有軒輊，尤足爲導引商民重視國幣，暢行國幣之輔助。伏祈聖鑒，敕部立案施行。

硃批：著照所請，該衙門知道，欽此。

《東方雜誌》第一年第八期《兩江總督魏奏江南銅元局增置機廠改章整理余利撥充興學練兵等用摺》 竊查江南前因制錢缺乏，於光緒二十八年經前督臣劉坤一奏明，仿照福建廣東章程籌款，在江寧銀元局開鑄當十銅元，發市行銷，以濟民用。奏明每鑄本銀一萬兩，能鑄銅元一百四五十萬枚，約可盈餘銀千兩之譜。旋因行銷尚暢，鑄數無多，於上年正月間經前署督臣張之洞奏明，添購新機，增建廠屋，擴充鑄造，歲獲盈餘爲三江師範學堂經費之用在案。臣上年二月到任，其時三江師範學堂已擇定基址，撙節估造工費約需銀十萬兩，常年學費銀二十萬兩。又臣上年夏間奏設練將學堂練兵營房，購地建造，約地價工費及開辦用項，共需銀二十餘萬兩，常年新餉除抵支外，約需另籌撥銀三萬兩。尚有陸師學堂高等學堂留學外洋學生官費，新設農務局、官報局、農桑工藝局各經費，無不於銅元盈餘項下取給，此外新政急待舉行，亦在在需款，而銅元新機未到，新增廠屋亦未竣工，舊廠日鑄銅元既少，且有代鑄代銷名目，盈餘所入不敷所用。當經督同司局妥定章程，核實整理，並催新機陸續運齊，廠屋加工趕造。現在新廠甫經裝設開鑄，連同舊廠，每日約可出銅元一百萬枚以外。現時銅、煤等項價值，估計每鑄當十銅元一枚，約需成本制錢六文之譜，此本爲救濟錢荒，藉裨公用，而設江南興學練兵，如以上各項，歲需巨款，際此餉源奇絀，撥款浩繁，既乏正項可挪，事關新政，又難延緩不辦，全賴銅元盈餘以資挹注。臣當督飭藩司局員實心經理，所有盈餘，除提給修理機器，開支局用，獎勵在事員司人等外，其餘悉數歸公，由司先行提還，購置新機，添建廠屋，暨以前借撥鑄本各款，余即充作本省興學練兵各項新政一切公用，藉資周轉，謹奏。

《東方雜誌》第一年第八期《江蘇巡撫恩奏試辦工藝局片》 再，查各國致富資生，多由工藝。蘇州户口繁庶，貧民生計維艱，尤不可不早爲籌計。因集官紳詳籌妥議，但期無業之民皆能各習一藝，自食其力，既可免於遊惰，自足開闢利源。查得元和縣有舊廢倉房，地勢寬敞，堪以建造工藝局。所當經委員會同地方官勘估興辦，將舊有平屋一百十九間算計修整，添造樓房五十間，東西大廠四座，品評院競進院各一所，及委員司事辦公各處所，通計用工料銀一萬七百兩。一面購定機具，延訂教習，先招工徒一百五十人入廠習業，製造土貨，如織花素布花素緞顧綉等類，仿造洋貨，如織毛巾絨毯地席洋襪汗衫，以及造皂卷烟等類，均民生日用所需，易於運售之物，先行試辦，俟有明效，再分別擴充。其一切經費，僅就地勸集，捐款銀四千五百五十兩，而開辦暨常年所需以及工本等項，每年約需銀三萬餘兩，先由司庫核實動支造報，謹奏。 奉硃批： 該部知道，欽此。

《澳門憲報》一千九百零四年九月初三日 啟者：朱昌蘭今欲在沙梨頭海邊街第二號屋安設火力機器，做捲煙生意。業經具稟，蒙華政廳憲韋出示，限十五日，所有澳門各官員及各行司事並關涉人等，將該機器設立，有無損礙身命、物業或鄰居不便等情赴案，繕稟呈明，以憑核辦在案。今我朱昌蘭遵照西紀一千八百六十三年十月二十一日所定章程事理，特登告白，如有確能指出該機器所有損礙之處者，請即遵華政憲所示，定十五日之限赴案，將情形呈明可也。倘過十五日之限，則不得呈稟矣。爲此佈聞。 甲辰年七月廿一日。朱昌蘭謹啟。

上海社會科學院經濟研究所《榮家企業史料》上册《1904年茂新增資股單》

茂新公司爲給發股單事：本公司於癸卯年七月，盤得保興全廠，稟奉商務局憲批，準專利在案。開辦一年，尚著成效，公議擴充，添設鋼軋。連前籌集股本規銀六萬兩，分作六百股，計每股銀一百兩。長年官利一分，每年以正月半後派分官利，餘利憑折支付。今據繳到股本，合給聯號股單一紙，並息折一扣，以憑收執。須至股單者。今收到××名下附得五股，計規銀五百兩正。

總董事　張石君　副董事　榮瑞馨

批發經理　榮宗敬　廠經理　榮德生

光緒三十年十月初一日

王樹枏《張文襄公全集》卷一九〇《致京財政處光緒三十年十月初一日未刻發》

敝處奏請，試鑄一兩重銀幣，欽奉硃批允准，遵已飭局趕製鋼模，即行開鑄。惟欲行銷暢旺，必須外省流通，湘省固宜推行，其沿江各商埠亦須官能收用，方可一律暢銷。擬請鈞處電飭上海、鎮江、江甯、蕪湖、九江、岳州、長沙、重慶各洋關，遇有持湖北一兩銀幣納稅者，應照鄂省三六庫平計算，一體收用，庶輕重可有定衡，於該關稅項毫無虧損，萬勿挑剔不收，方免阻滯。各關如慮此項銀幣行用不便，鄂省當飭官錢局在有關各埠設立分局，收回銀幣，兑付銅元。或照三六庫平兑付足色生銀，總使各關毫無不便，以示大信。如蒙允許，當再由鄂咨行，敬候電示。東。

《東方雜誌》第一年第一〇期《廣西巡撫柯奏試辦工廠以養游民而興實業摺》 竊以廣西雖號瘠區，而山林川澤之所產，其輸於他省而取資於外洋者，歲亦數百萬，惟熟貨則絶無聞焉。臣到任後考求其故，一由匪擾連年，地方官無暇措意於此。一由民情偷惰，通都大邑無經商之輩，亦無習藝之人，凡日用所資，皆取給於外來，則其貧也固宜。夫工商之業，爲富國之本，商之所資以轉運，其源實出於工。廣西河流險阻，鐵道未通，如仿東南各省之製造廠購置機器，動費百十萬兩，其勢有所不能。惟有就本地所出，爲民間所必需者，專恃人工造作，而必求其精，則器以舊而維新，事以輕而易舉。查梧州與廣東接壤，招募教習，出售貨物，極爲利便，候補知府程道元籍隸廣東前在梧州府署任曾經籌議及此，當飭司道會議，即委該知府在梧先行開辦，就裁缺之梧州副將舊署，酌量改建。復於省城桂山書院新設一廠，一律試辦。計省廠藝徒三百名，梧廠藝徒二百名，均責令各府廳縣，挑選土著年輕及有身家者，保送來廠，藝成後即發回各該地方充當教習，以期逐漸擴充。據程道元將現造之土布藤器竹器草席等項呈驗前來，尚稱適用，較之廣東，工作無甚上下，復飭該兩廠委員悉心訪查，何地土產最多，何物銷路最暢，隨時改良，實事求是，總期本地多一製造，即開一利源，民間添一工師，即少一游手，於樂事勸功之中，即寓化暴爲良之意，所需開辦經費，暫由派辦政事處挪款濟用，以資周轉，謹奏。奉硃批：該部知道，欽此。

《東方雜誌》第一年第一〇期《商部奏創設耀徐玻璃公司准予立案飭下該省督撫飭屬保護摺》　竊臣部於光緒三十年七月十二日，接據江蘇在籍臣部頭等顧問官翰林院修撰張謇、在籍安徽候補道楊鼎霖、前廣東惠潮嘉道丁寶銓、湖北候補知府黃以霖、候選知府林松唐、在籍翰林院編修陳同禮等聯名呈稱，徐州府宿遷縣境三臺嶂山【略】等處向産玻璃砂料，屢有傳教外人前往探險，經德比兩國名廠工師化分考驗，砂質純良，若不早自經營，無異慢藏誨盜。且宿遷地當南北要衝，運道水陸皆通，又距嶧山等處窿窑甚近，煤炭石灰足供煉制，人多游手，工價尤廉，就此建廠，洵稱利便。爰議立耀徐公司，購置砂地三千六百餘畝，先集股本銀五十萬兩，以便建立巨廠，肇興大利。惟事屬創始，風氣未開，攙奪阻撓，均未能免。呈請奏咨立案，准予專利二十年，即將該縣境内産砂之地，次第由該公司照時價核購，以便隨時擴充，不得零售他人，並通飭地方文武照章保護等情，呈請奏咨前來。臣等竊維玻璃一項，於製造之法，中國素未講求，凡宫室舟車器用所需，大半來自外洋。據海關貿易册進口貨玻璃片料器燈器項下，光緒二十六年值關平銀九十九萬一千餘兩，二十八年增至一百八十四萬七千餘兩，利源外溢，年逾一年，且時價日漲，比前加倍。臣部有鑒於此，當於工藝官局舊設之玻璃料，力籌展拓，特采順屬房山縣玻璃礦石，延致廣東及山東博山縣之著名工匠來京選料精製，思爲挽回利權起見。今該紳張謇等請創設耀徐玻璃公司，意在振興實業，洵堪嘉尚。擬請准予立案，並準其在徐州境内專辦十年，即飭令該紳等妥速籌辦。惟是淮徐一帶風氣初開，創立公司事宜，誠不免有攙奪阻撓情事，應請飭下兩江總督漕運總督江蘇巡撫，通飭所屬實力保護，不得稍存膜視。一面由臣部諭令該紳等按照臣部奏定公司章程，切實辦理，隨時諮報查核，謹奏。光緒三十年七月十七日奉旨：依議，欽此。

中國第一歷史檔案館《光緒宣統兩朝上諭檔》第三〇册《光緒三十年十二月初二日》　交商部：本日貴部奏在籍員紳創設筆鉛罐公司，請予立案保護摺，奉旨：依議，欽此。又奏商標章程，尚在磋商片，奉旨：知道了，欽此。相應傳知貴部欽遵可也。此交。

王樹枏《張文襄公全集》卷六四《進呈銀幣式樣片光緒三十年十二月二十一日》

竊維銀幣之行，顯若畫一，利國便民，獨不便於胥吏鑪坊之輩，其造言摇惑，設計阻撓，勢必無所不至。局外持論者未經細心體察，輒不免辯難多端。或謂既鑄此項銀幣，應即禁阻墨西哥銀元，不准行用。不知向來部庫及外省司道關各庫從未收兑墨元，而民間顧流行日廣者，以各省通商口岸租界外國銀行林立，其與華商交易往來，多以墨元爲便故也。此時中國之權力，斷不能强使外國銀行之不用墨元，即不能明禁中國商民之參用墨元，將來中國自鑄一兩銀幣日漸充盈，爲中國商民所信用，則墨元將漸次銷廢，不禁而自絶。故此時改鑄一兩銀幣者，正爲他日禁阻墨元之地。或又謂國幣既以一兩爲準，則舊日各省所鑄七錢二分之銀元，當盡數收回另鑄。不知舊鑄銀元雖重庫平七錢二分，而民間折算生銀係隨市價漲落，僅作庫平六錢數分不等，與此次新鑄銀幣收發皆作庫平十成足銀用者，判然不同。試辦之初，既不能驟廢生銀不用，則舊鑄銀元亦祇列作一種生銀，儘可聽民之便，與新鑄十成之銀幣行用，各不相妨。此後鄂省官局自無再鑄七錢二分之理，至久已散在民間者，自無庸收回另鑄，以省紛擾。或又謂新鑄銀幣既名爲國幣，則但當以元計，不當仍以兩計。不知國家一切賦税皆以兩錢分釐計算，則銀幣之爲兩爲錢，豈可不明著其文，以杜胥吏之意爲輕重，免致商民之折耗喫虧。或又謂一兩銀幣當明言值制錢若干，以昭畫一，不知各省銀錢兑换之價到處不同，斷非湖北一省之所能獨定。儻使户部能定庫平足紋一兩值制錢若干，通行各省，收發皆歸，一律不准稍有參差，則此項一兩銀幣自有定價，其權固操諸户部者也。總之臣此次奏請試行一兩銀幣，原爲體驗官民行用情形是否稱便，以爲户部裁酌推行地步。鑄數斷不能多，一俟户部開鑄，其數足以供各省之用，湖北儘可停鑄。且湖北所鑄銀幣，聲明除工本火耗外，所有盈餘悉數報解户部，於户部財政處權力未嘗絲毫有所侵損，一切辦法皆再三審量而後定試行，數月之後其利弊不難考見。果有窒礙，自當立予變通。此時新幣方行，設有阻撓摇惑之詞，上瀆宸聰，應懇乾斷，主持暫置勿議。茲已飭局將一兩銀幣鑄成發交湖北官錢局先行試用，體察商情輿論，似尚無所疑難，應俟試行三箇月後，察看銷數是否暢旺，咨報户部財政處藉資考核。除通行司道關局暨全省府廳州縣，無論何項賦課税捐，一律均照庫平足銀收解，不准稍有抑勒，以昭大信外，謹先將鑄成銀幣式樣十枚，裝成一匣，恭呈御覽。硃批：財政處、户部知道，欽此。

《東方雜誌》第一年第二期《江西製造廠曾倅昭吉製造輕氣球告成請奏咨立案稟》 竊卑職目擊時艱，内地製造槍礮，誠恐緩不濟急，因思氣球一項，實爲行軍利器，如能製造得法，誠有駕乎槍礮兵輪之上者。曾於光緒二十九年冬月稟請試造飛車氣球，以驗成效。當蒙前憲批準，並撥給經費銀三千兩，隨即估算工料，製造廠屋一所，一面派人采辦制球材料，陸續招工，日夜趕造。其球横臥長二丈四尺，圓徑一丈二尺，下連機關架，乘坐一人，旁設兩翼，以主升降之權，進退回環各有機宜。以創始難憑半用，紙料遇有改造，其費稍輕，草創既成，業於本年三月初八日在北壇稟請憲臺親臨驗放。惟球形短小，只能乘坐幼童，此爲初次演放氣球能上升之情形也。因見浮力不足，由是改用材料，另製立形氣球一具，較前加大四分之一。四月初六日稟請憲臺仍在北壇驗放，即能乘坐壯丁升入空際，因礙地形未便絶繩縱放，此即第二次演放氣球能載重之情形也。由是采擇闊地，以便操練，因見江面遼闊，大可縱行演放，毫無窒礙，遂添銅浮一對，安於機架之下，以免溺水。四月十一日即向江心縱放，或升入空際，仍無重累，或立於水面不致沉溺，升降循環，指揮如意，此即第三次演放氣球，無論湖海皆可放縱遊行之情形也。然而球體碩大，廠隘難容，出入不便，操演維艱，於是另建收藏氣球之庫。端節後竣工，隨即移球過庫，一面添制保安泄氣等門，以防天氣驟縮、驟漲之虞。五月十九日仍在江面演放，升達雲霄計高二百四十丈，是時天氣已出風界，試行放礮，每放一礮，必升四十丈，而發聲高遠，若無所聞，此即第四次演放氣球，能於空中擲發炸藥之情形也。五月二十日大學堂堂長暨各營統領率同生弁均臨江干驗放，即令氣球扶摇直上，隨向西山徑發計高三千二百尺，球如懸星，地若秭米，已爲敵礮所不及，其時雷雨溟蒙，轉機落地，詢之土人，已經距廠四十里矣，此即第五次演放氣球，高遠迅速之情形也。因見迭次演放，未出風界，礙難迎風前進，由是改運機件添設螺輪，時因風雲無常，兼遇雷雨，故此停演彌月。昨於本月初十日復行演放，雖能傲風前進，炎燥猶未盡除，而材料單薄不勝磨擊，除小試外已經大演六次，考察周詳，理應另制合度之球，直出風界，即可放縱遊行，無論水陸戰斗均能用極烈炸藥洞穿鐵板，環擊無遺，制勝之器無出其右。若敵國亦用此等氣球相拒，彼客我主，彼寡我衆，必不能相持，應請奏咨立案，另籌的款加工選料，再造十球，招兵設廠，認真訓練，果能操縱自如，所有槍礮兵輪均歸無用之器，然後推廣氣球，設廠大造，愚昧之見是否有當，理合據實稟陳。

江西社會科學院歷史所《江西近代工礦史資料選編》上卷第十一章《擬辦鵝湖織布公司條議》 查鉛地物産庶蕃，人心明敏，海禁未開之會，茶商紙販，麕集於斯。小民糊口非艱，謀生甚易。閭閻之殷富以此，習俗之浮惰棄以此，至今日茶布一蹶不振，紙業日見衰微，誠恐一再委蛇，而困窮立至矣。（贊霖）資魯位卑，何敢妄言創作，民貧財絀，新思貢獻刍蕘。竊謂河口一埠，係浙閩通衢，米糧之外，布帛爲其大宗；而鉛土宜棉，婦工善織，人所若知。今家無尺布之機，女無寸絲之縷，烟賭竊盜，遊民遍壤，窮惰之害可勝言哉！即以河鎮所售之湖北巴布而論，歲銷數千萬金；洋布且更倍之，豈非忘已之有而乞諸其鄰乎？乞諸其鄰，猶且不可，況購諸外洋乎？（贊霖）目睹時艱，情難緘默。願效巴河之機式，仿開織布之公司，擬集股資，招募教習，極力創辦，既可教養遊民，又可安撫良懦，勉勤戒惰，開源節流，似於國計民生兩有裨益。再前奉上憲通飭令各屬興辦工藝局，如辦有成效，準與專利年限，鉛邑此次擬設之織布公司，實與工藝局無異，故特遵章稟報請專利十年，以免傾軋，案如稟準，事在必行。款需集成，望諸同志。

（附）《附呈簡明章程六條》

鉛邑宜興工藝局，創立織布公司，該局擬設於典史舊署之内，緣典史衙署，初皆惑於堪輿之説，歷任均租寓民房，以至署屋空閒，荒廢已久。此次興辦，典史願將該署設局，稍事修葺，即可興工，費省事易，款不虚糜，俟後辦有成效，再議津貼租資，以昭平允。擬招集股本一百分，每股英洋一百元；由公司印給股票，並另備息折一扣，每年以五厘行息，按季憑折支付，如後獲有贏餘，年終按股，再分紅息。開辦之初，擬招募別處機匠四五十名，以爲教習，境内各阜多事遊民，概行拘禁局中，督令學習織布之技，如後學有進境，工藝勤熟者，分別優劣，酌給工資，以示鼓勵。

興辦之初，本境風氣未開，尚無紗棉出産，擬購十六號之機器紗先行試織，其布匹之長短精粗，均仿照湖北巴河布原式辦理。一面請示勸諭闔邑紳民婦女等，以土法紡法，赴局領棉，限時繳紗，酌給工資，將來出産如廣，即可概用土紗矣。至種棉紡紗二事，惟求縣憲嚴示勸導，免其觀望不前。

課稅價值，擬均照巴河布向章辦理。公司局内織成之布，應先赴河口統捐分局報捐出場稅，再行發販運售。其發價則視巴河布，每匹略減數分，以廣招來。一面稟請憲示，準與專利十年，以杜擠亂。

局内所織之布，如出數踴躍，銷場暢旺，將來或可獲利。以後如除出場課稅，紗棉成本，及各項局用，並工資息款外，尚有贏餘，擬每布提取三分，以爲督辦委員紳董薪俸，並局署租資。再若有餘，按股均分紅息。目今創辦之初，諸務力求撙節，承辦者均須潔己奉公，竭誠報效。擬設委員一人，幫辦紳董二人，專司其事。委員則由縣憲札咨，紳董必股分居多者承充，倘局内司事員紳，有營私肥己，以及不公情弊，準各股東隨時查明稟究。

以上各條容有未盡詳善之處，俟開辦時，再行斟酌添改。

江西社會科學院歷史所《江西近代工礦史資料選編》上卷第一章《署江西巡撫夏時奏農工商礦另設總局派紳隨帶學生出洋肄習片》 再，江西省原設農工商務局礦務公司，經前護撫臣柯逢時於上年正月歸併派辦政事處，列爲兩所，奏明在案。竊維朝廷振興百度，商部特設專官，舉凡農工商礦，一切生利之圖，事體重要，臣上年奏留會辦之紳士、翰林院編修黄大埧、禮部主事劉景熙，均於春間到省。正宜及時會商，認真籌辦，派辦政事處諸務殷繁，勢難兼顧，自應另設農工商礦總局，以專責成，即以藩司爲總辦，添派提調文案等員，於三月初三日開局。迭據會紳籌議，江西物産雖富，風氣未開，如造紙、榨糖、織布、卷烟等事，本地皆足取材，而工藝實形窳敗，他如種植、畜牧，皆爲興商之本，事資擇善，師貴從良，因商訂黄大埧前赴日本，將各項實業，認真考慮，冀有成法可循，俾獲改良之益，並隨帶學生十名前往。分送各學堂，肄習農工商礦專門之學，異日畢業回華，推行盡利，其成效必有可觀。現已遣派陸續起程，理合將設立專門派紳督率學生出洋緣由。附片具陳，伏乞聖鑒，謹奏。

《通商各關華洋貿易總册》光緒三十年下卷馬根《光緒三十年蘇州口華洋貿易通商情形論畧》 銅元局夏間開機鼓鑄，後因端撫憲嫌該廠規模狹小，鑄出銅元不敷流通，另在胥門外建造新廠一所，惟該廠房屋尚未落成。據銅元局督辦云，現在舊廠機器用熟，每日可鑄當十銅元四十萬枚，惟起初機器未熟，日出銅元未能及額。故自五月二十四日開機至年終止，不過鑄出銅元四千萬枚，倘初時出數即與現在一律，則應鑄出銅元七千萬枚云。但即以四千萬而論，爲數亦不爲少，而本口市塲絶不見有行使銅元之人，奇矣。【畧】本口紗廠棉紗出口雖不經過本關，而亦有可論之處。查該廠本年日夜工做者，共九個月，其餘三個月因廠中有口舌不和之事，暫停工做，嗣由某股東自己經理，始復照常開工。該廠每日可紡紗四十包，計一百二十担，其紗價每担約九十兩上下，獲利誠屬不菲。本年棉花價值，上半年約三十兩，下半年跌至十六七兩，推其跌落之由，因下半年外洋進口太多故也。

《通商各關華洋貿易總册》光緒三十年下卷司烈悌《光緒三十年沙市華洋貿易通商情形畧論》 本埠出口棉花之包甚大，裝船不便，如有人購辦機器，來此代壓花包，定可速行獲利也。至於本口生意之有阻礙者，因沙市與上海無逕行來往之銀號，若有上海銀號在此開一分號，吾固樂觀厥成也。又本埠大江對岸有一極大蘆洲，約有數千頃地，其所産蘆葦甚爲長大，一帶居民或用作燒料，或用作藩籬，所餘者則割而燒之，其可惜孰甚。若有人將此柴造成紙張，或壓成堅硬之塊，供炊爨之用，取之甚易，得之又廉，其利益不甚大哉。

《申報》光緒三十一年正月二十四日第四版《湖北各局廠現情武昌》 湖北近數年來，局廠林立，銅幣局銷路最宏，獲利約百萬左右。銀元局、官錢局獲利亦各數十萬。至紡紗、織布兩局，改爲官督商辦，盡力整頓，日有起色。兼之日俄事起，東洋紗不能入口，鄂紗益暢行無阻，獲利較布局爲優。惟繅絲廠因外洋絲價減盤，存貨有四十萬兩之譜，所耗已不資矣。官磚廠銷數亦滯，通盤計算，得失各半云。

《申報》光緒三十一年正月三十日第一版《台州府徐太守創設正藝局稟紹興》 台州府屬，負山環海，民俗悍强，風氣固陋，小民謀生無計，流而爲匪，出入萑苻，詐擾閭里。溯厥由來，蓋自明代迄今數百年矣。前之治台者，如劉升守璈成前守邦幹，皆嚴刑峻法，冀以清其淵藪，而絶其根株，卒之薙草復生，塞流旋汨。近年頻逢荒歉，民生益艱，盜劫之風，在在多有，疊經營縣，緝捕懲治，而臨黄太等縣羈押者，幾日積而月多。更有無業游民，三五成羣，敲詐爲生者，尤不可枚舉。此固由於地方瘠苦，無以開利源，而通民智。亦由於官無久任，一歲代更，民信未孚，經營非易，而究之教養無方，爲守令者何能辭責。卑府屢與各縣令暨紳士再三諮度，擬在郡城設立工藝局，爲各縣倡，飭縣將押犯之情輕、年壯者撥局習藝，兼收無業游民，一併工作，各定年限，限滿開釋出局。既可藉藝營生，不致再爲匪類。另於局内附設工藝學堂，招選年幼子弟使之學習，學成出局分授，以期開拓工業，三者并行，庶於化莠爲良之餘，兼收興利開風之益。隨於去歲冬間稟札憲台，委候補知縣方令榮陽會同臨海縣等辦理，斯舉並分派公正董事協同布置，酌量勸捐，一面飭田印委各員勘得西門大街寶興項下公屋十三間，與毘連之舊府署基地，地畝寬闊，爲建局之所，旋復酌定規模。由該縣委庀材召匠，於五月初六日興工創建，並據會議大概情形核奪前來。卑府察閲該縣委所擬章程，似尚周妥，間有未備，即經細加核改，此後如有應行損益，及未盡事宜，自當隨時酌議。惟此次創建局房，製辦器具，以及開辦一切經費，力求撙即，非萬金不能載事。蓋是局既有匪犯等在内，則局中表裏墻垣，不得不格外高固，而習藝人等擬分三項，定以犯工六十名，民工四十名，學徒二十名，各分區所興工，與臥歇之屋不能不量爲多建。且須徐圖擴充，局内基地稍寬大，估計此次建工之費，已在六千餘元，其餘布置興辦，自非數千金不可。欵目較鉅，籌措維艱，從前該員方令榮陽在代理臨海縣任内，曾據倡捐廉銀五百元，現在紳民人等亦各急公好義，踴躍輸將，然合計成數，不敷尚多。卑府衙門別無閑欵可支，當此庫帑支絀，又不敢請欵撥用。再四思維，查有沿海各營縣局中解起獲漏海米穀案，内充公欵項，共計洋一千二百餘元，存儲府庫。卑府因顧全善舉，先將前項公欵暫行提撥，湊集以及建局之需，其餘開辦各項經費，以目下民情而論，一再設法勸捐，或可集腋。此項局所工程，大約秋間亦可告成。

《申報》光緒三十一年二月初十日第一版《擬設勸工廠》 本邑各紳士日來會議，擬向外洋抄取勸工廠章程，邀集同志在龍華附近創建勸工廠，以便招集失業遊民，教授各種工藝云。

《申報》光緒三十一年二月二十六日第九版《稟設製造火柴及玻璃公司江甯》 火柴爲日用所必需，各處皆可仿造，玻璃片塊及器皿燈罩之屬行銷亦廣，然非産玻璃材料之地，雖欲仿造無可取資。日前有人擬集股創設製造火柴及玻璃公司，其製造玻璃，則收取殘壞玻璃片及玻璃質之器等物，鎔化重造，化無用爲有用，工省而價廉。頃已具稟商務局，一俟批准，即將貨屋開辦矣。

《申報》光緒三十一年三月初十日第一版《絲廠召租》 本絲廠坐落楊樹浦路，共有繅絲車四百十六部，一切器具精良，棧房寬敞。就近女工甚多，較之租界各絲廠，工價尤廉，繅出粗細各絲，身色俱佳，人所共鑒。如貴客欲租此廠者，請移玉至上海四川路十七號門牌，三井洋行樓上幡生君寫字房而議可也。上海機器紡紗有限公司啓。

《申報》光緒三十一年三月十一日第三版《揚郡創設織布廠揚州》 揚城東北鄉迤邐至如皋、泰興、海門等處，素産木綿，婦女無論貧富，皆以織布爲生，行銷甚旺。近年來外洋條子布盛行，未免利爲所奪，爰有某商在郡城便益門外倡興一織布廠，名曰春和，專織各種新式條布，粗細齊備，並延聘甯波著名布廠工人爲教習，廣招東北鄉一帶婦女，來廠教習工作。本月某日業已開廠，聞廠中所織之布，擬純用本紗，亦謀塞漏卮之一端也。

《申報》光緒三十一年三月十三日第三版《創興紡織公司紹興》 臨浦鎮爲著名繁盛市集，兹有紳商集股創設紡織廠，取名厚生公司。其機器係向東洋購來，計共資本五萬金，已就市面某姓空屋裝飾廠房，招雇女工，約夏初即可開機矣。

《申報》光緒三十一年三月十五日第四版《石磨麪粉不能免税》 關道袁觀察以海豐機器麪粉公司稟准商部轉免税釐，函告税司。税司函復有巨商購機製麪，既免税釐，石磨麪粉小本爲業者，每擔轉須納出口税二分，相形未免偏枯，應請一律暫免等語。觀察因即電請商部核示。昨奉電復，略謂機器製麪，事在創辦，成本較重，所以暫免税釐者，係爲鼓勵商情起見。待將來廠税開辦，仍應一律照收，與石磨麪粉按照部章，向來完税者，情形不同，未便援引，著即遵照。

《申報》光緒三十一年三月二十日第三版《滷晶創設官廠紹興》 餘姚縣沿海之安東市地方，産有滷晶，向供内地培壅田禾之用，如諸暨等處之山田，尤需此物。邇有杭嘉幫人稟官認捐設一滷晶廠，取名惠田官廠，專在安東販至各地售買，價遂騰貴，刻由諸暨紳董與官廠議一持平之值，訂約銷售，以免妨碍農務。

《申報》光緒三十一年三月二十五日第三版《稟准餅油公司專利京師》 職商許鼎霖等前稟商部，擬在海州贛榆縣境内青口地方創設贛豐機器餅油公司，呈請立案專利，並請照土法製造餅油，完納税釐。現經商部除批准立案，准予專利五年外，已咨行江督請將完釐一項，核議酌辦矣。

《申報》光緒三十一年四月初一日第三版《設立烟草公司金陵》 近來紙烟暢消，其所需煙草，皆贛閩等省出産，俱爲外洋販運，加以泡製回銷中國，獲利不貲。北洋刻已創設烟草公司，頗著成效。甯垣現亦招集商股，設公司於下關商埠，悉仿北洋成法，刻已開辦，訂購曝烟捲烟各項機器，不日運甯，仿製行銷，以挽重利之外溢。

《申報》光緒三十一年四月初一日第十一版《擴充織廠安慶》 皖中清節堂有節婦二百餘人，去歲該堂紳等鳩集股本數千元，創設織布廠，兼聘女工教授，無如織出之布均惡劣不堪，銷路阻滯，勢難久持。現有某紳謀爲擴充，並購機仿織東洋各種錦布，改名公善織布廠，非惟使節婦各有生計，且於商業大有影響，甚願皖紳竭力改良，謀成公益也。

《申報》光緒三十一年四月初二日第四版《咨查鎮江電燈公司情形京師》 鎮江電燈公司自去歲稟准商部立案後，已購買機器建造廠屋，樹立電杆，尅日開辦，惟各項開辦情形，迄未報部，業經商部行咨江督蘇撫查詢，現辦情形即日聲復，飭令該公司來部註册，以符定章。

《申報》光緒三十一年四月初二日第四版《耀華玻璃廠擴充漢口》 甬人林友梅在武昌城外白沙洲所設之耀華玻璃廠，由張小山、蔣可贊經理其事。初集股本銀二十萬兩，現因蓋造大廠，竭力擴充，又增四十萬兩。原聘洋工師史而泰一人，未遑兼顧，當在德國添聘一人，以資臂助。聞此等鎔化玻璃，泥質係咸盌某山所產，頗堪利用。小廠業已開工，大廠則尚需時日也。

《申報》光緒三十一年四月初五日第三版《玻璃公司將開鎮江》 宿遷產土可作玻璃，卜内門公司曾購地一區，以資製造。張季直殿撰、許九香觀察亦購地三十餘頃，自創耀徐公司，俾得挽回利權。日前張、許二君過浦，逕往宿邑，布置廠務，尅日開辦。

《申報》光緒三十一年四月初七日第一〇版《購機織布》 寶邑袁觀瀾、王醉雲二孝廉等，近在本城學海書院創設裕生織布廠，購辦東洋織布木機，就近招集婦女，雇日本織布教習指授，經織各樣柳條標布，已於上月二十七日開廠工作。日前已織成諸色布疋數十種，由經理王孝廉函請各鄉紳董轉託各洋貨鋪試銷，其價頗廉，每疋五十尺，祇售洋三元。

王樹枏《張文襄公全集》卷一二一《招商承辦製呢等廠示光緒三十一年四月十二日》 照得機器製造，各國日新月盛，往往原料購諸中國，製成貨品，仍復運銷中國，獲利甚優。中國富有原料，而不能自行製造，視良材爲棄物，擲巨金於漏卮，此商務之所以不競也。本部堂有鑒於此，特於湖北創設紡紗、織布、繅絲、製麻各廠，由官倡導於前，由商承辦於後，經營累年，日有起色。惟以後武漢鐵路日通，口岸愈旺，講求利民塞漏之道，尤不可緩。查大呢絨氊毛毯，大致以羊毛織成，其上等大呢氊毯，工夫細密，初辦或難仿造。其中等大呢氊毯，質地較爲粗厚，爲軍用最繁之品。又皮革一項，凡機器廠所用機輪皮帶，軍營所用背囊彈盒、皮帶、皮韡、皮革，礮隊馬隊所用馱鞍、騎鞍之類，取用甚廣，相需尤亟，必應自行仿製。又各種紙張，湖北風氣日開，文學日盛，需用紙貨日漸加增。又水泥一項，即塞門德土，隄工、鐵路、機器各局廠需用尤多。以中國之銀買外洋之土，喫虧孰甚焉，可恥孰甚焉。湖北大冶縣石灰窯一帶所產土石，質性極，於製造水泥相宜。前於光緒二十年本部堂曾將泥料寄至外洋考驗，許爲上等合用質料，即與上海信義洋行訂立合同，募用洋員李德撥款開辦，旋以該洋員因事回國中止。此後屢議募用外國工師，訂章興辦，終以有損利權，未克定議。茲本部堂擬於武勝門外營坊口地方，開設製大呢氊毯廠一所，及造紙廠一所，基地均屬購備，地段均已寬平。又復近水利運，資本從寬，估計購置製呢、製氊、製毯新式機器全副，及建造廠屋，約需成本銀五十萬兩，購備材料一切廠用，約需活本銀三十萬兩，共計八十萬兩。其製造皮革一事，現已於保安門外天平架地方造有製皮革廠，並已向德國訂購機器，雇定工師，下半年即可開辦。此廠一切在內，約需成本銀五十萬兩。又製造紙貨購機建廠，及活本約共需銀五十萬兩。其水泥質料，大冶出產甚富，自應就該處石灰窯一帶度地建廠，購機開辦，約需成本不過銀二十萬兩。此等工業，事屬創辦，獲利必豐。況鄂省軍營、學堂、民户之需用大呢、氊毯及各種皮革，學堂、商民之需用紙張，鐵路、隄工、局廠之需用水泥，其數日多，有加無已。但能將上項各物製成，不患銷路不暢。惟官辦不如商辦，實惠尤易及民，而商辦必須鳩集公司，方有衆擎易舉之益。向來公司辦法，官不過問，往往流弊叢生，不得持久，以致殷實之家，以公司爲戒，不願附股。今本部堂獎勸工商，不惜維持之勞，冀收遠大之效用，特酌定新章，力爲保護。如有殷商，能集合公司，承辦湖北製大呢氊毯廠者，或承辦湖北製皮革廠者，或承辦湖北造紙廠者，或承辦湖北製水泥廠者，均准其專利十五年，並由官爲保利五年。官利定爲五釐，倘創辦前五年，公司所獲盈餘不足官利五釐者，由官撥款補助，必令足五釐之數，決不食言。俟五年後，獲利漸豐，由該公司查照外洋公司通例，酌提紅利繳官，以爲報効。製成之貨，但能合用官中所需，必向該公司定購。此外銷路，亦必代籌暢通之法。至公司帳目，應由官派員隨時稽核，以防流弊。

爲此示仰各省紳商人等一體知悉，此次湖北擬設大呢氈毯廠及皮革廠、紙廠、水泥廠，無論何省之人，果係身家殷實，聲望素孚，能鳩集鉅大股本來鄂呈請承辦者，速即來轅具稟，酌擬辦法呈候本部堂核定，給札開辦。凡有需官力提倡保護之處，必當盡力維持，以興地利而勸商民。從此土貨日廣，實業日興，本部堂有厚望焉。

《申報》光緒三十一年四月十二日第四版《銅元局新廠將開蘇州》 蘇省大憲以裕蘇銅元局所出銅元不敷行用，因於胥門外棗市附近另設新廠，經之營之已逾半載。現在廠屋工竣，所需機器等項亦已配置齊全，郭本謀觀察於本月初九日稟請陸春帥履勘後，擬即擇吉開工。春帥因於上午九句鐘臨廠閱看一周而回，大約不日定可鼓鑄矣。

《申報》光緒三十一年四月二十四日第三版《創辦機器花生礱油廠鎮江》 茲有湘人何萸生等集股三萬元，在該縣就近收買花生，創設機器磨油廠，特具稟泰興縣，詳請常鎮道核准，以興工業而裕商源。

《申報》光緒三十一年四月二十四日第三版《集款自設紡紗廠九江》 九江土產以棉花爲大宗，向運他處銷售。郡紳劉雲樵觀察以地方固有之利，輒付外人，未免可惜，創議籌集鉅款六十萬兩，開設紡紗廠，以挽利權。

《申報》光緒三十一年四月二十六日第九版《委購機器漢口》 雲南大吏札委湖北候補縣李大令本義在鄂代購銅元機器及招延工匠等事，大令奉札，即遵照辦理。

《申報》光緒三十一年四月二十九日第三版《札催新廠開鑄銅元蘇州》 撫憲陸春帥以目下款項奇絀，各處應解經費在在急需，因札飭銅元局新廠總辦郭觀察本謀迅速開爐鼓鑄，以補不足，觀察奉札後，即與經事各員悉心籌劃，飭令早日開工。

《申報》光緒三十一年五月初五日第一〇版《銅元廠力除中飽江西》 贛省銅圓廠自壬寅奉准開辦，逐漸擴充，日出銅圓約三四十萬枚之多，且勒限每百枚比典錢多兑銀二三分。三年以來，獲利不知凡幾，然大半皆入各員私囊，于國于民，兩無裨益。現爲新撫胡鼎帥查知，面諭總辦藩司周方伯，該廠每年盈餘確有若干，務須核實查覆，和盤託出，不得稍有隱飾云。

《申報》光緒三十一年五月初九日第三版《銅元局不發薪銀幾致罷工蘇州》 蘇省銅元新廠督辦郭觀察與舊廠督辦朱銑伯觀察意見不合，朱觀察告病請假，上憲委陸提調代辦。朱戚某甲在新廠經理銀錢，朱告假後，甲辦理頗不順手。某日赴督辦處領款，僅有洋二百元，歸而散給，頃刻已盡。次日復往請領，以無欵未發，各工匠因此相約罷工，嗣督辦聞之，始將洋銀發出，而反責甲辦理不善，故甲亦因此請假。

《申報》光緒三十一年五月十一日第三版《工部局電燈合同遲訂緣由鎮江》 鎮江大照電燈公司房屋落成，應用機件均已裝置妥貼，刻與英工部局商訂合同，擬在租界遍設路燈。局董葛利生君以爲須用洋人，常川在鎮照料，方保無虞，而公司洋人則謂豎杆後，即當辭退。工部局不以爲然，且因經費不足，特致閩上海工部局董商辦，以故訂立合同，一時尚難決議云。

《申報》光緒三十一年五月十七日第三版《擬在常昭開設紗廠請商部立案常熟》 日前有著名殷實之商人朱譜爵，以現在洋紗盛行，江浙兩省所設紗廠不下數十處，常熟、昭文二縣向爲產花之地，每年新花上市，外埠花客多有挾貲收買，新花販運他埠售賣，因稟請商部擬集股本銀若干萬兩，在常、昭二縣界內擇地開設紗廠，呈請立案，不知能照准否。

《申報》光緒三十一年五月十八日第四版《滇省委辦銅元機器武昌》 雲南駐鄂文報局員吴賢甫直刺本義奉滇省大吏委辦銅元機器。直刺當即往晤銀錢局總辦高右諸觀察借鈔圖式，一面寄滇，一面照式訂辦。一俟齊集，即須請示裝運云。

《申報》光緒三十一年五月二十四日第三版《日商購地備造軋花機器廠漢口》 日本商人近在漢口永寗巷河街買購地甚多，方以備建設製造軋花機器廠之用，現已成議，不日當即開辦云。

《東方雜誌》第二年第五期《商部奏在籍員紳創設筆鉛公司擬請准予立案保護摺》 竊臣部於光緒三十年十月初十日，接據江蘇在籍臣部頭等顧問官翰林院修撰張謇，在籍安徽候補道許鼎霖呈稱，中外通商以來，中國資財流出外洋，不可數計。即筆鉛罐一項，各省銀元銅元局，煉鐵煉鋼廠，在所必需，購自外洋，歲溢鉅萬。查江蘇鎮江府丹徒縣螺螄山地方所產筆鉛，足供造罐之用，當經前往勘明，集股十萬兩，創設開成公司，此項筆鉛罐半係官局。官廠購用，請於新訂商約出廠稅未經施行以前，暫免稅厘。俟廠稅定後，照章完納一次，聽於中國境內行銷，不再重征。外洋需用此罐，尤百倍於中國，苟準免完出口之稅。則售價益廉，外洋必爭向購取，惟興利之舉，創辦維艱，攙奪阻撓，均未能免，請通飭地方文武照章保護，並準專辦二十年，即將該縣境內出產筆鉛等處，由公司照時價核購，以便擴充，不得售與他人，及售與外人等情。呈請奏咨前來，臣等竊查筆鉛罐一項，昉於英國麻艮公司，以之鎔化金銀銅鋼玻璃等類，能耐配料侵蝕之力，每罐可用八十次至一百次。其製造之法，中國素未講求，局廠所需，皆購自外洋，日後推擴銀圓銅圓煉鐵煉鋼製造玻璃等事，爲數尤鉅。若不急思抵制，誠不足以維商業而拘利權。今該紳張謇等請創設開成公司，意在振興實業，開闢利源，洵堪嘉尚，擬準其立案，在鎮江境內酌予專辦十年，並由臣部咨商外務部，準其於新訂商約出廠税未經施行以前，先行援照湖北織布廠北洋烟草公司成案，完納值百抽五正税一道，概免重征。俟新約開辦，再行照章完納，原呈所請暫免税厘之處，應毋庸議，庶於課儲商業，兩有裨益。惟是開辦伊始，民情多疑，誠不免有攙奪阻撓情事，應請飭下兩江總督江蘇巡撫通飭所屬實力保護，不得稍存膜視，一面由臣部諭令該紳等按照臣部奏定公司律切實辦理，隨時諮報查核，謹奏。

《申報》光緒三十一年七月十五日第九版《銅元機器告成》 金陵銅元老廠咨請江南製造局，訂造機器四部，並零件五百餘件，刻已造就。經總辦魏觀察札委機器廠委員楊鳳儀二尹前輪船廠委員劉乙齋二尹帶同匠目一名，押解赴寗裝配。

《東方雜誌》第二年第七期《出使俄國大臣胡致商部籌議織獸毛製樹膠咨呈》 竊照整頓商務，一面宜推廣土貨出口。曾於光緒三十年九月，條舉易辦者兩端，咨商貴部，考核在案。一面尤宜減少洋貨進口，以杜漏卮，減少之法，禁遏固萬不可，重税又未易辦到，則惟有竭力仿造，以求合本國之用。顧仿造洋貨，極非易事，徒震於有利可獲，而不先研究製造之理、製造之術與製造之地，驟然建廠屋，購機械，聘用西洋人爲技師，委不學者爲總辦，擲金數十萬，綿時二三年，迄未見有一物之成，出廠入肆，卒之或蹶或輟，貽人口實，比比皆是。有鑒於此者，又或懲羹吹虀，視製造之學過於高深，不敢着手，又未免圖易於難，二者均失之。今籌得製造雖非極易，而研究尚不甚難，銷路可漸推漸廣，而成本又可大可小者。如左二端，一曰獸毛，織獸毛以供衣被之用，俗呼爲呢，中國人向尚絲織，不尚毛織，然每歲洋貨進口其呢，已不下數百萬金，今後若大興軍政，大興學政，其服裝竟有不能不尚毛織之勢，軍政學政愈興，則軍人與學生之數亦愈增。二種人應有一定之衣，製衣之料必求價廉，必求經久。一歲十二月中，除暑期外，有八個月可用 種材料之衣，用絲織不如棉織之價廉，用棉織不如毛織之經久，故毛織尚焉。中國本不乏毛，且有販運出口者，講求畜牧，則産毛愈多，不但蒙古、新疆、西藏之素富於毛也。軍人、學生其服裝，貴有種種區别。軍則有步、騎、砲、工、輜五種，種有别。官分九等，等有别。弁分三等，等有别。卒分三等，等有别。推之軍醫有等，會計有等，等有别，别之法，帽有章，肩有章，領有章，袖有章，褲有章。章有别，其别以式，兼以色。學生有大學、中學之别，有各種實業，各種專門之别。一堂之中，有年級先後之别，其帽其衣，均别以章，章或以式，或以色，故織毛與染毛並重。染毛之學，在通化學，此種化學，求應用不求闡理，故學非甚難。論毛織之學，自以英爲巨擘，俄亦頗長於此。惟西人好謀絶大局面，與之相商，無非先購機械數十萬金而已。且西方候寒，其毛織尚厚，亦非盡宜於東方，莫如就日本官設之廠而取法焉。日本又有千住製絨所，隸於陸軍省，織出之料，足以供其全國十三師團之用。在中國目下，尚無須此多數之料。但逐漸推廣，以求切於實用而已。二曰樹膠。含膠之樹，熱地最多，滇桂南境，固産此樹，即浙江境内，亦復有此樹，雖不如熱地之多，含膠不豊，然亦可備考究，剖樹取膠，製膠成物，其堅者可代骨角，其韌者可代皮革，其大用在能御水，可以使外水不滲，内水不泄，製爲雨衣，輕而不濡，製爲履，可以避水，可以止滑。製爲靴，以畀農耕，可以避烈日曝水之毒，而免皲足腫大之病。能御氣，可以使外氣不能侵，内氣不能漏，化學家、醫學家、電學家所藉此以爲避氣避電之器，不可枚舉。學堂中於寫字繪圖，可以去筆誤，又其性能伸縮，而伸縮力又極匀，故製管製帶製輪無不可伸縮合度，而遇堅不碎，遇柔有勁。年來此學日進，製出之品千種萬殊，小之如綫，而其力尚存，大之盈丈，而無須拚合。其用既廣，即其利自豐，故國内有此原料，固可自取自製。即原料不産於本國，亦可以需用過繁之古，而購料自製，英國即取料於印度、非洲等地矣。惟此項製造，中國尚未講求，未可猝然興辦，是宜令旅居南洋群島之閩廣商人先事考求其種樹法、取膠法、化製法、購運法，而後及於製造法，成本鉅則製出之品類可以萬變而無窮。成本微亦可以製成數十百品，先售獲利。中國素無業此之人，以此觀商當有應者。以上二端，苟能痛除官商積習，實力興辦，斷無不獲利之理，斷無不可以減少洋貨進口之理，所有籌議織獸毛製樹膠二事，以爲整頓商務之一助，合行諮報貴部，以備酌核施行，須至咨呈者。

《東方雜誌》第二年第七期《安徽磁土公司機器開采磁土節畧》 按，中國物產豐阜，甲於環球，然不能加意考求，極力推廣，以致利源外溢，良堪痛惜。近來各省疾起直追，振興工藝以相抵制，允推急務。然不能駕而上之，又安望勝算之獨操哉。查中國物產除絲茶而外，爲外人所不及者，厥爲磁器，嘗見外人購求中國前代以及本朝各名磁，往往不惜重價，珍同拱璧，以視彼國所產非不製作精良，彩□光潔，究不若中國之可寶者，無他，磁質之堅致，相去懸殊也。中國磁器出於江西景德鎮，每歲所產恒百萬計，以御窑爲極細，他如菁花粉。定五彩各窑，亦皆精美無匹。然磁器雖出於江西之景德，而磁土實出於安徽之祁門，曾有日人考驗祁門土質，稱爲五大洲之冠。以距景德遠且土法采取難，故景德所造各磁，雖御窑亦只用祁土八成，其餘細窑則僅用祁土四成，久爲憾事。皖省各大吏因此籌集鉅資，開設公司，向外洋購辦全副機器，運往祁門造廠裝設，開采磁土，以爲振興工藝，推廣利源之舉。先用機器開去生土，粗礪則以機器磨礱之，堅硬則以機器軋碎之，然後淘汰渣滓，擷取菁華，用機器研至極細製造成磚，較前土法所造不獨色更白，而質更細，抑且取不盡而用不竭。從此景德鎮造作御窑以及極細磁器，均得全用祁土，不至如前此之矜貴，則所產當邁越前代，將來仿照西式，製成各種磁器，自非外洋所產所可同日而語，則銷場之旺，可操左券。於此而論，考求物產，推廣利源之道，有不駕而上之獨操勝算者乎。爰將祁門磁土各坑名以及所產各土性，臚列於後，庶幾按圖索驥，一目了然。一，祁門東鄉磁土，向作御窑磁器，色白質細，性極膩密，以之製造極細杯、盤、瓶、樽各種玩器，無不精巧絕倫。土坏入窑，一無燥裂傷損之慮，非若他處磁土，僅有八九成收場也。一，祁門龍鳳璧磁土，色白質細，性極剛健，且極細緻。凡御窑製造大瓶，或高至八尺以及丈餘，土坯入窑，一無傾側欹斜之慮。其餘諸大器玩，燒成後，光彩奪目，且無絲毫斑點毛孔，誠五大洲希世之寶也。一，祁門大北港土，色白質細，性極堅爽，能造極大之器，如魚缸、浴盆、花盆、床榻、屏風等類，燒成後，光潔如鏡，鑒人眉目，亦非他處磁土所可媲美也。

上海市檔案館《舊中國的股份制・中國圖書股份有限公司章程》

一、名號

第一條　本公司以聯合全國書業團體，共享固有之利權，輔佐教育普及，驅策文明之進步爲宗旨。故定名曰：中國書業有限公司。遵照欽定大清商律有限公司章程，在商部呈請註册。

二、營業

第二條　本公司係辦理各種石印、鉛印、銅版、印刷，翻譯各種書籍、圖畫，發行雜誌，製造標本，鑄售銅模，銅版、鉛子、鉛板，並製造運售學校一切用品及印刷機器紙張、物料等事。

三、營業地方

第三條　本公司發行所設於上海英租界。編輯所、印刷所先行賃屋開辦，再行擇地建造。

第四條　本公司係本埠全體同業創辦，故暫設小花園書業公所辦議事處，再行酌定辦事處。

第五條　各行省府廳州縣之同業，既與本公司聯絡一氣，概由各該販賣店自行販運。本公司可毋庸分設，既予同業以利益，又節省本公司之繁費。

第六條　偏僻之區，如無販賣店者，本公司可酌行分設，以開風氣。如本省販賣同業願去分設者，可先行報告，本公司不必分設。

四、股本

第七條　本公司股本共集銀圓五十萬元，分作五萬股，每股計銀圓十元。先收二十萬元，作爲有限公司優先股。除本埠創辦同業先認十萬之外，再招外股十萬元（除外埠同業外，凡學界、商界皆得預股）。其餘三十萬元，作爲普通股，俟辦有成效，需用款項，分三次續招。每次招股，須於兩個月前登報布告。

第八條　凡書業同行，附股至五十股以上者，將來交易，自應特別看待。另訂專章辦理。

第九條　本公司爲中國書業同人組織創辦，並爲保全華商利益起見，故專收華人股本。惟創辦人，不得有非分利益。

第十條　本公司股票，任憑轉售折售，須到本公司填寫過股據，由經理及董事一人，在股票空格内填寫新户，不另換票，亦不收費。惟不得售與外國人，如有朦混，察出作廢。

第十一條　如遺失股票，準其隨時取具保人證書，報名公司，將遺失號數查銷。一面登報聲明，俟三月後，另行按號填給。每票應繳費銀圓壹元正。

五、股東權利

第十二條　本公司董事，每年於結帳分利之前，應招集衆股東舉行尋常會議，先於半月前登報布告。會議時並將公司年報及總結清單送衆股東查閱。

第十三條　本公司會議時，董事應對衆宣讀年報，並由衆股東查閱帳目。

如無異言，即行列册作准，決定分派利息，並公舉次年董事。倘表以帳目爲未甚明晰等情，可向總司理及查帳人詳細考察。

第十四條　本公司遇有緊要事件，董事可隨時招集衆股東舉行特別會議。凡有股份合全數十分之一之股東有事欲會議者，亦可知照董事，先期聲明事由，舉行特別會議。

第十五條　本公司舉行尋常特別會議時，即將所議各事，電書記列册。凡議決之事，一經主席簽押作准，必須遵行。所有總號分號，一律通知，俾衆股東隨時查閱。其股東不能到場會議者，可具證書，派人代表。

六、辦事權限

第十六條　本公司股東公舉董事七人，任稽查、協贊、議決之責。由董事推任總司理一人，副司理二人，選任會記一人。其餘各項司事，由總副司理量才酌派，並各取具證書存公司内。

第十七條　本公司由各股東公舉查帳二人。

第十八條　除總副司理人外，所有董事概不開支薪水，議定每年每位津貼車費洋百元。

第十九條　本公司日行尋常事件，由總司理人等照章程辦理。遇有重大事件，應由總司理人請董事決議施行。

第二十條　每届議事，各董事不能齊到，須以過半爲率（如到有四位，即可開議），否則改期再議。

第二十一條　辦事人員，除請編譯外，概延在股同業之人，以資熟手（辦事細章另訂）。

第二十二條　本公司董事，暨查帳任事之期，以一年爲限。如股東公許勝任，可於尋常會議時，公舉續任，否則届時投票另選。

第二十三條　董事遇有事故，不能滿任者，如果人數不敷，可暫請妥慎股實之股東一人代理。俟尋常會議時，再行公舉充補。

第二十四條　公舉董事，由股東投票公舉，以股本多寡爲衡，滿十股者，有一選舉權。

第二十五條　總司理人暫定薪水，按月　元，副司理按月元。俟一年後，辦有實在效驗，由董事會議增加。

第二十六條　本公司常派伙友分往各埠，明查暗訪翻版事件及考察有無違礙本公司銷路等情，以定方針。

第二十七條　新巧印匠，暫延東西洋一二人，訂定期限合同，並派聰穎子弟專心學習。

第二十八條　先收在股同業平常石（鉛）印機部，公估價值，作爲普通股，添在現股之外，既省現款，而惜物力。如機器需用十部，而願併者有廿部，待估價後用抽籤法，以定去留。如皆不願併，則動用現款新置。其最新式之五彩印機，必須購之外洋，其新老書及不關印刷件不收。

七、分派利息

第二十九條　本公司官利，定爲常年一分，以繳銀之次日起息。

第三十條　本公司每届年終結帳，除官利外，所得盈餘分爲二十股，以十二股作爲股東餘利，以一股作爲優先股紅利，以二股爲公積，以五股爲辦事人花紅。

第三十一條　本公司總司理人等將帳目詳細結算，每年造具年報，於次年二月由董事登報布告。定期舉行尋常會議，於三月十五日，一律照付官利、餘利，概憑息簿。

八、附則

第三十二條　本章程所未及者，悉遵欽定大清商律有限公司律辦理。

第三十三條　將來如有須更易本章程之處，遵照欽定大清商律，由董事招集股東會議決定施行。

第三十四條　本公司實事求是，杜絶浮開濫支，克扣回用，冒領乾俸，影射偷漏一切弊竇。

第三十五條　所有詳細辦事規條，俟公議決定再行布告。

附現行招股章程

一、本公司創辦人，共認定一萬股，其餘一萬股在外招集。凡屬華人，均可附股。

二、發起贊成，不支薪水，不沾利益。俟公司成立，即行告退，歸入股東。

三、本公司收股銀日期，以本年七月初一日爲始，以拾月三十日截止。如於限内股數已足，即行登報停收。

四、凡願附股者，於七月初一日後，十月三十日前，開具店號、姓名、籍貫、住址，向本公司代收股本處挂號，並將所認每股三十元，同時繳納，制取收據。

五、收股截止，應換股單，於兩個月内登報布告。

發起者：中西書局　公藝書局、會文學社　同文書社　寶善齋　文富樓　文盛書局　讀味樓　彪蒙書室　同文晉記　新學界圖書社　文通書局。

《申報》光緒三十一年八月十三日第三版《開源織布公司未能專利北京》

安徽開源織布公司前具稟商部，請照部章註册立案，並請專利。當經商部批示云：該公司呈請註册立案，俟股票公費繳到再行註册，至所請專利，核與定章不符，應毋庸議。

《申報》光緒三十一年八月二十五日第三版《榨油公司呈請立案註册京師》

上海叉袋角創設之大有榨油公司，現在已經開辦。日前由創辦人席裕福稟由商會，呈請商部遵照章程立案註册，並請飭屬保護，大約俟該部查核後，不日即可照准矣。

《申報》光緒三十一年九月十八日第一版《甯波和豐紡織股分有限公司》

商部批准立案由：據稟，紗布爲日用大宗，甯波爲通商要埠，該職商等擬集股分，設立和豐紡織有限公司，係爲講求實業，便益民生起見。據稱先由創办人招集股本四十萬兩，自非空言影射者可比。所擬章程亦尚妥洽，應准其先行立案，仰即迅速購機設廠，候呈報開辦註册到日，飭令地方官妥爲保護可也。此批繳。

《申報》光緒三十一年九月二十七日第一版《漢口漢豐麵粉有限公司招股廣告》　本公司招集股本銀二十萬兩，分作二千股，每股洋例銀一百兩，官利當年一分，現已集有十數萬，仍缺數萬。俾有志商務諸君投資，以盡利益均沾之意，廠地購定漢口橋口外，亦俟股本招齊，即行開辦興造。所有股分，均係華商，外人股本，一概不收。如欲入股者，以十月初一日起，請至漢口黄陂街怡生和錢莊納銀，即收股票息銀。官利以收銀之日起息，欲閲章程，亦請至該莊取閲。所缺股額，一經收齊，立即截止。用特佈聞，發起人黄蘭生、劉篤珊、晏建德、董心泉同啓。

《申報》光緒三十一年十月初四日第四版《印刷廠中止之原因武昌》　端午帥權鄂督篆時，派遣學生赴日本學習印刷，本年八月卒業回鄂。當道曾擬辦一印刷廠，即以該生等董其事。兹聞該生以無此能力，向當道辭差，故此事已作罷論。

《申報》光緒三十一年十月初五日第四版《安慶銅元局採辦湘煤湖南》　湘潭縣林某，前奉安慶銅元局總辦林枚仲觀察派令來湘採辦萍鄉醴陵各處煤斤，運赴皖省，以資應用。自今年四五月間起，購運煤斤絡繹不絶，所有船隻常川往來者，不下三四十號。

《申報》光緒三十一年十月十九日第一版《杭州通濟織布廠生財房屋招盤》

建在武林門外得勝壩西糧泊橋堍，洋式平房六拾餘間，染房、曬場、漂池俱全，布機百架，如欲辦者，請至敝廠帳房面議可也。

中國第一歷史檔案館《光緒宣統兩朝上諭檔》第三一册《光緒三十一年十月二十一日》　又奏，蕪湖商埠設立織麻公司片，均奉旨依議，欽此，相應傳知貴部欽遵可也。此交。

《申報》光緒三十一年十一月初一日第一版《奏辦機器造紙公司廣告》　本公司自開辦以來，勘定日暉港基地四十餘畝，業已填土築壩掘池，次第告竣，廠棧等屋亦正興工。前向茂生洋行定購頭等新式機器，據接外洋來電，已經陸續裝船，頭批約年内運到。是該廠落成，計日可待。所有股份每股規銀一百兩，除第一期已收銀二十五兩外，兹應續收第二期股銀，以補機器、屋價之需。每股照章仍收銀二十五兩，爲此登報廣告，請與股諸君携同第一期收據，或鈔録原收據號碼、户名，前來本公司繳付第二期股銀，以便照填收據，俟第三期定期繳足，將第一、二期收據兩紙交完，然後換給股單息摺，幸勿遲誤，謹啓。

《申報》光緒三十一年十一月初一日第一版《中國國民紙烟有限公司》　本公司痛洋貨之侵入，慨實業之未興，爲挽回利權補塞漏巵起見，由同人等籌集鉅款，向倫敦名廠訂購機器，聘請專門化學家，配煉製成上等紙烟，名曰麒麟、醒獅兩牌，有開胃、降氣、消痰、生津種種衛生之功，且入口香潔有味，與市上所售惡劣之品不同。賞鑑家請一試之，便知言之不謬也。廠設上海西門外羊尾橋北堍，十一月出貨，批發從廠，特此佈告。

《申報》光緒三十一年十一月二十七日《招盤肥皂廠》　兹有肥皂廠一所，開設在西門外，一切應用機器、傢私、什物以及自來水俱全，房屋寬暢，出入甚便。因洋人另欲他往，倘合意者，請駕臨至法大馬路公館對門念五號大昌洋行帳房面議可也。

王樹枏《張文襄公全集》卷六五《湖北鑄造銅元請由本省自行限制折光緒三十一年十一月二十八日》　竊照光緒三十一年十一月十四日准財政處咨開，光緒三十一年十月二十三日准軍機處片交本處，會同户部具奏，各省鑄造銅元，日益增多，請酌定限制一摺，奉旨：依議。欽此。相應恭録諭旨，刷印原奏，咨行欽遵辦理等因。查原奏内稱，現在各省銅元均已不虞缺乏，非趕爲酌定限制，未易施補救之方。擬令江蘇、湖北、廣東等大省，每日造數不得逾百萬，直隸、四川兩省，每日造數不得逾六十萬，其餘各省，每日造數不得逾三十萬。成色分兩均須遵照財政處户部奏定章程，不得稍有歧異。各省現有之廠，不得沿用舊名，應統名户部造幣分廠，冠以某省字樣，以資識别。至各該局所用鑄模，參差不一，前已奏定，均須由户部頒領祖模。所有現用各種舊模，一律即行停廢，擬令各省局於未頒到祖模之先，一律暫行停鑄。趕將各該省歷年鑄造銅元數目查明，自開鑄起共鑄出若干，現積若干，民間需用數目約需若干，並已經行銷州縣若干，處其購定物料銅斤未經鑄造者，尚存若干，限三箇月内先行據實報知財政處户部，以憑考察多寡盈虚之數等語。臣惟各省銅元增鑄日多，今由財政處户部頒發祖模，限制鑄數，誠爲畫一幣制統籌全局之要政。惟各省情事各殊，就湖北而論，近年所鑄銅元，皆係發交官錢局經理，聽商民備價赴局兑换，從未在本省各州縣及外省各埠派員設局分售。然隨鑄隨銷，官錢局並無存積。自本年八月二十七日准兩江督臣周馥電稱，商准外務部將各省銅元仿照米穀辦法，禁運出口，擬自九月初一日起飭各關一律照辦等語，臣當即電復照辦。一面通飭各關卡嚴行查禁，本省銅元，概不准運銷出境，一面飭令造幣廠減鑄銅元十成之四，蓋早已自行限制矣。故自九月分起，湖北銅元從無出境之事，海關册籍可考而知也。第湖北需用銅元情形，有與各省不同者數端。漢口爲通商大埠，每年貿易不下數千萬，各幫生意出入，皆用錢盤，不用銀盤，故漢鎮商務需錢獨多。近年制錢缺乏，全賴銅元爲周轉。兩年以來，市面需用銅元之數，迄未減少，其不同者一也。湖北以需餉浩繁，發行制錢一千文之官錢票，積年用出已數百萬張，專恃銅元爲應付，武漢兩處商民以官錢票赴局兑换銅元者，每日約需數萬串，平時隨到隨兑，因應不窮，故官錢票之信用與現錢無異。若鑄數太少，不敷兑换，商民稍寛取付不靈，則散在民間之官錢票，必争向官錢局兑取現錢，無從應付，立有傾塌之虞。於湖北財政，大局所關非細，此其不同者二也。夫民間以票兑錢，斷斷不能限制。銅元鑄數既少，官錢局窮於應付，勢必須向市面收購銅元，以資接濟。彼時錢商抬價居奇，不獨官錢局賠累難支，且恐市面之牽動利害，出入關繫尤重，此其不同者三也。伏念財政處户部限制銅元之意，蓋慮各省貪利多鑄，本省既無銷路，必將設法運銷他省，而他省自鑄之銅元，轉致滯銷牽累，誠非事理之平。今湖北銅元專銷本省，絶不侵佔他省，銅元銷路則酌盈劑虚，本省自能時其消息，斷無一味多鑄，自取壅滯之虞。此理亦顯而易見。核計目前民用，每日僅鑄百萬，斷斷不能敷用，相去太覺懸遠，合無仰懇天恩，俯念湖北省需用銅元尚亟，暫予變通，准由本省自行限制，隨時體察情形，按實在需用之數鑄造，斷不容廠員任意多造，自取虧耗。俟一兩年後，察看市面需用銅元較少，即當遵照財政處定章辦理。硃批：財政處議奏，欽此。

《申報》光緒三十一年十二月初六日第四版《允免三星紙烟公司重徵關税》

江蘇紳士劉樹屏所設之三星紙烟公司，日前由商會轉禀商部，請將出口之貨概免重徵。現經商部已准援照北洋烟草公司辦法，行咨外務部轉飭總税務司，札行上海税務司暨上海關道遵照辦理。

「中央研究院」近代史研究所《海防檔》丙機器局《光緒三十一年十二月三十日外務部收日使内因康哉函》 光緒三十一年十二月三十日，收軍機處交出抄片崇善奏稱：再，閩省腦務，經前督臣許應騤創立官局，招用日本技師愛久澤直哉，並由該技師，向日商三五公司，保借洋銀二十萬元，作爲官局成本。飭局擬定延聘技師及借款各合同，咨由外部核准，於廈門設局開辦，業經奏明在案。乃自開辦以後，該技師愛久澤直哉，侵權辦事，復藉考察腦務爲名，派人四出緝私，竟將英商領有三聯報單採辦樟腦，肆行攔截。經前督臣李興鋭，派前辦洋務局道員楊文鼎，與官腦局督辦道員黎國廉，照會領事，議以辭退技師，停辦官局。該領事竟詳報彼駐使，堅不承認。楊文鼎更議償還借款收回自辦，亦未能就範。旋日使商由外務部電閩，彼此另行派員會議。經李興鋭更派鹽法道鹿學良，與日使所派之駐厦領事上野專一，會同議結。本年八月，該領事帶同愛久澤直哉，由厦來省，復經奴才諭飭鹿學良，並添派道員孫傳兖，與該領事訂期開議。該領事堅以原訂合同，係六年爲限，限期未滿，斷難更改，並代愛久澤直哉要求賠償。連日經該道等剴切辦駁，該領事迫於公理，始允退辦。將前繳存報効洋銀十萬元，即作爲限滿發還。著令愛久澤直哉，自向銀行領回。一面並將從前代官局經手各款，開單送核，三面會算。除内地購存樟樹計一千餘株，約值三萬元，不給價值，由官收回外，實計用過成本洋銀十三萬元，由閩省認還。並另認利息洋銀三萬元，統共認還銀十六萬元。其餘愛久澤直哉要求各款，一概不認。從前所訂合同章程，亦即作廢。該技師所派各處辦事日人，一律撤回。擬立合同五條，電經外務部核准，於九月初十日，將合同繕正，會同領事簽字蓋印。所有應還銀十六萬元，由藩糧鹽厘正款内借撥，並由銀元局，提取盈餘，湊足成數。內一萬元，俟樟樹交清，再行付給。其餘十五萬元，按作三七匀還。合同内載明六箇月，每兩箇月爲一期，應扣至三十二年三月初十日，付完清款。據福建洋務局，詳請奏咨前來，奴才覆核無異，除將合同録摺，分咨軍機處、外務部查照外，謹附片具陳。伏乞聖鑒訓示，謹奏。

光緒三十一年十二月三十日。奉硃批，外務部知道，欽此。

《通商各關華洋貿易總册》光緒三十一年下卷單爾《光緒三十一年杭州口華洋貿易情形論畧》 西八月杭城添建之銅圓局落成後，仿照老局辦法，日夜工作，所出當十銅圓，數目浩繁，幾滿全省。聞銅圓局每日夜能出銅圓二百五十萬枚，惟是年所出總數實係六百十六兆七億四萬枚，此項銅圓曾屢次試運他省，然所至之處均遇有最大之阻力，卒致政府有禁止出口之令。初時浙省因舊用制錢市上幾已告罄，故人尚樂於兑用，後行用之數過多，致錢價大受其牽累。每洋一元初衹易銅圓九十枚，轉瞬間忽加至一百十五枚。當軸有鑒於此，因而將銅圓局工人酌量裁減，且停止夜工，藉以減少其出數。然其所以減價兑易之故，非衹緣出數過多已也，聞所用之紫銅内所攙雜質，日見加多，此足見該局由外洋運來之紫銅餅，亦即如是無疑。

《通商各關華洋貿易總册》光緒三十一年下卷阿其孫《光緒三十一年蘇州口華洋通商貿易情形論畧》 此外貿易場中，目前雖未實行新法，將來自必推廣而行。蘇滬鐵路數月後即可開車，惟正不知如何將三等搭客以及粗重各貨設法招攬耳。日本租界内有日本人開設酒作一所，因本口房租較賤，米價又不貴，即水味亦大合於造酒之用，現雖尚係試辦，然而可望著效矣。

《通商各關華洋貿易總册》光緒三十一年下卷吴樂福《光緒三十一年宜昌口通商華洋貿易情形論畧》 中國機器棉紗計九萬六千八担，去年衹八萬六千四百五十九担，棉花亦有進步，計六千八百二十二担，共值銀七十七萬一千兩。

《歷史檔案》一九九七年第一期《雲貴總督丁振鐸爲遵議添設滇局鑄造銀銅幣事奏摺光緒三十二年二月二十二日》 雲貴總督兼管巡撫事臣丁振鐸跪奏，爲遵議添設滇局，鑄造銀銅幣，查照新章辦理，俾歸一律，以挽利權，而裨路政，恭摺仰祈聖鑒事。

竊準財政處咨，會同户部具奏議復滇省奏請鼓鑄銅圓仍兼鑄銀幣一摺，光緒三十一年十二月二十七日奉旨：依議。欽此。欽遵。咨行到臣。查原奏内開銀幣一項，奏明專由天津總廠鑄造，仍留南、北洋、粤、鄂四局，其餘並應停罷。惟滇省地居邊遠，轉運時難，國家銀行又未能一時遍立，將來鐵路所需若聽其行使洋圓，亦殊非計。應請飭下雲貴總督，查照奏定新章，體察情形，詳細聲復應否於南、北洋、粤、鄂四局之外添設一局，再行妥核奏明辦理。至該省官鑄銅圓所得餘利，自可匀撥鐵路公司，以爲造路之用，毋庸令公司鼓鑄。等因。是滇居邊徼，去南、北洋、粤、鄂均遠，而英法洋圓充斥已久，非自鑄造則利權盡失，財政處早已洞鑒及之。遵查滇省奏修滇蜀鐵路，請由公司試辦銀銅圓，業經派員前赴上海購買機器，定限運交，一面修理廠房，以期早日開辦。準咨前因。伏思滇省前擬辦法，係在財政處奏擬整頓圜法之前，現在既定新章，自應遵照辦理，爰即督同司道通盤籌畫。滇省地居邊遠，與他省情形迥乎不同，應請添設雲南造幣分廠一局，由臣遴派廉干大員責成總辦，毋庸由鐵路公司經理。所鑄銀幣應委員赴總廠請領印模，分量、成色、花紋務求吻合，俾歸一律。仍俟開辦後咨請財政處、户部照章派員稽查，並將鑄幣隨時抽解，聽候鎔化考驗，以昭鄭重。至於擬鑄銅幣，業經派員赴津請模。所有成色分兩以及日鑄各種成數，應並遵照新章，不令稍有參差。滇本産銅之區，決不至購用銅餅，但於正面加鑄「雲」字，藉資查考。亦隨時送請財政處、户部化驗，通行全省，均照市價，不得折減，所得餘利即全數撥作滇蜀鐵路股本，以重幣制，而維路政。據雲南藩司會同善後局司道具詳前來。相應請旨飭下財政處、户部核復，準添設雲南造幣分廠一局，與南、北洋、粤、鄂四局一律辦理。一俟機器運到，廠房工竣，即行開辦，再將機器廠房件數價值、應用員司人數、每日工作時刻、出幣數目詳細奏咨。

除分咨外，謹恭折具陳，伏乞皇太后、皇上聖鑒，敕議核復施行，謹奏。

硃批：財政處、户部議奏。

《商務官報》光緒三十二年四月初五日第一期《批職商王長庚稟》 稟悉，該商在鎮江開設同茂永蛋廠，因出口估本價值日昂，稟請明定税則各節，自係實在情形。惟黏件内開漢口機器所製黄白，估本價值與上海税關不相上下，應如何分别機器土法完納關税之處界，在疑似分析較量尚需校奪，除咨行外務部轉飭總税務司酌辦外，應由該商察看蛋市出口衰旺情形，籌擬改用機器炕製，以歸一律而暢銷路。至前項分别稽征之法，應俟外務部聲覆到部，再行示遵。此批。

三月二十三日。

《商務官報》光緒三十二年四月初五日第一期《照洋商例完納烟捲税》 職

商劉樹屏在上海設立三星紙煙公司，遞稟商部，請於出貨報關時，准將應納税額照洋商例，每煙捲百觔納税銀四錢五分，當由商部咨行外務部，電飭滬道咨關照辦。

《商務官報》光緒三十二年四月初五日第一期《批蘇州商務總會稟》　據稟並張紳履謙等公稟均悉，蘇經、蘇綸絲紗兩廠應歸各老股經理，自是正當辦法，惟查前准江蘇巡撫咨送該兩廠案，據清册内載原定費商接租章程，訂明以五年爲期，由老股典商五家聯名具保，並訂明租商如有違背，惟保人是問。現計租期尚未届滿，既據張紳等稟稱，費商獨斷獨行，羣情未洽，議由各老股集欵自辦，自應按照該總會前次所擬辦法，向商務局妥訂接辦合同，報部核奪。兹僅據該紳等擬呈接辦辦法八條，本部碍難核辦，除批示張紳等遵照外，仰即傳知稟批一件，併發給即轉交可也。此批。三月二十一日。

上海社會科學院經濟研究所《榮家企業史料》上册《向外國訂購機器和裝機工程均委洋行辦理》　錫山振新紡織廠定購英國著名度白生牌老廠紡華棉細紗機二十八座，計一〇，一九二錠子，【略】共計實價英金二二，〇五〇鎊。自立合同付定銀日起，限六個月由外洋運到上海。設或零件不齊，至多展限一個月共七個月，一律運齊，在上海碼頭交卸。

兹將所訂各款清單開列於後：

（3）議自立合同付定銀之日起，即發電報至英國購辦各種機器，限六個月内運到上海。即有數種稍遲，不能全到，至多展限一個月。如届七個月，尚有未到之物，以致不能開工紡紗，每日願罰英金二十鎊。如有小件未到，不致遲誤開工日期，即不議罰。

（4）議機器到後，瑞生洋行應派頭等洋匠一名赴錫，督同華匠將紡紗機器於三個月内包裝齊全。所有該洋匠薪工伙食，三個月内由瑞生行付給，惟應需華匠夫役雜料，應由紗廠雇備足用，不得缺少。如其三個月不能裝竣，所有三個月以外之洋匠薪水，應由紗廠備給每月英金四十鎊。倘該匠手藝精熟，即聽留在紡紗廠效力，届時另立合同。瑞生所派洋匠赴錫裝機，必須品行端正，勤慎從工，督同華匠精細裝設。在工之時，不準出外閒遊滋鬧。如有華匠工役，不合應用，只能訴由廠主查明撤換，不得擅自毆打，致肇事故。所有洋匠住房家具、煤火，應由紗廠備給。

（5）議所派洋匠赴錫，如須請給護照，應由瑞生自行辦理。該洋匠倘有疾病、不測等情，應歸瑞生送醫，與振新無涉，並由瑞生另派洋匠以承其乏，不得遲延誤工。

（6）議如因該洋匠有意曠工，以致三個月内不能裝竣，其三個月外之薪工，仍歸瑞生付給。

無錫振新紡織有限公司經手　張石君、榮瑞馨

上海瑞生洋行　史謫法　經手　尤敬陶

《商務官報》光緒三十二年四月十五日第三期《批候補道程思培稟》　據稟，該道擬招股銀二十萬兩，設立裕興機器榨油有限公司，援照海州贛豐成案，在潁屬專辦二十年，懇請立案等情。查機器改造土貨，本與新法創製者不同，惟念商力艱難，謀始匪易，不得不加意維持，應先予立案，准予潁屬境内專辦五年，以開辦之日爲始，其本地舊有土法各坊願否附股，應聽其便，所擬招股章程大致尚妥。惟股本招足時，應遵公司律，由各股東公舉董事會議，及查察人查帳。清淮一帶風氣初開，該道尤宜妥慎經營，藉資提倡，並於開辦前照章到部註册，再飭保護可也。此繳。四月初五日。

《商務官報》光緒三十二年五月初五日第七期《批商人魏良輔等呈》　呈及章程均悉。該商等擬招股本二萬元在京南采育鎮地方設立華盛織布有限公司，現已集有股本三千四百元，先行造機招徒練習，係爲振興織務起見，自應准其立案，仍俟股分招齊於開辦前，遵章到部註册，再行咨飭保護可也。此批。閏四月十七日。

《商務官報》光緒三十二年五月初五日第七期《批商人唐繼賢稟》　據稟已悉，該商開設瑞昌胰局，仿製洋胰，銷售恐有他商假冒版號，致礙銷路，懇請給照保護，應俟本部商標局開辦時，將所用商標遵章呈部註册，再行核辦可也。此批。閏四月二十三日。

《商務官報》光緒三十二年五月十五日第八期《批李連溏等稟》　據稟，請在深州武强縣設局製造煤油燈具、玻璃器皿等情，具悉。查原稟内稱，試辦工料一廠附近即有應用材料，採取甚便，擬邀工師三人、藝工十餘人、生徒五十人先爲提倡等語，於附近處所及所産何項材料，並由何處聘請工師，均未詳細聲明，已屬無憑照准。至所請就地煉硝，用燒玻璃器具一節，前有武强縣商人辛金忠稟請將該縣城内城地製造火硝，本部曾以有碍鹽課引額，批駁有案，兹該生等復以製造玻璃需用硝質爲詞，意圖影射，殊屬不合，所請著不准行。此批。三月十

七日。

中國第一歷史檔案館《光緒朝硃批奏摺》第一〇二輯《光緒三十二年五月廿九日署理兩廣總督兼管廣東巡撫事務岑春煊片》　再，廣東省城烟户雲連，闤闠櫛比，居民不下百數十萬，夙稱繁盛之區。近年鼠疫流行，春夏之交，死亡枕藉，天災之酷，慘不忍言。迨屆秋冬，則物燥風高，時虞火患，竟有延燒至百數十家者。究其致疫致火之故，一則由於井泉不潔，一則由於取水艱難。欲救此二端，非速辦自來水不可。前經臣照會粤紳大僕寺卿張振勳籌辦，迄今日久，經費尚未籌集，章程亦未議定，致未舉行。竊維爲政務在安民，興利乃能除害。自來水一事，實於衛生救火功用甚大。粤省商民輻輳，需水者多，酌量取資以充工本，約計支銷之外，贏算可操。既獲溢利以歸公，尤足便民而弭患，實於上下兩有裨益。當經派員切實估計，所有購辦機器、安置水管、聘用洋工程師，一切經費共需銀一百餘萬兩。現在粤省財政艱難，全恃官力，勢難獨舉。惟有移緩就急，設法騰挪。籌撥官本銀六十萬兩，並由滬招集商股銀六十萬兩，業已訂立合同，設立公司，官商合辦，一面訂購機器、水管，聘僱工師，選派員司，認真辦理，期以一年告成。款項如有不足，或再添招商股，或撥官本充支。一俟工竣，核計收集商股若干，提撥官款若干，再行詳晰奏報。臣爲地方興利消患起見，是否有當，謹附片具陳，伏乞聖鑒訓示，謹奏。

中國第一歷史檔案館《德宗景皇帝實録》卷五六〇《光緒三十二年五月上》

又奏，酌撥官款，設廠制煉塞們德土，以期挽回利權。下部知之。

朱壽朋《光緒朝東華録》卷二〇一《光緒三十二年五月》　前據御史黄昌年奏參江西藩司周浩骫法徇私各款，當經諭令張之洞確查。兹據查明覆奏，該藩司貪污縱恣，把持省權，專任私人，貽誤大局。周浩，著即行革職。至開辦銅元，購辦機器，諸多不實不盡。及官銀號款項並未移還，著吴重熹再行徹底嚴查，照數追繳，以重公款。江西補用知府崔湘鑽營謬妄，生事害民；　永新縣知縣張善鐸貪污卑賤，小人之尤，均著革職，永不叙用。江蘇補用直隸州知州吴澐貪詐惡劣，公款不清；　試用知縣黄錫光營謀署缺，不知廉恥；　指分江蘇知州徐履泰鄙俗迎合，多滋物議；　江西補用知縣張學勤歷充優差，損公肥私；　試用道陳際清險惡招摇，行同無賴，均著即行革職。江蘇候補道繆德棻濫厠要差，衰耄無能，著勒令回籍。候補知府王祖蔭巧滑專擅，難資表率，著以州同降補。知縣桓祖彝品行卑污，敗壞風氣；　丁憂知縣崔寶瑛行徑猥鄙，指摘交加；　知縣朱士元倚勢招摇，聲名極劣；　試用巡檢董鴻品行污下，衣冠敗類，均著即行革職。華幕友華枚生，著查明有無職銜，即行斥革，並遞解回籍，交地方官嚴加管束。華玉堂、馮心畬、馮履卿、馮冕均著一併驅逐，不准逗遛江西。司事金朝正，著拿獲交地方官嚴加管束。家丁熊濱，著拿獲解回原籍，禁押一年，限滿仍嚴加管束，不准出外生事。餘著照所請辦理。該部知道。

王樹枏《張文襄公全集》卷六七《創造制麻局請暫免税厘並請敕各省仿辦摺光緒三十二年七月初二日》　竊惟富民以農業爲主，興農業以精工藝爲主。查臬麻之爲物，三代、兩漢以前，布皆以麻爲之，天下人人皆用此爲衣服，經典具有明文。自南北朝，木棉入中國，始盡用棉布爲衣，而麻之利遂減。特其質粗易生，故中國各省皆有之，南至吴楚閩廣之澤國，西至黔蜀之山鄉，北至燕趙之平陸，處處皆宜。雖種類畧有區分，而大致皆視爲下品。良由製法粗疏，未盡其用，細者製爲夏布，粗者作爲麻袋、麻繩。惟行銷頗廣，而其用甚輕，故其值甚賤。查外國各種洋織錦緞，大半皆參用臬麻，至各種綢料，亦雜麻紗以成之，柔輭潔白，與羅絹無異。其實中國宋元以來，古錦以及乾隆以前美錦，亦皆攙麻爲之，總由農夫織婦純拙鹵莽，但以取供粗材，坐棄大利，實爲可惜。臣愚以爲紡紗織布繅絲三事皆利農塞漏之大端，惟蠶桑不能各省皆宜，至上等長絨棉花能紡四五十號細紗者，中國只有兩三處，南通州第一，南潯次之，直隸深州又次之，湖北孝感又次之，故細布不能多織。若買洋紗以織布，則是代外國銷棉紗，豈非大愚笑柄。故到鄂以來，夙夜焦思憂憤，思爲製麻之策。考求多年，乃敢創議興辦，於其漚浸洗鍊之法，抽繅染色之宜，考究詳明，乃籌撥外銷公款，配合機器，建造廠屋，漸次試辦，至光緒二十八年招商承租，仍由臣委監司大員督飭製造，先粗後精，循序講求，日有進境。本用西國工師，因工資昂而考究甚略，出貨甚緩，乃改用日本工師藝徒。近日該局所織出有中西時花各樣緞匹，芝麻實地各紗，並細紋斜紋各色麻布，柿色軍衣麻布，新式各花大小麻織臺布，及粗細各號麻紗等件。今日成效已彰，嗣後更求精進，當易爲力。兹據該職商鄧奇勳稟稱，織出貨料均係質地白細，染色鮮明，足可抵制外國進口麻貨，擬援照商部外務部核准上海阜豐麪粉公司一案，所有機器製造麪粉各廠，一律准其暫免税釐之例，請將該局運銷麻貨奏請暫免完納税釐，以紓商力而廣銷路等情由。該局總辦候補道劉保林轉稟前來，臣伏查該局所出麻製各貨，實爲民生服用大宗，既皆係用機器織成，洵足杜塞漏卮，與麪粉公司事同一律，自應准其暫行免納税釐，以冀各省聞風仿造，嘉惠農工。所有運單格式由臣分咨各省督撫轉飭税關釐卡，以憑查照驗放，特是微臣志在惠民，非圖專利，既已成效昭著，即當力圖擴充，並請旨敕下各省酌仿湖北辦法，再行考究東西洋新式，設立局廠，廣爲製造。在臣創始則稍難，在各省踵事則較易。所冀南北各省，麻局林立，化粗爲精，化賤爲貴，利源日多，漏卮日少，其於農工生計，裨益實非淺鮮。硃批：該部知道，欽此。光

中國第一歷史檔案館《德宗景皇帝實録》卷五六三《光緒三十二年七月上》

江蘇巡撫陳夔龍奏，蘇州銅圓二廠，現已遵旨停鑄，下所司知之。

《商務官報》光緒三十二年七月十五日第一四期《批徐象藩等稟》 據稟，因江西磚瓦製品陋劣，價昂運艱，集資購機設立公司，懇請立案等情，閲悉。查製造磚瓦與建築工程有密切之關係，贛省泥質夙稱佳美，近歲以來陶人失職，製品窳敗，以致外洋機廠之物流行内地，實亦漏卮之一端。該商等就舊有窑廠購機改良製造，自應准予立案，仍著遵照公司册註章程來部註册，俾享一體保護之利益可也。此批。六月二十日。

《商務官報》光緒三十二年七月二十五日第一五期王銘忠《湖南省農工商情形記畧》 農工商務總局地址：省城。經費：由善後局撥借三萬兩，存放生息，即以息銀作常年經費。程功：局中附設湘米公司，運赴漢口一帶。現擬購機設廠，以備擴充辦法。又湘産紅茶，因焙製不善，銷場遠遜於前，已由局勸諭各埠茶商，講求焙製，至於創設商會，籌辦學堂，提倡工藝，陳列商品，正在逐漸籌款，次第舉辦。提要：以振興商務爲宗旨，凡開通商智，維持商業，聯絡商情，改良商貨，皆所當盡之責。各商家應興應革之事，由各商董到局陳説，或具稟直陳，由總董參酌情形，議決舉行。

和豐火柴公司地址：長沙北門外。貲本：開辦時集股銀十萬兩，二十七年續集銀六萬兩。程功：所製火柴十種，現在暢行雙豸紅頭龍牌黑頭兩種，銷於上游本省暨貴州廣西，下游岳州湖北一帶。内地所用盒梗，率皆購自外洋，惟公司係就地取材，自行仿造。提要：牌記十種，雙熊、雙犀、雙貪狼、雙豸、正面雙龍、側面雙龍、陽文和合、陰文和合、工筆荷花、寫意荷花。

《商務官報》光緒三十二年七月二十五日第一五期《批職商孫嘉榮稟》 前據稟請，擬在漢口集資開辦電燈公司，當經咨行湖廣總督飭查去後。兹據覆稱，孫嘉榮本非股實之家，前據來稟，僅孫嘉榮一人出面，稟内股友無名，將來用款不繼，股友諉卸，恐滋流弊。且查漢口地方，興辦自來水與電氣燈，必須相輔而行。據工程師估計，約需三百萬元，自非真正殷實商人集資承辦不可。孫嘉榮集資十萬兩，斷不足以濟事，應請查核註銷等因前來。查該職商所請開辦電燈公司，自係爲裨益地方起見，惟湖廣總督來咨既稱電燈須與自來水同時舉辦，該職商所集資本有限，勢難兼籌，並顧所請，應毋庸議。此批。七月初四日。

朱壽朋《光緒朝東華録》卷二〇二《光緒三十二年七月》 財政處户部奏，光緒三十二年六月十九日，准軍機處鈔交兩廣總督岑春煊奏，廣東省改造一文銅錢，謹陳造辦情形一摺。奉硃批：財政處、户部議奏，欽此。查原奏内稱，廣東所造銅元，流行頗廣。迨上年九月奉文禁運出口，銷路頓滯。而錢局購存紫銅尚多，積欠銅價甚鉅，自非變通改造不可，因思一文制錢，僻處固屬信服，繁區亦仍通行。徒以舊式成本太重，官家受虧過甚，無力鼓鑄，而私鑄銷燬之弊，亦因之叢生。今酌量於輕重印字之間，擬造一文制錢，用紫銅六成，鎔配白鉛四成，每文重三分二釐。正面印光緒通寶四字，背面印清文廣寳二字，中鑿圜孔，以便實串。較諸舊式，具體而微。輪廓字畫，均令精緻，工作既精，則不易私造。體質非重，則可免銷燬。仍舊以千文爲一串，定價銀七錢三分，與舊有制錢一體，准完錢糧關税暨一切官款，出入一律，造成發行市面，商民均稱便利。現在每日可造三百數十串，合計銅鉛工作，略有虧耗。將來造數日多，自可顧全成本。雖無餘利可言，而便民惠工，存銅欠價，亦皆有所歸著。於局務市面，洵屬兩有裨益等語。臣等伏查中國幣制未定，向惟生銀與制錢通用最廣，而民間貿易來往，尤多利用制錢。近年各省制錢缺乏，始議鑄造銅元，以救錢荒。惟銅元定價，原與實價懸殊。故操縱失宜，即不免弊端百出。臣處臣部前因各省銅元鑄數日多，至紊圜法，奏請酌定限制，並禁運出口，期以消息盈虚，稍劑其平。今廣東省銅元減鑄，購銅欠價甚多，奏請改鑄一文銅錢，便民用而顧銅本。所稱繁盛之區，利用銅元，亦仍通用制錢。其偏僻地方，民間仍多用制錢。擬酌量輕重印字之間，以杜私造銷燬之弊各等語，所陳均不爲無見。查審定弊制，補助貨品，亦關緊要。一文銅錢，習用最廣。如果鑄造得宜，定價與實價無甚懸異，自無不推行盡利，弊少益多。既據聲稱造成發行，商民均稱便利。並據該督將新造制錢式樣，咨送臣處、臣部，臣等詳加審察，分量質色，配造尚均適宜，應即准予試辦。現當整頓圜法之時，鑄造事宜，各省務歸一律。現在廣東省添造一文制錢，各省自均可仿辦。查臣處、臣部前請整頓各省銅元，奏明概由户部頒發祖模，今若改鑄制錢，由臣處、臣部飭令造幣總局，按照廣東省所擬辦法，審定分量成色，製造

祖模。輪廓字畫，鐫刻精細，並分識省分，加入一文字樣，頒發鑄造銅幣，分廠酌量添造，作爲補助貨幣，其發售價值，應按照新造庫平一兩銀幣，合制錢一千四百文，一律合算，不准私爲增減。造成之後，應照舊有制錢一律流通，毫無歧異。錢糧關税等項官款，均准交納，以利推行。得旨，如所議行。

《歷史檔案》一九九七年第一期《雲貴總督丁振鐸爲滇省籌建造幣分廠事奏片光緒三十二年八月三十日》　再，滇省前因開辦滇蜀鐵路，兼籌黔路，需用銀圓，經臣奏請添設造幣分廠，照章鼓鑄銅圓，仍請兼鑄銀幣，以利民用，而維路政。欽奉硃批：該衙門議奏。欽此。嗣經財政處會同户部議準，於光緒三十二年閏四月初五日具奏，奉旨：依議。欽此。欽遵。咨滇轉行遵辦在案。

茲據雲南善後局司道會同布政使劉春霖詳稱：此項鑄造機器，先經司局札委候補知府謝宇俊等前往上海，在信義洋行向德國蘇勒廠訂立合同，訂購銀銅圓全廠機器議定價值，折合規銀六萬六千六百三十三兩，限八個月在香港交收。復經札委試用知州廖崇仁前往提解，現已運抵雲南蠻耗，又經分次委員雇募夫馬，前經迎提，因機件重多，山路奇險，一時尚難運到。其廠房地址即經札委機器局監督·前四川候補知縣魏廷椿勘明，將省城寶雲局改建分廠，並以制錢暫難停鑄，仍須附屬該廠，以免有廢鼓鑄。核實估計，共約需工料銀九萬七八千兩。先後接據該委員將原定合同及廠房圖式分別繪呈前來。該司道等復查，合同圖式均極妥協合宜，現在機器既已運抵蠻耗，應即隨時督飭各員設法趲運。廠房工程已飭於本年四月動工，仍飭監修委員認真迅速修監，一俟工竣，派員驗收，再將用過工料細數造册報銷，以昭核實。至此項修建分廠、購辦機器應需一切經費，現由司庫軍需項下設法挪墊。嗣後該廠積有餘利，仍照數撥還歸款。抄呈合同，照繪廠圖，詳請奏咨立案。等情前來。臣復核無異。除將合同、廠圖咨送財政處、户、工部查照立案外，謹附片陳明，伏乞聖鑒，謹奏。

硃批：該部知道。

王樹枏《張文襄公全集》卷六七《試鑄一文銅幣摺光緒三十二年九月初一日》　竊查湖北省初鑄當十銅幣，原與制錢相輔而行，每制錢一千，易銅幣一百枚，兩無軒輊。自各省銅元增鑄日多，貶價求售，遂致制錢之價與銅元之價離而爲二，顯判低昂。在湖北武漢等處，銅元價與錢價相差尚不甚遠，而他省及鄂省外州縣偏僻處所，則銅幣一千值銀六錢數分，制錢一千則值銀至七八錢不等，於是銅幣與制錢不能合一，而銅幣所謂當十者，僅有虛名。誠恐寖久失其本意，致類京師行用之當十錢，民間僅抵制錢兩文，則公家暗中之虧耗，將以億兆計。銅元制錢之價，一異不能再同，一離不能再合。從此圜法無從補救，而其弊害更不可勝言。欲救斯弊，惟有及早趕鑄一文銅幣，與制錢並行，以當十之銅幣爲母，而以一文之銅幣爲子，使所謂當十者實有十錢之可易，其買賣諸貨百物，民間皆以十錢視之，而後銅幣當十之本位確實可指，不致徒懸空名。其價值之貴賤，一定不移，不致遷流無準。有此定位，庶户部所擬每銀幣一兩定爲錢價一千四百文之説，商民可以遵行。惟此項一文銅幣模式必與當十銅幣模式相等，乃能以子輔母，一氣相承。臣反覆籌思，因於去年冬間未曾領到户部造幣廠祖模以前，即已飭湖北銅幣局試鑄一文銅元，行銷市面。計每一枚重三分二釐，每百分内用紫銅九十五分，鉛五分，形式花紋字樣悉與當十銅元一律。數月以來，體察情形，商民極爲稱便，惟此項一文銅幣，計銅質工火，每造一千枚，約需成本銀九錢。現在銀價每一千枚約虧耗銀二錢三分，假如鄂省歲鑄十萬串，約計應虧耗銀二萬三千兩，至多歲鑄三十萬串，約計應虧銀六萬九千兩以内，然所虧者止有此數，而所保全者，新舊銅幣之價值不止十倍於此。正擬具奏間，適接財政處會同户部咨議覆署兩廣督臣岑春煊奏陳粤省鑄造一文銅錢，各省均可仿辦，由部頒發祖模，分識省分等因。竊查粤省新鑄一文錢，係黄銅質，其内孔文字仍是制錢舊式，特體小質輕耳。此仍與制錢爲一類，不足爲當十銅幣之子錢。蓋既與舊日各省所鑄，同爲有孔之錢，乃新錢銅不純而重不等，斷難與世俗所謂青銅制錢一體計值，一律行用。且幣制不一，形式歧出，即不能與銅幣子母相權，以便民用。粤省情形則不敢知，若他省則斷然無益。事關國幣之通塞盈絀，必應慎思早計。臣苟有所見，不敢不以上陳。茲謹將湖北試鑄一文銅元錢樣十文恭呈御覽，擬請敕下財政處户部詳籌妥議。與粤鑄一文錢詳加比較，酌定程式，再鑄祖模，頒行各省，以審所從，較爲穩便。硃批：財政處户部議奏，欽此。

《商務官報》光緒三十二年九月二十五日第二一期《批顧問官周廷弼稟》　據稟，該顧問官所設無錫周新鎮裕昌機器繅絲廠送到繅成絲樣，分別粗細，共拾壹宗，呈請采擇列入陳列品等情。查該顧問官創設繅絲廠，頗著成效，所呈絲樣均尚精良，可備陳列之用，除札飭陳列所照數點收外，合行批示，仰即轉飭該廠知照可也。此批。九月初十日。

《商務官報》光緒三十二年十月十五日第二三期《批候選郎中席裕福稟》

據稟已悉，該識商所設之華商集成圖書公司，業經本部准予立案。惟所稱擬招股本洋銀六十萬元作爲股份有限公司一節，現在股份是否招齊，公司於何日開辦，應將詳細情形報部註册。所請飭上海道出示保護之處，俟註册後再行酌核辦理。此批。九月二十八日。

《商務官報》光緒三十二年十月二十五日第二四期《批上海錦華機器繅絲股分公司稟》 據稟已悉，該公司呈内聲明各欵並所繳註册公費核與定章尚屬相符，附鈔議章大致亦尚妥適。惟本部公司註册章程第七條内載凡公司設立之處，業經舉行商會者，須先將註册之呈由商會總董蓋用圖記，其未經設有商會之處，可暫由附近之商會或就近著名之商立公所加蓋圖記，呈部核辦等語。查閱該公司原呈並未蓋有商會圖記，業由本部札飭上海商務總會就近查覆，到日再行核辦，公費暫存。此批。十月初二日。

《商務官報》光緒三十二年十一月初五日第二五期《批杭州拱宸橋商會稟》

稟悉，所稱職商吴恩元招集股本創設雙鶴牌揚華織綢公司，用意深堪嘉尚。惟所呈樣綢四端是否净絲織成，有無棉質攙入，並所售價值較尋常綢縐高下如何，未據稟報，應令補行聲叙，以覘工業之進步。至該商稟請專利年限一節，查浙省絲綢産額最鉅，僅可保護牌號未便准予專利，致礙商業。上海機器織布完税章程，係機器製造辦法，亦未便概予援引。該商所製樣綢本部詳加考驗，尚屬新出之品，應候札交京師勸工陳列所評定優劣，再由本部酌予奬勵。該公司何日成立，仰即轉飭該商遵章赴部註册，聽候核辦，所呈雙鶴牌號應俟商標局開辦時，另行核辦公司章程圖存。此批。十月十二日。

四川省檔案館《四川保路運動檔案選編·陳祖虞等設立瓦窑公司呈請立案稟文光緒卅二年十一月初八日**》** 具稟狀。巴縣、江津貢生陳祖虞，職員李榮芳，監生周海平、羅鳳翔、李庶績，紳糧敖蔚廷、周有融、吴少卿、王子成、張德修、冉德元、黄勛元、封贊雲、楊蘭亭、楊雨膏，兩邑窑户程清源、廖洪順、楊瑞林、李雙盛，王品三、陳玉亭、袁金合、譚金林、陳三合、王春發等，抱稟楊升，爲再懇轉詳札知以準工商事。

竊養民之本，在於衣食。商賈者，工匠衣食之所由出也。一夫廢時，或受之饑；一工失業，或受之寒。故今環海各國，莫不於商務竭力振興，必使轉弱爲强，轉貧爲富，不至每況而愈下。兹重慶地方遼闊，人烟稠密，百物俱有專責：或興公司、或立商會。何瓦窑之一物，爲本地之土貨，物雖微而所用者廣，豈尚淡然漠然乎？無如大河之窑，所貿者均多貧民，往往奸賣套騙、推拖套捐，實屬不體天良，以致園户販商，莫可如何，隱忍聽之！似此貧窑則不能貿，工匠無以謀生。今歲民清源、洪順等再三籌商，如不設法整頓，將來各窑廢〔馳〕(弛)，工匠何以得生？甘願書立請約，並書合約，邀集園户販商，迭請兩邑紳耆籌議，設立公司，預出銀兩與各窑爲本，急力製造。一則園户不得遭騙，一則各窑不致廢〔馳〕(弛)，一則工匠得以謀生，一舉而諸善備焉。

生等查兩邑瓦窑，江津多而巴縣少。至大河一帶之販，惟靠江津之窑以供各處之用，巴邑不過對岸而已。生等先稟商務局憲註册立案，諭生懇恩出示保護，俟稍成效，即行遵章註册。前月生等粘呈章程，稟懇設立大河瓦窑公司，至小河窑户，聽其自便，已沐批準出示。生等隨稟江津，俾生出銀作窑工本，設立開貿。沐批：設立缶窑公司，自係振興土貨起見，既已稟巴縣暨商務局憲，應俟行知到案，再爲核奪。奈瓦窑公司之設，實民清源、洪順等商諸各窑，約請開貿，以歸畫一，不過振興起見。是以再懇仁恩作主，賞準據情詳請商務局憲，遵章註册立案，並懇札知江津，以維工商，而歸畫一。伏乞大老爺臺前賞準施行。

〔附〕知縣批：前稟批準，因細核所擬章程第一第三條，直同壟斷，若予出示，必滋訟端，是以立案不行。兹請轉詳註册立案，查該生等現在尚未辦有成效，所稟礙難照行。

《商務官報》光緒三十二年十一月十五日第二六期《批職商惲道祖祁稟》

據呈並章程均悉，該職商擬集股銀三十萬元，在常州設立大均機器餅油有限公司，是爲振興土貨，挽回利權起見。惟餅油一項，實爲民生必需之品，該處出産土貨以此爲大宗，斷無准歸一家專利之理，所請專辦十年一節，礙難照准。再查該公司第十六條第二十二條章程内載董事及查帳人任事之期，均以一年爲限，期滿即由各股東投票公舉。又查該公司第二十五條章程内載總理責任極重，宜久於其任，以收駕輕就熟之效等語，此節核與該公司第十六條二十二條所舉董事及查帳人辦法未免兩歧，且查協理及坐辦任事期限章程内亦未聲叙，均屬遺漏，自應一律更正，無論總協理坐辦等均應遵照商律第六十八條第六十九條辦理，以符定章。除准予先行立案外，應將以上所指各欵補行更正到部備案，俟開辦有日遵章赴部註册，再行咨飭地方官妥爲保護可也。此批。十月二十六日。

《商務官報》光緒三十二年十一月十五日第二六期《批四民紙煙公司稟》 據呈該識道擬集股十萬元，在上海創設四民紙煙公司，先籌四萬元，借裕通紗廠除屋開辦，俟暢銷再行購地建廠置機，擬議招股章程，請註册等情。除五種商標應俟本部商標局開辦時另行呈明辦理外，查該章程第四條内稱裕通餘屋暫時不出租不貼費等語，自係裕通情願，其餘各條妥洽，所繳注册費核與章程相符，先行准予註册，給照仍俟辦事規條議定，股票式樣印出，補呈由上海商會蓋用圖記到部備案。如該公司與裕通訂有合同，併附呈以備察核可也，執照收發。此批。十月二十二日。

《商務官報》光緒三十二年十一月十五日第二六期《批蘇州生生電燈公司呈》 呈及章程各件均悉。本部覆加核閲，大致尚屬妥洽，所繳註册公費亦屬相符，自應准其註册給照。惟該公司既指定蘇州城廂内外，自應趕緊將城廂商務繁盛地段先行設燈，以樹觀瞻，並俟股票印出，營業期限議定時，補呈到部備案，相應先將執照收單，寄交該公司具領，並遵照辦理可也。此批。十月二十日。

《商務官報》光緒三十二年十一月二十五日第二七期《批浙江通惠公合義和稟》 前據該商號創辦機器紡織公司暨機器繅絲公司，呈請註册，當經札飭山會商會就近查復。兹據復稱，通惠公合義和二公司均係開設蕭山縣境，其股本業經收齊，其創辦及經理人均殷寔可靠等語，自應准予註册，除將執照收單寄由山會分會轉給外，仰該商即便知照。此批。十一月初三日。

《商務官報》光緒三十二年十二月初五日第二八期《批常昭商務分會楊崇光稟》 據稟稱職商邵慶盛等集股洋銀壹萬元，擬在常昭兩縣設立同益染坊公司，遵章繳費，呈請註册前來。查染業一項，爲布帛設色所必需，該職商等選料改良創設公司，自應准其立案，惟該章程内稱租買基地各節，既經稟縣存案，應將縣批黏呈。再股票式樣須用刷印方與部章相符，應令轉飭該職商等補呈刷印股票式樣，並抄黏縣批到部，再行核辦，册費洋銀五十元暫存。此批。十一月十七日。

《商務官報》光緒三十二年十二月初五日第二八期《批浙杭揚華織綢有限公司吴恩元等稟》 稟悉，該職商等前在湖墅招集股本，設立揚華織綢有限公司，懇請立案，准予專利等情。當經本部以浙省絲綢産額最鉅，僅可保護牌號，未便准予專利批示在案。兹復據該職商等稟稱，所請專利但期於雙鶴牌所造綢品歸揚華公司組織，外間不得摹仿，此外或有綢樣翻新别開生面，自不妨廣立公司，並非不許他人再用洋莊絲組織等情前來。查該職商等所稟專利之語係屬誤會，至保護牌號本無不可，亦無庸由本部定予年限，仰即遵照前批，自行更正，俟公司成立後赴部註册，由部核准咨行地方官保護，所呈雙鶴牌號仍俟商標局開時再行核辦可也。此批。十一月二十日。

《商務官報》光緒三十二年十二月十五日第二九期《批唐道星球稟》 前據稟稱，擬在九江廬山泉水府附近設立製造榨油廠，並藉其水利附設電燈公司，意在開通風氣。業經據情咨請江西巡撫查覆，以憑核辦，復又特派專員另行切實洋查等去後。兹據稟覆，查廬山瀑布當秋深水落之際，僅見涓涓細流，水淺沙明，深處牽衣可涉。原稟謂有千百匹馬力，春夏雪融水漲之時容或有之。而星子縣屬有油坊數十家，其法先將桐子茶子等在鍋微炒，放入碾盤，借山水之力轉動車輪，將子碾碎團成餅式，另用木塊逼壓取油，並非用水力榨油，山下附近居民藉水營業者不過如此等情前來。查水力電機外國多有之，目之爲白煤，以其流下吸力可藉以推動機器。但廬山瀑布冬夏消長懸殊，若安機磨重，作輟無恒，似未相宜，且該處山崖陡削，機器笨重，轉運尤屬不易，創辦一事所費甚鉅，成本修關，勢不能不通盤籌算，此案既據查明，有不甚相宜，所請應毋庸議。此批。十一月二十一日。

王樹枏《張文襄公全集》卷六八《機器製麻仍懇暫免税釐摺光緒三十二年十二月十六日》 竊照湖北創設機器製麻局製造已有成效，前經臣援案奏請，暫免税釐，欽奉硃批，該部知道，欽此。嗣經税務處會同户部議奏，仍照向章機器製造各貨辦法，完納出口正税一道，奉旨依議，欽此。由税務處刷印原奏咨行前來。查税務處奏稱，阜豐公司一案，以各國麪粉進口免税，華商未免向隅，是以核准免税。麻類進口向係納税，與各國麪粉進口免税者不同，未便援阜豐公司辦法比例，且織布等局亦經奏明，遵章納税，製麻與織布情事相等，應一律辦理，仍照向章機器製造各貨完出口正税一道，沿途概免重徵等語。臣惟機器製貨不能一概並論，製麻織布，同用機器，而難易迥别，布局各省踵行，功用簡易，麻布化粗爲精，向所未有。大凡製造土貨，有祇用機器無須學問者，有既用機器又須學問者。由前之説，則工作合宜，管理得法，即盡機器之能，織布之類是也。由後之説，則非研究學理，分析物質，不能變化朽腐，運用匠心，如湖北之製麻，漚濯繅染，組織精工，具物理化學之長，通圖畫美術之理，斷非織布粗淺工夫所能比例。各國麻貨進口花樣日新，百餘年來無人籌議抵制之法，湖北創辦麻局，經臣規畫多年，極力提倡，該局精加研究，不惜資本，至今日始能與洋製麻貨相等。然洋貨係已成之局，銷路廣而工本輕，該局係初創之舉，銷路微而成本重。兩相比較，勢難與敵。抵制之法，惟有進口麻貨，照常徵税，以減來源。出口麻貨，暫予免税，以輕成本。否則土貨無利可獲，一經折本，後繼爲難，將永用外國麻貨。而中國各省貧困農民自然之大利永遠閉塞，是則可爲深惜者也。且查東西各國，從無以出口税與進口税相比例者，從未有以本國之貨與外國入口之貨視同一例，須外貨免税，土貨方許免税者，同一貨品進口有税，出口無税，且有加重進口税，而於豁免出口税之外，又於商人有奬勵金、藉助金。紡織之物日本於明治十二年即已免出口税，英美各國免税尤早，至今日則東西各國，幾於出口税無物不免。中國近來提倡工藝，亦知進口有税，出口無税，爲保護本國商業，即如學部奬勵教育製造用品第五條内稱，教育用品製造辦有成效一年之後，由提學使司報明學部酌核，或咨明税務處免税等語。查學部單開教育用品，大半皆有進口税者，織呢一類即係紡織物，學部以自行仿製即可免税，不聞以外國進口呢有税，鰓鰓過慮也。中國與各國所訂税則，係專指洋商運貨出口入口之税，並無華商税則，亦與外人訂約之事，亦無各國不許我優待本國商民免税之理。奉天省陳列所附設勸工場，各省運往貨物銷售，度支部亦議准免税，可見國家提倡工業，免税爲自有之權。夫以教育品之織呢與工藝品之製麻相較，則事同一律，而以各省運銷奉省，尋常舊貨與製麻局創製麻貨相較，則輕重懸殊，況麻貨在中國商業別出心裁，不求專利，已屬大公，再靳免税，必多退沮。今以平平無奇之磨麪仿織之呢貨，已邀豁免之恩，而艱難創造，利及南北各省之製麻，反責必徵之税，此正各國工業家所聞而非笑，各國製麻廠所聞而稱快者。若酌定麻貨免税年限，俟製造純熟，銷路日廣，再予照章納税。將來南北各省一律仿製，則目前雖無税可收，將來收税正無窮盡。臣愚以爲今日自强要政，區區税項爲末，民生實業爲先，合無仰懇天恩，俯念湖北製麻局所出麻貨係爲抵制洋貨，廣興農工商實業而設，創辦維艱，根基未固，未便免機麪之税，反徵製麻之税，未便免織呢之税，獨徵製麻之税，尤未便執外洋麻貨以刻待中國自有麻貨，致使内外倒置，商民失望，敕下農工商部税務處度支部會同詳加核議，准予仍照前請暫免税釐，以暢土貨而廣利源，商業幸甚，大局幸甚。硃批：該衙門議奏，欽此。

徐潤《上海雜記・火柴》 已函詢此物，尚未得有回信。余所知者，爲順記有廠於塘山路四號。此廠於此處或別處，製造已歷有年，所約在二十年以前成立。

徐潤《上海雜記・機器車》 光緒二十八年（西一九〇三年），機器車始爲柏醫生實行試用。余憶從前已有二部到過，未見功效。現有一百五十六部。

徐潤《上海雜記・棉紗製造廠》 初爲中國棉花布製造公司，創於二十年前，資本四十萬，每股一百兩。光緒十五年（西一八九〇年），爲馬建忠經理，毫無成效。復加資本三十萬，多年仍無息派，於光緒十七年（西一八九二年），即遭回禄，計二萬八千錠子。後復再造瑞記棉花紡織公司，於光緒二十年（西一八九五年）註册，於光緒二十二年（西一八九七年）開工，只一千五百錠子。現用四萬錠子，瑞記洋行代理。

老公茂紡織公司，創於光緒二十一年六月（西一八九五年八月），於二十二年（西一八九七年）開工，共用三萬錠子。

上海紡紗有限公司，初創於光緒二十八年（西一九〇三年），後與三太公司聯合。現於光緒三十三年（西一九〇八年），以今名註册。

鴻源紡織有限公司，創於光緒二十一年七月（西一八九五年八月），於二十三年二月（西一八九七年三月）開工。

怡和紡織公司，創於光緒二十一年（西一八九六年），於二十三年四月（西一八九七年五月）開工。現只用一半機器，共五萬錠有餘。

鴻豐紡織公司，創於光緒十三年（西一八八八年）。初用一萬二千錠，於十八年（西一八九三年）加至一萬五千錠。日信洋行約有一萬錠子，於八年前開手。

振華紡織公司，始於光緒三十二年（西一九〇六年），一萬一千錠子。

章開沅等《蘇州商會檔案匯編（1905—1911年）》第一輯《農業肥料公司試辦章程光緒三十二年十二月》 謹將擬辦蘇城農業肥料有限公司試辦簡章開呈鈞鑒。

計開：

一界限　城内外坑厠各有業主，應由該業主自行清潔。所有人家（拉）（垃）圾、柴灰，以及路頭尿溺、馬糞等，概歸肥料公司收取。街道一律責成打掃潔净。

一　招股　糞業各有地段，於段中人家收糞情形極熟，收取肥料辦法亦與收糞相似，公司股本應由各糞業承認一半，薦舉辦事一二人，以資熟手，一半另行招集。

一　津貼　(拉)〔垃〕圾、柴灰等類賣與農家，所值無幾，公司創辦，勢必虧耗，而街道則已一律清潔，舊設之清道局可裁，應以該局額支酌予津貼，俟將來肥料製成，公司獲有利益，即行停止。

一　分區　城内分爲五區，須就出城河道之遠近爲斷。擇地設立總公司於適中之地，設總公司以便統轄。城外按五門分隸，胥門無水城，劃歸盤、閶兩門。

一　儲所　儲料所於閶、盤、葑、婁、齊五門外各設一處，須沿河曠地二、三畝，圍以竹籬，結草屋數椽，雇人看守。

一　運載　每儲料所設攤船數只，多寡視事之繁簡酌定，參用清道人夫。每所立一夫頭，由該夫頭督令各船人夫黎明進城，各就畫定區域挑運肥料下船，滿載出城，歸入儲所。街道如有不潔，惟該夫頭是問。

一　給價　收料人夫除酌給工食外，每日所收肥料，由儲料所辦事人過磅，按磅酌給價值，以資鼓勵，收料自勤。人家柴灰向本賣錢，由該人夫自給，公司不再發價。

一　製造　外國講求肥料須以化學製造，公司應聘精於理化之人，指授工人造成各種有用肥料，發賣農家。

一　實驗　各儲料所旁各購田地若干，俟肥料造成，即辨土性、物性之宜，講求種植，非特以資實驗，且爲各鄉農倡，俾農業日有起色。

一　餘則　公司應給常年利息，以及日後得有餘利如何分派，一切未盡事宜，俟公司成立時自行酌核。

《商務官報》光緒三十三年正月二十五日第一期《批蘇經紗廠張履謙等稟》

稟悉，此案兩造爭訟糾葛日久，歷經本部行文蘇撫，飭屬秉公核斷，並屢次電催清結在案。昨據覆稱，該廠機馬力贏絀，洋員考所增新機於房屋鍋鑪引擎均無妨礙，請將絲紗兩廠仍歸費商租辦，俟原訂五年期滿，仍歸老股辦理收回，其承認七條及增老股二釐息銀，均全分別清繳，應如局詳，平和議結各等因前來。查本部前飭七條費商既已承認，所添新機於房屋鍋鑪引擎均無妨礙，自應遵照撫斷，静候期滿，妥議收回，毋得纏訟，再瀆前呈註册費洋銀三百圓仍行發還，商會轉交具領可也。此批。十二月二十七日。

章開沅等《蘇州商會檔案匯編(1905—1911年)》第一輯《張金有限公司試辦章程光緒三十三年正月》　讀商會章程有曰：工以商爲尾閭，商以工爲源頭，固知工與商之相爲表裏有如此者。蘇城張金一業，本介乎工商之間，惟業此者煩碎殊甚，致數十年來不能自振。年來有鑒於此，是以組織有限公司，以爲一業之總匯。所有蘇城之業張金者，咸隸於該公司，蓋以結團體而期改良也。伏見商會以保護商業爲宗旨，吾業雖微，豈敢自外，擬將張金公司附入商會，同受保護，所有歲捐、會費理當一律遵繳，凡有本業各事須由商會主持者，衆業以公司爲領袖，商會以公司爲代表，以期事有歸宿。謹呈試辦數議如左：

一　議吾行圓金一業，在光緒三十三年之前，同行銷出貨片，價目參差不一，如若不再整理改良，伊於何底？爲此亟應邀集蘇、申同行二十有八家，匯議設立有限特別公司，集成股分，裒多益寡，藉此挹注有無均匀，不使同行有向隅之人。開財權利，賴及通行，普益養生，莫善於斯。所有新增一切章程，咸當恪守，以固大局。

一　議本公司附入商會，巨細事宜悉遵會規辦理，以重會章。

一　議本公司公議用公興二字爲牌號，開設蘇城護龍街蒲菱巷圓金本業公所内，收售、買賣、進出交易均歸一處，以便仕商賜顧。

一　議本公司大旨在乎憐惜同行起見，因念乏本之作，無力進箔，一家數口呱呱待哺，此等苦情，無門可訴，凡在同行洞悉底藴，不得不發箔回攉，俾得趁工糊口。所以汲汲改良，集股本設公司，附入商會保護，吾業者惟此爲最要，免得再做外行包攉，以干公議，亦免低首於人，藉伸同行之氣。倘人心不足，如有再犯前項事情，有心不做本公司回攉，反做外行包攉者，是甘心外向，攪亂行規者，察出確有實據，通行公論，以儆刁頑。

一　議本公司發箔交作自造張金，工價照舊給發，不折不扣，交貨給工，概不預借撮宕。每上議加工洋二分付帳，即各作家所攉其金箔片，亦議提每上工價大洋二分，歸於公司津貼開銷，切勿隱戳。如有以多報少者，察出公議倍罰，以儆希乖。

一　議通行所造大小、長短張金各片，一應統歸公司交易，不得陽奉陰違私自出售。有關公司生理，有礙公司銷路者，察出公議，罰其隨時閉歇。准作公司伙友，公訂定章，以免後悔。

一　議各號認定股數，於光緒三十三年正月元宵日爲始，各股東齊集公司，每股繳出資本大洋五十元正。當日本公司收得同行中股分六十六股，共計資本大洋三千三百圓整。此項股本，隨時撥付永康銀莊收儲，立有永康銀莊存摺爲憑。俟本公司擇吉開張交易之日，進出箔片，支款應用。當時隨給各股東股本執照一紙爲憑。第一年原屬試辦，公議免利，如能得法，第二年續議，或起一分官利，另立利摺。各股東按季支取，取利須帶股本執照。此照倘有遺失，通行公議再給，以重信守。

一 議股本只能向同行倒替，不能取拔，以固根本。

一 議各作家造成張金貨片，每日繳銷到本公司内，貨價洋價均應照市。遇有漲落，逐日懸牌櫃前，以供衆覽。看貨給洋，隨到隨付，毫無滯宕，老少無欺，以昭劃一。

一 議做工自貴自重，無論開翁、伙友，務須考究，認真攉造，尺寸歸正，以及光花照料，切勿任意亂做。不成生活，礙難銷售，未免退貨，唇舌何益。

一 議貨片發客，必粘提頭。本公司公用二人，專司此事。公議每上現扣工資錢五文，適有多張少頁，惟下作是問，與櫃上伙友不涉，以專職司。

一 議本公司倘遇存貨過多，銷路塞窒，股本罄盡，匯劃不及，一律停工。暫停幾天，發單知照，通行不得私自貪做，以犯衆怒。

一 議日後如有添股，股數無論多寡，本公司照章給憑，聽其執守。倘有新開作家循例改入大行，先領行單，然後繳股本大洋一百元，(辦)〔并〕足兩股存入本公司，本公司隨時填給股分執照爲憑，以厚基址。

一 議本公司所用經理諸人，各司其事，各有專責，共具信約，存書商會，均宜潔己奉公，帳清理直，切勿存私作弊，玩法誤公，致干公憤。如有專權恣肆，欺壓同類，通行公議，具訴商會，隨時擯斥；適或同行舞弄，稽查難周，倘有故犯以上規條者，不論何人察出確有的實證據者，賞給大洋三元。明賞罰，以激公義。

一 議本公司執事諸友月給薪水，每逢初四日支付，概不預借，挪宕以及賒欠、留宿，如有等情察出，立即辭歇，決勿徇私。

一 議本公司原擬試辦盈虧大綱，每屆新年續議開閉盤見，倘有盈餘，言明作十三分開派，提三分作公積，其餘皆歸各股東照股分派。而伙友調動，以及各項瑣屑細章，雖不能立即更改，每逢季末更議損益，伸大公以免流弊。

一 議金箔共有五支，同源異流，各熟一行，生理相聯。如遇買賣交易，進出公平，統歸現洋，各不滯宕，以昭信實，而廣招徠。

光緒三十三年歲在丁未正月　日

蘇城張金一業通行改良有限特别公司公議，公興字號公立議墨。

大業振興

徐萬祥　宦天源

劉泳順　張祥泰

方公茂　朱天利

土天興　蔣永和

吴萬泰　王錦順

朱恒盛　薛正興

土恒興　嚴萬隆

同泰祥　梁合興

蔣永和本記　徐祥盛瑞記

蔣德茂　朱恒昌

丁恒泰　周悦和

官益興　唐萬源

韋德順　王萬興

秦萬和　黄秉興

《商務官報》光緒三十三年二月初五日第二期《批無錫茂新麪粉公司稟》

稟悉，既據該公司呈稱，此次代辦碾米，係就原有股本中添購碾米機器八部，並不更動增加股本，亦無另訂□法等情，應即據稟存查備案，仰該商會即便轉致該公司遵照可也。此批。正月十一日。

王樹枏《張文襄公全集》卷一一八《批道員程祖福稟擬承辦水泥廠光緒三十三年二月十一日》 查湖北大冶縣黄石港所産石質於造水泥爲宜，此實鄂省土貨上品。十年以前，即經本部堂將該料寄至德國，託出使大臣暨化學家疊次考驗精詳，招商承辦，以興地利。兹據稟以大冶黄石港附近地名合子灣所産水泥原料極佳，擬由清華公司籌集股本銀三十萬兩，開辦湖北水泥廠，應准照辦。查照前次出示招商承辦水泥章程，准其在湖北境内專利十五年，并查明廠實在股本，由官保利五年，俟五年後獲利漸豐，由公司查照外洋公司通例，提酌餘利繳官以爲報効，并即札飭地方官妥爲保護。俟招股開辦，畧有成議，稟報後即當咨明農工商部，并奏請免完釐税五年，以勵商情。即委該道爲該廠總辦，勿庸另派督辦。至廠中一切事宜，以及或盈或虧，均援照紗布絲麻四局辦法，由商自行經理，官不與聞，其准借之官款，俟該公司開辦時隨時稟明，與官錢局高道商辦具報。至來禀所陳，三十年後機器廠屋全數報效歸官一節，殊可不必。本部堂意在提倡實業，暢銷湖北土貨，此條應勿庸議。

王樹枏《張文襄公全集》卷一一八《批施南府施紀雲禀請擴充勸工所光緒三十三年二月二十一日》 據禀，該守創設勸工所小有成效，將製出各物賫送商局陳列，并請在官錢局借撥一二萬串以資接濟，分五年認還，及暫免釐捐等語。該守提倡工商實業，就施郡土宜製爲紗、麻、絲、木、漆質、洋鐵等物，各件均經閱看，頗能精緻光潔，迥異山鄉拙工所爲。該守以荒瘠僻遠之區，爲民興利，殫心經營，確有成效。洵爲深知教養之本，甚屬可嘉。該教員工師學生亦能努力講求，均堪嘉奬。本部堂當即書扁額一面，發往懸之勸工所，以示優異。所請借撥官欵一節，鄂省現在公欵艱窘非常，官錢局能否照數籌撥，應飭該局酌量情形，禀復核奪。至該守新製各物行銷武漢宜沙等處，所有應完釐捐，應准暫免五年，以資鼓勵。新製各品既屬鄂省創見，又經免去釐捐，行銷必有餘利，總以招股興辦，相機擴業爲正義。一面隨時就地勸捐籌欵，以資添補所望。該守勉力爲之，將來施南實業日盛，商貨蕃滋，令施南民人歸美於該守，綢曰施綢，錦曰施錦，漆曰施漆，不亦美乎。除行北布政司官錢局牙釐局分別遵辦外，仰該守遵照妥辦，多方研究，精益求精，有厚望焉。

中國第一歷史檔案館《光緒朝硃批奏摺》第一〇二輯《光緒三十三年三月廿七日廣州將軍壽蔭等摺》 滿洲副都統臣孚琦、廣州將軍臣宗室壽蔭、兩廣總督臣周馥、漢軍副都統臣李國杰跪奏，爲試辦廣州駐防八旗工藝廠，以興實業而資生計，恭摺仰祈聖鑒事。竊臣李國杰出都請訓時，面奏廣州旗營生齒日繁，生計日絀，亟應振興工藝，以圖補救，當奉面諭，著會同總督妥籌辦理，欽此。到粵接任後，考察旗艱，萬分窘促，設廠習藝，實爲急圖。臣壽蔭去年即擬籌度舉辦，因款項支絀，尚未集事。臣孚琦到任後，彼此會商，均以爲不可再緩，當即咨商臣馥飭由善後局籌撥庫平銀二萬兩，作爲本年開辦經費，一面招集商股，以爲維持永久之計，第二年、第三年經費仍由臣馥酌籌接濟，至多以每年一萬兩爲率，三年後所招股本已可齊集廠內。銷售貨品，必有贏餘之利，應由本廠自行設法籌款辦理，不再支動公項。惟此廠專爲八旗生計起見，事關工商，協佐等員，素未諳習，且各有職司，勢難兼顧。查有前出使德國大臣楊晟，學貫中西，才長心細，不避勞怨，辦事認真。現因丁憂在旗守制，經臣等公同商酌，約其籌畫全局，創立規模，其廠中執事各員，均選擇旗紳明白事理熱心公益者派充，以期用人得當，成效易彰。所有試辦章程，繕録清單，恭呈御覽。除分咨度支部農工商部外，謹合詞繕摺具陳。伏乞皇太后皇上聖鑒，謹奏。硃批：著景灃等認真辦理。

端方《端忠敏公奏稿》卷八《織呢廠請立案片光緒三十三年三月》 再據職商樊棻葉璋丁維藩熊定保等禀稱，竊見近年風氣轉移，氈呢銷路愈推愈廣，利源外溢，不可勝計，北省如寧夏歸化城張家口等處，素產羊毛駝毛，南省如湖州新市石門塘棲等處亦產羊毛，每年輸出外洋者約三百餘萬担。各國取我產料，織成氈呢，還銷我國。邇來日本東京大阪千住諸處，振興絨業，日有進步，所用中國毛料，幾與澳洲相匹，日政府又特免輸入税，以奬勵之。料本既輕，加以織工精美，故中國氈呢銷場之廣，日盛一日，洋商獲利甚厚。北省近已有華商溥利萬益各公司，集股開辦，而南省氈呢銷場較北省實相倍蓰，若不速籌自織，徒使外貨灌入，漫無底止，實爲絶大漏卮。職商等現擬集股伍拾萬兩，開辦之初，先收一半資本，銀貳拾伍萬兩，遵照部定有限公司章程，即在上海南市建設日輝織呢商廠，購辦機器，自運湖州羊毛織造氊呢，並公舉候補四品京堂鄭孝胥爲總理，以期商業發達，收回利權。公懇奏咨立案，並擬具集股開辦章程前來。臣伏查自中外通商以來，洋商機製貨品精益求精，往往取用中國材料，還以輸之中國，土貨轉爲所擁擠，利益頗難挽回。近年朝廷重視商政，屢奉明詔，以振興工商實業爲要旨，是正賴各省紳商實力實心提倡工藝，庶幾中國商務漸有起色。今該職商等聯合同志，籌集鉅欵，設廠購機織呢，既可挽外溢之漏卮，尤足供華人之用，益國便民無逾於此，擬請准予立案，以示維持。除將擬呈章程咨送農工商部查照，並飭該職商等切實籌辦，隨時報查外，謹附片陳明，伏乞聖鑒，謹奏。

章開沅等《蘇州商會檔案彙編（1905—1911年）》第一輯《蘇州頤和罐食公司息摺》 蘇州頤和罐食有限公司爲發給息摺事。

今收到　君名下資本（十）（五）股，計洋　元正，官利常年八釐起息，不計閏。年終結算，每屆三月底持摺支取。獲有贏餘，照股分派，一并憑摺照付。除填給股票外，合給息摺爲憑。

光緒三十三年某月某日　給第　號股東　君收執

總經理　押

章開沅等《蘇州商會檔案彙編（1905—1911年）》第一輯《蘇州頤和罐食有限公司股票式樣》 蘇州頤和罐食有限公司爲發給股票事。

本公司精製蘇地土産食物，罐裝運銷，以興實業。邀集同志創設公司，名曰蘇州頤和罐食有限公司。共集資本洋一萬元，分二百股，每股計洋五十元，分二次交齊，稟奉農工商部註册，悉照商律有限公司章程辦理。今收到　　君名下第　　號資本(十)(五)股，計洋　　元正，合給股票爲據。附交息摺一扣。股票換給後，如有收據在外，一概作廢。

光緒三十三年某月某日　　總經理　　押

給第　　號股東　　君收執

章開沅等《蘇州商會檔案彙編(1905—1911年)》第一輯《蘇州頤和罐食公司規則——廠所應辦事宜》

一、聘製造師　議定延聘浙省工藝傳習所畢業生爲製造師，管理製造品物，教訓藝徒兩事。訂定年限，優給薪水。凡運用機器製造各種罐食，考定品物口味，審察銷路廣狹，參酌價值貴賤，是其責成；凡教訓藝學生徒，鑒訂各門課程，明定畢業年限，考察程途優絀，分別勤惰進退，亦其擔任。議立關聘證書，商定年期，不得放棄權限，半途中止。

一、招藝學徒　定額招集學徒幾人，酌定幾年畢業。畢業後擔任義務幾年，仍分別酌送薪水。至義務年滿，去留任便，去者自謀營業，留者訂爲廠中伙友，一律辦事，致送薪水如例。

一、雇庖厨司　食品繁多，五味各別，未裝入罐時，宜先調和品味適口與否。并有宜煮熟裝罐者，火候剛柔，喜嗜所在，有關行銷遲速，必得雇用精工司厨，有名烹庖者，優給工資備用。

一、備物料所　凡食物分有五類：一曰禽鳥，二曰獸畜，三曰水族，四曰果品，五曰蔬菜。所有各物採買到廠，一時不能盡製，宜善爲儲藏，須備寬大、高燥，透風房屋一、二間，分置食物。隆冬、盛夏尤須注意，或備火爐、冰箱，以防凍裂、蒸爛之虞。

一、遣採辦人　蘇省佳品不獨産於吾郡，如上海之蜜桃，嘉定之河鈍，鶴鶉，江陰之鰣魚等類，屈指難數，必得廣爲調查羅致，以備罐製。遣人各處採購，近在數萬里地，舟運車載而來，供我製造，豈不美哉。惟關卡納税，不值計較，致爲小而失大也。

一、設批發處　廠中專司製造，至運銷各埠及批發各店，宜另設處所，專司發販，兼應門市。當於閶門外租賃房屋，裝飾門面，多延伙友。凡有銀錢往來，訂定委莊存用，以資周轉。

以上事宜六條，尚有不全不備，再行公同增删爲是。

章開沅等《蘇州商會檔案彙編(1905—1911年)》第一輯《蘇州頤和罐食公司章程光緒三十三年三月》

蓋食物爲人生所必需，罐裝則耐久。而使用其法，創始於外洋，近今仿行於粵浙。吾蘇品物繁多，果能如法置造，運銷各省，獲利既可不訾，商業定有起色。爰集同志，鳩款萬元，試辦罐裝食物，訂購合用機器，延聘製造工師，兼招學習藝徒，設廠所於齊門外西匯，定名曰(頤和)罐食有限公司。稟准商務局詳請立案保護，并由總商會呈部註册給照。繪雙塔爲商標。集同人以定議，謹訂章程如左：

一、議先集資本洋一萬元，分作二百股，每股計洋五十元，填寫股票息摺，分十股、五股兩項，匀兩期收款。於　月　日收第一期股款，認十股者先收二百五十元，認五股者先收一百二十五元，給付收條，俟　月　日收第二期股款訖，填發股票息摺。日後公司發達，擴充廠務，公議添加資本，再集若干股，先儘老股承認，餘多始招新股補之。

一、議官利以常年八釐起息，按年不計閏。於年終截止結算，明年三月照付官利，不得遲欠，亦不得預支透付。

一、議各廠均有預算表，本公司創辦伊始，且食物品類繁多，勢難預算，總以進貨精核、開支簡省爲主。年終結算，除官利開銷之外，得有贏餘，匀作十五股，以十股爲各股東紅利，以二股提存公積，以一股爲總經理酬勞，以半股爲教習酬謝，以半股爲學徒獎勵及各友花紅。惟獎勵、花紅二項，須由總經理考察勤惰酌派，以昭平允。

一、議公司事務繁重，應訂總經理一人，副經理一人，由各股東公推。凡廠事無論巨細，由總經理主裁，副經理參酌，各股東惟逢期集議。所有公司緊要各事，由總、副經理逐款宣佈，以期考證改良，歸於盡善。

一、議總經理、副經理宜常川或輪流駐廠督察各務，應訂司賬各友幾人，由總經理主裁。一切銀錢出入，年終匯造報銷，分送各股東查覈。如有弊竇，惟經理者是問，不得推諉。另由各股東公推查賬員二人，隨時稽查帳目。

一、議本公司只收華股，不收洋股。股票息摺由總經理簽字蓋戳爲憑。如有遺失由本人登報聲明，過兩月後方准補給，原票摺作廢無用，并須邀股東兩人擔保。如有他人拾取，糾葛由遺失人自行理直。

一　議股東不能保守權利，欲將股票息摺轉售或抵押於人，須盡股内人承受，不得私售或抵押於局外無股之人。倘有等情，由本公司贖回。如揹不願贖，由本公司存案作廢。

一　議公司成立後擇期先開股東會，公議開辦各務。以後定期每月一期或兩期爲常會。如有緊要事務，須開特别會議，由總經理定期柬訂。如股東逢期有不能到會者，須先時函告，或臨時派代表來會，亦須函告。

以上簡章八則，尚有不全不備，再行公同參酌增删。此外廠中規則及製造師授徒條約，另行詳議。

章開沅等《蘇州商會檔案彙編（1905—1911年）》第一輯《頤和罐食公司仿單及招牌式樣》　外包仿單式

夫罐食創自外洋，仿行及於粤浙。吾蘇物産品味甲於他省，本公司延聘精工製造師如法仿製各種罐食，凡禽獸、水族、果品、蔬菜無一不備，裝置嚴密，抽盡空氣，可使閲久不壞，開食鮮新，洵爲罐裝中之特色。有口同嗜，無待贅言。凡貴客賜顧，認明本公司雙塔商標，向各埠分售處購辦，庶不致悮。

蘇州頤和罐食公司告白

製造所在蘇州　　處

批發處在蘇州　　處

罐上招牌式

本公司精製各品分五類

禽鳥類　每罐價若干

獸畜類　每罐價若干

水族類　每罐價若干

果品類　每罐價若干

蔬菜類　每罐價若干

本廠精製各種罐食，禽獸、水族、果蔬咸備，品味佳妙，有口同嗜。凡顧客賜顧，認明雙塔商標，庶不致誤。

蘇州頤和罐食公司啓

章開沅等《蘇州商會檔案彙編（1905—1911年）》第一輯《董楷生爲註册事致農工商部呈程光緒三十三年三月》　具呈。江蘇省蘇州府長洲縣職商董楷生，住西白塔子巷中，設有頤和罐裝食物有限公司，爲呈請註册事。竊公司照章程内載所應聲明各款呈請註册，伏乞農工商部註册局查覈施行。須至呈者。

計開：

名號：頤和罐食有限公司。

貿易：罐裝各種魚肉蔬菜等食物。

有限、無限：有限。

年分：光緒三十三年三月。

設立地方：在蘇州齊門外東匯。

股分銀洋：計一萬元。

每股銀洋：五十元，共集合二百股。每股先交洋二十五元，至第二期續交洋二十五元。

創辦人：董楷生，住西白塔子巷。

查察人：由各股東輪當。

合同：另紙抄出。

規條章程：另開清摺。

佈告：通信。

頤和罐食公司

《商務官報》光緒三十三年四月初五日第八期《商辦江西瓷業有限公司章程並緣起》　瓷器爲我國發明最先之製造品，定汝均哥，古昔所尚。馴至晚近，則中外言陶瓷業者，莫不稱江西之景德鎮所製爲大宗。上自官府，下迄閭巷，日用所需莫不取給，推及異域，亦所徵求，一盤一盂，其值千百。然古制就湮，功質窳陋，佳品美繪，漸多失傳。至今日而其銷行日滯，工商交困。推原其故，實由於不能合衆而求公益，徒事徇俗而阻進步，自棄其利。思之痛心，此亦我國實業家之大恥也。故前江撫柯遜帥有奏請官立瓷業公司之建設，夏菽帥、胡鼎帥繼任時，亦皆力爲提倡。卒以派員籌欵蹉跎至今，以一公司之成立歷四年之久，又有大府宏奬而□宣之，迺幾中輟，亦足見任事之大難，集事之不易矣。瑞徵前領潯關，兼督窑廠，曾於陶瓷之業，詳加調查，頗欲以其經驗所得，一相揚榷，今者吴仲帥鑒於前事，議定改歸商辦，更以見督於瑞徵。然備兵海上以來，簿書叢脞，兹事體大，曷敢擔任。惟近來考察中外陶瓷之優劣，與進出口貨之盛衰，慨然感中，不能自仰，循念當此工商業競爭劇烈之漩渦，非劍及履及，急起直追，則優勝劣敗，斷難逃於天演之公例，况瓷業爲我國特産之物品，固有之利權，失今不圖，後將奚及。思所以補救之術，籌設公司，改良製造，誠不可緩，惓惓之意，既以陳於仲帥商於熱心實業者，亦多贊成，即往來官紳，道出此間，咸題其議，用特鳩合同志，認集資本，而定其名稱曰商辦江西瓷業有限公司，所以别於前議官辦之公司也。瑞徵又聞之，西歷一千九百零四年，美國聖路易斯賽會場，我國赴會者所陳列之瓷品，俱得名譽獎牌，其時倣製尚未盡善，猶能若此，又足見華瓷原質之美，洵可戰勝他邦，况瓷質原料，其出産地俱與公司建設之地相近，即爲營業計，亦可持久而不懈，所願海内賢達，相與維持，則挽回利權，關係非細，當亦同志之所忻願，不僅瑞徵眷懷舊治之所私幸也。謹定章程，列於左方。

第一章　總則

第一條，本公司遵照光緒二十九年閏五月江撫奏請官辦原定之名稱，定名曰商辦江西瓷業有限公司。現既由商集股承辦，自與官辦情形不同，從前所定章程，應一概作廢。

第二條，本公司辦事章程，謹遵欽定商律公司律辦理，惟本公司性質，實與其他營業公司有别，一切辦法，自不得不因地制宜，而有種種特别之規定，其所規定，别具於附説。

第三條，本公司開辦之初，當一面呈請督撫奏明立案，一面由本公司自行呈請農工商部立案註册。

第四條，本公司商標用飛鶴爲記。

第五條，本公司宗旨，原爲改良製造，推廣銷路起見，但事屬創辦，當權其緩急輕重，擇其確有把握者，次第舉行，處處以顧全股東資本爲要義。

第二章　集股

第六條，本公司爲股分有限公司，先議招集股本銀貳拾萬圓，計四萬股，除由發起人認集一萬五千股外，其餘各股，俟批准立案，再行承集，一俟招足，即登報聲明截止。

第七條，本公司股份，每股銀圓五圓，凡願入股者，股銀一次交足，照給股票，即於交銀之次日，按周年七釐起息，作爲正息。

第八條，本公司經收股欵處，上海總收股處合盛元票號，分收股處通海實業總帳房、德發洋行、天順祥票號、慎裕號、義昌成號代爲經理。所有股票息摺，由發起人簽名蓋戳爲記，并有經收股欵商號之圖記爲證，外埠經收股欵處，後再報告。

第九條，凡願入股者，既經認股後，應照商律第三十五條，遵守本公司所定章程。

第十條，本公司發給股票後，如本人有將股票讓出或轉售者，不得私相授受，須先行報告公司，由公司過户註册，换給摺票，惟不得轉售於非中國人。

第十一條，股票遇有抵押，因而糾葛者，本公司惟票載及册載姓名之人是認，如有遺失股票息摺，准其隨時取同保人證書，報明公司，將遺失號數查銷，登報聲明，再行按號填給。

第三章　資本家之權利

第十二條，本公司股東，無論官紳商民，無有歧視，其應得之利益，按股均沾。

第十三條，凡附本公司股分者，遇有會議決議時，有五十股，即得有一議決之權，如一人有二百五十股，即有五股議決權，多者照此例推，仍照商律不得過二十五議決權。

第十四條，本公司於每年二月初一日舉行會議一次，先由總經理人將上年辦事成績，及詳細帳目報告，俾股東週知。本年預備應辦事由，亦由總理人提出，俾股東決議，一經議決，凡未與議者，不得更翻。如經理人辭職，須更選經理，亦於是日到場之多數股東決定。

第十五條，本公司開辦以後，三年内除付正息外，不分餘利，三年外所有餘利，作二十成攤分，提四成歸公積，以四成作爲在事人花紅，餘十二成歸各股東按股均分。

第十六條，日後擴充股本，先應儘本公司舊股東分認，如不足另招新股。

第四章　任事人之權限

第十七條，本公司開辦伊始，暫由發起人商定聘請熟悉瓷務者二人爲總經理及副經理，試辦一年，如股東多數許爲勝任，自毋庸議，否則由總經理自行辭職，屆會議時，另行選舉。

第十八條，本公司辦事分職甚多，一切由總經理量材任用，除副經理外，各股東概不得干預，惟銀錢總帳房一席，應由股東多數選舉，至於調度運動，其權仍聽總經理，執事管帳人不得牽掣。

第十九條，本公司於總副經理外，應否添舉董事，須俟衆股東會議時議決，惟檢查員二人，照通行商法，實不可少。其任檢員者，有代表各股東，任稽查公司辦事之責，至少須有股分五百股以上，乃能被選。

第二十條，本公司任事人之薪俸，除總經理副經理總帳房檢查員數人，由股東公訂外，其餘各執事及工匠，悉由總經理人核定。

第二十一條，本公司總經理人，如遇有重大事故，不能長駐公司辦事，則副經理有代理之權。

第五章　製造處

第二十二條，本公司製造處，暫擬設立江西景德鎮，即用官辦原有房屋，如坯房畫室客廳賬房已成者，只好悉仍其舊。至若淘泥處須安放機器，舊有之地，頗不合用。窑屋雖有兩所，皆限於從一方入火，熱力不勻，堆柴處逼近窑門，易於觸火，尤爲可虞，均須改造。其未建築者，如陳列所、堆瓷房、材料所，亟當自行添設。其從前建造費用，當由本公司與原辦事人磋商，從減認繳歸公，至本公司租用之地，每年應交地租銀六十元，悉照原議兑付，若附近景德鎮之處，有轉運靈通募工安妥之利益者，總經理規畫推設，公衆議決。

第六章　銷售處

第二十三條，本公司銷售處，俟製造場可出物品後，即於北京上海漢口等處設立三所，其餘中外通商各大埠，碍難一時徧設，但先將製造物品拍印成圖，附以中西文說帖，分寄各處商會商務局圖書館，俾遠處得以按圖定貨，函電指購，俟銷售漸旺，再行推廣分銷。

第七章　製造之區别

第二十四條，本公司製造，凡屬用品，必各適其用，凡屬玩品，必各求精雅，品類甚多，不勝枚舉。今所規畫，大别之爲兩部。

甲，內部通行日用品，如軍人學生官吏用者，皆有特别花色，專採古今中外事實，可以感發其國民思想者爲圖，各從其類，以示區别。其餘普通用品，概用電器銅版印花，務在價廉而工省。

乙，外部行銷美術品，無論行銷何國，在在務求精美，不惜工資，仿造舊式，惟求新法，必各投其所好，庶足廣傳播而收遠利。

第八章　改良之準備

第二十五條，本公司於製造處，附試驗場一所，先選上等職工，考求本國製造失傳之古品，再證以日本及西洋陶製學說，以發明新法，必於試驗場中，試驗有得，再行分傳各工製造。

第二十六條，本國製瓷原料出產，原非一處，當由公司自行採辦，以求真實。至若表面設色諸種顔料，及淘泥之機器與燒窑之熱度表等，當以東西洋各國新發明者爲佳，本公司開辦後，應派精瓷業通外情者，出洋考察購致，以便採用。

第二十七條，先擬就近聘日本陶業職司一人，用之於試驗場，選聰穎職工與之研究陶業學理，將來或派學生出洋學習，或於本地開辦陶業學堂，以造職司職工各種人材，須俟公積餘利稍充，再行酌議。

第八條　附則

第二十八條，本公司所有製造處銷售處及銀號辦法，皆有專章，容俟續訂。

第二十九條，本公司開辦以後，每年當編印說畧帳畧，以供海內實業家之研究，如有發明陶瓷新法，並當附載於册。

第三十條，此爲本公司初定之章程，如有未盡事宜，及不能通行者，當隨時增删，以期實踐。

附說

甲，對於社會擔負之責任。

景德鎮風氣未開，工商隔閡，先擬邀請本地方官紳，每朔望莅場演說，隨用針筆板印刷說帖，廣爲傳布，俟實力稍充，當再設白話報館一區，其宗旨以通俗之文言，宣正當之事理，報資則格外從廉，用期輸灌智識，改良風俗。

本公司設立後，當邀請本地工商組織陶瓷工商總會一所，其開辦經費，由本公司籌墊，惟永遠繼續之費，當由本地士紳及工商界公認，以期聯絡一氣，講求進步，庶能祛舊習而謀公益，以免生種種之障礙。

景德鎮商務雖盛，而殷實銀號甚少，况復欺妄成習，不時倒閉，資本家遂視爲畏途，是以不敢存放，銀貨不能流通，工商實受其害，而奸商壟斷，取息甚重，遇有市慌，則貸借者雖倍息，亦所甘心。且以銀號不能取信於人，故勢力小民，於日用之外，稍有餘資，未能存儲生息，因其爲數甚微，易致消費，大都飲博爲事，既擲金錢於無用之地，更因忿争而成滋事之端，非别籌一法不足以維持市面。今本公司擬開設銀號一所，以免市面恐慌，並寓儲蓄之義，如有存項，自銀元二角以上，皆可存儲，按月予以相當之利，即借貸取息，亦照銀行通行之章，不稍侵溢。

本公司運貨出洋時，本地陶户如有新奇物品，附搭運售，應先將様品送本公司檢查，如由本公司認可贊成者，其貨品計重在百斤以内，本公司當代爲運往，不取運費，惟應納正税，仍由本人自理。

景德鎮工人，如有能自加研究，發明新法，及將舊製之已失傳者，能倣造如式，本公司當爲代呈請獎，或請予以專利之利益。

乙，對於官府特别之請求。

本公司既講求新法製造，所用工人，自不能拘守舊制，如淘泥用機器，日用品用印花之類，恐工人無知，妄生疑阻，業經呈請督撫憲札知地方官加意保護，如因此本公司致有意外之損失，當由保護者擔認其責任。本公司既爲振興磁業起見，一切工人，自當慎選，必擇其尤按年訂定工價，隨時布告，惟所有本公司已經雇用之工人，窑廠一概不得調用，應先聲明，以免争執。

邇來華瓷比較，銷路日絀，調查此宗税厘，比較輕重此亦一大原因。本公司既爲擴充銷路起見，除銷行内地品物，應照值百抽五之章完税外，其出口之貨，已請倣照湖北機製麻貨，照向章機器製造各貨辦法，完納正税一道後，沿途概免重徵，以便推行而紓商力。若專爲出洋賽會瓷器，届時由本公司先行呈明，應請一概免税。

丙，爲本地工商公共之請求。

景德鎮聚工數十萬，向來不受業主約束，是以積習相沿，動輒滋事。近且時爲遊匪煽誘，屢致釀成鉅變，非急籌消弭捍衛之策不可，則創辦警察，刻不容緩。若但就現在通行巡警辦法，似仍不足以資控御，應呈請民政部量加變通，須行特别辦法，庶足以保治安而興商業，景德鎮罷市停工，層見疊出，非有特别裁判所之設，不得其平。惟現在裁判所搆成法未定，未便呈請，應請江撫札行地方官，俟陶瓷工商總會成立後，凡有關瓷務訴訟，當先由總會董事評議公允，再由地方官分别嚴寬處斷。

《商務官報》光緒三十三年四月十五日第九期《批職商曾鑄等呈》 據呈已悉，該職商等創辦鎮江機器造紙公司，係爲振興工藝挽回利權起見，所擬章程及預算表均屬妥洽。惟查本部公司註册章程呈式内開營業年月日，係指有無期限而言，兹該公司呈稱約在本年六七月間係屬誤會，且未將公司股票式樣呈部，所繳註册費京平足銀三百兩，核照該股本總數二十五萬兩，應繳公費一百四十九兩，實係浮繳銀一百五十一兩，正此次先准立案，仍俟該公司將營業有無期限，股票式樣補呈到部，再行填給執照收單，並發還餘銀可也。此批。三月二十日。

《商務官報》光緒三十三年四月二十五日第一〇期《税務大臣咨本部文》

咨復事，光緒三十三年三月十二日准貴部咨，據候選道曾鑄等呈稱，竊查江西景德鎮瓷器公司原擬官商合辦，承辦之人屢易，至今未有切實辦法。去年李道德嘉來滬集股，與職道瑞徵晤商，念該公司不如改歸商辦較有把握，職道鑄等商同擔任發起，定名爲商辦江西瓷業有限公司，議集股本銀二十萬元，每股五元，計四萬股，由發起人分認一萬五千股，俟批准後再行承集二萬五千股。職道設立公司仿造外瓷，多用機器，與原有瓷品事難一律，請遵部定湖北機器製麻照向章機器製造各貨辦法酌定廠税，凡有公司出口之貨完納正税一道，沿途概免重征。若在江西内地零銷，納税定值百抽五之率，一經完納即可照驗放行，求咨明税務處辦理等情，咨行查照見覆，以憑飭遵等因。前來查機器仿造洋貨，准照值百抽五完一出口正税，沿途免予重征，歷經外務部及本處辦理在案，其有並非仿造洋貨及機器製造者，如江蘇之資生食鍋公司，浙江之揚華綢紬公司，均不准援引以爲比例，誠恐貨同税異，必有妨害同業之虞。今瓷業公司既據聲明用機器仿造外瓷，自與原有瓷品不同，其情事核與食鍋綢紬等項公司有間，應准其製成貨物，無論運銷何處，祇按值百抽五完一出口正税，沿途關卡驗明確係該公司用機仿造西式之貨，即予放行，不再征收各項釐税，將來中英新約第八款施行，應即照第九節完一出廠税章程辦理，除分咨並劄知總税務司外，相應咨復貴部，轉飭遵照可也。須至咨者。

端方《端忠敏公奏稿》卷八《瓷器公司立案片光緒三十三年四月》 臣伏查東西洋各國最重商廠，故其政府凡遇設立公司，必力爲提倡，且有由國家出補助費者，其税則亦無抽收本國貨物出口之條。蓋以公司設立，既可存養多數之貧民，又可增加若干之廠税，是公家重視公司，誠爲根本至計。今該道等自行集股，設立江西商辦瓷業公司，多用機器仿造外瓷，洵足振興實業，挽回利權。將來此項瓷品行銷税則既經税務處核准，統令完一值百抽五正税，沿途概免重征，俟中英新約第八款施行，再按照第九節出廠税章程辦理，自係爲提倡商業起見，亟應准如所請，奏明立案，以示維持，而昭激勸。除分咨農工商部税務處查照外，謹會同江西巡撫臣瑞良附片具陳，伏乞聖鑒，謹奏。

中國歷史博物館《鄭孝胥日記》第二册《光緒三十三年五月初八日》 至日輝帳房覌貨棧開標及機廠打樣圖。詣立憲公會，晤陸偉士、孟庸生。六點，應康特璋之約於海天村，晤李理臣侍郎昭煒、孫寄雲、朱鉢文、方守六、竇價人、張菊生。歸寓，李理臣來拜。

《商務官報》光緒三十三年六月初五日第一四期《批上海商會稟》　據稟稱，職商孫思敬等集股本規元銀十二萬兩，就上海徐家匯西廟橋地方，租地建造機廠，聘請日本技師相理機工，專製錫箔並紙捲烟錫皮，公舉總董協理等員，遵章繳納公費，呈請註册給照，俾資保護等情。查該公司呈内聲叙各欵及辦事章程，大致均尚妥協，所繳公費銀兩並刷印股票式樣核與定章亦屬相符，自應准其註册，除一面咨飭保護外，合行發給收單執照，仰該商會轉交該公司具領，並將給領日期報部備案。此繳。五月二十三日。

《商務官報》光緒三十三年六月初五日第一四期《批民女周英稟》　據稟，厦門濟川行號夥王典舍等朦混圖填瞞請註册等情，本部查核，原呈内開西全已没周許氏，承夫遺業，設立資本，數目八萬元，聲明各欵並所繳公費均與定章相符，當即批准給照，兹復據稟，咨詢該出結官林怡據稱濟川號確係周西全遺業，無朦混瞞請事等語，是濟川號註册領照，並無不合。該民女聽唆捏控，並假報效十萬爲詞，實屬意存嘗試，所稟應毋庸議。此批。五月十六日。

中國歷史博物館《鄭孝胥日記》第二册《光緒三十三年六月二十一日》　舜卿邀游周新鎮，觀商業學堂、繅絲廠、當鋪，街市皆舜卿獨力所建造也。歸船飯，三點乘火車，晚至上海。夜，得午帥佪電云：「頃有要事，須就公商榷，擬請即日莅寧。乘何船來，並乞電示。」

《商務官報》光緒三十三年六月二十五日第一五期《批候補道朱疇稟》　據稟并章程均悉。該商擬集股本，在揚州府地方創設機器麵粉公司，係爲改良土貨起見，用意誠堪嘉尚，所擬招股章程亦尚妥洽，本部自應先准立案，仰俟此項公司成立後，再行遵章到部註册，以便照飭保護。此批。六月十一日。

《商務官報》光緒三十三年六月二十五日第一五期《杭州新織物》　前有傅元炳者創設揚華綺綢廠，後更改良所織，有緞地、綢地兩種，除織花之外，更加羅紋，現已輸送上海。最近有湖墅地方之資本家擬報以資本二十萬元擴爲大廠，現所釀資已十餘萬圓矣。

《商務官報》光緒三十三年七月十五日第一八期《批四民紙煙公司職商朱疇稟》　前據稟稱，請援照上海三星紙煙公司成案完税一節，當經咨行税務處查照核辦去後，咨准復稱。查上海三星紙煙公司係援北洋煙草公司成案，所造紙煙運銷出口迭經外務部核准，照土貨煙絲百斤納税銀四錢五分，如復進他口，照納半税銀二錢二分五釐，如再入内地仍照土貨辦法辦理在案。四民紙煙公司事同一律，所有運銷各節應准援案辦理，再此項税銀係每百斤征銀四錢五分，該公司誤作四錢六分，應飭令更正等因，仰該職商即便遵照辦理可也。此批。六月三十日。

《商務官報》光緒三十三年七月二十五日第一九期《批舉人吴元瑞稟》　據稟並仿織機圖説均係該舉人熱心工藝，改良紡織各機，用意詢堪嘉許，所呈圖説詳加審閲，雖未盡臻美善，尚合實用，應即准予立案，仍仰該舉人精益求精，俾期進步，至稱業已集股創辦華生利紡織有限公司，稟准該省農工商局在案，仰即將辦理情形呈部備案可也。此批。七月初二日。

《商務官報》光緒三十三年八月初五日第二〇期《批江西瓷業公司呈》　據呈已悉，所稱公舉内閣中書康達爲總經理，擬將公司文牘一切悉歸總經理出名代表，並擬添集股銀二十萬元，合爲四十萬元，以資周轉等情。查該公司開辦伊始，事務正繁，既經公舉總經理爲代表，自應照准，其所請增加股本一節，係爲擴充改良起見，亦應准予立案，仰該公司遵即認真辦理，力謀進步，以副改良瓷業之本旨，本部有厚望焉。此批。七月十八日。

《商務官報》光緒三十三年八月初五日第二〇期《批上海商務總會稟》　據稟，職商胡國珍自出心裁，採取内地山泥煉造石版，將製法并版樣由該會轉呈，懇請立案專利等情。查石版一項，爲學堂應用之品，向係購自外洋，該職商自創新法採泥煉造，以期保固利權，殊堪嘉尚。惟本部專利章程尚未奏准施行，應援案酌予專辦五年，在寧波一府暫禁他人倣造，并咨行浙撫轉飭地方官保護，仰即傳知遵照。此批。九月十七日。

中國歷史博物館《鄭孝胥日記》第二册《光緒三十三年八月十二日》　陳翊臣來商萬宅姻事，將爲鍾侄定聘。樊時勛來。李葦杭自漢口來。詣日輝呢廠帳房商添造洋房事。許久香來，欲邀施伯安往觀玻璃廠。

《商務官報》光緒三十三年九月五日第二十三期《批候補道朱疇稟》　前據該商稟稱，擬集股在揚州府地方創設裕亨機器麵粉公司，並開具招股章程，業經本部批准在案。兹據該公司呈繳公費規銀一百三十四兩，稟請飭局註册，給照以資保護等情前來。查該公司原呈内稱糾集股本銀二十萬兩，此次呈式内開創辦人認股五萬兩已經繳齊，其餘十五萬兩另行招集，限日交足等語，究竟能否周轉，仰候行查確實，再行核辦，公費暫存。此批。八月十六日。

中國第一歷史檔案館《光緒朝硃批奏摺》第一〇二輯《光緒三十三年九月十二日安徽巡撫馮煦摺》 頭品頂戴安徽巡撫臣馮煦跪奏，爲安徽省設立全省工藝廠，以挽利權而興實業，謹陳辦理情形，恭摺仰祈聖鑒事。竊維皖省貧瘠，甲於東南，迹其貧瘠之由，則在實業不興，以致外貨充斥，土貨滯銷，國與民交受其病，今欲救皖之貧，非興實業不可，而以興工藝爲入手辦法。查安慶原設習藝一所，專收輕罪規制未閎在所者，才數十百人，苟且補苴，出貨有限，遂致大利未興，有名無實。現擬建設全省工藝廠一所，凡各屬原有之品，無論生熟土貨，均備一分送廠精選，工師爲之教授，學徒人等凡有商鋪的保，均可入廠習藝，學成後分派各屬，上者則另加獎勵。其辦法則就民生日用所必需者逐漸仿行，以杜外貨之闌入，次則就本省出産所自有者改良製造，以期土貨之流通，總期人有一藝之長，皖無棄地之貨。所需開辦經費，在皖南茶釐加價項下動撥，除飭同核議詳細章程，並分咨查照外，所有皖省設立工藝廠緣由，謹會同兩江督臣端方恭摺具陳，伏乞皇太后、皇上聖鑒，敕部立案施行，謹奏。

《商務官報》光緒三十三年九月二十五日第二五期《批江蘇商會張之儀稟》 前據稟請，通飭軍學界操衣均用土布等情，當經據稟咨行學部，酌核去後。茲准復稱，本部奏定各等文學堂冠服程式摺内聲明，各學堂衣服材料，必用本地産出之布，取其質實而價廉，並取愛重鄉土之意，實於禮教綱維及國民教育之主義裨益非淺等語，奉旨允准，通行在案，與來咨意見相同，相應咨復，查照等因。前來查此案業經學部通行各省，本部無庸再行通飭，合行批示遵照。此批。九月初二日。

《商務官報》光緒三十三年九月二十五日第二五期《批上海商會稟》 據稟稱，職商王家祜等招集股本洋銀七萬元，在上海北小沙渡地方創立泰豐罐頭食品有限公司，開具辦事章程，並刊印股票息摺及商標兩種，連同註册公費洋銀九十五元呈請註册給照保護等情前來。查罐頭食品近年洋貨輸入，利源外溢，亟宜設法挽回，該商等創設公司，自係爲改良土貨藉保利權起見，所有辦事章程亦尚妥協，公費洋銀九十五元核與部章相符，惟呈式漏叙查察人應行補報，除商標一項俟開辦後另案辦理外，此項准該公司先行立案，並飭局註册發給收單執照，仰該商會轉飭遵照具領，一面咨飭地方官妥爲保護可也。此繳。八月二十七日。

《商務官報》光緒三十三年九月二十五日第二五期《批上海商會稟》 稟悉，該職商胡國珍等集資本洋壹萬元，在上海縣海寧路地方創設集志會社合資有限公司，並在浙江寧波設立分廠，製造學堂應用紙筆石版各種文具，遵章繕具呈式合同清摺，並繳納註册公費銀元五十元，呈請察核，飭局註册給照，俾資保護等情前來。查該職商等集資設立公司製造學堂應用文具，自係爲挽回利權起見，所繳公費銀元及合同呈式核與部章均屬相符，自應准予註册，除一面咨飭地方官保護外，合行發給收單執照，仰該商會轉交具領，並將給領日期報部備案可也。此繳。九月初五日。

《商務官報》光緒三十三年九月二十五日第二五期《批度支部主事梁志文稟》 據稟，該主事出資銀一萬兩，在廣東省城開設安雅書局日報館，擬具呈式章程，並註册費五十兩，請註册前來。查程式内開名號，爲安雅報貿易，爲排字活印，并辦日報。究竟印字局應否添入名號，尚未聲明。至章程第二條内開遵照國家報律辦理，查本年七月間民政部奏准報館暫行條規十條，并聲明報律現正會同改訂等因，是國家報律尚無明文。應將章程第二條改爲遵照民政部奏准報館暫行條規辦理，仍俟國家報律頒行時一併遵守等語，合行批示，仰該主事補呈聲明更正，再行核辦。照費暫存。此批。九月初一日。

中國歷史博物館《鄭孝胥日記》第二册《光緒三十三年十月初四日》 午後，詣日輝事務所，道逢羅開軒。初到埠呢廠第一批機器四百四十六件，機器師比人戴慕蘭同來。於事務所晤柯貞賢。

《商務官報》光緒三十三年十月初五日第二六期《批杭州楊華公司稟》 稟悉，該公司所請專利一節，疊經本部批示，准其保護牌號在案。此次復稱摹倣混淆等語，查該公司楊華雙鶴牌號既經立案，如有假冒標牌希圖混淆，應准據實指明，稟請核辦。至仿織花樣，向無禁例，不得指爲混淆，所請仍無庸議。此批。九月十二日。

《商務官報》光緒三十三年十月初五日第二六期《批舉人余兆熊稟》 稟悉，改良繡工，原屬意匠之一端，現在板權律尚未頒行，未便遽給執照，所請禁止仿模應准先行立案，所有該廠製成新樣粉版，應就近呈送蘇省農工商局存驗，庶足以杜僞冒除劄飭外，合行批示，仰即遵照。此批。十月二十四日。

《商務官報》光緒三十三年十月十五日第二七期《批漢口漢豐麵粉公司稟》 稟悉，所請援案免徵税釐一節，案查本部前准税務大臣咨稱機器麪粉税釐，自本年八月起，一律定限免征五年，俟年限滿後，應如何徵免之處，再體察情形，另訂辦法等因。該公司事同一律，自應一體，准照辦理。除咨湖廣總督查照外，仰即知照。此批。九月二十三日。

《商務官報》光緒三十三年十月十五日第二七期《批裕亨麵粉公司稟》 前據該道稟辦，裕亨麵粉公司呈請註册，當經本部以原呈内稱糾集股本銀二十萬兩，而註册呈式内則稱創辦人認股五萬兩，其餘十五萬兩再行招集等語，核與定章不符。行查兩江總督江蘇商務議員並批示該道遵照在案，兹據電稱所遞稟件未奉批示等情，查本部批示各商呈稟均係懸掛署門，及發刊商報以便週知，其原稟内註明住址者始另發札批郵寄，歷經照章辦理。現在本部已札飭上海商會查明該公司出貨銷路，及招股情形，仰候稟復到日，再行批示可也。此批。九月二十六日。

《商務官報》光緒三十三年十月二十五日第二八期《本部會同郵傳部核議湖北水泥廠援案免税分别辦理摺》 謹奏，爲核議湖北水泥廠援案暫免税厘分别辦理情形，恭摺仰祈聖鑒事。光緒三十三年八月初八日，内閣鈔出前湖廣總督張之洞奏招商承辦湖北大冶水泥廠援案，請暫免税厘，並准在湖北境内專利一片。奉硃批：該衙門知道，欽此。查原奏内稱，現在各省舉辦鐵路所用材料，以鋼軌枕木水泥爲大宗，鋼軌可取之漢陽鐵廠。水泥一項，外國謂之塞門德土，凡築路造橋建廠等事，均所必需。臣查得湖北大冶縣黄石港附近，地名台子灣，所産石質於製造水泥極爲相宜。經化學家考驗，許爲上等合用質料，當經出示招商。如有身家殷實，能集鉅股，呈請承辦者，准即給劄開辦，並予專利十五年，以維商業在案。兹據奏調湖北差委，福建存記道程祖福稟稱，向辦河南清華公司稟部有案。兹招集華股三十萬兩，情願承辦大冶縣台子灣水泥廠，請援案專利十五年，並請奏懇暫免税厘以恤商艱等情。臣查該道員曾經創辦清華公司，講求實業已歷多年。以之開辦水泥廠，必能刻期有效。異日行銷各省，足以收回外溢之利，當經臣劄委該道爲水泥廠總辦等語。旋准該前督咨同前因，請予由部立案前來。伏查臣部於本年三月十八日，會同郵傳部具奏各省商辦鐵路所用材料請照官辦之路一律暫行免税一摺，奉旨：依議，欽此。又臣部於本年七月初三日具奏華商設立公司製造鐵路材料，援案暫行免税，以勸工業，而挽利權一摺，奉旨：依議，欽此。均經先後通行各省，欽遵在案。兹湖北大冶縣台子灣地方創設水泥廠，既係由前湖廣總督張之洞招商承辦，並准予在湖北省境内專利年限，奏懇暫免税厘。原爲維持路政，杜塞漏卮起見，惟事關税項，其有無應行核議之處，自應由税務大臣酌核定奪，以昭鄭重。當經咨行税務處查核去後，兹准覆稱。查水泥一項，用處甚多，不僅足備鐵路之用，上年唐山洋灰公司所成洋灰，亦係機器製造。經本處核准，無論運銷何處，均完正税一道，值百抽五，沿途概免重徵，咨復北洋大臣有案。今湖北泥廠用機器製造水泥，正與唐山洋灰公司情事相同。惟鐵路所需材料，既奏明暫行免税，則水泥一項，該公司運銷如確係鐵路所用者，自應准照原奏暫行免税。其非鐵路所用者，仍應援照唐山洋灰公司成案，完納正税一道，以重税課而示區别等因，准此。所有該廠運銷水泥，自應遵照税務處所議，確係鐵路所需材料，准暫援案免税。如非鐵路所用，仍完正税一道，如此分别辦理，似於税課路工兩有裨益。除所請專利一節，應俟臣部專利章程奏奉允准施行後，再行核辦外，所有核議湖北大冶水泥廠援案暫免税釐，分别辦理緣由，理合恭摺會陳，伏乞皇太后、皇上聖鑒。再，此摺係農工商部主稿會同郵傳部辦理，合併聲明，謹奏。光緒三十三年九月二十四日具奏。奉旨：依議，欽此。

《商務官報》光緒三十三年十月二十五日第二八期《批張森楷稟》 據稟，暨附送表册、圖説、成績各物品均悉。該公社辦理多年，規模粗具，所出社産物品既均著有成效，果能妥慎經理，逐漸擴充，洵足爲振興實業之基礎。詳核該舉人所陳情形，歷年辛苦經營，備致困難，自是爲熱心公益起見，其志洵堪嘉尚，仰候據情咨行四川總督飭屬查明原委，責成本地官紳合力維持，彼此掃除成見，妥籌改良辦法，俟復到，再行核奪，仰即遵照可也。此批。十月十一日。

《商務官報》光緒三十三年十月二十五日第二八期《批程道祖福稟》 稟及章程均悉。湖北水泥廠既經奏明有案，自係獨立公司，不宜附屬他公司之下。所集股分無論何人，均宜作爲該廠股東，開辦自有經費，亦無庸清華公司認墊。至獲利提二成入清華公司，總賬除開支外仍歸清華公司，股東均分等語，是水泥廠股本之外，另有資本。利則均分，害當何如。辦法既不允協，將來糾葛必多。不如先商明清華公司股東願入股者，將款提入水泥廠，資本劃清，利害均平，較可持久。仰即與該廠股東會商定議，再行稟部核奪。至前請辦酸水一節，業經咨商山西河南巡撫在案，候再咨催，迅復到日再行批示。所交公費一百十七兩，暫存雙龍商標。候本部商標局開辦時，另案辦理。此批。十月初八日。

《商務官報》光緒三十三年十月二十五日第二八期《批湖南精勤公司余麟稟》 前據該職商稟控各節，當經批示，湘撫查復核示。兹准復稱，飭據汪守鳳池查明稟復，綜核前後案情。該商余志誠，於砂價則背批呈繳期票開爐，且背案展期領砂。又條逾原額，種種要求，實屬得步進步，其與洋商預訂售鉛，致遭賠累，實由自取，不關發砂與否。凃道因公局受虧，註銷前案，而該商輒迭控部院，肆意抵誣。非但政法所不容，亦商律所不許。應請飭令該公司將余志誠勒退，不准干預公司事務，至提鍊公司本礦章，必不可緩之舉，自應仍准領砂試辦，責成該公司另舉妥實華商經理，仍由礦政局按照售與洋人砂價扣除。自湘至漢，運費及平色折耗若干，公平酌定價值，隨時漲落，先繳現銀，照數領砂，毋庸限定噸數。提出净鉛，毋庸繳存局庫。試辦期滿，有無成效，應否擴充，由該局酌覈辦理等情。汪守將礦政調查局前詳該公司種種違章，暨私相拋售各節查明，均係實情。並據擬定辦法，斥退該商一人，仍准公司試辦，自屬持平之道。該商不顧公司之成敗，但争一己之去留，迭次來部具稟，抗詞狡辯，顯係健訟。本部但能就全案卷宗核定是非，萬不能依據空詞引爲鐵證。詳閲全案，該守所擬辦法頗爲允協，應准如所擬辦理。該商所請調京質訊各節，應即毋庸置議。至經手款項，亦應自向公司清理，仰即遵照，毋再嘵瀆。此批。十月十一日。

《商務官報》光緒三十三年十一月初五日第二九期《瓷業總理致發起人及各股東説畧》　景鎮深居腹地，以天然陶産，於實業界上標一幟於全球，推始椎輪，實基有宋，至明宣成之際，風火效靈，水土獻媚，雞缸鴛琖，價重球刀，是爲陶業極盛時代。國朝定鼎以來，前民利用爲亟亟，康雍乾三朝藏公年公唐公先後督廠，力挈民窑諸工，踵躡前武，猶能循規守矩，參合新意，以貢巧呈能。故自乾隆以前，舊製所遺，陳諸市場，歐美矯舌，斷鱗片羽，争市千金。邇近以來，古法漸湮，不觚致歎，工作苦窳，歲短銷售，分總諸因，可言其畧，祁浮腴美，土礦以年月經久，肌盡髓枯，封閉多口，餘皆洞穿隧道，逾五六十里，入之愈深，出之愈費，平價則折本，加價則滯銷，渣滓合互，不肯陶净，質料粗笨，遂爲禍胎，此敗於土者一也。窑户之於坯工，賤同獸畜，脱粟之飯，如飼於牢，銀錢輾轉折扣，名十而實五，頤指氣使，叱咤風生，工人積忿一洩，打鬧派頭，滿架坯胎，立成齏粉，又陰用報復，聽其風燥日炎，雨淋溜滴，不爲收護，或故而犯之，受病之體，陶化不靈，此敗于胎者二也。着色之品，稱顔色與料二種，顔色着在成瓷，再用爐煉。料則着在坯胎，經燒乃吐顔色，五彩以各色石塊研配而成，産處不一，料色純藍，以滇産爲通用之大宗。近年滇人在滇起一東日升公司，鎮人在鎮起一保源公司，互相抵制，其實兩頭目的，滇公司在壟斷滇之所生，鎮公司在壟斷鎮之所用，生處用處，價值交漲，需料之家，大受其病，又各種彩色，不諳配合，色澤不鮮，保護疏失，稍霑鹽水，黑闇剥落，此敗於料者三也。環鎮一二百里之山，彌望童禿，松柴所出，入山深而出柴遠，船户船身放大，貪多載重，五里一閘，蓄流乘洩，秋冬水涸，應用無期，建德彭澤等處之柴，涉江泛湖，時日加紓，價值争大，又因林學不講，生不敷用，拱把之材，概施斤斧，小不成片，乾不及心，材劣則火力柔，價昂則吝心重，此敗于柴者四也。護坯之匣，以五色粗土團合而成，惟白色堅細柔潤，性耐燒煉，其價獨貴，向來匣户于白色三分之一，可裝燒七八次，今則五分之一，只裝燒二三次，窑户吝惜匣價，明見折損，勉强裝入，破碎倒塌，不時輒有，此敗于匣者五也。窑窠尺寸，視火力周到爲準，向來三日一窑，坯不擱置，而貨可包清，今則窑窠普通擴大，加柴有限，而燒價倍收，十日半月，始出一窑，坯胎堆積無地，工人坐食，不得不加價求燒，八河柴片，有時舳艫銜接而來，燒户延擱不挑，又不得不減價求賣，故近年陶業燒户，獲利獨厚，貨則以火力不能周到之故，生熟相間，成敗不知，此敗于窑者六也。循此衆派，溯其總源，天時之豐歉，國運之盛衰，俗尚之樸華，教育之隆替，皆於實業界上有息息相關之理。自海禁大開，洋品充斥，貧窶之室，争羅新美，而天時不順，百産歉收，國税所加，萬貨翔貴，一夫生活，視昔惟倍。夫食用之貴，百其品類，工價議增，夫豈相敵。於手足所加，求倍其用，成不必美，捷不必精，粗率苟簡，日甚一日，又中國向賤工作，不興藝學，機器不講，理化不知，衣缽相承，沿訛襲謬，守其故步，已不足珍，更迫於大勢所趨，日形退化，以此角逐於今日。新理發明之世界，何工不窳，何業不敗，此又不僅景鎮瓷業一宗爲然者也。夫簠簋既廢，則圓器爲每食所必需，彝鼎無多，則琢器尤爲大家所争寶，供者不備，求者愈繁，於是隔一衣帶水之東隣，乘間抵隙，挾其外觀有耀之技，炫我市廛，歐西諸瓷，亦梯航錯至，彼進我退，尺寸相蹙，官哥定汝，早已退敗，區區一景鎮以退化舊藝相抵牾，殆哉岌岌，夫豈能支。公等憫國産之日微，痛陶霍之不作，醵集巨欵，奏在景鎮設立瓷業公司，爲國家挽回權利，以達居祁浮之間，目爲識塗，驅作鄉導，達抵鎮後，親詣各坯房窑屋考察周遍，匪獨材料不能取精，即器用亦難善事，蓋景鎮瓷業之衰久矣。公等鼎鼎大名，創此盛舉，前因後果，全球注目，達以不才，肩此艱鉅。公司價值，名譽隨之，若因陋就簡，葫蘆依樣，界於廠窑民窑之間，贅一公司名目，付託隆重，初意謂何，達標的所懸，以本公司盈量發達，爲必到之程，以全鎮陶務普通改良，爲必副之望，竊謂求瓷精美，重在成瓷，尤先重在成料與重在成器，如土如釉如料如彩如柴如匣如煉灰如坯模如彩爐如各種器具，必使一一完善，毫無缺憾，然後人工物巧，乃有所施，盖瓷之爲器也。譬諸一人之身，百工之所爲備，必自爲而後用，於人不可，而於瓷則未始不能，達原始要終，通盤籌算，需得資本五六十萬，分頭布置，預備之端，約言有八。一宜預備自開土礦，祁門之東山，浮梁之高嶺，皆稱上品，而東山實不亞於麻倉，可以爲釉，即吹蘸所加之泑也。此兩處土礦高嶺，以無資閉歇，東山以惑於風水，不肯開採，天然造產，儲以相待，又未開之礦，仍有數處，新老合勘，擇採其二三，不足則隨時加開，或別廠提買，均無不可。二宜預備廣興林業，濯濯無材，非山本性，近鎮之山，擬由本公司租借，普通種植，其距鎮遠者，擬邀集妥當紳耆，分頭起立種植公司，由本公司借助資本，即以種植之山，暫作抵押，令其墾栽松苗，歲交官利，成材開辦，母錢收回，並分紅利，放出之欵，計日孳生，接濟之松柴，用乃不竭。三宜預備自開匣廠，匣缽之製，土資五色，多産諸里村馬鞍山一帶，擬買山數號，自行開挖，雇工製造，五色參合，考求完善，高廣尺寸，一隨坯式，庶使裝嵌安穩，不黏不隔。四宜預備自採顔料，滇料以黑黄明亮塊大而圓者爲最佳，須派人赴産處專司採買，滇鎮兩公司如能成立，當由本公司附股輔助發達，一律平市，顔色産不一處，東洋所製最佳。近鎮各色石塊，亦能研煉效用，擬用化學加意研究，使異彩煥發，不待外求，尤爲利便，至於煉灰，所以配土，以灰攙入，瓷乃骨立，稍不潔净，點翳間見，則煉灰爲當自備之事。五坯模所以範坯，盤碗杯碟，大小在模，式樣翻新，時時更變，則坯模爲當自備之事。六彩爐所以煉彩，十百千圾，瓷不一類，爐量大小，如尺六尺八二四口面，宜備多品，則彩爐爲當自備之事。七器具所以成瓷，此間泥木諸工，於陶業器用長短廣狹，呆板無二，語以變通瞠目相向，將來購用機器，百品不合，擬必需之工匠，提教一二，常川雇用，如輪船火車雇工辦法，則器具工匠，爲當自備之事。八如上所陳材料器具，可謂粲乎隱隱，各得其所矣。再言成瓷，然而成瓷之法，又有必需者八，性剛則裂，性柔則傾，配土之善，一必需也。質凝則厚，質流則薄，合泑之巧，二必需也。快捷靈敏，端藉機器，轉捩之妙，務使洞澈，三必需也。乾燥潮濕，有損坯胎，保護之勤，如衛嬰乳，四必需也。式樣疊出，杼柚在心，倣古法外，惟妙惟肖，五必需也。彩畫所加，鮮明奪目，繪人描物，不腐不俗，六必需也。坯工裝坯入匣，窑工裝匣入窑，安放位置，悉求一律穩洽，七必需也。鎮窑一門入火，外窑四門入火，考察建築，務期周遭成熟，八必需也。八備之外，有此八需，言陶之事，美矣備矣。然而全體扼要，仍有兩端，一曰養工，二曰教藝。工人資格，四民並列，景鎮之工，良莠混雜，多無人格，無理取鬧，愈遭蔑視，苛苦不堪之後，聚而謀釁，業户停廠，工人棄貲，彼此兩病，擬取廠窑民窑，對付工人規則，斟酌參合，稍優體面，以養其廉恥，稍高工價，以瞻其身家，再畧倣營制體什伍部署，恩不知勸，威不知法，此殆必無之事也。又各國凡百工藝，皆有學堂，中國近年，間有設立，景鎮人則并不知有此學堂名目，師傅徒弟，信口稱呼，求其規矩法度，不失先民之遺，已不多見，至如算術圖畫物理化學，尤視爲於工藝渺渺不相關，以此云工，安有佳製。擬由本公司籌措欵項，送數名聰頴子弟出洋，專學陶業，俟學成歸國，藉作師範，在鎮建立瓷業學堂，暫時則仰諳練舊法之人，挑選本公司工徒之年少者，分門教授。又一面考求新法，開一試驗廠，使諸工人親于其身，入於其目，此亦目前補救之一法也。綜而言之，有八預備，然後有物，有八必需，然後有法，有兩扼要，然後有人，而以人用法，以法用物，養工教藝，尤爲當務之急，所最難者，舉以上層層布置，而施諸景鎮之地。後來窒碍，涉想輒生，删棄煩瑣，大端有四，景鎮風氣未開，購用機器，平民視爲强奪其業，填白印花，釀成巨案。今年冷灰復燃，重尋舊釁，前月又殺斃數命，公司不用機器，則土貨停滯，必用機器，雖有蘇張，不能禁蠻野之暴動，其難一。工人稍從優待，本準情酌理之舉，惟諸民窑對於工黨，一切工食價目，堅持固握，鬧派一次，亦進不及寸，公司以文明辦法，獨示優異，在雇之人則喜。此外實繁有徒，各缺望于其主，鬧派之案，歲且疊增，適以招同業之口實，其難二。公司原有之坯房窑屋，窄不敷用，除在外需加倍添置外，瓷業學堂，尤在所必設，此間地隘人稠，崇墉比櫛，其密如鯽，環公司前後左右無一隙地，折屋作廠，則費且難圖，離埠開基，又遠而不便，其難三。製造大廠，注重消路，消路四闢，必在交通，流域之區，景鎮僻處内河，河身狹隘，匣屑擁塞，灘溝如線，商舶來往，紓緩無日，將來公司擴充發達，成貨自多，商運不靈，貨價兩滯，其難四。夫預備之規模如彼其大，而實行之境地乃如此其難，譬驅駿馬思走萬里平原，而蹄跡所落之區，左攀突障，右瞰重淵，稍一放轡，非觸輒墜，惕心怵目，臨履莫名。前與京中諸友討論此事，嗣在滬會議，多有舉遷地爲良之説者，達原抱社會主義，以承此乏，初無畏難之心，頗不謂然。今即地觀衆，魔障重疊，恐補裨社會，萬不獲一，公司資本，且因事變，牽涉受虧，顧瞻前後，未免怦怦，兹姑擬一遷地饒州之説，與景鎮比較便碍，工黨不譁，一便也。同業無傾，二便也。地基宏敞，三便也。河道交通，四便也。然亦却有四碍，資本加重，碍一，時日太紓，碍二，行色難齊，碍三，不便滿窑，碍四。達連日與汪君勉齋徐君揮五反覆商榷，擬分兩層辦法，一曰現在辦法，一曰將來辦法。現在辦法，就景鎮現買之屋，暫用舊法開辦，計容工人多少定工作之小大，料難驟佳，必極其選，器難驟改，期適于用，法難驟新，求復乎古，工難驟巧，姑盡其能，頡頏廠窑之價值，追躡宣成之規制，舊法之美，於焉盈量。至將來辦法，所有一切預備之事，材料所產，各有定處，於饒於鎮，兩無妨礙，就現在辦法布置完善，需有一年之久。此一年中，對于將來辦法，一面預備材料，一面監察社會，而於陶業界内，有權利即有義務，擬開演説以勸導工人，擬推腹心以聯絡同業，倘能鑒此苦衷，合同進化，商知羣理，工求藝學，又得賢有司力任提倡，以教以養，改良巡警，另立司法，實辦市政，釐定工章，使景鎮地方，無陂不平，百噐悉浄，則普通改良之希望，不付諸烏托之邦，而公司就地擴充，遂爲在鎮永遠不祧之業。若週一寒暑，百挽無效，工蠻商詐，牢不可破，居危人亂，後顧悚惶，遷地爲良，不決何待，自後此間社會情態，消長進退，常川布告，以便徐商去就，決定方針，無任達一人進退維谷，是所切禱，自下購買此屋，合修理添置及一切雜用，綜計大較，爲數不貲，銀號開設，最爲要着，蓋資本爲母，磁業爲子，此數年中子業幼稚，爲母力扶持保護之時，期取贏補虧，資業乃交相爲用，管蠡所及，敢佈區區，諸凡高明，統希裁奪。

中國第一歷史檔案館《光緒朝硃批奏摺》第一〇二輯《光緒三十三年十二月十三日閩浙總督兼管閩海關兼署福州將軍松壽折》　頭品頂戴尚書銜閩浙總督兼管閩海關兼署福州將軍奴才松壽跪奏，爲籌辦閩省工藝傳習所，以養游民而興實業，恭摺仰祈聖鑒事。竊維安民之道，教養爲先，而教養當以興工藝爲急務。近來泰西各國，藉製造以進增其理想，廣實業以横絶其懋遷者，工藝而已。閩省地土瘠薄，户口繁庶，徒以工藝不講，無業之民日見其衆，此輩皆逸居無教，專以游蕩爲事，若不急籌生計，使之各習一藝，自食其力，殊於地方治安大有關繫。奴才到任以來，時集官紳詳籌妥議，查得省城水部門有舊日停辦官設機器廠屋一座，旁有旗地一段，地方寬闊，堪以重新展拓，建築工藝傳習所。當經邀商在籍翰林院編修林炳章爲該所總理，其所内一切用人行事，均由該紳一手經理。嗣據該紳確切勘估興辦，計修整添造大廠四座，講堂休憩室各四所，藝徒寄宿舍二十所，應接室、辦事室、會食堂、轎廳各一所，儲材庫、儲貨庫十四所，教員、辦事員寢室，丁役寢室十二所，通計購地及工料銀一萬一千兩。一面購定東洋機具及各種器皿，延訂教習。先招集工徒一百八十名，分爲甲乙兩班，入所分科習業製造土貨，如漆器、竹器、籐器、皮箱、紙張、染織等類，均爲民間日用所需，易於運售之物。先行試辦工徒，俟經費稍裕，續擬招足四五百名，藝成後即可派撥各屬地方充當教習，以期逐漸擴充，惠貧民而興實業。所需開辦經費由該紳就地捐集銀二千兩，不敷之數及常年經費已飭司局處設法籌款濟用，以資周轉。除飭先行試辦，並將詳細章程咨送農工商部查照立案外，所有閩省試辦工藝傳習所緣由，理合恭摺具陳。伏乞皇太后、皇上聖鑒，訓示，謹奏。硃批：農工商部知道。

《商務官報》光緒三十三年十一月十五日第三〇期《批漢口商務議員孫泰圻呈》　據呈已悉。查漢豐麵粉公司，此次續呈股票式樣，並簡明註册呈式核與定章大致尚屬相符，自應准予註册，給照具領。惟本部公司註册章程内載營業年月日一條，係指營業有無期限而言，原呈所稱尚屬誤會。又查該公司股本銀二十萬兩，照章應繳註册公費銀一百二十四兩，前繳京平足銀一百三十二兩五錢，核算尚短京足銀一兩五錢。除准予先行填給執照收單，寄交該議員轉飭遵照外，應即轉飭該公司一併補呈到部，以憑備案可也。此批。十月二十五日。

《商務官報》光緒三十三年十一月十五日第三〇期《批職商凌盛熹稟》　據稟並招股章程註册呈股票式均悉。該道擬集股本在漢陽琴塘地方創設允豐機器餅油有限公司，意在改良製造，自保利源，於商務洵有裨益。所請援照贛豐公司成案，懇准專辦一節，查贛豐公司本部祇准在海屬境内專辦五年，漢口爲商務繁盛之區，此項公司曾否已先有人設立，自應先行確切查明，以免歧異。除咨湖廣總督飭屬查明，咨復再行核奪外，合先批示，仰該道即便遵照註册公費暫存。此批。十一月初八日。

《商務官報》光緒三十三年十一月十五日第三〇期《批寧波商務總會呈》　據呈職商姚方亭等集股式萬元，在寧波府鄞縣江北岸地方創設光明機器燭皂股份公司，自是爲挽回利源起見，所擬章程股票式樣並呈内聲明各款，核與定章相符，自應准予註册，給照具領。惟該公司股本銀式萬元，照章應繳註册費洋七十元，除照收外，尚餘洋銀五元，合行填給執照收單及餘銀五元，寄由該商會轉交該公司，遵照一面咨行地方官保護，至商標一節應俟商標局開辦後，再行呈報核辦可也。執照收單餘銀并發。此批。十月二十五日。

四川省檔案館《四川保路運動檔案選編·振華毛葛巾公司創議毛葛巾幫章程幫規呈巴縣稟光緒卅三年十一月廿八日》　具稟治下毛葛巾幫職商振華公司世合公白漢周、李厚斌、侯茂修、廖坤三，抱稟謝桂三等，爲協懇保商賞示存案事。

緣今時代變法興利，百度維新。於商務尤爲注重，特立商部，設商局、興商會，誠富國强民基礎。職幸生盛世，每悉心籌劃，欲倣效泰西製造商業無從著手，於光緒二十八年隨帶工匠二人遊歷日本，博採各國製造貨物。遍覽之下，惟織毛手巾一宗，易學易精。職思湖北産花，紡紗官局辦有成效，以本國之紗織造毛巾、寬布合用之極。行銷本國足以抵製外洋來貨，則利源不致外溢。毛巾人所必需之貨，多織暢銷於厘金亦有起色；不請專利，以廣衆財而謀公益，國計民生兩有裨益。留學日本工匠於二十九年學成回渝，職購買織毛巾機器運渝，照樣製造二十餘架，開設昌華公司（現改振華），精工織造，貨色比較東西洋無異，暢銷獲利，外洋之貨無客販辦來渝。近因年久，學徒出師工匠甚多，兼之吾民素志步人後（程）〔塵〕，趨利之心更甚，開設多家織造，取巧賤價濫市。尤有奸狡工匠，買水湿霉（濫）〔爛〕洋紗織造，欺騙遠商，抵製好貨不能行銷，負職創辦購機雇工遠學辛苦。且渝各商（會）〔薈〕萃，百行貨物均有幫規章程，惟職創開紡織毛巾一行未有定規。

今職齊集現業毛巾各家及工匠人等，公同妥議莊會幫規章程各條，無論渝北兩地教民均歸一律上莊入會，恪守幫規，不許仍前以（濫）〔爛〕紗織造賤售，欺哄買主，有礙通幫銷路。大衆樂從遵守公益，各保利源。爲此職等粘具幫規章程，協懇保商，勸勉將來提倡製造，興利自强，有裨公益，賞示存案。職等（閤）〔闔〕幫頂祝盛德無暨。伏乞父台大人台前俯准施行。

〔附〕縣正堂批：查閲條規尚屬公允，既系衆願樂從，准予立案，出示曉諭，以資遵守可也。

中國歷史博物館《鄭孝胥日記》第二册《光緒三十三年十二月初二日》　詣日輝帳房。即赴三山會館同鄉會，爲演説樟腦情形及聯合公司專賣之辦法。

《東方雜誌》第四年第一二期《農工商部奏准漢口職商創設揚子機器製造廠摺》　竊臣部據漢陽鐵廠浙江鐵路公司及職商宋煒臣、顧潤章、顧溶、鄭清濂、許蓋等禀稱，各省鐵路均籌自辦，鐵之用至繁，漢陽鐵廠現經改良，煉鋼擴充，化鐵以後，鋼鐵各料多而且精，毋俟外求。然該廠系以生鐵煉成熟料，尚非製器之場，除製造鐵軌及附屬零件外，凡鐵路所需橋梁車輛，仍須取辦外洋，厚利外溢，殊爲可惜。職商等現已聯合同志，集得股銀三十五萬兩，名曰揚子機器製造有限公司，即購漢廠鋼鐵各件，以造鐵路、橋梁、車輛叉軌三宗爲本務，逐漸推廣，以日後能辦至造母機爲止。業經派人出洋購辦機器，并聘雇著名造橋工師造車匠目，一面相度地勢修建廠屋，一俟機器到齊，即行開辦。惟念製造車橋，系屬裨益路政，與别項商業不同，懇請先予奏明立案，並請援照漢陽廠成案，建廠機器及一切物料進口暫免税釐五年，以輕成本，而勸工業等因。並擬定集股開辦章程十五條，呈核前來。臣等查各省籌辦鐵路，原爲收挽利權起見，而一切材料均須購自外洋，漏卮仍鉅。近歲漢陽鐵廠自造鋼軌，尚屬精良，前經臣部通飭各省鐵路公司一律訂購。惟橋梁車輛雖有原料而無翦裁配合之機，不能成器，誠能另設專廠製造，與該鐵廠相輔而行，既可裨益路工，兼可維持鐵政。茲據該職商等擬集合股本，設立機器製造有限公司，自製鐵路材料，洵足以收挽利權。漢口工商最盛，軌綫四通，且與漢陽鐵廠相鄰，就地取材，灌輸自便。查覈所定章程，系遵照公司律辦理，尚屬妥洽，應請先予立案，藉資提倡。至所請援照漢陽鐵廠成案，暫免出口税釐一節，查本年三月間，臣部會同郵傳部奏請各省商辦鐵路所用材料，擬照官辦之路，暫行免税，仰蒙恩准在案。該公司製造車橋等物本在鐵路材料之中，擬請援案暫准一體免税，毋庸另援漢陽鐵廠成案，轉涉兩歧，此外建廠購機及一切物件，仍令遵章完税，以示限制，如蒙俞允，由臣部咨行税務大臣度支部郵傳部湖廣總督，欽遵分别辦理，謹奏。

《通商各關華洋貿易總册》光緒三十三年下卷司巴爾《光緒三十三年九龍口華洋貿易通商情形論畧》　平海角之白沙湖地方現有創辦製造玻璃一廠，名曰福惠玻砂公司，聞集資本四十萬元，共八萬股，每股五元，如果股本不敷，將來仍可加增。　該廠建設地方甚爲合宜，乃因環近海濱，所出白沙甚多，最合製造玻璃之用，大有取之不盡之勢。查該廠以及工人所住屋宇，工堅料實，且頗通爽。現在所用機器係買紅磡玻璃廠者，將來仍須加購新式機器，刻下作工之人約五百名，均屬土人居多，一俟新式機器運到，部署停妥，大約可用三千工人，惟是目前所出玻璃器皿，概屬粗糙，尚未磋磨。

《通商各關華洋貿易總册》光緒三十三年下卷杜德《光緒三十三年九江口華洋貿易通商情形論畧》　南昌現試開機器碾米榨油公司，其牌名厚生，其機器購自美國茂生洋行，聞機器能自運動，其碾米機每日可碾五百担，自破穀以至米之成熟，皆機爲之，不勞人力。中國各廠中所用機器，能自行運動者，要以該公司所購機器爲稱首。

《商務官報》光緒三十四年正月二十五日第一期《批廣州商會總理左宗蕃等請註册呈》　據呈已悉。該商方仰歐等集股本銀壹拾萬元，在汕頭地方創設電燈公司。呈内聲各明欵並所繳公費銀兩核與本部章程相符，自應准予註册給照。惟布告下漏，未聲叙或登報或通信字樣，應再令補呈到部備案。除一面咨飭地方官保護外，仰即將執照並註册多餘費銀二十五兩一錢二分轉交該公司具領，並轉飭遵辦可也。此繳。三月二十四日。

《商務官報》光緒三十四年正月二十五日第一期《景鎮磁業公司辦事章程》

現在辦法：

一，修理原屋。

甲、廳堂，原創之意本以此屋爲本埠銷售廠，兩邊裝設櫃台。今暫添裝房舍作爲辦公之用。

乙、坯房，南中北三重，每重九間，車篤泥池均未設備，須一一如法添置，並擬於中加造工人宿舍，以肅工規。景鎮工人多不在廠寄宿，故易滋事。其鋪位擬仿外國工廠辦法，分層安設，雖地窄人稠，仍無擁擠紊亂之弊。

丙、畫室，原有畫室十四間擬改爲坯房，因在平地便於濬挖泥池，安置缸桶，即將畫室依山建造，仿吊脚樓式分作兩層，上下均獲實用。

丁、窑屋，窑屋必設極大柴樓，預爲囤積柴乾而便用。現屋内柴樓仍未具備，窑巢有二基礎，已定工程仍未及半，擬從速一律補建完備。

二，營造山基。

平地統無餘剩，惟珠山西北兩面劈歸公司管理，其山西高北低均甚平敞，擬先行添設畫室坯房柴樓，急濟實用，再留餘地建造試驗廠陳列所，及股東接待所，分區布置，另詳圖説。惟除實用工廠急需添置外，其餘須俟遷地與否決議之後，再行建築。

三，購辦器具。

甲、製器之用，作車、鏇車、印車、挖車、泥缸、釉缸、灰缸、泥桶、釉桶、灰桶、雜用大小桶、泥床、晒架、坯板、大小脚凳、四脚木馬、三脚木馬、坯模、料缽、鏇刀、泥劑、彩爐、畫筆、吹筒約言其畧餘難枚舉。

乙、辦公之用，凡廳堂與宿舍廚房一切必需之類，及工人鋪板飯桌等件，皆是不備齊。

四，延請執事。

甲、庶務，凡無專職管轄之事，而又不便另起一門類者，悉以屬之總理。如因事他往，有代表執行之權。

乙、文牘，辦理公文要函告白並隨時登載考察。（附書手一）專司繕寫。

丙、會計（正賬房一）專司本公司財政大綱出入。（副賬房二）一管理内賬兼記工，一管理外賬兼買辦。

丁、監工（總監工一），凡公司雇用工人，不論何項名目，悉歸管理。（分監工四）圓琢雕彩各一。

戊、材料（管理四），土一、柴一、匣一、料兼各彩品一。

己、成貨（挑選三），即廠窑之選瓷房，俗稱爲彙色，同一品類，成筒成對，必資選配，儲藏擺設，分房保護，圓琢雕各一，（發賣二）總司批發一，專司本埠銷售所一。

庚，有不屬於以上各科，及各科人不敷用者，隨時議加。

五，雇用工人。

甲、圓器之工，淘泥俗呼打雜，拉坯俗呼做坯、印坯俗呼拍模、鏇坯俗呼利坯、合泑，拉水、盪泑、蘸泑上四項俗呼剎合，煉灰、吹泑、乳料、畫坯、裝坯。

乙、琢器之工，與圓器略同，惟圓器以利坯之工爲主體，琢器以打雜之工（兼淘泥剎合裝坯三藝之稱）爲主體，各視主體之人數若干，乃定其他各工人數。

丙、雕鑲之工，凹者爲雕，凸者爲鑲，品樣不一，各有專長，工同技異，擬選其著者。

丁、彩畫之工，配料、畫樣、繪事、填彩、燒爐。

戊、燒窑之工，抬坯俗呼二把庄，裝窑、滿窑、燒窑俗呼把庄，此工人中之最貴者，然分三手，有溜火、緊火、溝火之目，開窑。

六，購辦材料。

甲、白土，上品土塊，窑户須先年付價定做，否則無佳者，擬照例價定外，分派人至祁門浮東餘干星子諸廠考察，土質監督淘汰，爲自開土礦預備。

乙、松柴，柴客倚柴行籌備資本，柴行又仰給於窑户，故柴船抵埠，價輕息重，多受虧折，擬以平價薄息，扶護柴客，或擇妥附股，以期陸續接濟柴用。

丙、顔色與料，景鎮普通之名稱純藍之色，畫在坯胎者曰料，各種彩品畫在瓷面者曰顔，色料産原不一處。近則僅有滇料顔色，原以各種金石之品配煉而成，近且爲外國之製所侵入，開辦伊始，祇好從衆選備，然後逐漸研究。

丁、畫缽，匣廠在鎮特開場面，然同爲成瓷之用，亦附列材料一門，擬暫仿白土例，先以價定，其白色土之最多者，久後當自開廠。

七，附設銀號。

瓷業爲本，銀號爲用，目下本業基礎甫築，全藉銀號爲浥注，辦法須倣外國企業公司附設銀行通行之章，且須兼廩儲蓄之義，不惟周轉流通公司利便，并可藉以維持市面，保全工資，於社會不無裨益。

八，禮延顧問。

甲、資格，擇其熟悉陶務，品望爲全鎮所交推者。

乙、名額，無一定數，本公司可隨時添聘，被聘之人，亦可隨時辭謝。

丙、姓氏，現在尚無定人，除選聘之外，尚有例聘者。景鎮大勢全在燒窑做窑兩幫。燒窑幫以燒柴爲上窑，會曰陶慶，燒槎爲下窑，會曰陶成。歲於二會各有一人，爲燒窑幫當年。做窑幫有九大會，每歲每會亦各輪有當年者，本公司擬於燒窑幫每歲聘其兩當年爲顧問員，而於做窑幫，則於九會中歲聘其二，輪流周轉。

丁、會議，遇有大事會議，由本公司具柬一體延請。

戊、訪問，或往訪，或延致，無定事，無定時，無定人，由本公司酌就顧問。

己、餽贈，無一定規則，對於本公司實行出力者，酌量酬勞。

九，聯絡同業。

甲、本埠分門之同業，如燒窑，做窑，匣廠料公司，白土行，柴行，瓷行，瓷客，皆有直接之關係，遇有何項規則，應行整頓，本公司一意襄助，必臻於完善爲止。或本公司力圖擴充，遇有阻碍，各門同業亦當知互有關係之義，扶助本公司增長發達，以目的達到爲止，擬每年四季由本公司延請各門同業代表人讌會一次，以表睦念。

乙、各處分門之同業，如土客，柴客，料客，及各埠瓷商，亦皆有間接關係，遇有資本家及有聲望者到鎮，必延人公司欵洽一次，一切做造之法，銷售之路，藉備諮訪，或彼於本業遇有交涉事件，本公司當盡情兼顧。

十，挑選學生。

此間工藝不惟新理不闢，即舊法亦多失傳，配土合料着色出樣號稱能手，稀若晨星。擬就本公司工人中仰各品能手爲教習，而以年輕聰敏之徒弟爲學生，緊連工廠，另備一屋，仿學堂辦法分門類限鐘點，整齊嚴肅，一遵部署，責成總監工並帶管理，實行學堂監督之權監督。教習於本職薪俸外酬給若干，臨時酌議。

將來辦法：

一，開採土礦。

義詳前説，宜於祁浮之間，擇其土質相宜，轉運較便者，先行開採，安設水機舂搗，惟産土之區，多惑於風水，須呈請皖撫、江撫札飭該地方官勸導鄉民，量地給價，毋得藉詞抗阻。

二，廣興林業。

松柴之費，占瓷器成本四分之一，環鎮一二百里砍伐幾盡，擬如前説，分自樹、勸樹兩層，用林學新法培植，滋長必速，饒州張郡守已定有保護林業規則，可無竊伐之虞，不及十年，必能取用不竭。

三，選備瓷樣。

各國瓷器形式翻新，層出不窮，擬擇其式樣之最新者，多爲選備，藉爲模範。而各國人情好尚各有不同，亦必酌量變通，不落窠（血）〔臼〕，庶可各適其用，而動外人歡迎。

四，變通窑式。

景鎮窑圈之大爲各國陶廠所無，又拘守舊法，限于一方面入火熱力不匀，誠如前説之病，成器之難，價由是漲，銷路遂滯，急宜倣照外國窑圖建築，或從四面開門，或從下層入火，總以熱力周到爲準，且須有熱度表以測驗火候，乃有把握。

五，改良製造。

製瓷之機，形如輾轤，其旋轉速率較之拉坯實相什伯，即淘泥印坯吹釉等事，亦皆處處炙敏，以德意志法蘭西製法爲最佳，一時難於學步，擬先做日本製法，購其全副製瓷器具試用。

六，分別印畫。

凡屬玩品及行銷外國者，在在必求精美，固宜不惜工資加意繪畫，如屬普通國民日用品，務在工省價廉，爲唯一之主義。故須一律改用印花，不惟公司銷路易見擴張，且於社會經濟不無裨補。至若學生軍人官吏用品，必擇古今中外實事，可以感發其國民思想者爲圖，各從其類，以示特别。

七，聘請職司。

各國淘業分言之，則各有專長，總言之，惟有職司職工之别。職司於瓷科學理，靡不研究洞澈，職工之動作，則悉聽職司之指揮。擬先聘日本高等職司一人，用之於試驗場，場必試驗有得者，然後令本國工人實行製造。

八，釐訂工章。

景鎮集工十數萬，分行分色，又甚多門，鬧派停工，彼此爭殺，靡年蔑有，此中原因複雜，總由於各工不明相互之義，窑户放棄約束之權，所以至此，若長此不改，後患何可勝言。茲事體大，自非江省大吏派員辦理，與以特權會同十幫九會切實研究，斟酌損益，分别輕重，一一改訂規則，俾各共遵不可，然積習相沿已久，普通改革恐難驟期，惟有就本公司所雇之工准情酌理，另立新章，以爲之倡，且須呈請江撫曉諭，一切凡公司特别工章，不得以行色牽涉。

九，提創瓷學。

義詳前説，瓷業一門，科學深邃，惟有量力以分後先，量材以資造就，務祈工作完備，藝學發明庶可不借材異域，亦足以媲美他邦。

十，專設陶報。

我國瓷土産處不一，近年江西之興安，河南之禹州，皆來鎮雇工，開廠製造，率歸失敗，以學理未經發明故也。擬以本公司所試驗新舊各法，詳細彙載，每月出報一册，使産有瓷土，各處有所倣傚，並冀與外國工廠參訂異同，以期進化，即以本鎮而論，工藝窳敗，相安已久，公司雖在附近改用新法，必無有願自倣學者，須以報章灌輸其腦筋，庶有普通改良之望。

十一，組織議會。

景鎮各工與窑户商户向來隔閡，一遇争行色鬧派頭，彼此遂視爲仇敵，即窑户商户雖各有幫名會所，亦各自爲謀，不相聯絡，遇有交涉，動輒齟齬，而起衝突，要皆無法律之組織，所以致此本公司擬勸合一切工商組織。一工商總會申之以互相關係之義，仿地方議會之規法，市鎮自治之制，無事則半月會議一次，以開演説，有事則開臨時談判，集而研究，行之日久，庶可望數十萬工商各有秩序，悉入於軌物之中，互勉爲立憲國民資格。

十二，維持公安。

景鎮地狹人稠，市政不修，消防衛生毫無預備，在在可虞。擬由本公司量力出貲以爲倡。首設立消防會及衛生局，妥訂章程，呈請江撫札飭地方官主持其事，並將本處迷信鬼神一切無益之費，酌提歸入消防衛生之用，再行勸導通鎮工商分别輕重，以籌常年經費，務使生命財産無災無害，此爲保衛公安之要務，而實業無形之保險，亦即隱寓其中。

十三，預備賽會。

環球賽會之場，靡歲蔑有各國物品争相赴會，鬥巧矜奇，匪惟工商之價值所關，抑亦國家之名譽所係。瓷器原爲我國著名之産，凡會場中觀藝於我國商人區内者，最先注目，近來佳製甚稀，悉遭厭棄，影響於平時輸出之路匪淺，本公司當選上品赴會，藉以比較優劣，未始非挽回名譽之一助。

十四，推廣銷路。

本公司銷售處宜先於北京上海漢口三處設立，其餘中外通商各埠礙難一時徧設，但將所製器皿拍印成圖，附以説略，分寄各處交通機關，以便按圖指購。如有商人願意代本公司分銷者，無論何省行商，經有妥實保証，亦可參用商家通行分銷辦法量予折扣，以期銷路推廣。

《商務官報》光緒三十四年正月二十五日第一期《批姚銑等禀》 禀悉，該商等以蘇經蘇綸紗廠費租商租期屆滿，懇派員查估等情，當經本部照會張紳謇，札飭周道廷弼會同前往切實詳查，仰俟復到再行核示。此批。正月十四日。

《商務官報》光緒三十四年正月二十五日第一期《廣西設立製革廠》 廣西有設立製革廠之議，商部特行文桂撫勸，以寬籌資本，并速貲遣學生出洋專習，以備他日任使。

《商務官報》光緒三十四年二月初五日第二期《批豐盈公司禀》 准皖撫咨，開豐盈機器餅油公司，現因股東尚未招足，安慶非通商口岸，擬移設鎮江，更名鎮豐公司，並遵章呈繳報部公費三元，仰祈咨部換照立案等情，到部候咨，江督飭屬查復再行核辦，公費暫存。此批。正月二十五日。

《商務官報》光緒三十四年二月初五日第二期《批湖北工業學堂監督程頌萬等禀》 據禀已悉。該員於武昌省城合資創辦廣藝興公司，分設造紙、印刷、木工、竹工、漆工、絨繡等科，力圖擴張，以開風氣。前由湖廣總督咨送陳列各件，大半出自該員手製，均具匠心。此項禀請註册，並開具提議章程各條，條理秩如，深堪嘉尚，自應准予先行立案，仍俟將註册公費並按照本部註册章程所訂呈式，逐款聲叙禀報本部，再行發給註册執照可也。此繳。三月二十八日。

《商務官報》光緒三十四年二月初五日第二期《批職商龐元澂禀》 據禀在南潯地方設立青城機器造紙廠，呈請立案，援案免税等情，並呈驗紙樣廠圖，取具印結前來。查外洋輸入紙張，漏卮甚鉅，果能多設機廠，自行仿製，洵足挽回利權，應即照准立案。至所請援案通飭免税一節，查本部前據耀徐玻璃公司禀請援照中英新約第八第九節完出廠税後免納出口正税等情，當經咨商外務部查復准其援案免納正税一道後，沿途概免重征，以示體恤，俟新約施行，再行改征出廠税等因在案。茲該職商所辦造紙廠係機器造貨，事同一律，應即准其接案辦理，並咨呈外務部札行總税務司，轉飭各關税司遵照可也。此批。四月初二日。

《商務官報》光緒三十四年二月初五日第二期《批職商孫鍾偉請註册呈》 據呈並章程均悉。該職商孫鍾偉等集股銀一萬五千兩，在漢口地方開設福華紙烟公司。查本部奏定公司註册章程，刊有聲叙各欵呈式，該公司此次呈内有無期限及所舉查察人姓名住址均未聲明，公費銀兩並印刷股票樣張亦未隨呈繳入，核與部章不符，礙難照辦。應先行准予立案，俟該公司按照註册呈式聲叙，並將公費股票繳到飭局註册，至商標一項，俟本部奏定開辦後再行飭遵可也。此批。三月三十日。

《商務官報》光緒三十四年二月十五日第三期《批職商葉宏均呈》 據稟，該職商呈稱自籌貲本二萬元，在漢口大夾街開設葉乾泰京貨絲棉店，遵章繳納公費七十元，呈請註册給照等情前來。查本部奏定註册章程内，開凡公司設立之處，業經舉行商會者，須先將註册之呈由商會，加蓋圖記，呈寄到部，以憑核辦等語，該職商即係獨貲商業，亦應由該處商會呈報註册，免至辦法兩歧。除將所繳公費暫存外，仰候札行商會查復，到日再行核辦。此批。二月初一日。

《商務官報》光緒三十四年二月十五日第三期《批道員程祖福稟》 該道前稟由清華實業公司開辦湖北水泥廠呈請註册等情，當經本部以湖北水泥廠係獨立公司，不宜附屬他公司之下，批令與該廠股東會同定議，再行稟部核奪在案。茲據稟稱，仍以湖北水泥廠附屬清華實業公司，並遵照批示，續訂專章等情前來。查該道開辦湖北水泥廠，若以之附屬清華實業公司，將來如與新鄉榨油廠互有盈虧，資本股息計算均多不便，與其日後難免糾葛，不如現在預爲劃清。仰仍以湖北水泥廠，另具呈式，來部註册，不必牽涉清華公司，以清界限。此繳。二月初三日。

《商務官報》光緒三十四年二月二十五日第三期《批鎮豐餅油公司稟》 前准院撫咨，據商務局詳，職商張吉恩稟稱，豐盈餅油公司開設，安慶因非通商口岸，擬將該廠遷設鎮江，更名鎮豐，現已邀請職商潘應堯入股足額，應將原領執照繳部换給鎮豐執照，祈轉詳咨部立案等情。當經本部咨行兩江總督，飭屬查復去後，茲准復稱，該公司遷設鎮江，於地方並無窒碍，股本業已足額，應准其開設，咨復查照核辦等因前來，合行批示，飭局换填鎮豐執照，仰該職商具領可也。此批。十月十九日。

《商務官報》光緒三十四年二月二十五日第三期《批甘光昭等稟》 據稟已悉，白蠟公司既係奏設，由甘和鼎承認商總乃抗欠不繳，且平日冒充職官，此外尚有浮支虧挪扯用等項，如果所稱屬實，自應按律懲辦，以警將來而重奏案。除俟咨行四川總督查復，到日再行核辦外，合行批示，仰該公司管事等遵照可也。此批。二月初十日。

《商務官報》光緒三十四年三月二十五日第七期《上海製造絹絲股分有限公司》 光緒三十二年五月十六日，朱佩珍、袁塗、葉貽銓、王震、李厚祐、王予坊、沈照、籐田四郎、明渡知瑜太郎創辦總號在上海四川路三百二十九號，工場設上海曹家渡，股分規銀四十萬兩，每股規銀二十兩，爲股分有限公司，從事紡絲，光緒三十二年六月初二日註册。

《商務官報》光緒三十四年三月二十五日第七期《批上海商會稟》 據稟暨各清摺均悉。該職商樓景暉等現在上海新閘地方創設協和繅絲廠，呈請立案註册等情。本部核閱該廠章程尚無不合，所繳公費亦與定章相符，自應准予立案，并飭局註册，除咨行地方官飭屬保護外，合行批示，仰該總會即將收單執照轉交具領可也。此繳。三月初十日。

《商務官報》光緒三十四年四月初五日第八期《批上海商會呈》 呈悉，職商鄧耀昌等招集資本在上海創設宏興機器織布公司，係爲改良土貨起見，所呈章程呈式及所繳公費數目均與定章相符，應即准其註册，除所請織成土布運銷外埠擬援案免納值百抽五正税，并沿途重征一節，俟本部咨商税務處核復，再行飭知外，合行填給執照。光緒二十七年七月十四日郭玉泉創辦總號在香港大馬路分號設收單，發該商會轉交具領可也。此批。三月二十五日。

《商務官報》光緒三十四年五月初五日第一一期《批裕亨麵粉公司稟》 據稟已悉。該公司已在高郵州南門外購地十二畝作爲總廠地基，不日興工建廠等情，除咨行江督蘇撫分别飭屬保護外，合行批示，仰即遵照可也。此批。四月二十七日。

《商務官報》光緒三十四年五月初五日第一一期《批上海商務總會稟》 稟悉。據泰來棧機器麵粉公司此次聲叙創辦人並查察人等住址，業經飭局補註備案，仰即傳知該公司可也。此批。四月二十四日。

上海社會科學院經濟研究所《榮家企業史料》上册《滬錫兩地七家粉廠公議辦麥規條》 一、議同業在各大埠行市適中之地，公租房子一所，每日同業各友均到晤敘，商定收麥市價，遵價照收。如遇市價過大，成本不敷，即相戒停收。

一、議出莊各埠，除去偏僻小埠，因市小貨稀難容大客，且市價易於提高，故不能出莊。

一、各廠在各埠辦麥，莊友逐日九點鐘齊集議定價目，即刻關照各行限至十二點鐘成交，公同評看，如貨價不符即時退去，逾十二點鐘後不再交易。

一、議各廠在各埠收麥所有往來各行，必須按日認定一行。餘行輪流周轉，不得紊亂。

一、議同業議定犯規罰款每次洋一百元，各廠先行照數繳存公處，撥莊生息，以貼公費。倘遇犯規，當即罰款。該廠須補繳原數照存，毋得推諉。

一、議同業在業在各埠設有公會收麥，即照公議定價而收，不得陽奉陰違，暗中放價私收。如有查出，遵罰無辭。

一、議同業各埠收麥，每石提洋二厘，以作公處開支之費。

一、議公會事務歸各廠莊友按月輪管。

一、議各埠情形不同，如在該埠設立公會，所有與行家交易屆時公同議訂，由該莊友再行抄報。

一、議同業公請見議公正人兩位。

一、議此次議定各條規以後設有增改，隨時公議照補。

一、議此次議定條規，照繕八紙。一紙各廠簽字交存公會，其餘各執一紙以憑遵守。

華興麵粉公司　祝涵甫
中興麵粉公司　王藹人
立大面粉公司　顧馨一
裕豐麵粉公司　尤煥章
裕順麵粉公司　萬瑞亭
茂新麵粉公司　榮德生
阜豐麵粉公司　張習之

《商務官報》光緒三十四年六月初五日第一四期《益壽堂何延年藥油店》

光緒十五年正月，何熾燊、吴桂樵創設總號在廣州府省城白米街，資本洋三千元，合資二人何熾燊出資二千元，吴桂樵出資一千元，爲合資有限公司。專製如意油及各種香油藥油，光緒三十四年四月二十五日註册。

《商務官報》光緒三十四年七月十五日第一八期《批裕泰紡紗公司稟》 據稟已悉。該商懇請援照濟泰大生成案一律完捐，既據稱江督批，本無不合，仰候據情咨行，兩江總督江蘇巡撫詳議具覆再行核示。此批。七月初二日。

中國第一歷史檔案館《光緒朝朱批奏摺》第一〇二輯《光緒三十四年七月十九日湖廣總督陳夔龍摺》 湖廣總督臣陳夔龍跪奏，爲鄂省倡辦造紙鍼釘各廠，以興工藝而維利源，恭摺具陳，仰祈聖鑒事。竊維中國自通商以來，土貨滯銷，多爲洋貨所占，利源外溢，不可勝計。升任督臣張之洞有鑒於此，頻年在鄂創設各種工廠，以爲提倡實業，杜塞漏卮之計，均經先後奏明在案。上年秋間，復以紙張、鍼釘、氈呢、麪粉四項，皆爲洋貨入口大宗，亟應設廠自造，收回利益。即經分別派員籌辦，所需經費准由本省息借商本籌備實業專款内陸續撥用，一面招集商股，以資協助。張之洞旋即交卸入都，前督臣趙爾巽到任後，迄未奏報。臣履任以來，詳加考察。除氈呢一項事極繁重，需款甚鉅，從前委辦之員，尚未籌定辦法，正在飭催議辦。麪粉一項，業據委員查覆，漢口先有商業數家，稟經前督臣批准停辦外，所有造紙鍼釘二廠現已麤有端倪，請將大概辦法約略陳之。查紙之爲用最廣，爲官民商賈所必需，中國造紙舊法極爲繁瑣，程功需時。近來東洋新法，多用藥水煮製，無論何項腐敗棄物，均可化爲有用。若不設法仿造，勢難與之争衡。經升任督臣張之洞選定武昌省城外白沙洲地方飭建造紙專廠，遴委候補道程頌萬會同官錢局候補道高松如議章稟辦，現在該廠地工一律築就，房屋次第造成，已與比國鷹德司太爾廠訂立合同，購有能造竹、木、棉、草四種之頭等機器，約於九十月間到廠，並將金口至武昌一帶大隄兩旁悉種楮樹，以供原料，復闢圃於廠内，采購各國造紙原料植物分别栽種，仍次第移植隄畔。目下業經徧植，明春即可成林。預算將來每日所造紙張，除去一切成本工資股息雜費各項開支而外，總可得有盈餘。此鄂省倡辦造紙廠之大概情形也。又查鍼、釘二物，外人製造日精，近今二十年來中國縫紉、竹木各工購用外洋鍼釘爲數甚鉅，以致土物行銷極少。經升任督臣張之洞查明漢陽兵工廠内舊有製造銅幣一廠，屋宇空閒，飭改爲鍼釘廠，遴委候補道黄厚成會同官錢局候補道高松如妥商稟辦。現據稟覆，上月已與德商瑞生洋行訂立合同，購定造釘機三十部，拉鋼絲機，全分螺釘機，全分造製螺釘之紙篋機，全分電燈機件全副，定期七箇月内運齊到鄂，並雇定英國工程師三人，預約一年爲度，俟教成中國機匠藝徒，即卻退回國。廠屋已勘估，修葺鍋鑪引擎等項，仍用造幣舊機，以資節省。默揣造釘一項，將來歲出三十餘萬金之貨，尚不難於銷售。至造鍼機，多工密事，較難於造釘。且外洋所用之原鋼料，名曰泡麪鋼，價值甚鉅，購辦亦多繁費。惟查近年洋鍼進口，據海關貿易總册開報，每歲約值銀六十餘萬兩，即漢口一埠，亦有十三四萬兩之多。若能仿造得法，實開民間一大利源。萬不容畏難苟安，坐任放棄。已飭該道等迅速考驗，次第開辦。此鄂省倡辦鍼釘廠之大概情形也。以上各項經費，應即查照張之洞原議，一半由官撥給，在於息借商本項下動支，一半招集華股，按照商律股分有限公司條例辦理。事關國家公益，商民生計，總宜力任其難，由官倡導，以期羣情鼓舞，相與有成。容臣隨時督飭該道等妥速籌維，認真興辦，仍俟議定詳細章程，再行分咨各部，查核所有。鄂省倡辦造紙鍼釘各廠大概情形，理合先行恭摺具奏，伏祈皇太后、皇上聖鑒，敕部立案施行，謹奏。

《商務官報》光緒三十四年七月二十五日第一九期《批職商向永昌禀》 此案前據顧斗寅等接辦，悦記官銅爐有限公司禀請註册。嗣於三十二年五月間，據江南商務局呈稱，官爐迹近壟斷，經本部將原案註銷，并發還公費在案。兹據該商禀稱官爐已閉，私爐仍舊串開，所指奸商、劣書、巡警局司事通同作弊等語，是否屬實，仰候札飭江南商務局司道查明，照例懲辦。此批。七月初八日。

《商務官報》光緒三十四年七月二十五日第一九期《批職商李鍾珏等禀》 據禀已悉。該職商李鍾珏等創設廣東自來水公司，議集股本銀一百二十萬兩，官商各半分認，自是爲開通風氣，裨益地方起見，所繳註册公費銀數亦屬相符。惟查閲該公司章程内第十條，本公司係官商合辦，與全行商辦者不同。查商律未載官商合辦專條，本公司變通辦理，總副董及董事並無任期，永不更换一節，核與本部奏定商律，未免兩歧。查商律第三十條内載，無論官辦、商辦、官商合辦等各項公司及各局，均應一體遵守商部定例辦理。又第六十八條董事任事之期以一年爲限，期滿即退。又第六十九條董事期滿，如衆股東以爲勝任，可於尋常會議時，公舉續任各等語，應令將該公司章程第十條照遵商律更正辦理。除准予先行立案外，應由該總理等傳知該職商，迅將以上所指各欵補行更正到部，以便飭局註册給照具領可也。此批。八月二十五日。

中國歷史博物館《鄭孝胥日記》第二册《光緒三十四年八月初五日》 李合順來請領第四期造價。礪億記來送電燈裝綫估價。午後，赴同鄉會。過立憲公會。遂至南洋路。過張園，逢伍昭扆及吕秋樵之子。

端方《端忠敏公奏稿》卷一二《皖省榨油公司立案摺光緒三十四年八月》 奏爲皖省内地華商創設機器榨油公司，酌定完納税釐章程咨部立案，恭摺仰祈聖鑒事。竊照光緒二十五年經前總理衙門奏准酌定機器製造貨物税餉一案，聲明機器製造之貨均於離廠之先，仿照洋貨進口例征收值百抽五之正税再加征一倍，以抵内地釐税，統計每值百兩征銀十兩，此後無論運往何處，概免抽收，以税課之所盈補釐金之所絀等因，通行在案。兹據安徽潁州裕興機器榨油公司總理農工商部議員程恩培禀請，援照總理衙門奏案，將該公司機器製造之豆餅豆油，遵章在出口之鎮江關豫完值百抽十之正税加税，報明石數，請領鎮江關護照，雇用民船由内河裝運赴鎮江出口，沿途經過内地常關釐卡懇免予重征等情，核與成案相符，自應照准。惟查前總理衙門原奏，係指在通商口岸設立機廠者而言，且事在光緒二十五年，其時尚未有加税裁釐之説。嗣與英美日本等國議訂商約，均聲明中國裁撤内地釐金，則洋貨進口税可加抽至值百抽十二五，以資抵補。此議雖尚未實行，而將來實行此約後，則在中國設廠用機器製造貨物之税項必加至值百抽十五，方與原奏之意相符。今裕興公司遠在潁州，距出口之鎮江關遥遥千里，若僅在該關豫完值百抽十之正税加税，而於經過江皖兩省常關釐卡應收税釐，概致無著，揆諸情勢，不免窒礙難行。兹經酌量變通，剴切勸諭該公司於報明出口運銷外洋之豆餅豆油，豫領鎮江關護照者，令統完值百抽十五之税，擬以一成撥抵皖省淮北兩道之釐金，以二成撥抵鳳潁常關之正税，以一成撥抵江北漕捐兩道之釐金，以二成撥抵淮安關之正税，以二成撥抵寧屬七道之釐金，以二成撥抵揚由關之正税，以五成報完鎮江關出口之正税，共合爲值百抽十五之數。查海關税則每豆餅一石估值銀七錢，值百抽十五，每石應完銀一錢零五釐，每豆油一石估值銀六兩，值百抽十五，每石應完銀九錢，均照關平足銀核計。應繳皖省者，由鳳陽關統收分解，應繳江省者，由鎮江關統收分解。此外一切雜捐陋規使費，概行豁免，經過沿途關卡，一律驗照放行，不准留難需索，以恤商艱。至該公司運銷本國内地各處之餅油，並無鎮江關護照者，沿途關卡仍各照向章征收税釐，以示區别，並免他商販運土製餅油者之藉口。似此變通辦理，在該公司完納税項似已過重，值此財政支絀之際，釐金常税勢不得不並顧兼籌，而較諸逢關納税遇卡抽釐，亦尚爲輕減，故該公司亦甘願遵從。惟該公司完此極重之税，實爲向來機器製貨公司所未有，該職商深明時局，藉以外樹風聲，爲他日杜漸防微之計，其意有足多者，至正税外，一切雜捐浮費自當蠲除淨盡，俾免過於偏枯，此項專章如蒙俞允，應候奉旨之後，通飭各該關局一律遵行，除分咨度支部稅務處查照立案外，理合恭摺具陳。

端方《端忠敏公奏稿》卷一二《織呢請免重徵片光緒三十四年八月》 再，職商樊棻、葉璋等在上海創設日輝織呢廠，上年經臣附片奏明在案。現據該職商等稟稱，廠屋落成，開機在即，急須豫籌銷路，俾出貨後可暢行無阻，所有應行完納稅釐，擬援照上海湖北織布局成案辦理。在上海本地零售免完稅釐，如運往內地及分運通商他口轉入內地者，均由上海關完一正稅，概免沿途內地稅釐，期得暢銷，懇請奏咨前來。臣查光緒八年上海初設織布局前，北洋大臣大學士李鴻章奏明在上海零星銷售，照中西通例，免完稅釐，如運往內地，照洋布花色在上海新關完一正稅，概免內地稅釐。光緒十九年湖北創設織布局，經前湖廣督臣張之洞援照上海織布局成案籲請，均經先後奉旨飭部核准，各在案。近年督理稅務處大臣核定新章，凡機器仿造洋貨，均准於第一關卡按值百抽五收正稅一道，沿途概免重徵，藉以體恤華商振興實業。現在日輝織呢廠用機器製造洋式氈呢，冀杜漏卮，事同一律，合無仰懇天恩，俯准援照歷辦成案，將上海日輝廠所出氈呢完納海關正稅後，運銷各處免繳內地釐金。其在上海本地零售者，並予免稅，庶幾商力稍紓，利源漸擴，除分咨農工商部暨稅務大臣查照外，謹附片陳請，伏乞聖鑒訓示，謹奏。

中國歷史博物館《鄭孝胥日記》第二册《光緒三十四年九月十二日》 晴。赴廠。沈耕莘來。崔文徵廷獻偕友陳某來觀廠。崔，山西壽陽人，同蒲鐵路協理，請余他日以呢樣寄至太原農工商局劉君筱渠名篤敬收入，將來山西學界當可專服華呢。歸過花如蘭，定明日宴客。

《商務官報》光緒三十四年九月二十五日第二五期《批寧波商務總會稟》 前據該商會呈送和豐紡織公司改良紗樣四種，並懇奏減關稅等語，當經札復批示，飭遵在案。茲據補呈細紗樣一種，連前合計五種，其文申請察核備案等情前來。查該公司前後所呈紗樣，除照准備案，送勸工陳列所陳列外，合行批示，仰該商會即便傳知可也。此批。九月十三日。

《商務官報》光緒三十四年九月二十五日第二五期《批四川舉人沈海瀾等稟》 前據稟請設立潼川商會，整頓絲業各節，當經本部札飭四川商務議員查復核辦去後。茲據復稱，潼川本設有絲業保商分公所，辦理數月，商民稱便，該舉人等豈無聞見。乃原呈祇以整頓絲業爲名，請設商會，絕不提及公所一字，難保非不肖紳士藉端破壞公所，營私攘利。且潼絲每把向來捐助本處學警團防等費錢五十文，外繳公所銀八分，斷不能再抽他項經費，以困商力。該舉人等藉立會名目，再向絲商抽費八分，是明知公所成案，轉爲此影射之詞，有意朦混等情，該舉人等所請設立絲業商會之處，應毋庸議，此批。九月初八日。

俞陸雲《庸菴尚書奏議》卷九《開辦湖北氈呢廠請免稅重徵片光緒三十四年十月十二日》 再氈呢一項，利用極多，升任督臣張之洞於上年秋間定議，設立氈呢廠，委員與造紙、鍼釘各廠同時開辦，旋即交卸入都。前督臣趙爾巽，未及核辦。臣履任後，即一體飭催議辦，因委辦該廠之員，尚未籌定辦法。曾於奏報辦理造紙鍼釘廠摺內聲明。現經改委湖北試用道嚴開第，會同官錢局候補道高松如，妥商飭令。查照張之洞原議，該廠應需款項一半由官撥給，在於息借商款項下動支一半，招集華股，按照商律股分有限公司條例辦理。茲據稟稱廠基業經勘定，與德商信義禮和洋行訂立合同，購定新式織造氈呢機器、電燈各項機件，均全官本，業經照撥一半，招收商股，陸續募集，尚稱踴躍，儘十月內可以建廠興工。惟機器進口，以及購辦材料，懇予奏請免納稅釐，將來製成分銷他埠，並請在江漢關完納正稅一道，沿途概免重徵等情前來。臣查中國向用氈呢，大率購之外洋，內地生料轉爲洋商低價收買而去，製成熟貨還復輸入，坐失利源，殊爲可惜。鄂省居南北之衝，設廠自製，轉輸既便銷路，必寬藉以杜塞漏卮，擴張實業，不無裨益。開辦以後□由，臣隨時督飭，切實經營，妥善興辦，並令議定詳細章程咨部查核。惟目前購機建廠用項，計已不貲，而將來原料所需，或且求之隔省，費多本重。官款既難於加撥，商民將不免猶疑，非設法維持恐不足以收鉅效。近來如京師自來水呢革公司，機器材料均准免稅三年，唐山洋灰公司、大冶水泥廠亦經部議准無論運銷何處，完納正稅一道，皆所以念創辦之艱難，示多方之保護。該廠事同一律，自應奏請援案辦理。合無仰懇天恩，俯准將湖北氈呢廠所購機器材料免稅三年，成貨銷售祇完正稅，概免重徵，以輕成本，而利行銷，出自鴻施逾格。除分咨查照外，謹附片具陳，伏祈聖鑒，敕部立案施行，謹奏。

《商務官報》光緒三十四年十月十五日第二七期《批周廷弼稟》 據稟，蘇經蘇綸兩廠老股全體投票公推該紳總理絲紗兩廠事務，於本年七月二十五日接收。該兩廠自光緒二十二年創辦以來，因經理屢易，尚未遵章註冊，現在添招新股，定爲商辦公司，自應備繳公費，遵式具呈，懇乞註册給照，並請援案發給鈐記式樣等情。查閱呈式及公費數目均尚相符，自應照准。惟該兩廠創辦有年，事更數手，現雖歸商辦，究與新立之公司事體不同，呈式內仍用創辦人名目，稍與名實未符。該紳既經老股東公推總理廠務，應暫作爲總理，張紳履謙等五人應暫作爲董事，先行註册，俟新股招齊開會舉定後，再行稟報。本部核奪，相應填給執照收單交該紳具領，至所請發給鈐記式樣，亦准援案辦理，俟篆就式樣再行發給可也。此批。九月二十五日。

《商務官報》光緒三十四年十一月十五日第三〇期《批浙江候補道朱疇稟》

據該職商擬續招股本十萬兩，在徐州窑灣鎮建設裕亨麵粉分廠，呈繳註册公費，請註册給照等情。查閱呈式內稱，招股仍用原稟，廠內規條尚未議定，究竟此次續招股東，是否與原設兩廠股東利害相同，如新招之股東不能享原廠之利益，即應另立名號註册，以免新舊各廠股東糾葛，仰即詳明稟部核奪可也。此批。十月二十六日。

中國第一歷史檔案館《光緒宣統兩朝上諭檔》光緒三十四年十一月十七日

交稅務處，本日貴處奏議，覆兩江總督奏上海日輝廠機製氈呢請完一正稅摺，又奏覈覆湖北氈呢廠徵免稅項分别准駁摺，均奉旨依議，欽此，相應傳知貴處欽遵可也。此交。

中國歷史博物館《鄭孝胥日記》第二册《光緒三十四年十一月二十四日》

至日輝帳房，孟蒓孫來談。向正金收回存款，交義昌及源豐潤。午後，赴愚園取相片，過南洋路，立憲公會。夜，熊石秋來，言鐵良所立呢廠，招股不得，譚學裴已將撤換。

《申報》光緒三十四年十二月初十日第三版《請抽票捐補助女工藝浙江》

紹屬女工藝傳習所開辦以來，頗著成效。去年又添設公益工藝傳習所，兼收貧寒子女，惟常年經費異　困難，及今尤甚。現經該所職員壽龍光等聯名具稟，省合擬仿照江南女子公學成案，抽取彩票捐辦法。查紹郡城廂每月售出湖北江南廣東福建等大票，及江皖路股副票等項，爲數頗鉅，擬請每張酌量抽取若干文，月可得百餘元，悉數撥充，俾資持久。

《申報》光緒三十四年十二月十二日第二版《日輝商廠華呢已出》 本廠創始，用中國羊毛自製華呢，柔韌精良，粗細各色無不齊備，定織批發，如期出貨，貨色既高，而價值比外洋來貨格外公道。貴客賜顧者，請至上海天津路五福弄口一百六十八號門牌本廠批發所，商議爲望，日輝呢廠啓。

《申報》光緒三十四年十二月十二日第二版《鄭蘇戡廣告》 孝胥爲各股東公舉總理日輝呢廠，經營一年，幸已出貨，目下所注意者二端。一爲中國羊毛極力研究，可冀當行出色，自成一種佳品。一爲中國工匠加意練習，可冀精熟得法，養就一班良工。然必銷路大開，乃可蒸蒸日上。年來洋呢通行，漏卮益大，憂時之士，深抱慨歎。海內學者，吾同志也，各省商家，吾同道也，其愛國之心，誰不如我。當有提倡華呢，扼腕興起者，則華人獨立之性，豈不爲列國所敬重哉。略陳鄙懷，識者鑒之。

《申報》光緒三十四年十二月十二日第二版《邑紳注重蠶業》 邑紳李君平書於前年集股，在崑山創辦崑新墾牧公司，購買荒田萬餘畝，築隄種桑，兩年來頗著成效。上年秋間選派女學生十二人在本埠桂墅里史君良材所設之女子蠶業學校肄習，現將卒業。又貲助日本高山社蠶業學校生蔡君錫侯一年學費，蔡君於今秋卒業，回滬邀請同學孫、侯兩君幫同李君於崑山城內另創一蠶事試驗場，并設女子講習所，租定公地十餘畝，仿造日本式蠶室四十五間，學生寄宿舍樓房十一幢，已於十一月二十五日開工，訂定明年正月底告竣。蔡君於本月初二日重赴日本添購器具種子，約年內回滬，其講習所所訂章程頗爲完備，現已廣告招生矣。

《申報》光緒三十四年十二月十三日第四版《罪犯習藝所之成效鎮江》 鎮郡罪犯習藝所開辦已將二載，頗收成效，每日所出之絲布毛巾信紙等類甚爲合用，價亦相宜，購買者頗爲踴躍。

《申報》光緒三十四年十二月十四日第二版《同式商標之交涉》 日商鍾淵紡績株式會社所出棉紗，向以藍魚爲商標，兹楊樹浦又新紡織公司亦用藍魚商標，該日商以其有意混冒，昨特稟請日本領事照會滬道，轉飭禁阻。

《申報》光緒三十四年十二月十五日第三版《查復華洋涉訟章程》 滬道蔡觀察接江漢關道移文，詢問洋商控告華人案件。原告如倩華人到堂代表是否准由領事一律觀審等情，蔡觀察當即函准律法官查復，謂洋人如倩華人代表，應由該洋人先行具結聲明，代表華人所供各情，與新供無異，以免事後諉卸云云。並由蔡觀察查得上海洋涇浜設官章程第三條，華人與華人涉訟，牽涉洋人者，准予領事聽審，倘或正真華洋訟案，雖由華人代表而案情仍屬洋商者，亦應准予領事到堂觀審。現已將同治七年總理衙門與駐京各使所訂洋涇浜設官章程，照抄一份，移送江漢關道查核矣。

《申報》光緒三十四年十二月十五日第四版《不付工洋》 吴淞路十號門牌

外國印字館夥張阿虎，昨向館主索取工洋無着，張即報由捕房飭探往查，稟復核奪。

《申報》光緒三十四年十二月十六日第四版《變産理償》 恒德錢莊等三十二家在道署上控北京路全泰美磚灰行主戚桐芬虧欠巨欵一案，前晚由廨提訊各原告，稱被欠銀八萬餘兩求追訊之，戚供有産業向人抵銀六萬餘兩，可以料理，判戚押候，移請商會查明帳據，並傳各股東到案再核。

《申報》光緒三十四年十二月十七日第五版《股單息摺作廢聲明》 啓者，嶺南春自接盤紅杏樓後，加添股份重換股單息摺，零加圖章爲憑，所有以前舊股單息摺一概作廢，不憑茲第六號股單息摺，因股洋未齐，恐在外有抵押等情，均與嶺南春不涉，恐未週知，特登申新兩報聲明。 嶺南春告白。

《申報》光緒三十四年十二月十九日第一版《鞏華製革廠發行所》 本廠因各仕商賜顧路遠不便，暫在望平街設發行所，各種皮張、箱包、行李、軍件、靴鞋及鞋底與泰西貨無異，兩個月内均照本九扣，以廣名譽，定貨迅速，批發尤廉，此佈。

《申報》光緒三十四年十二月十九日第一版《湖北氈呢廠招股廣告》 本廠憑根簿換股單，根簿不到，須由經手接洽，以免錯誤。 特色：一、奏定機器材料，免納税厘，成貨出廠，衹完江漢關税一道，分銷別埠，概免重徵。 一、辦事無官場習氣，董事准駐廠襄理庶務，開支格外撙節。 一、官本除撥地外，實發銀二十萬兩，已敷購機建廠之用。 章程：一、本廠建立湖北武昌省城，係 升任閣督部堂張定議設立，奉督部堂陳札委開第總辦，兼招商事宜，專爲開本國之利源，塞外洋之漏卮起見，廠用一切開支，悉從撙節，以仰體大憲，振興商業之至意。 一、本廠官本洋三十萬元，商本洋三十萬元，以符官商合辦本旨。 一、商本作三千整股，每整股洋一百元，每零股洋十元，十零股作一整股，凡經招之人，無論整股零股，但滿足五千元之欵者，扣銀一百五十元，滿一萬元扣銀三百元，以爲酬勞。逾此照計。 一、商股本月初一日以後收洋，於十五日起息。 十五日以後收洋，於下月初一起息，常年八釐。 開工以後，自有董事维持，未開工以前，由總辦擔認第三期。 一律憑收條付給，並換股單，以後皆於每年春季會議時付息分紅。一、十一月底爲第一期，每整股先收洋三十元。 來年二月底爲第二期，再收洋三十元。 四月底爲第三期，再收洋四十元。 零股照算。 一、本廠織造氈呢，專備軍營學堂需用，銷路定能暢達，獲利即可豐盈。 餘利作十四股，派官、商派十股，提存公積二股，廠中各執事人公派二股。 一、本廠定名爲有限公司，日後即須添本擴充，如不經各股東議允簽押，不得擅行。 一、本廠係屬官商合辦，機器、貨料能否免税，應稟請督部堂咨商辦理。 一、本廠粗細氈呢，禮和洋行包定，每日限成五百碼，今年氈絨、羊毛價極相宜。 成本既輕，獲利尤有把握。 專條：本廠官商合辦，所招商股，龍銀三十萬元，不准暗附洋股，倘有暗附洋股，一經覺察，立將該股注銷。 如股東轉售他人，須隨時報明本廠，換給新單，其以股單抵押外人借欵者，本廠概不承認。 股單如有遺失，或遭意外，邀請殷實體面人保證，到廠登報廣告一個月，無人干涉糾葛，准將舊單作廢，換給新單，報費自給。

《申報》光緒三十四年十二月二十日第二版《機器麪粉免完釐税》 漢口日本東亞機器製造麪粉公司具稟湖北勸業道，請援華洋免釐成案，一律免完。 曾經劉觀察保林稟奉鄂督，詢據滬關查復，機器製造麪粉，自三十三年八月起，無論華洋一律免完釐税五年，惟他項機器貨物不在此例等語，即由鄂督札飭劉觀察判發運單，給予該公司執運。 一面移行長江各關道，如有該公司機器麪粉執有運單報關者，准予免税放行。

四川省民族研究所等《清末川滇邊務檔案史料》上册《設立巴塘製革廠摺》光緒三十四年十二月二十日 竊維振興地方，首在提倡實業。 關外出産，土貨本多，牛皮尤爲大宗。 既爲民間購用之品，更屬軍中必要之需。 從前未諳製造，率以生皮行銷外洋及下江各省，而邊地所需熟皮，反以重價購取，遠道運回，何啻棄貨於地。 現當殖民練兵，需用日夥，亟應就地設廠，講求硝製諸法，期於節省耗費，減輕成本。

查四川省城本已設有製革廠，所出貨件，頗爲合用。 奴才審慎籌劃，特在巴塘地方設立製革廠一所。 先由川省製革廠内調用諳練匠人赴邊指授建築工廠，並擇邊民之秀者三十餘人，派赴川廠學習製革新法，經營數月，始克觀成，已於本年十月開辦。 計造屋、購料、選匠、募工約需開辦銀二萬餘兩，即由邊務款内支撥。 此後出貨日多，銷路漸廣，如敷開支，即可毋庸再動正款。 仍由奴才督飭在廠員司認真經理，逐漸擴充，期於邊地軍民兩受其利。

奉旨：該部知道。 欽此。

《申報》光緒三十四年十二月二十四日第五版《宏興織布有限公司告白》 啓者，本公司與各號往來□錢貨帳等項，向章收到後，由本公司鈐蓋圖章，方爲作實。 倘有伴友私自賒借貨等情，係個人之事，一概與本公司無涉，特此聲明。

《申報》光緒三十四年十二月二十五日第三版《稟請改良石灰浙江》 杭屬新城縣附生周誦芬等具稟農工商礦局，略謂該邑向產石灰，每年爲土產大宗，民間用土法採鑿，成本昂貴。現擬糾集同志創辦灰胚公司，凡一切採取烘製，悉用新法。已租定縣屬太平鄉石山一座，即日開採。每年報効經費千兩，稟請立案，並飭地方官出示保護，奉批謂用新法採取石胚，設立公司，是否用炸藥攻取石山，離村約有幾里，居民有無異言，山主爲誰，已未立約成契，仰新城縣查復核奪。總之興辦實業，本局志在提倡，亦當顧及地方，不以報効定准駁也。

夏東元《鄭觀應集》下卷《勸辦廣東上下工藝院有限公司集（設）〔股〕公啓》

外國之强由於富，外國之富由於商，而商之盛則出於農工，是以各國莫不有農工商專門學堂，各自研究求勝他人，致出口之貨多於入口。中國向無農工商專門之學，但拘守成法，所産之物既本重而利輕，所製之貨亦工粗而價貴，且有未能倣造必須購自外來者，致入口之貨多於出口。

查自中外通商以來，漏卮孔多，所虧甚巨，幸出洋謀生者衆，尚可利獲蠅頭。今美國各埠不准我工商入口，英、法、荷屬士如坎拿大、澳大利、葛喇巴日里、西貢、海防等埠均抽我華人身税，非洲之待我華工又慘無天日，均載諸日報，可見我華民生計日絀，覓食維艱，更兼年來百物騰貴，豐年已屬啼饑，荒歲更何堪設想，若不設法使貧民謀生有路，不死於溝壑則流爲盜賊，興思及此，能不傷心！

竊思中國地大物博，西人輒來採買各省材料，運至西洋製成貨物器皿運回中國出售者頗多，除去往來載脚尚有利可圖，若在中國自造豈不獲利更厚。誠能開墾、種植、畜牧、開礦與工藝相輔而行，非獨國家可致富强，即貧民亦可資生活。惟種植、畜牧、開礦三宗必先選有精於農學礦學之工師履勘、化驗、測探後方能舉辦，故擬先創上、下工藝兩院，上院挑選合格學徒製造上等貨物，下院收取尋常學徒製造中下貨物，凡外來之貨物皆可自造不必借材異域，方可止塞漏卮，如此是真抵製矣。昨據旅美華商來函云：如祖國創設工藝院，彼必竭力相助等語。但一木難支大厦，集腋方可成裘，上、下兩院所需經費甚巨，爰擬先集股銀一百萬元，每股銀十元。考泰西各國興商之法，美之工藝學堂、日之製造學堂、德之工藝學堂、英之藝學所，當其創辦之時，多由國家倡助巨款鼓舞紳商而成，至今均獲利益，誠爲國家富强之基礎。尚冀我國同胞當仁不讓，慨助股分，襄成斯舉，起點桑梓，推廣四方，則功德無量矣。

章程附列

一、本院設在廣州，以教育人材，挽回利權，收養窮民，開通民智，轉移風氣爲宗旨。

二、上工藝院須采辦各等機器，及做小機器製造各貨物之材料，延各專門教習。凡挑選學生來院肄業者，不拘貧富，視其性質各專一門，每日限定幾點鐘入格致學堂讀書，幾點鐘入工藝院習藝；或日間習藝，晚間讀書，俟開辦時酌定。俟其藝成後，然後酌給辛金，并在院效勞三年方准出院另謀。

三、下工藝院如廣州工藝廠，凡有貧寒之子皆可來學，由教習視其性質授以一藝，每日幾點鐘入蒙學堂讀書，幾點鐘入工藝院習藝，或日間習藝，晚間讀書，亦須俟開辦時酌定。俟其藝成方許酌給辛金，并在院效勞三年方准其出院另謀。

四、下院學徒俗例三年爲滿師，上院學徒西例以四年爲卒業。本院急欲造就成材不拘常例，下院者或一二年，上院者或二三年。學業有成，教習酌給酬勞，學徒亦有獎賞，能創新法製造者加獎。凡在本院充教習學生者，練成高等技藝，較尋常工匠優給工錢，足養家口，將來皆立可大可久之業，不僅糊口於一時，方稱本院創辦之意。

五、格致學堂、蒙學堂、譯書處、體操場均設院中，分別教授、翻譯、操練，各司厥職，定有時限。

六、譯書處選東西文工藝書之精義者譯出，俾上院學徒各執一本，當教授時易於省悟。上、下院學徒早起同往草場體操，以期氣血强壯。

七、股票悉照公司章程，認股不認人，不論貴賤有無品級，一視同仁，總以股分多者爲重。如有遺失，必須照輪船、電報兩局章程，登報挂號存案，一月後方准補給。

八、窮民約有數種，除老弱殘廢由廣州府工藝廠收養外，其餘以身家清白、無所歸者爲上，本有行業遭難流離者次之，平日懶惰性成兼有嗜好者又次之，甘心下流近於邪僻者爲下，一一問明來歷、籍貫，所有切實保人，登册注簿，方可收留。

九、本院廣購工藝商務報紙，取其有關教化、通達人情、啓發心思、增長學識者，隨時在學堂宣講，以發愚蒙而開智慧，不但工藝求其改良，凡百皆當振奮以收日新又新之效。

十、窮民外有遊民及孤貧幼童願來習藝者，亦准具保挂號，挨次傳補，衣履不周者由院製給。

十一、所收之人除學徒外，或本有技藝或但作小工皆分別給以工錢。能充教習者另議。

十二、所教不拘一格，凡外洋所來之貨皆須仿造，惟必須延師教授，先擇其簡易者行之，分雇各種教習數十人，因材施教。教習不盡心者更換，學徒不受教者斥責。

十三、凡有製造必須加意研求，廣爲諮訪，料由何處揀選，何種新鮮；工由何處招募，何國精良；式樣以何爲巧妙，銷場以何爲流通。採人之俗尚，稱人之意志，如各種洋布、玻璃、器皿、麵粉、手巾、火柴、香水、各烟紙、肥皂、笠衫、綫襪、紙張、蠟燭、窩澤磁青、面盆、痰盂各種器具，設法仿造，以塞漏卮。或有公司辦理未善，力量不足，亦可合股兼辦，務期外來之貨皆能自造，精益求精，庶期入口洋貨日少，外溢之利自可逐漸挽回。

十四、下愚不移固由於天資之笨，亦誤以謬種之傳，相習成風，食古不化，非別有觀摩變通之法破其迷蒙，開其奧窔；法有不良，器有不利，資有不足者，相與更張而匡助之，則一成不變，永無轉機，安望有富强之日？本院兼採西法又輔以報館、學堂，則民智易開，風氣不難丕變矣。

十五、製造成本所需甚巨，現擬招股銀一百萬元，以十元爲一股，常年股息七厘，每年結賬一次，刊刻賬單，分送各股東查閱，除去開銷、折舊，得有餘利按股均分。入股者先由經手即給實收，將銀並聯票匯交本院換予股票、息折，分息時先期登報，憑折支取。

十六、此舉工而兼商，遵照公司章程辦法，無總辦、會辦、提調、監督諸名目；在院任事服役者，亦絶無官派。總理、協理皆由股董公舉，股董即由股商公舉。官有保護之責，無干預之權。俟本院開辦條規屆時酌議，總以事事核實，顧本息費爲要。入股在一千股以上者，准派一人駐院稽查，凡與院有益之事近則面談，遠可函達，開誠佈公，以期於事有濟。

十七、上下兩院經費甚巨，如所集股分未足，即先開辦下院，工藝逐漸舉行，以期志在必成。如股銀收足，或收逾額，以收到銀一百萬元爲止，分存香港各銀行，以備公舉之總、協理隨提公用。

十八、認取十股以上者，均爲股董；百股以上者，准送學徒入上院肄業。凡開辦之事，必須會商。認助十股以下者，均爲股友，有大事則會商，小事則不商矣。惟註册後一律登報。

十九、凡領簿招股及自行認股多者，方給紅股，或俟盈餘溢利，酌提以酬其勞，俟開辦時集議公定。至認股友招股最多之人，除酬勞及照章公舉或爲總理，或爲協理，或爲股董外，當另行詳請商部奬勵。

二十、本省港澳及外埠紳商未及周知，如有熱心者，請隨時補入，將來刊印同人册。凡有同胞精於製造洋貨者，請將履歷出身、現在何處、月薪若干函知本院，以備公議酌用。

二十一、張弼士侍郎嘗云：工藝院所出之貨物，出口税可邀恩免十年。查日本振興工商奬勵之條頗多，將來亦可采擇詳請商部核定。

二十二、未開辦之前，所收各埠股銀自應分存各殷實銀行，如開辦所需購地、建屋、置辦材料、開支薪水等項均須總商會、八大善堂公同訂定，方可照支，以昭公允。

二十三、股票輾轉相授，不論落於何人之手，皆須遵守本公司章程，無得異言。

二十四、本公司定名「廣東上下工藝院有限公司」，俟股分集有成數，然後稟商部註册。

二十五、以上各條款系粗議創辦大略，此中或有應改應加之處，請各股東隨時指示會議增删。

《申報》宣統元年正月初五日第四版《休邑創設工業試驗廠安慶》 休寧縣職員丁曰雲等糾合同志，擬於今歲創設試驗廠一所，爰於去臘調查省城工業學堂章程，以便集資仿辦，並先行擬具簡章數條，稟請勸業道轉詳撫憲核示。

《申報》宣統元年正月初五日第六版《股東公鑒》 啓者，本號在上海開設有年，所有各股東以及往來字號，有本號存條等據，查有失迷不齊者，現今一律清，嗣後存條再有出現者，統作廢紙，特此謹佈。上海同和公謹啓。

《申報》宣統元年正月初七日第四版《部奬蠶桑學堂絲繭南京》 農工商部咨復江督文云，前據江寧布政使樊增祥咨稱，案奉本部咨奏，請興辦農事試驗場，通行各省採辦農品解送陳列考驗等因。茲據辦理蠶桑學堂黎道咨送，本年所製絲繭等件，自應遵飭解送呈部，以資考察，爲此備就學生試驗所製絲繭，並開明各種產名清摺，移司查收，轉詳咨送等情。除寧省各屬物類，俟各府州彙齊呈司再行請咨，派員解京外，所有該堂送到絲繭共二大匣，理合開摺，文轉詳咨送，前來相應抄摺，將絲繭咨送請煩查照，考驗施行等因，到部查閱，此項絲繭均屬光澤勻净，足徵該學堂研究有得，深堪嘉尚，除照送農事試驗場考驗外，相應咨復貴督查照可也。

《申報》宣統元年正月初七日第四版《電燈公司集股鎮江》 揚州商辦廣照電燈公司，前稟奉運司詳奉督撫憲批示，准予專利在案。去臘由發起人姚俊臣等公舉鎮江東方輪船公司經理魏筱甫君總理其事，並擬招股本規銀十萬兩，分二千股，每股五十兩，已由發起諸君認集一千股，其餘一千股係由招集不足之數，仍由發起人分認，近日購股票者甚形踴躍，約於今春即可裝燈收價。

《申報》宣統元年正月初九日第二版《裕源紡織公司告白》 啓者，本廠開設十七年，各寶莊往來向憑摺支取。茲於宣統元年起各往來莊摺，起首由硯濤簽押蓋章，作爲本廠承認往來之據。凡未經簽字蓋章之摺，如有糾葛不清，與本廠無涉，特登申報，望各寶莊鑒之。總理朱硯濤啓。

《申報》宣統元年正月初八日第一版《伴野製麪機器發售》 本行所爲特長者，列大略如下，價格外便宜，機器鐵堅製固且輕小，運用甚便，每架一人運動，不要氣力，麵形之粗細方圓，隨意製出，每天製出□多，本行特備樣子以及圖樣，希貴客隨時來駕敝行賞識機器，或賜函電付圖樣，不取分文。高田商會。

《申報》宣統元年正月初八日第三版《江督批獎工藝廠之成效》 滬北棲流所職董陸文麓等，以該所工藝廠開辦已届四年，男工藝如各色甬布苧線汗衫皮靴皮鞋轎皮衣包各種，女工藝如緞花挑羅線件絨件各種，均成效昭著，特刊印帳略，並附寒鴉棲柳圖商標，稟呈江督察核。當奉批云，稟及章程帳略商標，西報均悉，該董等在上海滬北原設棲流所内添設工藝廠，已届四年，實力經營，成效昭著，俾游民謀生有術，不致流離失所，深堪嘉尚，仰蘇松太道飭仍隨時妥爲經理，慎勿始勤終怠。

《申報》宣統元年正月初九日第二版《蘇經絲廠蘇綸紗廠老股鑒》 蘇州經綸兩廠于去年四月二十六日自費租商五年，期滿由蘇松常鎮太五屬老股公舉周舜卿君爲總理，因周君富有工廠且爲商界領袖，明白商律，其辦事熱心公益，故我各老股皆深信不疑，後於八月十三日在蘇綸紗廠開會議決，所欠公欵按七年拔清。各老股不共盈虧，願收常年五釐息銀，扣足七年，爲期期滿，時由周舜卿君將經綸兩廠全體交出，不得藉爲己有，再由蘇松常鎮太五屬老股開全體大會，另舉老股中老於經營殷實商界之人爲總理，實行收回自辦。惟現在我蘇松常鎮太五屬老股所當開會公議者，計有五端。一在七年内，須由總理全廠者保火險銀五十餘萬兩，如遇不測，老股之股本有着。一老股之股息原定按月一分，因有所欠各欵，及按月學堂欵等項，是以讓息欵作常年五厘，將所讓息欵抵七年内之拔還公款與學堂欵耳。如在期内，或將學堂欵減免，我等老股息須加足常七釐。一費租商所添新機七萬八千餘兩，原定稟案每年報效公家九千六百兩，作八年，此項機車全歸公有，並每年出爐屋租銀一千四百兩，是南洋商憲批准，費商按年照解。現在除費商期内每年報效九千六百兩，尚欠銀五萬六千餘兩，由周舜卿君等如數墊案，七年期滿時，將二廠全體交出，絲機亦歸公有，不得稍存偏見，致負今日蘇松常鎮太五屬老股公舉之初意，且不得明爲熱心，陰圖肥己，雖然周舜卿君深明大義，當不肯於期滿時藉思吞我蘇松常鎮太五屬老股之廠，甘爲衆股東之敵，然而口號公益而心生覬覦者，世亦往往有之，故今我等各股友不得不開會集議，□部立案，以期保全我老股之血本也。

中國歷史博物館《鄭孝胥日記》第三册《宣統元年正月初九日》 赴廠，林惠亭來。至品物陳列所買華呢袍料二件，只費洋十五元。過吳和甫葆誠，不遇。夜，赴高嘯桐之約，晤朱古微、莊思緘等。莊言，在日本往觀千住織絨廠，又請將日輝所出呢樣寄與日本西京高等工藝學堂留學生劉北禾。

《申報》宣統元年正月初九日第三版《批准轉售銅圓機器》 滬道蔡觀察因吉省擬購蘇省銅元局機器，稟陳蘇撫請示核辦，茲奉批示略云，查蘇省銅元停鑄機器，現本閒置，既經吉省欲向購買，稍減原價，似無不可，仰蘇藩司查明原價若干，現在能讓若干，稟復核定，以便札行。上海道轉復吉省惟議定價目，應先聲明由吉省以現銀滙蘇，再行領運，否則作爲罷論。

《申報》宣統元年正月初九日第四版《訓導提倡實業之批獎湖南》 湘省武岡州某訓導捐廉在該州購置荒山，以爲墾牧場，並擬建設農學，已經擬訂規章，稟呈勸業道。茲奉批云，方今時局艱難，民生凋敝，非廣興實業無以植富强之基，該訓導於宣講之餘能督率紳民籌辦農工各業，復捐廉購置荒山以爲墾牧場，所具見熱心提倡，查閲齎到規章於應興一切實業均能考求入細，而預籌防護各節，尤見思慮周詳良堪嘉尚，惟所擬分籌經費招募巡勇衆情，是否允洽，仰武岡州會同察度情形，集紳議覆，飭遵仍由州出示保護，移飭該訓導妥速舉行。

《申報》宣統元年正月初十日第三版《飭議集會代股之利弊》 職商徐鋭現擬集會代股開辦中國振興實業公司，稟奉江督批云，查核來稟，該道擬仿照西人集會代股之法，開辦振興實業公司，共設會額二十萬股，每年開會四期，入會者繳洋一元，六年爲滿。每股共繳會洋二十四元，得會之股隨時給還，會本另給值價十元。股票作爲公司股東不得會之股，俟九年後給還，會本每股加利三元，並照給值價十元股票，與得會者同享公司權利，藉以聯合團體講求實業，用意未嘗不善。惟查現行商律凡名爲公司者，祇有合資股分兩種，今所稱集會代股辦法，性質與股分相近，而其實迥不相同，且股分公司必須將創辦情形，及所做貿易先行報部註册，方准開辦，斷無僅以實業公司署名而臚列多種實業，悉入範圍之理，此按之商律，已覺多所窒碍，再以事實論，該會資本集成不過三四百萬元，亦祇能就所稱各實業中籌辦十之三四，然至九年以後既須給還全會股本利息，另須每股加給價值十元股票，是凡爲公司股東，皆將希望坐享無本之厚利，此九年中究有何項把握可獲此絶大利益，否則商業贏虧，碍難預定，贏固甚善，設或虧折，又將如何辦理。該公司對於全會股東招之以利來，而顧可償之以害去乎。此舉於中國前途影響最大，必須詳籌妥議，碍難遽准施行。既據稱擬在上海發起，究竟所請集會代股開設實業公司之處，能否准予試辦，仰蘇松太道督同商會體察情形，按照批示各節，悉心籌商，妥議復核。

《申報》宣統元年正月初十日第四版《官錢局添印紙幣二百萬武昌》 湖北官錢局發行之銀銅元紙幣，總計不下千餘萬，現該局總辦高觀察松如因銅元紙幣尚不敷用，特在日本定印銅元百枚，紙幣二百萬張，業經印就，抵鄂送往藩署蓋印，不日發行。

《申報》宣統元年正月初十日第六版《特别减價》 本公司爲精製雪茄香煙咀，存貨堆積，花樣繁多，欲疎通起見，减價七五折售，現倘承批發，請駕臨面議，無不格外仰仗，其貨隨意揀選，以副雅意。凡仕商賜顧者，懇認明本公司招牌爲記。上海英大馬路小菜場對門瑞華烟總公司啓。

《申報》宣統元年正月十一日第三版《裕蘇改良鈔票將次發行蘇州》 蘇藩瑞方伯前據裕蘇官錢局申稱，案奉憲諭，續製改良一元五元十元龍鷹各新票二百萬元，現在將次完竣，陸續分批繳局，具文呈請，印章由局委員加蓋圖記，以杜僞混。其票式與從前製有照像，舊票最易識别，花紋號碼較爲明細精緻，仍暗藏水印，江蘇裕蘇官錢局字樣。兹當换用在即，深恐商民未及周知，應請通飭各屬地方官一體明白示諭，一面照會商會遵照，並聲明裕蘇局爲力圖推廣起見，商民人等須知此次裕蘇局换製改良新票，與從前舊票一律，憑票立兑。現洋票上刊明准完丁漕税厘，一切官項不得挑剔，抑勒等情。查核所請爲改良新票通用推廣起見，應准照辦，昨特札府立即轉飭所屬一體遵照。

《申報》宣統元年正月十二日第三版《造紙公司將次開辦鎮江》 鎮紳尹壽人觀察，前因組織造紙公司，特在甘露寺迤東建造廠屋一所，現已落成，定於二月間開辦，並擬附設藝徒學堂，以便招生學習造紙及各種藝術。

《申報》宣統元年正月十四日第四版《蘇藩不認蘇綸紗廠之新總理蘇州》 蘇綸紗廠呈繳第三期公欵並另舉總理，奉瑞藩司批云：據呈已悉。該廠繳司庫公欵逾限兩月，屢催不解，正擬復催間，即據呈解第三期曹平銀八千五百七兩一錢，並補繳第二期豐備穀本庫平銀二百五十兩，核數相符，存候分别提放。惟呈尾聲叙，周紳廷弼無暇兼顧，自行告退，各股東公推吳紳本善爲總理一節，殊屬不解。查周紳總理兩廠，係奉大部加劄，委充去就，應聽部示，究竟當時如何競争，如何避讓，姑置勿論，即使自願辭退，必須奉部核准，另選賢能繼任，尤必接辦之人實爲各股東推服，翕然無間，方能作爲總理，擔任廠務。此次周紳辭職，固無正式公牘，又未見各股東另□公禀，而吳紳之繼爲總理，不啻若自其口出，然則非公舉乃自荐耳。在吳紳以一假定職員驟躐領袖，固足自豪，無論本司能否承認，揆之公司商律，恐未盡合。至謂嗣後應繳公欵，仍照成案辦理云云，試問不遵成案，又將如何辦理。現已由司咨會商務局一體照會周紳循舊接辦，應俟復到再行核示，毋遽躁瀆，著即遵照。聞藩司咨商務局文中，有周紳廷弼既去之後，羣盲競進，跛倚以臨，複雜凌亂，更難究詰，正如投骨於地，羣狺争噬，十羊而九牧之，則牧愈多而羊愈少等語。

《申報》宣統元年正月十七日第四版《調查安省紙料安慶》 鄂督陳小帥咨照皖撫略謂，度支部造紙廠所派赴安徽、江蘇等省調查紙料之調查員戴沂、童侃二員道過湖北，禀請發給護照，前赴安省宣城涇縣一帶攷查紙料，應請轉飭該屬俟該調查員到境，妥爲照料，以便攷查。

《申報》宣統元年正月二十四日第四版《擬設女子工藝廠松江》 府尊戚太守照會陳、謝兩紳，以全節堂而附設學堂，似與名義不甚相稱，學務陸議紳亦以爲言。兹擬改該堂松筠女校爲工藝廠，無論在堂嫠婦，或民間婦女，均可入廠學習工藝。松郡以顧繡著名，未必今不逮昔。凡粗細工藝，不妨量材施教，該堂經濟雄偉，能輔以精神，定有效果。嗣後一切組織，本府亦無不盡力贊助，冀觀厥成。

《申報》宣統元年正月二十七日第二版《紗廠總辦被刺》　楊樹浦集成紗廠總辦陳詠珊觀察前晚十二點鐘在廠公畢回房，突被棧司駱榮（即駱再祥）拔刀刺傷腰腹等處。觀察立傳電話報知捕房，飭探往拿，駱已逃逸。昨日觀察出有賞格，如能將該棧司拘獲，賞洋五百元。

《申報》宣統元年正月二十八日第二版《紗廠總辦被刺續聞》　楊樹浦集成紗廠棧司駱榮（即駱再祥）將該廠總辦陳詠珊觀察刺傷逃逸，已紀昨報。昨晨浦東河中忽然發見屍身一具，見者謂死者面貌頗似駱榮，或因畏罪自盡，亦未可知。又聞該棧司所以行刺之故，係因前此誤及公事，被陳總辦於應給工資內扣罰洋銀八元。該棧司積憤已久，遂行此野蠻手段云。

《申報》宣統元年二月初一日第三版《嚴懲朦蔽洋商私訂合同之華人安慶》　皖撫頃接江督來咨，略謂太湖縣文生沈仁甫即毅求前在商務局辦公，兼管文牘。迨裁撤後，輒敢將已故李道於前數年稟請周制軍開辦自來水之准批，擅借與廣東人周秉英携滬，并夥同朦蔽上海立大洋行，私訂合同，借定洋欵若干，行將創設自來水公司。現在英國駐寧經領事因不知其情，電傳立大行商來寧，並經本部堂派員傳提李仁甫質訊，始悉前情。本應嚴懲，惟念犯事在恩詔以前，從寬咨請，斥革衣頂，並訪拿周秉英，從重究治，以儆刁玩等因。朱中丞於准咨後，即已行知學臬兩司，遵照辦理。

《申報》宣統元年二月初三日第三版《紗廠總理被刺三誌》　楊樹浦集成紗廠總理陳詠珊觀察被廠司駱榮（即駱再祥）用刀戳傷，已兩誌前報。茲悉陳觀察傷勢頗重，經中西醫生多方醫治，竟難奏效，已於前日下午五時因傷作古。兇手仍未緝獲，至前報所紀陳觀察被刺原因，尚有訛傳之處。當時陳觀察並未扣罰工資，即荐保人扣劃私借欵項，總理亦未知情。而駱遽下此毒手，殆因誤會所致。又據城內訪員報告云，滬北集成紗廠陳總辦被棧司駱榮刺傷後，即由盛宫保照會滬道札行上海縣派差勒限緝拿兇手。昨據該差等稟稱，奉諭到廠，查悉受傷之陳總辦初一晚因傷身死，大令立即稟知滬道，當奉蔡觀察諭令，速即會同公共公廨上緊緝拿，務獲嚴辦。

《申報》宣統元年二月初三日第四版《江督維持實業南京》　鞏華製革廠職商嚴良沛瀝陳困苦情形，乞認銷飭辦等情，具稟江督。茲奉批云，該職商創辦鞏華製革廠兩年以來，艱苦備嘗，目下不用洋匠，所製貨物與西國媲美，實效漸收，深堪嘉尚。自應量予維持，以爲殫心製造者勸，准如所請。嗣後江南鎮協各標新軍所需皮囊靴鞋車馬佩刀各種軍用品，統向該廠先期定購，俾暢銷路。惟該廠於各項價值宜從廉估，定不得以認銷在案，有意居奇。並當精益求精，勿在稍有草率，致誤軍需而負期望。除札督練公所分别移行遵照外，仰江南商務局轉飭該職商知照，至所請咨送陸軍部農工商部考驗一節，應候備就樣件另稟核辦。

《申報》宣統元年二月初三日第四版《變產償欠》　倫章造紙廠股東朱培初因虧欠華洋各商巨款，由廨收押在案。前晚復訊，原告徐成記、丁錫卿等五户投案請追，朱供蘇省尚有地產，可以抵償。判朱還押，着將方單呈案，以便變價備抵。

《申報》宣統元年二月初四日第三版《紗廠總辦被刺四誌》　集成紗廠總辦陳詠珊觀察被棧司駱再祥刺傷身死後，滬道蔡觀察深恐兇犯駱再祥即駱榮潛往外埠避匿。除諭飭探弁派夥分往各處查拿外，復於昨日分電蘇松太二府一州及長江各關道，飭屬一體密拿，務獲究辦。一面並飭上海縣李大令帶同刑仵書差到廠，由大令親至卧室，驗明腰際一刀最重，確係致命。遂即飭仵填明尸格，將刀戳之皮袍一件、羅紡棉襖一件、法蘭絨衫一件，並兇刀一把，一併帶回儲庫。大令返署後，立即傳諭各差將兇犯年貌服色一一告知。

《商務官報》宣統元年二月初五日第二期《批裕泰紡紗公司呈》　呈悉。所請援濟泰章程減成完捐各節，已據情咨行江督、蘇撫酌核辦理，仰候咨復到部再行批示，飭遵。此批。正月十八日。

《申報》宣統元年二月初五日第三版《紗廠總辦被刺五誌》　楊樹浦集成紗廠總辦陳詠珊觀察被棧司駱榮刺傷身死，屢記前報。昨由陳之家丁陳升赴縣稟稱駱犯在廠作工二年，今在伊卧榻上檢出信函一封，呈案請核。李大令察閲信面係寄安徽合肥縣大街公澄巷，交伊子駱拴孜收拆。爰即備文派差星夜馳往該縣，派役協拿該犯及伊子拴孜到案嚴究，一面仍飭差往浦東各鄉鎮明查暗訪，勿任遠颺。

《申報》宣統元年二月初五日第一二版《附盛宫保致蘇撫電》　又新紗廠陳守景瀚被棧工駱榮即駱再祥刺殺，該犯由呂□伯家荐至紗廠，月前曾到江陰惲莘耘觀察防營一次，並聞有逃匿常州青果巷呂家之説，請速電懸賞五百元，嚴密緝拿。

《申報》宣統元年二月初五日第四版《札飭參仿松樹製棉蘇州》　蘇撫陳中丞准農工商部咨開，據駐德使署隨員報告，德國以化學法用松樹製棉，甚屬精潔。當經調查該國製造之法，詳細鈔録清單，咨請飭令各省一律參仿辦理，藉爲木棉之助等因。當即轉飭所屬一體仿照辦理，以興農政云。

《申報》宣統元年二月初六日第四版《粵東士敏土石之調查廣東》 士敏土廠日前因羅定東安大石山所出山石，可製士敏土，當委候補知縣施大令景□前往查勘。該山土名高橋山，約高四五十丈，縱横六七里，係鄉民陳姓管業。左近相連，有小石山，土名牛頭凹，高二十餘丈，縱横二三里，爲阮姓之業，均離縣城約三十餘里。該兩山所出青藍石，原質甚高，以之製士敏土，可得八九成之譜。每年由西江出口，約二千五六百萬斤，每萬斤價銀十兩餘。如照省河石釐設卡抽收，每萬斤抽銀一兩二錢，每年不過收銀三千餘兩。光緒二十九年，由商人批辦開採運銷澳門等處，年約一萬餘噸，每噸價銀一兩八錢。如照設卡抽收，每年亦約得一千兩。而卡中支銷費須過半，所收實屬無多。倘就西江各處原有之廠帶收，則公家增一進欵，而省糜費。且商民少一釐卡，以免滋擾，似較事半功倍。昨該令已將查得情形分别具覆，當道察核辦理云。

《申報》宣統元年二月初六日第五版《上海振新機器硝皮公司告白》 本行新創機器硝皮公司，聘請頭等英國名司專銷熟牛架皮、生皮、軍裝皮料、鞋面底皮，各色均可製造，倘蒙賜顧，其價格外克己，向本行面議可也。四川路四十四號。

《申報》宣統元年二月初八日第二版《上海三泰紗廠各股東台鑒》 謹啓者，上海紗廠與三泰紗廠兩廠合并，改名曰上海紡織有限公司。現新公司股票業已印就，即日填給新股票。凡上海紗廠股東所執付過規銀三十五兩之舊股票，屆時可向上海紡織有限公司掉換五十兩之新股票，毋須另加銀兩。三泰紗廠之舊股票屆時亦可向上海紡織有限公司掉換五十兩之新股票。惟須先將兩廠原股東姓名及應分應合應改姓名住址者，務須一一詳細填寫，於一千九百零八年十二月念六號送上之報名單上，先將此單送至四川路三井洋行本公司，即可照填，此次並不取費，一俟股票填就，再行登報聲明，各憑舊股票掉換新股票，若前送上之報名單遺失，可直向三井洋行補取，特此佈告。

上海紡織有限公司謹白。

《申報》宣統元年二月初十日第四版《罪犯習藝所之成績江西》 贛臬慶小山廉訪督辦之罪犯習藝所，現押罪犯約有一百五十七名，其中竊痞流氓及忤逆罪犯居多數。曾由該所管理委員郭錫蕃許吉初二令提驗資質可造之犯，飭令工師分門教授，織造洋布扣布毛巾肥皂洋寧兩式木器，及軍隊所用操靴各種工藝，聞所出各貨品已發交附設之陳列所，分銷市面，頗屬暢旺。

《申報》宣統元年二月十一日第四版《南陵縣組織習藝所安徽》 南陵縣俞大令炳章在該縣創辦習藝所一所，應需織布各項機件以及開辦經費，均由該令自行捐廉開辦。惟常年經費尚無的欵可籌，現擬在契税盈餘項下，每兩酌撥十文作爲常年經費，遇有交替，即行移交後任循舊辦理，以免中輟。刻該縣已據情上禀省台，懇予批示立案矣。

《申報》宣統元年二月十二日第四版《工業傳習所之批示安慶》 皖桐工業傳習所，前經候選道姚旭明等創辦組織，一切漸有成效，但經費不足，勢難持久。日昨該紳等上禀皖撫，請飭桐城縣妥爲籌畫，酌提公欵若干，作爲常年費用。當奉撫憲批云，振興實業，實屬當今要務。該道等夙習工業，學成歸國，於本縣開辦工業傳習所，洵屬熱心教育，深堪嘉尚。惟工業一事，造端宏大，斷非一手一足之烈所能集事，其中包括學科甚廣，非普通學粗有門徑者不能深造，有得更非傳習數月可以出而任事。若僅招集貧寒子弟授以織布等粗淺工藝辦法，尚易奏効，但現在各處學欵支絀異常，省中籌辦工業學堂規模尚未完備，該縣有無餘欵可以接濟，並辦理是否得法，仰提學司會同勸業道核議，轉移知照。

《申報》宣統元年二月十四日第三版《女工傳習所之改辦松江》 松郡全節堂附設之松筠女校，業經戚太守飭改爲女工傳習所等情，已誌前報。兹悉該所辦法亦已釐定，學科分細工、粗工兩項，先儘嫠婦附收貧家女子，年齡自十三歲以上三十歲以下，定額四十名，宗旨在養成普通工藝。細工科分繡工、綫工、縫工、美術、算術、習字、圖畫，粗工祗縫工、紗工兩門。俟報名滿額開辦。

四川省民族研究所等《清末川滇邊務檔案史料》上册《趙爾豐咨度支部所訂巴塘製革廠章程請備案宣統元年二月十五日》 竊照本大臣去年奏設關外製革工廠，奉旨允行在案。旋准貴部咨開，應將該廠章程送部備查等因。准此。理合將原訂章程繕具清册咨送貴部，請煩查照備案施行。

計咨送章程一本。

計開：

巴塘製革廠章程

第一條，奏設製革廠以開通番民風氣，振興邊地實業，收利權而備軍用爲宗旨。

第二條，關外番民，半皆牧畜，牛皮是爲出産大宗。惟不諳製造，每將生皮賤售外人，而邊藏現在練兵，軍需皮貨正衆，又以重價向外購回應用，未免利權外溢。茲設廠收買牛皮，製造各項成品，則軍需便利，而實業亦興。其廠建於巴塘，即名曰巴塘製革廠，由邊務大臣委員專辦其事。

第三條，廠中應用製革機器，須向東洋購買。路途遥遠，轉運艱難，應訂購三份，一次速運，不惟省價，亦且省迭次派人往返川資等費。其機器價值、運費，准在邊務經費内開支報銷。

第四條，設廠必須房屋，即在巴塘照蠻房式修建。工竣之後，工料銀兩，准在經費内報銷。

第五條，廠中經費，總共奏撥銀二萬餘兩。茲准以二萬四千兩爲定，以後不能再撥。除購機器價值、運費及建廠工料報銷之外，下餘若干，作爲常年經費。

第六條，常年經費，惟開支員司、夫役薪費等項，准在經費内按年報銷。

第七條，廠中購買牛皮及一切物料，准將常年經費借作成本，陸續購料，陸續製成貨品銷售歸還成本外，所獲餘利，即作工匠、學徒工食，不在報銷之例。惟每月出品若干，售銀若干，匠人、學徒工食若干，仍按月册報邊務大臣查覈。

第八條，廠由公家設立，實具商家性質。借經費爲成本，製貨銷售。委員必須隨時籌劃，每月所製之貨，除成本外，必求敷抵工匠、學徒工食，乃不虧公。

第九條，廠中出品除抵工食外，如有贏餘，陸續節存，以爲將來推廣製革廠之費。

第十條，廠中工匠，即由川省廠中選雇出關，不拘名數。其學徒等就關外各處挑選番童入廠學習，每工匠一名，須教學徒四、五名。

第十一條，廠中委員一員，月支薪水銀一百六十兩。會計司事一名，月支薪水銀十二兩。管卷司事兼清書一名，月支薪水銀十二兩。點收成品兼督工司事一名，月支薪水銀十二兩。採買兼售貨司事一名，月支薪水銀十二兩。雜役二名，每名月支口食銀三兩三錢。更夫、看門夫二名，每名月支口食銀三兩三錢。辛紅紙張每月支銀十兩。共計銀二百三十一兩二錢正。除支薪費、口食外，均不另行開支伙食。

第十二條，開辦之初，廠中暫設四科：一曰製革，一曰靴鞋，一曰皮包，一曰銅器。每科工匠無定名，工食則視工藝之高下爲定。學徒則視工匠之多寡爲定。學徒口食，每名月支銀三兩。均在出品銷售餘利項下開支，免其報銷。

《申報》宣統元年二月十六日第二版《稅務處奏覆湖北造紙廠徵免稅項北京》

去年湖廣總督陳夔龍奏請將湖北造紙廠所購機器材料免稅三年，成貨銷售，祇完正稅，概免重徵。奉旨，該部議奏。茲由稅務處大臣會同度支、農工商兩部具奏云，查官設局廠所用各項機器，曾於上年七月間會議鐵路公司免稅各案請予限三年摺内聲明，嗣後無論官辦商辦，均照官物徵稅原案一律完稅。今湖廣總督以湖北造紙廠造端伊始，成本宜輕，擬請援照水泥氈呢等廠成案辦理，自係爲體恤商情起見。惟查湖北水泥廠購運機器材料，並未奏請免稅。光緒三十三年湖廣總督以該廠製成水泥奏請援案暫免稅釐，經農工商部咨准臣處，核復會同郵傳部奏准，該廠製造水泥確係運銷鐵路所用，應暫行免稅。若非鐵路所用，仍照案完納正稅一道。至湖北氈呢廠所購機器材料，前經湖廣總督奏請免稅三年，業經臣處於上年十一月間奏駁，均行知該省有案。水泥氈呢等廠所用機器材料，既未暫行免稅，該廠事同一律，自未便援以爲請。所請免稅三年之處，應毋庸置議。至成貨銷售，祇完正稅，概免重徵一節，臣等查華商用機器仿造洋貨，准於運銷出口時，暫按值百抽五例完納正稅一道，沿途概免重徵。各省局廠歷經核准照辦。湖北造紙廠既據聲稱，用機器仿製其成貨銷售時，於各項稅釐應完應免，自可准其援案辦理。一俟將來加稅免釐實行，應即按海關進口新則，加倍完納出廠貨稅，以歸劃一。

《申報》宣統元年二月十七日第二版《湖北氈呢廠機器仍難免稅北京》

湖廣總督陳夔龍奏請仍將湖北氈呢廠所購機器材料准予免稅三年一片，奉旨：該部議奏，欽此。茲由稅務處會同度支部農工商部覆奏云，查湖北氈呢廠購自外洋之機器材料，應照奏定官物徵稅原案，一律完稅，不得援京師自來水呢革公司之例，請准免稅三年，致與他廠兩歧。已於上年由臣等核覆具奏在案。茲湖廣總督復申前請，並謂此項氈呢專供軍隊學堂之用，實非普通營業。且以官商合辦爲言，不知官用物料應統照商民貨物，一律徵稅。早經臣處奏准通飭遵行，不得謂該廠有官本在内，即與商辦公司强爲分别。至京師爲首善之區，自來水關係衛生、消防，較之氈呢一項，實爲重要。該廠一再比例，斤斤較論，究未允協。雖預計定購者衆，無庸别籌銷路，然究係商業性質，亦不得謂與呢革公司無異。又聲明官用軍械原係禁品，凡係已成之件，仍照舊免稅，其餘一切未成材料，無論生、熟品，均應照章完稅。是凡學堂軍隊自行備用之物料，尚應徵稅，况普通工廠，更未便藉詞邀免，致與例案不符。再該廠所出氈呢等項，既據奏稱專供軍隊學堂之用，應由該督轉飭將各色樣本咨送陸軍部核定，再行出售，以免參差。

《申報》宣統元年二月十七日第四版《製造廠注意電燈安徽》 安徽製造局附設電燈廠、鑄幣處，提綱挈領，任重事繁。提調劉熙台太守近就局中另設辦公廠，每日以四小時召集全體司員研究製造事宜，務使美善。兼盡於電燈一項，尤爲注意。另覓城內適中之地添設接電箱，誠恐電機馬力過大，藉此輾轉電力較爲平緩，光芒亦屬明亮云。

《申報》宣統元年二月十八日第二版《上海同豐蛋廠廣告》 今年本號所售蛋白蛋黃，無論發電抛貨，現交收銀概由帳房經理出成單，用同豐號印爲憑，以一事權，倘非帳房接洽，未蓋有同豐號印，概不承認。除已函告各行經理外，特登《申報》、《字林報》，以便周知，伏祈鈞鑒。 申報館內同豐號謹告。

《申報》宣統元年二月十八日第三版《組織公所》 本埠南北市烟紙業同人，現擬創設衆和社，以期聯絡。聞此舉贊成者已有四百餘家之多，其經費由發起各人擔任籌集，暫存信成銀行，俟章程議妥，即行開辦。其集議所暫設在南市商學會。

中國歷史博物館《鄭孝胥日記》第三册《宣統元年二月十九日》 雨。午後，至日輝帳房，遂過商務總會。致陸干卿書，托商收回公益、新廣股本，並函告公益陳杏莊、新廣范耀南、黃允生。復孫師鄭書。

《申報》宣統元年二月十九日第二版《江西瓷業公司第一出張所廣告》 本出張所設於英大馬路望平街口，專備本公司景廠所製各種瓷器，以便賜顧。諸君隨時選用，批發價更從廉。現已工竣，十四日先行交易，容再擇吉開張，特此佈告。

《申報》宣統元年二月二十日第六版《鎮江造紙公司定於閏二月十五日開股東大會廣告》 本公司現經成立，機器齊到，現因有葡商昌記冒認合同，華洋涉訟，敬請各股東届期到會，妥議辦法，並籌善後事宜。本公司會所在鎮江甘露寺東鎮江造紙公司廠內，公舉總理尹壽之啓。

《申報》宣統元年正月二十二日第三版《總理派充三等諮議官漢口》 漢口燮昌火柴公司總理候選道宋偉臣觀察因創辦漢上水電公司，集資三百餘萬元。現電燈已經開辦，自來水不日竣工，特請商會轉詳商部，給予奬勵。經該部按照奏定章程，奏派宋爲農工商部三等諮議官，昨已咨行鄂督轉飭知照矣。

《申報》宣統元年二月二十二日第四版《商會擬代通益公紗廠墊解官欵杭州》 日前通益公紗廠執事劉某運動其戚友裕源莊阮海珊、日商戴生昌、鄭宜亭，招商局朱贊思等，要求城北商會代高某墊解三期欠欵銀三萬五千五百二十一兩二錢五分一事，聞十七日下午已由此數人邀同城北商會總理吳純伯赴商務總會開會。到會者除該廠數家往來錢莊外，真股東僅一二人。先由劉某登台演説，其戚友阮、朱、鄭等互相倡和，舉手贊成，在座諸人默無一言，有竊笑者，即由此數人決議，欠繳官欵準歸城北商會墊解，一面由商會電稟商部，並向撫藩憲力争。未知上憲果能勉如所請否。

《申報》宣統元年二月二十三日第三版《江陰利用紡織有限公司開會廣告》 啓者，本公司定於三月初五日下午二句鐘在江陰本廠開股東常會，報告帳略，稟議發息等事，届時務請在股君惠臨，是幸。此佈。

《申報》宣統元年二月二十四日第三版《批准藥庫改建習藝所松江》 松江府戚太守以松郡火藥庫房屋改設郡城罪犯習藝所，一俟火藥遷空，騰出房屋，即當修建設立等情，禀復臬憲。當奉批示云，查應建郡城習藝所萬難再緩，既經籌議，須俟火藥庫騰空，方能再建，係一舉兩得之事，應准照辦。一俟遷空，立即督董飭匠，勘估繪圖，擇日興工具報。

《商務官報》宣統元年二月十五日第三期《批昭常裕泰紡紗司公呈》 據稱裕豐公司損失機件，情虚避匿，呈明存案一節，既經該商禀請，江蘇巡撫派員辦理，並由上海常昭各總分會派員監視，俟點交清楚後，仍將辦理情形隨時禀部備案可也。此批。七月初九日。

中國歷史博物館《鄭孝胥日記》第三册《宣統元年閏二月廿五日》 晴，寒。午後，詣商務印書館股東會，議增董事爲七人，被舉者張菊生、鄭蘇戡、高翰卿、印錫璋、高夢旦、鮑咸恩、夏粹方。股本已收七十五萬元，擬增至八十萬元。夜，赴蔣孟苹之約於晉慶里伍彩雲家，呼縹緲樓、紅冰館。

《申報》宣統元年二月二十六日第三版《電查紗廠有無洋股浙江》 浙撫增中丞以通益公紗廠延欠官欵，屢催罔應，現在庫欵支絀，萬難任令久延。即經批准，新商某紳籌欵接辦，詎該廠高經理以權利全失，不甘退讓，潛行赴滬運動，並於本月十七日託劉某代表借省城總商會開會提議抵制。是日各業商董僅到三十餘人，股東亦祇二三人，並假總商會名義電稟商部，力請維持，並攻訐新商有暗糾洋股情事，一面擬添招新股照公司律另舉總協理接管云云。兹奉到農工商部電復，農工商礦局湯道云商務總會條電悉，前據拱宸橋商會暨該廠股東等電稟，即電撫查辦，准復稱高鳳德拖欠官欵，自失信用，新商准限交欵稟辦。頃又詢浙撫新商有無洋股，希切實查明，妥籌辦法各等語，仰傳知該會暨各股東遵照。

《申報》宣統元年二月二十七日第四版《華商受虧》 英商祥茂洋行控南市禎和號主沈耀文、蒲東祥盛廠經理韓雲生出售冒牌蜂窩牌肥皂一案，昨又由廨復訊。原告延愛律師到案請究，韓延郝門律師聲稱，祥盛廠已開設九年，向製蜂窩牌出售，何以從前原告並不控告，况外國廠家亦均製造，此牌何獨控告中國廠家。查原告具控後奉諭派探查明，被告售出肥皂箱内均有祥盛牌號仿單，並不冒牌，應請察核，判沈罰洋五千元，韓罰洋二千元，所有吊存之肥皂一千五百箱，候改造後如數給還，兩造遵斷完案。

《申報》宣統元年二月二十七日第四版《浙撫札委勸工陳列所總辦浙江》

浙撫札委王觀察曾俊爲勸工陳列所總辦，文云照得工藝爲實業要圖，必須設法提倡，以期進步。前擬在省設立工藝所，札飭該道籌辦在案。兹查省城舊有工藝傳習所，業已停辦，可即改爲勸工陳列所，派該道爲該所總辦，月支薪水銀一百元，以資辦公，合行札委，札到該道，即便遵照調查各省陳列所成規，參酌浙省情形，妥議章程，稟請核辦。

《申報》宣統元年二月二十八日第二版《海州贛豐餅油公司發官利餘利啟》

本公司初購外洋榨機，未能合用，受虧甚鉅，幸即續購本國榨機，藉資補救。計自光緒三十三年臘月開莊起至三十四年六月結莊，止半年之中，除彌前虧，並付官利八厘外，尚獲餘利規銀一萬四千三百餘兩。照章應於本年三月初一日起發給，附送帳略。請各股東持息摺至上海南市鹽碼頭本帳房支取爲盼。再餅油營業九月開庄六月結莊，與他業年底結帳逈不相同，兹議以後所獲餘利概自結莊之日揭清，歸入次年三月初一發官利時彙發。又同人留股未交者尚多，兹限閏月内一律繳清，逾限另招。合併聲明謹啓。

《申報》宣統元年二月二十八日第四版《皖北肥料公司之組織安徽》 皖北蒙渦一帶均屬邊壤，惟該處土地膏腴，爲天然農業之鄉。該處紳董張筱亭等前曾遠歷重洋，攷求農業，兹返國後毅然以振興農業自任，爰集當地熱心富紳糾股，開辦農業肥料公司，擬具章程，呈請勸業道轉詳立案。

《申報》宣統元年二月二十八日第五版《蘇州禮昶公司聲明》 啓者，本公司是光緒三十二年十一月間創設，歷年雖有開銷，因各股東不欲主持，於上年十二月中閉歇，召盤所立議單、股單、利摺三項盡行收還，塗銷作廢。前首往來一切各歸清楚，歷年各客押包、衣件、零物等一概變賣併用於今。本月二十日將生財底帳裝修盤與別姓開設，另加受記牌號，所有新店開張往來均與前東無涉，特此聲明告白。

《申報》宣統元年二月二十八日第五版《上海振新機器硝皮公司告白》 本行新創機器硝皮公司，聘請頭等英國名司，專銷外國頭等各色面子、綳紋軟皮、馬車漆皮料，一應俱全。各色均可製造，倘蒙賜顧，其價格外克己，向本行面議可也。四川路四十四號。

《申報》宣統元年二月二十八日第六版《上海奏辦龍章機器造紙有限公司開股東會廣告》 啓者，本公司特開股東會議，定於閏二月二十日，准二點鐘起，借跑馬廳商學公會樓上開議，屆期務祈各股東早降，除另行專函奉佈外，恐未周知，特再登報廣告。

《申報》宣統元年二月二十八日第六版《絲廠召賣》 在美界北河南路商務印書館斜對面，横濱橋堍邊第三十五號，絲廠一所，計絲車一百五十部，引擎機器俱全，出入水陸均便，傍連花園一所，如合意者，問後馬路謙餘莊或禮和洋行講價可也。

《申報》宣統元年閏二月初二日第一版《濟泰紗廠開會展期廣告》 本廠原定初二日開股東會，適值各州縣諮議局選舉之期，深恐股東到者寥寥，兹特改定初五日未刻，仍集跑馬廳商約分會，屆時務乞惠臨是幸，濟泰董事公啓。

《申報》宣統元年閏二月初二日第二版《利濟公司廣告》 本公司開設在上海圓明園路第五號門牌，專在中國香港、日本等處經辦開挖河道建造工程，如欲知代價若干及如何辦法，可致函詢問本公司，當即詳細答復此佈。

《申報》宣統元年閏二月初二日第三版《女工霸持》 同昌紗廠女工頭周桂賣覇持工程，被廠主查悉，連同女工二人送至南區，轉解總工程局，請爲究辦。判周留候，伊父保回安分工作，不准再事要挾，其解二女工即行斥退。

《申報》宣統元年閏二月初三日第三版《購貨糾葛》 英商華章造紙公司控舒海潮、林俊耀不理貨銀，昨午由廨會訊。原告延愛律師到案請追，舒等延穆安素律師譯稱，當時舒、林二人本不願有此項交易，由原告所用之式拉夫、劉炳章屢往糾合，是以訂立合同。嗣因帳目不符，以致涉訟，請堂上着原、被邀同公正人將帳查明，再行結算，判被告仍交原保候，明日下午再訊。

《申報》宣統元年閏二月初四日第四版《震泰新記紙烟號廣告》 本號拍來

三星公司各種香烟，現在廉價售賣，零賣批發，格外克己。存貨無多，賜顧者請至楊樹浦集成紗廠西邊路南速購可也。

《申報》宣統元年閏二月初五日第四版《閏月薪餉改發銅幣武昌》 湖北造幣廠去歲奉部文改鑄宣統年號銅幣，兹已鑄成二十餘萬，亟應輸出市面流通。昨陳小帥特飭該廠將鑄成銅幣發交官錢局兑用，並飭善後局所有閏月份薪餉，均按照市價改發銅元，以資流通。

《申報》宣統元年閏二月初九日第二版《創辦宿遷永豐機器麪粉公司招股廣告》 自清江而北，農産以小麥爲最良，故麪最有名，機製則色益白而質益净，海州海豐之□利其前事矣。徐州宿遷與海州鄰，農産相類，禁種罌粟以後，産麥當益富，蘇路北線如成，交通當益便。頃者同人議就宿遷縣北井龍頭□徐玻璃公司左首，設一機器麪粉廠，名曰永豐麪粉公司，一切章程均遵部定股份有限公司律辦理，已禀奉兩江商督憲咨部，照准立案。并由發起人墊貲訂購美國頭等最新機器，廠房亦已興工，統計建築、購機成本及營運本須集貲規元銀二十萬兩，每股一百兩，共計二千股，先由發起同人分認一千股，計規元十萬兩，尚餘一千股分認招集，額滿即行截止。諒我資本大家慨漏卮之外溢，知大利之可圖，必有嘉許稱善，投資恐後者不勝跂望。滬帳房暫附設上海南市鹽碼頭徐海實業總公司内，上海收股欵處，本滬帳房交通銀行；外埠收股欵處，蘇州仁和錢莊、順康錢莊。劉更年，竇以藩，倪思九同啓。

《申報》宣統元年閏二月初九日第四版《打毁染坊物件之糾葛》 道憲蔡觀察復法總領事函云，查葉汝隆等打毁倪錫卿染坊各物，並將店夥沈阿福送縣一案，嗣據印花染業公所司事蔣子春及工幫勞慶堂等來禀，以倪成發即錫卿在法界創開大成染坊，雇用外幫司務，跌價招攬，革除染司酒資，向理恃蠻。十六日在西門外遇見外幫司務孫祖富，扭控到縣，禀請飭訊等情。又經飭縣查明確情，妥爲辦理。去後兹據上海縣將訊辦情形具文詳復，請將染業酒資循章酌給，以免偏枯，詳請照會飭遵前來。除批示外，合亟抄詳函布，即祈貴總領事查照，飭遵見復。

《申報》宣統元年閏二月初十日第三版《彙文局拒絶印報》 博利律師以彙文印刷局違背合同，悔印報紙等情，具控公堂。經中西官飭傳該局主金榮生至案，原告稱託該局刷印報紙，每月先付洋五十元，立有合同。詎於十三號又付洋取報，竟拒不收，請究。金倩開達律師代表聲稱，該局並非與博訂立合同，所訂者是密司瑪松，因該報所載專事污衊，已爲日斯領事傳去公共公堂數次，該局不肯承印，實緣被累等語，官判訂期再訊。

《申報》宣統元年閏二月十二日第三版《創辦中國製鹼有限公司誌略》 中國實業素不發達，即以洋鹼一項而論，漏卮已屬不少。近聞商界有創辦中國製鹼有限公司之舉，集股章程亦已發佈。該公司董事多係華人之有名望者，或大資本家，或大實業家，總理兼公司代表考伯爾君與總參議金君子剛，素稱熱心辦事。西人董事捷成洋行主麥拉君於實業考求有素，此外尚有紳富數人，附股頗鉅，亦允同心扶植，協力共濟，將來出鹼行銷必廣，該公司之發達可操左券云。

《申報》宣統元年閏二月十二日第四版《日輝織呢商廠組織之内容》 日輝織呢商廠在滬南日輝港，自呢貨行銷日廣，官商籌議設廠，仿製者多有所聞，而完全成立，出品精良，則日輝呢廠實爲蝥弧之先登矣。濱江地八十餘畝，廠内居其八廠，外居其二，廠區爲間十有四，曰鍋鑪，曰引擎，曰修機，曰揀毛，曰洗毛，曰烘毛，曰打毛，曰梳毛，曰紡線，曰織呢，曰縮呢，曰刷呢，曰染色，曰修整。又有儲水池、提水櫃、清水櫃、水馬頭及囤棧辦事房各二座，規製宏敞。廠外鐵橋接以馬路，夾路建市房百數十楹，廠中辦事員及華洋工匠就賃居之。廠内洋匠悉比利時人，首領一，匠目十，各職其務，間有兼任兩事者。各間設預備生，皆年少通法文，隨洋匠操作，備日後派赴外國呢廠練習技師之材。廠中工作上午七時至十二時，下午一時至六時，午餐夜宿均就廠外，總理及首領洋工司亦候號筒之鳴，隨衆出入廠内，嚴潔整肅，闃若無人，入者幾不知爲製造工場地。是廠發起於丁未之春，購地建廠，雇匠裝機，首尾未及兩年，屹如山立，從來建設之神速，未有及者。閏月初六日，董事鄭君蘇戡、柯君貞賢、樊君時勛、丁君價侯招集旅滬紳商參觀成績，到者二百餘人，陳列華呢十餘種，見者均極歎賞。查辦廠宗旨在專力考究中國所産羊毛，製成各種名曰華呢，又偏重於軍界、學界所用，取其樸厚堅勒。至仿製企呢，光芒精緻，亦突過外洋之品。或猶疑我國工業必遠遜於歐美諸洲者，非知言也，使我國人皆知，矜尚華呢争先購用，則各項實業亦將接踵興起，豈不盛哉。

《申報》宣統元年閏二月十三日第二版《南洋印刷官廠辦法誌詳蘇州》 江督端午帥據南洋印刷官廠熊道希齡詳稱，遵飭擬議，先定宗旨辦法，並呈試辦各品章程，請賜核准等情，並章程到本大臣，據此除批、詳摺均悉。查南洋印刷官廠原爲規定法律，執持信用而設，現在官用紙品各從其類，多所參差，既非畫一程式，不足以示整齊而昭鄭重。其商民沿用紙品淆雜更甚，往往由證據不明，弊端百出，改良審訂尤爲要圖。惟創辦伊始，風氣未開，自應首先責令各署局學堂，將應用一切紙品速擬程式，呈送本部堂核定，飭發該廠印刷，以爲商民之倡。如契尾、彩票兩項，應由財政局擬辦。鈔票一項，應由裕寧裕蘇兩官錢局擬辦。學堂文憑課本圖畫書籍各項，應由寧蘇兩提學司擬辦。釐捐票一項，應由寧蘇滬三釐局擬辦。茶稅單照一項，應由皖南茶釐局擬辦。運鹽獲照重鹽執照，各岸銷鹽水程各項，應由淮運司擬辦。車捐票一項，應由巡警路工局擬辦。糧串一項，應由寧蘇兩藩司擬辦。當票一項，應由江南商務局轉飭商會擬辦。其餘表册、報告書各項，應由各署局處按照向填種類，分別擬辦，候即通飭一體遵照，刻日擬定呈送。此外如申移札封馬封排單申文詳册，咨移文札文牒文清册，稿紙册簿，以及呈詞狀紙白稟田房契紙合同，租借券婚帖各項，均應由該廠擬辦呈候核定。以上各種，每一種印刷出貨後，即稟請定期通行，嗣後本省官界何項奉飭通行，即應遵用，違者以違式論。商民各項論據如訂立，在定式通行以後，仍用舊式者，作爲無效。因事到官概不准理，以期一律實行。各省能否向該廠訂辦，應俟各項通用程式擬定刷印，由廠彙齊呈送，再行分咨查照，徐圖擴充。至此事繁重，所請於本衙門特設管理文案專員一節，自係爲鄭重公事起見，候即飭委補用知縣金森隨時妥慎經理。惟辦事之權，本係該道專任，仍應責成該道綜核全局，認真籌辦，不得稍涉推諉，餘均照所議辦理，仰即遵照外，仍候蘇撫部院一體飭遵，按章程録第四張。

《申報》宣統元年閏二月十三日第二版《南洋印刷官廠試辦官用民用品物章程》

第一章　官用品

一，契尾。查稅契一項，現正由財政局籌議，改良新章，聞將用本板刊行，應請憲台札飭該局將辦法程式擬定，交職廠發印通行。

一，鈔票。查鈔票一種，爲國家幣政所關，無論東西各國莫不由官廠製造。南洋各省通行鈔票，自應統由南洋官廠製造，以杜流弊而挽利權，除經另訂印刷鈔票專章，詳定在案外，應請憲台札飭裕寧裕蘇兩官銀號，及咨行安徽江西撫憲轉飭該省官銀號，嗣後所有鈔票須由職廠製造，以昭鄭重而絕弊端。如有私自製造者，概作私票論，不准通行。其湖北湖南浙江河南及內地各行省，如有未設官廠者，應由職廠將本省鈔票印成樣式，詳請憲台咨行各省督撫憲，如有欲向職廠定製者，職廠當一律製造精良，不分畛域。

一，各學堂文憑課本圖畫書籍及各署局所表册報告書。查從前各學堂文憑及圖畫書籍各種，多交商店承印，現時職廠既已成立，自應統由職廠辦理，應請憲台札飭提學使及各署局一律遵行。

一，釐捐票，茶稅單照，運鹽護照，重鹽執照，各岸銷鹽水程。查以上應劃一程式以資信守，應請憲台札飭鹽運使及牙茶釐二局議定程式，詳復飭發職廠照印通行。自詳由憲台定期實行，後如有仍用舊票舊照者，概不作准。

一，各項捐票。路工局車捐各票，查各項捐票種類不一，均須由職廠印刷，以昭鄭重。其籤捐彩票，除江南原有彩票應由職廠製造外，其餘各省彩票欲由南洋印刷者，本廠當一律辦理。

一，糧串。查各州縣糧串均應統由職廠印刷，以杜流弊。應請憲台札飭各州縣，詳繳程式，發廠印發通行。自示期實行後，或有仍用舊串者，應請將該州縣官議處。

一，各署局申移札封，馬封，排單，申文，詳册，咨移文，札文，牒文，清摺，稿紙。各項册簿，查以上各件，應請擬定樣式，呈送憲台，飭定樣式，通飭各屬一律通行。惟查上列各件，現官廠製造務求精美，而取價當較舊值及市價不相上下，以便流行，如自詳定示期實行後，或仍有用舊式者，概不作准，並將該承分別懲處。

《申報》宣統元年閏二月十四日第二版《通益公新公司戊申帳略廣告》　本公司向章三月給付股息，現值風潮迭起，疑毀交集，所有戊申年帳略，業已刊刷届時分送，兹特先登報章，應付丁未年存留股息，以及戊申年股息，仍照向章於三月照付，所有帳略登報列左。通益公紡織新公司戊申年第七届帳略，綜結：

一，該公欵司紋四十萬一千兩一五，合洋六十萬一千五百元。一，該老商莊欵，九萬元。一，該洋欵洋四萬八千一百六十一元九角四分一釐。一，該老商股本洋八萬三千三百元。以上四項，接收舊公司所該之欵，共洋八十二萬二千九百六十一元九角四分一釐。一，該新股資本洋三十五萬元。一，該□股資本洋五萬元。一，該申杭莊欵洋十五萬七百二十八元七角八分三釐。一，該本票洋四百四十二元九分二釐。一，該東棧房租洋二千六十七元五角。一，該花釐棧力洋四千九十三元四角七分五釐。一，該花紅洋一千元。一，該新舊股息洋七萬五千一百二十一元。一，該新股積餘洋十一萬九千一百六十一元四角六分二厘。一，該本届結餘洋七千一百四十元七角一分五釐。本届未解公欵，因稟懇延長解期，尚未批示，墊息稍輕耳。以上十項新公司□款，共洋七十五萬九千七百五十五元二分七釐，總共該一百五十八萬二千七百十六元九角六分八釐。一，存老商機器房屋洋八十二萬二千九百六十一元九角四分一釐。一，存新添機器廠屋洋十七萬元。一，存棧房各貨洋二十一萬五千八百六十元六角三分三釐。一，存工廠物料洋三萬八千九十一元五角九分八釐。一，存本廠花紗莊洋五千六百八十元七角六分九釐。一，存平湖辦花洋二千五百二十元四角一分。一，存申帳房現洋二千三百四十四元一分八釐。一，存現欵洋一千四百九十一元四角三分九釐。以上八項共存洋一百二十五萬八千九百五十元八角八釐。一，存還公欵司紋十三萬一千一百二十七兩七錢五分洋十九萬九千五百七十五元七角一分九釐。一，存還洋欵洋四萬八千一百六十一元九角四分三釐。一，存還老商莊欵洋七萬六千二十八元五角。以上三項共存解還各欵洋三十二萬三千七百六十六元一角六分。　總共存洋一百五十八萬二千七百十六元九角六分八釐。彩結：一，進售紗洋一百十八萬九千三百七十九元九分七釐。一，進售花衣水洋一百五十二元八角三釐。一，進售花子洋三萬三千二百九十九元四角八角。共進洋一百二十一萬二千八百三十一元三角八分。一，付洋花本洋，九十一萬一千十六元一角一分四釐，除付結餘洋三十三萬一千八百十五元六角六分六釐。一，支紡軋工資洋十六萬二千四百六十六元五角七分。一，支大包工資洋四千四百六十四元。一，支各紗稅釐洋三萬六千六百二十六元五角九分三釐。一，支各莊息洋二萬六千九百四十八元六元一分二釐。一，支各花過塘洋七千九百二十一元九分七釐。一，支各力水脚洋五千四百六十九元二角八分六釐。一，支新配機具修理工程洋四千四百三十七元八角八分。一，支薪水福食洋二千三百五十九元四角五分三釐。一，支保險善舉洋五千六百五十五元。一，支雜用應酬洋六千三百五十四元三角一分五釐。一，支厚棧申帳房經費洋三千四百七十二元六角四分五釐。共支洋二十六萬六千一百七十五元四角五分一釐。除支結餘洋四萬五千六百三十九元七角一分五釐。一，支資本届新股息洋三萬五千元。一，支支届三成股息洋二千四百九十九元。一，提花紅洋一千元。除支净餘洋七千一百四十元七角一分五釐。一，第一届至第六届結餘洋十一萬九千一百六十一元四角六分二釐，連本届共計結餘洋十二萬六千三百二元一角七分七釐。

《申報》宣統元年閏二月十四日第二版《南洋印刷官廠試辦官用民用品物章程（續）》 第二章　民用品

一，田房契紙。查此項田房契紙，應俟財政局議定税契新章後，再定程式刷行，如自定期實行後，民間交易如有不用官廠契紙者，概不作准。遇有涉訟，概不受理。

一，呈詞狀紙白稟式。查民間向用呈詞狀稟，參差不齊，非定劃一程式，不足以慎公事而杜弊端。東西各國詞訟多有一定之紙，現時直隸廣東各省亦均仿行，應由職廠擬定樣式，詳請核定示期實行後，嗣後如有訴訟不用官定程式者，概不受理。此次呈詞狀紙印成後，劃一價值，分發各府廳州縣通行。除民間隨時可到本廠發行所購取外，應仿北洋辦法，批發各紙店，一律行銷，以便民間隨時隨地皆可購取，惟於定價外，不得多索分文。

一，合同、租借券、婚帖。查民間錢債婚姻詞訟，往往用僞造合同、租借券及草率婚帖，以致糾葛不清。應由職廠擬定樣式，請憲台核定後，示期實行。如自示期實行後，或有仍用舊式者，遇有涉訟，概不受理。

一，當票。查當票爲民間交質之資，非製造精良，不足以資信守。應俟章程詳定後，請憲台札飭商會，轉飭各當鋪，擬定程式，呈由憲台照式發印通行。

一，帳簿、經摺各項承攬單。查以上各項單摺帳簿，務求價廉物美，應由民間隨時到廠定購。

《申報》宣統元年閏二月十四日第二版《漢口漢豐機器麵粉公司召頂》 中國地大物博，出産歷甲全球，凡百工藝多藉人力，總不若西洋之價廉物美，此無他，不以機器製造也。本公司爲地方開風氣收利權，是以招集巨資，創辦漢豐灰麥公司，機器鍋爐購自美國名廠，磨棍箱篩運動極爲靈捷，所出灰麥，早已中外馳名。其規模之寬大，計地一千六百餘方，所建洋式樓房，東西客廳，粉麥堆棧可積二十萬之多，以及修整機器房、庫房、住房、碼頭、圍墻，無不工堅料實，中外器皿，一應俱全。預算每日磨麥六百餘石，出粉一千數百包，除净支銷按市買賣，每日能得餘利六七百元有奇。惜乎經理未得其人，大利未獲，而百弊叢生。營私利己喪盡天良，以致股東氣衰志墜，是以特出招告，概行召頂。無論股内股外，如有願意承頂者，限以本月二十五日以前，請至萬豐隆劉紫峰處接洽可也。朝定約而夕可開工，將來利收百倍，實可預計。謹此告白。

《商務官報》宣統元年閏二月十五日第六期《批江西候補知府顯瞪呈》 稟悉。此案准度支部飭地方官查明該公司資本銀數，咨明本部，核與該職商所呈數目不符。該公司既係有限公司，所請註冊自應以實在數目爲憑，至將來如有績招股本，當再行續請註册。仰該職商即照度支部，查明現在資本數目若干，並照章開具簡明呈式呈部，再行核辦，註册費暫存。此批。二月十七日。

《申報》宣統元年閏二月十五日第六版《上海華商景綸自製汗衫總廠廣告》

本廠爲振興工藝，挽回利權起見，特創汗衫廠，於本埠歷年以來，加意改良，增添機器，所出之貨日益完備，且式樣翻新，價廉物美，久爲商界歡迎。今又新發明錦地及斜紋衛生衫二種，精緻結實，爲春秋令所必需，洋貨絶無之品也。故南洋華僑聞風爭定，大有應接不暇之勢，自今年起日夜兼製，以副雅意。值兹當令之際，特再廣告，惟冀中外暢銷，稍塞漏卮，實爲自强之本。如蒙賜顧，請到中虹橋老三官到堂隔鄰本廠面議。

《申報》宣統元年閏二月十六日第四版《開辦紡紗廠之計畫浙江》 餘姚所產棉花，歲額甚巨。杭紹兩紗廠原料大半仰給於是，兹聞該邑紳富發起自行創辦紗廠，本地已集股二十萬元，寧波商界亦認股十萬元，均已簽字定議，並公舉某紳主持組織，更添招股份五十萬元，以便開辦。

《申報》宣統元年閏二月十七日第一版《上海奏辦龍章機器造紙有限公司開股東會廣告》 啓者，本公司特開股東會議，定於閏二月二十日准二點鐘起，借跑馬廳商學公會樓上開議，屆期務祈各股東早降，除另行專函奉佈外，恐未周知，特再登報廣告。

《申報》宣統元年閏二月二十日第四版《飭查鹽井聘用洋匠湖北》 鄂省勸業道鄒觀察履和據鄖縣鹽商豐厚等禀稱，該處鹽井持人力鑿取鹽膏，工拙費鉅，近擬添集資本，購置機器，土人不明用法，已聘請洋匠教授。實因改良擴充起見，並無私借洋欵及攙入洋股情弊。鄒觀察以該商等改良鹽務，深堪嘉許。惟所聘洋匠曾否訂立合同，年限未據聲明，札飭鄖陽府轉飭鄖縣查明。禀復核辦。

《申報》宣統元年三月初一日第四版《官紙印刷局之開辦安徽》 安徽印刷物件，向由同文印書局代辦，規模狹隘，多不稱便。前經藩憲沈方伯竭力提倡，妥籌欵項，組織官紙印刷局一區。該局建築於藩署之前，俾可就近檢查，期於盡善，昨已運到各種機器，不日即行開辦。

《申報》宣統元年三月初二日第七版《香烟廠招盤》 兹有捲烟機器二部，砌烟機，磨刀機，炒烟機，合料機，引擎爐子，烟匣材料，一切生財零星俱全，如有欲意，或全盤，或零拆，均可請至美界盆湯弄三泰碼頭中東信記號領看面議，或至新聞橋北本廠亦可。　福壽紙烟廠啓。

《申報》宣統元年三月初五日第三版《漳緞業抵制機捐蘇州》 蘇垣漳緞一業，從前生意極微，現在銷路日廣，業此者大半，鎮江孟河清江人爲多。該業向章運貨他往銷售，祇有貨捐，因此偷漏藏匿者不少。兹經六門釐捐局陸太守訪悉情形，昨飭該業照蘇貨捐例，每年包認機捐一千元，以杜隱漏。聞該商以爲數太鉅，決難承認，已相約集議抵制辦法。

《申報》宣統元年三月初七日第一版《祥森黑頭安全火柴公司廣告》 本公司開設上海舢板廠地方，專製黑頭安全火柴。曾於去年八月呈樣商部奉批，准予專利，他人不得私自仿造，祇准向本公司購用原料，并蒙咨飭地方官，妥爲保護。本公司初次出貨深恐或未盡善，不足以致搆求者之□□，并難副大部提倡實業之美意，因復大加改良力求精美，計有六大特色。一、盒殼堅固，不致破碎；二、木幹潔白，容易引火；三、藥不受潮，霉時無患；四、料出中國利不外溢；五、盒大幹多，用之不盡；六、售價從廉，易於暢銷。粗枝火柴以單蛙、單雀、麒麟各種商標爲記，細枝火柴以雙蛙、雙雀各種商標爲記，印用五色光輝奪目，誠足爲祖國實業界上放一異彩，熱心同胞如欲購用本公司火柴，及願代爲經理批發，以期挽回利權者，請移玉至本公司帳房面行接洽可也。謹啓。

《申報》宣統元年三月初八日第四版《度支部造紙廠竣工漢口》 漢口爲十一省通衢，水陸交便。度支部特於前歲委員來漢，在孫家磯地方修建造紙廠，以應西南各省印刷紙幣一切之需。現廠屋均已告竣，造紙各機亦裝配齊全，總辦李京卿昨特柬請武漢政學軍各界人員到廠觀覽。

《申報》宣統元年三月初九日第三版《添派布紗四局會辦武昌》 鄂省布、紗、絲、麻四局現歸粵商韋尚文承辦，一切要公，則由督辦勸業道鄒觀察辦理。兹陳小帥以該四局目下添招新股，擴充工作，事務甚繁，恐鄒道難以兼顧，特添派柯道欣榮爲四局會辦，飭令遇事會同鄒道妥籌辦理。

《申報》宣統元年三月初九日第四版《通益公紗廠涉訟近聞杭州》 通益公紗廠總辦高鳳德自經舊股東顧浩等聯名禀控後，節經浙撫飭司遴委杭府等查辦在案。嗣由商會禀奉商部，電致省憲爲之保全，並電復商會謂老股已經訂有合同，不共盈虧，所有股票如無顧浩等姓名，不得擅稱股東等語，老股東聞之甚爲駭異。蓋因高總辦接辦之時，老股與新股並未訂有合同，何來不共盈虧之説。且查公司律第五十八條，但言已名不言姓名商人，通例第五條堂名記號均聽其便。若照部電，股東無姓名不得擅稱股東，則商律無效。此事顯係高某等飾詞朦稟。除電請大部主持外，並通稟層憲請將高鳳德王賡詩二人先行傳質，一面仍將歷年賬目吊齊，邀同新股東會查，未奉批復。適總商會總理以包庇商民，不容於商界電稟商部辭職。翌日遂奉商部來電謂巧電（即辭職之電）暨高王顧等電均悉，該廠有公欵，浙撫派委查賬，自是正辦。惟顧浩等飾詞妄瀆，殊屬不合，事關商務大局，所請辭退總理應毋庸議，仰分別傳知等語。顧浩等自奉商會傳知，不禁氣憤，遂電商部詰問，飾詞妄瀆之理由，謂該廠有公欵，浙撫派委查賬，自是正辦，仰承明示，衆商欽佩。高鳳德接辦時，官欵與老股本同時接受，自應隨查。乃閏月十七日委員到廠吊賬，竟敢抗捺不交，顯係藉詞延宕，希圖改造，有委員稟復可證。浩等執有股票，焉有股而不東。前電據實稟訴，而鈞部僅據王賡詩一面之詞，謂浩等飾詞妄瀆，殊屬不合等語，未將理由逐節指駁，浩等愚昧未能領會鈞旨。誠如鈞電，事關商務大局，應將如何飾詞，如何妄瀆，如何不合，照前電各節究竟是否股東，股東能否查賬，逐層宣示，俾昭公理，一切仍求大部維持等語。旋復奉電申飭，謂顧浩等敬電所陳各節，砌詞詰問。查該廠於二十六年虧閉後，老股權利已失，既經不共盈虧，於廠務不負責任，自不得爲完全股東，即不得有查賬權。事隔數年，至今日始嘵嘵置辯，豈前此竟聾聵耶。合同爲商家信用機關，何得覬覦利益，遽爾翻異。本部主持商政，斷不能任令奸商狡抗云云。先是高某得商部允爲力助之信，遂於二十四日由滬獨雇戴生昌小輪抵杭謁見委員，並布告新舊股東定三月十五日在本公司内開正式股東會，投票公舉董事。查賬員俟查賬後，公舉總協理，聲明如不能親到者，須出具憑證書，請人代表，如無代表到會所，有議決事件，作爲默認等語。現在新股東内惟駐英李星使已有電到來，舉招商局王子展觀察爲代表，其他尚無所聞説者。謂上憲特派大員調查，而賬簿遷延至今不交，股東會早議成立，而必遲至三月，望舉行宜乎。外間紛紛議論，謂其更改帳目。今幸商部以合同有無爲斷，則高總理祇須邀集委員暨商會總理交出合同，便足以塞舊股東之口，不必更索帳目，而此案即可了結矣。

《申報》宣統元年三月十一日第四版《布紗四局新股招齊武昌》　鄂省紡紗、織布、製蔴、繅絲四局，因擴充辦理，添招新股銀四十萬兩。武漢各商以該局創辦時所招各商股無不大受虧累，故多觀望。現聞某中堂之公子與鄂軍張虎臣統制自願全認新股，日昨已與該四局經理韋尚文訂立合同，呈請鄂督備案。

《申報》宣統元年三月十二日第三版《大有機器榨油公司發息廣告》　本公司定於三月二十日發給股息，望有股諸君持摺到本公司帳房收取，隨送戊申年帳略，此佈。大有公司啓。

《申報》宣統元年三月十二日第四版《頤和公司添招新股蘇州》　蘇城齊門外頤和罐頭食物公司，前因製法不良，以致銷路頗滯，生意頓減。現悉該公司添招新股，以求改良。

中國歷史博物館《鄭孝胥日記》第三册《宣統元年三月十四日》　孟庸生來，云今日赴常州，因明日復選舉也。過同豐祥視少庭。又過湯蟄先，正擬致軍機處電稿，云季直且至，將與商定。至日輝帳房，見蘇州司道來文一件，云警局製服以後專用華呢；又見陸軍部批件，甚贊呢料之美，現軍衣顔色研究未定，代辦之説暫緩；又上海道蔡伯浩致樊時勛函，云十萬改作長期，歸入出使經費項下，即可照辦送摺。

四川省檔案館《四川保路運動檔案選編·四川勸業道知照同意撥借官本擴充潼川絲廠札宣統元年三月十六日》　爲札知事。

案照本道呈詳擬懇撥借官本擴充潼川絲廠一案，奉督部堂趙批：潼川爲本省産絲最盛之地，絲廠關系繅治改良，擴張銷路，於蠶業前途大有裨益。去年聞永靖祥停辦，深爲惋惜；迭經諭令，妥籌補救。兹據詳稱，由渝商趙資生、李和陽等集資租辦，懇撥借官款銀一萬兩，又擴充辦法另借官款銀六萬兩，週年六厘繳息，二年歸還，明定官商權限。等情。尚屬妥善，均予照准；候飭司從速籌撥，俾得及時布置；仍由該道轉發承領具，該股東等署名領狀押結，呈送備案，以昭慎重。繳。等因。奉此。除分行外，合行札知。爲此札仰該分所即便知照。此札。

計抄詳一紙　　右札重慶勸業分所准此

〔附〕

爲詳請事。

竊照渝商王静海，在潼川開設永靖祥絲廠，改良繅法，頗（着）〔著〕成效；光緒三十三年，曾經前商務局詳請前護督部堂趙咨明農工商部立案。該廠創議之初，潼人頗多疑忌，高抬減價之外，並時造作蜚謠。前商務局一再札飭潼川府縣出示保護。職道去夏赴潼，又爲逐處演説，群疑粗解。而該廠成絲運滬，每箱賣價比潼川土法繅絲可多售銀二百七十兩以至三百兩，獲利甚厚。徒以在滬信用未張，恒受洋商抑製。去年九月，職道因去該廠樣絲試交法國領事，托其寄法考驗。本年二月，接准洋務局轉據法領事韋立德緘稱，樣絲已經法國里昂府商會考驗，實系勻細光澤，且絲質强韌，尤合機器織造之用；果系川繭川繅，法商皆願認銷等語。不意此信到川之日，正值該廠停工之時。蓋該廠商王静海兼營四頭錢莊生理，去冬倒閉虧累十餘萬金。無力兼營絲廠，因而歇業。外人不知王静海之失敗由於四頭錢莊，誤以爲絲廠之失敗。既無人敢爲接頂，王静海則以四頭錢莊所失過巨，寒心商業，亦不肯再辦絲廠。而該廠爲通省絲業觀聽所系，萬一蹶不復振，必群相誤會，以爲絲業之不宜改良。於四川絲業前途所關既巨；今復幸得法商之歡迎，而又不幸爲其所疑，恐非川繭川繅。若遂從此歇業，不惟銷路可惜，尤於名譽有礙。

而職道自去冬聞永靖祥倒閉之後，即經飛飭潼川府縣，聲明絲廠、渝號各爲一事，飭令竭力保護，毋任歇業；並札飭重慶府，督同商會，將該商渝號虧欠債項妥爲了結，并勸該商仍將絲廠至行續辦。旋據該商來稟，自陳實系無力再辦，願將全廠出頂。復經移商川東商會，札飭重慶府耿守、勸業員李令集議承辦。乃商情涣散，既無遠圖，復鑒前事，往復累月，迄無成説。及得法領事來緘，事勢逾愈難中止，又電緘往返磋商數次，並告以商力不足，可發官款補助。始據重慶勸業員李和陽稟稱，已由渝商趙資生等認股銀一萬兩，該勸業員(至)〔自〕認股銀二萬兩，暫租王静海工廠器具，議定每年租銀八百兩，試辦一年再次進止，惟商款現雖集足三萬，尚屬不敷周轉。擬懇承領生息官款銀一萬兩，以資舉辦。定名爲潼川錦和絲廠，設總號於重慶，由該勸業員等經理。潼廠仍令王静海前用管事劉方谷經理，以資熟手，現已到潼布置一切。等情。據此。職道復查潼川絲廠自王静海渝號虧歇之後，幾至無人過問，不可復理。兹幸該勸業員等熱心公益，力任其難，實不易得。集股之人均皆(着)〔著〕名殷實，備用萬金决無後慮。伏懇憲台俯念潼廠關係全川絲業，准於飭司先行如數借撥輕息官款銀一萬兩，由職道發交該勸業員趙資生等承領。借示扶持，用昭商信。

抑職道更有請者。法領韋立德因法國商會來緘，疑前送樣絲恐非川製，該領復於前月帶同義昌洋行管事赴潼調查。經職道遣員招待，回省以後極贊工廠建築如法，絲車改良合式；(性)〔惟〕惜該廠每年僅能出絲二百四十箱，未免太少；因云法國每年需絲甚多，如能照前交樣絲，雖二三千箱亦可包買；力勸擴充，以抵鴉片所失之利；且願預交數百箱定銀，以後即在潼川交易，免廠商擔冒水險。職道因其時續辦之局未定，且以預價定貨頗受束縛，故婉言於謝。而念川省商品向難出口争利，何幸外商對於潼絲熱心如此，機何可失。現在續辦之局既定，雖不能輕與定貨，每年所銷之數亦難信果有二三千箱之多，要不可不利用機勢，官商竭力拓此利源。查潼川現用絲車二百四十架，每年能成絲二百四十箱。若再加製二百四十架絲車，添修相當之二棚，一切約計需用萬金；再加收繭活動資本五萬兩，即可加繅二百四十箱。若照前此運滬銷售，則灘江之危險，滬市之抑勒，成本之滯(閣)〔擱〕，種種困難，實難操必勝之券。乃者法商既懇額待貨，又肯駐潼交易，使我不任危險，不受抑勒，不致積滯，中外安全之商業實無過於此者。職道爲擴張全省利源，保全外省商信用起見，擬懇憲台於該商等借款一萬兩之外，再飭藩司籌撥官本銀六萬兩，一並發交該商等承領擴充，令按週年六厘繳息，均以二年爲期。公家只收息，不分紅，只爲撥借，不認賺折；對於廠事只予保護，不加干涉。如此明定限製，在公家以閒置官款增收息金，在商廠獲此雄資借興大業，實屬兩有裨益。可否之處。伏候憲裁。

所有擬懇撥借官款，擴充潼川絲廠緣由，是否有當？理合詳請憲台俯賜察核，批示祇遵。

《商務官報》宣統元年三月二十五日第十期《批四川廣安州信誠火柴廠職商徐子志稟》 前據稟控重慶統銷公司違法籠利各節，當經據情咨行四川總督飭查，持平辦理，並批候聲復核奪在案。兹准復稱，飭委查明所控皆屬不確。如原詞並不按時付價，據查不惟並不欠銀，且常有先銀後貨之事，其所控限製箱數原案，係以開廠之先後，定其多寡。抬價計贏一層，查該廠於所在地，每年僅能銷三四百箱，餘須運往綏定、三匯、順慶、遂寧等處銷售，程途較爲迂遠，需於定價之外，多耗運費，而原案運費均有定數，公司自不能不併入價內收回，並非任意加增。趙資生辦事穩練，甚洽人意，毋庸更換。並據稱無統銷維持其間，濫價争銷，小廠終歸劣敗各等語，咨請銷案前來。查此案既准四川總督飭查明確，所請撤銷統銷公司之處，自應毋庸置議。惟統銷公司辦理情形，既於商情未盡融洽，除仍咨行川督轉飭該省公司隨時體查情形，徐圖改良，以期公司與各廠兩有裨益外，合仰該商即便遵照，安業静候，持平辦理可也。此批。三月初九日。

《申報》宣統元年三月十六日第五版《奏報設立駐防女工傳習所湖北》 荆州將軍恩軍帥、湖廣總督陳制軍會奏云，荆州分防最早，生齒繁滋，困苦情形日甚一日。曾於上年，先就原設八旗工藝學堂地址改設工藝廠，挑選閒散旗人，送廠學習。惟旗營婦女幾佔旗丁戶口之半，若聽其無所事事，待食於人，是各旗民雖極終歲之胼胝，難給全家之銷耗。臣等往返籌商，急謀補救。查工藝廠西偏地尚寬敞，因飭該廠總會辦等，量加修葺，另劃門闌，設立女工傳習所，專收貧苦無業婦女，每班額定六十名，分授紡織、刺繡、裁剪、造花、養蠶各課，限六個月畢業一次，一年招收兩班。由此展轉傳習，漸推漸廣，庶人人皆有偏長薄技，不以依賴爲生存，實於駐防旗民不無裨益。該所開辦經費，經各旗佐領分期勸募，共集洋一千餘元。其常年經費，則由臣夔龍飭司每月量爲撥助，並由荆防服官鄂省人員暨佐領等按月酌捐，濟用所有一切事務，即派工藝廠各員兼管，不設專員以資撙節。

《申報》宣統元年三月十七日第四版《振新紗廠併股之原由無錫》 無錫振新紗廠開辦兩年，虧本甚巨，特於本月十二下午三句鐘開股東大會，商議善後辦法。是日到會者一百餘人，經手榮君報告帳略，內有申帳房騰清流水等帳十餘册，版頁簇新，各股東僉以此帳爲臨時做出。三十三年顧銀一萬五千五百兩，生意清淡，尚覺有理。何三十四年紗價獨昂，銷場獨好，而亦虧銀四萬七千餘兩，不無可疑。查帳施君則云此帳一時不及細查，須緩數日查明再議，果有弊端，定照商律向申總管張君交涉。况申錫各股東因該廠股本不足，周轉爲難，非急定善後辦法不能支持，爰即公議：申股五百三十八股，連三十四年官利一併在內，作八七五折，歸併於錫股，訂定三月底銀票兩交，書立成單，各執爲憑。

《申報》宣統元年三月十八日第四版《改良湖屬絲業浙江》 湖州絲繭捐厘局委員候補知縣張良楷以湖郡絲業衰微，呈擬請浙撫勸商紳董購機設場改製經絲，俾得挽回利權，並飭地方官紳設法籌欵，妥爲經辦。當奉增中丞批云，湖郡爲產絲之區，祇以製造不精，遂致銷場疲滯。該委請仿照日本辦法，購用機器木車，改製經絲，先於郡城設一試驗場，暫行試辦各情，具見留心實業，殊堪嘉尚。惟此項木車，其形式大小如何，機關作用如何，每具究須成本若干，未據詳晰聲叙。將來推廣，究經能否挽回利源，所需開辦經費應如何設法籌措，仰農工商礦局迅飭湖州府會同紳商體察情形，核議詳奪。

《申報》宣統元年三月十八日第四版《鎮昌公司與股東之糾葛湖北》 鄂屬老河口鎮昌玻璃公司，刻被股東譚文龍在農工商部稟控該公司吞騙股欵，尅扣薪工，並種種病商肥己情形，懇撤銷原案，勒還股欵等情。商部當以該公司前曾於光緒三十二年稟部註册，准予專利十年在案。茲據稟控各情，如果屬實，亟應查禁究辦，惟恐有挾嫌妄控情事。昨特咨請鄂督查復，小帥當即轉飭勸業道札行光化縣查復核咨。

《申報》宣統元年三月十九日第一版《漢口美綸機器製造蔴袋公司催收股份並在滬設立帳房廣告》 敝公司上年秋間糾集同人，在漢口創辦機器製造蔴袋公司。計資本金二十萬兩，共分二萬股，每股洋例銀十兩，一次繳足。除由發起人認股一半外，並登報招股，現已掛號而未繳股者尚多。現值外洋袋價飛漲，售利尤厚，亟宜堵塞漏卮，挽回權利。茲廠基已在漢口易家墩填□完竣，機器已經訂定，即將來華，趕辦開工。凡我同志，已經掛號者，務望從速繳股。尚未掛號而願入股者，亦請向收股處取閱章程及豫算表，就近繳現，立付收條。本公司但以繳股足額，即行截止，幸勿觀望。茲擇定本月十八日在滬設立帳房，所有通信以及取閱章程繳收股銀等事，並可逕向該處接洽可也。帳房在上海南市浦灘信成銀行樓上湖北□捐分局內，收股處上海南北市信成銀行、華成保險公司、浙江海運局，法界祥泰恒，寶善街仁和蔴袋號，漢口阜通、同興裕錢莊，蕪湖志泰蔴袋號，九江江西鐵路銀行，南京大德玉。發起人李平書、歐陽榮之、鄧少棠、王慶雲、沈縵雲、譚紫流、梁泮聲、彭善餘。

《申報》宣統元年三月十九日第三版《女工要索工資續紀》 新垃圾橋北裕慎絲廠因不付工資，由女工數百人擁至公共公廨喊控等情，已詳昨報。昨晨九句餘鐘復有該廠女工數百人赴廨控告，適寶讞員與英副領事領袖巴爾敦君會訊瑣案，因即離座，率同站堂差役人等走至階下諭曰：爾等被欠工資，本分府已經洞悉，現已知照該廠給發，爾等切勿聚衆滋擾致干未便。此時且各退去，靜候飭差催令該廠即日照給。各女工唯唯叩謝而散，寶讞員旋即派差協同匯四捕房捕頭及中西各捕前往該廠，諭令司帳將各女工工資按名給發，風潮始息。

《申報》宣統元年三月二十四日第三版《粵督議將電燈公司贖回自辦廣東》 粵省電燈公司向爲英商旗昌洋行資本，每年溢利頗豐。現督憲以此項營業操諸外人之手，有碍主權，擬設法與該公司熟商，贖回自辦。應需價銀及整頓之費約一百一十餘萬元，由官家担任一半，餘一半分招商股，已有殷富多人將股認足，不日即可商妥接辦。

《商務官報》宣統元年三月二十五日第一〇期《批上海鞏華製革廠呈》 呈悉。該廠於光緒三十二年間稟請購機試辦，當經批准在案，此次所陳開辦情形，並遵章呈請註册，自應照准。惟該廠股本係五十萬元，照章應繳公費二百二十四元，現據繳到洋元數目尚少洋十六元五角，應即補繳到部，並補呈股票式樣以符定章。至所請變通運京一節，仰候行查江海關道稟復，再行核示，收單執照併發。此批。三月初八日。

中國歷史博物館《鄭孝胥日記》第三册《宣統元年三月廿八日》 與伯安同過季直，晤許九香、劉厚生，遂至福利公司觀地毯。

《申報》宣統元年三月二十八日第四版《蘇省習藝所將次開辦蘇州》 蘇省首府三縣罪犯習藝所業已建造工竣，即日開辦。現經撫憲派委候補知府駱騰衢太守充當該所監督，又委候補知縣劉鴻充當總稽查，飭令即日到所開辦矣。

《申報》宣統元年三月二十九日第二版《火柴廠炸裂駭聞》 又袋角祥森火柴廠係由甬人洪益三於去年八月間糾股創設，計股本銀十萬兩。開工以來銷場甚暢。詎昨日上午九時半，該廠藥料間忽然炸裂，轟斃工人數名。即由該廠報知上海縣李司馬到場驗明，每名由廠撫恤百金，並備衣棺，從豐收殮了事。當失事時，訇然一聲，附近房屋之門窗墻壁均被震動，竟有因此坍倒者。一時哭泣呼號，人聲鼎沸，旋由四路分局正巡官四區副巡官及巡警總局參事官科長課員等，督率各隊長警人等到場彈壓，巡警總辦汪觀察亦親蒞勘驗，當飭長警等將男女受傷人送往仁濟醫院，趕緊療治，一面將該廠司帳司事等帶回總局聽候訊鞫。至失事原因，現尚謡傳不一，容俟控悉真相，再行録報。

全國圖書館文獻縮微複製中心《清季鈔電匯訂·浙江巡撫電》 陸軍部鑒，洪浙省於三月間向上海正鵠公司訂購瞄準機器四架，每架價洋九百二十元，現已抵滬。應請轉知稅務處，飭關驗放，以免留難，增韞。冬。印。

端方《端忠敏公奏稿》卷一四《籌辦南洋印刷官廠摺宣統元年三月》 奏爲籌辦南洋印刷官廠規模已具，發行有期，謹將大概情形恭摺具陳，仰祈聖鑒事。竊維民智日進，則文字之用愈繁。文字愈繁，則印刷之事亦愈廣。東西各國於印刷一業，不特視爲振興工藝之一端，且常藉爲範圍法律之要具。故日本有國家印刷廠，專屬內閣總理大臣管理，凡法令全書官報印紙郵便切手證券諸項，均歸印刷。美國則各部均設印刷專科，凡發明新理實驗工業一切統計報告書，皆由官刊印頒發。推求其意，蓋以出版列入法規之中，必自印刷隸於官司爲始，然後奸私詐僞之事，乃有檢查消滅之方，是於行政關係甚多，非僅爲專利起見也。現在中國修訂法律，注重版權，度支部有鑒於斯，已於光緒三十三年奏明創設印刷局，其後各省亦漸有踵而行之者。江南夙號繁庶，作僞之風勝於他處。近年上海一埠，商辦印刷雖多，然祇爲營業之謀，仍於行政無補，若不將印刷官廠迅速圖維，實足爲改良行政之阻礙。顧事屬創舉，經畫爲難，風氣初開，推行宜漸。迭經臣遴派熟悉商務人員，督同曾習印刷之學生，詳細研求，購置機器。適其時江寧省城造幣廠奉文停鑄，房屋甚多閒廢可惜，因將造幣廠之中廠略事改修，期於合用，定名爲南洋印刷官廠，計自光緒三十三年四月剏始經營，至今將及兩載。規模粗立，發行有期，謹將辦理大概情形爲我皇上縷晰陳之。查該廠之設，本以杜弊爲宗旨，倘能推行有效，銷用日多，則籌款之道自在其中。以杜弊言，必先酌定程式，便於檢查稽察，始能收整齊畫一之功。以籌款言，必先體察人情，使其信用樂從，始能臻默化潛移之妙。是該廠第一要務，首在於釐訂物品。經臣悉心參考定爲三項，一曰官用品，如糧串鈔票及署局文書簿册，鹽務釐金各種票照之類是也。二曰民用品，如呈詞狀紙，契券合同，婚帖當票，帳簿經摺之類是也。三曰商用品，即商民通用品物託廠代印之件是也。三項之中，除商用一項，事屬貿易，其如何程式，應聽自便外，至官用民用，則統由該廠定式印行，凡非該廠所印行者，於法律上視爲無效，到官即置之勿理。至其定價發售，則又分甲乙兩類。甲類，如官用品中之糧串票照，民用品中之呈詞狀紙契券合同，本有由官發行之權，即可由廠酌定價值。乙類如官用品中之鈔票文件，民用品中之當票簿摺，本爲商業交通之品，仍照工本計值，但須由廠畫定格式，以杜向來簡陋弊混之習。又以事方經始，俗尚不齊，自應順習慣之人情，以定施行之次序。復飭該廠細加考察，將各種用品，分別先後，逐漸發行，俾臻盡善而免窒礙。此制定出品之大概情形也。又設廠規則，名雖官辦，實係工商，欲求廠務之振興，必盡去官場之習氣。故該廠所定章程，悉仿日本工場之例，將全廠事務畫分爲商務、工務兩大部。商務專管營業，工務專管製造。商務部之下則以會計、書記、庶務、營業四課隸之。工務部之下，則以製版、圖案、活版、印刷四課隸之。各部之中又分各系，部有部長，課有課長，系有系長，而以總辦提調總其成，另設寧蘇發行所，委會辦以分筦之，務使全廠之中各有統屬，互負責成，權限既不相侵，事機亦無隔閡，此釐定章程之大概情形也。至該廠經費，創辦之初，飭由財政局隨時籌撥，計購置機器，修改廠房，共用湘平銀六萬五百九十三兩七錢九分二釐六毫。又自籌辦至今，薪資廠用等項共用湘平銀二萬五千一百八十餘兩。該廠本屬商業性質，自應權衡本利，力戒虛糜。惟印刷用品未經發行，以前是該廠尚無入款之可言，而月支款項仍須陸續籌付，擬仿商業公司之例，以所用機器廠房等項湘平銀六萬五百九十三兩零作爲該廠資本，週年七釐官息，年終結算，解交財政局收存，并飭另籌營業活本湘平銀二萬兩，作爲該廠購辦印刷材料周轉之用，其業經陸續支銷薪費之款，概作爲該廠借項。俟該廠印品發行，獲利漸豐，則此項借款即於每年餘利項下提還，此劃定資本之大概情形也。以上各端均由臣督同廠員反復籌計，雖明知目前財政支絀，籌款維艱，然既關於改良行政，爲除弊興利之要圖，又何敢故步自封，存惜費畏難之成見。現在印刷機件大致完全，官民用品次第籌備，擬定於本年六月初一日爲發行之期，以後仍當督飭該廠委員認真辦理，以期風氣開通，遥爲部廠輔助。除將章程咨部外，所有籌辦南洋印刷官廠大概情形，理合會同江蘇巡撫臣陳啓泰恭摺具陳，伏乞皇上聖鑒訓示，謹奏。

《申報》宣統元年四月初一日第三版《火柴廠炸裂續誌》　又袋角祥森火柴廠藥料間前日炸裂，慘斃多命，已誌昨報。茲又據訪員詳細報告，知當時從瓦礫内檢出屍身，共有男屍八具，女屍一具，又零肢殘體不能辨認者合成一具。旋經屍屬陸陳氏將其女陸美菊認去，許阿福即許生揚將其叔許阿二又其兄許生昌認去，施阿增將其子施厚生認去，邵以蘭將其侄邵阿林甥王福福認去，李莊福將其弟李阿方認去。下午三時半，上海縣李司馬到場相驗各屍，屬即投案求免，並求撫恤。訊據陸陳氏供稱，與女同在該廠做工，失事時，婦人不及照顧女兒，獨自逃出。施阿增供在該廠充當門役，當時適因送信出外，未罹于難，然兒子已遭慘死。其餘各屍屬同供聞信後，前來尋覓，從屍堆内認出。李司馬當即一一撫慰，飭各具結領屍。旋由仁濟善堂董事陳潤夫觀察助棺十具，並當場發給各屍屬撫恤，每具洋一百元，各屍屬均感泣而退。是時李司馬復飭將認剩之男屍二具，諭令仵作檢視，一過留待認領，一面遂詣該廠周圍，詳細察勘。復至巡警總局謁見總辦汪觀察，禀商良久，議定送院醫治之受傷人，俟痊愈後，按照傷勢輕重，再行撫恤。時已傍晚，李司馬遂即回署。嗣後復由屍屬王葉氏來認其父葉阿福，任慶順來認其弟任順金，亦各具結領屍，由總局給予書信，令往陳觀察處領取撫恤。昨日上午復由小工在該廠坍墻下，檢出孩屍一具，該廠屋面上尋見手臂一只，仍即招人認領。至該廠司帳司事等，現亦均已保釋，聽候傳訊。

《申報》宣統元年四月初一日第四版《醴陵磁業之改良湖南》　醴陵縣湖南磁業公司自開辦以來，略仿江西景鎮辦法，並請日本技師，參用東洋新法。所出磁品精美異常，釉下品尤爲特色。但專屬創辦，所有購地建廠築窑，採辦機器，物料需費浩繁。兩次所招股本，仍屬不敷應用，擬再招股數萬元，以資周轉。現沈坐辦又親赴景德鎮，細加考察，並購辦釉料及御窑所用之各項料質，約費二千餘金，陸續由贛運湘，以爲特别改良之用。

《申報》宣統元年四月初一日第四版《紙廠劃抵三怡欠款漢口》　白沙造紙廠前曾挪借漢口三怡錢莊銀三千餘兩，現由三怡東夥禀經鄂督，札飭該廠總辦程觀察頌萬歸還，以便攤賠債户。程觀察因三怡曾倒欠礦政局銀三千餘兩，將紙廠所欠劃抵礦政局。經礦政局呈報在案，現由督院核案，尚屬相符，批准照辦。

《申報》宣統元年四月初二日第三版《火柴廠炸裂三誌》　又袋角祥森火柴廠藥料間炸裂，慘斃多命，已兩誌本報。茲悉前日上午，在坍墻下檢出之孩屍，名顧根堂，昨日已由屍父顧洪喬、屍母顧姚氏到場認領，巡警總局即給予撫恤洋五十元。聞是役共斃男工人十餘名，由屍屬領回者十具，其餘零肢殘體合成一具，業已發壇掩埋。又聞該廠保有火險銀五萬兩，大約不久仍須興復云。

《申報》宣統元年四月初三日第二版《火柴廠炸裂四誌》　祥森火柴廠轟毁情形迭詳前報。茲巡警局汪總辦因恐尚有屍身被壓在内，昨復飭令警保科長裁判課員帶領局差人等前往該處，督同該廠工人，將碎磚瓦片一律出清。旋復檢出女屍一具，已缺一手，即由屍夫鮑惠林到場認明，確係其妻李氏之屍。當即收殮，並照例具領撫恤而去。

《商務官報》宣統元年四月初五日第一期《批裕亨麪粉公司呈》　據呈運單式樣，懇咨送各督撫飭發關卡一節。案查光緒三十三年九月間，本部准稅務大臣咨稱，所有機製麪粉，自八月起一律定限，免征五年等因，當已咨行轉飭關道知照在案。茲據呈稱各情，並請咨送運單式樣，本部查無辦過此項成案，所請着毋庸議，運單二本發還。此批。三月十七日。

中國歷史博物館《鄭孝胥日記》第三册《宣統元年四月初五日》　《民呼日報》出報才數日，昨已停止，今日又出。張菊生來談商務印書館事，余言，宜分四部：股票、産業爲一部，物料、印刷爲一部，款目、發行爲一部，編譯、出版爲一部，每部由董事一人擔任其責，則基業固矣。菊生然其説，擬於董事會提議。

《申報》宣統元年四月初五日第三版《祥森火柴廠轟燬五誌》　祥森火柴廠轟燬，慘斃多命一事，前經汪總辦飭將瓦礫一律搬去。昨日又掘出屍體一具，已經腐爛不堪，男女莫辨。各小工因又不肯動手，屍屬等往認，奈面目模糊，不能指實，故尚未棺殮，當經地保禀請巡警總局核奪。

《申報》宣統元年四月初五日第七版《虹口協昌繅絲有限公司招股廣告》
照得滬上各廠近來均獲盈餘，商業之發達，於此可見。同人等爰在虹口胡家木橋北首，購地建造廠房，能容絲車二百部，約計造廠，並置絲車引擎，生財成本五萬元之譜，定爲股本一萬股，每股五元，分五期繳足，常年計息八釐，付欵日起算。凡滿百股者得有議事權。同人等先認二千股，已作爲購地定車開辦之用。如有願入股者請至本公司辦事處，及各商號代招股處取閱詳細章程，繳股時隨發收據，至繳齊日換給股單息摺爲憑。

《申報》宣統元年四月初六日第三版《祥森火柴廠轟燬慘聞六誌》　祥森火柴廠轟燬，後經巡警局諭將燼餘瓦礫出清。現警局以該廠所雇工頭葉阿揚延未搬清，飭將所剩亂磚限一日盡數搬去，若再抗延，當提該經理人一併嚴辦。又昨報所載檢出之屍，已由鮑惠林認係其妻李氏。日前鮑曾誤認一具，昨來換去。又日前曾檢出屍足一只，由廠中人攜去掩埋。

《申報》宣統元年四月初六日第三版《鹿蒿玻璃廠免釐問題四川》　勸業道據重慶鹿蒿廠禀請，玻璃運銷省境，擬仿耀徐公司成案辦理，暫免釐稅等情，詳陳督院請示。當奉督憲批云，外洋玻璃進口，爲漏卮一大宗。該商獨資仿造，頗見用心，赴會陳列各品亦甚精好，若能擴充辦理，製造大張平片，銷路日暢，當可挽回利權。查華商機器製造貨物，出廠完一正税，概免重徵，歷辦有案。將來出貨漸多，運銷外省，自應照案奏咨辦理。此時請暫免本省境內釐税，係爲提倡工業，鼓舞商情起見，應准暫免釐税二年，以示格外體恤。仰即轉飭該廠擬定商標，呈送轉發，并於所製物上印明模記，候飭釐金總局會同該道妥議驗單式樣，詳核刷發，該廠填用，以備查驗。

《申報》宣統元年四月初八日第一版《公順紙烟有限公司廣告》　啓者，本公司揀選上等煙葉，新製五支猴牌各種紙烟，物美價廉，格外克己。總批發所在上海四馬路黃浦灘通商銀行樓下，分售處：上海致遠街富康里中和紗號、楊樹浦震泰新記，南京金沙井石□樓先生，蕪湖漢冶萍分銷處周少堂先生，賜顧者請至各該處接洽可也。本公司謹啓。

《申報》宣統元年四月十二日第四版《江蘇官廠印刷品限期實行蘇州》　南洋印刷官廠章程及經辦情形，業見前報。茲該廠將官用民用紙品設法改良，製成圖版，呈請江督檢驗。並請自本年六月初一日起一律實行，札飭各屬一體遵照。當奉午帥批云，該廠設立宗旨，專在改良官用民用各種紙品，前據詳陳辦法，業經明晰批示，並通飭各署局學堂分別擬辦。其應由該廠擬辦各件，茲據呈送新製式樣十九種察核，尚屬妥協，應即作爲官廠定式印刷通行。自本年六月初一日起，官用各項紙品，先由本大臣衙門一律換用新式。凡寧蘇兩屬各署局學堂各届期仍沿用舊式禀牘者，以違式論，概行發還另繕，各署局學堂對於所屬亦應一體照辦，以期劃一程式。其商民所用紙品，如合同租借券及婚帖各項，凡所書年月在本年六月初一日以後，仍用舊式者，作爲無效。因事到官，概不准理。應由該廠迅將製就式樣分别移送本省各屬地方官，先期出示曉諭，並將式樣粘貼示尾，俾衆周知。至該廠發售各種紙品，雖屬官廠，仍係營業性質。其發行商民用品，固應由該廠自行交易。即各署局學堂應購官用紙品，亦應隨時向該廠直接訂購，毋庸備價呈送本大臣衙門飭發，以省周折，餘均照擬辦理，除通飭各署局學堂飭屬遵辦外，仰即遵照。

〔附〕官廠所呈各種式樣

一、馬封申移咨札等件，係變通舊式，而用精細花紋標之紙面，以新耳目。其中均用壓印暗行，便於大小字體，或雙行夾寫單寫之用暗行外，並留有餘紙，以備粘訂存卷。惟馬封式較前改小，因北京税務大臣及各衙門文書均經縮小，取其便由郵遞也。

二、爲合同租借券婚帖等式，均採酌舊式，易以精細花紋，聽民自購。惟婚帖則于年庚後頁，加印夫妻姓名年籍三代氷人年月等項，俾便填註，較從前民間所製，有詳略之別，實足以爲證書，而免一切葛籐。

三、爲紅白禀及正副詞狀保結等式。查前次調查廣東呈詞狀紙，格式逈與江南懸殊，若仿照印刷殊與官民習慣有碍，特參酌兩省新舊之間，製成此式，俾便通行。至于禀式，向來均以紅白紙張别之，實則紅禀專爲摘由録批也。茲全用白紙，而於禀面標以青紅花紋，略示區分之意。其紙張廣狹，一照申移詞狀等式，并可裝訂成卷。

〔附〕官廠所定官紙價值

江南各局所學堂所用紙件，均係照章開支欵項，職廠各式官紙發行時，自必移而購此，不待言矣。各衙門則不然，向來均由房書包辦，往往購用極薄劣之紙以充數，此公牘所急宜改良也。然房書習慣已久，若職廠價值較舊爲昂，彼亦安肯多費，再四籌商，惟有減輕成本，一切照坊間價值，俾易遵行。至於紅白禀及呈詞狀紙，應請每張（連副狀保結在内）定價龍銀四角，以三角爲職廠工本，以一角爲各衙門規費。

《申報》宣統元年四月十二日第四版《龍章紙廠之發達》　滬上龍章造紙廠，係奉農工商部提倡辦理，其總理爲吳興龐萊臣，京卿協理爲四明嚴子均觀察。經營數載，煞費苦心，前開股東會議，將創辦時虧耗悉數剔盡，並添招新股以充資本，衆無異詞。蓋以成績已著，貨色精良，銷路暢旺。聞今歲開足日夜工，定貨者踵相接，恒虞不給，其爲發達可知，則此後愈推愈廣，各股東固以獲利相慶，抑亦興實業，挽利權之明驗也。

《申報》宣統元年四月十四日第三版《擬設南洋印刷分廠蘇州》　蘇垣農工商局以升任監理熊觀察希齡前在南洋創設印刷官廠，擬定章程，詳奉督憲批准，照辦在案。茲擬在蘇州閶門外馬路左近創設分廠，以便官用民用，各品悉歸分廠代辦，須發行用，惟分廠基地現尚未行勘定。

《申報》宣統元年四月十五日第二版《罪犯習藝所工竣蘇州》　南匯縣王大令通稟各憲，略謂罪犯習藝所業已工竣，計建大小樓平房等共五十四間，實用工料等項大洋九千六百五十餘元，小洋二千八百六十四角，錢二百六十千六百有餘。除收鄉團捐團甲捐及案發各捐等項外，尚不敷洋一千一百四十八元有零，應請另籌歸墊。茲造具工料，開支清册，稟請派員驗收。至預算開辦費及常年經費，尚需五六千元，現已照會各紳設法籌議辦理。

《申報》宣統元年四月十五日第三版《岱岳鎮工藝組織情形山西》　山陰岱鎮伲世禎自去夏携資赴津，專學機織一科，以備回籍推廣實業起見。在津卒業後，出資六百金購買鐵輪機器，並各種綫碼器具等，回該鎮開辦工藝局，稟請地方官立案。每半年畢業招考工徒數十名，不收學費，以期實業盛行，利不外溢爲宗旨，該縣令亦極力贊助。

《申報》宣統元年四月十七日第四版《醴陵磁業添設漢口發行所湖南》　醴陵縣湖南磁業公司所出貨品，均甚精美，足爲實業上之特色。前年曾就湘潭縣設立發行所，頗爲商界所歡迎。去歲又在省垣添設一處，近來出貨益多，亟應寬籌銷路，現於漢口賃定房屋，又設發行所，運貨前往，以便即日開辦，推廣銷場。

中國歷史博物館《鄭孝胥日記》第三册《宣統元年四月十九日》　不遇。至日輝帳房。午後，赴日輝廠股東會，到者二十餘人，添舉董事三人，董君蘭芳，國君仁章，蔣君孟苹；查帳一人，蔣君抑卮也。

《申報》宣統元年四月十九日第二版《股票出售》　茲友人有中興麵粉公司股分念股，每股本規銀一百兩；東方輪船即立興公司股分拾股，每股本規銀二百兩；上海製造絹絲株式會社股分一百五十股，每股本規銀二十兩。該友云邇來三公司生意漸形發達，本不願割愛，因出門在即，特託本公司不限價售脫。如有意欲得此種便宜股分者，請到本公司面議，幸勿失此機會。南市萬聚碼頭股票交通公司敬啓。

《申報》宣統元年四月二十一日第三版《稟報火柴廠失慎之批詞》　巡警總局批閘北祥森火柴廠總董陳作霖等稟云，此次該廠失慎，傷斃男女工人十餘名口，肇禍至烈，罹災至慘。雖經該廠棺殮撫卹，而言念情形，殊堪駭惻。業經稟奉兩院憲電飭，查明妥議辦法在案。乃事後查悉，附近房屋多被轟壞，即本總局四圍墻基，亦遭震裂鬆陷。此外門牕瓦片損毀尤多，亟須飭匠拆卸修理。茲據裕源紗廠、廣肇山莊、普利公司、順林花園、張大順酒棧及承造本總局房屋之永利公司等，分具函稟單摺到局，懇請知照該廠賠償修費等情，本總局查明屬實。現已彙案移請商務總會核議，并妥籌善後辦法，應俟復到再行酌奪。至該廠當轟毀之時，本總局聞警即飭派消防隊及四路局區各長警馳往救護撲滅，並無租界救火會中人到場，來稟乃稱中西救火會同人幫同救熄，亦屬失實，應并駁正，希即知照。

《申報》宣統元年四月二十二日第三版《祥森火柴廠勢難興復》　閘北裕源紗廠總辦朱幼鴻觀察以祥森火柴廠此次炸裂本廠房屋，雖未震坍，然門窗等物已損壞不少，估計修費須洋五百餘元。現在閘北市面漸漸熱鬧，此等危險廠棧不應設於人烟稠密之處，應在離市十餘里外，居民稀少之鄉間建造。今該火柴廠若再興復，附近居民勢必他徙，殊非振興市面之道。且本廠避無可避，尤爲可慮。因特商請滬道，禁止祥森火柴廠，不准再在原處興復。並請警局禁止建造各項危險廠棧，以絶後患。現滬道已允准照辦矣。

《申報》宣統元年四月二十二日第三版《桂撫維持振華公司之熱誠廣西》　桂撫昨致振華公司電云，振華公司梁少閑、葉惠伯、劉章軒鑒，鳴博倉卒遇害，深可傷慘。頃得伊子電，已飛電東警道詳查情形，設法追兇。振華事鳴博苦心毅力，與諸公共歷艱辛，方克成立。所盼諸公協力維持，早日來桂開辦，鳴博死而有知，當亦瞑目。現已派農工商局會辦黃道錫銓赴港，伴同諸君來桂，並沿途照料岐蒸。

《申報》宣統元年四月二十三日第二版《華興麵粉有限公司發給戊申年官利廣告》　本公司茲發光緒三十四年分官利，自五月朔日起，附股諸君□持股息摺至本公司帳房收取，特此佈告。

《申報》宣統元年四月二十三日第二版《委辦南洋印刷分廠蘇州》 江督端午帥以南洋印刷官廠總辦熊觀察升任監理，所遺差務業委費道毓湛接辦在案。茲因該廠所製官用民用紙品，業經奏准咨行，皖蘇贛省官民一體照購遵辦。現擬在蘇先行設立分廠，以便官民就近購用，並委曾孟樸孝廉辦理分廠事務。已於日昨到蘇晉謁，撫憲商議建築分廠事宜，以便開辦一切。

《申報》宣統元年四月二十五日第一版《爲閘北火柴廠焚燬劇烈特開會研究將來防範法之廣告》 社會經濟雕敝殆達極點，有志之士方將提倡實業，以立富强之基礎，不意我中國實業界上甫當萌芽時代，遽有祥森火柴廠之火，其事情已迭見各報。自此以往，恐影響所及，資本家技術家因而裹足不前，則社會不將淪於奇窮之域耶。歐西新創之業，十倍危險于火柴廠者，有加無已。要必有慮厲慎密之防卫法，則以維持其事業。因噎廢食有□者，當笑其後矣。凡我研究實業家有此一大阻力，更當竭力提倡，闡明此次起火劇烈之原因，條陳隨時防衛之辦法，俾實業家深□其利害之所在，而消其恐慌之思想。爲此發起本會，激請著名學科家、實業家及各學堂諸公惠臨會場，不勝盼切。發起人鍾衡莊、鄭平叔謹啓。會期：四月念六日下午二點鐘，會場：三馬路寶安里浙江旅滬學會。

《商務官報》宣統元年四月二十五日第一三期《批上海鞏華製革廠呈》 前據呈稱機器製造皮貨報完正税，可否援照上海阜豐麵粉廠集成紗布廠，自行刊印憑單成案辦理等情，當經本部札飭滬道查案聲復去後。茲據該關道復稱，查集成紗布廠刊單運貨職道未奉核准，明文無案可稽。至阜豐麵粉公司請自印憑單，經蘇牙釐局查得驗單放行，易於冒混，惟有憑貨不憑單，認真扞驗，詳院批准在案，是阜豐麵粉公司亦未奉文准行。該廠援引未免失實，况該廠所製革品報運別口以及內地銷售者，照章應完正税一道，核與免税之機器麪粉不同，憑單爲已完關税之據，必由海關查明填給。若由該廠商自行填運，難保無影射朦混隱匿諸弊，殊與關税有碍等語，爲此批示，仰即遵照辦理。此批。四月初八日。

《申報》宣統元年四月二十六日第一版《伴野製麪機器發售》 本機所爲特長者，則大略如下，價格外便宜。機器鐵堅製固，且輕小，運用甚便。每架一人運動，不要氣力。面形之粗細方圓，隨意製出，每天製出甚多，本行籌備樣子以及圖樣，希貴客隨時來駕。敝行賞識機器，或賜函電付圖樣，不取分文。高田商會，英租界博物院路第八號謹啓。

《申報》宣統元年四月二十六日第三版《火柴廠炸裂餘聞》 祥森火柴廠日前失事，炸斃工人六名，木匠二名，機匠一名，女工二人，女孩一口，業由該廠每名給卹洋一百元。茲聞北巡警總辦汪觀察以各工人身遭慘死，自應酌加撫恤，其附近鄰居房屋之被震損壞者，亦應賠償修費，現已移請商會一併核議矣。

《申報》宣統元年四月二十七日第三版《移請查封造紙公司》 信義銀行未兑鈔票，已由滬道再請商會籌銀三萬，定期兑付，其存儲各欵，現尚無欵可付，祗有將該銀行受抵之鎮江造紙公司全廠機器房產攤抵。昨蔡觀察已移請鎮江關道劉觀察迅將造紙公司全廠生財物件趕速查封，以便抵償。

《申報》宣統元年四月三十日第六版《創辦新新衛生果子醬油釀酒公司招股啟》 我中國處二十世紀商戰之時代，尚無新法，焉以收回利源，將金錢之流出外洋者，不知伊于胡底，其他姑勿具論。即如飲食所需之醬油一物，自日本木桶醬油銷行中國，而每歲減銷中國醬油甚鉅，□者取其質鹹而味又略鮮所致。又如洋酒流入中國，而嗜飲者每喜洋酒，謂爲有益衛生，酒價之昂否竟不計，及以是每年輸出酒費頗屬不貲。同人等目擊之下，偶與中法藥房總理黄磋玖君談及，黄君固諳於理化之學者，謂惜無人創一新法，公司以果子製爲醬油，有五大特色：（一）能辟食物中一切黴毒，有益衛生。（二）久藏不霉，無須每日蒸晒。（三）滋味鹹鮮，用時較別種醬油爲省，能以少許勝人多許。（四）此醬油係熟水化製，用以生拌或生熗饌品尤宜。（五）此種醬油化製之時無蠅蚋蛆集之弊，故入腹最爲潔净，曾經試有成效，更以果子釀成各酒，使一酒有一酒之利，或主祛風，或主補血，或主消食，或主潤腸，或主平肝理氣，去濕消痰，一切亦經試有確驗。如果設廠釀製，祇須略平其價，使較日本醬油與洋酒爲廉，何患不能推廣消路，争回利權。同人等以其所言頗中肯綮，且爲振興中國商業起見，爰請黄君發起其事，共樂贊成，即定名曰新新公司，并舉黄君爲總理員，俟開辦時公舉董事，以補黄君所不逮，並遵例稟部立案。黄君首爲之肯，并擬聘請醫科進士謝衛臣主政，前北洋海軍醫官唐慶生醫員爲監製□，先假膠州路九宜花園餘地餘屋開辦，暫時不取地租，准期秋初先出醬油，續辦釀酒，發行所暫設中法藥房，暫不扣佣，一俟股分收齊，即□購地建廠，同人等因當場認集壹萬股，計洋五萬元，并爲酌定招股簡章，續招五萬元，合成十萬作爲有限公司。茲將章程録左，想有志實業者見之，當必争先入股，决不自棄厥利也，是爲啓。

創辦新新公司發起人馮崑圃、席子佩、金琴孫、姚伯欣、陳烈清、祝伊才、蔡鑄成、吴伯英、盧復初、黄礎玖仝啓。

〔附〕録新新公司招股簡章

一，本公司擬集股本洋十萬元，每股五元，共計二萬股，不論股數多寡，一律一次交足。一，本公司招股不限上海一隅，如外埠有願入股者，滿五百股倘欲經售本公司所製醬油、各酒，可爲該埠之總發行所，給予特别利益，故凡開設雜貨等鋪者尤宜。一，本公司招股齊全，即當選舉董事七員，查帳□員，遵例稟部註册，如一人入股至二百股，即有選舉權，亦即有被選舉爲董事權。一，本公司所招股本，交中法藥房出立收票，或交發起人處亦可，俟開辦時一律换給股單。一，本公司股本未齊以前，隨招隨辦。先假膠州路九宜花園餘地餘屋開辦，中法藥房爲總發行所，准期秋初先出衛生果子醬油，續釀各酒，以爲公司必成之基礎。一，本公司股本招足，即當購地建廠，展布種種營業，上應爲之事，以期擴充利源，使將來獲利無可限量。一，凡入本公司股分者，官利常年八釐，盈餘每届年終結算一次，二月報告分紅，作十五成派，各股東得十成，各董事合得一成半，總理得一成，辦事各夥友一成半，公積一成，其餘一切章程悉照，欽定公司律辦理。

《申報》宣統元年五月初一日第二版《正和絲廠廣告》 逕告者，本廠桑網絲牌自光緒二十一年創始，採辦正路高繭頂真繅絲，素蒙洋商信重，曾於英一千九百零六年義國賽珍會奬得寶星，迄今十五年之久，從未曾出租與人。近聞有人私雕桑網圖版，假冒正和，將低次之貨，任意射利，實與本廠牌名有關，爲害非淺。試思市上高牌頗多，豈可任人占冒，此風何可漸長。而該廠主以鉅資經營，何甘心輕於試法，此必市井之蠹，人人可得而誅之。一經□出，律當究懲。用特佈告各絲廠知悉，慎勿貪利妄冒有干未便。正和絲廠告白。

《商務官報》宣統元年五月初五日第一四期《批菱湖商會稟》 據稟已悉。所陳提倡實業，社會創設機器繅絲，籌辦摇經工藝，集設紡織公司各節，均係爲改良絲業，推廣銷路起見，所言頗有見地。仰候札飭上海杭州商務總會邀集絲商，統籌辦法，稟部核奪，合行批示，仰即遵照。此批。四月二十七日。

《申報》宣統元年五月初八日第二版《鎮江造紙公司股東來函》 敬啓者，各報登有造紙公司擔任信義銀行有限債務廣告，未知何人所登。查信義銀行係尹壽人個人之債，造紙公司則各股東衆人集股，信義自信義，公司自公司，各不相涉。前登告白公司不能承任，至告白中稱現在機器一律到齊，因用信義銀行欵項十八萬兩，致信義不支等語。查造紙公司去歲續訂招股簡章内第五條稱，本年二月二十五日在上海本公司辦事處開全體股東大會，業已招至二千八百股，計銀一十八萬兩。第四條稱已購上等新式造紙機器，全套價銀十一萬餘兩，是除付機器價銀外，應剩銀六七萬兩。查紙廠地基不過二十畝上下，當日購買時每畝有百元，有數十元者，約計不過一千餘金，損築地基建造房屋，約估萬金内外。且機器房尚未起造，此皆有帳可稽，當難浮揑。出入兩抵，尚應剩銀五萬餘兩，即使一千八百股未盡繳齊，亦斷不至借用信義銀行十八萬之鉅。現各股東定於本月初十十一二三日内，午後齊集揚州三義閣串殿巷内方寓會議辦法。一面遴選精幹妥員前赴紙廠調查細帳，一面電稟農工商部暨南洋商務各大憲，茲先懇請貴報登入來函一門，以表輿論，而維公益。商務幸甚，大局幸甚。駐揚鎮江造紙有限公司衆股東謹啓。

《申報》宣統元年五月十一日第三版《創辦大金工廠計畫武昌》 鄂督陳小帥因鐵絲、鐵釘等金工物件銷路甚廣，自各國輸入此種鐵貨後，物美價廉，遂致利權外溢。現擬官商合集股本銀五十萬兩，在省垣創設大金工廠一所，專製鐵銅等項器物，以期挽回利權。昨特札飭勸業道鄒道履和，妥議一切，開辦章程，以便咨部註册開辦。觀察奉文後擇就望山門外白沙洲空地，繪具圖説，詳復督院核辦。

《申報》宣統元年五月十一日第四版《振新紗廠併股後之組織無錫》 無錫振新紗廠併股原因一節，已兩誌前報。茲經唐君水成等重議組織，於本月初六午後三句鐘開股東大會，到者二十八人，提議辦法。並選舉鄒君静山、榮君華生、唐君水成、榮君德生、俞君廷元五人爲董事，所有銀欵出入及往來帳目，已由舊董移交新董擔任。又舉定夏君子坪鄒君慕陶爲查帳員，均盡義務，不支薪水車馬等費。從前所有議重，悉數屏除，以清界限。

《申報》宣統元年五月十二日第三版《查無革黨製械廠廣東》 湖南岑撫前因緝獲革黨何用九，搜出書據飄布及供出革黨人數甚夥。並稱有同黨陳大富等廿餘人，現匿連州台家洞地方，設有鐵廠，製造槍械、碼子各件。曾經運出數千交，各黨運往應用，故特由岑撫密電粤督查辦。茲統帶吴宗禹日前奉電會同連州蔣牧，不動聲色，馳往該處查辦。詎四處均無鐵廠，無從拿緝，業已據情稟覆督院。電咨岑撫查照。

《申報》宣統元年五月十二日第三版《曉諭機工不准停工蘇州》 蘇垣紗緞

機匠聚衆要求工價一事，昨爲長元吴三縣訪悉，特出示曉諭，略謂機匠聚衆罷工，迭經示禁，拿辦有案。近聞省城機匠又藉口銅元紛議加價要挾情事，難保無業遊民從而附和，希圖擾害良善，除訪查密拿外，爾等務各安分營生，毋聽匪徒煽惑，致罹法網。如敢故違，定行提案，照例嚴辦。

《申報》宣統元年五月十四日第三版《閲視織呢公司成績》 日暉港日輝織呢公司開辦以來，已見成效。前日由該公司總理鄭孝胥京卿柬邀滬道閲視成績，蔡觀察即於昨日午後二時命駕到廠察視一週。

《申報》宣統元年五月十四日第三版《道批照録》 祥森火柴公司禀批：查祥森公司製造火柴，前據禀明，就中國自有原料以化學法考究，悉用本國土産，當經出示曉諭在案。乃該公司忽向外洋購辦藥料，核與禀准之案不符。况該公司肇禍之後，一切善後辦法未據□定，禀明商務總會移道核辦，尤難照准。□前項鹽酸鉀，既已裝運到滬，應由海關妥爲代存，另行酌核。條函致税務司查照辦理可也。

《申報》宣統元年五月十四日第四版《機匠罷工加價續聞蘇州》 蘇垣紗緞業機匠日昨聚衆要求工價，經三縣出示諭禁在案，已紀本報。兹悉各莊連日在雲錦公所商認，以該匠等所加工資已非一次，現因銅元充斥，不敷開銷，雖係實情，然本年各莊生意不甚發達，姑將該匠工資每尺酌加一分，以示格外體恤，俟銅元兑價短至一千二百文，即行復舊，已由縣出示曉諭遵照。惟日内尚有失業機匠百餘人，强阻開工，致各莊昨仍在公所會議，所望地方有司查訪核辦，以安商業。

《申報》宣統元年五月十四日第六版《漢口恒豐機器麪粉廠出租廣告》 本廠自光緒三十二年開機磨粉，迄今四年。雙鳳牌早已馳名中外，日夜出粉一千袋。現在雖日夜工作，因乏人經理，如有人承租，亦擬租出。爲此登報告白，凡有意於此者，請至上海閘北裕通紡織廠面議，或向漢口梳子街本廠帳房面議可也。此佈。

中國歷史博物館《鄭孝胥日記》第三册《宣統元年五月十五日》 代雲帥復錫良書。金仲廉來。午後，至日輝帳房董事會，議向義善源、交通銀行、浚川源銀號三家暫移二十萬兩，以廠契爲抵，未即作三十萬押款之定局，將所借各錢莊十一萬餘兩先行還清。至勸業會董事會，觀會場開標。有同協泰者，開價最少。陳蘭薰在會發痧。董事等約十七夜同坐專車赴寧。

《商務官報》宣統元年五月十五日第一五期《本部具奏江西瓷業公司請給關防摺》 謹奏，爲江西商辦瓷業公司援案請頒給關防，恭摺具陳，仰祈聖鑒事。竊臣部接據江西瓷業公司總理内閣中書康達呈稱，瓷業公司於光緒三十三年九月奉部批准，按照江南六合溝煤礦公司暨雲南箇舊錫廠成案，發給鈐記，並註册在案。公司業於上年五月開工燒成瓷品，先後運赴滬上行銷。現議定添招股本二十萬圓，在饒州府城開辦分廠，專用機器製造。並設立陶業學堂，延請技師教授新法。惟是規模既具，事務愈繁，非稍隆體制，不足以昭信用。查前孫道廷林承辦景德鎮瓷業公司，係由前江西巡撫奏給關防，懇請援照辦理等情前來。臣等伏查中國瓷製，素稱精美，冠於全球。近因各窑廠不能講求工料，瓷品日墮粗劣，外人仿造之瓷輸入甚多，以致利權外溢。前由升任江海關道瑞澂等糾合紳商籌集股本，就江西瓷業公司改歸商辦，與官民各窑聯絡一氣，研究新法，抵制外瓷，並公舉内閣中書康達爲總理，集股四十萬元，聯名呈請立案，經臣部核准註册，并發給鈐記在案。該公司開辦一載以來，所出貨品業已行銷各處。近又添招股本，在饒州設立分廠，兼辦陶業學堂，逐漸擴充，日有起色，核與尋常商辦公司不同。查山東中興煤礦公司、上海龍章造紙公司、北京電燈公司均係由臣部奏請頒給關防有案，該公司事同一律，所請援案頒給關防之處，應即照准。擬由臣部刊就木質關防一顆，文曰奏辦江西瓷業公司關防，交該公司鈐用，以昭信守。所有江西瓷業公司援案，請頒關防緣由，理合恭摺具陳，伏乞皇上聖鑒訓示。謹奏。

宣統元年四月三十日具奏，奉旨依議，欽此。

《申報》宣統元年五月十五日第四版《部咨保護燭皂公司安徽》 皖撫頃准農工商部咨開，職商趙麟籌集貲本，擬在蕪湖商埠創設新裕燭皂廠公司，擬具規章，赴部呈請註册。業經本部核與定章，尚無不合，已照准註册，相應開列名號，咨請飭予保護，以維商政。

《申報》宣統元年五月十五日第七版《四明紙煙有限公司股東鑒》 本公司自開辦後，銷路維艱，虧蝕甚鉅，停機兩年。所該義善源莊欵五千另數十兩，雖由總理暫時籌墊歸還，而紙烟一項如三星中國等公司，前後均皆停歇，竟無一公司能於成立，此皆爲洋貨抵制殆盡，深堪浩嘆。本公司既不能開機，又無人承租，股東又無人過問，不但墊欵無着，而租借裕通廠屋不能始終不付租金，萬分爲難，祇可將全廠機器等件全行拍賣，以便收欵，而清墊欵，爲此合登申新兩報，如股東有願意接辦者，請於本年六月半前來本公司商議辦法，否則即作爲默許，于本年七月初一日拍賣。特此廣告。

《申報》宣統元年五月十七日第三版《絲繭市况之發達無錫》　往年錫金各繭行通例，鮮繭三百斤烘成乾繭一擔。本年天氣晴和，蠶身肥碩，絲質豐盈，每二百八十斤即可烘一擔，若繅絲則成色尤佳。據上海各絲廠報告云，新乾繭五百二十斤即可繅絲一擔，較往年減輕有數十斤之多，加以近日廠絲銷場暢旺，故上海廠商紛紛來錫，向本地各繭商購辦乾繭者，絡繹不絶，刻已成交二百餘擔，每擔價銀約一百三十餘兩左右。

《申報》宣統元年五月十七日第三版《飭道嚴追通益公官欵杭州》　浙撫增中丞札勸業道文云，通益公紡織新公司職商高鳳德前因欠繳公欵，抗不遵繳，另招商辦，新老股東因此互相搆訟，各不相下。經本部院主持大公，迭次電部爲老股爭回舉董，查賬權利在案。查新老股東既已調停息事，蘇商亦已退辦，不難平和了結，而此案之發起，實由於高鳳德拖欠官欵，屢催罔應。雖所欠三期，已據城北分會代爲解繳，但尚有二十三萬餘兩，爲數甚鉅，總商會豈能遂任擔保。查商會簡明章程，並無准代商人擔保欠欵之條，是該總商會前呈代爲擔保一節，未足爲據。當此新政繁興，需欵孔急，豈能以大宗之公欵任該商等久假不歸，縱云停息拔本，前定有案，但十五年之期，該商果能遵守不渝，公家亦自無異詞。乃該商前既以生意艱難，請展限三年，仍不遵辦，竟至拖欠年餘之久，分文不繳，已屬違背前案，自失信用。自此次新老股東互爭以後，該公司內容已盡呈露，七載之中所獲盈餘數頗不貲，人言鑿鑿，非盡無據。夫公家提倡商業，當幼穉之時，自應撥欵補助。及成立之後，即宜首先清償。該公司既□成效卓著，日見發達，此項官欵斷難照前案辦理。況高鳳德之接辦該公司，本係由官諭充，今則因註商册，須遵公司律改爲商辦，另舉總協理性質已屬不同，自不能不另訂辦法，以期周妥。札到即便遵照。

《申報》宣統元年五月十八日第一版《上海又新公司廣告》　本廠歷年存有紗機布機上一切備用各件，並有鍋鑪、鐵管、皮帶盤、全新軋花車四十部、翻砂廠等物件，招客承買，如有欲購者，每天請於上午九點鐘至十二點，下午二點鐘至五點到楊樹浦集成紡織廠看件面議。此佈。

《申報》宣統元年五月二十日第五版《奉會審公堂諭拍賣倫章造紙局基地廠屋機器廣告》　准於六月初四日下午四點半鐘，在本行拍賣楊樹浦倫章造紙廠基地一塊，計地十二畝五分七釐九毫，道契英册第一千六百四十三號，廠屋一所，機器全副，如各紳商欲得此巨産，重整復立者，毋論還價之多寡，儘可隨時至小行面爲接洽，或獨拍機器、獨拍廠屋基地均可商酌，圖式均存小行，請惠臨閲看可也，特此奉聞。寶和洋行啓。

《申報》宣統元年五月二十日第五版《湖北氈呢廠收股處均鑒》　本廠機器已到，成立在即，承收股欵。請同根簿務於六月十五日以前，送交上海南市龍德橋堍本廠駐滬帳房，彙填股單。特此廣告。

《申報》宣統元年五月二十三日第三版《官紙局購機受欺之交涉杭州》　浙省前官紙局提調王令祖恩赴上海購辦鉛石印機，從中染指，又被日商所欺。經總辦盧守查悉內容，稟揭撤差，一面勒令全數退還繳欵等情，略紀前報。茲聞王令昨特具稟各憲，以日商恃符誘約，不允退貨，現擬正式控告外，乞恩移行滬道照會該國領事，飭商從速理結。此次該日商狡展之原因，厥有二端。一由於此欵已付東京廠家，機器已到，一時不能退回，該商無力墊付。一因合同內於遲誤一節，僅有罰欵之説，并無退價之語，即使將來領事裁判，亦難保不仍照原合同酌斷。乃前據坐辦盧守來函，竟有能退亦退，即不能退亦必須退之説，知縣現處羣疑衆謗之時，如果不照來函辦理，則議者必更有不實不盡，此中情形，知縣實已勢同騎虎，非好與日商争訟也。倘蒙憲恩，仍照原議出價，則此事即可了結。萬一因機器已由盧守另購，必須退回，則此間即當與日領開堂審判，知縣責無旁貸，即因訟破家，亦所不辭。素蒙憲台體恤周至（按王係增帥特調來浙辦理實業之能員，體恤周至誠哉是言），用敢將此中情形陳明，請示祇遵。

《東方雜誌》第六年第六期《日輝制呢廠參觀記》　閏月某日，上海日輝製呢廠董事柬邀在滬商家，及新聞記者，往觀機廠，以小汽船迎送。賓客分午前午後爲兩起，記者以午前往，同行者絶少。九時四十分，自北闕啓碇，僅閲二十分至日輝港。廠臨黃浦，爲地不及百畝，設置井然，總理鄭海藏先生指導周至。又其中管理工事趙生項生等四五人，皆昔日曾受業者，故得從容觀覽。夫製呢之業，直隸湖北皆曾試行，不久旋敗。坐此之因，誠不可知。而設置之未善，研究之未精，固不能辭其咎也。日輝廠初在發軔，國中知義之士，未有不亟望其有成，今日以記者之聞見，有足紀者，約分設置材料製作交通四項。分述如下：

一設置。廠屋平列兩巨廈，而聯其一端，作匚字形。每一種之機器，隔爲一室，如洗毛，染毛，烘毛，合絨，織呢，修呢等，各自爲部。廠屋之外，爲廠門，爲稽核工匠之地。廠門之外，爲事務室，會議室，又爲職員起居室。另一所，則堆積之棧房，以上爲一區。又其外爲全廠之總門，門外隙地，亦由廠中蓋築住宅，凡廠中工人，皆受廛而征其租值焉。廠之初設，議資本五十萬圓，而就現今之廠屋居室，及機器等之支出額，已達六十萬圓以上，皆由原股東添入。最近西人之於實業有經驗者，稱此廠之設置，必逾七十五萬圓，是亦其節省而不苟啬之一證也。

材料。廠中所存之織料，以澳大利亞產之羊毛爲最多。澳洲羊毛之堅韌，稱爲世界第一。其次則順德之海羊毛，現西人盛稱中國羊毛，實有堅韌之特質者。即謂此種，鄭總理言，吾國商家，惟有偷工減料之能力，故承辦外國之呢，亦只求其價賤，有利可圖，以致西人窺見中國敷衍搪塞之習，遂特造至劣之呢，以供我國軍學之用。名雖爲呢，大半充以爛毛敗絮，粗惡松腐，不能耐久。即今之常服呢料者，當人人能言其弊。日輝廠中他無可信，惟此材料，研究尤力，必期於適用美觀耐久三者皆備，方寸可無愧耳。

製作。廠中工師，皆比國人。在引擎間者，衣常服，見客至，植立爲禮。其餘爲監理者，皆畢業於中學同等之學校。實習工藝，且以督責工人，意至善也。本國小工，約三十人，女工亦約三四十人，自織染成呢之後，皆女工爲之。末爲修呢室，其事最繁。將織成之呢，必經其摹勘，無絲毫粗綻，乃或染或刷。染刷之後，再加審察。修呢室之女工頭亦比人，舉動有法度。參觀者至，檢呈呢數十匹，不操華語而一一以手指示作勢，無倦容。鄭總理言，廠中機器以外，事無大小，皆此女是問，中國女工，固無此善勞而精密者。每呢端之商標，以一女工爲之，用縫衣機一，爲女工之最高等者。現已出之呢，約十餘種。而其大別，則厚呢、單呢、花呢、斜紋呢四者，其餘則惟染色之不同耳。廠中每日可出呢二十餘匹，日後可增至一百匹左右。據呢業商中均稱此呢毛質極佳，遠勝舶來之貨。又一室爲合毛絨綫之所，記者偶思及上海之毛絨綫，近年銷場，乃至可驚，學堂且以爲手工材料，廠中可附出，則華呢之外，又得收回無數利益矣。

交通。廠面據黃浦，背倚滬嘉鐵道，其埠之右方，即爲將來杭嘉鐵路輪卸貨物之水步，則他日轉運貨物，可分兩途。一由滬嘉路以入浙，可以利盡東南。一由小汽船直達上海之各輪步，往返不過五十分鐘。自此入長江，及北海綫，至奉直一帶，冀奪外呢之幟。蓋設廠治工，本不宜於上海，因支出巨消耗多也。而爲便利轉運，則又莫過於上海。日輝港距上海最近，可以無礙於交通，且離市約二十里，桑田遍野，鄰近者，惟泉漳之別墅，及龍華之古刹耳。則其地位又與內地相彷彿，是其擇地，又不可謂不善矣。

觀於以上種種之便利，及研究之精審，而又加以實心實力，則庶幾其有成乎。我國軍、學界，無地不識開擴，即普通社會之生計，亦漸趨樸質而厭羅綺，是呢業之發達，正未有量，請以吾言爲息壤可也。

《申報》宣統元年五月二十五日第三版《阻止洋商開設硝皮廠》 大南門外馬路橋南首有新造平房數間，近由房主某姓租於日本商人開設硝皮廠，雇有華工四五十人，在內工作。茲被南區區長查悉，以該日商在內地開設行棧，違背約章，立即報知總工程局，轉稟滬道，照會日總領事，勒令該日人遷移出境，以免交涉。

《申報》宣統元年五月二十五日第四版《飭赴官印刷廠購紙之恐慌蘇州》 蘇撫瑞中丞日昨諭飭本衙門各房書辦等，以南洋大臣奏設南洋官印刷廠已派委曾太守來蘇開設分廠，定於六月初一日起，各署一律改用官廠紙品，所有本署各項公文應用紙品，務各依限前往該廠購買，應用勿得逾違。各書奉文後，因官廠紙品價昂數倍，無不愁眉雙鎖云。

《申報》宣統元年五月二十七日第三版《札飭仿製瓷瓶南昌》 贛撫馮中丞准郵傳部電開，本部前因中國電綫需用瓷瓶，皆係購自外洋，所用甚鉅，利權外溢，殊非經久之道。查山東、江西所產瓷器日見發達，應令仿照製造，解部試驗。於光緒三十四年十二月間咨行兩省巡撫，轉飭各窑廠仿辦，不可視爲緩圖，咨明在案。近據山東博山瓷器公司賫來瓷瓶，長短未盡合用，應即切實改良，當將外洋電瓶式樣移送尊處，速行逕札各窑廠趕製，送部試驗，此係挽回中國利益起見，毋再延緩，是爲至要。當即行文司道，並經飭景德萍鄉兩窑廠趕緊仿製，一俟製成，即行解部試驗。

《申報》宣統元年五月二十七日第三版《稟請遷徙火藥硝磺局》 職商丁宗寶、馬煊、駱桂榮、劉鑄等昨日具稟，一路巡警分局云城內九畝地地方，有火藥、硝磺兩局，查硝磺原質合之成藥，爲地球上最猛最烈最劇之品。局內火藥用缸貯放，久之容易還潮，潮極生熱而自燃，其險一。局內房屋低小，現值夏令，天時炎燥，暑氣所觸，尤易招災，其險二。民房失慎，事所常有，一經延燒，勢成燎原，其險三。去年浙江鎮海因盜藥而肇事，損失財產數十萬，傷斃民命數百人，宵小竊發，何地蔑有，其險四。兩局與改過局近在咫尺，改過局爲禁羈人犯之所，生命至數百之多，何等鄭重，一旦失事，奚堪設想，其險五。然從前猶可緩也，以九畝地爲偏僻之處，人烟不甚稠密，今則城門洞闢，馬路四達，該地爲往來要道，市面漸興，民居日衆，財産在其中，身命在其中，兩局一日不遷，凡在居民實有朝不保暮之憂。近因祥森廠火柴炸烈一案，得蒙總局憲諭，所有火油金銀爐電石各店棧，凡關於種種危險之營業，概令遷徙，仰見關心民瘼保衛閭閻之至意，宗實等隸居治下，感戴莫名。茲以藥、硝兩局比之，誠有倍蓰什百於各種營業之危險者，爲此叩求迅賜照會，營縣立將火藥硝礦兩局遷移他處，以袪危險而保治安。

《申報》宣統元年五月二十八日第三版《浙省整頓官紙局杭州》　杭州官紙局前因所辦機器半多廢棄無用，藩司顔方伯查悉情形，特派坐辦盧乾齋太守至滬購辦新機。現已運到德國最新式石印機一座，計規元四千兩。取具保單，載明價目，毫無絲毫折扣，飭匠裝配開用，整頓一切矣。

《申報》宣統元年五月二十八日第三版《英美烟草公司擴充界址之交涉吉林》　英美烟草公司在小西邊門外商埠地內租用地段，建造洋樓，創辦製造烟捲公司。近來頗形發達，茲該公司以所租地段尚不敷用，擬再行向交涉司多租附近之地，以便擴充。惟因該公司附近地段均有洋商指租在案，難以如願。刻下該公司不惜資本，竟將丹國商人哈某所租與該公司毗連之地，用鉅資轉租而來，以資擴充界址，並照請交涉司轉咨度支司，准該公司稅契立案，以絶葛籐。

《申報》宣統元年六月初一日第三版《續誌洋商開設硝皮廠之違約》　南區巡邏隊某巡員日前查悉大南門外馬路橋西首有新建房屋數間，租於日本人開設硝皮廠，有違約章，報知總工程局，飭傳房主沈關六候訊在案。詎沈抗不到案，改傳爲提。昨將伊子沈桂山解案，據供此房由華人徐士金來租開設硝皮作，並無租契，不知其有勾結外人情事，判限三天，務將該租户，無論華人洋人，概令遷移出境，如違嚴辦。

《申報》宣統元年六月初二日第一版《新創永記膠布廠廣告》　本廠開設在浦東洋涇鎮，專織雙線清水花布，較市上之貨無不精益求精，色潔勻净，格外放長加重，尤恐貴客未知，特此登報，以廣招徠批發。所在英界五馬路東棋盤街六百三十三號門牌。

《申報》宣統元年六月初四日第三版《電燈公司轉賣洋商之反對江西》　贛省城内鐘鼓樓地方前經職商徐竹亭君邀集同志籌欵開辦開明電燈公司，所有應用機器杆綫以及新造公司工程，行將完竣。現因經濟困難，勢難接濟，聞有轉賣日商之説，以致贛省商學界中開會提議預備抵制，絡繹不絶。

《申報》宣統元年六月初四日第三版《限制開設油池煤廠長沙》　湘省某商人現擬就省城附近設廠熬鍊煤油。旋據團總閔映湘等聯名具禀巡警道，請予限制開設油池煤廠及生肉公司等事。昨經批示，仰候札飭長沙縣查照，節次札飭各情，妥籌覆核。

《申報》宣統元年六月初六日第三版《職商繳價承領官紙之批斥安慶》　皖省官紙印刷局前經擬訂各種公牘格式，詳請撫院通飭所屬州縣局所一體領用。現經職商陳□聲具禀撫院，以皖北各屬領用官紙，距省窵遠，往返匪易，懇予備價領用。官紙駐紮廬州，代爲分銷，以資便捷，而免貽悞等情。當經朱中丞批飭，官紙局議復去後。茲據官紙局詳稱，該職商繳價承領官紙，駐廬分銷，係爲便捷起見，惟恐日久弊生，反致虛糜經費，所請應毋庸議，刻經帥已批，仰該局轉諭該商遵照矣。

《申報》宣統元年六月初十日第三版《鎮江造紙公司股東來函》　敬啓者，頃閲貴報載督撫兩憲電復商部及鎮江道憲縣主禀，查紙廠各節，不勝駭異。按商會前查信義銀行帳人欠項下鎮江紙廠實欠十四萬四千餘兩，尹壽人親筆致敝處書稱欠十五萬餘兩。今道縣據廠夥吴秀伯聲稱，遽增至二十萬兩，豈非怪事。尹壽人親筆書中稱僅收到股本十萬餘兩，今吴夥聲稱收到股本八萬兩。夫以身當總理之人數百金數千金，容或訛記，至數萬金之出入，豈有訛謬至此者。又吴夥稱滬鎮來往盤費計二萬兩，機器搬運費另有開支，則此爲辦事人來往費可知。夫以丁未二月創辦時，迄於今日，僅兩年餘耳，鎮江至滬僅六百八十餘里耳，往來搬費乃至二萬金，不問而知其爲浮開捏報也。聞吴夥虧空數萬金，其餘各夥有無虧空，尚未可知。今僅據其一面之聲稱，遽定信讞，此真萬國之所無而惟我中國所獨有之怪事也。想各大憲有保商振商之責，決不至此，或者貴報館檢字人之誤耶。方今攝政賢王勵精圖治，小民冤苦，例得上聞，長安咫尺，都察院之鼓堪鳴。衆志成城，我股東之心未死，代伸輿論，務祈貴報館登入來函保護商民，還望賢長官秉持公理，鎮江造紙有限公司股東會議處公啓。

全國圖書館文獻縮微複製中心《清外務部收發文依類存稿》　宣統元年六月十二日收湖廣總督陳夔龍函稱，敬肅者，案查光緒三十四年九月二十一日據江漢關齊道耀珊詳稱，准比國方領事照稱，本年六月間有華人施祖賡，稱係漢口漢新麪粉公司總理，赴滬向比商恒昌洋行議購磨麪機器，全部計值八萬餘兩，立有不另別購准字擬就合同，約該行洋商蘭姆格來漢本署簽字，在滬曾與該行借撥及游宴等費約共千餘元。嗣該洋商抵漢，與晤數次，促來署簽字，施祖賡展轉推宕。該商旋因事返滬，留華夥在漢守候畫押，華夥迭往催辦，施復支吾並出示書信一封，信面書明武昌某街某公館緘寄，内云此項機器決不另向別購，合同依議，唯秋節已近，節後再商等語。該華夥旋往某公館詢催，某公館大駭，云某家並無開設麪粉公司及購辦機器，定是撞騙招摇等語，華夥遂往施處計索，此信携往某公館驗明實僞，遍查武漢，亦無此公司名目，項據恒昌洋行電，禀請照飭將施祖賡拏案押訊，並補寄索償細賬清單計銀一千五百餘兩，又索罰款銀三千兩等因。職道當飭廳丞傳訊，據施祖賡供稱，合同係該行買辦施采堂擬稿，伊未簽字，所立准單止云不在别行購買，並未准允定向該行購買，亦無借款六百元之事，至酒席等費，互有應酬，並非欠款，堅請傳施采堂對質。當照知比領准復請飭廳員將會審日期知照，以便帶同會訊等語。職道查中比條約第十六款與中英條約第十六款，均有會審字樣，而中英烟台會議條約内載各口審斷案件，兩國法律既有不同，只能視被告者爲何國之人，即赴何國官員處控告。其原告國官員只可赴承審官處觀審，倘觀審之員以爲辦理未妥，可以逐細辯論，庶保各無向隅，各按本國法律審斷，此即條約第十六款會同兩字本意等語。比商蘭姆格係屬原告，如果到案，比領可赴廳觀審。現在比商尚未到案，施祖賡施采堂均係華人，應由中國官員審訊，無庸洋員觀審。照覆比領，復准照稱如不會審施采堂，不能赴質等語，詳請查核酌辦。又據漢口領袖英總領事法磊斯照稱，准駐漢各領事咨請備文，照會比商所控華人施祖賡一案，託其買辦赴質，因經手明晰，可代行東理論，希飭江漢關道遵守上海成案，准外商派華人赴案代表原告國官員一律前往觀審等語，當行該關道查照，旋亦勉徇所請，飭廳丞知照比領帶同施采堂到案觀審一次。經將兩造情節詳細訊明，所控施祖賡在滬撥用洋元無據，合同亦未簽字，唯所呈揑造之信，須詳確查明核辦。嗣查悉施祖賡所指開設麪粉公司派購機器之劉淦即仲卿，查詢實無其人。至劉維楨尚書之第四子名國棟號聘卿，亦無擬設麪粉公司之事。施祖賡所呈信件確是僞造，其爲設局誆騙，確鑿無疑，自應按律問擬。查律載，用計騙人財物者，計贓准竊盗論等語。此案施祖賡與比商恒昌洋行訂買磨麪機器，雖立合同，尚未簽字，是其局騙未成，財物尚未入手，無贓可計，唯揑名撞騙，究屬不應施祖賡應比照不應重律擬杖八十。唯此等撞騙之徒，一經折責發落，難保不另滋事端，再釀交涉，擬請從重監禁一年，限滿察看，能否悔改，再行酌辦等情。禀由該道詳請前來查核，所擬律案，尚屬公允，准即照辦，飭道照知比領查照銷案。詎比領以未獲會同定斷爲詞，迭次函辯，並執比約第十六款有會同審訊等語。當於五月二十日號電將英約電請鈞部查示，奉馬電覆，稱英約觀審一節，遇有别國訟事，可以援照等因，遂函覆比領，謂比約係同治四年所訂，與英天津約第十六款相同，嗣於光緒二年中英會訂烟台條約，經將會審二字解明，係彼此觀審之意，仍各按本國法律審斷，此後各口各國交涉訟案，皆循此約辦理。施祖賡一案已按中律從重科議，無可辯争，而比領竟以止能遵守比約，不能照中英條約，已禀駐京欽使辦理云云。查中英烟台之約，各國概已奉行，乃比領堅執比約，會同定斷爲詞，殊屬侵越國權，違公理。既據禀請該使核辦，合將此案顛末撮要奉陳，伏祈鼎力維持，據約駁斥，免啟會同定斷之漸，不勝感禱，肅此泐達。祗請鈞安。

《申報》宣統元年六月十二日第三版《七誌洋人開設硝皮廠之違約》 日本領事致滬道函云，近有華人徐姓在上海大南門外開設硝皮廠，聘用日本人。不料忽有南市總工程局巡警等每日前往該廠騷擾，聲稱限三天勒令遷閉，以致妨害商業。查該處雖屬華界，然廠主徐姓確係華人，不過聘用日人，核與定章，毫無不合。該局巡警無理取鬧，强指該廠爲日商所設，以爲有違定章，日往滋擾，殊非保護商業之意，應請貴道查照，轉致工程局迅飭巡警人等切勿再往該廠逼迫，以免擾害而安商業。

《申報》宣統元年六月十四日第二版《日商樂善堂來函爲承辦浙江官紙局石印機器事》

《申報》大主筆先生鑒，貴報日前所登浙江官紙局委派王令祖恩向樂善堂日商訂購石印機二部，該商延宕，迄未交貨等一節，頗似失實。該機器前由本堂内桑山一人承辦，實與樂善堂主人無涉。又機器已於王令所允之展延日期，搭運到滬，並無遲誤。駐滬日本總領事所給證明單可以爲據。惟王令多方設辭，迄今不肯照約付價收貨，殊可詫異。且按原立合同，縱逾日期，王令無擅自廢約之權，况所允日期未届乎此。一者乃自好破壞該合同之確證也，大自破約者，應負其責，事理炳焉，有如白日。浙江官紙局所有虧損，□惟王令是問，於弟等毫釐無涉，事關名譽，謹祈將全文録登，以資駁正，不勝盼望之至。樂善堂主人岸田太郎，同堂内桑山宗三郎同啓。

《申報》宣統元年六月十八日第三版《紗廠總辦被刺案近聞》 又新紗廠工

人駱榮即駱再祥刺斃該廠總理陳景澣一案，茲經盛杏蓀宫保訪悉，該兇犯現匿湖南城步縣所屬之西巖市鎮客寓内，已由城步縣劉令拿獲，迭次刑訊，堅不承認，因特電請湘撫飭令該縣嚴行禁押，俟上海縣派差往提歸案訊辦。

《申報》宣統元年六月十八日第三版《部准布紗四局添招新股武昌》 湖北織布、紡紗、繅絲、製蔴四官局歸商包辦已經數年。現因擴充辦理，由承辦粵商韋尚文具禀鄂督，添招新股銀四十萬兩，將從前官本一律作爲股份，正名應昌有限公司，已經與勸業道訂立合同，由陳小帥批准咨部立案。昨接農工商部咨復，已照允矣。

《申報》宣統元年六月十八日第五版《旗昌源機器榨荳油新張廣告》 本油坊怡興源向在牛莊開設數十餘年，久爲社會所推許。今自置地皮房産，設一分廠，在叉袋角，改名旗昌源。擇期七月初一開市，如有欲定購荳油荳餅者，請移玉至四川路騰鳳里三衖第一百號門牌本帳房，或到叉袋角本油廠面訂均可，此佈。旗昌源總司理人陳醴銘謹啓。

《申報》宣統元年六月十九日第三版《火藥炸裂之疑團》 滬西曹家渡公益紗廠附近自來水龍頭上，前晚懸有火藥一包，忽然炸裂。由廠中人瞥見，設法救息，旋投静安寺捕房報告。派探陳雲忠前往查勘，當將焚剩火藥帶回，留候驗明再核。

《申報》宣統元年六月二十日第一版《寧波和豐電燈股份有限新公司招股廣告》 寧波電燈由和豐紡織公司創設，禀准專利在案。今該公司將電燈廠歸本公司專辦，所有電燈一切權利即歸本公司獨享，故定名曰寧波和豐電燈股份有限新公司，集股本鷹洋十萬元，計分五千股，每股英洋二十元，一次收足。寧波、上海均設有招股處，開列後方以便購股，諸君就近繳洋，一例給付收條爲憑。俟股單印來，登報佈告，即可向換股單，欲知詳細章程，亦請至各代招處取閱可也。再本公司招股定於八月底截止，所餘之股悉歸發起人自認，合併聲明，如諸君欲購股者，幸勿延誤是荷。 上海招股處：三馬路萬順豐顔料號、南市吉祥衖立餘錢莊外、虹口瑞昌順五金號，虹口愛而近路王公館。寧波招股處：本公司江北事務所東門、大有豐號江厦恒餘錢莊、靈橋門和豐批發所、鹽倉門外本公司帳房。 發起人顧釗、元琛、王植三、戴勳、瑞卿、蔭亭仝啓。

《申報》宣統元年六月二十日第三版《四川購買電燈機器》 重慶燭川電燈股分有限公司職員尹德鈞等集股三十萬元，在渝城創辦電燈。現在該公司已收有股本二萬股，派委創辦人劉沛高赴滬購買機器，並一切應用物料，一面禀由四川勸業道周觀察咨請滬道。俟劉沛高到滬，請爲指引購買。

《商務官報》宣統元年六月二十五日第十九期《批鎮江造紙公司股東友鶴書堂禀》 禀悉。本部現准江督蘇撫電開，各商所入鎮江造紙公司股本應俟所欠信義銀行押欵，及尹股提清後，再行查明酌辦等因。茲據禀，前情業經咨行江督蘇撫飭屬查辦，候復到，再行核示。此批。六月初十日。

《申報》宣統元年六月二十五日第一版《九成紗廠改稱日信紗廠》 啓者，所有股開之九成紗廠，現已盤歸本行獨有，改名日信紗廠，嗣後本廠事宜與從前各股東無涉。凡賜顧紳商，須認明日信交易，恐未周知，特此廣告。 日信洋行告白。

《申報》宣統元年六月二十五日第三版《醴陵瓷業公司之發達湖南》 湖南醴陵縣瓷業公司發起於熊秉三京卿，規模草創。自羅焕章觀察接任以來，改良規則，擴充工場，成績卓著。除設學招生實習外，並揣摩各省之風俗嗜好，以改良其出品爲主。刻已辭退日本技師，由學生自造，在湖南湖北漢口等處，先後設立分銷處，並擬將各種標本運滬，訂於秋季設發行所，推廣營業。

《申報》宣統元年六月二十六日第三版《設立大金工廠招股之計畫武昌》 鄂督陳小帥飭在省城金沙洲地方創設大金工廠，官商合集股銀一百萬，以資振興實業。茲經勸業道高佑諸觀察議定，招致商股章程，呈奉鄂督。核准先在武漢各設招股事務所一處，並趕緊建造廠屋，以樹始基。

《申報》宣統元年六月二十六日第三版《洋商請造機器橋之交涉鎮江》 鎮江英商亞細亞洋行煤油池向設於荷花塘之東，現又擬在該塘迤西添設棧房一所，惟中隔河港一道，貨物上下，殊形不便。因禀由該管領事照會鎮關道，請在該處建造機器橋一座，以便往來。劉觀察以該處係在租界以外，應歸地方官管理，若由該商出資造橋，殊於主權有碍，因於日昨率同丹徒縣王大令親往查勘，再行核奪辦理。

《申報》宣統元年六月二十八日第二版《上海出品所第二次調查各業單》 泰豐罐頭食物公司，振餘改良信封號，何錦豐操服號，九華堂箋扇號，莊同順顧繡號，月中桂化粧品號，萬象春紙花號，藝學社簿籍號，義昌織地毯號，天寶齋仿天津帶號，朱錦堂刻字號，廣藝公司，東升製西衣號，恒昌製西衣號，王順昌製西衣號，新裕操服號，三泰西式木器號，廣棧製加利米號，寶昌製咖啡號，丁大昌梳篋號，李鼎和筆號。

《申報》宣統元年六月三十日第二版《限制江皖兩省添設麵粉廠》 農工商部札上海商會文云，據上海阜豐、華興、中興、裕源、立大、裕豐等機器麵粉公司稟稱，庚子年間阜豐始設廠於上海，華興各廠以次設立，而蕪湖通州海州鎮江寧波無錫泰州清江各地亦相繼設廠，江皖以上武漢各廠又接踵而起。惟製粉之廠既多，麥價因之漸漲。江皖兩省每石向售洋一元五六角，近增至四元有餘。蓋兩省所産之麥，不足供兩省機廠之用，成本既重，出貨困難。近三年内各廠虧耗將近百萬，皆有岌岌可危之勢，若再添新廠，或舊廠加機，勢必未成者徒棄資本而已，成者彌受影響。各國創立機廠，務先調查所出原料之多寡，爲機廠之限制，既可推銷土産，復不至有同業擠軋之患，應請量予限制。分咨兩江總督江蘇巡撫安徽巡撫，並札江寧蘇州上海安慶蕪湖各商會，自此十年之内，江皖兩省中不得再添麵粉機廠。並已設之廠，亦不准逐添粉機等情前來。查商業通例，總以供求相劑爲準，擁擠傾軋必至兩受其害。該公司等請量予限制，亦商務中應有之性質。惟麵粉爲民食所需，若准如該公司等所請，於各該地方究竟有無窒礙，抑或另有維持之法，除分咨江皖督撫外，合行札飭札到該總會，迅即查明各該省地方情形，詳細稟復，以憑核辦。

俞陸雲《庸菴尚書奏議》卷一二《奏報刷印局成立摺宣統元年七月初一日》 奏爲籌辦鄂省刷印官局現已成立，謹將大概情形恭摺具陳，仰祈聖鑒事。竊維中國刑律，首嚴詐僞一門。而自來詐僞之作用，尤以書契文字爲最廣。其所以得肆，其欺者大都由於程式之無定，與夫版權之不專。故刷印一端，雖屬營業性質，而程式雜，則稽核無憑。版權紛，則範圍無術，其有關於政治者甚大。即按舊日法規而論，亦宜爲窮變通久之謀。況今憲政實行，豈可無畫一整齊之道？固不獨經營餘利，爲籌款問題已也。前者度支部有鑒於此，業經參考東西洋各國辦法，奏設中央刷印局。其後各直省如廣東、江南、河南、江西，亦經先後開辦。鄂省輪軌交通，五方輻輳，一切公私文牘流行日廣，尤非將刷印事務收歸官辦不爲功。臣上年到任後，悉心考察湖北原設官報局，平時刊刷官報，本有刊字印機，並派有員司經理。以之量加推廣，兼辦刷印，自屬事半功倍。當經查有奏調差委河南存記道吴肇邦，前在河南署臬司時創辦刷印，以餘利爲改良監獄之用，頗著成效。因派該員爲湖北官報刷印局總辦，督飭員司研求印務，添購機器。並將附近該局民房數間，及基地數處，飭縣勘明估值，圈購增修廠屋，現已將次落成。印刷機料大致完全，發行用品次第籌備，擇於本年六月初一日開辦。所有刷印紙品，分官用民用兩種。官用品，如糧串票、三聯契紙、稅捐票及一切由官發行之紙，即由局查照向章，酌定價值，通行各署局領用。民用品，中國之狀紙、買賣契紙，亦由局定價，飭各屬一概行用。局紙不准攙雜，其婚帖、當票、借券、合同、股票及一切商業通用之品，則由局妥定格式，陸續舉辦。如商民情願領用，即按照工本計值發給。創行之始，但求漸開風氣，不遽强以所難。該局辦事章程，畫分庶務、文牘、會計、編校、印務五科，各設科長、科員、督率、司事及技司、工匠人等，守定權限，認真經理。所需經費，除原有鉛字印機三副外，現經添購各種機器十餘副，及印石、照字鏡、水□、車軸、皮帶一切配副等件，約共需銀一萬三千餘兩。添購地址，增建廠屋，約共需銀一萬五千餘兩。另備活本銀二千兩，作爲購辦紙張材料之用，計共撥用官本銀三萬兩。應俟印品發行獲利漸豐，即由餘利項下陸續提還。倘購辦紙料或有不敷，仍暫向官錢局息借，藉資周轉。此鄂省籌辦刷印事務之大概情形也。據總辦湖北官報刷印局道員吴肇邦，會同藩學臬三司善後統捐兩局，會詳請奏前來。臣覆查官辦刷印，誠爲今日要圖。此次鄂局成立，外握一省之機關，而内即助中央之規畫；先順民情之習慣，而後終歸法律之範圍，實於新政前途，隱有裨助。至所用款項，查江南刷印廠，共需創辦經費銀六萬餘兩，營業活本銀二萬兩。鄂省現僅用銀三萬兩，委係諸從，撙節實用實銷。臣仍當督飭該局周諮善法，切實擴充，以期要政推行，毫無阻礙。所有籌辦鄂省刷印官局現已成立緣由，理合恭摺具陳，伏乞皇上聖監，訓示。謹奏。

《申報》宣統元年七月初三日第二版《稟請勒遷硝皮廠》 日本人曲培在大南門外租賃沈關六之房屋，開設萬森硝皮廠。經南區查知，違背約章，報告工程局，傳同沈子桂山及經手租房之徐士金即徐汝金到案訊供，明確奉判，將廠屋封閉，暫留一處出入，予限六月底遷移。現因逾限，仍不遵遷，即由沈桂山具稟到局，請提徐汝金到案，限令遷讓，業奉孫裁判諭，候查案飭催。

《申報》宣統元年七月初四日第二版《上海紡織有限公司發息廣告》 本公司自七月初三起，每日下午二點鐘至四點鐘，在四川路第四十九號三井洋行樓上棉紗寫字間，發給股息，請各股東持股票向收可也。經理上海紡織有限公司三井洋行啓。

《申報》宣統元年七月初七日第一版《華綸織綢公司附股諸君鑒》 啓者，上年敝處代收華綸織綢公司股份，現因該公司公同妥議改爲華洋合辦，業經另招股份，所有以前附股諸君，如樂贊成即請示知移附。倘因宗旨不同，不願附股，請持收條至敝處，照股退銀，息按六釐算給，特此廣告，惟祈公鑒。義善源丁价侯謹白。

《申報》宣統元年七月初七日第二版《紙廠股東函請維持股本》　鎮江造紙有限公司股東會議處上滬道蔡觀察函云，敝會議處前因紙廠封抵信義銀行，股本無着，兩次具禀台端並督撫憲在案。昨讀報章，知此案已奉撫憲批飭，鎮道劉觀察將廠帳同夥友吴秀伯解送貴署，令紙廠股東即來滬，静候大公祖同商會確查帳目等因。兹敝會議處遵批，公舉代表方子孚宗信到滬，同駐滬股東躬投轅下。聽候飭查紙廠各帳有無虚浮，俾衆股東血本無虧，實業前途獲保，悉仗大公祖公平明允，力予維持，不勝叩感之至。

《申報》宣統元年七月初八日第二版《日人開設硝皮廠之糾葛》　日本人曲培在大南門外馬路橋華界開設萬森硝皮廠，有違約章，迭經總工程局傳訊，房主沈關六之子桂山及經手租房之徐士金，並該廠封閉，予限遷移等情，迭紀前報。兹悉此案現經孫裁判調查卷宗，始知徐汝金逮案後，即由沈關六之子桂山保出，有意庇護玩延，不成事體。爰已派探飭提保人候究，當將沈關六提獲解案候訊。

《申報》宣統元年七月十三日第三版《蘇府物産會三誌蘇州》　蘇府物産會開談話會各情已誌前報。兹悉該會日昨南洋勸業會事務所坐辦陳君蘭薰、幫辦向君淑予均到，經府縣各紳接待入會展覽各種物品，深爲讚賞，並開談話會。監督何太守報告徵集物品及布置情形，陳、向二君提議增進會場辦法。次由蘇君梯雲等提議協贊會事，當以會内經費尚無把握，現在暫設通信處於羅協理焕章寓内，以便從長計議。進行方法未議定延長會場日期，自十三日起，至十九日止，邀請官紳各業代表，將各種物品審查研究，以何者爲最優，何者爲美品，何者爲製造新發明品，何者爲日用必需要物，何者爲改良土貨之出品，俟逐事品評後，以便稟請撫憲分别給奬。至二十日起，廿六日止，由參觀人研究，聞定於廿七日閉會。

《申報》宣統元年七月十四日第三版《電燈公司之部署長沙》　湘省陳紳文瑋等創辦之湖南電燈公司，早在德商瑞記洋行購定新式電燈機器三部，每部馬力三百六十二匹，合計可開十六枝，燭光燈一萬零二百盞。又新式鍋爐三具，另有加煤出煤機器不須人力。此外如凝水櫃、吸水機、移重機等無不全備，已於上月簽定合同，限六個月交貨。機廠設在南門外銅元局舊址上首。公司設在城内樊西巷。

《申報》宣統元年七月十四日第三版《針釘廠之成效漢口》　洋針、鐵釘等項，銷路甚廣。據漢關入口册報，每年此項貨品由外洋輸入本口者，值銀二三百萬元，實爲一大漏巵。張中堂於去鄂時爰委黄道厚成在漢陽創辦針釘廠，購辦英德兩國名廠機器，延聘技師教授製造，今夏始佈置完善，開工出貨。較之外洋無異，銷路極廣。現又在漢口花布街設立總批發處，以便銷售。

全國圖書館文獻縮微複製中心《清季鈔電匯訂・東三省總督來電》　陸軍部鑒：徑電敬悉。陸軍第二十鎮所需牛皮背包一千三百五十五箇，已向日商大倉購就運到天津，礙難退還，仍請大部知照税務處飭關驗放，嗣後如需此項背包自應徑向上海鞏華廠訂購，以節公欵而保利權。再第二混成協現尚需帶毛牛皮背包一千五百七十二箇，即乞電飭該廠開具時價，發單照數由營口運到奉天，或由上海徑運營口交貨，以便派員接收，照單付價，並乞知照税務處轉飭營口關道查驗放行，校閲在邇，愈速愈妙，統希電覆爲荷。良。勘。印。

中國歷史博物館《鄭孝胥日記》第三册《宣統元年七月十五日》　午後，自出購英九月分電車票。遂至日輝帳房董事會，丁、董皆不至，二蔣皆來，抑之爲查帳員商招股及擴充銷路之法。

《申報》宣統元年七月十五日第四版《印刷分廠會辦辭退蘇州》　蘇城養育巷南洋印刷分廠會辦曾紳孟樸，前係熊監理希齡舉薦。兹悉該廠開辦以來，廠務日繁，曾紳因公私叢集，未克常川到廠任事，恐滋貽悮，業經上稟督撫憲竭力辭退，已奉照准。

全國圖書館文獻縮微複製中心《清外務部收發文依類存稿》　宣統元年七月十五日收鄂督陳夔龍函稱，比商恒昌洋行控華人施祖賡撞騙一案，比領滕禮雍無禮混争，經將此案顛末情形縷晰函達鈞部查照在案。頃復，據江漢關齊道耀珊禀稱，案准駐漢比領事滕禮雍照會，以華人施祖賡自稱係漢口漢新麪粉公司總經理，向上海比商恒昌洋行購買磨麪全部機器，擬就合同，約該行大班蘭姆格來漢，在比領事署當面簽字，並借用銀元六百數十元，許到漢面還，又加酒席遊玩及各項雜費共用千餘元，迨蘭姆格到漢，施祖賡見面數次，催令到署簽字，施祖賡以事推延，囑令蘭姆格先在比領事署簽字，將行内經理華夥留漢，俟施祖賡得暇，即同至比領事署畫押，蘭姆格照辦，先行回滬，該行華經理人日催施祖賡畫押，施祖賡忽出信一封與華經理閲看，内稱此項機器決不另向他行購買，所訂合同均照前議，惟秋節已近，容節後再爲辦理，封面書明武昌某公館緘寄字樣，即係施祖賡在滬所云之股東，該華經理復親往武昌某公館催請簽字，該公館云並無集股設立麪粉公司及派人赴滬訂購機器等事。據恒昌洋行稟請照會，將施祖賡拏案對質等情，照請飭廳拏案審訊等因到道。當經行據夏口廳將施祖賡拏案收押，准比領事照稱，蘭姆格請以華買辦施采堂爲代表到案對質，並要求會審職道，以領事只有觀審之條約，不能會審，如洋人請華人代表，則並無觀審明文，再三駁復。嗣奉憲台札准英總領事照會，請照上海辦法，代比領事要求觀審，當經通融，准其觀審，一面咨查上海道。旋准復稱，上海華洋互訟案件，皆係洋人自行到案，並無代表成案，而恒昌洋行華人代表之案，已經通融照准，自無庸議。嗣據夏口廳稟稱，遵即前往洋務公所審判，並約比領事觀審，訊明此案，合同施祖賡並未簽字，是生意未成，應即作罷，至謂借用之款，既無借據，亦難作准，惟施祖賡所呈出武昌某公館之信，係黃岡人劉淦即劉仲卿之名，如此信係屬僞造，即是欺騙，將劉淦即仲卿之信稟請飭發黃岡，交給劉淦閱看，以辨真僞等情。經職道飭據黃岡縣查復，並無劉淦其人，准比領事照稱既黃岡縣查無劉淦其人，即是施祖賡撞騙之據，請復行會審商同定罪，職道以領事只有觀審之條約，無商同定罪之權，當經照復。並行夏口廳復提施祖賡查訊擬辦，據夏口廳稟復，以施祖賡所指開設麪粉公司購買機器之劉淦即劉仲卿，派員查詢，實無其人，據施祖賡供稱係劉維楨尚書之第四子，而委員查明劉維楨尚書之第四子名國棟，號聘卿，不但名號俱異，亦無議設麪粉公司之事，施祖賡所呈信件的係僞造，其爲設局誆騙確鑿無疑，惟合同雖立，並未簽字，其借款亦無字據。尚是局騙未成，財物未經入手，無贓可計，酌擬監禁一年，以示懲儆而完交涉，均經先後稟呈憲鑒。比領事復以未與該領事當堂定罪，照會力争，並函致憲轅争辨，經憲台援約駁復行關查照各在案。旋准比領事照稱，施祖賡向恒昌行訂購麪粉機器合同雖未簽字，而因此借去洋銀六百餘元，並用電報調查及雜項費用亦屬不資，非施祖賡賠償恒昌之虧累，斷難承認此案之辦結等因。職道見其糾纏不已，乃以恒昌自行用去電報調查，及應酬徵逐之費，未便與借款併計，至借款一節，曾經夏口廳訊，無字據，今如恒昌行能交出借款憑證，姑准再行觀審，以昭詳慎，如不能交出借款憑證，仍不能觀審等語函復。乃比領事不能交出借款確據，又函稱比商恒昌洋行控施祖賡撞騙一案，因於中比條約解義，互相争執日久，致將施祖賡押禁半年，事屬可憫，今施祖賡托友人前來代爲懇恩，暫行釋放，本領事准如所請，特函請查照，飭知夏口廳着將施祖賡交保，暫行釋放，一俟將來本國駐京欽使與外務部將中比條約當如何解釋，遵行決定後，再請差傳施祖賡到會審公堂聽候結案等因。職道又復以恒昌洋行如能呈出借款證據，自准再審。今恒昌不能呈出證據，則業經前署夏口廳訊明，施祖賡假造信函行騙屬實，擬定監禁一年，由本監督稟奉督憲批准結案，應俟一年限滿，察看釋放，所請現在交保釋放之處，礙難准行等語。去後兹於七月初一日，准比領事函稱准復函不允將施祖賡暫行釋放，並云及須本領事將恒昌洋行受施祖賡騙害之證據給出云云。兹本領事總括各題，作一末次之函，所有擬定此案，係本領事與夏口廳在會審公堂之事，已由本領事將此案呈送本國駐京欽使向外務部交涉，所以此後本領事對於此案不得再有函致，至不允暫釋施祖賡一節，亦係爲我等二人之故，致使不公允之煩勞，累及第三面之人耳等因前來。職道伏查此案，比領事先於洋人未經到案之案，屢次要求會審，職道准其觀審，已屬從權，乃於觀審明確之後，復索會同定罪之權，索之不得又見好於施祖賡，要求釋放已經擬罪之人，其中必大有原因，姑不具論，且屬干涉内政，違悖公法，無禮已極，如果稍形退讓，必致紛紛效尤，此後愈難應付，且亦關礙主權，不可不争。誠恐其向外務部捏詞交涉，用特縷陳顛末，稟請核咨前來。查比領滕禮雍，始則堅索會同定案之權，繼又邀釋擬定監禁之犯，用意狡獪，殊背公理。兹據該領函稱，已將此案稟請該國公使與鈞部交涉，誠恐有意朦混，合將該關道所稟各節函懇查照，如該公使前來饒舌，務即據理駁斥，用保法權，毋任跂禱。肅此呈達，並請鈞安。

《申報》宣統元年七月十九日第三版《餘姚擴充棉業之起點浙江》 餘姚縣湯大令贊清稟報上台，略云查餘姚一帶地處海濱，土性宜棉，沙灶地内木棉産額較鉅，歲納公家釐金比較有八萬左右，即商民經營種植亦多依恃棉業，苦於力薄情涣，商本不充，未克與華洋官商直接交易争勝。市場現有職員謝元壽籌墊招股，在北鄉産棉之地設立軋花公司，如能辦理有效，將來紡織營業，可以此爲基礎，實爲擴充商業自保利源起見云。

《申報》宣統元年七月十九日第四版《考察工藝貨物江西》 安徽勸業道札委工藝廠廠長葉大令善鎔，於七月十二日到江調查工藝製造辦法，並考察一切製造品物，擇尤訂購各種精工竹木器皿，以便運回本省，爲改良之標本。

《兩廣官報》第一七期《督院張批職商郭鳳怡稟灰砂製磚股本難籌請予准借官款開辦緣由文》 砂磚一項，銷場最廣，中國各商經營斯業，率用舊法，價昂質窳，未能與洋磚角勝争奇。該職商有鑒於此，特購用英商發明灰砂製磚新法，集股興辦，稟部核准專利，係爲挽回外溢權利起見，殊堪嘉尚。案准農工商部咨行保護，業經轉飭遵照在案，據稟各股東認定股銀，因亂後商情震動，多半議退新。股又急切難招，擬向官銀錢局借銀五萬元，週息八釐。藉資展佈，將來即以房屋機器作按，其還款則分三年繳清，爲維持實業計，自不能不俯如所請。惟所議借款還款辦法，是否盡協，有無應行磋商之處，應由該職商自行向局稟商辦理，仍候行知廣東官銀錢局及勸業道查照可也。此批。七月二十日發。

〔附〕原稟

竊職商前因有英人温士頓利發明灰砂製磚新法，經在該國商部核准專利，復在香港專利局註册專利，隨由英人贊暖爹核士以重價承購，擬在港澳就地開辦。但攷其製出之磚，質美價廉，將來運銷内地，利權必因外溢。有慮乎此，緣用一千四百五十金磅與該英人商購其香港之專利。經於去年三月十六交易，在英京訂立合同，由使英李大臣援案，咨請北京農工商部註册專利。是時職商各親友認定股銀已達十萬，方謂大部批准，即當收股開辦。至本年四月，奉接使英劉大臣來諭，知所請專利一節，已蒙大部照准，並由部咨南省督院飭屬一體保護。職商當即遵諭刊章收股，不料適值三月粤中黨亂之後，人心惶駭，商情震動，致各親友前此所認之股，竟退落三分之二，是則舊認之股既退，則新招之股急切，更難獲效。倘或再遲數月，則與英商所購專利之合同殊有關碍，似此大利之實業，費兩年之心血，於辛苦艱難中挽回外溢利權。一旦中止，殊深可惜。伏思憲台體國公忠，救時念切，於提倡實業之興，不遺餘力。用敢繕稟恭陳，可否邀恩由官銀局息借欵五萬元，藉資購置，職商更勉籌資本銀六萬元，竭力妥辦。期在迅速成立，以無負憲恩格外成全之至意。將來辦有成效，皆出自逾格鴻施之所賜也。所有興業緣由，既經呈明，並借欵辦法謹列稟恭呈察核，是否允協，專候訓示。祇遵，實爲德便。

〔附〕辦法簡章

一、資本辦法：擬籌資本六萬元，專爲兑付專利金一千四百五十鎊，並購地建廠，置備鑊爐、汽機及創辦各等費用。

二、借欵辦法：擬借欵五萬元，專爲付存外國銀行，俟製磚機器到時，即以此欵過付，隨將全廠房屋機器作按，其利息謹照八釐週息繳納。

三、還款辦法：擬分三年，其首一二年每還一萬五千元，餘二萬元限第三年期滿清還。

《申報》宣統元年七月二十一日第二版《硝皮廠將次遷讓》 日本人曲培在大南門外租賃沈關六之房屋，開設萬森硝皮廠，由總工程局飭將出面租房之徐士金即徐汝金交保出外，勒限遷移，已紀前報。兹悉徐保出後，刻已向該日人商允遷讓，局中因復飭派差保前往該處隨時查勘，務於遷空之後，即行稟報，以便詳報滬道查照。

《申報》宣統元年七月二十一日第三版《銅陵創設勸工所湖南》 銅陵縣楊令繩□前以該縣人烟稠密，貧寒子弟無力學業者甚多，爰會紳公擬規章，妥籌經費，創設勸工所，招貧苦子弟到所習藝。其購置機件聘用工師均屬遵章辦理，尚稱周妥，刻經勸業道查明，並無窒礙情事，已據請詳覆撫憲請示飭遵。

《申報》宣統元年七月二十一日第三版《飭議保全蘇紗銷路蘇州》 蘇垣牙釐總局日昨奉撫憲札，准浙江巡撫部院增咨，據釐餉局詳稱，杭州通益公紗廠運銷内地一税之後，概不重徵，係遵部章辦理。蘇省同係内地，若令重複納捐，非特土貨滯銷，利源外溢，且公家信用所在關繫尤鉅，再三斟酌，此後廠紗運蘇仍請蘇省查照，咨部成案辦理，以昭大信而卹商艱，咨明查照飭遵等因。兹悉該局總辦黄楚南觀察，查蘇省廠紗捐章詳定每件計重三百斤，捐銀一兩八錢，運銷本省填給四聯運單，准其通省照免，如運鄰省者向照出口之例赴關完税，歷辦已久。今杭廠棉紗每件捐銀二兩一錢，運銷蘇省不遵完納蘇捐，究竟蘇省廠紗有無運銷浙省，如有運往，每件亦應一律捐銀二兩一錢，由局給單，通照尚可補苴，否則杭紗暢銷蘇紗銷路或減，殊於蘇捐有碍，應如何設法抵制，方昭公允，已於日昨札飭六門捐局確切查明，刻日議復察辦。

《申報》宣統元年七月二十五日第三版《顧繡有限公司成立松江》 松郡盛君等發起顧繡有限公司，議定招股一萬元，分作一千股，每股十元，以全節堂、商會、實業學堂、同錦昌四處爲招股機關，現已稟准華、婁兩縣，主照會各界一體維持。

《申報》宣統元年七月二十六日第三版《醴陵磁業出貨之旺湖南》 醴陵縣湖南磁業公司近來所出磁品不特益見精美，且出貨更覺暢旺，合計四窑，每窑每月可出貨六七次，約值價錢一萬一千串有奇，每年可售錢十萬串左右。現於長沙湘潭醴陵原有之發賣所外，又在漢口設立分售處，以圖暢銷。該公司自此日見發達，不特從前虧耗，指日可以恢復，即將來餘利亦有源源不絕之勢。

《申報》宣統元年七月二十七日第四版《籌辦電燈公司之組織江西》 日本留學生監督處文案王孝廉盛春等，在東聯合同鄉擬創辦九牯電燈公司，贊成者甚多，現派某畢業生赴京招集股欵，俟籌定的欵，即行預備開辦。

《申報》宣統元年七月二十八日第四版《設立火柴公司之先聲杭州》 浙省候補知縣鍾大令愈於上年請咨赴南洋各埠調查實業，今歲始行回省銷差。茲悉大令前次赴汴梁時，查得中州鴻昌火柴公司辦法最善，當將該公司所訂章程逐條採録，已呈送增中丞察核。聞中丞有仿照辦理之意，擬在本省設立火柴公司，藉以抵制洋貨挽回利權云。

《申報》宣統元年七月二十九日第二版《酌減官紙價值》 江南官紙廠所製各衙門官用紙張，及民間詞訟呈稟格式，曾經開明價值飭發各屬一律購用，並飭禁止紙店仿造在案。詎自六月初一日開辦迄今已逾一月，而各廳縣購用者甚屬寥寥，皆因所定價值昂貴，致難購用。現官帋廠已將前定之價逐件酌減，稟由江督轉飭各府廳州縣一體購用。

《申報》宣統元年八月初五日第三版《南洋印刷紙品推廣銷路之辦法蘇州》 蘇垣農工商局日昨奉江督張制軍札開，據南洋印刷官廠詳稱，竊職廠創辦官民紙品，業經前督憲端批准，並通飭六月初一日實行在案。現在計逾一月，稽查各處，不無滯銷，推原其故，皆因前次所定製品紙料精良，價值遂較坊肆爲貴，避貴就賤，人之恒情，自未便施以壓力。惟職廠開辦於光緒三十三年，先後耗銀九萬餘兩，職道仁東接手以後，凡五閲月除添製石板機一萬餘兩，赶辦實行各品用銀一萬餘兩，四個月廠用開支一萬餘兩，總費在十二萬金内外，若不亟圖減輕價值，推廣銷路，成本且難收回，焉有可沾餘利。職道等再四籌思，於前月二十八日假座三江師範學堂茶會商議更張，經司道各局所、學堂總辦及首府兩縣逐件妥商，定價均無異詞，謹將減價各件並新添項下另摺開呈憲鑒，擬懇先行倡用，並通飭文武各衙一律行銷批示祗遵等情，本大臣據此除批詳摺均悉，仰候分別咨行，一體遵照，仍候撫部院批示，繳並咨行外，合行抄摺，札局即便轉飭一體遵照。

《申報》宣統元年八月初十日第一版《集成圖書公司調換股單並發股息廣告》

本公司股票息單現已印齊，茲定於九月朔日爲始，請持收據移玉大馬路泥城橋本公司換取股單，並截至本年六月底爲止，照發股息，特此廣告。

中國歷史博物館《鄭孝胥日記》第三册《宣統元年八月十二日》 晴。董蘭芳求書八旗奉直會館門匾，爲書「肇基拱衛」四字。午後，至海藏樓。董又來，邀俱至曹家渡看油廠，乃德人卡博爾所發起，有華股一半。晤朱葆三、金子剛，金通英語，嘗爲廣東電報局。卡博爾又發起華德合辦碱廠，已在青島立案，股尚未集。夜，月明。感凉，四鼓腹瀉。

《申報》宣統元年八月十二日第三版《調查鎮江造紙公司賬據》 信義銀行與鎮江造紙公司糾葛一案，曾經常鎮道移請滬道將銀行公司賬簿札發上海縣查軋。嗣由滬道檢查，並無公司簿據，衹有銀行賬簿。備文查取去後，旋准常鎮道復稱公司簿據均由吴秀伯經管，現吴在滬應令交出等語，昨蔡觀察已札行上海縣飭令吴秀伯交出查核矣。

《商務官報》宣統元年八月十五日第二四期《批鎮江造紙公司股東等稟》

前據稟，公司經理尹壽人等騙股抵債，懇請發究等情，當經咨行江督蘇撫查辦去後。茲准江督咨移，據蘇松太道詳上海商會憑，尹克昌、朱清齋筆據將信義銀行受押造紙廠轉押兑付信義票存，計前後押款實銀七萬四千五百兩，原議兩月歸還，本息倘不清理，即請由道稟南洋大臣江蘇撫院派員會同拍賣廠屋，歸還上海商會借款外，餘付儲蓄存欵，一切欠欵粘抄筆據詳祈查核等情，咨請查照前來，合行批示，仰該商等知悉可也。此批。八月初六日。

《商務官報》宣統元年八月十五日第二四期《批商務印書館呈》 前據呈稱新刊書籍八十二種，懇准立案，並禁止翻刻，咨行分別採購等情，當即咨行學部查核。茲據覆稱，所録兩次原單，係是續出之書，其中有已呈送者，有未呈送者，有審定者，有正在閲看尚未審定等因到部。仰即將未經呈送各書迅速呈部，俟咨送學部審定後，再行核辦可也。此批。八月初四日。

《申報》宣統元年八月十六日第四版《經綸兩廠定期選舉總協理蘇州》 蘇垣盤門外蘇經、蘇綸絲紗兩廠，自周君舜卿竭力辭退，將股份一併取去後，曾開會選舉王紳同愈爲該廠總理，茲因王紳又赴京供職，爰由股東等遵照部示，重行選舉總協理。現定於九月初二日下午二時借商會開會選舉，並已稟奉撫帥委派商局張總辦到場監視，以肅秩序。

《商務官報》宣統元年八月二十五日第二五期《批日本法科畢業生王余燮稟》 稟悉。所稱改良鹽井、籌備機器、儲育人材等語，具見啓智生利，力求精進，應准咨行川督查照，俟辦有頭緒，再行稟部核奪可也。此批。八月十四日。

《申報》宣統元年八月二十六日第四版《札委黑鉛錬廠人員長沙》 湘省南

城外銅元局舊址，現經官礦總處禀請大憲，改爲黑鉛鍊廠，提鍊常寧縣水口山所出黑鉛。業由岑中丞札委留學美國礦學畢業生廣東江進士順德爲總工程師，現已購辦機器，改造廠屋，日昨復由岑中丞札委留英畢業生江茂德爲幫工程師，兼充繙譯，月支薪水湘平銀二百兩，並委湖北候補知縣陳彝爲稽查委員，分省試用，縣丞田蔭生爲庶務委員，月各支薪水銀三十兩，均自奉札之日起支，俾資辦公。

《申報》宣統元年八月二十九日第三版《外人覬覦廣西實業之狡謀廣西》

法人近於報紙上著有論説，略云廣西地臨温帶，百穀怒生，深山窮谷多巨木及藥品，即礦產亦不亞雲南，而使遍地荒蕪，流民麕集，此深可使人駭異者。近日中國深知其弊，命定農工商律，以便墾荒。我國正宜趁此機會廣集公司，暗托心腹華人，具禀照章撥地，招墾時飭實業工師，外爲襄助，即陰爲聯絡，以箝制之。十年以後，逐漸推廣，自成村落矣。又有某商會調查商務報告書云，南寧者，爲關內之第一巨鎮。以商務論，爲交通之中站，貿易則以雲土、洋紗、茴油爲大宗，銀幣附焉。出口則油糖、米豆及一切雜糧、藥品，此係我勢力範圍之商埠，將來當廣設公司，以便貿遷。及製造各貨，如彼所產羽毛、牛毛、藥品等類，皆美品之作料，而茶葉、烟葉兩項，苟用新法泡製，當係出口等一大宗。然我尤不能忘者，則下游有地曰八尺江，爲產白糖之藪。其糖原質明浄，製以新法，應與歐糖無異，且甜美過之。然其地所種，不滿十之四，問其原因，皆華人造肥料笨拙，本重利輕所致。我苟與華商暗合，收買彼處餘地，用培根催生等術，徧地種滿，製爲上等白糖，其利自不可計云。

《申報》宣統元年八月二十九日第六版《祥順公司象牌洋燭奉部飭豁免重征》 本公司洋燭業經通運各埠，早蒙農工商部註册給照，並咨□地方官保護在案。現以物美價廉，重加鼓勵，又蒙部咨税務大臣通飭各口凡象牌洋燭出口，准其在第一關按值百抽五完納正税一道，給單放行，沿途關卡概免重征，紳商賜顧，請至三馬路中和洋行賬房批發所接洽可也。

《申報》宣統元年八月三十日第四版《經綸二廠新老股東之意見蘇州》 蘇垣蘇經、蘇綸兩廠老股東致蘇州商會函云，滬上各報登有貴會於九月初二日邀集蘇經、綸兩廠老新股東開會選舉總理之廣告，想係奉到官署公文，所以有此，然僕等老股東將此事反覆思維，有不得不先行奉告者，謹陳其事如左：一，老股新股利害不同，不能合開股東會。二，新股股分只十四萬餘，不及原議三分之一，與原案議招新股五十萬之數不符，況聞現已虧折過半，則老股不能認新股爲已成立之有限公司。三，現在既有新股名目，則須請官驗明新股，究竟已招若干，虧折若干，除解費租商機器欵項外，現在浄存若干，如其不能，應令於兩個月內招足五十萬，方可承認接辦。四，如新股不能招足五十萬兩，則老股五釐息及官欵均極危險，應勒令停辦，另行招租，如必欲接租，應令新股改爲合資無限公司，呈部立案，無限公司之總理對於債主及老股應擔無限責任，必須身家殷實衆所素知，則官署及老股東方可承認，准其另訂合同接辦，如所舉總理不能滿官署及老股東之意，官及老股東均可不認，仍令退辦。五，該新股改爲合資無限公司之後，倘或五釐股息短少，官欵不能攤還，及私將機器房屋作押，或不保險，致有意外，惟該新股各股東是問，倘新股東中不能照數賠償，應惟無限公司之總理一人是問。六，老股東應另行開會，公舉數人與新股東辦理以上交涉。七，老股新股合開之股東會，所議决各事老股東不能承認。

《申報》宣統元年九月初四日第四版《經綸兩廠開會選舉總協理詳情蘇州》

蘇經、蘇綸絲紗兩廠日前因王紳赴京供職，曾奉撫憲札准部飭，定期選舉總協理各情，已詳本報。兹悉是日下午假商會開會選舉，商局張總辦因受感冒委派本局提調李宣龔司馬及科長趙、張二大令涖會監視，計新舊股東到會者約共九十餘人，發出票數一百三十五紙，先由書記員宣佈開會秩序，報告農工商局照會一件，撫憲照會商會被選舉資格一件，報告已畢，將行選舉。經商會理事員宣佈，前月接到老股東來函，首言商會登報廣告，邀集各股東開會選舉等語，並陳意見七條，當查此次開會廣告既非大會所登，且來函衹稱股東未列姓名，今日老股東咸在，究係何人意見，各股東起旨均未知悉。且此函既未列名，究係股東一人之意見，或係非股東之捏函，無從究詰，應毋庸議。書記員遂宣佈選舉總協理各股東投票後，並請商會理事員宣佈票數，計票數最多者張紳履謙得票一千五百十二權，當選爲總理，王紳立鰲得票一千四百六十權當選爲協理。是時張總理以年邁謙辭，經在場股東再三推任，已允於初三日到廠任事。

《商務官報》宣統二年九月初五日第二六期《批福建漳州府屬紳商學界代表龍溪縣生員陳錫侯呈》 呈及附件均悉。該生禀控華祥糖廠妨碍要塞，懇電閩督飭令遷設他處等情，已咨閩督飭屬酌核辦理矣。此批。十二月初九日。

《申報》宣統元年九月初七日第三版《審訊印花坊董事情形》 印花坊董事行頭蔣子春、勞文榮因糾同該行工匠二百餘人，至法新租界倪順發所開之印花坊搗毀一空，並將把作孫祖富拔往城内送入縣署，經法捕房派探入城協同地甲巡警將蔣提入縣署在案。近日始由田大令將蔣及勞文榮拘押解廨。昨日提訊，蔣供小的爲印花業董事，因倪順發紊亂行規，欲將各工人酒資扣除，致衆工匠不服，集衆爲難，小的並不在場，後由勞來通知，旋强小的前往，行至西門外中途遇見，將衆人勸散，其時孫祖富已被軋在華界，故未送案，遂就近送縣。勞供相同，判一併還押，候原告倪順發到案再訊。

《申報》宣統元年九月初九日第二版《搗毀印花坊之結局》　大盛印花坊被業董蔣子春勞文榮糾衆搗毀等情，迭誌前報。茲有法商麥得意投稱，坊係商人所開，倪順發係爲經理，蔣勞二人糾同工匠二百餘人來坊打毀各物，越界拔人，有違定章，求請重辦。倪稱是日奉洋東遣往蘇州辦貨，追回店中，檢視被毀印花板一百三十副，每副計洋一元，又被搶去布五十二疋，共計值洋三百餘元，有半月之久不能營生，求恩追償損失。孫祖富稱小的見有衆人洶湧而來，即將大門緊閉，避匿樓上，旋被打門入内，尋獲軋往方浜橋地方，驀見蔣、勞二人在内指揮，令衆拔往印花公所，私自弔打，以致足骨至今受傷未愈。蔣供小的於六月間已辭董事之職，此事因倪强扣各工人酒錢敗壞行規，致觸衆怒，遂出此策。小的乃是董事，咎有應得，惟倪敗壞行規亦請重究。勞供雖是行頭亦與蔣同時辭退，餘語相同。判蔣押三月，勞押二月，另賠償損失費洋二百五十元了案。

《申報》宣統元年九月十一日第四版《宜興陶器出品之籌備常州》　宜荆陶器爲賽會大宗，南洋勸業會陶賓南君特往調查。該處窑業已有預備，城内如瑞泰茂、吳瀚記、吳德盛等户均訂鑄新式壺瓶及精美花盆，以爲争勝地步。鄉間丁山地方窑業最盛，由葛逸雲君擔認出品，將來出品之數，當可與醴陵、景德兩處磁器並稱特色。

《商務官報》光緒三十三年九月十五日第二十四期《批湖南醴陵磁業公司呈》
據呈已悉。該公司擬集股銀十萬元，在湖南醴陵縣地方設立磁業公司，以求改良磁業，自係爲振興工藝，挽回利權起見。所擬章程並所繳註册公費洋一百零四元，核與定章相符，自應准予註册給照。除咨飭保護外，合行填給執照收單，仰即遵照具領。至察查人一節，應俟舉定後再行呈報備案可也。此批。六月二十九日。

《申報》宣統元年九月十九日第二版《中國圖書公司定九月二十開股東常會廣告》　本公司自上年六月開股東特別會後，已逾一年，現定九月二十日午後一時開股東常會，報告一切。會場在上海南門外陸家浜本公司印刷所，屆時務祈早臨，特此廣告。

《申報》宣統元年九月十七日第三版《絲廠積欠工資》　昨晨有繅絲女工姜陳氏、李陳氏等二十餘人擁至公共公廨，適李襄讞與英副領事官寶君會訊各案。該女工等即投案，禀稱均在虹口胡家木橋湯沁源所設之勤昌絲廠内做工，因被拖欠工資不付，是以投案求追。諭候飭差知照該廠給發，各女工叩謝而退。

《申報》宣統元年九月二十日第三版《兆民火柴有限公司集股廣告》　本公司專造黑頭安全火柴，議定股本銀十萬兩，計一萬股，每股銀十兩，先由發起人認定六千股，所餘僅四千股，熱心實業者如欲認附本公司股份，務望從速來認，否則恐爲捷足者先得也。

《申報》宣統元年九月二十一日第四版《派員赴汴采購羊毛武昌》　湖北善技廠自開辦以來，所製物品精益求精，銷路頗形暢旺。刻因製造氈呢需用原料，總辦李觀察寶洤特委楊令滋培前往汴省周家口等處採辦細羊毛，以資應用。

《申報》宣統元年九月二十一日第四版《武陽出品所添舉幹事常州》　武陽出品所幹事長惲北生、莊誦先兩君以擔任事務過多，日不暇給，籌備物産，又刻不容緩。日昨添舉史錫蟹君爲副幹事長，以資臂助，聞已函達，兩邑令加給照會矣。

《申報》宣統元年九月二十二日第三版《紡織局依舊工作武昌》　鄂省紡紗、織布兩局，前因棉花缺乏停機，迄今已閱四月之久，兹由總理韋紫封君派人在下游各埠購得棉花三千餘件，陸續裝運來鄂，仍舊招集工匠藝徒人等到局，於十七日開工，但本年鄂屬棉花毫無收存，恐難以購棉接濟永久工作也。

《申報》宣統元年九月二十六日第四版《頤和各股東定期會議蘇州》　蘇垣齊門外頤和罐頭食物公司本年爲推廣銷路起見，添招新股改良製品，生意逐見起色。現該公司因經理董君因病逝世，所有公司一切事宜須人主持，爰定於二十七日開新舊股東會，商議一切辦法。

《申報》宣統元年九月二十七日第四版《官紙推行之現狀安慶》　廬州府前以領用官紙局官紙，價值過昂，力難支持，禀由皖撫札飭官紙局以五成繳價在案。茲據官紙局詳覆，若遽予照辦，勢必他屬相率效尤，所請碍難照准，並由局逕詳皖撫，略謂皖北分銷□運官紙，運費頗形較大，若不准予核實支銷，恐難支持，應請准照領運費用，核實報銷，乞示立案。

《申報》宣統元年十月初一日第四版《頤和公司停辦之原因蘇州》 蘇垣齊門外頤和罐頭食物公司日前開新舊股東會議，以目下經理董君去世，查核帳目公司資本業經虧折過半，自應暫行停辦，所有存貨照常批售，並因新股東尚未到齊，再行通知，定期決議辦法。

《申報》宣統元年十月初四日第二版《上海揚清肥皂公司集股廣告》 本公司議集股本英洋五萬元，每股計洋五元，照有限公司部定章程辦理，先由發起人承認三千股。茲定廠基在陳家渡地方，房屋業經興工部署從速開辦，再行布告。收股處：四明銀行寧波路，餘大莊濟湯里事務所在二馬路石路西首興隆里。虞洽卿等啓。

《申報》宣統元年十月初九日第七版《上海龍華製革廠》 中國製革向無名廠，往昔多購自外洋，實爲漏卮。本廠不惜資本，於去年在曹家渡建造廠屋四百餘方，購置英國名廠最新製革機器，廷請英國頭等工師精選上等牛羊生皮，化製各種皮料，如馬鞍皮英牛皮擂根皮鞋，而皮鞋底皮滂浦皮各色羊皮，每月能製就十餘萬磅，所出之貨與泰西無異，兼造水陸各軍應用背包、藥袋、馬鞍、操靴、操鞋，學堂所用皮盒、皮鞋以及各廠所用大小皮帶，自一寸至二十寸，一應俱全。其餘不及備載，均以機器製就，質地堅固，色澤光潔。開辦以來，業蒙中西官商軍學各界諸公賜顧購定，取價從廉，以冀稍挽利權，而塞漏卮。除漢口已設分銷處外，恐各大埠尚未周知，用特廣告，如蒙零躉批發，或代行分銷，請移玉至英大馬路浙江路西首三百十號批發所面訂，外埠函購無不克己，以副雅意。

中國第一歷史檔案館《宣統政紀》宣統元年十月上 四川總督趙爾巽奏，推廣農工各事，叠經飭屬籌辦。惟川省風氣閉塞，進步甚遲，自經奏設勸業道，極力倡導。計農林一項，已設有中小學堂及試驗場二十餘所，其絲、茶、棉三種，皆接踵興辦，漸有成績。工業一項，則分官辦、民辦兩種，官辦者爲各屬勸工局製革、肥皂、火柴、印刷等專廠，兵工廠，工藝學堂，工業化學試驗所；民辦者爲造紙火柴川瓷電鐙石灃藋詰專灃瓦瓦織布各公司，電鍍玻王灃黎繅絲機器曹達各工廠，資本少者數千圓，多者十餘萬，二三十餘不等，類皆改良土產，以擴行銷，仿製洋貨，以杜外溢。川省困於交通，爲效祇此，此後民智漸開，自當力圖精進，以興實業而挽利權。得旨，即當認真妥速籌辦，農工商部知之。

《申報》宣統元年十月十二日第四版《氈呢廠定期開工武昌》 鄂省氈呢廠係張文襄卸任督篆入閣時，委候補道嚴開第所創辦。該廠係官商合股營業，招集股本銀六十萬兩，官四商六。現廠屋已經落成，機器等件亦向天津禮和洋行購就，運鄂裝配齊全，所有工程師助手亦向德國聘訂。其氈呢原料，則委員向津、奉、汴、秦等省陸續採辦。昨嚴觀察特稟知鄂督，准於十月二十五日開工，以振實業而挽利權。

《商務官報》宣統元年十月十五日第三二期《批杭州通益公新公司稟》 前據該公司一再呈請分期解繳官款各節，業經先後據咨浙撫，轉飭勸業道妥速辦結，並批示在案。茲准復稱，查此案新老股東既已和好，自可准其銷案，而公款前欠三期，雖由商會代繳，其未繳者尚有二十三萬餘兩，商會擔保無論與例不合，而總協理歲一公舉，斷難逐任擔保，至所請由新公司另據票據存案，亦難准予照辦，且原案停息拔本，該公司獨佔優利，他如通惠公開源永咸益所領官款無不繳息，若准該公司仍照原案勢必羣請援免，況勸學所商學公會塘工議事會紛紛稟請追提，前經札飭勸業道另訂全繳，合股認息三策，照會該公司自認一策，而該職商等抗不遵辦。近有十一府士紳百餘人稟提該公司所欠公款撥充路股，並請追補八年息銀二十餘萬兩，且懇由清理財政局，將高鳳德侵吞之款澈底清查，追繳充公，亦可見該新公司之不滿，人意至於此極。本部院即欲仰體部意，維持以符原案，而順商情勢，亦有所不能，先將此案詳細情形咨部立案等因，到部合行批示，該公司遵照。此批。九月二十六日。

《申報》宣統元年十月十五日第八版《青州水門汀》 青州水門汀有限公司所出之水門汀，爲東方最上之品，素爲香港政府所信用，用以製造陰溝管、避火磚、避火泥及瓦片等物，堅美無匹。近者新牌疊出，每易魚目混珠，貴客賜顧，幸祈認明牌號，向圓明園路八號新旗昌洋行議價購辦。欲知用法詳情者，本行亦可奉告。

新旗昌洋行謹啓。

《申報》宣統元年十月十五日第七版《愛富有限烟公司廣告》 嗜烟諸君，如以難得佳烟爲憾，則請求之本公司。凡小呂宋、海瓦拿、荷蘭、墨西哥、巴西著名雪茄，無不悉備，其餘各種烟草紙烟烟具等物亦無不齊全。各貨均選佳品，取價從廉，以廣招徠，賜顧者請至南京路一號滙中旅館下層，本公司選辦可也。

《商務官報》宣統元年十月二十五日第三七期《批上海商會稟》 稟悉。該商會稟稱上海謙祥益仿造洋布，銷售京城，懇請按照土布納税各節，業據情咨行税務處核辦，俟復文到部再行批示，仰即轉知布號謙祥益知照可也。此批。十月初十日。

《申報》宣統元年十月二十八日第四版《咨行調查工廠表式蘇州》 民政部通咨各督撫文云，現在清查户籍，所有公私營業工場鹽務礦産茶絲等項，及土木磚石一切工作等類處所，或設於城廂，或設於山野，人類煩雜，良莠不齊，若漫無稽查，善良無由而樂業，宵小亦易於潛蹤，殊非所以維秩序而保治安。本部業將奏定調查户口章程頒行，各省其施行細則仍令各該監督因地制宜斟酌妥訂，至於本章程中未盡事宜如各項工場等，該監督等亦當酌量地方情形，載入細則一併調查，以期完密，而便稽核。兹特繪具調查各類工廠表式，分咨各省，一律通行照式（工廠名稱）（公立）（私立）（管理人）（技師）（工人）（服役）（合計），核實填註，每年於十月前報部。至調查詳細册籍仍留存各該省備案，毋庸送部，以省繁牘。蘇撫奉文後，刻已札行各屬一體查照辦理。

四川省檔案館《四川保路運動檔案選編·重慶勸業分所李和陽呈請准許李元貞等開辦重慶熔化工廠鑄錢禀文宣統元年十一月初一日》 敬禀者。

竊分所前奉憲台批，據分所禀復查明劉鵬高等禀設重慶熔化工廠情形一案，奉批：化銀提金事，果有益商界，樂從即由。分所提議訪覓殷實妥商承辦，禀報劉鵬高等即非殷實，并無資本，原案應即取消，毋庸置議。等因。奉此。仰見憲台於維持商務之中，仍寓慎重辦事之意，下懷不勝欽佩。分所遵即留心查訪，隨時提議。竊以此奉，可以挽本省之權利，救銀根之短絀，實爲當務之急。惟承辦此項工廠之商，非有公正之聲望，殷實之資本，不足以勝任。〔益〕（盖）非宅心公正，則百弊蒙生；非家道殷實，則衆難取信。徒虧成本，終歸劣敗。故分所對於此事不敢不慎之又慎，以仰副憲台提倡商業至意。兹准職商李〔貞元〕（元貞）、高伯瑜、魏肇興、顔椿祥報告稱： 商等迭經貴所向商界提議熔化銀兩，以免實銀下運一事。當經悉心調查，現考查確實，此舉亟宜早日辦理，在重慶尤關緊要。蓋熔化之法，漢口開辦最早，商人以銀赴廠，分化極爲利便，遂致各商趨之若鶩，争以實銀下運，銀根日緊，將來日甚一日，不特利權外溢，市面亦大受影響，斷不可視爲緩圖。論者或謂銀既分化，則成色低下，有礙商務。不知天生五金，各有獨立原質。金自爲金，銀自爲銀。銀内含金，乃銀内些須金質，未經提净。非向銀必須内有黄金，方能成其爲銀。其所以未經提净之故，則由當日分化之未精，非原質之應爾。若謂成色低下，何以漢口估寶常有行使來川，經傾熔後，鑄成川錠，仍與未提金之銀無異？所可慮者，承辦之商辦理不當。故鑄成色銀錠則有礙商務。現商等擬於重慶城内設五熔化工廠，集資本肆萬兩，雇用熔化高手技師，藥料或購之滬上，或就地製造。熔提净銀，專鑄街市匯兑通用足色。與各商公平交涉，無不樂從；庶於保守利權，經持商務之道，不無裨益。且商等爲保全市面起見，即無餘利亦所弗計。現擬自開辦日起每年報效銀壹千兩，交由貴所轉解勸業道署。俟辦兩年後，果能獲利，再行加等報效。特擬章程四條，應請貴所轉禀勸業道憲核准，詳明督憲立案。計章程四條。等情到所。准此。

分所查李□□等實係公正殷實商人，資本肆萬兩，業經措就，所擬章程，亦尚簡當。其中不鑄低色銀錠，與各商公平交涉各節，尤爲切實，毫無流弊。若蒙俯准，開辦之時仍由分所禀報查考。所有據情轉禀緣由，是否有當？理合禀請憲台俯賜核奪，轉詳批示祇遵。爲此具禀。須至禀者。

計呈章程四條

重慶熔化工廠章程

一、工廠定名爲重慶熔化工廠，辦理熔鑄銀兩營業，以保守權利，取便商務爲宗旨。

一、李高遲三家，共出資本肆萬兩，於重慶城内建設廠屋，采辦藥料，招雇匠師，熔鑄街市匯兑足銀，不鑄低下色銀，以保名譽而免流弊。

一、工廠熔鑄各商銀兩，係正式商界交涉，彼此公平辦理。收銀若干，給予收據，如期付銀；若係色銀即當面議定，除去成色，概照定銀計算〔已〕（以）免□□。

一、工廠係爲保全市面起見，有無餘利，在所弗計。從開辦日起，每年報效銀壹千兩，交由勸業分所轉解勸業道署。兩年後，若果有利，再行酌加。

四川通省勸業道批：據禀已悉。李元貞等禀設重慶熔化工廠，既據查明切實無弊，應准暫行試辦。俟有成效再予詳請立案。共每年認繳之報效銀壹千兩，亦予豁免，以示體恤。惟須由該分所會同巴縣勸業員及重慶商務總會隨時嚴密檢查，苟有鑄造低銀病商漁利等事，即行據實禀報封禁。至渝城市面流通銀數常年估計約有若干？該廠所雇技師何人？所用係何藥料？熔化用何方法？並應由該所逐查具復。仍候分別移行查照。繳。

《申報》宣統元年十一月初二日第二版《鞏華廠革品特色》 本廠貨比西洋，而價廉及半，爲軍商各界所共稱。兹設批發所于英大馬路，專備熱心同胞觀覽考驗，俾中國實業界日有進步。皮張物件數十百種，不及備載，交易照本，絕不圖利。此佈。

《申報》宣統元年十一月初三日第一版《耀徐玻璃公司廣告》 本公司製造各品陳列南京商務總局上海出品協會，頗蒙見者稱賞，新製花片勸業瓶銷路尤廣。現移徐海實業公司後面，定貨諸君惠臨勿悮。耀徐玻璃公司帳房謹啓。

《申報》宣統元年十一月初三日第一版《南洋物産會審查耀徐玻璃公司出品廣告》 南洋勸業會本年先就各屬開物産會，須用玻璃瓶甚多，特屬耀徐公司精製大小各式，計有數種，以備各屬物産會之需，而挽區區利源之一，購者請開式至上海南市鹽碼頭耀徐帳房接洽。

《商務官報》宣統元年十一月五日第三二期《批江西商幫正裕盛稟》 據稟暨附呈各條均悉。查正裕盛等稟控醴陵土磁公司壟斷商利官紳互庇一案，前據湖南勸業道查明詳復各節，當經本部咨行湖南巡撫轉行飭知，鈔録原文，批飭該商等遵照各在案。今該商等仍以該公司有設卡抽稅等事，破壞商律，稟請照律定斷等情，是與勸業道查復情形殊相歧異，自應詳切復查，秉公核辦，除再咨行湖南巡撫轉飭按照原稟逐細查明辦理外，仰候咨復到日再行核示。此批。十月十二日。

《申報》宣統元年十一月初七日第三版《醴陵磁業公司失慎湖南》 醴陵縣湖南磁業公司於十月二十四晚因陶畫住樓失慎，燒燬木架房屋一棟，原價值洋一千五百元。並燒去木器毛胚，約值洋六七百元。當懸重賞，令本廠執事職工人等猛力救熄，餘無損害。次日仍照常工作云。

《申報》宣統元年十一月十六日第四版《大冶水泥廠工程告竣湖北》 大冶水泥廠係張文襄督鄂時所創辦，官商合股，委程觀察祈福爲總理，組織至今，已及三年。現始工程完竣，應用機器亦佈置齊全，年内即可開工。昨程觀察特將工程告竣情形申報楊督委員前往驗收，並請通咨各省，如興大工需用此項水泥，可赴鄂購辦，以免利權外溢。

《申報》宣統元年十一月十六日第八版《德富紙烟公司廣告》 本公司現出金麒麟牌紙烟，每大盒五百支，售價七角；紅雞紙烟，每大盒五百支，售價六角。原箱價與別價格外從廉，零躉抵發無不克己，非圖漁利以廣招徠，特此照本批售，以副惠顧各貨號之雅意。倘蒙賜顧，請駕臨本公司接洽可也。開設美界西華德路東貴方内一百十七號門牌，如各口岸欲代經理，請向本公司面議。此佈。總發行上海本公司，分銷處：天津功信德，北京功信德，烟台利城泰，烟台協生昌，大連泗合號，上海胡家宅義成泰，南市王家碼頭慶裕。

《商務官報》宣統元年十二月初五日第三五期《批上海商務總會稟》 所稟職商韓棟林等創設協綸繅絲公司，合同内稱韓棟林等各出資本洋一萬元，計共洋五萬元，註册呈式内又稱每股銀數五百元，究係合資公司，抑係股份公司，仰飭詳細聲叙，補呈到部，再行核辦。此批。十一月二十四日。

《商務官報》宣統元年十二月初五日第三五期《批清江浦大豐麪粉公司稟》 前據電稟，以内地運出之麪應由何關報領運單，稟請核示各節，當經本部據情轉咨稅務大臣查核，並電復該公司各在案。茲准復稱，大豐麪粉公司設在清江浦，係屬内地，由該處運貨往各通商口岸亦應一律發給運單，即在鎮江關請領，該處距鎮江較遠，所有一切領單辦法准其援照漢口上海辦法辦理，以示體恤。嗣後該公司機製麪粉運銷各處，運單應由該公司遵照本處前頒單式，躉批印刷填號送由商會轉呈鎮江關道加蓋關防，截留存根發還商會，按月由該公司具領填運行抵運銷處所，由最後之關卡繳銷，一面將填出省分埠名件數斤兩號碼按月呈報鎮江關道，以憑查考。如該麪粉運至通商口岸後，再由此岸運彼岸，仍應赴新關按照穀類辦法出具保結，以符向章等因前來。合行批示，仰即遵照可也。此批。十一月十八日。

《商務官報》宣統元年十二月十五日第三六期《批蕪湖商會呈》 呈及代遞稟件章程均悉。據稱陸如珩等現在蕪湖河南岸開設崇餘堆棧機器碾米公司，籌集股本二十萬元，並繳册費洋一百三十二元五角，懇請立案註册等情前來。本部查閲該職商等所呈各節，暨章程二十一條尚無不合，應准立案。惟部章第四條内開公司所擬出股票款式，應於呈報註册時附粘一張存案，又股本二十萬元應繳册費洋一百三十四元等語，仰該商會傳知該公司，補呈股票式樣，並補繳册費到部，以憑核辦可也。此批。十一月二十六日。

《商務官報》宣統元年十二月十五日第三六期《批上海商會稟》 據稟稱職商許椿之等集貲本規銀二萬兩，在徐屬銅山縣雙溝鎮地方設立製蛋合資有限公司，遵章開具章程，議據呈式繳納册費，收據七十兩，呈請註册給照等情。查該公司章程聲叙各款大致尚無不合，所繳册費核與部章亦符，應即准予立案。惟該呈式内既聲明有限，而章程第一款所刊本廠製造雞鴨蛋黄白，兼做棉紗洋貨及土産北貨等項，該商等資本不過二萬兩，而所營商業甚多，萬一周轉不敷，易滋流弊，應改爲無限公司字樣，方能准予註册，爲此批示，仰即轉飭該公司遵照補呈到部，再行核辦，册費收據暫存。此批。十二月初五日。

全國圖書館文獻縮微復制中心《清季鈔電匯訂·兩江總督來電》 陸軍部鑒：武密月。前沁電敬悉。當查據滬道復稱日商裕豐火柴廠事關保護地方，擬令設法遷移，俟巡警局查確相機辦理等語，於庚日轉告在案，合先電達。人駿。蒸。印。

全國圖書館文獻縮微復制中心《清季鈔電匯訂·江北提督來電》 陸軍部鑒：洪。江北陸軍在滬訂購華慶公司番布雨蓋二百二箇，馬槽六百二十箇，水桶三百八十套，孔明燈一百六十二箇，龍華廠皮馬鞍一百六十七盤，步槍皮五件五百個，瑞生洋行八十八年式步槍五百桿，鞏華公司輜車一百二輛，輕乘鞍十三盤，綳帶十六架，靴三百七十五雙，鞋五千一百十雙，大小钁鍬斧鎬刀盒帶計十一種，皮件共二千六十六套，刺槍一百四十套，劈刀八十套，馬槍皮五件六百二十五付，分別由輪船火車送浦，請知照税務處轉達鎮、滬兩關道驗放，除另文咨明外，謹先電達。珍。禡。印。

《通商各關華洋貿易總册》宣統元年下卷戴樂爾《宣統元年鎮江口華洋貿易論畧》 上年貿易册内所載本口創設造紙公司一節，可惜尚未開工，因所集股本存一銀行之内，嗣銀行倒閉，致將該公司股本無着。現在上海新聞紙内登有告白，載明該公司房屋機器均須出售，公司經理業經上海地方官收押。

《通商各關華洋貿易總册》宣統元年下卷殷萼森《宣統元年寧波口華洋貿易情形論畧》 和豐紗廠每日出紗均算有三十三包，每包三百十斤，其價自一百九十二兩至二百十兩。本年尚可得利，因棉花冬令價漲，所以利息亦有所損，電燈公司與紗廠合股，業已開辦。

《通商各關華洋貿易總册》宣統元年下卷爾士《宣統元年蕪湖口華洋貿易情形論畧》 仲夏時，本埠之益新麪粉公司陡遭回禄焚燬，機器貨物約值十萬餘金，刻尚未曾修復。

《通商各關華洋貿易總册》宣統元年下卷李華達《宣統元年杭州口華洋貿易情形論畧》 本處有數商人欲抵制日本火柴，擬發起創辦火柴公司於閘口地方，一俟稟准有司專利後，即須開辦矣。

《商務官報》宣統二年一月二十五日第一期《批劉更年等稟》 稟悉。所稱在宿遷縣創設永豐麪粉公司，請援阜豐海豐等公司成案暫免税厘五年一節，查與成案尚屬相符，自應照准立案，合行批示，仰即遵照。此批。正月十二日。

《商務官報》宣統二年二月十五日第三期《批浙江湖州商會呈》 據呈稱職商潘東源等三人合集資本鷹洋六千元，在湖州府城歸安縣屬右文館前地方創辦燿華燭皂有限公司，遵章繳納册費五十元，並合同章程呈式各件乞轉呈註册給照保護等情。查該公司所呈合同章程大致尚無不合，所繳册費核與部章亦符，應即准其註册，除一面咨飭地方官保護外，合行發給執照收單各一件，仰商會轉交具領，並報部備案可也。此批。三月二十一日。

《商務官報》宣統二年二月二十五日第四期《批前鎮江造紙公司總理尹克昌稟》 稟悉。查此案該總理迭次被人控告，均經本部咨行兩江總督轉飭上海道辦理在案。兹據稟被訟棍誣控等情，如果方鍾信實係訟棍，地方官自能按律懲辦，該總理仍静候地方官秉公核辦，毋庸多瀆。此批五月十二日。

《商務官報》宣統二年三月十五日第五期《批海豐永豐麪粉公司贛豐油餅公司稟》 三呈暨清摺各件均悉。查此案前准軍機處鈔交兩江總督、江蘇巡撫會奏，麪粉公司專利病民迭滋事端，擬請酌定限制一摺，奉硃批：着照所請，該部知道，欽此。欽遵到部，當經恭録硃批，鈔録原奏，札行各該公司欽遵在案，仰即知照。此批。六月初三日。

《商務官報》宣統二年三月十五日第五期《度支部咨本部文》 爲欽奉事，制用司案呈内閣抄出安徽巡撫朱奏安省製造廠擬改電燈廠各情形一片，宣統元年十二月二十七日奉硃批：該部知道，欽此。欽遵到部，並據該撫抄片咨送前來。原奏内稱，安省製造廠本係造幣廠基址，光緒三十三年因造幣停止，機匠廠屋廢棄可惜。經前撫馮奏明改設製造子壳以供軍用，就原有機器物料略爲增損，先行開辦，一面在上海配購子壳機器，嗣以經費支絀，未及配購齊全，僅敷配修槍枝之用。現在廠中工作寔止電燈電話兩項，名寔不符，擬將製造廠之名改爲電燈廠，用歸核寔，兼以節省浮糜。查電燈一事，係光緒三十四年由前撫馮飭由藩司酌撥經費試辦，如有成效再行推廣，惟燈機一部僅供千盞，經費莫續，推廣爲難，以致來廠請設者無以應付，兹將製造廠原有員司匠役核寔裁減，省出經費，常年積累或可爲推廣電燈之用。製造廠既裁以後，各軍配修槍械等事更設修理所，仍附設電燈廠中，其電話所一併附入，以節虚糜等語。查安省製造廠改爲電燈廠，將原有員司匠役裁減，以期撙節糜費，推廣電燈，事屬可行，惟該廠自開辦以來未據報銷有案，僅於奏報改辦製造局廠案内稱造幣廠存積銅觔煤炭雜料合漕平銀十九萬二千七百八十五兩二錢五分四厘九毫，除煤炭雜料留作製造局用外，所存銅觔派員運交江寧分廠等語，仍無寔數可稽。茲既改辦電燈廠，應令迅即造具詳細清册報銷，以重公項而清積牘，相應恭録硃批。咨行安徽巡撫遵照，並知照農工商部可也。須至咨者。

四川省民族研究所等《清末川滇邊務檔案史料》中册《批崔志遠稟請在登科設製革廠宣統二年三月十六日》 單、稟閲悉。調查登科水性，既與巴塘相等，惟樹皮各料殊難購運，自屬實情。況商務一道，總以就買主之喜好爲宜，豈能强題就我闕外，不惟不應以東洋製法爲然，即用關內製法，亦豈云盡善。欲銷售與蠻民，自應用蠻地製皮之法，最爲相宜。且以投其所好，乃能暢銷。不惟登科爲然，即巴塘亦何必不然。

登科去石渠甚近，購皮甚易。似應仍在登科設廠，專製蠻人應用之物，將來在該地售賣，北路一帶必占優勝地位。

至稱該廠現修房舍，暫敷工匠、學徒人等住宿，其原圖尚應添修數間，擬暫停工，甚是。准俟廠務擴充時，再行修建，仰即遵照。

《商務官報》宣統二年四月初五日第八期《批鎮江紙廠股東馬文卿等稟》 據稟已悉。此案據蘇松太道蔡乃煌詳稱，此案辦法以鎮江紙廠是否虧短爲斷，迭經飭縣會同商會詳細調查，信義外欠共約二十萬兩，以代付紙廠機價十七萬兩作抵，净虧銀三萬兩，紙廠股本十一萬兩，又欠信義十七萬兩，以現存機器房地作價二十萬兩約虧八萬兩，銀行紙廠同一虧短外，欠之欵尚無著落，遑論股本。竊思鎮江紙廠既因積欠信義巨欵，將全廠財産抵押在先，迨信義虧倒又不能遵飭照數清償，即應全擔信義欠欵之責任，縱使紙廠帳目果有不實不盡，祇能由股東確切查明，另案控追，未便藉詞延宕，業經詳蒙督撫憲批准拍賣紙廠，歸還各欠，俾資結束。惟飭查真寔帳據未到，尚未實行，現仍催縣速弔該廠帳據，並向原購洋行詳細查明，以憑核辦等情，詳兩江總督咨復到部，該商所請一面飭啓廠封，交該商等開辦之處，應勿庸議。此批。六月初七日。

中國歷史博物館《鄭孝胥日記》第三册《宣統二年四月十三日》 劉仲武來，示清帥札飭各局，嗣後東省軍隊、巡警及各項軍學堂製辦軍衣操服，務須前赴陸軍糧餉局軍裝製造廠購用日輝華呢，不得再向他處購買云云。至褚霖洋行購俄國氈四條、鋪床布單二條。夜，赴韓紫石之約。

《商務官報》宣統二年四月十五日第九期《批合興等麪粉公司呈》 呈悉。所請批明荒年標準與出境界限各節，荒年情形須由該省督撫臨時查明歉收分數，方能核定，未便預爲懸斷。若云荒年二字似指全境無收而言，並恐奸民以一隅偏災借口等語，從來各省報災亦不過一郡一邑斷無全境顆粒無收之事，所言殊不近理。至江督原定限制辦法，如荒年悉儘本地售賣，不許出境一節，售賣本地雖在荒年亦必給價，並非勒令該公司等將所有麪粉全數賑濟饑民，且該公司等在本地售賣與出口運售同一得價，何必斤斤争持界限，所請應毋庸議。此批。六月二十八日。

《商務官報》宣統二年五月初五日第一一期《批茅麓公司股東錢以振等呈》 據呈已悉。查此案於去年正月間據蘇松太道查明，唐宗愈原函書明「子履吾兄」字樣，是孫復瑞僅有付給董子履之權，並無付給茅麓公司之權。購填股票係唐宗愈託董子履之事，並非託孫復瑞之事，孫復瑞貿然代付，茅麓公司貿易代填股票，實出本人所授權限之外，自屬咎無可辭等情。聲復到部，當經本部復令提案斷結。去後旋據茅麓公司股東宋育仁等三十人聯名公稟，惲祖祁違背商律，武斷營私，粘呈賬畧，報告前來。本部正在查辦，四月間唐宗愈又以惲祖祁以常州商會出名，聳動上海總商會電部延抗等情，具控來部。本部至深詫異，而上海商務總會一再電請，請飭令滬道緩傳孫復瑞，是唐宗愈所控不爲無因，且早經復令，蘇松太道提案斷結已隔數月之久，自應聽候公斷，旋據斷結復部。當即飭令銷案。總之本部據案斷事度理揆情一秉大公，並無絲毫成見，應將此案原委明白宣示，仰該股東等一體遵照，至惲祖祁有無違背商律武斷營私事，應俟查明後，另行核辦。此批。七月十八日。

中國歷史博物館《鄭孝胥日記》第三册《宣統二年五月初七日》 夜，雪帥來談，言及軍界水師，苦無可恃之人。余謂，與其另調他處之人，未必相宜，不若就各營伍中物色其熟練情形、樸實可恃者漸漸拔用，必較得力，惟當細察勿誤而已。言日輝呢廠事，余謂，商股不足，勢難支持，欲援大生紗廠之案，求改爲官商合辦，請雪帥商之安帥，將從前南洋撥存該廠之二十萬兩改爲官股，派員會同經理，則銷場稍暢，此廠必可發達矣。雪帥允於赴寧時與安帥商妥具奏。大雨達旦。

《商務官報》宣統元年六月五日第一八期《批本部三等顧問官候選道宋煒臣稟》 據稟，四川重慶火柴總公司抑勒燮昌火柴監銷繳費，請電咨川督轉飭保護各節，已悉。查川省火柴行銷各處，既據稟稱民廠、官廠、洋廠，均於正課外兼納經費，該燮昌公司貨品雖由漢入川，而營業則一自應照川省各廠一律辦理，以昭公允。至燮昌火柴到川，歸川公司統銷，九扣納費各節，該公司既逕稟川督保護，仰候川督批示遵照可也。此批。五月十六日。

中國歷史博物館《鄭孝胥日記》第三册《宣統二年六月初七日》 吴錦堂、陸君略、朱清齋來，商華僑公會事，稍改簡章，自書於册，陸君略携赴南京。殷叔詳來。有熊炳燿者來訪，未昭。陸謂大七，言度支部杜君來查日輝呢廠情形，擬商令承辦陸軍制服，每年約二百萬。自至日輝帳房，令趙幼樵往泰安棧訪陸及杜，與之約期會晤。

四川省民族研究所等《清末川滇邊務檔案史料》中册《稻城委員冷家驥稟請試辦造紙製墨兩廠宣統二年六月十九日》 竊同知宣統二年六月十七日案奉憲批興辦實業一案：稟悉。該員所擬振興各節，人皆知其易辦，而各委員言之易，行之難。如巴塘之茶與棉花各項，本大臣皆由內地購種興辦，費款不貲，而尚無成效，奈何！該員其試行之。繳。册存等因。奉此。竊維事在人爲，尤貴預算，如預算而合宜，更何有不興之利源耶！

同知查關外設治伊始，凡衙署、局所、行營、學堂所需紙、墨皆由關內購置，已屬十分維艱，勢必就地製造，方覺便宜。況紙、墨原料，關外產區甚廣，而尤以稻城爲最。同知已經詳細調查紙、墨各項，擬請就地開辦紙、墨兩廠，合將預算開廠經費暨各項員役雜費，出入利息，另列表册，呈請憲核。若紙廠經費約需銀三千餘兩，墨廠經費約需銀八百餘兩，底款臨時再撥。同知迭經電詢該辦廠匠人，並詳列稻城原有之紙、墨各料，歲實有三分利息。況此風氣一開，地無棄利，直所有之官話學生亦可練習實業一門，爲益尤廣。伏乞憲核表册，再行詳定章程。如蒙允准，同知即電調該造紙製墨各匠人出關，並將應用器具隨帶前來，再行稟請憲台撥款開廠。

計賚呈預算表二張。

造墨預略表

應用器具：木條桌、木條凳、木壓杠、木棒、木墩、鐵鎚、鐵鍋、烘櫃、竹篩、絹籮篩、石碓窩、戥子、磁爐盆、磁爐棒、徽木板、烘桌。

應用材料：油烟、廣膠、松烟、牛膠、洗片、麝香。

應用法度：烟子一百兩，用膠一百零五兩，先將膠放於鍋内，用火化成水後，將烟子用細篩篩過，放於膠水内，用木棒揉合成泥後，移於石碓窩内，揉成泥塊，分作十六塊，發木墩上，用鐵鎚打過，隨下香料，發烘櫃，出墨。

材料價值：油烟每箱價銀三十九兩餘，每箱重一千兩，松烟每挑價錢四千餘文，每挑重六十斤，廣膠每百斤價銀三十五兩。

產料地方：油烟產於貴州遵安州【略】。松烟產於涪州、南川【略】。廣膠產於廣東【略】。

造紙法度預略表

造紙法度：竹料劈尺餘長，捆成二、三斤捆，捆成後，下水池泡，泡後，用石灰池子漿，漿過後，用火窖煮，煮過後，用鐵鈎打，打過後，下清水池子泡，泡過後，下碱窖子煮，煮過後，下清水池子洗，洗過後，用石碾碾，碾過後，下豆漿池後，上槽子出紙。

應用器具：竹簾子、竹床、木機器、石槽子、寬木凳、寬石板、火焙籠、硫磺、洗紙箱、石料碾、造料鐵鈎。

應用材料：斑竹、赤竹、水竹、白甲竹【略】。柴、石灰、碱。

用人要綱：掌窖匠、摇紙匠、石匠二名。以上四名，缺一不能開廠。

各匠執任：掌窖匠管定勢，買竹子，造料，洗料，煮料，碾料。

四川省民族研究所等《清末川滇邊務檔案史料》中册《批崔志遠詳請在登科設廠宣統二年六月二十日》 據詳已悉。登科蠻匠覓雇恐難應手，而該廠之工匠亦屬無多，若分司事一名帶工匠四、五名前往試辦，則該廠工匠愈缺乏。仰即於該廠中仿照蠻式皮靴製出成品數十雙，寄交登科委員代售，如果該處之人樂於購用，再行前往試辦亦可。

中國歷史博物館《鄭孝胥日記》第三册《宣統二年六月廿一日》 董蘭芳邀同喬英甫、梁允臣往觀呢廠，公司宴之於滙中飯店，樊時勛、丁價侯皆至。偕貞賢詣浚川源、義善源、交通銀行、大清銀行四家，商押款轉期事。

《商務官報》宣統二年六月二十五日第一六期《批鎮江造紙公司股東李近仁等稟》 稟悉。所控尹克昌反噬馬文卿匿賬吞欵各節，業經札飭上海道併案查辦矣。此批。九月初四日。

《商務官報》宣統二年六月二十五日第一六期《湖廣總督瑞附奏註銷吴作賢承辦武昌洸成水電公司原案並將繳欵充公片》 再，武昌省城先由職商周秉忠等於光緒三十二年七月稟准創設源水電公司。周秉忠旋即告退，由職員吴作賢稟請接辦，更名洸成公司。照案繳銀五萬元，並據稟明，業已認股一百餘萬，請以四個月爲期，倘逾期不能開辦，或有借用外欵，招集外股情事，願將繳欵全數充公，且甘重罰。經前督臣張之洞核准，責令迅速開工，詎該職從此寂無影響，直至三十四年八月，前督臣陳夔龍札飭查催，該職始有法商蒲旭包工，先不付欵，陸續招股歸還之。稟前所謂認股百餘萬者，盡歸烏有，並稱非包工不能開辦，非開辦不能收股，直欲以包洋工之名，隱行其借外欵之實。幸燭破尚早，迭經駁斥其術，乃窮臣到任後調核案卷，正擬究詰，該職亦自知無可搪塞，稟請銷案，並乞將繳欵發還前來。臣查水電兩項，爲民生日用所關，而武昌省城相需尤亟。吴作賢以洋場流氓之性質，挾依賴外欵之思想，妄冀攬此利權，售其詐術，卒之遷延三年，未能開辦，貽誤地方公益，殊非淺鮮。中國實業之不發達，公司之失信用，此輩實爲厲階。論其圖包洋工，隱借外欵情形，雖照案重罰，亦不爲過。惟此等浮滑之徒，並無寔在資本，則亦無從議罰。至其原繳之五萬元，曾據自認，逾期充公在先，應不准其發還，撥充賑糶之用，以示薄懲。除將洸成水電公司原案註銷，另行招商承辦外，謹附片具，陳伏乞聖鑒，謹奏。

中國歷史博物館《鄭孝胥日記》第三册《宣統二年六月廿六日》 柯貞賢送來葉揆初轉川督電，云「日輝招股，官、商皆難附股。請轉告蘇戡諸公」等語。川省爲正元倒欠百餘萬，以此故也。夜，赴日輝董事會於一枝香，晤李連生，樊時勛欲聘令銷呢，其人乃久大衣、莊之伙友也。赴朱古微之約於六馬路時韻籟家。

四川省檔案館《四川保路運動檔案選編·巴縣轉知縣勸業分所查復湖北水泥廠總理稟請在轄境龍王洞建廠移文宣統二年七月初三日》 爲移知事。

宣統二年六月二十六日奉勸業道周札開，案奉總督部堂趙札開，宣統二年六月十一日准農工商部咨。

案據商辦湖北水泥廠總理程道祖福，稟懇將前奉核准在湖北省境内專辦之水泥廠，由黄石港所設總廠試行推廣，擬在四川省重慶府龍王洞、萬縣之娥眉磧地方另辟分廠。該處當川漢之要道，扼長江之上游，轉運既便，土質亦佳。敬乞准予立案專辦，並咨行四川、湖廣總督部堂一體立案，仰祈察核示遵。等情。

查該水泥廠，係光緒三十三年八月間，由前湖廣總督張奏明招商創辦，請在湖北省境内准予專利年限並援案暫免税厘。各等因。抄奏咨照到部。當經本部察核，分别先行立案。迄今該廠創辦已歷數載。據稱周歷各省查考製造水泥原料，現擬在四川萬縣之娥眉磧另辟分廠。該處水路利便，將來自易暢銷。惟該道所指地方，有無指定該地稟辦在先之人，應飭該管地方官迅即前往詳確查明復部，以憑核辦。相應咨行貴督查照轉飭確查，即希見復可也。等因。准此。

合行札仰該道即便轉飭確查，稟由該道核詳轉咨。此札。等因。奉此。合亟札飭。札到該縣即便遵照，督同勸業員前往該縣之龍王洞，確查該地有無稟報在先之人，及開辦水泥有無别項窒礙，逐一詳細查明，迅即詳細稟復，以憑轉詳咨部核辦。仍行勸業員知照。切切毋違。特札。等因。奉此。相應移知貴所，希即遵照前往龍王洞，確查該地有無稟報在先之人及開辦水泥有無别項窒礙，逐一詳細查明具復過縣，以憑轉稟。須至移者。

右移巴縣勸業分所王

《商務官報》宣統二年七月初五日第一七期《批湖北水泥廠程道祖福稟》

據稟發明製造水泥電桿枕木，請由部轉咨一律購用，並懇准予專利立案，附呈影片水泥樣貨暨化驗説明等書，聲明在南洋勸業會内造有模型陳列各等情。當經咨行南洋勸業會審查總長，請飭查明見復。去後兹准復稱，該湖北水泥廠出品經審查官濮太史登青填具平分紙報告，抄録咨行，前來查核，報告内開此項電桿枕木長處在歷久不朽，然尚各有短處，仍應隨時悉心研究，逐次改良，未足遽稱完美。姑念在中國事屬創舉，與他仿造洋貨者不同。本部特與格外維持。自出貨之日起，准其在湖北本省專利五年，以示提倡，合將評分報告一併抄發，仰即遵照，設法改良。此批。粘抄件。十月二十日。

中國歷史博物館《鄭孝胥日記》第三册《宣統二年七月十一日》 白堅來。過李一琴、聶雲臺、張少塘，至勸業會換股票，又至沈家灣，稚辛移眷贅婿於此。樊時勛來，商托趙竹君向信成銀行以呢押款事。午後，過岑雲帥，通和洋行，預備立憲公會。王摶沙、白堅偕山東人侯雪舫來訪。季源自蘇州來。夜，至大生紗廠帳房，晤季直、丹揆、久香等。上新豐輪船，稚辛來，聶雲臺、王摶沙皆來。

四川省檔案館《四川保路運動檔案選編·四川勸業道爲重慶誠成絲廠免征本省厘金札宣統二年七月廿四日》 爲行知事。

案據巴縣勸業員稟稱，前據職商吴征恕等開辦誠成絲廠陳請轉詳一案，據此當經本道批：據稟巴縣職商吴征恕等所辦山繭廠絲繅制尚屬合法，再能督工加意接頭添絲等事，必爲洋商歡迎，售得高價。自應援照改良出口家蠶細絲免征本省厘金，以示優異。仰候將樣絲一束札發重慶絲業分所，以後照樣驗明免厘。仍先知照該廠。此繳。絲及商標存。除批回印發外，合行札知。札到該分所即便遵照，該廠如有山絲呈驗，應查明商標絲樣確與本道所發相符者，即行填給免厘執據，照章辦理。切切勿違。此札。

計抄原詳一紙並發商標絲樣各一件

右札重慶絲業保商分所准此

〔附〕巴縣勸業員王承烈，爲稟報職商吳征恕等開辦誠成絲廠現在情形，並呈驗絲样商標請予豁免出口厘稅事。

敬稟者：竊勸業員前據職商等一再陳請轉詳開辦山蠶絲廠一案，宣統二年四月二十三日奉憲台批示，除原批邀免冗叙外，後批該廠製成之絲如與洋莊相合，自當照章免收出口厘稅，仰即轉飭知照。等因。奉此。勸業員遵即轉告吳商等一體知照，無不歡欣鼓舞，共頌鴻恩。隨於五月二十四日開廠，一面命人分往合江、綦江、貴州等處收買蠶繭，擇雇藝術精美江蘇之技師一人遵辦在案。勸業員隨時親往確查，宣佈該地之人，並請縣監督出示保護，尚無意外滋擾。其廠內一切事務，概係吳征恕一人經理，秩序井然，有條不紊。廠中所用繅絲器具，現有摇車一架，八尺鍋爐一架，引(敬)[擎]機一架，宰眼機一架，擦床機一架，蕩干機一架，又胡車一百架。至於操作等事，概係女工，現有四十餘人，尚未招齊。蓋於撙節經費中，以廣女子生活之義。將來一律繅畢，大約可出絲數十擔。至所集資本三萬金，就現在實際計之約至五萬金矣。吳商等擬於明年推廣至拾萬金爲率，於辦理更不掣肘。

現該廠於前月所繅樣絲寄申，已經各洋商考驗，與洋莊相合。勸業員竊查近今辦事者，大都只求形式，略於實際。今吳商等所辦絲廠，概重實際，不重形式；實屬熱心有爲，於實業界中不可多得。若從此協力不閑，該廠絲業指日可望發達。茲呈該廠山絲標本二軸，商標二紙，仰懇憲台考驗。如果與洋莊相合，即請移知關卡，照章免征出口厘稅，以示優待而資鼓勵，實沾德便。所有稟報職商吳征恕等開辦山蠶絲廠現在情形，並呈驗樣絲，商標各件，懇予豁免出口厘稅各緣由，理合具文稟憲台俯賜察核示遵。

《商務官報》宣統二年七月二十五日第一九期《批湖州商務分會呈》 據呈已悉。職商吳匡等在湖州府烏程縣屬北門外大通橋西地方創辦公益繅絲股分有限公司，備其呈式，繳納册費，呈請註册一案。本部詳閱該公司聲明，各類核與定章尚無不合，所繳册費銀壹百零四兩數目亦屬相符，自應准予註册。除分別咨飭地方官照章保護外，合行填印執照收單各壹張，發交該商會仰即轉飭該公司具領，並將領照日期呈報本部，以憑備案。此批。九月二十四日。

《商務官報》宣統二年八月十五日第二一期《批商務議員劉道麟瑞稟》 稟暨紙土兩廠始末紀畧均悉。查所稟紙土兩廠添股宜招粵東商股一節，事關粵省實業，仰逕稟本省總督，聽候核辦。除將所呈始末紀畧備案外，合行批示，仰即遵照。此批。十月十三日。

《商務官報》宣統二年八月二十五日第二二期《批廣州總商會呈》 據呈稱，遵飭順德縣永昌成車絲公司將合資人數補叙姓名，另摺據呈，請核明註册再商。貴榮即是成美堂，係在合資人之内合併聲明等語，職會復查無異，理合將所繳清摺加蓋關防，再請核准註册給照等情。查該公司此次遵札補呈聲叙合資人姓名，並註明每人占股銀數，尚屬詳晰，應即准予註册，發給收單執照。仰商會轉交具領，並報部備案可也。此批。十月二十五日。

中國第一歷史檔案館《清代軍機處電報檔彙編》第三十二册《收兩海豐全體股東呈軍機處電八月二十九日》 中國貧弱，非興實業萬難富强，乃江督憲於焚搶宿遷永豐麪廠批稱，自貽伊戚並批不辦他項實業，獨辦麪廠，未免謀之不臧，於圍攻海州海豐麪廠格殺九人，不究主使煽惑，反令公司交兇。上年宿遷無灾，海州亦係偏灾，徐海强悍之區，此風一長，公司俱亡，富室亦危，皖亂未平，大局可慮。律載飢民争搶，照强盗治罪。光緒丙午周前督憲電奏飢民聚衆搶劫，不服解散，准格殺勿論，乞咨農工商部派員查辦，以維實業而遏亂萌，大局幸甚。兩豐海豐全體股東公叩。

中國歷史博物館《鄭孝胥日記》第三册《宣統二年九月初一日》 秀思來二書，開購辦機器清單及托倫敦檢查工程司辦法。買猞猁、狐嗉袍二件。爲人作字。得伯平書，寄來仲蕃自美國復余書，凡十六紙。李星南拔可弟宣泌及幼菽弟叔言九家之子來，幼菽致九家書，送周氏妹至吉林，遂來奉天覓館；余以覓館不易，此地尤不易居，勸入京尋其舅柯鳳孫，徐更設法。

四川省檔案館《四川保路運動檔案選編·四川通省勸業道不准甘國梁等設立富川合資轉運棕箴繩席有限公司札文宣統二年九月初十日》 爲札飭事。

案據職商甘國梁、趙耀先、馮紀四合堂、抱稟雇工黄順清，稟稱合資轉運設立公司，遵章粘懇詳咨立案事：情朝廷新頒商律及公司條例，整飭商務，挽回利權，力去舊日涣散之弊。凡立公司准十五日將資本、合同、營業等項報部註册，故近來公司林立，官私均受其益。中國土産除絲茶而外，如四川棕箴，實爲出口大宗。職等素皆業此，兼製造棕繩箴席生理。奈同業多係零星小販，勢薄力微，往往以本短急思脱售，跌盤爭賣，而殷實巨商悉爲牽累。況運貨則被船户盜賣，朽船失事及羈延露濕霉（濫）〔爛〕等弊；甚至奸商射利漏税瞞厘，蠹國病民，上下遭害。現今外人反得闌入內地採買，抑勒減價，奪小民之生計，爭華商之利權。若不設法維持，以後何堪設想。職等邀集同人遵章設立富川有限公司，共籌資本銀四萬兩，擬由批准日爲始，營業期限二十五年，在永瀘、重慶、黔邊等屬采辦，運至重慶，打捆轉運沙市、漢口銷售。販户有貨照市價承買，並無勒賤，隨到隨接，不待守候。厘税照舊完納，仍每售貨銀壹萬兩甘提龍銀壹百元申解，以作勸業公益捐款。計常年現銷十餘萬兩，爲數甚巨。既經歸公報效，請任本公司專運，通飭保護。公議章程合同聯名簽押另鈔，粘電憲天。振興商務，裕國便民，協懇賞准，給札開辦，行知各屬，轉詳督憲，咨部立案，公私均沾，上叩賞准施行。等情。

據此當經本道批：據稟該職商等擬湊集資本在合江設立富川合資轉運棕篋繩席有限公司，懇請給札開辦立案保護，准其捆買專運，顯係意存壟斷，所懇萬不准行。仰於奉批日即將創辦合同自行取銷，並在重慶登報聲明，批駁停罷緣由，勿得在外招搖。倘被人告發，或經本道查出，定予嚴罰不貸。仍候行重慶府、瀘州、叙永、合江、江安、納溪、永寧、巴縣、江津、綦江、合州、長壽、廣安及各該處商務分會知照，並登成都日報俾衆周知。此諭。除批榜示並登報外，合行札飭。爲此札仰該縣，即便知照。此札。

右札巴縣准此

四川省檔案館《四川保路運動檔案選編·四川通省勸業道委派川輪公司官股董事札宣統二年九月十七日》 爲札委事。

照得川輪公司股份原係官四商六，所有選舉董事七人之中，應由商股舉四人，官股舉三人，以昭公允。商股已據該公司選定趙城璧、李良諫、曾鼎勛、王澤等四人，至官股應舉三人，業由本道詳請委派重慶府鈕守傳善、巴縣廷令繼、重慶火柴統銷委員張令杰代表。除俟奉到部復另檄飭遵外，各亟先行札委。札到該縣即便遵照辦理，會同該公司商舉董事將公司事宜認真整理。除分別委任並照會該公司知照外，切切，特札。

右札巴縣廷令繼准此

四川省民族研究所等《清末川滇邊務檔案史料》中册《同普委員張以誠詳報於素波勘定廠址興建廠房宣統二年九月二十三日》 九月初四日案奉飭令，准其近於素波擇地設廠開採。竊查卑職由上月十七日回署，即行察勘廠址，惟距城西五里之草場一段，地勢平坦，而北據叢林，東倚普河，柴水之便，用之適宜。以土築圍墻，一半建修平房爲住舍，一半安置鍋爐，可容數百人，分工提煉。由此西至素波礦廠約十五里，地形平坦，修爲馬路，用上海運貨之人力板車，往返輸運，極爲靈便，而此車可以就地仿造，不必在外另購。

再，卑職於奉令之日，即招五路保正會商，每保征民工五十人，共二百五十名，以四十人伐木，餘則先行築墻，已於十四日動工。惟其工質與修路規定略異，因礦廠建築內有土木工程，與尋常民工不同。凡民工每日一人發給糌粑一斤四兩外，給小洋一角，土木匠人外加二角，均已樂從，俟待完成，再爲造册呈報。

惟煉銅鍋爐係由四川滎經縣代購，至今尚未起運，請由行轅代電該縣劉令將此項鍋爐，以及圍罩零件交轉運局，妥運至打箭爐，再由職處派人往運。因是項鍋爐不能馱運，惟用杠擡輸送，俾免損失。

《商務官報》宣統二年九月二十五日第二五期《批職商王文魁稟》 據稟擬設廣孚玻璃公司，並請註册試辦一節，當經札飭上海總商會並咨行兩江總督查明見復去後，迭准復稱，職商王文魁等所設玻璃瓶廠開爐出貨各節，四出訪查，均未悉該廠內容，查無寔在等情前來。查該職商請設玻璃瓶廠既經上海總商會查無寔在，所請註册之處應毋庸議，仰該商遵照可也。此批。十一月三十日。

《商務官報》宣統二年九月二十五日第二五期《批鎮江大照電燈公司職商郭鴻貽呈》 據呈稱，續招股本規銀十萬兩，擴充電燈營業，每股銀數均仍舊章，遵章呈報註册立案，並繳册費三十兩等情到部。查該公司前以股本規銀十萬兩註册，玆復呈報陸續添招十萬兩，是否已有確數，仰候札行江寧勸業道查復再行核辦，册費存。此批。十一月三十日。

《商務官報》宣統二年十月初五日第二六期《批浙江候補道朱疇裕泰紡紗公司經理朱晃等稟》 據該道稟控裕新紡紗公司總理高鳳德違背商律捏詞誣控等語，復據裕泰紡紗公司經理朱晃呈稱，裕新公司延租不交，應照約受罰各等情，已據情咨行蘇撫飭屬併案核辦，並札飭商會秉公調處，仰即遵照。此批。十二月初九日。

《商務官報》宣統二年十月十五日第二七期《批上海翬華製革廠職商嚴良沛稟》 日據稟暨清摺已悉。查商廠抵借洋欵，應由各廠自行覓保，所請電飭商會擔保一節，本部向來無此辦法，應毋庸議。此批。十一月十一日。

《商務官報》宣統二年十月十五日第二十七期《批福州商會呈》 據呈稱遵批轉飭邁羅罐食公司補呈聲叙，營業無期限字樣並布告一欵，另單附呈，理合申請察核註册給照等情，應即准其註册，除一面咨飭地方官保護外，合行發給收單執照，並册費餘洋七元，仰該商會轉交具領並報備案可也。此批。十一月十一日。

《商務官報》宣統二年十月二十五日第二十八期《批上海鞏革製革廠職商嚴良沛稟》 據稟擬借公債票十五萬兩，請飭江海關道極力扶助一節，查息借公債票既據稟稱，由南洋大臣轉飭江海關道籌借，自應由南洋大臣查酌辦理，本部無從核辦，所請應毋庸議。此批。十一月十五日。

《商務官報》宣統二年十一月十五日第三〇期《兩江總督咨本部文》 為咨復事，案准貴部咨，據職商王文魁等集股在上海開設廣孚玻璃瓶公司一案，咨飭查復等因。當經札飭江海關道查明詳復，核咨在案。茲據呈稱，職道當即移詢上海商務總會查復去後，茲准該總會總理周道等復稱，此事先奉農工商部札會查復，當以玻璃瓶一物用場最廣，大都來自外洋，華商苟能自行製造，未始非抵制洋產杜塞漏巵之計，惟股本必須充足營業方有精神，貨物實能精良，生意自能發達。奉部飭查各節，洵屬探本之要旨，當即函致調查，議董確切詳查。據實聲復，旋接復稱，屬查王文魁等所設玻璃瓶廠向各藥房採訪，均未悉該廠內容，而該商人品家道以及招集股本開爐出貨各情，四出訪查未得實在等語，業經據情稟復在案，移復前來，職道復查無異，理合呈祈核咨等情，到本大臣。據此相應咨復，為此合咨貴部，請煩查照施行，須至咨者。

《商務官報》宣統二年十一月二十五日第三一期《四川總督趙爾巽奏籌設糖務局等片》 再，川省創辦糖捐係為接濟邊務經費及改良糖業之用，節經奏明在案。上年選派員紳赴東洋等處調查種蔗製糖方法，以期有所參考，現已查明回川，自宜及時籌辦，以保利源而廣銷路。茲擬設一糖務局，調查本省蔗糖情形，選購閩粵南洋及臺灣各處種苗，設場試驗，開會品評，並選聘技師招生見習，以為改良基礎，一面招集商股組織精糖公司，其未成立以前，暫於產糖最多之資州，設立精糖公司籌辦處，以勸業道為督辦，資州知州為坐辦，會同糖捐正局委員辦理。招股建廠購機及一切應行預備事宜，俟公司董事局成立，即行撤銷。惟商人故步自封，投資難期踴躍，所需股本即撙節核計亦非三十萬元不能開辦，現擬先儘業糖各商，量力認繳，儻有不敷，再招他商湊足，其調查試驗品評教授以及籌辦處各項用欵，為數較多，既非前提糖捐銀二萬兩所能敷用，事關提倡實業，又不便再向糖商取給，致阻進行，自應照案仍在糖捐項下，自本年起，每年提銀二萬兩，發交勸業道，以作前項行政之需，仍以五年為度，用示限制，以糖捐之欵振興糖業糖商，既曉然於完捐之利益，且糖業改良捐收自旺，公家亦不難取償，於將來如此一轉移間，實於國計民生，兩有裨益，除將章程咨部查核外，理合附片具陳，伏乞聖鑒訓示，謹奏。宣統二年十二月十九日。奉硃批，該部知道。欽此。

中國歷史博物館《鄭孝胥日記》第三册《宣統二年十二月三十日》 擬開埠局分股辦事之清單呈清帥，請於連山站租屋設局。沈耕莘來。午後，蘇葆笙來。日輝來電，言萬寶成已立合同，如能借支二萬兩，則可簽字；復電告以三條：現交某種呢若干匹，限二月交齊；銀行擔保；來電聲明再商。張堅白上海來電云：「胡盧島所用水泥，請向粵廠訂售。」寄貞賢信。張貞午來。秀思來電，云初二來奉。得日輝電，言合同約明分三個月交齊，董事已擔任活支，銀行難覓擔保。

南京圖書館《中國早期展覽會資料彙編》第二册浮邱《四川館》 建築為方形，內中陳列，共分六項，曰教育品、農品、礦品、工藝品、美術品、西藏品。

教育品中之動物模型，如豺、虎、白象、麒麟、鹿，又如蒸汽機關、凹凸鏡、噴水機、自動水車，皆打箭爐師範附設手工科學生所造，頗為動目。【略】

江津建馨廠，有仿造各種罐頭食物。【略】

工藝品中所陳者，以製革及製紙為出色，如成都製革廠所製之西式皮箱及提鞄，與西洋運售我國之品無異，提花絨毯，亦甚可觀，樂利公司所製各種紙張，式樣亦多，異日川漢鐵路交通，吾知此二物必可暢銷於各省也。

省城勸工局剥製之動物標本，甚為生動，此物應列入教育品，蓋以其為勸工局所製，故列入工藝品耳。

鹿蒿廠所製各種玻璃器、火油燈極佳。火油燈為人家日用必不可少者，每年外洋銷入中國之數至夥，此急應自造者。今耀徐、博山二公司，未見有此物陳列，僅於鹿蒿廠見之。

美術品中，如省城勸工局所製之瓷器，頗古雅，旅行衣箱，攜帶便利，漆器之雕刻亦精美。

南京圖書館《中國早期展覽會資料匯編》第三册冥飛《廣東館》 工業部夏布、棉布、磁器均佳。化粧品如肥皂、香水等甚多，裝潢殊華美。罐頭食物有數十種，多廣東特産之物。【略】

鐘錶爲上等工藝，吾國人能製者甚鮮。廣東祥盛號出品大自鳴鐘一座，甚精美，驟視之，輒以爲西洋品也。

南京圖書館《中國早期展覽會資料彙編》第一册《商辦湖南磁業有限公司廣告》 啓者：我國磁業發明最早，惜泥守古法，改良匪易。甚至造磁原理，亦罕有人知。本公司憫斯業之日就窳敗，爰合資創辦公司於湖南長沙府屬醴陵縣，苦心孤詣，從事改良。未及四年，成效昭著。如磁性貴乎細潔，本公司純用機器製造，與人力爲者有粗細之殊。繪畫宜有專門，本公司純用畢業學生，與俗匠爲者有妍媸之别。他如顔色，則純用金屬化煉，故能耐火，而施畫於釉下（例如赤金爲瑪瑙色，白金爲黑色之類），最爲寶貴。至形式或師古法，或彷泰西，均能仿造惟肖，雖不敢自詡完備，要亦近今有數之實業也。去歲出品，陳列湖北勸業獎進會，蒙湖廣總督部堂審定一等，得受赤金獎牌，此其明證。兹奉南洋大臣委辦出品協會來寧，陳賽運有磁器多種，在敝館前開設發賣商店。數月以來，忝承各界之推許，連翩惠顧，户限爲穿，本公司實爲欣幸。惜運來之品無多，寧省地廣人稠，反無以應命，實負諸公歡迎之厚意，本公司亦深爲抱歉。溯維開辦之初，不過一實地試驗場耳。故一切組織，每多因陋就簡。近年見成績日佳，亦稍稍議及推廣。現在出貨雖達十數萬，湖南北已設立分銷處四所，奈購者日多，産額有限，是以銷行各埠，尚未出該兩省之範圍。江南一帶，設非此次赴賽，斷無大宗品物出現。本公司非務近而遺遠，實則應接不暇，未遑顧及也。現本公司擬推廣辦法，工廠、窑場均須次第擴充。并擬於各大都會商埠設立分銷處，如博雅諸公須製雅玩各品，及工廠學堂應用各式磁器，向須購自外洋，爲中國嚮來所無者。均請繪具圖式，向各分銷處預爲定訂，按期交貨，定價總較洋貨爲廉。本公司經營之目的，注重仿製洋貨，原不在區區一部分耳，是爲啓。

製造廠：湖南長沙府屬醴陵縣。

分銷處：醴陵縣十字街、湘潭縣十五總、長沙省城魚塘街、江寧省城會場内、漢口河街。

南京圖書館《中國早期展覽會資料彙編》第一册《江西景德鎮瓷業公司廣告》 本公司特製各種賽品五千餘種，大小七萬餘件，凡倣造前明康熙各色貢磁，及改良新式各玩品用品，無一不備。現有到者除已陳列於江西館外，另設有江西瓷業出品發賣處，價極從廉，以廣招徠，批發零買均無不可，以表歡迎。看會諸君購爲紀念之意，凡欲購者請至兩處接洽可也。江西瓷業公司謹啓。

林金枝等《近代華僑投資國内企業史資料選輯・廣東華僑最早投資的工業》 養蠶之家以（南海縣）西樵各鄉爲最盛，約有萬餘家，繭市以官山爲大（歲值萬餘兩），九江、沙頭各處繭市雖不大，合之亦略與官山等（約爲萬兩）。本城絲廠如聯泰、和安等號，購辦機器一副，今則聯泰歇業矣。從前絲廠，以順德爲多，南海次之，新會亦有，約近百家。近數年更多，設立大廠，有用至八九百工人者，大率以四五百居多。

土絲一項，全省每年約産四千萬，順德四分之二，番、香、新占四分之一，南海占四分之一。本縣的九江、西樵、大同、沙頭出絲最盛，從前未有機器繅絲，以手工爲主，其絲略粗，衹供土人織綢及縐紗之用。近來洋莊絲出，其價倍昂，其利愈大。洋莊絲居十之六、七，土莊絲十之三四而已。

《通商各關華洋貿易總册》宣統二年下卷墨賢理《宣統二年上海口華洋貿易情形論畧》 並聞德國數大廠爲節省房租起見，已在本口將陳設各種併賃一房，凡中國各埠需用機器，即由該廠派人招攬，由本口一家出售而已。

《通商各關華洋貿易總册》宣統二年下卷甘博《宣統二年九江口華洋貿易情形論畧》 其上海、鎮江、蕪湖、漢口各廠之洋式機器所製麵粉仍屬歡迎，其銷數增至百分之十，價值固較美國麵粉爲廉，其色與味亦遠勝於土法，手製者且准領用運單，運入内地以免税釐之特别利益。

《通商各關華洋貿易總册》宣統二年下卷梅爾士《宣統二年蕪湖口華洋貿易情形論畧》 土貨進口仿效洋式之機織土原布、粗布等，已由三千一百六十疋，加至八千二百疋。土棉紗共加六千擔，惟土布無甚增減。石膏進口前此甚多。農民用以肥田者，現已大爲減色。據聞係因目下本省池州府屬已産有，此處發售，距離本處較遠。所出之石膏不由此經過，而不投報本關耳。豆油亦大減，芝蔴油、茶油雖然畧見增加，然尚不及數年前之盛。桐油十年來，以本年爲最少，赤糖較去年畧減，白糖畧加，其餘各物多無可論述者。

《通商各關華洋貿易總册》宣統二年下卷梅爾士《宣統二年蕪湖口華洋貿易情形論畧》 本年實業並無振興。去年被火焚燬之機器磨麵房，現已重建新廠，配齊機器，已於歲底開機，所出之麵粉大約多在本埠銷售。查居民裝配電燈日漸加多，但其光不甚明燿，爲缺憾耳。

《通商各關華洋貿易總册》宣統二年下卷單爾《宣統二年福州口華洋貿易情形論畧》 內地税則洋貨領有運照，運入內地，是年共估值關平銀七十八萬餘兩，較上屆實增二十七萬二千餘兩。本年估值內有中國機製棉紗值八萬二千餘兩，及上海機器麪粉二十一萬六千餘兩。

四川省民族研究所等《清末川滇邊務檔案史料》下册《冷家驥稟職商宗錫鈞請在稻城創設紙廠宣統三年二月初四日》 竊宣統三年正月三十日案准四川銅梁縣從九品職銜宗錫鈞稟稱：爲呈請代稟存案開辦紙業工廠事。竊紙商籍隸銅梁，世營紙業，聞悉稻壩產竹甚多，特擬創設紙廠，開通風氣，既蒙准其赴東義一帶調查竹料，兹查悉距貢嶺三站叔季工三村有上等竹料，每年約可出紙五百餘刀，距貢嶺二站洽思村中色紙料尤廣，雖設廠數所，並能敷用。所有應用器具，職商均已帶齊，暨紙匠數名。除造細白紙外，兼能造生料粗紙。實查得產竹之處，碱料滑料均足資用也。當出關時，曾面見本籍地方官唐老公臺，職商意在爲公家開闢利源，借圖報效之忱。故職商遂未自帶資本，今擬開廠一所，可否出保，暫由公家承供銀二千兩，分作三年還清。自第一年起提紅利一成報效。職商曾將關外紙張價值並年中銷路再四籌思，確有把握。公家如有礙難借款之處，職商仍願自籌資本開辦。惟事屬創舉，可否專案，伏乞轉詳欽憲批示飭遵，再行詳擬廠章，廉定紙價，呈候查覈。另附呈上色竹料、中色竹料紙樣各一張。爲此具稟，須至稟者等由。准此。

同知於該商之來，曾據其本籍地方官唐令紹皋函稱，該商向在本地辦理公件，頗具熱心，此次願就辦紙廠，世營紙業，確有把握，家尚殷實，亦堪賠累等語。竊查創設紙廠，同知前經稟請官辦，未蒙憲台批准，今該商出保承借公款，爲數尚巨，並擬請專案，其可否之處，伏乞憲台批示飭遵。

再者，該紙商設廠之心甚切，同知已允其先行採儲碱料等項，需用烏拉時，仍令照民價雇用，不准分毫抑勒。如荷批准，再行飭令詳定章程。

批：稟悉。職商宗錫鈞於叔季工、洽思村等處查有造紙竹料，擬請開廠試辦，足見留心實業。第公家無此閑款撥借，仍飭該商自籌資本辦理。洽思村等處屬邊，屬滇？該員宜親往察看，究竟有無窒礙，先行出示曉諭，妥爲保護。總期無擾於民，再飭該商妥擬章程，詳送來轅，以憑核奪。

四川省民族研究所等《清末川滇邊務檔案史料》下册《批崔志遠詳報巴塘製革廠成品銷售情形宣統三年三月初二日》 詳悉。該廠册報歷年所報成品，僅售過銀四百九十餘兩。其未售之成品，約值銀二千八百四十餘兩。統計已售、未售成品，僅值銀三千三百餘兩。該廠所存東洋材料及皮張等項，原購若干，價銀若干，現在若干，合銀若干，亦應册報備案。

中國歷史博物館《鄭孝胥日記》第三册《宣統三年三月初八日》 郭則澐士文、陳器來，郭取日輝呢樣三本去，乃陸軍部軍需司欲看，袁仲默使來商之。赴萬生園恩福田之約，琴南、叔伊皆來游。於園中逢廉惠卿，晤誠裕如、許□□。是日清明，游人頗多。陸潤生、汪衮甫約至石橋別業夜飲。辭之。得日輝電。

中國歷史博物館《鄭孝胥日記》第三册《宣統三年三月十一日》 天津人周學濂少臣來見，言陸軍部購呢事。熊秉三來，示代瑞帥擬議憲洗八條疏稿，又談創辦大報館，當鳩資成之。作字。李一琴來談鐵廠借債事。得大七及柯貞賢書，言呢廠初一已停工，初五又開。周立之、伍昭扆招至西安樓，不往。

四川省民族研究所等《清末川滇邊務檔案史料》下册《批冷家驥詳送商辦紙廠章程宣統三年三月十八日》 詳暨章程均悉。職商宗錫鈞於東義、洽思村開辦紙廠，既經該員查明，該處地方係屬稻城產竹之山，並無地主等情。須知無主之山，即屬官地，不得謂之無主。

所擬章程，謂每年於紅利項下提銀八厘歸公，未免不合。此等官地所產之竹，應定爲每年造紙值銀千兩者，納厘銀五十兩，作爲竹價，交地方官歸入公款。

至雇工一項，漢商工由該商自雇。其蠻工月結口食藏元六元，殊不近情，應照民價雇用，至少亦須月給銀二兩四錢，不得再減。蠻人願否應雇，聽其自便，不准抑勒滋擾百姓。

至應納之厘，每年造紙若干，售銀若干，該員務確切查明，於年終造具簡明清册，申送備查，以照核實。

《兩廣官報》第一〇期《督院張准税務大臣咨本處核准寧波正大火柴公司運貨出口准完正税概免各捐辦法緣由分行各關税務司查照文》 爲劄行事：宣統三年六月二十六日准督理税務大臣咨開，宣統三年六月初五日准農工商部咨開，據寧波商務總會呈稱，據寧波正大火柴公司職商孫德厚等招集股本，在寧波江北岸設立正大火柴股份有限公司，業經呈請，咨部核准立案。現經試造一年，貨物尚屬合法，惟以本鉅利微，不得不平價減售，以遏漏卮，而免滯銷。如運各埠銷售，經過各關局卡，再加捐税，勢必重困，所有出口運往他省銷售，擬請援照機器製造洋布洋沙等項成案，完正税一道，經過各關局卡驗貨放行，沿途子口落地等捐税概免再征，請咨税務處核辦等情，可否照准，咨行查核辦理，見復等因前來。查鎮江義生火柴廠前經本處核准，照機器仿造洋貨成案辦理，並此外各處火柴廠從前未經申請者，均准照辦。曾於上年八月間通咨在案，此次寧波正大火柴廠核與前案相符，應准援照辦理。所製火柴運銷時，由浙海關按值百抽五征收正税一道，給予運單，沿途各關卡驗明單貨相符，並無夾帶影射情事，即予放行，不再重征税釐。惟此係暫時辦法，將來中英商約第八款施行時，即照第九節完一出廠税章程辦理。除分行外，相應咨行貴督查照飭屬遵照可也等因。到本督院准此。除分行外，合就劄行，爲此劄仰該税務司即便遵照，毋違此劄。閏六月初七日發。

中國歷史博物館《鄭孝胥日記》第三册《宣統三年六月廿五日》 得趙次帥來電，言軍呢已定京廠，將來可用六十六種。午後，六姨來。林宗孟來談，送法政學堂募捐册一本。雲帥來送行。

中國第一歷史檔案館《光緒宣統兩朝上諭檔》宣統三年閏六月十五日 宣統三年閏六月十六日内閣奉上諭，農工商部奏整頓棉業攙雜水泥諸弊一摺。棉花爲土貨大宗，每年出口爲數甚鉅，亟宜推廣銷場，力圖進步，乃内地商販希圖小利，往往攙雜水泥，致與行銷有礙，於棉業前途所關匪細。著該部妥訂檢查辦法，明定罰章，通行各省，一律遵辦，上海爲通商巨埠，尤宜加意防維，著督辦税務大臣飭由滬關切實查驗，並著南洋大臣飭上海商務總會遴選通曉棉業人員，幫同經理，果能辦有成效，准由該部奏明給奬，以清積弊而闢利源，欽此。

《兩廣官報》第一三期《督院張批東勸業道詳陳煒南等開設製雪有限公司備具章程合同票式請咨註册給照緣由文附件四》 已據情咨請農工商部核明辦理註册給照矣。仰將發來公文一角轉給領☐投遞繳清摺票式註册呈件，存送咨文一角並發。閏六月初一日發。

甲　原詳

爲具詳事，現據廣東製雪有限職商陳煒南等禀稱，竊維汽蒸之水與機製之雪乃爲暑天之惟一用品，近年汽水一項製者已有多家，惟雪則仍由港澳輸入，未有起而自製者。試以每年七旺月計算，平均每日銷雪約十噸，外溢之利爲數不資。當此國困民窮，講求實業時代，振興土貨咸具熱誠，但能爲商務挽回一分利權，即足爲同胞裨益一分生計。商等有見乎此，爰擬邀合同志招集股本一十萬元，每股十元，分作三期，第一期交銀二元五角，第二期交銀三元五角，第三期交銀四元，現已收足第一二兩期股本，共銀六萬元。於省城金利埠地方，創股製雪公司，訂購美國新式汽機，設廠自製。業經擬具章程，禀奉詳准專利一十五年，不許別商攙奪在案。現於宣統三年六月十五日，先行開辦。伏查農工商部頒行公司註册章程，應繳納公費註册得予保護。今商等組立公司，自應援案呈請，詳咨註册。謹遵定章，備具章程及註册呈件，並附繳股票式樣暨註册公費銀九十九元五毫，禀繳察核，詳咨註册，給發圖記。俾資遵守等情到道。據此伏查，設機製雪盛於外洋。邇來省會暢行，悉屬來自港澳，利權外溢爲數不資。職商陳煒南等擬集股購機在省城創辦公司，議具章程，請准專利十五年，並願於售出雪價每千元内提繳四十元報効勸業公所經費。先據具禀，當經職道查核，以此舉固爲創興商業，兼可挽回外利。所擬辦法，按之股份公司定章尚無違背。惟專利一節尚未奉大部核定專章，但製雪銷場省垣日暢而來源出自港澳公司之設，迄未有人發起。且人情見利争趨，往往一事未經發明則羣安無議，一經有人請辦，則繼起攙争。由是假冒僞充弊端百出，轉致創辦者徒受影響。陳商等規畫創設請求製造，查與影射牟利者不同，所請定限專利似可暫准照辦，以免攙奪而示維持。仍俟部章頒行再行飭遵，至議售出雪價每千元提出四十元報効公家。查現在新政浩繁，應需經費均係就地籌措，製雪係正當營業，與苛細捐抽者迥別。按照貨價酌提報効，於公用不無裨益，所請似可照准。經即據情詳奉前憲袁批行照辦。一面轉飭陳商等趕緊擇地設廠，定期招股。一俟股份招足，遵章呈請詳咨，以憑立案，而資保護。玆據陳商等禀報，已在省城金利埠擇定地址開設公司。股銀已收第一二兩期，備具章程、合同及註册呈件、股票式樣。另註册公費銀九十九元五毫，禀請詳咨註册等情前來。查核所繳章程合同及股票式樣等件，開載均尚明晰，註册公費亦核與定章相符，擬請照章准予咨明註册，俾享一體保護之利益。其餘專利報効各節，擬請查照原議一併咨明立案，以維商業。除先由職道給發圖記外，所有製雪有限公司職商陳煒南等禀請註册緣由，理合將繳到註册呈件及章程合同股票式樣備文，詳請憲台察核，俯賜轉咨農工商部核明辦理，並准註册給照，實爲公便。

乙　創辦廣東製雪股份有限公司議定章程

第一章　定名

第一條，本公司定名曰廣東製雪股份有限公司。

第二章　宗旨

第二條，本公司係因內地近時盛用雪塊，故特購機創製，以挽外溢利權爲宗旨，惟年中盛銷儘在夏秋兩季，其冬春兩季擬以貲本之餘力，營合宜之貨品，以資津貼。

第三章　建廠處所

第三條，本公司製造總廠及辦事處所設在廣州城西金利埠餘慶里，門牌第□號，其分銷代理處所並得以隨時任擇適當地位租建，以暢行銷。

第四章　製雪用品

第四條，本公司製雪之法，係用機器製造，所用之水，係清潔淡水，再加澄濾，復蒸成熟水。方用冷度汽力以成雪塊，務求合於衛生，以堅中外之信用。

第五章　行銷處所

第五條，本公司製出雪塊行銷處所，內而本省，外而各埠，均得行銷，零沽躉售悉從其便，不予限制，以擴銷場。

第六章　專利年限

第六條，本公司已禀奉勸業道憲詳奉督憲批准專利一十五年，期內不許別商攙奪，並咨部註册保護。倘專利期內有人在本省影射仿製，並假充名目，侵害本公司利權，得以隨時禀請勸業道憲督憲，勒令停閉，力予維持。

第七章　公司報効

第七條，本公司議自開辦售雪日起，凡售出雪價，每千元內提出四十元，報効勸業公所，經費分季呈繳。

第八章　集股與股票辦法

第八條，本公司係遵照商律，以股份有限公司註册。將來設遇虧折等事，凡附股者除照章繳足股本外，餘無拖累。

第九條，本公司定議集股十萬元，分作一萬股。每股銀十元，以雙龍毫爲本位。每股先收第一期股銀二元五角，隨給收條，第二期收銀三元五角，即換給股票息摺。其餘四元暫由股東自存，一經需用，由公司議妥通知，即須依期繳足，不得延誤。

第十條，本公司所招股份均係華人，不收洋股。並不得以本公司股份向洋人抵押債項。一經查確，即將該股份充公，以杜轇轕。

第十一條，凡附股人到期不繳股銀，當由公司按址函知，限期半月。如其人住址未經註册，則於本省報紙刊登告白一十五天，作爲通報。該認股不得以未經接信爲詞。倘通報後仍逾期不繳，即將所認股份另行招人接受。如公司令各股東續繳股銀，應於十五日前通知，逾期不繳再展期十五天。仍不繳則失其股東權利。公司可將所認股數招人承買，得價不足，仍向原股東追繳。

第十二條，如股東有犯本公司第十一條章程，致令本公司要將其股份招人承買者，應即函知該股東，索回其所執之收條或股票，以得批銷。如不交回，則無論何人執有此票，均作廢紙。

第十三條，本公司應設有註册簿一本，凡屬股東，要將姓名居址詳細註明，如有遷居，亦應隨時通知更正。

第十四條，股東每位應得有印蓋本公司圖章兼總協理及董事二人簽名之股票一張，息摺一本。票內註明股份人姓名，所佔股數若干，已交銀幾何，及所領之股票號數。

第十五條，每股票一張至少認領股額一份，填寫一人名字，不得以堂店記號籠統填票，以杜影射之弊。

第十六條，凡屬本公司册內有名之股東，均作甘願遵照本公司章程爲本公司股份人，並應擔任其未繳之股本。倘股份已轉授別人，而未向公司知照更正股名，則原日註册股東不得卸其責任。

第十七條，各股有倘友將股票遺失毀損等事，應即查明股數、號數，先到本公司報明存案，隨即將事由自行登報。三箇月後，復由本公司查無欺僞情弊，准覓的實妥保補換新票。所有費用應由失主繳還。

第十八條，本公司股票不能在本公司借銀，如無違背章程，聽股東自行轉賣。惟承買之人須先向本公司聲明，得本公司認可方能交易。如公司以爲不可，則不能交易，而公司亦不必言明其不可之故。

第十九條，如有人將自己名下股份向人揭銀者，雖經在本公司掛號，該債主不得作股份人論。所有本公司事情，不能藉此干涉。

第二十條，本公司股東册內無名之人，雖執有本公司股票而未經本公司認可者，則本公司不認其爲有股東之權利。

第二十一條，附股人如不遵章依期繳交股本者，應繳過期利息一分二釐，算由到期之日起，至交銀之日止。

第九章　轉買及傳授

第二十二條，本公司設有轉換票簿一本，所有股份轉賣與人，或由別人傳授者，須要註明簿內。若在停止時期，則不得將股票轉換。其停止之期，應自聲明之日起計，不過十五天。

第二十三條，本公司轉換股票承買者，須繳交本公司費用銀一元。

第二十四條，股份轉手，須將情節照本公司章程下開之格式紙填寫。該格式紙須有轉賣者、承買者，同齊簽名，方准註簿。該承買者之名未經登註本公司轉手簿之前，則該股份，仍爲賣者之業。

第二十五條，凡將股份轉手之時，該賣股人須將本公司原日所發給之股票及息摺交存公司，以便將其批銷。然後由本公司從新給發票摺與承買人收執存據。如交出之股票尚有股份未經盡賣者，則本公司可將未賣之股份，另行給回票摺收管。

第二十六條，股份人所立代理人，或承辦人，如公司以其不宜與聞公司事務者，可以不認。

第二十七條，股份人自己或與別人同欠公司銀兩者，則將其股本並其股份內應得利益，首先扣抵，俟還清欠項，然後交還。若無餘款，其他債主不得染指。

第二十八條，股份人有欠本公司銀兩，無拘何等款項，除將該股本及所有利益扣抵外，尚未清欠者，本公司仍可向原有該股之人或其承辦人、代理人，如數追討。

第二十九條，股份人如欠本公司欵項未清者，本公司有權阻止不准其將股份轉手，或向別人揭借。

第十章　股息花紅溢利工金

第三十條，本公司股息由交銀日起，按週息八釐算，於每年尋常敍會後十五天開派，由股東憑摺到領，如未到領，概不加息。

第三十一條，本公司每年結算除去已收股本，上年積項股息報効，及一切開銷，如有餘款，方作溢利所得。溢利分作十份，以一份爲創辦人紅利，以一份半爲總協理董事及辦事人花紅，以二份半爲公積，以五份爲股東餘利，隨同股息儘數開派。

第三十二條，本公司年結除去股本上存積項報効，及各種開銷外，餘款不足以支派股息者，可由董事會議動支積項補足，或暫將股息減輕，或暫行停派。若下年得有餘款，即應首先補派。

第三十三條，創辦人所得紅利，按名均分，並由公司發給憑摺。遇有開派紅利之時，憑摺到領及身而止，並不得將摺轉賣與人，或抵押債項。查有確據，則將其利益取銷。

第三十四條，總協理董事所得花紅，總協理應佔二份。其餘按名均分至於辦事人，花紅由總協理酌派，論功行賞，以資獎勉。

第三十五條，董事不支薪水，衹送夫馬費若干，由總協理酌定，每年每位不過二百元。總協理薪水由董事酌定，總理每月不過一百元。協理每月不過五十元。其餘辦事人薪水則由總協理酌定。

第十一章　公司費用

第三十六條，本公司每年開支應分經常費、臨時費兩項，其經常費應於遞年開正。由總協理會同董事議定，預算表交經理人照辦。惟至多不能過預算之額，其臨時費如在一千兩以上之支款，須知會董事集議定奪。不及千兩者則由辦事人隨時商由總理核辦。

第十二章　辦事人資格

第三十七條，公司未成立之前任招股者爲創辦人，成立之後而不自佔股份者，衹享創辦人紅利，不得干涉公司事務。若在公司受職者，除領創辦紅利外，餘照辦事人員一律看待。

第三十八條，本公司額設董事十人，由股東中公舉佔股百份者爲之。選定後復由董事中自行推舉一人爲總理，如總理缺出，由董事集議，即行選補。

第三十九條，本公司如須添設協理者，可由董事中選充，或僱用外人，悉聽董事局會議決定。惟協理之席，均作辦事人員看待。

第四十條，董事有監察會議之責，無執行辦事之權，總協理有監督執行辦事之權，所有本公司辦事之員遷調棄取，悉由總理節制。

第四十一條，董事總協理經舉定而其所佔股份不足百份者，應即辭職。

第四十二條，董事總協理如欲告退，須先一箇月通知。如有經手未完事件，仍不能卸責。

第四十三條，本公司進行事件，如有章程所未載者，總理人須邀董事會議行之。倘日後雖立有新章，而既行之事仍不能取銷。

第四十四條，總協理董事及辦事人員均應和衷商辦，各循職守，如有放棄責任侵挪款項，違背定章，或假公司名義在外借揭銀錢，按押貨物，包攬詞訟，干預他人營業各事項，一經查確，應即開特別會議聲明事故。倘係總協理董事，應勒令辭職。除其應得權利，如係辦事人，即行驅革，不得逗遛。仍應追償損失，並查明事項輕重，應否禀送官廳核辦，藉以保全公益而免牽累。

第四十五條，本公司經理財政人員應由總協理取具切實擔保，如有侵虧錯失，即由擔保人如數賠償。

第十三章　會議之區制

第四十六條，本公司會議分爲尋常會議，特別會議，董事會議三種，其辦法如下：

甲，尋當會議每年舉行一次。初次以開辦四箇月内舉行，下次以二月朔日，舉行招集股東，省覽數目，宣佈年結，及一切生意情形。

乙，特別會議。凡有重要事件不及待至尋常會期與及股友有所建議者，由總理會同董事酌定時間，邀請股東到會決議進行。

丙，董事會議每月至少一次。查核上月生意情形，預商是月進行事件，如總協理有事商辦，亦可隨時邀請會商。有董事五位在場，便可開議。

第四十七條，特別會議時期，處所由總協理及董事酌定，惟必預早十天將事由函知股東，或登報廣告，如屆期不到，一經公司議決宣佈，即作爲默認，不得事後阻撓。

第四十八條，特別會議非有股東七人總協理董事同計及股份全數之一半，則所議事項不能作爲決議。

第四十九條，股東如有建議，須湊足股份全數之半，即可請議。仍應將事由函知公司，由總協理於接函二十一天之内，擇期召集股東會議其事，不得另生別議。

第五十條，不拘何項會議，以總理爲主席，如總理不到，則由董事中舉一人爲主席。所議事項從衆，取決如可否各半，主席可以任意加一籌以決之。

第五十一條，股東會議每一股至十股有一議決權。如多過十股，每足十股加一議決權，再多類推，董事會議每人有一議決權，不論股數。

第五十二條，所議事項如本期爲期不定，可由主席商允。在場股東展長期限，商議未完事件。

第五十三條，股東不親到會議，託人代理者，須先於二十四句鐘内出具憑證，交到公司，得其認可，方准到會。如代理人非係股東，祇能代行議決之權，不得有所辯論。

第五十四條，股東有欠公司之欵應交而未交者，則失其股東權利。

第五十五條，凡事既經議決，應即詳細登註記事録内，復由主席畫押，則公司當要遵照施行。

第五十六條，股東請議之事，如通信後一箇月之久，仍未見公司定期召集，可由請議股東自行邀請叙議議定之事，則由臨時主席，再訂第二次額外叙會，以實其事，方可檄公司照行。

第十四章　數目

第五十七條，總協理人須將公司所有收支銀兩數目，資本物業，存欠賬項，進出貨額，家私鋪底，股份轉換事件，分類設簿，詳細登記。連同各項文券字據放存公司妥慎處所。如不得總協理人之命，股東不得擅閲。

第五十八條，每逢平常叙會之前十天，總協理應預將公司出入欵項年結存欠數目列出，交與核數人查核。如無不合，應由核數人畫押，並書核對無訛字樣，以爲憑證。隨刊印副本，分送股東察閲。

第五十九條，董事應於尋常叙會之前十天，在股東中選舉二人爲核數人，到公司調取簿據。或於合宜時候，面詢總理及辦事人員，查核一切數目，當查問時，總協理及辦事人，應即明白答復，不得含糊隱匿。

第十五章　資本之計畫

第六十條，本公司公積應專欵存儲，公議存放妥實，商號生息，非遇公司擴充營業，及公司間遇本年生意冷淡，至不能開派股息者，不得擅行動支。

第六十一條，本公司如有不及週轉，須向他號暫挪者，亦得通融。惟必須有董事二人及總協理簽名，方可作准。

第十六章　收盤及增添股本

第六十二條，本公司不得無故收盤，除非有股東招請額外叙會，從衆取決，方可舉行。但請議之時，須照本章程第五十二條辦理。

第六十三條，本公司股本既經收足而已虧蝕過半，應即邀集股東額外叙會，商定收盤，或增添股本，及各種辦法。

第六十四條，本公司爲擴充生意，可以隨時邀請股東叙議，增添股本。至增股辦法，應由董事通盤籌畫，預算實數，酌定股額。即大集股東決定先儘舊股承認，然後乃招新股，以補不足。

第六十五條，公司既決議收盤，總協理人及辦事人應將公司辦理未完事件迅即算結，交收盤人管理。而總協理人仍要隨同勸助，以備顧問。不得以已經交盤，置身事外。

第六十六條，公司既係收盤，應即由股東或債主公舉二人管理收盤事務。

第十七章　通信

第六十七條，凡有通知股東報章及催收股銀等事，應將事由書明信內，按照註册住址按名投遞。或交郵局代派，或刊登告白七天，其未有住址註於簿内者，則將此信貼於本公司公事房內，既經遵章辦理，即作爲已經通知，該股東不得藉口諉卸。

第六十八條，如股東有事通信本公司者，必要交到本公司公事房內，不得亂投。

第十八章　附則

第六十九條，本公司之關防圖記總協理人應要謹慎收藏，遵章蓋用，仍須由總理人親自簽名，方爲實據。

第七十條，本公司章程既經議定，即作實行，倘欲增删以期盡善，仍應邀集股東特別會議公決，方得更改。

丙　股表式

司公限有份股雪製東廣

股票

本公司之設係遵照商律股份有限公司章程，辦理置機製造雪塊，行銷或有餘力，亦得兼製合宜貨品，共招集股本壹拾萬元，分爲壹萬股，每股先收銀　元。其餘　元由股東自存，俟再科之日應即如數繳足，不得延誤。今收到

遵照本公司章程應繳股本銀　元特發給股票壹紙計第　號至　號共　股交

執存據

辛亥　年　月　日　公司總理人　董事　簽發

丁　合同

立合同製雪公司創辦人陳煒南、黃華甫、林香麟、何曉虞、伍厚卿、甘玉田、裘氷吟。今因煒南等以内地盛銷雪塊，利權外溢，爰集我同志七人，招股購機，設廠創辦。現已擇地在廣東省城黃沙金利埠餘慶街口設廠。置機創造，製雪生理，計招集股本共銀十萬元，兹已成立。惟我等務當堅白乃心，保於永固。將來利權共攬，定享無窮矣。特立合同七紙，各執一紅存據。所有事實，開列於後。

一，本公司定名曰廣東製雪有限公司。

一，本公司專做製雪生理，除年中夏秋兩季盛銷雪塊外，其冬春兩季，並得以資本之餘力，營合宜之貨品，以資津貼。

一，本公司共集股本銀十萬元。

一，本公司分作一萬股，每股銀一十元。

一，創辦人林香麟占一千股。陳煒南、黃華甫、伍厚卿、何曉虞各占七百股。甘玉田、裘氷吟各占六百股。

一，本公司總廠設在廣東省廣州府城南海縣屬黃沙金利埠餘慶街口。

一，設立公司後，布告股東及衆人等均用信通知。

一，創辦人林香麟、陳煒南、黃華甫均住香港，伍厚卿、何曉虞、甘玉田、裘氷吟均住省城。

宣統三年六月十五日立，創辦人林香麟

甘玉田

伍厚卿

陳煒南

黃華甫

何曉虞

裘氷吟　收執

廣東製雪有限公司創辦人

上海圖書館《汪康年師友書札》第一册《尹克昌十五》　穰公有道：

不獲見手教者兩月矣。弟臘月由粵到寧，仍不遇，復由寧返鎮，又由鎮到滬，曾上一函，又由滬回鎮度歲。奉手教約二千言，係由粵寄到者。循環莊誦，寸以千里，日想神遊，穰公至好，何愛我之深，而論世之確也。歷數生平道義之交，惟菊生、相伯與先生耳。菊生明決，相伯宏遠，救世之才，微三先生誰與歸哉？端帥殺徵兵練旗兵爲今日製造革命黨之大工廠，異哉！何其與前日立憲之説相背哉？是前之立憲之説，不過爲騙取南洋計，與《勸善歌》同一用意也。報館爲政黨代議機關，不才所歆羨，而惟恐不能預聞者。得公爲推轂，當竭駑鈍從事，毋貽知己羞。弟近日與曾少卿諸君子組織鎮江造紙公司，未知成否？有報館爲立足之所，此事可從容圖之。天下事欲速則不達，紙廠事非一二年可成，非先得一糊口之地，不先自謀，亦决不能爲社會謀也。弟擬在滬圖事，覓宅在鐵馬

路鵬程里暫住再説。先此布達，即叩道安。弟克昌叩。（正月十六到）

上海圖書館《汪康年師友書札》第一册《吴品珩五》 穰卿仁兄大人足下：

昨奉手書，誦悉一是。當將來函送與中丞閲看，頃中丞云，正思仿造軋花機器，以利民用，今有許某能自創製，且較東洋機器爲佳，甚可嘉尚。是否尚有舊時所製足以送驗，或令新製一具，如果利用，可令至蕭山、餘姚、海寧等州縣産花之處開廠，製造發賣，或造成發至各該處銷售，此誠挽回利權之一道，應當護持，不許羣工挾制，并可許其專利。此外尚欲給獎或頂戴匾額花紅，臨時酌給，以期鼓勵。但許某不知爲何處人氏？屬弟一併布聞，即希詳細示復爲感。肅此，敬請台安。弟制吴品珩頓首。初八日。

上海圖書館《汪康年師友書札》第一册《吴德瀟六十一》 寧波新布，造者何人何字號？頃在院上談及，中丞甚喜。有如能廣行精造，不但可令專利，且將來可奏獎，以示鼓勵。弟因勸其速出示鼓舞之。須由下禀請，即援此布行爲例。此事大可辦，且不止布也。各業有能創新法抵洋商者，均視此。尊處可廣爲説法，但有見聞，速示，期於廣開風氣也。

館事一言難盡，請公守定「繇」字做去，無他法。日來頗慮館事，恨無善策，有一要言：大府可護持，不可主持，即道府以上不得作董事之意。

道高魔盛，齊蘭尊者欲成佛時，故應有此。

樵亡後，萬念灰冷，向來種種想頭，種種辦法，皆不甚注意，大有混日子之意，可哀可歎。然時時悲慟，心不能死也，奈何奈何。種種棨所詳，不能書亦不暇書也。

王啓文未來見弟，奇極。比詢勉齋，云已行矣。貴老師尚有復命，公可速其來杭，將新様布每種帶二三尺來，先爲之流布，并擬覓一妥處代之廣銷也。館欵日内籌得即寄。

穀公。雙遣和南。冬月朔。

上海圖書館《汪康年師友書札》第一册《王孝繩八》 事實乙本，復信一封，已兩次交仲良處轉交，當已遞到。專有懇者，前日尊囑，鈔銀元局章程一節，彼局頗肯付鈔。惟《中外日報》載有浙紳合股開利用公司，領官欵一萬兩，係盛司馬杏孫乃弟。經理其事，已蒙官准一則。大約穰卿所詢，即由此而來。現在穰卿是否與聞其事？閩局銷路未廣，頗不願浙中更設一局，致多一敵。然局中情形，鄙所深悉。幼穀丈實有求卸重任之意，現已呈遞摺略，請官收回，尚未奉准。日内有盛京卿派來之陳道，與制府商事，亦曾及由官收鑄一層，此事一時未必能成。浙紳如有欲援閩案開辦之意，請足下本輪即趕函穰卿查詢，是否即利用公司一事？浙中機器未便，聞前件已送京師，不妨合股與閩紳聯爲一局，由閩代鑄浙圓，妥立章程，均其利益，則銷路兩不相礙。浙紳除運本外，只須加一模子，其餘可坐享其成。閩局決無他意，如未能相信，亦可商將閩局停辦，所有機器由商估價妥議，全運赴浙。孫氏既可卸責，浙紳亦可將已有成效之件，唾手立致。現在實以運本不足，抱息過重，故急求抽身。以情形論，銷路雖未大通，而期息二萬餘兩，報効公家三萬兩，局用每月二三千元，尚能支持。是在股友則並無多利，在該局獲利實在十萬元左右也。合辦與讓購兩層，請穰卿如與浙紳商有頭緒，務於本月内趕示回信，鄙必從中盡力爲之。遲則官收之議既成，浙鑄興，固妨閩之銷路，閩鑄多，亦有不便於浙，明達者所共知也。繩二月曾致穰卿乙長緘，由東文譯社，未知到否，乞爲詢及。匆布奉託，敬上夢旦先生大人左右。晚孝繩頓首。初十夜四鼓江戍舟中。

上海圖書館《汪康年師友書札》第一册《宋育仁三十六》 别來遂廿日，彼此僅通寥寥之信，公二月十八之信并不寥寥。似辜負此晨光矣，不能不稍點綴，知回聲點亦不遠，佇望佇望。穰公。樵頓首。三月初七日。

一、徐獻庭、張永熞事已面託念劬，頃又抄公書與之。

一、蔡毅若事已作書達之，尚未得復。

一、武備學堂小笑話極多，聞已不記不勝記也。尚無大紕繆。惟不能出人材爲小病耳。

一、銀元局大亂，無其事。去年有偷銀邊者。盛春頤則誠然。

一、各局馬力，細攷均不彀，均爲洋人所賣，機器亦不足。鄂局皆然。南皮謂爲總毛病。三字新。至銀元局生意極旺，日不暇給，龍洋價值竟大於英洋，惟將來南京銀元局成，恐有推班耳。織布局近創染布，尚可趁利。布則細加考求，每匹僅餘利錢餘，然較前已覺賺錢。他尚如舊。銅錢局下半年成，譯書局已造好，招得多人矣。

一、衡翁確患病，已久。似蟲喉癰，并非服毒。醫者誤針之，遂殁。其女七歲，亦以是病殤。其婦又病，幸節庵攜藥甚多，治癒。

一、節庵丈跋涉千餘里，異常之苦，扶衡柩歸，甚難得。

一、正月十八日之信，節云尚在，未遺失，庋置亂書堆中，後清出分寄。節新勞之，不敢促之。

以上復在滬面交二紙中湘北事。

一、鄂局薪已累促浩，浩云有細賬，將寄公。

一、鵬丈之譜價，日内當可籌寄。

一、《天問閣集》，集款尚無着。此書爲達縣土産，應俟下年家君處有款刻之爲妥。

一、聲谷已交來三大包寄湘。

一、伯純家遭火焚，其先人遺翰、衣物殆盡。時已四更，厨房不慎，已熾始覺，急跳得免。伯純聞信馳歸。樵未至鄂時。頃仲純至此，乃得其詳於是。陶渠林捐款，須俟到鄂方能問。

一、浩吾近頗恍惚，不知何故？又欲爲元魁報。此意甚好，大可賺錢。

一、湘薪到時，當相機爲之促寄。

一、與湘關涉之事到湘再覆。

以上復二月十八日之函。

德人入湘事，想有聞知。兹秉三來，叩得其詳，云：德人初至，投刺謁何藩。時巡撫出巡，何斥之，罵其使，牌示驅逐。於是湘官羣鬨於上，湘士民羣鬨於下，聚至數萬。德人誓死必欲頌。此請均安。弟育仁頓首。十二月十四日。

上海圖書館《汪康年師友書札》第一册《汪大鈞六》 淞濱一敘，過於匆迫，輪舟憑欄，問答當有許多未竟之詞，想彼此當有同情。前日接手書，備悉一切。弟於十三早間抵港，即日附港輪於三點鐘到省。廣中均爲詫異，詢知申電未到，電局可惡如此，實所不解。港電亦未到，是否亦未發？抑雖改洋碼而局仍躭擱耶？弟歸，弟婦病已漸愈，然虧損太甚，尚不可恃，秋冬以後大加調理，須能受補，始無變動。報館一事，歸途已略爲籌及，歸後知此間款項頗多棘手，有始成終變者，有不能提取者。弟婦大病用款浩費，此時可動之款不過千金。弟舊巢已失，擇木殊難，此間尚有硝磺一席，此外尚需月增三四十金，方能敷衍。是以進退有兩難之勢，區區之數，辦報亦斷不濟，此弟之難也。至兄欲辦此事，目前想已略有規模，弟却亦稍思辦法。報館之要，大致不過訪事、主筆、繙譯、售報、告白及購機，擇地數大端。訪事以京城軍機總署爲主，弟同歸之尚信齋，本總署供事，情形最熟，與軍機處亦多聯絡，作爲託其延訂，利重則必樂爲。但向來係每月若干，或要事逐件酌增，或發電加費等類，須略有成法，弟即可作函相託，供事勝於章京，以其利害之見輕，而朋比蟬聯不虞更調也。南、北洋、川、鄂等省亦須各有妥人，廣東則弟可自探之，如弟在申則另託人亦易。主筆如作論等萬不能假手於人，兄與弟可分任之。弟即須離申，亦可作就郵寄，排日付印。惟潤飾報章必須有一二人專司其事。繙譯以譯報爲主，其人却不必過高，而亦不能太陋。其報紙須託各國使署代購，此事弟尚能爲之，但與其報館訂定以後，可請報館自寄則便矣。售報計非萬餘不能敷用，弟此事實無把握，現在《時務報》究售若干？恐售《時務報》處未必即能售《日報》。告白亦進款一宗，均須先爲議及。弟意可略變款式，報紙令可裝成册，告白另紙，不使淆雜，亦可一新耳目也。此間有《嶺南報》機器字模全副，聞祇須三百金，《中西報》又將停歇，機亦待價，不知申購約需若干？如相去懸殊，能否粵購帶申應用，以上各節統請詳酌示我。如略有成竹，無論兄辦及合辦，弟十月間總可到申一商，倘能先有眉目，弟到略住即可開辦，更覺妥善。華機布樣甚好，惟成本能否合算？式樣能否合銷？須擇熟于此道者商之。如其可行，先設數機，款必有限，逐漸推廣，當必易行。正科書店未開，係在翰墨園搭售，弟勸其立一門面，並不在大，但免依草附木。其款據云初八寄出百金，餘亦催其速寄，由渠自行函覆。粵闈未問西學，購此類者大失所望，且有疑並無令士子兼習西學之説者。風氣不開，並此有名無實之對策亦做不到，未免可笑。南海回轅，弟往港見之，都中催歸甚急。俄主賚賜極渥，電詢之説似是不確，渠言各國以利養人，中國以弊養人，此言亦透闢有趣也。餘續述。即請侍安。弟鈞頓首。廿三。

弟擬購石印機器一副，專印五彩，爲譯印西人新出輿圖起見，此間有舊機器，價祇千元以内，不知上海需價若干？印五彩須有熟悉之人，記得姜子仁處亦曾辦過，上海亦有兩家，能否請一好手來粵，需工貲若干？統祈代爲訪問，感盼感盼。農學書有便人時帶上。兹寄上美五仙小角一、一仙錢一、日本五仙錢一，祈收入。

上海圖書館《汪康年師友書札》第一册《汪大鈞十六》 穰兄如見：

屢接致伯兄書，知悉一一。報館有人接辦否？甚爲惦念。此間諸事，伯兄信亦已詳述，惟有付之一嘆而已。敬詒兄匆匆晤兩次，一切未能細談。楢原因探俄造京都鐵路事，尚須小住數日，南下過申，即日回國。他人惶然，我獨晏然，環球不能及也。弟有送渠物件，囑弟婦送兄處，渠到請即取弟片送與爲荷。前孫實甫兄曾與弟談機器造紙烟一事，現有人急欲舉辦，請兄即致孫一函，請其將機器價值、烟葉藥水各項成本，約略開一底子，速行示復，弟擬到申〔月内必到〕即酌訂一切，實甫兄曾考究此事，與弟細談，弟善忘不能省記，請其愈詳細愈神速愈妙。至盼至禱。餘續述。即請台安。弟鈞頓首。初九日。【己四月十七收】

上海圖書館《汪康年師友書札》第一册《汪大燮十二》 申江機布局見報已成，布頗好，且利尚厚，而值尚廉，若然亦收利權之一道。鄂局如何？鐵廠已成否？聞鐵礦旺，煤礦弱，然乎？吾弟所見西國輿圖，中土諒無買處，來自何國？彼處爲價若何？能有人譯印否？共若干種，頗有異同否？現行《萬國輿圖》雖不甚詳，而大略可知一二。惟南洋島國無專圖，亞洲西部及北部，俄屬西比利亞無專圖，亦缺陷也。吾弟能謀得一詳圖否？各書譯地名，均不同字，且多寡不一，能有術條貫之否？前擬將各國自分部郡作一表，他有所見，則以意比附，考得實則注之，但無佳圖，難以動手也。

上海圖書館《汪康年師友書札》第一册《汪大燮四十八》 前欲在港圖事，若師不能爲力，更無從設法矣。兄所願非奢，不能卅金，即廿餘金亦可。沈淇泉聞兄有行意，獻一策，言香帥將開大洋紗局，所派總辦與渠至交，囑兄另託人薦於香帥，言可爲籌股本，渠即可與總辦商量，將來所籌商股中，作爲兄與有力，則局面既可稍寬，而事亦不難云云。細細思之此事，成極不易，而香帥之局面尚不敢必，則更無從自計。

上海圖書館《汪康年師友書札》第一册《王爲干三》 穰兄大人左右：

昨日奉二十七日手書八紙，謹悉壹是。師相之意，欲弟至省與官紳商一辦法，再與公司交涉，苦心經營，敢不從命。惟弟無緣得至省中，平時正太路事，與福公司礦事時有小故，未能旦夕離，一往旬餘，有官守者未可也。惟現弟已於捐輸案内報捐離任遵過道班，從前保有道員升階，已陳請交卸，并請咨引見，大約月内可委人接替。一經交印，即速進省陳達一切。師相前乞吾兄先爲陳明，切託切託，千萬千萬，弟隨後再稟何如？來書臨陣脱逃，弟係進階，並非肥遯，當有間也，另紙如條，弟均知之。鎔化廠之約，即有督辦之大臣。前所陳中策云，派大臣爲督辦，亦即本此，非臆説也。弟前言要皆就公理論，不諂不驕者也。而官紳之言，均只有抵制抵制二字，並無辦法，且諸紳中，亦無如張殿撰、湯京卿能一語抵人千百者。渠楚南之傷額，潘太守之傷膽中外報載之，書中言梁某誤，蓋即此人也，報中言稍殊耳，皆不野蠻，而野蠻不可與言也，恐失言也。劉鐵雲之繫鈴解鈴，亦曾有人創此議，當事者不敢嚮邇，亦以其爲世所詬病耳。吾國事多旁岔，此最可怕。墨悲歧路，豈無故歟？所以再三乞公爲秘密者，此也。尚望鑒之。昨又拜嘉奬之詔，自顧無能，益增惶愧。入晉以來，屢次叨竊，然饑不可以爲粟，寒不可以爲襦，虛譽牢籠，旁觀增忌，非所願也。訪事人、售報處均不克報命，反不如昔時《時務報》之創，我尚力舉人能爲公效用也。蓋弟雅不善交遊官場中人，私以爲適從何來，俱集此耳，故勢甚孤，可發一笑。乞恕乞恕。歲新矣，開篆在即，朝旰盼息肩，與公晤言有日，爲師相效用亦有日，至企至盼。復頌年祉，潭祺百益。丁未春王正月五日。弟幹頓首。(正月初八到)

上海圖書館《汪康年師友書札》第一册《汪大燮四十九》 惟聞沈淇泉云，香帥將開一大紡紗局於申，其總辦爲嚴某，幫會尚無人，告僕圖之，且言此事專以集股爲重。嚴與彼至交，若成則嚴所得股，渠可囑其略讓，其功未知，此事究竟何若？又慮局面變更，可行與否？望爲審斷爲禱。倘他有可插脚處，亦希留意，緣僕實不願爲官，爲官亦實無速化之術，一受束縛，甚難脱身。執事自謀極精，當能更爲人謀。

上海圖書館《汪康年師友書札》第二册《洪文治》 穰卿先生大人執事：

遠仰高風，如企景星喬嶽，恒以不得一接清光爲憾。春中忽聞台從涖湘，亟修摳謁，而文旌業已東旋，延領江雲，倍增傾慕。時危事急，而山林耆老，方幸湖壖片土，烽燧未驚，便欲優游卒歲，賴大君子不惜熱腸苦口，如振洪鐘大鏞，披瀝震撼，荊南人士因之各懷踴躍奮興之意，所大造於當世爲何如耶！敬佩之忱，非言可罄。文治舊家甬上，僑寓湘東，徒爲莊舃越吟，難賦泉明歸去。長沙舊稱貧國，今則民窮財匱，岌岌不可終日，内訌之憂，迫於外患，欲圖旦夕苟安，非亟開利源不可。欲開利源，必以通商惠工爲要義。而商之貨，工之材，咸資於農，則農者，工商之母也。間嘗物土之宜，察其利之可興者，蓋有二事：一者豫章良材，隨在皆有。一者胡蘿蔔一種，秋種春熟，不妨秔稻收成。若採樟木煎煉樟腦，種蘿蔔製成糖霜，則足以輔農工而益貧窶。第未悉製造之方，繙閲簡編，空勞想像。側聞滬瀆頗有能煉樟腦之人，而農學會中製蘿蔔餹已著成效，鄙意欲遣一二人前往學習，或延請工師來湘教授，未識可否？久欲肅牋奉瀆，祇以未親渠度，不敢冒昧上陳。兹因貴宗瀾肅兄赴申，特懇先爲介紹，敬布鄙懷，敢乞代爲詢訪。如可遣人往學，或需讀書人士，或農工之流，儻可延聘來湘，月餽薪水幾何？需用何等器具？至工師必須中國之人，言語可通，服飾不異，方不致遭疑怪。樟木隨地皆有，胡蘿蔔則種者頗少。常食之白萊菔，恐不能作餹，然目下皆非其時，製餹以何種爲宜？須俟秋後再栽？統祈先爲示復，俾得遵循，不勝叩禱

之至。想執事忠誠慷慨，以保邦固圉爲心，當不厭其瑣屑也。肅泐，敬請台安。諸惟垂察不宣。洪文治頓首。（五月廿四到）

上海圖書館《汪康年師友書札》第三册《汪大鈞十三》　十八解維，二十早進城，來卿昆仲未去，即庽渠處盤桓兩日，今日赴慈谿矣。天雨獨往，無聊已甚，日内擬冒雨掃墓，廿六七即行，不欲久居也。毒叔來多次，初見似盛怒，弟以詼諧出之，既而意解，日來聽其自言自語而已，深恨吾哥，而以伯兄諸人爲然。此事經陳雲裳具奏，有令改途東郊之議，然竊觀所謂東家者，資本并不充實，而開銷已多。此間馬頭極不熱鬧，上下江來往客貨，未必暢旺，將來恐難獲利。絲紗兩廠，均極竭蹶，令威能否支持，亦難逆料，設有意外，轉爲守舊者口實矣，大可慮也。歐荻見一次，子良幾交臂相失，幸亦一見。此間所欲見者，不過數人，他雖不見可耳。子仁所製銅板法甚好，云已寄尊處，雖較鉛字稍費，然板存而輕捷，何不用之。浩吾《蒙報》體例甚善，不知何日可出？渠凡事每似艱深，而此乃最淺近事，萬不可艱深也。兄當謂然。即請台安。弟鈞頓首。廿二。（十月廿六到）

上海圖書館《汪康年師友書札》第三册《孫淦二十六》　由東京旅次疊接惠教，敬悉一是。辱承詢問紙烟一節，匆促殊難詳盡，總之能大能小，大則四五萬金，小則千金亦可。按此項生意確可做，得利亦不薄。然其大要，須銷貨、製貨之得人，兩者缺一，則難望其成也。但本小尤非我輩所宜，若不預備持久，必斷難爲繼，焉得望收大利？近日敝處友人尚有想做者，緣奔馳旅中，無暇細籌，仲兄之意如何，請便中詢之。其詳細辦法，容弟查明再復。東京日華學堂，想公必早知其諸留學均無滿意者，兼之南北洋皆有言歸之意。浙江已與外務省議定，西九月入高等學校，文部已允。聞南洋亦有數人願入高等中學校者，北洋則入大學。但邇來日華學堂病人甚多，何君雖略瘳，陳君樂書病甚重，已送入赤十字社病院矣。健兄亦患胃病不輕，南洋則楊君翼之已患肺病。今船回申，同回者有楊、雷二生，此無病。其餘有北洋□有病人云，如此之病人之多，奈何？令人心不能安矣。再，健兄之病，乃用功太甚，不事行動所致，乞便函勸之，是禱。手此拜復，並請大安。弟淦頓首。（己五月十四收）

上海圖書館《汪康年師友書札》第三册《孫淦二十七》　疊承大札，拜悉種種。蒙詢紙烟一節，非筆舌所能詳達，且弟並未辦過。唯見我之高利，皆爲外人攘奪，雖工商不知改變，而人之嗜好日漸移就，故曾經略究其製法，以備他日救我之烟利耳。若無人提倡興起，則我華之烟業掃地矣。弟疇昔擬發一想，集我業者一大公司，即刻下仍有是意，亦一絶大利源也。雖今上海已有做此者，尚未得法。如令弟仲虞兄有意，甚妙甚妙，倘不棄鄙陋，當効驅策可也。然如欲做，至少須籌五萬金貲本，假辦事以全權，誠信無疑，勿相掣肘，方能舒輾。否則難免中途躊躇，利反成害，徒損辦事者之名耳。但圖謀本難刊就。因辱下問，摘陳其要：

一、製烟　我華人所尚，與泰西不同，嗜烟者皆耳食、聲名之貴。目食、裝飾之美。鼻食。氣味之香。真知烟味者，百無一二也。

一、銷售　須不惜外費，即尊著所謂告白生業者。然此外尤須再擇他法，竭力招摇，而法尤宜正大，人見之而不嫌惡，勿襲滬上售藥臭態。以上兩端，係極要綱領。

一、辦法　布置層次，即刻下定議，款齊至速，須明春始可開辦。措置須六個月。

再，閱年方見眉目，三年後必見大利，且能久享，幸鼎力圖之。如有意，敝處約可籌三四成，其辦法詳細必得面述。再，如妥欲辦，第一先覓各種士女圖畫及現時名妓照片，此須挑精美，選擇着色，題詠詳説。因一時難辦，且要寄往西洋石印，方得精也。後再述。弟淦頓首。廿五年六月望日。（己六月廿日收）

上海圖書館《汪康年師友書札》第三册《徐家寶四》　秋間台從過鄂，滿擬晤教一切，其時以賤軀負病，未到書院，竟爾失之交臂，無任悵惘。旋奉手翰，又以事冗久稽裁復，抱歉之至。承詢紗、布兩局，現今仍由王雪翁一手經辦。據云，雪翁明春欲晉京一行，商辦銀元事宜。鄂局仍不脱手，將來即使別人接辦，籌措巨款，殊非易易，已在鑒察之中。況且廠内機件經用多年，雖已逐漸添購，究以良楛不齊，非有十二分精神，恐難副此鉅任，未識高明以爲如何？若專辦紗廠，則爲力較易，又恐未能歧而爲二耳。專此奉布，敬請台安，並叩潭祉不一。徐家寶頓首。（己十二月十二收）

上海圖書館《汪康年師友書札》第三册《陸懋勳二十七》　前日弟發一函，專詢機器織布，未得復音，甚盼甚盼。中丞之意甚亟亟也。地圖款共一百一十元，求是書院一分四十五元，錢心垞一分四十五元，廖中丞一分第二次交款二十元，合洋一百一十元。今由錦雲綢莊鎖舍親處匯付，伏求如數檢收登帳，并付收示。廖中丞處股票，弟已將所付洋數，所收圖張，細細代登，加蓋圖章，惟求是書院一分及錢心垞一分均未取股份票，務乞速將股票填明交下，以便交楚也。前信所詢，尤望速復。敬請著安。弟陸懋勳頓首。九月廿五日。（九月廿八到）

上海圖書館《汪康年師友書札》第三册《楊廷珍》 申江小住，晨夕盤桓，猥蒙雅教，獲益良多。近稔聲華勃茂，公私順適如頌爲慰。弟十一日輪舟揖别，夜半開駛，沿途風雪交作，寒冷異常，幸船中買辦陳雨舟格外關照，約同開飯，飲食尚覺安適。十四夜抵漢，十五晨飭茶房送令親陳季兄至招商局之後，弟即渡江晤翟聲谷兄，聞其即日已將季兄搬過武昌，暫住自强學堂，於十七日搭輪上赴宜昌矣。弟自回鄂與雪公屢次細談軋花招股之事，並述及上海現有東京軋花廠頂盤之舉，雪公以此事小而易舉，既便且快，决意先行試辦，而湖北軋花暫從緩議。惟此次弟在上海所招之股，原議在鄂開辦，廠務既大，用款必多。如辦上海東京，萬不能將鄂款移注，勢必另招他股，現已略有眉目。前聞足下頗屬有意，如願入股，能否集凑一千金，官息一分。至一切章程，俟議妥，弟明正到上海再爲詳告也。印伯家眷已於十八日安抵武昌，寓王府口，係吴筱村舊居。印伯在銀元局又兼一易錢所差，念四日開張鴻發。日内國事、家事頗形忙碌，迴憶同客滬上時時握談，不可得也。知關錦注，用特附聞。專此致謝，敬請撰安，并賀年喜。小弟楊廷珍頓首。念一日。

上海圖書館《汪康年師友書札》第三册《黄日三一》 今年奔走東南，頗形僕僕，而所事皆在萌芽，屢思略陳一二，又繁襍無從説起。日前奉書，出入袖懷，視爲座右箴，感慚交積，竊知罪矣，何敢辯釋。但滯留之故，實非我所能主。七八月間曾電請上峯告以購械，事畢即擬西去，并力陳一切新政，總須因地制宜。天山南北向未游覽，諸事無從懸揣，當蒙俞允。八月間附片奏明：有此間諸事皆與某商酌，惟某若西來，則東南辦事無人，大約轉運事畢，即可來伊等語。案牘具在，公當亦有所聞。今以接手殊難其人，而所購紡紗、石油、金礦及各項機器，暨延聘礦師、工程、製造、化學各項人才，始而訪詢調查，繼而考察核試，訂立合同，撥籌款目，語無中西，事無晝夜，皆弟一人任之。每日往返電報輒千百字，擬稿譯碼，通宵達旦，已爲成例(有一日接長電九件)，日間尚須出門辦事。親友聞弟辦軍火，謂爲優差，借貸求事者又無日無之，稍不如願，即悻悻而去。因此而開罪於人者，更不知凡幾。弟深望早離此地一日，即早免一日之罪。弟在此辦事甚多，而未立局，未刊關防，此乃非有意滯留之實在憑證也。諸承摯愛，故不覺瀆陳，尚乞諒我，至叩至叩。今將近數日内電稿節呈數事，皆擬求鼎力贊成者。軍帥此次沿途所過地方，接見官商紳董皆以力勸造路爲第一事，但西北與東南不同，若不借款，萬無成路之日，借款之害與無路之害孰重孰輕，孰緩孰急，不待智者而知。且借款得法，實有利無害，公當詳悉，無待贅言也。惟此事務求竭力主持，如能得某尚書贊許，弟當電稟上峯，或請其逕與執事直接酌商。又聞人中亦望以此説之，總之此時急起直追，即准借款亦非十年不可，一旦有事，西北豈復我有耶？言之可畏。書至此天已明，蓋檢録各稿及拉襍裁復已破一夜工夫矣。敬詢嫂夫人近來安好，常與二弟婦相見否？專此，即頌雙福。弟名心頓首。初六日黎明。(冬月十七日到)

全國圖書館文獻縮微復制中心《清季鈔電匯訂·四川總督來電》 陸軍部鑒：洪。造幣廠定購瑞生輾棍，共裝卅件，此非軍械，如亦須電税司，請轉税務處飭放。巽，朔。印。

王爾敏《盛宣懷實業朋僚函稿》上册《欽其寶致盛宣懷函十六》 宫保鈞座：敬稟者，南京造幣廠，仍舊鼓鑄，派匡總辦暫行代理，並飭卑處駐寧經理吴壽朋，運解煤焦，以濟急用。吴壽朋只得應允，今將來信兩函，敬呈鈞鑒。大局靡爛至此，不勝浩嘆，貞吉若早十日，可以保險，今不及矣。刻下外間人心均不可靠，然不得不竭力敷衍，實在行轅一日，即盡一日之心而已。徐冠南屢來磋商，寶以美言答之，所慮者，陸家灣一帶地基，均係渠簽字，若特然交渠簽去，勢必疑心，且恐要挾。是以不敢啟口。爲今之計，不若許其壹萬金，以濟其急，則日後不至另生枝節矣。不知者，以爲寶亦有股分在内，謬極矣。幣廠蔡總辦與景會辦，均在滬上，據云昨日爲革黨(促)〔捉〕去，勒令其交出帳目，不知若何了結。若南京一破，聲愈甚，必另有一辦舉動。顧金與寶等，難免叫去一問，故日來批發處亦不多去。蕪湖音信杳然，不知何故，大約已變心矣。臨紙於邑，餘唯爲時自愛。其寶謹稟。十月八日。

王爾敏《盛宣懷實業朋僚函稿》上册《張美翊致盛宣懷函》 宫保鈞右：昨奉賜閲張菊生來函，敬悉。查張函祗請片譯書餘利事，現由張總辦調查，似無法再復，致生枝節。前張菊生、伍昭扆來此，向張總辦查帳，總辦詢以從前有無訂過合同，准予查看帳簿，彼亦無辭。因給與餘利清單一紙，又銀票由張總辦同拜菊生面交，昨想去過，尚無下文。菊生來此深怪鈞函瑣屑兩字用之不當，甚矣其器小也。職不揣才力，攬辦譯院，正月初旬菊生創議盡售與商務印書館，計銀二千五百兩，渠與夏端芳極好，職因事關奏案，首先稟阻，已中其忌，嗣因屢索未完譯費，終被索去。又職生平率直，深訾譯稿草率，而法規大全又無一可用。彼謂眼法太高，積有嫌隙。又彼於福開森所識之人，無一而可，售書處江趍丹係福舊人，謂職所用非人。不知職承乏此間，當敗壞之後，在堂員司皆仍其舊，祗論人材相當與否，不問與福交情何如，且另有丁叔良管銀錢帳目（張呂至戚，然用在前）。至餘利一節，職本深怪辦法不善，又陵既得購稿二千兩，茲又分我餘利每部三角五分，今年春間菊生幫又陵索至每部一元，殊駭聽聞。後聳動又陵贖回原稿（聞商務印書館設法欲購），又索手稿，謂欲寫改另售，職再三推託，允加每部一角五分。因思譯院生意從前呆做，劃一不二，幾於無人過問。今年改爲批發折扣，遂與徐頌遐、江趍丹相商，謂書價既有折扣，則餘利亦可折扣，且餘利爲數過鉅，辦事人勞苦得之，又陵安坐享之，殊不甘心。於是春季以後餘利確有折扣，而萬不便言明。然三季餘利已有一千六七百元之多，若非菊生挑剔，又陵烏得知之，所有扣下之款，涓滴歸公，可請憲台密詢徐頌遐、江趍丹、丁叔良（從前未言者，以統歸公款，不必以此見好也）。前與蟄仙談及，以生平作事不苟，乃因折扣提歸公款，反爲旁人所持，殊犯不著。蟄笑職愚，亦深訾又陵專利太厚，則是非亦有公論。以上各節，已和盤知會張總辦，祇好一錯到底。張總辦深惡又陵。昭扆以爲《原富》一書現且停售，實亦因翻板太多，毫無生意，再商辦法，或竟由又陵備價贖回，或定餘利數目，已與菊生、昭扆談過，不日請示核辦。另由職將今年出售《原富》實數分利，折算開單續呈（明後日呈），以明心跡。以區區利益而菊生始終與我爲難，於此知利權之害人，而旁觀不知當局之苦心也。總册更正附呈，以後統歸總辦經手，以清界限。職擬自放學後，求公銷差，另派相宜差事，斷不願往北洋，首鼠兩端，豈人所爲。若果以職爲無可用，祇好遯入商界工界耳。恃愛密陳，敬請鈞安。職美翊謹叩。季冬月二日。閲後藏過。

王爾敏等《盛宣懷實業朋僚函稿》下册《汪洵致盛宣懷函四十》 杏公方伯大人尊右：返津幸獲侍教，名園張飲，從容盡言，辱蒙曲體下情，不加苛責，且不以洵爲駑鈍，重申後約，俾遂依棲。自維頻年經理印事，迂緩竭蹶，曠日繁費，深負厚期。續編觕有頭緒，極願早輯成書，稍彌咎戾。微公招致，亦不肯隳業半途，所有留津一議，非存依草附木之心，亦以幕府清閒，多資聞見，冀便纂輯而已。既蒙不棄，何事紛營。昔人云知己重於感恩。況身受者兼之，有不心激嚮往力奮圖報者邪。前日奉電示取書，茲續寄呈壹百部，分裝拾箱（前帶去十箱，未編號。茲從盈字起至德字），請察收。并前存號以免舛誤（本擬交「豐順」帶呈，因直放上海，改由海定，又淺滯多日，以是遲延）。滬楊子萱處遵示寄去壹百部（秋字號起至呂字號），亦裝拾箱。餘竢陸續催趲，卷帙既多，裝釘不易，日遣人坐索竟難剋期告成。又恐草率從事，致滋流弊，且作坊趕辦夜工亦頗擔鄭重，容隨時限索，不任耽延（該號包工決不肯有意遲緩，繁重稽日自係實情）。一竢湊足貳百部，即遵照設法寄濟南電局，大約月内不過此數（緣後一千部已動工，不能歇手，合作第六函，致嫌濡緩。該工匠等焉知移緩就急，且恐顧此失彼，雖迫促無益也）。出月當較迅速，陸續再聽撥寄。想須由滬匯存分派矣。此間未裝釘書篇尚盈架累棟（非出月下旬不能出空，作坊中亦復堆積充牣），現暫留紀雲及舍弟照料，並校録續編書籍（存書尚多未選抄者，亦亟須清釐分道）。工匠人等已遣散，費用極省，接辦此事者築室道謀，迄無成議（幸工匠早遣散，僅留管機器一人，以備拆卸）。諸君大都存息好之意，以是台從辦津，即多瞻顧，良可哂已。唐景星前托人來説，擬具價行平壹千兩，將所有機器物件等等一并盤交，頃吴蘭皋復述唐君之意。洵索增參百兩，允爲函商左右。吴君云此事定議將來仍舊開辦，總須招股，可先付壹千實銀，酌加二三百作爲虛股，屬即請示早爲定局。洵思此事接辦頗爲不易，稍有不當即爲受累，難在有人接手，落得出脱，稍收成本（此項機器同文原來即有傷損，動用多年，不無加耗）。若一滯閣，易致銹蝕，至拆卸運滬，同文未必肯受。若另行出售，則人人以廢鐵視之，動多挑剔，且此時滬地印局林立，機器廣多，價甚便宜，非大爲跌價誰肯舍新求舊。至其餘動用各件，更一文不值矣。洵再四圖維，未敢鹵莽拆動，恐結束散漫零星損失，全局物件甚多，何能一一檢置，遺棄廢壞，豈不可惜。與其靳物而置之無用之地，何如減價而收此有著之款，名爲喫虧，實爲沾益。交易而退，各得其所，於物免暴殄之惜，在人無嫁禍之嫌。洵見識庸闇，拙於經營，價值懸殊，未敢專擅，乞速詳示，以便商定。如能致書唐、吴兩君，尤爲周到。或先電達，俾免游移。筱珊太史近有書來（原函附閲），續編照舊從事，並約洵入都就商一切，互證所業。現據彼此杪存書目，專集不爲不多，惟博古易而通今難，洋務中關係文字無不秘密，即輾轉搜羅，亦多避忌，僅就耳目前傳抄諸作，未免減色。其餘編目定例，動多窒礙，即使選録賅備，而編次終覺爲難，非就近鑒裁，何能盡善。洵擬日内入都一行（竢接辦事定局，方可脱身），返津料理清結，約須端節後方可來烟。舍弟極蒙獎許，同深欣幸，擬先令回里，留待秋試。倘有可驅策之處，尚求垂念及之，當不至有負裁成也。紀雲品端學粹，世家中落，郎署無資，兼以狷潔自持，恥於干謁，蒙允位置，具徵培植桑梓，樾蔭宏敷，可否偕洵趨詣，抑須先令來烟，統候示下。書票發去若干，尚存多少，價銀能否齊集，此間紛紛持票索書，未便應付（有確知已付銀者，一李秋翁，一宗激翁，均已照付各書一部）。又未便久稽不發，望早將存根寄交花農觀察，俾登報照票發書，以後裝釘成書，即送存花農處。應如何收發，請詳致花農飭局友經理，庶洵不至因書羈絆也。世伯大人何時就養來署，追陪杖履，幸紓下忱，東海遥瞻，積日馳企，敬請勛安，即希鑒復。汪洵謹肅。三月廿四日。

王爾敏等《盛宣懷實業函電稿》下册《盛宣懷致蔡景函》 江寧造幣廠蔡景：二十六來電，運滬貳百二十五萬元，已運齊否？尚有壹百萬元暫存勿動，其餘銀條、片、餅約可鑄幣三百萬元，即用舊模隨鑄隨交大清寧行備用，具報幣制局。

藝文

秦榮光《上海縣竹枝詞·堂局十五》 廠塢宏開備造船，馬頭築就局門前。蓋房分住華洋匠，監造工程派兩員。

五年，監造委員爲候補知縣孫玉堂、華蘅芳。

秦榮光《上海縣竹枝詞·堂局十五》 購地陳家港畔寬，廠分火箭造多般。廣方言館兼翻譯，西北隅工翌歲完。

六年冬，又於陳家港購地五畝，建火箭分廠。八年，續遵奏定章程，建翻譯館於西北隅，以廣方言館生徒移埘。

顧炳權《上海洋場竹枝詞·辰橋〈申江百咏〉》 墨痕無處即冰銷，摩詰雲山付白描。東海巧傳新法子，至印翻印不須雕。

日本銅板書局，如樂善堂等白描畫譜及各書縮本，俱精細可愛。其法先寫墨字於銅板上，然後將藥水拭過，待數日取觀，則無墨處銅皆銷盡，自成書板。

顧炳權《上海洋場竹枝詞·辰橋〈申江百咏〉》 繩頭細字看分明，萬卷圖書立印成。若使始皇今復出，欲燒頑石亦經營。

石印書局以同文館點石齋爲佳。其法將每頁書用藥水於石上印過，宛然成書板矣，故雖《圖書集成》、《廿四史》、《佩文韵府》等書，亦易開印。

顧炳權《上海洋場竹枝詞·頤安主人〈滬江商業市景詞〉卷二〈繭莊〉》 昔年辛苦是蠶娘，今日抽絲不用忙。爲有新機工廠設，廣收鮮繭廣開莊。

顧炳權《上海洋場竹枝詞·頤安主人〈滬江商業市景詞〉卷二〈柴炭行〉》 礦煤柴炭亦開行，水陸銷場大莫當。堆積如山堪立盡，备船裝載往來忙。

顧炳權《上海洋場竹枝詞·頤安主人〈滬江商業市景詞〉卷一〈船塢〉》 滬南船塢地加寬，免得工師造作難。大小艦逢傷損後，一經修理慶安瀾。

顧炳權《上海洋場竹枝詞·頤安主人〈滬江商業市景詞〉卷二〈東亞公司書籍〉》 東京書籍設公司，新制文房各式奇。筆墨圖章兼册頁，學堂應用最相宜。

顧炳權《上海洋場竹枝詞·頤安主人〈滬江商業市景詞〉卷二〈打米公司〉》 設機打米有公司，西法玲瓏各式宜。粒白如珠無破碎，不需人力不需時。

顧炳權《上海洋場竹枝詞·頤安主人〈滬江商業市景詞〉卷二〈縫衣機器洋行〉》 縫衣機器號勝家，八十英蚨買一車。脚踏手摇針引動，雇人教組各般花。

顧炳權《上海洋場竹枝詞·頤安主人〈滬江商業市景詞〉卷二〈機器洋行〉》 各般機器亦開行，别出心裁製造忙。大小引擎皆鐵鑄，工精料固價高昂。

顧炳權《上海洋場竹枝詞·頤安主人〈滬江商業市景詞〉卷二〈火柴廠〉》 鐵石相敲取火資，而今捐棄已多時。自經識得東西料，開廠招工亦仿爲。

顧炳權《上海洋場竹枝詞·頤安主人〈滬江商業市景詞〉卷二〈火柴廠〉》 黑頭細杆出東洋，本廠紅頭莫改良。他貨霉天無轉變，其中秘鑰不宣揚。

顧炳權《上海洋場竹枝詞·頤安主人〈滬江商業市景詞〉卷二〈火柴廠〉》 紅頭細杆匣中藏，析木成絲一寸長。名唤火柴須劃用，數錢可買遍城鄉。

顧炳權《上海洋場竹枝詞·頤安主人〈滬江商業市景詞〉卷二〈軍服公司〉》 爲閲洋兵服飾宜，軍衣仿制設公司。各方巡警兼團練，争買紛紛喜及時。

顧炳權《上海洋場竹枝詞·頤安主人〈滬江商業市景詞〉卷二〈毛巾花格布廠〉》 毛巾花布漸通行，紡織紛紛利自盈。近世工人多發達，集資設廠競謀生。

顧炳權《上海洋場竹枝詞·頤安主人〈滬江商業市景詞〉卷二〈棉紡廠〉》 紡花本是藉人工，今用機車快似風。每日成紗無限數，分銷各路任西東。

顧炳權《上海洋場竹枝詞·頤安主人〈滬江商業市景詞〉卷二〈麵粉公司〉》 麥成麵粉設公司，人力研磨太覺遲。機器火動真便捷，布囊包裹又相宜。

顧炳權《上海洋場竹枝詞·頤安主人〈滬江商業市景詞〉卷二〈棉紗號〉》 昔無專業賣棉紗，今日懸牌處處加。海上號多成市集，鄉間豈復紡新花。

顧炳權《上海洋場竹枝詞·頤安主人〈滬江商業市景詞〉卷二〈鉛字銅模〉》 欲成鉛字鑄銅模，創出新型大小俱。舊日木雕多厭棄，依書撮合省工夫。

顧炳權《上海洋場竹枝詞·頤安主人〈滬江商業市景詞〉卷二〈繅絲廠〉》 烟囱高竪出煤烟，無限機車遞轉旋。繅得新絲成巨萬，洋商争買利綿綿。

顧炳權《上海洋場竹枝詞·頤安主人〈滬江商業市景詞〉卷二〈商務官報〉》 官報商情月三開，歐洲各國訪求來。爲輸出入常留表，俾可争奇不溢財。

顧炳權《上海洋場竹枝詞·頤安主人〈滬江商業市景詞〉卷二〈書局〉》 自

開石印創新書，紙墨精良大變初。裝飾又多西籍樣，牙籤標字架中儲。

顧炳權《上海洋場竹枝詞·頤安主人〈滬江商業市景詞〉卷二〈書局〉》 譯書新出已頻仍，標目爭先日報登。惹得嗜奇人競買，每多暗合異名稱。

顧炳權《上海洋場竹枝詞·頤安主人〈滬江商業市景詞〉卷二〈銅元局〉》 銅元鼓鑄四方開，爲救錢荒害亦來。可恨民間私仿造，驟然壅積轉傷財。

顧炳權《上海洋場竹枝詞·頤安主人〈滬江商業市景詞〉卷二〈衛生衣褲〉》 衛生衣褲軟如綿，温暖輕身競愛穿。緊束風寒難驟入，最宜錦帳小遊仙。

顧炳權《上海洋場竹枝詞·頤安主人〈滬江商業市景詞〉卷二〈西人打樣房〉》 西人打樣有專門，機器樓台各式存。任爾新翻何等法，繪圖貼説細評論。

顧炳權《上海洋場竹枝詞·頤安主人〈滬江商業市景詞〉卷二〈香烟公司〉》 紙卷香烟廣及時，年輕爭買口含之。滬商多學洋人款，知已相逢贈一枝。

顧炳權《上海洋場竹枝詞·頤安主人〈滬江商業市景詞〉卷二〈藥水廠〉》 遠裝礦石到申江，機器燒成露滿缸。名是硫酸資化學，俗呼藥水出番邦。

顧炳權《上海洋場竹枝詞·頤安主人〈滬江商業市景詞〉卷二〈耶松船廠〉》 耶松洋廠大名留，無數輪船造與修。聚得工師千百輩，技精器利廣財謀。

顧炳權《上海洋場竹枝詞·頤安主人〈滬江商業市景詞〉卷二〈銀罐作坊〉》 白泥罐子亦開坊，鎔化金銀作火湯。每只青蚨需五十，按期挑賣與爐房。

顧炳權《上海洋場竹枝詞·頤安主人〈滬江商業市景詞〉卷二〈印書局〉》 圖書刷印有專門，運動機聲日夜喧。遞入紙張環轉捷，揭開字畫顯留痕。

顧炳權《上海洋場竹枝詞·頤安主人〈滬江商業市景詞〉卷二〈造紙公司〉》 新開造紙大公司，各色鮮明用及時。經理得人精考驗，改良物料定多資。

顧炳權《上海洋場竹枝詞·頤安主人〈滬江商業市景詞〉卷二〈榨油公司〉》 榨油建廠設公司，機器新奇正及時。火力奏功多且速，一勞百逸省工資。

顧炳權《上海洋場竹枝詞·頤安主人〈滬江商業市景詞〉卷二〈織布廠〉》 廠房高竪大烟囱，遞轉機關大小同。亦有女工千百輩，職司分任各西東。

顧炳權《上海洋場竹枝詞·頤安主人〈滬江商業市景詞〉卷二〈織布廠〉》 軋花去子碎花融，接續抽紗紡績工。經緯配成梭啓織，均由機器遞施功。

顧炳權《上海洋場竹枝詞·頤安主人〈滬江商業市景詞〉卷二〈中國汗衫廠〉》 汗衫西式最宜人，開廠招工仿製頻。詎爲外衣防漬涅，貼身緊束學時新。

顧炳權《上海洋場竹枝詞·頤安主人〈滬江商業市景詞〉卷二〈中國圖書公司〉》 舊日圖書木盡宜，欲新教育創公司。大開編印分銷處，既可培才又得資。

顧炳權《上海洋場竹枝詞·頤安主人〈滬江商業市景詞〉卷二〈磚瓦公司〉》 爲燒磚瓦設公司，配築洋房別出奇。色判青紅多整飭，獨虞冰凍不相宜。

顧炳權《上海洋場竹枝詞·頤安主人〈滬江商業市景詞〉卷三〈冰廠〉》 掘成地窟滿藏冰，矮屋無風冷氣凝。待到伏天開廠賣，炎威彌盛價彌增。

顧炳權《上海洋場竹枝詞·頤安主人〈滬江商業市景詞〉卷三〈肥皂公司〉》 洗衣肥皂有公司，優劣全憑配料時。物美價廉名遠播，裝箱分運各方宜。

顧炳權《上海洋場竹枝詞·頤安主人〈滬江商業市景詞〉卷三〈罐頭食物〉》 罐儲鮮物久如新，空氣無存故足珍。獨恐開時非遽食，甘和滋味變酸辛。

顧炳權《上海洋場竹枝詞·頤安主人〈滬江商業市景詞〉卷三〈機器車〉》 有輪無馬亦飛行，機器開車製亦精。時止時彎真便捷，呼人讓路氣球鳴。

顧炳權《上海洋場竹枝詞·頤安主人〈滬江商業市景詞〉卷三〈料泡廠〉》 琉璃製器有專門，大小瓶形各式存。燒得料泡明似鏡，配成燈用最紛繁。

顧炳權《上海洋場竹枝詞·頤安主人〈滬江商業市景詞〉卷三〈繅絲廠〉》 廠開十畝大圍場，絲繭成包數萬藏。招得女工千百輩，朝收暮放管聲揚。

顧炳權《上海洋場竹枝詞·頤安主人〈滬江商業市景詞〉卷三〈彈花店〉》 彈花成絮亦生涯，爲被爲衣暖足夸。終日綳弦頻擊響，蓬松作卷售人家。

顧炳權《上海洋場竹枝詞·頤安主人〈滬江商業市景詞〉卷三〈銅元局〉》 價值三文作十文，覬覦偷鑄樣難分。而今限制償零數，本位憑銀可解紛。

顧炳權《上海洋場竹枝詞·頤安主人〈滬江商業市景詞〉卷三〈香皂號〉》 外洋名廠造香胰，精製標牌別出奇。包飾光華裝匣美，芬芳氣味合時宜。

顧炳權《上海洋場竹枝詞·頤安主人〈滬江商業市景詞〉卷三〈硝皮廠〉》 爲毛温厚獸皮留，刮去筋絲與絡油。配料鹽礬工洗曬，硝成潔白各輕裘。

顧炳權《上海洋場竹枝詞·頤安主人〈滬江商業市景詞〉卷三〈硝磺公所〉》 硝磺官鋪備軍需，不識何因撤去無。改局胥由公所責，連年抬價利爭圖。

顧炳權《上海洋場竹枝詞·頤安主人〈滬江商業市景詞〉卷三〈新出肥皂粉〉》 洗衣肥皂粉初成，去漬無痕製獨精。顔色如恒光不變，法參化學巧誰爭。

顧炳權《上海洋場竹枝詞·頤安主人〈滬江商業市景詞〉卷三〈洋鐵器號〉》 西來洋鐵薄於皮，潔白光明各用宜。剪製罐頭燈鏡具，面加花漆益矜奇。

顧炳權《上海洋場竹枝詞·頤安主人〈滬江商業市景詞〉卷三〈洋碱號〉》

連年洋碱廣消場，價爲參差又立章。豈獨浣衣争買衆，各般配料用偏忙。

顧炳權《上海洋場竹枝詞·頤安主人〈滬江商業市景詞〉卷三〈樟腦局〉》

閩疆樟樹最繁多，劈木提油置鐵鍋。此質凝成名唤腦，藥材各用競搜羅。

顧炳權《上海洋場竹枝詞·頤安主人〈滬江商業市景詞〉卷三〈樟腦局〉》

頻年此腦廣消場，因有莊家采辦忙。洋貨怎如華貨妙，嫌他氣味失純良。

顧炳權《上海洋場竹枝詞·頤安主人〈滬江商業市景詞〉卷三〈製冰廠〉》

洋人智巧奪天工，機器成冰夏日中。抽出水間風熱氣，便能凝結現玲瓏。

顧炳權《上海洋場竹枝詞·頤安主人〈滬江商業市景詞〉卷三〈燭店〉》 加工占燭製紛紛，細梗絨心各式分。龍鳳堆花金字耀，敬神慶賀便民群。

顧炳權《上海洋場竹枝詞·頤安主人〈滬江商業市景詞〉卷三〈磚灰行〉》

礦灰磚瓦遍開行，供給匠人起造忙。自備帆船裝載廣，重重攬賣各工商。

顧炳權《上海洋場竹枝詞·頤安主人〈滬江商業市景詞〉卷三〈轉運玻璃莊〉》 沙鉛熔化製玻璃，技讓西人獨擅奇。裝運來華消用廣，風窗月牖最相宜。

顧炳權《上海洋場竹枝詞·頤安主人〈滬江商業市景詞〉卷四〈打包機器〉》

絲棉各貨廣搜羅，捆載盈船獨見多。固合質松成小巧，打包機器妙如何。

顧炳權《上海洋場竹枝詞·頤安主人〈滬江商業市景詞〉卷四〈打包機器〉》

四圍上下物中藏，兩面擠來壓力强。旋得機關疏漸密，鐵皮包束又精良。

顧炳權《上海洋場竹枝詞·頤安主人〈滬江商業市景詞〉卷四〈登報招生意〉》 紛紛登報爲招徠，何業何方擇日開。只要價廉兼物美，一經上市便增財。

顧炳權《上海洋場竹枝詞·頤安主人〈滬江商業市景詞〉卷四〈各力表〉》

電風水火力猖狂，用作工程製表量。化學西師精考驗，因成機器代人忙。

顧炳權《上海洋場竹枝詞·頤安主人〈滬江商業市景詞〉卷四〈工商相表裏〉》 百貨紛紛出百工，商將各貨四方通。工能製貨商行運，商若無工貨亦窮。

顧炳權《上海洋場竹枝詞·頤安主人〈滬江商業市景詞〉卷四〈工商相表裏〉》 改良商品在工場，指示機宜却賴商。閉户造車難合轍，互相探討自精詳。

顧炳權《上海洋場竹枝詞·頤安主人〈滬江商業市景詞〉卷四〈剪草機器〉》

蘼蕪亂草孰能平，羡煞西人器具精。軸軸藏刀推走過，青青宛若一齊生。

顧炳權《上海洋場竹枝詞·頤安主人〈滬江商業市景詞〉卷四〈石粉作〉》

磨礱石粉亦生涯，打來匀攙白且佳。製餅重重消用廣，藉他着色早安排。

顧炳權《上海洋場竹枝詞·頤安主人〈滬江商業市景詞〉卷四〈織機匠〉》

蘇申咸有織機房，創出新花定製忙。多少匠人成一黨，無端罷市費評量。

顧炳權《上海洋場竹枝詞·袁祖志〈滬北竹枝詞〉》 火輪坊轉木橋西，馬路迢迢草色齊。流水是車龍是馬，一鞭争逐夕陽低。

火輪磨坊，西製也，在陳家木橋之南。其西去即馬路，每日四點鐘後車馬交馳。

顧炳權《上海洋場竹枝詞·楊勛〈別琴竹枝詞〉》 包開火井法爲而，預備皮龍取水池。共羡西人工務好，房捐追索怨難支。

顧炳權《上海洋場竹枝詞·楊勛〈別琴竹枝詞〉》 羊毛雜骨海鞋篷，積少成多頗費工。漫説消場不甚好，今年市價不相同。

顧炳權《上海洋場竹枝詞·楊勛〈別琴竹枝詞〉》 鐵船鑄造不難成，買克記號混多一一並。釘罷鐵釘配印漆，潮來趁勢便前行。

顧炳權《上海洋場竹枝詞·洛如花館主人〈春申浦竹枝詞〉》 式仿東洋巧製新，車聲轆轆任飛巡。可憐背挽無多力，爲勸游人莫頂真。

顧炳權《上海洋場竹枝詞·佚名〈上海竹枝詞〉》 或是繅絲或紡紗，斜陽工散各回家。手提飯榼梳妝儉，七八嬌娃一小車。

顧炳權《上海洋場竹枝詞·海昌太憨生〈淞賓竹枝詞〉》 局宏製造器玲瓏，機括新奇妙不同。畢竟公輸無此巧，全憑鬼斧奪天工。

《申報》宣統元年三月二十一日第四版 回申藝員老伶工，牛鬼蛇神一霎中。傳播文明新種子，改良戲劇斗牛宫。

青簾一角路三支，去去行人亂似麻。始創文明新專業，沿街争賣改良茶。

南京圖書館《中國早期展覽會資料彙編》第二册《事務所》 海客南來俊傑多，文宣高第舊分科。席間叱咤風雲氣，一粟乾坤錦繡窠。

南洋勸業會發起於前江督端制軍，奏派陳蘭薰觀察、向淑予孝廉充坐幫辦。宣統元年二月設事務所，於南京文昌巷籌辦會務，尋端調北洋，張制軍繼其任，於二年正月十八日成立事務所於丁家橋之會場，面積一百六十一方五分九釐又四，閱月館院工竣。賽品齊集，而勸業會遂於四月二十八日開幕，會既開，審查著手營室無地。總長楊士琦侍郎議以事務所地址適中屋舍皆宜，乃另建平屋於勸業路大門作事務所，即今地也。面積百四十方丈，而組織加備，而舊有工程、出品、庶務、調查、文牘、編纂六科。自春間裁文牘科，添審查科，及開會前改調查科爲外事科。又舊制每科有科長、科副各一員，科員若干員，各有辦公室，後自坐辦至於員司同一辦公廳。每日晨七時到所，晚七時出所。所中分科治事，多游東學生。至十月二十八日閉會，籌辦善後事宜，始終如一。

南京圖書館《中國早期展覽會資料彙編》第二册《浙江館》 湖絲杭緞餘姚

布，台鯗寧蚶古越醪。鄉土他年如續志，盡收浙水到霜毫。

浙江館與直隸館對峙，面積六十四方丈，建築爲洋式方形，陳列品九千八百餘種，多日用必需之件。如杭州之紗羅、綢緞，湖州之絲，紹興之棉花、茶葉、花雕酒，餘姚之細布，台州之台絹，及松門石首魚、鯗魚、刺魚脎等，寧波之花蚶與温州之各海産等，嘉興之銅器，寧波之木器，温州之錫器、籐皮折疊木器竹器，處州之茯苓术、厚樸、靛青、箬棕、香菇、凍石，金華之茶腿，衢州之紙貨，嚴州之竹木等，産質素佳，工製亦美。他若教育出品公司之萬年石版，實業研究所之化學藥品，凌同福之木製海船，均製作別緻，構造精工，而另詳於下之特品，兹不贅焉。

南京圖書館《中國早期展覽會資料彙編》第二册《福建館》 東望扶桑起鬣雲，臺澎一水隔斜曛。請開船政沈文肅，今日朝廷重海軍。

福建館在豐潤路之直道，面積六十三方七分五釐。建築洋式，作口字形，門樓南向。出品萬有餘件，而工藝傳習所實佔多數。如細工雕刻屏聯，龍眼木雕刻人物及各種漆器，均精緻罕匹。他如蔣源成青石器、謙祥玻璃器、林和利水月吉星燈、深山居壽山石圖章、德化白磁器、龍巖素心蘭花、武彝各種巖茶、集古齋古叟器、天華齋古樂器、熊文鏞水墨畫，皆推特品。盲啞學堂生徒數人當衆工作，編織物品，且能筆答來賓英文及鼓琴、吹樂等事。中國盲者、啞者，不知凡幾，胥成殘廢，否則習星算、卜筮諸小技而已。誠如福建之以教育導而上之，則天下無廢材矣。而陳列於武備館者，如沈文肅公奏辦之船政廠模型、船隖模型，規制宏遠，尤爲今日興立海軍之先聲。

南京圖書館《中國早期展覽會資料彙編》第二册《廣東館》 鬼斧神斤世不傳，風雲雕鑿破南天。檀香山下鼍龍吼，珠海飛來八洞仙。

廣東館，居會場東隅，湖南館之左，勸工場之後，面積二百五十方一分一釐，建築華式，費銀一萬五千元。南向館屋五楹，陳列品分十七部、八十五部，四千餘種，二萬餘件。入門左爲天産部，二進爲工藝部，正間爲美術部，其餘則錯列雜陳也。繁華美麗甲於各省，而以雕刻品爲最著，若金銀、若翡翠、若珊瑚、若水晶、若玻璃、若玉石、若象牙、若茄楠、若沈香、若紅木等古玩器具。所製之山水人物，花鳥，靡不小巧玲瓏，曲盡其妙，蓋卓然著名者。如福惠公司之玻璃、茶煲、茶具、燈筒、燈罩各器成業。永紹兩公司之化學花玻璃片。惠安聯興之象牙器，宏興成發之洋庄銀器，祥和之七寶燒青大銀器，程廣記之燒青銅器，鍾三和之雲母殼器，瓊崖之椰殼茄楠器，廣泰時泰英興，泰美興隆之紅木几椅及各器，肇慶之星巖端硯石與錫器，潮州之錫器磁器，石灣之窑器，東莞之竹席，利益廣華之烟花，普生公司之木本大棉花，新會之葵樹，東莞之大稻，古勞清遠之茶，廣州之果皮，化州之橘紅，順德之絲，亞通公司機織各色布，巨成手織線子布，新會高州之麻布、夏布，潮州之抽花夏布，昌隆之洋庄花地席，鶴山各種紙烟，裕益公司之機製各色砂磚，陽江各種皮器，瓊華禤芳何氏家塾三學堂之繡畫，高奇峯梁子渭之水彩畫，胡文藻之自製無線電機，陳李濟、馬白良、張裕安堂、黄祥華葉萬泉芝蘭軒，各種膏丹、丸、散、藥、酒，皆粵省之特色也。

南京圖書館《中國早期展覽會資料彙編》第二册《工藝館》 考工五雉集南天，藝事能開上國先。周禮一書原不闕，冬官特補四千年。

工藝館在會場正門内，右邊與教育對峙，面積三百方丈，建築仿德國式。作工字形，中廳陳列模型，前後兩廳陳列分爲五部，曰染織工業部，曰採鑛冶金部，曰製作工業部，曰土木及建築部，曰化學工業部，共計一萬七千零六件。又有第二工藝館，地介機械通運兩館之間，陳列物品計三百零八件，半爲工藝美術品。

南京圖書館《中國早期展覽會資料彙編》第二册《勸工場》 五口通商海禁開，洋濤萬里拍天來。東南輻輳新成市，便唱崑崙得寶回。

勸工場據會場之東隅，面積三百方丈，建築仿日本式，作工字形。東西爲樓，中爲平屋，營業其中者，共計商店七十八號。各出其菁華以争貿易之價值，擴貨品之銷路，而廿二行省之天産材料人工製物萃於一場，供人選購，亦盛矣。場中品物最鬯銷者，首推四川之花綢緞、巴緞、皮革、竹器、食物、藥草、菸葉，及商務印書館之各種簿册輿圖，景綸廠之汗衫，福建之漆器，武彝之茶葉，宜興之陶器，厦門之製造抽紗品，直隸公司之拓疊牀几等品，無他以能適普通之嗜好故。

南京圖書館《中國早期展覽會資料彙編》第二册《博山玻瓈公司》 青州涌出玻瓈海，百寶光騰萬丈强。遥擘泰山雲五色，詩肩高倚畫屏涼。

有屋五間，自蓋。瓦及四面窗户，均以本公司玻瓈爲之。陳列之品有玻瓈絲圍屏十二扇，花鳥山水人物各四，其製用玻瓈絲兩面織疊，而以繪畫夾其中，彈以指，振振有聲，足占中國琉璃珐瑯部之特色，他若冲玉彩畫花瓶鼻烟壺刻花碟子茶瑠酒琖界尺筆架，具精潔有致。

南京圖書館《中國早期展覽會資料彙編》第二册《電燈廠》 雲車風馬叩天闕，昨夜遊仙夢裏還。飛電忽聞上帝笑，千林月照紫金山。

廠在會場外西南隅，引電入場，自牌樓與紀念塔暨各館之門户擔牙屋角，以及橋梁道路間遠近高下，約一萬一千餘盞，光明四照，在江北浦口等處，亦能見之，真不夜城也。

南京圖書館《中國早期展覽會資料彙編》第二册《太陽啤酒廠》 馬鈴釀熟海雲黄，一琖飛來照太陽。漢武也應弛酤榷，西池難得進瓊漿。

自馬關約成，洋貨入口稅例定为值百抽五，當時以西酒爲些小物，准請免稅，豈知法國每年入稅以酒爲大宗。今美術館右近有專賣太陽啤酒廠，此酒創自西人，中國仿造尤美，聞以麥釀者居多，而取材於馬鈴薯者尤佳。

南京圖書館《中國早期展覽會資料彙編》第二册《江西瓷業公司》 淘礎陶窯與霍器，還將白玉換青花。六朝貢品元明製，散入街頭骨董家。

南京圖書館《中國早期展覽會資料彙編》第二册《湖南瓷業公司》 康乾三五互成彩，釉下光宣又變花。陳蔡絶糧同一阨，分明遺恨到長沙。

湖南醴陵瓷前未著名，光緒間端湮陽撫湘，鳳皇熊秉三太史請立醴陵瓷業公司。並開設瓷業學堂，遣生游東學習新法以改良舊製。四年遂有成績，今公司出品陳列湖南館者，有青花純白彩畫羅漢湯，釉下豔黑古鼎文，各種花色之瓶碗杯盒碟匙，光彩奪目。有原料及用水錯胚轆轤各模型，大窑各模型，舂泥釉下顔料、釉上顔料，並製造順序各標本。更有聖迹瓷，大小共一百四十八件，每件繪有聖迹，自孔子生日起至獲麟絶筆止具在全席盌具中，爲醴陵瓷業學堂師生合構之品。其中以孔子阨陳蔡圖，所繪車敝馬羸與難，諸賢相顧無色，尤稱冠絶。時湘省年荒，饑民激變，陶人作此，殆有深意乎。

南京圖書館《中國早期展覽會資料彙編》第二册《宜興陶業公司》 曼生特品年年少，陶出宜荆有百壺。大書深刻入彝鼎，如見宣和博古圖。

錢塘陳曼生鴻壽工篆隸，善刻金石，嘗取紫泥陶壺，手加精刻，世争寶之，稱爲曼生壺。云今常州府屬宜興陶業公司出品紫泥陶器，花樣形式種種不同，書畫製刻俱工，而博古尤勝，足爲工藝館陶器部生色。

南京圖書館《中國早期展覽會資料彙編》第二册《商務印書館出品》 山海梯航九譯通，倉佉文字至今同。聚珍天府成書易，不鏤雲南一寸銅。

教育館陳列上海商務印書館印刷品，有紙模、鉛模、電渡銅版三色，疊印版、石印版、鋅版、凹紋銅版、凸紋鋼版等，精緻絶倫。至出版書籍已載本館分贈之書目提要，其中教科書及新譯東西各國小説種類不一，而《大清會典》四百九十四本，法規大全八十本，尤煌煌巨帙。國初敕修圖書集成一書，取雲南貢銅刻版，僅印十餘部中止，可見帑力亦難支此。今得各印新法，而文字之流傳較易。

南京圖書館《中國早期展覽會資料彙編》第二册《儉柴鑪》 稱柴數米舊家風，飽卧鑪頭活火紅。我看殘經妻執爨，了無癡夢到王公。

工藝館製作工藝部陳有廣東出品之儉柴鑪數座，鑪以鐵成，用煤不費爨物易熟。上海中興鐵廠亦有製，此其式或方或長或圓，大小不一，講家庭經濟學者不可不需此物。

南京圖書館《中國早期展覽會資料彙編》第二册《點播機》 力田還守西京詔，播穀原知后稷功。地利未興人力盡，别開要術補豳風。

農業館主任鄭元誠，蓋點播機乃其所發明也。其形如人力車，一爲刺軸，裝類刺二十四隻，一爲種子箱，一爲灰肥箱，每箱二十四孔，可自由啟閉，均八角式，照英尺長一尺五寸，對徑一尺三，軸之旁均裝齒輪，牽以活節鏈子，四面以鐵爲框，灰肥箱後配置覆土犂兩片。此器使用方法以一人挽而前，先以刺軸旋轉點穴，再以種箱旋轉種子落入穴中，繼則灰肥箱旋轉灰屑散在種子上，終以兩片鐵犁掩平土地。是經一次拖過，播種之手續可同時告成，洵農家事半功倍之利器也。

南京圖書館《中國早期展覽會資料彙編》第二册《湖北館》 環球商戰幾時休，眼底荆襄控上游。江漢水深不到海，南皮一柱砥中流。

湖北館在會場東，面積七百七十八方八分。當勸業路之直道，門樓北向，微似凹形，佈置樓臺亭榭，佔地最多。外牌樓題「赤壁之游樂乎」六字。入館右爲陳列室。出品分十六部，計二千八百九十五件。如染織、如皮革、如茶葉、如刺繡、如漆器、如玻璃俱足徵該省人工之進步，而官力提倡者爲尤多。循陳列室曲折而後，爲廣濟紡織機器試驗場，置有機器當衆試驗。又有川粤漢模型鐵道，爲漢口揚子江機器製造公司出品，均挽回利權之發明也。

南京圖書館《中國早期展覽會資料彙編》第二册《麻織張文襄像》 外相經綸在三楚，清高遺像肅田家。一從大詔宣黄閣，去後民思竟似麻。

湖北館列有應昌公司麻織張文襄公遺像，鬢眉如生，毫髮無憾，較各館畫繡諸像别開生面，足見文襄提挈實業，功德在民，而民猶不能忘也。

南京圖書館《中國早期展覽會資料彙編》第二册《錦綸汗衫廠出品》 滄海塵襟未滌凡，天衣早换五銖嵌。香羅透汗猶嫌膩，合著清涼錦地衫。

上海錦綸汗衫廠出品，陳賽工藝館甚多，而爲人所争購者，莫如錦地衫一種，純用中國紗廠細紗織成，都係斜方紋，有微隙能流通空氣。

南京圖書館《中國早期展覽會資料彙編》第二册《海軍學堂習藝機廠模型》 海軍亭駛鐵輪風，意匠經營指顧中，不信元機開萬化，試看火撥一鑪紅。

武備館後有亭翼然，中陳南洋海軍學堂習藝機廠模型。每逢星期及星期第三日下午三點半鐘，升火行輪，以供衆覽。該模型悉照堂中機器廠製造，惟鍋爐不同，蓋另行製造以適模型之用也。引擎具十一匹馬力，其俥床、刨床、螺絲床、大鑽床、小鑽床、磨刀石，無一不可施之實用。其應用傢具如俥刀、刨刀、鑽鎚鑿、起子、扳手，應有盡有。查係該堂駕駛第二届畢業生王光宇出圖監造。王君並非輪機專科，特於輪機之學研究有得，聞甫出圖議製時，中西專門家多謂其無成。王君乃匠心獨運，推算較準竟告成功。凡模型徒具形式者居多，獨此可施實驗。

南京圖書館《中國早期展覽會資料彙編》第二册《黄州廣濟廠紡織機》 廠屋黄州已落成，紡紗絡緯小經營。機絲乞得天孫巧，促織何須懶婦驚。

湖北館，陳列有黄州廣濟廠所造之雙乘紡紗機。二人日能紡紗五六斤，單式紡紗機，一人日紡二斤。倒筒機，日倒經紗十餘斤；倒緯紗機，日倒紗十餘斤。又武穴鎮之彈棉花機，日能彈花二十餘斤。此數機者，結構便捷，大省勞力，爲各省未有之出品。較舊式紡織機之巧拙，判若天淵。

南京圖書館《中國早期展覽會資料彙編》第二册《製茶機剪茶機》 春風無力剪旂槍，活火團成甌雪香。第一品泉到揚子，無雙製器出炎荒。

暨南館陳列僑商梁炳農所製製茶、剪茶兩機，爲江寧勸業道李子川觀察購買，以爲興辦茶業傳習所之用。

南京圖書館《中國早期展覽會資料彙編》第二册《罐詰》 染指新開鼎食函，四時尋味耐醰醰。冰盤難忍江珧俊，何數杭州善賣柑。

罐詰一稱罐頭，以洋鐵爲罐，先以機筒抽其空氣，而後盛以食物封之，固久藏不潰。曩者中國未明其法，魚肉蔬果諸鮮品移時變味，不能下咽，誠憾事也。今觀福建館厦門海化公司出品、浙江館温州出品，並農業館松江鄭鉦廷出品，暨南館出品諸罐詰，若魚、若肉、若蔬果靡不精製合度，鮮美可口，飲食爲衛生所關，豈可忽哉。

南京圖書館《中國早期展覽會資料彙編》第二册《百鹿繅絲車模型》 浴蠶天氣未涼時，軋軋車鳴篝火遲，萬錦蜀江思待濯，春深百鹿夜繅絲。

四川館陳列百鹿繅絲車模型一架，係該省農事試驗場新發明之出品。榮縣朱國琛説明其用法，並將全車繪圖，標明各部名稱，既詳且備，爲研究蠶學者所當注意。

南京圖書館《中國早期展覽會資料彙編》第二册《雲貴館》 沅江直上五雲西，狪布猺漿天下稀，誰道南來天塹險，九千里外估船飛。

雲貴館地據會場東，偏在蘭錡館之右，面積三十一方丈，屋六楹，左陳滇產，右列黔品，綜計出品教育品一百十六種，製作工藝品二百餘種，採礦冶金品二百十六種，飛潛動植各具模型，至農林藥材木料均稱特品，他如貞豐棕竹、開化香杉、銅仁硃砂、貴陽雄精、大理之石、騰越之玉、普洱之茶、茅台之酒及翠玉之座屏、漆製之花瓶，尤爲不多覯之品。

南京圖書館《中國早期展覽會資料彙編》第二册《水泥》 周氏書翻巴得蘭，蘇彝河畔路漫漫。三和摶出唐山土，一例功名版築看。

水泥一名水門汀，一名三和土，泰西視爲工程重要之材料，蘇彝士河沿岸建築都取資於此。吾國仿製首推唐山。而他省稍稍推廣，上海水泥廠姚錫舟研究水泥頗發明，曾在上海承辦極大工程，如工部局蘇州河兩岸禮和洋行東棧房引擎，大馬路惠羅公司、五馬路隆茂洋行五層洋樓，白駅橋橋梁，三馬路德律風公司七層洋房，江蘇藥水廠，嚴家橋安徽鐵路公司橋樣，皆採用湖北水泥。而湖北水泥廠此次到會與賽特於場中建築洞橋、傘亭、壽器、獅子等，藉以表明。蓋三十年前，臨海故孝廉周叔賓郇雨譯《巴得蘭水泥新法》一書，言之已詳。

南京圖書館《中國早期展覽會資料彙編》第二册《金錢礮》 逢場游戲學神仙，萬緑千紅捲紙圓，擲地有聲作金石，笑渠何事聘連錢。

金錢礮，廣東出品，係小顆裝沙石，以紅緑紙捲成，狀如金錢，擲於地炸烈有聲。每日廣東館後進擲放不絶，游人争購之，爲玩耍品之最有趣者。

南京圖書館《中國早期展覽會資料彙編》第二册《火柴》 光分太乙杖頭燃，一捻紅時取用便。漫向東鄰乞新火，槐檀是我舊薪傳。

火柴雖爲微物，然日用所取，積銖累寸實成巨數。上海兆民公司鄭平叔製火車牌安全火柴，江蘇海門陳康蕃製白楊火柴，浙江寧波正大公司製黑火柴，吴錦堂製安全火柴，均著稱適用，挽回利權外溢，亦提挈本貨之一端。

南京圖書館《中國早期展覽會資料彙編》第二册《洋蠟燭》 庭燎不敵畫屏春，寂寂秋光夜嚮晨。有淚欲枯心未冷，西牕一剪白如銀。

蠟燭爲古庭燎之變體。自洋燭輸入中國，取其便利，且堅潔耐燃，泰西尚白製無紅者，中國仿造間參用之，亦揣摩風俗社會之好尚，今上海謙和燭廠有出品陳工藝館。

南京圖書館《中國早期展覽會資料彙編》第二册《加盧必汽燈》 不脱元關桶底圓，銀潢斜對玉機旋。迢迢萬里中原夜，猶有加盧氣燭天。

暨南館陳有協昌機器廠之加盧必汽燈，爲一長立方形之木箱，内藏甲、乙、丙三鐵桶，輸出輸入之汽管相連，其中制光機、水銀池兩相對峙，亦繼續而入，且不洩漏，較光耀之汽油燈尤爲靈便。

圖表

《申報》同治十三年十二月二十六《火油出口》 啟者，本廠專辦德富牌火油，其油發光極亮，係甲於天下者。其油裝在無嘴馬口鐵箱，故不致有不虛之事也。

美國牛約城德富油廠告白，本廠之西字地名刊於下。

《申報》光緒元年四月初一日《士都華鐵灶爐》 啓者，此爐已經賣出十萬座，製法堅固，架格齊全，且便於使用，而又廉於用煤。炙肉烹饌器，無不備具，無出其右者，是以天下各人未有不來辦買者。又此爐嘗在本行鑄作，廠所鑄成者，其作法最爲精緻，式樣各類不一者頗多。現存於廠内，其間亦有世上最大者，其價則按照優劣、大小爲□□，以最公道之價發賣。若有貴客□得式樣及各價章單，即可隨意郵呈也。美國□兒東城鑄造。火爐之華恩公司啟。

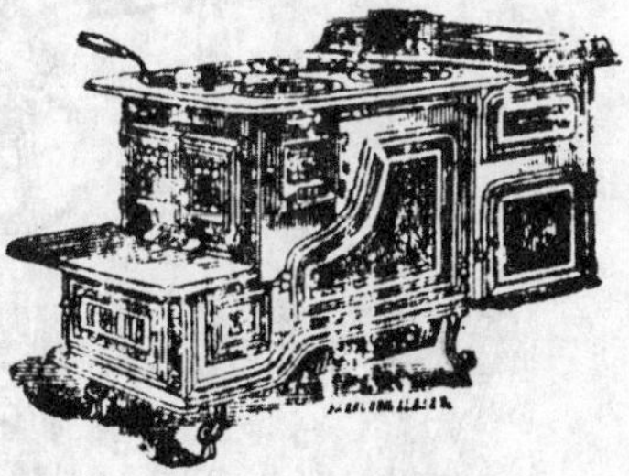

《申報》光緒元年九月二十七日《本館告白》 啓者，本館專辦代客購買印字器機一切等事，此佈。申報館主人啟。

葛元煦《滬遊雜記》卷二《針綫機器》 器僅尺許，可置几案上。上有銅盤銜針一，下置鐵輪，以足蹴木板，輪自轉旋。將布帛置其上，針能引綫上下穿過。細針密縷，頃刻告成，可抵女紅十人。然只可縫邊，不能別用。

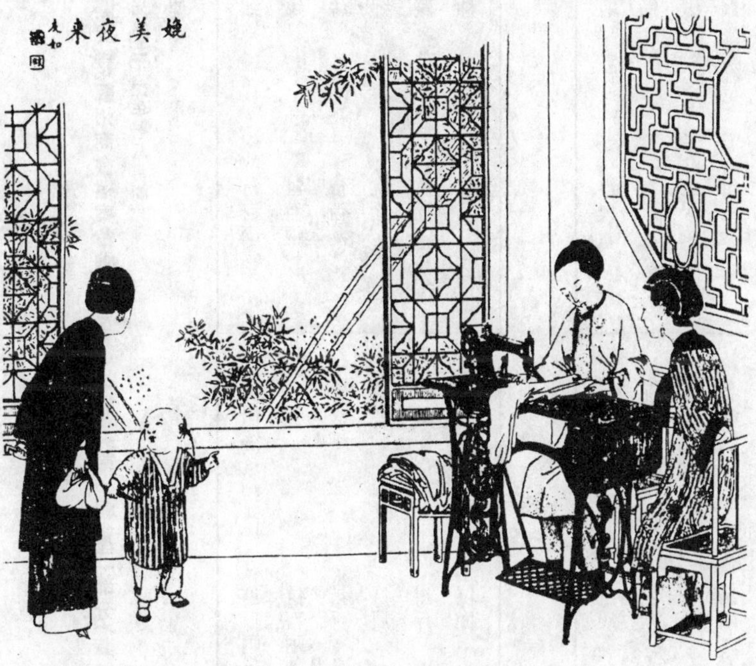

葛元煦《滬遊雜記》卷二《各式機器》 西人以機器製百物，一日可抵十人或數十人工作。如開河、挖煤、打樁、造輪舟、印書籍、取水、織布、針綫、篩茶、調茶等事，無一非機器所爲。然其器雖巧，費用浩繁，窮鄉僻壤，殊難置備。蓋西國地曠人稀，故製造必藉物力。中華地廣人稠，民皆自食其力，不煩機器，亦勢所必然，不能强也。

德國起重大機

《申報》光緒十年一二月一日《伶便縫衣機器》 啓者，本行在大英花旗兩處開設縫衣機器鐵廠，已製有年，生意極爲廣大，一切件頭加工精作，業已四遠馳名。該機器可稱伶巧之至，中國所行各式花樣皆可由此機經做，并有鐵鋸鉗鑽等出售。再有上白棉紗紡線亦甚考究，成衣最宜合用，粗細俱全。再有各號洋針出售，其價格外公道，倘各寶號賜顧請至四馬路東首本行，面定可也。此佈。

甲申五月 日。信生洋行告白。

章開沅等《蘇州商會檔案彙編（1905—1911年）第一輯第三部分《蘇城行情調查表光緒三十二年七八月間》

絲繭類：

白細絲	每百兩	白粗絲	每百兩
黃絲	每百兩	經絲	每百兩
緯絲	每百兩	絲綫	每斤
絲綿	每斤	綿綢	每尺
干繭	每斤	鮮繭	每斤
蠶種	每□	桑葉	每擔

綢緞類：

彩緞	每尺	漳緞	每尺
貢緞	每尺	花緞	每尺
素緞	每尺	寧綢	每尺
熟羅	每兩	紡紬	每兩
濮綢	每兩	盛綢	每兩
板綾	每尺	裱綾	每尺
古錦	每尺	裱絹	每尺

（續表）

玉藍紗	每尺	蘇西紗	每尺
水色絲絨	每尺	仿西緞	每尺
綫縐	每尺	庫金	每尺
庫銀	每尺	縐紗	每兩
綫春	每兩	秋羅	每尺
生絲	每尺	官紗	每尺
實地紗	每尺	芝地紗	每尺
鐵綫紗	每尺	芙蓉紗	每尺
高麗紗	每尺	金銀羅	每尺
漳絨	每尺		
棉布類：			
白净花	每斤	白花衣	每斤
黃子花	每擔	洋紗	每包
白小布	每尺	白大布	每尺
黃花衣	每斤	白子花	每擔
本廠絨	每包	棉子	每擔
水色標布	每尺	水色扣布	每尺
【略】			
洋貨類：			
煤油	每箱	洋燭	每箱
洋皂	每箱	火柴	每箱
【略】			

以上所列，俱爲蘇城貿易大宗，占商業重要位置，兹依類擇尤偏次，按五日一調查報告。他如洋貨、雜貨，種類甚多，勢不能全行(備)載，僅擇其銷場最巨，確有一律市價者，列表查報。餘若顧綉、手工、服裝等品，向無定價，尤難逐件調查。藥材名物太繁，烟土營業卑賤，均從遺略寫。

《商務官報》光緒三十二年十月二十五日第二四期《漢口商業情形論畧》

甲，煤油。漢口所銷煤油，産自俄美。近來銷數日旺，每年可銷至一百四五十萬箱。其間美油爲多，而蘇門答臘者次之，俄油又次之。近年俄美兩國，大抵自運散艙煤油，直抵漢口，華人之販運者，獲利甚難。上年美國箱油銷路甚滯，蓋受抵制工約影響，而鷹牌散艙油爲美人新牌，華人未及周知，轉銷至四十餘萬箱。蘇門答臘之油，亦因此售至五六十萬箱。市價漲落不恒，業此者因之盈絀難定。

乙，疋頭。布疋花色繁多，進口之貨，美佔十分六七。調查二十九年統計，進貨值銀二千餘萬，三十年值銀一千七百萬，三十一年值銀一千六百萬，業此者連年虧折。去年虧折尤甚，倒塌之家層見迭出。其故由於先令步漲，進口貨價步跌，而號家囤積之貨，行銷不及，只能減價求售。加之錢價大賤，漢鎮交易均用錢價，向之一千一百餘文，可易銀一兩者，客秋跌至一千七百文，其於洋行交易也則用銀，其於市上交易也則計錢，銀錢出入，價目懸殊。此虧折之所由來也。

丙，五金。五金進口之貨，以紫銅爲大宗，分銅條銅片兩種，銷售於銅幣局兵工廠者多。日本來貨最旺，英美諸國亦間有之。調查二十九年進口貨值銀二百十餘萬，三十年值銀四百二十餘萬，三十一年值銀九百餘萬，號家囤積轉售，均獲厚利。此外鋼鐵進口，三年中亦值銀五百餘萬，因此凡業五金號者，獲利爲全鎮之冠。

丁，洋紗。織户因洋紗條細而勻，出布較多，均棄土紗，喜用洋紗，是以來路日甚一日。日人又善於經營，銷路更旺。統計印度紗東洋紗兩種，每年進口約有四十萬箱。在漢口銷售者三分之一，餘均運銷湖南四川等省，華商販運，三年中不甚獲利，向之貧婦小民藉紡紗謀生者，至此亦利源頓絶，欲圖挽救，非多設機器紗廠不爲功。

以上據其大宗而言，他如自來火車糖洋松木煤炭洋織馬口鐵各種雜貨，每年價值亦不下三百餘萬。【略】

五，改良製造各貨。湖北改良製造土貨，近頗蒸蒸日上。溯數年前，不過只有官立之絲、紗、麻、布四局及漢陽鐵廠，嗣後民間逐漸興起，如麵粉自來火等廠，皆成效卓著，獲利甚宏。然力小貨微，究不能敵洋貨。考漢口四通八達，凡製造者易購原料，又利轉輸，外人之設製造廠於此者，日益增多。將來據我心腹，利必盡爲所奪，且必利用此購料運輸之便，得寸進尺，以壟斷全局，其害實不勝言。使不乘此急起直追，以圖補救，則工既不振，商亦隨之。中國前此第一市場，寖假將一敗塗地矣。是以議員隨時警告商人，促其爲計，目下已成立之製造廠，業有多處，茲列於左：

名稱	製造物	所在地	官立或私立
紡紗局	紡紗洋紗	武昌	官立現租與商辦
織布局	仿織洋布	同上	同上現租與商辦
繅絲局	機器繅絲	同上	同上現租與商辦
製麻局	機器製麻	同上	同上現租與商辦
鐵廠	鍊鋼及鋼製各品	漢陽	同上
工藝局	仿製各種汽機及手工機器	武昌	同上
磚廠	燒火磚紅磚青磚	同上	同上
製革廠	仿製牛皮各種器物	同上	同上
燮昌	造自來火	漢口	私立
和豐	機器磨麵	同上	同上
瑞豐	仝上	同上	同上
恒豐	仝上	同上	同上

（續表）

名稱	製造物	所在地	官立或私立
漢豐	仝上	同上	同上
耀華	製玻璃	武昌	同上
廣藝興	木工科造洋式木器	同上	同上
	竹工科造洋式竹器	同上	同上
	漆工科造大小器皿	同上	同上
	紙工科手工仿造洋紙	漢口	同上
	繡工科仿製外洋繡件	武昌	同上
福華	製造捲煙	漢口	同上
天孫錦	手工機織布	同上	同上
有益公司	手工機毛巾	同上	同上
工業傳習所	造粉筆肥皂洋燭等	武昌	同上

《申報》光緒三十四年十二月二十四日第七版《中國瑞記洋行總經理阿脱柯普爾廠》 啟者，中國從前工人每名至多衹能挑煤泥沙石等一二擔，自發明此小鐵路以來，則工人一名可搬取十五擔之重物，是節費省工莫善於此項鐵路。敝廠名阿脱柯普爾，爲絕大之製造所在，中國由最有名之瑞記洋行總經理，各大埠分行亦可交易，一切詳細圖樣均可隨時取閱，倘荷賜顧，自必格外克已也。

馮煦等《皖政輯要》卷八九《工藝》 皖省原有習藝善堂一區，係光緒二十三年按察使趙爾巽創辦。二十九年遵照刑部新章，於省城及南北道駐所各設習藝所一區，並奉上諭，飭令各州縣一律分設。三十一年商部咨開：中國地大物博，生産最爲富饒，而比年以來，財力不充，商情益困，推原厥故，實由實業不興，製造未能改良。斯商業受其影響，歷年出口貿易，大率有生貨而無熟貨，以致利源外溢，洋貨暢銷，爲患甚巨。本部已於京師工藝官局，首先提倡推廣，成效漸著。誠以此等工藝局所，抵制漏卮，教養遊惰，實爲今日要圖，正賴各直省一體極力講求，以立富强基礎。查各省設立教養局、習藝所等項，皆由地方官紳自理，未嘗報部有案。惟直隸、吉林等省前經達部，然或僅送章程，或僅據奏報，於辦理現情有無功效，皆略而不詳。本部總管商政，自非調查詳核，無以措振興實業之方。爲此，刊訂工藝調查表，相應咨行查照，等因。當由商務局轉飭各州縣一體遵照辦理。三十四年，增設勸業道，除習藝所向歸臬司管理外，所有工藝事項均劃歸勸業道管理。茲將通省開辦學堂、局、廠、公司列表如左：

學堂局廠公司	紳辦、官辦、商辦	年月
安徽全省工藝廠	官辦	光緒三十三年十月
安徽中等工業學校	官辦	三十四年十月
安慶日新傳聲公司	彭名保	二十四年十月
安慶同文印書館	宋德銘	三十二年十月
安慶益源長織布公司	涂冠群	三十三年三月
安慶同德潤洗衣廠	黄斌臣	三十三年八月
安慶萬新煉蠟公司	查美洵	三十三年十二月
懷寧公善織布廠	胡遠勛	三十年五月
桐城織布廠	紳辦	三十一年八月
桐城工業傳習所	姚聯奎	三十四年八月
宿松紡織局	紳辦	三十三年三月
歙縣織布公司	紳辦	三十年正月
休寧大盛織布廠	施天錦	三十四年四月
婺源大濟紡織局	董晉壁	三十一年正月
貴池聚蒙造紙公司	商辦	三十四年
銅陵開源織布公司	劉樾	三十一年七月
當涂厚生紡織所	吴廷章	三十三年七月
蕪湖益新米麵公司	章惕齋	二十四年
蕪湖泰昌肥皂廠	許象臣	三十年

（續表）

學堂局廠公司	紳辦、官辦、商辦	年　月
蕪湖裕源織麻公司	張廣生	三十一年九月
蕪湖工藝學堂	官辦	三十二年
蕪湖錦裕織布廠	李國楷	三十二年十月
蕪湖興記磚瓦公司	李家楨	三十四年三月
蕪湖明遠電燈公司	程寶珍	三十四年四月
舒城工藝廠	官紳合辦	三十二年十二月
巢縣工藝局	官辦	三十年十月
壽州工藝局	官辦	三十四年四月
阜陽永新織布廠	李國干	三十三年三月
阜陽裕興榨油公司	程恩培	三十三年十一月
亳州信成織布公司	范家琛	三十年三月
蒙城工藝廠	官辦	三十二年四月
滁州織布局	官辦	三十四年三月
和州工藝局	官辦	二十九年十月
天長工藝所	官辦	三十年十一月

查光緒二十九年，皖紳余德銓等稟請糾股創立農工公司，承認兩業學務，擬定官股四萬元，紳股六萬元。經巡撫聶緝規奏明立案，並飭司將官股照數撥交。三十一年，巡撫誠勛咨調江西候補道周學銘回皖籌辦。三十二年，翰林院編修趙曾重呈請先開農工實業預科，究以紳股無着，迄未開辦。三十三年，巡撫馮煦奏，改造幣分廠爲製造廠，自造子彈，並附設電燈、電話二廠。已詳見軍政科，兹不復贅。

〔附〕工藝廠

皖省遵章設立全省工藝廠，以輕成本、利行銷、挽利權爲宗旨。

皖省工藝廠於光緒三十四年正月經巡撫馮煦會同江督端方具奏：皖省貧瘠甲於東南，迹其貧瘠之由，則在實業不興，以致外貨充斥，土貨滯銷，國與民交受其困。今欲救皖省之貧，非興實業不可，而尤以興工藝爲入手辦法。其辦法則就民生日用所必需者逐漸仿行，次則就本省出産所自有者改良製造，總期人有一藝之長，皖無棄地之貨，等因。奉硃批後當即開辦，委提調一員總理廠務。惟嗣本省增設勸業道缺，劃歸該道管理。勘定省城東門外桑園地址作爲廠所，惟工程浩大，建築需時。將舊有西門外之製造廠略加修整，先行開辦。雇用工匠，招收藝徒，定造貨物，以製皮、紡紗、火柴、織毡四項爲大宗。附設竹木藤漆各器，以備一科。俟成效昭著，逐漸推廣。所需開辦經費一萬兩，在皖南茶厘加價項下動撥。其常年經費分額支、活支兩項，通共支銀一萬四千三百二十六兩零。在官錢局盈餘項下指定提撥，按月支領。除活支通年支洋九百二十九元外，所有額支款數列表如左：

額支各款表

薪水項下

職　務	名　額	月　支單位：兩
提調	1	50
文案	1	40
收支兼庶務	1	30
監工司事	1	16
管貨司事 售貨司事	1	10
管理料材料司事	1	10
管賬司事	1	10
走街司事	1	10
司書	2	12

(續表)

工資項下

職務	名額	月（洋單位一元）
各項匠師	20	320
號房	2	5
厨丁	3	9
茶爐夫	2	4
掃地夫	2	4
聽差	3	6
護勇	8	40
更夫	1	2
厨房雜夫	8	16
挑水夫	8	16

伙食項下

職務	名額	支（洋單位一元）
員司	10	120
司書	2	20
匠師	20	200
藝徒	200	2 000
提調文案	4	36
收支跟人	4	36
茶爐掃地	21	189
更夫雜夫	21	189
號房聽差	17	153
護勇厨丁	17	153

雜用項下

物名	支（洋單位一元）
洋油	19
香油	28
茶爐柴草	30
筆墨	4
各項紙張	15
藝徒整容	18
茶葉	16
醫藥	24
統計 歲支銀單位一兩	2 496
統計 洋單位一元	1 584

合共，活支按通年核算，計支銀二千四百九十六兩，洋一萬七千一百四十五元，照六九折，漕平銀一萬一千八百三十兩五錢八分四厘。合共支銀一萬四千三百二十六兩五錢八分四厘。所有廠中應製器具及購備料本，一切另行籌辦。

〔附〕招收藝徒簡章

一、籍貫　本籍、客籍均可，有妥實鋪保方收。

一、年齡　自十五歲至二十五歲止。

一、性質　聰明而能喫苦耐勞。

一、期限　務滿三年，否則追繳膳費。

一、額數　先招一百名，俟有成效，再行續招。

一、規則　與市店相同，務遵匠師教訓，否則斥退，尚須追繳膳費。

一、飯食　每日兩餐，蔬菜三簋。

一、工藝　製革、紡紗、織呢、火柴、木、漆、藤、竹。

《申報》宣統元年二月二十七日第二版《國内特製紙烟》　英國醫生報評云，此等美味紙烟，與別種大不相同，吸之於喉嚨鼻子均無妨害。

此項上等紙烟，裝於精製洋鐵匣内，或二十五枝，或五十枝，或一百枝不等，此匣永不洩氣，無論天氣燥濕紙烟香味經久不變。英京倫敦阿耳達烟公司所製之紙烟吸之有益衛生，可使精神焕發，現分至各處發售。

章開沅等《蘇州商會檔案彙編(1905—1911年)》第一輯第三部分《常昭商務分會物產調查表宣統元年》

物產部類名	製造地方	原料	製造器具及方法	沿革	用途數量	出品人	附記	調查人	采集人
常熟小布紫布	蘇州府昭文縣大東門外上塘大街南一圖牙户錢裕和、怡和豐、謝同茂、余怡大、杜源豐、汪裕茂、程義和等七家。	昭境東鄉高區自產木棉，向係女工紡織成匹，近年紗廠各處林立，偶購機紗，攙雜者有之。	皆係木機女工爲之，歷年已久，起源尚未詳晰。	紡織營業爲大宗，從前棉花原本老幼紡紗，壯年織布，藉此糊口。	著名小布每匹闊八寸，長一丈七尺，價大洋三角至四角五分，出數每歲約二百餘萬匹，行銷浙閩、安徽、徐淮等處。	吾業織布機户散在鄉間，牙等設立門櫃，零星收買或由販投行。	品質堅結耐久，農工衣着最宜，近年機布洋貨盛行，再加運銷厘捐重疊，銷數有減無增，惟2號重實扣密，性質堅硬，山夫穿着柴齒不入，逢雨一時不窨濕。裝器六角。	卜炘熙	卜炘熙

物產		
部	染織	
類	條子布	機織
名	改良格子布、方巾布、紡甌彩被。	廠布樣版
製造地方	蘇州府昭文縣大東門外五半圖下塘街，工作廠屋約六十餘間，牌號曰虞興織布有限公司，農工商部註册在案。	蘇州府昭文縣大東門外五半圖地處虞興織布有限公司。
原料	所用棉綫棉紗均向上海各廠采辦。	采辦滬江廠家所出棉紗、棉綫爲原料，各色綫紗料皆自用顔料配製，不退色。
製造器具及方法	自造改良手工木機二百餘具，雇本地女工搖織，色料自行配製。	皆手工木機，招本地各女工所織。
沿革	於光緒三十二年開辦，初創時未見成效，於後重加整頓，務事改良求精，以此略見微效。	光緒三十二年秋間創辦，呈由常昭商會稟蒙農工商部註册在案。三十三、四兩年漸見退步，本年竭力整頓，入夏以來銷數日旺。
用途數量	此布行銷上海、蘇州、常州及本境爲大宗，總計出數約布二萬餘匹。每匹長五丈闊二尺，價紋銀二兩至二兩一錢五分，彩被萬餘匹，價紋銀四錢二分。	小樣版計樣十三色，每疋長二十碼闊二尺，織色斗紋，疋價銀二兩二錢，時花格子疋價銀二兩一錢五，芝蔴斜紋疋價銀二兩三錢。大樣版計樣二十三色，每疋長闊同前，各色條布定價銀二兩，淺色者降價五分。
出品人	創辦人盧頤，本邑；吴逢奎，江陰；卜炘熙，浙江；范迪宸，昭文；趙鼎鍾，江陰。	公司股東盧頤、卜炘熙、吴逢奎、趙鼎鐘、范迪宸分居在城坍郭。
附記	品物日求精美，花樣特點翻新，銷數日見增多，品質堅久，花紋永不退色，經費省儉，以冀逐漸擴充振興，年淺尚未得奬，裝器八角。	虞興公司所出機布共六十餘種，兹呈大小樣版兩版。
調查人	卜炘熙	曹光祖
采集人	卜炘熙	虞興公司

（續表）

物產		
部	染織	染機
類	機織	機織
名	毛巾	銀紗單
製造地方	蘇州府常熟縣四十六都一圖西莊，地處東海毛巾廠。	蘇州府常熟縣四十六都一圖西莊，地處東海毛巾廠。
原料	本廠紗。	本國洋紗
製造器具及方法	手拉機。	手拉木機
沿革	試辦在光緒三十二年二月。	本年新發明
用途數量	光緒三十二年僅出數百打，上年始出一萬餘打，銷蘇州、上海，價每打八角四分，銷路本地亦不少。	每日每機可織三、四條，尚在試銷本地及蘇滬等處，每條價洋一元。
出品人	徐仁源，業儒，住西莊。	徐仁源，業儒及醫，住西莊
附記	洋紗流行，紡織失業，毛巾之製所以開通風氣而聊以位置女工，質地綿軟，色澤潔，不讓歐西專美，充其大小短長，可以仿東西洋各式製種種之巾，而價值則較廉也。裝器五角。	單長六尺，闊四尺，仿東西洋綫單、絨單製造，色澤潔白，質地松暖，不傷腦筋，有益衛生，更於記頭織種種花色，尤令人動目，而銷路應廣也，試銷未久，尚未得獎勵。裝器五角。
調查人	曹光祖	曹光祖
采集人	徐仁源	徐仁源

美術（預定六月二十三日送會）

部	手工編製
類	編織
名	改良綫扇
材料及製作方法①	先以鐵絲作外匡，然後用緊紗棉綫編制。資本漏眼空巨者約七、八十文，棉密者資本一角五分，工作時間約每面二日，銷價每面三角。
沿革②	能作各式花樣，係范姓女師教授。
出品人③	馮姓女工住昭文縣境小東門內廣濟橋堍。南門外大東門內亦有女工能爲之，南門係常熟境。承銷處蘇州府常熟縣城內南市心街盈萬興帽扇鋪。
附記④	編制乍興，在擴張銷路，改良品質，減少資本，尚待研究。配扇柄每柄三角五分，紅本柄價較廉。玻璃裝匣價七角。
調查人	曹光祖
采集人	曹光祖

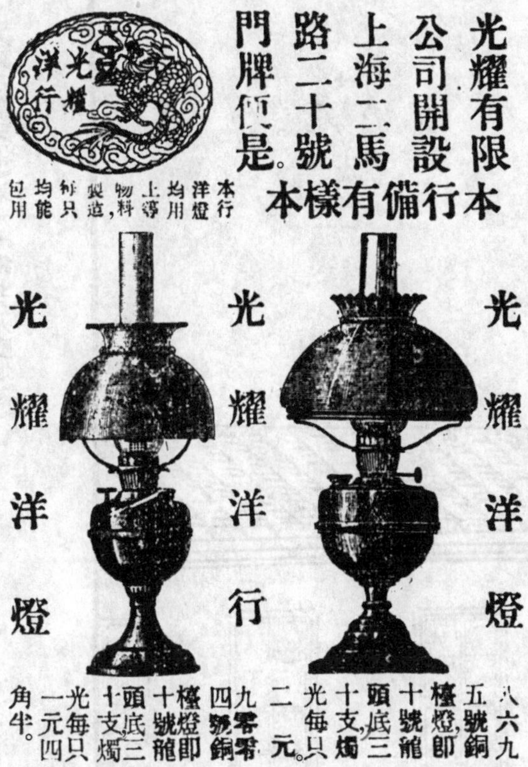

《申報》光緒三十四年十二月二十二日第八版《光耀洋燈》

南京圖書館《中國早期展覽會資料彙編》第二冊《南京省城德律風號頭住址一覽表》

第號	行名	地址
【略】		
二七	機器總局	南門外
二八	軍械所	漢西門
【略】		
三二	洋火藥局	通濟門外
【略】		
三六	江南編譯書局	紅紙廊
【略】		
四六	印刷廠	水西門
四七	長江火藥庫	草場崗
【略】		
二二四	日輝華呢批發所	花牌樓

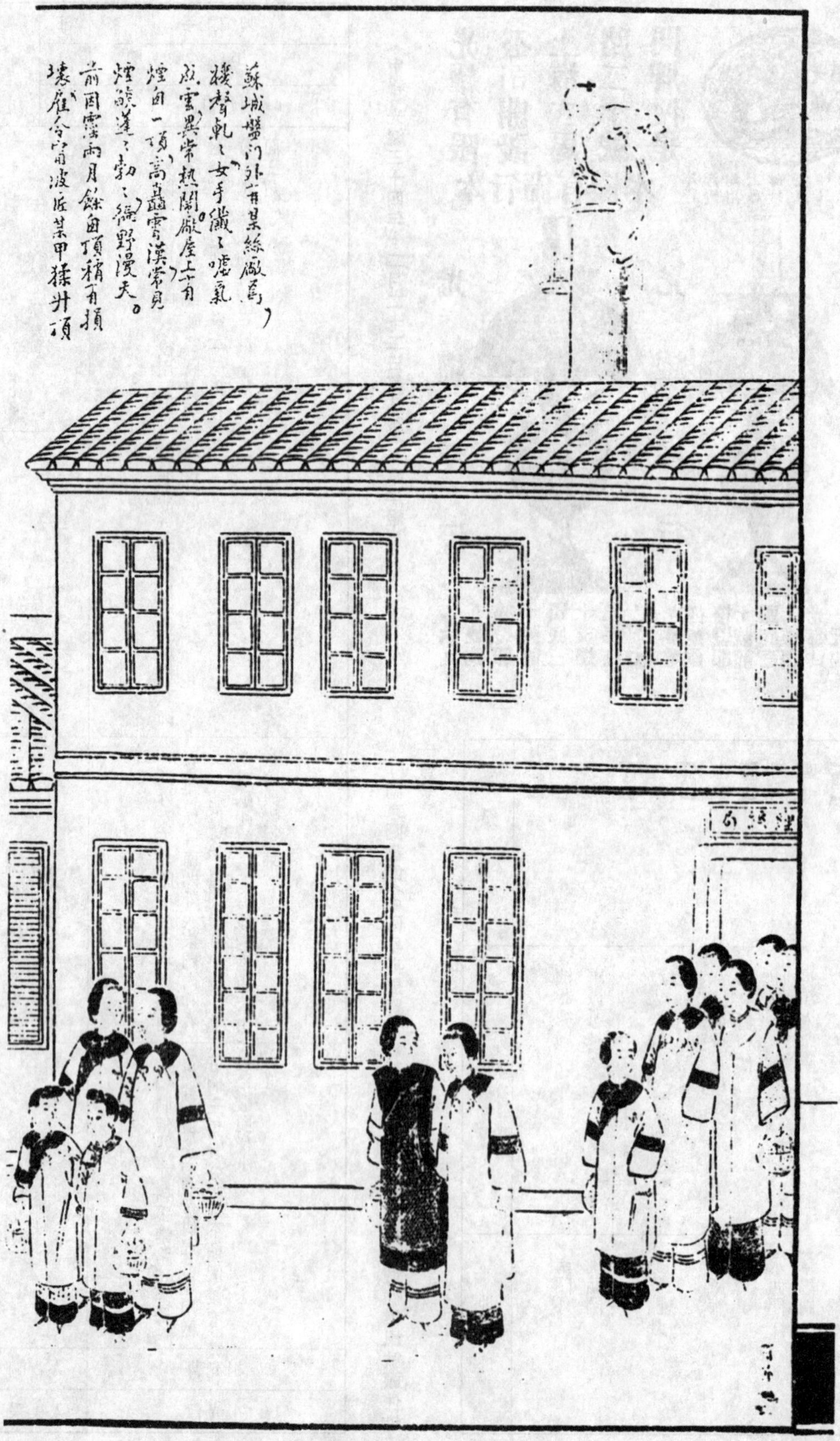
蘇城盤門外有某絲廠，廠內
機聲軋軋，女手纖纖，噓氣
成雲，異常熱鬧。廠屋上有
煙囱一頂，高矗雲漢，常見
煙氣蓬蓬勃勃，彌野漫天。
前因霪雨月餘，囱頂稍有損
壞，雇令甯波匠某甲攀升頂

工妥為修理。適值廠中散工工々
際。各女工皆嫋々娜々而出，
該匠頑傭登梯之巔，居高望
遠矚，窺探。詎因立足未穩，
致被狂風吹墮煙囪之內。一
落千丈，無計攀援。當由廠
中人拆開大磚，設法救出。
而甲已頭顱粉碎，腦漿直
流，返魂無術矣。陟險升高者
尚其鑒諸。

廣東省中山圖書館《舊粵百態》官場做派《留意商務圖》

《周督留意商務》：昨初二日，周督出府行香，並拜候各處，沿途乘馬，不復如從前督撫之必坐大轎。是日，適雙門底建醮，路人擠擁，周督行經是處，觀者嘖嘖稱羨。並聞先在雙門底上街威建藥房購買各藥品，坐一句鐘之久，垂詢商務甚悉云。此等舉動，固近來督撫之僅見，而以七十餘老翁沿途乘馬，精神矍鑠，抑可謂稟賦獨厚者矣！

（鑄）按：廿世紀中注重商戰，而中國商務遠不如人者，在官與商隔（瘼）〔膜〕，不能合力維持故也。周督此舉，擺脱儀文，一洗從前督撫自尊自大陋習，其垂注商務，可見一斑。不禁爲吾粵同胞額手稱慶。

廣東省中山圖書館《舊粵百態》經濟民生《推銷土貨圖》

《勸消土貨》：噫！振興土貨四字，銷聲久矣，不復有所聞矣，今何幸得諸海幢寺及長堤之間耶！珠江之水有靈乎？當亦澎湃鞳鞈，與此演説之聲相應也！入春來，海幢寺及長堤一帶有志士數人，手挾小包，包面裱馮夏威先生肖像，發賣紙烟，在人叢中演説，勸人廣銷土貨，以挽利權。聽者爲之動容，是亦熱心愛國之士也。

馮君之死、馬君之逮與振興土貨有絶大之關係。馮君之死，振興土貨之初軔也；馬君之逮，振興土貨之末路也。自馬君逮後，提倡振興土貨之説不復可得諸報紙，遑論出而任其事耶？數志士毅然爲此，膽汁定多人數斗！

廣東省中山圖書館《舊粵百態》經濟民生《勸銷國貨圖》

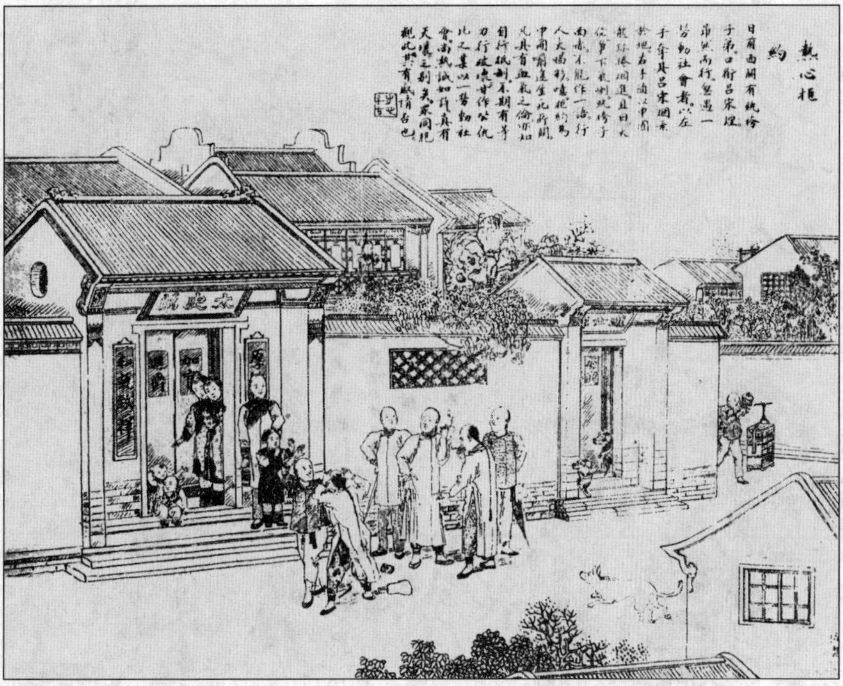

《熱心拒約》：日前，西關有紈绔子弟口銜吕宋烟，昂然而行。忽遇一勞動社會者以左手奪其吕宋烟，棄於地，右手隨以中國龍球卷烟進，且曰：「大佬，争下氣喇！」紈绔子面赤，不能作一語，行人大喝彩。噫！拒約爲中國前途生死所關，凡具有血氣之倫，亦知自行抵制，不期有等力行破壞，甘作公仇，比之某以一勞動社會尚熱誠如許，真有天壤之别矣！衆同胞觀此，其有感情否也？

廣東省中山圖書館《舊粵百態》經濟民生《女工罷工圖》

《女工滋事》：吾粵蠶桑之利，首推順德容桂一帶，絲廠林立，繅絲均靠女工，每廠用數百人不等，亦婦女輩一大利權也。邇來女工忽停工要挾加價，連日糾衆滋擾，凡同類有照常工作者，即行截毆。廿一日截廣昌號、廿三日之截永昌成，尤爲洶涌。歹類因而叢集，輒思乘間掠奪，各絲偈勢頗岌岌。

（鑄）按：天下事，利弊恒有相倚伏，順邑婦女多能自食其力，本絶佳事，而每緣此釀成歸寧不返惡習。此次肇事，尤望賢有司亟行解散，毋使絲偈停工，影響及於銀業也。

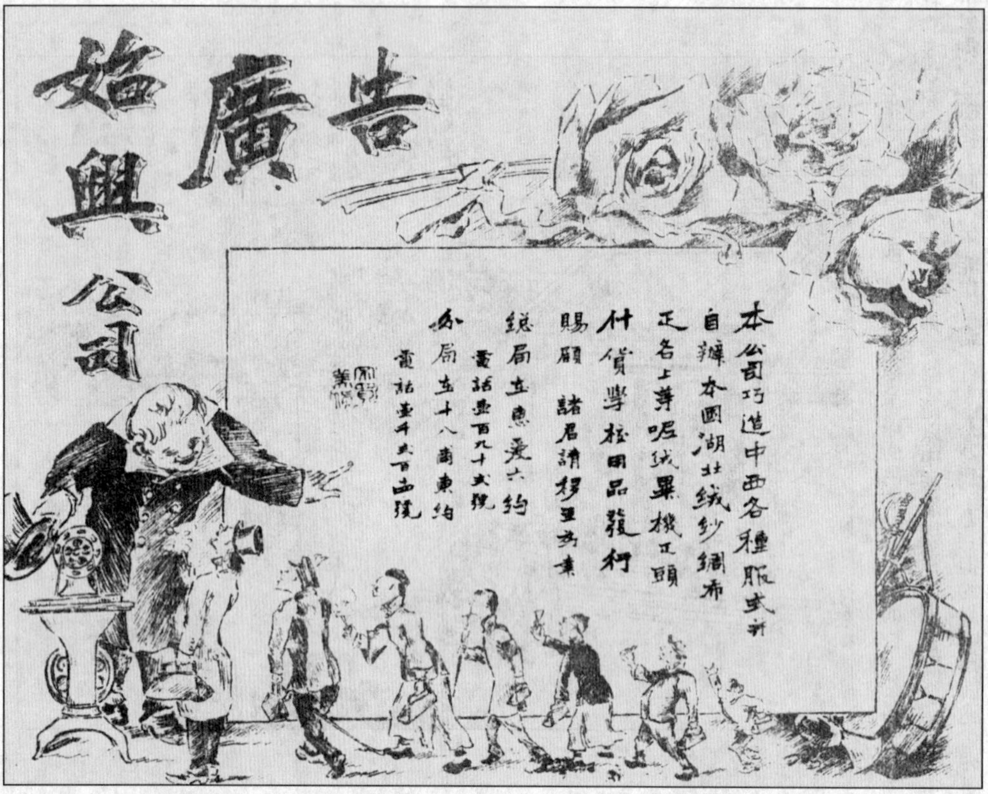

廣東省中山圖書館《舊粵百態》工商廣告《始興公司廣告圖》

廣東省中山圖書館《舊粵百態》工商廣告《樂器和唱片廣告圖》

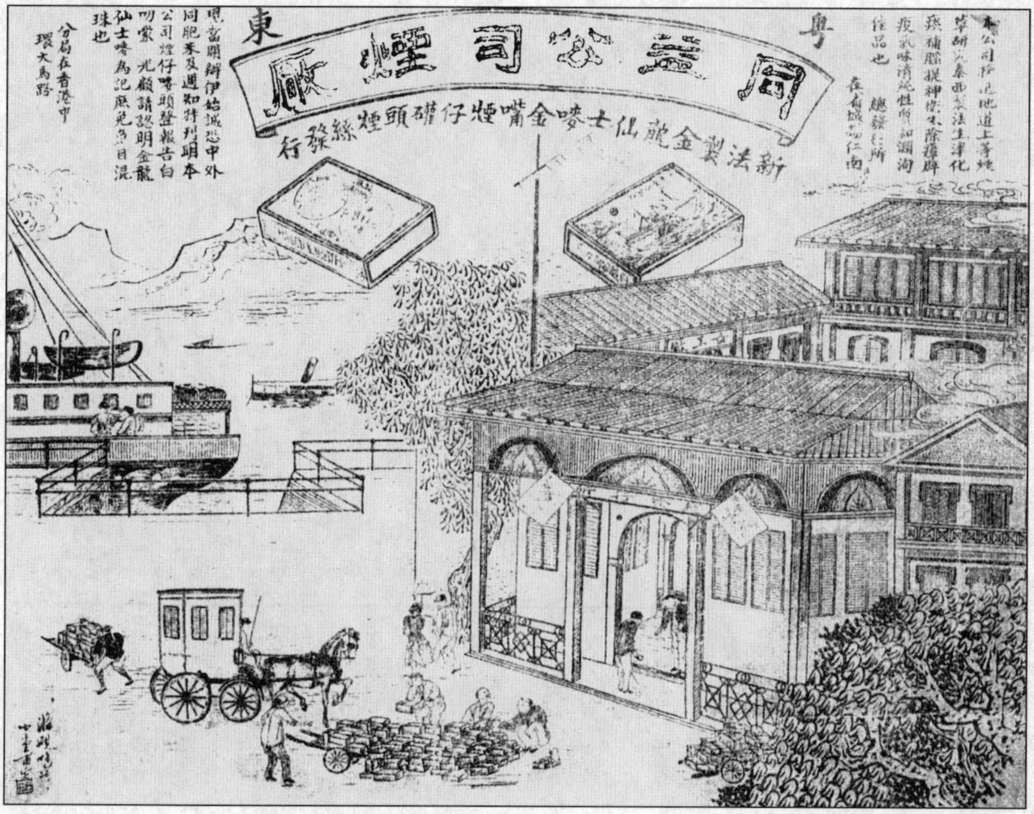

廣東省中山圖書館《舊粵百態》工商廣告《同益公司香烟廣告圖》